Bibliothek 2. OG
Beratung

OTTO H. JACOBS

INTERNATIONALE
UNTERNEHMENSBESTEUERUNG

Internationale Unternehmensbesteuerung

Deutsche Investitionen im Ausland
Ausländische Investitionen im Inland

Herausgegeben von

OTTO H. JACOBS
DIETER ENDRES   CHRISTOPH SPENGEL

Bearbeitet von

PROF. (em.) DR. DR. h.c.mult.
OTTO H. JACOBS
Professor für Betriebswirtschaftslehre
und Betriebswirtschaftliche Steuerlehre
an der Universität Mannheim,
Steuerberater

PROF. DR. DIETER ENDRES
Mitglied des Vorstandes einer internationalen
Wirtschaftsprüfungsgesellschaft, Steuerberater,
Frankfurt

PROF. DR. ANDREAS
OESTREICHER
Institut für deutsche und internationale Besteuerung an der Georg-August-Universität
Göttingen, Steuerberater

PROF. DR. ANDREAS
SCHUMACHER
Partner einer Partnerschaft von Rechtsanwälten, Steuerberatern und Wirtschaftsprüfern, Steuerberater, Bonn

PROF. DR. CHRISTOPH SPENGEL
Lehrstuhl für Allgemeine Betriebswirtschaftslehre
und Betriebswirtschaftliche Steuerlehre II
an der Universität Mannheim

unter Mitarbeit von

SVEN-ERIC BÄRSCH
Dipl.-Kfm.,
Universität Mannheim

DR. PIA DORFMÜLLER
Dipl.-Kffr.,
Steuerberater, Frankfurt

DR. BARBARA ZUBER
Dipl.-Kffr., Wirtschaftsprüfer,
Steuerberater, Mannheim

7., neu bearbeitete und erweiterte Auflage

Verlag C. H. Beck München 2011

Verlag C. H. Beck im Internet:
beck.de

ISBN 978 3 406 60372 3

© 2011 Verlag C. H. Beck oHG
Wilhelmstraße 9, 80801 München
Satz, Druck und Bindung: Druckerei C. H. Beck Nördlingen
(Adresse wie Verlag)

Gedruckt auf säurefreiem, alterungsbeständigem Papier
(hergestellt aus chlorfrei gebleichtem Zellstoff)

Vorwort zur 7. Auflage

Die Neuauflage berücksichtigt sämtliche einschlägigen Gesetzesänderungen und Verwaltungsanweisungen in Deutschland sowie alle aktuellen Entwicklungen auf Ebene der OECD und im Steuerrecht der Europäischen Union seit dem Jahr 2007:

- In Deutschland wurde im Rahmen der Unternehmenssteuerreform 2008 einerseits der Körperschaftsteuersatz auf 15% gesenkt, womit sich die Tarifbelastung für die im internationalen Bereich bedeutsamen Kapitalgesellschaften unter Berücksichtigung der Gewerbesteuer auf einem Niveau von etwa 30% befindet. Andererseits wurden insbesondere mit der Zinsschranke und der Besteuerung von Funktionsverlagerungen bedeutsame Gegenfinanzierungsmaßnahmen eingeführt. Alle mit diesen Tarif- und Strukturänderungen verbundenen Planungs- und Gestaltungsüberlegungen sowie die daraus resultierenden Steuerwirkungen wurden in der neuen Auflage berücksichtigt.
- Hinzu gekommen sind verschiedene Begleitgesetze, Verordnungen und Verwaltungsanweisungen, insbesondere die Jahressteuergesetze 2007 bis 2010 und das Wachstumsbeschleunigungsgesetz, die bei den verschiedenen Rechtsformen sowohl Inbound- wie Outbound-Entscheidungen betreffen. Damit berücksichtigt die neue Auflage inhaltlich den Rechtsstand zum 1. 10. 2010.
- International waren ebenfalls Veränderungen zu verzeichnen. Diese betrafen zum einen den Europäischen Raum: Der zweite Teil (Europateil) wurde den aktuellen Steuerrechtsentwicklungen in sämtlichen Mitgliedstaaten angepasst. Außerdem wurden die Rückwirkungen bedeutsamer Urteile des Europäischen Gerichtshofs auf das deutsche Steuerrecht bei den jeweiligen Sachfragen ausführlich erörtert.
- Zum anderen hat die OECD neben dem Kommentar zum Musterabkommen vor allem neue Ansätze zur Gewinnaufteilung bei Betriebsstätten (functionally separate entity approach) und zur Besteuerung konzerninterner Reallokationsmaßnahmen (business restructuring) vorgelegt. Aus diesem Grund wurde der fünfte Teil (Erfolgs- und Vermögensabgrenzung) vollständig überarbeitet und erweitert.
- Vollständig überarbeitet wurde schließlich der für die Praxis besonders wichtige sechste Teil (Grenzüberschreitende Steuerplanung). Die dort behandelten Gestaltungsansätze der internationalen Steuerplanung wurden entsprechend der aktuellen nationalen und internationalen Steuergesetzgebung neu aufgearbeitet und strukturiert.

Erweiterungen gab es beim Autorenteam und den Herausgebern:

- Neu in das Autorenteam eingetreten sind Herr Prof. Dr. Andreas Oestreicher und Herr Prof. Dr. Andreas Schumacher. Herr Oestreicher bringt sich bereits seit der 5. Auflage in die Bearbeitung des fünften Teils sowie die Gestaltungsfragen bei Verrechnungspreisen ein. Herr Schumacher ist für die Bearbeitung der internationalen Finanzierungs- und der internationalen M&A-Gestaltungen im sechsten Teil verantwortlich. Als Absolvent und

Honorarprofessor der Universität Mannheim ist er bestens mit der Zielsetzung des Buches vertraut. Damit war gewährleistet, dass auch das Grundkonzept und die Geschlossenheit des Buches nicht verändert wurden: Die Analyse der Wirkung von Steuern auf die internationale Unternehmensentscheidungen bleibt zentrales Ziel auch der 7. Auflage.

- Herr Prof. Dr. Dieter Endres, Mitautor seit der 1. Auflage aus dem Jahr 1983, und Herr Prof. Dr. Christoph Spengel, der seit der 4. Auflage dem Autorenteam angehört, wurden Mitherausgeber.
- Bei den Mitarbeitern wurden Herr Dipl.-Kfm. Sven-Eric Bärsch, Frau Dr. Pia Dorfmüller und Frau Dr. Barbara Zuber umfassend eingebunden. Ihnen sei ebenso gedankt wie Herrn Dipl.-Kfm. Sebastian Matenaer sowie den studentischen Hilfskräften, die bei der Literaturauswertung, den Beispielsberechnungen, bei den Korrekturarbeiten und bei dem Stichwortverzeichnis mitgewirkt haben.

Gedankt sei zum Schluss einigen Institutionen: Der Ernst & Young-Stiftung, der Wirtschaftsprüfungsgesellschaft PricewaterhouseCoopers (PwC), der Universität Mannheim, dem Zentrum für Europäische Wirtschaftsforschung in Mannheim (ZEW) sowie der Europäischen Kommission, die über die Finanzierung verschiedener Forschungsprojekte eingebunden war. Dem Verlag C. H. Beck danke ich für die nun schon jahrelang bestehende gute Zusammenarbeit.

Das Manuskript wurde im September 2010 abgeschlossen.

Mannheim, im September 2010   *Prof. Dr. Dr. h. c. mult. Otto H. Jacobs*

Vorwort zur 1. Auflage

Das vorliegende Handbuch stellt die Handlungsalternativen, die ein deutsches Unternehmen bei der Gestaltung seiner Auslandsaktivitäten hat (Direktgeschäfte, Betriebstätte, Personen- und Kapitalgesellschaft), geschlossen dar; es analysiert die jeweiligen in- und ausländischen Steuerfolgen und zeigt in Gegenüberstellungen ihre steuerlichen Belastungsdifferenzen auf. Annähernd 200 Beispiele, viele tabellarische Übersichten und ein ausführliches Register sollen den angesprochenen Steuerpraktikern die Erarbeitung und Anwendung der komplizierten Materie der internationalen Unternehmensbesteuerung erleichtern helfen. Einzelheiten zur Zielsetzung, zum Aufbau und Adressatenkreis sind dem einleitenden Teil zu entnehmen.

Das Buch ist das Ergebnis eines Forschungsprojektes des Instituts für Empirische Wirtschaftsforschung der Universität Mannheim. Deshalb gilt mein erster Dank meinen Kollegen der Fakultät für Betriebswirtschaftslehre, die mir die Leitung des Instituts für die Erarbeitung des Projektes übertragen haben. Mein Dank gilt auch meinen Mitarbeitern. Neben mir zeichnet vor allem Herr Dr. Alfred Storck Verantwortung für den Aufbau und Inhalt des Buches. Es ist zwar schwierig, die Arbeiten der Beteiligten einer Gemeinschaftsarbeit gegeneinander abzugrenzen, mit folgender grober Charakterisierung sei dennoch ein Versuch gestattet. Dr. Storck war – im ländlichen Bild gesprochen – der Pflug im dornigen Feld der internationalen Besteuerung, meine Mitarbeiter Dr. Endres und Dr. Selent übernahmen stärker die Funktion der Egge, bei mir lag mehr die Aufgabe des Zugtieres, wobei es dem verehrten Leser vorbehalten bleiben soll, dessen Gattung zu bestimmen.

Neben den verantwortlichen Mitarbeitern möchte ich auch den Herren Dr. Roland Kopp, Dipl.-Kfm. Wolfram Scheffler sowie Dipl.-Kfm. Bernd Siefert danken, die in Einzelbereichen bzw. bei der Korrektur und den Registern behilflich waren. Die studentischen Hilfskräfte haben sich durch konstruktive Kritik und bei den technischen Arbeiten ausgezeichnet. Mein Dank gilt nicht zuletzt den beiden Sekretärinnen, Frau Lutz und Frau Osthoff, die das umfangreiche Manuskript gleich mehrmals in verschiedenen Fassungen geschrieben haben und dabei stets freundlich geblieben sind.

Das Manuskript wurde im Herbst 1982 abgeschlossen und vom Verlag C. H. Beck unmittelbar in Angriff genommen; auch ihm sei für die gute Zusammenarbeit gedankt.

Mannheim, im Februar 1983 *Otto H. Jacobs*

Inhaltsübersicht

Inhaltsverzeichnis	XI
Abbildungsübersicht	XXXVII
Tabellenübersicht	XXXIX
Abkürzungsverzeichnis	XLI
Einleitung: Problemstellung, Zielsetzung und Aufbau der Untersuchung	1

Erster Teil
Grundtatbestände der internationalen Unternehmensbesteuerung

1. Kapitel. Doppel- und Minderbesteuerungen und damit verbundene betriebs- und volkswirtschaftliche Konsequenzen	3
2. Kapitel. Ursachen der Doppel- und Minderbesteuerungen	5
3. Kapitel. Möglichkeiten zur Vermeidung von Doppelbesteuerung	10
4. Kapitel. Konkrete Ausgestaltung der Methoden zur Vermeidung der Doppelbesteuerung durch unilaterale Maßnahmen und Doppelbesteuerungsabkommen	34
5. Kapitel. Maßnahmen zur Vermeidung von Minderbesteuerungen	86
6. Kapitel. Objektsteuern	90

Zweiter Teil
Der Einfluss der Europäischen Integration auf die internationale Unternehmensbesteuerung

1. Kapitel. Rechtsgrundlagen: Steuerrechtliche Vorschriften im Europäischen Vertragswerk und ihre Umsetzung	95
2. Kapitel. Überblick über die Unternehmensbesteuerung und ihre Belastungswirkungen in den Mitgliedstaaten	104
3. Kapitel. Stand der Steuerharmonisierung in der EU	162
4. Kapitel. Reformüberlegungen	230

Dritter Teil
Laufende Besteuerung unternehmerischer Gestaltungsalternativen ausländischer Investoren in Deutschland (Inbound-Investitionen)

1. Kapitel. Besteuerung von grenzüberschreitenden Direktgeschäften ausländischer Investoren	254
2. Kapitel. Besteuerung von inländischen Betriebsstätten ausländischer Investoren	283
3. Kapitel. Besteuerung von inländischen Kapitalgesellschaften ausländischer Investoren	339
4. Kapitel. Besteuerung von inländischen Personengesellschaften ausländischer Investoren	364

Vierter Teil
Laufende Besteuerung unternehmerischer Gestaltungsalternativen deutscher Investoren im Ausland (Outbound-Investitionen)

1. Kapitel. Besteuerung von grenzüberschreitenden Direktgeschäften inländischer Investoren 385
2. Kapitel. Besteuerung von ausländischen Betriebsstätten inländischer Investoren 404
3. Kapitel. Besteuerung von ausländischen Kapitalgesellschaften inländischer Investoren 428
4. Kapitel. Besteuerung von ausländischen Personengesellschaften inländischer Investoren 490

Fünfter Teil
Erfolgs- und Vermögensabgrenzung

1. Kapitel. Einführende Überlegungen 549
2. Kapitel. Erfolgs- und Vermögensabgrenzung bei Direktgeschäften 661
3. Kapitel. Erfolgs- und Vermögensabgrenzung bei Betriebsstätten .. 667
4. Kapitel. Erfolgs- und Vermögensabgrenzung bei Kapitalgesellschaften 733
5. Kapitel. Erfolgs- und Vermögensabgrenzung bei Personengesellschaften 854
6. Kapitel. Verfahrensrechtliche Regelungen 876

Sechster Teil
Grenzüberschreitende Steuerplanung

1. Kapitel. Anknüpfungsmerkmale, Instrumente und Legitimität der internationalen Steuerplanung 911
2. Kapitel. Steueroptimale Rechtsformwahl im In- und Ausland 920
3. Kapitel. Der Einfluss der Finanzierung auf die Höhe der Steuerbelastung 971
4. Kapitel. Steuerplanung mit Holdinggesellschaften 1017
5. Kapitel. Steuerplanung mit Verrechnungspreisen und Konzernumlagen 1078
6. Kapitel. Internationale M&A-Steuerstrategien 1171
7. Kapitel. Nutzung von Qualifikationskonflikten 1300
8. Kapitel. Die Kombination von Unternehmens- mit Mitarbeiterzielen: Steuerplanung in Entsendungsfällen 1328
Anlagen 1393

Inhaltsverzeichnis

Abkürzungsverzeichnis XLI

Einleitung: Problemstellung, Zielsetzung und Aufbau der Untersuchung 1

Erster Teil
Grundtatbestände der internationalen Unternehmensbesteuerung

1. Kapitel. Doppel- und Minderbesteuerungen und damit verbundene betriebs- und volkswirtschaftliche Konsequenzen 3
2. Kapitel. Ursachen der Doppel- und Minderbesteuerungen 5
   A. Personensteuern 5
   B. Objektsteuern 9
3. Kapitel. Möglichkeiten zur Vermeidung von Doppelbesteuerung 10
   A. Anrechnungs- und Freistellungsmethode 11
      I. Ergebnisse ohne Maßnahmen zur Vermeidung der Doppelbesteuerung 12
      II. Ergebnis bei Anwendung der Anrechnungs- und Freistellungsmethoden im Gewinnfall 12
         1. Die Anrechnungsmethoden 12
            a) Uneingeschränkte Anrechnung 12
            b) Begrenzte Anrechnung 13
         2. Die Freistellungsmethoden 14
            a) Uneingeschränkte Befreiung 14
            b) Befreiung mit Progressionsvorbehalt 14
      III. Ergebnis bei Anwendung der Anrechnungs- und Freistellungsmethoden im Verlustfall 15
         1. Die Anrechnungsmethoden 15
         2. Die Freistellungsmethoden 16
            a) Uneingeschränkte Befreiung 16
            b) Befreiung mit Progressionsvorbehalt 16
   B. Wettbewerbspolitische Konsequenzen der Methoden: Kapitalexport- und Kapitalimportneutralität 18
      I. Zum Begriff der Kapitalexport- und Kapitalimportneutralität 18
      II. Vor- und Nachteile von Kapitalexport- und Kapitalimportneutralität 21
      III. Die Ausgestaltung der Anrechnungs- und Freistellungsmethode als Verfahren zur Verwirklichung von Kapitalexport- und Kapitalimportneutralität 22
      IV. Schlussfolgerungen zur Anwendbarkeit der Methoden 26

4. Kapitel. Konkrete Ausgestaltung der Methoden zur Vermeidung der Doppelbesteuerung durch unilaterale Maßnahmen und Doppelbesteuerungsabkommen 34

A. Vor- und Nachteile von unilateralen Maßnahmen und von Doppelbesteuerungsabkommen (DBA) 35
B. Die Vermeidung der Doppelbesteuerung durch unilaterale Maßnahmen 37
   I. Einkommensteuer 38
      1. Anrechnungsmethode 38
         a) Darstellung der Anrechnungsmethode 38
           (1) Unbeschränkte Steuerpflicht 38
           (2) Subjektidentität 38
           (3) Gleichartige Auslandssteuer 39
           (4) Identität des Veranlagungszeitraums 39
           (5) Ausländische Einkünfte 40
           (6) Anrechnungshöchstbetrag 43
         b) Kritikpunkte und Reformansätze 49
           (1) Anwendungsvoraussetzungen des § 34 c Abs. 1 EStG 49
           (2) Anrechnungshöchstbetrag 51
      2. Abzugsmethode 54
         a) Darstellung der Abzugsmethode 54
         b) Vorteilhaftigkeitsvergleich zwischen Anrechnungs- und Abzugsmethode 57
      3. Pauschalierungs- und Erlassmethode 59
   II. Körperschaftsteuer 60
      1. Anrechnungsmethode 61
      2. Freistellungsmethode 61
      3. Abzugsmethode 64
      4. Pauschalierungs- und Erlassmethode 64
C. Die Vermeidung von Doppelbesteuerungen im Abkommensrecht 64
   I. Die Umgrenzung der Quellenbesteuerung 65
      1. DBA zwischen Industrieländern (OECD-Modell) 65
      2. DBA mit Entwicklungsländern 68
   II. Maßnahmen zur Vermeidung der Doppelbesteuerung im Wohnsitzstaat 71
      1. Einkommensteuer 74
         a) Anrechnungs- und Abzugsmethode 74
           (1) Die Anrechnungsmethode 74
              (a) Anrechnung der tatsächlich gezahlten Steuer .. 74
              (b) Behandlung eines Steuerüberhangs 74
              (c) Länder- und einkunftsbezogene Begrenzung der Anrechnung 75
           (2) Die fiktive Steueranrechnung 76
           (3) Wahlrecht Anrechnungs-/Abzugsmethode 78
           (4) Ausschließlicher Abzug 79
         b) Freistellungsmethode 79
      2. Körperschaftsteuer 82
D. Das Verhältnis der unilateralen Maßnahmen zu den Regelungen des Abkommensrechts 83

5. Kapitel. Maßnahmen zur Vermeidung von Minderbesteuerungen 86

A. Unilaterale Maßnahmen zur Vermeidung von Minderbesteuerungen 86
   I. Außensteuergesetz 87

II. Sonstiges Recht 88
B. DBA als Maßnahmen zur Vermeidung von Minderbesteuerungen   89

6. Kapitel. Objektsteuern 90

Zweiter Teil
Der Einfluss der Europäischen Integration auf die internationale Unternehmensbesteuerung

1. Kapitel. Rechtsgrundlagen: Steuerrechtliche Vorschriften im Europäischen Vertragswerk und ihre Umsetzung   95
A. Zielsetzungen des Europäischen Vertragswerks und Implikationen für die Harmonisierung des europäischen Steuerrechts   95
B. Organisationsstruktur, Rechtsquellen, Rechtssetzungsverfahren und Gerichtsbarkeit in der EU 100

2. Kapitel. Überblick über die Unternehmensbesteuerung und ihre Belastungswirkungen in den Mitgliedstaaten 104
A. Grundlagen 104
B. Einkommen- und Körperschaftsteuer 108
  I. Bemessungsgrundlage (Gewinnermittlungsvorschriften) 108
  II. Einkommen- und Körperschaftsteuersätze 122
  III. Körperschaftsteuersysteme 125
    1. Systematisierung und Überblick über die Systeme 125
    2. Besteuerungswirkungen bei nationaler Geschäftstätigkeit .. 127
    3. Besteuerungswirkungen bei grenzüberschreitender Geschäftstätigkeit 133
    4. Ergebnis und Trends in der Entwicklung der Körperschaftsteuersysteme 135
C. Sonstige Unternehmenssteuern 137
D. Steuerliche Investitions- und Innovationsförderung 141
E. Belastungswirkungen der unterschiedlichen Unternehmenssteuern in Europa im Vergleich 149
  I. Anforderungen an internationale Steuerbelastungsvergleiche .. 149
  II. Methoden zur Berechnung und zum Vergleich internationaler Steuerbelastungen 151
  III. Ergebnisse von Steuerbelastungsvergleichen 153
    1. Berechnungen auf der Grundlage von Modellunternehmen (European Tax Analyzer) 153
      a) Prämissen 153
      b) Vergleich der Steuerbelastungen für ein typisches Unternehmen des Verarbeitenden Gewerbes 153
    2. Berechnungen auf der Grundlage investitionstheoretischer Modelle (Devereux-Griffith-Modell) 157
      a) Prämissen 157
      b) Vergleich der effektiven Durchschnittsteuerbelastungen   158
  IV. Schlussfolgerungen aus den Ergebnissen 161

3. Kapitel. Stand der Steuerharmonisierung in der EU 162
A. Harmonisierung im Bereich der indirekten Steuern 162
  I. Umsatzsteuer 162
  II. Besondere Verbrauchsteuern 165
B. Harmonisierung im Bereich der direkten Steuern 167
  I. Die Mutter-Tochterrichtlinie 167

Inhaltsverzeichnis

II. Die Fusionsrichtlinie	173
III. Die Zins- und Lizenzgebührenrichtlinie	179
IV. Fazit	182
C. Eigenständige europäische Rechtsformen	183
I. Die Europäische Wirtschaftliche Interessenvereinigung (EWIV)	184
1. Grundlagen: Das EWIV-Statut	184
2. Die Besteuerung der EWIV	185
II. Die Europäische Gesellschaft (Societas Europaea – SE)	188
1. Grundlagen: Das SE-Statut	188
2. Die Besteuerung der SE	190
a) Besteuerung im Gründungsstadium	190
b) Laufende Besteuerung	193
c) Reorganisation und Sitzverlegung	193
3. Perspektiven der SE	194
III. Die Europäische Genossenschaft (Societas Cooperativa Europaea – SCE)	195
1. Grundlagen: Das SCE-Statut	195
2. Die Besteuerung der SCE	197
a) Laufende Besteuerung	197
b) Reorganisation und Sitzverlegung	197
IV. Die Europäische Privatgesellschaft (Societas Privata Europaea – SPE)	198
1. Grundlagen: Das SPE-Statut	198
2. Die Besteuerung der SPE	200
a) Laufende Besteuerung	200
b) Besteuerung im Gründungsstadium	201
c) Reorganisation und Sitzverlegung	201
D. Internationales Zusammenwirken im Besteuerungsverfahren	202
I. Amtshilfe- und Beitreibungsrichtlinie	202
II. Schiedsverfahrenskonvention	203
E. EU-rechtliche Vorgaben zur Ausgestaltung der direkten Steuern in den Mitgliedstaaten	205
I. Vorbemerkungen	205
II. Diskriminierungs- und Beschränkungsverbote der Grundfreiheiten	207
1. Niederlassungsfreiheit	207
2. Kapitalverkehrsfreiheit	211
3. Abgrenzung der Grundfreiheiten	215
4. Zusammenwirken mehrerer Rechtsordnungen	217
5. Rechtfertigungsgründe für Eingriffe in die Grundfreiheiten	218
III. Beihilfeverbot	226
1. Tatbestand unzulässiger Beihilfen	226
2. Verhältnis des Beihilfeverbots zu den Diskriminierungs- und Beschränkungsverboten	228
IV. Folgerungen	229
4. Kapitel. Reformüberlegungen	**230**
A. Ziele des Europäischen Binnenmarkts sowie Anforderungen an die Besteuerung von Unternehmen in wirtschaftlicher und rechtlicher Hinsicht	230
B. Harmonisierung der nationalen Steuersysteme	231
C. Harmonisierung der Körperschaftsteuersätze	233
D. Nebeneinander von Wohnsitz- und Quellenprinzip	233
I. Wohnsitzprinzip und Steuerneutralität im Binnenmarkt	233

Inhaltsverzeichnis XV

 II. Aufteilung der Besteuerungsgrundlagen 234
 III. Aufkommensverteilungskonflikte und EU-Recht 235
E. Schaffung einer gemeinsamen konsolidierten Körperschaftsteuerbemessungsgrundlage 237
 I. Grundidee, Funktionsweise, Fragestellungen und Modelle der Konzernbesteuerung 237
 II. Gewinnermittlungsvorschriften 239
  1. Internationale Rechnungslegungsgrundsätze (IFRS) und steuerliche Gewinnermittlung 239
  2. Vorstellungen der CCCTB-Arbeitsgruppe 240
  3. Beurteilung von IFRS 241
  4. Rechtsgrundlage und Konsequenzen für das Maßgeblichkeitsprinzip 242
 III. Vorteile einer gemeinsamen Körperschaftsteuerbemessungsgrundlage 244
 IV. Begründung einer formelhaften Gewinnaufteilung 247
 V. Folgen für den Steuerwettbewerb und die Steuersätze in der EU 250
F. Fazit 251

Dritter Teil
Laufende Besteuerung unternehmerischer Gestaltungsalternativen ausländischer Investoren in Deutschland (Inbound-Investitionen)

1. Kapitel. Besteuerung von grenzüberschreitenden Direktgeschäften ausländischer Investoren 254
A. Qualifikationsproblematik bei Direktgeschäften 254
 I. Nationales Recht 255
  1. Der Umfang der Quellenbesteuerung 255
  2. Die isolierende Betrachtungsweise 258
   a) Inhalt und Reichweite des § 49 Abs. 2 EStG 258
   b) Anwendbarkeit bei der Betriebsaufspaltung über die Grenze 260
 II. Abkommensrecht 262
B. Durchführung der laufenden Besteuerung 267
 I. Nationales Recht 267
 II. Abkommensrecht 278

2. Kapitel. Besteuerung von inländischen Betriebsstätten ausländischer Investoren 283
A. Qualifikationsproblematik bei inländischen Betriebsstätten 283
 I. Betriebsstättengrundtatbestände 284
  1. Der Betriebsstättenbegriff im nationalen Recht 284
   a) Grundmerkmale der allgemeinen Betriebsstättendefinition (Basisbereich) 284
    (1) Geschäftseinrichtung (oder Anlage) 285
    (2) Nachhaltigkeit (Zeitelement) 286
    (3) Verfügungsmacht 287
    (4) Tätigkeit eines Unternehmens 289
   b) Betriebsstättenbeispiele (Positivkatalog) 290
    (1) Stätte der Geschäftsleitung (Ort der Leitung) 291
    (2) Zweigniederlassung 291

	(3)	Geschäftsstelle	291
	(4)	Fabrikations- oder Werkstätte	292
	(5)	Warenlager	292
	(6)	Ein- oder Verkaufsstelle	293
	(7)	Bergwerke, Steinbrüche oder andere Stätten der Gewinnung von Bodenschätzen	293

2. Der Betriebsstättenbegriff im Abkommensrecht 293
   a) Die Einschränkung der Grundmerkmale (Basisbereich) im Abkommensrecht (Negativkatalog) 294
      (1) Abkommen mit Industrieländern (OECD-Modell) 294
      (2) Abkommen mit Entwicklungsländern (UN-Modell) 298
   b) Betriebsstättenbeispiele (Positivkatalog) 299
      (1) Kontroll- oder Koordinierungsstellen 300
      (2) Verbindungsbüros 300
      (3) Büros für technische Hilfeleistungen 300
3. Das Verhältnis zwischen dem nationalen und dem abkommensrechtlichen Betriebsstättenbegriff 301

II. Betriebsstättensondertatbestände 302
   1. Bauausführungen und Montagen 302
   2. Wirtschaftsberatende und technische Dienstleistungen 311
   3. Vertreter 313
      a) Betriebsstätte und Vertreter 313
      b) Zum Inhalt des Vertreterbegriffs 314
   4. Electronic Commerce und Betriebsstättenbesteuerung 321
      a) Electronic Commerce und internationale Unternehmenstätigkeit 322
      b) Electronic Commerce und Betriebsstättentatbestände ... 323
         (1) Gestaltung von Marktbeziehungen – Entwicklung elektronischer Märkte 323
            (a) Geschäftseinrichtung/Nachhaltigkeit 325
            (b) Verfügungsmacht 326
            (c) Tätigkeit eines Unternehmens 326
         (2) Auswirkungen auf die Ausgestaltung des innerbetrieblichen Leistungserstellungsprozesses – telekooperative Arbeitsformen 329
            (a) Stätte der Geschäftsleitung 331
            (b) Geschäftsstellen 331
            (c) Bauausführungen und Montagen 332
            (d) Auswirkungen auf den Ausnahmekatalog des Art. 5 Abs. 4 OECD-Modell 332
      c) Zusammenfassung und Ausblick 333

B. Durchführung der laufenden Besteuerung 333
   I. Nationales Recht 333
      1. Einkommen- und Körperschaftsteuer 335
         a) Die Besteuerung im Gewinnfall 335
         b) Die Besteuerung im Verlustfall 336
      2. Gewerbesteuer 337
   II. Abkommensrecht 337
      1. Einkommen- und Körperschaftsteuer 337
         a) Die Besteuerung im Gewinnfall 337
         b) Die Besteuerung im Verlustfall 339
      2. Gewerbesteuer 339

3. Kapitel. Besteuerung von inländischen Kapitalgesellschaften ausländischer Investoren 339
A. Qualifikationsproblematik bei inländischen Kapitalgesellschaften .. 339
  I. Nationales Recht 339
  II. Abkommensrecht 342
  III. Bestimmung der Ansässigkeit einer Gesellschaft unter besonderer Berücksichtigung des Electronic Commerce 342
B. Durchführung der laufenden Besteuerung 345
  I. Nationales Recht 345
    1. Besteuerung der Gesellschaft 345
      a) Körperschaftsteuer 345
        (1) Die Besteuerung im Gewinnfall 345
        (2) Die Besteuerung im Verlustfall 347
      b) Gewerbesteuer 348
    2. Besteuerung der Gesellschafter 349
      a) Die Besteuerung im Gewinnfall 349
      b) Die Besteuerung im Verlustfall..................... 351
  II. Abkommensrecht 354
    1. Besteuerung der Gesellschaft 354
    2. Besteuerung der Gesellschafter 354
      a) Grundsätzliche Besteuerungsfolgen 354
      b) Besonderheiten bei Muttergesellschaften mit Sitz in EU-Mitgliedstaaten 356
      c) Besonderheiten bei Zwischenschaltung ausländischer Rechtsträger 357

4. Kapitel. Besteuerung von inländischen Personengesellschaften ausländischer Investoren 364
A. Qualifikationsproblematik bei inländischen Personengesellschaften 364
  I. Nationales Recht 364
  II. Abkommensrecht 368
B. Durchführung der laufenden Besteuerung 370
  I. Nationales Recht 370
    1. Einkommen- und Körperschaftsteuer 370
      a) Die Besteuerung im Gewinnfall 371
        (1) Gewinnanteil 372
        (2) Sondervergütungen 374
      b) Die Besteuerung im Verlustfall..................... 375
    2. Gewerbesteuer 376
  II. Abkommensrecht 378
    1. Einkommen- und Körperschaftsteuer 378
      a) Die Besteuerung im Gewinnfall 378
        (1) Gewinnanteil 378
        (2) Sondervergütungen 380
      b) Die Besteuerung im Verlustfall..................... 383
    2. Gewerbesteuer 384

Vierter Teil
Laufende Besteuerung unternehmerischer Gestaltungsalternativen deutscher Investoren im Ausland (Outbound-Investitionen)

1. Kapitel. Besteuerung von grenzüberschreitenden Direktgeschäften inländischer Investoren 385
    A. Qualifikationsproblematik bei Direktgeschäften 385
    B. Durchführung der laufenden Besteuerung 387
        I. Quellenbesteuerung 387
            1. Nationales Recht 387
            2. Abkommensrecht 388
        II. Wohnsitzbesteuerung 388
            1. Nationales Recht 388
                a) Einkommen- und Körperschaftsteuer 388
                    (1) Die Besteuerung im Gewinnfall 388
                    (2) Die Besteuerung im Verlustfall 390
                b) Gewerbesteuer 395
            2. Abkommensrecht 398
                a) Einkommen- und Körperschaftsteuer 398
                    (1) Die Besteuerung im Gewinnfall 398
                    (2) Die Besteuerung im Verlustfall 399
                b) Gewerbesteuer 400
        III. Tabellarische Übersicht über die Ergebnisse 401

2. Kapitel. Besteuerung von ausländischen Betriebsstätten inländischer Investoren 404
    A. Qualifikationsproblematik bei ausländischen Betriebsstätten 405
    B. Durchführung der laufenden Besteuerung 407
        I. Domizilstaat der Betriebsstätte (Quellenbesteuerung) 407
            1. Nationales Recht 407
            2. Abkommensrecht 410
        II. Inlandsbesteuerung des Stammhauses (Wohnsitzbesteuerung) .. 412
            1. Nationales Recht 412
                a) Einkommen- und Körperschaftsteuer 412
                    (1) Die Besteuerung im Gewinnfall 412
                    (2) Die Besteuerung im Verlustfall 415
                b) Gewerbesteuer 416
            2. Abkommensrecht 417
                a) Einkommen- und Körperschaftsteuer 417
                    (1) Die Besteuerung im Gewinnfall 417
                    (2) Die Besteuerung im Verlustfall 421
                b) Gewerbesteuer 425
        III. Tabellarische Übersicht über die Ergebnisse 425

3. Kapitel. Besteuerung von ausländischen Kapitalgesellschaften inländischer Investoren 428
    A. Qualifikationsproblematik bei ausländischen Kapitalgesellschaften 429
        I. Nationales Recht 429
            1. Zur Methodik der Steuerrechtsqualifikation (Rechtstypenvergleich) 429
            2. Besonderheiten bei Basisgesellschaften 434
                a) Wesen und Zielsetzung von Basisgesellschaften 434

		b)	Durchgriffsbesteuerung	435
			(1) Ausländische Kapitalgesellschaft als Scheingesellschaft (§ 41 Abs. 2 AO)	436
			(2) Ausländische Kapitalgesellschaft als Treuhänderin (§ 39 AO)	436
			(3) Missbrauch von Gestaltungsmöglichkeiten bei Einschaltung von Basisgesellschaften (§ 42 AO)	437
		c)	Hinzurechnungsbesteuerung	441
			(1) Reguläre Hinzurechnungsbesteuerung (§ 7 Abs. 1 AStG)	441
			(2) Erweiterte Hinzurechnungsbesteuerung für Zwischeneinkünfte mit Kapitalanlagecharakter (§ 7 Abs. 6 Satz 1 AStG)	447
			(3) Würdigung und Perspektiven der Hinzurechnungsbesteuerung	448
	3.	Zusammenfassendes Prüfschema		451
II.	Abkommensrecht			451
	1.	Die Qualifikation der Auslandsgesellschaft als abkommensberechtigte Person		451
	2.	Besonderheiten bei Basisgesellschaften		453
		a)	Durchgriffsbesteuerung und DBA	453
		b)	Hinzurechnungsbesteuerung und DBA	453

B. Durchführung der laufenden Besteuerung ... 455
  I. Domizilstaat der Kapitalgesellschaft ... 455
    1. Nationales Recht ... 455
      a) Besteuerung der Gesellschaft ... 455
      b) Besteuerung der Gesellschafter ... 456
    2. Abkommensrecht ... 457
      a) Besteuerung der Gesellschaft ... 457
      b) Besteuerung der Gesellschafter ... 459
  II. Inlandsbesteuerung der Gesellschafter ... 463
    1. Nationales Recht ... 463
      a) Einkommen- und Körperschaftsteuer ... 463
        (1) Die Besteuerung im Gewinnfall ... 463
        (2) Die Besteuerung im Verlustfall ... 466
        (3) Besteuerungswirkungen bei Basisgesellschaften ... 471
          (a) Durchgriffsbesteuerung ... 471
          (b) Hinzurechnungsbesteuerung ... 472
      b) Gewerbesteuer ... 476
    2. Abkommensrecht ... 480
      a) Einkommen- und Körperschaftsteuer ... 480
        (1) Die Besteuerung im Gewinnfall ... 480
        (2) Die Besteuerung im Verlustfall ... 483
        (3) Besteuerungswirkungen bei Basisgesellschaften ... 483
          (a) Durchgriffsbesteuerung ... 483
          (b) Hinzurechnungsbesteuerung ... 484
      b) Gewerbesteuer ... 484
  III. Tabellarische Übersicht über die Ergebnisse ... 485

4. Kapitel. Besteuerung von ausländischen Personengesellschaften inländischer Investoren ... 490
  A. Qualifikationsproblematik bei ausländischen Personengesellschaften ... 490
    I. Die Qualifikation der Gesellschaft (Steuersubjektqualifikation) ... 490
      1. Nationales Recht ... 491

a) Zur Methodik der Qualifikation (Rechtstypenvergleich)	491
(1) Einordnung als Personen- oder Kapitalgesellschaft ..	491
(2) Überprüfung der Gewerbebetriebseigenschaft von Personengesellschaften	492
b) Beispiele zur Qualifikation ausländischer Gesellschaftsformen	493
2. Abkommensrecht	495
a) Vertragsstaaten mit Mitunternehmerkonzept	496
b) Vertragsstaaten mit Kapitalgesellschaftskonzept	498
(1) Lösung subjektiver Qualifikationskonflikte auf Basis spezieller Abkommensvereinbarungen	498
(2) Lösung subjektiver Qualifikationskonflikte auf Basis des OECD-Modells	498
II. Die Qualifikation der Einkünfte des Gesellschafters (Steuerobjektqualifikation)	502
1. Nationales Recht	502
a) Zur Maßgeblichkeit inländischer Gewinnermittlungsvorschriften	502
b) Inhalt und Struktur der Steuerbemessungsgrundlage eines Mitunternehmers	503
(1) Gewinnanteil	503
(2) Verlustanteil (§ 15 a EStG)	504
(3) Sondervergütungen	505
2. Abkommensrecht	506
a) Gewinnanteil	506
b) Sondervergütungen	508
B. Durchführung der laufenden Besteuerung	512
I. Sitzstaat der Personengesellschaft	513
1. Nationales Recht	513
a) Staaten mit Mitunternehmerkonzept	513
(1) Besteuerung von Gewinnanteilen und Sondervergütungen	513
(2) Die Behandlung von Drittstaatseinkünften	515
b) Staaten mit Kapitalgesellschaftskonzept	516
2. Abkommensrecht	517
a) Staaten mit Mitunternehmerkonzept	517
(1) Anwendbarkeit und Inhalt des Betriebsstättenprinzips bei Mitunternehmerschaften	517
(2) Die Behandlung von Drittstaatseinkünften	518
b) Staaten mit Kapitalgesellschaftskonzept	519
II. Inlandsbesteuerung der Mitunternehmer	519
1. Nationales Recht	520
a) Einkommen- und Körperschaftsteuer	520
(1) Die Besteuerung im Gewinnfall	520
(a) Die Behandlung von im Sitzstaat der Personengesellschaft erhobenen Quellensteuern	520
(b) Die Behandlung von in Drittstaaten erhobenen Quellensteuern	522
(2) Die Besteuerung im Verlustfall	523
(a) Der Verlustanteil nach § 15 a EStG	523
(b) Die Wirkung des § 15 a EStG im Rahmen der Anrechnungs- und Abzugsmethode	529
(c) Das Verhältnis von § 15 a EStG zu § 2 a EStG	532
b) Gewerbesteuer	532

    2. Abkommensrecht 533
        a) Einkommen- und Körperschaftsteuer 533
            (1) Die Besteuerung im Gewinnfall 533
                (a) Besteuerung bei übereinstimmender Subjekt-
                    qualifikation 533
                (b) Besteuerung bei abweichender Subjektqualifi-
                    kation 538
            (2) Die Besteuerung im Verlustfall 540
        b) Gewerbesteuer 541
    III. Tabellarische Übersicht über die Ergebnisse 542

Fünfter Teil
Erfolgs- und Vermögensabgrenzung

1. Kapitel. Einführende Überlegungen 549
    A. Notwendigkeit einer Erfolgs- und Vermögensabgrenzung 549
    B. Ziele 553
    C. Methoden der Erfolgs- und Vermögensabgrenzung 554
        I. Übersicht 554
            1. Direktgeschäfte 554
            2. Betriebsstätten 555
            3. Kapitalgesellschaften 558
        II. Leitlinien für die Anwendung des Fremdvergleichsgrund-
            satzes 559
            1. Orientierungshilfen 559
            2. Anwendungsprinzipien 561
                a) Vergleichbarkeit 561
                    (1) Einflussgrößen 561
                    (2) Eigenschaften der gehandelten Güter und erbrach-
                        ten Leistungen 562
                    (3) Funktionen, Kapitaleinsatz und Risiken 562
                    (4) Vertragsbedingungen 563
                    (5) Wirtschaftliche Rahmenbedingungen 564
                    (6) Geschäftsstrategien 565
                b) Anerkennung der tatsächlich durchgeführten Geschäfts-
                    vorgänge 566
                c) Verluste 567
                d) Auswirkungen staatlicher Eingriffe 570
                e) Verwendung von Zollwerten 572
        III. Methoden zur Bestimmung des Arm's-length-Entgelts 572
            1. Methodenvielfalt und ihre Konsequenzen 572
            2. Transaktionsbezogene Standardmethoden 576
                a) Die Preisvergleichsmethode 576
                b) Die Wiederverkaufspreismethode 578
                c) Die Kostenaufschlagsmethode 582
            3. Geschäftsfallbezogene Gewinnmethoden 585
                a) Abgrenzungsfragen 585
                b) Geschäftsfallbezogene Nettogewinnmethode 588
                c) Geschäftsfallbezogene Gewinnzerlegungsmethode 593
            4. Globaler Betriebsvergleich 599
            5. Abhängigkeit der zulässigen Verrechnungspreismethoden
                vom Unternehmenstyp 600

6. Festlegung der Verrechnungspreise mit Hilfe innerbetrieblicher Plandaten 601
   a) Vorgaben der Finanzverwaltung 601
   b) Beurteilung 603
7. Hypothetischer Fremdvergleich 604
   a) Grundsätze 604
   b) Ermittlung der zu diskontierenden Gewinnerwartungen 605
      (1) Bruttozahlungsreihe 605
      (2) Berücksichtigung von Steuern 607
   c) Ermittlung des Kapitalisierungszeitraums 608
   d) Ermittlung des Diskontierungsfaktors 609
   e) Bestimmung des Verrechnungspreises 610
      (1) Handlungsalternativen 610
      (2) Transaktionskosten und Veräußerungsgewinnsteuern 611
      (3) Nachträgliche Abweichung in der Gewinnentwicklung 612
8. Globale Gewinnzerlegung 614
IV. Bestimmung des anteiligen Kostenbeitrags (Konzernumlage) bei Gemeinschaftsprojekten 615
1. Grundstrukturen der Einkunftsabgrenzung durch Umlageverträge 615
2. Durchführung eines Umlagevertrags 617
   a) Anwendungsbereiche der Kostenumlage 617
   b) Ermittlung der umlagefähigen Beträge 620
   c) Bestimmung des Umlageschlüssels 622
   d) Wechsel im Bestand der Poolmitglieder 623
   e) Steuerliche Besonderheiten 626
3. Formelle Anerkennungsvoraussetzungen 627
V. Vorgehensweise in der betrieblichen Praxis 629
1. Vergleichbarkeitsanalyse 629
   a) Untersuchungsschritte 629
   b) Analyse der wirtschaftlichen Rahmenbedingungen 630
   c) Analyse der konzerninternen Transaktion und Festlegung der Untersuchungsperspektive 630
      (1) Gegenstand 630
      (2) Gesamtvereinbarung über ein Paket von Lieferungen und Leistungen 630
      (3) Vorteilsausgleich 631
      (4) Festlegung der Untersuchungsperspektive 633
      (5) Informationen in Bezug auf die konzerninterne Transaktion 634
   d) Vergleichstransaktion 635
      (1) Datenbasis 635
         (a) Alternativen 635
         (b) Interne Vergleichsdaten 635
         (c) Externe Vergleichsdaten und Datenquellen ... 635
         (d) Nutzung aggregierter Daten 639
         (e) Einschränkungen in der Verfügbarkeit von Fremddaten 639
      (2) Auswahlprozess 640
      (3) Mögliche Anpassungsrechnungen 641
      (4) Bandbreite 643
2. Zeitlicher Bezug 646

D. Eignung der direkten Methode einer Gewinn- und Vermögensermittlung für die Erfolgs- und Vermögensabgrenzung bei internationaler Geschäftstätigkeit 648
   I. Mögliche Schwächen einer direkten Methode 648
      1. Direktgeschäfte 648
      2. Betriebsstätten 649
      3. Kapitalgesellschaften 652
   II. Mögliche Vorteile einer Erfolgs- und Vermögensabgrenzung nach der indirekten Methode 654
      1. Konzeptionelle Vorteile der indirekten Methode 654
      2. Kritik 655
      3. Praktische Probleme 656
      4. Konzeptionelle Schwächen 657
   III. Prozessorientierte Gewinnaufteilung 659
   IV. Fazit 661

2. Kapitel. Erfolgs- und Vermögensabgrenzung bei Direktgeschäften 661

3. Kapitel. Erfolgs- und Vermögensabgrenzung bei Betriebsstätten 667
A. Besonderheiten der Gewinnabgrenzung bei Betriebsstätten 667
B. Rechtsgrundlagen 670
   I. Nationales Recht 670
      1. Buchführungspflicht 670
      2. Gewinnermittlung 671
   II. Abkommensrecht 675
   III. Verhältnis zwischen den nationalen und den abkommensrechtlichen Regelungen 678
C. Wirtschaftliche Grundlagen der Betriebsstättentätigkeit 680
   I. Funktionen 680
      1. Amtlicher Ansatz der OECD 680
      2. Zurechnung nach deutschem Recht 681
   II. Risiken 682
      1. Amtlicher Ansatz der OECD 682
      2. Zurechnung nach nationalem Recht 683
   III. Vermögen 684
      1. Amtlicher Ansatz der OECD 684
         a) Grundlage 684
         b) Materielle Wirtschaftsgüter 685
         c) Immaterielle Wirtschaftsgüter 685
         d) Rechte und Verpflichtungen 686
      2. Zurechnung nach nationalem Recht 687
         a) Wirtschaftsgüter 687
         b) Verbindlichkeiten und Rückstellungen 689
         c) Abrechnungsgrundsätze bei mehreren Betriebsstätten .. 689
   IV. Kapital 690
      1. Amtlicher Ansatz der OECD 690
         a) Kreditwürdigkeit 690
         b) Finanzierung der Betriebsstätte 690
         c) Bestimmung der Zinskosten einer Betriebsstätte 692
      2. Vorgaben nach nationalem Recht 693
D. Abrechnung von internen Leistungsbeziehungen 700
   I. Systematik 700

Inhaltsverzeichnis

II. Unterstellung fiktiver Geschäftsvorgänge (dealings) 701
   1. Amtlicher Ansatz der OECD 701
   2. Vorgaben nach nationalem Recht 702
III. Ermittlung der Betriebsstättengewinne 704
   1. Amtlicher Ansatz der OECD 704
      a) Abrechnung fiktiver Geschäftsvorgänge mit Hilfe von Verrechnungspreismethoden 704
      b) Verrechnung typischer Geschäftsvorgänge 706
         (1) Übertragung oder Überlassung materieller Wirtschaftsgüter 706
         (2) Übertragung oder Überlassung immaterieller Wirtschaftsgüter 706
         (3) Interne Dienstleistungen 707
      c) Gründung und Auflösung der Betriebsstätte 708
   2. Vorgaben nach nationalem Recht 708
      a) Überführung vom inländischen Stammhaus in die ausländischen Betriebsstätte 708
         (1) Wirtschaftsgüter des Anlagevermögens 708
         (2) Wirtschaftsgüter des Umlaufvermögens 713
         (3) Überführung und Rücküberführung von Wirtschaftsgütern in das inländische Stammhaus 715
            (a) Einkünfte der Betriebsstätte sind aufgrund eines DBA freigestellt 715
            (b) Einkünfte der Betriebsstätte sind nicht aufgrund eines DBA freigestellt 716
      b) Überführung aus der inländischen Betriebsstätte in das ausländische Stammhaus und vice versa 717
      c) Anteilige Nutzung von Wirtschaftsgütern 718
      d) Dienstleistungsverkehr 719
      e) Gründung und Auflösung der Betriebsstätte 720
E. Währungsumrechnung der Betriebsstätte 721
   I. Übersicht 721
   II. Methoden der Währungsumrechnung 721
   III. Qualifikation der umrechnungsbedingten Währungserfolge ... 726
F. Erfolgs- und Vermögensabgrenzung zwischen Stammhaus und Vertreter 729

4. Kapitel. Erfolgs- und Vermögensabgrenzung bei Kapitalgesellschaften 733

A. Entwicklung des arm's length principle 733
B. Rechtsgrundlagen für Ergebniskorrekturen im internationalen Konzern 735
   I. Nationales Recht 735
      1. Verdeckte Gewinnausschüttung (vGA) 736
      2. Verdeckte Kapitaleinlage (vKE) 742
      3. Gewinnberichtigung nach § 1 AStG 746
         a) Anwendungsvoraussetzungen 746
         b) Verhältnis des § 1 AStG zur verdeckten Gewinnausschüttung (vGA) und zur verdeckten Kapitaleinlage (vKE) 750
         c) Verhältnis des § 1 AStG zum Europarecht 752
         d) Probleme bei der technischen Durchführung des § 1 AStG 754
         e) Vorteilsausgleich bei § 1 AStG 754

Inhaltsverzeichnis

II. Abkommensrecht 755
III. Verhältnis zwischen den nationalen und den abkommensrechtlichen Korrekturvorschriften 758
C. Präzisierung des Fremdvergleichsentgelts für Geschäftsvorgänge im Rahmen des laufenden Geschäftsverkehrs 762
   I. Vertrieb von Gütern und Waren 762
  II. Herstellung von Erzeugnissen 770
 III. Dienstleistungen 775
    1. Abgrenzung der verrechenbaren Leistungen vom Gesellschafteraufwand und der Kostenumlage nach dem Poolkonzept 775
      a) Typologie konzerninterner Leistungsbeziehungen 775
      b) Gesellschafteraufwand (shareholder expenses) 779
      c) Verrechenbare Leistungen 781
        (1) Eindeutig zuordenbare Dienstleistungen 781
        (2) Nicht eindeutig zuordenbare Dienstleistungen (Mischfälle) 782
          (a) Koordinationsleistungen 782
          (b) Kontrolltätigkeiten 783
          (c) Planung 784
          (d) Unterstützungs- und Beratungsleistungen 784
          (e) Reisekosten 785
          (f) Zusammenfassende Übersicht 785
      d) Verwaltungspool 787
    2. Verrechnungsformen 789
      a) Direkte vs. indirekte Preisverrechnung 789
      b) Die Entscheidung zwischen den alternativen Abrechnungsgrundsätzen 793
    3. Ermittlung des Fremdvergleichsentgelts 794
      a) Direkte Preisverrechnung 794
      b) Indirekte Preisverrechnung 797
        (1) Anwendungsbereich 797
        (2) Ermittlung des Entgelts 798
        (3) Bestimmung des Aufteilungsschlüssels 799
 IV. Forschung und Entwicklung, Verwaltung und Lizenzierung von immateriellen Wirtschaftsgütern 800
    1. Abgrenzung der verrechenbaren Leistungen nach dem Poolkonzept 800
      a) Konzerninterne Abrechnungssysteme für Forschungs- und Entwicklungstätigkeiten 800
      b) Zur Entscheidung über die Struktur der konzerninternen Forschung und Entwicklung 802
      c) Die Verrechenbarkeit von Kosten der Grundlagenforschung 805
      d) Forschungspool 805
        (1) Gestaltungsziel 805
        (2) Vertragsbeteiligte 806
        (3) Umlagefähiger Aufwand 806
        (4) Umlageschlüssel 807
        (5) Zuordnung von Eigentums- und Nutzungsrechten 807
        (6) Eintritts-/Austrittsregelungen 808
    2. Ermittlung der Verrechnungspreis im Rahmen des Lizenzmodells 809
      a) Abgrenzungen 809

	b) Auftragsforschung	811
	c) Patente und Know-how-Lizenzen	812
	(1) Entgeltpflicht	812
	(2) Bestimmung der angemessenen Lizenzgebühr	813
	(a) Übersicht	813
	(b) Preisvergleichsmethode/Marktorientiertes Verfahren	814
	(c) Kostenorientierte Ansätze	816
	(d) Gewinnorientierte Verfahren	816
	d) Namens- und Markenlizenzen	821
	(1) Entgeltpflicht	821
	(2) Bestimmung der angemessenen Lizenzgebühr	824

D. Ermittlung des Fremdvergleichsentgelts für die Bestandteile eines Transferpakets im Rahmen von Konzern-Restrukturierungen (Funktionsverlagerungen) 826
   I. Regelungen des deutschen Gesetz- und des Verordnungsgebers 826
      1. Bestimmung der Verrechnungspreise nach dem Außensteuergesetz 826
      2. Funktionsverlagerungsverordnung 828
         a) Begriff der Funktion 828
         b) Funktionsverlagerung 829
         c) Anwendung der Regelungen zum Transferpaket 833
         d) Wert des Transferpakets 835
         e) Bestimmung des Einigungsbereichs 839
         f) Schadensersatz-, Entschädigungs- und Ausgleichsansprüche 842
         g) Einzelheiten in Fällen nachträglicher Anpassungen 843
   II. Kapitel IX der OECD-Verrechnungspreisleitlinien 844
      1. Gegenstand des neunten Kapitels der Leitlinien zu Verrechnungspreisfragen bei der Restrukturierung internationaler Unternehmen 844
         a) Übersicht 844
         b) Risikoallokation und Risikobewertung bei Transaktionen zwischen verbundenen Unternehmen 845
         c) Fremdübliche Vergütung der Restrukturierung selbst ... 846
         d) Vergütung von Geschäftsbeziehungen zwischen verbundenen Unternehmen im Anschluss an eine Restrukturierung 848
         e) Anerkennung der gewählten Struktur (Dispositionsfreiheit) 850
      2. Vergleich des Kapitels IX der OECD-Leitlinien mit den Regelungen zur Funktionsverlagerung nach dem deutschen Außensteuergesetz 852

5. Kapitel. Erfolgs- und Vermögensabgrenzung bei Personengesellschaften 854

A. Besonderheiten der Gewinnabgrenzung bei Personengesellschaften 854
   I. Einführung 854
   II. Umfang des Betriebsvermögens der Personengesellschaft 856
      1. Gesellschaftsvermögen (Gesamthandsvermögen) 856
      2. Sonderbetriebsvermögen 857
B. Rechtsgrundlagen 858
   I. Nationales Recht 858
      1. Übersicht 858

	2.	Entnahmen und Einlagen	859
	3.	Buchwertverknüpfung (§ 6 Abs. 5 EStG)	860
	4.	Entstrickungsentnahme und Verstrickungseinlage	862
		a) Anwendungsvoraussetzungen und Rechtsfolge	862
		b) Verhältnis zur Buchwertverknüpfung (§ 6 Abs. 5 Satz 3 EStG)	863
	5.	Berichtigung von Einkünften (§ 1 AStG)	864
		a) Anwendungsvoraussetzungen und Rechtsfolge	864
		b) Verhältnis zu Entnahmen und Einlagen	865
II.		Abkommensrecht	867
III.		Verhältnis zwischen nationalem Recht und Abkommensrecht	868

C. Lieferungs- und Leistungsverkehr der Personengesellschaft 869
   I. Lieferungs- und Leistungsverkehr mit Dritten 869
  II. Lieferungs- und Leistungsverkehr mit Unterbetriebsstätten ... 869
 III. Überlassung von Wirtschaftsgütern zur Nutzung 869
 IV. Übertragungsfälle zwischen Gesellschaft und Gesellschafter ... 870
    1. Entgeltliche Übertragungen 870
    2. Unentgeltliche Übertragungen 872
       a) Zwischen der Personengesellschaft und einem Betriebsvermögen des Gesellschafters 872
       b) Zwischen der Personengesellschaft und dem Privatvermögen des Gesellschafters 873
    3. Übertragungen gegen Gesellschaftsrechte 873
       a) Zwischen der Personengesellschaft und einem Betriebsvermögen des Gesellschafters 873
       b) Zwischen der Personengesellschaft und dem Privatvermögen des Gesellschafters 874
  V. Übertragungsfälle zwischen den Gesellschaftern 875

6. Kapitel. Verfahrensrechtliche Regelungen 876

A. Besteuerungsgrundsätze 876
   I. Pflichten der Finanzbehörden 876
  II. Mitwirkungspflichten der Beteiligten 877
    1. Allgemeine Mitwirkungspflichten 877
    2. Erhöhte Mitwirkungspflicht bei Auslandssachverhalten 878
    3. Besondere Aufzeichnungen und Dokumentationspflichten . 880
       a) Einführung 880
       b) Gewinnabgrenzungsaufzeichnungsverordnung 881
       c) Verwaltungsgrundsätze-Verfahren 884
          (1) Übersicht 884
          (2) Sachverhaltsdokumentation 885
          (3) Angemessenheitsdokumentation 886
             (a) Übersicht 886
             (b) Informationen aus Datenbanken oder aus dem Internet 887
             (c) Bandbreiten und ihre Einengung 887
             (d) Planungsrechnungen aufgrund von innerbetrieblichen Plandaten und aufgrund von Gewinnprognosen 888
          (4) Weitere Vorgaben 889
    4. Informationsaustausch 889
  III. Rechtsfolgen bei Verstößen gegen Mitwirkungspflichten 892
    1. Verstöße gegen die allgemeinen Auskunfts- und Vorlagepflichten 892

    2. Verstöße gegen die besonderen Aufzeichnungs- und Vorlagepflichten 892
  B. Internationale Verständigung 894
    I. Abwicklung von Verrechnungspreisberichtigungen und Verständigungs- oder Schiedsverfahren 894
      1. Übersicht 894
      2. Internationale Verständigungs- und Schiedsverfahren 897
      3. Verständigungs- und Schiedsvereinbarung nach DBA 899
      4. Verständigungs- und Schiedsverfahren nach der EU-Schiedsverfahrenskonvention 901
    II. Advance Pricing Agreements 904
      1. Entwicklung 904
      2. Verfahren 907
      3. Würdigung von APA 909

Sechster Teil
Grenzüberschreitende Steuerplanung

1. Kapitel. Anknüpfungsmerkmale, Instrumente und Legitimität der internationalen Steuerplanung 911

2. Kapitel. Steueroptimale Rechtsformwahl im In- und Ausland 920
  A. Systematisierung der Formen grenzüberschreitender Unternehmenstätigkeit 920
  B. Grundsätzliche Belastungsunterschiede der Gestaltungsalternativen 921
    I. Ermittlung der Bemessungsgrundlagen 921
      1. Buchführungspflicht 921
      2. Erfolgs- und Vermögensabgrenzung 922
    II. Besteuerung von Gewinnen und Verlusten 923
      1. Besteuerung im Domizilstaat 923
        a) Besteuerung von Gewinnen 923
        b) Behandlung von Verlusten 924
      2. Besteuerung im Wohnsitzstaat des Gesellschafters 925
        a) Besteuerung von Gewinnen 925
        b) Behandlung von Verlusten 926
    III. Substanzbesteuerung 928
  C. Steuerstrategien für ausländische Investoren in Deutschland (Inbound-Investitionen) 929
    I. Einflussfaktoren auf die Steuerbelastung des Inlandsengagements 929
    II. Durchführung des Belastungsvergleichs zwischen Betriebsstätte und Tochterkapitalgesellschaft in Deutschland 931
      1. Erläuterung der Ausgangsdaten 931
      2. Gewinnfall 933
        a) Ausländische Spitzeneinheit in der Rechtsform eines Personenunternehmens 933
          (1) Nicht-DBA-Fall 933
          (2) DBA-Fall 935
        b) Ausländische Spitzeneinheit in der Rechtsform einer Kapitalgesellschaft 937
          (1) Nicht-DBA-Fall 937
            (a) Ebene der Gesellschaft 937
            (b) Ebene der Gesellschafter 938

(2) DBA-Fall		940
(a) Ebene der Gesellschaft		940
(b) Ebene der Gesellschafter		940
3. Verlustfall		942
a) Nicht-DBA-Fall		943
b) DBA-Fall		943
4. Zusammenfassung		943

D. Steuerstrategien für Auslandsinvestitionen von Steuerinländern (Outbound-Investitionen) 949
  I. Einflussfaktoren auf die Steuerbelastung des Auslandsengagements 949
  II. Durchführung des Belastungsvergleichs zwischen Betriebsstätte und Tochterkapitalgesellschaft im Ausland 952
    1. Erläuterung der Ausgangsdaten 952
    2. Gewinnfall 954
        a) Inländische Spitzeneinheit in der Rechtsform eines Personenunternehmens 954
            (1) Nicht-DBA-Fall 954
            (2) DBA-Fall 956
        b) Inländische Spitzeneinheit in der Rechtsform einer Kapitalgesellschaft 957
            (1) Nicht-DBA-Fall 957
                (a) Ebene der Gesellschaft 957
                (b) Ebene der Gesellschafter 958
            (2) DBA-Fall 961
                (a) Ebene der Gesellschaft 961
                (b) Ebene der Gesellschafter 962
    3. Verlustfall 964
        a) Nicht-DBA-Fall 965
        b) DBA-Fall 966
    4. Zusammenfassung 966

3. Kapitel. Der Einfluss der Finanzierung auf die Höhe der Steuerbelastung 971
  A. Grundsätze internationaler Unternehmensfinanzierung 971
  B. Finanzierung von Inbound-Investitionen 974
    I. Betriebsstätten 974
      1. Dotationskapital 974
      2. Begrenzung des Zinsabzugs durch die Zinsschranke 977
    II. Kapitalgesellschaften 977
      1. Belastungsvergleich zwischen Eigen- und Fremdfinanzierung 977
      2. Begrenzung der Fremdfinanzierung in Deutschland 980
        a) Problematik 980
        b) Regelungsinhalte der Zinsschranke 980
            (1) Grundregel 980
            (2) Ausnahmetatbestände 983
                (a) Freigrenze 983
                (b) Keine Konzernzugehörigkeit der Kapitalgesellschaft 984
                (c) Eigenkapitalquotenvergleich bei konzernzugehörigen Kapitalgesellschaften 985
        c) Gestaltungsmöglichkeiten 986
        d) Kritik 987

Inhaltsverzeichnis

3. Angemessenheit der Vergütung	988
4. Finanzierung in der Krise	990
III. Personengesellschaften	993
1. Finanzierungskosten und Mitunternehmerkonzeption	993
2. Begrenzung der Fremdfinanzierung in Deutschland	996
C. Finanzierung von Outbound-Investitionen	997
I. Betriebsstätten	997
II. Kapitalgesellschaften	1000
1. Belastungsvergleich zwischen Eigen- und Fremdfinanzierung	1000
2. Begrenzung der Gesellschafterfremdfinanzierung im Ausland	1008
a) Unterkapitalisierungsregelungen im Ländervergleich	1008
b) Thin capitalization in den USA	1010
3. Angemessenheit der Vergütung	1012
III. Personengesellschaften	1013
D. Ansatzpunkte für komplexere Finanzierungsgestaltungen	1014

4. Kapitel. Steuerplanung mit Holdinggesellschaften ... 1017

A. Begriff und Erscheinungsformen der Holdinggesellschaft	1017
B. Typische Beispiele für den Einsatz von Holdinggesellschaften	1022
I. Reduzierung von Quellensteuern	1022
II. Konsolidierung von positiven und negativen Ergebnissen	1026
III. Steuerwirksame Finanzierung des Beteiligungsportfolios	1032
IV. Minimierung der Steuerpflicht auf Veräußerungsgewinne	1034
V. Geltendmachung bzw. Bewahrung von Teilwertabschreibungen und Liquidationsverlusten	1035
VI. Vermeidung von Anrechnungsüberhängen	1036
VII. Umformung von Einkünften	1039
VIII. Nutzung von Kapitalgesellschaftsprivilegien	1040
IX. Vermeidung ausländischer Erbschaftsteuern	1040
C. Voraussetzungen für die Eignung eines Landes als Holdingstandort	1041
D. Grenzen der Einschaltung von Holdinggesellschaften	1058
I. Gesetzliche Grenzen der Steuerplanung	1058
II. Maßnahmen zum Schutz der Wohnsitzbesteuerung	1060
1. Ort der Geschäftsleitung	1060
2. Missbrauchsvorschriften	1061
3. Hinzurechnungsbesteuerung	1068
III. Maßnahmen zum Schutz der Quellenbesteuerung	1071
IV. Schranken durch gegenläufige Steuereffekte	1078

5. Kapitel. Steuerplanung mit Verrechnungspreisen und Konzernumlagen ... 1078

A. Die Aufgaben der betrieblichen Verrechnungspreispolitik	1078
I. Entwicklung des Verrechnungspreissystems	1078
II. Beweismittelvorsorge	1080
III. Optimale Allokation der Bemessungsgrundlagen	1081
B. Verrechnungspreisstrategien für ausländische Investoren in Deutschland (Inbound-Investitionen)	1084
I. Wirtschaftliche Rahmenbedingungen globaler Branchen	1084
II. Allokation der Konzernfunktionen unter Berücksichtigung von Kapitaleinsatz und Risiken	1085

III. Zur Intensität unternehmerischer Funktionen im Inland	1086
1. Vertrieb	1086
2. Produktion	1089
3. Dienstleistungen	1091
IV. Verrechnung konzerninterner Reallokationsmaßnahmen	1092
1. Bestimmung des Fremdvergleichsentgelts	1092
a) Grundlagen	1092
b) Gegenstand der Vergütungspflicht	1093
c) Bewertung der übertragenen Vorteile	1098
(1) Übersicht	1098
(2) Bewertung des Transferpakets auf der Basis eines tatsächlichen Fremdvergleichs	1099
(3) Bewertung der Bestandteile des Transferpakets auf der Basis von Einzelverrechnungspreisen	1100
(4) Bewertung des Transferpakets auf der Basis des hypothetischen Fremdvergleichs	1102
(5) Preisanpassung	1104
(6) Schadensersatz-, Entschädigungs- und Ausgleichszahlungen	1106
2. Betriebliche Anwendungsfälle im Zusammenhang mit Inbound-Investitionen	1107
a) Vertrieb	1107
b) Produktion	1112
c) Dienstleistungen	1114
C. Verrechnungspreisstrategien für Auslandsinvestitionen von Steuerinländern (Outbound-Investitionen)	1115
I. Das Erreichen der Abschirmwirkung als Gestaltungsvorgabe	1115
II. Anwendungsbereiche für ein konzerninternes Outsourcing	1124
1. Vertrieb	1124
2. Produktionstätigkeit	1128
3. Dienstleistungen	1130
a) Finanzierungsgesellschaften	1130
b) Treasury centers	1138
c) Versicherungsgesellschaften (Captives)	1141
d) Factoring- und Reinvoicing-Gesellschaften	1144
e) Managementgesellschaften, Kontroll- und Koordinierungsstellen	1147
f) Immobiliengesellschaften	1148
g) Übernahme sonstiger Dienstleistungsfunktionen	1149
h) Nutzungsüberlassungen	1149
(1) Vermögensverwaltungsgesellschaften	1149
(2) Patent-, Lizenz- und Markenverwertungsgesellschaften	1153
III. Sperren auf dem Weg zu einer niedrigen Konzernsteuerquote	1157
1. Abwehrmechanismen der Steuergesetzgebung	1157
2. Verrechnung konzerninterner Reallokationsmaßnahmen im Zusammenhang mit Outbound-Investitionen	1159
a) Grundlagen	1159
b) Vertrieb	1160
c) Produktion	1162
d) Dienstleistung	1167
e) Forschung	1169

6. Kapitel. Internationale M&A-Steuerstrategien ... 1171
A. Vermeidung der Gewinnrealisierung ... 1171
   I. Zur Problematik der Besteuerung gruppeninterner Transaktionen ... 1171
   II. Das Instrumentarium des Steuerplaners ... 1175
      1. Steuerneutrale Umstrukturierung durch Gewinnrealisierungsaufschub ... 1175
         a) Umwandlungssteuergesetz ... 1175
         b) Übertragungen bei Mitunternehmerschaften, Realteilung und Überführungstatbestände ... 1177
         c) Aufschub der Besteuerung stiller Reserven nach § 6 bEStG ... 1181
      2. Nutzung von Steuerbefreiungsvorschriften ... 1183
   III. Typische Reorganisationsfälle ... 1187
      1. Inbound-Reorganisationen ... 1187
         a) Inkorporation einer deutschen Betriebsstätte ... 1187
         b) Zusammenfassung von Beteiligungen in einer deutschen Holding ... 1190
            (1) Übertragungen durch Kapitalgesellschaften ... 1190
            (2) Deutsche natürliche Personen als Einbringende ... 1192
            (3) Ausländische natürliche Personen als Einbringende ... 1193
         c) Inländische Umwandlungen, Verschmelzungen und Spaltungen mit Auslandsbezug ... 1194
            (1) Umwandlung einer Kapital- in eine Personengesellschaft ... 1194
            (2) Verschmelzung ... 1196
            (3) Spaltung ... 1198
         d) Sitzverlegung vom Ausland ins Inland ... 1200
      2. Outbound-Reorganisationen ... 1203
         a) Einbringung einer Betriebsstätte in eine Auslandsgesellschaft ... 1203
         b) Zusammenfassung von Beteiligungen in einer Auslandsholding ... 1207
            (1) Übertragungen durch deutsche Kapitalgesellschaften ... 1207
            (2) Deutsche natürliche Personen als Einbringende ... 1208
            (3) Ausländische Personen als Einbringende ... 1209
         c) Ausländische Umwandlungen mit Inlandsbezug ... 1210
            (1) Umwandlung einer Kapital- in eine Personengesellschaft ... 1210
            (2) Verschmelzung ... 1213
            (3) Spaltung ... 1214
            (4) Ausländische Umwandlungen und Hinzurechnungsbesteuerung ... 1216
         d) Sitzverlegung vom Inland ins Ausland ... 1217
B. Akquisitionsgestaltung ... 1219
   I. Inbound-Akquisitionen ... 1219
      1. Steuerplanerische Ausgangsüberlegungen beim Unternehmenskauf ... 1219
      2. Erwerb einer Betriebsstätte oder eines Mitunternehmeranteils ... 1224
      3. Steuerstrategien zum Erwerb von Kapitalgesellschaften ... 1226
         a) Erwerb des Betriebsvermögens (asset deal) oder Kauf der Anteile (share deal) ... 1226

		b)	Strukturierungsalternativen zur Verzögerung des steuerlichen Veräußerungszeitpunkts	1231
		c)	Wahl des Akquisitionsvehikels	1235
			(1) Strukturierung des Erwerbs über eine inländische Holding-Kapitalgesellschaft	1235
			(2) Strukturierung des Erwerbs über eine inländische Holding-Personengesellschaft	1237
	4.	Verkehrsteuerliche Aspekte (Grunderwerb- und Umsatzsteuer)..		1238
	5.	Zusammenfassende Empfehlungen zur Auswahl des Akquisitionskonzepts		1244
II.	Outbound-Akquisitionen			1246
	1.	Steuerplanerische Ausgangsüberlegungen beim Unternehmenskauf		1246
	2.	Die Gestaltung der Transaktion		1247
		a)	Rechtsformspezifische Erwerbsstrategien	1247
			(1) Erwerb einer Auslandsbetriebsstätte	1248
			(2) Erwerb ausländischer Kapitalgesellschaftsanteile	1250
			(3) Erwerb einer ausländischen Personengesellschaft ...	1251
		b)	Postakquisitorische Integrationsmaßnahmen	1252
	3.	Ein Beispielsfall: Unternehmenskauf in den USA		1253
C. Unternehmenskooperationen und Unternehmenszusammenschlüsse				1262
I.	Joint Ventures			1262
	1.	Definition, Motivation und Vertragsgestaltung		1262
	2.	Formen der Zusammenarbeit		1266
		a)	Schuldrechtliche vs. gesellschaftsrechtliche Joint Ventures	1266
		b)	Vertrags-Joint-Ventures	1266
		c)	Gemeinschaftsunternehmen	1268
	3.	Steueroptimierung bei der Standort- und Rechtsformwahl		1274
		a)	Steuerliche Zielsetzungen eines Joint-Venture-Partners	1274
		b)	Personengesellschaftsstrukturen	1277
			(1) Deutsche Joint-Venture-Personengesellschaft	1277
			(2) Ausländische Joint-Venture-Personengesellschaft ...	1279
		c)	Kapitalgesellschaftsstrukturen	1281
			(1) Deutsche Joint-Venture-Kapitalgesellschaft	1281
			(2) Ausländische Joint-Venture-Kapitalgesellschaft	1282
			(3) SE als Joint-Venture-Kapitalgesellschaft	1284
		d)	Direktzuordnung von Gewinnbestandteilen zu einzelnen Partnern	1285
	4.	Schlussfolgerungen für die Steuerstrategie		1290
II.	Internationale Fusionen börsennotierter Gesellschaften (merger of equals)			1291
	1.	Abgrenzung von internationalen Fusionen und Joint Ventures		1291
	2.	Grundlagen der Rechnungslegung internationaler Fusionen		1292
		a)	Behandlung im HGB-Abschluss	1292
		b)	Behandlung nach IFRS und US GAAP	1293
	3.	Gestaltungsalternativen und steuerliche Konsequenzen		1294

7. Kapitel. Nutzung von Qualifikationskonflikten 1300
A. Nicht harmonisierte Bemessungsgrundlagen und divergierende Zurechnungsregeln als Ausgangspunkt für die Steuerplanung 1300
B. Typische Beispielsfälle 1302

I. Qualifikationskonflikte bei Personengesellschaften 1302
II. Leasing über die Grenze: Ein Double-dip-Modell 1308
III. Zurechnungskonflikte bei Cross-border-Finanzierungsstrukturen 1312
IV. Nutzung unterschiedlicher Periodisierungsvorschriften 1313
V. Ansatz fiktiver Eigenkapitalverzinsung 1314
VI. Hybride Finanzierungsinstrumente 1315
VII. Hybride Gesellschaften 1319
VIII. Mangelnde Harmonisierung bei der Abgrenzung zwischen gesellschaftsrechtlicher und betrieblicher Sphäre 1323
C. Steuergesetzgeberische Ansatzpunkte zur Vermeidung von weißen Einkünften 1324

8. Kapitel. Die Kombination von Unternehmens- mit Mitarbeiterzielen: Steuerplanung in Entsendungsfällen 1328
A. Die Notwendigkeit für eine steuerorientierte Entsendungspolitik .. 1328
B. Auslandseinsatz von Steuerinländern (Outbound-Entsendung) 1330
    I. Entsendung in Nicht-DBA-Staaten 1330
        1. Aufrechterhaltung des deutschen Wohnsitzes 1330
            a) Der Auslandstätigkeitserlass 1330
            b) Das Verfahren zur Erlangung der Steuerfreistellung 1332
        2. Aufgabe des inländischen Wohnsitzes 1333
            a) Beschränkte Steuerpflicht 1333
            b) Form der Steuererhebung 1335
    II. Entsendung in DBA-Staaten 1336
        1. Aufrechterhaltung des deutschen Wohnsitzes 1336
            a) Die Grundregel: Das Arbeitsortprinzip 1336
            b) Die 183-Tage-Regelung als Ausnahme vom Arbeitsortprinzip 1340
                (1) Die Berechnung der 183-Tage-Frist 1340
                (2) Ansässigkeit des Arbeitgebers in einem Drittstaat ... 1342
                (3) Entsendung zur ausländischen Betriebsstätte oder Tochterpersonengesellschaft 1344
                (4) Entsendung zur ausländischen Tochterkapitalgesellschaft 1346
                (5) Verfahrensfragen 1348
            c) Die Grenzgängerregelung als weitere Durchbrechung des Arbeitsortprinzips 1349
        2. Aufgabe des inländischen Wohnsitzes 1351
C. Inlandseinsatz von Steuerausländern (Inbound-Entsendung) 1353
    I. Entsendung aus Nicht-DBA-Staaten 1353
        1. Begründung der beschränkten Steuerpflicht 1353
        2. Begründung der unbeschränkten deutschen Steuerpflicht .. 1355
            a) Die Bedeutung des Wohnsitzes nach nationalem Steuerrecht 1355
            b) Die Bedeutung des gewöhnlichen Aufenthalts nach nationalem Steuerrecht 1357
            c) Besteuerungskonsequenzen bei Ansässigkeit im Inland 1358
    II. Entsendung aus DBA-Staaten 1358
D. Vorteilhafte Gestaltung der Entsendevereinbarungen 1360
    I. Die Gewährung steuerfreier oder niedrig besteuerter Gehaltselemente als Zielsetzung 1360
    II. Varianten zur Minimierung der Steuerkosten 1361

1. Fringe benefits: Personalvergütung in Form von Zusatzleistungen 1361
2. Payroll-split-Modelle: Getrennte Arbeitsverträge im In- und Ausland 1362
3. Mitarbeiterbeteiligungsmodelle (insbesondere „stock options") im Entsendungsfall 1364
4. Deferred compensation: Arbeitnehmerfinanzierte Pensionszusagen 1372
5. Festlegung der optimalen Entsendungsdauer 1376
III. Die Berücksichtigung des internationalen Steuergefälles in Gehaltsvereinbarungen 1379
E. Weitere Aspekte internationaler Personalentsendung 1382
I. Steuerrisiken im Unternehmensbereich 1382
1. Begründung einer Auslandsbetriebsstätte 1383
2. Unangemessene konzerninterne Aufteilung der Entsendungskosten 1383
3. Haftungsrisiko bei fehlerhaftem Lohnsteuerabzug 1386
II. Sozialversicherungsrechtliche Gesichtspunkte 1387
III. Arbeitsvertragliche Gestaltung und ausländerrechtliche Voraussetzungen 1389

Anlagen

OECD-Musterabkommen zur Vermeidung der Doppelbesteuerung auf dem Gebiet der Steuern vom Einkommen und vom Vermögen (OECD-MA) 1393

Literaturverzeichnis 1411

Entscheidungen 1549

Stichwortverzeichnis 1583

Abbildungsübersicht

Abbildung 1:	Ursachen und Möglichkeiten der Vermeidung von Doppel- und Minderbesteuerungen....................	93
Abbildung 2:	Besteuerung von Personengesellschaften in den EU-Mitgliedstaaten.....................................	107
Abbildung 3:	Köperschaftsteuersysteme in der EU (Stand: 31. 12. 2009)	126
Abbildung 4:	Sonstige Unternehmenssteuern in der EU, nur Ebene Kapitalgesellschaft (Stand: 31. 12. 2009)...............	138
Abbildung 5:	Effektive Durchschnittssteuerbelastungen für Kapitalgesellschaften in der EU nach Steuerarten (Modellunternehmen)..	157
Abbildung 6:	Verminderung/Beseitigung von Behinderungen der grenzüberschreitenden Geschäftstätigkeit durch eine gemeinsame Körperschaftsteuerbemessungsgrundlage.....	245
Abbildung 7:	Einkunftsarten des § 49 EStG......................	257
Abbildung 8:	Prüfschema zum Steuerabzugsverfahren für beschränkt Steuerpflichtige (§ 49 EStG)........................	268
Abbildung 9:	Prüfschema bei inländischen Betriebsstätten ausländischer Investoren..	301
Abbildung 10:	Prüfschema bei inländischen Bauausführungen bzw. Montagen ausländischer Investoren.....................	311
Abbildung 11:	Prüfschema bei inländischen Vertretern ausländischer Unternehmen..	321
Abbildung 12:	Prüfschema der Anti-treaty- und Anti-directive-shopping-Regelung des § 50 d Abs. 3 EStG....................	361
Abbildung 13:	Prüfschema für die Qualifikation ausländischer Kapitalgesellschaften..	452
Abbildung 14:	Methoden der Erfolgsabgrenzung...................	574
Abbildung 15:	Kapitalausstattung einer Betriebsstätte	695
Abbildung 16:	Verhältnis des § 1 AStG zur verdeckten Gewinnausschüttung (vGA) und zur verdeckten Kapitaleinlage (vKE)....	751
Abbildung 17:	Typologie konzerninterner Leistungsbeziehungen	777
Abbildung 18:	Aufzeichnungspflichten nach der Rechtsverordnung zu § 90 Abs. 3 AO	882
Abbildung 19:	Gesetzliche Anerkennungsgrenzen von Holdingstrukturen	1059
Abbildung 20:	Vereinfachtes Prüfschema für die Abkommensberechtigung einer in einem Vertragsstaat ansässigen Person gem. Art. 28 DBA-USA................................	1077
Abbildung 21:	Übertragungen im Rahmen des § 6 b EStG	1183
Abbildung 22:	Steuerberatungsaspekte bei Unternehmenskäufen.......	1220
Abbildung 23:	Prüfungsschema zur Besteuerung von Entsendungsfällen	1348

Tabellenübersicht

Tabelle 1:	Umgrenzung des Besteuerungsrechts im OECD-Modell	72
Tabelle 2:	Fiktive Anrechnung	77
Tabelle 3:	Gewinnermittlungsvorschriften in der EU	110
Tabelle 4:	Einkommen- und Körperschaftsteuersätze in der EU (Stand: 31. 12. 2009)	122
Tabelle 5:	Belastung ausgeschütteter Gewinne mit Einkommen- und Körperschaftsteuer in der EU (Stand: 31. 12. 2009)	128
Tabelle 6:	Abgeltungsteuer auf Zinserträge in der EU (Stand: 31. 12. 2009)	132
Tabelle 7:	Steuerliche Investitionsförderung in der EU	145
Tabelle 8:	Steuerliche Innovationsförderung in der EU	147
Tabelle 9:	Effektive Durchschnittssteuerbelastungen für Kapitalgesellschaften in der EU (Modellunternehmen)	155
Tabelle 10:	Effektive Durchschnittssteuerbelastungen für Kapitalgesellschaften in der EU in % (investitionstheoretisches Modell)	159
Tabelle 11:	Die Umsetzung der Mutter-Tochterrichtlinie in den Mitgliedstaaten	171
Tabelle 12:	Die Umsetzung der Fusionsrichtlinie in den Mitgliedstaaten	176
Tabelle 13:	Quellensteuersätze in Deutschland im DBA-Fall (Inbound-Investitionen)	280
Tabelle 14:	Umfang des Negativkatalogs bei Betriebsstätten (Art. 5 Abs. 4 OECD-Modell)	298
Tabelle 15:	Zeitgrenzen für Bauausführungen und Montagen im deutschen Abkommensrecht	305
Tabelle 16:	Anknüpfungspunkte der beschränkten Steuerpflicht in Industriestaaten	386
Tabelle 17:	Die wichtigsten Determinanten der Steuerbelastung bei grenzüberschreitenden Direktgeschäften	402
Tabelle 18:	Personensteuerbelastung bei grenzüberschreitenden Direktgeschäften	403
Tabelle 19:	Gewerbesteuerbelastung bei grenzüberschreitenden Direktgeschäften	404
Tabelle 20:	Die wichtigsten Determinanten der Steuerbelastung im internationalen Einheitsunternehmen	426
Tabelle 21:	Personensteuerbelastung im internationalen Einheitsunternehmen	427
Tabelle 22:	Gewerbesteuerbelastung im internationalen Einheitsunternehmen	428
Tabelle 23:	Einkünftequalifikation nach § 8 Abs. 1 AStG	444
Tabelle 24:	Quellensteuersätze im DBA-Fall (Outbound)	461
Tabelle 25:	Die wichtigsten Determinanten der Steuerbelastung im internationalen Konzern	486
Tabelle 26:	Personensteuerbelastung im internationalen Konzern	487
Tabelle 27:	Maßnahmen zur Vermeidung oder Milderung der Doppelbesteuerung im Rahmen der unbeschränkten Steuerpflicht der Muttergesellschaft	488
Tabelle 28:	Gewerbesteuerbelastung im internationalen Konzern	489

Tabelle 29:	Die wichtigsten Determinanten der Steuerbelastung bei ausländischen Personengesellschaften	543
Tabelle 30:	Personensteuerbelastung bei identischer Steuersubjektqualifikation ausländischer Personengesellschaften	544
Tabelle 31:	Gewerbesteuerbelastung bei identischer Steuersubjektqualifikation ausländischer Personengesellschaften	545
Tabelle 32:	Personensteuerbelastung bei abweichender Steuersubjektqualifikation ausländischer Personengesellschaften	546
Tabelle 33:	Gewerbesteuerbelastung bei abweichender Steuersubjektqualifikation ausländischer Personengesellschaften	547
Tabelle 34:	Freie Methodenwahl und ihre Konsequenzen	575
Tabelle 35:	Verbreitung der Verrechnungspreismethoden in den USA	576
Tabelle 36:	Korrekturvorschriften im internationalen Konzern	760
Tabelle 37:	Grundsätze der Verrechenbarkeit von Dienstleistungen dem Grunde nach	786
Tabelle 38:	Besteuerungsebenen bei Personengesellschaften im Zusammenhang mit Übertragungsvorgängen	855
Tabelle 39:	Struktur der Strafzuschläge	893
Tabelle 40:	Einflussfaktoren auf die Steuerbelastung bei Inbound-Investitionen	929
Tabelle 41:	Steuerbelastung bei Inbound-Investitionen im Gewinnfall	945
Tabelle 42:	Steuerentlastung bei Inbound-Investitionen im Verlustfall	948
Tabelle 43:	Einflussfaktoren auf die Steuerbelastung bei Outbound-Investitionen	950
Tabelle 44:	Steuerbelastung bei Outbound-Investitionen im Gewinnfall	967
Tabelle 45:	Steuerentlastung bei Outbound-Investitionen im Verlustfall	971
Tabelle 46:	Gestaltungsansätze im Rahmen der Zinsschranke	986
Tabelle 47:	Thin-capitalization-Regelungen im Ausland	1009
Tabelle 48:	Typologie der Holdinggesellschaften	1017
Tabelle 49:	Möglichkeit zur Gruppenbesteuerung in ausgewählten Staaten	1028
Tabelle 50:	Determinanten für die Eignung als Holdingstandort	1042
Tabelle 51:	Erfüllung steuerlicher Holdingkriterien in Deutschland	1044
Tabelle 52:	Holdingstandorte im Vergleich	1047
Tabelle 53:	Steuerlich zulässige Goodwill-Abschreibungen in ausgewählten Ländern	1249
Tabelle 54:	Joint-Venture-Gestaltung	1274
Tabelle 55:	Übersicht über wichtige hybride Finanzierungsinstrumente	1316
Tabelle 56:	Zielsystem bei Entsendungsfällen	1329
Tabelle 57:	Besteuerungszeitpunkte bei Stock-Options im internationalen Vergleich	1366

Abkürzungsverzeichnis

a. A.	andere(r) Ansicht
Abb.	Abbildung
ABB	Asea Brown Boveri
abl.	ablehnend
Abl.	Amtsblatt der EU
Abs.	Absatz
Abschn.	Abschnitt
ACE	allowance for corporate equity
AEU	Vertrag über die Arbeitsweise der EU
a. F.	alte Fassung
AfA	Absetzung für Abnutzung
AG	Aktiengesellschaft
AG	Die Aktiengesellschaft
AktG	Aktiengesetz
Alt.	Alternative
a. M.	am Main
Anh.	Anhang
Anm.	Anmerkung
AO	Abgabenordnung
APA	Advance Pricing Agreement
Art.	Artikel
AStG	Außensteuergesetz
AStR	Außensteuerrecht
AT	Österreich
Aufl.	Auflage
ausl.	ausländische(s)
AuslInvG	Auslandinvestment-Gesetz
AvMG	Altersvermögensgesetz
AWD	Außenwirtschaftsdienst des Betriebsberaters
Az.	Aktenzeichen
BayObLG	Bayerisches Oberstes Landesgericht
BB	Betriebsberater
BBK	Buchführung, Bilanz, Kostenrechnung, Zeitschrift für das gesamte Rechnungswesen
BC	Bilanzbuchhalter und Controller
Bd.	Band
BDI	Bundesverband der Deutschen Industrie
BE	Belgien
bearb.	bearbeitet
begr.	begründet
BetrAVG	Gesetz zur Verbesserung der betrieblichen Altersversorgung (Betriebsrentengesetz)
BewG	Bewertungsgesetz
BFH	Bundesfinanzhof
BFHE	Sammlung der Entscheidungen des Bundesfinanzhofs
BFH/NV	Sammlung amtlich nicht veröffentlichter Entscheidungen des Bundesfinanzhofs

BFH-PR	Entscheidungen des BFH für die Praxis der Steuerberatung
BFIT	Bulletin for International Taxation
BFuP	Betriebswirtschaftliche Forschung und Praxis
BGB	Bürgerliches Gesetzbuch
BGBl	Bundesgesetzblatt
BGH	Bundesgerichtshof
BIFD	Bulletin for International Fiscal Documentation
BMF	Bundesministerium der Finanzen
BMJ	Bundesministerium der Justiz
BP	Betriebsprüfung
BR-Drs.	Bundesrats-Drucksache
BSG	Bundessozialgericht
Bsp.	Beispiel
bspw.	beispielsweise
BStBl	Bundessteuerblatt
BT-Drs.	Bundestags-Drucksache
BV	Betriebsvermögen
BV	Besloten Vennootschap
BVerfG	Bundesverfassungsgericht
BVerfGE	Amtliche Sammlung von Entscheidungen des Bundesverfassungsgerichts
BW	Buchwert
bzgl.	bezüglich
BZSt	Bundeszentralamt für Steuern
bzw.	beziehungsweise
CBIT	Comprehensive Business Income Tax
CDFI	Cahier de Droit Fiscal International
CEPS	The Centre for European Policy Studies
CESifo	Center for Economic Studies and Ifo Institute for Economic Research
CFC	Controlled Foreign Company
CGI	Code général des impôts
CHF	Schweizer Franken
cif	cost, insurance, freight
COLA	cost of living allowance
COM	Commission of the European Communities
Corp.	Corporation
c. p.	ceteris paribus
CTA	Contractual Trust Arrangement
CTJ	Canadian Tax Journal
C. V.	Besloten Commanditaire Vennotschap
CY	Zypern
CZ	Tschechische Republik
d.	des/der
DAI	Deutsches Anwaltsinstitut
DB	Der Betrieb
DBA	Doppelbesteuerungsabkommen
DBW	Die Betriebswirtschaft
DE	Deutschland
ders.	derselbe
DGFP	Deutsche Gesellschaft für Personalführung

d. h.	das heißt
dies.	dieselben
DIHT	Deutscher Industrie- und Handelstag
Diss.	Dissertation
DK	Dänemark
DÖV	Die öffentliche Verwaltung
DOK	Dokument
DStJG	Deutsche Steuerjuristische Gesellschaft e. V.
DStR	Deutsches Steuerrecht
DStRE	Deutsches Steuerrecht Entscheidungsdienst
DStZ	Deutsche Steuerzeitung
DSWR	Datenverarbeitung Steuer Wirtschaft Recht
DWS	Deutsches wissenschaftliches Steuerinstitut
EBITDA	Earnings before Interest, Taxes, Depreciation and Amortization
EC	European Community
ECTR	EC Tax Review
EE	Estland
EEA	Einheitliche Europäische Akte
eff.	effektiv
EFG	Entscheidungen des Finanzgerichts
EFTA	European Free Trade Association
e. G.	eingetragene Genossenschaft
EG	Europäische Gemeinschaft
EGV	EG-Vertrag
EGAHiG	EG-Amtshilfe-Gesetz
Einl.	Einleitung
EK	Eigenkapital
endg.	endgültig
entspr.	entsprechend
ErbStG	Erbschaftsteuergesetz
ES	Spanien
ESt	Einkommensteuer
EStB	Der Ertragsteuerberater
EStDV	Einkommensteuer-Durchführungsverordnung
EStG	Einkommensteuergesetz
EStR	Einkommensteuerrichtlinien
ESTV	Eidgenössische Steuerverwaltung
ET	European Taxation
etc.	et cetera
EU	Europäische Union
EuGH	Europäischer Gerichtshof
EuGHE	Entscheidung des Gerichtshofs der Europäischen Gemeinschaften
EuR	Europarecht
EUR	Einzelunternehmer
EuZW	Europäische Zeitschrift für Wirtschaftsrecht
e. V.	eingetragener Verein
EWG	Europäische Wirtschaftsgemeinschaft
EWGV	Vertrag über die europäische Wirtschaftsgemeinschaft
EWiR	Entscheidungen zum Wirtschaftsrecht
EWIV	Europäische Wirtschaftliche Interessenvereinigung

EWR	Europäischer Wirtschaftsraum
EWS	Europäisches Wirtschafts- und Steuerrecht
EWU	Europäische Währungsunion
f., ff.	folgende, fortfolgende
FA	Finanzarchiv
FAZ	Frankfurter Allgemeine Zeitung
FB	Finanzbetrieb
FG	Finanzgericht
FGO	Finanzgerichtsordnung
FI	Finnland
FID	Foreign Income Dividend
Fifo	First in first out
FN	Fußnote
fob	free on board
ForCo	Foreign Company
FR	Finanzrundschau
FR	Frankreich
Frhr.	Freiherr
FRL	Fusionsrichtlinie
FSt	Finanzen und Steuern
FuE	Forschung und Entwicklung
G20	Gruppe der zwanzig wichtigsten Industrie- und Schwellenländer
GA	Generalanwalt
GAufzV	Gewinnabgrenzungsaufzeichnungsverordnung
GbR	Gesellschaft des bürgerlichen Rechtes
GE	Geldeinheiten
gem.	gemäß
GenG	Genossenschaftsgesetz
GewSt	Gewerbesteuer
GewStG	Gewerbesteuergesetz
GewStR	Gewerbesteuerrichtlinien
GfK	Gesellschaft für Konsumforschung
GG	Grundgesetz
ggf.	gegebenenfalls
ggü.	gegenüber
GmbH	Gesellschaft mit beschränkter Haftung
GmbHR	GmbH-Rundschau
GmbH-StB	Der GmbH-Steuer-Berater
GoB	Grundsätze ordnungsmäßiger Buchführung
GR	Griechenland
GrEStG	Grunderwerbsteuergesetz
GrS	großer Senat
GrSt	Grundsteuer
GRUR	Gewerblicher Rechtsschutz und Urheberrecht
GuV	Gewinn und Verlust
H	Hinweise zu den Einkommensteuerrichtlinien
HFA	Hauptfachausschuss
HFR	Höchstrichterliche Finanzrechtsprechung
HGB	Handelsgesetzbuch
Hifo	Highest in first out

HK	Herstellungskosten
HLR	Harvard Law Review
h. M.	herrschende Meinung
Hrsg., hrsg.	Herausgeber, herausgegeben(e)
HU	Ungarn
IAS	International Accounting Standards
IBFD	International Bureau of Fiscal Documentation
IDEA	Journal of Law and Technology
i. d. F.	in der Fassung
i. d. R.	in der Regel
IDW	Institut der Wirtschaftsprüfer
i. e. S.	im engeren Sinne
IE	Irland
IFA	International Fiscal Association
IFRS	International Financial Reporting Standards
IFS	Institut for Fiscal Studies
IFS C	International Financial Services Centre
i. H. v.	in Höhe von
IKT	Informations- und Kommunikationstechnologien
Inc.	Incorporated
INF	Die Information über Steuer und Wirtschaft
inkl.	inklusive
inl.	inländisch
IntGA	Internationale Gewinnabgrenzung
InvZulG	Investitionszulagengesetz
IOSCO	International Organization of Securities Commissions
IP	Intellectual Property
IPHC	Intellectual/Intangible Property Holding Company
IRAP	Imposta Regionale sulla Attività Produttive
IRB	Internal Revenue Bulletin
IRC	Internal Revenue Code
IRS	Internal Revenue Service
i. S.	im Sinne
i. S. d.	im Sinne des/r
ISO	Incentive Stock Options
ISP	Internet Service Provider
IStR	Internationales Steuerrecht
i. S. v.	im Sinne von
IT	Italien
ITPF	International Tax and Public Finance
ITPJ	International Transfer Pricing Journal
ITR	International Tax Review
i. V. m.	in Verbindung mit
IWB	Internationale Wirtschafts-Briefe
IWP	Institut Österreichischer Wirtschaftsprüfer
JbFSt	Jahrbuch der Fachanwälte für Steuerrecht
JEBO	Journal of Economic Behaviour & Organization
JIT	Journal of International Taxation
JITE	Journal of Institutional and Theoretical Economics
JofA	Journal of Accountancy
JORS	Journal of the Operational Research Society

JPE	Journal of Public Economics
JPET	Journal of Public Economic Theory
jr.	Junior
JStG	Jahressteuergesetz(es)
JStG-E	Jahressteuergesetz-Entwurf
JTAX	Journal of Taxation
KapESt	Kapitalertragsteuer
KapG	Kapitalgesellschaft
KG	Kommanditgesellschaft
KGaA	Kommanditgesellschaft auf Aktien
KiSt	Kirchensteuer
KMU	kleine und mittlere Unternehmen
KöSdi	Kölner Steuerdialog
KOM	Kommission der Europäischen Gemeinschaften
KoR	Zeitschrift für kapitalmarktorientierte Rechnungslegung
KSt	Körperschaftsteuer
KStG	Körperschaftsteuergesetz
KStR	Körperschaftsteuerrichtlinien
KVStG	Kapitalverkehrsteuergesetz
LG	Landgericht
Lifo	Last in first out
Lilo	Lease in lease out
LKV	Landes- und Kommunalverwaltung
LLC	Limited Liability Company
LLP	Limited Liability Partnership
Lohnsummenst.	Lohnsummensteuer
LStR	Lohnsteuer-Richtlinien
lt.	laut
LT	Litauen
Ltd.	Limited
LU	Luxemburg
LV	Lettland
M&A	Mergers and Acquisitions
MA	Management Accounting
MarkenG	Markengesetz
m. a. W.	mit anderen Worten
max.	maximal
MEC	Multiple Entry Consolidated Group
MG	Muttergesellschaft
mind.	mindestens
Mio.	Million(en)
MitbestG	Mitbestimmungsgesetz
MoMiG	Gesetz zur Modernisierung des GmbH-Rechts und zur Bekämpfung von Missbräuchen
MPI	Max-Planck-Institut
Mrd.	Milliarden
MT	Malta
MutterG	Muttergesellschaft
m. w. N.	mit weiteren Nachweisen
MwSt	Mehrwertsteuer

N/A	not applicable
n. F.	neue Fassung
NJW	Neue Juristische Wochenschrift
NL	Niederlande
Nr.	Nummer
nrkr	nicht rechtskräftig
Nrn.	Nummern
NTJ	National Tax Journal
N. V.	Naamlooze Vennootschap
NV	nicht veröffentlicht
NVwZ	Neue Zeitschrift für Verwaltungsrecht
NWB	Neue Wirtschafts-Briefe
NZG	Neue Zeitschrift für Gesellschaftsrecht
o. a.	oben angegeben(en)
o. ä.	oder ähnlich(es)
OECD	Organization for Economic Cooperation and Development
ÖstZ	Österreichische Steuerzeitung
OFD	Oberfinanzdirektion
o. g.	oben genannt
OHG	Offene Handelsgesellschaft
OLG	Oberlandesgericht
ORA	Obligation Remboursable en Actions
o. V.	ohne Verfasser
p. a.	per annum
PersG	Personengesellschaft
PETS	Practical European Tax Strategies
PIStB	Praxis Internationale Steuerberatung
PL	Polen
PLC	Public Limited Company
PT	Portugal
PwC	PricewaterhouseCoopers
R	Richtlinie
RBerG	Rechtsberatungsgesetz
Rdn.	Randnummer
R. F. C.	Revue Française de Comptabilité
RFH	Reichsfinanzhof
RGBl	Reichsgesetzblatt
RIW	Recht der internationalen Wirtschaft
rkr.	rechtskräftig
Rn.	Randnummer
Rs.	Rechtssache
Rspr.	Rechtsprechung
RStBl	Reichssteuerblatt
Rz.	Randziffer
s.	siehe
S.	Seite
S. A.	Société Anonyme
S. a. r. l.	Société à responsabilité limitée
SBR	Schmalenbach Business Review

SCE	Societas Cooperativa Europae
SE	Schweden
SE	Societas Europaea
Sec.	Section
Secs.	Sections
SEC	Securities and Exchange Commission
SEC	Staff of the European Commission
SEEG	Gesetz zur Einführung der Europäischen Gesellschaft
SenFin	Senatsverwaltung für Finanzen
SenVerw.	Senatsverwaltung
SEStEG	Gesetz über steuerliche Begleitmaßnahmen zur Einführung der Europäischen Gesellschaft und zur Änderung weiterer steuerrechtlicher Vorschriften
SGB	Sozialgesetzbuch
SK	Slowakische Republik
SL	Slowenien
S. N. C.	Société en nom collectif
sog.	sogenannte(n/r)
SolZ	Solidaritätszuschlag
SolZG	Solidaritätszuschlagsgesetz
Sp.	Spalte
SP	Schlussprotokoll
S. p. A.	Societa par Azioni
st.	ständig
StÄndG	Steueränderungsgesetz
StB	Der Steuerberater
Stbg	Die Steuerberatung
StbJb	Steuerberater-Jahrbuch
StbKR	Steuerberaterkongressreport
StBp	Die Steuerliche Betriebsprüfung
StEntlG	Steuerentlastungsgesetz
SteuerHBekV	Steuerhinterziehungsbekämpfungsverordnung
SteuerSenkG	Steuersenkungsgesetz
SteuerStud	Steuer und Studium
SteuK	Steuerrecht kurzgefaßt
StMBG	Steuermißbrauchsbekämpfungsgesetz
STN	State Tax Notes
str.	strittig
StRK	Steuerrechtsprechung in Karteiform
StSenkG	Steuersenkungsgesetz
StuB	Steuern und Bilanzen
StuW	Steuer und Wirtschaft
StVergAbG	Steuervergünstigungsabbaugesetz
StVj	Steuerliche Vierteljahresschrift
SWI	Steuer und Wirtschaft International
SWK	Steuer- und WirtschaftsKartei
T	Tausend Euro
Taxe Prof.	Taxe professionnelle
T. C. M.	Tax Court Memorandum
TG	Tochtergesellschaft
TLR	Tax Law Review
TMIJ	Tax Management International Journal
TMTPR	Tax Management Transfer Pricing Report

TN	Tax Notes
TNI	Tax Notes International
TochterG	Tochtergesellschaft
TP	Telecommunications Policy
TPIR	Tax Planning International Review
TPITP	Tax Planning International Transfer Pricing
Treas. Reg.	Treasury Regulations
T. S. D. I.	Titres subordonnés à durée indéterminée
Tz.	Textziffer
u.	und
u. a.	unter anderem
u. ä.	und ähnlichem
u. E.	unseres Erachtens
UK	Vereinigtes Königreich
UmwG	Umwandlungsgesetz
UmwStG	Umwandlungssteuergesetz
UN	United Nations
UNCTAD	United Nations Conference on Trade and Development
UntStFG	Unternehmenssteuerfortentwicklungsgesetz
UntStRefG	Unternehmenssteuerreformgesetz
UR	Umsatzsteuer-Rundschau
Urt.	Urteil
US	Vereinigte Staaten
U. S.	Vereinigte Staaten
USA	Vereinigte Staaten von Amerika
US GAAP	US Generally Accepted Accounting Principles
USK	Urteilssammlung der Krankenkassen
USt	Umsatzsteuer
UStG	Umsatzsteuergesetz
usw.	und so weiter
u. U.	unter Umständen
u. v. m.	und viele(s) mehr
UVR	Umsatzsteuer- und Verkehrsrundschau
UWG	Gesetz gegen den unlauteren Wettbewerb
v.	von, vom
vs.	versus
v. a.	vor allem
VAT	Value Added Tax
Vermögenst.	Vermögensteuer
Vfg.	Verfügung
vGA	verdeckte Gewinnausschüttung
vgl.	vergleiche
vKE	verdeckte Kapitaleinlage
VO	Verordnung
Vol.	Volume
Vorb.	Vorbemerkung(en)
vs.	versus
VSt	Vermögensteuer
VSUD	Vereinigung Schweizerischer Unternehmen in Deutschland
VW	Verkehrswert

VwGH .... Verwaltungsgerichtshof
VZ .... Veranlagungszeitraum

WD .... Wissenschaftliche Dienste des Deutschen Bundestages
Wertschöpfungsst. .... Wertschöpfungssteuer
WG .... Wirtschaftsgut/Wirtschaftsgüter
WiSt .... Wirtschaftswissenschaftliches Studium
WP .... Wirtschaftsprüfer
WPg .... Die Wirtschaftsprüfung
WPK .... Wirtschaftsprüferkammer
WTO .... World Trade Organization

z. B. .... zum Beispiel
ZEW .... Zentrum für Europäische Wirtschaftsforschung
ZfB .... Zeitschrift für Betriebswirtschaft
ZfbF .... Zeitschrift für betriebswirtschaftliche Forschung
ZfhF .... Zeitschrift für handelswirtschaftliche Forschung
ZGR .... Zeitschrift für Unternehmens- und Gesellschaftsrecht
ZHR .... Zeitschrift für das gesamte Handels- und Wirtschaftsrecht
Ziff. .... Ziffer
ZIP .... Zeitschrift für Wirtschaftsrecht und Insolvenzpraxis
z. T. .... zum Teil
Zuschlagsst. .... Zuschlagssteuern
zzgl. .... zuzüglich

Einleitung

Problemstellung, Zielsetzung und Aufbau der Untersuchung

Tritt ein inländisches Unternehmen mit ausländischen Partnern in Geschäftsbeziehungen, so werden mit dem **Ausland und Inland zwei souveräne Steuerhoheiten** berührt. Erheben nun beide Staaten Steuern auf denselben Geschäftsvorgang, so kann es zu **Doppelbesteuerungen** kommen; im umgekehrten Fall können auch **Minderbesteuerungen** auftreten, was freilich weniger häufig vorkommt. Beides – Doppel- und Minderbesteuerungen – gilt es zu vermeiden. Sie führen wegen der damit verbundenen finanziellen Mehr- oder Minderbelastungen zu Wettbewerbsverzerrungen auf den internationalen Märkten. Doppelbelastungen erschweren sowohl den internationalen Wirtschafts- und Kapitalverkehr als auch die internationale Arbeitsteilung und stellen sich somit als Hemmnis für die wirtschaftliche Fortentwicklung der Volkswirtschaften dar. Da die aus Doppelbesteuerungen resultierenden Zusatzbelastungen das Auslandsengagement gegenüber einer reinen Inlandstätigkeit benachteiligen – umgekehrt ist es bei Minderbesteuerungen –, sind beide zudem mit dem Prinzip der Besteuerung nach der wirtschaftlichen Leistungsfähigkeit nicht vereinbar.

Die steuerliche Behandlung und damit die Steuerbelastung bei grenzüberschreitender Geschäftstätigkeit hängt davon ab, für welche Gestaltungsalternative sich ein Unternehmer entscheidet. Je nachdem, ob es sich um Direktgeschäfte, Betriebsstätten oder Beteiligungen an Kapital- oder Personengesellschaften handelt, ergeben sich unterschiedliche steuerliche Konsequenzen.

Aus der Darlegung der grundsätzlichen Problematik der internationalen Unternehmensbesteuerung leiten sich Zielsetzung und Aufbau des vorliegenden Buches ab:

Ziel ist es, die steuerlichen Konsequenzen unterschiedlicher unternehmerischer Gestaltungsalternativen bei der grenzüberschreitenden Geschäftstätigkeit herauszuarbeiten und zu analysieren. Da die Konsequenzen für das unternehmerische Entscheidungsverhalten je nach unternehmerischer Gestaltungsalternative unterschiedlich sind, ergeben sich ferner Konsequenzen im Hinblick auf die internationale Steuerplanung, deren Darstellung in ihren verschiedenen Facetten eine weitere wesentliche Zielsetzung des Buches ist.

Betrachtet man die Ziele der Untersuchung etwas detaillierter, so spiegeln sie sich in ihrem **Aufbau** und ihrer Gliederung wider:

Das Buch ist in sechs Teile untergliedert. Die **beiden ersten Teile** sind grundsätzlicher Natur, indem sie sowohl allgemein als auch in ihren Einzelheiten die Methoden zur Vermeidung von Doppel- und Minderbesteuerungen darlegen sowie eine systematische Analyse des Einflusses der Europäischen Integration auf die internationale Unternehmensbesteuerung beinhalten.

Im **dritten und vierten Teil** werden die unternehmerischen Gestaltungsalternativen (Direktgeschäfte, Betriebsstätten, Beteiligungen an Kapital- oder Personengesellschaften) mit ihren steuerlichen Konsequenzen erörtert. Da sich diese Konsequenzen prinzipiell danach unterscheiden, ob sie sich aus Investitionen eines ausländischen Investors in Deutschland oder aus Investitionen eines deutschen Investors im Ausland ergeben, werden die beiden Teile je nach Betrachtungsrichtung in Inbound- und Outbound-Investitionen unterschieden.

Der **fünfte Teil** beschäftigt sich mit den schwierigen Fragen der Erfolgs- und Vermögensabgrenzung zwischen In- und Ausland bei den verschiedenen Gestaltungsalternativen unternehmerischen Handelns (Direktgeschäfte, Betriebsstätten, Beteiligungen an Kapital- oder Personengesellschaften) sowie den damit verbundenen verfahrensrechtlichen Regelungen.

Dem **sechsten** und abschließenden **Teil,** nämlich der grenzüberschreitenden Steuerplanung, wird besonderes Gewicht zugemessen. Die in den verschiedenen Staaten vorzufindenden unterschiedlichen Steuerarten und -systeme, die unterschiedlichen Bemessungsgrundlagen und Steuertarife sowie das daraus resultierende internationale Steuergefälle begründen Fragen der steuerlichen Optimierung unternehmerischen Handelns. Dies ist wahrlich nichts Verwerfliches; solange es sich im Rahmen der legalen Gegebenheiten abspielt, sind Steueroptimierungen mittels tax planning ökonomisch genauso geboten wie die Optimierungen von Investitionen oder von Absatzwegen. Wesentliche Planungsüberlegungen im Rahmen der internationalen Besteuerung betreffen Finanzierungsüberlegungen, Akquisitions- und Investitionsplanungen einschließlich Rechtsform-, Holding- und Joint-Venture-Strategien, die Möglichkeiten der Auslagerung betrieblicher Funktionen und Teilbereiche in das Ausland, die überaus komplexe Materie der Gestaltung von Verrechnungspreisen und Umlagen bis hin zur Entgeltgestaltung bei Entsendung von Mitarbeitern in das Ausland. Da die Wirkungen grenzüberschreitender Steuerplanung davon abhängig sind, ob der Investor ein Ausländer ist, der sich in Deutschland engagieren möchte, oder umgekehrt ein Inländer mit dem Investitionsziel Ausland, wird bei den Tax-planning-Überlegungen systematisch wiederum je nach Blickrichtung in Inbound- und Outbound-Investitionen unterschieden.

Erster Teil
Grundtatbestände der internationalen Unternehmensbesteuerung

1. Kapitel. Doppel- und Minderbesteuerungen und damit verbundene betriebs- und volkswirtschaftliche Konsequenzen

Die Begriffe der Doppel- und Minderbesteuerung sind inhaltlich nicht eindeutig bestimmt, sondern lassen Raum für unterschiedliche Auslegungen. Obwohl es nicht an Versuchen gefehlt hat, die Tatbestände der Doppel- und Minderbesteuerung juristisch und ökonomisch zu präzisieren, ist man sich im internationalen Bereich bis heute weder über das Erfordernis noch über die inhaltliche Einzelabgrenzung der entsprechenden Begriffe einig. Als Resultat der zahlreichen wissenschaftlichen Kontroversen hat sich im neueren Schrifttum aber ein einheitliches Begriffsverständnis der Doppelbesteuerung herausgebildet. Hier liegen die Interpretationsunterschiede letztlich nur in Einzelfragen. Der Terminus Minderbesteuerung ist dagegen weder in der Theorie noch in der Rechtspraxis einheitlich definiert.[1]

Der Tatbestand der **Doppelbesteuerung** ist dann erfüllt, wenn **derselbe Steuerpflichtige** mit **denselben Einkünften** oder Vermögenswerten gleichzeitig in **zwei oder mehreren Staaten** zu **gleichen oder vergleichbaren Steuern** herangezogen wird. Bei dem Begriff der Doppelbesteuerung handelt es sich somit um einen verkürzenden Terminus, der auch – z. B. bei Drittstaatsgeschäften – Drei- und Mehrfachbesteuerungen umfasst. Man unterscheidet in diesem Zusammenhang zwischen der rechtlichen und der wirtschaftlichen Doppelbesteuerung. Die konstitutiven Merkmale der **rechtlichen Doppelbesteuerung** sind

– die Identität des Steuerobjekts,
– die Identität des Steuersubjekts,
– die Identität des Besteuerungszeitraums und
– die Gleichartigkeit der Steuern.[2]

Diese Begriffsbildung ist auch in der Staatenpraxis allgemein geläufig.[3]

Unterliegen dieselben Einkommens- und Vermögensteile im gleichen Besteuerungszeitraum bei **verschiedenen Steuersubjekten** einer vergleichbaren Steuer, so spricht man von einer **wirtschaftlichen Doppelbesteuerung (Doppelbelastung)**. Im Gegensatz zum juristischen Doppelbesteuerungsbegriff ist insofern eine strenge Steuersubjektidentität nicht erforderlich. Eine Doppelbelastung liegt bspw. in den Fällen vor, in denen der in einer

---

[1] Zur Begriffsbestimmung der Doppel- und Minderbesteuerung vgl. u. a. Schmitz, R. C. A., Steuerrecht, 1957, S. 16 ff.; Bühler, O., Prinzipien, 1964, S. 32, S. 169 f.; Mössner, J. M., DStJG 1985, S. 135 ff.; Kluge, V., Steuerrecht, 2000, S. 34 ff.
[2] Vgl. Spitaler, A., Doppelbesteuerungsproblem, 1936, S. 52 ff., insbesondere S. 132 f.; Rose, G., Steuerrecht, 2004, S. 54 ff.; Fischer, L./Kleineidam, H.-J./Warneke, P., Steuerlehre, 2005, S. 28 ff.; Vogel, K./Lehner, M., DBA-Kommentar, Einl., Anm. 1 ff.
[3] Vgl. OECD-Kommentar, Art. 23 A und 23 B, Anm. 1 ff.

ausländischen Körperschaft erzielte und ausgeschüttete Gewinn sowohl bei der ausländischen Gesellschaft als auch beim inländischen Aktionär besteuert wird. Auch eine Identität des Besteuerungszeitraums ist bei wirtschaftlicher Betrachtungsweise nicht relevant, da eine Doppelbelastung in unterschiedlichen Perioden ebenfalls nicht zu rechtfertigen ist.[4]

Als Ausgangspunkt für die Bestimmung des Begriffs der **Minderbesteuerung** wird häufig die unzulässige und missbräuchliche Steuerreduzierung durch Ausnutzung internationaler Belastungsunterschiede gewählt. Eine Minderbesteuerung ergibt sich dann als Folge missbräuchlicher Rechtsgestaltungen, die mit den tatsächlichen wirtschaftlichen Verhältnissen nicht in Einklang stehen. So liegt z. B. dann eine Minderbesteuerung vor, wenn ein Steuerinländer seinen Wohnsitz aus steuerlichen Gründen in ein Niedrigsteuerland verlegt, ohne dabei seine wirtschaftlichen Interessen im Inland aufzugeben.

Zu einer umfassenderen Definition der Minderbesteuerung gelangt man dann, wenn alle Steuerentlastungen, die aus der Existenz und dem Zusammenspiel mehrerer Abgabegewalten resultieren, als Ausgangsgrundlage herangezogen werden.[5] Es sollen jedoch nicht jegliche Steuerlastreduktionen im internationalen Bereich als Minderbesteuerungen qualifiziert werden, sondern nur diejenigen, die mit den Grundsätzen einer gleichmäßigen und wettbewerbsneutralen Unternehmensbesteuerung nicht in Einklang stehen. Stellt man hierbei ökonomische Maßstäbe in den Vordergrund, so ist entscheidendes Beurteilungskriterium das Vorliegen ungerechtfertigter Wettbewerbsvorteile, gleichgültig, ob diese aus der missbräuchlichen Ausnutzung von Steuersystemunterschieden durch den Steuerpflichtigen oder aus der lückenhaften Abstimmung der Systeme durch die betroffenen Steuerhoheiten entstehen.

Die Ursache für das Fehlen international anerkannter Abgrenzungskriterien für Doppel- und Minderbesteuerungen ist letztlich darin zu suchen, dass weder ein allgemeines völkerrechtliches Verbot von Doppelbesteuerungen noch ein solches für Minderbesteuerungen existiert. Die Konsequenz hieraus ist, dass es auch keine allgemein gültigen Rechtsfolgen für Doppel- und Minderbesteuerungen geben kann.

Besteht über Begriff und Umfang der Doppel- und Minderbesteuerung auch keine die Grenzbereiche betreffende Übereinstimmung, so ist man sich doch über ihre grundsätzliche Problematik einig. Jede Doppelbesteuerung bedeutet eine finanzielle Mehrbelastung für den von ihr Betroffenen. Aus **betriebswirtschaftlicher** Sicht werden die Nettoerträge geringer. Der Steuerpflichtige wird sich mithin die Frage vorlegen, ob es für ihn nicht sinnvoller ist, seine Arbeitskraft oder sein Kapital ausschließlich in einem Land einzusetzen. In diesem Fall würde seine erzielbare Rendite ceteris paribus steigen, da die zusätzliche ausländische Steuer entfallen würde. Jede Minderbesteuerung bedeutet dagegen eine finanzielle Erleichterung und einen Konkurrenzvorteil für den von ihr Begünstigten. Die Nettoerträge werden entsprechend größer.

Eine wesentliche negative Folge der internationalen Doppel- und Minderbesteuerung ist, dass durch sie der freie Wettbewerb, die freie Kapitalbewegung sowie der freie Arbeitsaustausch im zwischenstaatlichen Bereich beeinflusst werden.

---

[4] Vgl. Mössner, J. M., DStJG 1985, S. 139.
[5] Vgl. z. B. Burmester, G., Minderbesteuerung, 1997, S. 55 ff.

Doppel- und Minderbesteuerungen sind auch **volkswirtschaftlich** problematisch. So ist z. B. jede exportorientierte Volkswirtschaft zur Sicherung ihrer Arbeitsmarktlage oder zur Ausnutzung ihrer inländischen Produktionskapazitäten daran interessiert, dass die in ihrem Hoheitsgebiet ansässigen Unternehmen möglichst erfolgreich auf ausländischen Märkten tätig sind. Jede Doppelbesteuerung behindert jedoch den Handel und die Konkurrenzfähigkeit der Unternehmen auf dem Auslandsmarkt. Im Falle der (ausländischen) Minderbesteuerung verliert das Inland Besteuerungssubstrat, womit es zu einem Rückgang der Steuereinnahmen kommt. Dies ist volkswirtschaftlich ebenfalls schädlich, da im Inland durchgeführte Investitionen bei unverändertem staatlichem Ausgabenniveau einer höheren Steuerbelastung unterliegen.

Die Doppelbesteuerung steht freilich nicht nur den Interessen exportorientierter Länder, sondern auch denen mit hohen Importüberschüssen entgegen. Dies gilt insbesondere für die **Entwicklungsländer**. Diese sind bestrebt, durch Modernisierung ihrer Landwirtschaft oder durch Industrialisierung ihre Handels- und Leistungsbilanzen allmählich auszugleichen. Hierzu bedarf es in hohem Maße ausländischen Kapitals und ausländischer Investitionen. Ist die aus der in- und ausländischen Erfassung internationaler Geschäftsbeziehungen resultierende Gesamtsteuerbelastung aber zu hoch, so verliert der Anleger den Anreiz, im Ausland zu investieren oder dorthin Kredite zu gewähren.

Diese negativen betriebs- und volkswirtschaftlichen Auswirkungen zeigen deutlich, wie notwendig Gegenmaßnahmen zur Beseitigung der durch Doppel- und Minderbesteuerungen entstehenden Wettbewerbsverzerrungen sind. Diese Erkenntnis führte bereits frühzeitig zu Bestrebungen, die internationale Doppelbesteuerung soweit als möglich zu beseitigen. Der Wettbewerb der Steuersysteme um Investitionen hat wesentlich dazu beigetragen, steuerliche Behinderungen des internationalen Geld- und Güterverkehrs abzubauen. Durch diesen Wettbewerb sind allerdings auch Möglichkeiten entstanden, die einer ungerechtfertigten Steuervermeidung Vorschub leisten. Deshalb wird der Bekämpfung der Steuerflucht stärkeres Gewicht beigemessen. Die einzelnen Maßnahmen, die zur Vermeidung der Doppel- und Minderbesteuerungen angewandt werden können, sind allerdings erst dann verständlich, wenn man bei den einzelnen Steuerarten die Ursachen der Doppel- und Minderbesteuerungen kennt. Im Folgenden werden diese Ursachen analysiert, wobei zwischen Personen- und Objektsteuern unterschieden wird.

2. Kapitel. Ursachen der Doppel- und Minderbesteuerungen

A. Personensteuern

Zu den Personensteuern zählen die Einkommen-, die Körperschaft-, die Vermögen- und die Erbschaftsteuer.[1] Bei internationalen Geschäftsbeziehun-

---

[1] Für eine Übersicht über die Vermögensteuer im Ausland vgl. Rehrmann, W. F., Außensteuerrecht, 2006, S. 264 f. Vgl. zur Erbschaftsteuer Scheffler, W./Spengel, C., Erbschaftsteuerbelastung, 2004, S. 65 ff.

gen ist eine Erhebung dieser Steuerarten nach völkerrechtlichen Grundsätzen nur dann gerechtfertigt, wenn ein Staat hierfür über konkrete **Anknüpfungsmomente** innerhalb seines Hoheitsgebietes verfügt.[2] Diesem Erfordernis wird international in unterschiedlicher Weise Rechnung getragen. Trotz aller Abweichungen im Detail sind jedoch ähnliche Grundstrukturen erkennbar, die einen Mindeststandard widerspiegeln.

Im Rahmen der nationalen Steuergesetze wird ein Steuerrechtsverhältnis durch zwei Arten von Anknüpfungsmomenten begründet: Es muss eine persönliche oder eine sachliche Bindung des Steuerpflichtigen zum steuererhebenden Staat gegeben sein.

– Eine **persönliche Bindung** kann sich sowohl über eine rechtliche als auch über eine ökonomische Gebietszugehörigkeit manifestieren. Ein rechtliches Auslösungsmoment der Steuerpflicht stellen bspw. die Staatsangehörigkeit bei natürlichen Personen und der zivilrechtliche Sitz bei juristischen Personen dar. Dagegen wird auf die ökonomische Gebietszugehörigkeit abgestellt, wenn die Steuerpflicht bei natürlichen Personen durch den Wohnsitz oder den gewöhnlichen Aufenthalt und bei juristischen Personen durch den Ort der Geschäftsleitung begründet wird.[3] Im Zusammenhang mit diesen Formen der Steueranknüpfung wird vereinfachend von einer Besteuerung nach dem **Nationalitätsprinzip** und nach dem **Wohnsitz-** oder **Ansässigkeitsprinzip** gesprochen. Steuerpflichtige, die aufgrund dieser Merkmale erfasst werden, bezeichnet man als **Steuerinländer**.

– Fehlt es an einer persönlichen Inlandsbindung, so kann eine Steuerpflicht dennoch bei Vorliegen einer **sachlichen Verbindung** zum Inland zustandekommen. Die sachliche Verbindung wird durch die Erwirtschaftung von Einkommen oder durch die Belegenheit von Vermögen im Inland verwirklicht. Man bezeichnet diese Form der Steueranknüpfung als Besteuerung nach dem **Quellen-** oder **Ursprungsprinzip** und spricht im Zusammenhang mit den Steuerpflichtigen von **Steuerausländern**.

Regelmäßig gibt die Art der Steueranknüpfung nicht nur Auskunft über den persönlichen Status des Steuerpflichtigen gegenüber dem steuererhebenden Staat, sondern sie lässt auch Rückschlüsse auf den **Umfang der Steuerpflicht** zu.

– Wird das Steuerrechtsverhältnis aufgrund persönlicher Merkmale begründet, so hat dies die **unbeschränkte Steuerpflicht** zur Folge, deren Sachumfang auf die steuerliche Erfassung des Welteinkommens und des Weltvermögens ausgerichtet ist. Insofern wird auch vom **Welteinkommens-, Universalitäts-, Totalitäts-** oder **Mondialprinzip** gesprochen.
– Liegt hingegen lediglich eine sachliche Zugehörigkeit vor, so wird die **beschränkte Steuerpflicht** ausgelöst. Dabei begnügt sich der Staat mit der steuerlichen Erfassung des in seinem Gebiet belegenen Vermögens

---

[2] Vgl. Bühler, O., Prinzipien, 1964, S. 130 ff.; Weber-Fas, R., Steuerrecht, 1979, S. 62 ff.; Vogel, K., StuW 1982, S. 111 ff. und S. 286 ff.; Kluge, V., Steuerrecht, 2000, S. 29 ff.

[3] Vgl. hierzu für die deutsche Steuergesetzgebung die Definitionen in den §§ 8–11 AO.

(sofern eine Vermögensteuer erhoben wird) und des von dort stammenden Einkommens. Im Zusammenhang mit dieser Abgrenzung des Besteuerungsanspruchs wird auch vom **Territorialitätsprinzip** gesprochen.[4]

Alle modernen Personensteuersysteme kennen diese Konzeptionen der unbeschränkten und der beschränkten Steuerpflicht. Bei der konkreten Einzelausgestaltung finden sich allerdings Differenzierungen, denn jeder Staat ist im Rahmen der völkerrechtlichen Grenzen in der Begründung und inhaltlichen Ausgestaltung seiner Besteuerungsansprüche souverän. In Abhängigkeit vom wirtschaftlichen Entwicklungsgrad und von der Gesellschaftsordnung können jedoch im internationalen Vergleich der Steuersysteme folgende Tendenzen unterschieden werden:

– Die wirtschaftlich weiter entwickelten Staaten (**Industriestaaten**) besitzen bei den Personensteuern regelmäßig Systeme, die vom **Ansässigkeitsprinzip** ausgehen. Dies gilt bspw. auch für die Bundesrepublik Deutschland. Hier kommt es zur unbeschränkten Steuerpflicht, wenn eine natürliche Person ihren Wohnsitz oder gewöhnlichen Aufenthalt im Inland hat (§ 1 Abs. 1 EStG). Das **Nationalitätsprinzip** findet lediglich in Sonderfällen Anwendung (§ 1 Abs. 2 EStG; § 2 AStG). Bei juristischen Personen und sonstigen Vermögensmassen wird die unbeschränkte Steuerpflicht ausgelöst, wenn sich der statutarische Sitz oder der Ort der Geschäftsleitung im Inland befindet (§ 1 KStG). In diesem Bereich ist damit die Steuersubjekteigenschaft gleichermaßen von rechtlichen und wirtschaftlichen Anknüpfungsmerkmalen geprägt.

Eine Besonderheit im internationalen Vergleich der Industriestaaten stellt das Steuerrecht der USA dar. Dort wird der rechtlichen Zugehörigkeit des Steuersubjekts ein wesentlich höherer Stellenwert beigemessen. Amerikanische Staatsangehörige sind ungeachtet ihrer ökonomischen Gebietszugehörigkeit (z. B. aufgrund ihres Wohnsitzes oder ihres gewöhnlichen Aufenthalts) unbeschränkt steuerpflichtig.[5] Bei juristischen Personen und sonstigen Vermögensmassen ist für die unbeschränkte Steuerpflicht ausschlaggebend, dass sie nach Sec. 7701 (a) IRC nach amerikanischem Gründungsrecht errichtet wurden.

Bei der beschränkten Steuerpflicht sind die Merkmale der sachlichen Einbettung und damit der Umfang der Quellenbesteuerung unterschiedlich weit gefasst. Für den Bereich der Bundesrepublik Deutschland sind diese im Einzelnen in § 49 EStG (Inlandseinkünfte) näher definiert. Für das US-amerikanische Steuerrecht ist in den Secs. 861–865 IRC festgelegt, in welchen Fällen Einkünfte aus Quellen innerhalb oder außerhalb der USA vorliegen.

– Die wirtschaftlich weniger entwickelten Staaten (**Entwicklungsländer**) orientieren ihre Steuersysteme regelmäßig in starkem Maße an der Quel-

---

[4] Einen Überblick über diese Besteuerungsprinzipien und deren unterschiedliche Bedeutungsinhalte geben z. B. Bühler, O., Prinzipien, 1964, S. 161 ff.; Homburg, S., Steuerlehre, 2007, S. 269 ff.
[5] Gleichzeitig kommt bei natürlichen Personen ohne amerikanische Staatsbürgerschaft das Ansässigkeitsprinzip zum Tragen. Diese sind unbeschränkt steuerpflichtig, soweit sie ihren gewöhnlichen Aufenthalt in den USA haben (Sec. 7701 (b) IRC). Vgl. Kußmaul, H./Ruiner, C., StuW 2009, S. 81 ff. m. w. N.

lenbesteuerung. Die durch den oftmals einseitigen Wirtschaftsverkehr bedingte Schuldnerstellung der Entwicklungsländer führt unter fiskalischen Gesichtspunkten dazu, dass die Konkretisierung der beschränkten Steuerpflicht bei diesem Staatenkreis nach weit umfassenderen Merkmalen als in Industriestaaten erfolgt.

Das weltweite Nebeneinander von persönlichen und sachlichen Steueranknüpfungsmomenten birgt vielfältige Gefahren von Doppel- und Minderbesteuerungen. So kann eine **Doppelbesteuerung** grundsätzlich durch die Konkurrenz zweimaliger Wohnsitz- oder zweimaliger Quellenbesteuerung oder – als Regelfall – durch das Aufeinandertreffen von Wohnsitz- und Quellenbesteuerung auftreten. Nachfolgende Beispiele sollen diese Sachverhalte verdeutlichen:

Beispiel 1: A hat seinen Wohnsitz und gewöhnlichen Aufenthalt in der Bundesrepublik Deutschland. Er bezieht aus dem Staat Z Einkünfte. Die Bundesrepublik besteuert diese Erfolgsteile entsprechend dem Wohnsitzprinzip, während gleichzeitig im Staat Z eine Quellensteuer anfällt. Es liegt hier der klassische **Konkurrenz zwischen unbeschränkter Steuerpflicht und beschränkter Steuerpflicht** vor.

Beispiel 2: A hat seinen Wohnsitz in der Bundesrepublik Deutschland, seinen gewöhnlichen Aufenthalt aber im Staat Z. Beide Staaten besteuern entsprechend dem Wohnsitzprinzip das gesamte Einkommen. Es liegt hier ein **Fall konkurrierender unbeschränkter Steuerpflicht** vor.

Beispiel 3: A hat im Staat Z eine Betriebsstätte. Über die Betriebsstätte bezieht A aus einem Drittstaat Y Einkünfte bzw. hält dort Vermögen. Staat Z und der Drittstaat Y besteuern beide entsprechend dem Quellenprinzip. Hier liegt ein **Fall konkurrierender beschränkter Steuerpflicht** vor.

Während alle denkbaren Fälle der Doppelbesteuerung mit vorstehenden Beispielen umschrieben sind, ist eine analoge Darstellung der Fälle der Minderbesteuerung nicht möglich. Bei der internationalen **Minderbesteuerung** geht es zum einen um die Ausnutzung des internationalen Steuergefälles, die nicht mit den tatsächlichen wirtschaftlichen Interessen übereinstimmt **(Verlagerung von Steuersubstrat).**

Beispiel 1: Ein internationaler Konzern verlagert Gewinne durch überhöhte (Einfuhrlieferungen/-leistungen) oder zu geringe Verrechnungspreise (Ausfuhrlieferungen/-leistungen) ins niedrig besteuernde Ausland, obwohl die wirtschaftliche Gewinnentstehung dem nicht entspricht.

Beispiel 2: Es werden Leistungen über eine Tochtergesellschaft im niedrig besteuernden Ausland abgerechnet, ohne dass die Auslandstochter eigene Aktivitäten entfaltet bzw. Funktionen übernimmt (sog. Briefkastengesellschaft).

Minderbesteuerung kann zum anderen durch **Qualifikationskonflikte** entstehen, die aus der mangelnden Abstimmung der nationalen Steuerrechtsordnungen resultieren.

Beispiel 3: Ein Inländer ist Gesellschafter einer ausländischen Personengesellschaft, mit der er unter anderem schuldrechtliche Verträge (z. B. Darlehen oder Lizenzvergabe) abgeschlossen hat. Werden die daraus resultierenden Entgelte nach inländischem Recht als Sonderbetriebseinnahmen qualifiziert und als Betriebsstätteneinkünfte von der inländischen Besteuerung befreit,[6] kommt es zu einer doppelten Nichtbesteuerung, falls

---

[6] Bei deutschen Mitunternehmerschaften ist allerdings § 50 d Abs. 10 EStG zu berücksichtigen.

diese Vergütungen nach ausländischem Recht nach den für Zinsen oder Lizenzen geltenden Regeln besteuert werden, woraus ein Abzug im Rahmen der ausländischen Gewinnermittlung resultiert.

Beispiel 4: Ein Steuerinländer kann Verluste aus einer ausländischen Betriebsstätte sowohl im Inland als auch im Tätigkeitsstaat der Betriebsstätte verrechnen. Die doppelte Verlustnutzung führt – gemessen am Grundsatz der Einmalbesteuerung – zu einer Minderbesteuerung.

Solche Steuervorteile widersprechen genau wie die durch Doppelbesteuerungen entstehenden Steuernachteile den Zielsetzungen einer an der Leistungsfähigkeit und Wettbewerbsneutralität ausgerichteten internationalen Unternehmensbesteuerung.

Auch im Bereich der Erbschaftsteuer können Doppelbesteuerungen auftreten.[7] Unterschieden wird ebenso wie bei der Einkommen- und Körperschaftsteuer zwischen unbeschränkter und beschränkter Steuerpflicht. Ist an dem jeweiligen Vermögensübergang ein Steuerinländer beteiligt, wird im Rahmen der unbeschränkten Steuerpflicht sowohl das Inlands- als auch das Auslandsvermögen der Besteuerung unterworfen. Die beschränkte Steuerpflicht erstreckt sich hingegen allein auf das Inlandsvermögen. Zu internationalen Doppelbesteuerungen kommt es dann, wenn entweder ein Steuerinländer Auslandsvermögen oder ein Steuerausländer Inlandsvermögen vererbt oder erbt. In beiden Fällen wird dasselbe Vermögen sowohl im Wohnsitzstaat im Rahmen der unbeschränkten Steuerpflicht als auch im Belegenheitsstaat im Rahmen der beschränkten Steuerpflicht erfasst. Auf die Doppelbesteuerungsproblematik im Zusammenhang mit der Erbschaftsteuer wird im Folgenden jedoch nicht näher eingegangen.[8]

B. Objektsteuern

Bei den Objektsteuern (Gewerbesteuer, Grundsteuer) ist die bei den Personensteuern vorzufindende Zweigleisigkeit der Steuerpflicht systemimmanent unbekannt, da die Besteuerung ausschließlich an die wirtschaftliche Einbettung des Gewerbebetriebes bzw. des Grundbesitzes in ein bestimmtes Staatsgebiet anknüpft. Systemtragendes Element von Gewerbe- und Grundsteuer ist somit der **Objektcharakter;** persönliche Verhältnisse eines Steuerpflichtigen bleiben unberücksichtigt. Neben dem Objektcharakter besitzen die Gewerbe- und Grundsteuer auch einen territorialen Bezug, da sich der Besteuerungsanspruch bei diesen Steuerarten allein auf inländische Gewerbebetriebe bzw. auf im Inland belegenen Grundbesitz beschränkt (**Territorialitäts- oder Inlandsprinzip**). Ihrem Objekt- und Inlandscharakter entsprechend sind somit beide Steuerarten darauf angelegt, internationale Doppelbesteuerungen zu vermeiden. Dies gilt für die **Grundsteuer** in uneingeschränktem Maße, weshalb diese Steuer hier nicht weiter betrachtet wird.

---

[7] Vgl. Flick, H./Piltz, D.J. (Hrsg.), Erbfall, 1999, S. 317 ff.; Schaumburg, H., RIW 2001, S. 161 ff.; Scheffler, W./Spengel, C., Erbschaftsteuerbelastung, 2004, S. 269 ff.; Dehmer, H. H., IStR 2009, S. 454 f.; Maisto, G., CDFI 2010, S. 42 ff.
[8] Zu möglichen Reformansätzen für Deutschland vgl. Broer, E., Erbschaftsteuer, 2008, S. 243 ff.

Für die **Gewerbesteuer** gilt aufgrund ihrer Anknüpfung an die Bemessungsgrundlage der Personensteuern (§ 7 GewStG) hingegen anderes. Aufgrund der Geltung des **Welteinkommensprinzips** werden systemfremde Elemente in die Gewerbesteuer übertragen, die Doppelerfassungen nach sich ziehen können. Inwieweit dadurch aber tatsächlich gewerbesteuerliche Doppelerfassungen auftreten, hängt letztlich davon ab, ob es durch die gewerbesteuerlichen Kürzungsvorschriften gelingt, den Inlandscharakter der Gewerbesteuer sicherzustellen. Verletzungen des Inlandsprinzips können zu wettbewerbsverzerrenden Doppelbesteuerungen führen, falls das Ausland den grenzüberschreitenden Sachverhalt ebenfalls mit einer Gewerbesteuer oder einer vergleichbaren Abgabe belegt.[9] Unabhängig davon belastet die Gewerbesteuer die deutsche Exportindustrie.

3. Kapitel. Möglichkeiten zur Vermeidung von Doppelbesteuerung

Doppelbesteuerungen entstehen durch das Zusammentreffen gleichartiger Steuern auf dasselbe Steuerobjekt bei demselben Steuerpflichtigen (Doppelbesteuerung im rechtlichen Sinn). Die Ursachen für solche Doppelbesteuerungen sind im Nebeneinander von unbeschränkter und beschränkter Steuerpflicht oder in einer Konkurrenz zweimaliger unbeschränkter oder zweifacher beschränkter Steuerpflicht begründet. Die Möglichkeiten zur Vermeidung der internationalen Doppelbesteuerung haben ihren Ausgangspunkt in der Steuerordnung, welcher der Steuerpflichtige aufgrund persönlicher Anknüpfungsmerkmale zugehörig ist. In den Personensteuersystemen ist damit in der Regel diejenige des Ansässigkeitsstaates für einen Ausgleich der Doppelbesteuerung maßgeblich. Da sich die unbeschränkte Steuerpflicht sachlich auf inländisches und ausländisches Einkommen und Vermögen erstreckt, erscheint es folgerichtig, die vom Auslandseinkommen und Auslandsvermögen erhobene ausländische Steuer bei der inländischen Besteuerung zu berücksichtigen.[1]

Zur Vermeidung der Doppelbesteuerung durch den **Wohnsitzstaat** haben sich **zwei Hauptmethoden** herausgebildet: die **Anrechnungs-** und die **Freistellungsmethode.** Daneben gibt es zusätzliche Verfahren, so z. B. die **Steuerabzugs-, -pauschalierungs- und -erlassmethode.** Sämtliche Maßnahmen knüpfen im Grunde an die Doppelbesteuerung bei gleichzeitiger beschränkter und unbeschränkter Steuerpflicht an, sie sind aber auch beim Zusammentreffen zweimaliger Wohnsitz- oder zweimaliger Quellenbesteuerung (z. B. § 50 Abs. 3 EStG) nutzbar.

Die beiden Hauptmethoden zur Vermeidung der Doppelbesteuerung (Anrechnungs- und Freistellungsmethode) haben – wenn auch in teilweise modifizierter Form – Eingang in die deutsche und internationale Steuergesetzgebung gefunden. Sie werden im Folgenden zunächst in ihrer Wirkungsweise

---

[9] Gewerbesteuern oder ähnliche Abgaben wie Wertschöpfungssteuern werden in Frankreich, Italien, Japan, Kanada, Luxemburg, Schweiz, Spanien, Ungarn und den USA erhoben. Vgl. IBFD, Tax Handbook, 2009.

[1] Allerdings muss die Beseitigung der Doppelbesteuerung nicht ausschließlich Sache des Wohnsitzstaates sein. Vielmehr kann auch der Quellenstaat durch eine Einschränkung der Quellenbesteuerung dem Grunde und der Höhe nach einen wesentlichen Beitrag zum Abbau internationaler Steuerschranken leisten.

und in ihren wettbewerbspolitischen Konsequenzen dargestellt. Erst nach ihrer theoretischen und praktischen Würdigung wird die konkrete gesetzliche Ausgestaltung der beiden Methoden im deutschen Recht dargestellt. Im Anschluss daran werden die anderen, weniger bedeutsamen Verfahren zur Vermeidung von Doppelbesteuerungen (Steuerabzugs-, -pauschalierungs- und -erlassmethode) beschrieben. Der Einfachheit halber wird nachfolgend nur auf die Einkommensteuer Bezug genommen, jedoch gelten die Grundsätze für die Körperschaftsteuer analog.

A. Anrechnungs- und Freistellungsmethode

Ausgangspunkt der **Anrechnungsmethode** ist der **Steuerbetrag**. Der Wohnsitzstaat berechnet seine Steuer nach dem Welteinkommen des Steuerpflichtigen (also einschließlich des Auslandseinkommens und der darauf lastenden Auslandssteuer) und lässt die im Ausland gezahlte Steuer von der Inlandssteuer zum Abzug zu. Bei der Ausgestaltung der Anrechnungsmethode sind zwei Vorgehensweisen zu unterscheiden:

- Der Wohnsitzstaat lässt den Gesamtbetrag der ausländischen Steuer von der Inlandssteuer abziehen. Diese Methode wird als **unbegrenzte Anrechnung** bezeichnet.
- Der Wohnsitzstaat beschränkt den Abzug der Auslandssteuer auf den Teil seiner eigenen Steuer, der auf das Auslandseinkommen entfallen würde. Diese Methode wird als **begrenzte Anrechnung** bezeichnet. Die Berechnung des **Anrechnungshöchstbetrags** kann auf unterschiedliche Weise erfolgen: Er kann länder- oder einkunftsartenbezogen ermittelt werden, auch Kombinationen beider Vorgehensweisen sind möglich. Bei der länderbezogenen Berechnung gilt derjenige Teil der inländischen Steuer als Anrechnungshöchstbetrag, der auf das Einkommen aus einem oder mehreren ausländischen Staaten entfällt. Bei der einkunftsartenbezogenen Ermittlung wird auf das ausländische Einkommen abgestellt, welches jeweils einer bestimmten Einkunftsart zuzurechnen ist.

Die **Freistellungsmethode** setzt nicht an den Steuerbeträgen, sondern an der **Bemessungsgrundlage** an. Sie befreit das ausländische Einkommen von der Besteuerung im Wohnsitzstaat, so dass letztlich nur die Einkommensteuer des Auslandes für die ausländischen Einkünfte verbleibt. Bei der Freistellungsmethode sind wiederum zwei Ausprägungen denkbar:

- Das Auslandseinkommen hat, nachdem es aus der Bemessungsgrundlage ausgeschieden ist, keine Wirkung mehr auf den inländischen Steuersatz. Diese Methode wird als **uneingeschränkte Befreiung** bezeichnet.
- Das Auslandseinkommen scheidet zwar aus der inländischen Bemessungsgrundlage aus, wird aber bei der Ermittlung des für die inländischen Einkünfte geltenden Steuersatzes berücksichtigt. Diese Methode wird als **Befreiung mit Progressionsvorbehalt** bezeichnet.

Nachfolgend werden die Auswirkungen der einzelnen Methoden zur Vermeidung der Doppelbesteuerung anhand eines Beispiels dargestellt.

Beispiel: Der Steuerinländer A erzielt ein zu versteuerndes Einkommen von insgesamt 200 000 €. Hiervon stammen 150 000 € aus dem Inland und 50 000 € aus dem Ausland. Der Steuersatz im Inland sei 50% bei einem Einkommen von 250 000 €, 40%

bei einem Einkommen von 200 000 € und 30% bei einem Einkommen von 150 000 €. Im Ausland sei der Steuersatz 25% (Fall 1), 40% (Fall 2) oder 50% (Fall 3), so dass dort aufgrund der beschränkten Steuerpflicht bei einem Einkommen von 50 000 € im ersten Fall 12 500 €, im zweiten Fall 20 000 € und im dritten Fall 25 000 € Einkommensteuer zu entrichten wären. Weiterhin sei unterstellt, dass die Einkünfte in allen drei Fällen aus einem einzigen ausländischen Staat stammen und einer Einkunftsart zuzurechnen sind.

Bezeichnet man den inländischen Steuersatz mit S_I und den ausländischen Steuersatz mit S_A, so ergibt sich nachfolgende Tabelle:

Inlandseinkommen 150 000 €	Auslandseinkommen 50 000 €
S_I (250 000) = 50% S_I (200 000) = 40% S_I (150 000) = 30%	S_A (Fall 1) = 25% S_A (Fall 2) = 40% S_A (Fall 3) = 50%

I. Ergebnisse ohne Maßnahmen zur Vermeidung der Doppelbesteuerung

Würde der Steuerinländer A sein Einkommen von 200 000 € ausschließlich im Inland erzielen, so müsste er einen Steuerbetrag von 80 000 € entrichten. Bei einem gleich hohen Einkommen, das sich in der oben erwähnten Weise zusammensetzt, beträgt die Steuerlast bei Berücksichtigung der beschränkten und unbeschränkten Steuerpflicht und ohne Freistellung der ausländischen Einkünfte oder Anrechnung der ausländischen Steuer im ersten Fall 92 500 € (80 000 € inländische Steuer und 12 500 € ausländische Steuer), im zweiten Fall 100 000 € (80 000 € inländische Steuer und 20 000 € ausländische Steuer) und im dritten Fall 105 000 € (80 000 € inländische Steuer und 25 000 € ausländische Steuer). Daraus wird ersichtlich, dass der Steuerinländer aufgrund seines Auslandsengagements deutlich schlechter gestellt wäre als ein anderer Steuerpflichtiger mit gleich hohen, aber nur inländischen Einkünften.

II. Ergebnis bei Anwendung der Anrechnungs- und Freistellungsmethoden im Gewinnfall

1. Die Anrechnungsmethoden

Bei den Anrechnungsmethoden besteuert das Inland das Gesamteinkommen des Steuerinländers, lässt aber einen Abzug der Auslandssteuer von der Inlandssteuer zu.

a) Uneingeschränkte Anrechnung

Das Inland berechnet die Steuer vom Gesamteinkommen (200 000 €) zum entsprechenden Steuersatz (40%) und zieht die im Ausland auf die Einkünfte aus diesem Staat entfallende Steuer uneingeschränkt ab.

	Fall 1	Fall 2	Fall 3
Steuer im Inland	80 000 €	80 000 €	80 000 €
Steuer im Ausland	12 500 €	20 000 €	25 000 €
Steuerschuld im Inland nach Anrechnung (Steuer im Inland ./. Steuer im Ausland)	67 500 €	60 000 €	55 000 €

3. Kapitel. Möglichkeiten zur Vermeidung von Doppelbesteuerung

	Fall 1	Fall 2	Fall 3
Gesamtsteuerlast (In- und Ausland)	80 000 €	80 000 €	80 000 €
Steuerüberhang gegenüber der Inlandsbesteuerung	0 €	0 €	0 €
Entlastung der inl. Steuer durch die uneingeschränkte Anrechnung	12 500 €	20 000 €	25 000 €

b) Begrenzte Anrechnung

Das Inland berechnet die Steuer vom Gesamteinkommen (200 000 €) zum entsprechenden Tarif (40%) und zieht die im Ausland auf das Auslandseinkommen entfallende Steuer ab. Der Steuerabzug darf aber den Teil der Steuer des Inlands, der auf die Einkünfte aus dem Ausland entfällt, nicht übersteigen (Höchstbetrag der Anrechnung). Unter den im Sachverhalt enthaltenen Voraussetzungen führen auch unterschiedliche Ausgestaltungen des Begrenzungsmaßstabs zu einem übereinstimmenden Anrechnungshöchstbetrag. Er beläuft sich auf 40% von 50 000 € = 20 000 €.

Ein wesentliches Merkmal der beiden Anrechnungsmethoden besteht also darin, dass die ausländischen Einkünfte mindestens mit dem Steuerniveau des Wohnsitzlandes belastet werden. Bei der unbegrenzten Anrechnung wird auf das Steuerniveau des Wohnsitzlandes herauf- oder herabgeschleust. Bei der begrenzten Anrechnung kommt jeweils das höhere in- oder ausländische Steuerniveau zur Geltung. Beide Varianten der Anrechnungsmethode führen somit nur dann zum gleichen Ergebnis, wenn das Wohnsitzland vergleichsweise hoch besteuert. Ist die Steuer im Ausland höher als im Inland und ist die Anrechnung begrenzt, so entsteht ein nicht anrechenbarer Steuerüberhang (begrenzte Anrechnung, Fall 3 = 25 000 € ./. 20 000 € = 5000 €). In diesem Fall ist das Gesamtergebnis für den Steuerpflichtigen ungünstiger, als wenn er sein gesamtes Einkommen im Inland erzielt hätte.

	Fall 1	Fall 2	Fall 3
Steuer im Inland	80 000 €	80 000 €	80 000 €
Steuer im Ausland	12 500 €	20 000 €	25 000 €
– davon anrechenbar	12 500 €	20 000 €	20 000 €
Steuerschuld im Inland nach Anrechnung (Steuer im Inland ./. anrechenbare Steuer im Ausland)	67 500 €	60 000 €	60 000 €
Gesamtsteuerlast (In- und Ausland)	80 000 €	80 000 €	85 000 €
Steuerüberhang gegenüber der Inlandsbesteuerung	0 €	0 €	5000 €
Entlastung der inl. Steuer durch die eingeschränkte Anrechnung	12 500 €	20 000 €	20 000 €

Die Höhe der ausländischen Steuer hat bei Anwendung der Anrechnungsmethode – außer bei Vorliegen eines Anrechnungsüberhangs im Rahmen der begrenzten Anrechnung – keine Auswirkung auf die Gesamtsteuerlast (uneingeschränkte Anrechnung, Fall 1–3, begrenzte Anrechnung, Fall 1 und 2 = 80 000 €). Je größer der Betrag der ausländischen Steuer ist, desto größer ist der Anrechnungsbetrag im Inland, die Gesamtsteuerlast bleibt gleich, nur die Verteilung des Steueraufkommens auf In- bzw. Ausland ist verschieden.

2. Die Freistellungsmethoden

Bei Anwendung der Freistellungsmethoden beschränkt das Inland seinen Besteuerungsanspruch auf 150 000 €, indem das Auslandseinkommen i. H. v. 50 000 € aus der Bemessungsgrundlage des Gesamteinkommens i. H. v. 200 000 € ausgenommen wird.

a) Uneingeschränkte Befreiung

Das Inland besteuert 150 000 € zu dem für 150 000 € vorgesehenen Steuersatz, d. h. zu 30%. Das ausländische Einkommen wird vom inländischen Fiskus freigestellt. Das Ausland besteuert 50 000 € mit dem für 50 000 € vorgesehenen Satz, d. h. im ersten Fall mit 25%, im zweiten Fall mit 40% und im dritten Fall mit 50%.

	Fall 1	Fall 2	Fall 3
Steuer im Inland	45 000 €	45 000 €	45 000 €
Steuer im Ausland	12 500 €	20 000 €	25 000 €
Gesamtsteuerlast (In- und Ausland)	**57 500 €**	**65 000 €**	**70 000 €**
Steuerminderung gegenüber der reinen Inlandsbesteuerung	22 500 €	15 000 €	10 000 €
Entlastung der inl. Steuer durch die uneingeschränkte Freistellung	35 000 €	35 000 €	35 000 €

b) Befreiung mit Progressionsvorbehalt

Gegenüber der uneingeschränkten Befreiung besteuert in diesem Fall das Inland 150 000 € mit einem Steuersatz, der für das Gesamteinkommen (200 000 €) ohne Rücksicht auf die Herkunft der Einkünfte gilt, d. h. mit 40%. Das Ausland besteuert wie oben im Falle der uneingeschränkten Befreiung.

	Fall 1	Fall 2	Fall 3
Steuer im Inland	60 000 €	60 000 €	60 000 €
Steuer im Ausland	12 500 €	20 000 €	25 000 €
Gesamtsteuerlast (In- und Ausland)	**72 500 €**	**80 000 €**	**85 000 €**
Steuerminderung (Fall 1) bzw. -überhang (Fall 3) gegenüber der Inlandsbesteuerung	7 500 €	0 €	5 000 €
Entlastung der inl. Steuer durch die Befreiung mit Progressionsvorbehalt	20 000 €	20 000 €	20 000 €

Die Höhe der Steuerbelastung im Ausland wirkt sich bei den Freistellungsmethoden nicht auf die inländische Steuerzahlung aus. Ist die ausländische Steuer niedriger als die im Inland durch die Freistellung eintretende Steuerentlastung (uneingeschränkte Befreiung, Fall 1–3; Befreiung mit Progressionsvorbehalt, Fall 1), so ist der Steuerpflichtige in einer günstigeren Lage als wenn sein Gesamteinkommen nur aus dem Inland stammen würde; im umgekehrten Fall (Befreiung mit Progressionsvorbehalt, Fall 3) ist das Ergebnis für den Steuerpflichtigen ungünstiger. Sind die ausländische Steuer und die im Inland durch die Freistellung eintretende Steuerentlastung gleich hoch, so entspricht die Gesamtsteuerlast derjenigen im reinen Inlandsfall (Befreiung mit Progressionsvorbehalt, Fall 2).

Ferner zeigt dieses Beispiel, dass die im Inland bei Anwendung der uneingeschränkten Freistellungsmethode zu gewährende Entlastung selbst dann höher sein kann als die im Ausland erhobene Steuer, wenn im Ausland höhere Steuersätze gelten als im Inland. Dieses Ergebnis resultiert daraus, dass bei der unbegrenzten Befreiung nicht nur auf die inländische Besteuerung des Auslandseinkommens verzichtet wird (40% von 50 000 € = 20 000 €), sondern dass zusätzlich für die inländischen Einkünfte ein Tarifvorteil entsteht (40% abzüglich 30% = 10% von 150 000 € = 15 000 €). Die uneingeschränkte Befreiung führt somit bei Progressionstarifen zu einem internationalen Splitting-Effekt.

III. Ergebnis bei Anwendung der Anrechnungs- und Freistellungsmethoden im Verlustfall

Die bisherige beispielhafte Darstellung der grundsätzlichen Methoden zur Vermeidung der Doppelbesteuerung erfolgte unter der Voraussetzung positiver in- und ausländischer Einkünfte (**Gewinnfall**). Im Folgenden soll untersucht werden, welche Auswirkungen sich bei negativen ausländischen Einkünften (**Verlustfall**) ergeben.

In Anlehnung an das bisher gewählte Beispiel wird dabei unterstellt, dass sich das einer Einkunftsart zuzurechnende Welteinkommen auf 200 000 € beläuft, sich jedoch aus einem inländischen Einkommen von 250 000 € und einem Verlust von 50 000 € aus einem ausländischen Staat zusammensetzt. Insofern fällt im Ausland keine Steuer an.

Würde der Steuerinländer A sein Einkommen i. H. v. 200 000 € (250 000 € ./. 50 000 €) ausschließlich im Inland erzielen, so würde er – wie im obigen Gewinnfall – ebenfalls 80 000 € an Steuern zu entrichten haben.

1. Die Anrechnungsmethoden

Eine Unterteilung in uneingeschränkte und begrenzte Anrechnung ist im Beispielsfall nicht erforderlich, da bei beiden Varianten keine ausländische Steuer anfällt.

Da nach der Anrechnungsmethode das Welteinkommen zur Bemessung der inländischen Steuer herangezogen wird, unterliegt der Betrag von 200 000 € (250 000 € inländische Einkünfte ./. 50 000 € ausländische Verluste) der inländischen Besteuerung, so dass bei einem Steuersatz von 40% eine Inlandssteuer von 80 000 € anfällt.

	Fall 1	Fall 2	Fall 3
Steuer im Inland	80 000 €	80 000 €	80 000 €
Steuer im Ausland	0 €	0 €	0 €
Steuerschuld im Inland nach Anrechnung = **Gesamtsteuerlast**	80 000 €	80 000 €	80 000 €
Steuerüberhang gegenüber der Inlandsbesteuerung	0 €	0 €	0 €
Entlastung der inl. Steuer durch die Anrechnung	0 €	0 €	0 €

Die Berechnung zeigt, dass im Falle ausschließlich negativer Einkünfte aus dem Ausland beide Anrechnungsmethoden im Gegensatz zum Gewinnfall zu exakt der Gesamtsteuerbelastung führen, die sich bei einem Steuerinländer ergibt, der nur Inlandseinkünfte bezieht. Eine vollständige Berücksichtigung der ausländischen Verluste ist somit gewährleistet.

2. Die Freistellungsmethoden

Da die ausländischen Verluste nicht in die Bemessungsgrundlage der Inlandsbesteuerung einbezogen werden, ist hier eine getrennte Untersuchung beider Freistellungsmethoden notwendig.

a) Uneingeschränkte Befreiung

Das Inland besteuert 250 000 € zu einem Steuersatz von 50%. Die ausländischen Verluste von 50 000 € bleiben im In- und Ausland unberücksichtigt.

	Fall 1	Fall 2	Fall 3
Steuer im Inland	125 000 €	125 000 €	125 000 €
Steuer im Ausland	0 €	0 €	0 €
Gesamtsteuerlast (In- und Ausland)	**125 000 €**	**125 000 €**	**125 000 €**
Steuerüberhang gegenüber der Inlandsbesteuerung	45 000 €	45 000 €	45 000 €
Erhöhung der inl. Steuer durch die Freistellung	45 000 €	45 000 €	45 000 €

b) Befreiung mit Progressionsvorbehalt

Das Inland besteuert 250 000 € mit dem Steuersatz auf 200 000 €, d. h. mit 40%.

	Fall 1	Fall 2	Fall 3
Steuer im Inland	100 000 €	100 000 €	100 000 €
Steuer im Ausland	0 €	0 €	0 €
Gesamtsteuerlast (In- und Ausland)	**100 000 €**	**100 000 €**	**100 000 €**
Steuerüberhang gegenüber der Inlandsbesteuerung	20 000 €	20 000 €	20 000 €
Erhöhung der inl. Steuer durch die Befreiung mit Progressionsvorbehalt	20 000 €	20 000 €	20 000 €

Bei beiden Varianten der Freistellungsmethode ist festzustellen, dass bei Vorliegen eines ausländischen Verlustes eine höhere Gesamtsteuerbelastung eintritt als wenn die positiven und negativen Einkünfte nur aus dem Inland stammen würden (im Fall uneingeschränkter Befreiung 125 000 € und im Fall Befreiung mit Progressionsvorbehalt 100 000 € anstatt 80 000 €). Der Grund hierfür ist darin zu sehen, dass die Befreiungsmethode ausländische Einkünfte, unabhängig ob positiv oder negativ, nicht in die Bemessungsgrundlage mit einbezieht.[2]

---

[2] Gegen den generellen Ausschluss der Verlustverrechnung im Falle der Freistellung auf Grundlage eines DBA siehe u. a. Österreichischer VwGH v. 25. 9. 2001, IStR 2001,

3. Kapitel. Möglichkeiten zur Vermeidung von Doppelbesteuerung

Da im Falle der uneingeschränkten Befreiung die ausländischen Verluste sowohl bei der Ermittlung der Bemessungsgrundlage (250 000 € statt 200 000 €) als auch bei der Ermittlung des Tarifs (50% statt 40%) unbeachtet bleiben, ergibt sich bei dieser Methode eine Steuererhöhung gegenüber der reinen Inlandsbesteuerung von 45 000 € (40% von 50 000 € = 20 000 € + 10% von 250 000 € = 25 000 €). Dagegen werden die ausländischen Verluste bei der Befreiung mit Progressionsvorbehalt zwar nicht bei der Ermittlung der Bemessungsgrundlage, wohl aber bei der Ermittlung des Tarifs berücksichtigt, so dass es insoweit zu keiner Progressionssteigerung auf die Inlandseinkünfte kommt. Der Steuerüberhang gegenüber der reinen Inlandsbesteuerung beträgt bei der Befreiung mit Progressionsvorbehalt demnach lediglich 20 000 € (40% von 50 000 €).

Zusammenfassend sind die Ergebnisse der Anrechnungs- und Freistellungsmethoden im Gewinn- und Verlustfall tabellarisch dargestellt.

Gesamtsteuerlast im Vergleich zwischen Inlands- und Auslandstätigkeit

(1) Gewinnfall

A. Das Gesamteinkommen (200 000 €) wird im Inland erzielt	Gesamtsteuer 80 000 €		
B. Das Gesamteinkommen wird i. H. v. 150 000 € im Inland und in Höhe von 50 000 € im Ausland erzielt.	Gesamtsteuer bei einer Steuer im Ausland von		
	Fall 1	Fall 2	Fall 3
Das Inland sieht folgende Entlastungsmaßnahmen vor:	25% (12 500 €)	40% (20 000 €)	50% (25 000 €)
keine Entlastungsmaßnahmen	92 500 €	100 000 €	105 000 €
uneingeschränkte Anrechnung	80 000 €	80 000 €	80 000 €
begrenzte Anrechnung	80 000 €	80 000 €	80 000 €
uneingeschränkte Befreiung	57 500 €	65 000 €	70 000 €
Befreiung mit Progressionsvorbehalt	72 500 €	80 000 €	850 000 €

(2) Verlustfall

A. Das Gesamteinkommen (200 000 €) wird im Inland erzielt	Gesamtsteuer 80 000 €		
B. Das Gesamteinkommen wird i. H. v. 250 000 € im Inland und in Höhe eines Verlustes von 50 000 € im Ausland erzielt.	Gesamtsteuer bei einer Steuer im Ausland von		
	Fall 1	Fall 2	Fall 3
Das Inland sieht folgende Entlastungsmaßnahmen vor:	25% (0 €)	40% (0 €)	50% (0 €)
keine Entlastungsmaßnahmen	80 000 €	80 000 €	80 000 €
uneingeschränkte Anrechnung	80 000 €	80 000 €	80 000 €
begrenzte Anrechnung	80 000 €	80 000 €	80 000 €
uneingeschränkte Befreiung	125 000 €	125 000 €	125 000 €
Befreiung mit Progressionsvorbehalt	100 000 €	100 000 €	100 000 €

S. 754; Portner, R., IStR 2005, S. 376 ff.; Vogel, K./Lehner, M., DBA-Kommentar, Art. 23, Anm. 45 ff.

Entlastungs- bzw. Erhöhungswirkung bei der inländischen Steuer durch die alternativen Methoden zur Vermeidung der Doppelbesteuerung

(1) Gewinnfall

Methoden zur Vermeidung der Doppelbesteuerung	Entlastungswirkung (−)		
	Fall 1	Fall 2	Fall 3
keine Entlastungsmaßnahmen	± 0 €	± 0 €	± 0 €
uneingeschränkte Anrechnung	− 12 500 €	− 20 000 €	− 25 000 €
begrenzte Anrechnung	− 12 500 €	− 20 000 €	− 20 000 €
uneingeschränkte Befreiung	− 35 000 €	− 35 000 €	− 35 000 €
Befreiung mit Progressionsvorbehalt	− 20 000 €	− 20 000 €	− 20 000 €

(2) Verlustfall

Methoden zur Vermeidung der Doppelbesteuerung	Erhöhungswirkung (+)		
	Fall 1	Fall 2	Fall 3
keine Entlastungsmaßnahmen	± 0 €	± 0 €	± 0 €
uneingeschränkte Anrechnung	± 0 €	± 0 €	± 0 €
begrenzte Anrechnung	± 0 €	± 0 €	± 0 €
uneingeschränkte Befreiung	+ 45 000 €	+ 45 000 €	+ 45 000 €
Befreiung mit Progressionsvorbehalt	+ 20 000 €	+ 20 000 €	+ 20 000 €

Steuerüberhänge bzw. -minderungen gegenüber der reinen Inlandsbesteuerung

(1) Gewinnfall

Methoden zur Vermeidung der Doppelbesteuerung	Steuerüberhang (+) bzw. Steuerminderung (−)		
	Fall 1	Fall 2	Fall 3
keine Entlastungsmaßnahmen	+ 12 500 €	+ 20 000 €	+ 25 000 €
uneingeschränkte Anrechnung	± 0 €	± 0 €	± 0 €
begrenzte Anrechnung	± 0 €	± 0 €	+ 5000 €
uneingeschränkte Befreiung	− 22 500 €	− 15 000 €	− 10 000 €
Befreiung mit Progressionsvorbehalt	− 7500 €	± 0 €	+ 5000 €

(2) Verlustfall

Methoden zur Vermeidung der Doppelbesteuerung	Steuerüberhang (+) bzw. Steuerminderung (−)		
	Fall 1	Fall 2	Fall 3
keine Entlastungsmaßnahmen	± 0 €	± 0 €	± 0 €
uneingeschränkte Anrechnung	± 0 €	± 0 €	± 0 €
begrenzte Anrechnung	± 0 €	± 0 €	± 0 €
uneingeschränkte Befreiung	+ 45 000 €	+ 45 000 €	+ 45 000 €
Befreiung mit Progressionsvorbehalt	+ 20 000 €	+ 20 000 €	+ 20 000 €

B. Wettbewerbspolitische Konsequenzen der Methoden: Kapitalexport- und Kapitalimportneutralität

I. Zum Begriff der Kapitalexport- und Kapitalimportneutralität

Die Steuerwirkungen der Anrechnungs- und Freistellungsmethode sind unterschiedlich: Die **Anrechnungsmethode** sorgt dafür, dass **zumindest das inländische Steuerniveau** unabhängig von der Herkunft der Einkünfte zur Anwendung kommt; die **Freistellungsmethode** hat dagegen zur Folge, dass die im Ausland erzielten Einkünfte nach Maßgabe des **ausländischen Steuerniveaus** besteuert werden und im Inland steuerfrei bleiben. Ist das ausländische Steuerniveau niedriger als das inländische (Fall 1 der obigen Beispiele), so führen beide Methoden zu grundlegend unterschiedlichen Steuerwirkungen. Ist dagegen das Steuerniveau im In- und Ausland gleich (Fall 2 der obigen Beispiele), so ergeben sich im Gewinnfall bei Anwendung der Anrechnungsmethode (bei Fehlen eines Steuerüberhangs) und der Freistellungsmethode mit Progressionsvorbehalt grundsätzlich gleiche Steuerwirkungen. Ebenso führen die begrenzte Anrechnung und die Befreiung mit Progressionsvorbehalt im Gewinnfall zum gleichen Ergebnis, wenn das ausländische das inländische Steuerniveau übersteigt (Fall 3 der obigen Beispiele).

Außer zur Vermeidung der Doppelbesteuerung können die Anrechnungs- und Freistellungsmethode auch gezielt zu **wettbewerbspolitischen** Gestaltungen eingesetzt werden. Beide Methoden unterscheiden sich unter diesem Aspekt dahingehend, dass die Anrechnungsmethode die Wettbewerbsfähigkeit nach Maßgabe einer Kapitalexportneutralität gewährleistet, während die Freistellungsmethode die Wettbewerbsfähigkeit nach Maßgabe einer Kapitalimportneutralität sicherstellt.

Kapitalexportneutralität bedeutet, dass die Wettbewerbsneutralität auf den Ansässigkeitsstaat bezogen wird, d.h. auf die Steuerverhältnisse des Landes, aus dem das Kapital stammt, das im Ausland investiert wird. Die Kapitalexportneutralität verlangt, dass es für einen inländischen Investor unter steuerlichen Gesichtspunkten gleichgültig sein muss, ob er sein Kapital im Inland oder im Ausland investiert.[3]

Kapitalimportneutralität beschreibt den umgekehrten Vorgang: Die Wettbewerbsneutralität wird auf den Wirtschaftsraum bezogen, in dem sich die ausländische Geschäftstätigkeit vollzieht, also auf das Ausland. Es soll das Steuerniveau des Staates zur Geltung kommen, in dem das Kapital investiert ist. Die Kapitalimportneutralität verlangt somit, dass Aktivitäten auf Auslandsmärkten auch dem ausländischen Steuerniveau unterliegen.

Freistellungs- und Anrechnungsmethode sind aufgrund ihrer wettbewerbspolitischen Wirkungen in weiten Bereichen alternative, sich gegenseitig ausschließende Verfahren. Sie können lediglich insoweit bei einem Steuerpflichtigen nebeneinander vorkommen, als bei bestimmten Einkünften die eine, bei anderen dagegen die andere Methode zum Tragen kommt. Schließen jedoch beide Methoden einander grundsätzlich aus, ist eine Entscheidung für die Anwendung einer der beiden Methoden zu treffen. Demzufolge stellt sich die Frage nach ihren jeweiligen Vor- und Nachteilen, da deren Kenntnis für die gesetzliche Umsetzung der Methoden bedeutsam ist.

Die Antwort bestimmt sich letztlich danach, wie man das aus dem Gleichheitsgrundsatz (Art. 3 GG) abgeleitete Prinzip der **Gleichmäßigkeit der Besteuerung** (Besteuerung nach der Maßgabe der individuellen Leistungsfähigkeit) und den Begriff der **Wettbewerbsneutralität** definiert.

---

[3] Vgl. Rädler, A.J., Auslandsniederlassungen, 1971, S. 143 ff.; Gandenberger, O., Kapitalimportneutralität, 1983, S. 1 f.; Zuber, B., Anknüpfungsmerkmale, 1991, S. 115 f.; Spengel, C., Unternehmensbesteuerung, 2003, S. 230 ff.

Bei der Frage, welche der beiden Methoden dem **Leistungsfähigkeitsprinzip** und den **wettbewerbspolitischen Zielen** eines Staates am ehesten entspricht, sind folgende Argumentationen zu berücksichtigen:

– Geht man davon aus, dass jeder inländische Steuerpflichtige mit seinen Einkünften gleich hoch besteuert werden soll, unabhängig davon, ob diese aus dem In- oder Ausland stammen, so entspricht dieser Vorstellung die Anwendung einer Besteuerung nach dem Prinzip der **Kapitalexportneutralität**. Das Leistungsfähigkeitsprinzip und das Prinzip einer wettbewerbsneutralen Besteuerung werden dabei von einer Interpretation eines **absoluten Gleichheitspostulats** in dem Sinne getragen, dass alle inländischen Steuerpflichtigen, unabhängig von der Herkunft ihrer Einkünfte und den damit verbundenen äußeren Bedingungen, gleich zu behandeln seien; diese Gleichstellung wird durch die Anrechnungsmethode erreicht. Da bei der **Anrechnungsmethode** das Inlandssteuerniveau die Besteuerungshöhe bestimmt, wird ein durch ein geringeres ausländisches Steuerniveau hervorgerufenes Steuergefälle stets durch einen inländischen Nachholeffekt aufgehoben. Dies führt dazu, dass Steueranreize aller Art, die ausländische Staaten den Investoren in ihrem Staat gewähren, nicht den einzelnen Investoren, sondern dem inländischen Fiskus zugute kommen. Handelt es sich bei dem ausländischen Staat um ein **Entwicklungsland,** ist dieser Nachholeffekt aus entwicklungspolitischer Sicht bedenklich. Handelt es sich dagegen um ein **Steueroasenland,** das speziell ausländisches Kapital durch gezielte Steuervergünstigungen anlockt, macht der Nachholeffekt diese Begünstigung zunichte. Äußerstenfalls können sich die Steuerpflichtigen einem höheren Inlandssteuerniveau durch einen Wohnsitzwechsel entziehen. Mit anderen Worten: Im Kampf gegen den unlauteren Steuerwettbewerb stellt die Anrechnungsmethode ein durchaus effektives Mittel dar, da Steuergeschenke keine Wirkung entfalten können. Dies trägt gleichermaßen zur Disziplinierung der Staaten bei, da es sich aus wirtschaftspolitischer Sicht nicht lohnt, die Steuerlast immer weiter zu senken. Andererseits führen höhere ausländische Steuersätze bei Anwendung der Anrechnungsmethode in ihrer unbeschränkten Form zu einer Reduzierung der inländischen Besteuerung. Das Ausland kann in diesem Fall seine Steuern nahezu unbedenklich erhöhen, so dass es im Inland zur Erstattung ausländischer Steuern kommen kann.

– Die Rechtfertigung der **Kapitalimportneutralität** erfordert dagegen eine andere Interpretation des Prinzips der Leistungsfähigkeit und des Prinzips der Wettbewerbsneutralität der Besteuerung. Der Grundgedanke ist Folgender: Der im Ausland agierende Unternehmer steht mit den dort tätigen Unternehmen in Konkurrenz. Für ihn bestehen nur dann gleiche Wettbewerbsbedingungen zu seinen ausländischen Konkurrenten, wenn er die gleichen Rahmenbedingungen wie diese vorfindet. Darunter versteht man die Wirtschaftsordnung, die gesellschaftlichen und rechtspolitischen Verhältnisse, die Zivil-, Arbeits- und Sozialrechtssituation, die öffentlich-rechtlichen Rahmenbedingungen (ordre publique), die bestehende ökonomische Risikostruktur etc. Zu diesen Rahmenbedingungen gehört auch die ausländische Steuerrechtsordnung. Die Kapitalimportneutralität geht somit von einer Besteuerung nach der **relativen Leistungs-**

fähigkeit aus: Gleiche Leistungsfähigkeit bedingt gleiche Rahmenbedingungen. Eine wettbewerbsneutrale Besteuerung liegt demnach nur vor, wenn der im Inland domizilierende Unternehmer seine ausländische Geschäftstätigkeit unter den gleichen Bedingungen wie seine ausländischen Mitkonkurrenten entfalten kann. Dies bedeutet, dass das ausländische und nicht das inländische Steuerniveau für seine Auslandstätigkeit zur Anwendung kommt. Bei dieser Interpretation des Leistungsfähigkeitspostulats wird den nationalen Gerechtigkeitsvorstellungen eine internationale Komponente hinzugefügt. Der einzelne Staat orientiert sich nicht mehr ausschließlich an den eigenen Wertentscheidungen, sondern er erkennt die Maßstäbe des Auslandes grundsätzlich als gleichwertig an. Eine leistungsfähigkeitsgerechte, auf das Gesamteinkommen gerichtete Steuerbelastung ergibt sich dann aus dem Zusammenwirken von in- und ausländischer Besteuerung.

Will man – dem Grundgedanken der Kapitalimportneutralität entsprechend – alle Konkurrenten eines Marktes den gleichen steuerlichen Rahmenbedingungen unterwerfen, so lässt sich die Vermeidung von Doppelbesteuerungen allein durch die **Freistellungsmethode** erreichen.[4] Der ausländischen Besteuerung und der inländischen Freistellung ist dabei das Prinzip eigen, dass ein Steuergefälle zwischen zwei Staaten nicht durch einen inländischen Nachholeffekt aufgehoben wird. Umgekehrt dürfen höhere Auslandssteuern auch nicht zu inländischen Entlastungen führen.

II. Vor- und Nachteile von Kapitalexport- und Kapitalimportneutralität

Bei dem Versuch, die Vor- und Nachteile von Kapitalexport- und Kapitalimportneutralität zusammenfassend abzuwägen, lassen sich folgende Punkte als **Vorteile der Kapitalexportneutralität** anführen:
– Neutrale Steuerwirkung auf den grenzüberschreitenden Personen-, Waren-, Dienstleistungs- und Kapitalverkehr (Beispiel: Ein im Inland ansässiger Steuerpflichtiger kann sich frei entscheiden, ob er im Ausland oder im Inland einen Arbeitsplatz sucht; steuerlich wird er gleich behandelt).
– Aufrechterhaltung der Gleichmäßigkeit der Besteuerung i. S. einer absoluten Gleichbehandlung aller inländischen Steuerpflichtigen, unabhängig davon, ob sie ihre Aktivität im In- oder Ausland entfalten.
– Gewährleistung einer international effizienten Kapitalallokation.
– Rückgängigmachung der Wirkung von Steuergeschenken (Steuerdumping) von Steueroasenländern.

Die **Nachteile der Kapitalexportneutralität** liegen insbesondere in folgenden Bereichen:
– Nichtberücksichtigung des internationalen Steuergefälles als Wettbewerbsfaktor auf den Auslandsmärkten.

---

[4] Auch die konsequente Verwirklichung des Territorialitätsprinzips würde die Zielsetzung der Kapitalimportneutralität gewährleisten, ist aber mit dem System der unbeschränkten Steuerpflicht nicht zu vereinbaren. Zur Diskussion vgl. Debatin, H., FR 1969, S. 277 ff.; Meyer, H., Ursprungsprinzip, 1970, S. 89; Vogel, K., Intertax 1988, S. 216 ff., 310 ff., 393 ff.; Homburg, S., Steuerlehre, 2007, S. 303 ff.; Vogel, K./Lehner, M., DBA-Kommentar, Einl., Anm. 12 m. w. N.

- Steueranreize zur Lösung von Struktur- und Entwicklungsproblemen eines Landes kommen durch den Nachholeffekt dem Fiskus des Ansässigkeitsstaates zugute und nicht dem Investor. Hierdurch entfallen die steuerlichen Anreize, die strukturschwache Länder (z. B. Entwicklungsländer) potenziellen Investoren bieten.
- Nichtberücksichtigung der unterschiedlichen Risikosituationen, die der Geschäftsentfaltung zugrunde liegen.
- Technisch führt die Anwendung des Prinzips der Kapitalexportneutralität zu hohem Verwaltungsaufwand auf Seiten der Unternehmen und der Steuerbehörde des Wohnsitzstaates aufgrund des Erfordernisses einer Weltbuchführung für die Ermittlung der Einkünfte und des Vermögens nach inländischem Steuerrecht.

Bei der Vorteilsabwägung der Kapitalimportneutralität finden sich die aufgeführten Argumente nahezu im umgekehrten Verhältnis wieder. Als entscheidende **Vorteile der Kapitalimportneutralität** werden genannt:
- Die unternehmerische Geschäftsentfaltung unterliegt den Rahmenbedingungen – und damit auch dem Steuerniveau – des Staates, in dem die Tätigkeit durchgeführt wird, so dass keine Wettbewerbsverzerrungen auf den Auslandsmärkten auftreten.
- Wegen der anteiligen Zuteilung des Besteuerungsrechts auf die Staaten, in denen sich die Geschäftsentfaltung lokalisiert, sind grundsätzlich nur nationale Buchführungssysteme erforderlich (keine zusätzliche weltweite Buchführung nach inländischem Recht). Es bleibt allerdings dabei, dass Einkünfte aus grenzüberschreitender Geschäftstätigkeit zur Sicherung der Besteuerungsansprüche von Wohnsitz- und Quellenstaat entsprechend aufzuteilen sind. Zudem sind ausländische Einkünfte bei Geltung des Progressionsvorbehalts nach inländischen Regelungen zu ermitteln.

Als **Nachteile der Kapitalimportneutralität** stehen im Vordergrund:
- Durchbrechung des Universalitätsprinzips als Ausfluss des (absoluten) Leistungsfähigkeitspostulats.
- Erleichterung der Steuerflucht durch Verlagerung von Einkommen und Vermögen in Niedrigsteuerländer (Steueroasen).
- Erhöhter Anreiz zur Gestaltung mit Verrechnungspreisen, da die Gesamtsteuerlast durch eine Übertragung unternehmerischer Funktionen, Chancen und Risiken von Hoch- in Niedrigsteuerländer reduziert werden kann.

III. Die Ausgestaltung der Anrechnungs- und Freistellungsmethode als Verfahren zur Verwirklichung von Kapitalexport- und Kapitalimportneutralität

Nachdem die Rechtfertigung einer kapitalexport- bzw. kapitalimportneutralen Besteuerung und ihre jeweiligen Vor- und Nachteile erläutert wurden, ist weiter zu klären, welche Ausgestaltung der Anrechnungs- oder Freistellungsmethode zur Erreichung der Besteuerungsziele verwirklicht werden sollte. Fraglich ist also, ob die Kapitalexportneutralität eine **begrenzte** oder eine **unbegrenzte Anrechnung** bedingt bzw. ob die Kapitalimportneutralität eine **Freistellung mit oder ohne Progressionsvorbehalt** erfordert.

Die **Kapitalexportneutralität** beruht auf der Vorstellung, dass jeder inländische Steuerpflichtige mit seinem Einkommen gleich besteuert werden soll, unabhängig davon, ob dieses aus dem Inland oder Ausland stammt. Eine vollständige Verwirklichung der Kapitalexportneutralität würde demnach eine **uneingeschränkte Anrechnung** erfordern, so dass ausschließlich das inländische Steuerniveau zum Tragen kommt. Falls das ausländische das inländische Steuerniveau übersteigt, wäre demnach eine Erstattung des Steuerüberhangs erforderlich.

Die Forderung nach unbegrenzter Anrechnung wird in der internationalen Praxis nicht vertreten. Eine Gleichbehandlung von inländischen und internationalen Geschäftsbeziehungen ist vielmehr nur dann vertretbar, wenn die Erhebung der Auslandssteuern sowohl dem Grunde nach (Steuerpflicht) als auch der Höhe nach (Bemessungsgrundlage, Tarif) **aus inländischer Sicht** gerechtfertigt erscheint. Maßstab für die Anrechenbarkeit ausländischer Steuern ist somit der vergleichbare Inlandssachverhalt; ausländische Steuern dürfen nur insoweit kompensiert werden, als sie aus der Sicht des Inlands im Rahmen einer Quellenbesteuerung gerechtfertigt sind.

Folgt man bei der Beurteilung des Auslandssachverhaltes den Wertentscheidungen des inländischen Rechts, so ist die Anrechnung ausländischer Steuern auf die Höhe der anteiligen Inlandssteuer beschränkt, darüber hinausgehende Steuern des Auslandes bleiben im Inland unberücksichtigt **(begrenzte Anrechnung)**. Diese Auffassung kann damit begründet werden, dass die Anrechnungsmethode aus dem Grundsatz der absoluten Gleichmäßigkeit hergeleitet wird, der den Steueranspruch und die Steuerhöhe aus den Verhältnissen des Steuerinländers herleitet.

Die uneingeschränkte Anrechnung wird aber auch aus **fiskalpolitischen Überlegungen** heraus abgelehnt. Dem inländischen Fiskus würde bei einem hohen Auslandssteuerniveau insoweit ein Opfer abverlangt, als er auf die ausländischen Einkünfte keine Steuern erheben dürfte und zusätzlich noch einen Teil seiner Steuern auf inländische Einkünfte abtreten müsste. Zur Vermeidung einer Subventionierung von Auslandstätigkeiten wäre in diesem Fall ein Fiskalausgleich zwischen den beteiligten Staaten erforderlich.

Die begrenzte Anrechnung kann allerdings durch inkongruente Bemessungsgrundlagen, durch höhere ausländische Steuertarife oder durch inländische Verluste zu Steuerüberhängen führen. Will man die dadurch entstehenden Benachteiligungen mildern, wird eine ergänzende Methode zur Verringerung von Doppelbesteuerungen notwendig. Diese Ergänzung findet sich in der **Steuerabzugsmethode,** die statt der Anrechnung einen alternativen Abzug der ausländischen Steuern bei der Ermittlung des Gesamtbetrags der Einkünfte vorsieht.

Im Gegensatz zur Kapitalexportneutralität verlangt die **Kapitalimportneutralität,** dass ein Unternehmer, der sein Kapital in ein bestimmtes Land investiert und unter den dortigen Rahmenbedingungen tätig wird, keinen anderen Steuerbelastungen ausgesetzt sein darf als seine in dem jeweiligen Ausland arbeitenden Konkurrenzunternehmen. Verfahrenstechnisch kann dieses Ziel mit Hilfe der **Freistellungsmethode** verwirklicht werden.

Bei der Frage der Ausgestaltung der Freistellungsmethode mit oder ohne Progressionsvorbehalt ist zunächst festzuhalten, dass beide Möglichkeiten eine Besteuerung nach der Kapitalimportneutralität gewährleisten. Die ausländischen Einkünfte werden mit dem ausländischen Steuerniveau belastet. Unterschiede ergeben sich dagegen in der Wirkung der beiden Freistellungsmethoden auf die inländischen Einkünfte des Steuerpflichtigen. Dies gilt aufgrund der Tarifsituation grundsätzlich nur im Bereich der Einkommensteuer, nicht hingegen bei der Körperschaftsteuer. Zur Erläuterung wird auf das bereits bekannte Beispiel zurückgegriffen.

Beispiel:

Inlandseinkommen 150 000 €		Auslandseinkommen 50 000 €			
S_I (250 000) = 50%		S_A (Fall 1) = 25%			
S_I (200 000) = 40%		S_A (Fall 2) = 40%			
S_I (150 000) = 30%		S_A (Fall 3) = 50%			
Belastung in €	Fall 1 ($S_I > S_A$)		Fall 2 ($S_I = S_A$)		Fall 3 ($S_I < S_A$)	
	Freistellung ohne PV	Freistellung mit PV	Freistellung ohne PV	Freistellung mit PV	Freistellung ohne PV	Freistellung mit PV
Auslandsbelastung	12 500	12 500	20 000	20 000	25 000	25 000
Inlandsbelastung	45 000	60 000	45 000	60 000	45 000	60 000
Gesamtbelastung	**57 500**	**72 500**	**65 000**	**80 000**	**70 000**	**85 000**
Steuerbelastung bei ausschließlich inländischen Einkünften (200 000)	80 000	80 000	80 000	80 000	80 000	80 000

PV = Progressionsvorbehalt

Das Beispiel zeigt, dass die Frage, ob die Gesamtbelastung bei der Freistellungsmethode letztlich höher, niedriger oder gleich der Steuerbelastung bei ausschließlich inländischen Einkünften ist, nur bei Kenntnis des Steuerniveaus des jeweiligen Auslandes und der Form der Freistellung beantwortet werden kann. Tendenziell gilt Folgendes: Übersteigt das inländische Steuerniveau das des Auslandes (Fall 1), so ist die Gesamtbelastung des Auslandsengagements niedriger als die Steuerbelastung bei ausschließlich inländischen Einkünften. In den Fällen 2 und 3 steigt die Gesamtbelastung des Auslandsengagements gegenüber dem Fall 1. Ob dabei auch die Steuerbelastung bei ausschließlich inländischen Einkünften unterschritten wird, ist von der Ausgestaltung der Freistellungsmethode abhängig.

Bei der **Freistellungsmethode ohne Progressionsvorbehalt** wird in allen drei Fällen eine niedrigere Gesamtbelastung des Auslandsengagements erzielt. Dies gilt auch dann, wenn der ausländische Steuersatz dem inländischen Steuersatz auf das Welteinkommen entspricht (Fall 2) und wenn das ausländische das inländische Steuerniveau übersteigt (Fall 3). Dieses Ergebnis beruht darauf, dass bei Anwendung der Freistellung ohne Progressionsvorbehalt das Steuerniveau des Standortlandes nicht allein auf die ausländischen Einkünfte einwirkt, sondern dass darüber hinaus bei der Inlandsbesteuerung ein **Splitting-Effekt** ausgelöst wird. Dieser Splitting-Effekt beruht darauf, dass aufgrund der progressiven Ausgestaltung des Einkommensteuertarifs der Steuersatz auf das verbleibende Inlandseinkommen immer geringer ist als der Steuersatz auf das Welteinkommen. So kommt bei isolierter Betrachtung der Inlandseinkünfte im obigen Beispielsfall lediglich ein Steuersatz von 30% anstatt 40% zur Anwendung. Im Ergebnis sind die inländischen Einkünfte stets mit einem niedrigeren Steuersatz belastet als bei einem vergleichbaren Steuerpflichtigen, der seine gesamten Einkünfte aus dem Inland bezieht. Es wird deshalb auch die Auffassung vertreten, dass der mit der Freistellungsmethode ohne Progressionsvorbehalt verknüpfte Splitting-Effekt zu einem Verstoß gegenüber dem Leistungsfähigkeitspostulat führt.[5]

Anders verhält es sich hingegen bei der **Freistellungsmethode mit Progressionsvorbehalt.** Die Auslandseinkünfte werden zwar auch hier dem alleinigen Steuerzugriff des Auslandes unterworfen, im Gegensatz zur uneingeschränkten Freistellung erfolgt jedoch eine Berücksichtigung der ausländischen Einkünfte bei der Ermittlung des inländischen Tarifs, so dass die Besteuerung der inländischen Einkünfte stets zu dem für das Welteinkommen maßgebenden Steuersatz erfolgt. Dadurch wird gewährleistet, dass die durch das Welteinkommen begründete Leistungsfähigkeit im Progressionstarif vollständig erfasst wird. Dies führt dazu, dass bei einem höheren ausländischen Steuerniveau die Gesamtbelastung diejenige im reinen Inlandsfall übersteigt (Fall 3) und bei einem ausländischen Steuersatz, der dem inländischen Steuersatz auf das Welteinkommen entspricht, die Gesamtbelastung gleich groß ist (Fall 2).

Der Tatbestand **ausländischer Verluste** macht besonders deutlich, dass die Freistellungsmethode mit Progressionsvorbehalt dem Leistungsfähigkeitspostulat eher gerecht wird als die Freistellung ohne Progressionsvorbehalt. Wie die Darstellung der Anrechnungs- und Freistellungsmethoden im Falle ausländischer Verluste gezeigt hat, führt die Nichtberücksichtigung der ausländischen Verluste bei der Ermittlung des Tarifs (uneingeschränkte Freistellung) im Vergleich zur reinen Inlandsbesteuerung zu einer Progressionserhöhung. Demgegenüber werden die negativen Auslandseinkünfte bei der Befreiung mit Progressionsvorbehalt berücksichtigt, indem die Verluste zur Bestimmung des Tarifs vom Inlandseinkommen abgezogen werden. Dadurch wird eine Progressionsminderung ausgelöst, so dass letztlich der Tarif auf die Inlandseinkünfte angewendet wird, der der erzielten Leistungsfähigkeit entspricht. Einschränkend ist jedoch festzustellen, dass auch die Freistellungsmethode mit Progressionsvorbehalt – zumindest in der bislang praktizierten Form – Steuersatzvor- oder -nachteile nicht immer gänzlich vermeiden kann.

Soweit das jeweilige Ausland ebenfalls progressiv ausgestaltete Steuertarife kennt, kommt es zu Steuersatzdifferenzen im Tätigkeitsstaat, die im Hinblick auf die erweiterte internationale Sichtweise des Leistungsfähigkeitspostulats und die Wettbewerbsneutralität problematisch sind. Dies resultiert daraus, dass der Steuersatz im Rahmen der beschränkten Steuerpflicht nicht nach dem Gesamteinkommen, sondern lediglich nach dem Einkommen im Quellenstaat bemessen wird. Je nach Höhe des Gesamteinkommens verbleiben damit Progressionsvor- oder -nachteile im Quellenstaat.[6]

---

[5] Vgl. BFH v. 25. 5. 1970, BStBl 1970 II, S. 755; BFH v. 6. 10. 1982, BStBl 1983 II, S. 34; Debatin, H., AWD 1965, S. 41 ff.; Rädler, A. J./Raupach, A., Auslandsbeziehungen, 1966, S. 384 ff.
[6] Siehe dazu Avery Jones, J. F., SWI 2000, S. 515; Homburg, S., Steuerlehre, 2007, S. 305 ff. In Verbindung mit dem inländischen Splitting-Effekt bedient sich die Steuerplanung dieser Steuersatzdifferenzen im Rahmen des payroll splits. Vgl. 6. Teil 8. Kapitel, Abschnitt D II 2.

Zusammenfassend lässt sich feststellen, dass sowohl die Anrechnungs- als auch die Freistellungsmethode in der internationalen Rechtspraxis nicht in ihrer reinen Form angewandt werden. Bei der Befreiungsmethode kommt es vielmehr zu einer Befreiung mit Progressionsvorbehalt, bei der Anrechnungsmethode zu einer begrenzten Anrechnung. Beide Methoden stellen Verknüpfungen zwischen ausländischem und inländischem Steuerniveau her, wobei Steuerüberhänge auftreten können. Anrechnungsbegrenzung bzw. Progressionsvorbehalt sind systematisch gerechtfertigte Einschränkungen bei der Steuerberechnung.

IV. Schlussfolgerungen zur Anwendbarkeit der Methoden

Bei der konkreten Ausgestaltung des deutschen Ertragsteuerrechts und des Ertragsteuerrechts der kontinentaleuropäischen Staaten werden die Anrechnungs- und die Freistellungsmethode nebeneinander angewandt.[7] Das Nebeneinander beider Methoden führt zu unterschiedlichen Steuerbelastungen, was im Folgenden anhand grenzüberschreitender Rechtsform- und Finanzierungsentscheidungen demonstriert wird.

Beispiel 1: Ein deutscher Einzelunternehmer überlegt, ob er in Österreich eine Betriebsstätte oder eine Tochtergesellschaft gründen soll. Mit den Betriebsstättengewinnen ist der Einzelunternehmer in Österreich beschränkt einkommensteuerpflichtig, in Deutschland sind die Gewinne unter Progressionsvorbehalt von der Einkommensteuer freigestellt (Art. 23 Abs. 1 Buchstabe a DBA-Österreich). Die Besteuerung erfolgt somit nach Maßgabe der Kapitalimportneutralität. Bei Investition in eine Tochtergesellschaft ist diese in Österreich unbeschränkt körperschaftsteuerpflichtig. Sofern die Tochtergesellschaft ihre Gewinne thesauriert, werden dem deutschen Einzelunternehmer aufgrund des Trennungsprinzips keine steuerpflichtigen Einkünfte zugerechnet. Die Besteuerung erfolgt somit auch hier auf Basis der Kapitalimportneutralität (allerdings auf Basis des österreichischen Körperschaftsteuersatzes im Gegensatz zum Einkommensteuersatz bei der Betriebsstättenalternative). Im Fall der Ausschüttung unterliegen die Dividenden dagegen (aufgrund des Teileinkünfteverfahrens zu 60%) der deutschen Einkommensteuer, es gilt somit Kapitalexportneutralität.

Beispiel 2: Eine deutsche Mutterkapitalgesellschaft steht vor der Frage, ob sie ihre österreichische Tochtergesellschaft mit Eigen- oder Fremdkapital ausstatten soll. Im Fall der Eigenfinanzierung erfolgt generell eine Besteuerung nach Maßgabe der Kapitalimportneutralität. Bei Thesaurierung in Österreich gilt dies aufgrund des Trennungsprinzips, bei Ausschüttung aufgrund des nationalen körperschaftsteuerlichen Beteiligungsprivilegs (§ 8b Abs. 1 KStG). Im Fall der Fremdfinanzierung wird dagegen nach dem Prinzip der Kapitalexportneutralität besteuert, da die Darlehenszinsen in Österreich als Betriebsausgaben abzugsfähig sind und in Deutschland der Körperschaftsteuer und der Gewerbesteuer unterliegen.

Aus der Sicht des Steuerpflichtigen sind diese Besteuerungsfolgen durchaus erwünscht. Denn durch die Wahl der Unternehmensrechtsform im In- und Ausland oder die Gestaltung der Finanzierungsverhältnisse liegt es in seinem Ermessen, ob nach Maßgabe der Kapitalexport- oder der Kapitalimportneutralität besteuert wird. Mit anderen Worten: Der Steuerpflichtige kann weitgehend frei bestimmen, ob ein bestimmter Sachverhalt dem höheren oder niedrigeren Steuerniveau im Inland bzw. Ausland unterliegt. Auf eine derart

---

[7] In den angelsächsischen Staaten dominiert die Anrechnungsmethode. Vgl. für einen Überblick Vogel, K./Lehner, M., DBA-Kommentar, Art. 23, Anm. 16.

gestaltete Nutzung des internationalen Steuergefälles lassen sich denn auch weite Bereiche der betrieblichen Steuerplanung zurückführen.[8]

Letztlich kann es jedoch nicht in das Ermessen des Steuerpflichtigen gestellt werden, ob er mit seinen Einkünften aus einem Auslandsengagement dem inländischen oder dem ausländischen Steuerniveau unterliegt. Ein Nebeneinander beider Methoden zur Vermeidung der Doppelbesteuerung lässt sich somit nicht rechtfertigen. Daher ist eine Entscheidung für die Anwendung einer der beiden Methoden zu treffen.

Es bleibt deshalb die grundsätzliche Frage zu klären, welche der wettbewerbspolitischen Orientierungen letztlich bei der Umsetzung in die Gesetzgebung vorrangig verfolgt werden sollte. Die Antwort ist davon abhängig, ob die Besteuerung i. S. einer Kapitalexport- oder i. s. einer Kapitalimportneutralität eher den wirtschafts- und wettbewerbspolitischen Zielsetzungen eines Staates und dem Verfassungsgrundsatz der Gleichmäßigkeit der Besteuerung sowie der Qualität der bestehenden Wettbewerbsverhältnisse gerecht wird.

Diesbezüglich wird der Anrechnungsmethode und somit einer Besteuerung nach Maßgabe der Kapitalexportneutralität der Vorrang gegeben, was wie folgt begründet wird:

- (1) Für eine kapitalimportneutrale Besteuerung sind die Voraussetzungen bereits seit längerem in der Europäischen Union (EU) und zunehmend auch in nicht integrierten Wirtschaftsräumen nicht mehr erfüllt, da eine Trennung von Inlands- und Auslandsmarkt nicht mehr möglich ist und sich bei multinationalen Unternehmen verstärkt prozessorientierte Geschäfts- und Organisationsstrukturen herausgebildet haben. Außerdem versteht sich der Staat mehr und mehr als Sozial- denn als Infrastrukturstaat, was das Wohnsitzprinzip und somit eine kapitalexportneutrale Besteuerung in den Vordergrund rücken.
- (2) Zusätzlich sprechen Neutralitäts- und Effizienzgesichtspunkte für eine kapitalexportneutrale Besteuerung.

Zu (1): Für eine Besteuerung nach Maßgabe der Kapitalimportneutralität, d. h. die Anwendung der Freistellungsmethode auf im Ausland erzielte Einkommensteile, werden häufig finanzielle Erwägungen angeführt. Unternehmen haben insbesondere dann ein Interesse an der Freistellung ausländischer Einkünfte, wenn das inländische Steuerniveau vergleichsweise hoch ist. Im Fall einer Freistellung von im Ausland erzielten und dort besteuerten Einkünften würden Wettbewerbsnachteile auf Auslandsmärkten vermieden, wenn die dort ansässigen bzw. tätigen Konkurrenzunternehmen einer niedrigeren Steuerbelastung unterliegen.[9] Kapitalimportneutralität sichere demnach die wirtschaftlichen Interessen exportorientierter Staaten. Diese Sichtweise wurde in der Vergangenheit insbesondere von Repräsentanten deutscher Unternehmen vertreten.[10]

Es ist unstreitig, dass die Unternehmenssteuerbelastung in Deutschland vergleichsweise hoch war. Seit der Unternehmenssteuerreform 2008 beträgt

---

[8] Vgl. dazu 6. Teil.
[9] Zur Kritik an dieser Argumentation vgl. Homburg, S., Perspektiven, 2000, S. 18; Maiterth, R., Wettbewerbsneutralität, 2001, S. 204 ff.
[10] Vgl. Krebühl, H.-H., Steueranrechnungsverfahren, 1997, S. 166; Grau, S., Steuerreform, 1999, S. 80 f.; Ritter, W., Steuerverschärfung, 1999, S. 186 f.

die Tarifbelastung von Kapitalgesellschaften mit Körperschaftsteuer, Solidaritätszuschlag und Gewerbesteuer nur noch etwa 30%, womit Deutschland im internationalen Vergleich im oberen Mittelfeld rangiert.[11] Die tarifliche Belastung bei Personenunternehmen fällt – eine vollständige Anrechenbarkeit der Gewerbesteuer gemäß § 35 EStG unterstellt – mit bis zu 45% (47,5% inklusive Solidaritätszuschlag) hingegen höher aus. Allerdings reduziert sich die Tarifbelastung bei Inanspruchnahme der Thesaurierungsbegünstigung nach § 34c EStG unter Berücksichtigung gewerbesteuerlicher Effekte auf etwa 36%.[12] Zudem ist zu berücksichtigen, dass aus dem Ausland repatriierte Gewinne – also insbesondere Betriebsstättengewinne und Dividenden von Tochtergesellschaften (ab einer Mindestbeteiligungsquote von 15%) – in Deutschland gemäß § 9 GewStG nicht der Gewerbesteuer unterliegen. Bei einem auch nach internationalen Maßstäben niedrigen Körperschaftsteuersatz von 15% wird deshalb realistischerweise kaum eine Nachbelastung mit deutscher Körperschaftsteuer auftreten, wenn anstelle der Freistellungsmethode auf die Anrechnungsmethode übergegangen würde. Vergleichbares gilt bei einkommensteuerpflichtigen Investoren, da auch deren Tarifbelastung im internationalen Vergleich im Mittelfeld liegt.

Der wesentliche Einwand gegen die Anwendung der Kapitalimportneutralität ist jedoch darin zu sehen, dass ihre Rechtfertigung unter dem Gesichtspunkt der Steuergerechtigkeit bzw. der (relativen) Leistungsfähigkeit der Besteuerung von Bedingungen abhängig ist, die zunehmend in der Realität nicht gegeben sind. Diese Voraussetzungen sind:

– **Feste wirtschaftliche Verknüpfung mit dem besteuernden Ausland:**
Die Freistellung der ausländischen Einkünfte von der Inlandsbesteuerung lässt sich unter dem Gesichtspunkt relativer Leistungsfähigkeit nur begründen und vertreten, wenn die im Auslandsgeschäft tätige Unternehmung mit den dortigen wirtschaftlichen, gesellschafts- und rechtspolitischen Verhältnissen auch **tatsächlich verbunden** ist und bei ihrer ausländischen Geschäftstätigkeit hiervon auch berührt wird. Die Anwendung der Kapitalimportneutralität erfordert somit, dass das Auslandsengagement einen bestimmten Mindestumfang an gewerblicher Aktivität erreicht, bei welchem von einer **festen wirtschaftlichen Verknüpfung** mit der im Ausland geltenden Ordnungsstruktur ausgegangen werden kann. Dies ist z. B. nicht der Fall, wenn reine Exportgeschäfte vom Inland aus abgewickelt werden, ohne dass es im Ausland zu Investitionen kommt, durch die sich die Auslandsbedingungen entscheidend auf die dortige Geschäftstätigkeit auswirken könnten. Auch bei solchen Direktinvestitionen, die sich ihrem wirtschaftlichen Gehalt nach nicht als lokalverbundene „aktive" Tätigkeiten darstellen, sondern die lediglich Steuerverkürzungen ermöglichen sollen (sog. Briefkastenfirmen), ist die Verwirklichung der Kapitalimportneutralität nicht zu rechtfertigen. Es bedarf für eine alleinige Standortbesteuerung vielmehr der tatsächlichen (und nicht nur der formellen) Durchführung bestimmter Investitionen in Form von geschäftlichen Einrichtungen und Stützpunkten im Ausland, auf deren Funktionsfähigkeit die ausländischen Ordnungsbedingungen einwirken, z. B. ausländische Vertretungen oder Geschäftseinrichtungen.

---

[11] Vgl. dazu 2. Teil, 2. Kapitel, Abschnitt E III.
[12] Vgl. Jacobs, O. H. (Hrsg.), Rechtsform, 2009, S. 550 f., 568 ff.

Die Feststellung, wann eine solche konkrete Verknüpfung mit den Standortbedingungen im Ausland vorliegt, ist bei gegebener finanzpolitischer Grundwertung immer eine Frage des Einzelfalles. Als Mindestvoraussetzung nennt das deutsche Steuerrecht das Vorhandensein einer Betriebsstätte (§ 12 AO) oder eines ständigen Vertreters (§ 13 AO). Erst wenn diese Voraussetzung erfüllt ist, kann von einer standortverankert ausgeübten Wirtschaftstätigkeit ausgegangen werden. Dabei gilt es stets zu beachten, dass die Umschreibung der steuerlichen Anknüpfungspunkte im Ausland auf Konventionen beruht, die ökonomisch durchaus fragwürdig sind.[13] So ist es alles andere als nachvollziehbar, warum im obigen Beispiel der Eigen- und Fremdfinanzierung Unternehmensgewinne im Fall der Eigenfinanzierung im Quellenstaat besteuert werden und für Zinsen im Fall der Fremdfinanzierung dem Wohnsitzstaat das Besteuerungsrecht eingeräumt wird.

- **Unterschiedliche Wettbewerbsverhältnisse im In- und Ausland:** Die Anwendung der Freistellungsmethode ist weiterhin nur dann angezeigt, wenn die Unterschiede in den Wettbewerbsverhältnissen und Standortbedingungen zwischen dem In- und Ausland, die als Rechtfertigung einer kapitalimportneutralen Besteuerung genannt wurden, auch **tatsächlich und signifikant** bestehen. Dies setzt gleichzeitig voraus, dass eine Trennung zwischen Inlands- und Auslandsmarkt möglich ist. Für eine Beurteilung der Voraussetzungen sind die Wettbewerbsverhältnisse (Marktdynamik), die Rechtsordnungen (ordre publique), die Ausstattung mit öffentlichen Gütern und daran anknüpfende Merkmale wie politische und wirtschaftliche Stabilität, Infrastruktur, Ausbildungsniveau und Leistungsbereitschaft der Arbeitnehmer im In- und Ausland miteinander zu vergleichen.

Soweit die Voraussetzungen einer festen wirtschaftlichen Verknüpfung mit dem Ausland und das Vorliegen unterschiedlicher Wettbewerbsverhältnisse auf getrennten Märkten gegeben sind, wird die Anwendung der Freistellungsmethode und somit eine kapitalimportneutrale Besteuerung als gerechtfertigt angesehen.

Ob diese Voraussetzungen für eine Besteuerung i. S. d. Kapitalimportneutralität vorliegen, wird jedoch seit längerer Zeit im Zusammenhang mit einheitlichen Wirtschaftsräumen wie der EU sowie mit den im Zeitablauf in starkem Maße gewandelten Geschäfts- und Organisationsstrukturen multinationaler Unternehmen bestritten.

- **Einheitlicher Wirtschaftsraum in der EU:** In der EU reduzieren sich zunehmend die Unterschiede zwischen den Wettbewerbsverhältnissen in den Mitgliedstaaten, d. h. eine der beiden wesentlichen Voraussetzungen für eine kapitalimportneutrale Besteuerung liegt in immer geringer werdendem Maße vor. Ziel des europäischen Integrationsprozesses ist es, einen Wirtschaftsraum ohne Binnengrenzen zu schaffen, in dem grenzüberschreitender Geschäftsverkehr ohne Hemmnisse gewährleistet ist. Eine Trennung von Inlands- und Auslandsmarkt ist somit nicht möglich, die EU bildet vielmehr einen einheitlichen Wirtschaftsraum mit zum Teil einheitlicher Währung und einheitlichem Zinsniveau. Als Ergebnis des Harmonisie-

---

[13] Vgl. Lang, M., Quellenprinzip, 2005, S. 34 ff.

rungsprozesses in der EU nähern sich zudem die Verhältnisse in außersteuerlichen Bereichen der Mitgliedstaaten zunehmend an, so dass das Vorliegen unterschiedlicher Wettbewerbsbedingungen, die eine Besteuerung von Auslandsinvestitionen gemäß den Bedingungen des Auslandsmarktes rechtfertigen würden, fraglich erscheint.[14] Eine Besteuerung nach Maßgabe der Kapitalexportneutralität wird daher den wirtschaftlichen Rahmenbedingungen und Zielen des europäischen Binnenmarktes, eine effiziente Ressourcenallokation zu fördern (Art. 120 AEU), eher gerecht als eine kapitalimportneutrale Besteuerung.[15] Hingegen lässt sich unmittelbar aus den europäischen Grundfreiheiten keine Präferenz für eine kapitalexportneutrale oder kapitalimportneutrale Besteuerung ableiten. Vielmehr stehen aus europarechtlicher Sicht die Anrechnungsmethode als Ausfluss der Kapitalexportneutralität und die Freistellungsmethode als Ausfluss der Kapitalimportneutralität gleichberechtigt nebeneinander.[16] Das Europarecht fordert ausschließlich eine diskriminierungsfreie Anwendung der Anrechungs- und Freistellungsmethode.[17]

- **Geschäfts- und Organisationsstruktur multinationaler Unternehmen:** Zweifeln lässt sich ferner an der ökonomischen Sinnhaftigkeit der Annahmen bezüglich der Geschäfts- und Organisationsstrukturen grenzüberschreitend tätiger Unternehmen, auf denen sich die Forderung nach Kapitalimportneutralität gründet. Nach traditionellem Verständnis soll Kapitalimportneutralität gleiche steuerliche Wettbewerbsverhältnisse zwischen ausländischen und inländischen Investoren herstellen, die sich im Ausland niedergelassen haben, dort produzieren und mit den dort ansässigen Unternehmen in einem Konkurrenzverhältnis stehen.[18] Produktionsstandort und Absatzmarkt fallen somit gedanklich stets zusammen, was insbesondere die Möglichkeit von Exporten aus dem Quellenstaat sowohl in Drittstaaten als auch zurück in den Wohnsitzstaat ausschließt[19] und folglich die Konkurrenzsituation von Unternehmen unzutreffend einengt.
Gerade bei multinationalen Unternehmen ist festzustellen, dass sich im Zeitablauf **verstärkt prozessorientierte** Geschäfts- und Organisationsstrukturen herausgebildet haben. Als Ausdruck einer zunehmenden Globalisierung und Mobilität sowohl im unternehmerischen Bereich wie auch bei hochqualifizierten Arbeitskräften (Expatriates) kommt es in multinationalen Unternehmen oftmals zu Beschränkungen auf einzelne Länder als Standorte für ihre Produktions-, Marketing-, Forschungs- und Entwicklungseinrichtungen. In den übrigen Ländern wird folglich nicht mehr direkt produziert, sondern der jeweilige Markt wird mit aus dem Konzern-

---

[14] Vgl. Jacobs, O. H., Körperschaftsteuersysteme, 1994, S. 223 ff.; Scheffler, W., Steuerfreistellung, 1996, S. 167 f., 171; Wissenschaftlicher Beirat beim BMF, Kapitaleinkommensbesteuerung, 1999, S. 55; Homburg, S., Perspektiven, 2000, S. 44.
[15] Vgl. Spengel, C., Unternehmensbesteuerung, 2003, S. 258.
[16] Das entspricht der h. M. im Schrifttum. Vgl. Spengel, C., Unternehmensbesteuerung, 2003, S. 258 m. w. N.; Ruf, M., StuW 2008, S. 62 ff.
[17] Vgl. Lang, M., Doppelbesteuerungsabkommen, 1996, S. 34 ff.
[18] Vgl. Musgrave, P. B., Taxation, 1969, S. 84 f.; Vierkenttä, T., Tax Incentives, 1991, S. 42, 64; Zuber, B., Anknüpfungsmerkmale, 1991, S. 128.
[19] Vgl. Devereux, M. P./Pearson, M., Fiscal Studies 1990, S. 24; Schreiber, U., StuW 1994, S. 241; Commission of the European Communities, Company Taxation, 2001, S. 64; Fohr, I., Holdinggesellschaften, 2001, S. 68.

3. Kapitel. Möglichkeiten zur Vermeidung von Doppelbesteuerung

verbund exportierten Waren bedient. Ende der 90er Jahre des vorherigen Jahrhunderts wurden bereits mehr als 60% des Welthandels innerhalb internationaler Konzerne abgewickelt.[20] In dem Umfang, in dem der Export zwischen den verbundenen Gesellschaften in den verschiedenen Ländern zunimmt, ist eine Trennung der einzelnen Märkte nicht mehr möglich. Die Angleichung der Wettbewerbsbedingungen multinationaler Unternehmen ist aber nicht nur auf den weltweiten Export von produzierten Waren zurückzuführen; auch die Beschaffungsseite orientiert sich weltweit. Möglich sind u. a. eine Refinanzierung am Weltkapitalmarkt, eine Notierung an den Weltbörsen oder eine weltweite Personalbeschaffung.

Aufgrund dieser verstärkten Prozessorientierung bei globaler Geschäftstätigkeit sind durchaus Zweifel angebracht, ob generell eine Konkurrenzsituation mit Unternehmen besteht, die am gleichen Auslandsstandort produzieren. Vielmehr stellt sich zunehmend eine Konkurrenzsituation auf den Absatzmärkten ein, die von Unternehmen mit Sitz in verschiedenen Ländern beliefert werden. Um in diesem Kontext gleiche Wettbewerbsverhältnisse herzustellen, wäre somit eine steuerliche Gleichbehandlung aller Investoren erforderlich, die den gleichen Absatzmarkt bedienen, und zwar unabhängig von deren Produktionsstandorten. Eine Besteuerung nach Maßgabe der Kapitalimportneutralität kann dies allerdings nicht gewährleisten[21] und lässt daher deren generelle wettbewerbspolitische Begründung fraglich erscheinen, da der Kreis der relevanten Tätigkeiten im Grundsatz zunehmend auf standortgebundene Aktivitäten eingeengt wird.[22]

Als Folge dieser Entwicklung gleichen sich die Wettbewerbsbedingungen zwischen den multinationalen Unternehmen zusehends an. Zudem fallen der Sitz des Unternehmens und der jeweilige Markt oftmals auseinander, so dass es immer seltener möglich ist, von einer festen wirtschaftlichen Verknüpfung eines Unternehmens mit den einzelnen Ländern zu sprechen. Besonders deutlich wird dies im Rahmen des E-Commerce.[23]

Gleichzeitig wird durch die zusehends erschwerte Zuordnung bestimmter Einkünfte zu einem bestimmten Land aufgrund der zunehmenden Globalisierung und Mobilität der Zusammenhang zwischen dem Ort der Einkünfte und der Nutzung örtlicher Infrastruktur zunehmend verwässert. Der moderne Staat versteht sich im Zuge sinkender staatlicher Infrastrukturinvestitionen denn auch weniger als Infrastrukturstaat, sondern **vorwiegend** als **Sozialstaat**. Da der überwiegende Teil der Staatsausgaben in den Sozialbereich fließt, ähneln die Steuerzahlungen mehr und mehr Versicherungsprämien zur Finanzierung staatlicher Sozialleistungen und weiterer Maßnahmen zum Schutz der Bürger. Erkennt und akzeptiert man diese Zusammenhänge, sind die Steuerpflichtigen mit den Steuerzahlungen bzw. „Prämien" des Wohnsitz-

---

[20] Vgl. Commission of the European Communities, Company Taxation, 2001, S. 466.
[21] Vgl. Devereux, M. P./Pearson, M., Economic Efficiency, 1989, S. 64; Devereux, M. P./Pearson, M., Fiscal Studies 1990, S. 24 f.; Commission of the European Communities, Company Taxation, 2001, S. 64.
[22] Als Beispiel wird die Errichtung von Bauwerken wie z. B. Brücken angeführt. Vgl. Devereux, M. P./Pearson, M., Fiscal Studies 1990, S. 24.
[23] Vgl. 3. Teil, 2. Kapitel, Abschnitt A II 4 und 3. Kapitel, Abschnitt A III.

staates zu belasten, was dem Leitbild einer kapitalexportneutralen Besteuerung entspricht.[24]

Wenn man sich die **Annäherung der effektiven Steuerbelastung** von Unternehmen **im internationalen Vergleich** vergegenwärtigt, verliert die Diskussion um die materiellen Vorteile einer Besteuerung nach Maßgabe der Kapitalimportneutralität und der Freistellungsmethode gegenüber der Anrechnungsmethode auch immer mehr an Bedeutung. Die Anwendung der Anrechnungs- bzw. Freistellungsmethode ist für die Steuerbelastung grundsätzlich unerheblich, wenn man davon ausgeht, dass im In- und Ausland die Höhe der der Besteuerung unterworfenen ausländischen Einkünfte (Bemessungsgrundlage) und die auf ihnen lastenden Steuersätze übereinstimmen, also kein Steuergefälle zwischen In- und Ausland besteht.[25] Die Unterscheidung in kapitalimportneutrale bzw. kapitalexportneutrale Besteuerung spielt unter diesen Bedingungen keine Rolle mehr. Vielmehr wäre die Besteuerung generell wettbewerbsneutral.[26]

Für eine Anwendung der kapitalimportneutralen Besteuerung könnten allerdings pragmatische Gründe sprechen. Für die Finanzverwaltung stellt die Freistellungsmethode im Vergleich zur Anrechnungsmethode die einfacher zu handhabende Methode dar, bei der der **Verwaltungs- und Kontrollaufwand** geringer ist. Diese administrativen Gesichtspunkte sind nicht von der Hand zu weisen.[27] Allerdings reduziert sich die die konzeptionelle Einfachheit der Freistellung aufgrund der Notwendigkeit, bei grenzüberschreitender Geschäftstätigkeit das Welteinkommen zur Sicherung der Besteuerungsansprüche von Wohnsitz- und Quellenstatt entsprechend aufzuteilen (Aufwands- und Ertragszuordnung), sowie im Fall ausländischer Verluste. Zudem bleibt ein Kontrollaufwand u. a. deshalb bestehen, weil für den Progressionsvorbehalt im Inland die ausländischen Einkünfte zu ermitteln sind.

Zur Gewährleistung einer am **Grundsatz der Steuergerechtigkeit** ausgerichteten Besteuerung ist die Kapitalexportneutralität das überlegene Konzept. Durch die Besteuerung des Welteinkommens im Wohnsitzstaat des Investors unter Anrechnung im Ausland gezahlter Steuern ist eine gleichmäßige Besteuerung aller inländischen Steuerpflichtigen gewährleistet, **individuelle Steuergerechtigkeit** also auch bei grenzüberschreitender Geschäftstätigkeit verwirklicht. Zudem besteht kein Konflikt mit der **zwischenstaatlichen Steuergerechtigkeit,** da eine gerechte Aufteilung des Steueraufkommens zwischen den betreffenden Staaten selbstverständlich auch bei Geltung des Welteinkommensprinzips und der Anrechnungsmethode möglich ist.[28]

Zu (2): Schließlich hat die Kapitalexportneutralität auch unter **Neutralitäts- und Effizienzgesichtspunkten** Vorteile gegenüber der Kapitalimport-

---

[24] Vgl. Homburg, S., Wohnsitzprinzip, 2005, S. 21.

[25] Im Bereich der Einkommensteuer muss der ausländische Steuersatz dem deutschen Einkommensteuersatz auf das Welteinkommen entsprechen und die Freistellungsmethode muss unter Progressionsvorbehalt stehen.

[26] Vgl. Musgrave, R. A., Fiscal Systems, 1969, S. 254; Peffekoven, R., Außenwirtschaft 1984, S. 141; Devereux, M. P./Pearson, M., Fiscal Studies 1990, S. 26.

[27] Vgl. Lüdicke, J., DBA-Politik, 2008, S. 70 ff.

[28] So auch Homburg, S., Wohnsitzprinzip, 2005, S. 21 f. Die Anrechnungsmethode ändert nichts daran, dass der ausländische Quellenstaat das in seinem Hoheitsgebiet entstandene Einkommen besteuert und das entstandene Aufkommen behält.

3. Kapitel. Möglichkeiten zur Vermeidung von Doppelbesteuerung

neutralität.[29] Da es bei einer kapitalexportneutralen Besteuerung für einen inländischen Investor unter steuerlichen Gesichtspunkten unerheblich ist, ob er im Inland oder im Ausland investiert, wird eine weltwirtschaftlich effiziente Verteilung des Kapitals nicht gestört. Bei einer kapitalexportneutralen Besteuerung werden Investoren auch nach der Berücksichtigung von Steuern dort investieren, wo die höchsten Bruttogewinne erwartet werden. Denn durch die Verlagerung von Investitionen vom Inland in das Ausland oder an andere Standorte lässt sich der Gewinn der einzelnen Investoren und somit das Weltsozialprodukt nicht weiter steigern.[30] Weltwirtschaftliche Effizienz bzw. eine international produktionseffiziente Verteilung des Kapitals gelten somit als sichergestellt. Eine volkswirtschaftlich effiziente Besteuerung harmoniert mit der betriebswirtschaftlichen Forderung nach einer neutralen Besteuerung. Anders ist es hingegen bei einer kapitalimportneutralen Besteuerung: Von einer im Vergleich zum Inland niedrigeren Besteuerung im Ausland, die sich in Form höherer Nachsteuerrenditen auswirken kann, können Anreize zur Verlagerung der Produktion ins Ausland ausgehen. Wenn dadurch die Kapitalallokation in dem Sinne gestört wird, dass an sich unrentable Investitionen nur infolge einer begünstigenden Besteuerung durchgeführt und Investitionen, die höhere Bruttogewinne erwirtschaften, unterlassen werden, wird die Maximierung des Weltsozialprodukts und somit internationale Produktionseffizienz verfehlt. Produktionseffizienz ließe sich bei einer kapitalimportneutralen Besteuerung nur durch eine umfassende Steuerharmonisierung sicherstellen, die gewährleistet, dass alle Investitionen überall derselben Steuerbelastung unterliegen. Derart weitreichende Harmonisierungsschritte, die mit einem großen Verlust an Steuerautonomie einhergehen, sind bei einer kapitalexportneutralen Besteuerung nicht zwingend erforderlich. Dieser Gesichtspunkt macht Kapitalexportneutralität auch als Leitlinie für eine Besteuerung im europäischen Binnenmarkt attraktiv.

Aus der Sicht eines einzelnen Investors kann sich durchaus eine andere Beurteilung ergeben. Da dieser an der Maximierung seiner Nettogewinne interessiert ist, wird er eine kapitalimportneutrale gegenüber einer kapitalexportneutralen Besteuerung umso mehr vorziehen, je geringer das ausländische Steuerniveau im Vergleich zum inländischen ist. Individuelle und gesamtwirtschaftliche Interessen lassen sich deshalb nicht immer in Einklang bringen.

Zusammenfassend lässt sich sagen, dass nach der hier vertretenen Auffassung eine kapitalimportneutrale Besteuerung nur gerechtfertigt ist, soweit hinsichtlich eines Auslandsgeschäfts die Voraussetzungen einer festen wirtschaftlichen Verknüpfung mit dem Ausland und das Vorliegen unterschiedlicher Wettbewerbsverhältnisse auf getrennten Märkten gegeben sind. Im Zeitablauf haben sich jedoch verstärkt prozessorientierte Geschäfts- und Organisationsstrukturen herausgebildet, so dass Absatzmarkt, Produktionsstandort und Unternehmenssitz auseinander gefallen sind. Dadurch hat die Besteuerung des grenzüberschreitenden Lieferungs- und Leistungsaustausches durch Importe

---

[29] Vgl. zum Folgenden Spengel, C., Unternehmensbesteuerung, 2003, S. 228 ff.; Homburg, S., Wohnsitzprinzip, 2005, S. 18 ff.
[30] In Hochsteuerländern ansässige Investoren haben allenfalls Anreize zur Verlagerung des Sitzes bzw. Wohnsitzes in Niedrigsteuerländer.

und Exporte drastisch zugenommen. Folge hiervon ist, dass sich die Wettbewerbsverhältnisse multinationaler Unternehmen zunehmend angeglichen haben und eine Trennung der jeweiligen Märkte kaum mehr möglich ist. Hinzu kommt das sich wandelnde Staatsverständnis vom Infrastruktur- zum Sozialstaat. In den Fällen, in denen die Voraussetzungen der Kapitalimportneutralität aus diesen Gründen in steigendem Maße nicht mehr erfüllt sind, erweist sich die Besteuerung i. S. d. **Kapitalexportneutralität als systematisch überlegen;** dies gilt unter dem Gesichtspunkt der Steuergerechtigkeit ebenso wie unter volkswirtschaftlichen Effizienzgesichtspunkten bzw. betriebswirtschaftlichen Neutralitätsgesichtspunkten. Zusätzlich wird die insbesondere von Unternehmen erhobene Forderung, Auslandsinvestitionen durch eine kapitalimportneutrale Besteuerung vor dem deutschen Steuerniveau zu schützen, immer weniger dringlich, je mehr sich die internationalen Belastungen einander annähern. Für eine kapitalimportneutrale Besteuerung sprechen dagegen vornehmlich administrative sowie pragmatische Gesichtspunkte.

Infolge der zunehmenden Internationalisierung der Märkte, Unternehmen sowie vermehrt auch der qualifizierten Arbeitnehmer auf der einen Seite und des verschärften Steuerwettbewerbs auf der anderen Seite ist eine ausschließlich national ausgerichtete Steuerpolitik nicht mehr denkbar. Deshalb sind die an dieser Stelle angestellten Überlegungen über die grundsätzliche wettbewerbspolitische Ausrichtung der internationalen Besteuerung nicht als alleinige Handlungsempfehlung an den deutschen Gesetzgeber gedacht. Zur Umsetzung bedarf es vielmehr prinzipiell einer größeren Gruppe von Ländern – bspw. der Mitgliedstaaten der EU. Zudem spielen in diesem Zusammenhang neben ökonomischen Kriterien eine Reihe weiterer Faktoren wie bspw. das Europarecht und die Administrierbarkeit eine wichtige Rolle, um nur zwei zu nennen. Diese Fragen werden im Kontext der Reformüberlegungen innerhalb der EU ausführlich erörtert und es werden mehrere Reformmodelle diskutiert,[31] die auch verdeutlichen, dass es keinen Königsweg gibt.

4. Kapitel. Konkrete Ausgestaltung der Methoden zur Vermeidung der Doppelbesteuerung durch unilaterale Maßnahmen und Doppelbesteuerungsabkommen

In der deutschen Steuergesetzgebung finden sowohl die Anrechnungs- als auch die Freistellungsmethode Anwendung. Daneben sind noch andere, systematisch und praktisch aber weniger bedeutsame Methoden bekannt, die weniger auf eine Vermeidung als auf eine Verminderung der Doppelbesteuerung ausgerichtet sind. Die Funktionsweise und die Anwendungsbereiche der verschiedenen Methoden sollen im Folgenden dargestellt werden. Da die Anwendungsmöglichkeiten der verschiedenen Verfahren insbesondere davon abhängen, ob die Bundesrepublik Deutschland einseitige Verzichtserklärungen bei Doppelbesteuerungen leistet oder mit anderen Staaten auf Gegenseitigkeit basierende Verträge abschließt, sollen vorab die Vor- und Nachteile der

---

[31] Vgl. 2. Teil, 4. Kapitel.

unilateralen Maßnahmen und der **Doppelbesteuerungsabkommen (DBA)** zur Vermeidung von Doppel- und Minderbesteuerungen beschrieben werden.

A. Vor- und Nachteile von unilateralen Maßnahmen und von Doppelbesteuerungsabkommen (DBA)

Die Bemühungen um Vermeidung oder zumindest um Verringerung der internationalen Doppelbesteuerung gehen in zwei Richtungen:

Zum einen kann ein Staat versuchen, seinen inländischen Unternehmen die Auslandstätigkeit zu erleichtern, indem er einseitig und freiwillig auf die Besteuerung ausländischer Einkünfte oder Vermögensteile im Inland verzichtet und somit lediglich im Ausland eine Besteuerung stattfindet. Der Staat würde damit ganz oder partiell sein Wohnsitzbesteuerungsrecht aufgeben. Will er dagegen ausländische Unternehmen zu Investitionen in seinem Gebiet veranlassen, so kann er einseitig seine Quellenbesteuerung dem Grunde oder der Höhe nach einschränken. Diesen Weg der Selbstbeschränkung durch einseitigen Steuerverzicht bezeichnet man als **unilaterale (nationale) Maßnahmen** zur Vermeidung der Doppelbesteuerung.

Zum anderen besteht die Möglichkeit, Doppelbesteuerungen durch den Abschluss internationaler Verträge zwischen einzelnen Staaten zu vermeiden. Dabei regeln die Vertragspartner durch Verteilungs- bzw. Verzichtsnormen, wie die Besteuerung durchzuführen ist, wenn sich die Steueransprüche der beteiligten Staaten überschneiden. Es kommt somit auf **bilateraler** Ebene zum Abschluss von **DBA**.

Da die wirtschaftlichen Beziehungen zwischen den verschiedenen Staaten sich jeweils unterschiedlich darstellen, kam es bisher in der Regel zu bilateralen und nur in Ausnahmefällen zu multilateralen Abkommen.[1]

Der Weg zu einem standardisierten „Weltabkommen" erscheint durch die verschieden gelagerten Wirtschaftsinteressen der einzelnen Länder verbaut; der multilateralen Idee sind insofern Grenzen gesetzt. Außerdem entfiele damit ein wesentlicher Vorteil bilateraler Abkommen, nämlich ihre Flexibilität bei der Berücksichtigung spezifischer Bedingungen im Wirtschaftsverkehr zwischen den Staaten. Andererseits erlauben die unterschiedlichen Regelungsinhalte der bilateralen Abkommen Steuergestaltungen und -umgehungen durch Dreiecksbeziehungen über mehrere Staaten (sog. treaty shopping), deren Legalität und wirtschaftliche Rechtfertigung stark umstritten sind. Gleichzeitig wird die Praxis bilateraler Abkommen insbesondere vor dem Hintergrund der zunehmenden Harmonisierung im Rahmen der EU kritisch

---

[1] So hat der deutsche Gesetzgeber bisher 89 DBA auf dem Gebiet der Einkommen- und Vermögensteuern mit allen wichtigen Industrienationen und vielen Entwicklungsländern abgeschlossen (vgl. zum aktuellen Stand der DBA und Doppelbesteuerungsverhandlungen BMF-Schreiben v. 12. 1. 2010, BStBl 2010 I, S. 35), ist jedoch nur an einem multilateralen Abkommen zur Kfz-Steuer beteiligt (vgl. Abkommen über die Besteuerung von Straßenfahrzeugen zum privaten Gebrauch im internationalen Verkehr v. 19. 12. 1960, BStBl 1961 I, S. 5 und 683). Ein Beispiel für ein multilaterales DBA auf dem Gebiet der Einkommen- und Vermögensteuern ist das Abkommen zwischen den nordischen Staaten (Dänemark, Norwegen, Schweden, Finnland, Island) aus dem Jahr 1997. Vgl. dazu Mattson, N., Intertax 2000, S. 301 ff.

gesehen. Denn durch unterschiedliche DBA-Regelungen zwischen den einzelnen EU-Mitgliedstaaten sind Verletzungen der EU-rechtlichen Grundfreiheiten nicht auszuschließen. Vor diesem Hintergrund wird von Teilen der Literatur der Abschluss **multilateraler Abkommen** (auf europäischer Ebene) als Lösungsmöglichkeit vorgeschlagen.[2]

Um bei bilateralen Abkommen ein allzu starkes Auseinanderfallen der einzelnen Verträge zu vermeiden, versucht man bei den DBA-Verhandlungen das **OECD-Abkommen** über die Steuern vom Einkommen und vom Vermögen zugrunde zu legen.[3] Es wurde 1963 verfasst, 1977 grundlegend überarbeitet und im Jahre 1992 einer ersten Teilrevision unterzogen. Zukünftig will die OECD das Musterabkommen anstelle einer Revision im Abstand von anderthalb Jahrzehnten durch permanente Anpassungen im Abstand von ein bis drei Jahren weiterentwickeln. Solche Anpassungen fanden zuletzt 2003, 2005 und 2008 statt, dabei lag der Schwerpunkt auf dem Musterkommentar.[4]

Will man die **Vor- und Nachteile** unilateraler Regelungen mit denen von DBA vergleichen, so spricht für die unilateralen Regelungen, dass sie – im Gegensatz zu den DBA – im Gesetzgebungsprozess leichter zu handhaben sind, da kein zweiter Staat unmittelbar einzubeziehen ist. Damit können die staatlichen Einzelinteressen isoliert berücksichtigt werden. Allerdings sind die Möglichkeiten einseitiger Steuerverzichte zur Stärkung der Wettbewerbsfähigkeit nationaler Unternehmen durch supranationale Normen (z.B. das Subventionsrecht der WTO-Abkommen)[5] begrenzt.

Demgegenüber haben unilaterale Maßnahmen stets den entscheidenden fiskalischen Nachteil, dass sie Aufkommensverluste allein zu Lasten des verzichtenden Staates mit sich bringen und nicht auf Gegenseitigkeit beruhen. Daneben wirken sie global für und gegen alle Länder, wobei die wirtschaftlichen Bedingungen, auf die es im Wirtschaftsverkehr mit bestimmten Ländern ankommt, nicht gezielt berücksichtigt werden können. Aber auch auf Seite der inländischen Unternehmen besteht die Gefahr, dass bestimmte Staaten unilaterale Steuererleichterungen des Wohnsitzstaates durch Quellenbesteuerungsmaßnahmen vereiteln.

Aus den genannten Nachteilen unilateraler Maßnahmen wird ersichtlich, dass der **Abschluss von** auf Gegenseitigkeit beruhenden **Abkommen sinnvoll** ist. Dabei geht man grundsätzlich so vor, dass das Besteuerungsrecht für ein bestimmtes Steuergut (insbesondere auf bestimmte Einkünfte oder Vermögen) einem Vertragspartner vorrangig zugeteilt wird, während der andere Vertragspartner auf das Besteuerungsrecht verzichtet bzw. es zumindest auf vereinbarte Sätze begrenzt.

---

[2] Vgl. Lang, M., SWI 1997, S. 492 ff.; Seibold, S., IStR 1998, S. 655 ff.; Wassermeyer, F., DB 1998, S. 28 ff.

[3] Zum Verhältnis der von Deutschland, Österreich und der Schweiz abgeschlossenen DBA zum OECD-Modell vgl. Lang, M., IStR 1996, S. 201 ff.

[4] Vgl. zur Anpassung vom 28. 1. 2003 Krabbe, H., IStR 2003, S. 253 ff.; zur Anpassung vom 15. 7. 2005 Kolb, A., IWB, Fach 10, International, Gruppe 2, S. 1911 ff.; und zur Anpassung vom 17. 7. 2008 Bendlinger, S., SWI 2008, S. 545 ff.; Kolb, A., IWB, Fach 10, International, Gruppe 2, S. 2049 ff.; Russo, R., ET 2008, S. 459 ff.

[5] Vgl. Ecker, T./Koppensteiner, F., SWI 2009, S. 146 ff. Ein Beispiel für eine mit dem WTO-Recht in Konflikt stehende Subvention stellt die US-Gesetzgebung über die Foreign Sales Corporations dar. Vgl. Feddersen, C., IStR 2001, S. 551 ff.

Genau wie bei den unilateralen Maßnahmen kann auch im DBA-Fall der Verzicht auf das Besteuerungsrecht verfahrenstechnisch sowohl durch Anwendung der Anrechnungs- als auch der Freistellungsmethode vollzogen werden. In der deutschen Gesetzgebungspraxis lässt sich aber tendenziell festhalten, dass bei den **unilateralen Maßnahmen** im Bereich der Einkommensteuer **die begrenzte Anrechnungsmethode** und damit das Prinzip der **Kapitalexportneutralität** vorherrscht, während bei den **DBA die Freistellungsmethode mit Progressionsvorbehalt** und damit das Prinzip der **Kapitalimportneutralität** präferiert wird.[6] Dagegen werden bei **körperschaftsteuerpflichtigen** Unternehmen Dividenden sowie Gewinne aus der Veräußerung von Anteilen an Kapitalgesellschaften bereits **unilateral freigestellt** und somit das Prinzip der **Kapitalimportneutralität** angewendet.

Diese Grundtendenz hat eher praktische denn systematische Ursachen. Bei Anwendung der Freistellungsmethode bedarf es stärker der Absprache zwischen den beteiligten Partnerstaaten, damit es nicht zu Besteuerungswillkür oder zu unangemessenen Steuervorteilen kommt. Bei den unilateralen Maßnahmen sind solche Abstimmungsmöglichkeiten nicht gegeben, so dass hier durch die Anrechnungsmethode gesichert werden kann, dass zumindest das inländische Steuerniveau bei den verschiedenen unternehmerischen Auslandstätigkeiten zum Tragen kommt. Im Bereich der Körperschaftsteuer wird die Freistellung von Dividenden mit dem Körperschaftsteuersystem begründet. Um eine Doppelbelastung von Dividenden zu vermeiden, die innerhalb einer Kette von Kapitalgesellschaften ausgeschüttet werden, besteht ein nationales Beteiligungsprivileg (§ 8b Abs. 1 und 2 KStG). Dieses umfasst folgerichtig in- und ausländische Dividenden sowie Gewinne aus Anteilsveräußerungen. Es gelingt jedoch auch bei bilateralen Maßnahmen nicht immer, unangemessene Steuervorteile gänzlich zu vermeiden. Insbesondere im Hinblick auf die Vermeidung von Doppelfreistellungen hat sich in der neueren Abkommenspraxis die Tendenz herausgebildet, den Anwendungsbereich der Anrechnungsmethode zu Lasten der Freistellungsmethode zu erweitern, so dass eine Einmalbesteuerung der Einkünfte gewährleistet ist.

B. Die Vermeidung der Doppelbesteuerung durch unilaterale Maßnahmen

Bei den unilateralen Maßnahmen stehen einem Staat die verschiedensten Möglichkeiten offen, je nachdem, ob er die Doppelbesteuerung beseitigen oder lediglich vermindern will. Der deutsche Gesetzgeber präferiert im Bereich der Einkommensteuer überwiegend die begrenzte Anrechnungsmethode und ergänzt diese durch Sonderverfahren, die lediglich zur Verminderung, nicht aber zur Vermeidung von Doppelbesteuerungen führen.[7] Im Bereich der Körperschaftsteuer kommt unilateral darüber hinaus die Freistellungsmethode zur Anwendung.

---

[6] Im Gegensatz dazu bevorzugen die Staaten des angloamerikanischen Rechtskreises auch in den DBA die Anrechnungsmethode und damit das Prinzip der Kapitalexportneutralität.

[7] Die Freistellungsmethode wird nur in wenigen Ausnahmefällen angewandt. Dies ist bspw. bei der Personalabordnung durch den Auslandstätigkeitserlass der Fall.

I. Einkommensteuer

1. Anrechnungsmethode

a) Darstellung der Anrechnungsmethode

Die Methode der Steueranrechnung wurde in Anlehnung an angelsächsische Vorbilder, insbesondere an Großbritannien und die USA, mit Wirkung vom 1. 1. 1957 in das deutsche Recht eingeführt. Das Wesen der Anrechnungsmethode besteht darin, dass das bei unbeschränkt Steuerpflichtigen bestehende Welteinkommensprinzip unangetastet bleibt. Im Ausland erzielte Einkünfte werden in die Bemessungsgrundlage der deutschen Einkommensteuer einbezogen und die deutsche Steuer unter Berücksichtigung dieser Einkünfte berechnet. Die Doppelbesteuerung wird dann in der Weise vermieden, dass die ausländische Steuer von der deutschen Einkommensteuer abgezogen wird, die auf die ausländischen Einkünfte entfällt. Somit ist die Anrechnung begrenzt auf den Teil der ausländischen Steuer, der der deutschen Steuer auf die ausländischen Einkünfte entspricht.

Die Bedingungen für die Anwendung dieser begrenzten Anrechnungsmethode sind in § 34c Abs. 1 EStG in Verbindung mit §§ 34d EStG sowie 68a und 68b EStDV beschrieben. Mit dem Jahressteuergesetz (JStG) 2009 wurde zudem für der Abgeltungsteuer unterliegende Kapitaleinkünfte in § 32d Abs. 5 EStG eine eigenständige Anrechnungsnorm geschaffen.[8]

Neben dem Anrechnungshöchstbetrag bestehen bei der Anrechnungsmethode noch zusätzliche Begrenzungsfaktoren, die in der nachfolgenden Einzelanalyse zunächst aufgezeigt und an späterer Stelle zusammenfassend gewürdigt werden.

(1) Unbeschränkte Steuerpflicht

Nach den §§ 34c und 32d Abs. 5 EStG ist die Anwendung der Anrechnungsmethode grundsätzlich nur für in Deutschland **unbeschränkt** Steuerpflichtige vorgesehen. In diesem Fall wird das Welteinkommen des Steuerpflichtigen besteuert und die Vermeidung der Doppelbesteuerung durch den Wohnsitzstaat erscheint folgerichtig. Die Möglichkeit der Anrechnung ausländischer Steuern ist für **beschränkt** Steuerpflichtige **nur ausnahmsweise** gegeben. Für sie gilt § 34c Abs. 1–3 EStG entsprechend, wenn sie Einkünfte aus Land- und Forstwirtschaft, Gewerbebetrieb oder selbständiger Arbeit erzielen, für die im Inland ein Betrieb unterhalten wird. Soweit in diesen Einkünften jedoch solche aus einem ausländischen Staat enthalten sind, mit denen der Steuerpflichtige dort in einer der unbeschränkten Steuerpflicht entsprechenden Weise besteuert wird, ist die Anrechnung für beschränkt Steuerpflichtige nicht möglich (§ 50 Abs. 3 EStG).[9]

(2) Subjektidentität

Die Anrechnung einer ausländischen Steuer auf die deutsche Einkommensteuer setzt weiterhin voraus, dass nach dem Steuersystem beider Staaten **dieselbe Person** besteuert wird. Der unbeschränkt Steuerpflichtige muss

---

[8] Ferner findet sich in § 4 Abs. 2 des Investmentsteuergesetzes eine eigenständige Anrechnungsnorm.
[9] Vgl. auch FG Rheinland-Pfalz v. 21. 3. 1988, EFG 1988, S. 574.

grundsätzlich identisch mit der Person sein, die auch im Ausland zur Steuer herangezogen bzw. für deren Rechnung die Steuer erhoben wird. Von diesem Grundsatz wird allerdings dann abgewichen, wenn es bei einer Beteiligung eines Steuerinländers an einer ausländischen Gesellschaft zu Qualifikationskonflikten kommt, d. h. wenn die betreffende Gesellschaft im In- und Ausland jeweils unterschiedlich als Personen- oder Kapitalgesellschaft eingeordnet wird. Da für die Qualifizierung als Steuersubjekt ausschließlich die deutsche Steuerrechtswertung maßgeblich ist, kann bspw. auch dann eine Anrechnung erfolgen, wenn im Ausland die Gesellschaft als eigenständiges Steuersubjekt besteuert wird, im Inland dagegen aufgrund der Einordnung als Personengesellschaft die Gesellschafter als Steuerpflichtige betrachtet werden. Die ausländische Steuer auf den Gewinn der Gesellschaft wird dann in eine Steuer auf den Gewinnanteil des Gesellschafters umgedeutet.[10]

Aufgrund der geforderten Subjektidentität kann ein in der Bundesrepublik ansässiger Aktionär auch **nicht** die von einer ausländischen Kapitalgesellschaft gezahlte **ausländische Körperschaftsteuer** auf seine inländische Einkommensteuerschuld anrechnen, da der Gewinn der Kapitalgesellschaft weder rechtlich noch wirtschaftlich ein Teil des Gesellschaftereinkommens ist. Somit ist Gegenstand der Anrechnungsmethode nach den §§ 34c Abs. 1 und 32d Abs. 5 EStG nur die rechtliche Doppelbesteuerung, eine wirtschaftliche Doppelbesteuerung wird nicht vermieden.

Beispiel: Der deutsche Unternehmer A bezieht von einer ausländischen Gesellschaft Dividenden. Er kann nur die ausländische Steuer anrechnen, die von den Dividenden erhoben wird (Kapitalertragsteuer). Insoweit ist die Steuersubjektidentität gegeben. Die ausländische Körperschaftsteuer, den den Gewinn der Gesellschaft trifft, der zur Ausschüttung der Dividenden benutzt wird, ist nicht anrechnungsfähig. Die Kapitalgesellschaft ist Steuersubjekt und nicht der Gesellschafter. Folglich ist die Steuersubjektidentität nicht gegeben.

(3) Gleichartige Auslandssteuer

Eine ausländische Steuer vom Einkommen kann nach den §§ 34c Abs. 1 und 32d Abs. 5 EStG nur angerechnet werden, wenn sie **der deutschen Einkommensteuer entspricht,** festgesetzt und gezahlt ist sowie um einen entstandenen Ermäßigungsanspruch gegenüber dem ausländischen Fiskus gekürzt wurde. Der Steuerpflichtige hat hierüber einen entsprechenden Nachweis zu erbringen (z. B. Steuerbescheid, Quittung über die Zahlung; § 68b EStDV). Der Kreis der „entsprechenden" ausländischen Steuern ist dabei weit zu ziehen. Im Allgemeinen nicht als gleichwertig anzusehen sind nur solche Steuern vom „Einkommen", die in Form von Gebühren oder Beiträgen, Verbrauchs-, Verkehrs- und Realabgaben, Zöllen oder sonstigen Export- oder Importabgaben erhoben werden. Hierunter fallen insbesondere die verschiedenen Formen der „Ersatzsteuern", wie sie primär von Entwicklungsländern erhoben werden.[11]

(4) Identität des Veranlagungszeitraums

Nach den §§ 34c Abs. 1 Satz 5 und 32d Abs. 5 Satz 3 EStG ist Voraussetzung für die Anrechenbarkeit ausländischer Steuern, dass sie auf die im VZ

---

[10] Vgl. Blümich, W., Einkommensteuergesetz, § 34c EStG, Anm. 35 m. w. N.
[11] Vgl. Blümich, W., Einkommensteuergesetz, § 34c EStG, Anm. 29; Herrmann, C./Heuer, G./Raupach, A., Einkommensteuergesetz, § 34c EStG, Anm. 62.

bezogenen Einkünfte entfallen. Diese Formulierung stellt klar, dass für die Anrechenbarkeit ausländischer Steuern eine **Identität des Abgabenzeitraums,** wie es aus der Definition des Begriffs Doppelbesteuerung abgeleitet werden könnte, **nicht erforderlich** ist. Es müssen lediglich nach deutschen Steuerrechtsmaßstäben ausländische Einkünfte entstanden und zugeflossen sein, auf die eine ausländische Steuer anfällt. Dabei ist es zunächst **unerheblich, für welchen Zeitraum** die ausländische Steuer festgesetzt und gezahlt wird. Bspw. können ausländische Steuern, die im Laufe einer mehrjährigen Bauausführung im Ausland bereits festgesetzt und gezahlt wurden, im Inland erst dann angerechnet werden, wenn es nach Maßgabe des deutschen Steuerrechts zu einer Gewinnrealisierung kommt.[12] Die Möglichkeit einer Berichtigungsveranlagung mit einer nachträglich vorgenommenen Anrechnung für den Fall, dass die Steuererhebung im Ausland erst nach derjenigen im Inland erfolgt, existiert allerdings nicht mehr. Betroffen sind hiervon bspw. Aufwendungen für die Altersversorgung bei der Entsendung von Mitarbeitern ins Ausland, wenn die Aufwendungen im Zeitpunkt der Entrichtung im ausländischen Staat nichtabzugsfähig waren und damit bereits der Steuer unterlegen haben, lange bevor es zu einem Zufluss der Versorgungsbezüge nach der Rückkehr nach Deutschland kommt.

(5) Ausländische Einkünfte

Nach geltendem Recht ist eine Anrechnung der ausländischen Steuern nur dann möglich, wenn sie in dem ausländischen Staat erhoben werden, aus dem die Einkünfte stammen (§§ 34c Abs. 1 Satz 1 und 32d Abs. 5 Satz 1 EStG); Steuern von Drittstaaten sind somit nicht anrechenbar. Allerdings sind gemäß § 34c Abs. 1 Satz 3 EStG diejenigen ausländischen Einkünfte nicht mehr berücksichtigungsfähig, die in dem Staat, aus dem sie stammen, nach dessen Recht nicht besteuert werden. Es gilt somit eine Subject-to-tax-Klausel.[13] Diese greift, wenn im Ausland keine Rechtsgrundlage für eine Besteuerung gegeben ist. Eine nur faktische Nichtbesteuerung hingegen genügt nicht.[14] Mit dieser Regelung soll vermieden werden, dass Einkünfte, die mangels Besteuerung im Ausland keine Doppelbesteuerung hervorrufen, den Anrechungsbetrag erhöhen.[15]

Die nähere Präzisierung der ausländischen Einkünfte i. S. d. § 34c EStG sowie der privaten ausländischen Kapitalerträge i. S. d. § 32d EStG erfolgt in § 34d EStG.[16] Bei der Erläuterung des § 34d EStG ist zu klären,

(a) ob die in dieser Vorschrift enthaltene Aufzählung von Einkünften abschließend oder beispielhaft ist,
(b) in welchem Verhältnis diese Vorschrift zu § 49 EStG steht und
(c) welche Bedeutung der isolierenden Betrachtungsweise zukommt.

---

[12] Vgl. Finanzministerium Niedersachsen v. 27. 12. 1962, DB 1963, S. 13.
[13] Vgl. Köhler, S., DStR 2003, S. 1156.
[14] Vgl. Müller-Dott, J. P., DB 2003, S. 1469.
[15] Vgl. BT-Drs. 15/119, S. 40. Zur Kritik hieran siehe Abschnitt B I 1 b) (2).
[16] Vgl. ausführlich Blümich, W., Einkommensteuergesetz, § 34d EStG, Anm. 1 ff.; Schmidt, L., Einkommensteuergesetz, § 34d EStG, Rz. 1 ff. Für § 32d EStG werden ausländische Einkünfte aus Kapitalvermögen i. S. d. § 34d Nr. 6 EStG vorausgesetzt; vgl. Hechtner, F., BB 2009, S. 77 m. w. N.

4. Kapitel. Unilaterale Maßnahmen

Zu (a): Die in § 34 d EStG in den Nummern 1–8 enthaltene Aufzählung verschiedener ausländischer Einkünfte führt zu der Frage, ob diese Vorschrift abschließend oder lediglich beispielhaft ist. Ausgehend von dem Zweck des § 34 c EStG, internationale Doppelbesteuerungen auszuschalten, wurde im Schrifttum zum Teil die Meinung vertreten, dass jede Heranziehung zur objektiven Steuerpflicht im Ausland zur Bejahung von ausländischen Einkünften führt. Folglich wäre die Aufzählung der ausländischen Einkünfte in § 34 d EStG nur beispielhaft. Eine solche weitgehende Definition der ausländischen Einkünfte würde jedoch nicht nur eine Unterscheidung zwischen in- und ausländischen Einkünften unmöglich machen, sondern könnte auch zu einer nicht wünschenswerten Ausweitung der ausländischen Quellenbesteuerung Anlass geben. Deshalb – so auch die h. M. – bestimmt § 34 d EStG den Begriff der ausländischen Einkünfte **abschließend und erschöpfend**.[17]

Beispiel: Ein deutsches Maschinenbauunternehmen liefert eine Anlage nach Libyen. Die libyschen Steuerbehörden erheben auf den Lieferumsatz eine Quellensteuer. Da nach § 34 d Nr. 2 Buchstabe a EStG ausländische Einkünfte aus Gewerbebetrieb nur dann vorliegen, wenn sie durch eine im Ausland belegene Betriebsstätte oder durch einen ständigen Vertreter erwirtschaftet werden, fehlt es bei der ausländischen Liefergewinnbesteuerung an der Voraussetzung „ausländische Einkünfte". Folglich kommt eine Anrechnung der ausländischen Steuern auf die deutsche Einkommensteuer nicht in Betracht.

Zu (b): Bei der Aufzählung der ausländischen Einkünfte knüpft § 34 d EStG weitgehend an die in § 49 EStG für die beschränkte Steuerpflicht genannten Steuertatbestände an, so dass es in vielen Fällen sachlich zu einer spiegelbildlichen Anwendung kommt. Insgesamt jedoch ist **§ 34 d EStG weiter gefasst als § 49 EStG**, da die im Rahmen der beschränkten Steuerpflicht enthaltene Aufzählung die Anrechnungsmöglichkeiten in wirtschaftspolitisch unvertretbarer Weise einschränken würde.

Beispiel: Ein deutscher Unternehmer liefert Waren an einen ausländischen Abnehmer. Der ausländische Abnehmer nimmt zur Begleichung des Kaufpreises einen Kredit auf. Der deutsche Unternehmer übernimmt hierfür gegen Entgelt eine Bürgschaft. Das Entgelt ist im Ausland steuerpflichtig. Obwohl Bürgschaftsprovisionen durch § 49 EStG nicht erfasst werden, qualifiziert § 34 d Nr. 2 Buchstabe b EStG diese Entgelte ausdrücklich als ausländische Einkünfte. Folglich ist die ausländische Steuer auf die Bürgschaftsprovision in Deutschland anrechenbar.

In anderen Industriestaaten ist eine spiegelbildliche Koppelung ebenfalls nicht uneingeschränkt gebräuchlich.

Zu (c): Neben der Frage, ob ausländische Einkünfte vorliegen, ist weiterhin zu klären, unter welche Einkunftsart die ausländischen Einkünfte einzuordnen sind. Die Beantwortung dieser Frage erfolgt mittels der **isolierenden Betrachtungsweise**. Explizit geregelt ist die isolierende Betrachtungsweise zwar nur für Tatbestände im Rahmen der beschränkten Steuerpflicht in § 49 Abs. 2 EStG. Danach bleiben im Ausland gegebene Besteuerungsmerkmale außer Betracht, soweit bei ihrer Berücksichtigung inländische Einkünfte nicht an-

---

[17] Vgl. Blümich, W., Einkommensteuergesetz, § 34 d EStG, Anm. 2; Schmidt, L., Einkommensteuergesetz, § 34 d EStG, Rz. 1.

genommen werden können.[18] Projiziert man die isolierende Betrachtungsweise nach § 49 Abs. 2 EStG auf die hier im Mittelpunkt stehenden ausländischen Einkünfte, müssten – spiegelbildlich – im Inland gegebene Besteuerungsmerkmale außer Betracht bleiben, soweit bei ihrer Berücksichtigung ausländische Einkünfte nicht angenommen werden könnten.[19] In § 34 d EStG dokumentiert sich die isolierende Betrachtungsweise nun darin, dass den Haupteinkunftsarten auch Einkünfte der in anderen Nummern der Vorschrift genannten Art zuzurechnen sind, soweit diese – isoliert gesehen – nicht zur fraglichen Haupteinkunftsart gehören.

Die Konsequenzen der isolierenden Betrachtungsweise im Rahmen des § 34 d EStG verdeutlicht folgendes Beispiel:

Beispiel: Zum Betriebsvermögen eines inländischen Einzelunternehmens, das im Ausland keine Betriebsstätte unterhält, gehört eine unter 10%ige Beteiligung an einer ausländischen Kapitalgesellschaft. Die Dividenden wären an sich Einkünfte aus Gewerbebetrieb (§ 15 Abs. 1 i. V. m. § 20 Abs. 8 EStG) und als solche mangels einer im ausländischen Staat belegenen Betriebsstätte keine ausländischen Einkünfte (§ 34 d Nr. 2 Buchstabe a EStG). Dies hätte zur Folge, dass die im Ausland auf die Dividenden erhobene Quellensteuer im Inland gemäß § 34 c Abs. 1 EStG nicht anrechenbar wäre. Lässt man die im Inland gegebenen Besteuerungsmerkmale (hier: Zugehörigkeit zum Betriebsvermögen) außer Betracht, so liegen Einkünfte i. S. d. § 34 d Nr. 6 EStG (Einkünfte aus Kapitalvermögen) vor. Damit besteht die Möglichkeit, ausländische Steuern anzurechnen.

In diesem Zusammenhang ist auf den Zusatz des § 34 d Nr. 2 Buchstabe a EStG

„und Einkünfte der in den Nummern 3, 4, 6, 7 und 8 Buchstabe c genannten Art, soweit sie zu den Einkünften aus Gewerbebetrieb gehören"

zu verweisen. Dadurch wird eine Zuordnung zu der Einkunftsart vorgenommen, zu der sie tatsächlich gehören. Für das vorstehende Beispiel bedeutet dies, dass die Dividenden, die mittels der isolierenden Betrachtungsweise als Einkünfte aus Kapitalvermögen qualifiziert werden, durch den erwähnten Zusatz wieder den Einkünften aus Gewerbebetrieb zuzuordnen sind. Somit wird klargestellt, dass bei der Berechnung der ausländischen Dividendeneinkünfte nicht die Vorschriften über die Überschussermittlung, sondern die über die Gewinnermittlung maßgebend sind.

Auch bei der Bestimmung der ausländischen Einkünfte nach § 34 d EStG ist – wiederum in Analogie zur beschränkten Steuerpflicht (§ 49 EStG) – die **Reichweite der isolierenden Betrachtungsweise** umstritten. Zu klären ist die Frage, inwieweit die isolierende Betrachtungsweise bei den Nebeneinkunftsarten und bei den Haupteinkunftsarten anzuwenden ist. Diese Diskussion soll an folgendem Beispiel verdeutlicht werden:

Beispiel: Eine inländische Kapitalgesellschaft erzielt im Ausland Einkünfte aus Ingenieurleistungen, ohne dass im Ausland eine Betriebsstätte begründet wird oder ein ständiger Vertreter bestellt ist. Ausländische gewerbliche Einkünfte nach § 34 d Nr. 2 Buchstabe a EStG liegen somit nicht vor. Fraglich ist, ob nach der isolierenden Betrachtungsweise anrechenbare Einkünfte aus selbständiger Arbeit vorliegen.

---

[18] Vgl. ausführlich zur isolierenden Betrachtungsweise nach § 49 Abs. 2 EStG 3. Teil, 1. Kapitel, Abschnitt A I 2.
[19] Vgl. Littmann, E./Bitz, H./Pust, H., Einkommensteuerrecht, § 34 d EStG, Anm. 12.

Nach Auffassung der Finanzverwaltung zählen zu den Einkünften aus Gewerbebetrieb auch solche Einkünfte, die bei isolierender Betrachtung Einkünfte aus selbständiger Arbeit wären. Bestätigt wird dies durch eine Verwaltungsregelung, die die Anrechnung ausländischer Steuern auf Vergütungen für **Ingenieurleistungen**[20] gestattet, sowie durch den vom Gesetzgeber bei den gewerblichen Einkünften i. S. d. § 34 d Nr. 2 Buchstabe a EStG aufgenommenen Verweis auf Nr. 3 (Einkünfte aus selbständiger Tätigkeit) dieser Vorschrift.

U. E. erscheint die Erweiterung der isolierenden Betrachtungsweise über den aufgezeigten Bereich hinaus steuersystematisch bedenklich, wenn man die derzeitige Auslegungspraxis des BFH und die Rechtsprechung zur allgemeinen Einkunftsabgrenzung i. S. d. § 2 EStG akzeptiert. Nach der höchstrichterlichen Rechtsprechung zu § 49 EStG ist demgegenüber die Anwendung der isolierenden Betrachtungsweise im Zusammenhang mit Kapitalgesellschaften nur dann mit der Systematik der Einkunftsartenabgrenzung vereinbar, wenn sie nicht auf solche Einkunftsarten ausgedehnt wird, deren wesentliches Merkmal in der persönlichen Arbeitsleistung des Steuerpflichtigen selbst besteht. Ebenso wenig wie eine Kapitalgesellschaft in der Lage ist, nichtselbständig tätig zu werden, kann sie in eigener Person auch keine selbständigen Tätigkeiten durchführen. Werden technische oder kaufmännische Beratungsleistungen über eine Kapitalgesellschaft erbracht, so sind dies Einkünfte aus Gewerbebetrieb. Gleiches gilt, wenn eine Kapitalgesellschaft bei der Vermittlung von künstlerischen oder sportlichen Darbietungen eingeschaltet wird. Folgt man dieser Rechtsprechung, so ist der Anwendungsbereich der isolierenden Betrachtungsweise auch im Falle der unbeschränkten Steuerpflicht einzugrenzen. Damit liegen keine anrechenbaren ausländischen Einkünfte vor.

(6) Anrechnungshöchstbetrag

Die Anrechnung der ausländischen Steuer ist auf den Betrag der deutschen Steuer beschränkt, der auf die betreffenden ausländischen Einkünfte entfällt (Anrechnungshöchstbetrag). Diese begrenzte Anrechnungsmöglichkeit ausländischer Quellensteuern ist keine spezifisch deutsche Gestaltung, sondern sie gilt ausnahmslos dort, wo das Außensteuerrecht potenzieller Domizilstaaten die Anrechnungsmethode vorsieht. Die innerstaatliche Ausgestaltung des Begrenzungsmaßstabs fällt zwar im Detail unterschiedlich aus, rechtsvergleichend sind aber dennoch folgende übereinstimmende Grundlinien erkennbar:
- Ergibt sich der Anrechnungshöchstbetrag aus der inländischen Steuer, die auf **sämtliche Einkünfte** aus **allen ausländischen Staaten** zusammengenommen entfällt, dann liegt die sog. **overall limitation** vor. Diese Form galt früher z. B. im niederländischen (bis Ende 1994)[21] und im japanischen Steuerrecht und gilt heute bspw. noch in Schweden.
- Stellt die Berechnung des Höchstbetrags auf **sämtliche Einkünfte aus dem jeweiligen ausländischen Staat** ab, spricht man von einer sog. **per-country limitation**. Dieses Verfahren wird bspw. in Dänemark, Deutschland und Kanada angewandt.

---

[20] Vgl. Finanzministerium Niedersachsen v. 18. 2. 1972, AWD 1972, S. 198 und Finanzsenator Bremen v. 23. 6. 1977, FR 1977, S. 547.
[21] Vgl. Spenke, G. te, Taxation, 1995, S. 110.

– Noch differenzierter ist die bspw. von Finnland und Großbritannien vorgenommene **Begrenzung auf bestimmte Einkunftsarten,** welche auch als per-item-of-income oder income-basket limitation bezeichnet wird und mit den länderbezogenen Varianten kombiniert werden kann. Eine Kombination mit der overall limitation ist bspw. in den USA[22] und in Deutschland seit 2009 im Rahmen der Abgeltungsteuer (§ 32 d EStG) in Kraft.

Das folgende Beispiel zeigt die Auswirkungen der unterschiedlichen Gestaltungen auf den Anrechnungshöchstbetrag.

Beispiel: Ein deutscher Einzelunternehmer hat folgende Auslandseinkünfte:

		Einkünfte	Auslandssteuer
Betriebsstätte	Land A	100	60
Zinsen	Land A	100	10
Zinsen	Land B	100	70

Daneben fallen inländische Einkünfte i. H. v. 100 an. Die inländische Einkommensteuer beträgt vor Anrechnung 200 (= 400 × 50%).

	anrechenbar	Anrechnungsüberhang/unausgenutzte Anrechnungsbeträge
overall limitation	140	–/10
per-country limitation	120	20/30
overall-basket limitation	130	10/20
per-country-basket limitation	110	30/40

Berechnung des Anrechnungshöchstbetrags:

overall limitation $\quad \frac{300}{400} \times 200 = 150$

per-country limitation

$\quad$ Land A: $\frac{200}{100} \times 200 = 100$

$\quad$ Land B: $\frac{100}{400} \times 200 = 50$

overall-basket limitation

$\quad$ Zinsen: $\frac{200}{400} \times 200 = 100$

$\quad$ Betriebsstätte: $\frac{100}{400} \times 200 = 50$

per-country-basket limitation $\quad$ Land A:

$\quad$ Zinsen: $\frac{100}{400} \times 200 = 50$

$\quad$ Betriebsstätte: $\frac{100}{400} \times 200 = 50$

$\quad$ Land B:

$\quad$ Zinsen: $\frac{100}{400} \times 200 = 50$

In Deutschland ist die Anrechnungsmethode nach § 34 c Abs. 1 EStG in Verbindung mit § 68 a EStDV entsprechend der **per-country limitation** ausgestaltet. Stammen die Einkünfte aus mehreren ausländischen Staaten, so

---

[22] Vgl. Saur, H., RIW 1989, S. 294 ff.; Eicke, R., Repatriierungsstrategien, 2009, S. 335 f.

4. Kapitel. Unilaterale Maßnahmen

sind Anrechnungshöchstbeträge für jeden ausländischen Staat gesondert zu berechnen. Allerdings können hierbei sämtliche Einkünfte aus einem Staat zusammengefasst werden, auch wenn sie aus verschiedenen in diesem Staat belegenen Einkunftsquellen stammen. Dies ergibt sich aus der Wortfassung des § 34 c Abs. 1 EStG, wonach auf die Einkommensteuer eines ausländischen Staates abgestellt wird.

Zur Bestimmung der Anrechnungshöchstgrenze wird die anteilige Inlandssteuer als Durchschnittssteuersatz (§ 34 c EStG), bezogen auf die nach deutschen Ermittlungsvorschriften errechneten ausländischen Einkunftsteile eines Staates, ermittelt.[23] Dabei ist ein Abzug bzw. Rück- oder Vortrag nicht anrechenbarer Steuern nicht vorgesehen. Der Anrechnungshöchstbetrag ergibt sich aus der Formel:

$$\text{deutsche Einkommensteuer} \times \frac{\text{ausländische Einkünfte}}{\text{Summe der Einkünfte}}$$

Bei der deutschen Einkommensteuer handelt es sich um die sich bei der Veranlagung des zu versteuernden Einkommens (einschließlich der ausländischen Einkünfte) nach den §§ 32 a, 32 b, 34, 34 a und 34 b EStG ergebende deutsche Einkommensteuer (§ 34 c Abs. 1 Satz 2 EStG). Die Summe der Einkünfte wird nach den allgemeinen Vorschriften des Einkommensteuerrechts errechnet. Die Ermittlung der ausländischen Einkünfte hat entsprechend dem der Anrechnungsmethode zugrundeliegenden Welteinkommensprinzip somit nach den **Vorschriften des deutschen Einkommensteuergesetzes** zu erfolgen (R 34 c Abs. 3 Satz 3 EStR), wobei folgende Besonderheiten bestehen:

- Ausländische Einkünfte, die in dem Staat, aus dem sie stammen, nicht besteuert werden, sind bei der Ermittlung der ausländischen Einkünfte nicht zu berücksichtigen (§ 34 c Abs. 1 Satz 3 EStG). Die Summe der Einkünfte wird dagegen nicht gekürzt,[24] weshalb sich der Anrechnungshöchstbetrag vergleichsweise stark verringert.[25]

Beispiel: Ein inländischer Einzelunternehmer erzielt inländische Einkünfte i. H. v. 200 und ausländische Einkünfte i. H. v. 150, wovon 50 nicht im Ausland besteuert werden. Der inländische Steuersatz beträgt 30%. Es ergibt sich folgender Anrechnungshöchstbetrag:

$$105 \times \frac{100}{350} = 30$$

Bei Kürzung der nichtversteuerten ausländischen Einkünfte auch bei der Summe der Einkünfte ergäbe sich folgender Anrechnungshöchstbetrag:

$$105 \times \frac{100}{300} = 35$$

---

[23] Zur Berechnung des Höchstbetrags bei § 34c EStG vgl. BFH v. 7. 12. 1962, BStBl 1963 III, S. 123; BFH v. 21. 5. 1986, BStBl 1986 II, S. 739; OFD Frankfurt/Main v. 14. 10. 1988, DStR 1989, S. 508; FG Baden-Württemberg v. 23. 2. 1994, EFG 1994, S. 793.
[24] Vgl. Grotherr, S., IWB, Fach 3, Deutschland, Gruppe 1, S. 1938.
[25] Vgl. auch Müller-Dott, J. P., DB 2003, S. 1469.

Unter Einbezug der nichtversteuerten ausländischen Einkünfte ergäbe sich folgender Anrechnungshöchstbetrag:

$$105 \times \frac{150}{350} = 45$$

– Ausländische Einkünfte der in § 34 d Nr. 3, 4, 6, 7 und 8 Buchstabe c EStG genannten Art (z. B. Einkünfte aus Vermietung und Verpachtung), die zum Gewinn eines Betriebes gehören, sind bei ihrer Ermittlung um Betriebsausgaben und Betriebsvermögensminderungen zu kürzen, die mit den diesen Einkünften zugrunde liegenden Einnahmen in **wirtschaftlichem Zusammenhang** stehen (§ 34 c Abs. 1 Satz 4 EStG). Entgegen der früheren Auffassung des BFH,[26] der den Abzug auf Aufwendungen begrenzte, die in einem **unmittelbaren** wirtschaftlichen Zusammenhang zu den Einnahmen standen, ist seit dem Steuervergünstigungsabbaugesetz 2003 auch eine Abzugsverpflichtung für **mittelbar** im Zusammenhang zu den Einnahmen stehende Aufwendungen vorgesehen. Dadurch ergibt sich ein verringerter Anrechnungshöchstbetrag. Gleichzeitig stellen sich schwierige Abgrenzungs- und Aufteilungsprobleme bei Gemeinkosten.[27] Hinzu kommen Kollisionen mit dem Abkommensrecht, wonach eine indirekte Aufwandszuordnung unzulässig ist.[28] Außerdem führt die auf Gewinneinkünfte begrenzte Regelung zu einer mit dem steuerlichen Gleichheitsgebot nicht zu vereinbarenden Benachteiligung gegenüber solchen vergleichbaren privaten Auslandseinkünften,[29] bei denen es sich nicht um private ausländische Kapitalerträge handelt.
– Ausländische Dividenden werden als Folge des Teileinkünfteverfahrens auch bei der Bestimmung des Anrechnungshöchstbetrags nur zu 60% berücksichtigt. Die ausländische Quellensteuer ist jedoch im Rahmen des Anrechnungshöchstbetrags im Ganzen auf die im Inland zu zahlende deutsche Einkommensteuer anrechenbar.[30]
– Die auf den anteiligen Höchstbetrag anzurechnende ausländische Steuer ist in Euro umzurechnen (R 34 c Abs. 1 EStR).[31]

Beispiel: Ein Steuerpflichtiger bezieht ausländische Einkünfte aus dem Staat A i. H. v. 60 000 € und inländische Einkünfte i. H. v. 40 000 €. Die Summe der Einkünfte beträgt demnach 100 000 €. Der Steuerpflichtige macht Sonderausgaben von 2000 € geltend. Die deutsche Einkommensteuer für das zu versteuernde Einkommen (98 000 €) beträgt 33 246 €. Die auf die ausländischen Einkünfte entfallende Steuer ergibt sich nach folgender Formel:

$$33\,246\, € \times \frac{60\,000\, €}{100\,000\, €} = 19\,948\, €$$

Der Anrechnungshöchstbetrag führt dazu, dass der Steuerpflichtige **die jeweils höhere Steuer** des ausländischen Staates oder der Bundesrepublik

---

[26] Vgl. zuletzt BFH v. 29. 3. 2000, BStBl 2000 II, S. 577.
[27] Vgl. Lüdicke, J., IStR 2003, S. 434; Müller-Dott, J. P., DB 2003, S. 1469 f.; Pfaar, M./Jüngling, F., IStR 2009, S. 610 ff.
[28] Vgl. BFH v. 16. 3. 1994, BStBl 1994 II, S. 799.
[29] Vgl. Lüdicke, J., IStR 2003, S. 434; Müller-Dott, J. P., DB 2003, S. 1469.
[30] Vgl. Blümich, W., Einkommensteuergesetz, § 34 c EStG, Anm. 44.
[31] Zur Behandlung von Währungserfolgen vgl. 5. Teil, 2. Kapitel.

4. Kapitel. Unilaterale Maßnahmen

auf die betreffenden Einkünfte zu zahlen hat. Beträgt die ausländische Steuer im Beispielsfalle 10 000 €, so kann nur diese geringere ausländische Steuer angerechnet werden, die Differenz (9948 €) wird im Inland nacherhoben. Es kommt somit das deutsche Steuerniveau zur Anwendung (kapitalexportneutrale Besteuerung). Beträgt die ausländische Steuer im Beispiel dagegen 30 000 €, so bleibt der nicht anrechenbare Teil der ausländischen Steuer (10 052 €) als sog. **Steuerüberhang** bestehen. Dieses Ergebnis liegt im Wesen der begrenzten Anrechnung begründet: Sofern die ausländische Steuer die anteilige deutsche Steuer übersteigt, gilt eine Doppelbesteuerung nach Maßgabe der inländischen Steuerwertung als vollständig beseitigt, wenn keine Steuer für die betreffenden Einkünfte nacherhoben wird **(faktische Freistellung).** Im Falle von Steuerüberhängen – die weder vom Gesamtbetrag der Einkünfte abgezogen noch vor- und zurückgetragen werden können – bleiben die ausländischen Einkünfte jedoch letztlich mit dem (höheren) ausländischen Steuerniveau belastet, so dass insoweit auch über die Anrechnungsmethode eine kapitalimportneutrale Besteuerung realisiert werden kann.

Ursächlich hierfür ist, dass die Ermittlung der „ausländischen Einkünfte" immer nach Maßgabe der inländischen Einkunftsermittlungsvorschriften erfolgt und damit i. d. R. unter Berücksichtigung aller unmittelbar und mittelbar zuordenbaren Aufwendungen **(Nettoprinzip)** (R 34 c Abs. 3 EStR).[32] Die Ermittlung der Einkünfte im Quellenstaat erfolgt stattdessen immer nach dem innerstaatlichen Recht des Auslandes, wobei häufig das **Bruttoprinzip** angewandt wird (zum Teil analog § 50 a EStG).[33] Im Ergebnis liegen häufig nach deutschem Recht nur geringe oder gar keine ausländischen Einkünfte vor, wenn sich nach Maßgabe der inländischen Einkunftsermittlungsvorschriften die (Betriebs-)Einnahmen und Betriebsausgaben bzw. Werbungskosten nahezu decken, hingegen im Ausland eine hohe Quellensteuer auf die Bruttoentgelte erhoben wird. Diese Problematik tritt in besonders gravierender Form bei Kreditgewährungen ins Ausland bzw. bei der Lizenz- und Knowhow-Vergabe an ausländische Partner auf.

Beispiel: Nimmt ein deutsches Unternehmen einen Kredit auf und gibt ihn zum gleichen Zinssatz an eine ausländische Tochtergesellschaft bzw. an einen ausländischen Abnehmer weiter, hat es nach Abzug seines Zinsaufwands keine positiven ausländischen Einkünfte. Erhebt der ausländische Staat eine Quellensteuer auf die Zinseinnahmen, so ist eine Anrechnung dieser Quellensteuer ausgeschlossen.

Durch die Berechnung des Anrechnungshöchstbetrags gesondert für jeden ausländischen Staat kann kein Ausgleich von Anrechnungsüberhängen aus einem Staat mit eventuell nicht vollständig ausgenutzten Anrechnungspotenzialen für andere Staaten stattfinden:

---

[32] Zu den Vor- und Nachteilen der Berechnung des Anrechnungshöchstbetrags auf Bruttobasis vgl. Lornsen, B., Doppelbesteuerung, 1987, S. 108 ff.; Engelschalk, M., Bruttobasis, 1988, S. 153 f.

[33] Innerhalb der EU ist die Anwendung des Bruttoprinzips allerdings unter bestimmten Voraussetzungen als diskriminierend durch den EuGH eingestuft worden (Rs. Gerritse). Der deutsche Gesetzgeber hat daher im JStG 2009 mit einer Anpassung der beschränkten Steuerpflicht, die in den §§ 50 und 50 a EStG (teilweise) neu geregelt wurde, auf die EuGH-Rechtsprechung reagiert. Vgl. hierzu 3. Teil, 1. Kapitel, Abschnitt B I.

Beispiel: Ein Steuerpflichtiger bezieht Einkünfte i. H. v. 110 000 €. Darin sind ausländische Einkünfte aus dem Staat A i. H. v. 11 500 € (ausländische Steuer: 1150 €) und aus dem Staat B i. H. v. 6500 € (ausländische Steuer: 2500 €) enthalten. Der Steuerpflichtige ist verheiratet und macht 2000 € Sonderausgaben geltend. Die deutsche Einkommensteuer auf das zu versteuernde Einkommen (108 000 €) beträgt nach dem Splittingverfahren 29 532 €. Die auf die ausländischen Einkünfte des Staates A entfallende deutsche Steuer beträgt

$$29\,532 \text{ €} \times \frac{11\,500 \text{ €}}{110\,000 \text{ €}} = 3087 \text{ €}$$

Die auf die ausländischen Einkünfte des Staates B entfallende deutsche Steuer beträgt

$$29\,532 \text{ €} \times \frac{6500 \text{ €}}{110\,000 \text{ €}} = 1745 \text{ €}$$

Demzufolge ist die im ausländischen Staat A gezahlte Steuer von 1150 € voll auf die deutsche Steuer anrechenbar. Die im ausländischen Staat B gezahlte Steuer von 2500 € ist demgegenüber nur bis zum Anrechnungshöchstbetrag von 1745 € anrechenbar. Der nicht anrechnungsfähige Restbetrag von 755 € (= 2500 − 1745) in Staat B kann nach der per-country limitation nicht auf den nicht ausgenutzten Anrechnungsbetrag im Staat A von 1937 € (= 3087 − 1150) übertragen werden.

Im Ergebnis werden somit ausländische Einkünfte aus verschiedenen Ländern mit der deutschen Steuer oder mit der jeweils höheren ausländischen Steuer belastet. Dies führt dazu, dass die Gesamtsteuerbelastung unbeschränkt steuerpflichtiger Unternehmen vielfach über dem deutschen Inlandssteuerniveau liegt.

Mit Schaffung der eigenständigen Anrechnungsnorm für **private ausländische Kapitalerträge** im Zuge der **Abgeltungsteuer** begrenzt der deutsche Gesetzgeber den Anrechnungshöchstbetrag auf höchstens (und mit der 25%igen Abgeltungsteuer korrespondierend) 25% ausländische Steuer auf den einzelnen Kapitalertrag (§ 32 d Abs. 5 EStG). Dabei wird vom bisherigen Konzept insofern abgewichen, dass der Anrechnungshöchstbetrag innerhalb der Schedule unter Beachtung einer per-item limitation zu ermitteln ist.[34]

Beispiel: Ein Steuerpflichtiger bezieht private Kapitalerträge i. H. v. 110 000 €. Darin sind aus dem Staat A private ausländische Kapitalerträge i. H. v. 11 500 € (ausländische Steuer: 1150 €) und Einkünfte aus selbständiger Tätigkeit i. H. v. 6500 € (ausländische Steuer: 2500 €) enthalten. Die deutsche Einkommensteuer auf das zu versteuernde Einkommen (98 500 €) beträgt ohne Berücksichtigung der Schedulenbesteuerung 33 456 €. Die auf die privaten ausländischen Kapitalerträge des Staates A entfallende deutsche Steuer beträgt

$$25\% \times 11\,500 \text{ €} = 2875 \text{ €}$$

Die auf die ausländischen Einkünfte aus selbständiger Tätigkeit des Staates A entfallende deutsche Steuer beträgt

$$33\,456 \text{ €} \times \frac{6500 \text{ €}}{98\,500 \text{ €}} = 2208 \text{ €}$$

Demzufolge ist die auf private ausländische Kapitalerträge gezahlte Steuer von 1150 € voll auf die deutsche Steuer anrechenbar. Die auf Einkünfte aus selbständiger Tätigkeit

---

[34] Vgl. BT-Drs. 16/10 189, S. 70; sowie Hechtner, F., BB 2009, S. 77 ff.

gezahlte Steuer von 2500 € ist demgegenüber nur bis zum Anrechnungshöchstbetrag von 2208 € anrechenbar. Der nicht anrechnungsfähige Restbetrag von 292 € (= 2500 − 2208) kann aufgrund der per-item limitation bei privaten Kapitalerträgen nicht mit dem Anrechnungsüberhang von 1725 € (= 2875 − 1150) verrechnet werden.

Im Ergebnis werden somit auch bei der per-item limitation ausländische Einkünfte aus verschiedenen Quellen mit der deutschen Steuer oder mit der jeweils höheren ausländischen Steuer belastet. Dies kann wie auch bei der per-country limitation zu einer Benachteiligung gegenüber der overall limitation führen.

b) Kritikpunkte und Reformansätze

Um Ansatzpunkte für eine Verbesserung der Anrechnungsmethode de lege ferenda abzuleiten, wird im Folgenden analysiert, inwieweit die Gestaltung des § 34 c EStG mit den Grundsätzen einer leistungsfähigkeitsgerechten und wettbewerbsneutralen Besteuerung in Einklang steht. Von besonderer Bedeutung sind in diesem Zusammenhang die verschiedenen Anwendungsvoraussetzungen und Begrenzungen der Anrechnungsmethode. Gegenstand der Untersuchung sind daher einerseits die Voraussetzung einer der inländischen Einkommensteuer vergleichbaren Steuer sowie das Vorliegen ausländischer Einkünfte i. S. d. § 34 d EStG und andererseits die Implikationen des Anrechnungshöchstbetrags.

(1) Anwendungsvoraussetzungen des § 34 c Abs. 1 EStG

Der dem deutschen Steuersystem immanente Konflikt zwischen einer Besteuerung, die an rechtliche Wertungen anknüpft, und einer Besteuerung, die sich an ökonomischen Maßstäben orientiert, tritt auch bei den Anwendungsvoraussetzungen des § 34 c EStG zutage. So basieren die Anwendungsvoraussetzungen darauf, dass ausschließlich die inländischen Steuerrechtswertungen Maßstab für das Vorliegen einer zu korrigierenden Doppelbesteuerung sein sollen. In diesem Sinne kann nur dann eine Doppelbesteuerung entstehen, wenn ausländische Einkunftsteile mit einer der deutschen Einkommensteuer vergleichbaren Abgabe belastet sind. Plädiert man für eine generelle **Aufgabe des Merkmals der Gleichartigkeit** und stellt lediglich auf die Tatsache der Besteuerung im anderen Staat ab,[35] so wird der durch die rechtlichen Wertungen vorgegebene Rahmen verlassen und eine Annäherung an ökonomische Leitbilder − in diesem Fall die Kapitalexportneutralität − verwirklicht.

Regelungen, die derart umfassende Steuerkompensationen erlauben, existieren z. B. in Schweden und Großbritannien. In der deutschen Besteuerungspraxis kann jedoch durch die großzügige Auslegungspraxis bei der Beurteilung der Gleichartigkeit ausländischer Steuern eine akzeptable Lösung erreicht werden.[36]

---

[35] Vgl. Flick, H., Steuerermäßigung, 1959, S. 79 f.; Institut FSt, Brief 164, S. 24 f.; Lornsen, B., Doppelbesteuerung, 1987, S. 151 f.
[36] Vgl. zur Auslegungspraxis die Hinweise bei Schieber, P. H., Auslandsbetriebsstätten, 1979, S. 49; Blümich, W., Einkommensteuergesetz, § 34 c EStG, Anm. 29; Herrmann, C./Heuer, G./Raupach, A., Einkommensteuergesetz, § 34 c EStG, Anm. 62.

Ähnliche Überlegungen können grundsätzlich für das Erfordernis von ausländischen Einkünften i. S. d. § 34 d EStG angestellt werden. Durch die an § 49 EStG angelehnte Konzeption des § 34 d EStG wird unterstellt, dass ausländische Staaten Regelungen anwenden, die der deutschen Quellenbesteuerung vergleichbar sind. Eine Doppelbesteuerung wird grundsätzlich nur insoweit beseitigt, als die ausländische Steuer einer nach Maßgabe der inländischen beschränkten Steuerpflicht erhobenen Steuer entspricht. Für eine solche Vorgehensweise sprechen nicht zuletzt auch fiskalische Gründe; eine Ausdehnung der ausländischen Quellenbesteuerung zu Lasten des inländischen Staates ist dadurch ausgeschlossen.

Die Tragweite dieser Wertung wird insbesondere bei den Liefergewinnen deutlich, die keine ausländischen Einkünfte i. S. d. § 34 d EStG darstellen. Eine Anrechnung der ausländischen Steuer muss insoweit versagt bleiben.[37] Rechtsvergleichend finden sich jedoch auch andere Lösungen: Z. B. wird in Schweden und Großbritannien konsequent die Realisierung einer kapitalexportneutralen Besteuerung angestrebt und lediglich auf die Tatsache der Besteuerung im ausländischen Staat abgestellt. Damit ist für diese Staaten die Anrechnung ausländischer Liefergewinnsteuern möglich.

Im Zusammenhang mit der Einkunftsartenabgrenzung des § 34 d EStG entstehen materiell bedeutende Probleme, wenn durch Zwischenschaltung einer steuerrechtlich selbständigen juristischen Person die Subsumtionsmöglichkeit unter eine der Einkunftsarten des § 34 d EStG verloren geht. Dies ist insbesondere bei solchen Einkunftsarten der Fall, deren wichtigstes Qualifikationsmerkmal die persönliche Arbeitsleistung durch den Steuerpflichtigen darstellt. Erbringt eine inländische natürliche Person im Ausland freiberufliche oder sonstige selbständige Tätigkeiten, so liegen zweifelsfrei ausländische Einkünfte nach § 34 d Nr. 3 EStG vor. Entsprechendes gilt bei Lohn- oder Gehaltseinkünften nach § 34 d Nr. 5 EStG. Sobald jedoch derartige Vertragsbeziehungen nicht direkt, sondern unter Einschaltung einer Kapitalgesellschaft vorgenommen werden, erhalten die Bezüge die Beschaffenheit von gewerblichen Einkünften und können nur noch als ausländische Einkünfte erfasst werden, wenn sie gleichzeitig die wesentlich höheren Anforderungen des § 34 d Nr. 2 EStG erfüllen. In diesen Fällen ist auch die Anwendung der isolierenden Betrachtungsweise abzulehnen; eine steuersystematisch einwandfreie Lösung kann nur durch die **Erweiterung der Einkunftsdefinition für den gewerblichen Bereich** erreicht werden. Diesen Weg hat der Gesetzgeber bereits bezüglich der Bürgschafts- und Avalprovisionen beschritten (§ 34 d Nr. 2 Buchstabe b EStG).[38] Analog zu dieser Vorgehensweise sollte u. E. die Nr. 2 des § 34 d EStG in steuersystematisch zutreffender Weise erweitert werden, dass als ausländische gewerbliche Einkünfte – neben dem Betriebsstätten- bzw. Vertretertatbestand – auch solche aus technischer und kaufmännischer Beratung, aus künstlerischen, sportlichen, artistischen, unterhaltenden oder ähnlichen Darbietungen, einschließlich der Einkünfte aus anderen mit diesen Leistungen zusammenhängenden Leistungen, und deren Verwertungen sowie aus der Überlassung von Arbeitskräften zur Arbeitsaus-

---

[37] Es ist nur eine Milderung der Doppelbesteuerung durch die Abzugsmethode möglich (§ 34 c Abs. 3 EStG).
[38] Vgl. z. B. Blümich, W., Einkommensteuergesetz, § 34 d EStG, Anm. 27.

übung anzusehen sind. Mit dem letzteren Erweiterungstatbestand wird insbesondere der Fall des Personalleasings angesprochen.

Mit der hier vorgeschlagenen Erweiterung könnten die wichtigsten Fälle des gewerblichen Dienstleistungsexportes durch Kapitalgesellschaften steuersystematisch einwandfrei als ausländische Einkünfte erfasst werden, so dass eine Anwendung der Anrechnungsmethode möglich wird, ohne für derartige Fallkonstellationen die isolierende Betrachtungsweise zu bemühen.

(2) Anrechnungshöchstbetrag

Nach § 34 c EStG ist der Anrechnungshöchstbetrag – die inländische Steuer, die auf die ausländischen Einkünfte entfällt – in der Weise zu ermitteln, dass die inländische Einkommensteuer im Verhältnis der ausländischen Einkünfte aus dem jeweiligen Staat zur Summe der Einkünfte aufgeteilt wird (per-country limitation). Diese Vorgehensweise spiegelt wiederum den Grundgedanken wider, dass das, was als Doppelbesteuerung gilt und beseitigt werden soll, sich ausschließlich aus den inländischen Steuerwertungen ergibt.

Eine Ausnahme hiervon ergibt sich durch § 34 c Abs. 1 Satz 3 EStG, da hier auf die tatsächliche Besteuerung im Ausland abgestellt wird (Subject-to-tax-Klausel). Durch diese Herausnahme nichtbesteuerter Einkünfte bei der Ermittlung der ausländischen Einkünfte im Rahmen des Anrechnungshöchstbetrags (§ 34 c Abs. 1 Satz 3 EStG) durchbricht der Gesetzgeber den Grundsatz der per-country limitation, da einzelne Einkünfte isoliert betrachtet werden. Er schränkt damit die Anrechenbarkeit weiter ein und bewegt sich in Richtung einer per-item limitation (in Verbindung mit einer per-country limitation).[39] Damit hat sich der Gesetzgeber auch über die vom BFH[40] entwickelten Grundsätze hinweggesetzt. Zudem ist es sachlich nicht begründbar, dass nichtbesteuerte Einkünfte ausgeschlossen werden, niedrig besteuerte Einkünfte jedoch im Anrechnungshöchstbetrag enthalten bleiben.[41]

Legt man **ökonomische Maßstäbe** an, so sind bereits die per-country limitation und die per-item-of-income limitation insbesondere in den Fällen kritisch zu beurteilen, in denen es durch Steuerüberhänge zu einer über dem inländischen Steuerniveau liegenden kapitalimportneutralen Belastung kommt, obwohl die betreffenden Einkünfte über keine intensive Verbundenheit mit dem ausländischen Markt verfügen. Gerade im Hinblick auf diese Sachverhalte ist daher die Forderung gerechtfertigt, Anrechnungsüberhänge soweit als möglich zu vermeiden. Diese Forderung erhält zusätzliches Gewicht, wenn man die wesentlichen Ursachen für die Entstehung von Anrechnungsüberhängen betrachtet. Einer der Hauptgründe hierfür liegt in den international durchaus üblichen Ausgestaltungsunterschieden zwischen der Steuererhebung bei unbeschränkt und beschränkt Steuerpflichtigen, also aus einem Nebeneinander von Netto- und Bruttobesteuerung.[42]

In der Rolle des Quellenstaates wird regelmäßig der Standpunkt vertreten, dass es Aufgabe bzw. Verpflichtung des Wohnsitzstaates sei, für eine Besteuerung nach der subjektiven Leistungsfähigkeit zu sorgen (Folge: objektsteuer-

---

[39] Vgl. Müller-Dott, J. P., DB 2003, S. 1468.
[40] Vgl. BFH v. 20. 12. 1995, BStBl 1996 II, S. 261.
[41] Vgl. zu diesem Schnittstellenproblem Lüdicke, J., IStR 2003, S. 434.
[42] Vgl. Phillips, J. S./Collins, M. H., CDFI 1985, S. 103 ff.; ausführlich hierzu auch Engelschalk, M., Bruttobasis, 1988, S. 87 ff.

artige Ausgestaltung und Bruttobesteuerung durch begrenzten Betriebsausgabenabzug, keinen Abzug von Sonderausgaben bzw. außergewöhnlichen Belastungen, Mindeststeuersatz). Wird jedoch der betreffende Staat in seiner Rolle als Wohnsitzstaat angesprochen, zeigt sich häufig in der Berechnungsweise des Anrechnungshöchstbetrags die Vorstellung, dass im Quellenstaat eine der unbeschränkten Steuerpflicht vergleichbare Besteuerung erfolgt ist: Demnach wird die Ermittlung des Anrechnungshöchstbetrags häufig nach dem Nettoprinzip (d. h. nach Abzug von Aufwendungen bzw. Ausgaben) vorgenommen; Bezugsbasis ist dabei die Summe der Einkünfte, d. h. Sonderausgaben und außergewöhnliche Belastungen gehen zwar nicht an dieser Stelle in die Berechnung ein, da sie erst später vom Gesamtbetrag der Einkünfte abgezogen werden. Trotzdem kommt es zu einer proportionalen Minderung des Anrechnungshöchstbetrags, und zwar durch den Einbezug in die Berechnung der inländischen Steuern. Diese systemimmanente Einschränkung der Anrechnungsmöglichkeiten ließe sich am ehesten durch eine grundlegende Änderung der Behandlung beschränkt Steuerpflichtiger vermeiden. Innerhalb der EU dürften im Nachgang zum Gerritse-Urteil des EuGH[43] Änderungen zu erwarten sein; so auch durch den deutschen Gesetzgeber im Rahmen des JStG 2009 geschehen, der die Besteuerung beschränkt Steuerpflichtiger u. a. hinsichtlich der Nettobesteuerung neu geregelt hat.[44] Aber auch eine Änderung der Behandlung unbeschränkt Steuerpflichtiger hinsichtlich einer Bruttobesteuerung könnte dem entgegenwirken; so bspw. im deutschen Steuerrecht bei privaten ausländischen Kapitalerträgen, bei denen – dem Konzept einer Abgeltungsteuer folgend – keine Werbungskosten abgezogen werden dürfen. Gleichzeitig sollte die Anrechnungsmethode insoweit verbessert werden, dass die Entstehung von Anrechnungsüberhängen weitgehend ausgeschlossen wird. Diese Forderung ist umso mehr berechtigt, als es sich – wie im Falle der Bundesrepublik Deutschland – um eine exportorientierte Volkswirtschaft handelt. In der Vergangenheit eingetretene Verschlechterungen der Anrechnungsmöglichkeiten, z. B. durch die Nichtberücksichtigung von im Ausland unbesteuerten Einkünften, sind alles andere als zielführend.

Neben dieser ökonomischen Kritik ist die per-country limitation auch unter **EU-rechtlichen Gesichtspunkten** als problematisch zu beurteilen. Diese Begrenzung behindert sowohl den freien Kapitalverkehr (Art. 63 AEU) als auch die Niederlassungsfreiheit (Art. 49 AEU), da Anrechnungsüberhänge umso eher entstehen, je umfangreicher die Anlagen auf verschiedene Länder verteilt sind. Zur Vermeidung von Anrechnungsüberhängen werden Investoren somit aus steuerlichen Erwägungen veranlasst, ihre Kapitalanlagen oder Niederlassungen in möglichst wenigen Ländern zu konzentrieren.[45]

Die sachgerechteste Möglichkeit zur Verbesserung der Anrechnungsmethode bietet u. E. die Einführung der **overall limitation,** kombiniert mit einem **Wahlrecht zur per-country limitation,**[46] und die Einführung eines **Vor-**

---

[43] Vgl. EuGH v. 12. 6. 2003 (Gerritse), EuGHE 2003, S. I-5933.
[44] Vgl. dazu 3. Teil, 1. Kapitel, Abschnitt B I.
[45] Vgl. Schön, W., Kapitalverkehrsfreiheit, 1997, S. 774; Schaumburg, H., StuW 2000, S. 375 f.; Tumpel, M., DStJG 2000, S. 345.
[46] Diese Technik wird bspw. begrenzt in Luxemburg praktiziert. Vgl. IBFD, Tax Handbook, 2009, S. 511.

bzw. **Rücktrags für Anrechnungsüberhänge.** Auch aus EU-rechtlichen Gründen wäre u. U. im Hinblick auf die mögliche Drittstaatenwirkung der Kapitalverkehrsfreiheit eine overall limitation, zumindest aber eine europaweite **per-community limitation**[47] geboten. Dagegen würde ein Kombinationsverfahren zwischen Anrechnungs- und Abzugsmethode eine Doppelbesteuerung nicht vollständig vermeiden und wäre zudem kompliziert, da ein als Betriebsausgabe abgezogener Anrechnungsüberhang seine eigene Höhe beeinflusst. Bei Einkünften aus mehreren ausländischen Staaten würde die per-country limitation eine iterative Ermittlung bedingen.

Die Einführung einer overall limitation hingegen führt vergleichsweise einfach zu einer faktischen Reduktion von Anrechnungsüberhängen, da durch die einheitliche Ermittlung des Anrechnungshöchstbetrags für sämtliche ausländische Staaten eine Verrechnung von Steuerüberhängen des einen Staates mit Anrechnungsreserven in anderen Staaten erfolgt.

Beispiel:[48] Ein Steuerpflichtiger bezieht Einkünfte i. H. v. 110 000 €. Darin sind ausländische Einkünfte aus dem Staat A i. H. v. 11 500 € (ausländische Steuer: 1150 €) und aus dem Staat B i. H. v. 6500 € (ausländische Steuer: 2500 €) enthalten. Der Steuerpflichtige ist verheiratet und macht 2000 € Sonderausgaben geltend. Die deutsche Einkommensteuer auf das zu versteuernde Einkommen (108 000 €) beträgt nach der Splittingtabelle 29 532 €. Die auf die gesamten ausländischen Einkünfte entfallende deutsche Steuer beträgt:

$$29\,532\ \text{€} \times \frac{11\,500\ \text{€} + 6500\ \text{€}}{110\,000\ \text{€}} = 4833\ \text{€}$$

Die Summe aller ausländischen Steuern beträgt 3650 € (1150 € + 2500 €), sie sind in voller Höhe anrechenbar. Steuerüberhänge entstehen erst, wenn die Summe aller ausländischen Steuern die durchschnittliche deutsche Steuer für die gesamten ausländischen Einkünfte übersteigt.

Die overall limitation würde auch zu einer erheblichen Vereinfachung für Steuerpflichtige und Verwaltung führen; u. a. wäre eine Schlüsselung der den ausländischen Einkünften nur mittelbar zuordenbaren Aufwendungen weitaus weniger komplex, da deren Zuordnung zu verschiedenen Staaten entfiele. Der durch die overall limitation ggf. eingeräumten Möglichkeit einer Verlagerung von Einkünften in Oasenländer zum Ausgleich der Steuerbelastung in Hochsteuerländern[49] könnte man durch eine gezielte Einschränkung ihres Anwendungsbereichs wirkungsvoll begegnen,[50] z. B. durch die Begrenzung der overall limitation auf bestimmte Domizilstaaten. Dies ist u. E. praktikabler als die luxemburgische und US-amerikanische Vorgehensweise, die mittels Normierung von Höchstgrenzen, sei es in Bezug auf die maximal anrechenbare ausländische Steuer pro Einkunftsart oder im Hinblick auf die inländische Minimalsteuer auf alle ausländischen Einkünfte,[51] die overall limitation be-

---

[47] Vgl. Schön, W., Kapitalverkehrsfreiheit, 1997, S. 774; Grotherr, S., Ausgabenberücksichtigung, 2005, S. 319 f.
[48] Das Beispiel wurde im Abschnitt B I 1 a) (6) bereits unter Beachtung der per-country-limitation durchgerechnet.
[49] Vgl. Steuerreformkommission, Gutachten, 1971, Tz. VI/29.
[50] Vgl. Krabbe, H., BB 1979, S. 1340 ff.
[51] Vgl. Elvinger, A., Intertax 1980, S. 375 ff.; Teixeira, G./Williams, D., Intertax 1995, S. 576 f.

grenzt. Die overall limitation wurde früher z. B. in Großbritannien, Japan und den Niederlanden[52] angewandt und wird heute noch z. B. in Schweden und – mit obigen Einschränkungen – in den USA praktiziert. In Deutschland wird der Einführung einer generellen overall limitation von Seiten der Finanzverwaltung mit dem Argument entgegengetreten, dass sie die Verhandlungsposition gegenüber ausländischen Staaten (insbesondere gegenüber Entwicklungsländern) schwächen könne.[53]

Ein **Wahlrecht** zwischen per-country und overall limitation rechtfertigt sich aus der Tatsache, dass bei der overall limitation beim Zusammentreffen von positiven und negativen Auslandserfolgen Nachteile gegenüber der per-country-limitation entstehen können. Liegen bspw. im ausländischen Staat A positive und im ausländischen Staat B gleich hohe negative Einkünfte vor, so ist bei der per-country limitation eine Anrechnung der ausländischen Steuern des Staates A möglich, nicht aber bei einer overall limitation, da es bei dieser Vorgehensweise auf die Gesamthöhe der ausländischen Einkünfte ankommt.

Verbleiben dennoch Anrechnungsüberhänge, was insbesondere bei inländischen Verlusten der Fall sein kann, so sollten diese durch die Möglichkeit eines Vor- und Rücktrags auf nicht ausgeschöpfte Anrechnungshöchstbeträge Berücksichtigung finden können.[54] Dieser Vorschlag könnte auch EU-rechtlich geboten sein.[55] Außerdem lässt er sich auch dadurch begründen, dass im Zusammenhang mit Verlusten durch § 10 d EStG die Abschnittsbesteuerung ebenfalls aufgehoben wird. Auch hierbei kann auf fortschrittliche Lösungen in anderen bedeutsamen Industriestaaten verwiesen werden: Frankreich (fünf Jahre Vortrag), Japan (fünf Jahre Vor- und Rücktrag), Kanada (sieben Jahre Vortrag von Anrechnungsansprüchen aus gewerblichen Einkünften), Niederlande (Vortrag auf eines der acht Folgejahre) und USA (einen Rücktrag auf ein Jahr und einen Vortrag auf zehn Jahre).[56]

2. Abzugsmethode

a) Darstellung der Abzugsmethode

Neben der Anrechnungsmethode nach § 34c Abs. 1 EStG können unbeschränkt Steuerpflichtige nach § 34c Abs. 2 und 3 EStG wahlweise bzw. ausschließlich als Kompensationsmöglichkeit die Abzugsmethode in Anspruch nehmen, soweit die ausländische Steuer auf im Inland steuerpflichtige ausländische Einkünfte entfällt. Mit dieser Methode wird die Bemessungsgrundlage für die deutsche Einkommensteuer vermindert, indem bei der Ermittlung der Einkünfte jede einzelne Einkunftsart aus jedem Herkunftsland (per-country limitation) um die darauf im Ausland angefallenen Steuern gekürzt wird.[57]

---

[52] Vgl. Übersicht bei Mennel, A., RIW/AWD 1977, S. 470 ff.; Juch, D., CDFI 1981, S. 81 ff.; Schieber, P. H., DStR 1984, S. 488 ff.
[53] Vgl. Begründung zu § 34c EStG in BT-Drs. 8/3648, S. 20.
[54] Vgl. Tischer, F., DBW 1993, S. 209 ff.
[55] Vgl. Cordewener, A./Schnitger, A., StuW 2006, S. 50 ff., 74 ff.; Loukota, H., SWI 2006, S. 250 ff.
[56] Vgl. Vogel, K./Lehner, M., DBA-Kommentar, Art. 23, Anm. 154 m. w. N.
[57] Bei Vorliegen der Voraussetzungen des § 50 Abs. 3 EStG sind § 34c Abs. 2 und 3 EStG entsprechend auf beschränkt Steuerpflichtige anzuwenden. Vgl. hierzu Abschnitt B I 1 a) (1).

4. Kapitel. Unilaterale Maßnahmen

Hingegen sind private ausländische Kapitaleinkünfte davon ausgenommen, da im Rahmen der Anrechnungsmethode nach § 34 d Abs. 5 EStG ein (optionaler) Abzug der ausländischen Steuern vergleichbar zu § 34 c Abs. 2 und 3 EStG nicht vorgesehen ist.

Mit der Abzugsmethode wird der Abzug der Steuern im Bereich der Einkunftsermittlung vollzogen; ausländische Steuern werden bei wirksamer Antragstellung nach § 34 c Abs. 2 EStG wie Werbungskosten oder Betriebsausgaben behandelt. Nun sind nach § 12 Nr. 3 EStG allerdings die Steuern vom Einkommen und sonstige Personensteuern weder von den einzelnen Einkunftsarten noch vom Gesamtbetrag der Einkünfte abziehbar. Die Tatsache, dass § 34 c Abs. 2 bzw. 3 EStG nicht unter den Ausnahmetatbeständen des Einleitungssatzes von § 12 EStG vermerkt ist, kann daher nur als Regiefehler des Gesetzgebers erklärt werden: Der Abzug nach § 34 c Abs. 2 oder 3 EStG ist eine gewollte Ausnahme zum Abzugsverbot des § 12 Nr. 3 EStG.[58]

Nach geltendem Recht erfolgt der Abzug – mit Ausnahme der privaten ausländischen Kapitalerträge – bei den einzelnen Einkünften, was zur Folge hat, dass die ausländische abziehende Steuer mit inländischen oder anderen ausländischen Einkünften ausgeglichen wird und in den Verlustabzug nach § 10 d EStG eingehen kann.[59] Im Ergebnis ist es möglich, den Abzug einerseits beim Verlustausgleich zu berücksichtigen und andererseits einen eventuellen Verlustabzug nach § 10 d EStG zu erhöhen.

Beispiel (wie oben Fall 3, 3. Kapitel, Abschnitt A):

Inlandseinkommen 150 000 €	Auslandseinkommen 50 000 €
S_I (200 000) = 40% S_I (175 000) = 35% S_I (150 000) = 30%	S_A = 50%

Ausländische Einkünfte	50 000 €
+ Inländische Einkünfte	150 000 €
– Ausländische Steuer	25 000 €
Summe der Einkünfte	175 000 €
Inländische Steuern (35%)	61 250 €
Gesamtsteuerbelastung (Inlands- und Auslandsbelastung)	**86 250 €**

Bei Anwendung der begrenzten bzw. unbegrenzten Anrechnungsmethode ergeben sich dagegen im Inland 60 000 € bzw. 55 000 € Steuern und als Gesamtbelastung 85 000 € bzw. 80 000 €. Bei der Abzugsmethode stellt sich der Steuerpflichtige somit um 1250 € bzw. 6250 € schlechter als nach der begrenzten bzw. unbegrenzten Anrechnungsmethode.

Das Beispiel zeigt, dass die Anrechnungsmethode zu einer Vermeidung der Doppelbesteuerung führt, während die **Abzugsmethode** regelmäßig nur eine **Milderung der Doppelbesteuerung** erreicht und damit im Grundsatz **keine kapitalexportneutrale Besteuerung** gewährleistet. Deshalb ist die Anrechnungsmethode der Abzugsmethode grundsätzlich vorzuziehen. Nur in

---

[58] Vgl. Flick, H./Wassermeyer, F./Baumhoff, H., Außensteuerrecht, § 34 c EStG, Anm. 84.
[59] Private ausländische Kapitalerträge werden beim Verlustabzug nach § 10 d EStG hingegen nicht berücksichtigt; vgl. auch Hechtner, F., BB 2009, S. 80.

Ausnahmefällen (z. B. bei hohem Steuerüberhang) kann die Abzugsmethode für den Steuerpflichtigen zu einem günstigeren Ergebnis führen.

Eine Besonderheit gilt im Zusammenhang mit Dividenden von ausländischen Kapitalgesellschaften. Da die ausländischen Dividenden bei der Einkunftsermittlung nur zu 60% berücksichtigt werden (Teileinkünfteverfahren), ist die ausländische Quellensteuer auch nur zu 60% abzugsfähig (§ 34 c Abs. 2 EStG).

Im Rahmen des **Anwendungsbereichs der Abzugsmethode** sind zwei Fallgruppen zu unterscheiden:

– Sind die Voraussetzungen zur Anwendung der Anrechnungsmethode i. S. d. § 34 c EStG gegeben, so hat der Steuerpflichtige ein generelles **Wahlrecht** zwischen der Anrechnungsmethode und der Abzugsmethode (§ 34 c Abs. 2 EStG). Dieses Wahlrecht kann auch noch im Rechtsbehelfsverfahren geltend gemacht werden.[60] Nach § 34 c Abs. 2 EStG kann also statt der Anrechnung die ausländische Steuer auf Antrag bei der Ermittlung der Einkünfte abgezogen werden. Dieses Antragsrecht bezieht sich auf die ausländische Steuer i. S. d. Absatzes 1 dieser Vorschrift. Demzufolge kann der Steuerpflichtige die Wahl zwischen Anrechnung und Abzug für Einkünfte aus mehreren Staaten unterschiedlich, für alle Einkünfte aus einem Staat aber nur einheitlich ausüben.[61] Vom Antragsrecht wird der Steuerpflichtige allerdings nur dann Gebrauch machen, wenn die Wahl des Abzugs für ihn günstiger ist (z. B. bei ausländischer Bruttobesteuerung oder inländischen Verlusten).

– Liegen die Voraussetzungen zur Anwendung der Anrechnungsmethode i. S. d. § 34 c Abs. 1 EStG nicht vor, so verbleibt dem Steuerpflichtigen die Abzugsmethode als **einzige Möglichkeit** zur Milderung von Doppelbesteuerungen (§ 34 c Abs. 3 EStG). Nach dem Gesetz sind damit folgende Sachverhalte angesprochen:[62]

– Die ausländische Steuer entspricht nicht der deutschen Einkommensteuer (z. B. gewisse Schedulen-Steuern).

– Die ausländische Steuer wird nicht in dem Staat erhoben, aus dem die Einkünfte stammen (z. B. Drittstaatseinkünfte einer Betriebsstätte).

– Die ausländische Steuer wird nicht auf ausländische Einkünfte i. S. d. § 34 d EStG erhoben (z. B. Liefergewinnsteuern).

Da diese Sachverhalte alle denkbaren Doppelbesteuerungstatbestände beinhalten, bleiben im Ergebnis keine ausländischen Steuern auf erfolgsabhängigen Bemessungsgrundlagen übrig, die sowohl von der Anrechnung als auch vom Abzug ausgeschlossen sind.[63] Zur Inanspruchnahme des § 34 c Abs. 3 EStG braucht der Steuerpflichtige keinen Antrag zu stellen, da der Abzug von Amts

---

[60] Vgl. Manke, K., DStZ 1980, S. 323 ff.
[61] Vgl. OFD Frankfurt/Main v. 14. 10. 1988, DStR 1989, S. 508. Zur Problematik der Ausübung des Wahlrechts bei Einkünften aus mehreren Staaten vgl. Krabbe, H., BB 1980, S. 1146 ff.
[62] Vgl. BR-Drs. 511/79, S. 21.
[63] Eine Ausnahme gilt nur, falls die ausländische Steuer noch einem Ermäßigungsanspruch unterliegt. Diese Ausnahme soll verhindern, dass die ausländische Quellensteuer angerechnet werden, die der inländische Steuerpflichtige durch einen Rechtsbehelf noch reduzieren könnte, dieses aber unterlässt; vgl. FG Niedersachsen v. 28. 7. 1993, EFG 1994, S. 106.

4. Kapitel. Unilaterale Maßnahmen 57

wegen vorzunehmen ist. Der Steuerabzug nach Abs. 3 kommt aber nur in Betracht, soweit die ausländische Steuer auf Einkünfte entfällt, die der deutschen Einkommensteuer unterliegen.

b) Vorteilhaftigkeitsvergleich zwischen Anrechnungs- und Abzugsmethode

Sind die Voraussetzungen für die Anrechnung einer ausländischen Steuer auf die deutsche Einkommensteuer nach § 34 c Abs. 1 EStG gegeben, hat der Steuerpflichtige nach § 34 c Abs. 2 EStG die Möglichkeit, statt der Anrechnung den Abzug der ausländischen Steuer bei der Ermittlung der Einkünfte zu wählen. Die Vorteilhaftigkeit der beiden Methoden hängt insbesondere von drei Größen ab: Höhe der inländischen Einkünfte, der ausländischen Einkünfte und der ausländischen Steuer. Als Nebeneinflussfaktor ist die Veranlagungsform bedeutsam, d. h. ob die inländische Einkommensteuer nach der Grund- oder Splittingtabelle berechnet wird. Für die Ausübung des Wahlrechts können bei Vorliegen von **positiven inländischen Einkünften** folgende Grundaussagen gemacht werden:[64]

These 1: Sind die inländischen und ausländischen Einkünfte positiv und besteht bei der Anrechnungsmethode **kein Steuerüberhang**, ist die Anrechnungsmethode für den Steuerpflichtigen stets günstiger als die Abzugsmethode. Bei der Anrechnungsmethode mindert sich die deutsche Steuer um die gesamte ausländische Steuer, bei der Abzugsmethode nur um das Produkt aus dem inländischen Differenzsteuersatz[65] und der ausländischen Steuer. Da der inländische Differenzsteuersatz immer unter 100% liegt, ist die Steuerersparnis beim Steuerabzug in allen Fällen geringer.

Die Frage der Vorteilhaftigkeit zwischen Anrechnungs- und Abzugsmethode stellt sich somit nur dann, wenn ein **Steuerüberhang** an ausländischen Steuern entsteht. Dies ist regelmäßig der Fall, wenn
– im Ausland ein gegenüber dem Inland **höheres Steuerniveau** vorliegt,
– die ausländischen Steuern nach dem **Bruttoprinzip** bemessen werden bzw. eine andere Aufwandszuordnung vorgenommen wird oder
– das Bestehen oder der Vor- und Rücktrag **inländischer Verluste** dazu führt, dass ausländische Einkünfte im Inland nicht oder nur gering besteuert werden.

Übersteigt die ausländische Steuer den Anrechnungshöchstbetrag, kann die Frage der Vorteilhaftigkeit nur unter Zuhilfenahme mathematischer Methoden exakt beantwortet werden. Die daraus ableitbaren Ergebnisse lassen sich wie folgt beschreiben:

These 2: Sind inländische und ausländische Einkünfte jeweils positiv und besteht ein **Anrechnungsüberhang**, ist die Abzugsmethode vorteilhafter, wenn der durch ihre Anwendung erzielte Steuerminderungsbetrag (errechnet als Differenzsteuersatz × aus-

---

[64] Vgl. hierzu Scheffler, W., DB 1993, S. 845 ff.; Scheffler, W., Wahlrecht, 2003, S. 112 ff. Zu einer mathematischen Lösung des Problems siehe Kußmaul, H./Beckmann, S., StuB 2000, S. 1191 ff.
[65] Den Differenzsteuersatz erhält man, indem die Differenz zwischen der Einkommensteuer auf die Summe der Einkünfte und der Einkommensteuer auf die um die ausländischen Steuern geminderte Summe der Einkünfte durch die ausländischen Einkünfte dividiert wird. Der Differenzsteuersatz ist die durchschnittliche Grenzbelastung des Intervalls der Einkommensteuertariffunktion, in dem die ausländische Steuer von der inländischen Bemessungsgrundlage abgezogen wird.

ländischer Steuerbetrag) größer ist als der Steuerminderungsbetrag bei der Anrechnungsmethode (errechnet als Durchschnittssteuersatz[66] × ausländische Einkünfte). Für die Wahl zwischen den beiden Methoden können deshalb keine allgemein gültigen Entscheidungsregeln abgeleitet werden. Eine Ausnahme gilt dann, wenn die ausländische Steuer die nach inländischen Vorschriften ermittelten ausländischen Einkünfte (z. B. ausländische Bruttobesteuerung auf Zinsen) übersteigt. Dieses Ergebnis resultiert daraus, dass in diesen Fällen sowohl der Differenzsteuersatz den inländischen Durchschnittssteuersatz als auch der ausländische Steuerbetrag die ausländischen Einkünfte übersteigt und somit der Steuerminderungsbetrag der Abzugsmethode immer größer ist als der der Anrechnungsmethode.

Bejaht man die aufgezeigten Verbesserungsvorschläge bei der Anrechnungsmethode (Einführung einer overall limitation und eines Vor- und Rücktrags von Anrechnungsüberhängen), so würde sich das Wahlrecht zwischen der Anrechnungsmethode nach § 34c Abs. 1 EStG und der Abzugsmethode nach § 34c Abs. 2 EStG im Grunde auf diejenigen Fälle reduzieren, in denen – länderbezogen – ein Ausgleich der Anrechnungsüberhänge auch im Mehrperiodenvergleich nicht möglich ist und Kompensationseffekte mit niedrigen Steuern in anderen Staaten im Rahmen der overall limitation nicht auftreten oder steuerpolitisch unerwünscht sind.

Für den Fall, dass **negative inländische Einkünfte** vorliegen, ergibt sich für die Ausübung des Wahlrechts folgende Grundaussage:

These 3: Ergibt sich aus der Zusammenfassung von negativen inländischen Einkünften und positiven ausländischen Einkünften vermindert um die im Ausland erhobene Steuer ein negativer Betrag, ist die Abzugsmethode stets günstiger als die Anrechnungsmethode.

Ist bereits die Summe an inländischen und ausländischen Einkünften negativ, resultieren zwar weder aus der Anrechnungsmethode noch aus der Abzugsmethode in dem betrachteten Jahr Steuerersparnisse. Die Abzugsmethode weist jedoch den Vorteil auf, dass sich ein Verlustabzug nach § 10d EStG um den ausländischen Steuerbetrag erhöht. Ist die Summe der Einkünfte positiv, aber kleiner als die ausländische Steuer, gelten grundsätzlich die gleichen Überlegungen. Der Vorteil der Abzugsmethode durch die Verlustrücktrags- und -vortragsmöglichkeit reduziert sich jedoch auf den Betrag der ausländischen Steuer, der die Summe der Einkünfte übersteigt. Daraus lässt sich folgende Grundaussage treffen:

These 4: Verbleibt nach Addition der positiven ausländischen Einkünfte zu den negativen inländischen Einkünften und nach Abzug der ausländischen Steuer ein positives zu versteuerndes Einkommen, empfiehlt es sich, die Anrechnungsmethode zu wählen.

Ist die ausländische Steuer geringer als die inländische Steuer (kein Steuerüberhang), ist stets die Anrechnungsmethode günstiger. Dieser Sachverhalt entspricht der These 1.
Übersteigt der ausländische Steuerbetrag die inländische Steuer, bleibt dabei aber noch unter dem Gesamtbetrag der Einkünfte, so ist ebenfalls die

---

[66] Hierunter versteht man den Quotienten aus inländischer Steuer und Gesamtbetrag der Einkünfte. Er gibt an, mit wie viel Prozent Steuer jeder Euro Einkommen im Durchschnitt belastet ist.

Anrechnungsmethode günstiger. Während bei der Anrechnungsmethode die inländische Steuer auf Null gesenkt wird (ohne Abzug bzw. Vor- und Rücktrag des Steuerüberhangs), reduziert sich die inländische Steuerbelastung bei der Abzugsmethode nur um das Produkt Differenzsteuersatz × ausländische Steuer.

3. Pauschalierungs- und Erlassmethode

Die Pauschalierungs- und die Erlassmethode finden ihre Rechtsgrundlage in § 34c Abs. 5 EStG. Danach kann der deutsche Fiskus die ihm nach dem Wohnsitzprinzip zustehende **deutsche Einkommensteuer auf die ausländischen Einkünfte** ganz oder teilweise **erlassen** bzw. auf einen festen Betrag **pauschalieren,** soweit dies aus volkswirtschaftlichen oder sonstigen Gründen zweckmäßig oder die Anwendung des § 34c Abs. 1 EStG besonders schwierig ist. Davon ausgenommen sind jedoch private ausländische Kapitaleinkünfte: Für diese sind im Rahmen der Anrechnungsmethode nach § 34d Abs. 5 EStG nämlich weder die Pauschalierungsmethode noch die Erlassmethode analog zu § 34c Abs. 5 EStG vorgesehen.

Die Möglichkeit zur Pauschalierung ist im **Pauschalierungserlass**[67] gegeben. Hiernach beträgt die deutsche Einkommensteuer auf die begünstigten Einkünfte 25% der ausländischen Einkünfte, jedoch höchstens 25% des zu versteuernden Einkommens. Diese Billigkeitsmaßnahme können unbeschränkt Steuerpflichtige beantragen mit

– Einkünften aus Gewerbebetrieb aus der aktiven Tätigkeit einer im Ausland belegenen Betriebsstätte,
– Einkünften aus einer Beteiligung an einer aktiv tätigen ausländischen Mitunternehmerschaft, die in einem inländischen gewerblichen Betriebsvermögen gehalten wird und
– Einkünften aus selbständiger Arbeit, die in einer im Ausland belegenen Betriebsstätte oder festen Einrichtung durch technische Beratung, Planung und Überwachung einer Anlagenerrichtung erzielt werden.[68]

Beispiel (wie oben Fall 3, 3. Kapitel, Abschnitt A):

Inlandseinkommen 150 000 €	Auslandseinkommen 50 000 €
S_I (150 000) = 30% Pauschalierungssatz = 25%	S_A = 50%

Auslandsbelastung	25 000 €
Inlandsbelastung	57 500 €
– davon auf inländische Einkünfte (30% von 150 000)	45 000 €
– davon auf ausländische Einkünfte (25% von 50 000)	12 500 €
Gesamtsteuerbelastung (Inlands- und Auslands- belastung)	**82 500 €**

Die Möglichkeit der Pauschalierung kann entsprechend der **per-country limitation** für jeden Staat getrennt in Anspruch genommen werden, mit dem

---

[67] Vgl. Pauschalierungserlass v. 10. 4. 1984, BStBl 1984 I, S. 252.
[68] Als aktive Tätigkeit wird z.B. angesehen die Herstellung oder Lieferung von Waren, Gewinnung von Bodenschätzen, Bewirkung gewerblicher Leistungen usw.; vgl. hierzu auch Tz. 5 des BMF-Schreibens v. 10. 4. 1984, BStBl 1984 I, S. 252.

kein DBA besteht; für die begünstigungsfähigen Einkünfte aus einem Staat ist die Wahl einheitlich zu treffen. Die ausländischen Einkünfte werden mit dem pauschalen Steuersatz besteuert (25% von 50 000 € = 12 500 €), die inländischen Einkünfte mit dem ohne Berücksichtigung der ausländischen Steuer ermittelten inländischen Steuersatz (kein Progressionsvorbehalt) (30% von 150 000 € = 45 000 €). Die ausländische Steuer auf die begünstigten Einkünfte (25 000 €) kann im Inland weder durch Anrechnung noch durch Abzug berücksichtigt werden. Daraus ergibt sich eine Gesamtbelastung i. H. v. insgesamt 82 500 € gegenüber einer reinen Inlandsbelastung von 80 000 €.

Ausländische Steuern, die auf nicht begünstigte Einkünfte entfallen, können – auch wenn für den Staat, aus dem sie stammen, die Pauschalierung gewählt wurde – angerechnet oder abgezogen werden.

Ein vollständiger Erlass der deutschen Steuer auf ausländische Einkünfte ist im **Auslandstätigkeitserlass**[69] vorgesehen. Die Erlassregelung ist auf unbeschränkt und beschränkt[70] steuerpflichtige Arbeitnehmer eines inländischen Arbeitgebers anwendbar, die Einkünfte aus nichtselbständiger Arbeit im Rahmen einer begünstigten Tätigkeit im Ausland erzielen. Die Wirkungsweise des Auslandstätigkeitserlasses entspricht faktisch der einer Freistellung.[71]

Die Möglichkeit eines Erlasses oder einer Pauschalierung ausländischer Steuern ist durch die Regelung des Pauschalierungs- bzw. des Auslandstätigkeitserlasses grundsätzlich nicht erschöpft.[72] Neben dem Pauschalierungs- bzw. dem Auslandstätigkeitserlass sind im Fall von nicht unter die Begünstigung fallenden Tatbeständen **einzelfallbezogene Pauschalierungs- und Erlassanträge** möglich, die in das Ermessen der Finanzverwaltung fallen.

Im Ergebnis wird mit der Pauschalierung regelmäßig nur eine Minderung, jedoch keine Vermeidung der Doppelbesteuerung erreicht. Ob die Pauschalierungs- und Erlassmethode zu höheren oder geringeren Gesamtsteuerbelastungen führen als die Anrechnungs- oder Abzugsmethode, ist letztlich eine Frage des Einzelfalls.

II. Körperschaftsteuer

Das deutsche KStG knüpft bei den unilateralen Methoden zur Vermeidung bzw. Verminderung der rechtlichen Doppelbesteuerung insbesondere an die einkommensteuerrechtlichen Regelungen an, so dass die Anrechnungs-, Abzugs- und Pauschalierungs- bzw. Erlassmethode auch für inländische juristische Personen gelten (§ 26 Abs. 1 und 6 KStG). Zudem findet zur Vermeidung bzw. Verminderung der wirtschaftlichen Doppelbesteuerung bei ausländischen Beteiligungserträgen und bei der Veräußerung von Anteilen an ausländischen Kapitalgesellschaften – analog zu vergleichbaren Inlandssachverhalten – die Freistellungsmethode Anwendung (§ 8 b Abs. 1 und 2 KStG).

---

[69] Vgl. BMF-Schreiben v. 31. 10. 1983, BStBl 1983 I, S. 470.
[70] Rechtsgrundlage für die Erstreckung des Auslandstätigkeitserlasses auch auf beschränkt Steuerpflichtige ist § 50 Abs. 4 EStG.
[71] Eine eingehende Erläuterung des Auslandstätigkeitserlasses findet sich im 6. Teil, 8. Kapitel, Abschnitt B I 1 a).
[72] Vgl. BFH v. 18. 8. 1987, BStBl 1988 II, S. 139.

4. Kapitel. Unilaterale Maßnahmen

1. Anrechnungsmethode

Die Anrechnungsmethode ermöglicht unbeschränkt Körperschaftsteuerpflichtigen[73] die Anrechnung ausländischer Steuern auf die deutsche Körperschaftsteuer. Sie hat ihre Rechtsgrundlage in § 26 Abs. 1 KStG, der § 34c Abs. 1 Satz 1 EStG entspricht. Aufgrund des Verweises von § 26 Abs. 6 Satz 1 KStG kommen § 34c Abs. 1 Satz 2–5 EStG entsprechend zur Anwendung. Die **Anrechnungsmethode des KStG entspricht** somit im Wesentlichen der im EStG geregelten Anrechnungsmethode. Die dort dargestellten Begrenzungsfaktoren sind hier in gleicher Weise relevant.[74] Im Rahmen der Bestimmung des Anrechnungshöchstbetrags ermittelt sich die Summe der Einkünfte gemäß des in R 29 KStR enthaltenen Berechnungsschemas (R 74 Abs. 1 Satz 2 KStR). Hingegen kommt eine Anrechnung nach § 32d Abs. 5 EStG im Bereich der Körperschaftsteuer nicht in Betracht, da diese Vorschrift auf private Kapitalerträge begrenzt ist.

2. Freistellungsmethode

Die Freistellungsmethode für Beteiligungserträge und Gewinne aus der Veräußerung von Kapitalgesellschaftsanteilen gilt gleichermaßen bei Beteiligungen an inländischen wie an ausländischen Kapitalgesellschaften.

Ausländische Beteiligungserträge, die von einer unbeschränkt oder einer beschränkt steuerpflichtigen Körperschaft erzielt werden, bleiben nach § 8b Abs. 1 KStG bei der Ermittlung des Einkommens außer Ansatz. Die Freistellung wird unabhängig von der Höhe der Beteiligungsquote und der Vorbesitzzeit gewährt.[75] Allerdings gelten nach § 8b Abs. 5 KStG stets **5% der ausländischen Dividenden** als **nichtabzugsfähige Betriebsausgaben**. Abzustellen ist hierbei auf den Bruttobetrag der Dividendeneinnahmen, so dass auch eine eventuell im Ausland einbehaltene Quellensteuer nicht abgezogen wird. Unabhängig davon, in welcher Höhe tatsächlich Betriebsausgaben entstanden sind, sind somit stets 5% der ausländischen Dividenden in Deutschland bei der Körperschaftsteuer, dem Solidaritätszuschlag und der Gewerbesteuer gewinnerhöhend zu berücksichtigen. De facto werden von den Dividenden somit lediglich 95% freigestellt.[76] Die Freistellung umfasst grundsätzlich auch verdeckte Gewinnausschüttungen. Sie wird gemäß § 8b Abs. 1 Satz 2 und 4 KStG allerdings nur dann gewährt, soweit eine **verdeckte Gewinnausschüttung** das Einkommen der ausschüttenden ausländischen Körperschaft (nach dem entsprechenden ausländischen Recht)[77] nicht gemindert hat; dieses Korrespondenzprinzip gilt jedoch nicht für bestimmte Dreiecksfälle (§ 8b Abs. 1 Satz 4 KStG).[78]

---

[73] Beschränkt Steuerpflichtige können unter den Voraussetzungen des § 50 Abs. 3 EStG die Anrechnung ebenso in Anspruch nehmen (§ 26 Abs. 6 Satz 1 KStG).
[74] Vgl. hierzu Abschnitt B I 1.
[75] Unterliegen die Gewinne der ausländischen Kapitalgesellschaft allerdings keiner ausreichenden steuerlichen Vorbelastung, kommt es in bestimmten Fällen (u. a. bei Einkünften aus passivem Erwerb) zur Hinzurechnungsbesteuerung. Vgl. hierzu 4. Teil, 3. Kapitel, Abschnitt A I 2c).
[76] Zur gewerbesteuerlichen Behandlung siehe ausführlicher 6. Kapitel.
[77] Vgl. BT-Drs. 16/2712, S. 70. Zu möglichen, daraus resultierenden Doppelbesteuerungen vgl. Dörfer, O./Adrian, G., Ubg 2008, S. 377ff.
[78] Vgl. auch Grotherr, S., RIW 2006, S. 900ff.; Dörfler, O./Heurung, R./Adrian, G., IStR 2007, S. 516f.

Sofern auf die Dividenden im Ausland Kapitalertragsteuer einbehalten wurde, kommt eine Anrechnung dieser Steuer in Deutschland generell nicht in Betracht. Das gilt auch für die anteilige Körperschaftsteuer, die auf die Kostenpauschale entfällt.[79]

Die pauschale Hinzurechnung und Besteuerung von Betriebsausgaben, die mit dem Steuerentlastungsgesetz 1999/2000/2002 in Deutschland eingeführt wurde, stellt keine Spezialität des deutschen Körperschaftsteuerrechts dar. Vergleichbare Regelungen finden sich in zahlreichen anderen Industrienationen, bspw. in fünf anderen Mitgliedstaaten der EU (vgl. Tabelle 11). Die Regelung dient der Verwaltungsvereinfachung, da ein wirtschaftlicher Zusammenhang von Betriebsausgaben mit steuerfreien Belastungserträgen nicht mehr zu prüfen ist. Im Gegenzug sind höhere tatsächliche Betriebsausgaben in vollem Umfang von der körperschaftsteuerlichen Bemessungsgrundlage abzugsfähig; § 3c EStG greift ausdrücklich nicht (§ 8b Abs. 5 Satz 2 KStG).

Für die **Veräußerung von Anteilen an ausländischen Körperschaften** gilt, dass die Gewinne im Inland ebenfalls unabhängig von der Höhe der Beteiligungsquote im Ganzen freigestellt werden (§ 8b Abs. 2 KStG). Allerdings greift auch hier die Regelung, wonach 5% der Veräußerungsgewinne pauschal versteuert werden (§ 8b Abs. 3 Satz 1 KStG).[80] Der Veräußerungsgewinn ist hierbei der Betrag, um den der Veräußerungspreis oder der an dessen Stelle tretende Wert nach Abzug der Veräußerungskosten den Buchwert im Zeitpunkt der Veräußerung übersteigt (§ 8b Abs. 2 Satz 2 KStG).[81] Betriebsausgaben, wie z. B. Finanzierungskosten, sind im Gegenzug vollständig abziehbar (§ 8b Abs. 3 Satz 2 KStG). Dies gilt jedoch nicht für die Veräußerungskosten: Durch Einbezug der Veräußerungskosten in die Ermittlung des Veräußerungsgewinns wirken sich diese nur zu 5% bemessungsgrundlagenmindernd aus. Dies widerspricht der Fiktion des pauschalen Betriebsausgabenabzugsverbots, die nur haltbar ist, wenn sämtliche, tatsächlich angefallenen Ausgaben vollständig abzugsfähig sind.[82]

Nach der Gesetzesbegründung soll mit der Einführung des pauschalen Betriebsausgabenabzugsverbots bei Veräußerungsgewinnen eine Umgehung der 5%-Regelung nach § 8b Abs. 1 KStG vermieden werden, die durch Thesaurierung der Gewinne und anschließende steuerfreie Veräußerung der Anteile erreicht werden könnte.[83] Allerdings kommt es durch diese Regelung zu einer Doppelbesteuerung beim Beteilungsverkauf bei späterer Ausschüttung von „mitverkauften" offenen Rücklagen und stillen Reserven, da sowohl der Veräußerungsgewinn beim Veräußerer als auch die ausgeschütteten Dividenden beim Erwerber der Pauschalregelung unterliegen. Die Regelung ist

---

[79] Vgl. PwC, Unternehmenssteuerreform, 2000, S. 144.
[80] Dies gilt auch für Wertaufholungen im Anschluss an eine vorangegangene Teilwertabschreibung, die damit im Ergebnis zu 5% nachversteuert werden, obwohl die Abschreibung steuerlich nicht geltend gemacht werden konnte. Vgl. Rödder, T./Schumacher, A., DStR 2003, S. 1728. Das steuerliche Abzugsverbot für Veräußerungsverluste und Teilwertabschreibungen bleibt bestehen (§ 8b Abs. 3 Satz 3 KStG).
[81] Abgestellt wird hierbei auf den einzelnen Veräußerungsgewinn. Eine Saldierung mit im VZ erlittenen Verlusten oder steuerunwirksamen Teilwertabschreibungen ist nicht möglich. Vgl. BT-Drs. 15/1518, S. 15.
[82] Vgl. Rödder, T./Schumacher, A., DStR 2003, S. 1728.
[83] Vgl. BT-Drs. 15/1518, S. 15.

damit zu weitgehend.[84] Zudem kommt es bei mehrstufigen Konzernen zu erheblichen Mehrbelastungen, da auf jeder Ebene 5% der Dividenden bzw. Veräußerungsgewinne zu versteuern sind, ohne dass ein Nachweis niedrigerer tatsächlicher Betriebsausgaben möglich ist.[85] Dieser Kaskadeneffekt, der sich mit zunehmender Tiefe der Konzernstruktur kumuliert,[86] beeinträchtigt die Investitionsbedingungen in Deutschland.[87] Vermieden werden kann dieser Effekt durch Abflachung der Konzernstruktur oder Gründung einer Organschaft, wobei Letzteres die Mehrbelastung nur für rein nationale Sachverhalte begrenzen kann.[88] Das Ballooning-Konzept, wonach Dividendenzahlungen aufgeschoben oder vermieden werden, führt zwar noch zu Zins- und Liquiditätsvorteilen, bei Veräußerung der Anteile jedoch wird die Pauschalbesteuerung nachgeholt.[89]

Die Doppelbesteuerung von Veräußerungsgewinnen entsteht durch die insoweit missverständliche Gleichsetzung von Ausschüttung und Anteilsveräußerung (= Einmalausschüttung). Da jede (offene und stille) Rücklage irgendwann einmal zu Ausschüttungen führt, ist zur Vermeidung der nicht zu rechtfertigenden Doppelbesteuerung die Steuerpflicht der 5%igen Kostenpauschale i. S. d. § 8 b Abs. 3 KStG abzuschaffen.[90]

Beispiel: Die B-GmbH ist Tochter der A-AG und verfügt über offene Rücklagen i. H. v. 100. Im ersten Fall schüttet B an A aus. Bei A sind 5% zu versteuern gemäß § 8 b Abs. 1 und 5 KStG. Im zweiten Fall veräußert A die B-GmbH an die C-GmbH für 100. A versteuert 5% gemäß § 8 b Abs. 2 und 3 KStG. Anschließend schüttet B an C aus. C versteuert wiederum 5% (gemäß § 8 b Abs. 1 und 5 KStG). Es tritt somit eine Doppelbelastung bei A und C auf.

Schließlich ließe sich der durch die mehrmalige Pauschalbesteuerung von Dividenden auftretende Kaskadeneffekt bei verbundenen Unternehmen dadurch abmildern, dass im Fall eines Nachweises durch den Steuerpflichtigen die tatsächlichen Beteiligungsaufwendungen angesetzt werden, soweit diese unter 5% liegen.[91]

---

[84] Vgl. Rödder, T./Schumacher, A., DStR 2003, S. 1727; Rogall, M., DB 2003, S. 2186 ff.; Spengel, C./Schaden, M., DStR 2003, S. 2201.
[85] Vgl. Rödder, T./Schumacher, A., DStR 2003, S. 1727; Spengel, C./Schaden, M., DStR 2003, S. 2201.
[86] Vgl. die Belastungsrechnungen bei Rogall, M., DB 2003, S. 2185 ff.
[87] Vgl. Spengel, C./Schaden, M., DStR 2003, S. 2201.
[88] Vgl. Rogall, M., DB 2003, S. 2186; Spengel, C./Schaden, M., DStR 2003, S. 2201. Im Falle von Veräußerungen von Organgesellschaften jedoch kann die Pauschalbesteuerung nicht umgangen werden, da hier § 8 b Abs. 3 KStG greift.
[89] Vgl. Grotherr, S., IWB, Fach 3, Deutschland, Gruppe 1, S. 2049.
[90] Vgl. zur Begründung einer Steuerfreiheit von Veräußerungsgewinnen Sachverständigenrat, Jahresgutachten, 2003, Tz. 547; Schreiber, U./Rogall, M., BB 2003, S. 497 ff.; Spengel, C./Schaden, M., DStR 2003, S. 2192 ff.
[91] Ein entsprechender Änderungsvorschlag des Art. 4 Abs. 2 der Mutter-Tochterrichtlinie (vgl. Commission of the European Communities, Proposal, 2003) wurde insbesondere auf Betreiben Deutschlands nicht umgesetzt. Allerdings ist es fraglich, ob § 8 b Abs. 3 KStG ohne Möglichkeit eines solchen Nachweises verfassungsgemäß ist; zum entsprechenden Vorlagebeschluss an das BVerfG vgl. FG Hamburg v. 7. 11. 2007, EFG 2008, S. 236. Zur Kritik des BFH zum pauschalen Betriebsausgabenabzug vgl. BFH v. 13. 6. 2006, BStBl 2008 II, S. 821; BFH v. 9. 8. 2006, BFH/NV 2006, S. 2379.

3. Abzugsmethode

Im Rahmen der Abzugsmethode kann eine ausländische Steuer bei der Ermittlung der Einkünfte abgezogen werden. Die Doppelbesteuerung wird nicht verhindert, sondern nur gemildert. Durch den Verweis des § 26 Abs. 6 Satz 1 KStG auf § 34 c Abs. 2 und 3 EStG **gilt die im EStG geregelte Abzugsmethode** im KStG **in gleicher Weise**.[92] Sie kann wahlweise statt der Anrechnungsmethode in Anspruch genommen werden (§ 34 c Abs. 2 EStG); beim Fehlen bestimmter Voraussetzungen für die Anwendbarkeit der Anrechnungsmethode ist sie ausschließlich anwendbar (§ 34 c Abs. 3 EStG).

4. Pauschalierungs- und Erlassmethode

Durch den Verweis des § 26 Abs. 6 Satz 1 KStG auf § 34 c Abs. 5 EStG ist auch im Rahmen der Körperschaftsteuer grundsätzlich ein Erlass oder eine Pauschalierung der Steuer auf ausländische Einkünfte möglich.[93] Der im Rahmen der einkommensteuerlichen Maßnahmen zur Vermeidung bzw. Minderung der Doppelbesteuerung dargestellte **Pauschalierungserlass** ist seit dem VZ 2004 für die Körperschaftsteuer jedoch **aufgehoben** worden.[94] Bereits vorher war er aufgrund der Einführung des körperschaftsteuerlichen Schachtelprivilegs und damit einhergehend der Absenkung des Körperschaftsteuersatzes bedeutungslos geworden.

C. Die Vermeidung von Doppelbesteuerungen im Abkommensrecht

Bilaterale Abkommensregelungen haben gegenüber den unilateralen Maßnahmen zur Vermeidung von Doppelbesteuerungen den Vorteil, dass sie sowohl nicht global gegenüber allen möglichen Partnerländern wirken, sondern gezielt die wirtschaftlichen Verhältnisse und Steuersysteme der vertragsschließenden Staaten berücksichtigen können, als auch auf Gegenseitigkeit beruhen. Aus diesen Gründen **präferiert** die Bundesrepublik völkerrechtlich verbindliche **DBA** gegenüber den einseitigen Maßnahmen.

Wegen seiner Individualität ist jedes DBA hinsichtlich seiner Regelungen zur Vermeidung von Doppelbesteuerungen gesondert zu betrachten. Dennoch lassen sich – zumindest bei DBA zwischen Industrieländern – wesentliche übereinstimmende Grundstrukturen erkennen. DBA regeln im Fall kollidierender Steueransprüche zweier Staaten, welchem Land das vorrangige Besteuerungsrecht zuzuordnen ist und in welchem Umfang das andere Land auf sein Besteuerungsrecht verzichtet. Es wird nun zunächst die Umgrenzung der Quellenbesteuerung im Rahmen der insbesondere zwischen Industrieländern bestehenden DBA beschrieben (OECD-Modell). Anschließend wird auf die Besonderheiten bei Abkommen zwischen Industrieländern und Entwicklungsländern eingegangen. Ferner wird dargestellt, welche Maßnahmen zur Vermeidung der Doppelbesteuerung der Wohnsitzstaat ergreift.

---

[92] Vgl. hierzu Abschnitt B I 2.
[93] Vgl. hierzu Abschnitt B I 3.
[94] Vgl. BMF-Schreiben v. 24. 11. 2003, BStBl 2003 I, S. 747.

4. Kapitel. Unilaterale Maßnahmen

I. Die Umgrenzung der Quellenbesteuerung

1. DBA zwischen Industrieländern (OECD-Modell)

Die folgende Darstellung der zwischen Industrieländern bestehenden Abkommensregelungen erfolgt anhand des **OECD-Musterabkommens** 1977 in der Fassung von 2008, an dem sich nahezu alle neueren DBA zwischen Industrieländern orientieren.[95]

Im OECD-Modell und damit in den auf diesem Vertragsmuster aufbauenden DBA ist die Begrenzung der Quellenbesteuerung eine zentrale Zielsetzung. Das Musterabkommen geht hier auf unterschiedliche Art und Weise vor:
– Aufrechterhaltung der Quellenbesteuerung;
– Begrenzung der Besteuerungsgrundlage;
– Begrenzung des Steuersatzes;
– Aufhebung der Quellenbesteuerung.

Art und Ausmaß der Umgrenzung der Quellenbesteuerung hängen im Einzelfall davon ab, wie intensiv die Beziehung zwischen Einkunftserzielung und Volkswirtschaft des jeweiligen Quellenstaates ist.

Den wichtigsten Fall einer **aufrechterhaltenden Quellenbesteuerung** bildet das sog. **Belegenheitsprinzip**. Danach bleibt die nationale Besteuerung der Einkünfte aus unbeweglichem Vermögen durch den Staat, in dem das Vermögen liegt, unangetastet (Art. 6 OECD-Modell). Dieses Prinzip trägt der engen wirtschaftlichen Verbindung des unbeweglichen Vermögens zum Belegenheitsstaat Rechnung, indem es dessen absoluten Vorrang bei der Besteuerung anerkennt. Im OECD-Modell und in den einzelnen DBA bleibt der Begriff „unbewegliches Vermögen" undefiniert. Nach Art. 6 Abs. 2 OECD-Modell wird lediglich bestimmt, dass es für die Auslegung – und somit für die Frage, ob unbewegliches Vermögen zu besteuern ist – auf das **Recht des Belegenheitsstaates** ankommt. Außerdem enthält Art. 6 Abs. 2 OECD-Modell gewisse allgemeine Regeln, die sich mit Zubehör, Inventar, Nutzungs- und Ausbeutungsrechten befassen. Schiffe und Luftfahrzeuge gelten – unabhängig vom nationalen Recht – nicht als unbewegliches Vermögen. Generell besagt Art. 6 Abs. 3 des OECD-Modells, dass die Belegenheitsregel auf jede Art der Nutzung des unbeweglichen Vermögens Anwendung findet (unmittelbare Nutzung, Vermietung, Verpachtung).

Eine **Begrenzung der Besteuerungsgrundlage** im Rahmen der Quellenbesteuerung findet sich im OECD-Modell insbesondere bei der Besteuerung von Unternehmensgewinnen und Einkünften aus selbständiger und nichtselbständiger Arbeit. Die DBA schränken bei diesen Einkunftsarten die Besteuerungsgrundlage für die Quellenstaatsbesteuerung ein, indem sie diese von der Erfüllung bestimmter sachlicher Voraussetzungen (Anknüpfungsmomente) abhängig machen, die nachfolgend erörtert werden. Jenseits dieser Grenze wird das Recht zur Besteuerung im Quellenstaat aufgehoben.

– Für Unternehmensgewinne bildet das **Betriebsstättenprinzip** den zentralen Grundsatz für die Quellenstaatsbesteuerung (Art. 7 i.V.m. Art. 5

---

[95] Hingegen legen die USA ihren Abkommensverhandlungen ein eigenes Vertragsmuster zugrunde, welches jedoch zum großen Teil am OECD-Modell anknüpft. Näheres vgl. Zschiegner, H., IWB, Fach 8, USA, Gruppe 2, S. 845 ff.; Kessler, W./Eicke, R., IStR 2007, S. 159 ff.

OECD-Modell). Danach darf der Quellenstaat gewerbliche Einkünfte – zu denen auch Einkünfte aus selbständiger Tätigkeit zählen (Art. 7 i. V. m. Art. 5 i. V. m. Art. 3 OECD-Modell)[96] – nichtansässiger Unternehmen nur dann besteuern, wenn sie in seinem Gebiet eine Betriebsstätte unterhalten (Art. 7 OECD-Modell). Ist diese Voraussetzung nicht erfüllt, was nach Abkommensrecht zu entscheiden ist (Art. 5 OECD-Modell), so ist das Unternehmen im Quellenstaat mit seinen dort erwirtschafteten Gewinnen steuerfrei. Dies bedeutet insbesondere, dass Liefergewinne und gewerbliche Dienstleistungen im Quellenstaat nicht besteuert werden dürfen.[97]

– Bei Einkünften aus nichtselbständiger Arbeit bildet das **Arbeitsortprinzip** die Grundlage für die Quellenstaatsbesteuerung (Art. 15 OECD-Modell). Danach soll die Besteuerung dem Quellenstaat nur zufallen, wenn die Arbeit in seinem Gebiet ausgeübt wird. Für jenseits dieser Grenze liegende Steueranknüpfungen, namentlich die „Arbeitsverwertung" (vgl. analog § 49 Abs. 1 Nr. 4 EStG), wird die Besteuerung im Quellenstaat aufgehoben. Die Quellenstaatsbesteuerung entfällt nach der Vorstellung des OECD-Modells weiterhin auch dann, wenn im Quellenstaat nur kürzere Tätigkeitsaufenthalte (unter 183 Tage)[98] vorliegen (Art. 15 Abs. 2 OECD-Modell). Hiermit wird also die Besteuerung der Arbeitsausübung eingeschränkt.

Eine Begrenzung des Steuersatzes besteht im Quellenstaat für solche Einkünfte, die ihrer Natur nach aus Leistungsaustauschbeziehungen stammen, die keine nachhaltige Verankerung mit der Wirtschaft des Quellenstaates mit sich bringen und deshalb nur einer begrenzten Quellenbesteuerung unterworfen werden sollen. So finden sich im OECD-Modell und damit in den entsprechenden DBA Steuersatzbegrenzungen für **Dividenden** und **Zinsen**. Dies gilt – entgegen dem OECD-Modell – in vielen DBA auch für **Lizenzgebühren**. Nach dem OECD-Modell sollen bspw. Dividenden im Quellenstaat normalerweise nur noch bis 15% (Art. 10), Zinsen nur noch bis 10% (Art. 11) des jeweiligen **Bruttobetrags** besteuert werden. Die Notwendigkeit für eine solche Steuersatzsenkung bei auf Bruttobasis erhobenen Quellensteuern zeigt folgendes Beispiel.

Beispiel: Das deutsche Unternehmen X nimmt im Inland einen Kredit von 1000 zu einem Zinssatz von 4% p. a. auf. Es leitet diesen Betrag als Darlehen an eine ausländische

---

[96] OECD-Kommentar, Art. 5, Anm. 1.1 sowie Art. 7, Anm. 2.1; Vogel, K./Lehner, M., DBA-Kommentar, Art. 7, Anm. 11 ff., 33. Das OECD-Modell enthielt allerdings in seiner Fassung vor dem Jahr 2000 eine eigenständige Regelung (Art. 14), die noch in nahezu allen DBA existiert; Auswirkungen auf die Schlussfolgerungen hat dies aber nicht. Vgl. auch Vogel, K./Lehner, M., DBA-Kommentar, Art. 14, Anm. 2 ff.

[97] Zu der neuen Alternativbestimmung des Betriebsstättenbegriffs hinsichtlich grenzüberschreitender Dienstleistungen durch die Anpassungen des Musterkommentars zu Art. 5 im Jahr 2008 und der damit einhergehenden Erweiterung des Begriffs vgl. Bendlinger, S., SWI 2008, S. 545 ff.; Kolb, A., IWB, Fach 10, International, Gruppe 2, S. 2051 ff. mit Hinweisen zum geplanten neuen Konzept der Betriebsstättengewinnermittlung; sowie die Ausführungen in 3. Teil, 2. Kapitel, Abschnitt A I 2 und im 5. Teil.

[98] Zur Ermittlung der Aufenthaltstage siehe BMF-Schreiben v. 14. 9. 2006, BStBl 2006 I, S. 532; OECD-Kommentar, Art. 15, Anm. 5 f. Zur Diskrepanz zwischen den Auffassungen der Finanzverwaltung und des OECD-Steuerausschusses vgl. Schubert, M./Pavlovits, T., IStR 2009, S. 415 ff.

Konzerngesellschaft zu einem Zinssatz von 5% weiter. Die Zinseinnahmen von 50 unterliegen im Ausland der Quellensteuer von bspw. 30%. Trotz einer positiven Zinsmarge von 10 (50–40) führt das Darlehensgeschäft für das deutsche Unternehmen zu einem Verlust von 5 (Zinsertrag 10, Quellensteuer 15), der seine Ursache in der Bruttobesteuerung des Auslandes hat.

Die verfahrenstechnische Abwicklung der Quellensteuerbegrenzung überlässt das OECD-Modell den beteiligten Finanzverwaltungen (Art. 10 Abs. 2 Satz 2; 11 Abs. 2 Satz 2 OECD-Modell). Soweit für Lizenzgebühren abweichend vom OECD-Modell eine Aufteilung des Besteuerungsrechts zwischen Quellenstaat und Wohnsitzstaat vereinbart wurde, finden sich analoge Regelungen in Art. 12 der maßgeblichen DBA. Die Rechtsgrundlage für das Entlastungsverfahren findet sich in Deutschland in § 50 d EStG. Die Reduktion oder Aufhebung der Quellenbesteuerung kann grundsätzlich einerseits in der Weise realisiert werden, dass zunächst eine Erhebung der Quellensteuer entsprechend dem innerstaatlichen Recht erfolgt und dem Zahlungsempfänger der zu viel entrichtete Betrag bei Nachweis der Abkommensberechtigung durch Bescheinigung der ausländischen Steuerbehörde erstattet wird (**Erstattungsverfahren**). Mit Hilfe des Erstattungsverfahrens kann leicht geregelt werden, dass dem Antragsteller Steuerbefreiungen oder -entlastungen nur dann zukommen, wenn sichergestellt ist, dass die betreffenden Einkünfte wenigstens in dessen Wohnsitzstaat ordnungsgemäß erklärt und besteuert werden. Der vorübergehende inländische Steuerabzug – trotz eventueller abkommensrechtlicher Freistellung – verstößt nicht gegen Abkommensrecht.[99] Andererseits kann der Fiskus des Quellenstaates von vornherein die Erhebung eines entsprechend dem DBA ermäßigten Steuerbetrags gestatten oder ggf. auf den Abzug völlig verzichten (**Freistellungsverfahren**).[100] Zuletzt kann der Vergütungsschuldner ermächtigt werden, in berechtigten Fällen von geringer steuerlicher Bedeutung eine reduzierte Quellensteuer einzubehalten bzw. auf den Abzug zu verzichten. Der Nachweis der korrekten Durchführung des Verfahrens wird durch Jahreskontrollmeldungen geführt (**Kontrollmeldeverfahren**). In der Bundesrepublik Deutschland hat man sich für den zweiten Weg entschieden: Hat das Bundeszentralamt für Steuern auf Antrag das Vorliegen der entsprechenden Befreiungsvoraussetzungen wie bspw. die Ansässigkeit des Vergütungsgläubigers in einem DBA-Staat (in einem EU-Staat) als Voraussetzung der Abkommensberechtigung (der Quellensteuerermäßigung nach § 43 b bzw. § 50 g EStG) bescheinigt, so kann der Vergütungsschuldner nach § 50 d Abs. 2 EStG über das Freistellungsverfahren unmittelbar einen ermäßigten Quellensteuerabzug vornehmen bzw. den Steuerabzug völlig unterlassen.[101] In gleicher Weise verfährt man z. B. im US-amerikanischen Steuerrecht.[102]

Die **Aufhebung** der Quellensteuer tritt umso stärker in den Vordergrund, je schwächer die Verknüpfung des Einkommensbezugs mit der Wirtschaft des Quellenstaates ist. Nach dem Vorschlag des OECD-Modells sollen so **Lizenz-**

---

[99] Vgl. BFH v. 13. 7. 1994, BStBl 1995 II, S. 129.
[100] Vgl. für beide Verfahren BMF-Schreiben v. 1. 3. 1994, BStBl 1994 I, S. 203; sowie BMF-Schreiben v. 7. 5. 2002, BStBl 2002 I, S. 521.
[101] Vgl. BMF-Schreiben v. 18. 12. 2002, BStBl 2002 I, S. 1386.
[102] Vgl. hierzu Endres, D./Jacob, F./Gohr, M./Klein, M., Kommentar DBA-USA, Art. 29, Rz. 11.

gebühren und **Ruhegehälter** grundsätzlich von der Quellenbesteuerung befreit werden (Art. 12 und 18 OECD-Modell). Gerade die für Lizenzgebühren vorgeschlagene Aufhebung der Quellenbesteuerung ist ein Aspekt, der im Brennpunkt aller Vertragsverhandlungen steht, dem aber bisher weltweite Anerkennung versagt geblieben ist. Für Zinseinkünfte hingegen wird häufig eine völlige Aufhebung der Quellenbesteuerung vereinbart, so bspw. in den DBA mit Frankreich, Großbritannien, Niederlande, Österreich, Schweiz und den USA.

Große Bedeutung hat im Zusammenhang mit der Aufhebung der Quellensteuer die im OECD-Modell in Art. 21 vorgeschlagene **Auffangklausel**. Nach dieser werden die in den übrigen Abkommensregeln nicht ausdrücklich erwähnten Einkünfte von der Quellenbesteuerung freigestellt.[103] Die Bedeutung dieser Klausel liegt insbesondere bei den sog. **Drittstaatseinkünften**.

Die Regelungen für die **Vermögensbesteuerung** folgen im Grunde der Besteuerungsstruktur der Einkünfte (Art. 22 OECD-Modell), d. h. auch insoweit kennt man sowohl die volle Aufrechterhaltung als auch die Aufhebung der Quellenbesteuerung. Eine Quellensteuerbegrenzung kommt hier jedoch nicht vor, obwohl bspw. Art. 22 Abs. 2 OECD-Modell bei beweglichem Vermögen, das Betriebsvermögen einer Betriebsstätte ist, die Besteuerung im Wohnsitzstaat offen lässt. Dieser kann eine Doppelbesteuerung durch eine Freistellung der betreffenden Vermögensteile im Inland oder durch eine Anrechnung der ausländischen Vermögensteuer vermeiden bzw. vermindern.

2. DBA mit Entwicklungsländern

Bei DBA-Verhandlungen mit Entwicklungsländern stoßen die OECD-Vorschläge häufig auf Widerstand von Seiten der Entwicklungsländer. Der Grund hierfür liegt in der dem OECD-Modell zugrunde liegenden Ausgangsthese eines zwischen den beteiligten Staaten ausgeglichenen Wirtschaftsverkehrs. Diese Ausgeglichenheit führt dazu, dass die beteiligten Staaten gemeinsam das Interesse einer Begrenzung der Quellenbesteuerung verfolgen, so dass keines der beteiligten Länder unangemessen auf Steuereinnahmen verzichtet. Dieses wirtschaftliche Gleichgewicht ist aber regelmäßig nur zwischen Industrieländern in etwa vorhanden. Bei den **Entwicklungsländern** ist dagegen grundsätzlich ein **Ungleichgewicht zu deren Ungunsten** festzustellen. Durch den Import- und Inbound-Dienstleistungs-/Investitionsüberschuss dieser Länder würde ein gegenseitiger Verzicht auf die Quellenbesteuerung allein dem Industrieland, nicht aber dem Entwicklungsland Vorteile bringen. Die Übernahme der Regelungen des OECD-Modells, nach denen die Quellenbesteuerung weitgehend zugunsten der Wohnsitzbesteuerung zurücktritt, würde somit einen einseitigen Steuerverzicht der Entwicklungsländer zugunsten der Industrieländer bewirken. Bei Abkommensverhandlungen mit Entwicklungsländern ist insoweit ein Konflikt gegeben: Das Interesse der Entwicklungsländer richtet sich auf eine möglichst weitgehende Aufrechterhaltung der Quellenbesteuerung, die Abkommenspolitik der Industriestaaten dagegen auf deren möglichst weitgehende Reduzierung.

---

[103] Vgl. hierzu Detweiler, A., Intertax 2009, S. 235 ff. m. w. N.

4. Kapitel. Unilaterale Maßnahmen

Diesen Interessenkonflikt versucht man mit Hilfe des UN-Modells (UN-Modell 1980 i. d. F. von 2001) durch eine stärkere **Anerkennung des Quellenbesteuerungsrechts** der Entwicklungsländer zu berücksichtigen. Das UN-Modell soll sowohl den finanz- und entwicklungspolitischen Problemen der Entwicklungsländer als auch den traditionellen wirtschaftspolitischen Anliegen der Industriestaaten Rechnung tragen.[104]

Die Tendenz zur Ausweitung der Quellenbesteuerung wird insbesondere anhand folgender Abweichungen des UN-Modells vom OECD-Modell deutlich:

- Erweiterung der Betriebsstättendefinition;
- Einführung eines beschränkten Attraktionsprinzips;
- Ausdehnung des Quellenbesteuerungsrechts bei selbständiger Arbeit;
- Verzicht auf Festlegung fixierter Quellensteuersätze für Dividenden, Zinsen und Lizenzgebühren;
- Aufhebung des alleinigen Besteuerungsrechts für den Wohnsitzstaat im Rahmen der Auffangklausel des Art. 21.

Eine volle Aufrechterhaltung der Quellenbesteuerung erfolgt bei den Einkünften aus unbeweglichem Vermögen durch das **Belegenheitsprinzip** (Art. 6 UN-Modell). Die Besteuerung soll dabei, den UN-Erläuterungen folgend, so gestaltet sein, dass ein angemessener Ausgleich der dem Rohertrag gegenüberstehenden Aufwendungen sichergestellt ist (Nettobesteuerung).

Eine **Begrenzung der Besteuerungsgrundlage** erfolgt im Bereich der Besteuerung der Unternehmensgewinne und der selbständigen und nichtselbständigen Arbeit. So ist im Bereich der Unternehmensgewinne das **Betriebsstättenprinzip** verankert; allerdings erfolgen hier bedeutsame sachliche Erweiterungen,[105] die – bis auf eine Ausnahme – im Zusammenhang mit der Betriebsstättenalternative[106] zu erläutern sind. Die Ausnahme betrifft den Tatbestand der sog. **Geschäfte gleicher Art** (Art. 7 Abs. 1 UN-Modell). Nach den Vorstellungen des UN-Modells sollen mit dieser Regelung Direktgeschäfte immer dann der vollen Besteuerung im Quellenstaat unterworfen werden, wenn das inländische Unternehmen im selben Staat auch eine Betriebsstätte besitzt und diese artgleiche oder zumindest ähnliche Tätigkeiten ausübt. Man prüft hier also nicht das Vorliegen eines wirtschaftlichen Zusammenhangs mit dem Geschäftsbetrieb der Betriebsstätte, sondern besteuert das Ergebnis der artgleichen bzw. ähnlichen Direktgeschäfte allein aufgrund objektbezogener Merkmale. Diese Vorgehensweise – eine begrenzte Anwendung des Prinzips der Attraktivkraft der Betriebsstätte – ist u. E. aus steuersystematischen und wettbewerbspolitischen Gründen abzulehnen, da sie zu

---

[104] Eine Einzeldarstellung des UN-Modells findet sich bei Endres, D., Direktinvestitionen, 1986, S. 99 ff. Siehe auch Kosters, B., Asia-Pacific Tax Bulletin 2004, S. 4 ff. Zur im Jahr 2001 veröffentlichten Revision des UN-Modells vgl. Krabbe, H., IStR 2000, S. 618 ff.
[105] Im Rahmen der Anpassungen des OECD-Musterkommentars zu Art. 5 im Jahr 2003 wurde jedoch der Betriebsstättenbegriff erweitert und damit inhaltlich dem UN-Modell angenähert. Vgl. hierzu kritisch Bendlinger, S./Görl, M./Paaßen, K.-H./Remberg, M., IStR 2004, S. 146; sowie die Ausführungen im 3. Teil, 2. Kapitel, Abschnitt A I 2.
[106] Vgl. dazu 3. Teil, 2. Kapitel, Abschnitt A I.

einer Aushöhlung des Betriebsstättenprinzips führt[107] und de facto auf eine Liefergewinnbesteuerung hinausläuft.

Die Quellenbesteuerung der **Einkünfte aus selbständiger Arbeit** setzt im UN-Modell ebenfalls eine „feste Einrichtung" voraus (Art. 14 Abs. 1 Buchstabe a UN-Modell). Daneben findet sich aber eine bedeutsame, alternative Regelung der Quellenbesteuerung für den Fall, dass die Ausübung der selbständigen Arbeit im Quellenstaat einen Aufenthalt von 183 Tagen überschreitet und keine „feste Einrichtung" vorliegt (Abs. 1 Buchstabe b). Diese Regelung lässt sich u. E. vor dem Hintergrund einer Gleichbehandlung mit den Einkünften aus nichtselbständiger Arbeit rechtfertigen.

Die Quellenbesteuerung bei Einkünften **aus nichtselbständiger Arbeit** (Art. 15 UN-Modell) entspricht in vollem Umfange derjenigen des OECD-Modells, d. h. die Steuerberechtigung des Quellenstaates wird von der Voraussetzung abhängig gemacht, dass die Arbeit dort ausgeübt wird, und zwar nicht nur vorübergehend (183-Tage-Regel). Eine Besteuerung aufgrund bloßer Arbeitsverwertung ist damit ausgeschlossen. Den Umfang des vorrangigen Besteuerungsrechts für Zahlungen im Zusammenhang mit von den Unternehmen nur vorübergehend ins Ausland entsandten Mitarbeitern (sog. Delegierte) wird den bilateralen Verhandlungen überlassen.

Eine **Begrenzung** der Quellenbesteuerung **der Höhe nach** findet sich – auch hier in Parallele zum OECD-Modell (mit Ausnahme der Lizenzgebühren, bei denen das OECD-Modell dem Quellenstaat kein Besteuerungsrecht einräumt) – bei **Dividenden, Zinsen und Lizenzgebühren.** Hierbei ist allerdings zu bemerken, dass das UN-Modell eine zahlenmäßig fixierte Begrenzung des Quellensteuersatzes nicht vornimmt; es wird lediglich festgelegt, dass die Abzugssteuer des Quellenstaates einen „bestimmten Prozentsatz" nicht übersteigen soll (Art. 10 Abs. 2, 11 Abs. 2 und 12 Abs. 2 UN-Modell). Die konkrete Festlegung dieses Prozentsatzes bleibt den bilateralen Verhandlungen überlassen.

Die Festlegung derart allgemein gehaltener Besteuerungsgrenzen und -alternativen zeigt, wie wenig es auch den Bemühungen der UN gelungen ist, den Interessengegensatz zwischen Entwicklungsländern und den Industrieländern in den umstrittenen Problemkreisen des internationalen Steuerrechts aufzulösen. Man kann aus dem UN-Modell im Grunde nur entnehmen, dass eine Begrenzung der Quellenbesteuerung zwar vorzunehmen ist, die Quantifizierung des OECD-Modells jedoch zu niedrig ist. Die Entwicklungsländer begründeten ihren erweiterten Steueranspruch in der Vergangenheit regelmäßig mit der These, dass die Kapitalzufuhr bzw. Lizenzvergabe in ihren Wirtschaftsraum „Zusatzerträge" darstellen, die ausschließlich auf den Markt des jeweiligen Entwicklungslandes zurückzuführen seien.[108] Die Industrienationen führen dagegen an, dass in einer marktwirtschaftlichen Wirtschaftsordnung der Großteil der Erträge immer bei der Ausweitung bestehender Märkte bzw. bei der Erschließung neuer Märkte erzielt würde; dies gelte aber für alle Absatzmärkte und ändere nichts an dem Tatbestand, dass das Schwergewicht der Einkunftserzielung bei Einkünften aus Kapitalvermögen und Lizenzvergabe beim „Produzenten" liege.

---

[107] Vgl. Ritter, W., DStZ 1979, S. 419 ff.
[108] Vgl. Debatin, H., DB 1980, Beilage 15, S. 11.

4. Kapitel. Unilaterale Maßnahmen 71

Hinsichtlich der **Besteuerung des Vermögens** trifft das UN-Modell keinerlei Aussagen. Es soll hier den bilateralen Verhandlungen überlassen bleiben, geeignete Regelungen zu treffen.

Die aufgezeigte Struktur der Quellenbesteuerung im UN-Modell verdeutlicht, dass die Grenzziehungen im OECD-Modell von Seiten der Entwicklungsländer in wichtigen Bereichen nicht nachvollzogen werden. Man kann hieran bereits deutlich erkennen, wie sehr Wohnsitz- und Quellenbesteuerung voneinander abhängen, denn eine Begrenzung von Seiten der Entwicklungsländer – etwa in Richtung OECD-Eckwerte – wird nur möglich sein, wenn die Wohnsitzstaaten ihren Steueranspruch über die Vermeidung der Doppelbesteuerung hinaus reduzieren. Eine solche Vorgehensweise ist als Entwicklungshilfe zu verstehen, die die Zielsetzung hat, den Kapital- und Know-how-Transfer zwischen Staaten mit einem unterschiedlichen wirtschaftlichen Entwicklungsgrad zu fördern.

Ein weiteres Musterabkommen, welches die Interessenlage der Entwicklungsländer berücksichtigen soll, jedoch nicht die Bedeutung des UN-Modells erlangte, stellt das Modell der Anden-Gruppe von 1971 dar. Das **Anden-Pakt-Modell** basiert auf dem Grundgedanken, Doppelbesteuerungen durch die ausschließliche Anwendung des Territorialitätsprinzips zu vermeiden. Diese Vorgehensweise führt zu einer uneingeschränkten Aufrechterhaltung der Quellenstaatsbesteuerung.[109] Diese Forderung wurde zwar später etwas abgeschwächt, das Anden-Pakt-Modell zeigte aber insgesamt dennoch zu wenig Kompromissbereitschaft, so dass es sich bei konkreten Abkommensverhandlungen nicht durchsetzen konnte. Seine Konzeption wurde mittlerweile auch von einigen Mitgliedstaaten des Anden-Pakts teilweise aufgegeben.[110]

II. Maßnahmen zur Vermeidung der Doppelbesteuerung im Wohnsitzstaat

Die abkommensrechtlichen Vorgaben für die Behandlung der ausländischen Einkünfte im Rahmen der Besteuerung im Wohnsitzstaat hängen davon ab, wie die Besteuerung im Quellenstaat abgegrenzt wurde.[111]

- Wird die Besteuerung im Quellenstaat entweder ganz beseitigt oder werden im Rahmen der Begrenzung der Besteuerungsgrundlage die Anknüpfungsmerkmale für eine Besteuerung im Quellenstaat nicht erfüllt, unterliegen die ausländischen Einkünfte im Inland der Besteuerung. Maßnahmen zur Vermeidung der Doppelbesteuerung sind im Wohnsitzstaat nicht erforderlich, da im Quellenstaat keine Besteuerung stattfindet.
- Wird die Besteuerung im Quellenstaat der Höhe nach begrenzt, unterliegen die ausländischen Einkünfte ebenfalls der Besteuerung im Inland. Zur Vermeidung der Doppelbesteuerung findet regelmäßig – so auch in der Bundesrepublik – eine Anrechnung der ausländischen Steuer auf die inländische Steuer statt.

---

[109] Zu den Einzelheiten des Andenpakt-Modells vgl. Atchabahian, A., IFA-Bulletin 1974, S. 308 ff.; Piedrabuena, E., Territorialität, 1985, S. 86 ff.
[110] Nur so ist das Zustandekommen der DBA von Deutschland mit Bolivien, Ecuador und Venezuela zu erklären.
[111] Vgl. hierzu auch die allgemeinen Hinweise zur Anwendung der DBA bei ausgewählten Auslandseinkünften der OFD Berlin v. 18. 1. 1994, IStR 1994, S. 283 f.

- Wird dem Quellenstaat das ausschließliche Besteuerungsrecht zugewiesen oder sind im Rahmen der Begrenzung der Besteuerungsgrundlage die Anknüpfungsmerkmale für eine Besteuerung im Quellenstaat erfüllt, sieht das OECD-Modell zur Vermeidung der Doppelbesteuerung im Wohnsitzstaat alternativ die Freistellungsmethode (Art. 23 A) oder die (indirekte) Anrechnungsmethode (Art. 23 B) vor. Die Bundesrepublik praktiziert in ihren DBA in der Regel die Freistellung unter Progressionsvorbehalt.

Die Umgrenzung der Quellenbesteuerung nach dem OECD-Modell und die Maßnahmen zur Vermeidung der Doppelbesteuerung im Wohnsitzstaat sind in Tabelle 1 dargestellt:

Tabelle 1: Umgrenzung des Besteuerungsrechts im OECD-Modell

Besteuerungsrecht des Quellenstaates	Relevante Einkunftsarten	Maßnahmen zur Vermeidung der Doppelbesteuerung im Wohnsitzstaat
Aufrechterhaltung der Quellenbesteuerung	Einkünfte aus unbeweglichem Vermögen (Art. 6)	Freistellungsmethode (Art. 23 A) bzw. Anrechnungsmethode (Art. 23 B). Deutsche DBA-Praxis: Freistellung unter Progressionsvorbehalt.
	Einkünfte aus See- und Binnenschifffahrt und Luftfahrt (Art. 8)	
	Aufsichtsrats- und Verwaltungsratsvergütungen (Art. 16)	
	Einkünfte von Künstlern und Sportlern (Art. 17)	
	Vergütungen für Tätigkeiten im öffentlichen Dienst (Art. 19)	
	Zahlungen an Studenten (Art. 20)	
Begrenzung der Besteuerungsgrundlage	Unternehmensgewinne bei Vorliegen einer Betriebsstätte (Art. 7)	Bei Vorliegen der Anknüpfungsmerkmale für eine Quellenbesteuerung: Freistellungsmethode (Art. 23 A) bzw. Anrechnungsmethode (Art. 23 B). Deutsche DBA-Praxis: Freistellung unter Progressionsvorbehalt. Ansonsten keine Vermeidung der Doppelbesteuerung erforderlich, da Quellenstaat nicht besteuert.
	Veräußerungsgewinne bei unbeweglichem Vermögen, Betriebsstättenvermögen und Vermögen einer festen Einrichtung (Art. 13 Abs. 1–4)	
	Einkünfte aus unselbständiger Arbeit grundsätzlich bei Ausübung der Tätigkeit im Quellenstaat (Art. 15)	
Begrenzung des Steuersatzes	Dividendeneinkünfte (Art. 10)	Anrechnungsmethode (Art. 23 B). Ausnahme: Freistellung von Schachteldividenden.
	Zinseinkünfte (Art. 11)	
Aufhebung der Quellenbesteuerung	Veräußerungsgewinne bei Vermögen, welches nicht unter Art. 13 Abs. 1–4 fällt (Art. 13 Abs. 5)	Keine Vermeidung der Doppelbesteuerung erforderlich, da Quellenstaat nicht besteuert.
	Einkünfte aus Lizenzgebühren (Art. 12)	
	Ruhegehälter (Art. 18)	
	Andere Einkünfte (Art. 21)	

4. Kapitel. Unilaterale Maßnahmen

Mit Anwendung der bilateralen Maßnahmen zur Vermeidung der Doppelbesteuerung stellt sich die Frage nach der konkreten Ausgestaltung dieser Maßnahmen, also insbesondere nach dem **Verhältnis der bilateralen zu den unilateralen Maßnahmen.** Die Antwort hierauf wird insbesondere in § 34 c Abs. 6 EStG wie folgt gegeben:

- Satz 1 dieser Vorschrift enthält den Grundsatz, dass unilaterale Maßnahmen zur Vermeidung von Doppelbesteuerungen nicht anzuwenden sind, wenn die ausländischen Einkünfte aus einem DBA-Staat stammen. Diese Aussage erstreckt sich auf die Anrechnungs- und Abzugsmethode i. S. d. § 34 c Abs. 1–3 EStG.
- Wird in einem Abkommen zur Vermeidung der Doppelbesteuerung statt der Freistellung ausländischer Einkünfte die Anrechnung einer ausländischen Steuer auf die deutsche Einkommen- oder Körperschaftsteuer vorgesehen, dann sind dennoch nach § 34 c Abs. 6 Satz 2 EStG die Absätze 1 und 2 des § 34 c EStG sowie nach § 32 d Abs. 5 Satz 2 EStG der Satz 1 des § 32 d Abs. 5 EStG „entsprechend" anzuwenden.
- Die Herausnahme nichtbesteuerter Einkünfte bei der Ermittlung der ausländischen Einkünfte im Rahmen des Anrechnungshöchstbetrags gilt nach Satz 3 – entgegen der insoweit eindeutigen Rechtsprechung des BFH[112] – auch im DBA-Fall, sofern die Steueranrechnung vorgesehen ist. Damit bleiben insbesondere solche ausländischen Einkünfte unberücksichtigt, die in dem ausländischen Staat aufgrund des DBA nicht besteuert werden. Ausländische Einkünfte, die unter die fiktive Steueranrechnung fallen, sind hiervon jedoch ausgenommen, so dass diese in die Formel zur Ermittlung des Anrechnungshöchstbetrags einfließen (§ 34 c Abs. 6 Satz 2, 3. Halbsatz EStG).[113]
- Nach Satz 4 dieser Vorschrift sind die genannten unilateralen Bestimmungen auch dann anwendbar, wenn das DBA eine Steuer des ausländischen Staates nicht erfasst.
- Durch Satz 5 soll zudem sichergestellt werden, dass auch in den Fällen, in denen die unilaterale Switch-over-Klausel des § 50 d Abs. 9 EStG zur Anwendung kommt, ggf. angefallene ausländische Abzugsteuern entweder angerechnet oder abgezogen (§ 34 c Abs. 1–3 EStG) werden können.
- Satz 6 regelt schließlich die Anwendbarkeit der Abzugsmethode bei Bestehen eines DBA, wenn Einkünfte im ausländischen DBA-Staat besteuert werden, die nicht aus diesem stammen (z. B. Drittstaateneinkünfte).

Im Ergebnis wird damit im **DBA-Fall** für die Durchführung der Maßnahmen zur Vermeidung bzw. Milderung der Doppelbesteuerung **auf die unilateralen Maßnahmen verwiesen,** es sei denn, das Abkommen sieht die Methode der Steuerfreistellung vor und unilaterale Switch-over-Klauseln (z. B. § 50 d Abs. 9 EStG) greifen nicht. Diese Zusammenhänge sind grundsätzlich auch in anderen Staaten anzutreffen.[114]

---

[112] Vgl. bspw. BFH v. 16. 3. 1994, BStBl 1994 II, S. 799; BFH v. 20. 12. 1995, BStBl 1996 II, S. 261.
[113] Ferner wird die Anrechnungsmethode des § 32 d Abs. 5 EStG auch auf fiktive Quellensteuern angewendet (§ 32 d Abs. 5 Satz 2 EStG); vgl. BT-Drs. 16/10189, S. 70.
[114] So bspw. auch bei der Durchführung der US-amerikanischen Anrechnungsmethoden nach Sec. 901 ff. IRC. Vgl. Endres, D./Jacob, F./Gohr, M./Klein, M., Kommentar DBA-USA, Art. 23, Rz. 13.

1. Einkommensteuer

a) Anrechnungs- und Abzugsmethode

(1) Die Anrechnungsmethode

Die DBA sehen die Steueranrechnung im Regelfall für diejenigen Einkunftskategorien vor, die einer begrenzten Quellenbesteuerung unterliegen. Dies sind Einkünfte, die ihrer Natur nach aus Leistungsaustauschbeziehungen stammen, die keine nachhaltige Verankerung mit der Wirtschaft des Quellenstaates mit sich bringen. Angesprochen sind insbesondere die Erträge aus der Lizenz- und Kapitalvergabe (Zinsen und Dividenden) sowie der Vermietung und Verpachtung von beweglichen Wirtschaftsgütern. Bei gemischten Verträgen, z. B. Franchise-Verträgen, muss eine Aufspaltung und Einordnung in die entsprechenden Ertragskategorien erfolgen, ggf. erfolgt die Einordnung nach dem Hauptgegenstand.

In den einzelnen Steuerverträgen werden die **Anwendungsregelungen der Anrechnungsmethode** regelmäßig dem Art. 23 B des OECD-Modells nachgebildet. Art. 23 B des OECD-Modells zählt jedoch nur die Grundvoraussetzungen der Anrechnungsmethode auf: Gleichartige Auslandssteuer, ausländische Einkünfte und die Höchstbetragsregelung (begrenzte Anrechnungsmethode). Über diese Grundaussagen hinaus enthält diese Vorschrift – wie auch die entsprechenden Regelungen in den abgeschlossenen DBA – keine Einzelheiten zur praktischen Durchführung der Besteuerung. Einige in diesem Zusammenhang bedeutsame nicht geregelte Fragenkreise sollen im Folgenden kurz angesprochen werden.

(a) Anrechnung der tatsächlich gezahlten Steuer

Die ausländische Steuer ist mit dem Betrag anzurechnen, der in Übereinstimmung mit dem Abkommen im anderen Vertragsstaat tatsächlich gezahlt wurde.[115] Nach Auffassung des OECD-Steuerausschusses sind Schwierigkeiten denkbar, wenn diese Steuer nicht unter Zugrundelegung des jährlichen Einkommens, sondern des Einkommens eines früheren Jahres oder des Durchschnittseinkommens mehrerer vorhergehender Jahre berechnet wird, oder wenn sich Wechselkurse ändern. Zur Lösung dieses Fragenkreises verweist der OECD-Kommentar allerdings lediglich auf das jeweilige innerstaatliche Recht bzw. auf die bilateralen Verhandlungen.[116]

(b) Behandlung eines Steuerüberhangs

Der Höchstbetrag der Anrechnung soll aus der Steuer vom Nettoeinkommen ermittelt werden. Die bei Anwendung der Bruttobesteuerung im Quellenstaat häufig entstehenden Steuerüberhänge sollen nach den Vorstellungen des OECD-Steuerausschusses dadurch vermieden werden, dass der Quellenstaat sein Besteuerungsrecht reduziert und der Wohnsitzstaat die Methode der uneingeschränkten Anrechnung anwendet.[117]

---
[115] Vgl. OECD-Kommentar, Art. 23 A und 23 B, Anm. 61.
[116] Vgl. OECD-Kommentar, Art. 23 A und 23 B, Anm. 66.
[117] Vgl. OECD-Kommentar, Art. 23 A und 23 B, Anm. 63, 66.

4. Kapitel. Unilaterale Maßnahmen

(c) Länder- und einkunftsbezogene Begrenzung der Anrechnung

Bezieht eine im Wohnsitzstaat ansässige Person Einkünfte verschiedener Art aus einem Quellenstaat, so stellt sich im Grundsatz die Frage, ob der Höchstbetrag der Anrechnung gesondert für jede abkommensrechtliche Einkunftsart (per-item-of-income limitation) oder einheitlich für alle Einkünfte aus diesem Staat (per-country limitation) zu ermitteln ist. Je nachdem, welcher Auffassung man folgt, ergeben sich unterschiedliche materielle Konsequenzen, wie folgendes Beispiel zeigt.

Beispiel: Ein in der Bundesrepublik ansässiger Steuerpflichtiger bezieht aus dem Staat X folgende Einkünfte:

- 1000 € Dividenden,   Quellensteuer 15% = 150 €
- 1000 € Zinsen,   Quellensteuer 25% = 250 €

Wird bei der deutschen Besteuerung eine Durchschnittsbelastung von 20% unterstellt, so kann, wenn es bei den innerstaatlichen Steueranrechnungsvorschriften bleibt, die ausländische Steuer von insgesamt 400 € (150 € + 250 €) durch Anrechnung auf die anteilige deutsche Steuer von gleichfalls 400 € (20% von 2000 €) ausgeglichen werden. Bei einer Aufteilung der Einkünfte stellt sich die Anrechnung folgendermaßen dar:

- Dividenden: anteilige deutsche Steuer 200 € (20% von 1000 €), darauf anzurechnen die ausländische Steuer von 150 €, womit eine deutsche Reststeuer von 50 € verbleibt.
- Zinsen: anteilige deutsche Steuer 200 € (20% von 1000 €), darauf anzurechnende ausländische Steuer von 250 €, womit ein nicht ausgleichsfähiger Steuerüberhang von 50 € verbleibt.

Die Gesamtsteuerbelastung beträgt bei der Berechnung des Anrechnungsanspruchs für alle Einkünfte zusammen 400 €, bei der Berechnung des Anrechnungsanspruchs gesondert für jede (abkommensrechtlichen) Einkunftsart dagegen 450 €.

Eine Abkommensauslegung i. S. einer Einkunftsartenlimitierung entspricht nicht dem Wesen und dem Funktionsgehalt der DBA. Aus dem Tatbestand, dass in den Abkommen das Anrechnungsverfahren nur für bestimmte Einkunftsarten vorgesehen ist, kann nicht abgeleitet werden, dass die Anrechnungshöchstbeträge für jede einzelne Einkunftsart gesondert zu ermitteln sind.[118] Diese Einschätzung legt offensichtlich auch der OECD-Steuerausschuss zugrunde, wenn er die konkrete Ermittlungstechnik des Anrechnungshöchstbetrags in den Kompetenzbereich des innerstaatlichen Rechts legt, dies sogar explizit in Zusammenhang mit einem Beispiel zur Einkunftsartenlimitierung.[119]
Bejaht man den Grundsatz, dass die DBA das innerstaatliche Recht nur begrenzen (Schrankenrecht), nicht hingegen eigenständige Besteuerungsregeln aufstellen, sind die unilateralen Maßnahmen auch bei Vorliegen eines DBA voll anzuwenden. Damit sind auch bei Vorliegen eines DBA die per-country limitation ohne Einkunftsartenlimitierung des § 34c Abs. 1 EStG

---

[118] So auch BFH v. 20. 12. 1995, BStBl 1996 II, S. 261; Blümich, W., Einkommensteuergesetz, § 34c EStG, Anm. 140; Vogel, K./Lehner, M., DBA-Kommentar, Art. 23, Anm. 153.
[119] Vgl. OECD-Kommentar, Art. 23 A und 23 B, Anm. 64, 66.

sowie die per-item-of-income limitation des § 32 d Abs. 5 EStG bei der innerstaatlichen Einkunftsart der privaten ausländischen Kapitaleinkünfte geboten.[120]

(2) Die fiktive Steueranrechnung

In einer Vielzahl von Abkommen – bspw. im DBA-Portugal, insbesondere jedoch in solchen mit **Entwicklungsländern** – wird die **Anrechnungsmethode in modifizierter Form** verwendet, um dem Problem des unausgeglichenen Wirtschaftsverkehrs zwischen Industrie- und Entwicklungsländern Rechnung zu tragen. Bei der üblichen Anrechnungsmethode bestimmt sich die Gesamtsteuerbelastung ausländischer Einkünfte nach der Steuerhöhe des Wohnsitzstaates (Kapitalexportneutralität). Dieses Niveau stellt die Untergrenze der Besteuerung dar, die dann überschritten wird, wenn die ausländische Steuer den nach innerstaatlichem Recht ermittelten Anrechnungshöchstbetrag übersteigt. Der dem Anrechnungssystem zugrunde liegende „Nachholeffekt" führt insbesondere dann zu unerwünschten Folgen, wenn es sich bei dem Quellenstaat um ein Entwicklungsland handelt, das ausländischen Kapitalgebern steuerliche Vergünstigungen gewährt, um dadurch Investitionen in seinem Hoheitsgebiet zu fördern. Der von den Entwicklungsländern gewährte Steueranreiz würde im Geltungsbereich der Anrechnungsmethode systembedingt im Wege der Nachversteuerung dem Fiskus des Wohnsitzstaates zufließen. Der eigentliche Adressat der Steuerbegünstigung, der Investor, hätte somit keinerlei steuerliche Investitionsanreize.

Aus diesem Grunde ist in nahezu allen Abkommen mit Entwicklungsländern die **fiktive Steueranrechnung** als fester Bestandteil der deutschen Abkommenspraxis eingeführt worden, wonach der Ansässigkeitsstaat (Deutschland) so anrechnet, als ob die steuerlichen Vergünstigungen nicht gewährt wurden.[121] Gebräuchlich sind hierbei zwei unterschiedliche Methoden: Beim sog. **tax sparing credit** wird nicht die im Quellenstaat effektiv erhobene Steuer angerechnet, sondern jene Steuer, welche erhoben worden wäre, wenn keine steuerlichen Sondermaßnahmen (insbesondere wirtschaftspolitisch motivierte Steueranreize) im Quellenstaat existieren würden. Hingegen bemessen sich die fiktiven Steuern beim sog. **matching credit** allgemein nach einem Prozentsatz von den Bruttoeinnahmen, der grundsätzlich höher ist als derjenige nach dem innerstaatlichen Recht bzw. nach dem DBA. Gestaltung und Ausmaß der fiktiven Steueranrechnung unterliegen dabei immer einer differenzierten Betrachtung in Bezug auf die Wirtschaftsbeziehungen der Vertragspartner.[122] Soweit die fiktive Steueranrechnung zur An-

---

[120] Hingegen ergibt sich die Antwort auf die Frage, was ausländische Einkünfte sind und ob diese vorliegen, vorrangig aus den DBA. Vgl. Blümich, W., Einkommensteuergesetz, § 32 d EStG, Anm. 105 ff.; ders. § 34 c EStG, Anm. 137 ff.; Schmidt, L., Einkommensteuergesetz, § 32 d EStG, Rz. 19.

[121] Vgl. hierzu Endres, D., Direktinvestitionen, 1986, S. 83 f., 176; Jacobs, O.H., StuW 1996, S. 38 f.; Grotherr, S., Steueranrechnung, 1999, S. 568 ff.; Vogel, K./Lehner, M., DBA-Kommentar, Art. 23, Anm. 192 f.

[122] So muss bspw. dem Wesensgehalt des Art. 23 Abs. 3 DBA-Argentinien entsprechend der deutsche Fiskus im Rahmen der Wohnsitzbesteuerung feste Quellensteuersätze auf bestimmte Einkünfte aus Argentinien ohne Nachweis der tatsächlichen Besteuerung der Anrechnung zugrunde legen, auch wenn Argentinien gar keine bzw. eine niedrigere Quellensteuer erhoben hat.

4. Kapitel. Unilaterale Maßnahmen

wendung kommt, werden Steuererleichterungen im Entwicklungsland voll an den Investor weitergegeben. Dabei gleicht sich mit zunehmender Annäherung des anrechenbaren fiktiven Betrags an das deutsche Steuerniveau die fiktive Steueranrechnung der Freistellungsmethode an. Bei Identität beider Beträge wird im Inland für die betreffenden Einkommensteile keine Steuer mehr erhoben.[123]

Die deutschen DBA sehen nach derzeitigem Stand noch bei den in Tabelle 2 aufgelisteten Ländern eine fiktive Anrechnung der ausländischen Steuer vor, wobei der Anwendungsbereich dieser Methode bei den einzelnen DBA auf unterschiedliche Einkunftsarten begrenzt ist.[124] Im Ergebnis erzielt der deutsche Investor in diesen Fällen einen **Steuervorteil in Höhe des Unterschieds zwischen dem fiktiven Anrechnungsbetrag und der tatsächlich erhobenen Steuer.** Da diese Methode nach einer Studie der OECD allerdings äußerst missbrauchsanfällig ist, und deren Wirksamkeit als Instrument zur Förderung der wirtschaftlichen Entwicklung sehr fraglich ist,[125] ist u. E. eine Zurückdrängung der fiktiven Steueranrechnung in deutschen DBA zu empfehlen.[126]

Tabelle 2: Fiktive Anrechnung

Abkommen mit	Dividenden	Zinsen	Lizenzgebühren
Ägypten	×	×	–
Argentinien	×	×	×
Bangladesch	×	×	×
Bolivien	–	×	×
China	×	×	×
Ecuador	–	×	×
Elfenbeinküste	×	×	–
Griechenland	×	×	–
Indien	–	×	–
Indonesien	–	×	–
Iran	×	–	×
Irland	×	–	–
Israel	×	×	–
Jamaika	×	×	×
Kenia	×	×	×
Liberia	–	×	×
Malaysia	×	×	×
Malta	×	–	–
Marokko	×	×	–
Mauritius	×	–	–
Mexiko	×	–	×
Mongolei	×	×	×
Philippinen	×	×	×
Polen	×	–	–
Portugal	×	×	×
Simbabwe	–	–	×

---

[123] Im Kommentar zum OECD-Modell findet sich eine Empfehlung an die Mitglieder, Vorschriften über die fiktive Steueranrechnung nur gegenüber Staaten mit erheblich unter dem OECD-Niveau liegendem Entwicklungsstand zu gewähren. Vgl. OECD-Kommentar, Art. 23 A und 23 B, Anm. 78.1.
[124] Vgl. Vogel, K./Lehner, M., DBA-Kommentar, Art. 23, Anm. 191.
[125] Vgl. Meirelles, M., ET 2009, S. 263 ff.; OECD-Kommentar, Art. 23 A und 23 B, Anm. 75 ff.
[126] A. A. Vogel, K./Lehner, M., DBA-Kommentar, Art. 23, Anm. 196.

Abkommen mit	Dividenden	Zinsen	Lizenzgebühren
Schweiz	×	–	–
Spanien	–	×	–
Sri Lanka	×	×	×
Trinidad und Tobago	×	×	×
Türkei	×	×	×
Tunesien	×	×	×
Uruguay	–	×	×
USA	×	–	–
Venezuela	×	×	×
Vietnam	×	×	×
Zypern	×	×	–

(3) Wahlrecht Anrechnungs-/Abzugsmethode

Nach dem Wortlaut des § 34 c Abs. 6 Satz 2 EStG ist das Wahlrecht zwischen Anrechnungs-/Abzugsmethode und daher die Anwendung der Abzugsmethode (§ 34 c Abs. 2 EStG) **auch bei Vorliegen eines DBA** generell möglich. Die Wahlmöglichkeit rechtfertigt sich unter dem Aspekt, dass die DBA Schrankenrecht darstellen und es somit dem innerstaatlichen Gesetzgeber freisteht, außerhalb der konkreten Begrenzungen eines DBA zusätzliche Kompensationsmöglichkeiten zu schaffen. Demzufolge kann die ausländische Steuer bei der Ermittlung der Einkünfte auf Antrag auch abgezogen werden, sofern in den DBA die Anrechnungsmethode vorgesehen ist. Die Entscheidung für den Abzug ist insbesondere im Verlustfall für den Steuerpflichtigen günstig.[127] Stellt der Steuerpflichtige einen diesbezüglichen Antrag, so kann dieser jedoch **nur für sämtliche Einkunftsarten** aus dem jeweiligen Vertragsstaat und nur für nach dem Abkommen anrechenbare Steuern gestellt werden. Eine einkunftsartenbezogene Aufspaltung des Wahlrechts ist nicht möglich (R 34 c Abs. 4, 5 EStR).[128] Das Wahlrecht zur Abzugsmethode ist allerdings insoweit ausgeschlossen, als das betreffende DBA eine Anrechnung fiktiver Steuern ermöglicht (§ 34 c Abs. 6 Satz 2, 3. Halbsatz EStG).

In § 34 c Abs. 6 EStG ist zum einen noch Satz 4 hervorzuheben: Wird im Quellenstaat eine **Steuer** vom Einkommen erhoben, **die nicht unter das Abkommen fällt,** kann § 34 c Abs. 1 und 2 EStG entsprechend angewandt werden. Damit ist bspw. die Anrechnung oder der alternative Abzug US-amerikanischer Einkommensteuern, die von den einzelnen Bundesstaaten erhoben werden, bei der Ermittlung der Einkünfte grundsätzlich möglich.

Zum anderen ist auf den Satz 5 hinzuweisen. Dieser bestimmt, dass die Wahlmöglichkeit zwischen Anrechnung und Abzug ggf. angefallener ausländischer Steuern auch im Rahmen der unilateralen **Switch-over-Klausel** des § 50 d Abs. 9 EStG in Anspruch genommen werden kann. Nach dieser kommt statt der im DBA vorgegebenen Freistellungsmethode die Anrechnungsmethode in den Fällen zur Anwendung, in denen Qualifikationskonflikte sonst in einer doppelten Nichtbesteuerung oder Minderbesteuerung resultieren.[129]

---

[127] Vgl. hierzu Abschnitt B I 2 b).
[128] Vgl. auch BFH v. 24. 3. 1998, BStBl 1998 II, S. 471.
[129] Vgl. hierzu 4. Teil, 4. Kapitel, Abschnitt A II 2 b); 6. Teil, 7. Kapitel, Abschnitt B I.

(4) Ausschließlicher Abzug

Nach § 34c Abs. 6 Satz 6, 1. Halbsatz EStG sind bei Vorliegen eines DBA die Vorschriften des § 34c Abs. 3 EStG anzuwenden, wenn der andere Vertragsstaat Steuern auf Einkünfte erhebt, die nicht aus diesem Staat stammen.[130] Die Abzugsmethode i. S. v. § 34c Abs. 3 EStG kommt u. a. in den Fällen zur Anwendung, in denen die beiden Vertragsstaaten das DBA hinsichtlich dieser Frage unterschiedlich interpretieren und es dadurch zu einer Doppelbesteuerung der Einkünfte kommt.

Beispiel: Solche Doppelbesteuerungen können im Rahmen der Liefergewinnbesteuerung bei Montagelieferungen auftreten. Bei der Errichtung einer industriellen Großanlage durch einen deutschen Anlagenbauer sind die Gewinne aus der Materiallieferung und aus verschiedenen mit dem Anlagenbau verbundenen Serviceleistungen nach deutscher Sichtweise nicht der ausländischen Montage-Betriebsstätte zuzuordnen, sondern dem deutschen Stammhaus. Einige Entwicklungsländer teilen diese Ansicht jedoch nicht und ordnen stattdessen derartige Liefergewinne der Montage-Betriebsstätte zu (sog. Attraktivkraft der Betriebsstätte). Im Ergebnis werden die Liefergewinne somit doppelt besteuert. Da es sich nach deutschem Abkommensverständnis bei diesen Liefergewinnen um Einkünfte handelt, die nicht aus dem DBA-Staat, sondern aus Deutschland stammen, greift § 34c Abs. 6 Satz 6, 1. Halbsatz EStG und gestattet den Abzug der ausländischen Steuer bei der Ermittlung der Einkünfte.

Vermeiden lässt sich die Notwendigkeit der Anwendung des § 34c Abs. 6 Satz 6, 1. Halbsatz EStG möglicherweise auch dadurch, dass der andere DBA-Staat in einem in dem Abkommen vorgesehenen Verständigungsverfahren dazu bewegt werden kann, die abkommenswidrige Besteuerung aufzugeben und dadurch die Doppelbesteuerung zu beheben.

Grundsätzlich ausgeschlossen ist der Abzug der ausländischen Steuer nach § 34c Abs. 3 EStG allerdings zum einen, wenn die Besteuerung ihre Ursache in einer Gestaltung hat, für die wirtschaftliche oder sonst beachtliche Gründe fehlen, und zum anderen, wenn das DBA dem Staat die Besteuerung dieser Einkünfte gestattet (§ 34c Abs. 6 Satz 6, 2. Halbsatz EStG).

b) Freistellungsmethode

Neben einer Aufteilung sehen die jeweiligen DBA für bestimmte Einkünfte eine alleinige Zuordnung des Besteuerungsrechts zu dem Quellenstaat vor. Der Quellenstaat, dem das vorrangige Besteuerungsrecht zugeteilt wird, nimmt die Besteuerung vor, während der Wohnsitzstaat das Steuergut von der Besteuerung freistellt (Art. 23 A Abs. 1 OECD-Modell).[131] Ausgeschlossen ist die Freistellung nach Abs. 1 allerdings dann, wenn der Quellenstaat die Abkommensvorschriften so anwendet, dass er die betreffenden Einkünfte befreit oder diese Einkünfte nach Art. 10 oder 11 nur begrenzt besteuert (Art. 23 A Abs. 4 OECD-Modell). In einem solchen Fall fällt das Besteuerungsrecht an den Wohnsitzstaat zurück.[132] In Deutschland

---

[130] Vgl. im Folgenden Herrmann, C./Heuer, G./Raupach, A., Einkommensteuergesetz, § 34c EStG, Anm. 230 ff.

[131] Dies gilt allerdings nicht im angloamerikanischen Rechtskreis, wo auch auf Abkommensebene ausschließlich die Anrechnungsmethode angewendet wird.

[132] Vgl. dazu auch Krabbe, H., IStR 2000, S. 197; Menck, T., IWB, Fach 10, International, Gruppe 2, S. 1487 ff.; Vogel, K./Lehner, M., DBA-Kommentar, Art. 23, Anm. 243 ff.

enthalten bereits einige Abkommen[133] derartige Rückfallklauseln (Subject-to-tax-Klausel) und knüpfen somit die Gewährung der Freistellung an die genannten Voraussetzungen.[134] Von der Finanzverwaltung wird die Vereinbarung einer solchen Klausel mittlerweile regelmäßig in die Vertragsverhandlungen eingebracht.[135] Sofern dem jeweiligen Abkommen allerdings eine konkrete Subject-to-tax-Klausel fehlt, fällt das Besteuerungsrecht nach einem Urteil des BFH vom 17. 10. 2007[136] nicht – im Gegensatz zur früheren Rechtsprechung[137] und Verwaltungsauffassung – an den Wohnsitzstaat zurück.

Der Kommentar zu Art. 23 A/23 B OECD-Modell weist Vertragsstaaten, die die Freistellungsmethode anwenden, zudem in Nr. 31.1 ausdrücklich auf die Möglichkeit hin, eine Switch-over-Klausel in den Vertragstext einzubauen, d. h. die Möglichkeit, einseitig von der Freistellungs- auf die Anrechnungsmethode überzugehen, für den Fall, dass der andere Vertragsstaat nach Abkommensunterzeichnung steuerliche Vorzugsbehandlungen für Einkünfte einführt.[138] Das deutsche Recht macht von einer Switch-over-Klausel in § 50 d Abs. 9 EStG Gebrauch. Dadurch soll generell sichergestellt werden, dass eine nach DBA vorgesehene Freistellungsmethode nicht zur Anwendung kommt, wenn der andere Vertragsstaat die Einkünfte nicht oder nur niedrig besteuert. Dies stellt aufgrund des lediglich unilateralen Charakters einen eindeutigen treaty override dar.[139]

Die Freistellung findet in der Regel unter Progressionsvorbehalt statt, d. h. die freigestellten ausländischen Einkünfte werden bei der Ermittlung des Steuersatzes für die übrigen Einkünfte berücksichtigt. Die Anwendung des Progressionsvorbehalts ergibt sich unmittelbar aus den von der Bundesrepublik Deutschland abgeschlossenen DBA (analog Art. 23 A Abs. 3 OECD-Modell). Darüber hinaus greift der Progressionsvorbehalt nach § 32 b EStG in den Fällen, in denen ein DBA den Progressionsvorbehalt nicht explizit verbietet.

Die Freistellungsmethode kommt für Gewinne eines im Inland ansässigen Unternehmens zur Anwendung, sofern diese Gewinne in einer im Quellenstaat belegenen Betriebsstätte erzielt werden (**Betriebsstättenprinzip**). Nach dem OECD-Modell wird das Besteuerungsrecht dem Quellenstaat zugewiesen; das Inland stellt die Einkünfte von der Besteuerung unter Progressionsvorbehalt frei (Art. 7 i. V. m. Art. 23 A OECD-Modell). Dies gilt ebenso für

---

[133] Vgl. OFD Düsseldorf/Münster v. 18. 7. 2005, IStR 2006, S. 96; OFD Frankfurt/Main v. 19. 7. 2006, DStZ 2006, S. 708.
[134] Vgl. Kluge, V., Steuerrecht, 2000, S. 928 ff.; Grotherr, S., IWB, Fach 3, Deutschland, Gruppe 2, S. 1145 f.; Meilicke, W./Portner, R., IStR 2004, S. 397 f.
[135] Vgl. Krabbe, H., Diskussion, 1996, S. 70. Zuletzt wurde das Revisionsprotokoll zum DBA-USA v. 1. 6. 2006 um eine konkrete Subject-to-tax-Klausel ergänzt. Vgl. Endres, D./Wolff, U., IStR 2006, S. 729.
[136] Vgl. BFH v. 17. 10. 2007, BStBl 2008 II, S. 953; hierzu Goebel, S./Eilinghoff, K./Schmidt, S., IStR 2008, S. 750 ff.
[137] Vgl. BFH v. 5. 2. 1992, BStBl 1992 II, S. 660; BFH v. 17. 12. 2003, BStBl 2004 II, S. 260; hierzu Grotherr, S., IWB, Fach 3, Deutschland, Gruppe 2, S. 1145 ff.; Meilicke, W./Portner, R., IStR 2004, S. 397 ff.; sowie 6. Teil, 7. Kapitel, Abschnitt C.
[138] Zu den innerstaatlichen Erfordernissen für die einseitige Notifikation vgl. Debatin, H./Wassermeyer, F., DBA-USA, Art. 23, Rz. 330 f.
[139] So auch Grotherr, S., IStR 2007, S. 268; Vogel, K., IStR 2007, S. 228.

Einkünfte aus selbständiger Arbeit, wenn im Ausland für die Ausübung der Tätigkeit eine feste Einrichtung zur Verfügung steht.[140]

Bei Einkünften aus unbeweglichem Vermögen geht Art. 6 des OECD-Modells von dem Grundsatz aus, dass dem ausländischen Staat ein vorrangiges Besteuerungsrecht eingeräumt, wenn der Grundbesitz im Ausland belegen ist (**Belegenheitsprinzip**). In der Bundesrepublik sind die Einkünfte unter Beachtung des Progressionsvorbehalts steuerbefreit. Allerdings finden sich in der deutschen Vertragspraxis **Ausnahmen** zu dieser Vorgehensweise in solchen DBA, die mit Staaten abgeschlossen wurden, in denen Deutsche in größerem Umfang über Immobilienbesitz verfügen.[141]

Von praktischer Bedeutung ist im Zuge der zunehmenden internationalen Arbeitsteilung auch die Regelung über die Entsendung von inländischen Arbeitskräften ins Ausland.[142] Gibt der Arbeitnehmer seinen Wohnsitz und damit seine Ansässigkeit im Inland nicht auf, so wird eine doppelte Besteuerung des Arbeitslohns durch das **Arbeitsortprinzip** vermieden (Art. 15 OECD-Modell).[143] Hiernach sind Einkünfte aus einem bestehenden Arbeitsverhältnis grundsätzlich dem Staat zuzuweisen, **in dem die Tätigkeit ausgeübt wird.** Unerheblich ist, woher bzw. wohin die Zahlung des Arbeitslohns geleistet wird oder wo der Arbeitgeber ansässig ist. Dieser allgemeine Grundsatz für die Besteuerung der Einkünfte aus unselbständiger Arbeit hat u. a. folgende Konsequenzen:

– Geht ein deutscher Steuerinländer im Ausland einer nichtselbständigen Arbeit nach, so hat grundsätzlich das Ausland das vorrangige Besteuerungsrecht für die Lohneinkünfte. In der Bundesrepublik ist der Arbeitslohn von der deutschen Einkommen- bzw. Lohnsteuer **unter** Berücksichtigung des **Progressionsvorbehalts** (§ 32b EStG) **freizustellen**. Diese Freistellung wird allerdings nur gewährt, wenn der Steuerpflichtige entweder nachweist, dass er seine Steuer im Ausland entrichtet oder der Tätigkeitsstaat auf sein Besteuerungsrecht verzichtet hat (§ 50d Abs. 8 EStG).[144] Die Anwendung des Progressionsvorbehalts kommt hierbei nur dann in Betracht, wenn der Steuerinländer noch andere Einkünfte (z. B. Lizenzgebühren) erzielt, für welche die Bundesrepublik nach dem Abkommen das vorrangige Besteuerungsrecht hat.
– Besteht für den deutschen Steuerinländer im Ausland lediglich aufgrund des **Verwertungstatbestandes** (analog § 49 Abs. 1 Nr. 4 EStG) eine beschränkte Steuerpflicht, so ist diese im Ausland für die Zwecke des Abkommens aufzuheben.

---

[140] Vgl. Krabbe, H., IStR 2000, S. 196 f.; Menck, T., IWB, Fach 10, International, Gruppe 2, S. 1471 f.
[141] So gestattet z. B. Art. 6 des DBA mit Spanien dem Belegenheitsstaat die Besteuerung des unbeweglichen Vermögens, ohne dass die Besteuerung durch den Wohnsitzstaat ausgeschlossen ist. Doppelbesteuerungen zwischen Wohnsitz- und Belegenheitsstaat werden hier durch die Anrechnungsmethode vermieden (Art. 23 Abs. 1 Buchstabe b/ee DBA-Spanien).
[142] Vgl. zu diesbezüglichen Steuergestaltungsmöglichkeiten ausführlich 6. Teil, 8. Kapitel, Abschnitt B.
[143] Zum Problem des doppelten Wohnsitzes vgl. Ley, U., Entsendung, 2003, S. 1267 f.
[144] Vgl. BMF-Schreiben v. 21. 7. 2005, BStBl 2005 I, S. 821; Grotherr, S., IWB, Fach 3, Deutschland, Gruppe 3, S. 1395 f.; Holthaus, J., IStR 2004, S. 16 ff.; sowie 6. Teil, 8. Kapitel, Abschnitt B II 1 a).

Abweichend vom Arbeitsortprinzip in seiner reinen Form sehen die DBA folgende (bedeutende) **Einschränkungen** vor:

- Art. 15 Abs. 2 OECD-Modell folgend wird das Besteuerungsrecht bei nur **kurzfristiger Beschäftigung** (183-Tage-Regelung) im anderen Vertragsstaat unter bestimmten weiteren Voraussetzungen im Allgemeinen dem Wohnsitzstaat zugewiesen.
- In den deutschen DBA mit den Nachbarstaaten Frankreich und Österreich wird das Besteuerungsrecht an den Einkünften von Grenzgängern jeweils dem Wohnsitzstaat zugewiesen (sog. **Grenzgängerregelung**). In diesen Fällen verzichtet der Quellenstaat auf sein Besteuerungsrecht. Das DBA mit der Schweiz sieht neben der Besteuerung im Wohnsitzstaat auch eine beschränkte Besteuerung im Quellenstaat vor.

Einzelheiten zu diesen Bestimmungen werden im sechsten Teil näher beschrieben.

2. Körperschaftsteuer

Die im OECD-Modell vorgenommene Umgrenzung der Quellenbesteuerung gilt in gleicher Weise für natürliche und juristische Personen; insofern kann für die Körperschaftsteuer auf die Darstellung im Rahmen der Einkommensteuer verwiesen werden.[145] Die Quellenbesteuerung kann uneingeschränkt aufrechterhalten bleiben (z. B. Einkünfte aus unbeweglichem Vermögen), die Besteuerungsgrundlage bzw. die Höhe des Steuersatzes kann begrenzt werden (z. B. Unternehmensgewinne, Einkünfte aus selbständiger Arbeit bzw. Zinseinkünfte) oder die Quellenbesteuerung kann aufgehoben werden (z. B. Lizenzgebühren).[146] Die im Wohnsitzstaat ergriffene Maßnahme zur Vermeidung der Doppelbesteuerung ist je nach Abgrenzung der Besteuerung im Quellenstaat die Anrechnungs- oder Freistellungsmethode. Die Anwendbarkeit des § 34 c Abs. 1 und 2 EStG für den Fall, dass im DBA die Anrechnungsmethode vorgesehen ist, gilt durch Verweis des § 26 Abs. 6 Satz 1 KStG auf § 34 c Abs. 6 Satz 2 EStG auch im Rahmen der Körperschaftsteuer. Ebenso sind im Rahmen der Körperschaftsteuer die unilateralen Maßnahmen anwendbar, wenn das DBA eine Steuer des Staates nicht erfasst oder der andere Vertragsstaat Steuern auf Einkünfte erhebt, die nicht aus diesem Staat stammen (§ 26 Abs. 6 Satz 1 KStG i. V. m. § 34 c Abs. 6 Satz 4 und 6 EStG).

Für die Umgrenzung der Quellenbesteuerung bei Dividendeneinkünften nach dem OECD-Modell besteht für Kapitalgesellschaften bei Vorliegen bestimmter Voraussetzungen eine Sonderregelung: Sofern die Gesellschaft unmittelbar über mindestens 25% des Kapitals an der die Dividende zahlenden Gesellschaft verfügt, wird der Quellensteuersatz auf 5% abgesenkt (Art. 10 Abs. 2 Buchstabe a OECD-Modell). In allen anderen Fällen beträgt der Quellensteuersatz nach Art. 10 Abs. 2 Buchstabe b OECD-Modell 15%.

Im Rahmen der Wohnsitzbesteuerung wird in der deutschen Abkommenspraxis in diesem Fall häufig keine Anrechnung der ausländischen Steuer

---

[145] Vgl. Abschnitt C I 1.
[146] Die Besonderheiten des UN-Modells gelten auch im Rahmen der Körperschaftsteuer. Vgl. Abschnitt C I 2.

4. Kapitel. Unilaterale Maßnahmen 83

vereinbart, wie dies bei Begrenzung des Quellensteuersatzes ansonsten vorgesehen ist. Die Absenkung des Quellensteuersatzes auf 5% wird vielmehr durch die Freistellung der Dividendeneinkünfte im Rahmen der Besteuerung des Wohnsitzstaates ergänzt (sog. internationales Schachtelprivileg).

D. Das Verhältnis der unilateralen Maßnahmen zu den Regelungen des Abkommensrechts

Liegen sowohl einseitig nationale Gesetzesregelungen als auch internationale Abkommen zur Vermeidung oder Milderung von Doppelbesteuerungen vor, so stellt sich die Frage nach dem Verhältnis von nationalem Recht und Abkommensrecht, d. h. welche Regelungen zur Vermeidung von Doppelbesteuerungen im Kollisionsfall heranzuziehen sind.

Das **materielle innerstaatliche Recht** regelt die Frage, ob und in welcher Höhe dem jeweiligen Staat ein **Besteuerungsrecht** zusteht. Im Abkommensrecht wird dagegen für die verschiedenen Einkunfts- und Vermögensarten unterschiedliche **Schranken gegen die materielle nationale Steuerpflicht** gesetzt. Bei der konkreten Abkommensanwendung sollte aus Praktikabilitätsgründen in folgenden Schritten vorgegangen werden:

1. Stufe: Subsumtion des Sachverhaltes unter die Quellensteuerregeln des nationalen Rechts des Quellenstaates (= Klärung der ausländischen Steuerpflicht dem Grunde und der Höhe nach). Bei fehlender Steuerpflicht nach nationalem Recht braucht die Anwendbarkeit eines DBA nicht mehr geprüft zu werden.
2. Stufe: Einordnung des Sachverhaltes in die Abkommensregelungen der Quellenbesteuerung (= Umfang der Reduktion bzw. Aufhebung des Steueranspruchs).[147]

Die DBA können als Schrankenrecht keine Besteuerungsansprüche für die beteiligten Staaten begründen oder erweitern. Dies obliegt allein dem nationalen Recht, das aufgrund der Souveränität des jeweiligen Landes unabhängig von anderen Staaten Besteuerungsansprüche rechtfertigen kann. Über diesen tragenden Grundsatz besteht Einigkeit.[148]

Beispiel: Ein deutscher Steuerpflichtiger verkauft ein im ausländischen DBA-Staat belegenes Grundstück, das er seit mehr als zehn Jahren hält. Das DBA weist zwar das vorrangige Besteuerungsrecht für den Veräußerungsgewinn dem ausländischen Quellenstaat zu (analog Art. 13 Abs. 1 OECD-Modell), jedoch macht der ausländische Staat von dieser Besteuerungsbefugnis in seinem nationalen Recht keinen Gebrauch.
Selbst wenn Deutschland in diesem Fall statt der Freistellungsmethode (analog Art. 23 A OECD-Modell) die Anrechnungsmethode (analog Art. 23 B OECD-Modell) anwendet, sind Gewinne aus der Veräußerung von Grundstücken nach deutschem Recht nur dann steuerpflichtig, wenn ein privates Veräußerungsgeschäft (§ 22 Nr. 2 i. V. m. § 23 Abs. 1 Nr. 2 EStG) vorliegt; ein solches liegt hier nicht vor.

Während die nationalen Gesetzesregelungen das Besteuerungsrecht begründen, ist es Aufgabe der **Abkommen,** im Falle konkurrierender Steueransprü-

---
[147] Vgl. auch RFH v. 3. 10. 1935, RStBl 1935, S. 1399; BFH v. 12. 10. 1978, BStBl 1979 II, S. 64.
[148] So bereits RFH v. 1. 10. 1936, RStBl 1936, S. 1209.

che der Vertragsstaaten eine **Abgrenzung der jeweiligen Steueransprüche** vorzunehmen. Die DBA bestimmen somit, in welchem Umfang und in welchem Ausmaß der jeweilige Staat nicht mehr besteuern darf und insoweit auf sein nach nationalem Recht existierendes Besteuerungsrecht zu verzichten hat (Schrankenrecht). Folglich wird auf Abkommensebene nicht wie im innerstaatlichen Recht eine Positiv-, sondern eine Negativregelung vorgenommen, d. h. einem bestimmten Vertragsstaat wird der Besteuerungsanspruch beschnitten und dem anderen belassen.

Aus diesen Ausführungen ergibt sich, dass die **Abkommensvorschriften** gegenüber den innerstaatlichen Steuerrechtsnormen die **lex specialis** bilden und insofern diesen vorgehen. Die innerstaatlichen Vorschriften haben lediglich subsidiären Charakter und sind erst heranzuziehen, wenn das DBA das grundsätzliche Besteuerungsrecht nicht aufhebt. Entscheidende Bedeutung gewinnt das Rangverhältnis zwischen DBA-Regelungen und unilateralen Vorschriften bei der Frage, ob und inwieweit ein DBA in seinen Wirkungen durch zeitlich nachgelagerte nationale Gesetzesänderungen verändert werden kann. In diesem Zusammenhang spielen steuerverschärfende Maßnahmen in den Wohnsitzstaaten wie bspw. der nationale Übergang von der (im DBA vereinbarten) Freistellungsmethode zur Anrechnungsmethode eine besondere Rolle. Das Problem des sog. **treaty override** wurde durch US-amerikanische Reformbestrebungen in den Mittelpunkt des Interesses gerückt. So war im „Technical and Miscellaneous Revenue Act 1988" eine Norm vorgesehen, die für Kollisionsfälle zwischen Abkommensrecht und nationalem Recht eine Vorrangigkeit der nationalen Steuergesetze manifestiert.[149] Im deutschen Recht wird eine solche Vorgehensweise abgelehnt. Den Ausgangspunkt für die deutsche h. M. bildet die These, dass zwar die Vorrangigkeit von Abkommensregelungen in § 2 AO verankert ist, jedoch deren Qualität als einfaches Bundesrecht dadurch keine Änderung erfahren kann. Damit gelten auch für sie die allgemeinen Auslegungsregeln, nach welchen das jüngere dem älteren und das speziellere dem allgemeinen Gesetz vorgeht. Als lex specialis und aufgrund einer völkerrechtskonformen Auslegung wird daher einem DBA Vorrang vor dem bestehenden innerstaatlichen Recht eingeräumt. Diese Priorität gilt grundsätzlich auch gegenüber späteren Gesetzen. Sie kann allerdings aufgehoben werden, wenn ein diesbezüglicher gesetzgeberischer Wille explizit zum Ausdruck gebracht wird.[150] Fehlt ein entsprechender Hinweis im Rahmen des Gesetzgebungsverfahrens, sind in Konfliktfällen die Abkommensvorschriften vorrangig zu beachten. Darüber hinaus findet diese nachträgliche Änderungsmöglichkeit ihre Begrenzung darin, dass ein willkürlicher Eingriff in völkerrechtliche Verträge nicht vorgenommen werden darf.[151] Verändert ein späteres innerstaatliches Gesetz eine von den Vertragsstaaten

---

[149] Vgl. Langbein, V., RIW 1989, S. 245. Zum US-amerikanischen Standpunkt allgemein vgl. Shay, S. E., IFA Seminar Series 1989, S. 12 ff.
[150] Vgl. FG Hamburg v. 15. 1. 1987, EFG 1987, S. 161; Vogel, K., DStJG 1985, S. 264; Widmann, S., DStJG 1985, S. 235 ff.; Langbein, V., RIW 1988, S. 875 ff.; Debatin, H., DB 1992, S. 2162 f.; Rust, A./Reimer, E., IStR 2005, S. 845 ff. m. w. N.; Hübschmann, W./Hepp, E./Spitaler, A., Abgabenordnung, § 2, Anm. 3 ff.; Tipke, K./Kruse, H. W., Abgabenordnung, § 2, Anm. 1 ff.; a. A. Ritter, W., DStJG 1985, S. 266 f.
[151] Zur Diskussion um mögliche deutsche Verletzungen des DBA-Vorrangs vgl. die Ausführungen zur verschärften Hinzurechnungsbesteuerung im 4. Teil, 3. Kapitel, Abschnitt A II 2 b).

4. Kapitel. Unilaterale Maßnahmen

objektiv gewollte Regelung, so ist dieses abzulehnen.[152] Für die Lösung von Kollisionsfällen zwischen Abkommensregelungen und späteren innerstaatlichen Gesetzesänderungen bedarf es damit im Einzelfall einer genauen Analyse der Ziele und des Inhalts des DBA, um auf diese Weise eine Unterhöhlung seines wesentlichen Funktionsgehalts zu verhindern.

Im Gegensatz zu einseitig steuerverschärfenden Maßnahmen ist die einseitige Rücknahme von Besteuerungsansprüchen über die in einem DBA vereinbarten Ansprüche hinaus unproblematisch. Dies betrifft gleichermaßen Quellenstaaten – z. B. durch die Reduktion oder Abschaffung von Quellensteuern, obwohl gemäß DBA ein Besteuerungsanspruch besteht – wie auch Wohnsitzstaaten, z. B. durch die einseitige Lockerung der Anwendungsvoraussetzungen für die Freistellungsmethode.

Seit der unilateralen Verankerung der **Freistellungsmethode für ausländische Dividenden** im Rahmen der Körperschaftsteuer (§ 8 b Abs. 1 KStG) stellt sich schließlich die Frage nach dem Verhältnis zwischen dieser nationalen Maßnahme zur Vermeidung der Doppelbesteuerung und den entsprechenden DBA-Regelungen.

Nahezu alle von Deutschland abgeschlossenen DBA sehen derzeit bei inländischen Kapitalgesellschaften die Freistellung ausländischer Dividenden von der Körperschaftsteuer vor (sog. internationales Schachtelprivileg).[153] Voraussetzung hierfür ist regelmäßig eine gewisse Mindestbeteiligung (10%, 15% oder 25% je nach DBA) und eine aktive Tätigkeit der ausländischen Kapitalgesellschaft.[154] Des Weiteren wird die Gewährung des Schachtelprivilegs zunehmend an eine tatsächliche Besteuerung der ausländischen Dividenden im Quellenstaat geknüpft (Subject-to-tax-Klauseln).[155] Im Gegensatz dazu ist bei der Freistellung ausländischer Dividenden gemäß § 8 b Abs. 1 KStG keine dieser Bedingungen zu erfüllen. Vielmehr gilt die Steuerbefreiung unabhängig von einer bestimmten Beteiligungsquote, einer bestimmten Vorbesitzzeit, dem Vorliegen einer aktiven Tätigkeit oder einer tatsächlichen Besteuerung im Ausland.[156] Dadurch – und weil das in § 8 b Abs. 1 Satz 2 KStG verankerte Korrespondenzprinzip bei verdeckten Gewinnausschüttungen im Rahmen der abkommensrechtlichen Freistellung entsprechend anzuwenden ist (§ 8 b Abs. 1 Satz 3 KStG) – verliert das in den DBA verankerte internationale Schachtelprivileg an Bedeutung. Es bleibt aber dennoch insbesondere in den Fällen relevant, in denen mit den Dividenden zusammenhängende Betriebsausgaben anfallen[157] oder der Dividendenbegriff des § 8 b Abs. 1 KStG aus-

---

[152] Vgl. BFH v. 15. 6. 1973, BStBl 1973 II, S. 810. In diesem Sinne wurde auch eine in diesem Zusammenhang häufig zitierte Entscheidung des kanadischen Supreme Court vom 28. 9. 1982 (Her Majesty the Queen (Appellant) versus Melford Developments Inc. (Respondent), Dominion Tax Cases 1982 (S. 6281)) auf dem IFA-Kongress 1985 interpretiert. Vgl. hierzu Avery Jones, J. F., IFA-Bulletin 1986, S. 75 ff.
[153] Vgl. Vogel, K./Lehner, M., DBA-Kommentar, Art. 23, Anm. 90.
[154] Vgl. Vogel, K./Lehner, M., DBA-Kommentar, Art. 23, Anm. 96, 107. Zu einer Aufstellung geltender Aktivitätsklauseln im deutschen Abkommensrecht vgl. Wassermeyer, F., IStR 2000, S. 65 ff. Eine bestimmte Dauer der Mindestbeteiligung, d. h. eine Mindestbesitzzeit, verlangen die Abkommen jedoch – wie bereits § 8 b Abs. 1 KStG – nicht; vgl. Vogel, K./Lehner, M., DBA-Kommentar, Art. 23, Anm. 99.
[155] Siehe Abschnitt C II 1 b); 6. Teil, 7. Kapitel, Abschnitt C.
[156] Vgl. Grotherr, S., IWB, Fach 3, Deutschland, Gruppe 1, S. 1703 ff.
[157] Zu den diesbezüglichen Folgen des Konkurrenzverhältnisses vgl. Hageböke, J., IStR 2009, S. 473 ff.

nahmsweise enger gefasst ist als der Dividendenbegriff des entsprechenden DBA. Bspw. werden die Einnahmen eines typisch stillen Gesellschafters (§ 20 Abs. 1 Nr. 4 EStG) nicht von der Steuerfreistellung gemäß § 8b Abs. 1 KStG erfasst. Der Dividendenbegriff einiger deutscher DBA erstreckt sich jedoch auch auf diese Einnahmen.[158] Erfüllt folglich eine inländische Kapitalgesellschaft die in dem jeweiligen DBA erforderlichen Voraussetzungen für die Gewährung des internationalen Schachtelprivilegs werden die Einnahmen aus der typischen stillen Beteiligung freigestellt.[159]

5. Kapitel. Maßnahmen zur Vermeidung von Minderbesteuerungen

Im Rahmen der internationalen Besteuerung sind neben Doppelbesteuerungen auch Minderbesteuerungen unerwünscht. Minderbesteuerungen haben ihren Ausgangspunkt zum einen in der Ausnutzung des internationalen Steuergefälles durch die zwischenstaatliche Verlagerung von Steuersubstanz in Niedrigsteuerländer ohne substanzielle wirtschaftliche Betätigung. Zum anderen entstehen Minderbesteuerungen durch die Nutzung von Qualifikationskonflikten hinsichtlich divergierender nationaler Steuerrechtsordnungen. Zur **Vermeidung von Minderbesteuerungen** durch den Wohnsitzstaat kann indessen nicht auf bestimmte Hauptmethoden zurückgegriffen werden.

Während die Vermeidung von Besteuerungslücken durch eine harmonisierte Abgrenzung der einzelnen Steuersysteme (langsame) Fortschritte macht, erfolgt die Bekämpfung der internationalen Steuerflucht noch weitgehend **kasuistisch**. Im Grundsatz bieten sich auch hier die beiden Wege über unilaterale Maßnahmen[1] und bilaterale Abkommen an, die dementsprechend auch beschritten werden.[2] Versucht man die Vorteile beider Möglichkeiten gegeneinander abzuwägen, so gelten die gleichen Gesichtspunkte wie bei den Grundgedanken zur Vermeidung der internationalen Doppelbesteuerung. Bilaterale Abkommensregelungen haben den Vorteil der Gegenseitigkeit, sie wirken nicht global gegen alle möglichen Partnerstaaten und können gezielt die wirtschaftlichen Verhältnisse und die Steuersysteme der beteiligten Staaten berücksichtigen sowie insbesondere Minderbesteuerungen infolge von Qualifikationskonflikten vermeiden.

A. Unilaterale Maßnahmen zur Vermeidung von Minderbesteuerungen

Die wichtigste deutsche Gesetzgebung zur Vermeidung internationaler Minderbesteuerungen stellt das Außensteuerreformgesetz aus dem Jahre 1972

---

[158] So bspw. im DBA mit Japan (Art. 23 Abs. 1 a) i. V. m. Art. 10 Abs. 5).
[159] Vgl. Grotherr, S., IWB, Fach 3, Deutschland, Gruppe 1, S. 1703; PwC, Unternehmenssteuerreform, 2000, S. 143 f. A. A. BFH v. 4. 6. 2008, BStBl 2008 II, S. 793. Kritisch hierzu Birker, C./Seidel, P., BB 2009, S. 245 ff. Zu den unterschiedlichen Dividendenbegriffen in deutschen DBA vgl. Vogel, K./Lehner, M., DBA-Kommentar, Art. 10, Anm. 204.
[1] Vgl. z. B. Steuerhinterziehungsbekämpfungsgesetz v. 29. 7. 2001, BGBl 2009 I, S. 2302; Steuerhinterziehungsbekämpfungsverordnung (SteuerHBekV) v. 18. 9. 2009, BGBl 2009 I, S. 3046.
[2] Vgl. Weeghel, S. van, CDFI 2010, S. 19 ff.

dar. Dieses enthält in seinem Art. 1, dem sog. Außensteuergesetz, Maßnahmen gegen die internationale Steuerflucht, indem der deutsche Steuerzugriff präzisiert und erweitert wird.

I. Außensteuergesetz

Das AStG dient der Verhinderung einer unangemessenen Ausnutzung des internationalen Steuergefälles. Es kennt dabei folgende Schwerpunktbereiche:

- Nach § 1 AStG werden Gewinnberichtigungen bei international verflochtenen Unternehmen zum einen durch Korrektur unangemessener **Verrechnungspreise** vorgenommen, um auf diese Weise Gewinnverlagerungen in Niedrigsteuerländer zu vermeiden. Hierzu hat die Finanzverwaltung die „Verwaltungsgrundsätze für die Prüfung der Einkunftsabgrenzung bei international verbundenen Unternehmen"[3] sowie entsprechende Teiländerungen[4] erlassen, die der Ermittlung angemessener Verrechnungspreise im internationalen Geschäftsverkehr dienen sollen. Außerdem sind in § 1 Abs. 3 AStG besondere Vorschriften zur Präzisierung des Fremdvergleichsgrundsatzes und zu **Funktionsverlagerungen** verankert.[5]
- Steuerpflichtige, die im Inland wesentliche wirtschaftliche Interessen verfolgen und ihren Wohnsitz in ein Niedrigsteuerland verlegen, werden unter den Bedingungen der §§ 2–5 AStG in einem erweiterten Umfang beschränkt steuerpflichtig. Damit soll vermieden werden, dass sich der im Inland tätige Unternehmer der inländischen Einkommens- und Erbschaftsbesteuerung durch bloße, mehr oder weniger fiktive **Wohnsitzverlagerung** entziehen kann.
- Durch § 6 AStG soll gesichert werden, dass die stillen Reserven bei inländischen Beteiligungen i. S. d. § 17 EStG infolge eines Vermögenszuwachses bei einer **Wohnsitzverlagerung** in das Ausland der inländischen Besteuerung unterworfen werden.
- Wesentliche Bestimmungen (§§ 7–14 AStG) des Außensteuergesetzes betreffen den inländischen Zugriff auf Gewinne aus ausländischen **Basis- oder Zwischengesellschaften,** die in Niedrigsteuerländern als selbständige Rechtssubjekte gegründet werden und dort keine aktive Geschäftstätigkeit ausüben (sog. Briefkastenfirmen). Das AStG bestimmt, dass diese auch dann dem inländischen Steuerzugriff unterworfen sein sollen, wenn die aus passiven Tätigkeiten stammenden Gewinne im Niedrigsteuerland thesauriert werden.
- § 15 AStG regelt zur Vermeidung von Umgehungen die Steuerkonsequenzen bei ausländischen **Familienstiftungen.**

Im Ergebnis beschneidet das Außensteuergesetz steuerliche Vorteile aus der grenzüberschreitenden Geschäftstätigkeit und erschwert den Grenzübertritt. Da dies zu einer Behinderung der grenzüberschreitenden gegenüber der innerstaatlichen Geschäftstätigkeit führt, kollidiert im Grundsatz das gesamte

---

[3] Vgl. BMF-Schreiben v. 23. 2. 1983 (Verwaltungsgrundsätze), BStBl 1983 I, S. 218.
[4] Vgl. u. a. BMF-Schreiben v. 30. 12. 1999 (Verwaltungsgrundsätze-Umlagen), BStBl 1999 I, S. 1122; BMF-Schreiben v. 12. 4. 2005 (Verwaltungsgrundsätze-Verfahren), BStBl 2005 I, S. 570.
[5] Vgl. hierzu Kraft, G., Außensteuergesetz, § 1 AStG, Rz. 200 ff.

Außensteuergesetz in Bezug auf EU-Sachverhalte mit dem EU-Recht. Darauf wird in den folgenden Teilen näher eingegangen.

II. Sonstiges Recht

Maßnahmen zur Vermeidung von Minderbesteuerungen werden u. a. in Form von sog. **Aktivitätsklauseln** zunehmend in Einzelsteuergesetze eingebaut, z. B. in das GewStG (§ 9 Nr. 7) und EStG (§ 2 a). Mit Hilfe dieser Klauseln soll gesichert werden, dass Doppelbesteuerungen nur dann vermieden bzw. Steuervergünstigungen nur dann gewährt werden, wenn die ausländischen Wirtschaftseinrichtungen besondere, als „aktiv" bezeichnete Erwerbsentfaltungen betreiben.

Eine Handhabe gegen Minderbesteuerungen bietet auch die alternative Anknüpfung der unbeschränkten Steuerpflicht bei Kapitalgesellschaften an die Merkmale „Sitz" und „Ort der Geschäftsleitung". Aufgrund dieser Zweigleisigkeit kann die inländische Steuerpflicht nicht dadurch umgangen werden, dass eine Kapitalgesellschaft pro forma ihren Sitz im Ausland hat, jedoch tatsächlich vom Inland aus geleitet wird.

Des Weiteren sind in der Abgabenordnung Normen enthalten, mit deren Hilfe auch grenzüberschreitend der Missbrauch von Formen und Gestaltungen des Zivilrechts verhindert werden kann. Sind die Voraussetzungen der §§ 39, 41 oder 42 AO erfüllt, wird statt der vereinbarten Rechtsgestaltung die den wirtschaftlichen Verhältnissen angemessene Gestaltung zugrunde gelegt. Von Bedeutung sind diese Regelungen insbesondere im Zusammenhang mit ausländischen Kapitalgesellschaften, über die ein Steuerinländer seine wirtschaftlichen Interessen im Inland leitet. In solchen Fällen wird die Eigenständigkeit der ausländischen Gesellschaft verneint und der Gesellschaftserfolg direkt dem Steuerinländer zugerechnet.

Hinzu kommen erhöhte Mitwirkungspflichten bei Auslandssachverhalten (§§ 90 Abs. 2, 162 Abs. 2 AO) sowie Dokumentationserfordernisse im Zusammenhang mit Verrechnungspreisen (§§ 90 Abs. 3, 162 Abs. 3 und 4 AO).[6]

Minderbesteuerungen sollen weiterhin durch § 50 d Abs. 3 EStG verhindert werden. Mit Hilfe dieser Vorschrift werden die Vorteile aus einem DBA sowie aus der Mutter-Tochterrichtlinie und der Zins- und Lizenzgebührenrichtlinie gegenüber einer ausländischen Gesellschaft als Gesellschafterin einer inländischen Gesellschaft versagt, wenn die ausländische Gesellschaft hauptsächlich zur Erlangung von Vorteilen aus dem Abkommen eingesetzt wurde.[7]

Des Weiteren kommen den § 50 d Abs. 9 und 10 EStG bei der Vermeidung von Minderbesteuerungen Bedeutung zu. Nach Abs. 9 erfolgt ein Wechsel von der im DBA vorgegebenen Freistellungsmethode zur Anrechnungsmethode, wenn ein Qualifikationskonflikt als Folge der Abkommensanwendung zu einer doppelten Nichtbesteuerung oder Minderbesteuerung führt. Ein solcher Methodenwechsel erfolgt auch dann, wenn Einkünfte nur deshalb im Quellenstaat nicht steuerpflichtig sind, weil diese von einem nur

---

[6] Siehe auch Gewinnabgrenzungsaufzeichnungsverordnung (GAufzV) v. 13. 11. 2003, BGBl 2003 I, S. 2296 sowie v. 14. 8. 2007, BGBl 2007 I, S. 1912; BMF-Schreiben v. 12. 4. 2005 (Verwaltungsgrundsätze-Verfahren), BStBl 2005 I, S. 570.
[7] Vgl. hierzu 3. Teil, 3. Kapitel, Abschnitt B II 2 c); 6. Teil, 4. Kapitel, Abschnitt D III.

5. Kapitel. Maßnahmen zur Vermeidung von Minderbesteuerungen

beschränkt – und nicht von einem unbeschränkt – Steuerpflichtigem bezogen werden. Der im Rahmen des JStG 2009 eingeführte Abs. 10 betrifft Sondervergütungen im Rahmen einer Mitunternehmerschaft. Besteht ein DBA und sind solche Vergütungen in diesem nicht ausdrücklich geregelt, so gelten diese bei der Abkommensanwendung als Unternehmensgewinne i. S. d. Art. 7 OECD-Modell. Das vorrangige Besteuerungsrecht wird folglich (und einseitig) – das Vorliegen einer Betriebsstätte vorausgesetzt – dem Quellenstaat zugewiesen.

Analog zum Außensteuerrecht stehen auch die weiteren unilateralen Maßnahmen zur Vermeidung von Minderbesteuerungen unter dem Vorbehalt des EU-Rechts.

B. DBA als Maßnahmen zur Vermeidung von Minderbesteuerungen

Die Vermeidung von Minderbesteuerungen war stets – wenngleich sekundär – auch ein Ziel von DBA. Diesem Ziel dient bereits die Grundfestlegung der DBA auf die Methode der **begrenzten Steueranrechnung** bzw. auf die Methode der **Steuerbefreiung mit Progressionsvorbehalt.** Darüber hinaus haben die **Gewinnberichtigungsnormen für verbundene Unternehmen** (z. B. Art. 9 OECD-Modell) bzw. die **Betriebsstättengewinnabgrenzungsnormen** (z. B. Art. 7 Abs. 2 OECD-Modell) die Zielsetzung, inkongruente Gewinnabgrenzungen der beteiligten Staaten zu vermeiden. Die Arbeiten innerhalb der OECD-Staaten gehen deshalb auch weiterhin dahin, international anerkannte Verrechnungspreis- und Erfolgszuordnungsregelungen (Richtlinien) zu entwickeln.[8]

Insbesondere im US-amerikanischen, zunehmend aber auch im deutschen Abkommensrecht finden sich sog. **Anti-treaty-shopping-Klauseln,** mit denen eine missbräuchliche Inanspruchnahme des Abkommensschutzes verhindert werden soll. Mit dem Begriff treaty shopping werden Gestaltungen bezeichnet, bei denen durch Zwischenschaltung einer in einem anderen Land ansässigen abkommensberechtigten Person Abkommensvergünstigungen erlangt werden können, die bei unmittelbarem Bezug der Einkünfte nicht zur Verfügung stehen. Ein Schwerpunkt der Gestaltungsbemühungen liegt hierbei in der Absenkung von Quellensteuerbelastungen. Bspw. enthält der durch das Änderungsprotokoll vom 1. 6. 2006 erweiterte Art. 28 des DBA-USA eine Anti-treaty-shopping-Klausel, welche die Gewährung der Abkommensvergünstigungen im Quellenstaat an verschiedene (äußerst komplizierte) Voraussetzungen knüpft.[9]

Darüber hinaus wird im deutschen Abkommensrecht auch zunehmend versucht, die unilateralen Regelungen in gegenseitiger Verbindlichkeit in das Abkommensrecht zu übertragen, so z. B. in Bezug auf das Erfordernis **aktiver Tätigkeiten** von ausländischen Betriebseinrichtungen und Tochtergesellschaften. Gelegentlich wird auch, bspw. bei der Zins- und Dividendenbesteuerung, die Quellensteuerentlastung von bestimmten Bedingungen abhängig gemacht (z. B. Art. 23 DBA-Schweiz). Als klarer Trend der jüngeren Abkommenspolitik

---

[8] Vgl. hierzu ausführlich 5. Teil; 6. Teil, 5. Kapitel.
[9] Zu den Änderungen des Art. 28 DBA-USA durch die Revision v. 1. 6. 2006 vgl. Endres, D./Wolff, U., IStR 2006, S. 721 ff.; sowie 6. Teil, 4. Kapitel, Abschnitt D III.

(z. B. die Abkommen mit Korea, Österreich, Polen, Schweden und den USA)[10] kann die Vereinbarung sog. Switch-over-Klauseln[11] bezeichnet werden, mit denen im Falle einer drohenden doppelten Nichtbesteuerung oder einer Minderbesteuerung von der Freistellungs- auf die Anrechnungsmethode übergegangen wird.[12] Sofern im Abkommensfall keine besonderen Regelungen zur Vermeidung von Minderbesteuerungen formuliert werden, kommen die unilateralen Maßnahmen uneingeschränkt zur Geltung.

6. Kapitel. Objektsteuern

Die bisher gezeigten Methoden zur Vermeidung von Doppel- und Minderbesteuerungen bezogen sich ausschließlich auf die Personensteuern, bei denen im Gegensatz zu den Objektsteuern zwischen beschränkter und unbeschränkter Steuerpflicht unterschieden wird. Objektsteuern beschränken sich dagegen in ihrem Anwendungsbereich allein auf im Inland erwirtschaftete Erträge bzw. auf im Inland belegenes Vermögen, so dass die Grundkonzeption dieser Steuerart Doppelbesteuerungen ausschließt. Dies gilt ausnahmslos für die **Grundsteuer**. Im Bereich der **Gewerbesteuer** kann es dagegen zu Doppelbesteuerungen kommen, da die Gewerbesteuer die Bemessungsgrundlage der Einkommen- bzw. Körperschaftsteuer zum Ausgangspunkt hat. Aufgrund der Anknüpfung an das Welteinkommensprinzip ist zu analysieren, ob und inwieweit die dadurch in das Gewerbesteuerrecht gelangenden systemfremden Elemente wieder korrigiert werden.

Der Gewerbesteuer unterliegt jeder stehende Gewerbebetrieb, soweit er im Inland betrieben wird. Dies ist dann gegeben, wenn für ihn im Inland eine Betriebsstätte unterhalten wird (§ 2 Abs. 1 GewStG). Der darin zum Ausdruck kommende Objekt- und Inlandscharakter der Gewerbesteuer wird durch das Anknüpfen des Gewerbeertrags an die Bemessungsgrundlagen der Personensteuern (§ 7 GewStG) allerdings nicht vollständig verwirklicht.

Diese in den Ausgangsgrößen enthaltenen systemwidrigen Elemente können zu einer Verletzung des Inlandsprinzips führen und beinhalten somit die Gefahr von Doppelbesteuerungen. Um diese Konsequenzen zu vermeiden, sieht das Gewerbesteuerrecht spezielle Kürzungsvorschriften vor, die eine gewerbesteuerliche Neutralisierung der Auslandsaktivität erreichen sollen. So ist nach § 9 Nr. 3 GewStG der Teil des Gewerbeertrags eines inländischen Unternehmens, der auf eine nicht im Inland belegene Betriebsstätte entfällt, zu kürzen. Nach § 9 Nr. 2 GewStG sind die Anteile am Gewinn einer ausländischen Mitunternehmerschaft zu kürzen, wenn diese Gewinnanteile bei der Ermittlung des Gewinns (§ 7 GewStG) angesetzt worden sind.[1]

---

[10] Für eine Übersicht über die Switch-over-Klauseln in den deutschen DBA vgl. Petereit, A., IStR 2003, S. 577 ff.
[11] Vgl. zum Verhältnis von Switch-over-Klauseln zu Subject-to-tax-Klauseln Kluge, V., Steuerrecht, 2000, S. 928 ff.; Grotherr, S., IWB, Fach 3, Deutschland, Gruppe 2, S. 1153; Meilicke, W./Portner, R., IStR 2004, S. 397 ff.
[12] Vgl. zur Frage, wann eine Minderbesteuerung vorliegt, Vetter, T., IWB, Fach 3, Deutschland, Gruppe 2, S. 729 ff.
[1] Analog werden ausländische Betriebsstättenverluste (§ 9 Nr. 3 GewStG) sowie die Anteile am Verlust einer ausländischen Mitunternehmerschaft hinzugerechnet (§ 8 Nr. 8 GewStG).

6. Kapitel. Objektsteuern

Gewinne aus mindestens 15%igen Beteiligungen an ausländischen Kapitalgesellschaften sind unter weiteren Voraussetzungen ebenfalls befreit (§ 9 Nr. 7 GewStG).

Für Kapitalgesellschaften ergibt sich eine generelle Steuerbefreiung ausländischer Dividenden ohnehin bereits aus § 8b Abs. 1 KStG, wonach Dividenden bei der Ermittlung des Einkommens außer Ansatz bleiben. Bei einkommensteuerpflichtigen Muttergesellschaften (Einzelunternehmer, Personengesellschaften) gilt für ausländische Dividenden das Teileinkünfteverfahren (§ 3 Nr. 40 EStG), weshalb diese Erträge lediglich zu 60% in der Ausgangsgröße der Gewerbesteuer enthalten sind.[2] Allerdings sind gemäß § 8 Nr. 5 GewStG die für die Einkommen- bzw. Körperschaftsteuerzwecke erfolgten Einkommenskürzungen für steuerfreie Dividenden wie auch das Abzugsverbot für damit zusammenhängende Betriebsausgaben bei der Ermittlung des Gewerbeertrags zu revidieren, sofern nicht die Voraussetzungen für das Schachtelprivileg nach § 9 Nr. 7 GewStG (insbesondere Mindestbeteiligung 15%, Beteiligung bereits zu Beginn des Erhebungszeitraums, Aktivitätsvorbehalt für Auslandsbeteiligungen außerhalb der EU) erfüllt sind.[3] Unabhängig von der Rechtsform der deutschen Spitzeneinheit sind ausländische Dividenden somit in Abhängigkeit von der Beteiligungsquote an der ausländischen Kapitalgesellschaft entweder gewerbesteuerfrei (Beteiligungsquote ≥ 15%) oder vollständig gewerbesteuerpflichtig (Beteiligungsquote < 15%).[4]

Sofern also bspw. eine deutsche Kapitalgesellschaft Dividenden (Annahme: Beteiligungsquote 15%) von einer passiven Auslandstochter mit Sitz in einem Nicht-DBA-Land bezieht (z.B. Hongkong), sind die Dividenden zwar nach § 8b Abs. 1 KStG von der Körperschaftsteuer, nicht jedoch von der Gewerbesteuer befreit, da § 9 Nr. 7 GewStG bei passiver Tätigkeit keine Kürzung vorsieht. Es kommt somit gemäß § 8 Nr. 5 GewStG zu einer Hinzurechnung der Schachteldividenden.

Bei deutschen Spitzeneinheiten in der Rechtsform der Kapitalgesellschaft gelten 5% der steuerfreien ausländischen Dividenden als nichtabzugsfähige Betriebsausgaben (§ 8b Abs. 5 KStG). Bedingt durch die Anknüpfung des Gewerbeertrags an den körperschaftsteuerlichen Gewinn unterliegt die 5%ige Kostenpauschale neben der Körperschaftsteuer und dem Solidaritätszuschlag grundsätzlich der Gewerbesteuer. Eine Kürzung erfolgt nur bei unter 15%igen Beteiligungen (§ 8 Nr. 5 GewStG), allerdings sind in diesem Fall die Dividenden zu 100% gewerbesteuerpflichtig. Die somit bestehende Belastung der Kostenpauschale mit Gewerbesteuer ab einer Beteiligung von

---

[2] Dies ergibt sich bei Personengesellschaften explizit aus § 7 Satz 4 GewStG.
[3] Vgl. auch Lenski, G./Steinberg, W., Gewerbesteuergesetz, § 8 Nr. 5, Anm. 24. Hinsichtlich der Voraussetzungen wird § 8 Nr. 5 GewStG teleologisch reduziert dahingehend ausgelegt, dass das weitere Tatbestandsmerkmal des § 9 Nr. 7 GewStG „Ansatz der Gewinnanteile bei der Ermittlung des Gewinns" nicht erfüllt sein muss, da dies dem Sinn und Zweck der gewerbesteuerlichen Modifikationen und der Intention des Gesetzgebers widersprechen würde. Vgl. u. a. Blümich, W., Einkommensteuergesetz, § 8 GewStG, Anm. 575. Eine Anpassung des Wortlauts des § 9 Nr. 7 GewStG ist nach wie vor wünschenswert.
[4] Veräußerungsgewinne i.S.d. § 8b Abs. 2 KStG bleiben mangels eigener Hinzurechnungs- bzw. Kürzungsvorschrift mit Ausnahme der 5% nichtabzugsfähiger Betriebsausgaben gewerbesteuerfrei.

mindestens 15% ist u. E. verfehlt, da das Gewerbesteuerrecht mit den Regelungen des § 8 GewStG eigenständige Hinzurechnungsvorschriften enthält. Die pauschale Hinzurechnung gemäß § 8 b Abs. 5 KStG ist vor diesem Hintergrund bereits dann problematisch, wenn sich eine Belastung mit Gewerbesteuer ergibt, obwohl im Zusammenhang mit der Erzielung der steuerfreien ausländischen Dividenden tatsächlich gar keine Betriebsausgaben entstanden sind. Zudem kann es zu einer überschießenden Belastung mit Gewerbesteuer kommen, wenn bestimmte Aufwendungen wie z. B. Schuldzinsen einerseits im Rahmen der Hinzurechnungsvorschriften erfasst werden (hier: § 8 Nr. 1 GewStG) und andererseits nochmals durch die Gewerbesteuerpflicht der Kostenpauschale. U. E. sollte deshalb für die 5%ige Kostenpauschale eine spezielle gewerbesteuerliche Kürzungsvorschrift vorgesehen werden, um eine ungerechtfertigte Gewerbesteuerbelastung zu vermeiden.[5] Verfehlt ist daher auch die durch das JStG 2007 eingeführte Änderung des § 9 Nr. 2 a, 7 und 8 GewStG, wonach die Kürzung bei Beteiligungen von mindestens 15% auf den Nettobetrag beschränkt ist. Die damit einhergehende Nichtberücksichtigung von Beteiligungsaufwendungen führt zusätzlich zur Kostenpauschale zu einer nicht gerechtfertigten Mehrbelastung mit Gewerbesteuer.[6]

Nach geltendem Recht bleiben die Kürzungsvorschriften auf **Direktinvestitionen** (Betriebsstätte, Personengesellschaft, Kapitalgesellschaft) beschränkt. Gewinne aus reinen Exportgeschäften, die keinen ausländischen Stützpunkt i. S. d. Mindestvoraussetzungen einer ausländischen Betriebsstätte darstellen, werden vom deutschen Gesetzgeber somit als im Inland erzielt betrachtet. Insofern ist hier kein Verstoß gegen das Inlandsprinzip der Gewerbesteuer festzustellen. Internationale Doppelbesteuerungen treten trotz Fehlens einer diesbezüglichen Kürzungsvorschrift in der Regel nicht auf, da bei diesen Geschäften im Ausland kein Anknüpfungspunkt für eine Gewerbebesteuerung besteht, soweit eine derartige Abgabe überhaupt existiert.

Auch ohne die Anwendung von gewerbesteuerlichen Kürzungsvorschriften kommt es zu keiner Belastung mit inländischer Gewerbesteuer, wenn bei **Vorliegen eines DBA** das Besteuerungsrecht dem Quellenstaat zugewiesen wird (z. B. Belegenheitsprinzip) oder im Rahmen der Begrenzung der Besteuerungsgrundlage die Anknüpfungsmerkmale für eine Quellenbesteuerung erfüllt sind (z. B. Betriebsstättenprinzip) und in Deutschland – wie in den deutschen DBA in diesen Fällen regelmäßig vorgesehen – die Freistellungsmethode zur Anwendung kommt.

Nachstehende Abbildung 1 soll noch einmal die Maßnahmen zusammenfassen, die bei den Personen- und Objektsteuern zur Vermeidung von Doppel- und Minderbesteuerungen möglich sind.

---

[5] Vgl. auch Grotherr, S., BB 2001, S. 602 f.
[6] Vgl. auch BFH v. 25. 1. 2006, BFH/NV 2006, S. 1022, der im Zusammenhang mit § 9 Nr. 2 a GewStG – systematisch richtig – auf den Bruttobetrag abgestellt hat. Kritisch auch IDW, IDW-Fachnachrichten 2006, S. 379 f.

Abbildung 1: Ursachen und Möglichkeiten der Vermeidung von Doppel- und Minderbesteuerungen

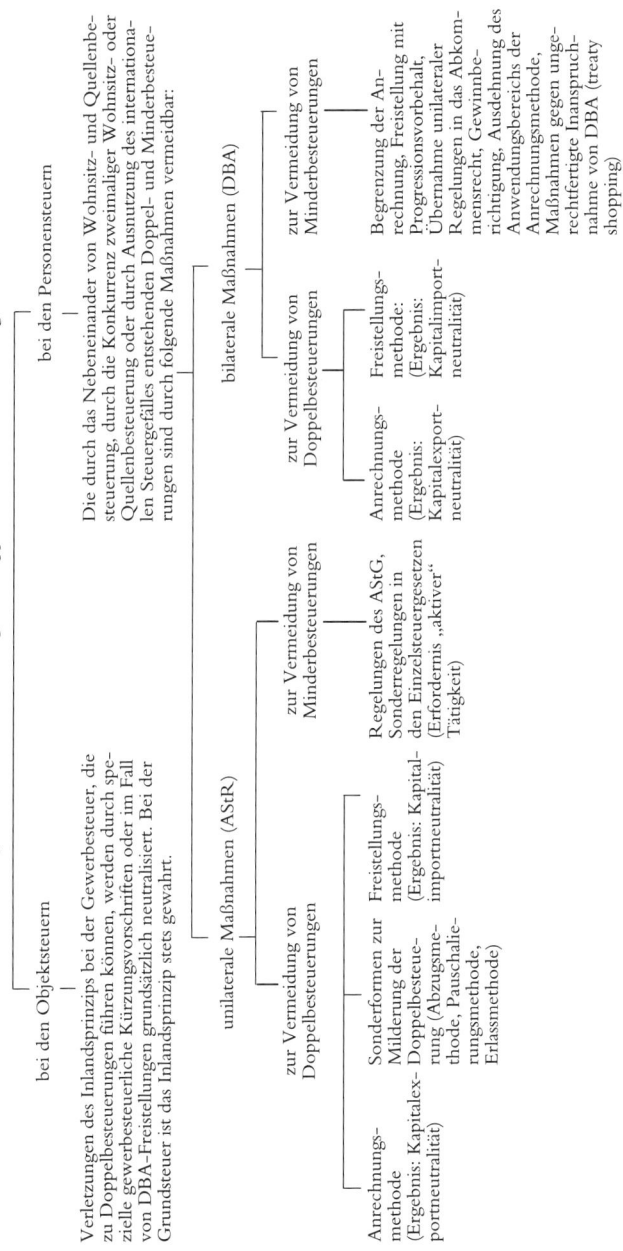

Zweiter Teil
Der Einfluss der Europäischen Integration auf die internationale Unternehmensbesteuerung

Das Europarecht hat einen gewichtigen Einfluss auf das innerstaatliche Recht der Mitgliedstaaten. Dieser Einfluss führt im Bereich der Besteuerung zu einer unterschiedlich starken Harmonisierung des steuerlichen Umfeldes, innerhalb dessen sich grenzüberschreitende Betätigungen in den Mitgliedstaaten der EU vollziehen. Aus diesem Prozess der Rechtsangleichung ergeben sich vor allem für den Bereich der Direktinvestitionen Änderungen. Diese können sich sowohl auf grundlegende Tatbestände als auch auf einzelne Detailregelungen der Besteuerung auswirken.

Im Folgenden wird zunächst auf die Zielsetzung und die rechtlichen Grundlagen des Europäischen Integrationsprozesses im Bereich der Besteuerung eingegangen. Anschließend wird ein Überblick über die Unternehmensbesteuerung in den Mitgliedstaaten gegeben. In einem weiteren Schritt wird gezeigt, welcher Stand der steuerlichen Harmonisierung zum gegenwärtigen Zeitpunkt innerhalb der EU erreicht ist und welche Rückwirkungen das EU-Recht auf die nationalen Steuerrechtsordnungen hat. Den Abschluss des Kapitels bildet die Erörterung von Reformvorschlägen, auf deren Grundlage die steuerlichen Rahmenbedingungen im europäischen Binnenmarkt verbessert werden können.

1. Kapitel. Rechtsgrundlagen: Steuerrechtliche Vorschriften im Europäischen Vertragswerk und ihre Umsetzung

A. Zielsetzungen des Europäischen Vertragswerks und Implikationen für die Harmonisierung des europäischen Steuerrechts

Für das Verständnis des europäischen Steuerrechts sind die Rechtsnatur der EU sowie ihre Zielsetzungen bedeutsam. Mit der Unterzeichnung der **Römischen Verträge** am 25. 3. 1957, die zur Gründung der Europäischen Wirtschaftsgemeinschaft (EWG) führten, haben die beteiligten Staaten Souveränitätsrechte auf die Gemeinschaft übertragen. Die Gemeinschaft[1] ist eine supranationale Organisation, die alle ihr zur Erfüllung der Aufgabenstellung übertragenen Rechte selbständig durch ihre Organe ausübt.[2] Die im EWG-Vertrag angestrebten wesentlichen Ziele – Abbau des Innenzolls, gemeinsamer Außenzoll, Errichtung eines Gemeinsamen Marktes – konnten bis 1970 mit Ausnahme der Errichtung eines Gemeinsamen Marktes erreicht werden.

---

[1] Durch den Lissabon-Vertrag ging die EG in der EU auf und trat ihre Rechtsnachfolge an (Art. 1 EU).
[2] Zur historischen Entwicklung der Europäischen Gemeinschaft bis zum Abschluss des Vertrags über die EU (EU-Vertrag) vgl. Arndt, H.-W./Fischer, K., Europarecht, 2008, S. 10 ff.

Neue Impulse für die Fortentwicklung der Gemeinschaft und die wirtschaftliche Integration Europas brachte die **Einheitliche Europäische Akte (EEA), die zum 1. 1. 1987 in Kraft trat.** Die EEA übertrug der Gemeinschaft neue Kompetenzen, insbesondere für die Umwelt-, Forschungs-, Struktursowie Regionalpolitik, und schrieb die Verwirklichung des europäischen Binnenmarkts bis zum 31. 12. 1992 fest. Als **Binnenmarkt** (Art. 26 AEU) wird dabei ein Raum ohne Binnengrenzen definiert, in dem der freie Verkehr von Waren, Personen, Dienstleistungen und Kapital gemäß den Vertragsbestimmungen gewährleistet ist. Mit dieser Vorgabe ergab sich wesensverbunden die Abschaffung der Grenzkontrollen innerhalb der Gemeinschaft zu diesem Zeitpunkt.

Der am 7. 2. 1992 in Maastricht unterzeichnete und am 1. 11. 1993 in Kraft getretene **Vertrag über die Europäische Union (EU-Vertrag)** in der Fassung des **Vertrags von Nizza** vom 1. 2. 2003 stellte einen weiteren Markstein im europäischen Einigungsprozess dar, der langfristig in einer politischen Gemeinschaft münden sollte. Durch den am 1. 12. 2009 in Kraft getretenen **Lissabon-Vertrag**[2a] wurde der EG-Vertrag in den Vertrag über die Arbeitsweise der Union (AEU) überführt und gemeinsam mit dem Unions-Vertrag modifiziert. Die EU erhält durch den Lissabon-Vertrag Rechtspersönlichkeit und kann daher grundsätzlich internationale Abkommen aushandeln. In seinem Lissabon-Urteil hat das BVerfG das Begleitgesetz zum Lissabon-Vertrag für verfassungswidrig erklärt.[3] Der deutsche Gesetzgeber war daher gezwungen, die Mitwirkung von Bundestag und Bundesrat an der europäischen Gesetzgebung auszuweiten.[4]

Hauptelemente des EU-Vertrags sind das Bekenntnis der Gemeinschaft zu einer gemeinsamen Außen- und Sicherheitspolitik sowie insbesondere die schrittweise Errichtung einer **Europäischen Währungsunion (EWU)**. Die wesentlichen Ziele der EWU umfassen die Fixierung der Wechselkurse der Währungen der Mitgliedstaaten, die Einführung einer europäischen Währung (Euro) sowie eine einheitliche Geld- und Währungspolitik, um Preisstabilität zu gewährleisten (Art. 119 Abs. 2, 127 Abs. 1 AEU). Die EWU ist in drei Stufen errichtet worden: Die erste Stufe (1. 7. 1990 bis 31. 12. 1993) umfasste unter anderem die Liberalisierung des Kapitalverkehrs sowie eine engere Zusammenarbeit der Mitgliedstaaten in der Wirtschafts-, Finanz- und Geldpolitik. Die zweite Stufe (1. 1. 1994 bis 31. 12. 1998) diente im Wesentlichen der Vorbereitung auf die dritte, dem eigentlichen Beginn der EWU zum 1. 1. 1999. Sofern Mitgliedstaaten die im Vertragswerk festgelegten vier Konvergenzkriterien[5] erfüllen, werden sie grundsätzlich Teilnehmer der EWU. Mit Belgien, Deutschland, Estland, Finnland, Frankreich, Griechenland, Irland, Italien, Luxemburg, Malta, den Niederlanden, Österreich, Portugal, Slowenien, Slowakische Republik, Spanien und Zypern nehmen derzeit 17 Mitgliedstaaten an der Euro-Zone teil. Unmittelbar mit Beginn

---

[2a] Vgl. dazu Schellmann, G., Lisbon Treaty, 2010, S. 815 ff.
[3] Vgl. BVerfG v. 30. 6. 2009, BGBl 2009 I, S. 2127.
[4] Vgl. Integrationsverantwortungsgesetz v. 22. 11. 2009, BGBl 2009 I, S. 3022.
[5] Es handelt sich um die Einhaltung von Preis-, Wechselkurs- und Zinsstabilität sowie eine auf Dauer tragbare Finanzlage, wonach das öffentliche Defizit und der Schuldenstand nicht mehr als 3% bzw. 60% des Bruttoinlandsprodukts betragen darf. Vgl. Art. 140 i. V. m. Art. 126 Abs. 2 AEU.

1. Kapitel. Rechtsgrundlagen

der Währungsunion ging die geldpolitische Entscheidungskompetenz auf die Europäische Zentralbank über, die ihre Geldpolitik in Gemeinschaftswährung betreibt (Art. 111 Abs. 1 AEU). Die zum 1. 5. 2004 bzw. 1. 1. 2007 hinzugekommenen Beitrittsstaaten (bis auf Slowenien) übernehmen den Euro erst nach der Erfüllung der vier Konvergenzkriterien als Landeswährung. Durch die Vollendung der EWU fällt der bislang Standortunterschiede ausgleichende Wechselkursmechanismus weg. Es kommt zu einer größeren Preistransparenz für Waren und Dienstleistungen und zu einer Vereinheitlichung des Zinsniveaus im Binnenmarkt, weil dieses nicht mehr durch währungsbedingte, sondern nur noch durch bonitätsbedingte Unterschiede der Gläubiger beeinflusst wird. Das Europäische Vertragswerk ist von wirtschaftlichen **Aufgaben** und **Zielsetzungen** bestimmt.[6] Diese bestehen darin, einen Binnenmarkt zu errichten, auf eine nachhaltige Entwicklung Europas auf der Grundlage eines ausgewogenen Wirtschaftswachstums und von Preisstabilität, auf eine in hohem Maße wettbewerbsfähige soziale Marktwirtschaft, die auf Vollbeschäftigung und sozialen Fortschritt abzielt, sowie auf ein hohes Maß an Umweltschutz und Verbesserung der Umweltqualität hinzuwirken. Die Union fördert darüber hinaus den wirtschaftlichen, sozialen und territorialen Zusammenhalt sowie die Solidarität zwischen den Mitgliedstaaten und bekämpft soziale Ausgrenzung und Diskriminierungen (Art. 3 EU).

Der AEU-Vertrag kennt keinen eigenen Abschnitt über die **Steuerpolitik**. Allerdings ergeben sich aus den rechtlichen Grundlagen des Binnenmarkts einerseits sowie den ihm zugrunde liegenden Wettbewerbsregelungen andererseits Anhaltspunkte für die Besteuerung. Die unter steuerlichen Aspekten bedeutsamen **rechtlichen Grundlagen für den Binnenmarkt** sind neben einem allgemeinen Diskriminierungsverbot aus Gründen der Staatsangehörigkeit (Art. 18 AEU) die durch den AEU-Vertrag gewährten **Grundfreiheiten**. Sie besagen, dass[7]

– jeder Unionsbürger das Recht hat, sich im Hoheitsgebiet der Mitgliedstaaten frei zu bewegen und aufzuhalten (**allgemeine Freizügigkeit** bzw. **privates Aufenthaltsrecht,** Art. 21 AEU),
– jeder Arbeitnehmer in jedem Mitgliedstaat ein Recht auf Erwerbstätigkeit hat, wobei Gleichbehandlung in Bezug auf Beschäftigung, Entlohnung und sonstige Arbeitsbedingungen zu gewähren ist (**Freizügigkeit der Arbeitnehmer,** Art. 45–48 AEU),
– in einem anderen Mitgliedstaat die Aufnahme und Ausübung einer Erwerbstätigkeit sowie die Gründung und Leitung von Unternehmen nicht behindert werden darf (**Niederlassungsfreiheit,** Art. 49–54 AEU),
– sämtliche mengenmäßigen und verschleierten Beschränkungen sowie Maßnahmen gleicher Wirkung verboten sind, die den Handel zwischen den Mitgliedstaaten beeinträchtigen (**Warenverkehrsfreiheit,** Art. 34–36 AEU),
– jeder Anbieter von Dienstleistungen auch in anderen Mitgliedstaaten tätig werden kann (**Dienstleistungsfreiheit,** Art. 56–62 AEU) und dass

---

[6] Vgl. Schön, W., DStJG 2000, S. 191 f.; Spengel, C., Unternehmensbesteuerung, 2003, S. 1.
[7] Vgl. für einen Überblick Arndt, H.-W./Fischer, K., Europarecht, 2008, S. 116 ff.

– der Kapitalverkehr zwischen den Mitgliedstaaten sowie zwischen den Mitgliedstaaten und dritten Ländern keinen Beschränkungen unterliegen darf (**Kapitalverkehrsfreiheit,** Art. 63–66, 75 AEU).

Sämtliche Grundfreiheiten sind grundrechtsähnlich ausgestaltet und verbürgen somit subjektive Rechte, auf die sich die Unionsbürger sowie die Unternehmen berufen können, sofern grenzüberschreitende Sachverhalte betroffen sind.[8] Ihre Reichweite erstreckt sich mittelbar auch auf das Abkommen über den Europäischen Wirtschaftsraum (EWR). Sie entfalten daher auch Wirkung gegenüber dem aus Island, Liechtenstein und Norwegen bestehenden EFTA-Pfeiler des EWR.[9] Die Grundfreiheiten bestehen aus einem **Beschränkungsverbot** und speziellen **Diskriminierungsverboten** (Inländergleichbehandlung), die dem allgemeinen Diskriminierungsverbot vorgehen.[10]

Neben den Grundfreiheiten sind auch die ökonomischen Wirkungen der Besteuerung bedeutsam. In diesem Zusammenhang kommt den **Wettbewerbsregeln** eine zentrale Bedeutung zu. Art. 3 Abs. 1 AEU sieht eine ausschließliche Tätigkeit der Union im Bereich der Festlegung der für das Funktionieren des Binnenmarkts erforderlichen Wettbewerbsregeln vor. Zu den Wettbewerbsregeln zählen die Verbote von Wettbewerbsbeschränkungen (Art. 101–106 AEU), spezielle steuerliche Diskriminierungsverbote (Art. 110–113 AEU) sowie die grundsätzliche Untersagung staatlicher Beihilfen, die den Wettbewerb verfälschen oder zu verfälschen drohen (Art. 107–109 AEU). Diese speziellen Regelungen haben insoweit Konsequenzen für die Unternehmensbesteuerung in der EU, als ein zwischenstaatliches Steuergefälle die Standortwahl, das Investitionsverhalten und die Finanzierungsweise von Unternehmen beeinflusst. In diesem Fall löst die Besteuerung Wettbewerbsverzerrungen aus, die der Konzeption des Binnenmarkts, der einen freien Wettbewerb gewährleisten will, zuwiderlaufen.[11] Insbesondere das **Beihilfeverbot** kann ergänzend zu den Grundfreiheiten auf die nationalen Steuersysteme einwirken.[12]

Die **Steuerharmonisierung** bildet kein selbständiges Ziel der EU. Einschlägige steuerliche Vorschriften beziehen sich lediglich auf Tatbestände, deren Beseitigung für die Einhaltung der Grundfreiheiten sowie die Gewährleistung eines freien Wettbewerbs erforderlich ist. In diesem Zusammenhang ist insbesondere das Verbot der steuerlichen Diskriminierung bei der Einfuhr (Art. 110 AEU) bedeutsam, worauf der **Harmonisierungsauftrag für alle indirekten Steuern** basiert, der vor allem die Umsatzsteuer und die besonderen Verbrauchsteuern betrifft.[13] Für die Angleichung der **direkten Steuern** besteht dagegen kein vergleichbarer Auftrag. Als rechtliche Grundlage für die

---

[8] Vgl. Arndt, H.-W./Fischer, K., Europarecht, 2008, S. 116.
[9] Vgl. Grabitz, E./Hilf, M., Europäische Union, Art. 90–93 EGV, Rn. 47.
[10] Vgl. Dautzenberg, N., BB 1992, S. 2401 f.; Herzig, N./Dautzenberg, N., DB 1997, S. 9 f.; Roth, W.-H., Niederlassungsfreiheit, 1997, S. 737 ff.
[11] Vgl. Voß, R., StuW 1993, S. 160 f.; Färber, G., StuW 1996, S. 382 f.; Göbes, C., Unternehmensbesteuerung, 1996, S. 9 ff.; Monti, M., ECTR 1999, S. 208; Oppermann, T./Classen, C. D./Nettesheim, M., Europarecht, 2009, S. 582.
[12] Vgl. 3. Kapitel, Abschnitt E III.
[13] Zu Einzelheiten vgl. Arndt, H.-W./Fischer, K., Europarecht, 2008, S. 234 ff.; Oppermann, T./Classen, C. D./Nettesheim, M., Europarecht, 2009, S. 586 ff.

1. Kapitel. Rechtsgrundlagen

Harmonisierung direkter Steuern kommt allein die **allgemeine Rechtsangleichungsvorschrift** (Art. 115 AEU) in Betracht.[14] Danach sind diejenigen Rechts- und Verwaltungsvorschriften der Mitgliedstaaten anzugleichen, die sich unmittelbar auf die Errichtung oder das Funktionieren des Gemeinsamen Marktes auswirken. Die Rechtsangleichung ist Aufgabe der EU. Sie darf allerdings nicht als Selbstzweck verstanden werden, sondern sie hat eine integrationsbezogene Funktion gegenüber den materiellen Vertragszielen. Die Angleichung der direkten Steuern soll somit die Einhaltung der Grundfreiheiten gewährleisten, Funktionsstörungen im Binnenmarkt ausschalten sowie Wettbewerbsverzerrungen durch unterschiedliche Steuersysteme vermeiden.[15] Bei der Rechtsangleichung nach Art. 115 AEU besteht ein weiter **Ermessensspielraum** dahingehend, ob und in welcher Weise die direkten Steuern harmonisiert werden.[16] Das Ermessen wird allerdings zum einen durch das Erfordernis der Einstimmigkeit bei der Verabschiedung von auf Art. 115 AEU gestützten Maßnahmen und zum anderen durch die Rechtsordnung sowie die Aufgabenstellung der EU begrenzt. Soweit steuerliche Regelungen gegen das allgemeine Diskriminierungsverbot, die vertraglich zugesicherten Grundfreiheiten oder das Beihilfeverbot verstoßen, verfügt die EU nicht über einen Ermessensspielraum. Vielmehr ist sie in diesen Fällen zur Tätigkeit verpflichtet.[17] Ob die EU eine darüber hinausgehende Kompetenz zur Steuerharmonisierung hat, falls die Besteuerung in den Mitgliedstaaten den Wettbewerbsregeln des AEU-Vertrages zuwiderläuft, ist unter Berücksichtigung der **Erforderlichkeit** der Maßnahmen und des Subsidiaritätsprinzips zu beantworten. Das **Subsidiaritätsprinzip** (Art. 5 Abs. 3 EU) besagt, dass die EU innerhalb der Grenzen der ihr im AEU-Vertrag übertragenen Befugnisse und gesetzten Ziele tätig wird. In Bereichen, wie z. B. dem Steuerrecht, die nicht in ihre ausschließliche Zuständigkeit fallen, soll die EU nur tätig werden, sofern und soweit die Ziele der in Betracht gezogenen Maßnahmen wegen ihres Umfangs und ihrer Wirkung besser auf Ebene der EU als auf Ebene der Mitgliedstaaten erreicht werden können.[18] Zunächst ist es Aufgabe der Mitgliedstaaten, nicht den Vertragszielen entsprechende Regelungen anzupassen. Hierzu besteht grundsätzlich eine Verpflichtung (Art. 4 Abs. 3 AEU). Die EU sollte jedoch dann tätig werden, falls die Mitgliedstaaten vertragswidrige Regelungen nicht beseitigen oder nicht beseitigen können. Darüber hinaus ist auch dann eine Harmonisierung notwendig, wenn eine einheitliche Regelung zur Sicherung der Funktionsfähigkeit des Binnenmarkts erforderlich ist. Das Subsidiaritätsprinzip umfasst somit zwei Ebenen, die auch für die Steuerpolitik zu beachten sind: Die nationalen Gesetzgeber sind aufgefordert, im Alleingang steuerliche Vorschriften an die Erfordernisse des Binnenmarkts anzupassen. Soweit dies für einzelne Sachgebiete nicht ausreichend und wirksam gelingt,

---

[14] Vgl. Knobbe-Keuk, B., Unternehmenssteuerrecht, 1993, S. 335; Spetzler, W., DB 1993, S. 556; Kluge, V., Steuerrecht, 2000, S. 100.
[15] Vgl. Oppermann, T./Classen, C.D./Nettesheim, M., Europarecht, 2009, S. 582.
[16] Zum Ermessensspielraum der Gemeinschaft bei der auf Art. 115 AEU gestützten Angleichung von Rechtsvorschriften vgl. Arndt, H.-W./Fischer, K., Europarecht, 2008, S. 119 ff.
[17] Vgl. Voß, R., StuW 1993, S. 160.
[18] Vgl. Konow, G., DÖV 1993, S. 405 ff.; Oppermann, T./Classen, C.D., NJW 1993, S. 8.

ist zu prüfen, welche weitergehenden steuerlichen Maßnahmen auf Ebene der EU erforderlich sind.[19] Die durch den Lissabon-Vertrag eingeführte **verstärkte Zusammenarbeit** gem. Art. 326–334 AEU stellt eine weitere Möglichkeit der Koordinierung der direkten Steuern durch die Mitgliedstaaten dar. Dafür müssen mindestens neun Mitgliedstaaten zusammenarbeiten, ohne den Binnenmarkt oder den wirtschaftlichen, sozialen und territorialen Zusammenhalt der Union zu beeinträchtigen.[20] Damit kann die Handlungsfähigkeit der Union sichergestellt werden, wenn sich nicht alle Mitgliedsstaaten auf weitere integrative Maßnahmen einigen können.[21]

Dem Merkmal der Erforderlichkeit und vor allem dem Subsidiaritätsprinzip ist eine große psychologische Bedeutung beizumessen, die den Prozess der Rechtsangleichung nach Art. 115 AEU deutlich hemmt. Dementsprechend wird auch im Schrifttum die potenzielle Reichweite der auf diese Norm gestützten steuerlichen Maßnahmen sehr unterschiedlich beurteilt.[22] Letztendlich ist es allerdings eine politische Ermessensentscheidung, inwieweit eine auf Art. 115 AEU gestützte Rechtsangleichung erfolgt. Das Subsidiaritätsprinzip setzt diesbezüglich keine prinzipiellen Grenzen.[23]

B. Organisationsstruktur, Rechtsquellen, Rechtssetzungsverfahren und Gerichtsbarkeit in der EU

Die EU ist eine **Rechtsgemeinschaft** mit eigenständiger Rechtsordnung, die neben die nationalen Rechtsordnungen tritt.[24] Sie handelt durch ihre sieben Organe (Art. 13 EU). Diese sind

- das **Europäische Parlament,** dessen Abgeordnete direkt in den Mitgliedstaaten gewählt werden (Art. 223–234 AEU),
- der **Europäische Rat,** der aus den Regierungschefs und dem Präsident der Kommission besteht (Art. 235–236 AEU)
- der **Rat,** der aus den Regierungschefs oder den jeweils zuständigen Ministern besteht (Art. 237–243 AEU),
- die **Europäische Kommission,** die sich aus 27 Mitgliedern, jeweils eines pro Land, zusammensetzt (Art. 244–250 AEU),
- der **Europäische Gerichtshof,** der aus 27 Richtern, acht Generalanwälten und einem Gericht erster Instanz besteht (Art. 251–281 AEU),
- der **Europäischen Zentralbank,** welche die Währungspolitik der Union betreibt (Art. 282–284 AEU) sowie
- der **Rechnungshof,** der aus 27 Mitgliedern besteht (Art. 285–287 AEU).

Rechtsquellen des Gemeinschaftsrechts sind das primäre und das sekundäre Gemeinschaftsrecht. Das **primäre Gemeinschaftsrecht** besteht aus dem Vertragsrecht, den beigefügten Protokollen sowie den Beitrittsverträgen der erst später beigetretenen Staaten. Das **sekundäre Gemeinschaftsrecht** ist

---

[19] Vgl. Dautzenberg, N., BB 1993, S. 1563; Hey, J., Unternehmensbesteuerung, 1997, S. 100.
[20] Vgl. Hildebrandt, M., IWB, Fach 11, Europäische Union, Gruppe 2, S. 1029.
[21] Vgl. Leinen, J., Vertrag, 2010, S. 108 ff.
[22] Vgl. Schön, W., DStJG 2000, S. 216 ff. (weite Auslegung) und dagegen Zorn, N., DStJG 2000, S. 231 ff. (enge Auslegung).
[23] Vgl. Schön, W., DStJG 2000, S. 221 f.
[24] Vgl. noch für die EG Bogdandy, A. von/Nettesheim, M., EuR 1996, S. 3 ff. Vgl. für die EU Oppermann, T./Classen, C.D./Nettesheim, M., Europarecht, 2009, S. 60 ff.

1. Kapitel. Rechtsgrundlagen

das aus dem Vertragsrecht abgeleitete Recht und wird durch die Organe der EU gesetzt. Es umfasst Richtlinien, Verordnungen, Entscheidungen sowie Empfehlungen und Stellungnahmen. Als **supranationales Recht** überlagert das Gemeinschaftsrecht nicht nur die nationalen Rechtsordnungen der Mitgliedstaaten, sondern auch das Abkommensrecht, also die zwischen den Mitgliedstaaten abgeschlossenen DBA.[25] Die Mitgliedstaaten sind daran gebunden. Des Weiteren ist die unmittelbare Wirkung der Grundfreiheiten anerkannt, auf die sich jeder einzelne gegenüber den nationalen Behörden sowie Gerichten berufen kann.[26]

Relevanz für das sekundäre steuerliche Gemeinschaftsrecht haben vor allem **Richtlinien** (Art. 288 AEU). Richtlinien sind für jeden Mitgliedstaat, an den sie gerichtet sind, hinsichtlich des zu erreichenden Ziels verbindlich (Umsetzungspflicht). Sie überlassen jedoch den innerstaatlichen Stellen hinsichtlich der Umsetzung, für die zumeist eine zeitliche Frist gesetzt wird, die Wahl der Form und der Mittel (Art. 288 AEU).[27] Somit können bei der Transformation in innerstaatliches Recht die Besonderheiten der nationalen Rechtsordnungen berücksichtigt und eine Annäherung der Rechtsordnungen mit vergleichsweise geringer Kompetenzeinbuße der nationalen Gesetzgeber erreicht werden. Entsprechend dem Sinn und Zweck des Gemeinschaftshandelns, das kein europäisches Einheitsrecht anstrebt, dienen Richtlinien demnach dazu, in steuerlichen Bereichen, die für die Funktionsfähigkeit des Binnenmarkts materiell bedeutsam sind, gleichwertige nationale Rechte zu schaffen. Sie sind daher kein Instrument der Rechtsvereinheitlichung.[28] Die Zielsetzung der **Rechtsangleichung** wird durch die Bedeutung und Auslegung von Richtlinien unterstrichen. Der Erlass einer Richtlinie beschränkt in seinem Regelungsumfang grundsätzlich die Souveränitätsrechte der Mitgliedstaaten. Ein Unionsbürger oder ein Unternehmen kann sich bei nicht fristgerechter Umsetzung gegenüber innerstaatlichen, nicht richtlinienkonformen Bestimmungen auf die Richtlinie berufen, sofern die entsprechenden Vorschriften präzise formuliert und an keine weiteren Maßnahmen der Gemeinschaftsorgane oder der Mitgliedstaaten geknüpft sind. Damit wird dem allgemeinen Rechtsgedanken nach voller **Wirksamkeit des Gemeinschaftsrechts** (effet utile) Rechnung getragen.[29] Den einzelnen Richtlinien wird darüber hinaus eine weitgehende Schutzfunktion beigemessen. Denn ein Mitgliedstaat haftet für den Schaden, der einem Einzelnen durch Nichtumsetzung einer Richtlinie entsteht.[30] Jede nationale Rechtsvorschrift, die durch Transformation einer Richtlinie ergangen ist, ist nach deren Sinn und Zweck auszulegen. Entsprechende nationale Gesetze, so auch Steuergesetze, können folglich nicht autonom nach dem objektivierten Willen des nationalen Gesetzgebers ausgelegt

---

[25] Vgl. Wassermeyer, F., DStJG 1996, S. 155 f. Zum Verhältnis des deutschen Verfassungsrechts zum Europarecht vgl. Hirsch, G., DStJG 2000, S. 175 ff.
[26] Vgl. Arndt, H.-W./Fischer, K., Europarecht, 2008, S. 116 ff.
[27] I. d. R. geschieht die Umsetzung durch Gesetze oder Verordnungen. Reine Verwaltungsvorschriften stellen keine ordnungsgemäße Umsetzung dar. Vgl. Reiß, W., StuW 1994, S. 327 f.
[28] Vgl. Hommelhoff, P./Jansen, E., Europäische Integration, 1993, S. 22 f.
[29] Vgl. Arndt, H.-W./Fischer, K., Europarecht, 2008, S. 76 ff.
[30] Vgl. Saß, G., Einfluß, 1997, S. 397 ff. mit Rechtsprechungsnachweisen; Lausterer, M., IStR 2004, S. 642 f.

werden. Vielmehr bedarf die Auslegung eines nationalen Gesetzes einer Überprüfung anhand der Auslegung der Richtlinie.[31]

Eine geringe Bedeutung für die Rechtsangleichung im Steuerrecht – wohl aber im Zollrecht sowie neuerdings im Bilanzrecht[32] – haben **Verordnungen,** die in allen ihren Teilen verbindlich sind und in jedem Mitgliedstaat unmittelbar gelten, sowie die auf Einzelfallregelungen abstellenden Beschlüsse (Art. 288 AEU). **Empfehlungen** und **Stellungnahmen** haben keine rechtliche Bindungswirkung (Art. 288 AEU) und kommen daher für eine Rechtsangleichung prinzipiell nicht in Frage. Gleichwohl haben sie eine hohe psychologische Bedeutung und werden oftmals von den Adressaten freiwillig befolgt. Ihre Bedeutung darf daher auch für die steuerliche Rechtsangleichung nicht unterschätzt werden.

Die verbindlichen Rechtsakte (Verordnungen und Richtlinien) werden i. d. R. im Vorschlagsverfahren erlassen. Danach beschließt der Rat auf Vorschlag der Europäischen Kommission und nach obligatorischer Anhörung des Europäischen Parlaments. Wie bei allen steuerlichen Maßnahmen ist ein **einstimmiger Ratsbeschluss** erforderlich (Art. 113 und 114 Abs. 2 AEU), so dass sich der Rat als wichtigstes Beschlussorgan der EU erweist. Es bleibt abzuwarten, inwieweit die im Vertrag von Lissabon vorgesehene verstärkte Zusammenarbeit hier Fortschritte bringen kann. Dennoch kommt der Europäischen Kommission aufgrund des ihr zustehenden Initiativrechts bei der steuerlichen Rechtsetzung eine bedeutende Rolle zu. Des Weiteren fällt die Kontrolle der Einhaltung und Anwendung des Gemeinschaftsrechts in den Mitgliedstaaten in den Aufgabenbereich der Europäischen Kommission, weshalb sie gemeinhin als „Hüterin der Verträge" bezeichnet wird.[33]

Die alleinige Entscheidungskompetenz für die Auslegung des primären und des sekundären Gemeinschaftsrechts hat der **Europäische Gerichtshof (EuGH).** Dem EuGH kommt dabei in Bereichen, in denen kein sekundäres Gemeinschaftsrecht besteht, die Rolle eines Verfassungsgerichts zu. Auf dem Gebiet des sekundären Gemeinschaftsrechts fungiert er als letztinstanzliches Gericht.[34] Bei Verstößen nationaler Gesetze gegen Gemeinschaftsrecht kann zum einen die Europäische Kommission ein Vertragsverletzungsverfahren gegen den betreffenden Mitgliedstaat einleiten. Zum anderen kommen durch nationale Gerichte eingeleitete Vorabentscheidungsverfahren in Betracht. Zunächst ist es Aufgabe der nationalen Gerichte, über die Vereinbarkeit nationaler Rechtsvorschriften mit dem Gemeinschaftsrecht zu entscheiden. Bestehen jedoch Zweifel dahingehend, wie Gemeinschaftsrecht auszulegen ist oder ob nationale Rechtsnormen mit diesem vereinbar sind, so kann ein nationales Gericht die Frage dem EuGH zur Vorabentscheidung vorlegen. Während die Einleitung eines derartigen Verfahrens durch nichtletztinstanzliche Gerichte (z. B. Finanzgerichte) dem richterlichen Ermessen unterliegt,[35] sind letztinstanzliche Gerichte (z. B. Bundesfinanzhof) zur Vorlage verpflichtet (Art. 267

---

[31] Vgl. Meilicke, W., BB 1992, S. 973 ff.; Schön, W., Auslegung, 1993, S. 35.
[32] Vgl. Verordnung (EU) Nr. 1606/2002 des Europäischen Parlaments und des Rates v. 19. 7. 2002, Abl. 2002 Nr. L 243, S. 1.
[33] Zum Rechtsetzungsverfahren in der Gemeinschaft vgl. Arndt, H.-W./Fischer, K., Europarecht, 2008, S. 89 ff.
[34] Vgl. Vanistendael, F., Europäischer Gerichtshof, 1997, S. 1022 ff.
[35] Vgl. Dautzenberg, N., RIW 1995, S. 519 f.

1. Kapitel. Rechtsgrundlagen

AEU), sofern nicht die richtige Anwendung des Gemeinschaftsrechts ausnahmsweise offenkundig ist oder die Frage gemeinschaftsrechtlich nicht entscheidungserheblich ist, bereits Gegenstand einer Vorabentscheidung war oder dazu eine gesicherte Rechtsprechung des EuGH vorliegt.[36] Für die Auslegung des Gemeinschaftsrechts ist der EuGH auch dann zuständig, wenn der in Frage stehende Sachverhalt nicht unmittelbar einer europarechtlichen Regelung unterliegt, die nationalen Gesetzgeber Richtlinienbestimmungen aber auf rein innerstaatliche Vorgänge analog anwenden.[37] Das Urteil des EuGH bindet die nationalen Gerichte bezüglich der Vorlagefrage. Eine **einheitliche Anwendung des Gemeinschaftsrechts** ist somit gesichert.

Kerninhalte von **Vorabentscheidungsverfahren** sind unterbliebene oder fehlerhafte Umsetzungen von Richtlinien sowie Verletzungen der durch den AEU-Vertrag zugesicherten Grundfreiheiten. Obwohl sich das Gemeinschaftsrecht an die Mitgliedstaaten wendet, kann sich auch ein Steuerpflichtiger wegen des Vorrangs des Gemeinschaftsrechts auf die unmittelbare Wirkung von Richtlinien berufen, wenn er deren nicht ordnungs- oder fristgemäße Umsetzung in nationales Recht geltend machen will.[38] Dieser Rechtsschutz besteht unabhängig von der Befugnis der Kommission, gegen den betreffenden Staat ein Vertragsverletzungsverfahren einzuleiten.[39] Eine besonders wichtige Rolle erwächst dem EuGH in der Überwachung der Einhaltung der Grundfreiheiten. Insbesondere zur Gleichbehandlung von EU-Ausländern mit Inländern bei inländischen Investitionen, aber auch zunehmend zur Gleichstellung von ausländischen mit inländischen Investitionen bei Inländern, sind zahlreiche Urteile ergangen. Dadurch wurden die Grundfreiheiten zu umfassenden Diskriminierungs- und Beschränkungsverboten entwickelt. Beeinträchtigungen der Grundfreiheiten werden bereits dann angenommen, wenn die bloße (potenzielle) Gefahr besteht, dass eine nationale Steuervorschrift zum Nachteil ausländischer Unionsbürger bzw. ausländischer Investitionen wirkt. Wesentliche Elemente der Steuersysteme in den Mitgliedstaaten sind somit in Frage gestellt,[40] wobei einschlägige Urteile häufig Gesetzesänderungen in mehreren Mitgliedstaaten nach sich ziehen. In Anbetracht der Tatsache, dass für die Verabschiedung steuerlicher Rechtsakte ein einstimmiger Beschluss erforderlich ist, kommt dem EuGH bei der Rechtsklärung, Rechtsfortentwicklung und Rechtsangleichung innerhalb der EU mittlerweile eine zentrale Rolle zu.

Zusammenfassend ist festzuhalten: Zum einen sind die Steuern in den Mitgliedstaaten so zu gestalten, dass sie zu keiner Beeinträchtigung der vertraglich zugesicherten Grundfreiheiten führen. Auf die Beseitigung diskriminierender Tatbestände wird die Rechtsprechung des EuGH vermutlich weiterhin großen Einfluss nehmen. Zum anderen erfordert die Verwirklichung der Zielsetzungen des AEU-Vertrages eine Beseitigung von Unterschieden

---

[36] Vgl. Hirsch, G., Finanzgerichtsbarkeit, 1999, S. 103 ff.
[37] Vgl. Schön, W., DStJG 1996, S. 197 f.
[38] Vgl. Höfner, K. D., RIW 1997, S. 55.
[39] Vgl. Fischer, L., StbKR 1993, S. 49 f.
[40] Vgl. Hey, J., StuW 2004, S. 193 ff.; Rödder, T., DStR 2004, S. 1629 ff.; Schön, W., IStR 2004, S. 289 ff.; Thiel, J., DB 2004, S. 2603 ff.; Spengel, C./Braunagel, R. U., StuW 2006, S. 34 ff.; Brombach-Krüger, M., Ubg 2009, S. 335 ff.; Saleh, L., Steuer-Stud 2010, S. 121 ff.

zwischen den Steuersystemen der Mitgliedstaaten in dem Maße, in dem Wettbewerbsverzerrungen in anderen Bereichen abgebaut werden. Zum Handeln aufgefordert sind neben der EU auch die Mitgliedstaaten, da sie zur Erfüllung der Vertragsziele verpflichtet sind. Die Harmonisierung der Steuersysteme wird sich jedoch als schwierig erweisen. Denn nach wie vor zählt die Finanzhoheit zu den Kernbereichen mitgliedstaatlicher Souveränität. Innerhalb der Regelungen des AEU-Vertrages ist es jedem Mitgliedstaat überlassen, mit welchen Steuern und in welcher Höhe er die Steuersubjekte belastet. Des Weiteren ist die Angleichung der direkten und der indirekten Steuern nur durch eine einstimmige Beschlussfassung möglich. Letztendlich werden sich aufgrund der Kompetenzordnung des Gemeinschaftsrechts somit nur politisch tragfähige, pragmatische Lösungen durchsetzen können. Eine solche pragmatische Lösung stellt die Entwicklung einer gemeinsamen konsolidierten Besteuerungsgrundlage dar.[41] Eine gewisse Kongruenz der Steuersysteme – nicht jedoch ein dem Sinn und Zweck des Gemeinschaftsrechts und -handelns entgegenstehendes Einheitssteuersystem – ist erforderlich, wenn die Errichtung einer Wirtschafts- und Währungsunion ein ernst zu nehmendes Ziel sein soll.

2. Kapitel. Überblick über die Unternehmensbesteuerung und ihre Belastungswirkungen in den Mitgliedstaaten

A. Grundlagen

Die wichtigsten Unternehmenssteuern sind die Einkommen- und Körperschaftsteuer, die in einigen Mitgliedstaaten durch unterschiedliche meist lokale Substanz-, Ertrag- oder Wertschöpfungsteuern ergänzt werden.

Bei der **Einkommen- und Körperschaftsteuer** ist nicht das Unternehmen Steuergegenstand, als Personensteuern belasten sie vielmehr die Steuersubjekte natürliche oder juristische Person. Dieses **duale System,** das von einer Besteuerung der natürlichen und juristischen Person ausgeht und beide Bereiche systematisch voneinander trennt, gilt im Grundsatz weltweit[1] und kommt auch in allen Mitgliedstaaten zur Anwendung.

Einzelunternehmen sind rechtlich nicht verselbständigt. Deshalb werden die im Unternehmen erwirtschafteten Gewinne unmittelbar bei der dahinterstehenden natürlichen Person in Form von gewerblichen Einkünften (business income) der Einkommensteuer unterworfen **(Einheitsprinzip, flow-through taxation).** Schuldrechtliche Vertragsbeziehungen zwischen dem Einzelunternehmen und seinem Inhaber sind zivilrechtlich und damit auch steuerrechtlich nicht möglich. Abgesehen von länderspezifischen Besonderheiten im Rahmen von schedularen Einkommensteuersystemen ergibt sich die Einkommensteuer als Ergebnis aus der Bemessungsgrundlage für die (gewerblichen) Einkünfte multipliziert mit dem Einkommensteuersatz. Die Höhe der Tarifbelastung ist dabei grundsätzlich unabhängig von der Gewinn-

---

[41] Siehe hierzu 4. Kapitel, Abschnitt E.
[1] Vgl. Ault, H.J./Arnold, B.J. (Hrsg.)., Comparative, 2010, S. 331 ff.

verwendung.² Verluste aus dem Einzelunternehmen werden dem Inhaber unmittelbar zum Ausgleich bzw. Abzug zugerechnet.

Im Gegensatz dazu wird bei **Kapitalgesellschaften** streng zwischen der Ebene der Gesellschaft und derjenigen der Gesellschafter unterschieden. Das **Trennungsprinzip (deferral principle)** ist ebenfalls ein weltweit akzeptierter Grundsatz bei der Besteuerung von Kapitalgesellschaften, die als juristische Personen selbständig körperschaftsteuerpflichtig sind.³ Getrennt davon unterliegen die Gesellschafter je nach Rechtsform entweder als natürliche Personen der Einkommensteuer oder als juristische Personen der Körperschaftsteuer. Als Konsequenz der rechtlichen Trennung zwischen den einzelnen Rechtssubjekten werden die Gewinne und auch die Verluste einer Kapitalgesellschaft nicht unmittelbar den Gesellschaftern zugerechnet. Die Gesellschafter beziehen vielmehr grundsätzlich erst in dem Zeitpunkt steuerpflichtige Einkünfte, in dem die Kapitalgesellschaft die von ihr erwirtschafteten Gewinne ausschüttet.

Aus rechtssystematischer Sicht werden die ausgeschütteten Gewinne einer Kapitalgesellschaft somit bei zwei verschiedenen Steuersubjekten besteuert. Die daraus resultierende Doppelbesteuerung wird bei körperschaftsteuerpflichtigen Gesellschaftern grundsätzlich vollständig vermieden. Hierhinter verbirgt sich die international anerkannte Grundwertung, dass Gewinne von Kapitalgesellschaften nur einmal mit Körperschaftsteuer belastet werden sollen. Dies geschieht entweder wie in Deutschland durch eine Freistellung von Dividenden bei der körperschaftsteuerlichen Bemessungsgrundlage oder in weitaus weniger Ländern durch eine Anrechnung der auf den Dividenden lastenden Körperschaftsteuer auf die eigene Körperschaftsteuer. Dagegen ist bei einkommensteuerpflichtigen Gesellschaftern eine prinzipielle Wertentscheidung zu treffen, ob man die Kapitalgesellschaft völlig unabhängig von den dahinter stehenden natürlichen Personen besteuert oder ob man die körperschaftsteuerliche Vorbelastung der Dividenden vollständig durch Anrechnung oder Freistellung von Dividenden berücksichtigt oder andere, i. d. R. pauschalere Entlastungsmaßnahmen vorsieht. Diese Ausgestaltung des **Körperschaftsteuersystems** wird von den einzelnen Mitgliedstaaten unterschiedlich gelöst.

Schließlich ermöglicht die zivilrechtliche Trennung zwischen einer Kapitalgesellschaft und ihren Gesellschaftern schuldrechtliche Vertragsbeziehungen außerhalb des Gesellschaftsverhältnisses. Dienst-, Miet- bzw. Pacht-, Darlehens-, Lizenz- und Beratungsverträge sowie Veräußerungsgeschäfte zwischen der Kapitalgesellschaft und ihren Gesellschaftern werden durch die Anknüpfung an das Zivilrecht auch im Steuerrecht dem Grunde nach anerkannt. Die von der Kapitalgesellschaft gezahlten Vergütungen mindern ihren Gewinn und unterliegen beim Gesellschafter der Einkommen- bzw. Körperschaftsteuer. Die einkommen- bzw. körperschaftsteuerliche Qualifikation der Entgelte orientiert sich dabei an den allgemeinen Abgrenzungskriterien des nationalen Einkommen- und Körperschaftsteuerrechts.⁴

---
² Eine Ausnahme stellt insoweit die in Deutschland anzutreffende Thesaurierungsbegünstigung (§ 34a EStG) dar.
³ Vgl. Harris, P. A., Taxation, 1996, S. 51 f.
⁴ Vgl. dazu rechtsvergleichend Ault, H.J./Arnold, B.J. (Hrsg)., Comparative, 2010, S. 195 ff.

Personengesellschaften sind Vereinigungen, in denen die Mitglieder einen gemeinsamen wirtschaftlichen Zweck erreichen wollen und dabei auf die gegenseitige, meist persönliche Unterstützung vertrauen. Die Mitgliedschaft in einer Personengesellschaft ist dementsprechend auf den einzelnen Gesellschafter zugeschnitten. Der Gesellschafter haftet persönlich für Gesellschaftsschulden und ist selbst Träger gemeinschaftlicher Rechte und Pflichten. Die Personengesellschaft als solche besitzt keine umfassende, sondern eine auf Teilbereiche beschränkte Rechtsfähigkeit.

Die deutschen Grundformen der Personengesellschaft – BGB-Gesellschaft, offene Handelsgesellschaft und Kommanditgesellschaft – sind zugleich in fast allen Ländern verbreitet. Eine einheitliche Wertung dieser Unternehmensform erfolgt jedoch nicht. Bereits zivilrechtlich nimmt die Personengesellschaft eine Zwischenstellung zwischen dem unselbständigen Einzelunternehmen und der uneingeschränkt rechtsfähigen Kapitalgesellschaft ein. Während ihr einige Länder die volle Rechtsfähigkeit zuerkennen, gewähren ihr andere Länder nur eine partielle oder gar keine Rechtsfähigkeit. Diese unterschiedlichen Wertungen setzen sich im Steuerrecht fort. Folgende Möglichkeiten bestehen:

– Es besteht ebenso wie im Zivilrecht einerseits die Möglichkeit, die Gesellschaft als Steuersubjekt anzuerkennen, d.h. sie und ihre Gesellschafter entsprechend der für Kapitalgesellschaften bestehenden Regelungen zu besteuern **(Trennungsprinzip)**.
– Andererseits kann die Gesellschaft als transparent angesehen werden, d.h. dass im Rahmen der Besteuerung nicht auf die Gesellschaft, sondern auf ihre Gesellschafter selbst zurückgegriffen wird. Dieses sog. **Transparenzprinzip** bzw. Mitunternehmerkonzept findet in zahlreichen Ländern Anwendung.
– Daneben gibt es Länder, die der Personengesellschaft bzw. ihren Gesellschaftern unabhängig von ihrer zivilrechtlichen Einordnung die **Option** einräumen, entweder nach dem Trennungs- oder nach dem Transparenzprinzip besteuert zu werden.

2. Kapitel. Unternehmensbesteuerung in den Mitgliedstaaten

Abbildung 2: Besteuerung von Personengesellschaften in den EU-Mitgliedstaaten

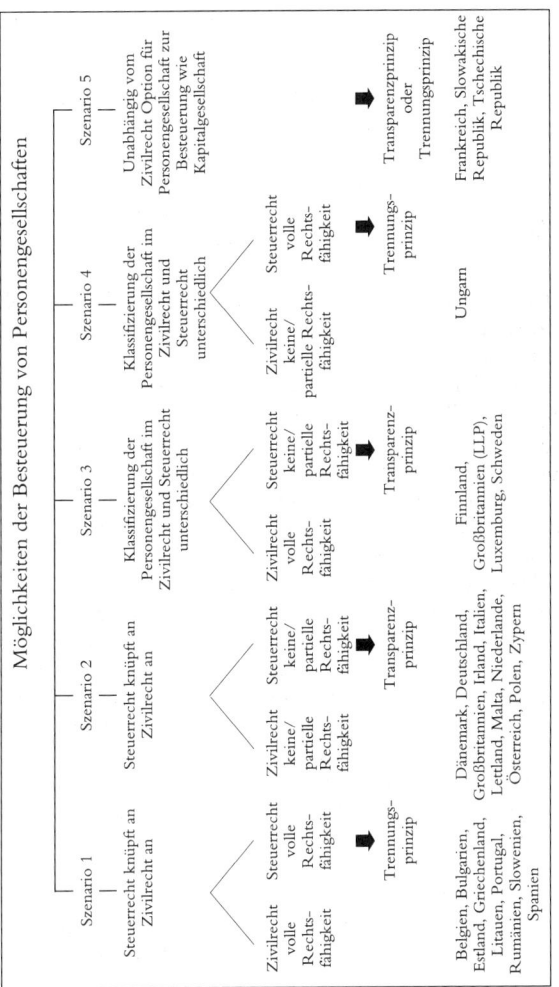

In Abhängigkeit von der zivil- und steuerrechtlichen Qualifikation bzw. vom Verhältnis zwischen Steuerrecht und Zivilrecht können sich rechtsvergleichend fünf Szenarien ergeben, deren konkrete Belegung durch die EU-Mitgliedstaaten in Abbildung 2 dargestellt sind.[5] In der Mehrzahl der EU-Mitgliedstaaten folgt die steuerrechtliche Qualifikation von Personengesellschaften ihrer zivilrechtlichen Einordnung (Szenario 1 und 2). Dabei wird im Steuerrecht Personengesellschaften mehrheitlich keine oder nur eine partielle Rechtsfähigkeit zuerkannt (Szenario 2 und 3). Diese Zwischenstellung der

---
[5] Vgl. Spengel, C./Schaden, M./Wehrße, M., StuW 2010, S. 46 ff. Siehe auch Hey, J./Bauersfeld, H., IStR 2005, S. 649 ff.; Hermann, R. A., Personengesellschaften, 2006, S. 321.

Personengesellschaft, also dass keine oder nur eine partielle Rechtsfähigkeit anerkannt wird (so bspw. in Deutschland), wird insbesondere im Rahmen der grenzüberschreitenden Besteuerung von Personengesellschaften zur Kernproblematik.

Bei der Einkommen- und Körperschaftsteuer ergeben sich zusammengefasst also systembedingte Unterschiede bei der Unternehmensbesteuerung, die aus dem dualen System bzw. unterschiedlichen steuerlichen Anknüpfungspunkten resultieren. Ausschlaggebend sind die unterschiedlichen Besteuerungskonzeptionen für Personengesellschaften. Eckpunkte bilden insoweit länderübergreifend die Besteuerungskonzepte für Einzelunternehmen und Kapitalgesellschaften. Bei der Besteuerung der Personengesellschaften ist festzustellen, dass sich die länderspezifischen Lösungsansätze entweder stärker dem Kapitalgesellschaftskonzept (Trennungsprinzip) oder dem Konzept für Einzelunternehmen annähern (Transparenzprinzip), ohne diese Eckpunkte allerdings zu verschieben.

Bei der Ermittlung der **Bemessungsgrundlagen** bestehen zwischen der Einkommen- und Körperschaftsteuer innerhalb der einzelnen Länder zwar Unterschiede im Umfang des Betriebsvermögens von Einzelunternehmen, Kapital- und Personengesellschaften, nicht jedoch bei der Bewertung des Vermögens. Insoweit sind auch die länderspezifischen Bemessungsgrundlagendifferenzen zwischen den Gesellschaftsformen nicht gravierend. Dagegen sind die **Tarife** der Einkommen- und Körperschaftsteuer im jeweiligen Land unterschiedlich und damit für Belastungsdifferenzen bedeutsamer.

Betrachtet man dagegen die Steuerbelastung der verschiedenen Unternehmensrechtsformen im zwischenstaatlichen Vergleich, so ergeben sich von Land zu Land erhebliche Unterschiede hinsichtlich der Steuerarten, Bemessungsgrundlagen, Tarife und der Ausgestaltung der Körperschaftsteuersysteme. Hinzu kommen unterschiedliche Investitionsvergünstigungen (tax incentives). Diese Sachverhalte werden im Folgenden etwas näher beleuchtet. Da der Einfluss der Steuerarten, Bemessungsgrundlagen und Investitionsvergünstigungen auf die Belastungsunterschiede zwischen den Unternehmensrechtsformen innerhalb der Länder eher von untergeordneter Bedeutung ist, muss im zwischenstaatlichen Vergleich nicht mehr zwischen den Unternehmensrechtsformen unterschieden werden. Der EU-weite Vergleich konzentriert sich deshalb auf die Betrachtung von Kapitalgesellschaften, die im internationalen Bereich die bedeutsamste Unternehmensrechtsform darstellen.

B. Einkommen- und Körperschaftsteuer

I. Bemessungsgrundlage (Gewinnermittlungsvorschriften)

Die ertragsteuerlichen Bemessungsgrundlagen leiten sich in allen Mitgliedstaaten aus den handelsrechtlichen Rechnungslegungsvorschriften ab. Zwischen beiden Rechnungslegungskreisen bestehen Verbindungen; EU-weit ist eine mehr oder weniger stark ausgeprägte Maßgeblichkeit der handelsrechtlichen für die steuerliche Gewinnermittlung der Regelfall.[6] Die Rahmenbe-

---

[6] Vgl. CEPS (Hrsg.), Tax Base, 2005; Schön, W., Maßgeblichkeit, 2005, S. 6 f.; Oestreicher, A./Spengel, C., ET 2007, S. 437 ff.

2. Kapitel. Unternehmensbesteuerung in den Mitgliedstaaten

dingungen der steuerlichen Gewinnermittlung weisen deshalb größere Gemeinsamkeiten auf. So bilden die Anschaffungs- und Herstellungskosten den grundlegenden Maßstab zur Bewertung von Wirtschaftsgütern. Die Periodisierung der Aufwendungen und Erträge folgt dem Realisationsprinzip. Systemtragende Prinzipien der steuerlichen Gewinnermittlung sind ferner die Grundsätze der Objektivierung und Rechtssicherheit sowie das Nettoprinzip.[7] Bei einzelnen Bilanzpositionen und Geschäftsvorfällen bestehen dagegen unterschiedliche Detailregelungen, die in Tabelle 3[8] aufgeführt sind und nachfolgend erörtert werden.

---

[7] Vgl. Schön, W., ET 2004, S. 440; CEPS (Hrsg.), Tax Base, 2005 m. w. N.; Oestreicher, A./Spengel, C., ET 2007, S. 437 ff.

[8] Vgl. CEPS (Hrsg.), Tax Base, 2005; Endres, D./Oestreicher, A./Scheffler, W./Spengel, C., Corporate Taxable Income, 2007; IBFD, Tax Handbook, 2009.

Tabelle 3: Gewinnermittlungsvorschriften in der EU

	AT	BE	BG	CY	CZ	DE	DK	EE[a]	ES	FI
Maßgeblichkeit der Handels- für die Steuerbilanz	Ja	Ja	Ja	Ja	Ja	Ja	Ja	Ja	Ja	Ja
Abschreibung										
Firmenwert										
Methode	Linear	Linear	Nicht abschreibbar	Nicht abschreibbar	Linear	Linear	Linear	IFRS	Linear	Linear
Dauer (Jahre)	15	5	–	–	15	15	7	–	20	10
Prozentsatz, falls degressiv	–	–	–	–	–	–	–	–	–	–
Immaterielle Wirtschaftsgüter										
Methode	Linear	Linear	Linear	Linear	Linear	Linear	Sofortabschreibung	IFRS	Linear/ Degressiv 1,5– 2,5 × linear	Linear
Prozentsatz, falls degressiv	–	–	–	–	–	–	–	–		–
Bürogebäude										
Methode	Linear	Linear/ Degressiv	Linear	Linear	Linear/ Beschleunigt	Linear	Nicht abschreibbar	IFRS	Linear	Degressiv
Dauer (Jahre)	50	33,3	25	33,3	50	33,3	–	–	50	–
Prozentsatz, falls degressiv	–	6%	–	–	2%[b]	–	–	–	–	4%

[a] In Estland wird keine gesonderte steuerliche Gewinnermittlung vorgenommen. Der Besteuerung unterliegen ausgeschüttete Gewinne, die gemäß IFRS ermittelt werden.
[b] Der Abschreibungssatz beträgt in der ersten Periode 2% und in den Folgeperioden das Zweifache des Restbuchwerts geteilt durch 51 abzüglich der Anzahl der Jahre, in denen das Wirtschaftsgut bereits abgeschrieben wurde.

	AT	BE	BG	CY	CZ	DE	DK	EE	ES	FI
Industriegebäude Methode	Linear	Linear/ Degressiv	Linear	Linear	Linear/ Beschleunigt	Linear	Linear	IFRS	Linear	Degressiv
Dauer (Jahre) Prozentsatz, falls degressiv	33,3 Linear	20 10%	25 –	25 –	nigt 30 3,33%c)	33,3 –	25 –		33,3 –	– 7%
Bewegliche Wirtschaftsgüter Methode	Linear	Linear/ Degressiv	Linear	Linear	Linear/ Degressiv	Linear	Degressiv (Pool-Methode)	IFRS	Linear/ Degressiv	Degressiv (Pool-Methode)
Prozentsatz, falls degressiv	–	max. 40%	–	–	2%d)	25%	max. 25%	–	1,5–2,5 x linear	max. 25%
Übergang von degressiv auf linear zulässig	–	Ja	–	–	Ja	Ja	Nein	–	Ja	Ja
Maximale Kosten bei Sofortabschreibung geringwertiger Wirtschaftsgüter (Euro)	400	–	358	–	1265	150	1653	–	–	850
Vorräte	FIFO/ LIFO/ Durchschnitt	FIFO/ LIFO/ Durchschnitt	FIFO/ LIFO/ Durchschnitt	FIFO/ Durchschnitt	FIFO/ Durchschnitt	LIFO/ Durchschnitt	FIFO/ Durchschnitt	FIFO/ Durchschnitt	FIFO/ Durchschnitt	FIFO
Rückstellungen für ungewisse Verbindlichkeiten	Konkretisierung	Konkretisierung	Verbot	Konkretisierung	Verbot	Konkretisierung	Verbot	Begrenzt	Konkretisierung	Verbot mit Ausnahmen

c) Der Abschreibungssatz beträgt in der ersten Periode 3,33% und in den Folgeperioden das Zweifache des Restbuchwerts geteilt durch 31 abzüglich der Anzahl der Jahre, in denen das Wirtschaftsgut bereits abgeschrieben wurde
d) Der Abschreibungssatz beträgt in der ersten Periode 25% und in den Folgeperioden das Zweifache des Restbuchwerts geteilt durch 6 abzüglich der Anzahl der Jahre, in denen das Wirtschaftsgut bereits abgeschrieben wurde

	AT	BE	BG	CY	CZ	DE	DK	EE	ES	FI
Pensionsverpflichtungen	Rückstellung Pension fund	Pension fund	Pension fund	Pension fund	Pension fund	Rückstellung Pension fund	Pension fund	Pension fund	Pension fund	Pension fund
Verlustabzug Vortrag (Jahre) Rücktrag (Jahre)	Unbegrenzt –	Unbegrenzt –	5 –	Unbegrenzt –	5 –	Unbegrenzt 1	Unbegrenzt –	– –	15 –	10 –
Veräußerungsgewinne	Übertragung Befreiung	Übertragung Befreiung	Übertragung Befreiung	Befreiung Indexierung Im Einzelfall höherer Steuersatz	Übertragung Befreiung	Übertragung Befreiung	Übertragung Befreiung	–	Übertragung Befreiung Indexierung	Übertragung Befreiung

2. Kapitel. Unternehmensbesteuerung in den Mitgliedstaaten

	FR	GR	HU	IE	IT	LT	LU	LV
Maßgeblichkeit der Handels- für die Steuerbilanz	Ja	Ja	Ja	Ja	Ja	Ja	Ja	Ja
Abschreibung								
Firmenwert								
Methode	Nicht abschreibbar	Linear	Linear	Nicht abschreibbar	Linear	Linear	Linear	Nicht abschreibbar
Dauer (Jahre)	–	5	5	–	18	15	10	–
Prozentsatz, falls degressiv	–	–	–	–	–	–	–	–
Immaterielle Wirtschaftsgüter								
Methode	Linear	Linear	Linear	Linear	Linear	Degressiv	Linear	Linear
Prozentsatz, falls degressiv	–	–	–	–	–	66,67	–	–
Bürogebäude								
Methode	Linear	Linear	Linear	Nicht abschreibbar	Linear	Linear/ Degressiv	Linear	Degressiv
Dauer (Jahre)	20	20–30	50	–	25	8	33,3–50	–
Prozentsatz, falls degressiv	–	–	–	–	–	25%	–	10%
Industriegebäude								
Methode	Linear	Linear	Linear	Linear	Linear	Linear/ Degressiv	Linear	Degressiv
Dauer (Jahre)	20	12,5–20	50	25	25	8	20–25	–
Prozentsatz, falls degressiv	–	–	–	–	–	25%	–	10%

	FR	GR	HU	IE	IT	LT	LU	LV
Bewegliche Wirtschaftsgüter								
Methode	Linear/ Degressiv	Linear/ Degressiv	Linear	Linear	Linear	Linear/ Degressiv	Linear/Degressiv	Degressiv (Pool-Methode)
Prozentsatz, falls degressiv	1,75–2,75 × linear	3 × linear	–	–	–	40%	Max. 30%	40%
Übergang von degressiv auf linear zulässig	Ja	–	–	–	–	Ja[e]	Ja	–
Maximale Kosten bei Sofortabschreibung geringwertiger Wirtschaftsgüter (Euro)	500	1200	366	–	516	–	870	71
Vorräte	FIFO/Durchschnitt	FIFO/LIFO/ Durchschnitt	FIFO/Durchschnitt	FIFO/Durchschnitt	FIFO/LIFO/ Durchschnitt	FIFO/Durchschnitt	FIFO/HIFO/ LIFO/ Durchschnitt	FIFO/Durchschnitt
Rückstellungen für ungewisse Verbindlichkeiten	Konkretisierung	Verbot	Verbot	Konkretisierung	Verbot mit Ausnahmen	Verbot	Konkretisierung	Verbot
Pensionsverpflichtungen	Pension fund	Pension fund	Pension fund	Pension fund	Pension fund	Pension fund	Rückstellung/Pension fund	Pension fund
Verlustabzug								
Vortrag (Jahre)	Unbegrenzt	5	Unbegrenzt	Unbegrenzt	5	Unbegrenzt	Unbegrenzt	5
Rücktrag (Jahre)	3	–	–	1	–	–	–	–

[e] Der Wechsel der Methode muss allerdings für alle beweglichen Wirtschaftsgüter einheitlich erfolgen.

	FR	GR	HU	IE	IT	LT	LU	LV
Veräußerungsgewinne	Übertragung Im Einzelfall reduzierter Steuersatz	Übertragung	Übertragung Befreiung	Übertragung Befreiung	Übertragung Befreiung	Befreiung	Übertragung Befreiung	Übertragung Befreiung

	MT	NL	PL	PT	RO	SE	SK	SL	UK
Maßgeblichkeit der Handels- für die Steuerbilanz	Ja	Ja	Ja	Ja	Ja	Ja	Ja	Ja	Ja
Abschreibung									
Firmenwert									
Methode	Nicht abschreibbar	Linear	Linear	Nicht abschreibbar	Nicht abschreibbar	Linear/Degressiv	Nicht abschreibbar	Nicht abschreibbar	Nicht abschreibbar
Dauer (Jahre)	–	10	5	–	–	5	–	–	–
Prozentsatz, falls degressiv	–	–	–	–	–	Max. 30%	–	–	–
Immaterielle Wirtschaftsgüter									
Methode	Linear	Linear	Linear	Linear	Linear/Degressiv	Linear/Degressiv	Linear	Linear	Degressiv (Pool-Methode)
Prozentsatz, falls degressiv	–	–	–	–	1,5–2,5 × linear	Max. 30%	–	–	25%
Bürogebäude									
Methode	Linear	Linear	Linear	Linear	Linear	Linear	Linear/Beschleunigt	Linear	Nicht abschreibbar
Dauer (Jahre)	45	40	40	50	40	50	20	33,3	–
Prozentsatz, falls degressiv	–	–	–	–	–	–	5%[f]	–	–
Industriegebäude									
Methode	Linear	Linear	Linear	Linear	Linear	Linear	Linear/Beschleunigt	Linear	Linear

[f] Der Abschreibesatz beträgt in der ersten Periode 5% und in den Folgeperioden das Zweifache des Restbuchwerts geteilt durch 21 abzüglich der Anzahl der Jahre, in denen das Wirtschaftsgut bereits abgeschrieben wurde.

2. Kapitel. Unternehmensbesteuerung in den Mitgliedstaaten

	MT	NL	PL	PT	RO	SE	SK	SL	UK
Dauer (Jahre)	45	40	40	20	40	25	20	33,3	50
Prozentsatz, falls degressiv	–	–	–	–	–	–	5%g)	–	–
Bewegliche Wirtschaftsgüter									
Methode	Linear	Linear	Linear/Degressiv	Linear/Degressiv	Linear/Degressiv	Linear/Degressiv	Linear/Beschleunigt	Linear	Degressiv (Pool-Methode)
Prozentsatz, falls degressiv	–	–	Max. 2 × linear	1,5–2,5 × linear	1,5–2,5 × linear	Max. 30%	16,67%h)	–	25%
Übergang von degressiv auf linear zulässig	–	–	–	–	Ja	Ja	Ja	–	Nein
Maximale Kosten bei Sofortabschreibung geringwertiger Wirtschaftsgüter (Euro)	–	450	852	200	–	2087	Bis 1660	500	1128
Vorräte	FIFO/Durchschnitt	FIFO/LIFO/Durchschnitt	FIFO/LIFO/Durchschnitt	FIFO/LIFO/Durchschnitt	FIFO/LIFO/Durchschnitt	97% FIFO	FIFO/Durchschnitt	FIFO/Durchschnitt	FIFO/Durchschnitt
Rückstellungen für ungewisse Verbindlichkeiten	Verbot	Konkretisierung	Verbot	Verbot mit Ausnahmen	Verbot mit Ausnahmen	Verbot	Verbot mit Ausnahmen	Begrenzt	Konkretisierung
Pensionsverpflichtungen	Pension fund	Rückstellung/Pension fund	Pension fund	Pension fund	Pension fund	Rückstellung/Pension fund	Pension fund	Pension fund	Pension fund

g) Der Abschreibesatz beträgt in der ersten Periode 5% und in den Folgeperioden das Zweifache des Restbuchwerts geteilt durch 21 abzüglich der Anzahl der Jahre, in denen das Wirtschaftsgut bereits abgeschrieben wurde.

h) Der Abschreibungssatz beträgt in der ersten Periode 16,67% und in den Folgeperioden das Zweifache des Restbuchwerts geteilt durch sieben abzüglich der Anzahl der Jahre, in denen das Wirtschaftsgut bereits abgeschrieben wurde.

	MT	NL	PL	PT	RO	SE	SK	SL	UK
Verlustabzug									
Vortrag (Jahre)	Unbegrenzt	9	5	6	7	Unbegrenzt	5	Unbegrenzt	Unbegrenzt
Rücktrag (Jahre)	1	–	–	–	–	–	–	–	1
Veräußerungsgewinne	Übertragung Befreiung Indexierung	Übertragung Befreiung	Übertragung	Übertragung Indexierung	–	Übertragung Befreiung	Übertragung	Übertragung Befreiung	Übertragung Befreiung Indexierung

2. Kapitel. Unternehmensbesteuerung in den Mitgliedstaaten 119

(1) Firmenwert: Für einen derivativen Firmenwert dürfen in elf Mitgliedstaaten (Bulgarien, Frankreich, Großbritannien, Irland, Lettland, Malta, Portugal, Rumänien, Slowakische Republik, Slowenien und Zypern) keine steuerlichen Abschreibungen verrechnet werden. Ansonsten wird ein derivativer Firmenwert grundsätzlich linear über Nutzungsdauern zwischen fünf und 20 Jahren abgeschrieben. Da die Abschreibung des Firmenwerts insbesondere bei Unternehmenskäufen und -zusammenschlüssen bedeutsam ist, sind die entsprechenden Vorschriften für die laufende Besteuerung nur von untergeordneter Bedeutung.

(2) Immaterielle Wirtschaftsgüter: Entgeltlich erworbene immaterielle Wirtschaftsgüter wie z. B. Patente sind in allen Mitgliedstaaten über die betriebsgewöhnliche Nutzungsdauer abschreibungsfähig. Mit Ausnahme von Großbritannien, Litauen, Rumänien, Schweden und Spanien, die eine degressive Abschreibung vorsehen, wird linear abgeschrieben.

(3) Gebäude: Bei der Abschreibung von Gebäuden ist zwischen Büro- und Industriegebäuden zu differenzieren. In drei Ländern – Dänemark, Großbritannien und Irland – dürfen für Bürogebäude keine Abschreibungen verrechnet werden. Aus steuerplanerischer Sicht sind in diesen Ländern deswegen Leasinggestaltungen ratsam. Dagegen sind Industriegebäude generell abzuschreiben,[9] wobei die lineare Methode überwiegt. Die degressive Abschreibung ist in Belgien, Litauen, der Slowakischen und der Tschechischen Republik zulässig sowie in Finnland und Lettland vorgeschrieben. Die Zeiträume variieren bei Industriegebäuden zwischen acht und 50 Jahren. Da die Werte in den meisten Ländern um einen Wert von 30% streuen, sind die EU-weiten Unterschiede aber vergleichsweise gering. Im Regelfall ergeben sich bei Bürogebäuden größere Abweichungen.

(4) Bewegliche Wirtschaftsgüter: Bei maschinellen Anlagen sowie Büro- und Geschäftsausstattung gewähren die meisten Altmitgliedstaaten ein Wahlrecht zwischen linearer und degressiver Abschreibung. Lediglich Irland, Italien, die Niederlande und Österreich schreiben zwingend die lineare Abschreibung vor. Dagegen ist die lineare Abschreibung in sechs Beitrittsstaaten vorgeschrieben. Im Regelfall erfolgt eine Abschreibung über die betriebsgewöhnliche Nutzungsdauer, es sei denn, es kommt wie in Dänemark, Finnland, Großbritannien und Lettland die degressive Pool-Methode zur Anwendung, bei der ein Übergang zur linearen Methode und somit eine Abschreibung auf null i. d. R. nicht möglich ist.[10] Allgemeingültige Aussagen über die Höhe und Unterschiede der degressiven Abschreibungsprozentsätze sind nicht möglich, da diese von der betriebsgewöhnlichen Nutzungsdauer der Wirtschaftsgüter abhängen. Im Einzelfall sind Prozentsätze von 50% möglich. Da die degressiven Abschreibungssätze eine absolute Begrenzung haben und häufig an den linearen Prozentsatz gekoppelt sind, fallen die EU-weiten Unterschiede umso geringer aus, je länger die Nutzungsdauer angesetzt wird.

---

[9] In Großbritannien ist ab 2011 auch für Industriegebäude keine reguläre Abschreibung mehr zulässig.
[10] Vgl. Oestreicher, A./Spengel, C., Abschreibung, 2003, S. 80.

(5) Vorratsvermögen: Bewertungsmaßstab für die Vorräte sind die historischen Anschaffungs- oder Herstellungskosten, wobei bei der Ermittlung der Herstellungskosten hinsichtlich der einbeziehungspflichtigen Kostenbestandteile – insbesondere bei den Verwaltungsgemeinkosten – größere Abweichungen bestehen.[11] Bestandsveränderungen werden mit Ausnahme von Finnland und Schweden mit der Durchschnittsmethode bewertet, die meisten Mitgliedstaaten gestatten alternativ die FIFO-Methode. Dagegen ist die LIFO-Methode für steuerliche Zwecke in Dänemark, Finnland, Frankreich, Großbritannien, Irland, Schweden und Spanien sowie in neun Beitrittsstaaten nicht zulässig, was sich bei steigenden Preisen steuererhöhend auswirkt.

(6) Rückstellungen: Die Möglichkeiten zur Passivierung von Rückstellungen sind sehr unterschiedlich geregelt, weshalb ein umfassender Vergleich nicht durchgeführt werden kann. Zur Verdeutlichung des Grundprinzips reicht jedoch ein Blick auf die Regelungen für Rückstellungen für ungewisse Verbindlichkeiten. Dabei zeigt sich einerseits, dass alle Mitgliedstaaten mit Ausnahme von Bulgarien, Dänemark, Griechenland, Italien, Lettland, Litauen, Polen, Rumänien, Schweden, der Tschechischen Republik und Ungarn Zuführungen zu diesen Rückstellungen mit steuerlicher Wirkung anerkennen, allerdings nur unter der Voraussetzung, dass die Wahrscheinlichkeit einer Inanspruchnahme hinreichend konkretisiert werden kann. Gerade diese Anforderungen an die Konkretisierung sind es, die zwischen den Mitgliedstaaten variieren[12] und somit entsprechende Gewinnwirkungen nach sich ziehen. Andererseits wird einer willkürlichen Passivierung durch dieses Erfordernis Einhalt geboten. Einige Länder (z. B. Slowenien) sehen sogar betragsmäßige Begrenzungen der Zuführungen vor.

(7) Pensionsverpflichtungen: Aufwendungen für die Altersversorgung der Mitarbeiter sind in allen Mitgliedstaaten prinzipiell abzugsfähig. Unterschiede bestehen hinsichtlich der steuerlich anerkannten Organisationsformen. Eckpunkte bilden die insbesondere in Deutschland noch vorherrschenden Direktzusagen, für die Pensionsrückstellungen zu bilden sind, sowie mittelbare Zusagen über Pensionsfonds, die im angloamerikanischen Rechtskreis allgemein üblich und in den meisten Mitgliedstaaten anzutreffen sind. Obwohl Vorsorgeaufwendungen die steuerliche Bemessungsgrundlage mindern, fällt ein betragsmäßiger Vergleich schwer, da die Höhe der verrechenbaren Aufwendungen von zahlreichen Determinanten abhängt. Wichtige Größen sind dabei die Art der Zusage, die biometrischen Rechnungsgrundlagen und der Rechnungszinssatz sowie die Möglichkeiten zur Prognose und Einbeziehung künftiger Planabweichungen.[13]

(8) Verlustbehandlung: Ein Verlustvortrag ist in allen Mitgliedstaaten – wenn auch mehrheitlich unter Beachtung zeitlicher Restriktionen – zulässig. In einigen Ländern – darunter Deutschland, Österreich und Polen – bestehen darüber hinaus betragsmäßige Begrenzungen durch Regelungen zur Mindest-

---

[11] Vgl. allgemein hierzu Baetge, J./Wollmert, P./Kirsch, H.-J./Oser, P./Bischof, S., Rechnungslegung, Teil B, IAS 2, Rz. 20 ff.
[12] Vgl. Endres, D./Oestreicher, A./Scheffler, W./Spengel, C., Corporate Taxable Income, 2007, S. 42 ff.
[13] Vgl. Spengel, C./Schmidt, F., Altersversorgung, 1997, S. 57 ff., 167 ff.

besteuerung. Dagegen schließen zwei Drittel der Altmitgliedstaaten sowie sämtliche Beitrittsstaaten einen Verlustrücktrag aus. Von den verbleibenden fünf Ländern beschränken vier den Rücktragszeitraum auf ein Jahr (Deutschland, Großbritannien, Irland und die Niederlande) und ein Land (Frankreich) hat eine Begrenzung von drei Jahren.[14] Die Unterschiede zwischen den effektiven Steuerbelastungen von Unternehmen innerhalb der EU hängen deshalb entscheidend davon ab, ob in einzelnen Jahren Verluste erzielt werden oder nicht.

(9) *Veräußerungsgewinne (capital gains)*: Für die Besteuerung betrieblicher Veräußerungsgewinne existieren vier konzeptionelle Ansätze:[15] (1) Besteuerung als laufende Einkünfte, (2) Tarifermäßigung, (3) Buchwertfortführung oder Besteuerungsaufschub durch Übertragung auf Reinvestitionsobjekte sowie (4) teilweise oder vollständige Steuerbefreiung, insbesondere für Beteiligungen (Holdingprivileg). Capital gains werden zwar generell wie laufende Einkünfte besteuert. Alle Länder sehen allerdings Vergünstigungen vor. Mehrheitlich ist eine Übertragung stiller Reserven auf Ersatzwirtschaftsgüter möglich, wobei allerdings der Kreis der begünstigten Wirtschaftsgüter nicht einheitlich abgegrenzt ist. Eine Indexierung der Anschaffungskosten zur Eliminierung inflationsbedingter Komponenten des Veräußerungsgewinns ist in vier Ländern anzutreffen. Eine generelle Tarifermäßigung für capital gains wird nur noch in Frankreich gewährt. Befreiungsvorschriften gelten in erster Linie für Gewinne aus der Veräußerung von Beteiligungen an anderen Kapitalgesellschaften.

Zusammenfassend ist festzuhalten, dass infolge der unterschiedlich stark ausgeprägten Verknüpfung zwischen handels- und steuerrechtlicher Gewinnermittlung konzeptionelle Unterschiede zwischen den steuerlichen Bemessungsgrundlagen in den Mitgliedstaaten auftreten. Diese Differenzen sind zum Teil grundsätzlicher Art (z. B. Veräußerungsgewinne), mehrheitlich basieren sie jedoch auf einer Vielzahl divergierender Detailregelungen. In den Altmitgliedstaaten ist seit etwa 1985 – ausgelöst durch Steuerreformen in Großbritannien und den USA – eine Tendenz zur Verbreiterung der Bemessungsgrundlagen festzustellen. Dies äußert sich vor allem durch die Rücknahme großzügiger Abschreibungsregeln und die Abschaffung gezielter Vergünstigungen (incentives).[16] Die obigen Gegenüberstellungen verdeutlichen jedoch die weiterhin bestehenden beachtlichen Unterschiede. Allgemein gültige Aussagen über das Ausmaß dieser Bemessungsgrundlagenunterschiede sind nicht möglich. Dieses hängt entscheidend davon ab, inwieweit die Unternehmen in den relevanten Faktoren – d. h. der Zusammensetzung und Gewichtung der Investitionen bzw. Wirtschaftsgüter – ausgeprägt sind, an denen unterschiedliche Vorschriften anknüpfen. Festzustellen ist schließlich aber auch, dass die Bemessungsgrundlagen in den Beitrittsstaaten im Vergleich zu den Altmitgliedstaaten infolge der geringeren Wahlrechte einen höheren Grad

---

[14] Die Vor- und Rücktragsmodalitäten zeichnen sich aber durch zahlreiche Detailunterschiede aus, wie z. B. Art und Umfang der Gewinne, mit denen die Verluste ausgeglichen werden können. Vgl. BDI/PwC (Hrsg.), Verlustberücksichtigung, 2006, S. 13 ff.; Lüdicke, J./Kempf, A./Brink, T. (Hrsg.), Verluste, 2010, S. 276 ff.
[15] Vgl. Förster, J., Veräußerungsgewinnbesteuerung, 1997, S. 723 ff.
[16] Vgl. Messere, K. C., Tax Policy, 1993, S. 327 f.

an Objektivierung aufweisen und infolge der eingeschränkten Möglichkeiten zum Verlustabzug breiter sind.

II. Einkommen- und Körperschaftsteuersätze

Beim Vergleich der Einkommensteuersätze auf gewerbliche Einkünfte mit den Körperschaftsteuersätzen, die beide in Tabelle 4 für das Steuerjahr 2009 wiedergegeben sind (Stand: 31. 12. 2009),[17] sind zwei Aspekte von Interesse:

Zum einen geht es um das Verhältnis zwischen beiden Steuersätzen in den einzelnen Mitgliedstaaten, zum anderen ist es von Bedeutung, ob ein zwischenstaatliches Steuersatzgefälle besteht.

Tabelle 4: Einkommen- und Körperschaftsteuersätze in der EU (Stand: 31. 12. 2009)

Land	Einkommensteuer auf gewerbliche Einkünfte in %		Körperschaftsteuersatz in %	
	Eingangssatz	Spitzensatz	Eingangssatz für KMU	Normale Tarifbelastung
AT	36,50	50,00	–	25,00
BE	25,00	50,00	24,25	33,00
BG	15,00	15,00	–	10,00
CY	20,00	30,00	–	10,00
CZ	15,00	15,00	–	20,00
DE	14,00	45,00	–	15,00
DK	29,86	50,86	–	25,00
EE	21,00	21,00	–	21,00
ES	24,00	43,00	25,00	30,00
FI	28,00[18]	28,00	–	26,00
FR	5,50	40,00	15,00	33,33
GR	15,00	40,00	–	25,00
HU	18,00	36,00	10,00	16,00
IE	20,00	41,00	–	12,50
IT	23,00	43,00	–	27,50
LT	15,00	15,00	13,00	20,00
LU	8,00	38,00	20,00	21,00
LV	15,00	15,00	–	15,00
MT	15,00	35,00	–	35,00
NL	33,50	52,00	20,00	25,50
PL	18,00	32,00	–	19,00

[17] Vgl. IBFD, Tax Handbook, 2009. Zuschlagsteuern (z. B. Solidaritätszuschlag) und Ergänzungsabgaben (z. B. Kirchensteuer) wurden nicht berücksichtigt.
[18] In Finnland gelten Gewinne bis i. H. v. 20% des Nettobetriebsvermögens als Kapitaleinkommen und unterliegen einer Abgeltungsteuer.

2. Kapitel. Unternehmensbesteuerung in den Mitgliedstaaten

Land	Einkommensteuer auf gewerbliche Einkünfte in %		Körperschaftsteuersatz in %	
	Eingangssatz	Spitzensatz	Eingangssatz für KMU	Normale Tarifbelastung
PT	10,50	42,00	–	25,00
RO	16,00	16,00	–	16,00
SE	30,00[19]	30,00	–	26,30
SK	19,00	19,00	–	19,00
SL	16,00	41,00	–	21,00
UK	20,00	40,00	21,00	28,00
EU-Durchschnitt	19,49	34,14	–	22,23

Die **Körperschaftsteuersätze** sind grundsätzlich proportional. In einigen Ländern existieren niedrige Eingangssätze für geringe Gewinne, die insbesondere der Entlastung kleiner und mittlerer Unternehmen (KMU) dienen. Zwei Mitgliedstaaten – Frankreich und Österreich – erheben zusätzlich eine Mindestkörperschaftsteuer, die auf die tarifliche Körperschaftsteuer anrechenbar ist. Schließlich sehen u. a. Belgien und die Niederlande tarifliche oder an der Bemessungsgrundlage anknüpfende Begünstigungen für Finanzierungsgesellschaften vor.[20] Die **Einkommensteuertarife** verlaufen zumeist progressiv. Allerdings wenden neun Mitgliedstaaten (Bulgarien, Estland, Finnland, Lettland, Litauen, Rumänien, Schweden, Slowakische und Tschechische Republik) als Ausdruck besonderer Besteuerungssysteme auf gewerbliche Einkünfte einen proportionalen Einkommensteuersatz an. In den beiden nordischen Staaten Finnland und Schweden verbirgt sich dahinter das Konzept der **dual income tax,** in den Beitrittsstaaten handelt es sich um flat-tax-Konzepte. Während im Rahmen einer **flat tax** sämtliche Einkünfte einer niedrigen, proportionalen Besteuerung unterliegen, wird bei der dual income tax der niedrige Proportionalsteuersatz nur auf sog. Kapitaleinkommen, für deren Bestimmung verschiedene Möglichkeiten bestehen, angewendet. Das sog. Arbeitseinkommen – nach deutscher Terminologie insbesondere Einkünfte aus nichtselbständiger Arbeit – wird dagegen progressiv besteuert. Beide Konzepte spielten auch im Vorfeld der im Jahr 2008 durchgeführten Unternehmenssteuerreform in Deutschland eine große Rolle.[21] Der Körperschaftsteuersatz liegt mit Ausnahme von Estland, Litauen, Malta, Rumänien, der Slowakischen und Tschechischen Republik durchweg unter dem höchsten Einkommensteuersatz, mit Ausnahme von Bulgarien, Dänemark, Estland, Finnland, Irland, Lettland, den Niederlanden, Österreich, Rumänien, Schweden, der Slowakischen Republik, Ungarn und Zypern

---

[19] In Schweden unterliegen Gewinne, die eine fiktive Verzinsung des Eigenkapitals nicht übersteigen, einer Abgeltungsteuer.
[20] Vgl. dazu 6. Teil, 5. Kapitel, Abschnitt C II 3 a).
[21] Vgl. Kirchhof, P., Einkommensteuergesetzbuch, 2003; Wissenschaftlicher Beirat beim BMF, Reform, 2004; Sachverständigenrat/MPI/ZEW, Unternehmenssteuerreform, 2006; Spengel, C., Einkommen, 2006, S. G41 ff.; Stiftung Marktwirtschaft, Kommission Steuergesetzbuch, 2006.

jedoch über dem niedrigsten Einkommensteuersatz. Regelmäßig unterliegen die Gewinne von Einzelunternehmen und Personengesellschaften somit einer höheren Grenzbelastung als die Gewinne von Kapitalgesellschaften. Demnach hängen Ertragsteuerbelastung und Selbstfinanzierungsmöglichkeiten von Unternehmen in den einzelnen Mitgliedstaaten in hohem Maße von der gewählten Rechtsform ab, wobei Personenunternehmen bei höheren Einkünften diesbezüglich tendenziell benachteiligt sind.

Hinzu kommt, dass die Steuersätze in nahezu allen Mitgliedstaaten danach unterscheiden, welcher Einkunftsart die Einkünfte zuzuordnen sind. So kommen insbesondere für Kapitaleinkünfte wie z. B. Dividenden und Zinsen im Vergleich zum allgemeinen Einkommensteuertarif niedrigere, proportionale Steuersätze zur Anwendung, die in den meisten Ländern häufig auch Abgeltungswirkung haben. Wie im folgenden Gliederungspunkt noch gezeigt wird, stehen die besonderen Dividendensteuersätze regelmäßig mit dem System der Körperschaftsteuer in Verbindung. Auf diese Weise soll die Doppelbelastung von Dividenden mit Einkommen- und Körperschaftsteuer pauschal gemindert werden. Die darüber hinausgehenden Abgeltungsteuern auf Zinsen deuten jedoch darauf hin, dass das Ideal einer gleichmäßigen Einkommensteuer in den meisten Mitgliedstaaten zugunsten von Schedulensteuern in den Hintergrund gerückt ist.[22]

Darüber hinaus unterliegen die Gewinne von Personengesellschaften in jenen Staaten grundsätzlich der Körperschaftsteuer (Belgien, Bulgarien, Litauen, Portugal, Rumänien, Slowenien, Spanien und Ungarn), die Personengesellschaften nach dem Trennungsprinzip besteuern. In einigen weiteren Mitgliedstaaten gilt dies nur für die Gewinnanteile beschränkt haftender Gesellschafter (Frankreich, Slowakische und Tschechische Republik); für Gewinne unbeschränkt haftender Gesellschafter bleibt es dagegen beim Transparenzprinzip. In Ungarn unterliegen sogar einbehaltene sowie ausgeschüttete Gewinne eines Einzelunternehmens derselben Tarifbelastung wie Gewinne einer Personen- oder Kapitalgesellschaft.[23]

Im EU-Bereich reichen die Körperschaftsteuersätze von 10% in Bulgarien und Zypern bis zu 35% in Malta. Die Einkommensteuerspitzensätze streuen zwischen 15% (Bulgarien, Lettland, Litauen und Tschechische Republik) und 52% (Niederlande). Folglich besteht sowohl bei der Körperschaftsteuer (25 Prozentpunkte) als auch bei der Einkommensteuer (37 Prozentpunkte) ein beträchtliches Steuersatzgefälle. Auffallend ist ferner das seit der EU-Erweiterung im Jahr 2004 bestehende regionale Steuergefälle: Während der durchschnittliche Körperschaftsteuersatz (Einkommensteuerspitzensatz) in den Beitrittsstaaten 18,5% (24,3%) beträgt, beläuft er sich in den Altmitgliedstaaten auf 25,1% (41,9%). Mit der EU-Erweiterung hat sich folglich der **Steuerwettbewerb** im Binnenmarkt verschärft. Eine Besonderheit besteht in Estland, das nur ausgeschüttete Gewinne der Körperschaftsteuer (21%) unterwirft, thesaurierte Gewinne dagegen nicht besteuert. Deutschland liegt beim Körperschaftsteuersatz (15%) deutlich unter dem europäischen Durchschnitt von 22,2%; hingegen ist der Einkommensteuerspitzensatz (45%) überdurchschnittlich hoch (Durchschnittssteuersatz 33,29%). Die im Rahmen der Un-

---

[22] Vgl. Spengel, C., Einkommen, 2006, S. G6 ff.
[23] Vgl. Spengel, C./Schaden, M./Wehrße, M., StuW 2010, S. 46 ff.

ternehmenssteuerreform 2008 eingeführte Thesaurierungsbegünstigung für Personenunternehmen i. H. v. knapp 30% führt allerdings dazu, dass thesaurierter Gewinne einer Personengesellschaft weniger stark belastet werden. Sofern neben der Einkommen- und Körperschaftsteuer lokale Ertragsteuern wie z. B. **Gewerbesteuern** erhoben werden, ist ein ausschließlicher Vergleich der einkommen- und körperschaftsteuerlichen Tarifbelastungen nicht aussagekräftig, um abschließende Anhaltspunkte über die nominale Steuerbelastung von Unternehmensgewinnen zu bekommen. Solche Steuern werden in Deutschland, Italien, Luxemburg und Ungarn erhoben, womit sich die ertragsteuerlichen Tarifbelastungen in diesen Ländern mitunter beträchtlich erhöhen.[24] Aufgrund der Möglichkeit der Anrechnung des 3,8fachen des Steuermessbetrags auf die Einkommensteuer wird die Ertragssteuerbelastung bei Einzelunternehmen und Personengesellschaften in Deutschland bis zur Höhe dieses Pauschbetrags ausschließlich durch die Höhe der Einkommensteuer bestimmt.

III. Körperschaftsteuersysteme

1. Systematisierung und Überblick über die Systeme

Ein Vergleich der Bemessungsgrundlagen und Steuersätze allein ist nicht ausreichend, um Anhaltspunkte über die Belastungsunterschiede zwischen Kapitalgesellschaften zu gewinnen. Vielmehr ist hinsichtlich der Gewinnverwendung und somit der Besteuerung ausgeschütteter Gewinne auf Ebene der Gesellschaft und der Anteilseigner zu differenzieren, womit die Ausgestaltung des Körperschaftsteuersystems relevant wird. Wird auf den Umfang der Integration der Körperschaftsteuer in die persönliche Einkommensteuer abgestellt, so lassen sich drei Gruppen von **Körperschaftsteuersystemen** unterscheiden: Das klassische System sowie die Doppelbesteuerung mildernde und vermeidende Systeme. Maßnahmen zur Milderung oder Vermeidung der Doppelbesteuerung können auf Ebene der Gesellschaft oder der Anteilseigner ansetzen. Auf Gesellschaftsebene kommt ein Abzug von Dividenden als Betriebsausgabe oder ein gespaltener Körperschaftsteuersatz, der Gewinnausschüttungen bevorzugt, in Betracht. Auf Anteilseignerebene bestehen die Entlastungsalternativen in der Gewährung eines Anrechnungsanspruchs und der Begünstigung von Dividendeneinkünften gegenüber anderen Einkünften. Von den neun denkbaren Alternativen, die im Einzelfall auch kombiniert werden, sind innerhalb der EU derzeit fünf anzutreffen (Abbildung 3).

---

[24] Zu den lokalen Unternehmenssteuern vgl. Abschnitt C.

Abbildung 3: Körperschaftsteuersysteme in der EU (Stand: 31. 12. 2009)

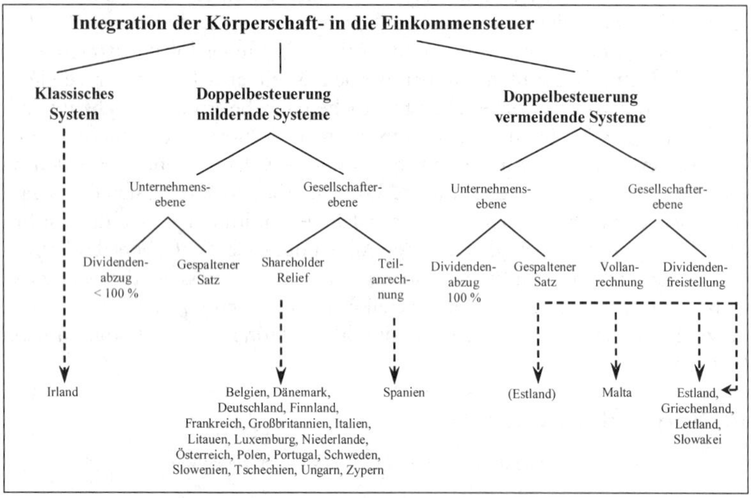

```
                    Integration der Körperschaft- in die Einkommensteuer
           ┌─────────────────────┼─────────────────────────┐
      Klassisches          Doppelbesteuerung         Doppelbesteuerung
       System             mildernde Systeme         vermeidende Systeme
          │              ┌──────┴──────┐           ┌──────┴──────┐
          │        Unternehmens-   Gesellschafter-  Unternehmens-   Gesellschafter-
          │           ebene           ebene            ebene           ebene
          │         ┌────┴────┐    ┌────┴────┐       ┌────┴────┐    ┌────┴────┐
    Dividenden- Gespaltener Shareholder Teil-    Dividenden- Gespaltener Vollan-  Dividenden-
      abzug       Satz       Relief   anrech-     abzug       Satz      rechnung  freistellung
     < 100 %                           nung       100 %
        │           │          │        │           │           │         │          │
      Irland   Belgien, Dänemark,     Spanien    (Estland)               Malta    Estland,
               Deutschland, Finnland,                                              Griechenland,
               Frankreich, Großbritannien, Italien,                               Lettland,
               Litauen, Luxemburg, Niederlande,                                   Slowakei
               Österreich, Polen, Portugal, Schweden,
               Slowenien, Tschechien, Ungarn, Zypern
```

Das klassische System, bei dem Dividenden weder auf Gesellschafts- noch auf Anteilseignerebene im Vergleich zu anderen Einkünften entlastet werden, besteht nur in Irland, Litauen, Rumänien und der Tschechischen Republik. Dort kommt es im Ausschüttungsfall zu einer ungemilderten Doppelbelastung der Gewinne, da diese mit Körperschaftsteuer und Einkommensteuer belastet sind.

Dem klassischen System stehen die Systeme zur Vermeidung der Doppelbesteuerung gegenüber. In den EU-Mitgliedstaaten setzen die entsprechenden Maßnahmen ausschließlich auf Ebene der Anteilseigner an. Im **Vollanrechnungssystem,** das nur noch in Malta zur Anwendung kommt, wird die Doppelbesteuerung ausgeschütteter Gewinne durch vollständige Anrechnung der auf der Dividende lastenden Körperschaftsteuer auf die Einkommensteuer vermieden. Daneben existiert in Estland, Griechenland, Lettland und der Slowakischen Republik im Rahmen der Einkommensteuer ein System der **Dividendenfreistellung.** Estland kombiniert dieses System mit einem gespaltenen Satz, da nur ausgeschüttete Gewinne der Körperschaftsteuer unterliegen.

Die Doppelbesteuerung mildernde Systeme nehmen eine Zwischenstellung ein. In der EU gibt es mit dem **Shareholder-relief-Verfahren** nur noch eine Variante mit unterschiedlichen Ausprägungen.[25] Kennzeichen der Shareholder-relief-Verfahren ist eine Ermäßigung der Einkommensteuer auf Dividendeneinkünfte, ohne dass ein unmittelbarer Zusammenhang zur Vorbelastung der ausgeschütteten Gewinne mit Körperschaftsteuer besteht. Anknüpfungspunkt des Shareholder-relief-Verfahrens bildet der persönliche Steuersatz, der im Vergleich zum allgemeinen Tarif ermäßigt werden kann, oder die einkommensteuerliche Bemessungsgrundlage, sofern ein Teil der Dividenden freigestellt ist.

---

[25] Ein Teilanrechnungssystem existierte bis zum Jahr 2007 in Spanien.

Die Struktur der Körperschaftsteuersysteme ist somit höchst unterschiedlich. Als einzige Gemeinsamkeit ist die Vermeidung bzw. Milderung der Doppelbesteuerung auf Ebene der Anteilseigner auszumachen, weshalb die Gewinnverwendung bei ausschließlich nationaler Geschäftstätigkeit keine Auswirkungen auf die Höhe der Steuerbelastung einer Kapitalgesellschaft hat. Auf Ebene der Anteilseigner stellen sich aufgrund der unterschiedlichen einkommensteuerlichen Berücksichtigung der Körperschaftsteuer dagegen Belastungsdifferenzen ein. Zur Verdeutlichung der Belastungswirkungen der unterschiedlichen Körperschaftsteuersysteme ist zwischen der Besteuerung in- und ausländischer Gewinne zu differenzieren.

2. Besteuerungswirkungen bei nationaler Geschäftstätigkeit

Befinden sich Kapitalgesellschaft und Anteilseigner in demselben Land, sind die Höhe der steuerpflichtigen Einkünfte sowie der darauf anzuwendende Tarif unmittelbar mit der Art des Körperschaftsteuersystems verknüpft. Tabelle 5[26] zeigt die Belastung ausgeschütteter Gewinne mit Einkommen- und Körperschaftsteuer, wenn die Gewinne im Inland erwirtschaftet werden. Für die Zwecke der Einkommensteuer wird in jedem Land neben der Maximalbelastung aus Vergleichsgründen auch mit einem Steuersatz von 40% gerechnet, womit sich die Einflüsse unterschiedlicher Einkommensteuersätze ausschalten lassen.

Dividendeneinkünfte unterliegen nur in jenen Mitgliedstaaten dem einkommensteuerlichen Normaltarif, in denen das klassische System oder ein Anrechnungssystem zur Anwendung kommt. Im Fall eines Anrechnungssystems ist die anrechenbare Körperschaftsteuer neben der Dividende Bestandteil der Einkünfte. Im **Vollanrechnungssystem** wird die auf der Dividende lastende Körperschaftsteuer komplett in die Bemessungsgrundlage einbezogen (Malta). In den Ländern mit **Shareholder-relief-Verfahren** gelten für Dividenden Sondervorschriften hinsichtlich des Steuersatzes oder der Bemessungsgrundlage. Mehrheitlich ist ein im Vergleich zu den übrigen Einkünften ermäßigter Steuersatz auf Dividenden vorgesehen (Belgien, Bulgarien, Dänemark, Deutschland bei Anwendung der Abgeltungsteuer, Großbritannien, Niederlande, Österreich, Polen, Schweden, Slowenien, Spanien, Tschechische Republik, Ungarn und Zypern), wobei dieser regelmäßig Abgeltungswirkung entfaltet. In Großbritannien wird der Einkommensteuersatz für geringe Dividendeneinkünfte weiter auf 10% ermäßigt. Da die Dividendeneinkünfte dort mit einer fiktiven, d. h. nicht erstattungsfähigen Steuergutschrift in gleicher Höhe verbunden sind, ist in diesem Fall keine Einkommensteuer zu entrichten.[27]

---

[26] Ausführlichere Berechnungsbeispiele zu den verschiedenen Körperschaftsteuersystemen finden sich bei Jaeger, C., Körperschaftsteuersysteme, 2001, S. 291 ff.; Müller, K., Gerechtigkeit, 2001, S. 209 ff.; Kellersmann, D./Treisch, C., Unternehmensbesteuerung, 2002, S. 102 ff.
[27] Vgl. Gammie, M., IBFD-Bulletin 1998, S. 438; Messere, K.C., ET 2000, S. 532.

Tabelle 5: Belastung ausgeschütteter Gewinne mit Einkommen- und Körperschaftsteuer in der EU (Stand: 31. 12. 2009)

Körperschaftsteuersystem	KSt-Satz (%)[a]	Anrechnungsquote in % der		ESt-Spitzensatz (%)		Belastung ausgeschütteter Gewinne mit KSt und ESt (%)	
		Dividende	KSt	Allgemein[b]	Dividende	Maximal	ESt 40%[c]
Ungemilderte Doppelbesteuerung: Klassisches System							
– CZ	20,00	0,00	0,00	15,00	15,00	32,00	52,00
– IE	12,50	0,00	0,00	41,00	41,00	48,38	47,50
– LT	20,00	0,00	0,00	20,00	20,00	36,00	52,00
– RO	16,00	0,00	0,00	16,00	16,00	29,44	49,60
Milderung der Doppelbesteuerung: Shareholder-relief-Verfahren							
– AT	25,00		0,00	50,00	25,00	43,75	55,00
– BE	33,00		0,00	50,00	25,00	49,75	59,80
– BG	10,00		0,00	15,00	5,00	14,50	46,00
– CY	10,00		0,00	15,00	15,00	23,50	46,00
– DE[d]	15,00		0,00	45,00	25,00	36,25	49,00
– DK	25,00		0,00	50,86	45,00	58,75	55,00
– ES	30,00		0,00	45,00	5,00	42,60	58,00

a) Ohne Zuschläge, lokale Steuern und Sondersteuerzusätze. Vgl. Tabelle 4.
b) Auf gewerbliche Einkünfte. Vgl. Tabelle 4.
c) Aus Vergleichsgründen.
d) Abgeltungsteuer 25%.

2. Kapitel. Unternehmensbesteuerung in den Mitgliedstaaten

Körperschaftsteuersystem	KSt-Satz (%)	Anrechnungsquote in % der		ESt-Spitzensatz (%)		Belastung ausgeschütteter Gewinne mit KSt und ESt (%)	
		Dividende	KSt	Allgemein	Dividende	Maximal	ESt 40%
Ungemilderte Doppelbesteuerung: Klassisches System							
– FI[e]	26,00	0,00	0,00	49,09	19,60	40,50	46,72
– FR	33,33	0,00	0,00	40,00	18,00	45,33	60,00
– HU	16,00	0,00	0,00	36,00	25,00	37,00	49,60
– IT[f]	27,50	0,00	0,00	43,00	21,12	43,17	42,24
– LU	21,00	0,00	0,00	38,00	19,00	36,01	36,80
– NL[g]	25,50	0,00	0,00	52,00	25,00	44,13	55,30
– PL	19,00	0,00	0,00	32,00	19,00	34,39	51,40
– PT	25,00	0,00	0,00	42,00	20,00	40,00	40,00
– SE	26,30	0,00	0,00	56,60	30,00	48,41	55,78
– SL	21,00	0,00	0,00	41,00	20,00	36,80	52,60
– UK	28,00	11,11	27,57	40,00	32,50	46,00	52,00
Vermeidung der Doppelbesteuerung: Vollanrechnungssystem							
– MT	35,00	53,85	100,00	35,00	35,00	35,00	40,00

[e] 30% der Dividende sind steuerfrei; der Steuersatz von 28% wurde deshalb entsprechend angepasst.
[f] Im Falle einer wesentl. Beteiligung werden 49,18% der Dividende von der Eibnkommensteuer befreit. Der Steuersatz wurde entsprechend reduziert.
[g] Nur bei wesentlicher Beteiligung (≥ 5%). Ansonsten wird eine Steuer auf eine fiktive Rendite erhoben.

Körperschaftsteuersystem	KSt-Satz (%)	Anrechnungsquote in % der		ESt-Spitzensatz (%)		Belastung ausgeschütteter Gewinne mit KSt und ESt (%)	
		Dividende	KSt	Allgemein	Dividende	Maximal	ESt 40%
Ungemilderte Doppelbesteuerung: Klassisches System							
Freistellung von Dividenden							
– EE	21,00	0,00	0,00	21,00	0,00	21,00	21,00
– GR	25,00	0,00	0,00	40,00	0,00	25,00	25,00
– LV	15,00	0,00	0,00	25,00	0,00	15,00	15,00
– SK	19,00	0,00	0,00	19,00	0,00	19,00	19,00

2. Kapitel. Unternehmensbesteuerung in den Mitgliedstaaten 131

In Österreich werden Dividenden auf Antrag mit dem halben durchschnittlichen Steuersatz besteuert (**Halbsatzverfahren**), sofern dies für den Steuerpflichtigen günstiger ist.[28] Die zweite Variante des Shareholder-Reliefs findet sich in Finnland, Italien und Luxemburg sowie auf Antrag in Frankreich und Portugal. Dabei beziehen Frankreich 60%, Italien etwas über 50% sowie Luxemburg und Portugal 50% der Dividenden in die einkommensteuerliche Bemessungsgrundlage ein (**Teil- bzw. Halbeinkünfteverfahren**). In Deutschland wird unter bestimmten Voraussetzungen (§ 32 d Abs. 2 Nr. 3 EStG) eine Option für das Teileinkünfteverfahren eingeräumt. Bei einer Anknüpfung an die Bemessungsgrundlage ist die Anwendung eines einheitlichen, progressiven Einkommensteuersatzes auf sämtliche Einkünfte sichergestellt. Schließlich sind ausgeschüttete Gewinne im **Dividendenfreistellungsverfahren** (Estland, Lettland und Slowakische Republik) ausschließlich mit Körperschaftsteuer belastet.

Die Ausgestaltung des Körperschaftsteuersystems beeinflusst somit die Belastung ausgeschütteter Gewinne. Diese werden prinzipiell nur in einem **Vollanrechnungssystem** mit dem allgemeinen persönlichen Einkommensteuersatz des Gesellschafters belastet. Im klassischen System sowie im Teilanrechnungssystem liegt die Belastung ausgeschütteter Gewinne mit Einkommen- und Körperschaftsteuer dagegen stets über dem persönlichen Einkommensteuersatz, da die auf der Dividende lastende Körperschaftsteuer entweder vollständig (**klassisches System**) oder teilweise (**Teilanrechnungssystem**) definitiv wird. Im Vergleich zum Teilanrechnungssystem bedienen sich **Shareholderrelief-Verfahren** weitaus pauschalerer Maßnahmen zur Milderung der wirtschaftlichen Doppelbesteuerung. Da zwischen der Vorbelastung der Dividende mit Körperschaftsteuer und ihrer einkommensteuerlichen Entlastung kein unmittelbarer Zusammenhang besteht, ist die Gesamtbelastung verglichen mit den übrigen Einkünften unbestimmt.[29] Während bei niedrigen persönlichen Einkommensteuersätzen die Definitivbelastung mit Körperschaftsteuer durchschlägt, wird diese Definitivbelastung mit steigendem Grenzeinkommensteuersatz immer stärker kompensiert. Dabei kann die einkommensteuerliche Entlastung der Dividenden auch über der körperschaftsteuerlichen Vorbelastung liegen. Je nach Verhältnis von tariflichem Einkommen- und Körperschaftsteuersatz sowie der vorgesehenen Vergünstigung für Dividenden liegt deren gesamte Tarifbelastung somit über oder unter dem persönlichen Einkommensteuersatz. Eine Gleichbelastung wird nur zufällig für einen bestimmten Einzelfall erreicht, womit eine allgemeine und progressive Einkommensbesteuerung nicht möglich ist.[30] Die Ergebnisse in Tabelle 6 zeigen, dass derzeit nur in Belgien, Bulgarien und Italien die Gesamtbelastung ausgeschütteter Gewinne einer Kapitalgesellschaft mit dem Grenzsteuersatz der Einkommensteuer annähernd übereinstimmt. Mehrheitlich ergeben sich geringere Gesamtbelastungen.

Die Regelungen zur Besteuerung von Dividenden auf Gesellschafterebene gelten mit Ausnahme von Deutschland, Italien und den Niederlanden unabhängig von der Höhe der Beteiligungsquote an der Kapitalgesellschaft. In Deutschland ist bei im Betriebsvermögen gehaltenen Anteilen zwingend das

---

[28] Vgl. Gahleitner, G./Moritz, H., IWB, Fach 5, Österreich, Gruppe 2, S. 472.
[29] Vgl. Harris, P. A., Taxation, 1996, S. 67; Bareis, P., StuW 2000, S. 133.
[30] Vgl. Herrmann, C./Heuer, G./Raupach, A., Einkommensteuergesetz, Einf. KSt, Anm. 199.

Teileinkünfteverfahren anzuwenden. Werden die Anteile im Privatvermögen gehalten, kann anstatt der Abgeltungsteuer für das Teileinkünfteverfahren optiert werden, falls der Anteilseigner zu mindestens 25% an der Kapitalgesellschaft beteiligt ist. Falls der Anteilseigner beruflich für die Kapitalgesellschaft tätig ist, reicht eine Mindestbeteiligungsquote von 1% aus (§ 32 d Abs. 2 Nr. 3 EStG).[31] In Italien unterliegen Dividenden bei Anteilseignern mit unwesentlicher Beteiligung (Beteiligungsquote < 5%) anstelle der anteiligen Befreiung einer Abgeltungsteuer von 12,5%. In den Niederlanden gilt das Shareholderrelief-Verfahren nur für wesentlich beteiligte Anteilseigner (Beteiligungsquote ≥ 5%). Bei Anteilseignern mit geringeren Beteiligungsquoten wird auf Dividenden keine Einkommensteuer erhoben. Stattdessen werden unabhängig vom tatsächlichen Zufluss im Rahmen des sog. Boxensystems 4% des durchschnittlichen Nettovermögens – ermittelt nach dem Verkehrswert der Gesellschaftsanteile – als fiktive Rendite einem Steuersatz von 30% unterworfen. Dies entspricht einer effektiven Besteuerung des Vermögens i. H. v. 1,2% (30% von 4%) und de facto einer Steuerbefreiung von Erträgen, die über den Sollertrag von 4% hinausgehen.[32]

Im zwischenstaatlichen Vergleich wird die Körperschaftsteuer somit nur in Ausnahmefällen vollständig in die Einkommensteuer integriert. Dies führt unmittelbar zu Verzerrungen von Finanzierungsentscheidungen einer Kapitalgesellschaft, da in Fällen unvollständiger Integration der Körperschaftsteuer die Fremdkapitalfinanzierung als Finanzierungsalternative attraktiver ist als die Eigenkapitalfinanzierung.[33]

Tabelle 6: Abgeltungsteuer auf Zinserträge in der EU (Stand: 31. 12. 2009)

	ESt-Spitzensatz (%)	Abgeltungssatz auf Zinsen (%)
Belgien	50,00	15,00
Deutschland	45,00	25,00
Finnland	51,50	28,00
Frankreich	48,09	18,00
Griechenland	40,00	10,00
Irland	41,00	23,00
Italien	42,00	27,50
Litauen	20,00	15,00
Luxemburg	38,00	10,00
Malta	35,00	15,00
Österreich	50,00	25,00
Polen	32,00	19,00
Portugal	42,00	20,00
Rumänien	16,00	16,00
Slowenien	41,00	20,00
Spanien	43,00	18,00
Tschechische Republik	32,00	15,00
Ungarn	43,00	20,00
Zypern	30,00	10,00

---

[31] Vgl. Jacobs, O. H. (Hrsg.), Rechtsform, 2009, S. 171 ff.
[32] Vgl. zu einer ökonomischen Analyse des niederländischen Systems Cnossen, S./ Bovenberg, L., International Tax and Public Finance 2001, S. 471 ff.
[33] Hinzu kommen große Unterschiede im Bereich der Besteuerung privater Veräußerungsgewinne – so auch bei der Behandlung von Anteilsveräußerungen – woraus zusätzliche Verzerrungen von Finanzierungsentscheidungen resultieren können. Zu einem internationalen Vergleich siehe Spengel, C., Einkommen, 2006, S. G7.

Eine weitere Ursache für die Begünstigung der Fremdfinanzierung stellen niedrige Steuersätze auf **Zinsen** dar. Lediglich acht Mitgliedstaaten beziehen Zinsen grundsätzlich in die allgemeine einkommensteuerliche Bemessungsgrundlage ein. Mehrheitlich unterliegen Zinsen dagegen einer definitiven **Abgeltungsteuer.** Die Niederlande haben auch bei der Besteuerung von Zinsen nicht wesentlich beteiligter Anteilseigner einen Sonderweg eingeschlagen, indem ebenso wie bei der Eigenfinanzierung keine Einkommensteuer, sondern eine Sollertragsteuer von 1,2% des Nettogeldvermögens erhoben wird.[34] Tabelle 6 zeigt die Abgeltungsteuern im Überblick, deren Ausgestaltung im Detail sehr unterschiedlich sein kann.[35] Die Differenzen zum Spitzensatz der Einkommensteuer sind zum Teil beträchtlich; in Belgien, Griechenland, Österreich und Spanien unterschreitet die Abgeltungsteuer sogar den Eingangssatz der Einkommensteuer. Darüberhinaus sind in Bulgarien, Estland, Lettland, Litauen, Luxemburg, Rumänien und Ungarn bestimmte Zinserträge vollständig von der Einkommensteuer befreit. Um Nachteile aus der Anwendung der definitiven Abgeltungsteuer auszuschließen, können Zinsen in Frankreich, Malta, Österreich und Portugal optional dem normalen Einkommensteuertarif unterworfen werden, in Deutschland ist hierfür die Günstigerprüfung (§ 32 d Abs. 6 EStG) vorgesehen. Die Gründe für die Anwendung dieser Abgeltungsteuern sind vielschichtig. In Betracht kommen wirtschaftspolitische Motive wie allgemeine Finanzmarkt- oder Sparförderung,[36] Maßnahmen zur Verbesserung einer effizienten Durchsetzung der Steuererhebung[37] oder – was mehrheitlich der Fall ist – Elemente einer schedularen Einkommensbesteuerung als Reaktion auf den verschärften Steuerwettbewerb im Zuge zunehmender internationaler Kapitalmobilität.

3. Besteuerungswirkungen bei grenzüberschreitender Geschäftstätigkeit

Für die Beurteilung der steuerlichen Wettbewerbsverhältnisse im Binnenmarkt ist die Besteuerung der grenzüberschreitenden Geschäftstätigkeit der relevantere Sachverhalt. Nachfolgend wird deshalb die Besteuerung ausgeschütteter Gewinne untersucht, falls Investitionen nicht in einer inländischen, sondern in einer ausländischen Tochtergesellschaft durchgeführt werden.

Im internationalen Bereich wirken **Anrechnungssysteme** je nach Perspektive in doppelter Hinsicht isolationistisch:[38] Einerseits kann ein inländischer Anteilseigner die Körperschaftsteuer, die auf Gewinnausschüttungen einer ausländischen Gesellschaft lastet, nicht auf seine persönliche Einkommensteuerschuld anrechnen. Andererseits erhalten ausländische Anteilseigner im Inland im Gegensatz zu inländischen Anteilseignern keinen Anspruch auf Anrechnung der inländischen Körperschaftsteuer. Bei grenzüberschreitender Geschäftstätigkeit wird die auf ausländischen Dividenden lastende Körperschaftsteuer somit definitiv und es kommt wie im klassischen System zu

---

[34] Vgl. Kowallik, A., IStR 2000, S. 302. Zinserträge wesentlich beteiligter Anteilseigner unterliegen dagegen der progressiven Einkommensteuer. Vgl. Meussen, G. T. K., ET 2000, S. 494.
[35] Vgl. Müller, K., Gerechtigkeit, 2001, S. 146 ff.
[36] Vgl. Fleißig, E., Zinsbesteuerung, 2000, S. 127 f.
[37] Vgl. Steichen, A., Besteuerung, 1999, S. 254.
[38] Vgl. Raupach, A., DStJG 1997, S. 48 ff.

Doppelbesteuerungen. Die isolationistische Wirkung von Anrechnungssystemen beeinträchtigt die Funktionsfähigkeit des Binnenmarkts.[39] Sie lässt sich zwar grundsätzlich durch eine sog. Anrechnung über die Grenze bzw. die Gewährung grenzüberschreitender Körperschaftsteuergutschriften[40] beseitigen. In Betracht kommen die Anrechnung ausländischer Körperschaftsteuer im Wohnsitzstaat des Anteilseigners sowie die Gewährung eines Anrechnungsanspruchs für ausländische Anteilseigner durch den Ansässigkeitsstaat der Kapitalgesellschaft. Die Erfahrungen aus der Vergangenheit zeigen jedoch, dass die grenzüberschreitende Ausweitung von Anrechnungssystemen unüberwindbaren faktischen und fiskalpolitischen Hindernissen ausgesetzt ist: Erstens reduzieren sich die Möglichkeiten zur Gewährung grenzüberschreitender Körperschaftsteuergutschriften in dem Maße, in dem körperschaftsteuerliche Anrechnungsverfahren abgeschafft werden. Anderenfalls, d. h. bei Gewährung solcher Gutschriften an Anteilseigner in Nichtanrechnungsländern, kommt es zu einer einseitigen Minderung des nationalen Steueraufkommens.[41] Zweitens zeigt sich mit Blick auf das zwischen 1994 und 1998 in Großbritannien praktizierte foreign income dividend (FID) scheme, dass auf das jeweilige nationale Körperschaftsteuersystem bezüglich Anrechnungsquote und -technik exakt zugeschnittene grenzüberschreitende Anrechnungsmechanismen nicht praktikabel und administrierbar sind.[42] Drittens sind grenzüberschreitende Körperschaftsteuergutschriften im Zuge zunehmender internationaler Kapitalmobilität und -verflechtungen fiskalisch schlichtweg nicht tragbar. Dies erklärt auch, warum in der Vergangenheit kein Land sein Anrechnungssystem unilateral über die Grenzen geöffnet hat.[43]

Die wesentlichen Vorteile des klassischen Systems und der Shareholder-relief-Verfahren liegen neben ihrer einfachen Administrierbarkeit in der formellen Gleichbehandlung in- und ausländischer Dividenden.[44] Dies macht beide Körperschaftsteuersysteme für die Besteuerung grenzüberschreitender Investitionen attraktiv. Bei Shareholder-relief-Verfahren setzt dies allerdings die Ausweitung der für Inlandssachverhalte gewährten Entlastungsmaßnahmen auf ausländische Dividenden voraus. In materieller Hinsicht verbleiben freilich so lange in Doppel- oder Minderbesteuerungen resultierende Ungleichbehandlungen zwischen in- und ausländischen Dividenden bestehen, wie sich die nationalen Körperschaftsteuersätze unterscheiden.

Im **Dividendenfreistellungsverfahren** wird ebenfalls nicht zwischen in- und ausländischen Dividenden differenziert. Obschon auch hier formal eine Gleichbehandlung von In- und Auslandssachverhalten hergestellt wird, können die beträchtlichen Unterschiede zwischen den nationalen Körperschaftsteuersätzen im Binnenmarkt nicht über die damit verbundenen standortabhängigen Belastungsunterschiede hinwegtäuschen.

---

[39] Vgl. Rädler, A.J., StuW 1996, S. 254.
[40] Vgl. Treisch, C., Unternehmensbesteuerung, 2004, S. 145 f.; 150 ff.
[41] Vgl. zu bilateralen Anrechnungsmodellen in der Vergangenheit Kessler, W., IStR 1995, S. 407.
[42] Vgl. zu Einzelheiten Kessler, W., IStR 1994, S. 530 ff.; Jacobs, O. H./Spengel, C., Beteiligungserträge, 1997, S. 123 ff.
[43] Vgl. zu entsprechenden Überlegungen in Deutschland Cattelaens, H., StuW 1993, S. 254 ff.; Zeitler, F.-C./Krebs, H.-J., DB 1993, S. 1051 ff.
[44] Vgl. Rädler, A.J., Kapitalmarkt, 1993, S. 688; Knobbe-Keuk, B., Körperschaftsteueranrechnungsverfahren, 1994, S. 358.

4. Ergebnis und Trends in der Entwicklung der Körperschaftsteuersysteme

In den Mitgliedstaaten der EU wird das Nebeneinander von Einkommen- und Körperschaftsteuer bei der Besteuerung von Kapitalgesellschaften und ihren Anteilseignern im Rahmen verschiedener Körperschaftsteuersysteme konzeptionell unterschiedlich gehandhabt. Das **klassische System** ist im internationalen Bereich neutral. Denn inländische und ausländische Gewinne werden, wenn von einem Steuergefälle zwischen In- und Ausland abgesehen wird, gleich, allerdings auch doppelt besteuert. Die infolge der ungemilderten Doppelbesteuerung von Dividenden im **Inland** ausgelösten Beeinträchtigungen von Rechtsform-, Finanzierungs- und Gewinnverwendungsentscheidungen führen jedoch zu erheblichen **Wettbewerbsverzerrungen**. Als zukunftsweisendes Modell für Europa wird das klassische System deshalb überwiegend abgelehnt.[45] Außerdem widerspräche es auch den tatsächlichen Gegebenheiten in der EU, da das klassische System nur in vier Mitgliedstaaten angewandt wird.

Eine systematische Integration der Körperschaftsteuer in die Einkommensteuer ist nur in einem Anrechnungsverfahren möglich. Unter Neutralitätsgesichtspunkten weisen **Vollanrechnungssysteme** unbestritten die größten Vorteile auf.[46] Denn ein Vollanrechnungssystem beeinflusst weder Rechtsform- noch Finanzierungsentscheidungen sowie die Gewinnverwendungspolitik, vorausgesetzt, dass Körperschaftsteuer- und Einkommensteuerspitzensatz übereinstimmen. Allerdings verwirklichen Anrechnungssysteme die Neutralitätsziele grundsätzlich nur im nationalen, nicht jedoch im internationalen Bereich. Eine Integration ausländischer Körperschaftsteuer in die inländische Einkommensteuer ist in keinem Mitgliedstaat anzutreffen, weshalb grenzüberschreitende gegenüber nationalen Investitionen benachteiligt werden.

Die mangelnde Neutralität im internationalen Bereich sowie damit verbundene EU-rechtliche Probleme[47] haben zu einer europaweiten Abkehr vom Anrechnungsverfahren geführt. Anfang der neunziger Jahre des vorherigen Jahrhunderts wurde das innerhalb der EU anzutreffende Spektrum der Körperschaftsteuersysteme noch von (Voll- und Teil-)Anrechnungssystemen dominiert.[48] Seither ist ein eindeutiger Trend zugunsten von Shareholder-relief-Verfahren festzustellen. So wechselten Deutschland (2001), Finnland (2005), Frankreich (2005) und Italien (2004) vom Vollanrechnungsverfahren, Belgien (1992), Dänemark (1991), Großbritannien (1999), Portugal (2004) und Spanien (2008) jeweils vom Teilanrechnungsverfahren sowie Schweden (1995)

---

[45] Vgl. Cnossen, S., IBFD-Bulletin 1993, S. 14; Schreiber, U., ZfbF 1993, S. 530; Rädler, A. J., Vorstellungen, 1994, S. 6; Krause-Junk, G./Müller, R., Ausschüttungen, 1997, S. 260; Spengel, C., DBW 1998, S. 360.
[46] Vgl. Herzig, N., StuW 1990, S. 30 f.; Wissenschaftlicher Beirat beim BMF, Unternehmensbesteuerung, 1990, S. 36 f.; Jacobs, O. H., Körperschaftsteuersysteme, 1994, S. 222; Krause-Junk, G./Müller, R., Ausschüttungen, 1997, S. 260; Jacobs, O. H., Körperschaftsteuersysteme, 1999, S. 92; Krebühl, H.-H., Anrechnungsverfahren, 1999, S. 149 ff.
[47] Die Versagung einer grenzüberschreitenden Anrechnung verstößt gegen die Niederlassungsfreiheit. Vgl. EuGH v. 7. 9. 2004 (Manninen), EuGHE 2004, S. I–7477; EuGH v. 6. 3. 2007 (Meilicke), EuGHE 2007, S. I–1835.
[48] Zur Entwicklung vgl. Messere, K. C., Tax Policy, 1993, S. 344 ff.; sowie die Übersichten in der 3. (1995), 4. (1999), 5. (2002) und 6. (2007) Auflage dieses Buches.

von der Dividendenfreistellung zum Shareholder-Relief. Luxemburg (1994) und die Niederlande (1997) haben ihr klassisches System zugunsten einer ermäßigten Besteuerung von Dividenden aufgegeben. Entgegen diesem Trend ging Irland (1999) vom Teilanrechnungsverfahren zum klassischen System über.

Die festzustellende Abkehr vom Anrechnungsverfahren ist schließlich auch eng mit den Rückwirkungen der Internationalisierung der Geschäftstätigkeit, der Inanspruchnahme internationaler Kapitalmärkte und der damit verbundenen Internationalisierung der Anteilseignerstruktur multinationaler Unternehmen sowie der Etablierung des Europäischen Binnenmarkts auf die nationalen Steuersysteme verknüpft. In allen o. a. Ländern wurden die mangelnde Europatauglichkeit sowie die hohe Komplexität von Anrechnungsverfahren im Zusammenhang mit der Bewältigung internationaler Kapitalströme als Gründe für die Abschaffung des Anrechnungsverfahrens und die Einführung eines Shareholder-relief-Verfahrens angeführt.[49]

Die Abkehr vom Anrechnungsverfahren ist aber auch Ausdruck des Wettbewerbs zur Schaffung attraktiverer Standortbedingungen für internationale Investoren, da mit einer Beseitigung der Anrechnungsverfahren gleichzeitig Steuersatzsenkungen einhergehen.[50] Während ausländische Investoren in vollem Umfang von den Steuersatzsenkungen profitieren, fällt dieser Vorteil bei inländischen Anlegern infolge des Wegfalls der Körperschaftsteuergutschrift geringer aus, worin ein nicht zu vernachlässigender Mechanismus zur Kompensation der Einnahmeausfälle liegt. Offensichtlich neigt man zu der Auffassung, dass niedrige Unternehmenssteuersätze und Anrechnungsverfahren nicht miteinander zu vereinbaren sind.[51]

Festzuhalten ist, dass sich neben Deutschland die Mehrzahl der EU-Mitgliedstaaten mit dem Wechsel zum Shareholder-relief-Verfahren einem internationalen Trend angeschlossen hat. Shareholder-relief-Verfahren sind im internationalen Bereich neutral. Allerdings stehen den positiven Wirkungen im internationalen Bereich deutliche Nachteile im nationalen Bereich gegenüber. Hier kommt es zu einer verstärkten Diskriminierung der Eigenkapitalfinanzierung und einer Zementierung der Rechtsformabhängigkeit der Besteuerung.[52] Die Verzerrungen im nationalen Bereich fallen jedoch geringer aus als im klassischen System. Steuerliche Neutralitätsüberlegungen haben für die Mehrzahl der Mitgliedstaaten der EU offensichtlich eine vergleichsweise geringe Bedeutung. Denn im Bereich der Dividenden- und Zinsbesteuerung überwiegen mit zunehmender Intensität pragmatische Problemlösungen sowie bewusste Begünstigungen gegenüber anderen Einkunftsarten, die in ihren Wirkungen unscharf sind. In Übereinstimmung mit der Entwicklung auf Ebene der OECD[53] ist innerhalb der EU als unmittelbare Folge des Shareholder-Reliefs ein Trend zur Einführung niedriger Abgeltungsteuern auf Dividenden und Zinsen auszumachen, der die allgemeine Einkommensbesteue-

---

[49] Vgl. nur für Deutschland die Begründung zum Entwurf des Steuersenkungsgesetzes in BT-Drs. 14/2683, S. 93.
[50] Vgl. Bertelsmann Stiftung (Hrsg.), Unternehmensbesteuerung, 2000, S. 17, 52.
[51] Vgl. Terra, B. J. M./Wattel, P. J., European Tax Law, 2008, S. 175 ff.
[52] Vgl. Jacobs, O. H./Spengel, C./Vituschek, M., RIW 2000, S. 662 ff.; Endres, D./Reister, T./Spengel, C., WPg 2007, S. 478 ff.
[53] Vgl. OECD, Tax Burdens, 2000, S. 18 f.

rung immer mehr verdrängt. Ist man aus faktischen Erwägungen heraus bereit, die Schedularisierung der Einkommensbesteuerung konsequent und systematisch weiter zu verfolgen, dann könnte in der weiteren Absenkung der Unternehmenssteuerbelastung kombiniert mit entsprechenden Abgeltungsteuern auf Dividenden, Zinsen und Veräußerungsgewinne ein Weg zu einer verbesserten Neutralität der nationalen Unternehmensbesteuerung liegen, die gleichzeitig unter dem Gesichtspunkt des internationalen Steuerwettbewerbs attraktiv ist. Dies entspricht dem Konzept einer dualen Einkommensteuer.[54] Vordergründig ließe sich nationale Besteuerungsneutralität auch im Rahmen eines Dividendenfreistellungsverfahrens herstellen. Damit wären allerdings beträchtliche Steuerausfälle verbunden, da kein Steuerzugriff auf Dividenden möglich wäre. Die fiskalischen Einbußen liefern auch eine Erklärung dafür, warum das Dividendenfreistellungsverfahren lediglich in vier kleinen Mitgliedstaaten mit geringen Auslandsverflechtungen angewandt wird.

C. Sonstige Unternehmenssteuern

Neben der Einkommen- und Körperschaftsteuer fallen weitere Steuern an, deren Bedeutung, Gewicht und Struktur sehr unterschiedlich sind. Anzutreffen sind ertragsunabhängige Steuern sowie lokale Ertragsteuern. Die bedeutsamsten Steuern sind Grund- und Vermögensteuern sowie gewerbesteuerähnliche Abgaben. Abbildung 4[55] gibt einen Überblick über die sonstigen Unternehmenssteuern, die bei Kapitalgesellschaften erhoben werden. Auf Ebene der Gesellschafter fallen ebenfalls zusätzliche Steuern an, die hier aber nicht dargestellt werden.[56]

---

[54] Vgl. Sachverständigenrat/MPI/ZEW, Unternehmenssteuerreform, 2006.
[55] Vgl. IBFD, Tax Handbook, 2009.
[56] Siehe hierzu Spengel, C., Unternehmensbesteuerung, 2003, S. 36.

Abbildung 4: Sonstige Unternehmenssteuern in der EU, nur Ebene Kapitalgesellschaft (Stand: 31. 12. 2009)

	AT	BE	BU	CY	CZ	DE	DK	EE	ES	FI	FR	GR	HU	IE	IT	LT	LU	LV	MT	NL	PL	PT	RO	SE	SK	SL	UK
Grundsteuer	✓	✓	✓	✓	✓	✓	✓	✓	✓	✓	✓	✓	✓	✓	✓	✓		✓		✓	✓	✓	✓	✓	✓		✓
Vermögensteuer											✓						✓										
Lohnsummensteuer	✓																✓										
Lokale Ertragsteuer						✓							✓		✓							✓					
Lokale Kapitalsteuer									✓																		

(1) Grundsteuer: Eine Grundsteuer auf Betriebsgrundstücke wird mit Ausnahme von Malta und Slowenien in allen Mitgliedstaaten erhoben. Obwohl die Bemessungsgrundlage übereinstimmend Grund und Boden sowie Gebäude umfasst – mit Ausnahme von Estland, wo nur eine Steuer auf Grund und Boden erhoben wird – wird sie keineswegs einheitlich abgegrenzt. So ist insbesondere in den angelsächsischen Mitgliedstaaten eine Tendenz zur Einbeziehung von Betriebsvorrichtungen auszumachen,[57] was die **Grundsteuer** dort in die Nähe einer Vermögensteuer rückt. Die Bewertung orientiert sich entweder an Verkehrswerten, standardisierten Einheitswerten oder Mietwerten. Folglich stimmt selbst bei einer identischen Abgrenzung der Bemessungsgrundlagen die Bewertung des Vermögens nicht zwingend überein, da die Mietwerte i. d. R. unter den Verkehrs- oder Einheitswerten liegen. Ein ausschließlicher Vergleich der nominalen Grundsteuersätze ist deshalb ebenso wenig aussagekräftig wie bei der Körperschaftsteuer, um Anhaltspunkte über die effektive Steuerbelastung zu bekommen. Dabei zeigt sich, dass der nominale Steuersatz in Ländern, die den Mietwert der Besteuerung zugrundelegen, um ein Vielfaches höher ist als bei einer Besteuerung von Verkehrs- bzw. Einheitswerten. Der nominale Steuersatz beläuft sich beispielsweise in Deutschland bei einem unterstellten Hebesatz von 450% auf 1,575%, während er in Großbritannien 48,5% beträgt.[58] Hinzu kommt, dass die Grundsteuer in allen Mitgliedstaaten mit Ausnahme von Estland, Griechenland, Italien und Zypern, soweit dies die lokale Grundsteuer betrifft, als Betriebsausgabe abzugsfähig ist. Insgesamt hat die Grundsteuer für die Höhe der Unternehmenssteuerbelastung und die zwischenstaatlichen Belastungsdifferenzen nur eine untergeordnete Bedeutung.[59]

(2) Vermögensteuer: Eine allgemeine **Vermögensteuer** auf das Betriebsvermögen wird nur noch in Luxemburg erhoben. Kapitalgesellschaften können die Vermögensteuer seit 1998 jedoch auf die Körperschaftsteuerschuld anrechnen, weshalb sie unter bestimmten Voraussetzungen von der Vermögensteuer befreit sind.[60] Dazu muss ein Betrag in Höhe des Fünffachen der Vermögensteuerschuld in eine entsprechende Rücklage eingestellt werden.

(3) Gewerbesteuer: Gewerbesteuern und ähnliche Abgaben[61] werden in einer Reihe von insbesondere größeren Mitgliedstaaten mit föderaler Struktur erhoben. Bemessungsgrundlage bildet der Ertrag, das Vermögen, die Lohnsumme oder die Wertschöpfung. Der Kreis der Steuerpflichtigen ist i. d. R. weiter gefasst als in Deutschland und umfasst neben Gewerbebetrieben häufig auch weitere berufliche Tätigkeiten.

Eine gewinnabhängige und strukturell weitgehend identische **Gewerbesteuer** wird in Deutschland und Luxemburg erhoben.[62] In beiden Ländern liegt das Heberecht auf Gemeindeebene. Allerdings ist die Gewerbesteuer in

---

[57] Vgl. für die Verhältnisse in Großbritannien Bennett, R./Krebs, G., Business Taxes, 1988, S. 48 ff.; Weisflog, W. E., StuW 1995, S. 178.
[58] Vgl. IBFD, Tax Handbook, 2009.
[59] Vgl. Oestreicher, A./Reister, T./Spengel, C., WTJ 2009, S. 55.
[60] Vgl. Steichen, A., IWB, Fach 5, Luxemburg, Gruppe 2, S. 158.
[61] Vgl. auch den Überblick bei Institut FSt, Grüner Brief 306, 1992; Keß, T., IWB, Fach 11, Europäische Gemeinschaften, Gruppe 2, S. 405 ff.
[62] In Luxemburg sind Zinsaufwendungen im Gegensatz zu Deutschland vollständig vom Gewerbeertrag abzugsfähig.

Deutschland seit 2008 nicht mehr als Betriebsausgabe abzugsfähig. Die spanische impuesta sobre actividades económicas[63] ist wegen ihres ertragsunabhängigen Charakters zwar mit einer Substanzsteuer vergleichbar, wobei die Bemessungsgrundlage aber nicht nur Vermögensgegenstände umfasst. Die Obergrenze der Steuerschuld beträgt jedoch 15% des Gewinns, der der betreffenden Tätigkeit zuzuordnen ist, weshalb sie auch ertragsteuerliche Züge aufweist. Die bis zum Jahr 2009 in Frankreich erhobene Gewerbesteuer (taxe professionnelle) war völlig ertragsunabhängig und ähnelte daher einer Gewerbekapitalsteuer. Besteuert wurde das eingesetzte Sachkapital (Grund und Boden, Gebäude sowie maschinelle Anlagen), dessen Altersstruktur für die Bewertung unerheblich war. Es wurden generell 16% der historischen Anschaffungskosten angesetzt. Der Steuersatz wurde von der Gemeinde festgelegt und betrug zuletzt im Landesdurchschnitt etwa 27,26%. Um eine übermäßige Belastung durch die taxe professionnelle auszuschließen, war die Steuerschuld, gestaffelt nach der Höhe des Umsatzes, auf 3,5% der Wertschöpfung begrenzt. Im Jahr 2010 wurde die taxe professionnelle durch die cotisation foncière des entreprises (CFA) und die cotisation sur la valeur ajoutée des entreprises (CVAE) ersetzt.[64] Die CFA ersetzt die Besteuerung von Grund und Boden sowie Gebäuden im Rahmen der taxe professionnelle, die CVAE erfasst 1,5% der Wertschöpfung. Daneben fallen mit den sog. Arbeitgebersteuern (taxes et participations assises sur les salaires) noch drei weitere kleinere Steuern auf die Lohnsumme an. Der landeseinheitliche Steuersatz beträgt insgesamt 2,65%. Eine Lohnsummensteuer wird sonst nur noch von Österreich erhoben. Der Steuersatz der österreichischen Kommunalsteuer beläuft sich auf 3%. Ungarn erhebt eine regionale Wertschöpfungssteuer i. H. v. 2% auf den Umsatz abzüglich des Werts der Vorleistungen. Die regionale italienische imposta regionale sulle attività produttive[65] besteuert die Wertschöpfung eines Unternehmens. Diese ergibt sich aus dem bilanziellen Gewinn, der insbesondere um Personalaufwendungen zu erhöhen und um das außerordentliche Ergebnis sowie das Finanzergebnis (Dividenden, Zinserträge und -aufwendungen) zu bereinigen ist. Der Steuersatz von 3,9% kann von den Gemeinden um einen Prozentpunkt nach oben oder unten korrigiert werden. Die Wertschöpfungssteuer ist nur i. H. v. 10% als Betriebsausgabe abzugsfähig.

Als Ergebnis ist festzuhalten, dass bei gewerblichen Unternehmen in nahezu allen Mitgliedstaaten neben der Einkommen- und Körperschaftsteuer eine Grundsteuer auf Betriebsgrundstücke anfällt. Darüber hinausgehende Steuerarten sind lediglich in sieben Mitgliedstaaten anzutreffen (Deutschland, Frankreich, Italien, Luxemburg, Österreich, Spanien und Ungarn). Dies spiegelt den internationalen Trend zur Abschaffung bzw. Rückführung insbesondere ertragsunabhängiger Zusatzlasten in den letzten Jahren wider. So hat Österreich (1994) die Gewerbesteuer vom Ertrag und vom Kapital, Deutschland die Gewerbekapital- (1998) und Vermögensteuer (1997) sowie Luxemburg (1997) die Gewerbekapitalsteuer abgeschafft. Frankreich hat die Lohnsumme im Jahr 2003 endgültig aus der Bemessungsgrundlage der taxe professionnelle

---

[63] Vgl. Selling, H.-J., DStJG 1993, S. 212.
[64] Vgl. Schultze, P., IWB, Fach 5, Frankreich, Gruppe 2, S. 138 ff.
[65] Vgl. Pandolfini, I., ET 1999, S. 249 ff.

heraus genommen. Schließlich entfällt bei Kapitalgesellschaften in Luxemburg aufgrund der Verrechenbarkeit mit der Körperschaftsteuer de facto eine Belastung mit Vermögensteuer. Die sonstigen Unternehmenssteuern sind aber keinesfalls bedeutungslos. Die Situation in Frankreich ist weiterhin durch eine investitions- und beschäftigungshemmende hohe Belastung des Sachanlagevermögens und der Lohnsumme (wie auch seit 1994 in Österreich) gekennzeichnet. In Deutschland und Luxemburg fällt die gewinnabhängige Zusatzbelastung mit Gewerbesteuer ins Gewicht. Das in diesem Zusammenhang bestehende Heberecht der Gemeinden sowie die Nichtabzugsfähigkeit der Gewerbesteuer in Deutschland können sich durchaus auf regionale und zwischenstaatliche Steuerbelastungsunterschiede auswirken.[66] Dabei fällt auf, dass die sonstigen Unternehmenssteuern in den Beitrittsstaaten keine nennenswerte Bedeutung haben. So wird in Malta und Slowenien nicht einmal eine Grundsteuer auf Betriebsgrundstücke erhoben. Ungarn ist der einzige Staat, der mit der Wertschöpfungssteuer neben der Körperschaftsteuer und der Grundsteuer eine zusätzliche Steuer erhebt. Insgesamt verfügen die Beitrittsstaaten somit über besonders transparente Steuersysteme.

D. Steuerliche Investitions- und Innovationsförderung

Die Verbesserung der steuerlichen Rahmenbedingungen für Investitionen und die Schaffung von Arbeitsplätzen stellt nicht nur in Deutschland eine der wichtigsten Zielsetzungen von Steuerreformvorhaben dar. Als staatliche **Investitionsfördermaßnahmen** kommen neben den hier nicht weiter betrachteten Finanzierungshilfen (Zulagen und Zuschüsse) insbesondere über das normale Steuerrecht hinausgehende gezielte Steuervergünstigungen in Betracht, die im Wesentlichen bei den Ertragsteuern ansetzen. Entsprechend dem Entstehungstatbestand der Steuer liegen die Anknüpfungspunkte solcher Begünstigungen bei der Steuerbemessungsgrundlage, dem Steuersatz und der Steuerschuld.[67] Im Rahmen der **Bemessungsgrundlagenvergünstigungen** sind Sonderabschreibungen, erhöhte sowie beschleunigte Abschreibungen und Investitionsfreibeträge zu unterscheiden. Während die Gruppe der genannten Abschreibungen im Vergleich zur Regelabschreibung lediglich eine Aufwandsvorverlagerung und somit einen Zins- und Liquiditätsvorteil bedingt, bewirkt ein Investitionsfreibetrag, dass der Gewinn neben der Regelabschreibung zusätzlich um einen bestimmten Prozentsatz der Anschaffungs- oder Herstellungskosten eines Wirtschaftsguts gemindert wird. Infolgedessen werden über 100% der Anschaffungs- oder Herstellungskosten steuerwirksam verrechnet, weshalb der Investitionsfreibetrag in seiner betriebswirtschaftlichen Wirkung einer Zusatz- bzw. Überabschreibung gleichkommt. Am **Steuersatz** anknüpfende Vergünstigungen (Tarifermäßigungen) sind abgesehen von spezifischen Förderungen für Forschungs- und Entwicklungstätigkeiten wenig verbreitet, weil sie als investitionsungebundene Maßnahmen sämtliche

---

[66] Vgl. Spengel, C., Europäische Steuerbelastungsvergleiche, 1995, S. 389 ff.; Commission of the European Communities, Company Taxation, 2001, S. 111 ff. Vgl. ausführlich zur zeitlichen Entwicklung der ertragsunabhängigen Besteuerung in Deutschland Spengel, C./Finke, K./Zinn, B., Substanzbesteuerung, 2010.
[67] Zur Systematisierung vgl. Hitschler, W., Eigenkapitalbildung, 1993, S. 179 ff.; Riedel, H., Investitionsförderung, 1993, S. 10 ff.; Eckerle, T. H., Investitionsentscheidung, 2000, S. 212 f.

Einkünfte begünstigen. **Steuerschuldbezogene Maßnahmen** umfassen in erster Linie die Gewährung einer Steuergutschrift (tax credit, crédit d'impôt), bei der entweder ein bestimmter Prozentsatz der Anschaffungs- oder Herstellungskosten von Wirtschaftsgütern bzw. der laufenden Aufwendungen für Investitionen eines Wirtschaftsjahres oder ein Prozentsatz der – bspw. im Vergleich zum Vorjahr – zusätzlich aufgewendeten Mittel (sog. inkrementelle Förderung oder Zuwachsförderung) direkt von der Steuerschuld abgezogen wird. Der Entlastungseffekt ist endgültig und unabhängig von der Höhe des Steuersatzes; bei fehlender Steuerschuld lässt sich der gewünschte Effekt durch großzügige Rücktragsmöglichkeiten oder eine zeitnahe Erstattung erzielen. Zu den Begünstigungen im Rahmen der Steuerschuld zählen darüber hinaus temporäre Steuerbefreiungen für neu gegründete Unternehmen.

Die in Europa am häufigsten eingesetzten Formen der steuerlichen Förderung von Investitionen in Produktionsunternehmen betreffen Begünstigungen im Rahmen der ertragsteuerlichen **Bemessungsgrundlagen,** die mit Ausnahme von Dänemark, Estland, Italien, Österreich, Schweden, der Slowakischen und Tschechischen Republik sowie Zypern in allen Mitgliedstaaten anzutreffen sind (siehe Tabelle 7). Regelmäßig sind die Maßnahmen Investitionen in bestimmten Regionen oder kleinen und mittleren Unternehmen (KMU) vorbehalten.[68] **Reduzierte Körperschaftsteuersätze** sind in Bulgarien, Irland, Litauen, Slowenien und Spanien – häufig begrenzt auf bestimmte Regionen oder KMU – anzutreffen. Das Instrument der **Steuergutschrift** für Investitionsaufwendungen findet sich in Italien, Luxemburg, Malta, Polen, Portugal, der Slowakischen Republik, Spanien und Ungarn. Als weitere an die Steuerschuld anknüpfende Begünstigungen sind die zeitlich befristeten **Befreiungen** von der **Körperschaftsteuer** in Frankreich, Lettland, Litauen, Luxemburg, Polen und der Tschechischen Republik zu nennen, die häufig auf neu gegründete Unternehmen in bestimmten Fördergebieten begrenzt sind.

Neben der allgemeinen Investitionstätigkeit wird in vielen Mitgliedstaaten die **Forschungs- und Entwicklungstätigkeit (FuE)** zusätzlich steuerlich gefördert, wobei das Instrumentarium grundsätzlich das Gleiche ist (siehe Tabelle 8).[69] Für **Anlageinvestitionen** im FuE-Bereich gewähren Belgien, Bulgarien, Dänemark, Finnland, Frankreich, Griechenland, Großbritannien, Irland, Litauen, Malta, Österreich, Polen und Slowenien **bemessungsgrundlagenbezogene Vergünstigungen** in Form von Sonderabschreibungen, beschleunigten Abschreibungen oder Investitionsfreibeträgen. **Laufende FuE-Aufwendungen,** die i. d. R. neben Personalkosten und Sachaufwendungen auch Anlagenabschreibungen einschließen,[70] sind in allen Mitgliedstaaten unmittelbar als **Betriebsausgabe** abzugsfähig. Ein über die tatsächlichen Aufwendungen hinausgehender Betriebsausgabenabzug ist in sieben Mitgliedstaaten anzutreffen (Griechenland, Großbritannien, Österreich, Rumänien, Slowenien, Tschechische Republik und Ungarn). Ferner sehen Belgien,

---

[68] Vgl. als Überblick für sämtliche EU-Mitgliedstaaten IBFD, Tax Handbook, 2009. Vgl. speziell zu den Beitrittsstaaten Ernst & Young/ZEW, Company Taxation, 2004, S. 31 ff.
[69] Vgl. Endres, D., PIStB 2008, S. 266 ff.; Herbold, S., Anreize, 2009; Spengel, C. et al., Forschung und Entwicklung, 2009; Spengel, C./Herbold, S., Ubg 2009, S. 343 ff.; Spengel, C./Elschner, C., ZfB 2010, S. 1 ff.
[70] Vgl. Harhoff, D., Behandlung, 1994, S. 14.

2. Kapitel. Unternehmensbesteuerung in den Mitgliedstaaten

Frankreich, Irland, Italien, Malta, die Niederlande, Österreich, Portugal, Spanien und Ungarn **Steuergutschriften** für FuE-Aufwendungen vor. Schließlich werden in Belgien, Frankreich, Irland, Luxemburg, den Niederlanden und Spanien besondere **Steuersätze** für solche Einkünfte vorgesehen, die aus der Verwertung von FuE-Aktivitäten resultieren (sog. patent boxes). Im zwischenstaatlichen Vergleich kann somit eine unterschiedliche Intensität der steuerlichen Förderung von Investitionen sowie Forschung und Entwicklung ausgemacht werden. Besonders ausgeprägt ist die steuerliche Förderung in sämtlichen Beitrittsstaaten vor allem im Hinblick auf Steuerbefreiungen für neu gegründete Unternehmen sowie in Belgien, Frankreich, Großbritannien, Irland, Luxemburg, den Niederlanden, Österreich, Portugal und Spanien. Dort kommen gleichzeitig mehrere Instrumente zur Anwendung.

Deutschland zählt zum Kreis jener fünf Mitgliedstaaten (Deutschland, Estland, Lettland, Schweden und Zypern), die keine spezifisch steuerliche FuE-Förderung vorsehen. Die derzeit in Deutschland im Wirtschaftssektor anzutreffende FuE-Förderung ist eine reine Projektförderung. Sie zeigt einen rückläufigen staatlichen Finanzierungsanteil, ist durch einen hohen Bürokratieaufwand gekennzeichnet und wirkt hoch selektiv. Der FuE-Förderung im deutschen Wirtschaftssektor fehlt ein breitenwirksames steuerliches Instrument, welches unbürokratisch und technologieoffen FuE unterstützt. Deswegen sollte auch in Deutschland, ergänzend zur derzeit vorherrschenden Praxis einer Förderung von FuE, eine steuerliche FuE-Förderung eingeführt werden. Eine steuerliche FuE-Förderung würde für das Segment forschender und potenziell forschender KMU eine Erfolg versprechende Neuerung darstellen und aus der Sicht multinationaler Unternehmen die steuerliche Standortattraktivität zur Ansiedlung bzw. zur Beibehaltung von Forschung und Entwicklung in Deutschland erhöhen.

Die Bundesregierung hat die von den großen Wirtschaftsverbänden[71] und der Praxis[72] in Deutschland unterstützen Vorschläge der Arbeitsgruppe „Steuerliche FuE-Förderung der Forschungsunion Wirtschaft – Wissenschaft" zur Einführung einer steuerlichen Förderung von FuE-Aufwendungen aufgegriffen.[73] Danach wird eine steuerliche Förderung von Forschung und Entwicklung angestrebt, die zusätzliche Forschungsimpulse insbesondere für KMU auslöst.[74] Nach den Vorstellungen der Arbeitsgruppe sollte von den unterschiedlichen Formen einer steuerlichen FuE-Förderung aus innovationspolitischer und steuersystematischer Sicht eine Steuergutschrift in Erwägung gezogen werden, welche Aufwendungen für Grundlagenforschung, angewandte Forschung und experimentelle Entwicklung umfasst und zwar unabhängig davon, ob diese Aufwendungen im Unternehmen selbst (interne Aufwendungen) oder im Rahmen von Auftragsforschung (externe Aufwendungen) anfallen. Die Steuergutschrift ist rechtsformunabhängig allen Unternehmen (Kapitalgesellschaften/Personenunternehmen) zu gewähren. Ferner ist weder nach Größe (KMU/MNU), Technologisierungsgrad noch regionaler Ansässigkeit der Unternehmen zu differenzieren Die Steuergutschrift ist mit der Einkommen- bzw.

---
[71] Vgl. BDI/BDA, Forschungsförderung, 2009, S. 10.
[72] Vgl. z. B. Schlie, I./Stetzelberger, A., IStR 2008, S. 269 ff.
[73] Vgl. Spengel, C. et al., Forschung und Entwicklung, 2009.
[74] Vgl. Wachstum. Bildung. Zusammenhalt. Koalitionsvertrag von CDU, CSU und FDP v. 26. 10. 2009, S. 7.

Körperschaftsteuerschuld verrechenbar, idealerweise sollte eine die Steuerschuld übersteigende Steuergutschrift aus Liquiditätsgründen vergütet werden. Bei der erstmaligen Einführung einer steuerlichen FuE-Förderung in Deutschland wird es u. a. auch darum gehen müssen, die damit verbundenen Steuerausfälle zu begrenzen. Vor diesem Hintergrund könnte ein pragmatischer und administrierbarer Einstieg in eine steuerliche FuE-Förderung darin bestehen, die Steuergutschrift mit der abzuführenden Lohnsteuer für FuE-Personal zu verrechnen.[75] Als Bemessungsgrundlage der FuE-Förderung wären ausschließlich die Aufwendungen für FuE-Personal zu berücksichtigen, die rund 70% der gesamten FuE-Aufwendungen ausmachen. Die restlichen 30% fallen auf laufende Sachaufwendungen (ca. 20%) und Investitionsausgaben (ca. 10%). Eine Zuordnung dieser Kosten zur FuE-Tätigkeit dürfte häufig streitanfälliger sein als die Zuordnung der Personalaufwendungen. Zudem ist die Lohnsteuer durch die Finanzverwaltung flächendeckend gut administrierbar und kontrollierbar.

Die Steuergutschrift kann vom forschenden Unternehmen mit der abzuführenden Lohnsteuer für die betreffenden Mitarbeiter verrechnet werden; der Mitarbeiter rechnet die Lohnsteuer weiterhin vollständig auf seine tarifliche Einkommensteuer an. Neben einer Verringerung der Personalkosten ergibt sich hierdurch ein unmittelbarer monatlicher Liquiditätseffekt, der unabhängig von Ertragslage des Unternehmens ist. Gegenüber einer mit der Einkommen- bzw. Körperschaftsteuerschuld verrechenbaren Steuergutschrift liegt hierin ein beachtlicher zeitlicher Vorteil. Faktisch erfolgt die Entlastung durch die Steuergutschrift zeitgleich mit dem Anfall der Aufwendungen. Eine solche Form der Steuergutschrift würde schließlich Impulse zur Beschäftigungsförderung in Deutschland setzen.

Über die Höhe der Steuergutschrift hat die Politik zu entscheiden. Steuerausfälle sollten ausschließlich durch Begrenzungen beim Satz der Steuergutschrift reguliert werden und keine größenabhängigen Differenzierungen beim Kreis der begünstigten Unternehmen vorsehen. Neben dem Fördersatz könnten auch Kappungsgrenzen für den Umfang der zu berücksichtigenden Personalaufwendungen vorgesehen werden. Die fiskalischen Ausfälle einer solchen Steuergutschrift, die einen Fördersatz von 12% für KMU und 4% für große Unternehmen vorsieht, würden knapp über einer Mrd. Euro liegen.[76]

Die Einführung einer steuerlichen FuE-Förderung in Deutschland allein ist jedoch kein Allheilmittel und darf keinesfalls als Kompensation für andere im deutschen Steuerrecht verankerte FuE-Hemmnisse verstanden werden. Um im internationalen Steuervergleich zu bestehen, braucht Deutschland vielmehr ein wettbewerbsfähiges Besteuerungssystem neben einer international akzeptablen Forschungsförderung. Vor diesem Hintergrund sind verschiedene innovationsaverse Regelungen im deutschen Steuerrecht zu kritisieren – vor allem die Verlustverrechnungsmodalitäten, die Rahmenbedingungen bei der Eigen- und Fremdfinanzierung von Unternehmen sowie die Regelungen bei Funktionsverlagerungen. Die Unternehmenssteuerreform 2008 hat hier zahlreiche Verschlechterungen gebracht; die verbleibenden Vorzüge bewegen sich in ganz engen Grenzen.

---

[75] Vgl. Spengel, C., Status: Recht 2009, S. 272.
[76] Vgl. Elschner, C./Ernst, C./Spengel, C., Förderung, 2010, S. 13.

2. Kapitel. Unternehmensbesteuerung in den Mitgliedstaaten 145

Tabelle 7: Steuerliche Investitionsförderung in der EU

Land	Erhöhte Abschreibung	Sonderabschreibung	Investitionsfreibetrag	Besonderer Körperschaftsteuersatz	Steuergutschrift Satz	Steuergutschrift Art	Steuergutschrift Vortrag	Temporäre Körperschaftsteuerbefreiung
AT	–	–	–	–	–	–	–	–
BE	3 Jahre	–	50%[1,5,6]	–	–	–	–	–
BU	2 Jahre[1]	–	–	0%[1,2]	–	–	–	–
CY	–	–	–	–	–	–	–	–
CZ	–	–	–	–	–	–	–	5 Jahre[1,3,4]
DE	–	20%[5]	bis 40%[5,6]	–	–	–	–	–
DK	–	–	–	–	–	–	–	–
EE	–	–	–	–	–	–	–	–
ES	200%[5,8]	–	–	28%[2]	4%[1]	absolut	–	–
FI	50%[5]	50%[5,7,8]	–	–	–	–	–	–
FR	100%[1]	–	–	–	–	–	–	5 Jahre[2,3] 5 Jahre[1,5]
GR	–	–	20–40%[1,2,6]	–	–	–	–	–
HU	100%[1,2,5]	–	–	–	100%[1,10]	absolut	10 Jahre	–
IE	100%[1]	–	–	10%[1,2]	–	–	–	–
IT	–	–	–	–	bis 60%[1,2]	absolut	–	–
LT	bis 40%[1]	–	bis 50%[1]	13%[5]	–	–	–	16 Jahre[1,2,3]
LU	bis 60%[1]	–	–	–	bis 8%[1] bzw. 12%[1]	absolut Zuwachs	10 Jahre 10 Jahre	8 Jahre[1,3]

Land	Erhöhte Abschreibung	Sonderabschreibung	Investitions-freibetrag	Besonderer Körperschaft-steuersatz	Steuergutschrift			Temporäre Körperschaft-steuerbefreiung
					Satz	Art	Vortrag	
LV	bis 150%[8] bzw. bis 200%[1, 8]	–	–	–	–	–	–	bis 2017[2, 3]
MT	bis 50%[1]	–	–	–	bis 50%[1, 5]	absolut	–	–
NL	2 Jahre	100%[1]	bis 44%[1]	–	–	–	–	–
PL	bis 200%[1, 8]	–	–	–	30–50%[2]	absolut	–	bis 2017[1, 3]
PT	130%[1, 2, 5, 8]	–	–	15%[2, 5] bzw. 20%[2]	5–20%[1]	–	–	–
RO	–	50%[1, 9]	–	–	–	–	–	–
SE	–	–	–	–	–	–	–	–
SK	–	–	–	–	bis 50%[1]	absolut	–	–
SL	–	–	30%[1] bzw. bis 50%[1, 2, 3]	10%[2]	–	–	–	–
UK	100%[1, 2]	40%[1, 5, 9]	–	–	–	–	–	–

(1) Bestimmte Technologien bzw. Wirtschaftsgüter.
(2) Regional (insbesondere enterprise zones).
(3) Neue Unternehmen.
(4) Alte Unternehmen, sofern sie ihre Steuerschuld steigern.
(5) Besondere Förderung für KMU.
(6) Steuerfreie Rücklage.
(7) Zeitlich begrenzt auf drei Jahre.
(8) Bezogen auf den regulären Abschreibungssatz.
(9) Zeitlich begrenzt auf ein Jahr.
(10) Unternehmen mit bestimmter Beschäftigungszahl und Lohnsumme.

Tabelle 8: Steuerliche Innovationsförderung in der EU

Land	Anlagegüter im FuE-Bereich			Erhöhter Betriebsausgabenabzug	FuE-Aufwendungen			Umfang der freigestellten Einkünfte
	Beschleunigte Abschreibung	Sonderabschreibung	Investitionsfreibetrag	Satz	Steuergutschrift		Vortrag	
					Satz	Art		
AT	–	–	25–35%[1]	25–35%	8%[7]	absolut	sofortige Erstattung	–
BE	3 Jahre[4]	–	13,50%	–	4,59%[5]	absolut	4 Jahre[6]	80%[9]
BG	2 Jahre[1]	–	–	–	–	–	–	–
CY	–	–	–	–	–	–	–	–
CZ	–	–	–	200%	–	–	–	–
DE	–	–	–	–	–	–	–	–
DK	100%	–	–	–	–	–	–	–
EE	–	–	–	–	–	–	–	–
ES	–	–	–	–	bis 25% 42%	absolut Zuwachs	15 Jahre 15 Jahre	50%[9]
FI	5 Jahre[4]	–	–	–	–	–	–	–
FR	–	100%	–	–	bis 30%	absolut	3 Jahre[6]	55%[9]
GR	3 Jahre	–	–	150%[10]	–	–	–	–
HU	–	–	–	200%	bis 100%	absolut	9 Jahre	–
IE	100%	–	–	–	25%	Zuwachs	unbegrenzt	100%
IT	–	–	–	–	bis 40%[8]	absolut	–	–
LT	bis 40%[4]	–	–	–	–	–	–	–

Land	Anlagegüter im FuE-Bereich				FuE-Aufwendungen			Umfang der freigestellten Einkünfte
	Beschleunigte Abschreibung	Sonderabschreibung	Investitionsfreibetrag	Erhöhter Betriebsausgabenabzug Satz	Satz	Steuergutschrift Art	Vortrag	
LU	–	–	–	–	–	–	–	80%[9]
LV	–	–	–	–	–	–	–	–
MT	–	–	bis 70%[1, 4]	–	bis 70%[1, 4]	absolut	unbegrenzt	–
NL	–	–	–	–	42%[11]	absolut	–	61%[9]
PL	–	–	bis 50%	–	–	–	–	–
PT	–	–	–	–	32,50% 50%	absolut Zuwachs	6 Jahre 6 Jahre	–
RO	–	–	–	120%	–	–	–	–
SE	–	–	–	–	–	–	–	–
SK	–	–	–	–	–	–	–	–
SL	3 Jahre[4]	–	–	bis 140%	–	–	–	–
UK	100%[4]	–	–	175%[3]	–	–	–	–

(1) Nur Investitionen im Rahmen bestimmter Förderprogramme.
(2) Steuerfreie Rücklage.
(3) Besondere Förderung für kleine und mittelgroße Unternehmen.
(4) Nur bestimmte Wirtschaftsgüter.
(5) Nur alternativ zum Steuerfreibetrag.
(6) Danach Erstattung.
(7) Nur alternativ zum Investitionsfreibetrag.
(8) Bis 100 Mio. €, darüber 5%.
(9) Bei Anwendung des regulären Steuersatzes.
(10) Bezogen auf den Zuwachs.
(11) Bezogen auf die Lohnsteuer 14%, falls die Löhne und Gehälter 150 000 € übersteigen.

E. Belastungswirkungen der unterschiedlichen Unternehmenssteuern in Europa im Vergleich

I. Anforderungen an internationale Steuerbelastungsvergleiche

Die Analyse der europäischen Steuersysteme hat gezeigt, dass die nationalen Körperschaftsteuersysteme, die Steuerarten, die Bemessungsgrundlagen und die Steuersätze unterschiedlich sind. Bei grenzüberschreitenden Investitionen kommen die Regelungen der DBA hinzu. Diese **tax drivers** bestimmen in ihrem Zusammenwirken die konkrete Höhe der Steuerbelastung in den einzelnen Ländern, die in Belastungsrechnungen festgestellt wird.

Die länderspezifische Steuerbelastung ist aber auch von nichtsteuerlichen Faktoren abhängig, die Ergebnis der rechtlichen und ökonomischen Standortdifferenzen der jeweiligen Länder sind, z. B. die unterschiedlichen Lohn- oder Kapitalverhältnisse. Dies bedingt, dass die Strukturen der Bilanzen und Gewinn- und Verlustrechnungen in den verschiedenen Ländern nicht identisch sind, wodurch sich länderspezifische Belastungsunterschiede ergeben, die allenfalls mittelbar durch die oben wiedergegebenen tax drivers verursacht sind.

Will man aussagefähige internationale Steuerbelastungsvergleiche erstellen, sind die steuerlichen Einflussfaktoren von den länderspezifischen Besonderheiten zu trennen. Aber auch dann lässt sich schwerlich sagen, dass die Steuerbelastung in Land A stets höher ist als in Land B. Die Höhe der Steuerbelastung ist auch in dem jeweiligen Land abhängig von einer Vielzahl von individuellen und unternehmensspezifischen Faktoren, worunter z. B. die Unternehmensrechtsform, die Erfolgslage, die Finanzierungsweise, das Ausschüttungsverhalten, die Zahl der am Unternehmen Beteiligten, das gewählte Altersversorgungssystem, die Branche und deren Investitions- und Kapitalstruktur fallen. Die Höhe der Steuerbelastung ist somit generell von den **Umständen des Einzelfalls** abhängig, sie ist stets individuell und vor dem Hintergrund der konkret betrachteten Datenkonstellation zu sehen.

Trotz dieser Individualität von Steuerbelastungsvergleichen sind **Trendaussagen** möglich, wenn man die Bedingungen, unter denen die betrachteten Unternehmen arbeiten, genau beschreibt und somit ihre rechtlichen und wirtschaftlichen Strukturen vergleichbar macht. Aber auch dann, wenn man die Steuerbelastung vergleichbarer Unternehmen berechnet, muss die Berechnungsmethode eine Reihe von **Mindestanforderungen** erfüllen, was bei vielen praktischen Belastungsvergleichen nicht der Fall ist. Die wichtigsten Anforderungen sind:[77]

(1) Alle belastungsrelevanten Einflussgrößen (tax drivers): Die Steuerhöhe bestimmende Einflussfaktoren sind die Körperschaftsteuersysteme, die verschiedenen Steuerarten, die Bemessungsgrundlagen und die Steuertarife. Steuerbelastungsrechnungen, die nicht alle diese tax drivers berücksichtigen, sind nicht aussagefähig. In der Praxis wird zu häufig einseitig auf die Steuersätze abgestellt.

---

[77] Vgl. Jacobs, O. H./Spengel, C., Intertax 2000, S. 335 f.; Gutekunst, G., Steuerbelastungen, 2005; Lammersen, L., Steuerbelastungsvergleiche, 2005.

(2) Mehrperiodigkeit: Zur Erfassung zahlreicher temporärer Unterschiede zwischen den steuerlichen Bemessungsgrundlagen, bspw. im Bereich der Abschreibungen, Rückstellungen oder der Vorratsbewertung, sowie der unterschiedlichen Verlustausgleichsmöglichkeiten müssen internationale Steuerbelastungsvergleiche stets Mehrperiodenvergleiche sein, da hierdurch die Unterschiede in der Ausübung und (durch Diskontierung) ökonomischen Wirkung von Wahlrechten ausgeglichen werden.

(3) Herstellen von Vergleichbarkeit: Die Steuerbelastungen sind einerseits von steuerlichen Einflussgrößen, andererseits von länderspezifischen Standortfaktoren abhängig. Darüber hinaus können individuelle rechtliche oder ökonomische Unterschiedlichkeiten von Unternehmen zu Unternehmen zu berücksichtigen sein. Will man ausschließlich auf die steuerlichen Einflussgrößen abstellen, sind die Unternehmen in Form von Modellunternehmen **vor Steuern** vergleichbar zu machen. Man hat also gleiche nichtsteuerliche Ausgangsdaten vorzugeben, um die Steuerwirkungen isoliert berechnen zu können. Bei solchen Modellunternehmen kann man sog. typische Unternehmen bestimmter Größenordnung, Erfolgslage, Finanzierungsstruktur oder Branchen heranziehen.

(4) Simulationsrechnungen: Infolge der Annahme identischer Ausgangsdaten dürfen die Ergebnisse modellgestützter Steuerbelastungsvergleiche nicht überbewertet und uneingeschränkt auf die Realität übertragen werden. Um möglichst gesicherte Anhaltspunkte über die Höhe der Steuerbelastung zu gewinnen, sollte eine Vielzahl unternehmerischer Gestaltungsfaktoren in die Analyse einbezogen werden. Mit Hilfe von Wenn-Dann-Analysen über Simulationsrechnungen lässt sich der Einfluss unterschiedlicher Datenkonstellationen, wie z. B. der Erfolgslage, der Vermögensstruktur und der Finanzierungsweise, quantifizieren, was die Allgemeingültigkeit der Ergebnisse erhöht. Wie die späteren Berechnungen zeigen, werden Investitionen in unterschiedliche Wirtschaftsgüter (immaterielle Wirtschaftsgüter, Gebäude, Maschinen, Vorräte u. a.) steuerlich nicht gleich behandelt. Dies ist auch unmittelbar einleuchtend, wenn man z. B. ihre unterschiedliche Abschreibungsmöglichkeit und -dauer betrachtet. Da sich einzelne Wirtschaftszweige durch unterschiedliche Investitionsarten und damit verbunden unterschiedliche Kapitalstrukturen unterscheiden, ist es sinnvoll, Simulationsrechnungen für typische Unternehmen verschiedener Branchen durchzuführen, um so die wichtigsten Steuereinflussgrößen und Steuerbelastungstrends für spezielle Branchen zu ermitteln.

(5) Relevante Belastungsebene: Die Berechnung effektiver Steuerbelastungen kann sich auf die Ebene des Unternehmens beschränken, also nur die Unternehmenssteuern einbeziehen, oder zusätzlich die persönlichen Steuern der Anteilseigner erfassen und somit auf die Gesamtebene des Unternehmens und der Anteilseigner abstellen. Die Frage, ob persönliche Steuern in einem internationalen Steuerbelastungsvergleich zu berücksichtigen sind, hängt von der Person bzw. der Perspektive des Investors ab. Für den **Mittelstand**, d. h. bei personenbezogenen Unternehmen, sind **persönliche Steuern** generell **einzubeziehen**, da die relevanten Steuern nicht auf die Unternehmensebene begrenzt werden können. Dagegen spielen persönliche Steuern der Anteilseigner bei Investitions- und vor allem Standortentscheidungen **multinationaler Unternehmen** häufig eine untergeordnete Rolle. Aufgrund der heteroge-

nen, internationalen Anteilseignerstrukturen sind die relevanten Anteilseigner und ihre steuerlichen Situationen dem Management gar nicht bekannt. **Entscheidungsrelevant** sind deshalb i. d. R. nur die **Unternehmenssteuern.** Dies entspricht dem empirischen Befund, dass bei Standortentscheidungen multinationaler Unternehmen durch die abnehmende Bedeutung körperschaftsteuerlicher Anrechnungsverfahren nur die Unternehmenssteuern entscheidungsrelevant sind. Im klassischen System und in den Shareholder-relief-Verfahren werden ausgeschüttete Gewinne unabhängig davon, ob sie im In- oder Ausland verdient wurden, gleichermaßen mit Einkommensteuer belastet. Folglich ist aus der Sicht des internationalen Investors die günstigste Investition nach in- oder ausländischen Unternehmenssteuern auch die günstigste Investition nach (zusätzlichen) Inlandssteuern auf Dividenden; die Inlandssteuern verändern zwar die Nettorendite, nicht aber die Rangfolge der Investitionen. In Einzelfällen mögen auch Einkommensteueraspekte eine Investitionsentscheidung beeinflussen (z. B. bei der Standortwahl für eine Dienstleistungsgesellschaft mit vielen Expatriates). In diesen Fällen geht es aber um die Einkommensbesteuerung der Mitarbeiter, nicht der Anteilseigner.[78]

II. Methoden zur Berechnung und zum Vergleich internationaler Steuerbelastungen

Zur Messung der effektiven Steuerbelastung steht ein methodisch umfangreiches Instrumentarium zur Verfügung, das die obigen Anforderungen erfüllt.[79]

(1) Effektive Grenzsteuerbelastung: Eine international anerkannte Maßgröße ist die effektive Grenzsteuerbelastung (effective marginal tax rate), die auf dem Ansatz von King und Fullerton[80] aus dem Jahr 1984 basiert. Bei der effektiven Grenzsteuerbelastung werden die sog. **Kapitalkosten** gesucht, die eine Investition vor Steuern gerade erwirtschaften muss, damit dem Kapitalgeber nach Steuern die gewünschte **Mindestverzinsung** (i. d. R. der Kapitalmarktzins) gezahlt werden kann. Eine solche Investition wird als marginale Investition bezeichnet. Bei der marginalen Investition handelt es sich somit um ein normiertes Projekt, dessen Ertragswert nach Steuern gerade der Anschaffungsauszahlung entspricht. Zur Ermittlung der effektiven Grenzsteuerbelastung wird die Differenz zwischen den Kapitalkosten und der Mindestverzinsung auf die Kapitalkosten bezogen. Solange der Grenzertrag einer Investition die Kapitalkosten übersteigt, ist die Durchführung einer Investition vorteilhaft. Demnach bestimmen die Kapitalkosten im Modell das Investitionsvolumen an einem Standort sowie, verglichen mit den Kapitalkosten an alternativen Standorten, die relative Attraktivität einzelner Länder als Standorte für internationale (grenzüberschreitende) Investitionen. Geringere Kapitalkosten bzw. effektive Grenzsteuerbelastungen signalisieren somit eine höhere Standortattraktivität.

(2) Effektive Durchschnittssteuerbelastung: Für unternehmerische Entscheidungen sind die Besteuerungswirkungen bei rentablen Investitionen häufig rele-

---
[78] Vgl. Endres, D./Spengel, C./Elschner, C., DB 2005, S. 2253 ff.
[79] Vgl. Jacobs, O. H./Spengel, C., Intertax 2000, S. 336 ff.; Spengel, C./Lammersen, L., StuW 2001, S. 223 ff.; Schreiber, U./Ruf, M., Steuerbelastung, 2004, S. 177 ff.
[80] Vgl. King, M. A./Fullerton, D., Taxation, 1984.

vanter als bei marginalen Investitionen. Rentable Investitionen erzielen mehr als die erforderliche Mindestrendite, nämlich sog. Reingewinne (economic rents), die bspw. auf die Nutzung firmenspezifischen Know-hows zurückzuführen sind. Die Maßgröße für die Steuerbelastung rentabler Investitionen ist die effektive Durchschnittssteuerbelastung (effective average tax rate), die angibt, um wie viel sich eine finanzielle Gewinngröße wie z. B. der **Kapitalwert** einer Investition durch die Besteuerung vermindert. Höhere Nettogewinne bzw. Kapitalwerte und somit geringere Durchschnittssteuerbelastungen deuten gegenüber anderen Ländern auf eine höhere Standortattraktivität hin. Die Durchschnittssteuerbelastung ist insbesondere im Zusammenhang mit der **Wahl des Standortes** für Tochtergesellschaften die relevante Maßgröße.[81]

Für die Berechnung der effektiven Durchschnittssteuerbelastung gibt es keinen fest vorgegebenen Ansatz. In Betracht kommen das auf dem King-Fullerton-Ansatz basierende Modell von Devereux und Griffith[82] sowie finanzplangestützte Unternehmensmodelle wie der European Tax Analyzer,[83] der seit 1991 in enger Kooperation zwischen dem Zentrum für Europäische Wirtschaftsforschung (ZEW) und der Universität Mannheim entwickelt wird. Während das **Modell von Devereux und Griffith** im Grundsatz die Veränderung des Kapitalwerts zu Beginn einer Investition durch die Besteuerung analysiert, steht beim finanzplanbasierten European Tax Analyzer die Veränderung des Vermögensendwerts am Planungshorizont im Vordergrund. Der **European Tax Analyzer** ist dem Modell von Devereux und Griffith umso eher vorzuziehen, je detaillierter und umfassender die wirtschaftlichen Rahmendaten, die Unternehmensdaten und die steuerlichen Einflussfaktoren – insbesondere zahlreiche relevante Details im Rahmen der Gewinnermittlung – abgebildet werden sollen. Der Vorteil des European Tax Analyzers ist somit seine Anschaulichkeit und Genauigkeit, da jede relevante Steuerregel mit Hilfe der sog. **kasuistischen Veranlagungssimulation** genauso abgebildet wird, wie sie sich bei der praktischen Steuererklärung über Bilanzen sowie Gewinn- und Verlustrechnungen vollzieht. Der **Vermögensendwert** nach Steuern über einen etwa zehnperiodigen Zeitraum ergibt sich, indem der Zahlungssaldo vor Steuern um die in jeder Periode anfallenden Steuerzahlungen vermindert wird. Durch den Ansatz von Soll- und Habenzinsen werden die unterschiedlichen Zahlungszeitpunkte wie im Rahmen der betrieblichen Finanzplanung berücksichtigt. Andererseits hat der formelmäßige und deshalb einfachere und überschaubare Aufbau des Devereux-Griffith-Modells den Vorteil größerer Flexibilität und erlaubt mit vertretbarem Zeitaufwand den Einbezug einer großen Anzahl von Ländern.

Beide Modelle wurden von der Europäischen Kommission evaluiert und in ihrem Bericht „Company Taxation in the Internal Market"[84] nebeneinander

---

[81] Vgl. Richter, W. F./Seitz, H./Wiegard, W., Standortfaktoren, 1996, S. 17 ff.; Bertelsmann Stiftung (Hrsg.), Unternehmensbesteuerung, 2000, S. 32, 46 f., 59; Sachverständigenrat, Jahresgutachten, 2001/02, Tz. 528; Spengel, C., Unternehmensgewinne, 2004, S. 96 ff.

[82] Vgl. Devereux, M. P./Griffith, R., Discrete Investment Choices, 1999. Siehe auch Spengel, C./Lammersen, L., StuW 2001, S. 226 f; Schreiber, U./Spengel, C./Lammersen, L., SBR 2002, S. 2 ff.; Spengel, C., Unternehmensbesteuerung, 2003, S. 68 ff., 134 ff.

[83] Vgl. Jacobs, O. H./Spengel, C., European Tax Analyzer, 1996; Jacobs, O. H./Spengel, C., Effective Tax Burden, 2002.

[84] Vgl. Commission of the European Communities, Company Taxation, 2001.

eingesetzt. Auf Basis der Ergebnisse dieser Studie hat die Europäische Kommission im Oktober 2001 weitreichende Schlussfolgerungen für ihre künftige Steuerpolitik gezogen.[85] Beide Modelle werden auch weiterhin für steuerpolitische Analysen der Europäischen Kommission eingesetzt.[86] Dass die Europäische Kommission Teile ihrer steuerpolitischen Empfehlungen auf die Ergebnisse von methodisch anspruchsvollen Steuerbelastungsrechnungen stützt, unterstreicht die praktische Relevanz derartiger Vergleichsrechnungen.

III. Ergebnisse von Steuerbelastungsvergleichen

Da die effektive Durchschnittssteuerbelastung eine höhere Relevanz für Standortfragen hat als die effektive Grenzsteuerbelastung, beschränken sich die folgenden Steuerbelastungsvergleiche auf die Durchschnittssteuerbelastung. Die Belastungen werden sowohl mit Hilfe des European Tax Analyzers als auch des Modells von Devereux und Griffith berechnet. Rechtsstand ist das Jahr 2009. Die Analyse ist auf die Steuerbelastung des Unternehmens begrenzt, so dass die ermittelten Werte aus der Sicht multinationaler Investoren geeignete Indikatoren für die steuerliche Standortattraktivität der betrachteten Länder darstellen.

1. Berechnungen auf der Grundlage von Modellunternehmen (European Tax Analyzer)

a) Prämissen

Der European Tax Analyzer simuliert mit Hilfe eines computergestützten Unternehmensmodells die ökonomische Entwicklung einer Kapitalgesellschaft über einen Zeitraum von zehn Perioden. Zur Ermittlung der effektiven Steuerbelastungen werden die Unternehmen über diesen Berechnungszeitraum jeweils nach den Steuervorschriften der einbezogenen Länder veranlagt. Im Folgenden werden sämtliche Mitgliedstaaten der EU betrachtet. In der Veranlagungssimulation werden alle relevanten ertragsabhängigen und ertragsunabhängigen Unternehmenssteuern – in Deutschland handelt es sich um die Gewerbe-, Grund- und Körperschaftsteuer sowie den Solidaritätszuschlag – sowie die bedeutsamsten bilanziellen Wahlrechte einschließlich der Regelungen zur interperiodischen Verlustverrechnung berücksichtigt.

b) Vergleich der Steuerbelastungen für ein typisches Unternehmen des Verarbeitenden Gewerbes

Die Steuerbelastungen und die Ursachen für bestehende Belastungsunterschiede werden unter Zugrundelegung repräsentativer Daten für eine große, durchschnittliche Kapitalgesellschaft des **Verarbeitenden Gewerbes** in Europa quantifiziert und analysiert.[87] Unter Zugrundelegung von 19 211 Einzelabschlüssen europäischer Kapitalgesellschaften dieser Größenklassen weist die-

---

[85] Vgl. Kommission der Europäischen Gemeinschaften, Binnenmarkt, 2001.
[86] Siehe u. a. Devereux, M. P./Elschner, C./Endres, D./Spengel, C., Report, 2009; Oestreicher, A./Reister, T./Spengel, C., WTJ 2009, S. 46 ff.
[87] Vgl. zu einer weitergehenden branchenspezifischen Analyse zwischenstaatlicher Steuerbelastungsunterschiede Oestreicher, A./Reister, T./Spengel, C., WTJ 2009, S. 46 ff.

ses Unternehmen in der Mitte des Berechnungszeitraums (Periode 6) folgende Kennzahlen auf, die aus der Bilanz sowie der Gewinn- und Verlustrechnung abgeleitet wurden:
- Anlagenintensität 29,9%;
- Eigenkapitalquote 34,3%;
- Eigenkapitalrentabilität nach Steuern 9,5%;
- Jahresüberschuss 4 124 827 €;
- Umsatzerlöse 159 457 817 €;
- Umsatzrentabilität nach Steuern 2,6%;
- Personalintensität 21,0%.

Für dieses konkrete Unternehmen streut die Durchschnittssteuerbelastung für den Berechnungszeitraum von zehn Perioden zwischen etwa 9,9 Mio. € in Bulgarien und 57,6 Mio. € in Frankreich. Auffallend ist, dass neben dem traditionellen Niedrigsteuerland Irland vor allem Kapitalgesellschaften in den osteuropäischen Beitrittsstaaten einer vergleichsweise geringen Belastung unterliegen. Im Zuge der EU-Erweiterung ist im Osten ein Niedrigsteuergebiet entstanden. Deutschland nimmt im Länderranking mit einer Durchschnittssteuerbelastung von 31,6 Mio. € den siebtletzten Platz ein (siehe Tabelle 9). Auf Unternehmensebene ist Deutschland damit auch nach der Unternehmenssteuerreform 2008 ein Hochsteuerland.[88] Die effektive Steuerbelastung deutscher Kapitalgesellschaften ist nunmehr zwar deutlich geringer als etwa in Frankreich, Italien, Österreich oder Spanien. Allerdings liegt sie weiterhin um etwa 5,4 Mio. € bzw. 20,6% über dem EU-Durchschnitt. Im Vergleich zur durchschnittlichen Unternehmenssteuerbelastung in den EU-12 Mitgliedstaaten belaufen sich die Mehrbelastungen deutscher Kapitalgesellschaften sogar auf etwa 11,1 Mio. € bzw. 54,1%.

Auf die effektive Durchschnittssteuerbelastung wirken im Ländervergleich unterschiedliche Steuerarten. In allen Ländern haben die **Ertragsteuern** den größten Einfluss. Der Anteil an der Gesamtsteuerbelastung reicht von etwa 60% in Frankreich und Österreich bis zu 100% in Malta und Slowenien. Ausschlaggebend für die hohe Gesamtsteuerbelastung in Deutschland ist das – absolut gesehen – hohe Belastungsniveau der ertragsabhängigen Steuern (Körperschaftsteuer, Solidaritätszuschlag und Gewerbesteuer). Im Vergleich zu Deutschland ist die Ertragsteuerbelastung lediglich in Frankreich und Malta höher. Die sehr geringen Ertragsteuerbelastungen in Bulgarien und Zypern bzw. Irland resultieren hingegen aus den niedrigen Körperschaftsteuersätzen von 10% bzw. 12,5%. Im Gegensatz zu den ertragsabhängigen Steuern ist der Einfluss der **ertragsunabhängigen Steuern** geringer. Allerdings gibt es mit Frankreich, wo mit der Grundsteuer, der taxe professionnelle und den Arbeitgebersteuern drei Kategorien von ertragsunabhängige Steuern erhoben werden, Österreich (Kommunalsteuer), Spanien (Betriebsteuer) und Ungarn (Wertschöpfungsteuer) bedeutsame Ausnahmen. Insbesondere der Vergleich mit dem österreichischen Nachbarn zeigt, dass die Vernachlässigung ertragsunabhängiger Steuern zu einer falschen, weil zu günstigen Einschätzung der relativen Belastungssituation österreichischer Unternehmen führen kann.

---

[88] Vgl. zur Entwicklung der deutschen Unternehmensteuerbelastung zwischen 1990 und 2009 Spengel, C./Finke, K./Zinn, B., Substanzbesteuerung, 2010.

2. Kapitel. Unternehmensbesteuerung in den Mitgliedstaaten 155

Tabelle 9: Effektive Durchschnittssteuerbelastungen für Kapitalgesellschaften in der EU (Modellunternehmen)

	Körperschaftsteuer	Zuschlagsteuer	Grundsteuer	Vermögensteuer	Taxe Professionnelle	Lohnsummensteuer	Wertschöpfungssteuer	Betriebsteuer	Gewerbesteuer	Gesamtsteuererbelastung
BG	9 728 824 €		224 085 €							9 952 909 €
CY	10 753 089 €		278 542 €							11 031 631 €
IE	12 840 483 €		1 398 852 €							14 239 335 €
LV	14 295 597 €		1 921 533 €							16 217 130 €
RO	15 427 374 €		1 239 269 €							16 666 643 €
SK	18 207 039 €		1 389 411 €							19 596 450 €
CZ	19 341 277 €		248 167 €							19 625 444 €
LT	18 756 917 €		1 027 338 €							19 784 255 €
EE	19 089 484 €		842 028 €							19 931 512 €
PL	18 622 991 €		1 448 370 €							20 071 361 €
SL	20 151 753 €									20 151 753 €
GR	23 528 780 €		540 545 €							24 069 325 €
NL	24 592 157 €		266 862 €							24 859 019 €

Tabelle 9: Fortsetzung

	Körperschaftsteuer	Zuschlagsteuer	Grundsteuer	Vermögensteuer	Taxe Professionnelle	Lohnsummensteuer	Wertschöpfungssteuer	Betriebsteuer	Gewerbesteuer	Gesamtsteuerbelastung
PT	23 727 056 €	1 377 174 €	420 767 €							25 524 997 €
SE	25 233 766 €		700 302 €							25 934 068 €
FI	25 152 670 €		1 009 945 €							26 162 615 €
DK	23 945 256 €		2 778 044 €							26 723 300 €
LU	20 122 564 €	781 888 €	873 804 €	1 362 939 €					6 095 049 €	29 236 244 €
UK	27 343 661 €		3 570 154 €							30 913 815 €
BE	26 780 733 €	813 248 €	3 357 95 €							30 951 976 €
DE	14 500 361 €	781 115 €	532 275 €						15 749 834 €	31 563 585 €
ES	28 130 896 €		506 056 €					4 951 037 €		33 587 989 €
MT	33 662 021 €									33 662 021 €
HU	13 350 161 €	3 700 121 €	1 250 131 €				20 556 481 €			38 856 894 €
AT	23 796 550 €		366 051 €			17 241 226 €				41 583 827 €
IT	26 854 714 €		491 887 €				16 175 361 €			43 521 962 €
FR	31 673 412 €	720 244 €	1 198 719 €		16 715 356 €	5 303 555 €	2 052 240 €			57 663 526 €

2. Kapitel. Unternehmensbesteuerung in den Mitgliedstaaten 157

Abbildung 5: Effektive Durchschnittssteuerbelastungen für Kapitalgesellschaften in der EU nach Steuerarten (Modellunternehmen)

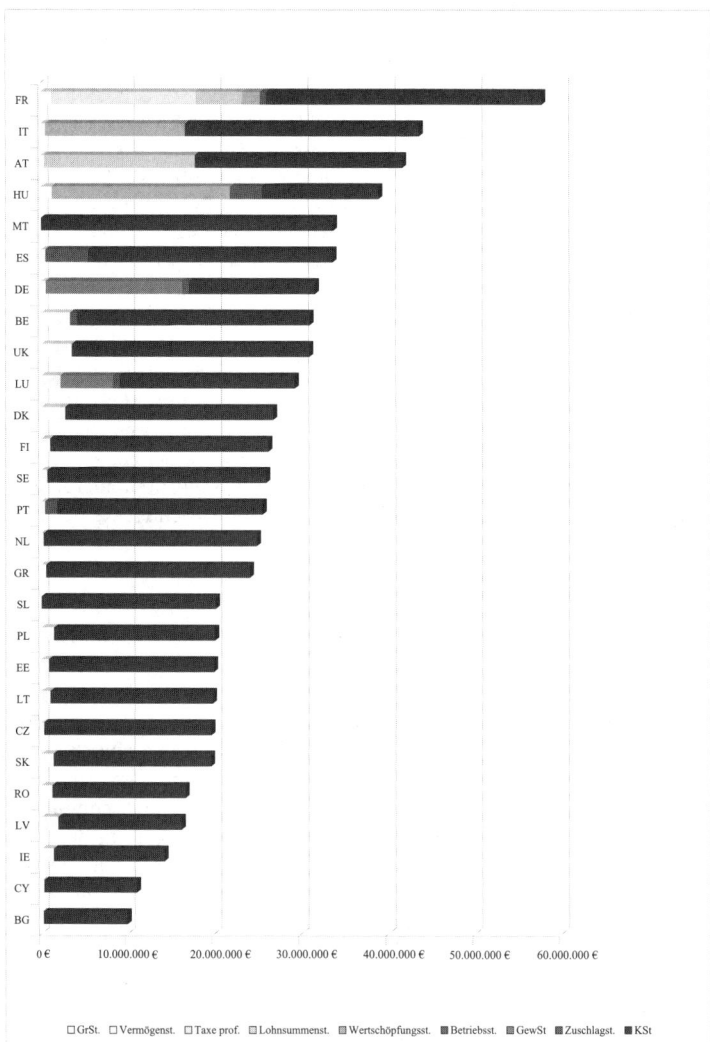

2. Berechnungen auf der Grundlage investitionstheoretischer Modelle (Devereux-Griffith-Modell)

a) Prämissen

Im Gegensatz zu Unternehmensmodellen wie dem European Tax Analyzer werden in investitionstheoretischen Modellen keine gesamten Unternehmen betrachtet. Ausgangspunkt bilden einzelne Investitionen und Finanzierungswege, die anschließend über Gewichtungsfaktoren zu einem Bündel von Investitionen zusammengefasst werden. Im Modell von Devereux und Griffith werden **Investitionen** in Immaterielle Wirtschaftsgüter, Gebäude, Maschinen, Finanzanlagen sowie Vorräte betrachtet. Zur **Finanzierung** der Investitionen kommen die Fremd-, Beteiligungs- und Selbstfinanzierung in Frage. Bei insgesamt fünf Investitionsarten und drei Finanzierungswegen ergeben sich somit 15 Einzelkombinationen für Investitionen. Werden die fünf Investitionen jeweils über die drei Finanzierungswege bzw. die drei Finanzierungswege jeweils über die fünf Investitionen gewichtet, ergeben sich effektive Steuersätze über die betrachteten Investitionsarten bzw. Finanzierungswege. Werden schließlich alle 15 Einzelkombinationen aggregiert, ergibt sich ein gewogener effektiver Durchschnittssteuersatz für sämtliche Einzelkombinationen. Dazu werden nachfolgend jeweils proportionale Gewichte verwendet, d. h. 20% für die Investitionsarten und 33,33% für die Finanzierungswege.

Im folgenden Belastungsvergleich werden analog zum European Tax Analyzer alle durch die betrachteten Investitionen und Finanzierungswege auf Unternehmensebene berührten Ertragsteuern sowie ertragsunabhängigen Steuern, in Deutschland also die Körperschaftsteuer inklusive Solidaritätszuschlag, die Gewerbesteuer sowie die Grundsteuer, berücksichtigt. Methodisch bedingt können bei den Gewinnermittlungsvorschriften allerdings nur Abschreibungen sowie Verbrauchsfolgeverfahren berücksichtigt werden.

b) Vergleich der effektiven Durchschnittssteuerbelastungen

Auch wenn sich der European Tax Analyzer und das Modell von Devereux und Griffith hinsichtlich des Aufbaus, der Prämissen und der einbezogenen steuerlichen Sachverhalte unterscheiden und somit die konkreten Berechnungsergebnisse nicht unmittelbar vergleichbar sind, ergeben sich **gleichgerichtete Aussagen** hinsichtlich der Höhe und des Ausmaßes zwischenstaatlicher Belastungsunterschiede sowie hinsichtlich der relevanten tax drivers.[89] So ergibt sich eine beträchtliche Spannweite der effektiven Durchschnittssteuerbelastungen von 25,9 Prozentpunkten, wobei die Positionierung der Länder am oberen und am unteren Ende der Skala in beiden Modellvergleichen nahezu identisch ist. Die Bandbreite reicht von 8,9% in Bulgarien bis 34,8% in Frankreich. Im Durchschnitt über alle Mitgliedstaaten ergibt sich ein Wert von 21,7%, der lediglich um 1,1 Prozentpunkte unter der durchschnittlichen Tarifbelastung auf Unternehmensgewinne von 22,8% liegt. Deutlich wird, dass innerhalb der EU weder ein investitionsneutrales Gewinnermittlungsrecht existiert noch eine Gleichbehandlung der Finanzierungsformen gegeben ist. Tabelle 10 zeigt neben den tariflichen Gewinnsteuersätzen und effektiven Durchschnittssteuersätzen auch die Einzelergebnisse für die fünf Investitionen und die drei Finanzierungswege.

Bei den **Investitionen** werden abnutzbare Wirtschaftsgüter in der Reihenfolge Immaterielle Werte, Maschinen und Gebäude belastet. Die Begünstigung von Immaterialwerten und Maschinen im Vergleich zu Gebäuden ist zum einen auf vergleichsweise geringe steuerliche Abschreibungszeiträume oder verhältnismäßig hohe degressive Abschreibungsprozentsätze zurückzu-

---

[89] Vgl. Spengel, C., Unternehmensbesteuerung, 2003, S. 107.

2. Kapitel. Unternehmensbesteuerung in den Mitgliedstaaten   159

führen. Zum anderen sind Gebäude die einzigen Investitionen, die mit der Grundsteuer einer Zusatzbelastung unterliegen. Die höchste Effektivbelastung ergibt sich bei Finanzanlagen infolge der Steuerpflicht nominaler Zinsen, ohne dass Aufwendungen gegengerechnet werden können. Vorratsinvestitionen sind dagegen in den meisten Mitgliedstaaten geringer belastet, was auf die Anwendung der LIFO-Methode und der Durchschnittsmethode zurückzuführen ist, die eine Scheingewinnbesteuerung vermeiden bzw. mildern. Lediglich bei Anwendung der FIFO-Methode ergeben sich im Modell gleich hohe Belastungen für Vorräte und Finanzanlagen. Im Ergebnis sind somit **kapitalintensive Branchen** aufgrund der Möglichkeit der Verrechnung von Abschreibungen **begünstigt**, wenn man typisierend einen hohen Anteil an abnutzbaren Wirtschaftsgütern unterstellt. Allerdings werden die Unterschiede zwischen den Bemessungsgrundlagen i. d. R. durch die Unterschiede zwischen den tariflichen Steuersätzen überlagert, so dass die unterschiedlichen Gewinnermittlungsvorschriften in den hier betrachteten Fällen nicht besonders ins Gewicht fallen.

Hinsichtlich der drei **Finanzierungswege** unterliegen Selbst- und Beteiligungsfinanzierung mit Ausnahme von Estland, das nur Ausschüttungen besteuert, einer gleich hohen Belastung. Demgegenüber ist die Fremdfinanzierung deutlich bevorzugt. Im Vergleich zur Eigenfinanzierung führt der Abzug von Fremdkapitalzinsen insbesondere bei hohen tariflichen Steuersätzen zu spürbaren Entlastungen.

Tabelle 10: **Effektive Durchschnittssteuerbelastungen für Kapitalgesellschaften in der EU in % (investitionstheoretisches Modell)**

Land	Tarifbelastung[a]	Rangfolge	Effektive Durchschnittsbelastung	Rangfolge	Effektive Durchschnittssteuerbelastung[b] Investition					Finanzierung		
					Immaterialwerte	Gebäude	Maschinen	Finanzanlagen	Vorräte	Selbstfinanzierung	Beteiligungsfinanzierung	Fremdfinanzierung
Belgien	33,0	25	24,8	20	17,9	29,2	23,3	28,4	25,1	26,2	26,2	21,8
Bulgarien	10,0	1	8,9	1	8,6	9,1	7,9	9,8	8,8	10,0	10,0	6,5
Dänemark	25,0	14	22,7	14	17,5	24,6	22,1	24,6	24,6	25,6	25,6	16,8
Deutschland	30,9	24	28,1	23	25,8	29,3	27,0	30,8	27,8	31,3	31,3	21,8
Estland	21,0	11	18,2	10	18,2	18,2	18,2	18,2	18,2	15,8	23,1	15,8
Finnland	26,0	19	23,7	17	24,4	23,8	19,4	25,5	25,5	26,6	26,6	17,9
Frankreich	33,3	26	34,8	27	28,2	39,0	41,0	33,8	32,1	38,9	38,9	26,8
Griechenland	25,0	14	22,0	13	23,5	20,0	19,7	24,6	22,1	24,9	24,9	16,2
Großbritannien	28,0	22	28,5	24	26,3	35,0	26,0	27,5	27,5	31,7	31,7	22,0
Irland	12,5	3	14,5	4	11,8	13,0	11,5	24,6	11,7	16,2	16,2	11,0
Italien	27,5	21	27,5	22	24,2	28,6	30,0	27,0	27,9	30,7	30,7	21,1
Lettland	15,0	4	13,9	3	12,3	16,5	12,1	14,7	14,0	15,7	15,7	10,4
Litauen	20,0	9	16,9	6	14,7	16,6	16,1	19,6	17,7	19,2	19,2	12,3
Luxemburg	21,0	11	25,1	21	23,4	27,1	21,8	28,1	25,3	28,5	28,5	18,5
Malta	35,0	27	32,4	25	32,9	31,2	29,4	34,4	34,4	36,5	36,5	24,3
Niederlande	25,5	18	23,8	18	24,0	24,7	22,8	25,0	22,5	26,8	26,8	17,9
Österreich	25,0	14	22,9	15	23,5	23,1	21,0	24,6	22,1	25,8	25,8	17,1

Land	Belastungen				Effektive Durchschnittssteuerbelastung[b]						
					Investition				Finanzierung		
	Tarifbelastung[a]	Rangfolge	Effektive Durchschnittsbelastung	Rangfolge	Immaterialwerte	Gebäude	Maschinen	Finanzanlagen	Vorräte	Selbstfinanzierung	Beteiligungsfinanzierung	Fremdfinanzierung
Polen	19,0	7	17,6	8	15,6	18,3	18,5	18,7	16,8	19,8	19,8	13,2
Portugal	25,0	14	23,8	18	24,9	23,0	21,7	26,0	23,4	26,9	26,9	17,7
Rumänien	16,0	5	14,9	5	13,4	18,3	13,1	15,7	14,1	16,8	16,8	11,2
Schweden	26,3	20	23,3	16	21,3	23,3	21,8	25,2	25,0	26,3	26,3	17,4
Slowakische Republik	19,0	7	16,9	6	15,6	16,8	15,9	18,7	17,7	19,1	19,1	12,5
Slowenien	21,0	11	19,2	11	19,7	18,6	17,6	20,6	19,6	21,7	21,7	14,4
Spanien	30,0	23	33,0	26	31,0	33,7	30,7	35,7	33,9	36,6	36,6	25,9
Tschechische Republik	20,0	9	17,6	8	16,9	16,9	16,0	19,6	18,7	20,0	20,0	13,0
Ungarn	16,0	5	19,6	12	17,2	24,4	17,6	19,6	19,1	21,9	21,9	14,9
Zypern	10,0	1	10,6	2	9,4	9,6	9,7	14,7	9,8	11,9	11,9	8,1
EU-Schnitt	22,8		21,7		20,1	22,7	20,4	23,5	21,7	24,1	24,4	16,5

a) Kombinierte tarifliche Steuerbelastung auf Unternehmensgewinne; in Deutschland Körperschaftsteuer inklusive Solidaritätszuschlag und Gewerbesteuer (Hebesatz 432%), in den übrigen Ländern zumeist nur Körperschaftsteuer (siehe Tabelle 4).

b) Die Berechnung der effektiven Durchschnittssteuerbelastung basiert auf einem Kapitalmarktzins von 5% und unterstellt in allen Ländern eine Gesamtkapitalrendite vor Steuern von 20%.

Bei der Betrachtung der Positionierung der einzelnen Länder zeigt sich für die Mehrzahl der Mitgliedstaaten ein deutlicher **Zusammenhang** zwischen dem Niveau der effektiven Durchschnittssteuerbelastung und der Tarifbelastung. So stimmen die Rangfolgen, die sich anhand der Effektivbelastungen und der tariflichen Steuersätze ergeben, in fünf Mitgliedstaaten überein (Bulgarien, Dänemark, Niederlande, Rumänien und Slowenien). In weiteren zwölf Mitgliedsstaaten weicht die Position um nur einen Rang ab (Deutschland, Estland, Frankreich, Griechenland, Irland, Italien, Lettland, Österreich, Polen, Slowakische und Tschechische Republik sowie Zypern); die maximale Abweichung der jeweiligen Rangplätze beträgt zehn Positionen (Luxemburg). Die Abweichungen nach oben und unten können mit den Besonderheiten der nationalen Steuersysteme, Steuerarten, Bemessungsgrundlagen und Tarife erklärt werden.

Die **Tarifbelastung** ist auch ausschlaggebend für die **Belastungsdifferenzen** zwischen den einzelnen **Finanzierungsformen** innerhalb eines Landes. So fällt in Frankreich und Malta als Länder mit den höchsten Ertragsteuerniveaus die Belastungsdifferenz zwischen der Eigenfinanzierung und der Fremdfinanzierung am höchsten aus. Dieser Zusammenhang ist zu modifizieren, wenn wie in Deutschland der Abzug von Fremdkapitalzinsen (infolge der gewerbesteuerlichen Hinzurechnungsvorschriften) nicht uneingeschränkt möglich ist. Umgekehrt sind in Bulgarien und auf Zypern die geringsten Unterschiede zwischen der Eigen- und Fremdfinanzierung festzustellen, wofür die niedrigen Körperschaftsteuersätze von 10% verantwortlich sind. Analog zur Finanzierungsseite fallen die Verzerrungen zwischen den **Investitionsarten** ebenfalls umso geringer aus, je niedriger der tarifliche Steuersatz ist.

IV. Schlussfolgerungen aus den Ergebnissen

Über die konkrete Höhe der effektiven Steuerbelastung von Unternehmen wird mitunter heftig debattiert. Verantwortlich ist das weite Spektrum an Methoden für internationale Steuerbelastungsvergleiche. An dieser Stelle wurde für die Analyse der Höhe und der Unterschiede der effektiven Unternehmenssteuerbelastungen auf Methoden zurückgegriffen, die im internationalen Bereich eine große Reputation genießen. Auch wenn sich das Unternehmensmodell des European Tax Analyzers und der investitionstheoretische Ansatz des Devereux-Griffith-Modells in zahlreichen Details unterscheiden, lassen die insoweit gleichgerichteten Schlussfolgerungen auf eine hohe Repräsentativität der Ergebnisse schließen.

Zwischen den effektiven Steuerbelastungen von Kapitalgesellschaften innerhalb der EU bestehen beträchtliche Unterschiede, welche die Wahl des Unternehmensstandortes beeinflussen können. Die Ursachen für diese Besteuerungsunterschiede sind vielschichtig. Es hat sich jedoch gezeigt, dass die **tarifliche Steuerbelastung der Unternehmensgewinne** sowohl für die Rangfolge der Länder als auch für die Belastungsdifferenzen zwischen Unternehmen verschiedener Branchen eine herausragende Bedeutung hat. Dieser theoretisch wichtige Befund deckt sich mit den Ergebnissen zahlreicher empirischer Beobachtungen, denen zufolge Unterschiede zwischen den tariflichen Steuersätzen einen bedeutenden Einfluss auf die Standortwahl von Unternehmen haben.[90] Es ist somit kein logischer Widerspruch darin zu sehen, wenn sich multinationale Investoren bei der **Standortentscheidung** in erster Linie an den einfach festzustellenden Tarifbelastungen orientieren, da der tarifliche Steuersatz die effektive Steuerbelastung in diesen Fällen im Wesentlichen determiniert.

Für die Steuerpolitik bedeutet dies, dass sich die steuerlichen Standortbedingungen innerhalb Europas in erster Linie durch einen Abbau der Unterschiede zwischen den tariflichen Steuersätzen angleichen lassen. Seit den EU-Erweiterungen in den Jahren 2004 und 2007 gilt dies vor allem mit Blick auf die osteuropäischen Beitrittsstaaten, die innerhalb der EU ein Niedrigsteuergebiet darstellen. Gleichwohl darf dieser Befund nicht in dieser Form verallgemeinert werden. Denn die Betrachtung erfolgte aus der Perspektive eines multinationalen Investors und beschränkte sich auf die Besteuerung des Unternehmens. Etwas anderes gilt dagegen bei der Betrachtung überwiegend **standortgebundener mittelständischer Unternehmen.** Bezieht man in diesem Fall die Besteuerung der Anteilseigner ein und stellt somit auf die für den Mittelstand relevante **Gesamtebene** ab, wirken sich auch die Unterschiede zwischen den nationalen Körperschaftsteuersystemen sowie im Bereich der Einkommensteuer aus.[91]

---

[90] Vgl. Commission of the European Communities, Report, 1992, S. 115; Devereux, M. P., ECTR 1992, S. 109 f.; Rädler, A. J., DStR 1996, S. 1473; Deutsche Bundesbank, Steuereinnahmen, 1997, S. 93; Kommission der Europäischen Gemeinschaften, Binnenmarkt, 2001, S. 9
[91] Für weitergehende Analysen vgl. Jacobs, O. H./Spengel, C., Effective Tax Burden, 2002; Devereux, M. P./Elschner, C./Endres, D./ Spengel, C., Report, 2009.

3. Kapitel. Stand der Steuerharmonisierung in der EU

A. Harmonisierung im Bereich der indirekten Steuern

I. Umsatzsteuer

Aufgrund des speziellen Harmonisierungsauftrages für die indirekten Steuern (Art. 113 AEU) konzentrierten sich die Maßnahmen des EG-Rats zunächst auf diesen Bereich. Gemessen an der Aufkommenshöhe und der umfassenden Erhebung kam dabei der **Umsatzsteuer** die größte Bedeutung zu. Der Harmonisierungsprozess der Umsatzsteuer stellt insbesondere aus systematischer Sicht einen beispielhaften Erfolg europäischer Rechtsangleichung dar und kann insoweit eine Vorbildfunktion für die Harmonisierung der direkten Steuern haben. Von Beginn an bestand das Bestreben darin, neben dem **System** auch die **Bemessungsgrundlage**, die **Steuersätze** sowie die Regelungen über die **Zuweisung des Steueraufkommens** aus innergemeinschaftlichen Umsätzen anzugleichen.[1]

In sämtlichen Mitgliedstaaten gilt das **Allphasen-Nettoumsatz-Steuersystem** und die **Bemessungsgrundlage** ist weitgehend harmonisiert. Deutliche Unterschiede bestehen allerdings noch bei den **Steuersätzen,** die hinsichtlich des Normalsatzes zwischen 15 und 25% und bei den ermäßigten Sätzen von 2,1 bis 18% variieren.[2] Das Steueraufkommen aus innergemeinschaftlichen Umsätzen stand bis zur Verwirklichung des Binnenmarkts gemäß der uneingeschränkten Geltung des **Bestimmungslandprinzips** dem importierenden Staat (Bestimmungsland) zu. Dazu gewährte der Exportstaat (Ursprungsland) dem liefernden Unternehmen gegen Vorlage einer Ausfuhrbestätigung der Grenzzollstelle eine Steuerbefreiung. Die Belastung erfolgte durch die Erhebung einer Einfuhrumsatzsteuer im Importstaat. Zwischenstaatliche Unterschiede in der Höhe der nationalen Umsatzsteuersätze stellen beim Bestimmungslandprinzip für den innergemeinschaftlichen Leistungsaustausch somit kein Problem dar. Des Weiteren wird eine mehrfache Belastung mit Umsatzsteuer vermieden.[3]

Mit dem **Wegfall der Grenzkontrollen** zum 1. 1. 1993 konnte an der Ausfuhrbefreiung sowie der Erhebung der Einfuhrumsatzsteuer und somit am Bestimmungslandprinzip aus steuertechnischer Sicht nicht mehr festgehalten werden. Zudem ist eine Differenzierung zwischen inländischen und innergemeinschaftlichen Umsätzen nicht mit den Prinzipien des Binnenmarkts vereinbar. Im Vordergrund der Harmonisierungsbemühungen steht daher die Angleichung der Umsatzbesteuerung grenzüberschreitender Transaktionen innerhalb des Gemeinschaftsgebiets. Einem Binnenmarkt angemessene Umsatzbesteuerung gewährleistet grundsätzlich das **Ursprungslandprinzip**. Danach werden Ausfuhren wie innerstaatliche Umsätze nur im Exportstaat

---

[1] Zum Harmonisierungsprozess vgl. Arndt, H.-W., Mehrwertsteuer, 1992, S. 76 ff.; Sapusek, A., Steuerharmonisierung, 1997, S. 327 ff.; Laule, G., IStR 2001, S. 303 ff.

[2] Vgl. Kommission der Europäischen Gemeinschaften, Mehrwertsteuersätze, 2009, S. 3.

[3] Vgl. Dziadkowski, D., StuW 1993, S. 171; Spengel, C., WiSt 1993, S. 45 f.; Theisen, M. R., WiSt 1993, S. 76.

3. Kapitel. Steuerharmonisierung in der EU

besteuert. Im Importstaat entfällt die Belastung mit Einfuhrumsatzsteuer. Gegenüber dem Bestimmungslandprinzip fällt das Aufkommen aus grenzüberschreitenden Umsätzen somit dem exportierenden Staat zu. Darüber hinaus muss der Importstaat bei Lieferungen an in seinem Staatsgebiet ansässige Unternehmer diesen die Möglichkeit zum Abzug der Umsatzsteuer des Exportstaates als Vorsteuer einräumen, um eine mehrfache Belastung mit Umsatzsteuer zu vermeiden (**Ursprungslandprinzip mit grenzüberschreitendem Vorsteuerabzug oder Gemeinsamer-Markt-Prinzip**).[4] Die mit einem Wechsel zum Ursprungslandprinzip einhergehenden Aufkommensverschiebungen zwischen den Mitgliedstaaten müssten durch ein **Clearing-System** ausgeglichen werden, das aus fiskalischer Sicht die aufkommensmäßige Verteilung der Umsatzsteuer gemäß dem Bestimmungslandprinzip sicherstellt.[5]

Der Rat der Europäischen Gemeinschaft hat mit der sog. **Binnenmarktrichtlinie**[6] für den Übergangszeitraum vom Bestimmungsland- zum Ursprungslandprinzip eine zunächst bis zum 31. 12. 1996 befristete **Übergangsregelung** verabschiedet, welche die Einfuhrumsatzsteuer durch eine sog. Steuer auf den innergemeinschaftlichen Erwerb ersetzte (§§ 1 a–1 c UStG) und zum 1. 1. 1993 in Kraft trat. Obwohl durch komplizierte und äußerst verwaltungsintensive Vorschriften die Grenzkontrollen lediglich von den Binnengrenzen in die Unternehmen und Verwaltungen verlagert wurden und somit de facto weiterhin das Bestimmungslandprinzip gilt,[7] haben Kommission und Rat ihren EU-vertraglichen Auftrag zur Vorlage eines endgültigen Umsatzsteuerrechts für Binnenmarktumsätze bislang nicht erfüllt. Solange der Rat noch nicht über eine endgültige Regelung befunden hat, verlängert sich automatisch die Geltungsdauer der Übergangsregelung.[8]

Die Binnenmarktrichtlinie wird ergänzt durch die sog. **Steuersatzrichtlinie**,[9] nach der die Mitgliedstaaten bis zum 31. 12. 2010 verpflichtet sind, den Normalsteuersatz auf mindestens 15% festzulegen. Hinsichtlich der Festlegung eines Höchstsatzes konnte noch keine Einigung erzielt werden.[10]

Zur Beseitigung des aus Sicht der betroffenen Unternehmen und Verwaltungen unbefriedigenden Zustands hat die Kommission im Sommer 1996 ein Diskussionspapier für eine grundlegende Neuordnung des Mehrwertsteuersystems nach dem Ursprungslandprinzip vorgelegt.[11] Darin werden aus den Erfordernissen des Binnenmarkts zunächst vier **Eckpfeiler** für ein **gemeinsames Mehrwertsteuersystem** abgeleitet. Die Kommission bezweckt (1) ei-

---

[4] Vgl. Biehl, D., Gemeinsamer-Markt-Prinzip, 1969, S. 132 ff.
[5] Zu den grundsätzlichen Varianten des Clearing vgl. BMF, Ursprungslandkommission, 1994, S. 67 ff.
[6] Vgl. Richtlinie 91/680/EWG des Rates v. 16. 12. 1991, Abl. 1991 Nr. L 376, S. 1.
[7] Zu den derzeit geltenden Regelungen vgl. ausführlich Birkenfeld, W., Mehrwertsteuer, 2003, S. 49 ff.; Rose, G., Umsatzsteuer, 2006, S. 17 ff.
[8] Vgl. Richtlinie 91/680/EWG des Rates v. 16. 12. 1991, Abl. 1991 Nr. L 376, S. 1.
[9] Vgl. Council of the European Union, VAT rate, 2005.
[10] Vgl. Raponi, D., ECTR 1999, S. 68; Vellen, M., UR 1999, S. 159 f.
[11] Vgl. Kommission der Europäischen Gemeinschaften, Mehrwertsteuersystem, 1996. Dazu Hagen, A., Harmonisierung, 2000, S. 235 ff.; Panning, J., Umsatzsteuer, 2000, S. 139 ff.

ne Gleichstellung innergemeinschaftlicher mit inländischen Transaktionen, die wiederum (2) einen grenzüberschreitenden Vorsteuerabzug und (3) die Versteuerung sämtlicher Umsätze eines Unternehmens im Gemeinschaftsgebiet an einem einzigen Ort erfordern (Einzelortprinzip). Ferner sollen (4) aus dem Übergang zum Ursprungslandprinzip resultierende Aufkommensverschiebungen durch ein makroökonomisches Clearing-Verfahren beseitigt werden. Zur schrittweisen Verwirklichung dieser Zielsetzungen wird ein Katalog von **Anpassungsmaßnahmen** hinsichtlich bestehender Regelungen und Verfahren präsentiert, der sich auf fünf Bereiche erstreckt: (1) Die Normalsteuersätze sollen in engen Bandbreiten angeglichen und die ermäßigten Sätze der Zahl nach begrenzt werden. Weiterhin sind (2) zahlreiche Elemente der Systeme anzugleichen, wie z. B. Umfang und Voraussetzungen des Rechts auf Vorsteuerabzug, die Steuerbefreiungen, die Behandlung von Kleinunternehmern sowie weitere Sonderregelungen. Zur Sicherstellung einer einheitlichen Rechtsanwendung plant die Kommission (3) die Umwandlung des Beratenden Ausschusses für Mehrwertsteuer in einen Regelungsausschuss, dem die Befugnis zum Erlass von Durchführungsvorschriften übertragen werden soll. Damit Neutralität, Einfachheit und Sicherheit des Besteuerungssystems optimal gewährleistet werden, sollen (4) eine Reihe von in den Augen der Kommission überkommenen Steuerbefreiungen überdacht werden, insbesondere für Tätigkeiten, die der öffentlichen Gewalt obliegen, die im Interesse der Allgemeinheit liegen (z. B. Post und öffentlich-rechtliche Rundfunkanstalten) oder steuertechnisch schwer zu handhaben sind (z. B. Telekommunikation sowie Kredit- und Versicherungswesen). Schließlich ist (5) eine engere und effizientere Zusammenarbeit der Steuerverwaltungen anzustreben.

Nach allgemeiner Einschätzung hätte das vorgeschlagene Konzept nachhaltige Auswirkungen auf die EU und die einzelnen Mitgliedstaaten.[12] Die Erfahrungen aus der jüngeren Vergangenheit zeigen, dass die mit einem Wechsel zum Ursprungslandprinzip erforderliche Angleichung der Steuersätze und die Schaffung eines Clearing-Systems großes Konfliktpotenzial in sich bergen. So spiegeln die derzeitigen Spannweiten bei den Steuersätzen im Prinzip die Gestaltungsfreiheiten der Mitgliedstaaten bei der Festlegung ihrer Steuereinnahmen und der Lastenverteilung zwischen direkten und indirekten Steuern sowie Sozialabgaben wider. Diesbezüglich bestehen nach wie vor große Unterschiede: Bezogen auf das Bruttosozialprodukt beträgt im EU-Durchschnitt der Anteil der direkten Steuern 12,4%, der Anteil der indirekten Steuern 14,3% und der Anteil der Sozialabgaben 11%. Zwischen den Mitgliedstaaten bestehen allerdings erhebliche Schwankungen, die bei den direkten Steuern von 6,1% (Slowakische Republik) bis 29,8% (Dänemark), bei den indirekten Steuern von 11,3% (Tschechische Republik) bis 20% (Zypern) und bei den Sozialabgaben von 1% (Dänemark) bis 16,3% (Frankreich und Tschechische Republik) reichen.[13] Bei einem Übergang zum Ursprungslandprinzip wären die Mehrwertsteuersätze zwingend anzugleichen, um Wettbewerbsverzerrungen auszuschließen.[14] Ferner müssen Haushaltsrisiken für die Mitglied-

---

[12] Vgl. Schlienkamp, A., UR 1996, S. 328; Mette, S., UVR 1997, S. 6; Reiß, W., UR 1997, S. 22 ff.
[13] Vgl. Commission of the European Communities, Trends, 2009.
[14] Vgl. BMF, Ursprungslandkommission, 1994, S. 41 f.; Vellen, M., UR 1997, S. 159.

3. Kapitel. Steuerharmonisierung in der EU

staaten durch Aufkommensausfälle im Rahmen eines effizienten Clearing-Verfahrens vermieden werden. Als Eckpunkte stehen sich dabei das von der Kommission bevorzugte, häufig skeptisch beurteilte, makroökonomische Clearing und das bspw. von Deutschland präferierte mikroökonomische Clearing auf bilateraler Basis gegenüber.[15]

Da das vorgeschlagene ehrgeizige Konzept nicht von allen Mitgliedstaaten unterstützt wird, sind dessen Erfolgsaussichten äußerst fraglich.[16] In Kenntnis dieser Sachlage hat die Europäische Kommission mit ihrer Mitteilung vom 7. 6. 2000[17] erneut die Initiative ergriffen und im Interesse der Funktionsfähigkeit des Binnenmarkts eine Verbesserung der derzeitigen Übergangsregelung in den Mittelpunkt gerückt. Dazu gehört die Überarbeitung bisheriger Vorschläge wie die Änderung des Status des Mehrwertsteuerausschusses[18] und die Regelungen zum Vorsteuerabzug[19], bei denen noch kein Fortschritt erzielt wurde. Dagegen wurden die bedeutsamen Richtlinienvorschläge zur Besteuerung elektronischer Dienstleistungen (**E-Commerce**)[20] sowie zur Rechnungsstellung[21] zwischenzeitlich verabschiedet. Schließlich sind seit dem Jahr 2010 Dienstleistungen an Unternehmen grundsätzlich nach dem Bestimmungslandprinzp mehrwertsteuerpflichtig.[22]

An der Verwirklichung des gemeinsamen Mehrwertsteuersystems auf Basis des Ursprungslandprinzips wird als langfristigem Ziel festgehalten. Dies wird nochmals ausdrücklich in der Mitteilung der Europäischen Kommission vom 20. 10. 2003 betont, die darüber hinaus die Leitlinien für die Arbeiten der kommenden Jahre erörtert.[23] Zusammenfassend liefert der Harmonisierungsprozess der Umsatzsteuer für entsprechende Maßnahmen auf dem Gebiet der direkten Steuern zwei wichtige Erkenntnisse. Zum einen ist ersichtlich, dass eine Angleichung von Steuern aufgrund der weiterhin bei den Mitgliedstaaten liegenden Finanzhoheiten stets problematisch ist. Zum anderen zeigt sich, dass letztendlich nur systematisch fundierte Lösungen Erfolg versprechend sind. Das bedeutet, dass neben den Besteuerungssystemen die Bemessungsgrundlagen sowie die Steuersätze einzubeziehen sind und für die Zuweisung sowie Verteilung des Steueraufkommens aus innergemeinschaftlichen Transaktionen zwischen den Mitgliedstaaten eine Lösung gefunden werden muss.

II. Besondere Verbrauchsteuern

Die Abschaffung der Grenzkontrollen zum 1. 1. 1993 erforderte analog zur Umsatzsteuer eine Angleichung der **besonderen Verbrauchsteuern**,

---

[15] Vgl. Dziadkowski, D./Robisch, M., BB 1994, S. 1607 f.
[16] Vgl. Bolkestein, F., ECTR 2000, S. 80.
[17] Vgl. Kommission der Europäischen Gemeinschaften, Strategie, 2000.
[18] Vgl. Kommission der Europäischen Gemeinschaften, MwSt.-Richtlinie, 1997.
[19] Vgl. Kommission der Europäischen Gemeinschaften, Vorsteuerabzug, 1998.
[20] Vgl. Richtlinie 2002/38/EG des Rates v. 7. 5. 2002, Abl. 2002 Nr. L 128, S. 41 und Verordnung (EG) Nr. 792/2002 des Rates v. 7. 5. 2002, Abl. 2002 Nr. L 128, S. 1.
[21] Vgl. Richtlinie 2001/115/EG des Rates v. 20. 12. 2001, Abl. 2002 Nr. L 15, S. 24.
[22] Vgl. Richtlinie 2008/8/EG des Rates v. 12. 2. 2008, Abl. 2008 Nr. L 44, S. 11. Vgl. dazu BMF-Schreiben vom 4. 9. 2009, BStBl 2009 I, S. 1005 ff.; Klöttschen, G., StuB 2009, S. 769 ff. Hierzu kritisch Lippross, O.-G., UR 2009, S. 786 ff.
[23] Vgl. Kommission der Europäischen Gemeinschaften, MwSt-Strategie, 2003, S. 20.

um Wettbewerbsverzerrungen im innergemeinschaftlichen Warenverkehr auszuschalten. Von vornherein konzentrierten sich die Harmonisierungsbemühungen auch hier auf die Angleichung der Systeme, der Steuersätze und der Steueransprüche aus grenzüberschreitenden Transaktionen. Dazu ergingen im Jahr 1992 mehrere Richtlinien,[24] die durch das Verbrauchsteuer-Binnenmarktgesetz[25] in deutsches Recht transformiert wurden. Die Angleichung der besonderen Verbrauchsteuern brachte folgende wesentliche Ergebnisse:[26]

– In den Anwendungsbereich der Regelungen werden ausschließlich die Steuern auf Alkohol und alkoholische Getränke, Tabakwaren und Mineralöle einbezogen. Die Mitgliedstaaten sind deshalb weiterhin befugt, Verbrauchsteuern auf andere Waren zu erheben, sofern damit keine Grenzformalitäten verbunden sind. Deutschland machte durch die Beibehaltung der Kaffeesteuer davon Gebrauch. Allerdings wurde eine Reihe fiskalisch weniger ergiebiger Verbrauchsteuern, wie z. B. die Steuern auf Zucker, Tee, Salz und Leuchtmittel, abgeschafft.
– Für den gewerblichen Verkehr wird das Bestimmungslandprinzip normiert. Entsprechend wird die Verbrauchsteuer in dem Mitgliedstaat erhoben, in dem die Waren in den freien Verkehr gelangen. Deshalb bleiben Warenbewegungen zwischen Steuerlagern in verschiedenen Mitgliedstaaten regelmäßig unversteuert. Die Verbrauchsteuer fällt erst bei Entnahme aus dem Steuerlager an. Für den privaten Reiseverkehr gilt dagegen, sofern der Erwerb für den privaten Bedarf erfolgt, das Ursprungslandprinzip. Die Verbrauchsteuer fällt somit im Staat des Erwerbs an.
– Die Steuersätze divergieren weiterhin. Es wurden allerdings Richtsteuersätze sowie Mindeststeuersätze vorgegeben, die nicht unterschritten werden dürfen.

Gemessen an den Anforderungen eines Binnenmarkts ist die Angleichung der besonderen Verbrauchsteuern noch nicht abschließend erfolgt. Dagegen sprechen insbesondere der Umfang der harmonisierten Steuern sowie die unterschiedlichen Steuersätze. Wie bei der Umsatzsteuer können Private das Steuersatzgefälle in grenznahen Gebieten nutzen, weshalb weiterhin Wettbewerbsverzerrungen für Unternehmen auftreten.

Fortschritte wurden hingegen bei der Besteuerung von Energieerzeugnissen erzielt. Zum 1. 1. 2004 wurde zum einen der Anwendungsbereich der für Mineralöle geltenden Richtlinien auf andere Energiequellen wie Kohle, Elektrizität und Erdgas ausgeweitet. Zum anderen wurden die seit 1992 nicht mehr angepassten Mindeststeuersätze für Mineralölerzeugnisse aktualisiert.[27]

---

[24] Vgl. Sapusek, A., Steuerharmonisierung, 1997, S. 776 ff.; Seitz, W., Steuerharmonisierung, 2010, S. 871 ff.
[25] Vgl. Gesetz zur Anpassung von Verbrauchsteuer- und anderen Gesetzen an das Gemeinschaftsrecht sowie zur Änderung anderer Gesetze (Verbrauchsteuer-Binnenmarktgesetz), BGBl 1992 I, S. 2150.
[26] Vgl. Beermann, A., DStZ 1993, S. 257 ff., 291 ff.; Sapusek, A., Steuerharmonisierung, 1997, S. 717 ff.
[27] Vgl. Richtlinie 2003/96/EG des Rates v. 27. 10. 2003, Abl. 2003 Nr. L 283, S. 51.

B. Harmonisierung im Bereich der direkten Steuern

Im Gegensatz zur Harmonisierung bei den indirekten Steuern befinden sich die Anpassungen bei den direkten Steuern erst im Anfangsstadium. Ein umfassendes, systematischen Gesichtspunkten standhaltendes Gesamtkonzept liegt noch nicht vor. Vielmehr konzentrierten sich die Bemühungen der Europäischen Kommission auf das politisch Machbare und das unter Wettbewerbsaspekten absolut Notwendige. Als Minimalziel mussten mit der Verwirklichung des europäischen Binnenmarkts steuerliche Hemmnisse für eine grenzüberschreitende Betätigung von Unternehmen beseitigt werden. Nach mehr als 20-jährigen Verhandlungen hat der Rat der Finanzminister (ECOFIN) am 23. 7. 1990 einen Durchbruch erzielt und das sog. „Dreier-Paket", bestehend aus Mutter-Tochterrichtlinie,[28] Fusionsrichtlinie[29] und Schiedsverfahrenskonvention[30] verabschiedet. Im Jahr 2003 stimmte der Rat der Richtlinie zur Abschaffung von Quellensteuern auf Zinsen und Lizenzgebühren bei verbundenen Unternehmen zu.[31] Noch im gleichen Jahr wurde der Änderungsvorschlag zur Mutter-Tochterrichtlinie[32] angenommen, im Jahr 2005 erfolgte schließlich die Annahme eines Änderungsvorschlags zur Fusionsrichtlinie.[33] Die neuen Mitgliedstaaten mussten die Bestimmungen der Richtlinien zum 1. 5. 2004 gemäß der Beitrittsakte 2004[34] bzw. zum 1. 1. 2007 in ihr nationales Recht umsetzen. Zeitliche Übergangsregelungen existieren noch für Bulgarien, Lettland und Polen hinsichtlich der Zins- und Lizenzgebührenrichtlinie. Nachfolgend werden die Grundzüge der drei Richtlinien erläutert und analysiert. Die Schiedsverfahrenskonvention wird im Rahmen der Maßnahmen zur Vereinheitlichung des Verfahrensrechts innerhalb der EU behandelt.

I. Die Mutter-Tochterrichtlinie

Die Mutter-Tochterrichtlinie vom 23. 7. 1990 und die dazu am 22. 12. 2003 verabschiedete Änderungsrichtlinie, die am 1. 1. 2005 in Kraft getreten ist, dient der Beseitigung steuerlicher Mehrfachbelastungen bei Ausschüttungen[35] bzw. Dividendenzahlungen im europäischen Unternehmensverbund. Der Mitgliedstaat der Tochtergesellschaft muss dazu jede Form der Quellenbesteuerung abschaffen, während der Mitgliedstaat der Muttergesellschaft zur Vermeidung der Doppelbesteuerung verpflichtet ist. Im Einzelnen gilt Folgendes:[36]

---

[28] Vgl. Richtlinie 90/435/EWG des Rates v. 23. 7. 1990, Abl. 1990 Nr. L 225, S. 6.
[29] Vgl. Richtlinie 90/434/EWG des Rates v. 23. 7. 1990, Abl. 1990 Nr. L 225, S. 1.
[30] Vgl. Übereinkommen 90/436/EWG, Abl. 1990 Nr. L 225, S. 10.
[31] Vgl. Richtlinie 2003/49/EG des Rates v. 3. 6. 2003, Abl. 2003 Nr. L 157, S. 49.
[32] Vgl. Richtlinie 2003/123/EG des Rates v. 22. 12. 2003, Abl. 2004 Nr. L 7, S. 41.
[33] Vgl. Richtlinie 2005/19/EG des Rates v. 17. 2. 2005, Abl. 2005 Nr. L 58, S. 19.
[34] Vgl. Abl. 2003 Nr. L 236, S. 555.
[35] Im Rahmen der Bilateralen II wurde auch zwischen der EG und der Schweiz ein Abkommen geschlossen, welches Regelungen zur Quellensteuerbefreiung auf Dividendenzahlungen zwischen verbundenen Unternehmen vorsieht. Vgl. Kessler, W./ Eicker, K./Obser, R., IStR 2005, S. 661 ff.; sowie ausführlich zum Freizügigkeitsabkommen Adamczyk, L., Intertax 2007, S. 183 ff.
[36] Vgl. zur Mutter-Tochterrichtlinie v. 23. 7. 1990 Hosson, F. C. de, Intertax 1990, S. 414 ff.; Dautzenberg, N., Unternehmensbesteuerung, 1997, S. 477 ff.; Kellersmann, D./Treisch, C., Unternehmensbesteuerung, 2002, S. 208 ff. Vgl. zur Änderungsrichtlinie v. 22. 12. 2003 Brokelind, C., ET 2003, S. 451 ff.; Dettmeier, M./Dörr, I., BB 2004, S. 2382 f.; Spengel, C., Unternehmensbesteuerung, 2004, S. 128 f.

Der Steueranspruch des Sitzstaates der **Tochtergesellschaft** ist auf deren Gewinn begrenzt. Die an EU-Muttergesellschaften ausgeschütteten Gewinne sind vom Steuerabzug an der Quelle befreit (Art. 5). Die **begünstigten Gewinne** sind weit gefasst und umfassen Ausschüttungen aufgrund ordentlicher Gewinnverteilungsbeschlüsse, verdeckte Gewinnausschüttungen sowie Ausschüttungen aufgrund von Kapitalherabsetzungen.[37] Auf die genaue Bezeichnung der **Quellensteuer** kommt es dabei nicht an. Hierunter fallen neben Kapitalertragsteuern jegliche an Ausschüttungen anknüpfende Abzugssteuern,[38] wie z. B. die portugiesische Erbersatzsteuer[39] oder die griechische Ausschüttungssteuer.[40] Auch die Besteuerung bestimmter verdeckter Gewinnausschüttungen kann mit der Mutter-Tochterrichtlinie kollidieren.[41]

Dem Sitzstaat der **Muttergesellschaft** stehen zur Vermeidung der Doppelbesteuerung der empfangenen Dividenden zwei Möglichkeiten offen: Entweder kann auf eine Besteuerung der Dividenden verzichtet werden **(Freistellungsmethode)**[42] oder die von der Tochtergesellschaft sowie jeglicher Enkelgesellschaft auf die Gewinne gezahlten Steuern sind auf die inländische Körperschaftsteuer anzurechnen **(indirekte Anrechnung)** (Art. 4 Abs. 1). Es steht den Mitgliedstaaten frei, Kosten der Beteiligung an der Tochtergesellschaft (Verwaltungskosten) sowie ausschüttungsbedingte Gewinnminderungen (Teilwertabschreibungen) nicht zum Abzug zuzulassen. Werden die Verwaltungskosten der Beteiligung pauschal festgesetzt, darf der Pauschalbetrag maximal 5% der Gewinne der Tochtergesellschaft betragen (Art. 4 Abs. 2).

Die Mutter-Tochterrichtlinie trifft somit keine Entscheidung darüber, ob eher das Prinzip der **Kapitalexportneutralität** (Anrechnungsmethode) oder der **Kapitalimportneutralität** (Freistellungsmethode) verfolgt werden soll. Sie orientiert sich damit an den Wertungen des OECD-Modells, das im Zusammenhang mit der Vermeidung der Doppelbesteuerung von Schachteldividenden die indirekte Anrechnungsmethode (Art. 23 A OECD-Modell) und die Freistellungsmethode (Art. 23 B OECD-Modell) als gleichberechtigte Alternativen anerkennt. Hieraus folgt unmittelbar, dass aus der Sicht von Muttergesellschaften Einflüsse auf die Standortwahl von Tochtergesellschaften nicht auszuschließen sind: Bei Anwendung der Freistellungsmethode kommt das ausländische Steuerniveau zum Tragen (kapitalimportneutrale Besteuerung), weshalb als Standorte für Tochtergesellschaften Mitgliedstaaten mit niedrigerem Steuerniveau attraktiv sind. Dies gilt im Fall der Anrechnungs-

---

[37] Vgl. auch Helminen, M., ECTR 2000, S. 161 ff.
[38] Vgl. EuGH v. 25. 9. 2003 (Océ van der Grinten), EuGHE 2003, S. I–9809. Vgl. dazu Englisch, J., IStR 2003, S. 782 f.; European Team of the IBFD, ET 2003, S. 394 ff.
[39] Vgl. EuGH v. 8. 6. 2000 (Epson), EuGHE 2000, S. I–4243.
[40] Vgl. EuGH v. 4. 10. 2001 (Athinaïki), EuGHE 2001, S. I–18. Vgl. dazu Rolle, G., ECTR 2003, S. 36 ff.
[41] Die Herstellung der Ausschüttungsbelastung bei Verwendung von EK 02 verstößt dagegen nicht gegen die Mutter-Tochterrichtlinie, weil die Tochtergesellschaft und nicht der Dividendenempfänger Schuldner der „Quellensteuer" ist. Vgl. EuGH v. 26. 6. 2008 (Burda), EuGHE 2008, S. I–4571. Vgl. dazu Meiisel, P., DB 2008, S. 2160 ff.; Rehm, H./Nagler, J., IStR 2008, S. 511 ff.
[42] Dabei ist es unerheblich, ob durch die Freistellung ein Verlust entsteht. Vgl. EuGH v. 12. 2. 2009 (Cobelfret), IStR 2009, S. 167.

methode (kapitalexportneutrale Besteuerung) nur, sofern aufgrund eines höheren ausländischen Steuerniveaus im Inland ein Anrechnungsüberhang entsteht.

Das für die steuerliche Sonderbehandlung maßgebende Beteiligungsverhältnis der Mutter- an der Tochtergesellschaft wurde ursprünglich ab einem 25%igen Kapitalanteil angenommen. Die Änderungsrichtlinie reduzierte diese **Mindestbeteiligungsquote** bis 2009 sukzessive über 20% (2005) und 15% (2007) auf 10% (2009) (Art. 3 Abs. 1 a). Erforderlich ist eine unmittelbare Beteiligung, rein mittelbare Beteiligungen werden nach der Richtlinie nicht begünstigt. Es steht den Mitgliedstaaten jedoch frei, die erforderliche Beteiligungsquote weiter abzusenken, neben unmittelbaren auch mittelbare Beteiligungen zuzulassen oder aber das Kriterium der Kapitalbeteiligung durch die Zahl der Stimmrechte zu ersetzen. Weiterhin gestattet die Richtlinie, die Quellensteuerreduktion dann zu versagen, wenn das betreffende Beteiligungsverhältnis nicht mindestens während zwei Jahren besteht (Art. 3 Abs. 2).

Der **subjektive Anwendungsbereich** der Richtlinie (Art. 2) erfasst neben unbeschränkt steuerpflichtigen **Kapitalgesellschaften** auch **weitere Gesellschaften,** deren Rechtsformen im Anhang zur Richtlinie für jeden Mitgliedstaat einzeln aufgeführt sind. Dazu gehören z. B. Genossenschaften, Gesellschaften auf Gegenseitigkeit, Sparkassen sowie wirtschaftlich tätige Fonds und Vereinigungen. In Deutschland fallen die Aktiengesellschaft, die Kommanditgesellschaft auf Aktien, die Gesellschaft mit beschränkter Haftung, Versicherungsvereine auf Gegenseitigkeit, Erwerbs- und Wirtschaftsgenossenschaften sowie Betriebe gewerblicher Art von juristischen Personen des öffentlichen Rechts unter diese Regelung. Ferner findet die Richtlinie Anwendung für die **Europäische Gesellschaft (SE)** und die **Europäische Genossenschaft (SCE).** Mit Inkrafttreten der Änderungsrichtlinie zum 1. 1. 2005 gelten zum einen auch Betriebsstätten, denen Anteile von Tochtergesellschaften zugerechnet werden, als **Muttergesellschaft** (Art. 3 Abs. 1 a und Art. 4 Abs. 1).[43] Zum anderen folgt die Qualifikation von Tochtergesellschaften prinzipiell dem Recht ihres Ansässigkeitsstaates, unabhängig davon, ob die Tochtergesellschaft nach dem Recht des Sitzstaates der Muttergesellschaft als transparente Gesellschaft qualifiziert wird (Art. 4 Abs. 1 a). Hierunter fallen grundsätzlich auch Personengesellschaften, die für die Körperschaftsbesteuerung optieren können.[44] Schließlich müssen Mutter- und Tochtergesellschaft in **verschiedenen Mitgliedstaaten** steuerlich ansässig sein und dürfen nicht aufgrund eines DBAs – namentlich im Hinblick auf den Ort der Leitung – als außerhalb der EU ansässig gelten.

Die Mutter-Tochterrichtlinie ist in allen Mitgliedstaaten in nationales Recht umgesetzt worden (Tabelle 11).[45] Die **Quellensteuerbefreiung** im

---

[43] Der Kapitalertragsteuerabzug bei Dividendenausschüttung an eine in einem Drittstaat domizilierende Betriebsstätte einer europäischen Muttergesellschaft verstößt möglicherweise gegen die Mutter-Tochterrichtlinie. Vgl. Englisch, J./Schütze, A., ET 2005, S. 492 ff.
[44] Vgl. Bullinger, P., IStR 2004, S. 407; Kessler, W./Sinz, A., IStR 2004, S. 789 ff.
[45] Vgl. zur Umsetzung in den Mitgliedstaaten die Länderteile in IBFD, Tax Handbook, 2009.

Ansässigkeitsstaat der Tochtergesellschaft gilt in allen Mitgliedstaaten. An die Höhe der Mindestbeteiligungsquote werden jedoch unterschiedliche Anforderungen gestellt (zwischen 0% und 10% mit Ausnahme der Slowakischen Republik, obwohl die Höchstgrenzen bis 2009 auf 10% hätten abgesenkt werden müssen). In Deutschland werden Dividenden ab einer Beteiligungsquote von 10% von der Kapitalertragsteuer entlastet, sofern ein entsprechender Antrag gestellt wird (§ 43 b Abs. 1 EStG), für die Einschaltung der ausländischen Gesellschaft wirtschaftliche oder sonst beachtliche Gründe bestehen, sie mehr als 10% ihrer gesamten Bruttoerträge aus eigener Wirtschaftstätigkeit erzielt, sie mit einem für diesen Zweck eingerichteten Geschäftsbetrieb am allgemeinen wirtschaftlichen Verkehr teilnimmt (§ 50 d Abs. 3 EStG) und die Beteiligung an der deutschen Tochtergesellschaft nachweislich ununterbrochen mindestens zwölf Monaten besteht.

Wird diese Mindestbeteiligungsfrist erst nach dem Zeitpunkt der Entstehung der Kapitalertragsteuer erreicht, so ist zunächst Kapitalertragsteuer einzubehalten, die allerdings nach Erfüllen der Zwölf-Monats-Frist auf Antrag erstattet wird (§ 43 b Abs. 2 EStG). Nach dem – im Übrigen gegen Deutschland ergangenen – Denkavit-Urteil des EuGH vom 17. 10. 1996[46] sind Regelungen wie in Rumänien unzulässig, die die Quellensteuerreduktion nur unter der Voraussetzung gewähren, dass die Mindestbeteiligungsfrist bereits im Ausschüttungszeitpunkt erfüllt ist.

Die **Doppelbelastung der Dividenden** im Ansässigkeitsstaat der Muttergesellschaft wird gegenwärtig in 25 Mitgliedstaaten durch die Freistellungsmethode und in den verbleibenden zwei Mitgliedstaaten durch die Anrechnungsmethode vermieden. Auch in diesem Zusammenhang gelten unterschiedliche Mindestbeteiligungsquoten (zwischen 0% und 10% mit Ausnahme der Slowakischen Republik obwohl auch hier die Höchstgrenzen bis 2009 auf 10% abgesenkt werden mussten) und Mindestbesitzzeiten. Letztlich kommen in der Wahl der konkreten Methode zur Vermeidung der Doppelbesteuerung die unterschiedlichen wettbewerbspolitischen Wertungen der einzelnen Mitgliedstaaten zum Ausdruck, die eine eindeutige Präferenz für die Freistellungsmethode offenbaren.

Deutschland kommt der Verpflichtung zur Vermeidung der Doppelbesteuerung grundsätzlich bereits durch das körperschaftsteuerliche Beteiligungsprivileg (§ 8 b Abs. 1 und 5 KStG) nach.[47] Aufgrund der pauschalen, nach Art. 4 Abs. 2 der Mutter-Tochterrichtlinie zulässigen Hinzurechnung weiterhin abzugsfähiger Verwaltungskosten im Zusammenhang mit der Beteiligung i. H. v. 5% (§ 8 b Abs. 5 KStG) sind die Ausschüttungen im Ergebnis nur zu 95% freigestellt. Vergleichbare Regelungen finden sich auch in Belgien,[48] Frankreich, Italien und Slowenien.

---

[46] Vgl. EuGH v. 17. 10. 1996 (Denkavit), EuGHE 1996, S. I-5063. Dazu Haarmann, W./Schüppen, M., DB 1996, S. 2569 ff.; Eilers, S./Schiessl, M., DStR 1997, S. 721 ff.
[47] Die Freistellung wirkt sich auch auf die Gewerbesteuer aus. Zum Verhältnis des nationalen Beteiligungsprivilegs zu den in den DBA regelmäßig vereinbarten Schachtelprivilegien vgl. 1. Teil, 4. Kapitel, Abschnitt D.
[48] Vgl. dazu EuGH v. 12. 2. 2009 (Cobelfret), IStR 2009, S. 167.

Tabelle 11: Die Umsetzung der Mutter-Tochterrichtlinie in den Mitgliedstaaten

Land	Quellensteuerbefreiung		Methode	Vermeidung der Doppelbesteuerung		
	Mindest-beteiligungsquote	Mindesthaltefrist		Umfang der Begünstigung	Mindest-beteiligungsquote	Mindesthaltefrist
AT	10%	1 Jahr	Freistellung	100%	10% am Kapital	1 Jahr
BE	10%	1 Jahr	Freistellung	95%	10% am Kapital	1 Jahr
BU	keine	keine	Freistellung	100%	keine	keine
CY	keine	keine	Freistellung	100%	keine	keine
CZ	10%	1 Jahr	Freistellung	100%	10% am Kapital	1 Jahr
DE	10%	1 Jahr	Freistellung	95%	keine	keine
DK	10%	1 Jahr	Freistellung	100%	10% am Kapital	1 Jahr
EE	–	–	Freistellung	100%	10% am Kapital	keine
ES	10%	1 Jahr	Freistellung	100%	5% am Kapital	1 Jahr
FI	10%	keine	Freistellung	100%	10% am Kapital	keine
FR	10%	2 Jahre	Freistellung	95%	5% am Kapital	2 Jahre
GR	10%	2 Jahre	Indirekte Anrechnung	100%	10% am Kapital	2 Jahre
HU	keine	keine	Freistellung	100%	keine	keine
IE	keine	keine	Indirekte Anrechnung	100%	5% am Kapital	keine
IT	10%	1 Jahr	Freistellung	95%	keine	keine
LT	10%	1 Jahr	Freistellung	100%	10% der Stimmrechte	1 Jahr
LU	10%	1 Jahr	Freistellung	100%	10% am Kapital	1 Jahr

Tabelle 11: Fortsetzung

Land	Quellensteuerbefreiung		Vermeidung der Doppelbesteuerung			
	Mindestbeteiligungsquote	Mindesthaltefrist	Methode	Umfang der Begünstigung	Mindestbeteiligungsquote	Mindesthaltefrist
LV	keine	keine	Freistellung	100%	keine	keine
MT	keine	keine	Freistellung	100%	10% am Kapital	keine
NL	5%	1 Jahr	Freistellung	100%	5% am Kapital	keine
PL	10%	2 Jahre	Freistellung	100%	10% am Kapital	2 Jahre
PT	10%	2 Jahre	Freistellung	100%	10% am Kapital	1 Jahr
RO	10%	2 Jahre vor Ausschüttung	Freistellung	100%	10% am Kapital	2 Jahre vor Ausschüttung
SE	10%	keine	Freistellung	100%	10% am Kapital	keine
SK	25%	keine	Freistellung	100%	keine	keine
SL	10%	2 Jahre	Freistellung	95%	keine	keine
UK	keine	keine	Freistellung	100%	keine	keine

3. Kapitel. Steuerharmonisierung in der EU

Durch die Abschaffung der Quellensteuer auf Schachteldividenden und die Sicherstellung der Einmalbelastung von Gewinnen bringt die Mutter-Tochterrichtlinie gewichtige Kostenentlastungen für europaweit operierende Konzerne. Insbesondere die Einbehaltung von Quellensteuern führte i. d. R. zu einer Definitivbelastung. Innerhalb europäischer Konzerne können Gewinne ohne Behinderung durch steuerliche Barrieren transferiert werden und der Aufbau größerer Beteiligungsketten[49] ist – zumindest durch Freistellungsländer[50] hindurch – ohne zusätzliche Belastung mit Quellensteuern möglich. Gemessen an den **Grundfreiheiten** des Europäischen Vertragswerks ergeben sich somit insbesondere mit Blick auf die Kapitalverkehrsfreiheit und die Niederlassungsfreiheit Fortschritte. Darüber hinaus verbessert sich die **Neutralität der Besteuerung** hinsichtlich der Rechtsform der Direktinvestition. Da die Steuerbelastung ausländischer Tochtergesellschaften grundsätzlich dem ausländischen Steuerniveau entspricht, werden Direktinvestitionen in Form einer Betriebsstätte und einer Tochtergesellschaft gleich besteuert. Schließlich können sich die **Wettbewerbsbedingungen** von Muttergesellschaften verschiedener Mitgliedstaaten gegenüber Gesellschaften in **Drittstaaten**, in denen Beteiligungen gehalten werden, durch die Errichtung sog. Ausgangs-Holdinggesellschaften annähern: Maßgebend für die Höhe der Quellensteuer, die der Drittstaat auf Dividenden erhebt, ist nicht das DBA mit dem Ansässigkeitsstaat der Muttergesellschaft, sondern das günstigere DBA mit dem Ansässigkeitsstaat der Holdinggesellschaft. Die von der Holdinggesellschaft vereinnahmten Dividenden können ohne zusätzliche Quellensteuerbelastung an die Muttergesellschaft transferiert werden.[51]

II. Die Fusionsrichtlinie

Die Verwirklichung des europäischen Binnenmarkts erfordert die Anpassung historisch gewachsener Unternehmensstrukturen, um internationale Wettbewerbspositionen zu sichern. Der Trend zur Internationalisierung der Geschäftstätigkeit bei Großkonzernen, aber auch in zunehmendem Maße bei mittelständischen Unternehmen, ist weiterhin ungebrochen. Die Flexibilität der Unternehmen zur Bildung europaorientierter Unternehmenseinheiten wird jedoch durch die nationalen Steuergrenzen behindert. Denn jedes nationale Steuersystem stellt für sich genommen eine eigene Steuersphäre dar mit der Konsequenz, dass Unternehmensverlagerungen über die Grenze einen **Gewinnrealisierungstatbestand** begründen, der zur Aufdeckung und Besteuerung der stillen Reserven führt. Damit können beträchtliche finanzielle Belastungen verbunden sein, da die Gewinnrealisierung mit erheblichen Liquiditätsabflüssen verbunden ist. Gegen dieses prohibitiv wirkende Hindernis, dem die Unternehmen in allen Mitgliedstaaten ausgesetzt sind, wendet sich die Fusionsrichtlinie. Sie soll es den Unternehmen prinzipiell ermögli-

---

[49] Vgl. dazu 6. Teil, 4. Kapitel, Abschnitt B I.
[50] Kommt dagegen die Anrechnungsmethode zur Anwendung, wie bspw. in Irland, gilt diese Aussage nur unter der Voraussetzung, dass im Sitzstaat der zwischengeschalteten Tochtergesellschaft ein Anrechnungsüberhang entsteht.
[51] Vgl. Herzig, N., DB 1993, S. 5 f.; Endres, D., Steuergestaltung, 1996, S. 192 f. Zur Steuergestaltung mit Holdinggesellschaften vgl. auch 6. Teil, 4. Kapitel, Abschnitt B.

chen, gezielte **Umstrukturierungen steuerneutral** vorzunehmen, um den Herausforderungen des Gemeinsamen Marktes gerecht zu werden.[52] Die Fusionsrichtlinie steht somit in engem Zusammenhang mit der Mutter-Tochterrichtlinie. Während die Fusionsrichtlinie das Zustandekommen eines Konzerns begünstigen soll, also im Bereich der aperiodischen Besteuerungstatbestände angesiedelt ist, begünstigt die Mutter-Tochterrichtlinie die laufende Besteuerung von Konzernen. Allerdings soll die Steuerneutralität grenzüberschreitender Umstrukturierungsvorgänge keinen endgültigen Steuerverzicht beinhalten. Vielmehr wird nur ein **Steueraufschub** bezüglich der mit diesen Organisationsakten realisierten stillen Reserven bis zum Zeitpunkt einer echten Veräußerung gewährt.

Die Fusionsrichtlinie vom 23. 7. 1990 erstreckt sich in **sachlicher Hinsicht** auf die folgenden vier Anwendungsfälle, sofern daran innerhalb der EU ansässige Kapitalgesellschaften beteiligt sind:[53]

– Die **Fusion,** die sich als Übertragung des gesamten Vermögens einer Gesellschaft auf eine andere Gesellschaft charakterisieren lässt, wobei die einbringende Gesellschaft ihre rechtliche Eigenständigkeit aufgibt und ihr Aktiv- und Passivvermögen auf die übernehmende Gesellschaft überträgt.

– Die **Spaltung** für den Fall der Selbstauflösung einer Gesellschaft ohne Abwicklung, wobei das gesamte Aktiv- und Passivvermögen auf zwei oder mehrere bereits bestehende oder neu gegründete Gesellschaften übertragen wird.

– Die **Einbringung** von Unternehmensteilen, bei der eine Gesellschaft ihren Betrieb oder einen Teilbetrieb[54] auf eine andere Gesellschaft überträgt, wobei ihr im Gegenzug Anteile an der aufnehmenden Gesellschaft gewährt werden.

– Der **Anteilstausch** – häufig auch als unechte Fusion bezeichnet – womit der Vorgang umschrieben wird, dass eine Gesellschaft durch Erwerb von Anteilen an einer anderen Gesellschaft deren Stimmrechtsmehrheit erlangt und als Gegenleistung eigene Anteile hingibt, wobei eine Zuzahlung bis zu 10% des Nennwerts oder des rechnerischen Werts der gewährten Anteile zugelassen ist.

Der **persönliche Anwendungsbereich** der Richtlinie betrifft grundsätzlich nur Kapitalgesellschaften, die der Körperschaftsteuer unterliegen, sie regelt die Rechtsfolgen aber sowohl auf Gesellschafts- als auch auf Gesellschafterebene.

Die Effizienz der Fusionsrichtlinie wurde durch die am 17. 2. 2005 vom Rat angenommene Änderungsrichtlinie[55] gesteigert werden.[56]

---

[52] Vgl. z. B. Herzig, N./Dautzenberg, N., BFuP 1993, S. 474 f.; Kraft, C., SteuerStud 1993, S. 435.
[53] Vgl. Debatin, H., BB 1991, S. 948 ff.; Krebs, H.-J., ZGR 1992, S. 348 f.; Förster, J./Schollmeier, A., Harmonisierung, 1995, S. 820 ff.; Bogenschütz, E., Fusionsrichtlinie, 1997, S. 38 f.; Kellersmann, D./Treisch, C., Unternehmensbesteuerung, 2002, S. 220 ff.
[54] Zur Auslegung des Teilbetriebsbegriffs im Einklang mit der Fusionsrichtlinie. Vgl. Schumacher, A./Neumann, R., DStR 2008, S. 327 ff.
[55] Vgl. Richtlinie 2005/19/EG des Rates v. 17. 2. 2005, Abl. 2005 Nr. L 58, S. 19.
[56] Vgl. dazu Benecke, A./Schnitger, A., IStR 2005, S. 606 ff., 641 ff.; Blumers, W./ Kinzl, U.-P., BB 2005, S. 971 ff.; Saß, G., DB 2005, S. 1238 ff.; Schindler, C. P., IStR 2005, S. 552 ff.

3. Kapitel. Steuerharmonisierung in der EU

Der **persönliche Anwendungsbereich** wurde analog zur Änderung der Mutter-Tochterrichtlinie durch die Ausweitung auf bestimmte nationale Einrichtungen wie Genossenschaften und Sparkassen sowie die SE und die SCE erweitert. In **sachlicher Hinsicht** ergaben sich folgende Änderungen:

- Als Sonderform der Spaltung wurde mit der **Abspaltung** ein neuer Vorgang eingeführt (Art. 2 b a). Da die einbringende Gesellschaft weiter besteht, handelt es sich bei der Abspaltung um eine begrenzte oder teilweise Spaltung. Abgespalten wird ein Teil des Aktiv- und Passivvermögens, das einen oder mehrere Teilbetriebe darstellt. Im Gegenzug werden Anteile der übernehmenden Gesellschaft übertragen. Steueraufschub wird gewährt, sofern mindestens ein Teilbetrieb in der einbringenden Gesellschaft verbleibt (doppelte Teilbetriebsvoraussetzung).

- Außerdem finden sich Klarstellungen zur Gewährleistung des Besteuerungsaufschubs für den Fall der **Umwandlung** einer **Betriebsstätte in** eine **Tochtergesellschaft** (Art. 10 Abs. 1) sowie für den Fall des **Anteilstauschs** auch beim Hinzuerwerb von Anteilen, sofern die erwerbende Gesellschaft bereits die Mehrheit der Stimmrechte an der erworbenen Gesellschaft hat (Art. 1 b d).

- Schließlich wurden bei einer **Fusion** oder **Spaltung** die obligatorischen Beteiligungsschwellen in Übereinstimmung mit der Änderung der Mutter-Tochterrichtlinie von 25% auf 20%, 15% und ab 2009 auf 10% gesenkt (Art. 7 Abs. 2).

Im Hinblick auf die **Sitzverlegung** einer **SE** und **SCE** soll die Fusionsrichtlinie **Steuerneutralität** gewährleisten (Art. 10 b–10 d). Auf Gesellschaftsebene wird ein Besteuerungsaufschub insoweit gewährt, als Vermögen in einer Betriebsstätte im bisherigen Sitzstaat der SE zurückbleibt und die Buchwerte und die bisherigen Abschreibungsmethoden fortgeführt werden. Durch den Betriebsstättenvorbehalt bleiben die stillen Reserven somit steuerverhaftet. Auf Ebene der Gesellschafter darf eine Besteuerung erst im Zeitpunkt der Veräußerung der Anteile erfolgen.

Bei Vorliegen bestimmter **Missbrauchstatbestände** (Art. 11) können die Mitgliedstaaten die Anwendung der Richtlinie auf eine Transaktion versagen.[57] Dies ist zum einen der Fall, wenn der hauptsächliche Beweggrund oder einer der hauptsächlichen Beweggründe der Transaktion in der Steuerhinterziehung oder -umgehung liegt. Davon kann ausgegangen werden, wenn die Maßnahme nicht auf vernünftigen wirtschaftlichen Gründen – insbesondere der Umstrukturierung oder der Rationalisierung der beteiligten Gesellschaften – beruht (Art. 11 Abs. 1 a). Zum anderen kann die Steuerneutralität versagt werden, wenn durch die Umstrukturierung Mitbestimmungsrechte der Arbeitnehmer in Organen der Gesellschaft verloren gingen (Art. 11 Abs. 1 b). Diese auf deutsches Bestreben aufgenommene Regelung soll solange gelten, bis Vorschriften des EU-Rechts erlassen sind, die gleichwertige Bestimmungen über die Vertretung der Arbeitnehmer in den Gesellschaftsorganen enthalten (Art. 11 Abs. 2).

---

[57] Vgl. Herzig, N./Dautzenberg, N./Heyeres, R., DB 1991, Beilage 12, S. 18 f.; EuGH v. 11. 12. 2008 (A. T.), IStR 2009, S. 97; dazu Daiber, C., ET 2009, S. 364 ff. Siehe auch EuGH v. 20. 5. 2010 (Zwijnenburg), BeckRS 2010, 90604.

2. Teil. Einfluss der Europäischen Integration

Tabelle 12: Die Umsetzung der Fusionsrichtlinie in den Mitgliedstaaten

Land	Fusion	Spaltung	Einbringung	Anteilstausch
AT	umgesetzt	umgesetzt	umgesetzt	umgesetzt
BE	umgesetzt	umgesetzt	umgesetzt	umgesetzt
BU	umgesetzt	umgesetzt	umgesetzt	umgesetzt
CY	umgesetzt	umgesetzt	umgesetzt	umgesetzt
CZ	umgesetzt	umgesetzt	umgesetzt	umgesetzt
DK	umgesetzt	umgesetzt	umgesetzt	umgesetzt
DE	umgesetzt	umgesetzt	umgesetzt	umgesetzt
EE	umgesetzt	umgesetzt	umgesetzt	umgesetzt
ES	umgesetzt	umgesetzt	umgesetzt	umgesetzt
FI	umgesetzt	umgesetzt	umgesetzt	umgesetzt
FR	umgesetzt	umgesetzt	umgesetzt	umgesetzt
GR	umgesetzt	umgesetzt	umgesetzt	umgesetzt
HU	umgesetzt	umgesetzt	umgesetzt	umgesetzt
IE	unvollständig umgesetzt	unvollständig umgesetzt	umgesetzt	umgesetzt
IT	umgesetzt	umgesetzt	umgesetzt	umgesetzt
LT	umgesetzt	umgesetzt	umgesetzt	umgesetzt
LU	umgesetzt	umgesetzt	umgesetzt	umgesetzt
LV	umgesetzt	umgesetzt	umgesetzt	umgesetzt
MT	umgesetzt	umgesetzt	umgesetzt	umgesetzt
NL	umgesetzt	umgesetzt	umgesetzt	umgesetzt
PL	umgesetzt	umgesetzt	umgesetzt	umgesetzt
PT	umgesetzt	umgesetzt	umgesetzt	umgesetzt
RO	umgesetzt	umgesetzt	umgesetzt	umgesetzt
SE	umgesetzt	umgesetzt	umgesetzt	umgesetzt
SK	unvollständig umgesetzt	unvollständig umgesetzt	unvollständig umgesetzt	nicht umgesetzt
SL	umgesetzt	umgesetzt	umgesetzt	umgesetzt
UK	nicht/unvollständig umgesetzt	nicht/unvollständig umgesetzt	umgesetzt	umgesetzt

Der Verpflichtung zur Transformation weitgehend sämtlicher Vorgaben der **Fusionsrichtlinie vom 23. 7. 1990** in innerstaatliches Recht sind bislang alle Mitgliedsstaaten bis auf Großbritannien, Irland und die Slowakische Republik nachgekommen.[58] In Großbritannien und Irland wurden die Regelungen zur Fusion und Spaltung noch nicht vollständig umgesetzt. In der Slowakischen Republik erfolgte bisher keine Umsetzung der Vorschriften zur Einbringung und nur eine unvollständige Umsetzung der anderen Regelungen.

[58] Vgl. Ernst & Young, Implementation, 2009.

3. Kapitel. Steuerharmonisierung in der EU

Während die Einbringung und der Anteilstausch rechtstechnisch Singularsukzessionen beinhalten, handelt es sich bei Fusion und Spaltung um Fälle der Gesamtrechtsnachfolge, die grenzüberschreitend wegen fehlender gesellschaftsrechtlicher Grundlagen noch nicht vollzogen werden können.[59]

In Deutschland wurden mit dem Gesetz über steuerliche Begleitmaßnahmen zur Einführung der Europäischen Gesellschaft und zur Änderung weiterer steuerlicher Vorschriften (SEStEG)[60] die gesellschaftsrechtlichen und steuerlichen Entwicklungen zur Umstrukturierung von Unternehmen sowie EU-rechtliche Vorgaben umgesetzt. Auch handelsrechtlich musste die Gesetzgebung an die Verschmelzungsrichtlinie[61] sowie an die Entscheidung des EuGH in der Rs. SEVIC Systems[62] angepasst werden – dies ist mit dem Zweiten Gesetz zur Änderung des Umwandlungsgesetzes geschehen.[63] Diese handelsrechtliche Erweiterung der Verschmelzungsmöglichkeiten muss auch im Steuerrecht reflektiert werden.

Die Einbringungsvorschriften der §§ 20 ff. UmwStG sehen eine nachträgliche Einbringungsgewinnbesteuerung bei Veräußerung der erworbenen Anteile innerhalb einer siebenjährigen Sperrfrist vor. Damit wird sichergestellt, dass aufgelaufene oder übertragene stille Reserven bei der Veräußerung der neuen Anteile innerhalb der Sperrfrist spätestens im Zeitpunkt der Veräußerung der Anteile besteuert werden. Die Vorgabe dieser zeitlichen Frist dürfte nach einem Urteil des EuGH vom 17. 7. 1997 (Leur-Bloem) nicht in Übereinstimmung mit dem allgemeinen Missbrauchsvorbehalt der Fusionsrichtlinie stehen (Art. 11 Abs. 1 a).[64]

Bei Einbringung einer inländischen Betriebsstätte in eine EU-/EWR-Kapitalgesellschaft kann der Buchwertansatz gewählt werden (§ 20 Abs. 2 Satz 2 UmwStG), da das Besteuerungsrecht bezüglich der Inlandsbetriebsstätte weiterhin in Deutschland liegt. Die Gewährung anderer Wirtschaftsgüter als Anteile an der erwerbenden Gesellschaft als Gegenleistung für das eingebrachte Betriebsvermögen führt allerdings zur Aufdeckung von stillen Reserven.[65]

Der Anteilstausch durch natürliche und juristische Personen wird unabhängig von ihrer Ansässigkeit in § 21 UmwStG behandelt. Es wird nicht danach unterschieden, ob es sich bei dem Einbringenden um eine in Deutschland ansässige natürliche Person oder um eine Kapitalgesellschaft handelt. Nur bei

---

[59] Vgl. z. B. Behrens, P., ZGR 1994, S. 1 ff.
[60] Vgl. BGBl 2006 I, S. 2782.
[61] Vgl. Richtlinie 2005/56/EG des Rates v. 26. 10. 2005, Abl. 2005 Nr. L 310, S. 1. Siehe hierzu Frischhut, M., EWS 2006, S. 55 ff. Zur Umsetzung der Verschmelzungsrichtlinie vgl. Drinhausen, F./Keinath, A., BB 2006, S. 725 ff.; Forsthoff, U., DStR 2006, S. 613 ff.; Haritz, D./Wolff, B. v., GmbHR 2006, S. 340 ff.
[62] EuGH v. 13. 12. 2005 (SEVIC Systems), EuGHE 2005, S. I–10805. Vgl. hierzu Hornig, M., PIStB 2006, S. 75 ff.; Louven, C./Dettmeier, M./Pöschke, M./Wenig, A., BB 2006, Special 3, S. 1 ff.; Sedemund, J., BB 2006, S. 519 ff.
[63] Vgl. Zweites Gesetz zur Änderung des Umwandlungsgesetzes v. 19. 4. 2007, BGBl 2007 I, S. 542. Vgl. hierzu Drinhausen, F./Keinath, A., BB 2006, S. 725 ff.; Haritz, D./Wolff, B., GmbHR 2006, S. 340 ff.; Neye, H.-W./Timm, B., GmbHR 2007, S. 561 ff.
[64] Vgl. EuGH v. 17. 7. 1997 (Leur-Bloem), EuGHE 1997, S. I–4161. Zur Kritik vgl. bereits Saß, G., BB 1995, S. 1442. So auch Schwenke, M., DStZ 2007, S. 235 ff.; Gille, M., IStR 2007, S. 194 ff.; Rauch, J./Schanz, S., SteuerStud 2009, S. 4 ff.
[65] Vgl. zu Einzelheiten Benz, S./Rosenberg, O., BB 2006, Special 8, S. 51 ff.

einem sog. qualifizierten Anteilstausch kann von dem Grundsatz des Ansatzes der eingebrachten Beteiligung zum gemeinen Wert abgewichen werden. Ein qualifizierter Anteilstausch liegt nach § 21 Abs. 1 Satz 2 UmwStG vor, wenn eine Mehrheitsbeteiligung eingebracht oder eine existierende Mehrheitsbeteiligung verstärkt wird. Grundsätzlich gilt der gemeine Wert der hingegebenen Anteile als Veräußerungspreis und als Anschaffungskosten der neuen Anteile auf Ebene des Einbringenden. Der Einbringende kann aber einen Antrag nach § 21 Abs. 2 Satz 3 UmwStG auf Ansatz der neuen Anteile unter dem gemeinen Wert stellen, sofern das deutsche Besteuerungsrecht mit Blick auf die neuen Anteile nicht eingeschränkt wird. Eine Bindung an bei der erwerbenden Gesellschaft nach ausländischen Rechtsordnungen maßgebende Wertansätze besteht nicht. Eine sog. doppelte Buchwertverknüpfung hat somit nicht (mehr) zu erfolgen.

Im Falle einer Sitzverlegung kommt es gem. § 12 KStG nicht zu einer sofortigen Besteuerung der stillen Reserven, wenn die Sitzverlegung innerhalb der EU oder des EWR erfolgt und die stillen Reserven der wegziehenden Gesellschaft sich in einem inländischen Betriebsstättenvermögen befinden, für die Deutschland das Besteuerungsrecht behält (§ 12 Abs. 1 KStG).

Die Fusionsrichtlinie hat der Konzernsteuerplanung völlig neue Perspektiven eröffnet.[66] Ohne Anspruch auf Vollständigkeit seien nachfolgend nur einige **Gestaltungsmöglichkeiten** aufgezählt:[67]

– Die Fusionsrichtlinie erlaubt eine steuerneutrale Neuordnung des Konzernaufbaus, bspw. durch Bündelung europäischer Tochtergesellschaften unter eine Europa-Holding, durch Umhängen von Beteiligungen für Konsolidierungs- oder Steuerminimierungszwecke oder durch Zwischenschaltung von Holdinggesellschaften.

– Erleichtert werden auch grenzüberschreitende Kooperationen mit ausländischen Partnern, von der Joint-Venture-Gestaltung bis zur faktischen Fusion. Dies kann erreicht werden, indem beide Kooperationspartner Betriebe, Teilbetriebe oder Beteiligungen in eine gemeinsame Kapitalgesellschaft gegen Gewährung von Gesellschaftsrechten einbringen.

– Nach der Einbringungsvorschrift des § 23 Abs. 2 UmwStG n.F. ist es möglich, Aktivitäten in Deutschland in Form einer Betriebsstätte zu beginnen, womit eventuelle Anlaufverluste beim ausländischen Stammhaus nutzbar bleiben können, bei Erreichen der Gewinnzone jedoch steuerneutral die Umwandlung in eine GmbH zu vollziehen.

– Die Regelungen zum Anteilstausch öffnen gleichfalls eine Vielzahl neuer Strategien beim Unternehmenserwerb, da es dem Erwerber ermöglicht wird, durch Ausgabe neuer Anteile den Beteiligungserwerb zu finanzieren, ohne dass durch zusätzliche Steuern beim Veräußerer eine Verteuerung der Akquisition eintritt. Der Anteilstausch wird somit zum Instrument der Unternehmensübernahme bei Beibehaltung der rechtlichen Selbständigkeit des Zielunternehmens.

---

[66] Vgl. z.B. Herzig, N./Dautzenberg, N., DB 1992, S. 1 ff.; Wassermeyer, F., DStR 1992, S. 57 ff.; Altheim, M., IStR 1993, S. 353 ff., 406 ff.; Endres, D./Twinem, G., TNI 1995, S. 1335 ff.; Endres, D., Steuergestaltung, 1996, S. 183 ff.
[67] Vgl. ausführlich 6. Teil, 4. Kapitel, Abschnitt B I; 6. Teil, 6. Kapitel, Abschnitt A III 1 a) und b), 2 b) (1); 6. Teil, 6. Kapitel, Abschnitt C I 3.

3. Kapitel. Steuerharmonisierung in der EU

- Die Möglichkeiten zur steuerneutralen Sitzverlegung erhöhen die Flexibilität bei grenzüberschreitenden Umstrukturierungen.

Gleichwohl besteht weiterhin Handlungsbedarf im Regelungsbereich der Fusionsrichtlinie. Insbesondere im Zusammenhang mit der Sitzverlegung ziehen sich durch die Fusionsrichtlinie sowie die Änderungsrichtlinie wie ein roter Faden **Betriebsstättenvorbehalte** als Voraussetzung der Steuerneutralität grenzüberschreitender Umstrukturierungen. Aus der Sicht der Mitgliedstaaten ist dies verständlich, da ansonsten das vorrangige Besteuerungsrecht der in ihrem Hoheitsgebiet gebildeten stillen Reserven verloren ginge. Allerdings muss auch sekundäres Gemeinschaftsrecht wie die Fusionsrichtlinie in Einklang mit den primärrechtlichen Grundfreiheiten stehen.[68] Der EuGH[69] hat bereits mehrfach betont, dass der drohende Verlust des Besteuerungsrechts für stille Reserven eine Besteuerung bei Grenzübertritt der betreffenden Wirtschaftsgüter **europarechtlich nicht rechtfertigen kann.** Dem könnte insbesondere das Gebot der Niederlassungsfreiheit (Art. 49 AEU) entgegenstehen. Im Zuge zunehmender Mobilität wird dieses Problem immer virulenter.

III. Die Zins- und Lizenzgebührenrichtlinie

Das **Ziel** der Zins- und Lizenzgebührenrichtlinie[70] ist die Abschaffung sämtlicher Quellensteuern auf im EU-Konzernverbund gezahlte Zinsen und Lizenzgebühren. Im Ergebnis sollen solche Zahlungen nur beim Empfänger steuerpflichtig sein. Die Richtlinie wurde nach einer Vorlaufzeit von über 14 Jahren und mehrfacher Überarbeitung vorliegender Richtlinienvorschläge am 3. 6. 2003 vom Rat angenommen.

Der Begriff der **Quellensteuer** ist ebenso wie in der Mutter-Tochterrichtlinie nicht formal, sondern wirtschaftlich und somit weit auszulegen.[71] Hierunter fallen alle in einem Mitgliedstaat auf abfließende Zinsen und Lizenzgebühren erhebbaren Steuern und zwar unabhängig davon, ob sie an der Quelle abgezogen oder durch Veranlagung erhoben werden (Art. 1 Abs. 1). So hat der BFH[72] den EuGH um Vorabentscheidung darüber ersucht, ob die gewerbesteuerliche Hinzurechnung von Zinsen gegen die Zins- und Lizenzgebührenrichtlinie verstoße.

Die in den **sachlichen Anwendungsbereich** fallenden Zahlungen sind weit gefasst (Art. 2). So umfassen Zinsen die Einkünfte aus Forderungen jeder

---

[68] Vgl. Schön, W./Schindler, C. P., IStR 2004, S. 576; Rödder, T., DStR 2005, S. 895; a. A. Frotscher, G., IStR 2006, S. 70 f. Vgl. zum Vorrang des primären Gemeinschaftsrechts Lüdicke, J./Hummel, L., IStR 2006, S. 694 ff.; sowie ergänzend Forsthoff, U., IStR 2006, S. 698 ff.
[69] Vgl. EuGH v. 21. 11. 2002 (X und Y), EuGHE 2002, S. I–10829; EuGH v. 11. 3. 2004 (de Lasteyrie du Saillant), EuGHE 2004, S. I–2409; EuGH v. 8. 6. 2004 (De Baeck), EuGHE 2004, S. I–5961; EuGH v. 7. 9. 2006 (N), EuGHE 2006, S. I–7409.
[70] Vgl. Richtlinie 2003/49/EG des Rates v. 3. 6. 2003, Abl. 2003 Nr. L 157, S. 49. Im Rahmen der Bilateralen II wurde auch zwischen der EG und der Schweiz ein Abkommen geschlossen, welches Regelungen zur Quellensteuerbefreiung auf Zins- und Lizenzgebührenzahlungen zwischen verbundenen Unternehmen vorsieht. Vgl. Kessler, W./Eicker, K./Obser, R., IStR 2005, S. 664 f.
[71] So auch Dautzenberg, N., BB 2004, S. 19.
[72] Vgl. BFH, v. 27. 5. 2009, BFHE 226, S. 357. Vgl. dazu Hölscher, S., RIW 2010, S. 51 ff.

Art, auch wenn die Forderungen grundpfandrechtlich gesichert sind. Als Lizenzgebühren gelten unter anderem Vergütungen jeder Art für die Benutzung oder das Recht auf die Benutzung von Urheberrechten, Patenten, Marken, Mustern oder Modellen, Plänen, Formeln oder Verfahren oder Mitteilungen gewerblicher, kaufmännischer oder wissenschaftlicher Erfahrungen.

In den **persönlichen Anwendungsbereich** fallen neben Kapitalgesellschaften auch Betriebsstätten (Art. 3 a). Voraussetzung ist neben einer Niederlassung in der EU eine unmittelbare oder mittelbare **Mindestkapitalbeteiligung** von 25% während eines Zeitraums von zwei Jahren an einer zweiten Gesellschaft (Art. 3 b). Der Konzernverbund umfasst somit neben Mutter-Tochter- auch Mutter-Enkel- sowie Schwester- oder Enkelverhältnisse.[73] In den persönlichen Anwendungsbereich der am 3. 6. 2003 angenommenen Richtlinie fallen nur Kapitalgesellschaften der damaligen 15 Mitgliedstaaten. Zielsetzung der Kommission ist es jedoch, den persönlichen Anwendungsbereich übereinstimmend mit denjenigen der Mutter-Tochter- und der Fusionsrichtlinie abzugrenzen. Im Hinblick auf den Einbezug der Kapitalgesellschaften der zwölf **Beitrittsstaaten** wurden am 26. 4. 2004 bzw. 20. 11. 2006 vom Rat die entsprechenden Richtlinien[74] angenommen; durch die Annahme des Richtlinienvorschlag[75] v. 30. 12. 2003 wurden die Europäische Gesellschaft (SE) und die Europäische Genossenschaft (SCE) in die Richtlinie aufgenommen.

Die Gewährung der Quellensteuerbefreiung ist von weiteren Bedingungen abhängig. So muss der Empfänger auch **Nutzungsberechtiger** der Zahlungen sein. Dies ist bspw. nicht der Fall bei zwischengeschalteten Gesellschaften, die als Treuhänder oder Vertreter für andere Personen handeln (Art. 1 Abs. 4). Ferner kann an einer Quellenbesteuerung auch insoweit festgehalten werden, als die betreffenden Entgelte im Quellenstaat als Gewinnausschüttung oder Kapitalrückzahlung behandelt werden (Art. 4 Abs. 1), einem Drittvergleich nicht standhalten (Art. 4 Abs. 2) oder Betrug, Missbrauch oder die Absicht zur Steuerhinterziehung vorliegen (Art. 5).

Die Richtlinie war von den alten Mitgliedstaaten bis zum 1. 1. 2004 in nationales Recht umzusetzen (Art. 7); für die neuen Mitgliedstaaten bestand diese Verpflichtung mit dem Beitritt zum 1. 5. 2004 bzw. 1. 1. 2007. Deutschland kam dieser Verpflichtung verspätet mit dem EG-Amtshilfe-Anpassungsgesetz vom 2. 12. 2004[76] nach, wobei die Umsetzung rückwirkend auf den 1. 1. 2004 erfolgte.[77] Dazu wurde das Einkommensteuergesetz um die Vorschrift des § 50 g EStG erweitert.[78] Da Deutschland für ins Ausland abfließende Zinszahlungen im DBA-Fall regelmäßig keine Quellensteuer erhebt, sind davon in erster Linie Lizenzgebühren betroffen. Für einige Mit-

---

[73] Vgl. zum Konzernverbund i. S. d. Richtlinie auch Distaso, M./Russo, R., ET 2004, S. 145 f.; Troiano, P., Intertax 2004, S. 327; Dörr, I., IStR 2005, S. 111 ff.
[74] Vgl. Richtlinie 2004/66/EG des Rates v. 26. 4. 2004, Abl. 2004 Nr. L 168, S. 35; Richtlinie 2006/98/EG des Rates v. 20. 11. 2006, Abl. 2006 Nr. L 363, S. 129.
[75] Vgl. Kommission der Europäischen Gemeinschaften, Zinsen und Lizenzgebühren, 2003.
[76] Vgl. BGBl 2004 I, S. 3112.
[77] Vgl. zu den damit verbundenen Fragen Lausterer, M., IStR 2004, S. 642 ff.
[78] Vgl. dazu Dörr, I., IStR 2005, S. 109 ff.; Suhrbier-Hahn, U., SWI 2005, S. 186; sowie ausführlich 3. Teil, 3. Kapitel, Abschnitt B II 2 b).

gliedstaaten – Griechenland, Portugal und Spanien (Art. 6) sowie die Beitrittsstaaten[79] Lettland, Litauen, Polen sowie die Slowakische und Tschechische Republik – wurden **Übergangsregelungen** vereinbart. Diese treten generell erst mit der Umsetzung der Zinsrichtlinie[80] für private Ersparnisse in Kraft. Aufgrund laufender Verhandlungen mit bestimmten Drittstaaten (Andorra, Liechtenstein, Monaco, San Marino, Schweiz) ist dieser Zeitpunkt jedoch unbestimmt. Nach Ablauf dieser Anlaufhemmung beginnt der eigentliche Übergangszeitraum, der den betroffenen Mitgliedstaaten in Abhängigkeit von der Art der Zahlung – Zins oder Lizenzgebühr – für sechs bis acht Jahre ein Quellenbesteuerungsrecht zwischen 5% und 10% einräumt.[81]

Zusammenfassend ist festzuhalten, dass die Richtlinie im europäischen Konzernverbund bestehende Steuerbarrieren bei der grenzüberschreitenden Zahlung von Zinsen und Lizenzgebühren beseitigt. Das Verfahren zur Erlangung der Quellensteuerbefreiung ist oftmals aufwendig und zeitraubend. Hinzu kommt, dass Quellensteuern nicht in jedem Fall anrechenbar sind (z. B. bei Verlusten des Zahlungsempfängers), weshalb mit der Abschaffung der Quellenbesteuerung neben **administrativen Erleichterungen** oftmals echte **finanzielle Entlastungen** verbunden sind. Um zu gewährleisten, dass der EU-Konzernverbund analog zur Mutter-Tochter- und zur Fusionsrichtlinie abgegrenzt wird, sollte ebenfalls eine Absenkung der Mindestbeteiligungsquote von 25% auf 10% erwogen werden. Vergleichbar mit der Mutter-Tochterrichtlinie eröffnen sich durch die Errichtung von Ausgangsgesellschaften in Mitgliedstaaten, die in ihren DBA Nullsteuersätze vereinbart haben, **steuerplanerische Möglichkeiten** zur vollständigen Vermeidung entsprechender Quellensteuern innerhalb der EU.

Allerdings schränkt der Verzicht jeglicher Quellenbesteuerung auf Zinsen und Lizenzgebühren, die an im EU-Ausland ansässige verbundene Unternehmen abfließen, die Steuererhebungskompetenzen der Quellenstaaten, entgegen den Verteilungsregeln der bilateralen DBA, drastisch ein. Dies führt zu zwei gravierenden **Problemen** dieser Richtlinie:
- Die Mitgliedstaaten könnten versuchen, den Verzicht auf Steuereinnahmen durch Verschärfungen von Begrenzungen zur Gesellschafterfremdfinanzierung und einschneidender Kontrollen der Verrechnungspreise bei Lizenzgebühren zumindest teilweise zu kompensieren. Die diesbezüglichen unilateralen Abwehrmaßnahmen, wie z. B. in Deutschland in § 1 AStG, sind EU-rechtlich allerdings in ihrer jetzigen Form kaum haltbar, so dass es ohne weitere Harmonisierungsmaßnahmen auf EU-Ebene vermutlich zu zwischenstaatlichen Verschiebungen der Steueraufkommen kommt. Zieht man generelle Abzugsverbote für Zinsen (Zinsschranke) und andere Faktorentgelte (Verschärfung der gewerbesteuerlichen Hinzurechnungsvorschriften) in Betracht, leidet darunter nicht nur die steuerliche Attraktivität des eigenen Standortes. Hinzu kommt eine zunehmende Verwässerung der Systematik der nationalen Steuerrechtsordnung. Schließlich ist im Hinblick

---

[79] Vgl. Richtlinie 2004/76/EG des Rates v. 29. 4. 2004, Abl. 2004 Nr. L 157, S. 106; Berichtigung der Richtlinie 2004/76/EG des Rates v. 29. 4. 2004, Abl. 2004 Nr. L 195, S. 33.
[80] Vgl. Richtlinie 2003/48/EG des Rates v. 3. 6. 2003, Abl. 2003 Nr. L 157, S. 38.
[81] Vgl. die Übersicht bei Körner, A., IStR 2004, S. 752.

auf den o. a. Vorlagebeschluss des BFH[82] zu den gewerbesteuerlichen Hinzurechnungsvorschriften nicht auszuschließen, dass auch die Abzugsbeschränkungen der Zinsschranke mit der Zins- und Lizenzgebührenrichtlinie kollidieren.[83]

– Gleichzeitig führt die Entlastung von Lizenzgebühren zu einer Verbilligung des Technologieimportes, womit sich Anreize zur Durchführung heimischer Forschungs- und Entwicklungsaktivitäten vermindern.[84]

Welche praktischen Probleme letztlich bei der Anwendung der noch jungen Richtlinie entstehen – insbesondere bei den Antimissbrauchsbestimmungen und der Frage des Nutzungsberechtigten, wird sich nach Vorliegen entsprechender Erfahrungswerte noch zeigen.

IV. Fazit

Auf den ersten Blick vermitteln die bisherigen Harmonisierungserfolge bei den direkten Unternehmenssteuern einen ernüchternden Eindruck. Mit der Mutter-Tochterrichtlinie, der Fusionsrichtlinie sowie der Zins- und Lizenzgebührenrichtlinie wurden vom Rat gerade einmal drei Richtlinien angenommen. Dabei darf jedoch nicht übersehen werden, dass mit den Erweiterungen der persönlichen und sachlichen Anwendungsbereiche der Mutter-Tochterrichtlinie und der Fusionsrichtlinie sowie der Annahme der Zins- und Lizenzgebührenrichtlinie in einer für EU-Dimensionen sehr kurzen Zeitspanne Beachtliches erreicht wurde.[85]

– In den Genuss der Steuerneutralität bei grenzüberschreitenden Umstrukturierungen und der Beseitigung der Doppelbesteuerung grenzüberschreitender Einkommenstransfers auf gesellschaftsrechtlicher (Dividenden) und schuldrechtlicher (Zinsen und Lizenzgebühren) Basis kommt künftig eine **größere Anzahl** von **Kapitalgesellschaften** und Unternehmensgruppen.

– Von Bedeutung ist es ferner, dass die **Europäische Gesellschaft (SE)** und die **Europäische Genossenschaft (SCE)** vorbehaltlich der Annahme des vorliegenden Änderungsvorschlags zur Zins- und Lizenzgebührenrichtlinie von allen drei Richtlinien Gebrauch machen können. Damit wird für beide Rechtsformen Steuerneutralität bei der Aufnahme und dem Einkommenstransfer im Zusammenhang mit der grenzüberschreitenden Geschäftstätigkeit gewährleistet.

– Schließlich trägt die Absenkung der Mindestbeteiligungsquoten der Mutter-Tochterrichtlinie und der Fusionsrichtlinie auf 10% den besonderen Belangen von **KMU** Rechnung; um eine einheitliche Abgrenzung des EU-Konzernverbunds für alle drei Richtlinien zu gewährleisten, müsste die Mindestbeteiligungsquote der Zins- und Lizenzgebührenrichtlinie allerdings ebenfalls auf 10% gesenkt werden.

Von einer Steuerneutralität im Binnenmarkt ist man allerdings noch weit entfernt. Im Hinblick auf die Besteuerung **grenzüberschreitender Einkommenstransfers** innerhalb verbundener Unternehmen wird das im

---

[82] Vgl. BFH, v. 27. 5. 2009, BFHE 226, S. 357.
[83] Vgl. Hölscher, S., RIW 2010, S. 54.
[84] Vgl. Brokelind, C., ET 2004, S. 257 f.
[85] Vgl. Spengel, C., Unternehmensbesteuerung, 2004, S. 131 ff.

OECD-Modell angelegte **Mischsystem** zwischen Kapitalexport- und Kapitalimportneutralität verfestigt: Entgelte aus schuldrechtlichen Vertragsbeziehungen sind ausschließlich im Wohnsitzstaat steuerpflichtig (Kapitalexportneutralität). Gewinne von Kapitalgesellschaften unterliegen dagegen nur bei Anwendung der Anrechnungsmethode einer vergleichbaren Belastung, während im Fall der Freistellungsmethode das Steuerniveau des Ansässigkeitsstaates (Kapitalimportneutralität) maßgebend ist. Es fehlt somit ein klares steuerpolitisches Leitbild für grenzüberschreitende Investitionen.

Außerdem betreffen die Richtlinien ausschließlich grenzüberschreitende Sachverhalte; die nationalen Steuersysteme stehen nach wie vor unkoordiniert nebeneinander. In ihrer Mitteilung vom 23. 10. 2001[86] macht die EU-Kommission die **Abschottung** der **nationalen Steuersysteme** für die wirklich gravierenden Probleme der Besteuerung grenzüberschreitender Investitionen innerhalb der EU verantwortlich. Aus der Koexistenz von mittlerweile 27 unterschiedlichen Steuersystemen resultieren vor allem

- besondere Aufzeichnungs- und Befolgungskosten für Unternehmen und Finanzverwaltungen,
- Doppelbesteuerungsprobleme im Zusammenhang mit grenzüberschreitenden Verrechnungspreisen sowie
- Beschränkungen des grenzüberschreitenden Verlustausgleichs.

Zur **Beseitigung** der **Hindernisse** schlägt die Kommission ein zweigleisiges Vorgehen vor: Die dringendsten Probleme sollen kurz- und mittelfristig durch gezielte Maßnahmen behoben werden, welche die oben angesprochenen Änderungen bzw. Annahmen der drei Richtlinien einschließen. Langfristig wird jedoch eine umfassendere Lösung für erforderlich gehalten, die in der Schaffung einer gemeinsamen (Körperschaft-)Steuerbemessungsgrundlage münden soll.[87]

Auffallend ist, dass sich die Harmonisierungsbemühungen ausschließlich auf die Rechtsform der Kapitalgesellschaft konzentrieren. Für **Einzel- und Personenunternehmen** stehen dagegen weder die Anwendungsbereiche der Richtlinien offen noch sind irgendwelche gesonderten Initiativen absehbar.[88] In Europa ist man somit von einem **steuerlichen level playing field** für unterschiedliche Unternehmensrechtsformen noch **weit entfernt.** Die Nichtberücksichtigung einkommensteuerpflichtiger Unternehmen dürfte insbesondere darauf zurückzuführen sein, dass die Einkommensteuer nach Ansicht der Kommission auch im Fall einer höheren Integrationsstufe des Binnenmarkts weiterhin in den alleinigen Kompetenzbereich der Mitgliedstaaten fallen soll.[89]

C. Eigenständige europäische Rechtsformen

Die Gemeinschaft bemühte sich im Anschluss an ihre Gründung zunächst nicht um die Schaffung eigenständiger Rechtsformen des Privatrechts für Unternehmen. Vielmehr stand zunächst die als dringlicher anzusehende Angleichung der nationalen gesellschaftsrechtlichen Vorschriften im Vorder-

---

[86] Vgl. Kommission der Europäischen Gemeinschaften, Binnenmarkt, 2001.
[87] Vgl. dazu ausführlich 4. Kapitel.
[88] Vgl. auch Russo, R., ET 2006, S. 478 ff.
[89] Vgl. Kommission der Europäischen Gemeinschaften, Prioritäten, 2001.

grund. Diese Harmonisierungsbestrebungen haben sich in vielerlei Form konkretisiert. Für Deutschland seien aufgezählt: Die Publizitätsrichtlinie aus dem Jahre 1968, die Verschmelzungsrichtlinie von 1978 sowie die 4. Bilanzrichtlinie zur Gliederung, Bewertung, Prüfung und Offenlegung von Jahresabschlüssen von 1978. Aus der Erkenntnis, dass insbesondere für grenzüberschreitende Unternehmenskooperationen innerhalb der Gemeinschaft die vorhandenen nationalen Rechtsformen nicht ausreichen und dass auch die Angleichung der nationalen Gesellschaftsrechtsordnungen durch Richtlinien keine durchgreifende Lösung erwarten lässt, wurde die Schaffung supranationaler Rechtsformen in Angriff genommen. Im Einzelnen handelt es sich um die Europäische Wirtschaftliche Interessenvereinigung (EWIV), die Europäische Gesellschaft (SE) und die Europäische Genossenschaft (SCE). Es bleibt abzuwarten, ob mittelfristig mit der Europäischen Privatgesellschaft (SPE) eine weitere europäische Rechtsform zur Verfügung stehen wird. Die Wahl dieser gesellschaftsrechtlichen Rechtsformen berührt zahlreiche steuerliche Aspekte.

I. Die Europäische Wirtschaftliche Interessenvereinigung (EWIV)

1. Grundlagen: Das EWIV-Statut

Die Europäische Wirtschaftliche Interessenvereinigung (EWIV), die erste Gesellschaftsform europäischen Rechts, wurde mit der **Zielsetzung** geschaffen, die grenzüberschreitende Kooperation insbesondere kleinerer und mittelgroßer Unternehmen für die gemeinsame Durchführung bestimmter Aktivitäten zu erleichtern, ohne dass damit eine Fusionierung oder Aufgabe der eigenen Unternehmensautonomie verbunden ist. **Rechtsgrundlagen** für die Gründung einer EWIV in Deutschland sind neben einer Verordnung des Ministerrats aus dem Jahr 1985 (EWIV-VO)[90] das hierzu ergangene deutsche Ausführungsgesetz.[91] Gründungen der EWIV sind seit dem 1. 7. 1989 möglich.

Der **rechtliche Rahmen** der EWIV ist durch eine dreistufige Normenhierarchie gekennzeichnet. Primär gelten die Regelungen der EWIV-VO, die gem. Art. 288 AEU in den einzelnen Mitgliedstaaten unmittelbar anwendbares Recht darstellen. Soweit bestimmte Bereiche gemeinschaftsrechtlich nicht abschließend geregelt sind, ist subsidiär auf das nationale Recht zurückzugreifen. Hier sind zunächst die Vorschriften der nationalen Ausführungsgesetze zu beachten. Erst auf der dritten Normenstufe ist das nationale Gesellschaftsrecht relevant. Der **Gesellschaftszweck** der EWIV ist in Art. 3 Abs. 1 EWIV-VO festgelegt. Danach besteht ihre Funktion ausschließlich darin, die wirtschaftliche Tätigkeit ihrer Mitglieder zu erleichtern oder zu entwickeln, um es ihnen zu ermöglichen, ihre eigenen Betriebsergebnisse zu steigern. Die Tätigkeit der EWIV muss der Geschäftstätigkeit ihrer Mitglieder untergeordnet sein, deren wirtschaftliche Interessen fördern und ist auf Hilfstätigkeiten (z. B. Zusammenlegung von Forschungsaktivitäten, Einkaufsgemeinschaften, Versandhandelskooperationen) beschränkt. Dementsprechend darf

---

[90] Vgl. Verordnung (EWG) Nr. 2137/85 des Rates v. 25. 7. 1985, Abl. 1985 Nr. L 199, S. 1.
[91] Vgl. Gesetz zur Ausführung der EWG-Verordnung über die Europäische Wirtschaftliche Interessenvereinigung (EWIV-Ausführungsgesetz) v. 14. 4. 1988, BGBl 1988 I, S. 514.

sie für sich selbst weder Gewinne anstreben noch Leitungsmacht gegenüber ihren Mitgliedern oder anderen Unternehmen ausüben noch unmittelbar oder mittelbar Anteile an den Mitgliedern halten. Ein Gewinnverbot besteht allerdings nicht. Die Arbeitnehmerzahl ist auf 500 beschränkt. Mitglieder einer EWIV können neben natürlichen Personen auch Gesellschaften i. S. d. Art. 54 AEU sowie sonstige juristische Personen sein. Zwingend erforderlich ist, dass mindestens zwei Mitglieder aus verschiedenen Mitgliedstaaten stammen.

Aufgrund ihrer Struktur ist die EWIV vor allem für die grenzüberschreitende Zusammenarbeit von Freiberuflern eine interessante Alternative. Weitere **typische Betätigungsfelder** sind bspw. die Zusammenlegung von Forschungsaktivitäten, die Poolung von Transportmitteln, die Vergemeinschaftung des Ein- oder Verkaufs, die gemeinsame Durchführung von Großprojekten, die Zusammenlegung der Ausschreibungen oder Schulungs- und Fortbildungskooperationen.[92]

Die **rechtlichen Strukturelemente** der EWIV sind ebenfalls in der EWIV-VO festgelegt. Die EWIV hat von ihrer Eintragung an die Fähigkeit, Träger von Rechten und Pflichten jeder Art zu sein. Sie kann Verträge abschließen und vor Gericht stehen. Gemeinschaftsrechtlich ist damit lediglich eine Teilrechtsfähigkeit normiert. Es ist den Mitgliedstaaten freigestellt, den auf ihrem Gebiet registrierten Vereinigungen eine vollständige Rechtspersönlichkeit zu verleihen. Deutschland hat von dieser Möglichkeit jedoch keinen Gebrauch gemacht. Die Mitglieder einer EWIV haften unbeschränkt und gesamtschuldnerisch, eine Mindestkapitaleinlage ist grundsätzlich nicht erforderlich. Insgesamt weist die EWIV ein **deutlich personalistisch geprägtes Wesen** auf,[93] wenngleich die bei der EWIV mögliche Fremdorganschaft, also die Trennung von Geschäftsführung und Gesellschafterstatus, deutschen Personengesellschaften fremd ist. Wie es sich bereits im Gesellschaftszweck andeutet, steht die Stellung der Gesellschafter im Vordergrund. Die weitgehende Ähnlichkeit der EWIV mit der deutschen OHG war schließlich ausschlaggebend dafür, dass in § 1 EWIV-Ausführungsgesetz die entsprechende Anwendbarkeit der Vorschriften für die OHG festgelegt wurde.

2. Die Besteuerung der EWIV

Hinsichtlich der **Besteuerung** der EWIV bestehen in der Praxis noch erhebliche Unsicherheiten. Geregelt ist nur, dass das Ergebnis einer EWIV ausschließlich auf Ebene der Mitglieder erfasst wird (Art. 40 EWIV-VO). Da Art. 40 EWIV-VO nur von dem Ergebnis der Vereinigung spricht, wird klargestellt, dass die Umsatzsteuer, Grundbesitzabgaben sowie Steuern auf das Vermögen der EWIV nicht darunter zu subsumieren sind. Bezüglich der Erhebung dieser Steuern hat jeder Mitgliedstaat nach innerstaatlichem Recht zu entscheiden, ob innerhalb seiner Besteuerungshoheit ein Besteuerungstatbestand durch die EWIV oder ihre Mitglieder verwirklicht ist.[94] Ertragsteuerlich ist eine EWIV als solche dagegen weder Steuersubjekt noch Steuerobjekt. Vielmehr kommt grundsätzlich das auch in anderen Mitgliedstaaten bekannte

---
[92] Vgl. Neye, H.-W., DB 1997, S. 861 f.
[93] Zu den gesellschaftsrechtlichen Grundlagen vgl. Rechenberg, W.-G. Frhr. v., Grundlagen, 1991, S. 3 ff.
[94] Vgl. Thömmes, O., Steuerrecht, 1994, S. 628 f.

Mitunternehmerkonzept bzw. **Transparenzprinzip** zur Anwendung, wodurch im Ansatz eine Körperschaftsteuerpflicht der EWIV und somit das Problem einer Doppelbesteuerung ausgeschütteter Gewinne und der Erhebung von Quellensteuern verhindert wird. Allerdings wurde kein für die Mitgliedstaaten verbindliches Besteuerungsmodell konzipiert, so dass die im Zusammenhang mit der EWIV auftretenden steuerlichen Probleme nach wie vor noch nicht abschließend geklärt sind. Für die Verhältnisse in Deutschland ist das BMF-Schreiben vom 15. 11. 1988[95] maßgebend. Nachfolgend wird ausschließlich auf die Ertragsbesteuerung abgestellt.[96]

Bereits bei der **Qualifikation der Einkünfte** treten einige Fragen auf. Nach Art. 4 EWIV-VO können Gesellschaften oder natürliche Personen, „die eine gewerbliche, kaufmännische, handwerkliche oder freiberufliche Tätigkeit in der Gemeinschaft ausüben oder dort andere Dienstleistungen erbringen", Mitglieder einer EWIV sein. Je nach ihrem Betätigungsbereich kann damit eine EWIV ihren Gesellschaftern neben gewerblichen Einkünften auch bspw. Einkünfte aus selbständiger Tätigkeit und Einkünfte aus Land- und Forstwirtschaft vermitteln. Die Beurteilung, welche Einkunftsart im konkreten Fall vorliegt, richtet sich nach den **nationalen Abgrenzungskriterien**. Voraussetzung dafür, dass eine EWIV einen Besteuerungstatbestand verwirklicht, welcher die Zurechnung der Ergebnisse aus der Tätigkeit auf die Mitglieder zur Folge hat, ist jedoch das Vorliegen einer mit Gewinnerzielungsabsicht unternommenen Betätigung.[97] Dies gilt sowohl für gewerbliche Mitunternehmerschaften als auch für Mitunternehmerschaften im Bereich der selbständigen Tätigkeit und der Land- und Forstwirtschaft.[98] Inwieweit eine EWIV mit **Gewinnerzielungsabsicht** tätig werden kann, wird kontrovers beurteilt. Ausgangspunkt der unterschiedlichen Auffassungen ist jeweils Art. 3 Abs. 1 EWIV-VO, wonach eine EWIV nicht den Zweck hat, für sich selbst Gewinne zu erzielen. Bei enger Auslegung dieser Norm ist eine EWIV stets als Hilfsgesellschaft zu qualifizieren, da es ihr definitionsgemäß an dem Merkmal der Gewinnerzielungsabsicht fehlt.[99] Der überwiegende Teil des Schrifttums[100] und auch die Finanzverwaltung[101] haben sich jedoch einer weiten Auslegung des Art. 3 Abs. 1 EWIV-VO angeschlossen. Da in Art. 3 Abs. 2 EWIV-VO, der eine abschließende Aufzählung der aus Art. 3 Abs. 1 EWIV-VO resultierenden Verbote enthält, ein ausdrückliches Gewinnverbot fehlt, ist eine Gewinnerzielungsabsicht grundsätzlich nicht ausgeschlossen. Weiterhin hätte die Gewinnaufteilungsvorschrift in Art. 21 EWIV-VO keinen Sinn,

---

[95] Vgl. BMF-Schreiben v. 15. 11. 1988, DB 1989, S. 354. Zur zivil- und steuerrechtlichen Behandlung der EWIV in den anderen EU-Mitgliedstaaten vgl. die Beiträge in Heydt, K.-E. von der/Rechenberg, W.-G. Frhr. von., Interessenvereinigung, 1991, S. 229 ff.
[96] Für die Zwecke der Grundsteuer ist die EWIV Steuersubjekt. Vgl. Hartard, M., EWIV, 1991, S. 105. Entsprechendes gilt auch für die Umsatzsteuer. Vgl. dazu Bachmann, B., StuW 1997, S. 209 ff.
[97] Vgl. BFH v. 25. 6. 1984, BStBl 1984 II, S. 751.
[98] Vgl. §§ 15 Abs. 2, 18 Abs. 5 und 13 Abs. 5 EStG.
[99] Vgl. dazu Heydt, K.-E. von der, Grundlagen, 1991, S. 122 ff.
[100] Vgl. Ganske, J., DB 1985, Beilage 20, S. 3; Hamacher, R., FR 1986, S. 558; Weimar, R./Delp, U. A., WPg 1989, S. 96 f.; Knobbe-Keuk, B., Unternehmenssteuerrecht, 1993, S. 397 ff. m. w. N.
[101] Vgl. BMF-Schreiben v. 15. 11. 1988, DB 1989, S. 354.

3. Kapitel. Steuerharmonisierung in der EU

wäre eine Gewinnerzielungsabsicht von vornherein untersagt. Die Gewinnerzielung als Nebenzweck ist somit mit Art. 3 Abs. 1 EWIV-VO vereinbar. Darüber hinaus spricht auch die Zielsetzung der EWIV, grenzüberschreitende Kooperationen zu fördern, für eine weite Auslegung der Norm. Gerade bei der gemeinsamen Durchführung von Großprojekten, an der sich Unternehmen unterschiedlichster Arbeitsbereiche beteiligen, gewinnt die EWIV regelmäßig einen eigenständigen Charakter, der sich auch in einer eigenständigen Gewinnerzielungsabsicht niederschlagen kann. Wie auch bei sonstigen Gelegenheitsgesellschaften ist somit in jedem Einzelfall zu prüfen, ob das Merkmal der Gewinnerzielungsabsicht gegeben ist oder nicht. Dabei ist auf das Totalergebnis unter Einbezug der Sondervergütungen abzustellen, das während der Lebensdauer der EWIV angestrebt wird.

Hinsichtlich der **Ertragsteuern** ist zwischen dem Sitzstaat der EWIV und – sofern es sich um ausländische Mitglieder handelt – dem Wohnsitzstaat der Mitglieder zu unterscheiden. Die ertragsteuerlichen Folgen im **Sitzstaat der EWIV** ergeben sich in Abhängigkeit der Tätigkeit der EWIV. Sofern die EWIV nur Hilfstätigkeiten für ihre Mitglieder erbringt, also selbst keine eigenen Leistungen anbietet und somit nicht mit Gewinnerzielungsabsicht tätig ist, liegt keine gewerbliche Tätigkeit vor mit der Folge, dass der auf jedes Mitglied entfallende Anteil an den Kosten unmittelbar bei seiner eigenen beruflichen oder gewerblichen Betätigung als Betriebsausgabe abzugsfähig ist. Besteht dagegen als Nebenzweck eine Gewinnerzielungsabsicht, ist die EWIV gewerblich tätig. Die im **Sitzstaat der EWIV ansässigen Mitglieder** beziehen daher gewerbliche Einkünfte (analog § 15 Abs. 1 Nr. 2 EStG).[102] In **anderen EU-Staaten ansässige Mitglieder** sind im Sitzstaat der EWIV lediglich **beschränkt steuerpflichtig**. Für den Fall gewerblicher Tätigkeiten ist die beschränkte Steuerpflicht an die Voraussetzung geknüpft, dass im Sitzstaat eine Betriebsstätte oder ein ständiger Vertreter unterhalten wird (analog § 49 EStG). Ebenso wie bei Beteiligungen an sonstigen Personengesellschaften stellt sich hier insbesondere die Frage, ob die Beteiligung an der EWIV den Betriebsstättentatbestand erfüllen kann. Nach der abkommensrechtlichen Betriebsstättendefinition (Art. 5 OECD-Modell) wirken Geschäftseinrichtungen, in denen reine Hilfstätigkeiten ausgeübt werden, nicht betriebsstättenbegründend. In diesem Fall wird dem Wohnsitzstaat des Mitglieds das ausschließliche Besteuerungsrecht für die Einkünfte aus der Beteiligung zugewiesen. Hat die EWIV dagegen bereits die Grenzlinie zur Mitunternehmerschaft überschritten, so ist regelmäßig auch der abkommensrechtliche Betriebsstättenbegriff erfüllt. Dies hat zur Folge, dass der Sitzstaat der EWIV das Besteuerungsrecht für die Einkünfte erhält.

Ist ein Mitglied im Ausland ansässig, werden die anteiligen Einkünfte aus der Beteiligung an der EWIV im **Wohnsitzstaat** grundsätzlich im Rahmen der unbeschränkten Steuerpflicht erfasst, wobei allerdings eine Doppelbesteuerung entweder durch die Freistellungs- oder die Anrechnungsmethode vermieden wird. Ist das Mitglied in Deutschland ansässig, kommt für die anteiligen ausländischen Einkünfte unter der Voraussetzung, dass durch die Beteiligung an der EWIV der abkommensrechtliche Betriebsstättenbegriff

---

[102] Vgl. Knobbe-Keuk, B., Unternehmenssteuerrecht, 1993, S. 398 f.

erfüllt wird, die Freistellungsmethode unter Beachtung des Progressionsvorbehalts zur Anwendung.[103]

Wird wie in Deutschland im Sitzstaat der EWIV eine **Gewerbesteuer** erhoben,[104] ergibt sich für die EWIV nur dann eine eigenständige Gewerbesteuerpflicht, wenn sie als Gewerbebetrieb i. S. d. nationalen Gewerbesteuergesetzes qualifiziert werden kann. In Deutschland fällt bei einer reinen Hilfsgesellschaft regelmäßig keine Gewerbesteuer an. Erfüllt die EWIV jedoch die Voraussetzungen einer gewerblichen Mitunternehmerschaft, unterliegen die Einkünfte der EWIV grundsätzlich eigenständig der Gewerbesteuer. Allerdings schließt das in Art. 40 EWIV-VO normierte Prinzip der steuerlichen Transparenz eine Gewerbesteuerpflicht der EWIV aus, da danach das Ergebnis der EWIV den Mitgliedern zuzurechnen und von ihnen zu versteuern ist. Ohne explizite Sondervorschrift entfiele grundsätzlich auch eine Gewerbesteuerpflicht der Mitglieder, denn nach § 5 Abs. 1 Satz 3 GewStG ist nur die Gesellschaft als solche Schuldner der Gewerbesteuer. Das Ergebnis der EWIV würde nur dann beim Mitglied der Gewerbesteuer unterliegen, wenn die Beteiligung Bestandteil eines gewerblichen Betriebsvermögens wäre.[105] Um diese Erfassungslücke zu schließen, hat der Gesetzgeber[106] in § 5 Abs. 1 Satz 4 GewStG bestimmt, dass abweichend vom Regeltatbestand die Mitglieder der EWIV unmittelbare Gesamtschuldner der Gewerbesteuer sind, wenn das Gewerbe in der Rechtsform der EWIV ausgeübt wird. Eine Erfassung des Ergebnisses einer deutschen EWIV für Zwecke der Gewerbesteuer ist somit auf Ebene der Mitglieder sichergestellt.[107] Im umgekehrten Fall der Beteiligung an einer ausländischen EWIV fällt in Deutschland grundsätzlich keine Gewerbesteuer an, falls sich die Betriebsstätte im Ausland befindet.

Zusammenfassend ist festzuhalten, dass für die Besteuerung einer EWIV keine Sonderlösung geschaffen wurde. Vielmehr entspricht die Besteuerung weitgehend der Behandlung von Personengesellschaften im internationalen Steuerrecht. Infolge des noch nicht harmonisierten Steuerrechts innerhalb der EU variieren die Steuerbelastung einer EWIV und die ihrer Mitglieder somit in Abhängigkeit des jeweiligen Ansässigkeitsstaates. Weiterer Klärungsbedarf besteht auch hinsichtlich der Behandlung einer Sitzverlegung der EWIV, die in einigen Mitgliedstaaten als Auflösung behandelt wird. Darin sieht die Kommission einen Verstoß gegen die Bestimmungen der EWIV-VO.[108]

II. Die Europäische Gesellschaft (Societas Europaea – SE)

1. Grundlagen: Das SE-Statut

Mit Inkrafttreten der Verordnung über das Statut der Europäischen Gesellschaft[109] (SE-VO) steht grenzüberschreitend tätigen (Groß-)Unternehmen seit

---

[103] Vgl. Hartard, M., EWIV, 1991, S. 107 ff. m. w. N.
[104] Vgl. dazu den Überblick im 2. Kapitel, Abschnitt C.
[105] Vgl. Heydt, K.-E. von der, Grundlagen, 1991, S. 152 f.
[106] So auch die Finanzverwaltung in Abschn. 37 a GewStR.
[107] Auch eine französische EWIV unterliegt bspw. der dortigen taxe professionnelle. Vgl. Hartard, M., EWIV, 1991, S. 109.
[108] Vgl. die Nachweise bei Neye, H.-W., DB 1997, S. 863.
[109] Vgl. Verordnung (EG) Nr. 2157/2001 des Rates v. 8. 10. 2001, Abl. 2001 Nr. L 294, S. 1.

3. Kapitel. Steuerharmonisierung in der EU

dem 8. 10. 2004 mit der Europäischen Gesellschaft (SE) eine supranationale europäische Rechtsform zur Verfügung.[110] Die SE-VO, wird durch die Richtlinie über die Arbeitnehmermitbestimmung ergänzt.[111] Die Umsetzung erfolgte aufgrund der umstrittenen Ausgestaltung der Arbeitnehmermitbestimmung in Form des Gesetzes zur Einführung der Europäischen Gesellschaft (SEEG) etwas später.

Die SE als Körperschaft mit **eigener Rechtspersönlichkeit** kann in allen Mitgliedstaaten gegründet werden, jedoch müssen Gesellschaften aus mindestens zwei verschiedenen Mitgliedstaaten beteiligt sein.[112] Für die SE ist kein originäres EU-Recht vorgesehen. Für alle nicht ausdrücklich durch die SE-VO geregelten Fragen wie z. B. Wettbewerbsrecht und Rechtsschutz aber auch das Steuerrecht gilt somit subsidiär das Recht des Mitgliedstaates, in dem die SE ihren Sitz hat.[113] Aufgrund der unterschiedlichen Rechtsordnungen in den einzelnen Mitgliedstaaten erlangt in der Praxis die Frage der Sitzwahl besondere Bedeutung. In der Praxis gibt es also erhebliche Unterschiede zwischen einer deutschen SE, einer englischen SE oder einer französischen SE.[114]

Die SE weist die gleichen Begriffsmerkmale wie eine deutsche AG auf und ist überall dort, wo die SE-VO und das deutsche Ausführungsgesetz keine Regelungen enthalten, wie eine solche zu behandeln.[115] Das **Grundkapital** einer SE ist in Aktien zerlegt, ihr Mindestkapital beträgt 120 000 €. Der Sitz (Ort der Hauptverwaltung) muss sich innerhalb des Gemeinschaftsgebiets befinden. Die **Organisation** kann entweder nach dem dualistischen System mit Aufsichtsrat und Leitungsorgan (wie etwa im deutschsprachigen Raum mit Aufsichtsrat und Vorstand) oder nach dem monistischen System ohne Aufsichtsrat (wie etwa in Großbritannien) aufgebaut sein. Oberstes Organ der SE ist aber immer die Hauptversammlung.[116]

Im Gegensatz zur Europäischen Wirtschaftlichen Interessenvereinigung (EWIV) zielt die SE nicht auf eine Zusammenarbeit zwischen weiterhin selbständigen Unternehmen ab, sondern auf ihren Zusammenschluss in einem einheitlichen Unternehmen im Wege der Verschmelzung. Damit wird eine zusätzliche Möglichkeit eröffnet, zukünftig nur mit einer Gesellschaft anstelle einer komplizierten Konzernstruktur zu operieren. Nach der Präambel der SE-VO soll die SE Unternehmen die Möglichkeit eröffnen, ihr Wirtschaftspotenzial durch Konzentrations- und Fusionsmaßnahmen zusammenzufassen,

---

[110] Dies stellt den vorläufigen Abschluss einer über 40-jährigen Reifezeit dar. Die ersten Anregungen kamen 1959 in Frankreich auf. Zur Historie der SE vgl. Blanquet, F., ZGR 2002, S. 20 ff.; Lutter, M., BB 2002, S. 1 ff.
[111] Vgl. Richtlinie 2001/86/EG des Rates v. 8. 10. 2001, Abl. 2001 Nr. L 294, S. 22.
[112] Vgl. zu den gesellschaftsrechtlichen Gründungsmodalitäten Hirte, H., DStR 2005, S. 653 ff., 700 ff.
[113] Vgl. Art. 9 SE-VO. Durch die Verzahnung der mitgliedstaatlichen und der gemeinschaftsrechtlichen Rechtsebenen erlangt die Frage nach dem jeweils anwendbaren Recht besondere Bedeutung. Vgl. Brandt, U./Scheifele, M., DStR 2002, S. 547 ff.
[114] Vgl. Lutter, M., BB 2002, S. 3.
[115] Vgl. zu einer Gegenüberstellung Storck, A., FB 2005, S. 153 f.
[116] Vgl. zur Leitungsstruktur der SE Horn, N., DB 2005, S. 149 ff. Bei einer in Deutschland gegründeten SE wird aber aus Mitbestimmungsgründen i. d. R. dem dualistischen System der Vorrang eingeräumt werden, um eine Arbeitnehmervertretung in der Geschäftsführung („board") zu vermeiden.

Produktionsmaßnahmen gemeinschaftsweit zu reorganisieren und dadurch die wirtschaftliche und soziale Lage in der gesamten Gemeinschaft zu verbessern.[117] SE-Unternehmen sollen ihren Geschäften im gesamten EU-Raum nach einheitlichen Regeln, mit einer einheitlichen Geschäftsführung und einem einheitlichen Berichtssystem nachgehen, ohne in jedem Mitgliedstaat eigene Tochtergesellschaften gründen zu müssen bzw. an oftmals differenzierte nationale Richtlinien gebunden zu sein.

Für die Besteuerung der SE enthalten weder die SE-VO noch das SE-Einführungsgesetz (SEEG) Sondernormen. In Deutschland wurden die wesentlichen Bestimmungen der Änderungsrichtlinie zur Fusionsrichtlinie v. 17. 2. 2005,[118] soweit diese die SE betreffen, durch das SEStEG[119] umgesetzt. In Anlehnung an die Bestimmungen der Fusionsrichtlinie ist darin eine Erfolgsneutralität des Gründungsvorgangs sowie von Reorganisationen vorgesehen, soweit das relevante Vermögen weiterhin einer inländischen Betriebsstätte zugerechnet werden kann.

2. Die Besteuerung der SE

a) Besteuerung im Gründungsstadium

Die Neugründung einer SE durch eine Bar- oder Sachgründung im Wege einer direkten Zeichnung des Gesellschaftskapitals ist nicht zulässig. Vielmehr sind vier abschließende Gründungsvarianten vorgesehen (Art. 2 Abs. 1–4 SE-VO).[120]

Bereits existierende Unternehmen aus mindestens zwei Mitgliedstaaten können eine SE errichten durch

– Verschmelzung von zwei oder mehr Aktiengesellschaften,
– Bildung einer SE-Holdinggesellschaft oder
– Gründung einer Tochter-SE.

Ein Unternehmen, das seit mindestens zwei Jahren eine Tochtergesellschaft in einem anderen Mitgliedstaat hat, kann durch Formwechsel in eine SE umgewandelt werden.

Bei der **Verschmelzungsgründung** (Art. 2 Abs. 1 SE-VO) entsteht die SE durch grenzüberschreitende Verschmelzung nationaler Aktiengesellschaften, die ihren Sitz und ihre Hauptverwaltung in der EU haben. Mindestens zwei der an der Verschmelzung beteiligten Gesellschaften müssen dem Recht unterschiedlicher Mitgliedstaaten unterliegen. Die Verschmelzung ist sowohl zur Aufnahme als auch zur Neugründung möglich.

Beispiel: Die Deutschland AG (D-AG) und die Italien S. p. A. (I-S. p. A.) sollen verschmolzen werden. Es findet eine Verschmelzung durch Aufnahme statt, wobei die übernehmende SE in Italien domiziliert. In diesem Fall geht das gesamte Vermögen der D-AG im Wege der Gesamtrechtsnachfolge auf die I-S. p. A. über. Die D-AG wird dabei aufgelöst, aber nicht abgewickelt und die I-S. p. A. nimmt die Rechtsform der SE

---

[117] Vgl. Tz. 10 Präambel SE-VO.
[118] Vgl. Schön, W./Schindler, C. P., SE, 2008, S. 55 ff.; Malke, C., Companies, 2009, S. 156 ff. sowie Abschnitt B II.
[119] Vgl. BGBl 2006 I, S. 2782.
[120] Zu diesen Gründungsformen vgl. Endres, D., RIW 2004, S. 736 ff.; Rödder, T., DStR 2005, S. 893 ff.; Schumacher, A., Europäische Aktiengesellschaft, 2005, S. 260 ff.; Schön, W./Schindler, C. P., SE, 2008, S. 66 ff.; Malke, C., Companies, 2009, S. 55 ff.

3. Kapitel. Steuerharmonisierung in der EU

an. Das inländische Betriebsvermögen der D-AG wird zur deutschen Betriebsstätte der SE. Die Aktionäre der D-AG und der I-S. p. A. werden Aktionäre der SE. Es besteht damit nur eine gemeinsame Führungsgesellschaft (echte Verschmelzung).

Die sich aus dieser **Hinausverschmelzung** der D-AG ergebenden steuerlichen Folgen sind in der SE-VO nicht geregelt, da diese nur spezielle gesellschaftsrechtliche Regelungen enthält. Der Anwendungsbereich des deutschen Umwandlungssteuerrechts wurde im Zuge des SEStEG allerdings auf grenzüberschreitende Verschmelzungen (Hinaus- bzw. Hereinverschmelzungen) und Verschmelzungen im Ausland mit Bezug zu Deutschland (Auslandsverschmelzungen) ausgedehnt. Demnach finden die Regelungen der §§ 11–13 UmwStG gem. § 1 Abs. 2 UmwStG auch auf solche Verschmelzungen Anwendung, bei welchen die beteiligten Rechtsträger nach den Rechtsvorschriften der EU/EWR gegründet sind und deren Sitz und Ort der Geschäftsleitung sich innerhalb der EU/EWR befindet. Die Verschmelzung der D-AG auf die SE mit Sitz in Italien kann zu Buchwerten erfolgen und mithin die Aufdeckung der stillen Reserven vermieden werden.[121] Art. 4 Abs. 1 der Fusionsrichtlinie, welcher vorschreibt, dass keine Gewinnrealisierung auf Gesellschaftsebene erfolgen darf, wenn und soweit das Vermögen in einer Betriebsstätte im Mitgliedstaat der übertragenden Gesellschaft verhaftet bleibt und die Buchwerte sowie die früheren Abschreibungsmethoden in der Betriebsstätte der Auslands-SE fortgeführt werden, wird genüge getan. Zudem verhindert § 12 Abs. 2 KStG eine Aufdeckung von stillen Reserven, wenn Deutschland bei Verschmelzungen, die nicht in den Anwendungsbereich des UmwStG fallen, das Besteuerungsrecht behält.[122] Diese Regelung ist im Zusammenhang mit der Gründung einer SE unbedeutend, da diese ausschließlich in einem Mitgliedsstaat gegründet werden kann. Problematisch bleiben Fälle bei der Hinausverschmelzung, in denen das übertragene Vermögen, insbesondere immaterielle Vermögenswerte wie der Firmenwert,[123] zumindest teilweise nicht einer Inlandsbetriebsstätte zugeordnet werden kann. Es bestehen allerdings erhebliche Bedenken, ob der Betriebsstättenvorbehalt EU-rechtlich haltbar ist.[124] Auf Gesellschafterebene muss Deutschland gem. Art. 8 Abs. 1 der Fusionsrichtlinie – soweit anwendbar – auf den sofortigen Besteuerungsanspruch verzichten, wenn die Gesellschafter die eingetauschten Anteile an der SE zum gleichen steuerlichen Wert ansetzen, welcher den Anteilen vor der Verschmelzung zugewiesen wurde. § 13 Abs. 2 UmwStG ermöglicht eine steuerneutrale Übertragung auf Ebene der Gesellschafter durch den Ansatz der erhaltenen Anteile an der SE mit dem Buchwert der Anteile an der D-AG.

Im Umkehrfall, bei der **Hereinverschmelzung,** ist unter oben genannten Voraussetzungen das UmwStG anwendbar und eine Buchwertverknüpfung möglich.[125]

Eine zweite Gründungsform ist die **Bildung** einer **SE-Holdinggesellschaft,** an der Aktiengesellschaften oder GmbHs aus mindestens zwei verschiedenen Mitgliedstaaten beteiligt sind (Art. 2 Abs. 2 SE-VO). Die Grün-

---
[121] Vgl. Rödder, T./Schumacher, A., DStR 2007, S. 370; Malke, C., Companies, 2009, S. 61 ff.
[122] Vgl. Blümich, W., Einkommensteuergesetz, § 12 KStG, Anm. 12.
[123] Vgl. Rödder, T./Schumacher, A., DStR 2007, S. 371.
[124] Vgl. dazu Abschnitt B II.
[125] Vgl. Rödder, T./Schumacher, A., DStR 2007, S. 370.

dung einer SE-Holding erfolgt durch einen Anteilstausch im Wege der Einzelrechtsnachfolge.

Beispiel: Die Gesellschafter der D-AG und der I-S. p. A. bringen ihre Aktienanteile an den jeweiligen Gesellschaften gegen Gewährung von neuen Anteilen in die belgische B-SE Holding ein, wobei mindestens 50% der stimmberechtigten Anteile jeder der beteiligten Gesellschaften eingebracht werden müssen. Nach dieser Einbringung ist die B-SE Holding der D-AG und der I-S. p. A.

Aus steuerlicher Sicht berührt die Bildung einer SE-Holding Gewinnrealisierungsfragen auf Gesellschafterebene, während der Anteilstausch für die beteiligten Gesellschaften D-AG und I-S. p. A. keine direkten steuerlichen Folgen mit sich bringt. Auf Ebene der inländischen Gesellschafter, die ihre Beteiligungen an der D-AG gegen Anteile an der B-SE getauscht haben, kann die Einbringung der Anteile nach der Neufassung des UmwStG durch das SEStEG auf Antrag (§ 21 Abs. 2 Satz 3 UmwStG) steuerneutral vollzogen werden, sofern das deutsche Besteuerungsrecht an den neuen Anteilen nicht eingeschränkt wird.

Die **Gründung** einer **Tochter-SE** spiegelt die normale Situation einer Gesellschaftsgründung wider. Gesellschaften aus mindestens zwei verschiedenen Mitgliedstaaten gründen eine Tochter-SE als Gemeinschaftsunternehmen (Art. 2 Abs. 3 SE-VO). Eine Tochter-SE kann auch von Gesellschaften aus demselben Mitgliedstaat gegründet werden, wenn sie seit mindestens zwei Jahren eine Tochtergesellschaft oder eine Niederlassung in einem anderen Mitgliedstaat unterhalten haben, die dem Recht eines anderen Mitgliedsstaates unterliegt.

Beispiel: Die D-AG und die I-S. p. A. gründen die I-SE, indem sie Teile ihres Vermögens in die Tochter-SE gegen Gewährung von Gesellschaftsrechten einbringen.

Die Einbringung von Unternehmensteilen in eine ausländische Kapitalgesellschaft löst grundsätzlich auf Ebene der D-AG einen Realisationstatbestand aus. Eine Aufdeckung der stillen Reserven kann aber durch § 20 Abs. 2 Satz 2 UmwStG verhindert werden, soweit in der inländischen Betriebsstätte der I-SE die Buchwerte fortgeführt werden. Bringt die D-AG im Rahmen einer Joint-Venture-Vereinbarung lediglich Anteile an EU-Kapitalgesellschaften in die I-SE ein, kann nach § 21 Abs. 2 Satz 3 UmwStG eine 5%-Besteuerung nach § 8b Abs. 2 KStG vermieden werden. Aufgrund des Betriebsstättenvorbehalts sowie weiterer EU-rechtlich bedenklicher Einschränkungen sind auch in diesem Fall Gesetzesänderungen nicht auszuschließen.

Schließlich kann die Gründung einer SE auch durch **Formwechsel** einer AG mit Sitz und Hauptverwaltung in der EU vollzogen werden, soweit die AG seit mindestens zwei Jahren eine Tochtergesellschaft in einem anderen Mitgliedstaat hat (Art. 2 Abs. 4 SE-VO).[126] Die Umwandlung in eine SE führt weder zur Auflösung noch zur Gründung einer neuen juristischen Person.

Beispiel: Die D-AG hält Beteiligungen an der D-GmbH, der N-BV und der F-SA. Die D-AG beschließt einen Formwechsel in die D-SE, wobei der Sitz der Gesellschaft in Deutschland bleibt.

Da bei der formwechselnden Umwandlung in eine SE kein Rechtsträgerwechsel und somit keine Vermögensübertragung stattfindet, ergeben sich keine ertragsteuerlichen Folgen.

---

[126] Eine Niederlassung ist nicht ausreichend. Vgl. zur Begründung Blanquet, F., ZGR 2002, S. 46.

3. Kapitel. Steuerharmonisierung in der EU

b) Laufende Besteuerung

Da die SE-VO keine steuerlichen Sonderregelungen für die laufende Besteuerung einer SE vorsieht, greifen insoweit die jeweiligen nationalen Regelungen des Sitzstaates der SE.[127] Eine in Deutschland ansässige SE ist unbeschränkt körperschaft- und gewerbesteuerpflichtig. Für von der SE bezogenen Dividenden greift § 8b Abs. 1 i.V.m. Abs. 5 KStG, für Betriebsstättenrepatriierungen die Freistellungsklauseln der jeweiligen DBA. Im Quellenstaat entfällt eine Besteuerung der Dividenden nach den Regelungen der Mutter-Tochterrichtlinie, welche die SE einbezieht.[128] Auch die Besteuerung der Anteilseigner richtet sich nach den allgemeinen Regeln für Gesellschafter von Kapitalgesellschaften.

Da im aktuellen SE-Statut keine besondere Regelung zum Verlustausgleich bei ausländischen Betriebsstätten mehr aufgenommen wurde[129] gelten auch hier die jeweiligen nationalen Regelungen.[130] Inwieweit Bestrebungen auf europäischer Ebene im Hinblick auf die Berücksichtigung ausländischer Betriebsstättenverluste und jüngere EuGH-Urteile[131] zu einer Wiederbelebung des ursprünglich avisierten grenzüberschreitenden Verlustausgleichs führen werden, bleibt abzuwarten.

c) Reorganisation und Sitzverlegung

Eine SE kann ihren Sitz unter Wahrung ihrer Rechtspersönlichkeit in einen anderen Mitgliedstaat verlegen (Art. 8 Abs. 1 SE-VO). Allerdings können statutarischer Sitz und Verwaltungssitz nicht auseinanderfallen. In der Vergangenheit wurden Forderungen laut, eine eigenständige Verlegung des Verwaltungssitzes zu ermöglichen, um nicht gegen die Niederlassungsfreiheit zu verstoßen.[132] Der EuGH hat dieser Forderung jedoch eine Absage erteilt. Die Mitgliedstaaten müssen Gesellschaften keine Sitzverlegung unter Wahrung ihrer Rechtspersönlichkeit gewähren.[133] Verlegt eine deutsche SE ihren Sitz (und im Zuge der Sitzverlegung auch die Hauptverwaltung) identitätswahrend in einen anderen Mitgliedstaat,[134] darf auf **Gesellschaftsebene** keine Besteuerung der stillen Reserven erfolgen, soweit das Vermögen in einer inländischen Betriebsstätte zurückbleibt und die Buchwerte und die bisherigen Abschreibungsmethoden fortgeführt werden (Art. 10b der Fusionsrichtlinie). Deutschland hat diese Vorgabe der Fusionsrichtlinie (Betriebsstättenvorbehalt) durch eine Änderung des § 12 KStG im Rahmen des SEStEG umgesetzt. Allerdings ist zu berücksichtigen, dass der **Betriebsstättenvorbehalt** der Fusionsrichtlinie[135] möglicherweise mit dem EU-Recht kollidiert und somit

---

[127] Vgl. zu einzelnen Aspekten Helminen, M., ET 2004, S. 30ff.
[128] Vgl. Abschnitt B I.
[129] Zu den ursprünglichen Regelungen des Verlustausgleichs vgl. Klapdor, R., EuZW 2001, S. 677ff.
[130] Vgl. hierzu 4. Teil, 2. Kapitel, Abschnitt B II.
[131] Vgl. EuGH v. 13. 12. 2005 (Marks & Spencer), EuGHE 2005, S. I–10837; EuGH v. 15. 5. 2008 (Lidl Belgium), EuGHE 2008, S. I–3601.
[132] Vgl. Diego, A. de, EWS 2005, S. 447ff.
[133] Vgl. EuGH v. 16. 12. 2008 (Cartesio), IStR 2009, S. 59. Siehe dazu Thömmes, D., IWB, Fach 11a, Rechtsprechung, S. 1223.
[134] Vgl. Blumenberg, J./Lechner, F., BB 2006, Special 8, S. 29ff.
[135] Vgl. Abschnitt B II.

andere Vorkehrungen zur Sicherstellung der nationalen Besteuerungsansprüche getroffen werden müssen.[136] Auf **Gesellschafterebene** ist aufgrund der Identitätswahrung zwar kein Realisationstatbestand gegeben, allerdings kann sich eine Entstrickungsproblematik ergeben, falls es durch die Sitzverlegung zum Ausschluss oder zur Beschränkung des deutschen Besteuerungsrechts in Bezug auf die gehaltenen Anteile kommt.[137] In diesen Fällen wird nach den Änderungen durch das SEStEG grundsätzlich eine Veräußerung der Anteile an der SE zum gemeinen Wert fingiert (§ 4 Abs. 1 Satz 3 EStG, § 17 Abs. 5 EStG, § 12 Abs. 1 KStG); zur Vermeidung eines Verstoßes gegen die Fusionsrichtlinie (Art. 10 d) findet die Besteuerung allerdings erst bei einer tatsächlichen Veräußerung der Anteile statt (§ 4 Abs. 1 Sätze 4 und 5 EStG, § 15 Abs. 1 a EStG; § 17 Abs. 5 Satz 2 EStG, § 12 Abs. 1, 2. Halbsatz KStG).[138] Demgegenüber stehen dem Zuzug nach Deutschland – zumindest bezogen auf die deutsche Besteuerung – keine Beschränkungen entgegen. Da die Rechtspersönlichkeit der SE durch die Sitzverlegung nicht untergeht, findet auch kein Rechtsträgerwechsel statt, der eine Neugründung mit Auflösung und Besteuerung der stillen Reserven (z. B. im Hinblick auf eine bestehende deutsche Betriebsstätte) zur Folge hätte.[139]

3. Perspektiven der SE

Mit der SE bieten sich mehr Gestaltungsmöglichkeiten beim internationalen Konzernaufbau. Die Akzeptanz des Einsatzes von SE-Strukturen in der Praxis und deren Bedeutung in der Vergangenheit bereits stark zugenommen.[140]

Im Zuge der Einführung der SE wurde sowohl die **grenzüberschreitende Verschmelzung** als auch die **Sitzverlegung** ermöglicht. Die Gründung von Holding- und Tochter-SE sowie der Formwechsel sind dagegen bereits bekannte und weithin praktizierte Reorganisationsformen. Ob Unternehmer für die transnationale Verschmelzung oder die Verlagerung des Firmensitzes auf die Organisationsform der SE zurückgreifen können, hängt einerseits von der Verlässlichkeit der Steuerkonsequenzen solcher Vorgänge, andererseits von einem Gesamtvergleich der SE mit den zur Verfügung stehenden nationalen Rechtsformen ab. Besonders interessant dürfte der Einsatz einer SE in den folgenden beiden Konstellationen sein:[141]

- Schließen sich zwei gleichberechtigte Unternehmen im Wege einer grenzüberschreitenden Verschmelzung zusammen (merger of equals), so können mit der SE beide Aktionärskreise vollständig zusammengeführt werden,

---

[136] Vgl. Körner, A., IStR 2009, S. 746 f.
[137] Dies betrifft etwa Anteilseigner einer deutschen SE, die in einem Nicht-DBA-Staat ansässig sind. Vgl. Rödder, T., DStR 2005, S. 898.
[138] Vgl. Blumenberg, J./Lechner, F., BB 2006, Special 8, S. 31, die hierin einen treaty override erblicken.
[139] Im Hinblick auf nicht in einer Betriebsstätte gebundenes Vermögen gilt der Teilwertansatz. Vgl. Förster, G./Lange, C., RIW 2002, S. 589; Kessler, W./Achilles, C./Huck, F., IStR 2003, S. 715.
[140] Vgl. Kiem, R., ZHR 2009, S. 157; Bücker, T., ZHR 2009, S. 283. Empirische Nachweise finden sich bei Eidenmüller, H./Englert, A./Hornuf, L., AG 2009, S. 845 ff.; Malke, C., Companies, 2009, S. 10 ff.
[141] Vgl. Wenz, M., AG 2003, S. 190 f.; Endres, D., RIW 2004, S. 739.

ohne dass in einer Tochtergesellschaft Minderheitsgesellschafter verbleiben.[142] Restrukturierungs- und Organisationskosten (wie z. B. die Kosten für ein ggf. erforderliches Squeeze-out-Prozedere) werden minimiert.[143]
- Bei einer grenzüberschreitenden Akquisition kann durch einen Unternehmenszusammenschluss nach der Akquisition die Organisationsstruktur im Wege einer Verschmelzung wesentlich vereinfacht werden. Auch hier ermöglicht die Verschmelzung die komplette Zusammenführung beider Aktionärskreise und vermeidet somit Konstellationen mit Minderheitsgesellschaftern. Zudem wird durch den upstream merger die Anzahl der Konzernglieder verringert.

Zwar ist die SE nicht als Steuervehikel gedacht, dennoch könnten insbesondere durch eine Sitzverlegung verschiedene **steuerliche Arbitragemöglichkeiten** mittels country shopping erzielt werden:[144]
- Ausnutzung eines besseren DBA-Netzwerks im Sitzstaat der SE;
- Umstellung von einem Anrechnungs- auf ein Freistellungssystem;
- Verlustnutzung ausländischer Betriebsstätten im Sitzstaat der SE;
- Vermeidung der 5%-Besteuerung auf Dividenden und Veräußerungsgewinne (§ 8 b Abs. 2 und 5 KStG);
- Reduzierung bzw. Eliminierung von Quellensteuern auf Dividenden, Zinsen und Lizenzgebühren;
- Vermeidung der Hinzurechnungsbesteuerung.

Diese Möglichkeiten der Steuergestaltung sind aber nur realisierbar, wenn hierfür die notwendigen Flankierungen im Steuerrecht getroffen werden. Die Anwendbarkeit von Mutter-Tochter- und Fusionsrichtlinie auf die SE kann dabei nur ein erster Schritt sein. Immer wieder wird die Möglichkeit eines gesonderten Steuerregimes für die SE in Betracht gezogen. Dieser Vorschlag ist in Deutschland überwiegend auf Ablehnung gestoßen,[145] andere Mitgliedstaaten zeigen sich diesbezüglich deutlich aufgeschlossener.[146] Betrachtet man die SE als **Pilotfall** für die von der EU-Kommission vorangetriebene Schaffung einer **gemeinsamen EU-weiten Körperschaftsteuerbemessungsgrundlage,** dann könnte sich für einen gewissen Zeitraum eine steuerliche Sonderstellung der SE ergeben.[147]

III. Die Europäische Genossenschaft (Societas Cooperativa Europaea – SCE)

1. Grundlagen: Das SCE-Statut

Die Verordnung über das Statut der **Europäischen Genossenschaft (SCE-VO)**[148] ist genau wie die ergänzende Richtlinie hinsichtlich des

---
[142] Der Squeeze-out der Minderheitsgesellschafter der italienischen Tochtergesellschaft der Allianz AG (RAS) war dann auch der eigentliche Grund für die grenzüberschreitende Verschmelzung die zur Errichtung der Allianz SE geführt hat.
[143] Vgl. zu Abfindungsangeboten für Minderheitsgesellschafter Horn, N., DB 2005, S. 149.
[144] Vgl. Wenz, M., ET 2004, S. 10.
[145] Vgl. Klapdor, R., EuZW 2001, S. 677; Förster, G./Lange, C., DB 2002, S. 288.
[146] Vgl. Diemer, R., Regelungsbedarf, 2004, S. 56.
[147] Vgl. 4. Kapitel, Abschnitt E.
[148] Vgl. Verordnung (EG) Nr. 1435/2003 des Rates v. 22. 7. 2003, Abl. 2003 Nr. L 207, S. 1.

Rechts der Arbeitnehmer auf Unterrichtung, Anhörung und Mitbestimmung[149] durch Veröffentlichung im Amtsblatt am 18. 8. 2003 nach zehnjährigen Verhandlungen in Kraft getreten. Die Anwendbarkeit der SCE-VO wurde auf den 18. 8. 2006 datiert. Bis zu diesem Zeitpunkt war auch die ergänzende Richtlinie in nationales Recht umzusetzen. Auf nationaler Ebene wurde das SCE-Statut in Deutschland durch das SCE-Ausführungsgesetz[150] (SCEAG) und das SCE-Beteiligungsgesetz[151] (SCEBG) ergänzt. Somit steht Unternehmen in der EU eine weitere originär europäische Rechtsform zur Verfügung. Sie eröffnet **Genossenschaften,** die in mehreren Mitgliedstaaten tätig sind, die Möglichkeit, sich als allein dem EU-Recht unterliegende Körperschaften zu konstituieren. So können sie im Binnenmarkt mit einer einheitlichen Rechtspersönlichkeit auftreten. Die Rechtsform der SCE soll die grenzüberschreitenden europaweiten Aktivitäten von Genossenschaften fördern, um so die Wettbewerbsfähigkeit der europäischen Wirtschaft zu verbessern.[152]

Das Statut ist nicht nur für Genossenschaften von Interesse. Es ist auch ein Rechtsinstrument für **Unternehmen anderer Art,** die sich für einen gemeinsamen Zweck zusammenschließen wollen.

Die SCE ist eine Körperschaft mit **eigener Rechtspersönlichkeit.**[153] Genau wie bei der Europäischen Gesellschaft (SE) ist auch im SCE-Statut ein Mehrstaatlichkeitserfordernis normiert. Eine SCE kann in allen Mitgliedstaaten gegründet werden, jedoch müssen mindestens fünf europäische Bürger aus mindestens zwei Mitgliedstaaten beteiligt sein.[154] Die Gründung einer SCE durch Gesellschaften ist möglich, wenn mindestens zwei Gesellschaften den Rechtsvorschriften anderer Mitgliedstaaten unterliegen. Das Genossenschaftsstatut ist zwar dem SE-Statut nachgebildet, es ist jedoch ein Rechtsinstrument, das wahlweise angewandt werden kann und nicht an die Stelle des nationalen oder regionalen Genossenschaftsrechts tritt. Soweit Sachverhalte in der SCE-VO nicht bzw. nicht abschließend geregelt sind, ist gem. Art. 8 Abs. 1 SCE-VO das Recht des jeweiligen Mitgliedstaates anzuwenden, in dem die SCE ihren Sitz hat. In Deutschland gelten hierbei zunächst die Regelungen des SCE-Ausführungs- (SCEAG) und des SCE-Beteiligungsgesetzes (SCEBG). Danach kommt das nationale, für Genossenschaften geltende Recht zur Anwendung. Zu den von der SCE-VO nicht erfassten Bereichen gehören insbesondere das Steuer-, Wettbewerbs- und Insolvenzrecht. Hier gelten daher die Rechtsvorschriften der Mitgliedstaaten und das Gemeinschaftsrecht.

Anders als die SE kann eine SCE von natürlichen oder juristischen Personen ohne Vorläuferorganisation (ex nihilo) gegründet werden **(Neugrün-**

---

[149] Vgl. Richtlinie 2003/72/EG des Rates v. 22. 7. 2003, Abl. 2003 Nr. L 207, S. 25.
[150] Vgl. Gesetz zur Ausführung der Verordnung (EG) Nr. 1435/2003 des Rates vom 22. Juli 2003 über das Statut der Europäischen Genossenschaft (SCE-Ausführungsgesetz – SCEAG) v. 14. 8. 2006 , BGBl. 2006 I, S. 1911.
[151] Vgl. Gesetz über die Beteiligung der Arbeitnehmer und Arbeitnehmerinnen in einer Europäischen Genossenschaft (SCE-Beteiligungsgesetz – SCEBG) v. 14. 8. 2006, BStBl 2006 I, S. 1917.
[152] Vgl. El Mahi, F., DB 2004, S. 967 ff.
[153] Vgl. Art. 1 Abs. 5 SCE-VO.
[154] Vgl. Art. 2 Abs. 1 SCE-VO.

dung). Alternativ kann die SCE durch **Verschmelzung** von Genossenschaften, die nach dem Recht eines Mitgliedstaates gegründet wurden und ihren Sitz und ihre Hauptverwaltung im Gemeinschaftsgebiet haben, entstehen. Mindestens zwei der zu verschmelzenden Genossenschaften müssen dem Recht verschiedener Mitgliedstaaten unterliegen. Eine **Umwandlung** einer Genossenschaft ist nur unter der Voraussetzung möglich, dass sie seit mindestens zwei Jahren eine nach dem Recht eines anderen Mitgliedstaates gegründete Niederlassung oder Tochtergesellschaft hat. Das in Geschäftsanteile zerlegte **Mindestgrundkapital** der SCE beträgt 30 000 € und somit nur ein Viertel des Mindestkapitals einer SE. Sofern in der Satzung der SCE nichts anderes vorgesehen ist, haften die Mitglieder der Genossenschaft nur bis zur Höhe ihres eingezahlten Geschäftsanteils.[155] In diesem Fall muss der Firma der SCE der Zusatz mit beschränkter Haftung angefügt werden.

2. Die Besteuerung der SCE

a) Laufende Besteuerung

Das SCE-Statut enthält **keine expliziten Vorschriften** für die **Besteuerung** der SCE, weshalb gem. Art. 9 SCE-VO die Vorschriften des jeweiligen Ansässigkeitsstaates zur Anwendung kommen. Die Europäische Genossenschaft wurde im Zuge des SEStEG sowohl im Körperschaftsteuer- als auch im Gewerbesteuerrecht als Steuersubjekt aufgenommen. Somit unterliegen die Europäischen Genossenschaften nach deutschem Steuerrecht gem. § 1 Abs. 1 Nr. 2 KStG der unbeschränkten Körperschaftsteuerpflicht sowie gem. § 2 Abs. 2 GewStG als Gewerbebetrieb der Gewerbesteuer. Für die Gründung einer SCE und für den grenzüberschreitenden Gewinntransfer gelten die Vorschriften der **Fusionsrichtlinie** und der **Mutter-Tochterrichtlinie**. Der Einbezug der SCE in die **Zins- und Lizenzgebührenrichtlinie** steht noch aus.

b) Reorganisation und Sitzverlegung

Eine SCE kann bei ihrer Gründung frei wählen, in welchem Mitgliedstaat sie ihren statuarischen Sitz (Satzungssitz) hat. Allerdings müssen Satzungssitz und Hauptverwaltungssitz wie bei der SE in demselben Mitgliedsstaat belegen sein.[156] Der Satzungs- bzw. Registersitz kann sowohl identitäts- als auch rechtsformwahrend in einen anderen Mitgliedstaat verlegt werden.[157] Aufgrund der Regelung in Art. 6 SCE-VO ist dies jedoch nur möglich, wenn im gleichen Zuge auch die Hauptverwaltung (mit-)verlegt wird. Auf **Ebene der Gesellschaft** erfolgt keine Besteuerung der stillen Reserven, soweit das Vermögen in einer inländischen Betriebsstätte zurückbleibt und die Buchwerte und die bisherigen Abschreibungsmethoden fortgeführt werden, da § 12 Abs. 1 KStG i. V. m. § 4 Abs. 1 Satz 4 EStG auch auf die SCE Anwendung findet. Die Besteuerung auf **Ebene der Gesellschafter** bei der Sitzverlegung einer SCE erfolgt analog zu einer Sitzverlegung bei der SE. Die Besteuerung

---

[155] Vgl. Art. 1 Abs. 2 SCE-VO.
[156] Vgl. Art. 6 SCE-VO
[157] Vgl. Art. 7 Abs. 1 SCE-VO

findet erst bei tatsächlicher Veräußerung der (Geschäfts-)Anteile statt (§ 4 Abs. 1 Sätze 4 und 5 EStG, § 15 Abs. 1 a EStG, § 17 Abs. 5 Satz 2 EStG, § 12 Abs. 1, 2. Halbsatz KStG).[158]

IV. Die Europäische Privatgesellschaft (Societas Privata Europaea – SPE)

1. Grundlagen: Das SPE-Statut

Die Europäische Kommission hat am 25. 6. 2008 einen Entwurf für eine Verordnung des Rates über das Statut der Europäischen Privatgesellschaft (SPE-VO-E)[159] vorgelegt und somit einen Vorschlag zur Schaffung einer weiteren supranational europäischen Gesellschaftsform gemacht.

Primäres Ziel der neuen Rechtsform ist es, die Wettbewerbsfähigkeit der kleinen und mittleren Unternehmen (KMU) in Europa durch Erleichterung ihrer Niederlassung und Tätigkeit im Binnenmarkt zu erhöhen, weshalb der Vorschlag auf die spezifischen Bedürfnisse von KMU zugeschnitten ist. Begleitend soll mit der SPE größeren Unternehmen und Konzernen eine weitere Rechtsform zum europaweiten Aufbau ihrer Gruppenstruktur an die Hand gegeben werden.

Die SPE ist eine Gesellschaft mit **eigener Rechtspersönlichkeit**[160] und **beschränkter Haftung**. Ihre Gesellschafter haften lediglich bis zur Höhe ihres gezeichneten Kapitals.[161] Die Geschäftsanteile einer SPE dürfen weder öffentlich zum Verkauf angeboten noch in der Öffentlichkeit gehandelt werden.[162] Insoweit kommt die europäische Rechtsform der SPE der deutschen GmbH sehr nahe.

Der SPE-VO-E wurde als überwiegend **abgeschlossenes Regelungsstatut** ausgearbeitet. Während in der Verordnung selbst versucht wird insbesondere das Außenverhältnis in zentralen Eckpunkten möglichst umfassend zu normieren, erfolgt für das Innenverhältnis ein Verweis auf Regelungen durch die Satzung.[163] Für die Aufstellung der Satzung sind inhaltlich frei auszugestaltende jedoch obligatorische Regelungsaufträge festgelegt. Die Verordnung wirkt hierbei ausdrücklich nicht als dispositives Recht, das im Falle der Nichtabdeckung der genannten Punkte Anwendung findet. Vielmehr sollen im nationalen Recht für solche Fälle Sanktionen vorgesehen werden.[164] Nationales (Gesellschafts-)Recht kommt nur dann zur Anwendung, soweit die Verordnung oder die Satzung der SPE keine Regelungen enthält oder die Verordnung dies ausdrücklich fordert.[165] Zudem wird außerhalb des Gesellschaftsrechts, vor allem bei Fragen im Zusammenhang mit dem Arbeits-, Steuer-, Bilanz- und Insolvenzrecht, auf die nationalen Regelungen zurückgegriffen.

---

[158] Vgl. Abschnitt II. 2. c).
[159] Vgl. Kommission der Europäischen Gemeinschaften, Europäische Privatgesellschaft, 2008.
[160] Vgl. Art. 3 Abs. 1 c SPE-VO-E.
[161] Vgl. Art. 3 Abs. 1 b SPE-VO-E.
[162] Vgl. Art. 3 Abs. 1 d SPE-VO-E.
[163] Vgl. Anzinger, H. M., BB 2009, S. 2607; Hasenhauer, C./Prinz, J., SPE, 2010, S. 327 f.
[164] Vgl. Art. 44 SPE-VO-E.
[165] Vgl. Bücker, T., ZHR 2009, S. 286; Hasenhauer, C./Prinz, J., SPE, 2010, S. 328 ff.

3. Kapitel. Steuerharmonisierung in der EU

Gründungsgesellschafter einer SPE können eine oder mehrere natürliche Personen und/oder Gesellschaften (juristische Personen) sein.[166] Letztere müssen nach dem Recht eines Mitgliedstaates gegründet worden sein und ihren Sitz oder ihre Geschäftsleitung in einem Mitgliedsstaat haben. Die SPE kann auch durch Europäische Gesellschaften (SE), Europäische Genossenschaften (SCE), Europäische Wirtschaftliche Interessenvereinigungen (EWIV) oder andere Europäische Privatgesellschaften (SPE) gegründet werden.[167] Für natürliche Personen sind dagegen keinerlei Voraussetzungen vorgesehen. Deshalb können auch außerhalb der EU ansässige natürliche Personen Gründungsgesellschafter einer SPE sein.

Im Unterschied zur Gründung einer SE gibt es im Zeitpunkt der Gründung einer SPE **kein Mehrstaatlichkeitserfordernis**. Es muss weder eine mitgliedstaatenübergreifende Tätigkeit in direktem Anschluss an ihre Gründung vorliegen noch müssen mindestens zwei Gesellschafter aus unterschiedlichen Mitgliedstaaten an der SPE beteiligt sein.[168] Neben der Gründung einer SPE ex nihilo besteht die Möglichkeit der Umwandlung, Verschmelzung oder Spaltung bestehender Gesellschaften,[169] welche die bereits genannten Voraussetzungen zu erfüllen haben.

Sitz und **Hauptverwaltung** bzw. Hauptniederlassung einer SPE müssen innerhalb der EU liegen, es wird allerdings nicht gefordert, dass diese sich in demselben Mitgliedstaat befinden.[170] Die Eintragung in das Handels- bzw. Gesellschaftsregister hat sodann im Sitzstaat zu erfolgen.[171]

Mit der Begründung der abnehmenden Relevanz für den Gläubigerschutz legt die Europäische Kommission das Stammkapital einer SPE auf einen Euro fest[172] und verzichtet somit faktisch auf eine **Mindestkapitalanforderung**. Die Gesellschafter sind stattdessen angehalten – entsprechend ihrem Kapitalbedarf und abhängig von ihrer Tätigkeit, ein angemessenes Kapital festzulegen.[173]

Zu der Frage der **Arbeitnehmermitbestimmung** äußert sich der SPE-VO-E in Art. 34 Abs. 1 lediglich dahingehend, dass die Regelungen des Mitgliedstaates zur Anwendung kommen, in dem die Gesellschaft ihren Sitz hat. Vor dem Hintergrund der intensiven Diskussionen um die Mitbestimmung während der Verhandlungen zur Einführung der Europäischen Gesellschaft (SE) und der Möglichkeit der Umgehung dieser Regelung, da Sitz und tatsächlicher Verwaltungssitz der Gesellschaft nicht übereinstimmen müssen, ist zu erwarten, dass es nicht bei dieser einfachen Reglung bleibt.[174]

Das Europäische Parlament hat am 10. 3. 2009 einen modifizierten Vorschlag angenommen (SPE-VO-P) und die Tschechische Ratspräsidentschaft am 27. 4. 2009 einen weiteren Kompromissvorschlag vorgelegt (SPE-VO-R).

---

[166] Vgl. Art. 3 Abs. 1 e SPE-VO-E.
[167] Vgl. Art. 3 Abs. 3 SPE-VO-E.
[168] Vgl. Maul, S./Röhricht, V., BB 2008, S. 1575.
[169] Vgl. Art. 5 Abs. 1 SPE-VO-E.
[170] Vgl. Art. 7 SPE-VO-E.
[171] Vgl. Art. 9 Abs. 1 SPE-VO-E.
[172] Vgl. Art. 19 Abs. 4 SPE-VO-E.
[173] Vgl. Dißars, B.-A., NWB 2009, S. 3742 f.
[174] Vgl. Bücker, T., ZHR 2009, S. 294. Einen Vorschlag zur Ausgestaltung der Mitbestimmung in der SPE machen Hommelhoff, P./Krause, R./Teichmann, C., GmbHR 2008, S. 1193 ff.

Abweichend vom Kommissionsentwurf sieht der Parlamentsentwurf ein Mindestkapital von 8000 € vor, sofern die Satzung der SPE für Ausschüttungen keinen Solvenztest aufweist.[175] Uneinigkeit besteht ebenfalls in der Frage eines grenzüberschreitenden Bezugs der SPE. So wird ein Verstoß gegen das Subsidiaritätsprinzip (Art. 5 Abs. 3 EU) befürchtet, indem das Fehlen eines Mehrstaatlichkeitserfordernisses in einem künftigen SPE-Statut zu einer faktischen Harmonisierung des nationalen Gesellschaftrechts führt.[176] Im Europäischen Wettbewerbsfähigkeitsrat wurde im Dezember 2009 beschlossen, den Vorschlag weiter zu bearbeiten, da über die bestehende Fassung keine Einigung erzielt werden konnte.

Angesichts der Differenzen in zentralen Bereichen bleibt abzuwarten, ob der Umsetzungsprozess der SPE-Verordnung einen zügigen Abschluss finden wird oder ob sich ein ähnlich langwieriger Abstimmungsprozess wie bei der Europäischen Gesellschaft einstellen wird.

2. Die Besteuerung der SPE

a) Laufende Besteuerung

Da das SPE-Statut keine Regelungen bezüglich der Besteuerung der SPE enthält, finden die jeweiligen nationalen Regelungen des Sitzstaates Anwendung. Insbesondere aufgrund ihrer eigenständigen Rechtspersönlichkeit, der Trennung zwischen Einkommen und Vermögen der Gesellschaft von dem der Gesellschafter und des gesellschaftsrechtlichen Mindestkapitals qualifiziert die SPE nach deutschem Gesellschaftsrecht als Körperschaft und besitzt somit Steuerrechtssubjektivität. Sobald die Verordnung über das Statut der SPE in Kraft treten wird, ist damit zu rechnen, dass der deutsche Gesetzgeber die SPE, wie auch bei der SE geschehen, in § 1 Abs. 1 Nr. 1 KStG als eigenständiges Körperschaftsteuersubjekt und in § 2 Abs. 2 GewStG als Steuergegenstand aufnimmt.[177]

Eine in Deutschland ansässige SPE ist somit mit ihrem Welteinkommen unbeschränkt körperschaft- und gewerbesteuerpflichtig. Für von der SPE bezogene Dividenden greift § 8b Abs. 1 i.V.m. Abs. 5 KStG. Es ist davon auszugehen, dass die SPE als abkommensberechtigte Person eingestuft wird und mithin für Betriebsstättenrepatriierungen die Freistellungsklauseln der jeweiligen DBA Anwendung findet. Der subjektive Anwendungsbereich der Mutter-Tochterrichtlinie und ein damit einhergehender Wegfall der Besteuerung von Ausschüttungen an die Gesellschafter im Quellenstaat sind für die SPE erst dann eröffnet, wenn diese in der gesonderten Auflistung im Anhang zur Richtlinie aufgenommen wird.[178]

Auch die Besteuerung der Gesellschafter richtet sich nach den allgemeinen Regeln für Gesellschafter von Kapitalgesellschaften.

---

[175] Vgl. Jung, S., DStR 2009, S. 1704 f.
[176] Bezüglich dieser Diskussion vgl. Hügel, H. F., ZHR 2009, S. 310 f. m. w. N.
[177] Vgl. Balmes, F./Rautenstrauch, G./Kott, M., DStR 2009, S. 1558.
[178] Vgl. hierzu Abschnitt B I. Die Europäische Kommission fordert in ihrem SPE-VO-E die Ausdehnung der Mutter-Tochterrichtlinie, der Fusionsrichtlinie und der Zins- und Lizenzgebührenrichtlinie, um sicherzustellen, dass diese den SPE von Beginn ihrer Tätigkeit an zu Gute kommen.

3. Kapitel. Steuerharmonisierung in der EU

b) Besteuerung im Gründungsstadium

Im Gegensatz zur SE soll bei der SPE eine Neugründung möglich sein. Insgesamt sieht Art. 5 Abs. 1 SPE-VO-E vier abschließende Gründungsvarianten vor:
- Gründung einer SPE gemäß dem SPE-VO-E (Neugründung ex nihilo);
- Umwandlung einer bestehenden Gesellschaft;
- Verschmelzung bestehender Gesellschaften;
- Spaltung einer bestehenden Gesellschaft.

Bei einer **Neugründung** einer SPE ergeben sich hinsichtlich der Besteuerung grundsätzlich keine Besonderheiten gegenüber der Gründung einer GmbH.[179] Bei einer Gründung durch Umwandlung, Verschmelzung oder Spaltung ist gem. Art. 5 Abs. 2 SPE-VO-E das jeweilige innerstaatliche Umwandlungsrecht anzuwenden, wobei weder die Auflösung der Gesellschaft noch der Verlust oder eine Unterbrechung ihrer Rechtspersönlichkeit die Folge sein darf.[180] Sofern der Anwendungsbereich des Umwandlungsgesetzes auf die SPE als Ausgangsrechtsform ausgedehnt wird,[181] ergeben sich in Bezug auf steuerliche Fragestellungen keine Besonderheiten, da das Umwandlungsteuergesetz ohne weiteres auch auf die entsprechenden Rechtsakte mit Beteiligung einer SPE anwendbar ist.[182] Durch die Ausweitung des Umwandlungsteuerrechts im Zuge des SEStEG können auch grenzüberschreitende SPE-Gründungen (bspw. Hinaus- oder Hereinverschmelzungen) steuerneutral gestaltet werden.[183]

c) Reorganisation und Sitzverlegung

Analog zur Europäischen Gesellschaft (SE) kann auch bei der SPE der Satzungs- bzw. Registersitz sowohl identitäts- als auch rechtsformwahrend in einen anderen Mitgliedstaat verlegt werden.[184] Abweichend von der SE-VO regelt der SPE-VO-E, dass sich die Hauptverwaltung (Verwaltungssitz) nicht in demselben Mitgliedstaat befinden muss wie ihr statuarischer Sitz (Satzungssitz).[185] Mithin ist eine Verlegung des statuarischen Sitzes der SPE unabhängig von deren Verwaltungssitz in einen anderen Mitgliedstaat möglich. Unter steuerlichen Gesichtspunkten hat dies zunächst keinerlei Auswirkung, da für die unbeschränkte Körperschaftsteuerpflicht gem. § 1 Abs. 1 Nr. 1 KStG ausreicht, dass alternativ die Geschäftsleitung (Hauptverwaltung) oder der Satzungssitz im Inland liegt. Verlegt eine deutsche SPE allerdings gleichzeitig ihre Hauptverwaltung (Geschäftsleitung) in einen anderen Mitgliedstaat, so ist

---

[179] Zur Besteuerung einer GmbH-Gründung vgl. Balmes, F./ Rautenstrauch, G./ Kott, M., DStR 2009, S. 1560 f.
[180] Hinsichtlich der Problematik des Verweises auf innerstaatliches Umwandlungsrecht vgl. Hommelhoff, P./Teichmann, C., GmbHR 2008, S. 901.
[181] Das Umwandlungsgesetz bezieht die SPE als Ausgangsrechtsform bisher noch nicht in ihren Regelungsbereich mit ein.
[182] Das Umwandlungsteuergesetz spricht in seinen Anwendungsvoraussetzungen des § 1 UmwStG von Kapitalgesellschaft und Körperschaft.
[183] Vgl. hierzu Abschnitt II. 2. a).
[184] Vgl. Art. 23 Abs. 1 SPE-VO-E.
[185] Vgl. Art. 7 Abs. 2 SPE-VO-E.

zwar auch hier gem. Art. 23 Abs. 1 SPE-VO-E eine Liquidationsbesteuerung nach § 11 KStG ausgeschlossen, jedoch droht auf **Ebene der Gesellschaft** durch die Beendigung der unbeschränkten Körperschaftsteuerpflicht eine Besteuerung nach § 12 Abs. 1 KStG. Eine Besteuerung der stillen Reserven ist jedoch ausgeschlossen, soweit das Vermögen in einer inländischen Betriebsstätte zurückbleibt bzw. dieser zuzuordnen ist und die Buchwerte und die bisherigen Abschreibungsmethoden fortgeführt werden (Art. 10 b der Fusionsrichtlinie). Nicht der Inlandsbetriebsstätte zuzuordnende Beteiligungen, ein Geschäfts- oder Firmenwert oder sonstige nicht zuordenbare immaterielle Wirtschaftsgüter werden aufgrund der Zentralfunktion des Stammhauses[186] der neu gegründeten Geschäftsleitungsbetriebsstätte zugeordnet und unterliegen damit einer Besteuerung nach § 12 Abs. 1 KStG.

Wie bei der SE ist bei einer Sitzverlegung auf **Ebene der Gesellschaft** aufgrund der Identitätswahrung zwar kein Realisationstatbestand gegeben, allerdings kann sich ein Besteuerungstatbestand ergeben, falls es durch die Sitzverlegung zum Ausschluss oder zur Beschränkung des deutschen Besteuerungsrechts in Bezug auf die gehaltenen Anteile kommt.[187] Um einen Verstoß gegen die Fusionsrichtlinie (Art. 10 d) zu vermeiden, findet die grundsätzliche Fiktion der Veräußerung der Anteile zum gemeinen Wert (§ 4 Abs. 1 Satz 3 EStG, § 17 Abs. 5 EStG, § 12 Abs. 1 KStG) und die daraus resultierende Besteuerung erst bei einer tatsächlichen Veräußerung der Anteile statt (§ 4 Abs. 1 Sätze 4 und 5 EStG, § 17 Abs. 5 Satz 2 EStG, § 12 Abs. 1, 2. Halbsatz KStG). Diese Ausnahme kann in Bezug auf Beteiligungen an einer SPE allerdings erst Anwendung finden, sobald die SPE sowohl in die Fusionsrichtlinie als auch in den nationalen Ausnahmetatbestand (§ 4 Abs. 1 Satz 4 EStG) aufgenommen wird.[188] Der Aufschub der Besteuerung des § 17 Abs. 5 Satz 2 EStG deckt hingegen die Sitzverlegung einer SPE als andere Kapitalgesellschaft bereits ab.

D. Internationales Zusammenwirken im Besteuerungsverfahren

I. Amtshilfe- und Beitreibungsrichtlinie

Der Europäischen Kommission erschien es frühzeitig geboten, die Zusammenarbeit zwischen den Steuerverwaltungen innerhalb der Gemeinschaft nach gemeinsamen Grundsätzen und Regeln zu stärken. Zur Untermauerung der Kooperation zwischen den Finanzverwaltungen hat der Rat bereits am 19. 12. 1977 eine **Richtlinie über die gegenseitige Amtshilfe im Bereich der direkten Steuern** angenommen.[189] Deren Ziel ist die Bekämpfung der internationalen Steuerumgehung einschließlich künstlicher Gewinnverlagerungen im Konzern. Die Richtlinie wurde 1979 auf die Umsatzsteuer aus-

---

[186] Vgl. Betriebsstätten-Verwaltungsgrundsätze, BMF-Schreiben v. 24. 12. 1999, BStBl 1999 I, S. 1076, Tz. 2.4.
[187] Dies betrifft etwa Anteilseigner einer deutschen SPE, die in einem Nicht-DBA-Staat ansässig sind. Vgl. Rödder, T., DStR 2005, S. 898.
[188] Vgl. Balmes, F./ Rautenstrauch, G./Kott, M., DStR 2009, S. 1564.
[189] Vgl. Richtlinie 77/799/EWG des Rates v. 19. 12. 1977, Abl. 1977 Nr. L 336, S. 15; zuletzt geändert durch Richtlinie 2006/98/EG des Rates v. 20. 11. 2006, Abl. 2006 Nr. L 363, S. 129.

3. Kapitel. Steuerharmonisierung in der EU

gedehnt.[190] Deutschland setzte die Richtlinie nach langwierigen Diskussionen mit dem EG-Amtshilfe-Gesetz Ende 1985 in nationales Recht um.[191] Danach erteilen die Finanzbehörden Auskünfte bei der Festsetzung von der Einkommen-, Körperschaft-, Gewerbe- und Grundsteuer sowie der Umsatzsteuer im Einzelfall, wenn die zuständige Finanzbehörde eines anderen Mitgliedstaates darum ersucht. Einzelheiten zu der Abwicklung des Auskunftsverkehrs sind in einem Merkblatt des BMF zur zwischenstaatlichen Amtshilfe durch Auskunftsaustausch in Steuersachen geregelt.[192] Inzwischen vertritt die Kommission aber die Auffassung, dass die geltende Richtlinie kein geeignetes Instrument mehr darstellt und hat einen Vorschlag zur Neufassung vorgelegt.[193] Neben die Regelungen über den gegenseitigen Informationsaustausch war die **Amtshilfe bei der grenzüberschreitenden Beitreibung von Steueransprüchen (Beitreibungsrichtlinie)**[194] getreten. Diese wurde mit dem EG-Beitreibungsgesetz[195] in innerstaatliches Recht umgesetzt und erweiterte das Instrumentarium der nationalen Finanzbehörden für die zutreffende Steuerfestsetzung und -beitreibung. Inzwischen wurde die ursprüngliche Beitreibungsrichtlinie durch die Richtlinie über die Amtshilfe bei der Beitreibung von Forderungen in Bezug auf bestimmte Steuern, Abgaben und sonstige Maßnahmen ersetzt.[196]

II. Schiedsverfahrenskonvention

Gleichsam zur Abrundung des umfassenden Informationsinstrumentariums steht die **Schiedsverfahrenskonvention**,[197] die im Rahmen des „Dreier-Pakets" am 23. 7. 1990 beschlossen wurde. Diese Konvention regelt für in der EU ansässige Unternehmen die Beseitigung von Doppelbesteuerungen, die daraus resultieren, dass bei Geschäftsbeziehungen zwischen verbundenen Unternehmen[198] eine Steuerverwaltung **Verrechnungspreise** des seiner Zuständigkeit unterliegenden Unternehmens ändert, ohne dass im anderen Staat eine korrespondierende Gegenberichtigung erfolgt. Des Weiteren fällt die Abgren-

---

[190] Vgl. Richtlinie 79/1070/EWG des Rates v. 6. 12. 1979, Abl. 1979 Nr. L 331, S. 8.
[191] Vgl. Gesetz zur Durchführung der EG-Richtlinie über die gegenseitige Amtshilfe im Bereich der direkten Steuern und der Mehrwertsteuer (EG-Amtshilfegesetz) v. 20. 12. 1985, BGBl 1985 I, S. 2436.
[192] Vgl. BMF-Schreiben v. 25. 1. 2006, BStBl 2006 I, S. 26.
[193] Vgl. Kommission der Europäischen Gemeinschaften, Zusammenarbeit, 2009. Vgl. hierzu auch Gabert, I., IWB, Fach 11, Europäische Union, Gruppe 2, S. 1015 ff.
[194] Vgl. Richtlinie 2001/44/EG des Rates v. 15. 6. 2001, Abl. 2001 Nr. L 175, S. 17.
[195] Vgl. Gesetz zur Durchführung der EG-Beitreibungsrichtlinie, BStBl 2003 I, S. 654.
[196] Vgl. Richtlinie 2010/24/EU des Rates v. 16. 3. 2010, Abl. 2010, Nr. L 84, S. 1; siehe dazu Vaslega, M./Thiel, S. van, ET 2010, S. 231 ff. Der Anwendungsbereich wird ausgewertet und die Amtshilfe wird für einen direkteren Informationsaustausch geöffnet. Die neue Richtlinie wird zum 1. 1. 2012 in Kraft treten.
[197] Vgl. Übereinkommen 90/436/EWG, Abl. 1990 Nr. L 225, S. 10; zuletzt geändert durch Übereinkommen 2005/C 160/01, Abl. 2005 Nr. C 160, S. 1. Einen ausführlichen Überblick über die Schiedsverfahrenskonvention geben Kellersmann, D./ Treisch, C., Unternehmensbesteuerung, 2002, S. 232 ff.; Adonnino, P., ET 2003, S. 403 ff.; Rousselle, O., ET 2005, S. 14 ff.
[198] Zur Erfolgsabgrenzung zwischen verbundenen Unternehmen siehe 5. Teil, 4. Kapitel, Abschnitt C.

zung von **Betriebsstättengewinnen**[199] unter die Konvention, sofern es sich um die Betriebsstätte eines in der EU ansässigen Unternehmens handelt. Als Korrekturmaßstab wird der Fremdvergleichsgrundsatz (arm's length principle) ausdrücklich anerkannt (Art. 4). Aus diesen Gewinnberichtigungen resultierende Doppelbesteuerungen können zwar auf der Grundlage von Art. 25 des OECD-Modells auch nach einem DBA im Wege des zeitraubenden Verständigungsverfahrens angefochten werden.[200] Allerdings besteht nach Art. 25 OECD-Modell insoweit kein Einigungszwang. Diese Lücke schließt die Schiedsverfahrenskonvention, die zudem ein obligatorisches Schlichtungsverfahren vorsieht:[201] Gelangen die betroffenen Finanzverwaltungen nicht innerhalb von zwei Jahren zu einer einvernehmlichen Lösung, so haben sie den sog. **Beratenden Ausschuss,** der neben dem Vorsitzenden je zwei Vertreter der betroffenen Staaten und eine gerade Anzahl unabhängiger Staatsangehöriger der beiden Staaten umfasst, mit der Begutachtung zu beauftragen, die dieser innerhalb von sechs Monaten abzugeben hat. Die Stellungnahme des Beratenden Ausschusses wird, sofern sich die Steuerbehörden der betroffenen Staaten nicht anderweitig einigen können, für sie innerhalb einer weiteren Frist von sechs Monaten verbindlich. Verfahrensfragen zum Verständigungsverfahren und zur Schiedsverfahrenskonvention sind in Deutschland in einem BMF-Merkblatt[202] geregelt.

Im Vergleich zum DBA-Verständigungsverfahren stellen der Einigungszwang und die vergleichsweise knappen zeitlichen Fristen wesentliche Vorteile dar.[203] Eine Einschränkung stellt jedoch der auf Verrechnungspreise zwischen verbundenen Unternehmen sowie die Abgrenzung von Betriebsstättengewinnen begrenzte sachliche Geltungsbereich dar. Weitere bedeutsame Streitfragen über internationale Doppelbesteuerungen, wie z. B. das Vorliegen einer Betriebsstätte und die Frage, ob einzelne Tätigkeiten zu einer Betriebsstätte gehören, sind nicht Gegenstand der Schiedsverfahrenskonvention.[204]

Bei der Schiedsverfahrenskonvention handelt es sich um ein multilaterales Abkommen, weshalb sie als völkerrechtlicher Vertrag zwischen den Mitgliedstaaten kein unmittelbar geltendes Recht setzt, sondern zur Inkraftsetzung der Ratifizierung durch sämtliche Vertragsstaaten bedarf. Deutschland hat das Übereinkommen am 26. 8. 1993 ratifiziert.[205] Die Konvention trat mit Hinterlegung der letzten Ratifikationsurkunde zum 1. 1. 1995 in Kraft. Nach einem Protokoll vom 25. 5. 1999 wird die Konvention automatisch um weitere fünf Jahre verlängert, sofern nicht ein Vertragsstaat vor Ablauf der Frist

---

[199] Zur Erfolgsabgrenzung zwischen Betriebsstätte und Stammhaus siehe 5. Teil, 3. Kapitel.
[200] Zum DBA-Verständigungsverfahren vgl. Randenborgh, L. von/Seidenfus, V. R., INF 1996, S. 482 ff.; Runge, B., Zusammenarbeit, 1997, S. 371 ff.; Bödefeld, A./Kuntschik, N., IStR 2009, S. 449 ff.
[201] Vgl. zu den Verfahrensschritten im Einzelnen Menck, T., StBp 1995, S. 170 ff.; Bödefeld, A./Kuntschik, N., IStR 2009, S. 268 ff.
[202] Vgl. BMF-Schreiben v. 1. 7. 1997, BStBl 1997 I, S. 717.
[203] Aufgrund dieser Vorteile hat Deutschland (erstmalig im Nicht-EU-Bereich) im Ergänzungsprotokoll zum DBA mit den USA vom 1. 6. 2006 ein obligatorisches Schiedsverfahren vereinbart. Vgl. hierzu Schönfeld, J., Ubg 2008, S. 544 ff.
[204] Vgl. Menck, T., StBp 1995, S. 171; Krabbe, H., IStR 1996, S. 6.
[205] Vgl. Gesetz zu dem Übereinkommen v. 23. 7. 1990 über die Beseitigung der Doppelbesteuerung im Falle von Gewinnberichtigungen zwischen verbundenen Unternehmen v. 26. 8. 1993, BGBl 1993 II, S. 1308.

3. Kapitel. Steuerharmonisierung in der EU

Einspruch einlegt.[206] Das Protokoll wurde zwar rechtzeitig unterzeichnet, aber erst im August 2004 vom letzten Mitgliedstaat ratifiziert. Am 1. 11. 2004 ist die Konvention rückwirkend zum 1. 1. 2000 wieder in Kraft getreten.[207] Hinsichtlich der zehn **Beitrittsstaaten** hat der Rat zunächst am 7. 12. 2004 eine politische Einigung über die Ausweitung der Schiedsverfahrenskonvention erzielt.[208] Am 23. 6. 2008 verabschiedete der Rat einen Beschluss, mit dem der Anwendungsbereich des Übereinkommens auf Bulgarien und Rumänien ausgeweitet wurde.[209] Mitgliedstaaten, die das Übereinkommen ratifiziert haben, können dieses bilateral anwenden.

Zu einer effektiveren Durchführung der Schiedsverfahrenskonvention im Falle von Verrechnungspreiskorrekturen hat der Rat am 7. 12. 2004 den Vorschlag der Kommission für einen **Verhaltenskodex**[210] angenommen. Dabei handelt es sich lediglich um eine politische Verpflichtung der Mitgliedstaaten, die bei der Berichtigung von konzerninternen **Verrechnungspreisen** aus grenzüberschreitenden Geschäftsbeziehungen innerhalb der EU eine wirksamere und einheitlichere Anwendung der Schiedsverfahrenskonvention gewährleisten soll. Hierfür sind u. a. folgende gemeinsame Regeln vorgesehen:[211]

– Beginn des Drei-Jahres-Zeitraums, innerhalb dessen ein betroffenes Unternehmen den Sachverhalt der zuständigen Steuerbehörde vorlegen muss;
– Beginn des Zwei-Jahres-Zeitraums, innerhalb dessen die Steuerverwaltungen eine Vereinbarung zur Beseitigung der Doppelbesteuerung erreichen sollen;
– Ablauf des Verständigungsverfahrens für diese Sachverhalte;
– Vorgehen während der zweiten in der Schiedsverfahrenskonvention vorgesehenen Streitbeilegungsphase, die folgt, wenn sich die Steuerverwaltungen innerhalb von zwei Jahren nicht einigen (d. h. Einsetzung und Tätigkeit des Beratenden Ausschusses).

Außerdem empfiehlt der Verhaltenskodex, bei grenzüberschreitenden Streitbeilegungsverfahren einen Zahlungsaufschub einzuräumen. Zudem wird angeregt, in entsprechender Weise bei Streitbeilegungsverfahren zu verfahren, die auf den bilateralen DBA der Mitgliedstaaten untereinander basieren.

E. EU-rechtliche Vorgaben zur Ausgestaltung der direkten Steuern in den Mitgliedstaaten

I. Vorbemerkungen

Trotz der Übertragung bedeutsamer Kompetenzen auf die EU fallen die direkten Steuern in den Zuständigkeitsbereich der Mitgliedstaaten. Somit steht es jedem Mitgliedstaat entsprechend seiner Vorstellung über Steuergerechtigkeit, steuerliche Wirtschaftslenkung oder Verteilung der Steuerbelas-

---

[206] Vgl. Protokoll v. 25. 5. 1999 zur Änderung des Übereinkommens, Abl. 1999 Nr. C 202, S. 1.
[207] Vgl. Rousselle, O., ET 2005, S. 14.
[208] Vgl. Übereinkommen 2005/C 160/01, Abl. 2005 Nr. C 160, S. 1.
[209] Vgl. Beschluss v. 23. 6. 2008 über den Beitritt Bulgariens und Rumäniens zum Übereinkommen, Abl. 2008 Nr. L 174, S. 1.
[210] Vgl. Verhaltenskodex 2006/C 176/02, Abl. 2006 Nr. C 176, S. 8.
[211] Vgl. auch Rousselle, O., ET 2005, S. 17.

tung auf in seinem Hoheitsgebiet ansässige Personen und Unternehmen frei, die Höhe und die Struktur der Steuern zu bestimmen. Dies betrifft auch die DBA. Eine Verpflichtung zur Besteuerungsgleichheit besteht insoweit nicht, was – wie im 2. Kapitel ausführlich dargelegt wurde – dazu führt, dass die Unternehmensbesteuerung in der EU sehr heterogen ist.

Die Freiheit zur Ausgestaltung der nationalen Steuerrechtsordnungen ist allerdings nicht unbegrenzt, sondern sie steht unter dem Vorbehalt des EU-Rechts[212]. Dies betrifft zum einen die Verpflichtung der Mitgliedstaaten zur Umsetzung von Richtlinien und der damit u. U. erforderlichen Anpassung des Steuerrechts. Der Erlass von Richtlinien zur Angleichung der direkten Unternehmenssteuern gestaltet sich aufgrund der erforderlichen Einstimmigkeit als schwieriger und langwieriger Prozess. Es bleibt abzuwarten, inwieweit die im Vertrag von Lissabon vorgesehene verstärkte Zusammenarbeit hier Fortschritte bringen kann. Zum anderen ergeben sich für die Mitgliedstaaten aus dem primären Gemeinschaftsrecht Verpflichtungen, deren Einhaltung durch den EuGH überprüft wird.[213] Während die Rechtsprechung auf dem Gebiet der indirekten Steuern[214] bereits eine jahrzehntelange Tradition aufweist, datiert das erste EuGH-Urteil zu den direkten Steuern erst aus dem Jahr 1986.[215] Mittlerweile liegen jedoch bereits zahlreiche einschlägige Urteile zu den im AEU-Vertrag verbürgten Grundfreiheiten und den daraus abgeleiteten Beschränkungs- und speziellen Diskriminierungsverboten vor. Alleine in Deutschland könnten über 100 Normen zu den direkten Steuern in Konflikt mit dem EU-Recht stehen.[216] Für die Besteuerung von Unternehmen sind insbesondere die Niederlassungsfreiheit (Art. 49–55 AEU) und die Kapitalverkehrsfreiheit (Art. 63–66 AEU) einschlägig, während die Warenverkehrsfreiheit (Art. 34–36 AEU), die Freizügigkeit der Arbeitnehmer (Art. 45–48 AEU) sowie die Dienstleistungsfreiheit (Art. 56–62 AEU) von untergeordneter Bedeutung sind.[217] Hinzu kommt das mit zunehmender Intensität diskutierte Beihilfeverbot (Art. 107–109 AEU).

Stellt der EuGH im Einzelfall Verstöße nationaler Steuervorschriften gegen Gemeinschaftsrecht fest, hat dies wegen des Anwendungsvorrangs des EU-Rechts zur Folge, dass die Anwendung der betreffenden Vorschrift aufgehoben wird. Der EuGH stellt im Rahmen eines Vorabentscheidungsverfahrens fest, wie die Vorschrift des Gemeinschaftsrechts seit ihrem Inkrafttreten zu verstehen und anzuwenden ist oder gewesen wäre. Vorbehaltlich nationalen Verfahrensrechts[218] bestehen daher grundsätzlich keine zeitlichen Rückwir-

---

[212] Vgl. Douma, S./Engelen, F., Obstacles, 2010, S. 193 ff.
[213] Kritisch zur Kompetenz des EuGH Birk, D., FR 2005, S. 121 ff.; Seiler, C., Einkommen, 2006, S. F16 ff.; Mitschke, W., NWB 2008, S. 2327 ff.
[214] Vgl. für eine Übersicht der 2009 anhängigen Verfahren Huschens, F./Hofmann, T., NWB, Fach 7, S. 7205 ff.
[215] Vgl. Vanistendael, F., Europäischer Gerichtshof, 1997, S. 1035. Zur Bedeutung der EuGH-Rechtsprechung für die indirekten Steuern vgl. Laule, G./Weber, R., Steuersysteme, 2000, S. 4 ff.; Reiß, W., RIW 2001, S. 258 ff.
[216] Vgl. Kessler, W./Spengel, C., DB 2010, Beilage 1, S. 1 ff.
[217] Vgl. Rödder, T., DStR 2004, S. 1629.
[218] Die Mitgliedstaaten können im Rahmen ihrer innerstaatlichen Gesetzgebung angemessene Ausschlussfristen für die Erstattung erhobener Steuern setzen. Vgl. Ribbrock, M., BB 2006, S. 2611 ff. Das Verfahren darf aber nicht ungünstiger gestaltet werden als für gleichartige Klagen, die das innerstaatliche Recht betreffen und die

kungsgrenzen. Angesichts erheblicher finanzieller Risiken für die Staatshaushalte wurde dieses Vorgehen von den Mitgliedstaaten häufig kritisiert.[219] Für den EuGH stellen aber finanzielle **Haushaltsauswirkungen** für sich genommen keinen ausreichenden Grund für eine zeitliche Begrenzung dar. Nur wenn nachweislich sowohl die Gefahr schwerwiegender wirtschaftlicher Auswirkungen als auch eine objektive und bedeutende Unsicherheit hinsichtlich der Tragweite der Gemeinschaftsbestimmungen besteht, kommt eine zeitliche Begrenzung in Betracht. Die finanziellen Auswirkungen von Vorabentscheidungsurteilen sind kaum seriös zu prognostizieren. Der EuGH könnte sich aber zukünftig darauf beschränken, eine objektive Unsicherheit über die Auslegung der Gemeinschaftsvorschrift festzustellen.[220]

Neben diesen unmittelbaren Folgen entfalten die Urteile des EuGH aufgrund der einheitlichen Auslegung des Gemeinschaftsrechts auch allgemeine Wirkung gegenüber Parallelvorschriften anderer Mitgliedstaaten.[221] Bei Nichtbefolgung droht ein Vertragsverletzungsverfahren (Art. 258 AEU) durch die Kommission. Insoweit sind die potenziellen Einflüsse des EU-Rechts auf die direkten Unternehmenssteuern in den Mitgliedstaaten durch die Rechtsprechung des EuGH evident.

Zudem müssen die Mitgliedstaaten die Vorgaben des Abkommens über den Europäischen Wirtschaftsraum (EWR) beachten. Die dort kodifizierten Grundfreiheiten entsprechen nahezu wörtlich den Grundfreiheiten des AEU-Vertrages. Die Rechtsprechung des EuGH weitet sich daher auf die EFTA-Staaten aus.[222]

Im Folgenden werden die relevanten EU-rechtlichen Anforderungen für die Ausgestaltung der direkten Steuern näher konkretisiert.

II. Diskriminierungs- und Beschränkungsverbote der Grundfreiheiten

1. Niederlassungsfreiheit

Die Niederlassungsfreiheit (Art. 49 AEU) räumt den Angehörigen eines Mitgliedstaates, also den dort ansässigen natürlichen Personen und Gesellschaften, das Recht zur freien Niederlassung im Hoheitsgebiet eines anderen Mitgliedstaates unter den dort geltenden Bestimmungen ein. Dabei umfasst die Niederlassungsfreiheit die Aufnahme und Ausübung selbständiger Tätigkeiten sowie die Gründung und Leitung von Unternehmen, vorausgesetzt, der Gesellschafter übt auf die Niederlassung bspw. durch Kontroll- und Leitungsfunktionen einen wesentlichen unternehmerischen

---

Verfolgung gemeinschaftsrechtlich geschützter Rechtspositionen praktisch unmöglich machen. Vgl. EuGH v. 16. 12. 1976 (Rewe-Zentral), EuGHE 1976, S. I–1989; sowie ausführlich hierzu Seer, R./Müller, J. P., IWB, Fach 11, Europäische Gemeinschaften, Gruppe 2, S. 865 ff.
[219] Vgl. Forsthoff, U., DStR 2005, S. 1841 ff.; Lindemann, H./ Hackemann, T., IStR 2005, S. 786 ff.; Sedemund, J., IStR 2005, S. 814 f.
[220] Vgl. Lang, M., IStR 2007, S. 235 ff.
[221] Vgl. Cordewener, A., DStR 2004, S. 12 f.; Drüen, K.-D./Kahler, B., StuW 2005, S. 174 f.
[222] Vgl. zuletzt EuGH v. 6. 10. 2009 (Kommission/Spanien), IStR 2009, S. 812. Die Gutachten des EFTA-Gerichtshofs haben zumindest mittelbare Relevanz für die Rechtsprechung des EuGH. Vgl. Cordewener, A., FR 2005, S. 237 ff.

Einfluss aus.[223] Als Niederlassung gilt eine feste Einrichtung, die der Teilnahme am Wirtschaftsleben auf unbestimmte Zeit dient. Es kann sich um eine Agentur, rechtlich unselbständige Filiale oder um eine Tochtergesellschaft handeln, wobei der Anwendungsbereich der Grundfreiheit sowohl bei einer unmittelbaren als auch bei einer mittelbaren Beteiligung eröffnet ist.[224] Mit anderen Worten soll durch die Niederlassungsfreiheit die freie Wahl der unternehmerischen Betätigung in einem anderen Mitgliedstaat gewährleistet werden, sei es als Betriebsstätte, Tochtergesellschaft oder über die Beteiligung an einer Personengesellschaft.

Die Niederlassungsfreiheit umfasst ein Diskriminierungs- und ein Beschränkungsverbot. Das **Diskriminierungsverbot** richtet sich an den Tätigkeitsstaat und besagt, dass auf die Niederlassung von Ausländern die gleichen Rechtsvorschriften anzuwenden sind wie auf vergleichbare Inländer **(Inländergleichbehandlung)**.[225] Dabei soll bei natürlichen Personen eine Diskriminierung nach der Staatsangehörigkeit und bei Gesellschaften eine solche nach dem Sitz des Unternehmens verhindert werden.[226] Außer durch offene kann das Recht auf Niederlassungsfreiheit auch durch **verdeckte Diskriminierungen** beeinträchtigt werden. Dies ist der Fall, wenn formalrechtlich zwar nicht an die Staatsangehörigkeit oder den Unternehmenssitz angeknüpft wird, das Differenzierungskriterium regelmäßig aber nur bei Inländern erfüllt ist.[227] Eine unzulässige verdeckte Diskriminierung nach der Staatsangehörigkeit oder dem Sitz eines Unternehmens liegt regelmäßig in der Unterscheidung zwischen unbeschränkter und beschränkter Steuerpflicht begründet.[228] Der Tatbestand der Diskriminierung setzt allerdings voraus, dass sich die betroffenen Personen hinsichtlich der fraglichen Steuernorm in derselben objektiven Lage befinden wie Inländer, ihre Situation also vergleichbar ist.[229]

---

[223] Vgl. EuGH v. 13. 4. 2000 (Baars), EuGHE 2000, S. I–2787; EuGH v. 11. 3. 2004 (de Lasteyrie du Saillant), EuGHE 2004, S. I–2409; EuGH v. 13. 12. 2005 (Marks & Spencer), EuGHE 2005, S. I–10837; EuGH v. 23. 2. 2006 (CLT-UFA), EuGHE 2006, S. I–1831.
[224] Vgl. EuGH v. 23. 2. 2006 (Keller Holding), EuGHE 2006, S. I–2107; siehe auch Friedrich, K./Nagler, J., IStR 2006, S. 219; Rehm, H./Nagler, J., DB 2006, S. 592.
[225] Vgl. EuGH v. 28. 1. 1986 (avoir fiscal), EuGHE 1986, S. 273; EuGH v. 29. 4. 1999 (Royal Bank of Scotland), EuGHE 1999, S. I–2651; EuGH v. 13. 4. 2000 (Baars), EuGHE 2000, S. I–2787; EuGH v. 12. 12. 2002 (Lankhorst-Hohorst), EuGHE 2002, S. I–11779; EuGH v. 12. 6. 2003 (Gerritse), EuGHE 2003, S. I–5933.
[226] Vgl. EuGH v. 28. 1. 1986 (avoir fiscal), EuGHE 1986, S. 273; EuGH v. 13. 7. 1993 (Commerzbank), EuGHE 1993, S. I–4017; EuGH v. 11. 8. 1995 (Wielockx), EuGHE 1995, S. I–2493; EuGH v. 12. 12. 2002 (Lankhorst-Hohorst), EuGHE 2002, S. I–11779; EuGH v. 12. 6. 2003 (Gerritse), EuGHE 2003, S. I–5933.
[227] Vgl. EuGH v. 16. 5. 2000 (Zurstrassen), EuGHE 2000, S. I–3333. Siehe auch Sedemund, J., IStR 2002, S. 391.
[228] Vgl. EuGH v. 8. 5. 1990 (Biehl), EuGHE 1990, S. I–1779; EuGH v. 13. 7. 1993 (Commerzbank), EuGHE 1993, S. I–4017; EuGH v. 14. 2. 1995 (Schumacker), EuGHE 1995, S. I–225; EuGH v. 11. 8. 1995 (Wielockx), EuGHE 1995, S. I–2493; EuGH v. 27. 6. 1996 (Asscher), EuGHE 1996, S. I–3089; EuGH v. 12. 6. 2003 (Gerritse), EuGHE 2003, S. I–5933. Vgl. auch Hinnekens, L., ET 1996, S. 295; Thömmes, O., Diskriminierungen, 1997, S. 802; Hirsch, G., DStZ 1998, S. 492; Hahn, H., DStR 2005, S. 476.
[229] Vgl Saß, G., BB 1995, S. 1443; Steichen, A., Gleichheitssatz, 1997, S. 421; Thömmes, O., Diskriminierungen, 1997, S. 810; Dautzenberg, N., StuB 1999, S. 767; Reimer, E., Grundfreiheiten, 2000, S. 45 ff.

Ob wesentlich Gleiches ungleich oder wesentlich Ungleiches gleich behandelt wird, ist für die konkrete steuerliche Vorschrift zu untersuchen.[230] Für die Feststellung der für die Diskriminierung vorausgesetzten **vergleichbaren Lage** ist es bedeutsam, ob die Gleichbehandlung der beschränkt Steuerpflichtigen und der unbeschränkt Steuerpflichtigen hinsichtlich der Modalitäten und Voraussetzungen der Besteuerung gegeben ist.[231] Dies ist bei **Kapitalgesellschaften** infolge des Fehlens persönlicher Merkmale vergleichsweise unproblematisch. Beschränkt und unbeschränkt steuerpflichtige Kapitalgesellschaften befinden sich i. d. R. bereits dann in einer vergleichbaren Lage, wenn der Gewinn im Wesentlichen gleich ermittelt wird.[232] Vergleichsmaßstab für die Besteuerung der (beschränkt steuerpflichtigen) ausländischen Kapitalgesellschaft mit inländischer Betriebsstätte ist die Besteuerung einer inländischen Kapitalgesellschaft.[233] Befinden sich beide Niederlassungsformen in einer vergleichbaren Lage, sind Ungleichbehandlungen im Hinblick auf die **objektive Steuerpflicht,** d. h. bei der Bestimmung des Steuerobjekts, der Bemessungsgrundlage, des Steuertarifs und der Gewährung von Steuergutschriften unzulässig.[234]

Beispiel: Unterliegen die Gewinne der Betriebsstätte einer ausländischen Kapitalgesellschaft im Tätigkeitsstaat einem höheren Körperschaftsteuersatz als die Gewinne einer inländischen Kapitalgesellschaft, liegt eine diskriminierende Ungleichbehandlung vor, wenn beide Niederlassungsformen ansonsten steuerlich gleich behandelt werden.[235]

Beispiel: Wird der Betriebsstätte einer ausländischen Kapitalgesellschaft der Anspruch auf Anrechnung der Körperschaftsteuer auf Dividenden von dort ansässigen Kapitalgesellschaften versagt, während er einer inländischen Kapitalgesellschaft gewährt wird, liegt eine Ungleichbehandlung vor. Werden beide Niederlassungsformen ansonsten steuerlich gleich behandelt, so ist eine vergleichbare Lage gegeben und die Ungleichbehandlung stellt eine Diskriminierung dar.[236] Entsprechendes gilt, wenn es sich anstatt um inländische um ausländische Dividenden handelt, bei denen die Doppelbesteuerung nach Maßgabe eines DBA im Tätigkeitsstaat entweder durch Freistellung der Dividenden oder durch Anrechnung der ausländischen Körperschaftsteuer zu vermeiden ist. Denn der Tätigkeitsstaat muss Betriebsstätten und inländische Kapitalgesellschaften hinsichtlich der von ihm (grundsätzlich auch mit Nicht-EU-Mitgliedstaaten) abgeschlossenen DBA gleichstellen.[237]

Bei **natürlichen Personen** ergibt sich im Hinblick auf die **objektive Steuerpflicht** kein Unterschied zu Unternehmen. Potenzielle Benachteiligungen hinsichtlich sog. Fiskalzwecknormen, die die Bemessungsgrundlage, den Steuertarif oder verfahrensrechtliche Vorschriften (z. B. Lohnsteuerjahresausgleich) betreffen, sind grundsätzlich unzulässig, da diesbezüglich stets von einer vergleichbaren Lage auszugehen ist. Derartige Diskriminierungen liegen

---

[230] Vgl. dazu ausführlich Lang, M., ECTR 2009, S. 98 ff.
[231] Vgl. EuGH v. 28. 1. 1986 (avoir fiscal), EuGHE 1986, S. 273; EuGH v. 29. 4. 1999 (Royal Bank of Scotland), EuGHE 1999, S. I–2651. Vgl. auch Saß, G., Einfluß, 1997, S. 383 f.; Thömmes, O., Diskriminierungen, 1997, S. 805 f.
[232] Vgl. EuGH v. 29. 4. 1999 (Royal Bank of Scotland), EuGHE 1999, S. I–2651. Siehe auch Dautzenberg, N., StuB 1999, S. 767.
[233] Vgl. EuGH v. 29. 4. 1999 (Royal Bank of Scotland), EuGHE 1999, S. I–2651; EuGH v. 21. 9. 1999 (Saint-Gobain), EuGHE 1999, S. I–6161. Siehe auch Weerth, J. de, RIW 2000, S. 510 f.; Lehner, M., IStR 2001, S. 332.
[234] Vgl. Schön, W., IStR 2004, S. 292.
[235] Vgl. EuGH v. 29. 4. 1999 (Royal Bank of Scotland), EuGHE 1999, S. I–2651.
[236] Vgl. EuGH v. 28. 1. 1986 (avoir fiscal), EuGHE 1986, S. 273.
[237] Vgl. EuGH v. 21. 9. 1999 (Saint-Gobain), EuGHE 1999, S. I–6161.

bspw. in der Durchbrechung des objektiven Nettoprinzips (z. B. Bruttobesteuerung, kein Verlustausgleich) oder der Anwendung von Mindeststeuersätzen.[238] Der Tätigkeitsstaat ist unabhängig von der Höhe der in seinem Hoheitsgebiet erzielten Einkünfte grundsätzlich dazu verpflichtet, beschränkt Steuerpflichtigen dieselbe Behandlung wie unbeschränkt Steuerpflichtigen zu gewähren.[239] Schwieriger ist hingegen die Feststellung einer vergleichbaren Lage im Hinblick auf **personen- und familienbezogene Besteuerungsmerkmale**. Die Berücksichtigung solcher Merkmale bspw. durch Gewährung eines Splitting-Verfahrens fällt prinzipiell in den Aufgabenbereich des Wohnsitzstaates,[240] weshalb insoweit bei beschränkt und unbeschränkt steuerpflichtigen natürlichen Personen grundsätzlich keine vergleichbare Lage gegeben ist. Dagegen ist der Tätigkeitsstaat hinsichtlich personen- und familienbezogener Merkmale bei diesen Sozialzwecknormen zu einer materiellen Gleichstellung mit unbeschränkt Steuerpflichtigen verpflichtet, wenn der beschränkt Steuerpflichtige seine Einkünfte ausschließlich oder nahezu ausschließlich in diesem Staat erzielt. Insoweit befinden sich die Steuerpflichtigen in der gleichen Situation.[241]

Die Niederlassungsfreiheit ist wie die übrigen Grundfreiheiten auf grenzüberschreitende Sachverhalte anzuwenden und soll eine Diskriminierung von Ausländern gegenüber Inländern vermeiden (Inländergleichbehandlung). Für den umgekehrten Fall der Benachteiligung von Inländern gegenüber Ausländern, d. h. der Inländerdiskriminierung bzw. umgekehrten Diskriminierung, kann sich ein Inländer nur insoweit auf die Niederlassungsfreiheit berufen, als er von den Grundfreiheiten Gebrauch machen kann und seine Situation mit der eines EU-Ausländers vergleichbar ist. Dies ist der Fall, falls ein Staatsbürger des Tätigkeitsstaates seinen Wohnsitz in einem anderen Mitgliedstaat hat und im Tätigkeitsstaat als beschränkt Steuerpflichtiger gegenüber unbeschränkt Steuerpflichtigen diskriminiert wird.[242] Demnach sind **Inländerdiskriminierungen** nicht per se EU-rechtlich zulässig. Dagegen fallen rein innerstaatliche Sachverhalte auch dann nicht unter das allgemeine Diskriminierungsverbot, wenn ein Angehöriger eines anderen Mitgliedstaates EU-rechtlich gegenüber einem Inländer zu bevorzugen ist.[243]

---

[238] Zum Steuertarif vgl. EuGH v. 27. 6. 1996 (Asscher), EuGHE 1996, S. I–3089; EuGH v. 12. 6. 2003 (Gerritse), EuGHE 2003, S. I–5933. Zur Bemessungsgrundlage vgl. EuGH v. 12. 6. 2003 (Gerritse), EuGHE 2003, S. I–5933. Zu verfahrensrechtlichen Regelungen vgl. EuGH v. 8. 5. 1990 (Biehl), EuGHE 1990, S. I–1779; EuGH v. 14. 2. 1995 (Schumacker), EuGHE 1995, S. I–225.
[239] Vgl. Rödder, T., DStR 2004, S. 1630 f.; Schön, W., IStR 2004, S. 292.
[240] Vgl. EuGH v. 14. 2. 1995 (Schumacker), EuGHE 1995, S. I–225; EuGH v. 14. 9. 1999 (Gschwind), EuGHE 1999, S. I–5451; EuGH v. 12. 12. 2002 (de Groot), EuGHE 2002, S. I–11819; EuGH v. 12. 6. 2003 (Gerritse), EuGHE 2003, S. I–5933.
[241] Nach dem herkömmlichen Berechnungsschema zur Ermittlung der Steuerschuld können solche Maßnahmen an die Bemessungsgrundlage (Altersrücklage, vgl. EuGH v. 11. 8. 1995 (Wielockx), EuGHE 1995, S. I–2493), an den Tarif (Splitting-Verfahren, vgl. EuGH v. 14. 2. 1995 (Schumacker), EuGHE 1995, S. I–225) oder an die Steuerschuld selbst anknüpfen.
[242] Vgl. EuGH v. 27. 6. 1996 (Asscher), EuGHE 1996, S. I–3089.
[243] Gegen diese Diskriminierungen können nur die nationalen Verfassungen wirksam schützen. Vgl. Schaumburg, H., DB 2005, S. 1134 m. w. N.

3. Kapitel. Steuerharmonisierung in der EU 211

Für die Niederlassungsfreiheit hat der EuGH neben dem Diskriminierungsverbot auch ein Beschränkungsverbot bestätigt.[244] Das **Beschränkungsverbot** kann sich sowohl gegen den Wohnsitzstaat als auch gegen den Tätigkeitsstaat richten. Vom **Tätigkeitsstaat** verlangt es, dass Angehörige anderer Mitgliedstaaten bei ihrer Niederlassung nicht benachteiligt werden. Wird bspw. bei Betriebsstätten die Gewährung eines Verlustvortrags von der Führung und Aufbewahrung von Büchern im Tätigkeitsstaat abhängig gemacht, stellt dies eine Behinderung der grenzüberschreitenden Geschäftstätigkeit dar. Denn im Gegensatz zu Tätigkeiten, die auf das Inland begrenzt sind, sind zwei getrennte Buchhaltungen erforderlich. In dieser Zusatzbelastung liegt eine unzulässige Beschränkung der Niederlassungsfreiheit durch den Tätigkeitsstaat.[245]

Mit ungleich weiterreichenden Konsequenzen ist das Beschränkungsverbot für den **Wohnsitzstaat** verbunden. Es verbietet Regelungen, welche die freie Niederlassung seiner Staatsangehörigen oder nach seinem Recht gegründeter Gesellschaften in einem anderen Mitgliedstaat behindern.[246] Neben der Behinderung des Wegzugs fallen hierunter auch Vorschriften, welche vergleichbare Investitionen im Inland und Ausland ungleich behandeln.[247] Werden inländische Investoren in Abhängigkeit des Sitzes ihrer Tochtergesellschaften[248] oder in Abhängigkeit der Belegenheit ihrer Betriebsstätten[249] unterschiedlich belastet, kann hierin eine ungerechtfertigte Beschränkung der Niederlassungsfreiheit liegen. Sofern dies der Fall ist, ist die Beschränkung des grenzüberschreitenden Sachverhalts durch Gleichstellung mit der Belastung eines vergleichbaren Inlandssachverhalts zu beseitigen. Es handelt sich hierbei ausschließlich um eine Gleichheit im Ergebnis, eine systemtragenden Besteuerungsprinzipien gerecht werdende Gleichbehandlung wird EU-rechtlich nicht angestrebt.[250]

2. Kapitalverkehrsfreiheit

Die Kapitalverkehrsfreiheit untersagt alle Beschränkungen des Kapitalverkehrs zwischen den Mitgliedstaaten sowie zwischen Mitgliedstaaten und Drittländern (Art. 63 Abs. 1 AEU). Das Kapital soll ungehindert dorthin gelangen, wo es den höchsten Ertrag erzielen bzw. am effizientesten eingesetzt werden kann.[251] Eine allgemeine **Definition** des freien Kapitalverkehrs ent-

---

[244] Vgl. wohl erstmals EuGH v. 27. 9. 1988 (Daily Mail), EuGHE 1988, S. 5483. Vgl. aus jüngerer Zeit EuGH v. 11. 3. 2004 (de Lasteyrie du Saillant), EuGHE 2004, S. I–2409; EuGH v. 13. 12. 2005 (Marks & Spencer), EuGHE 2005, S. I–10837; EuGH v. 23. 2. 2006 (Keller Holding), EuGHE 2006, S. I–2107.
[245] Vgl. EuGH v. 15. 5. 1997 (Futura-Singer), EuGHE 1997, S. I–2471.
[246] Vgl. EuGH v. 27. 9. 1988 (Daily Mail), EuGHE 1988, S. 5483; EuGH v. 16. 7. 1998 (ICI), EuGHE 1998, S. I–4711; EuGH v. 18. 11. 1999 (X AB, Y AB), EuGHE 1999, S. I–8261; EuGH v. 13. 4. 2000 (Baars), EuGHE 2000, S. I–2787; EuGH v. 14. 12. 2000 (AMID), EuGHE 2000, S. I–11619; EuGH v. 11. 3. 2004 (de Lasteyrie du Saillant), EuGHE 2004, S. I–2409; EuGH v. 23. 2. 2006 (Keller Holding), EuGHE 2006, S. I–2107.
[247] Vgl. Cordewener, A., Grundfreiheiten, 2002, S. 227 ff.; Schön, W., StbJb 2003/04, S. 31.
[248] Vgl. EuGH v. 16. 7. 1998 (ICI), EuGHE 1998, S. I–4711; EuGH v. 23. 2. 2006 (Keller Holding), EuGHE 2006, S. I–2107.
[249] Vgl. EuGH v. 14. 12. 2000 (AMID), EuGHE 2000, S. I–11619.
[250] Vgl. Lehner, M., DStJG 2000, S. 278 f.; Tumpel, M., DStJG 2000, S. 328 f.
[251] Vgl. Schön, W., Kapitalverkehrsfreiheit, 1997, S. 745; Witzel, D., IStR 2002, S. 759; Grabitz, E./Hilf, M., Europäische Union, Art. 56 EG, Rn. 6.

halten die Normen des AEU-Vertrages nicht. Allerdings kann für die Konkretisierung des Begriffs auf die in der **Kapitalverkehrsrichtlinie**[252] aufgezählten Fallgruppen sowie die ergänzenden Hinweise in Art. 64 AEU zurückgegriffen werden.[253] Danach schützt die Kapitalverkehrsfreiheit unmittelbar den grenzüberschreitenden Transfer von Geld- und Sachkapital sowie mittelbar die aus diesen Kapitalverkehrsvorgängen resultierenden Folgen. Neben der **Aufnahme einer unternehmerischen Tätigkeit** in Form einer Betriebsstätte oder Tochtergesellschaft (Direktinvestition), dem Erwerb von Aktien, anderen Beteiligungstiteln oder Wertpapieren, der Vergabe von Darlehen sowie dem Abschluss von Versicherungsverträgen zeichnet sich die Kapitalverkehrsfreiheit somit auch durch die **Nutzung des Kapitals** in Form der Erzielung von Gewinnen, Dividenden oder Zinserträgen aus.[254] Schließlich fallen auch **Desinvestitionen** unter den Schutzbereich der Kapitalverkehrsfreiheit.[255] Der Anwendungsbereich der Kapitalverkehrsfreiheit ist zudem für gemeinnützige Aktivitäten eröffnet.[256]

Dem Wortlaut nach erweist sich die Kapitalverkehrsfreiheit zunächst als **Beschränkungsverbot**, das allerdings ein **Diskriminierungsverbot** einschließt, da Beschränkungen ebenfalls diskriminierend wirken.[257] Im Gegensatz zum Diskriminierungsverbot der Niederlassungsfreiheit, das stets auf die Staatsangehörigkeit des Benachteiligten abstellt, umfasst der Schutzbereich der Kapitalverkehrsfreiheit nicht nur jede Diskriminierung des Kapitalverkehrs nach Maßgabe der Staatsangehörigkeit, sondern darüber hinausgehend auch nach Maßgabe des Wohnortes oder des Kapitalanlageortes. Insofern sind sowohl Benachteiligungen von Personen, die sich in einer vergleichbaren Lage befinden, als auch vergleichbare Transaktionen des Kapitalverkehrs untersagt.[258]

Je nach Art der Benachteiligung kann sich eine Person demnach entweder gegen einen anderen Mitgliedstaat (z. B. diskriminierende Regelungen für Kapitalanlagen von Ausländern) oder seinen eigenen Wohnsitzstaat (z. B. Diskriminierung bzw. Beschränkung von Auslandsanlagen) auf die Kapitalverkehrsfreiheit berufen.[259] Mit anderen Worten: Benachteiligungen können je nach Sachverhalt sowohl in der Unterscheidung zwischen beschränkter und unbeschränkter Steuerpflicht als auch in der unterschiedlichen Behandlung unbeschränkt Steuerpflichtiger begründet sein. Analog zur Niederlassungs-

---

[252] Vgl. Richtlinie 88/361/EWG des Rates v. 24. 6. 1988, Abl. 1988 Nr. L 178, S. 5.
[253] Vgl. EuGH v. 19. 1. 2006 (Bouanich), EuGHE 2006, S. I–923; Matzka, B., Freiheit, 1998, S. 37 ff.; Ruppe, H. G., Kapitalverkehrsfreiheit, 2000, S. 14.
[254] Vgl. Schön, W., Kapitalverkehrsfreiheit, 1997, S. 757 f.; Seer, R./Haken, I., SteuerStud 2001, S. 346; Hahn H., DStZ 2005, S. 475; Grabitz, E./Hilf, M., Europäische Union, Art. 56 EG, Rn. 13 ff., 174 ff.
[255] Vgl. EuGH v. 19. 1. 2006 (Bouanich), EuGHE 2006, S. I–923.
[256] Vgl. EuGH v. 14. 9. 2006 (Stauffer), EuGHE 2006, S. I–8203; EuGH v. 27. 1. 2009 (Persche), IStR 2009, S. 171; zur Rs. Persche auch Hüttemann, R./Helios, M., DB 2009, S. 701 ff.
[257] Vgl. Dautzenberg, N., Unternehmensbesteuerung, 1997, S. 63 f.; Schön, W., Kapitalverkehrsfreiheit, 1997, S. 755; Lang, M., Kapitalverkehrsfreiheit, 2000, S. 189.
[258] Vgl. Jaeger, C., Körperschaftsteuersysteme, 2001, S. 76.
[259] Vgl. Dautzenberg, N., Unternehmensbesteuerung, 1997, S. 63 f.; Schön, W., Kapitalverkehrsfreiheit, 1997, S. 757 f.

freiheit sind für die Feststellung von **Diskriminierungen** bzw. **Beschränkungen Vergleichspaare** zu bilden.[260] Bezogen auf den Kapitalanlageort ist eine Vergleichbarkeit gegeben, wenn ein konkretes Objekt des Kapitalverkehrs (Einkunftsquelle) bei beschränkt und unbeschränkt Steuerpflichtigen gleichermaßen besteuert wird. Gemäß dem Gebot zur Inländergleichbehandlung sind für Ausländer die gleichen Rechtsvorschriften anzuwenden wie für vergleichbare Inländer.

Beispiel: Im Gegensatz zu Steuerinländern gewährt ein Mitgliedstaat Steuerausländern für identische Kapitalanlagen keine Sparprämien. Nach dem Gebot der Inländergleichbehandlung ist die Sparprämie auch Steuerausländern zu gewähren.[261]

Beispiel: Nach schwedischem Recht wird bei der Herabsetzung von Gesellschaftskapital der an einen Steuerausländer gezahlte Betrag aus dem Rückkauf von Aktien besteuert, ohne dass ein Recht auf Abzug der Einstandskosten dieser Aktien besteht. Im Unterschied dazu wird der an einen Steuerinländer gezahlte Betrag besteuert, wobei ein Recht auf Abzug der Einstandskosten besteht. Dieser Umstand stellt eine nicht zu rechtfertigende Beschränkung des Kapitalverkehrs dar.[262]

Gegenüber dem Wohnsitzstaat untersagt die Kapitalverkehrsfreiheit die Behinderung von Kapitalanlagen im Ausland gegenüber vergleichbaren inländischen Transaktionen. Unbeschränkt Steuerpflichtige befinden sich hinsichtlich ihrer in- und ausländischen Kapitalanlagen in einer vergleichbaren Situation, wenn die daraus fließenden Einkünfte gleichermaßen in die inländische Steuerbemessungsgrundlage einbezogen werden. Dies ist typischerweise bei dem im Rahmen der Einkommensteuer vorherrschenden Welteinkommensprinzip gegeben.[263] In diesen Fällen ist der Mitgliedstaat des Empfängers der Einkünfte zu einer Gleichbehandlung mit vergleichbaren inländischen Transaktionen verpflichtet.

Beispiel: Eine natürliche Person mit Wohnsitz in Österreich bezieht Dividenden von österreichischen und belgischen Kapitalgesellschaften. Die in- und ausländischen Dividenden sind in Österreich einkommensteuerpflichtig. Allerdings unterliegen die österreichischen Dividenden dem halben durchschnittlichen Einkommensteuersatz bzw. einem pauschalen Steuersatz von 25%, wohingegen die ausländischen Dividenden dem Normaltarif der Einkommensteuer (Spitzensteuersatz 50%) unterliegen. Die Verweigerung der einkommensteuerlichen Begünstigung für Auslandsdividenden in Österreich verstößt gegen die Kapitalverkehrsfreiheit.[264]

Beispiel: Eine natürliche Person mit Wohnsitz in den Niederlanden bezieht Dividenden von niederländischen und belgischen Kapitalgesellschaften. Die in- und ausländischen Dividenden unterliegen der niederländischen Einkommensteuer, allerdings wurde nur für die niederländischen Dividenden ein Freibetrag gewährt. Die Nichtgewährung des Dividendenfreibetrags für belgische Dividenden verstößt gegen die Kapitalverkehrsfreiheit.[265]

---

[260] Vgl. Lang, M., Kapitalverkehrsfreiheit, 2000, S. 190 f.; Staringer, C., Dividendenbesteuerung, 2000, S. 103.
[261] Vgl. Saß, G., FR 2000, S. 1273.
[262] Vgl. EuGH v. 19. 1. 2006 (Bouanich), EuGHE 2006, S. I–923.
[263] Vgl. Schön, W., Kapitalverkehrsfreiheit, 1997, S. 776; Witzel, D., IStR 2002, S. 760.
[264] Vgl. EuGH v. 15. 7. 2004 (Lenz), EuGHE 2004, S. I–7063. Vgl. dazu Polivanova-Rosenauer, T., ET 2004, S. 416 ff.
[265] Vgl. EuGH v. 6. 6. 2000 (Verkooijen), EuGHE 2000, S. I–4071; EuGH v. 15. 7. 2004 (Weidert/Paulus), EuGHE 2004, S. I–7379.

Da im Mittelpunkt der Kapitalverkehrsfreiheit das Kapital selbst steht,[266] ist eine Beeinträchtigung nach Maßgabe der Staatsangehörigkeit nicht unbedingt erforderlich. Vielmehr genügt es, wenn eine Diskriminierung oder Beschränkung hinsichtlich des Wohnortes oder des Kapitalanlageortes festgestellt werden kann. Entscheidend ist lediglich die Ansässigkeit innerhalb des Gemeinschaftsgebiets.[267] Die Benachteiligung kann damit entweder beim Inhaber oder Empfänger des Kapitals eintreten, weshalb die Kapitalverkehrsfreiheit neben einem aktiven (Inhaber bzw. Anbieter des Kapitals) auch einen passiven Schutzbereich (Empfänger bzw. Nachfrager des Kapitals) umfasst.[268] Regelmäßig werden sich Beeinträchtigungen des aktiven und passiven Schutzbereichs der Kapitalverkehrsfreiheit gegenseitig bedingen.

Beispiel: Die Versagung des Freibetrags für belgische Dividenden im vorherigen Beispiel stellt für belgische Kapitalgesellschaften ein Hindernis dar, in den Niederlanden Kapital zu sammeln, da infolge des Dividendenfreibetrags niederländische Kapitalgeber eher geneigt sind, inländische Aktien zu erwerben.[269]

Beispiel: Die Nichtgewährung des Abzugs der Einstandskosten für gebietsfremde Aktionäre könnte schwedische Gesellschaften einschränken, bei nicht in Schweden ansässigen Investoren Kapital aufzunehmen.[270]

Die Kapitalverkehrsfreiheit erstreckt sich dem Wortlaut nach auch auf **Drittstaaten** (Art. 63 AEU). Ihr sachlicher Schutzbereich umfasst demnach Kapitalanlagen in Drittstaaten. In persönlicher Hinsicht können sich auch Angehörige von Drittstaaten auf diese Norm berufen, wenn sich der Vorgang innerhalb der EU abspielt. Dies gilt selbst dann, wenn der Transaktionspartner ebenfalls Angehöriger eines Drittstaates ist.[271] Der EuGH hat es abgelehnt, den Beschränkungsbegriff bei Drittstaatensachverhalten generell restriktiv auszulegen.[272] Allein die pauschale Berufung auf unterschiedliche Ausgangspositionen reicht nicht aus.[273] In seiner jüngeren Rechtsprechung hat der EuGH jedoch recht eindeutig aufgezeigt, dass er bereit ist, gegenüber Drittstaaten **weitergehende Rechtfertigungsgründe** als bei innergemeinschaftlichen Sachverhalten anzuerkennen. So geht der EuGH grundsätzlich davon aus, dass Kapitalanlagen innerhalb der EU wegen der sekundärrechtlichen Amtshilfemöglichkeiten sich in einer anderen Ausgangssituation befinden als Kapitalanlagen zwischen EU- und Drittstaaten.[274] Der Steuerpflichtige kann aber in jedem Fall Beweismittel vorlegen, so dass den Steuerbehörden eine Überprüfung möglich ist, auch wenn die Möglichkeit der Amtshilfe nicht besteht.

---

[266] Vgl. Ståhl, K., ECTR 1997, S. 231; Müller, J. C. W., Kapitalverkehrsfreiheit, 2000, S. 149.
[267] Vgl. Schön, W., Kapitalverkehrsfreiheit, 1997, S. 758.
[268] Vgl. Dautzenberg, N., StuB 2000, S. 724.
[269] Vgl. EuGH v. 6. 6. 2000 (Verkooijen), EuGHE 2000, S. I–4071; EuGH v. 15. 7. 2004 (Weidert/Paulus), EuGHE 2004, S. I–7379.
[270] Vgl. EuGH v. 19. 1. 2006 (Bouanich), EuGHE 2006, S. I–923.
[271] Vgl. EuGH v. 14. 10. 1999 (Sandoz), EuGHE 1999, S. I–7041.
[272] So auch Bezborodov, S., Intertax 2007, S. 673.
[273] Vgl. EuGH v. 13. 3. 2007 (Test Claimants in the Thin Cap Group Litigation), EuGHE 2007, S. I–2107.
[274] Vgl. EuGH v. 13. 3. 2007 (Test Claimants in the Thin Cap Group Litigation), EuGHE 2007, S. I–2107; EuGH v. 18. 12. 2007 (A), EuGHE 2007, S. I-11531; EuGH v. 20. 5. 2008 (Orange European Smallcap), EuGHE 2008, S. I–3747; EuGH v. 27. 1. 2009 (Persche), IStR 2009, S. 171; EuGH v. 19. 11. 2009 (Kommission/Italien), IStR 2009, S. 853.

Unklar ist aber nach wie vor, ob u. U. weitere Rechtfertigungsgründe anerkannt werden.[275] Im Ergebnis sind die Beschränkungs- und Diskriminierungsverbote der Kapitalverkehrsfreiheit somit weit auszulegen. Sie untersagen beim Inhaber oder Empfänger des Kapitals jegliche mittelbare oder unmittelbare, tatsächliche oder nur potenzielle Behinderung des Zu-, Ab- oder Durchflusses von Kapital. Eine Benachteiligung liegt bereits dann vor, wenn ein Sachverhalt durch eine fragliche Regelung weniger attraktiv erscheint.[276] Mit dem durch den Lissabon-Vertrag neu eingeführten **Art. 65 Abs. 4 AEU** können die Mitgliedstaaten eine Bestätigung der Vereinbarkeit ihrer restriktiven steuerlichen Maßnahmen im Verhältnis zu Drittstaaten im Rahmen des Kapital- und Zahlungsverkehrs mit den Verträgen und Zielen der EU verlangen.

3. Abgrenzung der Grundfreiheiten

Bei unternehmerischen Investitionen, die über sog. Portfolio- bzw. Finanzinvestitionen ohne Kontroll- und Leitungsrechte hinausgehen, kommt es zu Überschneidungen der Anwendungsbereiche beider Grundfreiheiten.[277] Da die Kapitalverkehrsfreiheit neben der Nutzung des Kapitals den zeitlich vorgelagerten Transfer von Geld- und Sachkapital sowie Desinvestitionen umfasst, ist die unternehmerische Niederlassung in einem anderen Mitgliedstaat als Ausübung beider Grundfreiheiten zu verstehen.[278] Dies wirft die Frage nach der Abgrenzung beider Grundfreiheiten auf, die vor allem aufgrund des weiter gefassten Schutzbereichs der Kapitalverkehrsfreiheit, der Transaktionen zwischen Mitgliedstaaten und Drittländern einschließen kann, materiell bedeutsam ist.

Die Abgrenzung der Niederlassungsfreiheit und der Kapitalverkehrsfreiheit ist aufgrund der wechselseitigen Vorbehalte beider Grundfreiheiten unklar. So heißt es einerseits in Art. 49 AEU, die Niederlassungsfreiheit greife nur vorbehaltlich des Kapitels über den Kapitalverkehr ein. Andererseits besagt Art. 65 Abs. 2 AEU, dass die Kapitalverkehrsfreiheit nicht die Anwendbarkeit von Beschränkungen des Niederlassungsrechts berührt, die mit dem AEU-Vertrag vereinbar sind. Die jeweiligen Verweise erzeugten einen Widerspruch, wenn sie jeweils als Vorrangregelungen zugunsten der anderen Grundfreiheit interpretiert würden. Denn in diesem Fall liefen die Verweise ins Leere. Auflösen könnte man diesen vermeintlichen Widerspruch dahingehend, dass bei Überschneidungen der Anwendungsbereiche beider Grundfreiheiten keine der beiden Grundfreiheiten der anderen als lex specialis

---
[275] Vgl. Hahn, H., DStZ 2005, S. 480; Schnitger, A., IStR 2005, S. 493 ff.; Schön, W., Kapitalverkehr, 2005, S. 496 ff.; Schwenke, M., IStR 2006, S. 748 ff.; Sedemund, J., BB 2006, S. 2781 ff; Wunderlich, N./Blaschke, C., IStR 2008, S. 754 ff.
[276] Vgl. EuGH v. 15. 5. 1997 (Futura-Singer), EuGHE 1997, S. I–2471; EuGH v. 15. 7. 2004 (Lenz), EuGHE 2004, S. I–7063; EuGH v. 15. 7. 2004 (Weidert/Paulus), EuGHE 2004, S. I–7379; EuGH v. 7. 9. 2004 (Manninen), EuGHE 2004, S. I–7477. Vgl. auch Mössner, J.M./Kellersmann, D., DStZ 1999, S. 506 f.; Seer, R./Haken, I., SteuerStud 2001, S. 346.
[277] Vgl. Jaeger, C., Körperschaftsteuersysteme, 2001, S. 92 f.
[278] Vgl. Schön, W., Kapitalverkehrsfreiheit, 1997, S. 749; Lehner, M., Konzernfinanzierung, 2002, S. 10.

vorgeht.[279] Auch der EuGH ging in diesen Fällen lange von einer parallelen Anwendung der Grundfreiheiten aus.[280] Dabei schützt jede Grundfreiheit eine andere Dimension desselben Vorgangs: Während die Niederlassungsfreiheit die Gründung und Leitung eines Unternehmens schützt, bezieht sich die Kapitalverkehrsfreiheit auf den Transfer des Kapitals. Deshalb können sich Unionsbürger oder Unternehmen auf jede dieser Grundfreiheiten berufen, wobei allerdings die jeweils strengeren Anforderungen zum Tragen kommen.[281]

Nach inzwischen gefestigter Rechtsprechung des EuGH ist allerdings in Fällen der thematischen Einschlägigkeit beider Grundfreiheiten die **Niederlassungsfreiheit vorrangig** anzuwenden ist, wenn nationale Vorschriften Beteiligungen erfassen, die typische Niederlassungsaktivitäten regeln[282] oder einen sicheren Einfluss auf die Gesellschaft vermitteln.[283] Dabei kommt es nicht auf die Tatbestandsvoraussetzung einer bestimmten Beteiligungshöhe an, sondern die qualitative Kontrollmöglichkeit eines Normzwecks reicht aus.[284] Mit anderen Worten kommt es für die Beurteilung des Anwendungsbereiches der betreffenden Norm darauf an, ob qualifizierte Minderheitsbeteiligungen mit Mehrheitsbeteiligungen gleichgestellt werden sollen. Normen, die dagegen unabhängig vom qualitativen Einfluss auf eine Beteiligung greifen, können sowohl unter den Schutzbereich der Kapitalverkehrsfreiheit, als auch unter den Schutzbereich der Niederlassungsfreiheit fallen.[285] Der EuGH geht demzufolge von einer inhaltlichen Prüfung der betreffenden Norm im Einzelfall aus[286] und stellt dabei auf die Perspektive des jeweiligen Mitgliedstaates ab.[287] Ausschlaggebend ist die Intention des Gesetzgebers, Beherrschungsfälle mit einer bestimmten Rechtsfolge zu belegen.

In seinen zuletzt ergangen Urteilen[288] schloss der EuGH die Anwendbarkeit der Kapitalverkehrsfreiheit aber schon deshalb aus, weil das Verfahren sich ausschließlich auf eine Beteiligung bezog, die einen sicheren Einfluss auf die Entscheidungen der betreffenden Gesellschaft verschaffte.[289]

---

[279] Vgl. Schön, W., Kapitalverkehrsfreiheit, 1997, S. 749; Lang, M., Kapitalverkehrsfreiheit, 2000, S. 188; Schaumburg, H., DStJG 2001, S. 231.
[280] Vgl. EuGH v. 1. 6. 1999 (Konle), EuGHE 1999, S. I–3099; EuGH v. 18. 11. 1999 (X AB, Y AB), EuGHE 1999, S. I–8261; EuGH v. 13. 4. 2000 (Baars), EuGHE 2000, S. I–2787; EuGH v. 6. 6. 2000 (Verkooijen), EuGHE 2000, S. I–4071; EuGH v. 21. 11. 2002 (X und Y), EuGHE 2002, S. I–10829; EuGH v. 24. 5. 2007 (Holbök), EuGHE 2007, S. I–4051.
[281] Vgl. Dautzenberg, N., StuB 2000, S. 722.
[282] Vgl. EuGH v. 10. 5. 2007 (A+B), EuGHE 2007, S. I–3871.
[283] Vgl. EuGH v. 12. 9. 2006 (Cadbury Schweppes), EuGHE 2006, S. I–7995; EuGH v. 17. 9. 2009 (Glaxo Wellcome), DStRE 2009, S. 1370; kritisch zur Abgrenzung der Grundfreiheiten Bezborodov, S., Intertax 2007, S. 677 ff.
[284] Vgl. EuGH v. 10. 5. 2007 (Lasertec), EuGHE 2007, S. I–3775.
[285] Vgl. EuGH v. 13. 3. 2007 (Test Claimants in the Thin Cap Group Litigation), EuGHE 2007, S. I–2107; EuGH v. 24. 5. 2007 (Holböck), EuGHE 2007, S. I-4051.
[286] Vgl. Haslehner, C. W., IStR 2008, S. 574 f.; Musil, A., DB 2009, S. 1041 f.
[287] Vgl. Sedemund, J./Laboranowitsch, M., DStZ 2008, S. 418; Kritisch zum Prüfungsansatz des EuGH Smit, D. S., ECTR 2007, S. 267; Cordewener, A., IWB, Fach 11, Rechtsprechung, Gruppe 2, S. 997 ff.
[288] Vgl. EuGH v. 26. 6. 2008 (Burda), EuGHE 2008, S. I–4571; EuGH v. 4. 6. 2009 (KBC-Bank und Beleggen), IStR 2009, S. 494; EuGH v. 18. 6. 2009 (Aberdeen), IStR 2009, S. 499. Der BFH sah in der Entscheidung Burda kein Abrücken des EuGH von seiner bisherigen Rechtsprechung. Vgl. BFH v. 26. 11. 2008, BFHE 224, S. 44; ebenso Völker, D., IStR 2009, S. 705 ff.
[289] Vgl. Lang, M., Anwendungsbereich, 2010, S. 521 ff.

3. Kapitel. Steuerharmonisierung in der EU

Insofern bleibt zu klären, ob der Schutzbereich der Kapitalverkehrsfreiheit auch bei **Mehrheitsbeteiligungen** an Drittstaatenunternehmen eröffnet sein kann, soweit die beschränkende Vorschrift keine Kontrollbeteiligung voraussetzt.[290] Die einschlägigen Urteile können als eine Tendenz in der Rechtsprechung gewertet werden, die Kapitalverkehrsfreiheit gegenüber Drittstaaten nur im Ausnahmefall zur Anwendung kommen zu lassen.[291] Die Kapitalverkehrsfreiheit wird sich daher im Verhältnis zu Drittstaaten nur beschränkt auf die nationalen Steuersysteme auswirken.

4. Zusammenwirken mehrerer Rechtsordnungen

Bei der grenzüberschreitenden Geschäftstätigkeit treten im Vergleich zur nationalen Geschäftstätigkeit generell Besteuerungsunterschiede durch das Ineinandergreifen mehrerer Steuerrechtsordnungen auf. Kommt es auf diese Weise zu rechtlichen oder wirtschaftlichen Doppelbesteuerungen, kann sich infolge der Heterogenität der (nichtharmonisierten) Steuersysteme häufig die Frage stellen, welcher der beteiligten Staaten für eine Diskriminierung oder Beschränkung der grenzüberschreitenden Geschäftstätigkeit letztlich verantwortlich ist und deshalb die finanziellen Kosten ihrer Beseitigung zu tragen hat. Die Unklarheiten resultieren insbesondere aus dem Fehlen europaweiter Regelungen über die Zuweisung von Einkommensquellen aus grenzüberschreitenden Geschäftstätigkeiten sowie über die zwischenstaatliche Verteilung der daraus resultierenden Besteuerungsansprüche.

Beispiel: Die niederländische BV gewährt ihrer ausländischen Tochtergesellschaft ein aus Sicht des anderen Mitgliedstaates unangemessen hohes Darlehen. Aufgrund der nationalen Regeln zur Gesellschafterfremdfinanzierung werden die Darlehenszinsen bei der Tochtergesellschaft in verdeckte Gewinnausschüttungen umqualifiziert. Diese Umqualifikation wird von den Niederlanden nicht nachvollzogen, so dass auf Ebene der niederländischen Muttergesellschaft weiterhin Zinserträge zu versteuern sind, woraus eine Doppelbesteuerung resultiert. Fraglich ist, welcher Mitgliedstaat für die Behinderung verantwortlich ist.[292]

Es ist nahe liegend, in diesen Fällen des Ineinandergreifens mehrerer Steuerhoheiten von einer **Gesamtschuld**[293] auszugehen, so dass die daraus resultierenden Behinderungen grenzüberschreitender Transaktionen im Interesse der beteiligten Staaten nicht willkürlich sind.[294] Sie ließen sich wirksam wohl nur im Wege der Harmonisierung bzw. Rechtsangleichung beseitigen.[295]

Allerdings sind Zweifel angebracht, ob im Interesse der **benachteiligten Steuerpflichtigen** eine derartige Gesamtschuld als Rechtfertigungsgrund zur

---

[290] Ablehnend Thömmes, O., IWB, Fach 11 a, Rechtsprechung, S. 1251 ff.; Massoner, C./Stürzlinger, B., SWI 2008, S. 402.
[291] Vgl. Köhler, S./Tippelhofer, M., IStR 2007, S. 647; Musil, A., DB 2009, S. 1039 f.
[292] Vgl. Spengel, C./Golücke, M., RIW 2003, S. 345; Kessler, W./Eicker, K./Obser, R., IStR 2004, S. 295; Rödder, T., DStR 2004, S. 1632; Schön, W., IStR 2004, S. 299 f.
[293] Vgl. Reimer, E., Grundfreiheiten, 2000, S. 58; Thömmes, O., DB 2002, S. 2693; Cordewener, A./Schnitger, A., StuW 2006, S. 56 f.
[294] Vgl. Dautzenberg, N., Unternehmensbesteuerung, 1997, S. 68 f.; Herzig, N., Körperschaftsteuersystem, 1997, S. 638 ff.; Saß, G., Einfluß, 1997, S. 393 f.; Schön, W., Kapitalverkehrsfreiheit, 1997, S. 771 ff.; Lehner, M., IStR 2001, S. 336.
[295] Vgl. Mössner, J. M./Kellersmann, D., DStZ 1999, S. 516; Lehner, M., DStJG 2000, S. 274 f., 282; Reimer, E., Grundfreiheiten, 2000, S. 59.

Begrenzung der Grundfreiheiten akzeptiert wird. Dagegen könnte die Herangehensweise des EuGH zu den Diskriminierungs- und Beschränkungsverboten sprechen. Für die Frage, ob steuerliche Regelungen einem Ausländer für Inlandsinvestitionen oder einem Inländer für Auslandsinvestitionen zu Unrecht vorenthalten werden, erfolgt dabei keine Betrachtung des zu beurteilenden Sachverhalts in seiner Gesamtheit in den beteiligten Ländern. Vielmehr wird ausschließlich aus der Sicht des benachteiligten Steuerpflichtigen geprüft, ob eine Übertragbarkeit der vorenthaltenen Regelung auf den zu beurteilenden Fall möglich ist und hierdurch die Benachteiligung wegfallen würde.[296] Eine eventuelle Mitschuld bzw. Mitverantwortlichkeit eines anderen Mitgliedstaates wird dabei gar nicht geprüft.[297] In der jüngeren Rechtsprechung des EuGH wird die steuerliche Behandlung im anderen Land aber fallweise in die Prüfung der Vergleichbarkeit oder der Rechtfertigung einbezogen.[298] Insbesondere hat der EuGH entschieden, dass es nicht zwangsläufig die Sache des Wohnsitzstaates ist, eine Doppelbesteuerung durch das Zusammenwirken beider Rechtsordnungen zu verhindern.[299] Auch aus der Sicht der **beteiligten Staaten** erscheint eine Gesamtbetrachtung der Situation im In- und Ausland problematisch. Denn in diesem Fall hätte es ein Mitgliedstaat durch die Ausgestaltung seiner Steuernormen in der Hand, das Steuerrecht des jeweils anderen Mitgliedstaates EU-rechtskonform oder EU-rechtswidrig werden zu lassen.[300] Eine Lösungsmöglichkeit könnte sein, wie in der Rs. Amurta auf eine völkerrechtliche Verpflichtung des anderen Mitgliedstaates abzustellen.[301]

5. Rechtfertigungsgründe für Eingriffe in die Grundfreiheiten

Diskriminierungen und Beschränkungen der Grundfreiheiten sind nur in sehr eng gesteckten Grenzen möglich. Der EuGH erkennt hierzu vier Rechtfertigungsgründe an:[302]
- nicht diskriminierende Anwendung der Maßnahmen;
- Vorliegen zwingender Gründe des Allgemeininteresses;
- Gewährleistung der Verwirklichung des mit der Vorschrift verfolgten Ziels sowie
- Beachtung des für die Zielerreichung erforderlichen Maßes.

Daneben bestehen für die Niederlassungsfreiheit und die Kapitalverkehrsfreiheit **vertragliche Rechtfertigungsvorbehalte**. Für die Niederlassungs-

---

[296] Vgl. hierzu – wenn auch kritisch – Dautzenberg, N., FR 1998, S. 852.
[297] Vgl. EuGH v. 6. 6. 2000 (Verkooijen), EuGHE 2000, S. I-4071, mit kritischer Anmerkung von Lehner, M., RIW 2000, S. 724; EuGH v. 14. 12. 2000 (AMID), EuGHE 2000, S. I-11619.
[298] Vgl. nur EuGH v. 13. 12. 2005 (Marks & Spencer), EuGHE 2005, S. I-10837; EuGH v. 7. 9. 2006 (N), EuGHE 2006, S. I-7409.
[299] Vgl. EuGH v. 15. 5. 2008 (Lidl Belgium), EuGHE 2008, S. I-3601; EuGH v. 16. 7. 2009 (Damseaux), EWS 2009, S. 378.
[300] Vgl. Züger, M./Matzka, B., SWI 1999, S. 123; Prinz, U./Cordewener, A., GmbHR 2003, S. 82; Spengel, C./Gölücke, M., RIW 2003, S. 346; Schnitger, A., IStR 2004, S. 637 ff.; Weber, D. M., Equilibrium, 2006, S. 38
[301] Vgl. EuGH v. 8. 11. 2007 (Amurta), EuGHE 2007, S. I-9569.
[302] Vgl. Kokott, J., Diskriminierungsverbote, 2000, S. 21; Hahn, H., DStZ 2005, S. 513 ff.

freiheit sind dies die in Art. 52 AEU aufgeführten Gründe der öffentlichen Ordnung, Sicherheit und Gesundheit.

Für die **Kapitalverkehrsfreiheit** bestehen **mehrere Ausnahmevorschriften:**[303] Entgegen den allgemeinen Grundsätzen sind einmal bestimmte Beschränkungen des freien Kapitalverkehrs mit Drittstaaten zulässig (Art. 64 AEU). Ferner ist es jedem Mitgliedstaat gestattet, die einschlägigen Vorschriften seines Steuerrechts anzuwenden, die Steuerpflichtige nach Maßgabe des Wohnortes oder des Kapitalanlageortes unterschiedlich behandeln (Art. 65 Abs. 1 a AEU). Dieser Ausnahmetatbestand ist zum einen dahingehend eng zu interpretieren, als er nur auf die einschlägigen steuerlichen Regelungen der Mitgliedstaaten anzuwenden ist, die mit Inkrafttreten dieser Vorschrift Ende 1993 bereits existiert haben. Umgekehrt bedeutet dies für steuerliche Bestimmungen, die nach dem 31. 12. 1993 neu geschaffen, geändert oder wieder eingeführt wurden und Steuerpflichtige mit unterschiedlichem Wohnort oder Kapitalanlageort unterschiedlich behandeln, dass sie gemeinschaftsrechtlich unzulässig sind.[304] Eine neu geschaffene Vorschrift, die im Wesentlichen mit der früheren Regelung übereinstimmt, fällt allerdings unter Art. 64 Abs. 1 AEU.[305] Somit sind ab 1994 durchgeführte sowie künftige Steueränderungen einschließlich der DBA der Mitgliedstaaten einer entsprechenden Überprüfung zu unterziehen. Vorbehaltlich einer Klärung durch den EuGH ist es fraglich, ob gegenüber Drittstaaten einschränkendere Maßstäbe hinsichtlich dieser Stand-still-Klausel anzuwenden sind.[306] Zum anderen dürfen die fraglichen Steuernormen weder ein Mittel zur willkürlichen Diskriminierung noch eine verschleierte Beschränkung des freien Kapitalverkehrs darstellen (Art. 65 Abs. 3 AEU).

Demnach gewährt der AEU-Vertrag im Bereich der Kapitalverkehrsfreiheit diskriminierend oder beschränkend wirkenden steuerlichen Regelungen – auch wenn sie im Jahr 1993 schon bestanden haben – nur insoweit einen Bestandsschutz, als sie sich durch vernünftige oder sachliche Gründe rechtfertigen lassen.[307] Die diesbezüglichen Rechtfertigungsgründe reichen nicht über jene hinaus, die der EuGH in seinen bisherigen Urteilen überprüft hat.

Darüberhinaus hat der EuGH zahlreiche weitere Rechtfertigungsvorbehalte geprüft; eine allgemein gültige Dogmatik hierfür gibt es bis heute jedoch noch nicht.[308] Die vorgebrachten Rechtfertigungsgründe wurden im Regelfall zurückgewiesen, wobei der EuGH keine Unterschiede zwischen der Niederlassungsfreiheit und der Kapitalverkehrsfreiheit macht. Demnach kann eine ungerechtfertigte Diskriminierung oder Beschränkung der Niederlassungsfrei-

---

[303] Vgl. den Überblick bei Freitag, R., EWS 1997, S. 193 ff.
[304] Vgl.; Scherer, T. B., Doppelbesteuerung, 1995, S. 183; Herzig, N./Dautzenberg, N., DB 1997, S. 10; Smit, D. S., ECTR 2006, S. 209 f.; Grabitz, E./Hilf, M., Europäische Union, Art. 56 EG, Rn. 6.
[305] Vgl. EuGH v. 1. 6. 1999 (Konle), EuGHE 1999, S. I–3099.
[306] Vgl. Schönfeld, J., IStR 2005, S. 411 ff.; Cordewener, A./Kofler, G. W./Schindler, C. P., ET 2007, S. 114.
[307] Vgl. Hinnekens, L., ECTR 1995, S. 204 f.; Dautzenberg, N., Unternehmensbesteuerung, 1997, S. 67; Schön, W., Kapitalverkehrsfreiheit, 1997, S. 766 ff.; Mössner, J. M./Kellersmann, D., DStZ 1999, S. 510 f.; Ruppe, H. G., Kapitalverkehrsfreiheit, 2000, S. 21; Seer, R./Haken, I., SteuerStud 2001, S. 347 f.; Witzel, D., IStR 2002, S. 761.
[308] Vgl. Cordewener, A., DStR 2004, S. 8.

heit auch keine Diskriminierung oder Beschränkung der Kapitalverkehrsfreiheit rechtfertigen.[309] In letzter Zeit erleben die Rechtfertigungsgründe aber eine Renaissance. Der EuGH hat das Gewicht zwischen Tatbestandsebene und Rechtfertigungsebene in Richtung der Rechtfertigungsebene verschoben.[310] Die wichtigsten Rechtfertigungsgründe für eine Ungleichbehandlung werden im Folgenden erörtert.[311]

(1) Harmonisierungsvorbehalt:[312] Die Mitgliedstaaten können sich nicht auf eine fehlende Harmonisierung der Steuersysteme berufen. Denn gerade hierin liegen die Ursachen für Behinderungen grenzüberschreitender Transaktionen, die durch die Grundfreiheiten geschützt werden sollen, da der AEU-Vertrag keinen Vorbehalt zur Rechtsangleichung kennt.

(2) Reziprozität:[313] Das Fehlen einer entsprechenden Vorschrift im anderen Mitgliedstaat ist für die Beseitigung von Diskriminierungen und Beschränkungen ebenso unbeachtlich wie das Fehlen einer entsprechenden DBA-Regelung, da die Grundfreiheiten unbedingt gelten und somit keiner Gegenseitigkeitsbedingung unterliegen. Demgegenüber soll die Reziprozität dann durchgreifen, wenn sich ein nicht von einem DBA begünstigter Steuerpflichtiger im Rahmen des Meistbegünstigungsarguments auf eine DBA-Regelung beruft, die in einem abkommenstypischen wechselseitigen Verhältnis steht und ohne deren Vorhandensein die innere Ausgewogenheit des Abkommens gestört würde.[314]

(3) Verwaltungstechnische Schwierigkeiten:[315] Probleme bei der Aufklärung ausländischer Sachverhalte wurden vom EuGH regelmäßig unter Hinweis auf die Amtshilferichtlinie[316] vom 19. 12. 1977 zurückgewiesen. Dies ist nicht unproblematisch, da die Zusammenarbeit zwischen den Finanzverwaltungen alles andere als binnenmarktgerecht ist.[317] In der jüngeren Rechtsprechung deutet sich an, dass eine Diskriminierung aufgrund der Unwirksamkeit der steuerlichen Kontrollen im Einzelfall zulässig sein kann.[318]

---

[309] Vgl. Lausterer, M., IStR 2003, S. 22 m. w. N.
[310] Vgl. Weber-Grellet, H., DStR 2009, S. 1229 ff.
[311] Vgl. auch im Überblick Thömmes, O., Diskriminierungen, 1997, S. 819 ff.; Reimer, E., Grundfreiheiten, 2000, S. 60 ff.; Cordewener, A., Grundfreiheiten, 2002, S. 926 ff.; Hahn, H., DStZ 2005, S. 508 ff.
[312] Vgl. EuGH v. 28. 1. 1986 (avoir fiscal), EuGHE 1986, S. 273; EuGH v. 28. 1. 1992 (Bachmann), EuGHE 1992, S. I–250; EuGH v. 21. 9. 1999 (Saint-Gobain), EuGHE 1999, S. I–6161; EuGH v. 26. 10. 1999 (Eurowings), EuGHE 1999, S. I–7447.
[313] Vgl. EuGH v. 28. 1. 1986 (avoir fiscal), EuGHE 1986, S. 273; EuGH v. 5. 7. 2005 (D.), EuGHE 2005, S. I–5821.
[314] Vgl. Rödder, T./Schönfeld, J., IStR 2005, S. 526; Thömmes, O., IWB, Fach 11 a, Rechtsprechung, S. 887.
[315] Vgl. EuGH v. 28. 1. 1992 (Bachmann), EuGHE 1992, S. I–250; EuGH v. 12. 4. 1994 (Halliburton), EuGHE 1994, S. I–1137; EuGH v. 14. 2. 1995 (Schumacker), EuGHE 1995, S. I–225; EuGH v. 21. 11. 2002 (X und Y), EuGHE 2002, S. I–10829; EuGH v. 12. 12. 2002 (Lankhorst-Hohorst), EuGHE 2002, S. I–11779; EuGH v. 15. 7. 2004 (Lenz), EuGHE 2004, S. I–7063.
[316] Vgl. Richtlinie 77/799/EWG des Rates v. 19. 12. 1977, Abl. 1977 Nr. L 336, S. 15.
[317] Vgl. Lasars, W., IStR 2006, S. 566 f. Zuletzt gelang es der Bundesrepublik allerdings, mit vielen Ländern umfassende Auskunftsklauseln zu vereinbaren. Vgl. Eilers, S./Dann, H., BB 2009, S. 2400.
[318] Vgl. EuGH v. 11. 6. 2009 (E. H. A. Passenheim-van Shoot), IStR 2009, S. 465.

3. Kapitel. Steuerharmonisierung in der EU 221

(4) Finanzielle Mehrbelastungen:[319] Aufkommenseinbußen, die aus der Beseitigung von Diskriminierungen oder Beschränkungen resultieren, können keine Vertragsverletzungen rechtfertigen. Stünden die Grundfreiheiten unter einem Finanzierungsvorbehalt, würden sie faktisch leer laufen.[320] Allerdings ist nicht auszuschließen, dass fiskalische Implikationen – etwa bei der Entscheidung Banca popolare di Cremona[321] – indirekt berücksichtigt wurden.

(5) Tatsächliche Behinderungen:[322] Für die Feststellung einer Verletzung der Grundfreiheiten ist alleine der rechtliche Tatbestand der Diskriminierung oder Beschränkung ausschlaggebend. Dagegen werden die ökonomischen Folgen dieser Benachteiligung nicht gesondert geprüft, d. h. das tatsächliche Verhalten des „benachteiligten" Steuerpflichtigen bleibt unberücksichtigt. So ist es bspw. unerheblich, ob eine diskriminierende Besteuerung ausländischer Dividendeneinnahmen den Ausschlag für Investitionen in inländische Aktien gibt oder nicht. Letztlich kommt es nur darauf an, dass von einer Vertragsverletzung ein solcher Anreiz ausgehen könnte.

(6) Missbrauchsbekämpfung: Ein legitimer und anerkannter Rechtfertigungsgrund für Diskriminierungen liegt in der Bekämpfung missbräuchlicher Gestaltungen. Grundsätzlich sind die Mitgliedstaaten berechtigt, Maßnahmen zu treffen, die verhindern sollen, dass sich einige ihrer Staatsangehörigen unter Missbrauch der durch den AEU-Vertrag geschaffenen Möglichkeiten der Anwendung des nationalen Rechts entziehen.[323] Ferner haben die Richtlinien zu den direkten Steuern eigenständige Missbrauchstatbestände formuliert. Hinsichtlich der Missbrauchstatbestände der **Mutter-Tochterrichtlinie**[324] und der **Fusionsrichtlinie**[325] hat der EuGH deutlich gemacht, dass an ihre Anwendung strenge Maßstäbe anzulegen sind.[326] Danach gehen generelle Vorschriften, die bestimmte Vorgänge automatisch und unabhängig von einer Steuerhinterziehungs- oder -umgehungsabsicht vom Regelungsbereich ausschließen, über das Erforderliche hinaus. Vielmehr müssen die Beweggründe für jeden Einzelfall einer globalen, gerichtlich überprüfbaren Untersuchung unterzogen werden können. Allerdings hat der EuGH auch in späteren Urteilen bestätigt, dass vernünftige wirtschaftliche Beweggründe

---

[319] Vgl. EuGH v. 28. 1. 1986 (avoir fiscal), EuGHE 1986, S. 273; EuGH v. 21. 9. 1999 (Saint-Gobain), EuGHE 1999, S. I–6161; EuGH v. 6. 6. 2000 (Verkooijen), EuGHE 2000, S. I–4071; EuGH v. 21. 11. 2002 (X und Y), EuGHE 2002, S. I–10829; EuGH v. 12. 12. 2002 (Lankhorst-Hohorst), EuGHE 2002, S. I–11779; EuGH v. 18. 9. 2003 (Bosal), EuGHE 2003, S. I–9401; EuGH v. 15. 7. 2004 (Lenz), EuGHE 2004, S. I–7063; EuGH v. 7. 9. 2004 (Manninen), EuGHE 2004, S. I–7477.
[320] Vgl. Englisch, J., StuW 2003, S. 95.
[321] Vgl. EuGH v. 3. 10. 2006, (Banca popolare di Cremona), EuGHE 2006, S. I-9363.
[322] Vgl. Kischel, D., IWB, Fach 11 a, Rechtsprechung, S. 453, mit Hinweis auf EuGH v. 6. 6. 2000 (Verkooijen), EuGHE 2000, S. I–4071.
[323] Vgl. EuGH v. 9. 3. 1999 (Centros), EuGHE 1999, S. I–1484.
[324] Vgl. Richtlinie 90/435/EWG des Rates v. 23. 7. 1990, Abl. 1990 Nr. L 225, S. 6.
[325] Vgl. Richtlinie 90/434/EWG des Rates v. 23. 7. 1990, Abl. 1990 Nr. L 225, S. 1.
[326] Zur Fusionsrichtlinie vgl. EuGH v. 17. 7. 1997 (Leur-Bloem), EuGHE 1997, S. I–4161. Zur Mutter-Tochterrichtlinie vgl. EuGH v. 17. 10. 1996 (Denkavit), EuGHE 1996, S. I–5063.

mehr als das Streben nach rein steuerlichen Vorteilen voraussetzen und zur Abwehr rein künstlicher Konstruktionen gezielte, auf den Einzelfall bezogene Maßnahmen durchaus zulässig sind.[327] Im Ergebnis hat der EuGH zu erkennen gegeben, dass pauschalen Missbrauchsvermutungen enge Grenzen gesetzt sind und Antimissbrauchsregelungen wohl nur akzeptiert werden, wenn sie sich als erforderlich und geeignet erweisen. Insbesondere dürfen die in Frage stehenden Vorschriften nicht gleichzeitig auch Sachverhalte einschließen, bei denen eindeutig kein Missbrauch vorliegt.[328] In engem Zusammenhang damit steht, dass die Ausübung der Grundfreiheiten nicht dazu führen darf, die Aufteilung der Besteuerungsbefugnisse zu unterlaufen.[329]

(7) Vorteilsausgleich:[330] Nachteile, die aus der zu beurteilenden Vorschrift resultieren, können nicht mit steuerlichen Vorteilen saldiert werden, die aus Vorschriften resultieren, mit denen kein innerer Zusammenhang besteht **(Kompensationsverbot).** Da es für die Feststellung einer Diskriminierung gerade auf die Wirkung einer bestimmten Rechtsnorm ankommt, würde die Zulässigkeit des Vorteilsausgleichs die Schutzwirkung der Grundfreiheiten erheblich beeinträchtigen.

(8) Kohärenz: Der wohl am häufigsten angeführte Rechtfertigungsgrund bezieht sich auf die Kohärenz des Steuersystems.[331] Danach sollen Regelungen, zwischen denen ein systematischer Zusammenhang besteht, nicht einzeln, sondern nur in ihrer Gesamtheit beurteilt werden. Würde man eine steuerliche Norm willkürlich aus ihrem Sinnzusammenhang lösen, käme es zu Widersprüchen innerhalb des nationalen Steuersystems. Beeinträchtigungen der Grundfreiheiten aufgrund der Kohärenz des Steuersystems sind nur unter engen Voraussetzungen zulässig. Grundsätzlich dürfen Aspekte, die mit einer angezweifelten Steuernorm nicht in Zusammenhang stehen, auch nicht zu ihrer Rechtfertigung herangezogen werden (Kompensationsverbot).[332] Von zentraler Bedeutung ist somit die Abgrenzung des Saldierungsbereichs zulässiger Kompensationen, da hierdurch mittelbar die Reichweite des Kohärenzprinzips bestimmt wird.

Die Rechtsprechung des EuGH ging ursprünglich ausschließlich von einer personenbezogenen Abgrenzung dieses Saldierungsbereichs aus. Berücksichtigung finden danach nur solche steuerlichen Regelungen, zwischen denen ein unmittelbarer Zusammenhang besteht und die zu einem Vorteilsausgleich bei

---

[327] Vgl. EuGH v. 16. 7. 1998 (ICI), EuGHE 1998, S. I–4711; EuGH v. 26. 9. 2000 (Kommission/Belgien), EuGHE 2000, S. I–7589. Dazu Schön, W., DB 2001, S. 944 f.
[328] Vgl. EuGH v. 12. 12. 2002 (Lankhorst-Hohorst), EuGHE 2002, S. I–11779; EuGH v. 11. 3. 2004 (de Lasteyrie du Saillant), EuGHE 2004, S. I–2409; EuGH v. 12. 9. 2006 (Cadbury Schweppes), EuGHE 2006, S. I–7995.
[329] Vgl. Kokott, J., FR 2008, S. 1041 ff.
[330] Vgl. EuGH v. 28. 1. 1986 (avoir fiscal), EuGHE 1986, S. 273; EuGH v. 13. 7. 1993 (Commerzbank), EuGHE 1993, S. I–4017; EuGH v. 27. 6. 1996 (Asscher), EuGHE 1996, S. I–3089; EuGH v. 21. 9. 1999 (Saint-Gobain), EuGHE 1999, S. I–6161; EuGH v. 26. 10. 1999 (Eurowings), EuGHE 1999, S. I–7447; EuGH v. 6. 6. 2000 (Verkooijen), EuGHE 2000, S. I–4071; EuGH v. 15. 7. 2004 (Lenz), EuGHE 2004, S. I–7063.
[331] Vgl. den Überblick bei Verdoner, L., ET 2009, S. 274 ff.
[332] Vgl. Dautzenberg, N., StuB 2000, S. 725; Sedemund, J., IStR 2001, S. 192.

3. Kapitel. Steuerharmonisierung in der EU

derselben Person führen (**Personenidentität**).[333] Dies ist bspw. der Fall, wenn die Abzugsfähigkeit von Versicherungsprämien mit der späteren Versteuerung von Versicherungsleistungen bei demselben Steuerpflichtigen verknüpft ist,[334] oder wenn die Hinzurechnung freigestellter Betriebsstättengewinne mit dem vorhergehenden Abzug der Betriebsstättenverluste gerechtfertigt wird.[335] Die strenge Wechselbeziehung zwischen der Abzugsfähigkeit von Zahlungen einerseits und ihrer späteren Besteuerung andererseits wird aber im Regelfall des Vorliegens eines DBA nicht auf Ebene der Einzelperson hergestellt, sondern auf die Ebene der DBA verlagert.[336] Durch diese Verlagerung auf die DBA-Ebene könnte sich das Kohärenzprinzip insoweit als Leerformel erweisen.[337] Denn entweder steht einem Staat das Besteuerungsrecht für bestimmte Zahlungen vorrangig zu, so dass er seine Besteuerungsansprüche grundsätzlich durchsetzen kann, oder er hat auf sein Besteuerungsrecht verzichtet und sich somit der Anwendungsmöglichkeit des Kohärenzarguments beraubt.

Die erforderliche Personenidentität ist nicht mehr gewahrt, sofern die in Betracht kommenden Regelungen unterschiedliche Steuerrechtssubjekte betreffen. Dieser Tatbestand ist vor allem für die Besteuerung von Kapitalgesellschaften und ihren Anteilseignern von Bedeutung, die aufgrund des Trennungsprinzips nicht in einem einheitlichen wirtschaftlichen Zusammenhang gewürdigt wird. Vielmehr erfolgt eine enge Abgrenzung des Saldierungs- bzw. Kohärenzbereichs anhand formalrechtlicher Kriterien mit der Konsequenz, dass für die Beurteilung einer diskriminierenden oder beschränkenden Wirkung von Steuernormen ausschließlich auf die steuerliche Behandlung beim Steuerpflichtigen selbst abgestellt wird. Bekannte Beispiele sind die nationalen Körperschaftsteuersysteme,[338] Regeln zur Begrenzung der Gesellschafterfremdfinanzierung,[339] der Abzug von Beteiligungsaufwendungen[340] sowie die Hinzurechnungsbesteuerung.[341]

Beispiel: Ein finnischer unbeschränkt Steuerpflichtiger erhält Dividenden von einer schwedischen Gesellschaft. Die Dividenden unterliegen in Finnland ungemildert der Einkommensteuer. Hätte der Steuerpflichtige hingegen Dividenden von einer finnischen Gesellschaft bezogen, wäre ihm über das finnische Anrechnungssystem eine Steuergutschrift zur Vermeidung der Doppelbesteuerung gewährt worden. Finnland kann die Verweigerung der Steuergutschrift für schwedische Dividenden nicht damit

---

[333] Vgl. ausführlich hierzu Cordewener, A., Grundfreiheiten, 2002, S. 958 ff. Vgl. auch EuGH v. 12. 12. 2002 (Lankhorst-Hohorst), EuGHE 2002, S. I–11779; EuGH v. 18. 9. 2003 (Bosal), EuGHE 2003, S. I–9401; EuGH v. 11. 3. 2004 (de Lasteyrie du Saillant), EuGHE 2004, S. I–2409; EuGH v. 7. 9. 2004 (Manninen), EuGHE 2004, S. I–7477; EuGH v. 23. 2. 2006 (Keller Holding), EuGHE 2006, S. I–2107.
[334] Vgl. EuGH v. 28. 1. 1992 (Bachmann), EuGHE 1992, S. I–250.
[335] Vgl. EuGH, v. 23. 10. 2008 (KR Wannsee), EuGHE 2008, S. I–8061.
[336] Vgl. EuGH v. 11. 8. 1995 (Wielockx), EuGHE 1995, S. I–2493; EuGH v. 21. 11. 2002 (X und Y), EuGHE 2002, S. I–10829; EuGH v. 15. 7. 2004 (Weidert/Paulus), EuGHE 2004, S. I–7379.
[337] Vgl. Thömmes, O., Diskriminierungen, 1997, S. 831 f.
[338] Vgl. EuGH v. 6. 6. 2000 (Verkooijen), EuGHE 2000, S. I–4071; EuGH v. 7. 9. 2004 (Manninen), EuGHE 2004, S. I–7477.
[339] Vgl. EuGH v. 12. 12. 2002 (Lankhorst-Hohorst), EuGHE 2002, S. I–11779.
[340] Vgl. EuGH v. 18. 9. 2003 (Bosal), EuGHE 2003, S. I–9401; EuGH v. 23. 2. 2006 (Keller Holding), EuGHE 2006, S. I–2107.
[341] Vgl. EuGH v. 12. 9. 2006 (Cadbury Schweppes), EuGHE 2006, S. I–7995.

rechtfertigen, dass die zugrunde liegenden Gewinne nicht in Finnland besteuert wurden.[342]

Beispiel: Die niederländische BV gewährt ihrer deutschen Tochtergesellschaft einen aus deutscher Sicht unangemessen hohen Darlehensbetrag. Aufgrund der deutschen Regeln zur Gesellschafterfremdfinanzierung werden die Darlehenszinsen bei der Tochtergesellschaft in verdeckte Gewinnausschüttungen umqualifiziert. Eine Umqualifikation wäre dagegen unterblieben, falls die Muttergesellschaft in Deutschland unbeschränkt steuerpflichtig gewesen wäre (§ 8a KStG a. F.). Deutschland kann die Umqualifikation der Zinsen in verdeckte Gewinnausschüttungen nicht damit rechtfertigen, dass die niederländische BV die Zinsen ansonsten nicht in Deutschland besteuern müsste.[343]

Beispiel: Eine niederländische BV kann Refinanzierungsaufwendungen zum Erwerb von Beteiligungen nur dann steuermindernd geltend machen, wenn die Zielgesellschaft zumindest mittelbar in den Niederlanden steuerpflichtige Einkünfte erzielt. Das Abzugsverbot für Refinanzierungsaufwendungen im Zusammenhang mit ausländischen Zielgesellschaften, die keine in den Niederlanden steuerpflichtigen Einkünfte erzielen, kann nicht mit der Steuerfreiheit der ausländischen Tochtergesellschaft begründet werden.[344]

Beispiel: Eine englische plc hält eine Beteiligung an einer irischen Finanzierungsgesellschaft. Die Gewinne dieser Finanzierungsgesellschaft unterliegen – unter Anrechnung der irischen Steuer – der Besteuerung in England. Diese Durchbrechung des Trennungsprinzips kann nicht mit der Niedrigbesteuerung der irischen Gesellschaft gerechtfertigt werden.[345]

Vereinzelt stieß die auf den einzelnen Steuerpflichtigen ausgerichtete formale Sichtweise der Kohärenz auf Kritik.[346] Denn bei einer wirtschaftlichen Betrachtung eines grenzüberschreitenden Sachverhalts kann sich im Hinblick auf die spezifische Zielsetzung der fraglichen Steuernorm durch das Ineinandergreifen bzw. Zusammenspiel der jeweiligen nationalen Rechtsordnungen ein vergleichbares Ergebnis einstellen, das eine unterschiedliche Behandlung von Steuerinländern und Steuerausländern rechtfertigen kann.[347] Der EuGH hat die personenübergreifende Vorteilskompensation, die bei der Erfassung desselben wirtschaftlichen Einkommens eine Gesamtschau bei zwei verschiedenen Steuerpflichtigen vornehmen will, in einigen jüngeren Urteilen aufgegriffen.[348]

Beispiel: Eine französische Kapitalgesellschaft hält eine Beteiligung an einer französischen Gesellschaft über eine niederländischen Gesellschaft. Die französische Enkelgesellschaft kann aufgrund der Zwischenschaltung der niederländischen Tochter nicht in die französische Gruppenbesteuerung mit einbezogen werden. Die Nichteinbeziehung kann aber grundsätzlich dadurch gerechtfertigt werden, dass eine zweifache Verlustnutzung auf Ebene der Tochtergesellschaft verhindert werden kann, wodurch die Kohärenz der Gruppenbesteuerung gewahrt wird.[349]

---

[342] Vgl. EuGH v. 7. 9. 2004 (Manninen), EuGHE 2004, S. I–7477.
[343] Vgl. EuGH v. 12. 12. 2002 (Lankhorst-Hohorst), EuGHE 2002, S. I–11779.
[344] Vgl. EuGH v. 18. 9. 2003 (Bosal), EuGHE 2003, S. I–9401; analog EuGH v. 23. 2. 2006 (Keller Holding), EuGHE 2006, S. I–2107.
[345] Vgl. EuGH v. 12. 9. 2006 (Cadbury Schweppes), EuGHE 2006, S. I-7995.
[346] Vgl. Englisch, J., IStR 2004, S. 527; Seer, R., IWB, Fach 11, Europäische Gemeinschaften, Gruppe 2, S. 586; Kemmeren, E. C. C. M., ECTR 2008, S. 4 ff.
[347] Vgl. Kokott, J., Schlussantrag v. 18. 3. 2004 (Manninen), IStR 2004, S. 313; Maduro, P., Schlussantrag v. 7. 4. 2005 (Marks & Spencer), IWB, Fach 11a, Rechtsprechung, S. 847.
[348] Vgl. EuGH v. 19. 1. 2006 (Bouanich), EuGHE 2006, S. I–923; EuGH v. 14. 12. 2006 (Denkavit), EuGHE 2006, S. I–11949; EuGH v. 8. 11. 2007 (Amurta), EuGHE 2007, S. I–9569.
[349] Vgl. EuGH v. 27. 11. 2008 (Papillon), IStR 2009, S. 66.

(9) Territorialitätsprinzip: Das Territorialitäts- bzw. Quellenprinzip ist eines der grundlegenden Prinzipien der Internationalen Unternehmensbesteuerung.[350] Es wurde vom EuGH als Rechtfertigungsgrund prinzipiell anerkannt. Nach seinem Verständnis besagt dieser Grundsatz für den **Quellenstaat,** dass bei der Besteuerung eines Steuerausländers nur die in seinem Hoheitsgebiet angefallenen Einnahmen und Ausgaben zu berücksichtigen sind.[351] Danach ist es bspw. nicht diskriminierend, die Gewährung des Verlustabzugs für eine beschränkt steuerpflichtige Person auf den Verlust zu begrenzen, welcher im wirtschaftlichen Zusammenhang mit den Einnahmen steht, die die beschränkt steuerpflichtige Person im Tätigkeitsstaat erzielt.[352]

Für die Besteuerung unbeschränkt Steuerpflichtiger im **Wohnsitz- bzw. Ansässigkeitsstaat** kann das Territorialitätsprinzip dagegen nicht als Rechtfertigungsgrund für eine unterschiedliche Behandlung in- und ausländischer Einkünfte herangezogen werden. Im Rahmen der Personensteuern stellt das Welteinkommensprinzip gerade sicher, dass die weltweiten Einnahmen und Ausgaben in die Bemessungsgrundlage eingehen.[353] Verzichtet der Wohnsitzstaat auf die Erfassung von ausländischem Steuersubstrat – sei es unilateral oder durch die in DBA vereinbarte Freistellungsmethode – kann dies keine Einschränkung des Welteinkommensprinzips rechtfertigen.[354] Durch das Territorialitätsprinzip nicht zu rechtfertigen sind demnach – falls bei vergleichbaren Inlandsfällen keine Einschränkungen bestehen – Abzugsverbote für Refinanzierungsaufwendungen im Zusammenhang mit ausländischen Tochterkapitalgesellschaften[355] oder für Auslandsverluste.[356]

(10) Wahrung der Aufteilung der Besteuerungsbefugnis: In der Rs. Marks & Spencer[357] hat der EuGH im Zusammenhang mit der Nutzung von Verlusten ausländischer Tochtergesellschaften erstmals kumulativ drei Rechtfertigungsgründe angeführt, die in ihrer Zusammenschau eine Beschränkung EU-rechtlicher Grundfreiheiten rechtfertigen sollen. In einem ersten Schritt prüft er die **Wahrung der Aufteilung der Besteuerungsbefugnis zwischen den Mitgliedstaaten.** Nach Ansicht des Gerichtshofs kann es hierfür erforderlich sein, Verluste von Tochtergesellschaften symmetrisch zu ihren Gewinnen nur in dem Staat der Niederlassung zu erfassen. Ansonsten würde der Muttergesellschaft eine Option gewährt, die Verluste im Mitgliedstaat ihrer Nieder-

---

[350] Vgl. 1. Teil, 2. Kapitel.
[351] Vgl. Kokott, J., Schlussantrag v. 18. 3. 2004 (Manninen), IStR 2004, S. 313; EuGH v. 7. 9. 2004 (Manninen), EuGHE 2004, S. I–7477.
[352] Vgl. EuGH v. 15. 5. 1997 (Futura-Singer), EuGHE 1997, S. I–2471; kritisch hierzu Cordewener, A., Grundfreiheiten, 2002, S. 629 ff.
[353] Vgl. Kokott, J., Schlussantrag v. 18. 3. 2004 (Manninen), IStR 2004, S. 313; EuGH v. 7. 9. 2004 (Manninen), EuGHE 2004, S. I–7477.
[354] Vgl. Schnitger, A., FR 2004, S. 1359 f.; BDI/PwC (Hrsg.), Verlustberücksichtigung, 2006, S. 23.
[355] Vgl. EuGH v. 18. 9. 2003 (Bosal), EuGHE 2003, S. I–9401; EuGH v. 23. 2. 2006 (Keller Holding), EuGHE 2006, S. I–2107.
[356] Vgl. EuGH v. 13. 12. 2005 (Marks & Spencer), EuGHE 2005, S. I–10837; BDI/PwC (Hrsg.), Verlustberücksichtigung, 2006, S. 23; Lang, M., ET 2006, S. 59 f.; Wernsmann, R./Nippert, A., FR 2006, S. 155 f. Einige Autoren erblicken im Urteil des EuGH zur Rs. Marks & Spencer jedoch auch eine Rehabilitierung des Rechtfertigungsgrundes der Territorialität. Vgl. Dörr, I., EWS 2006, S. 35; Englisch, J., IStR 2006, S. 22.
[357] Vgl. EuGH v. 13. 12. 2005 (Marks & Spencer), EuGHE 2005, S. I–10837.

lassung oder aber in einem anderen Mitgliedstaat zu berücksichtigen. Dies könnte die Ausgewogenheit der Aufteilung der Besteuerungsbefugnis zwischen den Mitgliedstaaten beeinträchtigen. Als zweiter Rechtfertigungsgrund wird die **Gefahr der doppelten Verlustberücksichtigung** im Staat der Tochtergesellschaft und der Muttergesellschaft angeführt. In einem letzten Schritt prüft der Gerichtshof die **Vermeidung der Steuerfluchtgefahr** durch konzerninterne Verlustübertragungen in Richtung Hochsteuerländer. Der Gerichtshof hat in Urteilen im Anschluss an die Rs. Marks & Spencer anerkannt, dass eine Rechtfertigung grundsätzlich auf **zwei** der drei **Rechtfertigungsgründe** aus der Marks & Spencer Entscheidung gestützt werden kann.[358] Der Rechtfertigungsgrund der Aufteilung der Besteuerungsbefugnisse hat durchaus das Potenzial, zu einem besseren Interessenausgleich zwischen den Mitgliedstaaten beizutragen.

III. Beihilfeverbot

1. Tatbestand unzulässiger Beihilfen

Die Diskriminierungs- und Beschränkungsverbote werden durch das Beihilfeverbot (Art. 107 Abs. 1 AEU) ergänzt. Der Begriff der Beihilfe wird anhand verschiedener Kriterien umschrieben, die zum Teil durch den EuGH entwickelt wurden und als ein Element des Verhaltenskodex[359] in einer Mitteilung der Europäischen Kommission[360] zusammengefasst sind. Danach müssen für die Qualifikation einer steuerlichen Maßnahme als Beihilfe kumulativ **vier Voraussetzungen** erfüllt sein:[361]

- Die Maßnahme – unabhängig davon, ob sie am Steuersatz, der Bemessungsgrundlage oder bei der Ermittlung der Steuerschuld anknüpft – muss dem Begünstigten einen Vorteil verschaffen, der seine normalerweise zu tragende Steuerbelastung vermindert (Begünstigung),
- der gewährte Vorteil muss zu einem Steuereinnahmenverlust führen (Belastung des Staatshaushalts),
- die Maßnahme muss den Wettbewerb und den Handel zwischen den Mitgliedstaaten beeinträchtigen und
- die Maßnahme muss bestimmten Unternehmen oder Produktionszweigen vorbehalten sein (Selektivität).

Die angeführten Voraussetzungen sind inhaltlich sehr vage, da zumindest unter die ersten drei Kriterien problemlos eine Vielzahl von Regelungen der steuerlichen Normalsysteme subsumiert werden könnte.[362] **Wesensmerkmal** einer unzulässigen Beihilfe ist deshalb der Ausnahmecharakter einer steuerlichen Maßnahme, also ihre **selektive Anwendung** auf bestimmte Unternehmen oder Produktionszweige, sofern dies nicht durch die Natur oder den inneren Aufbau des Steuersystems gerechtfertigt werden

---

[358] Vgl. EuGH v. 18. 7. 2007 (Oy AA), EuGHE 2007, S. I–6373; EuGH v. 15. 5. 2008 (Lidl Belgium), EuGHE 2008, S. I-3601; hierzu kritisch Lang, M., ECTR 2009, S. 108.
[359] Vgl. Entschließung des Rates und der im Rat vereinigten Vertreter der Regierungen der Mitgliedstaaten v. 1. 12. 1997, Abl. 1998 Nr. C 2, S. 2.
[360] Vgl. Kommission der Europäischen Gemeinschaften, Beihilfen, 1998.
[361] Vgl. ausführlich Lang, M., Beihilferecht, 2009, S. 10 ff.
[362] Kritisch zur unscharfen Abgrenzung Visser, K. J., ECTR 1999, S. 224 ff.

3. Kapitel. Steuerharmonisierung in der EU 227

kann.[363] In den Kernbereich des steuerlichen Beihilfeverbots fallen somit branchenspezifische, regional oder sektoral begrenzte sowie auf einzelne Unternehmen beschränkte Vergünstigungen.[364] Im Zentrum steuerlicher Beihilfeverfahren[365] standen daher häufig Steuervergünstigungen für Kapitalanlage- und Finanzierungsgesellschaften wie etwa die Regelungen für Coordination, Distribution und Service Centres in Belgien[366] und für Finanzierungsgesellschaften in den Niederlanden.[367] Die Selektivität bestand u. a. darin, dass die betreffenden Steuererleichterungen von vorneherein nur multinationalen Unternehmen und grenzüberschreitender Geschäftstätigkeit offenstanden und rein national tätigen Unternehmen ein Zugang verwehrt wurde.[368] Dagegen handelt es sich bei Unterschieden zwischen der Höhe und Progressivität der Steuersätze, wichtigen Vorschriften zur Ermittlung der Bemessungsgrundlagen wie Abschreibungsverrechnung und Vorratsbewertung, den Verlustverrechnungsmodalitäten,[369] den Methoden zur Vermeidung der Doppelbesteuerung sowie den Maßnahmen zur Verhinderung von Steuerumgehung in den einzelnen Mitgliedstaaten nicht um unzulässige Beihilfen, vorausgesetzt sie gelten gleichermaßen für alle Unternehmen und Produktionszweige.[370] Auch für Zwecke des Behilfeverbots ist maßgebend, ob sich Unternehmen in einer vergleichbaren tatsächlichen und rechtlichen Situation befinden.[371] Die Selektivitätsprüfung erweist sich daher als Spielart der gleichheitsrechtlichen Prüfung.

Unzulässige Beihilfen können auf die **nationale Geschäftstätigkeit** beschränkt sein, aber auch einen Bezug zur grenzüberschreitenden Geschäftstätigkeit aufweisen. Als Beispiel für die nationale Geschäftstätigkeit lassen sich der besondere Körperschaftsteuersatz für Unternehmen des Verarbeitenden Gewerbes (manufacturing relief) i. H. v. 10% in Irland[372] sowie zahlreiche baskische Steuerregelungen, die nur neu gegründeten Unternehmen zugutekommen, anführen.[373] Im **grenzüberschreitenden Bereich** kollidieren zum

---

[363] Vgl. Luja, R. H. C., Intertax 1999, S. 219; Schön, W., DStJG 2000, S. 215; Tumpel, M., DStJG 2000, S. 331; Vanistendael, F., DStJG 2000, S. 316; Gross, I., RIW 2002, S. 53 ff.
[364] Vgl. Pinto, C., ET 1999, S. 303 f.; Schön, W., Common Market Law Review 1999, S. 930 ff.
[365] Vgl. den Überblick bei Blumenberg, J./Lausterer, M., Beihilfen, 1999, S. 1 ff.
[366] Vgl. Entscheidung der Kommission v. 17. 2. 2003, Abl. 2003 Nr. L 282, S. 25; Entscheidung des Rates v. 16. 7. 2003, Abl. 2003 Nr. L 184, S. 17. Siehe auch EuGH v. 22. 6. 2006 (Forum 187), EuGHE 2006, S. I–5479.
[367] Vgl. Entscheidung der Kommission v. 17. 2. 2003, Abl. 2003 Nr. L 180, S. 52.
[368] Vgl. z. B. Pinto, C., ET 1999, S. 346 ff.
[369] Das schließt aber nicht aus, dass Verlustverrechnungsbeschränkungen wie in § 8 c KStG als Regionalbeihilfe nicht mit dem Binnenmarkt vereinbar sind. Vgl. Europäische Kommission, Abl. 2010 Nr. C 90, S. 8.
[370] Siehe auch Schön, W., Common Market Law Review 1999, S. 922 ff. Zulässig sind darüber hinaus auch zahlreiche Regionalbeihilfen. Vgl. dazu Jestaedt, T./Schelling, N., EWS 1999, S. 1 ff.; Kommission der Europäischen Gemeinschaften, Abl. 2006 Nr. C 54, S. 13.
[371] Vgl. EuGH v. 8. 11. 2001 (Adria Wien Pipeline), EuGHE 2001, S. I–8365.
[372] Vgl. Kommission der Europäischen Gemeinschaften, Irische Körperschaftsteuer, 1998. Irland gestaltete die Steuersatzermäßigung durch Absenkung des einheitlichen Körperschaftsteuersatzes auf 12,5% im Jahr 2003 in eine nicht mehr vom Beihilfeverbot erfasste allgemeine steuerliche Maßnahme um.
[373] Vgl. Hakenberg, W./Erlbacher, F., EWS 2003, S. 203 m. w. N.

einen Begünstigungen von Auslandsinvestitionen inländischer Unternehmen (Outbound-Investitionen), die nicht gleichzeitig für Inlandsinvestitionen gewährt werden (z. B. Exportbeihilfen),[374] und zum anderen gezielte Vorzugsbedingungen für Inlandsinvestitionen ausländischer Unternehmen (Inbound-Investitionen), von denen ausschließlich auf dem Inlandsmarkt tätige inländische Unternehmen ausgeschlossen sind, mit dem steuerlichen Beihilfeverbot. In den beiden Fällen der Inbound- und Outbound-Investitionen liegt das Abweichen vom Normalmaß der Besteuerung jeweils im vollständigen Ausschluss rein nationaler Tätigkeiten von den Begünstigungen, weshalb dem sog. „ring-fencing"[375] analog zum Verhaltenskodex eine zentrale Bedeutung beizumessen ist. Die Finanzierungsweise einer Beihilfe kann dazu führen, dass die Beihilferegelung insgesamt mit dem Gemeinschaftsrecht kollidiert, wenn sie Bestandteil der fraglichen Maßnahme ist.[376]

Zum Vorgehen gegen Beihilfen steht ein besonderes **Verfahren** zur Verfügung, das durch die Beihilfeverfahrensordnung 1999 kodiziert worden ist (Art. 108 AEU).[377] Danach sind Regelungen, die eine unzulässige Beihilfe darstellen, innerhalb einer bestimmten Frist umzugestalten oder aufzuheben und von dem Begünstigten ist der Vorteil zurückzufordern. Der **Rückforderungsanspruch** entspricht dem Unterschiedsbetrag zwischen der tatsächlich gezahlten Steuer und der Steuer, die bei Anwendung der allgemeinen Regelungen hätte entrichtet werden müssen.[378]

2. Verhältnis des Beihilfeverbots zu den Diskriminierungs- und Beschränkungsverboten

Die grundsätzliche Souveränität der Mitgliedstaaten bei der Ausgestaltung ihrer Steuersysteme wird durch das Beihilfeverbot ebenso wenig in Frage gestellt wie durch die Diskriminierungs- und Beschränkungsverbote der Grundfreiheiten. Allerdings ergänzen sich die Normen. Das Beihilfeverbot untersagt steuerliche Differenzierungen innerhalb eines Mitgliedstaates. Dieses Differenzierungsverbot ist weit zu fassen, da es neben inländischen Investitionen auch grenzüberschreitende Investitionen von Steuerinländern (Outbound-Investitionen) sowie von Steuerausländern (Inbound-Investitionen) umfasst. Im Gegensatz hierzu fordern die Diskriminierungsverbote lediglich eine Gleichbehandlung von Steuerausländern mit Steuerinländern in vergleichbarer Lage (Inländergleichbehandlung). Gezielte Vorzugsbedingungen für Inlandsinvestitionen ausländischer Unternehmen und somit Inländerdiskriminierungen sind dagegen prinzipiell zulässig. Die Beschränkungsverbote untersagen zwar eine Benachteiligung der Auslandstätigkeit gegenüber vergleichbaren Inlandstätigkeiten von Steuerinländern, sie verbieten wohl jedoch nicht die Begünstigung der Auslands- gegenüber der Inlandstätigkeit. Nach

---

[374] Vgl. Entscheidung der Kommission v. 31. 10. 2000, Abl. 2001 Nr. L 60, S. 57.
[375] Vgl. Vanistendael, F., DStJG 2000, S. 314 f.
[376] Vgl. EuGH v. 22. 12. 2008 (Régie Networks), EWS 2009, S. 363.
[377] Vgl. Verordnung (EG) Nr. 659/1999 des Rates v. 22. 3. 1999, Abl. 1999 Nr. L 83, S. 1. Vgl. dazu Kellersmann, D./Treisch, C., Unternehmensbesteuerung, 2002, S. 307 ff.; Brevern, D., EWS 2005, S. 155 ff.; EuGH v. 17. 9. 2009 (MTU Friedrichshafen), EWS 2009, S. 417; zu den Übergangsregelungen in den Beitrittsstaaten siehe Janssen, H., EWS 2004, S. 343 ff.
[378] Vgl. Kommission der Europäischen Gemeinschaften, Beihilfen, 1998, S. 3. Vgl. aus deutscher Sicht Weerth, J. de, IStR 2001, S. 158; Linn, A., IStR 2008, S. 606 f.

dem Beihilfeverbot sind sowohl Inländerdiskriminierungen als auch die Bevorzugung von Auslandstätigkeiten untersagt, sofern die Maßnahmen vom steuerlichen Normalsystem abweichen und mit Wettbewerbsverzerrungen verbunden sind. Insoweit kann das Beihilfeverbot die Diskriminierungs- und Beschränkungsverbote zu einem **allgemeinen steuerlichen Gleichbehandlungsgebot** für nationale und grenzüberschreitende Tätigkeiten von Unternehmen ergänzen.[379] Dabei ist allerdings einschränkend zu berücksichtigen, dass weder der sachliche Anwendungsbereich noch die Beurteilungskriterien der Grundfreiheiten und der Beihilfen identisch sind.[380] Die Grundfreiheiten beziehen sich auf das allgemein gültige Steuersystem und untersagen jegliche Diskriminierungen sowie Beschränkungen. Steuerliche Beihilfen betreffen dagegen Abweichungen vom steuerlichen Normalsystem und setzen eine selektive Begünstigung sowie eine tatsächliche Beeinträchtigung bzw. Verfälschung des Wettbewerbs voraus. Das steuerliche Gleichbehandlungsgebot ist somit keineswegs umfassend, sondern wird nur in Bereichen erreicht, in denen gleichzeitig die Voraussetzungen der Diskriminierungs- und Beschränkungsverbote der Grundfreiheiten sowie des Beihilfeverbots erfüllt sind.

IV. Folgerungen

Das **EU-Recht** belässt den Mitgliedstaaten grundsätzlich steuerliche **Gestaltungsfreiheit**. Es bestehen keine Vorgaben hinsichtlich der Höhe der Steuersätze, der Festlegung der steuerlichen Bemessungsgrundlagen (Gewinnermittlungsvorschriften), der Art des Körperschaftsteuersystems sowie des Umfangs der Steuerarten. Im Hinblick auf die grenzüberschreitende Geschäftstätigkeit wird die Unterscheidung zwischen unbeschränkter und beschränkter Steuerpflicht akzeptiert und die im OECD-Modell verankerten internationalen Besteuerungsprinzipien anerkannt. Bloße Unterschiedlichkeiten zwischen den nationalen Steuerrechtsordnungen sind somit EU-rechtlich prinzipiell unbeachtlich. Vor allem besteht kein Anspruch auf ein bestimmtes Steuerniveau und eine grenzüberschreitende Besteuerungsgleichheit. Somit kann eine Vielzahl unterschiedlicher steuerlicher Regelungen in den Mitgliedstaaten nebeneinander fortbestehen.

Die steuerliche Gestaltungsfreiheit der Mitgliedstaaten wird durch die Diskriminierungs- und Beschränkungsverbote der Grundfreiheiten und das Beihilferecht eingeschränkt. Die Beachtung dieser EU-rechtlichen Vorgaben führt jedoch nicht zu einem vollkommenen Binnenmarkt mit einheitlichen, systematischen Steuerrechtsnormen für alle beteiligten Akteure, sondern lediglich zu einer Gleichstellung im Hinblick auf die relevante Steuernorm. Dies lässt sich recht plastisch mit dem Begriff der Kästchengleichheit umschreiben.[381]

Das EU-weite Steuergefälle beeinträchtigt die Geschäftstätigkeit von Unternehmen im Binnenmarkt und führt zu Verzerrungen bei der Wahl des Standortes, der Art einer Investition sowie ihrer Finanzierung. Eine effiziente Ressourcenallokation ist somit nicht gewährleistet. Infolge der rasch voranschreitenden wirtschaftlichen und rechtlichen Integration im Binnenmarkt ist

---
[379] Vgl. Dautzenberg, N., StuB 2001, S. 444.
[380] Vgl. zu einer Abgrenzung Vanistendael, F., DStJG 2000, S. 305 ff.
[381] Vgl. Birk, D., DStJG 1996, S. 74 ff.

eine autonome Steuerpolitik für Unternehmen seitens der Mitgliedstaaten kaum mehr denkbar. Dies gilt vor allem auch für die Einhaltung rechtlicher Mindeststandards, welche das EU-Recht den nationalen Gesetzgebern auferlegt. Die damit verbundenen Eingriffe in die Grundwertungen der überwiegend binnenwirtschaftlich ausgerichteten nationalen Steuerrechtsordnungen haben diese schon lange aus dem Gleichgewicht gebracht. Ohne eine **Rechtsangleichung**[382] sind die Mitgliedstaaten vermutlich nicht in der Lage, die Besteuerung grenzüberschreitender Sachverhalte gleichzeitig neutral und EU-rechtskonform auszugestalten. Die Europäische Integration im Wege der **Harmonisierung bzw. Kooperation** wird somit maßgebend durch das EU-Recht und die Rechtsprechung des EuGH vorangetrieben. Der Tatbestand, dass die Mitgliedstaaten ihre Steuerhoheiten gegenüber dem Druck der Märkte wohl nur durch ein gemeinsames Regelwerk sichern können, wird im Schrifttum auch als **Europäisches Steuerparadoxon** bezeichnet.[383]

Dabei stehen prinzipiell alle Elemente der nationalen Steuerrechtsordnungen auf dem Prüfstand, da diese in der Summe die steuerlichen Investitions- und Standortbedingungen ausmachen. Diese umfassen die nationalen Steuersysteme, Steuerarten, Bemessungsgrundlagen und Tarife sowie die Maßnahmen zur Vermeidung der Doppelbesteuerung bei grenzüberschreitender Geschäftstätigkeit.

4. Kapitel. Reformüberlegungen

A. Ziele des Europäischen Binnenmarkts sowie Anforderungen an die Besteuerung von Unternehmen in wirtschaftlicher und rechtlicher Hinsicht

Das **Europäische Vertragswerk** ist von wirtschaftlichen Aufgaben und Zielen bestimmt.[1] Durch die Errichtung eines Gemeinsamen Marktes und einer Wirtschafts- und Währungsunion sollen in der ganzen EU u. a. wissenschaftlicher und technischer Fortschritt, Vollbeschäftigung, ein ausgewogenes Wirtschaftswachstum, eine wettbewerbsfähige Wirtschaft sowie wirtschaftlicher Zusammenhalt gefördert werden (Art. 3 EU). Der gemeinsame Markt schließt den nach innen gerichteten Binnenmarkt ein, der durch einen Raum ohne Binnengrenzen gekennzeichnet ist, in dem der freie Verkehr von Waren, Personen, Dienstleistungen und Kapital zwischen den Mitgliedstaaten gewährleistet wird (Art. 26 Abs. 2 AEU). Ferner hat die gemeinsame Wirtschaftspolitik auf einer engen Koordinierung der nationalen Wirtschaftspolitik, dem Binnenmarkt sowie der Festlegung gemeinsamer Ziele zu beruhen und sie ist dem Grundsatz einer offenen Marktwirtschaft mit freiem Wettbewerb verpflichtet (Art. 119 Abs. 1 AEU), um u. a. einen effizienten Einsatz der Ressourcen zu fördern (Art. 120 AEU).

---

[382] Vgl. Wattel, P.J., ET 1996, S. 160; Lehner, M., DStJG 2000, S. 285; Schön, W., DStJG 2000, S. 225; Staringer, C., Dividendenbesteuerung, 2000, S. 117; Tumpel, M., DStJG 2000, S. 372; Vanistendael, F., DStJG 2000, S. 318.
[383] Vgl. Vanistendael, F., IBFD Bulletin 1996, S. 533 f. Siehe auch Vanistendael, F., ECTR 1998, S. 77; ders., ET 1998, S. 335.
[1] Vgl. Schön, W., DStJG 2000, S. 191 f.

4. Kapitel. *Reformüberlegungen* 231

Aus steuerlicher Sicht verbirgt sich hinter den ökonomischen Zielen des AEU-Vertrages und der strategischen Zielsetzung der Union das **Leitbild der Steuerneutralität**.[2] Von der EU-Kommission wird dieses Leitbild seit der Gründung der Europäischen Gemeinschaft regelmäßig zum Ausdruck gebracht.[3] In gesamtwirtschaftlicher Hinsicht geht es um die Gewährleistung von **Steuereffizienz im Binnenmarkt,** was insoweit kompatibel ist mit der betriebswirtschaftlichen Forderung nach einer Verbesserung der **Entscheidungsneutralität der Unternehmensbesteuerung.**[4] Beide Ideale sind regelmäßig erfüllt, wenn Investitionen auch nach Berücksichtigung von Steuern dort erfolgen, wo die höchsten Bruttogewinne zu erwarten sind. Dagegen ist eine effiziente Verteilung des Kapitals gestört, wenn an sich unrentable Investitionen nur infolge einer begünstigenden Besteuerung in Niedrigsteuerländern durchgeführt und Investitionen, die höhere Bruttogewinne erwirtschaften, aufgrund einer höheren Besteuerung an anderen Standorten unterlassen werden. Die Beseitigung derartiger Verzerrungen würde demnach auch zu einer Steigerung des Sozialprodukts innerhalb der EU beitragen.[5] Aus der Sicht des EU-Rechts geht es darum, die Diskriminierungs- und Beschränkungsverbote der Grundfreiheiten sowie das Beihilferecht zu beachten. Ferner setzen die Vorgaben der Fusionsrichtlinie,[6] der Mutter-Tochterrichtlinie[7] und der Zins- und Lizenzgebührenrichtlinie[8] Grenzen für die Gestaltungsfreiheit der nationalen Steuergesetzgeber. Aus EU-rechtlicher Sicht ist allerdings keine bis ins Detail reichende Steuerrechtsangleichung erforderlich; sie widerspräche auch dem derzeitigen politischen Verständnis der Union. Im Hinblick auf die Sicherstellung der wirtschaftlichen Zielsetzungen der Union geht es im folgendem deshalb vorrangig darum herauszufinden, welche Elemente der nationalen Steuerrechtsordnungen im Hinblick auf die Beseitigung von Steuerbarrieren vordringlich zu koordinieren bzw. harmonisieren sind.

B. Harmonisierung der nationalen Steuersysteme

Die frühen Arbeiten der EU-Kommission und der von ihr eingesetzten Ausschüsse waren vom Gedanken einer weitgehenden, teilweise bis ins Detail reichenden **Harmonisierung der nationalen Steuersysteme** getragen.[9] Diese Grundtendenz kommt bereits im **„Neumark-Bericht"**[10] aus dem Jahr 1962 deutlich zum Ausdruck, der die Notwendigkeit zur Beseitigung von Besteuerungsunterschieden zwischen den Mitgliedstaaten betont. Vorgeschlagen wurde neben einer Angleichung der Einkommen- und Körperschaftsteuersysteme, der Steuersätze und der Bemessungsgrundlagen auch der Abschluss eines multilateralen DBAs. Dieses ehrgeizige Gesamtprogramm

---

[2] Vgl. Lehner, M., DStJG 2000, S. 284 f.
[3] Vgl. Nachweise bei Spengel, C., Unternehmensbesteuerung, 2003, S. 2 ff.
[4] Vgl. Homburg, S., Steuerlehre, 2010, S. 303 ff.
[5] Vgl. Commission of the European Communities, Company Taxation, 2001, S. 72 f.
[6] Vgl. Richtlinie 90/434/EWG des Rates v. 23. 7. 1990, Abl. 1990 Nr. L 225, S. 1.
[7] Vgl. Richtlinie 90/435/EWG des Rates v. 23. 7. 1990, Abl. 1990 Nr. L 225, S. 6.
[8] Vgl. Richtlinie 2003/49/EG des Rates v. 3. 6. 2003, Abl. 2003 Nr. L 157, S. 49.
[9] Vgl. auch die Übersichten bei Hey, J., Unternehmensbesteuerung, 1997, S. 67 ff.; Jaeger, C., Körperschaftsteuersysteme, 2001, S. 7 ff.; Aujean, M., Future, 2008, S. 13 ff.
[10] Vgl. Europäische Wirtschaftsgemeinschaft, Bericht, 1962.

mündete einige Jahre später in Vorschlägen zur Harmonisierung der Körperschaftsteuersysteme[11] und der steuerlichen Gewinnermittlungsvorschriften.[12] Auch der 30 Jahre später im Jahr 1992 vorgelegte Abschlussbericht der **Ruding-Kommission**[13] kommt zu vergleichbar weitreichenden Schlussfolgerungen. Die Kernelemente der Empfehlungen[14] sind ein Mindestkörperschaftsteuersatz von 30%, eine teilweise bis ins Detail reichende Angleichung der steuerlichen Gewinnermittlungsvorschriften sowie die Integration lokaler Gewerbesteuern in die Einkommen- und Körperschaftsteuer. Langfristig sei auch ein gemeinsames Körperschaftsteuersystem erforderlich, konkrete Vorschläge zur Art des Körperschaftsteuersystems (klassisches System, Shareholder-relief-Verfahren oder Anrechnungssystem) wurden jedoch nicht gemacht.

Letztlich konnte sich die EU-Kommission mit ihren Initiativen nicht durchsetzen. Der „Neumark-Bericht" brachte keine nennenswerten Ergebnisse. So wurde der Richtlinienvorschlag zur Harmonisierung der Körperschaftsteuersysteme zurückgezogen und der Vorschlag für eine Harmonisierung der steuerlichen Gewinnermittlungsvorschriften kam erst gar nicht über das Entwurfsstadium hinaus. Die Empfehlungen der Ruding-Kommission wurden mit großer Zurückhaltung aufgenommen[15] und lösten keine konkreten Maßnahmen aus.

Die Gründe für dieses Scheitern sind vielschichtig. Zum einen haben es die EU-Kommission bzw. die Expertengruppen unterlassen, Perspektiven für die Fortentwicklung der internationalen Unternehmensbesteuerung im Binnenmarkt aufzuzeigen. Denn die Maßnahmen bezüglich der Körperschaftsteuersysteme, der Steuerarten, der Steuersätze und der Bemessungsgrundlage betreffen in erster Linie die nationale Besteuerung. Ein klar umrissenes **Leitbild für die internationale Besteuerung**, d. h. entweder ein Bekenntnis zur Kapitalexport- oder zur Kapitalimportneutralität bzw. dem dahinter stehenden **Wohnsitz- oder Quellenprinzip**, wurde dagegen **nicht gezeichnet**. Ohne die Annäherung an ein solches Leitbild können wesentliche steuerliche Behinderungen der grenzüberschreitenden Geschäftstätigkeit nicht beseitigt werden.[16] Zum anderen implizierten die Vorschläge tiefgehende **Eingriffe in die nationale Steuersouveränität,** die auch vor dem Hintergrund fraglicher Wohlfahrtsgewinne politisch nicht tragfähig sind.

Aufgrund dieser Erfahrungen beabsichtigt die EU-Kommission nunmehr auch keine Eingriffe in die nationalen Einkommensteuersysteme. Die Einkommensteuer soll – da sie neben der Umsatzsteuer die Haupteinnahmequelle der Mitgliedstaaten darstellt – auch bei einem höheren Integrationsgrad der EU in den ausschließlichen Kompetenzbereich der Mitgliedstaaten fallen.[17]

---

[11] Vgl. Kommission der Europäischen Gemeinschaften, Körperschaftssteuersystem, 1975. Siehe hierzu Saß, G., DStZ 1977, S. 43 ff., 59 ff.
[12] Vgl. Kommission der Europäischen Gemeinschaften, Gewinnermittlungsvorschriften, 1988. Dazu Kreile, R., DB 1988, Beilage 18.
[13] Vgl. Commission of the European Communities, Report, 1992.
[14] Vgl. Commission of the European Communities, Report, 1992, S. 201 ff.
[15] Vgl. Kommission der Europäischen Gemeinschaften, Leitlinien, 1992; Beschlussempfehlung und Bericht des Finanzausschusses (7. Ausschuß) zur der Unterrichtung durch die Bundesregierung – Drs. 13/725 Nr. 66, BT-Drs. 13/4138, S. IX ff.
[16] Kritisch zur Ruding-Kommission vor allem McLure, C. E. jr., ECTR 1992, S. 19 f.
[17] Vgl. Kommission der Europäischen Gemeinschaften, Prioritäten, 2001, S. 10.

4. Kapitel. Reformüberlegungen   233

Deshalb ist auszuschließen, dass in naher Zukunft erneut Vorschläge zur Harmonisierung der Körperschaftsteuersysteme unterbreitet werden. Denn das Körperschaftsteuersystem stellt die Verbindung zwischen Unternehmenssteuern und persönlicher Einkommensteuer dar und greift mittelbar in die nationalen Einkommensteuersysteme und die damit verbundenen Vorstellungen über Steuergerechtigkeit ein. Ferner liegt künftig das Hauptaugenmerk bei der Unternehmensbesteuerung auf Kapitalgesellschaften und nicht auf den der Einkommensteuer unterliegenden Personenunternehmen. Mangels Masse finden schließlich die lokalen Ertrag- und Substanzsteuern wie z. B. die deutsche Gewerbesteuer keine Berücksichtigung bei Harmonisierungsüberlegungen.

C. Harmonisierung der Körperschaftsteuersätze

Die Ursachen für das EU-weite Belastungsgefälle sind zahlreich. Es hat sich jedoch gezeigt, dass die Tarifbelastung der Unternehmensgewinne sowohl für die Rangfolge der Länder als auch für die Belastungsdifferenzen zwischen verschiedenen Investitionen und Finanzierungswegen eine herausragende Bedeutung hat.[18] Vordergründig würde deshalb eine **Harmonisierung des Körperschaftsteuersatzes** zum Abbau von Verzerrungen bei Standort-, Investitions- und Finanzierungsentscheidungen von Kapitalgesellschaften beitragen. Damit verbundene Wohlfahrtsgewinne sind jedoch nicht nachzuweisen, weshalb die Harmonisierung des Körperschaftsteuersatzes auch mit Blick auf das Subsidiaritätsprinzip (Art. 5 Abs. 3 EU) nicht angestrebt wird.[19] Eine ausschließliche Angleichung der Steuersätze wäre auch **nicht zielführend,** denn es verbleibt der Einfluss unterschiedlicher Gewinnermittlungsvorschriften auf die Höhe der Effektivbelastungen. Wesentliche Behinderungen der grenzüberschreitenden Geschäftstätigkeit im Binnenmarkt ergeben sich zudem aus der Abschottung der nationalen Besteuerungsgrundlagen aufgrund des Nebeneinanders von Wohnsitz- und Quellenprinzip.

D. Nebeneinander von Wohnsitz- und Quellenprinzip

I. Wohnsitzprinzip und Steuerneutralität im Binnenmarkt

Steuerneutralität als ökonomisches Leitbild des Europäischen Vertragswerks wird durch das **Wohnsitzprinzip** unterstützt. Es ist dem Quellenprinzip nicht nur unter dem Gesichtspunkt der individuellen und zwischenstaatlichen Steuergerechtigkeit, sondern auch unter allokativen Aspekten überlegen:[20] In Verbindung mit dem Welteinkommensprinzip wird **Kapitalexportneutrali-**

---

[18] Vgl. 2. Kapitel, Abschnitt E.
[19] Vgl. Kommission der Europäischen Gemeinschaften, Steuer- und Zollpolitik, 2005, S. 6.
[20] Vgl. Tanzi, V., Integrating World, 1995; Wissenschaftlicher Beirat beim BMF, Kapitaleinkommensbesteuerung, 1999, S. 33, 57, 74 ff., 95; Commission of the European Communities, Company Taxation, 2001, S. 199; Hey, J., StuW 2004, S. 201; Schön, W., IStR 2004, S. 292; Homburg, S., Wohnsitzprinzip, 2005, S. 18 ff. Die für das Quellenprinzip angeführten Wettbewerbs- und Äquivalenzargumente gelten als widerlegt. Dazu Spengel, C., Unternehmensbesteuerung, 2003, S. 241 ff. m. w. N. Siehe auch 1. Teil, 3. Kapitel, Abschnitt B II.

tät gewährleistet und somit eine effiziente Ressourcenallokation (Produktionseffizienz)[21] erreicht. Dazu sind im Ausland erzielte Gewinne nach inländischen Vorschriften zu ermitteln, im Feststellungszeitpunkt in die inländische Bemessungsgrundlage einzubeziehen, dem gleichen Steuersatz wie inländische Gewinne zu unterwerfen und die darauf einbehaltene ausländische Steuer vollständig auf die inländische Steuer anzurechnen.[22] Die Realisierung des Wohnsitzprinzips stößt bei Beteiligungen an ausländischen Kapitalgesellschaften auf schwer überwindbare Hindernisse. Der dazu erforderliche Zugriff auf thesaurierte Gewinne scheitert am Trennungsprinzip. Einer generellen Hinzurechnungsbesteuerung stehen zum einen die EU-rechtlichen Grundfreiheiten entgegen,[23] zum anderen käme sie der Etablierung einer Teilhabersteuer[24] gleich, die bei Portfoliobeteiligungen nicht administrierbar ist.[25] Im Hinblick auf thesaurierte Gewinne wäre deswegen eine Angleichung der effektiven Körperschaftsteuerbelastungen, also der Steuersätze und der Gewinnermittlungsvorschriften, unausweichlich.[26]

Eine annähernde **Umsetzung des Wohnsitzprinzips** erfordert somit ein hohes Maß an Kooperation zwischen den Mitgliedstaaten. Im nationalen Alleingang stößt das Wohnsitzprinzip auf kaum überwindbare administrative Hindernisse.[27] Infolge der nicht beabsichtigten Angleichung der Körperschaftsteuersätze bleibt sie vorerst **Fiktion.** Zur Umsetzung des Wohnsitzprinzips besteht auch kein rechtlicher Anspruch: Weder die EU-rechtlichen Grundfreiheiten[28] noch die Mutter-Tochterrichtlinie[29] räumen der Kapitalexportneutralität Vorrang ein. Einer lückenlosen Besteuerung des Welteinkommens auf Ebene der Mitgliedstaaten stehen zudem die DBA und die darin vereinbarte Freistellungsmethode entgegen.

II. Aufteilung der Besteuerungsgrundlagen

Eine Anwendung des Wohnsitzprinzips bedeutet nicht, dass dem Wohnsitzstaat bei grenzüberschreitenden Investitionen das gesamte Steueraufkommen zusteht. Es ist weiterhin eine **zwischenstaatliche Erfolgsaufteilung** erforderlich. Die Besteuerungsansprüche des **Quellenstaates** ergeben sich aus den Verteilungsnormen der DBA und gestatten einen nach Einkunftsarten abgestuften Zugriff.[30] Dem **Wohnsitzstaat** steht das nach Anrechnung ausländischer Steuern verbleibende Aufkommen zu. Die Quellenregeln der DBA

---

[21] Vgl. Devereux, M. P., Direct Investment, 2000, S. 116 f.; Homburg, S., Perspektiven, 2000, S. 11 ff.
[22] Grundlegend Musgrave, P. B., Taxation, 1969, S. 109 ff., 121, 128 ff.
[23] Vgl. EuGH v. 12. 9. 2006 (Cadbury Schweppes), EuGHE 2006, S. I–7995; siehe ausführlich 4. Teil.
[24] Vgl. hierzu Jacobs, O. H., Rechtsform, 2009, S. 101 f.
[25] Vgl. Spengel, C., Unternehmensbesteuerung, 2003, S. 234.
[26] In Kombination mit der Wohnsitzbesteuerung von Portofoliodividenden ist dies eine hinreichende Bedingung zur Gewährleistung von Kapitalexportneutralität; eine Angleichung der Einkommensbesteuerung ist hierzu nicht erforderlich. Vgl. Devereux, M. P., Direct Investment, 2000, S. 119 ff.
[27] Vgl. Lüdicke, J., DBA-Politik, 2008, S. 70 ff.
[28] Vgl. Spengel, C., Unternehmensbesteuerung, 2003, S. 257 ff.; Ruf, M., StuW 2008, S. 62 ff.
[29] Vgl. 3. Kapitel, Abschnitt B I.
[30] Vgl. 3. Teil, 1. Kapitel.

4. Kapitel. Reformüberlegungen

sind recht willkürlich und nicht aufeinander abgestimmt.[31] Da einheitliche Quellenregeln nicht vorstellbar sind, lassen sich **Abgrenzungsprobleme** nicht völlig vermeiden. Daran ändert auch die Zurückdrängung bzw. der Verzicht auf eine Quellenbesteuerung im Rahmen der Zins- und Lizenzgebührenrichtlinie[32] nichts.

Die Abgrenzungsprobleme potenzieren sich in **internationalen Konzernen**. Die Steuersubjektivität von Kapitalgesellschaften führt ein Element des Quellenprinzips ein, weil sie es ermöglicht, Gewinne durch Thesaurierung von einer Besteuerung im Wohnsitzstaat abzuschirmen. Die Art der Finanzierung ermöglicht dabei eine **Besteuerung nach Wahl:** Sofern die Tochter Gewinne thesauriert, determiniert aufgrund des Trennungsprinzips das am jeweiligen Standort der Tochter vorherrschende Steuerniveau die Belastung bei Direktinvestitionen. Es kommt insoweit zu einer kapitalimportneutralen Besteuerung. Alternativ können Gewinne auf schuldrechtlicher Basis von der Tochter- an die Muttergesellschaft transferiert werden. Zinszahlungen der Tochter- an ihre Muttergesellschaft sind bei der Tochter abzugsfähig und von der Mutter zu versteuern; die über Zinsen transportierten Auslandsgewinne unterliegen dem inländischen Steuerniveau und insoweit einer kapitalexportneutralen Besteuerung. Außerdem stößt die erforderliche Abrechnung des innerkonzernlichen Lieferungs- und Leistungsverkehrs mittels Verrechnungspreisen nach dem Arm's-length-Prinzip an logische Grenzen. Hierauf wird im Zusammenhang mit der konsolidierten Körperschaftsteuerbemessungsgrundlage noch eingegangen.[33]

III. Aufkommensverteilungskonflikte und EU-Recht

Aus der **Vermischung** von **Wohnsitz- und Quellenprinzip** sowie der willkürlichen Abgrenzung der Quellenregeln resultieren Besteuerungslücken, die im Rahmen der Steuerplanung genutzt werden und die nationalen Steueraufkommen gefährden. Das beachtliche EU-weite Steuergefälle setzt zusätzliche Anreize zur Verlagerung von Steuersubstrat in Niedrigsteuerländer.[34] **Aufkommensverteilungskonflikte** zwischen den Mitgliedstaaten resultieren insbesondere aus der Verlagerung stiller Reserven, der Verteilung von Aufwand und Ertrag auf verschiedene Mitgliedstaaten und der konzerninternen Verlagerung von Buchgewinnen durch Finanzierungsgestaltungen und Verrechnungspreise. Zum Schutz des nationalen Steueraufkommens existieren deswegen Maßnahmen, die Verlagerungen von Steuersubstrat bei Inbound- und Outbound-Investitionen ins Ausland unterbinden sollen. Von zentraler Bedeutung sind etwa in Deutschland folgende Regelungen:

---

[31] Vgl. Lang, M., Quellenprinzip, 2005, S. 30 ff.
[32] Vgl. 3. Kapitel, Abschnitt B III.
[33] Vgl. Abschnitt E. Unter dem Quellenprinzip wären die administrativen Schwierigkeiten bei der Erfolgsaufteilung um ein Vielfaches größer. Da eine abschließende Besteuerung im Quellenstaat erforderlich wäre, wird zu Recht darauf hingewiesen, dass es sich um „Glasperlenspiele" (Homburg, S., Wohnsitzprinzip, 2005, S. 24) handle und eine übergeordnete Wettbewerbskontrolle der Fisken (World Tax Organization) erforderlich sei (Tanzi, V., Globalization, 1998, S. 27).
[34] Vgl. Grubert, H./Mutti, J., Review of Economic and Statistics 1991, S. 285 ff.; Büttner, T./Overesch, M./Schreiber, U./Wamser, G., Thin-Capitalization, 2008.

- Finanzierung von Unternehmen: Begrenzung des Zinsabzugs (§ 4h EStG i.V.m. § 8a KStG), Abzug von Beteiligungsaufwendungen (§ 8b Abs. 5 KStG), Hinzurechnungsbesteuerung (§§ 7ff. AStG);
- Beschränkungen des grenzüberschreitenden Verlustausgleichs (§§ 2a EStG, 14ff. KStG);
- Behinderungen des Wegzugs von Unternehmen (§ 12 KStG);
- Berichtigung und Dokumentation von Verrechnungspreisen (§§ 1 AStG, 90 Abs. 3, 160 Abs. 3 und 4 AO);
- Regelungen gegen Funktionsverlagerungen (§ 1 Abs. 3 AStG).

Nahezu alle Regelungen sind oder drohen in Konflikt mit den Diskriminierungs- und Beschränkungsverboten der Grundfreiheiten – vor allem Niederlassungs- (Art. 49 AEU) und Kapitalverkehrsfreiheit (Art. 63 AEU) – oder dem Richtlinienrecht zu geraten.[35] Die nationalen Gesetzgeber sind zur Beseitigung dieser Diskriminierungen verpflichtet, indem In- und Auslandssachverhalte nach nationalen Wertungen gleich zu behandeln sind. Hierfür bestehen **zwei Möglichkeiten:** Entweder wird die nachteilige Regelung für Auslandssachverhalte abgeschafft oder auf das Inland ausgedehnt. Dabei muss es den nationalen Gesetzgebern einerseits darum gehen, die fiskalischen Folgen für den Staatshaushalt zu begrenzen. Andererseits darf die Systematik der nationalen Steuerrechtsordnungen nicht leiden. Beide Optionen bergen **Konflikte:**[36]

- Im Fall der Ausweitung nationaler Regelungen auf die Besteuerung grenzüberschreitender Sachverhalte überwiegen die **fiskalischen Risiken.** Dies gilt etwa für die grenzüberschreitende Verlustverrechnung[37] oder den Abzug von Beteiligungsaufwendungen.
- Werden dagegen die bisher beschränkenden Regelungen bei der Besteuerung grenzüberschreitender Sachverhalte auch auf innerstaatliche Sachverhalte angewandt, leidet die **Systematik der nationalen Steuerrechtsordnungen.** Dies zeigen etwa in Deutschland die Erfahrungen aus der Abschaffung des körperschaftsteuerlichen Anrechnungsverfahrens und der Ausweitung von Zinsabzugsbeschränkungen auf Inlandsfälle. Wie die Diskussionen um die Zinsschranke[38] und die gewerbesteuerlichen Hinzurechnungsvorschriften zeigen[39], gelingt es dem Gesetzgeber selbst in diesen Fällen nicht, alle EU-rechtlichen Bedenken auszuräumen. Zudem bestehen bspw. im Zusammenhang mit der Wegzugsbesteuerung (§ 12 KStG) Zweifelsfragen, die **nicht EU-rechtssicher** beantwortet werden können.

Es ist somit unklar, welche Option die nationalen Gesetzgeber wählen sollen. EU-rechtskonforme, jedoch in Doppelbesteuerung resultierende Steuerverschärfungen gefährden in jedem Fall auch die ökonomischen Binnenmarktziele.

---

[35] Vgl. den Überblick bei Kessler, W./Spengel, C., DB 2010, Beilage 1, S. 1ff.
[36] Vgl. Hey, J., StuW 2004, S. 198; Spengel, C., Einkommen, 2006, S. G33f.
[37] Vgl. Oestreicher, A./Scheffler, W./Spengel, C./Wellisch, D., Modelle, 2008, S. 373ff.
[38] Vgl. Braunagel, R., Körperschaftsteuer-Bemessungsgrundlage, 2008, S. 119f. Siehe ferner 3. Teil, 3. Kapitel, Abschnitt B I.
[39] Vgl. BFH, v. 27. 5. 2009, BFHE 226, S 357. Vgl. dazu Hölscher, S., RIW 2010, S. 51ff.

4. Kapitel. Reformüberlegungen

E. Schaffung einer gemeinsamen konsolidierten Körperschaftsteuerbemessungsgrundlage

I. Grundidee, Funktionsweise, Fragestellungen und Modelle der Konzernbesteuerung

Die aktuellen Initiativen der EU-Kommission basieren auf dem Bericht „Company Taxation in the Internal Market"[40] aus dem Jahr 2001. Dieser umfasst eine umfassende Analyse der Besteuerungswirkungen im Binnenmarkt und unterbreitet Vorschläge zur Beseitigung von Hindernissen der grenzüberschreitenden Geschäftstätigkeit. Langfristiges Ziel[41] ist die Schaffung einer gemeinsamen konsolidierten Körperschaftsteuerbemessungsgrundlage **(CCCTB – Common Consolidated Corporate Tax Base)** für die EU-weiten Aktivitäten von Konzernen. Ein für das Jahr 2008 angekündigter Richtlinienvorschlag für eine CCCTB lässt zwar weiter auf sich warten. Trotzdem sind die jüngeren Arbeiten der Kommission mit nahezu 70 veröffentlichten Arbeitspapieren[42] beeindruckend und werden die EU-Steuerpolitik weiter beeinflussen.[43]

Aus der Perspektive des Binnenmarkts verspricht sich die EU-Kommission von einer **CCCTB** folgende **Vorteile**:[44]

- Reduzierung von steuerlichen Befolgungskosten (compliance costs) aus dem Umgang mit 27 unterschiedlichen Steuersystemen, die nach EU-Untersuchungen bei multinationalen Unternehmen immerhin 1,9% und bei mittelständischen Unternehmen sogar 30,9% der Steuerschuld betragen.[45]
- Abbau weiterer Beeinträchtigungen der internationalen Geschäftstätigkeit wie
- Doppelbesteuerungen infolge widerstreitender Festsetzungen konzerninterner Verrechnungspreise;
- Versagung eines grenzüberschreitenden Verlustausgleichs;
- Behinderungen grenzüberschreitender Reorganisationen.

Die Kommission hat dazu vier unterschiedlich weit reichende Modelle vorgeschlagen:

- Home State Taxation: Grenzüberschreitend tätige Unternehmen können für eine konsolidierte steuerliche Gewinnermittlung nach den Regelungen des Sitzlands der Muttergesellschaft optieren.
- Common Consolidated Corporate Tax Base (CCCTB): EU-Konzerne werden nach harmonisierten Regeln konsolidiert besteuert.

---

[40] Vgl. Commission of the European Communities, Company Taxation, 2001.
[41] Vgl. zu einer Darstellung und Bewertung der kurzfristigen Vorschläge Spengel, C., Unternehmensbesteuerung, 2003, S. 126 ff.
[42] Die Arbeitspapiere stehen auf der Homepage der Kommission zum Download zur Verfügung. Vgl. zu einer zusammenfassenden Beurteilung Mors, M./Rautenstrauch, G., Ubg 2008, S. 97 ff.; Neale, T., CCCTB, 2008, S. 37 ff.
[43] Vgl. Aujean, M., Future of European Taxation, 2008, S. 30 ff.; Monti, M., Strategie, 2010, S. 96.
[44] Vgl. Commission of the European Communities, Company Taxation, 2001, S. 24 f.
[45] Vgl. Commission of the European Communities, European Tax Survey, 2004, S. 22.

238   2. Teil. Einfluss der Europäischen Integration

- Common Corporate Tax Base (CCTB) bzw. Harmonised Tax Base: Dieses Modell sieht rechtsformübergreifende Gewinnermittlungsvorschriften auch für national tätige Unternehmen nach einem einheitlichen Regelwerk vor, ohne jedoch wie bei der CCCTB eine Konsolidierung vorzunehmen.
- European Union Company Income Tax: Diese Alternative, deren Aufkommen der EU zustehen soll, sieht neben der einheitlichen Bemessungsgrundlage einen einheitlichen Steuersatz vor.

Allen Modellen ist gemein,[46] dass im ersten Schritt die Gewinne der Konzernglieder separat, aber nach einheitlichen Vorschriften ermittelt werden; im zweiten Schritt erfolgt deren Konsolidierung; im dritten Schritt wird der konsolidierte Konzernerfolg über eine formelhafte Zerlegung auf die Mitgliedstaaten verteilt und unterliegt dort abschließend den nationalen Steuersätzen.[47] Die Kompetenz der Mitgliedstaaten zur Festlegung der **Steuersätze** bleibt in Übereinstimmung mit dem Subsidiaritätsprinzip (Art. 5 Abs. 3 EU) unangetastet. Deshalb ergibt sich die Steuerschuld in jedem Sitzstaat durch Anwendung des nationalen Steuersatzes auf den zugewiesenen Gewinnanteil.

Die Schritte zwei und drei sind sachlogisch miteinander verknüpft. Soweit es zu einer **Konsolidierung der Einzelergebnisse** kommt, kann die Konzerngewinnabgrenzung nicht mehr nach der herkömmlichen direkten Methode mittels transaktionsbezogener Verrechnungspreise erfolgen. Vielmehr ist in diesem Fall eine Aufteilung nach der **indirekten Methode** mittels Schlüsselgrößen unabdingbar. Aufgrund der abschließenden Besteuerung in den Ansässigkeitsstaaten der einbezogenen Konzernglieder wird somit bei der Abwägung zwischen Wohnsitz- und Quellenprinzip einer EU-weiten Anwendung des Quellenprinzips der Vorzug eingeräumt.[48]

Mit der Verwirklichung einer EU-weiten (konsolidierten) Besteuerung von Konzernen werden **zahlreiche Fragen** aufgeworfen:[49]

- Auf welcher Basis ist der steuerliche Gewinn zu ermitteln (Bemessungsgrundlage)?
- Wie ist der Konsolidierungskreis abzugrenzen (Höhe der Beteiligungsquote bei finanzieller Eingliederung, ggf. weitere Eingliederungsvoraussetzungen)?
- Welche Konsolidierungsmethode ist anzuwenden (Art und Weise, Umfang der Konsolidierung und Drittstaatenfragen)?
- Welche Unternehmensrechtsformen (neben Kapitalgesellschaften und Betriebsstätten auch Personengesellschaften) sind einzubeziehen?
- Welche Steuerarten sind betroffen (z. B. in Deutschland neben der Körperschaftsteuer auch die Gewerbesteuer)?

---

[46] Vgl. Commission of the European Communities, Company Taxation, 2001, S. 373 ff.
[47] Im Unterschied zu den Aufteilungskonzepten sieht der Vorschlag einer European Union Company Income Tax vor, dass die Steuer auf der europäischen Ebene erhoben und von der EU-Administration verwaltet wird.
[48] Vgl. Devereux, M. P., International Tax and Public Finance 2004, S. 83; Wissenschaftlicher Beirat beim BMF, Körperschaftsteuer, 2007, S. 28. Die CCCTB weist zahlreiche Gemeinsamkeiten mit der in den USA praktizierten Unitary Taxation auf. Vgl. zu einer Gegenüberstellung Paschke, D., Unitary Taxation, 2007.
[49] Vgl. Spengel, C., Tax Base, 2008, S. 30 ff.

4. Kapitel. Reformüberlegungen

– Welche Schlüsselgrößen (Aufteilungsmaßstab) sind für die zwischenstaatliche Aufteilung des Gesamtergebnisses heranzuziehen und wie sind diese zu gewichten?
– Welchen Verpflichtungscharakter (verpflichtend oder optional) hat das System?

Ein für das Jahr 2008 angekündigter Richtlinienvorschlag,[50] der einerseits das Modell der CCTB bzw. Harmonised Tax Base einschließt und darüber hinausgehend einen Konsolidierungsmechanismus für das Modell der CCCTB präsentieren sollte, wurde von der Kommission nicht vorgelegt. Hintergrund ist, dass die CCCTB vor allem im Kontext der Konsolidierung[51] und Drittstaatenfragen[52] sowie den Wirkungen einer formelhaften Gewinnaufteilung noch zahlreiche ungeklärte Fragen aufwirft, deren Beantwortung eine tiefergehende Durchdringung der Materie erfordert.[53]

II. Gewinnermittlungsvorschriften

1. Internationale Rechnungslegungsgrundsätze (IFRS) und steuerliche Gewinnermittlung

Infolge der eingeleiteten Harmonisierung der handelsrechtlichen Rechnungslegungsvorschriften für EU-basierte Konzerne konzentrieren sich Arbeiten der EU-Kommission vor allem auf den ersten Teilbereich einer konsolidierten Körperschaftsteuerbemessungsgrundlage, die steuerliche Gewinnermittlung. In diesem Zusammenhang wurde insbesondere untersucht, inwieweit die internationalen Rechnungslegungsgrundsätze (**IFRS**) als Ausgangspunkt **(starting point)** einer gemeinsamen Bemessungsgrundlage in Frage kommen können.

Vor dem Hintergrund der in der **EU-Verordnung** von 2002[54] angelegten Verbindung zwischen financial accounting und tax accounting war es aus Vereinfachungs- und Praktikabilitätsgesichtspunkten nahe liegend, dass die EU-Kommission in den IFRS eine geeignete Ausgangsgröße für eine harmonisierte Steuerbemessungsgrundlage sieht.[55] Da sich die EU-Verordnung zur Anwendung von IFRS explizit nur auf den **Konzernabschluss** kapitalmarktorientierter EU-Muttergesellschaften bezieht, stellt die Ermittlung einer konsolidierten Steuerbemessungsgrundlage auf Grundlage des Konzernabschlusses die pragmatischste Vorgehensweise dar. Gegen diese Vorgehensweise sprechen allerdings notwendige Unterschiede bei der räumlichen Beschränkung des

---

[50] Vgl. Mors, M./Rautenstrauch, G., Ubg 2008, S. 97 ff.
[51] Vgl. Herzig, N., Harmonization, 2008, S. 547 ff.; Oestreicher, A., Consolidation, 2008, S. 517 ff.
[52] Vgl. Spengel, C./Wendt, C., StuW 2007, S. 297 ff.; Spengel, C., IStR 2008, S. 556 ff.
[53] Vgl. Wendt, C., Tax Base, 2009, S. 103 ff.; sowie die Beiträge in Schön, W./Schreiber, U./Spengel, C. (Hrsg.), Tax Base, 2008; Lang, M./Pistone, P./Schuch, J./Staringer, K. (Hrsg.), CCCTB, 2008. Vgl. zu einer EU-rechtlichen Analyse der CCCTB Braunagel, R.U., Körperschaftsteuer-Bemessungsgrundlage, 2008, S. 177 ff.
[54] Vgl. Verordnung (EU) Nr. 1606/2002 des Europäischen Parlaments und des Rates v. 19. 7. 2002, Abl. 2002 Nr. L 243, S. 1.
[55] Vgl. Commission of the European Communities, Company Taxation, 2001, S. 399 ff.

240   2. Teil. Einfluss der Europäischen Integration

Konzernabschlusses auf das Gemeinschaftsgebiet[56] und bei der vom Zweck abhängigen Abgrenzung des Konsolidierungskreises.[57] Daneben würde die Begrenzung der konsolidierten Gewinnermittlung auf Gesellschaften multinationaler Unternehmen ein gespaltenes Gewinnermittlungsrecht schaffen, das das steuerliche Gleichbehandlungsgebot verletzen dürfte, wenn andere Unternehmen weiterhin die nationalen Grundsätze anwenden müssten.[58] Schließlich müssten, wenn Minderheitsgesellschafter vorhanden sind, für die Einkommensermittlung der betreffenden Tochtergesellschaften besondere Regelungen vorgesehen werden.[59]

Im Ergebnis bietet sich nur der **IFRS-Einzelabschluss** als Ausgangspunkt an. Dieser Sichtweise hat sich mittlerweile auch die EU-Kommission angeschlossen.[60] Zur Ermittlung der Steuerbemessungsgrundlage wäre der IFRS-Einzelabschluss in einem ersten Schritt unter Beachtung der Zielsetzungen der Besteuerung in einen steuerlichen Abschluss zu transformieren, der entsprechend dem Modell der CCTB bzw. Harmonised Tax Base durchaus Grundlage für die Besteuerung rein national tätiger Unternehmen bilden könnte. Auf dieser Basis wäre in einem zweiten Schritt der konsolidierte Steuerabschluss zu entwickeln.

2. Vorstellungen der CCCTB-Arbeitsgruppe

Die von der EU-Kommission betreute CCCTB-Arbeitsgruppe hat im Juli 2007 ein Arbeitspapier zur steuerlichen Gewinnermittlung vorgelegt,[61] das Bezug auf die IFRS nimmt und darüber hinaus zahlreiche eigenständige steuerliche Gewinnermittlungsregeln enthält. Diese Vorschläge können auch nach den Vorstellungen der EU-Kommission den Rahmen für eine CCTB bzw. Harmonised Tax Base abdecken. Dabei handelt es sich ausnahmslos um Vorschriften im Bereich der Aufwandsverrechnung und der Vermeidung einer Doppelbesteuerung von Beteiligungserträgen. Dagegen wird an der derzeit vorherrschenden Erfassung von Erträgen aufgrund der Fortgeltung des Realisationsprinzips sowie am Nettoprinzip für steuerliche Zwecke festgehalten. Ferner gilt für selbstgeschaffene Wirtschaftsgüter des Anlagevermögens ein Aktivierungsverbot.

Konkret hat die EU-Kommission vor allem folgende **Elemente der steuerlichen Gewinnermittlung** in Betracht gezogen, die sich in einigen Bereichen an IFRS anlehnen sowie darüber hinausgehende eigenständige Normierungen vorsehen:[62]

– Verrechnung von Abschreibungen: Gebäude sind linear über 40 Jahre, entgeltlich erworbenes immaterielles Anlagevermögen linear über fünf Jahre, maschinelle Anlagen mit einer Nutzungsdauer zwischen fünf und

---

[56] Vgl. Spengel, C., Bemessungsgrundlage, 2004, S. 110.
[57] Vgl. Herzig, N., Bemessungsgrundlage, 2004, S. 96; Schreiber, U., StuW 2004, S. 222 f.
[58] Vgl. Oestreicher, A./Spengel, C., RIW 2001, S. 890; Schreiber, U., StuW 2002, S. 113 f.; Schön, W., ET 2004, S. 436.
[59] Vgl. Schneider, D., BB 2003, S. 303.
[60] Vgl. Kommission der Europäischen Gemeinschaften, Herausforderungen, 2003, S. 21.
[61] Vgl. Common Consolidated Corporate Tax Base Working Group, CCCTB, 2007. Dazu Spengel, C./Malke, C., GAAP, 2008, S. 75 ff.
[62] Vgl. Oestreicher, A./Reister, T./Spengel, C., WTJ 2009, S. 46 ff.

4. Kapitel. Reformüberlegungen   241

zehn Jahren als Pool mit 20%, ansonsten linear über die wirtschaftliche Nutzungsdauer abzuschreiben.
- Vorratsbewertung (entsprechend IFRS): Die Herstellungskosten umfassen die produktionsbezogenen Vollkosten ohne Forschungsaufwendungen (aber einschließlich Entwicklungskosten) und verwaltungsbezogene Gemeinkosten (production overheads). Als Verbrauchsfolgeverfahren ist die Durchschnittsmethode vorgesehen.
- Berechnungsgrundlagen der betrieblichen Altersversorgung (entsprechend IFRS): Bei gehaltsabhängigen Zusagen sowie hinsichtlich der Rentenzahlungen erfolgt eine Projektion künftiger Entwicklungen. Ferner orientiert sich der Rechnungszinssatz am langfristigen Kapitalmarktzins.
- Rückstellungen für ungewisse Verbindlichkeiten (entsprechend IFRS): Diese sind steuerlich abzugsfähig, soweit eine verlässliche Aufwandsschätzung gegeben ist und im Fälligkeitszeitpunkt der Verbindlichkeit ein Aufwandsabzug zulässig ist. Der Bewertung ist der Erfüllungsbetrag zugrunde zu legen; soweit die Diskontierung mit dem Marktzins den Wert wesentlich beeinflusst, ist der Barwert anzusetzen.
- Vermeidung der Doppelbesteuerung ausländischer Dividenden: Dividenden aus ausländischen Beteiligungen sind freizustellen, sofern die Beteiligungsquote mindestens 10% beträgt.
- Verlustverrechnung: Kein Rücktrag bei zeitlich unbegrenztem Vortrag.

3. Beurteilung von IFRS

Die Vorstellungen der EU-Kommission orientieren sich somit nur in einigen Bereichen an den IFRS und füllen Lücken mit originären steuerlichen Gewinnermittlungsvorschriften, die ausnahmslos das Realisations- und Nettoprinzip respektieren. Trotzdem werden gegen eine derart ausgestaltete steuerliche Gewinnermittlung mit den IFRS als Ausgangspunkt mit den unterschiedlichen Zielsetzungen, Prinzipien und Lösungsansätzen mehrere **Vorbehalte** angeführt.[63] Eine **generelle Ablehnung von IFRS als starting point** können sie jedoch **nicht begründen.**
- Unterschiedliche **Zielsetzungen:** Die Kapitalmarktorientierung von IFRS vollzieht sich im Wesentlichen außerhalb der Bilanz im Rahmen der Kapitalflussrechnung, der Segmentberichterstattung und des Eigenkapitalspiegels.[64] Da der Gewinn durch einen umsatzbasierten Vermögensvergleich ermittelt wird, bestehen keine generell unterschiedlichen Zielsetzungen bzw. ein Zielkonflikt mit der steuerlichen Gewinnermittlung.
- Unterschiedliche **Prinzipien:** Zahlreiche Untersuchungen belegen mittlerweile, dass IFRS eine breite Basis an objektivierten Regeln bieten, die für die steuerliche Gewinnermittlung übernommen werden können.[65] Im

---
[63] Vgl. z. B. Herzig, N., Bemessungsgrundlage, 2004, S. 92 f.; Kahle, H./Dahlke, A., DStR 2007, S. 313 ff.; Mössner, J. M., Gewinnermittlung, 2007, S. 175 ff.
[64] Vgl. Kahle, H., KoR 2002, S. 98.
[65] Vgl. CEPS (Hrsg.), Tax Base, 2005; Esterer, F., Maßgeblichkeit, 2005, S. 119 ff.; Herzig, N., WPg 2005, S. 214 ff.; Schön, W., Maßgeblichkeit, 2005, S. 248 ff.; Endres, D./Oestreicher, A./Scheffler, W./Spengel, C., Corporate Taxable Income, 2007; Oestreicher, A., WPg 2007, S. 572 ff.; Oestreicher, A./Spengel, C., ET 2007, S. 439 ff.; Egger, A., IFRS, 2008, S. 531 ff.

Einzelnen gilt dies etwa für die Dokumentations-, Rahmen- und Systemgrundsätze (z. B. Unternehmensfortführung und Einzelbewertung), den Realisationszeitpunkt beim Verkauf von Gütern sowie einzelne Grundsätze der Bilanzierung (z. B. Wirtschaftsgutbegriff einschließlich selbsterstellter immaterieller Wirtschaftgüter,[66] Schuldenbegriff, Aktivierungsverbot für Forschungsaufwendungen, Verzicht auf reine Aufwandsrückstellungen) und Bewertung (z. B. Bewertung zu Anschaffungs- oder vollen Herstellungskosten, verlässliche Bewertbarkeit von Rückstellungen und Ansatz des Barwertes, Normierung von Abschreibungs- und Bewertungsvereinfachungsverfahren). Ferner sind matching principle, substance over form oder materiality für die Besteuerung nicht störend.

- Unterschiedliche **Lösungsansätze:** Eine pauschale Anknüpfung an IFRS scheidet aus, da bekanntlich mehrere Regelungen nicht in Einklang mit den Zielen der steuerlichen Gewinnermittlung stehen. Bei einer zwingenden Geltung des Realisationsprinzips für steuerliche Zwecke kommen eine Aktivierung selbsterstellter immaterieller Wirtschaftsgüter, eine Gewinnrealisierung bei langfristiger Fertigung (Percentage-of-completion-Methode) sowie die Fair-value-Bewertung bei Finanzinstrumenten und bestimmten Immobilien von vornherein nicht in Frage.[67] Die Vorstellungen der EU-Kommission respektieren diese Grundsätze.

Je nach Konkretisierung der Gewinnermittlungsprinzipien können sich somit umfangreiche eigenständige steuerliche Lösungsansätze ergeben, welche die Übernahme von IFRS limitieren. Dies spricht allerdings nicht gegen ihre generelle Eignung. So enthält auch das steuerliche Gewinnermittlungsrecht in nahezu allen EU-Mitgliedstaaten zahlreiche Durchbrechungen der Maßgeblichkeit handelsrechtlicher GoB, die bereits zu einer deutlichen Annäherung an IFRS geführt haben. Hierunter fallen auch zahlreiche Änderungen des HGB-Abschlusses in Deutschland im Zuge des BilMoG,[68] die aber keine steuerliche Wirkung entfalten, da sie bereits der geltenden Steuerrechtslage entsprechen.[69] Mit Blick auf die geänderten HGB-Regelungen zur Rückstellungsbewertung könnten diese Änderungen durchaus stärker auf die steuerliche Gewinnermittlung ausstrahlen.[70]

4. Rechtsgrundlage und Konsequenzen für das Maßgeblichkeitsprinzip

Eine **Einheitsbilanz** kommt gleichwohl nicht in Frage. Im Vergleich zu den GoB als Ausgangspunkt der steuerlichen Gewinnermittlung führt eine IFRS-basierte Besteuerung weder zu einer verbesserten Messung steuerlicher Leistungsfähigkeit noch zu einer erhöhten Neutralität der Gewinnermittlung.[71] Die **Überlegenheit einer Orientierung an den IFRS** gegenüber

---

[66] Vgl. Schnorr, R., StuW 2004, S. 308 ff.
[67] Vgl. Oestreicher, A./Spengel, C., RIW 2001, S. 893 f.; Kahle, H., WPg 2002, S. 186; Schreiber, U., StuW 2002, S. 114; CEPS (Hrsg.), Tax Base, 2005; Herzig, N., WPg 2005, S. 217; Schreiber, J., DStR 2005, S. 1355.
[68] Vgl. BGBl. 2009 I, S. 1102. Dazu BMF-Schreiben v. 12. 3. 2010, BStBl 2010 I, S. 239.
[69] Vgl. zu den Steuerwirkungen des BilMoG Herzig, N./Briesemeister, S., DB 2010, S. 917 ff.; Herzig, N./Briesemeister, S., WPg 2010, S. 63 ff.
[70] Vgl. Hennrichs, J., Der Konzern 2008, S. 483 f.
[71] Vgl. Oestreicher, A., WPg 2007, S. 582.

4. Kapitel. Reformüberlegungen

nationalen GoB bzw. einem eigenständigen nationalen Steuerbilanzrecht beruht auf den übergeordneten Vorteilen der Schaffung einer **einheitlichen europäischen Steuerbasis,** die ihren Ausdruck in einer erhöhten Transparenz der steuerlichen Gewinnermittlung, der Verringerung von compliance costs sowie dem Abbau von Behinderungen der grenzüberschreitenden Geschäftstätigkeit finden. Ohne eine EU-weite Angleichung der Gewinnermittlungsregeln sind diese Vorteile nicht realisierbar. Da sich in der konkreten Umsetzung sowohl gegenüber den IFRS als auch gegenüber den derzeitigen GoB Einschränkungen ergeben, bliebe es bei einer de facto Eigenständigkeit der steuerlichen Gewinnermittlung.[72]

Trotzdem können die Verbindungen zwischen financial und tax accounting technisch – etwa nach dem Vorbild Großbritanniens, wo eine steuerliche Anbindung an IFRS bereits vollzogen wurde – in Form von **Überleitungsrechnungen** (Mehr-Weniger-Rechnungen) genutzt werden.[73] Dringen IFRS in den Einzelabschluss ein, ist aus Sicht des Handelsrechts zunächst eine Überleitungsrechnung von der Informations- zur Ausschüttungsbilanz erforderlich. Genau dies wurde durch das BilMoG auch verankert, indem Erträge, die aus den Aktivierungsgeboten für selbstgeschaffene Vermögensgegenstände des Anlagevermögens und für aktive latente Steuern sowie aus der Zeitwertbilanzierung von zu Handelszwecken erworbenen Finanzinstrumenten resultieren, mit einer Ausschüttungssperre belegt wurden (§ 268 Abs. 8 HGB). Die **Ausschüttungsbilanz** kann aufgrund der Überbetonung des handelsrechtlichen Vorsichtsprinzips allerdings nicht Grundlage der steuerlichen Gewinnermittlung sein. In einem zweiten Schritt ist die Ausschüttungsbilanz deshalb in eine **Steuerbilanz** überzuleiten. Das Prinzip der Maßgeblichkeit der Handels- für die Steuerbilanz bliebe also erhalten, allerdings in abgeschwächter Form.

Im Zuge der EU-weiten Bestrebungen zur Schaffung einer gemeinsamen Körperschaftsteuerbemessungsgrundlage kann die Ausgestaltung von steuerlichen Überleitungsrechnungen allerdings nicht in das Ermessen der nationalen Gesetzgeber gestellt werden. Vielmehr wären die Gewinnermittlungsregeln in diesem Fall vollständig anzugleichen, womit gleichzeitig jedweder Grundsatz der Maßgeblichkeit entfallen müsste. Als **Rechtsgrundlage** wäre eine **Richtlinie** (Art. 115 AEU) vorzusehen, welche die steuerlich akzeptablen IFRS spezifiziert und Lücken durch eigenständige steuerliche Gewinnermittlungsgrundsätze auffüllt.[74] Diese Lücken betreffen zum einen die Ausgestaltung steuerlicher Lenkungsnormen, etwa im Bereich der Abschreibungen oder der Bilanzierung geringwertiger Wirtschaftsgüter. Zum anderen gälte es, Vorschriften für steuerliche Spezialregelungen zu normieren, für welche die handelsrechtliche Gewinnermittlung keinerlei Vorgaben macht. Dies beträfe vor allem die Bereiche Vermeidung der Doppelbesteuerung in- und ausländischer Beteiligungserträge, Besteuerung von Veräußerungserfolgen (capital gains taxation) und Verlustverrechnung. Eine EU-weit konsensfähige Lösung macht es dabei erforderlich, dass nationale Wertvorstellungen über Gerechtig-

---

[72] Vgl. Spengel, C., FR 2009, S. 101 ff.; Spengel, C./Ernst, C./Finke, K., DBW 2010, S. 283 ff.
[73] Vgl. Kahle, H., ZfB 2002, S. 702 ff.; Böcking, H.-J., Der Konzern 2008, S. 464. Vor diesem Hintergrund wird auch eine Weiterentwicklung des BilMoG für möglich gehalten. Vgl. Prinz, U., GmbHR 2009, S. 1034 f.; Spengel, C., FR 2009, S. 103.
[74] Vgl. Spengel, C./Malke, C., GAAP, 2008, S. 90 f.

keit bzw. Fairness in den Hintergrund treten. Die weiter oben skizzierten Vorstellungen der EU-Kommission sind durchaus konsensfähig.

III. Vorteile einer gemeinsamen Körperschaftsteuerbemessungsgrundlage

Eine erste Stufe einer gemeinsamen Körperschaftsteuerbemessungsgrundlage betrifft die **Harmonisierung** der **Gewinnermittlungsvorschriften** nach dem Vorbild der **CCTB**, was zwingend eine Angleichung der die Bemessungsgrundlagen über die Zeit miteinander verknüpfenden Verlustabzugsregeln einschließt.[75] Für die Unternehmensbesteuerung im Binnenmarkt ergäben sich zwei wesentliche Vorteile:

- Aus der Sicht der Unternehmen käme es zu einer spürbaren Reduzierung von steuerlichen Befolgungskosten bzw. **compliance costs,** die aus dem Umgang mit 27 unterschiedlichen Steuersystemen resultieren.
- Außerdem stellten sich Erleichterungen und Verbesserungen im Hinblick auf die **grenzüberschreitende Verrechnung von Verlusten** ausländischer Betriebsstätten und Tochtergesellschaften ein, die im Einzelfall zur Vermeidung EU-rechtlicher Diskriminierungen geboten ist. Wird dazu eine dem § 2a Abs. 3 EStG a. F. vergleichbare Regelung in Betracht gezogen (Nachversteuerung), entfiele die Notwendigkeit von u. U. 26 Parallelrechnungen, und es wäre – aufgrund harmonisierter Verlustabzugsregeln – sichergestellt, dass Verluste ausschließlich die Steuerbasis der Quellenstaaten mindern.

Erfolgt zusätzlich eine **Konsolidierung** der Einzelergebnisse nach dem Vorbild der **CCCTB**, welche eine Kapital-, Forderungs- und Schuldenkonsolidierung sowie eine Eliminierung von Zwischenerfolgen beinhaltet, ist **Besteuerungsgrundlage** das (aufzuteilende) **Nettoergebnis des Konzerns.** Die Zugrundelegung eines Nettokonzernergebnisses führt zu drei weiteren wesentlichen Vorteilen:[76]

- Innerhalb des Konzerns kommt es zu einem **umfassenden Verlustausgleich.** So werden auch Verluste der Muttergesellschaft mit Gewinnen von Tochtergesellschaften sowie Gewinne und Verluste von Schwestergesellschaften verrechnet. Da der Verlust konzernweit nur einmal festgestellt wird, wird eine doppelte oder gar mehrfache Verlustnutzung unterbunden.
- Beteiligungsaufwendungen des Konzerns mindern in jedem Fall die gemeinsame Bemessungsgrundlage, unabhängig davon, ob sie auf Ebene der Spitzeneinheit oder der Grundeinheiten angefallen sind. Das Problem der **grenzüberschreitenden Aufwandsverrechnung** zu einzelnen Einkunftsquellen entfällt; ein sog. vagabundierender Aufwand infolge von Abzugsverboten kann nicht entstehen.
- Durch die Aufteilung des Nettoergebnisses partizipieren alle Mitgliedstaaten, in denen Konzernglieder domizilieren, anteilig an den Aufwendungen und Verlusten des Konzerns. Damit ist **steuerplanerischen Bestrebungen,** Verluste und Beteiligungsaufwendungen in erster Linie in Hochsteuerländern zum Abzug zu bringen, ihre **Wirksamkeit genommen.**

---

[75] Vgl. CEPS (Hrsg.), Tax Base, 2005, S. 41.
[76] Vgl. zu einer umfassenden Würdigung Spengel, C./Braunagel, R. U., StuW 2006, S. 38 ff.

4. Kapitel. Reformüberlegungen

Abbildung 6: Verminderung/Beseitigung von Behinderungen der grenzüberschreitenden Geschäftstätigkeit durch eine gemeinsame Körperschaftsteuerbemessungsgrundlage

Verminderung/ Beseitigung von Behinderungen der grenzüberschreitenden Geschäftstätigkeit	Stufen einer gemeinsamen Körperschaftsteuerbemessungsgrundlage		
	– Angleichung der Gewinnermittlungsvorschriften	– Angleichung der Gewinnermittlungsvorschriften	– Angleichung der Gewinnermittlungsvorschriften
		– Grenzüberschreitender Verlustausgleich	– Konsolidierung
			– (Globale) Aufteilung der Bemessungsgrundlage mittels Schlüsselgrößen
compliance costs	Erfüllt	Erfüllt	Erfüllt
Grenzüberschreitender Verlustausgleich	Nicht erfüllt Ausnahme: Unilaterale Gewährung durch Mitgliedstaaten	Erfüllt Verluste von Tochtergesellschaften können mit Gewinnen der Muttergesellschaft verrechnet werden	Erfüllt Konzernweiter Verlustausgleich (vertikal und horizontal)
Finanzierung (Gesellschafterfremdfinanzierung, Abzug von Beteiligungsaufwendungen, Hinzurechnungsbesteuerung)	Nicht erfüllt	Nicht erfüllt	Erfüllt
Verrechnungspreise (Leistungsbeziehungen)	Nicht erfüllt Direkte Gewinnabgrenzung (Verrechnungspreise) weiterhin erforderlich	Nicht erfüllt Direkte Gewinnabgrenzung (Verrechnungspreise) weiterhin erforderlich	Erfüllt Verrechnungspreise werden durch globale Aufteilung ersetzt
Wegzug, Reorganisationen, Transfer von Wirtschaftsgütern	Nicht erfüllt	Nicht erfüllt	Erfüllt

Die selbständige Steuersubjektivität der Konzernglieder bleibt auch bei Konsolidierung im Grundsatz erhalten, lediglich das Steuerobjekt wird anders ermittelt. Dieses entspricht dem anteiligen Nettokonzernergebnis, darauf werden die nationalen Steuersätze angewandt. Zur Vermeidung von Mehrfachbesteuerungen des Konzernergebnisses darf die konzerninterne Repatriierung von Gewinnen der Tochter- an die Muttergesellschaft keine Zusatzbelastung auslösen; Dividenden einbezogener Gesellschaften sind insoweit freizustellen. Durch eine Kapital-, Forderungs- und Schuldenkonsolidierung bleiben **konzerninterne Finanzierungsvorgänge** – Eigen- und Fremdfinanzierung – **ohne Einfluss auf das aufzuteilende Netto-**

konzernergebnis. Beteiligungsbuchwerte werden gegen das anteilige Eigenkapital der Tochtergesellschaften verrechnet; Forderungen und Verbindlichkeiten aus Gesellschafterdarlehen heben sich gegenseitig auf. Regelungen zur Begrenzung der Gesellschafterfremdfinanzierung innerhalb von EU-Konzernen sind somit nicht weiter erforderlich. Konzerninterne Finanzierungsgesellschaften bzw. Koordinationszentren verlieren infolge der Konsolidierung ebenfalls ihre Effektivität, sofern sie Mitglied des Konzerns sind. Auf Regelungen zur Hinzurechnungsbesteuerung kann innerhalb der EU verzichtet werden.

Eine konsolidierte Körperschaftsteuerbemessungsgrundlage vermeidet schließlich Diskussionen im Zusammenhang mit Angemessenheitskontrollen bei konzerninternen **Verrechnungspreisen** und entschärft den Problembereich der **Wegzugsbesteuerung.** Zur Verdeutlichung wird zwischen konzerninternen Leistungs- und Lieferbeziehungen unterschieden:

- Konzerninterne **Leistungsbeziehungen** (z. B. Dienst-, Beratungs- oder Serviceleistungen) führen nicht zum Ansatz von Wirtschaftsgütern bzw. Schulden, sondern lediglich zu Aufwendungen bei der empfangenden und zu Erträgen bei der leistenden Konzerneinheit. Da sich diese Aufwendungen und Erträge gerade saldieren, hat die Höhe des Verrechnungspreises keinen Einfluss auf das Nettoergebnis des Konzerns.
- Konzerninterne **Lieferbeziehungen** führen im Zusammenhang mit einer Zwischenerfolgseliminierung im Zeitpunkt der Lieferung nicht zu einer Auflösung und Versteuerung der in den Wirtschaftsgütern gebundenen stillen Reserven. Die stillen Reserven gehen erst in dem Zeitpunkt erfolgswirksam in die gemeinsame Bemessungsgrundlage ein, in dem sie nach den allgemeinen Gewinnermittlungsgrundsätzen als realisiert gelten. Dies ist regelmäßig bei Transaktionen mit Außenstehenden – fremde Dritte oder nichteinbezogene Gesellschaften – der Fall. Bis zu diesem Zeitpunkt sind die stillen Reserven in der gemeinsamen Bemessungsgrundlage gebunden; im Auflösungszeitpunkt werden sie nach dem gleichen Verhältnis wie der laufende Gewinn aufgeteilt. Deswegen partizipieren grundsätzlich alle Mitgliedstaaten, in denen stille Reserven gebildet wurden, an diesen Wertänderungen. Die formelmäßige Aufteilung des Nettoergebnisses ist somit neutral gegenüber dem grenzüberschreitenden Transfer von Wirtschaftsgütern einschließlich der Verlagerung betrieblicher Funktionen sowie grenzüberschreitenden Umstrukturierungen.[77]

Probleme im Zusammenhang mit **stillen Reserven** treten allerdings auf, wenn infolge von Reorganisationen bei Eintritt, Austritt oder bei der Verschmelzung von Gesellschaften stille Reserven außerhalb der konsolidierten Gruppe entstanden sind. Werden die Wirtschaftsgüter von Unternehmen, die erstmals konsolidiert werden, ohne weitere Bedingungen zu Buchwerten in die CCCTB überführt, verzichtet der Sitzstaat dieses Unternehmens auf die Besteuerung stiller Reserven, die in seinem Hoheitsbereich entstanden sind, so dass ein gegebenenfalls notwendiger Ausgleich der Interessen zwischen den beteiligten Staaten nur über den Weg einer komplizierten Konsolidierungs-

---

[77] Vgl. Scheffler, W., Steuerbemessungsgrundlage, 2005, S. 322 ff.

technik erreicht werden kann.[78] Weitere Schwierigkeiten stellen sich bei **Minderheitsgesellschaftern.** Im Verhältnis zu nichteinbezogenen Gesellschaften und insbesondere zu Drittstaaten bleibt es jedoch bei der herkömmlichen Gewinnabgrenzung. Gegenüber Drittstaaten sind die Grundfreiheiten indes weitaus weniger relevant, so dass Maßnahmen zur Sicherung von Steuersubstrat grundsätzlich beibehalten werden können.[79]

Eine konsolidierte Körperschaftsteuerbemessungsgrundlage für EU-Konzerne nach dem Vorbild der CCCTB kann somit wesentliche Behinderungen der grenzüberschreitenden Geschäftstätigkeit beseitigen und zum systematischen Abbau EU-rechtlich fragwürdiger Bestimmungen der Unternehmensbesteuerung in Bezug auf grenzüberschreitende Sachverhalte beitragen.

IV. Begründung einer formelhaften Gewinnaufteilung

Das **Ergebnis eines internationalen Konzerns** ist auf die einzelnen Gliedgesellschaften **aufzuteilen,** um den betroffenen Staaten zur Ausübung ihrer Besteuerungsansprüche einen angemessenen, d. h. im Hinblick auf die individuellen Erfolgsbeiträge verursachungsgerechten Anteil zuzuweisen. Dazu bestehen zwei Möglichkeiten: Die Einkünfte der Konzernglieder können entweder direkt mittels **transaktionsbezogener Verrechnungspreise** auf Basis von Fremdvergleichspreisen (Arm's-length-Prinzip) oder indirekt auf globaler Basis mittels einer **formelhaften Aufteilung** des konsolidierten Gesamtergebnisses bestimmt werden.

Die CCCTB folgt der **Formelzerlegung.** Sie ist der vorherrschenden direkten Methode[80] **theoretisch überlegen.** Im Hinblick auf eine verursachungsgerechte Erfolgslokalisation ist der Ansatz transaktionsbezogener Verrechnungspreise logischen Widersprüchen ausgesetzt.[81] Denn bei wirtschaftlich integrierten Unternehmen stellt sich das Problem, dass der Konzernerfolg zunehmend auf der Nutzung immaterieller Werte beruht. Die Aufteilung des Konzernerfolgs auf die Gliedgesellschaften mittels transaktionsbezogener Verrechnungspreise nach dem Arm's-length-Prinzip stößt dabei an Grenzen, da ein Drittvergleich mangels Marktpreisen nicht möglich ist und Vorteile aus der Integration nicht unmittelbar einzelnen Transaktionen zugerechnet werden können. Die materielle Bedeutung dieses Problems wird dadurch unterstrichen, dass bereits Ende der neunziger Jahre des vorherigen Jahrhunderts mehr als 60% des Welthandels innerhalb internationaler Konzerne, also nicht über Marktpreise, abgewickelt wurden. Das Volumen der dahinter stehenden Gesellschaften umfasst ca. 63 000 Muttergesellschaften mit 690 000 Tochtergesellschaften.[82]

---

[78] Vgl. dazu Oestreicher, A., Consolidation, 2008, S. 537 ff.; Schreiber, U., ET 2009, S. 84 ff.
[79] Vgl. 3 Kapitel, Abschnitt E II.
[80] Vgl. 5. Teil, 1. Kapitel, Abschnitt D.
[81] Vgl. Endres, D./Oestreicher, A., IStR 2003, Beihefter 15, S. 1 f.; Schreiber, U., StuW 2004, S. 218; Oestreicher, A., Gewinnaufteilung, 2005, S. 76 ff. Siehe auch 5. Teil, 1. Kapitel, Abschnitt D II.
[82] Vgl. Commission of the European Communities, Company Taxation, 2001, S. 63 ff.

2. Teil. Einfluss der Europäischen Integration

Die formelhafte Gewinnaufteilung nach dem Vorbild Nordamerikas (formulary apportionment)[83] gilt zwar ebenfalls als problematisch. Als **Schlüsselgrößen** kommen dort anteilige Produktionsfaktoren wie das eingesetzte Vermögen, die Lohnsumme und der erzielte Umsatz zur Anwendung.

Beispiel: Die Muttergesellschaft X mit Sitz in Land A hält Beteiligungen an zwei Tochtergesellschaften: eine im Land A mit einer Lohnsumme von 3 Mio. € und eine in Land B mit einer Lohnsumme von 2 Mio. €. Der Umsatz in A beträgt 6 Mio. €, in B 2 Mio. €. Der steuerbare Gewinn beläuft sich in A auf 700 000 € und in B auf 300 000 €. Der Steuersatz beträgt in A 35%, in B 15%.

Bei **getrennten Buchführungen** ergibt sich eine Gesamtsteuerschuld von 290 000 €. Diese setzt sich zusammen aus 245 000 € (= 0,35 × 700 000 €) in Land A und 45 000 € (= 0,15 × 300 000 €) in Land B. Der durchschnittliche Steuersatz beträgt 29%.

Bei der **formelhaften Gewinnaufteilung** wird die Gesamtsteuerschuld nach folgendem Schlüssel ermittelt:

$$T_i = t_i \Pi_i (\alpha_i^K \frac{K_i}{K} + \alpha_i^L \frac{L_i}{L} + \alpha_i^S \frac{S_i}{S})$$

i	= (Einzel-)Staat
T_i	= Steuerschuld ggü. dem Staat$_i$
t_i	= nominaler Steuersatz im Staat$_i$
Π_i	= Bemessungsrundlage im Staat$_i$
K_i	= Kapital (Betriebsvermögen) im Staat$_i$
K	= Gesamtkapital
L_i	= Beschäftigte (Lohnsumme) im Staat$_i$
L	= Gesamtbeschäftigtenzahl
S_i	= Umsatz (Bruttoerlöse) im Staat$_i$
S	= Gesamtumsatz

α_i^K	= Gewicht d. Kapitals im Staat$_i$
α_i^L	= Gewicht d. Beschäftigtenzahl im Staat$_i$
α_i^S	= Gewicht d. Umsatzes im Staat$_i$

Sofern – aus Vereinfachungsgründen – das Kapital nicht als Schlüsselgröße enthalten ist, ergibt sich bei einer proportionalen Gewichtung der beiden Faktoren Lohnsumme und Umsatz eine Gesamtsteuerschuld von 285 000 €. Diese setzt sich zusammen aus 236 250 € (= 0,35 × 1.000 000 € × [(0,5 × ³/₅) + (0,5 × ⁶/₈)]) in Land A und 48 750 € (= 0,15 × 1 000 000 € × [(0,5 × ²/₅) + (0,5 × ²/₈)]) in Land B. Der durchschnittliche Steuersatz beträgt 28,5%.

Die Kritik an der formelhaften Gewinnaufteilung gründet sich aber weniger auf konzeptionelle Schwächen, sondern pragmatisch darauf, dass die Gewinnzuweisung relativ pauschal anhand von Schlüsselgrößen erfolgt und deswegen ebenfalls nur Näherungslösungen für die tatsächliche Erfolgslage der Gliedgesellschaften erzielt werden. Dabei gilt es jedoch zu berücksichtigen, dass die formelhafte Gewinnaufteilung theoretisch zu rechtfertigen ist und die Schlüsselgrößen keineswegs willkürlich sind.[84] Die theoretische Rechtfertigung für die Verwendung von **Produktionsfaktoren** ergibt sich aus dem für die Besteuerung des Einkommens maßgebenden **Besteuerungs-**

---

[83] Vgl. Oestreicher, A., Konzern-Gewinnabgrenzung, 2000, S. 125 ff.
[84] Vgl. ausführlicher Oestreicher, A., Gewinnaufteilung, 2005, S. 85 ff. m. w. N.

recht des Quellenstaates. Danach steht grundsätzlich jedem Staat das Besteuerungsrecht für Unternehmensgewinne zu, in dessen Grenzen sich die Wertschöpfung durch Kombination der Produktionsfaktoren vollzieht. Das eingesetzte **Vermögen** erscheint deshalb als Maßstab generell geeignet. Berücksichtigt man, dass bei multinationalen Unternehmen ein Großteil des Vermögens aus immateriellen Werten wie etwa Patenten, Lizenzen, Software und Know-how besteht, ist auch die Einbeziehung der **Lohnsumme** zu rechtfertigen, da sie als Ersatzgröße für die Messung des immateriellen Kapitals dient. Der Bezug auf die **Umsatzerlöse** schließlich folgt der Überlegung, dass Gewinn erst durch das Zusammenspiel von Angebot und Nachfrage entsteht (marktorientiertes Quellenprinzip), so dass bei grenzüberschreitenden Transaktionen sowohl der Produktionsstandort als auch der Staat, in dem das Produkt nachgefragt wird, einen Anspruch auf den Gewinn des Unternehmens haben.

Einzuräumen ist freilich, dass sich der Streit um die richtige Quelle der Einkünfte nicht entscheiden lässt.[85] Das Problem lässt sich auch nicht durch die Verwendung der **Wertschöpfung** (value added)[86] bzw. der Umsatzsteuerbemessungsgrundlage (VAT-basis) als Aufteilungsmaßstab für den Konzerngewinn lösen. Zwar entfallen dadurch einige Schwierigkeiten der formelhaften Gewinnaufteilung wie etwa die Gewichtung der Aufteilungsfaktoren. Da für die Berechnung der Wertschöpfung auf die Umsatzerlöse abzustellen ist, wirken sich jedoch die konzerninternen Verrechnungspreise auf die Wertschöpfung und damit die Aufteilungsschlüssel aus. Die Problematik unangemessener Verrechnungspreise wird somit nicht durch die Ergebniskonsolidierung eliminiert.

Beispiel: Eine Muttergesellschaft mit Sitz in Land A (MG-A) verrechnet für Managementleistungen an ihre Tochtergesellschaft mit Sitz in Land B (TG-B) eine unangemessene Managementgebühr von 100 €. Ohne Berücksichtigung der Managementgebühr sollen sich die Gewinne von MG-A und TG-B auf 400 € bzw. 500 € sowie die Wertschöpfungen (value added) auf 800 € bzw. 1000 € belaufen.

	Gewinn MG-A	Gewinn TG-B	Summe Gewinn	Value added MG-A	Value added TG-B	Summe value added
Gewinn bzw. value added vor Gebühr	400	500	900	800	1000	1800
Gebühr	100	−100	0	100	−100	0
Gewinn bzw. value added nach Gebühr	500	400	900	900	900	1800
Anteil am Gesamtgewinn gem. Anteil am value added	9/18 von 900 = 450	9/18 von 900 = 450				

---

[85] Vgl. Hellerstein, W./McLure, C. E. jr., International Tax and Public Finance 2004, S. 209.
[86] Vgl. Frebel, M., Erfolgsaufteilung, 2006, S. 128 ff. m. w. N.

Das Beispiel verdeutlicht zweierlei. Zum einen zeigt sich, dass das Problem unangemessener Verrechnungspreise nicht gelöst ist, sondern sich lediglich in abgemilderter Form zeigt. Zurückzuführen ist das auf den im Vergleich zum Gewinn betragsmäßig größeren Aufteilungsmaßstab Wertschöpfung, was im Ergebnis die Manövriermasse verkleinert, da der Verrechnungspreis weniger stark gewichtet wird. Im Vergleich zur herkömmlichen Besteuerung mit Korrektur um unangemessene Verrechnungspreise wäre im Beispiel der Gewinn von MG-A um 50 € zu hoch und derjenige von TG-B um 50 € zu gering. Die Abweichungen nach oben und nach unten würden umso geringer ausfallen, je höher die Wertschöpfung ist. Völlig beseitigt würden sie jedoch nicht. Denn eine verursachungsgerechte Erfolgslokalisation würde eine Korrektur der Wertschöpfungen um unangemessene Verrechnungspreise erfordern. Zum anderen wird deutlich, dass die globale Gewinnaufteilung auch dann nicht unproblematisch ist, wenn man entgegen dem obigen Beispiel angemessene Verrechnungspreise unterstellt. Im Fall einer Einzelabrechnung wäre bei MG-A ein Gewinn von 500 € und bei TG-B von 400 € zu erwarten. Aufgrund der Ergebnisaufteilung gem. value added ist der Gewinn von MG-A um 50 € zu gering und derjenige von TG-B um 50 € zu hoch.

In **Deutschland** wird die formelhafte Gewinnaufteilung bei der **Gewerbesteuerzerlegung** nach Maßgabe der Lohnsumme (§§ 28 ff. GewStG) praktiziert. Sie wäre somit nicht neu, mag aber konfliktträchtig sein. Denklogisch geht die Kritik jedoch fälschlicherweise von der Überlegenheit der direkten Methode aus.

V. Folgen für den Steuerwettbewerb und die Steuersätze in der EU

Die vorstehenden Ausführungen und Beispiele zeigen, dass eine **formelhafte Gewinnaufteilung** zu einer **Besteuerung der Aufteilungsfaktoren** führt.[87] Durch die Verlagerung betrieblicher Funktionen – etwa lohnintensiver Aktivitäten, sofern die Aufteilung an die Lohnsumme anknüpft – lässt sich im Vergleich zur herkömmlichen Gewinnabgrenzung nach der direkten Methode ein weitaus größerer Teil der Bemessungsgrundlage in andere Länder verschieben. Eine Produktionsverlagerung in Niedrigsteuerländer verspricht somit beträchtliche Steuerersparnisse.

Beispiel: Als Erweiterung zum Beispiel im Abschnitt E IV beschließt die Muttergesellschaft X, die gesamte Produktion der Tochtergesellschaft in Land A zur Tochtergesellschaft in Land B zu verlagern. Bei Anwendung der Zwei-Faktoren-Formel ergibt sich bei einer entsprechend proportionalen Gewichtung der beiden Faktoren Lohnsumme und Umsatz nunmehr eine Gesamtsteuerschuld von 225 000 €. Diese setzt sich zusammen aus 131 250 € (= 0,35 × 1 000 000 € × [(0,5 × $^0/_5$) + (0,5 × $^6/_8$)]) in Land A und 93 750 € (= 0,15 × 1 000 000 € × [(0,5 × $^5/_5$) + (0,5 × $^2/_8$)]) in Land B. Der durchschnittliche Steuersatz sinkt durch die Produktionsverlagerung von 28,5% auf 22,5%.

Angesichts des beachtlichen EU-weiten Steuergefälles dürfte sich der **Steuerwettbewerb** im Binnenmarkt bei Einführung einer formelhaften Gewinnaufteilung deswegen tendenziell **verschärfen**.[88] Begünstigt werden solche Maßnahmen dadurch, dass Funktionsverlagerungen innerhalb einer konsolidierten Körperschaftsteuerbemessungsgrundlage keine Besteuerung stiller Reserven auslösen.

---

[87] Vgl. Mintz, J. M., FA 1999, S. 406 f.; McLure, C. E. jr., TNI 2004, S. 65 f.
[88] Vgl. Oestreicher, A., StuW 2002, S. 353 f.; Schreiber, U., StuW 2004, S. 220, 226; Wellisch, D., StuW 2004, S. 272 f.; Weiner, J. M., Group Taxation, 2005, S. 38 ff.

4. Kapitel. Reformüberlegungen

Die Intensivierung des Steuerwettbewerbs kann die Mitgliedstaaten zu weiteren Steuersatzsenkungen auf Unternehmensgewinne veranlassen. Dadurch kann letztlich auch die **Funktionsfähigkeit des Binnenmarkts gestört** werden, wenn Standortentscheidungen bzw. Funktionsverlagerungen ausschließlich aus steuerlichen Gründen erfolgen. Dies wirft zwangsläufig die Frage auf, ob neben der Angleichung der Bemessungsgrundlage auch eine **Untergrenze** für den **Körperschaftsteuersatz** vorzusehen ist.

Beim **Mindeststeuersatz** geht es um zwei Dinge: Zum einen sichert er eine effiziente Ressourcenallokation und dient somit der Erreichung der wirtschaftlichen Ziele des Binnenmarkts.[89] Zum anderen sichert er Gestaltungsspielräume bei der Einkommensteuer, die auch bei einem höheren Integrationsgrad der EU im ausschließlichen Kompetenzbereich der Mitgliedstaaten verbleiben soll.[90] Die Kombination von **harmonisierter Bemessungsgrundlage** und **Mindeststeuersatz** gilt deswegen als Kompromiss zwischen einem ökonomisch effizienten Binnenmarkt und der Steuerautonomie der Mitgliedstaaten.[91]

F. Fazit

Das EU-weite Steuergefälle und das Nebeneinander 27 verschiedener Steuersysteme beeinträchtigen die Funktionsfähigkeit des Binnenmarkts. Haupteinflussfaktor für das EU-weite Steuergefälle sind die zwischenstaatlichen Unterschiede der tariflichen Steuersätze auf Unternehmensgewinne. Allerdings ist eine Harmonisierung der Steuersätze politisch weder gewollt noch – aufgrund des Subsidiaritätsprinzips – notwendig. Darüber hinaus fällt bis auf weiteres auch die persönliche Einkommensteuer in den ausschließlichen Kompetenzbereich der Mitgliedstaaten. Daraus folgt für die nationalen Gesetzgeber, dass es ihre Aufgabe ist, die internationale Wettbewerbsfähigkeit ihrer Steuerrechtsordnungen ggf. durch Senkung der tariflichen und effektiven Steuerbelastung sicherzustellen und im nationalen Bereich ein weitgehend verzerrungsfreies System der Unternehmensbesteuerung zu schaffen. Denn auch die Ausgestaltung der Körperschaftsteuersysteme ist Sache der Mitgliedstaaten; die zwingend zu beachtenden Vorgaben des EU-Rechts begrenzen dabei den Gestaltungsspielraum.

Ausschlaggebend für wesentliche Behinderungen der grenzüberschreitenden Geschäftstätigkeit im Binnenmarkt sind das Nebeneinander von Wohnsitz- und Quellenprinzip sowie die Abschottung der nationalen Steuerbemessungsgrundlagen. Eine gemeinsame konsolidierte Körperschaftsteuerbemessungsgrundlage nach dem Vorbild der CCCTB führt zu einer Besteuerung nach Maßgabe des Quellenprinzips. Die CCCTB kann die Funktionsfähigkeit des Binnenmarkts verbessern, EU-rechtliche Konflikte abbauen und nationale Steuerautonomie stärken.

---

[89] Vgl. Schreiber, U., StuW 2004, S. 226; Spengel, C., ifo Schnelldienst 13/2004, S. 6; Sachverständigenrat, Jahresgutachten, 2004/05, Tz. 783; Maiterth, R., StuW 2005, S. 57; Wissenschaftlicher Beirat beim BMF, Körperschaftsteuer, 2007, S. 72 ff.
[90] Vgl. Kommission der Europäischen Gemeinschaften, Prioritäten, 2001, S. 10.
[91] Vgl. Sørensen, P.B., CESifo Forum 2002, S. 35; Spengel, C., Unternehmensbesteuerung, 2003, S. 354 ff.; Ruding, O., ECTR 2005, S. 2 f.

Eine CCCTB erfordert eine dreistufige EU-weite Harmonisierung der Gewinnermittlung, Konsolidierung und Gewinnaufteilung. Der von der EU-Kommission in Aussicht gestellte Richtlinienvorschlag soll alle drei Stufen der CCCTB umfassen. Weitestgehend konsensfähig sind nur die Gewinnermittlungsvorschriften. Die Bereiche Konsolidierung und Gewinnaufteilung sind dagegen noch nicht vollständig durchdrungen. Es ist deswegen eine abgestufte Strategie anzuraten, welche die Bereiche Gewinnermittlung (CCTB) sowie Konsolidierung und Gewinnaufteilung trennt. IFRS kommen in begrenztem Umfang als starting point für eine EU-weit harmonisierte steuerliche Gewinnermittlung in Frage. Ihre Übernahme ist auf zweckmäßige Einzelregelungen zu beschränken, die anhand der Ziele der steuerlichen Gewinnermittlung in den Mitgliedstaaten abzuleiten sind. (Zahlreiche) Lücken sind durch eigenständige steuerliche Regelungen zu schließen. Rechtsgrundlage einer CCCTB/CCTB muss eine Gewinnermittlungsrichtlinie sein, die sämtliche Details – neben den für zweckmäßig erachteten IFRS auch die originären steuerlichen Regelungen – präzisiert.

Die CCCTB kann die Frage des (Mindest-)Steuersatzes nicht ausblenden. Im Ergebnis handelt es sich um eine politische Entscheidung, bei der es die derzeitigen Schwierigkeiten gegen den notwendigen Harmonisierungsbedarf abzuwägen gilt.

Dritter Teil
Laufende Besteuerung unternehmerischer Gestaltungsalternativen ausländischer Investoren in Deutschland (Inbound-Investitionen)

Grundsätzlich hat der ausländische Unternehmer bei seiner Inlandstätigkeit (in Deutschland) die Wahl zwischen der Errichtung einer Betriebsstätte, einer Kapitalgesellschaft oder einer Personengesellschaft **(Direktinvestition)** und des direkten Leistungsaustausches über die Grenze ohne festen „Stützpunkt" in Deutschland **(Direktgeschäft)**. Daraus ergeben sich unterschiedlich enge wirtschaftliche wie auch zivil- und steuerrechtliche Bindungen mit dem Inland (Deutschland), wobei bei den Direktinvestitionen – und dort bei den Tochtergesellschaften – die stärksten Beziehungen bestehen, bei Direktgeschäften die geringsten. Diese grundlegenden Einteilungen bzw. Unterscheidungen gelten auch für die umgekehrten Fälle deutscher Aktivitäten im Ausland. Sie werden im vierten Teil des Buches erörtert.

Wollte man nur nach wirtschaftlichen Bindungen zum Inland (Deutschland) unterscheiden, würde eine Untergliederung in Direktinvestitionen und Direktgeschäfte ausreichen: Während das Direktgeschäft keine Kapitalbindung im Inland voraussetzt, sind bei den anderen Alternativen Kapital- oder Personalbindungen erforderlich. Die weitergehende Untergliederung der Direktinvestitionen in Betriebsstätte, Kapital- und Personengesellschaft resultiert aus rechtlichen Gründen, da bei diesen Alternativen unterschiedliche zivil- und steuerrechtliche Grundsätze zur Anwendung gelangen.

Neben den genannten Alternativen gibt es noch andere internationale Kooperationsformen, die sich entweder als Kombinationsformen der obigen Möglichkeiten darstellen oder sich in die grundsätzlichen Gestaltungsalternativen als Unterformen einordnen lassen. Oftmals finden sich für diese Unterformen eigenständige, aber steuerrechtlich unbedeutende Bezeichnungen, von denen einige genannt sein sollen: Joint Ventures, Contract Manufacturing, Franchising, Subcontracting, Management Contracts etc. Diese Tatbestände werden – soweit von genereller Bedeutung – stets dort eingeordnet, wo sie steuerrechtlich relevant sind. Dies gilt bspw. auch für den Electronic Commerce.

Die verschiedenen Gestaltungsalternativen des ausländischen Investors führen zu unterschiedlichen Steueranknüpfungsmomenten im Inland (Deutschland) im Rahmen der **Einkommen- bzw. Körperschaftsteuer** und ziehen daher eine Besteuerung in unterschiedlichem Umfang nach sich. **Beschränkte Steuerpflicht** besteht dabei für den ausländischen Investor für seine inländischen Betriebsstätteneinkünfte, für seine Mitunternehmereinkünfte, für seine Einkünfte aus der Beteiligung an einer inländischen Kapitalgesellschaft und für seine weiteren Einkünfte im Rahmen von Direktgeschäften. Handelt es sich bei diesem Investor um eine natürliche Person, so ist diese beschränkt einkommensteuerpflichtig, während eine juristische Person der beschränkten Körperschaftsteuerpflicht unterliegt. In beiden Fällen ergeben sich die Anknüpfungspunkte der Besteuerung bei beschränkt Steuerpflichtigen aus § 49 EStG. Grundsätzlich richtet sich die beschränkte Steuerpflicht nach verschiedenen Prinzipien. Zu nennen ist zum einen das **Belegenheitsprinzip**, das bei Grundstücken und landwirtschaftlichen Betrieben Anwendung findet (§ 49 Abs. 1 Nr. 1 und 6 EStG). Einkünfte aus selbständiger und nichtselbständiger Arbeit sowie Dienstleistungen werden nach dem **Tätigkeitsprinzip** besteuert (§ 49 Abs. 1 Nr. 3 und 4 EStG).[1] Bei Verwertungen von im Ausland erbrachten Leistungen im Inland kommt das **Wirkungsprinzip** zum Tragen (§ 49 Abs. 1 Nr. 2 Buchstabe d EStG) und bei Betriebsstätteneinkünften greift das **Betriebsstättenprinzip** (§ 49 Abs. 1 Nr. 2 Buchstabe a EStG).[2] Neben der beschränkten Steuerpflicht unterliegt die Investition in eine inländische Kapitalgesellschaft außerdem noch einer **unbeschränkten Körperschaftsteuerpflicht**.

Im Gegensatz dazu kennt die **Gewerbesteuer** als Realsteuer nicht die Unterscheidung in beschränkte und unbeschränkte Steuerpflicht. Anknüpfungspunkt der Besteuerung ist vielmehr der inländische Gewerbebetrieb, der bei Vorliegen einer inländischen Betriebsstätte gegeben ist (§ 2 Abs. 1 GewStG). Ausgangsgröße für die Ermittlung des Gewerbeertrags ist jedoch der nach den Vorschriften des Einkommen- oder Körperschaftsteuergesetzes ermittelte Gewinn aus Gewerbebetrieb. Somit kommt das der unbeschränkten Steuerpflicht zugrunde liegende Wohnsitz- und Universalitätsprinzip auch bei der Ermittlung der gewerbesteuerlichen Ausgangsgröße zur Anwendung.

Im Ausland ziehen die verschiedenen Alternativen der im Inland entfalteten Geschäftstätigkeit die unbeschränkte Steuerpflicht des Investors nach sich; außerdem kann in Ausnahmefällen auch eine beschränkte Steuerpflicht in Drittstaaten begründet werden. Da sich die Anknüpfungspunkte für die unbeschränkte und ggf. für die beschränkte Steuerpflicht regelmäßig nach den (ausländischen) Steuerrechtsnormen im Wohnsitzstaat des Investors ergeben, werden diese Sachverhalte hier nicht weiter betrachtet. Im Rahmen der konkreten Steuerplanung, also der Entscheidung, in welcher (Rechts-)Form das unternehmerische Engagement in Deutschland durchgeführt werden soll, dürfen die steuerlichen Konsequenzen im Wohnsitzstaat des Investors allerdings in keinem Fall vernachlässigt werden.[3]

1. Kapitel. Besteuerung von grenzüberschreitenden Direktgeschäften ausländischer Investoren

A. Qualifikationsproblematik bei Direktgeschäften

Der **Begriff** Direktgeschäft ist kein gesetzlicher Tatbestand des deutschen Steuerrechts und wird auch in der Fachliteratur mit unterschiedlichem Inhalt ausgefüllt. Für Zwecke der vorliegenden Untersuchung wird der gesamte

---

[1] Unter § 49 Abs. 1 Nr. 3 fallen auch die Gewinnanteile ausländischer Gesellschafter grenzüberschreitend tätiger Sozietäten, unabhängig davon, ob die Gesellschafter selbst im Inland tätig sind oder nicht. Siehe hierzu z. B. Herrmann, C./Heuer, G./Raupach, A., Einkommensteuergesetz, § 49 EStG, Anm. 641, 690 ff.
[2] Vgl. Koblenzer, T., BB 1996, S. 934 f. Vgl. auch die Beispielsfälle bei Endres, D., PIStB 2001, S. 78 ff.
[3] Zur Steuerplanung bei Inbound-Investitionen vgl. ausführlich 6. Teil, 2. Kapitel, Abschnitt C.

1. Kapitel. Grenzüberschreitende Direktgeschäfte

gewerbliche Leistungsaustausch über die Grenze ohne festen „Stützpunkt" in Deutschland als Direktgeschäft bezeichnet. Betrachtet werden insbesondere schuldrechtliche Leistungsaustauschbeziehungen wie der Güter-, Kapital- und Dienstleistungsexport, die Vermietung und Verpachtung von beweglichen und unbeweglichen Gegenständen sowie kurzzeitige Bau- und Montageleistungen.

Charakteristisches **Merkmal** von Direktgeschäften ist die unmittelbare Geschäftsentfaltung des ausländischen Unternehmens zum inländischen Abnehmer, d. h. im Gegensatz zu den Direktinvestitionen entsteht keine dauerhafte Inlandsbasis, von der aus die Geschäfte abgewickelt werden.[1] Ob und inwieweit durch das Inlandsengagement dagegen Anknüpfungsmomente bei der inländischen Ertragsbesteuerung entstehen, ist für die Begriffsabgrenzung irrelevant. Unerheblich ist weiterhin, ob als inländischer Abnehmer eine unternehmensfremde Person oder eine Tochtergesellschaft auftritt. Im letztgenannten Fall unterliegt der rechtsgeschäftliche Leistungsaustausch allerdings einer zusätzlichen Überprüfung der steuerrechtlichen Anerkennung dem Grunde und der Höhe nach.

Zu den Direktgeschäften zählt annahmegemäß auch die Beteiligung an einer inländischen Kapitalgesellschaft, sofern die Beteiligungsquote unter 10% liegt, da in diesen Fällen regelmäßig nicht von einem unternehmerischen Engagement auszugehen sein dürfte. Zwar liegt in diesem Fall kein Leistungsaustausch, sondern eine gesellschaftsrechtliche Bindung vor, dennoch sind die auftretenden Steuerprobleme mit denen der Leistungsaustauschbeziehungen in weiten Bereichen vergleichbar.

Zivilrechtlich basieren die Direktgeschäfte i. d. R. auf Einzelschuldverhältnissen unterschiedlichen Charakters, genannt seien insbesondere Kaufverträge (§§ 433 ff. BGB), Werkverträge (§§ 631 ff. BGB), Darlehensverträge (§§ 488 ff. und 607 ff. BGB) und Dienstverträge (§§ 611 ff. BGB). Gelegentlich finden sich auch Dauerschuldverhältnisse, etwa in Form von Miet- und Pachtverträgen (§§ 535 ff. und 581 ff. BGB). Weiterhin sind im Bereich der Direktgeschäfte komplexe Vertragsgestaltungen denkbar, zu denen u. a. Lizenz-, Know-how- und Franchise-Verträge gehören. Diese Verträge zeichnen sich dadurch aus, dass sie je nach individualvertraglicher Gestaltung Bestandteile eines Kauf-, Miet-, Pacht-, Dienst- und/oder Werkvertrages aufweisen können.

I. Nationales Recht

1. Der Umfang der Quellenbesteuerung

Die Bundesrepublik Deutschland hat im Rahmen der beschränkten **Einkommen-** bzw. **Körperschaftsteuerpflicht** nur dann das Besteuerungsrecht, „wenn aus dem Inland Einkünfte bezogen werden, die in so enger Verbindung mit der inländischen Volkswirtschaft erzielt worden sind, dass die Bundesrepublik unter dem Gesichtspunkt einer gerechten Verteilung der Steuerlast auf ihre Besteuerung nicht verzichten kann".[2] Neben dieser letztlich

---
[1] Eine Ausnahme hiervon bilden Repräsentationsbüros oder vergleichbare feste Einrichtungen, wenn sie nach nationalem Recht bzw. DBA-Recht nicht als Betriebsstätten gelten. Vgl. Füger, R., Vertriebsstruktur, 2003, S. 752, 757 ff.
[2] Debatin, H., DB 1961, S. 785.

auch fiskalpolitisch begründeten Überlegung ist der Gedanke der Wahrung der Wettbewerbsneutralität auf dem Inlandsmarkt durch die steuerliche Erfassung der sich dort betätigenden Ausländer von großer Bedeutung.

Für das deutsche **Einkommensteuer-** und **Körperschaftsteuerrecht** ist die beschränkte Steuerpflicht dem Grunde nach in § 1 Abs. 4 EStG bzw. § 2 KStG i. V. m. § 49 EStG geregelt, während sich in den §§ 38, 39 d, 43, 50 und 50 a EStG sowie in den §§ 1 ff. SolZG Bestimmungen für die Durchführung der Besteuerung finden.[3]

§ 49 EStG orientiert sich bei der Konkretisierung von Inlandseinkünften im Grundsatz an den für die unbeschränkte Steuerpflicht maßgeblichen sieben Einkunftsarten (§ 2 Abs. 1 EStG), schafft aber für die einzelnen Einkunftsarten **weitere, einengende Anknüpfungsmerkmale,** die zur Annahme einer Steuerpflicht zusätzlich erfüllt sein müssen. So besteht bei gewerblichen Einkünften das Erfordernis einer inländischen Betriebsstätte oder eines ständigen Vertreters (§ 49 Abs. 1 Nr. 2 Buchstabe a EStG), es sei denn, der Sachverhalt ist unter eine der zusätzlichen Anknüpfungsmerkmale des § 49 Abs. 1 Nr. 2 Buchstabe b–f EStG (z. B. bei Betrieb von Seeschiffen oder Luftfahrzeugen, Ausübung oder Verwertung von künstlerischen, sportlichen, artistischen oder unterhaltenden Tätigkeiten im Inland,[4] Veräußerung von Anteilen an inländischen Kapitalgesellschaften i. S. d. § 17 EStG sowie Veräußerung als auch Vermietung und Verpachtung von inländischen unbeweglichem Vermögen, Sachinbegriffen oder Rechten in bestimmten Fällen[5]) zu subsumieren.[6] Bei bestimmten Einkünften aus Kapitalvermögen (§ 49 Abs. 1 Nr. 5 EStG) ist Voraussetzung, dass der Schuldner Wohnsitz, Geschäftsleitung oder Sitz im Inland hat (z. B. bei Dividenden). Darüber hinaus kann es nach § 49 Abs. 1 Nr. 5 Buchstabe c EStG auch unabhängig von der Ansässigkeit des Schuldners zu einer beschränkten Steuerpflicht kommen, wenn die Forderungen durch inländischen Grundbesitz, Rechte oder Schiffe gesichert sind (z. B. bei Gelddarlehen). Einkünfte aus Vermietung und Verpachtung (§ 49 Abs. 1 Nr. 6 EStG) liegen nur vor, falls das unbewegliche Vermögen, die Sachinbegriffe oder die Rechte im Inland belegen oder in ein Register im Inland eingetragen sind oder in einer inländischen Betriebsstätte oder einer anderen Einrichtung verwertet werden. Bei Einkünften aus nichtselbständiger Arbeit (§ 49 Abs. 1 Nr. 4 Buchstabe a EStG) wird grundsätzlich vorausgesetzt, dass die Arbeit im Inland ausgeübt oder ihre Ergebnisse im Inland verwertet werden.

Diese Beispiele demonstrieren, dass ein Besteuerungsrecht grundsätzlich erst dann gegeben ist, wenn sich der **Inlandsbezug durch bestimmte sachliche Anknüpfungsmerkmale manifestiert hat.** Die Konzeption der Quellenbesteuerung folgt diesem Sinne also einem eingeschränkten Ursprungsprinzip. Abbildung 7 fasst die Einkunftsarten des § 49 EStG zusammen.

---

[3] Zur mangelnden Abstimmung vom Steuerabzug nach § 50 a EStG und der beschränkten Steuerpflicht dem Grunde nach vgl. Lüdicke, J., IStR 2009, S. 206 f.
[4] Vgl. hierzu BFH v. 4. 3. 2009, BStBl 2009 II, S. 625. Außerdem dient die Ergänzung um inländische Darbietungen und deren inländische Verwertung der Anpassung an abkommensrechtliche Regelungen. Vgl. BT-Drs. 16/10189, S. 78.
[5] Seit der Änderung des § 49 Abs. 1 Nr. 2 Buchstabe f EStG durch das JStG 2009 werden auch Vermietungseinkünfte als gewerbliche Einkünfte behandelt. Vgl. auch BT-Drs. 16/10189, S. 78.
[6] Vgl. Herrmann, C./Heuer, G./Raupach, A., Einkommensteuergesetz, § 49 EStG, Anm. 410 ff.

1. Kapitel. Grenzüberschreitende Direktgeschäfte   257

Abbildung 7: Einkunftsarten des § 49 EStG

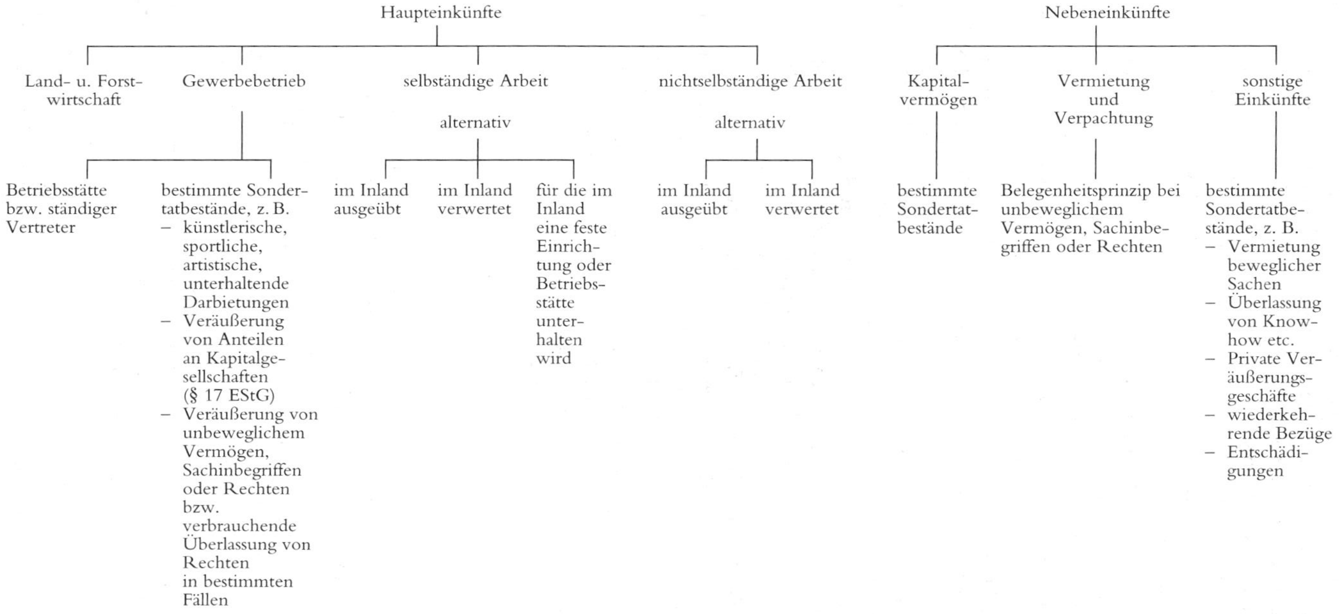

	Haupteinkünfte					Nebeneinkünfte	
Land- u. Forst-wirtschaft	Gewerbebetrieb		selbständige Arbeit		nichtselbständige Arbeit	Kapital-vermögen	Vermietung und Verpachtung	sonstige Einkünfte

			alternativ		alternativ		
Betriebstätte bzw. ständiger Vertreter	bestimmte Sondertatbestände, z. B. – künstlerische, sportliche, artistische, unterhaltende Darbietungen – Veräußerung von Anteilen an Kapitalgesellschaften (§ 17 EStG) – Veräußerung von unbeweglichem Vermögen, Sachinbegriffen oder Rechten bzw. verbrauchende Überlassung von Rechten in bestimmten Fällen	im Inland ausgeübt	im Inland verwertet	für die im Inland eine feste Einrichtung oder Betriebsstätte unterhalten wird	im Inland ausgeübt	im Inland verwertet	bestimmte Sondertatbestände	Belegenheitsprinzip bei unbeweglichem Vermögen, Sachinbegriffen oder Rechten	bestimmte Sondertatbestände, z. B. – Vermietung beweglicher Sachen – Überlassung von Know-how etc. – Private Veräußerungsgeschäfte – wiederkehrende Bezüge – Entschädigungen

Da die Quellensteuerregelungen im deutschen Recht auf unterschiedlichen Einkunftsarten basieren, stellt sich mit der Frage nach dem Quellenbesteuerungsrecht Deutschlands gleichzeitig das Problem, **welcher Einkunftsart** das jeweilige Direktgeschäft zuzuordnen ist. Diese Qualifikationsproblematik gewinnt deshalb besondere Bedeutung, da bei den einzelnen Einkunftsarten **unterschiedlich hohe Anforderungen an den jeweiligen Inlandsbezug gestellt werden.** Die nachfolgenden Tatbestände sollen diese Problematik verdeutlichen:

- Übt ein ausländischer Freiberufler zeitweise seinen Beruf in der Bundesrepublik Deutschland aus, so unterliegt er stets der deutschen beschränkten Steuerpflicht (§ 49 Abs. 1 Nr. 3 EStG). Übt dagegen ein ausländischer Gewerbetreibender zeitweise seine Geschäftstätigkeit in der Bundesrepublik Deutschland aus, so unterliegt er nicht der beschränkten deutschen Steuerpflicht, falls er seine Tätigkeit nicht über eine Betriebsstätte oder einen ständigen Vertreter entfaltet (§ 49 Abs. 1 Nr. 2 Buchstabe a EStG). Die Qualifikation der Tätigkeit als freiberuflich oder gewerblich erlangt somit für die Frage nach einer deutschen Quellenbesteuerung entscheidende Bedeutung.
- Qualifikationsprobleme ergeben sich auch dadurch, dass die einzelnen Nummern des § 49 Abs. 1 EStG auf die Einkunftsabgrenzung im Rahmen der unbeschränkten Steuerpflicht und somit auf das Rangverhältnis zwischen den Neben- und Haupteinkunftsarten (Subsidiaritätsklauseln der §§ 20 Abs. 3, 21 Abs. 3 und 22 Nr. 1 Satz 1 EStG) verweisen. Erzielt bspw. ein ausländischer Gewerbebetrieb (z. B. eine ausländische Kapitalgesellschaft) im Inland Einkünfte aus Kapitalvermögen, aus Vermietung und Verpachtung oder sonstige Einkünfte, so könnte – bei konsequenter Anwendung der Subsidiaritätsklauseln – der ausländische Gewerbebetrieb nicht zur Besteuerung im Inland herangezogen werden, falls er nicht eine inländische Betriebsstätte bzw. einen ständigen Vertreter besitzt. Im Gegensatz dazu würden ausländische Privatpersonen, bei denen keine Umqualifizierung der ursprünglichen Einkunftsarten erfolgt, nach § 49 Abs. 1 Nr. 5 und 6 EStG besteuert werden.

2. Die isolierende Betrachtungsweise

a) Inhalt und Reichweite des § 49 Abs. 2 EStG

Der Rechtsprechung von RFH und BFH[7] folgend hat der Gesetzgeber die Ungleichbehandlung von ausländischen Gewerbetreibenden und ausländischen Privatpersonen im Rahmen der beschränkten Steuerpflicht zum Anlass genommen, die sog. **isolierende Betrachtungsweise** wie folgt in § 49 Abs. 2 EStG zu normieren: „Im Ausland gegebene Besteuerungsmerkmale bleiben außer Betracht, soweit bei ihrer Berücksichtigung inländische Einkünfte i. S. d. Absatzes 1 nicht angenommen werden könnten." Demnach scheiden nach der isolierenden Betrachtungsweise ausländische Besteuerungsmerkmale bei der Bestimmung der Einkunftsart nur insoweit aus, als bei ihrer Berücksichtigung eine nach den Verhältnissen im Inland (Deutschland) begründete Steuerpflicht verhindert würde.

---

[7] Grundlegend hierzu RFH v. 7. 2. 1929, RStBl 1929, S. 193 (Einkünfte aus Hypotheken); BFH v. 20. 1. 1959, BStBl 1959 III, S. 133 (Vermietung und Verpachtung von Grundbesitz). Siehe hierzu auch Gosch, D., Isolierende Betrachtungsweise, 2005, S. 265 ff.

1. Kapitel. Grenzüberschreitende Direktgeschäfte

Als Folge der isolierenden Betrachtungsweise kann bspw. eine ausländische **Kapitalgesellschaft** durch die Verpachtung inländischen Grundbesitzes in Deutschland Einkünfte aus Vermietung und Verpachtung erzielen (§ 49 Abs. 1 Nr. 6 EStG). Dies gilt unbeschadet des Tatbestandes, dass eine (inländische) Kapitalgesellschaft im Rahmen der unbeschränkten Steuerpflicht nur Einkünfte aus Gewerbebetrieb erzielen kann (§ 8 Abs. 2 KStG).[8]

Nicht völlig geklärt ist allerdings die **Reichweite der isolierenden Betrachtungsweise,** d. h. die Frage, unter welchen Voraussetzungen bestimmte, im Ausland verwirklichte Besteuerungsmerkmale zu vernachlässigen sind. Die h. M. im Schrifttum vertritt unter Bezugnahme auf die BFH-Rechtsprechung[9] hierzu die Auffassung, dass die isolierende Betrachtungsweise nach der gesetzlichen Konzeption des § 49 Abs. 2 EStG nur auf die Einkunftsarten angewendet werden kann, bei denen die Bestimmung ihres objektiven Wesens ohne den Rückgriff auf (v. a. persönliche) ausländische Merkmale möglich ist.[10] Die Subsidiaritätsregeln bei der Einkünftequalifikation[11] finden also dann keine Anwendung, wenn die Voraussetzungen hierfür nur durch nicht unerlässliche, im Ausland realisierte Besteuerungsmerkmale erfüllt werden.[12] Somit fallen nur die sog. **gemischten Tätigkeiten,** bei denen selbständige und gewerbliche Tätigkeiten nebeneinander ausgeführt werden, und die **Nebeneinkunftsarten** unter die Regelung des § 49 Abs. 2 EStG. Einen weitergehenden Anwendungsbereich hat die Norm nicht, insbesondere kann die Einkunftsartenabgrenzung nur eingeschränkt, nicht jedoch fiktiv erweitert oder wesensmäßig verändert werden.

Nach a. A. wird dagegen vereinzelt die Anwendung der isolierenden Betrachtungsweise auf alle Einkunftsarten gefordert. Im Rahmen der beschränkten Steuerpflicht wird vielmehr – **auch bei den Haupteinkunftsarten** – unabhängig von der innerstaatlichen Einkunftsqualifikation ausschließlich auf **die Art und Weise des Tätigwerdens** abgestellt. Nach dieser Auffassung unterliegen ausländische Kapitalgesellschaften, die in Deutschland ohne Einschaltung einer Betriebsstätte bspw. kaufmännische oder technische Beratungsleistungen verwerten, mit der Erzielung von Einkünften aus selbständiger Arbeit der beschränkten Steuerpflicht.[13]

---

[8] Die Gewerblichkeitsfiktion des § 8 Abs. 2 KStG greift – unabhängig von der isolierenden Betrachtungsweise – nicht für ausländische Kapitalgesellschaften, da diese grundsätzlich nicht nach den Vorschriften des HGB zur Führung von Büchern verpflichtet sind.
[9] Vgl. BFH v. 4. 3. 1970, BStBl 1970 II, S. 428; BFH v. 20. 2. 1974, BStBl 1974 II, S. 511; BFH v. 1. 12. 1982, BStBl 1983 II, S. 213; BFH v. 20. 6. 1984, BStBl 1984 II, S. 828.
[10] Vgl. Schaumburg, H., Steuerrecht, 1998, S. 179 f.; Hey, J., IWB, Fach 3, Deutschland, Gruppe 1, S. 2011 f.; Blümich, W., Einkommensteuergesetz, § 49 EStG, Anm. 31 f.; Lademann, E./Söffing, G., Einkommensteuergesetz, § 49 EStG, Anm. 853; Littmann, E./Bitz, H./Pust, H., Einkommensteuerrecht, § 49 EStG, Anm. 36; Schmidt, L., Einkommensteuergesetz, § 49 EStG, Rz. 11.
[11] Dies betrifft insbesondere die §§ 20 Abs. 3, 21 Abs. 3 und 22 Nr. 1 Satz 1 EStG, aber auch die systematische Subsidiarität des § 17 EStG gegenüber den §§ 15 und 16 EStG.
[12] Vgl. FG Nürnberg v. 21. 5. 1996, EFG 1996, S. 1119.
[13] Vgl. Flies, R., DStZ 1995, S. 432 ff.; Mössner, J. M., Isolierende Betrachtungsweise, 1997, S. 946; Hermann, C./Heuer, G./Raupach, A., Einkommensteuergesetz, § 49 EStG, Anm. 1250 f.

Eine solch weitgehende Bedeutung hat § 49 Abs. 2 EStG u. E. jedoch nicht. Einkünfte aus selbständiger Arbeit zeichnen sich vor allem durch den **persönlichen Arbeitseinsatz** des Steuerpflichtigen aus und können demnach wesensmäßig nicht von körperschaftsteuerpflichtigen ausländischen Gesellschaften erzielt werden.[14] Der Tatbestand, dass die Beratungsleistungen durch eine ausländische Kapitalgesellschaft erbracht werden, kann demnach hier als ausländisches Besteuerungsmerkmal gerade nicht außer Betracht bleiben.

Die isolierende Betrachtungsweise beschränkt sich allerdings nicht auf eine lediglich formale Umqualifikation der Einkünfte; sie führt darüber hinaus zu Konsequenzen bei der Einkunftsermittlung: Kommt § 49 Abs. 2 EStG zur Anwendung, so wird neben der Aufhebung der Subsidiarität der Einkünfte von der Gewinn- zur Überschussermittlung übergegangen, was insbesondere Konsequenzen für den Zeitpunkt der Besteuerung hat.[15]

b) Anwendbarkeit bei der Betriebsaufspaltung über die Grenze

Ein nicht unumstrittener Anwendungsfall der isolierenden Betrachtungsweise liegt im Zusammenhang mit grenzüberschreitenden Miet- und Pachtverhältnissen vor, wenn gleichzeitig die Voraussetzungen einer Betriebsaufspaltung erfüllt sind.[16] Dabei bestehen grundsätzlich keine Zweifel an der **Anwendbarkeit** des Rechtsinstituts der **Betriebsaufspaltung bei der Beteiligung von Steuerausländern**.[17] Die enge persönliche und sachliche Verflechtung des **Besitz- und Betriebsunternehmens** hat nach ständiger Rechtsprechung des BFH[18] zur Folge, dass die ihrer Art nach vermögensverwaltende Tätigkeit der Besitzunternehmung als Gewerbebetrieb i. S. von § 15 EStG bzw. § 2 GewStG behandelt wird. Eine beschränkte Steuerpflicht nach § 49 Abs. 1 Nr. 2 Buchstabe a EStG scheidet in der Konstellation einer ausländischen Besitz- und einer inländischen Betriebsunternehmung[19] jedoch aus, da die Vermietungs- und Verpachtungstätigkeiten keine inländische Betriebsstätte begründen, sofern das Besitzunternehmen im Inland weder eine feste Geschäftstätigkeit noch einen ständigen Vertreter unterhält.[20]

---

[14] Vgl. BFH v. 4. 3. 1970, BStBl 1970 II, S. 428; BFH v. 7. 7. 1971, BStBl 1971 II, S. 771; BFH v. 20. 2. 1974, BStBl 1974 II, S. 511.
[15] Vgl. Lademann, F./Söffing, G., Einkommensteuergesetz, § 49 EStG, Anm. 864.
[16] Zum Begriff der Betriebsaufspaltung und deren steuerlichen Behandlung vgl. Jacobs, O. H., Rechtsform, 2009, S. 297 ff. Zu Aspekten der Gewinnrealisierung bei Übertragung von Wirtschaftsgütern vgl. auch 6. Teil, 6. Kapitel, Abschnitt A II 1 d).
[17] So auch BFH v. 28. 7. 1982, BStBl 1983 II, S. 77; Haverkamp, L. H., IStR 2008, S. 166 (dortige FN 15).
[18] Grundlegend BFH v. 8. 11. 1971, BStBl 1972 II, S. 63; ferner BFH v. 12. 11. 1985, BStBl 1986 II, S. 299; BFH v. 23. 10. 1986, BStBl 1987 II, S. 120. In jüngerer Vergangenheit bestätigt durch BFH v. 1. 9. 2008, BFH/NV 2008, S. 2010.
[19] Vgl. auch Koch, M./Kiwit, D., PIStB 2005, S. 183 ff. Für den umgekehrten Fall vgl. Becker, H./Günkel, M., Betriebsaufspaltung, 1993, S. 484 ff.; Ruf, M., IStR 2006, S. 234 f.; Haverkamp, L. H., IStR 2008, S. 168 ff.
[20] Vgl. BFH v. 10. 6. 1966, BStBl 1966 III, S. 598; BFH v. 6. 7. 1978, BStBl 1979 II, S. 18; BFH v. 28. 7. 1982, BStBl 1983 II, S. 77; OECD-Kommentar, Art. 5, Anm. 8. Dies gilt jedenfalls dann, wenn die inländische Betriebsgesellschaft nur die Rechte und Verpflichtungen aus den Miet- und Pachtverhältnissen wahrnimmt und darüber hinaus nicht im wirtschaftlichen Interesse des Besitzunternehmens hinsichtlich der Erhaltung, Erneuerung oder Erweiterung der angemieteten Vermögensgegenstände tätig ist. Für den anderen Fall vgl. BFH v. 12. 4. 1978, BStBl 1978 II, S. 494.

1. Kapitel. Grenzüberschreitende Direktgeschäfte

Ausgehend von der im Rahmen der beschränkten Steuerpflicht verfolgten Zielsetzung, eine gleichmäßige Besteuerung inländischer und ausländischer Wettbewerber in Deutschland zu gewährleisten, ist es nicht sachgerecht, die Einkünfte aus einer Betriebsaufspaltung über die Grenze steuerlich im Zusammenspiel mit dem Abkommensrecht[21] unberücksichtigt zu lassen. Eine Besteuerung der inländischen Einkünfte kann jedoch auf der Grundlage des geltenden Rechts nur bei **Anwendung der isolierenden Betrachtungsweise** erreicht werden. Hierzu müsste das die Betriebsaufspaltung begründende Wesensmerkmal – der einheitliche geschäftliche Betätigungswille – als ausländisches Besteuerungsmerkmal interpretiert werden.[22] Lässt man dieses Besteuerungsmerkmal nach § 49 Abs. 2 EStG außer Betracht, sind die Einkünfte der Besitzgesellschaft entsprechend ihres objektiven Wesens als solche aus der Vermietungs- und Verpachtungstätigkeit nach § 49 Abs. 1 Nr. 6 EStG bzw. als Dividendeneinkünfte nach § 49 Abs. 1 Nr. 5 EStG zu erfassen. Die **Rechtsfolgen der Betriebsaufspaltung** können damit durch die isolierende Betrachtungsweise **verdrängt** werden.

Dieses Ergebnis ist allerdings nicht unproblematisch im Hinblick auf die Konzeption der beschränkten Steuerpflicht bei Vorliegen einer Betriebsaufspaltung über die Grenze. So ist auf der einen Seite Ziel der isolierenden Betrachtungsweise letztlich, die beschränkte Steuerpflicht von bestimmten im Inland (Deutschland) erzielten Einkünften durchzusetzen. Hierzu ist es notwendig, die Tätigkeit des Besitzunternehmens losgelöst von der des Betriebsunternehmens zu beurteilen und somit die wesentlichen steuerlichen Konsequenzen der Betriebsaufspaltung außer Kraft zu setzen. Dem steht auf der anderen Seite jedoch die Auffassung des BFH gegenüber, der bei einer Betriebsaufspaltung mit Verweis auf den einheitlichen geschäftlichen Betätigungswillen gerade für den Bereich der Einkunftsqualifikation eine getrennte Beurteilung ablehnt, dadurch allerdings die Ziele der beschränkten Steuerpflicht verfehlt.

Man könnte in Anbetracht dieses **Zielkonflikts zwischen der beschränkten Steuerpflicht und der Betriebsaufspaltung** die Frage erheben, inwieweit es sinnvoll ist, von einer allgemeinen Anwendbarkeit des Instituts der Betriebsaufspaltung im internationalen Bereich auszugehen. Die wesentliche Rechtsfolge dieses Instituts, die Gewerbebetriebseigenschaft des Besitzunternehmens, bleibt im Falle einer ausländischen Ansässigkeit des Unternehmens oder seiner Gesellschafter nämlich nur dann erhalten, wenn unabhängig vom Betriebsunternehmen im Inland eine Betriebsstätte nach § 12 AO oder ein ständiger Vertreter nach § 13 AO vorhanden ist. Daher scheint es letztlich nur konsequent, den Anwendungsbereich der Betriebsaufspaltung über die Grenze auch auf diese Fälle

---

[21] Vgl. Abschnitt A II.
[22] So Betriebsstätten-Verwaltungsgrundsätze, BMF-Schreiben v. 24. 12. 1999, BStBl 1999 I, S. 1076, Tz. 1.2.1.1; Piltz, D.J., DB 1981, S. 2044 ff.; Kaligin, T., WPg 1983, S. 457 ff.; Krug, K., Betriebsaufspaltung, 1985, S. 125; Gosch, D., Isolierende Betrachtungsweise, 2005, S. 271; Ruf, M., IStR 2006, S. 234; Lademann, F./Söffing, G., Einkommensteuergesetz, § 49 EStG, Anm. 744; a.A. Sack, G., GmbHR 1986, S. 352 ff.; Crezelius, G., StVj 1992, S. 333 f.; Becker, H./Günkel, M., Betriebsaufspaltung, 1993, S. 491; Fichtelmann, H., Betriebsaufspaltung, 1996, S. 156 f.

zu beschränken,[23] um hierdurch zugleich eine gleichmäßige und wettbewerbsneutrale Besteuerung in Deutschland zu gewährleisten.

Voraussetzung für die Erfassung der Erträge der ausländischen Besitzunternehmung im Rahmen der **Gewerbesteuer** ist das Vorliegen eines im Inland (Deutschland) betriebenen Gewerbebetriebs, weshalb nicht zwischen beschränkter und unbeschränkter Steuerpflicht unterschieden wird.[24] Auch wenn die persönlichen und sachlichen Voraussetzungen der Betriebsaufspaltung erfüllt sind, ist eine Gewerbesteuerpflicht des Besitzunternehmens nur dann gegeben, wenn eine inländische Betriebsstätte unterhalten wird; anderenfalls und im Falle eines ständigen Vertreters fällt keine Gewerbesteuer an.

II. Abkommensrecht

Der Zurechnung bestimmter Einkommensteile zu bestimmten Einkunftsarten kommt auch im Abkommensrecht große Bedeutung zu, da die DBA das Besteuerungsrecht des Quellenstaates in Abhängigkeit von der zugrunde liegenden Einkunftsart in unterschiedlichem Umfang begrenzen.

Bei der **Einordnung** der Einkommensteile auf **Abkommensebene** ist zu beachten, dass die Einkunftsbestimmung für das Abkommen **vom jeweiligen innerstaatlichen Recht getrennt zu beurteilen** ist. Dies zeigt sich schon darin, dass die Bandbreite der Einkunftsarten im innerstaatlichen Recht von der im Abkommensrecht abweicht.[25] Zwar sind bei den Einkünften aus Grundvermögen (Art. 6 OECD-Modell), den Unternehmensgewinnen und den Einkünften aus selbständiger Arbeit (Art. 7 OECD-Modell) sowie den Einkünften aus nichtselbständiger Arbeit (Art. 15 OECD-Modell) noch deutliche Parallelen zu den innerstaatlichen (deutschen) Einkunftsarten gegeben, die sich aber schon bei den Einkünften aus Kapitalvermögen verlieren, für welche die Abkommen die getrennten Einkunftsarten der Dividenden (Art. 10 OECD-Modell), Zinsen (Art. 11 OECD-Modell) und Veräußerungsgewinne (Art. 13 OECD-Modell) verwenden. So gehören zur Ertragskategorie **Dividenden** nach Abkommensrecht **Einkünfte aus Gesellschaftsanteilen** insbesondere in Form von Aktien, Genussrechten[26] oder -scheinen und anderen Rechten – ausgenommen Forderungen – mit Gewinnbeteiligungen (Art. 10 Abs. 3 OECD-Modell). Des Weiteren fallen hierunter sonstige geldwerte Vorteile wie Gratisaktien, Boni, verdeckte Gewinnausschüttungen und Liquidationsgewinne.[27] Zur Einkunftsart **Zinsen** zählen **Forderungen jeder Art,** auch wenn sie durch Pfandrechte an Grundstücken gesichert oder mit einer Gewinnbeteiligung ausgestattet sind (z. B. stille Beteiligungen, partiarische Darlehen), und insbesondere Einkünfte aus öffentlichen Anleihen sowie aus Obligationen (Art. 11 Abs. 3 OECD-Modell), nicht dagegen Renten, auch nicht mit

---

[23] So auch FG Baden-Württemberg v. 21. 4. 2004, EFG 2004, S. 1384; Schmidt, L., Einkommensteuergesetz, § 15 EStG, Rz. 862, die als (weitere) Voraussetzung für das Vorliegen einer Betriebsaufspaltung eine inländische Geschäftsleitung (§ 10 AO) des Besitzunternehmens oder die Bestellung eines ständigen Vertreters (§ 13 AO) fordern. Siehe hierzu auch Piltz, D. J., IStR 2005, S. 173 f.
[24] Vgl. BFH v. 28. 7. 1982, BStBl 1983 II, S. 77.
[25] Siehe dazu Wassermeyer, F., Vertragsstaat, 2000, S. 990 ff.
[26] Vgl. FG Köln v. 23. 5. 1996, EFG 1996, S. 836; FG Köln v. 29. 4. 1999, EFG 1999, S. 1034.
[27] Vgl. OECD-Kommentar, Art. 10, Anm. 28.

1. Kapitel. Grenzüberschreitende Direktgeschäfte 263

ihrem Zinsanteil.[28] Aufgrund einer fehlenden abkommensrechtlichen, spezifischen Begrenzung der in Art. 13 OECD-Modell zusammengefassten Veräußerungsgegenstände,[29] fallen **Veräußerungsgewinne** im deutschen Recht unter mehrere, von Fall zu Fall unterschiedliche Einkunftsarten (z. B. Einkünfte aus Gewerbebetrieb, Einkünfte aus Kapitalvermögen und sonstige Einkünfte).

Neben den Veräußerungsgewinnen entschwindet die Übereinstimmung von nationaler und abkommensrechtlicher Einkunftsbestimmung auch bei den Lizenzgebühren vollends. Diese umfassen nach Abkommensrecht „Vergütungen jeder Art, die für die Benutzung oder für das Recht auf Benutzung von Urheberrechten an literarischen, künstlerischen oder wissenschaftlichen Werken (...), von Patenten, Warenzeichen, Mustern oder Modellen, Plänen, geheimen Formeln oder Verfahren (...) gezahlt werden" (Art. 12 Abs. 2 OECD-Modell). Des Weiteren gelten als Lizenzgebühren auch die Vergütungen, die für die Mitteilung gewerblicher, kaufmännischer oder wissenschaftlicher Erfahrungen gezahlt werden. Die Überlassung von Know-how unterscheidet sich von der Dienstleistungs- und Beratungstätigkeit dadurch, dass bei letzterer der Berater sein Know-how selbst anwendet und dem Vertragspartner seine Schlussfolgerungen als abgeschlossene Leistung übergibt.[30] Dienstleistungsverträge, wie z. B. Kundendienstleistungen, Garantieleistungen sowie die freiberuflichen Leistungen eines Rechtsanwalts, Ingenieurs etc., sind deshalb im Allgemeinen unter Art. 7 OECD-Modell zu erfassen.[31]

Ergeben sich bei der inhaltlichen Konkretisierung der Einkunftsarten des Abkommensrechts Unterschiede zum innerstaatlichen Recht, so bedarf es auch im DBA-Fall gewisser Regelungen für die Zurechnung der Einkommensteile zu den einzelnen Abkommensvorschriften. Im **OECD-Modell** ist zur Klärung von Interpretationsschwierigkeiten folgende **Auslegungsrichtlinie** normiert:

„Bei der Anwendung des Abkommens durch den Vertragsstaat hat, wenn der Zusammenhang nichts anderes erfordert, jeder im Abkommen nicht definierte Ausdruck die Bedeutung, die ihm im Anwendungszeitraum nach dem Recht dieses Staates über die Steuern zukommt, für die dieses Abkommen gilt" (Art. 3 Abs. 2 OECD-Modell).

Diese Klausel gibt für die Lösung von Auslegungsproblemen drei Anhaltspunkte vor, die in nachstehender Reihenfolge zu berücksichtigen sind:[32]
1. Definitionen und Wortlaut des Abkommens selbst,
2. Sinn und Vorschriftenzusammenhang des Abkommens und
3. Begriffsdeutung nach innerstaatlichem Recht.

Danach ist zunächst eine autonome Qualifikation vorzunehmen, d. h. das Abkommen ist soweit als möglich aus sich selbst heraus auszulegen. Der Rückgriff auf innerstaatliches Recht soll erst dann zum Zuge kommen, wenn die Anhaltspunkte im Abkommen selbst voll ausgeschöpft worden sind. Dem innerstaatlichen Recht wird damit die Stellung einer „letzten Auslegungshilfe" aus dem faktischen Mangel einer Auslegungsmöglichkeit mit größerer Ziel-

---
[28] Vgl. OECD-Kommentar, Art. 11, Anm. 23.
[29] Vgl. Vogel, K./Lehner, M., DBA-Kommentar, Art. 13, Anm. 3.
[30] Vgl. BFH v. 16. 12. 1970, BStBl 1971 II, S. 235; OECD-Kommentar, Art. 12, Anm. 11.2.
[31] Vgl. OECD-Kommentar, Art. 12, Anm. 11 ff.
[32] Vgl. BFH v. 15. 6. 1973, BStBl 1973 II, S. 810; BFH v. 21. 8. 1985, BStBl 1986 II, S. 4.

erreichung zugewiesen.³³ Diese Vorgehensweise trägt dem Wesen und der Zielsetzung von DBA am ehesten Rechnung, durch eine eigenständige, übergreifende Lösung die Entscheidungsharmonie zwischen beiden Vertragspartnern zu gewährleisten. Konsequenterweise muss in einem solchen Falle in Kauf genommen werden, dass die Begriffsbestimmung durch die beteiligten Vertragsstaaten – je nach Wertung des innerstaatlichen Rechts – unterschiedlich erfolgt. Dadurch induzierte Steuerverzerrungen können nur im Wege eines Verständigungsverfahrens ausgeräumt werden. Jede Auslegungskonzeption mit einer anderen Gewichtung des Verhältnisses von DBA zu nationalem Recht widerspricht dem Wesen und der Funktion eines DBA und ist u. E. abzulehnen.

In den DBA findet sich regelmäßig eine ganze Reihe von eigenständigen Begriffsbestimmungen. Von besonderer Bedeutung ist hierbei die **Abgrenzung des Betriebsstättenbegriffs** oder die Definition dessen, was als **Dividende, Zins, Lizenzgebühr oder Veräußerungsgewinn** anzusehen ist. Zum Teil wird auch eine Begriffsumgrenzung in der Weise vorgenommen, dass durch ausdrückliche Bezugnahme innerstaatliches Recht abkommensrechtliche Verbindlichkeit erhält. Eine solche Definitionsverkettung enthält z. B. Art. 6 Abs. 2 OECD-Modell. Danach ist der Begriffsinhalt des unbeweglichen Vermögens regelmäßig mit demjenigen nach dem Recht des Belegenheitsstaates gleichzusetzen. Neben der eigenständigen Abkommensdefinition gelten als Dividenden außerdem auch solche aus Gesellschaftsanteilen stammende Einkünfte, die nach dem Recht des Ansässigkeitsstaates der ausschüttenden Gesellschaft den Einkünften aus Aktien steuerlich gleichgestellt sind (Art. 10 Abs. 3 OECD-Modell).

Erfüllen bestimmte Einkünfte die Begriffsabgrenzungen verschiedener abkommensrechtlicher Einkunftskategorien, so stellt sich die Frage nach deren **Rangverhältnis** untereinander. Dazu besagt Art. 7 Abs. 7 OECD-Modell Folgendes:

„Gehören zu den Gewinnen Einkünfte, die in anderen Artikeln dieses Abkommens behandelt werden, so werden die Bestimmungen jener Artikel durch die Bestimmungen dieses Artikels nicht berührt."

Bezieht demnach ein Unternehmen eines (ausländischen) Vertragsstaates Dividenden, Zinsen, Lizenzgebühren oder Veräußerungsgewinne aus einem anderen Vertragsstaat (Deutschland), dann treten die Abkommensvorschriften über die Besteuerung der Unternehmensgewinne gegenüber denen hinsichtlich der Besteuerung der Dividenden, Zinsen, Lizenzgebühren oder Veräußerungsgewinne zurück; die Umgrenzung der Quellenbesteuerung richtet sich somit nach den letztgenannten, spezielleren Vorschriften und nicht nach den Vorschriften für Unternehmensgewinne.³⁴ Dies ist deshalb bedeutsam, da nach der Abkommensregel über die Unternehmensgewinne die Quellenbesteuerung nur aufrechterhalten wird, wenn das Unternehmen dort eine Betriebsstätte unterhält, während für Dividenden, Zinsen und Lizenzgebühren i. d. R. eine (in der Höhe begrenzte) Quellenbesteuerung eintritt. Unterhält ein ausländischer Investor in Deutschland dagegen eine Betriebsstätte und

---

³³ Vgl. Debatin, H., DStR 1992, Beilage zu Heft 23, S. 5 ff.; a. A. Vogel, K./Lehner, M., DBA-Kommentar, Art. 3, Anm. 107 ff.
³⁴ Vgl. zuletzt auch BFH v. 17. 10. 2007, BFH/NV 2008, S. 869; BFH v. 19. 12. 2007, BStBl 2008 II, S. 510. Zur Wirkung des Art. 7 Abs. 7 OECD-MA in Bezug auf Sondervergütungen eines Mitunternehmers vgl. 4. Kapitel, Abschnitt B II 1 a) (2).

erzielt darüber hinaus Dividenden, Lizenzgebühren und Zinsen, so hat die Unternehmensbesteuerung (Betriebsstättenprinzip) für die gesamte Einkunftserzielung Vorrang, soweit der Betriebsstätte die mit ihrer ausgeübten Tätigkeit in einem funktionalen Zusammenhang stehenden Dividenden (Art. 10 Abs. 4 OECD-Modell), Zinsen (Art. 11 Abs. 3 OECD-Modell), Lizenzgebühren (Art. 12 Abs. 3 OECD-Modell) und dergleichen tatsächlich zuzurechnen sind (**Betriebsstättenvorbehalt**).[35]

Anwendungsprobleme der Abkommen entstehen mitunter auch durch Abgrenzungsschwierigkeiten der einzelnen Artikel untereinander. Dies gilt insbesondere bei **komplexen Vertragsgestaltungen,** zu denen u. a. Leasing, Lizenzen, Know-how- und Franchise-Verträge gehören.[36]

Beispiel: Durch einen Franchise-Vertrag verpflichtet sich jemand, dem Vertragspartner sein Wissen und seine Erfahrung zur Verfügung zu stellen und außerdem noch gewisse technische Hilfe zu leisten.

Bei solchen gemischten Verträgen muss der Gesamtbetrag der vereinnahmten Vergütung aufgrund des Vertragsinhalts oder durch einen angemessenen Schlüssel **aufgeteilt** und jeder Teilbetrag entsprechend seiner Art steuerlich behandelt werden. Für den im Beispiel genannten **Franchise-Vertrag** bedeutet dies, dass der Teil der Vergütungen, der auf die Leistung technischer Hilfe entfällt, unter Art. 7 OECD-Modell und der verbleibende Rest, der auf die Überlassung von Know-how entfällt, unter Art. 12 des OECD-Modell zu subsumieren ist. Stellt demgegenüber eine der vereinbarten Leistungen als solche den Hauptgegenstand des Vertrages dar und haben die anderen dort vorgesehenen Leistungen nur eine untergeordnete Bedeutung, so kann die gesamte Vergütung unter die der Hauptleistung zuzuordnenden Einkunftsart subsumiert werden.[37]

Leasingverträge, denen sowohl Wesensmerkmale der Vermietung als auch Wesensmerkmale des Verkaufs innewohnen, fallen dabei unter die Regelungen für **Unternehmensgewinne** (Art. 7 OECD-Modell). Damit erfolgt eine Besteuerung nur bei Vorhandensein einer Betriebsstätte.[38] Bis 1992 hingegen war im OECD-Kommentar festgelegt, dass die mit dem Leasingvertrag zusammenhängenden Vergütungen unter die Lizenzregel (Art. 12 OECD-Modell) zu subsumieren sind, so dass es i. d. R. zu einer Besteuerung von Leasing-

---

[35] Vgl. BFH v. 27. 2. 1991, BStBl 1991 II, S. 444; BFH v. 27. 2. 1991, BFH/NV 1992, S. 385; BFH v. 10. 8. 2006, BFH/NV 2006, S. 2326; BFH v. 17. 10. 2007, BFH/NV 2008, S. 869; BFH v. 19. 12. 2007, BStBl 2008 II, S. 510. Vgl. hierzu auch Blumers, W., DB 2008, S. 1765 ff., 2. Kapitel, Abschnitt B; 4. Kapitel, Abschnitt B II; 5. Teil, 2. Kapitel. Sofern sich die Rechtsprechung des BFH auf den Outbound-Fall bezieht, ist die Sichtweise des BFH auch für den Inbound-Fall anzuwenden, da die Einordnung der Einkünfte in die Einkunftsarten des DBA nicht von der Richtung des Zahlungsstromes abhängen kann. Vgl. Piltz, D.J., Qualifikationskonflikte, 1993, S. 44; Lüdicke, J., StbKR 1996, S. 426.
[36] Vgl. z. B. Krause, M., IFA Seminar Series 1989, S. 32 ff.; Maisto, G., IFA Seminar Series 1989, S. 40 ff.; Müller-Seils, H.-J., IWB, Fach 1, IFA-Mitteilungen, S. 1447 ff.; Sonntag, K., IWB, Fach 1, IFA-Mitteilungen, S. 1427 ff.
[37] Vgl. OECD-Kommentar, Art. 12, Anm. 11.6.
[38] Vgl. Streu, V., IWB, Fach 10, International, Gruppe 2, S. 1320 f.; OECD-Kommentar, Art. 12, Anm. 9. Zu den Abgrenzungskriterien im deutschen Steuerrecht vgl. die Leasing-Erlasse (BMF-Schreiben v. 19. 4. 1971, BStBl 1971 I, S. 264; BMF-Schreiben v. 21. 3. 1972, BStBl 1972 I, S. 188; BMF-Schreiben v. 22. 12. 1975, BB 1976, S. 72). Näheres hierzu findet sich auch im 6. Teil, 7. Kapitel, Abschnitt B II.

geschäften im Quellenstaat und damit aufgrund der geringen Gewinnspanne bei Leasinggeschäften u. U. zu einer Überbesteuerung an der Quelle kam.[39]

Bei der **Betriebsaufspaltung über die Grenze** gestaltet sich die Subsumtion der Einkünfte eines ausländischen Besitzunternehmens unter die Einkunftskategorien eines DBA wesentlich unproblematischer als der gleiche Vorgang im Rahmen der nationalen Steuergesetzgebung. Zwar können auch hier Zuordnungskonflikte auftreten, jedoch lassen sich diese über die im OECD-Modell enthaltenen Regelungen zum Rangverhältnis der einzelnen Vorschriften lösen.

Beispiel: Ein Steuerausländer verpachtet einer inländischen Kapitalgesellschaft ein im Inland (Deutschland) belegenes Grundstück, auf welchem sich die Fabrikationsstätten befinden, in denen die Kapitalgesellschaft ihr Gewerbe ausübt. Der Steuerausländer ist gleichzeitig einziger Gesellschafter der Kapitalgesellschaft. Die Voraussetzungen des Instituts der Betriebsaufspaltung im Hinblick auf die sachliche und personelle Verflechtung sind damit erfüllt.

Die Dividendeneinkünfte des Steuerausländers können sowohl unter die Dividendenregel (Art. 10 OECD-Modell) als auch unter den Art. 7 des OECD-Modells für Unternehmensgewinne eingeordnet werden. Im Hinblick auf die Verpachtungseinkünfte sind die Art. 6 und 7 des OECD-Modells angesprochen. Da auf der Abkommensebene grundsätzlich den spezielleren Vorschriften Vorrang vor den allgemeinen Vorschriften der Unternehmensbesteuerung eingeräumt wird (Art. 7 Abs. 7 OECD-Modell), sind die Dividendeneinkünfte nach Maßgabe der Dividendenregelung zu behandeln. Ein anderes Ergebnis käme nur dann zustande, wenn der Steuerausländer eine Betriebsstätte im Inland unterhält und die Beteiligung eine tatsächlich-funktionale Bedeutung für deren Tätigkeit hat. In diesen Fällen greift der Betriebsstättenvorbehalt (Art. 10 Abs. 4 OECD-Modell); relevante Abkommensnorm wäre dann wiederum Art. 7 OECD-Modell.[40]

Die Verpachtungseinkünfte sind nach Art. 6 Abs. 4 i.V.m. Art. 7 Abs. 7 OECD-Modell in jedem Fall den Einkünften aus unbeweglichem Vermögen zuzurechnen. Das Belegenheitsprinzip erhält sogar dann Priorität, wenn im Inland gleichzeitig eine Betriebsstätte existiert.[41]

Die Konsequenzen der Einkunftsqualifikation für die jeweiligen Besteuerungsbefugnisse zeigen, dass – bei Nichtanwendung der isolierenden Betrachtungsweise im nationalen Recht – ein Verzicht des Quellenstaates (also der Bundesrepublik Deutschland) auf die steuerliche Erfassung der Einkünfte des Besitzunternehmens aufgrund von Widersprüchlichkeiten zwischen den

---

[39] Vgl. OECD-Kommentar, Art. 12, Anm. 9; sowie 3. Teil, 1. Kapitel, Abschnitt A II der 4. Auflage. Da einige OECD-Staaten nach wie vor nicht bereit sind, auf die Besteuerung von Leasinggeschäften zu verzichten, folgen sie noch immer dieser Regelung. Vgl. Vogel, K./Lehner, M., DBA-Kommentar, Art. 12, Anm. 54.
[40] Vgl. ausführlich dazu Ronge, E., PIStB 2000, S. 140 ff. Teilweise a. A. siehe Debatin, H./Wassermeyer, F., Doppelbesteuerung, Art. 7, Anm. 34. Zur neueren Auffassung der Finanzverwaltung, wonach diese Verpachtungseinkünfte eine Betriebsstätte in Deutschland und folglich Unternehmensgewinne (Art. 7 OECD-Modell) begründen vgl. Haun, J./Reiser, H., GmbHR 2007, S. 917 f.
[41] Vgl. Koch, M./Kiwit, D., PIStB 2005, S. 185 f. Die Einkünfte aus unbeweglichem Vermögen dürfen zwar in die Betriebsstätteneinkünfte einbezogen werden, jedoch ergibt sich die Besteuerungskompetenz aus Art. 6, nicht aus Art. 7 OECD-Modell; vgl. Vogel, K./Lehner, M., DBA-Kommentar, Art. 6, Anm. 201.

1. Kapitel. Grenzüberschreitende Direktgeschäfte

Grundwertungen der nationalen Unternehmensbesteuerung und der beschränkten Steuerpflicht, wie z. B. im Falle der Verpachtung von unbeweglichem Vermögen, dann zu einer doppelten Nichtbesteuerung führen würde, wenn diese Einkünfte im Ansässigkeitsstaat freigestellt werden. Dies ist darauf zurückzuführen, dass der Ansässigkeitsstaat des Steuerausländers wegen des Belegenheitsprinzips über kein Besteuerungsrecht verfügt.

B. Durchführung der laufenden Besteuerung

I. Nationales Recht

Die **Erhebung der Quellensteuern i. S. d.** § 49 EStG erfolgt im Grundsatz wie bei im Inland unbeschränkt Steuerpflichtigen, also im Rahmen des Veranlagungsverfahrens nach § 25 EStG. Allerdings gilt dies nur in den Fällen, in denen Einkünfte erwirtschaftet werden, die in verhältnismäßig enger Verbindung mit einem örtlichen Bezugspunkt im Inland (Deutschland) stehen, wie z. B. bei Einkünften aus Vermietung und Verpachtung von im Inland belegenen Grundstücken. In allen anderen und somit in einer Vielzahl von Fällen werden die Quellensteuern dagegen regelmäßig durch ein Abzugsverfahren erhoben, welches bei

- Einkünften aus nichtselbständiger Arbeit (Lohnsteuer, §§ 38 und 39 d EStG),
- Einkünften aus Kapitalvermögen (Kapitalertragsteuer, § 43 EStG),
- Einkünften aus im Inland ausgeübten künstlerischen, sportlichen, artistischen, unterhaltenden oder ähnlichen[42] Darbietungen (§ 50 a Abs. 1 Nr. 1 EStG) und deren inländische Verwertung (§ 50 a Abs. 1 Nr. 2 EStG),
- Einkünften aus der Nutzungsüberlassung von Rechten (§ 50 a Abs. 1 Nr. 3 EStG) sowie
- Vergütungen für die Überwachung der Geschäftsführung von Gesellschaften, wie bspw. Aufsichtsratsvergütungen (§ 50 a Abs. 1 Nr. 4 EStG),

Anwendung findet.

Hinsichtlich der Durchführung der laufenden Besteuerung ist somit zwischen den Einkünften zu unterscheiden, die

(a) abschließend dem Steuerabzug unterliegen, und denen die
(b) durch ein Veranlagungsverfahren erhoben werden.[43]

Einer solchen differenzierten Betrachtung bedarf es insbesondere deshalb, weil grundsätzlich nur im Rahmen der Veranlagung eine Nettobesteuerung gewährleistet wird, durch die Betriebsausgaben oder Werbungskosten Berücksichtigung finden. Dabei sind allerdings z. T. Abweichungen zwischen EU-/EWR-Sachverhalten und Sachverhalten von Drittstaatsangehörigen zu beachten. Die Synopse (siehe Abbildung 8) gibt dabei einen zusammenfassenden Überblick über das Steuerabzugsverfahren im Rahmen der beschränkten Steuerpflicht in Deutschland.

---

[42] Der Begriff der „ähnlichen Darbietungen" ist weit auszulegen und setzt insbesondere voraus, dass die Darbietung zum Grenzbereich der ausdrücklich genannten, anderen Darbietungen gehört sowie einen eigenschöpferischen Charakter aufweist, vgl. BFH v. 17. 10. 2007, BFH/NV 2008, S. 356.
[43] Vgl. auch Blümich, W., Einkommensteuergesetz, § 50 EStG, Anm. 11.

Abbildung 8: Prüfschema zum Steuerabzugsverfahren für beschränkt Steuerpflichtige (§ 49 EStG)

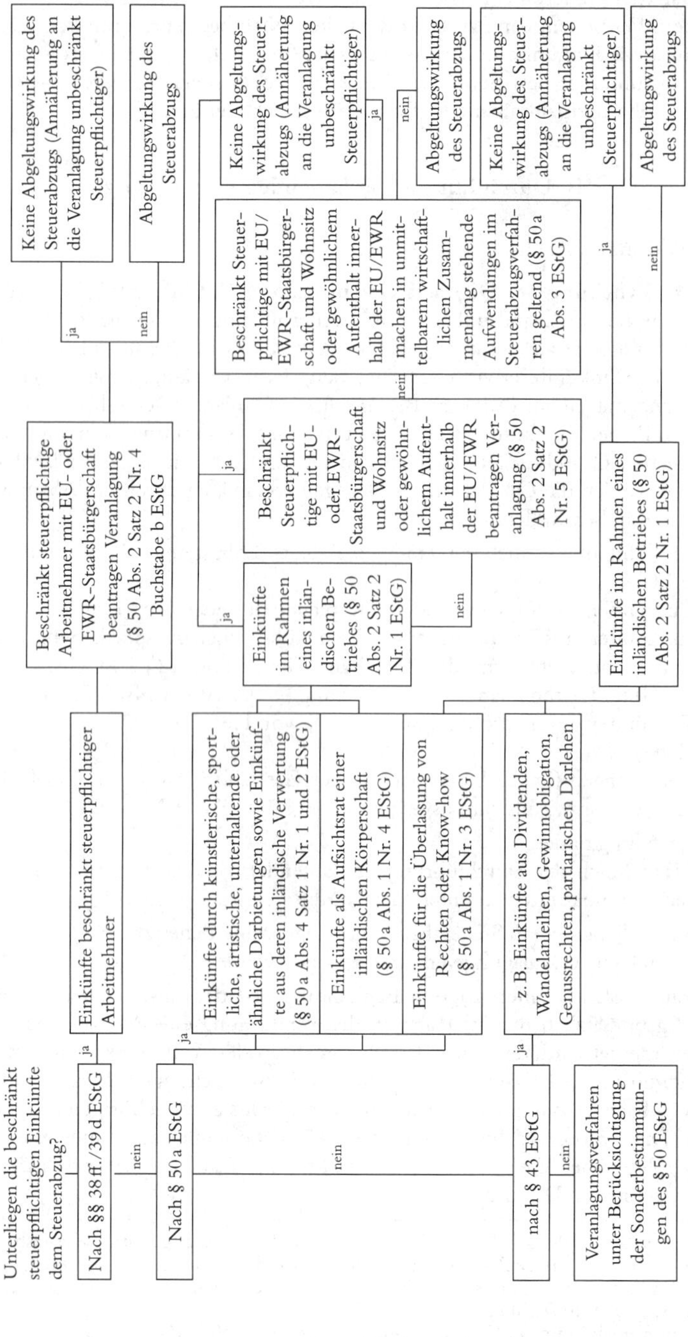

1. Kapitel. Grenzüberschreitende Direktgeschäfte

Zu (a): Beim **Abzugsverfahren** knüpft die Besteuerung an den vollen Betrag der Einnahmen an (§ 43a Abs. 2 EStG, § 50a Abs. 2 Satz 1 EStG). Dadurch hat die Abgeltungswirkung des Steuerabzuges (§§ 43 Abs. 5 Satz 1 und 50 Abs. 2 Satz 1 EStG, § 32 Abs. 1 Nr. 2 KStG) entsprechend dem Grundgedanken einer Abzugsteuer zur Folge, dass weder die den Einnahmen zugrunde liegenden Aufwendungen berücksichtigt noch Verluste zwischen solchen Einkünften, die dem Steuerabzug unterlegen haben, und anderen Einkünften ausgeglichen werden können.[44]

Erzielen beschränkt einkommensteuerpflichtige Arbeitnehmer Einkünfte aus nichtselbständiger Arbeit, so wird die Einkommensteuer durch **Abzug vom Arbeitslohn** erhoben, soweit die Vergütungen von einem inländischen Arbeitgeber oder zulasten einer inländischen Betriebsstätte[45] gezahlt werden (§§ 38 und 39d EStG). Im Rahmen dieses Lohnsteuerabzuges werden einerseits der progressive Verlauf des Einkommensteuertarifs und andererseits u. a. der Grundfreibetrag sowie der Arbeitnehmerpauschbetrag zeitanteilig berücksichtigt. Liegt dagegen bei beschränkt Steuerpflichtigen (z. B. bei Sportlern oder Künstlern) eine Anstellung (bei einem inländischen Arbeitgeber) nicht vor, erfolgt statt dem Lohnsteuerabzug eine Veranlagung.

Allerdings unterliegen diese Sportler und Künstler mit ihren Einkünften – ebenso wie beschränkt steuerpflichtige Einkünfte aus der Nutzungsüberlassung von Rechten und Aufsichtsratsvergütungen – dem **Abzugsverfahren nach § 50a EStG**. Der Einkommensteuersatz ist pauschaliert[46] und beträgt je nach Einkunftsart 15 oder 30% (§ 50a Abs. 2 Satz 1 EStG): 15% sowohl für Einkünfte aus im Inland ausgeübten künstlerischen, sportlichen, artistischen, unterhaltenden oder ähnlichen Darbietungen sowie aus deren inländischer Verwertung als auch für Einkünfte aus der Nutzungsüberlassung von Rechten, 30% für Aufsichtsrats- sowie vergleichbare Vergütungen. Aufwendungen bleiben dabei unberücksichtigt (Bruttobesteuerung),[47] wenngleich ersetzte oder übernommene Reisekosten nicht zu den Bruttoeinnahmen zählen (§ 50a Abs. 2 Satz 2 EStG).

Besonderheiten gelten jedoch für diejenigen beschränkt Steuerpflichtigen, die Staatsangehörige eines Mitgliedstaates der **EU/EWR** sind und zugleich auch ihren Wohnsitz oder gewöhnlichen Aufenthalt in einem dieser Staaten haben (natürliche Personen) bzw. die entsprechend § 32 Abs. 4 KStG nach den Rechtsvorschriften eines EU-/EWR-Staates gegründet wurden sowie ihren Sitz und ihre Geschäftsleitung in einem dieser Staaten haben (Kapitalgesellschaften). Bei diesen können gem. § 50a Abs. 3 EStG mit bestimmten Einnahmen in unmittelbarem wirtschaftlichem Zusammen-

---

[44] Vgl. auch die Gesetzesbegründung in BT-Drs. 16/10189, S. 79f.; sowie Lüdicke, J./Kempf, A./Brink, T., Verluste, 2010, S. 266 ff.
[45] Zu den Merkmalen einer Betriebsstätte vgl. 2. Kapitel, Abschnitt A.
[46] Zur Pauschalbesteuerung sowie ihrer Rechtfertigung vgl. Lüdicke, J., Spannungsverhältnis, 1997, S. 653 f.; Weerth, J. de, RIW 1997, S. 484; Schaumburg, H., Steuerrecht, 1998, S. 235; Dautzenberg, N., StuB 2002, S. 474.
[47] Durch diesen verhältnismäßig niedrigen Einkommensteuersatz werden Betriebsausgaben bzw. Werbungskosten indirekt berücksichtigt. Vgl. die Gesetzesbegründung in BT-Drs. 16/10189, S. 84.

hang[48] stehenden Betriebsausgaben bzw. Werbungskosten auf Antrag sofort bei Erhebung der Steuer zum Abzug gebracht werden; vorausgesetzt, der Vergütungsschuldner hat vom Vergütungsempfänger Informationen über die Höhe der Aufwendungen.[49] Diese unter EU-rechtlichen Gesichtspunkten notwendige,[50] **optionale Nettobesteuerung** besteht sowohl bei Einkünften aus im Inland ausgeübten künstlerischen, sportlichen, artistischen, unterhaltenden oder ähnlichen Darbietungen sowie aus deren inländischer Verwertung als auch bei Aufsichtsrats- sowie vergleichbaren Vergütungen. Zum „Ausgleich" beträgt der Steuerabzug auf die Nettoeinnahmen bei natürlichen Personen allerdings nicht mehr 15%, sondern einheitlich 30%.[51] Bei beschränkt steuerpflichtigen Kapitalgesellschaften kommt dagegen korrespondierend zum allgemeinen (Netto-)Steuersatz des § 23 Abs. 1 KStG sowohl hinsichtlich der optionalen Nettobesteuerung als auch bei der Bruttobesteuerung ein einheitlicher Steuersatz i. H. v. 15% zur Anwendung.[52] Unter dem Gesichtspunkt der Steuerminimierung sollte in diesem Fall sowie bei Aufsichtsratsvergütungen (konstanter Steuerabzug i. H. v. 30%) stets die Option zur Nettobesteuerung gewählt werden. Bei den anderen Einkünften ist aufgrund des gestiegenen Steuersatzes erst dann zu optieren, wenn die Aufwendungen mehr als 50% der Bruttoeinnahmen betragen.

Da jede Zahlung einer Vergütung i. S. d. § 50a Abs. 1 EStG einem Steuerabzug unterliegt, wäre dieser selbst dann vorzunehmen, wenn eine Vergütung von einem beschränkt steuerpflichtigen Gläubiger an einen weiteren beschränkt Steuerpflichtigen weitergereicht wird;[53] in diesem Fall würde auf beiden Stufen ein Steuerabzug vorgenommen werden (Kaskadeneffekt). Um eine aus diesem **mehrstufigen Steuerabzug** resultierende Doppelbesteuerung zu vermeiden, wird nach § 50a Abs. 4 EStG vom Steuerabzug auf der zweiten Stufe dann abgesehen, wenn auf der ersten Stufe die Bruttoeinnahmen bereits einem Steuerabzug unterlegen haben. Wird dagegen die Nettobesteuerung nach § 50a Abs. 3 EStG oder eine Veranlagung beantragt oder kommt es zu einer Erstattung der Abzugsteuern (z. B. nach § 50d Abs. 1 EStG), so ist auch auf der zweiten Stufe ein steuersystematisch gerechtfertigter Steuerabzug vorzunehmen, da in diesen Fällen die Gefahr einer Doppelbesteuerung grundsätzlich nicht mehr besteht.

Beispiel zum mehrstufigen Steuerabzug: Eine in Belgien ansässige Konzertagentur vereinbart mit einem deutschen Konzertveranstalter den Auftritt eines belgischen

---

[48] Grundsätzlich unproblematisch ist dabei aus EU-rechtlicher Sicht, dass nur unmittelbare, nicht jedoch mittelbare Aufwendungen zum Abzug im Steuererstattungsverfahren zugelassen werden. Vgl. EuGH v. 15. 2. 2007 (Centro Equestre), EuGHE 2007, S. I–1425. Zur Abgrenzung von unmittelbaren und mittelbaren Betriebsausgaben vgl. Hartmann, R., DB 2009, S. 199.

[49] Außerdem ist es erforderlich, dass der Vergütungsschuldner die Aufwendungen in einer für das Finanzamt nachprüfbaren Form nachgewiesen hat oder die Aufwendungen vom Schuldner der Vergütung übernommen sind. Vgl. Blümich, W., Einkommensteuergesetz, § 50a EStG, Anm. 35.

[50] Vgl. EuGH v. 3. 10. 2006 (FKP Scorpio Konzertproduktionen), EuGHE 2006, S. I–9461; EuGH v. 15. 2. 2007 (Centro Equestre), EuGHE 2007, S. I–1425.

[51] Vgl. auch die Gesetzesbegründung in BT-Drs. 16/10189, S. 84.

[52] Unter EU-rechtlichen Gesichtspunkten kritisch hierzu Hartmann, R., DB 2009, S. 200f.

[53] Vgl. auch BFH v. 22. 8. 2007, BStBl 2008 II, S. 190.

Künstlers. Auf der ersten Stufe nimmt der deutsche Konzertveranstalter für die Vergütung an die beschränkt steuerpflichtige, belgische Konzertagentur den Steuerabzug vor. Ein Steuerabzug auf der zweiten Stufe bei der von der belgischen Konzertagentur an den ebenfalls in Deutschland beschränkt steuerpflichtigen, belgischen Künstler gezahlten Vergütung kann nach § 50a Abs. 4 EStG dagegen unterbleiben. Optiert die belgische Konzertagentur dagegen zur Nettobesteuerung nach § 50a Abs. 3 EStG, so dass die Vergütungen an den belgischen Künstler als Aufwendungen auf der ersten Stufe berücksichtigt werden können, hat der Steuerabzug auch auf der zweiten Stufe zu erfolgen.

Ebenso kommt es gem. § 43 EStG bei den Einkünften aus Kapitalvermögen regelmäßig zum abgeltenden Steuerabzug vom Kapitalertrag (z. B. bei Dividenden).[54] Dieser beträgt nach § 43a Abs. 1 EStG sowohl für natürliche Personen als auch für Kapitalgesellschaften grundsätzlich einheitlich 25% (zuzüglich Solidaritätszuschlag). Letztere können dabei gem. § 44a Abs. 9 EStG eine Erstattung i. H. v. zwei Fünftel beantragen, sofern sie die Substanzerfordernisse des § 50d Abs. 3 EStG erfüllen und deren Gesellschafter ebenfalls entlastungsberechtigt, also Kapitalgesellschaften sind.[55] Im Ergebnis wird die **Kapitalertragsteuer nach § 43 Abs. 1 EStG** auf 15% reduziert und somit an den Tarif für unbeschränkt steuerpflichtige Kapitalgesellschaften angeglichen.[56] Allerdings wird die Abzugsteuer jeweils auf den vollen Kapitalertrag einbehalten, also auch auf den Teil der Erträge, der eigentlich nach § 3 Nr. 40 EStG bzw. § 8b Abs. 1 KStG steuerfrei zu stellen ist (§ 43 Abs. 1 Satz 3 EStG). Aufgrund der Abgeltungswirkung der Kapitalertragsteuer bei beschränkt Steuerpflichtigen kommt es somit im Rahmen des Abzugsverfahrens weder zur Anwendung des Teileinkünfteverfahrens noch des körperschaftsteuerlichen Beteiligungsprivilegs.[57] Eine solche definitive Steuerbelastung durch Quellensteuern auf Dividendenzahlungen an ausländische Kapitalgesellschaften mit Ansässigkeit in der EU/EWR, die nicht der Mutter-Tochterrichtlinie unterliegen, kollidiert allerdings mit dem EU-Recht, da inländische Kapitalgesellschaften die Kapitalertragsteuer i. S. einer Vorauszahlung anrechnen können bzw. erstattet bekommen.[58] Ein Anspruch auf Entlastung von der Quellensteuer besteht regelmäßig dann, wenn der Ansässigkeitsstaat keine vollständige Anrechnung vorsieht[59] oder auf inländische Dividenden keine Kapitalertragsteuer erhebt.[60]

---

[54] Da Zinsen im Rahmen der beschränkten Steuerpflicht grundsätzlich nicht steuerbar sind, kann es nicht zu einem Steuerabzug vom Kapitalertrag kommen.
[55] Vgl. Grotherr, S., IWB, Fach 3, Deutschland, Gruppe 1, S. 2379, Zu den Substanzerfordernissen vgl. 3. Kapitel, Abschnitt B I. Kritisch hierzu siehe Dörfler, O./Rautenstrauch, G./Adrian, G., BB 2009, S. 583.
[56] Vgl. auch die Gesetzesbegründung in BR-Drs. 220/07, S. 111f.
[57] Vgl. stellvertretend für viele Grotherr, S., IWB, Fach 3, Deutschland, Gruppe 1, S. 1724; Fock, T.H., RIW 2001, S. 111ff.; Wagner, N., Der Konzern 2008, S. 337; Baumgärtel, M./Lange, U., Ubg 2008, S. 525ff.; sowie 3. Kapitel, Abschnitt B I 2a). Hilfreich kann hier die Zwischenschaltung einer Personengesellschaft sein. Vgl. 4. Kapitel, Abschnitt B I 1a) (1).
[58] Vgl. EFTA-Gerichtshof v. 23. 11. 2004 (Fokus Bank), IStR 2005, S. 55; EuGH v. 14. 12. 2006 (Denkavit), EuGHE 2006, S. I–11949; EuGH v. 8. 11. 2007 (Amurta), EuGHE 2007, S. I–9569; EuGH v. 18. 6. 2009 (Aberdeen), IStR 2009, S. 499; EuGH v. 1. 10. 2009 (Gaz de France), IStR 2009, S. 774; sowie u. a. Baumgärtel, M./Lange, U., Ubg 2008, S. 525ff.; Lang, M., IStR 2009, S. 539ff.
[59] Vgl. BFH v. 22. 4. 2009, BFHE 224, S. 556.
[60] Vgl. EuGH v. 12. 2. 2009 (Margarete Block), IStR 2009, S. 175. Siehe auch Rust, A., DStR 2009, S. 2576.

Zu (b): Soweit eine Steuererhebung im Wege des Abzugsverfahrens nicht vorgesehen ist, kommt ein **Veranlagungsverfahren** zur Anwendung. Dies gilt bspw. für gewerbliche Einkünfte i. S. d. § 49 Abs. 1 Nr. 2 Buchstabe a EStG, für gewerbliche Einkünfte aus der Veräußerung sowie Vermietung und Verpachtung von unbeweglichem Vermögen oder Sachinbegriffen i. S. d. § 49 Abs. 1 Nr. 2 Buchstabe f EStG,[61] für Einkünfte aus der Vermietung von inländischen Grundstücken i. S. von § 49 Abs. 1 Nr. 6 EStG wie auch bei beschränkt steuerpflichtigen Arbeitnehmern, deren nichtselbständige Arbeit zwar im Inland ausgeübt wird, die aber weder dem Lohnsteuerabzug noch dem Steuerabzug nach § 50 a EStG unterliegen.

Darüber hinaus wird auch dann ein Veranlagungsverfahren durchgeführt, wenn zwar die Steuer im Rahmen eines Abzugsverfahrens erhoben (§ 38 EStG, § 43 EStG, § 50 a EStG), die Abgeltungswirkung aber aufgehoben wird (mit der Folge, dass die Abzugsteuer auf die Einkommen- bzw. Körperschaftsteuer angerechnet wird).[62] So entfällt die abgeltende Wirkung für die Fälle, in denen Einkünfte eines inländischen Betriebes vorliegen (§ 50 Abs. 2 Satz 2 Nr. 1 EStG, § 32 Abs. 1 Nr. 2 KStG). Gehören bspw. Anteile an einer Kapitalgesellschaft zum Betriebsvermögen der inländischen Betriebsstätte eines beschränkt Steuerpflichtigen, kommt bei Beteiligungserträgen das Teileinkünfteverfahren bzw. das körperschaftsteuerliche Beteiligungsprivileg zur Anwendung. Bei der im Inland stattfindenden Veranlagung unterliegen die Dividenden daher entweder nur zu 60% (§ 3 Nr. 40 EStG) oder gar nicht (§ 8 b Abs. 1 KStG) der Besteuerung. Daneben kommt es insbesondere auch dann nicht zu einer Abgeltungswirkung des Steuerabzuges, wenn

– nachträglich festgestellt wird, dass insbesondere bei beschränkt steuerpflichtigen Arbeitnehmern die Voraussetzungen der fiktiven unbeschränkten Steuerpflicht (§ 1 Abs. 2 oder 3, § 1 a EStG) nicht vorlagen (§ 50 Abs. 2 Satz 2 Nr. 2 EStG),
– der Steuerpflichtige innerhalb eines Kalenderjahres sowohl unbeschränkt als auch beschränkt steuerpflichtig ist (§ 50 Abs. 2 Satz 2 Nr. 3 EStG, § 32 Abs. 2 Nr. 1 KStG) oder
– der Steuerpflichtige für Einkünfte aus künstlerischen, sportlichen, artistischen, unterhaltenden oder ähnlichen Darbietungen und deren Verwertung, für Aufsichtsrats- und ähnliche Vergütungen (§ 50 Abs. 2 Satz 2 Nr. 5 EStG, § 32 Abs. 2 Nr. 2 KStG) sowie für im Inland erzielte Einkünfte aus nichtselbständiger Arbeit (§ 50 Abs. 2 Satz 2 Nr. 4 Buchstabe b EStG)[63] eine

---

[61] Vgl. Hendricks, M., IStR 1997, S. 229 ff. Zum Einbezug der Vermietungseinkünfte durch das JStG 2009 vgl. Lindauer, J./Westphal, A., BB 2009, S. 420 ff.

[62] Angesichts praktischer und europarechtlicher Aspekte so bereits Haarmann, W./Fuhrmann, S., IStR 2003, S. 559; Reuter, H.-G./Klein, M., IStR 2003, S. 636; Schnitger, A., FR 2003, S. 756; Cordewener, A., IStR 2004, S. 114 ff.; Lang, M., IStR 2005, S. 290.

[63] Hierdurch werden die Vorgaben des EuGH zur verfahrensrechtlichen Gleichstellung eingehalten, da beschränkt steuerpflichtige Arbeitnehmer unabhängig von der Höhe der in Deutschland steuerpflichtigen Einkünfte einen Anspruch auf den Lohnsteuerjahresausgleich haben. Verfahrensrechtliche Benachteiligungen dürften somit auszuschließen sein. Vgl. EuGH v. 8. 5. 1990 (Biehl), EuGHE 1990, S. I–1779; EuGH v. 14. 2. 1995 (Schumacker), EuGHE 1995, S. I–225; sowie dazu Grützner, D., NWB, Fach 3, S. 9570. Vgl. auch Lüdicke, J., StbKR 1996, S. 407 f.; Holthaus, J., IWB, Fach 3, Deutschland, Gruppe 3, S. 1429 ff.

1. Kapitel. Grenzüberschreitende Direktgeschäfte 273

Veranlagung beantragt.⁶⁴ Dies gilt jedoch nur für Staatsangehörige eines Mitgliedstaates der EU/EWR, die zugleich auch ihren Wohnsitz oder gewöhnlichen Aufenthalt in einem dieser Staaten haben, bzw. für nach den Rechtsvorschriften eines EU-/EWR-Staates gegründete Kapitalgesellschaften, die ihren Sitz und Geschäftsleitung in einem dieser Staaten haben.⁶⁵

Trotz Ausübung des Veranlagungswahlrechtes wird aber (sofern vorgesehen) weiterhin der Steuerabzug vorgenommen, so dass es bei beschränkt Steuerpflichtigen zu Zins- und Liquiditätsnachteilen sowie Haftungsrisiken beim Vergütungsschuldner kommen kann. Sofern der Steuerabzug nicht auch bei Inländern angewendet wird (so bspw. beim Steuerabzug nach § 50 a EStG), liegt eine EU-rechtlich bedenkliche Beschränkung des freien Dienstleistungsverkehrs vor. Allerdings könnte sich diese Beschränkung durch die Gewährleitung einer effizienten Besteuerung rechtfertigen lassen.⁶⁶

Die inländische Veranlagung im Rahmen der beschränkten Steuerpflicht führt dazu, dass hinsichtlich der einbezogenen Einkünfte sowohl der innerperiodische Verlustausgleich und der Verlustabzug nach § 10 d EStG gewährt werden als auch Aufwendungen berücksichtigt werden, also im Grundsatz eine **Nettobesteuerung** erfolgt,⁶⁷ und somit eine europarechtskonforme Besteuerung gewährleistet ist.⁶⁸ Allerdings dürfen Betriebsausgaben bzw. Werbungskosten nur dann abgezogen werden, wenn sie mit inländischen Einkünften in (unmittelbarem oder mittelbarem) wirtschaftlichem Zusammenhang stehen (§ 50 Abs. 1 Satz 1 EStG). Der **Steuersatz** bemisst sich im Veranlagungsverfahren durchgängig nach dem Tarif, der auch für unbeschränkt Steuerpflichtige gilt (§ 50 Abs. 1 Satz 2 EStG), sich also aus § 32 a EStG ergibt. Hierdurch wird eine Tarifdifferenzierung zu Lasten beschränkt Steuerpflichtiger vermieden, so dass auch diesbezüglich eine europarechtskonforme Besteuerung sichergestellt ist.⁶⁹ Allerdings wird beschränkt Steuer-

---

⁶⁴ Zu praktischen, durch eine Veranlagung entstehende Probleme vgl. Lüdicke, J., IStR 2009, S. 206 f.
⁶⁵ Beschränkt steuerpflichtige Arbeitnehmer aus Drittländern, die dem Lohnsteuerabzug unterliegen, werden ebenfalls veranlagt, wenn sie sich auf ihre Bescheinigung nach § 39 d Abs. 2 EStG einen Freibetrag für Spenden oder Werbungskosten haben eintragen lassen, § 50 Abs. 2 Satz 2 Nr. 4 Buchstabe a EStG.
⁶⁶ Vgl. EuGH v. 3. 10. 2006 (FKP Scorpio Konzertproduktionen), EuGHE 2006, S. I–9461; EuGH v. 22. 12. 2008 (Truck Center), IStR 2009, S. 135. Mit der Beitreibungsrichtlinie (zuletzt geändert durch Richtlinie 2010/24/EU des Rates v. 16. 3. 2010, Abl. 2010, Nr. L 84, S. 1) sowie der Vereinbarung einiger Vollstreckungsabkommen könnte eine solche Rechtfertigung allerdings nicht mehr haltbar sein. Vgl. u. a. Schroen, O. C., NWB, Fach 3, S. 14258 ff.; Eicker, K./Seiffert, S., BB 2007, S. 360 f. A. A. BFH v. 29. 11. 2007, BStBl 2008 II, S. 199; Holthaus, J., IStR 2008, S. 95 ff.
⁶⁷ Vgl. auch Lüdicke, J./Kempf, A./Brink, T., Verluste, 2010, S. 266 ff.
⁶⁸ Zu europarechtlichen Anforderungen vgl. EuGH v. 15. 5. 1997 (Futura-Singer), EuGHE 1997, S. I–2471; EuGH v. 3. 10. 2006 (FKP Scorpio Konzertproduktionen), EuGHE 2006, S. I–9461.
⁶⁹ Zu den europarechtlichen Anforderungen vgl. EuGH v. 27. 6. 1996 (Asscher), EuGHE 1996, S. I–3089; EuGH v. 6. 10. 2009 (Kommission/Spanien), IStR 2009, S. 812. Insbesondere kann ein pauschaler Mindeststeuersatz zu einer EU-rechtswidrigen Diskriminierung führen. Vgl. EuGH v. 12. 6. 2003 (Gerritse), EuGHE 2003, S. I–5933. Siehe hierzu ausführlich zudem Cordewener, A., IStR 2004, S. 109 ff. Zuvor bereits Herzig, N./Dautzenberg, N., DB 1997, S. 13; Fehrenbacher, O., BB 2001, S. 1774 ff.

pflichtigen der Grundfreibetrag[70] nicht gewährt,[71] außer es handelt sich um im Inland erzielte Einkünfte aus nichtselbständiger Arbeit. Im Gegensatz zu anderen beschränkt Steuerpflichtigen wird bei allen beschränkt steuerpflichtigen Arbeitnehmern – und nicht nur bei Staatsangehörigen eines Staates innerhalb der EU/EWR – vielmehr der volle (und nicht nur der zeitanteilige)[72] Grundfreibetrag berücksichtigt. Hiermit verbunden ist, dass der Steuerpflichtige sein Welteinkommen offen zu legen hat, so dass ein positiver[73] bzw. negativer Progressionsvorbehalt greifen kann (§ 32b Abs. 1 Satz 1 EStG).[74] Falls ausländische Verluste die inländischen Einkünfte übersteigen, führt dies letztlich zu einem Fortfall der Steuerbelastung im Quellenstaat.[75] Weiterhin ist im Rahmen des Veranlagungsverfahrens die Ermäßigung der Einkommensteuer bei gewerblichen Einkünften um das 3,8fache des Steuermessbetrags zu beachten (§ 35 EStG).

Im Ergebnis lässt sich festhalten, dass die Steuererhebung im Rahmen der beschränkten Steuerpflicht in Deutschland immer stärker an die Veranlagung unbeschränkt Steuerpflichtige angenähert wird. Dies ist letztlich dem EU-Recht geschuldet. Im Vergleich zu unbeschränkt Steuerpflichtigen ergibt sich durch die Anrechnung der Abzugsbeträge eine gleich hohe Steuerschuld. Fraglich ist allerdings, ob die durch ein nationales Steuerabzugsverfahren hervorgerufenen Zins- und Liquiditätsnachteile bei EU-Staatsangehörigen mit den relevanten Vorgaben des EU-Rechts in Einklang stehen.[76] Abgesehen von dieser grundsätzlichen Problematik steht die Steuererhebung – insbesondere durch das Veranlagungswahlrecht und die Abzugsmöglichkeit von bestimmten Aufwendungen im Rahmen der §§ 50 und 50a EStG – weitestgehend im Einklang mit dem EU-Recht.[77] Allerdings fehlt eine Rechtfertigung dafür, dass weder eine optionale Nettobesteuerung (§ 50a Abs. 3 EStG) noch ein Veranlagungswahlrecht (§ 50 Abs. 2 Satz 2 Nr. 5 EStG) solchen beschränkt Steuerpflichtigen innerhalb der EU/EWR zur Verfügung steht, deren Einkünfte dem Steuerabzug nach § 50a Abs. 1 Nr. 3 EStG (Nutzungsüberlassung von Rechten) unterliegen.

---

[70] Die Nichtgewährung des Grundfreibetrags ist damit zu rechtfertigen, dass aus EU-rechtlicher Sicht die persönlichen Verhältnisse im Rahmen der beschränkten Steuerpflicht nur berücksichtigt werden müssen, wenn die überwiegenden Einkünfte im Tätigkeitsstaat erzielt werden. Vgl. EuGH v. 14. 2. 1995 (Schumacker), EuGHE 1995, S. I–225.
[71] Technisch geschieht das dadurch, dass der Grundfreibetrag den Einkünften bei der Anwendung des tariflichen Steuersatzes hinzurechnen ist.
[72] Hierzu kritisch Hidien, J. W./Holthaus, J., IWB, Fach 3, Deutschland, Gruppe 1, S. 2413 ff.
[73] Dieser soll u. a. verhindern, dass der beschränkt Steuerpflichtige aufgrund unberücksichtigter Auslandseinkünfte von einer niedrigeren Progressionsstufe profitiert.
[74] Vgl. Dautzenberg, N., DB 1996, S. 2250; Froesch, T., IStR 2001, S. 51 ff.; Lüdicke, J., IStR 2001, S. 286; Voos, C., IWB, Fach 3, Deutschland, Gruppe 3, S. 1338; Schön, W., IStR 2004, S. 293, 295; Schmidt, L., Einkommensteuergesetz, § 32b EStG, Rz. 12.
[75] Vgl. Schön, W., IStR 2004, S. 293, 295; Cordewener, A., DStJG 2005, S. 276 ff.
[76] Verneinend vgl. EuGH v. 3. 10. 2006 (FKP Scorpio Konzertproduktionen), EuGHE 2006, S. I–9461; EuGH v. 22. 12. 2008 (Truck Center), IStR 2009, S. 135. Dem zustimmend BFH v. 29. 11. 2007, BStBl 2008 II, S. 195; Hartmann, R., DB 2009, S. 198. A. A. FG Berlin-Brandenburg v. 29. 8. 2007, EFG 2007, S. 1882; sowie stellvertretend für viele Grams, H./Schön, I., IStR 2007, S. 658 ff.
[77] Vgl. ebenso, wenn auch z. T. kritisch Rüping, H., IStR 2008, S. 575 ff.

1. Kapitel. Grenzüberschreitende Direktgeschäfte

Darüber hinaus ist anzumerken, dass beschränkt Steuerpflichtigen der Splittingtarif, der Sonderausgabenabzug und die Geltendmachung außergewöhnlicher Belastungen grundsätzlich versagt wird (§ 50 Abs. 1 Satz 3 EStG),[78] so dass den persönlichen Verhältnissen der Steuerpflichtigen im Rahmen der beschränkten Steuerpflicht durch die entsprechende Ausgestaltung der Steuererhebung weniger Beachtung geschenkt wird als bei der unbeschränkten Steuerpflicht. Dieser objektsteuerartige Charakter kann damit gerechtfertigt werden, dass mit dem Inlandseinkommen in der Regel nur ein Teil der Leistungsfähigkeit des beschränkt Steuerpflichtigen zum Ausdruck kommt. Daher sollen die die Leistungsfähigkeit beeinflussenden persönlichen Merkmale wie Ausgaben für haushaltsnahe Beschäftigungsverhältnisse sowie für die Kindeserziehung lediglich im Wohnsitzstaat berücksichtigt werden, da dort auch die Besteuerungskompetenz für das Welteinkommen liegt.[79]

Besonders schwerwiegend sind die Nachteile aus der weitgehenden Vernachlässigung der persönlichen Verhältnisse für beschränkt steuerpflichtige Arbeitnehmer (z. B. **Grenzgänger, Einpendler**), die ihre Einkünfte ausschließlich oder fast ausschließlich aus dem Inland (Deutschland) beziehen. In solchen Fällen befindet sich der Steuerpflichtige bei Nichtberücksichtigung der persönlichen Verhältnisse in einem Dilemma: Der Quellenstaat verweigert personenbezogene Entlastungen, weil diese vom Wohnsitzstaat zu gewähren sind; letzterer kann jedoch nicht entlasten, weil das Welteinkommen im Ausland (Deutschland) erzielt wird und im Inland nicht zu versteuern ist.[80]

Um letztendlich eine (EU-rechtswidrige) Ungleichbehandlung mit unbeschränkt Steuerpflichtigen zu vermeiden, können natürliche Personen, die im Inland weder Wohnsitz noch gewöhnlichen Aufenthalt haben, unabhängig von der Staatsangehörigkeit in Bezug auf ihre inländischen Einkünfte i. S. d. § 49 EStG seit 1996 für die unbeschränkte Steuerpflicht optieren (**fiktive unbeschränkte Steuerpflicht** nach § 1 Abs. 3 EStG).[81] Vorausgesetzt wird, dass ihre weltweiten Einkünfte, mindestens aber 90% davon, im Kalenderjahr der deutschen Einkommensteuer unterliegen. Wird diese relative Grenze nicht erreicht, so ist es stattdessen auch ausreichend, wenn die ausländischen Einkünfte den Grundfreibetrag (§ 32a Abs. 1 Satz 2 Nr. 1 EStG)[82] nicht übersteigen (absolute Grenze).[83] Durch Ausübung dieser Option finden die

---

[78] Allerdings erhalten nach dem JStG 2009 nunmehr auch beschränkt Steuerpflichtige den Altersentlastungsbetrag nach § 24a EStG sowie die Werbungskostenpauschbeträge nach § 9a EStG.
[79] Vgl. auch die Gesetzesbegründung in BT-Drs. 16/10189, S. 79 f. So verstößt der begrenzte Sonderausgabenabzug für Altersrenten nach Ansicht des BFH auch nicht gegen EU-Recht. Vgl. BFH v. 24. 6. 2009, DStR 2009, S. 1799.
[80] In den dem OECD-Modell folgenden DBA findet mit Art. 15 regelmäßig die Besteuerung im Tätigkeitsstaat statt.
[81] Zurückzuführen ist die Regelung auf die EuGH-Rechtsprechung. Vgl. EuGH v. 14. 2. 1995 (Schumacker), EuGHE 1995, S. I–225.
[82] Der Grundfreibetrag ist ggf. gemäß der Lebensverhältnisse im Wohnsitzstaat des Steuerpflichtigen anzupassen. Vgl. hierzu die Aufstellung im BMF-Schreiben v. 6. 11. 2009, BStBl 2009 I, S. 1323.
[83] Vgl. Kaefer, W., BB 1995, S. 1616 ff.; Waterkamp-Faupel, A., FR 1995, S. 768 ff.; Kumpf, W./Roth, A., StuW 1996, S. 261 ff.; Schulze zur Wiesche, D., IStR 1996, S. 105 ff.

ansonsten für beschränkt Steuerpflichtige geltenden Regelungen des § 50 EStG keine Anwendung. Vielmehr wird eine Veranlagung zur Einkommensteuer nach den für unbeschränkt Steuerpflichtigen maßgeblichen Vorschriften – von einigen wenigen Ausnahmen abgesehen – durchgeführt, wodurch z. B. sowohl ein Abzug von Sonderausgaben und außergewöhnlichen Belastungen möglich ist als auch der Grundfreibetrag gewährt wird. Allerdings behält bei der fiktiven unbeschränkten Steuerpflicht der Steuerabzug nach § 50a EStG weiterhin seine Gültigkeit (§ 1 Abs. 3 Satz 6 EStG), was insbesondere für Berufssportler und Künstler von Bedeutung ist. Außerdem bekommen Steuerpflichtige i. S. von § 1 Abs. 3 EStG im Gegensatz zu unbeschränkt Steuerpflichtigen i. S. d. § 1 Abs. 1 EStG keine Lohnsteuerkarte, sondern auf Antrag nur eine Bescheinigung beim Betriebsstättenfinanzamt des Arbeitgebers, in der die Steuerklasse, die Zahl der Kinderfreibeträge und der ggf. in Betracht kommende Freibetrag oder Hinzurechnungsbetrag nach § 39a EStG vermerkt wird (§ 39c Abs. 4 EStG). Wird der Steuerabzug aufgrund dieser Bescheinigung durchgeführt, erfolgt eine Einkommensteuerveranlagung (§ 46 Abs. 2 Nr. 7 Buchstabe b EStG), in die auch grundsätzlich die dem Steuerabzug unterliegenden Einkünfte einbezogen werden. Die Steuerabzugsbeträge sind dabei auf die Einkommensteuerschuld anzurechnen (§ 36 Abs. 2 Nr. 2 EStG). Einschränkungen bestehen jedoch u. a. weiterhin bei der Bestimmung der Steuerklasse nach § 38b EStG, da im Gegensatz zu unbeschränkt Steuerpflichtigen ausschließlich die Steuerklasse 1 angewendet wird (§ 39d Abs. 1 EStG). Da außerdem die Voraussetzungen für die Ehegattenbesteuerung bei Steuerpflichtigen, die nach § 1 Abs. 3 EStG als unbeschränkt steuerpflichtig gelten, nicht vorliegen (§ 26 Abs. 1 Satz 1 EStG), kommt die Anwendung des Splittingtarifs nicht in Betracht.[84]

Für Staatsangehörige eines Mitgliedstaates der EU oder eines Staates, auf den das Abkommen über den EWR Anwendung findet, gelten ergänzend zur fiktiven unbeschränkten Steuerpflicht weitere Sonderregelungen (§ 1a EStG), soweit weiterhin ein wesentlicher Teil der steuerpflichtigen Einkünfte im Quellenstaat erzielt wird.[85] Diese Personengruppe bekommt weitergehende **ehe- und familienbezogene Steuerermäßigungen** zugestanden, indem sie bspw. Unterhaltsleistungen an die geschiedenen oder dauernd getrennt lebenden Ehegatten nach § 10 Abs. 1 Nr. 1 EStG als Sonderausgaben abziehen können (§ 1a Abs. 1 Nr. 1 EStG). Ebenso kommt der Splittingtarif zur Anwendung, sofern die Zusammenveranlagung mit dem nicht dauernd getrennt lebenden Ehegatten mit Wohnsitz oder gewöhnlichem Aufenthalt in einem EU- oder EWR-Staat beantragt wird (§ 32a Abs. 5 EStG) und die von den Ehegatten insgesamt erzielten Einkünfte mindestens zu 90% der deutschen Einkommensteuer unterliegen oder die ausländischen Einkünfte nicht mehr als den doppelten Grundfreibetrag im Kalenderjahr betragen (§ 1a Abs. 1 Nr. 2 EStG). Zusätzlich werden Steuerpflichtige i. S. d. § 1a EStG

---

[84] Vgl. dazu sowie zur Ermittlung der Einkünfte bzw. Einkunftsgrenzen Kaefer, W./Kaefer, C., IStR 2006, S. 37 ff. m. w. N. Strittig ist in diesem Zusammenhang, ob die Ermittlung der Einkunftsgrenzen nach in- oder ausländischer Rechtswertung zu erfolgen hat. Vgl. hierzu BFH v. 28. 6. 2005, BStBl 2005 II, S. 835.
[85] Vgl. EuGH v. 1. 7. 2004 (Wallentin), EuGHE 2004, S. I–6443. Vgl. dazu Seer, R./Kahler, B./Rüping, H./Thulfaut, K., EWS 2005, S. 295.

1. Kapitel. Grenzüberschreitende Direktgeschäfte 277

auch für die Einreihung in die Steuerklassen als unbeschränkt steuerpflichtig betrachtet (§ 38 b Satz 3 EStG).

Ungeachtet dieser im Grundsatz EuGH-rechtsprechungskonformen Regelungen im Rahmen der beschränkten Steuerpflicht bestehen weiterhin zahlreiche Ungereimtheiten, die **EU-rechtlich fragwürdig** sind und nachfolgend – ohne Anspruch auf Vollständigkeit – erörtert werden:

– Die Möglichkeit zur Option für die unbeschränkte Steuerpflicht steht ausländischen Unionsbürgern grundsätzlich nur dann offen, wenn ihre Einkünfte mindestens zu 90% der deutschen Einkommensteuer unterliegen (§ 1 Abs. 3 Satz 2 EStG). Fraglich ist, ob diese **90%-Grenze** nicht zu hoch ist. Der EuGH hat jedoch entgegen vorheriger Kritik im Schrifttum[86] und Zweifeln des BFH[87] die Rechtmäßigkeit dieser Grenze bestätigt.[88]

– Deutschland hat die Option zur unbeschränkten Steuerpflicht selbst dann zu gewähren, wenn aus seiner Sicht wesentliche **Einkünfte im Wohnsitzstaat** erzielt werden, diese dort aber **nicht steuerbar oder steuerbefreit** sind.[89] Dies könnte auch dann gelten, wenn sich die Einkünfte auf verschiedene Mitgliedstaaten verteilen, im Wohnsitzstaat des beschränkt Steuerpflichtigen jedoch keine oder nur geringe Einkünfte erzielt werden.[90]

– Bedenklich sind ferner die Voraussetzungen für die Gewährung des **Splittingtarifs,** weil für die Überprüfung, ob die 90%-Grenze eingehalten wird, auch auf die Einkünfte des im Ausland lebenden Ehegatten abgestellt wird (§ 1a Abs. 1 Nr. 2 EStG).[91]

Im Ergebnis wird jedoch beschränkt steuerpflichtigen Unionsbürgern, die einen wesentlichen Teil ihrer Einkünfte im Inland erzielen, grundsätzlich die Inanspruchnahme von personen- und familienbezogenen Steuervergünstigungen (Sozialzwecknormen) ermöglicht.

Der als Ergänzungsabgabe zur Einkommen- bzw. Körperschaftsteuer erhobene **Solidaritätszuschlag** beträgt im Falle der Veranlagung 5,5% der festgesetzten Steuer; wird die Quellensteuer im Rahmen des Steuerabzugsverfahrens erhoben, gilt der zu erhebende Steuerabzugsbetrag als Bemessungsgrundlage des Solidaritätszuschlags (§ 3 Abs. 1 SolZG).

Da es beim Direktgeschäft an einem festen Stützpunkt im Inland (Deutschland) und damit auch an einem inländischen Gewerbebetrieb fehlt, fällt beim

---

[86] Vgl. Kaefer, W., BB 1995, S. 1620; Kumpf, W./Roth, A., StuW 1996, S. 263; Thömmes, O., IWB, Fach 11 a, Rechtsprechung, S. 246 ff.; Reimer, E., Grundfreiheiten, 2000, S. 81.
[87] Vgl. BFH v. 24. 3. 1998, BFHE 185, S. 467.
[88] Vgl. EuGH v. 14. 9. 1999 (Gschwind), EuGHE 1999, S. I–5451. Dazu Kischel, D., IWB, Fach 11 a, Rechtsprechung, S. 389 f.; Göttsche, M., DStR 1999, S. 1613.
[89] Vgl. EuGH v. 1. 7. 2004 (Wallentin), EuGHE 2004, S. I–6443; EuGH v. 25. 1. 2007 (Meindl), EuGHE 2007, S. I–1107. Kritisch hierzu Kaefer, W./Kaefer, C., IStR 2006, S. 40, die darauf hinweisen, dass es hierdurch bei identischen Sachverhalten zu unterschiedlichen Belastungen kommen kann.
[90] Vgl. Wattel, P.J., ET 2000, S. 210 ff.; Lang, M., SWI 2005, S. 163.
[91] Vgl. Kaefer, W., BB 1995, S. 1620; Saß, G., DB 1996, S. 1608; Thömmes, O., Diskriminierungen, 1997, S. 816 f. Zu weiteren Kritikpunkten am Splitting-Verfahren bei EU-Ausländern und Gestaltungsmöglichkeiten vgl. Lüdicke, J., IStR 1996, S. 113.

ausländischen Investor keine **Gewerbesteuer** an. Gewerbesteuerliche Folgen können sich allerdings beim Steuerinländer, mit welchem der ausländische Investor Geschäftsbeziehungen unterhält, aufgrund der gewerbesteuerlichen Hinzurechnungsvorschriften (§ 8 GewStG) ergeben. In der 25%igen Hinzurechnung von Fremdkapitalentgelten und Zinsen (§ 8 Nr. 1 Buchstabe a GewStG) kann eine Kollision mit der Zins- und Lizenzgebührenrichtlinie gesehen werden, da eine entsprechende Abschaffung aller Steuern auf Zinsen im Quellenstaat (Deutschland) nicht erfolgt. Neben einer im Allgemeinen wirtschaftlich vorherrschenden Betrachtungsweise im europäischen Steuerrecht spricht auch eine effektive Verwirklichung des Binnenmarktes für diese Sichtweise.[92] Der BFH hat die Vereinbarkeit der gewerbesteuerlichen Hinzurechnung mit dem Gemeinschaftsrecht dem EuGH zur Vorabentscheidung vorgelegt.[93] Aus den gleichen Erwägungen heraus dürfte im Übrigen auch eine gewerbesteuerliche Hinzurechnung von Lizenzgebühren EU-rechtlich bedenklich sein.

II. Abkommensrecht

Bei Bestehen eines DBA wird das Besteuerungsrecht zwischen Quellen- und Wohnsitzstaat aufgeteilt. Für den Quellenstaat bedeutet dies je nach Einkunftsart

(a) eine Aufhebung des Quellenbesteuerungsrechts,
(b) ein der Höhe nach begrenztes Quellenbesteuerungsrecht oder
(c) eine Aufrechterhaltung des Quellenbesteuerungsrechts.

Zu (a): Für **Lizenzen** ist im OECD-Modell keine Quellenbesteuerung vorgesehen (Art. 12 Abs. 1 OECD-Modell); im UN-Modell hat der Quellenstaat dagegen ein Besteuerungsrecht, dessen Begrenzung bilateralen Verhandlungen vorbehalten bleibt (Art. 12 Abs. 2 UN-Modell). In der deutschen Abkommenspraxis wird dem Quellenstaat allerdings ein begrenztes Besteuerungsrecht zugestanden.[94] Auch für **Veräußerungsgewinne** wird im OECD-Modell das Quellenbesteuerungsrecht grundsätzlich aufgehoben, wie z. B. bei der Veräußerung von Anteilen an Kapitalgesellschaften (Art. 13 Abs. 5 OECD-Modell). Handelt es sich hingegen um Gewinne aus der Veräußerung von unbeweglichem Vermögen oder von beweglichem Vermögen, das einer Betriebsstätte zuzurechnen ist, hat der Quellenstaat ein uneingeschränktes Besteuerungsrecht (Art. 13 Abs. 1 und 2 OECD-Modell). Das UN-Modell beinhaltet zwar eine vergleichbare Regelung, sieht jedoch für Gewinne aus der Veräußerung von Anteilen bei wesentlichen Beteiligungen an Kapitalgesellschaften – deren Abgrenzung bilateralen Verhandlungen vorbehalten bleibt – ein uneingeschränktes Quellenbesteuerungsrecht vor (Art. 13 Abs. 5 UN-Modell).

---

[92] Vgl. Hidien, J.W., DStZ 2008, S. 131 ff.; Goebel, S./Jacobs, C., IStR 2009, S. 87 ff. m. w. N.; sowie ferner in Bezug auf § 8 Abs. 1 GewStG a. F. Dautzenberg, N., BB 2004, S. 19; Kessler, W./Eicker, K./Schindler, J., IStR 2004, S. 679 f. A. A. Kempf, A./Straubinger, P., IStR 2005, S. 774 f.; Führich, G., Ubg 2009, S. 30 f.; Hahn, H., IStR 2009, S. 346 ff.
[93] Vgl. Vorlagebeschluss des BFH v. 27. 5. 2009, IStR 2009, S. 780. Vgl. dazu Dörr, I., NWB 2009, S. 3714 ff.
[94] Vgl. die Übersicht in Vogel, K./Lehner, M., DBA-Kommentar, Art. 12, Anm. 29 f.

Zu (b): Die **Zinsbesteuerung** durch den Quellenstaat wird im OECD-Modell auf 10% (Art. 11 Abs. 2 OECD-Modell) und im UN-Modell in der Höhe erst in bilateralen Verhandlungen (Art. 11 Abs. 2 UN-Modell) begrenzt. In den DBA mit Industriestaaten ist allerdings regelmäßig keine Quellenbesteuerung vorgesehen. Die DBA mit Entwicklungsländern halten dagegen an einer Quellensteuer auf Zinsen fest, die teilweise der Höhe nach begrenzt ist.[95] Auch bei **Dividenden** ist das Besteuerungsrecht des Quellenstaates der Höhe nach begrenzt. So liegt im OECD-Modell der Steuersatz maximal bei 15% (Art. 10 Abs. 2 OECD-Modell). Im UN-Modell wird die Höhe des Steuersatzes in den einzelnen Abkommen festgelegt (Art. 10 Abs. 2 UN-Modell). Handelt es sich bei dem Dividendenempfänger um eine ausländische Kapitalgesellschaft, die mit mindestens 10, 20 bzw. 25% an der deutschen Kapitalgesellschaft beteiligt ist, reduziert sich die Quellensteuer gemäß den meisten deutschen DBA.[96]

Zu (c): Ein uneingeschränktes Besteuerungsrecht erhält der Quellenstaat bei **Einkünften aus unbeweglichem Vermögen** aufgrund des Belegenheitsprinzips in beiden Modellen (Art. 6 Abs. 1 OECD-/UN-Modell) sowie bei **Einkünften eines Sportlers oder Künstlers** aus persönlich ausgeübter Tätigkeit (Art. 17 Abs. 1 OECD-/UN-Modell). Letzteres gilt selbst dann, wenn die Einkünfte nicht dem Künstler oder Sportler selbst, sondern einer anderen Person zufließen (Art. 17 Abs. 2 OECD-/UN-Modell).[97] Auch **Einkünfte aus unselbständiger Arbeit** können nach dem Arbeitsortprinzip im Tätigkeitsstaat besteuert werden (Art. 15 Abs. 1 OECD-/UN-Modell).[98] Etwas anderes gilt teilweise für die Einkünfte der Grenzgänger. So bestimmen die DBA mit Frankreich (Art. 13 Abs. 5) und Österreich (Art. 15 Abs. 6 i. V. m. Nr. 8 SP), dass für diese Einkünfte dem Wohnsitzstaat das ausschließliche Besteuerungsrecht zusteht. Das DBA mit der Schweiz sieht hingegen neben der Besteuerung im Wohnsitzstaat auch eine beschränkte Besteuerung im Quellenstaat vor (Art. 15 a).[99]

Tabelle 13 gibt eine Übersicht über die **Begrenzung der Quellensteuersätze** in den von der Bundesrepublik Deutschland abgeschlossenen DBA für ausländische Inlandsaktivitäten, d. h. für Leistungsentgelte der Inlandsgesellschaft an den ausländischen Investor.

---

[95] Vgl. die Übersicht in Vogel, K./Lehner, M., DBA-Kommentar, Art. 11, Anm. 48 f.
[96] In einigen wenigen DBA führen höhere Beteiligungen zu einer noch weitergehenden Reduktion der Quellensteuer. So sieht insbesondere das amerikanische DBA ab einer 80%igen Beteiligung sowie unter weiteren Voraussetzungen (Limitation-on-benefit-Klauseln) eine Reduktion der Quellensteuer auf 0% vor. Vgl. Schnitger, A., IWB, Fach 8, USA, Gruppe 2, S. 1439 ff.; Endres, D./Jacob, F./Gohr, M./Klein, M., Kommentar DBA-USA, Art. 28, Rz. 1 ff. Zum Anwendungsbereich der Mutter-Tochterrichtlinie und Zins- und Lizenzgebührenrichtlinie vgl. 2. Teil, 3. Kapitel, Abschnitt B I und III und 3. Teil, 3. Kapitel, Abschnitt B II 2 b).
[97] Vgl. hierzu BFH v. 4. 3. 2009, BStBl 2009 II, S. 625; Vogel, K./Lehner, M., DBA-Kommentar, Art. 17, Anm. 2 ff. und 106 ff. Kritisch zur Künstlerbesteuerung wegen möglicher Übersteuerung vgl. Molenaar, D./Grams, H., IStR 2005, S. 762 ff.
[98] Vgl. hierzu ausführlich 6. Teil, 8. Kapitel, Abschnitt B II. Zur Vereinbarkeit mit dem Europarecht vgl. Dautzenberg, N., DB 1997, S. 1354 ff.
[99] Vgl. Vogel, K./Lehner, M., DBA-Kommentar, Art. 15, Anm. 143. Siehe hierzu auch 6. Teil, 8. Kapitel, Abschnitt B II 1 c).

Tabelle 13: Quellensteuersätze in Deutschland im DBA-Fall (Inbound-Investitionen)

Land	Quellensteuer (in %) auf		
	Dividenden[100]	Lizenzen	Zinsen
Ägypten	15	25/15	0/15
Algerien	5/15	10	10
Argentinien	15	15/unbegrenzt	10 bzw. 0/15
Armenien[101]	15	0	0/5
Aserbaidschan	5/15	10 bzw. 5	0/10
Australien	15	10	10
Bangladesch	15	10	0/10
Belarus	5/15	3/5	0/5
Belgien[a]	15	0	0/15
Bolivien	10	15	0/15
Bosnien-Herzegowina[102]	15	10	0
Bulgarien[a]	15	5	0
China	10	7/10	0/10
Dänemark[a]	5/15	0	0
Ecuador	15	15	10 bzw. 0/15
Elfenbeinküste	15	10	0/15
Estland[a]	5/15	5/10	0/10
Finnland[a]	10/15	5	0
Frankreich[a]	5/15	0	0
Georgien	0 bzw. 5/10	0	0
Ghana	5/15	8	0/10
Griechenland[a]	25	0	0/10
Großbritannien[a]	15	0	0
Indien	10	10	0/10
Indonesien	10/15	10 bzw. 7,5/15	0/10
Iran	15/20	10	0/15
Irland[a]	10	0	0
Island	5/15	0	0
Israel	25	5/0	0/15
Italien[a]	15	0/5	0/10
Jamaika	10/15	10	0 bzw. 10/12,5
Japan	15	10	0 bzw. 10
Kanada	5/15	0/10	0/10
Kasachstan	5/15	10	0/10
Kenia	15	15	0/15
Kirgisistan	5/15	10	0/5
Korea, Republik	5/15	2/10	0/10
Kroatien	5/15	0	0
Kuwait	5/15	10	0
Lettland[a]	5/15	5/10	0/10
Liberia	10/15	20/10	0 bzw. 10/20
Litauen[a]	5/15	5/10	0/10
Luxemburg[a]	10/15	5/0	0
Malaysia	5/15	0 bzw. unbegrenzt/10	0/15
Malta[a]	5/15	0	0
Marokko	5/15	10	0/10
Mauritius	5/15	15	0/unbegrenzt
Mazedonien[103]	15	10	0

---

[100] Falls zwei Quellensteuersätze angegeben sind, gilt der erste bei Schachtelbeteiligungen bzw. bei Ausnahmen, der zweite bei Streubesitz.
[101] Vereinbarung über die Fortgeltung des DBA-UdSSR wurde geschlossen.
[102] Vereinbarung über die Fortgeltung des DBA-Jugoslawien wurde geschlossen.
[103] Vereinbarung über die Fortgeltung des DBA-Jugoslawien wurde geschlossen.

1. Kapitel. Grenzüberschreitende Direktgeschäfte

Land	Quellensteuer (in %) auf		
	Dividenden[104]	Lizenzen	Zinsen
Mexiko	5/15	10	0 bzw. 10/15
Moldau[105]	15	0	0/5
Mongolei	5/10	10	0/10
Namibia	10/15	10	0
Neuseeland	15	10	0/10
Niederlande[a]	10/15	0	0
Norwegen	0/15	0	0
Österreich[a]	5/15	0	0
Pakistan	10/15	10	0 bzw. 10/20
Philippinen	10/15	10/15	0 bzw. 15/10
Polen[a]	5/15	5	0/5
Portugal[a]	15	10	0 bzw. 10/15
Rumänien[a]	5/15	3	0/3
Russische Föderation	5/15	0	0
Sambia	5/15	10	0/10
Schweden[a]	0/15	0	0
Schweiz	0/15	0	0
Serbien[106]	15	10	0
Simbabwe	10/20	7,5	0/10
Singapur	5/15	8	0/8
Slowakische Republik[a] [107]	5/15	5	0
Slowenien[a]	5/15	5	5
Spanien[a]	10/15	5	0/10
Sri Lanka	15	10	0/10
Südafrika	7,5/15	0	10
Tadschikistan	5/15	5	0
Thailand	15/20	5/15	0 bzw. 10/25
Trinidad und Tobago	10/20	0/10	0 bzw. 10/15
Tschechische Republik[a] [108]	5/15	5	0
Türkei	15/20	10	0/15
Tunesien	10/15	10/15	0/10
Turkmenistan[109]	15	0	0/5
Ukraine	5/10	0/5	0 bzw. 2/5
Ungarn[a]	5/15	0	0
Uruguay	15	10/15	0/15
USA	0 bzw. 5/15	0	0
Usbekistan	5/15	5 bzw. 3	0/5
Venezuela	5/15	5	0/5
Vietnam	5 bzw. 10/15	7,5/10	0/10
Zypern[a]	10/15	5/0	0/10

[a] Bei Erfüllung der Voraussetzungen der Mutter-Tochterrichtlinie werden auf die Dividenden keine Quellensteuern erhoben; bei Erfüllung der Voraussetzungen der Zins- und Lizenzgebührenrichtlinie werden auf die Zinsen bzw. Lizenzgebühren keine Quellensteuern erhoben.

---

[104] Falls zwei Quellensteuersätze angegeben sind, gilt der erste bei Schachtelbeteiligungen bzw. bei Ausnahmen, der zweite bei Streubesitz.
[105] Vereinbarung über die Fortgeltung des DBA-UdSSR wurde geschlossen.
[106] Vereinbarung über die Fortgeltung des DBA-Jugoslawien wurde geschlossen.
[107] Vereinbarung über die Fortgeltung des DBA-Tschechoslowakei wurde geschlossen.
[108] Vereinbarung über die Fortgeltung des DBA-Tschechoslowakei wurde geschlossen.
[109] Vereinbarung über die Fortgeltung des DBA-UdSSR wurde geschlossen.

Besonderheiten können sich in der Abkommenspraxis durch das sog. Remittance-base-Prinzip oder durch Subject-to-tax-Klauseln ergeben. Das **Remittance-base-Prinzip** sieht vor, dass eine Besteuerung ausländischer Einkünfte und Vermögenswerte im Wohnsitzstaat erst dann erfolgt, wenn sie vom Ausland dorthin überwiesen worden sind. In diesen Fällen gewährt der Quellenstaat die Freistellung bzw. Steuerermäßigung nur für den in den Wohnsitzstaat überwiesenen Betrag.[110] Bei **Subject-to-tax-Klauseln** hängt die Gewährung von Abkommenserleichterungen durch den Quellenstaat davon ab, ob die betreffenden Einkünfte im Wohnsitzstaat tatsächlich besteuert werden.[111]

Die beschriebenen Steuerermäßigungen sollen nur bei Zahlung an begünstigungsfähige Leistungsgläubiger im Ausland und nicht bei missbräuchlicher Einschaltung von Auslandsgesellschaften mit dem alleinigen Ziel der Erlangung steuerlicher Vorteile gewährt werden. Dies begegnet der deutsche Steuergesetzgeber mit § **50 d Abs. 3 EStG**, wonach eine Quellensteuerentlastung aufgrund bi- oder multilateraler (insbesondere aufgrund der Mutter-Tochterrichtlinie und der Zins- und Lizenzgebührenrichtlinie) Vorschriften eine substanzielle Geschäftstätigkeit des ausländischen Leistungsgläubigers voraussetzt.[112]

Bei der **Grenzpendlerregelung** der §§ 1 Abs. 3, 1 a EStG ist im DBA-Fall (und somit im Verhältnis zu allen EU-Mitgliedstaaten) zu beachten, dass nur Einkünfte, für die Deutschland das alleinige Besteuerungsrecht zusteht (insbesondere Einkünfte aus selbständiger und nichtselbständiger Arbeit, gewerbliche Einkünfte und Einkünfte aus Vermietung und Verpachtung), bei der Überprüfung der 90%-Grenze in die inländischen Einkünfte mit einbezogen werden. Einkünfte, für die Deutschland nur ein der Höhe nach begrenztes Besteuerungsrecht zusteht (i. d. R. Dividenden-, Lizenz- und Zinseinkünfte), gelten als nicht der deutschen Besteuerung unterliegende Einkünfte (§ 1 Abs. 3 Satz 3 EStG). Dies erschwert im DBA-Fall einerseits die Optionsmöglichkeiten für die unbeschränkte Steuerpflicht, da sich die für die Bestimmung des Grenzwerts von 90% relevante Relation zwischen den der deutschen Einkommensteuer unterliegenden Einkünften und der deutschen Einkommensteuer unterliegenden Einkünften vermindert.[113] Hierdurch kann andererseits insbesondere bei Dividenden die Kapitalertragsteuer nicht angerechnet werden (§ 36 Abs. 2 Nr. 2 Satz 2 EStG),[114] was zu einer Benachteiligung von regelmäßig abkommensberechtigten Unionsbürgern gegenüber nicht abkommensberechtigten Steuerpflichtigen führen kann. Denn bei letzteren zählen diese

---

[110] Vgl. OECD-Kommentar, Art. 1, Anm. 26.1. Siehe auch Wischermann, A., IStR 2002, S. 688 ff.; Vogel, K./Lehner, M., DBA-Kommentar, Vor Art. 6–22, Anm. 18 m. w. N.

[111] Vgl. OECD-Kommentar, Art. 1, Anm. 15 f. Siehe auch Grotherr, S., IWB, Fach 3, Deutschland, Gruppe 2, S. 691 ff.; Heinsen, O., SteuerStud 1997, S. 317; Vogel, K./Lehner, M., DBA-Kommentar, Vor Art. 6–22, Anm. 19 f.; sowie 1. Teil, 4. Kapitel, Abschnitt C II 1 b).

[112] Vgl. hierzu ausführlich 3. Kapitel, Abschnitt B II 2 c).

[113] Vgl. Reimer, E., Grundfreiheiten, 2000, S. 80; Kaefer, W./Kaefer, C., IStR 2006, S. 38 ff.; Herrmann, C./Heuer, G./Raupach, A., Einkommensteuergesetz, § 1 EStG, Anm. 278.

[114] So auch Kumpf, W./Roth, A., StuW 1996, S. 264 f.; Lüdicke, J., StbKR 1996, S. 411. A. A. ist Raupach, A., DStJG 1997, S. 52, der allerdings die Berücksichtigung dieser Einkünfte im Rahmen des (positiven) Progressionsvorbehalts nicht anspricht.

Einkünfte infolge des Teileinkünfteverfahrens (§ 3 Nr. 40 EStG) zu 60% zu den inländischen Einkünften, da sie in die Veranlagung einbezogen werden (sofern für die unbeschränkte Steuerpflicht optiert wird). Darin liegt zumindest ein Verstoß gegen das Willkürverbot.[115] Im Vergleich zu unbeschränkt steuerpflichtigen Dividendenbeziehern wird auch ein Verstoß gegen die Inländergleichbehandlung gesehen, da das Teileinkünfteverfahren für die Bemessung der Kapitalertragsteuer nicht gilt.[116] Demnach erfolgt eine Gleichstellung von im EU-Ausland ansässigen unbeschränkt Steuerpflichtigen mit Steuerinländern überwiegend nur hinsichtlich der Einkünfte aus selbständiger und nichtselbständiger Tätigkeit sowie aus Vermietung und Verpachtung.[117]

Es ist jedoch zu beachten, dass bei Grenzgängern aus anderen EU-Mitgliedstaaten eine Option zur unbeschränkten Steuerpflicht auch dann zu gewähren ist, wenn wesentliche Einkünfte im Wohnsitzstaat erzielt werden, diese dort aber nicht steuerbar oder steuerbefreit sind.[118] Die Einkünfte, für die Deutschland kein Besteuerungsrecht hat, werden auch nicht in die Veranlagung mit einbezogen und finden lediglich im Rahmen des positiven Progressionsvorbehalts ihre Berücksichtigung. Demgegenüber werden die Einkünfte, für die Deutschland ein der Höhe nach begrenztes Besteuerungsrecht hat, in die Veranlagung mit einbezogen.

Bezüglich der **Gewerbesteuer** ergeben sich im DBA-Fall im Vergleich zum Nicht-DBA-Fall keine Veränderungen.

2. Kapitel. Besteuerung von inländischen Betriebsstätten ausländischer Investoren

A. Qualifikationsproblematik bei inländischen Betriebsstätten

Als Betriebsstätte bezeichnet man die Geschäftsentfaltung mittels einer festen Geschäftseinrichtung, welche rechtlich unselbständig ist. Eine Betriebsstätte verkörpert lediglich einen Betriebsteil des investierenden Unternehmens mit mehr oder weniger starker wirtschaftlicher Selbständigkeit. Diese Geschäftsentfaltung wird daher auch als Einheitsunternehmen bezeichnet, so dass im Falle einer Betriebsstätte außerhalb des Sitzstaates der Geschäftsleitungsbetriebsstätte (das sog. Stammhaus) mithin von einem **internationalen Einheitsunternehmen** gesprochen werden kann.

In Abhängigkeit von der Art des unternehmerischen Engagements ist die Betriebsstätte entweder eine auf Dauer angelegte Unternehmenseinrichtung (Regelfall) oder eine Einrichtung für die Durchführung eines einzelnen Auftrages, sofern dieser gewisse Mindestzeiten überschreitet (Sonderfall). Dauerhafte Unternehmenseinrichtungen treten u. a. in der Form einer Zweigniederlassung, einer Geschäftsstelle, einer Fabrikations- oder Werkstätte, eines

---

[115] Vgl. Lüdicke, J., IStR 1996, S. 111 ff.
[116] Vgl. Lehner, M., IStR 2001, S. 334.
[117] Vgl. Förster, J., DStR 1994, S. 1299.
[118] Vgl. EuGH v. 1. 7. 2004 (Wallentin), EuGHE 2004, S. I–6443; EuGH v. 25. 1. 2007 (Meindl), EuGHE 2007, S. I–1107. Kritisch hierzu Kaefer, W./Kaefer, C., IStR 2006, S. 40, die darauf hinweisen, dass es hierdurch bei identischen Sachverhalten zu unterschiedlichen Belastungen kommen kann.

Warenlagers oder eines Internet Servers auf. Dagegen kommen zeitlich begrenzte Betriebsstätten insbesondere bei Bau- und Montagetätigkeiten vor.

Der festen Geschäftseinrichtung außerhalb des Sitzstaates des Stammhauses besteuerungsmäßig weitgehend gleichgestellt ist die personelle Verbindung eines Unternehmens durch einen ständigen Vertreter. Als Personen kommen hierfür neben dem unternehmensangehörigen „Vertreter" (Angestellter) auch unternehmensfremde, aber weisungsgebundene Personen (z. B. Kommissionäre, Handelsvertreter, Makler) in Betracht.

Die **Definition** der Betriebsstätte bzw. des ständigen Vertreters erfolgt für die nationale Besteuerung nach den jeweiligen innerstaatlichen Vorschriften, so für das deutsche Steuerrecht nach den §§ 12 und 13 AO. Nach § 12 AO gilt als Betriebsstätte jede feste Geschäftseinrichtung oder Anlage, die der Tätigkeit eines Unternehmens dient. Nach § 13 AO ist ständiger Vertreter eine Person, die nachhaltig die Geschäfte eines Unternehmens besorgt und dabei dessen Sachweisungen unterliegt. Diese innerstaatlichen Definitionen der Betriebsstätte bzw. des ständigen Vertreters gelten im Abkommensfall – für den Geltungsbereich des DBA – nur subsidiär, da hier auf eigenständige Begriffsbestimmungen der Betriebsstätte bzw. des Vertreters im jeweiligen DBA zurückgegriffen werden kann (Art. 5 OECD-Modell, Art. 5 UN-Modell).

Da an das Vorliegen einer Betriebsstätte sowohl im Rahmen der Quellenals auch der Wohnsitzbesteuerung materiell bedeutsame steuerrechtliche und finanzielle Folgen geknüpft sind, stellt sich die Frage, welche wirtschaftlichen Sachverhalte im Einzelfall als Betriebsstätte zu qualifizieren sind. Diese Frage ist sowohl für das innerstaatliche Recht als auch für das Abkommensrecht zu beantworten. Die Definitionen des § 12 AO bzw. der Art. 5 des OECD- und des UN-Modells geben hierzu eine allgemeine Betriebsstättendefinition (Basisbereich) vor, die anhand von Beispielsfällen näher erläutert (Positivkatalog) und im Abkommensrecht gegenüber dem nationalen Recht eingeschränkt (Negativkatalog) wird. Darüber hinaus bilden Bauausführungen und Montagen, der Vertretertatbestand und ggf. spezielle Dienstleistungen sowie die im Rahmen von Electronic Commerce eingesetzten Internet Server als Betriebsstättensondertatbestände weitere Anknüpfungspunkte für die Besteuerung.

I. Betriebsstättengrundtatbestände

1. Der Betriebsstättenbegriff im nationalen Recht

a) Grundmerkmale der allgemeinen Betriebsstättendefinition (Basisbereich)

Nach § 12 AO ist eine Betriebsstätte „jede feste Geschäftseinrichtung oder Anlage, die der Tätigkeit eines Unternehmens dient". Folglich sind für den Begriff der Betriebsstätte **vier kumulative Merkmale** wesensbestimmend:
– das Vorhandensein einer festen Geschäftseinrichtung (oder Anlage);
– die Nachhaltigkeit dieser Einrichtung;
– die Verfügungsmacht über diese Einrichtung;
– der Tätigkeitsbereich eines Unternehmens.

Diese vier Merkmale gilt es im Folgenden näher zu präzisieren:[1]

---

[1] Vgl. auch die umfangreiche Rechtsprechungsübersicht bei Grützner, D., IWB, Fach 3 a, Rechtsprechung, Gruppe 1, S. 957 ff.

2. Kapitel. Inländische Betriebsstätten

(1) Geschäftseinrichtung (oder Anlage)

Mit Geschäftseinrichtung oder Anlage sind sämtliche der Tätigkeit eines Unternehmens dienende körperliche Gegenstände sowie deren Zusammenfassung gemeint.[2] Eine Anlage unterscheidet sich zwar von einer Geschäftseinrichtung durch ihre Größe und/oder räumliche Ausdehnung sowie durch ihre mehr technische als kaufmännische Zweckbestimmung.[3] Allerdings ist deren – teilweise schwierige – Abgrenzung zur Geschäftseinrichtung von untergeordneter Bedeutung, da die Anlage nur eine gewisse Ausprägung der Geschäftseinrichtung darstellt.[4] Als körperlicher Gegenstand, der für das Unternehmen nutzbar ist und insofern eine Geschäftseinrichtung darstellt, können bspw. bereits Lagerräume,[5] unterirdische Rohrleitungen einer Pipeline,[6] Internet Server eines Inhaltsanbieters zur Verfügungstellung von Informationen jeglicher Art über das Internet,[7] Marktverkaufsstellen oder Plakatsäulen angesehen werden.[8] Aber auch die Privatwohnung kann als der Tätigkeit eines Unternehmens dienende Geschäftseinrichtung betrachtet werden, falls der Unternehmer von seiner Wohnung aus mangels anderer Geschäftsräume tätig wird.[9] Ferner stellt u. U. sogar ein Büro des Auftraggebers[10] oder ein möblierter Raum[11] eine Geschäftseinrichtung dar.

Ob eine Geschäftseinrichtung oder Anlage vorliegt, ist somit ausschließlich **von der Art der jeweils ausgeübten Tätigkeit abhängig,** besondere bauliche Vorrichtungen werden grundsätzlich nicht vorausgesetzt.[12] Auch der Einsatz von Personal in oder an der Geschäftseinrichtung ist zur Begründung einer Betriebsstätte nicht zwingend erforderlich.[13]

Nach § 12 AO erfordert eine Betriebsstätte das Vorhandensein einer „**festen**" Geschäftseinrichtung oder Anlage. Durch das Eigenschaftswort „fest" wird ausgedrückt, dass die als Geschäftseinrichtung oder Anlage bezeichneten körperlichen Gegenstände räumlich begrenzt und örtlich fixiert sein müssen.[14]

Mit dem Kriterium „**räumlich begrenzt**" soll dabei erreicht werden, dass grundsätzlich immer eine Einzelbetrachtung eines jeden unternehmerischen Engagements erfolgen muss. Demnach können bei der Prüfung der Betriebsstättenfrage voneinander unabhängige gewerbliche Betätigungen, die auf verschiedenen Gebieten im Inland durchgeführt werden, nicht zusammengefasst

---

[2] Vgl. BFH v. 3. 2. 1993, BStBl 1993 II, S. 462.
[3] Vgl. Tipke, K./Kruse, H. W., Abgabenordnung, § 12 AO, Anm. 4.
[4] Vgl. Schnitger, A./Bildstein, C., Ubg 2008, S. 444; Tipke, K./Kruse, H. W., Abgabenordnung, § 12 AO, Anm. 4.
[5] Vgl. BFH v. 17. 3. 1982, BStBl 1982 II, S. 624.
[6] Vgl. BFH v. 30. 10. 1996, BStBl 1997 II, S. 12.
[7] Vgl. Abschnitt A II 4.
[8] Vgl. RFH v. 8. 10. 1941, RStBl 1941, S. 814.
[9] Vgl. z. B. BFH v. 10. 5. 1961, BStBl 1961 III, S. 317; BFH v. 15. 7. 1986, BStBl 1986 II, S. 744; BFH v. 7. 6. 2000, BStBl 2000 II, S. 592.
[10] Vgl. BFH v. 3. 2. 1993, BStBl 1993 II, S. 462; BFH v. 14. 7. 2004, BFH/NV 2005, S. 154.
[11] Vgl. BFH v. 1. 3. 2004, BFH/NV 2004, S. 951.
[12] Vgl. insbesondere RFH v. 30. 4. 1935, RStBl 1935, S. 840.
[13] Vgl. BFH v. 30. 10. 1996, BStBl 1997 II, S. 12; BFH v. 25. 5. 2000, BStBl 2001 II, S. 365. Strittig ist, ob dies auch in DBA-Fällen gilt. Siehe hierzu Abschnitt A II 4 b) (1) (c).
[14] Vgl. FG München v. 15. 12. 1992, EFG 1993, S. 707.

werden. Eine Zusammenfassung von mehreren Geschäftseinrichtungen außerhalb des Sitzstaates des Stammhauses ist hingegen ausnahmsweise innerhalb eines Staatsgebiets zulässig, sofern ein wirtschaftlicher Zusammenhang besteht.[15]

Eine **örtliche Fixierung** ist dann zu bejahen, wenn die Geschäftseinrichtung oder Anlage eine gewisse Verbindung mit einem bestimmten Punkt der Erdoberfläche bzw. des Meeresbodens aufweist oder selbst einen Teil dieser Erdoberfläche bzw. dieses Meeresbodens ausmacht. Daran fehlt es grundsätzlich bei beweglichen Einrichtungen, wie z. B. bei Schiffen und Flugzeugen, die bestimmungsgemäß Waren oder Personen befördern.[16] Bei zur Gewerbeausübung zugewiesenen Bezirken (z. B. Schornsteinfegerbezirk) hat die deutsche Rechtsprechung bislang keine örtliche Fixierung angenommen.[17] Die örtliche Fixierung liegt zwar in idealtypischer Weise bei unbeweglichen Einrichtungen wie z. B. Gebäuden, Gebäudeteilen etc. durch das Betonfundament vor. Eine solch physische Verbindung i. S. von festgemauert, festgeschraubt oder einbetoniert ist aber nicht zwingend erforderlich, denn selbst transportable Einrichtungen, z. B. täglich auf- und abzubauende Stände, Arbeitswagen, Camps etc., können bereits dann örtlich fixiert sein, wenn sie an einem bestimmten Punkt der Erdoberfläche ständig, für längere Zeit oder in einem bestimmten Tagesturnus aufgestellt werden.[18]

(2) Nachhaltigkeit (Zeitelement)

Der Begriff Betriebsstätte beinhaltet auch ein zeitliches Moment (Nachhaltigkeit), welches ebenfalls durch das dem Merkmal Geschäftseinrichtung vorangestellte Eigenschaftswort „fest" ausgedrückt wird.[19] So verstanden bezeichnet dieses Merkmal die **nicht nur vorübergehende** Verknüpfung des Standortes einer betrieblichen Einrichtung mit der Geschäftstätigkeit eines Unternehmens. Der zeitlichen Komponente ist umso mehr Bedeutung beizumessen, je geringer die Intensität der Verwurzelung der inländischen Tätigkeit mit dem Ort der Ausübung der Geschäftstätigkeit ausfällt und je lockerer sich die räumliche Bindung zum Inland darstellt.[20] Entscheidend für die Beurteilung ist grundsätzlich das Motiv zu Beginn der Tätigkeit, so dass eine Betriebsstätte auch dann vorliegt, wenn sie (z. B. aufgrund fehlender Rentabilität) bereits nach kurzer Dauer wieder aufgegeben wird. In der praktischen Anwendung kommt allerdings dem tatsächlichen Geschehensablauf notwendigerweise ebenfalls eine erhebliche Bedeutung zu.[21]

---

[15] Vgl. Schröder, S., StBp 1971, S. 231; Kumpf, W., Betriebstätten, 1982, S. 31; Herrmann, C./Heuer, G./Raupach, A., Einkommensteuergesetz, § 49 EStG, Anm. 211.
[16] Vgl. BFH v. 13. 2. 1974, BFHE 111, S. 416; BFH v. 13. 2. 1974, BStBl 1974 II, S. 361; BFH v. 26. 6. 1996, BStBl 1998 II, S. 278.
[17] Vgl. BFH v. 19. 9. 1990, BStBl 1991 II, S. 97; BFH v. 1. 3. 2004, BFH/NV 2004 II, S. 951.
[18] Vgl. BFH v. 9. 10. 1974, BStBl 1975 II, S. 203; BFH v. 18. 3. 1976, BStBl 1976 II, S. 365; BFH v. 28. 7. 1993, BStBl 1994 II, S. 148; BFH v. 17. 9. 2003, BStBl 2004 II, S. 396.
[19] Vgl. insbesondere BFH v. 13. 2. 1974, BFHE 111, S. 416.
[20] So erfüllt bspw. eine sich jährlich wiederholende, aber nur vorübergehende Tätigkeit von vier Wochen im Inland nicht das Kriterium der Nachhaltigkeit. Vgl. BFH v. 17. 9. 2003, BStBl 2004 II, S. 396.
[21] Vgl. ebenso Göttsche, M./Stangl, J., DStR 2000, S. 499 m. w. N.

2. Kapitel. Inländische Betriebsstätten

Die Problematik der „gewissen Dauer" als Zeitelement im Rahmen des Betriebsstättenbegriffs liegt in der **Festlegung der zeitlichen Mindestgrenze.** Die Finanzverwaltung und die BFH-Rechtsprechung vertreten die Ansicht, dass eine Zeitgrenze von mindestens sechs Monaten zur Bejahung der Nachhaltigkeit ausreicht.[22] Betrachtet man nach der Entstehungsgeschichte und dem Sachzusammenhang die Betriebsstätte als standortbezogenen gewerblichen Tätigkeitsort, so bietet u. E. erst eine Mindestzeitgrenze von neun bis zwölf Monaten einen Anhaltspunkt zur generellen Auslegung des Kriteriums Nachhaltigkeit;[23] die im Zusammenhang mit Bauausführungen und Montagen normierte Sechsmonatsgrenze (§ 12 Satz 2 Nr. 8 AO) kann hierfür gerade nicht herangezogen werden.[24] Diese Ansicht rechtfertigt sich nicht zuletzt auch dadurch, dass mit abweichenden Interpretationen der Zeitgrenze die Trennlinie zu den Direktgeschäften mit ihren völlig anderen Steuerwirkungen verwischt werden würde. Im Schrifttum[25] und in der neueren Rechtsprechung[26] wird mitunter auch die Meinung vertreten, dass eine rein starre Mindestzeitgrenze bereits im Grundsatz abzulehnen ist. Stattdessen sollte die Nachhaltigkeit nur nach den Gesamtumständen des Einzelfalls bestimmt werden, so dass den Umständen nach und abweichend von den zuvor diskutierten Mindestzeitgrenzen eine kürzere Dauer ausreichen bzw. eine längere Geschäftstätigkeit erforderlich sein kann.

(3) Verfügungsmacht

Ein weiteres Grundmerkmal der allgemeinen Betriebsstättendefinition ist das Erfordernis, dass das Unternehmen eine gewisse Verfügungsmacht über die Geschäftseinrichtung oder Anlage besitzen muss.

Nach ständiger Rechtsprechung muss eine solche Verfügungsmacht zumindest so weit reichen, dass eine **nicht nur vorübergehende Verfügungsmacht** über die Geschäftseinrichtung vorliegt,[27] ohne dass damit das zivilrechtliche Eigentum an der Geschäftseinrichtung oder Anlage zwingend vorausgesetzt wird. Eine hinreichende, **rechtliche Verfügungsmacht** liegt aber

---

[22] Vgl. BFH v. 19. 5. 1993, BStBl 1993 II, S. 655; BFH v. 28. 6. 2006, BStBl 2007 II, S. 100 m. w. N.; Betriebsstätten-Verwaltungsgrundsätze, BMF-Schreiben v. 24. 12. 1999, BStBl 1999 I, S. 1076, Tz. 1. 1. 1. 1. Gleicher Ansicht ist Haiß, U., Gewinnabgrenzung, 2000, S. 16 f.; Buciek, K., DStZ 2003, S. 140; kritisch dazu Göttsche, M./Stangl, I., DStR 2000, S. 499; Vogel, K./Lehner, M., DBA-Kommentar, Art. 14, Anm. 24.

[23] Vgl. für viele auch Kunze, K., Betriebstätte, 1963, S. 55 f.; Kolck, J. D., Betriebsstättenbegriff, 1974, S. 46 ff.; Storck, A., Betriebsstätten, 1980, S. 169 ff.; Kumpf, W., Betriebstätten, 1982, S. 33; Lüdicke, J., DBA-Politik, 2008, S. 116. Siehe auch bereits RFH v. 22. 1. 1941, RStBl 1941, S. 90. A. A. Feuerbaum, E., Besteuerung, 1983, S. 58.

[24] Vgl. z. B. BFH v. 30. 10. 1973, BStBl 1974 II, S. 107; FG München v. 11. 12. 1985, EFG 1986, S. 259; BFH v. 17. 9. 2003, BStBl 2004 II, S. 396; zustimmend auch Tipke, K./Kruse, H. W., Abgabenordnung, § 12 AO, Anm. 21. A. A. BFH v. 27. 4. 1954, BStBl 1954 II, S. 179.

[25] Vgl. Mössner, J. M. u. a., Steuerrecht, 2005, Rz. B 104; Tipke, K./Kruse, H. W., Abgabenordnung, § 12 AO, Anm. 21.

[26] Vgl. BFH v. 28. 6. 2006, BStBl 2007 II, S. 100 m. w. N.

[27] Vgl. z. B. BFH v. 17. 10. 1989, BStBl 1990 II, S. 166; BFH v. 2. 12. 1992, BFHE 170, S. 126 sowie BFH v. 4. 6. 2008, BStBl 2008 II, S. 922 mit zahlreichen weiteren Nachweisen. Vgl. Betriebsstätten-Verwaltungsgrundsätze, BMF-Schreiben v. 24. 12. 1999, BStBl 1999 I, S. 1076, Tz. 1. 1. 1. 1.

dann vor, wenn dem Nutzenden mit der Überlassung eine vertragliche Rechtsposition eingeräumt wird, die ihm ohne seine Mitwirkung nicht mehr ohne weiteres entzogen werden kann (z. B. bei einem entgeltlichen oder unentgeltlichen Mietverhältnis oder einem gleichgearteten Nutzungsrecht),[28] oder wenn dem Gebrauchsinhaber mindestens das Recht eingeräumt wird, einer Zuweisung anderer der ihm zur Nutzung überlassenen Räume zu widersprechen.[29] Auch ist es nicht notwendig, dass eine solche, rechtlich abgesicherte Verfügungsmacht des Unternehmens ungeteilt ist; stattdessen genügt schon eine gemeinschaftliche Dispositionsbefugnis (sog. room sharing).[30]

Im Einzelfall kann es zudem genügen, wenn aus tatsächlichen Gründen anzunehmen ist, dass dem Steuerpflichtigen zumindest ein für seine Tätigkeit geeigneter Raum zur ständigen Nutzung für gewöhnlich zur Verfügung gestellt und seine Verfügungsmacht hierüber nicht bestritten wird bzw. nicht ohne weiteres entzogen werden kann.[31] Allerdings muss es sich insoweit nach den Gesamtumständen um eine dauerhaft gesicherte und verfestigte Position handeln. Ein bloßes dauerhaftes Tätigwerden in den Räumen des Vertragspartners reicht dagegen nicht aus, um eine solche **tatsächliche Verfügungsmacht** zu begründen,[32] also auch nicht die bloße Berechtigung zur Nutzung eines fremden Raumes im Interesse eines anderen.[33] Auch begründet ein Angestellter, der von seiner Wohnung aus bloß für seinen Arbeitgeber tätig wird, am Ort seiner Wohnung für den Arbeitgeber keine Betriebsstätte; die Verfügungsmacht über die Wohnung hat allein der Angestellte und nicht der steuerpflichtige Arbeitgeber, und zwar auch nicht in Bezug auf ein eventuell nur dieser Tätigkeit vorbehaltenes häusliches Arbeitszimmer.[34] Hingegen ist das Vorliegen einer gewissen Verfügungsmacht dann anzunehmen, wenn der Betrieb in Räumen ausgeübt wird, die ein leitender Angestellter des Unternehmens unter seinem Namen mietet und dem Unternehmen zur Verfügung stellt.[35]

Letztendlich kann eine Abgrenzung zwischen der Annahme einer gewissen Verfügungsmacht und dem bloßen Tätigwerden in den Räumen des Vertragspartners nicht im Grundsatz festgehalten werden. Ob eine solche Rechtsposition vorliegt, ist daher nur anhand der Gesamtheit der objektiven Umstände des Einzelfalls zu beurteilen.[36]

---

[28] Vgl. BFH v. 3. 2. 1993, BStBl 1993 II, S. 462; BFH v. 23. 5. 2002, BStBl 2002 II, S. 512; BFH v. 14. 7. 2004, BFH/NV 2005, S. 154 m. w. N. Zur Rechtsentwicklung vgl. Kraft, G., ET 1993, S. 349 ff.; Lüdicke, J., StbKR 1994, S. 222 f.
[29] Vgl. BFH v. 17. 3. 1982, BStBl 1982 II, S. 624.
[30] Vgl. FG Baden-Württemberg v. 11. 5. 1992, EFG 1992, S. 653. Nach a. A. ist eine lediglich gemeinschaftliche Raumnutzung nicht ausreichend. Vgl. FG Baden-Württemberg v. 19. 12. 2008, PIStB 2009, S. 238.
[31] Vgl. BFH v. 3. 2. 1993, BStBl 1993 II, S. 462; BFH v. 23. 5. 2002, BStBl 2002 II, S. 512; BFH v. 14. 7. 2004, BFH/NV 2005, S. 154.
[32] Vgl. BFH v. 4. 6. 2008, BStBl 2008 II, S. 922.
[33] Vgl. BFH v. 18. 3. 1976, BStBl 1976 II, S. 365; BFH v. 11. 10. 1989, BStBl 1990 II, S. 166; BFH v. 4. 6. 2008, BStBl 2008 II, S. 922. Siehe auch Lühn, T., BB 2009, S. 701 ff. A. A. Reimer, E., IStR 2009, S. 379 f.
[34] Vgl. BFH v. 10. 11. 1998, BFH/NV 1999, S. 665; BFH v. 23. 5. 2002, BStBl 2002 II, S. 512.
[35] Vgl. BFH v. 23. 3. 1972, BStBl 1972 II, S. 948.
[36] Vgl. auch BFH v. 23. 5. 2002, BStBl 2002 II, S. 512; Lühn, T., BB 2009, S. 703.

2. Kapitel. Inländische Betriebsstätten

(4) Tätigkeit eines Unternehmens

Nach dem allgemeinen Betriebsstättenbegriff muss die feste Geschäftseinrichtung oder Anlage dem Unternehmenszweck in dem Sinne dienen, dass in oder durch ihr die **Tätigkeit des Unternehmens ausgeübt wird**.[37] Ohne Rücksicht auf die Zivilrechtsform des Unternehmens kann eine feste Geschäftseinrichtung immer nur dann eine Betriebsstätte begründen, wenn in ihr betriebliche Tätigkeiten i. S. d. §§ 13, 15 und 18 EStG ausgeübt werden. Danach begründen Investitionen eines Unternehmens in Grundbesitz oder die Vermietung und Verpachtung materieller und/oder immaterieller Güter allein keine Betriebsstätte.[38] Diese Tätigkeiten sind vielmehr ausschließlich dem Bereich des direkten Leistungsaustausches über die Grenze ohne festen inländischen „Stützpunkt" außerhalb des Sitzstaates des Stammhauses zuzuordnen.[39]

Ob in der Geschäftseinrichtung oder Anlage Haupt- oder Nebentätigkeiten bzw. wesentliche oder unwesentliche Tätigkeiten ausgeübt werden, ist für die Betriebsstätteneigenschaft – im Gegensatz zum Abkommensrecht[40] – unerheblich. Nach ständiger Rechtsprechung ist nur entscheidend, dass die Einrichtungen oder Anlagen dem Unternehmen **unmittelbar dienen**.[41] Folglich können nicht nur Fabrikationsräume und -anlagen, Vertriebsbüros etc. Betriebsstätten sein, sondern auch Einrichtungen, in denen Informations- oder Forschungstätigkeiten ausgeübt bzw. technische Hilfsleistungen erbracht (Service-Stationen) und Koordinierungsaufgaben erfüllt werden. Dabei ist der Einsatz von Personen nicht in jedem Fall erforderlich. Erfolgt jedoch ein solcher Einsatz, so braucht das Unternehmen hierbei seine gewerbliche Tätigkeit nicht zwingend durch „eigene" Arbeiter oder Angestellte ausführen zu lassen; es genügt, wenn diese Arbeiten auftragsgemäß von einem anderen selbständigen, aber weisungsgebundenen Unternehmen (Subunternehmen) ausgeführt werden.[42] Keine Betriebsstätteneigenschaft kommt dagegen insbesondere solchen betrieblichen Einrichtungen zu, die ganz oder überwiegend sozialen Zwecken, also dem Unternehmenszweck lediglich mittelbar dienen, wie z. B. Wohnungen für Werksangehörige, Sportanlagen, Umkleideräume etc.[43]

---

[37] Die Definition des § 12 AO erfasst zwar nicht nur Gewerbebetriebe, sondern auch Geschäftseinrichtungen der Land- und Forstwirtschaft und der selbständigen Tätigkeit. Vgl. BFH v. 18. 3. 1976, BStBl 1976 II, S. 365; BFH v. 5. 6. 1986, BStBl 1986 II, S. 661; BFH v. 10. 2. 1988, BStBl 1988 II, S. 653. Als Anknüpfungspunkt für die Besteuerung ist der Betriebsstättenbegriff jedoch ausschließlich im Zusammenhang mit gewerblichen Tätigkeiten bedeutsam, so dass sich die weiteren Ausführungen auf diese Fallgruppe beziehen.
[38] Vgl. BFH v. 30. 8. 1960, BStBl 1960 III, S. 468; BFH v. 10. 2. 1988, BStBl 1988 II, S. 653; Piltz, D. J., DB 1981, S. 2044 ff.
[39] Zu den Direktgeschäften vgl. 1. Kapitel.
[40] Vgl. Abschnitt A I 2.
[41] Vgl. für viele BFH v. 10. 2. 1988, BStBl 1988 II, S. 653.
[42] Vgl. BFH v. 13. 11. 1962, BStBl 1963 III, S. 71; BFH v. 30. 10. 1996, BStBl 1997 II, S. 12; a. A. FG Baden-Württemberg v. 11. 5. 1992, EFG 1992, S. 653.
[43] Bei der Begründung dieser Abspaltung lag der Schwerpunkt zudem häufig auf sozialen Argumenten; vgl. u. a. BFH v. 16. 6. 1959, BStBl 1959 III, S. 349; BFH v. 29. 11. 1960, BStBl 1961 III, S. 52; FG Köln v. 14. 7. 1987, EFG 1987, S. 568. Kritisch zu dieser Rechtsprechung Tipke, K./Kruse, H. W., Abgabenordnung, § 12 AO, Anm. 22.

Stillgelegte Betriebsvorrichtungen oder solche, die noch nicht in Gang gesetzt worden sind (sog. **vorbereitende Handlungen**), begründen indessen noch keine Betriebsstätte.[44] In solchen Fällen liegen zwar feste örtliche Anlagen oder Einrichtungen vor, es werden darin aber keine betrieblichen Handlungen vorgenommen.

b) Betriebsstättenbeispiele (Positivkatalog)

Die bisherigen Ausführungen zum Betriebsstättenbegriff haben gezeigt, dass eine Betriebsstätte nach der in § 12 Satz 1 AO genannten allgemeinen Definition dann vorliegt, wenn in einer in der Dispositionsgewalt des Unternehmens befindlichen festen Geschäftseinrichtung nachhaltig unternehmensbezogene Tätigkeiten ausgeübt werden. Neben dieser allgemeinen Betriebsstättendefinition enthält § 12 Satz 2 AO in den Nr. 1–7[45] eine nicht abschließende Aufzählung von verschiedenen Betriebsstättensachverhalten (Positivkatalog). In diesem Zusammenhang ist nun fraglich, ob ein Unternehmen eine Betriebsstätte i. S. dieser Vorschrift begründen kann, wenn es zwar einen dieser aufgezählten Sachverhalte verwirklicht, aber gleichzeitig nicht alle Tatbestandsmerkmale des allgemeinen Betriebsstättenbegriffs (Basisbereich) erfüllt. Bejaht man dies, so würde es sich bei der Aufzählung des § 12 Satz 2 AO um Betriebsstättenfiktionen handeln, die zur Annahme einer Betriebsstätte keiner zusätzlichen Überprüfung mehr bedürften. Im Grundsatz stellen die aufgezählten Formen allerdings **lediglich Betriebsstättenbeispiele** dar.[46] Diese Interpretation stützt sich auf den Wortlaut („insbesondere") der Vorschrift. Demzufolge ist bei jedem dieser Beispiele das Vorliegen der bereits dargestellten allgemeinen Tatbestandsmerkmale grundsätzlich zu prüfen, wobei die aufgezählten Betriebsstättensachverhalte jedoch so gelagert sind, dass die allgemeinen Tatbestandsmerkmale in aller Regel gegeben sind. Gestützt auf ein BFH-Urteil von 1993[47] ist die Finanzverwaltung[48] hingegen der Ansicht, dass die in der Aufzählung enthaltenen Betriebsstättensachverhalte eine Erfüllung der Tatbestandsmerkmale der allgemeinen Betriebsstättendefinition nicht notwendigerweise voraussetzen.[49] Diese Auffassung entbindet jedoch im Einzelfall nicht davon, das Vorliegen der einzelnen Tatbestandsmerkmale zu überprüfen. In seinem Urteil aus dem Jahr 2003 hat dann auch der BFH zumindest im Zusammenhang mit Ein- oder Verkaufsstellen bestätigt, dass auf das Tatbestandsmerkmal einer festen Geschäftseinrichtung nicht verzichtet werden kann.[50]

---

[44] Vgl. BFH v. 30. 8. 1960, BStBl 1960 III, S. 468; BFH v. 10. 2. 1988, BStBl 1988 II, S. 653; gescheiterte Betriebsstättengründungen werden allerdings nach Betriebsstättengrundsätzen behandelt; vgl. BFH v. 20. 7. 1973, BStBl 1973 II, S. 732; BFH v. 28. 4. 1983, BStBl 1983 II, S. 566.
[45] Zu § 12 Satz 2 Nr. 8 AO (Bauausführungen und Montagen) siehe Abschnitt A II 1.
[46] Vgl. Herrmann, C./Heuer, G./Raupach, A., Einkommensteuergesetz, § 49 EStG, Anm. 216.
[47] Vgl. BFH v. 28. 7. 1993, BStBl 1994 II, S. 148.
[48] Vgl. Betriebsstätten-Verwaltungsgrundsätze, BMF-Schreiben v. 24. 12. 1999, BStBl 1999 I, S. 1076, Tz. 1. 1. 1. 1.
[49] Vgl. Haiß, U., Gewinnabgrenzung, 2000, S. 19; Mössner, J. M. u. a., Steuerrecht, 2005, Rz. B 110; Blümich, W., Einkommensteuergesetz, § 49 EStG, Anm. 59; Hübschmann, W./Hepp, E./Spitaler, A., Abgabenordnung, § 12 AO, Anm. 25.
[50] Vgl. BFH v. 17. 9. 2003, BStBl 2004 II, S. 396.

2. Kapitel. Inländische Betriebsstätten

Im Folgenden werden die einzelnen in § 12 Satz 2 Nr. 1–7 AO genannten Betriebsstättenbeispiele des Positivkatalogs näher erläutert.

(1) Stätte der Geschäftsleitung (Ort der Leitung)

Die Stätte der Geschäftsleitung (§ 12 Satz 2 Nr. 1 AO) knüpft an § 10 AO an, wonach die Geschäftsleitung den **Mittelpunkt der geschäftlichen Oberleitung** darstellt. Dieser befindet sich dort, wo die für die Geschäftsführung im gewöhnlichen Geschäftsverkehr maßgebenden Entscheidungen getroffen werden. D. h. es kommt auf den Ort der maßgebenden Willensbildung an und nicht darauf, wo die Entscheidungen ausgeführt oder wirksam werden. Auch der Ort, von dem aus die Unternehmenstätigkeit beobachtet und kontrolliert wird, sowie fallweise beeinflussende Aktivitäten sind nicht entscheidend. Bei getrennter kaufmännischer und technischer Leitung bestimmt der Ort der kaufmännischen Leitung den Ort der Geschäftsleitung,[51] ohne dass dieser eine feste Geschäftseinrichtung oder Anlage voraussetzt.[52] Praktische Bedeutung hat das Tatbestandsmerkmal der geschäftlichen Oberleitung auch bei sog. Kontroll- und Koordinierungsstellen, insbesondere bei Konzernen mit einer Matrixorganisation.[53]

(2) Zweigniederlassung

Der Begriff Zweigniederlassung in § 12 Satz 2 Nr. 2 AO knüpft in vollem Umfange an einen **handelsrechtlichen Tatbestand** an (§ 13 HGB, § 14 GenG) und übernimmt auch dessen Voraussetzungen:[54]
– zivilrechtliche Unselbständigkeit;
– räumliche und geschäftliche (wirtschaftliche) Selbständigkeit;
– Erledigung von sachlich gleichen, nicht notwendigerweise gleichartigen Geschäften wie in der Hauptniederlassung;
– Einrichtung auf Dauer.

Aufgrund dieser Voraussetzungen verkörpert die Zweigniederlassung eine geradezu idealtypische Ausprägung des allgemeinen Betriebsstättenleitbildes.

(3) Geschäftsstelle

Der in § 12 Satz 2 Nr. 3 AO genannte Begriff „Geschäftsstelle" umfasst feste Einrichtungen, in denen unternehmensbezogene Tätigkeiten durchgeführt werden.[55] Im Vergleich zu einer Zweigniederlassung sind diese Tätigkeiten dabei vom Umfang her insoweit geringer, als **nur einzelne Teilbereiche der Unternehmenstätigkeit** ausgeübt werden.[56] Beispiele für Geschäftsstellen sind **Kontroll- und Koordinierungsstellen**,[57] die als Zwischeneinheiten in wechselndem Umfang Aufgabenbereiche wie die[58]

---
[51] Vgl. Tipke, K./Kruse, H. W., Abgabenordnung, § 10 AO, Anm. 1 ff., 9. Zum Einfluss des E-Commerce vgl. 3. Kapitel, Abschnitt A III.
[52] Vgl. BFH v. 28. 7. 1993, BStBl 1994 II, S. 148.
[53] Vgl. Abschnitt A II 4 b) (2) (a).
[54] Als Indiz gilt die Eintragung nach § 13 HGB ins Handelsregister; vgl. BFH v. 9. 11. 1999, BFH/NV 2000, S. 688.
[55] Vgl. BFH v. 10. 5. 1982, BStBl 1989 II, S. 755; BFH v. 17. 12. 1998, BFH/NV 1999, S. 753.
[56] Vgl. Wilke, K.-M., Lehrbuch, 2009, S. 120 f.
[57] Zu den steuerplanerischen Aspekten vgl. 5. Teil, 4. Kapitel, Abschnitt C III 2 a); 6. Teil, 5. Kapitel, Abschnitt C II 3 e).
[58] Vgl. hierzu Kumpf, W., Betriebsstätten, 1982, S. 68.

- Koordinierung und Konsolidierung der Jahresabschlüsse der Grundeinheiten sowie Überwachung ihres Rechnungswesens,
- Koordinierung der Produktionsprogramme und -pläne sowie der Arbeitsmethoden und der Werbung,
- Koordinierung von Finanzierungsaktivitäten sowie
- Funktionen eines Segment- bzw. Produktbereichsmanagements

ausführen.

Da diese Aufgabenbereiche nach Auffassung der Finanzverwaltung nicht zu den Leitungsaufgaben im eigentlichen Sinne gehören,[59] wird in derartigen Fällen zu Recht kein Ort der Leitung, sondern eine Geschäftsstelle angenommen. Daneben verkörpern auch sog. Repräsentanz- und Verbindungsbüros oder Zentren für Verkaufsförderung Geschäftsstellen.

(4) Fabrikations- oder Werkstätte

Fabrikations- oder Werkstätten (§ 12 Satz 2 Nr. 4 AO) sind feste Geschäftseinrichtungen oder Anlagen, in denen **produktionstechnische** und/oder **handwerkliche Tätigkeiten** zur Herstellung oder Bearbeitung von Produkten nachhaltig ausgeübt werden. Will man Fabrikations- von Werkstätten unterscheiden, so ist auf deren Sachziel abzustellen. Fabrikationsstätten zeichnen sich dadurch aus, dass in ihnen Endprodukte oder zumindest Einzelteile davon hergestellt werden; sie sind folglich unmittelbar in den Produktionsprozess eingeschaltet. Werkstätten hingegen gehören häufig zu den sog. After-sales-Organisationen, d. h. in diesen Einrichtungen werden bereits verkaufte und ausgelieferte Endprodukte eines Unternehmens gewartet und repariert.

(5) Warenlager

Als Warenlager (§ 12 Satz 2 Nr. 5 AO) wird eine Geschäftseinrichtung bezeichnet, in welcher ein Unternehmen seine **Produkte aufbewahrt** und von der aus Waren **verkauft** und/oder **ausgeliefert** werden,[60] so z. B. in einem Auslieferungslager. Nach deutschem Recht begründet ein Warenlager immer eine Betriebsstätte, sofern der Unternehmer die Dispositionsbefugnis über die Lagereinrichtungen besitzt und eigenes oder weisungsgebundenes fremdes Personal einsetzt.[61] Dies ist z. B. bei einem Konsignationslager, das von einem anderen, selbständigen Gewerbetreibenden unterhalten wird, nicht der Fall, weil hier nicht das Unternehmen, sondern der Lagerhalter die Verfügungsgewalt über den Lagerraum besitzt.[62] Ebenso sind Tankstelleneinrichtungen, die Mineralölfirmen an Personen verpachten, keine Betriebsstätten der Mineralölfirmen, sondern Betriebsstätten der Pächter.[63]

---

[59] Vgl. Betriebsstätten-Verwaltungsgrundsätze, BMF-Schreiben v. 24. 12. 1999, BStBl 1999 I, S. 1076, Tz. 4. 4. 1.
[60] Vgl. Tipke, K./Kruse, H. W., Abgabenordnung, § 12 AO, Anm. 28.
[61] Vgl. RFH v. 3. 10. 1935, RStBl 1935, S. 1399; RFH v. 8. 10. 1941, RStBl 1941, S. 814.
[62] Vgl. z. B. Kumpf, W., Betriebstätten, 1982, S. 72. In diesem Fall könnte aber ein ständiger Vertreter i. S. d. § 13 AO vorliegen. Vgl. Seltenreich, S., IStR 2004, S. 590 f.; sowie Abschnitt A II 3.
[63] Vgl. BFH v. 16. 8. 1962, BStBl 1962 III, S. 477; BFH v. 13. 6. 2006, BStBl 2007 II, S. 94.

(6) Ein- oder Verkaufsstelle

Ein- oder Verkaufsstellen (§ 12 Satz 2 Nr. 6 AO) sind nach üblichem Sprachgebrauch alle unternehmenseigenen Einrichtungen, die für den Ein- oder Verkauf von **materiellen** oder **immateriellen Gütern** benutzt werden, soweit es sich nicht um Zweigniederlassungen oder Geschäftsstellen handelt. Nach innerstaatlichem Recht begründen derartige Einrichtungen unter den allgemeinen Betriebsstättenvoraussetzungen stets eine Betriebsstätte.

(7) Bergwerke, Steinbrüche oder andere Stätten der Gewinnung von Bodenschätzen

Zu einem Bergwerk gehört die Gesamtheit aller betrieblichen Einrichtungen unter und über Tage, mit denen Mineralien zum Zwecke der Weiterverarbeitung oder Verwertung im Untertagebau abgebaut werden. Steinbrüche sind dagegen Anlagen, die dazu dienen, Mineralien im Tagebau zu gewinnen. Die begriffliche Präzisierung beider Sachverhalte ist allerdings von geringer praktischer Relevanz, da durch den Zusatz „oder andere Stätten der Gewinnung von Bodenschätzen" in § 12 Satz 2 Nr. 7 AO sichergestellt wird, dass stehende **Stätten der Rohstoffgewinnung** im weitesten Sinne auf ihre Betriebsstätteneigenschaft hin überprüft werden.

Problematisch erscheint allerdings der Tatbestand, dass nach § 12 Satz 2 Nr. 7 AO auch **„örtlich fortschreitende oder schwimmende" Stätten** der Gewinnung von Bodenschätzen (z. B. Bohrinseln) eine Betriebsstätte begründen. In der Literatur wird hierin z. T. eine Erweiterung des allgemeinen Betriebsstättenbegriffs gesehen, da derartige Stätten nicht auf Dauer mit einem bestimmten Punkt der Erdoberfläche verbunden sind.[64] Diese Auffassung beruht u. E. auf einer zu engen Auslegung des Kriteriums „feste Geschäftseinrichtung". Nach dem dargestellten herrschenden Meinungsstand erfordert dieses Merkmal nämlich keine physische Verbindung mit einem bestimmten Punkt der Erdoberfläche; ausreichend ist vielmehr die örtliche Fixierung und räumliche Begrenzung.

2. Der Betriebsstättenbegriff im Abkommensrecht

Bei der Frage, unter welchen Voraussetzungen die von einem ausländischen Unternehmen in Deutschland erzielten Gewinne hier besteuert werden dürfen, greifen die DBA regelmäßig auf das Betriebsstättenprinzip zurück. Danach darf Deutschland gewerbliche Einkünfte nicht ansässiger Unternehmen nur dann besteuern, wenn die Einkünfte einer im Inland belegenen Betriebsstätte zuzurechnen sind (Art. 7 Abs. 1 OECD-Modell). Dadurch wird eine Belastung der inländischen Geschäftstätigkeiten des ausländischen Investors mit dem inländischen Steuerniveau und damit Wettbewerbsneutralität in Bezug auf den deutschen Wirtschaftsraum sicherstellt. Unterhält das ausländische Unternehmen in Deutschland dagegen keine Betriebsstätte, so unterliegt es mit dem hier erwirtschafteten Gewinn keiner Gewinnbesteuerung, allenfalls einer Quellenbesteuerung für Lizenzen, Zinsen etc.

Die Weichenstellung für eine Gewinnbesteuerung wird demnach durch den im jeweiligen Abkommen verankerten Betriebsstättenbegriff vorgegeben. Dieser entscheidet über den Umfang der Zugriffsmöglichkeiten nach nationalem Recht. Da sich die Betriebsstättenbegriffe in den einzelnen DBA – sei es

---

[64] Vgl. Kolck, J. D., Betriebstättenbegriff, 1974, S. 131.

historisch bedingt oder aufgrund der unterschiedlichen Ziele der Vertragsparteien – teilweise unterscheiden, muss im konkreten Einzelfall immer untersucht werden, wie im maßgeblichen Vertrag der Betriebsstättenbegriff umschrieben wird.

Für den hier verfolgten Zweck genügt es jedoch, auf die Betriebsstättendefinitionen des **OECD-Modells** von 2008 und des **UN-Modells** von 2001 abzustellen. Beide Musterabkommen spiegeln das Ergebnis alternativer finanzpolitischer Zielsetzungen **(Industrieländer versus Entwicklungsländer)** wider, die sich auch in den jeweiligen Betriebsstättendefinitionen niedergeschlagen haben.

a) Die Einschränkung der Grundmerkmale (Basisbereich) im Abkommensrecht (Negativkatalog)

Nach Art. 5 Abs. 1 des OECD- und UN-Modells bedeutet der Ausdruck Betriebsstätte „eine feste Geschäftseinrichtung, durch die die Geschäftstätigkeit eines Unternehmens ganz oder teilweise ausgeübt wird". In den DBA wird die Grundform einer standortbezogenen Tätigkeit (Basisbereich) folglich ebenfalls durch die vier Merkmale Geschäftseinrichtung, Dauerhaftigkeit, Verfügungsmacht und Unternehmenstätigkeit beschrieben. Die Begriffsbestimmung ist deshalb im Abkommensrecht im Wesentlichen wie im deutschen Außensteuerrecht vorzunehmen. Liegt eine in der wirtschaftlichen Dispositionsgewalt (Verfügungsgewalt) des Unternehmens befindliche und tätigkeitsbezogen zu interpretierende feste Geschäftseinrichtung vor, in der gewerbliche Tätigkeiten nachhaltig ausgeübt werden, so wird auf Abkommensebene immer eine Betriebsstätte begründet.

Allerdings ergeben sich Unterschiede zwischen dem nationalen und dem abkommensrechtlichen Betriebsstättenbegriff insbesondere[65] bezüglich der Voraussetzung der Ausübung einer gewerblichen Tätigkeit. Während im deutschen Außensteuerrecht der Gesamtbereich der gewerblichen Tätigkeit – also auch gewerbliche Hilfs- und Nebentätigkeiten – betriebsstättenbegründend wirkt, erfolgt im Abkommensrecht generell eine Begrenzung auf qualitativ und quantitativ bedeutsame gewerbliche Tätigkeiten. Insofern ist der **Betriebsstättenbegriff im Abkommensrecht erheblich enger** als im deutschen Außensteuerrecht.

(1) Abkommen mit Industrieländern (OECD-Modell)

Damit eine Geschäftseinrichtung im Abkommensfall eine Betriebsstätte begründet, bedarf es einer **qualitativ und quantitativ bedeutsamen gewerblichen Tätigkeit.** Der OECD-Steuerausschuss und das hierauf aufbauende Abkommensrecht versuchen, diese Abgrenzung im Wege einer Negativdefinition zu lösen. Dabei werden **vorbereitende Tätigkeiten** und **Hilfstätigkeiten,** soweit diese lediglich für das Stammunternehmen ausgeübt werden und nicht unmittelbar zugunsten Dritter bzw. anderer Konzernunter-

---

[65] Ferner liegt bspw. nach dem OECD-Kommentar (Art. 5 Anm. 4.5) eine Betriebsstätte bereits bei einem bloßen Tätigwerden in den Räumen des Vertragspartners vor, wenngleich dies nicht für Deutschland gilt (OECD-Kommentar, Art. 5, Anm. 45.7). Vgl. zu dieser Entwicklung kritisch hierzu Korff, M. IStR 2009, S. 235 f.; Eckl, P., IStR 2009, S. 510 ff.

2. Kapitel. Inländische Betriebsstätten

nehmen erfolgen,[66] als **nicht betriebsstättenbegründend** fingiert (Art. 5 Abs. 4 OECD-Modell).[67] Zur näheren Präzisierung der Generalklausel in Art. 5 Abs. 4 Buchstabe e OECD-Modell, welche generell vorbereitende und unterstützende Tätigkeiten dem Betriebsstättenausnahmetatbestand zuordnet, nennen Art. 5 Abs. 4 Buchstabe a–d und der OECD-Kommentar[68] folgende Beispiele (sog. **Negativkatalog**):

– Tätigkeiten im Rahmen der Lagerung, Ausstellung oder Auslieferung unternehmenseigener Güter und Waren (Abs. 4 Buchstabe a–c) sowie
– Einkaufstätigkeiten und Informationsbeschaffung (Abs. 4 Buchstabe d).

Im Kommentar werden ergänzend weitere Beispiele genannt, wie bspw. Werbe- und Forschungstätigkeiten sowie Tätigkeiten im Zusammenhang mit der Unterstützung bestehender Lizenz- und Know-how-Verträge.[69] Weiterhin sind auch Aktivitäten im Zusammenhang mit dem Leasing von materiellen und immateriellen Gütern nicht betriebsstättenbegründend, allerdings nur dann, wenn der ausländische Leasinggeber keine Einrichtungen im Inland (Staat des Leasingnehmers) hat und die Aktivitäten auf das reine Leasinggeschäft begrenzt sind.[70]

Aufgrund dieses Negativkataloges führen gewerbliche Hilfstätigkeiten nicht zur Annahme einer Betriebsstätte, obwohl sie in einer festen Geschäftseinrichtung ausgeübt werden. Nach Abs. 4 Buchstabe f können auch mehrere dieser Tätigkeiten gleichzeitig ausgeübt werden, ohne dass diese Geschäftsverdichtung an dem Hilfscharakter der Einrichtung etwas ändert. Folglich begründet auch eine **Kumulierung von Hilfstätigkeiten** keine Betriebsstätte.

Beispiel: Ein ausländisches Unternehmen hat im Inland (Deutschland) ein Auslieferungslager. Das Lagerbüro übernimmt die Werbung für unternehmenseigene Produkte und die Beschaffung von Informationen über Absatzchancen. In diesem Fall bleibt die ausschließliche Besteuerung im Sitzstaat des Stammhauses (Wohnsitzbesteuerung) aufrechterhalten, weil trotz einer Häufung von Ausnahmetätigkeiten die Betriebsstätteneigenschaft auf Abkommensebene zu verneinen ist.

Der Sinn des Negativkatalogs besteht nach Auffassung des OECD-Kommentars darin, diejenigen Tätigkeiten der Geschäftseinrichtung von der Besteuerung im Quellenstaat (hier: Deutschland) auszuschließen, die der tatsächlichen Gewinnerzielung des Unternehmens so weit vorausgehen, dass der Geschäftseinrichtung vernünftigerweise kein Gewinn zugerechnet werden kann.[71] Oftmals ist es aber schwierig, Aktivitäten, die vorbereitender Art sind oder Hilfstätigkeiten darstellen, und betriebsstättenbegründende Tätigkeiten voneinander abzugrenzen. Entscheidend ist dann, ob die zu beurteilenden Sachverhalte – gleichgültig, ob einzeln oder kumuliert – im Hinblick auf die

---

[66] Vgl. OECD-Kommentar, Art. 5, Anm. 26.
[67] Aus diesem Grunde zählen Repräsentationsbüros im DBA-Fall nicht zu den Betriebsstätten; vgl. Lüdicke, J., StbKR 1994, S. 224.
[68] Vgl. OECD-Kommentar, Art. 5, Anm. 21 ff. Siehe dazu Lang, M., Betriebsstättenbegründung, 1998, S. 77 ff.
[69] Vgl. OECD-Kommentar, Art. 5, Anm. 23.
[70] Vgl. OECD-Kommentar, Art. 5, Anm. 8.
[71] Vgl. OECD-Kommentar, Art. 5, Anm. 23.

Gesamttätigkeit eines bestimmten Unternehmens nicht oder nur untergeordnet ins Gewicht fallen.[72] Bei der Beurteilung dieser Frage wird es immer auf den **Einzelfall** ankommen, wobei aber in folgenden Fällen Übereinstimmung bestehen dürfte: Erteilt eine feste Geschäftseinrichtung Auskünfte über die Verwertung von Patenten oder über technische Verfahren (Know-how) und stimmt diese Tätigkeit zugleich mit dem Geschäftszweck des Unternehmens überein, liegt kein Fall des Negativkatalogs vor. Gleiches gilt auch für feste Geschäftseinrichtungen (z. B. Werbebüros), die nicht nur für ihr Stammhaus, sondern auch unmittelbar für „andere" Unternehmen Leistungen erbringen. Die Hilfstätigkeit entwickelt sich in diesen Fällen zu einer mit selbständiger Gewinnerzielungsabsicht verbundenen Haupttätigkeit, womit die Befreiung entfällt.[73] In der Rechtspraxis kommt dieser Problematik bei dezentral organisierten, multinational tätigen Konzernen große Bedeutung zu. Beauftragt bspw. die Konzernobergesellschaft eine Konzerntochter mit der Marktbearbeitung für eine Region und errichtet diese Tochtergesellschaft Verbindungsbüros in verschiedenen Staaten dieser Region, so können Betriebsstätten nur vermieden werden, wenn diese Verbindungsbüros ausschließlich gegenüber der vertretenen Tochtergesellschaft als Stammhaus tätig werden (z. B. mittels eines Servicevertrages).[74] Leistungen an andere Konzerngesellschaften, wie z. B. an die Konzernobergesellschaft, sind hingegen nicht als Hilfstätigkeiten zu qualifizieren.

Der OECD-Kommentar stellt weiterhin klar, dass Kontroll- und Koordinierungsstellen immer eine Betriebsstätte begründen, ggf. als „Ort der Leitung".[75] Analoges gilt für Einrichtungen, die über die Auslieferung von Waren hinaus die Basis für sog. After-sales-Aktivitäten darstellen.[76]

Umstritten ist hingegen, ob es für die Qualifikation einer Hilfstätigkeit nur auf die Art und nicht auch auf den Umfang (z. B. Anzahl der Mitarbeiter) der Tätigkeit ankommt. Folgt man der Auffassung des OECD-Steuerausschusses, so ist für die Qualifikation entscheidend, ob die Tätigkeit der festen Geschäftseinrichtung an sich einen wesentlichen und maßgeblichen Teil der Tätigkeit des Gesamtunternehmens ausmacht.[77] Hieraus kann man entnehmen, dass den Tätigkeiten dann **kein Hilfscharakter** mehr zukommen soll, **wenn** sie im Hinblick auf die Tätigkeit des Unternehmens **quantitativ bedeutsam** sind. Das Kriterium der quantitativen Komponente rechtfertigt sich auch aus der Intensität der Bindung zu der Volkswirtschaft des Quellenstaates. Allerdings sind mit diesem Kriterium schwierige Abgrenzungsprobleme verbunden.

Ob bei **Einkaufstätigkeiten bzw. bei der Beschaffung von Informationen** (Art. 5 Abs. 4 Buchstabe d OECD-Modell) eine Prüfung anhand

---

[72] Vgl. Kumpf, W., Betriebstätten, 1982, S. 35; OECD-Kommentar, Art. 5, Anm. 24. Siehe auch Vogel, K./Lehner, M., DBA-Kommentar, Art. 5, Anm. 97.
[73] Vgl. OECD-Kommentar, Art. 5, Anm. 26.
[74] Vgl. Endres, D., IStR 1996, S. 2 ff.
[75] Vgl. OECD-Kommentar, Art. 5, Anm. 24.
[76] Vgl. OECD-Kommentar, Art. 5, Anm. 25.
[77] Vgl. OECD-Kommentar, Art. 5, Anm. 24. Siehe auch Betriebsstätten-Verwaltungsgrundsätze, BMF-Schreiben v. 24. 12. 1999, BStBl 1999 I, S. 1076, Tz. 1.2.1.1; Göttsche, M./Stangl, I., DStR 2000, S. 500.

2. Kapitel. Inländische Betriebsstätten

solcher quantitativer Komponenten zu erfolgen hat, ist strittig. Beachtet man das vom OECD-Kommentar[78] erwähnte Beispiel, wonach das Büro einer Nachrichtenagentur unter die sachliche Befreiung der Informationstätigkeit fällt, so lässt dies wohl den Schluss zu, dass es sich insoweit auch um die Haupttätigkeit des Stammunternehmens handeln darf. Folgt man dieser Auffassung, so ist bei Beschaffungstätigkeiten die **quantitative Komponente generell unschädlich**. Als Gründe für diese Ungleichbehandlung gegenüber den anderen Hilfstätigkeiten werden das Interesse der Vertragsstaaten an gegenseitiger Exportförderung und die Schwierigkeit der bei solchen Tätigkeiten auftretenden Gewinnzuordnung genannt.

Diese Auffassung hat auch der BFH in seinem Urteil vom 23. 1. 1985[79] zur Betriebsstätteneigenschaft von Redaktionsaußenstellen einer Tageszeitung vertreten. Unter den Katalog der Betriebsstättenausnahmen fallen danach alle Geschäftseinrichtungen, die ausschließlich der Informationsbeschaffung dienen. Werden in einer Redaktionsaußenstelle jedoch nicht nur Informationen beschafft, sondern auch originäre geistige Leistungen in Form von selbst erarbeiteten Berichten, Analysen und Kommentaren erbracht, dann liegt unabhängig davon, ob durch die Geschäftseinrichtung ein wesentlicher oder unwesentlicher Beitrag zum Erfolg des Unternehmens geleistet wird, eine Betriebsstätte im Domizilstaat der Redaktionsaußenstelle vor.

Aus dem Wort „ausschließlich" in den Buchstaben a–f des Art. 5 Abs. 4 OECD-Modell lässt sich schließen, dass die Quantifizierung einer oder mehrerer Tätigkeiten als Hilfstätigkeiten dann entfällt, wenn in der festen Geschäftseinrichtung **zusätzlich gewerbliche Kerntätigkeiten** ausgeübt werden. Bestehen bspw. Warenlager bei Zweigniederlassungen, Geschäftsstellen etc., so ist die Verknüpfung mit der gewerblichen Haupttätigkeit für die sachliche Befreiung schädlich. Dies gilt selbst dann, wenn die Warenlager im Beispielsfalle getrennt von der Zweigniederlassung, Geschäftsstelle etc. belegen sind (einheitlicher Funktionszusammenhang).[80] Eine Ausnahme besteht hier lediglich für Beschaffungstätigkeiten, da diesen nach Art. 7 Abs. 5 OECD-Modell generell kein Gewinn zuzurechnen ist.

Zudem sieht der OECD-Steuerausschuss mittlerweile eine Zeitdauer von nur sechs Monaten – unter Bezugnahme auf die Praxis der Mitgliedstaaten – als ausreichend an, um das zeitliche Moment, welches zur Bejahung des Merkmals „fest" im Rahmen der Betriebsstättendefinition des Art. 5 Abs. 1 OECD-Modell vorliegen muss, zu erfüllen.[81] Faktisch ist es damit zu einer Ausweitung der Anknüpfungspunkte der Quellenbesteuerung analog zum UN-Modell gekommen. Dies sieht auch die deutsche Regierung kritisch und hat einen Vorbehalt in den Musterkommentar zu Art. 5 eingefügt (Anm. 45.8).

---

[78] Vgl. OECD-Kommentar, Art. 5, Anm. 22.
[79] Vgl. BFH v. 23. 1. 1985, BStBl 1985 II, S. 417. So auch OFD München v. 11. 4. 2000, DB 2000, S. 1203.
[80] Die Entscheidung des Hogen Raads v. 24. 3. 1976 (vgl. Hogen Raad v. 24. 3. 1976, ET 1976, S. 240) zum DBA-Niederlande kann als ein lehrreiches Beispiel für die Entwicklung der Rechtsauffassung im IStR zu dieser Problematik bezeichnet werden; siehe auch OECD-Kommentar, Art. 5, Anm. 30.
[81] Vgl. Krabbe, H., IStR 2003, S. 255; OECD-Kommentar, Art. 5, Anm. 6. Bei Bauausführungen und Montagen hingegen gilt weiterhin ein zeitliches Moment von zwölf Monaten. Vgl. Abschnitt A II 1.

Tabelle 14: Umfang des Negativkatalogs bei Betriebsstätten (Art. 5 Abs. 4 OECD-Modell)

Art der Tätigkeit \ Zusatzmerkmale	quantitativ unerheblich und kein wirtschaftlicher Zusammenhang mit Kerntätigkeiten	quantitativ erheblich	wirtschaftlicher Zusammenhang mit Kerntätigkeiten
– Einkaufstätigkeiten bzw. Informationsbeschaffungen	Anwendungsfall des Negativkatalogs	Anwendungsfall des Negativkatalogs	Anwendungsfall des Negativkatalogs
– Forschungstätigkeiten – Informationstätigkeiten – Werbetätigkeiten – Lager-, Ausstellungs- oder Auslieferungstätigkeiten – Tätigkeiten im Rahmen der Unterstützung bestehender Lizenz- und Know-how-Verträge	Anwendungsfälle des Negativkatalogs	betriebsstättenbegründend	betriebsstättenbegründend

(2) Abkommen mit Entwicklungsländern (UN-Modell)

Die Grundtendenz des UN-Modells besteht darin, die Quellenbesteuerung in einem größeren Ausmaß aufrechtzuerhalten als im OECD-Modell, was im Bereich des Negativkatalogs durch eine Verkürzung der nicht als Betriebsstätten anzusehenden Tatbestände geschieht.[82] Die Ausweitung von Betriebsstättentatbeständen z. B. durch Verkürzung des Zeitmoments dient in erster Linie der Sicherstellung des Steueraufkommens von Entwicklungsländern, falls deutsche Unternehmen dort tätig werden. Da den Abkommen jedoch ein einheitlicher Betriebsstättenbegriff zugrunde liegt, führen auch in Deutschland ausgeübte Tätigkeiten von Investoren mit Sitz in einem Entwicklungsland in weitaus größerem Umfang zur Begründung einer Betriebsstätte, als dies bei Investoren mit Sitz in einem Industriestaat der Fall ist.

Analog zum OECD-Modell schränkt auch Art. 5 des UN-Modells den Betriebsstättenbegriff ein, indem vorbereitende Tätigkeiten und Hilfstätigkeiten als nicht betriebsstättenbegründend angesehen werden (Art. 5 Abs. 4 UN-Modell). Allerdings wirkt bereits die **bloße Auslieferung** von Waren und die Unterhaltung eines reinen **Auslieferungslagers** – im Gegensatz zum OECD-Modell (Art. 5 Abs. 4 Buchstabe a und b) – betriebsstättenbegründend, sofern die Betriebsstätteneigenschaften nach den allgemeinen Regeln zu bejahen sind. Diese liegen nach dem Kommentar[83] zu dieser Vorschrift bei einem Auslieferungslager i. d. R. vor. Festzustellen bleibt allerdings, dass in der deutschen Abkommenspraxis diese Regelung bisher restriktiv umgesetzt ist (z. B. mit Indonesien und Pakistan).

---

[82] Vgl. Endres, D., Direktinvestitionen, 1986, S. 112 ff.
[83] Vgl. UN-Kommentar, Art. 5, Anm. 4 und 16.

Weiterhin wird zwar die **Einkaufstätigkeit** entsprechend dem OECD-Modell (Art. 5 Abs. 4 Buchstabe d) von dem Ausnahmenkatalog der parallelen Vorschrift des UN-Modells (Art. 5 Abs. 4 Buchstabe d) erfasst. Keine Berücksichtigung im UN-Modell findet aber die Regelung, wonach beim Einkauf von Waren durch eine Betriebsstätte dieser keine Gewinne zuzurechnen sind (Art. 7 Abs. 5 OECD-Modell). Folglich kommt der Frage der Gewinnzuordnung bei einer Einkaufstätigkeit von Betriebsstätten – im Gegensatz zum OECD-Modell – immer dann eine Bedeutung zu, wenn diese Betriebsstätte aufgrund anderer Tätigkeiten einen Betriebsstättentatbestand begründet.[84]

Schließlich enthält das UN-Modell auch eine dem Art. 5 Abs. 4 Buchstabe f OECD-Modell identische Bestimmung. Demzufolge führt eine Häufung von Hilfs- und Vorbereitungstätigkeiten nicht zur Annahme einer Betriebsstätte, solange die Gesamttätigkeit noch Hilfs- oder Vorbereitungscharakter hat (Art. 5 Abs. 4 Buchstabe f UN-Modell).[85]

b) Betriebsstättenbeispiele (Positivkatalog)

Auch die Betriebsstättenbegriffe in den beiden Abkommensmustern enthalten neben der allgemeinen Definition (Basisbereich) eine Aufzählung von einzelnen Betriebsstättensachverhalten **(Positivkatalog).** Bei der Beurteilung dieser Betriebsstättensachverhalte sind sich der OECD-Steuerausschuss[86] und die UN-Steuerexperten[87] darin einig, dass es sich bei dieser Aufzählung um Betriebsstättenbeispiele und nicht um Betriebsstättenfiktionen handelt. Demnach ist davon auszugehen, dass die Vertragsstaaten die angeführten Beispiele derart auslegen, dass diese Geschäftseinrichtungen nur dann Betriebsstätten begründen, wenn sie die Voraussetzungen des Basisbereichs erfüllen. Im Einzelnen führt der Abs. 2 des Art. 5 der entsprechenden Abkommensmuster einen Ort der Leitung, eine Zweigniederlassung, eine Geschäftsstelle, eine Fabrikations- und Werkstätte sowie ein Bergwerk, ein Öl- oder Gasvorkommen, einen Steinbruch oder eine andere Stätte der Ausbeutung von Bodenschätzen als Betriebsstättenbeispiele auf. Dieser Katalog ist jedoch nicht erschöpfend, was in den entsprechenden Abkommensmodellen durch das Wort „insbesondere" gekennzeichnet wird.

Die inhaltliche Umschreibung dieser Betriebsstättenbeispiele erfolgt analog zur Vorgehensweise im deutschen Außensteuerrecht. Probleme ergeben sich bei der Begriffsbestimmung allerdings dadurch, dass die **Grenzziehung zwischen** den vorgenannten Betriebsstättenbeispielen **und den Hilfstätigkeiten oftmals schwierig** ist. Die daraus resultierenden Abgrenzungsprobleme sollen im Folgenden bei der Frage nach dem Vorhandensein von **Geschäftsstellen** demonstriert werden. Ob eine betriebsstättenbegründende Geschäftsstelle (Art. 5 Abs. 2 Buchstabe c OECD- und UN-Modell) oder eine bloße Hilfstätigkeit vorliegt, ist insbesondere im Fall von Kontroll- oder Koordinierungsstellen, bei Verbindungsbüros und bei Büros für technische Hilfeleistungen häufig strittig.

---
[84] Vgl. Debatin, H., DB 1980, Beilage 15, S. 11; Hundt, F., RIW/AWD 1981, S. 314.
[85] Vgl. Krabbe, H., IStR 2000, S. 618 f.
[86] Vgl. OECD-Kommentar, Art. 5, Anm. 12.
[87] Vgl. Surrey, S. S., Model Convention, 1980, S. 13; UN-Kommentar, Art. 5, Anm. 4.

(1) Kontroll- oder Koordinierungsstellen

Schaltet ein internationales Unternehmen in seinen Organisationsaufbau sog. Kontroll- oder Koordinierungsstellen als Zwischeneinheiten ein, so stellt sich die Frage, ob die in diesen (regionalen) Management-Büros ausgeübten kaufmännischen Tätigkeiten noch „Hilfstätigkeiten" darstellen. Dies ist dann zu verneinen, wenn es sich um Koordinierungsaufgaben bei Segment- bzw. Produktbereichsleitungen oder im **Bereich zentraler Unternehmensfunktionen** (z. B. Produktionsprogramme und -pläne, Absatzorganisation, Finanzierungspolitik etc.) handelt.[88]

(2) Verbindungsbüros

Die steuerliche Beurteilung der Verbindungsbüros ist – bedingt durch die dort ausgeübte, nach Art und Umfang häufig wechselnde Tätigkeit – vergleichsweise schwieriger, so dass hier lediglich einige Orientierungspunkte gegeben werden können.

Verbindungsbüros, die nur zur Marktkundung eingesetzt werden, fallen unzweifelhaft unter die sachliche Befreiung des Negativkataloges.[89] Auch Verbindungsbüros, die für Unternehmensprodukte werben, Kundenkontakte herstellen und allgemeine Informationen erteilen, dürften noch unter den Bereich der Hilfstätigkeiten einzuordnen sein. Ob für die Bejahung der sachlichen Befreiung in derartigen Fällen der Umfang der Tätigkeiten Bedeutung erlangt (z. B. Anzahl der Mitarbeiter), ist in der Literatur umstritten.[90] Berücksichtigt man den Zweck der Betriebsstättenregelung, so muss, wie oben dargestellt, ein bestimmter quantitativer Umfang betriebsstättenbegründend sein. Die Grenze der sachlichen Befreiung ist jedenfalls dann überschritten, wenn Verbindungsbüros nicht mehr nur allgemeine Informationen geben, sondern speziell auf die Kundenwünsche **zugeschnittene Konstruktions- und Anwendungspläne erstellen**.[91] Eindeutig betriebsstättenbegründend sind Verbindungsbüros, sofern die dort beschäftigten Angestellten **Abschlussvollmacht zum Verkauf** der Unternehmensprodukte besitzen.

(3) Büros für technische Hilfeleistungen

Büros, die Koordinierungsfunktionen gegenüber Lizenz- und Know-how-Partnern erbringen, bezeichnet man in der Literatur als Büros für technische Hilfeleistungen. Nach Auffassung des OECD-Steuerausschusses üben derartige Einrichtungen **generell Hilfstätigkeiten** aus, **sofern** es sich hierbei **nicht** um **Büros von Dienstleistungsunternehmen** handelt, deren Geschäftszweck die Lizenz- und Know-how-Vergabe ist.[92] Letzteres entspricht den obigen Ausführungen zur Abgrenzung der Ausnahmetätigkeiten.

---

[88] Vgl. Betriebsstätten-Verwaltungsgrundsätze, BMF-Schreiben v. 24. 12. 1999, BStBl 1999 I, S. 1076, Tz. 4.4.2; OECD-Kommentar, Art. 5, Anm. 24. Vgl. hierzu auch die Ausführungen im 6. Teil, 5. Kapitel, Abschnitt C II 3 e).
[89] So auch das Schweizerische Bundesgericht v. 7. 9. 1977 zum DBA-Schweiz/Spanien, ET 1978, S. 100.
[90] Vgl. Flick, H., CDFI 1967, S. 452; Lenz, R., CDFI 1967, S. 350; Ludwig, M. B., CDFI 1967, S. 511; Strobl, J./Kellmann, C., AWD 1969, S. 409.
[91] Vgl. OECD-Kommentar, Art. 5, Anm. 25.
[92] Vgl. OECD-Kommentar, Art. 5, Anm. 24; vgl. auch Flick, H., CDFI 1967, S. 453.

2. Kapitel. Inländische Betriebsstätten

3. Das Verhältnis zwischen dem nationalen und dem abkommensrechtlichen Betriebsstättenbegriff

Die Betriebsstätteneigenschaft von Zweigniederlassungen, Geschäftsstellen, Fabrikations- oder Werkstätten, Warenlagern, Ein- oder Verkaufsstellen, Bergwerken, Steinbrüchen etc. beurteilt sich sowohl auf nationaler Ebene als auch im Abkommensrecht grundsätzlich nach dem Prüfschema in Abbildung 9.

Abbildung 9: Prüfschema bei inländischen Betriebsstätten ausländischer Investoren

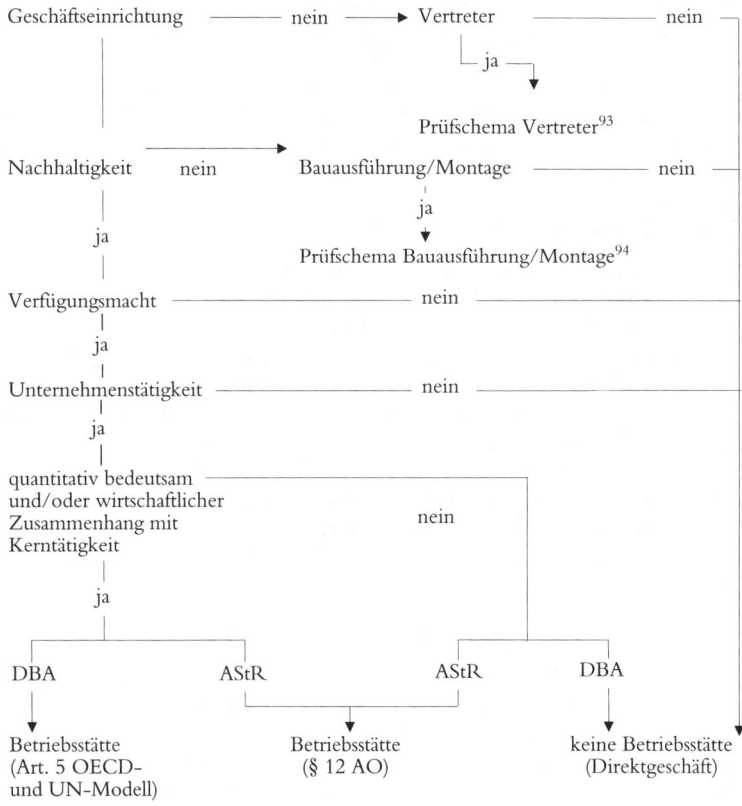

[93] Vgl. Abschnitt A II 3, Abbildung 11.
[94] Vgl. Abschnitt A II 1, Abbildung 10.

Bei der **Auslegung des Betriebsstättenbegriffs** ist immer auf das Nebeneinander von nationalem Recht und Abkommensrecht zu achten.[95] Die Begriffsebene des jeweiligen Steuervertrages gilt grundsätzlich nur für die Anwendung des Abkommens, das Außensteuerrecht hingegen für die Durch-

[95] Vgl. Debatin, H., DB 1989, S. 1692f.; siehe ausführlich auch Wassermeyer, F., StuW 1990, S. 404 ff.

führung der inländischen Besteuerung. Somit könnte auf Abkommensebene ein Rückgriff auf das nationale Recht (beider Staaten) nach Art. 3 Abs. 2 OECD-Modell allenfalls dann zulässig sein, wenn sich der Abkommensbegriff (selbst unter Beachtung des Sinn- und Sachzusammenhangs) nicht eindeutig präzisieren ließe.[96] Allerdings wird der abkommensrechtliche Betriebsstättenbegriff im Abkommen (Art. 5 Abs. 1 OECD-Modell) explizit definiert, so dass ein Rückgriff auf nationales Recht bei der Begriffsauslegung nicht zulässig ist; vielmehr ist eine abkommensautonome Auslegung zwingend.

Für die Präzisierung des Betriebsstättenbegriffs im konkreten Einzelfall ergibt sich aus dieser theoretischen Analyse, dass neben dem Wortlaut und dem Sinnzusammenhang der jeweiligen Abkommensvorschriften insbesondere den Meinungsäußerungen des OECD-Steuerausschusses – allgemein als OECD-Kommentar bezeichnet – bzw. den Auffassungen der UN-Steuerexperten Bedeutung zukommt. Hat man auf diese Weise dann den jeweiligen Inhalt des Abkommensbegriffs präzisiert, so muss eine „Projektion" auf die innerstaatlichen Rechtsvorschriften erfolgen.

II. Betriebsstättensondertatbestände

Die Betriebsstättenbegriffe im nationalen bzw. Abkommensrecht basieren auf dem Leitbild einer nachhaltigen, standortbezogenen gewerblichen Betätigung. Mit den oben dargestellten vier Merkmalen lassen sich allerdings keineswegs alle diesem Leitbild entsprechenden gewerblichen Aktivitäten erfassen, sondern nur die Regelfälle (Betriebsstättengrundtatbestände).

Unternehmerische Aktivitäten, bei denen aufgrund spezifischer Eigenarten eine gesonderte Beurteilung der Kriterien „Nachhaltigkeit" und „Geschäftseinrichtung" geboten erscheint, sind Bauausführungen und Montagen, wirtschaftsberatende und technische Dienstleistungen, Vertreter sowie Electronic Commerce. Die nachfolgende Darstellung dieser Betriebsstättensondertatbestände ist sowohl für das nationale als auch für das Abkommensrecht maßgeblich.

1. Bauausführungen und Montagen

Bau- und Montageprojekte sind zwar standortbezogene gewerbliche Tätigkeiten, sie werden im Regelfall aber nur vorübergehend ausgeübt. Eine „feste" Geschäftseinrichtung liegt folglich nicht vor – und somit eigentlich auch keine Betriebsstätte. Jedoch stellen § 12 Satz 2 Nr. 8 AO und Art. 5 Abs. 3 OECD-Modell eine eigenständige Betriebsstättenfiktion dar, wonach Bauausführungen und Montagen eine Betriebsstätte begründen.

Da die Bau- bzw. Montageunternehmen durch den Auftrag die Verfügungsmacht über die Bau- bzw. Montagestelle erhalten, steht bei derartigen Tätigkeiten somit neben der **inhaltlichen Abgrenzung des Begriffs der Bauausführungen und Montagen** nur das **Zeitelement** zur Diskussion. Die im BFH-Urteil vom 7. 3. 1979[97] aufgestellten Anforderungen an die Geschäftseinrichtung (Vorhandensein eines Büros bzw. Werkzeuglagers) sowie an die Verfügungsmacht (eventuelle Subunternehmer müssen unter der Wei-

---

[96] Vgl. hierzu auch 1. Kapitel, Abschnitt A II.
[97] Vgl. BFH v. 7. 3. 1979, BStBl 1979 II, S. 527; Storck, A., RIW/AWD 1979, S. 767 ff.

2. Kapitel. Inländische Betriebsstätten 303

sungsbefugnis des Montageunternehmens stehen) sind zwar restriktiv, werden aber in der Praxis regelmäßig erfüllt.

Nach der Rechtsprechung ist der Begriff der **Bauausführung** weit auszulegen: Bauausführungen umfassen Hoch- und Tiefbautätigkeiten im weitesten Sinne, d. h. nicht nur den Bau von Gebäuden, Straßen, Brücken und Kanälen, sondern auch das Verlegen von Pipelines etc.[98] Dabei muss es sich nicht zwingend um Neuerrichtungen handeln, vielmehr genügen auch Reparatur- und Instandhaltungsarbeiten. Entsprechend der funktionalen Betrachtungsweise fallen hierunter auch **Baunebentätigkeiten**. So verkörpern etwa Gerüstbauarbeiten, der Einbau von Heizungs- und Fahrstuhlanlagen oder das Einfügen von Fenstern und Türen in einen Neubau Bauausführungen (Gebäudefunktion). Keine Baunebentätigkeiten stellen dagegen Maler- und Tapezierarbeiten (Wohnfunktion) oder der Einbau von Betriebsvorrichtungen (Betriebsfunktion) dar.[99]

Dem Montagebegriff kommt neben dem Begriff „Bauausführungen" eine selbständige Bedeutung zu.[100] Als **Montage** gilt rechtsübergreifend nur das Zusammenfügen oder der Umbau von vorgefertigten Einzelteilen zu einer technischen Anlage bzw. das Aufstellen kompletter Anlagen (sog. **Anlagenerrichtung**), bloße Reparatur- und Instandsetzungsarbeiten reichen dagegen nicht aus.[101] Entsprechend der **funktionalen Betrachtungsweise** gehören zur Anlagenerrichtung insbesondere folgende Teilleistungen:[102]

- Verfahrenstechnische und konstruktive Auslegung (Projektierung);
- Einkauf, Fertigung, Fertigungsüberwachung;
- Versand, Transport;
- lokale Bau- und Montagearbeiten im engeren Sinne;
- Inbetriebsetzung (Einweisung des Personals);
- Garantielauf.

Zusätzliche Aktivitäten sind häufig:
- Beschaffung der Finanzierung (ggf. Kompensationsgeschäfte);
- Betriebsführung.

Dabei muss die Tätigkeit jedoch zumindest die wesentlichen Arbeiten des Zusammenfügens von Einzelheiten zu einer Sache umfassen; untergeordnete Teilleistungen reichen für sich alleine nicht aus.[103]

Neben dieser Anlagenerrichtung werden üblicherweise nur noch die Tätigkeiten **Inbetriebnahme** (Garantielauf) und Einweisung des Personals an „Ort und Stelle", d. h. in der „Montagebetriebsstätte", von dem Montagebegriff erfasst. Beinhaltet der Vertrag des Unternehmens jedoch nur die Inbetriebnahme der Anlage (ohne Anlagenerrichtung), so wird dadurch keine Betriebs-

---

[98] Vgl. hierzu auch Kumpf, W., Betriebsstätten, 1982, S. 37 ff.; OECD-Kommentar, Art. 5, Anm. 17.
[99] Vgl. RFH v. 21. 1. 1942, RStBl 1942, S. 66; BFH v. 22. 9. 1977, BStBl 1978 II, S. 140; BFH v. 7. 3. 1979, BStBl 1979 II, S. 527; BFH v. 21. 10. 1981, BStBl 1982 II, S. 241.
[100] Vgl. BFH v. 16. 5. 1990, BFHE 161, S. 358.
[101] Vgl. BFH v. 16. 5. 1990, BFHE 161, S. 358; BFH v. 20. 1. 1993, BFH/NV 1993, S. 404; a. A. Vogel, K./Lehner, M., DBA-Kommentar, Art. 5, Anm. 59.
[102] Vgl. Feuerbaum, E., Besteuerung, 1983, S. 20 ff.
[103] Vgl. BFH v. 21. 4. 1999, BStBl 1999 II, S. 694; BFH v. 19. 11. 2003, BStBl 2004 II, S. 932.

stätte begründet, da eine Einflussnahmemöglichkeit auf die Montagetätigkeit nicht gegeben ist.

Bestandteil der Bauausführungen bzw. Montagen sind sowohl im nationalen Recht als auch im Abkommensrecht weiterhin alle bauleitenden und -überwachenden Tätigkeiten, die vom Steuerpflichtigen selber als Teilleistung bzw. im Zusammenhang mit der Haupttätigkeit erbracht werden.[104] In diesem Zusammenhang ist jedoch auf das Problem der „reinen" **Bau- bzw. Montageaufsicht** hinzuweisen. Nach Auffassung des FG München vom 18. 3. 1975[105] führt eine solche reine Aufsicht nicht zu einer Baubetriebsstätte; erforderlich hierzu ist vielmehr, dass zumindest Teile der Bauausführung bzw. Montage auch von dem bauleitenden Unternehmen selbst ausgeführt werden. Ist deshalb keine Bauausführung bzw. Montage vereinbart, sondern lediglich eine Überwachung bzw. Leitung des Projektes, und wird die Bauausführung bzw. Montage von anderen Unternehmen vorgenommen, so kann dem bauüberwachenden Unternehmen nach deutschem Recht die Bauausführung bzw. Montage nicht zugerechnet werden.

Dagegen können nach dem Abkommensrecht auch rein planende bzw. überwachende Tätigkeiten zur Annahme einer Baubetriebsstätte führen.[106] Für das UN-Modell gilt dies gem. Art. 5 Abs. 3 Buchstabe a UN-Modell allerdings nur dann, wenn die Überwachungstätigkeiten mit betriebsstättenbegründenden (und von einem anderen Unternehmen durchgeführten) Bauausführungen bzw. Montagen zusammenhängen („supervisory activities in connection therewith").[107]

Die Bauausführung bzw. Montage wirkt nur für das Unternehmen betriebsstättenbegründend, welches die Werkleistung **verantwortlich** zu erbringen hat. Das Unternehmen braucht die Arbeiten hierbei nicht mit eigenem Personal ausführen zu lassen. Auch wenn die eigentlichen Bau- und Montagearbeiten durch Subunternehmen, vom Kunden oder durch von ihm direkt beauftragte Drittfirmen geleistet werden, ist eine Betriebsstätte anzunehmen, wenn die Arbeiten von dem Steuerpflichtigen als Generalunternehmen geleitet bzw. überwacht werden.[108] Eine andere Beurteilung kann sich nur dann ergeben, wenn das Unternehmen gesondert eine Beratungsleistung übernommen hat, also nicht das ganze Werk als Werklieferung errichtet,

---

[104] Vgl. BFH v. 13. 11. 1962, BStBl 1963 III, S. 71; Art. 5 Abs. 3 Buchstabe a UN-Modell; OECD-Kommentar, Art. 5, Anm. 17.
[105] Vgl. FG München v. 18. 3. 1975, EFG 1975, S. 489. Zur Literaturdiskussion vgl. Tipke, K./Kruse, H. W., Abgabenordnung, § 12 AO, Anm. 33.
[106] Vgl. Art. 5 Abs. 3 Buchstabe a UN-Modell; OECD-Kommentar, Art. 5, Anm. 17. Kritisch hierzu Vogel, K./Lehner, M., DBA-Kommentar, Art. 5, Anm. 61.
[107] Vgl. Vogel, K./Lehner, M., DBA-Kommentar, Art. 5, Anm. 72. In einigen DBA (z. B. mit Indien, Korea, Malaysia, Philippinen, Tunesien) wurde eine entsprechende Vereinbarung getroffen. Vgl. dazu die Übersicht bei Endres, D., Direktinvestitionen, 1986, S. 172; Vogel, K./Lehner, M., DBA-Kommentar, Art. 5, Anm. 74 und 80.
[108] Vgl. BFH v. 13. 11. 1962, BStBl 1963 III, S. 71; Betriebsstätten-Verwaltungsgrundsätze, BMF-Schreiben v. 24. 12. 1999, BStBl 1999 I, S. 1076, Tz. 4. 3. 2; Schieber, P. H., Auslandsbetriebsstätten, 1979, S. 66; ders., IStR 1994, S. 521 ff.; Flick, H./Wassermeyer, F./Wingert, K.-D./Kempermann, M., DBA-Schweiz, Art. 5, Anm. 44; Vogel, K./Lehner, M., DBA-Kommentar, Art. 5, Anm. 68; Debatin, H./Wassermeyer, F., Doppelbesteuerung, Art. 5, Anm. 104 und 105.

2. Kapitel. Inländische Betriebsstätten

sondern nur „Subunternehmer für Überwachungstätigkeiten" ohne Funktionsgarantie für das Werk ist.[109]

Als **Zwischenergebnis** ist festzuhalten, dass der Begriffsumfang der Bauausführungen und Montagen in den verschiedenen Rechtskreisen im Grundsatz gleich und ausschließlich funktional zu bestimmen ist. Neben dem Umfang der gewerblichen Tätigkeit ist für die Begründung einer Bau- bzw. Montagebetriebsstätte insbesondere das **Zeitelement** von Bedeutung. Der Gesetzgeber bzw. die DBA haben die diesbezügliche Zeitkomponente (= Nachhaltigkeit) bei Bauausführungen und Montagen durch Normierung spezifischer Zeitgrenzen erweitert. Erst wenn die jeweilige Mindestfrist überschritten wird, liegt eine Bau- bzw. Montagebetriebsstätte von Anfang an vor. Dabei ist im deutschen **Außensteuerrecht** (§ 12 Satz 2 Nr. 8 AO) eine Zeitgrenze von **sechs Monaten** und im **OECD-Modell** (Art. 5 Abs. 3) eine Zeitgrenze von **zwölf Monaten** vorgesehen. Im **UN-Modell** wird die Zeitgrenze der geplanten Bau- und Montagetätigkeit hingegen auf **sechs Monate** herabgesetzt. Zusätzlich gesteht der UN-Kommentar[110] den Vertragsstaaten zu, für spezielle Fälle eine Herabsetzung der Zeitgrenze bis auf drei Monate zu vereinbaren.

Bezüglich der in der deutschen Abkommenspraxis normierten Zeitgrenzen sei auf die nachfolgende Übersicht verwiesen.

Tabelle 15: Zeitgrenzen für Bauausführungen und Montagen im deutschen Abkommensrecht

Vertragsstaat	Zeitgrenze in Monaten	DBA-Vorschrift (Art.)
Europa		
Belarus	12	5 (3)
Belgien	9	5 (2) Nr. 7; SP Nr. 2
Bosnien-Herzegowina[a]	12	5 (3)
Bulgarien	12	5 (3)
Dänemark	12	5 (3)
Estland	9	5 (3)
Finnland	12	5 (2) g)
Frankreich	12	2 (1) Nr. 7 a) gg)
Griechenland	12	II (1) Nr. 7 b)
Großbritannien	12	II (1) l) (ii) gg)
Irland	12	II (1) (g) ii)
Island	12	5 (2) g)
Italien	12	5 (2) g)
Kroatien	12	5 (3)
Lettland	9	5 (3)
Litauen	9	5 (3)
Luxemburg	6	2 (1) Nr. 2 a) gg)
Malta	9	5 (3)
Mazedonien[a]	12	5 (3)
Moldau[b]	12	5 (3)
Niederlande	12	2 (1) Nr. 2 a) gg)
Norwegen	12	5 (3); P Nr. 1
Österreich	12	5 (3)
Polen	12	5 (3)
Portugal	6	5 (3)

---

[109] Vgl. Schieber, P. H., Auslandsbetriebstätten, 1979, S. 66.
[110] Vgl. UN-Kommentar, Art. 5, Anm. 7.

Vertragsstaat	Zeitgrenze in Monaten	DBA-Vorschrift (Art.)
Rumänien	12	5 (3)
Russische Föderation	12	5 (3)
Schweden	12	5 (3)
Schweiz	12	5 (2) g)
Serbien[a]	12	5 (3)
Slowakische Republik[c]	12	5 (2) g)
Slowenien	12	5 (3)
Spanien	12	5 (2) g)
Tschechische Republik[c]	12	5 (2) g)
Türkei	6	5 (2) g)
Ukraine	12	5 (3)
Ungarn	12	5 (2) g)
Zypern	6	5 (2) g); P Nr. 1
Afrika		
Ägypten	6	5 (3)
Algerien	6	5 (3)
Elfenbeinküste	6	5 (3)
Ghana	9	5 (3)
Kenia	6	5 (2) h); P Nr. 1
Liberia	6	5 (2) g)
Marokko	6	5 (2) Nr. 8
Mauritius	6	5 (2) h)
Namibia	6	5 (3)
Sambia	9	5 (2) g); P Nr. 1
Simbabwe	6	5 (3)
Südafrika	12	3 (1) j) bb)
Tunesien	6	5 (2) g)
Amerika		
Argentinien	6	5 (2) g)
Bolivien	6	5 (2) e)
Ecuador	12	5 (2) e)
Jamaika	6	5 (2) h)
Kanada	12	5 (3)
Mexiko	6	5 (3)
Trinidad und Tobago	6	5 (2) i)
Uruguay	12	5 (2) e)
USA	12	5 (3)
Venezuela	12	5 (3)
Asien		
Aserbaidschan	12	5 (3)
Bangladesch	183 Tage	5 (3)
China	6	5 (3) a)
Georgien	6	5 (3)
Indien	6	5 (2) i)
Indonesien	6	5 (3)
Iran	6	5 (2) h)
Israel	12	2 (1) Nr. 7 b) gg)
Japan	12	5 (2) g)
Kasachstan	12	5 (3) a)
Kirgisistan	12	5 (3)
Korea, Republik	12	5 (3)
Kuwait	9	5 (3)
Malaysia	6	5 (2) g); P Nr. 3
Mongolei	6	5 (3)
Pakistan	6	5 (2) i)
Philippinen	6	5 (2) h)

2. Kapitel. Inländische Betriebsstätten

Vertragsstaat	Zeitgrenze in Monaten	DBA-Vorschrift (Art.)
Singapur	6	5 (3)
Sri Lanka	183 Tage	5 (2) i)
Tadschikistan	12	5 (3)
Thailand[d]	3/6	5 (3)
Turkmenistan[b]	12	5 (3)
Usbekistan	12	5 (3)
Vietnam	6	5 (3)
Ozeanien		
Australien	6	5 (2) h); SP Nr. 1
Neuseeland	12	5 (3)

[a] Vereinbarung über die Fortgeltung des DBA-Jugoslawien wurde geschlossen.
[b] Vereinbarung über die Fortgeltung des DBA-UdSSR wurde geschlossen.
[c] Vereinbarung über die Fortgeltung des DBA-Tschechoslowakei wurde geschlossen.
[d] Bei Montagen gilt eine Grenze von sechs Monaten, bei allen anderen relevanten Tätigkeiten eine Grenze von drei Monaten.

Die zu beachtende Zeitgrenze ist de facto das zentrale Qualifikationskriterium für Bauausführungen und Montagen. Allerdings wäre es zur Sicherstellung der Wettbewerbsneutralität bezogen auf den Wirtschaftsraum, in dem sich die Geschäftstätigkeit vollzieht, besser, wenn neben der Zeitgrenze noch zusätzliche quantitative Merkmale (z. B. Ausdehnung des Projektes, Kapitaleinsatz, Umfang des Personals etc.) in die Beurteilung der Betriebsstätteneigenschaft von Bauausführungen und Montagen einbezogen werden würden. Der Ergänzungsvorschlag bei den Beratungen zum **UN-Modell**,[111] wonach Bauausführungen und Montagen ohne Rücksicht auf ihre Zeitdauer immer dann eine Betriebsstätte verkörpern sollen, wenn das Entgelt für die Bau-, Montage- und Überwachungstätigkeit **10% des Lieferpreises** übersteigt (so z. B. DBA-Tunesien), erscheint hingegen nicht sachgerecht. Dieser Vorschlag basiert auf dem für Entwicklungsländer fiskalisch interessanten Ursprungsprinzip und kollidiert völlig mit dem Betriebsstättenkonzept.

Für die **Berechnung der Zeitgrenze** ist in allen drei Rechtskreisen insbesondere die tatsächliche, aber auch die geplante Arbeitszeit maßgeblich.

Als **Beginn der Tätigkeit** gilt der Tag, an dem das Unternehmen mit den Ausführungen der tatsächlichen Arbeiten beginnt, die im Funktionszusammenhang mit der Bauausführung oder Montage stehen – somit auch einschließlich aller vorbereitenden Tätigkeiten (z. B. Einrichtung der Baustelle).[112] Das Erfordernis von tatsächlichen Arbeiten zeigt sich dabei insbesondere durch das Eintreffen des ersten Mitarbeiters des Unternehmens (und nicht durch den Zeitpunkt der Vertragsverhandlungen oder der reinen Materialanlieferung).[113] Die Bauausführung und Montage ist **so lange nicht beendet**, solange die Arbeiten nicht fertiggestellt sind; die Fertigstellung konkreti-

---

[111] Vgl. UN-Kommentar, Art. 5, Anm. 8.
[112] Vgl. BFH v. 26. 4. 2005, BFH/NV 2005, S. 1763; Betriebsstätten-Verwaltungsgrundsätze, BMF-Schreiben v. 24. 12. 1999, BStBl 1999 I, S. 1076, Tz. 4.3.1; OECD-Kommentar, Art. 5, Anm. 19; Vogel, K./Lehner, M., DBA-Kommentar, Art. 5, Anm. 64.
[113] Vgl. BFH v. 21. 4. 1999, BStBl 1999 II, S. 694.

siert sich als Tag der Abreise des letzten Mitarbeiters.[114] Zur Tätigkeit gehören ebenfalls noch Arbeiten im Zusammenhang mit der Auftragsabnahme, wie z. B. der Probelauf zur Funktionsüberprüfung.[115] Folglich sind **Auftragsabwicklung und Dauer einer Bau- oder Montagebetriebsstätte** zeitlich **nicht deckungsgleich.** Die Dauer einer Bau- oder Montagebetriebsstätte ist um die sog. Vorlaufzeiten (= Vertragsabschluss bis Baustelleneinrichtung) und Nachlaufzeiten (= Auftragsabrechnung) kürzer als der Zeitraum der Auftragsabwicklung.

Vorübergehende Unterbrechungen der Arbeiten führen nicht dazu, dass Bauausführungen und Montagen als beendet betrachtet werden. Vielmehr sind jahreszeitlich bedingte (z. B. aufgrund des schlechten Wetters) und andere vorübergehende Unterbrechungen aus im Betriebsablauf liegenden Gründen (z. B. durch Betriebsferien oder wegen Materialmangels) **in die Fristberechnung mit einzubeziehen.** Der Fristablauf wird demnach nicht gehemmt.[116] Auch längere Unterbrechungen (Unterbrechungen von mehr als zwei Wochen) führen nach der BFH-Rechtsprechung nicht zu einer Fristhemmung, sofern die Unterbrechung aus im Betriebsverlauf liegenden Gründen erfolgt und die für das Unternehmen arbeitenden Personen den Ort der Betriebstätte bzw. Montage nicht verlassen.[117] Abkommensrechtlich können dagegen solche Unterbrechungen, die – gemessen an ihrem Verhältnis zur voraussichtlichen Gesamtdauer des Projektes – länger dauern, fristhemmend wirken, wenn die fortgesetzten Arbeiten in einem Funktionszusammenhang mit den zuvor erbrachten Arbeiten stehen.[118]

Bei der Berechnung der Zeitgrenze können **Tätigkeiten von Subunternehmern** nicht ohne weiteres dem Generalunternehmer zugerechnet werden. Dies ist nur dann möglich, wenn der Generalunternehmer nur Teile eines Projektes an Subunternehmen vergibt und zugleich die Gesamtverantwortung für dieses hat, konkretisiert durch Aufsichtstätigkeiten gegenüber den Subunternehmen.[119] Vergibt der Generalunternehmer jedoch das gesamte Auftragsvolumen an Subunternehmer und hat er somit weder eigenes Personal noch Einrichtungen auf der Baustelle, begründet er u. E. keine Betriebsstätte.[120]

Bei der Anwendung der einzelnen Zeitgrenzen stellt sich außerdem die Frage, ob eine **Einzelbetrachtung jedes Projektes** zu erfolgen hat **oder** ob und ggf. nach welchen Kriterien eine **Zusammenfassung mehrerer Pro-**

---

[114] Vgl. Wilke, K.-M., Lehrbuch, 2009, S. 123; OECD-Kommentar, Art. 5, Anm. 19. Siehe dazu Gassner, W., Betriebstätten, 1998, S. 65 ff.
[115] Vgl. Wilke, K.-M., Lehrbuch, 2009, S. 123; Vogel, K./Lehner, M., DBA-Kommentar, Art. 5, Anm. 65.
[116] Vgl. BFH v. 22. 9. 1977, BStBl 1978 II, S. 140; BFH v. 8. 2. 1979, BStBl 1979 II, S. 479; BFH v. 21. 4. 1999, BStBl 1999 II, S. 694; Betriebsstätten-Verwaltungsgrundsätze, BMF-Schreiben v. 24. 12. 1999, BStBl 1999 I, S. 1076, Tz. 4.3.1; OECD-Kommentar, Art. 5, Anm. 19. Siehe auch Buciek, K., IStR 1999, S. 629.
[117] Vgl. BFH v. 21. 4. 1999, BStBl 1999 II, S. 694. Siehe hierzu auch Buciek, K., IStR 1999, S. 629.
[118] Vgl. Vogel, K./Lehner, M., DBA-Kommentar, Art. 5, Anm. 67 m. w. N.
[119] Vgl. BFH v. 13. 11. 1962, BStBl 1963 III, S. 71; Betriebsstätten-Verwaltungsgrundsätze, BMF-Schreiben v. 24. 12. 1999, BStBl 1999 I, S. 1076, Tz. 4.3.3; OECD-Kommentar, Art. 5, Anm. 19.
[120] So auch Kumpf, W., Betriebstätten, 1982, S. 39; Bendlinger, S./Görl, M./Paaßen, K.-H./Remberg, M., IStR 2004, S. 146 f.

2. Kapitel. Inländische Betriebsstätten 309

jekte erfolgen kann bzw. muss. Diese Frage lässt sich für die einzelnen Rechtskreise nur getrennt beantworten:
- Im **nationalen Recht** (§ 12 Satz 2 Nr. 8 AO) sind Bauausführungen oder Montagen auch dann als Betriebsstätten anzusehen, wenn
  a) eine von mehreren zeitlich nebeneinander bestehenden Bauausführungen oder Montagen oder
  b) mehrere ohne (wesentliche) Unterbrechung[121] aufeinander folgende Bauausführungen oder Montagen
  länger als sechs Monate bestanden haben, etwa wenn ein Bauunternehmer ohne zeitliche Unterbrechung nacheinander Reihenhäuser errichtet.

  Mit dieser Regelung ist klargestellt, dass zeitlich nebeneinander bestehende Projekte dann zu einer **Einheit** zusammengefasst werden können, sofern ein enger zeitlicher Zusammenhang besteht. Ein räumlicher, organisatorischer, technischer oder wirtschaftlicher Zusammenhang zwischen den Einzelprojekten ist dagegen keine Voraussetzung.[122] Ein wirtschaftlicher und geographischer Zusammenhang ist allerdings für die Frage relevant, ob Einzelprojekte vorliegen, die ggf. zusammengerechnet werden, oder ob es sich direkt um ein einheitliches Projekt handelt, welches auch hinsichtlich des Kriteriums der Zeit als Einheit betrachtet wird.[123]
- Im **Abkommensrecht** besteht schon nach dem eindeutigen Wortlaut des Art. 5 der **Grundsatz der projektorientierten Einzelbetrachtung** (vgl. Art. 5 Abs. 3 OECD-Modell, Art. 5 Abs. 3 Buchstabe a UN-Modell). Insofern ist bei der Fristberechnung grundsätzlich eine Addition der einzelnen Projektzeiten nicht möglich, vielmehr ist auf jede einzelne Bauausführung oder Montage abzustellen, auch wenn es sich um denselben Auftraggeber handelt.[124]

Beispiel: Ein amerikanisches Bauunternehmen führt in Deutschland eine Bauleistung aus, die sich über einen Zeitraum von zehn Monaten erstreckt. Unmittelbar nach Beendigung dieser Bauleistung übernimmt das Unternehmen einen zweiten Auftrag, der ebenfalls in Deutschland abzuwickeln ist und insgesamt fünf Monate dauert. Obwohl bei einer Zusammenrechnung beider Projektzeiten die maßgebliche Zeitgrenze von zwölf Monaten überschritten wäre, kann in Deutschland eine Betriebsstätte nicht angenommen werden.

Lediglich für den **Ausnahmefall** einer **inneren Beziehung** zwischen mehreren Bauausführungen und Montagen ist eine Zusammenfassung der Bauaktivitäten zu einer wirtschaftlichen Einheit im Abkommensrecht zulässig. Über die diesbezüglichen Anforderungen bestehen jedoch unterschiedliche Auffassungen:
- Nach Meinung des OECD-Steuerausschusses liegt ein solcher Ausnahmefall vor, wenn mehrere Bau- und/oder Montageprojekte wirtschaftlich und

---

[121] Eine Unterbrechung von bis zu zwei Wochen steht dem nicht entgegen. Vgl. BFH v. 21. 10. 1981, BStBl 1982 II, S. 241.
[122] Vgl. BFH v. 21. 4. 1999, BStBl 1999 II, S. 694; Hübschmann, W./Hepp, E./Spitaler, A., Abgabenordnung, § 12 AO, Anm. 42; Tipke, K./Kruse, H. W., Abgabenordnung, § 12 AO, Anm. 36.
[123] So auch Hübschmann, W./Hepp, E./Spitaler, A., Abgabenordnung, § 12 AO, Anm. 42 a; sowie ausführlich zu den Kriterien auch Herrmann, C./Heuer, G./Raupach, A., Einkommensteuergesetz, § 49 EStG, Anm. 220.
[124] Vgl. BFH v. 19. 11. 2003, BStBl 2004 II, S. 932.

geographisch eine Einheit bilden.[125] Entscheidend ist dabei, ob ein technischer und organisatorischer Zusammenhang besteht und ob aus Sicht des Unternehmers ein einziger Einsatz oder eine Mehrzahl von Einsätzen vorliegt. Das kann wiederum von unterschiedlichen Faktoren abhängen, wie z. B. von der Zahl der Auftraggeber, der Entfernung der Einsatzorte voneinander und der gegenseitigen technischen Verflechtungen.[126] Eine einheitliche Bauausführung liegt bspw. noch nicht vor, wenn ein Unternehmen zwar ohne zeitliche Unterbrechung und auch von ein und demselben Auftraggeber an einem bestimmten Ort nacheinander „lediglich" gleichartige Tätigkeiten verrichtet.[127]

– Die Interpretation der Finanzverwaltung stimmt mit der Kommentierung zu Art. 5 Abs. 3 OECD-Modell grundsätzlich überein. D. h. mehrere Bauausführungen werden als Einheit betrachtet, wenn sie sowohl wirtschaftlich als auch geographisch zusammenhängen.[128] Allerdings soll nach Meinung der Finanzverwaltung eine geographische Einheit regelmäßig nur dann vorliegen, wenn 50 km Luftlinie nicht überschritten werden.[129] Die herrschende Meinung in der Literatur[130] sowie der BFH[131] haben sich gegen ein solches abstraktes Merkmal gewandt. Nach der Rechtsprechung hat vielmehr eine wertende Betrachtung des konkreten Einzelfalls zu erfolgen, ohne dass die äußerste Grenze einer geographischen Einheit zwischen mehreren Tätigkeitsorten nicht erst dann überschritten ist, wenn die Luftlinie zwischen diesen Orten mehr als 50 km beträgt.

– Nach der in einem Verständigungsverfahren zwischen Belgien, Deutschland und den Niederlanden vertretenen Auffassung sind zeitlich verknüpfte Projekte grundsätzlich immer dann zusammenzufassen, sofern sie Teil eines umfassenderen Projektes sind bzw. ein einheitlicher Vertrag vorliegt **(rechtliche Einheit);** auf die Frage nach einem wirtschaftlichen Zusammenhang bzw. dessen einzelnen Komponenten kommt es in diesem Fall nicht an.[132]

Wenn ein Bau- oder Montageprojekt die zeitlichen Voraussetzungen nicht erfüllt, aber von einer im gleichen Staatsgebiet befindlichen Niederlassung oder Geschäftsstelle des Unternehmens in technischer und kaufmännischer Hinsicht betreut wird, ist u. E. eine Zuordnung zu der bereits vorhandenen Betriebsstätte zulässig.[133] Zusammenfassend ergibt sich bei Bauausführungen und Montagen somit das in Abbildung 10 wiedergegebene Prüfschema.

---

[125] Vgl. OECD-Kommentar, Art. 5, Anm. 18.
[126] Vgl. BFH v. 16. 5. 2001, BStBl 2002 II, S. 846; BFH v. 19. 11. 2003, BStBl 2004 II, S. 932.
[127] Vgl. BFH v. 16. 5. 2001, BStBl 2002 II, S. 846.
[128] Vgl. Betriebsstätten-Verwaltungsgrundsätze, BMF-Schreiben v. 24. 12. 1999, BStBl 1999 I, S. 1076, Tz. 4. 3. 5.
[129] Vgl. Betriebsstätten-Verwaltungsgrundsätze, BMF-Schreiben v. 24. 12. 1999, BStBl 1999 I, S. 1076, Tz. 4. 3. 5.
[130] Vgl. u. a. Wassermeyer, F., IStR 2001, S. 567; Bendlinger, S./Remberg, M./ Kuckhoff, H., IStR 2002, S. 43; Buciek, K., DStZ 2003, S. 142.
[131] Vgl. BFH v. 16. 5. 2001, BStBl 2002 II, S. 846; BFH v. 19. 11. 2003, BStBl 2004 II, S. 932.
[132] Vgl. Resolution des Niederländischen Staatssekretärs für Finanzen v. 4. 8. 1975, Intertax 1976, S. 23; Dierckx, F., ET 1989, S. 265.
[133] Vgl. auch Debatin, H./Wassermeyer, F., Doppelbesteuerung, Art. 5, Anm. 121.

2. Kapitel. Inländische Betriebsstätten

Abbildung 10: Prüfschema bei inländischen Bauausführungen bzw. Montagen ausländischer Investoren

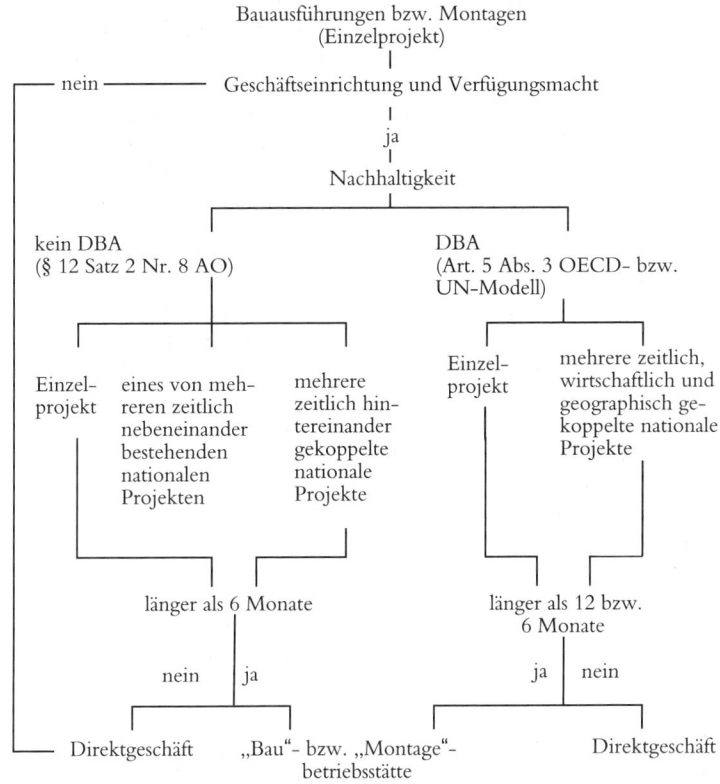

2. Wirtschaftsberatende und technische Dienstleistungen

Durch die Zunahme grenzüberschreitender Beratungs- und ähnlicher Dienstleistungen, die oftmals keiner festen Geschäftseinrichtung i. S. d. Art. 5 Abs. 1 OECD-Modell bedürfen, stellt sich aufgrund dieser spezifischen Eigenart die Frage nach einer gesonderten Beurteilung des Betriebsstättenbegriffs. Damit verbunden ist auch das zunehmende politische Bedürfnis, die mit bloßen Dienstleistungen zusammenhängenden Gewinne ab einer bestimmten Dauer auch ohne Vorliegen einer festen Geschäftseinrichtung (sog. **Dienstleistungsbetriebsstätte**) im Tätigkeitsstaat zu besteuern.[134]

Im (deutschen) **Außensteuerrecht** existiert für bloße wirtschaftsberatende und technische Dienstleistungen keine gesonderte Regelung innerhalb des Betriebsstättenbegriffs. Eine Subsumtion unter diesen sollte aufgrund des offenen Wortlautes von § 12 AO jedoch möglich sein, sofern auf das Erfor-

---

[134] Vgl. OECD-Kommentar, Art. 5, Anm. 42.14 ff.

dernis der Verfügungsmacht weitgehend verzichtet wird.¹³⁵ Ungeachtet dessen hat die Tatsache, dass Dienstleistungseinkünfte durch keinen der Tatbestände des § 49 Abs. 1 EStG erfasst werden,¹³⁶ zur Konsequenz, dass derartige Tätigkeiten (z. B. Personalgestellung oder technische Dienstleistungen) in Deutschland hiernach keiner Besteuerung unterliegen. Sind diese Einkünfte im Ansässigkeitsstaat zugleich noch (abkommensrechtlich) freigestellt, besteht zudem die Gefahr einer Minderbesteuerung. Diese wird allerdings durch eine andersartige Umgrenzung des Besteuerungsrechts in Deutschland verhindert: Die isolierende Betrachtungsweise (§ 49 Abs. 2 EStG)¹³⁷ im nationalen Recht führt nämlich dazu, dass derartige Tätigkeiten sich regelmäßig unter andere Einkunftsarten (z. B. Lizenz- und Know-how-Regelung, selbständige Arbeit etc.) subsumieren lassen.

Der Betriebsstättenbegriff im **UN-Modell** beinhaltet dagegen eine **Sondervorschrift** für Dienstleistungen (Art. 5 Abs. 3 Buchstabe b). Hiernach begründen derartige Tätigkeiten bereits dann eine Betriebsstätte, wenn sie durch Mitarbeiter oder Subunternehmer in einem Staat länger als sechs Monate ausgeübt werden (so z. B. Art. 5 Abs. 3 Buchstabe b DBA-China),¹³⁸ ohne dass die Voraussetzungen einer festen Geschäftseinrichtung vorliegen müssen.¹³⁹ Die Zeitgrenze muss – im Gegensatz zu der Regelung bei Bauausführungen und Montagen – innerhalb von zwölf Monaten erfüllt sein und hat für jedes Projekt einzeln zu erfolgen; eine Koppelung ist nur bei wirtschaftlicher Zusammengehörigkeit möglich. Der **OECD-Steuerausschuss** folgte einer solchen Erweiterung des Betriebsstättenbegriffs hinsichtlich der Gewinne¹⁴⁰ aus Dienstleistungen dahingehend, dass den Vertragspartnern in der Neukommentierung des OECD-Modell von 2008 die Option eingeräumt wird, eine an das UN-Modell angelehnte Regelung in die jeweiligen DBA aufzunehmen. Das Vorliegen einer Dienstleistungsbetriebsstätte setzt neben dem Erbringen von Dienstleistungen in einem anderen Staat demnach voraus, dass ein Mindestaufenthalt oder eine projektbezogene Mindesttätigkeitsdauer von 183 Tagen vorliegt; dies gilt allerdings folgerichtig nicht für Tätigkeiten vorbereitender Art i. S. von Art. 5 Abs. 4 OECD-Modell.¹⁴¹ Zu kritisieren ist aber, dass der OECD-Steuerausschuss eine Definition des Begriffs „Dienstleistungen" unterlässt und somit wiederum die Gefahr von Doppel- und Minderbesteuerungen besteht.¹⁴²

---

¹³⁵ Vgl. Reimer, E., IStR 2009, S. 382. Dieses Verständnis dürfte auch mit der aktuellen BFH-Rechtsprechung vereinbar sein. Vgl. BFH v. 4. 6. 2008, BStBl 2008 II, S. 922. Aus gewerbesteuerlichen Gründen hierzu kritisch Lüdicke, J., DBA-Politik, 2008, S. 116.
¹³⁶ Abhilfe könnte hier bspw. eine Ausweitung des § 49 Abs. 1 Nr. 2 Buchstabe d EStG schaffen. Siehe dazu Reimer, E., IStR 2009, S. 382.
¹³⁷ Vgl. 1. Teil, 4. Kapitel, Abschnitt B I 1
¹³⁸ Vgl. hierzu Wang, H., IStR 2008, S. 243.
¹³⁹ Kritisch hierzu Bendlinger, S./Görl, M./Paaßen, K.-H./Remberg, M., IStR 2004, S. 148; Remberg, M., IStR 2006, S. 546 f.
¹⁴⁰ Die Besteuerung beschränkt sich ausdrücklich auf den Gewinn als Nettogröße; eine Besteuerung auf Bruttobasis wird zu Recht abgelehnt. Vgl. OECD-Kommentar, Art. 5, Anm. 42.19.
¹⁴¹ Vgl. OECD-Kommentar, Art. 5, Anm. 42.23; Kahle, H./Ziegler, S., DStZ 2009, S. 843 ff.
¹⁴² Vgl. Bendlinger, S., SWI 2007, S. 151 ff.

2. Kapitel. Inländische Betriebsstätten

Nicht zuletzt aus erschwerenden, administrativen Gründen[143] geht die neuere deutsche **Abkommenspraxis** dazu über, zumindest Vergütungen für technische Dienstleistungen – entsprechend der nationalen, isolierenden Betrachtungsweise – den Lizenzgebühren zuzuordnen und gerade keine Betriebsstätte zu fingieren (so z. B. Art. 12 Abs. 1 und 4 DBA-Indien).[144] Solange nicht die Voraussetzungen des Betriebsstättenbegriffs i. S. d. Art. 5 Abs. 1 OECD-Modell erfüllt sind, begründen Dienstleistungen nur dann eine Betriebsstätte, sofern dies ausdrücklich im DBA vereinbart wurde.[145]

3. Vertreter

Der Begriff des Vertreters erfasst Auslandsengagements internationaler Unternehmen, bei denen zwar eine **personelle Beziehung** zu einem bestimmten Staatsgebiet besteht, nicht aber eine feste Geschäftseinrichtung. Der Vertretertatbestand hat insofern gegenüber den Betriebsstättengrundtatbeständen eine subsidiäre Bedeutung.

a) Betriebsstätte und Vertreter

Wird durch eine feste Geschäftseinrichtung bereits eine Betriebsstätte begründet, so ist der Vertretertatbestand unerheblich.[146] Dies gilt bspw. in den Fällen, in denen Angestellte eines Unternehmens als dessen Vertreter eine gewerbliche Tätigkeit in Räumen ausüben, über die das Unternehmen eine nicht nur vorübergehende Verfügungsmacht besitzt.[147] Somit kommt der Prüfung des Vertretertatbestandes erst dann Bedeutung zu, wenn die sachliche Betriebsstättenanknüpfung die Annahme einer Betriebsstätte ausschließt.

Die Überprüfung der Frage, ob der Betriebsstätten- oder der Vertretertatbestand erfüllt ist, erlangt auch insofern Bedeutung, als der Vertretertatbestand nicht alle Betriebsstättenrechtsfolgen herbeiführt. Betriebsstätte (§ 12 AO) und ständige Vertretung (§ 13 AO) sind zwar im Rahmen der Einkommen- und Körperschaftsteuer, nicht aber im Rahmen der Gewerbesteuer gleichwertige Steueranknüpfungsmomente. Die deutsche Gewerbesteuer knüpft nämlich nach § 2 Abs. 1 GewStG allein an die Existenz einer Betriebsstätte an, nicht aber auch an das Vorhandensein eines ständigen Vertreters.

Die durch die unterschiedlichen Steuerwirkungen **notwendige Abgrenzung zwischen dem Betriebsstätten- und dem Vertretertatbestand** ist insbesondere in den Fällen problematisch, in denen ein **rechtlich unselbständiger Vertreter** (z. B. Angestellter eines ausländischen Unternehmens) seine Tätigkeit in Räumen ausübt, die er unter seinem Namen gemietet hat. Nach Auffassung der Rechtsprechung wird in diesen Fällen die für das Vorliegen einer Betriebsstätte erforderliche Verfügungsmacht des Unternehmens über diese Räumlichkeiten dann zu verneinen sein, wenn es sich um die

---

[143] Vgl. OECD-Kommentar, Art. 5, Anm. 42.12.
[144] Vgl. Vogel, K./Lehner, M., DBA-Kommentar, Art. 5, Anm. 81 m. w. N. Diese Vorgehensweise ablehnend vgl. OECD-Kommentar, Art. 12, Anm. 11.
[145] Neben dem chinesischen DBA ist dies nur noch in den Abkommen mit den Philippinen und mit der Tschechischen Republik vereinbart, wobei letzteres noch nicht In-Kraft getreten ist. Vgl. Vogel, K./Lehner, M., DBA-Kommentar, Art. 5, Anm. 81.
[146] So im Abkommensfall auch OECD-Kommentar, Art. 5, Anm. 35.
[147] Vgl. BFH v. 9. 3. 1962, BStBl 1962 III, S. 227.

Privatwohnung des Angestellten handelt.[148] Dies gilt auch dann, wenn der Unternehmer das Recht hat, in Ausübung einer Kontrollbefugnis die Privatwohnung des Angestellten zu betreten. Demnach ist in diesen Fällen die steuersystematische Beurteilung nach den Kriterien der personellen Anknüpfung (Vertretertatbestand) vorzunehmen. Handelt es sich bei den Räumlichkeiten hingegen um vom Unternehmen angemietete Büroräume, so fingiert die deutsche Finanzverwaltung eine generelle Dispositionsgewalt des vertretenen Unternehmens über die angemieteten Räume. Damit kommen aber die Kriterien der sachlichen Anknüpfung (Betriebsstättentatbestand) zur Geltung.[149]

Vertreibt ein ausländisches Unternehmen seine Produkte im Inland durch einen dort ansässigen **rechtlich selbständigen Vertreter** (z. B. Handelsvertreter, Kommissionär etc.), so liegt grundsätzlich kein Fall der sachlichen Anknüpfung (Betriebsstättentatbestand) vor. Die Geschäftseinrichtung des selbständigen Vertreters kann dem vertretenen Unternehmen nur in den Ausnahmefällen im Wege eines Durchgriffs zugerechnet werden, in denen eine wirtschaftliche Dispositionsgewalt des Unternehmens über die vom Vertreter benutzte Einrichtung vorliegt.[150] Ein solcher Ausnahmetatbestand liegt bspw. dann vor, wenn in den Geschäftsräumen des Vertreters auch Mitarbeiter des ausländischen Unternehmens tätig sind.[151] Grundsätzlich lässt sich aber feststellen, dass die Rechtsprechung in starkem Maße zur Einschränkung dieser Ausnahmefälle tendiert. So reicht für die Bejahung einer gemeinschaftlichen Verfügungsmacht nicht bereits die Vermietung oder Verpachtung der Geschäftsräume an den Vertreter aus.[152] Auch die Möglichkeit, dessen Räume zur Überprüfung von Geschäftsvorfällen in gewissen Zeitabständen zu betreten (Kontrollfunktion), ist nicht ausreichend, ebenso wenig wie die Erlaubnis einer gelegentlichen Mitbenutzung der Räume des Vertreters.[153] Unternehmenseigene Warenlager, die bei Spediteuren, Lagerhaltern etc. unterhalten werden, begründen ebenfalls keine Betriebsstätte für das vertretene Unternehmen, wenn diese Lager ausschließlich unter der Dispositionsgewalt der rechtlich selbständigen Vertreter stehen.

b) Zum Inhalt des Vertreterbegriffs

Vertreter können alle natürlichen und juristischen Personen sein, die ein Unternehmen tatsächlich repräsentieren.[154] Dabei wird nur vorausgesetzt, dass

---

[148] Vgl. BFH v. 21. 2. 1963, HFR 1963, S. 260.
[149] Vgl. BFH v. 30. 1. 1974, BStBl 1974 II, S. 327.
[150] Vgl. BFH v. 16. 8. 1962, BStBl 1962 III, S. 477.
[151] Vgl. BFH v. 9. 3. 1962, BStBl 1962 III, S. 227; vgl. auch BFH v. 14. 7. 1971, BStBl 1971 II, S. 776.
[152] Vgl. BFH v. 14. 7. 1971, BStBl 1971 II, S. 776. Nach a. A. wird eine gemeinschaftliche Dispositionsbefugnis bereits im Grundsatz abgelehnt. Vgl. FG Baden-Württemberg v. 19. 12. 2008, PIStB 2009, S. 238.
[153] Vgl. BFH v. 18. 3. 1976, BStBl 1976 II, S. 365; BFH v. 11. 10. 1989, BStBl 1990 II, S. 166.
[154] Strittig ist, ob das Tätigwerden organschaftlicher Vertreter (Vorstand, Geschäftsführer) eine Vertreterbetriebsstätte begründen kann. Vgl. zum Meinungsstand BFH v. 3. 8. 2005, BStBl 2006 II, S. 220; Seltenreich, S., IWB, Fach 3, Deutschland, Gruppe 2, S. 1274 ff.; Herrmann, C./Heuer, G./Raupach, A., Einkommensteuergesetz, § 50 EStG, Anm. 226.

2. Kapitel. Inländische Betriebsstätten

der Vertreter in einem (Tätigkeits-)Staat für das vertretene Unternehmen tätig wird. Für diesen **personellen Bezug zum Staatsgebiet** ist es weder notwendig, dass die Person ein eigenständiges Steuersubjekt ist, so dass auch Personengesellschaften den Vertretertatbestand erfüllen können, noch dass die Person in den Staaten, in denen sie ein Unternehmen repräsentiert, steuerlich ansässig ist oder dass die Person dort eine Geschäftseinrichtung hat.[155] Auch eine Tochterkapitalgesellschaft, die aufgrund ihrer rechtlichen Verselbständigung nicht als Betriebsstätte der Muttergesellschaft zu behandeln ist, kann unter bestimmten Umständen als Vertreterin der Muttergesellschaft tätig werden.

Während die DBA den Vertreterbegriff durch Fiktion in die Betriebsstättendefinition mit einbeziehen, weist das Außensteuerrecht Betriebsstätte (§ 12 AO) und ständigen Vertreter (§ 13 AO) als getrennte Steueranknüpfungspunkte aus. Beiden Rechtskreisen ist aber gemein, dass mit dem Vertreterbegriff das Betriebsstättenmerkmal „feste Geschäftseinrichtung" durch den personellen Bezug zum Staatsgebiet ersetzt wird. Damit die durch den Vertreter verkörperte personelle Beziehung betriebsstättenbegründend wirken (Abkommensrecht) bzw. als ständiger Vertreter qualifiziert werden kann (deutsches Außensteuerrecht), ist es erforderlich, dass die restlichen Merkmale der allgemeinen Betriebsstättendefinition gemeinsam erfüllt sind,[156] also

(a) die Nachhaltigkeit,
(b) die Verfügungsmacht bzw. Weisungsgebundenheit und
(c) die Tätigkeit eines Unternehmens.

Zu (a): Ein **nachhaltiges** Tätigwerden liegt nur dann vor, wenn es eine gewisse Stetigkeit aufweist. Dies wird durch das Erfordernis einer wiederholenden und nicht nur vorübergehenden – sondern ständig über einen längeren Zeitraum ausübenden – Tätigkeit deutlich.[157] Ausreichend ist dabei eine Häufigkeit der weisungsgebundenen Tätigkeitsausübung, die für die konkrete Geschäftstätigkeit üblich ist. Bestehen diesbezüglich Zweifel, so ist die Nachhaltigkeit nach den zeitlichen Mindestgrenzen des allgemeinen Betriebsstättenbegriffs zu beurteilen (mehr als sechs bis zwölf Monate im nationalen Steuerrecht, mehr als sechs Monate im Abkommensrecht).[158] Entscheidend hierfür ist das Motiv zu Beginn der Vertretereigenschaft, aber auch eine über die genannte Zeitgrenze hinaus tatsächlich durchgeführte Vertretung erfüllt dieses Kriterium. Eine Tätigkeit, die mehrfache, aber unregelmäßige Aufenthalte im Inland beinhaltet, stellt dagegen eine nur vorübergehende Tätigkeit dar, auch wenn sich im Abkommensfall die Aufenthalte über mehr als sechs Monate verteilen.[159]

---

[155] Vgl. Piltz, D.J., IStR 2004, S. 182; Debatin, H./Wassermeyer, F., Doppelbesteuerung, Art. 5, Anm. 205; OECD-Kommentar, Art. 5, Anm. 32.
[156] Vgl. Baranowski, K.-H., IWB, Fach 3, Deutschland, Gruppe 2, S. 719 ff.
[157] Vgl. Wilke, K.-M., Lehrbuch, 2009, S. 127.
[158] Vgl. Vogel, K./Lehner, M., DBA-Kommentar, Art. 5, Anm. 120 m.w.N. Auch der BFH hat in diesem Zusammenhang eine grundsätzliche Orientierung an der Zeitgrenze für Betriebsstätten bejaht. Vgl. BFH v. 3. 8. 2005, BStBl 2006 II, S. 220. Vgl. BMF-Schreiben v. 11. 10. 2002, BStBl 2002 I, S. 957; sowie hierzu kritisch auch Lüdicke, J., IStR 2003, S. 165. Vgl. zu den zeitlichen Mindestgrenzen ebenso Abschnitt A I 1 a) (2).
[159] Vgl. BFH v. 3. 8. 2005, BStBl 2006 II, S. 220.

Zu (b): Eine Person kann nur dann eine **Vertreterbetriebsstätte** bzw. einen ständigen Vertreter verkörpern, wenn sie unter der Dispositionsgewalt dieses Unternehmens steht. Da die tatsächliche **Weisungsgebundenheit** (Verfügungsmacht) entscheidungserheblich ist, kommt es ausschließlich auf die (tatsächliche) Gestaltung des Innenverhältnisses an.[160] Bei der Überprüfung dieses Innenverhältnisses kommen im nationalen Recht einerseits und im Abkommensrecht andererseits nicht völlig identische Kriterien zur Anwendung:

- Mit dem Grundsatzurteil des BFH vom 28. 6. 1972[161] wurde das Kriterium der sachlichen Weisungsgebundenheit in das **innerstaatliche deutsche Recht** eingeführt. Dieses zugleich in § 13 Satz 1 AO verankerte Kriterium ist bei Personen, die in einem Verhältnis der persönlichen Abhängigkeit zum vertretenen Unternehmen stehen (z. B. in Form eines Arbeitnehmerverhältnisses), generell erfüllt (sog. **unselbständiger Vertreter**).[162] Daneben kann auch bei Vorliegen eines gesetzestypischen Auftragsverhältnisses (§§ 662 und 675 BGB) die sachliche Weisungsgebundenheit vorliegen, so dass die Tätigkeit eines Maklers, Kommissionärs oder Handelsvertreters einen „ständigen Vertreter" begründen kann (sog. **selbständiger Vertreter**). Hierzu reicht aber die gesetzestypische Ausgestaltung des Weisungsrechts allein nicht aus. U. E. ist die sachliche Weisungsgebundenheit bei privatrechtlich selbständigen Vertretern (z. B. Handelsvertreter) nur zu bejahen, falls das auftraggebende Unternehmen die laufende Geschäftstätigkeit des Vertreters tatsächlich mitbestimmt bzw. zumindest fallweise Einfluss nimmt.[163]
- Auch nach **Abkommensrecht** ist für Personen, die persönlichen Weisungen des Geschäftsherrn unterliegen (z. B. in Form eines Arbeitnehmerverhältnisses), die wirtschaftliche Dispositionsgewalt des Unternehmens zu bejahen.[164] Das OECD-Modell bezeichnet diese Personengruppe deshalb auch generell als „**abhängige Vertreter**" (vgl. Art. 5 Abs. 5 OECD-Modell). Ist der Vertreter dagegen vom auftraggebenden Unternehmen sowohl rechtlich als auch wirtschaftlich unabhängig (sog. „**unabhängigen Vertreter**"), wird nur ausnahmsweise unter weiteren (noch folgenden) Voraussetzungen eine Weisungsgebundenheit angenommen (Art. 5 Abs. 6 OECD-Modell).[165] Die erste offene Frage, ob ein Vertreter **rechtlich unabhängig** ist, hängt vom Ausmaß der Verpflichtungen gegenüber dem Unternehmen ab. Erst wenn die geschäftlichen Tätigkeiten für das Unternehmen eingehenden Anweisungen oder einer umfassenden Aufsicht durch das Unternehmen unterliegen, kann der Vertreter nicht als von dem Unternehmen unabhängig gelten.[166] Die anschließende, zweite Frage, ob ein

---

[160] Vgl. BFH v. 23. 9. 1983, BStBl 1984 II, S. 94; Piltz, D.J., IStR 2004, S. 186; Seltenreich, S., IWB, Fach 3, Deutschland, Gruppe 2, S. 1279; Debatin, H./Wassermeyer, F., Doppelbesteuerung, Art. 5, Anm. 225.
[161] Vgl. BFH v. 28. 6. 1972, BStBl 1972 II, S. 785.
[162] Vgl. BFH v. 30. 4. 1975, BStBl 1975 II, S. 626.
[163] Vgl. Mersmann, W., Ertragsbesteuerung, 1966, S. 55; Schürmann, W./Reinhardt, G., AWD 1974, S. 604; Kumpf, W., Betriebstätten, 1982, S. 49 f.
[164] Vgl. OECD-Kommentar, Art. 5, Anm. 32.
[165] Vgl. auch BFH v. 14. 9. 1994, BStBl 1995 II, S. 238; OECD-Kommentar, Art. 5, Anm. 37.
[166] Vgl. Debatin, H./Wassermeyer, F., Doppelbesteuerung, Art. 5, Anm. 225; OECD-Kommentar, Art. 5, Anm. 38 ff.

2. Kapitel. Inländische Betriebsstätten

rechtlich unabhängiger Vertreter zugleich auch **wirtschaftlich unabhängig** ist, liegt dann vor, wenn der Vertreter einen Entscheidungsspielraum von einem gewissen wirtschaftlichen Gewicht vorweisen kann und auch ein wirtschaftliches Risiko trägt. Letzteres ist zu bejahen, sofern der Vertreter unternehmerisch tätig wird, also Gewinne erzielen und Verluste tragen kann.[167] Aufgrund besonderer Gestaltung der Beziehung zur Muttergesellschaft kann auch eine **Tochterkapitalgesellschaft** den Vertretertatbestand erfüllen und somit Betriebsstätte der Muttergesellschaft sein. Allein die gesellschaftsrechtliche Abhängigkeit der Tochtergesellschaft reicht jedoch für die Begründung einer Abhängigkeit i. S. d. Art. 5 Abs. 6 OECD-Modell nicht aus und entspricht damit der sog. „Anti-Organ-Klausel" (vgl. Art. 5 Abs. 7 OECD-Modell).[168] Sowohl entscheidend als auch von zunehmender praktischer Bedeutung ist vielmehr die wirtschaftliche Abhängigkeit, die bspw. dann vorliegt, wenn die Tochtergesellschaft kein unternehmerisches Risiko trägt. Insofern besteht eine enge Verknüpfung zur sachlichen Weisungsgebundenheit, denn wer umfassenden Anweisungen und Kontrollen unterliegt, ohne einen eigenen Entscheidungsspielraum zu haben, wird nicht bereit sein, das Risiko für Maßnahmen zu tragen, die er nicht beeinflussen kann. Weitere Indizien für die Abhängigkeit liegen vor, wenn die Tochtergesellschaft neben der Tätigkeit für den Prinzipal keine zusätzliche umfassende eigene Geschäftstätigkeit ausübt oder wenn die Tochtergesellschaft eine feste Geschäftseinrichtung in einem Staat hat und diese dem Prinzipal zur Verfügung stellt, damit Letzterer seine eigene Geschäftstätigkeit dort ausüben kann.[169]

Der **konzerninterne Leistungsaustausch** (z. B. Managementleistungen) führt dabei nicht notwendigerweise zur Begründung einer Vertreterbetriebsstätte. Bezieht eine Konzerngesellschaft von einer anderen Konzerngesellschaft bspw. Leistungen, die Letztere in Räumlichkeiten, die nicht Ersterer gehören, und mit eigenem Personal erbringt, so bildet Letztere keine Vertreterbetriebsstätte der ersteren Konzerngesellschaft, da dieser die Räume nicht zur Verfügung stehen und es sich nicht um ihre Geschäftstätigkeit handelt. Auch bei Tätigkeiten einer Konzerngesellschaft, die einer anderen Konzerngesellschaft wirtschaftliche Vorteile bringen, kann nicht darauf geschlossen werden, dass Räumlichkeiten Letzterer zugeordnet werden können und demzufolge eine Vertreterbetriebsstätte vorliegt. Folglich begründet eine Gesellschaft, die sich darauf beschränkt, von einer Gesellschaft in einem anderen Staat hergestellte Einzelteile und Dienstleistungen zu beziehen, eindeutig keine Vertreterbetriebsstätte, auch wenn sie aus der Herstel-

---

[167] Vgl. Debatin, H./Wassermeyer, F., Doppelbesteuerung, Art. 5, Anm. 225 m. w. N.; OECD-Kommentar, Art. 5, Anm. 38 ff. Auch wenn eine Vermutung dafür spricht, ist es fraglich und einzelfallabhängig, ob ein solcher Entscheidungsspielraum nicht mehr vorliegt, wenn der Vertreter allein für einen einzigen Unternehmen tätig wird. Vgl. Vogel, K./Lehner, M., DBA-Kommentar, Art. 5, Anm. 147.
[168] Vgl. auch OECD-Kommentar, Art. 5, Anm. 38.1.
[169] Vgl. BFH v. 14. 9. 1994, BStBl 1995 II, S. 238 m. w. N.; OECD-Kommentar, Art. 5, Anm. 41; siehe hierzu auch Endres, D., IStR 1996, S. 2 ff. Die gleichen Grundsätze gelten auch für multinationale Konzerngesellschaften, also z. B. auch zwischen Schwestergesellschaften. Vgl. Kolb, A., IWB, Fach 10, International, Gruppe 2, S. 1912; OECD-Kommentar, Art. 5, Anm. 41.1.

lung der Einzelteile oder Erbringung der Dienstleistungen einen Nutzen zieht.[170]

Zu (c): Ebenso wird der **Tätigkeitsbereich** eines Vertreters in den einzelnen Rechtskreisen unterschiedlich abgegrenzt; es ergibt sich hierbei unmittelbar eine Parallele zum Basisbereich:

- Im **nationalen Recht** genügen für die Annahme eines Bezugs zur Tätigkeit des vertretenen Unternehmens Hilfstätigkeiten tatsächlicher Art, sofern sie von stellvertretungsähnlicher Natur sind. Entscheidend für die Annahme der Vertretereigenschaft ist, dass die Tätigkeit des Vertreters dem Unternehmen zuzurechnen ist und wirtschaftlich folglich als dessen eigene Tätigkeit erscheint. Hierunter fällt z. B. die Tätigkeit eines externen Warenlagerverwalters.[171] Keine Vertretereigenschaft liegt hingegen bei inländischen Zulieferern (kein Aufgabenbereich des ausländischen Unternehmens), bei sog. Delegierten, die bei inländischen Unternehmen eingesetzt werden (die Tätigkeit dient dem Inlandsunternehmen), und bei einer Betriebsverpachtung (Verpächtertätigkeit dient i. d. R. dem eigenen Gewerbebetrieb) vor.[172]
- Nach dem **OECD-Modell** begründen **abhängige Vertreter** nur dann eine Betriebsstätte, wenn sie eine Vollmacht besitzen, im Namen des vertretenen Unternehmens Verträge abzuschließen (sog. Abschlussvollmacht), und diese gewöhnlich ausüben (Art. 5 Abs. 5). Leitet eine Person die Verkaufsverhandlungen in allen Details in einer für das im anderen Staat ansässige Unternehmen verbindlichen Weise, erfolgt allerdings die Vertragsunterzeichnung selbst beim Unternehmen, liegt ein Ausüben einer „wirtschaftlichen" Abschlussvollmacht im Staate der Geschäftsentfaltung des Vertreters vor.[173] Die Teilnahme bzw. aktive Mitwirkung einer Person bei Vertragsverhandlungen ist damit ein wichtiges Element für die Bestimmung der genauen Funktion der Person, wenngleich daraus nicht zwingend auf die Ausübung einer Abschlussvollmacht geschlossen werden kann. Die Abschlussvollmacht muss sich, der Betriebsstättenkonzeption im Abkommensrecht konsequenterweise folgend, auf gewerbliche Kernbereiche beziehen, d. h. eine Vollmacht des abhängigen Vertreters zum Abschluss von Kontrakten im Zusammenhang mit ausschließlich sachlich befreiten Tätigkeiten i. S. d. Art. 5 Abs. 4 OECD-Modell (z. B. bei Einkaufskontrakten) ist nicht betriebsstättenbegründend (Art. 5 Abs. 5 letzter Halbsatz OECD-Modell). Übt ein angestellter Abschlussagent (abhängiger Vertreter) Verkaufsgeschäfte und Ausnahmetätigkeiten dagegen gleichzeitig aus, so liegt insoweit ein einheitlicher, betriebsstättenbegründender Tätigkeitsbereich vor. Eine Aufspaltung und damit auch gesonderte Gewinnermittlung kommen nur bei einem Zusammentreffen von Verkaufsgeschäften mit Ausnahmetätigkeiten i. S. von Einkaufsgeschäften (Art. 7 Abs. 5 OECD-Modell) in Betracht.[174]

---

[170] Vgl. Kolb, A., IWB, Fach 10, International, Gruppe 2, S. 1912; OECD-Kommentar, Art. 5, Anm. 42.
[171] Vgl. Seltenreich, S., IStR 2004, S. 590 f.
[172] Vgl. BFH v. 12. 4. 1978, BStBl 1978 II, S. 494; BFH v. 10. 2. 1988, BStBl 1988 II, S. 653.
[173] Vgl. OECD-Kommentar, Art. 5, Anm. 32.1 und 33. Kritisch hierzu vgl. Eckl, P., IStR 2009, S. 513.
[174] Siehe hierzu auch Vogel, K./Lehner, M., DBA-Kommentar, Art. 7, Anm. 152 f.

Daneben können ausnahmsweise auch **unabhängige Vertreter,** wie z. B. ein Handelsvertreter oder Kommissionär,[175] eine Betriebsstätte begründen, soweit sich deren Aktivitäten außerhalb der ordentlichen Geschäftstätigkeit bewegen (Art. 5 Abs. 6 OECD-Modell).[176] Damit ist der abkommensrechtliche Vertreterbegriff wesentlich enger gefasst als der Begriff des ständigen Vertreters nach § 13 AO, der bei selbständigen Vertretern – im Gegensatz zum unabhängigen Vertreter im abkommensrechtlichen Sinn – auch bei sachlich weisungsgebundenem Handeln im Rahmen der ordentlichen Geschäftstätigkeit erfüllt ist. Die deutsche Finanzverwaltung beachtet jedoch auch im Nicht-DBA-Fall die durch das Abkommensrecht gezogene Grenzlinie: Nach R 49.1 Abs. 1 EStR führt die Vertretertätigkeit eines Kommissionärs oder Maklers für ein ausländisches Unternehmen, die dieser im Rahmen seines ordentlichen Geschäftsbetriebes ausübt, auch dann nicht zum Vorliegen eines „ständigen Vertreters" und somit nicht zur beschränkten Steuerpflicht nach § 49 EStG, wenn die Besteuerung des ausländischen Unternehmens nicht durch ein DBA geregelt wird.[177]

Ob sich eine **Aktivität im Rahmen der ordentlichen Geschäftstätigkeit** hält, entscheidet sich nach dem gegenwärtigen, branchenüblichen Aufgabenbereich des betreffenden Geschäftszweiges, also danach, ob die Tätigkeit dem innerhalb der jeweiligen Branche anzutreffenden typischen Berufsbild entspricht.[178] Dagegen kommt es nicht darauf an, wie der unabhängige Vertreter selbst in anderen Fällen seine Geschäftsbeziehungen gestaltet.[179] Ausgangspunkt bei der Prüfung muss in jedem Fall der vom Zivilrecht vorgegebene Tätigkeitsbereich des Vertreters sein.[180] So ist z. B. nach § 84 HGB Handelsvertreter, wer als selbständiger Gewerbetreibender ständig damit betraut ist, für einen anderen Unternehmer Geschäfte zu vermitteln oder in dessen Namen abzuschließen. Das typische Berufsbild des Handelsvertreters umfasst also nicht nur die Vermittlung von Aufträgen, sondern schließt auch eine mögliche Abschlussvollmacht bzw. eine Inkassovollmacht ein (§ 91 Abs. 1 i. V. m. § 55 HGB). Auch die Betreuung eines Konsignationslagers durch einen unabhängigen Handelsvertreter liegt ebenso wie das Unterhalten eines

---

[175] Da der Kommissionär nach außen in eigenem Namen handelt, ist es jedoch strittig, ob dieser überhaupt das Kriterium des „Vertreters" erfüllt. Vgl. Pleijsier, A., Intertax 2001, S. 177; Piltz, D. J., IStR 2004, S. 184 f. Bejahend dagegen OECD-Kommentar, Art. 5, Anm. 32.1.
[176] Vgl. Debatin, H./Wassermeyer, F., Doppelbesteuerung, Art. 5, Anm. 229 ff.; Vogel, K./Lehner, M., DBA-Kommentar, Art. 5, Anm. 150 ff.
[177] Siehe auch Betriebsstätten-Verwaltungsgrundsätze, BMF-Schreiben v. 24. 12. 1999, BStBl 1999 I, S. 1076, Tz. 1.1.2.
[178] Vgl. BFH v. 30. 4. 1975, BStBl 1975 II, S. 626; BFH v. 23. 9. 1983, BStBl 1984 II, S. 94; BFH v. 14. 9. 1994, BStBl 1995 II, S. 238; Debatin, H./Wassermeyer, F., Doppelbesteuerung, Art. 5, Anm. 230; OECD-Kommentar, Art. 5, Anm. 38.7 f. Nach a. A. ist das konkrete Tätigkeitsfeld des Vertreters und somit die Gesamtumstände des Einzelfalls entscheidend; vgl. FG Köln v. 7. 7. 1993, EFG 1994, S. 138; kritisch dazu Hey, F. E. F., RIW 1994, S. 889 ff.
[179] So auch OECD-Kommentar, Art. 5, Anm. 38.8, der allerdings bei ungewöhnlicher Tätigkeit auch andere Tests zulassen will. Kritisch zu dieser Möglichkeit Krabbe, H., IStR 2003, S. 256; Piltz, D. J., IStR 2004, S. 187; Seltenreich, S., IWB, Fach 3, Deutschland, Gruppe 2, S. 1280.
[180] Vgl. BFH v. 12. 10. 1965, BStBl 1965 III, S. 690; BFH v. 30. 4. 1975, BStBl 1975 II, S. 626.

Warenlagers[181] durch einen Kommissionär im Rahmen der ordentlichen Geschäftstätigkeit mit der Folge, dass für das vertretene Unternehmen keine Betriebsstätte begründet wird.

Für eine **Tochterkapitalgesellschaft** als unabhängiger Vertreter gelten hinsichtlich des Handelns im Rahmen der ordentlichen Geschäftstätigkeit dieselben Voraussetzungen wie bei natürlichen Personen, so dass auch hier auf die üblichen Geschäftstätigkeiten des Berufsbildes derjenigen Berufsgruppe, welcher der Vertreter angehört, abgestellt wird.[182]

Da das **UN-Modell** an das OECD-Modell anknüpft, übernimmt es zwar auch dessen Unterscheidung in „abhängige" und „unabhängige" Vertreter. Dagegen begründen abhängige Vertreter aber nicht nur dann eine Betriebsstätte, wenn sie eine Abschlussvollmacht haben und gewöhnlich ausüben (Art. 5 Abs. 5 Buchstabe a UN-Modell), sondern auch in den Fällen, in denen sie über ein Warenlager verfügen und von dort aus die Unternehmensprodukte ausliefern (Art. 5 Abs. 5 Buchstabe b UN-Modell), wobei teilweise eine Vollmacht zur Ausführung der Auslieferung erforderlich ist. Entsprechende Regelungen enthalten bspw. die deutschen DBA mit Indien und den Philippinen. Allerdings ist die Vorschrift in den entsprechenden DBA missverständlich, da in den Fällen, in denen Vertreter bloß Waren ausliefern, stets der vorhandene Betriebsstättenausnahmetatbestand des Art. 5 Abs. 4 Buchstabe a OECD-Modell zu beachten ist. Somit ist neben der bloßen Auslieferung eine Einschaltung in den Verkaufsvorgang in dem Maße erforderlich, die der des Abschlussvertreters nahekommt.[183]

Eine sachliche Erweiterung gegenüber dem OECD-Modell verkörpert zum einen die Betriebsstättenqualifikation für **Einfirmen-Vertreter** (i. d. R. wohl inländische Tochterkapitalgesellschaften) des vertretenen Unternehmens in Art. 5 Abs. 7 Satz 2 UN-Modell. Nach dieser Vorschrift wird insbesondere eine inländische Tochterkapitalgesellschaft dann als abhängiger Vertreter angesehen, wenn deren Tätigkeit (fast) ausschließlich „einem" vertretenen Unternehmen gewidmet ist. Dies gilt jedoch nicht, wenn der Vertreter im Verhältnis zum vertretenen Unternehmen auf Arm's-length-Basis handelt. Zum anderen beinhaltet das UN-Modell in Art. 5 Abs. 6 noch Sonderbestimmungen über **Versicherungsvertreter**. Danach begründet ein Versicherungsunternehmen bereits dann eine Betriebsstätte, wenn es in einem anderen Vertragsstaat Prämien über einen abhängigen Vertreter einzieht oder dort gelegenes Risiko versichert.[184] Diese Vorschrift führt somit zu einer entsprechend stärkeren Aufrechterhaltung der Besteuerung in den Quellenländern auf dem Gebiet des Versiche-

---

[181] Vgl. Vogel, K./Lehner, M., DBA-Kommentar, Art. 5, Anm. 151. Dies gilt selbst dann, wenn der unabhängige Vertreter im Rahmen seiner ordentlichen Geschäftstätigkeit neben dem Unterhalten des Warenlagers After-sales-Aktivitäten vornimmt. Vgl. Seltenreich, S., IStR 2004, S. 593 ff.

[182] Vgl. BFH v. 14. 9. 1994, BStBl 1995 II, S. 238; vgl. hierzu auch Betriebsstätten-Verwaltungsgrundsätze, BMF-Schreiben v. 24. 12. 1999, BStBl 1999 I, S. 1076, Tz. 1. 2. 2; Endres, D., IStR 1996, S. 3 f.; Piltz, D. J., IStR 2004, S. 186.

[183] Vgl. Vogel, K./Lehner, M., DBA-Kommentar, Art. 5, Anm. 129 und 132.

[184] Dies gilt allerdings teilweise nicht für Rückversicherungsunternehmen, so z. B. im DBA mit Indonesien und Rumänien. Vgl. Hundt, F., RIW/AWD 1981, S. 313; Vogel, K./Lehner, M., DBA-Kommentar, Art. 5, Anm. 140. Zu Rückversicherungen allgemein vgl. 6. Teil, 5. Kapitel, Abschnitt C II 3 c).

rungswesens. Analoge Regelungen finden sich bspw. in den DBA Argentinien, Belgien, Frankreich, Indonesien und Luxemburg.

Liegen die in den Punkten (a)–(c) erläuterten Kriterien vor und besteht zusätzlich ein personeller Bezug zum inländischen Staatsgebiet, so führt die bloße Tätigkeit eines entsprechenden Vertreters im Ergebnis zur Annahme einer Betriebsstätte bzw. eines ständigen Vertreters. Die Übersicht in Abbildung 11 verdeutlicht nochmals das Prüfschema bei der Qualifikation inländischer Vertreter eines ausländischen Unternehmens.

Abbildung 11: Prüfschema bei inländischen Vertretern ausländischer Unternehmen

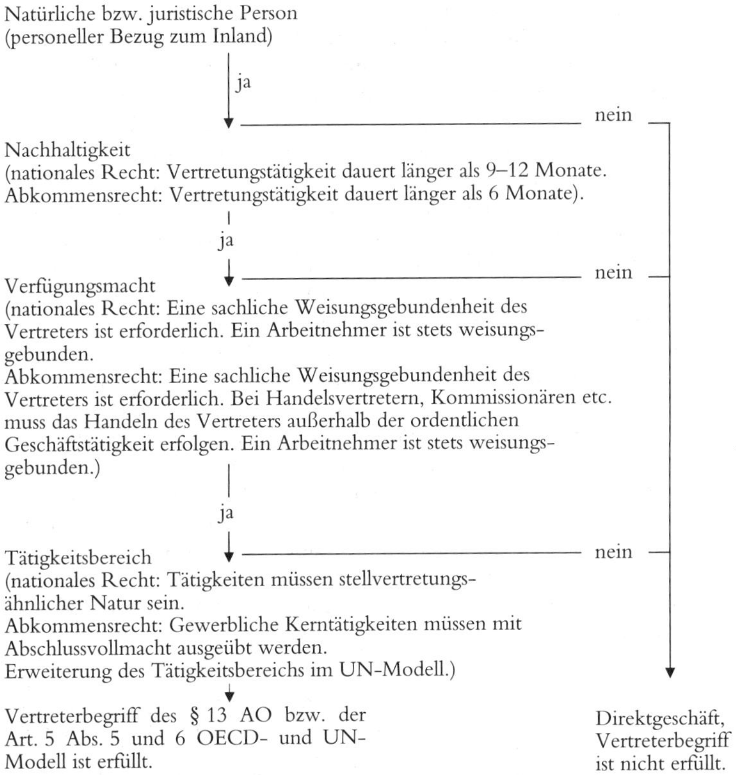

Natürliche bzw. juristische Person
(personeller Bezug zum Inland)

↓ ja

——————————————— nein —

Nachhaltigkeit
(nationales Recht: Vertretungstätigkeit dauert länger als 9–12 Monate.
Abkommensrecht: Vertretungstätigkeit dauert länger als 6 Monate).

↓ ja

Verfügungsmacht ↓ ——————————————— nein —
(nationales Recht: Eine sachliche Weisungsgebundenheit des
Vertreters ist erforderlich. Ein Arbeitnehmer ist stets weisungsgebunden.
Abkommensrecht: Eine sachliche Weisungsgebundenheit des
Vertreters ist erforderlich. Bei Handelsvertretern, Kommissionären etc.
muss das Handeln des Vertreters außerhalb der ordentlichen
Geschäftstätigkeit erfolgen. Ein Arbeitnehmer ist stets weisungsgebunden.)

↓ ja

Tätigkeitsbereich ↓ ——————————————— nein —
(nationales Recht: Tätigkeiten müssen stellvertretungsähnlicher Natur sein.
Abkommensrecht: Gewerbliche Kerntätigkeiten müssen mit
Abschlussvollmacht ausgeübt werden.
Erweiterung des Tätigkeitsbereichs im UN-Modell.)

↓

Vertreterbegriff des § 13 AO bzw. der   Direktgeschäft,
Art. 5 Abs. 5 und 6 OECD- und UN-   Vertreterbegriff
Modell ist erfüllt.   ist nicht erfüllt.

4. Electronic Commerce und Betriebsstättenbesteuerung

In der Diskussion über die Begründung einer Betriebsstätte hat der Electronic Commerce (E-Commerce) zunehmend an Bedeutung gewonnen. Ausgangspunkt ist die Vorstellung, dass sich durch E-Commerce die geltenden Anknüpfungspunkte der Besteuerung tendenziell „auflösen" und „mobil" werden.[185]

---

[185] Vgl. für viele Doernberg, R./Hinnekens, L./Hellerstein, W. u. a., Electronic Commerce, 2001.

Aus diesem Grund werden nachfolgend die Anknüpfungspunkte im Rahmen der internationalen Betriebsstättenbesteuerung nochmals explizit vor dem Hintergrund des E-Commerce betrachtet. Dazu werden vorab der Begriff E-Commerce konkretisiert und die Auswirkungen von E-Commerce auf internationale Unternehmensstrukturen systematisiert.

a) Electronic Commerce und internationale Unternehmenstätigkeit

Die wirtschaftlichen Strukturen werden zunehmend durch die Entwicklungen im Bereich der Informations- und Kommunikationstechnologien beeinflusst. Als Beispiele gelten die Einsatzmöglichkeiten globaler Kommunikationsnetzwerke (Internet, Intranet, Extranet), mobiler Kommunikationssysteme und Multimediaanwendungen. Dieser unternehmerische Einsatz von **modernen Informations- und Kommunikationstechnologien** wird in einer weiten Abgrenzung als „**E-Commerce**" bezeichnet;[186] bei den zugrunde liegenden Technologien handelt es sich um E-Commerce-Technologien.[187] Die zunehmende Bedeutung dieser Technologien für Unternehmen begünstigt in Verbindung mit den Veränderungen des allgemeinen gesellschaftlichen und wirtschaftlichen Umfeldes im Zuge der Globalisierung und des Informationszeitalters die Herausprägung neuer Formen internationaler Unternehmensstrukturen. Diese **New-Economy-Unternehmensstrukturen** sind gekennzeichnet durch eine geographische, ökonomische und rechtliche Auflösung von Unternehmensgrenzen und können, in einer extremen Ausprägung, zur Organisationsform eines virtuellen Unternehmens führen.[188]

Die sich aus dem Einsatz von E-Commerce-Technologien ergebenden **Effekte auf internationale Unternehmensstrukturen** lassen sich in drei Bereiche untergliedern. Erstens sind Veränderungen bei der Gestaltung unternehmerischer Marktbeziehungen zu beobachten. Neben veränderten Marktbeziehungen kann der unternehmerische Einsatz von E-Commerce-Technologien zweitens zu veränderten Strukturen des unternehmensinternen Leistungserstellungsprozesses führen. Drittens ergeben sich Auswirkungen auf die Wahl der Koordinationsform, d. h. auf die unternehmerische Entscheidung, eine Transaktion bzw. einen Teil der unternehmerischen Wertschöpfung innerhalb des Unternehmens oder über den Markt durchzuführen (Make-or-buy-Entscheidung).[189]

---

[186] Vgl. Abrams, H. E./Doernberg, R. L., TNI 1997, S. 1573: „Electronic commerce refers to the use of computer networks to facilitate transactions involving the production, distribution, sale and the delivery of goods and services, ..."; Picot, A./Reichwald, R./Wigand, R. T., Unternehmung, 2003, S. 337: E-Commerce ist „jede Art von wirtschaftlicher Tätigkeit auf Basis elektronischer Verbindungen". Für einen Überblick möglicher Definitionen vgl. OECD, Electronic Commerce, 1999, S. 28 f., u. a. weite Definitionen: „include all financial and commercial transactions that take place electronically"; PwC, E-business, 1999, S. 1.

[187] Diese werden teilweise auch als E-Business-Technologien bezeichnet; vgl. PwC, E-business, 1999, S. 41 ff.

[188] Vgl. hierzu grundlegend Picot, A./Ripperger, T./Wolff, B., JITE 1996, S. 65 ff.; Picot, A./Reichwald, R./Wigand, R. T., Unternehmung, 2003.

[189] Vgl. zu diesen drei Bereichen ausführlicher Brunsbach, S., Electronic Commerce, 2003, S. 19 ff.; Jacobs, O. H./Spengel, C./Schäfer, A., Intertax 2003, S. 215 ff.; Schäfer, A., International Company Taxation, 2006, S. 19 ff.

2. Kapitel. Inländische Betriebsstätten 323

Diese Veränderungen internationaler Unternehmensstrukturen haben nachhaltige Auswirkungen auf die Anwendung der geltenden Anknüpfungspunkte des internationalen Unternehmenssteuerrechts. Die Konsequenzen von E-Commerce auf die internationale Unternehmensbesteuerung sind deshalb Gegenstand von Diskussionen auf Ebene der OECD, der EU, der Wirtschaft und der Finanzverwaltungen.[190] Im Folgenden werden die Konsequenzen aus den veränderten Markttransaktionen und internen Unternehmensstrukturen für die Anknüpfungspunkte im Rahmen der Betriebsstättenbesteuerung näher untersucht.[191] Dabei ist zu beachten, dass Reformmaßnahmen zur steuerlichen Behandlung des E-Commerce weiterhin in der Diskussion sind und daher künftige Entwicklungen abzuwarten sind.

Der gerade erwähnte dritte Effekt von E-Commerce, die Wahl der Koordinationsform, wird nachfolgend nicht gesondert betrachtet. Im Rahmen der Betriebsstättenbesteuerung ist diesbezüglich insbesondere von Bedeutung, dass sich aus einer stärkeren Internalisierung unternehmerischer Funktionen (in-house production), welche in anderen Staatsgebieten ausgeübt werden, tendenziell eine Zunahme von Betriebsstättentatbeständen in Quellenstaaten ergibt (sog. Electronic-integration-Effekt). Dagegen würde eine Zunahme grenzüberschreitender, marktlicher Koordination (wie z. B. Outsourcing) tendenziell zu einem Verlust von Betriebsstättentatbeständen in Quellenstaaten führen. Dies resultiert daraus, dass Direktgeschäfte im Gegensatz zu Direktinvestitionen grundsätzlich keine Anknüpfungspunkte im Rahmen der Quellenbesteuerung begründen (sog. Move-to-the-market-Effekt). Welcher dieser beiden Effekte überwiegt, kann nicht eindeutig beantwortet werden.[192] Tendenziell dürfte jedoch insbesondere bei standardisierten Wertschöpfungsbestandteilen der Move-to-the-market-Effekt überwiegen und damit der Anteil grenzüberschreitender Direktgeschäfte zunehmen.

b) Electronic Commerce und Betriebsstättentatbestände

(1) Gestaltung von Marktbeziehungen – Entwicklung elektronischer Märkte

Die Entwicklung elektronischer Märkte stellt im Rahmen des internationalen Steuerrechts die wohl am meisten beachtete Ausprägung von E-Commerce dar.[193] Elektronische Märkte entstehen durch Mediatisierung, d. h. durch die elektronische Abbildung von Markttransaktionen, indem alle oder auch

---

[190] Für einen Überblick der involvierten Institutionen vgl. Hutter, H./Schmidt, J., IStR 2000, S. 650 ff.; Korf, R., IStR 2001, S. 368 ff. Für einen Überblick der Implikationen des E-Commerce auf die Chancen und Risiken der internationalen Steuerplanung vgl. Schäfer, A., International Company Taxation, 2006 S. 52 ff.
[191] Für Konsequenzen aus den veränderten wirtschaftlichen Strukturen für die Anknüpfungspunkte im Wohnsitzstaat vgl. 3. Kapitel, Abschnitt A III; sowie OECD, Communications Revolution, 2001; dies., Place of Effective Management, 2003; Brunsbach, S., Electronic Commerce, 2003, S. 75 ff. Für Konsequenzen im Rahmen der Gewinnaufteilung vgl. 5. Teil, 1. Kapitel; sowie Schäfer, A., International Company Taxation, 2006, S. 113 ff., 157 ff. m. w. N.
[192] Vgl. Picot, A./Reichwald, R./Wigand, R. T., Unternehmung, 2003, S. 71 ff. m. w. N.
[193] In der steuerlichen Literatur wird der Begriff E-Commerce regelmäßig synonym mit dem hier gebrauchten Begriff des elektronischen Marktes (als eine Ausprägungsform von E-Commerce) verwendet.

nur einzelne Phasen einer marktmäßig organisierten Leistungskoordination (Informations-, Entscheidungs-, Vereinbarungs- und Abwicklungsphase) durch Informations- und Kommunikationssysteme unterstützt bzw. durchgeführt werden.[194] Diese Mediatisierungsfunktion wird in vielen Fällen durch einen **Internet Server** durchgeführt, der als „physische" Schnittstelle zwischen dem Unternehmen und dessen Marktpartnern angesehen werden kann. Der Internet Server setzt sich aus einer Hardware- und einer Softwarekomponente zusammen und stellt das Bindeglied zwischen dem Unternehmen (Inhaltsanbieter) und den Marktpartnern dar, welche über das Internet in Kommunikationsbeziehung hinsichtlich der Abwicklung von Markttransaktionen treten. Diese Schnittstelle wird häufig durch ein externes Unternehmen, den Internet Service Provider (ISP-Unternehmen), zur Verfügung gestellt. Dieser übernimmt regelmäßig die entsprechende Infrastruktur sowie sonstige in diesem Zusammenhang anfallende Dienstleistungen wie Wartung, Abwicklung des Zahlungsverkehrs, technische Beratung, Entwicklung von Websites etc. Eine solche Einordnung des Internet Servers bzw. des Phänomens „Internet" in den unternehmerischen Wertschöpfungsprozess verdeutlicht, dass der Einsatz dieser Technologien nicht zu einer grundlegend neuen Form unternehmerischer Tätigkeit führt. Es werden lediglich die technologischen Möglichkeiten der Kommunikation und der Informationsübertragung zwischen Unternehmen (Inhaltsanbietern) und ihren Marktpartnern erweitert bzw. „klassische" Markttransaktionen dahingehend verändert, dass die Phasen einer Markttransaktion (teilweise) in mediatisierter Form erfolgen. Die wesentlichen sich hieraus ergebenden ökonomischen Effekte bestehen darin, dass Unternehmen durch Ausnutzung dieser Technologien einen globaleren Marktauftritt erreichen, zunehmend Handelsstufen umgehen und verstärkt auf persönliche und/oder physische Präsenzen in geographischer Nähe zu den Marktpartnern verzichten können. Die Nutzung des Internets ermöglicht somit einen direkteren Marktzugang unabhängig von räumlichen Entfernungen.

Mit der Herausbildung elektronischer Märkte kann somit unter bestimmten Voraussetzungen ein Rückgang von marktbezogenen Direktinvestitionen, Vertriebspersonal oder Handelsstufen im Ausland einhergehen. Daraus kann eine zunehmende Auflösung steuerlicher (marktbezogener) Anknüpfungspunkte in Quellenstaaten folgen, so dass sich die steuerlichen Anknüpfungspunkte in die Wohnsitz- bzw. Ansässigkeitsstaaten der Investoren verlagern können. Bisher konnte eine solche Entwicklung jedoch nicht festgestellt werden und es ist fraglich, ob längerfristig ein eindeutiger Effekt für ein bestimmtes Land resultieren wird.[195] Dieser mögliche Verlust klassischer steuerlicher Anknüpfungspunkte in Quellenstaaten hat im Schrifttum und bei nationalen Finanzverwaltungen sowie internationalen Organisationen zu intensiven Diskussionen geführt.[196] Gegenstand dieser Diskussionen ist insbesondere die Frage, ob nach den gegenwärtigen gesetzlichen Regelungen

---

[194] Zur Entwicklung elektronischer Märkte vgl. Picot, A./Reichwald, R./Wigand, R. T., Unternehmung, 2003, S. 335 ff.
[195] Vgl. dazu OECD, E-Commerce, 2003, S. 28; Schäfer, A., International Company Taxation, 2006, S. 73 ff. m. w. N.
[196] Vgl. bspw. Doernberg, R., TNI 1998, S. 1013 f.; Indian Ministry of Finance (Hrsg.), Taxation of E-Commerce, 2001, S. 71 f.

ein Internet Server einen **Anknüpfungspunkt im Rahmen der Betriebsstättenbesteuerung** darstellt.[197] Die Frage, ob ein Internet Server eine Betriebsstätte darstellt, ist nach den Grundmerkmalen der **allgemeinen Betriebsstättendefinition** zu beurteilen. Daraus ergibt sich, dass ein Internet Server nach nationalem Recht (§ 12 AO) nur dann eine Betriebsstätte begründet, wenn er eine feste Geschäftseinrichtung oder Anlage im Inland darstellt, die nachhaltig unterhalten wird, das ausländische Unternehmen die Verfügungsmacht über diese Einrichtung innehat und in dieser Einrichtung die Tätigkeit dieses Unternehmens ausgeübt wird.

Im Vergleich zum nationalen Recht wird bei Vorliegen eines **DBA** zusätzlich regelmäßig vorausgesetzt, dass es sich **nicht um vorbereitende Tätigkeiten oder Hilfstätigkeiten** handelt (Art. 5 Abs. 4 OECD-Modell). Darüber hinaus könnte sich ein Anknüpfungspunkt aufgrund des Tatbestandes einer **Vertreterbetriebsstätte** ergeben (§ 13 AO, Art. 5 Abs. 5 und 6 OECD-Modell). Im Folgenden werden die Effekte dargestellt, die sich aus der Herausbildung elektronischer Märkte hinsichtlich der Betriebsstätteneigenschaft eines Internet Servers unter Berücksichtigung dieser Grundtatbestände ergeben.[198]

(a) Geschäftseinrichtung/Nachhaltigkeit

Ein funktionsfähiger Internet Server besteht aus dem physischen Server und den auf dem Server gespeicherten Daten sowie der erforderlichen Software. Für die Frage, ob die Tatbestandsmerkmale erfüllt sind, ist zwischen der physischen und der nicht-physischen, immateriellen Komponente zu differenzieren.

Die immateriellen Bestandteile (Daten und Software) stellen keine körperlichen Gegenstände dar und können damit keine Betriebsstätte begründen.[199] Die Frage einer möglichen Betriebsstättenbesteuerung stellt sich hingegen hinsichtlich der als Internet Server bezeichneten **physischen Komponente.** Diese stellt regelmäßig eine körperliche Geschäftseinrichtung dar. Eine „feste" Geschäftseinrichtung, die „nachhaltig" unterhalten wird, liegt dann vor, wenn eine geographische, nicht nur vorübergehende örtliche Fixierung des Internet Servers gegeben ist.[200] Wenngleich die Möglichkeit diskutiert wird, dass aufgrund der technologischen Entwicklungen eine immer höhere geographische Mobilität eines Internet Servers erreicht werden kann und damit die Merkmale „fest" und „nachhaltig" bei einem Internet Server durch die Steuerpflichtigen vermeidbar sind, scheinen diese Überlegungen für die internationale Betriebsstättenbesteuerung mehr theoretischer Natur zu sein. Denn

---

[197] Vgl. Hutter, H./Schmidt, J., IStR 2000, S. 652 ff. Als weitere mögliche Anknüpfungspunkte im Rahmen der Betriebsstättenbesteuerung bezüglich elektronischer Märkte wurden unter anderem die Website, die Datenleitungen, der Provider oder auch die Endgeräte der Nutzer diskutiert. Nach h. M. stellen diese Anknüpfungspunkte jedoch keine Betriebsstätte dar. Vgl. hierzu Utescher, T., Internet, 1999, S. 236 ff. m. w. N; OECD-Kommentar, Art. 5, Anm. 42.2.
[198] Vgl. zu den nachfolgenden Ausführungen Brunsbach, S., Electronic Commerce, 2003, S. 121 ff.
[199] Vgl. OECD-Kommentar, Art. 5, Anm. 42.2; a. A. Spanien und Portugal, vgl. OECD, Permanent Establishment, 2000, Rz. 6.
[200] Vgl. OECD-Kommentar, Art. 5, Anm. 42.4.

trotz der zunehmenden Miniaturisierung und Mobilität der Informations- und Kommunikationstechnologien ist auch gegenwärtig noch eine gewisse physische Infrastruktur (Daten- und Stromleitungen etc.) erforderlich, damit ein Unternehmen über einen Internet Server elektronische Markttransaktionen in einem wesentlichen Umfang betreiben kann.

(b) Verfügungsmacht

Ob ein Unternehmen eine hinreichende Verfügungsmacht über die in Form eines Internet Servers bestehende Geschäftseinrichtung hat, ist von den rechtlichen und wirtschaftlichen Grundlagen abhängig. Befindet sich der Server im **rechtlichen und wirtschaftlichen Eigentum** des Unternehmens, also des Inhaltsanbieters, so liegt eine ausreichende Verfügungsmacht über den physischen Bestandteil der elektronischen Markttransaktion vor. Nutzt das Unternehmen keinen eigenen Internet Server, sondern beauftragt es ein unabhängiges ISP-Unternehmen mit der technischen Durchführung der elektronischen Markttransaktion (einschließlich der Bereitstellung eines Internet Servers), so ist das Vorliegen des Merkmals der Verfügungsmacht über den Internet Server bezüglich des Inhaltsanbieters grundsätzlich zu verneinen.[201] Bezüglich des Beurteilungskriteriums der Verfügungsmacht wird die Frage aufgeworfen, ob und unter welchen Voraussetzungen die Anmietung eines „bestimmten" Internet Servers bzw. eines „bestimmten" physischen Speicherplatzes (auf einem „bestimmten" Server) von einem ISP-Unternehmen zu einer Betriebsstätte des Inhaltsanbieters führen kann. Geht man von einer typischen Vertragsgestaltung zwischen einem Inhaltsanbieter und dem ISP-Unternehmen aus, so liegt eine (Mit-)Verfügungsmacht des Inhaltsanbieters hinsichtlich des im Eigentum des ISP-Unternehmens stehenden (physischen) Servers (bzw. eines anteiligen Speicherplatzes) nicht vor. Denn Gegenstand eines solchen Vertrages zwischen Inhaltsanbieter und ISP-Unternehmen ist regelmäßig kein Mietverhältnis über einen bestimmten körperlichen Gegenstand, das zur Annahme einer Verfügungsmacht über die physische Infrastruktur führen könnte. Die Verfügungsmacht über die physische Komponente der elektronischen Markttransaktion verbleibt vielmehr bei dem ISP-Unternehmen.[202]

(c) Tätigkeit eines Unternehmens

Um nach nationalem Recht eine Betriebsstätte zu begründen, muss der Internet Server der Tätigkeit des Unternehmens dienen, d. h. er muss dazu bestimmt sein, den **Unternehmenszweck zu fördern**.[203] Aufgrund der wirtschaftlichen Bedeutung eines Internet Servers für Unternehmen ist dieser Bestandteil der unternehmerischen Wertschöpfung. Im Fall des Inhaltsanbieters äußert sich dies darin, bestimmte Phasen von Markttransaktionen elektronisch abzubilden. Damit dient der Internet Server dem Unternehmen und kann grundsätzlich zur Annahme einer Betriebsstätte führen. Dies gilt nach

---

[201] In diesem Fall verlagert sich die Fragestellung offensichtlich dahin, ob der Internet Server eine Betriebsstätte des ISP-Unternehmens begründet.
[202] Vgl. Kessler, W./Maywald, A./Peter, M., IStR 2000, S. 432, unter Bezugnahme auf BFH v. 17. 2. 2000, IStR 2000, S. 438 ff.; Strunk, G./Zöllkau, Y., Electronic Commerce, 2000, S. 58; so auch OECD-Kommentar, Art. 5, Anm. 42.3.
[203] Vgl. Tipke, K./Kruse, H. W., Abgabenordnung, § 12 AO, Anm. 19 m. w. N.

2. Kapitel. Inländische Betriebsstätten

der Rechtsprechung des BFH[204] grundsätzlich auch dann, wenn kein ausländisches Personal des Inhaltsanbieters zum Betrieb des Internet Servers im Inland eingesetzt wird. Da nach § 12 AO der Umfang der durch den Internet Server ausgeübten Tätigkeiten unbeachtlich ist, kann nach nationaler Rechtslage ein Internet Server durchaus eine Betriebsstätte begründen. Analoge Überlegungen gelten für ISP-Unternehmen, bei denen Internet Server eine Voraussetzung für die Durchführung ihres Unternehmenszwecks darstellen (Unterstützung/Abwicklung elektronischer Markttransaktionen von externen Inhaltsanbietern).

Im Abkommensrecht sind die Voraussetzungen an eine Betriebsstätte hinsichtlich des Merkmals der Unternehmenstätigkeit dagegen enger gefasst. Um nach Art. 5 OECD-Modell einen Anknüpfungspunkt im Rahmen der Betriebsstättenbesteuerung zu begründen, muss durch den Internet Server die Geschäftstätigkeit des Unternehmens ganz oder teilweise ausgeübt werden, wobei dies von Fall zu Fall zu prüfen ist.[205] Darüber hinaus muss die Tätigkeit den Umfang von Vorbereitungs- und Hilfstätigkeiten übersteigen (Art. 5 Abs. 4 OECD-Modell). Die Frage, wann ein Unternehmen diese Mindestgrenze überschreitet, ist häufig nicht eindeutig zu beantworten und insbesondere hinsichtlich der über einen Internet Server ausgeübten Tätigkeiten bislang nicht abschließend geklärt.

Zunächst ist umstritten, ob auch in DBA-Fällen ohne den **Einsatz von Personal** des ausländischen Unternehmens in dem Belegenheitsstaat des Internet Servers eine Tätigkeit des Unternehmens durch die feste Geschäftseinrichtung ausgeübt werden kann. Der OECD-Kommentar[206] setzt – entsprechend der nationalen Beurteilung – das Vorhandensein von Personal hierfür nicht voraus; dieser Ansicht stimmte das FG Schleswig-Holstein[207] in seinem Urteil vom 6. 9. 2001 zum DBA-Schweiz zu. Demnach wären DBA-Sachverhalte hinsichtlich des Merkmals der Unternehmenstätigkeit grundsätzlich analog der nationalen Rechtsprechung zu beurteilen. Vollautomatisierte technische Anlagen wie ein Internet Server können damit grundsätzlich auch bei DBA-Sachverhalten eine Betriebsstätte begründen.

Darüber hinaus ist jedoch bei DBA-Sachverhalten Voraussetzung für die Annahme einer Betriebsstätte, dass die durch den Internet Server ausgeübten Tätigkeiten den erforderlichen Mindestumfang des Art. 5 Abs. 4 OECD-Modell überschreiten. Dies ist je nach Einzelfall nach den allgemeinen Grundsätzen[208] zu beurteilen. Gemäß dem OECD-Kommentar[209] sollen unter anderem die (ausschließliche) Bereitstellung von Kommunikationsverbindungen (vergleichbar mit einer Telefonverbindung), Datenübertragungen, Werbung oder auch die Speicherung/Beschaffung von Daten und Informationen grundsätzlich keine den Umfang von **Vorbereitungs- und Hilfstätigkeiten** übersteigenden Tätigkeiten darstellen. Dies soll jedoch dann nicht gelten, wenn diese Aktivitäten einen wesentlichen Bestandteil des Unternehmens

---

[204] Vgl. BFH v. 30. 10. 1996, BStBl 1997 II, S. 12.
[205] Vgl. OECD-Kommentar, Art. 5, Anm. 42.5.
[206] Vgl. OECD-Kommentar, Art. 5, Anm. 42.6. Zugunsten der Voraussetzung, dass Personal in der Betriebsstätte tätig ist, vgl. Portner, R., IStR 1999, S. 647.
[207] Vgl. FG Schleswig-Holstein v. 6. 9. 2001, IStR 2002, S. 134.
[208] Vgl. Abschnitt A I 2 a).
[209] Vgl. OECD-Kommentar, Art. 5, Anm. 42.7 und 42.8.

oder eines Unternehmensteils ausmachen. Eine Beurteilung darüber, wann die maßgebliche Grenze überschritten wird, setzt daher zunächst eine Analyse der Tätigkeiten voraus, die durch den Internet Server ausgeübt werden. Diese sind dann unter Berücksichtigung des Geschäftszwecks des Unternehmens zu beurteilen.

Aus den vorangehenden Ausführungen folgt, dass z. B. für ein **ISP-Unternehmen,** dessen Geschäftszweck in der Abwicklung elektronischer Marktbeziehungen für externe Inhaltsanbieterunternehmen besteht, die durch einen Internet Server ausgeübten Tätigkeiten grundsätzlich den Umfang vorbereitender Tätigkeiten und Hilfstätigkeiten übersteigen.

Dem stehen solche Sachverhalte gegenüber, in denen es sich um einen Internet Server des **Inhaltsanbieters** handelt. Hier lässt sich jedoch diskutieren, ob über den Internet Server grundsätzlich mehr als nur vorbereitende Tätigkeiten oder Hilfstätigkeiten ausgeübt werden können.[210] Dies hängt davon ab, ob der Internet Server im Rahmen einer Funktions- und Tätigkeitsanalyse lediglich als technisches Medium angesehen wird oder als Unternehmensteil, der grundsätzlich auch die wirtschaftliche Tätigkeit des Unternehmens ausüben kann. Werden dem Internet Server lediglich technische Funktionen zugeteilt, d. h. die Durchführung reiner Kommunikation und Informationsübertragungen zwischen dem Inhaltsanbieter und dem Kunden (z. B. die Bereitstellung von Produktinformationen oder Werbung), so scheint im Schrifttum darüber Einigkeit zu bestehen, dass diese Tätigkeiten unter die Ausnahmevorschrift des Art. 5 Abs. 4 OECD-Modell fallen und damit nicht zur Annahme einer Betriebsstätte führen.[211]

Anders zu beurteilen sind diejenigen Fälle, in denen man dem Internet Server darüber hinaus auch wirtschaftliche Funktionen zurechnet, wie etwa die „selbständige" Abwicklung weitergehender Phasen eines Verkaufsprozesses durch „intelligente" Softwarekomponenten (z. B. Vornahme von Vertragsabschlüssen in automatisierter Form, Durchführung von Zahlungsabwicklungen und/oder selbständige Veranlassung von Lieferungen). Bei solchen sog. intelligenten Verkaufsautomaten wird die Auffassung vertreten, dass die durch den Internet Server ausgeübten Tätigkeiten den Umfang vorbereitender Tätigkeiten und Hilfstätigkeiten übersteigen und damit zur Annahme einer Betriebsstätte für den Inhaltsanbieter führen können.[212]

Neben den physischen Anknüpfungspunkten im Rahmen der Betriebsstättenbesteuerung wird diskutiert, ob sich aus dem Herausbilden elektronischer Märkte eventuell Anknüpfungspunkte in Form einer **Vertreterbetriebsstätte** ergeben können. Dies ist **zu verneinen,** da weder der Internet Server (mangels Personeneigenschaft) eine Vertreterbetriebsstätte für das Unternehmen begründen kann noch ein beauftragtes ISP-Unternehmen für

---

[210] Vgl. kritisch dazu Eicker, K./Scheifele, M., IWB, Fach 3, Deutschland, Gruppe 2, S. 789 f. Bezüglich der Probleme der Qualifikation eines Internet Servers als Betriebsstätte vgl. Portner, R., IStR 1998, S. 557; dies., IStR 1999, S. 647; dies., E-Commerce, 2001, S. 56.
[211] Vgl. Utescher, T., Internet, 1999, S. 281 f.; Brunsbach, S., Electronic Commerce, 2003, S. 125; OECD-Kommentar, Art. 5, Anm. 42.9.
[212] Vgl. OECD-Kommentar, Art. 5, Anm. 42.9; sowie Kessler, W./Peter, M., BB 2000, S. 1550 (für Onlinegeschäfte); Strunk, G./Zöllkau, Y., Electronic Commerce, 2000, S. 67 f.; Peter, M., Betriebsstättenprinzip, 2002, S. 196 f.

den Inhaltsanbieter, da hier regelmäßig nicht die Voraussetzungen des Art. 5 Abs. 5 OECD-Modell (Abhängigkeit, Geschäftsbesorgung) vorliegen. Dies gilt auch für diesbezügliche Regelungen des nationalen Rechts (§ 13 AO).[213] Zusammenfassend hat sich bezüglich der Frage, ob ein Internet Server als Betriebsstätte zu qualifizieren ist, folgender Meinungsstand herausgebildet:

– Nach nationalem Recht kann ein jeweils rechtlich und wirtschaftlich im Eigentum befindener Internet Server sowohl für den Inhaltsanbieter als auch für das ISP-Unternehmen eine Betriebsstätte begründen.

– Für einen Inhaltsanbieter begründet ein Internet Server im Abkommensrecht dagegen dann keine Betriebsstätte, wenn die Tätigkeiten, welche durch den Internet Server ausgeübt werden, als vorbereitende Tätigkeiten oder Hilfstätigkeiten zu qualifizieren sind.[214] Nach Auffassung der OECD und Teilen der Literatur wird in diesem Fall jedoch dann eine Betriebsstätte begründet, sofern Vertriebsaktivitäten in automatisierter Form durch den Internet Server ausgeübt werden, welche über die Durchführung von Kommunikation und Informationsübertragungen hinausgehen („Intelligente Verkaufsautomaten").

(2) Auswirkungen auf die Ausgestaltung des innerbetrieblichen Leistungserstellungsprozesses – telekooperative Arbeitsformen

Neben der geänderten Gestaltung von Marktbeziehungen ermöglichen E-Commerce-Technologien u. a. neue Formen standortverteilter bzw. -unabhängiger Leistungserstellung. Die Nutzung dieser Technologien geht dabei über die Verminderung von Nachteilen, welche sich bei einer Zusammenarbeit räumlich getrennter Bestandteile der Wertschöpfungskette ergeben, hinaus. E-Commerce ermöglicht häufig erst eine unternehmerische Leistungserstellung, weil durch diese Technologien[215] auf global vorhandene Ressourcen zugegriffen werden kann. Beispielhaft sei auf die Ausnutzung von Zeitzonen verwiesen. Dies kann zu einer erheblichen Verkürzung des Produktionsprozesses führen, indem auf global verteiltes Know-how zugegriffen wird oder effiziente organisatorische Unternehmensstrukturen unabhängig von den geographischen Standorten der beteiligten Mitarbeiter implementiert werden. Ausprägungen dieser Entwicklungen bestehen u. a. darin, dass Mitarbeiter eines Unternehmens ihre Leistungen von ihrem häuslichen Arbeitszimmer, von Telearbeitszentren, von Einrichtungen anderer rechtlicher Konzerneinheiten, von Geschäftseinrichtungen der Kunden oder in mobiler Form (ohne ständige Anwesenheit an einem festen Arbeitsort) erbringen, wobei die erforderliche Kommunikation sowie die Informationsübertragung über E-Commerce-Technologien erfolgt. Der Einsatz dieser Technologien führt zunehmend zu einer globalen Aufspaltung des unternehmerischen Wertschöpfungsprozesses. Die Anwendungsfelder **telekooperativer Arbeitsformen** sind vielgestaltig. So können Tätigkeiten von Programmierern oder Systementwicklern, Wissenschaftlern, Juristen, Steuerbera-

---

[213] Vgl. Strunk, G./Zöllkau, Y., 2000, Electronic Commerce, S. 63 f., 70 f.; OECD-Kommentar, Art. 5, Anm. 42.10.
[214] Vgl. auch OFD Karlsruhe v. 11. 11. 1998, IStR 1999, S. 439.
[215] Dies gilt insbesondere für die Bereiche verteilter Anwendungen, „Computer Supported Cooperative Work (CSCW)", mobiler Kommunikationssysteme und Multimediaanwendungen.

tern, Journalisten, Übersetzungsdiensten, Außendienstmitarbeitern, Finanz- und Buchhaltungsunternehmen, aber auch Managementaufgaben genannt werden.[216]

Diese Entwicklungen haben einen wesentlichen Einfluss auf die Anwendung der geltenden Anknüpfungspunkte im Rahmen der Betriebsstättenbesteuerung. Denn diese stellen regelmäßig auf das Vorliegen einer festen Geschäftseinrichtung ab, über die das Unternehmen Verfügungsmacht besitzt, und nicht auf den Tätigkeitsort der Personen, die in telekooperativer Form grenzüberschreitend für ein Unternehmen tätig werden. Daraus folgt, dass grundsätzlich immer dann, wenn ein Mitarbeiter von einer in einem anderen Staatsgebiet belegenen festen Geschäftseinrichtung heraus tätig wird, über die das Unternehmen (für das der Mitarbeiter tätig wird) **keine Verfügungsmacht** besitzt, keine Betriebsstätte für dieses Unternehmen begründet wird.[217] Eine Ausnahme zu der grundsätzlichen Ausrichtung auf eine physische Geschäftseinrichtung stellt im Rahmen der Betriebsstättenbesteuerung lediglich der subsidiäre Anknüpfungspunkt des Vertreters dar, der den personellen Bezug eines Unternehmens zu einem anderen Staatsgebiet erfassen soll. Voraussetzung für die Annahme einer **Vertreterbetriebsstätte** ist jedoch nach h. M. eine nach außen gerichtete Tätigkeit des Vertreters, da unter dem Tatbestand der Vertreterbetriebsstätte nur Tätigkeiten stellvertretungsähnlicher Natur erfasst werden; diese Anforderung stimmt im nationalen Recht und im Abkommensrecht grundsätzlich überein.[218] In diesem Zusammenhang bildet der Vertreter die Schnittstelle zwischen dem inländischen Markt und dem ausländischen Unternehmen.[219] Dies führt bspw. dazu, dass ein in Frankreich ansässiges Übersetzungsbüro, welches eine in Deutschland ansässige Mitarbeiterin beschäftigt, die von dem in ihrer inländischen Privatwohnung eingerichteten Arbeitszimmer Übersetzungen durchführt, grundsätzlich keine Betriebsstätte im Inland begründet, da dieses französische Unternehmen keine Verfügungsmacht über die feste Geschäftseinrichtung im Inland hat und mangels Geschäftsbeziehungen der Mitarbeiterin zu Marktpartnern keine Vertreterbetriebsstätte vorliegt.[220]

Im Folgenden wird untersucht, welche grundlegenden Auswirkungen die durch E-Commerce veränderten internen Unternehmensstrukturen auf ausgewählte Betriebsstättentatbestände haben.

---

[216] Zu telekooperativen Arbeitsformen vgl. Picot, A./Reichwald, R./Wigand, R. T., Unternehmung, 2003, S. 387 ff.; zu den steuerlichen Folgen siehe Utescher, T., Internet, 1999, S. 157 ff.; Brunsbach, S., Electronic Commerce, 2003, S. 127 ff.; Jacobs, O.H./Spengel, C./Schäfer, A., Intertax 2003, S. 222; Schäfer, A., International Company Taxation, 2006, S. 103 ff.
[217] Vgl. Abschnitt A I 1 a) (3). Ausnahmen können sich u.a. nach der Rechtsprechung in Fällen ergeben, in denen eine Wohnung von einem leitenden Angestellten angemietet wird und dieser die Räumlichkeiten dem Unternehmen zur Verfügung stellt. Vgl. BFH v. 30. 1. 1974, BStBl 1974 II, S. 327.
[218] Vgl. Abschnitt A II 3 b).
[219] Vgl. Storck, A., Betriebsstätten, 1980, S. 212.
[220] Bezüglich Reformüberlegungen für die steuerliche Behandlung der Telearbeit siehe Utescher, T., Internet, 1999, S. 379 ff.; Brunsbach, S., Electronic Commerce, 2003, S. 225 f.; Jacobs, O.H./Spengel, C./Schäfer, A., Intertax 2003, S. 227 f.; OECD, E-Commerce, 2003, S. 49 ff.; Schäfer, A., International Company Taxation, 2006, S. 146 ff.

2. Kapitel. Inländische Betriebsstätten

(a) Stätte der Geschäftsleitung

Im Zuge der Globalisierung in Verbindung mit den Entwicklungen der Informations- und Kommunikationstechnologien (z. B. Videokonferenzen) erfolgt – insbesondere bei internationalen Konzernen[221] – immer häufiger eine zunehmende räumliche **Dezentralisierung der Geschäftsleitungsfunktion.**[222] Wird bspw. in solchen Unternehmensstrukturen die Geschäftsleitung eines ausländischen Unternehmens (z. B. einer Tochterkapitalgesellschaft) aus dem Inland heraus vorgenommen (z. B. aus einer deutschen Konzernholding), stellt sich die Frage, ob der inländische Geschäftsleiter eine (Geschäftsleitungs-)Betriebsstätte für das ausländische Unternehmen auch dann begründet, wenn dieser nicht aus einer festen Geschäftseinrichtung heraus tätig wird, über die das ausländische Unternehmen eine nicht nur vorübergehende Verfügungsmacht besitzt. Nach nationalem Recht wäre das nur dann der Fall, wenn man der Auffassung folgt, das Vorliegen einer festen Geschäftseinrichtung stelle keine Voraussetzung für die Annahme einer Geschäftsleitungsbetriebsstätte dar. In Abkommensfällen wäre in diesen Fällen nicht von dem Vorliegen einer Betriebsstätte auszugehen, da die Annahme einer Vertreterbetriebsstätte nur dann in Betracht käme, wenn der Geschäftsleiter eine nach außen gerichtete Tätigkeit ausüben würde.

Umgekehrt können zum Beispiel ausländische Geschäftsleiter durch die Ausnutzung von E-Commerce-Technologien die für die Ausübung einer Geschäftsleitungsfunktion über ein inländisches Unternehmen (Tochterkapitalgesellschaft) erforderliche physische Präsenz im Inland minimieren und damit gezielt steuerliche Anknüpfungspunkte vermeiden (bzw. im Ausland kreieren).[223]

(b) Geschäftsstellen

Moderne Unternehmensstrukturen sind gekennzeichnet durch flexible, innovationsfähige Organisationsformen, deren erzielte Wertschöpfung in immer größerem Ausmaß aus dem zur Verfügung stehenden Wissen (Knowhow) sowie einer effizienten Koordination des Wertschöpfungsprozesses besteht. Diese immateriellen Produktionsfaktoren werden im Wesentlichen durch die Mitarbeiter eines Unternehmens, das **Humankapital,** repräsentiert.[224] Durch den Einsatz von E-Commerce-Technologien kann auf die Mitarbeiter eines Unternehmens zunehmend global, d. h. unabhängig von deren räumlicher Lokalisierung, zugegriffen werden. Im Ausland ansässige Mitarbeiter, welche Koordinierungsfunktionen ausüben, begründen, wie obige Ausführungen gezeigt haben, jedoch nur dann eine Betriebsstätte, wenn sie aus einer festen Geschäftseinrichtung heraus tätig werden, über die das Unter-

---

[221] Diese Entwicklung wird häufig auch im Zusammenhang mit sog. Matrixorganisationen oder polyzentrischen Unternehmensstrukturen diskutiert. Vgl. Raupach, A., Organisationsstruktur, 1998, S. 59 ff.; Sieker, K., Geschäftsleitungsbetriebsstätten, 2000, S. 86; Michel, S., Organisation, 2001, S. 103 ff.

[222] Auf die sonstigen steuerlichen Konsequenzen, welche sich aus einer Verlagerung des Ortes der Geschäftsleitung sowie aus dem Auseinanderfallen von zivilrechtlichem Sitz und Ort der Geschäftsleitung ergeben, wird im 3. Kapitel, Abschnitt A III eingegangen.

[223] Vgl. Brunsbach, S., Electronic Commerce, 2003, S. 131.

[224] Vgl. Berger, R., New Economy, 2000; Picot, A./Reichwald, R./Wigand, R. T., Unternehmung, 2003, S. 2 ff., 23 ff.

nehmen eine nicht nur vorübergehende Verfügungsmacht besitzt. Werden diese Mitarbeiter z. B. aus Gebäuden einer anderen (rechtlich selbständigen) Konzerngesellschaft, einer festen Geschäftseinrichtung des Kunden, ihrer Privatwohnung oder – im Fall der mobilen Telekooperation – ohne eine feste Geschäftseinrichtung aus anderen Staatsgebieten heraus tätig, begründen sie somit regelmäßig keine Betriebsstätte. Die Annahme einer Vertreterbetriebsstätte kommt nur dann in Betracht, wenn eine stellvertretungsähnliche Tätigkeit vorliegt. Analoge Überlegungen ergeben sich hinsichtlich der grenzüberschreitenden Erbringung anderer wirtschaftsberatender und technischer Dienstleistungen (IT-Support, globale Forschung und Entwicklung, Ingenieur- und Beratungsleistungen etc.).

(c) Bauausführungen und Montagen

Maßgebliches Kriterium bei Bauausführungen und Montagen ist das Zeitelement. Durch den Einsatz von E-Commerce-Technologien wird es Unternehmen ermöglicht, ihre physische Präsenz in einem Tätigkeitsstaat zu minimieren. Zum einen können ausländische Unternehmen in einem höheren Umfang andere Unternehmen in die Tätigkeiten dadurch einbeziehen, dass sie diesen durch die erweiterten Informations- und Kommunikationssysteme wesentlich detailliertere Daten, wie z. B. Konstruktionsbeschreibungen, Statiken, Planungen etc., unabhängig von räumlichen Entfernungen bereitstellen. Darüber hinaus wird die Koordination/Kommunikation durch den Einsatz dieser Technologien auch über große räumliche Distanzen wesentlich vereinfacht.

Für die sich aus diesen veränderten Strukturen ergebenden steuerlichen Konsequenzen ist hinsichtlich der Betriebsstättenbesteuerung jedoch zu beachten, dass eine Bauausführung oder eine Montagetätigkeit in einem anderen Staatsgebiet grundsätzlich nur für dasjenige Unternehmen betriebsstättenbegründend wirkt, das die Werkleistung **verantwortlich** zu erbringen hat. Zeiten, in denen Subunternehmer auf der Bau- und Montagestelle tätig sind, werden dabei dem (verantwortlichen) Generalunternehmer zugerechnet. Eine reine Bau- oder Montageüberwachung ohne die Übernahme der Verantwortung für die Fertigstellung kann u. E. grundsätzlich nicht zur Annahme einer Betriebsstätte führen.[225] Danach können Unternehmen durch eine Minimierung ihrer physischen Präsenz in dem Tätigkeitsstaat durch E-Commerce nur dann die Begründung einer Betriebsstätte vermeiden, wenn sie nach den zugrunde liegenden Verträgen nicht verantwortlich für die Erbringung des Gesamtwerkes sind.

(d) Auswirkungen auf den Ausnahmekatalog des Art. 5 Abs. 4 OECD-Modell

Im Abkommensrecht werden nach Art. 5 Abs. 4 OECD-Modell vorbereitende Tätigkeiten oder Hilfstätigkeiten nicht als betriebsstättenbegründend angesehen. Diese bestehen u. a. in der Lagerung, Ausstellung oder Auslieferung unternehmenseigener Güter und Dienstleistungen sowie Einkaufstätigkeiten und Informationsbeschaffung.[226] Aus den obigen Ausführungen ergibt sich, dass durch E-Commerce-Technologien die physische Präsenz eines Unternehmens sowie der Umfang der vom Unternehmen ausgeübten Tätig-

---

[225] Vgl. auch Abschnitt A II 1 und Betriebsstätten-Verwaltungsgrundsätze, BMF-Schreiben v. 24. 12. 1999, BStBl 1999 I, S. 1076, Tz. 4.3.2, 4.3.3.
[226] Vgl. Abschnitt A I 2 a).

keiten in einem anderen Staatsgebiet minimiert werden kann. Mitunter können Tätigkeiten auch auf verschiedene Standorte aufgespalten werden, so dass jeweils an einem Standort nur vorbereitende Tätigkeiten oder Hilfstätigkeiten ausgeübt werden.[227] Soweit die aufgrund technischer und wirtschaftlicher Anforderungen verbleibenden körperlichen Anknüpfungspunkte in dem Quellenstaat unter den Tatbestand des Art. 5 Abs. 4 OECD-Modell zu subsumieren sind, führt diese Regelung dazu, dass die Möglichkeiten einer geringen physischen Präsenz sowie eines geringen Umfangs an unternehmerischen Aktivitäten aufgrund des Einsatzes von E-Commerce auch bei verbleibenden körperlichen Anknüpfungspunkten in einem Verlust der (steuerlich relevanten) Anknüpfungspunkte in den Quellenstaaten resultieren.

c) Zusammenfassung und Ausblick

Electronic Commerce führt zur Herausbildung elektronischer Märkte und hat Konsequenzen für die Ausgestaltung des innerbetrieblichen Leistungserstellungsprozesses, und zwar insbesondere für die Herausbildung grenzüberschreitender telekooperativer Arbeitsformen. Somit haben die Entwicklungen im Bereich der Informations- und Kommunikationstechnologien nachhaltige Auswirkungen auf die internationale Betriebsstättenbesteuerung. Häufig wurde in diesem Zusammenhang mit einer Verlagerung steuerlicher (marktbezogener) Anknüpfungspunkte von den Quellenstaaten in die Wohnsitz- bzw. Ansässigkeitsstaaten der Investoren gerechnet. Eine solche Entwicklung kann jedoch bisher nicht festgestellt werden.[228]

B. Durchführung der laufenden Besteuerung

I. Nationales Recht

Eine im Ausland ansässige natürliche oder juristische Person ist in Deutschland mit den hier erzielten gewerblichen Einkünften beschränkt steuerpflichtig, soweit für den Geschäftsbetrieb des Steuerausländers im Inland eine Betriebsstätte unterhalten wird oder ein ständiger Vertreter bestellt ist (§ 49 Abs. 1 Nr. 2 Buchstabe a EStG).

Für die **Bestimmung der Besteuerungsgrundlagen** einer Betriebsstätte existieren im deutschen Steuerrecht keine speziellen Gesetzesregelungen.[229] Nach dem damit notwendigen Rückgriff auf die allgemeinen Vorschriften zur Erfolgs- und Vermögensermittlung erfolgt die Abgrenzung zwischen den dem Stammhaus bzw. der Betriebsstätte zuzurechnenden Erfolgs- und Vermögensteilen nach dem **Prinzip der wirtschaftlichen Zugehörigkeit** entsprechend dem Grundsatzurteil des BFH vom 20. 7. 1988.[230] Damit ergeben sich für die Steuerbemessungsgrundlagen einer Betriebsstätte folgende Definitionen:

- **Betriebsstättenerfolg** ist der Teil des gesamten Unternehmenserfolges, der durch die betrieblichen Funktionen der Betriebsstätte erwirtschaftet wird. Sind Erträge und Aufwendungen i. S. eines wirtschaftlichen Zusam-

---

[227] Vgl. OECD, E-Commerce, 2003, S. 40.
[228] Vgl. dazu ausführlicher Abschnitt A II 4 b) (1) (c).
[229] Vgl. Feuerbaum, E., RIW 1982, S. 99; Blümich, W., Einkommensteuergesetz, § 49 EStG, Anm. 69.
[230] Vgl. BFH v. 20. 7. 1988, BStBl 1989 II, S. 140.

menhangs[231] durch die Betriebsstätte veranlasst, so ist es für die Zuordnung zum Betriebsstättenerfolg unerheblich, ob sie vom Stammhaus oder der Betriebsstätte getragen oder wo sie buchmäßig erfasst werden.[232] Gleiches gilt auch für solche Erfolgsanteile, die die Betriebsstätte außerhalb ihres Domizilstaates (Deutschland) erwirtschaftet (Prinzip der wirtschaftlichen Zugehörigkeit).[233] Soweit jedoch die außerhalb des Domizilstaates erwirtschafteten Erfolge einer Unterbetriebsstätte zuzurechnen sind, werden diese konsequenterweise im Rahmen der beschränkten Steuerpflicht im Domizilstaat (Deutschland) nicht erfasst.[234]

Beispiel: Eine deutsche Zweigniederlassung eines amerikanischen Bauunternehmers betreibt in Europa Akquisitionen, schließt für eigene Rechnung Aufträge ab und führt sie mit eigenen Bautrupps aus. Übernimmt die Betriebsstätte in Ausübung der ihr zugewiesenen Aufgaben den Auftrag für ein Bauvorhaben in Frankreich, so ist der Erfolg aus dieser Tätigkeit der deutschen Betriebsstätte zuzurechnen (nicht dem Stammhaus), es sei denn, die Bauausführung in Frankreich ist selbst als Betriebsstätte zu qualifizieren. In diesem Fall ist der Erfolg der Tätigkeit der in Frankreich entstandenen Betriebsstätte zuzurechnen.

Dies entspricht der Konzeption der beschränkten Steuerpflicht, die nur solche Steuerquellen erfassen will, die eine besonders enge Verbindung zur inländischen Volkswirtschaft aufweisen. Das vorrangige Besteuerungsrecht des Drittstaates für die Einkünfte der Unterbetriebsstätte wird insoweit anerkannt.

– **Betriebsstättenvermögen** ist der Teil des gesamten Unternehmensvermögens, der der betrieblichen Funktion der Betriebsstätte dient; die geographische Lage ist hierbei unbedeutend,[235] soweit es sich nicht um eine Unterbetriebsstätte oder um Grundvermögen in einem Drittstaat handelt.

Durch die Abgrenzung nach dem Prinzip der wirtschaftlichen Zugehörigkeit und insbesondere für die Bewertung der einzelnen Funktionen wird die an sich rechtlich unselbständige Betriebsstätte teilweise wie ein wirtschaftlich selbständiger Gewerbebetrieb behandelt. Da es nach diesem im internationalen Steuerrecht auch als **arm's length principle** bezeichneten Grundsatz unerheblich ist, ob der Betriebsstättenerfolg innerhalb oder außerhalb des Betriebsstättenstaates erzielt wird bzw. ob das Vermögen innerhalb oder außerhalb des Betriebsstättenstaates belegen ist, beinhalten die Steuerbemessungsgrundlagen der Betriebsstätte alle Erfolgs- und Vermögensteile, die der Betriebsstätte **weltweit** zugerechnet werden können. Ausnahmen hiervon gelten lediglich für Einkunfts- und Vermögensteile, die Unterbetriebsstätten oder Grundvermögen in Drittstaaten zuzurechnen sind. Den in diesem Zusammenhang auftretenden Doppelbesteuerungen tragen die einzelnen Staaten insofern Rechnung, als den Betriebsstätten nach dem innerstaatlichen Recht grundsätzlich die Anrechnungsberechtigung zuerkannt wird (vgl. § 50 Abs. 3 EStG).[236]

---

[231] Vgl. 4. Teil, 2. Kapitel, Abschnitt B I 1; 5. Teil, 2. Kapitel.
[232] Vgl. BFH v. 20. 7. 1988, BStBl 1989 II, S. 140.
[233] So bereits RFH v. 30. 4. 1935, RStBl 1935, S. 840; RFH v. 13. 7. 1938, RStBl 1938, S. 863.
[234] Vgl. BFH v. 24. 2. 1988, BStBl 1988 II, S. 663. Vgl. hierzu auch ausführlich 4. Kapitel, Abschnitt B I 1 a) (1).
[235] So die ständige Rechtsprechung. Vgl. bereits RFH v. 5. 11. 1929, RStBl 1930, S. 54.
[236] Zur Anwendung des § 34c EStG in diesen Fällen vgl. FG Rheinland-Pfalz v. 21. 3. 1988, EFG 1988, S. 574.

2. Kapitel. Inländische Betriebsstätten

1. Einkommen- und Körperschaftsteuer

a) Die Besteuerung im Gewinnfall

Besteht für die inländische Betriebsstätte des ausländischen Investors in Deutschland **Buchführungspflicht** nach Handels- (§ 238 i. V. m. § 13 d HGB) oder Steuerrecht (§ 141 AO) – wobei sich die Buchführungspflicht des § 141 AO nur auf Betriebsstätten und nicht auf ständige Vertreter bezieht – oder werden freiwillig Bücher im Inland geführt, so erfolgt die Ermittlung des Betriebsstättengewinns durch Betriebsvermögensvergleich (§ 4 Abs. 1, § 5 EStG). Ansonsten wird der Gewinn als Überschuss der Betriebseinnahmen über die Betriebsausgaben ermittelt (§ 4 Abs. 3 EStG).[237]

Betreibt eine natürliche Person, die weder ihren Wohnsitz noch ihren gewöhnlichen Aufenthalt im Inland (Deutschland) hat, eine inländische Betriebsstätte, so ist diese Person mit den Betriebsstätteneinkünften im Inland **beschränkt einkommensteuerpflichtig** (§ 1 Abs. 4, § 49 Abs. 1 Nr. 2 Buchstabe a EStG). Wird die inländische Betriebsstätte durch eine Körperschaft, Personenvereinigung oder Vermögensmasse, die weder ihren Sitz noch ihre Geschäftsleitung im Inland hat, betrieben, so unterliegt sie der **beschränkten Körperschaftsteuerpflicht** (§ 2 Nr. 1 KStG, § 49 Abs. 1 Nr. 2 Buchstabe a EStG). Dabei muss die rechtliche Struktur und wirtschaftliche Position des ausländischen Stammunternehmens mit der einer deutschen Körperschaft vergleichbar sein.[238]

Die Besteuerung wird im Rahmen eines Veranlagungsverfahrens durchgeführt. Einkünfte der Betriebsstätte, die dem Kapitalertragsteuerabzug nach § 43 EStG oder dem Steuerabzug nach § 50 a Abs. 1 EStG unterlegen haben, werden in die Veranlagung mit einbezogen, wobei die einbehaltenen Steuern auf die Steuerschuld angerechnet werden können. Insofern hat der Steuerabzug keine Abgeltungswirkung. Sind in den Betriebsstätteneinkünften Ausschüttungen einer inländischen oder ausländischen Kapitalgesellschaft enthalten, kommt bei ausländischen natürlichen Personen das Teileinkünfteverfahren und bei ausländischen Kapitalgesellschaften das körperschaftsteuerliche Beteiligungsprivileg zur Anwendung. Bei der im Inland stattfindenden Veranlagung unterliegen die Dividenden daher entweder nur zu 60% (§ 3 Nr. 40 EStG) oder nur zu 5% (§ 8 b Abs. 1 und 5 KStG) der Besteuerung. Eine einbehaltene deutsche Kapitalertragsteuer kann im Rahmen der Veranlagung sowohl bei der Einkommensteuer als auch bei der Körperschaftsteuer in voller Höhe angerechnet werden (§ 36 Abs. 2 Nr. 2 Satz 1 EStG). Insoweit erfolgt bei Vorliegen einer Betriebsstätte eine Gleichstellung beschränkt Steuerpflichtiger mit unbeschränkt Steuerpflichtigen.

Bei der Gewinnermittlung im Rahmen der beschränkten Steuerpflicht kommen nur diejenigen Betriebsausgaben zum Abzug, die in wirtschaftlichem Zusammenhang mit inländischen Einkünften stehen (§ 50 Abs. 1 EStG). Dabei ist es unerheblich, ob diese Ausgaben im In- oder Ausland anfallen und ob sie von der Betriebsstätte oder vom ausländischen Stammhaus getragen werden. Entscheidend ist nur der Zusammenhang mit inländischen Einkünften.[239]

---

[237] Vgl. Blümich, W., Einkommensteuergesetz, § 49 EStG, Anm. 37.
[238] Zur Methodik des Rechtstypenvergleichs vgl. 4. Teil, 3. Kapitel, Abschnitt A I 1.
[239] Vgl. Blümich, W., Einkommensteuergesetz, § 49 EStG, Anm. 72.

Dieser ist gegeben, wenn Betriebsausgaben sowohl durch die Tätigkeit als auch durch die Existenz der Betriebsstätte verursacht wurden,[240] d. h. wenn die Betriebsausgaben von einer Tätigkeit, die der Erzielung inländischer Einkünfte dient, veranlasst wurden (**Veranlassungsprinzip**). Dagegen werden die persönlichen Verhältnisse des ausländischen Investors aufgrund der beschränkten Steuerpflicht größtenteils nicht berücksichtigt. So bleiben bspw. fast alle Sonderausgaben, außergewöhnlichen Belastungen und weitere Steuervergünstigungen, die an die Person des Steuerpflichtigen anknüpfen, unberücksichtigt. Etwas anderes gilt nur, wenn der ausländische Investor seine gesamten Einkünfte nahezu ausschließlich in Deutschland erwirtschaftet (derzeit mindestens 90%) und somit die Voraussetzungen zur Option für die unbeschränkte Steuerpflicht gem. § 1 Abs. 3 EStG erfüllt. Andererseits kommen Vorschriften über Steuervergünstigungen, die nur das Vorliegen bestimmter sachlicher Merkmale voraussetzen, auch bei beschränkt Steuerpflichtigen zur Anwendung.[241]

Die Einkommensteuer auf Betriebsstättengewinne **beschränkt steuerpflichtiger natürlicher Personen** bemisst sich nach der Grundtabelle gem. § 32 a Abs. 1 EStG, ohne dass dabei eine – gemeinschaftsrechtlich nicht gebotene – Berücksichtigung des Grundfreibetrags erfolgt (§ 50 Abs. 1 Satz 2 EStG).[242] Des Weiteren ist die Ermäßigung der Einkommensteuer bei gewerblichen Einkünften um das 3,8fache des Steuermessbetrags zu beachten (§ 35 EStG). Betriebsstättengewinne **beschränkt steuerpflichtiger Kapitalgesellschaften** unterliegen dem Körperschaftsteuersatz von 15% (§ 23 Abs. 1 KStG).

Verfügt die inländische Betriebsstätte über ausländische Einkünfte, so können sich Doppelbesteuerungen ergeben, wenn die Einkünfte auch im Ausland steuerpflichtig sind. Zur Vermeidung einer Doppelbesteuerung sieht § 50 Abs. 3 EStG die Steueranrechnung und den Steuerabzug bei der Ermittlung der Einkünfte (§ 34 c Abs. 1–3 EStG) auch bei beschränkt Steuerpflichtigen vor. Dabei darf die Besteuerung im Ausland nicht das Ausmaß einer unbeschränkten Steuerpflicht annehmen. Die Anwendung des § 34 c Abs. 1–3 EStG ist im Wesentlichen auf Einkünfte aus Drittstaaten, wie Dividenden, Zinsen und Lizenzgebühren, begrenzt, die dort einer Quellensteuer unterliegen. Bei beschränkt Körperschaftsteuerpflichtigen ergibt sich die gleiche Vorgehensweise (§ 26 Abs. 6 Satz 1 KStG).[243]

b) Die Besteuerung im Verlustfall

Verluste aus inländischen Betriebsstätten können grundsätzlich mit anderen positiven inländischen Einkünften ausgeglichen werden, es sei denn, diese unterliegen dem Steuerabzug mit abgeltender Wirkung. Können die Verluste auf dem Wege des innerperiodischen Verlustausgleichs nicht bzw. nicht in voller Höhe ausgeglichen werden, bleibt noch die Möglichkeit des interperiodischen Verlustausgleichs mittels zeitlich unbegrenztem Verlustvor- und/oder einjährigem -rücktrag (§ 10 d EStG). Betragsmäßig ist der Verlustrück-

---

[240] Vgl. BFH v. 20. 7. 1988, BStBl 1989 II, S. 140.
[241] Vgl. auch Brinkmann, J., Unternehmensbesteuerung, 1996, S. 126.
[242] Vgl. die Ausführungen im 2. Kapitel, Abschnitt B I.
[243] Vgl. Blümich, W., Einkommensteuergesetz, § 50 EStG, Anm. 93 f.; Herrmann, C./Heuer, G./Raupach, A., Einkommensteuergesetz, § 50 EStG, Anm. 442 f.

2. Kapitel. Inländische Betriebsstätten

trag auf 511 500 € begrenzt; der Verlustvortrag unterliegt der interperiodischen Mindestbesteuerung des § 10 d Abs. 2 EStG.[244] Die Verluste müssen zudem in **wirtschaftlichem Zusammenhang** mit inländischen Einkünften stehen (§ 50 Abs. 1 Satz 2 EStG), ohne dass aber erforderlich ist, dass sich die Verluste aus im Inland aufbewahrten Unterlagen ergeben müssen.[245] Der wirtschaftliche Zusammenhang ist gegeben, wenn die Verluste im Rahmen von inländischen Einkünften des Einkünftekatalogs von § 49 EStG entstanden sind. Das ist bei Betriebsstätteneinkünften der Fall.

Handelt es sich um Verluste, welche die deutsche Betriebsstätte ihrerseits aus Tätigkeiten außerhalb der EU/EWR erwirtschaftet, kann ausnahmsweise die Verlustabzugsbeschränkung des § 2 a EStG zum Tragen kommen, wenn Einkünfte i. S. von § 2 a Abs. 1 EStG vorliegen.[246]

2. Gewerbesteuer

Da die Gewerbesteuer den Gewerbeertrag inländischer Gewerbebetriebe erfassen will, unterliegt die Betriebsstätte mit ihrem Gewerbeertrag in Deutschland der Gewerbesteuer. Anknüpfungspunkt der Besteuerung ist nach § 2 Abs. 1 GewStG allein das **Vorliegen einer Betriebsstätte**. Das Vorhandensein eines ständigen Vertreters löst somit keine Gewerbesteuerpflicht aus. Die Ermittlung der Steuerbemessungsgrundlage erfolgt gem. § 7 GewStG, wonach der einkommen- bzw. körperschaftsteuerliche **Gewinn aus Gewerbebetrieb** um die Hinzurechnungen und Kürzungen der §§ 8 und 9 GewStG zu modifizieren ist. Handelt es sich bei dem ausländischen Stammhaus um eine natürliche Person oder eine Personengesellschaft, wird der Gewerbeertrag um einen Freibetrag i. H. v. 24 500 € gekürzt (§ 11 Abs. 1 Satz 3 Nr. 1 GewStG). Bei juristischen Personen wird dagegen kein Freibetrag gewährt. Die Steuermesszahl beträgt in beiden Fällen einheitlich 3,5% (§ 11 Abs. 2 GewStG). Auf den so erhaltenen Steuermessbetrag ist der von der Gemeinde festgelegte Gewerbesteuerhebesatz (mindestens 200%, § 16 GewStG) anzuwenden, um die Gewerbesteuer zu ermitteln.

Ein **Gewerbeverlust** findet durch Verlustvortrag unter Beachtung der Mindestbesteuerung in den folgenden Jahren Berücksichtigung (§ 10 a GewStG). Dabei werden Fehlbeträge, die sich bei Ermittlung des maßgebenden Gewerbeertrags ergeben haben, bei dem maßgebenden Gewerbeertrag in den folgenden Erhebungszeiträumen gekürzt.

II. Abkommensrecht

1. Einkommen- und Körperschaftsteuer

a) Die Besteuerung im Gewinnfall

Bei Vorliegen eines DBA ist ausschließlich auf den Betriebsstättenbegriff des Abkommens abzustellen. Da die Abkommensdefinitionen des Art. 5

---

[244] Vgl. hierzu u. a. Lüdicke, J./Kempf, A./Brink, T., Verluste, 2010, S. 80 ff.
[245] Zur Europarechtswidrigkeit einer solchen Beschränkung vgl. EuGH v. 15. 5. 1997 (Futura-Singer), EuGHE 1997, S. I–2471.
[246] Vgl. Blümich, W., Einkommensteuergesetz, § 2 a EStG, Anm. 3. Zur weiteren Darstellung der Verlustausgleichsbeschränkung nach § 2 a EStG vgl. 4. Teil, 2. Kapitel, Abschnitt B II 1 a) (2).

OECD-Modell und des Art. 5 UN-Modell durchweg enger sind als die des innerstaatlichen Steuerrechts nach § 12 AO, können sich Einschränkungen des Besteuerungsrechts im Vergleich zum Nicht-DBA-Fall ergeben.

Das vorrangige Besteuerungsrecht für Betriebsstättengewinne wird grundsätzlich dem Betriebsstättenstaat zugewiesen (Art. 7 OECD-/UN-Modell, **Betriebsstättenprinzip**), allerdings nur insoweit, als die Gewinne der Betriebsstätte zugerechnet werden können. Somit bezieht sich das Besteuerungsrecht des Betriebsstättenstaates (hier: Deutschland) nicht auf Gewinne, die das ausländische Stammhaus selbst ohne Einschaltung der Betriebsstätte im Betriebsstättenstaat erzielt.[247] Enthalten die Betriebsstättengewinne Einkünfte, die in einem besonderen Artikel des DBA behandelt werden, so geht die Regelung des besonderen Artikels – bspw. Dividenden, Zinsen etc. betreffend – vor (Art. 7 Abs. 7 OECD-Modell).[248] Allerdings beinhalten Art. 10 Abs. 4 OECD-/UN-Modell für Dividenden, Art. 11 Abs. 4 OECD-/UN-Modell für Zinsen und Art. 12 Abs. 3 OECD-Modell bzw. Art. 12 Abs. 4 UN-Modell für Lizenzgebühren jeweils Ausnahmeregelungen, wenn die den Einkünften zugrunde liegenden Wirtschaftsgüter „tatsächlich" zu einer Betriebsstätte des Unternehmens im Quellenstaat gehören. Dieser sog. **Betriebsstättenvorbehalt** schreibt die Zuordnung der entsprechenden Einkünfte zu den Betriebsstätteneinkünften vor und führt in Folge dessen zugleich dazu, dass deren Nettobetrag besteuert wird.[249] Für Drittstaatseinkünfte regelt Art. 21 Abs. 2 OECD-/UN-Modell den Betriebsstättenvorbehalt.[250] Ausnahmen vom Betriebsstättenprinzip ergeben sich somit lediglich bei Einkünften aus im Ausland belegenem unbeweglichem Vermögen (Art. 6 OECD-/UN-Modell, Belegenheitsprinzip).

Bei der Besteuerung im Domizilstaat sind Diskriminierungen der Betriebsstätte, die auch abkommensrechtlich nicht als eigenes Rechtssubjekt behandelt wird, gegenüber anderen Unternehmen des Ansässigkeitsstaates mit vergleichbarer Tätigkeit zu vermeiden (**Diskriminierungsverbot**, Art. 24 Abs. 3 OECD-Modell). Unzulässig sind Unterschiede in der Gewinn- bzw. Vermögensermittlung wie bspw. bei Abschreibungsmethoden, Rückstellungsmöglichkeiten oder Verlustkompensationsalternativen.[251] Folglich gelten dieselben Gewinnermittlungsvorschriften, die auch nach innerstaatlichem Recht anzuwenden sind. Die Selbständigkeitsfiktion kommt lediglich hinsichtlich der Ergebnisabgrenzung zur Anwendung (Art. 7 Abs. 2 OECD-/UN-Modell).

Kommt es bei Drittstaatseinkünften trotz Bestehen eines DBA zu Doppelbesteuerungen, können diese durch Steueranrechnung oder Steuerabzug vermieden werden (vgl. § 50 Abs. 3, § 34 c Abs. 1–3 EStG); das DBA steht der Anwendung des § 50 Abs. 3 EStG insofern nicht entgegen, als es die Vermeidung der Doppelbesteuerung bei beschränkt Steuerpflichtigen selbst nicht regelt.[252]

---

[247] Vgl. OECD-Kommentar, Art. 7, Anm. 5.
[248] Vgl. OECD-Kommentar, Art. 7, Anm. 35; UN-Kommentar, Art. 7, Anm. 24.
[249] Vgl. Vogel, K./Lehner, M., DBA-Kommentar, Vor Art. 10–12, Anm. 30 ff.
[250] Vgl. Staringer, C., Betriebstättenvorbehalt, 1998, S. 223 ff.; OECD-Kommentar, Art. 21, Anm. 4; UN-Kommentar, Art. 21, Anm. 4.
[251] Vgl. BFH v. 13. 1. 1970, BStBl 1970 II, S. 790; Saß, G., AWD 1965, S. 106 ff.; Debatin, H., DStZ 1970, S. 134; Kumpf, W., Betriebstätten, 1982, S. 170 ff.; Vogel, K./Lehner, M., DBA-Kommentar, Art. 24, Anm. 93 ff.
[252] Vgl. Blümich, W., Einkommensteuergesetz, § 50 EStG, Anm. 97 f.

b) Die Besteuerung im Verlustfall

Der abkommensrechtliche Gewinnbegriff umfasst sowohl positive als auch negative Einkünfte.[253] Ansonsten enthält das Abkommensrecht keine Sondervorschriften für den Verlustfall, wodurch sich keine Besonderheiten gegenüber nationalem Recht ergeben.[254] Vielmehr kommt auch bei Bestehen eines DBA der inner- und interperiodische Verlustausgleich zur Anwendung.

2. Gewerbesteuer

Die deutschen DBA beziehen die Gewerbesteuer mit ein. Das gilt auch dann, wenn der andere Vertragsstaat keine Gewerbesteuer oder eine dieser ähnlichen Steuer erhebt. Für die Gewerbesteuer enthalten die DBA keine expliziten Verteilungsnormen; vielmehr richtet sich das Besteuerungsrecht nach der für Steuern vom Einkommen geltenden Verteilung. Die Durchführung der Besteuerung bleibt ausschließlich **innerstaatlichem Recht** überlassen. Somit stehen die DBA nach h. M. den bei der Ermittlung des Gewerbeertrags vorzunehmenden Hinzurechnungen und Kürzungen nicht entgegen, auch wenn diese Beträge als Einkünfte eines in einem anderen Vertragsstaat Ansässigen im anderen Vertragsstaat besteuert werden können.[255]

3. Kapitel. Besteuerung von inländischen Kapitalgesellschaften ausländischer Investoren

A. Qualifikationsproblematik bei inländischen Kapitalgesellschaften

I. Nationales Recht

Kapitalgesellschaften sind zur Erreichung eines gemeinschaftlichen Zweckes gegründete Personenvereinigungen, die als rechtsfähige Gebilde von ihrem Mitgliederbestand weitgehend unabhängig sind. Ein Gesellschafterwechsel hat auf das Bestehen einer Kapitalgesellschaft grundsätzlich keinen Einfluss, da im Vordergrund dieser Gesellschaftsform nicht die persönliche Mitarbeit, sondern die Kapitalbeteiligung steht. Die Pflichten der Gesellschafter erschöpfen sich in erster Linie in der Leistung der betragsmäßig festgelegten Kapitaleinlagen.

Kapitalgesellschaften stellen **eigenständige Rechtssubjekte (juristische Personen)** dar, die als solche ein ausschließlich ihrem Zweck gewidmetes Vermögen besitzen, das vom Privatvermögen der Gesellschafter nachweislich getrennt ist. Die Gesellschafter verfügen über keinerlei Rechtsbeziehungen nach außen, insbesondere ist ihre Haftung auf die Kapitaleinlagen beschränkt, so dass sie darüber hinaus nicht mit ihrem Privatvermögen haften. Vielmehr haftet nur das Vermögen der Gesellschaft für entstandene Schulden. Diese zivilrechtliche Trennung zwischen der Ebene der Gesellschaft und der Ebene der Gesellschafter wird auch steuerrechtlich beachtet. Die Vertretung einer Kapitalgesellschaft wird von gesetzlich vorgeschriebenen Organen (Vorstand,

---
[253] Vgl. BFH v. 12. 1. 1983, BStBl 1983 II, S. 382; sowie zuletzt BFH v. 11. 3. 2008, BFH/NV 2008, S. 1161 m. w. N.
[254] Vgl. Debatin, H./Wassermeyer, F., Doppelbesteuerung, Vor Art. 6–22, Anm. 55.
[255] Vgl. Vogel, K./Lehner, M., DBA-Kommentar, Art. 2, Anm. 55 ff.

Geschäftsführer) wahrgenommen, die Gesellschafter haben nur mittelbar über die Mitgliederversammlung (Hauptversammlung, Gesellschafterversammlung) und die Wahl der Kontrollorgane (Aufsichtsrat, Beirat) Einfluss auf die Geschäftsführung.

Grundformen der Kapitalgesellschaft sind die Aktiengesellschaft (AG)[1] und die Gesellschaft mit beschränkter Haftung (GmbH).[2] Neben diesen beiden Grundformen der Kapitalgesellschaft, auf die sich die folgenden Ausführungen beschränken sollen, existieren noch verschiedene Sonderformen, die aber wirtschaftlich von geringerer Bedeutung sind. An dieser Stelle soll lediglich auf die Kommanditgesellschaft auf Aktien (KGaA) hingewiesen werden, bei der mindestens einer der Gesellschafter unbeschränkt persönlich haftet, während die übrigen Gesellschafter an dem in Aktien zerlegten Kapital ohne persönliche Haftung beteiligt sind.

Die **GmbH** ist eine Handelsgesellschaft mit körperschaftlicher Struktur und eigener Rechtspersönlichkeit. Ihre Gesellschafter stellen das Stammkapital in Form von Stammeinlagen zur Verfügung, worauf die Haftung der Gesellschafter grundsätzlich beschränkt ist. Die GmbH und ihre Gesellschafter stehen sich immer als eigenständige Rechtssubjekte gegenüber. Die rechtliche Verselbständigung der Gesellschaft führt weiterhin dazu, dass Gewinne und Verluste ausschließlich auf Ebene der GmbH entstehen. Allerdings haben die Gesellschafter einen Anspruch auf Auszahlung des um Gewinn- bzw. Verlustvorträge korrigierten Jahresüberschusses, sofern dieser Betrag nicht durch Gesetz, Gesellschaftsvertrag oder Gesellschafterbeschluss von der Verteilung ausgeschlossen ist. Abweichend davon besteht ein Anspruch auf den Bilanzgewinn, wenn die Bilanzerstellung unter Berücksichtigung einer teilweisen Ergebnisverwendung erfolgt oder wenn Rücklagen aufgelöst werden. Sofern im Gesellschaftsvertrag keine entsprechende Regelung vereinbart wurde, wird der korrigierte Jahresüberschuss bzw. der Bilanzgewinn im Verhältnis der Kapitalanteile verteilt. Eine rechtliche Verpflichtung der Gesellschafter, Verluste der GmbH auszugleichen, besteht aufgrund der rechtlichen Selbständigkeit der Gesellschaft nicht.[3]

Insbesondere die **AG**, deren Grundkapital in Aktien zerlegt ist, hat die Möglichkeit, sich über den Zugang zum Kapitalmarkt Eigenkapital zu beschaffen. Seit der Novellierung des Aktiengesetzes können neben großen Publikumsgesellschaften auch kleine und mittelständische Unternehmen mit überschaubarem Gesellschafterkreis die Rechtsform der AG wählen. Dabei wird im deutschen Aktienrecht regelmäßig zwischen kleineren, nicht börsennotierten AGs und börsennotierten Publikums-AGs unterschieden. Wie bei der GmbH fallen bei der AG aufgrund der rechtlichen Selbständigkeit Gewinne und Verluste nur auf Ebene der Gesellschaft an. Die Aktionäre haben ein Dividendenrecht, das einen Anspruch auf Teilhabe am Bilanzgewinn begründet. Soweit dieser nicht nach Gesetz, Satzung oder Hauptversamm-

---

[1] Seit dem 8. 10. 2004 steht auch die Europäische Gesellschaft (SE) zur Verfügung, eine supranationale europäische Rechtsform, die regelmäßig wie eine nationale AG zu behandeln ist. Vgl. 2. Teil, 3. Kapitel, Abschnitt C II.

[2] Auf europäischer Ebene ist die Europäische Privatgesellschaft (SPE) in Planung, die regelmäßig wie eine nationale GmbH zu behandeln ist. Vgl. 2. Teil, 3. Kapitel, Abschnitt C IV.

[3] Vgl. Jacobs, O. H., Rechtsform, 2009, S. 32 ff.

3. Kapitel. Ausländische Kapitalgesellschaften

lungsbeschluss von der Verteilung ausgeschlossen ist, wird er im Verhältnis der Aktiennennbeträge an die Aktionäre ausgeschüttet.[4]

Kapitalgesellschaften können als selbständige Rechtssubjekte mit ihren Gesellschaftern **schuldrechtliche Vertragsbeziehungen** eingehen. So sind bspw. Dienst-, Miet-, Pacht-, Darlehens-, Lizenz- und Beratungsverträge zwischen der Kapitalgesellschaft und ihren Gesellschaftern neben dem Beteiligungsverhältnis möglich und rechtlich getrennt von diesem zu betrachten. Dabei werden die Vertragsbeziehungen i. d. R. wie Verträge mit fremden Dritten behandelt. Hält die Ausgestaltung der Leistungsbeziehungen dem **Fremdvergleichsmaßstab** nicht stand, dann können Korrekturen der Vertragsgestaltungen aufgrund von verdeckten Gewinnausschüttungen (§ 8 Abs. 3 Satz 2 KStG), aufgrund von verdeckten Einlagen (§ 8 Abs. 1 KStG i. V. m. § 4 Abs. 1 Satz 1 und § 5 EStG), im Rahmen der Gesellschafterfremdfinanzierung (§ 4a EStG i. V. m. § 8a KStG, § 8b Abs. 3 KStG) oder nach § 1 AStG (Berichtigung von Einkünften) erforderlich sein.[5]

Liegt eine juristische Person vor, folgt die Besteuerung – unabhängig von der Größe der Gesellschaft – nach körperschaftsteuerlichen Grundsätzen. Daher wird eine Ein-Mann-GmbH nach den gleichen Grundsätzen besteuert wie eine Publikums-AG und nicht etwa umqualifiziert in ein Einzelunternehmen.

Ertragsteuerlich werden sämtliche Einkünfte einer Kapitalgesellschaft als **Einkünfte aus Gewerbebetrieb** qualifiziert, und zwar unabhängig von der Art der unternehmerischen Betätigung (§ 8 Abs. 2 KStG). Voraussetzung hierfür ist allerdings, dass die Tätigkeit der Kapitalgesellschaft zu Einkünften i. S. d. Einkommensteuergesetzes führt (§ 8 Abs. 1 KStG), was bspw. bei Liebhaberei, bei der die Gewinnerzielungsabsicht fehlt, nicht der Fall ist.[6] Gewerbesteuerlich gilt eine Kapitalgesellschaft dagegen immer als Gewerbebetrieb aufgrund ihrer Rechtsform (§ 2 Abs. 2 GewStG), d. h. auch wenn die Tätigkeit der Kapitalgesellschaft nicht in die sieben Einkunftsarten des Einkommensteuergesetzes eingeordnet werden kann.[7]

Aufgrund der rechtlichen Eigenständigkeit unterliegen die nach deutschem Recht gegründeten oder in Deutschland aufgrund ihres Ortes der Geschäftsleitung ansässigen Kapitalgesellschaften auch dann der unbeschränkten Körperschaftsteuerpflicht, wenn es sich bei den Gesellschaftern um **ausländische Investoren** handelt. Sofern keine Qualifikationsprobleme auftreten, wird deshalb die inländische Geschäftstätigkeit nicht dem Auslandsgesellschafter, sondern stets dem inländischen Steuerrechtssubjekt zugeordnet.

Als Gesellschafter einer Kapitalgesellschaft kommen sowohl natürliche als auch juristische Personen in Betracht. Dabei werden Verbindungen zwischen einem ausländischen Unternehmen und einem rechtlich selbständigen Beteiligungsunternehmen (Tochterkapitalgesellschaft) als Konzern bezeichnet. Liegt das rechtlich selbständige Beteiligungsunternehmen im Inland, so handelt es sich folglich um einen **internationalen Konzern**.

---
[4] Vgl. Jacobs, O. H., Rechtsform, 2009, S. 45 ff.
[5] Vgl. auch Schaumburg, H., Steuerrecht, 1998, S. 1202 ff.; Mössner, J. M. u. a., Steuerrecht, 2005, Rz. F 190.
[6] Vgl. BFH v. 4. 3. 1970, BStBl 1970 II, S. 470.
[7] Vgl. BFH v. 8. 6. 1977, BStBl 1977 II, S. 668; BFH v. 22. 8. 1990, BStBl 1991 II, S. 250.

II. Abkommensrecht

Nach Art. 1 OECD-Modell sind nur „Personen", die in einem Vertragsstaat oder in beiden Vertragsstaaten **ansässig** sind, abkommensberechtigt. Dabei versteht man unter Personen natürliche Personen, Gesellschaften und andere Personenvereinigungen (Art. 3 Abs. 1 Buchstabe a OECD-Modell). Die nähere Definition des Begriffs „Gesellschaft" in Art. 3 Abs. 1 Buchstabe b OECD-Modell macht deutlich, dass auch juristische Personen oder Rechtsträger, die für die Besteuerung wie juristische Personen behandelt werden, unter den Ausdruck „Personen" fallen. Inländische Kapitalgesellschaften als juristische Personen stellen somit abkommensrechtliche Personen dar.[8] Befindet sich der Sitz oder der Ort der Geschäftsleitung im Inland (Deutschland), unterliegen die Kapitalgesellschaften dort der unbeschränkten Steuerpflicht (§ 1 KStG). Damit sind sie im Inland ansässig (Art. 4 Abs. 1 OECD-Modell) und erfüllen alle Voraussetzungen für die Abkommensberechtigung.[9] Sind die Gesellschaften daneben auch im anderen Vertragsstaat ansässig, weil beide Staaten bspw. auf unterschiedliche Anknüpfungsmerkmale abstellen, liegt eine sog. Doppelansässigkeit vor. Art. 4 Abs. 3 OECD-Modell regelt für diesen Fall sodann, dass nur in dem Vertragsstaat eine Ansässigkeit vorliegt, in dem sich der **Ort der tatsächlichen Geschäftsleitungen** befindet (sog. Tie-breaker-Regelung), also an dem Ort, an dem die grundlegenden Leitungs- und kaufmännischen Entscheidungen, die für die Führung der Geschäfte der Gesellschaft notwendig sind, im Wesentlichen getroffen werden.[10] Die Gesellschafter als natürliche Personen erlangen die Abkommensberechtigung, wenn sie nach dem innerstaatlichen Recht eines Vertragsstaates in diesem ansässig sind, d. h. wenn sie dort ihren Wohnsitz oder gewöhnlichen Aufenthalt haben (Art. 4 Abs. 1 OECD-Modell).

III. Bestimmung der Ansässigkeit einer Gesellschaft unter besonderer Berücksichtigung des Electronic Commerce

Im Zuge der Internationalisierung der Unternehmenstätigkeit sowie durch den zunehmenden Einsatz moderner Informations- und Kommunikationstechnologien wie E-Mail oder Videokonferenzen kommt es vermehrt zu einer räumlichen **Dezentralisierung der Geschäftsleitungsfunktion**, so dass die Unternehmensführungsstruktur polyzentrisch ausgestaltet sein kann.

Traditionelle Unternehmensstrukturen zeichnen sich durch klare Hierarchien aus und die jeweiligen Geschäftsführer sind i. d. R. für die Tagesgeschäfte der rechtlichen Gesellschaften verantwortlich, die sie auch gesetzlich vertreten.[11] Im Gegensatz dazu kann heutzutage die Verteilung der Geschäftsführungsfunktion in internationalen Konzernen mit modernen Organisationsstrukturen, wie etwa objektorientierten Organisationsformen oder Matrix-

---

[8] Vgl. Vogel, K./Lehner, M., DBA-Kommentar, Art. 3, Anm. 9 ff.
[9] Vgl. Vogel, K./Lehner, M., DBA-Kommentar, Art. 4, Anm. 2 f. und 24 f.
[10] Vgl. OECD-Kommentar, Art. 4, Anm. 24. Siehe hierzu auch Vogel, K./Lehner, M., DBA-Kommentar, Art. 4, Anm. 240 ff. Zur Weiterentwicklung des Art. 4 Abs. 3 OECD-Modell vgl. Burgers, I. J. J., Intertax 2007, S. 378 ff.
[11] Vgl. Brunsbach, S., Electronic Commerce, 2003, S. 80.

3. Kapitel. Ausländische Kapitalgesellschaften 343

strukturen, auf verschiedene Personen verteilt sein und sie kann von Personen ausgeübt werden, die nicht am Ort der Gesellschaft tätig sind, sondern bspw. von der Konzernholding oder anderen Konzerngesellschaften aus tätig werden.[12] So kann neben der Geschäftsführung einer Gesellschaft für deren Geschäfte auch der Leiter der Sparte oder der Division verantwortlich sein, zu der die Tochtergesellschaft gemäß der internen Organisation gehört. Folglich weicht die rechtliche Struktur des Unternehmens immer mehr von der wirtschaftlichen Struktur ab und wird in immer stärkerem Maße bedeutungslos. Darüber hinaus ist in sog. virtuellen Unternehmen die Unternehmensführung häufig dezentral und polyzentrisch ausgestaltet.

Beispiel: Ein indischer, ein amerikanischer sowie ein deutscher Softwareentwickler gründen eine Gesellschaft zur Entwicklung von E-Learning-Software mit Sitz auf den Bahamas. Der Vertrieb der Software erfolgt über das Internet. Die Abstimmung und Koordination der laufenden Geschäftstätigkeit sowie der Geschäftsführungsmaßnahmen erfolgt über Telefon, E-Mail und Videokonferenzen. Für den Vorsitz der Gesellschaft gilt das Rotationsprinzip. Die Gesellschafter treffen sich einmal im Jahr alternierend an verschiedenen Orten.[13]

Der **Ort der Geschäftsleitung** ist nach deutschem Steuerrecht neben dem Sitz einer Gesellschaft das maßgebende Kriterium zur Bestimmung der Ansässigkeit einer Gesellschaft. Er liegt bei einer Kapitalgesellschaft am Mittelpunkt der geschäftlichen Oberleitung (§ 10 AO). Dieser befindet sich nach den Abgrenzungsmerkmalen der deutschen Finanzrechtsprechung an der Stelle, wo die Anordnungen für den „laufenden Geschäftsverkehr" erfolgen.[14] Die Geschäftsleitung wird somit dort ausgeübt, wo die ständige Tagespolitik der Gesellschaft formuliert wird und die im gewöhnlichen Geschäftsverkehr erforderlichen Entscheidungen von einiger Wichtigkeit getroffen werden.[15] Der Ort der Wirksamkeit dieser Entscheidungen ist dagegen unerheblich.

Den Sitz hat eine Körperschaft, Personenvereinigung oder Vermögensmasse an dem Ort, der durch Gesetz, Gesellschaftsvertrag etc. bestimmt ist (§ 11 AO).

Auch im Abkommensrecht ist im Fall einer doppelt ansässigen Gesellschaft der Ort der Geschäftsleitung das maßgebliche Kriterium zur Bestimmung der Ansässigkeit der Gesellschaft (Art. 4 Abs. 3 OECD-Modell).[16] Die Definition des Ortes der Geschäftsleitung im Abkommensrecht entspricht weitestgehend den Kriterien gem. § 10 AO.[17]

Um den Ort der Geschäftsleitung sowohl für die Anwendung im nationalen Recht als auch gemäß DBA zu bestimmen, sind die für die Geschäftsleitung maßgeblichen Tätigkeiten, die für die Geschäftsleitung verantwortlichen Personen sowie der Ort der Ausübung der Geschäftsleitungsfunktion

---

[12] Vgl. 2. Kapitel, Abschnitt A II 4 b) (2) (a) m. w. N.; sowie Peter, M., Betriebsstättenprinzip, 2002, S. 244 ff.
[13] Vgl. auch Breuninger, G. E./Krüger, A., Lokalisierung, 1999, S. 82 f.; Peter, M., Betriebsstättenprinzip, 2002, S. 301 f.; Schäfer, A., International Company Taxation, 2006, S. 29.
[14] Vgl. BFH v. 21. 9. 1989, UR 1990, S. 193; BFH v. 21. 9. 1989, BFH/NV 1990, S. 688.
[15] Vgl. BFH v. 23. 1. 1991, BStBl 1991 II, S. 554; BFH v. 19. 3. 2002, BFH/NV 2002, S. 1411; Hübschmann, W./Hepp, E./Spitaler, A., Abgabenordnung, § 10 AO, Rz. 14.
[16] Vgl. 4. Teil, 3. Kapitel, Abschnitt B I 2 a).
[17] Vgl. auch Vogel, K./Lehner, M., DBA-Kommentar, Art. 4, Anm. 265 ff

relevant.[18] Zunächst sind die für die Geschäftsleitung einer Gesellschaft **verantwortlichen Personen** zu ermitteln, welche die **maßgeblichen Geschäftsleitungstätigkeiten** auch tatsächlich ausüben. Zu diesem Zweck ist grundsätzlich auf die wirtschaftlichen Gegebenheiten abzustellen und nicht etwa auf formale Zuständigkeiten.[19] Da sich in modernen Organisationsformen die Weisungsbefugnis stärker an den zugrunde liegenden wirtschaftlichen Prozessen ausrichtet, ist die Bestimmung der für die Geschäftsleitung maßgeblich verantwortlichen Personen auf Basis der operationalen Organisationsstruktur durchzuführen. Um auch im Fall einer solchen dezentralen Führungsstruktur die für die Geschäftsleitung hauptverantwortliche Person oder Gruppe von Personen zu bestimmen, ist jeweils für den Einzelfall eine Gewichtung der ausgeübten Tätigkeiten und Funktionen vorzunehmen. Grundsätzlich soll diese Gewichtung anhand wirtschaftlicher und organisatorischer Kriterien erfolgen, wobei der kaufmännischen Leitung eine höhere Bedeutung beizumessen ist als der technischen Leitung.[20]

Neben der Bestimmung der für die Geschäftsleitung verantwortlichen Personen ist der **Ort** zu finden, **an dem die Geschäftsleitungsfunktion ausgeübt wird**.[21] In traditionellen Unternehmensstrukturen gibt es häufig nur einen festen Ort, an dem die Manager tätig sind und an dem die wesentlichen wirtschaftlichen Entscheidungen getroffen werden. Heute ist es durch den Einsatz moderner Informations- und Kommunikationstechnologien möglich, dass die Geschäftsführer nicht mehr an einem Ort zusammenkommen, um ihre Entscheidungen zu treffen. In diesem Fall liegen gleichzeitig mehrere Orte der Geschäftsleitung vor. Solche Konstellationen können sich auch insbesondere nach grenzüberschreitenden Unternehmenszusammenschlüssen ergeben.[22] Darüber hinaus können die Manager auch alternierend an verschiedenen Orten zusammenkommen, um die für die Geschäftsführung wesentlichen Entscheidungen zu treffen. Damit befindet sich der Ort der Geschäftsleitung zum Zeitpunkt der Entscheidungsfindung an dem jeweiligen Ort und ist somit mobil. Ein mobiler Ort der Geschäftsleitung liegt auch dann vor, wenn lediglich ein Geschäftsführer für das Management verantwortlich ist, dieser seine Entscheidungen aber an wechselnden Orten trifft, bspw. in verschiedenen Unternehmensniederlassungen oder auf Geschäftsreisen. Neben der o. g. Gewichtung bezüglich der Tätigkeit ist es darüber hinaus in hier genannten Fällen notwendig, eine Gewichtung der unterschiedlichen Geschäftsleitungsorte vorzunehmen. Der maßgebliche Ort der Geschäftsleitung wäre dann bspw. dort, wo die maßgeblichen Entscheidungen bzw. die überwiegende Zahl der Entscheidungen getroffen werden. Somit ist es wohl in den meisten Fällen eines mobilen Ortes der Geschäftsleitung möglich,

---

[18] Vgl. Brunsbach, S., Electronic Commerce, 2003, S. 75 sowie S. 77 ff. zur Bestimmung der für die Geschäftsleitung maßgeblichen Tätigkeiten im Zeitalter von IKT.
[19] Vgl. Hübschmann, W./Hepp, E./Spitaler, A., Abgabenordnung, § 10 AO, Rz. 16 m. w. N.
[20] Vgl. BFH v. 23. 1. 1991, BStBl 1999 II, S. 555; sowie darüber hinaus Brunsbach, S., Electronic Commerce, 2003, S. 80 ff.; Schäfer, A., International Company Taxation, 2006, S. 88 ff.
[21] Vgl. dazu Brunsbach, S., Electronic Commerce, 2003, S. 84 ff.; Schäfer, A., International Company Taxation, 2006, S. 91 ff.
[22] Vgl. Breuninger, G. E./Krüger, A., Lokalisierung, 1999, S. 80 ff.

3. Kapitel. Ausländische Kapitalgesellschaften   345

durch eine Gewichtung der verschiedenen Orte denjenigen Ort zu bestimmen, der für den Ort der Geschäftsleitung am relevantesten ist.

Darüber hinaus sind die Manager bei der Ausübung ihrer Tätigkeiten grundsätzlich räumlich unabhängig von den Geschäftsräumen des Unternehmens. Somit kann sich der Ort der Geschäftsleitung in den o. g. Sachverhalten mitunter an einem Ort befinden, an dem das Unternehmen keine oder nur in begrenztem Maße eine Unternehmenstätigkeit ausübt. Um für die hier diskutierten Probleme der Bestimmung der Ansässigkeit mit Hilfe des Kriteriums des Ortes der Geschäftsleitung nach deutschem Recht sowie gemäß DBA Abhilfe zu schaffen, werden im Schrifttum sowie auf Ebene der OECD verschiedene Reformmaßnahmen diskutiert. Neben einer Präzisierung des Kriteriums des Ortes der Geschäftsleitung wird hier zur Bestimmung der Ansässigkeit einer doppelansässigen Gesellschaft gemäß DBA vorgeschlagen, in Art. 4 Abs. 3 OECD-Modell eine Tie-breaker-Regelung einzufügen, in der auch auf alternative Ansässigkeitskriterien abgestellt wird.[23]

B. Durchführung der laufenden Besteuerung

I. Nationales Recht

Bei der Besteuerung im Inland ist zwischen der steuerlichen Behandlung der **Kapitalgesellschaft** und ihrer **Gesellschafter** zu trennen.

1. Besteuerung der Gesellschaft

a) Körperschaftsteuer

Liegt der Sitz und/oder die Geschäftsleitung der Kapitalgesellschaft im Inland, ist sie als eigenständiges Steuersubjekt in Deutschland **unbeschränkt steuerpflichtig**. Steuergegenstand der unbeschränkten Steuerpflicht ist das **Welteinkommen** der Kapitalgesellschaft (Universalitätsprinzip), wobei die Ermittlung der Steuerbemessungsgrundlagen ausschließlich dem Inland vorbehalten bleibt.

Erfüllt die inländische Kapitalgesellschaft die Voraussetzungen eines ständigen Vertreters der ausländischen Muttergesellschaft, was bspw. gegeben ist, wenn die Kapitalgesellschaft für die Muttergesellschaft aufgrund einer Vollmacht Verträge abschließt, die nicht zur gewöhnlichen Geschäftstätigkeit gehören, so ist die Steuersubjekteigenschaft der Kapitalgesellschaft eingeschränkt und die **Betriebsstättenbesteuerung** findet insoweit Anwendung (§ 49 Abs. 1 Nr. 2 Buchstabe a EStG).[24]

(1) Die Besteuerung im Gewinnfall

Kapitalgesellschaften sind sowohl handels- als auch steuerrechtlich zur Führung von Büchern verpflichtet (§ 238 HGB, § 140 AO). Daher erfolgt die

---

[23] Vgl. zur näheren Diskussion verschiedener Reformmaßnahmen OECD, Communications Revolution, 2001; dies., Place of Effective Management, 2003; Brunsbach, S., Electronic Commerce, 2003, S. 209 ff.; Hinnekens, L., Intertax 2003, S. 316 ff.; Burgstaller, E./Hasliner, K., Intertax 2004, S. 383 ff.; Schäfer, A., International Company Taxation, 2006, S. 132 ff.
[24] Vgl. Schaumburg, H., Steuerrecht, 1998, S. 189 ff.; zur Betriebsstättenbesteuerung vgl. 2. Kapitel, Abschnitt B.

Gewinnermittlung durch **Betriebsvermögensvergleich** (§ 5 i. V. m. § 4 Abs. 1 EStG).

Die Ausgangsgröße für die Ermittlung des körperschaftsteuerlichen Einkommens bildet der nach handelsrechtlichen Grundsätzen ordnungsmäßiger Buchführung ermittelte und nach einkommensteuerlichen Vorschriften korrigierte Gewinn. Dieser wird aufgrund spezieller körperschaftsteuerlicher Regelungen modifiziert. Hierbei finden bspw. Spenden keine Berücksichtigung, da es im Körperschaftsteuergesetz weder Sonderausgaben noch außergewöhnliche Belastungen gibt. Nach § 9 Abs. 1 Nr. 2 KStG ist dennoch ein Abzug von Spenden für mildtätige, kirchliche, religiöse und wissenschaftliche sowie für die als besonders förderungswürdig anerkannten gemeinnützigen und kulturellen Zwecke bis zu einer bestimmten Höhe möglich. Weiterhin ist die Vorschrift des § 10 KStG über nichtabziehbare Aufwendungen zu beachten. Danach dürfen u. a. die Körperschaftsteuer, die Umsatzsteuer auf den Eigenverbrauch (§ 10 Nr. 2 KStG), die in einem Strafverfahren festgesetzten Geldstrafen (§ 10 Nr. 3 KStG) und die Hälfte der Vergütungen der Mitglieder des Aufsichtsrats oder anderer mit der Überwachung der Geschäftsführung beauftragten Personen (§ 10 Nr. 4 KStG) nicht abgezogen werden.

Die **schuldrechtlichen Verträge zwischen der Kapitalgesellschaft und ihren Gesellschaftern** werden steuerlich grundsätzlich anerkannt und daher wie Vertragsbeziehungen zwischen fremden Dritten behandelt. D. h. die entstandenen Forderungen und Verbindlichkeiten werden in der Steuerbilanz der Kapitalgesellschaft ausgewiesen, und die vereinbarten Vergütungen finden als Betriebseinnahmen und Betriebsausgaben in der Gewinn- und Verlustrechnung Berücksichtigung. Allerdings werden die Verträge nur insoweit anerkannt, als sie Vereinbarungen mit fremden Dritten entsprechen.

Die Anerkennung dem Grunde nach ist aufgrund des Trennungsprinzips zwar weitgehend gewährleistet.[25] Zur Vermeidung der Verlagerung von Steuersubstrat schränkt Deutschland – sowie eine Vielzahl anderer Staaten – die steuerliche Berücksichtigung von Zinsaufwendungen im Rahmen der (Gesellschafter-)Fremdfinanzierung ein.[26] Nach der deutschen **Zinsschranke** sind Zinsaufwendungen, soweit diese die in Deutschland steuerpflichtigen Zinserträge übersteigen,[27] nur i. H. v. 30% des Gewinns vor Zinsen (verrechenbares EBITDA) und unter Berücksichtigung einer Freigrenze i. H. v. 3 Mio. € abzugsfähig (§ 4 h EStG i. V. m. § 8 a KStG).[28] Die nichtabzugsfähigen Zinsen sind zeitlich unbeschränkt vortragsfähig und im Rahmen des Höchstbetrags abzugsfähig.[29] Ebenso entsteht ein in den folgenden fünf Wirtschaftsjahren nutzbarer EBITDA-Vortrag, soweit das verrechenbare EBITDA die Netto-

---

[25] Vgl. BFH v. 5. 2. 1992, BStBl 1992 II, S. 532.
[26] Vgl. auch den Ländervergleich im 6. Teil, 3. Kapitel, Abschnitt C II 2. Die Erhebung einer Kapitalertragsteuer auf ins Ausland abfließende Zinsen stellt zwar den einfacheren Weg zur Sicherung des Steueraufkommens dar; vgl. bereits Pöllath, R./ Rädler, A. J., DB 1980, Beilage 8, S. 6 f. Dieser ist jedoch durch die Zins- und Lizenzgebührenrichtlinie sowie durch die Begrenzung des Quellenbesteuerungsrechts in den DBA (10%, Art. 11 OECD-Modell) langfristig verbaut.
[27] In Dänemark gilt die Zinsabzugsbeschränkung dagegen für sämtliche Zinsaufwendungen. Vgl. Wengerter, A., IWB, Fach 5, Dänemark, Gruppe 2, S. 175 ff.
[28] Vgl. stellvertretend für viele Endres, D./Spengel, C./Reister, T., WPg 2007, S. 478 ff. Siehe auch 6. Teil, 3. Kapitel, Abschnitt B II 2.
[29] Vgl. Schaden, M./Käshammer, D., BB 2007, S. 2317 ff.

3. Kapitel. Ausländische Kapitalgesellschaften

zinsaufwendungen übersteigt.[30] Von der Zinsschranke sind jedoch die Fälle ausgenommen, in denen entweder kein Konzern (sog. Konzernklausel) oder eine weitgehend einheitliche Finanzierungsrelation aller Konzerneinheiten (sog. Escape-Klausel)[31] vorliegt, wenngleich der praktische Einsatz der Escape-Klausel durch Grenzen bei der Gesellschafterfremdfinanzierung (§ 8 a Abs. 2 und 3 KStG) stark eingeengt wird.[32] EU-rechtlich ist die Zinsschranke allerdings dahingehend bedenklich, dass Zinsaufwendungen in Höhe der „in Deutschland" steuerpflichtigen Zinserträge uneingeschränkt abzugsfähig sind.[33] Führt diese ungleiche Behandlung von Zinsaufwendungen dazu, dass ein grenzüberschreitend tätiger Konzern nicht die Freigrenze nutzen kann, könnte eine verbotene Diskriminierung vorliegen.[34] Auch die Möglichkeit der Vermeidung der Zinsschranke durch Bildung von Organschaften sowie eine möglicherweise faktische – und damit im Konflikt mit der Zins- und Lizenzgebührenrichtlinie stehende – Quellenbesteuerung werfen EU-rechtliche Bedenken auf.[35] Im Ergebnis ist es daher nicht ausgeschlossen, dass die Zinsschranke einer weiteren Überarbeitung bedarf. Eine mit den EU-rechtlichen Vorgaben in Einklang stehende Regelung könnte dabei eine Anwendungsbegrenzung auf Missbrauchsfälle darstellen.[36]

Bedeutsamer als die Anerkennung dem Grunde nach ist vielmehr die Prüfung der Angemessenheit des vereinbarten Entgelts, also der Anerkennung der Höhe nach. Halten die Verträge zwischen Gesellschaft und Gesellschafter dem Fremdvergleich nicht stand, kommt es nach den Grundsätzen einer verdeckten Gewinnausschüttung bzw. einer verdeckten Kapitaleinlage oder nach § 1 AStG zur Korrektur der als unangemessen angesehenen Leistungsentgelte.[37]

Der so ermittelte körperschaftsteuerliche Gewinn wird nach dem Feststellungsprinzip im Zeitpunkt der Entstehung mit einer 15%igen Körperschaftsteuer belastet (§ 23 Abs. 1 KStG). Auf die festgesetzte Körperschaftsteuer wird darüber hinaus der Solidaritätszuschlag mit 5,5% erhoben (§ 1 SolZG).

(2) Die Besteuerung im Verlustfall

Da eine Kapitalgesellschaft ausschließlich Einkünfte aus Gewerbebetrieb erzielt, ist ein innerperiodischer Verlustausgleich mit anderen Einkunftsarten ausgeschlossen. Verluste können somit nur im Rahmen eines **interperiodischen Verlustausgleichs** Berücksichtigung finden. Dabei besteht die Möglichkeit, Verluste bis zu einem Betrag von 511 500 € ein Jahr zurückzutragen

---

[30] Vgl. Bien, R./Wagner, T., BB 2009, S. 2631 ff.; Herzig, N./Bohn, A., DStR 2009, S. 2344 ff.
[31] Vgl. ausführlich Ganssauge, K./Mattern, O., DStR 2008, S. 213 ff.; 267 ff.
[32] Vgl. Schaden, M./Käshammer, D., BB 2007, S. 2259 ff.; Brunsbach, S./Syré, M., IStR 2008, S. 157 ff.
[33] Vgl. EuGH v. 18. 9. 2003 (Bosal), EuGHE 2003, S. I–9401. Siehe auch Führich, G., IStR 2007, S. 341 ff.
[34] Vgl. Wilke, U./Süß, C., FR 2009, S. 797.
[35] Zur Organschafts-Problematik vgl. Musil, A./Volmering, B., DB 2008, S. 15 f.; Führich, G., Ubg 2009, S. 39 f. Zur möglichen Verneinung eines Verstoßes gegen die Zins- und Lizenzgebührenrichtlinie vgl. EuGH v. 26. 6. 2008 (Burda), EuGHE 2008, S. I–4571; sowie Führich, G., Ubg 2009, S. 38.
[36] Vgl. hierzu den Vorschlag von Schön, W., IStR 2009, S. 882 ff.
[37] Vgl. ausführlich 5. Teil, 4. Kapitel, Abschnitt B.

oder zeitlich unbegrenzt vorzutragen (§ 8 Abs. 1 KStG i. V. m. § 10 d EStG). Betragsmäßig wird der Verlustvortrag durch die interperiodische Mindestbesteuerung (§ 10 d Abs. 2 EStG) begrenzt, wonach pro Jahr ein Verlustabzug i. H. v. 1 Mio. € unbegrenzt, für den übersteigenden Betrag jedoch nur i. H. v. 60% möglich ist.[38] Ein Verlustabzug wird allerdings insoweit versagt, als dass durch einen Anteilseignerwechsel bei einer Kapitalgesellschaft ein schädlicher Beteiligungserwerb i. S. d. § 8 c KStG vorliegt und weder das Sanierungsprivileg[39] noch die Konzernklausel[40] in Anspruch genommen werden können.[41]

b) Gewerbesteuer

Da eine Kapitalgesellschaft unabhängig von der Art ihrer Betätigung einen Gewerbebetrieb kraft Rechtsform begründet (§ 2 Abs. 2 GewStG) und sich dieser bei einer inländischen Kapitalgesellschaft im Inland (Deutschland) befindet, besteht **Gewerbesteuerpflicht** nach § 2 Abs. 1 GewStG.

Ausgehend vom körperschaftsteuerlichen Einkommen wird der Gewerbeertrag durch Modifikationen aufgrund der gewerbesteuerlichen Kürzungs- und Hinzurechnungsvorschriften ermittelt (§§ 8 und 9 GewStG). Auf den Gewerbeertrag ist die Steuermesszahl von 3,5% (§ 11 Abs. 2 GewStG) und der von der Gemeinde festgelegte Gewerbesteuerhebesatz (mindestens 200%, § 16 GewStG) anzuwenden.

Auch bei der Gewerbesteuer werden die schuldrechtlichen Vertragsbeziehungen zwischen der Kapitalgesellschaft und ihren Anteilseignern im Grundsatz wie Verträge mit fremden Dritten behandelt. Hinsichtlich der Hinzurechnungs- und Kürzungsvorschriften ergeben sich im Vergleich zur Behandlung von Leistungsbeziehungen mit Außenstehenden keine Besonderheiten. Halten die Verträge zwischen Gesellschaft und Gesellschafter dem Fremdvergleichsmaßstab nicht stand, erfolgt eine Korrektur nach den Grundsätzen der verdeckten Gewinnausschüttung bzw. der verdeckten Einlage, nach § 1 AStG oder nach § 8 a KStG bereits im Rahmen der Ermittlung des körperschaftsteuerlichen Einkommens.[42]

Ergibt sich ein Gewerbeverlust, so kann dieser nur durch **Verlustvortrag** – unter Beachtung der interperiodischen Mindestbesteuerung – berücksichtigt werden (§ 10 a GewStG). Voraussetzung hierfür ist allerdings Unternehmensgleichheit und Unternehmergleichheit. Dabei bedeutet **Unternehmensgleichheit,** dass der Gewerbeverlust bei dem Unternehmen entstanden sein muss, bei dem er Berücksichtigung finden soll. Dabei verlangt der BFH[43] für das Vorliegen einer solchen Identität insbesondere einen wirtschaftlichen, organisatorischen und finanziellen Zusammenhang. Zudem wird das Erfor-

---

[38] Vgl. hierzu u. a. Lüdicke, J./Kempf, A./Brink, T., Verluste, 2010, S. 266 ff.
[39] Vgl. Sistermann, C./Brinkmann, J., DStR 2009, 1453 ff., 2637; Neyer, W., BB 2009, S. 2284 ff.; Herzig, N./Bohn, A., DStR 2009, S. 2341 f.
[40] Vgl. Herzig, N./Bohn, A., DStR 2009, S. 2342 f.; Sistermann, C./Brinkmann, J., DStR 2009, S. 2633 ff.
[41] Zum § 8 c KStG siehe ausführlich Lenz, M., Ubg 2008, S. 24 ff.; Breuninger, G. E./Schade, D., Ubg 2008, S. 261 ff.; Neyer, W., BB 2009, S. 415 ff.; Blümich, W., Einkommensteuergesetz, § 8 c KStG, Anm. 40 ff. Zu Auslegungsfragen vgl. auch BMF-Schreiben v. 4. 7. 2008, BStBl 2008 I, S. 736.
[42] Vgl. Jacobs, O. H., Rechtsform, 2009, S. 213 f.
[43] Vgl. BFH v. 14. 9. 1993, BStBl 1994 II, S. 764.

3. Kapitel. Ausländische Kapitalgesellschaften

dernis einer Unternehmergleichheit durch § 10a Satz 10 erster Halbsatz GewStG dahingehend erweitert, dass ein Verlustvortrag insoweit ausgeschlossen ist, als ein schädlicher Anteilseignerwechsel i. S. d. § 8 c KStG stattgefunden hat. Um der Bedingung der **Unternehmergleichheit** zu genügen, ist zu beachten, dass der Verlustvortrag an die Person des Unternehmers geknüpft ist, der den Verlust erlitten hat. Ein Unternehmerwechsel liegt bspw. bei Umwandlung einer Kapitalgesellschaft in eine Personengesellschaft vor.[44]

2. Besteuerung der Gesellschafter

Die im Ausland ansässigen Gesellschafter der Kapitalgesellschaft sind im Inland (Deutschland) mit den dort erzielten Einkünften **beschränkt steuerpflichtig**. Gegenstand der beschränkten Steuerpflicht der Anteilseigner sind die von der Kapitalgesellschaft **ausgeschütteten Beteiligungserträge** (Kapitalertragsteuer i. H. v. 25% der Bruttodividende, § 43a Abs. 1 Nr. 1 i. V. m. § 43 Abs. 1 Satz 1 Nr. 1 EStG) sowie die von der Kapitalgesellschaft an die Gesellschafter gezahlten **Vergütungen aus sonstigen Leistungsbeziehungen** (bspw. Quellensteuer auf Zinsen und Lizenzgebühren gem. § 49 Abs. 1 Nr. 5 und 9 EStG, die bei der Gesellschaft für Rechnung der Gesellschafter erhoben wird). Hinsichtlich der Durchführung der Besteuerung beschränkt Steuerpflichtiger mit EU-/EWR-Bezug ergeben sich die in Teil 3 Kapitel 1 dargestellten EU-rechtlichen Probleme bzw. Anforderungen.[45] Bei Dividendenzahlungen, die unter die Mutter-Tochterrichtlinie fallen, bzw. Zins- und Lizenzzahlungen, die unter die Zins- und Lizenzgebührenrichtlinie fallen, wird keine Quellensteuer erhoben.[46]

Dagegen begründet die Beteiligung an der inländischen Kapitalgesellschaft keine gewerbliche Betätigung im Inland. Daher fällt auf Anteilseignerebene **keine Gewerbesteuer** an.

a) Die Besteuerung im Gewinnfall

Aufgrund des Trennungsprinzips erhöhen thesaurierte Gewinne die Einkünfte der Gesellschafter nicht. Die einbehaltenen Gewinne führen zwar zu einer Werterhöhung der Anteile an der Kapitalgesellschaft, diese ist jedoch ertragsteuerlich unbeachtlich. Dagegen führen ausgeschüttete Gewinne beim Anteilseigner zu Einkünften i. S. d. § 49 Abs. 1 Nr. 5 Buchstabe a i. V. m. § 20 Abs. 1 Nr. 1 EStG. Diese unterliegen bei natürlichen Personen der **beschränkten Einkommensteuerpflicht** (§ 1 Abs. 4 EStG); bei juristischen Personen sind sie **beschränkt körperschaftsteuerpflichtig** (§ 2 Nr. 1 KStG). Anknüpfungsmerkmal der Besteuerung ist dabei, dass der Schuldner der Kapitalerträge, d. h. die Kapitalgesellschaft, im Inland (Deutschland) ansässig ist. Diese Voraussetzung ist bei einer Kapitalgesellschaft erfüllt, wenn sich ihr Sitz (§ 11 AO) und/oder ihre Geschäftsleitung (§ 10 AO) im Inland befindet.

---

[44] Vgl. Abschn. 67 und 68 GewStR; Blümich, W., Einkommensteuergesetz, § 10a GewStG, Anm. 64 ff., 91 ff., jeweils mit m. w. N.
[45] Vgl. 3. Teil, 1. Kapitel, Abschnitt B I.
[46] Vgl. hierzu ausführlich nachfolgenden Abschnitt B II 2 b).

Bei Ausschüttung wird die auf **Dividenden lastende Kapitalertragsteuer** i. H. v. 25% (plus Solidaritätszuschlag) von der Kapitalgesellschaft einbehalten und an das Finanzamt abgeführt (§ 43 a EStG), womit die Besteuerung im Zuflusszeitpunkt erfolgt. Kapitalgesellschaften können dabei gem. § 44 a Abs. 9 EStG eine Erstattung i. H. v. zwei Fünftel beantragen, sofern sie die Substanzerfordernisse des § 50 d Abs. 3 EStG erfüllen und deren Gesellschafter ebenfalls entlastungsberechtigt, also Kapitalgesellschaften sind.[47] Im Ergebnis wird die Kapitalertragsteuer bei Kapitalgesellschaften auf 15% reduziert; die Höhe ist somit abhängig vom persönlichen Status des ausländischen Anteilseigners. Dagegen ist die Höhe der Kapitalertragsteuer unabhängig von der Höhe der Beteiligungsquote an der inländischen Kapitalgesellschaft. Grundsätzlich hat die Kapitalertragsteuer eine **abgeltende Wirkung,** d. h. es besteht darüber hinaus keine weitere Einkommen- bzw. Körperschaftsteuerpflicht der Anteilseigner (§§ 43 Abs. 5 und 50 Abs. 2 Satz 1 EStG, § 32 Abs. 1 Nr. 2 KStG).[48] Die Kapitalertragsteuer wird auf den Bruttobetrag der Dividende erhoben, d. h. Werbungskosten oder Betriebsausgaben, die im Zusammenhang mit der Dividende stehen, dürfen nicht abgezogen werden.[49] Des Weiteren wird die Kapitalertragsteuer auch auf den Teil der Erträge einbehalten, der eigentlich nach § 3 Nr. 40 EStG oder § 8 b KStG steuerfrei zu stellen ist (§ 43 Abs. 1 Satz 3 EStG). Als Folge hiervon kommt daher weder das Teileinkünfteverfahren noch das körperschaftsteuerliche Beteiligungsprivileg zur Anwendung. Aus EU-rechtlicher Sicht ist die Abgeltungswirkung der Kapitalertragsteuer bei Streubesitzdividenden[50] bedenklich. Die Europäische Kommission hat unter Berufung auf die Urteile des EFTA-Gerichtshofs[51] und des EuGH[52] gegen Deutschland zunächst ein Vertragsverletzungsverfahren eingeleitet[53] und anschließend Klage beim EuGH erhoben.[54] Etwas anderes gilt in dem Fall, dass die Beteiligungseinkünfte Betriebseinnahmen eines inländischen Betriebes sind (§ 50 Abs. 2 Satz 2 Nr. 1 EStG, § 32 Abs. 1 Nr. 2 KStG). Die Besteuerung der inländischen Einkünfte erfolgt dann im Rahmen eines Veranlagungsverfahrens, bei dem die Dividenden in Abhängigkeit von der jeweiligen Rechtsform des Steuerausländers entweder nur zu 60% gem. § 3 Nr. 40 EStG (beschränkte Einkommensteuerpflicht) oder nur zu 5% gem. § 8 b Abs. 1, 5 KStG (beschränkte Körperschaftsteuerpflicht) bei der Besteuerung berücksichtigt werden. Eine einbehaltene deutsche Kapitalertragsteuer kann im Rahmen der Veranlagung sowohl bei der Einkommensteuer als auch bei der Körperschaftsteuer in voller Höhe ange-

---

[47] Vgl. auch 1. Kapitel, Abschnitt B I. Zu den Substanzerfordernissen vgl. Abschnitt B I.
[48] Zum Kapitalertragsteuerabzug vgl. 1. Kapitel, Abschnitt B I.
[49] Vgl. BFH v. 10. 4. 1975, BStBl 1975 II, S. 586; Blümich, W., Einkommensteuergesetz, § 50 EStG, Anm. 65.
[50] Hierunter fallen Dividenden, die nicht die Voraussetzungen der Mutter-Tochterrichtlinie erfüllen. Siehe dazu 2. Kapitel, Abschnitt B I 1 a).
[51] Vgl. EFTA-Gerichtshof v. 23. 11. 2004 (Fokus Bank), IStR 2005, S. 55.
[52] Vgl. EuGH v. 14. 12. 2006 (Denkavit), EuGHE 2006, S. I–11949; EuGH v. 8. 11. 2007 (Amurta), EuGHE 2007, S. I–9569; EuGH v. 18. 6. 2009 (Aberdeen), IStR 2009, S. 499; EuGH v. 1. 10. 2009 (Gaz de France), IStR 2009, S. 774.
[53] Vgl. Baumgärtel, M./Lange, U., Ubg 2008, S. 525 ff.
[54] Vgl. Vorlage an den EuGH v. 23. 7. 2009 (Kommission/Deutschland), Abl. 2009 Nr. C 256, S. 8.

3. Kapitel. Ausländische Kapitalgesellschaften   351

rechnet werden (§ 36 Abs. 2 Nr. 2 EStG).[55] Des Weiteren können dann die mit der Beteiligung zusammenhängenden Betriebsausgaben abgezogen werden.[56] Neben den regulären Gewinnausschüttungen unterliegen auch die **verdeckten Gewinnausschüttungen** in Deutschland der beschränkten Steuerpflicht (§ 49 Abs. 1 Nr. 5 i. V. m. § 20 Abs. 1 Nr. 1 EStG). Allerdings ist die inländische Kapitalgesellschaft nur dann zur Einbehaltung und Abführung der Kapitalertragsteuer verpflichtet, wenn die verdeckte Gewinnausschüttung auch tatsächlich dem Anteilseigner zugeflossen ist.[57]

Einkünfte, die dem Steuerabzug unterliegen, können als Folge der Abgeltungswirkung nicht mit Verlusten aus anderen Einkunftsarten ausgeglichen werden. Etwas anderes gilt, wenn die dem Steuerabzug unterliegenden Einkünfte in einem inländischen Betrieb anfallen und somit keine Abgeltungswirkung eintritt; lediglich dann ist der **Verlustausgleich** mit anderen Einkunftsarten möglich.[58]

Weiterhin können sich aus den **Leistungsbeziehungen** zwischen der Kapitalgesellschaft und ihren Gesellschaftern Anknüpfungspunkte für die Besteuerung in Deutschland ergeben. Da die Verträge zwischen Gesellschaft und Gesellschafter grundsätzlich wie Vertragsbeziehungen mit fremden Dritten behandelt werden und damit eine Einordnung der Entgelte in den Einkünftekatalog des § 49 EStG erfolgt, ergeben sich allerdings dieselben Steuerfolgen wie bei **Direktgeschäften**.[59] Bspw. unterliegen Lizenzgebühren und Zinsen im Zeitpunkt des Zuflusses einer Quellensteuer, die bei der Kapitalgesellschaft erhoben wird (§ 50 a Abs. 1 Nr. 3, § 43 i. V. m. § 44 EStG). Voraussetzung für die Erhebung der Quellensteuer auf Zinsen ist im Regelfall allerdings, dass ein bestimmter Inlandsbezug vorliegt (§ 49 Abs. 1 Nr. 5 Buchstabe c EStG), so dass z. B. erst im Fall der Sicherung des Kapitalvermögens durch inländischen Grundbesitz eine Quellensteuer i. H. v. 25% erhoben wird. Aus diesem Grund unterliegen Zinsen oftmals keiner Quellensteuer.

b) Die Besteuerung im Verlustfall

Verluste der Kapitalgesellschaft finden beim Gesellschafter aufgrund des Trennungsprinzips grundsätzlich keine Berücksichtigung. Somit können sie auch nicht mit anderen positiven inländischen Einkünften verrechnet werden.

Etwas anderes gilt, wenn ein **Organschaftsverhältnis** besteht. Voraussetzungen für eine inländische Organschaft sind die Vereinbarung eines Ergebnisabführungsvertrages,[60] der mit Eintragung in das Handelsregister wirksam wird, sowie die finanzielle Eingliederung (§ 14 KStG), die gegeben ist, wenn dem Organträger mindestens 50% der Stimmrechte aus den Anteilen an der Organgesellschaft mittelbar oder unmittelbar zustehen. Eine Organschaft zu

---
[55] Siehe dazu 2. Kapitel, Abschnitt B I 1 a).
[56] Vgl. Blümich, W., Einkommensteuergesetz, § 50 EStG, Anm. 68; Herrmann, C./Heuer, G./Raupach, A., Einkommensteuergesetz, § 50 EStG, Anm. 319 ff.
[57] Vgl. Blümich, W., Einkommensteuergesetz, § 49 EStG, Anm. 161.
[58] Vgl. Blümich, W., Einkommensteuergesetz, § 50 EStG, Anm. 42 ff.
[59] Vgl. 1. Kapitel, Abschnitt B I.
[60] Zur Problematik der Voraussetzung eines Ergebnisabführungsvertrages aus EU-rechtlicher Sicht vgl. 4. Teil, 3. Kapitel, Abschnitt B II 1 a) (2).

einem ausländischen Anteilseigner ist allerdings nur möglich, wenn dieser im Inland (Deutschland) über eine im Handelsregister eingetragene Zweigniederlassung verfügt (z. B. eine Betriebsstätte), die die Beteiligung an der Kapitalgesellschaft hält.[61] Weiterhin ist erforderlich, dass der Ergebnisabführungsvertrag unter der Firma der Zweigniederlassung abgeschlossen wurde (§ 18 KStG). Da bei einer Organschaft das Einkommen der Organgesellschaft dem Organträger zugerechnet wird (§ 14 Abs. 1 KStG), können die Verluste der inländischen Organgesellschaft auf die inländische Betriebsstätte des ausländischen Organträgers übertragen werden. Bei diesem findet dann ein Ausgleich der Verluste mit eventuellen positiven Erträgen statt. Weiterhin ist ein Organschaftsverhältnis bei Beteiligung des ausländischen Anteilseigners an einer inländischen, gewerblich tätigen[62] Personengesellschaft möglich, sofern diese die Beteiligung an der Kapitalgesellschaft im Gesamthandsvermögen hält (§ 14 Abs. 1 Nr. 2 KStG).[63]

Für die **Organträgereigenschaft** ist dabei ein sog. doppelter Inlandsbezug, d. h. das Erfordernis, dass der Organträger sowohl Sitz als auch Geschäftsleitung im Inland hat, nicht erforderlich.[64] Es reicht damit aus, dass sich die Geschäftsleitung des Organträgers im Inland befindet. Die Vorfrage, ob eine Gesellschaft, die zwar ihre Geschäftsleitung im Inland hat, deren Sitz sich aber im Ausland befindet, rechtsfähig und somit berechtigt ist, zivilrechtlich wirksame Verträge wie den eines Ergebnisabführungsvertrages abzuschließen, wurde mittlerweile durch den EuGH im Hinblick auf die Mitgliedstaaten bejaht. In mehreren Urteilen hat sich der EuGH für die **Gründungstheorie** ausgesprochen, so dass die Rechtsfähigkeit einer Gesellschaft nach dem Recht ihres Gründungsstaates zu beurteilen ist. Demnach verliert eine Kapitalgesellschaft, die ihren Verwaltungssitz und damit auch grundsätzlich den Ort der Geschäftsleitung nach Deutschland verlegt, während ihr Satzungssitz weiterhin in einem europäischen Mitgliedstaat verbleibt, in dem sie gegründet worden ist, ihre Rechtsfähigkeit nicht, sofern der Gründungs- und Wegzugsstaat ihr die Rechtsfähigkeit aufgrund der Verlagerung des Verwaltungssitzes nicht abspricht, sofern er also der Gründungstheorie folgt.[65] Im Ergebnis kann somit auch eine innerhalb der EU/EWR doppelt ansässige Gesellschaft (Satzungssitz

---

[61] Siehe dazu Dautzenberg, N., StuB 2000, S. 869 f.; Prinz, U., FR 2000, S. 1258. Unter EU-rechtlichen Gesichtspunkten ist allerdings u. U. die Möglichkeit einer grenzüberschreitenden Organschaft mit inländischer Organgesellschaft und ausländischem Organträger zu fordern. Vgl. Kleinert, J./Nagler, J./Rehm, H., DB 2005, S. 1869 ff.; BDI/PwC, Verlustberücksichtigung, 2006, S. 33 f. Zu möglichen Folgen vgl. Scheunemann, M., IStR 2006, S. 153 f.
[62] Die h. M. geht hierbei im Gegensatz zur Finanzverwaltung (vgl. BMF-Schreiben v. 10. 11. 2005, BStBl 2005 I, S. 1038, Tz. 17) davon aus, dass eine geringfügige gewerbliche Tätigkeit der Personengesellschaft, soweit sie nicht völlig untergeordnet ist, ausreichend ist. Vgl. u. a. Rödder, T./Schumacher, A., DStR 2003, S. 808 f.; Rautenstrauch, G./Adrian, G., DB 2005, S. 1020; Dötsch, E./Jost, W. F./Pung, A./Witt, G., Körperschaftsteuer, § 14 KStG, Anm. 92 a.
[63] Vgl. Ley, U./Strahl, M., DStR 2003, S. 2145 ff.; Rödder, T./Schumacher, A., DStR 2003, S. 807 ff.
[64] Vgl. Unternehmenssteuerfortentwicklungsgesetz (UntStFG) v. 20. 12. 2001, BGBl 2001 I, S. 3858; sowie die Begründung zum Entwurf des UntStFG in BT-Drs. 14/6882, S. 58.
[65] Vgl. EuGH v. 9. 3. 1999 (Centros), EuGHE 1999, S. I–1459; EuGH v. 5. 11. 2002 (Überseering), EuGHE 2002, S. I–9919; EuGH v. 30. 9. 2003 (Inspire Art), EuGHE 2003, S. I–10 155. Vgl. auch 4. Teil, 3. Kapitel, Abschnitt A I 1. Der Abkehr

3. Kapitel. Ausländische Kapitalgesellschaften

im Ausland, Geschäftsleitung in Deutschland) als Organträgerin fungieren.[66] Verbleibt der Sitz dagegen in einem Drittstaat, so hält der BGH an der Sitztheorie fest. Folglich ist die Gesellschaft in Deutschland grundsätzlich nur dann rechtsfähig, sofern sie im deutschen Handelsregister eingetragen ist, was eine Neugründung voraussetzt.[67] Die **Organgesellschaft** hingegen muss weiterhin ihren Sitz und Ort der Geschäftsleitung in Deutschland haben (§§ 14 Abs. 1 Satz 1, 17 Satz 1 KStG).[68]

Erleidet eine **doppelt ansässige Gesellschaft** mit Organbeziehungen Verluste, ist es denkbar, dass eine Berücksichtigung dieses Fehlbetrags in beiden Jurisdiktionen erfolgt – eine Konsequenz, die dem Gesetzgeber als korrekturbedürftig erschien (auch wenn eventuelle Gewinne ggf. einer Doppelerfassung unterliegen) und in der Vorschrift des § 14 Abs. 1 Nr. 5 KStG mündete. Mit einer solchen Regelung zur Bekämpfung doppelter Verlustnutzung folgt Deutschland der vor allem im angloamerikanischen Rechtskreis vorherrschenden Praxis, die sich bspw. in den dual consolidated loss rules des US-amerikanischen Steuerrechts widerspiegelt. Nach dieser in Sec. 1503 (d) IRC verankerten Regelung soll bei einer doppelt ansässigen Kapitalgesellschaft die zweifache Verlustberücksichtigung (double-dipping) ausgeschlossen werden.[69]

War die Zielrichtung der Vorschrift nach der oben beschriebenen Entstehungsgeschichte noch klar, so kann der § 14 Abs. 1 Nr. 5 KStG dieses kaum noch für sich reklamieren, da der Gesetzeswortlaut keinen expliziten Bezug auf die Doppelansässigkeit des Organträgers enthält. Es geht lediglich aus der dazugehörigen Begründung des Regierungsentwurfs[70] das Ziel hervor, durch die neue Regelung doppelt ansässigen Gesellschaften mit Organbeziehungen die zweifache Verlustnutzung zu untersagen. Die doppelte Verlustnutzung sollte ebenso verhindert werden wie eine einfache Verlustnutzung in Deutschland, falls das double-dipping bloß deshalb unterbleibt, weil die ausländische Verlustberücksichtigung aufgrund dortiger dual consolidated loss rules untersagt ist.

Hinsichtlich der Auslegung der Vorschrift sind nach wie vor zahlreiche Fragen offen. Ungeklärt ist dabei u. a., ob Doppelansässigkeit für die Anwendung dieser Vorschrift überhaupt eine Voraussetzung darstellt und ob auf das Einkommen des Organträgers vor oder nach Zurechnung abgestellt wird. Zudem werden sowohl verfassungsrechtliche als auch gemeinschaftsrechtliche

---

von der Sitztheorie sind sowohl der BGH – auch für einen EWR-Staat – als auch der BFH gefolgt. Vgl. BGH v. 13. 3. 2003, ZIP 2003, S. 718; BGH v. 19. 9. 2005, ZIP 2005, S. 1869; BFH v. 29. 1. 2003, BStBl 2004 II, S. 1043. Zum BFH-Urteil vgl. auch Sedemund, J, BB 2003, S. 1362 ff.

[66] Zur Diskriminierung gegenüber Organträgern mit Sitz im Inland und Ort der Geschäftsleitung im Ausland vgl. Thömmes, O., Organschaftsregeln, 2003, S. 536 ff.

[67] Vgl. BGH v. 27. 10. 2008, ZIP 2008, S. 2411 m. w. N. Siehe hierzu auch Leible, S./ Hoffmann, J., BB 2009, S. 62; Werner, R., GmbHR 2009, S. 192 f. Zum Referentenentwurf eines Gesetzes zum Internationalen Privatrecht und der damit verbundenen vorbehaltslosen Anerkennung der Gründungstheorie vgl. Franz, A., BB 2009, S. 1250 ff.

[68] Unter EU-rechtlichen Gesichtspunkten am Erfordernis eines doppelten Inlandsbezugs zweifelnd u. a. Kleinert, J./Nagler, J./Rehm, H., DB 2005, S. 1872.

[69] Ein diskriminierter dual consolidated loss liegt demnach vor, wenn eine in den USA ansässige Gesellschaft gleichzeitig in einem anderen Land mit dem Welteinkommen steuerpflichtig ist und folglich der Verlust auch im Ausland Berücksichtigung findet (Sec. 1503 (d) IRC).

[70] Begründung zum Entwurf des UntStFG in BT-Drs. 14/6882, S. 37.

Zweifel an der Vorschrift geäußert.[71] Insgesamt ist die Regelung daher als misslungen zu bezeichnen und bedarf einer gründlichen und grundsätzlichen Überarbeitung.

II. Abkommensrecht

1. Besteuerung der Gesellschaft

Für die Ertragsbesteuerung der Kapitalgesellschaft im Inland ist im DBA-Fall genauso wie im Nicht-DBA-Fall die Ansässigkeit der Gesellschafter im Ausland unbeachtlich. Die Kapitalgesellschaft unterliegt als eigenes Steuerrechtssubjekt in Deutschland mit dem Welteinkommen der unbeschränkten Steuerpflicht. Daran ändert sich auch nichts, wenn ein Beherrschungsverhältnis vorliegt, denn die Kapitalgesellschaft stellt keine Betriebsstätte der ausländischen Gesellschafter dar. Diese Vorgehensweise ist im OECD-Musterabkommen ausdrücklich in der sog. **Anti-Organ-Klausel** (Art. 5 Abs. 7 OECD-Modell) geregelt.[72] Etwas anderes gilt nur, wenn die Tochtergesellschaft eine Vertreterbetriebsstätte der ausländischen Muttergesellschaft begründet, indem sie mit deren Vollmacht Verträge abschließt, die über den Rahmen ihrer ordentlichen Geschäftstätigkeit hinausgehen.[73]

Das Vorliegen eines DBA ändert grundsätzlich nichts an der Ermittlung des Inlandsgewinns der Kapitalgesellschaft. Bei unangemessenen Vertragsbeziehungen lässt Art. 9 OECD-Modell bei verbundenen Unternehmen allerdings entsprechende Gewinnberichtigungen zu.[74]

Da die Kapitalgesellschaft als abkommensberechtigte Person (vgl. Art. 3 OECD-Modell) anzusehen ist, kann sie alle Vergünstigungen aus den einschlägigen DBA beanspruchen. In den Kreis des Abkommensschutzes fällt auch die sog. Diskriminierungsklausel. Diese liefert die Rechtsgrundlage dafür, steuerliche Benachteiligungen von auslandsbeherrschten Kapitalgesellschaften gegenüber inlandsbeherrschten zu vermeiden (vgl. Art. 24 Abs. 5 OECD-Modell).[75]

Im Rahmen der **Gewerbesteuer** treten im DBA-Fall keine anderen Besteuerungswirkungen als im Nicht-DBA-Fall auf. Der Abschluss eines DBA ändert an der grundsätzlichen Gewerbesteuerpflicht der Kapitalgesellschaft im Inland nichts.

2. Besteuerung der Gesellschafter

a) Grundsätzliche Besteuerungsfolgen

Auch bei der beschränkten Steuerpflicht der **Gesellschafter** ergeben sich im DBA-Fall im Vergleich zum Nicht-DBA-Fall keine grundsätzlichen Än-

---

[71] Vgl. ausführlich Endres, D./Thies, A., RIW 2002, S. 275 ff.; Meilicke, W., DB 2002, S. 911 ff.; Schreiber, C./Meiisel, P., IStR 2002, S. 581 ff.; Stadler, R./Elser, T., DB 2002, Beilage 1, S. 42 ff.; Lüdicke, J, Organschaft, 2003, S. 442 ff.; Thömmes, O., Organschaftsregeln, 2003, S. 538 ff.
[72] Vgl. Vogel, K./Lehner, M., DBA-Kommentar, Art. 5, Anm. 165 ff.
[73] Vgl. Schaumburg, H., Steuerrecht, 1998, S. 898; Vogel, K./Lehner, M., DBA-Kommentar, Art. 5, Anm. 168; zu den Kriterien und der Besteuerung von (Vertreter-)Betriebsstätten vgl. 2. Kapitel, Abschnitt A II 3 b).
[74] Vgl. 5. Teil, 4. Kapitel, Abschnitt B II.
[75] Vgl. Vogel, K./Lehner, M., DBA-Kommentar, Art. 24, Anm. 135 ff.

3. Kapitel. Ausländische Kapitalgesellschaften

derungen. Soweit eine Kapitalertragsteuer auf die Dividenden erhoben wird, erfolgt in der Regel nur eine weitergehende Begrenzung des Besteuerungsrechts des Quellenstaates. Dabei werden offene und verdeckte Gewinnausschüttungen grundsätzlich gleich behandelt. Im Fall von **Streubesitzbeteiligungen** ist der Quellensteuersatz nach dem OECD-Modell auf 15% begrenzt (Art. 10 Abs. 2 Buchstabe b OECD-Modell). In deutschen DBA variiert der Quellensteuersatz jedoch von 10–25%. Bei einer Kapitalgesellschaft als Anteilseignerin, die zu mindestens 10% (UN-Modell), 25% (OECD-Modell) bzw. 10, 20 bzw. 25% (deutsche DBA) beteiligt ist, liegt eine **Schachtelbeteiligung** vor. In diesem Fall reduziert sich der Quellensteuersatz regelmäßig auf 5% im OECD-Modell (Art. 10 Abs. 2 Buchstabe a OECD-Modell). Im UN-Modell wird dagegen keine zahlenmäßige Begrenzung der Quellensteuersätze vorgenommen (Art. 10 Abs. 1 und 2 UN-Modell). Vielmehr soll ein bestimmter Prozentsatz im Rahmen von bilateralen Verhandlungen festgelegt werden. In deutschen DBA streut der Quellensteuersatz bei Schachtelbeteiligungen zwischen 0 und 15%.[76]

Die aus den **Vertragsbeziehungen mit der Kapitalgesellschaft** resultierenden Einkünfte unterliegen aufgrund von DBA teilweise einer begrenzten Quellensteuer, teilweise sind sie auch von der Quellenbesteuerung befreit. Für **Lizenzen** gesteht das OECD-Modell dem Quellenstaat grundsätzlich kein Besteuerungsrecht zu (Art. 12 Abs. 1 OECD-Modell). Allerdings sehen viele deutsche DBA dennoch eine Quellensteuer vor, die im Wohnsitzstaat angerechnet wird. Im UN-Modell wird dem Quellenstaat von vornherein ein Besteuerungsrecht eingeräumt, dessen Begrenzung bilateralen Verhandlungen überlassen bleibt (Art. 12 Abs. 2 UN-Modell). Bei **Zinsen** erhält der Quellenstaat nach dem OECD-Modell ein beschränktes Besteuerungsrecht i. H. v. 10% (Art. 11 Abs. 2 OECD-Modell). Ist Deutschland Quellenstaat, fällt auf Zinsen ohnehin nur im Ausnahmefall (Sicherung der Forderung durch inländischen Grundbesitz) Kapitalertragsteuer an. Zudem wird – sofern im Einzelfall doch Kapitalertragsteuer anfällt – in den deutschen DBA mit Industriestaaten regelmäßig von einer entsprechenden Quellenbesteuerung abgesehen. In den DBA mit Entwicklungsländern wird die Quellensteuer teilweise begrenzt, teilweise kann sie allerdings in unbegrenztem Umfang erhoben werden.[77]

Für die Herabsetzung der Quellensteuer sind verfahrenstechnisch zwei Wege möglich: Deutschland präferiert die unmittelbare Herabsetzung der Quellensteuer bei Zahlung der Entgelte (**Freistellungsverfahren** nach § 50 d Abs. 2 und Abs. 6 i. V. m. Abs. 5 EStG); in Ausnahmefällen erfolgt jedoch nach voller Besteuerung die antragsgebundene Erstattung der zu viel erhobenen Steuer (**Erstattungsverfahren** nach § 50 d Abs. 1 EStG),[78] wenngleich letzteres aus Effizienzgründen kritisch zu sehen ist.[79] In Betracht kommt das präferierte Freistellungsverfahren gem. § 50 d Abs. 2 EStG u. a. bei Schachteldividenden und Vergütungen i. S. d. § 50 a Abs. 1 EStG (Lizenzgebühren und ähnliche Vergütungen) sowie das sog. Kontrollmeldeverfahren gem. § 50 d

---

[76] Vgl. die Abkommensübersicht in Tabelle 13.
[77] Vgl. die Abkommensübersicht in Tabelle 13.
[78] Zur Rechtmäßigkeit der Regelung vgl. BFH v. 13. 7. 1994, BStBl 1995 II, S. 129. Vgl. auch 1. Teil, 4. Kapitel, Abschnitt C I 1.
[79] So ausdrücklich OECD, Procedures, 2009, Tz. 118 ff., 127 f.

Abs. 6 i. V. m. Abs. 5 EStG bei Gesellschaftern, bei denen die Dividenden dem Teileinkünfteverfahren unterliegen.[80] Zur Vermeidung missbräuchlicher Gestaltungen, bei denen sich nichtabkommensberechtigte Personen abkommensberechtigter Personen zur Erlangung von Abkommensvergünstigungen bedienen, werden die Quellensteuersätze nur dann begrenzt, wenn der Dividendenempfänger gleichzeitig auch der **Nutzungsberechtigte** ist.[81] Des Weiteren kann die Quellensteuerreduktion davon abhängen, ob die Dividenden im Wohnsitzstaat tatsächlich besteuert werden (z. B. durch sog. **Subject-to-tax-Klauseln**).[82]

b) Besonderheiten bei Muttergesellschaften mit Sitz in EU-Mitgliedstaaten

Aufgrund der **Mutter-Tochterrichtlinie,**[83] die durch die Änderungsrichtlinie vom 22. 12. 2003[84] erweitert worden ist, gelten für Gewinnausschüttungen einer Tochtergesellschaft[85] an eine in einem anderen EU-Staat ansässige Muttergesellschaft Besonderheiten. Nach § 43 b Abs. 1 EStG, der auf Art. 5 der Richtlinie basiert, wird die inländische Quellensteuer unter gewissen Voraussetzungen nicht erhoben.[86] Zum einen muss für diese Ermäßigung bzw. Befreiung die ausländische Muttergesellschaft eine bestimmte Rechtsform haben.[87] Der Katalog der hierunter fallenden Gesellschaften wurde im Rahmen der Änderungsrichtlinie erweitert und erfasst nunmehr neben Kapitalgesellschaften auch die nach dem Recht des jeweiligen Mitgliedstaates gegründeten Personengesellschaften, Personenvereinigungen und anderen Gesellschaften, die dort ohne Wahlmöglichkeit der Körperschaftsteuer unterliegen, die entsprechenden Gesellschaftsformen der zwölf neuen EU-Mitgliedstaaten sowie die Europäische Gesellschaft (SE) und die Europäische Genossenschaft (SCE).[88] Weiterhin können mittlerweile auch in einem EU-Mitgliedstaat belegene Betriebsstätten solcher Muttergesellschaften in den Genuss der Quellensteuerreduktion kommen. In diesen Fällen muss allerdings die Beteiligung tatsächlich zum Betriebsvermögen der Betriebsstätte gehören (§ 43 b Abs. 1 Satz 1 und 3 EStG).[89] Zum anderen muss die EU-Muttergesellschaft seit mindestens zwölf Monaten ununterbrochen zu mindestens 10% an der inländischen Tochtergesellschaft beteiligt sein (§ 43 b Abs. 2 EStG und Art. 3 der Richtlinie).[90] Die

---

[80] Vgl. Blümich, W., Einkommensteuergesetz, § 50 d EStG, Anm. 23 ff.
[81] Vgl. Vogel, K./Lehner, M., DBA-Kommentar, Art. 10, Anm. 42.
[82] Vgl. OECD-Kommentar, Art. 1, Anm. 15.
[83] Vgl. Abl. 1990 Nr. L 225, S. 6. Ausführlich dazu 2. Teil, 3. Kapitel, Abschnitt B I. Sie gilt auch im Verhältnis zur Schweiz und Norwegen.
[84] Vgl. Abl. 2004 Nr. L 7, S. 41.
[85] Hierunter fallen u. a. auch Europäische Gesellschaften und Genossenschaften. Siehe Anlage 2 des EStG.
[86] Auch der sonst übliche Solidaritätszuschlag von 5,5% auf die Kapitalertragsteuer darf bei Ausschüttungen an EU-Muttergesellschaften nicht erhoben werden.
[87] Vgl. die zulässigen Gesellschaftsformen in Anlage 2 des EStG.
[88] Vgl. hierzu auch Grotherr, S., IWB, Fach 3, Deutschland, Gruppe 2, S. 1158 ff. Ob hierunter auch französische Personengesellschaften fallen, die zur Körperschaftsbesteuerung optiert haben, ist derzeit unklar. Vgl. Bullinger, P., IStR 2004, S. 407, und Kessler, W./Sinz, A., IStR 2004, S. 789 ff., die dafür plädieren.
[89] Vgl. auch Grotherr, S., IWB, Fach 3, Deutschland, Gruppe 2, S. 1161 ff.
[90] Für die Ermittlung der Mindestbeteiligungsquote sind die Anteile der EU-Betriebsstätte mit den Anteilen der Muttergesellschaft zusammenzurechnen. Vgl. die Gesetzesbegründung in BT-Drs. 15/3677, S. 33.

Quellensteuerbefreiung steht dabei ausdrücklich auch solchen Muttergesellschaften zu, die die Mindestbesitzzeit erst nach der Gewinnausschüttung der Tochter erfüllen. Allerdings wird die Kapitalertragsteuer in diesen Fällen zunächst erhoben und erst dann erstattet, wenn die Mindesthaltefrist überschritten wird (§ 43 b Abs. 2 Satz 5 EStG).

Die **Zins- und Lizenzgebührenrichtlinie**,[91] die zum 1. 1. 2004 in Kraft getreten ist,[92] gewährt eine besondere Behandlung bei grenzüberschreitenden Zahlungen von Zinsen oder Lizenzgebühren zwischen verbundenen Unternehmen innerhalb der EU. Nach § 50 g Abs. 1 EStG, der auf der Richtlinie basiert, wird die inländische Quellensteuer unter gewissen Voraussetzungen nicht erhoben.[93] Notwendig hierfür ist eine bestimmte Rechtsform der involvierten in der EU ansässigen Unternehmen, wobei die Richtlinie derzeit auf Kapitalgesellschaften beschränkt ist.[94] Die Zahlung kann zudem nicht nur an das Unternehmen selbst, sondern auch an eine in einem EU-Staat belegene Betriebsstätte erfolgen, sofern die Zahlung bei der Ermittlung des Gewinns der Betriebsstätte steuerlich berücksichtigt wird. Weitere Voraussetzung ist, dass die Unternehmen miteinander unmittelbar zu mindestens 25% verbunden sind. Von der Quellensteuerbefreiung werden damit Zahlungen von der Tochter- an die Muttergesellschaft, von der Mutter- an die Tochtergesellschaft und solche zwischen Schwestergesellschaften erfasst (§ 50 g Abs. 3 Nr. 5 Buchstabe b EStG).[95] Eine Mindesthaltefrist ist nicht erforderlich. Von der Befreiung ausgenommen sind in Einklang mit den Antimissbrauchsbestimmungen der Richtlinie (Art. 4) insbesondere Zinsen, die auf Forderungen beruhen, die einen Anspruch auf Beteiligung am Gewinn des Schuldners begründen (z. B. bei partiarischen Darlehen), sowie Zinsen und Lizenzgebühren, die unangemessen hoch sind (§ 50 g Abs. 2 EStG). Zudem ist eine Entlastung zu versagen, wenn der hauptsächliche Beweggrund oder einer der hauptsächlichen Beweggründe für Geschäftsvorfälle die Steuervermeidung oder der Missbrauch ist (§ 50 g Abs. 4 EStG).[96]

c) Besonderheiten bei Zwischenschaltung ausländischer Rechtsträger

Besondere Probleme treten auf, wenn ein ausländischer Gesellschafter die Beteiligung an einer inländischen Kapitalgesellschaft nicht unmittelbar, sondern mittelbar über eine Kapitalgesellschaft als sog. Zwischengesellschaft hält, die in einem EU-Mitgliedstaat oder einem Staat domiziliert, mit welchem Deutschland ein DBA abgeschlossen hat. Denn durch Errichtung dieser ausländischen Basis- bzw. Zwischengesellschaft können ggf. Abkommens- und/ oder (EU-)Richtlinienvergünstigungen in Anspruch genommen werden, die

---
[91] Vgl. Abl. 2003 Nr. L 157, S. 49. Ausführlich dazu 2. Teil, 3. Kapitel, Abschnitt B III. Sie gilt auch im Verhältnis zur Schweiz.
[92] Einigen EU-Staaten wurden allerdings längere Übergangsfristen eingeräumt. Vgl. die Übersicht bei Semmler, E., NWB, Fach 4, S. 4947 f.
[93] Strittig ist, ob eine Belastung von Schuldzinsen mit Gewerbesteuer bei 25%iger Hinzurechnung nach § 8 Nr. 1 GewStG mit der Richtlinie zu vereinbaren ist. Vgl. dazu 1. Kapitel, Abschnitt B I.
[94] Vgl. die zulässigen Gesellschaftsformen in Anlage 3 des EStG.
[95] Vgl. auch Dörr, I., IStR 2005, S. 111 ff. für eine Darstellung der Fallgruppen.
[96] Vgl. Blümich, W., Einkommensteuergesetz, § 50 g EStG, Anm. 76 ff. Diese Vorschrift ist neben § 50 d Abs. 3 EStG, auf den im Folgenden eingegangen wird, anwendbar.

bei unmittelbarem Bezug der Dividenden nicht gewährt werden würden. Herkömmlicherweise werden Gestaltungen dieser Art mit den Begriffen „treaty shopping" und „directive shopping" umschrieben.[97]

Beispiel zum treaty shopping: Ein in Liechtenstein ansässiger Steuerpflichtiger gründet eine AG in der Schweiz, welche sich wiederum an einer neu gegründeten AG in Deutschland beteiligt. Wird die Schweizer AG als abkommensberechtigte Person anerkannt, hat die Bundesrepublik aufgrund des DBA mit der Schweiz auf Antrag die einbehaltene Kapitalertragsteuer zu erstatten. Ohne die Einschaltung der Schweizer AG wäre dies nicht möglich gewesen, da Deutschland mit Liechtenstein kein DBA abgeschlossen hat.[98]
Beispiel zum directive shopping: Ein in den USA ansässiger Steuerpflichtiger gründet eine Ltd. in Großbritannien, diese beteiligt sich wiederum an einer GmbH in Deutschland. Wird die britische Ltd. als abkommensberechtigte Person anerkannt, darf die Bundesrepublik aufgrund der Mutter-Tochterrichtlinie auf Dividenden grundsätzlich keine Kapitalertragsteuer einbehalten. Ohne die Zwischenschaltung der britischen Ltd. würde Deutschland gem. Art. 10 Abs. 2 DBA-USA eine Quellensteuer von 5% (Schachtelbeteiligung)[99] bzw. 15% (sonstige Beteiligungen) einbehalten.

Treaty- und Directive-shopping-Gestaltungen beschränken sich nicht nur – wie in den obigen Beispielen dargestellt – auf die Beteiligungssphäre (Dividenden). Vielmehr sind auch im Zusammenhang mit schuldrechtlichen Vertragsbeziehungen zwischen einer inländischen Kapitalgesellschaft und ihrem ausländischen Gesellschafter Gestaltungen denkbar, bei denen die zugrunde liegenden Wirtschaftsgüter (z. B. Forderungen und Rechte) auf Zwischengesellschaften übertragen werden, um auf diese Weise in den Genuss günstigerer Abkommens- bzw. Richtlinienbestimmungen zu gelangen (z. B. ermäßigte oder keine deutsche Kapitalertragsteuer auf Zinsen und Lizenzen).

Zur Vermeidung dieser Gestaltungen hat der deutsche Gesetzgeber in § 50 d Abs. 3 EStG[100] Quellensteuerermäßigungen aus bilateralen Abkommen und EU-Richtlinien unter einen Umgehungsvorbehalt gestellt.[101] Nach dieser **Anti-treaty- und Anti-directive-shopping-Regelung** haben ausländische, nicht börsennotierte Kapitalgesellschaften insoweit keinen Anspruch auf Steuerentlastung (Steuerbefreiung oder -ermäßigung nach §§ 43 b und 50 g[102] EStG

---

[97] Vgl. hierzu auch 6. Teil, 4. Kapitel, Abschnitt D III; sowie ausführlich zur Entwicklung der Rechtsprechung Grotherr, S., IWB, Fach 3, Deutschland, Gruppe 2, S. 1301 ff.

[98] Hierbei ist zu beachten, dass nach schweizerischem Recht die AG nur dann die Vergünstigungen des Schweizer Abkommensnetzes beanspruchen kann, wenn die begünstigten Beträge überwiegend in der Schweiz ansässigen Personen zugute kommen. Vgl. Debatin, H./Wassermeyer, F., Doppelbesteuerung, DBA-Schweiz, Art. 23, Anm. 14 ff.

[99] Dies gilt, sofern eine US-Gesellschaft zu mind. 10% an einer deutschen Gesellschaft beteiligt ist. Ab einer Beteiligung von mind. 80% und unter den weiteren Voraussetzungen des Art. 10 Abs. 3 DBA-USA (revidiert durch Änderungsprotokoll v. 1. 6. 2006) wird die Quellensteuer auf Null reduziert. Siehe hierzu Endres, D., PIStB 2006, S. 259 ff.

[100] Siehe hierzu auch 6. Teil, 4. Kapitel, Abschnitt D III.

[101] Zur Auslegung von § 50 d Abs. 3 EStG hat die Finanzverwaltung im Jahr 2007 in einem BMF-Schreiben Stellung genommen. Vgl. BMF-Schreiben v. 3. 4. 2007, BStBl 2007 I, S. 446. Siehe hierzu Kessler, W./Eicke, R., DStR 2007, S. 782 ff.; Schönfeld, J., FR 2007, S. 506 ff.; sowie Lüdicke, J., IStR 2007, S. 556.

[102] Hierbei ist darauf hinzuweisen, dass der aufgrund der Zins- und Lizenzgebührenrichtlinie eingefügte § 50 g EStG darüber hinaus in Abs. 4 Satz 1 eine neben § 50 d Abs. 3 EStG anwendbare Missbrauchsvermeidungsvorschrift enthält. Vgl. Abschnitt B II 2 b).

3. Kapitel. Ausländische Kapitalgesellschaften

oder nach einem DBA), als den an der ausländischen Gesellschaft beteiligten Gesellschaftern die Tarifreduzierung auch bei unmittelbarem Bezug der Einkünfte nicht zusteht (sog. **fiktiver Entlastungsanspruch**)[103] und einer der nachstehend aufgeführten Tatbestände erfüllt ist:

- für die Einschaltung der anspruchsberechtigten Gesellschaft gibt es keine wirtschaftlichen oder sonst beachtlichen Gründe,
- die Auslandsgesellschaft erzielt nicht mehr als 10% ihrer gesamten Bruttoerträge aus eigener Wirtschaftstätigkeit oder
- die ausländische Gesellschaft beteiligt sich nicht mit einem für ihren Geschäftszweck angemessen eingerichteten Geschäftsbetrieb am allgemeinen wirtschaftlichen Verkehr.

In diesem Zusammenhang ist – im Gegensatz zur früheren Rechtsprechung zu § 50d Abs. 3 EStG a. F. (Hilversum II)[104] – nur auf die (wirtschaftlichen) Verhältnisse der zwischengeschalteten Auslandsgesellschaft und nicht auf eine funktionsorientierte Betrachtung im Rahmen der Konzernstrategie, wie z. B. Gründe der Koordination oder Organisation,[105] abzustellen (§ 50d Abs. 3 Satz 2 EStG), so dass die einzelne Gesellschaft isoliert betrachtet wird.[106] Eine solche isolierte Betrachtung erfolgt insbesondere in Bezug auf die Substanzerfordernisse des Vorliegens wirtschaftlicher Gründe sowie einer eigenen Wirtschaftstätigkeit.

Neben den sonst beachtlichen Gründen (wie z. B. rechtlichen, politischen oder auch religiösen) liegen **wirtschaftliche Gründe** i. S. v. § 50d Abs. 3 Satz 1 Nr. 1 EStG bspw. in der Einschaltung einer ausländischen Gesellschaft als Spitze eines weltweiten Konzerns,[107] in der Absicht der Finanzierung mehrerer Tochtergesellschaften[108] und im Erwerb gewichtiger Beteiligungen.[109]

Nach § 50d Abs. 3 Satz 3 EStG fehlt es an einer erforderlichen aktiven, ständigen und nachhaltigen Wirtschaftstätigkeit, soweit entweder die wesentli-

---

[103] Zur (fiktiven) mittelbaren Entlastungsberechtigung siehe Krabbe, H., IStR 1998, S. 76 f.; Schönfeld, J., FR 2007, S. 508; Eicke, R., Repatriierungsstrategien, 2009, S. 318 ff. m. w. N.
[104] Vgl. BFH v. 31. 5. 2005, BStBl 2006 II, S. 118. Dazu Lieber, B., IWB, Fach 3a, Rechtsprechung, Gruppe 1, S. 1088 ff.; Grotherr, S., IWB, Fach 3, Deutschland, Gruppe 2, S. 1312 ff.; Ritzer, C./Stangl, I., FR 2005, S. 1066 f.; Grotherr, S., IStR 2006, S. 361 f. Bestätigt durch BFH v. 29. 1. 2008, BStBl 2008 II, S. 978. A. A. BFH v. 20. 3. 2002, BStBl 2003 II, S. 819. Dazu Lieber, B., IWB, Fach 3a, Rechtsprechung, Gruppe 1, S. 1036 ff.
[105] Zur funktionsorientierten Betrachtung im Rahmen der Konzernstrategie siehe die Entscheidung „Niederländische Stiftung II" des BFH zu § 42 AO v. 17. 11. 2004, BFH/NV 2005, S. 1016; hierzu Grotherr, S., IWB, Fach 3, Deutschland, Gruppe 2, S. 1307 f.; sowie Eilers, S., Substanzerfordernisse, 2005, S. 327 ff.
[106] So bereits BMF-Schreiben v. 30. 1. 2006, BStBl 2006 I, S. 166. Kritisch u. a. Grotherr, S., IStR 2006, S. 363 ff.; Hergeth, A./Ettinger, J., IStR 2006, S. 307 ff.; Lieber, B., IWB, Fach 3, Deutschland, Gruppe 3, S. 1435. Siehe zudem das dem BFH zur Revision vorgelegte Urteil des FG Köln (Hilversum III) v. 16. 3. 2006, EFG 2006, S. 896.
[107] Vgl. BFH v. 29. 1. 1975, BStBl 1975 II, S. 553; BFH v. 29. 7. 1976, BStBl 1977 II, S. 263.
[108] Vgl. BFH v. 23. 10. 1991, BStBl 1992 II, S. 1026.
[109] Vgl. BFH v. 29. 7. 1976, BStBl 1977 II, S. 263; BFH v. 9. 12. 1980, BStBl 1981 II, S. 339. Siehe ausführlich auch Niedrig, H.-P., IStR 2003, S. 479 f.; Piltz, D. J., IStR 2007, S. 793 ff.; 4. Teil, 3. Kapitel, Abschnitt A I 2 b) (3); sowie den detaillierten Positiv- und Negativkatalog mit entsprechendem Nachweis der BFH-Rechtsprechung bei Flick, H., IStR 1994, S. 224 m. w. N.

chen Geschäftstätigkeiten auf Dritte (z. B. Anwaltskanzleien oder Managementgesellschaften) übertragen werden oder sich die Wirtschaftstätigkeit auf die Verwaltung von Wirtschaftsgütern, also z. B. auf das bloße Halten oder Verwalten von Beteiligungen beschränkt. Das Halten von Beteiligungen führt jedoch dann zu einer **eigenen Wirtschaftstätigkeit,** wenn durch eine gewisse Beteiligungshöhe ein tatsächlicher Einfluss auf die Gesellschaft genommen werden kann und dadurch zugleich geschäftsleitende Funktionen durch Führungsentscheidungen langfristiger Natur wahrgenommen werden. Ist bei einer solchen geschäftsleitenden Holdinggesellschaft sodann der Anteil der Bruttoerträge (insbesondere Dividenden, Zinsen und Lizenzgebühren) aus eigener Wirtschaftstätigkeit nicht gegenüber der aus fremder Wirtschaftstätigkeit unwesentlich (10%-Grenze), wird der Steuerpflichtige diesem Substanzerfordernis gerecht.[110] In diesem Zusammenhang sind vor dem Hintergrund der Rechtsprechung des EuGH aber die typisierenden Missbrauchsvermutungen des § 50 d Abs. 3 EStG (pauschale 10%-Grenze, Missbrauchsvermutung bereits bei Nichtvorliegen eines der o. g. Kriterien und somit beim Vorliegen wirtschaftlicher Gründe), die Diskriminierungen nicht rechtfertigen können,[111] sowie die fehlende Möglichkeit eines Gegenbeweises zu kritisieren.[112] Das nunmehr gegen Deutschland eingeleitete förmliche Vertragsverletzungsverfahren erscheint daher konsequent.[113]

Demgegenüber werden Konzernbeziehungen zumindest insoweit berücksichtigt, dass eine **Beteiligung am allgemeinen wirtschaftlichen Verkehr** bereits dann vorliegt, wenn Dienstleistungen im Gegenzug für ein gesondertes Entgelt gegenüber anderen Konzerngesellschaften erbracht werden (sog. intra group services). Eine Verrechnung im Rahmen der Konzernumlage reicht dafür jedoch nicht aus.[114] Das für eine solche Beteiligung „greifbare Vorhandensein" eines angemessen eingerichteten Geschäftsbetriebes richtet sich dabei nach dem Geschäftszweck der ausländischen Gesellschaft.[115] Unter Beachtung des Einsatzes moderner Informations- und Kommunikationstechnologien kann u. E. auf die Anmietung eines vollständigen Büros sowie die Beschäftigung weiterer Personals zur Erfüllung der Leitungsaufgaben allerdings verzichtet werden.[116]

---

[110] Vgl. BMF-Schreiben v. 3. 4. 2007, BStBl 2007 I, S. 446; Schönfeld, J., FR 2007, S. 508 f.; Eicke, R., Repatriierungsstrategien, 2009, S. 302 ff. m. w. N.
[111] Vgl. Thömmes, O., Intertax 1997, S. 361; Eilers, S., Substanzerfordernisse, 2005, S. 329 ff.; Rödder, T./Schönfeld, J., IStR 2006, S. 49 ff.; Eckl, P., JbFSt 2008/09, S. 274 f.; Eicke, R., Repatriierungsstrategien, 2009, S. 304 ff. m. w. N. Zur Rechtfertigung von Diskriminierungen vgl. 2. Teil, 3. Kapitel, Abschnitt E II 1.
[112] Vgl. Grotherr, S., RIW 2006, S. 906 ff.; Günkel, M./Lieber, B., DB 2006, S. 2197 ff.; Kessler, W./Eicke, R., DStR 2007, S. 781 ff.; Schönfeld, J., FR 2007, S. 266 ff.; Bron, J. F., DB 2007, S. 1273 ff.; Eicke, R., Repatriierungsstrategien, 2009, S. 317; sowie ferner BFH v. 21. 10. 2009, IStR 2010, S. 63.
[113] Vgl. Pressemitteilung IP/10/298 der Kommission v. 18. 3. 2010.
[114] Vgl. BMF-Schreiben v. 3. 4. 2007, BStBl 2007 I, S. 446; Eicke, R., Repatriierungsstrategien, 2009, S. 313 ff.; Blümich, W., Einkommensteuergesetz, § 50 d EStG, Anm. 64 g. Zur Abgrenzung der verrechenbaren Leistungen von der Konzernumlage vgl. 5. Teil, 1. Kapitel, Abschnitt C IV und 4. Kapitel, Abschnitt C III 1.
[115] Vgl. BMF-Schreiben v. 3. 4. 2007, BStBl 2007 I, S. 446.
[116] Vgl. auch Eckl, P., JbFSt 2008/09, S. 274 f. m. w. N.; a. A. BMF-Schreiben v. 3. 4. 2007, BStBl 2007 I, S. 446. Zum unternehmerischen Einsatz von modernen Informations- und Kommunikationstechnologien siehe 2. Kapitel, Abschnitt A II 4 a).

3. Kapitel. Ausländische Kapitalgesellschaften

Im Ergebnis bleibt festzuhalten, dass insbesondere Zwischengesellschaften ohne Geschäftsleitungsfunktionen sowie Gesellschaften, die ihre eigenen Geschäftstätigkeiten „outsourcen", von der Regelung erfasst werden. Liegen die zuvor erläuterten Substanzerfordernisse dagegen vor und besteht zusätzlich ein fiktiver Entlastungsanspruch der an der ausländischen Gesellschaft Beteiligten, so hat die Gesellschaft einen Anspruch auf Steuerentlastung (Steuerbefreiung oder -ermäßigung nach §§ 43 b und 50 g EStG oder nach einem DBA). Die Übersicht in Abbildung 12 verdeutlicht nochmals das Prüfschema der Anti-treaty- und Anti-directive-shopping-Regelung des § 50 d Abs. 3 EStG.

Abbildung 12: Prüfschema der Anti-treaty- und Anti-directive-shopping-Regelung des § 50 d Abs. 3 EStG

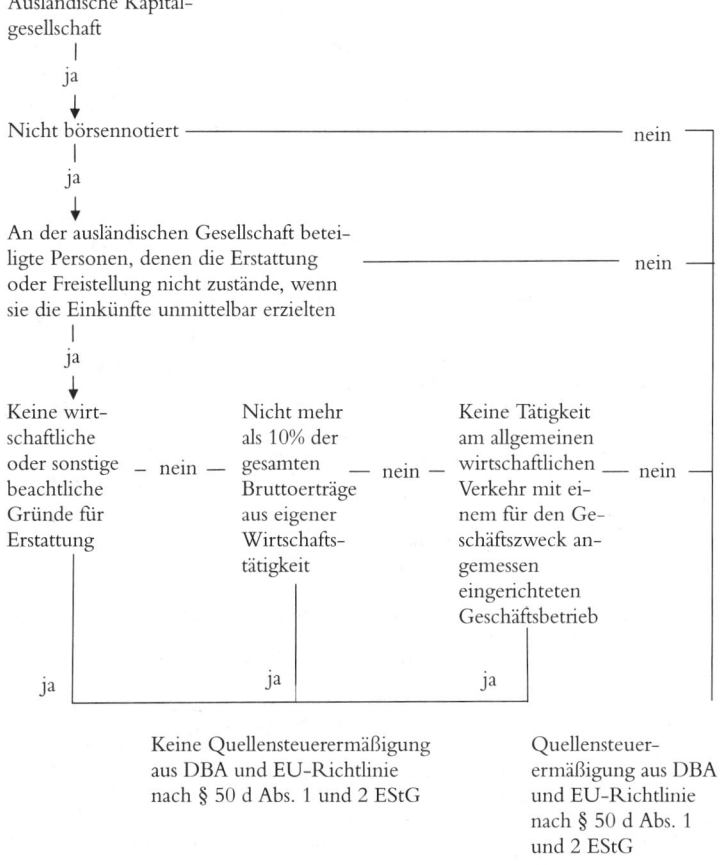

Die **Rechtsfolgen** des § 50 d Abs. 3 EStG finden jedoch nicht gegenüber allen Beteiligten an der zwischengeschalteten Gesellschaft Anwendung, sondern nur gegenüber solchen, denen die Steuerentlastung bei unmittelbarem

Bezug der Einkünfte nicht zustände. Folglich ist die Entlastungsberechtigung für jeden Gesellschafter gesondert zu überprüfen.[117] Fraglich ist, welche Steuerbefreiungen oder -ermäßigungen aus einem DBA zu versagen sind. U. E. ist die Formulierung eng auszulegen, so dass nur die Quellensteuersatzsenkungen aus dem DBA für Dividenden, Zinsen und Lizenzen betroffen sind.[118] Nach anderer Meinung und bei weiter Auslegung sind dagegen sämtliche die inländische Besteuerung einschränkende Bestimmungen der DBA, wie bspw. die enge Betriebsstättendefinition (Art. 5 OECD-Modell) oder das Besteuerungsverbot des Quellenstaates für Gewinne aus der Anteilsveräußerung (Art. 13 Abs. 5 OECD-Modell), zu berücksichtigen.[119]

Ferner kann die Inanspruchnahme des Abkommensschutzes bzw. eines günstigeren DBA durch eine ausländische Zwischengesellschaft u. U. auch den Tatbestand des **Rechtsmissbrauchs (§ 42 AO)**[120] erfüllen.[121] Nachdem lange Zeit strittig war, ob § 42 AO überhaupt auf ausländische Basisgesellschaften, an denen keine Inländer beteiligt sind, Anwendung findet,[122] hat der BFH die mögliche Anwendung in seiner neueren Rechtsprechung ausdrücklich bejaht.[123] Der Anwendungsbereich ist allerdings stark eingeschränkt, da es sich bei § 50 d Abs. 3 EStG explizit um eine gegenüber § 42 AO speziellere, eine Steuerumgehung verhindernde Vorschrift handelt (§ 42 Abs. 1 Satz 2 AO).[124] Sofern folglich die Tatbestandsmerkmale des § 50 d Abs. 3 EStG gegeben sind, kommt eine Anwendung des § 42 AO nicht mehr in Betracht, da die Rechtsfolge des § 50 d Abs. 3 EStG vorgeht. Sofern die Tatbestandsmerkmale des § 50 d Abs. 3 EStG nicht gegeben sind, kann auch ein Missbrauch i. S. d. § 42 AO nicht mehr vorliegen.[125] Zusammenfassend führt dies

---

[117] Vgl. BMF-Schreiben v. 3. 4. 2007, BStBl 2007 I, S. 446.
[118] So Flick, H., IStR 1994, S. 223; Kraft, G., IStR 1994, S. 375 f.; Ritter, W., BB 1994, S. 82; Lüdicke, J., Unternehmensfinanzierung, 1995, S. 108 f.; Blümich, W., Einkommensteuergesetz, § 50 d EStG, Anm. 54, 65. So auch die Finanzverwaltung, vgl. BMF-Schreiben v. 3. 4. 2007, BStBl 2007 I, S. 446.
[119] Dieser Auffassung sind Minor, R. G., TNI 1993, S. 1539 ff.; Krabbe, H., IStR 1995, S. 382; Höppner, H.-D., IWB, Fach 3, Deutschland, Gruppe 3, S. 1156 f.
[120] Zur Missbrauchsrechtsprechung des BFH vgl. insbesondere BFH v. 29. 7. 1976, BStBl 1977 II, S. 263; BFH v. 9. 12. 1980, BStBl 1981 II, S. 339; BFH v. 5. 3. 1986, BStBl 1986 II, S. 496; BFH v. 23. 10. 1991, BStBl 1992 II, S. 1026; BFH v. 19. 1. 2000, BStBl 2001 II, S. 222; BFH v. 19. 1. 2000, BFH/NV 2000, S. 824; BFH v. 20. 3. 2002, BStBl 2003 II, S. 50; BFH v. 25. 2. 2004, BStBl 2005 II, S. 14; BFH v. 17. 11. 2004, BFH/NV 2005, S. 1016. Siehe auch 4. Teil, 3. Kapitel, Abschnitt A I 2 b) (3).
[121] Zum Überblick über die verschiedenen Auffassungen vgl. Kraft, G., Doppelbesteuerungsabkommen, 1991, S. 56 ff.
[122] Vgl. BFH v. 29. 10. 1981, BStBl 1982 II, S. 150; BFH v. 10. 11. 1983, BStBl 1984 II, S. 605.
[123] Vgl. BFH v. 27. 8. 1997, BStBl 1998 II, S. 163; BFH v. 29. 10. 1997, BStBl 1998 II, S. 235; BFH v. 20. 3. 2002, BStBl 2002 II, S. 819.
[124] Vgl. auch BFH v. 31. 5. 2005, BStBl 2006 II, S. 118; BFH v. 29. 1. 2008, BStBl 2008 II, S. 978; BMF-Schreiben v. 3. 4. 2007, BStBl 2007 I, S. 446; Hey, J., BB 2009, S. 1047 f. Kritisch zur Ansicht, dass es sich bei § 50 d Abs. 3 EStG um eine spezielle Missbrauchsnorm i. S. d. § 42 Abs. 1 Satz 2 AO handelt, vgl. Hahn, H., DStZ 2008, S. 488 f. Zu Konstellationen, in denen § 42 AO greifen könnte, vgl. Grotherr, S., IStR 2006, S. 366.
[125] Vgl. Haarmann, W., IStR 2005, S. 713; Jacob, F./Klein, M., IStR 2005, S. 712; Schönfeld, J., FR 2007, S. 506; Hey, J., BB 2009, S. 1047 f.; Blümich, W., Einkommensteuergesetz, § 50 d EStG, Anm. 57. Kritisch zu dieser Sichtweise siehe Grotherr, S., IStR 2006, S. 366 f.; sowie Drüen, K.-D., Ubg 2008, S. 33 f. m. w. N.

3. Kapitel. Ausländische Kapitalgesellschaften

zu einer Entschärfung der deutschen Anti-treaty- bzw. Anti-directive-shopping-Regelung, die allerdings weder von der Finanzverwaltung noch vom Gesetzgeber mitgetragen wird.[126] Auch auf Abkommensebene kann von der Existenz eines eigenständigen Missbrauchsbegriffs nicht ohne weiteres ausgegangen werden.[127] Unabhängig davon greifen aber nach neuerer Auffassung des OECD-Steuerausschusses – sofern ein DBA keine explizite Vorschrift enthält – im Allgemeinen die innerstaatlichen Missbrauchsregeln, soweit sie Teil der grundlegenden innerstaatlichen Vorschriften zur Festlegung des Sachverhalts sind, da kein Widerspruch zwischen den allgemeinen Missbrauchsklauseln des innerstaatlichen Rechts und den DBA gesehen wird.[128] Weiterhin sind gemäß OECD-Steuerausschuss darüber hinausgehende Vereinbarungen in den DBA der Vertragsstaaten für eine wirksame Bekämpfung des **Abkommensmissbrauchs** denkbar.[129] Wenngleich das OECD-Modell im Gegensatz zum Muster-DBA der USA (Art. 22) keine Schutzklausel gegen das treaty shopping enthält, finden sich im OECD-Musterkommentar zu Art. 1 Vorschläge für mögliche Abkommenstexte, um bestimmten Gesellschaften den Abkommensschutz bzw. zumindest die Quellensteuerentlastung nach Art. 10–12 OECD-Modell zu versagen, wie auch nunmehr eine an Art. 22 des Muster-DBA der USA angelehnte umfassende Vorschrift zur Begrenzung von Abkommensvorteilen.[130] Im Rahmen der deutschen Vertragspraxis wurde der Weg der expliziten Vereinbarung auf Abkommensebene teilweise bereits eingeschlagen. Beispielhaft hierfür ist das DBA-USA, dessen Art. 28 – erweitert durch das Änderungsprotokoll vom 1. 6. 2006 – detaillierte Vorschriften gegen das treaty shopping in Anlehnung an Art. 22 des Muster-DBA der USA enthält. Demnach werden solche Gesellschaften von den Quellensteuerentlastungen ausgenommen, die die verschiedenen Tests der Limitation-on-benefits-Klausel nicht erfüllen (u. a. public trading test, active trade or business test, ownership und base erosion test und derivative benefits test).[131]

---

[126] Vgl. BMF-Schreiben v. 3. 4. 2007, BStBl 2007 I, S. 446; Kessler, W./Eicke, R., PIStB 2006, S. 26 ff.; Musil, A., RIW 2006, S. 291.
[127] So aber Wassermeyer, F., DStJG 1985, S. 71; a. A. Krabbe, H., StbJb 1985/86, S. 412.
[128] Vgl. OECD-Kommentar, Art. 1, Anm. 9.2. Vgl. auch Krabbe, H., IStR 2003, S. 255, der darauf hinweist, dass dies bereits gängige deutsche Rechtsprechung zum Verhältnis § 42 AO – DBA war.
[129] Vgl. OECD-Kommentar, Art. 1, Anm. 9.6.
[130] Vgl. OECD-Kommentar, Art. 1, Anm. 13 ff. und 21.4; Krabbe, H., IStR 2003, S. 254 f. Zur Neustrukturierung und Verschärfung der Limitation-on-benefits-Klausel des Art. 22 des US-Musterabkommens im Jahre 2006 vgl. Kessler, W./Eicke, R., IStR 2007, S. 159 f.
[131] Vgl. zu den Tests Endres, D./Wolff, U., IStR 2006, S. 721 ff.; sowie 6. Teil, 4. Kapitel, Abschnitt D III.

4. Kapitel. Besteuerung von inländischen Personengesellschaften ausländischer Investoren

A. Qualifikationsproblematik bei inländischen Personengesellschaften

I. Nationales Recht

Personengesellschaften sind Vereinigungen, in denen die Mitglieder einen gemeinsamen wirtschaftlichen Zweck erreichen wollen und dabei auf die gegenseitige, meist persönliche Unterstützung aufbauen. Dementsprechend ist die Mitgliedschaft in einer Personengesellschaft auf den einzelnen Gesellschafter zugeschnitten. Sie ist ohne die Zustimmung der Mitgesellschafter grundsätzlich nicht übertragbar, der Gesellschafter haftet persönlich für die Gesellschaftsschulden und ist selbst Träger aller gemeinschaftlichen Rechte und Pflichten. Als Gesellschafter kommen dabei natürliche und juristische Personen sowie Personengesellschaften mit Teilrechtsfähigkeit, wie die OHG, die KG oder die EWIV,[1] in Frage.[2]

Grundformen der Personengesellschaft in Deutschland sind die BGB-Gesellschaft, die offene Handelsgesellschaft (OHG) und die Kommanditgesellschaft (KG). Die **BGB-Gesellschaft** ist eine auf Vertrag beruhende Personenvereinigung ohne Rechtsfähigkeit zur Förderung eines von den Gesellschaftern gemeinsam verfolgten Zweckes (§ 705 BGB). Ist dieser Zweck auf den Betrieb eines Handelsgewerbes unter gemeinschaftlicher Firma gerichtet und ist die Haftung gegenüber den Gesellschaftsgläubigern bei keinem der Gesellschafter eingeschränkt, handelt es sich um eine **offene Handelsgesellschaft** (§ 105 HGB). Ist bei einer Personenhandelsgesellschaft bei mindestens einem der Gesellschafter die Haftung auf den Betrag der Vermögenseinlage beschränkt (Kommanditisten), während mindestens ein Gesellschafter unbeschränkt haftet (Komplementäre), liegt eine **Kommanditgesellschaft** vor (§ 161 HGB). Die OHG und die KG besitzen eine relative Rechtsfähigkeit, d.h. sie können unter ihrer Firma selbständig Rechte erwerben und Verpflichtungen eingehen, Eigentum und andere dingliche Rechte an Grundstücken erwerben, vor Gericht klagen und verklagt werden (§ 124 Abs. 1 bzw. § 124 Abs. 1 i.V.m. § 161 Abs. 2 HGB). Die relative Rechtsfähigkeit bedeutet insbesondere, dass die Gesellschaften Verträge mit fremden Dritten sowie mit ihren Gesellschaftern abschließen können. Dabei werden die Gesellschaft-Gesellschafter-Verträge − z.B. Dienst-, Miet-, Pacht-, Darlehens-, Lizenz- und Beratungsverträge − wie Verträge mit fremden Dritten behandelt, d.h. zwischen der Gesellschaft und ihren Gesellschaftern entstehen Forderungen und Verpflichtungen.[3]

Neben den Grundtypen der OHG, KG und BGB-Gesellschaft existieren noch verschiedene Sonderformen der Personengesellschaft. So kann bspw. die Komplementärfunktion bei einer Kommanditgesellschaft durch eine Kapitalgesellschaft ausgeübt werden (z.B. **GmbH & Co. KG**); es handelt sich dann um eine haftungsbegrenzte Personengesellschaft. Eine nach außen nicht in

---

[1] Zur Darstellung der EWIV vgl. 2. Teil, 3. Kapitel, Abschnitt C I.
[2] Vgl. Mössner, J. M. u. a., Steuerrecht, 2005, Rz. F 3 ff.
[3] Vgl. Jacobs, O. H., Rechtsform, 2009, S. 14 ff.

4. Kapitel. Inländische Personengesellschaften

Erscheinung tretende Partnerschaft verkörpert die **stille Gesellschaft** (§ 230 HGB), bei der mit schuldrechtlicher Wirkung im Innenverhältnis eine Gesamthandsgemeinschaft vereinbart wird. Die stille Gesellschaft entsteht dadurch, dass sich eine Person (stiller Gesellschafter) am Handelsgewerbe eines anderen (Hauptgesellschafter) beteiligt.[4] Eine spezielle Form der BGB-Gesellschaft stellt der Zusammenschluss selbständiger Unternehmen zu einer nach außen einheitlich auftretenden **Arbeitsgemeinschaft** dar.

Zivilrechtlich nimmt die Personengesellschaft eine Mittelstellung zwischen einem rechtlich völlig unselbständigen (Einzel-)Unternehmen und einer rechtlich selbständigen Kapitalgesellschaft ein. Bei der Lösung des Problems, wie die Personengesellschaft in diese beiden grundsätzlichen Besteuerungskonzepte zu integrieren ist, hat sich der deutsche Steuergesetzgeber bei den verschiedenen Steuerarten nicht einheitlich entschieden. Bei der **Einkommen- bzw. Körperschaftsteuer** erfolgt eine Gleichstellung mit dem rechtlich unselbständigen Einzelunternehmen. Damit wird die Personengesellschaft weder bei der Einkommen- noch bei der Körperschaftsteuer als eigenständiges Steuersubjekt behandelt. Einkommensteuerpflichtig, sofern der Gesellschafter eine natürliche Person ist, bzw. körperschaftsteuerpflichtig, sofern der Gesellschafter eine juristische Person ist, werden vielmehr unmittelbar die Gesellschafter (Mitunternehmer) mit den auf sie entfallenden Anteilen am Gewinn der Personengesellschaft (**Einheitsprinzip**). Ist die Personengesellschaft gewerblich tätig, gehören die Gewinnanteile auf der Ebene der Gesellschafter zu den Einkünften aus Gewerbebetrieb. Die von den Gesellschaftern empfangenen Vergütungen aus schuldrechtlichen Verträgen mit der Personengesellschaft werden bei ihnen ebenfalls den Einkünften aus Gewerbebetrieb zugerechnet. Zur technischen Umsetzung dieser als Mitunternehmerkonzeption bezeichneten Zielsetzung wird die **zweistufige Gewinnermittlung** herangezogen. Auf der ersten Stufe werden wie im Zivilrecht und analog zur Besteuerung der Kapitalgesellschaften auch bei Personengesellschaften die Gesellschaft-Gesellschafter-Verträge wie der Leistungsaustausch mit Außenstehenden behandelt. Die vom Gesellschafter empfangenen Vergütungen mindern also den Gewinn der Personengesellschaft und damit entsprechend dem vereinbarten Gewinnverteilungsschlüssel die auf die Gesellschafter entfallenden Gewinnanteile. Auf der zweiten Stufe werden die Vergütungen aus den schuldrechtlichen Verträgen beim begünstigten Gesellschafter seinem Anteil am Gewinn der Personengesellschaft hinzugerechnet. Durch die Zusammenfassung der beiden Stufen beeinflussen die Gesellschaft-Gesellschafter-Verträge nicht die Summe der auf die Gesellschafter zu verteilenden gewerblichen Einkünfte, sondern lediglich deren Aufteilung. Bei anderen Steuerarten – bspw. bei der **Gewerbesteuer** – erfolgt dagegen eine Gleichstellung der Personengesellschaft mit der Kapitalgesellschaft (**Trennungsprinzip**). Steuerschuldner ist in diesem Fall die Personengesellschaft selbst. Trotz Identität hinsichtlich der Steuerschuldnerschaft stimmen die Gewerbesteuerbelastungen von Kapital- und Personengesellschaften jedoch nicht überein.

Für die Besteuerung im Inland (Deutschland) ist die Unterscheidung in **gewerbliche** (§ 15 Abs. 1 Satz 1 Nr. 2 EStG) **und nichtgewerbliche**

---

[4] Vgl. Jacobs, O. H., Rechtsform, 2009, S. 52 ff., 66 ff.

(§§ 13 Abs. 7, 18 Abs. 4 Satz 2, 21 EStG) **Personengesellschaften** von Bedeutung, da das Betriebsstättenprinzip nur bei gewerblichen Personengesellschaften zur Anwendung kommt. Der Begriff des Gewerbebetriebes wird im Einkommen- und Gewerbesteuergesetz grundsätzlich gleich definiert. Unterschiede ergeben sich lediglich in zeitlicher Hinsicht, wobei der Gewerbebetrieb einkommensteuerlich früher beginnt und später endet als gewerbesteuerlich. Die **Gewerbebetriebseigenschaft** einer Personengesellschaft gilt als erfüllt bei selbständiger nachhaltiger Betätigung mit Gewinnerzielungsabsicht und Beteiligung am allgemeinen wirtschaftlichen Verkehr, sofern es sich bei der Betätigung weder um die Ausübung von Land- und Forstwirtschaft noch um die Ausübung eines freien Berufs oder einer anderen selbständigen Arbeit handelt (§ 15 Abs. 2 EStG). Weiterhin muss die Tätigkeit der Gesellschaft über den Umfang einer privaten Vermögensverwaltung hinausgehen.[5]

Das Tatbestandsmerkmal der **Selbständigkeit** setzt zum einen die Betätigung auf eigene Rechnung und Gefahr, d. h. die Übernahme von Unternehmerrisiko, und zum anderen die Entfaltung von Unternehmerinitiative voraus.[6] Zur Beurteilung der Selbständigkeit ist nicht die vertragliche Bezeichnung oder die Art der Tätigkeit entscheidend, sondern vielmehr das Gesamtbild der tatsächlichen Verhältnisse.[7] **Nachhaltigkeit** ist gegeben, wenn die Tätigkeit mit Wiederholungsabsicht tatsächlich wiederholt wird; bei einmaliger Tätigkeit ist Nachhaltigkeit anzunehmen, sofern sie mit erkennbarer Wiederholungsabsicht unternommen wurde. Dagegen liegt bei der tatsächlichen Wiederholung einer Handlung keine Nachhaltigkeit vor, wenn diese ohne Wiederholungsabsicht getätigt wurde.[8] Weiterhin kann ein Gewerbebetrieb nur vorliegen, wenn die Tätigkeit mit der Absicht, Gewinne zu erzielen, unternommen wird. Dabei geht es um das Erzielen eines positiven Gesamtergebnisses bezogen auf die gesamte Lebensdauer des Betriebes. Das tatsächliche Erwirtschaften eines Gewinnes ist nicht entscheidend; die Absicht der Gewinnerzielung genügt.[9] Das Merkmal der **Gewinnerzielungsabsicht** dient zum einen der Abgrenzung zu einkommensteuerlich irrelevanten Tätigkeiten wie der Liebhaberei.[10] Zum anderen sollen missbräuchliche Gestaltungen wie Verlustzuweisungsgesellschaften, deren Zweck in der Verschaffung von Steuervorteilen für die Gesellschafter besteht, verhindert werden.[11] Tätigkeiten, die zwar mit Gewinnerzielungsabsicht unternommen werden, aber nicht auf einen Leistungs- oder Güteraustausch gerichtet sind, werden durch das Merkmal der **Beteiligung am allgemeinen wirtschaftlichen Verkehr** von den gewerblichen Tätigkeiten abgegrenzt. Dafür ist es erforderlich, dass die Güter

---

[5] Vgl. BFH v. 25. 6. 1984, BStBl 1984 II, S. 751.
[6] Vgl. BFH v. 27. 9. 1988, BStBl 1989 II, S. 414.
[7] Vgl. BFH v. 12. 10. 1989, BStBl 1990 II, S. 64; BFH v. 18. 1. 1991, BStBl 1991 II, S. 409.
[8] Vgl. BFH v. 21. 8. 1985, BStBl 1986 II, S. 88; BFH v. 31. 7. 1990, BStBl 1991 II, S. 66; BFH v. 12. 7. 1991, BStBl 1992 II, S. 143.
[9] Vgl. BFH v. 25. 6. 1984, BStBl 1984 II, S. 751.
[10] Vgl. BFH v. 15. 11. 1984, BStBl 1985 II, S. 205; BFH v. 5. 5. 1988, BStBl 1988 II, S. 778; BFH v. 25. 6. 1996, BStBl 1997 II, S. 202; BFH v. 4. 12. 1996, BFHE 182, S. 123.
[11] Vgl. BFH v. 12. 12. 1995, BStBl 1996 II, S. 219.

oder Leistungen gegen Entgelt zumindest einer begrenzten Allgemeinheit angeboten werden.[12] Kein Gewerbebetrieb liegt vor bei **land- und forstwirtschaftlicher Tätigkeit**, d. h. bei der Erzeugung von Pflanzen und Tieren aus den natürlichen Kräften des Bodens und bei Verwertung dieser selbstgewonnenen Erzeugnisse. Zur Abgrenzung eines Gewerbebetriebes von einer land- und forstwirtschaftlichen Betätigung gibt es Vereinfachungsregeln, die sich an bestimmten Umsatzgrenzen orientieren (R 15.5 EStR). Eine selbständige nachhaltige Tätigkeit, die mit Gewinnerzielungsabsicht unternommen wird und durch Beteiligung am allgemeinen wirtschaftlichen Verkehr erfolgt, begründet zudem keinen Gewerbebetrieb, wenn es sich um eine **freiberufliche Tätigkeit** i. S. d. § 18 Abs. 1 Nr. 1 EStG oder um eine sonstige selbständige Arbeit i. S. d. § 18 Abs. 1 Nr. 3 EStG handelt. Wesentliches Merkmal der freien Berufe ist die wert- oder tätigkeitsbezogene – im Gegensatz zu einer erfolgsabhängigen – Bezahlung. Des Weiteren erfordert die Ausübung eines freien Berufs im Vergleich zu einer gewerblichen Tätigkeit eine leitende und eigenverantwortliche Betätigung aufgrund eigener Fachkenntnisse (§ 18 Abs. 1 Nr. 1 Satz 3 zweiter Halbsatz EStG). Beschränkt sich die Tätigkeit auf die Nutzung von Vermögen durch Fruchtziehung aus der zu erhaltenden Substanz, liegt kein Gewerbebetrieb vor, sondern eine **Vermögensverwaltung**. Tritt hierbei die Ausnutzung der Substanzwertsteigerung durch Vermögensumschichtung in den Vordergrund, so wird der Rahmen der privaten Vermögensverwaltung überschritten. In diesem Fall liegt ein Gewerbebetrieb vor, sofern die weiteren Tatbestandsmerkmale erfüllt sind (R 15.7 EStR).

Eine Personengesellschaft, an der nur Kapitalgesellschaften als persönlich haftende Gesellschafter beteiligt sind **(GmbH & Co. KG bzw. GmbH & Co. OHG)**, gilt auch dann als Gewerbebetrieb, wenn diese nicht gewerblich tätig ist, sofern nur die vollhaftende Kapitalgesellschaft oder nicht beteiligte Personen zur Geschäftsführung befugt sind und sofern Einkünfteerzielungsabsicht vorliegt (gewerblich geprägte Personengesellschaft, § 15 Abs. 3 Nr. 2 EStG).[13]

Bei **BGB-Gesellschaften** und ähnlichen Gesellschaften (z. B. **Arbeitsgemeinschaften**) müssen zur Erfüllung der Gewerbebetriebseigenschaft alle Voraussetzungen des § 15 Abs. 2 EStG erfüllt sein. Arbeitsgemeinschaften sind hierbei allerdings nur dann eigenständige BGB-Gesellschaften, wenn sie vertraglich derart ausgestaltet werden, dass sie dem Abnehmer als einheitlicher Vertragspartner gegenüberstehen. Sie müssen den Auftrag in eigenem Namen und auf eigene Rechnung durchführen.[14] In diesem Fall ist die Arbeitsgemeinschaft grundsätzlich ohne Rücksicht auf die Dauer ihres Bestehens oder die Anzahl der beteiligten Unternehmen als Gewerbebetrieb zu behan-

---

[12] Vgl. BFH v. 9. 7. 1986, BStBl 1986 II, S. 851.
[13] Auch eine ausländische Kapitalgesellschaft, die in ihrer Struktur einer deutschen entspricht, kann die Personengesellschaft gewerblich prägen. Vgl. BFH v. 17. 12. 1997, BStBl 1998 II, S. 296; BFH v. 14. 3. 2007, BFH/NV 2007, S. 1232; Stoschek, U./Schnitger, A., DStR 2006, S. 1395 ff.; Herrmann, C./Heuer, G./Raupach, A., Einkommensteuergesetz, § 49 EStG, Anm. 160.
[14] Zu Bauarbeitsgemeinschaften und zur HFA-Stellungnahme 1/1993 vgl. Hebestreit, G., DStR 1994, S. 834 ff.

deln. Beschränkt sich jedoch der Zweck einer Arbeitsgemeinschaft auf die Durchführung eines einzigen Werk- bzw. Werklieferungsvertrages, so gilt diese nicht als gewerblich tätig (§ 2a GewStG).[15]

Bei der Beteiligung als **atypisch stiller Gesellschafter** an einer Personen- oder Kapitalgesellschaft liegen grundsätzlich gewerbliche Einkünfte vor.[16] Damit im Rahmen der Einkommen- bzw. Körperschaftsteuer das **Mitunternehmerkonzept** zur Anwendung kommen kann, ist es erforderlich, dass der Gesellschafter eine **zivilrechtliche Gesellschafterstellung** einnimmt, **Unternehmerrisiko** trägt und **Unternehmerinitiative** entfaltet. Für die Gesellschafterstellung ist nicht die Bezeichnung, sondern die tatsächliche Ausgestaltung der Vertragsbeziehungen entscheidend. Ergibt sich daraus ein gemeinsames Handeln einander gleichgeordneter Personen zu einem gemeinsamen Zweck, liegt eine verdeckte Mitunternehmerschaft vor.[17] Dafür ist der stillschweigende Abschluss eines Gesellschaftsvertrages ausreichend. Die Übernahme von Unternehmerrisiko konkretisiert sich in der Beteiligung am Gewinn und Verlust sowie an den stillen Reserven eines Unternehmens. Im Einzelfall können auch andere Kriterien, wie eine besonders ausgeprägte unternehmerische Initiative zusammen mit einem bedeutsamen Beitrag zur Kapitalausstattung des Unternehmens, ausschlaggebend sein.[18] Unternehmerinitiative bedeutet die Teilhabe an unternehmerischen Entscheidungen, wie sie Geschäftsführern und leitenden Angestellten obliegen. Es genügt jedoch schon die Möglichkeit zur Ausübung von Gesellschaftsrechten, die den Stimm-, Kontroll- und Widerspruchsrechten eines Kommanditisten (§ 119 i. V. m. § 161 Abs. 2 HGB, §§ 164 und 166 HGB) oder den Kontrollrechten nach § 716 Abs. 1 BGB entsprechen.[19]

II. Abkommensrecht

Abkommensberechtigt sind nach Art. 1 OECD-Modell Personen, die in einem Vertragsstaat ansässig sind. Dabei versteht man abkommensrechtlich unter dem Ausdruck „Person" neben natürlichen Personen und Gesellschaften auch alle anderen Personenvereinigungen (Art. 3 Abs. 1 Buchstabe a OECD-Modell), d. h. Personengesellschaften sind „Personen" im abkommensrechtlichen Sinne. Die zweite Voraussetzung der Ansässigkeit erfordert, dass eine Person aufgrund ihres Wohnsitzes, ihres ständigen Aufenthalts, des Ortes der Geschäftsleitung oder eines anderen ähnlichen Merkmals in einem Vertragsstaat steuerpflichtig ist (Art. 4 Abs. 1 OECD-Modell). Die Person muss somit in einem Vertragsstaat der unbeschränkten Steuerpflicht unterliegen.

Wird die Personengesellschaft – wie bspw. im deutschen Steuerrecht – als transparent und somit nicht als Steuersubjekt erachtet, ist die Voraussetzung der Ansässigkeit nicht erfüllt. Folglich ist die **Personengesellschaft nicht abkommensberechtigt,** wobei die Abkommensberechtigung oftmals schon an der ersten Voraussetzung scheitert, da in den deutschen DBA regelmäßig

---

[15] Vgl. hierzu ausführlich Albrod, P., StBp 1994, S. 6 ff.
[16] Vgl. Jacobs, O. H., Rechtsform, 2009, S. 340 ff.
[17] Vgl. BFH v. 13. 7. 1993, BStBl 1994 II, S. 282.
[18] Vgl. BFH v. 27. 2. 1980, BStBl 1981 II, S. 210.
[19] Vgl. BFH v. 25. 6. 1984, BStBl 1984 II, S. 751.

4. Kapitel. Inländische Personengesellschaften 369

der Zusatz „alle anderen Personenvereinigungen" des Art. 3 Abs. 1 Buchstabe a OECD-Modell fehlt.[20] Damit hängt bei deutschen Personengesellschaften die Anwendbarkeit der entsprechenden DBA von der **Abkommensberechtigung der einzelnen Gesellschafter** ab. Natürliche und juristische Personen als Gesellschafter gelten nach Art. 3 Abs. 1 Buchstabe a, b OECD-Modell als Personen im abkommensrechtlichen Sinne. Sind sie in einem Vertragsstaat unbeschränkt steuerpflichtig, so erfüllen sie zudem das Merkmal der Ansässigkeit (Art. 4 Abs. 1 OECD-Modell) und kommen somit in den Genuss der Abkommensberechtigung.[21] Zu beachten ist, dass sich dieser Abkommensschutz dabei lediglich auf den Teil des Gewinns erstreckt, der auf abkommensberechtigte Gesellschafter entfällt (sog. partielle Abkommensberechtigung).[22]

Im Ausland werden deutsche Personengesellschaften zwar häufig als eigene Steuersubjekte betrachtet. Dennoch können sie den damit an sich verbundenen Abkommensschutz wegen der fehlenden eigenen unbeschränkten Steuerpflicht in der Bundesrepublik nicht für sich selbst geltend machen, wenn es sich bspw. bei den Gesellschaftern wiederum um Personengesellschaften handelt und deren Gesellschafter in Drittstaaten ansässig sind. Dieses weder aus steuerrechtssystematischer noch aus ökonomischer Sicht befriedigende Ergebnis kann ohne spezielle Abkommensvereinbarungen[23] nur dann eine Änderung erfahren, wenn das Merkmal der Ansässigkeit nicht an das Vorliegen einer unbeschränkten Steuerpflicht der Personengesellschaft als abkommensrechtliche Person gekoppelt wird, sondern abschwächend an die Anerkennung einer wie auch immer gearteten steuerlichen Eigenständigkeit der Personengesellschaft im Rahmen des Besteuerungsverfahrens.[24] Eine solch weite Auslegung des Begriffs der Ansässigkeit ginge konform mit der nationalen deutschen Steuerrechtsentwicklung, die den Personenhandelsgesellschaften als Gesamthandsgemeinschaften mehr und mehr ein steuerliches Eigenleben zuerkennt.[25] Damit würde auch im internationalen Steuerrecht der Tatsache Rechnung getragen, dass Personengesellschaften im Außenverhältnis in gleicher Weise am Wirtschaftsleben eines Staates teilnehmen wie natürliche und juristische Personen und dass diese deshalb in gleicher Weise durch den Abkommensschutz begünstigt werden sollten.[26]

---

[20] So bspw. in den DBA mit China, Italien, Japan, Österreich, Polen und der Russischen Föderation. Siehe dazu Vogel, K./Lehner, M., DBA-Kommentar, Art. 3, Anm. 23 ff.
[21] Vgl. Hansen, C., Personengesellschaftsbeteiligungen, 2009, S. 69 ff.; OECD-Kommentar, Art. 4, Anm. 8 und 8.4.
[22] Vgl. bspw. BFH v. 20. 8. 2008, BStBl 2009 II, S. 234. Siehe hierzu Plewka, H./Renger, S., IStR 2006, S. 586 ff.
[23] Eine solche spezielle Abkommensvereinbarung könnte z. B. Art. 1 Abs. 7 DBA-USA darstellen, wonach der Quellenstaat (Deutschland) an die steuerliche Qualifikation des Ansässigkeitsstaates gebunden ist. Vgl. Schönfeld, J., IStR 2007, S. 274 ff.
[24] Vgl. Debatin, H., BB 1989, Beilage 2, S. 7. Siehe auch Menck, T., IWB, Fach 10, International, Gruppe 2, S. 1481 ff.
[25] Vgl. zu dieser Entwicklung Schmidt, L., Einkommensteuergesetz, § 15 EStG, Rz. 162 ff.
[26] Über diese „assimilierte" Ansässigkeit (vgl. Debatin, H., BB 1989, Beilage 2, S. 6) ließe sich letztlich auch die Abkommensberechtigung von Personengesellschaften begründen, die übereinstimmend vom Quellenstaat und vom Sitzstaat der Gesellschaft als Mitunternehmerschaften qualifiziert werden.

B. Durchführung der laufenden Besteuerung

I. Nationales Recht

1. Einkommen- und Körperschaftsteuer

Da die Personengesellschaft in Deutschland nicht als Steuersubjekt anerkannt ist, besteht für sie auch keine Steuerpflicht. Vielmehr sind die ausländischen Gesellschafter beschränkt steuerpflichtig mit ihren inländischen Einkünften i. S. d. § 49 Abs. 1 Nr. 2 Buchstabe a EStG, d. h. mit ihren Einkünften aus Gewerbebetrieb, für den im Inland (Deutschland) eine Betriebsstätte unterhalten wird oder ein ständiger Vertreter bestellt ist. Dabei müssen zunächst dieselben Voraussetzungen wie bei nationalen Sachverhalten erfüllt sein. Somit muss zum einen die Personengesellschaft ein gewerbliches Unternehmen i. S. von § 15 Abs. 1 Satz 1 Nr. 1 i. V. m. § 15 Abs. 2 EStG betreiben oder **gewerblich** geprägt sein i. S. von § 15 Abs. 3 Nr. 2 EStG. Zum anderen müssen die ausländischen Gesellschafter die **Stellung eines Mitunternehmers** einnehmen. Dafür sind grundsätzlich die zivilrechtliche Gesellschafterstellung, das Tragen von Unternehmerrisiko und das Entfalten von Unternehmerinitiative erforderlich.[27]

Nach dem in Deutschland geltenden Betriebsstättenprinzip werden nicht ansässige natürliche oder juristische Personen entsprechend ihrem Anteil mit gewerblichen Einkünften beschränkt steuerpflichtig, soweit für sie in Deutschland durch die Personengesellschaft eine **Betriebsstätte** unterhalten wird (§ 49 Abs. 1 Nr. 2 Buchstabe a EStG).[28] Die bloße **Beteiligung** eines Steuerausländers an einer deutschen Personengesellschaft begründet für diesen jedoch noch keine Betriebsstätte; vielmehr ist das Vorliegen der Voraussetzungen des § 12 AO erforderlich. Diese werden allerdings in der Regel bei einer Personengesellschaft dann erfüllt sein, wenn sich der Ort der Geschäftsleitung im Domizilstaat der Gesellschaft – d. h. in Deutschland – befindet. Somit werden die im Ausland ansässigen Mitunternehmer in Deutschland mit ihren inländischen Einkünften beschränkt steuerpflichtig, sofern sich auch der Ort der Geschäftsleitung und somit der Mittelpunkt der geschäftlichen Oberleitung (§ 10 AO)[29] der Personengesellschaft dort befindet.

Hat eine Personengesellschaft ihren Sitz im Ausland, aber den Ort der Geschäftsleitung im Inland, so ist sie steuerlich als inländische Personengesellschaft zu behandeln. Neben der Hauptbetriebsstätte am Ort der Geschäftsleitung kann eine inländische Personengesellschaft auch noch an anderen Orten ihrer Geschäftstätigkeit Betriebsstätten begründen. Hier sind dann sämtliche im Rahmen der Betriebsstättenbesteuerung dargestellten Betriebsstättensachverhalte möglich. Diese Betriebsstätten, wie z. B. Zweigniederlassungen, Geschäftsstellen, Warenlager, Ein- und Verkaufsstellen, Bauausführungen und Montagen etc., stellen unselbständige Einheiten der inländischen Personengesellschaft dar (Unterbetriebsstätten).

Liegt eine Betriebsstätte im Inland dagegen nicht vor, so erfolgt eine Einordnung der Einkünfte in den restlichen Einkünftekatalog des § 49 Abs. 1

---

[27] Vgl. Abschnitt A I. Zur Besteuerung einer vermögensverwaltend tätigen Personengesellschaft siehe Hansen, C., Personengesellschaftsbeteiligungen, 2009, S. 187.
[28] Vgl. BFH v. 31. 7. 1991, BStBl 1991 II, S. 922.
[29] Vgl. 2. Kapitel, Abschnitt A I 1 b) (1).

EStG. Dabei ist nur das deutsche Steuerrecht maßgebend, d. h. die inländische erfolgt unabhängig von der ausländischen Einordnung. Dadurch kann es zu Qualifikationskonflikten kommen. Behandelt der Wohnsitzstaat des ausländischen Mitunternehmers die deutsche Personengesellschaft bspw. als Kapitalgesellschaft, besteuert er Ausschüttungen der Gesellschaft als Einkünfte aus Kapitalvermögen. Dieser ausgeschüttete Gewinn wurde in Deutschland bereits im Jahr seiner Erzielung steuerlich erfasst. Somit kann es in diesem Fall zu Doppelbesteuerungen kommen, die im Inland weder vermieden noch gemildert werden können. Die unilateralen Maßnahmen sind nicht anwendbar, da die Voraussetzungen des § 50 Abs. 3 EStG aufgrund der unbeschränkten Steuerpflicht des ausländischen Mitunternehmers in seinem Wohnsitzstaat nicht erfüllt sind.[30]

a) Die Besteuerung im Gewinnfall

Für eine inländische Personengesellschaft besteht sowohl für den Gesamthandsgewinn als auch für die Sondervergütungen der Gesellschafter grundsätzlich **Buchführungspflicht** gem. §§ 140 und 141 AO.[31] Die Ansässigkeit der Gesellschafter im Ausland ändert daran nichts. Da bei einer OHG oder KG die geschäftsführenden Gesellschafter zur Buchführung verpflichtet sind, kann die Buchführungspflicht somit einen ausländischen Gesellschafter treffen. Auch in diesem Fall sind die Bücher grundsätzlich im Inland (Deutschland) zu führen (§ 146 Abs. 2 Satz 1 AO).[32] Gleichwohl ist unter gewissen Voraussetzungen eine Verlegung der elektronischen Buchführung in einen EU-/EWR-Staat möglich (§ 146 Abs. 2a AO).[33] Im Rahmen des JStG-E 2010 soll die Regelung dahingehend ausgeweitet werden, dass eine Verlegung auch in einen Drittstaat erfolgen darf.[34]

Die Einkünfte der ausländischen Gesellschafter werden grundsätzlich genauso ermittelt wie bei inländischen Gesellschaftern, d. h. die Einkünfte der Personengesellschaft werden einheitlich festgestellt und auf die einzelnen Gesellschafter verteilt (§§ 180 Abs. 1 Nr. 2 Buchstabe a und 179 Abs. 2 Satz 2 AO). Grundlage für die Ermittlung des Gewinnanteils der Gesellschafter ist dabei der durch Betriebsvermögensvergleich (§ 5 i. V. m. § 4 Abs. 1 EStG) ermittelte Gewinn der Personengesellschaft.[35]

Handelt es sich bei den ausländischen Mitunternehmern um natürliche Personen, so sind diese im Inland **beschränkt einkommensteuerpflichtig** (§ 1 Abs. 4 EStG); juristische Personen sind dagegen **beschränkt körperschaftsteuerpflichtig** (§ 2 Nr. 1 KStG). In beiden Fällen erfolgt die Einkünfteermittlung für die Mitunternehmer nach § 15 Abs. 1 Satz 1 Nr. 2 EStG.

---
[30] Vgl. Mössner, J. M. u. a., Steuerrecht, 2005, Rz. F 11.
[31] Vgl. BFH v. 23. 10. 1990, BStBl 1991 II, S. 401.
[32] Vgl. Piltz, D. J., Personengesellschaften, 1981, S. 210 ff.; Debatin, H./Wassermeyer, F., Doppelbesteuerung, Art. 7, Anm. 215.
[33] Vgl. Lange, R./Rengier, C., DB 2009, S. 1256 ff. Kritisch zur Beschränkung auf die „elektronische" Buchführung siehe Ravenstein, C., BB 2008, S. 2226 ff. Zu einer möglichen Verlagerung unter Einsatz eines Servers im Inland vgl. Schubert, J. M./Penner, N./Ravenstein, C., DStR 2008, S. 632 ff.
[34] Vgl. BT-Drs. 17/2249, S. 25 f.
[35] Vgl. Jacobs, O. H., Rechtsform, 2009, S. 224 ff.

Die Besteuerung der Einkünfte eines ausländischen Mitunternehmers erfolgt im Rahmen eines **Veranlagungsverfahrens**. Das Steuerabzugsverfahren nach § 50 a, § 39 d oder § 43 EStG ist bei Einkünften aus Gewerbebetrieb i. S. d. § 15 Abs. 1 Satz 1 Nr. 2 EStG nicht anzuwenden. Somit bemisst sich die Steuer bei natürlichen Personen nach § 32 a Abs. 1 EStG (Regelbesteuerung), wobei bei gewerblichen Einkünften die tarifliche Einkommensteuer um das 3,8fache des Messbetrags der Gewerbesteuer, maximal in Höhe der auf den Mitunternehmer entfallenden Anteil an der Gewerbesteuer ermäßigt wird (§ 35 EStG). Alternativ zur Regelbesteuerung kann auch ein ausländischer Mitunternehmer für eine ermäßigte Besteuerung einbehaltener Gewinne i. H. v. 28,25% mit späterer Nachversteuerung bei Entnahme i. H. v. 25% optieren (§ 34 a EStG).[36] Bei der Veranlagung juristischer Personen beträgt der Steuersatz dagegen stets 15% (§ 23 Abs. 1 KStG). Zusätzlich wird als Ergänzungsabgabe zur Einkommen- bzw. Körperschaftsteuer der Solidaritätszuschlag i. H. v. 5,5% erhoben (§ 1 SolZG). Zu beachten ist bei beschränkt Steuerpflichtigen, dass nur solche Ausgaben abzugsfähig sind, die in wirtschaftlichem Zusammenhang mit inländischen Einkünften stehen (§ 50 Abs. 1 Satz 1 EStG). Weiterhin können grundsätzlich weder Sonderausgaben noch außergewöhnliche Belastungen noch der Grundfreibetrag geltend gemacht werden (§ 50 Abs. 1 Satz 2 und 3 EStG), es sei denn, die Voraussetzungen für die Option zur unbeschränkten Steuerpflicht gem. § 1 Abs. 3 EStG sind erfüllt.

Die Einkünfte aus Gewerbebetrieb werden durch eine **zweistufige Gewinnermittlung** bestimmt (§ 15 Abs. 1 Nr. 2 EStG), wobei auf der ersten Stufe der Anteil des ausländischen Mitunternehmers am Gewinn der Personengesellschaft **(Gewinnanteil)** und auf der zweiten Gewinnermittlungsstufe die Vergütungen, die der Gesellschafter aus schuldrechtlichen Vertragsbeziehungen mit der Personengesellschaft erhält **(Sondervergütungen)**, ermittelt werden. Der Gewinnanteil und die Sondervergütungen des Mitunternehmers bilden zusammen dessen gewerbliche Einkünfte.

(1) Gewinnanteil

Grundlage für die Ermittlung des Gewinnanteils des Gesellschafters bildet der Gewinn der Personengesellschaft, der sich durch **Betriebsvermögensvergleich** aus der Gesamthandsbilanz der Personengesellschaft ergibt. Darin kommen alle Wirtschaftsgüter zum Ansatz, die in rechtlichem oder wirtschaftlichem Eigentum der Personengesellschaft stehen. Weiterhin werden auf dieser **ersten Gewinnermittlungsstufe** die Vertragsbeziehungen zwischen Gesellschaft und Gesellschafter anerkannt, d. h. wie bei Verträgen mit fremden Dritten beeinflussen die aus den Vertragsbeziehungen resultierenden Aufwendungen und Erträge das Ergebnis der Gesellschaft und damit den Gewinnanteil des Gesellschafters. In einem nächsten Schritt wird der Gesamthandsgewinn nach dem vertraglich vereinbarten Gewinn- und Verlustverteilungsschlüssel auf die einzelnen Gesellschafter verteilt und diesen im Feststellungszeitpunkt zugerechnet.[37] Hinsichtlich der Ermittlung des Gewinnanteils eines ausländischen Mitunternehmers ergeben sich somit gegenüber dem Fall mit inländischen

---

[36] Zur Thesaurierungsbegünstigung siehe ausführlich Jacobs, O. H., Rechtsform, 2009, S. 145 ff.
[37] Vgl. Jacobs, O. H., Rechtsform, 2009, S. 224 ff.

Gesellschaftern keine Veränderungen, wenn die Personengesellschaft nur inländische Einkünfte bezieht.

Unter gewissen Umständen kann es sinnvoll sein, eine Personengesellschaft zwischen eine ausländische und eine inländische Kapitalgesellschaft zu schalten: Zwar ist es einer ausländischen Kapitalgesellschaft nach derzeitiger – EU-rechtlich umstrittener – Rechtslage nicht möglich, Dividenden einer deutschen Kapitalgesellschaft unter Anwendung von § 8b Abs. 1 KStG zu vereinnahmen.[38] Dagegen ermöglicht die **Zwischenschaltung einer Personengesellschaft** (z. B. einer atypisch stillen Gesellschaft), dass Gewinnanteile aus der Beteiligung an einer inländischen Kapitalgesellschaft unbelastet von Kapitalertragsteuer erhalten werden können, da die Dividenden der inländischen Kapitalgesellschaft an die zwischengeschaltete Personengesellschaft bei der Veranlagung, die im Rahmen der beschränkten Körperschaftsteuerpflicht der ausländischen Kapitalgesellschaft stattfindet, im Ergebnis zu 95% von der Besteuerung freigestellt sind (§ 8b Abs. 6 i. V. m. § 8b Abs. 1 und 5 KStG). Eine einbehaltene deutsche Kapitalertragsteuer kann dabei in voller Höhe angerechnet werden (§ 36 Abs. 2 Nr. 2 Satz 1 EStG). Spätere Gewinnentnahmen durch den ausländischen Gesellschafter der Personengesellschaft unterliegen nicht der Kapitalertragsteuer. Im Ergebnis können die Dividenden somit von der ausländischen Kapitalgesellschaft vereinnahmt werden, ohne dass eine Belastung mit deutscher Kapitalertragsteuer erfolgt. Vorteilhaft ist eine solche Gestaltung insbesondere bei EU-ansässigen Kapitalgesellschaften, deren Beteiligung an einer inländischen Kapitalgesellschaft nicht mindestens 10% beträgt (§ 43b Abs. 2 EStG), und bei nicht in der EU ansässigen Kapitalgesellschaften, soweit in den letztgenannten Fällen nicht ohnehin nach einem DBA der Nullsteuersatz[39] auf zwischengesellschaftliche Dividenden reklamiert werden kann, wie bspw. nach dem DBA-USA.[40]

Weitere Besonderheiten treten auf, wenn die inländische Personengesellschaft **Drittstaatseinkünfte** bezieht. Hinsichtlich der Besteuerungsfolgen ist zu differenzieren zwischen Dividenden, Zinsen und Lizenzgebühren einerseits und Betriebsstätteneinkünften andererseits.

Grundsätzlich gehören **Dividenden, Zinsen oder Lizenzgebühren,** die der Personengesellschaft aus dem Ausland zufließen und wirtschaftlich zuzurechnen sind, zu den inländischen gewerblichen Einkünften eines ausländischen Gesellschafters und werden daher in Deutschland besteuert.[41] Im Gegensatz zu den Zinsen und Lizenzgebühren unterliegen die ausländischen Dividenden im Rahmen der Veranlagung nur zu 60% der Besteuerung, wenn der Gesellschafter in Deutschland beschränkt einkommensteuerpflichtig ist (§ 3 Nr. 40 Satz 2 i. V. m. § 20 Abs. 8 EStG). Handelt es sich bei dem ausländischen Gesellschafter der Personengesellschaft um eine Kapitalgesellschaft, die in Deutschland beschränkt körperschaftsteuerpflichtig ist, werden die Dividenden im Ergebnis zu 95% von der Besteuerung freigestellt (§ 8b Abs. 6 i. V. m. § 8b Abs. 1 und 5 KStG).

---
[38] Vgl. zu dieser Problematik 1. Kapitel, Abschnitt B I und 3. Kapitel, Abschnitt B I 2a).
[39] Vgl. z. B. Art. 10 Abs. 3 DBA-USA; hierzu Endres, D., PIStB 2006, S. 259 ff.
[40] Vgl. auch Kollruss, T., IStR 2007, S. 870 ff.
[41] Vgl. Kumpf, W., Betriebsstätten, 1982, S. 26 ff.; Manke, K., DStJG 1985, S. 202 ff.

Neben der Besteuerung in Deutschland können die Einkünfte in einem dritten Staat – je nach Ausgestaltung des Quellenprinzips – aufgrund sachlicher Anknüpfungspunkte der Besteuerung unterliegen. Daraus resultierende Doppelbesteuerungen können im deutschen Steuerrecht grundsätzlich auch bei beschränkt steuerpflichtigen Gesellschaftern inländischer Personengesellschaften vermieden werden (§ 50 Abs. 3 EStG). Handelt es sich bei den **Drittstaatseinkünften** aber um Einkünfte aus dem Wohnsitzstaat des ausländischen Mitunternehmers, so ist regelmäßig keine Anrechnung der auf diese Einkünfte im Wohnsitzstaat erhobenen Steuer möglich. Ausnahmen gibt es jedoch dann, wenn der Wohnsitzstaat die Einkünfte lediglich im Rahmen der Quellen-, nicht jedoch der Wohnsitzbesteuerung besteuert. Das ist zum einen der Fall, wenn der Wohnsitzstaat prinzipiell nur inländische Einkünfte besteuert (Territorialitätsprinzip), da die Einkünfte des Mitunternehmers aus Sicht des Wohnsitzstaates ausländisch sind. Zum anderen kann es sein, dass der Wohnsitzstaat bei ausländischen Betriebsstätteneinkünften aufgrund nationalen Rechts oder aufgrund eines DBA auf sein Besteuerungsrecht verzichtet. Des Weiteren findet § 50 Abs. 3 EStG dann Anwendung, wenn die deutsche Personengesellschaft im Wohnsitzstaat des Mitunternehmers wie eine Kapitalgesellschaft behandelt wird, da der ausländische Mitunternehmer hierdurch mit den betreffenden Einkünften dort nicht einer der deutschen unbeschränkten Steuerpflicht vergleichbaren Besteuerung unterliegt.[42] Handelt es sich beim Gesellschafter der Personengesellschaft um eine ausländische Kapitalgesellschaft, so ist weiterhin zu beachten, dass das körperschaftsteuerliche Beteiligungsprivileg für Dividenden zur Anwendung kommt (§ 8b Abs. 6 i. V. m. § 8b Abs. 1 KStG) und folglich die Anrechnung einer ausländischen Quellensteuer auf Dividenden insoweit ausgeschlossen ist.[43]

Stammen die Drittstaateinkünfte aus einer **ausländischen Betriebsstätte** der Personengesellschaft, besteht im Inland insoweit kein Anknüpfungspunkt für die Besteuerung, da es bei beschränkt steuerpflichtigen Mitunternehmern diesbezüglich auf das Vorhandensein einer „inländischen" Betriebsstätte ankommt.[44] Im Ausland werden diese Einkünfte regelmäßig im Rahmen der Quellenbesteuerung erfasst (analog § 49 Abs. 1 Nr. 2 Buchstabe a EStG). Die oben dargestellten Doppelbesteuerungsprobleme ergeben sich in diesem Fall folglich nicht.

(2) Sondervergütungen

Der Verweis des § 49 Abs. 1 Nr. 2 EStG auf § 15 EStG macht deutlich, dass die Vergütungen, die der ausländische Mitunternehmer aus schuldrechtlichen Vertragsbeziehungen mit der Gesellschaft bezieht, genauso wie der Gewinnanteil zu den Einkünften aus Gewerbebetrieb gehören und nicht den anderen Einkunftsarten des § 49 Abs. 1 EStG zugeordnet werden.[45]

Da die Einkünfte auf der **zweiten Gewinnermittlungsstufe** nach den gleichen Grundsätzen ermittelt werden wie der Erfolg der Gesell-

---

[42] Vgl. Blümich, W., Einkommensteuergesetz, § 50 EStG, Anm. 118.
[43] Vgl. Dötsch, E./Jost, W. F./Pung, A./Witt, G., Körperschaftsteuer, § 8b KStG, Anm. 247.
[44] Vgl. BFH v. 24. 2. 1988, BStBl 1988 II, S. 663.
[45] Vgl. Mössner, J. M. u. a., Steuerrecht, 2005, Rz. F 12.

schaft auf der ersten Stufe der Gewinnermittlung, sind auch die Einkünfte auf der zweiten Stufe im Rahmen eines **Betriebsvermögensvergleichs** zu bestimmen.[46] Zu diesem Zweck wird für jeden Gesellschafter eine Sonderbilanz aufgestellt. Diese erfasst alle Wirtschaftsgüter, die sich im rechtlichen oder wirtschaftlichen Eigentum eines Gesellschafters befinden und dem Gesellschaftszweck dienen (Sonderbetriebsvermögen). Verbindlichkeiten eines Gesellschafters, die zum Erwerb der Beteiligung oder zur Anschaffung von Wirtschaftsgütern des **Sonderbetriebsvermögens** eingegangen wurden, werden ebenfalls ausgewiesen. Die mit Wirtschaftsgütern des Sonderbetriebsvermögens zusammenhängenden erfolgswirksamen Vorgänge werden als Sonderbetriebseinnahmen und -ausgaben in der Sonder-Gewinn- und Verlustrechnung, die neben der Sonderbilanz aufzustellen ist, berücksichtigt. **Sonderbetriebseinnahmen** sind insbesondere die in § 15 Abs. 1 Nr. 2 EStG genannten Sondervergütungen, wie bspw. Geschäftsführerentgelte, Darlehenszinsen und Miet- bzw. Pachtzinsen. Weiterhin gehören zu den Sonderbetriebseinnahmen die persönlichen Einnahmen eines Mitunternehmers, die in wirtschaftlichem Zusammenhang mit seiner Mitunternehmerstellung stehen oder mit Wirtschaftsgütern des Sonderbetriebsvermögens zusammenhängen.[47] Auch Gewinnanteile (aus dem sog. Sonderbetriebsvermögen II), die der Kommanditist von einer Komplementär-GmbH erhält, die ihre Tätigkeit auf die Geschäftsführungstätigkeit beschränkt, zählen zu den Sonderbetriebseinnahmen.[48] **Sonderbetriebsausgaben** sind alle Aufwendungen, die wirtschaftlich durch die Beteiligung verursacht wurden, wie z. B. Zinsen auf ein Darlehen zur Finanzierung der Beteiligung[49] oder die mit einem an die Personengesellschaft vermieteten Gebäude zusammenhängenden Abschreibungen, Versicherungsbeiträge, Reparaturaufwendungen und die Grundsteuer.[50]

b) Die Besteuerung im Verlustfall

Die Zurechnung des Verlustanteils des ausländischen Mitunternehmers aus der Gesamthandsbilanz sowie aus der Sonderbilanz erfolgt ebenso wie die des Gewinnanteils im Feststellungszeitpunkt. Somit ist auch bei beschränkt Steuerpflichtigen der Ausgleich des anteiligen inländischen Verlusts mit anderen inländischen Einkünften (§ 49 EStG) des Gesellschafters nach § 2 Abs. 3 EStG möglich **(innerperiodischer Verlustausgleich).** Ist der Verlustanteil größer als die übrigen inländischen Einkünfte des Mitunternehmers, kann der verbleibende inländische Verlust unter Beachtung der interperiodischen Mindestbesteuerung nach § 10 d EStG vor- oder rückgetragen werden **(interperiodischer Verlustausgleich).**

Ist die Haftung eines Mitunternehmers beschränkt, so ist sowohl der inner- als auch der interperiodische Verlustausgleich nur unter Beachtung der **Ver-**

---
[46] Vgl. BFH v. 23. 5. 1979, BStBl 1979 II, S. 763; BFH v. 11. 3. 1992, BStBl 1992 II, S. 797.
[47] Vgl. BFH v. 23. 5. 1991, BStBl 1991 II, S. 800; BFH v. 28. 1. 1993, BStBl 1993 II, S. 509.
[48] Vgl. BFH v. 26. 2. 1992, BStBl 1992 II, S. 937.
[49] Vgl. BFH v. 9. 4. 1981, BStBl 1981 II, S. 621.
[50] Vgl. BFH v. 29. 9. 1966, BStBl 1967 III, S. 180.

lustverrechnungsbeschränkung des § 15 a EStG möglich.[51] Der zugewiesene Anteil am Verlust der Personengesellschaft kann insoweit nur dann mit positiven anderen Einkünften ausgeglichen oder nach § 10 d EStG abgezogen werden, sofern er das Kapitalkonto des Mitunternehmers nicht übersteigt (ausgleichs- bzw. abzugsfähiger Verlust). Entsteht durch den Verlustanteil ein negatives Kapitalkonto bzw. erhöht sich ein bereits bestehendes negatives Kapitalkonto, greift die Verlustausgleichsbeschränkung des § 15 a EStG. Ein innerperiodischer Ausgleich ist dann weder mit einem Gewinn der Sonderbilanz noch mit anderen Einkünften zulässig. Der Verlust kann nur mit zukünftigen Gewinnen aus seiner Mitunternehmerschaft (Gewinnanteil) verrechnet werden (verrechenbarer Verlust). Die Verlustausgleichsbeschränkung betrifft ausschließlich die erste Gewinnermittlungsstufe. Verluste der zweiten Gewinnermittlungsstufe können somit uneingeschränkt in den inner- und interperiodischen Verlustausgleich einbezogen werden.[52]

Bei ausländischen Mitunternehmern ist zu beachten, dass die Rechtsfolgen des § 15 a EStG nur für die der inländischen Besteuerung unterliegenden Besteuerungsmerkmale gelten. Die Verlustausgleichsbeschränkung bezieht sich somit nur auf Verluste der inländischen Betriebsstätte. Entsteht das negative Kapitalkonto dagegen durch Verluste der ausländischen Betriebsstätte, während im Inland Gewinne erwirtschaftet werden, greift § 15 a EStG nicht. Zu beachten ist allerdings, dass für die Ermittlung des negativen Kapitalkontos die Beteiligung insgesamt betrachtet werden muss und insoweit unter Umständen Verluste ausländischer Betriebsstätten einbezogen werden müssen.[53]

Beispiel: Eine inländische KG unterhält in Frankreich eine Betriebsstätte. Das Kapitalkonto des ausländischen Kommanditisten beträgt bezüglich der gesamten Beteiligung 100 000 €. In der Periode 01 wird ihm ein Verlustanteil i. H. v. 110 000 € zugewiesen, wobei im Inland ein anteiliger Verlust von 120 000 € und in Frankreich ein anteiliger Gewinn von 10 000 € entstanden ist. Der Kommanditist hat somit ein negatives Kapitalkonto von 10 000 €. Für die inländische Besteuerung ist nur der inländische Verlust von 120 000 € maßgebend. Da insgesamt ein negatives Kapitalkonto von 10 000 € entsteht, ist nach § 15 a Abs. 1 EStG nur ein Verlust von 110 000 € berücksichtigungsfähig. Bei dem verbleibenden Betrag von 10 000 € handelt es sich um einen verrechenbaren Verlust (§ 15 a Abs. 4 EStG).

2. Gewerbesteuer

Da jeder stehende Gewerbebetrieb, soweit er im Inland (Deutschland) betrieben wird, d. h. soweit für ihn im Inland eine Betriebsstätte unterhalten wird, der Gewerbesteuer unterliegt (§ 2 Abs. 1 GewStG), ist eine gewerblich tätige Personengesellschaft **als selbständiger Gewerbebetrieb gewerbesteuerpflichtig.** Steuerschuldner ist dabei die Personengesellschaft selbst (§ 5 Abs. 1 Satz 3 GewStG). Auf Ebene der Gesellschafter fällt dagegen keine Gewerbesteuer an, da die Beteiligung als solche kein Gewerbe begründet.

---

[51] Die Verlustverrechnungsbeschränkung des § 2 a EStG kommt bei beschränkt Steuerpflichtigen nur in Ausnahmefällen zur Anwendung, bspw. dann, wenn die inländischen Einkünfte aus der Beteiligung an einer inländischen Personengesellschaft gleichzeitig als ausländische Einkünfte i. S. d § 2 a Abs. 1 EStG betrachtet werden können. Vgl. Lademann, F./Söffing, G., Einkommensteuergesetz, § 49 EStG, Anm. 261.
[52] Zu den Begriffen „Kapitalkonto", „Verlustanteil" und „Gewinn aus seiner Beteiligung" vgl. Jacobs, O. H., Rechtsform, 2009, S. 273 ff.
[53] Vgl. Grützner, D., IWB, Fach 3, Deutschland, Gruppe 3, S. 1074 ff.

4. Kapitel. Inländische Personengesellschaften

Folglich wird der Gewerbeertrag nur auf Ebene der Personengesellschaft besteuert, ohne dass eine anteilige Zurechnung auf die einzelnen Mitunternehmer wie bei der Einkommensteuer erfolgt.

Ausgangspunkt für die Ermittlung des Gewerbeertrags ist der nach einkommen- bzw. körperschaftsteuerlichen Vorschriften ermittelte Gewinn, d. h. man knüpft an die Summe der Einkünfte aus Gewerbebetrieb der Gesellschafter an. Dazu gehören sowohl die Gewinnanteile der ersten Gewinnermittlungsstufe[54] als auch die Sondervergütungen.[55] Diese Ausgangsgröße wird anschließend noch durch die Hinzurechnungs- und Kürzungsvorschriften der §§ 8 und 9 GewStG modifiziert.

Die aus den **Gesellschaft-Gesellschafter-Verträgen** resultierenden Einkünfte sind in der Ausgangsgröße für den Gewerbeertrag enthalten, ohne dass es einer gewerbesteuerlichen Hinzurechnungsvorschrift bedarf; eine Kürzungsvorschrift besteht diesbezüglich nicht. Daher können diese Vertragsbeziehungen nicht die gewerbesteuerliche Bemessungsgrundlage mindern, wie dies bei Verträgen mit fremden Dritten. Als Ausgleich für die gewerbesteuerliche Erfassung der Geschäftsführungsvergütung wird ein Freibetrag von 24 500 € gewährt (§ 11 Abs. 1 Satz 3 Nr. 1 GewStG). Auf den mit Hilfe der Steuermesszahl i. H. v. 3,5% (§ 11 Abs. 2 GewStG) ermittelten Steuermessbetrag ist zur Festlegung der Gewerbesteuer der von der Gemeinde festgelegte Gewerbesteuerhebesatz (mindestens 200%, § 16 GewStG) anzuwenden.

Dividenden, die eine inländische Personengesellschaft vereinnahmt, sind in Abhängigkeit von der Beteiligungsquote an der Kapitalgesellschaft entweder gewerbesteuerpflichtig (Beteiligungsquote < 15%, § 8 Nr. 5 GewStG) oder gewerbesteuerfrei (Beteiligungsquote ≥ 15%, § 9 Nr. 2 a und 7 GewStG).[56] Im Hinblick auf die Mindestbeteiligungsquote sind die Beteiligungen sämtlicher Mitunternehmer zusammenzurechnen (Abschn. 61 Abs. 1 Satz 4 GewStR).

Ein **gewerbesteuerlicher Verlust** wird im Rahmen des Verlustvortrags nach § 10 a GewStG berücksichtigt. Danach sind bei der Ermittlung der gewerbesteuerlichen Bemessungsgrundlage grundsätzlich Gewinne aus Gewerbebetrieb um entsprechende Verluste der Vorjahre unter Beachtung der interperiodischen Mindestbesteuerung zu kürzen. In Bezug auf gewerbliche Gewinne von Personenhandelsgesellschaften hat der BFH[57] jedoch Rechtsgrundsatz entwickelt, dass der uneingeschränkte Verlustabzug vom unveränderten Gesellschafterbestand der Mitunternehmerschaft abhänge, so dass bei Personenhandelsgesellschaften der Verlustabzug entsprechend des allgemeinen Gewinnverteilungsschlüssel in dem Maße ausgeschlossen sei, in

---

[54] Aufgrund der Anknüpfung an die Einkünfte aus Gewerbebetrieb mindern auch Verluste, die beim Kommanditisten wegen der Verlustausgleichsbeschränkung des § 15 a EStG nicht ausgeglichen werden können, den Gewerbeertrag (Abschn. 39 Abs. 1 Satz 2 Nr. 5 GewStR).
[55] Vgl. BFH v. 6. 7. 1978, BStBl 1978 II, S. 647; BFH v. 6. 11. 1980, BStBl 1981 II, S. 220; BFH v. 9. 4. 1981, BStBl 1981 II, S. 621; BFH v. 10. 6. 1987, BStBl 1987 II, S. 816.
[56] Soweit eine Kapitalgesellschaft Mitunternehmerin ist, schlägt allerdings bei einer Beteiligungsquote von mindestens 15% die Regelung des § 8b Abs. 5 KStG über § 7 Satz 4 GewStG auf die Gewerbesteuer durch, so dass im Ergebnis nichtabzugsfähige Betriebsausgaben i. H. v. 5% der Gewerbesteuer unterliegen. Vgl. Herrmann, C./Heuer, G./Raupach, A., Einkommensteuergesetz, § 8b KStG, Anm. 127.
[57] Vgl. BFH v. 3. 5. 1993, BStBl 1993 II, S. 616.

dem Gesellschafter wechseln und somit die **Unternehmergleichheit** verloren geht.[58] Das Erfordernis einer Unternehmergleichheit wird durch § 10 a Satz 10 GewStG außerdem dahingehend erweitert, dass im Fall einer Mitunternehmerschaft, die einer Körperschaft nachgeschaltet ist, § 8 c KStG auf gewerbesteuerliche Verluste entsprechend anzuwenden ist. Folglich ist ein Verlustabzug insoweit ausgeschlossen, als ein schädlicher Anteilseignerwechsel i. S. d. § 8 c KStG auf Ebene der vorgeschalteten Körperschaft stattgefunden hat und dieser die gewerbesteuerlichen Verluste unmittelbar oder mittelbar zuzurechnen sind.[59]

II. Abkommensrecht

1. Einkommen- und Körperschaftsteuer

a) Die Besteuerung im Gewinnfall

Durch DBA kann es zu einer Begrenzung oder Aufhebung des deutschen Besteuerungsrechts kommen. Hinsichtlich der beschränkten Steuerpflicht des ausländischen Mitunternehmers nach § 49 Abs. 1 Nr. 2 Buchstabe a EStG müssen bei gewerblich tätigen Personengesellschaften die zwei Gewinnermittlungsstufen getrennt betrachtet werden.[60]

(1) Gewinnanteil

Abkommensrechtlich betreibt **jeder Mitunternehmer** durch seine Beteiligung an der Personengesellschaft ein **eigenständiges Unternehmen**. Dabei ist jedes Gesellschafterunternehmen i. S. d. Art. 3 Abs. 1 Buchstabe c OECD-Modell ein Unternehmen des Vertragsstaates, in dem der Gesellschafter ansässig ist. Nach Art. 7 Abs. 1 OECD-Modell dürfen die Gesellschafter mit ihrem Anteil am Gewinn der Personengesellschaft grundsätzlich nur im Ansässigkeitsstaat besteuert werden. Übt jedoch die Personengesellschaft ihre Tätigkeit durch eine im anderen Vertragsstaat gelegene Betriebsstätte i. S. d. Art. 5 OECD-Modell aus, so hat der Betriebsstättenstaat das vorrangige Besteuerungsrecht für die Einkünfte der Gesellschafter, soweit sie der Betriebsstätte wirtschaftlich zuzurechnen sind.[61] Da die Beteiligung eines ausländischen Investors an einer deutschen, originär gewerblich tätigen Personengesellschaft[62] ein ausländisches Unternehmen mit deutscher Betriebsstätte[63] und

---

[58] Zur Kritik am Inlandsfall vgl. Braun, L., BB 1993, S. 1130 ff.; Finkbeiner, R., DB 1993, S. 2201 ff.; Kraft, C., DStR 1995, S. 925 f.; Schön, W., StuW 1996, S. 279 f.
[59] Vgl. Hoffmann, W.-D., DStR 2009, S. 257 ff.; Beinert, S./Benecke, A., Ubg 2009, S. 172 f.
[60] Vgl. BFH v. 10. 11. 1980, BStBl 1981 II, S. 164. Zur Besteuerung einer vermögensverwaltend tätigen, nicht gewerblich geprägten Personengesellschaft und das damit regelmäßig verbundene beschränkte Besteuerungsrecht Deutschlands siehe Hansen, C., Personengesellschaftsbeteiligungen, 2009, S. 187.
[61] Vgl. Vogel, K./Lehner, M., DBA-Kommentar, Art. 7, Anm. 42.; sowie nachfolgend Abschnitt B II 1 a) (2).
[62] Dagegen führt eine lediglich gewerblich geprägte Personengesellschaft auf Abkommensebene – entgegen der Ansicht der Finanzverwaltung – weder zur Begründung einer Betriebsstätte noch zum Vorliegen von „Unternehmensgewinnen". Vgl. FG Hamburg v. 22. 8. 2006, EFG 2007, S. 105; Wassermeyer, F., IStR 2007, S. 416; Hoheisel, M., IWB, Fach 10, International, Gruppe 2, S. 2011 ff. m. w. N.
[63] Vgl. BFH v. 29. 1. 1964, BStBl 1964 III, S. 165; BFH v. 17. 10. 1990, BStBl 1991 II, S. 211. Hierzu Hock, B., WPg 1996, S. 109 ff.

der Gewinnanteil „Unternehmensgewinne" darstellt, hat unstreitig **Deutschland das vorrangige Besteuerungsrecht** (Art. 7 und Art. 3 Abs. 1 Buchstabe c OECD-Modell). Ausdrücklich geregelt ist dies bspw. in den DBA mit Frankreich (Art. 4 Abs. 3), Österreich (Art. 7 Abs. 7 Satz 1) und der Schweiz (Art. 7 Abs. 7 Satz 1).[64] Das gilt auch für die im Betriebsstättenerfolg enthaltenen Lizenzgebühren, Zinsen und Dividenden, sofern diese der Betriebsstätte tatsächlich-funktional zuzurechnen sind (Art. 10 Abs. 4, Art. 11 Abs. 4 und Art. 12 Abs. 3 OECD-Modell) und zugleich aus dem Betriebsstättenstaat bezogen werden.[65]

Wird die Personengesellschaft im Ausland als **selbständiges Steuersubjekt** behandelt,[66] können sich Probleme hinsichtlich der Einordnung der Gewinnanteile der Mitunternehmer in den abkommensrechtlichen Einkünftekatalog im Wohnsitzstaat des Mitunternehmers ergeben. Am vorrangigen Besteuerungsrecht Deutschlands ändert sich dadurch jedoch nichts: Der Gewinnanteil wird auch in diesem Fall nach Art. 7 OECD-Modell in Deutschland besteuert. Im Wohnsitzstaat sind für die Besteuerung des Gesellschafters nur die entnommenen Gewinne, die aus seiner Sicht Dividenden darstellen, relevant. Allerdings scheitert die Anwendbarkeit des Art. 10 OECD-Modell in der Regel an der fehlenden Ansässigkeit der Personengesellschaft im Inland. Somit bleibt nur die Einordnung in die Einkunftsart „Unternehmensgewinne" i. S. von Art. 7 OECD-Modell, womit – nach deutscher Abkommensdiktion – eine Freistellung im Wohnsitzstaat verbunden ist.[67] Zu dieser Vorgehensweise gibt es allerdings abweichende Auffassungen, wonach die sonstigen Einkünfte i. S. von Art. 21 OECD-Modell als Einkunftsart heranzuziehen sind.[68] In diesem Fall ergibt sich ein uneingeschränktes Besteuerungsrecht des Wohnsitzstaates, das zu einer wirtschaftlichen Doppelbesteuerung aufgrund des unveränderten Besteuerungsrechts des Domizilstaates nach Art. 7 OECD-Modell führt. Allerdings entspricht die Annahme von sonstigen Einkünften nicht der wirtschaftlichen Betrachtungsweise, wonach bereits eine Direktinvestition im anderen Vertragsstaat vorliegt, auf die in der Regel entweder Art. 7 oder Art. 10 OECD-Modell angewendet wird.[69]

Empfängt die Personengesellschaft **Einkünfte aus Drittstaaten,** kann es zu Doppelbesteuerungen kommen, da diese Einkünfte in Deutschland aufgrund des Betriebsstättenprinzips – sofern die entsprechenden Rechte und Vermögenswerte der Betriebsstätte tatsächlich gehören – (Art. 21 Abs. 2 OECD-Modell)[70] und im Drittstaat aufgrund des Quellenprinzips (Art. 10–12 OECD-Modell) besteuert werden. Zur Vermeidung bzw. Einschränkung der Doppelbesteuerung wird durch DBA zwischen dem Drittstaat und dem Wohnsitzstaat des Mitunternehmers das Quellenbesteuerungsrecht des Drittstaates je

---

[64] Vgl. Vogel, K./Lehner, M., DBA-Kommentar, Art. 7, Anm. 50 ff. und 59.
[65] Vgl. Vogel, K./Lehner, M., DBA-Kommentar, Vor Art. 10–12, Anm. 30 ff., 36 und 40.
[66] So z. B. in Belgien, Spanien und Portugal. Vgl. dazu Hermann, R. A., Personengesellschaften, 2006, S. 292; Spengel, C./Schaden, M./Wehrße, M., StuW 2010, S. 44 ff.
[67] Vgl. Brinkmann, J., Unternehmensbesteuerung, 1996, S. 142; Hey, F. E. F., Steuerrecht, 1997, S. 144 ff.; Lüdicke, J., StbJb 1997/98, S. 464 f.
[68] Vgl. Wassermeyer, F., IStR 1995, S. 49 ff.; Debatin, H./Wassermeyer, F., Doppelbesteuerung, Art. 10, Anm. 30.
[69] Vgl. Hey, F. E. F., Steuerrecht, 1997, S. 146; Lüdicke, J., StbJb 1997/98, S. 464 f.
[70] Vgl. Vogel, K./Lehner, M., DBA-Kommentar, Art. 21, Anm. 40 ff.

nach Einkunftsart eingeschränkt (z. B. bei Dividenden durch Art. 10 OECD-Modell und bei Zinsen durch Art. 11 OECD-Modell) oder ganz aufgehoben (z. B. bei Lizenzen durch Art. 12 OECD-Modell). Im ersten Fall und sofern kein DBA zwischen diesen beiden Staaten abgeschlossen wurde, bleibt der Gewinnanteil (weiterhin) mit einer drittstaatlichen Quellensteuer belastet. Da bspw. die zum Gewinnanteil gehörenden Dividenden im Betriebsstättenstaat zu versteuern und im Wohnsitzstaat des Mitunternehmers regelmäßig steuerfreigestellt sind, wird eine Quellensteuer des Drittstaates im Wohnsitzstaat steuerlich grundsätzlich nicht berücksichtigt. Zwar ist Deutschland als Domizilstaat der Personengesellschaft in diesem Zusammenhang abkommensrechtlich nicht zur Anrechnung verpflichtet. Jedoch ermöglicht Deutschland in diesem Fall den beschränkt Steuerpflichtigen, die inländische Einkünfte i. S. von § 49 Abs. 1 Nr. 2 Buchstabe a EStG erzielen, die ausländische Steuer anzurechnen oder abzuziehen (§ 34 c Abs. 1–3 i. V. m. § 50 Abs. 3 EStG).[71]

(2) Sondervergütungen

Hinsichtlich der Sondervergütungen kann es trotz DBA zu objektiven Qualifikationskonflikten[72] in zweifacher Hinsicht kommen: zum einen bei abweichender Subjektqualifikation – d. h. das Ausland behandelt die inländische Personengesellschaft als Kapitalgesellschaft – und zum anderen bei unterschiedlicher Einordnung der Sondervergütungen in den Einkünftekatalog des DBA, wobei letzteres in der Praxis häufiger Schwierigkeiten bereitet und somit nachfolgend diskutiert wird.[73] Die Folgen wären je nach Vorgehensweise im In- und Ausland Doppel- oder Minderbesteuerungen.

Nachdem die Sondervergütungen (15 Abs. 1 Nr. 2 EStG) abkommensrechtlich aus deutscher Sicht jahrzehntelang als Unternehmensgewinne i. S. d. Art. 7 OECD-Modell betrachtet wurden, nimmt die neuere Rechtsprechung des BFH[74] mittlerweile für Sondervergütungen einen **Vorrang der spezielleren Einkunftsarten** – insbesondere der Dividenden, Zinsen und Lizenzgebühren (Art. 10–12 OECD-Modell) – gegenüber der allgemeineren Einkunftsart „Unternehmensgewinne" (Art. 7 OECD-Modell) an, was der Verweisungsklausel des Art. 7 Abs. 7 OECD-Modell entspricht. Demnach hat die Qualifikation als Einkünfte aus Gewerbebetrieb im deutschen innerstaatlichen Steuerrecht für die abkommensrechtliche Behandlung keine Bedeutung.[75] Ebenso ist für die Einkunftsarten der Art. 6, 8 und 13–18 OECD-Modell die Anwendung des Art. 7 OECD-Modell ausgeschlossen, so dass das

---

[71] Vgl. Greif, M./Fischer, B., CDFI 1995, S. 251 f.; Menck, T., IWB, Fach 10, International, Gruppe 2, S. 1476.
[72] Vgl. hierzu auch 6. Teil, 7. Kapitel, Abschnitt B I.
[73] Vgl. auch Lüdicke, J., DBA-Politik, 2008, S. 54 ff., 117 ff.
[74] Vgl. u. a. BFH v. 27. 2. 1991, BStBl 1991 II, S. 444; BFH v. 26. 2. 1992, BStBl 1992 II, S. 937; BFH v. 14. 7. 1993, BStBl 1994 II, S. 91; BFH v. 31. 5. 1995, BStBl 1995 II, S. 683; BFH v. 30. 8. 1995, BStBl 1996 II, S. 563; BFH v. 16. 10. 2002, BStBl 2003 II, S. 631; BFH v. 20. 12. 2006, BFH/NV 2007, S. 831; BFH v. 17. 10. 2007, BFH/NV 2008, S. 869. Vgl. auch zum Outbound-Fall im 4. Teil, 4. Kapitel, Abschnitt A II 2 b) und Abschnitt B II 2 a) (1) (a) (cc), (b).
[75] Die Rechtsprechung des BFH bezieht sich überwiegend auf den umgekehrten Outbound-Fall. Da aber die Einordnung der Einkünfte in die Einkunftsarten des DBA nicht von der Richtung des Zahlungsstromes abhängen kann, ist die Sichtweise des BFH auch für den Inbound-Fall anzuwenden. Vgl. Piltz, D. J., Qualifikationskonflikte, 1993, S. 44; Lüdicke, J., StbKR 1996, S. 426.

4. Kapitel. Inländische Personengesellschaften 381

Besteuerungsrecht für diese Einkunftsarten nur aus den Spezialartikeln abgeleitet werden kann.[76] Dagegen vertreten die Finanzverwaltung,[77] Teile des Schrifttums[78] und nunmehr auch der deutsche Gesetzgeber im Ergebnis eine andere Ansicht: Nach dem durch das JStG 2009 eingeführten § 50 d Abs. 10 EStG werden die Sondervergütungen in Anlehnung an die innerstaatliche Rechtslage als gewerbliche Einkünfte (§ 15 Abs. 1 Nr. 2 EStG) stets als **Bestandteil des Unternehmensgewinns** i. S. d. Art. 7 OECD-Modell fingiert. Dies stellt einen treaty override dar. Eine Ausnahme besteht lediglich für den Fall, in dem das DBA[79] eine ausdrückliche Regelung für Sondervergütungen beinhaltet, so dass die im Abkommen vorgenommene Zuordnung als vorrangig gilt.[80] Einer solchen Sichtweise widerspricht es allerdings, dass § 15 Abs. 1 Nr. 2 EStG vertragliche Beziehungen zwischen der Personengesellschaft und ihren Gesellschaftern anerkennt, weshalb die daraus resultierenden Erfolge folglich nicht automatisch dem Unternehmensgewinn zuzuschlagen sind.[81]

Im Gegensatz zur Rechtsprechung des BFH[82] leitet der deutsche Gesetzgeber aufgrund der Zuordnung von Sondervergütungen zu den Unternehmensgewinnen durch § 50 d Abs. 10 EStG zugleich ein uneingeschränktes Besteuerungsrecht nach dem Betriebsstättenprinzip ab.[83] Hierdurch kommt es dann zu Doppelbesteuerungen, wenn der Wohnsitzstaat des ausländischen Mitunternehmers die Sondervergütungen stattdessen unter die Spezialartikel des OECD-Modells einordnet und daraus ebenfalls ein (uneingeschränktes) Besteuerungsrecht ableitet.[84] Die Sichtweise des deutschen Gesetzgebers übersieht aber, dass der **Betriebsstättenvorbehalt** der Art. 10 Abs. 4, Art. 11 Abs. 4 und Art. 12 Abs. 3 OECD-Modell nur ausnahmsweise, nämlich bei **tatsächlicher Zugehörigkeit** der den Einkünften zugrunde liegenden Vermögenswerte zur (inländischen) Betriebsstätte greift. Die rechtliche Zugehörigkeit i. S. d. § 15 Abs. 1 Nr. 2 EStG ist

---

[76] Vgl. Debatin, H./Wassermeyer, F., Doppelbesteuerung, Art. 7, Anm. 109 und 116 f. Ausdrücklich entschieden hat dies der BFH für Art. 6 OECD-Modell. Vgl. BFH v. 14. 7. 1993, BStBl 1994 II, S. 91.
[77] Vgl. Betriebsstätten-Verwaltungsgrundsätze, BMF-Schreiben v. 24. 12. 1999, BStBl 1999 I, S. 1076, Tz. 1. 2. 3; BMF-Schreiben v. 13. 11. 2006, IV B 5 – S 1301 – 64/06, S. 23 f.; BMF-Schreiben v. 16. 4. 2010, BStBl 2010 I, S. 354; sowie Göttsche, M./Stangl, J., DStR 2000, S. 501 f.
[78] Nach diesen wird der Gesellschafter im Verhältnis zur Betriebsstätte als Stammhaus und hierdurch für den Gewinnanteil und die Sondervergütungen als untrennbare Einheit erachtet. Vgl. u. a. Wolff, U., Unternehmensgewinne, 2005, S. 659 f. m. w. N.; Ismer, R./Kost, S., IStR 2007, S. 122 f.; Vogel, K./Lehner, M., DBA-Kommentar, Art. 1, Anm. 44. Hierzu kritisch Debatin, H./Wassermeyer, F., Doppelbesteuerung, Art. 7, Anm. 109 a.
[79] Eine solche Regelung befindet sich bspw. in den Abkommen mit Österreich (Art. 7 Abs. 7), der Schweiz (Art. 7 Abs. 7) und der Tschechischen Republik (Art. 7 Abs. 7).
[80] Nach diesen gelten die Sondervergütungen für beide Vertragsstaaten als Unternehmensgewinne i. S. d. Art. 7 OECD-Modell. Vgl. Lüdicke, J., DBA-Politik, 2008, S. 118.
[81] Vgl. Lüdicke, J., Personengesellschaften, 2000, S. 26; Günkel, M./Lieber, B., FR 2000, S. 854; Gosch, D., StBp 2003, S. 96; Wassermeyer, F., Der Konzern 2008, S. 339 m. w. N.; Debatin, H./Wassermeyer, F., Doppelbesteuerung, Art. 7, Anm. 109.
[82] Vgl. zuletzt BFH v. 17. 10. 2007, BFH/NV 2008, S. 869.
[83] Vgl. BT-Drs. 16/11108, S. 28 f.
[84] Vgl. auch Meretzki, A., IStR 2009, S. 222 f.

hingegen nicht ausreichend.[85] Liegt eine solche Zugehörigkeit hingegen nicht vor, hat der Quellenstaat (Deutschland) folglich auch kein uneingeschränktes Besteuerungsrecht i. S. d. Art. 7 Abs. 1 OECD-Modell. Nach h. M. im Schrifttum ändert § 50 d Abs. 10 EStG daran nichts, da dieser sich lediglich auf die Fiktion der abkommensrechlichen Einkunftsart, nämlich als Unternehmensgewinne beschränkt, ohne zugleich diese der Betriebsstätte (hier Personengesellschaft) zuzurechnen. Somit birgt der neugeschaffene § 50 d Abs. 10 EStG die Gefahr, dass Deutschland zugleich auch sein Quellenbesteuerungsrecht verliert, da es sich nunmehr „ausschließlich" um Unternehmensgewinne und nicht mehr um Dividenden, Zinsen etc. handelt.[86] Der Gesetzgeber sollte deswegen diese Norm rasch wieder abschaffen.

Grundsätzlich wird das Merkmal der tatsächlichen Zugehörigkeit nach gefestigter BFH-Rechtsprechung restriktiv ausgelegt.[87] Dabei orientiert man sich am **funktionalen Sachzusammenhang** zu der in der Betriebsstätte ausgeübten unternehmerischen Tätigkeit, wobei der Einsatz der den Sondervergütungen zugrunde liegenden Vermögenswerte zwar nicht objektiv notwendig oder gar zwingend, jedoch zumindest vernünftig wirtschaftlich begründet sein muss.[88] Die Sondervergütungen können aber nur dann den Unternehmensgewinnen i. S. d. Art. 7 OECD-Modell zugeordnet werden, wenn sie zumindest Nebenerträge der Tätigkeit, auf der der Schwerpunkt der in der Betriebsstätte ausgeübten Unternehmenstätigkeit liegt, darstellen. Ein Anhaltspunkt gegen die tatsächliche Zugehörigkeit zu einer Betriebsstätte ist gegeben, wenn die aus dem Vermögenswert resultierenden Einkünfte genauso vom Wohnsitzstaat des betreffenden Mitunternehmers aus hätten erzielt werden können bzw. wenn die Einkünfte aus dem Vermögenswert die Höhe des Unternehmensgewinns im engeren Sinne nicht beeinflussen.[89]

Bei **Zinszahlungen** einer inländischen Personengesellschaft an ihren ausländischen Mitunternehmer ist die tatsächliche Zugehörigkeit des zugrunde liegenden Darlehens zur inländischen Betriebsstätte regelmäßig abzulehnen, d. h. der Betriebsstättenvorbehalt des Art. 11 Abs. 4 OECD-Modell greift hier nicht, da eine lediglich rechtliche Zugehörigkeit i. S. d. § 15 Abs. 1 Nr. 2 EStG durch bloße Eigenschaft als Sonderbetriebsvermögen nicht ausreichend ist.[90] Somit ist auf Zinszahlungen nicht Art. 7 OECD-Modell, sondern der Spezialartikel (Art. 11 OECD-Modell) anzuwenden, wonach sich für Deutschland

---

[85] Vgl. u. a. BFH v. 17. 10. 2007, BFH/NV 2008, S. 869; Piltz, D. J., Qualifikationskonflikte, 1993, S. 44 ff.; Lüdicke, J., StbKR 1996, S. 426. Kritisch hierzu Wolff, U., Unternehmensgewinne, 2005, S. 660 ff.
[86] Vgl. u. a. Salzmann, S., IWB, Fach 3, Deutschland, Gruppe 3, S. 1550 ff.; Meretzki, A., IStR 2009, S. 218 f.; Günkel, M./Lieber, B., Ubg 2009, S. 304 f.; Debatin, H./Wassermeyer, F., Doppelbesteuerung, Art. 7, Anm. 109 a.
[87] Vgl. BFH v. 27. 2. 1991, BStBl 1991 II, S. 444; BFH v. 26. 2. 1992, BStBl 1992 II, S. 937; BFH v. 31. 5. 1995, BStBl 1995 II, S. 683; BFH v. 30. 8. 1995, BStBl 1996 II, S. 563; BFH v. 7. 8. 2002, BStBl 2002 II, S. 848.
[88] Vgl. Debatin, H./Wassermeyer, F., Doppelbesteuerung, Art. 21, Anm. 82.
[89] Vgl. BFH v. 30. 8. 1995, BStBl 1996 II, S. 563.
[90] Vgl. BFH v. 27. 2. 1991, BStBl 1991 II, S. 444; BFH v. 10. 8. 2006, BFH/NV 2006, S. 2326; BFH v. 20. 12. 2006, BFH/NV 2007, S. 831; BFH v. 17. 10. 2007, BFH/NV 2008, S. 869; Lüdicke, J., StbKR 1996, S. 426; Debatin, H./Wassermeyer, F., Doppelbesteuerung, Art. 7, Anm. 114.

nur ein begrenztes Quellenbesteuerungsrecht ergibt, das zudem regelmäßig nicht ausgeübt wird.[91]

Hinsichtlich der Beteiligung an einer Komplementär-GmbH und der von ihr an einen ausländischen Gesellschafter gezahlten **Dividenden** kann dagegen dann eine tatsächliche Zugehörigkeit zu der inländischen Betriebsstätte vorliegen, wenn sich die Komplementär-GmbH im Wesentlichen nur mit der Geschäftsleitung einer ausschließlich im Inland tätigen GmbH & Co. KG beschäftigt. In diesem Fall erfolgt eine Zuordnung der Einkünfte zu den Unternehmensgewinnen i. S. d. Art. 7 OECD-Modell, für welche Deutschland das uneingeschränkte Besteuerungsrecht hat. Die tatsächliche Zugehörigkeit ist jedoch insofern abzulehnen, als die Komplementär-GmbH noch weitere Funktionen wahrnimmt. In diesem Fall greift der Betriebsstättenvorbehalt des Art. 10 Abs. 4 OECD-Modell nicht, so dass Art. 7 OECD-Modell keine Anwendung findet. Für Deutschland ergibt sich nur ein begrenztes Besteuerungsrecht (Art. 10 Abs. 2 OECD-Modell).[92]

Bislang konnten sich für den Gesellschafter durch den Vorrang der Art. 6, 8 und 13–18 OECD-Modell vor Art. 7 OECD-Modell dahingehend Gestaltungsmöglichkeiten ergeben, dass durch die Art seiner Beziehungen zur Personengesellschaft – entweder schuldrechtliche oder gesellschaftsrechtliche Verträge – die abkommensrechtliche Behandlung der Einkünfte beeinflusst werden konnte. So fielen bspw. **Tätigkeitsvergütungen** bei Abschluss eines Anstellungsvertrages unter Art. 15 OECD-Modell, wodurch für die Zuteilung des Besteuerungsrechts das Arbeitsortprinzip zur Anwendung kommt. Wurde dagegen auf den Abschluss eines solchen Vertrages verzichtet und stattdessen die Tätigkeit des Gesellschafters durch einen Vorabgewinn abgegolten, griff Art. 7 OECD-Modell und Deutschland erhielt das vorrangige Besteuerungsrecht.[93] Dem steht nunmehr § 50 d Abs. 10 EStG entgegen, wonach auch solche Sondervergütungen, wie z. B. Tätigkeitsvergütungen, als Unternehmensgewinne (Art. 7 OECD-Modell) fingiert werden.[94]

b) Die Besteuerung im Verlustfall

Abkommensrechtlich umfasst der Ausdruck „Gewinn" sowohl positive als auch negative Einkünfte.[95] Somit ergeben sich im Verlustfall für die Zuordnung des Besteuerungsrechts nach dem OECD-Modell keine Besonderheiten. Da das OECD-Modell zur Ermittlung und Verrechnung des Verlusts keine Vorschriften enthält, sind die nationalen Steuergesetze anzuwenden.[96] Daher ist eine inner- (§ 2 Abs. 3 EStG) bzw. interperiodische (§ 10 d EStG) Verlustverrechnung unter Beachtung der Verlustverrechnungsbeschränkungen der §§ 15 a und 2 a EStG durchzuführen.

---

[91] Vgl. Pyszka, T., IStR 1998, S. 746 ff.; Göttsche, M./Stangl, I., DStR 2000, S. 501; Endres, D., PIStB 2001, S. 85.
[92] Vgl. BFH v. 26. 2. 1992, BStBl 1992 II, S. 937.
[93] Vgl. Debatin, H./Wassermeyer, F., Doppelbesteuerung, Art. 7, Anm. 111. Diese Vorgehensweise ablehnend Wolff, U., Unternehmensgewinne, 2005, S. 660.
[94] Vgl. Salzmann, S., IWB, Fach 3, Deutschland, Gruppe 3, S. 1552.
[95] Vgl. u. a. BFH v. 12. 1. 1983, BStBl 1983 II, S. 382; Debatin, H./Wassermeyer, F., Doppelbesteuerung, Art. 7, Anm. 159 m. w. N.
[96] Vgl. Debatin, H./Wassermeyer, F., Doppelbesteuerung, Vor Art. 6–22, Anm. 55.

2. Gewerbesteuer

Grundsätzlich gelten die deutschen DBA auch für die Gewerbesteuer. Allerdings beinhalten die Abkommen in der Regel für die Gewerbesteuer keine eigenständigen Abgrenzungsregeln, so dass Personengesellschaften nur insoweit zur Gewerbesteuer herangezogen werden können, als Deutschland das vorrangige Besteuerungsrecht nach den Abgrenzungsregeln für die Einkommen- und Körperschaftsteuer zusteht.[97]

---

[97] Vgl. Vogel, K./Lehner, M., DBA-Kommentar, Art. 2, Anm. 55 ff.

Vierter Teil
Laufende Besteuerung unternehmerischer Gestaltungsalternativen deutscher Investoren im Ausland (Outbound-Investitionen)

1. Kapitel. Besteuerung von grenzüberschreitenden Direktgeschäften inländischer Investoren

A. Qualifikationsproblematik bei Direktgeschäften

Der Begriff **Direktgeschäft** ist kein gesetzlicher Tatbestand des deutschen Rechts, sondern ein in der Literatur mit unterschiedlichen Inhalten geprägter Begriff. Für den hier zugrunde gelegten Begriff des Direktgeschäfts sowie seine Abgrenzung zu den Direktinvestitionen (Betriebsstätte, Kapitalgesellschaft, Personengesellschaft) kann auf die Ausführungen im dritten Teil (Inbound-Fall) verwiesen werden. Mit dem Begriff Direktgeschäfte soll der gesamte gewerbliche Leistungsaustausch über die Grenze ohne festen Stützpunkt im Abnehmerland erfasst werden. Dazu gehören neben der Lieferung von Waren (Außenhandel) und dem Erbringen von Dienstleistungen auch der Kapitalexport sowie Nutzungsüberlassungen. Darüber hinaus umfasst der Begriff des Direktgeschäfts auch gesellschaftsrechtliche Beteiligungen, soweit es sich dabei nicht um direktes unternehmerisches Engagement im Ausland handelt. Dies ist nach herrschender Rechtswertung immer dann der Fall, wenn die Beteiligungsquote 10% nicht übersteigt.

Inwieweit die aus Direktgeschäften resultierenden Zahlungen bzw. das diesen Vorgängen zugrunde liegende Vermögen neben der inländischen Besteuerung (unbeschränkte Steuerpflicht) auch im Ausland steuerlich erfasst werden, hängt zunächst von der Konzeption der beschränkten Steuerpflicht im nationalen ausländischen Recht ab.

Im dritten Teil (Inbound-Investitionen) wurde die Quellenbesteuerung im Rahmen des deutschen Rechts erläutert. In zahlreichen ausländischen Staaten existieren durchaus vergleichbare Vorschriften, wie im Folgenden überblickartig dargestellt wird. Die vorausgegangene Darstellung der inländischen Besteuerungskonzeption erleichtert dabei auch das Verständnis für abweichende ausländische Einzelregelungen.

Der höchste Grad an Übereinstimmung zwischen in- und ausländischen Regelungen zur beschränkten Steuerpflicht kann für die Staaten festgestellt werden, die eine nahezu gleichgelagerte Wirtschaftsentwicklung und einen in etwa ausgeglichenen Handelsverkehr aufweisen **(Industriestaaten)**. Hier finden sich dem inländischen Recht weitgehend vergleichbare Quellensteuerregeln, wie die nachfolgende Übersicht verdeutlicht.[1]

---

[1] Vgl. Patrick, R.J. jr., CDFI 1980, S. 61 ff.; Phillips, J.S./Collins, M.H., CDFI 1985, S. 112 ff.; Ault, H.J./Arnold, B.J., Comparative, 2010, S. 495 ff.

Tabelle 16: Anknüpfungspunkte der beschränkten Steuerpflicht in Industriestaaten

Einkunftsart	Quellenbesteuerung
1. Veräußerung materieller und immaterieller beweglicher Vermögenswerte	Keine Quellenbesteuerung bei Unterschreitung der Betriebsstättengrenze (aber z. B. in den USA ein umfassenderes Trade-or-business-Konzept)
2. Zinsen	Umfangs- und betragsmäßig begrenzte Quellenbesteuerung in Abhängigkeit von der Ansässigkeit des Schuldners, der Art der Schuld, der Belegenheit der Kreditsicherung (Grundbesitz) etc.
3. Dividenden	Volle oder betragsmäßig begrenzte Quellenbesteuerung im Sitzland der zahlenden Gesellschaft
4. Lizenzgebühren (inkl. Zahlungen für die Nutzung von Warenzeichen und Urheberrechten)	Umfangs- und betragsmäßig begrenzte Quellenbesteuerung am Ort der Nutzung bzw. im Sitzland des Lizenzgebührenschuldners
5. Vermietung von Anlagen und sonstigen materiellen Vermögenswerten	Betragsmäßig begrenzte Quellenbesteuerung im Staat der Nutzung (ausnahmsweise Vertragsort bzw. Sitzstaat des Schuldners)
6. Einkünfte aus unbeweglichem Vermögen	Quellenbesteuerung im Belegenheitsstaat
7. Einkünfte aus Dienstleistungen	Quellenbesteuerung am Ort der Arbeitsausübung bzw. Verwertung
8. Veräußerung von unbeweglichem Vermögen	Quellenbesteuerung nach Maßgabe des Belegenheitsprinzips bzw. der Betriebsstättenregel (Betriebsvermögen)

Der Darstellung kann entnommen werden, dass die Quellenbesteuerung bei den wirtschaftlich weiter entwickelten Staaten weitgehend der Struktur des § 49 EStG entspricht. Dies bedeutet allerdings nicht, dass in jedem Einzelfall und insbesondere bei komplexen Sachverhalten (z. B. Drittstaatsbeziehungen) einheitliche Abgrenzungen der Besteuerungsobjekte erfolgen. So setzt bspw. die Quellenbesteuerung gewerblicher Einkünfte in den USA aufgrund des Trade-or-business-Konzepts nach nationalem US-Recht wesentlich früher ein als in der Bundesrepublik Deutschland. Für eine steuerliche Erfassung im Rahmen der US-amerikanischen Bundeseinkommensteuer reicht es aus, dass ein nichtansässiger Ausländer eine nachhaltige, auf die Erzielung von Einkünften gerichtete Erwerbstätigkeit in den USA ausübt („income effectively connected with a trade or business in the USA"). Die Existenz einer US-amerikanischen Betriebsstätte ist nicht erforderlich (Sec. 864 (b) und (c) IRC).[2] Im internationalen Vergleich weit verbreitet ist zudem die Bruttobesteuerung der dem investment income zuzurechnenden Einkünfte, im Wesentlichen also Dividenden, Zinsen und Lizenzgebühren.[3] Um derartigen Unterschiedlichkeiten Rechnung tragen zu können, ist im Einzelfall eine genaue Überprüfung der jeweils betroffenen nationalen Quellenbesteuerungsrechte unumgänglich.

---

[2] Siehe hierzu auch McDaniel, P. R./Ault, H. J./Repetti, J. R., United States, 2005, S. 37 ff.; Endres, D./Schreiber, C. (Hrsg.), USA, 2008, S. 49, 306 f.
[3] Vgl. Ault, H. J./Arnold, B. J., Comparative, 2010, S. 510 ff.

1. Kapitel. Grenzüberschreitende Direktgeschäfte 387

Es wurde bereits erwähnt, dass die Mehrzahl der **Entwicklungsländer** (noch) keine auf dem Universalitätsprinzip aufbauenden Steuersysteme besitzt und als Pendant hierzu ihre Quellenbesteuerung umfassend (z. B. durch die Anwendung des Verwertungsprinzips oder die Ausdehnung des Lizenzbegriffs auf Ingenieurleistungen) definiert. Die Quellenbesteuerung ist dann nur eingeschränkt mit § 49 EStG vergleichbar, da sie – von Land zu Land unterschiedlich weit – darüber hinausgeht.

Dasselbe Problem wie bei den Quellenbesteuerungsregelungen zeigt sich auch bei der Zurechnung der Ausgaben zu den einzelnen Einkunftsarten. Die Entwicklungsländer sind bestrebt, einen wirtschaftlichen Zusammenhang mit den Einkünften zu verneinen, so dass ihre Besteuerungsgrundlagen keine Minderung erfahren. Häufig wird sogar bei solchen Aufwendungen, die unmittelbar ursächlich für die Erträge sind, die Anerkennung versagt. Entweder werden einzelne Betriebsausgaben generell nicht zum Abzug zugelassen (Provisionen, Nebenabgaben) bzw. auf einen mehr oder minder willkürlichen Prozentsatz vom Umsatz beschränkt (Gemeinkosten, Stammhauskosten) oder es werden übertriebene formale Anforderungen gestellt, welche die Abzugsfähigkeit begrenzen. Derartige in der Literatur z. B. unter dem Begriff „**Liefergewinnbesteuerung**" bekannte Besteuerungskonzepte führen – da sie den innerstaatlichen Besteuerungsanspruch übersteigen – zu speziellen Besteuerungsproblemen und werden im Folgenden immer einer gesonderten Betrachtung unterzogen.

B. Durchführung der laufenden Besteuerung

I. Quellenbesteuerung

1. Nationales Recht

Der **Steuerzugriff** im Quellenstaat kann i. S. einer umfassenden Quellenbesteuerung ausgestaltet (z. B. bei Entwicklungsländern) oder aber auf regelmäßig fließende Entgelte mit einem besonders engen Bezug zum Inland begrenzt sein (z. B. analog zu § 49 EStG). Im ersten Fall unterliegen bereits „Liefergewinne" im Rahmen grenzüberschreitender Warenlieferungen und Dienstleistungen der Besteuerung; im letzten Fall sind derartige Gewinne im Quellenstaat steuerfrei. Andere Entgelte aus grenzüberschreitenden Direktgeschäften, wie aus der Überlassung von Kapital (Zinsen, Dividenden), aus der Vermietung von Vermögenswerten und aus der Lizenzvergabe, unterliegen generell einer Besteuerung im Quellenstaat.

In diesen Fällen, in denen keine feste Verknüpfung mit dem Ausland besteht, wird die ausländische Steuer zumeist mit einem festen Steuersatz vom Bruttobetrag erhoben. Es findet oftmals keine Veranlagung des Steuerpflichtigen statt; vielmehr ist die Steuerschuld mit der im Rahmen des Abzugsverfahrens erhobenen Steuer meist abgegolten. In den Mitgliedstaaten der EU verstößt diese abgeltende Bruttobesteuerung nach Rechtsprechung des EuGH jedoch gegen EU-Recht. Danach ist eine Nettobesteuerung beschränkt steuerpflichtiger EU-Staatsangehöriger erforderlich.[4] Eine Berücksichtigung der

---

[4] Vgl. hierzu EuGH v. 3. 10. 2006 (FKP Scorpio Konzertproduktionen), EuGHE 2006, S. I-9461; EuGH v. 15. 2. 2007 (Centro Equestre), EuGHE 2007, S. I-1425; sowie 3. Teil, 1. Kapitel, Abschnitt B I.

persönlichen Verhältnisse des Steuerpflichtigen findet im Quellenstaat entweder überhaupt nicht oder nur unter weiteren, engen Voraussetzungen statt. Diese Vorgehensweise ist somit grundsätzlich vergleichbar mit derjenigen im Rahmen der deutschen Quellenbesteuerung. Als Beispiel sei die Vorgehensweise im **US-amerikanischen Steuerrecht** aufgezeigt. Hier erfolgt die Besteuerung nach dem Nettoprinzip nur dann, wenn die jeweiligen Einkünfte mit dem inländischen Wirtschaftsgeschehen besonders eng verknüpft sind und sich als Ergebnis einer inländischen Geschäftstätigkeit darstellen („income which is effectively connected with the conduct of a trade or business within the United States", Sec. 871 (a) und (b) IRC). Non-business income aus periodisch wiederkehrenden Zahlungen wird hingegen nach dem Bruttoprinzip besteuert; die Steuer ist durch einen 30%igen Abzug an der Quelle abgegolten (Sec. 1441, 1442 IRC). Neben diesen übereinstimmenden Grundstrukturen existieren jedoch beträchtliche Unterschiede im Detail: Im Gegensatz zum deutschen Recht unterliegt in den USA bspw. auch die Veräußerung von US-Grundvermögen durch Nichtansässige generell der Quellensteuer (Sec. 1445 IRC).

2. Abkommensrecht

Liegt ein DBA mit dem Quellenstaat vor, so ist zu prüfen, inwieweit hierdurch das Besteuerungsrecht des Quellenstaates eingeschränkt wird.[5] Sowohl im OECD-Modell als auch im UN-Modell ist Voraussetzung für die Besteuerung von **Unternehmensgewinnen** das Vorliegen einer Betriebsstätte (Art. 7 OECD-/UN-Modell). Der Vorgehensweise einiger Entwicklungsländer, die Besteuerung bereits an Warenlieferungen oder gewerbliche Dienstleistungen anzuknüpfen, wird damit eine Absage erteilt. Eine Beschränkung der Quellenbesteuerung der Höhe nach ist für **Zinsen und Dividenden** vorgesehen: Während das OECD-Modell mit 10% bei Zinsen (Art. 11 OECD-Modell) und 15% bei Dividenden (Art. 10 OECD-Modell) konkrete Grenzen vorgibt, überlässt das UN-Modell die Festlegung von Höchstsätzen bilateralen Verhandlungen. **Lizenzen** sollen nach dem OECD-Modell nur im Wohnsitzstaat besteuert werden (Art. 12 OECD-Modell). Dagegen sehen das UN-Modell und zahlreiche konkrete DBA aber auch für diese Einkunftskategorie eine beschränkte Quellensteuer vor. Ein uneingeschränktes Besteuerungsrecht wird dem Quellenstaat nach beiden Modellen für **Einkünfte aus unbeweglichem Vermögen** zuerkannt (Belegenheitsprinzip, Art. 6 OECD-/UN-Modell).

II. Wohnsitzbesteuerung

1. Nationales Recht

a) Einkommen- und Körperschaftsteuer

(1) Die Besteuerung im Gewinnfall

Im Rahmen der unbeschränkten Steuerpflicht werden grundsätzlich sämtliche Einkünfte von Steuerinländern durch den Wohnsitzstaat besteuert **(Universalitätsprinzip)**. Diesem Grundprinzip wird im nationalen deutschen

---
[5] Vgl. hierzu ausführlich 1. Teil, 4. Kapitel, Abschnitt C I.

1. Kapitel. Grenzüberschreitende Direktgeschäfte

Steuerrecht uneingeschränkt Rechnung getragen, soweit sich aus dem Direktgeschäft ein nach deutschen Maßstäben positiver Erfolgsbeitrag ergibt. Die durch den grenzüberschreitenden Leistungsaustausch erwirtschafteten Erfolgsbeiträge sind Bestandteil der inländischen Bemessungsgrundlage der Einkommen- bzw. Körperschaftsteuer (§ 1 Abs. 1 EStG und § 1 KStG). Haben diese Einkünfte im Quellenstaat zugleich der beschränkten Steuerpflicht unterlegen, kann es folglich zu **Doppelbesteuerungen** kommen.

Das deutsche Einkommensteuerrecht kennt nach § 34 c EStG verschiedene Methoden zur Vermeidung oder Minderung solcher Doppelbesteuerungen. Durch den Verweis des § 26 Abs. 6 KStG auf § 34 c EStG knüpft das Körperschaftsteuerrecht unmittelbar an die einkommensteuerlichen Maßnahmen an. Im Bereich der Direktgeschäfte kommen bei der Einkommen- und Körperschaftsteuer vorrangig die Anrechnungs- und die Abzugsmethode zum Zuge.

Werden grenzüberschreitende Direktgeschäfte im Ausland (Quellenstaat) einer der inländischen Einkommen- bzw. Körperschaftsteuer entsprechenden Steuer unterworfen, so gewährt § 34 c Abs. 1 EStG bzw. § 26 Abs. 1 KStG die Möglichkeit zur Anwendung der **Anrechnungsmethode.** Dabei kommen die dargestellten Anwendungsvoraussetzungen des § 34 c Abs. 1 EStG (ausländische Einkünfte, per-country limitation, Anrechnungshöchstbetrag) zum Tragen.[6] Werden ausländische Dividenden, die bei inländischen natürlichen Personen nur zu 60% dem progressiven Tarifsteuersatz unterliegen (bei im Betriebsvermögen gehaltenen Gesellschaftsanteilen),[7] durch eine ausländische Kapitalertragsteuer reduziert, ist diese im Rahmen des Anrechnungshöchstbetrags im Ganzen auf die im Inland zu zahlende deutsche Einkommensteuer anrechenbar.[8] Bei ausländischen Beteiligungserträgen, die eine inländische Kapitalgesellschaft bezieht, findet dagegen die **Freistellungsmethode** Anwendung: Nach § 8 b Abs. 1 und 5 KStG vereinnahmt die Kapitalgesellschaft die Dividenden im Ergebnis zu 95% steuerfrei. Eine Anrechnung der ausländischen Quellensteuer kommt in diesem Fall generell nicht in Betracht.[9]

Wahlweise kann statt der Anrechnungsmethode auch die **Abzugsmethode** angewandt werden (§ 34 c Abs. 2 EStG und § 26 Abs. 6 KStG i. V. m. § 34 c Abs. 2 EStG), wobei die Wahl der Abzugsmethode insbesondere bei Verlusten des inländischen Unternehmens vorteilhaft ist.[10] Hierbei ist zu beachten, dass eine ausländische Steuer auf ausländische Einkünfte nur insoweit abgezogen werden kann, als die Einkünfte in Deutschland nicht steuerfrei sind. Bei Dividenden, die dem Teileinkünfteverfahren unterliegen, können deshalb nur 60% der ausländischen Steuern abgezogen werden. Werden grenzüberschreitende Direktgeschäfte im Quellenstaat einer Steuer unterworfen, die nicht der

---

[6] Vgl. ausführlich zu den unilateralen Maßnahmen zur Vermeidung der Doppelbesteuerung 1. Teil, 4. Kapitel, Abschnitt B.
[7] Vgl. 1. Teil, 4. Kapitel, Abschnitt B I 1 a) (6). Zum deutschen Kapitalertragsteuerabzug bei privaten ausländischen Kapitalerträgen siehe Harenberg, F. E., IWB, Fach 3, Deutschland, Gruppe 3, S. 1563 f.
[8] Bei privaten ausländischen Kapitalerträgen, die der Abgeltungsteuer unterliegen, wird eine Doppelbesteuerung durch § 32 d Abs. 5 EStG vermieden. Vgl. hierzu Hechtner, F., BB 2009, S. 76 ff.
[9] Vgl. 1. Teil, 4. Kapitel, Abschnitt B II 2.
[10] Siehe hierzu den Vorteilhaftigkeitsvergleich im 1. Teil, 4. Kapitel, Abschnitt B I 2 b).

inländischen Einkommen- bzw. Körperschaftsteuer entspricht (z. B. Liefergewinnbesteuerung), bzw. liegen nach deutschem Recht keine ausländischen Einkünfte vor, so verbleibt als einzige unilaterale Maßnahme zur Milderung der Doppelbesteuerung die Abzugsmethode (§ 34 c Abs. 3 EStG, § 26 Abs. 6 KStG i. V. m. § 34 c Abs. 3 EStG). Letztere kommt auch zur Anwendung, wenn neben dem Staat, aus dem die Einkünfte stammen (Quellenstaat), ein weiterer Staat (Drittstaat) Teile dieser Einkünfte besteuert.

Die vorstehend genannten unilateralen Maßnahmen haben nur bei solchen Steuern eine Wirkung, die der inländische Steuerpflichtige als Steuerschuldner im Rahmen der dortigen beschränkten Steuerpflicht entrichtet hat. Steuern einer ausländischen Tochtergesellschaft können dagegen nicht angerechnet werden.

(2) Die Besteuerung im Verlustfall

Der Umfang der Steuerpflicht wird bei Vorliegen einer persönlichen Bindung des Steuerpflichtigen zum steuererhebenden Staat grundsätzlich durch das **Universalitätsprinzip** bestimmt. Dies führt dazu, dass im Rahmen der unbeschränkten Steuerpflicht sowohl inländische als auch ausländische Einkunftsteile im Wohnsitzstaat der Besteuerung zu unterwerfen sind.

Im deutschen Einkommensteuerrecht erfährt dieser Grundsatz jedoch im Zusammenhang mit bestimmten Verlusten aus solchen Ländern, die weder Mitgliedstaaten der EU noch Staaten der EWR sind (sog. Drittstaaten; § 2 a Abs. 2 a EStG), eine wesentliche Durchbrechung: In § 2 a Abs. 1 EStG ist festgelegt, dass bestimmte negative Einkünfte nicht in den Verlustausgleich nach § 2 EStG und in den Verlustabzug nach § 10 d EStG einzubeziehen sind, sondern einem gesonderten, räumlich und sachlich begrenzten Verlustverrechnungsmechanismus unterworfen werden. Danach können Verluste i. S. d. § 2 a EStG im Zeitraum ihrer Entstehung nur mit positiven Einkünften derselben Art und aus demselben Drittstaat ausgeglichen werden. Ist ein derartiger Verlustausgleich im Jahr der Verlustentstehung nicht gegeben, besteht die Möglichkeit eines zeitlich unbeschränkten Verlustvortrags auf die folgenden Veranlagungszeiträume. Über § 8 KStG wirken sich die **Verlustverrechnungsbeschränkungen** des § 2 a EStG auch auf die Körperschaftsteuer aus. Allerdings sind diese Verlustverrechnungsbeschränkungen in Bezug auf EU-/EWR-Staaten vor dem Hintergrund der europäischen Grundfreiheiten zu lockern: Innerhalb der EU/EWR darf die Einkünftezurechnung nicht auf den Gewinnfall begrenzt sein, sondern sie muss auch im Verlustfall erfolgen.[11] Fraglich ist allerdings, ob auch die Beschränkung von Verlusten aus Direktgeschäften in Drittstaaten gegen die Kapitalverkehrsfreiheit verstößt.[12]

Die in § 2 a EStG abschließend aufgezählten negativen ausländischen Einkünfte sind im Einzelnen insbesondere solche

---

[11] Vgl. EuGH v. 21. 2. 2006 (Ritter-Coulais), EuGHE 2006, S. I-1711; EuGH v. 29. 3. 2007 (Rewe Zentralfinanz), EuGHE 2007, S. I-2647; EuGH v. 15. 10. 2009 (Busley/Cibrian), DStR 2009, S. 2186; Cordewener, A., IStR 2003, S. 417 f.; Haarmann, W., Verlustnutzung, 2004, S. 174; Kessler, W., Betriebstättenverluste, 2004, S. 103.

[12] Vgl. Wittkowski, A./Lindscheid, F., IStR 2009, S. 229. Nach Ansicht des EuGH liegt in Bezug auf EU-/EWR-Staaten zumindest auch eine Beschränkung der Kapitalverkehrsfreiheit vor. Vgl. EuGH v. 15. 10. 2009 (Busley/Cibrian), DStR 2009, S. 2186.

1. Kapitel. Grenzüberschreitende Direktgeschäfte

- aus einer in einem Drittstaat belegenen gewerblichen Betriebsstätte (Drittstaaten-Betriebsstätte; Abs. 1 Satz 1 Nr. 2), soweit nicht Einkünfte erzielt werden, die mittels der Ausnahmeregelung in § 2a Abs. 2 Satz 1 EStG als aktiv qualifiziert werden;[13]
- aus Beteiligungen an solchen Körperschaften, die weder ihre Geschäftsleitung noch ihren Sitz innerhalb der EU/EWR haben (Drittstaaten-Kapitalgesellschaft; Abs. 1 Satz 1 Nr. 3 und 4); dazu gehören sowohl Verluste aus der Veräußerung der Anteile, der Auflösung der Körperschaft sowie der Herabsetzung ihres Kapitals als auch Teilwertabschreibungen[14] und Entnahmeverluste, wenn diese auf Beteiligungen entfallen, die im inländischen Betriebsvermögen gehalten werden (Abs. 1 Satz 1 Nr. 3 und Nr. 4 i. V. m. § 17 EStG).[15] Das Verlustverrechnungsverbot greift allerdings nicht bei Beteiligungen an solchen Drittstaaten-Körperschaften, die während der letzten fünf Jahre vor und in dem VZ, in dem die negativen Einkünfte anfallen, oder seit ihrer Gründung aktive Tätigkeiten i. S. d. § 2a Abs. 2 Satz 1 EStG ausübten (§ 2a Abs. 2 Satz 2 EStG); als aktiv gilt auch das Halten einer wesentlichen Beteiligung an einer Drittstaaten-Kapitalgesellschaft sowie eine damit in Zusammenhang stehende Finanzierung, wenn die Drittstaaten-Kapitalgesellschaft (fast) ausschließlich aktive Tätigkeiten ausübt (Holdingprivileg; § 2a Abs. 2 Satz 1 letzter Halbsatz EStG);[16]
- aus der Beteiligung an einem Handelsgewerbe als stiller Gesellschafter und aus partiarischen Darlehen, wenn der Schuldner Wohnsitz, Sitz oder Geschäftsleitung in einem Drittstaat hat (Abs. 1 Satz 1 Nr. 5);
- aus der Vermietung oder Verpachtung von in Drittstaaten belegenen Grundstücken und Sachinbegriffen (Abs. 1 Satz 1 Nr. 6);
- aus Verlusten und Wertminderungen aus der Beteiligung an Körperschaften mit Sitz oder Geschäftsleitung innerhalb der EU/EWR und somit auch im Inland (Abs. 1 Satz 1 Nr. 7). Durch Zwischenschaltung einer solchen Kapitalgesellschaft könnten die Einschränkungen der Verlustverrechnung durch § 2a Abs. 1 Satz 1 Nr. 1–6 EStG nämlich umgangen werden, da zwar die negativen Drittstaaten-Einkünfte auf Ebene der Kapitalgesellschaft von der unmittelbaren Verlustverrechnung ausgeschlossen sind, eine mittelbare Verlustberücksichtigung beim Anteilseigner jedoch durch eine Minderung des Buchwertes der gehaltenen Beteiligung zu erreichen wäre; dies zu vermeiden ist Ziel des § 2a Abs. 1 Satz 1 Nr. 7 EStG.[17]

Trotz der im Zusammenhang mit dem JStG 2009[18] kodifizierten Herausnahme von EU-/EWR-Sachverhalten ist die Vorschrift weiterhin zu kritisieren. Die **Zielsetzung** des § 2a EStG ist die Versagung des Verlustausgleichs

---

[13] Vgl. hierzu die Ausführungen im 2. Kapitel, Abschnitt B II 1 a) (2).
[14] Hinsichtlich ausschüttungsbedingter Teilwertabschreibungen findet ggf. § 8b Abs. 3 KStG vorrangig Anwendung. Vgl. Blümich, W., Einkommensteuergesetz, § 2a EStG, Anm. 30.
[15] Durch die gleichzeitige Beschränkung bei mittelbaren Verlustverrechnungen durch Teilwertabschreibungen oder Veräußerungs- bzw. Entnahmevorgänge erfolgt eine Gleichbehandlung mit Verlusten ausländischer Betriebsstätten.
[16] Vgl. hierzu die Ausführungen im 3. Kapitel, Abschnitt B II 1 a) (2).
[17] Vgl. die Gesetzesbegründung in BT-Drs. 12/1108, S. 51. Auch hier hat § 8b Abs. 3 KStG ggf. Vorrang. Vgl. Blümich, W., Einkommensteuergesetz, § 2a EStG, Anm. 30.
[18] Vgl. BGBl 2008 I, S. 2794.

für solche Tätigkeiten, mit denen zu Lasten des inländischen Steueraufkommens (aus politischer Sicht) volkswirtschaftlich nicht sinnvolle Investitionen ausgeführt werden.[19] Allerdings lassen sich kaum allgemein anerkannte Kriterien finden, mit denen der volkswirtschaftliche Nutzen einer Investition eindeutig und unwiderlegbar festgestellt werden könnte. Aufgrund dessen ist auch die vom Gesetzgeber vorgenommene Auswahl zwischen volkswirtschaftlich sinnvollen und nicht sinnvollen Investitionen angreifbar. Es ist wenig einleuchtend, warum Investitionen in ausländische Kapitalanlagen der inländischen Volkswirtschaft Nutzen bringen sollen, Investitionen in ausländisches Grundvermögen hingegen nicht. Gleiches gilt auch im Hinblick auf die Einordnung einer ausländischen land- und forstwirtschaftlichen Betriebsstätte als schädlich und der Gewinnung von Bodenschätzen im Ausland als nützlich.

Zwar sollen nach der Gesetzesbegründung[20] hauptsächlich **Verlustzuweisungsmodelle** erfasst werden, wie z. B. die Beteiligung an ausländischen Touristikvorhaben oder der Erwerb ausländischer Plantagen und Tierfarmen. Dies ist auch insoweit gerechtfertigt, als bei solchen Auslandsinvestitionen zum Teil eine Überschusserzielungsabsicht nicht besteht und § 2a EStG letztlich eine dem Verlustabzugsverbot bei Tätigkeiten aus Liebhaberei ähnliche Regelung darstellt.[21] Jedoch sind Verluste aus regulären Geschäftstätigkeiten im Ausland genauso betroffen wie Verluste aus Steuersparmodellen, da in § 2a EStG eine entsprechende Differenzierung nach dem Verlustentstehungsgrund fehlt. Vielmehr hätte unterschieden werden können zwischen Verlusten, die aufgrund bilanzpolitischer Maßnahmen entstanden sind (Bilanzierungs- und Bewertungswahlrechte, Sonderabschreibungen etc.), und anderen, die auch im nationalen Geschäftsverkehr auftreten, wie dies vor allem bei der Neubegründung einer unternehmerischen Tätigkeit durch Anlaufverluste oder durch Fehleinschätzung künftiger Marktentwicklungen regelmäßig der Fall ist.[22] Folglich stellt § 2a EStG eine Benachteiligung der gesamten Exportwirtschaft dar. Insbesondere im Zusammenhang mit risikoreichen Auslandsgeschäften kann die Verlustverrechnungsbeschränkung durch § 2a EStG im Einzelfall zu erheblichen Härten für den Steuerpflichtigen führen, die mit dem Leistungsfähigkeitsgrundsatz nicht vereinbar sind.[23]

Neben diesen grundsätzlichen Einwendungen gegen die Norm ist auch die Einzelausgestaltung des § 2a EStG Gegenstand zahlreicher kritischer Äußerungen. Umstritten ist hier insbesondere die Frage, ob sich die **Einordnung der Verluste** in die Nr. 1–7 des § 2a Abs. 1 Satz 1 EStG nach der Einkunftsart i. S. der §§ 13 ff. EStG richtet oder ob sie sich getrennt davon vollzieht.

---

[19] Vgl. die Gesetzesbegründung in BT-Drs. 9/2074, S. 62. Sowohl im Grundsatz als auch im Detail kritisch zu dieser Regelung vgl. z. B. Vogel, K., BB 1983, S. 180 ff.; Herrmann, C./Heuer, G./Raupach, A., Einkommensteuergesetz, § 2a EStG, Anm. 6 und 9; Kirchhof, P./Söhn, H./Mellinghoff, R., Einkommensteuergesetz, § 2a EStG, Anm. A 71 ff.
[20] Vgl. die Gesetzesbegründung in BT-Drs. 9/2074, S. 62.
[21] Vgl. Flick, H./Wassermeyer, F./Baumhoff, H., Außensteuerrecht, § 2a EStG, Anm. 21.
[22] Vgl. Biergans, E., IWB, Fach 3, Deutschland, Gruppe 3, S. 999.
[23] Die Frage der Verfassungsmäßigkeit der Norm hat der BFH in mehreren Urteilen bejaht; vgl. BFH v. 17. 10. 1990, BStBl 1991 II, S. 138; BFH v. 26. 3. 1991, BStBl 1991 II, S. 704; BFH v. 5. 9. 1991, BStBl 1992 II, S. 192; eine Beurteilung durch das BVerfG ist indes bisher nicht erfolgt.

1. Kapitel. Grenzüberschreitende Direktgeschäfte

Die mit diesem Problem verbundenen Auswirkungen auf das Verlustverrechnungspotenzial sollen anhand folgenden Beispiels verdeutlicht werden.

Beispiel: Ein inländischer Gewerbetreibender hat in einem Drittstaat eine gewerbliche Betriebsstätte und vermietet im gleichen Staat ein Grundstück. Aus der Vermietungstätigkeit erwachsen dem Steuerpflichtigen Verluste.

Fasst man die Kategorien des § 2a Abs. 1 EStG als Einkunftsarten i. S. d. § 2 EStG auf, so hat dies zur Folge, dass die Verluste aus der Vermietungstätigkeit nicht unter § 2a Abs. 1 Satz 1 Nr. 6 Buchstabe a EStG subsumiert werden können, da es sich bei ihnen wegen der Subsidiaritätsklausel des § 21 Abs. 3 EStG nicht um Einkünfte aus Vermietung und Verpachtung handelt, sondern um Einkünfte aus Gewerbebetrieb. In diesem Fall kann ein uneingeschränkter Verlustausgleich mit inländischen Einkünften sowie Nicht-Drittstaaten-Einkünften vorgenommen werden. Analog dazu ist der Begriff „Einkünfte derselben Art" auf die jeweilige Einkunftsart i. S. d. § 2 EStG zu beziehen. Diese Auffassung wird aus der systematischen Stellung des § 2a EStG sowie der Anlehnung des Gesetzestextes an die Definitionen der Einkunftsarten, hier insbesondere in § 2a Abs. 1 Satz 1 Nr. 6 Buchstabe a EStG, abgeleitet.[24]

Gegen diese Auslegung des § 2a Abs. 1 EStG sprechen jedoch gewichtige Argumente: Zielsetzung des § 2a EStG ist es, bestimmte Tätigkeiten und Bereiche, die zur Gesamtheit der steuerbaren Einkünfte gehören, auszusondern und einem abweichenden Verlustverrechnungsmodus zu unterwerfen. Da das System der steuerbaren Einkünfte i. S. d. § 2 EStG nicht verlassen wird, ist eine Anknüpfung an die Terminologie der §§ 13 ff. EStG zwar nicht zu vermeiden. Jedoch weisen die Definitionen in den einzelnen Katalognummern des § 2a EStG neben den Übereinstimmungen auch deutliche Unterschiede zu den technischen Einkunftsarten auf, die eine Interpretation in diesem Sinne als nicht sachgerecht erscheinen lassen. In § 2a Abs. 1 Satz 1 Nr. 2 EStG wird hinreichend deutlich, dass gerade nicht die Gesamtheit der Einkünfte aus Gewerbebetrieb i. S. d. § 15 EStG gemeint ist, sondern eben nur Einkünfte, die im Rahmen einer gewerblichen Drittstaaten-Betriebsstätte anfallen.

Die Frage, wann eine Betriebsstätte als gewerblich zu qualifizieren ist, kann zwar nur auf Basis der Abgrenzungen der §§ 13 und 15 EStG beantwortet werden; insofern fügen sich die Nummern des § 2a EStG in die Einkunftsarten i. S. d. § 2 EStG ein. Sie sind allerdings ausschließlich tätigkeitsbezogen zu interpretieren und nicht als technische Einkunftsarten i. S. d. § 2 EStG.[25] Die Subsidiaritätsklauseln erlangen damit im Zusammenhang mit § 2a EStG keine Wirkung. Ebenso ist bei gemischten Tätigkeiten, z. B. bei einer originär land- und forstwirtschaftlichen Drittstaaten-Betriebsstätte, die im Rahmen eines inländischen Gewerbebetriebes unterhalten wird, allein die Tätigkeit im Drittstaat entscheidend. Diese Vorgehensweise wird auch als **umgekehrte isolierende Betrachtungsweise** bezeichnet.

Korrespondierend ist der Begriff „Einkünfte derselben Art" auf die einzelnen Katalognummern des § 2a Abs. 1 EStG zu beziehen. Eine Verrechnung

---

[24] Vgl. Vogel, K., BB 1983, S. 180 ff.; Kirchhof, P./Söhn, H./Mellinghoff, R., Einkommensteuergesetz, § 2a EStG, Anm. B 1 ff.
[25] Vgl. auch die Gesetzesbegründung in BR-Drs. 334/82, S. 48.

der Verluste ist dann nur mit solchen positiven Erfolgsbeiträgen aus dem Drittstaat möglich, die der gleichen Kategorie des § 2 a Abs. 1 EStG zuzuordnen sind.[26]

Wandelt man das obige Beispiel dahingehend ab, dass das Mietsgebäude dem Betriebsvermögen der Betriebsstätte zugeordnet wird, so entsteht die Frage, ob die Vermietungsverluste mit eventuellen Gewinnen aus der Betriebsstätte verrechnet werden können oder ob ein Ausgleich nur mit positiven Einkünften aus Vermietung und Verpachtung möglich ist.

Bei der Lösung dieses Problems sind die allgemeinen Grundsätze der Erfolgs- und Vermögensabgrenzung bei Betriebsstätten zu beachten:[27] Besteht ein tatsächlicher wirtschaftlicher Zusammenhang zwischen dem Mietgrundstück und den sonstigen Tätigkeiten der Betriebsstätte, dann ist eine Aussonderung der Vermietungsverluste nicht möglich.[28] Fehlt es allerdings an einem solchen wirtschaftlichen Zusammenhang, sind die Vermietungsverluste § 2 a Abs. 1 Satz 1 Nr. 6 Buchstabe a EStG zuzuordnen mit der Folge der entsprechenden Verlustverrechnungsbeschränkungen.[29]

Mit den bis hierher aufgezeigten Kritikpunkten und Anwendungsschwierigkeiten ist die Problematik des § 2 a EStG noch nicht erschöpft; darüber hinaus existiert eine Vielzahl umstrittener Fragen zu den Auswirkungen des § 2 a auf andere Normen des EStG. Dazu gehören u. a. der Einfluss des § 2 a auf den negativen Progressionsvorbehalt[30] im Zusammenhang mit der Freistellungsmethode und das Verhältnis zu den Verlustverrechnungsbeschränkungen[31] des § 15 a EStG bei ausländischen Personengesellschaften. An dieser Stelle soll insbesondere noch das Verhältnis zwischen § 2 a EStG und der **unilateralen Anrechnungs- und Abzugsmethode nach § 34 c EStG** erläutert werden.

Die verrechnungsbeschränkten Verluste gehen nach § 2 a EStG nicht in die Summe der Einkünfte ein. Gleichzeitig verändert der innerstaatliche Ausgleich bzw. Vortrag dieser negativen Einkünfte den Betrag der ausländischen Einkünfte. Durch die Anwendung des § 2 a EStG ergibt sich daraus eine Änderung der Anrechnungshöchstbeträge bzw. der Abzugsmöglichkeiten:[32] Soweit andere positive Einkünfte aus dem maßgeblichen Drittstaat vorhanden

---

[26] Gleicher Auffassung Blümich, W., Einkommensteuergesetz, § 2 a EStG, Anm. 35; Flick, H./Wassermeyer, F./Baumhoff, H., Außensteuerrecht, § 2 a EStG, Anm. 106, 126; Schmidt, L., Einkommensteuergesetz, Rz. 6 und 41. Siehe auch Leitfaden zur Besteuerung ausländischer Einkünfte, OFD München/Nürnberg, Anhang 4, Tz. 1.2.1., 1.2.2.
[27] Vgl. hierzu 5. Teil, 3. Kapitel.
[28] Vgl. Leitfaden zur Besteuerung ausländischer Einkünfte, OFD München/Nürnberg, Anhang 4, Tz. 1. 2. 1. Siehe dazu jedoch Flick, H./Wassermeyer, F./Baumhoff, H., Außensteuerrecht, § 2 a EStG, Anm. 127.
[29] Ein wichtiges Beurteilungskriterium stellt dabei der Tatbestand dar, ob es sich bei eine Investition in eine Verlustzuweisungsgesellschaft handelt. Damit ist ausgeschlossen, dass die Zielsetzung des § 2 a EStG durch eine lediglich formale Einbringung des verlustbringenden Vermögens in eine ausländische Betriebsstätte unterlaufen werden könnte.
[30] Vgl. hierzu die Ausführungen in Abschnitt B II 2 a) (2); 2. Kapitel, Abschnitt B II 2 a) (2).
[31] Vgl. hierzu die Ausführungen im 4. Kapitel, Abschnitt B II 1 a) (2) (c), 2 a) (2).
[32] Vgl. das Berechnungsbeispiel bei Kirchhof, P./Söhn, H./Mellinghoff, R., Einkommensteuergesetz, § 2 a EStG, Anm. A 39.

sind, auf die im Inland eine Steuer entfällt, wirkt sich § 2 a EStG im Jahr der Verlustentstehung durch die Nichtberücksichtigung der Verluste günstig auf das Anrechnungspotenzial aus. Erfolgt jedoch in späteren Veranlagungszeiträumen ein Ausgleich mit positiven Einkünften aus der gleichen Einkunftsquelle, so kehrt sich die Wirkung um, die Anrechnungsmöglichkeiten werden geringer.

Problematisch ist im Zusammenhang mit § 34 c EStG die Frage, ob für eine im Drittstaat erhobene Steuer, die auf negative Einkünfte i. S. d. § 2 a EStG entfällt, im Inland eine Anrechnung oder „lediglich" ein Abzug möglich ist. Derartige Fragestellungen können im Grundsatz dann entstehen, wenn im Ausland abweichende Einkunftsermittlungsvorschriften angewendet werden oder ein Quellensteuerabzug auf Bruttobasis erfolgt. Da es sich bei der Sonderbehandlung der Drittstaaten-Einkünfte i. S. d. § 2 a EStG jedoch nicht um eine objektive Freistellung handelt, bleibt die Steuerbarkeit der Einkünfte im Inland grundsätzlich erhalten, so dass die Voraussetzungen des § 34 c EStG hinsichtlich des Vorliegens ausländischer Einkünfte somit grundsätzlich erfüllt sind. Da nach dem Wortlaut des § 34 c EStG eine einkunftsartenbezogene Limitierung des Anrechnungshöchstbetrags grundsätzlich nicht vorgesehen ist, sondern eine Zusammenfassung aller ausländischen Einkünfte aus demselben Drittstaat erfolgt,[33] ist im Ergebnis eine Anrechnung oder ein Abzug von Steuern auf Einkünfte, die unter § 2 a EStG fallen, auf Basis der bestehenden Rechtslage möglich.[34]

b) Gewerbesteuer

Als Realsteuer kennt die Gewerbesteuer wesensmäßig die bei den Personensteuern gebräuchliche Konzeption der beschränkten und der unbeschränkten Steuerpflicht nicht. Anknüpfungsmoment für die Gewerbesteuer ist vielmehr der **inländische Gewerbebetrieb,** konkretisiert durch das Vorliegen einer oder ggf. mehrerer inländischer Betriebsstätten (§ 2 Abs. 1 GewStG). Nach § 7 GewStG ist bei der Ermittlung des Gewerbeertrags von dem nach den Vorschriften des Einkommen- und Körperschaftsteuergesetzes zu ermittelnden Gewinn aus Gewerbebetrieb auszugehen (Ausgangsgröße). Damit kommt das der unbeschränkten Steuerpflicht zugrunde liegende Wohnsitz- und Universalitätsprinzip auch bei der Ermittlung der gewerbesteuerlichen Ausgangsgröße zum Tragen.

Mit der Anknüpfung an die vom Wohnsitz- und Quellenprinzip geprägten Personensteuern werden allerdings systemfremde Elemente in die Gewerbesteuer übertragen, die den Inlandsbezug der Gewerbesteuer nicht berücksichtigen.[35] Um diesen sicherzustellen, sieht das Gewerbesteuerrecht deshalb spezielle **Korrekturvorschriften** vor, die eine gewerbesteuerliche Neutrali-

---

[33] Im Hinblick auf die Zielsetzung des § 2 a EStG, bestimmte Drittstaaten-Verluste aus wirtschaftspolitischen Erwägungen steuerlich zu benachteiligen, wäre ein gesonderte einkunftsartenbezogene Limitierung der anrechenbaren Steuern auf Drittstaaten-Verluste i. S. d. § 2 a EStG jedoch konsequenter.
[34] Vgl. auch Krabbe, H., RIW 1983, S. 42 ff.; Hellwig, P., DB 1984, S. 2264 f.; Schulze-Osterloh, J., JbFSt 1984/85, S. 267 ff.; Blümich, W., Einkommensteuergesetz, § 2 a EStG, Anm. 29; sowie R 34 c Abs. 2 EStR.
[35] Vgl. z. B. Lenski, G./Steinberg, W., Gewerbesteuergesetz, § 7 GewStG, Anm. 2 und 16; sowie die Ausführungen im 1. Teil, 2. Kapitel, Abschnitt B.

sierung der Auslandsaktivität erreichen sollen. Dabei sind die Kürzungsvorschriften nach geltendem Recht aber gerade auf Direktgeschäfte nicht anwendbar. Eine Kürzung des Gewerbeertrags im Verhältnis zum Ausland erfolgt nämlich grundsätzlich erst bei ausländischen Direktinvestitionen, also bei Betriebsstätten (§ 9 Nr. 3 GewStG),[36] Personengesellschaften (§§ 8 Nr. 8 und 9 Nr. 2 GewStG)[37] und Schachtelbeteiligungen an Kapitalgesellschaften (§ 9 Nr. 7 GewStG).[38] Anders stellt es sich z. T. bei den Hinzurechnungsvorschriften dar, da bei unter 15%igen Beteiligungen an ausländischen Kapitalgesellschaften im Rahmen der Gewerbesteuer im Ergebnis weder das Teileinkünfteverfahren (§ 3 Nr. 40 EStG) noch das körperschaftsteuerliche Beteiligungsprivileg (§ 8 b Abs. 1 KStG) zur Anwendung kommen:

– Bei einkommensteuerpflichtigen Muttergesellschaften (Einzelunternehmer, Personengesellschaften) gilt für ausländische Dividenden das Teileinkünfteverfahren (§ 3 Nr. 40 EStG), weshalb diese Erträge nur zu 60% im Gewerbeertrag enthalten sind. Allerdings wird der verbleibende Teil bei unter 15%igen Beteiligungen gem. § 8 Nr. 5 GewStG hinzugerechnet.

– Bei körperschaftsteuerpflichtigen Muttergesellschaften kommt es nach derselben Vorschrift bei unter 15%igen Beteiligungen zu einer vollständigen Hinzurechnung der nach § 8 b Abs. 1 KStG befreiten Beteiligungserträge.

Zinsen, die auf Schulden entfallen, die wirtschaftlich bspw. mit dem Erwerb einer solchen i. S. d. GewStG unwesentlichen Beteiligung an einer Kapitalgesellschaft unmittelbar zusammenhängen (**Refinanzierungszinsen**), mindern den Hinzurechnungsbetrag, soweit sie bei der Ermittlung des Gewinns unberücksichtigt geblieben sind:

– Bei einkommensteuerpflichtigen Muttergesellschaften (Einzelunternehmer, Personengesellschaften) sind die Refinanzierungszinsen bei der einkommensteuerlichen Gewinnermittlung nur zu 60% als Betriebsausgaben abzugsfähig (§ 3 c Abs. 2 EStG i. V. m. § 3 Nr. 40 EStG), weshalb diese Aufwendungen nur zu 60% im Gewerbeertrag enthalten sind. Allerdings wird der Hinzurechnungsbetrag um den verbleibenden Teil gem. § 8 Nr. 5 Satz 1 GewStG gemindert. Ein rechtssystematisch konsequenter, negativer Hinzurechnungsbetrag, der sich als Kürzung auswirken würde, kann dem Wortlaut nach nicht entstehen.[39]

– Bei körperschaftsteuerpflichtigen Muttergesellschaften kommt es nach derselben Vorschrift nur zu einer 95%igen Hinzurechnung der nach § 8 b Abs. 1 und 5 KStG befreiten Beteiligungserträge, da die 5%ige Kostenpauschale sowie die Refinanzierungszinsen im Gewerbeertrag bereits enthalten sind.

Unterliegen die Direktgeschäfte im Ausland zudem einer verhältnismäßig hohen Quellenbesteuerung und kann eine daraus resultierende rechtliche Doppelbesteuerung (bspw. aufgrund von Anrechnungsüberhängen) im Rahmen der Einkommen- bzw. Körperschaftsteuer nicht vollumfänglich vermie-

---

[36] Vgl. 2. Kapitel, Abschnitt B II 1 b).
[37] Vgl. 4. Kapitel, Abschnitt B II 1 b).
[38] Vgl. 3. Kapitel, Abschnitt B II 1 b).
[39] Vgl. Gröning, R./Siegmund, O., DStR 2003, S. 617; Blümich, W., Einkommensteuergesetz, § 8 GewStG, Anm. 585 f. A. A. Lenski, G./Steinberg, W., Gewerbesteuergesetz, § 8 Nr. 5 GewStG, Anm. 17.

den werden, ist es erforderlich, dass die ausländischen Quellensteuern insoweit bei der Gewerbesteuer berücksichtigt werden. Allerdings ist eine Anrechnung ausländischer Quellensteuern auf die Gewerbesteuer im deutschen Gewerbesteuerrecht nicht vorgesehen; dem Steuerpflichtigen bleibt lediglich der wahlweise **Abzug der ausländischen Steuern** auf Direktgeschäfte von der gewerbesteuerlichen Bemessungsgrundlage: Indem der Abzug ausländischer Steuern bei der Ermittlung der Einkünfte (§ 34 c EStG und § 26 Abs. 6 KStG) nach § 7 GewStG auf die Ausgangsgröße zur Ermittlung der Gewerbesteuer durchschlägt, werden die ausländsichen Steuern zugleich auch von der gewerbesteuerlichen Bemessungsgrundlage abgezogen.[40] Insbesondere ist für Direktgeschäfte, deren Gewinne als Ergebnis einer inländischen Produktionsleistung im Gewerbeertrag enthalten sind, § 8 Nr. 12 GewStG regelmäßig nicht einschlägig, so dass eine entsprechende Hinzurechnung der abgezogenen ausländischen Steuern unterbleibt.

Damit bleibt als Ergebnis festzuhalten, dass nach geltendem Recht die Gewinne im grenzüberschreitenden Leistungsaustausch (insbesondere bei Streubesitzdividenden, Zinsen und Lizenzgebühren) als Bestandteil des Gewerbeertrags des inländischen Gewerbebetriebes in vollem Umfang der Besteuerung unterliegen. Analog vermindern **Verluste** aus derartigen Geschäftsbeziehungen die inländische Gewerbesteuer, soweit nicht § 2a EStG zur Anwendung kommt.

Die Einbeziehung der Gewinne aus grenzüberschreitenden Direktgeschäften führt – wegen der Sonderstellung der Gewerbesteuer im internationalen Vergleich – zu einer **Mehrbelastung der deutschen Exportwirtschaft** gegenüber ausländischen Konkurrenten. Aus wettbewerbspolitischen Gründen erscheint somit die Forderung nach Ausklammerung der Gewinne aus Direktgeschäften bzw. zumindest nach Anrechnung der ausländischen Quellensteuern auf die Direktgeschäfte verständlich.[41] Technisch könnte diese Forderung durch eine Erweiterung der gewerbesteuerlichen Kürzungsvorschriften (§ 9 GewStG) verwirklicht werden, wenngleich durch die Ausweitung der Hinzurechnungstatbestände im Rahmen des UntStRefG 2008 (z. B. Erhöhung der Beteiligungsgrenze bei ausländischen Beteiligungserträgen von 10 auf 15%) eine Tendenz in die andere Richtung zu beobachten ist. Gegen eine generelle Kürzung der Gewinne aus Direktgeschäften aus der gewerbesteuerlichen Bemessungsgrundlage spricht die Tatsache, dass Direktgeschäfte mehr oder weniger stark auf **Produktionsleistungen inländischer Betriebsstätten** basieren und somit Einkünfte aus diesen Geschäften grundsätzlich inländische Einkünfte darstellen. Dies gilt auch für den Bereich des kurzfristigen Anlagenbaus und der kurzfristigen Bauausführungen, wenngleich insoweit Abgrenzungsprobleme zum Betriebsstättensachverhalt auftauchen. Da eine Zerlegung des Gewerbeertrags in „Einkunftsquellen", die keine Betriebsstättenqualität besitzen, steuersystematisch nicht vertretbar ist, sind sämtliche Direktgeschäfte dem inländischen Gewerbebetrieb und somit auch dem Steuergegenstand des § 2 Abs. 1 GewStG zuzuordnen.

---
[40] Siehe hierzu den Vorteilhaftigkeitsvergleich im 1. Teil, 4. Kapitel, Abschnitt B I 2b).
[41] Vgl. z. B. Rädler, A.J./Raupach, A., Auslandsbeziehungen, 1966, S. 475 f.; Brendle, M./Schaaf, H., FR 1975, S. 589 ff.; Schieber, P.H., Auslandsbetriebsstätten, 1979, S. 55; Feuerbaum, E., IWB, Fach 3, Deutschland, Gruppe 1, S. 651 ff.

Will man einer generellen Ausklammerung der aus Direktgeschäften resultierenden Einkünfte nicht folgen, sollte angesichts der Sonderstellung der Gewerbesteuer im internationalen Rechtsvergleich und der damit verbundenen wettbewerbspolitischen Benachteiligung der deutschen Exportwirtschaft die zusätzliche Belastung zumindest durch eine Anrechnung der ausländischen Quellensteuern gemildert werden.[42]

2. Abkommensrecht

a) Einkommen- und Körperschaftsteuer

(1) Die Besteuerung im Gewinnfall

Bleibt nach den Regelungen eines DBA das Quellenbesteuerungsrecht ganz oder zumindest teilweise bestehen, so bedarf es auch im Abkommensfall genau vorgegebener Regelungen, wie eine Doppelbesteuerung durch den Wohnsitzstaat vermieden wird. Als Techniken zum Ausgleich der Quellenbesteuerung kommen sowohl die Anrechnungs- als auch die Freistellungsmethode in Betracht (Art. 23 B und 23 A OECD-/UN-Modell). Die **Freistellungsmethode** wird in den Fällen angewandt, in denen die Quellenbesteuerung vollständig aufrechterhalten bleibt. Dies ist im Rahmen der Direktgeschäfte grundsätzlich bei der Vermietung eines ausländischen Grundstücks der Fall; zurückzuführen ist dies auf das **Belegenheitsprinzip** (Art. 6 i. V. m. Art. 23 A OECD-/UN-Modell). Ausnahmen hierzu finden sich lediglich in den DBA, die mit Staaten abgeschlossen wurden, in denen deutsche Investoren in größerem Umfange über Immobilienbesitz verfügen (z. B. Spanien, Schweiz).

Die **Anrechnungsmethode** findet Anwendung, wenn die Quellenbesteuerung im DBA der Höhe nach begrenzt wurde. Dies gilt insbesondere für **Zinsen,** (Streubesitz-)**Dividenden** und – entgegen dem OECD-Modell – in vielen deutschen DBA auch für **Lizenzgebühren**. Für die Durchführung der Anrechnungsmethode wird auf die unilateralen Maßnahmen verwiesen. § 34 c Abs. 6 Satz 2 EStG bestimmt, dass im DBA-Fall bei Vermeidung der Doppelbesteuerung durch die Anrechnungsmethode § 34 c Abs. 1 EStG entsprechend anwendbar ist. Ebenso kann auch im DBA-Fall wahlweise die Abzugsmethode in Anspruch genommen werden (§ 34 c Abs. 6 Satz 2 EStG i. V. m. § 34 c Abs. 2 EStG).

Als Besonderheit ist in zahlreichen DBA, insbesondere mit Entwicklungsländern, die fiktive Anrechnung vorgesehen.[43]

Zwischen dem Bereich der Körperschaftsteuer und dem der Einkommensteuer bestehen keine Unterschiede. Die inländische Kapitalgesellschaft hat bilateral die Möglichkeiten der Freistellung, der direkten und ggf. fiktiven Anrechnung und des Abzugs der ausländischen Steuer. Für die Anrechnungs- bzw. die Abzugsmethode bestimmt § 26 Abs. 6 KStG, dass § 34 c Abs. 6 EStG i. V. m. § 34 c Abs. 1 und 2 EStG „entsprechend" anzuwenden ist.

---

[42] Technisch ließe sich das z. B. durch eine pauschalierte Anrechnung auf die Gewerbesteuer oder durch einen Vortrag von Anrechnungsüberhängen im Rahmen der Einkommen- bzw. Körperschaftsteuer erreichen. Vgl. Lüdicke, J., DBA-Politik, 2008, S. 109.
[43] Vgl. hierzu ausführlich 1. Teil, 4. Kapitel, Abschnitt C II 1 a) (2). Für eine Übersicht der DBA, in denen eine fiktive Anrechnung vorgesehen ist, vgl. Tabelle 2. Zur Problematik der fiktiven Anrechnung aus EU-rechtlicher Sicht vgl. Meirelles, M., ET 2009, S. 267 ff.

1. Kapitel. Grenzüberschreitende Direktgeschäfte

(2) Die Besteuerung im Verlustfall

Inwieweit negative Erfolgsbeiträge aus ausländischen Direktgeschäften die Steuerbelastung im Inland beeinflussen, ergibt sich aus dem Zusammenwirken von DBA-Recht und inländischem Steuerrecht. Auf der DBA-Ebene übt der Wohnsitzstaat das ihm verbleibende Besteuerungsrecht nach Maßgabe seiner nationalen Steuergesetze aus. Für die Berücksichtigung negativer Erfolgsbeiträge aus Direktgeschäften ist es damit zunächst entscheidend, ob die **Besteuerungskompetenz des Wohnsitzstaates** durch das DBA aufrechterhalten bleibt. Auf der Grundlage des OECD-Modells ist dies für die meisten Arten von Direktgeschäften der Fall: Der Wohnsitzstaat darf danach z. B. Einkünfte aus Warenexporten (Art. 7 OECD-Modell), aus Darlehensforderungen (Art. 11 OECD-Modell) sowie aus der Vermietung und Verpachtung einzelner Wirtschaftsgüter und Sachinbegriffe (Art. 12 OECD-Modell) nach seinen nationalen Regelungen vorrangig besteuern. Im Rahmen der deutschen Besteuerung bedeutet dies, dass negative Erfolgsbeiträge aus den bezeichneten Direktgeschäften grundsätzlich mit inländischen Einkünften ausgeglichen werden können. Zu Ausnahmen von diesem Grundsatz kommt es nur dann, wenn die Verluste die Voraussetzungen des § 2a Abs. 1 EStG erfüllen. In diesen Fällen ist eine Verrechnung mit inländischen Einkünften nicht möglich; die Verluste können dann nur mit positiven Einkünften derselben Art und aus demselben Drittstaat ausgeglichen werden. Hinsichtlich der Voraussetzungen und Rechtsfolgen des § 2a EStG ergeben sich keinerlei Unterschiede zum Nicht-DBA-Fall, so dass insoweit auf die dortigen Ausführungen verwiesen werden kann.[44]

Ein anderes Bild der Verlustberücksichtigungsmöglichkeiten ergibt sich jedoch dann, wenn im DBA das vorrangige Besteuerungsrecht des Wohnsitzstaates aufgehoben wird. Eine derartige Regelung der Besteuerungskompetenz findet sich regelmäßig in Zusammenhang mit **Einkünften aus unbeweglichem Vermögen** (Art. 6 OECD-Modell). In diesen Fällen sind die Verluste ebenso wie die positiven Einkünfte im Wohnsitzstaat (Deutschland) freizustellen. Ein Ausgleich mit inländischen Einkünften ist damit nach h. M. durch das DBA-Recht ausgeschlossen,[45] wenngleich ein solcher aus EU-rechtlichen Gründen dann geboten sein sollte, wenn im Quellenstaat keine Möglichkeit der Verlustberücksichtigung (mehr) besteht.[46] Verluste können sich jedoch in bestimmten Fällen über eine Minderung des inländischen Steuersatzes auf die Steuerbelastung im Wohnsitzstaat auswirken (sog. **negativer Progressionsvorbehalt**).

Fallen die Verluste jedoch unter § 2a Abs. 1 EStG, so ist gerade diese Auswirkung umstritten.[47] Ausgehend von der Zielsetzung des § 2a EStG,

---

[44] Vgl. oben Abschnitt B II 1 a) (2).
[45] Grundlegend RFH v. 25. 1. 1933, RStBl 1933, S. 478; RFH v. 26. 6. 1935, RStBl 1935, S. 1358; ständige Rechtsprechung zuletzt BFH v. 11. 10. 1989, BStBl 1990 II, S. 166; a. A. Mössner, J. M., DStJG 1985, S. 135 ff.; Vogel, K./Lehner, M., DBA-Kommentar, Art. 23, Anm. 46 ff.
[46] Vgl. hierzu EuGH v. 15. 5. 2008 (Lidl Belgium), EuGHE 2008, S. I-3601; sowie 2. Kapitel, Abschnitt B II 2 a) (2).
[47] Z. T. wird vom Ausschluss des negativen Progressionsvorbehalts durch § 2a EStG ausgegangen; vgl. Krabbe, H., FR 1983, S. 83; Wittkowski, A./Lindscheid, F., IStR 2009, S. 225 ff.; Kirchhof, P./Söhn, H./Mellinghoff, R., Einkommensteuergesetz,

Investitionen in volkswirtschaftlich nicht sinnvolle Verwendungszwecke steuerlich zu benachteiligen, wäre nur ein Ausschluss des (negativen) Progressionsvorbehalts konsequent. Der BFH hat zu dieser Frage dieselbe Position bezogen.[48] Danach begründet § 2a EStG ein Verlustausgleichsverbot, welches gesetzessystematisch zum **Ausschluss eines negativen Progressionsvorbehalts** bei negativen **Drittstaaten**-Einkünften i. S. d. § 2a EStG führt, sofern die ausländischen Einkünfte nach einem DBA steuerfrei sind (§ 32b EStG).[49] Ein ausländischer Verlust i. S. d. § 2a EStG kann sich deshalb im Jahr der Verlustentstehung nicht progressionsmindernd auswirken.

Daneben ergibt sich bei negativen Einkünften in Bezug zu **EU-/EWR-Staaten** ebenfalls ein entsprechender Ausschluss vom (negativen) Progressionsvorbehalt (§ 32b Abs. 1 Satz 2 EStG).[50] Da neben dem negativen auch der positive Progressionsvorbehalt ausgeschlossen ist, steht die Regelung insoweit im Einklang mit der EuGH-Rechtsprechung.[51] Allerdings ist es unter EU-rechtlichen Gesichtspunkten kritisch zu sehen, dass der negative Progressionsvorbehalt auch für solche Verluste ausgeschlossen ist, für die es im Quellenstaat keine Möglichkeit der Verlustberücksichtigung (mehr) gibt.[52]

Im Ergebnis gilt der negative Progressionsvorbehalt u. a. nicht für Verluste aus der Vermietung oder Verpachtung von unbeweglichem Vermögen, und zwar unabhängig davon, ob dieses Vermögen innerhalb der EU/EWR (§ 32b Abs. 1 Satz 2 Nr. 3 EStG) oder in einem Drittstaat (§ 32b Abs. 1 und 2 i. V. m. § 2a Abs. 1 EStG) belegen ist.

b) Gewerbesteuer

Bei der Gewerbesteuer ergeben sich gegenüber dem Nicht-DBA-Fall grundsätzlich keine Abweichungen. Durch Direktgeschäfte im Ausland erzielte Einkünfte werden mit Ausnahme von Schachteldividenden[53] in vollem Umfang in die Bemessungsgrundlage der Einkommen- und Körperschaftsteuer einbezogen. Eine auf grenzüberschreitende Direktgeschäfte anzuwendende Kürzungsvorschrift ist im deutschen Gewerbesteuerrecht nicht enthalten. Damit unterliegen sie der inländischen Gewerbesteuer (§ 7 GewStG). Einer fehlenden Anrechnung ausländischer Quellensteuern steht das Abkommensrecht grundsätzlich[54] nicht entgegen. Lediglich Einkünfte

---

§ 2a EStG, Anm. A 27 m. w. N.; Schmidt, L., Einkommensteuergesetz, § 2a EStG, Rz. 46. So auch H 32b EStH. Zweifelnd Goebel, S./Schmidt, S., IStR 2009, S. 620 ff.; Blümich, W., Einkommensteuergesetz, § 2a EStG, Anm. 28; Herrmann, C./Heuer, G./Raupach, A., Einkommensteuergesetz, § 2a EStG, Anm. 27.
[48] Vgl. BFH v. 17. 10. 1990, BStBl 1991 II, S. 136; BFH v. 26. 3. 1991, BStBl 1991 II, S. 704; BFH v. 5. 9. 1991, BStBl 1992 II, S. 192; BFH v. 17. 11. 1999, BStBl 2000, S. 605; BFH v. 20. 9. 2006, BFH/NV 2007, S. 410.
[49] Zweifelnd und den Ausschluss des Progressionsvorbehalts nur bei negativen Einkünften in Bezug zu EU-/EWR-Staaten anerkennend vgl. u. a. Goebel, S./Schmidt, S., IStR 2009, S. 620 ff.; Blümich, W., Einkommensteuergesetz, § 2a EStG, Anm. 28.
[50] Vgl. Blümich, W., Einkommensteuergesetz, § 2a EStG, Anm. 28.
[51] Vgl. EuGH v. 21. 2. 2006 (Ritter-Coulais), EuGHE 2006, S. I–1711.
[52] Vgl. hierzu EuGH v. 15. 5. 2008 (Lidl Belgium), EuGHE 2008, S. I-3601; sowie 2. Kapitel, Abschnitt B II 2 a) (2).
[53] Vgl. 3. Kapitel, Abschnitt B II 1 b).
[54] Vereinzelt befinden sich in den deutschen DBA, bspw. mit Belgien und Spanien, Ausnahmen davon, vgl. Heurung, R./Seidel, P., IWB, Fach 3, Deutschland, Gruppe 5, S. 77 ff

1. Kapitel. Grenzüberschreitende Direktgeschäfte 401

aus im Ausland belegenem Grundbesitz unterliegen nach Abkommensrecht nicht der inländischen Gewerbesteuer, da das Belegenheitsprinzip insoweit auch zu einer für die Gewerbesteuer wirksamen Freistellung führt. Ausnahmen zum Belegenheitsprinzip sind in der Besteuerungspraxis selten. Außerdem liegt die abkommensrechtliche Mindestbeteiligungsquote von Schachtelbeteiligungen an Kapitalgesellschaften regelmäßig bei 10% und somit unterhalb derer des gewerbesteuerlichen Schachtelprivilegs (15%; § 9 Nr. 7 GewStG), so dass eine Kürzung des Gewerbeertrags bereits bei 10%igen Beteiligungen erfolgt (§ 9 Nr. 8 GewStG).

III. Tabellarische Übersicht über die Ergebnisse

Die nachfolgenden Übersichten fassen die Besteuerungswirkungen der Direktgeschäftsalternative nochmals zusammen. Im Einzelnen werden dargestellt:

- Die wichtigsten Determinanten der Steuerbelastung bei grenzüberschreitenden Direktgeschäften (Tabelle 17);
- Personensteuerbelastung bei grenzüberschreitenden Direktgeschäften (Tabelle 18);
- Gewerbesteuerbelastung bei grenzüberschreitenden Direktgeschäften (Tabelle 19).

Tabelle 17: Die wichtigsten Determinanten der Steuerbelastung bei grenzüberschreitenden Direktgeschäften

Besteuerungssystem des Auslandes	Bestehen oder Nicht-Bestehen eines DBA	Erfolgsbeiträge einzelner Direktgeschäfte zum Gesamterfolg	Rechtsform der inländischen Spitzeneinheit	Ausländischer Quellenstaat
Über die konkrete Ausgestaltung seines Steuersystems kann ein Staat grundsätzlich frei verfügen (Souveränitätsprinzip); es ergeben sich lediglich Minimalschranken aus dem völkerrechtlichen Willkürverbot. Im Rechtsvergleich finden sich daher auch im Detail sehr unterschiedliche Steuersysteme, jedoch ist erkennbar, dass die Entwicklungsstufe der jeweiligen Staates entscheidenden Einfluss auf die Ausgestaltung hat.	Vom Bestehen oder Nicht-Bestehen eines DBA hängt zum einen die Frage nach der Umgrenzung und Höhe der Quellenbesteuerung im Ausland ab. Zum anderen bestimmt die DBA-Situation mit dem Quellenland, wie ausländische Quellensteuern bei der inländischen Besteuerung behandelt werden, um unerwünschte Doppel- oder Minderbesteuerungen zu vermeiden. Im Nicht-DBA-Fall finden die unilateralen Maßnahmen zur Vermeidung der Doppelbesteuerung Anwendung; im DBA-Fall sind die abkommensrechtlichen Regelungen zu beachten.	Die Höhe der Erfolgsbeiträge bestimmt sowohl die inländische als auch die ausländische Steuerbelastung. Bei Verlusten können eventuell Sondervorschriften zum Tragen kommen, z. B. Durchbrechung des Universalitätsprinzips durch § 2 a EStG im Wohnsitzstaat.	Die Rechtsform der inländischen Spitzeneinheit hat Einfluss auf Art und Höhe der Besteuerung des Erfolgs aus Direktgeschäften im Inland. Bsp.: Direktgeschäfte einer inländischen Kapitalgesellschaft unterliegen der KSt, Direktgeschäfte eines inländischen Einzelunternehmens der ESt. Bei Personengesellschaften hängt die Steuerart von den beteiligten Gesellschaftern ab.	Die Herkunft der Erfolgs- bzw. Verlustbeiträge hat Einfluss auf die inländische Steuerbelastung. Bei Verlusten können eventuell Sondervorschriften wie bspw. § 2 a EStG dann nicht zum Tragen kommen, wenn die Verluste aus einem EU-/EWR-Mitgliedstaat stammen.

Tabelle 18: Personensteuerbelastung bei grenzüberschreitenden Direktgeschäften

Quellenstaat		Wohnsitzstaat	
Reichweite der beschränkten Steuerpflicht nach nationalem Recht	Umgrenzung der Quellenbesteuerung bei Vorliegen eines DBA	Reichweite der unbeschränkten Steuerpflicht im nationalen Recht	Methoden zur Vermeidung oder Milderung der Doppelbesteuerung
Die Reichweite der Besteuerung des ausländischen Quellenstaates richtet sich grundsätzlich nach dem Souveränitätsprinzip. Dessen Grenze liegt jedoch im Willkürverbot, wonach für eine Besteuerung inländische Anknüpfungsmerkmale vorliegen müssen. Dieser Inlandsbezug wird international unterschiedlich ausgelegt. Entwicklungsländer erfassen dabei regelmäßig alle aus ihrem Staatsgebiet fließenden Einkünfte (Ursprungsprinzip), während bei den Industriestaaten in der Regel erst dann eine Steuerpflicht einsetzt, wenn die Einkünfte bzw. Vermögensteile aufgrund bestimmter objektiver Merkmale eine besonders intensive Verbindung zum steuererhebenden Staat aufweisen (eingeschränktes Ursprungsprinzip).	Die Umgrenzung der Quellenbesteuerung auf Abkommensebene gibt Auskunft darüber, inwieweit der nationale Steueranspruch des Quellenstaates dem Grunde und der Höhe nach bestehen bleibt. Dabei gelten die im jeweiligen Abkommen getroffenen Vereinbarungen wechselseitig. Vgl. Tabelle 1 zur Umgrenzung der Quellenbesteuerung bei Vorliegen eines DBA am Beispiel des OECD-Modells.	Knüpft die Steuerpflicht am Vorliegen einer persönlichen Beziehung zum steuererhebenden Staat an (Wohnsitz oder gewöhnlicher Aufenthalt bei natürlichen Personen bzw. Sitz oder Ort der Geschäftsleitung bei juristischen Personen), dann erstreckt sich der Besteuerungsanspruch regelmäßig auf das Welteinkommen (Universalitätsprinzip).	Zu den unilateralen Methoden zur Vermeidung oder Milderung der Doppelbesteuerung und zu den Wirkungen eines DBA vgl. Tabelle 1 und Abbildung 1. *Ergebnis*: Kapitalexportneutralität der Besteuerung (absolute Gleichbehandlung aller inländischen Steuerpflichtigen). Ausnahme bei bestimmten Einkünften, für die das ausschließliche Besteuerungsrecht dem Quellenstaat eingeräumt wird (z. B. Einkünfte in Zusammenhang mit ausländischem Grundbesitz (Belegenheitsprinzip)): Kapitalimportneutralität.

Tabelle 19: Gewerbesteuerbelastung bei grenzüberschreitenden Direktgeschäften

	Quellenstaat	Wohnsitzstaat	
Erhebung einer Gewerbesteuer im Ausland	Anknüpfungstatbestände der Gewerbesteuer	Anknüpfungstatbestände der Gewerbesteuer	Maßnahmen zur Vermeidung einer Doppelbesteuerung
Bsp.: Luxemburg	Direktgeschäfte werden im Quellenstaat grundsätzlich nicht erfasst (Inlandscharakter analog zum deutschen Recht).	Die Erfolgsbeiträge von Direktgeschäften sind Ausfluss der inländischen gewerblichen Tätigkeit und unterliegen daher der Gewerbesteuer im Wohnsitzstaat.	Direktgeschäfte werden ausschließlich beim inländischen gewerblichen Unternehmen oder Unternehmensteil (z. B. Betriebsstätte) erfasst, so dass Doppelbesteuerungen regelmäßig nicht entstehen (Inlandscharakter). Unilateral sind deswegen keine Maßnahmen zur Vermeidung der Doppelbesteuerung vorgesehen. Wird dem Quellenstaat im Abkommensfall für bestimmte Einkünfte ein ausschließliches Besteuerungsrecht eingeräumt (z. B. nach Belegenheitsprinzip, Art. 6 OECD-Modell), schlägt die Freistellung der Einkünfte im Rahmen der Personensteuern auf die Gewerbesteuer durch (Verletzung des Inlandscharakters).

2. Kapitel. Besteuerung von ausländischen Betriebsstätten inländischer Investoren

Als Betriebsstätte bezeichnet man die Form der unternehmerischen Auslandsbetätigung, bei der eine feste Geschäftseinrichtung im Ausland besteht (Direktinvestition), die allerdings nicht mit einer rechtlichen Selbständigkeit ausgestattet ist. Eine **Betriebsstätte** stellt einen Betriebsteil des Unternehmens dar, der mehr oder weniger wirtschaftlich verselbständigt ist. Beispiele für solche Betriebsstätten sind Zweigniederlassungen, Geschäftsstellen, Fabrikations- und Werkstätten, Vertretungen etc. Einer festen Geschäftseinrichtung im Ausland steuerlich gleichgestellt sind die personelle Verbindung eines Unternehmens mit dem ausländischen Staat durch einen sog. **ständigen Vertreter** sowie die sachliche Verknüpfung durch spezielle Aktivitäten wie **Bauausführungen und Montagen** bzw. zunehmend durch **gewerbliche Dienstleistungen,** auch im Rahmen von **Electronic Commerce.**[1]

---

[1] Vgl. zu Fragestellungen im Zusammenhang mit E-Commerce ausführlich 3. Teil, 2. Kapitel, Abschnitt A II 4.

A. Qualifikationsproblematik bei ausländischen Betriebsstätten

An den Begriff der Betriebsstätte werden beim Tätigwerden eines inländischen Steuerpflichtigen im Ausland sowohl im Rahmen der Quellen- als auch im Rahmen der Wohnsitzbesteuerung materiell bedeutsame steuerrechtliche und finanzielle Folgen geknüpft. Die Frage, welche wirtschaftlichen Sachverhalte im Einzelfall als Betriebsstätte zu qualifizieren sind, ist zum einen für das Außensteuerrecht der beteiligten Staaten und zum anderen für das Abkommensrecht zu beantworten.

Im **Außensteuerrecht des Quellenstaates** entscheidet das Vorliegen einer Betriebsstätte darüber, ob eine beschränkte Steuerpflicht des inländischen Steuerpflichtigen im Ausland entsteht. Für die Beantwortung der Frage, wann im Quellenstaat eine Betriebsstätte vorliegt, ist allein das jeweilige Auslandsrecht zuständig. Bezüglich der inhaltlichen Ausgestaltung der ausländischen Besteuerungsvorschriften ist zwischen den Industrieländern und den Entwicklungsländern zu unterscheiden:

– Im Außensteuerrecht der meisten **Industriestaaten** basiert der Betriebsstättenbegriff – wie auch im deutschen Recht – auf dem Leitbild einer nachhaltigen, standortbezogenen gewerblichen Betätigung.[2]
– Im Außensteuerrecht der **Entwicklungsländer** sind die Grenzen des Betriebsstättenbegriffs weiter gezogen als bei den Industrieländern, teilweise verschwinden die Begriffskonturen sogar völlig zugunsten einer umfassenden Quellenbesteuerung. Im Rahmen der Betriebsstättenbesteuerung eines Entwicklungslandes können bereits kaufmännische und technische Dienstleistungen sowie jede noch so kurze Montageausführung steuerlich zur Annahme einer Betriebsstätte führen.

Neben dem Vorliegen einer Betriebsstätte tritt in den meisten Staaten als weiterer Anknüpfungspunkt der beschränkten Steuerpflicht der Vertretertatbestand. Hierbei wird durch das Bestehen einer personellen Verbindung mit dem Quellenstaat auch ohne Vorhandensein einer festen Geschäftseinrichtung ein Besteuerungstatbestand begründet.[3]

Im **Außensteuerrecht Deutschlands als dem Wohnsitzstaat** ist das Vorliegen einer Betriebsstätte entscheidend für die Anwendbarkeit der unilateralen Maßnahmen zur Vermeidung bzw. Verminderung der Doppelbesteuerung (§ 34c EStG und § 26 KStG). Welche Maßnahme zur Anwendung kommt, hängt u. a. von den ausländischen Einkünften nach § 34d EStG ab. Im Rahmen der gewerblichen Einkünfte ist das Hauptkriterium für das Vorliegen ausländischer Einkünfte die Erfüllung des Betriebsstättenbegriffs (§ 34d Nr. 2 Buchstabe a EStG); daneben begründet zudem auch ein ständiger Vertreter im Ausland ausländische Einkünfte. Wann die Aktivitäten im Ausland als Betriebsstätte qualifiziert werden bzw. wann ein ständiger Vertreter

---
[2] Vgl. Narraina, L./Krause, J./Viegener, J. u. a., IWB, Fach 10, International, Gruppe 2, S. 925 ff. Allerdings ist in einigen Staaten die Steueranknüpfung für derartige Aktivitäten umfassend durch Rückgriff auf sog. Doing-business-Konzepte geregelt, so z. B. in den USA, die in ihrem innerstaatlichen Steuerrecht das Anknüpfungsmerkmal „Betriebsstätte" nicht kennen (Sec. 864 IRC), womit die Grenzziehung zu Direktgeschäften fließend wird. Vgl. hierzu McDaniel, P. R./Ault, H. J./Repetti, J. R., United States, 2005, S. 53 ff.
[3] Vgl. Narraina, L./Krause, J./Viegener, J. u. a., IWB, Fach 10, International, Gruppe 2, S. 925 ff.

vorliegt und somit die dort erzielten Einkünfte ausländische Einkünfte i. S. d. § 34 d Nr. 2 Buchstabe a EStG sind, entscheidet sich nach den Vorschriften des nationalen deutschen Rechts (§§ 12 und 13 AO). Die Definitionen entscheiden gleichermaßen über die hier relevante Frage, ob bei dem Tätigwerden eines inländischen Steuerpflichtigen im Ausland ausländische Einkünfte erzielt werden, als auch darüber, ob das Tätigwerden eines ausländischen Steuerpflichtigen im Inland zur beschränkten Steuerpflicht führt (§ 49 Abs. 1 Nr. 2 Buchstabe a EStG). Es kann insoweit für eine genauere Erläuterung des deutschen Begriffs der Betriebsstätte bzw. des ständigen Vertreters auf die Ausführungen im dritten Teil (Inbound-Investitionen) verwiesen werden.[4]

Im **Abkommensrecht** entscheidet das Vorliegen einer (i. S. d. jeweiligen Abkommens definierten) Betriebsstätte über die Abgrenzung des vorrangigen Besteuerungsrechts für Unternehmensgewinne zwischen Quellen- und Wohnsitzstaat. Die Abkommensdefinitionen des Art. 5 des OECD- und des Art. 5 des UN-Modells sind hierbei durchweg enger als die des innerstaatlichen Steuerrechts. Zwei Grundtendenzen lassen sich feststellen:
– Bei den DBA mit **Industrienationen** gelten die Grenzziehungen des OECD-Modells. Nach Art. 5 OECD-Modell wird der nationale Betriebsstättenbegriff regelmäßig eingeengt: Feste Geschäftseinrichtungen, die ausschließlich zu dem Zweck unterhalten werden, für das Unternehmen vorbereitende oder Hilfstätigkeiten auszuüben (z. B. Lagerung, Ausstellung, Auslieferung, Einkauf, Informationsbeschaffung), verkörpern demnach keine Betriebsstätte.[5]
– In den DBA mit **Entwicklungsländern** findet grundsätzlich ebenfalls eine Begrenzung der Betriebsstättendefinition gegenüber nationalen Vorschriften statt, allerdings ist sie oftmals weniger eng als die des OECD-Modells.[6] Damit berücksichtigen auch Entwicklungsländer einerseits die Notwendigkeit, zur Förderung des bilateralen Handelsverkehrs die Steuererhebung in Schranken zu halten; um das Fiskalopfer der Entwicklungsländer (als Quellenstaaten) nicht allzu groß werden zu lassen wird andererseits durch eine Ausdehnung der Betriebsstättentatbestände der Bereich eingegrenzt, in dem das Betriebsstättenprinzip eine Besteuerung verbietet. Der weitere Betriebsstättenbegriff nach dem UN-Modell zeigt sich insbesondere in einem gegenüber dem OECD-Modell verkürzten Negativkatalog; so können z. B. bereits Auslieferungsläger als Betriebsstätten ausgestaltet sein (Art. 5 Abs. 4 UN-Modell).[7]

Neben diesen in der allgemeinen Definition angesprochenen Betriebsstättengrundtatbeständen gibt es verschiedene abkommensrechtliche **Sondertatbestände,** die in Abweichung vom allgemeinen Betriebsstättenbegriff eine Betriebsstätte nach Abkommensrecht begründen, nämlich Bauausführungen und Montagen, der Vertretertatbestand, wirtschaftsberatende und technische Dienstleistungen sowie Electronic Commerce.[8] Auch im Rahmen dieser

---

[4] Vgl. 3. Teil, 2. Kapitel.
[5] Vgl. hierzu ausführlich 3. Teil, 2. Kapitel, Abschnitt A I 2 a) (1).
[6] Vgl. hierzu ausführlich 3. Teil, 2. Kapitel, Abschnitt A I 2 a).
[7] Vgl. hierzu ausführlich 3. Teil, 2. Kapitel, Abschnitt A I 2 a) (2).
[8] Vgl. 3. Teil, 2. Kapitel, Abschnitt A II.

Sondertatbestände sind die Begriffsbestimmungen des Abkommensrechts grundsätzlich enger als diejenigen nach nationalem Recht. So beurteil sich die Betriebsstätteneigenschaft von Bauausführungen und Montagen im OECD-Modell regelmäßig nach längeren Fristen (zwölf statt sechs Monaten). Des Weiteren setzt die Betriebsstättenwirkung eines Vertreters voraus, dass dieser Abschlussvollmacht hat und diese Vollmacht auch gewöhnlich ausübt. Die Abgrenzungen des UN-Modells sind dagegen durchweg weiter gefasst als die des OECD-Modells. So werden bspw. Bauausführungen und Montagen bereits ab sechs Monaten Dauer als Betriebsstätte qualifiziert. Diese Erweiterung des Betriebsstättenbereichs im UN-Modell kommt zwar den fiskalischen Belangen der Entwicklungsländer entgegen, führt u. E. aber zu einer zu weitgehenden Auslegung des Betriebsstättentatbestandes und erschwert damit zusätzlich die Grenzziehung zu den bereits dargestellten Direktgeschäften mit ihren völlig anderen Steuerwirkungen. In jedem Fall sind an den Tatbestand des örtlichen Tätigwerdens im ausländischen Staat strenge Anforderungen zu stellen; gelegentliche Besuchsreisen zu Gesprächen, Präsentationen, Vertragsverhandlungen etc. reichen zur Begründung nicht aus.

In Anbetracht des Steuergestaltungspotenzials und des möglichen Steuersubstrats, welches mit ausländischen Betriebsstätten deutscher Unternehmen verknüpft ist, werden die in- und ausländischen Finanzbehörden stets genau prüfen, ob im Einzelfall die Voraussetzungen eines Betriebsstättentatbestandes erfüllt sind.[9]

B. Durchführung der laufenden Besteuerung

I. Domizilstaat der Betriebsstätte (Quellenbesteuerung)

1. Nationales Recht

Realisiert das inländische Stammunternehmen in einem ausländischen Staat einen Sachverhalt, der als Betriebsstätte zu qualifizieren ist, so wird das Stammhaus im Ausland mit dem dieser Betriebsstätte zuzurechnenden Erfolg und Vermögen (sofern im Ausland eine Vermögensbesteuerung existiert) beschränkt steuerpflichtig. Da die Besteuerung der Auslandsbetriebsstätte nach der Steuerrechtswertung des jeweiligen ausländischen Staates erfolgt, entscheidet sich die Qualifikationsfrage, ob im Ausland eine Betriebsstätte vorliegt, allein nach den **nationalen Vorschriften des Auslandes**.

Beispiel: Der inländische Unternehmer A montiert in einem Entwicklungsland über einen Zeitraum von fünf Monaten eine Industrieanlage. Nach deutschem Recht begründet diese Montageausführung keine Betriebsstätte, da die für das deutsche Außensteuerrecht maßgebliche Zeitgrenze von sechs Monaten nicht überschritten wird. Liegt allerdings die Zeitgrenze für Bauausführungen und Montagen im Entwicklungsland unterhalb von fünf Monaten bzw. wird auf den Tatbestand des lokalen Tätigwerdens abgestellt, führt die Montage nach ausländischem Recht zur Annahme einer Betriebsstätte (Qualifikationskonflikt). Das Entwicklungsland kann in diesem Fall die Montageeinkünfte mit einer Gewinnsteuer belegen, falls dem kein DBA entgegensteht.

---

[9] Vgl. diesbezüglich auch den dezidierten Betriebsstätten-Fragebogen von Pel, U. W., StBp 1989, S. 67 ff.

Für Art und Höhe der Besteuerung im Rahmen der beschränkten Steuerpflicht im Ausland ist ausschließlich der **persönliche Status des deutschen Stammunternehmens** maßgebend. Der Betriebsstätte kommt keine eigene Steuersubjektivität zu. Handelt es sich bei dem deutschen Stammunternehmen um einen Einzelunternehmer, so fällt im Ausland Einkommensteuer an; liegt dagegen eine Kapitalgesellschaft vor, fällt Körperschaftsteuer an. Ist das Stammunternehmen eine Personengesellschaft, bestimmt sich die Besteuerung im Ausland nach den dahinter stehenden Gesellschaftern.

Die Durchführung der Besteuerung im Rahmen der beschränkten Steuerpflicht im Ausland richtet sich ebenfalls ausschließlich nach den Vorschriften des Domizilstaates der Betriebsstätte. Entsprechend den Vorschriften im deutschen Steuerrecht wird die Besteuerung grundsätzlich im Rahmen eines **Veranlagungsverfahrens** durchgeführt.[10] Die Steuer wird nicht auf den Bruttobetrag des Betriebsstättenergebnisses erhoben, sondern i. d. R. wird durch Abzug der Betriebsausgaben von den Betriebseinnahmen ein Nettobetrag der Besteuerung unterworfen. Für die Ermittlung des Betriebsstättenergebnisses bestehen regelmäßig keine speziellen Vorschriften im Rahmen der beschränkten Steuerpflicht; vielmehr werden die allgemeinen Vorschriften der Staaten grundsätzlich und im Einklang mit EU-Recht analog angewendet. Entsprechend der Regelung im deutschen Recht, die den Abzug von Ausgaben auf diejenigen beschränkt, die mit den inländischen Einkünften in wirtschaftlichem Zusammenhang stehen (§ 50 Abs. 1 Satz 1 EStG), wird in den meisten Ländern ein solcher Zusammenhang der abzugsfähigen Ausgaben mit den jeweiligen Betriebsstätteneinnahmen gefordert.[11] Oftmals nicht zulässig im Rahmen der beschränkten Steuerpflicht ist dagegen die Berücksichtigung persönlicher Verhältnisse, wie z. B. der Abzug von Beträgen, die den Sonderausgaben und außergewöhnlichen Belastungen des deutschen Steuerrechts entsprechen.[12]

Die auf die nach dem Recht des Domizilstaates ermittelten Betriebsstättengewinne zur Anwendung kommenden **Steuersätze** entsprechen im Rahmen der Einkommensteuer häufig den für unbeschränkt Steuerpflichtige geltenden (progressiven) Tarifen. Die Festlegung eines Mindeststeuersatzes findet sich trotz EU-Rechtswidrigkeit bspw. in Frankreich, wo zwar die gleichen Steuersätze für unbeschränkt und beschränkt Steuerpflichtige gelten, der Mindestsatz für beschränkt Steuerpflichtige jedoch 25% beträgt[13] und damit deutlich über dem Eingangssteuersatz für unbeschränkt Steuerpflichtige liegt.[14] Im Rahmen der Körperschaftsteuer kommen in der Regel proportionale Steuersätze zur

---

[10] Vgl. 3. Teil, 2. Kapitel, Abschnitt B I 1.
[11] Vgl. Ault, H.J./Arnold, B.J., Comparative, 2010, S. 502 ff. So auch bspw. in Österreich. Vgl. Baumhoff, H./Leitner, R./Digeronimo, A., IWB, Fach 10, International, Gruppe 2, S. 1452 f.
[12] Vgl. Hoorn Jr., J. van, CDFI 1978, S. 95 f. Zum EU-rechtlichen Kontext vgl. Lang, M., RIW 2005, S. 336 ff. Siehe auch 3. Teil, 2. Kapitel, Abschnitt B I 1.
[13] Ein niedrigerer Steuersatz kommt allerdings dann zur Anwendung, wenn der Steuerpflichtige nachweist, dass die französische Steuer auf seine weltweiten Einkünfte niedriger ist als 25%. Vgl. IBFD, Tax Handbook, 2009, S. 262.
[14] Aus europarechtlicher Sicht ist ein Mindeststeuersatz für beschränkt Steuerpflichtige EU-rechtswidrig, wenn er im Einzelfall höher ist als der Steuersatz, der für unbeschränkt Steuerpflichtige zur Anwendung kommen würde. Vgl. EuGH-Urteil v. 12. 6. 2003 (Gerritse), EuGHE 2003, S. I-5933.

Anwendung, die zumeist ebenfalls den Steuersätzen für unbeschränkt Steuerpflichtige entsprechen. Teilweise werden ermäßigte Steuersätze, die für Gewinne bis zu einer bestimmten Höhe gelten, beschränkt Steuerpflichtigen nicht gewährt. Eine solche Regelung sieht z. B. Großbritannien vor.[15] Außerdem wird in den USA auf den einer ausländischen Kapitalgesellschaft zustehenden Betriebsstättenerfolg analog zur Behandlung von Ausschüttungen einer US-amerikanischen Tochterkapitalgesellschaft eine Quellensteuer erhoben (sog. branch profits tax; Sec. 884 IRC).[16] Ähnliche Regelungen finden sich in Brasilien, Indonesien und Kanada.[17]

Sofern mit der Betriebsstätte im Ausland keine Gewinne, sondern **Verluste** erzielt werden, sehen die Vorschriften der meisten Staaten eine Berücksichtigung der Betriebsstättenverluste auch im Rahmen der beschränkten Steuerpflicht vor. Die Art der Verlustberücksichtigung (Verlustausgleich, Verlustvortrag oder -rücktrag) richtet sich im Allgemeinen nach den Regeln, die auch für unbeschränkt Steuerpflichtige gelten.[18] In den Steuerrechtsordnungen zahlreicher Staaten ist jedoch kein Verlustrücktrag vorgesehen,[19] so dass ein Rücktrag auch für Verluste beschränkt Steuerpflichtiger nicht in Frage kommt. Zudem bestehen in einigen Ländern zusätzliche, nur für beschränkt Steuerpflichtige geltende Beschränkungen. So kommt bspw. nach dem Steuerrecht Österreichs der Verlustvortrag nur dann zum Tragen, wenn der Verlust, den die österreichische Betriebsstätte eines beschränkt Steuerpflichtigen erlitten hat, die restlichen positiven Welteinkünfte des Steuerpflichtigen übersteigt.[20]

Liegt nach den nationalen Besteuerungsvorschriften des Auslandes eine Betriebsstätte und somit ein Anknüpfungspunkt für eine Quellenbesteuerung vor, so stellt sich das Problem, den Betriebsstättenerfolg bzw. das Betriebsstättenvermögen als Bemessungsgrundlage der beschränkten Steuerpflicht zu ermitteln. Aufgrund der rechtlichen und wirtschaftlichen Stellung der Betriebsstätte im Einheitsunternehmen gestaltet sich diese **Ermittlung der Steuerbemessungsgrundlagen** recht schwierig, da aus dem Gesamterfolg bzw. dem Gesamtvermögen des Einheitsunternehmens der Betriebsstätte zuzurechnenden Erfolgs- und Vermögensanteile ausgegliedert werden müssen.

Die Ermittlung des Betriebsstättenerfolgs und -vermögens erfolgt international nach drei verschiedenen Prinzipien. Am weitesten verbreitet und international am anerkanntesten ist das **Prinzip der wirtschaftlichen Zugehörigkeit,** das auch in Deutschland zur Anwendung kommt. Zielsetzung der

---

[15] Allerdings gilt dies nicht bei Bestehen eines DBA, so dass deutsche Kapitalgesellschaften grundsätzlich in den Genuss des ermäßigten Steuersatzes kommen. Vgl. Dixon, J., CDFI 1997, S. 770; IBFD, Tax Handbook, 2009, S. 876.
[16] Siehe hierzu auch Endres, D./Schreiber, C. (Hrsg.), USA, 2008, S. 34, 362; McDaniel, P. R./Ault, H. J./Repetti, J. R., United States, 2005, S. 73 ff.; Endres, D./Jacob, F./Gohr, M./Klein, M., Kommentar DBA-USA, Art. 10, Rz. 184 ff.; Vogel, K./Lehner, M., DBA-Kommentar, Art. 7, Anm. 17.
[17] Vgl. Vogel, K./Lehner, M., DBA-Kommentar, Art. 7, Anm. 17.
[18] Vgl. Narraina, L./Krause, M./Viegener, J. u. a., IWB, Fach 10, International, Gruppe 2, S. 942 ff.
[19] Vgl. Tabelle 3; sowie BDI/PwC, Verlustberücksichtigung, 2006, S. 37 ff., 95 f.
[20] Vgl. Baumgartner, A./Bertl, J./Dangel, T., IStR 1993, S. 562 f.; IBFD, Tax Handbook, 2009, S. 67.

Erfolgs- und Vermögensabgrenzung nach diesem Prinzip ist die verursachungsgerechte Ermittlung von inländischer und ausländischer Steuerbemessungsgrundlage. Der Betriebsstätte müssen die Erfolgs- bzw. Vermögensteile zugerechnet werden, die durch die betriebliche Funktion der Betriebsstätte erwirtschaftet werden bzw. die der betrieblichen Funktion der Betriebsstätte dienen.[21]

Neben dem Prinzip der wirtschaftlichen Zugehörigkeit wenden einige Staaten auch das **Prinzip der Geschäfte gleicher Art** an. Nach diesem werden der Betriebsstätte auch die Gewinn- und Verlustanteile zugerechnet, die das Stammunternehmen im Betriebsstättenstaat aus dem Verkauf von solchen Gütern und Waren erzielt, die den von der Betriebsstätte verkauften gleich oder ähnlich sind. Das Prinzip der Geschäfte gleicher Art erweitert somit das Prinzip der wirtschaftlichen Zugehörigkeit um solche Tätigkeiten des Stammunternehmens im Betriebsstättenstaat, die grundsätzlich auch von der Betriebsstätte ausgeübt werden. Steht dahinter die Zielsetzung, Steuerumgehungen durch eine direkte Bedienung des Auslandsmarkts unter Ausschaltung lokaler Betriebsstätten zu verhindern, ist dieser Ansatz zu akzeptieren, nicht hingegen bei lediglich getrennten Absatz- und Marktaktivitäten.

Nach dem **Prinzip der Attraktivkraft** fallen alle Einkünfte, die das Stammunternehmen auf dem Territorium des Betriebsstättenstaates erwirtschaftet, als Betriebsstättenerfolg in die Besteuerungskompetenz des Betriebsstättenstaates. Dieses Prinzip, das im Außensteuerrecht einiger Staaten (insbesondere einiger Entwicklungsländer) noch praktiziert wird, führt dazu, dass als Betriebsstättenerfolg nicht nur diejenigen Erfolgsbeiträge besteuert werden, die durch die eigene Aktivität der Betriebsstätte entstanden sind, sondern auch solche, die das Stammhaus aus diesem Staat durch Direktgeschäfte der verschiedensten Art erzielt.

Erhebt der Domizilstaat der Betriebsstätte eine allgemeine **Vermögensteuer**, so ist das inländische Stammhaus mit dem Betriebsstättenvermögen im Ausland beschränkt steuerpflichtig. Hierbei ist zu beachten, dass die Vermögensteuer in den meisten Ländern nur natürliche Personen unterliegen und Betriebsvermögen häufig von der Vermögensteuer befreit ist, so dass das Betriebsstättenvermögen daher regelmäßig nicht der Vermögensteuer unterliegt.[22]

Weist der Domizilstaat der Betriebsstätte ausnahmsweise eine **Gewerbesteuer** oder eine der Gewerbesteuer vergleichbare Steuer auf,[23] so sind der Betriebsstättenertrag und/oder das Betriebsstättenkapital nach den jeweiligen Vorschriften im Ausland steuerbar.

2. Abkommensrecht

Existiert mit dem Betriebsstättenstaat ein DBA, so entscheidet allein der Betriebsstättenbegriff des Abkommens über die Zuteilung der Besteuerungskompetenzen. Wird durch das Auslandsengagement eine DBA-Betriebsstätte

---

[21] Vgl. 5. Teil, 3. Kapitel.
[22] Vgl. z. B. für Investitionen in Frankreich Helfre, N./Spengel, C., R. F. C. 1998, S. 25 ff.; IBFD, Tax Handbook, 2009, S. 259.
[23] Vgl. Abbildung 4.

begründet, so wird dem Betriebsstättenstaat das Besteuerungsrecht für die Erfolge und das Vermögen der Betriebsstätte zugewiesen.

Im Abkommensrecht bestehen spezielle Vorschriften für die Abgrenzung des der Betriebsstätte zuzurechnenden Erfolgs und Vermögens. Der Inhalt dieser Spezialvorschriften entspricht weitgehend der Aufteilung des Gesamterfolgs und des Gesamtvermögens der Einheitsunternehmung nach dem **Prinzip der wirtschaftlichen Zugehörigkeit.** Zur inhaltlichen Konkretisierung dieses Prinzips enthält Art. 7 Abs. 1 OECD-Modell die Regelung, dass Unternehmensgewinne nur insoweit im Betriebsstättenstaat zu besteuern sind, als sie der Betriebsstätte zugerechnet werden können (Betriebsstättenvorbehalt).

Bei der Besteuerung der Betriebsstätten in den jeweiligen Domizilstaaten kommt es allerdings in vielen Fällen zu Auslegungsproblemen, womit im Ergebnis die Doppelbesteuerung nicht vollkommen vermieden wird. Beispiele hierfür sind die bei Bau- und Montagebetriebsstätten anzutreffenden Besteuerungsmethoden, wie pauschale, also vom tatsächlichen Ergebnis unabhängige, Gewinnfestsetzungen, Liefergewinnbesteuerungen sowie die Nichtanerkennung betriebsstätteninduzierter Kosten beim Stammhaus.[24]

Nach dem Betriebsstättenvorbehalt sind bei der Betriebsstätte auch Einkünfte aus **Drittstaaten** zu erfassen, soweit diese Einkünfte mit der Tätigkeit der Betriebsstätte funktional verbunden sind (Art. 21 Abs. 2 OECD-Modell). Ausgenommen hiervon sind lediglich Einkünfte aus unbeweglichem Vermögen und aus Unterbetriebsstätten, wenn diese in einem Drittstaat oder im Wohnsitzstaat belegen sind.[25] Da die Regelungen des OECD-Modells ein Besteuerungsrecht des Betriebsstättenstaates immer dann ausschließen wollen, wenn Gewinne ohne Beteiligung der Betriebsstätte erwirtschaftet werden, lehnt das OECD-Modell das alternative Zurechnungskonzept der Attraktivkraft der Betriebsstätte eindeutig ab.[26]

Für Entwicklungsländer ist das mit dem Prinzip der Attraktivkraft verbundene erhöhte Quellenbesteuerungsrecht vorteilhaft. Verwirklicht wurde im UN-Modell allerdings eine Modifizierung dieses Prinzips, nämlich das **Prinzip der Geschäfte gleicher Art** (Art. 7 Abs. 1 UN-Modell), das z. B. auch Eingang in die deutschen Abkommen mit den Philippinen, Trinidad und Tobago sowie Kenia gefunden hat. Nach diesem Prinzip sind dem eigenen Geschäftsergebnis der Betriebsstätte die Erfolgsbeiträge hinzuzurechnen, die das Stammhaus auf dem Territorium des Betriebsstättenstaates durch artgleiche Direktgeschäfte erzielt. Da bei diesen artgleichen Geschäften nur auf die äußerliche Identität mit der Geschäftsentfaltung der Betriebsstätte ankommt, kollidiert auch dieses Zurechnungskonzept mit dem Betriebsstättenprinzip und muss folglich abgelehnt werden.[27] Auch die zur Rechtfertigung des Prinzips der Geschäfte gleicher Art angeführten zusätzlichen Gesichtspunkte einer Vermeidung der Steuerflucht bzw. einer Erleichterung der

---

[24] Siehe hierzu auch Bendlinger, S./Remberg, M./Kuckhoff, H., IStR 2002, S. 45.
[25] Vgl. OECD-Kommentar, Art. 21, Anm. 4. Zur Behandlung von Dreieckssachverhalten zwischen Deutschland, Österreich und der Schweiz vgl. Lang, M./Lüdicke, J./ Riedweg, P., IStR 2006, S. 73 ff.
[26] Vgl. OECD-Kommentar, Art. 7, Anm. 5; Vogel, K./Lehner, M., DBA-Kommentar, Art. 7, Anm. 42.
[27] Vgl. Becker, H., AWD 1968, S. 147; Bähr, G., Gewinnermittlung, 1971, S. 41.

praktischen Gewinnermittlung können nicht überzeugen,[28] denn es kann missbräuchlichen Gestaltungen auch mit einer entsprechenden Auslegung des Prinzips der wirtschaftlichen Zugehörigkeit begegnet werden. Sinnvoll ist daher der im UN-Kommentar enthaltene Alternativvorschlag, das Prinzip der Geschäfte gleicher Art dann nicht anzuwenden, wenn die betreffenden Tätigkeiten vom Stammhaus aus Gründen ausgeführt worden sind, die mit der Erlangung von Abkommensvorteilen nichts zu tun haben.[29]

Bei der Besteuerung im Domizilstaat sind **Diskriminierungen** der Betriebsstätte gegenüber anderen Unternehmen des Ansässigkeitsstaates mit vergleichbarer Tätigkeit zu vermeiden (Diskriminierungsverbot, Art. 24 Abs. 3 OECD-Modell/UN-Modell). Unzulässig sind hiernach Unterschiede in der Gewinn- bzw. Vermögensermittlung, wie bspw. bei Abschreibungsmethoden, Rückstellungsmöglichkeiten oder Verlustkompensationsalternativen.[30]

Für den Bereich der **Vermögenszuordnung** erfolgt die Konkretisierung des Prinzips der wirtschaftlichen Zugehörigkeit nicht so präzise wie bei der Ertragszuordnung, was auch daraus resultiert, dass eine allgemeine Vermögensteuerpflicht im Ausland regelmäßig nicht existiert. Nach Art. 22 Abs. 2 OECD-Modell[31] ist das bewegliche Vermögen, das Betriebsvermögen einer Betriebsstätte ist, dieser zuzurechnen. Hinsichtlich des unbeweglichen Vermögens wird in Abs. 1 dagegen nur ein vorrangiges Besteuerungsrecht des Belegenheitsstaates normiert, ein Hinweis auf eine mögliche Zurechnung zum Betriebsvermögen erfolgt nicht. Insoweit ist auch bei wirtschaftlicher Zugehörigkeit des unbeweglichen Vermögens zum Betriebsvermögen dem Belegenheitsprinzip Vorrang einzuräumen.

Da DBA regelmäßig auch die **Gewerbesteuer** mit einbeziehen, wird dem Betriebsstättenstaat die Besteuerungskompetenz auch für diese Steuerart durch das Abkommen zugewiesen.

II. Inlandsbesteuerung des Stammhauses (Wohnsitzbesteuerung)

1. Nationales Recht

a) Einkommen- und Körperschaftsteuer

(1) Die Besteuerung im Gewinnfall

Die in der ausländischen Betriebsstätte erzielten Gewinne werden im Feststellungszeitpunkt unmittelbar dem Welteinkommen der inländischen Stammunternehmung zugerechnet und unterliegen somit grundsätzlich im Jahr ihrer Entstehung der inländischen **Einkommen- oder Körperschaftsteuer** (§ 1 Abs. 1 und § 2 EStG bzw. § 1 Abs. 1 und 2 KStG). Da die Betriebsstätte ein rechtlich unselbständiger Unternehmensteil des Stammunternehmens ist, sind Thesaurierungs- und Ausschüttungsfragen für die Bestim-

---

[28] Vgl. OECD-Kommentar, Art. 7, Anm. 8.
[29] Vgl. UN-Kommentar, Art. 7, Anm. 8; Krabbe, H., IStR 2000, S. 619.
[30] Vgl. BFH v. 13. 1. 1970, BStBl 1970 II, S. 790; Saß, G., AWD 1965, S. 106 ff.; Debatin, H., DStZ 1970, S. 134; Kumpf, W., Betriebsstätten, 1982, S. 170 ff.; Vogel, K./ Lehner, M., DBA-Kommentar, Art. 24, Anm. 93 ff.
[31] Die dieser Vorschrift zugrunde liegende Steuerzuteilung dürfte auch für das UN-Modell gelten (da weitgehend Ursprungsprinzip); eine gesonderte Stellungnahme hierzu erfolgte bei den Beratungen des UN-Steuerausschusses jedoch nicht.

mung des Besteuerungsumfangs und -zeitpunkts irrelevant.[32] Erfolge werden dem Stammunternehmen vielmehr stets in dem Jahr, in dem sie nach den Grundsätzen ordnungsmäßiger Buchführung festgestellt werden, in vollem Umfang zugerechnet (**Feststellungsprinzip** im Gegensatz zum Zuflussprinzip).

Der durch die gleichzeitige Quellen- und Wohnsitzbesteuerung drohenden Doppelbesteuerung des Betriebsstättenerfolgs wird im Inland durch unilaterale Maßnahmen entgegengewirkt. Wettbewerbspolitischer Grundgedanke dieser unilateralen Maßnahmen zur Vermeidung der Doppelbesteuerung ist die absolute Gleichbehandlung aller inländischen Steuerpflichtigen, unabhängig von der Herkunft ihrer Einkünfte (**Kapitalexportneutralität**).

Im Bereich der Einkommensteuer erfolgt die **Vermeidung bzw. Milderung von Doppelbesteuerungen** durch die Methoden der Steueranrechnung (§ 34c Abs. 1 EStG), des Steuerabzugs (§ 34c Abs. 2 und 3 EStG) und der Steuerpauschalierung (§ 34c Abs. 5 EStG).[33]

Bei der Methode der Steueranrechnung werden diejenigen ausländischen Gewinnsteuern (soweit der deutschen **Einkommensteuer** entsprechend), die auf die ausländischen Einkünfte (§ 34d EStG) von der Betriebsstätte bzw. ständigen Vertretung entrichtet wurden, auf die inländische Einkommensteuer der Stammunternehmung in bestimmten Grenzen (Anrechnungshöchstbetrag) angerechnet. Die Methode des Steuerabzugs führt dagegen dazu, dass die im Ausland für die Betriebsstätte bzw. ständige Vertretung entrichteten Gewinnsteuern bei der Ermittlung der Einkünfte abgezogen werden. Bei der Methode der Steuerpauschalierung kann der deutsche Fiskus die Inlandssteuer auf einen festen Betrag (i. d. R. 25%) festsetzen, soweit dies aus volkswirtschaftlichen oder sonstigen Gründen zweckmäßig ist. Die Höhe der Auslandssteuer bleibt bei der Steuerpauschalierungsmethode allerdings unberücksichtigt.[34]

Zwischen den Methoden der Steueranrechnung und des Steuerabzuges besteht für den Steuerpflichtigen – soweit die Anrechnungsvoraussetzungen vorliegen – ein generelles **Wahlrecht** (§ 34c Abs. 2 EStG). Bei dessen Ausübung ist der Anrechnungsmethode grundsätzlich der Vorrang vor der Abzugsmethode einzuräumen. Jedoch kann sich bei ausländischen Betriebsstätten die Abzugsmethode insbesondere in folgendem Fall als vorteilhaft erweisen: Im deutschen Außensteuerrecht geht man bei der Ermittlung der Steuerbemessungsgrundlagen vom Prinzip der wirtschaftlichen Zugehörigkeit aus. Aufgrund dieses Prinzips werden der Betriebsstätte nur solche Erfolgsbeiträge zugeordnet, die durch ihre eigene unternehmerische Tätigkeit entstanden sind. Weicht das Ausland von dem Prinzip der wirtschaftlichen Zugehörigkeit ab (z. B. Prinzip der Geschäfte gleicher Art), können im Rahmen der Anrechnungsmethode durch höhere ausländische Steuerbemessungsgrundlagen in Kombination mit den Anrechnungshöchstbeträgen Steuerüberhänge entstehen, die die Wahl der Abzugsmethode vorteilhaft erscheinen lassen. Gleiches

---
[32] Vgl. FG Hessen v. 16. 9. 1983, EFG 1984, S. 270.
[33] Zur Beschreibung der einzelnen Methoden vgl. 1. Teil, 4. Kapitel, Abschnitt B I; sowie auch Wassermeyer, F./Andresen, U./Ditz, X., Betriebsstätten-Handbuch, 2006, Rz. 9.1 ff.
[34] Vgl. hierzu den sog. Pauschalierungserlass, BMF-Schreiben v. 10. 4. 1984, BStBl 1984 I, S. 252.

gilt, wenn zwar im Ausland das Prinzip der wirtschaftlichen Zugehörigkeit angewandt, die Konkretisierung aber nach anderen Merkmalen vorgenommen wird (z. B. Einbezug des Liefergewinns etc.).
Die Anwendung der **Abzugsmethode nach § 34 c Abs. 3 EStG** ist dann angezeigt, wenn die Anrechnungsmethode wegen des Fehlens bestimmter Voraussetzungen nicht anwendbar ist:

– Da zur Anwendung der Steueranrechnungsmethode die Auslandssteuern auch in dem Staat erhoben werden müssen, aus dem die Auslandseinkünfte stammen, entfällt die Anrechnungsmethode **bei in einem Drittstaat erhobenen Steuern.** Erzielt eine Auslandsbetriebsstätte aus einem Drittstaat Einkünfte, sind diese der Betriebsstätte nach dem Prinzip der wirtschaftlichen Zugehörigkeit zuzuordnen, soweit es sich nicht um Einkünfte aus unbeweglichem Vermögen oder aus Unterbetriebsstätten handelt. Eine im Drittstaat erhobene Quellensteuer kann im Inland (Deutschland) allerdings nicht angerechnet werden, da die Auslandseinkünfte nicht aus dem Drittstaat, sondern aus dem Betriebsstättenstaat stammen. Die Steuer des Drittstaates kann deshalb nur durch den Steuerabzug nach § 34 c Abs. 3 EStG im Inland Berücksichtigung finden.

– **Unterschiedliche Qualifikationen** des Betriebsstättenbegriffs können dazu führen, dass die Anwendung der Anrechnungsmethode ausgeschlossen ist, da keine ausländischen Einkünfte i. S. d. § 34 d EStG vorliegen.

Beispiel: Nach innerstaatlichem Recht erfüllen von inländischen Unternehmen im Ausland erbrachte Dienstleistungen nicht den Betriebsstättenbegriff, sofern die Dienstleistungen nicht im Rahmen einer ausländischen festen Geschäftseinrichtung erbracht werden. Eine Anrechnung ausländischer Quellensteuern ist somit aufgrund des Fehlens einer Betriebsstätte ausgeschlossen. Erhebt das Ausland (wie einige Entwicklungsländer) eine Quellensteuer auf den durch die Dienstleistungen erzielten Gewinn, kann die Doppelbesteuerung nur durch die Steuerabzugsmethode gemildert werden.

Auch bezüglich der Pauschalierungsmethode nach § 34 c Abs. 5 EStG stellt sich für den Steuerpflichtigen die Frage, ob die **Pauschalierung oder die Anrechnung bzw. der Abzug** der ausländischen Steuer günstiger ist. Charakteristikum der Pauschalierungsmethode ist, dass das Inlandseinkommen mit dem inländischen Steuerniveau ohne Berücksichtigung des Auslandseinkommens belastet wird (kein Progressionsvorbehalt), während das nach den allgemeinen deutschen Gewinnermittlungsvorschriften zu ermittelnde Betriebsstätteneinkommen einem Pauschalierungssatz von 25% unterliegt. Diese Pauschalierung auf 25% wirkt sich jedenfalls dann vorteilhaft aus, wenn bei dem steuerpflichtigen Antragsteller der Höchststeuersatz von 45% zum Zuge kommt und die ausländische Steuer bei gleicher Bemessungsgrundlage unterhalb von 20% (45%–25%) liegt.[35]

Für die Besteuerung im Rahmen der **Körperschaftsteuer** kann grundsätzlich auf die Ausführungen bei der Einkommensteuer verwiesen werden. Zur Vermeidung bzw. Milderung der Doppelbesteuerung werden die im Rahmen der Einkommensteuer aufgezeigten Methoden grundsätzlich in gleicher Weise angewandt. So ist die Anrechnung ausländischer Steuern nach

---

[35] Zum Vorteilhaftigkeitsvergleich vgl. Reichert, G., DB 1997, S. 131 ff.; Scheffler, W., Wahlrecht, 2003, S. 114 f.

2. Kapitel. Ausländische Betriebsstätte 415

§ 26 Abs. 1 KStG i. V. m. § 34 c Abs. 1 EStG möglich. Die Steuerabzugsmethode ist in § 26 Abs. 6 KStG i. V. m. § 34 c Abs. 2 und 3 EStG geregelt. Die Vorschrift des § 26 Abs. 6 KStG gestattet zwar auch die Übertragung der Pauschalierungsmaßnahmen des § 34 c Abs. 5 EStG in das Körperschaftsteuerrecht; sie sind allerdings irrelevant geworden, da bereits der reguläre Körperschaftsteuersatz 15% beträgt.[36]

(2) Die Besteuerung im Verlustfall

Für die steuerliche Behandlung ausländischer Betriebsstättenverluste im Inland ist das **Sachziel** der ausländischen Grundeinheit von entscheidender Bedeutung. Wird die Tätigkeit einer Drittstaaten-Betriebsstätte als aktiv i. S. v. § 2 a Abs. 2 EStG eingestuft, so ergeben sich nach nationalem Recht keinerlei Unterschiede zur steuerlichen Berücksichtigung inländischer Verluste.[37] Das Betriebsstättenergebnis wird grundsätzlich im Feststellungszeitpunkt in die inländische Steuerbemessungsgrundlage des Stammhauses einbezogen und es erfolgt eine unmittelbare Verrechnung der Betriebsstättenverluste mit den inländischen Einkünften des Stammhauses **(innerperiodischer Verlustausgleich).** Für den Fall, dass die Verluste der ausländischen Betriebsstätte die Gewinne des inländischen Stammhauses übersteigen, ist (wahlweise) ein Verlustrücktrag bzw. -vortrag nach § 10 d EStG möglich **(interperiodischer Verlustausgleich).**

Als begünstigte, **aktive gewerbliche Betätigungen** gelten nach § 2 a Abs. 2 EStG die Herstellung und die Lieferung von Waren, die Gewinnung von Bodenschätzen sowie das Bewirken gewerblicher Leistungen, soweit diese ausschließlich oder fast ausschließlich (d. h. zu mehr als 90%[38]) den Gegenstand der Betriebsstätte darstellen. Ausgenommen sind jedoch die Herstellung oder Lieferung von Waffen, die Herstellung oder der Betrieb von Fremdenverkehrsanlagen sowie die Vermietung und Verpachtung einzelner Wirtschaftsgüter einschließlich der Überlassung von Rechten und Know-how. Beruht der Betriebsstättenerfolg zu mindestens 10% auf einer nicht begünstigten Tätigkeit, wird dagegen die gesamte Tätigkeit der Betriebsstätte als passiv eingestuft. Des Weiteren sind auch bestimmte Holdingtätigkeiten begünstigungsfähig:[39] Das unmittelbare Halten einer wesentlichen Beteiligung an einer Kapitalgesellschaft, die ihrerseits (fast) ausschließlich aktiv ist, sowie eine mit diesem Engagement in Zusammenhang stehende Finanzierung gelten nach § 2 a Abs. 2 Satz 1 EStG ebenfalls als aktiv.

---
[36] Vgl. auch BMF-Schreiben v. 24. 11. 2003, BStBl 2003 I, S. 747.
[37] Zu diesem Ergebnis kommt es bei einer EU-/EWR-Betriebsstätte auch unabhängig vom Sachziel. Da Deutschland mit sämtlichen EU-/EWR-Staaten ein DBA abgeschlossen hat, gilt dies jedoch nur, sofern (ausnahmsweise) die Anrechnungsmethode zur Anwendung kommt. Zum EU-rechtlichen Erfordernis eines Ausschlusses der Verlustverrechnungsbeschränkungen i. S. d. § 2 a EStG in Bezug auf EU-/EWR-Staaten vgl. EuGH v. 21. 2. 2006 (Ritter-Coulais), EuGHE 2006, S. I-1711; EuGH v. 29. 3. 2007 (Rewe Zentralfinanz), EuGHE 2007, S. I-2647; Cordewener, A., IStR 2003, S. 417 f.; Haarmann, W., Verlustnutzung, 2004, S. 174; Kessler, W., Betriebsstättenverluste, 2004, S. 103.
[38] Vgl. Scholten, G./Griemla, S., IStR 2007, S. 616 ff.; Blümich, W., Einkommensteuergesetz, § 2 a EStG, Anm. 96 m. w. N.
[39] Zu ein- und mehrstufigen Beteiligungsstrukturen siehe Scholten, G./Griemla, S., IStR 2007, S. 306 ff., S. 346 ff. Zur Abgrenzung einer fast ausschließlich aktiven Tätigkeit siehe Scholten, G./Griemla, S., IStR 2007, S. 618 f.

Liegt eine **passive Betätigung der Drittstaaten-Betriebsstätte** vor, so kommen die Verlustverrechnungsbeschränkungen des § 2a EStG zur Anwendung.[40] Diese Norm gilt gleichermaßen für die Einkommen- und die Körperschaftsteuer (R 32 Abs. 1 Nr. 1 KStR). Betriebsstättenverluste können dann nicht mehr mit inländischen Einkünften verrechnet werden, sondern nur noch mit positiven Einkünften der gleichen Art und aus demselben Drittstaat. Das Verlustausgleichspotenzial ist damit beschränkt auf positive Einkünfte passiv tätiger Drittstaaten-Betriebsstätten, die im gleichen Staat belegen sind. Soweit ein Ausgleich im Zeitraum der Verlustentstehung nicht möglich ist, können die Verluste zeitlich unbegrenzt auf die Folgeperioden vorgetragen werden (§ 2a Abs. 1 EStG).

Im Ergebnis wird nur das Auslandseinkommen in die inländische Bemessungsgrundlage einbezogen. Die inner- und interperiodischen Verlustkompensationsmöglichkeiten des Stammhauses sind dabei grundsätzlich von der Art und Weise der Verlustberücksichtigung auf der Ebene der ausländischen Betriebsstätte unabhängig.[41] Ein Verlustausgleich im Entstehungsjahr ist somit systemimmanent, wobei eine doppelte Verlustberücksichtigung auf der Ebene des Stammhauses und der Ebene der Betriebsstätte (also im In- und Ausland) durch eine Nachversteuerung in Jahren, in denen die Verluste bei der ausländischen Betriebsstätte verrechnet werden, infolge eines dann verminderten Anrechnungshöchstbetrags vermieden wird (provisorischer Verlustausgleich).

Beispiel: Ein Gewerbetreibender unterhält sowohl im Inland als auch im Ausland eine Betriebsstätte. Im Zeitraum t_0 erzielt die inländische Betriebsstätte einen Gewinn von 5000 € und die ausländische Betriebsstätte einen Verlust von umgerechnet 5000 €. In t_0 fällt somit keine Inlandssteuer an (Gesamtbetrag der Einkünfte = 0). Im Zeitraum t_1 erwirtschaftet die inländische Betriebsstätte wiederum einen Gewinn von 5000 € und die ausländische Betriebsstätte einen Gewinn von umgerechnet 6000 €. In t_1 beträgt der Gesamtbetrag der Einkünfte folglich 11 000 € und die Inlandssteuer bei einem Steuersatz von 45% 4950 €.
Die in t_1 im Inland anrechenbare ausländische Steuer ist von der Verlustbehandlung im Ausland abhängig: Ist der Verlust aus t_0 verrechenbar, so liegen in t_1 ausländische steuerpflichtige Einkünfte i. H. v. 1000 € vor, die bei einem angenommenen ausländischen Steuersatz von 40% zu einer Auslandssteuer von umgerechnet 400 € führen. Nur dieser Betrag ist i. S. v. § 34c Abs. 1 EStG anrechenbar, womit die ausländische Verlustverrechnung aus t_0 (40% aus 5000 € = 2000 €) durch eine geringere Anrechnungsmöglichkeit wieder aufgehoben wird. Ist der Verlust aus t_0 im Betriebsstättenstaat nicht berücksichtigungsfähig, so liegen in t_1 anrechenbare Auslandssteuern i. H. v. umgerechnet 2400 € vor. Im Ergebnis wird der Verlust also in beiden Fällen nur einmal berücksichtigt.

b) Gewerbesteuer

Die Gewerbesteuer knüpft mit ihrer Besteuerungsgrundlage „Gewerbeertrag" (§ 7 GewStG) an das für die Einkommen- und Körperschaftsteuer gültige Universalitätsprinzip an. Zur Wahrung des Objekt- und Inlandscharakters der Gewerbesteuer beinhalten die §§ 8 und 9 GewStG Hinzurechnungs- und Kürzungsvorschriften, die eine Eliminierung der in den Bemes-

---

[40] Vgl. hierzu auch die Ausführungen im 1. Kapitel, Abschnitt B II 1 a) (2).
[41] In den meisten Staaten besteht im Rahmen der Betriebsstättenbesteuerung die Möglichkeit zum Verlustrück- bzw. -vortrag. So auch in Deutschland, vgl. 3. Teil, 1. Kapitel, Abschnitt B I.

2. Kapitel. Ausländische Betriebsstätte

sungsgrundlagen der Personensteuern enthaltenen subjektartigen Besteuerungselemente zum Ziel haben.

Da die Gewerbesteuer konzeptionell nur den Gewerbeertrag inländischer Gewerbebetriebe erfassen soll (§ 2 Abs. 1 GewStG), wird der Gewinn eines inländischen Unternehmens um den Teil des Gewerbeertrags gekürzt, der auf eine **nicht im Inland belegene Betriebsstätte** entfällt (§ 9 Nr. 3 GewStG). Die Ermittlung des zu kürzenden ausländischen Betriebsstättengewinns erfolgt nach dem Prinzip der wirtschaftlichen Zugehörigkeit. Für die so ermittelten ausländischen Betriebsstättengewinne fällt aufgrund der **Kürzungsvorschrift** des § 9 Nr. 3 GewStG im Inland somit keine Gewerbesteuer an.[42] Diese unilaterale gewerbesteuerliche Freistellung gilt in gleicher Weise für ausländische Betriebsstättenverluste, so dass diese nicht den Gewerbeertrag des inländischen Stammhauses mindern.[43] Führt das Stammunternehmen „Geschäfte gleicher Art" durch, so sind diese nicht Bestandteil des Betriebsstättengewinns, sondern als ausländische Direktgeschäfte gewerbesteuerpflichtig.

Liegt lediglich eine personelle Verknüpfung **(Vertreter)** zum ausländischen Staat vor, erfolgt keine Ausklammerung des Vertretergewinns aus der Bemessungsgrundlage der inländischen Gewerbesteuer. Gleiches gilt auch für den Gewinn aus grenzüberschreitenden Aktivitäten, die keine Betriebsstätte verkörpern (z. B. Bauausführungen und Montagen, deren Zeitdauer unterhalb von sechs Monaten liegt). Auf die gewerbesteuerlichen Konsequenzen dieser Direktgeschäfte wurde bereits an anderer Stelle hingewiesen.[44]

2. Abkommensrecht

a) Einkommen- und Körperschaftsteuer

(1) Die Besteuerung im Gewinnfall

Besteht ein DBA, so wird nach deutscher Abkommenskonzeption die durch die Kollision von Quellen- und Wohnsitzbesteuerung drohende Doppelbesteuerung grundsätzlich durch **Freistellung** des Betriebsstättenerfolgs im Wohnsitzstaat (Deutschland) vermieden. Dieses Ergebnis beruht auf dem sog. Betriebsstättenprinzip.[45] Hiernach hat der Quellenstaat dann das ausschließliche Besteuerungsrecht, wenn eine gewerbliche Tätigkeit durch eine dort belegene Betriebsstätte ausgeübt wird (vgl. Art. 7 i. V. m. Art. 23 A Abs. 1 OECD-Modell). Allerdings wird dieses Betriebsstättenprinzip in deutschen DBA zunehmend nur bei Betriebsstätten mit begünstigtem Sachziel angewandt (sog. Aktivitätsvorbehalt).[46] Für passive Betriebsstätten bleibt in

---

[42] Die Kürzung ausländischer Betriebsstättengewinne ergibt sich unmittelbar aus dem Inlandscharakter der Gewerbesteuer (§ 2 GewStG). § 9 Nr. 3 GewStG hat insoweit nur deklaratorische Bedeutung. Vgl. Abschn. 62 Abs. 1 GewStR.
[43] Vgl. BFH v. 21. 4. 1971, BStBl 1971 II, S. 743; BFH v. 10. 7. 1974, BStBl 1974 II, S. 752.
[44] Vgl. 1. Kapitel, Abschnitt B II 1 b).
[45] In den EU-Mitgliedstaaten sind die Anrechnungs- und Freistellungsmethode in etwa paritätisch anzutreffen. Vgl. BDI/PwC (Hrsg.), Verlustberücksichtigung, 2006, S. 93 f.
[46] Dies ist lt. Wassermeyer, F./Andresen, U./Ditz, X., Betriebsstätten-Handbuch, 2006, Rz. 9.48 mittlerweile in 80% der deutschen DBA der Fall. Vgl. hierzu auch Kaminski, B., StuW 2007, S. 275 ff.; Vogel, K./Lehner, M., DBA-Kommentar, Art. 23, Anm. 16.

4. Teil. Besteuerung deutscher Investoren im Ausland

diesen Fällen nur der Rückgriff auf die **Anrechnungsmethode**, die auch aufgrund abkommensrechtlicher Switch-over-Klauseln (vgl. Art. 23 A Abs. 4 OECD-Modell) zur Anwendung kommen kann.[47] Nach innerstaatlichem Recht erfolgt ein solcher Methodenwechsel – ungeachtet einer im Abkommen geregelten Freistellung – nach § 20 Abs. 2 AStG, soweit die Betriebsstätte Einkünfte erzielt, die bei einer Tochterkapitalgesellschaft als Zwischeneinkünfte zu qualifizieren wären, also einer niedrigen Besteuerung unterliegen und nicht unter den Aktivitätskatalog des § 8 AStG fallen.[48] Bei der Beurteilung ist es dagegen ohne Bedeutung, ob die Zwischengesellschaft eine tatsächliche wirtschaftliche Tätigkeit i. S. von § 8 Abs. 2 AStG ausübt.[49] Fraglich bleibt jedoch, ob ein solcher Verweis auf die Tatbestandsvoraussetzungen bei der Hinzurechnungsbesteuerung von Tochterkapitalgesellschaften für die Anwendbarkeit ausreichend ist.[50] Im Ergebnis erlangt die nationale Regelung jedoch nur dann Bedeutung, wenn das Abkommen keine Aktivitätsklausel beinhaltet.[51] Im Hinblick auf EU-/EWR-Betriebsstätten liegt nach Ansicht des EuGH – aber entgegen der BFH-Rechtsprechung – in dem Wechsel von der Freistellungs- auf die Anrechnungsmethode grundsätzlich keine EU-rechtswidrige Besteuerung Beschränkung der Niederlassungsfreiheit vor. Denn analog zu inländischen Betriebsstätten werden die Erfolge einer Auslandsbetriebsstätte bei Anwendung der Anrechnungsmethode im Feststellungszeitpunkt besteuert.[52]

Umstritten ist nach dem BFH-Urteil vom 7. 8. 2002[53] zum DBA-Schweiz allerdings die Frage, ob im ausländischen Betriebsstättengewinn enthaltene Dividenden, Zinsen und Lizenzgebühren tatsächlich auch im Ansässigkeitsstaat als Teil der Betriebsstätteneinkünfte freigestellt werden können oder als unter den entsprechenden Methodenartikel (Dividenden, Zinsen und/oder Lizenz-

---

[47] Zu diesen Switch-over-Klauseln vgl. Petereit, A., IStR 2003, S. 577 ff.; Meilicke, W./Portner, R., IStR 2004, S. 397 ff.
[48] Hiervon sollen nach dem JStG-E 2010 jedoch solche Einkünfte ausgenommen werden, die allein aufgrund des Mitwirkungstatbestands in § 8 Abs. 1 Nr. 5 Buchstabe a) AStG als Zwischeneinkünfte steuerpflichtig wären. Vgl. BT-Drs. 17/2249, S. 24.
[49] A. A. BFH v. 21. 10. 2009, BFHE 227, S. 64. Siehe hierzu Kraft, G., IStR 2010, S. 381 f. Vgl. zur Darstellung der Hinzurechnungsbesteuerung die Ausführungen im 3. Kapitel, Abschnitt A I 2 c) und II 2 b). Siehe auch Wassermeyer, F./Andresen, U./ Ditz, X., Betriebsstätten-Handbuch, 2006, Rz. 9.56 ff.; Kraft, G., Außensteuergesetz, § 20 AStG, Rz. 40 ff. Zur Problematik im Zusammenhang mit einem progressiv ausgestalteten Einkommensteuertarif vgl. Maack, T./Stöbener, J., IStR 2008, S. 463 ff.
[50] Vgl. FG Münster v. 11. 11. 2008, IStR 2009, S. 31.
[51] Zu beachten ist aber, dass der Umfang der aktiven Tätigkeit im DBA vom § 8 AStG abweichen kann. Vgl. Kraft, G., Außensteuergesetz, § 20 AStG, Rz. 40. Zur EU-rechtlichen Würdigung des § 50 d Abs. 9 EStG siehe Rosenthal, M., IStR 2007, S. 613 f.; Eilers, S./Schneider, N., StbJb 2007/08, S. 187 f.
[52] Vgl. EuGH v. 6. 12. 2007 (Columbus Container), IStR 2007, S. 63; Sydow, S., IStR 2010, S. 174 ff.; a. A. BFH v. 21. 10. 2009, IStR 2010, S. 63; FG Münster v. 5. 7. 2005, EFG 2005, S. 1512; sowie GA Mengozzi, P., Schlussantrag v. 29. 3. 2007 (Columbus Container), IStR 2007, S. 299; Brocke, K., von/Hackemann, T., IStR 2010, S. 368 ff. Siehe auch Schnitger, A., FR 2005, S. 1079 ff.; Meussen, G. T. K., ET 2008, S. 169 ff.; Bron, J. F., EWS 2008, S. 42 f.; Thömmes, O., IWB, Fach 11 a, Rechtsprechung, S. 1169 ff.
[53] Vgl. BFH v. 7. 8. 2002, BStBl 2002 II, S. 848. Siehe auch BFH v. 17. 12. 2003, BFH/NV 2004, S. 771.

gebühren) zu subsumieren sind, so dass ggf. dem Ansässigkeitsstaat ein Besteuerungsrecht zusteht und hinsichtlich der Doppelbesteuerungsvermeidungsmethode ggf. die Anrechnungsmethode zur Anwendung kommt. In seinem Urteil hat der BFH jedenfalls die Freistellung für die dort relevanten Dividenden trotz tatsächlicher Zugehörigkeit zur Betriebsstätte verneint, da die Dividenden für sich genommen den Aktivitätsvorbehalt des Freistellungsartikels nicht erfüllten, und hat somit eine Unterteilung in freizustellende originäre und nicht freizustellende sonstige Unternehmensgewinne vorgenommen.[54]

Die auf dem Betriebsstättenprinzip basierende Freistellung des Betriebsstättenerfolgs besagt allerdings nicht, dass der Wohnsitzstaat bei der Festsetzung der Inlandssteuer auf das übrige Einkommen des Steuerpflichtigen den Betriebsstättenerfolg unberücksichtigt lassen muss. Vielmehr erfolgt die Freistellungsmethode bei der Einkommensteuer grundsätzlich unter positivem **Progressionsvorbehalt** (Art. 23 A Abs. 3 OECD-Modell, § 32 b EStG). Dies bedeutet, dass die freizustellenden Betriebsstättengewinne bei der Errechnung des für die inländischen Einkünfte maßgeblichen Steuersatzes in das Gesamteinkommen einzubeziehen sind. Maßgebend sind hierbei ausschließlich die **innerstaatlichen Gewinnermittlungsvorschriften.** Von diesem Progressionsvorbehalt sind nach § 32 b Abs. 1 Satz 2 Nr. 2 EStG jedoch ausdrücklich solche Einkünfte ausgenommen, die aus einer innerhalb der EU/EWR belegenen und zugleich passiv tätigen Betriebsstätte stammen.

Für die Ermittlung des unter Progressionsvorbehalt von der inländischen Bemessungsgrundlage freizustellenden Betriebsstättenerfolgs kann auf die sog. **Dealing-at-arm's-length-Klausel** zurückgegriffen werden. Danach ist – entsprechend der Zielvorstellung des deutschen Außensteuerrechts – als Betriebsstättenerfolg der Beitrag anzusehen, den die Betriebsstätte durch ihre unternehmerische Aktivität zum Gesamterfolg des internationalen Unternehmens leistet. Während es im deutschen Außensteuerrecht an einer gesetzlichen Kodifizierung dieser Zielvorstellung fehlt, kann im Abkommensrecht insofern unmittelbar auf Art. 7 Abs. 2 OECD-Modell verwiesen werden. Im Ergebnis können damit der Betriebsstätte nur solche Erfolgsbeiträge zugerechnet werden, die sie in ihrem Domizilland oder in Drittstaaten (zu welchen auch der Sitzstaat des Stammunternehmens zählt) aufgrund eigener Aktivitäten erzielt (Prinzip der wirtschaftlichen Zugehörigkeit).[55] Zum von der Wohnsitzbesteuerung freizustellenden Betriebsstättenerfolg zählen dabei auch solche Gewinne, die bei der Veräußerung von beweglichem Betriebsstättenvermögen entstanden sind (Art. 13 Abs. 2 OECD-Modell). Eine Ausnahme gilt lediglich für Einkünfte und Veräußerungsgewinne, die aus inländischem unbeweglichem Vermögen resultieren (Konflikt zwischen Betriebsstätten- und Belegenheitsprinzip).[56]

---

[54] Kritisch hierzu Lang, M., SWI 2003, S. 319 ff.; Strunk, G./Kaminski, B., IStR 2003, S. 181 ff.; Kleineidam, H.-J., IStR 2004, S. 1 ff.; Wolff, U., Unternehmensgewinne, 2005, S. 647 ff.; über den speziellen Fall hinaus befürwortend Kluge, V., Betriebsstättenvorbehalt, 2005, S. 663 ff.; Debatin, H./Wassermeyer, F., Doppelbesteuerung, Art. 7, Rz. 160 ff.
[55] Dies bedeutet eine Ablehnung des Prinzips der Attraktivkraft. Vgl. hierzu Abschnitt B I 1.
[56] Vgl. OECD-Kommentar, Art. 6, Anm. 4.

Beispiel: Die Auslandsbetriebsstätte des Steuerinländers A erzielt Einkünfte aus im Inland belegenem Grundvermögen (z. B. Gebäuden). Diese Einkünfte gehören unabhängig von einer eventuellen Zugehörigkeit zu einer ausländischen Betriebsstätte immer zu den inländischen Einkünften und sind als solche im Inland steuerpflichtig.

Durch die für beide Vertragsstaaten verbindlichen Gewinnermittlungsvorschriften und durch die einheitliche Festlegung des Betriebsstättenbegriffs reduziert sich im Abkommensfall die Möglichkeit von Qualifikationskonflikten zwischen den Vertragsstaaten. Kommt es dennoch zu derartigen Qualifikationskonflikten, so kann eine Beseitigung der daraus entstehenden Doppelbesteuerung durch das im Abkommen vorgesehene **Verständigungsverfahren** herbeigeführt werden (Art. 25 OECD-Modell).[57]

Vergleicht man die uni- und bilateralen Maßnahmen zur Vermeidung von Doppelbesteuerungen, so ist festzustellen, dass die abkommensrechtlichen Regelungen über die Vorschriften des Außensteuerrechts hinausgehen. Im DBA-Fall werden die Betriebsstättenerfolge durch die Freistellungsmethode (mit Progressionsvorbehalt) nur dem Steuerniveau in ihrem Domizilstaat unterworfen (Kapitalimportneutralität). Die Betriebsstättenerfolge sind jedoch nur dann endgültig (unter Progressionsvorbehalt) in Deutschland freigestellt, wenn das Stammhaus ein Personenunternehmen ist.

Ist das inländische Stammhaus dagegen eine Kapitalgesellschaft, kommt es im Fall der **Weiterausschüttung** der Betriebsstätten-Erträge zu einer partiellen Nachversteuerung. Ist der Anteilseigner eine natürliche Person, die die Anteile im Betriebsvermögen hält, unterliegen die Dividenden nach dem Teileinkünfteverfahren zu 60% der inländischen Besteuerung (§ 3 Nr. 40 EStG). Sofern der Anteilseigner der inländischen Kapitalgesellschaft selbst unbeschränkt körperschaftsteuerpflichtig ist, bleiben die betreffenden Erfolgsteile im Ergebnis zu 95% steuerfrei (§ 8 b Abs. 1 und 5 KStG). Diese 95%ige Steuerbefreiung ist allerdings nicht endgültig. Vielmehr lebt die Doppelbesteuerung auf die Betriebsstättengewinne auf, wenn diese Kapitalgesellschaft ihrerseits die Gewinne an ihre Anteilseigner (natürliche Personen) ausschüttet. Dieser **Nachversteuerungseffekt** lässt sich allerdings vermeiden, wenn im Inland ein Organschaftsverhältnis mit Ergebnisabführungsvertrag zwischen der inländischen Kapitalgesellschaft (Stammhaus) als Organgesellschaft und dem Einzelunternehmer bzw. einer Personengesellschaft als Organträger vorliegt.[58] In diesem Fall ist das DBA-Betriebsstättenprinzip auch auf der Ebene des Organträgers anzuwenden, wenn der Organträger zu den durch die DBA-Vorschriften begünstigten Steuerpflichtigen gehört.[59] Mit Hilfe dieser Konstruktion kann die inländische Kapitalgesellschaft die steuerfreien Betriebsstätteneinkünfte steuerfrei an den Einzelunternehmer bzw. die Personengesell-

---

[57] Vgl. zur Vorgehensweise Krabbe, H., IStR 2002, S. 548 ff.; Leising, J., IStR 2002, S. 114 ff. Siehe hierzu auch 5. Teil, 6. Kapitel, Abschnitt B I.
[58] Vgl. Grotherr, S., BB 1993, S. 1986 ff.; Endres, D., Musterfälle, 2008, S. 84 f. Damit die Personengesellschaft Organträgerin sein kann, muss sie gewerblich tätig sein (§ 14 Abs. 1 Nr. 2 EStG).
[59] Zu den begünstigten Steuerpflichtigen zählen die im Inland ansässigen (natürlichen) Personen. Ist der Organträger eine Personengesellschaft, so sind die Vorschriften insoweit anzuwenden, als das zuzurechnende Einkommen auf einen im Inland ansässigen Gesellschafter entfällt.

schaft weiterleiten.[60] Ein in den DBA enthaltener Progressionsvorbehalt kann zwar auf Ebene der Organgesellschaft aufgrund des linearen Körperschaftsteuertarifs keine Anwendung finden, jedoch können die von der inländischen Kapitalgesellschaft bezogenen steuerfreien Einkünfte beim Organträger diesem Progressionsvorbehalt unterliegen (§ 32 b Abs. 1 a EStG).

(2) Die Besteuerung im Verlustfall
Stellt ein DBA die Einkünfte einer Auslandsbetriebsstätte bei der Wohnsitzbesteuerung des Steuerinländers frei (Betriebsstättenprinzip), so bleibt die Behandlung von Betriebsstättenverlusten den Vertragsstaaten überlassen.[61] In Deutschland wird in ständiger BFH-Rechtsprechung die **Symmetriethese** vertreten, nach welcher die freizustellenden Einkünfte positive wie negative Komponenten umfassen.[62] Die Nichtberücksichtigung ausländischer Betriebsstättenverluste könnte allerdings gegen den Zweck der Freistellungsmethode verstoßen, eine Doppelbesteuerung ausländischer Einkünfte zu vermeiden. Dementsprechend wären ausschließlich positive ausländische Einkünfte (Bruttoeinkünfte) aus der inländischen Bemessungsgrundlage auszuscheiden. Würden hingegen negative Einkünfte ebenfalls ausscheiden (Nettoeinkünfte), ergäbe sich im Ergebnis gerade eine Doppelbesteuerung. Eine auf die Bruttoeinkünfte beschränkte Auslegung der Freistellungsmethode nehmen (mit unterschiedlichen Begründungserwägungen) bspw. der österreichische[63] und der luxemburgische[64] Verwaltungsgerichtshof vor.

Es verbleibt allerdings die Möglichkeit, einen Betriebsstättenverlust bei der Inlandsbesteuerung in Deutschland im Rahmen des **negativen Progressionsvorbehalts** zu berücksichtigen. Voraussetzung ist dabei, dass die ausländische Betriebsstätte eine **aktive Tätigkeit** ausübt, da im Falle passiv tätiger Betriebsstätten bei einer Belegenheit innerhalb der EU/EWR der negative Progressionsvorbehalt nach § 32 b Abs. 1 Satz 2 EStG ausdrücklich bzw. bei einer Belegenheit außerhalb der EU/EWR die steuerliche Berücksichtigung des Verlustes beim inländischen Steuersatzeinkommen grundsätzlich durch § 2 a Abs. 1 EStG ausgeschlossen ist. Die Wirkung des negativen Progressionsvorbehalts besteht darin, dass die inländischen Einkünfte mit dem (niedrigeren) Steuersatz besteuert werden, der für das um die ausländischen Betriebsstättenverluste verminderte Gesamteinkommen maßgeblich ist. Dabei kann der negative Progressionsvorbehalt zu einem Steuersatz i. H. v. null führen; dies führt letztendlich doch zu einer vollumfänglichen inländischen Verlustbe-

---
[60] Vgl. Schuhmann, H., Organschaft, 1997, S. 92 ff.; Endres, D., Musterfälle, 2008, S. 84 f.
[61] Vgl. OECD-Kommentar, Art. 23, Anm. 44. Für die Fälle, dass im Abkommensfall – trotz im Grundsatz vereinbarter Freistellungsmethode – die Anrechnungsmethode zur Anwendung kommt (bspw. aufgrund von Aktivitätsvorbehalten oder Switch-over-Klauseln) vgl. Abschnitt B II 2 a) (2).
[62] Vgl. zuletzt BFH v. 17. 7. 2008, BStBl 2009 II, S. 630.
[63] Vgl. Österreichischer VwGH v. 25. 9. 2001, IStR 2001, S. 754. Dazu FW, IStR 2001, S. 755 f.; Hahn, H., IStR 2002, S. 681 ff.; Lang, M., SWI 2002, S. 86 ff., Vogel, K., IStR 2002, S. 91 ff., Hohenwarter, D., Verlustverwertung 2010, S. 250 ff.
[64] Zum Urteil des Court Administrative v. 10. 8. 2005 vgl. Hahn, H., IStR 2010, S. 157 ff.; Braunagel, R., IStR 2010, S. 163 ff. Zum entsprechenden Urteil der ersten Instanz des Tribunal Administrative v. 19. 1. 2001 siehe Winandy, J.-P., IStR 2005, S. 594 ff.

rücksichtigung.[65] Seine Anwendung ergibt sich unmittelbar aus den von Deutschland abgeschlossenen DBA.[66] Für natürliche Personen greift § 32b EStG, soweit er freigestellte ausländische Verluste betrifft, darüber hinaus immer dann, wenn ein DBA den Progressionsvorbehalt nicht explizit verbietet.[67] Da DBA-Regelungen nach ihrer Umsetzung zu inländischem Recht werden, gilt der negative Progressionsvorbehalt trotz Fehlens einer entsprechenden Norm im KStG grundsätzlich auch für juristische Personen. Für Kapitalgesellschaften wirkt sich der negative Progressionsvorbehalt aufgrund des linearen Körperschaftsteuertarifs allerdings nicht aus. Dies gilt auch für den Fall, dass die ausländischen Betriebsstättenverluste betragsmäßig die inländischen Einkünfte übersteigen, da der Körperschaftsteuersatz unabhängig von der Höhe der Bemessungsgrundlage nach § 23 Abs. 1 KStG 15% beträgt. Das Fehlen einer § 32b EStG vergleichbaren Vorschrift ist insoweit folgerichtig.

Vergleicht man die Wirkungen der Anrechnungs- und Freistellungsmethode im Verlustfall mit einem rein innerstaatlichen Sachverhalt, führt nur die Anrechnungsmethode grundsätzlich zum selben Ergebnis. Dagegen ergeben sich bei der Freistellungsmethode Zins- und Liquiditätsnachteile gegenüber dem Inlandsfall, sofern die Verluste erst zeitlich später im Rahmen des Verlustausgleichs im Ausland verrechenbar sind. Ist im Ausland außerdem kein Verlustausgleich möglich (z. B. dauerhafte Erfolglosigkeit), ist die Auslandstätigkeit dauerhaft benachteiligt. Abhilfe könnte insoweit die Flankierung der Freistellungsmethode mit der **Nachversteuerungsmethode** schaffen, d. h. der Möglichkeit zum Abzug von Verlusten im Verlustentstehungsjahr sowie einer späteren Hinzurechnung, sofern sich aus in diesem ausländischen Staat belegenen Betriebsstätten insgesamt ein positiver Betrag ergibt. Bis zum VZ 1998 bestand bei gewerblich tätigen Auslandsbetriebsstätten eine solche Möglichkeit (§ 2a Abs. 3 EStG).[68] Der sog. internationale Verlustausgleich führte im Ergebnis letztendlich zu einem Steuerstundungseffekt.[69]

Die Möglichkeit eines temporären internationalen Verlustausgleichs stellt – nicht nur in der Krise – ohne Zweifel eine wichtige Finanzierungshilfe

---

[65] Vgl. BFH v. 25. 5. 1970, BStBl 1970 II, S. 660; BFH v. 13. 11. 1991, BStBl 1992 II, S. 345; Schreiber, U., Besteuerung, 2008, S. 420.
[66] Vgl. BFH v. 9. 11. 1966, BStBl 1967 III, S. 88; BFH v. 13. 11. 1991, BStBl 1992 II, S. 345; a. A. Vogel, K./Lehner, M., DBA-Kommentar, Art. 23, Anm. 215.
[67] Vgl. BFH v. 19. 12. 2001, BStBl 2003 II, S. 302; BFH v. 15. 5. 2002, BStBl 2002 II, S. 660; BFH v. 19. 11. 2003, BStBl 2004 II, S. 549. Siehe kritisch hierzu FG Hamburg v. 12. 2. 2003, EFG 2003, S. 857; sowie Grotherr, S., IWB, Fach 3, Deutschland, Gruppe 3, S. 1397 ff.
[68] Die betreffenden Vorschriften, die die zur Nachversteuerung führende Hinzurechnung regeln, kommen für die VZ ab 1999 weiterhin zur Anwendung (§ 52 Abs. 3 EStG). Zu Detailfragen im Zusammenhang mit dem gesamten Regelungsinhalt des § 2a Abs. 3 EStG wird auf den 4. Teil, 2. Kapitel, Abschnitt B II 2a) (2) der 4. Auflage verwiesen.
[69] Konzeptionell war diese Regelung weitgehend vergleichbar mit einem zwischenzeitlich zurückgezogenen Richtlinienvorschlag der EU-Kommission zur grenzüberschreitenden Verlustberücksichtigung bei ausländischen Betriebsstätten und Tochtergesellschaften aus dem Jahre 1990. Vgl. Kommission der Europäischen Gemeinschaften, Verluste, 1990. Siehe dazu Kellersmann, D./Treisch, C., Unternehmensbesteuerung, 2002, S. 283 ff.

2. Kapitel. Ausländische Betriebsstätte 423

für inländische Investoren bei der Erschließung ausländischer Märkte dar. Man muss sich allerdings über den subventionellen Charakter dieser Vorschrift im Klaren sein, denn mit dem Prinzip der kapitalimportneutralen Besteuerung ist es nicht ohne weiteres vereinbar, ausländische Verluste im Inland zu berücksichtigen, während ausländische Gewinne im Inland freigestellt sind.

Zu beachten ist aber, dass unter **EU-rechtlichen Gesichtspunkten** in der Nichtberücksichtigung ausländischer Betriebsstättenverluste eine Beschränkung der Niederlassungsfreiheit (Art. 49 AEU) vorliegen könnte, die bei grundsätzlicher Geltung des Welteinkommensprinzips nicht durch das hinter der Symmetriethese stehende Territorialitätsprinzip gerechtfertigt werden kann.[70] Der EuGH entschied in der Rs. Lidl Belgium[71] zwar, dass die Nichtberücksichtigung ausländischer Verluste eine Beschränkung der Niederlassungsfreiheit darstellt. Jedoch kann die Beschränkung – in Anlehnung an seine Rechtsprechung in der Rs. Marks & Spencer[72] – durch die Notwendigkeit der Aufteilung der Besteuerungsbefugnisse und der Vermeidung der doppelten Verlustberücksichtigung gerechtfertigt werden.

Die Übertragung der Rechtsprechungsgrundsätze der Rs. Marks & Spencer vermag u. E. allerdings nicht zu überzeugen, da für Betriebsstätten und Tochtergesellschaften **kein Gleichbehandlungsgebot** i. S. einer Rechtsformneutralität besteht.[73] Die Unterschiede zwischen beiden Niederlassungsformen zeigen sich vor allem im Verlustfall: Während es bei Tochtergesellschaften infolge des Trennungsprinzips um die Nutzung fremder Verluste geht, handelt es sich bei Betriebsstätten um **eigene Verluste,** für die das Stammhaus haftet. Mit der Berücksichtigung eigener Verluste hat sich der EuGH bereits sowohl in der Rs. Ritter-Coulais[74] (und deren Berücksichtigung im Inland gefordert) als auch in der Rs. Rewe Zentralfinanz befasst. Zwingen Verluste von Tochtergesellschaften zu einer Abwertung des Bilanzansatzes, handelt es sich (in Höhe der Teilwertabschreibung) um eigene Verluste und nicht um solche der Tochtergesellschaft. Auch hier liegt ein Verstoß gegen die Niederlassungsfreiheit (Art. 49 AEU) vor, wenn die Teilwertabschreibung auf Auslandsbeteiligungen im Gegensatz zu Inlandsbeteiligungen unzulässig ist.[75] Setzt man Betriebsstätten und Tochtergesellschaften dennoch gleich, sollte dem Aspekt einer Sicherstellung einer ausgewogenen

---

[70] Vgl. Lüdicke, J., IStR 2000, S. 342; Dautzenberg, N., FR 2001, S. 812 f.; Kessler, W./Schmitt, C. P./Janson, G., IStR 2001, S. 735 ff.; Ritter, W., IStR 2001, S. 434; Saß, G., DB 2001, S. 509 f.; Schnitger, A., IWB, Fach 11, Europäische Gemeinschaften, Gruppe 2, S. 471 f.; Haarmann, W., Verlustnutzung, 2004, S. 180; Kessler, W., Betriebsstättenverluste, 2004, S. 103; Rödder, T., DStR 2004, S. 1631; Schön, W., IStR 2004, S. 294; Bergemann, A./Schönherr, F./Stäblein, W., BB 2005, S. 1716 f.; Portner, R., IStR 2005, S. 378; Schaumburg, H., DB 2005, S. 1136. A. A. Bernhard, W., IStR 2001, S. 367 f.; Hahn, H., IStR 2001, S. 465 ff.
[71] Vgl. EuGH v. 15. 5. 2008 (Lidl Belgium), EuGHE 2008, S. I–3601.
[72] Vgl. EuGH v. 13. 12. 2005 (Marks & Spencer), EuGHE 2005, S. I–10837. Siehe hierzu 3. Kapitel, Abschnitt B II 1 a) (2).
[73] Vgl. 2. Teil, 3. Kapitel, Abschnitt E II 1 f) (3) der 6. Auflage.
[74] Vgl. EuGH v. 21. 2. 2006 (Ritter-Coulais), EuGHE 2006, S. I–1711.
[75] Vgl. EuGH v. 29. 3. 2007 (Rewe Zentralfinanz), EuGHE 2007, S. I-2647. Dazu Thömmes, O., IWB, Fach 11 a, Rechtsprechung, S. 1037 ff.; Lausterer, M., IStR 2007, S. 296 f.; Rehm, H./Nagler, J., GmbHR 2007, S. 500 ff.; Röhrbein, J., IWB, Fach 11 a, Rechtsprechung, S. 1141 ff.

Aufteilung der Besteuerungsbefugnisse zwischen den Mitgliedstaaten nur im Fall eines **Betrugs- oder Missbrauchsrisikos** Bedeutung beigemessen werden. Dieses Risiko wäre bspw. bei einem ausufernden Verlusthandel auf EU-Ebene gegeben. Während ein solcher Verlusthandel i. S. einer Steueroptimierung im Kapitalgesellschaftskonzern durch Umhängen von Beteiligungen an Muttergesellschaften in Hochsteuerländern grundsätzlich möglich ist, besteht im internationalen Einheitsunternehmen eine solche Sorge gerade nicht. Denn das Stammhaus übt über die ausländische Betriebsstätte ein eigenes unternehmerisches Engagement aus und haftet für Verbindlichkeiten aus diesem Engagement; ein steuerlich motivierter Verlusthandel kann also gar nicht erfolgen.

Dagegen ist im Hinblick auf die Geltendmachung eigener Verluste die Gefahr einer **doppelten Verlustberücksichtigung** von vornherein auszuschließen.[76] Seit der Abschaffung der Nachversteuerungsregelung des § 2a Abs. 3 EStG a. F. im Jahr 1999 besteht in Deutschland bei einer Beibehaltung der Freistellungsmethode freilich eine solche Gefahr, nämlich einmal über den Abzug der Verluste im Inland und zum zweiten über deren Nutzung im Ausland. Da Deutschland durch Abschaffung der Regelung selbst die Möglichkeit der Nachversteuerung beseitigt und dadurch die Gefahr einer doppelten Nutzung eigener Verluste geschaffen hat, erscheint dieser Rechtfertigungsgrund jedoch mehr als zweifelhaft.

Aufbauend auf der EuGH-Rechtsprechung[77] hat der BFH entschieden, dass ein Verlustabzug dann zu gewähren ist, wenn der Steuerpflichtige den Nachweis führen kann, dass die Verluste im Quellenstaat aus tatsächlichen Gründen nicht mehr verwertet werden können.[78] Dagegen stellt die Finanzverwaltung allein auf die rechtliche Möglichkeit der Verlustverrechnung im Betriebsstättenstaat ab.[79] Es besteht daher weiterhin Klärungsbedarf,[80] in welchen Fällen genau ein Verlust endgültig ist und wann endgültige Verluste zu berücksichtigen sind (im Jahr der Verlustentstehung oder der Endgültigkeit der Verluste).[81] Der Gesetzgeber sollte jedoch an die Kriterien zur Bestimmung **definitiver Verluste** keine überzogenen Anforderungen stellen. Dies zeigt auch, dass die Kommission Großbritannien aufgefordert hat, das Urteil des EuGH in der Rs. Marks & Spencer ordnungsgemäß umzusetzen.[82]

Geklärt ist dagegen aber die Verrechnung von Betriebsstättenverlusten bei Sachverhalten mit Bezug zu **Drittstaaten:** Bei den Regelungen über die

---

[76] Vgl. EuGH v. 29. 3. 2007 (Rewe Zentralfinanz), EuGHE 2007, S. I-2647.
[77] Vgl. zuletzt EuGH v. 23. 10. 2008 (KR Wannsee), IStR 2008, S. 769. Vgl. dazu Lamprecht, P., IStR 2008, S. 766 ff.; Breuninger, G. E./Ernst, M., DStR 2009, S. 1981 ff.; Hohenwarter, D., Verlustverwertung 2010, S. 312 ff.
[78] Vgl. BFH v. 17. 7. 2008, BStBl 2009 II, S. 630; BFH v. 9. 6. 2010, IStR 2010, S. 663; BFH v. 9. 6. 2010, IStR 2010, S. 670.
[79] Vgl. BMF-Schreiben v. 13. 7. 2009, BStBl 2009 I, S. 835; hierzu kritisch Ditz, X./Plansky, P., IStR 2009, S. 661 f.; Breuninger, G. E./Ernst, M., DStR 2009, S. 1983 ff.; Richter, L., IStR 2010, S. 1 ff.
[80] Vgl. hierzu 3. Kapitel, Abschnitt B II 1 a) (2); sowie Endres, D., Gruppenbesteuerung, 2010, S. 191 ff.
[81] Eine Berücksichtigung im Jahr der Verlustentstehung befürwortend vgl. BFH v. 17. 7. 2008, BStBl 2009 II, S. 630; Braunagel, R., IStR 2010, S. 314 f.; a. A. BFH v. 9. 6. 2010, IStR 2010, S. 663.
[82] Vgl. Kommission der Europäischen Gemeinschaften, Verlustausgleich, 2008.

Besteuerung von Betriebsstätten ist vorwiegend die Ausübung der Niederlassungsfreiheit betroffen. Da diese gegenüber der Kapitalverkehrsfreiheit exklusiv anwendbar ist und letztere verdrängt, ist in Drittstaatenfällen keinerlei Schutz der Grundfreiheiten vorgesehen.[83]

b) Gewerbesteuer

Nach Art. 2 Abs. 2 des OECD-Modells gelten die Kollisionsnormen der DBA grundsätzlich auch für die Gewerbesteuer. In Übernahme der OECD-Regelungen gibt auch das deutsche Abkommensnetz Auskunft über die Besteuerungskompetenzen bei der Gewerbesteuer.

Die Einbeziehung der Gewerbesteuer in die DBA gestaltet sich allerdings insofern etwas problematisch, als die Gewerbesteuer nicht als Personen-, sondern als **Objektsteuer** konzipiert ist. Da die DBA auf eine „in einem Vertragsstaat ansässige Person" Bezug nehmen, Gegenstand der Gewerbesteuer aber keine Person, sondern das Steuerobjekt Betrieb ist, können die Regelungen der DBA nur sinngemäß auf die Gewerbesteuer angewandt werden.[84] Für die gewerbesteuerliche Erfassung einer ausländischen Betriebsstätte hat dies zur Folge, dass nach dem **Betriebsstättenprinzip** der Betriebsstättenerfolg beim Gewerbeertrag des inländischen Stammhauses freizustellen ist. Lediglich in den Fällen, in denen die DBA-Freistellung bspw. an einer Aktivitätsklausel scheitert, kommt subsidiär die innerstaatliche Kürzungsvorschrift des § 9 Nr. 3 GewStG zum Zuge.

Die abkommensrechtliche Freistellung des Betriebsstättenerfolges im Wohnsitzstaat ist insbesondere für **Auslandsvertretungen** bedeutsam. Während diese nach inländischem Recht mangels Kürzungsvorschriften der Gewerbesteuer unterliegen, erfolgt für die Zwecke des DBA eine Freistellung.

Spiegelbildlich zu Gewinnen wirken sich Verluste, die in einer Auslandsbetriebsstätte erzielt werden, nicht auf den Gewerbeertrag aus.

III. Tabellarische Übersicht über die Ergebnisse

Die nachfolgenden Übersichten zeigen nochmals das Besteuerungsmodell des internationalen Einheitsunternehmens. Im Einzelnen werden dargestellt:
– Die wichtigsten Determinanten der Steuerbelastung im internationalen Einheitsunternehmen (Tabelle 20);
– Personensteuerbelastung im internationalen Einheitsunternehmen (Tabelle 21);
– Gewerbesteuerbelastung im internationalen Einheitsunternehmen (Tabelle 22).

---

[83] Vgl. EuGH v. 6. 11. 2007 (Stahlwerke Ergste Westig), EuGHE 2007, S. I–151. Siehe hierzu Rehm, H./Nagler, J., IStR 2008, S. 131 f.; Wunderlich, N./Blaschke, C., IStR 2008, S. 758; Hohenwarter, D., Verlustverwertung 2010, S. 281 ff.
[84] Vgl. Debatin, H., DB 1962, Beilage 12, S. 2.

Tabelle 20: Die wichtigsten Determinanten der Steuerbelastung im internationalen Einheitsunternehmen

Besteuerungssystem des Auslands	Bestehen oder Nicht-Bestehen eines DBA	Sachziel der ausländischen Grundeinheit	Rechtsform der inländischen Spitzeneinheit	Erfolgssituation von Grund- und Spitzeneinheit
Das ausländische Besteuerungssystem determiniert die Anknüpfung der Quellenbesteuerung. Insbesondere stellt sich die Frage nach der Reichweite des *Betriebsstättenbegriffs*. Dies wird wiederum durch die Entwicklungsstufe des Domizilstaates beeinflusst. Der *Betriebsstättenbegriff* wird von Industriestaaten regelmäßig enger, von Entwicklungsländern weiter normiert.	Durch DBA (nach dem OECD-Modell oder UN-Modell) wird ein *abkommensspezifischer Betriebsstättenbegriff* gebildet, der dem nationalen Recht vorgeht. In der entsprechenden Ausgestaltung des DBA spiegelt sich ebenfalls die unterschiedliche Position von Industrie- und Entwicklungsländern wider. Im DBA-Fall greifen die abkommensrechtlichen Maßnahmen, während eine Doppelbesteuerung im Nicht-DBA-Fall nach den unilateralen Bestimmungen vermieden oder gemildert wird.	Das Sachziel der ausländischen Grundeinheit beeinflusst die Verrechnungsmöglichkeit ausländischer Betriebsstättenverluste im Inland (§ 2 a Abs. 1 Nr. 2 EStG). Bei passiver Tätigkeit wird die Verlustverrechnung beschränkt auf ausländische Einkünfte derselben Art und desselben Staates (sofern die Betriebsstätte außerhalb der EU/EWR belegen ist). Auch die Freistellung (mit Progressionsvorbehalt) des Betriebsstättenerfolges wird regelmäßig nur bei aktiven Tätigkeiten gewährt.	Die Rechtsform der inländischen Spitzeneinheit hat Einfluss auf Art und Umfang der Besteuerung der Betriebsstätte im Ausland. Bsp.: Die Betriebsstätte einer inländischen AG unterliegt im Ausland der beschränkten KSt-Pflicht, die Betriebsstätte eines inländischen Einzelunternehmers dagegen der beschränkten ESt-Pflicht.	Die Erfolgssituation bestimmt die in- und ausländische Steuerbelastung. Bei Verlusten aus Drittstaaten kann insbesondere die Vorschrift des § 2 a EStG zum Tragen kommen.

Tabelle 21: Personensteuerbelastung im internationalen Einheitsunternehmen

	Domizilstaat der Betriebsstätte			Sitzstaat des Stammunternehmens	
	nationales Recht	Abkommensrecht		nationales Recht ESt/KSt	Abkommensrecht ESt/KSt
	Steuersubjekt: Inländische Unternehmung im Rahmen der beschränkten Steuerpflicht. *Steuerobjekt:*[1] Erfolg und ggf. Vermögen der Betriebsstätte.	*Steuersubjekt:* Inländische Unternehmung im Rahmen der beschränkten Steuerpflicht. *Steuerobjekt:* Erfolg und ggf. Vermögen der Betriebsstätte über DBA-Betriebsstättenprinzip Art. 7 OECD-Modell (ESt/KSt), Art. 22 Abs. 2 OECD-Modell (VSt).		*Steuersubjekt:* Inl. Unternehmung im Rahmen der unbeschränkten Steuerpflicht (Welteinkommen). Festsellungsprinzip. *Steuerobjekt:*[2] Welteinkommen des Stammhauses einschließlich des Einkommens der Betriebsstätte (Gewinne erhöhen die Bemessungsgrundlage, Verluste mindern sie). – Anwendung der direkten Steueranrechnung bei PersG[3] bzw. EUR § 34 c Abs. 1 EStG; bei KapG § 26 Abs. 1 KStG – Wahlrecht für Abzugsmethode bei PersG[3] bzw. EUR § 34 c Abs. 2 EStG; bei KapG § 26 Abs. 6 KStG i. V. m. § 34 c Abs. 2 EStG – Wahlrecht für Pauschalierung im Rahmen der ESt (§ 34 c Abs. 5 EStG). *Ergebnis:* Kapitalexportneutralität der Besteuerung (absolute Gleichbehandlung aller inländischen Steuerpflichtigen).[5]	*Steuersubjekt:* Inl. Unternehmung im Rahmen der unbeschränkten Steuerpflicht (Welteinkommen). Festsellungsprinzip. *Steuerobjekt:*[2] Freistellung der Betriebsstättenerfolge Art. 7 i. V. m. Art. 23 A Abs. 1 OECD-Modell.[4] Bei PersG[3] bzw. EUR als Stammhaus ist der Progressionsvorbehalt zu beachten.[4] *Ergebnis:* Kapitalimportneutralität der Besteuerung (Gleichbehandlung aller Konkurrenten am Auslandsmarkt).[5]

Reichweite des Betriebsstättenbegriffs		Umgrenzung des Betriebsstättenbegriffs	
Industriestaaten	Entwicklungsländer	Industriestaaten	Entwicklungsländer
analog § 12 AO – feste Geschäftseinrichtung oder Anlage – Nachhaltigkeit – Verfügungsmacht – der Tätigkeit der Unternehmung dienend.	i. d. R. weite Interpretation des Betriebsstättenbegriffs. *Folge:* umfassende Quellenbesteuerung, u. U. Lieferungen und Montagen gen und Montagegewinnbesteuerung.	Art. 5 OECD-Modell: Einengung des nationalen Betriebsstättenbegriffs. *Bsp.:* längere Fristen für Bauausführungen und Montagen	Art. 5 UN-Modell: erheblich erweiterter Betriebsstättenbegriff. *Bsp.:* bereits bei Bauausführungen und Montagen ab sechs Monaten kann eine Betriebsstätte angenommen werden.

[1] Ermittelt nach ausländischen Vorschriften.
[2] Ermittelt nach inländischen Vorschriften.
[3] Dies gilt, sofern natürliche Personen an der PersG beteiligt sind. Sofern Kapitalgesellschaften beteiligt sind, gelten die Ausführungen zu KapG.
[4] Regelmäßig nur bei aktiver Tätigkeit.
[5] Zu den wettbewerbspolitischen Konsequenzen von Kapitalexport- und Kapitalimportneutralität siehe 1. Teil, 3. Kapitel, Abschnitt B.

Tabelle 22: Gewerbesteuerbelastung im internationalen Einheitsunternehmen

	Domizilstaat der Betriebsstätte		Sitzstaat des Stammunternehmens	
	nationales Recht	Abkommensrecht	nationales Recht	Abkommensrecht
Erhebung einer GewSt im Ausland Bsp.: Luxemburg	*Anknüpfungstatbestände für die Erhebung der GewSt* Jeder stehende Gewerbebetrieb, für den im Domizilstaat eine Betriebsstätte unterhalten wird, unterliegt der GewSt (analog § 2 Abs. 1 und 2 GewStG). Damit fällt grundsätzlich ausländische Gewerbesteuer an. Ermittlung der Steuerbemessungsgrundlage nach ausländischen Vorschriften.	*Umgrenzung des Betriebsstättenbegriffs* Vgl. Tabelle 21 zur Personensteuerbelastung im internationalen Einheitsunternehmen.	Betriebsstättengewinn[1] wird beim inländischen Gewerbeertrag gekürzt (§ 9 Nr. 3 GewStG), gilt nicht für reine Vertretungen; Betriebsstättenverluste werden addiert.	Betriebsstättengewinne und -verluste[1] bleiben beim Gewerbeertrag ausgeklammert (Freistellungsmethode).[2]

[1] Ermittelt nach inländischen Vorschriften.
[2] Regelmäßig nur bei aktiver Tätigkeit.

3. Kapitel. Besteuerung von ausländischen Kapitalgesellschaften inländischer Investoren

Die Kapitalgesellschaft ist die am häufigsten gewählte Form der Auslandsinvestition. Diese Bevorzugung resultiert insbesondere aus der Haftungsbegrenzung, den freizügigen Regelungen über den Gesellschafterwechsel und den günstigeren Finanzierungsmöglichkeiten. Diesen Vorteilen der Kapitalgesellschaftsalternative stehen vor allem Formvorschriften, Mitbestimmungspflichten, umfassende Publizitäts- und Prüfungsvorschriften und damit verbundene Kosten gegenüber.

Die meisten potenziellen Domizilstaaten für deutsche Auslandsinvestitionen kennen die beiden Grundformen der Kapitalgesellschaft (AG und GmbH), mit denen eine Haftungsbegrenzung möglich ist. Die KGaA ist in vielen Staaten – mit Ausnahme des angloamerikanischen Rechts – ebenfalls üblich.

Bei der Auslandsbesteuerung der Kapitalgesellschaft ist aufgrund ihrer eigenständigen Steuerrechtsfähigkeit zwischen der Behandlung der Kapitalgesellschaft einerseits und der Behandlung der Anteilseigner andererseits zu unterscheiden. Im Rahmen der Inlandsbesteuerung der Anteilseigner ist neben der Behandlung der Dividenden der rechtsgeschäftliche Lieferungs- und Leistungsaustausch von besonderer Bedeutung. Letzteres deshalb, weil die Festlegung der Lieferungs- und Leistungsentgelte trotz rechtlicher Trennung von der Tatsache der wirtschaftlichen Verknüpfung der Konzernunternehmen beeinflusst werden kann. Besondere Probleme entstehen regelmäßig, wenn ein ausländisches Wirtschaftsgebilde nach in- und ausländischen Qualifikati-

3. Kapitel. Ausländische Kapitalgesellschaften 429

onskriterien unterschiedlich eingestuft wird, z. B. im Ausland als intransparente Kapitalgesellschaft und im Inland als transparente Personengesellschaft. Bevor die Art und Weise der Besteuerung im In- und Ausland detailliert dargestellt werden kann, ist deshalb zunächst auf die Frage der Qualifikation von ausländischen Wirtschaftsgebilden einzugehen.

A. Qualifikationsproblematik bei ausländischen Kapitalgesellschaften

Qualifikation bedeutet die Einordnung eines wirtschaftlichen Sachverhaltes unter steuerliche Normen des Außensteuer- und Abkommensrechts.[1] Ist ein Steuerinländer an einem ausländischen Wirtschaftsgebilde beteiligt, so stellt sich im Rahmen der **Subjektqualifikation** die Frage, ob dieses Wirtschaftsgebilde nach den nationalen und nach den abkommensrechtlichen Bestimmungen als Kapital- bzw. Personengesellschaft (Betriebsstätte) zu qualifizieren ist. Eng verbunden mit dieser Fragestellung ist die Problematik, ob und in welchen Fällen die Besteuerungswirkungen eigenständiger Auslandsgesellschaften für Zwecke der inländischen Besteuerung aufgehoben werden können.

I. Nationales Recht

1. Zur Methodik der Steuerrechtsqualifikation (Rechtstypenvergleich)

Das ausländische Zivilrecht potentieller Investitionsstaaten bietet regelmäßig Organisationsformen an, die den inländischen Unternehmensrechtsformen ganz oder zumindest weitgehend entsprechen. Ausgangspunkt für die steuersystematische Einordnung solcher ausländischer Wirtschaftsgebilde sind immer die zivilrechtlichen Gegebenheiten im Ausland. Im Gegensatz zur Vorgehensweise bei im Inland errichteten Gesellschaften gilt die Maßgeblichkeit des ausländischen Rechts für die steuerliche Qualifikation ausländischer Gesellschaften im Inland jedoch nicht uneingeschränkt. Eine Anknüpfung des Steuerrechts an zivilrechtliche Wertungen nach dem Grundsatz der Einheitlichkeit der Rechtsordnung macht nur dann Sinn, wenn eine weitgehende Parallelität von Zivil- und Steuerrechtsordnung vorhanden ist. Für nationale Sachverhalte kann diese Bedingung, nicht zuletzt aufgrund der einheitlichen Gesetzgebungskompetenzen, im Wesentlichen als erfüllt betrachtet werden; im zwischenstaatlichen Bereich hingegen ist dies nicht ohne weiteres möglich. Eine undifferenzierte Übernahme ausländischer Zivilrechtsqualifikationen verbietet sich daher.[2]

---

[1] Der Begriff des Qualifikationskonflikts wird im Folgenden weit ausgelegt, so dass er nicht nur bei Abkommensfragen anwendbar ist, sondern auch Unterschiede in der steuerlichen Einkunftserzielung erfasst, die (unabhängig vom Vorliegen eines DBA) zu Doppel- oder Minderbesteuerungen führen können.
[2] Vgl. insbesondere RFH v. 12. 2. 1930, RStBl 1930, S. 444; BFH v. 3. 2. 1988, BStBl 1988 II, S. 588; sowie zuletzt BFH v. 20. 8. 2008, BStBl 2009 II, S. 263. Siehe auch OFD Hannover v. 15. 4. 2005, StuB 2005, S. 816; Debatin, H., BB 1990, S. 1457; Henkel, U. W., RIW 1991, S. 566 ff.; Haun, J., Finanzierungsinstrumente, 1996, S. 53 ff.; Schnittker, H., StuW 2004, S. 40 ff.; Blümich, W., Einkommensteuergesetz, § 1 KStG, Anm. 140 ff.; Vogel, K./Lehner, M., DBA-Kommentar, Art. 1, Anm. 17 ff. und 27.

430   4. Teil. Besteuerung deutscher Investoren im Ausland

Beispiel: Personengesellschaften haben nach spanischem Zivilrecht unbestritten die Stellung juristischer Personen. Nach den Regeln des internationalen Privatrechts wird die Rechtspersönlichkeit der spanischen Personengesellschaft in Deutschland voll anerkannt. Nach deutschem Steuerrecht reicht hingegen allein die Tatsache, dass das betreffende Wirtschaftsgebilde vom internationalen Privatrecht als selbständig anerkannt wird, nicht dazu aus, um es auch mit steuerlicher Wirkung als eigenes Steuersubjekt zu qualifizieren.

Bei der steuerrechtlichen Qualifikation ausländischer Gesellschaften ist vielmehr die **materielle Struktur der Gesellschaft** bzw. der real vorgefundene **Unternehmenstypus** bedeutsam. Die steuersystematische Einordnung richtet sich dann immer danach, ob die ausländische Gesellschaft mit einer der in den §§ 15 Abs. 1 Satz 1 Nr. 2, 13 Abs. 7, 18 Abs. 4 und 21 EStG erfassten Personengesellschaften bzw. mit den in § 1 Abs. 1 KStG genannten Körperschaften, Personenvereinigungen und Vermögensmassen wirtschaftlich vergleichbar ist.

Die im Steuerrecht einzuschlagende Vorgehensweise entspricht somit einem **zweistufigen Typenvergleich** zwischen der aus- und inländischen Organisationsform:

1. Stufe: Die jeweilige ausländische Privatrechtsform wird auf ihre Vergleichbarkeit mit den Organisationsformen des inländischen Privatrechts hin überprüft, d. h. der Grad der Übereinstimmung zwischen den jeweiligen ausländischen Rechtsformen und denen des deutschen Rechts ist festzustellen.

2. Stufe: Die steuerrechtlichen Organisationstypen des Auslands werden den inländischen Körperschaften (§ 1 Abs. 1 KStG), den Personengesellschaften (§§ 13 Abs. 7, 15 Abs. 1 Satz 1 Nr. 2, 18 Abs. 4 und 21 EStG) oder Einzelunternehmen (§§ 13 Abs. 1, 15 Abs. 1 Satz 1 Nr. 1 und 18 Abs. 1 EStG) zugeordnet. Diese Zuordnung erfolgt nach Maßgabe des rechtlichen Aufbaus und der wirtschaftlichen Struktur des Auslandsengagements (Realtypus).

Der so vorzunehmende typologische Vergleich lässt sich relativ einfach bewerkstelligen, wenn das **ausländische Rechtsgebilde in den Organisationsformen des inländischen Zivilrechts eine Parallele** findet. So lässt sich die Mehrzahl der praktischen Fälle sicherlich ohne größere Probleme eingruppieren. Da die steuerrechtlichen Organisationstypen an diese handels- und gesellschaftsrechtlichen Regelstatuten anknüpfen, ist auch die Steuerrechtsqualifikation hier zweifelsfrei. Dabei liegt es im Wesen eines „Typen"-Vergleichs, dass zur Bejahung der Identität nicht zwingend völlige Vergleichbarkeit erforderlich ist, sondern die weitgehende Ähnlichkeit ausreicht.[3]

Erhebliche **Qualifikationsprobleme** treten dagegen auf, wenn es für einen ausländischen Rechtsträger an einem entsprechenden Gebilde im inländischen Zivilrecht fehlt (z. B. liechtensteinische Anstalt) bzw. einem ausländischen Wirtschaftsgebilde bereits nach Sitzstaatsrecht keine wie auch immer geartete Rechtspersönlichkeit zukommt. Ähnlich ist auch die Situation, wenn der ausländische Rechtsträger zwar im inländischen Zivilrecht vorkommt, die

---

[3] Vgl. Herrmann, C./Heuer, G./Raupach, A., Einkommensteuergesetz, § 2 KStG, Anm. 24.

3. Kapitel. Ausländische Kapitalgesellschaften

Ausgestaltung der Rechtspersönlichkeit im Sitzstaat aber anders als im Inland gelöst ist (z. B. spanische Personengesellschaft). Liegen solche Differenzen zwischen in- und ausländischem Zivilrecht vor, so ist die steuersystematische Einordnung nur nach Maßgabe der **rechtlichen und wirtschaftlichen Struktur der Auslandsgesellschaft** möglich (Realtypus).[4] Ein ausländisches Wirtschaftsgebilde kann nur dann und insoweit als Personengesellschaft bzw. Kapitalgesellschaft qualifiziert werden, wenn der jeweilige „Realtypus", würde er im Inland praktiziert, als Personengesellschaft bzw. Kapitalgesellschaft anzusehen wäre.[5]

> **Beispiel:** Qualifikationsprobleme ergeben sich bei einigen Rechtsformen des sehr variantenreichen liechtensteinischen Rechts, wie z. B. bei der Verbandsperson, beim Treuunternehmen mit Rechtspersönlichkeit und bei der privatrechtlichen Anstalt.[6] Da es bei diesen Gesellschaftsformen an entsprechenden inländischen Zivilrechtstypen fehlt, muss man bei der Qualifikation die Einzelregelungen des Gesellschaftsvertrages und ihre tatsächliche Durchführung analysieren.

Bei der Untersuchung der privatrechtlichen Struktur der Auslandsgesellschaft gelten nach Ansicht des RFH folgende Kriterien:

„Bei der Kapitalgesellschaft stehen die Gesellschafter der Gesellschaft mehr unpersönlich gegenüber; sie haften den Gläubigern nicht persönlich; ihre Anteile sind übertragbar; an der eigentlichen Geschäftsführung sind sie in der Regel nicht beteiligt. Ihre Stellung als Gesellschafter gründet sich weniger auf eine innere Verbundenheit mit den Mitgesellschaftern in Hinsicht auf die gemeinsame Arbeit zur Förderung des Unternehmens, als vielmehr auf das Bestreben, ihr Kapital nutzbringend anzulegen."[7]

Mit diesen **Qualifikationskriterien** für eine Kapitalgesellschaft sind gleichzeitig auch die Qualifikationskriterien für eine Personengesellschaft festgelegt. Personengesellschaften sind danach Personenvereinigungen, die Erwerbszwecke verfolgen und bei denen die Gesellschafter der Gesellschaft persönlich gegenüberstehen; sie haften den Gläubigern persönlich (Komplementäre) oder beschränkt bis zur Höhe ihrer Einlage (Kommanditisten); ihre Anteile sind grundsätzlich nicht übertragbar; an der eigentlichen Geschäftsführung sind sie in der Regel beteiligt. Ihre Stellung als Gesellschafter gründet sich weniger auf das Bestreben, ihr Kapital nutzbringend anzulegen, als vielmehr auf eine innere Verbundenheit mit den Mitgesellschaftern in Hinsicht auf die gemeinsame Arbeit zur Förderung des Unternehmens. Die Einlage wird grundsätzlich gemeinschaftliches Vermögen aller Gesellschafter. Im Ergebnis müssen die Gesellschafter am Risiko des Unternehmens beteiligt sein und gleichzeitig Unternehmerinitiative entwickeln.

Bei der Untersuchung der wirtschaftlichen Struktur der Auslandsgesellschaft führen die folgenden Merkmale zur Bejahung der Steuerrechtssubjekti-

---

[4] Vgl. hierzu grundlegend Raupach, A., Durchgriff, 1968, S. 141 ff.; Grossfeld, B., Basisgesellschaften, 1974, S. 54 ff.
[5] Vgl. Schlütter, E., DStJG 1985, S. 215 ff.; Ebling, K., CDFI 1988, S. 227 f.
[6] Zum liechtensteinischen Stiftungsrecht im Allgemeinen siehe Schauer, M. (Hrsg.), Stiftungsrecht, 2009, 1 ff.
[7] RFH v. 18. 12. 1930, RStBl 1931, S. 200. Vgl. hierzu auch BFH v. 6. 11. 1980, BStBl 1981 II, S. 220; BMF-Schreiben v. 19. 3. 1976, RIW/AWD 1976, S. 305; BMF-Schreiben v. 1. 12. 1980, DB 1981, S. 139; BMF-Schreiben v. 16. 12. 1993, BStBl 1994 I, S. 3. Zu den Kriterien siehe auch Schnittker, H./Lemaitre, C., GmbHR 2003, S. 1314 ff.

vität (Körperschaft): Es liegt ein wirtschaftlich selbständiger Organismus vor, dessen Einkommen und Vermögen von dem der Gesellschafter getrennt ist. Entscheidend ist, ob das Wirtschaftsgebilde nach seiner tatsächlichen Organisation ein selbständiges Unternehmen ist. In diesem Sinne stellt der BFH auch darauf ab, ob das Auslandsunternehmen „tatsächlich wie ein rechtsfähiges Gebilde lebt".[8] Als weitere Kriterien für eine Zuordnung zu einem deutschen körperschaftsteuerpflichtigen Gebilde können noch etwaige für deutsche Rechtsformen erforderliche Mindestkapitalausstattungen angesehen werden. Ebenso sind die deutschen Grundsätze über die Sicherung der Kapitalaufbringung und der Kapitalerhaltung zu beachten. Ferner können die Kriterien des früheren § 5 Abs. 2 Nr. 1 und 2 KVStG herangezogen werden, wonach die Börsenfähigkeit der Anteile, ihre unbeschränkte Übertragbarkeit und die Art der Haftungsbeschränkung für das Vorhandensein einer Kapitalgesellschaft sprechen.

Die Finanzverwaltung[9] hat im Zusammenhang mit der Einordnung der US-amerikanischen Limited Liability Company (LLC) basierend auf der Rechtsprechung einen Kriterienkatalog aufgestellt, der nach h. M. über diesen konkreten Anwendungsfall hinaus herangezogen werden kann.[10] Demnach werden sechs Hauptkriterien – Geschäftsführung und Vertretung, Haftung, Übertragbarkeit der Anteile, Gewinnzuteilung, Kapitalaufbringung, Lebensdauer der Gesellschaft – und zwei Nebenkriterien – Gewinnverteilung, formale Gründungsvoraussetzungen – genannt, wobei auf das **Gesamtbild** der Verhältnisse abzustellen ist. Im Einzelfall kann – sofern es dabei nicht zu einer eindeutigen Einordnung kommt – aber auch eine Mehrheit der ersten fünf Hauptkriterien ausreichend sein, um das ausländische Gebilde als Kapitalgesellschaft oder Personengesellschaft zu qualifizieren.[11]

Durch den Rückgriff auf die wirtschaftliche Struktur der Auslandsgesellschaft ist die Qualifikation einer ausländischen Organisationsform also auch davon unabhängig, wie eine im Ausland ggf. mögliche Option für die steuerliche Behandlung als Personengesellschaft oder als juristische Person ausgeübt wird.[12] Eine solche **Optionsmöglichkeit** besteht bspw. seit dem 1. 1. 1997 in den USA. Im Rahmen des sog. **Check-the-box-Verfahrens** (Sec. 301.7701–2 und –3 Treas. Reg.)[13] kann ein Unternehmen selbst entscheiden, ob es für Zwecke der US-Bundessteuer als Kapital- oder Personengesellschaft behandelt werden möchte. Das Wahlrecht gilt gleichermaßen für inländische, also US-amerikanische Gesellschaften, und für ausländische Unternehmen, also bspw. auch für deutsche (Tochter-)Gesellschaften.

---

[8] BFH v. 17. 7. 1968, BStBl 1968 II, S. 696.
[9] Vgl. BMF-Schreiben v. 19. 3. 2004, BStBl 2004 I, S. 411.
[10] Vgl. Djanani, C./Brähler, G./Hartmann, T., IStR 2004, S. 481; Lemaitre, C./Schnittker, H./Siegel, K., GmbHR 2004, S. 619; Kahle, H., StuW 2005, S. 63.
[11] Zur ausführlichen Analyse des BMF-Schreibens vgl. Djanani, C./Brähler, G./Hartmann, T., IStR 2004, S. 481 ff.; Fahrenberg, J./Henke, U., IStR 2004, S. 485 ff.; Lemaitre, C./Schnittker, H./Siegel, K., GmbHR 2004, S. 618 ff.
[12] So auch bestätigt durch OFD Berlin v. 21. 1. 2003, IStR 2003, S. 138, zur US-amerikanischen S-Corporation; BMF-Schreiben v. 19. 3. 2004, BStBl 2004 I, S. 411, zur US-amerikanischen LLC.
[13] Vgl. dazu Small, D. G., IStR 1996, S. 280 ff.; Tanenbaum, E./Otto, L., RIW 1996, S. 679 f.; Flick, H. F. W., IStR 1998, S. 110; Kroniger, A./Thies, A., IStR 2002, S. 400 ff.; Endres, D./Schreiber, C. (Hrsg.), USA, 2008, S. 66 f.

3. Kapitel. Ausländische Kapitalgesellschaften

Voraussetzung für die Gewährung des Wahlrechts ist u. a., dass es sich um ein eigenständiges Unternehmen handelt, das nicht zwingend als Kapitalgesellschaft einzuordnen ist. Als sog. per se Kapitalgesellschaften, die das Wahlrecht nicht in Anspruch nehmen können, gelten z. B. nach dem Recht der USA oder eines Bundesstaates gegründete US-Corporations. Für ausländische Unternehmen existiert eine länderspezifische Liste mit Gesellschaftsformen, die ebenfalls zwingend als Kapitalgesellschaften gelten. Hierunter fallen bspw. die britische Public Limited Company (PLC), die französische Société Anonyme (S. A.), die niederländische Naamloze Vernootschap (N. V.) und die deutsche Aktiengesellschaft (AG), nicht aber eine deutsche GmbH.

Je nachdem, ob deutsche Unternehmen in den USA oder US-amerikanische Unternehmen in Deutschland investieren, ist die Ausübung der Option demnach sowohl für Outbound- als auch für Inbound-Fälle relevant:[14]

- Im Fall von **Outbound-Investitionen** kann ein deutscher Investor die jeweilige US-Gesellschaft wie auch die deutsche Gesellschaft für US-Steuerzwecke entweder als Kapital- oder Personengesellschaft (ggf. auch als Betriebsstätte) behandeln.
- Da eine deutsche GmbH nicht per se als Kapitalgesellschaft gilt, kann sie von einem US-Investor **(Inbound-Investition)** für die Besteuerung in den USA grundsätzlich als Personengesellschaft bzw. Betriebsstätte behandelt werden. Andererseits können die GbR, die OHG, die KG oder die stille Gesellschaft für die US-Besteuerung auch als Kapitalgesellschaften behandelt werden.

Das Wahlrecht ist grundsätzlich für fünf Jahre bindend. Berechtigt zur Ausübung der Option ist entweder der rechtlich bestellte Vertreter der Gesellschaft oder – in diesem Fall allerdings einstimmig – alle Mitglieder des Unternehmens. Sofern das **Wahlrecht nicht ausgeübt** wird, gelten folgende Regelungen:

- Inländische, d. h. US-amerikanische, Unternehmen werden grundsätzlich als Personengesellschaften behandelt.
- Dagegen werden ausländische Unternehmen vorrangig als Kapitalgesellschaften behandelt, sofern die Haftung aller Gesellschafter für Verbindlichkeiten des Unternehmens auf die Kapitaleinlage beschränkt ist. Anderenfalls – wozu bereits ein persönlicher Vollhafter ausreicht – gilt das Unternehmen für Steuerzwecke als Personengesellschaft.

Nach allgemeiner Einschätzung führt das Check-the-box-Verfahren zwar zu einer beträchtlichen Verwaltungsvereinfachung. Allerdings eröffnet das Verfahren insbesondere durch die grenzüberschreitende Einschaltung von Personengesellschaften Möglichkeiten, die einerseits steuerplanerisch interessant sind (bspw. im Zusammenhang mit sog. hybriden Gesellschaften), andererseits aber in die Nähe des Gestaltungsmissbrauchs rücken. Es bleibt deshalb abzuwarten, ob möglichen Gestaltungsmissbräuchen nicht durch eine Verschärfung der Anwendungsvoraussetzungen des Check-the-box-Verfahrens entgegengewirkt wird. So sieht die US-Regierung im Reformvorschlag vom 4. 5. 2009 u. a. eine Verschärfung der sog. Check-the-box-Richtlinien ab dem 1. 1. 2011 dahingehend vor, dass das Wahlrecht den nicht in den USA gegründeten Gesellschaften ab 2011 untersagt wird, wenn ihr einziger Anteilseigner weder in den USA noch in dem Ansässigkeitsstaat der Gesellschaft

---

[14] Vgl. Small, D. G., IStR 1996, S. 282; Flick, H. F. W., IStR 1998, S. 110.

ansässig ist. Diese Einschränkung soll zu einer zwingenden Klassifikation als Kapitalgesellschaft führen.[15]

Nach der im deutschen Steuerrecht vorgenommenen Form des Rechtstypenvergleichs schließt ein etwaiges Fehlen der inländischen Rechtsfähigkeit einer ausländischen Gesellschaft – bspw. mangels Erfüllung der Gründungsvorschriften des deutschen Gesellschaftsrechts – die deutsche Körperschaftsteuerpflicht nicht von vornherein aus.[16] Es erfolgt somit keine undifferenzierte Übernahme der zivilrechtlichen Einordnung, die in Deutschland – ebenso wie in Belgien, Frankreich, Luxemburg und Portugal[17] – teilweise noch auf der **Sitztheorie** basiert. Nach dieser Theorie richtet sich die Beurteilung der Rechtsfähigkeit nicht nach dem Recht am Ort der Gründung der Unternehmung, sondern nach dem Recht am Ort des tatsächlichen Verwaltungssitzes einer Gesellschaft. So soll vermieden werden, dass eine Gesellschaft lediglich deshalb in einer vorteilhaft erscheinenden Rechtsordnung eines Staates errichtet wird (ohne dort auch tatsächlich ihre geschäftliche Oberleitung zu haben), um die im Sitzstaat geltenden Schutzvorschriften (insbesondere Haftung, Arbeitsrecht, Mitbestimmung) zu unterlaufen. Die Sitztheorie unterscheidet sich damit von der insbesondere im angloamerikanischen Rechtskreis dominierenden **Gründungstheorie,** bei der es, wenn die zivilrechtliche Rechtsfähigkeit einer Gesellschaft nach dem Recht des Gründungsstaates einmal festgestellt worden ist, auf den Verbleib oder die Verlegung des Verwaltungssitzes nicht mehr ankommt.[18]

2. Besonderheiten bei Basisgesellschaften

a) Wesen und Zielsetzung von Basisgesellschaften

Im Rahmen der Qualifikation einer ausländischen Gesellschaftsform sind alle Normen des deutschen Steuerrechts zu beachten. Wird bei einem Rechtstypenvergleich festgestellt, dass die ausländische Gesellschaft als steuerlich selbständiger Rechtsträger zu qualifizieren ist, so ist zusätzlich zu überprüfen, ob nicht Sondervorschriften des innerstaatlichen Rechts eine völlige oder teilweise Anerkennung der Eigenständigkeit der ausländischen Kapitalgesellschaft ausschließen. Dies ist regelmäßig bei Basisgesellschaften der Fall (§§ 39, 41 und 42 AO sowie §§ 7–14 AStG).

Für den **Begriff der Basisgesellschaft** existiert keine allgemein gültige Definition. Charakteristikum der Basisgesellschaften ist aber stets das Streben nach Steuereinsparungen durch Verlagerung von Einkünften in Niedrigsteuerländer. Diese Wirkung kann typischerweise durch **ausländische Körperschaften in Niedrigsteuerländern** erzielt werden, da Körperschaften als eigenständige Steuerrechtssubjekte von ihren Anteilseignern getrennt stehen und – falls keine Erträge ausgeschüttet werden – nur der Steuerbelastung ihres Sitzlandes unterliegen (Abschirmwirkung).

---

[15] Zum Reformvorschlag vgl. auch Dorfmueller, P., Status: Recht 2009, S. 213 f. m. w. N.; sowie ausführlich 6. Teil, 7. Kapitel, Abschnitt B VII.
[16] Vgl. BFH v. 23. 6. 1992, BStBl 1992 II, S. 974. Dieser Auffassung hat sich die Finanzverwaltung angeschlossen. Vgl. Finanzministerium Baden-Württemberg v. 17. 8. 1993, StEK, KStG 1977, § 1 Nr. 37.
[17] Vgl. Kellersmann, D./Treisch, C., Unternehmensbesteuerung, 2002, S. 230.
[18] Vgl. Großfeld, B./König, T., RIW 1992, S. 433 ff.

3. Kapitel. Ausländische Kapitalgesellschaften

Allein die Errichtung einer Kapitalgesellschaft in einem Niedrigsteuerland führt allerdings nicht zur Annahme einer Basisgesellschaft. Hinzukommen muss, dass die Gesellschaft im Ausland lediglich bestimmte Tätigkeiten „passiver" Natur durchführt. Die Abgrenzung der „Basistätigkeiten" von aktiven Tätigkeiten richtet sich vorwiegend nach dem Katalog des § 8 Abs. 1 AStG.

Das deutsche Steuerrecht sieht für die **Behandlung von Basisgesellschaften** zwei Wege vor:[19]

– Zum einen kann die steuerliche Anerkennung der ausländischen Kapitalgesellschaft generell verneint werden. Die Gesellschaftsgewinne und das Gesellschaftsvermögen sind dann dem im Inland ansässigen Beteiligten direkt zuzurechnen **(Durchgriff)**.

– Zum anderen kann an der Eigenständigkeit der ausländischen Kapitalgesellschaft festgehalten werden. Die von der ausländischen Gesellschaft (Zwischengesellschaft) erzielten Gewinne (Zwischengewinne) sind dann dem im Inland ansässigen Beteiligten nach den Vorschriften des AStG hinzuzurechnen **(Zugriff)**.

Was die steuerliche Prüfungsfolge anbelangt, so geht § 42 AO den Vorschriften zur Hinzurechnungsbesteuerung logisch vor.[20] Während nämlich bei der Hinzurechnungsbesteuerung der Gewinn der ausländischen Gesellschaft (nur) genau zu dem Zeitpunkt erfasst wird, zu dem der Gewinn auch bei einem inländischen Unternehmen der Steuer unterworfen werden würde, die spätere Behandlung der ausgeschütteten Dividenden jedoch unabhängig davon ist, ob diese zuvor der Hinzurechnungsbesteuerung unterlegen haben, greift § 42 AO vorher ein. Hier werden unter Verneinung der Existenz eines ausländischen Rechtsträgers die Einkünfte unmittelbar dem inländischen Anteilseigner zugerechnet, was eine Ausschüttungsfiktion obsolet macht. Der Vorrang des § 42 AO setzt allerdings voraus, dass die gewählte Gestaltung auch bei einer Bewertung am Gesetzeszweck der §§ 7–14 AStG einen Missbrauch von Gestaltungsmöglichkeiten darstellt. Neben der Erzielung von Einkünften aus passivem Erwerb müssen allerdings weitere Umstände hinzutreten, die die Gestaltung als Missbrauch kennzeichnen.[21]

b) Durchgriffsbesteuerung

Nach den deutschen Besteuerungsvorschriften wird eine ausländische, dem Inlandsrecht vergleichbare Kapitalgesellschaft nur dann als eigenständiges Steuersubjekt anerkannt, wenn weder

– der Tatbestand des Scheingeschäfts (§ 41 AO) noch
– der Tatbestand des Treuhandverhältnisses (§ 39 AO) noch
– der Tatbestand des Rechtsmissbrauchs (§ 42 AO) erfüllt ist.

---

[19] Zu den steuerlichen Folgen im Einzelnen vgl. Abschnitt B II 1 a) (3) (b) und 2 a) (3) (b).
[20] Vgl. BFH v. 23. 10. 1991, BStBl 1992 II, S. 1026; BFH v. 10. 6. 1992, BStBl 1992 II, S. 1029; zuletzt bestätigt durch BFH v. 25. 2. 2004, BStBl 2005 II, S. 14; BFH v. 7. 9. 2005, BStBl 2006 II, S. 537; sowie Hahn, H., DStZ 2008, S. 486 ff.; Kraft, G., Außensteuergesetz, § 7 AStG, Rz. 70 f., 115 ff.; Tipke, K./Kruse, H. W., Abgabenordnung, § 42 AO, Anm. 100.
[21] So auch BMF-Schreiben v. 14. 5. 2004 (Anwendungsschreiben AStG), BStBl 2004 I, Sondernummer 1/2004, Tz. 7. 0. 2.

Diese Normen sind im Folgenden näher zu präzisieren:

(1) Ausländische Kapitalgesellschaft als Scheingesellschaft (§ 41 Abs. 2 AO)

Eine ausländische Kapitalgesellschaft ist als **Scheingesellschaft** i. S. d. § 117 Abs. 1 BGB – die nach § 41 Abs. 2 AO für die Besteuerung unerheblich ist – zu beurteilen, wenn die formalrechtlichen Gestaltungen in Wirklichkeit nicht gelten.[22] Typische Beispiele für derartig fingierte Gesellschaften, bei denen die Beteiligten das Erklärte nicht wollen, sind die sog. **funktionslosen Gesellschaften** (z. B. Fakturierungsgesellschaften), die häufig auch als Briefkastenfirmen bezeichnet werden. Kennzeichnend für diese Gesellschaften ist der Tatbestand, dass die der Basisgesellschaft übertragenen Aufgaben nicht von ihr selbst, sondern durch die Muttergesellschaft oder andere Glieder des Unternehmensverbundes durchgeführt werden.[23]

Der Prüfungsnorm des § 41 Abs. 2 AO kommt in der Praxis allerdings keine große Bedeutung zu, weil die Gründer regelmäßig den ernstlichen Willen zur wirksamen Errichtung einer Kapitalgesellschaft im Ausland – auch wenn dies nur zu steuerlichen Zwecken erfolgt – haben und deshalb im Regelfall keine Vermutung für ein Scheingeschäft besteht.[24] Zu überprüfen ist aber, ob sich nicht der **Ort der Geschäftsleitung** (§ 10 AO) der Kapitalgesellschaft tatsächlich im Inland befindet und somit regelmäßig eine unbeschränkte Körperschaftsteuerpflicht in Deutschland begründet wird.[25]

(2) Ausländische Kapitalgesellschaft als Treuhänderin (§ 39 AO)

Die steuerliche Anerkennung des Erwerbs oder Haltens von Vermögenswerten (sowie die Zurechnung der daraus erwirtschafteten Einkünfte) durch eine ausländische Kapitalgesellschaft ist nach § 39 AO dann zu versagen, wenn die Vermögenswerte in Wirklichkeit im wirtschaftlichen Eigentum des inländischen Gesellschafters verblieben sind. Dies ist dann zu bejahen, wenn die im Ausland gegründete Gesellschaft lediglich als **Treuhänderin** der inländischen Gesellschafter anzusehen ist.[26]

Im sog. Treuhandurteil vom 21. 5. 1971 qualifizierte der BFH[27] eine in der Schweiz gegründete Verwaltungsgesellschaft als Treuhänderin ihres deutschen Alleingesellschafters, obwohl kein eigentlicher Treuhandvertrag vorlag. Dieses Urteil wurde sowohl im Schrifttum als auch in der Finanzgerichtsrechtsprechung heftig kritisiert.[28] Als zentrales Argument wurde angeführt, dass die

---

[22] Vgl. Abschn. I Nr. 1 des Oasenerlasses des Finanzministeriums Niedersachsen v. 14. 6. 1965, BStBl 1965 II, S. 74; siehe auch Selling, H.-J., DB 1988, S. 931; sowie Gebbers, H., StBp 1987, S. 99 ff. mit umfangreichen Hinweisen zur Rechtsprechung.
[23] Zur Abgrenzung zwischen Scheingeschäft und Rechtsgestaltungsmissbrauch vgl. BFH v. 21. 10. 1988, BStBl 1989 II, S. 216.
[24] Vgl. BFH v. 17. 7. 1968, BStBl 1968 II, S. 695; BFH v. 29. 1. 1975, BStBl 1975 II, S. 553; BFH v. 29. 7. 1976, BStBl 1977 II, S. 263.
[25] Vgl. BFH v. 16. 1. 1976, BStBl 1976 II, S. 401; Kraft, G., Außensteuergesetz, § 7 AStG, Rz. 30 ff. Zum Konkurrenzverhältnis zwischen den Regeln zur unbeschränkten Steuerpflicht und den Regeln zur Steuerumgehung vgl. auch BFH v. 1. 12. 1982, BStBl 1983 II, S. 213; BFH v. 11. 4. 1984, BFH/NV 1986, S. 255; BFH v. 5. 2. 1986, BStBl 1986 II, S. 490; FG Düsseldorf v. 23. 2. 1988, EFG 1988, S. 387; Kraft, G., Außensteuergesetz, § 7 AStG, Rz. 33 f.
[26] Vgl. auch Kraft, G., Außensteuergesetz, § 7 AStG, Rz. 40 und 225.
[27] Vgl. BFH v. 21. 5. 1971, BStBl 1971 II, S. 721.
[28] Vgl. die Übersicht bei Flick, H./Wassermeyer, F., DB 1975, S. 1674 ff. Vgl. hierzu auch Selling, H.-J., DB 1988, S. 931.

3. Kapitel. Ausländische Kapitalgesellschaften

Annahme **wirtschaftlichen Eigentums** nur gerechtfertigt erscheint, wenn im Außenverhältnis entsprechende Merkmale vorhanden sind. Allein die Weisungsgebundenheit im Innenverhältnis (Beteiligungssphäre) führt dagegen noch nicht zur Annahme wirtschaftlichen Eigentums. Mit der BFH-Entscheidung vom 29. 1. 1975[29] wurde dann konsequenterweise die Anwendung des Treuhandurteils – allerdings zugunsten der noch darzustellenden Missbrauchsregelung – erheblich eingeschränkt.

Als vorläufiges Ergebnis der Analyse des § 39 AO und des § 41 AO bleibt somit festzuhalten, dass diesen Prüfkriterien keine große praktische Bedeutung zukommt. Entscheidender Prüfstein für Basisgesellschaften ist vielmehr die Vorschrift über den Rechtsmissbrauch (§ 42 AO).

(3) Missbrauch von Gestaltungsmöglichkeiten bei Einschaltung von Basisgesellschaften (§ 42 AO)

Nach § 42 AO kann das Steuergesetz durch eine missbräuchliche Gestaltung des Rechts nicht umgangen werden. In der Rechtsprechung des BFH hat die Frage, ob die Einschaltung von Basisgesellschaften im Ausland einen **Rechtsmissbrauch** i. S. d. § 42 AO darstellt, einen breiten Raum eingenommen. Nachfolgend sollen die wichtigsten Aussagen dieser Rechtsprechung wiedergegeben werden, die auch nach der Neufassung des § 42 AO durch das JStG 2008 weiterhin maßgebend bleiben.[30] Grundsätzlich ist zwischen der unzulässigen Steuerumgehung als Missbrauchstatbestand und der legalen Steuerersparnis zu unterscheiden. Jedem Steuerpflichtigen steht es frei, die rechtliche und organisatorische Unternehmensgestaltung auch in Bezug zum Ausland frei zu bestimmen. Das Ziel, Steuern zu sparen, macht die Gestaltung an sich noch nicht unangemessen. Ein Steuerpflichtiger kann daher immer von den rechtlich angemessenen Gestaltungsalternativen die jeweils steueroptimale wählen.[31]

Beispiel: Ein Steuerinländer errichtet in einem Land mit niedrigem Steuer- und Lohnkostenniveau eine Produktionsgesellschaft. Derartige Gesellschaften begründen generell keinen Rechtsmissbrauch, auch dann nicht, wenn die Produktionstätigkeit lediglich aus Gründen der Steuerersparnis ins Ausland verlagert wird.

Nach mittlerweile ständiger Rechtsprechung des BFH erfüllen im niedrig besteuernden Ausland errichtete Basisgesellschaften eines Steuerinländers allerdings dann den Tatbestand des Rechtsmissbrauchs (§ 42 AO), wenn nicht nur für die Tätigkeit als solche, sondern auch für ihre Errichtung[32] wirtschaftliche oder sonst beachtliche Gründe fehlen und wenn sie keine eigene wirtschaftliche Tätigkeit entfalten, wobei die jüngere Rechtsprechung – insbesondere die zu Beteiligungen an Kapitalanlagegesellschaften in den Dublin

---

[29] Vgl. BFH v. 29. 1. 1975, BStBl 1975 II, S. 553; ähnlich BFH v. 29. 7. 1976, BStBl 1977 II, S. 263.
[30] Vgl. hierzu auch ausführlich Niedrig, H.-P., IStR 2003, S. 474 ff.; Grotherr, S., IWB, Fach 3, Deutschland, Gruppe 2, S. 1284 ff.; Kraft, G., Außensteuergesetz, § 7 AStG, Rz. 50 ff.; sowie die Ausführungen im 6. Teil, 4. Kapitel, Abschnitt D II 2.
[31] Vgl. BVerfG v. 14. 4. 1959, BVerfGE Bd. 9, S. 237; sowie u. a. BFH v. 29. 11. 1982, BStBl 1983 II, S. 272.
[32] Vgl. BFH v. 16. 1. 1976, BStBl. 1976 II, S. 401; BFH v. 29. 7. 1976, BStBl. 1977 II, S. 261; BFH v. 15. 4.1986, BFH/NV 1986, S. 509.

Docks ergangene – hohe Anforderungen an die Annahme eines Rechtsmissbrauchs stellt.[33]

Ob die Voraussetzungen für eine Steuerumgehung durch Rechtsmissbrauch im Einzelfall vorliegen, entscheidet sich somit vor allem danach, inwiefern für den Gründungszweck **wirtschaftliche oder sonst beachtliche Gründe** angeführt werden können. Als solche Gründe gelten bspw. die Errichtung einer Kapitalgesellschaft[34]

– als Spitze oder zum Aufbau eines weltweit operierenden Konzerns,[35]
– zum Zweck des Erwerbs von wirtschaftlich gewichtigen Beteiligungen im Basisland oder in Drittländern[36] oder
– mit dem Ziel des Auslagerns von passiven Tätigkeiten wie Kapitalanlagegeschäften oder Finanzierung von Tochtergesellschaften.[37]

Wirtschaftliche oder sonst beachtliche Gründe fehlen bei Errichtung einer Kapitalgesellschaft

– mit der „alleinigen" Absicht der Steuerersparnis,[38]
– zum Zweck der Sicherung inländischen Vermögens für Krisenzeiten,[39]
– zum Halten von Gesellschaftskapital ohne weitere unternehmerische Tätigkeit,[40]
– zum Halten der Beteiligung an lediglich einer inländischen Kapitalgesellschaft[41] oder
– zur Begrenzung des Haftungsrisikos.[42]

Zudem muss der Gesellschaftszweck auch **tatsächlich vollzogen** sein. Der behauptete Gründungszweck muss durch das wirtschaftliche Handeln der Organe der Kapitalgesellschaft in Erscheinung treten.

---

[33] Vgl. BFH v. 29. 1. 1975, BStBl. 1975 II, S. 553; BFH v. 29. 7. 1976, BStBl. 1977 II, S. 263; BFH v. 9. 12. 1980, BStBl. 1981 II, S. 339; BFH v. 5. 3. 1986, BStBl. 1986 II, S. 496; BFH v. 23. 10. 1991, BStBl 1992 II, S. 1026; BFH v. 28. 1. 1992, BStBl 1993 II, S. 84; BFH v. 10. 6. 1992, BStBl 1992 II, S. 1029; BFH v. 19. 1. 2000, BStBl 2001 II, S. 222; BFH v. 19. 1. 2000, BFH/NV 2000, S. 824; BFH v. 20. 3. 2002, BStBl 2003 II, S. 50; BFH v. 25. 2. 2004, BStBl 2005 II, S. 14.
[34] Vgl. u. a. Selling, H.-J., RIW 1991, S. 238; Luttermann, C., IStR 1993, S. 156 f.; Flick, H., IStR 1994, S. 224; Kraft, G., Außensteuergesetz, § 7 AStG, Rz. 60 ff.
[35] Vgl. BFH v. 29. 7. 1976, BStBl 1977 II, S. 261; BFH v. 2. 6. 1992, BFH/NV 1993, S. 416.
[36] Vgl. BFH v. 29. 7. 1976, BStBl 1977 II, S. 263; BFH v. 29. 7. 1976, BStBl 1977 II, S. 268; BFH v. 9. 12. 1980, BStBl 1981 II, S. 339; BFH v. 2. 6. 1992, BFH/NV 1993, S. 416.
[37] Vgl. BFH v. 23. 10. 1991, BStBl 1992 II, S. 1026; BFH v. 19. 1. 2000, BStBl 2001 II, S. 222; BFH v. 19. 1. 2000, BFH/NV 2000, S. 824; BFH v. 20. 3. 2002, BStBl 2003 II, S. 50; BFH v. 25. 2. 2004, BStBl 2005 II, S. 14. Zum BFH-Urteil v. 19. 1. 2000 vgl. Clausen, U., IStR 2000, S. 186; zum BFH-Urteil v. 20. 3. 2002 vgl. Lieber, B., IWB, Fach 3 a, Rechtsprechung, Gruppe 1, S. 1030; zum BFH-Urteil v. 25. 2. 2004 vgl. Lieber, B., IWB, Fach 3 a, Rechtsprechung, Gruppe 1, S. 1063 f.; Roser, F. D., GmbHR 2004, S. 1239 f.
[38] Vgl. BFH v. 29. 7. 1976, BStBl 1977 II, S. 263; BFH v. 15. 4. 1986, BFH/NV 1986, S. 509; BFH v. 10. 6. 1992, BStBl 1992 II, S. 1029.
[39] Vgl. BFH v. 5. 3. 1986, BStBl 1986 II, S. 496; BFH v. 28. 1. 1992, BStBl 1993 II, S. 84.
[40] Vgl. BFH v. 29. 7. 1976, BStBl 1977 II, S. 261; BFH v. 9. 12. 1980, BStBl 1981 II, S. 339; BFH v. 2. 6. 1992, BFH/NV 1993, S. 416.
[41] Vgl. BFH v. 9. 12. 1980, BStBl 1981 II, S. 339; BFH v. 2. 6. 1992, BFH/NV 1993, S. 416.
[42] Vgl. BFH v. 27. 8. 1997, BStBl 1998 II, S. 163.

3. Kapitel. Ausländische Kapitalgesellschaften

Die ausländische Kapitalgesellschaft muss außerdem eine **eigene wirtschaftliche Tätigkeit** entfalten, die nur dann vorliegt, wenn sie sich am allgemeinen wirtschaftlichen Verkehr beteiligt (und nicht nur formal in die Einkünfteerzielung einbezogen wird). Eine solche Beteiligung ist nach der BFH-Rechtsprechung insbesondere in folgenden Fällen zu bejahen:

- Die Gründungsausstattung (Aktiva) der ausländischen Kapitalgesellschaft befindet sich im Gründungszeitpunkt auch im Ausland und wird nicht bereits vom beherrschenden Gesellschafter (als Mieter) genutzt.[43]
- Bei Übertragung von Beteiligungen und Dienstleistungsaufgaben auf eine ausländische Gesellschaft ist bei dieser ein „angemessener Geschäftsapparat" vorhanden bzw. wird ein solcher aufgebaut.[44] Allerdings billigt der BFH einem vom Zweck her passiven Unternehmen zu, dass es sich auf die in diesem Rahmen anfallenden Aufgaben beschränkt.[45] Zudem ist es ausreichend, dass sich die ausländische Gesellschaft einer Managementgesellschaft zur Abwicklung ihrer Geschäftsführung bedient, insbesondere des Tagesgeschäfts, anstatt über eigenes Personal zu verfügen. Von Bedeutung ist, dass die Geschäfte auf eigene Rechnung und Gefahr durchgeführt und dadurch eigene positive oder negative Einkünfte erzielt werden.[46]
- Die Kapitalgesellschaft führt vorbereitende und später auch zum Erfolg führende Maßnahmen zum Erwerb von neuen Beteiligungen in Drittstaaten durch.[47]
- Die Kapitalgesellschaft übt mindestens eine geschäftsleitende Funktion gegenüber zwei Tochtergesellschaften im Sitzstaat bzw. in einem Drittstaat aus.[48] Die geschäftsleitende Funktion ist dabei nicht i. S. einer umfassenden Konzernleitung zu verstehen, sondern es genügt die Wahrnehmung einzelner Funktionen einer geschäftsleitenden Holding, z. B. die Finanzierung.[49]

Zudem liegt kein Rechtsmissbrauch vor, wenn die **Zwischenschaltung** der ausländischen Gesellschaft **auf Dauer angelegt** ist und nicht nur dem Zweck dient, anderweitig drohenden steuerlichen Belastungen zu entgehen, da in diesem Fall – wäre die Kapitalgesellschaft im Inland errichtet worden – auch kein Rechtsmissbrauch vorliegen würde. Diese Anforderung ergibt sich vor allem aus den EU-rechtlichen Diskriminierungsverboten und führt zu einer weiteren Einengung des Anwendungsbereichs des § 42 AO bei Basisgesellschaften.[50]

---

[43] Vgl. BFH v. 17. 7. 1968, BStBl 1968 II, S. 695.
[44] Vgl. BFH v. 7. 2. 1975, BStBl 1976 II, S. 608.
[45] Vgl. BFH v. 20. 3. 2002, BStBl 2003 II, S. 50.
[46] Vgl. BFH v. 19. 1. 2000, BStBl 2001 II, S. 222; BFH v. 19. 1. 2000, BFH/NV 2000 S. 824; BFH v. 25. 2. 2004, BStBl 2005 II, S. 14.
[47] Vgl. BFH v. 29. 7. 1976, BStBl 1977 II, S. 263; BFH v. 29. 7. 1976, BStBl 1977 II, S. 268.
[48] Vgl. BFH v. 9. 12. 1980, BStBl 1981 II, S. 339.
[49] Dabei kann die Finanzierung auch über Auslandsbetriebsstätten der Holding erfolgen. Zur Finanzierung über im Ausland errichtete Finanzholdinggesellschaften siehe 6. Teil, 5. Kapitel, Abschnitt C II 3 a).
[50] Vgl. BFH v. 25. 2. 2004, BStBl 2005 II, S. 14; Maier-Frischmuth, M., StuB 2004, S. 927 f.; Sch, DStR 2004, S. 1286. Zur Auffassung der Finanzverwaltung vgl. BMF-Schreiben v. 28. 12. 2004, BStBl 2005 I, S. 28. Siehe auch Kraft, G., Außensteuergesetz, § 7 AStG, Rz. 105 ff.

Die Annahme eines Rechtsmissbrauchs aufgrund fehlender wirtschaftlicher Gründe für die Errichtung der Gesellschaft oder aufgrund mangelnder Aktivität der Kapitalgesellschaft setzt eine **gesellschaftsrechtliche Verflechtung** (Beteiligung) zwischen einem inländischen Steuerpflichtigen oder einer ihm nahe stehenden Person und der Basisgesellschaft voraus.[51] Ist der Beteiligte Steuerausländer, so können die vorstehenden Grundsätze über die steuerliche Nichtanerkennung einer im Ausland errichteten Gesellschaft grundsätzlich auch zur Anwendung gelangen.[52] Nachdem diese Vorgehensweise lange Zeit umstritten war, hat die neuere Rechtsprechung des BFH in dieser Frage Klarheit geschaffen.[53]

Soweit die ausländische Gesellschaft eine eigenständige wirtschaftliche Funktion hat und diese auch tatsächlich ausübt, können auch Einkunftsteile aus passiven Tätigkeiten, die mit dieser Funktion in keinem objektiven Zusammenhang stehen, nicht unter dem Gesichtspunkt des Rechtsmissbrauchs den Gesellschaftern zugerechnet werden. Etwas anderes gilt nur dann, wenn die aktive wirtschaftliche Betätigung gegenüber der passiven Einkunftserzielung von völlig untergeordneter Bedeutung ist.[54] **Gemischt tätige Basisgesellschaften** können damit durch den Missbrauchstatbestand grundsätzlich nicht erfasst werden.[55]

Nach der Darlegung einer unangemessenen rechtlichen Gestaltung durch das Finanzamt trägt der Steuerpflichtige die objektive **Beweislast** in Form eines Entlastungsnachweises dafür, dass beachtliche, außersteuerliche Gründe vorliegen (§ 42 Abs. 2 Satz 2 AO).[56] Bei der Aufklärung des Sachverhaltes trifft den Steuerpflichtigen zudem eine erhöhte Mitwirkungspflicht (§ 90 AO).[57]

Zusammenfassend bleibt festzustellen, dass die missbräuchliche Einschaltung eines Rechtsträgers durch eine Analyse von Funktionen, Finanzierung, Beherrschung und wirtschaftlicher Aktivität einerseits und der Wettbewerbslage andererseits beurteilt werden kann. Fehlt im Einzelfall wirksam werdenden wirtschaftlichen Vorgängen, Tatsachen und Verhältnissen ein Bezug zum Ausland, so sind sie unangemessen. Diese **Unangemessenheit** der Gestaltung wird zu bejahen sein, wenn ein Steuerinländer seine wirtschaftlichen Interessen im Inland über eine ausländische Kapitalgesellschaft mit minimaler Substanz leitet. Verfolgt der Steuerinländer mit seiner Gestaltung dagegen auch Interessen im Sitzstaat der Kapitalgesellschaft oder in Drittstaaten (z. B. durch eigene unternehmerische Aktivitäten der Gesell-

---

[51] Vgl. BFH v. 21. 10. 1988, BStBl 1989 II, S. 216.
[52] Vgl. BFH v. 27. 8. 1997, BStBl 1998 II, S. 163; BFH v. 29. 10. 1997, BStBl 1998 II, S. 235; BFH v. 20. 3. 2002, BStBl 2002 II, S. 819; BFH v. 31. 5. 2005, BStBl 2006 II, S. 118.
[53] Vgl. hierzu ausführlich 3. Teil, 3. Kapitel, Abschnitt B II 2 c).
[54] Vgl. BFH v. 5. 3. 1986, BStBl 1986 II, S. 496.
[55] Kritisch hierzu Debatin, H., DStZ 1987, S. 217, der – u. E. mit überzeugender Begründung – den Missbrauchstest auf jeden einzelnen Einschaltvorgang beziehen will. Ablehnend ebenfalls FG Nürnberg v. 17. 11. 1987, RIW 1988, S. 576.
[56] Vgl. Drüen, K.-D., Ubg 2008, S. 37 f.; Hahn, H., DStZ 2008, S. 489 f.; sowie ferner BVerfG v. 10. 6. 1963, BVerfGE Bd. 16, S. 203.
[57] Vgl. BFH v. 16. 4. 1986, BStBl 1986 II, S. 736. Sofern die erhöhten Mitwirkungspflichten auf Ebene des Steuerpflichtigen zu keinen unverhältnismäßig hohen Belastungen führen, bestehen keine europarechtlichen Bedenken. Vgl. EuGH v. 27. 1. 2009 (Persche), IStR 2009, S. 171.

schaft bzw. eine geschäftsleitende Funktion hinsichtlich mindestens zweier Tochterkapitalgesellschaften), dann wird regelmäßig die Gestaltung als angemessen bezeichnet werden können, denn es besteht kein zwingender Grund dafür, Auslandsbeziehungen nur über einen inländischen Rechtsträger abzuwickeln.

c) Hinzurechnungsbesteuerung

Ist mit der Gründung einer ausländischen Kapitalgesellschaft kein Tatbestand der §§ 39, 41 und 42 AO erfüllt, so bleibt die Steuersubjekteigenschaft der Gesellschaft erhalten. Aufgrund der **Abschirmwirkung** rechtlich selbständiger Gesellschaften sind die Ertrags- und Vermögensteile der Auslandsgesellschaft streng vom Ertrag und Vermögen ihrer Anteilseigner zu trennen. Dieses Trennungsprinzip birgt indessen die Gefahr, dass Tatbestände der Einkünfteerzielung, die eine hohe regionale Mobilität aufweisen (z. B. die Überlassung von Rechten), allein aus steuerorientierten Überlegungen unter Thesaurierungsabsicht auf selbständige Rechtsträger in Niedrigsteuerländer verlagert werden. Gegen solche Gestaltungen richten sich die §§ 7–14 AStG,[58] die unter dem Begriff der Hinzurechnungsbesteuerung eine Steuerpflicht des inländischen Gesellschafters auch ohne die Ausschüttung im Ausland erzielter Gewinne begründen.[59] Liegen die Voraussetzungen der Hinzurechnungsbesteuerung vor, so wird die Abschirmwirkung der Kapitalgesellschaft nicht durchbrochen, da dies einer unzulässigen Negierung der selbständigen Rechtspersönlichkeit der Auslandsgesellschaft gleichkäme. Vielmehr begründen die §§ 7–14 AStG eine eigene **Steuerpflicht der inländischen Gesellschafter,** die sich aus den niedrig besteuerten, thesaurierten Gewinnen ihrer Auslandsbeteiligung ableitet, ohne indessen damit deckungsgleich zu sein. Zusätzlich zur regulären Hinzurechnungsbesteuerung gilt für sog. Zwischeneinkünfte mit Kapitalanlagecharakter eine verschärfte Hinzurechnung. Nachfolgend werden die Voraussetzungen für beide Formen der Hinzurechnungsbesteuerung kurz zusammengefasst; die Rechtsfolgen werden bei der Durchführung der Besteuerung dargestellt.[60]

(1) Reguläre Hinzurechnungsbesteuerung (§ 7 Abs. 1 AStG)

Die reguläre Hinzurechnungsbesteuerung basiert auf vier Voraussetzungen:

1. **Ausländische Gesellschaft:** Unter Gesellschaft versteht § 7 Abs. 1 AStG jedes ausländische Wirtschaftsgebilde, das aufgrund des Rechtstypenvergleichs mit einer Körperschaft, Personenvereinigung oder Vermögensmasse

---

[58] Zum Konkurrenzverhältnis der §§ 7–14 AStG zu § 42 AO vgl. Hahn, H., DStZ 2008, S. 486 ff.; Kraft, G., Außensteuergesetz, § 7 AStG, Rz. 70 f.; 115 ff.
[59] Das auf die US-amerikanische „Controlled Foreign Companies (CFC) Legislation" von 1962 zurückgehende Konzept wird mittlerweile in 15 OECD-Ländern, darunter neun Mitgliedstaaten der EU, angewandt. Vgl. OECD, Legislation, 1996, S. 21 ff. Innerhalb der EU wenden neben Deutschland noch Dänemark, Finnland, Frankreich, Großbritannien, Italien, Litauen, Portugal, Schweden, Spanien und Ungarn CFC-Regelungen an. Vgl. Schönfeld, J., Hinzurechnungsbesteuerung, 2005, S. 11 f.; IBFD, Tax Handbook, 2009.
[60] Vgl. Abschnitt B II 1 a) (3) (b).

i. S. d. deutschen Körperschaftsteuergesetzes vergleichbar ist (Steuerrechtsqualifikation).[61] Eine Gesellschaft gilt dann als ausländisch, wenn sie weder Sitz noch Geschäftsleitung im Inland hat.

2. Beherrschung durch Steuerinländer: Eine ausländische Gesellschaft ist dann von inländischen Gesellschaftern beherrscht, wenn inländische unbeschränkt Steuerpflichtige „zusammen" mit nach § 2 AStG erweitert beschränkt Steuerpflichtigen im maßgebenden Wirtschaftsjahr zu mehr als der Hälfte am Nennkapital der Gesellschaft beteiligt sind bzw. über mehr als die Hälfte der Stimmrechte verfügen (§ 7 Abs. 1 und Abs. 2 Satz 1 AStG); dies gilt unabhängig davon, ob sich die Gesellschafter nahe stehen. Unerheblich ist, wie hoch die Beteiligung des einzelnen unbeschränkt Steuerpflichtigen ist.

Beispiel: Am Nennkapital der ausländischen X-Kapitalgesellschaft sind die unbeschränkt Steuerpflichtigen A und B zu je 20% sowie der noch für zwei Jahre erweitert beschränkt Steuerpflichtige C zu 15% unmittelbar beteiligt. Die Restbeteiligung entfällt auf Steuerausländer, die nicht die Voraussetzungen des § 2 AStG erfüllen. Die maßgebliche Beteiligungsquote beträgt für die Dauer von zwei Jahren 55%, nach Ablauf dieser Frist noch 40%. Innerhalb des ersten Zeitraums gilt die ausländische Gesellschaft als mehrheitlich von inländischen Gesellschaftern beherrscht. Der aus den Einkünften aus passiver Tätigkeit abgeleitete Hinzurechnungsbetrag wird A und B jeweils i. H. v. 20% hinzugerechnet. Mit Ablauf der erweiterten beschränkten Steuerpflicht des C ist die ausländische Gesellschaft nicht mehr inlandsbeherrscht. Eine Hinzurechnung entfällt wegen der summarischen Beteiligungsquote von nur 40% auch für die Gesellschafter A und B.[62]

Für die Berechnung der Beteiligungsverhältnisse werden auch mittelbare Beteiligungen, vermittelnde Beteiligungen (Beteiligungen über Kapitalgesellschaften, wobei die Beteiligungsquoten multipliziert werden, § 7 Abs. 2 AStG) und über Personengesellschaften gehaltene Beteiligungen (steuerlich gelten derartige Beteiligungen als unmittelbare Beteiligungen, § 7 Abs. 3 AStG) einbezogen. Für Beteiligungen weisungsgebundener Personen (§ 7 Abs. 4 AStG) gilt, dass zwar ein Einbezug für Zwecke der Beurteilung der Beteiligungshöhe erfolgt, eine Hinzurechnungsbesteuerung aufgrund von § 7 Abs. 4 AStG aber nicht stattfindet.[63]

Beispiel: Ist ein Steuerinländer i. H. v. 20% direkt an einer ausländischen Zwischengesellschaft beteiligt und werden die übrigen 80% von einer ausländischen weisungsgebundenen Person gehalten, so sind zwar die Voraussetzungen hinsichtlich der Mindestbeteiligung erfüllt, jedoch werden lediglich 20% der Zwischengewinne der Hinzurechnungsbesteuerung unterworfen.

Zur Begründung wird angeführt, dass sich § 7 Abs. 4 AStG lediglich auf das „Beteiligtsein" an einer ausländischen Gesellschaft zu mehr als der Hälfte i. S. d. § 7 Abs. 2 AStG beziehe. Folglich ist § 7 Abs. 4 AStG lediglich als Tatbestandsvoraussetzung für eine Hinzurechnungsbesteuerung i. S. d. § 7 Abs. 1 AStG zu betrachten, nicht dagegen als Rechtsfolge.

---

[61] Vgl. hierzu Abschnitt A I 1.
[62] Vgl. BMF-Schreiben v. 14. 5. 2004 (Anwendungsschreiben AStG), BStBl 2004 I, Sondernummer 1/2004, Tz. 7.2.1.; Flick, H./Wassermeyer, F./Baumhoff, H., Außensteuerrecht, § 7 AStG, Anm. 41 ff.
[63] Vgl. BFH v. 26. 10. 1983, BStBl 1984 II, S. 258.

3. Kapitel. Ausländische Kapitalgesellschaften

3. Einkünfte aus passivem Erwerb: Der Gesetzgeber normiert in § 8 Abs. 1 AStG – an die Einteilung der Einkunftsarten in § 2 EStG erinnernd – bestimmte Tätigkeitsbereiche, deren wirtschaftliche Ergebnisse (Gewinn) er entweder für begünstigungsfähig (aktiver Erwerb) oder nicht begünstigungsfähig (passiver Erwerb) hält.[64] Der passive Erwerb ist hierbei nicht allein nach der Einkunftsart zu beurteilen, maßgebend sind vielmehr auch Art und Ausmaß der Tätigkeit. Somit kann die grundsätzliche Qualifikation einer Einkunftsart als aktiv oder passiv aufgrund des besonderen Umfangs oder der besonderen Eigenart einer Tätigkeit abgeändert werden.

Hat die ausländische Gesellschaft sowohl Einkünfte aus aktiven als auch passiven Tätigkeiten, spricht man von einer **gemischten Gesellschaft**. In diesem Fall kann die Gesellschaft nur für die passiven Tätigkeiten Zwischengesellschaft sein, für die aktiven Tätigkeiten wird eine inländische Steuerpflicht hingegen nicht begründet. Dabei unterliegen die Einkünfte aus passiver Tätigkeit regelmäßig auch dann der inländischen Steuerpflicht, wenn deren Umfang relativ gering ist (bspw. bei Zinseinkünften aus der Wiederanlage von liquiden Mitteln), da nur auf die einzelnen Tätigkeiten und nicht auf das Gesamtbild der ausländischen Gesellschaft (funktionale Betrachtungsweise) abgestellt wird.[65] Solche passiven (Neben-) Einkünfte werden aber aus der Hinzurechnungsbesteuerung ausgeklammert, wenn die drei kumulativ zu erfüllenden Freigrenzen nicht überschritten werden (§ 9 AStG). Danach unterbleibt eine Hinzurechnung der Gewinnanteile der Auslandsgesellschaft beim Steuerinländer, wenn die Einkünfte aus passivem Erwerb nicht mehr als 10% der gesamten Bruttoerträge der Gesellschaft betragen und die passiven Einkünfte sowohl bei der Gesellschaft als auch bei dem Steuerpflichtigen insgesamt 80 000 € nicht übersteigen.[66]

Die in Anlehnung an § 8 Abs. 1 AStG erstellte Tabelle 23 wertet die grundsätzliche Qualifikation verschiedener Tätigkeitsbereiche aus und weist gleichzeitig darauf hin, in welchen Fällen eine Umqualifikation aufgrund der Art und des Ausmaßes der Tätigkeit möglich ist.

---

[64] Kritisch zum Einkünftekatalog des § 8 Abs. 1 AStG vgl. Kraft, G., IStR 2010, S. 379 f.

[65] Vgl. Kraft, G., Außensteuergesetz, § 9 AStG, Rz. 1 f. Eine funktionale Betrachtungsweise befürwortend siehe BMF-Schreiben v. 14. 5. 2004 (Anwendungsschreiben AStG), BStBl 2004 I, Sondernummer 1/2004, Tz. 8.0.2.; Scheidle, H., IStR 2007, S. 287 ff. m. w. N.; Früchtl, B., IStR 2009, S. 482 f.

[66] Vgl. hierzu auch BFH v. 15. 9. 2004, BStBl 2005 II, S. 255; Kraft, G., Außensteuergesetz, § 9 AStG, Rz. 1 ff.

4. Teil. Besteuerung deutscher Investoren im Ausland

Tabelle 23: Einkünftequalifikation nach § 8 Abs. 1 AStG

Tätigkeitsbereiche (grundsätzliche Qualifikation der Tätigkeitsbereiche)	Umqualifikation aufgrund der Art und des Ausmaßes der Tätigkeit
Land- und Forstwirtschaft (aktiv)	nicht möglich
Herstellung, Bearbeitung, Verarbeitung oder Montage von Sachen; Erzeugung von Energie; Aufsuchen und Gewinnung von Bodenschätzen (aktiv)	nicht möglich
Betrieb von Kreditinstituten oder Versicherungsunternehmen (aktiv)	passiv – falls kein kaufmännischer Geschäftsbetrieb unterhalten wird. – sofern zwar ein kaufmännischer Geschäftsbetrieb unterhalten wird, die Geschäfte aber überwiegend mit unbeschränkt steuerpflichtigen Anteilseignern, die nach § 7 AStG an der ausländischen Gesellschaft beteiligt sind, (bzw. ihnen nahe stehenden Personen i. S. d. § 1 Abs. 2 AStG) abgeschlossen werden.
Handel (aktiv)	passiv – falls die Verschaffung der Verfügungsmacht zwischen einem unbeschränkt steuerpflichtigen Anteilseigner, der nach § 7 AStG an der ausländischen Gesellschaft beteiligt ist, (bzw. einer ihm nahe stehenden Person i. S. d. § 1 Abs. 2 AStG) und der Zwischengesellschaft unter Mitwirkung des Anteilseigners (bzw. einer ihm nahe stehenden Person) erfolgt und dafür kein kaufmännischer Geschäftsbetrieb unterhalten wird – falls die Verschaffung der Verfügungsmacht für den unbeschränkt steuerpflichtigen Anteilseigner, der nach § 7 AStG an der ausländischen Gesellschaft beteiligt ist, (bzw. eine ihm nahe stehende Person i. S. d. § 1 Abs. 2 AStG) bestimmt ist, unter Mitwirkung des Anteilseigners (bzw. einer ihm nahe stehenden Person) erfolgt und dafür kein kaufmännischer Geschäftsbetrieb betrieben wird.
Dienstleistungen (aktiv)	passiv – falls sich die Zwischengesellschaft für die Dienstleistungen eines unbeschränkt steuerpflichtigen Anteilseigners, der nach § 7 AStG an der ausländischen Gesellschaft beteiligt ist, (bzw. einer ihm nahe stehenden Person i. S. d. § 1 Abs. 2 AStG, die im Inland mit ihren

3. Kapitel. Ausländische Kapitalgesellschaften 445

Tätigkeitsbereiche (grundsätzliche Qualifikation der Tätigkeitsbereiche)	Umqualifikation aufgrund der Art und des Ausmaßes der Tätigkeit
	Einkünften aus der von ihr beigetragenen Leistung steuerpflichtig ist) bedient. – falls die Dienstleistungen für einen unbeschränkt steuerpflichtigen Anteilseigner, der nach § 7 AStG an der ausländischen Gesellschaft beteiligt ist, (bzw. eine ihm nahe stehende Person i. S. d. § 1 Abs. 2 AStG) unter Mitwirkung des Anteilseigners (bzw. einer ihm nahe stehenden Person i. S. d. § 1 Abs. 2 AStG) erbracht werden und dafür kein kaufmännischer Geschäftsbetrieb unterhalten wird.
Vermietung und Verpachtung (passiv)	aktiv – falls bei der Überlassung der Nutzung von Rechten, Plänen etc. die Zwischengesellschaft eigene Forschungs- und Entwicklungsarbeiten ohne Mitwirkung eines unbeschränkt steuerpflichtigen Anteilseigners, der nach § 7 AStG an der ausländischen Gesellschaft beteiligt ist, (bzw. einer ihm nahe stehenden Person i. S. d. § 1 Abs. 2 AStG) auswertet. – falls bei Vermietung und Verpachtung von Grundstücken die Einkünfte aus diesen Grundstücken nach DBA steuerbefreit wären, wenn sie unmittelbar von den unbeschränkt pflichtigen Anteilseignern, die nach § 7 AStG an der ausländischen Gesellschaft beteiligt sind, bezogen würden. – falls bei der Vermietung und Verpachtung von beweglichen Sachen die Zwischengesellschaft ohne Mitwirkung eines unbeschränkt steuerpflichtigen Anteilseigners, der nach § 7 AStG an der ausländischen Gesellschaft beteiligt ist, (bzw. einer ihm nahe stehenden Person i. S. d. § 1 Abs. 2 AStG) einen gewerbsmäßigen Vermietungs- und Verpachtungsbetrieb unterhält.
Darlehensgewährung (passiv)	aktiv – falls das Kapital ausschließlich auf ausländischen Kapitalmärkten und nicht bei Nahestehenden i. S. d. § 1 Abs. 2 AStG aufgenommen sowie an ausländische aktive oder inländische Betriebe und Betriebsstätten vergeben wird.
Gewinnausschüttungen von Kapitalgesellschaften (aktiv)	nicht möglich

Tätigkeitsbereiche (grundsätzliche Qualifikation der Tätigkeitsbereiche)	Umqualifikation aufgrund der Art und des Ausmaßes der Tätigkeit
Veräußerung von Anteilen an Kapitalgesellschaften (aktiv)	passiv – falls der Veräußerungsgewinn oder -verlust auf Wirtschaftsgüter der anderen Gesellschaft entfällt, die den in § 7 Abs. 6a AStG bezeichneten Tätigkeiten dienen. – falls der Veräußerungsgewinn auf Wirtschaftsgüter einer Gesellschaft entfällt, an der die andere Gesellschaft beteiligt ist, und diese Wirtschaftsgüter den in § 7 Abs. 6a AStG bezeichneten Tätigkeiten dienen.

4. Niedrige Besteuerung: Die Hinzurechnungsbesteuerung greift nur dann ein, wenn die – nach deutschem Steuerrecht ermittelten – Einkünfte aus passivem Erwerb bei der Zwischengesellschaft einer niedrigen Besteuerung unterliegen. Nach § 8 Abs. 3 AStG ist als Untergrenze einer „normalen" Besteuerung eine mindestens 25%ige Ertragsteuerbelastung der Einkünfte der ausländischen Gesellschaft erforderlich.[67] Der entsprechenden Belastungsberechnung liegt eine wirtschaftliche Betrachtung zugrunde, so dass auf die tatsächlich (ggf. rechtsirrtümlich oder durch anpassende Erhöhung) festgesetzte ausländische Steuer abzustellen ist (§ 8 Abs. 3 Satz 3 AStG).[68] Außerdem sollen nach dem JStG-E 2010 bei der Berechnung auch solche Ansprüche auf Steuerentlastung einbezogen werden, die der ausländische Sitzstaat den Gesellschaftern der Zwischengesellschaft gewährt (§ 8 Abs. 3 Satz 2 AStG).[69] Berücksichtigt werden dabei auch die Ertragsteuern dritter Staaten (sowie ggf. Deutschlands), die auf die der Gesellschaft zufließenden Erträge erhoben werden.[70] Belastungsfaktoren, die nur Variationen der Besteuerungsgrundlagen bilden (z.B. Verlustausgleich und -abzug), sind in ihrer Wirkung auf die Steuerbelastung zu eliminieren.[71]

---

[67] Vgl. hierzu ausführlich Kraft, G., Außensteuergesetz, § 8 AStG, Rz. 830 ff. Zur Kritik an der Niedrigsteuerschwelle vgl. u.a. Schaumburg, H., Steuerrecht, 1998, S. 465 ff.; Vogt, G., DStR 2005, S. 1347 ff.; Hammerschmidt, S./Rehfeld, L., IWB, Fach 3, Deutschland, Gruppe 1, S. 2301; Köhler, S./Haun, J., Ubg 2008, S. 73 f.; Wassermeyer, F./Schönfeld, J., IStR 2008, S. 496 ff.; Kraft, G., IStR 2010, S. 377 f.
[68] Siehe auch BFH v. 9.7.2003, BStBl 2004 II, S. 4; BFH v. 3.5.2006, BFH/NV 2006, S. 1729; BMF-Schreiben v. 14.5.2004 (Anwendungsschreiben AStG), BStBl 2004 I, Sondernummer 1/2004, Tz. 8.3.; BMF-Schreiben v. 13.4.2007, BStBl 2007 I, S. 440. Zur Ermittlung der Ertragsteuerbelastung vgl. auch Lenz, M./Heinsen, O., IStR 2003, S. 793 ff.
[69] Vgl. BT-Drs. 17/2249, S. 24.
[70] Vgl. Rättig, H./Protzen, P.D., DStR 2002, S. 242; Kraft, G., Außensteuergesetz, § 8 AStG, Rz. 833.
[71] Vgl. Schönfeld, J., IStR 2009, S. 301 ff.; Kraft, G., Außensteuergesetz, § 8 AStG, Rz. 840 ff.

3. Kapitel. Ausländische Kapitalgesellschaften

(2) Erweiterte Hinzurechnungsbesteuerung für Zwischeneinkünfte mit Kapitalanlagecharakter (§ 7 Abs. 6 Satz 1 AStG)

Die Systematik der erweiterten oder verschärften Form der Hinzurechnungsbesteuerung weicht hinsichtlich der Tatbestandsvoraussetzungen von der Grundform der Hinzurechnungsbesteuerung wie folgt ab:[72]

1. Zwischeneinkünfte mit Kapitalanlagecharakter: Die ausländische Zwischengesellschaft erzielt Zwischeneinkünfte mit Kapitalanlagecharakter. Diese werden nach § 7 Abs. 6a AStG definiert als Einkünfte aus dem Halten, der Verwaltung, der Werterhaltung oder Werterhöhung von Zahlungsmitteln, Forderungen, Wertpapieren, Beteiligungen oder ähnlichen Vermögenswerten. Ausgenommen sind Einkünfte,[73] die in Unterstützung einer eigenen aktiven Tätigkeit der ausländischen Gesellschaft anfallen.

Ausschlaggebend für die Sonderbehandlung der Zwischeneinkünfte mit Kapitalanlagecharakter waren u. a. steuerbegünstigte Finanzierungsgesellschaften („Dublin Docks") in Irland. Es erscheint aber fraglich, ob die schlichte Inanspruchnahme staatlicher Fördermaßnahmen – im Falle der Dublin Docks zeitlich befristet und von der EU-Kommission sogar ausdrücklich genehmigt[74] – überhaupt einen Missbrauch darstellen kann. Wenn man diese Frage bejaht, müsste dieser Gestaltung schon nach § 42 AO die Anerkennung versagt werden (funktionsloser Rechtsträger). Der BFH hat jedoch in einem vielbeachteten und später nochmals bestätigten Urteil die Regelung des § 42 AO auf Kapitalanlagegesellschaften in den Dublin Docks für nicht anwendbar erklärt. Die Finanzverwaltung erkennt dies nunmehr auch an.[75]

2. Qualifizierte inländische Beteiligung: Ist ein unbeschränkt Steuerpflichtiger mindestens zu 1% an der Zwischengesellschaft beteiligt oder erzielt die nicht börsennotierte Zwischengesellschaft ausschließlich oder fast ausschließlich Einkünfte mit Kapitalanlagecharakter (§ 7 Abs. 6 Satz 1 und 3 AStG), wird der Steuerpflichtige im Inland mit dem ihm zurechenbaren anteiligen Hinzurechnungsbetrag steuerpflichtig. Übersteigen jedoch die den Kapitalanlageeinkünften zugrunde liegenden Bruttoerträge weder 10% der den gesamten Zwischeneinkünften zugrunde liegenden Bruttoerträge der ausländischen Zwischengesellschaft noch den Betrag von 80 000 € bei der ausländischen Zwischengesellschaft oder dem Steuerpflichtigen, so entfällt die Hinzurechnung nach § 7 Abs. 6 AStG (§ 7 Abs. 6 Satz 2 AStG). Eine reguläre Hinzurechnung nach § 7 Abs. 1 AStG ist jedoch bei Vorliegen der entsprechenden Voraussetzungen weiterhin möglich.

Die Rechtsfolgen der erweiterten Hinzurechnungsbesteuerung werden bei der Durchführung der Besteuerung im Detail beschrieben.[76]

---

[72] Vgl. ausführlich Kraft, G., Außensteuergesetz, § 7 AStG, Rz. 270 ff.
[73] Zur Kritik an der Logik der Ausnahmeregelung des zweiten Halbsatzes von § 7 Abs. 6a AStG vgl. Flick, H./Wassermeyer, F./Baumhoff, H., Außensteuerrecht, § 7 AStG, Anm. 205 ff.
[74] Vgl. Tulloch, A., DB 1992, S. 1446. Die Genehmigung galt längstens bis zum 31. 12. 2005. Siehe dazu Raupach, A./Burwitz, G., Managementverträge, 1999, S. 541, 543.
[75] Vgl. BFH v. 19. 1. 2000, BStBl 2001 II, S. 222; BFH v. 19. 1. 2000, BFH/NV 2000, S. 824; BFH v. 25. 2. 2004, BStBl 2005 II, S. 14; sowie BMF-Schreiben v. 18. 12. 2004, BStBl 2005 I, S. 28. Siehe auch Lieber, B., IWB, Fach 3 a, Rechtsprechung, Gruppe 1, S. 1063 f.
[76] Vgl. Abschnitt B II 1 a) (3) (b) und 2 a) (3) (b).

(3) Würdigung und Perspektiven der Hinzurechnungsbesteuerung

Liegen alle vier Voraussetzungen (ausländische Gesellschaft, Beherrschung durch Steuerinländer, Einkünfte aus passivem Erwerb, niedrige Besteuerung) der Hinzurechnungsbesteuerung kumulativ vor, kommt es unabhängig von einer Ausschüttung zu einer inländischen Besteuerung der passiven Einkunftsteile, ohne dass die grundsätzliche Qualifikation des ausländischen Wirtschaftsgebildes als Kapitalgesellschaft in Zweifel gezogen wird.[77] Da hiermit eine gleiche Steuerbelastung von Auslandsgewinnen mit im Inland erwirtschafteten Gewinnen angestrebt wird, verfolgt die Hinzurechnungsbesteuerung aus systematischer Sicht das Ziel einer **kapitalexportneutralen Besteuerung** und stellt somit (neben der Anrechnungsmethode) eine notwendige Bedingung zur Gewährleistung von Kapitalexportneutralität dar, solange die Unternehmenssteuerbelastungen international unterschiedlich sind.[78]

Als gängige Begründung der Hinzurechnungsbesteuerung wird allerdings nicht die Gewährleistung von Kapitalexportneutralität in den Vordergrund gerückt, sondern die **Bekämpfung von Missbräuchen** angeführt:[79] Die Hinzurechnungsbesteuerung soll der Verschiebung von Steuersubstrat in Niedrigsteuerländer entgegenwirken.[80] Deshalb greifen die Vorschriften nicht generell, sondern nur dann, wenn sog. passive (also „steuerschädliche") Einkünfte erzielt werden und das ausländische unter dem inländischen Steuerniveau liegt.[81]

Neben der Verhinderung von Missbräuchen wird die Hinzurechnungsbesteuerung speziell in Deutschland seit der Einführung des Shareholder-relief-Verfahrens zusätzlich mit einem **Gleichbehandlungsgebot** für in- und ausländische Dividenden begründet: Nach dem Willen des deutschen Gesetzgebers setzt die Inanspruchnahme des Beteiligungsprivilegs bei Kapitalgesellschaften (§ 8b Abs. 1 KStG) sowie des Teileinkünfteverfahrens bei natürlichen Personen (§ 3 Nr. 40 EStG) eine „normale" Vorbelastung der empfangenen Dividenden voraus. Als normal gilt dabei eine Vorbelastung in Höhe der durchschnittlichen deutschen Gewerbesteuer- und Körperschaftsteuerbelastung; eine deutlich darunter liegende Besteuerung im Ausland ist nicht akzeptabel.[82]

---

[77] Für einen Überblick zum Meinungsstand zwischen Zurechnungs-, Ausschüttungs- und Repräsentationstheorie bei der Interpretation des Gegenstands der Hinzurechnungsbesteuerung vgl. Blümich, W., Einkommensteuergesetz, Vorb. §§ 7–14 AStG, Anm. 32 ff.

[78] Vgl. Spengel, C., Unternehmensbesteuerung, 2003, S. 230 ff.; Sauerland, C., Modelle, 2007, S. 33; Braunagel, R. U., Körperschaftsteuerbemessungsgrundlage, 2008, S. 27.

[79] Vgl. Beschlussempfehlung und Bericht des Finanzausschusses v. 7. 11. 1991, BT-Drs. 12/1506, S. 350; BMF, Bericht, 2001, S. 73 ff.

[80] Vgl. OECD, Legislation, 1996, S. 11.

[81] Vgl. die Übersicht bei Klapdor, R., Musterabkommen, 2000, S. 166 f. Speziell für die Verhältnisse in Deutschland vgl. bereits „Bericht der Bundesregierung an den Deutschen Bundestag über die Wettbewerbsverfälschungen, die sich aus Sitzverlagerungen und aus dem zwischenstaatlichen Steuergefälle ergeben können" v. 23. 6. 1964, BT-Drs. IV/2412, Teil II B; „Beschlußempfehlung und Bericht des Finanzausschusses" v. 7. 11. 1991, BT-Drs. 12/1506, S. 350. Siehe auch BMF, Bericht, 2001, S. 73 ff.; Blümich, W., Einkommensteuergesetz, Vorb. §§ 7–14, Anm. 2.

[82] Vgl. BMF, Bericht, 2001, S. 83. Zu dieser Zielsetzung der deutschen Hinzurechnungsbesteuerung vgl. auch Frischmuth, M., IStR 2005, S. 361 ff.; Schönfeld, J., IWB, Fach 3, Deutschland, Gruppe 1, S. 2121; Kraft, G., Außensteuergesetz, § 8 AStG, Rz. 822.

3. Kapitel. Ausländische Kapitalgesellschaften 449

Die Hinzurechnungsbesteuerung stand seit jeher zunehmend in der Kritik: Einerseits bestehen Konflikte mit höherrangigem Recht wie Verfassungsrecht[83] und DBA-Recht,[84] andererseits werden zunehmend Mängel in Detailbereichen aufgedeckt.[85] Außerdem hat der EuGH in der Rs. Cadbury-Schweppes[86] in den britischen CFC-Regelungen einen Verstoß gegen die Niederlassungsfreiheit (Art. 49 AEU) gesehen.[87] Vor diesem Hintergrund ist die Zukunft der Hinzurechnungsbesteuerung in den EU-Mitgliedstaaten ernsthaft in Frage zu stellen,[88] wenngleich die entsprechenden Staaten mittlerweile auf die EuGH-Rechtsprechung (in unterschiedlicher Form) reagiert haben.[89]

Alternativ zur Abschaffung bestehen für die Ausgestaltung der Hinzurechnungsbesteuerung im Hinblick auf ihre Vereinbarkeit mit der Niederlassungsfreiheit und der Kapitalverkehrsfreiheit zwei Möglichkeiten:[90] Entweder wird die Hinzurechnungsbesteuerung auf echte Missbrauchsfälle beschränkt, die einer Einzelfallüberprüfung standhalten müssen, oder sie wird konsequent am Leitgedanken der kapitalexportneutralen Besteuerung ausgerichtet, so dass eine Gleichbehandlung von Auslands- und Inlandsinvestitionen gewährleistet ist.[91] Wenn man den hinter der Hinzurechnungsbesteuerung stehenden Gedanken der Kapitalexportneutralität bei der Besteuerung grenzüberschreitender Investitionen nicht stärker in den Vordergrund stellen möchte – etwa im Zusammenhang mit der grenzüberschreitenden Verlustverrechnung,[92] erscheint nur eine Einschränkung auf echte Missbrauchsfälle denkbar.[93]

Speziell die Diskussion in Deutschland zeigt recht deutlich, dass sich der Gesetzgeber der vielfältigen praktischen und administrativen Probleme

---

[83] Vgl. Rättig, H./Protzen, P.D., IStR 2000, S. 555 f.; Flick, H./Wassermeyer, F./Baumhoff, H., Außensteuerrecht, Vor §§ 7–14 AStG, Anm. 71 f. Siehe aber auch Morgenthaler, G., IStR 2000, S. 289 ff., der die Hinzurechnungsbesteuerung zur Gewährleistung internationaler Steuergerechtigkeit verteidigt.
[84] Vgl. Abschnitt A II 2 b).
[85] Vgl. bspw. Wassermeyer, F., IStR 2000, S. 114 ff.; Rättig, H./Protzen, P.D., IStR 2001, S. 606; Rättig, H./Protzen, P.D., IStR 2002, S. 123 ff.
[86] Vgl. EuGH v. 12. 9. 2006 (Cadbury Schweppes), EuGHE 2006, S. I–7995. Dazu u. a. Kraft, G./Bron, J., IStR 2006, S. 614 ff.; Hahn, H., IStR 2006, S. 667 ff.; O'Shea, T., ECTR 2007, S. 18 ff.; Meussen, G.T.K., ET 2007, S. 13 ff.; Hackemann, T., IStR 2007, S. 351 ff.; Reiser, H./Brodersen, J.S., NWB, Fach 2, S. 9333 ff.
[87] U.U. schützt die Kapitalverkehrsfreiheit auch in Drittstaaten ansässige Tochtergesellschaften. Vgl. Schönfeld, J., StuW 2005, S. 163 f.
[88] Siehe auch EuGH v. 23. 4. 2008 (Test Claimants in the CFC and Dividend Group Litigation), EuGHE 2008, S. I–02875. Vgl. z. B. für Frankreich Malherbe, J./François, Y., IStR 1997, S. 106; Moerman, S.B.J., Intertax 1999, S. 63; Renoux, V., Intertax 1999, S. 149; Richter, D., IStR 1999, S. 622 f.; Gouthière, B., ET 2000, S. 46. Für Schweden vgl. Schönfeld, J./Lieber, B., FR 2005, S. 927 ff.
[89] Vgl. Möller, C., IStR 2010, S. 166 ff.
[90] Vgl. Schaumburg, H., DStJG 2001, S. 268; Wassermeyer, F., IStR 2001, S. 114 f.
[91] So hat bspw. Dänemark seine Hinzurechnungsbesteuerung auf reine Inlandssachverhalte ausgedehnt. Vgl. Möller, C., IStR 2010, S. 166 f.
[92] Vgl. dazu Oestreicher, A./Scheffler, W./Spengel, C./Wellisch, D., Konzernbesteuerung, 2006.
[93] Vgl. hierzu u. a. Rödder, T./Schönfeld, J., IStR 2006, S. 49 ff.; Thömmes, O., IWB, Fach 11 a, Rechtsprechung, S. 1033 ff.; Wassermeyer, F./Schönfeld, J., GmbHR 2006, S. 1065 ff. Für eine stärkere Fokussierung auf den Gedanken der Kapitalexportneutralität vgl. Schön, W., DB 2001, S. 945 ff.

durchaus bewusst ist, die eine konzeptionelle Ausrichtung der Hinzurechnungsbesteuerung nach Maßgabe der Kapitalexportneutralität mit sich bringen würde.[94] Da diese Probleme für nicht lösbar gehalten wurden, versucht der deutsche Steuergesetzgeber – der EuGH-Rechtsprechung folgend – eine Beschränkung auf echte Missbrauchsfälle: Dem unbeschränkt Steuerpflichtigen wird nunmehr die Möglichkeit eingeräumt, im Einzelfall nachzuweisen, dass eine niedrig besteuerte ausländische Kapitalgesellschaft mit Sitz in einem EU-/EWR-Staat Einkünfte aus einer **tatsächlichen wirtschaftlichen Tätigkeit** erzielt (§ 8 Abs. 2 AStG) – mit der Konsequenz, dass es sich insoweit nicht mehr um eine Zwischengesellschaft handelt. Dies gilt aber nur unter der weiteren Voraussetzung, dass der Ansässigkeitsstaat der ausländischen Gesellschaft im Rahmen der europäischen Amtshilferichtlinie Auskünfte erteilt.

Die deutsche Finanzverwaltung sowie auch der BFH haben den Tatbestand der tatsächlichen wirtschaftlichen Tätigkeit mittlerweile konkretisiert. Danach liegt eine erforderliche Substanz nur dann vor, wenn eine aktive stetige nachhaltige Tätigkeit im Rahmen des Unternehmenszwecks durch eine Teilnahme am Marktgeschehen erfolgt.[95] Eigene Geschäftsräume oder eigenes Personal sollten dagegen nicht erforderlich sein, soweit die Entscheidungs- und Handlungsfähigkeit der ausländischen Gesellschaft für die Ausübung ihrer wirtschaftlichen Tätigkeit sichergestellt ist, so dass bspw. trotz Beauftragung einer Managementgesellschaft die Substanzerfordernisse gewahrt werden können.[96] Da der EuGH – entgegen der Auffassung der Finanzverwaltung – nicht auf das Kriterium des eigenen Personals abstellt, steht u. a. ein diesbezügliches Erfordernis der Europarechtskonformität entgegen.[97]

Die Exkulpationsmöglichkeit durch eine tatsächliche wirtschaftliche Tätigkeit einer EU-/EWR-Zwischengesellschaft gilt für die erweiterte Hinzurechnungsbesteuerung jedoch nicht. Deswegen bestehen im Zusammenhang mit Zwischeneinkünften mit Kapitalanlagecharakter die grundsätzlichen EU-rechtlichen Bedenken gegen die Hinzurechnungsbesteuerung weiterhin fort, da die Gegenbeweismöglichkeit nicht davon abhängig gemacht werden darf, ob die konkrete Beteiligung in den Schutzbereich der Niederlassungs- oder der Kapitalverkehrsfreiheit fällt.[98] Folglich sollte der

---

[94] Vgl. BMF, Bericht, 2001, S. 73 ff., der zahlreiche Änderungsvorschläge enthält.
[95] Vgl. BFH v. 21. 10. 2009, BFHE 227, S. 64; BMF-Schreiben v. 8. 1. 2007, BStBl 2007 I, S. 99; sowie hierzu Goebel, S./Palm, A., IStR 2007, S. 723 ff. Siehe auch Kraft, G., Außensteuergesetz, § 8 AStG, Rz. 740 ff.
[96] Vgl. BFH v. 17. 11. 2004, BFH/NV 2005, S. 1016; sowie FG Niedersachsen v. 13. 5. 2009, EFG 2009, S. 1721. A. A. vgl. die Begründung zum Entwurf des JStG 2008 in BT-Drs. 16/6290, S. 92.
[97] Vgl. Schönfeld, J., IStR 2007, S. 200 f.; Goebel, S./Palm, A., IStR 2007, S. 726; Hammerschmitt, S./Rehfeld, L., IWB, Fach 3, Deutschland, Gruppe 1, S. 2300; Sedemund, J., BB 2008, S. 698 f.; Ettinger, J., PIStB 2009, S. 85. Weitere Änderungen könnten daher geboten sein. Vgl. Schönfeld, J., IStR 2007, S. 667; Sieker, K., IStR 2009, S. 345.
[98] Vgl. BFH v. 21. 10. 2009, BFHE 227, S. 64; sowie Brocke, K. von/Hackemann, T., DStR 2010, S. 370 f. Siehe auch Hammerschmitt, S./Rehfeld, L., IWB, Fach 3, Deutschland, Gruppe 1, S. 2301 f.; Kraft, G., IStR 2010, S. 380 f.; ders., Außensteuergesetz, § 8 AStG, Rz. 790 ff.

3. Kapitel. Ausländische Kapitalgesellschaften

Gesetzgeber auch hier dem Steuerpflichtigen die Möglichkeit des Nachweises einer tatsächlichen wirtschaftlichen Tätigkeit einräumen.

3. Zusammenfassendes Prüfschema

Fasst man das bisherige Ergebnis zur Qualifikation ausländischer Gesellschaftsformen zusammen, so ergibt sich das in Abbildung 13 dargestellte Prüfschema.

II. Abkommensrecht

1. Die Qualifikation der Auslandsgesellschaft als abkommensberechtigte Person

Abkommensberechtigte „**Personen**" i. S. d. Art. 1 OECD-Modell sind sowohl natürliche Personen als auch Gesellschaften (Art. 3 Abs. 1 Buchstabe a), die in einem Vertragsstaat oder in beiden Vertragsstaaten ansässig sind, d. h. dort der unbeschränkten Steuerpflicht unterliegen. Als Gesellschaften gelten dabei neben den eigentlichen juristischen Personen alle Rechtsträger, die für die Besteuerung wie juristische Personen behandelt werden (Art. 3 Abs. 1 Buchstabe b).

Wird im deutschen Steuerrecht in Übereinstimmung mit der Vorgehensweise des Auslandes ein Wirtschaftsgebilde als eigenständiges Steuersubjekt qualifiziert, so stellt es auf Abkommensebene für beide Vertragsstaaten eine abkommensberechtigte Person dar. Als solche ist die Auslandsgesellschaft berechtigt, den Schutz sämtlicher DBA des Domizilstaates in Anspruch zu nehmen.

Beispiel: Ein Steuerinländer ist an einer ausländischen Kapitalgesellschaft beteiligt, die aus dem Inland Dividenden bezieht. Da die Kapitalgesellschaft nach übereinstimmender Qualifikation eine abkommensberechtigte Person darstellt, kann sie im Rahmen der deutschen Quellenbesteuerung eine Reduzierung des Steuersatzes auf z. B. 5% verlangen.

Die Frage, ob ein Wirtschaftsgebilde wie eine juristische und damit gleichzeitig wie eine abkommensberechtigte Person zu behandeln ist, kann allerdings dann **Qualifikationskonflikte** aufwerfen, wenn beide Vertragsstaaten für die Einordnung des Wirtschaftsgebildes auf ihr jeweiliges innerstaatliches Recht zurückgreifen.

Beispiel: Eine ausländische Gesellschaft entspricht nach dem Handelsrecht des Auslandes der deutschen GmbH und damit einer Kapitalgesellschaft. Steuerrechtlich wird sie im Ausland jedoch wie eine Personengesellschaft behandelt mit der Folge, dass ihr Gewinn – unabhängig von einer Gewinnausschüttung – anteilig bei den Gesellschaftern besteuert wird.

Eine einheitliche Abkommensanwendung könnte in einem solchen Fall dadurch erreicht werden, dass der steuerlichen Sitzstaatsqualifikation (Personengesellschaft) für Zwecke der Abkommensanwendung Vorrang eingeräumt wird. Die ausländische Gesellschaft ist in diesem Fall kein eigenes Steuersubjekt und nicht als Person i. S. d. Art. 3 Abs. 1 Buchstabe b OECD-Modell anzusehen. Beteiligungen an der ausländischen Gesellschaft werden wie Betriebsstätten behandelt.

4. Teil. *Besteuerung deutscher Investoren im Ausland*

Abbildung 13: Prüfschema für die Qualifikation ausländischer Kapitalgesellschaften

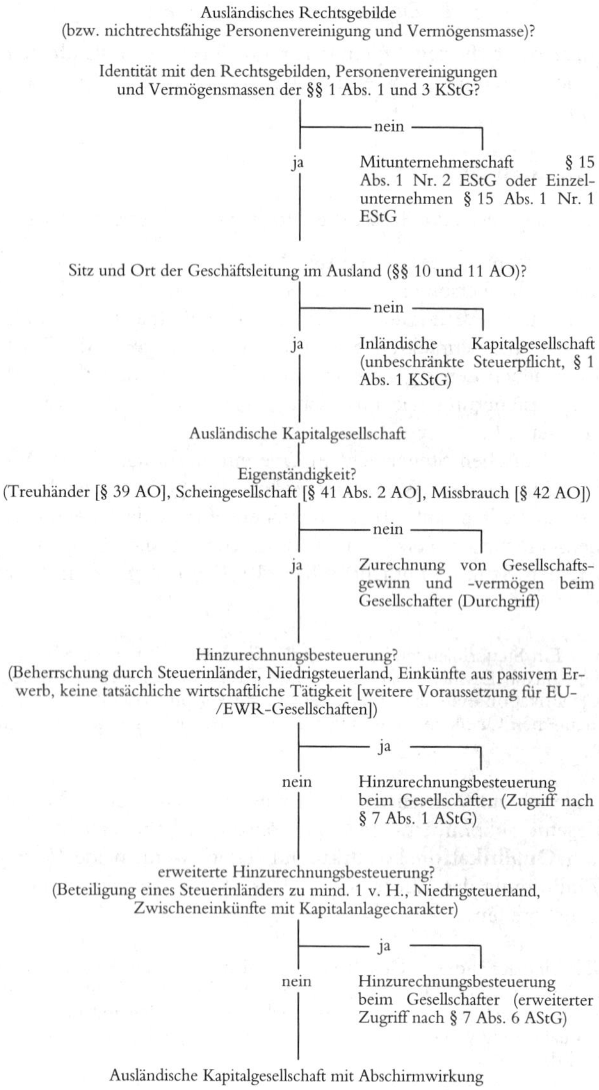

Ausländisches Rechtsgebilde
(bzw. nichtrechtsfähige Personenvereinigung und Vermögensmasse)?

Identität mit den Rechtsgebilden, Personenvereinigungen
und Vermögensmassen der §§ 1 Abs. 1 und 3 KStG?

├─────── nein ───────┐
ja   │
                     Mitunternehmerschaft § 15
                     Abs. 1 Nr. 2 EStG oder Einzel-
                     unternehmen § 15 Abs. 1 Nr. 1
                     EStG

Sitz und Ort der Geschäftsleitung im Ausland (§§ 10 und 11 AO)?

├─────── nein ───────┐
ja   │
                     Inländische Kapitalgesellschaft
                     (unbeschränkte Steuerpflicht, § 1
                     Abs. 1 KStG)

Ausländische Kapitalgesellschaft

Eigenständigkeit?
(Treuhänder [§ 39 AO], Scheingesellschaft [§ 41 Abs. 2 AO], Missbrauch [§ 42 AO])

├─────── nein ───────┐
ja   │
                     Zurechnung von Gesellschafts-
                     gewinn und -vermögen beim
                     Gesellschafter (Durchgriff)

Hinzurechnungsbesteuerung?
(Beherrschung durch Steuerinländer, Niedrigsteuerland, Einkünfte aus passivem Erwerb, keine tatsächliche wirtschaftliche Tätigkeit [weitere Voraussetzung für EU-/EWR-Gesellschaften])

├─────── ja ───────┐
nein   │
                     Hinzurechnungsbesteuerung
                     beim Gesellschafter (Zugriff nach
                     § 7 Abs. 1 AStG)

erweiterte Hinzurechnungsbesteuerung?
(Beteiligung eines Steuerinländers zu mind. 1 v. H., Niedrigsteuerland,
Zwischeneinkünfte mit Kapitalanlagecharakter)

├─────── ja ───────┐
nein   │
                     Hinzurechnungsbesteuerung
                     beim Gesellschafter (erweiterter
                     Zugriff nach § 7 Abs. 6 AStG)

Ausländische Kapitalgesellschaft mit Abschirmwirkung

Es besteht allerdings wenig Aussicht, dass diese Vorgehensweise (Übernahme der Subjektqualifikation des Sitzstaates) als allgemeiner Auslegungsgrundsatz für DBA auch international Anerkennung findet.[99]

---

[99] Vgl. hierzu im Einzelnen die Ausführungen bei der Personengesellschaftsalternative im 4. Kapitel, Abschnitt A I 2 b).

2. Besonderheiten bei Basisgesellschaften

a) Durchgriffsbesteuerung und DBA

Sind die Kriterien der §§ 39, 41 oder 42 AO erfüllt, so steht die Existenz eines DBA der Durchführung der Durchgriffsbesteuerung nicht entgegen. Dies rechtfertigt sich daraus, dass jede durch ein DBA gewährte Entlastung an die Voraussetzung gebunden ist, dass die Einkünfte und Vermögenswerte, die eine im anderen Vertragsstaat ansässige Person bezieht, auch dieser zuzurechnen sind.[100] Da die Zurechnungsvorschriften im DBA aber nicht näher erläutert werden, ist diesbezüglich das jeweilige innerstaatliche Recht anzuwenden. Hieraus folgt auch, dass für den Fall einer ausländischen Basisgesellschaft, die Einkünfte aus Deutschland erzielt, eine Entlastung von der deutschen Quellensteuer dann entfällt, wenn die Einkünfte und Vermögenswerte im Wege eines Durchgriffs (§§ 39, 41 und 42 AO) als solche der inländischen Anteilseigner angesehen werden. Die ausländische Gesellschaft besitzt dann **keinen Abkommensschutz** aus der Sicht des Inlandes und ggf. auch aus der Sicht des Standortstaates.[101]

b) Hinzurechnungsbesteuerung und DBA

Im Rahmen der Hinzurechnungsbesteuerung (§§ 7–14 AStG) bleibt die eigenständige Steuersubjekteigenschaft der ausländischen Kapitalgesellschaft aufrechterhalten, so dass diese in vollem Umfang den **Abkommensschutz** genießt. Umstritten ist dabei, ob mit der Abkommensberechtigung der Zwischengesellschaft gleichzeitig ein Verbot für den inländischen Besteuerungszugriff auf die von der ausländischen Gesellschaft thesaurierten Gewinne verbunden ist. Diese Fragestellung ist von großer Bedeutung, da der Abkommensschutz für sämtliche Zwischeneinkünfte, also sowohl für solche mit als auch für solche ohne Kapitalanlagecharakter, versagt wird.[102]

Die Vereinbarkeit der Hinzurechnungsbesteuerung mit dem Abkommensrecht ist heftig umstritten. Insbesondere ist es (zumindest bei EU-Sachverhalten) kritisch zu sehen, dass es im Ergebnis, ungeachtet des nationalen körperschaftsteuerlichen Beteiligungsprivilegs und der abkommensmäßigen Freistellung von Beteiligungseinkünften (§ 10 Abs. 2, Abs. 3 Satz 4 AStG),[103] zur Hinzurechnungsbesteuerung sämtlicher Zwischeneinkünfte kommt.[104] Ein Schutz durch die im DBA mit dem Sitzstaat der ausländischen Kapitalgesellschaft vereinbarten Maßnahmen (insbesondere durch das Schachtelprivileg) ist nicht gegeben.[105] Dagegen wird argumentiert, dass die Hinzurechnungsbeträge bei wirtschaftlicher Betrachtung vorzeitig versteuerte Beteiligungseinkünfte darstellten, auf die die DBA-Vorschriften für Dividenden anwendbar seien

---
[100] Vgl. z. B. Art. 4 Abs. 11 DBA-Schweiz.
[101] Vgl. hierzu auch die Ausführungen in Abschnitt A I 2 b).
[102] Zu den Problemen, die sich daraus ergeben, vgl. u. a. Köhler, S., DStR 2002, S. 2159; Lüdicke, J., IStR 2003, S. 438 f.; Sieker, K., IStR 2003, S. 80 ff.; Watermeyer, H. J./Meyer, S., GmbH-StB 2004, S. 204 f.
[103] Vgl. auch Kessler, W./Teufel, T., IStR 2000, S. 547 f.; Lüdicke, J., IStR 2000, S. 341 f.; Wassermeyer, F., EuZW 2000, S. 513.
[104] Die Rechtsfolgen werden ausführlich bei der Durchführung der Besteuerung dargestellt, vgl. Abschnitt B II 1 a) (3) (b).
[105] Anstelle der steuerfreien Vereinnahmung ausländischer Einkünfte können lediglich die im Ausland gezahlten Steuern angerechnet bzw. abgezogen werden (§ 12 AStG).

(Freistellung).[106] Die mit den §§ 7–14 AStG vollzogene Umqualifizierung von Unternehmensgewinnen in fiktive Beteiligungserträge habe keinerlei Einfluss auf das im DBA-Fall vorrangige Besteuerungsrecht des Quellenstaates.[107] Der Abschluss von DBA sei sinnlos, wenn es dem inländischen Gesetzgeber gestattet wäre, durch nationales Recht den Inhalt bilateraler Verträge zu umgehen.[108] In diesem Sinne wird dem Gesetzgeber – insbesondere bei der Betriebsstättenbesteuerung – im einseitigen Methodenwechsel von der Freistellungs- zur Anrechnungsmethode ein eindeutiger **treaty override** vorgeworfen,[109] wenngleich zumindest durch § 20 Abs. 2 AStG nach Ansicht des EuGH – aber entgegen der BFH-Rechtsprechung – keine Verletzung des EU-Rechts vorliegt.[110]

Der treaty override wird dagegen zum einen mit dem Argument einer eigenständigen inländischen Steuerpflicht verteidigt, zum anderen aber auch mit der Notwendigkeit einer speziellen Missbrauchsbekämpfung. Es sei international anerkannt,[111] dass Abkommensbestimmungen über die steuerliche Behandlung einer im Ausland ansässigen Gesellschaft das Inland nicht daran hinderten, die Gesellschafter einer Besteuerung zu unterwerfen, die sich am Einkommen der Gesellschaft orientiert.[112] Die Frage, ob Erfolgsbestandteile den Gewinnen der Auslandsgesellschaft oder den Einkünften des inländischen Gesellschafters zuzurechnen sind, sei nach h. M. nicht nach dem DBA, sondern nach nationalem Recht zu beantworten.[113]

Weiterhin erhielten völkerrechtliche Verträge wie die DBA erst durch ein Zustimmungsgesetz nationale Verbindlichkeit. Folgerichtig müsse es dem deutschen Gesetzgeber unbenommen sein, diese Zustimmungsgesetze durch einen nachfolgenden Gesetzgebungsakt zu verändern, wie dies im Fall der Betriebsstätte beim Übergang von der Freistellungs- zur Anrechnungsmethode durch § 20 Abs. 2 AStG geschehen sei.[114] Aufgrund der fehlenden rechtlichen Selbständigkeit würden die steuerlichen Konsequenzen der §§ 7 ff. AStG bei der Betriebsstätte nicht wirksam. Der Methodenwechsel bei der Vermeidung der Doppelbesteuerung sei demnach vor dem Hintergrund zu rechtfertigen, die Umgehungsmöglichkeit der Hinzurechnungsbesteuerung durch den Rückgriff auf eine alternative Betätigungsform aus-

---

[106] Vgl. Köhler, S., BB 1993, S. 340 f.; Vogel, K./Lehner, M., DBA-Kommentar, Einl., Anm. 197.
[107] Vgl. Flick, H./Wassermeyer, F./Baumhoff, H., Außensteuerrecht, Vor §§ 7–14 AStG, Anm. 86 sowie § 20 AStG, Anm. 21 ff. m w. N.
[108] Vgl. Ritter, W., BB 1992, S. 364.
[109] Vgl. Schwarz, H./Fischer-Zernin, J., RIW 1992, S. 52 f.; Gundel, G., IStR 1993, S. 51; Köhler, S., BB 1993, S. 342; Leisner, W., RIW 1993, S. 1014; Mössner, J. M., Treaty Overriding, 1993, S. 132 f.; Weigell, J., IStR 2009, S. 636 ff.
[110] Vgl. EuGH v. 6. 12. 2007 (Columbus Container), IStR 2007, S. 63; Sydow, K., IStR 2010, S. 174 ff.; a. A. BFH v. 21. 10. 2009, IStR 2010, S. 63; FG Münster v. 5. 7. 2005, EFG 2005, S. 1512; sowie GA Mengozzi, P., Schlussantrag v. 29. 3. 2007 (Columbus Container), IStR 2007, S. 299; Brocke, K. von/Hackemann, T., IStR 2010, S. 368 ff. Siehe auch 2. Kapitel, Abschnitt B II 2 a) (1).
[111] Vgl. Verhandlungsprotokoll v. 29. 9. 1971 zum DBA-Schweiz, BT-Drs. 6/3233.
[112] So auch Mössner, J. M., Treaty Overriding, 1993, S. 127 f.
[113] Vgl. Vogel, K./Lehner, M., DBA-Kommentar, Art. 7, Anm. 21.
[114] Vgl. Becker, H., ET 1988, S. 383 f.; Debatin, H., DB 1992, S. 2162 f.; Tulloch, A., DB 1992, S. 1444; a. A. Wohlschlegel, H., FR 1993, S. 48 ff., der ein Gesetz, welches den Geltungsbereich eines DBA und dessen Zustimmungsgesetz einschränkt, für verfassungswidrig hält.

3. Kapitel. Ausländische Kapitalgesellschaften 455

zuschließen.[115] Infolge der Absenkung der körperschaftsteuerlichen Tarifbelastung auf 15% durch das UntStRefG 2008 sowie der gewerbesteuerlichen Freistellung von Betriebsstättenerträgen ohne jeglichen Aktivitätsvorbehalt (§ 9 Nr. 3 GewStG) hat dieser Methodenwechsel allerdings keine nennenswerten materiellen Konsequenzen mehr zur Folge.

Ein wünschenswerter Weg, die gewollte inländische Nachversteuerung der im Ausland erzielten Einkünfte zu erreichen, wäre eine **Änderung der betreffenden DBA**. Oftmals erweist sich dies aber in den Verhandlungen mit den Vertretern von Ländern mit Niedrigsteuercharakter als nicht durchsetzbar.[116] Die Verknüpfung des Schachtelprivilegs mit einem Aktivitätsvorbehalt oder aber die Vereinbarung einer sog. Switch-over-Klausel,[117] die den Übergang von der Freistellungs- zur Anrechnungsmethode durch einseitige Erklärung eines Vertragspartners im Abkommen offen erkennbar ermöglicht, sind Wege, mit denen man künftige Diskussionen um ein treaty override vermeiden könnte, so wie bspw. im Änderungsprotokoll vom 1. 6. 2006 zum DBA-USA geschehen.[118]

B. Durchführung der laufenden Besteuerung

I. Domizilstaat der Kapitalgesellschaft

1. Nationales Recht

Bei der Besteuerung im Domizilstaat der Kapitalgesellschaft ist zwischen der steuerlichen Behandlung der Gesellschaft und ihrer Gesellschafter zu unterscheiden.

a) Besteuerung der Gesellschaft

Die ausländische Kapitalgesellschaft unterliegt als eigenständiges Steuersubjekt im Ausland der **unbeschränkten Steuerpflicht**. Sofern die zivilrechtliche Rechtsfähigkeit einer Gesellschaft nach dem Recht am Sitz der Gesellschaft beurteilt wird (Sitztheorie), wird für die unbeschränkte Steuerpflicht entsprechend der Vorgehensweise im deutschen Recht auf den Sitz der Gesellschaft abgestellt (so u. a. auch in Belgien, Frankreich, Italien, Österreich, Portugal, Schweiz). Zumeist wird ergänzend zu diesem Kriterium der Ort der (tatsächlichen) Geschäftsleitung als weiterer Anknüpfungspunkt herangezogen. Dagegen beurteilen vor allem die Staaten des angloamerikanischen Rechtskreises die zivilrechtliche Rechtsfähigkeit einer Gesellschaft nach dem Recht am Ort der Gründung (Gründungstheorie). Für die unbeschränkte Steuerpflicht bedeutet dies, dass an die Errichtung der Gesellschaft in einem Staat angeknüpft wird. Dies gilt z. B. für die USA, die ausschließlich auf das Kriterium der Errichtung abstellen. Zahlreiche Staaten des angloamerikanischen Rechtskreises knüpfen jedoch auch – ausschließlich oder ergänzend –

---
[115] Vgl. Debatin, H., DB 1992, S. 2162 f.
[116] Vgl. entsprechende Hinweise zu Verhandlungen mit Irland bei Debatin, H., DB 1992, S. 2160.
[117] Vgl. Ritter, W., BB 1992, S. 361 f. Dieser Weg ist auch erklärtes Ziel der Finanzverwaltung. Vgl. BMF-Schreiben v. 13. 11. 2006, IV B 5 – S 1301 – 64/06, S. 5, 21 f.
[118] Die vorrangige Anwendung der Vorschriften des deutschen AStG wurden in Art. 1 Abs. 6 DBA-USA vereinbart. Siehe hierzu Endres, D./Wolff, U., IStR 2006, S. 729; Schönfeld, J., IStR 2007, S. 274 f.

an die Ansässigkeit der Gesellschaft an, die sich meistens nach dem Merkmal der zentralen Geschäftsleitung und Kontrolle bestimmt (bspw. Großbritannien, Australien, Kanada, Neuseeland).[119]

Erfüllt die Kapitalgesellschaft die Anknüpfungspunkte der unbeschränkten Steuerpflicht im jeweiligen Ausland, so richtet sich der Umfang der dortigen unbeschränkten Körperschaft- und ggf. Vermögensteuerpflicht der Gesellschaft ausschließlich nach den **nationalen Gesetzen des jeweiligen ausländischen Staates.** Im Regelfall ist die Kapitalgesellschaft als eigenständiges Steuersubjekt dann mit dem gesamten Welteinkommen bzw. mit dem gesamten Weltvermögen steuerpflichtig (**Universalitätsprinzip).**[120]

Kennt das jeweilige Ausland eine der Gewerbesteuer vergleichbare Steuer, so unterliegen auch die gewerblichen Erträge und ggf. auch das gewerbliche Vermögen oder andere Größen (z. B. Wertschöpfung) der Auslandsbesteuerung.

Für einen Überblick über die steuerlichen Regelungen in den Mitgliedstaaten der EU wird auf die Darstellungen im 2. Teil, 2. Kapitel, Abschnitt B verwiesen.

b) Besteuerung der Gesellschafter

Inländische Anteilseigner einer ausländischen Kapitalgesellschaft können in deren Domizilstaat mit den ihnen zuzuordnenden Einkommens- und Vermögensteilen beschränkt steuerpflichtig werden.

Die **beschränkte Steuerpflicht** der Einkommensteile im Ausland bezieht sich insbesondere auf den Tatbestand, dass die Kapitalgesellschaft **Gewinnanteile (Dividenden)** an den im Inland ansässigen Gesellschafter auszahlt. Quellensteuern auf derartige Gewinnausschüttungen sind im internationalen Bereich verbreitet und betragen im nationalen Recht im Allgemeinen 15–35% der Bruttoausschüttung, wobei die Steuer mit Erhebung der Quellensteuer i. d. R. abgegolten ist. Eine Anrechnung der von der Kapitalgesellschaft gezahlten Körperschaftsteuer ist nach den nationalen Vorschriften der Staaten mit indirektem Anrechnungssystem i. d. R. für beschränkt Steuerpflichtige nicht vorgesehen.

Innerhalb der EU ist jedoch zum Einen bei beschränkt steuerpflichtigen EU-Ausländern eine abgeltende Bruttobesteuerung nicht länger aufrecht zu erhalten.[121] Zum Anderen sind Ermäßigungen im Hinblick auf die Dividendenbesteuerung (z. B. Gewährung eines Anrechnungsguthabens oder sonstiger Dividendenermäßigungen wie Schachtelprivilegien oder Teilfreistellungen), die üblicherweise nur unbeschränkt steuerpflichtigen Anteilseignern gewährt werden, auch beschränkt steuerpflichtigen EU-Ausländern einzuräumen.[122]

Der beschränkten Steuerpflicht unterliegen regelmäßig auch die **besonderen Entgelte oder Vorteile,** die neben der üblichen Gewinnausschüttung oder an deren Stelle gewährt werden, z. B. geldwerte Vorteile und verdeckte Gewinnausschüttungen. Maßgebend hierfür sind die jeweiligen Rechtsnormen im Steuerrecht der Domizilstaaten.

Neben den verdeckten und offen Gewinnausschüttungen beinhalten auch die steuerlich anzuerkennenden Leistungsaustauschbeziehungen zwi-

---
[119] Vgl. Ault, H. J./Arnold, B. J., Comparative, 2010, S. 434 ff.
[120] Dagegen unterliegen z. B. französische Kapitalgesellschaften lediglich mit den in Frankreich erzielten Gewinnen der dortigen Besteuerung (Territorialitätsprinzip).
[121] Vgl. hierzu 3. Teil, 1. Kapitel, Abschnitt B I.
[122] Vgl. 3. Teil, 1. Kapitel, Abschnitt B I.

3. Kapitel. Ausländische Kapitalgesellschaften

schen der Gesellschaft und ihren Gesellschaftern Anknüpfungsmomente für die beschränkte Steuerpflicht. Die aus derartigen Leistungsbeziehungen fließenden Entgelte, wie z. B. **Zinsen und Lizenzgebühren,** werden im Ausland i. d. R. ebenfalls mit einer Quellensteuer belegt. Diese Quellensteuern der beschränkt steuerpflichtigen Gesellschafter werden zumeist bei der zahlenden Kapitalgesellschaft erhoben. Aus der Sicht der Anteilseigner handelt es sich bei derartigen Leistungsaustauschbeziehungen mit der Kapitalgesellschaft um grenzüberschreitende Direktgeschäfte, wobei allerdings aufgrund des Konzernverbunds eine besondere Angemessenheitsprüfung der Entgelte erfolgt.

Zwischen qualifizierenden Mutter- und Tochtergesellschaften verschiedener **EU-Mitgliedstaaten** sind dagegen sowohl Dividenden (aufgrund der Mutter-Tochterrichtlinie) als auch Zins- und Lizenzzahlungen (aufgrund der Zins- und Lizenzgebührenrichtlinie) gänzlich von einer Quellenbesteuerung ausgenommen.[123]

Die Höhe der Quellenbesteuerung im Rahmen der beschränkten Steuerpflicht bei Dividenden, Lizenzgebühren und Zinsen variiert zwischen den einzelnen Ländern. So beträgt bspw. in Chile[124] der Quellensteuersatz bei Dividenden und Zinsen 35% und bei Lizenzen bis zu 30%, wohingegen Peru[125] bei Dividenden keine Quellensteuer und bei Lizenzgebühren und Zinsen i. d. R. eine Quellensteuer i. H. v. 30% erhebt.[126]

Erhebt der Sitzstaat der Kapitalgesellschaft eine **Vermögensteuer,** so kann der inländische Gesellschafter mit seinem Anteil an der Kapitalgesellschaft beschränkt vermögensteuerpflichtig werden. Da in zahlreichen Staaten nur natürliche Personen der Vermögensteuer unterworfen sind, unterliegen inländische Kapitalgesellschaften als Gesellschafter häufig keiner Vermögensbesteuerung, auch wenn eine solche grundsätzlich besteht.

2. Abkommensrecht

a) Besteuerung der Gesellschaft

Das Vorliegen eines DBA mit dem Ansässigkeitsstaat der Kapitalgesellschaft ändert an der unbeschränkten Steuerpflicht der Gesellschaft im Ausland nichts. Ob die Kapitalgesellschaft das ausländische Abkommensnetz beanspruchen kann, ist davon abhängig, ob sie auch nach dem jeweiligen DBA als im Ausland ansässige Person zu qualifizieren ist.

Grundsätzlich folgt dabei das DBA der innerstaatlichen Rechtswertung, wobei dem Tatbestandsmerkmal „Ort der Leitung" Vorrang eingeräumt wird. Dies bedeutet, dass bei einem Auseinanderfallen von Sitz und Ort der Leitung zwar die nationalen Qualifikationen bestehen bleiben, für die Anwendung des DBA hingegen die Belegenheit des Ortes der Leitung entscheidend ist. Damit ergeben sich folgende Möglichkeiten:

---

[123] Vgl. hierzu ausführlich 3. Teil, 3. Kapitel, Abschnitt B II 2 b).
[124] Vgl. Büge, O., IWB, Fach 8, Chile, Gruppe 2, S. 15 ff.
[125] Vgl. Müssener, I., IWB, Fach 8, Peru, Gruppe 2, S. 16.
[126] Mit beiden Ländern hat Deutschland kein DBA abgeschlossen. Anderenfalls käme es zu einer Begrenzung der nationalen Quellensteuersätze durch das DBA. Vgl. Abschnitt B I 2 b)

	Sitz und Ort der Leitung in A	Sitz in A Ort der Leitung in B	Sitz in B Ort der Leitung in A	Sitz und Ort der Leitung in B
Nationales Recht Staat A	X	X_a	X	0
Nationales Recht Staat B	0	X	X_a	X
Abkommensrecht (OECD)	A	B	A	B

a Sofern der Sitz nicht Anknüpfungsmoment der unbeschränkten Steuerpflicht ist, gilt die beschränkte Steuerpflicht.

X = unbeschränkt steuerpflichtig
0 = beschränkt steuerpflichtig

Die **Ansässigkeit** einer Gesellschaft bzw. sonstigen juristischen Person richtet sich im Abkommensfall generell nach dem **Ort der tatsächlichen Geschäftsleitung,** also nach dem Ort, an dem die grundlegenden Leitungs- und kaufmännischen Entscheidungen, die für die Führung der Geschäfte der Gesellschaft notwendig sind, im Wesentlichen getroffen werden;[127] der Sitz ist insoweit unbeachtlich. Im Wortlaut des OECD-Modells (Art. 4 Abs. 3) wird dies wie folgt dargestellt:

„Ist nach Absatz 1 eine andere als eine natürliche Person in beiden Vertragsstaaten ansässig, so gilt sie als nur in dem Staat ansässig, in dem sich der Ort ihrer tatsächlichen Geschäftsleitung befindet."

In einigen Abkommen wird diese Regelung nicht in dieser Klarheit zum Ausdruck gebracht, sondern es wird lediglich auf das Verständigungsverfahren verwiesen.

Diese Besonderheit weist auch das DBA mit den USA auf (Art. 4 Abs. 3 DBA-USA). Da das US-Steuerrecht die steuerliche Subjektfähigkeit an die Errichtung nach amerikanischem Recht knüpft (Inkorporations- bzw. Gründungstheorie), würde eine dem OECD-Modell entsprechende Lösung (Vorrang des Ortes der Geschäftsleitung) bedeuten, dass im Konfliktfall der Doppelansässigkeit (Gründungsort: USA, Geschäftsleitung: Deutschland) stets die US-Besteuerung aufgegeben werden müsste. Deshalb haben die USA zum OECD-Modell auch einen entsprechenden Vorbehalt angemeldet;[128] im DBA mit den USA bleibt nur der Verweis auf eine Verständigungslösung (ohne Einigungszwang) im Einzelfall. Es bleibt abzuwarten, ob durch diesen Rückgriff auf Verständigungsvereinbarungen Konfliktbeseitigungen bei Doppelansässigkeit juristischer Personen erzielt werden. Anderenfalls würde die Kapitalgesellschaft als Person behandelt, die weder im einen noch im anderen Vertragsstaat ansässig ist, d. h. sie verliert alle Abkommensvorteile.

Befindet sich der Ort der tatsächlichen Geschäftsleitung einer Kapitalgesellschaft in dem Staat, in dem auch ihr Sitz bzw. Gründungsort liegt, ist sie stets in dem betroffenen Land ansässig und kann daher alle DBA-Vergünstigungen beanspruchen.

---

[127] Vgl. OECD-Kommentar, Art. 4, Anm. 24. Siehe hierzu auch Vogel, K./Lehner, M., DBA-Kommentar, Art. 4, Anm. 240 ff. Zur Weiterentwicklung des Art. 4 Abs. 3 OECD-Modell vgl. Burgers, I. J. J., Intertax 2007, S. 378 ff.
[128] Vgl. OECD-Kommentar, Art. 4, Rz. 31.

Wird im Ausland eine **Gewerbesteuer** erhoben, treten im DBA-Fall keine anderen Besteuerungswirkungen als im Nicht-DBA-Fall auf. Der Abschluss eines DBA ändert an einer grundsätzlichen Gewerbesteuerpflicht der Kapitalgesellschaft im Ausland nichts.

b) Besteuerung der Gesellschafter

Im Rahmen der beschränkten Steuerpflicht der Gesellschafter bewirken die DBA regelmäßig eine **Begrenzung der Quellensteuersätze** für die im Ausland steuerpflichtigen Dividenden, Lizenzen und Zinsen, soweit nicht bei Dividenden-, Zins- und Lizenzzahlungen zwischen Konzerngesellschaften verschiedener **EU-Mitgliedstaaten** bereits eine Quellensteuerentlastung erfolgt ist.

Im Zuge der Transformation der Mutter-Tochterrichtlinie,[129] die durch die Änderungsrichtlinie vom 22. 12. 2003[130] erweitert worden ist, in nationales Recht der einzelnen EU-Staaten sind **Quellensteuern auf Gewinnausschüttungen** einer Tochtergesellschaft an die in einem anderen EU-Staat ansässige Obergesellschaft grundsätzlich entfallen. Für Griechenland, Großbritannien, Malta, die Slowakische Republik und Zypern ergeben sich insoweit keine Änderungen, da schon nach nationalen Vorschriften keine Quellenbesteuerung für Dividenden vorgesehen ist. Entsprechend den Vorgaben der Mutter-Tochterrichtlinie sehen die nationalen Bestimmungen der einzelnen Mitgliedstaaten als Voraussetzung der Quellensteuerbefreiung von Ausschüttungen inländischer Tochtergesellschaften an ihre ausländischen Muttergesellschaften bestimmte Rechtsformerfordernisse der Muttergesellschaft sowie eine Beteiligung von i. d. R. mindestens 10% am Kapital (oder an den Stimmrechten) der Tochtergesellschaft vor. Außer Finnland haben alle Staaten, die grundsätzlich eine Quellensteuererhebung auf Dividenden vorsehen, die in der Richtlinie vorgesehene Möglichkeit der Einführung einer Mindestbehaltedauer der Beteiligung an der Tochtergesellschaft genutzt. Sie beträgt je nach Staat zwölf bzw. 24 Monate.[131] Nach dem EuGH-Urteil in der Rs. Denkavit zur Umsetzung der Mutter-Tochterrichtlinie in Deutschland darf ein Staat die Gewährung der Quellensteuerbefreiung nicht von der Erfüllung der Mindestbehaltedauer „vor" der Ausschüttung durch die Tochtergesellschaft abhängig machen. Eine Erfüllung in der Folgezeit ist ausreichend.[132]

Im Zuge der Transformation der Zins- und Lizenzgebührenrichtlinie[133] in nationales Recht der einzelnen EU-Staaten sind zudem **Quellensteuern auf** im EU-Konzernverbund **gezahlte Lizenzgebühren und Zinsen** grundsätzlich entfallen. Entsprechend den Vorgaben der Zins- und Lizenzgebührenrichtlinie sehen die nationalen Bestimmungen der einzelnen Mitgliedstaaten als Voraussetzungen der Quellensteuerbefreiung bestimmte Rechtsformerfordernisse der involvierten Gesellschaften sowie eine unmittelbare oder mittelbare Mindestkapitalbeteiligung von 25% während eines Zeitraums von zwei Jahren an einer zweiten Gesellschaft vor. Der Konzernverbund

---

[129] Vgl. Abl. 1990 Nr. L 225, S. 6. Ausführlicher dazu vgl. 2. Teil, 3. Kapitel, Abschnitt B I.
[130] Vgl. Abl. 2004 Nr. L 7, S. 41.
[131] Vgl. bezüglich der Regelungen in den einzelnen Mitgliedstaaten Tabelle 11.
[132] Vgl. EuGH v. 17. 10. 1996 (Denkavit), EuGHE 1996, S. I–5063.
[133] Vgl. Abl. 2003 Nr. L 157, S. 49. Ausführlicher dazu vgl. 2. Teil, 3. Kapitel, Abschnitt B III.

umfasst neben Mutter-Tochter- auch Mutter-Enkel- sowie Schwester- oder Enkelverhältnisse. Für einige Mitgliedstaaten – Griechenland, Portugal und Spanien sowie die Beitrittsstaaten Lettland, Litauen, Polen sowie die Slowakische und Tschechische Republik – wurden Übergangsregelungen vereinbart.

Liegt außerhalb des Anwendungsbereichs der Mutter-Tochter- bzw. Zins- und Lizenzgebührenrichtlinie zwischen dem – insbesondere außerhalb der EU belegenen – Domizilstaat der Kapitalgesellschaft und dem Inland ein DBA vor, so erfolgt für die **Beteiligungserträge** (Dividenden) – orientiert an Art. 10 Abs. 2 Buchstabe b OECD-Modell – regelmäßig eine Senkung der Kapitalertragsteuer auf 15%. Bei Schachtelbeteiligungen wird die Kapitalertragsteuer regelmäßig noch stärker reduziert (im OECD-Modell auf 5%, vgl. Art. 10 Abs. 2 Buchstabe a) bzw. völlig aufgehoben. Der Schwerpunkt der Dividendenbesteuerung liegt damit im Abkommensfall beim Wohnsitzstaat des Gesellschafters. Ob und inwieweit der Quellensteuersatz in einem konkreten DBA allerdings auf die Grenzen des Art. 10 OECD-Modell ermäßigt wird, hängt von der Interessenlage der Vertragsstaaten aus dem gegenseitigen Wirtschaftsverkehr ab.

Die Quellenbesteuerung bei einer **verdeckten Gewinnausschüttung** erfolgt im Prinzip wie bei der offenen Gewinnausschüttung (reduzierte Kapitalertragsteuer). Da im neueren Abkommensrecht der DBA-Dividendenbegriff nach dem Recht des Domizilstaates der Gesellschaft definiert wird (Art. 10 Abs. 3 OECD-Modell), ist die Behandlung der verdeckten Gewinnausschüttung immer davon abhängig, ob der Quellenstaat dieses Rechtsinstitut kennt. Interpretiert man die Dividendenbegriffe in den älteren Abkommen ebenfalls nach diesen Grundsätzen, so lässt sich auch hier eine einheitliche Abkommensauslegung erreichen.

Bei den **Leistungsbeziehungen** erfolgen im DBA-Fall teils Befreiungen, teils auch Begrenzungen der Quellenbesteuerung. So ist nach dem OECD-Modell eine Besteuerung von Liefergewinnen und Lizenzgebühren überhaupt nicht zulässig bzw. nicht empfehlenswert (Art. 7 und 12 Abs. 1); bei **Zinsen** wird eine Steuerreduzierung auf 10% (Art. 11 Abs. 2) vorgeschlagen. Die Steuerfreistellung bei Lizenzgebühren hat sich allerdings im Abkommensrecht nicht in breitem Maße durchsetzen lassen. Im Allgemeinen erfolgt hier ebenfalls nur eine Reduzierung der Quellensteuer. Im UN-Modell werden keine festen Grenzen für die Quellenbesteuerung genannt, vielmehr soll diese Frage immer bilateral gelöst werden. Die Quellensteuerbegrenzung liegt bei Zinsen üblicherweise im Bereich zwischen 5% und 25%, bei Lizenzgebühren wird überhaupt keine nähere Umgrenzung vorgenommen.

Nach welchem Verfahren die Quellensteuersenkung durchgeführt wird, bleibt den Staaten freigestellt: Die erhobene Steuer kann unmittelbar auf den im DBA vorgesehenen Satz beschränkt werden (Freistellungsverfahren; so z. B. in den USA) oder es kann zunächst die volle Steuer erhoben und in einem Erstattungsverfahren die zuviel gezahlte Steuer erstattet werden.[134]

---

[134] Das Erstattungsverfahren ist aus Effizienzgründen allerdings kritisch zu sehen. So ausdrücklich OECD, Procedures, 2009, Tz. 118 ff., 127 f.

3. Kapitel. Ausländische Kapitalgesellschaften   461

Tabelle 24 gibt eine Übersicht über die **Begrenzung der Quellensteuersätze** in den von der Bundesrepublik Deutschland abgeschlossenen DBA für deutsche Auslandsaktivitäten, d. h. für Leistungsentgelte der Auslandsgesellschaft an den deutschen Investor.

Tabelle 24: Quellensteuersätze im DBA-Fall (Outbound)

Land	Quellensteuer (in %) auf		
	Dividenden[a]	Lizenzen	Zinsen
Ägypten	15	25/15	0/15
Algerien	5/15	10	10
Argentinien	15	15/unbegrenzt	10 bzw. 0/15
Armenien[b]	15	0	0/5
Aserbaidschan	5/15	10 bzw. 5	0/10
Australien	15	10	10
Bangladesch	15	10	0/10
Belarus	5/15	3/5	0/5
Belgien[c]	15	0	0/15
Bolivien	15	15	0/15
Bosnien-Herzegowina[d]	unbegrenzt	10	0
Bulgarien[e]	15	5	0
China	10	7/10	0/10
Dänemark[e]	5/15	0	0
Ecuador	unbegrenzt	15	10 bzw. 0/15
Elfenbeinküste	15 bzw. 18	10	0/15
Estland[e]	5/15	5/10	0/10
Finnland[e]	10/15	5	0
Frankreich[e]	0/15	0	0
Georgien[e]	0 bzw. 5/10	0	0
Ghana[e]	5/15	8	0/10
Griechenland[e]	25	0	0/10
Großbritannien[e]	15	0	0
Indien	10	10	0/10
Indonesien	10/15	10 bzw. 7,5/15	0/10
Iran	15/20	10	0/15
Irland[e]	unbegrenzt	0	0
Island	5 bzw. 36/15	0	0
Israel	25	5/0	0/15
Italien[e]	10/15	0/5	0/10
Jamaika	10 bzw. 22,5/15	10	0 bzw. 10/12,5
Japan	10/15	10	0 bzw. 10
Kanada	5/15	0/10	0/10
Kasachstan	5/15	10	0/10
Kenia	15	15	0/15
Kirgisistan	5/15	10	0/5
Korea	5/15	2/10	0/10
Kroatien	5/15	0	0
Kuwait	5/15	10	0
Lettland[e]	5/15	5/10	0/10
Liberia	10/15	20/10	0 bzw. 10/20
Litauen[e]	5/15	5/10	0/10
Luxemburg[e]	10/15	5/0	0/15
Malaysia	0	0 bzw. unbegrenzt/10	
Malta[e]	0	0	0
Marokko	5/15	10	0/10
Mauritius	5/15	15	0/unbegrenzt
Mazedonien[d]	unbegrenzt	10	0
Mexiko	5/15	10	0 bzw. 10/15

Land	Quellensteuer (in %) auf		
	Dividenden[a]	Lizenzen	Zinsen
Moldau[b]	15	0	0/5
Mongolei	5/10	10	0/10
Namibia	10/15	10	0
Neuseeland	15	10	0/10
Niederlande[c]	10/15	0	0
Norwegen	0/15	0	0
Österreich[e]	5/15	0	0
Pakistan	10/15	10	0 bzw. 10/20
Philippinen	10/15	10/15	0 bzw. 15/10
Polen[c]	5/15	5	0/5
Portugal[c]	15	10	0 bzw. 10/15
Rumänien[c]	5/15	3	0/3
Russische Föderation	5/15	0	0
Sambia	5/15	10	0/10
Schweden[c]	0/15	0	0
Schweiz	0/15	0	0
Serbien[d]	unbegrenzt	10	0
Simbabwe	10/20	7,5	0/10
Singapur	5/15	8	0/8
Slowakische Republik[c, f]	5/15	5	0
Slowenien[c]	5/15	5	5
Spanien[c]	10/15	5	0/10
Sri Lanka	15	10	0/10
Südafrika	7,5/15	0	10
Tadschikistan	5/15	5	0
Thailand	15 bzw. 20/20 bzw. unbegrenzt	5/15	0 bzw. 10/25
Trinidad und Tobago	10/20	0/10	0 bzw. 10/15
Tschechische Republik[c, f]	5/15	5	0
Türkei	15/20	10	0/15
Tunesien	10/15	10/15	0/10
Turkmenistan[b]	15	0	0/5
Ukraine	5/10	0/5	0 bzw. 2/5
Ungarn[c]	5/15	0	0
Uruguay	15	10/15	0/15
USA[e]	0 bzw. 5/15	0	0
Usbekistan	5/15	5 bzw. 3	0/5
Venezuela	5/15	5	0/5
Vietnam	5 bzw. 10/15	7,5 bzw. 10	0 bzw. 5/10
Zypern[c]	10/15	5/0	0/10

[a] Falls zwei Quellensteuersätze angegeben sind, gilt der erste bei Schachtelbeteiligungen bzw. bei Ausnahmen, der zweite bei Streubesitz.
[b] Vereinbarungen über die Fortgeltung des DBA-UdSSR wurde geschlossen.
[c] Bei Erfüllung der Voraussetzungen der Mutter-Tochterrichtlinie werden auf die Dividenden keine Quellensteuern erhoben; bei Erfüllung der Voraussetzungen der Zins- und Lizenzgebührenrichtlinie werden auf die Zins- bzw. Lizenzzahlungen keine Quellensteuern erhoben.[135]
[d] Vereinbarung über die Fortgeltung des DBA-Jugoslawien wurde geschlossen.
[e] Die Unterzeichnung des DBA hat bereits stattgefunden, jedoch ist das Gesetzgebungs- oder Ratifikationsverfahren noch nicht abgeschlossen.
[f] Vereinbarung über die Fortgeltung des DBA-Tschechoslowakei wurde geschlossen.

---

[135] Vgl. 3. Teil, 3. Kapitel, Abschnitt B II 2 b).

3. Kapitel. Ausländische Kapitalgesellschaften

Sind die Gesellschafter mit den aus dem Ausland erzielten Dividenden beschränkt steuerpflichtig, so wird ihre ausländische Steuerschuld grundsätzlich nicht um die von der Kapitalgesellschaft gezahlte Körperschaftsteuer gemindert: Hat der Domizilstaat der Kapitalgesellschaft ein klassisches Körperschaftsteuersystem, scheidet die Möglichkeit einer Körperschaftsteueranrechnung von vornherein aus. Aber auch Staaten mit einem Voll- oder Teilanrechnungssystem gewähren deutschen und – soweit ersichtlich – auch Anteilseignern aus anderen Ländern regelmäßig keinen Anrechnungsanspruch im Rahmen der beschränkten Steuerpflicht. Die Steueranrechnung kann in diesen Fällen auch nicht durch die Anwendung der **Diskriminierungsklausel** (Art. 24 Abs. 5 OECD-Modell) herbeigeführt werden.[136] Dagegen verstößt der Ausschluss beschränkt steuerpflichtiger Anteilseigner vom körperschaftsteuerlichen Anrechnungsverfahren oder von sonstigen Ermäßigungen im Rahmen der Dividendenbesteuerung (z. B. Schachtelprivilegien) gegen die EU-rechtlichen Diskriminierungsverbote, wenn der (inländische) Anteilseigner und die (ausländische) Kapitalgesellschaft jeweils in EU-Mitgliedstaaten ansässig sind.[137]

Im Rahmen der **Vermögensteuer** steht dem Sitzstaat der Kapitalgesellschaft kein Besteuerungsrecht für die Anteile des Gesellschafters an der Kapitalgesellschaft zu (Art. 22 Abs. 4 OECD-Modell). Eine beschränkte Vermögensteuerpflicht entfällt somit bei Vorliegen eines Abkommens.

II. Inlandsbesteuerung der Gesellschafter

1. Nationales Recht

a) Einkommen- und Körperschaftsteuer

Gesellschafter der ausländischen Kapitalgesellschaft können sowohl Unternehmen als auch nicht gewerblich tätige Personen sein. Im Folgenden soll nur die Besteuerung inländischer Unternehmen dargestellt werden **(Konzernsachverhalt)**. Bei nicht gewerblich tätigen Personen als Gesellschafter ist lediglich darauf hinzuweisen, dass Dividendenbezüge aus dem Ausland zu den Einkünften aus Kapitalvermögen (§ 20 Abs. 1 Nr. 1 EStG) gehören und diese dem Abgeltungsteuersatz i. H. v. 25% unterliegen (§ 32 d EStG). Zur Vermeidung einer Doppelbesteuerung kann hier auf die unilaterale Anrechnungsmethode (§ 32 d Abs. 5 EStG) zurückgegriffen werden.

(1) Die Besteuerung im Gewinnfall

Im Rahmen der deutschen unbeschränkten Steuerpflicht der Gesellschafter sind die von der Tochterkapitalgesellschaft bezogenen offenen und verdeckten Gewinnausschüttungen sowie die aus dem Ausland stammenden Leistungsentgelte (Lizenzgebühren, Zinsen etc.) in die inländische Steuerbemessungsgrundlage einzubeziehen. Die Gewinnausschüttungen und Leistungsentgelte erhöhen somit das **Welteinkommen** der Muttergesellschaft im Rahmen ihrer unbeschränkten Steuerpflicht (§ 1 Abs. 1 und 2 KStG bzw. § 15 Abs. 1 Satz 1 Nr. 1 und 2 i. V. m. §§ 1 Abs. 1 und 2 EStG).

---

[136] Vgl. Menck, T., DStZ 1972, S. 66 f.; Manke, K., StbJb 1977/78, S. 269 ff.; Vogel, K./Lehner, M., DBA-Kommentar, Art. 24, Anm. 164.
[137] Vgl. 3. Teil, 1. Kapitel, Abschnitt B I.

Zur Vermeidung der wirtschaftlichen Doppelbesteuerung werden **Gewinnausschüttungen** aufgrund des Teileinkünfteverfahrens lediglich zu 60% erfasst, sofern es sich bei dem Dividendenempfänger um einen Einzelunternehmer oder eine natürliche Person als Gesellschafter einer Personengesellschaft handelt (§ 3 Nr. 40 EStG). Zu beachten ist, dass der Abzug der dazugehörigen Betriebsausgaben daher nur zu 60% gewährt wird (§ 3 c Abs. 2 EStG) und zwar unabhängig davon, ob in dem betreffenden VZ tatsächlich steuerfreie Einnahmen zugeflossen sind. Handelt es sich bei dem Dividendenempfänger um eine inländische Kapitalgesellschaft, bleiben die ausländischen Dividenden aufgrund des körperschaftsteuerlichen Beteiligungsprivilegs bei der Ermittlung des Einkommens im Ganzen außer Ansatz (§ 8 b Abs. 1 KStG).[138] Allerdings gelten gem. § 8 b Abs. 5 KStG stets 5% der zugeflossenen steuerfreien Einnahmen als nichtabzugsfähige Betriebsausgaben. Über die 5%ige Kostenpauschale hinausgehende Betriebsausgaben können unbegrenzt abgezogen werden. Im Ergebnis sind somit lediglich 95% der Dividenden freigestellt. Dabei kann nach dem „Bosal-Urteil" des EuGH[139] die Abzugsfähigkeit von **Beteiligungsaufwendungen** nicht von der Ansässigkeit der Beteiligungsgesellschaft im In- oder Ausland bzw. davon abhängig gemacht werden, ob die damit in Zusammenhang stehenden Gewinne im Inland steuerpflichtig sind.[140] Ein generelles Abzugsverbot wäre aufgrund eines Verstoßes gegen das objektive Nettoprinzip vermutlich verfassungswidrig.[141]

Der Zeitpunkt der Besteuerung richtet sich im hier diskutierten Konzernfall nach dem Realisationsprinzip und ist damit losgelöst vom eigentlichen Zahlungsvorgang. Mit dem Gewinnverwendungsbeschluss erhält der inländische Gesellschafter einen rechtlichen Anspruch auf seinen Gewinnanteil, folglich besteht zu diesem Zeitpunkt die Aktivierungspflicht. Eine **phasengleiche Vereinnahmung** von Dividenden, also eine Aktivierung des Dividendenanspruchs vor dem Gewinnverwendungsbeschluss bereits im Jahr der Gewinnentstehung bei der (ausländischen) Tochtergesellschaft, ist steuerlich – anders als im Handelsrecht sowie in der internationalen Rechnungslegung – selbst bei einem mehrheitlich beteiligten (beherrschenden) Gesellschafter nicht mehr möglich. Mit Beschluss vom 7. 8. 2000[142] hat der Große Senat seine frühere Rechtsprechung,[143] die eine phasengleiche Vereinnahmung un-

---

[138] Durch das Steuersenkungsgesetz 2001 ist das bis dahin geltende körperschaftsteuerliche Vollanrechnungsverfahren aufgehoben und durch ein Shareholder-relief-Verfahren ersetzt worden, im Zuge dessen u. a. die Neufassung des § 8 b KStG erfolgt ist. Eine ausführliche Darstellung der in einem Zeitraum von 15 Jahren geltenden Sondervorschriften, die den Übergang vom Anrechnungsverfahren auf das neue Körperschaftsteuersystem regeln, findet sich z. B. bei Dötsch, E./Pung, A., GmbHR 2001, S. 641 ff.; Prinz, U., GmbHR 2001, S. 125 ff.
[139] Vgl. EuGH v. 18. 9. 2003 (Bosal), EuGHE 2003, S. I–9401; siehe auch EuGH v. 23. 2. 2006 (Keller Holding), EuGHE 2006, S. I–2107; EuGH v. 19. 11. 2009 (Filipiak), IStR 2009, S. 892; BMF-Schreiben v. 30. 9. 2008, BStBl 2008 I, S. 940.
[140] Vgl. dazu auch Herzig, N., DB 2003, S. 1467; Lüdicke, J., IStR 2003, S. 442; Schnitger, A., FR 2003, S. 1150 f.
[141] Vgl. dazu Schön, W., FR 2001, S. 381 ff.
[142] Vgl. BFH v. 7. 8. 2000, BStBl 2000 II, S. 632, bestätigt durch BFH v. 31. 10. 2000, BStBl 2001 II, S. 185.
[143] Vgl. BFH v. 8. 3. 1989, BStBl. 1989 II, S. 714.

3. Kapitel. Ausländische Kapitalgesellschaften

ter bestimmten Voraussetzungen zuließ und vom EuGH[144] bestätigt wurde, aufgegeben.[145] Durch die gleichzeitige beschränkte Steuerpflicht im Ausland und die unbeschränkte Steuerpflicht im Inland entstehen **Doppelbesteuerungen** bezüglich der Beteiligungserträge und bestimmter Leistungsentgelte. Diese gilt es, im Rahmen der Wohnsitzbesteuerung der Gesellschafter zu vermeiden.

Bezüglich der konkreten Möglichkeiten zur Vermeidung der rechtlichen Doppelbesteuerung ist zwischen der Art der Erträge zu differenzieren:

– Bei **Leistungsentgelten** wie z. B. Zinsen kann die inländische Muttergesellschaft unabhängig von der Rechtsform mittels der **Anrechnungsmethode** die im Rahmen der beschränkten Steuerpflicht erhobene ausländische Quellensteuer auf die deutsche Einkommen- bzw. Körperschaftsteuer, die auf diese Leistungsentgelte entfällt, anrechnen (§ 34 c Abs. 1 EStG, § 26 Abs. 1 KStG). Durch die Anrechnungsmethode wird die Doppelbesteuerung vermieden bzw. gemildert, wobei allerdings die Anwendungsbeschränkungen der §§ 34 c und 34 d EStG zum Tragen kommen (gleichartige ausländische Steuer, ausländische Einkünfte, per-country-limitation).[146] Statt der Anrechnung der ausländischen Steuer besteht nach § 34 c Abs. 2 EStG auch die Möglichkeit, die ausländische Steuer bei der Ermittlung der Einkünfte abzuziehen.

– Im Fall von **Beteiligungserträgen** ist eine darauf einbehaltene Quellensteuer grundsätzlich nur bei einkommensteuerpflichtigen Muttergesellschaften (Einzelunternehmen, Personengesellschaften mit natürlichen Personen als Gesellschaftern) auf die Einkommensteuer anrechenbar bzw. bei der Ermittlung der Einkünfte zu 60% abzugsfähig. Bei einer inländischen Kapitalgesellschaft scheidet dagegen eine Anrechnung oder ein Abzug der ausländischen Quellensteuer aus, da für Beteiligungserträge aufgrund des körperschaftsteuerlichen Beteiligungsprivilegs (§ 8 b Abs. 1 KStG) die Freistellungsmethode gilt.[147]

Zusammenfassend bleibt festzustellen, dass durch die Freistellungsmethode bei inländischen Kapitalgesellschaften die Doppelbelastung von Beteiligungserträgen vermieden wird. Dagegen bleibt eine etwaige ausländische Quellensteuer aufgrund der fehlenden Anrechenbarkeit als Definitivbelastung bestehen. Anders ist es bei der direkten Anrechnungsmethode, die die rechtliche Doppelbesteuerung vermeidet, nicht jedoch die Doppelbelastung von ausländischer Kapitalgesellschaft und einer natürlichen Person als inländischer Anteilseigner. Denn mangels Subjektidentität ist die bei der ausländischen

---

[144] Vgl. EuGH v. 27. 6. 1996 (Tomberger), EuGHE 1996, S. I–10; EuGH v. 10. 7. 1997, BB 1997, S. 1577 (Urteilsberichtigung).
[145] Vgl. zur handelsrechtlichen Behandlung, wonach weiterhin ein Wahlrecht zur phasengleichen Vereinnahmung von Dividenden besteht, und zur früheren BFH-Rechtsprechung z. B. Kempermann, M., Vereinnahmung, 1997, S. 105 ff. Zur steuerlichen Behandlung vgl. Schmidt, L., Einkommensteuergesetz, § 5 EStG, Rz. 270.
[146] Zu den einzelnen Anrechnungsvoraussetzungen vgl. 1. Teil, 4. Kapitel, Abschnitt B I 1.
[147] Vgl. 1. Teil, 4. Kapitel, Abschnitt B II 2. Die weiterhin bestehende Möglichkeit zur Steuerpauschalierung gem. § 26 Abs. 6 KStG i. V. m. § 34 c Abs. 5 EStG ist aufgrund der Einführung des körperschaftsteuerlichen Beteiligungsprivilegs bedeutungslos geworden. Vgl. 1. Teil, 4. Kapitel, Abschnitt B II 4.

Kapitalgesellschaft auf den ausgeschütteten Gewinn erhobene Körperschaftsteuer nicht auf die Einkommensteuer des deutschen Anteilseigners anrechenbar. Im Regelfall wird die Aufrechterhaltung der Doppelbelastung schwerer wiegen als der Verbleib der Definitivbelastung, wenn davon ausgegangen wird, dass die Quellensteuersätze auf Dividenden unter den ausländischen Körperschaftsteuersätzen liegen. Allerdings wird die Doppelbelastung bei inländischen Kapitalgesellschaften nicht endgültig vermieden, sondern sie lebt auf, sobald die betreffenden Beteiligungserträge an unbeschränkt einkommensteuerpflichtige Anteilseigner weiterausgeschüttet werden. Zudem bleibt es in diesem Fall bei der Definitivbelastung mit ausländischer Quellensteuer.

(2) Die Besteuerung im Verlustfall

Erwirtschaftet die ausländische Tochterkapitalgesellschaft einen Verlust, so kann dieser bei der inländischen Muttergesellschaft weder inner- noch interperiodisch berücksichtigt werden. Dies ergibt sich zwingend aus der eigenständigen Steuersubjekteigenschaft der Auslandstochter und der rechtlichen Trennung der Vermögenssphären **(Trennungsprinzip)** sowie – bei Konzernsachverhalten – aus der Nichtanerkennung der internationalen Organschaft.[148] Verluste ausländischer Tochterkapitalgesellschaften sind damit grundsätzlich nur im Rahmen der ausländischen Besteuerung abzugsfähig, und zwar im Wege des Verlustrücktrags bzw. -vortrags.[149] Innerhalb der EU ergibt sich jedoch u. U. ein anderes Bild. Eine von der EU-Kommission 1990 vorgeschlagene und im engen Zusammenhang mit den Vorschlägen zur Schaffung einer gemeinsamen Körperschaftsteuerbemessungsgrundlage[150] in der EU stehende Verlustrichtlinie, die u. a. die Berücksichtigung von Verlusten einer Tochterkapitalgesellschaft mit Sitz in einem EU-Staat nach der Methode des Verlustabzugs mit Nachversteuerung vorsah, wurde zwar mittlerweile zurückgezogen. Allerdings ist ein kurzfristiges Ziel der Europäischen Kommission nach wie vor, eine grenzüberschreitende Verlustverrechnung zu ermöglichen.[151]

Klarheit hinsichtlich der **europarechtlichen Anforderungen** bezüglich der Verlustverrechnung für die Mitgliedstaaten hat die vom EuGH entschiedene Rs. Marks & Spencer[152] zum britischen group relief – ein ähnliches Instrument wie die deutsche Organschaft – gebracht. Demnach stellt die Nichtberücksichtigung von Verlusten ausländischer Tochtergesellschaften im Inland aufgrund des Trennungsprinzips per se keine Beschränkung der EU-rechtlichen Grundfreiheiten dar.

---

[148] Zur Gruppenbesteuerung in anderen Ländern vgl. Endres, D., Konzernbesteuerung, 2003, S. 461 ff.; Hirschler, K./Schindler, C. P., IStR 2004, S. 505 ff.; Masui, Y., CDFI 2004, S. 21 ff.; Endres, D., Gruppenbesteuerung, 2010, S. 189 ff. Zur Kritik an der Binnenmarktorientierung der deutschen Konzernbesteuerung vgl. Oestreicher, A., Verlustberücksichtigung, 2003, S. 87 f.; Schaumburg, H., Organschaft, 2003, S. 419.
[149] Vgl. Tabelle 3.
[150] Vgl. dazu 2. Teil, 4. Kapitel, Abschnitt E.
[151] Vgl. Kommission der Europäischen Gemeinschaften, Verluste, 2006.
[152] Vgl. EuGH v. 13. 12. 2005 (Marks & Spencer), EuGHE 2005, S. I–10837. Siehe hierzu Hohenwarter, D., Verlustverwertung 2010, S. 255 ff.

3. Kapitel. Ausländische Kapitalgesellschaften

Eine Pflicht zur Berücksichtigung ergibt sich aber u. U., falls es für Zwecke der **Konzernbesteuerung**[153] zur Durchbrechung des Trennungsprinzips kommt und die innerstaatlichen Regelungen (wie etwa Zurechnungskonzeption, group relief und group contribution) auf inländische Tochtergesellschaften begrenzt sind. So stellt eine Regelung, wonach es einer Muttergesellschaft unter keinen Umständen möglich ist, Verluste ihrer ausländischen Tochtergesellschaften im Gegensatz zu Verlusten von inländischen Tochtergesellschaften zu berücksichtigen, eine Beschränkung der Niederlassungsfreiheit (Art. 49 AEU) dar; insbesondere kann die Berücksichtigung von Verlusten über die Grenze nicht davon abhängen, dass auch die Gewinne der Tochtergesellschaft im Inland steuerlich erfasst werden. Das Territorialitätsprinzip liefert insoweit keine Rechtfertigung für eine unterschiedliche Behandlung bei der inländischen Muttergesellschaft. Allerdings vertritt der EuGH mit Blick auf die Interessen der Mitgliedstaaten die Auffassung, dass aus drei Rechtfertigungsgründen grundsätzlich geeignete und verhältnismäßige Regelungen zur Einschränkung des grenzüberschreitenden Verlustabzugs im nationalen Steuerrecht verankert werden können. Es geht dabei um folgende Ziele:

– Sicherstellung einer ausgewogenen Aufteilung der Besteuerungsbefugnisse zwischen den Mitgliedstaaten,
– Vermeidung der doppelten Verlustberücksichtigung sowie
– Vermeidung von Steuerflucht.[154]

Hierbei ist jedoch zu beachten, dass die Verweigerung des Verlustabzugs über die Grenze nicht über das hinausgehen darf, was erforderlich ist, um die Wahrung der o. a. Ziele im Wesentlichen zu erreichen.[155] Im Ergebnis entsteht hierdurch ein europarechtliches Gebot zur Berücksichtigung von **definitiven Verlusten** ausländischer Tochterkapitalgesellschaften. Eine grenzüberschreitende Verlustverrechnung ist infolgedessen nur insoweit erforderlich, als die Tochtergesellschaft sämtliche in ihrem Sitzstaat vorgesehenen Verwertungsmöglichkeiten im Entstehungsjahr oder in früheren Jahren durch aktives Betreiben ausgeschöpft hat und im Sitzstaat der Tochtergesellschaft keine Möglichkeit besteht, dass die Verluste zukünftig von ihr selbst oder von einem Dritten berücksichtigt werden (ggf. durch Übertragung dieser Verluste auf einen Dritten).[156] Nach Ansicht des BFH sind Verluste folglich dann endgültig, wenn sie im Ausland aus tatsächlichen Gründen nicht mehr berücksichtigt werden können, also bei Verlustuntergang durch Umstrukturierungsmaßnahmen oder Liquidationsvorgängen. Dagegen begründet ein lediglich zeitlich begrenzter Verlustvortrag im Ausland keine Finalität der Verluste.[157] Es stellt

---

[153] Vgl. BDI/PwC (Hrsg.), Verlustberücksichtigung, 2006, S. 18 ff.; Endres, D., WPg-Sonderheft 2006, S. S 13; Schmidt, L., WPg-Sonderheft 2006, S. S 64 ff.; Lüdicke, J./Kempf, A./Brink, T., Verluste, 2010, S. 152 f.
[154] Vgl. 2. Teil, 3. Kapitel, Abschnitt E II 1 e).
[155] Vgl. Kleinert, J./Nagler, J., DB 2005, S. 2791; Lang, M., ET 2006, S. 61 ff.; Wernsmann, R./Nippert, A., FR 2006, S. 158 ff.
[156] Vgl. auch Mayr, G., BB 2008, S. 1816 ff.; Knipping, J., IStR 2009, S. 275 ff. Nach Ansicht der Finanzverwaltung ist die tatsächliche Unmöglichkeit der Verlustberücksichtigung unerheblich; vielmehr soll es allein auf die rechtliche Möglichkeit hierzu ankommen. Vgl. BMF-Schreiben v. 13. 7. 2009, BStBl 2009 I, S. 835.
[157] Vgl. BFH v. 9. 6. 2010, IStR 2010, S. 663; BFH v. 9. 6. 2010, IStR 2010, S. 670; Mayr, G., BB 2008, S. 1816 ff.; Hohenwarter, D., Verlustverwertung 2010, S. 521 ff.; Blumenberg, J., Verlustverrechnung, 2010, S. 217 ff.

sich dabei zunächst die Frage, welche Gewinnermittlungsvorschriften zur Feststellung der Finalität von Verlusten anzuwenden sind.[158] Akzeptiert man die ausländischen Vorschriften, da es um die Berücksichtigung von Verlusten geht, die im „Ausland" definitiv geworden sind,[159] kommt es ggf. zu einem Transport ausländischer Steuersubventionen ins Inland. Fordert man hingegen eine Gewinnermittlung nach inländischen Vorschriften,[160] führt dies zu einem außerordentlich hohen administrativen Aufwand.

Steht ein definitiver Verlust fest, stellt sich sodann die Frage, in welchem VZ dieser Verlust zu berücksichtigen ist; entweder im VZ der Verlustentstehung oder der Endgültigkeit des Verlustes.[161] Trotz des hohen administrativen Aufwands verlangt der EuGH eine rückwirkende phasengleiche Verlustberücksichtigung im VZ der Verlustentstehung, die sich in Deutschland mit Hilfe von § 175 Abs. 1 AO („rückwirkendes Ereignis") verfahrensrechtlich verwirklichen lassen könnte.[162] Insgesamt lässt sich festhalten, dass der Gesetzgeber die BFH- und EuGH-Rechtsprechung möglichst umsetzen sollte. Hierbei wäre er gut beraten, wenn er keine überzogenen Anforderungen an den Verlustabzug über die Grenze stellt.

Mit Ausnahme von Dänemark, Frankreich, Italien und Österreich werden ausländische Tochtergesellschaften derzeit in keinem Mitgliedstaat innerhalb der nationalen Konzernbesteuerungssysteme berücksichtigt. Somit steht auch die **deutsche Organschaft** auf dem EU-rechtlichen Prüfstand.[163] Hierbei stellt sich zusätzlich die Frage, ob sich aus der Verpflichtung zum Abschluss eines Gewinnabführungsvertrages (§ 14 KStG i. V. m. § 291 AktG) verbunden mit der Zurechnung von Gewinnen und Verlusten auf die Obergesellschaft eine andere Beurteilung ergibt. Verneint man deshalb die Vergleichbarkeit der Organschaft (Zurechnungskonzeption) mit dem britischen group relief,[164] wäre Deutschland nicht zur Ausweitung der Organschaft über die Grenze verpflichtet. Andererseits spricht vieles dafür, bereits das Erfordernis eines

---

[158] Bei Betriebsstätten sind aufgrund der weltweiten Buchführungspflicht des Stammhauses zwingend die inländischen Vorschriften anzuwenden (§ 238 HGB i. V. m. § 5 Abs. 1 EStG). In der Rs. Marks & Spencer musste diese Frage nicht beantwortet werden, da sich die Parteien darüber einig waren, die Verluste nach britischem Recht zu ermitteln.
[159] So Mayr, G., BB 2008, S. 1816; Hohenwarter, D., Verlustverwertung 2010, S. 525.
[160] So Herzig, N./Wagner, T., DB 2005, S. 7; Herkenroth, K./Klein, O./Labermeier, A./ Pache, S./Striegel, A./Wiedenfels, M., Konzernsteuerrecht, 2008, S. 190; Brocke, K. von, DStR 2008, S. 2202; Watrin, C./Wittkowski, A./Lindscheid, F., IStR 2008, S. 642. Differenzierender Scheunemann, M., IStR 2006, S. 150 f.
[161] Vgl. Lang, M., SWI 2006, S. 3; Scheunemann, M., IStR 2006, S. 145; Dörfler, O./Ribbrock, M., BB 2008, S. 1325; Englisch, J., IStR 2008, S. 404; Mayr, G., BB 2008, S. 1818 f.
[162] Vgl. BFH v. 17. 7. 2008, BStBl 2009 II, S. 630; Scheunemann, M., IStR 2006, S. 145; Sedemund, J. H., DB 2008, S. 1122 f.; Mayr, G., BB 2008, S. 1818 f.; Blumenberg, J., Verlustverrechnung, 2010, S. 221 f.; Braunagel, R., IStR 2010, S. 314 f.; a. A. BFH v. 9. 6. 2010, IStR 2010, S. 663; BFH v. 9. 6. 2010, IStR 2010, S. 670.
[163] Vgl. u. a. FG Niedersachsen v. 11. 2. 2010, IStR 2010, S. 260; Thömmes, O., IWB, Fach 11a, Rechtsprechung, S. 938 ff.; Dötsch, E./Pung, A., Der Konzern 2006, S. 130 ff.; Hey, J., GmbHR 2006, S. 113 ff.; Endres, D., Gruppenbesteuerung, 2010, S. 190.
[164] Vgl. Thiel, J., DB 2004, S. 2605; Seer, R./Kahler, B./Rüping, H./Thulfaut, K., EWS 2005, S. 301.

3. Kapitel. Ausländische Kapitalgesellschaften 469

Gewinnabführungsvertrages als EU-rechtliche Beschränkung zu qualifizieren,[165] da dieser mit ausländischen Tochtergesellschaften regelmäßig nicht abgeschlossen werden kann. Nach Ansicht des FG Niedersachsen trifft dies jedenfalls für den Fall finaler Verluste zu, sofern eine Vorausverpflichtung zur Verlustübernahme besteht.[166] Allerdings kommt der EuGH in den Entscheidungen zur finnischen – und zumindest in Bezug auf die Zahlungsverpflichtung im Rahmen der Ergebnisverrechnung mit der deutschen Organschaft vergleichbaren – Konzernbeitragsregelung in der Rs. Oy AA[167] und zum niederländischen Konzept der steuerlichen Vollkonsolidierung in der Rs. X Holding BV[168] zu dem Ergebnis, dass die Regelungen nicht der Niederlassungsfreiheit entgegenstehen, da es durch die Öffnung der Gruppenbesteuerungssysteme im Belieben des Konzerns stehen würde, in welchem Mitgliedstaat die Gewinne der Tochtergesellschaft versteuert werden. Der EuGH erkannte daher die Rechtfertigungsgründe der Wahrung der Aufteilung der Besteuerungsbefugnis sowie der Gefahr der doppelten Verlustnutzung und der Steuerumgehung an. Auch wenn eine Vergleichbarkeit der deutschen Organschaft mit dem finnischen und niederländischen Gruppenbesteuerungssystem letztlich nur durch den EuGH beantwortet werden kann,[169] sollte der deutsche Gesetzgeber aufgrund der Erfahrungen mit anderen EuGH-Urteilen (z. B. in der Rs. Lankhorst-Hohorst[170]) nicht so lange warten.[171]

Die grundsätzliche Nichtberücksichtigung von Verlusten der ausländischen Tochterkapitalgesellschaft bei der inländischen Muttergesellschaft könnte allerdings u. U. durch die Möglichkeit einer **Teilwertabschreibung auf die Beteiligung** durchbrochen werden. Die Beteiligung an der ausländischen Kapitalgesellschaft wird beim inländischen Gesellschafter zu Anschaffungskosten bilanziert. Für die Annahme, dass die Wiederbeschaffungskosten an einem späteren Bilanzstichtag unter diesem Wertansatz liegen und damit eine Teilwertabschreibung möglich ist, reicht bei einer börsennotierten Tochterkapital-

---

[165] So Bergemann, A./Schönherr, F./Stäblein, W., BB 2005, S. 1715; Blumenberg, J., Rechtsprechung, 2005, S. 266; Cordewener, A., DStJG 2005, S. 306 ff.; Kleinert, J./Nagler, J., DB 2005, S. 2792; Röhrbein, J./Eicker, K., BB 2005, S. 477; Scheunemann, M., IStR 2005, S. 310; BDI/PwC (Hrsg.), Verlustberücksichtigung, 2006, S. 26; Englisch, J., IStR 2006, S. 23.
[166] Vgl. FG Niedersachsen v. 11. 2. 2010, IStR 2010, S. 260. Zu dieser Vorgehensweise kritisch vgl. Blumenberg, J., Verlustverrechnung, 2010, S. 224.
[167] Vgl. EuGH v. 18. 7. 2007 (Oy AA), EuGHE 2007, S. I–6373. Vgl. dazu Thömmes, O., IWB, Fach 11a, Rechtsprechung, S. 1151 ff.; Helminen, M., ET 2007, S. 490 ff.; Wagner, T., IStR 2007, S. 650 ff.; Pache, S./Englert, M., IStR 2007, S. 844 ff.; Hohenwarter, D., Verlustverwertung 2010, S. 269 ff.
[168] Vgl. EuGH v. 17. 5. 2010 (X Holding BV), DStR 2010, S. 427. Vgl. dazu Eisenbarth, M./Hufeld, U., IStR 2010, S. 309 ff.; Hohenwarter-Mayr, D., SWI 2010, S. 163 ff.
[169] Derzeit sind zwei Verfahren beim FG Rheinland-Pfalz (Az.: 1 K 2406/07) und dem FG Niedersachsen (Az.: 6 K 406/08) anhängig. Vgl. dazu Homburg, S., IStR 2009, S. 350 ff.
[170] Vgl. EuGH v. 12. 12. 2002 (Lankhorst-Hohorst), EuGHE 2002, S. I–11 779.
[171] Vgl. hierzu u. a. BDI/PwC, Verlustberücksichtigung, 2006, S. 22 ff.; Dötsch, E./Pung, A., Der Konzern 2006, S. 130 ff.; Hey, J., GmbHR 2006, S. 113 ff.; Thömmes, O., IWB, Fach 11a, Rechtsprechung, S. 938 ff. Zur Weiterentwicklung der Konzernbesteuerung vgl. ausführlich Oestreicher, A./Scheffler, W./Spengel, C./Wellisch, D., Modelle, 2008, S. 87 ff.; Endres, D., Gruppenbesteuerung, 2010, S. 191 ff.

gesellschaft vorausgesetzt, dass lediglich keine konkreten Anhaltspunkte für eine alsbaldige Wertaufholung vorliegen.[172] Bei nicht börsennotierten Tochtergesellschaften wird nach ständiger BFH-Rechtsprechung ein Absinken des inneren Wertes der Beteiligung vorausgesetzt;[173] hierzu bedarf es dagegen einer speziellen Unternehmensbewertung.[174] Infolgedessen ist eine Teilwertabschreibung nur bei **nachhaltigen Verlusten** möglich, nicht bei sog. Anlaufverlusten, d. h. „wenn der Betrieb nach betriebswirtschaftlichen Grundsätzen voraussehbar in naher Zukunft nachhaltig mit Gewinn arbeiten wird".[175] Von einer nur vorübergehenden Verlustsituation ist nach der Rechtsprechung generell auszugehen, wenn der Gesellschafter der Gesellschaft in erheblichem Maße neue Mittel zuführt (Forderungsverzicht und Kapitalerhöhung).[176] Ausschüttungsbedingte Teilwertabschreibungen sind grundsätzlich zulässig, falls die Ausschüttungen den Wertansatz der Beteiligung berühren.[177]

Die Möglichkeit dieser „indirekten" Form der Verlustberücksichtigung ist infolge der unterschiedlichen ertragsteuerlichen Behandlung von Beteiligungserträgen allerdings abhängig von der Rechtsform der inländischen Muttergesellschaft. Bei Anteilseignern mit Beteiligungen im Betriebsvermögen unterliegen Auslandsdividenden nur zu 60% der Einkommensteuer (§ 3 Nr. 40 EStG); spiegelbildlich können verlust- oder ausschüttungsbedingte Teilwertabschreibungen aufgrund des wirtschaftlichen Zusammenhangs zu den Einnahmen i. S. v. § 3 Nr. 40 EStG auch nur zu 60% berücksichtigt werden (§ 3 c Abs. 2 Satz 1 EStG). Hat die ausländische Tochterkapitalgesellschaft weder ihre Geschäftsleitung noch ihren Sitz innerhalb der EU/EWR, gilt dies jedoch nur insoweit, als die Tochtergesellschaft aktiv i. S. d. § 2 a Abs. 2 EStG tätig ist (§ 2 a Abs. 1 Nr. 3 Buchstabe a EStG).[178] Für das 40%ige Abzugsverbot ist es dabei nicht von Bedeutung, ob die Teilwertabschreibungen in einem VZ eingetreten sind, in dem tatsächlich keine steuerfreien Einnahmen angefallen sind.[179] Handelt es sich bei der inländischen Muttergesellschaft um eine Kapitalgesellschaft, sind Gewinnminderungen durch verlust- oder ausschüttungsbedingte Teilwertabschreibungen auf die Beteiligung aufgrund der Freistellung der Beteiligungserträge im Ganzen steuerlich nichtabzugsfähig (§ 8 b Abs. 3 Satz 3 KStG).[180] Dieses Abzugsverbot gilt unter

---

[172] Vgl. BFH v. 26. 9. 2007, BStBl 2009 II, S. 294. Die Frage, ob jedes Absinken des Börsenwertes unter die Anschaffungskosten in der Bilanz nachvollzogen werden müsse oder ob Wertveränderungen innerhalb einer gewissen Bandbreite nur als vorübergehende Wertschwankungen zu beurteilen sind, hat der BFH allerdings offen gelassen. Letzteres bejahend BMF-Schreiben v. 26. 3. 2009, BStBl 2009 I, S. 514. Siehe auch Schlotter, C., BB 2008, S. 546 ff.; Hahne, K. D., DStR 2008, S. 540 ff.; Hoffmann, W.-D., StuB 2009, S. 327 f.
[173] Vgl. BFH v. 27. 7. 1988, BStBl 1989 II, S. 274; BFH v. 6. 11. 2003, BStBl 2004 II, S. 416.
[174] Zur Bewertung ausländischer Unternehmen vgl. Schmidt, A., DB 1994, S. 1149 ff.
[175] BFH v. 23. 9. 1969, BStBl 1970 II, S. 87.
[176] Vgl. BFH v. 20. 5. 1965, BStBl 1965 III, S. 503.
[177] Vgl. BFH v. 17. 9. 1969, BStBl 1970 II, S. 107; BFH v. 2. 2. 1972, BStBl 1972 II, S. 397.
[178] Vgl. hierzu auch 1. Kapitel, Abschnitt B II 1 a) (2); sowie 2. Kapitel, Abschnitt B II 1 a) (2).
[179] Vgl. Schmidt, L., Einkommensteuergesetz, § 3 c, Rz. 37.
[180] Vgl. Dörner, B. M., INF 2000, S. 547 f.; Grotherr, S., IWB, Fach 3, Deutschland, Gruppe 1, S. 1716 f.

3. Kapitel. Ausländische Kapitalgesellschaften

bestimmten Bedingungen ebenso für Teilwertabschreibungen auf Gesellschafterdarlehen (§ 8b Abs. 3 Satz 4–8 KStG),[181] womit eine indirekte Verlustberücksichtigung bei körperschaftsteuerpflichtigen Muttergesellschaften im Grundsatz ausgeschlossen ist.

Die innerperiodische Verlustkompensation mittels der Teilwertabschreibung ist damit nur in einem engen Rahmen durchführbar und letztlich auch durch die Höhe des Beteiligungsansatzes – in der Regel die historischen Anschaffungskosten – begrenzt. Soweit sie zulässig ist, erfolgt sie unabhängig von einer möglichen zusätzlichen Verlustkompensation im Ausland. Bei späteren Gewinnen der Tochterkapitalgesellschaft besteht allerdings die Pflicht, eine erfolgswirksame Zuschreibung vorzunehmen.

(3) Besteuerungswirkungen bei Basisgesellschaften

(a) Durchgriffsbesteuerung

Sind im Hinblick auf die Einschaltung der ausländischen Kapitalgesellschaft die Voraussetzungen der §§ 39, 41 und 42 AO gegeben, so ist statt der vereinbarten Rechtsgestaltung die den wirtschaftlichen Vorgängen angemessene Gestaltung der Besteuerung zugrunde zu legen. Dabei ist die steuerliche Belastung zu ermitteln, die durch den Missbrauch umgangen oder gemindert werden sollte. Es ist also der vermiedene Sachverhalt als verwirklicht zu unterstellen.[182]

Wird eine ausländische Kapitalgesellschaft als Basisgesellschaft qualifiziert, so werden die der Gesellschaft zugerechneten Einkünfte, wie z. B. Beteiligungserträge (bei einer Basis-Holding) oder Patentzahlungen (bei Patentverwertungsgesellschaften), als unmittelbare inländische Einkünfte der Gesellschafter angesehen.[183] Beim Durchgriff wird jedoch auf den Tatbestand der Zwischenschaltung abgestellt, so dass alle durch die Gründung und den Betrieb der Basisgesellschaft entstandenen Betriebsausgaben beim Gesellschafter nicht abgezogen werden dürfen. Auch eine Anrechnung oder ein Abzug der ausländischen Basissteuern ist aufgrund fehlender Subjektidentität nicht zulässig.[184] Die ausschließlich auf die zivilrechtliche Trennung abstellende Rechtsprechung führt zu einem zusätzlichen Verböserungseffekt der Durchgriffsbesteuerung.

Beispiel: Der Steuerinländer A ist an einer im Ausland errichteten Basisgesellschaft beteiligt und erhält von dieser ein Darlehen. Die von der Basisgesellschaft dem Steuerinländer A in Rechnung gestellten Darlehenszinsen sind nichtabzugsfähig. Ebensowenig ist eine Anrechnung der im Ausland von der Basisgesellschaft gezahlten Steuern möglich, da es bereits an der vorausgesetzten Personenidentität mangelt.

---
[181] Vgl. u. a. Ditz, X./Tcherveniachki, V., IStR 2009, S. 709 ff.; Dörfler, O./Adrian, G., SteuK 2009, S. 8 ff.
[182] Vgl. grundlegend BFH v. 21. 1. 1976, BStBl 1976 II, S. 513.
[183] Vgl. BFH v. 9. 12. 1980, BStBl 1981 II, S. 339; BFH v. 10. 6. 1992, BStBl 1992 II, S. 1029.
[184] Vgl. BFH v. 24. 2. 1976, BStBl 1977 II, S. 265; FG Köln v. 11. 3. 1999, EFG 1999, S. 922; Finanzministerium Niedersachsen v. 14. 9. 1970, AWD 1970, S. 475; a. A. FG Baden-Württemberg v. 17. 7. 1997, EFG 1997, S. 1442. Auch im Schrifttum wird u. a. ein Abzug der Steuern des Sitzlandes für möglich gehalten. Vgl. Flick, H./Wassermeyer, F./Baumhoff, H., Außensteuerrecht, § 34c EStG, Anm. 49; Kraft, G., Außensteuergesetz, § 7 AStG, Rz. 56 m. w. N.

4. Teil. Besteuerung deutscher Investoren im Ausland

(b) Hinzurechnungsbesteuerung

Die Abschirmwirkung der Kapitalgesellschaft ist im Ergebnis ebenfalls wirkungslos, wenn die Voraussetzungen der §§ 7–9 AStG vorliegen, so dass die ausländische Gesellschaft als Zwischengesellschaft zu qualifizieren ist.[185] In diesen Fällen kommen die Vorschriften über die Hinzurechnungsbesteuerung (§§ 10–14 AStG) zum Zuge.

Mit Hilfe der Ausschüttungsfiktion wird nach § 10 AStG ein **Hinzurechnungsbetrag** ermittelt, der beim inländischen Gesellschafter einer ausländischen Zwischengesellschaft entsprechend seiner Beteiligung in voller Höhe zu versteuern ist. Es wird dabei unterstellt, dass die Einkünfte der Zwischengesellschaft dem inländischen Gesellschafter unmittelbar nach Ablauf des Wirtschaftsjahres der ausländischen Gesellschaft zugeflossen sind. Der Hinzurechnungsbetrag wird als fiktive Dividende in die steuerlichen Einkünfte des inländischen Anteilseigners einbezogen und entweder dem individuellen Einkommensteuersatz oder dem 15%igen Körperschaftsteuersatz unterworfen. Darüber hinaus wird jeweils der Solidaritätszuschlag von 5,5% erhoben (§ 1 SolZG). Weder § 3 Nr. 40 EStG noch § 8b Abs. 1 KStG kommen zur Anwendung (§ 10 Abs. 2 AStG), da nach Ansicht des Gesetzgebers eine ausreichende steuerliche Vorbelastung bei einer ausländischen Zwischengesellschaft nicht vorliegt.

Zur **Ermittlung des Hinzurechnungsbetrags** sind die Zwischeneinkünfte der ausländischen Gesellschaft um im Ausland zu Lasten der ausländischen Gesellschaft erhobene Ertrag- und Vermögensteuern zu kürzen.[186] Der sich dabei ergebende Betrag ist entsprechend der Beteiligungshöhe auf die einzelnen Gesellschafter zu verteilen. Schließlich werden diese Hinzurechnungsbeträge der einzelnen Gesellschafter

- um anzurechnende Steuern – sofern beantragt – erhöht (§ 12 AStG) sowie
- um die Zurechnungsbeträge nachgeschalteter Zwischengesellschaften erhöht bzw. gekürzt (§ 14 AStG).

Werden die hinzugerechneten ausländischen Einkünfte zu einem späteren Zeitpunkt (innerhalb von sieben Jahren) als Dividenden ausgeschüttet, können diese unabhängig von der Rechtsform der Muttergesellschaft nach § 3 Nr. 41 Buchstabe a EStG bzw. § 8b Abs. 1 KStG steuerfrei vereinnahmt werden.[187] Auf diese Weise wird bei natürlichen Personen vermieden, dass Einkünfte, die bereits der Hinzurechnungsbesteuerung unterlegen haben, bei der Ausschüttung der Dividende erneut mit Einkommensteuer belastet werden. Ob in diesem Fall bei körperschaftsteuerpflichtigen Muttergesellschaften die Regelung des § 8b Abs. 5 KStG zur Anwendung kommt und somit 5% der Auslandsdividenden als nichtabzugsfähige Betriebsausgaben gelten, ist fraglich. Für eine Anwendung spricht jedoch, dass die ausgeschütteten Beteiligungserträge gem. § 8b Abs. 1 KStG bei der Ermittlung des Einkommens außer Ansatz bleiben.[188] Dagegen ließe sich allerdings einwenden, dass der inländi-

---

[185] Vgl. hierzu Abschnitt A I 2 c).
[186] Zur Vorgehensweise vgl. Blümich, W., Einkommensteuergesetz, § 10 AStG, Anm. 4.
[187] Kritisch zur zeitlichen Beschränkung des Zeitraumes zwischen Hinzurechnung und Gewinnausschüttung siehe Kraft, G., IStR 2010, S. 382.
[188] Vgl. Kneip, C./Rieke, I., IStR 2001, S. 669; Maier-Frischmuth, M., IStR 2001, S. 643; Kraft, G., Außensteuergesetz, § 7 AStG, Rz. 234.

sche Anteilseigner bereits die Steuer auf den Hinzurechnungsbetrag zu tragen habe und die Dividenden daher nicht steuerfrei im eigentlichen Sinne seien.[189] Bei der Ausschüttung von nach § 3 Nr. 41 Buchstabe a EStG (bzw. § 8b Abs. 1 KStG) steuerbefreiten Beteiligungserträgen ist eine Berücksichtigung der im Ausland auf die Dividende einbehaltenen Quellensteuern im Rahmen der nationalen Maßnahmen zur Vermeidung der Doppelbesteuerung auch rückwirkend bei der Hinzurechnungssteuer möglich (§ 12 Abs. 3 AStG).

Die detaillierte Vorgehensweise bei der Ermittlung und Aufteilung des Hinzurechnungsbetrags wird im Folgenden beschrieben.

(aa) Ermittlung des Hinzurechnungsbetrags

Die dem Hinzurechnungsbetrag zugrunde liegenden **Zwischeneinkünfte** werden in entsprechender Anwendung der Vorschriften des deutschen Steuerrechts direkt dem Steuerpflichtigen zugerechnet (§ 10 Abs. 3 Satz 1 AStG). Die Einkunftsermittlung kann wahlweise mit einer Einnahmen-Überschussrechnung oder mit einem Vermögensvergleich vorgenommen werden (§ 10 Abs. 3 Satz 2 AStG). Dieses Wahlrecht ist bei mehreren inländischen Gesellschaftern einheitlich auszuüben (§ 10 Abs. 3 Satz 3 AStG). Steuerliche Vergünstigungen, die an die unbeschränkte Steuerpflicht oder an das Bestehen eines inländischen Betriebes (Betriebsstätte) anknüpfen, sowie die Vorschriften des § 4h EStG als auch die des § 8b Abs. 1 und 2 KStG bleiben unberücksichtigt (§ 10 Abs. 3 Satz 4 AStG).

Verluste aus passivem Erwerb können zu einem negativen Hinzurechnungsbetrag führen. In entsprechender Anwendung des § 10d EStG kann dieser rück- bzw. vorgetragen werden (§ 10 Abs. 3 Satz 5 AStG).

Hat die ausländische Gesellschaft sowohl Einkünfte aus aktivem als auch solche aus passivem Erwerb **(gemischte Einkünfte),** so sind beide Einkunftsarten exakt gegeneinander abzugrenzen. Da nur die Einkünfte aus passivem Erwerb der Hinzurechnungsbesteuerung unterliegen, ist dabei einer direkten, ausschließlich die Einnahmen und Ausgaben aus passivem Erwerb erfassenden Gewinnermittlung der Vorrang einzuräumen. Können die passiven Einkünfte nicht direkt ermittelt werden, ist auf die indirekte Methode zurückzugreifen.[190]

Von den ermittelten passiven Einkünften sind die von der ausländischen Zwischengesellschaft **tatsächlich gezahlten Ertrag- und Vermögensteuern** abzuziehen (§ 10 Abs. 1 Satz 1 AStG). Außerdem kommt ggf. noch ein Verlustabzug (§ 10 Abs. 3 Satz 5 AStG) zum Tragen, so dass sich für die Ermittlung des Hinzurechnungsbetrags endgültig folgendes Schema ergibt:

	Passive Einkünfte (§§ 7–9 AStG)
./.	ausländische Steuern (§ 10 Abs. 1 Satz 1 AStG)
./.	Verlustabzug (§ 10 Abs. 3 Satz 5 AStG)
=	Hinzurechnungsbetrag (§ 10 Abs. 1 AStG)

---

[189] Vgl. Rättig, H./Protzen, P.D., IStR 2001, S. 606; Köhler, S., DStR 2005, S. 230; Kraft, G., Außensteuergesetz, § 10 AStG, Rz. 392.
[190] Vgl. BMF-Schreiben v. 14. 5. 2004 (Anwendungsschreiben AStG), BStBl 2004 I, Sondernummer 1/2004, Tz. 10.1.2.2. i. V. m. 8.3.3.

Dieser Hinzurechnungsbetrag ist nach den im Folgenden zu besprechenden Vorschriften der §§ 7–14 AStG zu modifizieren.

(bb) Steueranrechnung (§ 12 AStG)

§ 10 Abs. 1 Satz 1 AStG gestattet, die von der Zwischengesellschaft entrichtete Steuer vom Hinzurechnungsbetrag abzusetzen. Alternativ zu dieser Regelung erlaubt § 12 Abs. 1 AStG dem Steuerpflichtigen auf Antrag auch die Anrechnung der ausländischen Steuer auf die vom Hinzurechnungsbetrag zu erhebende Steuer. Auf diese Weise kann eine von der Zwischengesellschaft bereits im Ausland gezahlte Körperschaftsteuer berücksichtigt werden; im Grundsatz handelt es sich um eine indirekte Anrechnung der ausländischen Körperschaftsteuer. Dazu muss der Hinzurechnungsbetrag zunächst durch Zurechnung der ausländischen Steuern wieder auf den ursprünglichen Bruttogewinn erhöht werden (§ 12 Abs. 1 Satz 2 AStG). Entscheidet sich der Steuerpflichtige für die Anrechnung, so gelten die §§ 34c Abs. 1 EStG und 26 Abs. 1 KStG entsprechend (§ 12 Abs. 2 AStG).[191]

Für den Gesellschafter einer Zwischengesellschaft ist der Antrag auf Anrechnung der Auslandssteuern regelmäßig günstiger als der Abzug von der Bemessungsgrundlage nach § 10 AStG.[192]

Beispiel: Der Steuerinländer A ist an der Zwischengesellschaft Z zu 100% beteiligt. Die Zwischengesellschaft Z erwirtschaftet einen Gewinn von 100, der nach § 10 AStG dem A zugerechnet wird. Die Gesellschaft zahlt im Ausland Steuern i. H. v. 20, der Einkommensteuersatz des A beträgt 40%. Die Werte in Klammern beziehen sich auf einen Einkommensteuersatz von 20%.

- Steuerabzug nach § 10 Abs. 1 AStG
  Hinzurechnungsbetrag   100
  abzüglich ausländische Steuer   20
  maßgeblicher Hinzurechnungsbetrag   80
  hierauf inländische Steuer   32 (16)
  Gesamtsteuerlast (bei Thesaurierung   52 (36)
  und Ausschüttung)
- Steueranrechnung nach § 12 AStG
  Hinzurechnungsbetrag   100
  hierauf inländische Steuer   40 (20)
  abzüglich ausländische Steuer   20 (20)
  verbleibende Steuerschuld   20 (0)
  Gesamtsteuerlast (bei Thesaurierung   40 (20)
  und Ausschüttung)

Lediglich in den Fällen, in denen durch den Steuerabzug nach § 10 Abs. 1 AStG ein negativer (vortragsfähiger) Hinzurechnungsbetrag entsteht, ist der Steuerabzug der Steueranrechnung vorzuziehen.[193]

Die Steueranrechnung nach § 12 Abs. 1 AStG führt generell zu einer Einmalbesteuerung der ausländischen Einkünfte in Höhe des individuellen Einkommensteuersatzes des Anteilseigners.[194] Nachfolgend ausgeschüttete

---

[191] Zur Anrechnung von Drittstaatseinkünften vgl. Finanzministerium Nordrhein-Westfalen v. 30. 3. 1978, WPg 1978, S. 307.
[192] Vgl. auch 1. Teil, 4. Kapitel, Abschnitt B 2b).
[193] Vgl. hierzu Flick, H./Wassermeyer, F./Baumhoff, H., Außensteuerrecht, § 12 AStG, Anm. 12 a f.
[194] Siehe auch Maier-Frischmuth, M., StuB 2001, S. 812.

3. Kapitel. Ausländische Kapitalgesellschaften 475

Gewinne werden nach § 3 Nr. 41 Buchstabe a EStG steuerfrei gestellt. Eine im Ausland auf die Dividende einbehaltene Quellensteuer kann – auch rückwirkend – auf die Hinzurechnungssteuer angerechnet werden (§ 12 Abs. 3 AStG).[195] Im Vergleich zur Hinzurechnungsbesteuerung kann sich bei dem regulär zur Anwendung kommenden Teileinkünfteverfahren je nach Höhe des ausländischen Körperschaftsteuersatzes und des inländischen Einkommensteuersatzes eine höhere oder geringere Gesamtsteuerbelastung ergeben.[196] Wie das nachfolgende Beispiel im Vergleich zu den oben ermittelten Belastungswirkungen zeigt, führt die Hinzurechnungsbesteuerung tendenziell bei niedrigen Einkommensteuersätzen zu einer geringeren Gesamtsteuerbelastung (20) als im Teileinkünfteverfahren (29,6). Die Regelungen der Hinzurechnungsbesteuerung wirken sich somit nicht in der vom Gesetzgeber gewünschten Weise aus, sondern können durchaus auch gezielt zur Steuerersparnis genutzt werden. Dies ließe sich nur vermeiden, wenn für die Hinzurechnungsbesteuerung die gleichen steuerlichen Regelungen zur Anwendung kämen wie für laufende Ausschüttungen.

Beispiel: Der Steuerinländer A ist an der ausländischen Gesellschaft G, die ihre Einkünfte ausschließlich aus aktiven Tätigkeiten erzielt, zu 100% beteiligt. Die Gesellschaft G erwirtschaftet einen Gewinn von 100, der vollständig an A ausgeschüttet wird. Die Gesellschaft zahlt im Ausland Steuern i. H. v. 20, der Steuersatz des A beträgt 40%. Die Werte in Klammern beziehen sich auf einen Einkommensteuersatz von 20%.

– Teileinkünfteverfahren
  Gewinn   100
  abzüglich ausländische Steuer   20
  Bruttodividende   80
  steuerpflichtige Einkünfte (60%)   48
  hierauf inländische Steuer   19,2 (9,6)
  Gesamtsteuerlast   39,2 (29,6)

(cc) Nachgeschaltete Zwischengesellschaften (§ 14 AStG)

Durch § 14 AStG werden die Regelungen der Hinzurechnungsbesteuerung (§§ 7–12 AStG) auf eine beliebige Anzahl hintereinander geschalteter Zwischengesellschaften ausgedehnt. Damit soll verhindert werden, dass durch Zwischenschaltung mehrerer Gesellschaften die Hinzurechnungsbesteuerung vereitelt wird.[197] Verluste nachgeschalteter Zwischengesellschaften mindern dabei den Hinzurechnungsbetrag.[198] Innerhalb der Beteiligungskette sind Gewinnausschüttungen generell von der Hinzurechnungsbesteuerung ausgenommen (§ 8 Abs. 1 Nr. 8 AStG) und werden bei mehrstufigen Konzernen nicht in passive, hinzurechnungspflichtige Einkünfte umqualifiziert

---

[195] Vgl. ausführlich Kraft, G., Außensteuergesetz, § 12 AStG, Rz. 1 ff. Dies gilt auch, sofern der Anteilseigner eine körperschaftsteuerpflichtige Person ist. Vgl. die Gesetzesbegründung in BT-Drs. 16/66290, S. 94. Siehe auch BMF-Schreiben v. 14. 5. 2004 (Anwendungsschreiben AStG), BStBl 2004 I, Sondernummer 1/2004, Tz. 12.3.4.; Rättig, H./Protzen, P. D., IStR 2002, S. 127; Köhler, S., DStR 2005, S. 230.
[196] Siehe dazu Kessler, W./Dorfmueller, P./Schmitt, C. P., PIStB 2001, S. 323 f.; Frischmuth, M., IStR 2005, S. 361 ff.
[197] Vgl. hierzu auch die Ausführungen im 6. Teil, 5. Kapitel, Abschnitt C I.
[198] Vgl. BFH v. 20. 4. 1988, BStBl 1988 II, S. 868; BFH v. 28. 9. 1988, BStBl 1989 II, S. 13; BMF-Schreiben v. 14. 5. 2004 (Anwendungsschreiben AStG), BStBl 2004 I, Sondernummer 1/2004, Tz. 14.1.6.; Flick, H./Wassermeyer, F./Baumhoff, H., Außensteuerrecht, § 14 AStG, Anm. 90 f.

(§ 14 Abs. 3 AStG). Damit wird eine Diskriminierung mehrstufiger ausländischer Holdinggesellschaften vermieden.

b) Gewerbesteuer

Da die Gewerbesteuer an dem nach den Vorschriften des Einkommensteuergesetzes oder des Körperschaftsteuergesetzes zu ermittelnden Gewinn anknüpft (§ 7 GewStG), erhöht sich der Gewerbeertrag grundsätzlich auch durch Beteiligungserträge aus ausländischen Kapitalgesellschaften und durch Leistungsentgelte aus Geschäftsbeziehungen mit ausländischen Kapitalgesellschaften. Damit kommt es zu einer gewerbesteuerlichen **Doppelbesteuerung**, sofern – was selten ist – im Ausland auf diese Erträge eine der Gewerbesteuer vergleichbare Steuer anfällt.

Im geltenden Gewerbesteuerrecht ist eine Entlastung der Leistungsentgelte aus grenzüberschreitenden Direktgeschäften nicht vorgesehen. Dies wurde im Einzelnen bereits im Zusammenhang mit den Direktgeschäften dargestellt.[199] Bei **laufenden Beteiligungserträgen** aus dem Ausland existieren zumindest bei unternehmerischen Beteiligungen Entlastungsmaßnahmen. So werden Beteiligungserträge aus dem Gewerbeertrag einer inländischen Muttergesellschaft (Einzelunternehmen, Personen- oder Kapitalgesellschaft) nach § 9 Nr. 7 GewStG gekürzt, falls folgende Voraussetzungen gemeinsam vorliegen:

- ausländische Kapitalgesellschaft,[200]
- Schachtelbeteiligung (≥ 15%),
- ununterbrochene Beteiligung seit Beginn des Erhebungszeitraums, also des Kalenderjahres und
- „aktive" Tätigkeitsmerkmale nach § 8 Abs. 1 Nr. 1–6 AStG, es sei denn, die ausländische Tochtergesellschaft ist eine EU-ansässige Gesellschaft i. S. d. Anlage 2 zum EStG (§ 9 Nr. 7 GewStG).[201]

Infolge der Interdependenzen[202] zwischen den Bemessungsgrundlagen der Einkommen- und Körperschaftsteuer einerseits sowie der Gewerbesteuer andererseits hängt die Bedeutung dieser Kürzungsvorschrift von der Rechtsform der inländischen Muttergesellschaft ab:

- Bei inländischen Kapitalgesellschaften sind ausländische Dividenden bereits aufgrund des körperschaftsteuerlichen Beteiligungsprivilegs (mit Ausnahme der sog. Kostenpauschale, § 9 Nr. 7 Satz 3 GewStG i. V. m. § 8b Abs. 1 und 5 KStG) freigestellt. Eine gewerbesteuerliche Kürzung ist demnach nicht erforderlich.
- Bei einkommensteuerpflichtigen Muttergesellschaften (Einzelunternehmer, Personengesellschaften mit natürlichen Personen als Gesellschafter) gilt für ausländische Dividenden das Teileinkünfteverfahren (§ 3 Nr. 40 EStG), weshalb diese Erträge zu 60% in der Ausgangsgröße der Gewerbesteuer enthalten sind. Bei Beteiligungen von mindestens 15% wird die Kürzungs-

---

[199] Vgl. 1. Kapitel, Abschnitt B II 1 b).
[200] Zur fehlenden Abstimmung von § 9 Nr. 2a GewStG und § 9 Nr. 7 GewStG bei doppelt ansässigen Kapitalgesellschaften siehe Kollruss, T., StuW 2009, S. 346 ff.; Bregenhorn-Kuhs, A./Wagner, T., IWB, Fach 3, Deutschland, Gruppe 5, S. 85 ff.
[201] Vgl. Blümich, W., Einkommensteuergesetz, § 9 GewStG, Anm. 290 und 302 ff.
[202] Vgl. 1. Teil, 6. Kapitel.

3. Kapitel. Ausländische Kapitalgesellschaften 477

vorschrift des § 9 Nr. 7 GewStG auf die Netto-Dividende angewandt, so dass keine Gewerbesteuer anfällt.[203] Die im Zusammenhang mit § 8 Nr. 5 GewStG existierenden Ungereimtheiten (ggf. erfolgende Hinzurechnung von Dividenden) wurden bereits an anderer Stelle erörtert.[204]
Erträge aus der **Veräußerung einer ausländischen Beteiligung** fallen dagegen nicht unter die Kürzungsvorschrift des § 9 Nr. 7 GewStG.[205] Eine Belastung dieser Erträge mit Gewerbesteuer unterbleibt jedoch bei inländischen Kapitalgesellschaften insofern, als sie nach § 8b Abs. 2 KStG bei der Ermittlung des körperschaftsteuerlichen Einkommens außer Ansatz bleiben und somit – mit Ausnahme der 5%igen Kostenpauschale (§ 8b Abs. 3 KStG) – nicht in der Ausgangsgröße der Gewerbesteuer enthalten sind.[206] Bei einkommensteuerpflichtigen inländischen Gesellschaften (Personengesellschaften mit natürlichen Personen als Gesellschaftern) unterliegen die Veräußerungserfolge unter Berücksichtigung des Teileinkünfteverfahrens (§ 3 Nr. 40 EStG) dagegen zu 60% der Gewerbesteuer.[207] Eine aus der Rechtfertigung der Gewerbesteuer ableitbare Begründung für diese Benachteiligung von Personenunternehmen ist nicht auszumachen.
Sofern die Anteile an der ausländischen Kapitalgesellschaft mittelbar über eine **zwischengeschaltete Personengesellschaft** im Inland gehalten werden, ergeben sich die gleichen Konsequenzen für die Gewerbesteuer:[208] Soweit es sich um natürliche Personen als Mitunternehmer handelt, schlägt die Regelung des § 3 Nr. 40 EStG auf die Gewerbesteuer durch, so dass eine 60%ige Erfassung der Dividendeneinnahmen und des Veräußerungsgewinns erfolgt (§ 7 Satz 4 GewStG). Soweit Kapitalgesellschaften an dieser Personengesellschaft beteiligt sind, greift die körperschaftsteuerliche Befreiung von Dividendeneinnahmen und Veräußerungsgewinnen (§ 8b Abs. 1 und 2 KStG) unter Beachtung der Kostenpauschale (§ 8b Abs. 3 und 5 KStG) auch für die Gewerbesteuer (§ 7 Satz 4 GewStG). Im Ergebnis sind damit die auf Kapitalgesellschaften als Mitunternehmer entfallenden Dividendeneinnahmen und Veräußerungsgewinne zu 95% von der Gewerbesteuer befreit. Die unterschiedliche gewerbesteuerliche Behandlung von Dividendeneinnahmen und Veräußerungsgewinnen in Abhängigkeit der Rechtsform der inländischen Spitzeneinheit lässt sich auch hier nicht rechtfertigen.
Ausländische Steuern, die bei der Ermittlung des Gewinns nach § 34c EStG zum Abzug gelangen, mindern auch die Ausgangsgröße für die Berechnung der Gewerbesteuer. Werden die den ausländischen Steuern zugrunde liegenden Beteiligungserträge nach § 9 Nr. 7 GewStG mit ihrem Bruttobetrag gekürzt, so sind die Steuerbeträge zur Vermeidung eines doppelten

---

[203] Zur gewerbesteuerlichen Behandlung von Beteiligungen unter 15% siehe 1. Kapitel, Abschnitt B II 1 b).
[204] Vgl. 1. Teil, 6. Kapitel.
[205] Vgl. BFH v. 29. 8. 1984, BStBl 1985 II, S. 160.
[206] Vgl. Dötsch, E./Jost, W. F./Pung, A./Witt, G., Körperschaftsteuer, § 8b KStG, Anm. 53.
[207] Vgl. Bogenschütz, E./Striegel, A., DB 2000, S. 2551.
[208] Zur gewerbesteuerlichen Behandlung von Beteiligungen unter 15% siehe 1. Kapitel, Abschnitt B II 1 b).

478   4. Teil. Besteuerung deutscher Investoren im Ausland

Abzugs jedoch nach § 8 Nr. 12 GewStG bei der Ermittlung des Gewerbeertrags wieder hinzuzuaddieren.

Bei Enkelkapitalgesellschaften kann die Kürzung anteilig vorgenommen werden, allerdings ist hier ein Antrag des Steuerpflichtigen notwendig.[209] Im Falle der **Pauschalierung** der Einkommen- oder Körperschaftsteuer kann auch für die Gewerbesteuer eine Pauschalierung beantragt werden (§ 15 GewStG), wobei dieser Alternative kaum praktische Bedeutung zukommt.[210] Die Behandlung von Verbindlichkeiten, die zum Erwerb einer Beteiligung an einer ausländischen Kapitalgesellschaft aufgenommen werden, und der mit den entsprechenden Beteiligungserträgen in einem Zusammenhang stehenden **Refinanzierungszinsen** sind abhängig von der gewerbesteuerlichen Behandlung der Beteiligungserträge:[211] Zinsen, die auf Schulden entfallen, die wirtschaftlich mit dem Erwerb einer wesentlichen Beteiligung an einer Kapitalgesellschaft unmittelbar zusammenhängen, mindern den Kürzungsbetrag, soweit sie bei der Ermittlung des Gewinns abgesetzt worden sind (§ 9 Nr. 7 Satz 2 GewStG). § 8 Nr. 1 GewStG findet in jenem Minderungsumfang auf diese Schuldzinsen keine Anwendung.[212] Aufgrund der unterschiedlichen Behandlung von Beteiligungserträgen im Rahmen der Einkommen- und Körperschaftsteuer hängt der den Kürzungsbetrag mindernde Teil von der Rechtsform der inländischen Muttergesellschaft ab:

– Bei einkommensteuerpflichtigen Gesellschaftern (Personengesellschaften mit natürlichen Personen als Gesellschaftern) sind die Refinanzierungszinsen bei der einkommensteuerlichen Gewinnermittlung nur zu 60% als Betriebsausgaben abzugsfähig (§ 3c Abs. 2 EStG), da die ausländischen Beteiligungserträge nach dem Teileinkünfteverfahren besteuert werden (§ 3 Nr. 40 EStG). Das teilweise Abzugsverbot i. H. v. 40% wirkt sich – wie auch die anteilmäßige Steuerbefreiung der Beteiligungserträge – nach § 7 Satz 1 GewSt auch auf die Gewerbesteuer aus. Infolgedessen wird der gewerbesteuerliche Kürzungsbetrag um die nicht-abgezogenen Zinsaufwendungen gemindert, so dass nur der Nettoertrag aus der ausländischen Beteiligung der gewerbesteuerlichen Kürzung unterliegt.[213] § 8 Nr. 1 GewStG findet für den den Kürzungsbetrag mindernden Teil keine Anwendung.

– Bei inländischen Kapitalgesellschaften gilt das pauschale Betriebsausgabenabzugsverbot des § 8b Abs. 5 KStG.[214] Da die Beteiligungserträge in voller Höhe steuerbefreit sind (§ 8b Abs. 1 KStG), unterbleibt eine gewerbesteuerliche Kürzung dieser Beteiligungserträge (das gilt auch für die sog.

---

[209] Vgl. zu den Erfordernissen im Einzelnen u. a. Lenski, G./Steinberg, W., Gewerbesteuergesetz, § 9 Nr. 7 GewStG, Anm. 12 ff. und 56 ff. Zu dem Erfordernis der Mindestbeteiligungsquote und einer Mindestbesitzdauer vgl. BFH v. 21. 8. 1996, BStBl 1997 II, S. 434.
[210] Vgl. Lenski, G./Steinberg, W., Gewerbesteuergesetz, § 15 GewStG, Anm. 3.
[211] Zur Behandlung bei unter 15%igen Auslandsbeteiligungen vgl. 1. Kapitel, Abschnitt B II 1 b).
[212] Vgl. Grotherr, S., RIW 2006, S. 911 f.; Blümich, W., Einkommensteuergesetz, § 9 GewStG, Anm. 184 ff.; Lenski, G./Steinberg, W., Gewerbesteuergesetz, § 8 Nr. 5 GewStG, Anm. 13 ff.
[213] Vgl. die Gesetzesbegründung in BT-Drs. 16/2712, S. 73.
[214] Kritisch hierzu Herrmann, C./Heuer, G./Raupach, A., Einkommensteuergesetz, § 8b KStG, Anm. 127.

3. Kapitel. Ausländische Kapitalgesellschaften 479

Kostenpauschale, § 9 Nr. 7 Satz 3 GewStG i. V. m. § 8 b Abs. 1 und 5 KStG) sowie folglich auch eine Minderung des Kürzungsbetrages. Allerdings sind die Schuldzinsen dem Gewerbeertrag i. H. v. 25% hinzuzurechnen (§ 8 Nr. 1 GewStG), so dass es im Ergebnis zu einer latenten Doppelerfassung der Zinsen kommt, soweit die 5%ige Kostenpauschale die tatsächlichen Aufwendungen übersteigt.

Beispiel: Eine inländische KG hält eine wesentliche Beteiligung an einer französischen S. A., die jährlich Dividenden i. H. v. 100 000 € ausschüttet. Zum Erwerb dieser Beteiligung wurden Verbindlichkeiten aufgenommen, die zu jährlichen Zinsaufwendungen i. H. v. 4000 € führen. Sind die Gesellschafter der KG einkommensteuerpflichtig, werden die Beteiligungserträge und -aufwendungen nur zu 60% berücksichtigt, also i. H. v. 60 000 € und 2400 €. Daraus folgt der Brutto-Kürzungsbetrag i. H. v. 60 000 €, der allerdings um die bei der Ermittlung des Gewinns abgezogenen Zinsaufwendungen i. H. v. 2400 € gemindert wird und somit zu einem Netto-Kürzungsbetrag i. H. v. 57 600 € führt. Da eine Hinzurechnung von Schuldzinsen gem. § 8 Nr. 1 GewStG in jenem Minderungsumfang unterbleibt, wirken sich weder die Beteiligungserträge noch die Refinanzierungszinsen auf den Gewerbeertrag aus. Sind die Gesellschafter der KG dagegen körperschaftsteuerpflichtig, führt lediglich die 5%ige Kostenpauschale zu nicht-abziehbaren Betriebsausgaben i. H. v. 5000 €; dem stehen die Zinsaufwendungen i. H. v. 4000 € gegenüber. Da die Beteiligungserträge bereits steuerbefreit sind, unterbleibt eine gewerbesteuerliche Kürzung. Allerdings führt dies dazu, dass 25% der Zinsaufwendungen (1000 €) gem. § 8 Nr. 1 GewStG hinzuzurechnen sind und im Ergebnis der Gewerbeertrag 5000 € + 1000 € ./. 4000 € = 2000 € beträgt.

Im Ergebnis kommt es zu einer ungleichen Behandlung von einkommensteuerpflichtigen und körperschaftsteuerpflichtigen Muttergesellschaften.[215] Die Vorteilhaftigkeit hängt dabei vom Verhältnis der Refinanzierungszinsen zu der 5%igen Kostenpauschale ab: Es kommt insoweit zu einer latenten Doppelerfassung der Zinsen, als die Kostenpauschale die tatsächlichen Aufwendungen übersteigt. Hierdurch sind körperschaftsteuerpflichtige gegenüber einkommensteuerpflichtigen Muttergesellschaften benachteiligt. Ist die Kostenpauschale dagegen geringer als die tatsächlichen Refinanzierungszinsen, werden körperschaftsteuerpflichtige Muttergesellschaften begünstigt.[216]

Hat eine einkommensteuerpflichtige inländische Muttergesellschaft eine **Teilwertabschreibung** auf die Beteiligung an der ausländischen Tochtergesellschaft vorgenommen, mindert sich die Bemessungsgrundlage der Gewerbesteuer entsprechend. Beruhen die Gewinnminderungen aber auf einer ausschüttungsbedingten Teilwertabschreibung und wird auf die Gewinnausschüttungen das gewerbesteuerliche Schachtelprivileg gem. § 9 Nr. 2 a, 7 oder 8 GewStG angewendet, so ist nach § 8 Nr. 10 GewStG wieder eine Hinzurechnung vorzunehmen. Mit dieser Norm wird die gleichzeitige Ausnutzung des Schachtelprivilegs und der ausschüttungsbedingten Gewinnminderung verhindert und damit die gewerbesteuerliche Einmalbelastung von Erfolgen sichergestellt.[217] Bei körperschaftsteuerpflichtigen Muttergesellschaften kommt es jedoch nicht zu einer Hinzurechnung gem. § 8 Nr. 10 GewStG, da Teilwertabschreibungen bereits bei der Körperschaftsteuer unberücksichtigt bleiben (§ 8 b Abs. 3 Satz 3 KStG). Im Hinblick auf verlustbedingte Teilwertabschrei-

---

[215] Vgl. Grotherr, S., RIW 2006, S. 912.
[216] Vgl. auch Grotherr, S., RIW 2006, S. 912.
[217] Vgl. Lenski, G./Steinberg, W., Gewerbesteuergesetz, § 8 Nr. 10 GewStG, Anm. 1 ff.; kritisch Herzig, N./Hötzel, O., DB 1988, S. 2265 ff.

bungen weisen einkommensteuerpflichtige Muttergesellschaften somit gewerbesteuerliche Vorteile auf.

Im Rahmen der **Durchgriffsbesteuerung** erhöhen die Einkünfte der Auslandsgesellschaft auch die Gewerbesteuer. Eine Kürzung der Einkünfte kommt ebensowenig in Betracht wie eine Berücksichtigung von Auslandssteuern.

Bei der **Hinzurechnungsbesteuerung** unterliegt der Hinzurechnungsbetrag im Nicht-DBA-Fall grundsätzlich der Gewerbesteuer, wenn die Auslandsbeteiligung einem Gewerbebetrieb zugehörig ist (§ 10 Abs. 2 Satz 2 AStG).[218] Da mit der Gewerbesteuer allerdings Mehrkosten einer inländischen Gemeinde ausgeglichen werden sollen, widerspricht eine Gewerbesteuerpflicht dem Äquivalenzprinzip und dem Inlandscharakter der Gewerbesteuer. Ein derartiges Vorgehen ist darüber hinaus europarechtlich bedenklich.[219]

Die zu einem späteren Zeitpunkt ausgeschütteten Dividenden werden im Ergebnis nicht in den Gewerbeertrag einbezogen, womit eine gewerbesteuerliche Doppelerfassung vermieden wird. Bei einkommensteuerpflichtigen Muttergesellschaften folgt dies unmittelbar aus § 8 Nr. 5 Satz 2 GewStG, der sich direkt auf das Einkommensteuergesetz bezieht. Die Finanzverwaltung[220] wendet diese Regelung auch auf körperschaftsteuerpflichtige Muttergesellschaften an. Hier wäre eine Klarstellung des Gesetzgebers wünschenswert.

2. Abkommensrecht

a) Einkommen- und Körperschaftsteuer

(1) Die Besteuerung im Gewinnfall

Aus der beschränkten Steuerpflicht im Ausland und der unbeschränkten Steuerpflicht im Inland resultieren **Doppelbesteuerungen** der ausgeschütteten Beteiligungserträge und der Leistungsentgelte bei den Gesellschaftern. Zusätzlich ergeben sich im Bereich der Beteiligungssphäre durch die gleichzeitige unbeschränkte Steuerpflicht der Gesellschaft (im Ausland) und der Gesellschafter (im Inland) **Doppelbelastungen.**

Für die den Gesellschaftern zustehenden Erträge aus dem **rechtsgeschäftlichen Leistungsaustausch** (z. B. Zinsen, Lizenzen) kommt es zur Anrechnung oder zum Abzug der ausländischen Quellensteuer, deren Höhe durch ein DBA begrenzt wird. Bezüglich der Maßnahmen zur Vermeidung der Doppelbesteuerung gilt das im Rahmen der Ausführungen zum nationalen Recht Gesagte analog. Entsprechendes gilt im Grundsatz für die Maßnahmen zur Vermeidung bzw. Milderung der im Bereich der **Beteiligungssphäre** entstehenden internationalen Doppelbesteuerungen sowie Doppelbelastungen.

Handelt es sich bei dem inländischen Gesellschafter um eine einkommensteuerpflichtige Muttergesellschaft (Einzelunternehmer, Personengesellschaft mit natürlichen Personen als Gesellschafter), so gehören die **Dividendenbe-**

---
[218] Vgl. die Gesetzesbegründung in BT-Drs. 14/6882, S. 43.
[219] Vgl. Schön, W., DB 2001, S. 947; Rödder, T./Schumacher, A., DStR 2002, S. 112; Rödder, T., IStR 2009, S. 873 ff.; Kraft, G., Außensteuergesetz, § 10 AStG, Rz. 355 ff. m. w. N.
[220] Vgl. R 32 Abs. 1 Nr. 1 KStR; Blümich, W., Einkommensteuergesetz, § 10 AStG, Anm. 21 q m. w. N.; Kraft, G., Außensteuergesetz, § 10 AStG, Rz. 394 f. m. w. N.

3. Kapitel. Ausländische Kapitalgesellschaften

züge aus dem Ausland zu den Einkünften aus Gewerbebetrieb und werden infolge des Teileinkünfteverfahrens nur zu 60% steuerlich erfasst (§ 3 Nr. 40 EStG). Dabei wird die ausländische Quellensteuer[221] auf die inländische Einkommensteuer der Gesellschafter voll angerechnet oder zu 60% abgezogen (§ 34c Abs. 6 EStG). In Abkommen mit Entwicklungsländern wird teilweise auch die fiktive Steueranrechnung ermöglicht, so dass bei der Wohnsitzbesteuerung des inländischen Gesellschafters ein höherer Steuerbetrag zur Anrechnung gelangt, als im Domizilstaat tatsächlich entrichtet wurde. Ein Abzug ausländischer Steuern, die nach einem DBA als gezahlt gelten, also der fiktiven Steuern, ist jedoch nicht zulässig (§ 34c Abs. 6 Satz 2 EStG).

Handelt es sich bei dem inländischen Gesellschafter um eine Kapitalgesellschaft, ergeben sich aufgrund des körperschaftsteuerlichen Beteiligungsprivilegs (§ 8b Abs. 1 KStG) ebenfalls keine grundlegenden Unterschiede zum nationalen Recht. Allerdings enthalten die DBA eigenständige Vorschriften. Diese werden im Folgenden dargestellt und es wird das Verhältnis zum nationalen Beteiligungsprivileg erörtert.

Im Abkommensrecht ist zwischen Beteiligungen unter 25% (in einigen DBA auch unter 10%) am Nennkapital einer Kapitalgesellschaft und sog. Schachtelbeteiligungen zu unterscheiden. Für Schachtelbeteiligungserträge gewähren die DBA – von wenigen Ausnahmen abgesehen[222] – das sog. **internationale Schachtelprivileg** (Freistellungsmethode). Damit wird sowohl bei offenen als auch bei verdeckten Gewinnausschüttungen die Doppelbelastung vermieden. Lediglich bezüglich der im Ausland erhobenen Kapitalertragsteuer verbleibt eine Definitivbelastung, da eine Anrechnung dieser Quellensteuer auf die deutsche Körperschaftsteuer nicht möglich ist.

Die Voraussetzungen für das DBA-Schachtelprivileg sind in den einzelnen Verträgen uneinheitlich geregelt.[223] Dies gilt zunächst für die Bezugsgröße der Beteiligungsquote, nämlich stimmberechtigte Anteile oder Kapitalanteile. Die Mehrzahl der DBA knüpft das Schachtelprivileg an die Kapitalanteile. Bedeutsamer ist jedoch die in der überwiegenden Zahl der Abkommen festgeschriebene Steuerfreistellung vorbehaltlich aktiver Einkünfte der Tochterkapitalgesellschaft (sog. **Aktivitätsvorbehalt**). Die Qualifikation dieses Tätigkeitsmerkmals variiert hierbei innerhalb des Abkommensrechts und auch gegenüber den beim unilateralen Recht relevanten Merkmalen (§ 8 AStG). Dagegen besteht z.T. dadurch weitestgehende Identität zwischen nationalem Recht und DBA-Recht, dass in den Abkommen auf § 8 Abs. 1 Nr. 1–6 AStG verwiesen wird (u.a. in den DBA mit Estland, Kanada, Polen, der Russischen Föderation und der Schweiz). Ansonsten definieren die DBA den Rahmen der aktiven Erwerbsentfaltung regelmäßig enger als das nationale Recht.[224]

---

[221] Vgl. hierzu Abschnitt B I 2b).
[222] Z.B. DBA-Griechenland (Art. VI i. V. m. Art. XVII Abs. 2) sowie die DBA mit einigen Nachfolgestaaten der Sowjetunion.
[223] Zu den Anwendungsvoraussetzungen des internationalen Schachtelprivilegs im DBA-USA vgl. Endres, D./Jacob, F./Gohr, M./Klein, M., Kommentar DBA-USA, Art. 10, Rz. 65 ff. Zu den Voraussetzungen einer weiteren Reduzierung der Quellensteuer auf 0% durch die Revision des DBA-USA v. 1. 6. 2006 vgl. Endres, D./Wolff, U., IStR 2006, S. 721 ff.; Endres, D./Jacob, F./Gohr, M./Klein, M., Kommentar DBA-USA, Art. 10, Rz. 92 ff.
[224] Vgl. zum Aktivitätsvorbehalt auch Kaminski, B., StuW 2007, S. 275 ff.; Vogel, K./Lehner, M., DBA-Kommentar, Art. 23, Anm. 74 ff.

4. Teil. Besteuerung deutscher Investoren im Ausland

Unabhängig von dem im jeweiligen Abkommen begünstigten Personenkreis gewährt die deutsche Finanzverwaltung das DBA-Schachtelprivileg grundsätzlich allen unbeschränkt steuerpflichtigen Körperschaften, Personenvereinigungen oder Vermögensmassen, die sich in unternehmerischer Weise an einer ausländischen Kapitalgesellschaft beteiligen und bei denen im Falle einer Ausschüttung die Einmalbesteuerung im Inland sichergestellt ist. Stiftungen, deren Zuwendungen bei den Destinatären nicht der Besteuerung unterliegen, erfüllen diese Voraussetzungen nicht und sind deshalb von der Inanspruchnahme der abkommensrechtlichen Schachtelvergünstigung ausgeschlossen. Sie können allerdings das nationale Beteiligungsprivileg (§ 8 b Abs. 1 KStG) in Anspruch nehmen.[225] Handelt es sich bei der deutschen Muttergesellschaft um eine Organgesellschaft, kann das internationale Schachtelprivileg vom Organträger nur dann in Anspruch genommen werden, wenn auch er die notwendigen persönlichen Voraussetzungen erfüllt, d. h. der Organträger muss ebenfalls eine inländische Kapitalgesellschaft sein.

Für die Befreiung der Dividenden verlangen die DBA analog zum körperschaftsteuerlichen Beteiligungsprivileg (§ 8 b Abs. 1 KStG) **keine besondere Mindestbesitzdauer**. Die Schachtelbeteiligung muss lediglich im Zeitpunkt des Gewinnverwendungsbeschlusses bestanden haben. Bei der Schachtelbeteiligung an der ausländischen Tochterkapitalgesellschaft muss es sich allerdings um eine **unmittelbare Beteiligung** handeln.[226] Bei mittelbaren Beteiligungen über zwischengeschaltete juristische Personen wird das internationale Schachtelprivileg nicht gewährt. Wird die Schachtelbeteiligung über eine ebenfalls in Deutschland ansässige Personengesellschaft gehalten, können Kapitalgesellschaften als Gesellschafter der Personengesellschaft für ausländische Schachtelbeteiligungserträge, die der Personengesellschaft zufließen, demnach nicht die Freistellungsmethode anwenden, da das Unmittelbarkeitserfordernis nicht erfüllt ist.[227]

Beispiel: An einer deutschen GmbH & Co. KG ist unter anderem die X-GmbH als Komplementär beteiligt. Die GmbH & Co. KG hält 100% der Anteile an einer britischen Ltd. Auf Gewinnausschüttungen der Ltd. kann die Komplementär-GmbH nicht das internationale Schachtelprivileg gemäß Art. XVIII Abs. 2 Buchstabe a DBA-Großbritannien anwenden.

Unabhängig von den abkommensrechtlichen Bestimmungen kommt jedoch das nationale Beteiligungsprivileg des § 8 b Abs. 1 KStG zur Anwendung, ohne dass eine der im Rahmen der DBA genannten Bedingungen erfüllt sein muss. Die Steuerbefreiung erfordert demnach weder eine bestimmte Beteiligungsquote noch das Vorliegen einer aktiven Tätigkeit und wird auch für mittelbar über Mitunternehmerschaften gehaltene Beteiligungen gewährt (§ 8 b Abs. 6 KStG). Bei passiver Tätigkeit und niedriger Besteuerung (weniger als 25%) kommt es jedoch ggf. zur Hinzurechnungs-

---

[225] Vgl. BMF-Schreiben v. 12. 5. 1989, RIW 1989, S. 501; Orth, M., DStR 2001, S. 327.
[226] Vgl. Schaumburg, H., Steuerrecht, 1998, S. 716; Vogel, K./Lehner, M., DBA-Kommentar, Art. 23, Anm. 98.
[227] Vgl. Wassermeyer, F., Podiumsdiskussion, 1997, S. 238; Schaumburg, H., Steuerrecht, 1998, S. 716; Vogel, K./Lehner, M., DBA-Kommentar, Art. 23, Anm. 98. A. A. jedoch Debatin, H./Wassermeyer, F., Doppelbesteuerung, Art. 23 A, Anm. 55.

besteuerung gem. §§ 7 ff. AStG. Obwohl das in den DBA verankerte Schachtelprivileg somit durch die Regelung des § 8 b Abs. 1 KStG an Bedeutung verliert, bleibt es dennoch insbesondere in den Fällen relevant, in denen der Dividendenbegriff des § 8 b Abs. 1 KStG enger gefasst ist als der Dividendenbegriff des entsprechenden DBA. Die Steuerfreistellung gem. § 8 b Abs. 1 KStG erfasst bspw. nicht die Einnahmen eines typischen stillen Gesellschafters, wohingegen sich der Dividendenbegriff einiger deutscher DBA auch auf diese Einnahmen erstreckt.[228] Unabhängig davon, ob das nationale oder das internationale Schachtelprivileg zur Anwendung kommt, gelten gem. § 8 b Abs. 5 KStG 5% der zugeflossenen Dividenden als Ausgaben, die nicht als Betriebsausgaben abgezogen werden dürfen.[229]

(2) Die Besteuerung im Verlustfall

Verluste der ausländischen Tochterkapitalgesellschaft sind aufgrund des Trennungsprinzips lediglich im Rahmen der unbeschränkten Steuerpflicht der Gesellschaft durch einen Verlustvortrag bzw. -rücktrag kompensierbar. Im Inland kann der Verlust der Auslandsgesellschaft in bestimmten Fällen durch **Teilwertabschreibungen** auf die Beteiligungen der Gesellschafter Berücksichtigung finden. In diesem Fall gelten die für das nationale Recht aufgezeigten Grundsätze.[230] Innerhalb der EU sind im Konzernsachverhalt aufgrund der vom EuGH entschiedenen Rs. Marks & Spencer in Organschaftsfällen zumindest definitive Verluste im Inland zu berücksichtigen.[231]

(3) Besteuerungswirkungen bei Basisgesellschaften

(a) Durchgriffsbesteuerung

Die Nichtanerkennung der steuerlichen Eigenständigkeit der Auslandsgesellschaft nach den §§ 39, 41 und 42 AO führt zur **Versagung der Abkommensberechtigung** aus deutscher Sicht. Ob der Basisgesellschaft die Inanspruchnahme des Abkommensschutzes aus der Sicht der entsprechenden Domizilstaaten ebenfalls untersagt ist, hängt von deren nationalen Regelungen ab. Für in der Schweiz ansässige Basisgesellschaften ist bspw. Folgendes zu beachten: Nach dem schweizerischen Bundesratsbeschluss vom 14. Dezember 1962 kann eine in der Schweiz ansässige Gesellschaft die Vorteile des schweizerischen DBA-Netzes nicht beanspruchen, wenn wesentliche Teile der abkommensbegünstigten Beträge Personen zukommen, welche nicht in der Schweiz ansässig sind. In der Praxis realisiert sich ein solcher Abkommensmissbrauch nicht nur bei sog. Durchlaufgesellschaften, sondern auch bei Thesaurierungsgesellschaften. Im Falle einer treuhänderischen Einschaltung einer schweizerischen Gesellschaft entfällt der Anspruch auf Anwendung des schweizerischen Abkommensnetzes völlig. In einzelnen Abkommen mit der Schweiz werden noch zusätzliche Voraussetzungen für die Nutzung des jeweiligen DBA normiert, wie z. B. der Tatbestand der normalen Besteuerung (d. h. Wegfall von Holdingprivilegien).

---

[228] Vgl. 1. Teil, 4. Kapitel, Abschnitt D.
[229] Vgl. Gosch, D., Schachtelbesitz, 2010, S. 85 ff. A. A. Hageböke, J., IStR 2009, S. 473 ff.; Schönfeld, J., IStR 2010, S. 658 ff.
[230] Vgl. Abschnitt B II 1 a) (2).
[231] Vgl. EuGH v. 13. 12. 2005 (Marks & Spencer), EuGHE 2005, S. I-10 837; sowie Abschnitt B II 1 a) (2).

Die missbräuchliche Inanspruchnahme einer Basisgesellschaft kann somit zur Versagung der Abkommensberechtigung im In- und Ausland führen. Im Falle eines fehlenden ausländischen Missbrauchstatbestandes bzw. bei unterschiedlicher Beurteilung nationaler Missbrauchstatbestände kann eine Basisgesellschaft für Zwecke der Besteuerung im Ausland jedoch die Abkommen des Standortstaates beanspruchen, ohne allerdings für die Inlandsbesteuerung (in Deutschland) die inländischen Abkommen beanspruchen zu können. Für die Besteuerung des inländischen Gesellschafters im Inland gelten dann die für den Nicht-DBA-Fall schon dargelegten Regelungen.[232]

(b) Hinzurechnungsbesteuerung

In Bezug auf die Hinzurechnungsbesteuerung ergeben sich gegenüber dem nationalen Recht[233] durch den Abschluss eines DBA keine Abweichungen: Sowohl für Zwischeneinkünfte ohne als auch für solche mit Kapitalanlagecharakter[234] können keine Abkommensvergünstigungen in Anspruch genommen werden. Folglich finden die in einem DBA für tatsächliche Ausschüttungen vereinbarten Maßnahmen zur Vermeidung der Doppelbesteuerung keine Anwendung auf den Hinzurechnungsbetrag. Insbesondere das in vielen DBA enthaltene internationale Schachtelprivileg greift somit nicht. Im Ergebnis kommt es damit bei Vorliegen von passiven Zwischeneinkünften regelmäßig zu einer inländischen Steuerpflicht trotz abkommensmäßiger Freistellung etwaiger Gewinnausschüttungen. Dies stellt eine u. E. nicht zu rechtfertigende wesentliche Verschärfung der Hinzurechnungsbesteuerung dar.

Wird die Auslandsbeteiligung über eine ausländische Betriebsstätte des Steuerinländers gehalten und erzielt die Betriebsstätte aus dieser Beteiligung Einkünfte, die als Zwischeneinkünfte (mit oder ohne Kapitalanlagecharakter) einer ausländischen Gesellschaft steuerpflichtig wären, so wird insoweit anstelle einer abkommensmäßigen Freistellung des Betriebsstättengewinns unilateral nur die Anrechnung ausländischer Steuern gewährt (§ 20 Abs. 2 AStG).[235] Auch dies stellt eine Verschärfung dar, die sich u. E. nicht rechtfertigen lässt, wenngleich nach Ansicht des EuGH – aber entgegen der BFH-Rechtsprechung – keine Verletzung des EU-Rechts vorliegt.[236]

b) Gewerbesteuer

Bei der Gewerbesteuer ergeben sich in Bezug auf die Beteiligung an einer ausländischen Kapitalgesellschaft grundsätzlich keine Abweichungen zwischen DBA- und Nicht-DBA-Fall. Bei Beteiligungen von 15% oder darüber

---

[232] Vgl. Abschnitt B II 1 (3) (a).
[233] Vgl. Abschnitt B II 1 (3) (b).
[234] Zur Definition vgl. Abschnitt A I 2 c).
[235] Hiervon sollen nach dem JStG-E 2010 jedoch solche Einkünfte ausgenommen werden, die allein aufgrund des Mitwirkungstatbestands in § 8 Abs. 1 Nr. 5 Buchstabe a) AStG als Zwischeneinkünfte steuerpflichtig wären. Vgl. BT-Drs. 17/2249, S. 24.
[236] Vgl. EuGH v. 6. 12. 2007 (Columbus Container), IStR 2007, S. 63; Sydow, S., IStR 2010, S. 174 ff.; a. A. BFH v. 21. 10. 2009, IStR 2010, S. 63; FG Münster v. 5. 7. 2005, EFG 2005, S. 1512; sowie GA Mengozzi, P., Schlussantrag v. 29. 3. 2007 (Columbus Container), IStR 2007, S. 299; Brocke, K. von/Hackemann, T., IStR 2010, S. 368 ff. Siehe auch 2. Kapitel, Abschnitt B II 2 a) (1).

kommt das gewerbesteuerliche Schachtelprivileg (§ 9 Nr. 7 GewStG) zur Anwendung, so dass keine Gewerbesteuer anfällt. In diesem Fall gilt für körperschaftsteuerpflichtige Muttergesellschaften, dass die Beteiligungserträge ohnehin bereits aufgrund des **DBA-Schachtelprivilegs** oder des nationalen Beteiligungsprivilegs (§ 8 b Abs. 1 KStG) bei der Ermittlung des Gewerbeertrags außer Ansatz bleiben. Dabei ist zu beachten, dass die DBA-Schachtelprivilegien eventuell einen weiteren Anwendungsbereich als das gewerbesteuerliche Schachtelprivileg besitzen (z. B. fehlende Aktivitätsklausel, keine Haltefrist).[237]

Bei fremdfinanziertem Erwerb wesentlicher Beteiligungen ergeben sich hinsichtlich der **Refinanzierungszinsen** keine Unterschiede zum Nicht-DBA-Fall. Diese Zinsen mindern den Kürzungsbetrag entsprechender Beteiligungserträge insoweit, als sie bei der Ermittlung des Gewinns abgesetzt worden sind. In jenem Minderungsumfang erfolgt keine 25%ige Hinzurechnung nach § 8 Nr. 1 GewStG (§ 9 Nr. 7 Satz 2 GewStG).[238]

Auch bei der **Durchgriffsbesteuerung** und der **Hinzurechnungsbesteuerung** bestehen in Bezug auf die Gewerbesteuer zwischen DBA und Nicht-DBA-Fall keine Unterschiede.[239] Der Hinzurechnungsbetrag unterliegt damit grundsätzlich der Gewerbesteuer, sofern die inländische Muttergesellschaft einen Gewerbebetrieb betreibt. Wird die Auslandsbeteiligung allerdings über eine ausländische Betriebsstätte des Steuerinländers gehalten und erzielt die Betriebsstätte aus dieser Beteiligung Einkünfte, die als Zwischeneinkünfte einer ausländischen Gesellschaft steuerpflichtig wären, so dass nach § 20 Abs. 2 AStG anstelle einer abkommensmäßigen Freistellung des Betriebsstättengewinns unilateral – wie bereits im Nicht-DBA-Fall – nur die Anrechnung ausländischer Steuern gewährt wird, unterliegen die Betriebsstätteneinkünfte aufgrund der Kürzungsvorschrift des § 9 Nr. 3 GewStG nicht der Gewerbesteuer.[240] Diese Ungleichbehandlung von Betriebsstätten und Tochterkapitalgesellschaften in Bezug auf die gewerbesteuerliche Behandlung der Zwischeneinkünfte ist systematisch nicht zu rechtfertigen.[241]

III. Tabellarische Übersicht über die Ergebnisse

Die nachfolgenden Übersichten zeigen nochmals das Besteuerungsmodell des internationalen Konzerns. Im Einzelnen werden dargestellt:
- Die wichtigsten Determinanten der Steuerbelastung im internationalen Konzern (Tabelle 25);
- Personensteuerbelastung im internationalen Konzern (Tabelle 26);
- Maßnahmen zur Vermeidung oder Milderung der Doppelbesteuerung im Rahmen der unbeschränkten Steuerpflicht der Muttergesellschaft (Tabelle 27);
- Gewerbesteuerbelastung im internationalen Konzern (Tabelle 28).

---

[237] Vgl. z. B. BFH v. 23. 6. 2010, DStR 2010, S. 1665. Siehe hierzu auch Schönfeld, J., IStR 2010, S. 658 ff.
[238] Vgl. dazu Abschnitt B II 1 b).
[239] Vgl. dazu Abschnitt B II 1 b).
[240] Vgl. Sieker, K., IStR 2003, S. 79; Köhler, S., DStR 2003, S. 1159.
[241] So auch Lüdicke, J., IStR 2003, S. 439.

Tabelle 25: Die wichtigsten Determinanten der Steuerbelastung im internationalen Konzern

Besteuerungssystem des Auslandes	Entwicklungsstufe des Domizilstaates	Domizilstaat der ausländischen Grundeinheit	Sachziel der ausländischen Grundeinheit	Ausschüttungsverhalten der ausländischen Grundeinheit	Bestehen oder Nichtbestehen eines DBA	Rechtsform der inländischen Spitzeneinheit	Beteiligungsquote der inländischen Spitzeneinheit	Erfolgssituation von Grund- und Spitzeneinheit
Das Besteuerungssystem des Auslandes bestimmt Umfang und Höhe der Auslandssteuer.	Bei Investitionen in Entwicklungsländern finden im Inland Spezialvorschriften Anwendung (z. B. fiktive Anrechnung gemäß DBA).	Ausschüttungen sowie Zins- und Lizenzzahlungen von Grundeinheiten bestimmter Gesellschaftsformen mit Ansässigkeit in EU-Mitgliedstaaten sind quellensteuerfrei.	*aktive Tätigkeit* Gewährung der Schachtelvergünstigung für Betelligungserträge (nationales und DBA-Schachtelprivileg). *passive Tätigkeit* u. U. Verneinung der Eigenständigkeit der ausländischen Kapitalgesellschaft im Inland (Durchgriff) oder Hinzurechnung der Gewinne der ausländischen Kapitalgesellschaft beim Gesellschafter (Hinzurechnungsbesteuerung).	*Thesaurierung* Einkünfte unterliegen ausschließlich dem Auslandssteuerniveau (unbeschränkte Steuerpflicht der ausländischen Grundeinheit). *Ausschüttung* Die Ausschüttungen unterliegen sowohl bei der ausländischen Grundeinheit als auch bei der inländischen Spitzeneinheit der Besteuerung.	*Domizilstaat* Das Bestehen oder Nichtbestehen eines DBA entscheidet über die Höhe der Quellenbesteuerung der Spitzeneinheit. *Wohnsitzstaat* Im Nicht-DBA-Fall finden die unilateralen Methoden zur Vermeidung der Doppelbesteuerung Anwendung, im DBA-Fall die abkommensrechtlichen.	Bestimmte Schachtelvergünstigungen im DBA- und Nicht-DBA-Fall können nur in Anspruch genommen werden, wenn die inländische Spitzeneinheit die Rechtsform einer Kapitalgesellschaft hat.	Voraussetzung für die Inanspruchnahme von Schachtelvergünstigungen im Abkommensrecht ist eine Beteiligungsquote von i. d. R. 10% bzw. 25%.	Die Erfolgssituation bestimmt die inländische Steuerbelastung, insbesondere das Anrechnungspotenzial; u. U. finden Verlustverrechnungsbeschränkungen für Verluste aus schuldrechtlichen Leistungsbeziehungen Anwendung (z. B. nach § 2 a EStG).

3. Kapitel. Ausländische Kapitalgesellschaften   487

Tabelle 26: Personensteuerbelastung im internationalen Konzern

Anerkennung der eigenständigen Steuerrechtssubjektivität der Grundeinheit im In- und Ausland (Trennungsprinzip)								
Besteuerung der ausländischen Tochterkapitalgesellschaft				Besteuerung der inländischen Muttergesellschaft				
Domizilstaat der Tochterkapitalgesellschaft		Domizilstaat der inländischen Muttergesellschaft		Domizilstaat der Tochterkapitalgesellschaft			Domizilstaat der Muttergesellschaft	
nationales Recht	Abkommensrecht	nationales Recht		nationales Recht		Abkommensrecht	nationales Recht	Abkommensrecht
Steuersubjekt: Ausländische Tochtergesellschaft im Rahmen ihrer unbeschränkten Steuerpflicht als eigenständiges Steuersubjekt. *Steuerobjekt:* Welteinkommen und eventuell Weltvermögen.[1]		Grundsätzlich[2] keine Erfassung der Einkünfte der Tochterkapitalgesellschaft im Domizilstaat der Muttergesellschaft (Trennungsprinzip).		Beteiligungssphäre	Lieferungs- und Leistungssphäre	Beteiligungssphäre	Lieferungs- und Leistungssphäre	*Steuersubjekt:* inländische Muttergesellschaft im Rahmen ihrer *unbeschränkten* Steuerpflicht (Zuflussprinzip). *Steuerobjekt:*[5] Lieferungs- und Leistungsentgelte, Dividenden der ausländischen Tochterkapitalgesellschaft. Maßnahmen zur Vermeidung der Doppelbesteuerung siehe Tabelle 27.
				Steuersubjekt: Muttergesellschaft im Rahmen der *beschränkten* Steuerpflicht. *Steuerobjekt:* Dividenden der Tochterkapitalgesellschaft (Kapitalertragsteuer);[3] eventuell VSt auf Beteiligungswert.	Eventuell Quellensteuern auf Lieferungs- und Leistungsentgelte[4] sowie VSt auf die zugrunde liegenden Vermögenswerte nach Maßgabe des nationalen Rechts.	Senkung der Quellensteuer nach Maßgabe der Abkommensregelungen. Bei Schachtelbeteiligungen von Muttergesellschaften besonders reduzierte Quellensteuersätze (Art. 10 OECD-Modell).[3] VSt-Freistellung des Beteiligungswerts (Art. 22 OECD-Modell).	Senkung der Quellensteuersätze nach Maßgabe der Abkommensregelungen;[4] eventuell VSt-Freistellung der zugrunde liegenden Vermögenswerte (Art. 22 OECD-Modell).	

[1] Ermittelt nach ausländischen Vorschriften.
[2] Ohne Berücksichtigung der Durchgriffsbesteuerung (§ 42 AO) sowie der Zugriffsbesteuerung (§§ 7–14 AStG).
[3] Soweit nicht durch Umsetzung der Mutter-Tochterrichtlinie in nationales Recht eine Quellensteuerbefreiung erfolgt.
[4] Soweit nicht durch Umsetzung der Zins- und Lizenzgebührenrichtlinie in nationales Recht eine Quellensteuerbefreiung erfolgt.
[5] Ermittelt nach inländischen Vorschriften.

Tabelle 27: Maßnahmen zur Vermeidung oder Milderung der Doppelbesteuerung im Rahmen der unbeschränkten Steuerpflicht der Muttergesellschaft

Lieferungs- und Leistungssphäre	Beteiligungssphäre			
nationales Recht/Abkommensrecht	nationales Recht		Abkommensrecht	
ESt/KSt	ESt	KSt	ESt	KSt
– Anwendung der Anrechnungsmethode bei PersG/EUR § 34 c Abs. 1 EStG, bei KapG § 26 Abs. 1 KStG – Wahlrecht für Abzugsmethode bei PersG/EUR § 34 c Abs. 2 EStG, bei KapG § 26 Abs. 6 KStG i. V. m. § 34 c Abs. 2 EStG – Wahlrecht für Pauschalierung bei PersG/EUR § 34 c Abs. 5 EStG	Dividenden: Anwendung des Teileinkünfteverfahrens bei Beteiligung im Betriebsvermögen (§ 3 Nr. 40 EStG) Quellensteuer auf Dividende: – Anwendung der Anrechnungsmethode § 34 c Abs. 1 EStG – Wahlrecht für Abzugsmethode § 34 c Abs. 2 EStG – Wahlrecht für Pauschalierung § 34 c Abs. 5 EStG	Dividenden: – Anwendung der Freistellungsmethode (§ 8 b Abs. 1 KStG) – Besteuerung einer Kostenpauschale von 5% (§ 8 b Abs. 5 KStG) – Quellensteuer auf Dividende: Durch Freistellung der Dividende kann die ausländische Kapitalertragsteuer weder angerechnet noch abgezogen werden.	Dividenden: Anwendung des Teileinkünfteverfahrens bei Beteiligung im Betriebsvermögen (§ 3 Nr. 40 EStG) Quellensteuer auf Dividende: – Anwendung der Anrechnungsmethode § 34 c Abs. 1 EStG – Wahlrecht für Abzugsmethode § 34 c Abs. 2 EStG – Wahlrecht für Pauschalierung § 34 c Abs. 5 EStG	Dividenden: – Anwendung der Freistellungsmethode nach nationalem Recht (§ 8 b Abs. 1 KStG) – Anwendung der Freistellungsmethode gemäß DBA, falls weiterer Anwendungsbereich als nationales Schachtelprivileg – Besteuerung einer Kostenpauschale von 5% (§ 8 b Abs. 5 KStG) Quellensteuer auf Dividende: Durch Freistellung der Dividende kann die ausländische Kapitalertragsteuer weder angerechnet noch abgezogen werden.

Tabelle 28: Gewerbesteuerbelastung im internationalen Konzern

Domizilstaat der Tochterkapitalgesellschaft (Ausland)	Domizilstaat der Muttergesellschaft (Inland)					
	Nationales Recht			Abkommensrecht		
	Lieferungs- und Leistungssphäre	Beteiligungssphäre		Lieferungs- und Leistungssphäre	Beteiligungssphäre	
		Beteiligung < 15%	Beteiligung ≥ 15%		Beteiligung < 15%	Beteiligung < 15%
Erfassung von Gewerbeertrag¹, Gewerbekapital¹ oder anderen Bemessungsgrundlagen der ausländischen TochterKapG, sofern im Ausland eine Gewerbesteuer erhoben wird.	Entgelte aus den Lieferungs- und Leistungsbeziehungen unterliegen der GewSt.²	Dividenden unterliegen bei PersG/EUR und bei KapG vollständig der GewSt (§ 8 Nr. 5 GewStG).	Dividenden werden bei PersG/EUR aus dem Gewerbeertrag gekürzt (§ 9 Nr. 7 GewStG); bei KapG sind sie steuerfrei nach nationalem körperschaftsteuerlichen Beteiligungsprivileg (§ 8b Abs. 1 KStG) bis auf 5% nichtabzugsfähige Betriebsausgaben (§ 8b Abs. 5 KStG).	Entgelte aus den Lieferungs- und Leistungsbeziehungen unterliegen der GewSt.²	Dividenden unterliegen bei PersG/EUR und bei KapG vollständig der GewSt (§ 8 Nr. 5 GewStG).	Dividenden werden bei PersG/EUR aus dem Gewerbeertrag gekürzt (§ 9 Nr. 7 GewStG); bei KapG sind sie steuerfrei nach nationalem körperschaftsteuerlichen Beteiligungsprivileg (§ 8b Abs. 1 KStG) oder DBA-Schachtelprivileg bis auf 5% nichtabzugsfähige Betriebsausgaben (§ 8b Abs. 5 KStG).

[1] Ermittelt nach ausländischen Vorschriften.
[2] Ermittelt nach inländischen Vorschriften.

4. Kapitel. Besteuerung von ausländischen Personengesellschaften inländischer Investoren

Personengesellschaften sind Vereinigungen, in denen die Mitglieder einen gemeinsamen wirtschaftlichen Zweck erreichen wollen und dabei auf die gegenseitige, meist persönliche Unterstützung vertrauen. Die Mitgliedschaft in einer Personengesellschaft ist dementsprechend auf den einzelnen Gesellschafter zugeschnitten. Der Gesellschafter haftet persönlich für Gesellschaftsschulden und ist selbst Träger gemeinschaftlicher Rechte und Pflichten. Die Personengesellschaft als solche besitzt keine umfassende, sondern eine auf Teilbereiche beschränkte Rechtsfähigkeit.

Die deutschen Grundformen der Personengesellschaft sind zugleich in fast allen Staaten verbreitet. Eine einheitliche Wertung dieser Unternehmensform erfolgt weder zivil- noch steuerrechtlich. Demnach hängen die in- und ausländischen Steuerwirkungen entscheidend von der Behandlung der Personengesellschaft sowohl im Sitzstaat der Personengesellschaft als auch im Wohnsitzstaat der Gesellschafter ab. Es besteht ebenso wie im Zivilrecht einerseits die Möglichkeit, die Gesellschaft als Steuersubjekt anzuerkennen, d. h. sie und ihre Gesellschafter entsprechend der für Kapitalgesellschaften bestehenden Regelungen zu besteuern (**Kapitalgesellschaftskonzept**). Andererseits kann die Gesellschaft als transparent angesehen werden, d. h. dass im Rahmen der Besteuerung nicht auf die Gesellschaft, sondern auf ihre Gesellschafter selbst zurückgegriffen wird (**Transparenzprinzip**).[1] Die Zwischenstellung der Personengesellschaft, also dass keine oder nur eine partielle Rechtsfähigkeit im Steuerrecht anerkannt wird (so bspw. in Deutschland), wird dabei im Rahmen der Besteuerung zur Kernproblematik.

A. Qualifikationsproblematik bei ausländischen Personengesellschaften

Qualifikationsprobleme stellen sich bei Personengesellschaften in zweifacher Weise: Zum einen geht es um die Qualifikation der nach ausländischem Recht errichteten Gesellschaft, d. h. um die Frage, ob die ausländische Personengesellschaft nach nationalem Steuer- und bilateralem Abkommensrecht als Mitunternehmerschaft oder als Kapitalgesellschaft zu behandeln ist (**Subjektqualifikation**). Zum anderen geht es um die Qualifikation der Einkünfte, die ein inländischer Mitunternehmer von seiner ausländischen Personengesellschaft bezieht, wobei die Frage, ob diese Einkünfte auf Abkommensebene als gewerblicher Gewinn oder als Dividenden, Zinsen oder Lizenzgebühren anzusehen sind, von besonderer Bedeutung ist (**Objektqualifikation**).

I. Die Qualifikation der Gesellschaft (Steuersubjektqualifikation)

Gegenstand der Subjektqualifikation ist die Frage, inwieweit das inländische Einkommen- und Körperschaftsteuerrecht ausländische Zivilrechtsgebilde, an denen in Deutschland ansässige Gesellschafter beteiligt sind, als eigenständige

---

[1] Vgl. ausführlich hierzu 2. Teil, 2. Kapitel, Abschnitt A.

4. Kapitel. Ausländische Personengesellschaften

Steuersubjekte anerkennt. Die Beantwortung dieser Frage ist für die steuerrechtliche Stellung der inländischen Gesellschafter ausschlaggebend. Wird das ausländische Wirtschaftsgebilde in der **Wertung des deutschen Steuerrechts** als eigenständig angesehen, so hat der Steuerpflichtige grundsätzlich die Stellung eines **Teilhabers einer Kapitalgesellschaft**. Wird das ausländische Wirtschaftsgebilde in der Wertung des deutschen Steuerrechts dagegen als Personengesellschaft qualifiziert, so ist der Steuerpflichtige – sofern er nach inländischem Recht die Kriterien des Mitunternehmerbegriffs (Unternehmerrisiko, Unternehmerinitiative) erfüllt – als **Mitunternehmer einer ausländischen Personengesellschaft** (Mitunternehmerschaft) zu behandeln.

1. Nationales Recht

a) Zur Methodik der Qualifikation (Rechtstypenvergleich)

Bei der Beantwortung der Frage, ob das ausländische Wirtschaftsgebilde der Besteuerungskonzeption von Personengesellschaften (Mitunternehmerschaften) oder der von Kapitalgesellschaften unterliegt, sind zwei Schritte zu unterscheiden. Zunächst ist zu klären, ob das ausländische Wirtschaftsgebilde mit einer **Personen- oder Kapitalgesellschaft** des deutschen Rechts vergleichbar ist (1. Schritt). Ist eine solche Vergleichbarkeit des ausländischen Wirtschaftsgebildes mit einer Personengesellschaft deutschen Rechts zu bejahen, so schließt sich die Frage an, ob die Personengesellschaft eine **gewerbliche** (§ 15 Abs. 1 Satz 1 Nr. 2 EStG) **oder nichtgewerbliche** (§§ 13 Abs. 7, 18 Abs. 4 Satz 2 und 21 EStG) **Tätigkeit** ausübt (2. Schritt). Dementsprechend gilt folgende Prüfungsfolge:

– Einordnung des ausländischen Wirtschaftsgebildes als Personen- oder Kapitalgesellschaft.
– Bei als Personengesellschaften qualifizierten Wirtschaftsgebilden: Zuordnung zu den gewerblichen oder nichtgewerblichen Personengesellschaften.

(1) Einordnung als Personen- oder Kapitalgesellschaft

Die Methodik der Steuerrechtsqualifikation wurde bereits bei der Darstellung der Besteuerung von ausländischen Kapitalgesellschaften eingehend erläutert,[2] so dass an dieser Stelle lediglich die Grundzüge der Subjektqualifikation zusammenzufassen sind.

Die steuersystematische Einordnung ausländischer Wirtschaftsgebilde erfolgt mittels eines **zweistufigen Typenvergleichs**:[3]

– Auf der **ersten Stufe** ist die Vergleichbarkeit der jeweiligen ausländischen Gesellschaftsform mit den Organisationsformen des deutschen Zivilrechts zu überprüfen. Die Klassifikation einer Organisationsform und die Rechtsstellung der Beteiligten folgen dabei den für das deutsche Recht geltenden Wertungen.
– Auf der nachfolgenden **zweiten Stufe** ist die Zuordnung zu den Gestaltungsformen des deutschen Steuerrechts vorzunehmen, konkret zu den Körperschaften (§ 1 Abs. 1 KStG), zu den Mitunternehmerschaften (§ 15 Abs. 1 Satz 1 Nr. 2 EStG) oder zu den Einzelunternehmen (§ 15 Abs. 1

---

[2] Vgl. ausführlich 3. Kapitel, Abschnitt A I 1.
[3] Siehe auch BMF-Schreiben v. 16. 4. 2010, BStBl 2010 I, S. 354.

Satz 1 Nr. 1 EStG). Dabei liegt es im Wesen einer Typenlehre, dass nicht völlige Identität bei den einzelnen Typenmerkmalen erforderlich ist, sondern eine weitgehende Ähnlichkeit bereits für die Qualifikation ausreicht. Bedeutsam ist, dass für die steuerliche Würdigung eines ausländischen Rechtsgebildes zwar im Ausgangspunkt an deren zivilrechtliche Behandlung anzuknüpfen ist, jedoch die Entscheidung über ihre Qualifikation für deutsche Steuerzwecke letztlich ausschließlich nach den leitenden Gedanken des deutschen Einkommen- und Körperschaftsteuerrechts zu treffen ist.[4] Eine Bindungswirkung an die zivilrechtliche Lage besteht insoweit nicht.[5]

(2) Überprüfung der Gewerbebetriebseigenschaft von Personengesellschaften
Führt der Rechtstypenvergleich im ersten Schritt zu dem Ergebnis, dass das ausländische Wirtschaftsgebilde nach innerstaatlichem Recht als Personengesellschaft zu qualifizieren ist, so bleibt im zweiten Schritt zu untersuchen, ob es sich bei dem Auslandsunternehmen um **eine gewerbliche** (§ 15 Abs. 1 Satz 1 Nr. 2 EStG) **oder um eine nichtgewerbliche** (§§ 13 Abs. 7, 18 Abs. 4 Satz 2 und 21 EStG) **Personengesellschaft** handelt. Diese Unterscheidung erlangt für die Durchführung der Besteuerung wesentliche Bedeutung, da das Betriebsstättenprinzip – wie schon im Betriebsstättenteil gezeigt wurde – nur bei gewerblichen Mitunternehmerschaften zum Zuge kommt.

Ausländische Personengesellschaften sind dann als Personengesellschaften i. S. d. § 15 Abs. 1 Satz 1 Nr. 2 EStG, d. h. als gewerbliche Mitunternehmerschaften, zu behandeln, wenn sie sich auch gewerblich betätigen. Bei der Besteuerung von Personengesellschaften besteht somit ein Unterschied zur Besteuerung von Kapitalgesellschaften, bei welchen unabhängig vom jeweiligen tatsächlichen Geschäftsbetrieb immer Einkünfte aus Gewerbebetrieb vorliegen (§ 8 Abs. 2 KStG).

Zur **Konkretisierung der Gewerbebetriebseigenschaft** erfordert § 15 Abs. 2 EStG von der Personengesellschaft eine selbständige nachhaltige Betätigung, die mit Gewinnerzielungsabsicht unternommen wird und sich als Beteiligung am allgemeinen wirtschaftlichen Verkehr darstellt.[6] Wird das Auslandsengagement in einer der deutschen OHG oder KG vergleichbaren Rechtsform geführt, also in einer **Personenhandelsgesellschaft,** so knüpft daran die Vermutung an, dass die ausländische Gesellschaft stets einen Gewerbebetrieb i. S. d. § 15 Abs. 2 EStG betreibt. Man greift hier auf das Handelsrecht zurück, wonach die OHG eine Gesellschaft ist, deren Zweck auf den Betrieb eines Handelsgewerbes gerichtet ist (§ 105 Abs. 1 HGB). Analoges gilt für die Kommanditgesellschaft (§ 161 Abs. 1 HGB). Besteht die Betätigung der ausländischen Gesellschaft allerdings nur in der Errichtung von Gebäuden und in der bloßen Verwaltung ihres Grundbesitzes (Vermögens-

---

[4] So explizit der BFH im Urteil v. 3. 2. 1988, BStBl 1988 II, S. 588 m. w. N. Auch BFH v. 8. 5. 1991, BFH/NV 1992, S. 291; BFH v. 23. 6. 1992, BStBl 1992 II, S. 972.
[5] In der Literatur wird als Möglichkeit zur Schaffung größerer Planungssicherheit für ausländische Investoren ein Wahlrecht für die Besteuerung als Kapital- oder Personengesellschaft oder die Anerkennung der Qualifikation im Ansässigkeitsstaat der Gesellschafter diskutiert. Vgl. Lüdicke, J., StbJb 1997/98, S. 453 f.; Schnittker, H., StuW 2004, S. 48 ff.; Lüdicke, J., DBA-Politik, 2008, S. 54 ff. Ein solches Wahlrecht gilt in den USA (check-the-box); siehe hierzu 3. Kapitel, Abschnitt A I 1.
[6] Vgl. ausführlich hierzu 3. Teil, 4. Kapitel, Abschnitt A I.

verwaltung), so ist die ausländische Gesellschaft nicht als steuerlicher Gewerbebetrieb zu qualifizieren. Es liegt dann eine Personengesellschaft vor, deren grenzüberschreitende Besteuerung sich außerhalb des Betriebsstättenprinzips vollzieht. Die Grenzziehung zwischen Vermögensverwaltung und Gewerbebetrieb im steuerlichen Sinne ergibt sich dabei nach den gleichen Grundsätzen wie bei rein nationalen Fallkonstellationen (R 15.7 EStR).

Üben Angehörige eines **freien Berufs** ihre Berufstätigkeit im Rahmen einer im Ausland ansässigen Personengesellschaft aus, so haben die Gesellschafter keine gewerblichen Einkünfte. Auch bei der Qualifikation der Freiberufler sind die deutschen Abgrenzungsregeln zwischen der gewerblichen und der selbständigen Tätigkeit maßgebend (H 15.6 EStR).

Bei einer **GmbH & Co. KG** bzw. **GmbH & Co. OHG**, an der nur Kapitalgesellschaften als Vollhafter beteiligt sind, wird die körperschaftliche Struktur der Gesellschaft im nationalen deutschen Recht zum Anlass genommen, die generelle Gewerbebetriebseigenschaft zu bejahen (Gewerbebetrieb kraft gewerblicher Prägung, § 15 Abs. 3 Nr. 2 EStG). Diese Beurteilung gilt auch bei grenzüberschreitenden Sachverhalten.[7] Wird das Auslandsengagement in einer der deutschen **BGB-Gesellschaft** vergleichbaren Rechtsform (z. B. in einer Arbeitsgemeinschaft) durchgeführt, so müssen für das Vorliegen eines Gewerbebetriebes ebenfalls alle Kriterien des § 15 Abs. 2 EStG erfüllt sein.[8]

Beteiligt sich der Steuerinländer als **atypisch stiller Gesellschafter** an einer ausländischen Personen- oder Kapitalgesellschaft, wird er grundsätzlich als gewerblich tätiger Mitunternehmer qualifiziert. Die ausländische Gesellschaft gilt dabei als Betriebsstätte des beteiligten Steuerinländers.[9]

b) Beispiele zur Qualifikation ausländischer Gesellschaftsformen

Da die meisten Organisationstypen in den verschiedenen ausländischen Zivilrechten den deutschen Personen- und Kapitalgesellschaftsformen entsprechen, kann die Praxis bei Auslandsengagements im Allgemeinen auf ähnliche Gestaltungen zurückgreifen wie sie im Inland verwendet werden. Damit entstehen dann auch vergleichbare Steuerwirkungen.

Die im nationalen wie internationalen Wirtschaftsleben bedeutsamsten Erscheinungsformen der Personengesellschaften sind die Personenhandelsgesellschaften (OHG, KG). Die in der nachfolgenden Aufzählung[10] beispielhaft genannten ausländischen Rechtsgebilde sind, da sie sowohl vom recht-

---

[7] Vgl. BFH v. 14. 3. 2007, BFH/NV 2007, S. 1232; sowie BMF-Schreiben v. 24. 9. 1999, IStR 2000, S. 627; BMF-Schreiben v. 16. 4. 2010, BStBl 2010 I, S. 354; Schmidt, L., Einkommensteuergesetz, § 15 EStG, Rz. 215. Ablehnend u. a. Schleswig-Holsteinisches FG v. 27. 11. 2002, EFG 2003, S. 376; FG Hamburg v. 12. 6. 2003, EFG 2004, S. 548; Selent, A., Personengesellschaften, 1982, S. 118 f., 219 f.; Hemmelrath, A., IStR 1995, S. 572 f.; Debatin, H./Wassermeyer, F., Doppelbesteuerung, Art. 7, Rz. 16 a, 49 und 85.
[8] Zu den steuerlichen Aspekten des internationalen Großanlagenbaus vgl. Bendlinger, S./Remberg, M./Kuckhoff, H., IStR 2002, S. 43 ff.
[9] Vgl. OFD Düsseldorf v. 5. 7. 1989, DB 1989, S. 1700; Schmidt, C., IStR 1996, S. 222; BMF-Schreiben v. 16. 4. 2010, BStBl 2010 I, S. 354. A. A. Wassermeyer, F., IStR 1995, S. 51.
[10] Vgl. Flick, H./Wassermeyer, F./Baumhoff, H., Außensteuerrecht, § 7 AStG, Anhang unter Hinweis auf die Landesberichte der IWB.

lichen Aufbau als auch von der wirtschaftlichen Struktur her unmittelbar der deutschen OHG oder KG entsprechen, als **gewerbliche Personengesellschaften i. S. d. § 15 Abs. 1 Satz 1 Nr. 2 EStG** zu behandeln:[11]
- die general partnership („OHG") und die limited partnership („KG") nach dem Recht der folgenden Staaten:
  Afghanistan, Australien, Großbritannien, Hongkong, Irland, Kanada, Nigeria, USA;[12]
- die Vennootschap onder Firma („OHG") und die Commanditaire Vennootschap („KG") des niederländischen Rechts;
- die offene Handelsgesellschaft (Kollektivgesellschaft) und die Kommanditgesellschaft nach österreichischem und schweizerischem Recht;
- die società in nome collettivo („OHG") und die società in accomandita semplice („KG") des italienischen Rechts;
- die société en nom collectif („OHG") des französischen Rechts;[13]
- die dänische Interessentskab („OHG") und Kommanditselskab („KG");
- die veřejná obchodní společnost („OHG") und die komanditní společnost („KG") des tschechischen/slowakischen Rechts;
- die unlimited company („OHG") und die company limited by guarantee („KG") nach dem Recht Südafrikas und Kenias.

Ein besonderes Beispiel für die **Umqualifizierung** einer ausländischen Personengesellschaft in eine Kapitalgesellschaft bietet das BMF-Schreiben vom 1. 12. 1980.[14] In diesem Schreiben wird eine sociedad de responsabilidad limitada chilenischen Rechts unter Rückgriff auf die Strukturelemente des deutschen Handels- und Gesellschaftsrechts (Haftungsbeschränkung, juristische Person, Drittorganschaft, Stammkapital, Gesellschafterwechsel) nicht als Kommanditgesellschaft, sondern als Kapitalgesellschaft (GmbH) angesehen.

Erhebliche Probleme treten bei der Einordnung solcher Personengesellschaften auf, die **im Ausland** (mit oder ohne Option) zu den **juristischen Personen** zählen. Dies gilt bspw. für folgende ausländische Gesellschaftsformen:[15]
- die sociedad colectiva („OHG") und die sociedad en comandita („KG") nach dem Recht der Staaten:
  Bolivien, Brasilien, Chile, Kolumbien, Mexiko, Spanien, Paraguay, Uruguay;
- die täisühing („OHG") und die usaldusühing („KG") des estnischen Rechts;
- die Avoin Yhtiö („OHG") und die Kommandittiyhtiö („KG") des finnischen Rechts;
- die société en nom collectif („OHG") und die société en commandite simple („KG") des französischen (nach Option), des belgischen (vor Option) und des tunesischen Rechts;

---

[11] Vgl. hierzu auch BMF-Schreiben v. 16. 4. 2010, BStBl 2010 I, S. 354, Anlage.
[12] Vgl. den Überblick über die unterschiedlichen Konzepte im Bereich der US-Personengesellschaften bei Bungert, H., RIW 1994, S. 360 ff.; Hey, J./Bauersfeld, H., IStR 2005, S. 651 f.
[13] Vgl. BFH v. 19. 5. 1993, BStBl 1993 II, S. 714.
[14] Vgl. BMF-Schreiben v. 1. 12. 1980, DB 1981, S. 139.
[15] Vgl. BMF-Schreiben v. 16. 4. 2010, BStBl 2010 I, S. 354, Anlage.

4. Kapitel. Ausländische Personengesellschaften

- die Omorrythmos Eteria („OHG") und die Eterrorrythmos Eteria („KG") des griechischen Rechts;
- die Gomei Kaisha („OHG") und die Goshi Kaisha („KG") des japanischen Rechts;
- die Tikroji ūkinė bendrija („OHG") und die Komanditinė ūkinė bendrija („KG") des litauischen Rechts;
- die sociedade em nome colectivo („OHG") und die sociedade em comandita („KG") des portugiesischen Rechts;
- die Societate în nume colectiv („OHG") und die Societate în comandită simplă („KG") des rumänischen Rechts;
- die družba z neomejeno odgovornostja („OHG") und die komanditna družba („KG") des slowenischen Rechts.

Will man die Qualifikationsfrage – Kapital- oder Personengesellschaft – in den genannten Problemfällen lösen, so ist nach der oben aufgezeigten Methodik des Rechtstypenvergleichs vorzugehen, d. h. es ist die **wirtschaftliche und rechtliche Struktur (Realtypus) der Auslandsgesellschaft** zu untersuchen.[16] Unter Beachtung dieser Gesichtspunkte sind bspw. die oben aufgeführten Personengesellschaften romanischen Rechts als Mitunternehmerschaften zu qualifizieren. So gilt für die südamerikanischen sociedad colectivas und sociedad en comanditas sowie für die französische und belgische société en nom collectif bzw. société en commandite simple, dass diese Personengesellschaften – obwohl in ihrem Sitzland juristische Personen – in ihrem Aufbau der deutschen Mitunternehmerschaft i. S. d. § 15 Abs. 1 Satz 1 Nr. 2 EStG entsprechen.

Qualifikationsprobleme ergeben sich auch dann, wenn das Steuerrecht des Sitzstaates privatrechtliche Personengesellschaften aufgrund gesellschaftsrechtlicher Strukturmerkmale **umqualifiziert**. Dies ist bspw. bei kanadischen limited partnerships der Fall. Diese werden nach ausländischem Recht dann als Kapitalgesellschaft angesehen, wenn der Gesellschaftsvertrag überwiegend kapitalistische Züge aufweist. Aus deutscher Sicht erfolgt jedoch grundsätzlich keine Umqualifikation, da kapitalistisch ausgestaltete Kommanditgesellschaften in Deutschland nicht körperschaftsteuerpflichtig sind.[17]

2. Abkommensrecht

Die bisherigen Ausführungen haben gezeigt, dass die steuersystematische Einordnung des ausländischen Wirtschaftsgebildes im Rahmen der Wohnsitzbesteuerung des inländischen Gesellschafters im Nicht-DBA-Fall grundsätzlich nach deutschem Recht zu erfolgen hat. Dies bedeutet nun aber nicht, dass dies gleichzeitig für die Zwecke des Abkommens gilt. Es ist vielmehr zu beachten, dass mit dem innerstaatlichen Recht des einen und des anderen Staates sowie mit dem Abkommen insgesamt drei Rechtskreise angesprochen werden, die in Systematik und Sachaussage voneinander getrennt stehen. Die Qualifikation der Personengesellschaft nach Abkommensrecht dient vor allem der Beantwortung der Frage, ob die Personengesellschaft den von DBA

---

[16] Vgl. hierzu Abschnitt A I 1 a).
[17] Vgl. hierzu auch die Ausführungen zu hybriden Gesellschaften im 6. Teil, 7. Kapitel, Abschnitt B VII.

gewährten **Abkommensschutz** in Anspruch nehmen kann oder ob dieser nur ihren Gesellschaftern zugute kommt.

Der persönliche Geltungsbereich des DBA erstreckt sich auf „Personen", die in einem oder in beiden Vertragsstaaten „ansässig" sind (Art. 1 OECD-Modell):
- „**Personen**" i. S. d. Art. 3 Abs. 1 Buchstabe a, b OECD-Modell sind sowohl natürliche Personen als auch Gesellschaften und andere Personenvereinigungen. Als Gesellschaften gelten dabei neben den eigentlichen juristischen Personen alle Rechtsträger, die für die Besteuerung wie juristische Personen behandelt werden (Art. 3 Abs. 1 Buchstabe b OECD-Modell). Der Begriff der „anderen Personenvereinigungen" umfasst alle diejenigen Organisationsformen, die weder eine juristische Person darstellen noch wie eine solche besteuert werden, namentlich also auch die Personengesellschaften.[18]
- „**Ansässig**" ist eine Person in dem Vertragsstaat, in dem sie nach dessen innerstaatlichen Besteuerungsvorschriften unbeschränkt steuerpflichtig ist. Dies ergibt sich aus Art. 4 Abs. 1 OECD-Modell, wonach eine Person dort ansässig ist, wo sie nach dem Recht des Domizilstaates aufgrund ihres Wohnsitzes, ihres ständigen Aufenthalts, des Ortes der Geschäftsleitung oder eines anderen ähnlichen Merkmals steuerpflichtig ist.

a) Vertragsstaaten mit Mitunternehmerkonzept

Nach dem OECD-Modell kann eine Personengesellschaft grundsätzlich als Person im Abkommenssinne qualifiziert werden. Zur Inanspruchnahme der Abkommensvergünstigungen ist sie im OECD-Modell jedoch nur berechtigt, wenn sie gleichzeitig das Merkmal der Ansässigkeit verwirklichen kann. Dieses gilt nur dann als erfüllt, wenn die Personengesellschaft als solche in einem Vertragsstaat der unbeschränkten Steuerpflicht unterliegt. Wenden beide Vertragsstaaten bei der Besteuerung von Personengesellschaften das Mitunternehmerkonzept an, so dass nicht die Gesellschaften, sondern deren Mitunternehmer steuerpflichtig sind, dann ist der **Abkommensschutz** wegen der fehlenden Steuersubjekteigenschaft nicht auf die Gesellschaft selbst, sondern auf die Gesellschafter (Mitunternehmer) zu projizieren. Die Anwendung des Abkommens ist somit grundsätzlich **von der Ansässigkeit der einzelnen Mitunternehmer abhängig.** Sind die Mitunternehmer einer Personengesellschaft demnach in verschiedenen Ländern ansässig, so kommen zur Regelung des Besteuerungsrechts mehrere Abkommen zur Geltung.[19]

Die fehlende Abkommensberechtigung der Personengesellschaft selbst führt insbesondere bei Dreiecksverhältnissen (Ansässigkeit der Gesellschafter außerhalb des Sitzstaates der Gesellschaft und Erwirtschaftung von Drittstaatseinkünften durch die Gesellschaft) zu Doppelbesteuerungen, die auf Basis des nationalen Rechts häufig nicht beseitigt werden können.[20] Wenden beide Staaten übereinstimmend das Mitunternehmerkonzept an, ist eine abkommensrechtliche Lösung dieser Problematik nur durch spezielle Vereinbarungen der Vertragsstaaten möglich. Zwei Lösungswege bieten sich in diesem Zusammenhang an:

---

[18] Vgl. z. B. Debatin, H., BB 1989, Beilage 2, S. 3; Vogel, K./Lehner, M., DBA-Kommentar, Art. 3, Anm. 23 f. In den meisten deutschen Abkommen fehlt jedoch der Zusatz „andere Personenvereinigungen".
[19] Zu den praktischen Problemen dieser mittelbaren Abkommensberechtigung der Personengesellschaft vgl. Lethaus, H., Abkommensberechtigung, 1997, S. 430 ff.
[20] Vgl. hierzu Abschnitt B I 2 a) (2); sowie Raad, K. van, CDFI 1988, S. 113 ff.; Avery Jones, J. F., BFID 2002, S. 314 ff.; Barenfeld, J., Cross-Border, 2005, S. 252.

4. Kapitel. Ausländische Personengesellschaften

- Generelle Gleichstellung der Personengesellschaft mit der Kapitalgesellschaft für Zwecke der Abkommensanwendung.[21] Dies kann durch die Schaffung einer Ansässigkeitsregel für Personengesellschaften auf Abkommensebene erreicht werden. Derartige Vereinbarungen finden sich bspw. in den deutschen DBA mit Italien und Finnland. Allerdings hat diese Vorgehensweise noch keine allzu große Verbreitung erfahren, da sie von den meisten Vertragsstaaten wegen der damit verbundenen Abkehr vom Mitunternehmerkonzept abgelehnt wird.
- Berechtigung der Personengesellschaft zur Inanspruchnahme des Abkommensschutzes im Hinblick auf die Entlastung von Quellensteuern und die Behandlung von Drittstaatseinkünften unter Beibehaltung des Mitunternehmerkonzepts.[22] Modellcharakter hat hier die Vereinbarung im DBA-Schweiz; das Verhandlungsprotokoll vom 18. 6. 1971[23] führt dazu aus:

„Nach dem Recht eines Vertragsstaates errichtete Personengesellschaften (Offene Handelsgesellschaften, Kollektivgesellschaften, Kommanditgesellschaften), die in diesem Staat ihre Geschäftsleitung haben, können die in den Art. 10 bis 12 des Abkommens vorgesehenen Entlastungen von den Steuern des anderen Vertragsstaates beanspruchen, sofern mindestens drei Viertel der Gewinne der Gesellschaft Personen zustehen, die im erstgenannten Staat ansässig sind."

Die Einschränkung auf Personengesellschaften, an denen heimische Gesellschafter zu mindestens 75% beteiligt sind, soll dabei offenbar der **Vermeidung von Steuerumgehungen** dienen.[24] Eine solche Lösung erscheint umso berechtigter, als damit auch derjenige Staat zur teilweisen Anrechnung von ausländischen Quellensteuern verpflichtet wird, der die quellensteuerbelasteten Einkünfte auch tatsächlich besteuern darf.

Eine solche Klausel kann allerdings nicht die Doppelbesteuerungsproblematik bei **Drittstaatseinkünften** beseitigen. Dazu ist es erforderlich, dass der Abkommensschutz entgegen dem OECD-Modell und der geltenden Praxis auch auf beschränkt steuerpflichtige Gesellschafter einer Personengesellschaft ausgedehnt wird.[25] Zu denken wäre an eine Erweiterung des Art. 23 über die Vermeidung der Doppelbesteuerung durch folgenden Wortlaut:

„Bei nach dem Recht eines Vertragsstaates errichteten Personengesellschaften, die in diesem Staat ihre Geschäftsleitung haben, sind die in den Buchstaben A und B vorgesehenen Anrechnungen und Befreiungen für die aus dem anderen Vertragsstaat bezogenen Einkünfte oder die dort belegenen Vermögenswerte auch den Gesellschaftern zu gewähren, die nicht im erstgenannten Vertragsstaat ansässig sind."

Folgt man der hier vertretenen Auffassung hinsichtlich der Abkommensberechtigung von Personengesellschaften, so wird man der wirtschaftlichen Stellung der Personengesellschaft gerecht, „denn wirtschaftlich betrachtet ist die Personengesellschaft die Drehscheibe aller Aktivitäten und Geldzuflüs-

---

[21] Hierfür Ebling, K., CDFI 1988, S. 244; Barenfeld, J., Cross-Border, 2005, S. 252; Gupta, V. K., Conflicts, 2007, S. 50.
[22] Hierfür Gündisch, S., Personengesellschaften, 2004, S. 148 ff.
[23] Abgedruckt in: Debatin, H./Wassermeyer, F., Doppelbesteuerung, DBA-Schweiz, Art. 1; vgl. auch BMF-Schreiben v. 26. 3. 1975, BStBl 1975 I, S. 479.
[24] Vgl. Philipp, A., CDFI 1973, S. I/22; Debatin, H./Wassermeyer, F., Doppelbesteuerung, DBA-Schweiz, Art. 10 Rz. 47.
[25] Vgl. Philipp, A., CDFI 1973, S. I/22.

se"[26]. Mit der dargestellten Abkommensberechtigung für Personengesellschaften würde der Zielsetzung des § 50 Abs. 3 EStG auch abkommensmäßig entsprochen.[27]

b) Vertragsstaaten mit Kapitalgesellschaftskonzept

(1) Lösung subjektiver Qualifikationskonflikte auf Basis spezieller Abkommensvereinbarungen

Die Qualifikation eines Wirtschaftsgebildes nach der jeweiligen Steuerwertung der einzelnen Vertragsstaaten führt immer dann zu Problemen, wenn diese Steuerwertungen unterschiedlich sind: Sei es, dass die Personengesellschaften im ausländischen Staat generell als Kapitalgesellschaften angesehen werden, dass eine Option für eine Besteuerung als Kapitalgesellschaft möglich ist oder dass wegen der körperschaftlichen Struktur einer Personengesellschaft eine Umqualifizierung erfolgt.

Beispiel: Der Sitzstaat wertet eine Personengesellschaft als abkommensberechtigte Person, da sie nach seinem Steuerrecht körperschaftsteuerpflichtig ist. Deutschland lehnt die Körperschaftsteuerpflicht der ausländischen Personengesellschaft ab und spricht den Abkommensschutz dem deutschen Gesellschafter zu, da dieser nach deutschem Steuerrecht Anknüpfungspunkt der Besteuerung ist.

Im bisherigen Abkommensrecht wurden derartige **subjektive Qualifikationskonflikte** u.a. in den Abkommen mit Belgien, Finnland, Island, Portugal und Spanien geregelt.[28] Durch die in diesen Abkommen für die Besteuerung von Personengesellschaften enthaltenen Regelungen werden im Ergebnis die im Ausland errichteten und dort als Steuersubjekt qualifizierten Personengesellschaften für die Zwecke des Abkommens als „Gesellschaften" und damit als abkommensberechtigte „Personen" angesehen. Diese Wertung hat zur Konsequenz, dass im Rahmen der Einkunftserzielung der Personengesellschaft die abkommensrechtlichen Schranken im Sitzstaat zu beachten sind, mithin auch solche Gesellschafter der Personengesellschaft unter den Abkommensschutz fallen, die in keinem der beiden Staaten ansässig sind.

(2) Lösung subjektiver Qualifikationskonflikte auf Basis des OECD-Modells

Problematisch ist die abkommensrechtliche Behandlung einer Personengesellschaft insbesondere dann, wenn auf der Abkommensebene keine speziellen Vereinbarungen zur Lösung der subjektiven Qualifikationskonflikte getroffen wurden.

In diesem Fall kommt der Interpretation der Abkommensbegriffe „ansässige Person" und „Gesellschaft" entscheidende Bedeutung zu. Hierzu werden unterschiedliche Meinungen vertreten.[29] Nach einer Auffassung

---

[26] Alig, K., Personengesellschaften, 1980, S. 342, der allerdings eine Wohnsitzbesteuerung für die Personengesellschaft fordert.
[27] Vgl. auch Menck, T., IWB, Fach 10, International, Gruppe 2, S. 1476; Hansen, C., Personengesellschaften, 2009, S. 65 ff.
[28] Vgl. Krabbe, H., IWB, Fach 3, Deutschland, Gruppe 2, S. 758 ff.; Kluge, V., Steuerrecht, 2000, S. 795 ff.; Liebchen, D., Personengesellschaften, 2008, S. 137; BMF-Schreiben v. 16. 4. 2010, BStBl 2010 I, S. 354, Anlage; Vogel, K./Lehner, M., DBA-Kommentar, Art. 1, Anm. 61.
[29] Vgl. Autzen, T., Holding-Personengesellschaft, 2006, S. 128 ff.; Weggenmann, H.R., Personengesellschaften, 2005, S. 212 ff.

4. Kapitel. Ausländische Personengesellschaften

sind diese Begriffe generell nach der Steuerwertung des vertragsanwendenden Staates auszulegen (uneingeschränkte Lex-fori-Qualifikation).[30] Die Gegenmeinung[31] kritisiert, dass eine solche Auslegung dem Sinn und Zweck der DBA, Doppelbesteuerungen zu vermeiden, nicht gerecht wird. Diese Zielsetzung erfordert vielmehr die Realisierung einer möglichst weitreichenden Auslegungsharmonie zwischen beiden Vertragsstaaten, die nur dann erreicht wird, wenn das Abkommen zunächst vorrangig aus seinem Wortlaut und Sinnzusammenhang heraus ausgelegt wird. Dem innerstaatlichen Recht beider Vertragsstaaten kommt dabei nur subsidiäre Bedeutung zu. Seine Heranziehung ist erst dann zulässig und geboten, wenn eine Auslegung aus dem Abkommen heraus selbst nicht möglich ist.[32]

Für die Bestimmung des Personen- bzw. Gesellschaftsbegriffs sind in Art. 3 OECD-Modell Definitionen enthalten, die ohne Rückgriff auf das innerstaatliche Recht eine einheitliche autonome Auslegung auf Abkommensebene erlauben. Art. 3 Abs. 1 Buchstabe a OECD-Modell legt zunächst fest, dass als Personen i. S. d. Abkommens neben natürlichen Personen insbesondere auch die Gesellschaften gelten. Sodann definiert Art. 3 Abs. 1 Buchstabe b OECD-Modell als Gesellschaften solche „Rechtsträger, die für die Besteuerung wie juristische Personen behandelt werden". Für die **Zuerkennung der Personeneigenschaft** ist es damit grundsätzlich ausreichend, dass nur „ein" Vertragsstaat das Rechtsgebilde für seine Besteuerungszwecke als eigenständiges Steuersubjekt qualifiziert. Gleichgültig ist dabei, welcher Vertragsstaat diese Einordnung vornimmt. Der insoweit eindeutige Abkommenstext spricht lediglich allgemein von der steuerlichen Behandlung als eigenständiges Steuersubjekt, ein einengender Hinweis auf die Behandlung im Sitzstaat des Unternehmens fehlt.[33] Auch ein ausländisches Rechtsgebilde, dem im Ansässigkeitsstaat des Gesellschafters eine eigene „Steuerrechtssubjektivität" zuerkannt wird, in seinem Sitzstaat jedoch nicht, ist somit grundsätzlich als Person im Abkommenssinne zu qualifizieren.

Für die Inanspruchnahme der Abkommensvergünstigungen genügt jedoch die Zuerkennung der Personeneigenschaft allein nicht. Zusätzlich muss hierfür das Merkmal der **Ansässigkeit** erfüllt werden. Nach Art. 4 OECD-Modell ist eine Person in einem Vertragsstaat ansässig, wenn sie „nach dem Recht dieses Vertragsstaates dort auf Grund ihres Wohnsitzes, ihres ständigen Aufenthalts, des Ortes ihrer Geschäftsleitung oder eines anderen ähnlichen Merkmals steuerpflichtig ist". Ausschlaggebend ist also eine persönliche Bindung des Unternehmens zum Vertragsstaat, die dort eine (i. d. R. unbeschränkte) Steuerpflicht auslöst. Soweit ein ausländischer Rechtsträger in seinem Sitzstaat der

---

[30] Vgl. u. a. Kaulen, G., Niederlassungen, 1973, S. 24; Haas, G., BB 1978, S. 55; Ege, G., Betriebsstätte, 1996, S. 108; Wassermeyer, F., IStR 1998, S. 489 ff.; Debatin, H./Wassermeyer, F., Doppelbesteuerung, Art 1, Rz. 27 a ff.
[31] Vgl. z. B. Piltz, D. J., Personengesellschaften, 1981, S. 175; Debatin, H., BB 1989, Beilage 2, S. 8 ff.; Knobbe-Keuk, B., RIW 1991, S. 314; Schaumburg, H., Steuerrecht, 1998, S. 851 ff.; Schmidt, C., Personengesellschaften, 1998, S. 61 ff.; Vogel, K., IStR 1999, S. 5 ff.; Vogel, K./Lehner, M., DBA-Kommentar, Art. 1, Anm. 31 ff.
[32] Vgl. hierzu auch 3. Teil, 1. Kapitel, Abschnitt A II.
[33] Vgl. Debatin, H., BB 1989, Beilage 2, S. 6.

unbeschränkten Steuerpflicht unterliegt (Körperschaftsteuersubjekt), ist der Ansässigkeitsstaat des Gesellschafters verpflichtet, ihm als abkommensberechtigter Person den Abkommensschutz zu gewähren, auch wenn auf der Ebene der innerstaatlichen Rechtsanwendung des Sitzstaates eine eigene Steuersubjektivität verneint wird. Die Abkommensberechtigung der Gesellschaft begünstigt damit die nach den Wertungen des Sitzstaates materiell steuerpflichtigen Gesellschafter auch dann, wenn diese nicht im Sitzstaat der Gesellschaft ansässig sind.[34]

Für den umgekehrten Fall eines subjektiven Qualifikationskonflikts, bei dem der Ansässigkeitsstaat des Gesellschafters ein ausländisches Wirtschaftsgebilde im Rahmen seiner beschränkten Steuerpflicht als eigenständiges Rechtssubjekt erfasst, jedoch der Sitzstaat des Gebildes eine steuerliche Eigenständigkeit verneint, scheitert die Abkommensberechtigung dagegen an der fehlenden Ansässigkeit bzw. unbeschränkten Steuerpflicht der Gesellschaft als solcher in ihrem Sitzstaat.

Nach der hier vertretenen Auffassung ist eine Personengesellschaft somit immer dann als abkommensberechtigte Person zu behandeln, wenn diese als eigenständiges Steuersubjekt gilt. Da es neben der Zuerkennung der Personeneigenschaft für die Abkommensberechtigung auch auf die Ansässigkeit des Wirtschaftsgebildes im Sitzstaat ankommt, ist letztendlich die Behandlung der Personengesellschaft im **Sitzstaat** ausschlaggebend. Dieser Ansicht hat sich der Steuerausschuss der OECD in seinem Bericht vom 20. 1. 1999[35] hinsichtlich der abkommensrechtlichen Behandlung von Personengesellschaften angeschlossen. Für die Gewährung von Abkommensvergünstigungen ist demnach die Abkommensberechtigung der Personengesellschaft in ihrem Sitzstaat maßgebend, nicht aber die Qualifizierung der Gesellschaft und die Zurechnung der Einkünfte nach dem innerstaatlichen Recht des Ansässigkeitsstaates des Gesellschafters.[36] Im Jahr 2000 wurde der Kommentar zum OECD-Modell entsprechend geändert,[37] wobei diese Änderungen allerdings für die Auslegung bereits abgeschlossener DBA keine Bedeutung haben.[38] Die deutsche Finanzverwaltung folgt dieser geänderten Abkommensauslegung nur eingeschränkt. Es wird zwar anerkannt, dass eine ausländische Personengesellschaft, die in ihrem Sitzstaat als Kapitalgesellschaft behandelt wird, dort als ansässige Person anzusehen ist.[39] Die von ihr erzielten Einkünfte sind jedoch im Rahmen einer deutschen Besteuerung bei den einzelnen Gesellschaftern

---

[34] Zur h. M. vgl. statt vieler Debatin, H., BB 1989, Beilage 2, S. 3; Schröder, S., StBp 1989, S. 7 f.; Vogel, K./Lehner, M., DBA-Kommentar, Art. 1, Anm. 31 ff.
[35] Vgl. OECD, Partnerships, 1999. Vgl. hierzu ausführlich Gündisch, S., Personengesellschaften, 2004, S. 71 ff.
[36] Eine ausführliche Kritik an der OECD äußern z. B. Kluge, V., Steuerrecht, 2000, S. 790; Lang, M., IStR 2000, S. 133 f.; Gündisch, S., Personengesellschaften, 2004, S. 109 ff.; Debatin, H./Wassermeyer, F., Doppelbesteuerung, Art. 1, Rz. 27 c.
[37] Vgl. OECD-Kommentar, Art. 1, Rz. 2 ff.
[38] Vgl. Lang, M., IStR 2000, S. 133 f.; ders., IStR 2001, S. 536 ff.
[39] A. A. allerdings BMF-Schreiben v. 19. 3. 2004, BStBl 2004 I, S. 411, wonach eine in den USA als Körperschaft qualifizierte LLC von der Finanzverwaltung nicht als abkommensberechtigt anerkannt wird. Kritisch hierzu auch Djanani, C./Brähler, G./Hartmann, T., IStR 2004, S. 483 f.; Krabbe, H., IStR 2004, S. 354; Möbus, S., GmbHR 2004, S. 1205 f.

zu erfassen.[40] Bei künftig abzuschließenden DBA wird sich u. E. diese Auslegungspraxis nicht aufrechterhalten lassen.[41] Lehnt man diese Auslegung wegen der steuersystematischen Unterschiede zwischen Personen- und Kapitalgesellschaften ab, so lässt sich eine den ökonomischen Erfordernissen entsprechende abkommensrechtliche Behandlung nur durch ausdrückliche Vereinbarungen im jeweiligen DBA erreichen. Denkbar wäre eine explizite Berechtigung der Personengesellschaften, den Abkommensschutz begrenzt auf die Entlastung von Quellensteuern und auf die Behandlung von Drittstaatseinkünften beanspruchen zu können.[42] Eine der hier vertretenen Auffassung im Ergebnis entsprechende Sonderregelung enthält das deutsche DBA mit den USA. Nach Art. 1 Abs. 7 dieses Abkommens (eingefügt durch Änderungsprotokoll vom 1. 6. 2006) sind Personengesellschaften in ihrem Sitzstaat als eine dort ansässige Person zu betrachten, falls ihr Einkommen in diesem Staat wie das einer dort ansässigen Person erfasst wird – wobei es gleichgültig bleibt, ob dies bei der Personengesellschaft selbst oder bei ihren Teilhabern geschieht. Im Ergebnis heißt dies, dass in den USA errichtete Personengesellschaften, die in den USA einer eigenständigen Steuererfassung unterliegen, wie jede andere in den USA ansässige Person den Abkommensschutz beanspruchen können. In dem Fall, dass die von der Personengesellschaft bezogenen Einkünfte bei den Gesellschaftern erfasst werden, kommt es für die Abkommensberechtigung auf deren Ansässigkeit an (partielle Abkommensberechtigung).[43]

Nachdem die Notwendigkeit der Lösung dieses Problems bereits während des IFA-Kongresses 1988 eindringlich deutlich gemacht wurde[44] und auf dem IFA-Kongress 1995 zu einer Resolution führte, wonach Personengesellschaften für Zwecke der Abkommensanwendung eine steuerliche Ansässigkeit zuzuerkennen oder ihnen zumindest zu ermöglichen ist, die Abkommensbegünstigung im Namen ihrer Gesellschafter in Anspruch zu nehmen,[45] wird es den Mitgliedsländern seit dem Bericht des Steuerausschusses der OECD vom 20. 1. 1999 nunmehr ausdrücklich freigestellt, bei den bilateralen Verhandlungen entsprechende Sondervereinbarungen zu treffen und Personengesellschaften auf diese Weise als vollberechtigte DBA-Subjekte anzuerkennen.[46]

---

[40] Vgl. Fischer, L., Personengesellschaften, 2000, S. 965; Krabbe, H., IWB, Fach 3, Deutschland, Gruppe 2, S. 864. Siehe auch BMF-Schreiben v. 16. 4. 2010, BStBl 2010 I, S. 354.
[41] Zur Behandlung im DBA mit den USA siehe Endres, D./Jacob, F./Gohr, M./ Klein, M., Kommentar DBA-USA, Art. 1, Rz. 54 ff.
[42] Vgl. hierzu die Vorschläge in Abschnitt A I 2 a).
[43] Vgl. Endres, D./Wolff, U., IStR 2006, S. 728; Schönfeld, J., IStR 2007, S. 275 ff.; Lüdicke, J., DBA-Politik, 2008, S. 54 ff.; BMF-Schreiben v. 16. 4. 2010, BStBl 2010 I, S. 354; sowie zur inhaltlich ähnlichen Vorgängerregelung (Art. 4 Abs. 1 Buchstabe b) Debatin, H., DB 1990, S. 598 ff., 654 ff.
[44] In seiner Resolution verzichtete der Kongress jedoch wegen der international sehr uneinheitlichen Handhabung des Problems auf die Formulierung eigenständiger Lösungsvorschläge, sondern richtete lediglich die Forderung an die OECD, geeignete Modellvorschriften auszuarbeiten. Vgl. Raad, K. van, CDFI 1988, S. 158.
[45] Vgl. IFA, Yearbook, 1996, S. 59 f.
[46] Vgl. OECD-Kommentar Art. 1, Rz. 6.3. Siehe dazu Krabbe, H., IStR 2000, S. 198; Menck, T., IWB, Fach 10, International, Gruppe 2, S. 1483.

II. Die Qualifikation der Einkünfte des Gesellschafters (Steuerobjektqualifikation)

Im Rahmen der Subjektqualifikation ging es für das nationale Recht um die Einordnung der Gesellschaft als Mitunternehmerschaft oder Kapitalgesellschaft, für das Abkommensrecht stand ihr Abkommensschutz zur Diskussion. Daneben stellt sich bei Beteiligungen von Steuerinländern an ausländischen Personengesellschaften die Frage, wie die Einkünfte, die ein inländischer Mitunternehmer von seiner ausländischen Personengesellschaft bezieht, nach deutschem Steuer- und Abkommensrecht zu beurteilen sind.

1. Nationales Recht

Die innerstaatliche Behandlung der Gesellschaftervergütungen basiert auf der Regelung des § 15 Abs. 1 Satz 1 Nr. 2 EStG. Nach dieser Vorschrift gelten als Einkünfte aus Gewerbebetrieb sowohl die Gewinnanteile eines Mitunternehmers als auch die Vergütungen, die ein Gesellschafter von der Gesellschaft für seine Tätigkeit im Dienst der Gesellschaft, für die Hingabe von Darlehen oder für die Überlassung von Wirtschaftsgütern bezieht (sog. Sondervergütungen). Bevor allerdings auf den Inhalt dieser Regelung einzugehen ist, stellt sich die Frage, ob diese deutsche Gewinnermittlungsvorschrift überhaupt auf Beziehungen zwischen ausländischen Personengesellschaften und inländischen Gesellschaftern anzuwenden ist oder ob bei diesen Sachverhalten ausländische Gewinnermittlungsvorschriften zum Tragen kommen.

a) Zur Maßgeblichkeit inländischer Gewinnermittlungsvorschriften

Inländische Gesellschafter ausländischer Personengesellschaften sind nach deutschem Handelsrecht nicht zur Buchführung verpflichtet,[47] da für die Rechtsverhältnisse einer Personengesellschaft nach internationalem Privatrecht die Vorschriften des jeweiligen Sitzlandes gelten.[48] Demnach hat die **Gesellschaft grundsätzlich im Ausland Bücher zu führen.**

Lediglich in den seltenen Fällen, in denen das Auslandsrecht eine Buchführungspflicht für die Gesellschaft nicht vorsieht, kann den inländischen Gesellschafter eine subsidiäre Rechnungslegungsverpflichtung treffen (§ 141 Abs. 1 AO).[49]

Der Tatbestand, dass im Regelfall eine Buchführungspflicht nur für die Personengesellschaft am Sitzort in Betracht kommt, kann jedoch nicht dazu führen, dass die nach dem dortigen innerstaatlichen Recht ermittelten Einkünfte der Personengesellschaft unverändert für die deutsche Besteuerung zu übernehmen sind.[50] Zudem kann die Tatsache, dass es für den inländischen

---

[47] Vgl. BFH v. 13. 9. 1989, BStBl 1990 II, S. 57.
[48] Vgl. hierzu Kleineidam, H.-J., Rechnungslegung, 1992, S. 220 ff.
[49] Zur örtlichen Zuständigkeit der Finanzbehörden bei der gesonderten und einheitlichen Feststellung der Gewinne inländischer Gesellschafter ausländischer Personengesellschaften vgl. BMF-Schreiben v. 11. 12. 1989, BStBl 1989 I, S. 470; BMF-Schreiben v. 2. 1. 2001, BStBl 2001 I, S. 40. Zu den Anzeigepflichten bei Beteiligungen an ausländischen Personengesellschaften nach § 138 Abs. 2 Nr. 2 AO vgl. BMF-Schreiben v. 15. 4. 2010, BStBl 2010 I, S. 346.
[50] So jedoch Bellstedt, C., Gesellschaften, 1973, S. 261.

4. Kapitel. Ausländische Personengesellschaften

Mitunternehmer an einer deutschen handelsrechtlichen Gewinnermittlungsvorschrift fehlt, nicht dazu berechtigen, bei der Gewinnmittlung ohne Korrektur auf ausländisches Recht zurückzugreifen. Für die direkte Anwendung ausländischer steuerlicher Gewinnermittlungsvorschriften besteht keine Rechtsgrundlage. Auch der Hinweis auf eine analoge Anwendung des § 180 AO geht insoweit fehl, als diese Vorschrift als Verfahrensvorschrift keine materiellen Folgen für das Einkommensteuerrecht begründen kann.[51]

Die Einkünfte ausländischer Mitunternehmerschaften sind vielmehr im Rahmen der **unbeschränkten Steuerpflicht der inländischen Gesellschafter** nach **Maßgabe der deutschen Gewinnermittlungsgrundsätze** festzustellen. Die ausländische Handelsbilanz ist für das inländische Steuerrecht nicht maßgeblich, da § 5 Abs. 1 EStG sich nur auf einen Jahresabschluss bezieht, der nach deutschem Handelsrecht aufgestellt wurde.[52] Bei gewerblicher Tätigkeit kommen somit als Gewinnermittlungsvorschriften § 4 Abs. 1 EStG und § 4 Abs. 3 EStG in Frage.

Anknüpfungspunkte für die Gewinnermittlung sind dabei nach § 146 Abs. 2 AO die ausländischen Buchführungsergebnisse.[53] Die Gewinnanteile der Gesellschafter sind unter Beachtung der inländischen Gewinnermittlungsvorschriften aus dem Gewinn der ausländischen Gesellschaft abzuleiten. Im Rahmen eines Betriebsvermögensvergleichs nach § 4 Abs. 1 EStG sind insbesondere die materiellen Grundsätze ordnungsmäßiger Bilanzierung zu berücksichtigen.

Konkret bedeutet dies, dass in Fällen, in denen der Sitzstaat der Personengesellschaft ein dem deutschen Recht vergleichbares Mitunternehmerkonzept anwendet, eine weitgehende Übernahme der nach Auslandsrecht erstellten Gesamthands- und Sonderbilanzen erfolgen kann (§ 146 Abs. 2 AO). In den Fällen hingegen, in denen der Sitzstaat der Gesellschaft das Kapitalgesellschaftskonzept gebraucht, können für die inländischen Mitunternehmer hilfsweise gesonderte, nach Inlandsrecht ermittelte Sonderbilanzen notwendig werden. Werden diese Sonderbilanzen nicht von der ausländischen Personengesellschaft aufgestellt, so muss dies der inländische Mitunternehmer tun.[54]

b) Inhalt und Struktur der Steuerbemessungsgrundlage eines Mitunternehmers

Nach § 15 Abs. 1 Satz 1 Nr. 2 EStG setzt sich die Bemessungsgrundlage eines Mitunternehmers aus dem **Gewinn-** bzw. **Verlustanteil** und den **Sondervergütungen** zusammen. Daneben kann ein Mitunternehmer Leistungsentgelte erhalten, die nicht in die Bemessungsgrundlage des § 15 EStG eingehen.

(1) Gewinnanteil

Der Gewinnanteil des inländischen Mitunternehmers wird aus der im Gesellschaftsvertrag festgelegten **Beteiligungsquote** am Handelsbilanz-

---

[51] Vgl. Streck, M., AWD 1972, S. 351.
[52] Vgl. BFH v. 13. 9. 1989, BStBl 1990 II, S. 57; BFH v. 24. 3. 1999, BStBl 2000 II, S. 399. Siehe dazu Baranowski, K.-H., IWB, Fach 3a, Rechtsprechung, Gruppe 1, S. 819.
[53] Vgl. hierzu auch 5. Teil, 3. Kapitel, Abschnitt B I 1.
[54] Vgl. Rädler, A. J./Raupach, A., Auslandsbeziehungen, 1966, S. 94 f.; Blümich, W., Einkommensteuergesetz, § 34 d EStG, Anm. 16.

gewinn der ausländischen Gesellschaft abgeleitet. Die ausländische Handelsbilanz muss hierbei in die Steuerbilanz übergeleitet werden, wobei für die inländische Besteuerung die deutschen Bilanzierungs- und Bewertungsvorschriften maßgebend sind (§§ 4 ff. EStG). Der daraus abgeleitete Anteil des inländischen Gesellschafters stellt den „Gewinnanteil des Gesellschafters" i. S. d. § 15 Abs. 1 Satz 1 Nr. 2 EStG dar.

Die **Ermittlung des Gewinns der Gesellschaft** folgt den allgemeinen Gewinnermittlungsvorschriften des deutschen Rechts. Bestehen zwischen dem Recht des Sitzstaates der Personengesellschaft und dem deutschen Recht Unterschiede bei den Rechnungslegungsgrundsätzen, so hat der Mitunternehmer im Rahmen seiner erhöhten Mitwirkungspflicht bei der Aufklärung von Auslandssachverhalten (§ 90 Abs. 2 und 3 AO) die im Ausland vorliegenden Abweichungen zu den innerstaatlichen Bilanzierungs- und Bewertungsvorschriften kenntlich zu machen. Für die Ermittlung des Gewinnanteils des inländischen Mitunternehmers ist es dabei unerheblich, ob der Mitunternehmer im Sitzstaat der Gesellschaft als Gesellschafter einer Körperschaft gilt und daher nur mit den ausgeschütteten Gewinnen steuerpflichtig ist.[55]

(2) Verlustanteil (§ 15 a EStG)

Der steuerliche Verlustanteil des inländischen Mitunternehmers ist – analog zur Ermittlung des Gewinnanteils – zunächst dem kraft Gesellschaftsvertrag zustehenden Anteil am Handelsbilanzverlust zu entnehmen. Dieser ist sodann im Hinblick auf die steuerlichen Bilanzierungs- und Bewertungsvorschriften (§§ 4 ff. EStG) zu korrigieren. Ist die Haftung des Mitunternehmers für die Schulden der Gesellschaft beschränkt (z. B. auf die Kapitaleinlage), so ist die innerstaatliche Vorschrift über die **begrenzte Verlustverrechnung (§ 15 a EStG)** heranzuziehen. Eine **Haftungsbegrenzung** liegt bei Gesellschaftern einer ausländischen Personengesellschaft nach § 15 a Abs. 5 Nr. 3 EStG in folgenden Fällen vor:

- Eine Haftungsbegrenzung des Mitunternehmers für Schulden der Gesellschaft entspricht der Stellung eines Kommanditisten oder eines atypischen stillen Gesellschafters deutschen Rechts. Zur Beurteilung, ob dieser Tatbestand erfüllt ist, sind die Grundsätze der Steuerrechtsqualifikation (Typenvergleich) heranzuziehen. Es erfolgt somit ein Vergleich zwischen den ausländischen und den inländischen privatrechtlichen Haftungsvorschriften der jeweiligen Gesellschafterposition. Haftet der Steuerinländer nach dem Recht des Domizilstaates den Gläubigern der ausländischen Personengesellschaft bis zur Höhe seiner Einlage unmittelbar und ist die Haftung darüber hinaus ausgeschlossen, soweit die Einlage geleistet ist, so entspricht die Haftung des Steuerinländers der eines Kommanditisten deutschen Rechts (§ 171 Abs. 1 HGB). In diesem Fall ist die Vorschrift des § 15 a EStG anzuwenden. Gleiches gilt dann, wenn die Haftung des Steuerinländers der eines stillen Gesellschafters deutschen Rechts entspricht (§ 232 Abs. 2 HGB).
- Die Inanspruchnahme des Mitunternehmers für Schulden im Zusammenhang mit dem Betrieb der ausländischen Personengesellschaft ist durch Vertrag ausgeschlossen. Dies gilt sowohl für Kommanditisten als auch für

---

[55] Vgl. Debatin, H., BB 1989, Beilage 2, S. 9.

Komplementäre, falls deren wirtschaftliche Haftungsposition sich mit der eines Kommanditisten nach deutschem Recht vergleichen lässt.
– Es ist nach Art und Weise des Geschäftsbetriebes unwahrscheinlich, dass auf den Mitunternehmer ein Verlustanteil entfällt. Ob dies der Fall ist, ist ausschließlich den tatsächlichen Verhältnissen zu entnehmen, d. h. es ist zu prüfen, ob die mit der Beteiligung an einer ausländischen Personengesellschaft verbundene Haftung mit einem wirtschaftlich ins Gewicht fallenden Risiko verbunden ist.[56]

Die Technik der Verlustverrechnungsbegrenzung im Nicht-DBA-Fall wird im Rahmen der Darstellungen der Besteuerungswirkungen aufgezeigt.[57] An dieser Stelle genügt die Feststellung, dass der steuerliche **Verlustanteil** aus der Gesamthandsbilanz bei begrenzt haftenden Mitunternehmern nicht bzw. **nicht in vollem Umfang** im Jahr der Verlusterzielung **ausgleichsfähig ist**. Als verrechenbarer Verlustanteil kann er nur mit künftigen Gewinnanteilen kompensiert werden (§ 15 a Abs. 2 EStG). Gleichzeitig sind u. U. Wechselwirkungen mit den Verlustverrechnungsbeschränkungen des § 2 a EStG zu beachten.

(3) Sondervergütungen

Überlässt ein Steuerinländer seiner ausländischen Personengesellschaft Wirtschaftsgüter und Kapital zur Nutzung oder stellt er der ausländischen Gesellschaft seine Arbeitskraft zur Verfügung, so gehören die dafür von der Gesellschaft gezahlten Vergütungen nach § 15 Abs. 1 Satz 1 Nr. 2 EStG zu seinen Einkünften aus Gewerbebetrieb **(Sondervergütungen)**. Daneben bilden aufgrund der Einheit von Substanz und Ertrag die überlassenen Wirtschaftsgüter einen Teil seines Betriebsvermögens (Sonderbetriebsvermögen). Die Vorschrift des § 15 Abs. 1 Satz 1 Nr. 2 EStG ist dabei als zentrale **Zuordnungsnorm** zu interpretieren.[58] Das gilt auch für grenzüberschreitende Beteiligungen an einer Personengesellschaft.[59] Leistungsentgelte i. S. d. § 15 Abs. 1 Nr. 2 Satz 1 EStG sind deshalb dem Gesellschafter stets als Sonderbetriebseinnahmen zuzurechnen, auch wenn sie bei ihm ohnehin gewerbliche Betriebseinnahmen wären.

Die Zuordnung der Leistungsentgelte als Teil des Gesellschaftsgewinns betrifft allerdings nur solche Vergütungen, die von der Vorschrift des § 15 Abs. 1 Satz 1 Nr. 2 EStG explizit erfasst werden. Nach der **Beitragstheorie**[60] fallen ausschließlich solche Vergütungen unter § 15 Abs. 1 Satz 1 Nr. 2 EStG, die der inländische Mitunternehmer für Leistungen im Dienst der ausländischen Mitunternehmerschaft erhält und die somit bei wirtschaftlicher Betrachtung als **Beiträge zur Förderung des Gesellschaftszwecks** anzusehen sind (Sondervergütungen). Neben den Sondervergütungen als positive Kom-

---

[56] Zur näheren Präzisierung vgl. BMF-Schreiben v. 8. 5. 1981, BStBl 1981 I, S. 308, Tz. 7.
[57] Vgl. Abschnitt B II 1 a) (2) (a).
[58] Vgl. BFH v. 18. 7. 1979, BStBl 1979 II, S. 750; BMF-Schreiben v. 10. 12. 1979, BStBl 1979 I, S. 683; BFH v. 27. 5. 1981, BStBl 1982 II, S. 192; BFH v. 14. 4. 1988, BStBl 1988 II, S. 667; BFH v. 30. 8. 2007, BStBl 2007 II, S. 942.
[59] Vgl. BFH v. 17. 10. 1990, BStBl 1991 II, S. 211; BFH v. 19. 5. 1993, BStBl 1993 II, S. 714; BMF-Schreiben v. 16. 4. 2010, BStBl 2010 I, S. 354.
[60] Vgl. z. B. Jacobs, O. H., Personengesellschaft, 1991, S. 22 m. w. N.; zur Analyse der Entwicklungstendenzen in der Rechtsprechung vgl. Kraft, C., DStR 1995, S. 921 ff.

ponenten werden ebenfalls solche Aufwendungen des Mitunternehmers als negative Komponenten erfasst, die mit den unter § 15 Abs. 1 Satz 1 Nr. 2 EStG fallenden Vergütungen in wirtschaftlichem Zusammenhang stehen (**Sonderbetriebsausgaben**).

Die Vorgehensweise bei der Qualifikation der Leistungsvergütungen nach deutschem Recht stimmt allerdings häufig nicht mit den **Rechtsordnungen ausländischer Staaten** überein. Qualifikationskonflikte ergeben sich selbst dann, wenn Personengesellschaften im Ausland zwar nach dem Mitunternehmerkonzept besteuert, bei der Frage nach der Qualifikation der Leistungsvergütungen aber andere Wege eingeschlagen werden.[61] Durch diese unterschiedlichen Strukturen der Bemessungsgrundlage treten bei der grenzüberschreitenden Besteuerung im Rahmen der Anrechnungsmethode (Nicht-DBA-Fall) einige Probleme auf, die im Einzelnen bei der Darstellung der Steuerwirkungen erläutert werden.[62]

2. Abkommensrecht

Besteht mit dem Sitzstaat einer Personengesellschaft ein DBA, so stellt sich grundsätzlich die Frage, wie bei der Subsumtion der Einkünfte aus der Personengesellschaft unter die einzelnen Abkommensartikel zu verfahren ist. Problematisch ist hier insbesondere der Tatbestand, dass sich die Regelungen im OECD-Modell und den darauf aufbauenden Einzelabkommen grundsätzlich am Leitbild eines zivil- und steuerrechtlich eigenständigen Wirtschaftssubjektes (Kapitalgesellschaft) orientieren und dass daneben lediglich die Existenz einer rechtlich unselbständigen Betriebsstätte berücksichtigt wird. Da eine Personengesellschaft ihrer Rechtsnatur nach eine Mittelstellung zwischen diesen beiden Extremen einnimmt, führt die Abkommensanwendung in der Regel dann zu wenig befriedigenden Ergebnissen, wenn Sachverhalte, bei denen die Teilrechtssubjektivität der Personengesellschaft von Bedeutung ist, unter die DBA-Vorschriften subsumiert werden müssen.

a) Gewinnanteil

Hinsichtlich der abkommensrechtlichen Behandlung der Gewinnanteile eines Mitunternehmers besteht bei **beiderseitiger Anwendung des Mitunternehmerkonzepts** in den Vertragsstaaten Einigkeit darüber, dass das in Art. 7 des OECD-Modells normierte Betriebsstättenprinzip auf sämtliche Gewinnanteile der in einem Vertragsstaat ansässigen Gesellschafter anzuwenden ist.

Die damit grundsätzlich einhergehende Freistellung der Gewinnanteile im Inland setzt allerdings für im Gewinn enthaltene Dividenden, Zinsen und Lizenzgebühren voraus, dass sie eine tatsächlich-funktionale Bedeutung für die von der Betriebsstätte ausgeübte Tätigkeit haben.[63] Dies führt zu der

---

[61] Vgl. hierzu Storck, A./Selent, A., RIW/AWD 1980, S. 332 ff.; Hey, J./Bauersfeld, H., IStR 2005, S. 649 ff.; Hermann, R. A., Personengesellschaften, 2006, S. 120 ff.; Spengel, C./Schaden, M./Wehrße, M., StuW 2010, S. 54 f.
[62] Vgl. Abschnitt B II 1 a) (1) (a) und 6. Teil, 7. Kapitel, Abschnitt B I.
[63] Vgl. BFH v. 7. 8. 2002, BStBl 2002 II, S. 848; BFH v. 17. 12. 2003, BFH/NV 2004, S. 771; BFH v. 19. 12. 2007, BStBl 2008 II, S. 510.

umstrittenen Folge einer Unterteilung in freizustellende originäre und nicht freizustellende sonstige Unternehmensgewinne.[64]

Beim **Vorliegen subjektiver Qualifikationskonflikte** hingegen stellt sich die Behandlung der Gewinnanteile wesentlich problematischer dar. Vertragsstaaten, die Personengesellschaften nach **Kapitalgesellschaftsgrundsätzen** besteuern, werten die den Gesellschaftern zugeteilten Gewinnanteile als Dividenden und wenden darauf den Dividendenartikel (Art. 10 OECD-Modell) an. Sie besteuern somit zunächst den Gewinn der Personengesellschaft mit Körperschaftsteuer und ziehen dann vom „ausgeschütteten" Gewinnanteil ihre Quellensteuer (überwiegend 15%) ab.[65]

Bislang ist im deutschen Steuerrecht umstritten, welche Konsequenzen sich aus der Einkunftsqualifikation im Sitzstaat der Gesellschaft für die abkommensrechtliche Behandlung bei der Wohnsitzbesteuerung der Gesellschafter ergeben. Ein Teil des Schrifttums vertritt hierzu den Standpunkt, dass die ausländische Personengesellschaft aufgrund ihrer Besteuerung im Sitzstaat zwar als Gesellschaft im Sinn des Abkommens anzuerkennen sei, aber diese Beurteilung nicht für den gesamten Anwendungsbereich des Abkommens gelte. Vielmehr beschränkten sich die Bindungswirkungen dieser Qualifikation auf diejenigen Abkommensartikel, die explizit auf den Begriff „Gesellschaft" Bezug nehmen. Der Wohnsitzstaat müsse daher die Beteiligungserfolge zwar als Dividenden qualifizieren, darüber hinaus sei er jedoch nicht verpflichtet, die Personengesellschaft als Unternehmer – d. h. als abkommensberechtigte Person – zu betrachten, sondern könne auf den Gewinnanteil der Gesellschafter das Betriebsstättenprinzip (Art. 7 i. V. m. Art. 23 OECD-Modell) anwenden.[66]

Diese Abkommensauslegung ist problematisch. Gegen sie sprechen einmal die hierbei entstehenden Widersprüchlichkeiten in der Abkommensanwendung, die mit dem Wortlaut und Sinnzusammenhang eines DBA kaum in Einklang stehen. Wenn der Wohnsitzstaat die Personengesellschaft als „ansässige Gesellschaft" i. S. v. Art. 10 Abs. 3 OECD-Modell akzeptiert oder sogar noch weitergehend eine Abkommensberechtigung im Hinblick auf Quellensteuerentlastungen bejaht wird, so ist es wenig einleuchtend, dass diese Beurteilung bei der Anwendung des Art. 23 OECD-Modell völlig negiert werden soll.[67] Darüber hinaus ist einzuwenden, dass eine Maßgeblichkeit des Sitzstaatsrechts im Hinblick auf die Qualifikation der Einkünfte dem Gedanken einer wettbewerbsgerechten Besteuerung Rechnung trägt, da sich die Erfassung auf Abkommensebene nach den Wertungen des Landes vollzieht, in dem das Unternehmen arbeitet und Gewinne erzielt. Es ist deshalb in Übereinstimmung mit dem überwiegenden Teil des Schrifttums[68] davon auszugehen, dass für die abkommensrechtliche

---

[64] Zum Meinungsstand in der Literatur vgl. Lang, M., Betriebsstättenvorbehalt, 2006, S. 601 ff.; Wassermeyer, F./Andresen, U./Ditz, X., Betriebsstätten-Handbuch, 2006, Rz. 9.47.
[65] So z. B. Frankreich im Fall der Option einer französischen „OHG" für die Körperschaftsteuer. Vgl. Helfrie, N./Spengel, C., R. F. C. 1998, S. 27.
[66] Vgl. Diehl, W., FR 1978, S. 523; Raad, K. van, CDFI 1988, S. 132.
[67] So auch Debatin, H., BB 1989, Beilage 2, S. 8.
[68] Vgl. z. B. Knobbe-Keuk, B., Unternehmenssteuerrecht, 1993, S. 551 f.; Schaumburg, H., Steuerrecht, 1998, S. 1192 f.; Lang, M., Personengesellschaften, 1999, S. 720 f.; Vogel, K./Lehner, M., DBA-Kommentar, Art. 10, Anm. 190.

Behandlung der Einkünfte auch aus Sicht des Wohnsitzstaates der Gesellschafter die **Qualifikation des Sitzstaates der Personengesellschaft maßgeblich** ist. Die Gewinne der Personengesellschaft als eigenständige Gesellschaft i. S. d. Abkommens können bei ihren Gesellschaftern grundsätzlich erst bei Ausschüttung besteuert werden. In diesem Falle sind die Gewinne abkommensrechtlich auch aus Sicht des Wohnsitzstaates der Gesellschafter als Dividenden anzusehen, für die ausschließlich die Anwendung des Dividendenprinzips in Frage kommt. Im Schrifttum findet sich für die Begründung der Nichtbesteuerung der Gewinne der Personengesellschaft teilweise auch ein Rückgriff auf Art. 7 Abs. 1 OECD-Modell: Die Personengesellschaft ist abkommensrechtlich als ansässige Person anzusehen. Daraus folgt, dass ein Unternehmen des Sitzstaates der Personengesellschaft vorliegt (Art. 3 Abs. 1 Buchstabe c OECD-Modell). Da Gewinne eines Unternehmens eines Vertragsstaates nur in diesem besteuert werden dürfen, steht das Besteuerungsrecht dem Sitzstaat der Personengesellschaft zu (Art. 7 Abs. 1 OECD-Modell).[69] Für ein anderes Vorgehen spricht sich dagegen die Finanzverwaltung aus,[70] wonach das in Art. 7 des OECD-Modells normierte Betriebsstättenprinzip auf sämtliche Gewinne der Personengesellschaft anzuwenden ist.

Wesentlich leichter zu handhaben als die steuersystematischen Unterschiede sind die materiellen Konsequenzen beider Standpunkte. Sowohl das Abstellen auf das Betriebsstättenprinzip im Inland als auch die übereinstimmende Anwendung des Dividendenprinzips auf ausgeschüttete Gewinne führen nämlich grundsätzlich zur **Standortbesteuerung bei inländischer Freistellung**. Lediglich in den Fällen, in denen die ausländische Personengesellschaft ihre Einkünfte teilweise durch Betriebsstätten in Drittstaaten erzielt, kann es durch die unterschiedliche Subjektqualifikation auch bei Bestehen eines DBA zu Doppelbesteuerungen kommen.[71]

b) Sondervergütungen

Bei der steuerlichen Beurteilung der Sondervergütungen kann es sowohl gegenüber Vertragsstaaten, die das Kapitalgesellschaftskonzept anwenden, als auch gegenüber Vertragsstaaten, die das Mitunternehmerkonzept anwenden, zu **Qualifikationskonflikten**[72] kommen. Die – von Ausnahmen abgesehen – gegenüber § 15 Abs. 1 Satz 1 Nr. 2 EStG unterschiedliche Auslegung des Mitunternehmerkonzepts in der Staatenpraxis führt dabei nicht nur zu Besteuerungsüberschneidungen, sondern auch zu Besteuerungslücken.

Beispiel: Ein inländischer Mitunternehmer gewährt ein Darlehen an eine ausländische Personengesellschaft (Mitunternehmerkonzept). Nach deutscher Rechtswertung handelt es sich um Sondervergütungen (§ 15 Abs. 1 Satz 1 Nr. 2 EStG), die nach dem Betriebsstättenprinzip – unter Nicht-Beachtung von Subject-to-tax- und

---

[69] Vgl. Piltz, D.J., Personengesellschaften, 1981, S. 175 ff.; Greif, M./Fischer, B., CDFI 1995, S. 246; Schmidt, C., IStR 1996, S. 17 f.; Mössner, J. M. u. a., Steuerrecht, 2005, Rz. E 55.
[70] Vgl. BMF-Schreiben v. 16. 4. 2010, BStBl 2010 I, S. 354.
[71] Vgl. hierzu Abschnitt B II 2 a) (1).
[72] Vgl. 6. Teil, 7. Kapitel, Abschnitt B I.

4. Kapitel. Ausländische Personengesellschaften

Switch-over-Klauseln wie bspw. § 50d Abs. 9 EStG – freigestellt sind. Kennt das Ausland eine dem § 15 Abs. 1 Satz 1 Nr. 2 EStG entsprechende Zuordnungsnorm jedoch nicht, werden Zinsaufwendungen an den Gesellschafter bei der Gesellschaft zum Abzug zugelassen. Die Zinsen hingegen würden weder im Ausland noch im Inland besteuert.[73]

Entscheidend für die dargestellte Konsequenz einer doppelten Nichtbesteuerung (bzw. allenfalls partiellen Besteuerung durch Quellensteuern) ist die Frage, welche Bedeutung die Qualifikation der Sondervergütungen im Sitzstaat der Personengesellschaft für die abkommensrechtliche Behandlung im Wohnsitzstaat des Gesellschafters hat. Es kommt insoweit darauf an, ob ausschließlich die innerstaatlichen Rechtswertungen des anwendenden Wohnsitzstaates zu beachten sind oder ob diese durch eine grundsätzlich vorrangige Auslegung des Abkommens aus sich selbst heraus i. S. einer Anknüpfung an die Rechtswertung des Sitzstaates der Personengesellschaft verdrängt werden können. Diese Frage ist umstritten.

Sondervergütungen gehören nach innerstaatlichem Recht (§ 15 Abs. 1 Satz 1 Nr. 2 EStG) zu den Einkünften aus Gewerbebetrieb und sind Bestandteil des Gesamtgewinns aus der Beteiligung an der Personengesellschaft. Nach der Rechtsprechung des BFH[74] ist der Gesamtgewinn bei Beteiligungen an ausländischen Personengesellschaften für die Anwendung der DBA nicht als Einheit zu behandeln, sondern aufzuteilen in den Gewinnanteil und die Sondervergütungen.[75] Die Sondervergütungen (z. B. Zinsen) werden sodann unter die einschlägigen Abkommensartikel (z. B. Art. 11 OECD-Modell) mit der Konsequenz subsumiert, dass Sondervergütungen des inländischen Gesellschafters einer ausländischen Personengesellschaft in Deutschland stets uneingeschränkt steuerpflichtig sind.[76] Etwas anderes gilt nur, wenn die den Sondervergütungen zugrunde liegenden Vermögenswerte (z. B. Forderungen) zu einer im Ausland belegenen Betriebsstätte des gewerblich tätigen Gesellschafters gehören. Für die Zugehörigkeit eines Wirtschaftsguts zu einer Betriebsstätte (Personengesellschaft) komme es dabei auf dessen **tatsächliche Zugehörigkeit** i. S. d. Abkommens an, eine bloß rechtliche Zuordnung reiche hierzu nicht aus.[77] Im Ergebnis sollen Vergütungen aus Gesellschafts-Gesellschafterverträgen nur noch dann als gewerbliche Gewinne freigestellt werden, wenn sie nach

---

[73] Zum gleichen Ergebnis führt es, wenn Personengesellschaften im Ausland nach dem Kapitalgesellschaftskonzept besteuert werden. Zinsaufwendungen stellen dann Betriebsausgaben dar, während das Inland die gewerblichen Einkünfte wiederum nach dem Betriebsstätten- bzw. Dividendenprinzip freistellt.
[74] Vgl. BFH v. 27. 2. 1991, BStBl 1991 II, S. 444; BFH v. 14. 7. 1993, BStBl 1994 II, S. 91; BFH v. 24. 3. 1999, BStBl 2000 II, S. 399; BFH v. 16. 10. 2002, BStBl 2003 II, S. 631; BFH v. 20. 12. 2006, BStBl 2009 II, S. 766.
[75] Zustimmend Fischer-Zernin, J., RIW 1991, S. 493 ff.; Lüdicke, J., StbJb 1997/98, S. 472 ff.; Schaumburg, H., Steuerrecht, 1998, S. 1194 ff.; Kleineidam, H.-J., RIW 2003, S. 736 ff.; kritisch bzw. ablehnend Köhler, E., RIW 1991, S. 1024 ff.; Debatin, H., BB 1992, S. 1181 ff.; Piltz, D. J., Qualifikationskonflikte, 1993, S. 40 ff.; Hemmelrath, A., IStR 1995, S. 571 f.
[76] Vgl. BFH v. 27. 2. 1991, BStBl 1991 II, S. 444; BFH v. 31. 5. 1995, BStBl 1995 II, S. 683.
[77] Vgl. BFH v. 27. 2. 1991, BStBl 1991 II, S. 444; BFH v. 31. 5. 1995, BStBl 1995 II, S. 683; BFH v. 30. 8. 1995, BStBl 1996 II, S. 563; BFH v. 23. 10. 1996, BStBl 1997 II, S. 313; BFH v. 7. 8. 2002, BStBl 2002 II, S. 848; BFH v. 17. 10. 2007, BFH/

dem Steuerrecht des Betriebsstättenstaates ebenfalls den gewerblichen Einkünften zuzuordnen sind.[78] Ungeachtet der BFH-Rechtsprechung vertreten die Finanzverwaltung[79] sowie der deutsche Gesetzgeber in § 50 d Abs. 10 EStG die Auffassung, die Sondervergütungen des Gesellschafters einer Personengesellschaft seien Bestandteil der Unternehmensgewinne i. S. d. DBA (Art. 7 OECD-Modell). Da keine Aufspaltung des Gesamtgewinns erfolgt und das Besteuerungsrecht für Unternehmensgewinne nach Art. 7 OECD-Modell dem Ausland zusteht, sind die Sondervergütungen aufgrund der in den deutschen DBA verankerten Freistellungsmethode konsequenterweise unter Progressionsvorbehalt freizustellen.[80] Um **doppelte Nichtbesteuerungen oder Minderbesteuerungen** zu vermeiden, wird allerdings nicht an der abkommensrechtlichen Freistellungsmethode festgehalten, falls die beiden Vertragsstaaten die erzielten Einkünfte unterschiedlichen Abkommensbestimmungen zuordnen – da sie von unterschiedlichen Sachverhalten ausgehen, die Abkommensbestimmungen unterschiedlich auslegen oder bei der Auslegung auf ihr jeweiliges nationales Recht zurückgreifen – und sich der ausländische Staat aufgrund des DBA daran gehindert sieht, die Einkünfte in voller Höhe zu besteuern (§ 50 d Abs. 9 EStG).[81] In diesen Fällen sind die Sondervergütungen unter Anrechnung der ausländischen Quellensteuern in Deutschland zu versteuern. Ob der Gesetzgeber die tatsächliche Zugehörigkeit des betreffenden Wirtschaftsguts zu der ausländischen Personengesellschaft berücksichtigt, ist strittig.[82]

Auf Abkommensebene sollen **Qualifikationskonflikte,** die auf einer unterschiedlichen Abkommensauslegung durch die Vertragsstaaten basieren, durch den Absatz 4 von Art. 23 A OECD-Modell gelöst werden, wonach für diese ebenfalls die Freistellungsmethode ausgeschlossen wird (sog. Switch-over-Klauseln).[83] Diese Vorgehensweise wird auch in der neueren deutschen Abkommenspraxis präferiert; entsprechende Regelungen finden sich bspw. im DBA-USA (Art. 23 Abs. 4),[84] DBA-Kanada (Protokoll Nr. 10), DBA-Italien (Protokoll Nr. 18), DBA-Schweden (Art. 43) und DBA-Österreich (Art. 28).[85]

NV 2008, S. 869; BFH v. 19. 12. 2007, BStBl 2008 II, S. 510. Kritisch dazu vgl. Debatin, H., BB 1992, S. 1187; Krabbe, H., IWB, Fach 3, Deutschland, Gruppe 2, S. 771. Zur Reichweite der Urteile siehe Fischer, L., Personengesellschaften, 2000, S. 968.
[78] Siehe dazu die Entscheidung des BFH v. 24. 3. 1999, BStBl 2000 II, S. 399; sowie Weggenmann, H., IStR 2002, S. 3; Schild, C./Ehlermann, C., Personengesellschaften, 2003, S. 1398 ff.
[79] Vgl. Betriebsstätten-Verwaltungsgrundsätze, BMF-Schreiben v. 24. 12. 1999, BStBl 1999 I, S. 1076, Tz. 1. 2. 3.; BMF-Schreiben v. 16. 4. 2010, BStBl 2010 I, S. 354.
[80] Vgl. Salzmann, S., IWB, Fach 3, Deutschland, Gruppe 3, S. 1552 f.
[81] Vgl. die Gesetzesbegründung in BT-Drs. 16/2712, S. 61. Zu dieser Regelung sowie zu § 50 d Abs. 9 Satz 1 Nr. 2 EStG siehe auch Grotherr, S., IStR 2007, S. 265 ff.; Vogel, K., IStR 2007, S. 225 ff.; BMF-Schreiben v. 16. 4. 2010, BStBl 2010 I, S. 354.
[82] Vgl. u. a. Günkel, M./Lieber, B., Ubg 2009, S. 301 ff.; Frotscher, G., IStR 2010, S. 593 ff.
[83] Vgl. zu Art. 23 A Abs. 4 OECD-Modell z. B. Krabbe, H., IStR 2000, S. 200 f.; Lüdicke, J., Personengesellschaften, 2000, S. 23 ff.; Menck, T., IWB, Fach 10, International, Gruppe 2, S. 1487; Schilcher, M., Subject-to-tax-Klauseln, 2004, S. 48 ff.
[84] Vgl. hierzu auch Endres, D./Wolff, U., IStR 2006, S. 729.
[85] Vgl. Vogel, K., IStR 1997, Beihefter zu Heft 24, S. 1 ff.; BMF-Schreiben v. 16. 4. 2010, BStBl 2010 I, S. 354. Zu den Switch-over-Klauseln allgemein vgl. auch Petereit, A., IStR 2003, S. 577 ff.; Meilicke, W./Portner, R., IStR 2004, S. 397.

4. Kapitel. Ausländische Personengesellschaften

Dagegen werden Qualifikationskonflikte, die auf einer abweichenden Qualifizierung der Einkünfte nach dem innerstaatlichen Recht des Quellenstaates basieren, nach Ansicht der Finanzverwaltung[86] durch die Auslegung von Art. 23 A OECD-Modell gelöst.[87] Hiernach kann der Wohnsitzstaat anstelle der Freistellungsmethode die Anrechnungsmethode anwenden, wenn der Quellenstaat die Sondervergütungen nicht oder nicht vollständig besteuert.[88] Demnach soll der Wohnsitzstaat des Gesellschafters im Falle eines fehlenden Besteuerungstatbestands im nationalen Recht an die Qualifikation der Sondervergütungen im Sitzstaat der Personengesellschaft gebunden sein,[89] wenngleich die Änderung des OECD-Modells in Bezug auf geltende deutsche Abkommen nicht bindend ist.[90]

Im Ergebnis weisen die Auffassungen der deutschen Finanzverwaltung und der OECD insoweit Gemeinsamkeiten auf, als sie eine einheitliche Abkommensanwendung bei Qualifikationskonflikten in Zusammenhang mit Sondervergütungen durch eine Übernahme der Qualifikation im Sitzstaat der Personengesellschaft gewährleisten wollen. Diese Auffassung beruht auf der **Theorie der Qualifikationsverkettung.**[91] Ausgangspunkt hierfür ist die jeweilige Definition der einzelnen Ertragskategorien auf Abkommensebene. Betrachtet der Sitzstaat bspw. Zinszahlungen der Personengesellschaft an ihre Gesellschafter als Zinsen i. S. v. Art. 11 OECD-Modell, so soll diese Qualifikation auch für den Wohnsitzstaat bindend sein. Die Verkettung wird wie folgt begründet: Das OECD-Modell stellt bei der Qualifikation bestimmter Einkünfte regelmäßig auf das Recht des Quellenstaates ab.[92] Schreibt nun der jeweilige Abkommensartikel über die Vermeidung der Doppelbesteuerung vor, dass die für „Zinsen", „Dividenden" und „Lizenzgebühren" vorgesehene Steuererleichterung genau diejenigen Einkünfte meint, deren Besteuerungsrecht durch das Abkommen dem Quellenstaat zugewiesen wird, so folgt daraus die Behandlung der Einkünfte nach den speziellen Abkommensregeln für Dividenden, Zinsen und Lizenzen auch im Wohnsitzstaat, obwohl dort nach nationalem Recht u. U. gewerbliche Einkünfte vorliegen (§ 15 Abs. 1 Satz 1 Nr. 2 EStG). Konsequenz dessen ist die Zuweisung des Besteuerungs-

---

[86] Vgl. Krabbe, H., IWB, Fach 3, Deutschland, Gruppe 2, S. 866; ders., IStR 2000, S. 200; ders., FR 2001, S. 130.
[87] Vgl. OECD, Partnerships, 1999. Siehe auch Günkel, M./Lieber, B., FR 2000, S. 855; Staringer, C., Leistungsbeziehungen, 2000, S. 117 f. Zu den entsprechenden Fallbeispielen siehe Lang, M., Qualifikationskonflikte, 2000, S. 909 ff. i. V. m. OECD, Partnerships, 1999, Ex. 13, 15.
[88] Vgl. OECD-Kommentar, Art. 23, Rz. 32.1. ff.; Krabbe, H., IStR 2000, S. 200; Günkel, M./Lieber, B., FR 2000, S. 855. Kritisch zu dieser Auslegung siehe Lang, M., Qualifikationskonflikte, 2000, S. 915 ff., 921; Lüdicke, J., Personengesellschaften, 2000, S. 24 f.
[89] Vgl. zur Einkünftequalifikation von Österreich und den USA als Quellenstaaten und den Konsequenzen für Deutschland als Wohnsitzstaat Weggenmann, H., IStR 2002, S. 4 ff.
[90] Vgl. Lang, M., Qualifikationskonflikte, 2000, S. 919 ff.; Lüdicke, J., Personengesellschaften, 2000, S. 32; Krabbe, H., StbJb 2000/01, S. 200 f.
[91] Vgl. hierzu insbesondere Debatin, H., DB 1985, Beilage 23, S. 4 f.; Schaumburg, H., Steuerrecht, 1998, S. 1195 f.; Vogel, K./Lehner, M., DBA-Kommentar, Art. 1, Anm. 39.
[92] Vgl. Art. 10 Abs. 3 OECD-Modell (Dividenden), Art. 11 Abs. 3 OECD-Modell (Zinsen), Art. 12 Abs. 2 OECD-Modell (Lizenzen).

rechts an den Wohnsitzstaat des Gesellschafters unter Anrechnung der im Ausland gezahlten Steuern.

Im Schrifttum wird die Übernahme der Qualifikation im Sitzstaat überwiegend jedoch nur dann akzeptiert, wenn im jeweiligen Abkommensartikel über die Vermeidung der Doppelbesteuerung (Art. 23 OECD-Modell) explizit bestimmt wird, dass sich die für Dividenden, Zinsen und Lizenzgebühren vorgesehenen Steuererleichterungen ausschließlich auf jene Einkunftskategorien beziehen, die durch die einschlägigen Verteilungsnormen der Steuerkompetenz des Quellenstaates überlassen wurden (Verweis auf die Begriffsbestimmungen der Art. 10–12 OECD-Modell in Art. 23 OECD-Modell).[93] Soweit jedoch der Wortlaut des Artikels zur Vermeidung der Doppelbesteuerung eine Qualifikationsverkettung nicht beinhaltet, wird die Maßgeblichkeit der Sitzstaatsqualifikation mangels Rechtsgrundlage abgelehnt.[94]

Außerdem ist zu beachten, dass durch die Qualifikationsverkettung freilich nicht der Qualifikationskonflikt als solcher gelöst wird, sondern nur dessen (unerwünschte) Rechtsfolgen. Eine u. E. bessere Möglichkeit bestünde darin, wie bspw. in den DBA mit Belarus, Ghana, Österreich, der Schweiz, Singapur, Tadschikistan und Usbekistan geschehen, die Maßgeblichkeit der Qualifikation von Sondervergütungen im Betriebsstättenstaat für die Zuordnung zum Betriebsstättengewinn ausdrücklich zu regeln (jeweils Art. 7 Abs. 7).[95]

Insgesamt bleibt allerdings festzuhalten, dass doppelte Nichtbesteuerungen bzw. Minderbesteuerungen aufgrund abweichender innerstaatlicher Steuerrechte oder unterschiedlicher Abkommensanwendungen in künftigen Abkommen vermieden werden dürften, sofern Deutschland die Änderung des OECD-Modells und des Kommentars zum OECD-Modell bei deren Auslegung zugrunde legt. Dagegen führen rein nationale Regelungen, wie sie bspw. in § 50d Abs. 9 EStG vorzufinden sind, nicht zu einer rechtssicheren und ausgewogenen Vermeidung von Doppel- und Minderbesteuerungen und sind daher abzulehnen.

B. Durchführung der laufenden Besteuerung

Bei der Besteuerung von inländischen Beteiligungen an ausländischen Personengesellschaften ist zwischen dem Sitzstaat der Personengesellschaft und dem Wohnsitzstaat der Gesellschafter zu unterscheiden. Zunächst wird die Besteuerung in den potenziellen Sitzstaaten der ausländischen Personengesellschaft dargestellt. Anschließend wird die Besteuerung des in Deutschland ansässigen Gesellschafters beschrieben.

---

[93] Eine solche Rechtsgrundlage beinhaltet bspw. das DBA-Schweiz. Siehe Abschnitt A II 2 b).
[94] Vgl. u. a. Piltz, D. J., Personengesellschaften, 1981, S. 137 ff.; Kappe, K., DStR 1987, S. 482; Küspert, K., RIW 1988, S. 462 f.; Debatin, H., BB 1992, S. 1186; a. A. Hintzen, L./Hintzen, S., DB 1979, S. 1911; Alig, K., Personengesellschaften, 1980, S. 411; Storck, A./Selent, A., RIW/AWD 1980, S. 339; Riemenschneider, S., Abkommensberechtigung, 1995, S. 171; Kluge, V., Steuerrecht, 2000, S. 916; Lüdicke, J., Personengesellschaften, 2000, S. 31; Debatin, H./Wassermeyer, F., Doppelbesteuerung, Art. 7, Tz. 109; Vogel, K./Lehner, M., DBA-Kommentar, Art. 1, Anm. 39.
[95] Vgl. Vogel, K./Lehner, M., DBA-Kommentar, Art. 7, Anm. 61. Im Ergebnis so auch Lüdicke, J., DBA-Politik, 2008, S. 120.

4. Kapitel. Ausländische Personengesellschaften

I. Sitzstaat der Personengesellschaft

1. Nationales Recht

Im internationalen Bereich folgt die Besteuerung von Personengesellschaften entweder dem Mitunternehmer- oder dem Kapitalgesellschaftskonzept. Beide Besteuerungsmodelle führen zu völlig anderen Ergebnissen. Besteuert der Sitzstaat nach **Kapitalgesellschaftsgrundsätzen,** so verfügt er über einen persönlichen Anknüpfungspunkt für eine Besteuerung, d. h. die im Sitzstaat ansässige Personengesellschaft unterliegt dort als Rechtssubjekt der unbeschränkten Steuerpflicht. Besteuert der Sitzstaat dagegen nach dem **Mitunternehmerkonzept,** so kann er aufgrund der fehlenden Steuersubjektivität der Personengesellschaft auf kein persönliches Steueranknüpfungsmerkmal zurückgreifen. Ein Besteuerungsrecht des Sitzstaates ergibt sich dann jedoch im Rahmen der beschränkten Steuerpflicht des Gesellschafters, die sich in Anknüpfungsmomenten sachlicher Art (Betriebsstättenprinzip, Belegenheitsprinzip, Arbeitsortprinzip) konkretisiert.

a) Staaten mit Mitunternehmerkonzept

(1) Besteuerung von Gewinnanteilen und Sondervergütungen

Nach der Wertung von Dänemark, Finnland, Frankreich, Großbritannien, Irland, Italien, Lettland, Luxemburg, Malta, den Niederlanden, Österreich, Polen, Schweden, der Slowakischen und der Tschechischen Republik, den USA sowie Zypern gelten Personengesellschaften als steuerlich transparent. Als Folge dieser Transparenz wird die Besteuerung – vorbehaltlich einer im Einzelfall bestehenden Optionsmöglichkeit (z. B. Frankreich, Slowakische und Tschechische Republik und USA[96]) – nicht auf Ebene der Gesellschaft, sondern auf Ebene ihrer Gesellschafter vorgenommen.[97] Dies entspricht grundsätzlich dem deutschen Mitunternehmerkonzept. Allerdings zeigt sich, dass die konkrete **Ausgestaltung des Transparenzprinzips** in den verschiedenen Ländern unterschiedlich weit gefasst wird. Nach einem z. B. in den Niederlanden vertretenen Konzept stellt die Besteuerung ausschließlich auf die Existenz der Gesellschafter ab. Dagegen werden in anderen Ländern Konzepte vertreten, bei denen der Gesellschaft eine gewisse Steuerpersönlichkeit zuerkannt wird. So wird die Personengesellschaft z. B. in Norwegen als Steuerpflichtige fingiert, die auf ihrer Ebene das Ergebnis ermittelt und deklariert. Dem Gesellschafter kommt nur die Zahlung der Steuer der Personengesellschaft zu.[98] In anderen Ländern wird die Personengesellschaft entsprechend der deutschen Vorgehensweise als Subjekt der Gewinnermittlung behandelt (z. B. Finnland, Frankreich, Großbritannien, Italien, Lettland, Luxemburg, Malta, Österreich, Schweden, Slowakische und Tschechische Republik, USA sowie Zypern). Die steuerliche Transparenz der Personengesellschaften wird jedoch in seltenen Fällen durchbrochen, wenn Gesellschafter nur einer beschränkten Haftung unterliegen. In diesen Fällen richtet sich die

---

[96] Zum Check-the-box-System in den USA vgl. 3. Kapitel, Abschnitt A I 1.
[97] Vgl. im Folgenden Le Gall, J.-P., CDFI 1995, S. 709 ff.; Hey, J./Bauersfeld, H., IStR 2005, S. 649 ff.; Hermann, R. A., Personengesellschaften, 2006, S. 120 ff.; Spengel, C./Schaden, M./Wehrße, M., StuW 2010, S. 46 ff.
[98] Vgl. Jansen, J. B., CDFI 1995, S. 436.

Besteuerung nach dem Kapitalgesellschaftskonzept, d. h. die Gesellschafter werden wie diejenigen einer Kapitalgesellschaft behandelt (z. B. Slowakische und Tschechische Republik).[99]

Erfolgt die Besteuerung nach dem Transparenzprinzip, so verfügt der Sitzstaat der Personengesellschaft nur dann über persönliche Anknüpfungsmomente der Steuerpflicht, wenn die Gesellschafter der Personengesellschaft auch im Sitzstaat ansässig und somit dort unbeschränkt steuerpflichtig sind. Bei dem hier interessierenden Fall nichtansässiger Gesellschafter kann der Sitzstaat der Personengesellschaft sein Besteuerungsrecht dagegen nur auf die **sachlichen Anknüpfungsmomente** des Gesellschafters im Rahmen der beschränkten Steuerpflicht stützen. Den Anknüpfungspunkt der Besteuerung stellt im Allgemeinen das Vorliegen einer Betriebsstätte bzw. die Ausübung einer Handelsaktivität dar. Teilweise wird die Steuerpflicht des nichtansässigen Gesellschafters aber auch durch seine Beteiligung an der Personengesellschaft begründet (Frankreich, Italien, Norwegen, Schweden).

Im Rahmen eines Veranlagungsverfahrens des Gesellschafters (ausnahmsweise der Gesellschaft) werden die Nettoeinkünfte aus der Beteiligung an der Personengesellschaft der Besteuerung unterworfen. Im Gegenzug werden Anteile am Verlust der Gesellschaft nach den nationalen Regelungen der einzelnen Staaten in der Regel ebenfalls berücksichtigt (z. B. Frankreich, Großbritannien, Irland, Lettland, Luxemburg, Malta, Österreich, Slowakische und Tschechische Republik, USA sowie Zypern). Für beschränkt haftende Gesellschafter ist entsprechend der deutschen Vorgehensweise in den meisten Staaten eine Begrenzung der **Verlustverrechnung** vorgesehen (z. B. Dänemark, Italien, Niederlande, Polen, Schweden, Slowakische Republik und Tschechische Republik).[100]

In einigen Staaten sind besondere **Quellensteuerpflichten** bei Vorliegen einer Betriebsstätte bzw. einer Personengesellschaft zu beachten. In den USA wird bspw. eine sog. branch profits tax auf nicht reinvestierte, gewerbliche Betriebsstättengewinne einer ausländischen Kapitalgesellschaft erhoben (Sec. 884 IRC). Handelt es sich dabei um eine Personengesellschaft, sind zusätzlich Quellensteuern auf den Gewinnanteil der ausländischen Gesellschafter zu entrichten.[101]

Sondervergütungen, die die Personengesellschaft an ihre Gesellschafter aufgrund von neben der Beteiligung bestehenden Vertragsbeziehungen leistet, können im Sitzstaat der Personengesellschaft unterschiedlich behandelt werden. In einigen Staaten werden sie entsprechend der deutschen Vorgehensweise zum Gewinn der Personengesellschaft gezählt und beim Gesellschafter wie oben dargestellt erfasst (z. B. Dänemark, Irland, Lettland, Luxemburg, Niederlande, Österreich, Schweden und Zypern). Andere Staaten behandeln diese Vergütungen jedoch entsprechend der zugrunde liegenden Einkunftsart (z. B. Finnland, Frankreich, Großbritannien, Italien, Malte, Polen, Slowakische Republik, Tschechische Republik und USA). Dies wird teilweise davon

---

[99] Vgl. Spengel, C./Schaden, M./Wehrße, M., StuW 2010, S. 49 f.
[100] Vgl. Spengel, C./Schaden, M./Wehrße, M., StuW 2010, S. 53 f.
[101] Vgl. hierzu im Einzelnen Hey, F. E. F./Kimbrough, T. C., RIW 1990, S. 42 ff.; McDaniel, P. R./Ault, H. J./Repetti, J. R., United States, 2005, S. 73 ff.

abhängig gemacht, ob die Gesellschafter in ihrer Eigenschaft als Gesellschafter handeln oder wie ein fremder Dritter (z. B. USA).[102] Die Vergütungen sind auf Ebene der Personengesellschaft abzugsfähig. Beim nichtansässigen Gesellschafter werden sie besteuert, wenn weitere Anknüpfungspunkte der beschränkten Steuerpflicht vorliegen, bspw. grundpfandrechtlich gesichertes Kapitalvermögen oder im Ausland belegenes Vermögen, das an die Personengesellschaft vermietet wird. Die Besteuerung wird dann zumeist durch die Einbehaltung einer Quellensteuer vorgenommen.

(2) Die Behandlung von Drittstaatseinkünften

Bezieht eine ausländische Personengesellschaft aus einem Drittstaat (als solcher kann auch der Wohnsitzstaat des Gesellschafters gelten) Einkünfte, so werden diese Einkunftsteile in aller Regel dort besteuert. Die **Besteuerung durch den Quellenstaat** (Drittstaat) ergibt sich aufgrund der Verknüpfung des Steuerguts mit dieser Volkswirtschaft (sachliche Anknüpfung). In Deutschland unterliegen so z. B. inländische Einkünfte von nicht im Inland ansässigen Personen der beschränkten Steuerpflicht. Dabei wird gem. § 49 EStG nicht das Welteinkommen eines Steuersubjekts erfasst, sondern die Summe von tatbestandsmäßig genau abgegrenzten Einkünften aus inländischen Quellen.[103] Analoges gilt im Rahmen der beschränkten Vermögensteuerpflicht, sofern der Quellenstaat eine Vermögensbesteuerung kennt. Besteuert der Drittstaat nach Maßgabe des umfassenden Quellenprinzips (z. B. Entwicklungsländer), so ist mit jeglicher Geschäftstätigkeit der Gesellschaft in diesem Staat eine Besteuerung verknüpft.

Aus der quellenorientierten Konzeption der beschränkten Steuerpflicht ergeben sich für Gesellschafter, die nicht im Sitzstaat der Personengesellschaft ansässig sind, Konsequenzen hinsichtlich des Umfangs der im Sitzstaat beschränkt steuerpflichtigen Einkünfte. Da im Rahmen der beschränkten Steuerpflicht grundsätzlich nur solche Einkünfte erfasst werden, die aus originär inländischen Quellen stammen, ergibt sich bei der Besteuerung nichtansässiger Gesellschafter im Sitzstaat der Personengesellschaft die Notwendigkeit, die dort erzielten Einkünfte von den im Ausland (Drittstaat oder Wohnsitzstaat des Gesellschafters) erzielten abzugrenzen. Die Grenzziehung erfolgt dabei häufig entsprechend der deutschen Vorgehensweise anhand des Betriebsstättenprinzips, wobei in Abhängigkeit vom Vorhandensein einer Betriebsstätte wie folgt zu differenzieren ist:

- Wird **in einem Drittstaat eine Betriebsstätte** unterhalten, so gilt diese nicht als Unterbetriebsstätte der Personengesellschaft, sondern als eine Betriebsstätte des Gesellschafters. Einkünfte aus drittstaatlichen Betriebsstätten sind damit nicht im Sitzstaat der Personengesellschaft beschränkt steuerpflichtig; sie werden vielmehr der Besteuerungskompetenz des Drittstaates überlassen.

- Fließen der Personengesellschaft Einkünfte aus Drittstaaten zu, **ohne** dass dort eine **Betriebsstätte** vorliegt, unterliegen diese grundsätzlich der Besteuerung im Sitzstaat der Personengesellschaft. Nur bei solchen Staaten, die ihren Besteuerungsanspruch nach dem Territorialitätsprinzip generell

---

[102] Vgl. Spengel, C./Schaden, M./Wehrße, M., StuW 2010, S. 54 f.
[103] Vgl. 1. Kapitel.

allein auf das Inland erstrecken, sind Drittstaatseinkünfte nicht steuerpflichtig (z.B. Südafrika, bei Kapitalgesellschaften als Gesellschafter auch Frankreich).

Werden Drittstaatseinkünfte jedoch sowohl im Quellenstaat als auch im Sitzstaat der Personengesellschaft besteuert, stellt sich aus der Sicht des Sitzstaates der Personengesellschaft die Frage, wie die **Doppelbesteuerung** dieser Einkünfte vermieden wird.

Beispiel: Ein deutscher Gesellschafter ist an einer Personengesellschaft im Staat A beteiligt. Die Personengesellschaft bezieht aus einem Staat B Zinseinkünfte, die in B einer Quellensteuer unterliegen. Durch die gleichzeitige Erfassung der Zinseinkünfte im Staat B und bei der Personengesellschaft im Staat A kommt es zur Doppelbesteuerung.

In der Regel werden Doppelbesteuerungen von Drittstaatseinkünften im Sitzstaat der Personengesellschaft nicht vermieden, da das Recht der meisten ausländischen Staaten eine Anwendbarkeit der **unilateralen Maßnahmen** zur Vermeidung von Doppelbesteuerungen **im Rahmen der beschränkten Steuerpflicht** nicht vorsieht. Ausnahmen stellen neben Deutschland (vgl. § 50 Abs. 3 EStG)[104] Dänemark, die Niederlande und u.U. Norwegen dar.[105]

b) *Staaten mit Kapitalgesellschaftskonzept*

Besteuert der Sitzstaat einer ausländischen Personengesellschaft diese nach Kapitalgesellschaftsgrundsätzen, wie dies bspw. in Belgien, Bulgarien, Estland, Griechenland, Litauen, Portugal, Rumänien, Slowenien, Spanien und Ungarn der Fall ist,[106] so entsteht die persönliche Steuerpflicht im Domizilstaat bei der Personengesellschaft. Der Domizilstaat besteuert in diesen Fällen in der Regel den Weltgewinn und das Weltvermögen bei der Gesellschaft als eigenem Steuerrechtssubjekt, sofern nicht ausnahmsweise das Territorialitätsprinzips angewandt wird **(unbeschränkte Steuerpflicht)**. Kennt das jeweilige Ausland eine der Gewerbesteuer vergleichbare Steuer, so unterliegen auch die gewerblichen Erträge und ggf. auch das gewerbliche Vermögen oder andere Größen (z.B. Wertschöpfung) der Auslandsbesteuerung.

Im Rahmen der **beschränkten Steuerpflicht** der Gesellschafter werden außerdem Quellensteuern auf den an sie ausgeschütteten Gewinnanteil erhoben. Daneben können auch im Rahmen des rechtsgeschäftlichen Leistungsaustauschs Quellensteuern auf Leistungsentgelte (z.B. Lizenzgebühren, Zinszahlungen) erhoben werden, die im Detail bereits im Zusammenhang mit den Direktgeschäften erläutert wurden.[107]

Zur Vermeidung von Doppelbesteuerungen bei **Drittstaatseinkünften** sind – da die Personengesellschaften selbständige Steuerrechtssubjekte darstellen – die unilateralen Maßnahmen in vollem Umfange anwendbar. Drittstaatseinkünfte lösen insoweit keine steuerlichen Sonderprobleme aus. Hinzuweisen ist in diesem Zusammenhang noch darauf, dass nach Ansicht der OECD bei Drittstaatseinkünften sowohl das DBA zwischen dem Drittstaat und dem

---

[104] Vgl. auch 3. Teil, 4. Kapitel, Abschnitt B I 1 a) (1).
[105] Vgl. Le Gall, J.-P., CDFI 1995, S. 759.
[106] Vgl. Spengel, C./Schaden, M./Wehrße, M., StuW 2010, S. 46 ff.
[107] Vgl. hierzu 3. Kapitel, Abschnitt B I 1 b) und 3. Teil, 1. Kapitel, Abschnitt B I.

4. Kapitel. Ausländische Personengesellschaften

Sitzstaat der abkommensberechtigten Personengesellschaft als auch das DBA zwischen dem Drittstaat und dem Sitzstaat des abkommensberechtigten Gesellschafters relevant ist, so dass im Ergebnis der Drittstaat das für den Gesellschafter günstigere Abkommen anwenden kann.[108]

2. Abkommensrecht

a) Staaten mit Mitunternehmerkonzept

(1) Anwendbarkeit und Inhalt des Betriebsstättenprinzips bei Mitunternehmerschaften

Bei Vorliegen eines DBA kommt bei Personengesellschaften i. d. R. das im jeweiligen Vertrag normierte **Betriebsstättenprinzip** zur Anwendung (Art. 7 OECD-Modell). Richtet sich die Besteuerung eines Gesellschafters einer Personengesellschaft im Abkommensfall nach dem Betriebsstättenprinzip, so bleibt aber zu klären, welche Einkünfte bzw. welche Vermögensteile einer Betriebsstätte (Personengesellschaft) zuzurechnen sind.

Art. 7 Abs. 1 OECD-Modell sieht vor, dass Unternehmensgewinne dem Grunde nach nur insoweit im Betriebsstättenstaat besteuert werden können, als sie der dort ansässigen Personengesellschaft **zuzurechnen** sind. Nach Ansicht des OECD-Steuerausschusses gibt dieses Prinzip dem Betriebsstättenstaat kein Besteuerungsrecht für solche Gewinne, die der Gesellschafter aus diesem Staat, aber ohne Beteiligung der Betriebsstätte (Personengesellschaft) erzielt. Insofern werden die alternativen Zurechnungskonzepte „Prinzip der Attraktivkraft" und „Prinzip der Geschäfte gleicher Art" eindeutig abgelehnt.[109]

Nach Art. 7 Abs. 7 OECD-Modell bzw. den analogen Vorschriften in den Einzelabkommen wird sichergestellt, dass im Betriebsstättenerfolg **Lizenzgebühren, Zinsen und Dividenden,** die ebenfalls aus dem Betriebsstättenstaat stammen, nur erfasst werden können, wenn sie zu den Gewinnen der Betriebsstätte „**tatsächlich gehören**" (Art. 10 Abs. 4, 11 Abs. 4 und 12 Abs. 3 OECD-Modell; sog. **Betriebsstättenvorbehalt**).[110] Art. 21 Abs. 2 OECD-Modell erweitert diesen Betriebsstättenvorbehalt auch auf solche Einkünfte, die außerhalb des Betriebsstättenstaates erwirtschaftet werden, mit Ausnahme von Einkünften aus unbeweglichem Vermögen und Unterbetriebsstätten **(verlängerter Betriebsstättenvorbehalt).** Hiermit wird klargestellt, dass die von einer Betriebsstätte (Personengesellschaft) weltweit erzielten Einkünfte weitgehend uneingeschränkt der Besteuerung im Betriebsstättenstaat unterworfen bleiben.[111] Wichtig ist aber, dass der OECD-Kommentar den verlängerten Betriebsstättenvorbehalt auch auf Fälle ausdehnt, in denen Gesellschafter und Schuldner in ein und demselben Vertragsstaat ansässig sind, die Erträge also aus dem Wohnsitzstaat des

---

[108] Vgl. OECD, Partnerships, 1999, Rz. 73 ff.; sowie hierzu auch Pyszka, T./Brauer, M., Personengesellschaften, 2004, Rz. 117 f.; Kahle, H., StuW 2005, S. 68 f.
[109] Vgl. hierzu 2. Kapitel, Abschnitt B I 2.
[110] Zur Überlassung eines in der Schweiz belegenen Grundstücks an die schweizerische Personengesellschaft durch einen inländischen Gesellschafter vgl. BFH v. 14. 7. 1993, BStBl 1994 II, S. 91. Zur Darlehensgewährung an eine US-Personengesellschaft durch einen inländischen Gesellschafter vgl. BFH v. 27. 2. 1991, BStBl 1991 II, S. 444. Vgl. auch 6. Teil, 7 Kapitel, Abschnitt B I.
[111] Vgl. Manke, K., StuW 1976, S. 95; Vogel, K./Lehner, M., DBA-Kommentar, Art. 21, Anm. 44.

4. Teil. Besteuerung deutscher Investoren im Ausland

Gesellschafters seiner im anderen Vertragsstaat liegenden Personengesellschaft zufließen. Den Vertragsstaaten wird aber freigestellt, in diesen Fällen eine andere Regelung zu treffen.[112]

(2) Die Behandlung von Drittstaatseinkünften

Das vorrangige Besteuerungsrecht steht dem Sitzstaat der Personengesellschaft grundsätzlich nach dem DBA-Betriebsstättenprinzip zu. Dieses Prinzip umfasst in Übereinstimmung mit dem nationalen Betriebsstättenprinzip bis auf wenige Ausnahmen die weltweit erzielten Gewinn- und Vermögensteile, so dass **Steuerüberschneidungen** zwischen **Drittstaat und Sitzstaat** auftreten. Im Folgenden soll dargestellt werden, wie sich diese Doppelbesteuerungen im Abkommensfall vermeiden lassen. Dabei treten immer dann Probleme auf, wenn nicht alle Gesellschafter im Sitzstaat der Personengesellschaft ansässig sind.

Beispiel: An einer im Ausland errichteten Personengesellschaft ist u. a. auch ein deutscher Gesellschafter beteiligt. Die Personengesellschaft bezieht Dividenden aus einem Drittstaat, mit dem ein deutsches DBA besteht. Nach innerstaatlichem Recht besteuert das Ausland den Gesamtgewinn der Personengesellschaft einschließlich der aus dem Drittstaat bezogenen Dividenden. Der Drittstaat erhebt auf diese Dividenden eine Quellensteuer von 25%.

Aufgrund des OECD-Modells muss der Drittstaat seine **Quellensteuer** für die im Ausland ansässigen Gesellschafter auf 15% ermäßigen (Art. 10 Abs. 2 Buchstabe b OECD-Modell). Falls zwischen dem Drittstaat und Deutschland kein DBA besteht, bleibt der Anteil des deutschen Gesellschafters dagegen voll mit der drittstaatlichen Dividendensteuer belastet. Der Sitzstaat der Personengesellschaft muss die ermäßigte Quellensteuer für die in seinem Hoheitsgebiet ansässigen Gesellschafter auf deren eigene Steuerschuld anrechnen. Für den deutschen Gesellschafter wird im Ausland abkommensmäßig hingegen keine **Anrechnung** gewährt. Soweit der Sitzstaat der Personengesellschaft nicht unilateral Möglichkeiten zur Vermeidung der Doppelbesteuerung einräumt,[113] liegt für den deutschen Gesellschafter eine doppelte Besteuerung des Dividendenanteils vor, da eine Anrechnung im Rahmen der unbeschränkten Steuerpflicht in Deutschland durch die Freistellung von Betriebsstätteneinkünften – und somit auch die des der Betriebsstätte tatsächlich zuzurechnenden Dividenanteils – ebenfalls ausscheidet.

Diese nachteiligen Besteuerungswirkungen für nicht im Domizilstaat ansässige Gesellschafter liegen im Besteuerungskonzept der Personengesellschaften begründet. Mitunternehmerschaften sind nach dem OECD-Modell keine abkommensberechtigten „Personen" und können damit auch kein gewerbliches Unternehmen i. S. d. Abkommens begründen. Demzufolge versagen die bestehenden DBA den Personengesellschaften regelmäßig den **Abkommensschutz**. Für Zwecke der DBA ist vielmehr auf ihre Gesellschafter abzustellen. Diese sind als „Personen" i. S. d. DBA abkommensberechtigt, wobei sich die Abkommensberechtigung auf alle DBA des jeweiligen Wohnsitzstaates eines Gesellschafters bezieht.[114] Für den Sitzstaat der Personengesell-

---

[112] Vgl. OECD-Kommentar, Art. 21, Anm. 5.
[113] So z. B. in Deutschland (vgl. § 50 Abs. 3 EStG).
[114] Vgl. BFH v. 29. 1. 1964, BStBl 1964 III, S. 165; Debatin, H., BB 1992, S. 1183. Siehe hierzu auch Abschnitt A I 2 a).

4. Kapitel. Ausländische Personengesellschaften 519

schaft bedeutet dies, dass nur solche Gesellschafter den Abkommensschutz genießen, die dort ansässig sind.

Die bei nichtansässigen Gesellschaftern auftretenden Besteuerungswirkungen lassen es vorteilhaft erscheinen, Drittstaatseinkünfte der Personengesellschaft − unabhängig von der Ansässigkeit der Gesellschafter − in vollem Umfange dem Abkommensschutz zu unterwerfen.[115] Zwei Lösungsmöglichkeiten bieten sich hier an: Erstens die Schaffung einer allgemeinen Wohnsitzregel für Personengesellschaften (Kapitalgesellschaftskonzept). Diesen Weg hat man in der deutschen Abkommenspraxis im DBA-Belgien (Art. 4 Abs. 1 und 3) und DBA-Finnland (Art. 4 Abs. 1 und 4) beschritten. Zweitens die Berechtigung der Personengesellschaft, die Entlastung von Quellensteuern unter Beibehaltung des Mitunternehmerkonzepts herbeizuführen, wie dies bspw. im DBA-Schweiz (Art. 4 Abs. 1 und 9) der Fall ist.[116]

b) Staaten mit Kapitalgesellschaftskonzept

Besteuert der Domizilstaat nach Kapitalgesellschaftsgrundsätzen, ändert das Vorliegen eines DBA mit dem Sitzstaat der Personengesellschaft an der unbeschränkten Steuerpflicht sowie an einer etwaigen Gewerbe- und Vermögensteuerpflicht der Gesellschaft im Ausland nichts. Da die Personengesellschaft in diesen Staaten eine **„ansässige Person"** verkörpert,[117] kann sie nicht nur die unilateralen Maßnahmen zur Vermeidung von Doppelbesteuerungen, sondern auch das ausländische Abkommensnetz in Anspruch nehmen. Im Rahmen der beschränkten Steuerpflicht der Gesellschafter bewirkt dies regelmäßig eine **Begrenzung der Quellensteuersätze** für die im Ausland steuerpflichtigen Dividenden, Lizenzen und Zinsen. Drittstaatsprobleme ergeben sich insoweit nicht.

II. Inlandsbesteuerung der Mitunternehmer

In den folgenden Ausführungen wird die Inlandsbesteuerung der Beteiligung an ausländischen Mitunternehmerschaften dargestellt, soweit sich diese Beteiligung in den Händen von im Inland ansässigen Mitunternehmern befindet. Als Mitunternehmer kommen einerseits natürliche Personen und andererseits Gesellschaften in Betracht. Für die Beurteilung der Ansässigkeit der Mitunternehmer sind nach deutschem Recht − analog zum Recht der meisten westlichen Industriestaaten − folgende Anknüpfungskriterien maßgebend: Der „Wohnsitz" oder der „gewöhnliche Aufenthalt" im Inland für natürliche Personen (§§ 8 und 9 AO) und der „statutarische Sitz" oder der „Ort der Geschäftsleitung" im Inland für juristische Personen (§§ 10 und 11 AO). Die Staatsangehörigkeit bzw. das Gründungsstatut spielen insoweit keine Rolle.

---

[115] Siehe dazu Menck, T., IWB, Fach 10, International, Gruppe 2, S. 1482.
[116] Vgl. hierzu auch Abschnitt A I 2 a).
[117] Abkommen, bei denen der Personengesellschaft im Ergebnis die Stellung einer ansässigen Person zuerkannt wird, wurden von Deutschland − soweit ersichtlich − mit Belgien, Island, Japan, Portugal und Spanien abgeschlossen.

1. Nationales Recht

a) Einkommen- und Körperschaftsteuer

Mit der Anknüpfung an die Ansässigkeit verbindet Deutschland den Anspruch auf die steuerliche Erfassung des Gesamteinkommens (**Welteinkommensprinzip**). Nach innerstaatlichem Recht erzielt der inländische Mitunternehmer aus seiner Beteiligung an einer ausländischen Personengesellschaft grundsätzlich **Einkünfte aus Gewerbebetrieb** (§ 15 Abs. 1 Satz 1 Nr. 2 EStG), die nach dem Welteinkommensprinzip steuerpflichtig sind (§ 1 Abs. 1 und 2 EStG, § 1 Abs. 1 und 2 KStG). Das Vorliegen gewerblicher Einkünfte ist aber nur insoweit zu bejahen, als die ausländische Personengesellschaft auch gewerblich tätig ist.[118] Anderenfalls liegen beim Steuerinländer die in § 2 EStG näher bezeichneten nichtgewerblichen Einkünfte vor.[119]

Für die Ermittlung der dem deutschen Mitunternehmer zuzurechnenden Erfolgsteile sind die **deutschen Gewinnermittlungsvorschriften** (insbesondere § 15 Abs. 1 Satz 1 Nr. 2 EStG) **maßgeblich**. Dies gilt unabhängig davon, ob das einer deutschen Personengesellschaft vergleichbare Wirtschaftsgebilde nach ausländischem Recht als Kapitalgesellschaft qualifiziert wird.[120] Im Folgenden soll nun zwischen der Besteuerung im Gewinnfall und im Verlustfall unterschieden werden.

(1) Die Besteuerung im Gewinnfall

(a) Die Behandlung von im Sitzstaat der Personengesellschaft erhobenen Quellensteuern

Nach § 15 Abs. 1 Satz 1 Nr. 2 EStG erfolgt die Ermittlung der Einkünfte aus Gewerbebetrieb eines Mitunternehmers in zwei Schritten: Ausgangspunkt ist zunächst der anteilige Gewinn, den die ausländische Personengesellschaft in dem von ihr geführten Gewerbebetrieb erzielt (anteiliger Gesamthandsgewinn). Dieser Gewinnanteil wird dem Mitunternehmer im Feststellungszeitpunkt zugerechnet. Dem Gewinnanteil sind dann die Sondervergütungen hinzuzurechnen. **Gewinnanteil und Sondervergütungen** bilden den Erfolg der ausländischen Personengesellschaft.

Die aus der gleichzeitigen Steuerpflicht im Sitzstaat der Personengesellschaft und im Wohnsitzstaat des Gesellschafters resultierende **Doppelbesteuerung** wird grundsätzlich durch die Anrechnungsmethode (§ 34 c Abs. 1 EStG und § 26 Abs. 1 KStG), die Abzugsmethode (§ 34 c Abs. 2 und 3 EStG, § 26 Abs. 6 KStG i. V. m. § 34 c Abs. 2 und 3 EStG) oder durch die Pauschalierungsmethode (§ 34 c Abs. 5 EStG) **vermieden bzw. gemildert**. Durch die in den verschiedenen Staaten nicht einheitliche steuerliche Behandlung der Personengesellschaft ergeben sich bei der Anwendung der Maßnahmen zur Vermeidung der Doppelbesteuerung folgende **Besonderheiten:**

– Probleme der Steueranrechnung können bei den **Sondervergütungen** entstehen. Bedingt durch das international unterschiedliche Ausmaß des

---
[118] Vgl. hierzu Abschnitt A I 1 a) (2).
[119] Vgl. BFH v. 17. 12. 1997, BStBl 1998 II, S. 296.
[120] Vgl. Abschnitt A II 1 a).

4. Kapitel. Ausländische Personengesellschaften

Mitunternehmerkonzepts weicht der nach in- bzw. ausländischem Recht ermittelte Personengesellschaftserfolg häufig voneinander ab. Da das Ausland der Personengesellschaft vielfach eine stärkere Rechtsfähigkeit in Bezug auf die Sondervergütungen zuerkennt, liegt die Höhe des Personengesellschaftserfolgs im Ausland regelmäßig unter dem nach Inlandsrecht ermittelten Erfolg. Fraglich ist in diesen Fällen, ob ausländische Quellensteuern, die im Rahmen der beschränkten Steuerpflicht des Gesellschafters auf die als Betriebsausgaben anerkannten Vergütungen erhoben werden, nach § 34c Abs. 1 EStG bzw. § 26 Abs. 1 KStG auf die inländische Steuer angerechnet werden dürfen.

Die h. M. bejaht die **Anrechenbarkeit der ausländischen Quellensteuern**,[121] da ebenso wie im Rahmen des § 49 EStG auch im Rahmen des § 34c EStG die isolierende Betrachtungsweise anzuwenden ist. Dies führt im Bereich der unbeschränkten Steuerpflicht aber dazu, dass bei der steuerlichen Behandlung von im Ausland verwirklichten Steuertatbeständen allein von den im Ausland gegebenen Merkmalen auszugehen ist. Gleiches muss auch dann gelten, wenn im Ausnahmefall der Personengesellschaftserfolg nach Auslandsrecht größer als nach Inlandsrecht ist.

- Ist das Trennungsprinzip im Ausland soweit verwirklicht, dass die Personengesellschaft nach dem Kapitalgesellschaftskonzept besteuert wird, erhebt der ausländische Staat im Zeitpunkt der Gewinnerzielung eine **Körperschaftsteuer auf den Gewinn der Gesellschaft**. Diese (anteilige) Körperschaftsteuer kann der inländische Gesellschafter auf seine deutsche Steuer gem. § 34c Abs. 1 EStG anrechnen.[122] Die von § 34c Abs. 1 EStG geforderte Identität des Steuersubjekts liegt vor, da nach der allein entscheidenden deutschen Betrachtungsweise jeweils der gleiche Steuerpflichtige zur Besteuerung herangezogen wird.

Im Ausschüttungsfall ist der deutsche Gesellschafter im Ausland mit seiner Dividende beschränkt steuerpflichtig. Bei der Anrechnung der im Ausland erhobenen Kapitalertragsteuer entsteht insofern ein Sonderproblem, als die Gewinnausschüttung regelmäßig in einer späteren Periode vorgenommen wird. Da die ausländische Kapitalertragsteuer somit erst in der Periode nach der Gewinnerzielung anfällt, ist das Anrechnungserfordernis „**gleicher Besteuerungszeitraum**" nicht mehr erfüllt. Aus deutscher Sicht wird die Kapitalertragsteuer jedoch als zusätzliche Steuer vom Gewinnanteil des Gesellschafters angesehen und bei der Besteuerung des Gewinns des Jahres berücksichtigt, für das die Ausschüttung erfolgt.[123] Insofern kommt es zu keiner Doppelbesteuerung.

---

[121] Vgl. Debatin, H., DB 1977, Beilage 13, S. 3; Peusquens, H., BB 1980, S. 255; Blümich, W., Einkommensteuergesetz, § 34c EStG, Anm. 35. A. A. BMF-Schreiben v. 16. 4. 2010, BStBl 2010 I, S. 354.
[122] Vgl. Diehl, W., FR 1978, S. 520; Manke, K., JbFSt 1978/79, S. 344; Debatin, H., FR 1979, S. 494; Blümich, W., Einkommensteuergesetz, § 34c EStG, Anm. 35.
[123] Vgl. Blümich, W., Einkommensteuergesetz, § 34c EStG, Anm. 35. A. A. Kluge, V., Steuerrecht, 2000, S. 371; Pyszka, T./Brauer, M., Personengesellschaften, 2004, Rz. 34; BMF-Schreiben v. 16. 4. 2010, BStBl 2010 I, S. 354, die in der Ausschüttung eine in Deutschland nicht steuerbare Entnahme sehen. U. E. ist das BMF-Schreiben nicht einschlägig, da es sich auf den DBA-Fall bezieht, bei dem Gewinnanteile gänzlich unter Progressionsvorbehalt freigestellt sind.

(b) Die Behandlung von in Drittstaaten erhobenen Quellensteuern

Die Zurechnung ausländischer Einkünfte zu einer Personengesellschaft ist nicht nur für die Besteuerung im Sitzstaat der Personengesellschaft, sondern auch für die Besteuerung im Ansässigkeitsstaat des Mitunternehmers von Bedeutung. Erzielt eine ausländische Personengesellschaft aus einem Drittstaat Zinsen, Lizenzgebühren, Dividenden etc., so kann es strittig sein, ob die dort erhobenen **Quellensteuern** beim inländischen Mitunternehmer anteilig angerechnet werden können. Die Beantwortung dieser Frage hängt davon ab, ob die Quelleneinkünfte unter Ausschaltung des Personengesellschaftsstaates direkt dem inländischen Mitunternehmer zugerechnet werden oder ob die **Zurechnung** zum Steuerinländer über die ausländische Personengesellschaft erfolgt.

Nach den geltenden inländischen Besteuerungsvorschriften ist lediglich eine **Anrechnung** solcher ausländischen Steuern möglich, die von einem bestimmten ausländischen Staat auf Einkünfte aus diesem Staat erhoben werden (§ 34 c Abs. 1 Satz 1 EStG); gleiches gilt für § 26 Abs. 1 KStG. Beachtet man, dass dem inländischen Gesellschafter die Anteile am Gesamterfolg der Personengesellschaft und damit auch die Anteile an den Drittstaatseinkünften der Gesellschaft grundsätzlich nur mittelbar, nämlich aufgrund der mitunternehmerischen Beteiligung, zugewiesen werden, so können für Zwecke der deutschen Steueranrechnung die Drittstaatseinkünfte nur als aus dem Sitzstaat der Personengesellschaft stammend angesehen werden. Diese Beurteilung ergibt sich auch aus der Berücksichtigung des Prinzips der wirtschaftlichen Zugehörigkeit bei der inhaltlichen Abgrenzung des Betriebsstättenprinzips.[124]

Demnach sind Steuern, die in einem Drittstaat auf Teile des Personengesellschaftsgewinns erhoben werden, nach § 34 c EStG nicht anrechnungsfähig.[125] Deutschland gewährt deshalb in diesem Fall als Milderungsmaßnahme einen **Steuerabzug** bei der Ermittlung der Einkünfte (§ 34 c Abs. 3 EStG). Eine andere Beurteilung kann sich nur dann ergeben, wenn es sich um Steuern von drittstaatlichen **Unterbetriebsstätten** handelt. In diesem Fall sind die fraglichen Einkünfte dem Mitunternehmer für Zwecke der Steueranrechnung nicht mittelbar über die Betriebsstätte der Personengesellschaft, sondern direkt zuzurechnen, so dass die **Anrechnung** der „drittstaatlichen Steuern" nach § 34 c Abs. 1 EStG möglich ist.

Ein besonderes Problem entsteht, wenn die ausländische Personengesellschaft aus dem **Ansässigkeitsstaat** des Mitunternehmers (also aus Deutschland) **Einkünfte** bezieht. Beachtet man den Tatbestand, dass die ausländische Personengesellschaft als solche diese Einkünfte erwirtschaftet, so hat dies zur Folge, dass die Einkünfte – soweit sie inländische Mitunternehmer betreffen – entsprechend dem Prinzip der wirtschaftlichen Zugehörigkeit als aus dem Personengesellschaftsstaat „stammend" (§ 34 d EStG) anzusehen sind und damit den Anrechnungsbetrag nach § 34 c EStG erhöhen.[126] Lediglich im Inland belegene Unterbetriebsstätten der ausländischen Personengesellschaft sind – analog zur Vorgehensweise bei der Betriebsstättenbesteuerung – auf-

---

[124] Vgl. Abschnitt B I 1 a) (2).
[125] So auch Hundt, F., DB 1980, Beilage 17, S. 18; Blümich, W., Einkommensteuergesetz, § 34 c EStG, Anm. 90.
[126] A. A. wohl Krabbe, H., RIW/AWD 1976, S. 135 ff.; Debatin, H., RIW/AWD 1978, S. 381.

4. Kapitel. Ausländische Personengesellschaften

grund der engen wirtschaftlichen Verknüpfung mit dem Inland von der Zuordnung auszunehmen.[127]

(2) Die Besteuerung im Verlustfall

Da das Ergebnis der ausländischen Personengesellschaft grundsätzlich im Feststellungszeitpunkt anteilig in die Steuerbemessungsgrundlagen der Gesellschafter einbezogen wird, können Verluste der ausländischen Personengesellschaft unter Beachtung der im EStG genannten Höchstbeträge unmittelbar mit den anderen Einkünften der Gesellschafter verrechnet werden **(innerperiodischer Verlustausgleich)**. Für den Fall, dass die Verluste der ausländischen Personengesellschaft größer sind als die positiven Einkünfte der bzw. eines Gesellschafter(s), ist ein Verlustvortrag bzw. -rücktrag nach § 10 d EStG möglich **(interperiodischer Verlustausgleich)**.

Diese Grundsätze kommen allerdings nicht uneingeschränkt zur Anwendung. Im Zusammenhang mit Einkünften aus ausländischen Personengesellschaften ist vielmehr die **Verlustverrechnungsbeschränkung** des § 15 a EStG und in Drittstaatenfällen zusätzlich die Beschränkung des § 2 a EStG zu beachten. Die Regelung des § 15 a EStG beinhaltet eine Beschränkung des Verlustausgleichs und des Verlustabzugs auf der Ebene der Gesellschafter, die sowohl inländische als auch ausländische Sachverhalte betrifft (§ 15 a Abs. 5 Nr. 3 EStG).[128] § 15 a EStG erfasst in erster Linie Kommanditisten von in- und ausländischen Personengesellschaften. Die Norm gilt jedoch auch für andere Unternehmer (z. B. Komplementäre), soweit ihre Haftung der eines Kommanditisten vergleichbar ist.[129]

§ 2 a EStG schränkt hingegen den Ausgleich und Abzug ausländischer Verluste aus politischer Sicht volkswirtschaftlich „nicht sinnvollen" Tätigkeiten ein, die aus Drittstaaten stammen. Für den Bereich ausländischer Personengesellschaften gewinnt diese Norm Bedeutung durch den Einbezug von Verlusten aus gewerblichen Betriebsstätten in Drittstaaten, in denen passive Tätigkeiten i. S. d. § 2 a EStG ausgeübt werden. Die Überschneidungsbereiche der hier relevanten Verlustausgleichsbeschränkungen hinsichtlich der tatbestandlichen Voraussetzungen und der Rechtsfolgen werden im Anschluss an die Erläuterungen zu § 15 a EStG einer Analyse unterzogen.[130]

(a) Der Verlustanteil nach § 15 a EStG

(aa) Die Konzeption des § 15 a EStG

Den Ausgangspunkt für die Regelung des § 15 a EStG liefert das deutsche **Zivilrecht.** Hiernach können entsprechend dem maßgebenden Gewinn- und Verlustverteilungsschlüssel dem Kommanditisten auch dann Verluste zugerechnet werden, wenn sie zur Entstehung oder Erhöhung eines negativen Kapitalkontos führen. Die handelsrechtliche Begrenzung der Verlustbeteiligung eines Kommanditisten auf den Betrag seiner Einlage (§ 167 Abs. 3 HGB) kann also durch den Gesellschaftsvertrag abbedungen werden.

---
[127] Vgl. 2. Kapitel, Abschnitt B II 1 a) (1). Dieses Ergebnis entspricht auch der Besteuerung auf DBA-Ebene. Vgl. Abschnitt B II 2 a) (1).
[128] Vgl. auch das BMF-Schreiben v. 8. 5. 1981, BStBl 1981 I, S. 308, Tz. 17.
[129] Im Folgenden soll allerdings – vereinfachend – nur von Kommanditisten gesprochen werden.
[130] Zu § 2 a EStG siehe 1. und 2. Kapitel, jeweils Abschnitt B II a) (2).

Das deutsche **Steuerrecht** erkennt das handelsrechtliche negative Kapitalkonto bei beschränkt haftenden Gesellschaftern – mit der Folge einer Verlustzurechnung im Feststellungszeitpunkt über den Kapitalanteil hinaus – grundsätzlich an.[131] Nach § 15a Abs. 1 EStG erfolgt allerdings eine **zeitliche Verzögerung** in der steuerlichen Wirksamkeit solcher Verlustzuweisungen, die über den Betrag des Kapitalkontos des Kommanditisten hinausgehen. Um dieses Ziel zu erreichen, werden die dem Kommanditisten zugewiesenen Verluste in **zwei Kategorien** eingeteilt:

– Soweit der zugewiesene Verlustanteil das Kapitalkonto des Kommanditisten nicht übersteigt (zugewiesener Verlust ≤ Kapitalkonto), kann der Verlust mit positiven anderen Einkünften ausgeglichen oder nach § 10d EStG abgezogen werden. Es handelt sich dann um einen **ausgleichs- bzw. abzugsfähigen Verlust.**

– Werden dem Kommanditisten Verlustanteile zugewiesen, die zu einem negativen Kapitalkonto führen oder die ein bereits bestehendes negatives Kapitalkonto erhöhen (zugewiesener Verlust > Kapitalkonto), so setzt die Verlustausgleichsbeschränkung ein. Derartige Verlustanteile sind nicht mehr innerperiodisch mit anderen Einkünften ausgleichsfähig, sondern können nur mit zukünftig anfallenden Gewinnanteilen aus der Beteiligung an der Personengesellschaft verrechnet werden (§ 15a Abs. 2 EStG). Daher wird dieser Verlustanteil als **verrechenbarer Verlust** bezeichnet. Eine zeitliche Begrenzung der Verrechenbarkeit der Verlustanteile besteht nicht.

Beispiel: A beteiligt sich mit einer Einlage von 10 000 € an einer limited partnership. Er hat die Einlage voll einbezahlt. Im ersten Jahr entfällt auf ihn ein Verlustanteil von 30 000 €, im zweiten Jahr ein Gewinnanteil von 20 000 €.

1. Jahr:	ausgleichsfähiger Verlust	10 000 €
	verrechenbarer Verlust	20 000 €
2. Jahr:	Gewinnanteil	20 000 €
	./. verrechenbarer Verlust	20 000 €
	Steuerpflichtige Einkünfte	0 €

Die Vorschrift des § 15a EStG bereitet bei Beteiligungen von Steuerinländern an **ausländischen Personengesellschaften** keine Sonderprobleme, wenn der Domizilstaat Regelungen getroffen hat, die dem § 15a EStG vergleichbar sind (z.B. USA[132]). Schwierigkeiten ergeben sich allerdings, wenn – abweichend von der deutschen Wertung – Verluste einer Kommanditgesellschaft nicht den Kommanditisten, sondern den Komplementär treffen, falls die Einlage des Kommanditisten aufgezehrt und dieser nicht nachschusspflichtig ist. In diesen Fällen liegt – im Gegensatz zum deutschen Steuerrecht – eine Zurechnungsänderung der negativen Einkünfte im Feststellungsjahr vor. Fraglich ist, wie sich das deutsche Einkommensteuerrecht in diesen Fällen zu verhalten hat.

---

[131] Vgl. BFH v. 10. 11. 1980, BStBl 1981 II, S. 164.
[132] Für einen Überblick über die US-amerikanischen Regelungen vgl. Armansperg, W. Graf von, Abschreibungsgesellschaft, 1983, S. 60 ff., 162 f.; Endres, D./Schreiber, C. (Hrsg.), USA, 2008, S. 117 f.

4. Kapitel. Ausländische Personengesellschaften 525

Die Beantwortung dieser Frage hängt davon ab, ob der in Deutschland ansässige Kommanditist den zu seinem negativen Kapitalkonto führenden Verlustanteil letztlich auch wirtschaftlich zu tragen hat. Dies ist bspw. der Fall, wenn dem Kommanditisten künftige Gewinne erst dann zufließen, wenn die Verlustübernahme durch den Komplementär mit späteren Gewinnen des Kommanditisten wieder ausgeglichen worden ist. Bei einem solchen Sachverhalt sind die Verlustanteile, die zu einem negativen Kapitalkonto führen, in entsprechender Anwendung des § 15 a EStG beim Kommanditisten von Anfang an zu speichern und mit späteren Gewinnen zu verrechnen. Die nach ausländischem Recht dem in Deutschland ansässigen Komplementär zugerechneten Verluste bleiben bei der inländischen Besteuerung des Komplementärs – der deutschen Rechtswertung entsprechend – genauso außer Betracht wie spätere Gewinnanteile. Wird hingegen nach Erschöpfung der Einlage des Kommanditisten der Komplementär mit dessen Verlustanteil belastet und werden dem Kommanditisten in den Folgeperioden sofort wieder anteilige Gewinne zugerechnet, so trägt der Komplementär wirtschaftlich den Verlust. Dieser Sachverhalt muss zu dem Ergebnis führen, dass § 15 a EStG auf den Kommanditisten nicht anwendbar ist, folglich die anteiligen Verluste beim Komplementär sofort ausgleichs- bzw. abzugsfähig sind.

(bb) Die Konkretisierung der Bestimmungsfaktoren „Kapitalkonto", „Verlustanteil" und „Gewinn aus seiner Beteiligung"

Für das Verständnis der Wirkungsweise des § 15 a EStG sind insbesondere das Kapitalkonto des Kommanditisten, der Anteil am Verlust und die Gewinne aus der Beteiligung an der Gesellschaft von Bedeutung, da deren Abgrenzung auch für eine ausländische, einer deutschen Kommanditgesellschaft vergleichbaren Personengesellschaft gilt (§ 15 a Abs. 5 EStG). Das Kapitalkonto stellt den Maßstab dafür dar, ob Verluste sofort ausgeglichen werden können oder erst in späteren Jahren verrechenbar sind. Der Verlustanteil grenzt die Verluste ab, die unter die Beschränkungen des § 15 a EStG fallen. Die Gewinne aus der Beteiligung an der Gesellschaft sind die Erfolgsbestandteile, mit denen die nicht sofort ausgleichbaren Verluste in der Zukunft verrechnet werden.

(aaa) Das negative Kapitalkonto. Entsprechend der Zielsetzung des § 15 a EStG, der den Verlustausgleich des Kommanditisten auf dessen Haftungsbetrag begrenzen will,[133] sind bei der Ermittlung des Kapitalkontos und somit bei der Feststellung der Höhe der Verlustausgleichsmöglichkeiten das **Kapitalkonto in der Steuerbilanz** der Gesellschaft sowie eine eventuell vorhandene **Ergänzungsbilanz** des Gesellschafters maßgeblich. Das Sonderbetriebsvermögen des Kommanditisten ist außer Betracht zu lassen.[134]

(bbb) Der Verlustanteil. Grundlage für die **Ermittlung des Verlustanteils** der Kommanditgesellschaft ist die Steuerbilanz der Gesellschaft. Von der Verlustausgleichsbeschränkung wird ausschließlich das Ergebnis der ersten Gewinnermittlungsstufe, also die Gesellschaftsbilanz einschließlich einer etwai-

---
[133] Vgl. Jacobs, O. H., Rechtsform, 2009, S. 275 m. w. N.
[134] Vgl. grundlegend BFH v. 14. 5. 1991, BStBl 1992 II, S. 167. Die Finanzverwaltung ist dieser Rechtsprechung gefolgt, vgl. zuletzt BMF-Schreiben v. 30. 5. 1997, BStBl 1997 I, S. 627.

gen Ergänzungsbilanz erfasst. Verluste aus dem Sonderbetriebsvermögen bleiben demnach ausgleichs- bzw. abzugsfähig.[135]
Die Ungleichbehandlung von Verlusten aus dem Gesellschaftsvermögen einerseits und dem Sonderbetriebsvermögen andererseits könnte die Tendenz entstehen lassen, durch Herabsetzung der Vorwegvergütungen (Mieten, Zinsen etc.) die Verluste nicht in der Gesellschaft selbst, sondern soweit wie möglich im Sonderbetriebsvermögen der Gesellschaft entstehen zu lassen.[136] Derartiger steuerpolitischer Gestaltung kann die Finanzverwaltung jedoch mit dem international anerkannten Arm's-length-Grundsatz begegnen.

(ccc) Der „Gewinn aus seiner Beteiligung". Entsprechend der Verluste, die von den Verlustausgleichsbeschränkungen betroffen sind, dürfen aufgrund von steuersystematischen Erwägungen nur die in den Folgejahren erwirtschafteten Gewinnanteile der ersten Gewinnermittlungsstufe einschließlich der Ergebnisse aus einer etwaigen Ergänzungsbilanz mit den von der Verlustausgleichsbeschränkung betroffenen Verlusten verrechnet werden. Zwischen dem Gesamthands- und dem Sonderbilanzbereich besteht daher ein Saldierungsverbot mit der Konsequenz, dass einerseits positive oder negative Sonderbilanzergebnisse die Verlustverrechnungsbeschränkung des § 15 a EStG nicht beeinflussen, sondern unmittelbar steuerlich wirksam werden, während andererseits verrechenbare Verluste nur mit künftigen Gesamthandsgewinnen (und nicht mit Sonderbilanzgewinnen) verrechnet werden können.[137]

(cc) Die Außenhaftung des Kommanditisten als Maßstab für eine erweiterte Verlustausgleichsmöglichkeit

In § 15 a Abs. 1 Satz 2 EStG erfährt die Grundregel des Satzes 1, wonach ein Verlust aus der Gesellschaftsbilanz nur insoweit ausgeglichen werden kann, als dadurch das Kapitalkonto nicht negativ wird, eine Ausweitung. Ausgangspunkt für diese erweiterte Verlustausgleichsmöglichkeit ist wiederum das **Zivilrecht**.

Ein Kommanditist haftet nach deutschem Handelsrecht den Gläubigern der Gesellschaft bis zur Höhe seiner im Handelsregister eingetragenen Einlage (Hafteinlage) unmittelbar mit seinem Privatvermögen; diese Haftung ist erst erloschen, soweit die Einlage geleistet ist (§ 171 Abs. 1 HGB). Hat der Kommanditist seine Einlage in voller Höhe erbracht, so besteht für ihn also keine Außenhaftung mehr. Wurde die Einlage (noch) nicht bzw. nicht in voller Höhe geleistet, so haftet der Kommanditist folglich mit dem Betrag, um den die eingetragene Hafteinlage die tatsächlich geleistete Einlage übersteigt (**überschießende Außenhaftung**). Das Gleiche gilt auch bei Rückzahlung der tatsächlich geleisteten Einlage oder bei Entnahme von Gewinnanteilen, wenn dadurch der Kapitalanteil unter den Betrag der geleisteten Einlage herabgemindert ist (§ 172 Abs. 4 HGB).
An die vorgenannte handelsrechtliche Haftungslage knüpft § 15 a Abs. 1 Satz 2 EStG an. Abweichend von der Grundsatzregelung in § 15 a Abs. 1

---

[135] Vgl. u. a. Kröner, M., Verluste, 1986, S. 261 f. m. w. N.; Jacobs, O. H., Rechtsform, 2009, S. 275; Schmidt, L., Einkommensteuergesetz, § 15 a EStG, Rz. 70 ff.
[136] Vgl. Gerbig, R./Rautenberg, G., DB 1980, S. 1959 ff.; Jacobs, O. H., Rechtsform, 2009, S. 277 f. m. w. N.
[137] Vgl. Jacobs, O. H., Rechtsform, 2009, S. 275 f. m. w. N.; Brandenberg, H., DB 1993, S. 2301 f.

4. Kapitel. Ausländische Personengesellschaften

Satz 1 EStG kann ein Verlust bis zur Höhe des Betrags, um den die im Handelsregister eingetragene Einlage des Kommanditisten seine geleistete Einlage übersteigt, auch dann ausgeglichen oder abgezogen werden, wenn durch den Verlust ein negatives Kapitalkonto entsteht oder sich erhöht. Andere Haftungsgründe bleiben im Rahmen des § 15 a EStG demgegenüber außer Betracht (z. B. §§ 176 Abs. 1 und 2 sowie 172 Abs. 2 HGB).

Nach § 15 a Abs. 5 EStG wird diese Erweiterung der Verlustkompensation den beschränkt haftenden Gesellschaftern ausländischer Personengesellschaften nicht zugebilligt.[138] Daraus ergibt sich eine Ungleichbehandlung von Mitunternehmern ausländischer und inländischer Personengesellschaften, die allenfalls aus Gründen einer erschwerten Nachprüfbarkeit der Haftungsverhältnisse gerechtfertigt werden kann. Wirtschaftlich gesehen steht der Kommanditist in den Fällen überschießender Außenhaftung dem voll haftenden Unternehmer gleich, so dass eine Erweiterung des Verlustausgleichspotenzials in diesen Fällen angemessen ist.[139] Entspricht deshalb die Haftung eines Kommanditisten nach ausländischem Handelsrecht derjenigen eines deutschen Kommanditisten mit erweiterter Außenhaftung (typologischer Vergleich), so sollte gemäß dem Sinn und Zweck des § 15 a EStG die Verlustkompensation entsprechend erweitert werden.

(dd) Gewinnhinzurechnung wegen Einlageminderung oder Haftungsminderung

Die Vorschrift über Gewinnhinzurechnungen wegen Einlageminderung oder Haftungsminderung (§ 15 a Abs. 3 EStG) dient der **Missbrauchsverhütung.** Kurzfristige Einlageerhöhungen oder kurzfristige Haftungserweiterungen, die in Verlustjahren nur zum Zwecke des Verlustausgleichs vorgenommen werden und die im Folgejahr nach dem Verlustausgleich rückgängig gemacht werden, sollen dadurch ihren Anreiz verlieren.

Beispiel: Beteiligt sich ein Steuerinländer A mit 20 000 € an einer ausländischen Personengesellschaft, leistet er aber neben der Einlage noch einen kurzfristigen Zuschuss von 10 000 €, so hat er ein steuerliches Kapitalkonto von 30 000 €. Werden ihm anschließend 30 000 € Verlustanteile zugewiesen, so sind die gesamten 30 000 € ausgleichs- bzw. abzugsfähig. Entnimmt A später den Zuschuss von 10 000 €, so entsteht bei ihm ein negatives Kapitalkonto. Der Steuerinländer A hat also durch die kurzfristige Einlagegewährung an seine ausländische Personengesellschaft erreicht, dass ihm 30 000 € als ausgleichsfähiger Verlust zugerechnet werden können. Dies sind 10 000 € mehr als in dem Fall, in dem er der ausländischen Personengesellschaft von Anfang an nur 20 000 € gewährt hätte. Denn in diesem Fall wäre der Verlustanteil des A von Anfang an nur i. H. v. 20 000 € ausgleichs- bzw. abzugsfähig und i. H. v. 10 000 € verrechenbar gewesen.

Um derartige Missbräuche zu verhindern, sind nach § 15 a Abs. 3 Satz 1 EStG Entnahmen insoweit, als sie zur Entstehung oder Vergrößerung eines negativen steuerlichen Eigenkapitalkontos führen **(Einlageminderung),** als Gewinn zu versteuern. Diese Gewinnzurechnung bewirkt, dass der in vorangegangenen Wirtschaftsjahren als ausgleichsfähig behandelte Verlust in Höhe der Einlageminderung (im vorstehenden Beispiel also i. H. v. 10 000 €) wirtschaftlich in einen verrechenbaren Verlust umgewandelt wird (§ 15 a Abs. 3

---
[138] A. A. Eisenach, M./Weiske, R., DB 1987, S. 1655 ff.
[139] Vgl. für den Inlandssachverhalt u. a. Uelner, A./Dankmeyer, U., DStZ 1981, S. 18.

Satz 4 EStG). Im Ergebnis wird also ein in früheren Perioden ausgleichsfähiger Verlust durch eine Einlageminderung wieder rückgängig gemacht.[140]

Der Fall der **Haftungsminderung,** dem eine ähnliche Problematik wie der Einlageminderung zugrunde liegt, ist bei Beteiligungen an ausländischen Personengesellschaften unbeachtlich (§ 15 a Abs. 5 EStG). Dies ist insoweit konsequent, als ein Bedarf für eine Gewinnzurechnung nur dann existiert, wenn aufgrund einer vom steuerlichen Kapitalkonto abweichenden erweiterten Außenhaftung der Ausgleich von Verlusten ermöglicht worden ist. Nach § 15 a Abs. 5 EStG kann jedoch eine solche Haftungserweiterung bei ausländischen Personengesellschaften von vornherein keine Berücksichtigung finden.

(ee) Auswirkungen von Einlagen auf das Verlustausgleichsvolumen

Die Regelung des § 15 a Abs. 1 a EStG soll Gestaltungsspielräume in Form willkürlicher Einlagen zur Schaffung von Verlustausgleichspotenzial einschränken.[141] Einlagen, die nach Ablauf eines Wirtschaftsjahres geleistet werden, in dem ein nicht ausgleichs- oder abzugsfähiger Verlust i. S. d. des Abs. 1 entstanden oder ein Gewinn i. S. d. des Abs. 3 Satz 1 zugerechnet worden ist **(nachträgliche Einlagen),** führen nicht zu einer nachträglichen Ausgleichs- oder Abzugsfähigkeit. Zudem führen Einlagen, die zur Rückführung eines durch verrechenbare Verluste entstandenen Kapitalkontos geleistet werden, nicht zur Schaffung von Ausgleichspotenzial für Verluste in späteren Veranlagungsjahren, die erneut ein negatives Kapitalkonto zur Folge haben **(vorgezogene Einlagen).** Nach § 15 a Abs. 5 EStG gilt dies auch für beschränkt haftende Gesellschafter ausländischer Personengesellschaften.

Beispiel: Ein Steuerinländer A ist mit 20 000 € an einer ausländischen Personengesellschaft beteiligt. In Periode 1 wird ihm ein Verlustanteil von 40 000 € zugewiesen. Hiervon sind 20 000 € ausgleichs- bzw. abzugsfähig, die übrigen Verluste i. H. v. 20 000 € sind lediglich verrechenbar. Leistet A in Periode 2 eine Einlage i. H. v. 20 000 €, um das in Periode 1 entstandene negative Kapitalkonto wieder auszugleichen, führt diese nicht zur Umqualifizierung der in Periode 1 verrechenbaren Verluste in ausgleichs- bzw. abzugsfähige Verluste. Auch führt diese nicht zur Schaffung von Verlustausgleichspotenzial für künftige Perioden, so dass ein zusätzlicher Verlustanteil des A in Periode 3 i. H. v. 20 000 € ebenfalls als lediglich verrechenbar qualifiziert wird.

Durch § 15 a Abs. 1 a EStG entsteht eine Ungleichbehandlung zwischen nachträglichen Einlagen und im Jahr der Verlustentstehung geleisteten Einlagen **(zeitkongruente Einlagen),** welche zur Ausgleichs- bzw. Abzugsfähigkeit der Verluste führen, auch wenn diese ein negatives Kapitalkonto zur Folge haben oder ein solches erhöhen.[142]

---

[140] Für den Inlandssachverhalt vgl. Jacobs, O. H., Rechtsform, 2009, S. 276 f. m. w. N.
[141] Vgl. die Gesetzesbegründung in BT-Drs. 16/10189, S. 49.
[142] Vgl. Wacker, R., DStR 2009, S. 405 f. Der BFH hatte diese Problematik bisher dahingehend gelöst, dass bei vorgezogenen Einlagen ein Korrekturposten zu bilden war, in Höhe dessen in späteren Jahren zugewiesene Verluste auch bei Entstehung eines negativen Kapitalkontos als ausgleichs- bzw. abzugsfähig anzuerkennen waren, Vgl. BFH v. 14. 10. 2003, BStBl 2004 II, S. 934 bestätigt durch BFH v. 26. 6. 2007, BStBl 2007 II, S. 934. Diese Urteile haben durch Einführung des Abs. 1 a jedoch keine Bedeutung mehr.

4. Kapitel. Ausländische Personengesellschaften

(b) Die Wirkung des § 15 a EStG im Rahmen der Anrechnungs- und Abzugsmethode

Die Begrenzung der Verlustausgleichsmöglichkeit nach § 15 a EStG wirkt sich auch auf die Berücksichtigung ausländischer Steuern nach § 34 c EStG aus. Die Anwendungsprobleme, die durch die Berücksichtigung des § 15 a EStG im Rahmen der unilateralen Maßnahmen zur Verminderung von Doppelbesteuerungen entstehen, unterscheiden sich dabei danach, ob sich die Aktivitäten der ausländischen Personengesellschaft nur auf das Ausland beschränken oder ob die ausländische Personengesellschaft auch im Inland über eine Betriebsstätte verfügt.

(aa) Wirkungsweise bei ausländischen Personengesellschaften ohne Inlandsbetriebsstätte

Nach der Vorschrift des § 34 c Abs. 1 EStG wird eine ausländische Steuer vom Einkommen auf den Teil der deutschen Einkommensteuer angerechnet, der dem Verhältnis der ausländischen Einkünfte zur Summe der Einkünfte entspricht (Höchstbetragsregelung). Zwei Rechengrößen dieser Verhältnisrechnung – die **ausländischen Einkünfte** und die **Summe der Einkünfte** – werden durch die Begrenzung des Verlustausgleichs und durch die spätere Verrechnung des nicht ausgeglichenen Verlustes mit Gewinnanteilen aus der Beteiligung beeinflusst. Die Auswirkungen des § 15 a EStG auf die Berechnung des Verlustanteils (Summe der Einkünfte) wurden bereits ausführlich erörtert. Im Folgenden geht es um die Wirkung des § 15 a EStG auf die Größe „ausländische Einkünfte". Hierzu folgendes Beispiel:

Beispiel: Der Steuerinländer A hat sich an zwei ausländischen Kommanditgesellschaften mit einer (eingezahlten, zeitkongruenten) Einlage von jeweils 10 000 € beteiligt. Beide Gesellschaften sind im selben Staat ansässig. Die Personengesellschaft X weist dem Steuerinländer in der Periode 1 einen Verlust von 30 000 € und in der Periode 2 einen Gewinn von 20 000 € zu. Die Personengesellschaft Y weist dem Steuerinländer A dagegen in der Periode 1 einen Gewinn von 30 000 € und in der Periode 2 nichts zu.

Gewinn-/Verlustzuweisung der Gesellschaft	im Zeitpunkt	
	t_1	t_2
X	− 30 000	+ 20 000
Y	+ 30 000	0

Handelt es sich bei dem Steuerinländer A um einen **Komplementär**, so ist in der ersten Periode der Verlustanteil X i. H. v. 30 000 € mit dem Gewinnanteil Y i. H. v. 30 000 € auszugleichen. Da in diesem Fall die ausländischen Einkünfte gleich null sind, kann die bspw. aufgrund einer Verlustverrechnungsbeschränkung im Ausland entstandene, ausländische Steuer nicht angerechnet werden. Der Steuerinländer A wird in diesem Fall beantragen, die ausländische Steuer nach § 34 c Abs. 2 EStG bei der Ermittlung der Einkünfte abzuziehen. In der zweiten Periode kann demgegenüber die ausländische Steuer auf den Gewinnanteil X (20 000 €) auf die deutsche Einkommensteuer angerechnet werden.

Handelt es sich allerdings beim Steuerinländer A um einen **Kommanditisten**, so betragen in der ersten Periode die ausgleichsfähigen negativen ausländischen Einkünfte bei der Personengesellschaft X nicht 30 000 €, sondern 10 000 €. Dies ergibt sich aus der Vorschrift des § 15 a EStG, die insoweit kein negatives Kapitalkonto entstehen lässt. Bei der Personengesellschaft Y bleibt es dagegen bei den positiven Einkünften i. H. v. 30 000 €. Demzufolge betragen in der ersten Periode die ausländischen Einkünfte im Rahmen des Höchstbetrags der Anrechnung 20 000 €. In der zweiten Periode sind die gespeicherten negativen Einkünfte der Personengesellschaft X i. H. v. 20 000 € mit den in dieser Periode erzielten positiven Einkünften der Personengesellschaft X von ebenfalls 20 000 € zu verrechnen. Eine Verrechnung der gespeicherten Verluste aus der Personengesellschaft X mit Gewinnen aus der Personengesellschaft Y ist demgegenüber nicht möglich (§ 15 a Abs. 2 EStG). Werden keine anderen Einkünfte aus demselben ausländischen Staat bezogen (per-country-limitation), so kann die ausländische Steuer vom Gewinn der zweiten Periode nicht auf die deutsche Steuer angerechnet werden. In diesem Fall wäre dann die Abzugsmethode anzuwenden.

Im Ergebnis kann Folgendes festgehalten werden: Durch die Verlustbegrenzung des § 15 a EStG wird in Jahren, in denen ein negatives Kapitalkonto entsteht oder sich erhöht, der Höchstbetrag der Anrechnung in Bezug auf andere positive Einkünfte aus demselben ausländischen Staat erhöht. In den Folgeperioden, in denen die Gewinne aus der Beteiligung an der Kommanditgesellschaft durch die gespeicherten verrechenbaren Verluste gemindert werden, vermindert sich entsprechend der Höchstbetrag der Anrechnung.

(bb) Wirkung bei ausländischer Mitunternehmerschaft mit Inlandsbetriebsstätte

Verfügt eine ausländische Personengesellschaft wenigstens über eine inländische Betriebsstätte, so stellt sich die Frage, welche Auswirkungen die Regelung des § 15 a EStG auf die von der Personengesellschaft im In- oder Ausland erzielten Verluste hat. Eine Verlustausgleichsbeschränkung nach § 15 a EStG kann sich dabei grundsätzlich nur dann ergeben, wenn das **Gesamtergebnis** von inländischer Betriebsstätte und ausländischer Personengesellschaft **negativ** wird, d. h. wenn das gesamte steuerliche Kapitalkonto des beschränkt haftenden Steuerinländers einen negativen Betrag ausweist.[143]

Beispiel: Ein inländischer Kommanditist einer ausländischen KG mit Inlandsbetriebsstätte hat ein Kapitalkonto von 50 000 €. Auf den Steuerinländer entfallen ein Inlandsgewinn von 20 000 € und ein Auslandsverlust von 60 000 €. Die Frage der Anwendung des § 15 a EStG bei der Ermittlung des nach § 34 c EStG anzurechnenden Betrags stellt sich in derartigen Fällen nicht, weil das Kapitalkonto des Steuerinländers insgesamt nicht negativ wird. In diesem Fall betragen die ausländischen Einkünfte also ./. 60 000 €.

Wird das Kapitalkonto des beschränkt haftenden Steuerinländers insgesamt negativ, so sind die Wirkungen des § 15 a EStG davon abhängig, wo der zum negativen Kapitalkonto führende Verlust erzielt wird. Drei Fälle sind hierbei zu unterscheiden:

– Der Verlust wird **ausschließlich in der Inlandsbetriebsstätte** erwirtschaftet. Auf die ausländische Hauptbetriebsstätte entfällt ein Gewinn. Das Kapitalkonto wird also allein durch den Inlandsverlust negativ.

Beispiel: Das Kapitalkonto eines inländischen Kommanditisten einer ausländischen KG mit Inlandsbetriebsstätte beträgt 10 000 €. Auf den Steuerinländer entfallen in der ersten Periode ein Inlandsverlust von 50 000 € und ein Auslandsgewinn von 20 000 €, in der zweiten Periode ein Inlands- und Auslandsgewinn von jeweils 10 000 €. Der dem Steuerinländer in der Periode 1 anteilig und unmittelbar zuzu-

---

[143] So für den Fall einer inländischen KG mit Auslandsbetriebsstätte; vgl. Krabbe, H., FR 1980, S. 533 f.; Grützner, D., IWB, Fach 3, Deutschland, Gruppe 2, S. 1066 f. Zustimmend auch Kröner, M., Verluste, 1986, S. 326 ff.

4. Kapitel. Ausländische Personengesellschaften

weisende Gesamtverlust beträgt demnach 30 000 € (+ 20 000 € ./. 50 000 €). Nach Berücksichtigung dieses Verlustes ergibt sich für den Steuerinländer ein negatives Kapitalkonto von 20 000 €. Der Inlandsverlust i. H. v. 50 000 € ist dann entsprechend den beiden Verlustkategorien in einen verrechenbaren Verlust i. H. v. 20 000 € (negatives Kapitalkonto) und in einen ausgleichsfähigen Verlust i. H. v. 30 000 € aufzuteilen.
In der zweiten Periode wird der verrechenbare Verlust i. H. v. 20 000 € zunächst mit dem Inlandsgewinn (10 000 €) und sodann mit dem Gewinn der Auslandsbetriebsstätte (10 000 €) verrechnet. Diese Reihenfolge ist zwingend, denn die bei der Inlandsbetriebsstätte vorliegende Koppelung der persönlichen und sachlichen Steueranknüpfung hat Vorrang gegenüber der bei der Auslandsbetriebsstätte vorhandenen sachlichen Steueranknüpfung.
Für die Berechnung des Höchstbetrags der Anrechnung nach § 34 c EStG werden dann die Einkünfte der ausländischen Hauptbetriebsstätte für die erste Periode mit 20 000 € und für die zweite Periode mit 10 000 € angesetzt.
Der Gesamtverlust wirkt sich auf die Ermittlung der ausländischen Einkünfte nach § 34 c Abs. 1 EStG nicht aus.[144] Als ausländische Einkünfte i. S. v. § 34 d Nr. 2 Buchstabe a EStG gelten nur solche Einkünfte, die von einer ausländischen Betriebsstätte erzielt werden. Im vorliegenden Fall sind jedoch die verrechenbaren Verlustanteile Erfolgsbestandteile, die originär einer inländischen Betriebsstätte zuzurechnen sind. Die vorrangige Inlandszugehörigkeit kann durch den Tatbestand der Einkunftszurechnung über die ausländische Personengesellschaft nicht negiert werden.

- Der Verlust wird **ausschließlich in der ausländischen Hauptbetriebsstätte** erwirtschaftet. Auf die Inlandsbetriebsstätte entfällt ein Gewinn. Das Kapitalkonto wird also allein durch den Auslandsverlust negativ.

Beispiel: Das Kapitalkonto eines inländischen Kommanditisten einer ausländischen KG mit Inlandsbetriebsstätte beträgt 10 000 €. Auf den Steuerinländer entfallen in der ersten Periode ein Inlandsgewinn von 20 000 € und ein Auslandsverlust von 50 000 €, in der zweiten Periode ein Inlands- und Auslandsgewinn von jeweils 10 000 €. Der anteilige Gesamtverlust des Steuerinländers beträgt auch hier 30 000 € und das negative Kapitalkonto 20 000 €. Der Auslandsverlust i. H. v. 50 000 € ist in einen verrechenbaren Verlust von 20 000 € und einen ausgleichsfähigen Verlust von 30 000 € aufzuteilen.
In der zweiten Periode ist der verrechenbare Verlust i. H. v. 20 000 € zunächst mit dem Auslandsgewinn (10 000 €) und sodann mit dem Inlandsgewinn (10 000 €) zu verrechnen.[145] Diese Reihenfolge ist zwingend.
Für die Berechnung des Höchstbetrags der Anrechnung nach § 34 c EStG werden die Einkünfte der ausländischen Hauptbetriebsstätte für die erste Periode mit ./. 30 000 € und für die zweite Periode mit null € angesetzt. In der ersten Periode erhöht sich also der Höchstbetrag der Anrechnung in Bezug auf andere Einkünfte aus demselben ausländischen Staat. In der zweiten Periode vermindert er sich. Wird in der dritten Periode wieder ein Gewinn aus der Auslands- oder Inlandsbetriebsstätte erzielt, so ist dieser steuerpflichtig, da der verrechenbare Verlust i. S. d. § 15 a Abs. 4 EStG aufgezehrt ist.

- Der Verlust wird **teilweise in der ausländischen Hauptbetriebsstätte** und **teilweise in der Inlandsbetriebsstätte** erzielt. Das Kapitalkonto wird also durch den Auslands- und Inlandsverlust negativ. In solchen Fällen ist es zur Ermittlung der ausländischen bzw. inländischen Einkünfte notwendig, den nach § 15 a Abs. 1 EStG ausgleichs- bzw. abzugsfähigen und nach § 15 a Abs. 2 EStG verrechenbaren Gesamtverlust aufzuteilen.[146]

---

[144] So auch Herrmann, C./Heuer, G./Raupach, A., Einkommensteuergesetz, § 15 a EStG, Anm. 43 ff.
[145] Vgl. Krabbe, H., FR 1980, S. 534.
[146] Zur Frage des Aufteilungsmaßstabs vgl. Krabbe, H., FR 1980, S. 533.

(c) Das Verhältnis von § 15 a EStG zu § 2 a EStG

Im Zusammenhang mit negativen Einkünften aus ausländischen Personengesellschaften sind neben § 15 a EStG die Verlustverrechnungsbeschränkungen durch § 2 a EStG zu beachten.[147] Wie bei § 15 a EStG steht auch hinter dieser Norm in erster Linie die Zielsetzung, die Tätigkeiten von Verlustzuweisungsgesellschaften zu bekämpfen. § 2 a EStG betrifft Verluste, die im Rahmen von bestimmten, in der Norm selbst abgegrenzten Tätigkeiten außerhalb der EU/EWR in **Drittstaaten** erwirtschaftet werden. Überschneidungsbereiche hinsichtlich der Voraussetzungen beider Regelungen entstehen insbesondere durch die Katalognummern 2 und 5 des § 2 a Abs. 1 EStG, welche sich auf Drittstaaten-Verluste aus passiv tätigen gewerblichen Betriebsstätten und stillen Beteiligungen beziehen. Übt eine in einem Drittstaat ansässige Personengesellschaft passive Tätigkeiten aus oder ist ihr ein stilles Darlehen eingeräumt worden, so stellt sich die Frage nach dem Verhältnis zwischen § 15 a EStG und § 2 a EStG. Dies ist deshalb von Bedeutung, da § 2 a EStG teilweise weitergehende Verrechnungsmöglichkeiten (Ausgleich mit Gewinnen derselben Art aus demselben Staat bei § 2 a EStG; mit Gewinnen aus derselben Beteiligung bei § 15 a EStG) vorsieht.

Eine sachgerechte Lösung dieser Problematik lässt sich unter Berücksichtigung des Normzwecks von § 2 a EStG ableiten. Entsprechend der Zielsetzung, bestimmte, als nicht förderungswürdig erachtete Investitionen steuerlich zu benachteiligen, ist § 2 a EStG als Ergänzung zu § 15 a EStG zu interpretieren, so dass die **Rechtsfolgen kumulativ zur Anwendung kommen.** Demnach ist zunächst zu prüfen, ob die Begrenzung des § 2 a EStG greift; im Rahmen der verbleibenden Verrechnungsmöglichkeiten ist dann zu untersuchen, ob § 15 a EStG angewendet werden kann.[148] Akzeptiert man diese Auffassung, so können nach § 15 a EStG verrechnungsbeschränkte Verluste auch bei gleichzeitiger Anwendbarkeit von § 2 a EStG nur mit Gewinnen derselben Beteiligung ausgeglichen werden; ein Ausgleich mit Gewinnen derselben Art und aus demselben Staat ist nicht möglich.

b) Gewerbesteuer

Betreibt ein inländischer Mitunternehmer neben seiner Personengesellschaftsbeteiligung zusätzlich einen inländischen Gewerbebetrieb, so ist die Beteiligung an der ausländischen Personengesellschaft Teil des inländischen Betriebsvermögens und der Anteil des Mitunternehmers am Gewinn oder Verlust der Personengesellschaft ist in den gewerblichen Einkünften enthalten. Da nach dem Inlandscharakter der Gewerbesteuer nur der Gewerbeertrag inländischer Gewerbebetriebe erfasst werden soll, sieht § 9 Nr. 2 GewStG die **Kürzung der Anteile am Gewinn der ausländischen Personengesellschaft** aus der einkommen- bzw. körperschaftsteuerlichen Ausgangsgröße zur Ermittlung des Gewerbeertrags vor. Im Verlustfall greift die Hinzurechnungs-

---

[147] Zu § 2 a EStG vgl. ausführlich 1. und 2. Kapitel, jeweils Abschnitt B II 1 a) (2).
[148] So auch Herrmann, C./Heuer, G./Raupach, A., Einkommensteuergesetz, § 15 a EStG, Anm. 44; Schmidt, L., Einkommensteuergesetz, § 2 a EStG, Rz. 10, § 15 a EStG, Rz. 35; a. A. Hennig, T., DB 1985, S. 1551 ff.

vorschrift des § 8 Nr. 8 GewStG. Im Ergebnis bleibt die Beteiligung an einer ausländischen Mitunternehmerschaft im Inland generell **gewerbesteuerfrei**.[149]

2. Abkommensrecht

a) Einkommen- und Körperschaftsteuer

(1) Die Besteuerung im Gewinnfall

(a) Besteuerung bei übereinstimmender Subjektqualifikation

(aa) Anwendung des Betriebsstättenprinzips

Bei übereinstimmender Subjektqualifikation richtet sich die ertragsteuerliche Behandlung des Erfolgs ausländischer Personengesellschaften nach dem **Betriebsstättenprinzip**. Der in Deutschland unbeschränkt steuerpflichtige Gesellschafter ist auf Abkommensebene als „eine in einem Vertragsstaat ansässige Person" (Art. 4 Abs. 1 OECD-Modell) zu qualifizieren. Die Personengesellschaftsbeteiligung stellt für ihn ein deutsches Unternehmen (Art. 3 Abs. 1 Buchstabe c OECD-Modell) dar, welches im Ausland durch eine Betriebsstätte (Art. 5 Abs. 1 OECD-Modell) betrieben wird. Voraussetzung für die Anwendung des Betriebsstättenprinzips im Rahmen der grenzüberschreitenden Personengesellschaftsbesteuerung ist, dass die Merkmale des Betriebsstättenbegriffs[150] bei der Personengesellschaft erfüllt sind.[151] Dies folgt daraus, dass die Beteiligung an einer ausländischen Personengesellschaft als solche nach innerstaatlichem Recht weder einen Gewerbebetrieb noch eine Betriebsstätte[152] begründet. Deshalb fallen auch nur solche ausländische Personengesellschaften unter § 15 Abs. 1 Satz 1 Nr. 2 EStG und unter Art. 7 Abs. 1 des OECD-Modells (Betriebsstättenprinzip), die nach § 15 Abs. 2 EStG **gewerblich** tätig sind.[153] International tätige Personengesellschaften, die sich auf dem Gebiet der Vermögensverwaltung[154] oder in dem Bereich der Land- und Forstwirtschaft betätigen, werden zwar auch nach dem Personengesellschaftskonzept behandelt (vgl. §§ 21 und 13 Abs. 7 EStG), im grenzüberschreitenden Bereich kommt hier grundsätzlich aber nicht Art. 7 Abs. 1 des OECD-Modells (Betriebsstättenprinzip), sondern Art. 6 OECD-Modell (Belegenheitsprinzip) zur Anwendung.[155]

Sind die Voraussetzungen des Betriebsstättenprinzips erfüllt, so ist der Personengesellschaftserfolg nach Art. 7 des OECD-Modells im Sitzstaat steuer-

---

[149] Befindet sich die Beteiligung an der ausländischen Personengesellschaft im Privatvermögen des inländischen Mitunternehmers, fällt ebenfalls keine inländische Gewerbesteuer an.
[150] Vgl. hierzu 3. Teil, 2. Kapitel, Abschnitt A I.
[151] Vgl. BFH v. 31. 7. 1991, BStBl 1991 II, S. 922; BMF-Schreiben v. 16. 4. 2010, BStBl 2010 I, S. 354.
[152] Vgl. hierzu im Einzelnen BFH v. 29. 1. 1964, BStBl 1964 III, S. 165; für den Fall der Errichtung einer atypischen stillen Gesellschaft vgl. auch Suchanek, M., FR 2003, S. 605 ff.
[153] Vgl. BFH v. 17. 12. 1997, BStBl 1998 I, S. 296; Hemmelrath, A., IStR 1995, S. 570 f.; BMF-Schreiben v. 16. 4. 2010, BStBl 2010 I, S. 354; Vogel, K./Lehner, M., DBA-Kommentar, Art. 7, Anm. 57. Zum Begriff der Gewerblichkeit vgl. Abschnitt A I a) (2) und 3. Teil, 4. Kapitel, Abschnitt A I.
[154] Siehe dazu Gassner, W./Konezny, G., Personengesellschaft, 2000, S. 235 ff.
[155] Vgl. Vogel, K./Lehner, M., DBA-Kommentar, Art. 6, Anm. 204 ff.

pflichtig und nach Art. 23 A des OECD-Modells in Deutschland als Wohnsitzstaat **unter Progressionsvorbehalt freizustellen.**[156]

Bei der Zurechnung des Betriebsstättenerfolgs sind allerdings die abkommensrechtlichen Regelungen zu beachten. Beteiligt sich ein deutscher Kommanditist an einer ausländischen GmbH & Co. KG, dann stellen die Anteile an der ausländischen Komplementär-GmbH nach der deutschen Rechtswertung notwendiges Sonderbetriebsvermögen (II) dar.[157] Die Gewinnausschüttungen der Komplementär-GmbH werden als gewerbliche Einkünfte behandelt und sind auf Abkommensebene Dividenden i. S. d. Art. 10 OECD-Modell. Dennoch steht Deutschland für die Dividenden nicht das Besteuerungsrecht zu, wenn der Kommanditist im Ausland eine Betriebsstätte hat – die Betriebsstätte der KG wird dem Kommanditisten zugerechnet – und die Beteiligung zu dieser Betriebsstätte gehört (Betriebsstättenvorbehalt, Art. 10 Abs. 4 OECD-Modell).[158]

Verpachtet ein im Inland ansässiger Gesellschafter einer ausländischen Personengesellschaft sein im Ausland belegenes Grundstück, so werden die aus der Verpachtung fließenden Einkünfte regelmäßig nach dem **Belegenheitsprinzip** (Art. 6 OECD-Modell) im Ausland besteuert.[159] Gemäß Art. 6 Abs. 4 OECD-Modell gilt das Belegenheitsprinzip auch für Einkünfte aus unbeweglichem Vermögen, das einem Unternehmen dient. Art. 6 OECD-Modell (Belegenheitsprinzip) besitzt damit Vorrang vor den Regelungen des Art. 7 (Betriebsstättenprinzip).

(bb) Die Behandlung von Drittstaatseinkünften

Für die abkommensmäßige Behandlung von Drittstaatseinkünften der Personengesellschaft ist ebenfalls die Reichweite des Betriebsstättenprinzips von entscheidender Bedeutung. **Zinsen, Lizenzen und Dividenden** aus Drittstaaten sind nach dem verlängerten Betriebsstättenvorbehalt (Art. 21 Abs. 2 OECD-Modell) der Hauptbetriebsstätte der Personengesellschaft zuzuordnen. Demgemäß werden diese Drittstaatseinkünfte als Gewinnanteil des Steuerinländers nach Art. 7 i. V. m. Art. 23 A des OECD-Modells **freigestellt.**

Einkünfte aus Unterbetriebsstätten und **unbeweglichem Vermögen** in Drittstaaten können dagegen nicht der Hauptbetriebsstätte zugerechnet werden. Für Einkünfte aus unbeweglichem Vermögen ergibt sich das aus der generellen Vorrangigkeit des Belegenheitsprinzips vor dem Betriebsstättenprinzip.[160] Die ausdrückliche Herausnahme des unbeweglichen Vermögens aus dem verlängerten Betriebsstättenvorbehalt in Art. 21 Abs. 2 OECD-Modell ist insoweit lediglich klarstellend.

---

[156] A. A. hinsichtlich im Personengesellschaftserfolg enthaltener Dividenden-, Zinsund Lizenzeinkünfte BFH v. 7. 8. 2002, BStBl 2002 II, S. 848; BFH v. 19. 12. 2007, BStBl 2008 II, S. 510; Kluge, V., Betriebsstättenvorbehalt, 2005, S. 663 ff.; Debatin, H./Wassermeyer, F., Doppelbesteuerung, Art. 7, Rz. 160 ff., die sich gegen eine einheitliche Einkunftsqualifikation in Quellen- und Ansässigkeitsstaat aussprechen und somit bei solchen im Unternehmensgewinn enthaltenen Dividenden-, Zins- und Lizenzeinkünften eine Unterteilung in freizustellende originäre Unternehmensgewinne und nicht freizustellende sonstige Unternehmensgewinne fordern. Vgl. hierzu auch Abschnitt A II 2 a).
[157] Vgl. 5. Teil, 5. Kapitel, Abschnitt A II 2.
[158] Vgl. BFH v. 26. 2. 1992, BStBl 1992 II, S. 937.
[159] Vgl. BFH v. 14. 7. 1993, BStBl 1994 II, S. 91.
[160] Vgl. OECD-Kommentar, Art. 6, Anm. 3 f.

4. Kapitel. Ausländische Personengesellschaften

Für Einkünfte aus drittstaatlichen **Unterbetriebsstätten** fehlt zwar eine entsprechende Regelung, jedoch lässt auch hier der Sinn- und Vorschriftenzusammenhang des DBA nur die Erfassung unter Art. 21 OECD-Modell zu.[161] Das Vorhandensein einer Betriebsstätte vermittelt dem jeweiligen Staat die Besteuerungskompetenz für die von dieser Betriebsstätte per se erwirtschafteten Einkünfte. Dieser Grundsatz gilt gleichermaßen für die Hauptbetriebsstätte im Sitzstaat der Personengesellschaft wie für die Unterbetriebsstätte im Drittstaat. Durch die Anknüpfung der Steuerberechtigung an das Kriterium Betriebsstätte ist die Zuordnung von Einkünften aus drittstaatlichen Unterbetriebsstätten zur Hauptbetriebsstätte logisch ausgeschlossen, da sonst die gleichrangige Besteuerungskompetenz des Drittstaates negiert würde. Eine andere Einschätzung wäre nur dann möglich, wenn die Personengesellschaft auf Abkommensebene nicht als Betriebsstätte, sondern gemäß ihrer Rechtsnatur entsprechend auch im Abkommensrecht als gesondertes Zurechnungsobjekt[162] anerkannt würde.

Auf der Grundlage der derzeit gültigen abkommensrechtlichen Beurteilung der Personengesellschaft steht das **vorrangige Besteuerungsrecht** für Einkünfte aus drittstaatlichen Unterbetriebsstätten und unbeweglichem Vermögen nach Art. 21 OECD-Modell grundsätzlich dem **Wohnsitzstaat** des Gesellschafters zu. Der Sitzstaat der Personengesellschaft hat die entsprechenden Einkünfte von der Besteuerung freizustellen. Dies schließt jedoch nicht aus, dass die Besteuerungskompetenz des Wohnsitzstaates wiederum durch ein **DBA mit dem Drittstaat** eingeschränkt wird. Besteht ein solches DBA zwischen Drittstaat und Wohnsitzstaat, so sind die fraglichen Einkünfte nach Art. 7 bzw. 6 OECD-Modell im Wohnsitzstaat freizustellen.[163]

Beispiel: An einer KG mit Sitz und Geschäftsleitung in der Schweiz ist ein Steuerinländer mit einem Anteil von 40% beteiligt. Die Gesellschaft hat eine Betriebsstätte in Frankreich. Die Hauptbetriebsstätte in der Schweiz erzielt unter anderem Dividendeneinkünfte aus Italien und Lizenzeinkünfte aus Österreich. In Deutschland wird die KG als Mitunternehmerschaft qualifiziert. Das bedeutet, dass der Gewinnanteil des in Deutschland ansässigen Mitunternehmers nach dem Betriebsstättenprinzip in der Schweiz besteuert werden kann und von der Besteuerung in Deutschland freizustellen ist. Der freizustellende Gewinnanteil umfasst nach Art. 7 i. V. m. Art. 21 Abs. 2 des deutsch-schweizerischen Abkommens den Weltgewinn der Personengesellschaft mit Ausnahme der Betriebsstätteneinkünfte aus Frankreich. Darüber hinaus kann der deutsche Mitunternehmer die DBA mit Frankreich, Italien und Österreich gesondert für seine anteiligen Einkünfte beanspruchen. Im Verhältnis zu Österreich hätte dies z. B. eine anteilige Reduzierung der österreichischen Quellensteuer auf Lizenzeinkünfte zur Folge (Art. 12). Im Verhältnis zu Frankreich führt dies zur deutschen Steuerfreistellung für die Betriebsstätteneinkünfte. Die Anwendung der deutschen Abkommen im Verhältnis zu Drittstaaten ist also möglich, obschon ein Steuerzugriff auf die anteiligen Einkünfte in Deutschland nicht erfolgt.[164]

Erwirtschaftet die ausländische Personengesellschaft **Dividenden, Zinsen etc. aus Deutschland,** so können dadurch Probleme entstehen, dass der Wohnsitzstaat des Mitunternehmers gleichzeitig auch der Quellenstaat ist.

---
[161] Im Ergebnis für den Outbound-Fall auch BFH v. 16. 10. 2002, BStBl 2003 II, S. 631. Dazu KB, IStR 2003, S. 174.
[162] In diesem Sinne Selent, A., Personengesellschaften, 1982, S. 253.
[163] Vgl. Ebling, K., CDFI 1988, S. 242; KB, IStR 2003, S. 174.
[164] Vgl. hierzu Selent, A., Personengesellschaften, 1982, S. 238 ff. m. w. N.

Beispiel: Ein inländischer Mitunternehmer ist an einer US-partnership beteiligt. Diese partnership erzielt Dividenden, Zinsen und Lizenzgebühren aus Deutschland.

Die Besteuerung der aus Deutschland bezogenen Einkünfte kann im Beispielsfall alternativ wie folgt vor sich gehen:

- Die in Deutschland erzielten Einkünfte unterliegen, soweit sie auf inländische Mitunternehmer entfallen, der persönlichen Einkommen- bzw. Körperschaftsteuerpflicht der Mitunternehmer.[165]
- Die Einkünfte werden – analog zur Vorgehensweise bei ausländischen Kapitalgesellschaften mit Inlandsaktivitäten – einer ermäßigten deutschen Quellensteuer unterworfen.[166]
- Die Einkünfte sind der ausländischen Personengesellschaft zuzuordnen (Betriebsstättenvorbehalt).[167]

Die erste Auffassung folgt der Vorstellungswelt der Bilanzbündeltheorie, die durch die innerstaatliche Rechtsentwicklung überholt ist. Ebenso ist die in der zweiten Alternative zum Ausdruck kommende Parallele zur ausländischen Kapitalgesellschaft mit Inlandsaktivitäten verfehlt. Bei **konsequenter Anwendung des Betriebsstättenprinzips** sind vielmehr alle aus dem Inland gezahlten Dividenden, Zinsen und Lizenzen Einkünfte der ausländischen Hauptbetriebsstätte (Personengesellschaft) und somit **in Deutschland** als Quellenstaat **nicht steuerbar** (Betriebsstättenvorbehalt). Die Steuerkompetenz liegt hier ausschließlich beim Personengesellschaftsstaat (3. Alternative). Dies schließt aber nicht aus, dass auf die betreffenden Einkünfte im Inland eine Quellensteuer einbehalten wird.

Eine Ausnahme von der Zurechnung zum Personengesellschaftsstaat gilt nur in den Fällen, in denen die ausländische Personengesellschaft über **unbewegliches Vermögen** bzw. Unterbetriebsstätten **im Wohnsitzstaat** des Mitunternehmers verfügt. Diese Einkünfte werden aus dem verlängerten Betriebsstättenvorbehalt und somit aus dem Steuerzugriff des Personengesellschaftsstaates ausgenommen (Art. 21 Abs. 2 OECD-Modell).

Beispiel: Ein Steuerinländer ist an einer aktiv tätigen schweizerischen KG beteiligt, zu deren Vermögen ein in Deutschland belegenes Grundstück gehört.

In diesem Fall kann der Steuerinländer nicht verlangen, dass die Grundstückseinkünfte als Teil des Gewinns der schweizerischen KG mit dem auf ihn entfallenden Anteil gemäß Art. 24 Abs. 1 Buchstabe a des deutsch-schweizerischen Abkommens von der deutschen Besteuerung befreit werden. Die Grundstückseinkünfte unterliegen vielmehr anteilig der **unbeschränkten Steuerpflicht in Deutschland**.[168] Dieses Ergebnis resultiert allerdings nicht aus der Bilanzbündeltheorie und der unmittelbaren anteiligen Zuordnung des Grundstücks zum Mitunternehmer, sondern rechtfertigt sich daraus, dass zwischen der Quelle der Einkünfte und dem Quellenstaat eine enge wirtschaftliche Verbindung besteht.[169]

---

[165] So Debatin, H., FR 1979, S. 494; Debatin, H./Wassermeyer, F., Doppelbesteuerung, Art. 21, Anm. 1.
[166] Vgl. Debatin, H., RIW/AWD 1978, S. 381.
[167] Vgl. Manke, K., DStJG 1985, S. 202 ff.; Riemenschneider, S., Abkommensberechtigung, 1995, S. 137 f.
[168] Vgl. Debatin, H./Wassermeyer, F., Doppelbesteuerung, Art. 6, Anm. 101.
[169] Vgl. OECD-Kommentar, Art. 6, Anm. 1.

4. Kapitel. Ausländische Personengesellschaften

Ähnliche Überlegungen gelten auch im Zusammenhang mit **Unterbetriebsstätten im Wohnsitzstaat** der Gesellschafter. Dem Wohnsitzstaat ist aufgrund der originären wirtschaftlichen Verknüpfung der Unterbetriebsstätte mit seinem Staatsgebiet ein vorrangiges Besteuerungsrecht einzuräumen. Die wirtschaftliche Zugehörigkeit zur ausländischen Personengesellschaft hat insoweit zurückzutreten. Diesem Ergebnis wird in der deutschen Steuerrechtspraxis zugestimmt, allerdings auf Basis einer Argumentation, die wiederum die Negierung der steuerlichen Eigensubstanz einer Personengesellschaft im Abkommensrecht dokumentiert. Nicht die Personengesellschaft selbst, sondern der einzelne Gesellschafter betreibt in seiner Eigenschaft als Mitunternehmer ein „Unternehmen eines Vertragsstaates" i. S. d. Art. 3 OECD-Modell. Bei einem in Deutschland ansässigen Gesellschafter liegt demnach grundsätzlich ein „Unternehmen Deutschlands" vor. Nach Art. 7 Abs. 1 OECD-Modell steht das **vorrangige Besteuerungsrecht** für Gewinne eines deutschen Unternehmens ausschließlich **Deutschland** zu, es sei denn, das Unternehmen übt seine Tätigkeit wiederum über eine im anderen Vertragsstaat belegene Betriebsstätte aus. Diese Betriebsstätteneinkünfte sind dann in Deutschland freizustellen.[170]

(cc) Besteuerung der Sondervergütungen

Bei übereinstimmender Subjektqualifikation ergeben sich Probleme, wenn das Inland einen schuldrechtlichen Vertrag nach § 15 Abs. 1 Satz 1 Nr. 2 EStG umqualifiziert (Sondervergütungen), das Ausland hingegen diesen Vertrag anerkennt (folglich Betriebsausgaben annimmt und u. U. eine Quellenbesteuerung vornimmt). Dieser **objektive Qualifikationskonflikt** ergibt sich aus der in der Praxis wohl häufigsten Fallkonstellation einer abweichenden Besteuerung von Personengesellschaften im In- und Ausland. Fehlt es hier im Abkommen an einer eigenen Regelung, gilt das innerstaatliche Recht.[171] Werden die Sondervergütungen dem innerstaatlichen Recht entsprechend generell als Bestandteil des ausländischen Betriebsstättengewinns behandelt,[172] kann bei Sondervergütungen, denen im Ausland Betriebsausgabencharakter zukommt, eine doppelte Nichtbesteuerung entstehen.[173]
Der BFH[174] spricht sich zur Lösung solcher Qualifikationskonflikte ohne eine explizite Anknüpfung an die Qualifikation des Quellenstaates dafür aus, die Einkünfte unter die entsprechenden Artikel der DBA zu subsumieren. Nach seiner Auffassung steht der Tatbestand, dass Zinszahlungen der betref-

---

[170] Vgl. Manke, K., DStJG 1985, S. 202 ff.
[171] Vgl. BFH v. 27. 2. 1991, BStBl 1991 II, S. 444; BFH v. 26. 2. 1992, BStBl 1992 II, S. 937.
[172] So BFH v. 10. 11. 1983, BStBl 1984 II, S. 605; BFH v. 19. 5. 1987, BStBl 1988 II, S. 5; zustimmend Ebling, K., CDFI 1988, S. 243. Diese Auffassung entspricht auch der des deutschen Gesetzgebers (vgl. § 50 d Abs. 10 EStG).
[173] Im Gegensatz dazu kann es bei Sonderbetriebsausgaben wie z. B. Refinanzierungskosten zu vagabundierendem Aufwand kommen, wenn sie weder im Sitzstaat der Personengesellschaft noch im Wohnsitzstaat des Gesellschafters abzugsfähig sind. Vgl. hierzu Pyszka, T./Brauer, M., Personengesellschaften, 2004, Rz. 109 ff.; sowie 6. Teil, 7. Kapitel, Abschnitt B I.
[174] Vgl. BFH v. 27. 2. 1991, BStBl 1991 II, S. 444; BFH v. 14. 7. 1993, BStBl 1994 II, S. 91; BFH v. 24. 3. 1999, BStBl 2000 II, S. 399; BFH v. 16. 10. 2002, BStBl 2003 II, S. 631; BFH v. 20. 12. 2006, BStBl 2009 II, S. 766. Vgl. auch die Ausführungen im 6. Teil, 7. Kapitel, Abschnitt B I.

fenden Art nach nationalem Recht gewerbliche Einkünfte z. B i. S. d. § 15 Abs. 1 Satz 1 Nr. 2 EStG sind, einer abkommensrechtlichen Qualifikation als „Zinsen" i. S. d. Art. 11 OECD-Modell nicht entgegen. Auf dieser Basis ist eine Einmalbesteuerung der Einkünfte grundsätzlich sichergestellt: Das Besteuerungsrecht für Zinseinkünfte wird im Abkommensfall dem Wohnsitzstaat zugewiesen. Im Ergebnis sind aufgrund dieser Rechtsprechung die Einkünfte aus der Beteiligung an einer ausländischen Personengesellschaft aufzuteilen in den Gewinnanteil, der nach dem Betriebsstättenprinzip im Inland freizustellen ist, und in die Sondervergütungen, die unter Anrechnung eventuell anfallender ausländischer Quellensteuern im Inland zu versteuern sind. Sind die Sondervergütungen indessen tatsächlich der Personengesellschaft (Betriebsstätte) im Ausland zuzuordnen (Betriebsstättenvorbehalt), erfolgt nach dem Betriebsstättenprinzip wiederum ihre Freistellung im Wohnsitzstaat.[175] In diesen Fällen sind die Einkünfte auch dann in vollem Umfang steuerfrei, wenn der das Kapital oder die Wirtschaftsgüter überlassende Mitunternehmer nur zu einem Bruchteil an der Personengesellschaft beteiligt ist.[176]

Dagegen möchte die Finanzverwaltung[177] zur Vermeidung unerwünschter doppelter Nichtbesteuerungen bzw. Minderbesteuerungen – gestützt auf die Auslegung von Art. 23 A OECD-Modell (Freistellungsmethode) sowie dessen Absatz 4 – bei Sondervergütungen generell von der Freistellungs- auf die Anrechnungsmethode übergehen, soweit die Sondervergütungen im Ausland nicht oder nur eingeschränkt besteuert werden.[178] Zu diesem Ergebnis führt nunmehr auch der durch das JStG 2009 eingefügte § 50 d Abs. 9 EStG, sofern die beiden Vertragsstaaten die erzielten Einkünfte unterschiedlichen Abkommensbestimmungen zuordnen.[179]

(b) Besteuerung bei abweichender Subjektqualifikation

Behandelt das Ausland die Personengesellschaft nach Kapitalgesellschaftsgrundsätzen, so entstehen Qualifikationskonflikte nicht nur bei den Sondervergütungen, sondern auch bezüglich der Gewinne der ausländischen Personengesellschaften (sog. **subjektive Qualifikationskonflikte**).[180]

Eine explizite Lösung subjektiver Qualifikationskonflikte ist auf wenige DBA beschränkt.[181] Schließt man sich der Argumentation an, dass eine Personengesellschaft aufgrund ihrer Qualifikation im ausländischen Sitzstaat als eine im ausländischen Vertragsstaat ansässige eigenständige Gesellschaft anzu-

---

[175] Vgl. Abschnitt A II 2 b).
[176] Vgl. BFH v. 14. 7. 1993, BStBl 1994 II, S. 91.
[177] Vgl. Betriebsstätten-Verwaltungsgrundsätze, BMF-Schreiben v. 24. 12. 1999, BStBl 1999 I, S. 1076, Tz. 1.2.3; BMF-Schreiben v. 16. 4. 2010, BStBl 2010 I, S. 354. Zu den Auswirkungen der unterschiedlichen Auffassungen von BFH und Finanzverwaltung vgl. auch die Beispiele in Piltz, D. J., Sondervergütungen, 2005, S. 749 ff.
[178] Ohne Rechtsgrundlagen – wie z. B. Switch-over-Klauseln – ist die Anwendung dieser sog. Qualifikationsverkettung zumindest im Hinblick auf bereits bestehende Abkommen abzulehnen. Im Fall künftig abzuschließender DBA kann sich die deutsche Finanzverwaltung dagegen die geänderte Auslegung des OECD-Modells zu Eigen machen, wie im revidierten DBA-USA bereits geschehen. Vgl. Abschnitt A II 2 b); sowie zum revidierten DBA-USA Endres, D./Wolff, U., IStR 2006, S. 729.
[179] Vgl. hierzu Abschnitt A II 2 b).
[180] Vgl. hierzu OFD Frankfurt/Main v. 25. 10. 1994, DB 1994, S. 2352.
[181] Vgl. z. B. Art. 4 Abs. 4 DBA-Spanien; Art. 3 Abs. 1 Nr. 4 DBA-Belgien; Art. 3 Abs. 1 Buchstabe f i. V. m. Art. 7 Abs. 7 DBA-Japan.

4. Kapitel. Ausländische Personengesellschaften

sehen ist, so sind die an die Gesellschafter ausgeschütteten Gewinne abkommensrechtlich als Dividenden i. S. d. Art. 10 OECD-Modell zu qualifizieren.[182] Nach Art. 10 Abs. 3 OECD-Modell umfasst die Dividendenregelung alle Einkünfte, die nach dem Steuerrecht des Sitzstaates der Gesellschaft als Dividenden gelten. Daraus ergeben sich für die Besteuerung im Wohnsitzstaat folgende Konsequenzen:

– Gewinne der Tochterpersonengesellschaft als eigenständige Gesellschaft i. S. d. Abkommens sind von der inländischen Besteuerung des Mitunternehmers grundsätzlich unter Progressionsvorbehalt auszunehmen.[183] Eine inländische Besteuerung ist erst bei Gewinnausschüttung denkbar. Wenn dagegen einige Literaturvertreter auch beim Vorliegen eines subjektiven Qualifikationskonflikts Gewinne im Inland generell nach dem Betriebsstättenprinzip (i. V. m. der Freistellungsmethode)[184] befreien wollen, so bedeutet dies, dass sie bei der Auslegung des Abkommens auch hier unmittelbar auf das nationale Recht zurückgreifen.[185] Damit wird jedoch sowohl eine eventuelle Qualifikationsverkettung ignoriert als auch gegen das Auslegungskonzept verstoßen, wonach auf der Ebene des Abkommens die Personengesellschaft einheitlich zu behandeln ist. Die **ausgeschütteten Gewinne** einer Tochterpersonengesellschaft sind unter die Dividendenregelung (Art. 10 Abs. 3 OECD-Modell) zu subsumieren mit der Folge einer Senkung der ausländischen Quellensteuer (Kapitalertragsteuer) und einer Besteuerungskompetenz im Inland (Wohnsitzprinzip). Diese kann allerdings nach innerstaatlichem Recht nicht mehr ausgefüllt werden, da im Inland weiterhin das Mitunternehmerkonzept Anwendung findet. Die Ausschüttungen stellen nach der deutschen Rechtswertung Gewinnentnahmen aus einer Personengesellschaft dar, für die das deutsche Einkommensteuergesetz jedoch keine Besteuerung kennt. Folglich existiert im Zeitpunkt des Dividendenzuflusses **kein inländischer Besteuerungsanspruch**,[186] womit eine ausländische Quellensteuer in Deutschland nicht anrechenbar ist.[187]

– **Vergütungen,** die der inländische Mitunternehmer einer ausländischen körperschaftsteuerpflichtigen Personengesellschaft für seine Tätigkeit im Dienste der Gesellschaft oder für die Hingabe von Darlehen oder für die Überlassung von Wirtschaftsgütern erhält, sind nach Ansicht des

---

[182] Vgl. hierzu ausführlich Abschnitt A I 2 b) und A II 2.
[183] Vgl. Piltz, D. J., Personengesellschaften, 1981, S. 180 f.; Debatin, H., BB 1989, Beilage 2, S. 9. A. A. Riemenschneider, S., Abkommensberechtigung, 1995, S. 185 ff.; Schmidt, C., IStR 1996, S. 18 f.; Vogel, K./Lehner, M., DBA-Kommentar, Art. 1, Anm. 42.
[184] Der etwaige innerstaatliche Progressionsvorbehalt nach § 32 b EStG kommt hierbei auch losgelöst vom abkommensrechtlichen Progressionsvorbehalt nach Art. 23 A Abs. 3 OECD-Modell zur Anwendung, sofern das entsprechende DBA den Progressionsvorbehalt nicht explizit verbietet. Vgl. 2. Kapitel, Abschnitt B II 2 b) (2). Kritisch hierzu Achter, J. C., IStR 2003, S. 203 ff.; Schmidt, C./Blöchle, D., IStR 2003, S. 689.
[185] Vgl. Kluge, V., DStR 1976, S. 368; Ebling, K., CDFI 1988, S. 242.
[186] Vgl. BFH v. 16. 11. 1989, BStBl 1990 II, S. 204; OFD Frankfurt/Main v. 26. 5. 1993, RIW 1993, S. 605; Greif, M./Fischer, B., CDFI 1995, S. 241 f.; Schaumburg, H., Steuerrecht, 1998, S. 1192 f.; Vogel, K./Lehner, M., DBA-Kommentar, Art. 1, Anm. 40 f.
[187] Vgl. Schmidt, C., IStR 1996, S. 18; Mössner, J. M. u. a., Steuerrecht, 2005, Rz. E 36; BMF-Schreiben v. 16. 4. 2010, BStBl 2010 I, S. 354.

BFH[188] wohl unter die entsprechenden Einkommenskategorien des Abkommens zu subsumieren, so dass z. B. für Zinsen oder Lizenzgebühren regelmäßig dem **Wohnsitzstaat** des Mitunternehmers die Besteuerungskompetenz zukommt. Dies folgt daraus, dass die betreffenden Wirtschaftsgüter nicht dem ausländischen Unternehmen zugeordnet werden können (Trennungsprinzip).[189] Die in Übereinstimmung mit dem Abkommen im Sitzstaat der Personengesellschaft erhobenen (regelmäßig begrenzten) **Quellensteuern** sind danach im Wohnsitzstaat anzurechnen. Die Ansicht der Finanzverwaltung[190] sowie die Rechtsfolge des § 50 d Abs. 9 EStG, auf die Anrechnungsmethode überzugehen, wenn der ausländische Staat die Sondervergütungen nicht unter die Unternehmensgewinne i. S. d. Art. 7 OECD-Modell subsumiert, führen zum gleichen Ergebnis. Die Vorgehensweise ist jedoch nicht unumstritten.

(2) Die Besteuerung im Verlustfall

Bei Beteiligungen an Personengesellschaften in DBA-Staaten wird der anteilige Erfolg regelmäßig bei der Wohnsitzbesteuerung des Mitunternehmers freigestellt (ggf. erfolgt eine Einschränkung durch eine Aktivitätsklausel). Eine unmittelbare Verlustberücksichtigung im Inland scheidet somit aus. Allerdings wirken sich die „freigestellten" Personengesellschaftsverluste bei natürlichen Personen (im Gegensatz zu Kapitalgesellschaften) als Mitunternehmern insofern mittelbar auf die Wohnsitzbesteuerung aus, als sie eine Ermäßigung des auf die verbleibenden Einkünfte anzuwendenden Steuersatzes bewirken können **(negativer Progressionsvorbehalt).**[191] Bei der Berechnung der Auswirkungen des negativen Progressionsvorbehalts sind jedoch die relevanten **Verlustverrechnungsbeschränkungen** des deutschen Steuerrechts zu beachten. Der anteilige Verlust, der das Kapitalkonto des deutschen Kommanditisten übersteigt, bleibt nach § 15 a EStG außer Betracht. Andererseits vermindert sich ein etwaiger Gewinn aus der Beteiligung in den Folgeperioden um den verrechenbaren Verlust i. S. d. § 15 a Abs. 2 EStG. Auch Gewinnzurechnungen wegen Einlageminderungen sind im Rahmen des Progressionsvorbehalts zu berücksichtigen.[192]

Beispiel: Ein deutscher Kommanditist ist an einer ausländischen Kommanditgesellschaft mit einer (eingezahlten, zeitkongruenten) Einlage von 10 000 € beteiligt. Das anteilige Betriebsergebnis ist nach einem DBA unter Progressionsvorbehalt freigestellt und beträgt in der ersten Periode ./. 20 000 € und in der zweiten Periode + 10 000 €. Bei Anwendung des Progressionsvorbehalts ist in der ersten Periode ein Betrag von ./. 10 000 € und in der zweiten Periode ein Betrag von null € zu berücksichtigen.

---

[188] Vgl. BFH v. 27. 2. 1991, BStBl 1991 II, S. 444; BFH v. 14. 7. 1993, BStBl 1994 II, S. 91; BFH v. 24. 3. 1999, BStBl 2000 II, S. 399; BFH v. 16. 10. 2002, BStBl 2003 II, S. 631; BFH v. 20. 12. 2006, BStBl 2009 II, S. 766.
[189] Zustimmend Fischer-Zernin, J., RIW 1991, S. 493 ff.; Lüdicke, J., StbJb 1997/98, S. 472 ff.; Schaumburg, H., Steuerrecht, 1998, S. 1194 ff.; Kleineidam, H.-J., RIW 2003, S. 736 ff.; kritisch bzw. ablehnend Köhler, F., RIW 1991, S. 1024 ff.; Debatin, H., BB 1992, S. 1181 ff.; Piltz, D. J., Qualifikationskonflikte, 1993, S. 40 ff.; Hemmelrath, A., IStR 1995, S. 571 f.
[190] Vgl. Betriebsstätten-Verwaltungsgrundsätze, BMF-Schreiben v. 24. 12. 1999, BStBl 1999 II, S. 1076, Tz. 1.2.3; BMF-Schreiben v. 16. 4. 2010, BStBl 2010 I, S. 354.
[191] Vgl. hierzu 1. Kapitel, Abschnitt B II 2 a) (2).
[192] Vgl. Abschnitt B II 1 a) (2) (a). A. A. Jagdfeld, A. A. Kurth, H./Schelnberger, F.-J., BB 1980, S. 306.

4. Kapitel. Ausländische Personengesellschaften

Ähnliche Überlegungen gelten auch, soweit passive gewerbliche Einkünfte i. S. v. § 2 a Abs. 1 und 2 EStG bzw. § 32 b Abs. 1 Satz 2 Nr. 3 EStG i. V. m. § 2 a Abs. 2 Satz 1 EStG vorliegen. Ist eine Verrechnung derartiger negativer Einkünfte mit positiven Einkünften derselben Art und aus demselben Staat nicht möglich, können die Verluste auch bei der Ermittlung des Steuersatzes für Zwecke des Progressionsvorbehalts keine Berücksichtigung finden.[193]

Die Möglichkeit, auf Antrag Verluste aus ausländischen Personengesellschaften trotz DBA-Freistellung analog zu Betriebsstättenverlusten[194] gem. § 2 a Abs. 3 EStG im Verlustentstehungsjahr bei der Ermittlung des Gesamtbetrags der Einkünfte abzuziehen und im Fall späterer Gewinne dem Gesamtbetrag der Einkünfte wieder hinzuzurechnen, ist mit der Abschaffung des § 2 a Abs. 3 EStG durch das Steuerentlastungsgesetz 1999/2000/2002 ab dem VZ 1999 entfallen.[195] Gleichwohl sind aufgrund der EuGH-Rechtsprechung definitive Verluste aus in EU-/EWR-Mitgliedstaaten ansässigen Personengesellschaften im Inland zu berücksichtigen.[196]

b) Gewerbesteuer

Die deutschen DBA treffen grundsätzlich auch Regelungen für die Gewerbesteuer. Wegen ihres Objektcharakters ist die Gewerbesteuer allerdings nicht ohne weiteres in die Regelungsmechanismen eines DBA einzubeziehen. Die Bezugnahme der Abkommen auf die „in einem Vertragsstaat ansässige Person" ist bei der Gewerbesteuer somit nur sinngemäß möglich. Dies bedeutet, dass ein inländischer Mitunternehmer im Rahmen der Wohnsitzbesteuerung nur insoweit zur Gewerbesteuer herangezogen werden kann, als dem Inland nach Abkommensrecht für die dem Mitunternehmer zuzurechnenden Einkünfte ein vorrangiges Besteuerungsrecht zugewiesen wird. Da nun gegenüber Staaten, die nach internem Recht die Personengesellschaft als Mitunternehmerschaft besteuern, das **Betriebsstättenprinzip** zur Anwendung gelangt und dabei regelmäßig die Freistellungsmethode normiert ist, kommt es zur **Freistellung** der Personengesellschaftsbeteiligung beim Gewerbeertrag des Mitunternehmerbetriebs.[197] Lediglich in den Fällen, in denen die DBA-Freistellung an einer Aktivitätsklausel scheitert, kommt subsidiär die innerstaatliche Kürzungsvorschrift (§ 9 Nr. 2 GewStG) zum Zuge.

Bei Personengesellschaften in Staaten, die das Kapitalgesellschaftskonzept anwenden, erfolgt nach der hier vertretenen Ansicht die Freistellung auf der Ebene des Mitunternehmers mittels des **Dividendenprinzips** (Erfolg der Personengesellschaft). Da bei solchen Personengesellschaften die **Sondervergütungen** aber der inländischen Besteuerung unterworfen werden, bedarf es insoweit der Anwendung der innerstaatlichen Kürzungsvorschrift (§ 9 Nr. 2 GewStG).

---

[193] Vgl. 2. Kapitel, Abschnitt B II 2 a) (2).
[194] Vgl. 2. Kapitel, Abschnitt B II 2 a) (2).
[195] Eine Nachversteuerung ist allerdings noch weiterhin vorzunehmen. Zu den dabei zu beachtenden Konsequenzen wird auf den 4. Teil, 4. Kapitel, Abschnitt B II 2 a) der 4. Auflage verwiesen.
[196] Zum EU-rechtlichen Kontext siehe 2. Kapitel, Abschnitt B II a) (2).
[197] Vgl. BFH v. 27. 2. 1991, BStBl 1991 II, S. 444.

III. Tabellarische Übersicht über die Ergebnisse

Die nachfolgenden Übersichten fassen die Besteuerungswirkungen der Personengesellschaftsalternative im Ertragsteuerrecht zusammen. Im Einzelnen werden dargestellt:

- Die wichtigsten Determinanten der Steuerbelastung bei ausländischen Personengesellschaften (Tabelle 29);
- Personensteuerbelastung bei identischer Steuersubjektqualifikation ausländischer Personengesellschaften (Tabelle 30);
- Gewerbesteuerbelastung bei identischer Steuersubjektqualifikation ausländischer Personengesellschaften (Tabelle 31);
- Personensteuerbelastung bei abweichender Steuersubjektqualifikation ausländischer Personengesellschaften (Tabelle 32);
- Gewerbesteuerbelastung bei abweichender Steuersubjektqualifikation ausländischer Personengesellschaften (Tabelle 33).

4. Kapitel. Ausländische Personengesellschaften

Tabelle 29: Die wichtigsten Determinanten der Steuerbelastung bei ausländischen Personengesellschaften

Besteuerungssystem des Auslandes	Sachziel der ausländischen Grundeinheit	Bestehen oder Nicht-Bestehen eines DBA	Rechtsform der inländischen Spitzeneinheit	Erfolgssituation von Grund- und Spitzeneinheit
Anerkennung der ausländischen Grundeinheit als eigenständiges Steuerrechtssubjekt	Gesellschafter der ausländischen Personengesellschaft als Steuerrechtssubjekte	Im DBA-Fall greifen die abkommensrechtlichen Bestimmungen zur Vermeidung der Doppelbesteuerung. In einigen DBA sind darüber hinaus Regelungen zur Subjektqualifikation von Personengesellschaften (z. B. DBA Belgien, Spanien) oder zur Vermeidung von Qualifikationskonflikten bei den Einkünften vereinbart (z. B. DBA Österreich, Schweden).	Die Rechtsform der inländischen Spitzeneinheit beeinflusst Art und Umfang der ausländischen Besteuerung.	Die Erfolgssituation bestimmt gleichzeitig die in- und ausländische Steuerbelastung. Im Verlustfall gelten Sonderregelungen: §§ 2 a und 15 a EStG.
Besteuerung im Ausland nach dem Kapitalgesellschaftskonzept. PersG unterliegt der unbeschränkten Steuerpflicht mit Welteinkommen/-vermögen. Bei Gewinnausschüttungen sowie bei Zahlung bestimmter Leistungsentgelte Quellensteuer im Rahmen der beschränkten Steuerpflicht der Mitunternehmer.	Besteuerung im Ausland nach dem Transparenzprinzip (Mitunternehmerkonzept).[1] Mitunternehmer sind im Domizilstaat der Personengesellschaft mit dem anteiligen Betriebsstättenerfolg/-vermögen beschränkt steuerpflichtig.	Bei passiver Tätigkeit außerhalb der EU/EWR Verlustausgleichsbeschränkungen nach § 2 a Abs. 1 EStG. Auch die Freistellung des Betriebsstättenerfolgs im DBA-Fall wird zunehmend nur bei aktiven Tätigkeiten gewährt.		

[1] Trotz identischer Steuerrechtsqualifikation werden die schuldrechtlichen Gesellschafterleistungen nicht notwendigerweise als im Personengesellschaftsgewinn enthaltene Sondervergütungen entsprechend dem deutschen Mitunternehmerkonzept (§ 15 Abs. 1 Satz 1 Nr. 2 EStG) qualifiziert.

Tabelle 30: Personensteuerbelastung bei identischer Steuersubjektqualifikation ausländischer Personengesellschaften[1]

Domizilstaat der Personengesellschaft		Wohnsitzstaat des Mitunternehmers	
nationales Recht	Abkommensrecht	nationales Recht ESt/KSt	Abkommensrecht ESt/KSt
Steuersubjekt: Inländischer Mitunternehmer mit seinen Einkommens- und Vermögensteilen im Rahmen der beschränkten Steuerpflicht. *Steuerobjekt:* Anteil am Erfolg bzw. Vermögen der Personengesellschaft (Gesamthandsvermögen) zuzüglich „Sondervergütungen"[2] bzw. „Sonderbetriebsvermögen."[3] Begrenzter rechtsgeschäftlicher Leistungsaustausch möglich (insoweit Quellensteuer).	*Steuersubjekt:* Inländischer Mitunternehmer mit seinen Einkommens- und Vermögensteilen im Rahmen der beschränkten Steuerpflicht (DBA-Betriebsstättenprinzip). *Steuerobjekt:* Anteile am Erfolg (weltweit erzielte Einkünfte der Personengesellschaft Art. 7 Abs. 7 i. V. m. Art. 21 Abs. 2 OECD-Modell = verlängerter Betriebsstättenvorbehalt) bzw. Vermögen.	*Steuersubjekt:* Inländischer Mitunternehmer mit Einkünften aus Gewerbebetrieb im Rahmen der unbeschränkten Steuerpflicht. *Steuerobjekt:* Welteinkommen (Feststellungsprinzip in Bezug auf anteiligen Personengesellschaftserfolg i. S. d. § 15 Abs. 1 Satz 1 Nr. 2 EStG), aber Anrechnung der Steuern auf ausländischen „Betriebserfolg" (§ 34 c Abs. 1 EStG, § 26 Abs. 1 KStG) bzw. Abzugsmethode (§ 34 c Abs. 2 EStG), ggf. auch Pauschalierungsmethode (§ 34 c Abs. 5 EStG) möglich.	*Steuersubjekt:* Inländischer Mitunternehmer mit Einkünften aus Gewerbebetrieb im Rahmen der unbeschränkten Steuerpflicht. *Steuerobjekt:* Welteinkommen, aber Freistellung des „Betriebsstättenerfolgs".[4] Rechtsgrundlage:[5] DBA-Betriebsstättenprinzip (z. B. Art. 7 OECD-Modell). Progressionsvorbehalt bei ESt (§ 32 b EStG). Sonderregelung für Verluste (§§ 2 a und 15 a EStG). Bei entsprechender abkommensrechtlicher Vereinbarung bzw. aufgrund nationaler Rückfallklauseln Besteuerung von Sondervergütungen, sofern ihnen im Ausland Betriebsausgabeneigenschaft zukommt.

[1] Beide Staaten besteuern nach dem Mitunternehmerkonzept, wobei die schuldrechtlichen Gesellschafterleistungen nicht notwendigerweise nach innerstaatlichem Muster (§ 15 Abs. 1 Satz 1 Nr. 2 EStG) qualifiziert werden.
[2] Möglicherweise qualifiziert der Domizilstaat Teile hiervon als Betriebsausgaben.
[3] Häufig ist diese Qualifikation im Ausland nicht geläufig. Ferner ist auch die Sonderstellung der VSt im internationalen Rechtsvergleich zu beachten.
[4] Nach jüngerer Rechtsprechung wird die Zugehörigkeit bestimmter Gesellschafter-Gesellschaftsbeziehungen zum Betriebsstättenerfolg verneint.
[5] Zunehmend nur bei aktiver Tätigkeit. Des Weiteren ist die Sonderbehandlung des unbeweglichen Inlandsvermögens und inländischer Unterbetriebsstätten zu beachten.

Tabelle 31: Gewerbesteuerbelastung bei identischer Steuersubjektqualifikation ausländischer Personengesellschaften[1]

Domizilstaat der Personengesellschaft		Wohnsitzstaat des Mitunternehmers	
Nationales Recht	**Abkommensrecht**	**Nationales Recht**	**Abkommensrecht**
Anknüpfungstatbestände der Gewerbesteuer	Es ist der abkommensrechtliche Betriebsstättenbegriff zu beachten (Artt. 5 OECD-Modell, Art. 5 UN-Modell).	Beteiligungserfolg (inkl. Sondervergütungen) bleibt nach § 9 Nr. 2 GewStG bzw. § 8 Nr. 8 GewStG (Verlust) ausgeklammert.	Beteiligungserfolg (inkl. Sondervergütungen) bleibt ausgeklammert. Rechtsgrundlage: DBA-Betriebsstättenprinzip bzw. unilaterales Recht.
Jeder stehende Gewerbebetrieb, für den im Domizilstaat eine Betriebsstätte unterhalten wird, unterliegt der GewSt (analog § 2 Abs. 1 und 2 GewStG).			

[1] Eine Gewerbesteuerbelastung stellt im internationalen Vergleich eine seltene Ausnahme dar.

Tabelle 32: Personensteuerbelastung bei abweichender Steuersubjektqualifikation ausländischer Personengesellschaften[1]

Domizilstaat der Personengesellschaft		Wohnsitzstaat des Mitunternehmers	
nationales Recht	Abkommensrecht	nationales Recht	Abkommensrecht
EStG		ESt/KSt	ESt/KSt
Steuersubjekt: Ausländische Personengesellschaft als eigenständiges Steuerrechtssubjekt mit ihren Einkommens- und Vermögensteilen (analog § 8 KStG). *Steuerobjekt*: Welteinkommen und Weltvermögen der Personengesellschaft. Bei Gewinnausschüttungen sowie bei Zahlung von bestimmten Leistungsentgelten Quellensteuer im Rahmen der beschränkten Steuerpflicht der Mitunternehmer.	Absenkung der Quellensteuern nach Maßgabe der abkommensrechtlichen Regeln, VSt-Freistellung des Beteiligungswerts.	Analog der Besteuerung ausländischer Mitunternehmerschaften bei identischer Steuersubjektqualifikation. Vgl. Tabelle 30.	*Steuersubjekt*: Inländischer Mitunternehmer mit Einkünften aus Gewerbebetrieb im Rahmen der unbeschränkten Steuerpflicht. *Steuerobjekt*: – Freistellung der Gewinnausschüttungen und Gewinnthesaurierungen sowie der Verluste (Dividendenprinzip) – Einbezug der ausländischen Leistungsentgelte bei der Besteuerung der Mitunternehmer (Sondervergütungen). Anwendung der Anrechnungsmethode (§ 34 c Abs. 1 EStG bzw. § 26 Abs. 1 KStG) oder der Abzugsmethode (§ 34 c Abs. 2 EStG), Sonderregelungen für Verluste (§§ 2 a und 15 a EStG).

[1] Dies bedeutet, dass das Ausland nach dem Kapitalgesellschaftskonzept und das Inland nach dem Mitunternehmerkonzept besteuert.

Tabelle 33: Gewerbesteuerbelastung bei abweichender Steuersubjektqualifikation ausländischer Personengesellschaften[1]

Domizilstaat der Personengesellschaft		Wohnsitzstaat des Mitunternehmers	
Nationales Recht	**Abkommensrecht**	**Nationales Recht**	**Abkommensrecht**
Anknüpfungstatbestände der Gewerbesteuer	In einigen DBA wurde vereinbart, dass die PersG als solche den Abkommensschutz beanspruchen kann (z. B. DBA-Belgien, Art. 3 Abs. 1 Nr. 4, DBA-Spanien, Art. 4 Abs. 4).	Analog zur Besteuerung ausländischer Mitunternehmerschaften bei identischer Steuersubjektqualifikation. Vgl. Tabelle 31.	Beteiligungserfolg (inkl. Sondervergütungen)[2] bleibt ausgeklammert. Rechtsgrundlage: DBA-Wohnsitzregel bzw. unilaterales Recht.
Jeder stehende Gewerbebetrieb, für den im Domizilstaat eine Betriebsstätte unterhalten wird, unterliegt der GewSt (analog § 2 Abs. 1 und Abs. 2 GewStG).			

[1] Dies bedeutet, dass das Ausland nach dem Kapitalgesellschaftskonzept und das Inland nach dem Mitunternehmerkonzept besteuert. Eine Gewerbesteuerbelastung stellt im internationalen Vergleich eine seltene Ausnahme dar.
[2] Es sei denn, die Sondervergütungen zählen nach dem Recht des Betriebsstättenstaates nicht zu den gewerblichen Gewinnen.

Fünfter Teil
Erfolgs- und Vermögensabgrenzung

1. Kapitel. Einführende Überlegungen

A. Notwendigkeit einer Erfolgs- und Vermögensabgrenzung

Die Notwendigkeit der Erfolgs- und Vermögensabgrenzung bei Auslandsbeziehungen ergibt sich sowohl im Inland als auch im Ausland. Im Rahmen der folgenden Darstellung wird ausschließlich die Abgrenzung nach deutschem Recht angesprochen. Hierbei können die Inbound- sowie Outbound-Perspektive weitestgehend parallel behandelt werden, da die Vorgehensweise der Erfolgs- und Vermögensabgrenzung für beide Fälle prinzipiell identisch ist. Dennoch bestehende bedeutsame Unterschiede werden gesondert erörtert.

Im grenzüberschreitenden Geschäftsverkehr ist eine getrennte Ermittlung und Abgrenzung der ausländischen von den inländischen Erfolgen und Vermögensbestandteilen erforderlich.

Beispiel: Vermietet ein Steuerpflichtiger sowohl im Inland belegene Grundstücke als auch im Ausland belegene Grundstücke gemeinsam, ist es für die Besteuerung wichtig zu wissen, welche Einkünfte im Inland und welche im Ausland entstanden sind.

Vergleichbares gilt, wenn ein Steuerpflichtiger Waren oder Erzeugnisse seines inländischen Unternehmens über ausländische Niederlassungen oder Tochtergesellschaften an Kunden veräußert. Gäbe es hierfür jeweils klare, eindeutige und intersubjektiv nachprüfbare Maßstäbe, wären die Probleme schnell gelöst. Im Unterschied zu einer Beschränkung auf das Inland wäre für den grenzüberschreitenden Geschäftsverkehr in diesem Fall lediglich eine weitere, auf das Ausland bezogene Ermittlung der Einkünfte zu besorgen. So einfach liegen die Dinge aber nicht. Die getrennte Ermittlung von Einkünften setzt vielmehr voraus, dass Aufteilungen oder Zuordnungen vorgenommen werden, für die vielfach klare Maßstäbe fehlen. Damit sind aber willkürliche Festlegungen möglich, die aufgrund des internationalen Steuergefälles aus der Sicht der Investoren einerseits Chancen, andererseits im Fall von Doppelbesteuerungen aber auch Risiken in sich bergen.

Im Einzelnen liegen die Probleme bei Direktgeschäften und Direktinvestitionen zwar unterschiedlich, grundsätzlich sind die Fragestellungen jedoch miteinander vergleichbar. So haben die Staaten, die von der grenzüberschreitenden Geschäftstätigkeit eines Unternehmens berührt werden, in allen Fällen ein Interesse daran, den Teil der Einkünfte besteuern zu können, der im eigenen Hoheitsgebiet erwirtschaftet wird. Für die Steuerpflichtigen stellt sich dagegen die Frage, in welchem Land und ggf. in welcher Einheit die Besteuerung optimal ist. Ihre Zielsetzungen können dabei sowohl von der individuellen Steuersituation verschiedener Unternehmenseinheiten (z.B. Verlustgesellschaften) als auch vom anzuwendenden Steuersatz beeinflusst werden. Folgendes Beispiel soll diese Fragestellung verdeutlichen.

Beispiel: Der inländische Steuerpflichtige S vermietet Grundstücke im In- und Ausland. Aus dieser Tätigkeit verbleiben ihm nach Abzug von Abschreibungen, Zinsen und sonstigen direkten Kosten jeweils 100 GE. Für die Verwaltung seines vermieteten Grundbesitzes entsteht S pro Jahr Aufwand i. H. v. 30 GE. Ordnet S diese Aufwendungen seiner inländischen Vermietungstätigkeit zu, reduzieren sich diese Einkünfte auf 70 GE. Teilt er den Aufwand jeweils zur Hälfte auf seine inländischen und ausländischen Einkünfte auf, ergeben sich Einkünfte i. H. v. jeweils 85 GE. Bei Zuordnung der Aufwendungen zu den ausländischen Einkünften unterliegen im Inland 100 GE der Besteuerung. Beträgt der Steuersatz für das Inland s_I = 40% und für das Ausland s_A = 30%, resultieren folgende unterschiedliche Belastungen:

	Einkünfte Inland	s_I	Einkünfte Ausland	s_A	Gesamt-einkünfte	Steuer-belastung
(1)	70	0,4	100	0,3	170	58,0
(2)	85	0,4	85	0,3	170	59,5
(3)	100	0,4	70	0,3	170	61,0

Bei dem **Direktgeschäft** eines Steuerausländers im Inland (Inbound-Fall) geht es um die Ermittlung der inländischen Einkünfte, die in Deutschland der beschränkten Steuerpflicht unterliegen. Im Fall des Direktgeschäfts eines Steuerinländers im Ausland (Outbound-Fall) ist die Höhe der ausländischen Einkünfte für die beschränkte Steuerpflicht im Ausland sowie für die Ermittlung des Höchstbetrags der Anrechnung im Rahmen der Wohnsitzbesteuerung in Deutschland von Bedeutung. Je höher die ausländischen Einkünfte sind, desto höher wird die inländische Einkommensteuerschuld, die auf die ausländischen Einkünfte entfällt, und desto höher wird somit das Anrechnungsvolumen. Im Geltungsbereich der Freistellungsmethode (z. B. infolge des Belegenheitsprinzips) erlangt die Erfolgs- und Vermögensabgrenzung insofern Bedeutung, als sich mit zunehmenden ausländischen Einkünften der im Inland zu versteuernde Anteil des Welteinkommens verringert.

Ist die **Betriebsstätte** eines Unternehmens in einem anderen Staat belegen als ihr Stammhaus, so ergibt sich für steuerliche Zwecke die Notwendigkeit, die Höhe des Betriebsstättenerfolgs oder des Betriebsstättenvermögens eindeutig festzustellen. Verteilt sich der Herstellungsprozess von Gütern und Leistungen auf Stammhaus und Betriebsstätte, beschränkt sich das Aufteilungsproblem nicht auf die entstandenen Aufwendungen, sondern erstreckt sich im Unterschied zur Situation beim Direktgeschäft auch auf die Ertragsseite. Da Stammhaus und Betriebsstätte Teile eines **internationalen Einheitsunternehmens** sind, wird die rechtliche Unselbständigkeit der Betriebsstätte zum Kernproblem der Erfolgs- und Vermögensabgrenzung. Rechtlich kann ein Gewinn nicht für die Betriebsstätte, sondern nur für das internationale Einheitsunternehmen entstehen. Dennoch muss für steuerliche Zwecke ein Erfolgs- oder Vermögensteil für die Betriebsstätte abgespalten werden. Für den Fall der inländischen Betriebsstätte[1] eines ausländischen Stammhauses wird mit der Höhe des Betriebsstättenerfolgs festgelegt, welcher Teil des Gesamterfolgs des Einheitsunternehmens im Inland der Einkommen- oder Körperschaftsteuer und der Gewerbesteuer unterliegt. Für den umgekehrten Fall der ausländischen Betriebsstätte[2] eines inländischen Stammhauses ist die Höhe des Betriebsstättenerfolgs für die Vermeidung der Doppelbesteuerung

---

[1] Vgl. 3. Teil, 1. Kapitel.
[2] Vgl. 4. Teil, 2. Kapitel, Abschnitt A.

1. Kapitel. Einführung

bei der Einkommen- oder Körperschaftsteuer bedeutsam. Gleichzeitig wird festgelegt, welcher Teil des Gesamterfolgs aus der Bemessungsgrundlage für die Gewerbesteuer auszuscheiden ist.

Kapitalgesellschaften sind als juristische Personen eigenständige Steuersubjekte und unterliegen in ihren jeweiligen Domizilstaaten der unbeschränkten Steuerpflicht mit ihrem Welteinkommen. Dies gilt grundsätzlich auch für Kapitalgesellschaften, die in einem Mutter-Tochterverhältnis stehen. Wirtschaftlich bildet der Konzern jedoch eine Einheit, die sich in aller Regel durch interne Leistungsverflechtungen auszeichnet.[3] Im Unterschied zum internationalen Einheitsunternehmen ist der Leistungsaustausch zwischen den Einheiten eines internationalen Konzerns auf schuldrechtlicher Basis möglich und steuerlich anzuerkennen, so dass sich die Abrechnung der internen Liefer- und Leistungsbeziehungen bei Kapitalgesellschaften auf Basis der Leistungsentgelte vollzieht. Das für interne Liefer- und Leistungsbeziehungen angesetzte Entgelt wird als **Verrechnungspreis** bezeichnet.[4]

Mit der **Gewinnzuordnung oder Leistungsverrechnung im Konzern** wird gleichzeitig das Ergebnis der einzelnen Konzerneinheiten fixiert. Sind diese Konzerneinheiten in verschiedenen Staaten ansässig, bestimmt die Abrechnung der konzerninternen Geschäftsbeziehungen auch die **Aufteilung des gesamten Steuersubstrats** auf die beteiligten Länder. Da aber innerhalb eines Konzernverbunds typischerweise ein Beherrschungspotenzial besteht, sind inhaltlich unausgewogene Transaktionen und damit willkürliche Abreden nicht auszuschließen. Anders als bei von gegenläufigen Interessen (Leistungsaustausch) bzw. individueller Nutzenmaximierung (Interessenverbund) geprägten Vereinbarungen auf dem Markt gilt im Konzern die generelle Richtigkeitsvermutung der Verrechnungsregelungen nicht uneingeschränkt. Vielmehr werden diese Vereinbarungen von den Finanzverwaltungen daraufhin überprüft, ob die festgesetzten Preise angemessen sind. Die von der Geschäftstätigkeit eines Konzerns berührten Staaten haben ein Interesse daran, dass sie den Teil des Konzernergebnisses besteuern können, der im eigenen Hoheitsgebiet erwirtschaftet wird. Welchen Einfluss Verrechnungspreise hierbei ausüben, wird bereits anhand eines vereinfachten Beispiels zur Einkommensverteilungsfunktion der Verrechnungspreise erkennbar.

Beispiel: Die inländische Muttergesellschaft M stellt Fertigerzeugnisse zu Herstellungskosten (HK) von je 1 GE her. Die Muttergesellschaft veräußert die Produkte an die ausländische Vertriebsgesellschaft T zum konzerninternen Verrechnungspreis von a) 1 GE, b) 3 GE, c) 5 GE, d) 7 GE, e) 9 GE pro Stück. Die ausländische Tochtergesellschaft verkauft 1 Mio. Stück der Erzeugnisse zum Stückpreis von 10 GE. Hierbei entstehen Vertriebskosten i. H. v. 1 GE pro Stück.

Hinweise zur Tabelle: Der Verrechnungsbetrag ergibt sich durch Multiplikation der Anzahl gelieferter Produkte (1 Mio. Stück) mit dem jeweiligen Verrechnungspreis. Der Gewinn der Muttergesellschaft entspricht der Differenz aus dem Verrechnungsbetrag und den eigenen Herstellungskosten; der Gewinn der Tochtergesellschaft errechnet sich durch Abzug der Vertriebskosten und des Verrechnungsbetrags vom Umsatzerlös. Der

---
[3] Zum Wesen des Konzerns siehe Oestreicher, A., Konzern-Gewinnabgrenzung, 2000, S. 77 ff.
[4] Zu den verschiedenen Funktionen der Verrechnungspreise im Konzern (Einkommensverteilungsfunktion sowie Planungs-, Lenkungs- und Steuerungsaufgaben) vgl. Kußmaul, H., RIW 1987, S. 680 m. w. N.; Vögele, A./Brem, M., Verrechnungspreisoptimierung, 2004, S. 589 ff.

Konzerngewinn und die Ertragsteuer des Konzerns entsprechen der Summe der jeweiligen Einzelkomponenten von M und T (alle Angaben in Mio. GE).

1	2	3	4	5	6	7
Verrechnungsbetrag	Gewinn M	Gewinn T	Konzerngewinn	Ertragsteuer T (35 v. H.)	Ertragsteuer M (50 v. H.)	Ertragsteuer Konzern
a) 1	0	8	8	2,8	0,0	2,8
b) 3	2	6	8	2,1	1,0	3,1
c) 5	4	4	8	1,4	2,0	3,4
d) 7	6	2	8	0,7	3,0	3,7
e) 9	8	0	8	0,0	4,0	4,0

Durch die Festsetzung hoher oder niedriger Verrechnungspreise für die Erzeugnisse könnte das international tätige Unternehmen das zwischen den einzelnen Ländern bestehende Steuergefälle nutzen, um seine Gewinne möglichst in dem Land anfallen zu lassen, in dem die geringsten Steuern zu zahlen sind. Die Höhe des konzerninternen Verrechnungspreises beeinflusst zwar nicht den Konzerngewinn, dieser beträgt in allen Fällen 8 Mio. GE (4. Spalte). Das Entgelt für die konzerninternen Leistungen (1. Spalte) entscheidet aber in erheblichem Umfang darüber, welcher Anteil des Konzerngewinns auf die beteiligten Staaten (2. und 3. Spalte) entfällt und welche Ertragsteuern in den einzelnen Ländern (5. und 6. Spalte) zu zahlen sind. Die Ertragsteuern im Konzern (7. Spalte) variieren dabei in Abhängigkeit des Verrechnungspreises bei konstantem Konzerngewinn (4. Spalte).

Für die Unternehmen stellt sich gleichfalls die Frage, in welchem Land und von welchem Konzernunternehmen der Gewinn zu versteuern ist. Aufgrund des internationalen Steuergefälles besteht für sie der Anreiz ggf. vorhandene Spielräume zugunsten einer Absenkung ihrer Konzernsteuerquote zu nutzen. Daneben ist wesentlich, ob im In- und Ausland die gleichen Gewinnabgrenzungsregeln gelten. Trifft dies nicht zu, was häufig der Fall ist, besteht die **Gefahr von Doppelbesteuerungen**. Für die zwar extreme, aber dennoch denkbare Situation, dass in dem vorstehenden Beispiel der Verrechnungspreis für die Leistungen der Muttergesellschaft im Inland mit 9 GE pro Stück (Fall e) bewertet und im Ausland der Ansatz eines „angemessenen" Verrechnungspreises von 1 GE pro Stück unterstellt wird, unterliegt sowohl bei der inländischen Muttergesellschaft als auch bei der ausländischen Tochtergesellschaft ein Gewinn von 8 GE der Besteuerung. Die Summe der steuerlichen Bemessungsgrundlagen von 16 GE würde den steuerlichen Konzernerfolg verdoppeln und damit die Konzernsteuerlast wesentlich erhöhen. Dieses Ergebnis beruht auf Bewertungskonflikten zwischen den in- und ausländischen steuerlichen Vorschriften.

Die Notwendigkeit der Bestimmung „angemessener" Verrechnungspreise wirft die Frage nach dem **Wertmaßstab** auf, der den Ausgleich der Interessen von Unternehmen und nationalen Finanzverwaltungen herbeiführen kann. Breite internationale Zustimmung erfährt in diesem Zusammenhang der Grundsatz des Fremdvergleichs, nach dem sich Unternehmen und Finanzverwaltungen an dem Verhalten zu orientieren haben, das voneinander unabhängige Dritte bei der Festlegung von Preisen zugrunde legen würden. Aufgrund von zunehmenden Schwierigkeiten, die mit der Anwendung dieses Wertmaßstabs auf konzernspezifische Lieferungen und Leistungen in einer komplexer werdenden Weltwirtschaft verbunden sind, wird der Grundsatz des Fremdver-

1. Kapitel. Einführung

gleichs in der jüngeren Literatur allerdings wieder vermehrt in Frage gestellt. In diesem Sinne wird auch auf Ebene der EU darüber nachgedacht, grenzüberschreitend tätige Konzerne im Binnenmarkt auf konsolidierter Basis zu besteuern.[5] Die OECD hält am Grundsatz des Fremdvergleichs gleichwohl fest. Sie sucht das Problem der Bestimmung angemessener Verrechnungspreise durch eine Aufwertung der transaktionsbezogenen Gewinnmethoden zu lösen.[6]

B. Ziele

International werden konkurrierende Ansprüche auf die Besteuerung von Einkommen oder Vermögen grundsätzlich nach dem Prinzip der wirtschaftlichen Zugehörigkeit (economic allegiance) unter den beteiligten Staaten aufgeteilt. So werden die Besteuerungsansprüche durch die Verteilungsnormen der DBA primär dem Staat zugewiesen, in dessen Hoheitsgebiet die Einkünfte wirtschaftlich hervorgebracht werden.[7] Damit ist aber das Besteuerungsrecht des Quellenstaates auf diejenigen Einkünfte beschränkt, die sich als Folge der grenzüberschreitenden Tätigkeit auf seinem Gebiet erzielen lassen. Maßgebend ist insoweit der wirtschaftliche Veranlassungszusammenhang von Aufwendungen und Erträgen mit dem Tatbestand, der zu einer Steuerpflicht im Quellenstaat führt.

Versteht man unter Veranlassung das einen bestimmten Ertrag oder Aufwand auslösende Moment,[8] besteht das Ziel der Erfolgs- und Vermögensabgrenzung grundsätzlich darin, die durch die Verwirklichung eines Steuertatbestandes ausgelösten Erträge und Aufwendungen zu identifizieren und sie den jeweils maßgebenden Einkünften zuzuordnen. Bei **Direktgeschäften** bedeutet dies eine Zurechnung von Erträgen oder Einnahmen und Aufwendungen oder Werbungskosten zu ausländischen oder inländischen Einkünften einer steuerpflichtigen Person (§§ 34d und 49 EStG).[9] Damit vergleichbar geht es bei **internationalen Einheitsunternehmen** um die verursachungsgerechte Aufteilung des Gesamterfolgs und des Gesamtvermögens auf seine in- und ausländischen Unternehmensteile. Zu diesem Zweck sind die Erfolgs- und Vermögensteile eines Gesamtunternehmens den jeweiligen Unternehmensbereichen zuzuordnen, zu denen sie auch funktional gehören. Dem entspricht, dass im Rahmen der Betriebsstättengewinnermittlung alle Aufwendungen als Betriebsausgaben abzugsfähig sind, die mit der Betriebsstätte in einem wirtschaftlichen Zusammenhang stehen.[10] Im Zusammenhang mit der Geschäftstätigkeit eines **internationalen Konzerns** ist schließlich festzustellen, welche Erträge und Aufwendungen bei der Mutter- oder Toch-

---

[5] Vgl. ausführlich 2. Teil, 4. Kapitel.
[6] Vgl. OECD, Transactional Profit Methods, 2008; OECD, Leitlinien 2010, Kap. I–III; siehe dazu 1. Kapitel, Abschnitt D II.
[7] Vgl. Vogel, K./Lehner, M., DBA-Kommentar, Art. 9, Anm. 6.
[8] Vgl. Hruschka, F./Lüdemann, P., IStR 2005, S. 76; Wassermeyer, F., IStR 2005, S. 85.
[9] Auf die Regeln zur Vermögensabgrenzung muss bei Direktgeschäften nicht gesondert eingegangen werden, da sie denen der Einkunftsabgrenzung entsprechen.
[10] Ähnlich sehen DBA, die dem bisher maßgebenden OECD-Modell nachgebildet sind, vor, dass bei der Ermittlung der Gewinne einer Betriebsstätte die für diese Betriebsstätte entstandenen Aufwendungen zum Abzug zugelassen werden, gleichgültig, ob sie in dem Staat, in dem die Betriebsstätte liegt, oder anderswo entstanden sind. Siehe dazu auch 3. Kapitel, Abschnitt B II.

tergesellschaft betrieblich veranlasst, d. h. durch die Geschäftstätigkeit der einzelnen Unternehmen ausgelöst wurden.

C. Methoden der Erfolgs- und Vermögensabgrenzung

I. Übersicht

Die Abgrenzung der Aufwendungen, der Erträge und des Vermögens kann grundsätzlich direkt oder indirekt erfolgen. Bei der **direkten Methode** werden die Aufwendungen, Erträge oder Bestandteile des Vermögens, die den in- oder ausländischen Einkünften zuzuordnen sind, direkt ermittelt. Diese Methode ist typisch für die Gewinnabgrenzung zwischen Kapitalgesellschaften. Zum Teil wird sie dort mit Elementen der indirekten Methode vermischt. Beispiele sind die Zulässigkeit eines profit splits, die Aufteilung der Aufwendungen für gemeinsame Forschung im Rahmen einer Kostenumlagevereinbarung oder die indirekte Preisermittlung bei Dienstleistungen.[11] Für Betriebsstätten ist die direkte Methode zwar ebenfalls zentral. Hier wird sie aber bisher nicht konsequent umgesetzt. Daneben lassen die Bestimmungen vieler DBA (noch) zu, dass die Gewinne einer Betriebsstätte alternativ durch Aufteilung der Gesamtgewinne des Unternehmens auf seine einzelnen Teile ermittelt werden.[12] Ausgangspunkt dieser **indirekten Methode** sind die gesamten Aufwendungen, Erträge oder eine Nettogröße (z. B. der Gewinn), die in einem sich anschließenden Schritt im Wege der Aufteilung anteilig den in- und ausländischen Einkünften zugeordnet werden.

1. Direktgeschäfte

Bei Direktgeschäften beschränken sich die Zuordnungsprobleme in aller Regel auf die Seite der Aufwendungen. Es ist aber theoretisch nicht ausgeschlossen, dass, um bei dem oben eingeführten Beispiel zu bleiben, die Vermietung in- und ausländischer Grundstücke an einen Mieter gegen ein Gesamtentgelt erfolgt, so dass sich die Frage nach der Zuordnung sowohl der Grundstückskosten als auch der Mieterträge zu den in- oder ausländischen Einkünften stellt. Für Direktgeschäfte ist diese Frage gesetzlich nicht explizit geregelt. Die Vorschriften des **EStG** über ausländische Einkünfte (§ 34 d EStG) und beschränkt steuerpflichtige (inländische) Einkünfte (§ 49 EStG) geben keine Auskunft darüber, wie die Einkünfte zu ermitteln sind. Lediglich die Sondervorschriften für beschränkt Steuerpflichtige regeln, dass Betriebsausgaben und Werbungskosten nur insoweit abgezogen werden dürfen, als sie mit inländischen Einkünften im Zusammenhang stehen (§ 50 Abs. 1 Satz 1 EStG).

---

[11] Siehe hierzu im Einzelnen 4. Kapitel, Abschnitt D III 3 a) und Abschnitt D IV 1 und 2 sowie 3. Kapitel, Abschnitt D V.

[12] In Übereinstimmung mit den Vorschlägen im Bericht über die Zuordnung von Gewinnen zu Betriebsstätten, vgl. OECD, Report, 2008, Tz. 56, 291 ff., wurde die Möglichkeit, den Betriebsstättengewinn durch Gewinnaufteilung (indirekte Methode, bisher Art. 7, Abs. 4 OECD-Modell) zu ermitteln, im Rahmen der Neufassung des Art. 7 OECD-Modell (Unternehmensgewinne) aufgrund die nicht weiterbestehenden Bedarfs für diese Möglichkeit gestrichen, vgl. OECD, Discussion Draft Art. 7, 2008, S. 3; OECD, Revised Discussion Draft Art. 7, 2009, S. 5 f. In einigen DBA hat Deutschland bereits in der Vergangenheit auf die Möglichkeit der Gewinnermittlung durch Gewinnaufteilung verzichtet, z. B. im DBA-USA, vgl. Endres, D./Jacob, F./Gohr, M./Klein, M., Kommentar DBA-USA, Art. 7, Rz. 9.

1. Kapitel. Einführung

Auch das Recht der **DBA** gibt hier keine Lösung vor, es liefert jedoch Anhaltspunkte für Zinsen und Lizenzgebühren. Bestehen aber zwischen dem Schuldner und dem Nutzungsberechtigten oder zwischen jedem von ihnen und einem Dritten besondere Beziehungen und übersteigen deshalb die Zinsen oder Lizenzgebühren, gemessen an den zugrunde liegenden Forderungen oder Leistungen den Betrag, den Schuldner oder Nutzungsberechtigter ohne diese Beziehungen vereinbart hätten, so werden bei Zinsen oder Lizenzgebühren die einschlägigen Bestimmungen (Art. 11 und 12 OECD-Modell) der Abkommen nur auf den letzteren (fremdüblichen) Betrag angewandt.[13]

Im Übrigen muss aber auf die **allgemeinen Grundsätze** für die Ermittlung von Einkünften Bezug genommen werden. Danach zeichnet sich die direkte Methode durch eine gesonderte Bestimmung der jeweils maßgebenden Einnahmen und Werbungskosten sowie Betriebseinnahmen und Betriebsausgaben aus. Der Steuerpflichtige kann zwar grundsätzlich frei entscheiden, welche Aufwendungen er zur Erzielung von Einkünften leisten will. Ob diese Aufwendungen allerdings zu den Betriebsausgaben oder Werbungskosten im In- oder Ausland gehören oder nicht abzugsfähige Kosten der Lebensführung darstellen, ist nach objektiven Kriterien zu entscheiden. Hierbei wird die Veranlassung durch eine Einkunftsart auch nach nationalem Recht unter Angemessenheits- und Fremdvergleichsgesichtspunkten beurteilt.[14] Maßgebend ist daher, welche Aufwendungen ein fremder Dritter im Einzelfall geleistet hätte. Nach der indirekten Methode werden dagegen das einheitliche Entgelt oder die für die Einkünfte insgesamt angefallenen Aufwendungen nach einem geeigneten Schlüssel auf die in- und ausländischen Komponenten aufgeteilt. Generell mag die direkte Methode vorrangig anzuwenden sein. Tatsächlich werden sich aber Teile der Aufwendungen häufig nur nach Schlüsselgrößen zuordnen lassen (z. B. Verwaltungskosten oder Zinskosten), während andere Aufwendungen und Erträge ohne weitere Schwierigkeiten direkt zuordenbar sind.

2. Betriebsstätten

Bei Betriebsstätten ist die Gewinnabgrenzung ebenso wenig durch Gesetz geregelt. Maßgebend ist erneut, dass Betriebsausgaben nur abzuziehen sind, soweit sie im Zusammenhang mit den inländischen Einkünften stehen (§ 50 Abs. 1 Satz 1 EStG). Auf Ebene der **DBA** sind dagegen konkrete Gewinnabgrenzungsregelungen enthalten, die in aller Regel dem bisher maßgebenden Muster des OECD-Modells (Art. 7 Abs. 2 OECD-Modell) nachgebildet sind. Danach ist einer Betriebsstätte der Gewinn zuzuordnen, den sie hätte erzielen können, wenn sie eine gleiche oder ähnliche Tätigkeit unter gleichen oder ähnlichen Bedingungen als selbständiges Unternehmen ausgeübt hätte und im Verkehr mit dem Unternehmen, dessen Betriebsstätte sie ist, unabhängig gewesen wäre.[15] Andererseits werden bei der Ermittlung der Gewinne

---
[13] Vgl. Art. 11 Abs. 6; sowie Art. 12 Abs. 4 OECD-Modell.
[14] Vgl. Wassermeyer, F., IStR 2005, S. 85; a. A. Hruschka, F./Lüdemann, P., IStR 2005, S. 78.
[15] Vgl. z. B. DBA-Österreich v. 24. 8. 2000, BStBl 2002 I, S. 584; DBA-Schweiz i. d. F. des Revisionsprotokolls v. 12. 3. 2002, BStBl 2003 I, S. 166; siehe dazu auch Betriebsstätten-Verwaltungsgrundsätze, BMF-Schreiben v. 25. 8. 2009, BStBl 2009 I, S. 888, Tz. 2.2; DBA-Polen v. 14. 5. 2003, BStBl 2005 I, S. 349.

einer Betriebsstätte die für diese Betriebsstätte entstandenen Aufwendungen, einschließlich Geschäftsführungs- und allgemeiner Verwaltungskosten, zum Abzug zugelassen, gleichgültig, ob sie in dem Staat, in dem die Betriebsstätte liegt, oder anderswo entstanden sind. Schließlich wird akzeptiert, dass die einer Betriebsstätte zuzurechnenden Gewinne durch Aufteilung der Gesamtgewinne eines Unternehmens auf seine einzelnen Teile ermittelt werden können. Voraussetzung ist, dass die gewählte Gewinnaufteilung üblich und so ausgestaltet ist, dass das Ergebnis mit den Grundsätzen der wirtschaftlichen Selbständigkeit im Einklang steht.

Nach dem **Konzept der Gewinnaufteilung** bei Betriebsstätten (indirekte Methode) werden der Betriebsstättenerfolg und das Betriebsstättenvermögen im Wege einer zweistufigen Vorgehensweise bestimmt:

- Zunächst werden der vom Einheitsunternehmen erzielte Gesamterfolg und das Gesamtvermögen festgestellt. Dabei sind sowohl die inländischen als auch die ausländischen Einkommens- und Vermögensteile des Gesamtunternehmens nach Maßgabe der jeweiligen nationalen Gewinn- und Vermögensermittlungsvorschriften anzusetzen.

- Anschließend erfolgt eine Zerlegung dieser Bemessungsgrundlagen auf die einzelnen Unternehmensglieder (Stammhaus, Betriebsstätte) mittels branchenspezifischer Zerlegungsmaßstäbe.

Betriebsstättenerfolg und Betriebsstättenvermögen bestimmen sich somit bei der indirekten Methode analytisch als Bruchteil des Gesamtgewinns oder Gesamtvermögens der Einheitsunternehmung. Durch diese Vorgehensweise berücksichtigt die indirekte Methode zwar die steuerrechtliche und betriebswirtschaftliche Qualifikation des Unternehmensverbundes (Einheitstheorie) und damit auch den einheitlichen Charakter des betrieblichen Realprozesses. Misst man die Verursachungsgerechtigkeit der Gewinnzuordnung auch bei internen Transaktionen zwischen Betriebsteilen am Grundsatz des Fremdvergleichs,[16] verstößt die indirekte Methode jedoch gegen das Prinzip der wirtschaftlichen Zugehörigkeit. Da die Ertrags- und Aufwandszuordnung nicht ausschließlich nach funktionalen Gesichtspunkten, sondern mittels Schlüsselgrößen (z. B. Umsatz, eingesetztes Kapital, Zahl der Mitarbeiter) erfolgt, entspricht das Ergebnis der indirekten Methode i. d. R. nicht der Forderung nach einer fremdvergleichskonformen Ertrags- und Vermögenszuordnung.

Nach der **direkten Methode** wird die Betriebsstätte als ein für sich operierender Unternehmensteil betrachtet (Selbständigkeitsfiktion). Dabei wird die Erfolgs- oder die Vermögensermittlung regelmäßig anhand buchmäßiger Aufzeichnungen der Betriebsstätte und des Stammhauses vorgenommen. Hierunter sind neben der nach steuerrechtlichen Vorschriften erstellten Bilanz (einschließlich GuV-Rechnung) und Vermögensaufstellung insbesondere auch außerbilanzielle Korrekturrechnungen zu verstehen. Die h. M.[17] tendiert aus Gründen einer höheren Genauigkeit[18] zu der vorrangigen Anwendung der

---

[16] So ausdrücklich OECD, Report, 2008, Tz. 8 ff., 69 ff., 84, 207 ff., 295; siehe dazu auch Förster, H./Naumann, M., IWB, Fach 10, International, Gruppe 2, S. 1777.
[17] Vgl. z. B. IDW, WPg 1987, S. 650; Kumpf, W., StbJb 1988/89, S. 410; Becker, H., DB 1989, S. 10 ff.; Herrmann, C./Heuer, G./Raupach, A., Einkommensteuergesetz, § 49 EStG, Anm. 251 f.; Lademann, F./Söffing, G., Einkommensteuergesetz, § 49 EStG, Anm. 323. A. A. z. B. Kraft, G., StbJb 2000/01, S. 213 ff.
[18] Speziell hierzu a. A. Kramer, J.-D., StuW 1991, S. 154 f.

1. Kapitel. Einführung

direkten Methode, auch wenn eine klare gesetzliche Grundlage hierfür bislang fehlt. Durch das SEStEG wurden jedoch Abgrenzungsvorschriften für die grenzüberschreitende Überführung von Wirtschaftsgütern zwischen Stammhaus und Betriebsstätte eingeführt (§§ 4 Abs. 1 Satz 3 und 7, 4 g EStG; § 12 KStG), die auf der direkten Methode beruhen. Auch der BFH[19] sprach sich wiederholt für dieses Konzept aus. Die OECD hält allein die direkte Methode für mit dem **Grundsatz des Fremdvergleichs** vereinbar. Um eine einheitliche Interpretation der Vorschriften des OECD-Modells in Bezug auf Unternehmensgewinne zu fördern und die Gewinnabgrenzung zwischen Betriebsstätten mit den entsprechenden Vorgaben bei verbundenen Unternehmen in Einklang zu bringen, wurde im Jahr 2008 durch den OECD-Fiskalausschuss vorgeschlagen, Art. 7 des OECD-Modells einschließlich des hierauf bezogenen OECD-Kommentars zu überarbeiten und neu zu formulieren.[20] In diesem Zusammenhang wurde auf Ebene der OECD festgestellt, dass die in vielen DBA verankerte Möglichkeit einer Gesamtgewinnaufteilung (indirekte Methode) mit dem Grundsatz des Fremdvergleichs nicht in Einklang zu bringen ist und, da selbst für schwierigste Abgrenzungsfälle die direkte Methode anwendbar ist, für die indirekte Methode kein fortgesetzter Bedarf besteht. Aus diesem Grund hat die OECD die Möglichkeit einer Gewinnabgrenzung nach der indirekten Methode (früherer Abs. 4 des Art. 7 OECD-Modell) aus dem Text ihres Musterabkommens entfernt.[21] Gleichwohl wird es in einzelnen Bereichen nicht zu vermeiden sein, die direkte Methode um Elemente der indirekten Methode zu ergänzen, so bspw. bei einer Zurechnung der Fremdkapitalkosten, der Kosten der Geschäftsführung oder der Kosten für spezifische Unterstützungsleistungen.[22]

Für die Finanzverwaltung ist die direkte Methode schon bisher das **Normal- oder Regelverfahren.** Sie soll insbesondere dann angewandt werden, wenn Stammhaus und Betriebsstätte unterschiedliche Funktionen ausüben. Zu diesem Zweck seien einer Betriebsstätte die positiven und negativen Wirtschaftsgüter zuzuordnen, die der Erfüllung der Betriebsstättenfunktionen dienen. Die Überführung von Wirtschaftsgütern löst aber nur dann eine Besteuerung aus, wenn das Besteuerungsrecht der Bundesrepublik Deutschland ausgeschlossen oder beschränkt wird (§§ 4 Abs. 1 EStG, 12 KStG). Gewinne aus „Innentransaktionen" dürfen (bisher) nicht berücksichtigt werden. Vielmehr soll die Aufteilung der Aufwendungen und Erträge nach den Grundsätzen einer anerkannten betrieblichen Kostenrechnung vorgenommen werden, wobei es sich bei Betriebsstätte und Stammhaus um gleiche Systeme handeln soll. Die Aufwendungen und Erträge können auch pauschal oder

---

[19] Vgl. BFH v. 28. 3. 1985, BStBl 1985 II, S. 405; BFH v. 25. 6. 1986, BStBl 1986 II, S. 785; BFH v. 29. 7. 1992, BStBl 1993 II, S. 63; BFH v. 12. 1. 1994, BFH/NV 1994, S. 690.
[20] Vgl. OECD, Preface, 2008, Rz. 8; siehe dazu im Einzelnen 3. Kapitel, Abschnitt B II.
[21] Siehe OECD, Discussion Draft Art. 7, 2008, S. 3; OECD, Revised Discussion Draft Art. 7, 2009, S. 5, 14.
[22] Vgl. OECD, Report, 2008, Tz. 186 ff., 251 ff. Im Unterschied zum bisher maßgebenden Ansatz soll diese Abrechnung der fiktiven internen Geschäftsvorgänge jedoch entsprechend OECD-Leitlinien für verbundene Unternehmen einschließlich Gewinnaufschlag erfolgen; siehe dazu auch Mössner, J. M. u. a., Steuerrecht, 2005, Rz. C 24.

nach Kostenblöcken aufgeteilt werden, wenn dies zu einer angemessenen Genauigkeit führt und die Einzelaufteilung nicht möglich oder unangemessen schwierig ist.[23]

3. Kapitalgesellschaften

Direkte und indirekte Gewinnermittlung stehen sich theoretisch auch bei der Abgrenzung der Gewinne zwischen den verschiedenen Einheiten eines internationalen Konzerns gegenüber. Ausgegangen werden kann einmal vom (konsolidierten) Gewinn der wirtschaftlichen Einheit Konzern. Begreift man diesen Gewinn als das gemeinsame Ergebnis der aufeinander abgestimmten Tätigkeit aller Unternehmen, die dem Konzernverbund angehören,[24] kann für die Abgrenzung der Gewinne zwischen verbundenen Unternehmen nach dem Beitrag gefragt werden, den die einzelnen Einheiten des Konzernverbunds zum Erfolg der wirtschaftlichen Einheit geleistet haben. In diesem Sinne ist es das Ziel der Gewinnaufteilung nach der **indirekten Methode** (unitary entity approach), den Gewinn der wirtschaftlichen Einheit nach einem Schlüssel, der den Beitrag der Gliedunternehmen zum Konzernerfolg zum Ausdruck bringt, auf die Konzernglieder zu verteilen.

Diese Sichtweise unterstellt, dass die Spitzeneinheit des Konzerns alle Konzernglieder zentral steuert und jede Tochtergesellschaft wie einen abhängigen Teil der gesamten Einheit behandelt. Aus dieser Perspektive entsteht der Markterfolg (Gewinn oder Verlust) auf der Ebene des einheitlichen Geschäftsbetriebs aufgrund von Leistungen an Vertragspartner, die außerhalb des Konzernverbunds stehen. Das einzelne Unternehmen erwirtschaftet dagegen keinen selbständigen Erfolg. Sein Gewinn oder Verlust ermittelt sich vielmehr als Anteil am konsolidierten Erfolg des einheitlichen Unternehmens, der in aller Regel mit Hilfe von standardisierten Aufteilungsfaktoren berechnet wird (formulary apportionment). Die Anwendung dieses Besteuerungsprinzips wird von den Mitgliedstaaten der OECD ausdrücklich abgelehnt.[25] Bei Kapitalgesellschaften wird die indirekte Methode lediglich in einigen föderal strukturierten Ländern herangezogen, um die Gewinne nationaler Unternehmen, die sich auf mehrere Gliedstaaten dieser Länder erstrecken, zwischen den beteiligten Staaten aufzuteilen. Beispiele sind Kanada, die Schweiz, die USA oder, im Rahmen der gewerbesteuerlichen Organschaft, auch Deutschland.[26] Daneben wird die Aufteilung der konsolidierten Gewinne auch für die Besteuerung der Unternehmen im Binnenmarkt als ein langfristig anzustrebendes Konzept zur Beseitigung steuerlicher Investitionshindernisse gesehen.[27]

Die **direkte Methode** ignoriert die wirtschaftliche Einheit des Konzerns und betrachtet den Konzernverbund als eine Gruppe selbständiger Unternehmen (separate entity approach), die allein durch den wechselseitigen Leistungs-

---

[23] Vgl. Betriebsstätten-Verwaltungsgrundsätze, BMF-Schreiben v. 24. 12. 1999, BStBl 1999 I, S. 1076, geändert durch Betriebsstätten-Verwaltungsgrundsätze, BMF-Schreiben v. 25. 8. 2009, BStBl 2009 I, S. 888, Tz. 2.2, 2.3, 2.4, 2.6, 2.7.1.
[24] Siehe hierzu bereits Kumpf, W., Verrechnungspreise, 1976, S. 29 ff.
[25] Vgl. OECD, Leitlinien 2010, Tz. 1.16 ff.
[26] Für eine Diskussion der indirekten Gewinnaufteilung in den USA und Kanada siehe Oestreicher, A./Scheffler, W./Spengel, C./Wellisch, D., Modelle, 2008, S. 291 ff.
[27] Vgl. ausführlich 2. Teil, 4. Kapitel.

austausch miteinander verbunden sind. Zur Abgrenzung der Erfolge ermitteln die einzelnen Unternehmen ihre Gewinne losgelöst vom Gesamterfolg des Konzerns durch eine Gegenüberstellung aller Aufwendungen und Erträge, die mit ihrer Tätigkeit verbunden sind. Dazu sind alle Geschäftsvorgänge innerhalb der Gliedunternehmen einzeln zu erfassen und so abzurechnen, als stünden sich die Konzerngesellschaften selbständig einander gegenüber.

Zur **Umsetzung dieses Prinzips** kann einmal auf das Verhältnis der Nettogewinne zwischen den konzernverbundenen Unternehmen abgestellt werden. Festzustellen wäre dabei, ob dieses Verhältnis mit einer Gewinnaufteilung vergleichbar ist, die sich aus den Vereinbarungen unabhängiger Unternehmen ergeben würde. Alternativ dazu können die Transferpreise für die einzelnen Lieferungen und Leistungen mit den Preisen, Gewinnaufschlägen oder Gewinnabschlägen verglichen werden, die im Geschäftsverkehr zwischen unabhängigen Unternehmen zu beobachten sind. **In der Praxis** wenden nahezu alle Länder vorrangig das Prinzip der selbständigen Einheit auf der Basis der einzelnen Lieferungen und Leistungen an.[28] Dagegen dient der Vergleich der Nettogewinnaufteilung in vielen Fällen nur dem Zweck, die nach der primären Methode gefundenen Ergebnisse auf ihre Plausibilität zu überprüfen.[29] In Deutschland ist dieser Vergleich darüber hinaus auch unter den Voraussetzungen einer Festlegung der Verrechnungspreise auf der Basis innerbetrieblicher Plandaten zulässig.[30]

Maßstab für die Aufteilung des Konzernerfolgs auf der Basis einzelner Lieferungen und Leistungen sind mithin die Bedingungen, die unabhängige Marktpartner (dealing at arm's length) den konzerninternen Transaktionen zugrunde legen würden.[31] Ausgangspunkt ist die Frage, zu welchen Konditionen die Transaktionen innerhalb der einheitlich beherrschten Gruppe stattfinden würden, gäbe es die einheitliche Beherrschung nicht.

II. Leitlinien für die Anwendung des Fremdvergleichsgrundsatzes

1. Orientierungshilfen

Grenzüberschreitende Geschäftsbeziehungen zwischen verbundenen Unternehmen sind steuerlich dahingehend zu untersuchen, ob ihre tatsächliche Ausgestaltung mit den Bedingungen übereinstimmt, die zwischen unabhängigen Dritten vereinbart werden. Prüfungsmaßstab ist das Drittverhalten (dealing at arm's length).[32] Ein Entgelt ist unangemessen, soweit es der zwischen Fremden vereinbarten Vergütung einer erbrachten Leistung, einer übertragenen Ressource, eines Produkts oder sonstigen Vorteils nicht entspricht.

---

[28] Vgl. Surrey, S. S./Tillinghast, D. R., CDFI 1971, S. I/74 f.; Lawlor, W. R., Introduction, 1985, S. 6; Hay, D./Horner, F./Owens, J., Intertax 1994, S. 432.
[29] Vgl. Maisto, G., CDFI 1992, S. 169; Borchardt, K.-D., IStR 1995, S. 384 f.
[30] Vgl. Verwaltungsgrundsätze-Verfahren, BMF-Schreiben v. 12. 4. 2005, BStBl 2005 I, S. 570, Tz. 3.4.12.6.b).
[31] Siehe hierzu Art. 9 Abs. 1 OECD-Modell; § 1 Abs. 1 AStG.
[32] Dieser Prüfungsmaßstab liegt zwar im Rahmen der nationalen Gewinnkorrekturvorschriften ausdrücklich nur der Berichtigung von Einkünften (§ 1 AStG) zugrunde. Der BFH verwendet ihn aber im Rahmen der vGA, der Entnahme und der (verdeckten) Einlage, um die betriebliche von der privaten Veranlassung oder der Veranlassung durch das Gesellschaftsverhältnis abzugrenzen; so bereits BFH v. 27. 11. 1974, BStBl 1975 II, S. 306; siehe auch Gosch, D., Körperschaftsteuergesetz, § 8, Anm. 383.

5. Teil. Erfolgs- und Vermögensabgrenzung

Bei diesem Grundsatz des Fremdvergleichs handelt es sich um einen **unbestimmten Beurteilungsmaßstab,** der für die verschiedenen Leistungsarten zu konkretisieren ist. Seine Unbestimmtheit trägt der Tatsache Rechnung, dass es keine Methode gibt, die es erlaubt, das angemessene Entgelt für jede Form konzerninterner Leistungsbeziehungen exakt und praktikabel zugleich zu ermitteln. Für Deutschland wird dieser Grundsatz durch das Schreiben der Finanzverwaltung betreffend die **Grundsätze für die Prüfung der Einkunftsabgrenzung bei international verbundenen Unternehmen** (Verwaltungsgrundsätze) präzisiert. Dieses Schreiben wird durch weitere Verwaltungsanweisungen ergänzt, durch die die Verwaltungsgrundsätze bereits seit einigen Jahren sukzessive überarbeitet werden. In den letzten Jahren hat die Finanzverwaltung Verwaltungsanweisungen zur Prüfung der Einkunftsabgrenzung bei Betriebsstätten,[33] Umlageverträgen,[34] Arbeitnehmerentsendungen,[35] zu DV-gestützten Buchführungssystemen,[36] in Bezug auf Ermittlungs- und Mitwirkungspflichten, Berichtigungen, Verständigungs- und EU-Schiedsverfahren sowie bilateralen oder multilateralen Vorabverständigungsverfahren[37] vorgelegt. Am 13. 10. 2010 veröffentlichte das Bundesfinanzministerium für Finanzen ein Schreiben zu den Grundsätzen für die Prüfung der Einkunftsabgrenzung zwischen nahe stehenden Personen in Fällen grenzüberschreitender Funktionsverlagerungen.[38] Sowohl die deutschen Verwaltungsgrundsätze als auch die nationalen Vorschriften anderer Länder oder die in den Jahren ab 1995 überarbeiteten **OECD-Leitlinien** besitzen zwar in ihren Präzisierungen des Fremdvergleichsgrundsatzes lediglich Richtliniencharakter. Da diese Richtlinien jedoch für die Überprüfung der Verrechnungspreise in der Praxis besondere Bedeutung haben, werden sie den folgenden Ausführungen zugrunde gelegt. Berücksichtigung finden dabei nicht nur die deutschen Richtlinien, sondern auch Regelungen in anderen Staaten sowie insbesondere die (überarbeiteten) Leitlinien der OECD.[39] Ausschlaggebend dafür ist zum einen die breite Übereinstimmung der Beteiligten, dass die Berichte der OECD die höchste „Richtlinienkompetenz" haben, weil sie auf einer Übereinkunft der Finanzverwaltungen aller OECD-Staaten beruhen.[40] Zum anderen zeigt sich, dass die Leitlinien der OECD aus den Jahren ab 1995 Einfluss auf die Überarbeitungen der deutschen Verwaltungsgrundsätze haben.

---

[33] Vgl. Betriebsstätten-Verwaltungsgrundsätze, BMF-Schreiben v. 24. 12. 1999, BStBl 1999 I, S. 1076.
[34] Vgl. Verwaltungsgrundsätze-Umlagen, BMF-Schreiben v. 30. 12. 1999, BStBl 1999 I, S. 1122.
[35] Vgl. Verwaltungsgrundsätze-Arbeitnehmerentsendung, BMF-Schreiben v. 9. 11. 2001, BStBl 2001 I, S. 976.
[36] Vgl. BMF-Schreiben v. 7. 11. 1995, BStBl 1995 I, S. 738.
[37] Vgl. Verwaltungsgrundsätze-Verfahren, BMF-Schreiben v. 12. 4. 2005, BStBl 2005 I, S. 570; BMF-Schreiben v. 13. 7. 2006, BStBl 2006 I, S. 461; BMF-Schreiben v. 5. 10. 2006, BStBl 2006 I, S. 594.
[38] Vgl. Verwaltungsgrundsätze-Funktionsverlagerung, BMF-Schreiben v. 13. 10. 2010, BStBl 2010 I, S. 774.
[39] Vgl. OECD, Leitlinien 2010, insbesondere Kap. I–III, IX.
[40] Zur Frage des Regelungscharakters des OECD-Berichts in solchen Fällen vgl. Runge, B., IStR 1995, S. 511; Werra, M., IStR 1995, S. 458; Borstell, T., Richtlinie, 2004, S. 136 ff.

2. Anwendungsprinzipien

a) Vergleichbarkeit

(1) Einflussgrößen

Zur Bewertung der konzerninternen Transaktionen müssen nach dem Fremdvergleichsgrundsatz die Bedingungen zugrunde gelegt werden, die voneinander unabhängige Dritte vereinbart hätten. Zu diesem Zweck werden im Allgemeinen die Preise oder Gewinnspannen ermittelt, die voneinander unabhängige Marktpartner bei vergleichbaren Geschäften zugrunde gelegt hätten. Voraussetzung ist jedoch, dass diese Marktalternative in ihren Konditionen hinreichend vergleichbar ist. Dazu dürfen zwischen den Bedingungen eines konzerninternen Geschäfts und den Bedingungen bei Geschäften zwischen unabhängigen Unternehmen in den wirtschaftlich relevanten Merkmalen keine wesentlichen Unterschiede bestehen. Gegebenenfalls bestehende Unterschiede zwischen den verglichenen Merkmalen dürfen entweder nur untergeordnete Bedeutung haben, so dass der Preis oder die Gewinnspanne der Transaktion durch sie nicht wesentlich beeinflusst werden kann, oder müssen, soweit die Unterschiede wesentlich sind, durch Berichtigungen auszugleichen sein.[41] Wichtige **Merkmale,** die den Preis oder Gewinn erheblich beeinflussen können, sind

- die Eigenschaften der gehandelten Güter oder erbrachten Leistungen,
- die von den Parteien wahrgenommenen Funktionen, ein damit verbundener Kapitaleinsatz und die Verteilung der bestehenden Risiken,
- die vertraglichen Bedingungen,
- die wirtschaftlichen Verhältnisse der Parteien sowie
- die speziellen Umstände, wie sie z. B. in der von den Parteien verfolgten Geschäftsstrategie gegeben sein können.

Bevor damit die Marktalternative zur Bewertung einer konzerninternen Transaktion herangezogen werden kann, ist die Vergleichbarkeit mit den Bedingungen des Geschäfts zwischen den verbundenen Unternehmen in allen Merkmalen zu überprüfen und, sofern Abweichungen bestehen, durch entsprechende **Anpassungen** herzustellen.[42]

Beispiel: Es bestehen Marktpreise nur für Lieferungen von Waren bestimmter Qualität oder für bestimmte Lieferkonditionen. Wird Ware anderer Qualität oder unter abweichenden Konditionen geliefert, so sind die Marktpreise entsprechend zu korrigieren.

Im Einzelnen ist, wie im Folgenden noch dargestellt wird, die Bedeutung der genannten Vergleichbarkeitsfaktoren von der Art des konzerninternen Geschäftsvorgangs und der jeweils zur Anwendung gebrachten Verrechnungspreismethode abhängig. So mögen Informationen über die Eigenschaften der gehandelten Güter dann größere Bedeutung haben, wenn zur Bestimmung der Verrechnungspreise die Preisvergleichsmethode herangezogen wird, während diese Merkmale in den Hintergrund treten können, wenn die geschäfts-

---

[41] Vgl. OECD, Leitlinien 2010, Tz. 1.35; siehe hierzu bereits Scholz, C. M./Ackermann, A./Schmitt, V., IWB, Fach 3, Deutschland, Gruppe 1, S. 1779 ff.
[42] Vgl. Verwaltungsgrundsätze, BMF-Schreiben v. 23. 2. 1983, BStBl 1983 I, S. 218, Tz. 2.1.6.

fallbezogene Nettogewinnmethode zur Anwendung kommt. Daher kann eine Marktalternative selbst dann ausreichend vergleichbar sein, wenn diese Transaktion nicht in allen Punkten bekannt ist und Informationen über die Vergleichbarkeitsfaktoren zum Teil fehlen.[43]

(2) Eigenschaften der gehandelten Güter und erbrachten Leistungen

Ein Unterschied zwischen der konzerninternen Transaktion und der zum Vergleich herangezogenen Marktalternative kann aus den unterschiedlichen spezifischen Eigenschaften der gehandelten Wirtschaftsgüter oder erbrachten Dienstleistungen resultieren. Unterscheiden sich **materielle Wirtschaftsgüter** z. B. in ihren physischen Eigenschaften, in ihrer Qualität, ihrer Zuverlässigkeit, Verfügbarkeit oder Liefermenge, kann der zwischen fremden Dritten vereinbarte Preis nicht ohne weitere Prüfung oder Anpassung auf die konzerninterne Transaktion übertragen werden. Ebenso sollten bei **Dienstleistungen** Anpassungen vorgenommen werden, wenn sich diese in Art und Umfang voneinander unterscheiden. Bei **immateriellen Wirtschaftsgütern** sind die Art und die Reichweite der mit diesen Wirtschaftsgütern verbundenen Vorteile, die Existenz einer Rechtsposition, die Dauer und der Grad eines damit verbundenen Rechtsschutzes sowie die geplanten Erträge aus der Verwendung des Vermögenswertes bedeutsam.[44]

Die Eigenschaften der gehandelten Güter oder Leistungen sind vor allem dann von zentraler Bedeutung, wenn zur Bestimmung der Verrechnungspreise die Preisvergleichsmethode herangezogen werden soll. Bestehen zwischen der konzerninternen Transaktion und der zum Vergleich herangezogenen Marktalternative produktbezogene Unterschiede, muss geprüft werden, ob Anpassungsrechnungen erforderlich und möglich sind. Im Unterschied dazu ist es im Anwendungsbereich der Wiederverkaufspreismethode und der Kostenaufschlagsmethode weniger wahrscheinlich, dass sich Produktunterschiede wesentlich auf die Bruttomargen oder Gewinnaufschläge auswirken. Vergleichbares gilt für die Anwendung der transaktionsbezogenen Gewinnmethoden. Gleichwohl dürfen Produktunterschiede auch hier nicht ignoriert werden, da diese Unterschiede zur Folge haben können, dass sich die Tätigkeiten der Vergleichsparteien in Bezug auf die ausgeübten Funktionen oder die übernommenen Risiken unterscheiden.[45]

(3) Funktionen, Kapitaleinsatz und Risiken

Da der Wert gehandelter Güter oder erbrachter Leistungen in aller Regel von der Entwicklungsstufe abhängt, die diese Produkte auf ihrem Weg zum abgesetzten Erzeugnis durchlaufen, spiegeln sich in den Preisen, die bei Geschäften zwischen unabhängigen Unternehmen auf den verschiedenen Stufen des Wertschöpfungsprozesses vereinbart werden, die Aufwendungen wider, die auf das Gut oder die Leistung bis dahin erbracht wurden. Machen z. B. zeitliche Diskrepanzen zwischen Produktion und Absatz den Betrieb eines Auslieferungslagers erforderlich, so sind Preis und Wert eines Gutes an der Schnittstelle

---

[43] Vgl. OECD, Leitlinien 2010, Tz. 1.38; siehe dazu auch Förster, H., IStR 2009, S. 721.
[44] Vgl. OECD, Leitlinien 2010, Tz. 1.39.
[45] Vgl. OECD, Leitlinien 2010, Tz. 1.40 f.

1. Kapitel. Einführung

zwischen Herstellung und Vertrieb u. a. davon abhängig, ob dieses Lager vom Hersteller oder von der Vertriebseinheit betrieben wird. Übernimmt der Hersteller diese Funktion der Lagerhaltung, muss der Verkaufspreis an den Vertrieb eine Vergütung enthalten, die die Aufwendungen des Herstellers für den Betrieb des Lagers, seinen Kapitaleinsatz und die mit der Lagerhaltung verbundenen Risiken deckt. Liegen vor diesem Hintergrund Vergleichspreise für Lieferungen an Vertriebsunternehmen vor, bei denen die Lagerfunktion auf der Vertriebsebene angesiedelt ist, muss, um eine Vergleichbarkeit der Verhältnisse herzustellen, der Vergleichspreis um eine angemessene Vergütung für die Übernahme der Vertriebsfunktion durch den Hersteller korrigiert werden. Entsprechend ist bei der Entgeltbemessung der **Funktionsumfang der einzelnen Gesellschaften** zu analysieren.[46] Hierzu muss man sich mit der Struktur, der Organisation und der Aufgaben- und Risikoverteilung der Gruppe vertraut machen. Es ist festzustellen, welche Konzerngesellschaften Träger der einzelnen Funktionen wie Herstellung, Montage, Forschung und Entwicklung, verwaltungsbezogene Leistungen, Absatz, Dienstleistungen etc. sind. Darüber hinaus ist auch zu ermitteln, welche Risiken sie tragen[47] und in welcher Eigenschaft sie die genannten Funktionen erfüllen (Unternehmen, das Routinetätigkeiten ausübt, Strategieträger ist oder eine Zwischenstellung einnimmt).

Beispiel: Eine deutsche Muttergesellschaft möchte die von ihr hergestellten Produkte in den USA vertreiben. Abgewickelt wird der Vertrieb über eine zu diesem Zweck gegründete US-Tochtergesellschaft.

Übernimmt im Beispiel die US-Tochtergesellschaft die Verantwortung für die Vermarktung der in Deutschland hergestellten Erzeugnisse in eigenem Namen und auf eigene Rechnung (Eigenhändler), wird sie aufgrund der im Rahmen des Eigenhandels übernommenen Funktionen und Risiken einen höheren Gewinnbeitrag erwarten als ein Vertreter, der auf fremde Rechnung arbeitet, wenige Funktionen übernimmt und geringes Risiko trägt. Ähnliche Überlegungen gelten für ein Produktions- oder Forschungsunternehmen, das nicht auf eigene Rechnung tätig ist, sondern lediglich im Auftrag eines anderen Konzernunternehmens arbeitet. Von daher ist es für die Vergleichbarkeit bedeutsam, inwieweit die Aufteilung der Funktionen und Risiken bei einer Transaktion zwischen verbundenen Unternehmen von den Verhältnissen abweicht, die zwischen den Vertragspartnern der Vergleichstransaktion gegeben sind.

(4) Vertragsbedingungen

Über die mit der Aufgabenzuordnung im Konzern verbundene Aufteilung der Funktionen und Risiken hinaus müssen ferner die Vertragsbedingungen zwischen der konzerninternen Transaktion und dem Fremdgeschäft miteinander vergleichbar sein. Diese Vertragsbedingungen einer Transaktion regeln im Allgemeinen die **Details der vertraglichen Verpflichtungen** der an einer

---

[46] Vgl. OECD, Leitlinien 2010, Tz. 1.42 ff. Siehe auch Verwaltungsgrundsätze, BMF-Schreiben v. 23. 2. 1983, BStBl 1983 I, S. 218, Tz. 2.1.3; Verwaltungsgrundsätze-Verfahren, BMF-Schreiben v. 12. 4. 2005, BStBl 2005 I, S. 570, Tz. 3.4.11.4; sowie Becker, H., IWB, Fach 10, International, Gruppe 2, S. 771 ff.
[47] Vgl. Verwaltungsgrundsätze-Verfahren, BMF-Schreiben v. 12. 4. 2005, BStBl 2005 I, S. 570, Tz. 3.4.10.3. i. V. m. Tz. 3.4.10.2; siehe dazu Brem, M./Tucha, T., IStR 2006, S. 499 ff.; Rasch, S./Rettinger, F., BB 2007, S. 353 ff.

Transaktion beteiligten Parteien. Hierzu gehören z. B. die Lieferbedingungen, Fristen, Termine oder Gewährleistungsansprüche.

In der Praxis können diese Faktoren allerdings häufig nur im Detail herangezogen werden, wenn interne Vergleichsdaten aus Transaktionen mit fremden Dritten vorliegen. Daher wird von Seiten des OECD-Steuerausschusses auch empfohlen, vorab zu prüfen, welche **Bedeutung** die Vertragsbedingungen für die Beurteilung der Vergleichbarkeit haben. Während das z. B. für die Beurteilung einer Lizenzvereinbarung in aller Regel zutreffen dürfte, können die Vertragsbedingungen bei anderen, z. B. administrativen Leistungen zu vernachlässigen sein.[48]

Vor einer Anpassung der Verrechnungspreise aufgrund bestehender Unterschiede zwischen den Vertragsbedingungen bei konzerninternen und konzernfreien Geschäften muss allerdings zunächst die Frage geprüft werden, inwieweit die schuldrechtlich vereinbarten Bedingungen im Konzern tatsächlich eingehalten werden. Da verbundene Unternehmen nicht über Verträge koordiniert werden, sondern vielmehr hierarchisch in die Organisation des wirtschaftlich einheitlichen Unternehmens eingebunden sind, können diese Verträge zwischen verbundenen Unternehmen in aller Regel nach dem Willen des herrschenden Unternehmens durchgeführt oder geändert werden. Vor diesem Hintergrund sollte eine Korrektur wegen abweichender Vertragsbedingungen nur dann erforderlich oder zulässig sein, wenn sich diese Abweichungen im tatsächlichen Verhalten der Vertragsparteien widerspiegeln.

(5) Wirtschaftliche Rahmenbedingungen

Führt man sich vor Augen, dass vergleichbare Güter auf verschiedenen Märkten zu unterschiedlichen Preisen gehandelt werden, wird deutlich, dass über die Merkmale der Vermögenswerte und Dienstleistungen, die Funktionen, Risiken und Vertragsbedingungen hinaus auch die wirtschaftlichen Umstände bedeutsam sind, die zu einer Vergleichbarkeit der Märkte führen. Zu den danach **maßgebenden Faktoren** zählen insbesondere die geographische Lage, die Größe des Marktes, die Wettbewerbsintensität und die Wettbewerbsposition von Käufer und Verkäufer. Daneben spielen aber auch die Kaufkraft der Konsumenten, Art und Umfang einer staatlichen Regulierung, Kostenunterschiede oder Wirtschaftszyklen eine Rolle.[49]

Maßgeblicher Ort für die Festlegung des Arm's-length-Entgelts ist der jeweilige **Absatzmarkt**, d. h. ausschließlich das Preisniveau am Ort der empfangenden Konzerngesellschaft.[50]

Im Einzelnen mag sich aber herausstellen, dass sich in einigen Branchen die Märkte regional kaum unterscheiden und auch über Ländergrenzen hinweg ausreichend homogen sind, während es in anderen Branchen so aussehen kann, dass sich die Märkte selbst innerhalb eines Landes wesentlich voneinander unterscheiden. Bilden mehrere Staaten einen homogenen Wirtschaftsraum, ist es gerechtfertigt, auch Vergleichsdaten anderer Staaten dieses Wirtschaftsraums zu verwenden. Voraussetzung ist, dass die Vergleichbarkeit dokumentiert wer-

---

[48] OECD, Leitlinien 2010, Tz. 1.54.
[49] Vgl. OECD, Leitlinien 2010, Tz. 1.54. Zu Preisanpassungen aufgrund von Zwangsregulierung siehe Andresen, U., IStR 2004, S. 355 ff.; Kroppen, H.-K., Handbuch, O Tz. 1.56, Anm. 2.
[50] Indessen bestehen Sonderprobleme im Zusammenhang mit Darlehen.

den kann. Unterscheiden sich die Produkte oder Leistungen eines Unternehmens dagegen von Land zu Land und/oder führt das Unternehmen unterschiedliche Funktionen aus, setzt es andere Wirtschaftsgüter ein oder trägt es abweichende Risiken, werden pan-regionale Analysen nicht für ausreichend zuverlässig erachtet.[51]

(6) Geschäftsstrategien

Da zwischen Dritten vereinbarte Entgelte nicht durch gesellschaftsrechtliche Verbindungen beeinflusst, sondern das Ergebnis der Marktkräfte sind, gelten sie als objektiviert und zur Bestimmung verlagerungsneutraler Verrechnungspreise geeignet. Hierbei darf jedoch nicht vernachlässigt werden, dass mit unterschiedlichen Interessen aufeinander treffende Marktpartner eine unterschiedliche Marktstellung oder Finanzkraft haben oder besondere strategische Ziele verfolgen können. So können die Entwicklung neuer Produkte oder Differenzierungsstrategien zu individuellen Preisabweichungen gegenüber dem als allgemeingültig festgestellten Marktpreis führen. Derartige und andere Sonderkonstellationen können und werden die Marktpreise für Warenlieferungen und Dienstleistungen beeinflussen. Besteht also der Verdacht, dass die Höhe eines bestimmten Verrechnungspreises steuerlich motiviert war, so ist bei einer möglichen Verrechnungspreiskorrektur darauf zu achten, dass nicht mehr als der aus der gesellschaftsrechtlichen Verbundenheit resultierende Einfluss herausgefiltert wird. Entsprechend sind nach den Verwaltungsgrundsätzen für die Anwendung der Standardmethoden die Daten und Preise außer Betracht zu lassen, die durch besondere Wettbewerbssituationen beeinflusst sind und deshalb auf die in Frage stehende Geschäftsbeziehung nicht übertragen werden können.[52] Zu diesen besonderen Wettbewerbssituationen zählen insbesondere jene Preisstrategien, durch die ein Unternehmen versucht, einen Markt zu erschließen oder seinen Marktanteil zu erhöhen.[53] Besondere preisbeeinflussende Marktgegebenheiten, denen auch fremde Dritte unterliegen oder unterliegen würden, sind selbstverständlich in vollem Umfang anzuerkennen.

Preiszugeständnisse zur Markteroberung, Markterweiterung oder Marktverteidigung, zur Kapazitätsauslastung (kurzfristige Preiszugeständnisse) oder Beseitigung von Liquiditätsengpässen sind nach Auffassung der OECD mit dem Fremdvergleichsgrundsatz vereinbar, soweit das **Risiko auf alle beteiligten Unternehmenseinheiten** (Hersteller und Händler) **funktionsgerecht verteilt** wird.[54] Damit können die Kosten entsprechender Strategien sowohl dem Produktions- als auch dem Vertriebsunternehmen zuzurechnen sein, während die deutsche Finanzverwaltung bisher noch verlangt,[55] dass „Kampfpreise" oder ähnliche Aufwendungen zur Markteroberung bei Markenartikeln generell zu Lasten des Produktionsbetriebs (i. d. R. also der Muttergesellschaft) gehen. Entscheidend ist lediglich, ob eine nach dem Fremdver-

---

[51] Vgl. OECD, Leitlinien 2010, Tz. 1.58.
[52] Vgl. Verwaltungsgrundsätze, BMF-Schreiben v. 23. 2. 1983, BStBl 1983 I, S. 218, Tz. 3.1.2.4; OECD, Leitlinien 2010, Tz. 1.60.
[53] Zu den möglichen, die Festlegung von Verrechnungspreisen beeinflussenden Geschäftsstrategien vgl. Gundel, G., Verrechnungspreise, 1997, S. 791 ff.; Borstell, T., Lieferungen, 2004, S. 1108 ff.
[54] Vgl. OECD, Leitlinien 2010, Tz. 1.61 ff.
[55] Vgl. Verwaltungsgrundsätze, BMF-Schreiben v. 23. 2. 1983, BStBl 1983 I, S. 218, Tz. 2.4.3.

gleichsgrundsatz arbeitende Partei aufgrund einer mittel- oder langfristigen Geschäftsstrategie ebenfalls zu einem Rentabilitätsopfer bereit gewesen wäre.

Die bislang recht starre Vorgehensweise der deutschen Rechtspraxis bei den Markteinführungskosten widerspricht betriebswirtschaftlichen Maßstäben und ist i. S. d. **OECD-Richtlinien** zu revidieren. Der Preisnachlass bei Markteroberungen ist u. E. funktionsgerecht auf die Unternehmensglieder aufzuteilen, die am Produktions- und Absatzprozess beteiligt sind. Entgegen der allgemeinen Tendenz sind die US-Richtlinien hier insoweit großzügiger, als dass sie neben Preiszugeständnissen zur Markteroberung auch solche zum Zweck der Erhöhung des eigenen Marktanteils und dessen Verteidigung explizit anerkennen.[56] Andererseits werden aber die generell möglichen Geschäftsstrategien auch in den **US-Richtlinien** nicht vollständig behandelt. So sind z. B. Strategien zur Erhaltung von Marktanteilen für bestehende Produkte nicht angesprochen. Daneben bleibt unklar, was unter Markt oder Strategie zu verstehen ist und wie die Kosten abzugrenzen sind, die einer Marktentwicklung dienen, so dass auch diese Richtlinien keine verlässliche Basis für Verrechnungspreisfestlegungen bilden. Daher empfiehlt es sich, dass Unternehmen ihre ggf. weltweiten Geschäftsstrategien eindeutig dokumentieren und in ihren Auswirkungen auf die Verrechnungspreispolitik für die verschiedenen Geschäftsvorfälle darstellen.[57]

b) Anerkennung der tatsächlich durchgeführten Geschäftsvorgänge

Für Zwecke der Einkunftsabgrenzung sind die Geschäftsbeziehungen zwischen verbundenen Unternehmen danach zu beurteilen, ob sich die Beteiligten wie voneinander unabhängige Dritte verhalten haben. Ausgangspunkt sind die zwischen den verbundenen Unternehmen tatsächlich durchgeführten Geschäfte. Sie werden dem Grunde nach prinzipiell anerkannt. Eine Umqualifizierung der Geschäftsbeziehung in gedachte Geschäftsvorfälle kommt regelmäßig nicht in Betracht. Ausnahmen bestehen lediglich dann, wenn sich die äußere Form eines Geschäfts von seinem wirtschaftlichen Gehalt unterscheidet.[58] Eine weitere Einschränkung besteht nach den Grundsätzen der OECD für den Fall, dass die im Zusammenhang mit dem Geschäft getroffenen Vereinbarungen in ihrer Gesamtheit von den Vereinbarungen abweichen, die unabhängige Unternehmen in wirtschaftlich vernünftiger Weise getroffen hätten.[59]

Mit der Anerkennung der tatsächlich durchgeführten Geschäftsvorgänge sind Art und Umfang der konzerninternen Transaktionen für die Prüfung durch die Steuerverwaltungen grundsätzlich ein Datum. Hinter dieser Festlegung steht das Ziel, jene Erfolge zu bestimmen, die die an der Transaktion beteiligten Unternehmen zum Gewinn des Unternehmens beigetragen haben (Gliedgewinn). Zu korrigieren sind dazu nur die Eingriffe, die den Gewinn der Konzernunternehmen **buchmäßig** verfälschen, das sind die Maßnahmen, durch die Verschiebungen zwischen den Gewinnen der Gliedgesellschaften

---

[56] Vgl. Sec. 1.482–1(d)(4)(i) Treas. Reg. Siehe dazu Diessner, C., US-Vorschriften, 2004, S. 1721; Becker, H., IWB, Fach 10, International, Gruppe 2, S. 957.
[57] Siehe dazu Przysuski, M./Lalapet, S./Swaneveld, H., TNI 2004, S. 639 ff.
[58] Vgl. Verwaltungsgrundsätze, BMF-Schreiben v. 23. 2. 1983, BStBl 1983 I, S. 218, Tz. 2.1.1, 2.1.2 mit Hinweisen auf BFH-Urteil v. 30. 7. 1965, BStBl 1965 III, S. 613; BFH-Urteil v. 26. 2. 1970, BStBl 1970 II, S. 419; BFH-Urteil v. 15. 1. 1974, BStBl 1974 II, S. 606.
[59] Vgl. OECD, Leitlinien 2010, Tz. 3.17, 9.164; dazu im Einzelnen 4. Kapitel, Abschnitt D II 1 e).

bewirkt werden. Nicht zu korrigieren sind dagegen die Folgen solcher Maßnahmen, die die Gesellschaften im Interesse des gesamten Unternehmensverbundes getroffen haben. Der Unterschied zwischen diesen Korrekturbegriffen besteht in Folgendem: Buchmäßige Korrekturen wirken sich nicht auf die Höhe des konsolidierten Konzernerfolgs aus, sondern bewirken lediglich eine andere Verteilung des Gesamtgewinns auf die einzelnen Gliedgesellschaften. Storniert man dagegen auch die Eingriffe der Konzernleitung in die betrieblichen Prozesse der Gliedgesellschaften, simuliert man eine fiktive Gruppe vollständig unabhängiger, konzernfreier Unternehmen und verändert damit den konsolidierten Konzernerfolg.[60]

c) Verluste

Nicht immer arbeiten Unternehmen zu jedem Zeitpunkt erfolgreich. Verbundene Unternehmen können wie unabhängige Unternehmen Verluste erleiden, die ihre Ursache in hohen Anlaufkosten, ungünstigen wirtschaftlichen Bedingungen oder unwirtschaftlichem Verhalten haben mögen, nicht aber unbedingt auf unangemessen festgesetzte Verrechnungspreise zurückzuführen sein müssen.[61] Von daher ist auch in Verlustsituationen das ermittelte Fremdvergleichsentgelt grundsätzlich anzuerkennen. Erwirtschaftet ein Konzernunternehmen dagegen **langfristig Verluste,** so besteht der Verdacht, dass diese Verluste das erwünschte Ergebnis unangemessener Verrechnungspreise darstellen, weshalb letztere einer genaueren Überprüfung zu unterziehen sind.[62] Es ist allerdings auch in diesen Fällen zu berücksichtigen, dass ein Mutterunternehmen ggf. lange zögert, eine mit Verlust arbeitende Tochtergesellschaft in einem bestimmten Land aufzugeben, wenn noch Aussicht besteht, dass das Unternehmen wieder wirtschaftlich arbeiten wird. Die wirtschaftlichen Gründe für die Verlustsituation können zum einen sowohl bei der Mutter- als auch bei der Tochtergesellschaft liegen sowie zum zweiten auf vielen anderen Faktoren beruhen, die mit der Verrechnungspreispolitik nicht in Zusammenhang stehen. Folgt man diesen Überlegungen, sind an der Auffassung des BFH zur Anerkennung der Verlustphase während der **Anlaufzeit** einer Auslandsinvestition einige Zweifel angebracht. In seinem Urteil vom 17. 2. 1993[63] legte er den anzuerkennenden Zeitraum für Inlandsverluste auf maximal **drei Jahre** fest und stellte die (widerlegbare) Vermutung auf, dass sich ein fremder Dritter aus dem Geschäft verabschieden würde, wenn er nicht innerhalb eines überschaubaren Kalkulationszeitraums, der in der Betriebsprüfungspraxis auf **fünf Jahre** begrenzt wird, einen **Totalgewinn** erwirtschaften kann. Beide Zeiträume dürften den besonderen Schwierigkeiten von Auslandsinvestitionen kaum gerecht werden.[64] Dass lang anhaltende Verlustperioden inländischer Ver-

---

[60] Zu dieser Unterscheidung bereits Moxter, A., ZfhF 1961, S. 643 f.
[61] Verluste bei inländischen Vertriebstöchtern berechtigen daher nicht in jedem Fall zur Annahme einer verdeckten Gewinnausschüttung – in diesem Sinne kann aber noch das Urteil des FG Hessen v. 17. 10. 1988, EFG 1989, S. 200, verstanden werden.
[62] Vgl. Schreiber, R., IStR 1994, S. 315 ff.; Kuckhoff, H./Schreiber, R., Verrechnungspreise, 1997, S. 88 ff., S. 113 ff.; OECD, Leitlinien 2010, Tz. 1.70 ff.
[63] Vgl. BFH v. 17. 2. 1993, BStBl 1993 II, S. 457. Vgl. hierzu Sieker, K., BB 1993, S. 2424; siehe hierzu auch BFH v. 27. 7. 1988, BStBl 1989 II, S. 274, das für den umgekehrten Fall von einer Frist von fünf Jahren ausgeht.
[64] Vgl. BFH v. 1. 2. 1967, BStBl 1967 III, S. 495; BFH v. 12. 3. 1980, BStBl 1980 II, S. 531; Becker, H., IWB, Fach 3, Deutschland, Gruppe 1, S. 1339 ff., lassen daher sinnvollerweise auch längere Verlustperioden zu.

triebsgesellschaften durchaus auch bei nicht verbundenen Unternehmen gang und gäbe sind, wird durch praktische Beispiele belegt.[65] Insofern sollte vielmehr den OECD-Leitlinien 2009 gefolgt werden, die die steuerliche Anerkennung von Verlusten nicht von der Einhaltung einer starren Zeitvorgabe, sondern von einer Beurteilung der wirtschaftlichen Umstände des Einzelfalls abhängig machen.[66] Dem entspricht auch der BFH in seiner Entscheidung vom 17. 10. 2001, wenn er betont, dass sowohl die Länge der Verlustphase als auch die Dauer des angemessenen Kalkulationszeitraums, innerhalb dessen die verbundene Gesellschaft mit einem Totalgewinn rechnen kann, letztlich von den im konkreten Fall übernommenen Funktionen abhängig sind. Im Einzelnen kann es nach dem BFH erforderlich sein, beide Fristen zu verlängern.[67] Bei der Beurteilung der Zeitspanne, die erforderlich ist, um die Anlaufverluste auszugleichen und einen Totalgewinn zu erzielen, könne sich der Kaufmann als Untergrenze an einer angemessenen Verzinsung des zugeführten Eigenkapitals (einschließlich Zinseszins und Risikozuschlag) bezogen auf die Zeit orientieren, für die der Gewinn ggf. geschätzt werden muss. Insofern versteht der BFH seine unter Beweisrisikoverteilungsgesichtspunkten getroffene Entscheidung aus dem Jahre 1993 dahingehend, dass immer dann, wenn eine Vertriebsgesellschaft die Produkte einer ihr nahe stehenden Produktionsgesellschaft vertreibt, eine **widerlegbare Vermutung** dahingehend ausgelöst wird, dass der vereinbarte Verrechnungspreis unangemessen und durch das Gesellschaftsverhältnis veranlasst ist. Die Annahme einer widerlegbaren Vermutung bedeutet aber, dass der Steuerpflichtige darlegen und nachweisen kann oder muss, weshalb der vereinbarte Verrechnungspreis dennoch angemessen ist. Ein Hinweis auf wirtschaftliche Schwierigkeiten beim Lieferanten reiche hierzu jedoch nicht aus.[68]

Gelingt der entsprechende Nachweis, so können Verluste auch über den Zeitraum von drei Jahren hinaus anerkannt werden. Ebenso **kann es geboten sein, den Zeitraum,** innerhalb dessen die Verluste ausgeglichen und ein Totalgewinn erzielt werden muss, über eine Dauer von fünf Jahren hinaus **zu verlängern.**

Diese Lockerung des ursprünglich sehr starr fixierten Kalkulationszeitraums ist auch vor dem Hintergrund konsequent, dass der ursprünglich nach § 10 d EStG auf fünf Jahre begrenzte Verlustvortrag bereits mit Wirkung vom Veranlagungszeitraum 1985 auf eine unbegrenzte Frist erweitert wurde, gerade weil größere Unternehmen häufig mehr Zeit brauchen, um sich wirtschaftlich zu erholen und entstandene Verluste auszugleichen.[69] Darüber hinaus kann die Ausübung einer bestimmten Tätigkeit durch eine Kapitalgesellschaft nicht

---

[65] Vgl. Kroppen, H.-K./Eigelshoven, A., IWB, Fach 3, Deutschland, Gruppe 1, S. 1602.
[66] So ist zwar auch in den Leitlinien der OECD von einer „limited period" und „several years" die Rede; maßgebend ist aber der Vergleich mit voneinander unabhängigen Unternehmen. So auch Baumhoff, H./Sieker, K., IStR 1995, S. 521; zu den problematischen Konsequenzen bei Anwendung der Dreijahresspanne im Rahmen der Betriebsprüfung vgl. Dahnke, H., IStR 1996, S. 582 f.
[67] Vgl. BFH v. 17. 10. 2001, BStBl 2004 II, S. 171; so auch BFH v. 23. 5. 2007, BStBl 2007 II, S. 874, der die Frist für Inlandsfälle ebenfalls auf fünf Jahre ausdehnt; siehe dazu Burwitz, G., NZG 2007, S. 819.
[68] Vgl. BFH v. 6. 4. 2005, BStBl 2007 II, S. 658.
[69] Vgl. Endres, D./Oestreicher, A., Intertax 2004, S. 144.

1. Kapitel. Einführung

allein deshalb eine verdeckte Gewinnausschüttung auslösen, weil sie mit einem Verlustrisiko verbunden ist.[70] Denn ein solches Risiko wohnt fast jeder kaufmännischen Geschäftstätigkeit inne. Vielmehr liegt eine vGA nur vor, wenn die Gesellschaft nicht aus eigenem Gewinnstreben, sondern zur Befriedigung privater Interessen ihrer Gesellschafter handelt. Ob das Handeln der Gesellschaft im eigenen oder im Interesse der Gesellschafter erfolgt, ist grundsätzlich nach denjenigen Kriterien zu beurteilen, die in der Rechtsprechung zur **Abgrenzung** der auf **Einkunftserzielung** gerichteten Tätigkeit von der steuerlich unbeachtlichen **Liebhaberei** gelten. Hierfür sind im Wesentlichen folgende vier Grundsätze maßgebend.[71]

– Der maßgebliche Veranlassungszusammenhang ist eine **innere Tatsache,** welche aus den im Einzelfall erkennbaren äußeren Merkmalen und Verhaltensweisen erschlossen werden muss:[72] Die Gewinnerzielungsabsicht ist wie jede innere Tatsache anhand äußerer Merkmale zu beurteilen. Auf das Vorliegen oder das Fehlen der Absicht zur Gewinnerzielung muss aus objektiven Umständen geschlossen werden, wobei einzelne Umstände einen Anscheinsbeweis liefern können. Die ernsthafte Möglichkeit, dass ein jahrelang ausschließlich mit Verlusten arbeitender Betrieb nicht in der Absicht der Gewinnerzielung geführt wird, ist gegeben, wenn feststeht, dass der Betrieb nach seiner Wesensart und der Art seiner Bewirtschaftung auf die Dauer gesehen nicht nachhaltig mit Gewinn arbeiten kann. Dieses Kriterium setzt voraus, dass der Betrieb aus objektiven Gründen nicht zur Erzielung von Gewinnen geeignet erscheint.

– Es kommt nur auf die Lage im jeweils zu beurteilenden **Veranlagungszeitraum** an: Nicht maßgeblich ist, ob die Tätigkeit bei rückschauender Betrachtung wirtschaftlich Erfolg versprechend war oder nicht. An der Gewinnerzielungsabsicht fehlt es, wenn die Prognose des zu erwirtschaftenden Totalgewinns negativ ist.[73]

– Die Gewinnaussichten einer neu begonnenen Tätigkeit lassen sich häufig erst nach einer **Anlaufphase** beurteilen, so dass Verluste in dieser Phase jedenfalls dann nicht auf ein Fehlen der Gewinnerzielungsabsicht hindeuten, wenn der Unternehmer auf sie mit betriebswirtschaftlich sinnvollen Maßnahmen reagiert.[74] Gewichtige Indizien für das Vorhandensein einer Gewinnerzielungsabsicht sind die Vornahme geeigneter Umstrukturierungsmaßnahmen.[75] Diese Maßnahmen sind als geeignet anzusehen, wenn nach dem zum Zeitpunkt ihrer Durchführung maßgebenden Erkenntnishorizont aus der Sicht eines wirtschaftlich vernünftig denkenden Betriebs-

---
[70] Vgl. BFH v. 15. 5. 2002, BFH/NV 2002, S. 1538.
[71] Vgl. BFH v. 15. 5. 2002, BFH/NV 2002, S. 1538; BFH v. 21. 7. 2004, BStBl 2004 II, S. 1063; BFH v. 17. 11. 2004, BStBl 2005 II, S. 336.
[72] BFH v. 25. 6. 1996, BStBl 1997 II, S. 202; BFH v. 21. 11. 2000, BStBl 2001 II, S. 789; BFH v. 6. 11. 2001, BStBl 2002 II, S. 726.
[73] Vgl. BFH v. 6. 11. 2001, BStBl 2002 II, S. 726.
[74] Vgl. BFH v. 15. 11. 1984, BStBl 1985 II, S. 205. Zu fehlenden Reaktionen auf bereits eingetretene hohe Verluste und das unveränderte Beibehalten eines Verlust bringenden Geschäftskonzeptes siehe BFH v. 17. 11. 2004, BStBl 2005 II, S. 336.
[75] Umgekehrt sind fehlende Reaktionen auf bereits eingetretene hohe Verluste und das unveränderte Beibehalten eines verlustbringenden Geschäftskonzeptes ein gewichtiges Beweisanzeichen für eine fehlende Gewinnerzielungsabsicht; vgl. BFH v. 17. 11. 2004, BStBl 2005 II, S. 336.

inhabers eine hinreichende Wahrscheinlichkeit darüber bestand, dass sie innerhalb eines überschaubaren Zeitraumes zum Erreichen der Gewinnzone führen würden. Etwas anderes gilt nur dann, wenn aus dem Fehlen eines brauchbaren wirtschaftlichen Konzeptes geschlossen werden kann, dass die Tätigkeit von Anfang an vor allem der Befriedigung privater Interessen und nicht der Gewinnerzielung diente.[76]

– Maßstab für die Abgrenzung zwischen einer im Gesellschaftsinteresse und einer im Gesellschafterinteresse übernommenen Tätigkeit ist die Erzielbarkeit eines **Totalgewinns:** Der vom Unternehmen anzustrebende Totalgewinn ergibt sich als Gesamtergebnis des Betriebs in der Zeit von seiner Gründung bis zu seiner Veräußerung, Aufgabe oder Liquidation. Bei der Prüfung der Gewinnerzielungsabsicht muss von daher auch auf diese Totalperiode abgestellt werden.[77] Es ist nicht sachgerecht, die Betrachtung auf vereinzelte Jahre einzuschränken, da ein limitierter Zeithorizont nur ein Indikator hinsichtlich des Totalgewinns sein kann. Relevant ist der Gesamtgewinn.

Arbeitet danach ein Unternehmen mit Gewinnerzielungsabsicht, kann eine vGA nicht schon deshalb angenommen werden, weil sich eine Verlustphase über drei oder fünf Jahre erstreckt. Hier sind auch bei Vertriebsgesellschaften, auf die sich die insoweit restriktiven Verrechnungspreisurteile des BFH aus den Jahren 1993 und 2001 beziehen, die Umstände des Einzelfalls maßgebend. Eine zweite Frage ist, ob bei einem verbundenen Unternehmen der Totalgewinn angemessen ist oder vermutet werden kann, dass die Verrechnungspreise einem Drittvergleich nicht standhalten. Dies lässt sich, wie durch den BFH angeregt, anhand einer Prüfung, ob die erzielte Verzinsung des eingesetzten Kapitals risikoadäquat ist, feststellen.[78] Allerdings sollte sich dieser Vergleich nicht auf einen willkürlich getroffenen Zeitraum von drei oder fünf Jahren beschränken dürfen. Ferner wäre es auch logisch falsch, wenn die Angemessenheit einer realisierten Rendite durch den Vergleich mit der erwarteten Verzinsung des investierten Kapitals verglichen wird.[79] Maßgebend kann nur eine realisierte Rendite einer Investition sein, die einem vergleichbaren Risiko ausgesetzt war wie das Unternehmen, in das investiert wurde. Sie kann aus den Renditen abgeleitet werden, die vergleichbare Unternehmen am Markt erzielen.

d) Auswirkungen staatlicher Eingriffe

Ein in der Rechtspraxis schwieriges Problem sind Preiskontrollen oder Zahlungsverbote aufgrund gesetzlicher Regelungen.

Beispiel: Die deutsche Muttergesellschaft erhält von ihrer in einem Entwicklungsland ansässigen Tochtergesellschaft aufgrund lokaler Gesetze keine Lizenzgebühren.[80]

---

[76] Vgl. BFH v. 27. 1. 2000, BStBl 2000 II, S. 227; BFH v. 27. 3. 2001, BFH/NV 2001, S. 1381; ebenso BFH v. 23. 5. 2007, BStBl 2007 II, S. 874.
[77] Vgl. BFH v. 25. 6. 1984, BStBl 1984 II, S. 751; BFH v. 29. 6. 1995, BStBl 1995 II, S. 722.
[78] Streng genommen setzt diese Prüfung natürlich voraus, dass die Kriterien für die Anwendung einer gewinnorientierten Methode erfüllt sind. Siehe dazu Abschnitt D III.
[79] So wohl Verwaltungsgrundsätze-Verfahren, BMF-Schreiben v. 12. 4. 2005, BStBl 2005 I, S. 570, Tz. 3.4.12.6.b) 2. Spiegelstrich. Siehe dazu Oestreicher, A./Endres, D., Dokumentation, 2005, S. 28 ff. Im Unterschied dazu stellt der BFH zutreffend auf die ex post Verzinsung (für die Jahre 1980–1987) ab; vgl. BFH v. 17. 10. 2001, BStBl 2004 I, S. 171, Tz. II. A. 2. d) ff.
[80] Vgl. Procter & Gamble Company v. Commissioner, 95 T. C. No. 23; siehe dazu Jacob, F., IWB, Fach 3 a, Rechtsprechung, Gruppe 2, S. 15 f.

1. Kapitel. Einführung

Fraglich ist, ob die deutsche Muttergesellschaft ein Abweichen von fremdüblichen Lizenzentgelten beanspruchen kann. Nach Ansicht der deutschen Finanzverwaltung ist der (deutsche) Besteuerungsanspruch gegenüber dem Entwicklungsland aufrechtzuerhalten, was durch eine außerbilanzielle Gewinnberichtigung gem. § 1 AStG geschieht. Allerdings kommt ein Erlass der deutschen Steuer auf diese Einkünfte nach § 34 c Abs. 5 EStG in Frage, wenn dies aus volkswirtschaftlichen Gründen zweckmäßig ist.[81]

Dagegen sieht die **OECD** in den staatlichen Eingriffen in die Verrechnungspreisbildung (z. B. durch Preiskontrollen, Devisenbewirtschaftung etc.) Marktdaten, die bei der Ermittlung eines Arm's-length-Entgelts berücksichtigt werden können.[82] Dies erscheint theoretisch zunächst vergleichsweise einfach, wenn sich die staatlichen Regulierungen sowohl auf Geschäfte zwischen miteinander verbundenen als auch auf solche zwischen unabhängigen Unternehmen auswirken. Nach dem Fremdvergleichsgrundsatz wäre hier auf die bei den restringierten Geschäften durchgeführte Lizenzverrechnung abzustellen. In der Praxis dürfte dieser Fremdvergleich aber dennoch nur schwer gelingen, da unabhängige Unternehmen insbesondere dann regelmäßig auf Geschäftsabschlüsse verzichten werden, wenn staatliche Restriktionen bei der Geschäftsabwicklung bereits im Voraus bekannt sind. Zusätzlich verkompliziert wird die Problematik, wenn die staatlichen Regulierungen auf konzerninterne Transaktionen beschränkt sind.

Die OECD schlägt zu dieser Problematik zum einen vor, den Gläubiger der blockierten Zahlung so zu behandeln, als hätte er für den multinationalen Konzern eine Dienstleistung erbracht, die unter unabhängigen Unternehmen in einer anderen Form als bspw. durch Lizenzentgelte abgegolten worden wäre. Zum anderen sieht man die Möglichkeit, blockierte oder verminderte Lizenzzahlungen zwar steuerlich anzuerkennen, die so eintretende zeitlich verzögerte Ertragsrealisierung jedoch durch ein temporäres **Abzugsverbot** korrespondierender Aufwendungen auszugleichen.[83] Werden aber auf der Seite des zur Zahlung verpflichteten Unternehmens Betriebsausgaben geltend gemacht, sollte diesem beim verbundenen Unternehmen ein korrespondierendes Einkommen gegenüberstehen.

Stehen der Zahlung oder Gutschrift staatliche Eingriffe entgegen, kann nach Auffassung der deutschen Finanzverwaltung im Rahmen des Technologietransfers unter bestimmten Voraussetzungen unterstellt werden, dass ein Ausgleich der Vergütungen im Wege des **Vorteilsausgleichs** erfolgt ist (sog. erweiterter Vorteilsausgleich).[84] Die Nichtverrechnung einer Lizenzgebühr wird aber nur dann nicht korrigiert, wenn

- der Technologietransfer in ein Entwicklungsland erfolgt ist und
- die Möglichkeit eines (fiktiven) Vorteilsausgleichs besteht. Hierzu reicht bereits der Tatbestand eines Lieferungs- und Leistungsverkehrs zwischen beiden Staaten aus.

In jedem Fall sollte aber nach Auffassung der OECD unterbunden werden, dass blockierte Zahlungen, die ein verbundenes Unternehmen schuldet, an-

---

[81] Vgl. OFD Koblenz v. 10. 8. 1995, WPg 1995, S. 674.
[82] Vgl. OECD, Leitlinien 2010, Tz. 1.73.
[83] Vgl. OECD, Leitlinien 2010, Tz. 1.77.
[84] Vgl. o. V., IStR 1993, S. 70 f.

ders behandelt werden, als die entsprechende Zahlungsverpflichtung eines unabhängigen Unternehmens.

e) Verwendung von Zollwerten

Geht es um die Feststellung des Werts importierter Güter, die für Zwecke der Verzollung unter dem Einfluss der besonderen Beziehungen verbundener Unternehmen stehen können, wenden auch Zollbehörden den Fremdvergleichsgrundsatz in der Weise an, dass diese Behörden den Wert von Gewinnen, die durch verbundene Unternehmen importiert werden, mit dem Wert ähnlicher Güter vergleichen, die von unabhängigen Unternehmen angemeldet sind. Wenn auch die Bewertungsmethoden für Zwecke der Feststellung von Zollwerten nicht mit den Verrechnungspreismethoden der OECD völlig im Einklang stehen, können Zollwerte für die Finanzbehörden gleichwohl eine **nützliche Hilfe** sein. So mögen die Zollbehörden insbesondere über zeitgleich erstellte Dokumente verfügen, während umgekehrt die Finanzbehörden über Verrechnungspreisdokumentationen verfügen können, die über die Details der einzelnen Transaktionen Auskunft geben können.[85] Zollwerte können aber auch dann hilfreich sein, wenn die Zielsetzungen der Steuerpflichtigen im Hinblick auf die Verzollung und die Feststellung steuerlicher Verrechnungspreise verschieden sind (weil einmal ein niedriger Wert, im anderen Fall ein hoher Wert günstig ist); von daher mag es nicht verwundern, dass sich die Zusammenarbeit zwischen den Finanz- und Zollbehörden zunehmend verbreitet. Sie dürfte auch dazu führen, dass die Anzahl möglicher Fälle, in denen Zollwerte für steuerliche Zwecke nicht akzeptabel erscheinen oder auch steuerliche Werte von den Zollwerten wesentlich abweichen, zurückgehen wird.

III. Methoden zur Bestimmung des Arm's-length-Entgelts

1. Methodenvielfalt und ihre Konsequenzen

Der Einkunftsabgrenzung ist grundsätzlich das jeweilige Geschäft mit dem verbundenen Unternehmen zugrunde zu legen. Für die Bestimmung des Arm's-length-Entgelts stehen hierbei drei Basismethoden zur Auswahl: die Preisvergleichs-, die Wiederverkaufspreis- und die Kostenaufschlagsmethode. Diese Methoden, die international als **Standardmethoden** anerkannt werden, sind untereinander grundsätzlich gleichrangig (§ 1 Abs. 3 Satz 1 AStG). Geht man aber davon aus, dass ein ordentlicher Geschäftsleiter immer auf das Verfahren abstellen wird, das möglichst zuverlässige preisrelevante Daten verarbeitet, so wird das Wahlrecht de facto eingeschränkt. Im Seriengeschäft (Warenverkehr) hat „daher" sicherlich die Preisvergleichsmethode Vorrang, während im konzerninternen Dienstleistungsverkehr und im Verkehr mit nicht marktgängigen Produkten die Kostenaufschlagsmethode bzw. die Wiederverkaufspreismethode bessere Ergebnisse liefern können.[86] Auch eine Ver-

---

[85] Vgl. OECD, Leitlinien 2010, Tz. 1.78.
[86] Zum Rangfolgeverhältnis unter den Verrechnungspreismethoden nach den Grundsätzen der OECD siehe OECD, Leitlinien 2010, Tz. 2.1 ff. Grundsätzlich soll danach zwar das Prinzip der „most appropriate method for a particular case" zur

1. Kapitel. Einführung

mischung der Standardmethoden wird für zulässig gehalten. Die deutschen Verwaltungsgrundsätze bestimmen hierzu:[87]

„Die Marktverhältnisse werden es oft notwendig machen, bei der Festsetzung von Verrechnungspreisen mehrere Methoden heranzuziehen. Dementsprechend ist es nicht zu beanstanden, wenn die Standardmethoden konkretisiert, vermischt oder durch andere Elemente ergänzt werden, um den Marktverhältnissen Rechnung zu tragen."

Die Prüfung, ob der zwischen verbundenen Unternehmen vereinbarte Preis mit einem Fremdvergleichspreis übereinstimmt, ist in Deutschland jedoch allein die Sache der Finanzverwaltung. Zu diesem Zweck hat die Verwaltung sowohl die maßgeblichen Vergleichspreise zu ermitteln als auch den Vergleich selbst durchzuführen. Sind mehrere Methoden zuverlässig und anwendbar, ist es im Zweifel die Sache eines Finanzgerichts, die im Einzelfall geeignete Methode zu bestimmen.[88]

Über die drei Standardmethoden hinaus kann nach den Grundsätzen der Berichtigung von Einkünften (§ 1 Abs. 3 Satz 2 AStG), den Verwaltungsgrundsätzen-Verfahren[89] sowie den international abgestimmten Leitlinien der OECD das Arm's-length-Entgelt auch durch **gewinnorientierte Methoden** ermittelt werden.[90] Die Gewinnmethoden untersuchen die Gewinne aus konzerninternen Geschäften und vergleichen diese mit den Ergebnissen, die bei voneinander unabhängigen Unternehmen beobachtet werden. Von der OECD werden die Gewinnmethoden nur insoweit akzeptiert, als dass sie sich auf den Gewinn aus einzelnen Geschäftsbeziehungen beziehen (geschäftsfallbezogene Gewinnmethoden). Zu unterscheiden sind hier im Einzelnen die geschäftsfallbezogene **Nettomargenmethode** sowie die geschäftsfallbezogene **Gewinnaufteilungsmethode**. Ein bloßer Gewinnvergleich mit Drittunternehmen ist unzulässig.

Können weder mit Hilfe der Standardmethoden noch der Gewinnmethoden eingeschränkt vergleichbare Fremdvergleichspreise festgestellt werden, hat der Steuerpflichtige nach den Regelungen des deutschen AStG für seine Einkünfteermittlung einen hypothetischen Fremdvergleich durchzuführen (§ 1 Abs. 3 Satz 5 AStG). Dazu hat er aufgrund einer Funktionsanalyse und innerbetrieblicher Planrechnungen den Mindestpreis des Leistenden und den Höchstpreis des Leistungsempfängers zu ermitteln (Einigungsbereich); der Einigungsbereich wird von den jeweiligen Gewinnerwartungen (Gewinnpotenzialen) bestimmt.

Anwendung kommen, vgl. OECD, Leitlinien 2010, Tz. 2.1; im Zweifel sind aber nach Auffassung der OECD Standardmethoden den gewinnorientierten Verfahren vorzuziehen. Ebenso wird innerhalb der Standardmethoden der Preisvergleichsmethode ein Vorrang eingeräumt, vgl. OECD, Leitlinien 2010, Tz. 2.3.

[87] Vgl. Verwaltungsgrundsätze, BMF-Schreiben v. 23. 2. 1983, BStBl 1983 I, S. 218, Tz. 2.4.2; die Nutzung „anderer Methoden" sowie eine Vermischung von Methoden wird auch von der OECD für zulässig gehalten, vgl. OECD, Leitlinien 2010, Tz. 2.9, 2.11.

[88] Vgl. BFH v. 17. 10. 2001, BStBl 2004 II, S. 171; siehe dazu auch Wassermeyer, F., DB 2001, S. 2469.

[89] Vgl. Verwaltungsgrundsätze-Verfahren, BMF-Schreiben v. 12. 4. 2005, BStBl 2005 I, S. 570, Tz. 3.4.10.3.

[90] Vgl. OECD, Leitlinien 2010, Tz. 2.4; im AStG werden die Gewinnmethoden allerdings nicht direkt bezeichnet.

5. Teil. Erfolgs- und Vermögensabgrenzung

Abbildung 14: Methoden der Erfolgsabgrenzung

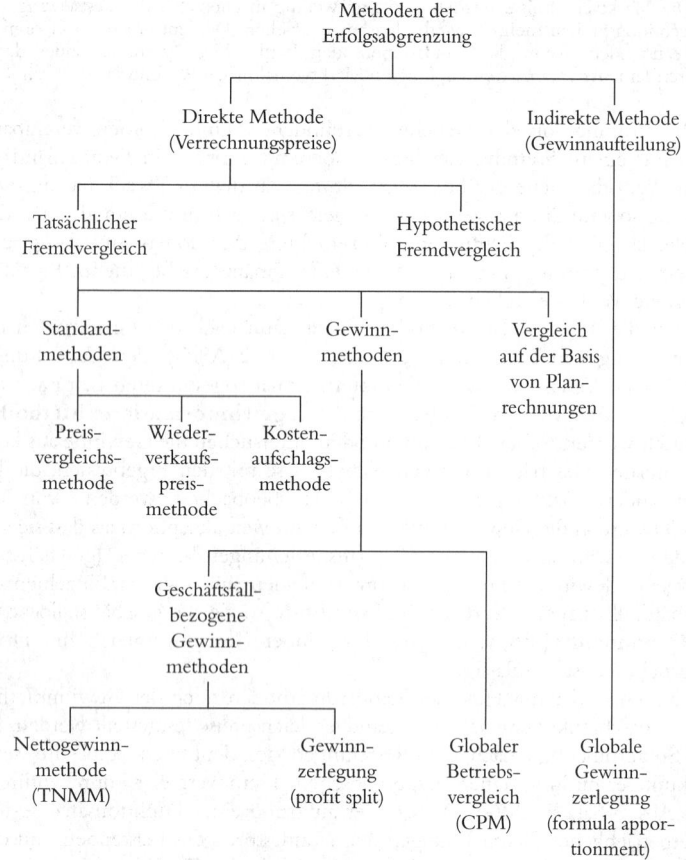

Empirische Studien dokumentieren, dass die Standardmethoden lediglich in etwa zwei Dritteln aller Fälle für die Bestimmung des Arm's-length-Entgelts herangezogen werden.[91] In etwa einem Drittel der Situationen greifen die Unternehmen dagegen auf eine andere Methode zurück. In diesen Fällen werden zur Bestimmung der Verrechnungspreise im Wesentlichen die Gewinnvergleichsmethode oder die Gewinnaufteilungsmethode herangezo-

---

[91] Vgl. Tang, R. Y. W./Walter, C. K./Raymond, R. H., MA 1979, S. 12 ff., in Bezug auf von amerikanischen und japanischen Firmen benutzte Methoden zur Verrechnungspreisbestimmung; Popp, P./Theisen, M. R., DB 1987, S. 1952, in Bezug auf die Verrechnungspreisbildung bei deutschen, international verbundenen Unternehmen; Treasury Department und Internal Revenue Service, White Paper, 1988, S. 5, in Bezug auf von US-Betriebsprüfern in ihren Berichten mitgeteilte Methoden für durchgeführte Berichtigungen bei Verrechnungspreisen; Duerr, M. G., Allocations, 1972, S. 13, in Bezug auf von US-Steuerpflichtigen mitgeteilte Berichtigungsmethoden von Steuerprüfern; Tang, R. Y. W., MA 1992, S. 22 ff.

gen. Aufgrund von Unterschieden in der methodischen Vorgehensweise sind diese Studien für einen Ländervergleich allerdings nur bedingt aussagefähig. Zum Vergleich sollen von daher die Ergebnisse einer Untersuchung der UNCTAD aus dem Jahre 1998 gegenübergestellt werden. Neben Aussagen über die Methoden, die multinationale Unternehmen unter den gegenwärtigen Regelungen anwenden, wird gezeigt, welche Methoden die Unternehmen bevorzugen würden, wenn sie keinen gesetzlichen Vorschriften unterworfen wären. Bei freier Methodenwahl (Tabelle 34) würde danach die Bedeutung der gewinnorientierten Methoden auf Kosten der Standardmethoden leicht zunehmen.[92]

Tabelle 34: Freie Methodenwahl und ihre Konsequenzen

Land	Preisvergleichsmethode	Wiederverkaufspreismethode	Kostenaufschlagsmethode	Andere Methoden (Gewinnvergleich, Gewinnaufteilung, weitere Methoden)
Kanada	50%	15%	25%	11%
Deutschland	24%	30%	12%	36%
Japan	21%	24%	23%	32%
Großbritannien	15%	29%	14%	42%
USA	30%	20%	15%	35%

In Verrechnungspreiszusagen der US-amerikanischen Finanzverwaltung, die vornehmlich zur Lösung komplexer Verrechnungspreissituationen, umstrittener Fälle einer Betriebsprüfung oder multilateraler Verrechnungspreiskonflikte beantragt werden,[93] spielen bei der Bewertung von materiellen und immateriellen Wirtschaftsgütern gewinnorientierte Verfahren eine zentrale Rolle. Hier genießt die Gewinnvergleichsrechnung auf Basis unterschiedlicher Renditekennzahlen die weiteste Verbreitung (Tabelle 35).[94]

---

[92] Vgl. UNCTAD, Review, 1999, S. 193, zweite Tabelle. Im Unterschied zu der Darstellung im Bericht der UNCTAD wurde in der oben abgebildeten Tabelle die Spaltenanordnung verändert sowie die Spalten „CPM", „Profit Split" und „Other" in der Spalte „Andere Methoden" zusammengefasst. Siehe dazu auch Boos, M./Rehkugler, H./Tucha, T., DB 2000, S. 2393.
[93] Vgl. Deanehan, R., Verrechnungspreise, 2005, S. 88 f. Zum APA-Programm der US-amerikanischen Finanzverwaltung siehe 6. Kapitel, Abschnitt B II.
[94] Vgl. IRS v. 26. 2. 2007, IRB 2007, S. 769; IRS v. 27. 3. 2008, IRB 2008, S. 751; IRS v. 27. 3. 2009, IRB 2009, S. 760 und IRS v. 29. 3. 2010, IRB 2010, S. 551; zu den Vorjahren 2005 bis 2000 siehe die 6. Auflage, S. 750; ein ähnlicher Vergleich unter Berücksichtigung entsprechender Daten aus Kanada findet sich bei Morgan, R. W., TN 2008, S. 765 ff.; in der Darstellung bei Morgan wird bis n ≤ 3 die Zahl der Beobachtungen auf n = 2 gesetzt.

Tabelle 35: Verbreitung der Verrechnungspreismethoden in den USA

Verrechnungspreismethode	2009	2008	2007	2006
Preisvergleichsmethode				
Materielle Güter	0	6	3	6
	0,00%	4,48%	1,72%	4,44%
Immaterielle Güter	5	8	9	3
	3,79%	5,97%	5,17%	2,22%
Dienstleistungen	3	0	6	0
	2,27%	0,00%	3,45%	0,00%
Kosten(aufschlags)methode				
Materielle Güter	3	6	6	3
	2,27%	4,48%	3,45%	2,22%
Dienstleistungen	10	12	17	8
	7,58%	8,96%	9,77%	5,93%
Wiederverkaufspreismethode				
Materielle Güter	0	3	3	3
	0,00%	2,24%	1,72%	2,22%
Gewinnvergleichsmethode				
Güter	67	62	87	61
	50,76%	46,27%	50,00%	45,19%
Dienstleistungen	20	21	23	17
	15,15%	15,67%	13,22	12,59%
Gewinnaufteilungsmethode				
Residuale	9	3	11	20
	6,82%	2,24%	6,32%	14,81%
Andere	3	3	3	3
	2,27%	2,24%	1,72%	2,22%
Andere Methoden				
Güter	12	5	3	8
	9,09%	3,73%	1,72%	5,93%
Dienstleistungen	0	5	3	3
	0,00%	3,73%	1,72%	2,22%
Summe	132	134	174	135
	100,00%	100,00%	100,00%	100,00%

Die Gewinnvergleichsmethode hat inzwischen auch bei Dienstleistungen das größere Gewicht.[94a] Bis 2005 kam hier noch mehrheitlich die Kosten-(aufschlags)methode zur Anwendung. Andere Methoden spielen eine eher untergeordnete Rolle.

2. Transaktionsbezogene Standardmethoden

a) Die Preisvergleichsmethode

Bei der Preisvergleichsmethode (comparable uncontrolled price method) wird der zwischen nahe stehenden Personen vereinbarte Preis mit den Beträ-

---

[94a] Seit dem Jahr 2004 werden Angaben n ≤ 3 nicht mehr mit dem genauen Wert veröffentlicht; sie sind in den Berechnungen mit n = 3 berücksichtigt. Insoweit können die Angaben leicht überschätzt sein.

1. Kapitel. Einführung

gen verglichen, die bei vergleichbaren Geschäften zwischen Fremden am Markt vereinbart worden sind.[95] Dies kann geschehen durch einen
- **äußeren Preisvergleich** (Vergleich mit Marktpreisen, die anhand von Börsennotierungen, branchenüblichen Preisen oder Abschlüssen unter fremden Dritten festgestellt werden) oder durch einen
- **inneren Preisvergleich** (Vergleich mit Marktpreisen, die ein Konzernunternehmen mit Fremden vereinbart hat).

Der äußere und der innere Preisvergleich stehen nicht gleichberechtigt nebeneinander. Vielmehr geht der innere dem äußeren Preisvergleich vor, falls die Außenumsätze eine gewisse Signifikanz haben. Diese Sichtweise kann sich auch auf die Rechtsprechung des BFH stützen, nach der ein externer Fremdvergleich stets eine ausreichende Zahl von Vergleichsunternehmen voraussetzt.[96]

Gegenstand der Überprüfung ist allein der tatsächliche Geschäftsvorfall. Die zur Bestimmung des Arm's-length-Entgelts herangezogenen Geschäfte müssen **gleichartig** sein, was anhand folgender Merkmale zu beurteilen ist:[97]

1. Vergleichbarkeit der gehandelten Güter und erbrachten Leistungen:[98]
- physische Eigenschaften, Qualität, Zuverlässigkeit, Verfügbarkeit;
- Fertigstellungsgrad;
- Unterscheidungsmerkmale des Produktes, die seine Beurteilung durch den Abnehmer beeinflussen (z. B. patentierte Spezialeigenschaften, Marke, besondere Verpackung, Qualität, Design, Farbgebung).
2. Vergleichbarkeit der jeweiligen Transaktionsvoraussetzungen:
- Lieferungs- oder Leistungsmenge;
- Leistungsumfang in Abhängigkeit der von den Parteien übernommenen Funktionen und Risiken (z. B. Transport, Verpackung, Verkaufshilfe, Werbung, Garantie);
- Zugehörigkeit zu einem Leistungspaket (z. B. gleichzeitige Überlassung von Patenten, Warenzeichen oder Know-how; Vereinbarung von technischen oder verwaltungsmäßigen Dienstleistungen);
- Zahlungsbedingungen einschließlich Währung des Rechnungsbetrags;
- Termin und Zeitpunkt der Lieferung oder Leistung;
- Fristigkeit der Geschäftsbeziehung;
- Geschäftsstrategien.

---

[95] Vgl. Verwaltungsgrundsätze, BMF-Schreiben v. 23. 2. 1983, BStBl 1983 I, S. 218, Tz. 2.2.2.
[96] Vgl. BFH v. 17. 10. 2001, BStBl 2004 II, S. 171; siehe aber BFH v. 6. 4. 2005, BFH/NV 2005, S. 1719. Die OECD stellt in diesem Zusammenhang jedoch heraus, dass interne Vergleiche nur dann bevorzugt werden sollten, wenn die interne Transaktion und die Vergleichstransaktion in den fünf Vergleichbarkeitsfaktoren miteinander vergleichbar sind, vgl. OECD, Leitlinien 2010, Tz. 3.28.
[97] Vgl. OECD, Leitlinien 2010, Tz. 1.39, 1.42, 2.13 f.; sowie die Darstellungen im Abschnitt C II 3.
[98] Eine Vergleichbarkeit besteht z. B. nicht zwischen pharmazeutischen Produkten und (billigeren) Generica, wie dies vor allem von Schwellenländern behauptet wird, vgl. hierzu BMF-Schreiben v. 25. 8. 1997, BStBl 1997 I, S. 796; sowie Eggers, W., IWB Aktuell 1997, S. 851 f.; Tax Court of Canada v. 30. 5. 2008, 2008 TCC 324; zur kritischen Auseinandersetzung mit diesem Urteil siehe Vidal, J.-P., Intertax 2009, S. 512 ff. sowie Federal Court of Appeal v. 26. 7. 2010, 2010 FCA 201, der das Urteil des Tax Court aufgehoben und zur weiteren Behandlung zurückverwiesen hat.

3. Vergleichbarkeit der Marktverhältnisse:
– geographische Lage, Größe und Transparenz des Marktes;
– Wirtschafts- und Sozialstruktur (z. B. Wettbewerbsverhältnisse, Steuersystem, Stabilität der Währung oder Konsumgewohnheiten);
– Auswirkungen einer Regierungspolitik (z. B. Preis- und Devisenkontrollen, Wettbewerbspolitik).

Vergleichbarkeit setzt keine absolute Deckungsgleichheit voraus, dennoch sollten die Vergleichsgeschäfte in ihren wesentlichen Merkmalen identisch sein. **Ungleichartige Geschäfte** können zur Preisfindung nur herangezogen werden, wenn der Einfluss der abweichenden Merkmale eliminiert und das bei diesen Geschäften vereinbarte Entgelt umgerechnet werden kann. So sind z. B. die Marktpreise für Waren einer Standardqualität branchenüblicherweise auf Warenqualitäten umzurechnen, für die ein Marktpreis nicht besteht. Ähnlich sind auf „cif" beruhende Marktpreise bei „fob-Geschäften" entsprechend umzurechnen.[99]

Betrachtet man die Vielzahl der Vergleichsbedingungen, so wird deutlich, dass bei den in der Realität vorliegenden unvollkommenen Märkten und Produktdifferenzierungen die Anwendung der Preisvergleichsmethode häufig schwerwiegende praktische Probleme aufwirft. Man steht vor der Notwendigkeit, die Einflüsse abweichender Faktoren zu eliminieren, um so den Preisvergleich überhaupt durchführen zu können. Gleichwohl wird von der OECD gefordert, nichts unversucht zu lassen, um vorhandene Daten so anzupassen, dass sie für die Preisvergleichsmethode verwendbar werden.[100] Schon aus diesem Grund lässt sich, vom Sonderfall der Börsenpreise einmal abgesehen, der **Marktpreis** in aller Regel **nur innerhalb gewisser Bandbreiten** festlegen.[101]

Zusammenfassend kann festgestellt werden, dass die Preisvergleichsmethode zur Ermittlung des Arm's-length-Entgelts grundsätzlich am besten geeignet ist, weil sie dem tatsächlichen Marktgeschehen am nächsten kommt. Da aber aufgrund konzernspezifischer Besonderheiten häufig vergleichbare Marktdaten fehlen, wird in der Praxis diese Preisfestsetzungsmethode oft nur begrenzt oder nur mit großem Aufwand einsetzbar sein. Auch engen die bei dieser Methode notwendigen Voraussetzungen der Gleichartigkeit den praktischen Anwendungsbereich erheblich ein.

b) Die Wiederverkaufspreismethode

Die Wiederverkaufspreismethode[102] (resale price method) ist in den Fällen anwendbar, in denen ein Konzernunternehmen von einem anderen Konzernunternehmen Lieferungen oder Leistungen bezogen hat oder an ein Konzernunternehmen Lieferungen oder Leistungen erbringt und diese an-

---

[99] Vgl. Verwaltungsgrundsätze, BMF-Schreiben v. 23. 2. 1983, BStBl 1983 I, S. 218, Tz. 2.2.2.
[100] Vgl. OECD, Leitlinien 2010, Tz. 2.16.
[101] Vgl. BFH v. 17. 10. 2001, BStBl 2004 II, S. 171; BFH v. 6. 4. 2005, BFH/NV 2005, S. 1719; Baumhoff, H., Verrechnungspreise, 2005, S. 348 ff.; Oestreicher, A., Statement, 2005, S. 16 f.; OECD, Leitlinien 2010, Tz. 3.55 ff. Siehe im Einzelnen auch die Diskussion in Abschnitt C II 5.
[102] Vgl. Verwaltungsgrundsätze, BMF-Schreiben v. 23. 2. 1983, BStBl 1983 I, S. 218, Tz. 2.2.3.

1. Kapitel. Einführung

schließend an fremde Abnehmer weiterveräußert werden. Bei dieser Methode wird von dem Preis, den das wiederverkaufende Unternehmen bei der Veräußerung auf dem Markt erzielen kann, auf den Preis zurückgerechnet, der für die Lieferung oder Leistung zwischen den Konzernunternehmen an das wiederverkaufende Unternehmen zu verrechnen ist (**retrograde Methode**). Zu diesem Zweck wird der Wiederverkaufspreis um eine marktübliche Bruttogewinnspanne gekürzt. Diese Marge stellt den Betrag dar, aus dem der Wiederverkäufer seine Aufwendungen für den Vertrieb und die anderen betrieblichen Funktionen decken sowie einen Gewinn erzielen kann.[103]

Beispiel: Trägt der Wiederverkäufer das volle Risiko und hat er die Verantwortung eines Eigenhändlers, so kann auf einen entsprechend hohen Gewinnabschlag geschlossen werden. Sind die Funktionen der Verkaufstochtergesellschaft hingegen nicht so umfassend (z. B. Kommissionär), so ist nur von einem geringen Gewinnabschlag auszugehen.

Das Kernproblem bei der Wiederverkaufspreismethode liegt in der **Bemessung des angemessenen Gewinnabschlags**. Grundsätzlich ist die Gewinnspanne des Verkäufers aus vergleichbaren Fremdgeschäften abzuleiten. Im Einzelfall wird diese Marge allerdings von zahlreichen Merkmalen beeinflusst, so dass an dieser Stelle nur allgemeine Hinweise auf die praktische Umsetzung möglich sind. So kann die Rohgewinnmarge z. B. davon abhängen, ob der Wiederverkäufer das alleinige Wiederverkaufsrecht für die betreffenden Waren hat. Der Wert eines solchen Rechts wird dann bis zu einem gewissen Grad von seinem geographischen Geltungsbereich und von der Existenz und relativen Wettbewerbsfähigkeit möglicher Substitutionsgüter beeinflusst.[104] Bedeutsam für den Grad der Abschläge ist auch die Tätigkeit des Wiederverkäufers (z. B. lediglich Betätigung als Zwischenhändler oder Verkauf erst nach Weiterverarbeitung).[105] Schließlich kann die Gewinnmarge eines konzerngebundenen Handelsunternehmens durch Vergleich mit den Gewinnspannen ermittelt werden, die es bei Kauf und Verkauf gleichartiger Waren auf dem freien Markt erzielt (innerer Margenvergleich oder betriebsinterner Fremdvergleich). Wie schwierig die Bestimmung der Rohgewinnmarge im Einzelfall sein kann, lässt sich am Beispiel eines Sachverhalts nachvollziehen, der dem Urteil des BFH vom 17. 10. 2001 zugrunde lag.[106] Die Entscheidung in der Vorinstanz erging durch das FG Düsseldorf im Jahre 1998.[107]

Beispiel: Die inländische Tochtervertriebsgesellschaft eines italienischen Herstellers hochpreisiger Designer-Oberbekleidung erzielte nach ihrer Gründung sechs Jahre lang Verluste und erreichte selbst elf Jahre nach Aufnahme ihrer Tätigkeit noch keinen Totalgewinn. Das Finanzamt korrigierte die zugrunde gelegten Verrechnungspreise, da

---

[103] Vgl. hierzu auch den umfassenden Beispielfall aus der Betriebsprüfungspraxis bei Kuckhoff, H./Schreiber, R., Verrechnungspreise, 1997, Anhang 2.
[104] Vgl. OECD, Leitlinien 2010, Tz. 2.31.
[105] Vgl. OECD, Leitlinien 2010, Tz. 2.28 f.; siehe dazu auch Diessner, C., Wiederverkaufspreis, 2004, S. 233 f.
[106] Siehe BFH v. 17. 10. 2001, BStBl 2004 II, S. 171; zum Sachverhalt siehe auch Kuckhoff, H./Schreiber, R., IStR 1999, S. 513 ff.
[107] Vgl. FG Düsseldorf v. 8. 12. 1998, DStRE 1999, S. 787.

unter anderen Gründen die Betriebsprüfung (BP) anhand einer systematisch durchgeführten Fremdvergleichsstudie aufzeigen konnte, dass die Rohgewinnmargen von vier vergleichbaren konzernunabhängigen Unternehmen der gleichen Branche (äußerer Margenvergleich oder betriebsexterner Fremdvergleich) um mindestens zwei Prozentpunkte höher lagen als die der Tochtergesellschaft zuletzt eingeräumte Marge von 24%. Das Finanzgericht hingegen korrigierte die Verrechnungspreise anhand der Rohgewinne, welche die Vertriebstochter aus Zusatzgeschäften mit fremden Produzenten erzielt hat (innerer Margenvergleich). Daneben stützte sich das Finanzgericht auf Branchendurchschnittszahlen i. H. v. 17 bis 23% sowie 29%, die sich aus den verschiedenen Versionen der BP-Kartei ergaben. Die anhand des inneren Margenvergleichs bei den Zusatzgeschäften mit Fremdunternehmen festgestellten durchweg höheren Rohgewinnmargen wurden wegen unterschiedlicher Zahlungsziele sowie der zusätzlichen Übernahme bestimmter Funktionen (Abrechnung mit den Endkunden, Verpackung und Versand) korrigiert und auf 24% angepasst.

In der Literatur ist die Behandlung dieses Falles überwiegend kritisiert worden,[108] weil sowohl Finanzamt als auch Finanzgericht die für die Anwendbarkeit der Wiederverkaufspreismethode notwendige detaillierte Vergleichbarkeitsanalyse unterlassen hätten. Nach den OECD-Richtlinien sind nämlich alle wirtschaftlich bedeutsamen Unterschiede zwischen Transaktionen von verbundenen und unverbundenen Unternehmen zu identifizieren, zu quantifizieren und in der **Anpassungsrechnung** zu berücksichtigen.[109] So habe das Finanzamt z. B. die Rohgewinnmarge mit dem Hinweis auf die im Vergleich zu anderen Marken grundsätzlich kleineren Passformen erhöht, ohne zu untersuchen, ob die inländischen Vergleichsunternehmen nicht eben solche Passformen vertreiben, womit einer erhöhten Marge die Rechtfertigung entzogen würde. Das Finanzgericht hingegen nahm weder den Umstand, dass das Handelsvolumen mit den konzernfremden Produzenten nur 1 bis 5% des Gesamtumsatzes ausmachte, noch die Tatsache, dass die Geschäftsbeziehungen mit den Fremdproduzenten in aller Regel nach bereits kurzer Zeit gekündigt wurden sowie Unterschiede in den jeweils wahrgenommenen Funktionen bestanden haben, zum Anlass einer vertieften Vergleichbarkeitsanalyse einschließlich einer damit verbundenen, rechnerisch nachvollziehbaren Anpassungsrechnung. Folgerichtig schloss der BFH im Revisionsverfahren, dessen Gegenstand aus verfahrensrechtlichen Gründen allein die vom Finanzamt abweichende Schätzung des Finanzgerichts war, die Vergleichbarkeit der zur Beurteilung herangezogenen Zusatzgeschäfte mit den Fremdproduzenten schon deshalb aus, weil das Einkaufsvolumen der Geschäfte mit dem konzernverbundenen und den konzernfremden Produzenten große Unterschiede zeigte. An diesem Beispiel mag ersichtlich sein, wie schwer es in der Praxis sein kann, die Anforderungen zu erfüllen, die an die Vergleichbarkeit der zur Beurteilung der Fremdüblichkeit herangezogenen Transaktionen bei Anwendung der Standardmethoden gestellt werden.

Problematisch ist auch die Behandlung von Fällen, in denen die Endverkaufspreise nicht ausreichen, um aus der Sicht des Gesamtkonzerns eine angemessene Gewinnmarge zu gewährleisten. Hier stellt sich die Frage, ob die Gewinnspanne der Tochtergesellschaft aufrechterhalten werden kann

---

[108] Vgl. Kroppen, H.-K./Eigelshoven, A., IWB, Fach 3, Deutschland, Gruppe 1, S. 1594 ff.; Kuckhoff, H./Schreiber, R., IStR 1999, S. 517 ff.
[109] Vgl. OECD, Leitlinien 2010, Tz. 1.33 ff.

1. Kapitel. Einführung

oder ob eine Anpassung zu erfolgen hat.[110] Eine sachgerechte Beantwortung dieser Frage kann nur auf der Basis einer **Funktions- und Risikoanalyse** in Bezug auf die beteiligten Unternehmen erfolgen. Übernimmt eine Tochtergesellschaft die Vertriebsfunktion für Erzeugnisse der Muttergesellschaft, so ist grundsätzlich davon auszugehen, dass bei einem Rückgang der Wiederverkaufspreise die Muttergesellschaft die Verluste zu tragen hat. Diese Beurteilung lässt sich damit begründen, dass ein fremder Handelsbetrieb den Vertrieb des Erzeugnisses nicht übernehmen würde, wenn ihm daraus auf Dauer Verluste entstünden.[111] Andererseits kann die Ausübung einer bestimmten Tätigkeit durch eine Kapitalgesellschaft nicht allein deshalb eine verdeckte Gewinnausschüttung auslösen, weil sie mit einem Verlustrisiko verbunden ist.[112]

Es sind jedoch durchaus Situationen denkbar, in denen die unzureichenden Endverkaufspreise durch die Tochtergesellschaft zu verantworten sind. Dies gilt bspw. bei Erzeugnissen, die nur zur Auslastung des Verkaufspotenzials oder zur Vervollständigung des Vertriebsangebots von der Tochtergesellschaft übernommen werden. Die **Verantwortung** liegt aber auch dann beim Vertriebsunternehmen, wenn dieses Unternehmen die für den Unternehmenserfolg entscheidenden Funktionen ausübt und die wesentlichen Risiken übernimmt (Strategieträger).[113] In diesen Fällen hat auch die Tochtergesellschaft eine Schmälerung ihrer Bruttogewinnspanne und damit Verluste hinzunehmen.

Die Wiederverkaufspreismethode hat zusammenfassend ihren Anwendungsbereich in erster Linie dort, wo kein vergleichbarer Preis mittels der Preisvergleichsmethode ermittelt werden kann und der Wiederverkäufer (Konzernvertriebsgesellschaft) den Wert des jeweiligen Gutes durch physische Veränderungen und/oder durch die Verwendung immaterieller Güter nur unwesentlich erhöht.[114] Größtenteils sind damit die Fälle angesprochen, in denen der konzerninterne Abnehmer lediglich Vertriebsfunktionen ausübt. Besonders wichtige Faktoren zur Bestimmung der angemessenen Marge sind das Umsatzvolumen, die Vorratsumschlagshäufigkeit, eine Verpflichtung zu Gewährleistungen, Werbung, die Marktstufe, Währungsrisiken sowie die Kreditbedingungen.[115]

---

[110] Vgl. hierzu auch Abschnitt D III 3 c).
[111] Vgl. BFH v. 17. 2. 1993, BStBl 1993 II, S. 457, zum Fall der Kostenbeteiligung des ausländischen Herstellers an den Werbe- und Einführungskosten des inländischen Vertreibers. Allerdings kann der dort genannte Zeitraum von drei Jahren im Einzelfall zu kurz sein; vgl. BFH v. 17. 10. 2001, BStBl 2004 II, S. 171.
[112] Siehe hierzu die Diskussion im Abschnitt C II 4 b) über „dauerhafte Verlustsituationen".
[113] Vgl. Verwaltungsgrundsätze-Verfahren, BMF-Schreiben v. 12. 4. 2005, BStBl 2005 I, S. 570, Tz. 3.4.10.2.b); siehe dazu Brem, M./Tucha, T., IStR 2006, S. 500 f.; sowie bereits Borstell, T., Verrechnungspolitik, 2003, S. 323 ff. Die Abhängigkeit dieser Eigenschaft von der strategischen Ausrichtung des Unternehmens analysiert in Przysuski, M./Lalapet, S./Swaneveld, H., TNI 2004, S. 631 ff.
[114] Vgl. BFH v. 17. 10. 2001, BStBl 2004 II, S. 171; BFH v. 6. 4. 2005, BFH/NV 2005, S. 1719; OECD, Leitlinien 2010, Tz. 2.30. Für den Einbezug von Veredelungstätigkeiten vgl. Verwaltungsgrundsätze, BMF-Schreiben v. 23. 2. 1983, BStBl 1983 I, S. 218, Tz. 2.2.3.; Flick, H./Wassermeyer, F./Baumhoff, H., Außensteuerrecht, § 1 AStG, Anm. 416; Vogel, K./Lehner, M., DBA-Kommentar, Art. 9, Anm. 74.
[115] Zur Bestimmung der Bruttomarge durch Einzelvergleich der Funktionen vgl. Becker, H., IWB, Fach 10, International, Gruppe 2, S. 778 f.

c) Die Kostenaufschlagsmethode

Bei der Kostenaufschlagsmethode[116] (cost plus method) wird der Marktpreis dadurch ermittelt, dass die **Herstellungskosten**[117] des liefernden oder leistenden Konzerngliieds um einen angemessenen **Gewinnaufschlag** erhöht werden. Die Herstellungskosten werden dabei nach den Kalkulationsmethoden ermittelt, die der Liefernde oder Leistende auch bei seiner Preispolitik gegenüber Dritten zugrunde legt oder, soweit keine Lieferungen oder Leistungen gegenüber Dritten erbracht werden, die den betriebswirtschaftlichen Grundsätzen entsprechen. Theoretisch beruht die Kostenaufschlagsmethode auf der Überlegung, dass ein marktwirtschaftlich geführtes Unternehmen dauerhaft nur funktionsfähig sein kann, wenn die vollen Kosten (variable und fixe) gedeckt werden und ein bestimmter Mindestgewinn erzielt wird (langfristige Preisuntergrenze).

Die Anwendung der Kostenaufschlagsmethode wirft zwei Probleme auf: Zum einen sind die Kosten zu ermitteln, die bei der Herstellung eines vergleichbaren Guts entstehen würden, zum anderen ist die Bestimmung einer angemessenen Gewinnspanne erforderlich.[118]

Den Ausgangspunkt für die **Ermittlung der Kostenkomponente** bildet das jeweilige unternehmensinterne Kostenrechnungssystem. Zu ermitteln sind grundsätzlich die Herstellungskosten der konzernintern ausgetauschten Leistungen. Die Errechnung erfolgt unter Berücksichtigung der kalkulatorischen Kosten, da diese auch den Ausgangspunkt für die Preisgestaltung gegenüber unabhängigen Dritten bilden.[119] Der Kostenumfang setzt sich sowohl aus den direkten (insbesondere Kosten der Roh-, Hilfs- und Betriebsstoffe sowie Löhne) als auch aus den indirekten Kosten (einschließlich der Kosten für die Forschung und Entwicklung) zusammen. Nicht zu den Herstellungskosten zählen dagegen die betrieblichen Aufwendungen, die im Zusammenhang mit dem Unternehmen als Ganzes entstehen. Sie umfassen die Kosten der allgemeinen Verwaltung (z. B. Geschäftsleitung, Einkauf, Personalbüro oder Rechnungswesen) sowie andere allgemeine Ausgaben. Der Ansatz von Teilkosten ist nur zulässig, wenn dies auch gegenüber Dritten praktiziert wird (z. B. weil ein höherer Preis nicht durchzusetzen ist).[120] Diese Aufwendungen sind vom liefernden Unternehmen aus der Marge zu decken.

Werden das konzerninterne Geschäft und das Fremdgeschäft beim verbundenen und beim unabhängigen Unternehmen im Rechnungswesen unterschiedlich abgebildet, kann es im Interesse der Einheitlichkeit und Vergleichbarkeit erforderlich sein, über die Fertigungskosten hinaus auch Teile der allgemeinen Aufwendungen zu berücksichtigen.[121] Unter diesen Umständen zielt die Kostenaufschlagsmethode jedoch bereits mehr auf die Nettogewinn-

---

[116] Vgl. Verwaltungsgrundsätze, BMF-Schreiben v. 23. 2. 1983, BStBl 1983 I, S. 218, Tz. 2.2.4.
[117] In der deutschen Verrechnungspreispraxis wird die Kostenaufschlagsmethode allerdings überwiegend noch i. S. einer Nettomargenmethode praktiziert, die den Aufschlag einer Nettomarge auf die Selbstkosten vorsieht.
[118] Im Einzelnen siehe Kaminski, B., Verrechnungspreisbestimmung, 2001, S. 89 ff.
[119] Vgl. Verwaltungsgrundsätze, BMF-Schreiben v. 23. 2. 1983, BStBl 1983 I, S. 218, Tz. 2.2.4.
[120] Vgl. OECD, Leitlinien 2010, Tz. 2.47.
[121] Vgl. OECD, Leitlinien 2010, Tz. 2.46.

spanne ab. Diese Variante ist insoweit mit Nachteilen verbunden, als die Verrechnung eines Gewinnaufschlags auf die Selbstkosten des Unternehmens mit einem „sicheren Gewinn" aus dieser Transaktion verbunden ist. Bei dieser Vorgehensweise wird verkannt, dass der Gewinn aus einem Geschäft nicht von der Höhe der aufzuwendenden Kosten, sondern vielmehr durch den am Markt erzielbaren Preis bestimmt wird.[122] Von daher wird bei der Verwendung eines Nettoaufschlagssatzes das unternehmerische Risiko des liefernden oder leistenden Unternehmens nicht angemessen berücksichtigt. Ebenso wenig schlägt sich in dieser Variante unwirtschaftliches Verhalten angemessen auf den Erfolg durch, so dass die Verwendung eines Nettogewinnaufschlagsatzes grundsätzlich abzulehnen ist.

	Bruttogewinnaufschlag	Nettogewinnaufschlag
Istkosten	Unternehmensbezogene Gemeinkosten sind aus der transaktionsbezogenen Bruttomarge zu finanzieren	Gewinngarantie
Plankosten	Unternehmensbezogene Gemeinkosten einschließlich der Kostenabweichungen zwischen geplanten und tatsächlich angefallenen Herstellungskosten sind aus der transaktionsbezogenen Bruttomarge zu finanzieren	Kostenabweichungen zwischen geplanten und tatsächlich angefallenen Selbstkosten (einschließlich der Abweichungen bei den nicht produktbezogenen allgemeinen Aufwendungen) sind aus der transaktionsbezogenen Nettomarge zu finanzieren

Als Basis für die Berechnung der Kostenkomponente sind Ist-, Normal- oder Plankosten denkbar. Die h. M. spricht sich für die Istkosten aus,[123] da das Ausgehen von den tatsächlichen Kosten die Nachprüfbarkeit erleichtert und der Manipulationsspielraum erheblich eingeschränkt wird. Leerkosten, die bei mangelnder Auslastung der Kapazitäten bei der Umlage von Fixkosten auftreten können, sind nicht zu kalkulieren. Bei der Fixkostenumlage ist deshalb stets von einer **Normalbeschäftigung** auszugehen, wobei auch dieser Begriff letztlich nicht punktgenau zu bestimmen ist.

Der Nachteil einer Ist-Rechnung besteht darin, dass Unwirtschaftlichkeiten oder Kosteneinsparungen im Herstellungsbereich des liefernden Unternehmensteils uneingeschränkt auf den abnehmenden Betrieb überwälzt werden. Diese Wirkungsweise der Kostenaufschlagsmethode widerspricht dem arm's length principle, da nicht unterstellt werden kann, dass sich günstiges oder ungünstiges Wirtschaften i. d. R. auf den jeweiligen Marktpartner auswirkt. Deshalb ist u. E. eindeutig der Einsatz von **Normalkosten oder Plankosten** zu befürworten.

Da die Kosten das Produkt von verbrauchten Mengen und deren Preisen sind, spielt bei der Kostenaufschlagsmethode auch die Bewertung des Mengengerüstes eine Rolle. Hierbei ist – im Gegensatz zur Bilanz – von den **Wiederbeschaffungskosten** der verbrauchten Güter auszugehen. Als Wiederbeschaffungskosten gelten bei Wirtschaftsgütern des Umlaufvermögens (z. B. eingesetzte Waren, Materialien etc.) die Wiederbeschaffungskosten am

---

[122] Vgl. hierzu Baumhoff, H., IStR 1996, S. 53 ff.; a. A. Kaminski, B., Verrechnungspreisbestimmung, 2001, S. 118 ff.
[123] Vgl. OECD, Leitlinien 2010, Tz. 2.49.

Umsatztag, bei aus dem Anlagevermögen resultierenden Kosten (insbesondere Abschreibungen) die Wiederbeschaffungskosten am Bilanzstichtag.

Der **Gewinnzuschlag** auf die Herstellungskosten orientiert sich an der Funktions- und Risikoverteilung unter den Partnern. Er sollte dem Gewinnaufschlag entsprechen, den der Lieferant bei vergleichbaren Transaktionen mit fremden Dritten zugrunde legt (innerer Margenvergleich). Dabei ist aber darauf zu achten, dass vergleichbare Kostenaufschläge nur auf vergleichbare Kostengrundlagen vorgenommen werden.[124] Hier sind Korrekturen z. B. erforderlich, wenn der konzerninterne Käufer einen Teil der Kosten übernimmt, um auf diese Weise die für die Berechnung des Aufschlags maßgebenden Kosten herabzusetzen. Umgekehrt kann eine Berichtigung des Kostenaufschlags erforderlich sein, wenn die Aufwendungen bei verbundenen und bei unabhängigen Unternehmen unterschiedliche Funktionen erkennen lassen. Die relativ festen Sätze, die sich bei der praktischen Anwendung eingebürgert haben (z. B. Gewinnaufschlag 5 bis 10%), sind dagegen nicht flexibel genug, um allen im internationalen Bereich denkbaren Umständen Rechnung zu tragen. Stehen interne Aufschlagssätze nicht zur Verfügung, können von daher auch die Gewinnspanne, die ein unabhängiges Unternehmen bei vergleichbaren Transaktionen erzielt (äußerer Margenvergleich), oder auch Branchendurchschnittssätze als Maßgrößen herangezogen werden.[125]

In ihrer **Anwendung** ist die Kostenaufschlagsmethode dem Preisvergleich und der Wiederverkaufspreismethode grundsätzlich überlegen, wenn für die ausgetauschten Lieferungen oder Leistungen keine Marktpreise als Vergleichsmaßstäbe zur Verfügung stehen. In der **Praxis** ist die **Kostenaufschlagsmethode** deshalb **häufig** die **allein anwendbare Standardmethode**. Dies gilt insbesondere

- wenn (nahezu) ausschließlich konzerninterne Geschäfte getätigt werden,[126]
- zur Feststellung von Verrechnungspreisen für Halbfabrikate und für spezifische Dienstleistungen,
- zur Beurteilung langfristiger Liefer- und Abnahmekontrakte,
- bei gemeinsamer Nutzung von Fertigungsstätten,
- bei Subunternehmer ähnlichen Konstellationen,
- wenn auch bei Verträgen mit Fremden die Kostenaufschlagsmethode der Preisfestlegung zugrunde gelegt wird (Sonderaufträge, unvorhersehbare Produktionskosten, Auftragsforschung).

Gleichwohl ist die Kostenaufschlagsmethode nicht auf alle Fälle anwendbar. So ist es bei immateriellen Wirtschaftsgütern oder wertvollen Erfindungen i. d. R. nicht möglich, den Fremdpreis mit Hilfe der Kostenaufschlagsmethode abzuleiten, da zwischen dem tatsächlichen Marktwert dieser Güter und den Kosten, die bei der Entwicklung oder Erhaltung entstehen, oftmals kein direkter Zusammenhang besteht.[127] Vergleichbare Einschränkungen bestehen

---

[124] Vgl. OECD, Leitlinien 2010, Tz. 2.44 ff.
[125] So betrachtete z. B. der BFH im Zusammenhang mit einer zentralen Koordinierungsstelle einen Gewinnaufschlag i. H. v. 10 bis 15% des gesamten Verwaltungsaufwandes nicht als unangemessen, ohne allerdings eine nähere Begründung für diesen Aufschlagsatz anzugeben. Vgl. BFH v. 2. 2. 1960, BB 1960, S. 731.
[126] Vgl. FG Saarland v. 18. 12. 1996, EFG 1997, S. 485.
[127] Vgl. OECD, Leitlinien 2010, Tz. 2.44, 6.26 f. Siehe ausführlich auch Kuebart, J., Verrechnungspreise, 1995, S. 160 ff.

1. Kapitel. Einführung

aber selbst dort, wo die Preise im freien Verkehr auf der Grundlage der Kosten unter Zurechnung eines Gewinnaufschlags bestimmt werden. So besteht bei Mehrproduktunternehmen schon bei unabhängiger Produktion die Möglichkeit eines preispolitischen Ausgleichs, wenn für einen Teil der Produkte die Marktpreise unter den Stückkosten liegen. Ebenso können bei Preiskämpfen oder einem Verdrängungswettbewerb die Kostenüberlegungen hinter andere Merkmale (z. B. Finanzierungsspielraum oder Reputation) zurücktreten. Besteht ferner zwischen verschiedenen Produkten ein Nachfrageverbund, kann es für ein Unternehmen sinnvoll sein, ein Verlustprodukt im Angebot zu halten, wenn das in der Nachfrage komplementäre Gut den Verlust kompensiert.[128] Schwierigkeiten bestehen darüber hinaus auch im Zusammenhang mit der Zuordnung der Kosten auf die einzelnen Unternehmensprodukte (Fixkostenproblem, historische Kosten).[129] Schließlich ist bei technischer Produktkoppelung die Bestimmung der Stückkosten nach einer herkömmlichen Kalkulationsmethode nicht willkürfrei möglich.

3. Geschäftsfallbezogene Gewinnmethoden

a) Abgrenzungsfragen

Führen die drei Standardmethoden zu keinen befriedigenden Ergebnissen oder sind sie nicht anwendbar, so lassen sich zur Ermittlung des Arm's-length-Entgelts alternativ auch **ertrags- oder funktionsorientierte Gewinnmethoden** heranziehen. Eine Sonderstellung nimmt hier der hypothetische Fremdvergleich (§ 1 Abs. 3 Sätze 5, 9 AStG) ein, nach dem der Verrechnungspreis auf der Basis gedachter Verhandlungen zwischen den Vertragsparteien ermittelt wird. Die Methode ist gewinnorientiert, da der Einigungsbereich von den jeweiligen Gewinnerwartungen bestimmt wird.[130] Parallele Regelungen finden sich in den Leitlinien der OECD zur Bewertung immaterieller Wirtschaftsgüter,[131] den Vorschlägen der OECD zur steuerlichen Behandlung von Restrukturierungen[132] sowie den Vorschlägen der US-Regierung zur Änderung der einschlägigen Verrechnungspreisvorschriften (Sec. 367 (d) IRC) für immaterielle Wirtschaftsgüter. Die hier vorgeschlagene Rechtsänderung zielt ganz bewusst auf die Einschränkung möglicher Gewinnverlagerungen im Zusammenhang mit der Übertragung immaterieller Wirtschaftsgüter ab. Daneben lässt die deutsche Finanzverwaltung unter bestimmten Voraussetzungen eine Festlegung der Verrechnungspreise aufgrund innerbetrieblicher Plandaten und vorsichtiger Gewinnprognosen (Planrechnungen) zu.[133] Gewinnmethoden lassen sich grundsätzlich danach unterscheiden, ob sie sich dem Grunde nach auf einzelne Geschäftsvorfälle beziehen (geschäftsfallbezogene Gewinnmethoden) oder das Unternehmen insgesamt

---

[128] Vgl. hierzu die Diskussion der langfristigen Preisuntergrenze bei Schneider, D., Betriebswirtschaftslehre, 1997, S. 407 f.
[129] Vgl. Scherrer, G., Kostenzuschlagsmethode, 1983, S. 345 ff.
[130] Siehe zur Ermittlung des Verrechnungspreises nach dem hypothetischen Fremdvergleich in Fällen der Funktionsverlagerung Oestreicher, A./Hundeshagen, C., Ubg 2009, S. 830 ff.
[131] Vgl. OECD, Leitlinien 2010, Tz. 6.14.
[132] Vgl. OECD, Leitlinien 2010, Tz. 9.81, 9.93.
[133] Vgl. Verwaltungsgrundsätze-Verfahren, BMF-Schreiben v. 12. 4. 2005, BStBl 2005 I, S. 570, Tz. 3.4.12.6.; siehe dazu auch Grützner, D., StuB 2005, S. 612 ff.

beurteilen (globale Gewinnmethoden). Die **ergebnisorientierten Varianten** beziehen sich entweder auf den Nettoerfolg aus einem einzelnen Geschäftsvorfall (geschäftsfallbezogene Nettogewinnmethode) oder gehen vom gesamten Betriebsergebnis – zumindest aber von Sparten- oder Segmentergebnissen – des Steuerpflichtigen aus (globaler Betriebsvergleich). Dagegen wird nach den **funktionsorientierten Verfahren** entweder der Gewinn aus einem Geschäftsvorfall (geschäftsfallbezogene Gewinnzerlegung) oder der Gesamterfolg des Konzerns (globale Gewinnzerlegung) funktional auf die an dem Geschäftsvorgang oder dem Konzernergebnis beteiligten Gliedgesellschaften verteilt.

Nach dem Bericht der OECD sind nur geschäftsfallbezogene Gewinnmethoden **mit dem Fremdvergleichsgrundsatz zu vereinbaren**.[134] In Frage kommen die geschäftsfallbezogene Gewinnzerlegung (transactional profit split method) und die geschäftsfallbezogene Nettomargenmethode (transactional net margin method). Voraussetzung ist, dass deren Anwendung zu Ergebnissen führt, denen sich ein ökonomisch denkender fremder Dritter bei der Beurteilung des zugrunde liegenden Sachverhalts nicht verschließen würde. Lassen sich für geschäftsfallbezogene Gewinnmethoden verlässlichere Daten ermitteln, sind diese Methoden gleichberechtigt neben den Standardmethoden anwendbar. Nach dem Credo der OECD kommen die Standardmethoden jedoch dem Fremdvergleich grundsätzlich am nächsten. Die deutsche Finanzverwaltung akzeptiert die geschäftsfallbezogenen Gewinnmethoden nur unter der Voraussetzung, dass die Standardmethoden nicht oder nicht verlässlich herangezogen werden können. Daneben schränkt die Finanzverwaltung ihren Anwendungsbereich auf Unternehmen ein, die bestimmte Merkmale erfüllen.[135]

Die **globalen Gewinnmethoden** werden dagegen von den Gremien der OECD strikt abgelehnt. Dies gilt insbesondere für die Methode der globalen Gewinnzerlegung (global formulary apportionment method).[136] Die **Ablehnung** betrifft aber auch den globalen Betriebsvergleich (comparable profit method).[137] Dementsprechend wird die Gewinnvergleichsmethode auch durch die deutsche Finanzverwaltung grundsätzlich nicht anerkannt. Stützen sich die Aufzeichnungen eines Steuerpflichtigen zur Angemessenheit seiner Verrechnungspreise allein auf unternehmensbezogene Nettomargen, sind die Nachweise für die Finanzverwaltung „im Wesentlichen unverwertbar", so dass die Finanzbehörde zur Schätzung berechtigt ist und Sanktionen verhängen kann.[138] Auf der anderen Seite greift die deutsche Prüfungspraxis für Verprobungszwecke gerne auf derartige Schätzmethoden zurück.[139] Daneben akzeptiert die Finanzverwaltung im Zusammenhang mit der Festlegung der Verrechnungspreise auf der Basis von Plandaten, dass die Fremdüblichkeit der

---

[134] Vgl. OECD, Leitlinien 2010, Tz. 2.56. Vgl. hierzu auch die Übersicht bei Menck, T., StBp 1996, S. 26.
[135] Vgl. Verwaltungsgrundsätze-Verfahren, BMF-Schreiben v. 12. 4. 2005, BStBl 2005 I, S. 570, Tz. 3.4.10.3.
[136] Vgl. OECD, Leitlinien 2010, Tz. 1.16 ff.
[137] Vgl. OECD, Leitlinien 2010, Tz. 2.56.
[138] Vgl. Verwaltungsgrundsätze-Verfahren, BMF-Schreiben v. 12. 4. 2005, BStBl 2005 I, S. 570, Tz. 3.4.19.c).
[139] Vgl. Menck, T., StBp 1993, S. 225; Kuckhoff, H./Schreiber, R., Verrechnungspreise, 1997, S. 53.

1. Kapitel. Einführung

prognostizierten Gewinne mit Hilfe von Renditekennziffern funktional (zumindest eingeschränkt) vergleichbarer Unternehmen in dem betreffenden Geschäftsbereich nachgewiesen wird.[140] Schließlich genügt auch eine Darlegung, dass jedes einzelne Konzernunternehmen unter Berücksichtigung der von ihm ausgeübten Funktionen, eingesetzten Wirtschaftsgüter und getragenen Risiken angemessen an dem zu erwartenden Gewinn des Gesamtkonzerns beteiligt wird. Damit lässt die deutsche Finanzverwaltung aber auch die **mittelbare Anwendung** der globalen Gewinnzerlegungsmethode im Rahmen der Bestimmung von Verrechnungspreisen mit Hilfe von Planrechnungen (ersatzweise) zu.

In den USA gilt die Gewinnvergleichsmethode neben der Preisvergleichs-, Wiederverkaufspreis- und der Kostenaufschlagsmethode als **vierte Standardmethode**. Eine starre Verwendungsreihenfolge der Methoden gibt es jedoch nicht. Daher zeigen sich auch in der Frage der Methodenhierarchie deutliche Unterschiede zwischen der OECD und den USA. Während die OECD (im Rahmen der best method rule) die Preisvergleichsmethode zumindest im Falle vergleichbarer Fremdgeschäfte als die direkteste und verlässlichste Methode zur Erfüllung des Fremdvergleichsgrundsatzes beurteilt,[141] ist nach den Richtlinien der US-Finanzverwaltung im Rahmen der **best method rule** zu entscheiden, welche der Methoden für die Ermittlung des Fremdvergleichspreises am zuverlässigsten ist. Damit wird jedoch keine der Methoden allgemeingültig als besonders zuverlässig beurteilt.[142] Vielmehr hängt die Auswahl der best method vor allem vom verfügbaren Datenmaterial ab. Für eine Anwendung der Gewinnvergleichsmethode spricht hierbei stets das Fehlen transaktionsbezogener Daten. Nach Auffassung des IRS in den Final Regulations sprechen auch praktische Erfahrungen und die Tatsache, dass die US Regulations (also auch die Einordnung der gewinnorientierten Methoden als Standardmethode) voll mit dem arm's length principle der OECD übereinstimmen, für einen höheren Stellenwert der Gewinnvergleichs- oder Schätzmethoden.[143] Diese Einschätzung des IRS wurde in den vergangenen Jahren eindrucksvoll durch die Berichte über das IRS Advance Pricing Agreement (APA) Programm unterstrichen.[144] Danach kam die Gewinnvergleichsmethode bei der Bewertung von Transfers materieller und immaterieller Wirtschaftsgüter in mehr als der Hälfte aller Fälle zur Anwendung. Bis vor wenigen Jahren wurde sie zwar bei Dienstleistungen noch von der Kosten(aufschlags)methode dominiert. Inzwischen ist aber die Gewinnvergleichsmethode auch zur Lösung von Verrechnungspreiskonflikten im Bereich Dienstleistungen die am meisten verbreitete Methode.[145]

---

[140] Vgl. Verwaltungsgrundsätze-Verfahren, BMF-Schreiben v. 12. 4. 2005, BStBl 2005 I, S. 570, Tz. 3.4.12.6.b). Dort findet sich auch der Hinweis auf die nachfolgend behandelte Gewinnzerlegung.
[141] Vgl. OECD, Leitlinien 2010, Tz. 2.1, 2.2, 2.3, 2.14.
[142] Vgl. Diessner, C., US-Vorschriften, 2004, S. 1717.
[143] Vgl. Zschiegner, H., IWB, Fach 8, USA, Gruppe 2, S. 1024.
[144] Zum APA-Programm des US Treasury Department siehe unten 6. Kapitel, Abschnitt B II. Die Verteilung der jeweils zur Anwendung gebrachten Verrechnungspreismethoden für die Jahre 2006–2009 ist im 4. Kapitel, Abschnitt D III 1 dargestellt.
[145] Zur Interpretation dieser Daten siehe Morgan, R. W., TNI 2008, S. 765 ff. Zur Entwicklung in Vorjahren siehe z. B. Wright, D. R., IBFD-Bulletin 2001, S. 421 ff.

Die klare **Dominanz** der Gewinnvergleichsmethode wird insbesondere dann offensichtlich, wenn die Daten hinsichtlich der anderen Methoden lückenhaft und ungenau sind.[146] Hier erscheint problematisch, dass mit der Umkehrung der Beweislast nach den US-Regulations nicht die Wahl des Steuerpflichtigen, sondern die Beurteilung der Finanzverwaltung den Ausschlag bei der Bestimmung der best method geben kann.[147] Dies steht im Gegensatz zu den deutschen Verwaltungsgrundsätzen, die die Entscheidung für die sachgerechte Verrechnungspreismethode grundsätzlich in das Ermessen des ordentlichen Geschäftsführers stellen.[148] Einschränkend ist aber auch in Deutschland zu berücksichtigen, dass die geschäftsfallbezogenen Gewinnmethoden aus Sicht der Finanzverwaltung nur anwendbar sind, wenn sich die Standardmethoden nicht verlässlich anwenden lassen. Setzt sich der Steuerpflichtige über die Vorgaben der Finanzverwaltung hinweg, erfüllt er nach den Verwaltungsgrundsätzen seine Dokumentationspflichten insoweit nicht („unverwertbar"). Nach deutschem Verständnis liegt zwar die Beweislast, ob der tatsächlich vereinbarte Preis mit einem Fremdvergleichspreis übereinstimmt, allein bei den Finanzbehörden.[149] Der Steuerpflichtige muss aber dokumentieren, dass er sich ernsthaft bemüht hat, seine Geschäftsbeziehungen zu nahe stehenden Personen unter Beachtung des Fremdvergleichsgrundsatzes zu gestalten (§ 1 Abs. 1 GAufzV).[150] Mit dem Verdikt einer mangelhaften Verwertbarkeit von Nachweisen, die auf Renditekennziffern für eingeschränkt vergleichbare Unternehmen beruhen, schränkt die Finanzverwaltung nicht nur den Anwendungsbereich der gewinnorientierten Methoden ein, sondern wälzt gleichzeitig das Beweislastrisiko für schwierige Fälle auf den Steuerpflichtigen ab.

b) Geschäftsfallbezogene Nettogewinnmethode

Nach der geschäftsfallbezogenen Nettogewinnmethode (**transactional net margin method**) ist der verrechnete Transferpreis angemessen, wenn das operative Ergebnis einer konzerninternen Transaktion mit dem vergleichbaren Nettoerfolg (comparable operating profit) übereinstimmt, den fremde Unternehmen unter vergleichbaren Bedingungen erwirtschaften. Für eine Anwendung dieser Methode sind in einem ersten Schritt die entsprechenden Nettogewinnmargen aus Geschäften mit unabhängigen Unternehmen zu ermitteln. Zu diesem Zweck wird das Verhältnis zwischen dem für eine Vergleichstransaktion festgestellten Nettogewinn und einer geeigneten Bezugsbasis (Kosten, Umsatz, Kapital) gebildet. In einem zweiten Schritt wird die ermittelte Nettomarge auf die Ausprägung der entsprechenden Bezugsgröße in der verbundenen Transaktion bezogen (profit level indicator), um auf diese Weise den vergleichbaren Nettogewinn zu erhalten, den das verbundene Unternehmen unter den Bedin-

---

[146] Vgl. Flick, H. F. W./Zwergel, C., IStR 1994, S. 412.
[147] So die Beurteilung von Flick, H. F. W./Zwergel, C., IStR 1994, S. 413.
[148] Vgl. Verwaltungsgrundsätze, BMF-Schreiben v. 23. 2. 1983, BStBl 1983 I, S. 218, Tz. 2.4.1. Vgl. auch BFH v. 17. 10. 2001, BStBl 2004 II, S. 171.
[149] So ausdrücklich BR-Drs. 583/03 v. 17. 10. 2003, Nr. 2 zu § 4 Nr. 4 Buchstabe d) GAufzV.
[150] Vgl. Verordnung zu Art, Inhalt und Umfang von Aufzeichnungen i. S. d. § 90 Abs. 3 der Abgabenordnung (Gewinnabgrenzungsaufzeichnungsverordnung – GAufzV) v. 13. 11. 2003, BGBl 2003 I, S. 2296.

gungen, die zwischen unabhängigen Unternehmen bestehen, aus dieser Transaktion erwirtschaften würde. Der angemessene Verrechnungspreis ergibt sich in einem dritten Schritt durch eine Rückrechnung unter Abzug des vergleichbaren Nettogewinns oder durch einen Aufschlag des Nettogewinns auf die insgesamt angefallenen Kosten. Damit stellt sich die geschäftsfallbezogene Nettogewinnmethode technisch als eine **Variante der Kostenaufschlags- oder Wiederverkaufspreismethode** dar, für die die transaktionsorientierte Gewinnmarge aus den Rentabilitätskennzahlen von Unternehmen, die auf einem vergleichbaren Gebiet tätig sind, abgeleitet werden.[151]

Beispiel: Bei vergleichbaren Fremdgeschäften erzielt das Unternehmen B eine Umsatzrentabilität i. H. v. 4%. Um den Einstandspreis für Waren zu bestimmen, die B aus einer Lieferung des verbundenen Unternehmens A erhalten hat, errechnet B den marktüblichen Preis retrograd mit Hilfe der Nettogewinnmethode aus seinen Verkaufspreisen gegenüber konzernfremden Abnehmern i. H. v. 250 GE. Die Anwendung der Kennzahl Umsatzrentabilität führt bei einem Verkaufspreis i. H. v. 250 GE zu einem transaktionsbezogenen Nettogewinn i. H. v. 10 GE. Zieht B diesen Nettogewinn sowie die im Zusammenhang mit dieser Transaktion anfallenden Kosten i. H. v. z. B. 40 GE von seinen Verkaufspreisen ab, gelangt B zu einem fremdvergleichskonformen Verrechnungspreis für die Waren des Unternehmens A (Einstandspreis) i. H. v. 200 GE.

Welche Kennzahlen im Einzelnen zur Bestimmung des vergleichbaren Betriebserfolgs herangezogen werden, hängt von verschiedenen Faktoren ab. Zu diesen Bestimmungsgründen gehören die Art der Geschäftstätigkeit des geprüften Konzernunternehmens, die Zuverlässigkeit, mit der die erforderlichen Vergleichsdaten aus den Transaktionen unabhängiger Unternehmen abgeleitet werden können, und die Sicherheit, mit der diese Kennzahl den Betriebserfolg ermittelt, den das Unternehmen unter Marktbedingungen erzielt hätte. Zuverlässig sind danach z. B. die **Rentabilität des eingesetzten Kapitals** sowie bestimmte Wirtschaftlichkeitskennziffern (financial ratios), welche die Beziehungen zwischen dem Erfolg und den Kosten oder Umsatzerlösen messen.[152] Die Rentabilität des eingesetzten Kapitals bezieht den operativen Betriebserfolg[153] auf den Wert der Vermögensgegenstände, die in dem betroffenen Geschäftsbereich des Unternehmens verwendet werden. Die Zuverlässigkeit dieser Kennzahl wächst mit der Bedeutung, die diese Vermögenswerte für den Erfolg sowohl bei dem verbundenen als auch dem Vergleichsunternehmen haben. Sie hängt aber auch von dem Maße ab, in dem sich die Zusammensetzung der Vermögenswerte und die mit dem Investment verbundenen Risiken der beiden Unternehmen gleichen.[154] Funktionale Unterschiede sind dagegen

---

[151] Aufgrund dieser Orientierung an unternehmensbezogenen Daten ist die „transaktionsbezogene" Nettomargenmethode in der Praxis gut anwendbar und von daher auch weit verbreitet. Während Einzeldaten über vergleichbare Geschäftsvorgänge vielfach nicht zur Verfügung stehen, können unternehmensbezogene Daten in weitem Maße mit Hilfe von Unternehmensdatenbanken ermittelt werden. Gleichzeitig wird aber deutlich, dass die transaktionsorientierte Nettomargenmethode und die globale Gewinnmethode (Methode der vergleichbaren Unternehmensgewinne) eine gemeinsame Basis haben und sich nur in der Anwendung unterscheiden.
[152] Vgl. Sec. 1.482–5(b)(4) Treas. Reg.
[153] Zur Bestimmung des operativen Betriebserfolgs siehe OECD, Leitlinien 2010, Tz. 2.77 ff.
[154] Bestehen Unterschiede in Bezug auf die Art und Zuordnung der Investmentrisiken, können Anpassungen erforderlich sein, vgl. OECD, Leitlinien 2010, Tz. 2.186.

weniger bedeutsam. Diese wirken sich mehr auf die Wirtschaftlichkeit des Aufwands (Aufwandsintensität)[155] oder die Rentabilität der Umsatzerlöse aus als auf die Beziehung zwischen Erfolg und eingesetztem Kapital. Von daher muss auch die funktionale Vergleichbarkeit zwischen dem verbundenen Unternehmen und dem Vergleichsunternehmen enger sein, wenn das Ergebnis mit Hilfe von Kennzahlen zur Wirtschaftlichkeit des Aufwands und Rentabilität der Umsatzerlöse gemessen wird.[156] Im Vergleich zu den Anforderungen, die die Wiederverkaufspreismethode und die Kostenaufschlagsmethode an die Vergleichbarkeit der Unternehmen stellen, sind die Voraussetzungen bei der Gewinnvergleichsmethode jedoch grundsätzlich reduziert.[157]

Im Rahmen der **Verrechnungspreisprüfung** ist die Orientierung an der Rentabilität des eingesetzten Kapitals schon seit vielen Jahren gängige Praxis. So werden Gewinne verbundener Unternehmen im Rahmen der steuerlichen Außenprüfung vielfach daraufhin untersucht, ob sie das im Unternehmen eingesetzte Kapital angemessen verzinsen. In diesem Sinne fordert bereits § 1 Abs. 4 AStG für den Fall einer Schätzung, dass „mangels anderer geeigneter Anhaltspunkte eine durchschnittliche Umsatzrendite oder Verzinsung für das im Unternehmen eingesetzte Kapital anzusetzen [ist], die unter Berücksichtigung der ausgeübten Funktionen, eingesetzten Wirtschaftsgüter und übernommenen Risiken zu erwarten ist." Schließlich stellt auch der BFH im Zusammenhang mit einer Prüfung der Angemessenheit von Anlaufverlusten eines verbundenen Unternehmens fest, dass die Untergrenze des angemessenen Totalgewinns anhand der „angemessenen Verzinsung des zugeführten Eigenkapitals (einschließlich Zinseszins und Risikozuschlag) bezogen auf die Zeit [...], für die geschätzt wird", festgestellt werden kann.[158] Gleichwohl ist bis heute weitgehend offen, wie das eingesetzte oder zugeführte Kapital im Einzelnen zu ermitteln ist.[159] Eine besondere **Schwierigkeit** besteht hier vor allem in der Bestimmung der funktions- und risikoadäquaten Kapitalverzinsung. Um diese Schwierigkeiten zu lösen, wird zum Teil vorgeschlagen, die Kapitalkosten auf Basis der neoklassischen Kapitalmarkttheorie mit Hilfe des capital asset pricing model (CAPM) zu ermitteln. Für börsenorientierte Unternehmen kann das hierzu erforderliche Maß für das spezifische Unternehmensrisiko (ß) mit Hilfe statistischer Verfahren auf Basis von Vergangenheitsdaten ermittelt werden. Sind die Anteile einer Gesellschaft nicht an einer Börse notiert, ist eine direkte Ermittlung der spezifischen Betas nicht möglich. Stattdessen wird die Orientierung an den Werten vergleichbarer Mitbewerber oder einer Branche empfohlen. Kritischer noch ist, dass im Kapitalmarktzusammenhang lediglich das systematische Risiko, das sich aus einer unvollständigen Absicherung gegenüber Wechselkursschwankungen, Marktzinsver-

---

[155] Zur Definition üblicher Intensitätskennzahlen siehe Jacobs, O. H., Bilanzanalyse, 1994, S. 95 ff.
[156] Vgl. Mihaly, S. A., IBFD-Bulletin 1993, S. 311. Alternativ kann die Vergleichbarkeit mit Hilfe von Regressionsanalysen hergestellt werden; siehe Oesteicher, A./Duensing, M., IStR 2005, S. 141 f. Diese Einschätzung wird auch bei Przysuski, M./Lalapet, S./Swaneveld, H./Paul, P./Osoro, C., TNI 2004, S. 1259, geteilt.
[157] So auch OECD, Leitlinien 2010, Tz. 2.62, 2.68.
[158] Vgl. BFH v. 17. 10. 2001, BStBl 2004 II, S. 171; im Unterschied zu § 1 Abs. 3 AStG stellt der BFH allerdings (in diesem Urteil) auf das „zugeführte" Kapital ab; zustimmend BMF-Schreiben v. 26. 2. 2004, BStBl 2004 I, S. 270.
[159] Vgl. Scholz, C. M., IStR 2004, S. 209 ff.; Taetzner, T., IStR 2004, S. 726 ff.

1. Kapitel. Einführung

änderungen oder Konjunkturzyklen ergibt, bewertet wird, weil unterstellt ist, dass die Investoren ein gut diversifiziertes Portfolio halten. Unberücksichtigt bleibt das unsystematische unternehmensindividuelle oder besser leistungswirtschaftliche Risiko, das außerhalb eines diversifizierten Portfolios durchaus vorhanden ist. Diese Konsequenz dürfte mit dem Grundsatz des Fremdvergleichs, der auf die individuellen Funktionen und Risiken eines Unternehmens Bezug nimmt, nicht in Einklang zu bringen sein. Vergleicht man schließlich die am Markt erwartete Kapitalverzinsung mit den Renditen, die im Unternehmen für eine abgelaufene Investitionsperiode erzielt wurden, fordert man eine Rendite ein, die von der ex ante unsicheren Umweltentwicklung abhängig ist.[160] Maßgebend kann nur eine realisierte Rendite sein, die einem vergleichbaren Risiko ausgesetzt war wie das Unternehmen, in das investiert wurde. Sie muss aus Renditen abgeleitet werden, die vergleichbare Unternehmen am Markt erzielen.[161]

Die **Berry Ratio** ist definiert als das Verhältnis von Rohergebnis und betrieblichen Aufwendungen (ohne Wareneinsatz).[162] Sie bringt zum Ausdruck, welchen Gewinnaufschlag das Unternehmen über seine Aufwendungen hinaus erwirtschaften kann und ist von daher auch besonders geeignet zur Bestimmung der Verrechnungspreise bei Dienstleistungen und „reinen" Vertriebsgesellschaften, die sich im Wesentlichen durch eine sich häufig gleichförmig wiederholende Tätigkeit (routine) auszeichnen.[163] Ökonomisch ist unterstellt, dass der Rohgewinn und die operativen Kosten für bestimmte Unternehmen in einem inneren Zusammenhang stehen, weil sich die Wertschöpfung im betrieblichen Aufwand des Unternehmens widerspiegelt.[164] Im Prinzip basiert diese Kennzahl auf der gleichen Logik, die auch bei einer Anwendung der Kostenaufschlagsmethode unterstellt ist.[165]

$$\text{Berry Ratio} = \frac{\text{Rohergebnis}}{\text{betriebliche Aufwendungen}}$$

$$\text{Kostenaufschlag} = \frac{\text{Rohergebnis} - \text{betriebliche Aufwendungen}}{\text{betriebliche Aufwendungen}}$$

$$\text{Kostenaufschlag} = \text{Berry Ratio} - 1$$

$$\text{Berry Ratio} = \text{Kostenaufschlag} + 1$$

Aus dem dargestellten Zusammenhang zwischen Berry Ratio und Kostenaufschlag folgt, dass die Berry Ratio nicht anwendbar ist, wenn wertvolle immaterielle Wirtschaftsgüter eingesetzt werden. Ist in diesen Fällen die Aufwandsintensität gering (kleiner 10 bis 15%), kann die Berry Ratio sehr große Werte annehmen. Schwierigkeiten ergeben sich aber auch, wenn aufgrund einer Weiterverarbeitung Teile der Produktionskosten in den betrieblichen

---

[160] So auch Hatch, J./Cole, J., ITR 2004, S. 6; Scholz, C. M., IStR 2004, S. 214; a. A. wohl Wehnert, O./Stalberg, P., IStR 2002, S. 143; Crüger, A./Ritter, L., Controlling 2004, S. 500; Taetzner, T., IStR 2004, S. 731.
[161] Vgl. Oestreicher, A./Endres, D., Dokumentation, 2005, S. 31 f.
[162] Zu Einzelheiten siehe Isensee, T., IStR 2002, S. 466 ff.
[163] So auch Fiehler, K., IStR 2007, S. 470 f.
[164] Vgl. Przysuski, M./Lalapet, S., TNI 2005, S. 763; zur Bestimmung der einzubeziehenden Kosten siehe OECD, Leitlinien 2010, Tz. 2.92 ff.
[165] Vgl. Oestreicher, A./Duensing, M., IStR 2005, S. 142.

Aufwendungen ausgewiesen sind.[166] In diesen Fällen mag die **Umsatzrendite** eine bessere Vergleichsbasis darstellen.[167]

Bei der Anwendung der Nettogewinnmethode sind grundsätzlich die gleichen Maßstäbe zugrunde zu legen wie bei der Kostenaufschlagsmethode und der Wiederverkaufspreismethode. Danach ist die Nettogewinnspanne grundsätzlich in der gleichen Weise zu bestimmen, wie das bei vergleichbaren Fremdgeschäften des Steuerpflichtigen der Fall ist (innerer Margenvergleich). Wird alternativ die Nettogewinnspanne, die von unabhängigen Unternehmen bei vergleichbaren Geschäften erzielt wird (äußerer Margenvergleich), als Maßstab herangezogen, sind ggf. bestehende Unterschiede durch Berichtigungen auszugleichen.[168] Diese Maßnahme ist vor allem dann bedeutsam, wenn die Nettogewinnspanne durch Funktionsunterschiede zwischen konzerninternen Geschäften und Fremdgeschäften belastet wird.[169] Dieser Zusammenhang soll an folgendem Beispiel demonstriert werden, in dem die Nettogewinnmarge anhand der Umsatzrendite bestimmt wird.

Beispiel: Gegeben sind zwei miteinander verbundene Unternehmen MG_A und TG_I. MG_A stellt ein Konsumgut für den internationalen Markt her und vertreibt es durch TG_I im Inland. Steht TG_I mit unabhängigen Handelsunternehmen im Wettbewerb, die vergleichbare Konkurrenzprodukte vertreiben, gleiche Funktionen ausüben und gleiche Risiken übernehmen, kann der Verrechnungspreis aus den Bruttogewinnspannen der Vergleichsunternehmen abgeleitet werden. Beträgt die Bruttogewinnspanne z. B. 20%, würden diese Unternehmen für eine Lieferung, die sie zu einem Preis i. H. v. 250 GE an dritte Vertragspartner weiter veräußern, nicht mehr als 250 GE × 0,8 oder 200 GE aufwenden. Zur Deckung von betrieblichen Aufwendungen und Gewinn verbleiben 50 GE. Betragen die betrieblichen Aufwendungen 40 GE, ergibt sich ein Nettogewinn i. H. v. 10 GE.

	Bruttogewinnspanne	Kalkulation	Nettogewinnspanne	Kalkulation
+ Absatzpreis		250		250
− Sonstige Aufwendungen	20%	50		40 (50)
− Gewinn			4%	10
= Anschaffungskosten		200		200 (190)

Gibt es keine vergleichbaren Distributeure, kann der Gewinnvergleich mit unabhängigen Handelsunternehmen, die auf der gleichen Handelsstufe im gleichen Segment tätig sind und damit annähernd die gleichen Funktionen ausführen, die beste Lösung hervorbringen. Erzielen diese Handelsunternehmen 4% Gewinn/Umsatz, so ergibt sich

---

[166] Die Anwendbarkeit dieser Kennzahl kann aber auch dann eingeschränkt sein, wenn die Bedeutung der Vertriebsfunktion vom Wert der vertriebenen Produkte abhängig, d. h. proportional zum Wert der Umsatzerlöse ist, vgl. OECD, Leitlinien 2010, Tz. 2.101.
[167] Zur Bestimmung der Umsatzgröße siehe OECD, Leitlinien 2010, Tz. 2.90 f.
[168] Siehe hierzu etwa Dorner, K./Dawid, R., IWB, Fach 10, International, Gruppe 2, S. 1563 ff.
[169] Nach den Leitlinien der OECD besteht ein Vorteil der geschäftsfallbezogenen Nettomargenmethode jedoch darin, dass die Nettogewinnspanne durch Funktionsunterschiede zwischen konzerninternen Geschäften und Fremdgeschäften weniger stark beeinflusst werden als den entsprechenden Verkaufspreisen oder Bruttogewinnspannen, die der Preisvergleichs-, der Wiederverkaufspreis- oder Kostenaufschlagsmethode zugrunde liegen. Vgl. OECD, Leitlinien 2010, Tz. 2.62.

bei einem Wiederverkaufspreis i. H. v. 250 GE ein vergleichbarer operativer Gewinn i. H. v. 10 GE. Zieht man vom Umsatz die operativen Ausgaben und den Nettogewinn ab, erhält man den konformen Verrechnungspreis: Betragen die betrieblichen Aufwendungen 40 GE, ergibt sich erneut ein Preis i. H. v. 200 GE. Der Unterschied zwischen der Brutto- und der Nettorechnung zeigt sich, wenn die implizite Übereinstimmung der Gewinnspannen gestört ist. Betragen z. B. die betrieblichen Aufwendungen 50 GE, ergibt sich nach der Nettorechnung ein Verrechnungspreis i. H. v. 190 GE. Die Bruttorechnung bleibt von dieser Änderung dagegen unberührt. Allerdings reicht die Bruttogewinnspanne nur noch zur Deckung der (höheren) Aufwendungen. Unwirtschaftlichkeiten schlagen hier also auf den Nettogewinn durch.

Das Beispiel zeigt, dass bei der Verwendung eines Nettoaufschlagsatzes das unternehmerische Risiko des liefernden oder leistenden Unternehmens nicht angemessen berücksichtigt ist. Wird eine Nettogewinnmarge zugrunde gelegt, verbleibt diesem Unternehmen unabhängig davon ein „**sicherer Gewinn**", ob der Preis, den das Unternehmen aufgrund seiner Kostenstruktur erzielen müsste, am Markt durchsetzbar ist oder nicht. Ebenso wenig schlägt sich in dieser Variante unwirtschaftliches Verhalten auf den Erfolg durch, so dass die Verwendung der Nettogewinnmethode mit erheblichen Schwächen verbunden ist.[170] Umgekehrt gehört es aber zu den Vorteilen dieser Methoden, dass die Anforderungen, die bei einer Anwendung der Bruttomethode an Details über z. B. die Art der Aufwendungen gestellt werden, erheblich reduziert sind. In Anbetracht der engen Anwendungsvoraussetzungen, die die OECD und, ihr folgend, die deutsche Finanzverwaltung mit der Methode verbindet, ist die Praktikabilität der Nettogewinnmethode eingeschränkt.[171] So ist die Nettogewinnmethode z. B. nicht anwendbar, wenn beide Vertragsparteien besondere Beiträge leisten oder immaterielle Wirtschaftsgüter einsetzen. In Deutschland wird der Anwendungsbereich auf Unternehmen, die einfache, auf Wiederholung angelegte Aufgaben (routine) durchführen, begrenzt.[172]

c) Geschäftsfallbezogene Gewinnzerlegungsmethode

Bei der geschäftsfallbezogenen Gewinnzerlegungsmethode wird der Versuch unternommen, den realisierten Nettoerfolg aus einer Transaktion entsprechend dem Beitrag der an dieser Transaktion beteiligten Konzernglieder unter Berücksichtigung der von den Konzerngliedern wahrgenommenen Funktionen, der übernommenen Risiken sowie dem dabei eingesetzten Kapital aufzuspalten. Der Konzeption nach handelt es sich hierbei um eine Ergänzung der direkten Methode durch Elemente der indirekten Methode, da der Erfolg einer Transaktion mittels betriebswirtschaftlicher Maßstäbe auf die in den Leistungsprozess eingeschalteten Unternehmensglieder aufgeteilt wird.

Ihren **Ausgangspunkt** hat diese Methode in einer Reihe von Gerichtsentscheidungen der US-Bundesgerichte in den frühen siebziger Jahren des vergangenen Jahrhunderts, die die Schwierigkeiten einer Bestimmung von

---
[170] Zurückhaltend auch UNCTAD, Review, 1999, S. 182, 186.
[171] Vgl. hierzu Kuckhoff, H./Schreiber, R., Verrechnungspreise, 1997, S. 64 ff.; Borstell, F., Richtlinie, 2004, S. 152.
[172] Vgl. Verwaltungsgrundsätze-Verfahren, BMF-Schreiben v. 12. 4. 2005, BStBl 2005 I, S. 570, Tz. 3.4.10.3.b); OECD, Leitlinien 2010, Tz. 2.59 ff.; siehe dazu auch Förster, H., IStR 2009, S. 724.

Verrechnungspreisen bei fehlenden Marktpreisen für Dienstleistungen und den Transfer immaterieller Wirtschaftsgüter deutlich machten. Diese Entscheidungen mündeten in einen Auftrag des House of Representatives Conference Committee an die US Treasury und den IRS,[173] die zu diesem Zeitpunkt bestehenden Unsicherheiten einer Bestimmung von Verrechnungspreisen bei fehlenden Vergleichstransaktionen durch Entwicklung einer „vierten" Verrechnungspreismethode herabzusetzen. Das Ergebnis ist nachzulesen in einer Studie der Treasury und des IRS, die als das „US White Paper on Intercompany Pricing"[174] in den Sprachgebrauch eingegangen ist. In dieser Studie entwickelten die Autoren des White Paper für den relativ häufigen Fall, in dem genaue Vergleichstransaktionen zur Bestimmung des Marktwertes von immateriellen Wirtschaftsgütern nicht verfügbar sind, eine Methode (basic arm's length return method), nach der die gewöhnlichen Funktionen des Geschäftsbetriebs mit der durchschnittlichen Rendite des eingesetzten Anlagevermögens zu vergüten sind, wohingegen die verbleibende Differenz zwischen der durchschnittlichen Rendite des investierten Vermögens und dem tatsächlichen Erfolg (residual profit) dem Einsatz von wertvollen immateriellen Wirtschaftsgütern zuzurechnen sei. Verfügen sowohl die Muttergesellschaft als auch Tochtergesellschaften über wertvolle immaterielle Wirtschaftsgüter, sei die verbleibende Differenz nach dem relativen Wert dieser Güter auf die Gesellschaften zu verteilen (residual profit split).[175] Wenige Jahre später erhielt diese Methode der (residualen) Gewinnaufteilung in den neuen US-Verrechnungspreisrichtlinien zu Sec. 482 IRC den Rang einer eigenständigen Methode, die zur Bestimmung von Verrechnungspreisen im Rahmen der best method rule anzuwenden ist.

Heute ist die geschäftsfallbezogene Gewinnzerlegungsmethode auch durch den Bericht der OECD als **eigenständige Methode** anerkannt und als gleichrangig neben den Standardmethoden anwendbares Verfahren betrachtet, wenn diese, da bspw. immaterielle Wirtschaftsgüter eingesetzt werden oder Vergleichsdaten fehlen, zu zuverlässigeren Ergebnissen führt als die Anwendung einer Standardmethode.[176]

Die deutsche Finanzverwaltung hat sich im Rahmen ihrer Verwaltungsgrundsätze-Verfahren im Jahre 2004 den Leitlinien des OECD angeschlossen und erkennt die geschäftsfallbezogenen Gewinnaufteilungsmethode für den Fall, dass sich die Standardmethoden nicht oder nicht verlässlich anwenden lassen.[177] Im Einzelnen stehen für die geschäftsfallbezogene Gewinnaufteilung folgende vier Ansätze zur Wahl, von denen nach den Richtlinien der US-Finanzverwaltung allerdings nur die Methode der vergleichbaren Gewinnauf-

---

[173] Vgl. H. R. Conference Report No. 841, 99th Congress, 2nd Session, 1986, II–638.
[174] Vgl. Treasury Department und Internal Revenue Service, White Paper, 1988.
[175] Vgl. Treasury Department und Internal Revenue Service, White Paper, 1988, S. 98 ff.
[176] Ist das nicht der Fall, werden die traditionellen Standardmethoden aber von der OECD als überlegen eingestuft, vgl. OECD, Leitlinien 2010, Tz. 2.3 f.
[177] Vgl. Verwaltungsgrundsätze-Verfahren, BMF-Schreiben v. 12. 4. 2005, BStBl 2005 I, S. 570, Tz. 3.4.10.3.c); in diesem Sinne bietet die geschäftsbezogene Gewinnaufteilungsmethode vor allem auch eine Lösung für hoch integrierte Geschäftsprozesse, vgl. OECD, Leitlinien 2010, Tz. 2.109.

teilung und die Restgewinnanalyse akzeptiert werden, während nach dem Bericht der OECD umgekehrt die Methode des eingesetzten Kapitals sowie die Methode der vergleichbaren Gewinnaufteilung nur sehr zurückhaltend empfohlen werden:[178]

- **Beitragsanalyse:** Nach der Beitragsanalyse (contribution analysis) wird der insgesamt erwartete (Netto-)Betriebserfolg aus einer bestimmten Transaktion nach dem Wert der Funktionen, den die an dieser Transaktion beteiligten Unternehmen wahrgenommen haben, aufgeteilt.[179] Dazu werden in einem ersten Schritt die tatsächlichen Marktwerte der von den Parteien erbrachten Beiträge geschätzt. Hierbei können diese Beiträge z. B. nach der Art der übernommenen Funktionen, dem Wert der erbrachten Dienstleistungen oder nach dem Betrag der angefallenen Aufwendungen bemessen werden. Zur Bestimmung der **relativen Bedeutung** dieser Funktionen sind im Anschluss Art und Umfang der von den Parteien geleisteten Beiträge zu vergleichen, so dass auf der Grundlage dieses Vergleichs jedem Beitrag ein prozentualer Anteil am gesamten Gewinn zugeordnet werden kann.[180] In der Praxis wird diese Zuordnung in aller Regel mit Hilfe eines oder mehrerer Aufteilungsschlüssel erreicht. Verbreitet sind Aufteilungsschlüssel, die auf Vermögen oder Kosten beruhen. Daneben sind andere Schlüssel (z. B. auch die Anzahl der Personen, die in die für die Wertschöpfung wichtigen Funktionen eingebunden sind) denkbar.[181]

- **Restgewinnanalyse:** Die Restgewinnanalyse (residual analysis/residual profit split method) teilt die zusammengefassten (Netto-)Betriebserfolge aus konzerninternen Transaktionen in zwei Stufen auf. Auf der ersten Stufe werden die üblichen, normalen oder **regelmäßig anfallenden Beiträge** (routine contributions) der Transaktionspartner als betriebliche Erträge zum Marktpreis vergütet. Üblich, normal oder regelmäßig anfallend sind Beiträge, für die ein Marktpreis festgestellt werden kann, da sie auch von unabhängigen Unternehmen, die auf einem ähnlichen Gebiet tätig sind, erbracht werden. Sie umfassen körperliche Vermögenswerte, Dienstleistungen und die für die Branche jeweils üblichen immateriellen Wirtschaftsgüter. Unberücksichtigt bleiben bis dahin noch alle Erträge, die aufgrund von einzigartigen und wertvollen immateriellen Wirtschaftsgütern erzielt werden. Verfügt ein Konzern über derartige Wirtschaftsgüter, verbleibt nach dem ersten Schritt ein noch **unverteilter Restgewinn oder -verlust,** dessen Aufteilung auf der zweiten Stufe vollzogen wird. Maßstab für die Aufteilung des Resterfolgs ist der relative Wert der jeweils beigesteuerten immateriellen

---

[178] Vgl. Sec. 1.482–6 Treas. Reg. und OECD, Leitlinien 2010, Tz. 2.118 ff. Die deutsche Finanzverwaltung hat sich zu Einzelfragen der geschäftsfallbezogenen Gewinnaufteilungsmethode bisher nicht geäußert.

[179] Zur Bestimmung des aufzuteilenden Geschäftserfolgs siehe OECD, Leitlinien 2010, Tz. 2.124 ff. Eine besondere Bedeutung kommt hier im internationalen Kontext vor allem dem für die Gewinnermittlung maßgebenden Rechnungslegungsstandard zu; die OECD empfiehlt hierfür ausdrücklich die Einigung auf einen einheitlichen Rechnungslegungsstandard. Siehe dazu auch Förster, H., IStR 2009, S. 723.

[180] Vgl. OECD, Leitlinien 2010, Tz. 2.119 f.

[181] Vgl. OECD, Leitlinien 2010, Tz. 2.134 ff.; siehe hierzu auch Förster, H., IStR 2009, S. 723.

Wirtschaftsgüter.[182] Auf Basis dieser Gewinnzuordnung erfolgt dann die Rückrechnung auf den festzusetzenden Verrechnungspreis.[183]

- **Methode des eingesetzten Kapitals:** Bei der Methode des eingesetzten Kapitals (capital employed method) wird der Betriebserfolg des Unternehmens in der Weise aufgeteilt, dass jedes der an dem konzerninternen Geschäft beteiligten Unternehmen dieselbe Rendite aus dem bei diesem Geschäft eingesetzten Kapital erzielt. Die Methode unterstellt, dass das von jeder einzelnen Partei eingesetzte Kapital mit einem ähnlichen Risiko behaftet ist und dass somit die Geschäftspartner auf dem freien Markt eine ähnliche Rendite erzielen würden.[184]
- **Methode der vergleichbaren Gewinnaufteilung:** Die Methode der vergleichbaren Gewinnaufteilung (comparable profit split method) analysiert die Gewinnaufteilung bei **unabhängigen** Unternehmen, die in ihrer Geschäftstätigkeit (Funktionen) und ihren Risiken vergleichbaren Marktbedingungen unterliegen. Der aus den relativen Anteilen am Gesamterfolg gewonnene Aufteilungsschlüssel wird auf die Gewinnaufteilung zwischen verbundenen Unternehmen übertragen.

Die deutsche Finanzverwaltung hat ihre Zurückhaltung gegenüber gewinnorientierten Verrechnungspreismethoden inzwischen offiziell aufgegeben, wenngleich sie den Anwendungsbereich dieser Methode für Zwecke einer Bestimmung der Verrechnungspreise noch sehr eng abgrenzt.[185] In Bezug auf die Prüfung und Verprobung der Verrechnungspreise durch die Finanzverwaltung ist diese Methode in Deutschland schon lange bekannt. Im Ergebnis ist sie sogar bereits in den deutschen Verwaltungsgrundsätzen aus dem Jahre 1983 enthalten, was sich besonders deutlich am Beispiel der sog. „verlängerten Werkbank" zeigt.[186]

Beispiel: Das deutsche Unternehmen A entwickelte und produzierte bisher Schaltanlagen für den weltweiten Export. Da die Produktionsanlagen ausgelastet sind, beschließt A, in Irland eine neue Produktionsgesellschaft zu errichten, da in Irland für diese Zwecke erhebliche Investitions- und Ausbildungszuschüsse gewährt werden. Um die irische Gesellschaft mit dem für die Produktion erforderlichen Wissen auszustatten, transferiert A das Know-how an die irische Tochtergesellschaft gegen eine marktübliche Lizenzgebühr von 6% (zzgl. Kostenersatz für Schulungen etc.). Im Gegenzug liefert die irische Gesellschaft die in Irland produzierten Anlagen zu einheitlichen, marktgerechten Preisen an A zum weltweiten Vertrieb. Aufgrund der günstigen Standortbedingungen entstehen bei der irischen Gesellschaft hohe Gewinne.

Die deutschen Verwaltungsgrundsätze erkennen diese Preisgestaltung nicht an, da die irische Tochter mit ihrer eingeschränkten Produktionsbreite und der fehlenden Vertriebsorganisation als unabhängiges Unternehmen auf Dauer nicht lebensfähig wäre. Statt dessen wird in den deutschen Verwaltungsgrund-

---

[182] Zur Bestimmung der relativen Beiträge an wertvollen immateriellen Vermögenswerten vgl. Sec. 1.482–6(c)(3)(i)(B) Treas. Reg.; OECD, Leitlinien 2010, Tz. 2.121 ff., 2.132.
[183] Vgl. das Beispiel in Abschnitt D III 3 c).
[184] Vgl. OECD, Leitlinien 2010, Tz. 2.145.
[185] Vgl. Verwaltungsgrundsätze-Verfahren, BMF-Schreiben v. 12. 4. 2005, BStBl 2005 I, S. 570.
[186] Vgl. Verwaltungsgrundsätze, BMF-Schreiben v. 23. 2. 1983, BStBl 1983 I, S. 218, Tz. 3.1.3, Beispiel 3. Vgl. zum Lohnhersteller ausführlicher 6. Teil, 5. Kapitel, Abschnitt B II.

1. Kapitel. Einführung

sätzen (wie auch im Bericht der OECD)[187] die Funktion der irischen Gesellschaft als **Lohnveredelungsgeschäft** qualifiziert, für das bei der Bestimmung der Verrechnungspreise die Kostenaufschlagsmethode zur Anwendung kommen kann (z. B. Herstellungskosten der Veredelung zzgl. eines Bruttogewinnaufschlags i. H. v. bspw. 10%, aus dem die übrigen Kosten gedeckt und ein Nettoerfolg erwirtschaftet werden können). Im Ergebnis wird damit jedoch der Gesamterfolg aus dieser Transaktion nach den Grundsätzen der residual allocation method aufgeteilt, indem der irischen Tochter nur das marktübliche Entgelt für die Funktion eines Lohnveredlers zugesprochen wird, während die Gewinne im Übrigen dem inländischen Lizenzgeber verbleiben.

Bei dieser Vorgehensweise kann nicht ausgeschlossen werden, dass allgemeine Standortvorteile oder, wie das im Beispiel der Fall ist, eine Subventionierung der bei der Tochtergesellschaft anfallenden Kosten nicht nur der irischen Tochtergesellschaft, sondern über die Zuordnung des Residualgewinns auch dem Lizenzgeber zugutekommen.[188] Um dies zu vermeiden, sollte bei Anwendung der residualen Gewinnaufteilung dafür Sorge getragen werden, dass die Vergütung des Lohnherstellers in einer Weise bestimmt wird, welche die unternehmensbezogenen Vorteile (z. B. Standortvorteile) verursachungsgerecht dem Unternehmen zuordnet, das diese Vorteile tatsächlich realisiert. Dies kann im Beispiel in der Form geschehen, dass die Berechnung des Veredelungsentgelts auf Bruttobasis, d. h. vor Abzug der Investitions- und Ausbildungszuschüsse, vorgenommen wird.

Während der Kritik an einer Zurechnung lokaler Standortvorteile auf den Lizenzgeber grundsätzlich zuzustimmen ist, erscheint in Bezug auf die methodischen Grundlagen der funktionsorientierten Gewinnzerlegung eine differenzierte Beurteilung notwendig.[189] In der betriebswirtschaftlichen Theorie ist allgemein anerkannt, dass der Wert eines Gutes für den jeweiligen Besitzer durch die zukünftigen Gewinne bestimmt wird. Es ist somit grundsätzlich sinnvoll, bei der Wertbestimmung von nicht reproduzierbaren Gütern, wie bspw. Lizenzen und Patenten, an deren zukünftigen Nutzen für den jeweiligen Eigentümer anzuknüpfen. Das Problem ist freilich darin zu sehen, dass die Erträge aus einem **Produktions- und Absatzprozess** nur in Ausnahmefällen einem einzelnen Faktor verursachungsgerecht zugeordnet werden können. Der Ertrag ist vielmehr das Ergebnis des gesamten Kombinationsprozesses. An diesem Problem der verursachungsgerechten Ertragsaufteilung ist schon in der Praxis die Konzeption der Bewertung nach Maßgabe des Teilwertes (§ 6 EStG) gescheitert. Man hat auch hier auf Fiktionen zurückgreifen müssen, die sich an Einzelmarktpreisen orientieren (sog. Teilwertvermutungen). Die Erfahrungen beim Teilwertkonzept schließen aber nicht aus, dass man in Einzelfällen – gerade im Zusammenhang mit immateriellen Wirtschaftsgütern – den Ertragswert eines Gutes ermitteln und zumindest für Plausibilitätsprüfungen angemessener Verrechnungspreise verwenden kann. Wie eine solche Plausibilitätsprüfung aussehen kann, soll das folgende Beispiel demonstrieren.

---

[187] Vgl. OECD, Leitlinien 2010, Tz. 2.54.
[188] Zur Behandlung von Standortvorteilen durch die OECD siehe OECD, Leitlinien 2010, Tz. 9.148 ff.
[189] Siehe hierzu auch McClure, J. H., TNI 1999, S. 455 ff.

5. Teil. Erfolgs- und Vermögensabgrenzung

Beispiel: Eine US-amerikanische Muttergesellschaft hat einen umweltfreundlicheren Zusatzstoff für Öl entwickelt. Sie überlässt die patentierte Formel einer Tochtergesellschaft in einem Land mit günstigen Standortbedingungen, die die Herstellung übernimmt. Das fertige Produkt wird überwiegend von der Muttergesellschaft vertrieben.

Für die Anwendung der Basic-arm's-length-Methode werden folgende Plandaten benötigt:

- Endverkaufspreis des
  Ölzusatzstoffes $ 0,50/l
- Absatzmenge   800 Mio. l
- Vertriebskosten $ 7,60 Mio.

- Herstellungskosten
  der Tochtergesellschaft:
  Chemische Grundmaterialien
  Fertigungskosten $ 58,00 Mio.
  Lizenzkosten $ 40,00 Mio.
  Sonstige Kosten $ 2,60 Mio.
- Vermögensgegenstände der Tochtergesellschaft:
  Fabrikationsanlagen $ 150,00 Mio.

- Einkommen der Tochtergesellschaft:
  Erträge aus dem Verkauf des Ölzusatzstoffes an die Mutter
- Gewinnkennziffern aus externem Betriebsvergleich:
  Bruttogewinnaufschlag auf Vertriebskosten bei vergleichbarer Vertriebstätigkeit   25%
  Nettorendite bei vergleichbaren Fabrikationsanlagen   10%

1. Schritt: Ermittlung der Bruttoverkaufserlöse der Tochtergesellschaft

Gesamterlöse aus dem Vertrieb des Ölzusatzstoffes (Endverkaufspreis 0,5 $/l × Absatzmenge 800 Mio. l) ./. Wertschöpfung im Vertrieb durch Muttergesellschaft ($ 7,60 Mio. × 125%)	$ 400,00 Mio. $ 8,85 Mio.
= Maximale Verkaufserlöse der Tochtergesellschaft	$ 391,15 Mio.

2. Schritt: Ermittlung der Lizenzkosten der Tochtergesellschaft

Bruttoverkaufserlöse der Tochtergesellschaft	$ 391,15 Mio.
./. Materialkosten	$ 58,00 Mio.
./. Fertigungskosten	$ 40,00 Mio.
./. Sonstige Kosten	$ 2,60 Mio.
= Zwischenergebnis	$ 290,55 Mio.
./. Arm's-length-Gewinn der Tochtergesellschaft (Nettorendite 10% der eingesetzten Fabrikationsanlagen)	$ 15,00 Mio.
= Ertrag aus Lizenznutzung	$ 275,55 Mio.

Das gesamte bei der Tochtergesellschaft erzielbare Nettoergebnis i. H. v. $ 290,55 Mio. wird mittels der Vergleichsrendite aufgeteilt in den „normalen" Gewinn aus der Herstellungsfunktion und den Gewinn, der auf die Nutzung der Lizenz entfällt. Der Gewinn aus der Lizenznutzung steht im Wesentlichen der Muttergesellschaft zu, für seine Abschöpfung ist eine Lizenzgebühr i. H. v. $ 275,55 : 800 (l) des Ölzusatzstoffes anzusetzen.

Zwar ist auch der so errechnete Lizenzertrag der Muttergesellschaft theoretisch **nicht unangreifbar,** da mit dem Ansatz von fiktiven Fabrikations- und Vertriebsrenditen Schlüsselgrößen benutzt werden, die Einfluss auf die Höhe des Lizenzertrags haben. Dennoch kann die dargestellte Ermittlung des Lizenzertrags für die Überprüfung und die **Plausibilität** eines angesetzten Verrechnungspreises für Lizenzen herangezogen werden, da sie von vernünftigen ökonomischen Grundgedanken getragen ist. Insoweit ist zwar die Methode der residualen Gewinnaufteilung nicht generell abzulehnen.[190] Überzeugender erscheinen in diesem Zusammenhang allerdings die Ansätze der Beitragsanalyse (contribution analysis) oder der vergleichbaren Gewinnaufteilung (comparable profit split method), die die Entstehung des residualen Gewinns im Ergebnis auf alle Leistungen zurückführen, die die Parteien zum Gesamterfolg einer Transaktion beigetragen haben. Für letztere Methode dürfte es allerdings schwierig sein, unabhängige Unternehmen zu finden, die in einer ausreichend vergleichbaren Geschäftsbeziehung stehen, so dass u. E. die Finanzverwaltung bei der anstehenden Überarbeitung der Verwaltungsgrundsätze im Bereich der Methoden ihr Augenmerk primär auf die Gewinnaufteilung nach dem Prinzip der Beitragsanalyse richten sollte.

4. Globaler Betriebsvergleich

Bei Anwendung des globalen Betriebsvergleichs (comparable profit method) werden in einem ersten Schritt ausgesuchte Renditekennzahlen, (profit level indicators) wie Kapitalverzinsung, Umsatzrentabilität oder das Verhältnis von Rohertrag zu Betriebsaufwand bei Vergleichsunternehmen (**externer Betriebsvergleich**) ermittelt. Als Vergleichsunternehmen qualifizieren sich Unternehmen, die im gleichen Marktsegment tätig sind. Die so gewonnenen Renditekennziffern sind in einem zweiten Schritt auf das betreffende Unternehmen zu übertragen. Liegt der tatsächliche Erfolg der Gesellschaft in dem so bestimmten Gewinnintervall, gelten die zugrunde gelegten Verrechnungspreise als angemessen, im anderen Falle werden sie in einem dritten Schritt so lange angepasst, bis der Gesamterfolg in das Gewinnintervall fällt.[191] Die Vereinbarkeit mit dem Fremdvergleichsgrundsatz wird in folgender Überlegung gesehen: Korrigiert man die Verrechnungspreise von verbundenen Unternehmen solange, bis der Gewinn der abhängigen Gesellschaft in Bandbreiten hineinfällt, die auch von unabhängigen Unternehmen erzielt werden, so müssen die veränderten Verrechnungspreise ungefähr denen entsprechen, die fremde Dritte untereinander vereinbart hätten.[192]

Ein solches Vorgehen hat jedoch mit dem arm's length principle wenig gemeinsam, da der Bezug zur unternehmerischen Einzeltransaktion verloren geht. Außerdem kommt es im Grundsatz zu einer **Sollgewinnbesteuerung** (income creation). Weiterhin wird implizit unterstellt, dass Ergebnisunterschiede ausschließlich auf falschen Verrechnungspreisen beruhen. Die zugrunde gelegten Preise sind jedoch nur einer von vielen ergebnisbestimmenden Faktoren. Andere Preisdeterminanten, wie bspw. Lohnniveau, technische Ausstattung und Effizienz der Unternehmung, Know-how-Besitz oder erreichbare Finanzierungskonditionen, können methodisch nicht erfasst werden. Demnach ist die Gewinnvergleichsmethode als selbstständige Ermittlungsmethode abzulehnen.[193] Im Gegensatz dazu ist der externe Betriebsvergleich in Form der **comparable profit method** in den USA als

---
[190] Zur Anwendung dieser Methode für Zwecke einer Bestimmung der Verrechnungspreise im Asset-Management siehe Vögele, A./Kobes, M., IStR 2001, S. 787 ff.
[191] Vgl. Eimermann, D., IStR 1993, S. 61 ff.; Flick, H. F. W., IStR 1993, S. 109.
[192] Vgl. Scholz, C./Crüger, A., RIW 2005, S. 36.
[193] Vgl. OECD, Leitlinien 2010, Tz. 2.56; Becker, H., IWB, Fach 8, USA, Gruppe 2, S. 703 f.

gleichberechtigte Verrechnungspreismethode eingeführt, die im Rahmen der best method rule zur Anwendung kommt, wenn sie sich im Einzelfall als die am besten geeignete Methode darstellt. Ebenso können nach den deutschen Verwaltungsgrundsätzen in Ausnahmefällen die Ergebnisse aus einem externen Betriebsvergleich selbstständig der Einkunftsabgrenzung zugrunde gelegt werden, wenn die Anwendung der Standardmethoden nicht zu sachgerechten Ergebnissen führt.[194] Daneben können die Renditekennziffern funktional (zumindest eingeschränkt) vergleichbarer Unternehmen in dem betreffenden Geschäftsbereich zum Nachweis der Fremdüblichkeit der prognostizierten Gewinne herangezogen werden.[195]

5. Abhängigkeit der zulässigen Verrechnungspreismethoden vom Unternehmenstyp

Bei der Festlegung und Prüfung konzerninterner Verrechnungspreise ist in Konzernen von den tatsächlichen Funktionen der nahe stehenden Unternehmen auszugehen. Zu diesem Zweck muss in Bezug auf die einzelnen Transaktionen geprüft werden, welche **Aufgaben** die an der konzerninternen Lieferung oder Leistung jeweils beteiligten Konzernglieder wahrnehmen und welches Unternehmen hierbei die wesentlichen Risiken trägt. In diesem Zusammenhang kann grundsätzlich unterschieden werden, ob das Unternehmen

- gleichförmig, einfach zu beherrschende und leicht imitierbare Aufgaben (Routinefunktionen) ausübt, die mit geringen Risiken und dem Einsatz marktüblicher Wirtschaftsgüter verbunden sind,
- mehr als nur einfach zu beherrschende und leicht imitierbare Aufgaben ausübt ohne jedoch besondere Risiken zu tragen oder
- wesentliche, für den Unternehmenserfolg entscheidende Funktionen ausübt, wesentliche Risiken übernimmt und über die für die Durchführung von Geschäften wesentlichen materiellen und immateriellen Wirtschaftsgüter verfügt (Entrepreneur oder Strategieträger).

Ein **Routineunternehmen** zeichnet sich nach den Verwaltungsgrundsätzen-Verfahren durch die Besonderheit aus, dass es bei üblichem Geschäftsablauf keine Verluste, sondern regelmäßig geringe aber relativ stabile Gewinne erwirtschaftet.[196] Im Unterschied dazu stehe dem Strategieträger (ggf. zusammen mit anderen Unternehmen, die eine vergleichbare Funktion ausüben) das Konzernergebnis zu, das nach Abgeltung von Funktionen anderer nahe stehender Unternehmen verbleibt. Ob das von einem Strategieträger erzielte Ergebnis dem Fremdvergleich entspricht, lasse sich von daher mangels vergleichbarer Unternehmen nicht mit Hilfe eines Gewinnvergleichs feststellen; das Ergebnis des Strategieträgers bilde vielmehr eine Residualgröße.

Zu den Unternehmen, die nach Auffassung der Finanzverwaltung Routinefunktionen ausüben, gehören Serviceeinheiten, einfache (risikoarme) Vertriebsgesellschaften oder Lohnfertiger. Ob für sie die Annahme zutrifft, dass

---

[194] Vgl. Verwaltungsgrundsätze, BMF-Schreiben v. 23. 2. 1983, BStBl 1983 I, S. 218, Tz. 2.4.5.
[195] Vgl. Verwaltungsgrundsätze-Verfahren, BMF-Schreiben v. 12. 4. 2005, BStBl 2005 I, S. 570, Tz. 3.4.12.b).
[196] Vgl. Verwaltungsgrundsätze-Verfahren, BMF-Schreiben v. 12. 4. 2005, BStBl 2005 I, S. 570, Tz 3. 4. 10.2.

1. Kapitel. Einführung

sie aufgrund der geringen Risiken geringe aber relativ stabile Gewinne erzielen, ist empirisch nicht bestätigt. Für Handelsunternehmen zeigt sich vielmehr, dass die Gewinne selbst dann, wenn man weitestgehend funktionsgleiche Gesellschaften betrachtet, erhebliche Schwankungsbreiten aufweisen.[197] Theoretisch ist diese Konvergenz jedenfalls zu erwarten, so dass Routineunternehmen grundsätzlich die Voraussetzung erfüllen sollten, die an die Anwendbarkeit der geschäftsfallbezogenen Nettomargenmethode zu stellen sind. In diesem Sinne hält die Finanzverwaltung in ihren Verwaltungsgrundsätze-Verfahren fest, dass

– auf die geschäftsfallbezogene Nettomargenmethode nur zurückgegriffen werden darf, wenn die Standardmethoden wegen des Fehlens oder der Mängel von Fremdvergleichsdaten nicht angewandt werden können;
– die geschäftsfallbezogene Nettomargenmethode nur auf Unternehmen anwendbar ist, die Routinefunktionen ausüben;
– die Anwendung der geschäftsfallbezogenen Nettomargenmethode voraussetzt, dass die Referenzunternehmen zumindest eingeschränkt vergleichbar sind.

Auf **Unternehmen, die mehr als Routinefunktionen** ausüben, ohne Strategieträger zu sein,[198] ist die geschäftsfallbezogene Nettomargenmethode für die Finanzverwaltung nicht anwendbar. Das gleiche gilt für Strategieträgerunternehmen. Lassen sich die Standardmethoden nicht oder nicht verlässlich anwenden, kann bei **Strategieträgerunternehmen** ersatzweise die geschäftsfallbezogene Gewinnaufteilungsmethode herangezogen werden.[199]

Für die Vielzahl der Unternehmen, die mehr als Routinefunktionen ausüben, ohne Strategieträger zu sein, ist die Anwendbarkeit der geschäftsfallbezogenen Gewinnaufteilungsmethode nicht vorgesehen. Für sie halten die Verwaltungsgrundsätze-Verfahren jedoch einen anderen Ausweg offen. Diese Unternehmen können, soweit für deren Geschäftsvorfälle keine Fremdpreise feststellbar sind, ihre Verrechnungspreise aufgrund von Planrechnungen ermitteln.

6. Festlegung der Verrechnungspreise mit Hilfe innerbetrieblicher Plandaten

a) Vorgaben der Finanzverwaltung

Nach Auffassung der deutschen Finanzverwaltung können zur Festlegung und Prüfung steuerlicher Verrechnungspreise auch innerbetriebliche Plandaten herangezogen werden. Diese Möglichkeit wurde vom Gesetzgeber im Rahmen des UntStRefG 2008 ausdrücklich bestätigt. „Für eine Geschäftsbeziehung zwischen einem Unternehmen, das alle wesentlichen Chancen und Risiken dieser Geschäftsbeziehung trägt, und einem anderen verbundenen Unternehmen bleibt es wie bisher möglich, den Verrechnungspreis aufgrund

---

[197] Vgl. Oestreicher, A./Duensing, M., IStR 2005, S. 140. Für ein vergleichbares Ergebnis im Zusammenhang mit Fertigungsunternehmen siehe Oestreicher, A./Endres, D., Dokumentation, 2005, S. 16.
[198] Zur Operationalisierung dieses Unternehmenstypus mit Hilfe der Kriterien Funktionsdichte, Risiko und Unsicherheit siehe Brem, M./Tucha, T., IStR 2006, S. 501 ff.; im Hinblick auf den damit verbundenen Dokumentationsaufwand kritisch Rasch, S./Rettinger, F., BB 2007, S. 355.
[199] Vgl. Verwaltungsgrundsätze-Verfahren, BMF-Schreiben v. 12. 4. 2005, BStBl 2005 I, S. 570.

innerbetrieblicher Planrechnungen zu bestimmen, die dem verbundenen Unternehmen einen fremdüblichen Gewinn zuweisen und das Restergebnis dem erstgenannten Unternehmen."[200] Die Finanzbehörde soll mit Hilfe innerbetrieblicher Plandaten in die Lage versetzt werden, das steuerliche Ergebnis des Steuerpflichtigen sowie die von ihm herangezogenen Fremdvergleichsdaten einer Plausibilitätskontrolle zu unterziehen.[201] Andererseits dürfen Steuerpflichtige unter bestimmten Voraussetzungen ihre Verrechnungspreise aufgrund innerbetrieblicher Plandaten und vorsichtiger Gewinnprognosen festlegen. Hierbei hat die Preisbestimmung aufgrund der Planrechnungen, die im Zeitpunkt des tatsächlichen Geschäftsabschlusses verfügbar waren, zu erfolgen.

Die **Verwendung von Planrechnungen** kommt in Betracht, wenn
- Fremdvergleichsdaten nur mit nicht zumutbarem Aufwand beschafft werden können, nicht ermittelbar, nicht mindestens eingeschränkt vergleichbar, nicht ausreichend zuverlässig und/oder nicht repräsentativ sind;
- bei der Ableitung der Einkünfte Zweifel an der Plausibilität bestehen;
- Unterschiede bei den Wirtschaftsgütern, Funktionen und Risiken nicht nachvollziehbar angepasst werden können;
- der Netto-Rendite-Vergleich nicht zulässig ist oder
- Unternehmen mit Entrepreneur-Funktionen zu beurteilen sind.

Eine Festlegung von Verrechnungspreisen, die auf Planrechnungen zurückgreift, ist soweit wie möglich auf **Fremdvergleichsdaten** zu stützen. In Betracht kommen fremdübliche Gewinnaufschläge oder eine marktübliche Kapitalverzinsung. Hierbei muss die Verrechnungspreisfestsetzung auf einer im Einzelfall sachgerechten Methode beruhen. Darüber hinaus sind die zugrunde liegenden Annahmen anhand der Erfahrungen bereits abgelaufener Zeiträume und auf der Basis betriebswirtschaftlich fundierter, vorsichtiger Prognosen zu begründen. Auf jeden Fall ist die Fremdüblichkeit der nach der Planung zu erwartenden Gewinne zu belegen. Dies kann über verschiedene Wege erreicht werden. Möglich sind der Vergleich mit

- Renditekennziffern funktional zumindest eingeschränkt vergleichbarer Unternehmen in dem betreffenden Geschäftsbereich;
- dem Ertrag einer risikoadäquaten Anlage am Kapitalmarkt oder
- dem funktions- und risikoadäquaten Anteil des Konzernunternehmens am zu erwartenden Gesamtgewinn des Konzerns. Voraussetzung für diese Alternative ist allerdings, dass die Gewinnerwartung für den Gesamtkonzern durch nachvollziehbare Analysen glaubhaft gemacht werden kann. Zu diesem Zweck ist die Angemessenheit der Gewinnerwartung des einzelnen Konzernunternehmens aus sachgerechten Kriterien (Wertschöpfungsbeiträge, Kosten, Umsätze, Funktions- oder Risikobeiträge) abzuleiten.

In allen Fällen setzt die Finanzverwaltung voraus, dass der Steuerpflichtige im regelmäßigen Turnus einen **Abgleich** zwischen Soll- und Ist-Zahlen

---

[200] Vgl. BT-Drs. 16/4841 v. 27. 3. 2007, S. 85.
[201] Vgl. § 1 Abs. 3 Satz 4 GAufzV; Verwaltungsgrundsätze-Verfahren, BMF-Schreiben v. 12. 4. 2005, BStBl 2005 I, S. 570, Tz. 3.4.12.2.; die Möglichkeit einer eigenständigen Festlegung der Verrechnungspreise mit Hilfe von Planrechnungen ergibt sich aus Tz. 3.4.12.6. Zur Kritik siehe Werra, M., IStR 2005, S. 21 f.; sowie Eigelshoven, A./Nientimp, A., DB 2005, S. 1187.

1. Kapitel. Einführung

erstellt. Werden diese Anforderungen nicht erfüllt, hält die Finanzverwaltung eine Angemessenheitsdokumentation, die auf innerbetrieblichen Plandaten beruht, für nicht verwertbar.

b) Beurteilung

Stützt sich der Steuerpflichtige bei der Bestimmung seiner Verrechnungspreise auf innerbetriebliche Plandaten, muss er die Fremdüblichkeit der nach der Planung zu erwartenden Gewinne belegen. Der hierzu mögliche Bezug auf den erwarteten Ertrag einer risikoadäquaten Anlage am Kapitalmarkt könnte bei einem Betriebsprüfer den Schluss nahe legen, dass Verrechnungspreise bereits dann anzupassen sind, wenn die Renditen hinter den erwarteten Kapitalkosten zurückbleiben. Dies wäre jedoch nicht sachgerecht. Entscheidet sich ein Investor zu Beginn eines Planungszeitraums für die Kapitalanlage in einem Unternehmen, wird er am Ende der Periode eine Verzinsung erzielen, die abhängig ist von der Entwicklung der Unternehmensumwelt und dem Unternehmensverhalten. Vergleicht er diese Rendite mit der risikolosen Verzinsung am Markt, weiß er, ob er mit seiner Investition im Unternehmen mehr oder weniger als die risikolose Verzinsung verdient hat. Er kann aber noch nicht beurteilen, ob das Unternehmen erfolgreich war oder erfolgreicher hätte sein können, wenn das Unternehmen auf die Umweltentwicklungen besser reagiert hätte (oder frei von Gesellschafterinteressen hätte agieren können). Diese Beurteilung ist nicht einfach, darf sich aber nicht an der ex ante erwarteten Kapitalverzinsung orientieren.[202] Maßgebend kann nur eine **realisierte Rendite** sein, die einem vergleichbaren Risiko ausgesetzt war wie das Unternehmen, in das investiert wurde. Sie kann aus den Renditen abgeleitet werden, die vergleichbare Unternehmen am Markt erzielen.

Vor diesem Hintergrund mag die Finanzverwaltung zwar zu Recht sehen wollen, dass „bei Begründung der Geschäftsbeziehung ein höherer Ertrag durch die Investition im Unternehmen als durch eine risikoadäquate Anlage am Kapitalmarkt erwartet werden konnte". Sie muss aber ggf. die **Planzahlen des Unternehmens** beurteilen und sollte diese Zahlen nur hinterfragen dürfen, wenn sie in ihrem Ergebnis von der erzielten Rendite vergleichbarer Unternehmen abweichen. Ein Vergleich mit der erwarteten Marktrendite erscheint ebenso unzulässig wie die Schätzung einer risikoadjustierten Verzinsung auf Basis kapitaltheoretischer Modelle.[203]

Bei der vorgesehenen Bestimmung des funktions- und risikoadäquaten Anteils einer Konzerngesellschaft am zu erwartenden Gewinn des gesamten Konzerns durch eine Verhältnisrechnung handelt es sich dagegen um eine indirekte Form der Gewinnaufteilung nach Maßgabe einer festen Formel, die in Deutschland lediglich für die gewerbesteuerliche Zerlegung vorgesehen ist. Zwar hat die Gewinnabgrenzung durch Gewinnaufteilung durchaus Charme.[204] Sie bezieht sich aber auf ein alternatives Konzept mit eigenen Implikationen für die Zuordnung der Residualgewinne.

---

[202] Vgl. Oestreicher, A./Endres, D., Dokumentation, 2005, S. 28 ff.
[203] A. A. wohl Wehnert, O./Stalberg, P., IStR 2002, S. 141 ff.
[204] Vgl. Oestreicher, A., Gewinnaufteilung, 2005, S. 73 ff. m. w. N.

7. Hypothetischer Fremdvergleich

a) Grundsätze

Können durch (tatsächlichen) Fremdvergleich keine uneingeschränkt oder eingeschränkt vergleichbaren Werte ermittelt werden, ist nach den Vorgaben des AStG (§ 1 Abs. 3 Satz 5 AStG) ein hypothetischer Fremdvergleich durchzuführen, „weil mangels verwendbarer Vergleichswerte keine andere Möglichkeit zur Bestimmung des Verrechnungspreises besteht."[205] Im Rahmen des hypothetischen Fremdvergleichs ist zu ermitteln, welche Preise voneinander unabhängige Dritte unter gleichen oder vergleichbaren Verhältnissen vereinbart hätten. **Ausgangspunkt** entsprechender Verhandlungen sind die Preisvorstellungen, die die Vertragsparteien in Bezug auf das Bewertungsobjekt minimal oder maximal zu zahlen bereit sind. Diese **Grenzpreise** (Mindestpreis des Leistenden und den Höchstpreis des Leistungsempfängers) markieren den erwarteten **Einigungsbereich**. Sie sind auf Grund einer Funktionsanalyse und innerbetrieblicher Planrechnungen in Abhängigkeit von den Gewinnerwartungen (Gewinnpotenzialen) der Vertragsparteien zu bestimmen (§ 1 Abs. 3 Satz 6 AStG). In den Fällen einer Funktionsverlagerung sind die Grenzpreise sowie der sich hieraus ergebende Einigungsbereich auf der Grundlage eines Transferpakets zu berechnen (§ 1 Abs. 3 Satz 9 AStG).[206]

Maßgebender **Verrechnungspreis** ist grundsätzlich der Wert im Einigungsbereich, „der dem Fremdvergleichsgrundsatz mit der höchsten Wahrscheinlichkeit entspricht" (§ 1 Abs. 3 Satz 7 AStG). Sind keine besonderen Anhaltspunkte für einen bestimmten Wert ersichtlich und werden unter Berücksichtigung der konkreten Umstände des Falls keine tragenden Gründe für einen bestimmten Wert glaubhaft gemacht, wird vermutet, dass sich die beiden ordentlichen und gewissenhaften Geschäftsleiter auf den Mittelwert des Einigungsbereichs einigen würden.

Zur Bestimmung der für die Ermittlung der Grenzpreise maßgebenden Gewinnpotenziale sind
- die Überschüsse zu isolieren, die auf das übertragene Wirtschaftsgut oder Transferpaket entfallen;
- die Nutzungsdauer zu ermitteln und
- der angemessene Kapitalisierungszinssatz zu bestimmen.

Die Grenzpreise werden ferner bestimmt durch **Handlungsalternativen** sowie die anlässlich der Verlagerung, der Übertragung oder der Veräußerung anfallenden Transaktionskosten einschließlich der beim abgebenden Unternehmen anfallenden Steuern auf Veräußerungsgewinne.

Die hierzu notwendigen Rechenschritte sind nicht trivial und erfordern zahlreiche Informationen, über mögliche Vergleichsunternehmen sowie in Bezug auf Kapitalmarktdaten. Schwierigkeiten bereitet hier i. d. R. schon die Isolierung der Überschüsse, die auf die in Transferpaketen gebündelten Wirtschaftsgüter und sonstige Vorteile entfallen. Größeren Aufwand erfordern daneben auch die Identifikation angemessener Kapitalisierungszinssätze sowie

---

[205] BT-Drs. 16/4841 v. 27. 3. 2007, S. 85.
[206] Zu den Voraussetzungen und Rechtsfolgen einer Funktionsverlagerung siehe 4. Kapitel Abschnitt D I.

1. Kapitel. Einführung

die Beachtung methodischer Zusammenhänge bei der Anwendung der ertragswertorientierten Verfahren zur Bestimmung des maßgebenden Zukunftserfolgswerts.[207] Hierauf wird im Folgenden näher eingegangen. Bezugspunkt ist die Bewertung von Transferpaketen im Rahmen einer Funktionsverlagerung (§ 1 Abs. 3 AStG i. V. m. §§ 3 ff. FVerlV). Vergleichbares gilt aber auch für die Preisermittlung von immateriellen Einzelwirtschaftsgütern im Rahmen des hypothetischen Fremdvergleichs.

b) Ermittlung der zu diskontierenden Gewinnerwartungen

(1) Bruttozahlungsreihe

Der „Einigungsbereich" wird von den jeweiligen Gewinnerwartungen (Gewinnpotenzialen) bestimmt. Gewinnpotenziale i. S. d. AStG sind die aus der verlagerten Funktion jeweils zu erwartenden Reingewinne nach Steuern, die der Funktion zuzuordnen sind. Der Verordnungsgeber setzt voraus, dass die Gewinnpotenziale unter Berücksichtigung aller Umstände des Einzelfalls auf der Grundlage einer Funktions- und Risikoanalyse der Unternehmen vor und nach der Funktionsverlagerung ermittelt werden. Namentlich sind die tatsächlich bestehenden Handlungsalternativen, Standortvorteile oder Standortnachteile und Synergieeffekte in das Kalkül einzubeziehen. Welche Steuern bei der Ableitung der Reingewinne wie zu berücksichtigen sind, wird in der Rechtsverordnung nicht adressiert. Offen ist selbst, wie der „Reingewinn" definiert ist.

Nach dem BMF-Schreiben vom 13. 10. 2010[208] sind für die Ermittlung „nur die **finanziellen Überschüsse nach Fremdkapitalkosten und Steuern** aus dem Transferpaket wertrelevant, die als Nettoeinnahmen während der erwarteten wirtschaftlichen Nutzungsdauer des Transferpaketes in den Verfügungsbereich des jeweiligen ordentlichen und gewissenhaften Geschäftsleiters gelangen"[209] Diese werden üblicherweise aus den für die Zukunft geplanten Jahresergebnissen abgeleitet.[210] Aus betriebswirtschaftlicher Sicht bestimmt sich der Wert eines Wirtschaftsguts nach dem erwarteten zukünftigen finanziellen Nutzen, der aus dessen Nutzung gezogen werden kann. Wesentlicher Ausgangspunkt für die Bewertung eines Transferpakets ist die

---

[207] Im Prinzip ist diese Ableitung „funktions- und risikoadäquater Kapitalisierungszinssätze aus Marktdaten nahezu unmöglich, da sich diese Werte ebenso wenig beobachten lassen, wie funktionsbezogene Transaktionsdaten", vgl. Oestreicher, Ubg 2009, S. 90. Zur Bewertung von Transferpaketen mit Hilfe des hypothetischen Fremdvergleichs siehe Oestreicher, A./Hundeshagen, C., Ubg 2009, S. 830 ff.; ferner dies., IStR 2009, S. 145 ff.; dies., DB 2008, S. 1637 ff., 1693 ff.

[208] Verwaltungsgrundsätze-Funktionsverlagerung, BMF-Schreiben v. 13. 10. 2010, BStBl 2010 I, S. 774.

[209] Verwaltungsgrundsätze-Funktionsverlagerung, BMF-Schreiben v. 13. 10. 2010, BStBl 2010 I, S. 774, Rn. 31.

[210] Befremdlich erscheint in diesem Zusammenhang die Vorstellung, dass die Gewinnpotenziale (i. S. von finanziellen Überschüssen) „aufgrund einer Kostenstellenrechnung, einer Produktergebnisrechnung oder einer Kostendeckungsbeitragsrechnung aus dem Gesamtgewinn des Unternehmens heraus gerechnet werden" können; vgl. Verwaltungsgrundsätze-Funktionsverlagerung, BMF-Schreiben v. 13. 10. 2010, BStBl 2010 I, S. 774, Rn. 83 ff. Diese Rechnungen haben in aller Regel abweichende Zielsetzungen zum Gegenstand und dürften auch von ihrer Datenbasis her kaum geeignet sein, die finanziellen Überschüsse zu ermitteln, die mit bestimmten Funktionen im Zusammenhang stehen.

Identifikation der spezifischen Einnahmen und Ausgaben, die diesem Transferpaket zuzurechnen sind.[211] Theoretisch möglich sind eine direkte[212] sowie eine indirekte Bestimmung der finanziellen Überschüsse. Die indirekte Methode wird aber in aller Regel ausscheiden müssen, wenn einzelne Wirtschaftsgüter zu bewerten sind. Sie dient vielmehr als eine praktische Alternative für die Ermittlung des Werts von Transferpaketen. Bei der Bewertung einzelner Vermögenswerte nach der **direkten Bewertungsmethode** ergibt sich nach den Grundsätzen zur Bewertung immaterieller Vermögenswerte (IDW S 5) der Wert eines Vermögenswerts aus der Summe der Barwerte der künftig erzielbaren Cash-Flows zum Bewertungsstichtag.[213] Die so gewonnenen funktionsbezogenen Cash-Flows werden mit dem vermögenswertspezifischen Kapitalkostensatz zum Barwert verdichtet. Sind im Rahmen einer Funktionsverlagerung Transferpakete nach den Grundsätzen des hypothetischen Fremdvergleichs zu bewerten, kommt alternativ die **indirekte Methode** in Betracht. Danach ermittelt sich der Wert des Transferpakets als Differenz der Unternehmenswerte vor und nach der Funktionsverlagerung. Hierbei können Unternehmenswerte nach den Grundsätzen des IDW zur Durchführung von Unternehmensbewertungen als Zukunftserfolgswert sowohl nach der Ertragswertmethode als auch nach einem DCF-Verfahren ermittelt werden.[214] Dieser indirekte Bewertungsansatz erlaubt es, den Risikoverbund zwischen den einzelnen Funktionen eines Unternehmens explizit zu berücksichtigen. Ferner ist gewährleistet, dass alle aus Sicht der Anteilseigner eines Unternehmens bewertungsrelevanten Faktoren berücksichtigt werden. Die undifferenzierte Anwendung dieser Vorgehensweise beim aufnehmenden Unternehmen unterstellt aber, dass jede Veränderung des Vermögenswerts auf das Transferpaket zurückzuführen ist, was sorgfältige Abgrenzungen erfordert, wenn das aufnehmende Unternehmen Gegenstand einer komplexen Reorganisation ist. Mehr noch setzt die Anwendung dieser Methode (da der Bewertung ganzer Unternehmen grundsätzlich unbegrenzte Kapitalisierungszeiträume zugrunde gelegt werden) voraus, dass das zu bewertende Differenzunternehmen (Transferpaket) selbständig lebensfähig ist und einem Betrieb ähnlich ist, wenn nicht die begrenzte Nutzungsdauer des Transferpakets explizit in den Unternehmensbewertungskalkülen berücksichtigt wird.

---

[211] Vgl. Verwaltungsgrundsätze-Funktionsverlagerung, BMF-Schreiben v. 13. 10. 2010, BStBl 2010 I, S. 774, Rn. 90 ff. dort auch die nachfolgenden Vorgaben.

[212] Die Finanzverwaltung spricht von einer direkten Methode in Bezug auf die Funktion und bezieht sich, wohl um sich Unterstützung für den unbegrenzten Kapitalisierungszeitraum zu verschaffen, im Unterschied zur Darstellung oben logisch nicht zutreffend auf den Standard des IDW für die Bewertung ganzer Unternehmen (IDW S. 1); siehe aber auch Verwaltungsgrundsätze-Funktionsverlagerung, BMF-Schreiben v. 13. 10. 2010, BStBl 2010 I, S. 774, Rn. 87 ff.

[213] Vgl. IDW, WPg-Supplement 4/2007, S. 64 ff., Tz. 23; in Bezug auf die Bestimmung der zu diskontierenden Cash-Flows unterscheidet der Standard im Einzelnen zwischen direkter (unmittelbare Cash-Flow-Prognose, Lizenzpreisanalogie, Residualwertmethode) und indirekter (Mehrgewinnmethode) Prognose.

[214] Bei identischen und impliziten Prämissen ergibt sich nach allen DCF-Verfahren und nach der Ertragswertmethode ein und derselbe Unternehmenswert; vgl. Ballwieser, W., WPg 1998, S. 82; zu einem Beispiel siehe Oestreicher, A./Hundeshagen, C., DB 2008, S. 1695.

1. Kapitel. Einführung

(2) Berücksichtigung von Steuern

Unternehmenssteuern mindern die finanziellen Zuflüsse aus dem Bewertungsobjekt und der Alternativanlage in unterschiedlicher Weise, so dass sie als negative Zielbeiträge im Kalkül zu berücksichtigen sind. Maßgebend sind dabei die voraussichtlich festzusetzenden oder tatsächlich festgesetzten und gezahlten und um einen entstandenen Ermäßigungsanspruch gekürzten Beträge.[215] Umstritten ist, welche Relevanz **persönliche Steuern** haben. Einerseits wird darauf hingewiesen, dass persönliche Steuern wertrelevant sind, weil sie von den Marktteilnehmern in ihre Entscheidung einbezogen werden.[216] Andererseits wird angeführt, die Berücksichtigung persönlicher Steuern „sei zu komplex, widerspreche der Objektivierung und sei bei korrekter Bestimmung der Alternativanlage überflüssig".[217] Das IDW hat in seinem Standard IDW S 1 (2008) zur Bewertung ganzer Unternehmen beide Standpunkte berücksichtigt (grundsätzlich wertrelevant, anlassbezogene Typisierungen erforderlich, mittelbare Typisierungen zulässig, bei gesetzlichen oder vertraglichen Bewertungsanlässen unmittelbare Typisierungen der persönlichen Ertragsteuerbelastung aus Sicht einer unbeschränkt steuerpflichtigen natürlichen Person). Entsprechend kann nach der Finanzverwaltung bei Kapitalgesellschaften davon ausgegangen werden, „dass die Nettozuflüsse aus dem Transferpaket und die Nettozuflüsse aus einer vergleichbaren Alternativinvestition im Falle einer Ausschüttung auf Anteilseignerebene einer vergleichbaren persönlichen Besteuerung unterliegen, so dass auf eine unmittelbare Berücksichtigung dieser Steuerfolgen verzichtet werden kann". Steuern sind in diesen Fällen nur die Ertragsteuern des Unternehmens.[218]

Auf Seiten des aufnehmenden Unternehmens ist zu berücksichtigen, dass der Erwerb eines Wirtschaftsguts oder Transferpakets mit **abschreibungsbedingten Steuervorteilen** verbunden ist.[219] Diese ergeben sich grundsätzlich daraus, dass die steuerliche Bemessungsgrundlage um Abschreibungen auf den Vermögenswert zu reduzieren ist.[220] Die Notwendigkeit der Berücksichtigung eines Abschreibungsvorteils ergibt sich daraus, dass die Ertragsteuerzahlungen im Kalkül auf Basis des Cash-Flows ermittelt werden. Dabei ist es nicht unüblich, die Steuervorteile aus Abschreibungen pauschal zu berücksichtigen. Gleichwohl ist diese Vorgehensweise nicht ganz unproblematisch, da sie die notwendige Verteilung des Kaufpreises auf die Einzelwirtschaftsgüter nicht zutreffend erfasst. Konsistent wäre auf Seiten des aufnehmenden Unternehmens eine nach Wirtschaftsgütern differenzierende Erhöhung des Bar-

---

[215] Vgl. Verwaltungsgrundsätze-Funktionsverlagerung, BMF-Schreiben v. 13. 10. 2010, BStBl 2010 I, S. 774, Rn. 33.
[216] So z. B. Ballwieser, W., WPg-Sonderheft 2008, S 106; zur Berücksichtigung von Steuern auf Ebene der Anteilseigner siehe auch Zeidler, G. W./Schöniger, S./Tschöpel, A., FB 2008, S. 276.
[217] Vgl. Jonas, M., WPg 2008, S. 826, 833; mit Hinweisen auf Hennrichs, J., ZHR 2000, S. 453; Richter, F., SBR 2004, S. 20; Barthel, C. W., FB 2007, S. 508.
[218] Vgl. Verwaltungsgrundsätze-Funktionsverlagerung, BMF-Schreiben v. 13. 10. 2010, BStBl 2010 I, S. 774, Rn. 34.
[219] So auch Verwaltungsgrundsätze-Funktionsverlagerung, BMF-Schreiben v. 13. 10. 2010, BStBl 2010 I, S. 774, Rn. 125.
[220] Vgl. IDW, WPg-Supplement 4/2007, S. 64 ff., Tz. 47.

werts der Nach-Steuer-Cash-Flows um die aus den Abschreibungen resultierenden, barwertigen Steuervorteile.[221]

c) Ermittlung des Kapitalisierungszeitraums

In Übereinstimmung mit den Grundsätzen des IDW zur Durchführung von Unternehmensbewertungen ist bei der Bestimmung des Gewinnpotenzials im Zusammenhang mit einer Funktionsverlagerung grundsätzlich von einer unbegrenzten Lebensdauer auszugehen. Anderes gilt, wenn Gründe für einen kürzeren Kapitalisierungszeitraum ersichtlich sind oder glaubhaft gemacht werden können. Diese Gründe müssen „in den Umständen der Funktionsausübung liegen". Weder die Rechtsverordnung noch ihre Begründung machen klar, welche Gründe nach Auffassung des Verordnungsgebers für einen zeitlich **begrenzten Kapitalisierungszeitraum** sprechen. In der Begründung des Verordnungsgebers wird lediglich ein Beispiel genannt. Gründe für einen bestimmten funktionsabhängigen Kapitalisierungszeitraum können demnach sein, dass „die ursprünglichen Investitionen und Vorleistungen des verlagernden Unternehmens mit der Zeit ihren Wert verlieren und die eigenen Investitionen des übernehmenden Unternehmens für die Ausübung der Funktion immer mehr an Bedeutung gewinnen"[222].

Kann ein begrenzter Kapitalisierungszeitraum nicht konkret belegt werden, ist es nach der Begründung des Verordnungsgebers notwendig, bei Funktionsverlagerungen von einem **unbegrenzten Zeitraum** auszugehen, „damit die erforderlichen Berechnungen rechtssicher vorgenommen werden können." Dies sei berechtigt, „da auch für Betriebs- oder Teilbetriebsveräußerungen nach betriebswirtschaftlichen Grundsätzen ein unbegrenzter Kapitalisierungszeitraum angewandt wird und Funktionsverlagerungen solchen Vorgängen ähnlich sind"[223]. Dabei bleibt unberücksichtigt, dass eine Funktionsverlagerung vorliegt, wenn ein Unternehmen Wirtschaftsgüter und sonstige Vorteile sowie damit verbundene Chancen und Risiken überträgt. Nicht erforderlich ist, dass die übertragene Sachgesamtheit für sich alleine lebensfähig ist. Sie muss eine gewisse Eigenständigkeit haben, die es erlaubt, ihr bestimmte Erträge und Aufwendungen zuzuordnen. Ausdrücklich kommt es gerade nicht darauf an, dass die steuerlichen Voraussetzungen eines Teilbetriebs vorliegen.

Im Unterschied zur Bewertung ganzer Unternehmen ist nach den Grundsätzen des IDW zur Bewertung immaterieller Vermögenswerte in Bezug auf den Planungszeitraum der Cash-Flows auf die wirtschaftliche Nutzungsdauer oder die **Restnutzungsdauer der (nämlichen) Vermögenswerte** abzustellen. Diese Nutzungsdauer ist regelmäßig zeitlich begrenzt, so dass die Berücksichtigung einer ewigen Rente im Bewertungskalkül nicht in Betracht kommt. Keine Rolle spielt, ob das erwerbende Unternehmen mögliche Ersatzinvestitionen aus dem Cash-Flow der übernommenen Vermögenswerte leisten kann. Die Berücksichtigung möglicher Ersatzinvestitionen wäre auch bei Funktionsverlagerungen gar nicht angemessen, wenn sie in der Verantwortung des aufnehmenden Unternehmens durchgeführt werden, da ande-

---

[221] Vgl. Oestreicher, A./Hundeshagen, C., DB 2008, S. 1699.
[222] BR-Drs. 352/08 v. 23. 5. 2008, S. 19, zu § 3 Abs. 3 Satz 3 FVerlV.
[223] BR-Drs. 352/08 v. 23. 5. 2008, S. 21, zu § 6 FVerlV.

renfalls ausländische Wertschöpfungsbestandteile in den steuerpflichtigen Wert einer Funktion eingingen.

Von einer ewigen Rente kann jedoch ausnahmsweise ausgegangen werden, wenn sichergestellt ist, dass die Nutzungsdauer so lang ist, dass es für das Bewertungsergebnis nicht darauf ankommt, ob der Barwert einer begrenzten Zahlungsreihe oder der Barwert einer ewigen Rente ermittelt wird. Nimmt man alles zusammen, spricht vieles dafür, dass bei Funktionsverlagerungen so, wie es auch bei immateriellen Vermögenswerten der Fall ist, grundsätzlich auf eine **begrenzte Nutzungsdauer** abgestellt wird, während die zeitlich unbegrenzte Nutzungsdauer nur für Ausnahmefälle in Betracht kommt.

d) Ermittlung des Diskontierungsfaktors

Für die Bestimmung des angemessenen Kapitalisierungszinssatzes ist **Ausgangspunkt** der landesübliche Zinssatz für eine quasi-risikolose Investition.[224] Auf Zinssätze für laufzeitäquivalente öffentliche Anleihen im jeweiligen Land, so z. B. in Deutschland nach Maßgabe der Zinsstrukturkurve der Deutschen Bundesbank, sind keine zusätzlichen Zuschläge für das Länderrisiko zulässig. Konkret sind **risikolose Investitionen** heranzuziehen, deren Laufzeit zu der voraussichtlichen Dauer der Funktionsausübung oder der Nutzungsdauer der wesentlichen immateriellen Wirtschaftsgüter äquivalent ist. Bei unbegrenzter Kapitalisierung ist eine möglichst langfristige Vergleichsinvestition heranzuziehen. Möglich ist aber, die Länderrisiken im Wege eines Zuschlags zu berücksichtigen, wenn auch für das Ausland der inländische risikolose Zinssatz zugrunde gelegt wird.

Auf den Basiszinssatz sind **funktions- und risikoadäquate Zuschläge** vorzunehmen. Diese Zuschläge sollten sich an der marktüblichen Rendite orientieren, die für die Ausübung vergleichbarer Funktionen erzielt werden. Liegen keine Kapitalmarktdaten für das Unternehmen selbst vor, wird der Risikozuschlag regelmäßig auf der Basis eines vergleichbaren Unternehmens (pure play) oder einer peer group abgeleitet. Bei der Bestimmung eines Vergleichsunternehmens sowie einer peer group sollte eine weitgehende Übereinstimmung der operativen Geschäftstätigkeit sowie der Unternehmensgröße angestrebt werden, Finanzierungsunterschiede sind zu korrigieren. Unabhängig davon ist der anzuwendende Kapitalisierungszinssatz danach zu unterscheiden, ob die Wertermittlung auf Basis von Reingewinnen oder von operativen Cash-Flows erfolgt.[225]

Können keine ausreichend vergleichbaren Renditeerwartungen ermittelt werden, ist der funktions- und risikoadäquate Zuschlag aus den Gewinnerwartungen des **Gesamtunternehmens** abzuleiten. Hier wird man sich in der Praxis mit häufig nicht unerheblichen Einschränkungen der Vergleichbarkeit und sachverständigen Schätzungen helfen müssen. Zum Teil werden überschlägige **Plausibilisierungen** vermögenswertspezifischer Kapitalisierungszinssätze mit Hilfe einer WACC-Reconciliation versucht.[226] Wird durch die Funktionsverlagerung das Risikoprofil eines Unternehmens nicht signifi-

---

[224] Vgl. Verwaltungsgrundsätze-Funktionsverlagerung, BMF-Schreiben v. 13. 10. 2010, BStBl 2010 I, S. 774, Rn. 104.
[225] Vgl. hierzu Oestreicher, A.,/Hundeshagen, C., Ubg 2009, S. 833 ff.
[226] Siehe z. B. Beyer, S./Mackenstedt, A., WPg 2008, S. 349.

kant verändert, sollte ferner auch eine Nutzung des Kapitalkostensatzes des Gesamtunternehmens möglich sein.

Werden die erwarteten Gewinne bei Kapitalgesellschaften um die Steuern der Gesellschafter gekürzt, ist der Kapitalisierungszinssatz auch um die Steuern des Gesellschafters zu kürzen. Beschränkt sich die Berücksichtigung von Steuern auf die **Steuern des Unternehmens,** ist bei Kapitalgesellschaften der Kapitalisierungszinssatz nicht zu reduzieren.[227]

Niedrigere Lohnkosten, Investitionsvergünstigungen und Steuersatzvorteile spiegeln sich im Kapitalisierungszinssatz aber nur insoweit wider, als die Unternehmen der peer group in der Art und Ausgestaltung ihrer Geschäftstätigkeit mit der aufnehmenden Kapitalgesellschaft übereinstimmen. Können die Unternehmen der peer group vergleichbare Kostenvorteile nutzen und unterliegen sie auch einer vergleichbaren Steuerbelastung, werden wichtige Parameter, die den Wert der Produktion aus Sicht des aufnehmenden Unternehmens determinieren, im Kapitalisierungszinssatz bereits erfasst. Ist das nicht der Fall, weil die Unternehmen der peer group die genannten Investitionsvergünstigungen nicht erhalten haben, sind Korrekturen erforderlich.

e) Bestimmung des Verrechnungspreises

(1) Handlungsalternativen

Der Einigungsbereich wird von den Preisen bestimmt, die der Leistende (das abgebende Unternehmen) und der Leistungsempfänger (das aufnehmende Unternehmen) mindestens erzielen wollen oder zu zahlen bereit sind. Ein solcher Bereich entsteht, wenn der Mindestpreis des **abgebenden Unternehmens** unter dem Betrag liegt, den das aufnehmende Unternehmen maximal ausgeben will. Für das abgebende Unternehmen ergibt sich der Mindestpreis des Einigungsbereichs „aus dem Ausgleich für den Wegfall oder die Minderung des Gewinnpotenzials zuzüglich der ggf. anfallenden Schließungskosten" (§ 7 Abs. 1 FVerlV).[228] Dabei sind tatsächlich bestehende Handlungsalternativen, die das Unternehmen realisieren könnte (z. B. die Einschaltung eines Auftragsproduzenten), zu berücksichtigen.

In Fällen, in denen das verlagernde Unternehmen aus rechtlichen, tatsächlichen oder wirtschaftlichen Gründen nicht mehr dazu in der Lage ist, die Funktion mit eigenen Mitteln selbst auszuüben, entspricht der Mindestpreis dem **Liquidationswert** (§ 7 Abs. 2 FVerlV). Das kann nach der Begründung zum Entwurf der Rechtsverordnung der Fall sein, weil z. B. „ein Kunde die Verlagerung verlangt oder weil wegen der räumlichen Entfernung zum Markt eine direkte Erschließung von Deutschland aus nicht sinnvoll ist"[229]. Der Liquidationswert umfasst auch die Schließungskosten und kann deshalb auch kleiner als Null sein.

---

[227] Vgl. Verwaltungsgrundsätze-Funktionsverlagerung, BMF-Schreiben v. 13. 10. 2010, BStBl 2010 I, S. 774, Rn. 108. Soweit das Ertragswertverfahren herangezogen wird, ist dem zuzustimmen, nicht hingegen beim WACC-Verfahren. Vgl. zur Kritik Oestreicher, A./Hundeshagen, C., Ubg 2009, S. 833 ff.

[228] Zu einer formalen Darstellung des Grenzpreiskalküls siehe Schreiber, U./Mai, J. M., ZfbF 2008, S. 8 ff.

[229] BR-Drs. 352/08 v. 23. 5. 2008, S. 22, zu § 7 Abs. 2 FVerlV.

1. Kapitel. Einführung

Erwartet das Unternehmen dauerhafte **Verluste**, wird der Mindestpreis des die Funktion abgebenden Unternehmens durch die zu erwartenden Verluste oder die ggf. anfallenden Schließungskosten begrenzt; maßgebend ist der „niedrigere absolute Betrag" (§ 7 Abs. 3 FVerlV).[230] Für das **aufnehmende Unternehmen** ergibt sich der Höchstpreis des Einigungsbereichs aus dem Gewinnpotenzial, dass dieses Unternehmen erzielen kann, wenn es die Funktion übernimmt. Bei der Bestimmung dieser „Obergrenze des Verhandlungsrahmens" sind tatsächlich bestehende Handlungsmöglichkeiten, die das übernehmende Unternehmen hätte, zu berücksichtigen, wenn es vom verlagernden Unternehmen unabhängig und über alle wesentlichen Umstände vollständig informiert wäre (§§ 7 Abs. 4 FVerlV, 1 Abs. 1 Satz 2 AStG). Höchstpreis und Einigungsbereich sind auch dann zu bestimmen, wenn das abgebende Unternehmen aus der Funktion dauerhafte Verluste erzielt oder aus rechtlichen, tatsächlichen oder wirtschaftlichen Gründen nicht mehr dazu in der Lage ist, die Funktion aus eigenen Mitteln auszuüben. Ist die Funktion für ein anderes Unternehmen wertvoll, wäre auch in dieser Situation „ein unabhängiger Dritter als verlagerndes Unternehmen grundsätzlich nicht dazu bereit, das Transferpaket unentgeltlich zur Verfügung zu stellen".[231]

Die nach den dargestellten Grundsätzen ermittelten Mindest- und Höchstpreise bilden den Einigungsbereich. Aus dem Einigungsbereich ist der Preis zugrunde zu legen, der dem Fremdvergleichsgrundsatz mit höchster Wahrscheinlichkeit entspricht. Kann der Steuerpflichtige keinen anderen Wert glaubhaft machen, ist der Mittelwert des Einigungsbereichs zugrunde zu legen. Diese **Mittelwertlösung** unterstellt, dass sich der Nutzen der beiden Parteien aus der Differenz zwischen dem Einigungspreis und ihrer jeweiligen Preisgrenze ergibt und die Lösung ferner als gerecht eingestuft wird, wenn der Nutzen der beiden Parteien gleich groß ist.[232] Tatsächlich dürfte die Frage, wie im konkreten Fall Verhandlungsgeschick, bestehende Machtverhältnisse, Eilbedürftigkeit oder andere Einflussgrößen zu berücksichtigen sind, wenigstens ebenso unklar sein, wie notwendige Korrekturen bei eingeschränkt vergleichbaren Fremddaten. Daher mag es nicht verwundern, wenn Zweifel aufkommen, ob der hypothetische Fremdvergleich so ausreichend bestimmt ist, dass die Steuerlast für den Steuerpflichtigen voraussehbar und berechenbar wird. Der BFH hat jedenfalls den Schluss gezogen, dass auch im hypothetischen Vergleich der niedrigste Preis, der innerhalb einer Brandbreite als fremdüblich anzuerkennender Werte liegt, als Vergleichswert anzusetzen ist.[233]

(2) Transaktionskosten und Veräußerungsgewinnsteuern

Die Verlagerung einer Unternehmensfunktion ist für das abgebende Unternehmen i. d. R. mit Verlagerungskosten verbunden. Ein ordentlicher und gewissenhafter Geschäftsleiter wäre gegenüber einem Verkauf nur dann indifferent, wenn der nach Abzug aller Veräußerungskosten verbleibende Nettoverkaufserlös gerade dem Ertragswert der Funktion entspricht. Zu diesen Veräußerungskosten gehören z. B. die **Kosten einer möglichen Still-**

---

[230] Kritisch zu dieser unklaren Regelung siehe Oestreicher, A., Ubg 2009, S. 86 f.
[231] BR-Drs. 352/08 v. 23. 5. 2008, S. 24, zu § 7 Abs. 5 FVerlV.
[232] Siehe zu dieser Lösung Nash, J. F., Econometrica 1950, S. 155 ff.
[233] Vgl. BFH v. 15. 9. 2004, BStBl 2005 II, S. 867.

legung. Sie schließen aber bei einem Asset Deal auch die durch den Verkauf ausgelösten **Steuern auf den Veräußerungsgewinn** ein. Wird diese Besteuerung nicht berücksichtigt, stellt sich das abgebende Unternehmen durch den Verkauf zum Grenzpreis gerade in Höhe der Veräußerungsgewinnbesteuerung schlechter. Ein ordentlicher und gewissenhafter Geschäftsleiter muss also seine Mindestkaufpreisforderung um die auf den Veräußerungsgewinn entfallenden Steuern erhöhen.[234]

(3) Nachträgliche Abweichung in der Gewinnentwicklung

Nach den Bestimmungen des AStG ist widerlegbar zu vermuten, dass zum Zeitpunkt des Geschäftsabschlusses Unsicherheiten im Hinblick auf die Preisvereinbarung bestanden und unabhängige Dritte eine sachgerechte Anpassungsregelung vereinbart hätten, wenn wesentliche immaterielle Wirtschaftsgüter und Vorteile Gegenstand einer Geschäftsbeziehung sind, die Verrechnungspreisbestimmung auf der Anwendung des hypothetischen Fremdvergleichs beruht und die tatsächliche spätere Gewinnentwicklung erheblich von der Gewinnentwicklung abweicht, die der Verrechnungspreisbestimmung zugrunde lag (§ 1 Abs. 3 Satz 11 AStG). Wurde eine solche Regelung nicht vereinbart und tritt innerhalb der ersten zehn Jahre nach Geschäftsabschluss eine erhebliche Abweichung i. S. d. § 1 Abs. 3 Satz 11 AStG ein, ist für eine deshalb vorzunehmende Berichtigung nach § 1 Abs. 1 Satz 1 AStG einmalig ein angemessener **Anpassungsbetrag** auf den ursprünglichen Verrechnungspreis der Besteuerung des Wirtschaftsjahres zugrunde zu legen, das dem Jahr folgt, in dem die Abweichung eingetreten ist (§ 1 Abs. 3 Satz 12 AStG).

Nach der Funktionsverlagerungsverordnung ist eine „erhebliche Abweichung" gegeben, wenn der unter Zugrundelegung der tatsächlichen Gewinnentwicklung zutreffende Verrechnungspreis außerhalb des ursprünglichen Einigungsbereichs liegt. Legt man das Verfahren des hypothetischen Fremdvergleichs zugrunde, ist **für Zwecke der Bestimmung des** „unter Zugrundelegung der tatsächlichen Gewinnentwicklung **zutreffende[n] Verrechnungspreis[es]**" sowohl ein neuer Mindestpreis als auch ein neuer Höchstpreis zu bestimmen, um auf dieser Grundlage einen Preis im neuen Einigungsbereich zu ermitteln.

Der **neue Einigungsbereich** wird durch den ursprünglichen Mindestpreis und den neu ermittelten Höchstpreis des übernehmenden Unternehmens begrenzt. Eine erhebliche Abweichung liegt auch vor, wenn der neu ermittelte Höchstpreis niedriger ist als der ursprüngliche Mindestpreis des verlagernden Unternehmens (§ 10 FVerlV). Die zitierten Vorschriften sind an mehreren Stellen konkretisierungsbedürftig. Offen ist hier vor allem, was unter „tatsächliche spätere Gewinnentwicklung" zu verstehen ist, auf welchen Zeitraum diese bezogen ist und wie sich zur Feststellung einer erheblichen Abweichung „der unter Zugrundelegung der tatsächlichen Gewinnentwicklung zutreffende Verrechnungspreis" bestimmt (§§ 1 Abs. 3 Satz 11 AStG, 10 Satz 1 FVerlV). Konkretisierungsbedürftig ist auch die Tatsache, dass die Feststellung des Tatbestands, ob eine erhebliche Abweichung vorliegt (der „zutreffende Verrechnungspreis" liegt außerhalb des ursprünglichen Einigungs-

---

[234] Vgl. Verwaltungsgrundsätze-Funktionsverlagerung, BMF-Schreiben v. 13. 10. 2010, BStBl 2010 I, S. 774, Rn. 118. Siehe auch Schreiber, U., Besteuerung, 2008, S. 472, 805 f.; Oestreicher, A./Hundeshagen, C., IStR 2009, S. 147.

1. Kapitel. Einführung

bereichs), und die hieraus abzuleitende Rechtsfolge (vorzunehmende Berichtigung auf einen Wert im „neuen Einigungsbereich") auf **unterschiedliche Verrechnungspreise** Bezug nehmen.[235] Diese Regelungen sind nicht nachvollziehbar. Es ist zwar richtig, dass sich tatsächliche Änderungen nach einer Funktionsverlagerung nur auf Seiten des aufnehmenden Unternehmens ergeben können. Diese Änderungen sind aber nur insoweit zu berücksichtigen, als sie nicht auf Maßnahmen zurückgehen, die **nach der Funktionsverlagerung** neu begründet wurden (nachträgliche Investitions- oder Reorganisationsmaßnahmen). Maßgebend können nur die in der Funktion bereits angelegten Entwicklungen sein, über die im Zeitpunkt der Funktionsverlagerung Unsicherheit herrschte, so dass es zu einer falschen Einschätzung über die zukünftige Entwicklung kommen konnte. Aufgrund der tatsächlichen Entwicklung kann sich aber auch die Kalkulation des **abgebenden Unternehmens** nachträglich als falsch herausstellen. Anderenfalls würde unterstellt, dass die Unsicherheit über die zukünftige Entwicklung allein auf Seiten des Käufers liegt. Wäre die tatsächliche Entwicklung vorhersehbar gewesen, hätte in diesem Fall auch das abgebende Unternehmen einen vom ursprünglichen Grenzpreis abweichenden Mindestpreis ermittelt.

Die nach dem AStG erforderliche Anpassung ist angemessen, wenn sie dem Unterschiedsbetrag zwischen dem ursprünglichen und dem neu ermittelten Verrechnungspreis entspricht. Liegt der Mittelwert des neuen Einigungsbereichs unter dem ursprünglichen Mindestpreis (was bei einer folgerichtigen Anwendung des hypothetischen Fremdvergleichs, bei der die Unsicherheit zu einer Korrektur auch des Mindestpreises führen muss, nicht auftreten kann), ist die Anpassung angemessen, wenn sie dem Unterschiedsbetrag zwischen dem ursprünglichen Verrechnungspreis und dem Mittelwert des neuen Einigungsbereichs entspricht (§ 11 FVerlV).

Preisanpassungsklauseln haben ihren eigenen Preis, der im Grenzpreiskalkül des Verkäufers zu berücksichtigen ist und damit auf die Bestimmung seines Mindestpreises, den Grenzpreis und den Verrechnungspreis für ein Wirtschaftsgut oder Transferpaket Einfluss nimmt.[236] Vergleichbar damit wird der Verkäufer aber auch die Wahrscheinlichkeit, mit der er damit zu rechnen hat, dass sein Verrechnungspreis aufgrund der gesetzlichen Vorschrift wegen der „tatsächlichen späteren Gewinnentwicklung" korrigiert wird, sowie die sich hieraus ergebende Steuer auf den Anpassungsbetrag in den Mindestpreis einbeziehen. Dabei ist zu berücksichtigen, dass die Preisanpassungsklausel nicht nur den Missbrauchsfall erfasst, sondern auch greift, wenn der Verkäufer (unter Verwendung von Erwartungswerten) völlig richtig bewertet hat. Wird das Risiko einer Preisanpassung im Grenzpreiskalkül erfasst, ergibt sich, dass sich der **Mindestpreis um den Wert der Preisanpassung erhöhen muss**. Dieser Aufschlag hängt seiner Höhe nach von der Wahrscheinlichkeit ab, mit der die Voraussetzungen einer Preisanpassung voraussichtlich eintreten. Wird berücksichtigt, dass sich die hier betrachtete Preisanpassungsregelung technisch als ein Portfolio von Optionen darstellt, die sich nicht nur gegenseitig im Wert bedingen (haben der Steuerpflichtige oder die Finanzverwaltung eine Anpas-

---

[235] Siehe hierzu im Einzelnen Oestreicher, A./Wilcke, D., DB 2010, S. 468 ff.; dies., DB 2010, S. 1709 ff.
[236] Vgl. z. B. Tallau, C., FB 2009, S. 11.

sung vorgenommen, verfallen die anderen Optionen, da keine weitere Anpassungen vorgenommen werden dürfen), sondern sich darüber hinaus auch durch ein außerordentlich kompliziertes Auszahlungsprofil auszeichnen, sollte deutlich werden, dass die Bewertung der Preisanpassungsklausel keine einfache Übung ist.[237]

Um einen **Gleichklang** zwischen der gesetzlichen und einer alternativ zulässigen Preisanpassung auf vertraglicher Basis zu schaffen, müsste das Gesetz im Übrigen festlegen, dass

- das abgebende Unternehmen an zukünftigen Wertsteigerungen beteiligt ist,
- die beiden Vertragsparteien eine Beteiligung des abgebenden Unternehmens an den zukünftigen Wertsteigerungen durch einen Abschlag vom Verrechnungspreis im Zeitpunkt des Geschäftsabschlusses berücksichtigen sowie
- eine Differenz zwischen dem so ermittelten fixen Preisbestandteil und dem (bereits in t=0 vergüteten) ursprünglichen Verrechnungspreis als Vorauszahlung auf zu anzusetzenden Anpassungsbeträge zu verstehen ist.

Ferner müsste das Gesetz regeln, dass die in Bezug auf diese Differenz (in t=0) bereits gezahlten Steuerbeträge auf jene Steuerzahlungspflichten angerechnet werden, die in Bezug auf künftige Anpassungsbeträge festgesetzt werden. Führt die Nachschau dazu, dass die Gesamtvergütung aus fixem Kaufpreisbestandteil und Beteiligung des abgebenden Unternehmens an der künftigen Wertermittlung den ursprünglich versteuerten Verrechnungspreis unterschreitet, wäre dem abgebenden Unternehmen schließlich ein Erstattungsanspruch einzuräumen.[238]

8. Globale Gewinnzerlegung

Die Methode der globalen Gewinnzerlegung (global formulary apportionment method) ignoriert die (rechtliche) Selbstständigkeit konzernzugehöriger Unternehmen bei der Einkunftsabgrenzung. Hier wird der Gesamterfolg eines Konzerns nach einer im Voraus festgelegten starren **Aufteilungsformel** auf die einzelnen Gliedgesellschaften verteilt.[239] Aufteilungsfaktoren sind im Wesentlichen das Vermögen, die Lohnsumme oder der Umsatz. International wird die Methode der **globalen Gewinnzerlegung** überwiegend abgelehnt, weil sie mit dem Grundsatz des Fremdverhaltens nicht vereinbar sei. Da die Mitgliedstaaten der OECD für die Beibehaltung des Fremdvergleichsgrundsatzes eintreten, wird die Anwendung dieses Besteuerungsprinzips auf den internationalen Konzern zurückgewiesen.[240] Im Gegensatz dazu wird **in einigen föderal strukturierten Ländern** die formelbasierte Gewinnaufteilung genutzt, um Gewinne nationaler Unternehmen, deren Geschäftstätigkeit sich auf mehrere Gliedstaaten dieser Länder erstreckt, zwischen den beteiligten Gliedstaaten aufzuteilen. Beispiele sind die **unitary taxation** nationaler Kon-

---

[237] Siehe dazu im Einzelnen Oestreicher, A./Wilcke, D., DB 2010, S. 1710 ff.
[238] Vgl. Oestreicher, A./Wilcke, D., DB 2010, S. 1714.
[239] Vgl. Oestreicher, A., Konzern-Gewinnabgrenzung, 2000, S. 131 ff.; Portner, R., IWB, Fach 10, International, Gruppe 2, S. 863 f.
[240] Vgl. OECD, Leitlinien 2010, Tz. 1.32; siehe hierzu die Diskussion dieses Besteuerungskonzeptes im Abschnitt über „Alternative Konzepte der Gewinnabgrenzung" in Abschnitt D III 4 b).

zerngesellschaften durch US-Bundesstaaten und kanadische Provinzen[241] sowie die Aufteilung der gewerbesteuerlichen Bemessungsgrundlage in Deutschland im Falle der **Gewerbesteuerzerlegung**. Beide Rechtsinstitute wurden eingeführt, um die Bundesstaaten oder Gemeinden davor zu schützen, dass verbundene Unternehmen durch interne Maßnahmen ihren Gewinn willkürlich verlagern.[242]

Nach Vorstellungen der Europäischen Kommission ist die Methode der globalen Gewinnzerlegung ein Modell für eine konsolidierte Besteuerung multinationaler Unternehmen innerhalb der EU. Eine ausführliche Würdigung dieser bedeutsamen Harmonisierungsüberlegungen erfolgt im EU-Teil.[243]

IV. Bestimmung des anteiligen Kostenbeitrags (Konzernumlage) bei Gemeinschaftsprojekten

1. Grundstrukturen der Einkunftsabgrenzung durch Umlageverträge

Häufig schließen sich **unabhängige Unternehmen** im Rahmen von **Kooperationsverträgen** zu einer Art Interessenverbund zusammen, um durch gemeinsame Beschaffung, Herstellung oder Entwicklung von Leistungen Skaleneffekte zu erzielen oder Verbundvorteile zu realisieren, die auf der Kombination individueller Stärken und Erfahrungen beruhen. Bekannte Beispiele sind Einkaufsgemeinschaften, Interessengemeinschaften oder Arbeitsgemeinschaften, wie sie im Baugewerbe sehr häufig zu beobachten sind. So kommt etwa die **Arbeitsgemeinschaft** zustande, wenn ein Auftrag (z. B. der Bau einer Brücke, eines Hochhauses oder eines Autobahnstreckenabschnitts) die Leistungsfähigkeit der einzelnen in Betracht kommenden Unternehmen übersteigt. Um das Projekt gleichwohl durchführen zu können, schließen sich die Unternehmen in der Form einer **Innengesellschaft** zusammen und treten als Gemeinschaft in Rechtsbeziehungen zum Auftraggeber. Wachsender Kostendruck und die Entwicklungen in der Informations- und Kommunikationstechnologie bewirken auch eine zunehmende Integration der betrieblichen Prozesse im Rahmen der Beschaffung und des Ordermanagements (business to business transactions). Beispiele sind Unternehmen, die sich für Zwecke des Betriebs einer Internet-Beschaffungsplattform oder zur Aufteilung von Risiken (z. B. in der Hochtechnologieforschung) zusammenschließen, um Synergievorteile zu erzielen oder das Verlustpotenzial ihrer Forschungsanstrengungen zu minimieren.

In **Konzernunternehmen** ist der Abschluss einer Kooperationsvereinbarung redundant. Diese Unternehmen integrieren ihre betrieblichen Aktivitäten auf der Basis einer gesellschaftsrechtlichen Verbindung, so dass die Zusammenarbeit außerhalb von Marktbeziehungen stattfindet.[244] Gleichwohl können nach dem Fremdvergleichsgrundsatz bei der Gewinnabgrenzung zwi-

---

[241] Vgl. Hellerstein, J. R., STN 1993, S. 40 ff.; Weiner, J. E. M., Taxation, 1994; Bökelmann, J., Gewinnzurechnung, 1997, S. 67 ff.; Riecker, A., Körperschaftsbesteuerung, 1997, S. 133 ff.; Paschke, D., Unitary Taxation, 2007, S. 135 ff.
[242] Vgl. Rupp, R., Ertragsbesteuerung, 1983, S. 2 f., S. 120 f.; McLure, C. E. jr., ET 1989, S. 245.
[243] Vgl. 2. Teil, 4. Kapitel, Abschnitt E.
[244] Vgl. Williamson, O. E., Institutionen, 1990, S. 85.

schen verbundenen Unternehmen nur die Bedingungen zugrunde gelegt werden, die voneinander unabhängige Unternehmen in der vergleichbaren Situation vereinbaren würden. Damit beschränkt sich aus einer steuerlichen Perspektive die Zusammenarbeit zwischen den Gliedgesellschaften eines internationalen Konzerns auf schuldrechtliche Leistungsaustauschbeziehungen sowie die **zwischen fremden Unternehmen üblichen Kooperationsbeziehungen**. Letztere beziehen sich nach Auffassung von OECD und deutscher Finanzverwaltung auf Leistungen, die die Unternehmen zum Zwecke der gemeinsamen Beschaffung, Entwicklung oder Herstellung von Wirtschaftsgütern, Dienstleistungen oder Rechten gegenüber einer Innengesellschaft erbringen, um von der damit verbundenen Zusammenlegung ihrer Ressourcen oder Fähigkeiten wechselseitig Nutzen zu ziehen.[245] Im Einzelnen wird der Umfang dieser Kooperationsbeziehungen in den Bestimmungen über die Kostenumlagevereinbarung geregelt.

Beispiel: Die Tochtergesellschaften eines internationalen Konzerns vereinbaren, dass ihre Forschungsabteilungen künftig eng zusammenarbeiten sollen, um aus der damit verbundenen Vereinigung individueller Fachkenntnisse und Stärken in gemeinsamen Forschungsprojekten wechselseitige Vorteile zu ziehen.

Gegenüber der Lieferung oder Leistung durch ein Konzernunternehmen an ein oder mehrere verbundene Unternehmen stehen bei der Kostenumlagevereinbarung der Nutzen und das Interesse der Konzernglieder an der gemeinsamen Bedarfsdeckung im Vordergrund. Während sich bei der auf den **Austausch von Leistungen** angelegten Transaktion (konzerninterne Dienstleistung) die an dem Austausch beteiligten Parteien gewöhnlich auf der Grundlage eines schuldrechtlichen Vertrags gegenüberstehen, dem zufolge sich die eine Partei zur Beschaffung oder Herstellung und Übertragung von Gütern, Rechten oder Dienstleistungen verpflichtet (Auftragnehmer) und die andere Partei (Auftraggeber) im Gegenzug ein Entgelt verspricht, tauschen bei der Kostenumlagevereinbarung die Vertragspartner keine Leistungen aus, sondern vereinigen vielmehr Produktionsmittel, Kenntnisse oder Fertigkeiten für die **Erstellung einer gemeinsamen Leistung** (Kooperationsvertrag). Im Gegensatz zu dem konzerninternen Austausch von Gütern oder Diensten gegen Entgelt erbringen oder erhalten die Konzernglieder weder für die Beiträge, die sie gegenüber dem Leistungspool erbringen, noch für die Leistungen, die sie aus dem Pool erhalten, eine Gegenleistung. Stattdessen teilen sie sich die gemeinsam entstandenen Aufwendungen für das Recht, einen entsprechenden Anteil an den gemeinsam hervorgebrachten Leistungen zu nutzen oder zu verwerten.[246]

Entsprechend ist nach den Richtlinien der OECD der Teilnehmerkreis an einer Kostenbeitragsvereinbarung (cost contribution arrangement) auf Unternehmen beschränkt, von denen erwartet werden kann, dass sie aus den Leistungen, die sie gegenüber der Arbeitsgemeinschaft erbringen, **für sich selbst Vorteile ziehen,** d. h. ihren Anteil an den Ergebnissen der gemeinsamen Tätigkeit entweder selbst oder indirekt, z. B. über die Vergabe von Lizenzen,

---

[245] Vgl. Verwaltungsgrundsätze-Umlagen, BMF-Schreiben v. 30. 12. 1999, BStBl 1999 I, S. 1122, Tz. 1.1 und Tz. 1.2; OECD, Leitlinien 2010, Tz. 8.3.
[246] Zur Rechtfertigung des Besteuerungsmodells der Kostenteilungsvereinbarung siehe Schnorberger, S., Intertax 1997, S. 415 ff.

nutzen. Vertragspartner, die lediglich Leistungen im Interesse anderer Teilnehmer erbringen,[247] ohne die Ergebnisse selbst zu nutzen oder zu verwerten (reine Auftragnehmer), stehen dagegen außerhalb des Teilnehmerkreises der Kostenbeitragsvereinbarung. Ihre Leistungen an die auftraggebenden Vertragspartner des Umlagevertrags, die im Verhältnis zu dem konzerninternen Auftragnehmer die Stellung eines Nachfragepools[248] einnehmen, werden von den Richtlinien über die Kostenbeitragsvereinbarung nicht erfasst. Sie sind nach den allgemeinen Grundsätzen über die Bewertung von Lieferungen oder Leistungen zu Fremdvergleichspreisen abzurechnen.[249]

2. Durchführung eines Umlagevertrags

a) Anwendungsbereich der Kostenumlage

Nach den Verwaltungsgrundsätzen für Umlagen aus dem Jahr 1999 dienen Umlageverträge dem Ziel, Leistungen, die international verbundene Unternehmen „im gemeinsamen Interesse in einem längeren Zeitraum durch Zusammenwirken in einem Pool" erlangen oder erbringen, durch eine Umlage unter den Poolmitgliedern zu verrechnen.[250] Die in dieser Definition zum Ausdruck kommende Beschränkung des Poolkonzeptes auf die kooperative Zusammenarbeit zwischen Konzerngliedern wird bereits in der Präambel zum Ausdruck gebracht. Ausdrücklich sind die Grundsätze auf „Umlagen" beschränkt. „Die Einzelverrechnung von Leistungen [bleibe] hiervon unberührt, ohne Rücksicht darauf, ob der Verrechnungspreis mit Hilfe der direkten oder indirekten Methode ermittelt wird". Diese Klarstellung macht deutlich, dass die Beziehungen zwischen international verbundenen Unternehmen entweder durch Einzelverrechnung oder im Wege der Umlage erfasst werden können. Die **Umlage** ist maßgebend, wenn Unternehmen im gemeinsamen Interesse durch Zusammenwirken Leistungen erlangen oder erbringen. In diesem Fall bilden die Unternehmen insoweit eine **Innengesellschaft,** ohne eine Mitunternehmerschaft oder Betriebsstätte zu begründen.[251] Die **Einzelverrechnung** mit Hilfe der direkten oder indirekten Methode ist dagegen maßgebend, wenn zwischen den Unternehmen ein schuldrechtlicher **Leistungsaustausch** zu vergüten ist, für den das Entgelt entweder durch die gesonderte Zurechnung von Kosten (direkte Preisverrechnung) oder pauschal (indirekte Preisverrechnung) ermittelt wird. Die indirekte Preisverrechnung wurde in den ursprünglichen Richtlinien aus dem Jahre 1983 unter den Begriff der Konzernumlagen subsumiert.

Zur Festlegung des **Anwendungsbereichs der Konzernumlage** führt die Finanzverwaltung in ihren Verwaltungsgrundsätzen verschiedene Kriterien an, anhand derer ein steuerlich anzuerkennender Aufwandspool vom schuld-

---

[247] Vgl. OECD, Leitlinien 2010, Tz. 8.8. ff. Siehe auch Storck, A., Umlagen, 1997, S. 456 ff.
[248] Vgl. dazu Raupach, A., StuW 1990, S. 403.
[249] Vgl. OECD, Leitlinien 2010, Tz. 8.12.
[250] Vgl. Verwaltungsgrundsätze-Umlagen, BMF-Schreiben v. 30. 12. 1999, BStBl 1999 I, S. 1122, Tz. 1.1.
[251] Vgl. bereits RFH v. 9. 5. 1934, RStBl 1934, S. 658; BFH v. 9. 10. 1964, BStBl 1965 III, S. 71.

rechtlichen Leistungsaustausch zu unterscheiden sein soll. Zu diesen Kriterien gehören im Wesentlichen:
- Leistungen müssen im Interesse der empfangenden Unternehmen erbracht werden und einen Vorteil erwarten lassen (Tz. 1.1).
- Leistungen erstrecken sich auf Hilfsfunktionen der Poolmitglieder und werden zusammengefasst bewertet oder können in einer Vielzahl von Einzelleistungen bestehen (Tz. 1.1).
- Mitglieder müssen gleichgerichtete Interessen verfolgen, d. h. die Leistungen für die Interessengemeinschaft in wirtschaftlich gleicher Weise nutzen (Tz. 1.2).
- Mitglieder müssen aus den Leistungen, die sie gegenüber der Innengesellschaft erbringen, für sich selbst Vorteile ziehen, d. h. ihren Anteil an den Ergebnissen der gemeinsamen Tätigkeit nutzen. Vertragspartner des Pools, die Leistungen im Interesse der Poolmitglieder erbringen, ohne die Ergebnisse selbst zu nutzen oder zu verwerten (bloße Auftragnehmer), stehen außerhalb des Umlagevertrags (Tz. 1.2).
- Leistungen können von einem, von mehreren oder von allen Poolmitgliedern gemeinsam erbracht werden. Dabei können Unternehmen, die die Leistungen empfangen, dem Unternehmen, das Leistungen erbringt, Aufträge erteilen (Tz. 1.4).

Die in den Verwaltungsgrundsätzen wiedergegebenen Regelungen sind im Wesentlichen den OECD-Richtlinien zu den Kostenumlageverträgen nachgebildet. Sie stellen darauf ab, dass alle Vertragspartner eine reelle Aussicht darauf haben, **am Ergebnis** der gemeinsamen Beschaffung, Entwicklung oder Herstellung teilzunehmen und daraus einen Vorteil zu ziehen. Nicht ausreichend ist, wenn sich dieser Vorteil allein daraus ergibt, dass ein Konzernunternehmen für andere tätig ist. Die Teilnehmer der Konzernumlage müssen ein **eigenes Interesse an der Verwertung** der Produkte oder Leistungen haben, die den Gegenstand des Umlagevertrags bilden. Erforderlich ist jedoch nicht, dass die Vertragspartner die Aktivität tatsächlich gemeinsam ausüben, d. h. individuelle Stärken und Fachkenntnisse einbringen. Möglich ist vielmehr, dass einzelne Vertragspartner ihre Beiträge durch Geldzahlungen erbringen können. Möglich ist selbst, dass die Vertragspartner vereinbaren, die Tätigkeiten so zu zentralisieren, dass sie nur von einem einzigen Vertragspartner ausgeführt werden. Entscheiden sich jedoch die Vertragspartner eines Kostenumlagevertrags dafür, die betreffende Aktivität ganz oder teilweise auf eine separate Gesellschaft auszulagern, die keine Aussicht darauf hat, aus dem Gegenstand des Kostenumlagevertrags einen Vorteil zu ziehen, soll, wie nach den deutschen Richtlinien auch, ein fremdvergleichskonformer Preis verrechnet werden, der nach den allgemeinen Grundsätzen über die Verrechnung von Dienstleistungen festzulegen ist.

Zum Teil sind die **deutschen Richtlinien** jedoch gegenüber den internationalen Grundsätzen **enger** gefasst. So werden die Leistungen der Poolmitglieder zum einen auf Hilfsfunktionen beschränkt. Zum anderen werden bei einem Forschungs- und Entwicklungspool Holding- und Patentverwertungsgesellschaften vom Teilnehmerkreis ausgeschlossen.[252] Die OECD-Richtlinien

---

[252] Vgl. Verwaltungsgrundsätze-Umlagen, BMF-Schreiben v. 30. 12. 1999, BStBl 1999 I, S. 1122, Tz. 1.2.

1. Kapitel. Einführung

sind hier weniger restriktiv, weil sie neben der direkten auch die **indirekte Nutzenziehung** der Vorteile aus dem Pool im eigenen Unternehmen (bspw. durch Lizenzvergabe) für ausreichend halten.[253] Dieser Ansatz der OECD erscheint überzeugender, da die Qualifikation eines Teilnehmers auf dieser Grundlage in Abhängigkeit von der konkreten Ausgestaltung des Forschungs- oder Entwicklungspools und den Funktionen der einzelnen Mitglieder beurteilt werden kann.[254] Ähnlich grob ist die Einteilung der Leistungen einer Konzerngesellschaft in Haupt- und Hilfsleistungen sowie eine damit verbundene **Beschränkung des Poolkonzeptes auf Hilfsleistungen** durch die deutschen Verwaltungsgrundsätze.[255] Diese Unterscheidung ist zumindest dann fragwürdig, wenn eine Dienstleistung in eine gemeinsame Leistung umgewandelt werden kann, indem die Tätigkeit „bei einem Konzernglied als Hilfsfunktion zentralisiert wird."[256] Sieht man einmal davon ab, dass die Beschränkung der Umlage auf Hilfsfunktionen schon im Hinblick auf den Vergleich mit den üblichen Vereinbarungen unter Dritten (z. B. die Arbeitsgemeinschaft im Baugewerbe) nicht haltbar ist, wird deutlich, dass mit diesem Kriterium eine ökonomische Wertung (würden fremde Dritte im gegebenen Fall kooperieren?) **von der rechtlichen Gestaltung** des Sachverhalts im Einzelfall **abhängig** gemacht wird.

Erbringt eine konzerneigene Steuerberatungsgesellschaft Leistungen an Konzernunternehmen, so ändert sich der Dienstleistungscharakter von Aktivitäten einer Steuerberatungsgesellschaft nicht deshalb, weil diese Gesellschaft bei einem Konzernglied in Form einer Abteilung zentralisiert ist, die ihre Leistungen u. a. auch an das Konzernglied erbringt, dem sie zur Vermeidung eines Gewinnaufschlags angegliedert wurde.[257] Hilfreicher erscheint in diesem Zusammenhang die Maßgabe innerhalb der OECD-Richtlinien, dass die Beiträge eines Unternehmens in einem Kostenumlagevertrag dem entsprechen müssen, was ein unabhängiges Unternehmen unter vergleichbaren Umständen für die Vorteile, die es aus der Vereinbarung erwarten kann, bereit gewesen wäre zu leisten. Für unabhängige Unternehmen stellt sich damit aber die Entscheidung über die Teilnahme an einem Kostenumlagevertrag als eine **Make-or-buy-Entscheidung** dar. Folgt man dieser Unterscheidung, wird sich ein Unternehmen für die Teilnahme an einer Konzernumlage entscheiden, wenn die Leistung günstiger durch Zusammenwirken selbst erstellt (make) als vom Markt oder einem anderen Konzernunternehmen fremd

---

[253] Vgl. OECD, Leitlinien 2010, Tz. 8.10.
[254] Einzelne Vertreter der deutschen Finanzverwaltung stellen heraus, dass dies erreicht werden kann, ohne dem Umlagevertrag die steuerliche Anerkennung gänzlich zu versagen. Vielmehr sei genau zu prüfen, ob die Umlagemasse angemessen auf die Vertragspartner aufgeteilt wurde. Vgl. Kuckhoff, H./Schreiber, R., IStR 2000, S. 351. Für eine funktionale Betrachtung siehe auch Baumhoff, H., IStR 2000, S. 698.
[255] Zur Anwendung des Konzeptes der Kostenumlage auf das Key-Account-Management siehe das Beispiel bei Endres, D., PIStB 2005, S. 254 ff.
[256] Kuckhoff, H./Schreiber, R., IStR 2000, S. 349.
[257] So jedoch Kuckhoff, H./Schreiber, R., IStR 2000, S. 349; ähnlich Becker, H., IWB, Fach 3, Deutschland, Gruppe 2, S. 881, der aus der Verwaltungsregelung eine Wahlmöglichkeit der Konzernunternehmen ableitet. Den Dienstleistungscharakter von Steuerberatungsleistungen betont bereits das Urteil des BFH v. 23. 6. 1993, BStBl 1993 II, S. 801; aus diesem Urteil, das zur Frage der indirekten Preisverrechnung von Steuerberatungs(dienst-)leistungen ergangen ist, lässt sich die Beschränkung der Poolumlage auf Hilfsleistungen u. E. nicht ableiten.

bezogen werden kann (buy). In diesem Sinne wird auch durch die deutschen Verwaltungsgrundsätze bestimmt, dass eine aufgrund eines Umlagevertrags geleistete Umlage steuerlich nur insoweit anerkannt werden kann, als sie den Fremdpreis für die erbrachten Leistungen auf Dauer nicht überschreitet. Aus dieser Perspektive vollzieht sich jedoch die Entscheidung für den Abschluss eines vorteilhaften Kostenumlagevertrags nach den gleichen Kriterien, die auch für die Entscheidung über die Integration geschäftlicher Aktivitäten einzelner Konzernglieder unter dem einheitlichen Dach eines Unternehmens maßgebend sind.[258]

Es wäre zu begrüßen, wenn die Finanzverwaltung bei einer bereits angekündigten Überarbeitung dieser Grundsätze die ökonomische Zwecksetzung für die Bildung eines Aufwandspools (Unternehmens) in einer Generalklausel zum Ausdruck bringen könnte, anstatt sich auf eine Aufzählung vermeintlicher Merkmale von Arbeitsgemeinschaften zu beschränken. Diese Besinnung auf die ökonomischen Zwecke eines Aufwandspools würde den Blick für sachgerechte Kriterien zur Abgrenzung der Umlage von einer Dienstleistung schärfen und andere Kriterien, wie z. B. das Vorliegen einer Nebenleistung, als mit den ökonomischen Zwecken eines Aufwandspools nicht vereinbar entlarven.

b) Ermittlung der umlagefähigen Beträge

Im Rahmen einer Kostenumlagevereinbarung ist zunächst festzulegen, welche Leistungen von der Umlage dem Grunde nach erfasst werden. Ausgangsbasis für den umlagefähigen Betrag sind die **tatsächlichen direkten und indirekten Aufwendungen,** die im Zusammenhang mit der erbrachten oder zu erbringenden Leistung stehen. Gegenüber der Festlegung von Leistungsentgelten nach der Kostenaufschlagsmethode können bei der Bestimmung des umlagefähigen Betrags nur tatsächlich angefallene Aufwendungen berücksichtigt werden. Eine Verrechnung von Plankosten oder die Bewertung der Aufwendungen zu Wiederbeschaffungspreisen erscheint nicht zulässig.[259] Werden Vorauszahlungen geleistet oder erfolgt die Umlage auf der Basis budgetierter Aufwendungen, ist die endgültige Abrechnung von daher nach den tatsächlichen Aufwendungen vorzunehmen.[260] Im Übrigen können die Poolbeteiligten mit steuerlicher Wirkung grundsätzlich nur mit solchen Aufwendungen belastet werden, die durch das Kooperationsprojekt veranlasst sind. Aufwendungen, die mit anderweitigen Leistungen der Poolgesellschaft im Zusammenhang stehen, sind ebenso auszusondern wie Aufwendungen für Leistungen, die im Gesellschafterinteresse erbracht werden (shareholder activities).

Im Einzelnen sehen die Verwaltungsvorschriften für die Prüfung der Einkunftsabgrenzung durch Umlageverträge gleichwohl verschiedene Bestimmungen für die Ermittlung der Aufwendungen einer Konzerngesellschaft

---

[258] Siehe dazu Oestreicher, A., IStR 2000, S. 764; ähnlich Kuckhoff, H./Schreiber, R., IStR 2000, S. 346.
[259] So aber offensichtlich Kaminski, B., IWB, Fach 3, Deutschland, Gruppe 2, S. 901 ff.; nicht eindeutig Baumhoff, H., IStR 2000, S. 700 f.
[260] Vgl. Verwaltungsgrundsätze-Umlagen, BMF-Schreiben v. 30. 12. 1999, BStBl 1999 I, S. 1122, Tz. 3.4.

1. Kapitel. Einführung

vor, die von den allgemeinen Grundsätzen der steuerlichen Gewinnermittlung abweichen. Zu diesen **Besonderheiten** gehören einmal die Erfassung der (anteiligen) Aufwendungen nahe stehender Konzernunternehmen wie eigene Aufwendungen,[261] die Möglichkeit einer Anwendung **ausländischer Rechnungslegungsvorschriften,** die Verrechnung fiktiver Entgelte für Sachleistungen sowie der Abzug einer kalkulatorischen Eigenkapitalverzinsung. Konkret sind die Aufwendungen grundsätzlich nach den Rechnungslegungsvorschriften des Staates zu ermitteln, in dem das Unternehmen, das die Leistung erbringt, tätig wird. Abzusetzen sind die nach der Wertung des deutschen Steuerrechts nicht abzugsfähigen Aufwendungen (§§ 160 AO, 4 Abs. 5 EStG) sowie die Erträge, die mit den Leistungen des Pools in einem unmittelbaren wirtschaftlichen Zusammenhang stehen (z. B. Lizenzeinnahmen aus Wirtschaftsgütern, die im Rahmen des Umlagevertrags geschaffen wurden). Werden von den Poolmitgliedern einzelne **Sachleistungen** erbracht, liegt, da der Pool rechtlich nicht selbstständig ist, bei Wirtschaftsgütern keine Übertragung vor. Stattdessen ist von einer Überlassung dieser Wirtschaftsgüter zur Nutzung auszugehen, deren Wert nach den entstandenen Aufwendungen zu bemessen ist. Bei immateriellen Wirtschaftsgütern ist es nicht zu beanstanden, wenn der Aufwand anhand einer angemessenen Lizenzgebühr abzüglich des üblichen Gewinnanteils geschätzt wird. Diese Behandlung erscheint sachgerecht, da sich die Leistung des Pools nach der Summe aller Aufwendungen bestimmt, die die Poolteilnehmer im Zusammenhang mit der Realisierung des gemeinsamen Zwecks getragen haben. Nicht ganz eindeutig sind die Regelungen der Verwaltungsgrundsätze über die Verrechnung von bereits abgeschriebenen Wirtschaftsgütern. Bei Überlassung von materiellen Wirtschaftsgütern ist auf den Verkehrswert im Zeitpunkt der Überlassung und die Restnutzungsdauer abzustellen. Diese Vorgehensweise bedeutet eine Verrechnung von **fiktiven Miet- oder Lizenzentgelten,** die mit dem Prinzip eines pooling von Aufwendungen nicht vereinbar ist, da sie zu einer Gewinnrealisierung auf Ebene des Poolteilnehmers führen kann, der das Wirtschaftsgut überlässt.[262] In die gleiche Richtung geht die Möglichkeit einer Berücksichtigung von Aufwendungen für die Verzinsung des eingesetzten Eigenkapitals.

So wird auf der einen Seite ein **Gewinnaufschlag** auf die umzulegenden Aufwendungen im Hinblick auf den Zweck des Pools und das Fehlen eines eigenen unternehmerischen Risikos für das Leistungen erbringende Unternehmen steuerlich zwar zu Recht **nicht anerkannt.** Auf der anderen Seite wird aber zugestanden, dass die Aufwendungen um kalkulatorische Zinsen auf das eingesetzte Eigenkapital laut Steuerbilanz nach dem Habenzinssatz für die Währung des Tätigkeitsstaates erhöht werden können.[263] Die Frage nach der Zulässigkeit eines Gewinnaufschlags wurde lange Zeit sehr kontrovers diskutiert. Es besteht aber Einigkeit, dass nach dem Poolkonzept der Einbezug

---

[261] Sofern diese nicht nach § 160 AO oder § 4 Abs. 5 EStG nicht abzugsfähig sind; vgl. Verwaltungsgrundsätze-Umlagen, BMF-Schreiben v. 30. 12. 1999, BStBl 1999 I, S. 1122, Tz. 2.1.
[262] So auch Kroppen, H.-K., Handbuch, O Tz. 8.14, Anm. 17 f.
[263] Vgl. Verwaltungsgrundsätze-Umlagen, BMF-Schreiben v. 30. 12. 1999, BStBl 1999 I, S. 1122, Tz. 2.1 und Tz. 2.2. Zur Problematik der Bestimmung des Zinssatzes vgl. Baumhoff, H., IStR 2000, S. 702.

eines Gewinnaufschlags abzulehnen ist.²⁶⁴ Die durch die Konzernumlage verbundenen Unternehmen schließen sich zur gemeinsamen Leistungserstellung zusammen und tragen gemeinsam die damit verbundenen Risiken. Da das Geschäftsrisiko insoweit bei allen Teilnehmern des Aufwandspools gemeinsam liegt, ist ein Gewinnaufschlag nicht gerechtfertigt. Wird dies akzeptiert, kann aber für den Ansatz einer Verzinsung auf das eingesetzte Kapital nichts anderes gelten. Da nach dem Poolkonzept die Aufwendungen des Pools anteilig als eigene originäre Aufwendungen der Poolmitglieder behandelt werden, ist der Ansatz einer **Verzinsung auf das eingesetzte Kapital** gleichbedeutend mit der (vorgezogenen) Realisierung von Gewinn auf Ebene der die Leistungen erbringenden Poolteilnehmer in Höhe der kalkulatorischen Zinsen sowie dem Abzug kalkulatorischer Eigenkapitalkosten auf Ebene des Aufwandspools.²⁶⁵ Der Abzug kalkulatorischer Eigenkapitalzinsen ist dem deutschen Ertragsteuerrecht jedoch fremd, da er gegen das Verbot einer Berücksichtigung kalkulatorischer Kosten als Betriebsausgabe verstößt.

c) Bestimmung des Umlageschlüssels

Der umlagefähige Aufwand ist auf die Teilnehmer der Kostenumlage zu verteilen. Von der starren Festlegung eines Verteilungsschlüssels sollte hier Abstand genommen werden. Sowohl die Richtlinien der OECD als auch die deutschen Verwaltungsgrundsätze sprechen sich dafür aus, dass die Verteilung der Umlagemasse nach dem **Verhältnis des Nutzens,** den jedes Poolmitglied für sich erwartet, erfolgen soll. Dabei kommen nach den Vorgaben der deutschen Finanzverwaltung für den **Verteilungsmaßstab** u. a. die eingesetzten, hergestellten, verkauften oder zu erwartenden Einheiten einer Produktlinie, der Materialaufwand, die Maschinenstunden, die Anzahl der Arbeitnehmer, die Lohnsumme, die Wertschöpfung, das investierte Kapital, der Betriebsgewinn und der Umsatz in Betracht.²⁶⁶ Dieser Anteil ist anhand betriebswirtschaftlicher Grundsätze und unter Berücksichtigung aller Umstände und Entwicklungen, die im Zeitpunkt des Vertragsabschlusses vorhersehbar sind, zu ermitteln.²⁶⁷ Wird der Kostenumlagevertrag für einen unbestimmten Zeitraum abgeschlossen, müssen danach streng genommen zunächst **Erwartungen** über die voraussichtliche Dauer des gemeinsamen Projekts sowie die Anzahl der Jahre, für die sich die erwarteten Projektergebnisse bei ihrer Vermarktung positiv auf den Erfolg der Unternehmen auswirken, gebildet werden. Im Anschluss daran wären die Auswirkungen zu quantifizieren, die die Teilnehmer aus der Durchführung des gemeinsamen Projekts auf den Periodenerfolg oder alternativ betrachtete Erfolgsindikatoren erwarten. Nicht quantifizierbare Vorteile, die auf der Konzernzugehörigkeit beruhen, bleiben dabei allerdings unberücksichtigt. Auf dieser Grundlage kann schließlich der Nutzen eines Teilnehmers aus seiner Mitwirkung an dem Kostenumlagever-

---

²⁶⁴ Vgl. Scheffler, W., ZfbF 1991, S. 483 ff.; Stock, F./Kaminski, B., IStR 1998, S. 7 ff.; Vögele, A./Freytag, U., IWB, Fach 10, International, Gruppe 2, S. 1496.
²⁶⁵ Siehe hierzu auch das Beispiel bei Oestreicher, A., IStR 2000, S. 765 ff.
²⁶⁶ Vgl. Verwaltungsgrundsätze-Umlagen, BMF-Schreiben v. 30. 12. 1999, BStBl 1999 I, S. 1122, Tz. 3.2.
²⁶⁷ Vgl. dazu Ditz, X., DB 2004, S. 1951 ff. Zur praktischen Durchführung der Nutzenanalyse im Rahmen eines Umlagevertrags siehe das Beispiel bei Vögele, A./Scholz, C. M., IStR 2000, S. 557 ff.

1. Kapitel. Einführung

trag nach dem Barwert der prognostizierten Änderungen des Cash-Flows (z. B. Umsatzerlöse oder Betriebsgewinn) oder, soweit der Nutzen nicht in Geldeinheiten gemessen wird, einem (ggf. gewichteten) Durchschnitt des ermittelten Nutzenmaßstabs ermittelt werden. Nach Auffassung von Rechtsprechung[268] und Finanzverwaltung ist die Auswahl des Verteilungsschlüssels jedoch den beteiligten Unternehmen zu überlassen. Er kann nur beanstandet werden, wenn für ihn keine sachlichen Gründe angeführt werden können. In jedem Fall sollte aber nach Ablauf eines angemessenen Zeitraums geprüft werden, ob der tatsächlich eingetretene dem erwarteten Nutzen entspricht. Stellt sich heraus, dass die tatsächlichen Verhältnisse wesentlich von den ursprünglichen Erwartungen abweichen, können Anpassungen erforderlich werden. Bei **regelmäßiger Überprüfung** sollten sich allerdings Anpassungen auf zukünftige Zeiträume beschränken können.

Die Verrechnung von Umlagebeiträgen ist steuerlich grundsätzlich auch dann anzuerkennen, wenn das Projekt tatsächlich erfolglos bleibt (z. B. bei Forschungstätigkeiten eines Forschungs- und Entwicklungspools). Bei Projekten, die mit dem Risiko eines Fehlschlags verbunden sind, besteht der Zweck des Zusammenschlusses häufig gerade darin, das gegebene Risiko auf mehrere Teilnehmer zu verteilen, so dass es für den einzelnen Unternehmer tragbar wird. Ein unabhängiges Unternehmen würde jedoch die Kündigung seiner Teilnahme an dem Vertrag in Erwägung ziehen, wenn sich herausstellt, dass in überschaubarer Zeit ein messbarer Nutzen nicht zu erwarten ist.[269]

In der Praxis wird als Kostenaufteilungsmaßstab häufig der **Umsatz** der leistungsempfangenden Unternehmen gewählt. Begründet wird dies damit, dass sich schwerlich ein besserer Schlüssel finden lässt,[270] sofern man die betroffenen Unternehmen nicht mit übermäßigen Abrechnungsarbeiten belasten will[271] und der Umsatz eine aussagekräftige Kennzahl für die Leistungserstellung darstellt. Die Finanzverwaltung akzeptiert grundsätzlich die Verteilung der Umlagemasse nach dem Verhältnis der Umsätze, wenn es einen brauchbaren Maßstab für den tatsächlichen oder voraussichtlichen Nutzen der nahe stehenden Unternehmen liefert.[272] Eine Umlage durch einen **von den Aufwendungen unabhängigen Vomhundertsatz** des Umsatzes des leistungsempfangenden Unternehmens oder einer ähnlichen Bezugsgröße wird dagegen steuerlich **nicht anerkannt**.

d) Wechsel im Bestand der Poolmitglieder

Treten einem bestehenden Pool zu einem späteren Zeitpunkt neue Mitglieder bei oder scheiden Poolmitglieder vorzeitig aus, können Eintritts- oder Austrittszahlungen veranlasst sein. Probleme können insbesondere bei Neuerwerbungen von Beteiligungen entstehen, wenn der eintretende Partner über besonderes Wissen oder Erfahrungen verfügt und diese in die Gemeinschaft einbringt. Umgekehrt kann sich auch die Frage stellen, ob das eintretende

---

[268] Vgl. BFH v. 2. 2. 1960, BB 1960, S. 731.
[269] Vgl. OECD, Leitlinien 2010, Tz. 8.11.
[270] So Strobl, J., RIW/AWD 1980, S. 746.
[271] Vgl. Schröder, S., StBp 1981, S. 13.
[272] Vgl. Verwaltungsgrundsätze-Umlagen, BMF-Schreiben v. 30. 12. 1999, BStBl 1999 I, S. 1122, Tz. 3.1 und 3.2.

Unternehmen für das bereits verfügbare Wissen im Pool Ausgleichszahlungen zu leisten hat. In der Praxis stellt sich die Forderung nach derartigen **Eintrittszahlungen** (buy-in payments) bei laufenden Forschungstätigkeiten als ein schwieriges Bewertungsthema dar.[273] Nach dem Grundsatz des Fremdvergleichs wird man davon ausgehen können, dass Unternehmen, die sich an einem bestehenden Umlagevertrag beteiligen, einen **Ausgleich** dafür leisten müssen, dass dem neu eintretenden Poolmitglied aufgrund seiner Mitwirkung ein Teil der Erfolge zufallen, die aus bereits vorhandenen Vermögenswerten gezogen werden können. Diese Einschätzung sollte unabhängig davon Bestand haben, ob es sich um materielle oder immaterielle Wirtschaftsgüter, angefangene Arbeiten oder Kenntnisse handelt, die der Pool bei seinen vorangegangenen Tätigkeiten erworben hat. In jedem Fall ist aber die Rechtfertigung einer Eintrittszahlung grundsätzlich an der Frage zu messen, ob ein ordentlicher und gewissenhafter Geschäftsleiter für die Wirtschaftsgüter, Arbeiten oder Kenntnisse ein Entgelt gefordert oder entrichtet hätte. So dürfte z. B. ein neu in einen Umlagevertrag eintretender Vertragspartner nicht bereit sein, für die Kenntnisse und Erfahrungen, die der Pool bisher gesammelt hat, ein Entgelt aufzuwenden, wenn dieser neue Vertragsteilnehmer über einen vergleichbaren Wissensstand wie die bisherigen Poolmitglieder verfügt. Dies ist u. E. der Fall, wenn das z. B. in einen Fertigungspool eintretende Unternehmen bisher schon marktfähige Produkte vertrieben hat und über das notwendige Know-how für die Fertigung verfügt. Ein Eintrittsgeld ist von daher nur insoweit zu leisten, als die vorhandenen Kenntnisse und Erfahrungen nicht gleichwertig sind.[274] Es kann aber auch Fälle geben, in denen ein neuer Vertragspartner bereits vorhandene Wirtschaftsgüter in die Gemeinschaft einbringt. Hier können nach den Richtlinien der OECD Ausgleichszahlungen der anderen Vertragspartner als Gegenleistung für diese Beiträge angezeigt sein.[275]

Im Bereich **verwaltungsbezogener Leistungen** dürfte die Verrechnung eines Ausgleichsentgelts regelmäßig untergeordnete Bedeutung haben.[276] Diese Leistungen beziehen sich im Wesentlichen auf die Versorgung mit Diensten, die von den Partnern laufend in Anspruch genommen und damit unmittelbar verbraucht werden. In diesem Zusammenhang werden im Regelfall weder Vermögenswerte noch Rechte geschaffen. Anderes muss jedoch gelten, wenn der Pool Vorleistungen erbracht hat, für die ein ordentlicher und gewissenhafter Geschäftsleiter ein Entgelt gefordert oder entrichtet hätte. Zu denken ist z. B. an Gutachten, Vertragsentwürfe und Studien (Standortanalysen, Marktanalysen oder Produktanalysen) sowie im administrativen Bereich an die Entwicklungskosten für Berichtssysteme oder Computerprogramme.[277]

Typisch ist die Fragestellung dagegen für Umlageverträge im **Bereich Forschung und Entwicklung,** wenn der Pool zum Zeitpunkt des späte-

---

[273] Vgl. Becker, H., Forschungstätigkeiten, 1997, S. 54 ff.
[274] Siehe auch Verwaltungsgrundsätze-Umlagen, BMF-Schreiben v. 30. 12. 1999, BStBl 1999 I, S. 1122, Tz. 4.1.
[275] Vgl. OECD, Leitlinien 2010, Tz. 8.32.
[276] Vgl. Verwaltungsgrundsätze-Umlagen, BMF-Schreiben v. 30. 12. 1999, BStBl 1999 I, S. 1122, Tz. 4.1.; OECD, Leitlinien 2010, Tz. 8.36.
[277] Vgl. Baumhoff, H., IStR 2000, S. 731; Engler, G., Dienstleistung, 2004, S. 1325 f., 1342.

1. Kapitel. Einführung

ren Eintritts neuer Mitglieder bereits über verwertbare Forschungsergebnisse verfügt oder Erkenntnisse sammeln konnte, denen ein ordentlicher und gewissenhafter Geschäftsleiter einen gewissen Wert beimessen würde. Die Bestimmung dieses Wertes der vorhandenen Kenntnisse, Erfahrungen oder vorliegenden Forschungsergebnisse erweist sich allerdings nicht selten als besonders schwierig, da über das Verwertungspotenzial von Forschungsergebnissen häufig keine hinreichenden Erkenntnisse zu gewinnen sind. Andererseits ist bei immateriellen Wirtschaftsgütern eine Bestimmung des Marktwerts auf Basis der Kosten nur selten möglich, da zwischen dem tatsächlichen Marktwert dieser Güter und den Kosten, die bei ihrer Entwicklung entstehen, i. d. R. kein direkter Zusammenhang besteht. Solange sich jedoch der Marktwert nicht hinreichend bestimmen lässt, weil über das Verwertungspotenzial Unsicherheit besteht, dürfte es ausreichen, wenn sich die Eintrittszahlung an den vom Pool bis dahin angefallenen **Aufwendungen** orientiert.[278]

Nach Auffassung der deutschen Finanzverwaltung übertragen in allen Fällen eines Ausgleichs die bisherigen Poolmitglieder einen Teil ihrer jeweiligen Anteile an den aus der bisherigen Tätigkeit stammenden Ergebnissen. Für den Erwerber handele es sich hierbei um einen **aktivierungspflichtigen Vorgang**. Die damit verbundene Perspektive erscheint grundsätzlich zutreffend. Nicht ganz deutlich wird aber in dieser Aussage, ob es sich dabei um die (insgesamt zu aktivierende) Übertragung einer Art Gesellschaftsanteil handeln soll oder um den Erwerb von Bruchteilseigentum an den vorhandenen Wirtschaftsgütern. Der OECD-Bericht ist in diesem Punkt klarer. Danach soll eine Eintrittszahlung steuerlich so behandelt werden, wie dies aufgrund der für die jeweiligen Vertragspartner allgemein geltenden Bestimmungen des Steuersystems für den Fall erfolgen würde, dass die Zahlung für den Erwerb des zu erhaltenden Anteils außerhalb eines Umlagevertrags geleistet wird, z. B. für einen Anteil an immateriellen Wirtschaftsgütern, die aufgrund des Umlagevertrags bereits entwickelt worden sind, angefangene Arbeiten oder Kenntnisse, die aus den Aktivitäten des Pools in der Vergangenheit erworben worden sind.[279] Für die OECD kommt eine Aktivierung mithin nur insoweit in Betracht, als die Zahlung auf den **Erwerb von aktivierungsfähigen (Einzel-)Wirtschaftsgütern** gerichtet ist. Diese Wirtschaftsgüter müssten beim Erwerber in einer Art Ergänzungsbilanz aufgenommen und über die Nutzungsdauer abgeschrieben werden. Soweit der Pool dagegen lediglich Vorleistungen erbracht hat, die sich im Zeitpunkt des Eintritts neuer Poolteilnehmer noch nicht zu einzeln bewertbaren Wirtschaftsgütern verdichtet haben, muss eine Aktivierung u. E. **unterbleiben**.[280] Bei den übrigen Poolteilnehmern führt die Aufgabe ihrer Anteile an den aus der bisherigen Tätigkeit stammenden Ergebnissen umgekehrt zu Erträgen aus der anteiligen Veräußerung der entsprechenden Wirtschaftsgüter, angefangenen Arbeiten oder Kenntnisse.[281]

---
[278] Siehe hierzu die besonderen Anforderungen der US-Richtlinien nach den zeitlich befristeten Bestimmungen (temporary regulations) neuer „methods to determine taxable income in connection with a cost sharing arrangement" in Abschnitt D IV 2 b).
[279] Vgl. OECD, Leitlinien 2010, Tz. 8.33.
[280] Weitergehend Kroppen, H.-K., Handbuch, O Tz. 8.33, Anm. 1 ff.
[281] Vgl. IDW, WPg 1999, S. 716.

5. Teil. Erfolgs- und Vermögensabgrenzung

Beendigen die Beteiligten einen Umlagevertrag, so steht ihnen jeweils der Anteil an den Ergebnissen des Pools zu, der den Beiträgen entspricht, die während der Vertragslaufzeit in Form von Eintritts- oder Ausgleichszahlungen an den Pool geleistet wurden.[282] Entsprechend können bei einem **Austritt einzelner Poolpartner** aus dem Vertrag sowohl von dem austretenden Poolmitglied an den Pool als auch von den verbleibenden Poolmitgliedern an das austretende Mitglied Zahlungen zu leisten sein, die bei den (anteiligen) Vermögenswerten abgebenden Poolmitgliedern zu Veräußerungsgewinnen führen.

Zahlungen an den Pool sind zu leisten, wenn der Austritt eines Poolpartners „zu einer identifizierbaren und quantifizierbaren Verminderung des Wertes des fortgeführten Umlagevertrags führt".[282a] Dieser Fall ist gegeben, wenn die verbleibenden Poolmitglieder die bis dahin bestehenden Rechte an immateriellen Wirtschaftsgütern, halbfertigen Arbeiten oder Kenntnissen, die im Rahmen des Umlagevertrags geschaffen wurden, dem ausscheidenden Poolmitglied (allein) überlassen. Überträgt das ausscheidende Poolmitglied dagegen seine Vermögensrechte aus dem Umlagevertrag an die verbleibenden Mitglieder des Umlagevertrags, ist eine Ausgleichszahlung an das ausscheidende Mitglied zu leisten.

e) Steuerliche Besonderheiten

Nach dem Konzept des Aufwandspools arbeiten die Teilnehmer des Poolvertrags auf gemeinsames Risiko zusammen. Die Poolteilnehmer tauschen keine Leistungen aus. Sie leisten vielmehr Beiträge zum Zwecke der gemeinsamen Beschaffung, Entwicklung oder Herstellung von Wirtschaftsgütern, Rechten oder Dienstleistungen. Steuerlich sind die Beiträge der Poolmitglieder von daher **anteilige Anschaffungs- oder Herstellungskosten,** die im Falle der Entwicklung oder Herstellung immaterieller Wirtschaftsgüter grundsätzlich sofort abziehbare Betriebsausgaben darstellen.[283] Kein Teil eines Beitrags an einen Pool stellt damit eine Lizenzgebühr für die Benutzung immaterieller Wirtschaftsgüter dar, es sei denn, ein solcher Beitrag vermittelt dem Zahlenden lediglich ein Recht auf Benutzung immaterieller Wirtschaftsgüter, die einem Vertragspartner oder einem Dritten gehören, wobei der Leistende auch kein Anteilsrecht an den immateriellen Wirtschaftsgütern selbst erhält.[284] Das gilt auch für **Ausgleichszahlungen,** die im Zusammenhang mit einem Wechsel im Bestand der Poolteilnehmer für den Übergang der Anteile an den Wirtschaftsgütern, angefangenen Arbeiten oder Kenntnissen, die aus den Aktivitäten des Pools zum Wechsel hervorgegangen sind, geleistet werden. Von daher unterliegt die Umlage oder Ausgleichszahlung nicht dem Steuerabzug auf Vergütungen für die Überlassung der Nutzung oder des Rechts auf Nutzung von Rechten (§ 50a Abs. 4 Nr. 3 EStG).

---

[282] Vgl. Verwaltungsgrundsätze-Umlagen, BMF-Schreiben v. 30. 12. 1999, BStBl 1999 I, S. 1122, Tz. 4.2.

[282a] Ebenda.

[283] Zu den Ausnahmen siehe Verwaltungsgrundsätze-Umlagen, BMF-Schreiben vom 30. 12. 1999, BStBl 1999 I, S. 1122, Tz. 2.1.

[284] Vgl. Verwaltungsgrundsätze-Umlagen, BMF-Schreiben v. 30. 12. 1999, BStBl 1999 I, S. 1122, Tz. 4.4, Satz 4; Vögele, A./Freytag, U., IStR 2000, S. 249 ff.; OECD, Leitlinien 2010, Tz. 8.23 und Tz. 8.33.

1. Kapitel. Einführung

Quellensteuern aus der Vergabe von Poolergebnissen an Dritte können nur anteilig von den einzelnen Poolpartnern geltend gemacht werden. Soweit dagegen ein Poolmitglied, dem formal die Rechte an den immateriellen Wirtschaftsgütern gehören, die gesamte ausländische Quellensteuer bei seiner Besteuerung geltend macht, muss nach den Verwaltungsgrundsätzen gegenüber den anderen Poolmitgliedern ein Ausgleich erfolgen.[285]

3. Formelle Anerkennungsvoraussetzungen

Die Anerkennung von Konzernumlagen ist an hohe **Nachweis- und Formvorschriften** geknüpft. Es wird gefordert,[286] dass ein Umlagevertrag grundsätzlich schriftlich und im Vorhinein abgeschlossen wird. Damit darf sich die Umlage streng genommen nur auf Leistungen beziehen, die nach Vertragsabschluss erbracht werden.[287] Eine Rückbeziehung auf den Beginn des Wirtschaftsjahres für während des Jahres abgeschlossene Verträge sollte aber u. E. zulässig sein.[288] Im Einzelnen müssen Umlageverträge nach Auffassung der Finanzverwaltung vor allem folgende **Mindestanforderungen** enthalten:[289]

- Benennung der Poolmitglieder und der sonstigen nahe stehenden Nutznießer;
- genaue Beschreibung des Vertragsgegenstands und der zu erbringenden Leistungen;
- Ermittlung der umzulegenden Aufwendungen, der Methode der Aufwandserfassung sowie etwaige Abweichungen;
- Ermittlung und Dokumentation des Nutzens, den die einzelnen Teilnehmer erwarten;
- Ermittlung des Umlageschlüssels;
- Beschreibung des Verrechnungsmodus;
- Art und Umfang der Rechnungskontrolle;
- Bestimmungen über die Anpassungen an veränderte Verhältnisse. Der Umlagevertrag ist an geänderte wirtschaftliche Verhältnisse anzupassen. Insbesondere ist der Aufteilungsschlüssel zu modifizieren, wenn sich dem Vertrag zugrunde liegende Aufgabenverteilung im Konzern ändert;
- Vertragsdauer und Bestimmung über Vertragsauflösung;
- Vereinbarungen über den Zugriff auf die Unterlagen und Aufzeichnungen über die Aufwendungen und Leistungen des leistungserbringenden Unternehmens;
- Zuordnung der Nutzungsrechte aus zentralen Aktivitäten des Pools im Falle von Forschung und Entwicklung.

Die Beschreibung des Verrechnungsmodus sollte die getroffenen Vereinbarungen über die Form der Abrechnung enthalten. Als **Zahlungsmodalitä-**

---

[285] Zu Besonderheiten bei der Einschaltung von Patentverwertungsgesellschaften siehe 6. Teil, 5. Kapitel, Abschnitt C II 3 h (2).
[286] Vgl. Verwaltungsgrundsätze-Umlagen, BMF-Schreiben v. 30. 12. 1999, BStBl 1999 I, S. 1122, Tz. 5. Zur Voraussetzung einer schriftlichen Vereinbarung, die im Vorhinein getroffen wurde, siehe auch Abschnitte B I 1 und B III.
[287] Kritisch hierzu Baumhoff, H., IStR 2000, S. 696 f.
[288] Ebenso Baumhoff, H., IStR 2000, S. 696.
[289] Vgl. hierzu auch die Empfehlungen für die Gestaltung und Dokumentation von Kostenumlageverträgen in den OECD, Leitlinien 2010, Tz. 8.40 ff.

ten kommen bspw. monatliche oder vierteljährliche Abschlagszahlungen in Betracht, die sich am Budget oder der durchschnittlichen Inanspruchnahme der Poolergebnisse orientieren. Die jährliche Endabrechnung der Konzernumlage auf der Grundlage der in dieser Periode entstandenen tatsächlichen Kosten führt zu einer Gutschrift oder Belastung in Höhe der Differenz zwischen den vorläufigen und endgültigen Werten, die aus Vereinfachungsgründen mit der nächsten Rate verrechnet werden kann. Die Abrechnung kann von der leistungserbringenden Einheit selbst oder von einer darauf spezialisierten Abrechnungsgesellschaft des Konzerns durchgeführt werden. Zur Vermeidung von Währungsrisiken auf Ebene der leistenden Gesellschaft sollte die Konzernumlage in der für diese Gesellschaft maßgeblichen Währungseinheit abgerechnet werden.

Neben den Anforderungen an die Inhalte des Umlagevertrags müssen die Steuerpflichtigen umfangreiche **Dokumentationserfordernisse** einhalten. Betroffen sind im Einzelnen:[290]

– Verträge, ggf. in Verbindung mit Anhängen, Anlagen und Zusatzvereinbarungen;
– Unterlagen über die Anwendung des Aufteilungsschlüssels;
– Unterlagen über Aufwand und Leistungen. Die Leistungen müssen nachprüfbar dokumentiert sein. Dies gilt insbesondere, wenn verschiedene Leistungen in einem Umlagevertrag zusammengefasst sind. Die umlagefähigen Kosten sind mit Hilfe einer aussagefähigen Betriebsabrechnung von den weiteren Aufwendungen der Konzerngesellschaft zu trennen und anhand von Unterlagen zu belegen. Um den Nachweis zu erleichtern, kann es ratsam sein, die Berechnungsgrundsätze und die damit verbundenen Unterlagen von einem Wirtschaftsprüfer prüfen zu lassen;
– Unterlagen über den erwarteten Nutzen aus der Teilnahme an der Vereinbarung. Der zu erwartende Nutzen kann durch Problemanalysen, Projektberichte, Zielvorgaben und ähnliche Unterlagen dargelegt werden;
– Unterlagen über empfangene Leistungen. Der Empfänger hat seine tatsächlich empfangenen Leistungen anhand von Berichten, Protokollen oder sonst geeigneten Nachweisen nachprüfbar zu dokumentieren;
– Unterlagen über die Art und den Umfang der Rechnungskontrolle;
– Unterlagen über die Anpassung an veränderte Verhältnisse;
– Unterlagen über die Zugriffsberechtigung auf die Unterlagen des leistungserbringenden Unternehmens und
– Unterlagen über die Zuordnung von Nutzungsrechten.

Um die Gefahr der **Nichtanerkennung der Kostenumlage** zu verringern, kann es sinnvoll sein, den Finanzverwaltungen, bei denen die beteiligten Konzernunternehmen domiziliert sind, rechtzeitig die Entwürfe des Umlagevertrags vorzulegen, damit sie sich im Voraus zu der steuerlichen Anerkennung

---

[290] Vgl. dazu ferner § 5 Nr. 2 der Verordnung zu Art, Inhalt und Umfang von Aufzeichnungen i. S. d. § 90 Abs. 3 der Abgabenordnung (Gewinnabgrenzungsaufzeichnungsverordnung – GAufZV) v. 13. 11. 2003, BGBl 2003 I, S. 2296; sowie Verwaltungsgrundsätze-Verfahren, BMF-Schreiben v. 12. 4. 2005, BStBl 2005 I, S. 570, Tz. 3.3.2; die Einstufung der Abschlüsse von Umlageverträgen als außergewöhnliche Geschäftsvorfälle durch das UntStRefG 2008 (§ 3 Abs. 2 GAufZV) bewirkt, dass insoweit eine Vorratsdokumentation erforderlich ist, vgl. Baumhoff, H./Ditz, X./Greinert, M., DStR 2007, S. 1466.

des Vertrages äußern können.[291] Der OECD-Bericht empfiehlt weiterhin eine internationale Zusammenarbeit der Steuerverwaltungen bei der Überprüfung der Verträge, z. B. durch zeitlich abgestimmte Betriebsprüfungen.[292]

V. Vorgehensweise in der betrieblichen Praxis

1. Vergleichbarkeitsanalyse

a) Untersuchungsschritte

Die Herleitung von Verrechnungspreisen aus vergleichbaren Geschäftsvorfällen mit oder zwischen fremden Dritten (Vergleichstransaktion) setzt eine Reihe notwendiger Untersuchungsschritte voraus, für die es in der betrieblichen Praxis akzeptable Kompromisse zwischen methodischer Strenge und administrativem Aufwand zu finden gilt. Grundsätzlich bedeutet der Vergleich eines konzerninternen Geschäftsvorfalls mit einer Vergleichstransaktion aber, dass sowohl die Rahmenbedingungen des internen Geschäftsvorfalls untersucht als auch sichergestellt werden muss, dass die Vergleichstransaktion ausreichend gut vergleichbar ist. Um diesen Prozess sowohl auf Seiten des Steuerpflichtigen, für den es um die Suche nach Vergleichsdaten geht, die die von ihm gesetzten Verrechnungspreise stützen, als auch auf Seiten der Finanzverwaltung, deren Gegenstand die Prüfung und mögliche Anpassung der Verrechnungspreise ist, transparent zu gestalten, ist es inzwischen verbreitete Praxis, dass die einzelnen Untersuchungsschritte ausreichend zu dokumentieren sind. Im Rahmen ihrer Überarbeitung der Verrechnungspreisleitlinien vor allem in Bezug auf die Vergleichbarkeit[293] schlägt die OECD eine **typische Reihenfolge** vor, die die Steuerpflichtigen und Finanzverwaltungen bei der Herleitung von Verrechnungspreisen aus Vergleichstransaktionen beachten sollten.[294]

Im Einzelnen unterteilt sich dieser Prozess in **zehn Analyseschritte,** die von der Bestimmung der Jahre, die von der Analyse abgedeckt werden (Schritt 1) über die Durchführung einer groben Analyse der wirtschaftlichen Rahmenbedingungen (Schritt 1) bis hin zur Einrichtung eines Überwachungssystems, das der Sicherstellung und Dokumentation von Anpassungen bei materiellen Änderungen dient (Schritt 10), reichen. Weitere Schritte in diesem Prozess sind die

- Analyse der konzerninternen Transaktion;
- Prüfung interner Vergleichsdaten (soweit vorhanden);
- Festlegung möglicher Informationsquellen für externe Vergleichsdaten und Einschätzung ihrer Zuverlässigkeit;
- Auswahl der am besten geeigneten Verrechnungspreismethode;
- Identifikation möglicher Vergleichsdaten;
- Bestimmung und Durchführung von Anpassungsrechnungen (soweit erforderlich) sowie
- Interpretation und Nutzung der ermittelten Daten im Interesse einer Bestimmung der fremdüblichen Vergütung.

---

[291] Vgl. auch BMF-Schreiben v. 24. 7. 1987, BStBl 1987 I, S. 474; Krabbe, H., NWB, Fach 2, S. 4916.
[292] Vgl. OECD, Leitlinien 2010, Tz. 4.92 f.
[293] Vgl. OECD, Leitlinien 2010, Kap. III.
[294] Vgl. OECD, Leitlinien 2010, Tz. 3.4.

Lassen sich für die gewählte Methode keine ausreichend zuverlässigen Vergleichsdaten ermitteln, kann es notwendig sein, dass die Schritte zum Teil wiederholt werden müssen.

b) Analyse der wirtschaftlichen Rahmenbedingungen

In einem ersten Schritt geht es im Wesentlichen darum, die Rahmenbedingungen auszuleuchten, die im Zusammenhang mit der jeweiligen Branche, den Wettbewerbsverhältnissen, den wirtschaftlichen und regulatorischen Einflussgrößen und anderen Punkten, die den Steuerpflichtigen und sein Umfeld beeinflussen, stehen. Diese Analyse soll deutlich machen, unter welchen Rahmenbedingungen der konzerninterne Geschäftsvorfall durchgeführt wurde, um sicherzustellen, dass nur solche Markttransaktionen zum Vergleich herangezogen werden, die ähnlichen Rahmenbedingen unterworfen sind.

c) Analyse der konzerninternen Transaktion und Festlegung der Untersuchungsperspektive

(1) Gegenstand

Die Wahl der geeigneten Verrechnungspreismethode, die Ermittlung der Vergleichsdaten sowie, falls erforderlich, die Festlegung notwendiger Anpassungsmaßnahmen setzen voraus, dass die Eigenschaften der konzerninternen Transaktion genau bekannt sind. Hierbei steht zwar grundsätzlich der einzelne Geschäftsvorgang im Vordergrund. Zu prüfen ist aber in diesem Zusammenhang auch, ob dieser Vorgang Teil einer Gesamtvereinbarung ist, für sich abgeschlossen wurde oder im Ausgleich für ein nachteiliges Rechtsgeschäft zu sehen ist.

(2) Gesamtvereinbarung über ein Paket von Lieferungen und Leistungen

Die Bedingungen, zu denen konzerninterne Geschäftsvorgänge auf dem freien Markt stattfinden würden, sind grundsätzlich für jedes Geschäft einzeln festzustellen. In der Verrechnungspraxis zwischen multinationalen Unternehmen wird dagegen häufig ein einheitlicher Verrechnungspreis für komplexe Lieferungen oder Leistungen vereinbart.[295] Dies geschieht primär im Zusammenhang mit Lizenzvergaben von Know-how sowie bei Assistenzleistungen. Auch beim Verkauf von Gütern kommt es vor, dass das Verrechnungsentgelt bestimmte Dienstleistungen mit einschließt. So ist es z. B. möglich, dass eine Muttergesellschaft ihrer Tochtergesellschaft zu einem **Festpreis** die Nutzung von Patenten, Know-how und Warenzeichen überlässt, zusätzlich technische und verwaltungsmäßige Dienstleistungen erbringt und möglicherweise sogar die gesamten Produktionsanlagen vermietet.[296]

Derartige **Leistungspakete** (package deals) werden in der steuerlichen Rechtspraxis zwar skeptisch betrachtet, müssen aber nicht immer in ihre Teilkomponenten zerlegt werden. Vielmehr wird es als zulässig erachtet, die Fremdvergleichsbedingungen der miteinander verbundenen Geschäfte, soweit

---

[295] Vgl. umfassend Bauer, D., DB 2008, S. 152 ff., mit Hinweis auf die international unterschiedliche Praxis; siehe dazu auch Schnorberger, S., Intertax 2006, S. 305 ff., 406 ff. und 514 ff.
[296] Siehe z. B. den Sachverhalt im Urteil des FG München v. 16. 7. 2002, EFG 2003, S. 952; BFH v. 9. 11. 2005, BStBl 2006 II, S. 564.

1. Kapitel. Einführung

es zweckmäßig ist, gemeinsam und nicht getrennt festzulegen.[297] Als Beispiele nennen die Richtlinien der OECD langfristige Verträge über Warenlieferungen oder Dienstleistungen, Rechte auf Nutzung immaterieller Wirtschaftsgüter, die Preisgestaltung bei einer Palette eng miteinander verbundener Produkte (Portfolio-Ansätze)[298] oder die Vergabe von Herstellungs-Knowhow in Verbindung mit der Lieferung wichtiger Bestandteile. Vergleichbares gilt im Zusammenhang mit der Übertragung von Wirtschaftsgütern und sonstigen Vorteilen (Transferpakete) im Rahmen von Funktionsverlagerungen (§ 1 Abs. 3 Satz 9 AStG) oder Unternehmensreorganisationen.[299] Im Unterschied zu den package deals wird die Gesamtbetrachtung hier von der Finanzverwaltung sowie der OECD sogar für weitgehend notwendig erachtet, um zu erreichen, dass ein übertragener Firmenwert erfasst und Synergievorteile korrekt zugerechnet werden können.[300] Es ist jedoch zu beachten, dass wegen **unterschiedlicher Quellensteuern und Abkommensregelungen** bei den einzelnen Leistungskomponenten eine Aufspaltung des Entgelts notwendig sein kann. So werden, wie im Zusammenhang mit den Direktgeschäften dargestellt,[301] Zahlungen für Dienstleistungen bei Vorliegen eines DBA i. d. R. nicht der Quellensteuer unterworfen, wohingegen bei Zinsen und Lizenzen regelmäßig Quellensteuern in unterschiedlicher Höhe anfallen. Aus diesem Grund kann nicht verwehrt werden, dass die einzelnen Wertkomponenten gesondert ermittelt und quantifiziert werden. Unabhängig davon kann die Aufteilung komplexer Lieferungen und Leistungen auch im Plausibilitätskontrolle in Bezug auf den Drittvergleich dienen.

(3) Vorteilsausgleich

Bestehen wechselseitige Geschäftsbeziehungen, mag ein Unternehmen nachteilige Preise oder Konditionen im Hinblick darauf akzeptieren, dass es von seinem Vertragspartner im Gegenzug selbst Vorteile erhält. Diese Preise und Konditionen sind dann Gegenstand eines bewussten Vorteilsausgleichs (intentional set-off). Im Wege des Vorteilsausgleichs wird also eine nachteilige Vereinbarung mit einem vorteilhaften Rechtsgeschäft kompensiert. Derartige Vereinbarungen, die von der einfachen Aufrechnung von zwei Geschäften bis hin zu einer allgemeinen Clearing-Vereinbarung reichen, finden sich auch zwischen unabhängigen Unternehmen.

Beispiel: Ein deutscher Produzent räumt seiner ausländischen Tochtergesellschaft Vorzugspreise für produzierte Erzeugnisse ein, um im Gegenzug von günstigen Einkaufspreisen für Rohstoffe zu profitieren, die das deutsche Unternehmen im Herstellungsprozess einsetzen will.

---

[297] Vgl. OECD, Leitlinien 2010, Tz. 3.9 ff.; vgl. zur „Palettenbetrachtung" auch Baumhoff, H., IStR 1994, S. 593 f.; Baumhoff, H./Sieker, K., IStR 1995, S. 521 f.
[298] Vgl. OECD, Leitlinien 2010, Tz. 3.10; Beispiele sind der preisgünstige Verkauf von Kaffeemaschinen oder Druckern, durch die eine lukrative Nachfrage nach Kaffeekapseln oder Druckerpatronen ausgelöst wird.
[299] Vgl. OECD, Leitlinien 2010, Tz. 9.93; siehe dazu im Einzelnen 4. Kapitel, Abschnitt D.
[300] Zu dieser Zielsetzung bereits Kleineidam, H.-J., IStR 2001, S. 724 ff.; Bauer, D., DB 2008, S. 153; zur Ermittlung von Verrechnungspreisen in Fällen der Funktionsverlagerung ist Gegenstand siehe 4. Kapitel Abschnitt D.
[301] Vgl. 4. Teil, 1. Kapitel.

Auch ein Vorteilsausgleich zwischen **verschiedenen Vorgängen** kann dem arm's length principle entsprechen. Dies ist z. B. denkbar, wenn ein Konzernglied dem anderen Konzernglied eine Lizenz gegen die Überlassung von Know-how aus anderen Bereichen einräumt und geltend macht, dass das Geschäft weder Gewinn noch Verlust erbracht hat.[302] Generell gilt, dass eine Einkommensberichtigung nur dann erfolgen kann, wenn trotz Berücksichtigung des Vorteilsausgleichs ein „negativer Saldo" zu Lasten des Inländers verbleibt. Unabhängig davon bezieht sich der Vorteilsausgleich nur auf die Frage der Angemessenheit eines vereinbarten Entgelts. Damit verhindert seine Anwendung, dass nachteilige Bedingungen, die der Steuerpflichtige im Hinblick auf erwartete Vorteile in Kauf genommen hat, die Rechtsfolge einer vGA, vKE oder Berichtigung von Einkünften (§ 1 AStG) auslösen. Es beseitigt nicht die Tatsache, dass ein angemessenes Entgelt nach den für den Empfänger maßgebenden Vorschriften zu ermitteln und ggf. zu versteuern ist.[303]

Voraussetzung für den steuerlich anzuerkennenden Vorteilsausgleich innerhalb eines Konzerns ist jedoch immer, dass fremde Unternehmen solchen Geschäftsvereinbarungen auch zustimmen würden. Es müssen einem Geschäftspartner deswegen Vorteile zugeführt werden, weil dieser im Gegenzug ebenfalls zu Zugeständnissen bereit ist.[304] Nach den insoweit sehr engen Verwaltungsgrundsätzen[305] wird ein Vorteilsausgleich nur dann zugelassen, wenn

- die Geschäfte in einem solchen inneren Zusammenhang stehen, der den Schluss zulässt, dass die Geschäfte auch unter Fremdbedingungen von den Partnern abgeschlossen worden wären;
- die Vor- und Nachteile bei den einzelnen Geschäften mit der Sorgfalt eines ordentlichen Geschäftsleiters quantifiziert werden können und
- die Vorteilsverrechnung im Voraus vereinbart war oder zur Geschäftsgrundlage des nachteiligen Geschäftes gehörte.[306]

Eine weitere hohe Hürde des in den deutschen Verwaltungsgrundsätzen vorgesehenen Vorteilsausgleichs liegt darin, dass sich Vor- und Nachteile, sofern sie sich nicht während desselben Wirtschaftsjahres ausgeglichen haben, spätestens innerhalb der drei folgenden Wirtschaftsjahre **kompensieren** müssen.[307] Richtigerweise besteht für eine solche Begrenzung keine Rechtsgrundlage.[308] Vielmehr geht es um die Frage, ob der Steuerpflichtige schlüssig

---

[302] Vgl. OECD, Leitlinien 2010, Tz. 3.13.
[303] Siehe hierzu im Zusammenhang mit einer Quellenbesteuerung von Lizenzgebühren Flick, H./Wassermeyer, F./Baumhoff, H., Außensteuergesetz, § 1 AStG, Anm. 806. Realisiert sich z. B. aus der Übertragung eines Wirtschaftsguts ein Gewinn, ist dieser Gewinn in Höhe der Differenz zwischen Marktpreis und Buchwert auch dann im Zeitpunkt der Veräußerung zu versteuern, wenn sich ein Vorteilsausgleich ggf. mehrere Jahre zurück erstreckt.
[304] *Kuckhoff* und *Schreiber* sprechen insofern von der „deswegen-weil-Theorie". Vgl. Kuckhoff, H./Schreiber, R., Verrechnungspreise, 1997, S. 27.
[305] Vgl. Verwaltungsgrundsätze, BMF-Schreiben v. 23. 2. 1983, BStBl 1983 I, S. 218, Tz. 2.3.2. Vgl. hierzu Borstell, T., Richtlinie, 2004, S. 193 ff.
[306] Vgl. BFH v. 8. 6. 1977, BStBl 1977 II, S. 704; ähnlich OECD, Leitlinien 2010, Tz. 3.14 f.
[307] Vgl. Verwaltungsgrundsätze, BMF-Schreiben v. 23. 2. 1983, BStBl 1983 I, S. 218, Tz. 2.3.3.
[308] So auch Borstell, T., Richtlinie, 2004, S. 197; Kroppen, H.-K., Handbuch, V Tz. 2.3.3; Flick, H./Wassermeyer, F./Baumhoff, H., Außensteuergesetz, § 1 AStG, Anm. 792.1.

1. Kapitel. Einführung

darlegen kann, dass er einen Nachteil in Erwartung eines bestimmten Vorteils übernommen hat. Je unbestimmter der erwartete Vorteil ist und je weiter entfernt er zeitlich gesehen vom Nachteil entfernt eintreten soll, desto weniger wäre ein ordentlicher und gewissenhafter Geschäftsleiter bereit, sich auf eine Verrechnung einzulassen.[309] Vor diesem Hintergrund ist es für die Durchführung eines Vorteilsausgleichs zentral, dass für die im Wege des Vorteilsausgleichs zu verrechnenden Leistungen festgestellt werden kann, ob, und wenn ja, inwieweit die vereinbarten Entgelte angemessen oder unangemessen sind. Die hierzu erforderliche Prognose setzt die **Quantifizierbarkeit** der Vor- und Nachteile sowie eine Beurteilung der Wahrscheinlichkeit ihres Eintretens voraus.[310] Eine zeitliche Begrenzung erscheint hier nicht sachgerecht. Sie dürfte allein einer Vereinfachung des Verwaltungsvollzugs dienen.

Ferner ist zu den Verwaltungsgrundsätzen anzumerken, dass – wie insbesondere im Zusammenhang mit Dienstleistungen noch gezeigt wird – Konzernunternehmen nach der Rechtspraxis anderer Länder Saldierungen unter einem Vorteilsausgleich auch noch vornehmen können, wenn die zugrunde liegenden Aktivitäten nicht von vornherein gekoppelt waren. Der OECD-Bericht ist hier eindeutig flexibler. Er verlangt keinen inneren Zusammenhang der Geschäfte. Auch eine im Voraus festgelegte Ausgleichsvereinbarung ist nicht zwingend; es wird lediglich verlangt, dass die Voraussetzungen für den Vorteilsausgleich bei Abgabe der Steuererklärung erfüllt sind.[311] Eine weniger starre Handhabung des Vorteilsausgleichs wäre auch in Deutschland wünschenswert.[312]

(4) Festlegung der Untersuchungsperspektive

Ziel der Verrechnungspreisermittlung ist grundsätzlich der Vergleich einer konzerninternen Transaktion mit der Marktalternative. Können vergleichbare Transaktionen am Markt nicht beobachtet werden, ist der Marktpreis durch Anwendung von Verrechnungspreismethoden zu schätzen. Übliche Verfahren, die neben der Preisvergleichsmethode zur Anwendung kommen, sind die Kalkulationsmethode (Kostenaufschlagsmethode, Wiederverkaufspreismethode und transaktionsorientierte Nettomargenmethode), die geschäftsfallbezogene Gewinnaufteilungsmethode oder auch der hypothetische Fremdvergleich.[313] Hierbei gehört es zu den besonderen Merkmalen der Kalkulationsmethoden, dass sich die Verrechnungspreisanalyse in ihrem Anwendungsbereich auf eine der beiden Vertragsparteien beschränkt (einseitige Methoden).[314] Notwendig ist hier also die Auswahl der jeweiligen **Vertragspartei,** für die die nach der jeweils anwendbaren Verrechnungspreismethode maßgebende Renditekennziffer zu ermitteln und mit entsprechenden Margen am Markt zu vergleichen ist. Grundsätzlich fällt die Wahl dabei auf die Vertragspartei, auf die die Verrechnungspreismethode am zuverlässigsten angewendet werden kann. Dabei spielt es auch eine Rolle, ob sich zuverlässige Vergleichswerte bestimmen lassen.

---
[309] Vgl. Flick, H./Wassermeyer, F./Baumhoff, H., Außensteuergesetz, § 1 AStG, Anm. 792.1.
[310] Vgl. Borstell, T., Richtlinie, 2004, S. 195; Flick, H./Wassermeyer, F./Baumhoff, H., Außensteuergesetz, Anm. 795.
[311] Vgl. OECD, Leitlinien 2010, Tz. 3.15.
[312] So auch Gundel, G., Verrechnungspreise, 1997, S. 790.
[313] Siehe zur Darstellung dieser Methoden im Einzelnen Abschnitt C III.
[314] Vgl. dazu Oestreicher, A., Ubg 2009, S. 91.

Einseitige Methoden werden i. d. R. deshalb auf die Vertragspartei projiziert, die sich durch das weniger komplexe Aufgabenspektrum auszeichnet.

Beispiel:[315] Unternehmen A produziert zwei Produkte P1 und P2, die es an B veräußert. B ist ein verbundenes Unternehmen, das in einem anderen Land ansässig ist. Wird davon ausgegangen, dass A bei der Produktion von P1 wertvolle immaterielle Wirtschaftsgüter einsetzt, die B zuzurechnen sind, und im Rahmen dieser Produktion auch den Weisungen von B unterworfen ist, während A selbst lediglich einfache Dienstleistungen ausführt, liegt es nahe, im Rahmen der Vergleichbarkeitsanalyse auf Vergleichskennzahlen für A abzustellen. Nutzt A demgegenüber bei der Produktion von P2 eigene wertvolle immaterielle Wirtschaftsgüter, wie z. B. eigene Patente oder Warenzeichen, während B als Vertreiber fungiert, der in diesem Zusammenhang einfache Dienstleistungen erbringt und auch keine wertvollen immateriellen Wirtschaftsgüter einsetzt, empfiehlt es sich, im Zusammenhang mit P2 auf B abzustellen.

(5) Informationen in Bezug auf die konzerninterne Transaktion

Die Anwendung der Verrechnungspreisanalyse setzt Informationen über die Verteilung der Funktionen, Wirtschaftsgüter und Risiken voraus.[316] Stellt sich heraus, dass das beste Ergebnis mit der transaktionsbezogenen Gewinnaufteilungsmethode zu erzielen ist, sind **Informationen über alle Vertragsparteien** erforderlich, die an der Transaktion beteiligt sind. Im Hinblick auf die Zweiseitigkeit der Methode sind insbesondere auch Informationen über die ausländische(n) Vertragspartei(en) von Interesse. Diese Informationen beziehen sich sowohl auf qualitative Angaben zu den fünf Vergleichbarkeitsfaktoren (Eigenschaften, Funktionen, Vertragsbedingungen, wirtschaftliche Rahmenbedingungen und Geschäftsstrategien)[317] als auch die finanziellen Rahmenbedingungen der Gewinnaufteilung (die Höhe des aufzuteilenden Gewinns und den Maßgrößen, die zur Aufteilung herangezogen werden).

Soll eine **einseitige Methode** zur Anwendung kommen, sind Informationen über die Vertragspartei erforderlich, die zum Vergleich der Renditekennziffer herangezogen wird („tested party"). Das gilt unabhängig davon, ob diese Vertragspartei im In- oder Ausland ansässig ist. Hat aber für den Fall, dass die Kostenaufschlagsmethode, die Wiederverkaufspreismethode oder die geschäftsfallbezogene Nettomargenmethode zur Anwendung kommt, die maßgebende Vertragspartei ihren Sitz im Ausland, ist sicherzustellen, dass die Finanzbehörde des inländischen Fiskus ausreichend tiefe Einblicke in das Aufgabenspektrum sowie auch in die Vermögens-, Finanz- und Ertragslage des maßgebenden Unternehmens erhält. Dabei gilt es zu berücksichtigen, dass das inländische Unternehmen insoweit besonderen Schwierigkeiten ausgesetzt sein kann, als dass der Zugang zu den Daten und Dokumenten des ausländischen Unternehmens unabhängig davon beschränkt ist, dass es sich hierbei um ein verbundenes Unternehmen handelt. Im Hinblick auf die Informationsanforderungen durch die Finanzbehörden ist hier also Augenmaß erforderlich. Ist die für die Anwendung einseitiger Methoden maßgebende Vertragspartei im Inland ansässig, sind dagegen i. d. R. keine zusätzlichen Daten für die Finanzverwaltung aufzubereiten, da die erforderlichen Informationen im Inland bereits vorliegen sollten.[318]

---
[315] Siehe hierzu OECD, Leitlinien 2010, Tz. 3.19.
[316] Vgl. OECD, Leitlinien 2010, Tz. 3.20 ff.
[317] Siehe dazu Abschnitt C II 2 a).
[318] Vgl. OECD, Leitlinien 2010, Tz. 3.22.

d) Vergleichstransaktion

(1) Datenbasis

(a) Alternativen

Nach dem Grundsatz des Fremdvergleichs hat sich die Festsetzung der konzerninternen Verrechnungspreise grundsätzlich an den tatsächlich feststellbaren Vereinbarungen zu orientieren, die zwischen rechtlich voneinander unabhängigen Unternehmen unter vergleichbaren Verhältnissen zur maßgeblichen Zeit getroffen worden sind. Um dies zu gewährleisten, muss im Hinblick auf die zum Vergleich herangezogenen Transaktionen mindestens ein Geschäftspartner außerhalb des Unternehmensverbunds stehen. Informationen über **interne Transaktionen,** die das gleiche oder ein anderes Konzernunternehmen durchführt, mögen zwar hilfreich sein. Im Hinblick auf die Vorgaben des Fremdvergleichsgrundsatzes sind sie für die OECD jedoch **irrelevant,** so dass sie weder bei der Festlegung von Verrechnungspreisen durch die Steuerpflichtigen noch im Rahmen ihrer Prüfung durch die Finanzbehörden herangezogen werden können.[319] Sind Minderheitsgesellschafter beteiligt, können die Ergebnisse dem Fremdvergleich zwar näher kommen. Die Beteiligung von Minderheitsgesellschaftern ist alleine jedoch nicht hinreichend. Ihr Einfluss hängt vor allem davon ab, ob die Beteiligung an der Konzernspitze oder einer Tochtergesellschaft besteht, ob diese Beteiligung Einflussmöglichkeiten eröffnet und inwieweit dieser Einfluss ausgeübt wird.[320] Grundsätzlich kann der Fremdvergleich dabei als innerer oder äußerer Vergleich durchgeführt werden.

(b) Interne Vergleichsdaten

Ein **innerer Vergleich** ist möglich, wenn das einzelne Konzernunternehmen die zu bewertende Lieferung oder Leistung sowohl mit verbundenen als auch mit fremden Geschäftspartnern austauscht. Sind die Bedingungen, die nach dem Grundsatz des Fremdvergleichs an die Vergleichbarkeit der zur Bewertung herangezogenen Transaktion gestellt werden, bei einer parallel durchgeführten Transaktion des Konzernunternehmens mit fremden Geschäftspartnern erfüllt, stellt der innere Vergleich die in der betrieblichen Praxis einfachste und in der Durchführung zweckmäßigste Vorgehensweise zur Bestimmung des Fremdvergleichspreises dar. Vergleichsmaßstab ist hier eine Transaktion, die das betreffende Konzernunternehmen **mit einem fremden Geschäftspartner** unter vergleichbaren Bedingungen abgeschlossen hat, womit die für die Bewertung relevanten Vergleichsdaten relativ problemlos aus dem Rechnungswesen des Konzernunternehmens abgeleitet werden können.

(c) Externe Vergleichsdaten und Datenquellen

Sind die Voraussetzungen für einen inneren Vergleich nicht gegeben, muss geprüft werden, ob die Vergleichsmöglichkeit mit Transaktionen zwischen unabhängigen Geschäftspartnern durch einen **äußeren Vergleich** hergestellt werden kann. Zu diesem Zweck sind die Vereinbarungen zwischen unabhängigen Unternehmen, von denen keines dem betreffenden Konzernverbund

---

[319] Siehe auch OECD, Leitlinien 2010, Tz. 3.25.
[320] Vgl. OECD, Leitlinien 2010, Tz. 3.26.

angehört, zum Vergleich heranzuziehen. Der im äußeren Vergleich zu gewinnende Vergleichsmaßstab dürfte als besonders objektiv einzustufen sein, da die ermittelten Vergleichspreise frei von Einflüssen sind, deren Ursache im Machtbereich des betreffenden Unternehmens liegen. In der betrieblichen Praxis sind dem äußeren Vergleich jedoch enge Grenzen gesetzt. Die **zentralen Schwierigkeiten** bestehen zum einen darin, geeignete Transaktionen zu identifizieren, die in ihren Ausprägungen mit der konzerninternen Transaktion hinreichend vergleichbar sind. Zum anderen sind die Daten aufgrund einer bestehenden Konkurrenzsituation häufig nicht zugänglich oder stehen nicht in dem für den Fremdvergleich erforderlichen Detaillierungsgrad zur Verfügung.[321]

Unter diesen Voraussetzungen richtet sich der Blick des Steuerpflichtigen häufig auf das Angebot amtlicher **Datensammelstellen** oder professioneller Datenbankanbieter. Der Bedarf an verrechnungspreisrelevanten Informationen besteht aber nicht nur auf Seiten des Steuerpflichtigen. Bei der Finanzverwaltung ist dieser Bedarf aufgrund ihres permanenten und flächendeckenden Engagements in Betriebsprüfungen sogar um ein Vielfaches höher. Gleichzeitig hat die Finanzverwaltung aufgrund ihrer Rückmeldungen aus den Betriebsprüfungen zahlreiche Einblicke in die Struktur der Preise, Gewinnspannen und Kosten der Unternehmen, so dass zudem versucht wird, das Problem der Datenbeschaffung durch interne Datensammlungen zu lösen. Von Bedeutung sind hier vor allem die **Richtsätze** des BMF für Rohgewinnmargen, die aufgrund der Betriebsergebnisse zahlreicher Unternehmen nach Gewerbeklassen und Umsatzhöhe differenziert ausgewiesen sind.[322] Daneben werden im Bundeszentralamt für Steuern Informationen zur Aufklärung grenzüberschreitender Sachverhalte gesammelt. Zu den dort hinterlegten Daten, die für die Beurteilung von Verrechnungspreisen Bedeutung haben, gehören Informationen über Marktverhältnisse, Zinsen, Rohstoffpreise und Lizenzgebühren. Die Sammlung der Vergütungen für die Überlassung immaterieller Wirtschaftsgüter (Lizenzkartei) beruht auf Lizenzverträgen, die im Zusammenhang mit Anträgen auf die Herabsetzung oder Vermeidung von Kapitalertragsteuern auf Lizenzgebühren eingereicht werden. Sie sind ergänzt um die Daten, die den Außenprüfern des Bundeszentralamts im Rahmen ihrer Prüfungen größerer Unternehmen bekannt werden. Schließlich soll ein Teil der Daten auf einer Sammlung von Lizenzsätzen für Arbeitnehmererfindungen beruhen.[323]

Die Eignung praktischer **Datenbankanalysen**[324] ist in erster Linie von der Qualität der Informationen aus einschlägigen Datenbanken abhängig.[325]

---

[321] Vgl. Vögele, A./Crüger, A., IStR 2000, S. 516 ff.; Vögele, A./Juchems, A., IStR 2000, S. 713 ff.; Vögele, A./Ackermann, A./Decker, T., IWB, Fach 10, International, Gruppe 2, S. 1501 ff.
[322] Die aktuellen Richtsatzsammlungen können von den Internetseiten des BMF heruntergeladen werden.
[323] Vgl. Engler, G., Verrechnungspreise, 2004, S. 1530.
[324] Zur Vorgehensweise siehe z. B. Kühnlein, C./Wingendorf, P., Benchmarking, 2005, S. 115 ff.; Schnorberger, S., Dienstleistung, 2003, S. 65 ff.
[325] Vgl. Verwaltungsgrundsätze-Verfahren, BMF-Schreiben v. 12. 4. 2005, BStBl 2005 I, S. 570; siehe dazu Rehkugler, A./Vögele, A., BB 2002, S. 1937 ff.; Tucha, T., IStR 2002, S. 746 ff.; Oestreicher, A./Vormoor, C., IStR 2004, S. 95 ff.; Oestreicher, A./Duensing, M., IStR 2005, S. 134 ff.; Oestreicher, A./Endres, D., Dokumentation, 2005.

1. Kapitel. Einführung

Im Hinblick auf den Gegenstand der Aufzeichnungen zeigt sich, dass die Zahl der Datenbanken, in denen transaktionsbezogene **Daten für Lieferungen und Leistungen** gespeichert sind,[326] eher klein ist. Weite Verbreitung haben dagegen Unternehmensdatenbanken, die unternehmensbezogene Daten in Bezug auf die Branchenzugehörigkeit, die Tätigkeit des Unternehmens sowie den **handelsrechtlichen Jahresabschluss** vorhalten.[327] Auf dieser Grundlage kann vielfach nur die Anwendung gewinnorientierter Methoden durch Datenbankinformationen gestützt werden, was zur Folge hat, dass **gewinnorientierte Methoden** in der Praxis überwiegen. Internationale Datenbanken zeichnen sich i. d. R. durch eine im Vergleich zu nationalen Datenbanken breitere Datenbasis aus. Die größere Datenbasis wird aber zu Lasten einer geringeren Homogenität des Datenbestands erkauft, womit die Vergleichbarkeit der einschlägigen Ergebnisse herabgesetzt sein kann.[328] Dies gilt vor allem auch im Hinblick auf die Tatsache, dass sich die Märkte wesentlich voneinander unterscheiden können. Weitere Schwierigkeiten resultieren, wenn die Daten auf der Basis voneinander abweichender **Rechnungslegungsgrundsätze** erstellt wurden.[329] Hinzu kommt, dass die Abhängigkeit der ausgewiesenen Entgelte oder Margen von ihren Preis- oder Gewinnbildungsfaktoren häufig nicht transparent ist, so dass die Vergleichbarkeit der den Daten zugrunde liegenden Transaktionen und **wirtschaftlichen Rahmenbedingungen** nicht immer ausreichend genau geprüft werden kann. Während diese Abhängigkeit bei Zinsen oder anderen Kapitalmarktdaten noch weitgehend transparent ist, weisen die Inhalte von Unternehmensdatenbanken im Hinblick auf die Funktionen, Wirtschaftsgüter und Risiken, die Vertragsbedingungen und Marktverhältnisse sowie auch auf die wirtschaftlichen Verhältnisse und Unternehmensstrategien noch erhebliche **Lücken** auf.[330] Von daher verlangt die Finanzverwaltung durchaus zu Recht, dass die sich aus der Vergleichsanalyse mit Hilfe von Datenbanken ergebende Bandbreite einzuengen ist.[331] Zweifel bestehen aber, ob das von der Finanzverwaltung bevorzugte Verfahren einer Beschränkung auf die Interquartilsbandbreite sachgerecht ist.[332]

Die Schwierigkeiten einer Bestimmung fremdüblicher Verrechnungspreise betreffen nicht nur die Unternehmen, die den Grundsatz des Fremdvergleichs bei der Festsetzung ihrer Verrechnungspreise zu beachten haben. Sie wirken sich auch zu Lasten der Finanzverwaltungen aus, soweit diese bei der Prüfung von konzerninternen Verrechnungspreisen im Rahmen eigener Verrechnungspreisstudien auf Daten Bezug nehmen wollen, die zwischen voneinander unabhängigen Unternehmen vereinbart wurden. Hier kann die Finanzverwaltung zwar intern auf die Daten zurückgreifen, die sie anlässlich einer **Betriebsprüfung,** interner statistischer Untersuchungen oder aufgrund von

---

[326] Vgl. dazu Oestreicher, A., StuW 2006, S. 243 ff.
[327] Vgl. Vögele, A./Crüger, A., IStR 2000, S. 516 ff.; Vögele A./Juchems, A., IStR 2000, S. 713 ff.; Vögele, A./Ackermann, A./Decker, T., IWB, Fach 10, International, Gruppe 2, S. 1501 ff.; Oestreicher, A./Vormoor, C., IStR 2004, S. 95 ff.
[328] Vgl. Oestreicher, A./Duensing, M., IStR 2005, S. 136.
[329] Vgl. OECD, Leitlinien 2010, Tz. 3.35.
[330] Vgl. Oestreicher, A./Vormoor, C., IStR 2004, S. 102.
[331] Vgl. Verwaltungsgrundsätze-Verfahren, BMF-Schreiben v. 12. 4. 2005, BStBl 2005 I, S. 570, Tz. 3.4.12.5.b).
[332] Siehe Abschnitt C V 1 c) (2).

Informations- und Berichtspflichten der Steuerpflichtigen über vergleichbare Transaktionen gewonnen hat. Da die namentliche Benennung der Vergleichsbetriebe und eine umfassende Preisgabe ihrer Verhältnisse jedoch eine nicht zulässige Verletzung des zugunsten der Vergleichsbetriebe bestehenden Steuergeheimnisses (§ 30 AO) zur Folge hätte, sind den Möglichkeiten einer Verwertung der auf der Basis von nicht öffentlich zugänglichen Vergleichsdaten (**secret comparables**) enge Grenzen gesetzt.[333] Grundsätzlich gilt nämlich das Steuergeheimnis auch gegenüber dem Finanzgericht, so dass selbst eine auf das Finanzgericht beschränkte Offenlegung der Vergleichsdaten in einem finanzgerichtlichen Verfahren nicht möglich ist.[334] Im Übrigen würde durch diese Beschränkung auf das Finanzgericht das Recht des Prozessgegners auf Akteneinsicht sowie sein Anspruch auf Gewährung rechtlichen Gehörs missachtet.

Umstritten ist, ob eine Verwendung von Daten aus der Betriebsprüfung auch dann abzulehnen ist, wenn die Daten in anonymisierter Form vorgelegt werden. Der BFH hat hierbei die Verwendung von **anonymisierten Daten** durch die Finanzverwaltung ausdrücklich akzeptiert.[335] Nach Auffassung des BFH dürfen das Finanzamt und das Finanzgericht anonymisierte Daten für Zwecke des Fremdvergleichs auch dann heranziehen und verwerten, wenn diese Daten nicht allgemein zugänglich sind. Vergleichbar damit beruhe auch die Bewertung von Grundstücken oder die Feststellung einer ortsüblichen Miete auf anonymisierten Vergleichsdaten. An dieser Praxis sei festzuhalten. Werden anonymisierte Daten in das Verfahren eingeführt, ist das Finanzgericht gehalten, diese Beweismittel zu würdigen und ggf. Rückfragen zu stellen, um die Aussagefähigkeit der zum Vergleich herangezogenen Daten einschätzen zu können. Kann das Finanzamt mit Rücksicht auf das Steuergeheimnis einzelne Fragen des Finanzgerichts nicht beantworten, geht das zu Lasten des **Beweiswertes** der zum Fremdvergleich herangezogenen Daten. Auf keinen Fall dürfen die Beweismittel generell ausgeschlossen und damit im Verfahren unterdrückt werden. Welche Rückfragen das Finanzgericht in diesem Zusammenhang stellen darf oder muss, wurde durch den BFH nicht entschieden. Ein Finanzgericht sollte u. E. für die Beurteilung der Aussagefähigkeit anonymisierter Vergleichsdaten auf jeden Fall wissen,

– welcher Grundgesamtheit die anonymisierten Daten entnommen wurden;
– welche Kriterien bei der Datenauswahl zugrunde gelegt wurden;
– in welchem Umfang die Daten der danach vergleichbaren Unternehmen tatsächlich verarbeitet werden konnten;
– welchen Einfluss die Auswahl der Vergleichskriterien auf das Ergebnis des Fremdvergleichs hat;

---

[333] Vgl. FG Düsseldorf v. 8. 12. 1998, IStR 1999, S. 311; BFH v. 17. 10. 2001, BStBl 2004 II, S. 171; zur Diskussion des Urteils des FG siehe Borstell, T./Prick, M., IStR 1999, S. 304 ff.; Kroppen, H.-K./Eigelshoven, A., IWB, Fach 3, Deutschland, Gruppe 1, S. 1587 ff.; Kuckhoff, H./Schreiber, R., IStR 1999, S. 513 ff.; Schnorberger, S., IStR 1999, S. 523 ff. Ähnliche Beschränkungen gelten für andere Datenbanken, die nur einem begrenzten Personenkreis zugänglich sind. In diesem Sinne sind z. B. die Datenbanken des Statistischen Bundesamtes grundsätzlich nur Mitarbeitern zugänglich.
[334] So aber ständige Rechtsprechung; vgl. z. B. BFH-Urteil v. 18. 12. 1984, BStBl 1986 II, S. 226.
[335] Vgl. BFH v. 17. 10. 2001, BStBl 2004 II, S. 171.

1. Kapitel. Einführung

– ob, und wenn ja, in welchem Umfang Anpassungsrechnungen notwendig waren und
– wie diese Anpassungsrechnungen im Einzelfall durchgeführt wurden.

Die Zulässigkeit einer Verwendung nicht öffentlich zugänglicher Daten mag für die Prüfung der Verrechnungspreise durch die Finanzverwaltung eine praktische Notwendigkeit darstellen. Sie stößt allerdings an die **Grenzen des Fremdvergleichsgrundsatzes,** wenn sich die Finanzverwaltung bei ihrer Prüfung der Verrechnungspreise auf Daten stützen kann, die einem ordentlichen Geschäftsleiter bei seiner Preiskalkulation nicht zur Verfügung stehen.[336]

(d) Nutzung aggregierter Daten

Sieht man davon ab, dass es unter bestimmten Voraussetzungen erforderlich sein kann, einzelne Geschäftsvorgänge zu Leistungsbündeln zusammenzufassen und gemeinsam zu evaluieren (package deals),[337] sind die Bedingungen, zu denen konzerninterne Geschäftsvorgänge durchgeführt werden, grundsätzlich für jeden Geschäftsvorfall einzeln festzustellen.

Im Unterschied dazu sind Vergleichsinformationen jedoch in der betrieblichen Praxis vielfach nicht geschäftsvorfallbezogen verfügbar (z. B. Unternehmensdatenbanken). Daher stellt sich die Frage, inwieweit die Fremdüblichkeit konzerninterner Verrechnungspreise alternativ mit Hilfe **unternehmensbezogener Daten** oder mit Hilfe von Segmentinformationen ausreichend zuverlässig festgestellt werden kann. Die OECD lehnt die Nutzung aggregierter Daten nicht generell ab. Im Einzelnen kommt es aber insbesondere darauf an, ob sich das Aggregat aus gleichartigen oder materiell unterschiedlichen Geschäftsvorgängen zusammensetzt.[338]

Daher können Segmentinformationen bessere Vergleichswerte liefern als unternehmensbezogene Daten, wenn die Segmentbildung dazu führt, dass gleichartige Geschäftsvorgänge zusammengefasst werden. Umgekehrt können unternehmensbezogene Daten zu bevorzugen sein, wenn die darin erfassten Transaktionen dem konzerninternen Leistungspaket besser entsprechen.

(e) Einschränkungen in der Verfügbarkeit von Fremddaten

Das Ziel der Vergleichsanalysen muss darin bestehen, möglichst zuverlässige Fremddaten zu identifizieren. Das bedeutet im Zweifel aber auch zu akzeptieren, dass die Vergleichsdaten nicht in jeder Hinsicht perfekt sind. So lassen sich z. B. in einigen Märkten oder Branchen kaum Vergleichsinformationen gewinnen. Schwierigkeiten bestehen vor allem in Bezug auf immaterielle Wirtschaftsgüter. Pragmatische Lösungen sind ggf. gefragt, indem z. B. die Suche innerhalb eines Marktes und/oder eines Landes auf Transaktionen ausgedehnt wird, die unter einer anderen Geschäftsstrategie, einem anderen Geschäftsmodell oder geringfügig verschiedenen wirtschaftlichen Rahmenbedingungen vereinbart wurden.

---

[336] So auch Kroppen, H.-K./Eigelshoven, A., IWB, Fach 3, Deutschland, Gruppe 1, S. 1590 ff. Im Ergebnis ebenso OECD, Leitlinien 2010, Tz. 3.36; a. A., Kuckhoff, H./ Schreiber, R., IStR 1999, S. 520 ff.
[337] Vgl. Abschnitt C V c) (2).
[338] Vgl. OECD, Leitlinien, Tz. 3.37; siehe dazu auch Oestreicher, A./Duensing, M., IStR 2005, S. 136.

Möglich ist ferner, auf Transaktionen auszuweichen, die in einer anderen **Branche** oder auf einem geographisch unterschiedlichen **Markt** durchgeführt wurden. Die jeweils beste Alternative wird von den Umständen des Einzelfalls abhängen und insbesondere berücksichtigen müssen, welche Auswirkungen die Defizite in der Vergleichbarkeit auf die **Zuverlässigkeit** der Ergebnisse haben.[339] Letzteres ist allerdings leichter gesagt als getan. Schließlich lässt sich kaum allgemein sagen, welche Auswirkungen der Bezug von Daten aus einer anderen geographischen Region oder einer anderen Branche im Einzelfall hat. Liegen diese Informationen nicht parallel vor, lässt sich das Defizit auch nicht messen oder beurteilen. Insoweit wird man die Empfehlung der OECD wohl als eine Art **Lippenbekenntnis** einstufen müssen, das die im Einzelfall kaum überwindbaren Schwierigkeiten einer Anwendung des Fremdvergleichsgrundsatzes in ein freundliches Licht tauchen soll. Die Anwendung der Gewinnaufteilungsmethode mag ggf. in einem derartigen Fall einen Ausweg bieten. Gleichwohl ist zu beachten, dass auch in den Fällen, da Fremdinformationen nicht verfügbar sind, die Wahl und Anwendung der zutreffenden Verrechnungspreismethode mit den Funktionen der beteiligten Vertragsparteien im Einklang stehen müssen. Übernimmt z. B. einer der beiden Vertragsparteien eine Routinefunktion, ist die transaktionsorientierte Gewinnaufteilung zur Bestimmung der internen Verrechnungspreise nicht geeignet.

(2) Auswahlprozess

Grundsätzlich können zwei Wege unterschieden werden, mit denen die Auswahl der vergleichbaren Transaktionen zwischen fremden Dritten durchgeführt werden kann. Der erste Weg, der von der OECD auch als „**additiver Ansatz**" bezeichnet wird, geht von einer bekannten Anzahl unabhängiger Unternehmen aus, die mögliche Vergleichstransaktionen durchführen. Für diese Transaktionen werden dann in einem zweiten Schritt die notwendigen Vergleichsinformationen erhoben. Dieser Ansatz ist vor allem dann hilfreich, wenn bekannt ist, welche Unternehmen vergleichbare Geschäftsvorfälle ausüben.[340]

Der zweite Weg (**„deduktiver Ansatz"**) besteht darin, dass eine möglichst große Anzahl Unternehmen erfasst wird, die im gleichen Bereich tätig sind, ähnliche Funktionen ausführen und sich wirtschaftlich offensichtlich ähnlich sind. Ausgangspunkt ist hier typischerweise die Suche in Datenbanken. Die hiernach entstehende Liste potentieller Vergleichsunternehmen wird auf der Basis von Auswahlkriterien und öffentlich verfügbaren Informationen systematisch reduziert. Dabei wird die Entscheidung für oder gegen einen Vergleichswert in der Praxis sowohl auf der Basis qualitativer als auch quantitativer Informationen getroffen. Beispiele für qualitative Informationen sind Produktgruppen oder Geschäftsstrategien. Übliche **Kriterien** quantitativer Art sind

- Größenkriterien vor allem in Bezug auf den Umsatz, den Wert der Wirtschaftsgüter oder die Anzahl der Beschäftigten;
- Kriterien in Bezug auf immaterielles Vermögen; Beispiele sind das Verhältnis von immateriellen Wirtschaftsgütern und Bilanzsumme oder auch der Ausgaben für Forschung und Entwicklung zum Umsatz;

---

[339] Vgl. OECD, Leitlinien 2010, Tz. 3.38.
[340] Vgl. OECD, Leitlinien 2010, Tz. 3.41.

1. Kapitel. Einführung

- die Exportorientierung (Auslandsumsatz im Verhältnis zum Gesamtumsatz);
- Kennzahlen zu Vorräten und
- andere Kriterien, die den Ausschluss besonderer Unternehmen, wie z. B. neu gegründeter oder insolventer Unternehmen, rechtfertigen.

Ein Vorteil des deduktiven Ansatzes besteht darin, dass er transparent und leicht **reproduzierbar** ist. Andererseits hängt das Ergebnis der deduktiven Analyse in hohem Maße von den Werkzeugen (vor allem den verfügbaren Datenbanken) ab, die den Analysten zur Verfügung stehen. Daher kann das Ergebnis in seinem praktischen Nutzen stark beeinträchtigt sein. Das gilt vor allem in Ländern, in denen brauchbare Datenbankinformationen nicht vorhanden sind.[341]

Unabhängig davon muss gesehen werden, dass dieser Prozess der Auswahl möglicher Vergleichstransaktionen einen zentralen Bestandteil der Vergleichbarkeitsanalyse darstellt, so dass er in jedem Fall transparent, systematisch und wiederholbar ausgestaltet sein sollte. Besondere Beachtung verdient dabei, dass die Festlegung der Auswahlkriterien von zentraler Bedeutung für das Ergebnis der Analyse ist und daher auch in besonderer Weise sicherstellen muss, dass den **wirtschaftlichen Eigenschaften** des zu bewertenden Geschäftsvorgangs ausreichend Rechnung getragen wird. Subjektive Einflüsse lassen sich dabei kaum vollständig ausräumen. Sie treten aber umso mehr in den Hintergrund, je stärker der Auswahlprozess auf der Basis auch Dritten zugänglichen Informationen beruht und nachvollziehbar begründet ist.[342]

(3) Mögliche Anpassungsrechnungen

Vergleichbarkeit i. S. d. OECD ist gegeben, wenn sich verbleibende Unterschiede auf das Ergebnis nicht wesentlich auswirken oder Anpassungen vorgenommen werden können, um diese Unterschiede im Ergebnis zu neutralisieren.[343] Ähnlich verlangt auch das AStG die „Vornahme sachgerechter Anpassungen" um vergleichbare Fremdvergleichswerte zu ermitteln (§ 1 Abs. 3 Sätze 1, 2 AStG). Typische **Maßnahmen** sind z. B. im Zusammenhang mit der geschäftsfallbezogenen Nettomargenmethode die Relativierung eines ermittelten Ergebnisses anhand der Bilanzsumme oder Anlagenintensität. Nicht unüblich sind ferner Anpassungen in Bezug auf unterschiedliche Werte für das eingesetzte working capital, abweichende Rechnungslegungsstandards oder Unterschiede in den Vertragsbedingungen. Vorgeschrieben sind sie allerdings nicht. Mehr noch kann ja ihre Notwendigkeit gerade darauf hinweisen, dass weitere Unterschiede zwischen der konzerninternen und der Vergleichstransaktion bestehen.

Die Praxis geht hier **nicht einheitlich** vor. Die Erwartungen der Finanzbehörden sind international z. T. sehr unterschiedlich. So sind in den USA grundsätzlich Anpassungsrechnungen vorzunehmen, während andere Länder größeres Gewicht auf originäre Vergleichbarkeit der Transaktionen oder Unternehmen legen.[344] Grundlage für die Anpassungsrechnungen bilden in den USA sowohl kaufmännische Praktiken als auch statistische

---

[341] Vgl. OECD, Leitlinien 2010, Tz. 3.42 ff.
[342] Vgl. OECD, Leitlinien 2010, Tz. 3.46.
[343] Vgl. OECD, Leitlinien 2010, Tz. 1.33.
[344] Vgl. Kühnlein. C./Wingendorf, P., Benchmarking, 2005, S. 124 ff.

Analysen.[345] In anderen Ländern, zu denen auch Deutschland gehört, besteht dagegen die Möglichkeit, die Zahl der Vergleichsunternehmen durch qualitative screenings zu reduzieren, um möglichst homogene Vergleichsdaten zu erhalten. Zu diesem Zweck sind Kennzahlenvergleiche sowie die Analysen von Tätigkeitsbeschreibungen, Internetseiten und Telefoninterviews üblich.

Nach den Leitlinien der OECD sollten Anpassungsrechnungen in Erwägung gezogen werden, wenn (aber auch nur wenn tatsächlich) erwartet werden kann, dass die **Zuverlässigkeit** der Ergebnisse erhöht wird.[346] Das ist z. B. vor allem dann nicht der Fall, wenn sich die zugrunde liegenden Daten durch erhebliche Defizite auszeichnen, komplizierte Berechnungen erforderlich werden oder die Basisdaten mehrfach angepasst werden müssen. In vielen Fällen fehlt einer Anpassungsrechnung aber bereits die methodische Basis. Das gilt vor allem für den Nutzen, der mit dem Einsatz immaterieller Wirtschaftsgüter verbunden ist. Weitere Bedeutung haben nach Ansicht der OECD die ausgeübten Funktionen, die übernommenen Risiken, die eingesetzten Wirtschaftsgüter, die gewählte Geschäftsstruktur sowie bedeutsame Markt- und Wettbewerbsverhältnisse.

Zum Teil ist zwar die theoretische Bedeutung einzelner Preisbildungsfaktoren aus der allgemeinen Preistheorie bekannt. Hierzu rechnet z. B. der Einfluss der Markt- und Wettbewerbsverhältnisse, der durch die Theorie der Preisbildung auf vollkommen und unvollkommen Märkten beschrieben wird. Andere Einflussgrößen sind aus Untersuchungen zur Preiswahrnehmung und Preisreaktion der Verbraucher bekannt. Ein Beispiel ist der objektive Zusammenhang zwischen Preis und Qualität im Spiegel der Ergebnisse vergleichbarer Warentests.[347] Nicht unbekannt sind schließlich die Möglichkeiten und theoretischen Wirkungen einer unternehmerischen Preispolitik.[348] Breiten Raum nimmt hier die Diskussion erfolgswirtschaftlicher Preisuntergrenzen ein. Ein anderes Beispiel sind Preisstrategien im Marktlebenszyklus. **Offen** ist hingegen, wie diese Erkenntnisse für die Bestimmung einzelner Fremdpreise aus Vergleichsdaten **nutzbar gemacht** werden können. So ist z. B. fraglich, wie sich der Einsatz immaterieller Wirtschaftsgüter auf den Preis einer Lieferung zwischen verbundenen Unternehmen auswirken soll.[349] Ähnliches gilt für Funktionen und Risiken. In der OECD wird wohl auch aus diesem Grund herausgestellt, dass die Akzeptanz von Anpassungsrechnungen davon abhängt, inwieweit die Anpassungsmaßnahme erklärt und sachgerecht abgebildet werden kann. Statistische Verfahren mögen hier zwar einen Ausweg bieten, Voraussetzung ist jedoch, dass die Preisbildungsfaktoren beobachtet und auf ihre Signifikanz getestet werden können.[350]

---

[345] Siehe hierzu King, E., Pricing, 1994, S. 86 ff.
[346] Vgl. OECD, Leitlinien 2010, Tz. 3.50.
[347] Vgl. Meffert, H./Burmann, C./Kirchgeorg, M., Marketing, 2008, S. 500 ff.
[348] Vgl. Nieschlag, R./Dichtl, E./Hörschgen, H., Marketing, 2002, S. 825 ff.; Meffert, H./Burmann, C./Kirchgeorg, M., Marketing, 2008, S. 502 ff.
[349] Vgl. Oestreicher, A., Statement, 2005, S. 17.
[350] Vgl. Mer-Beydilli, N./Suzme, E., TMTPR 2002, S. 663; Silva, E., TMTPR 2003, S. 703; Turner, B./Okawara, K./Miall, R., ITR 2003, S. 43; Przysuski, M./Swaneveld, H./Paul, P./Osoro, C./Lalapet, A., TNI 2004, S. 1255 ff.; Oestreicher, A./Duensing, A., IStR 2005, S. 136 ff.; Oestreicher, A./Endres, D., Dokumentation, 2005, S. 22 ff.; Oestreicher, A., StuW 2006, S. 43 ff.

(4) Bandbreite

Wird ein Gut oder eine Ware am Markt zu einem einheitlichen Preis angeboten, führt die Anwendung des Fremdvergleichsgrundsatzes i. d. R. zu einem eindeutigen Ergebnis. Ist das jedoch nicht der Fall, weil verschiedene unabhängige Unternehmen, die vergleichbare Geschäfte unter vergleichbaren Verhältnissen tätigen, für ein solches Geschäft nicht genau denselben Preis festsetzen, ergibt sich kein einheitlicher Betrag für den Fremdvergleichspreis. Hier kann die Anwendung des Fremdvergleichsgrundsatzes eine ganze Reihe unterschiedlicher Preise oder Gewinnspannen zum Ergebnis haben,[351] die grundsätzlich im Einzelnen auf ihre Zuverlässigkeit zu überprüfen sind, um den tatsächlichen Fremdpreis für ein Gut bestimmen zu können. Vergleichbare Situationen stellen sich ein, wenn durch die Anwendung des Fremdvergleichsgrundsatzes nur eine Annäherung jener Bedingungen erzielt wird, die zwischen unabhängigen Unternehmen vereinbart worden wären oder wenn für die Bestimmung des Fremdvergleichspreises mehr als eine Methode herangezogen wird. Im zuletzt genannten Fall kann sich sogar für jede Methode eine jeweils eigene Bandbreite von Ergebnissen einstellen.

Ergibt sich bei der Anwendung des Fremdvergleichsgrundsatzes eine **Bandbreite** für den Fremdpreis, so können erhebliche Abweichungen zwischen den Einzelausprägungen darauf hinweisen, dass die der Bestimmung dieser Ausprägungen zugrunde liegenden Daten, Anpassungsrechnungen oder Verrechnungspreismethoden teilweise ungenau, widersprüchlich oder unvollständig sind.[352] Von daher können ggf. weitere Analysen notwendig werden, um zu beurteilen, inwieweit einzelne Ausreißer für die Beurteilung einer Angemessenheit der Verrechnungspreise herangezogen werden können. Ergibt die Analyse, dass die ermittelten Fremdvergleichswerte im Hinblick auf die ausgeübten Funktionen, die eingesetzten Wirtschaftsgüter und die übernommenen Risiken **uneingeschränkt vergleichbar** sind, ist im Grundsatz jeder Punkt innerhalb einer Bandbreite zuverlässiger Einzelausprägungen als eine Annäherung an den Fremdvergleichspreis anzuerkennen.[353] Dabei sind aus Sicht der OECD auch die Werte verlusterzielender Unternehmen zu verarbeiten.[354] Zeigt sich, dass die Vergleichbarkeit einzelner Werte **eingeschränkt** ist, wird empfohlen, die entsprechende Transaktion nicht weiter zu berücksichtigen. Sind uneingeschränkt vergleichbare Fremdvergleichswerte nicht zu ermitteln, kann aber auch die Verwertbarkeit der noch verbleibenden Vergleichswerte beschränkt sein. Nach deutscher Rechtslage ist ggf. die sich ergebende Bandbreite einzuengen (§ 1 Abs. 3 Sätze 2, 3 AStG). Die OECD empfiehlt, statistische Methoden zu verwenden.[355]

---

[351] Zu den möglichen Ursachen siehe Baumhoff, H., Verrechnungspreise, 2005, S. 348 ff.
[352] Vgl. Oestreicher, A./Vormoor, C., IStR 2004, S. 97 f.
[353] So für Deutschland ausdrücklich § 1 Abs. 3 Satz 1 AStG, siehe auch BFH v. 17. 10. 2001, BStBl 2004 II, S. 171; Portner, R., IWB, Fach 10, International, Gruppe 2, S. 865 f.; Werra, M., DB 1993, S. 705; Borstell, T., Verrechnungspreispolitik, 2003, S. 323 ff.; OECD, Leitlinien 2010, Tz. 3.55 ff.
[354] Vgl. OECD, Leitlinien 2010, Tz. 3.63 ff.; siehe dazu auch Förster, H., IStR 2009, S. 726.
[355] Vgl. OECD, Leitlinien 2010, Tz. 3.57.

Durch **Einengung** der Bandbreite sollen Werte ausgeschlossen werden, die unter abweichenden Bedingungen zustande gekommen sind. Im Einzelnen werden von der Finanzverwaltung unterschiedliche Methoden vorgestellt. Danach kann die ermittelte Bandbreite von Vergleichswerten durch Anwendung eines anderen Verrechnungspreisverfahrens verprobt werden. Eine weitere Methode besteht darin, die Bandbreite mit Hilfe von Anpassungsrechnungen, Kontrollrechnungen oder Plausibilitätsüberlegungen zu verengen. So könne z. B. erwartet werden, dass ein Steuerpflichtiger, der über eine vorteilhafte Verhandlungsposition verfügt, in der Lage ist, die Preise tendenziell zu seinen Gunsten zu beeinflussen.

Können diese Möglichkeiten nicht genutzt werden, ist die Bandbreite nach den Vorgaben der Finanzverwaltung durch **statistische Methoden** einzuengen. Methodisch hat dies nach Auffassung der Finanzverwaltung grundsätzlich durch Konzentration auf die 50% **mittleren Werte** zu erfolgen. In diesem Fall vollzieht sich die Einengung der Bandbreite durch Ausscheiden von 25% der kleinsten und 25% der größten Werte. Die Finanzverwaltung empfiehlt diese Methode selbst für den Fall, dass insgesamt nur wenige Beobachtungen vorliegen. Daneben darf der Steuerpflichtige andere Verfahren zur Bandbreitenverengung nutzen, wenn er glaubhaft macht, dass diese Verfahren den Verhältnissen seines Falles besser gerecht werden.

Die Technik einer Bandbreitenverengung durch **Bildung von Quartilen** ist zwar international nicht unüblich,[356] ihre Logik ist aber vor allem dann schwer nachvollziehbar, wenn aufgrund bestehender Informationsmängel nicht bekannt ist, für welche Beobachtungen die Vergleichbarkeit der zugrunde liegenden Geschäftsbedingungen tatsächlich gegeben ist. Dies gilt umso mehr, wenn die Datenbank, aus der die Vergleichswerte entnommen sind, nicht repräsentativ ist oder nur wenige Vergleichswerte gefunden werden. Die Verengung der Bandbreite durch Bildung von Quartilen beschränkt die relevanten Ausprägungen auf die 50% mittleren Werte. Damit wird unterstellt, dass im Zweifel der Mittelwert oder der Median aller Ausprägungen das zuverlässigste Ergebnis bringt, selbst wenn nicht bekannt ist, unter welchen Bedingungen die einzelnen Ausprägungen zustande gekommen sind. Es mag zutreffen, dass sich die Gewinne von Unternehmen bei einer Anpassung von Geschäftsbedingungen und wirtschaftlichen Verhältnissen aneinander angleichen. Solange und soweit jedoch die zum Vergleich herangezogenen Werte nur unvollständig beschrieben sind, ist **jede Eingrenzung** der Bandbreite, der keine weiteren Informationen zugrunde liegen, stets **willkürlich**. In diesem Sinne beschreiben Informationen aus Datenbanken Unternehmen i. d. R. nicht vollständig, so dass die Vergleichbarkeit eines abhängigen Unternehmens mit seiner Marktalternative nicht in allen Details beurteilt werden kann.[357] Zwar ist richtig, und nur hierauf wird in der Literatur zur Statistik abgestellt, dass mit einer Beschränkung auf die 50 % – mittleren Ausprägungen auch der Einfluss von Ausreißerwerten eliminiert wird.[358] In aller Regel gelten aber nur solche Werte als „**milde**" **Ausreißer,** deren Abstand zu den mitt-

---

[356] Siehe z. B. für die USA Sec. 1.482–1(e)(2)(iii)(c) Treas. Reg.
[357] Für eine ausführliche Diskussion siehe Oestreicher, A./Endres, D., Dokumentation, 2005, S. 19 ff.; siehe dazu auch Oestreicher, A./Vormoor, C., IStR 2004, S. 95 ff.; Oestreicher, A./Duensing, M., IStR 2005, S. 136 f.
[358] Vgl. Hartung, J., Statistik, 1991, S. 41; Bohley, P., Statistik, 1991.

1. Kapitel. Einführung

leren 50%-Werten mindestens das 1,5-fache des Interquartilsabstands beträgt. Die Einstufung als „extreme" Ausreißer setzt voraus, dass der Abstand zu den mittleren 50% das Dreifache der Interquartilsbandbreite beträgt. Dementsprechend zeigen die Ergebnisse einer empirischen Untersuchung, dass das von der Finanzverwaltung bevorzugte **Verfahren der Quartilsbandbreite nicht überzeugen** kann, weil es ein erhebliches Fehlerpotenzial birgt.[359]

Im Übrigen gehört es zu den zentralen Voraussetzungen der Anwendung von statistischen Steuerungsmaßnahmen, dass die zugrunde liegenden Daten zu einer Familie oder „Population" gehören. Unterscheiden sich die Populationen, weil die Beobachtungen z. B. aus unterschiedlich großen Unternehmen stammen oder die betrachteten Unternehmen unterschiedliche Funktionen wahrnehmen (z. B. Groß- oder Einzelhandel), macht die Bildung einer Interquartilsbandbreite keinen Sinn. Insbesondere wird die Zuverlässigkeit des Ergebnisses durch eine Reduktion der Beobachtungen auf die Interquartilsbandbreite nicht erhöht.

Bewegen sich die maßgeblichen Bedingungen der konzerninternen Geschäfte außerhalb der festgestellten Bandbreite für den Fremdvergleichspreis, können **Berichtigungen bzw. Korrekturen** durch die nationalen Finanzverwaltungen erfolgen. Nach den Leitlinien der **OECD** sollte dem Steuerpflichtigen jedoch zunächst die Gelegenheit gegeben werden zu zeigen, dass der verrechnete Preis fremdüblichen Bedingungen entspricht und damit Bestandteil der zulässigen Bandbreite ist.[360] Kann der Steuerpflichtige diesen Nachweis nicht führen, bleibe es den nationalen Steuerverwaltungen überlassen, in welcher Weise diese Berichtigungen im Einzelnen vorgenommen werden. Im Allgemeinen halten die Leitlinien der OECD jedoch eine Korrektur auf den Punkt innerhalb der Bandbreite für richtig, der den Gegebenheiten des Geschäfts am besten entspricht. Nach den Richtlinien der **US-Finanzverwaltung** erfolgt die Korrektur auf den Median oder das arithmetische Mittel der Ausprägungen innerhalb der Bandbreite der zulässigen Einzelausprägungen (Sec. 1.482–1(e)(3) Treas. Reg.). Deutschland ist diesem Beispiel gefolgt und sieht ebenfalls vor, dass in den Fällen, in denen der vom Steuerpflichtigen verwendete Wert außerhalb der (ggf. einzuengenden) Bandbreite liegt, der **Median** maßgeblich ist (§ 1 Abs. 3 Satz 4 AStG).[361] Zuvor hatte der BFH noch entschieden, dass sich eine Schätzung im deutschen Steuerrecht grundsätzlich an dem für den Steuerpflichtigen günstigeren Ober- oder Unterwert der Bandbreite von Fremdvergleichspreisen orientieren muss.[362] Dem ist u. E. zuzustimmen. Schließlich entspricht jeder Preis innerhalb der Bandbreite dem Fremdvergleich. Korrekturen sind nur insoweit erforderlich, als der Verrechnungspreis von einer der zulässigen Ausprägungen des Fremdvergleichspreises abweicht.

---

[359] Vgl. Oestreicher, A./Duensing, M., IStR 2005, S. 139 ff.; Oestreicher, A./Endres, D., Dokumentation, 2005, S. 19 ff.; a. A. Scholz, C./Crüger, A., RIW 2005, S. 37 f. Eine vergleichbare Einschätzung ergibt sich aber auch für das von *Baumhoff* vorgeschlagene Verfahren, soweit die einzelnen Bandbreitenwerte unvollständig beschrieben werden. Vgl. Baumhoff, H., Verrechnungspreise, 2005, S. 367 f.
[360] Vgl. OECD, Leitlinien 2010, Tz. 3.60 f.
[361] Zur Kritik vgl. Baumhoff, H./Ditz. X./Greinert, M., DStR 2007, S. 1461 ff.
[362] Vgl. BFH v. 17. 10. 2001, BStBl 2004 II, S. 171. Siehe dazu auch Wassermeyer, F., DB 2001, S. 2468 ff.

2. Zeitlicher Bezug

Die Vergleichbarkeit hat auch einen zeitlichen Aspekt. Grundsätzlich gilt, dass die zum Vergleich herangezogenen Daten aus Transaktionen zwischen voneinander unabhängigen Unternehmen den gleichen zeitlichen Bezug haben wie der Vorgang, für den Verrechnungspreise festzustellen sind, da diese Daten am besten wiedergeben, wie sich unabhängige Unternehmen **zum Zeitpunkt der Transaktion** verhalten haben. Die Verfügbarkeit zeitgleicher Informationen kann in der Praxis aber beschränkt sein.

Um die Fremdüblichkeit der Geschäftsbeziehungen zu nahe stehenden Personen zu dokumentieren, kann der Steuerpflichtige zum einen auf Daten abstellen, die ihm zu dem Zeitpunkt, in dem die Transaktion durchgeführt wurde, zur Verfügung standen. Die entsprechenden Informationen beschränken sich nicht nur auf **zeitgleiche Geschäftsvorgänge** oder auf Geschäftsvorgänge, die in einem Vorjahr durchgeführt wurden, sondern erstrecken sich auch auf **Erwartungen** über die voraussichtliche Entwicklung der Konditionen. Tatsächlich würden auch voneinander unabhängige Unternehmen in ihren Entscheidungen nicht nur auf Informationen über die Vergangenheit abstellen, sondern vielmehr auch die künftige Entwicklung einbeziehen. Zum anderen kann der Steuerpflichtige auch auf das **(Jahres-)Ergebnis** seiner Geschäftsbeziehungen mit verbundenen Unternehmen abstellen, um die Übereinstimmung mit dem Fremdvergleichsgrundsatz zu dokumentieren. Derartige Prüfungen werden typischerweise im Zusammenhang mit der Fertigstellung der Steuererklärung am Jahresende durchgeführt. In diesem Fall können Anpassungen notwendig sein, wenn das tatsächliche Ergebnis außerhalb der Bandbreite vergleichbarer Geschäftsvorgänge zwischen voneinander unabhängigen Unternehmen liegt, die zu diesem Zeitpunkt betrachtet werden können.

Innerhalb der OECD Mitgliedstaaten sind beide Ansätze zu finden. Ob allerdings ein vereinbarter Preis nachträglich korrigiert werden kann, ist in der Rechtspraxis umstritten. Der BFH[363] hat diese Frage für einen Fall bejaht, bei dem die **nachträgliche Korrektur** (hier bei Kostenerhöhungen) von vornherein **vereinbart** worden war. Entsprechende Bestimmungen sind auch zwischen unabhängigen Unternehmen denkbar und entsprechen daher in vollem Umfang dem arm's length principle. Daher muss immer eine klare und im Voraus vereinbarte Regelung zwischen den beteiligten Unternehmensteilen vorliegen, wenn eine nachträgliche Preiskorrektur zulässig sein soll.

Treffen in den beteiligten Ländern unterschiedliche Ansätze aufeinander, sind Doppelbesteuerungen nicht ausgeschlossen, wenn die Erwartungen im Zeitpunkt, zu dem die Transaktion durchgeführt wird, von den tatsächlichen Entwicklungen abweichen. Die Mitgliedstaaten sind ggf. aufgerufen, Doppelbesteuerungen in gemeinsamen **Konsultationen** zu vermeiden. Falls erforderlich, kann die Verständigung durch ein Verständigungsverfahren herbeizuführen sein.

Besondere Probleme stellen sich, wenn die Verrechnungspreisanalyse von künftigen Ereignissen abhängig ist, die im Zeitpunkt der Transaktion nicht mit ausreichender Sicherheit eingeschätzt werden können. Dieser Fall trifft

---

[363] Vgl. BFH v. 15. 12. 1971, BStBl 1972 II, S. 339.

vor allem auf die Bewertung von immateriellen Wirtschaftsgütern zu. Er führt zu der Frage, ob fremde Dritte einen **Preisanpassungsmechanismus** vereinbart oder Nachverhandlungen durchgesetzt hätten. Aus der Sicht der Finanzverwaltung ist es ggf. sachgerecht, zu verlangen, dass die Verrechnungspreise nachträglich an künftige Entwicklungen angepasst werden. So unterliegen nach Sec. 482 IRC die Vergütungen für die Übertragung oder Lizenzierung immaterieller Vermögenswerte an US-Tochtergesellschaften, von Ausnahmeregeln abgesehen, einer jährlichen Überprüfung, um durch eine ggf. vollzogene Berichtigung für eine Übereinstimmung der Entgelte mit dem Vermögenswert zu sorgen (**commensurate with income standard**). Vergleichbar damit ist auch nach den Bestimmungen des AStG widerlegbar zu vermuten, dass zum Zeitpunkt des Geschäftsabschlusses Unsicherheiten im Hinblick auf die Preisvereinbarung bestanden und unabhängige Dritte eine Anpassungsregelung vereinbart hätten, wenn wesentliche immaterielle Wirtschaftsgüter und Vorteile Gegenstand einer Geschäftsbeziehung sind, die Verrechnungspreisbestimmung auf der Anwendung des hypothetischen Fremdvergleichs beruht und die tatsächliche spätere Gewinnentwicklung erheblich von der Gewinnentwicklung abweicht, die der Verrechnungspreisbestimmung zugrunde liegt (§ 1 Abs. 3 Satz 11 AStG). Wurde eine solche Regelung nicht vereinbart, und trifft innerhalb der ersten zehn Jahre nach Geschäftsabschluss eine erhebliche Abweichung in der Gewinnentwicklung ein, ist für eine deshalb vorzunehmende Berichtigung (§ 1 Abs. 1 AStG) einmalig ein angemessener Anpassungsbetrag auf den ursprünglichen Verrechnungspreis der Besteuerung des Wirtschaftsjahrs zugrunde zu legen, das dem Jahr folgt, in dem die Abweichung eingetreten ist (§ 1 Abs. 3 Satz 12 AStG).[364]

Andererseits sind nachträgliche Korrekturen auf Basis **nachträglich besserer Informationen** ausgeschlossen, wenn die Preisunsicherheit im Zeitpunkt der Transaktion nicht bestanden hat. Die bloße Existenz von Unsicherheit rechtfertigt jedenfalls nicht generell, dass Verrechnungspreise im Nachhinein korrigiert werden. Maßgebend ist stets, was voneinander unabhängige Unternehmen vereinbart hätten. Dies dürfte allerdings insoweit schwierig sein, als diese Unsicherheit zu den wesentlichen Bestimmungsfaktoren von Integration gehört, womit für diese Fälle häufig gerade keine Vergleichssituation im Verhältnis von fremden Dritten existiert.

Unabhängig davon können aber auch Daten, die aus Folgejahren einer geschäftlichen Transaktion stammen, für die Analyse und Festlegung von Verrechnungspreisen relevant sein. So können z. B. Daten aus Folgejahren nützlich sein, um im Interesse der Feststellung, ob eine Transaktion zum Vergleich herangezogen werden kann, den Produktlebenszyklus von Transaktionen zwischen abhängigen und unabhängigen Unternehmen miteinander zu vergleichen. In jedem Fall sollte aber für die Festlegung des Arm's-length-Entgelts der Kenntnisstand maßgeblich sein, der im **Zeitpunkt der Vereinbarung** der internen Transaktion gegeben war, nicht dagegen der Informationsstand zum späteren Bilanzstichtag oder zum Zeitpunkt der tatsächlichen Lieferung oder Leistung (oder gar zum Zeitpunkt der Betriebsprüfung).[365]

---

[364] Siehe dazu im Einzelnen Oestreicher, A./Wilcke, D., DB 2010, S. 468 ff.
[365] Vgl. BFH v. 19. 3. 1975, BStBl 1975 II, S. 614 für einen Bürgschaftsfall.

In der Praxis erweist es sich häufig als nützlich, Daten über eine Zeitspanne von **mehreren Jahren** zu analysieren. So mag es, um ein vollständiges Bild der Umstände zu gewinnen, hilfreich sein, dass Daten der Vorjahre in die Analyse einbezogen werden, um Tatbestände aufzudecken, die auf die wirtschaftliche Situation der Folgejahre Einfluss haben. Eine Analyse von Vergangenheitsdaten kann aufdecken, ob ein ausgewiesener Verlust auf besondere wirtschaftliche Umstände eines Vorjahres zurückzuführen ist oder zum Ausdruck bringt, dass ein Produkt am Ende seines Produktlebenszyklus angekommen ist. Mehrjahresdaten können sich aber auch in Bezug auf die Analyse der Geschäftstätigkeit und die **Produktlebenszyklen** der Vergleichsunternehmen als hilfreich erweisen. So kann sich zeigen, ob das unabhängige Unternehmen in der Vergangenheit ähnlichen Rahmenbedingungen ausgesetzt war wie das verbundene Unternehmen, oder ob unterschiedliche Bedingungen in der Vergangenheit Einfluss auf den Preis haben können, so dass die **Eignung des Vergleichsunternehmens** ggf. in Frage steht. Damit kann die Analyse von Mehrjahresdaten die Auswahl der Vergleichsunternehmen verbessern. Die Nutzung von Mehrjahresdaten bedeutet aber nicht notwendigerweise, dass Durchschnitte gebildet und zum Vergleich herangezogen werden können oder sollen. Teilweise wird aber die Nutzung von Durchschnittswerten mit einer höheren Zuverlässigkeit der Vergleichsinformation gleichgesetzt.

D. Eignung der direkten Methode einer Gewinn- und Vermögensermittlung für die Erfolgs- und Vermögensabgrenzung bei internationaler Geschäftstätigkeit

I. Mögliche Schwächen einer direkten Methode

1. Direktgeschäfte

Direktgeschäfte zeichnen sich durch eine unmittelbare Vertragsbeziehung des steuerpflichtigen Unternehmens zum Vertragspartner aus. Im internationalen Kontext kommt hinzu, dass der Steuerpflichtige und sein Vertragspartner in unterschiedlichen Staaten ansässig sind. Dementsprechend beschränken sich die besonderen Schwierigkeiten der Einkünfteermittlung bei Direktgeschäften in aller Regel auf die **Zuordnung der Aufwendungen** des Steuerpflichtigen zu seinen inländischen und ausländischen Einkünften. Hier wird die direkte Methode zu bevorzugen sein, wenn sich Anhaltspunkte finden lassen, die den **unmittelbaren wirtschaftlichen Zusammenhang** zwischen Aufwendungen und Erträgen dokumentieren. Alternativ kann die Zuordnung auf den Vergleich mit der Vorgehensweise, wie sie bei fremden Dritten üblich ist, gestützt werden. Möglich ist ein **Vergleich** der relevanten Marktbeziehung im Rahmen des Direktgeschäfts mit dem Ergebnis aus Transaktionen mit oder zwischen voneinander unabhängigen Dritten. Denkbar sind ferner ein Vergleich mit den am Markt üblichen Kalkulationsverfahren oder der bei Dritten praktizierten Art der Gemeinkostenverrechnung. Fehlen diese Anhaltspunkte, kann die Zuordnung indirekt erfolgen, indem die nicht zurechenbaren Positionen mit Hilfe eines Aufteilungsschlüssels verteilt werden.

1. Kapitel. Einführung

Die indirekte Aufteilung ist technisch einfacher und erfordert geringeren Dokumentationsaufwand. Gleichwohl schließt sie pauschale Lösungen nicht aus, so dass es sinnvoll erscheint, die Aufwendungen **direkt** abzugrenzen. Ein Fremdvergleich zeigt ggf., welche Aufwendungen bei anderen Unternehmen mit der relevanten Marktleistung in aller Regel in wirtschaftlichem Zusammenhang stehen.

2. Betriebsstätten

Bei Betriebsstätten wird die Gewinnabgrenzung nur zum Teil auf Basis der direkten Methode durchgeführt. Leistungsaustauschbeziehungen zwischen Stammhaus und Betriebsstätte sind innerbetriebliche Vorgänge zwischen den rechtlich nicht selbständigen Teilen eines Unternehmens. Nach Ansicht des BFH[366] können daher zwischen den beiden Unternehmensteilen keine schuldrechtlichen Leistungsbeziehungen bestehen.[367] Dementsprechend beschränkt sich die Anwendung der **direkten Methode** bisher auf die Leistungen, für die im Interesse der Gewinnabgrenzung Leistungsaustauschbeziehungen unterstellt werden.[368] Daneben ist die direkte Methode für die Gewinnabgrenzung bei der Überführung und grenzüberschreitenden Nutzung von Wirtschaftsgütern **verbindlich vorgeschrieben** (§§ 4 Abs. 1 Satz 3, 5 EStG, 12 Abs. 1 KStG). Zusätzliche Bedeutung erlangt sie durch die Bestrebungen auf Ebene der OECD, die Auslegung des Fremdvergleichsgrundsatzes für die Gewinnabgrenzung in Bezug auf Betriebsstätten an die Vorgehensweise anzugleichen, die bei verbundenen Unternehmen maßgebend ist (functionally separate entity approach). Andererseits dürfen Gewinne nach Handels- und Steuerrecht grundsätzlich erst dann ausgewiesen werden, wenn sie am Markt durch Umsatzakte realisiert sind. Dies führt bei „Innentransaktionen" dann

---

[366] Vgl. BFH v. 20. 7. 1988, BStBl 1989 II, S. 140.
[367] Nach einer anderen Auffassung präjudiziert diese zivilrechtliche Logik nicht die richtige Gewinnabgrenzung. Der Wortlaut des OECD-Modells verdeutlichte (bereits in der Fassung bis zur Neuformulierung in 2010), dass die Anwendung des Fremdvergleichsgrundsatzes auf Betriebsstätten eine Fiktion darstellt. Von daher sei es zulässig oder im Hinblick auf das Ziel der abkommensrechtlichen Norm (Art. 7 Abs. 2 OECD-Modell a. F.) auch geboten, pro forma Verträge zwischen Stammhaus und Betriebsstätten abzuschließen. Vgl. IDW, WPg 1987, S. 649; Kumpf, W., StbJg 1988/89, S. 413 f.; Kroppen, H.-K., IStR 2005, S. 75. Die OECD selbst spricht von der Notwendigkeit, Innentransaktionen („dealings") zu unterstellen, um, unabhängig von bestehenden zivilrechtlichen Unterschieden, volle Vergleichbarkeit mit der Anwendung des Fremdvergleichsgrundsatzes bei Kapitalgesellschaften herzustellen; siehe OECD, Report, 2008, Tz. 14, 36 ff., 207 ff. Um dieser Sicht allgemeinere Gültigkeit zu verschaffen, hat die OECD inzwischen Art. 7 OECD-Modell komplett überarbeitet und den Musterkommentar entsprechend angepasst. Diese Überarbeitung beschränkt sich nicht nur auf ein deutlicheres formuliertes Bekenntnis zum Grundsatz des Fremdvergleichs, sondern hat auch dazu geführt, dass die Möglichkeit der Anwendung einer indirekten Methode gestrichen und der Anwendungsbereich des Art. 7 auf „profits of an enterprise" klargestellt wurde, so dass er einer Anwendung des Fremdvergleichs nicht mehr entgegensteht, wie das in den Ländern der OECD zum Teil gesehen wurde, vgl. OECD, Report, 2008, Tz. 73; sowie OECD, Revised Discussion Draft Art. 7, 2009, S. 5.
[368] Zu den Einzelheiten siehe 3. Kapitel, Abschnitt C I; sowie Betriebsstätten-Verwaltungsgrundsätze, BMF-Schreiben v. 24. 12. 1999, BStBl 1999 I, S. 1076, geändert durch Betriebsstätten-Verwaltungsgrundsätze, BMF-Schreiben v. 25. 8. 2009, BStBl 2009 I, S. 888.

nicht zu Problemen, wenn die Lieferung beim Empfänger sofort verbraucht wird, so dass dem Ertrag auf Seiten des Leistungserbringers eine sofort abzugsfähige Betriebsausgabe in gleicher Höhe und auch in der gleichen Periode gegenübersteht. Das ändert sich aber, wenn die Leistung beim Empfänger erfolgsneutral zu aktivieren ist. Daher muss bei Lieferungs- und Leistungsbeziehungen zwischen Stammhaus und Betriebsstätte berücksichtigt werden, dass die Betriebsstätte rechtlicher Bestandteil des Stammhauses ist. Der Zeitpunkt der Gewinnrealisierung sollte hier nicht durch den jeweiligen innerbetrieblichen Vorgang bestimmt werden, sondern sich ausschließlich daran orientieren, wann die betreffenden Leistungen in Außenumsätze eingehen. Daher sollten Gewinne aus innerbetrieblichen Austauschbeziehungen erst dann als realisiert gelten, wenn überführte Wirtschaftsgüter weiter veräußert oder Güter, Dienstleistungen und Nutzungen verzehrt wurden.

Die **Bestrebungen der OECD** zielen darauf ab, bestehende Unterschiede zwischen den Regelungen der Mitgliedstaaten in Bezug auf die Reichweite der unterstellten Selbständigkeit einer Betriebsstätte zu ihrem Stammhaus zu beseitigen. Sie sind dokumentiert in einem Bericht über die Zuordnung von Gewinnen bei Betriebsstätten aus dem Jahre 2008, dessen Kernaussagen bereits in den überarbeiteten Diskussionsentwurf eines neuen Art. 7 OECD-Modell einschließlich des entsprechenden OECD-Kommentars zu Art. 7 des OECD-Modells eingeflossen sind.[369]

Das **Prinzip der funktional selbständigen Einheit** soll eine uneingeschränkte Umsetzung der abkommensrechtlichen Selbständigkeit der Betriebsstätte bewirken. Danach sind der Betriebsstätte die Gewinne zuzuordnen, die sie als selbständiges und unabhängiges Unternehmen unter sonst gleichen Bedingungen erwirtschaftet hätte. **Voraussetzung** ist, dass alle unternehmerischen Leistungsbeziehungen zwischen Stammhaus und Betriebsstätte nach dem Grundsatz des Fremdvergleichs abgerechnet werden. Damit ist aber der einer Betriebsstätte zugeordnete Gewinn nicht auf den zu bestimmenden Anteil der Betriebsstätte am Gesamtgewinn beschränkt. Maßgebend ist vielmehr das Ergebnis einer separaten Gewinnermittlung, bei der die Vorleistungen auch dann zu Marktpreisen bewertet sind, wenn sie vom Stammhaus bezogen werden. Dementsprechend ist der Ausweis eines Betriebsstättengewinns selbst dann möglich, wenn das Unternehmen insgesamt Verluste erzielt.[370] Daneben sind Zwischengewinne aus der Lieferung von hergestellten Gütern oder dem Transfer von Anlagevermögen denkbar.[371]

Für eine **Anwendung** dieses Ansatzes der OECD sind zunächst die von einer Betriebsstätte ausgeübten Funktionen und die von ihr getragenen Risiken zu identifizieren.[372] Daneben ist zu entscheiden, welche Wirtschaftsgüter der Betriebsstätte zuzuordnen sind. Stehen diese Punkte fest, können die identifizierbaren und tatsächlich durchgeführten Leistungsbeziehungen zwischen Stammhaus und Betriebsstätten nach den üblichen Methoden einer

---

[369] Vgl. OECD, Report, 2008; OECD, Revised Discussion Draft Art. 7, 2009; zur rechtlichen Bedeutung nachträglicher Änderungen des OECD-Kommentars siehe bereits Lang, M., IStR 2001, S. 536 ff., mit zahlreichen Nachweisen.
[370] Vgl. OECD, Report, 2008, Tz. 69, im Vergleich zu Tz. 63 f.
[371] Vgl. OECD, Report, 2008, Tz. 70.
[372] Vgl. OECD, Report, 2008, Tz. 86 ff., 97 ff.

1. Kapitel. Einführung

Bestimmung von Verrechnungspreisen, wie sie für die Geschäftsbeziehungen zwischen verbundenen Unternehmen entwickelt wurden, abgerechnet werden. Lediglich bei der Überlassung von Fremdkapital wird nach dem neuen Ansatz der OECD aus Gründen der administrativen Erleichterung von einer marktüblichen Zinsverrechnung abgesehen. Hier ist stattdessen vorgesehen, der Betriebsstätte vom Gesamtzinsaufwand des Einheitsunternehmens einen anteiligen Betrag zuzuweisen.

Die Gewinnabgrenzung nach dem Prinzip der funktionalen Einheit ist nicht nur mit erheblichen **Schwierigkeiten** verbunden.[373] Eine Zuordnung von Risiken und ihre Veränderung durch hypothetische Verträge dürften auch kaum mit der Bestimmung territorialer Besteuerungsrechte, die sich primär am Äquivalenzprinzip orientieren, im Einklang stehen. Unabhängig davon müssen vielfältige Risiken identifiziert, bewertet, hierarchisch geordnet, geographisch verteilt und, analog zur Vorgehensweise bei Kapitalgesellschaften, bei der Bestimmung der „Verrechnungspreise" für fiktive Transaktionen berücksichtigt werden. Die **praktischen Konsequenzen** dieser Schwierigkeiten zeigen sich bei Kapitalgesellschaften in den sehr aufwendigen Studien über die im Einzelfall angemessenen Verrechnungspreise, in einer steigenden Anzahl Streitfälle, die vor Gericht ausgetragen werden müssen, sowie in der zunehmenden Detaillierung von Verwaltungsanweisungen und Verrechnungspreisanforderungen, die in Deutschland in der jüngeren Vergangenheit zu einer Festschreibung umfassender Dokumentationspflichten für die Unternehmen geführt haben. Hiernach sind Kontroversen mit den nationalen Finanzverwaltungen und die Gefahr einer Doppelbesteuerung auch bei Betriebsstätten bereits im Ansatz vorprogrammiert.

Dem Ziel der OECD, die unterschiedlichen Interpretationen der Selbständigkeitsfiktion bei Betriebsstätten zu harmonisieren, stehen aber auch **rechtliche Hürden** entgegen. Geht man wie die Rechtsprechung[374] und wesentliche Teile der Literatur[375] davon aus, dass die Art. 7 Abs. 2 OECD-Modell nachgebildeten Normen im Rahmen der steuerlichen Gewinnermittlung eines von der Abkommensnorm betroffenen Landes nicht unmittelbar anwendbar sind,[376] setzt die Abrechnung interner Leistungsbeziehungen zwischen Stammhaus und Betriebsstätten zu Marktpreisen voraus, dass eine damit verbundene Gewinnrealisierung im Rahmen von unternehmensinternen Leistungsbeziehungen zwischen Stammhaus und Betriebsstätte nach dem nationalen Recht des jeweiligen Staates möglich ist. Für Deutschland fällt die entsprechende Prüfung bisher negativ aus.[377] Andererseits wurden besondere **Entstrickungs- und Verstrickungsgrundsätze** für die grenzüberschreitende Überführung und Nutzungsüberlassung von Wirtschaftsgütern eingeführt, die eine Realisation von Zwischengewinnen bei der Übertragung von Wirtschaftsgütern oder ihrer zeitweisen Überlassung zur Nutzung zum Ziel ha-

---

[373] Siehe dazu ausführlich 3. Kapitel, Abschnitt C I 2.
[374] Vgl. BFH v. 9. 11. 1988, BStBl 1989 II, S. 510.
[375] Vgl. Hemmelrath, A., Betriebsstätte, 1982, S. 237; Kempka, B., Gewinnrealisierung, 1995, S. 108; Schaumburg, H., Steuerrecht, 1998, S. 262; Ditz, X., IStR 2005, S. 42; aber auch Debatin, H./Wassermeyer, F., Doppelbesteuerung, Art. 7, Anm. 315.
[376] A. A. Becker, H., DB 1989, S. 14; Buciek, K., DStZ 2003, S. 145; Thömmes, O., StbJb 2003/2004, S. 208.
[377] Vgl. Ditz, X., IStR 2005, S. 42.

ben.[378] Ob das gelungen ist, wird in der Literatur unterschiedlich gesehen. Im Rahmen des JStG 2010 soll eine Gesetzesänderung den Hauptanwendungsfall daher mit Hilfe eines Regelbeispiels „klarstellend" regeln.[378a] Daneben dürfte eine Regelung, die eine Verrechnung des Geschäftsverkehrs mit ausländischen Betriebsstätten zu Marktpreisen vorschreibt, während entsprechende Transaktionen im Inland ohne Realisierung von Zwischengewinnen zu Buchwerten möglich sind, mit dem **Europarecht** in Konflikt stehen.[379] Um die Vorgaben des EuGH zu erfüllen, müsste eine innerstaatliche Rechtsgrundlage geschaffen werden, die eine gleichmäßige Abrechnung des Geschäftsverkehrs mit Betriebsstätten zu Marktpreisen auch für das Inland vorsieht. Die Europäische Kommission bewirbt hier zu Recht einen anderen Weg.

3. Kapitalgesellschaften

Bei Kapitalgesellschaften ist die Gewinnabgrenzung nach der direkten Methode schon seit vielen Jahren **internationale Praxis**.[380] Sie ist gleichwohl nicht ohne Schwächen. Die entsprechende Kritik bezieht sich einmal auf die **praktische** Seite. Angesprochen sind hier die Schwierigkeiten, die eine Ermittlung der Bedingungen, „die voneinander unabhängige Dritte unter gleichen oder ähnlichen Verhältnissen vereinbart hätten" (§ 1 Abs. 1 AStG) oft unmöglich machen. Daneben bestehen **konzeptionelle Schwächen.**

Zur Bewertung konzerninterner Transaktionen müssen nach dem Fremdvergleichsgrundsatz die Bedingungen zugrunde gelegt werden, die voneinander unabhängige Dritte vereinbart hätten.[381] Für eine praktische Umsetzung dieser Vorgabe müssen[382]

- **einzelne Geschäftsvorfälle** voneinander abgegrenzt werden (können). Das mag noch einfach erscheinen, wenn auf die Übertragung von Sachvermögen Bezug genommen wird, da diese Übertragung mit dem Übergang einer physischen Einheit verbunden ist. Schwieriger wird es aber schon dann, wenn Leistungen gebündelt oder immaterielle Güter überlassen werden;
- **vergleichbare Transaktion** zwischen oder mit unabhängigen Vertragsparteien gegeben sein. Die Erfahrung lehrt, dass auch diese Voraussetzung in vielen Fällen nicht gegeben ist. Manch ein Betriebsprüfer wird gerne

---

[378] Zur Neutralisierung von Zwischengewinnen aus der Zuordnung von Wirtschaftsgütern des Anlagevermögens zu einer Betriebsstätte in einem anderen Mitgliedstaat der EU siehe § 4 g EStG.
[378a] Stellungnahme des Bundesrats und Gegenäußerung der Bundesregierung zum Entwurf eines Jahressteuergesetzes 2010, BT-Drs. 17/2823 vom 27. 8. 2010, Artikel 1 Nr. 5 a (neu), Artikel 2 Nr. 3 a (neu).
[379] Diese Einschätzung ergibt sich aus EuGH v. 11. 3. 2004 (de Lasteyrie du Saillant), EuGHE 2004, S. I–2409; Kommission der Europäischen Gemeinschaften, Wegzugsbesteuerung, 2006, S. 7; sowie Rat der Europäischen Union, Exit taxation, 2008, S. 2; gleicher Ansicht bereits Schnitger, A., BB 2004, S. 812; Wassermeyer, F., GmbHR 2004, S. 613 ff.
[380] Ob sie schon aus diesem Grund eine internationale Norm darstellt, muss bezweifelt werden. Vgl. Langbein, S. I., TN 1986, S. 625 ff.
[381] Vgl. Art. 9 Abs. 1 OECD-Modell, § 1 Abs. 1 AStG.
[382] Siehe Oestreicher, A., Konzern-Gewinnabgrenzung, 2000, S. 43 f.; ebenso Jacobs, O. H./Spengel, C./Schäfer, A., Intertax 2004, S. 273 f.

1. Kapitel. Einführung

bestätigen, dass der direkte Vergleich mit der „Markttransaktion" tatsächlich in weniger als (geschätzten) 10% aller Fälle möglich ist. Im Jahr 2008 wurde die Preisvergleichsmethode in Advance Pricing Agreements (APA) der US-amerikanischen Finanzverwaltung in weniger als 14 von 92 Fällen zugrunde gelegt. Sowohl für den Transfer immaterieller Wirtschaftsgüter als auch im Zusammenhang mit materiellen Wirtschaftsgütern werden für die Preisvergleichsmethode jeweils weniger als drei Fälle berichtet. Bei Dienstleistungen wurde die Preisvergleichsmethode kein einziges Mal zur Anwendung gebracht. Damit hat diese Methode in aktuellen APA eine Verbreitung von insgesamt nicht einmal 15%;[383]
- die **erforderlichen Vergleichsdaten** ermittelt werden (können). Dieses lässt sich noch bewerkstelligen, wenn das betreffende Unternehmen vergleichbare Transaktionen mit abhängigen und unabhängigen Unternehmen durchführt. Muss auf vergleichbare Transaktionen zwischen fremden Dritten Bezug genommen werden, ist die Ermittlung von Fremdpreisen nur möglich, wenn die entsprechenden Informationen am Markt auch verfügbar sind.[384] Datenbanken und Brancheninformationen setzen dieses Problem zwar teilweise herab. Sie sind jedoch nur für einen Teil der Transaktionen verfügbar und lassen häufig nicht zu, dass die relevanten Konditionen in allen Merkmalen beobachtet werden können.[385] Selbst wenn man davon ausgeht, dass diese Gewinnaufschläge zumindest bei funktionsarmen Unternehmen aus dem Jahresabschluss abgeleitet werden können, macht bereits ein Blick auf die verfügbare Datenmenge deutlich, dass die Suche nach einem vergleichbaren Unternehmen durchaus ein schnelles Ende finden kann und ohne Ergebnis abgebrochen werden muss.[386]

Ist die Vergleichbarkeit nur zu einem Teil herstellbar, müssen, solange man am Grundsatz des Fremdvergleichs festhält, **Unschärfen** akzeptiert werden. Hierbei lassen sich Fehler selbst dann nicht ausschließen, wenn man mit Bandbreiten operiert.[387] Solange nicht alle einschlägigen Vergleichskriterien beobachtet werden können, besteht die Gefahr, dass man tatsächlich vergleichbare Unternehmen aus der Betrachtung ausschließt. Dies sollte umso mehr gelten, wenn nur ein Teil der Grundgesamtheit betrachtet wird, wie das bei Datenbanken zum Teil der Fall ist.[388]

Der Bezug auf Markttransaktionen hat jedoch auch konzeptionelle Schwächen. Nach den Vorstellungen der OECD sind Konzerngesellschaften mit selbständigen Unternehmen gleichzustellen, um „steuerliche Vor- oder Nachteile, die die Wettbewerbsposition zwischen beiden Unternehmenstypen ver-

---

[383] Siehe IRS v. 13. 4. 2009, IRB 2009–15, Tabellen 19 und 20, S. 774 f.
[384] Ein sehr anschauliches Beispiel für die Schwierigkeiten, vergleichbare Fremdpreise zu finden, liefert in der jüngeren Zeit das Urteil zum Verrechnungspreisstreit The GlaxoSmithKline Inc. v. The Queen, 2008, TCC. 324; siehe dazu auch die Diskussion bei Vidal, J. P., Intertax 2009, S. 512 f.
[385] Vgl. dazu im Einzelnen Oestreicher, A., StuW 2006, S. 247 ff.
[386] Siehe dazu im Einzelnen Oestreicher, A./Duensing, M., IStR 2005, S. 134 ff.
[387] Vgl. BFH v. 17. 10. 2001, BStBl 2004 II, S. 171; Verwaltungsgrundsätze-Verfahren, BMF-Schreiben v. 12. 4. 2005, BStBl 2005 I, S. 570.
[388] Vgl. Oestreicher, A./Vormoor, C., IStR 2004, S. 99; zur Anforderung einer repräsentativen Auswahl siehe BFH v. 17. 2. 1993, BStBl 1993 II, S. 457; Oestreicher, A., Vorgaben, 2005, S. 49; Oestreicher, A./Duensing, M., IStR 2005, S. 138.

zerren würden", auszuräumen.[389] Diese Rechtfertigung der OECD bezieht sich auf die verbreiteten Kriterien der **Neutralität** (Organisationsneutralität) und Gerechtigkeit. Zu diesem Zweck sei das zu versteuernde Einkommen der Konzerngesellschaften aus konzerninternen Transaktionen an das Ergebnis anzupassen, das sich aufgrund von Vereinbarungen einstellen würde, wie sie zwischen selbständigen Unternehmen in vergleichbaren Situationen getroffen werden.[390]

Ein Vergleich mit dem Verhalten unabhängiger Unternehmen wäre sachgerecht, wenn konzerninterne Leistungen unter gleichen Bedingungen vom Markt bezogen oder an Dritte abgesetzt werden können. Dies trifft aber selbst dann nicht zu, wenn die einzelnen Konzernunternehmen als Profit-Center geführt werden, weil konzernintern und konzernextern unterschiedliche Marktformen gegeben sind.[391] Im Übrigen geht der **Vergleich mit dem Verhalten voneinander unabhängiger Dritter** schon deshalb fehl, weil die durch die Integration bewirkten Skalenvorteile, Synergieeffekte und Einsparungen von Transaktionskosten bei der Verteilung des Gesamtgewinns nicht berücksichtigt werden.[392] Geht man davon aus, dass ein Konzern niedrigere Transaktionskosten oder andere Synergievorteile realisieren und deshalb höhere Gewinne erwirtschaften kann als ein anderes Unternehmen, das einen unabhängigen Vertragspartner einschaltet, zeigt sich, dass sich der Fremdvergleichsgrundsatz gedanklich auf einen Gewinn bezieht, der hinter dem erzielbaren Gewinn eines integrierten Unternehmens zurückbleibt. Für Mehrgewinne existiert nach dem Grundsatz des Fremdvergleichs keine Aufteilungsregel. Von daher besteht die Gefahr, dass diese Mehrgewinne willkürlich aufgeteilt, zweimal oder überhaupt nicht besteuert werden.[393]

II. Mögliche Vorteile einer Erfolgs- und Vermögensabgrenzung nach der indirekten Methode

1. Konzeptionelle Vorteile der indirekten Methode

Die Erfolgs- und Vermögensabgrenzung nach der indirekten Methode vermeidet die oben beschriebenen Probleme des Fremdvergleichsgrundsatzes. Gegenüber der direkten Methode, die auf die Erfassung des betriebswirtschaftlich richtigen Ergebnisses ausgerichtet ist, wird die Zielsetzung der indirekten Methode schon im Ansatz auf eine **willkürfreie und intersubjektiv nachprüfbare Aufteilung** des Gewinns nach Maßgabe sachgerechter Aufteilungsfaktoren reduziert. In ihrem Kern beruht sie auf der Annahme, dass jede Geldeinheit des Konzerns, die weltweit investiert wird, die jeweils gleiche Verzinsung erbringt. Gegenüber der direkten Methode ist die Zuordnung des Erfolgs, der aufgrund der Integration der einzelnen Konzernglieder in das wirtschaftlich einheitliche Unternehmen über den Erfolg rechtlich und wirtschaftlich selbständig agierender Unternehmen hinaus erzielt werden

---

[389] OECD, Leitlinien 2010, Tz. 1.9.
[390] Zur Umsetzung im nationalen Recht siehe Wassermeyer, F., IStR 2001, S. 633 ff.
[391] Vgl. Schneider, D., DB 2003, S. 55.
[392] Siehe hierzu etwa Teece, D.J., JEBO 1986, S. 21 ff.; Dunning, J.H./Lundan, S.M., Enterprises, 2008, S. 95 ff.; Oestreicher, A., Konzern-Gewinnabgrenzung, 2000, S. 97 ff. m. w. N.; Brüggelambert, G., BFuP 2005, S. 178 f.
[393] Vgl. auch Vann, R., Reflections, 2003, S. 140.

1. Kapitel. Einführung

kann, nicht von der Wahl oder Genauigkeit der im Einzelfall maßgebenden Verrechnungspreismethode abhängig. Stattdessen wird diese Differenz in einem pauschalen Verfahren nach dem gleichen Schlüssel verteilt, der für die Aufteilung des Normalgewinns zugrunde gelegt wird.

Die Gewinnaufteilung vermeidet Doppelbesteuerung und ist für alternative Aufteilungsschlüssel grundsätzlich **entscheidungsneutral**.[394] In Abhängigkeit der gewählten Aufteilungsfaktoren kann das multinationale Unternehmen zwar die Gewinnaufteilung strategisch beeinflussen.[395] Hierzu ist jedoch ggf. eine Verlagerung von Produktionsfaktoren oder Umsatzerlösen erforderlich.[396] Erfolgt die Aufteilung der Bemessungsgrundlage z. B. auf Basis der Umsatzerlöse oder der Wertschöpfung, lässt sich die Steuerbelastung reduzieren, wenn der Vertrieb über Niedrigsteuerländer geleitet wird.[397] Eine Zuordnung von Übergewinnen, die auf den Einsatz von immateriellen Wirtschaftsgütern oder anderen spezifischen Vorteilen zurückzuführen sind, ist jedoch nicht durch Verträge gestaltbar.

2. Kritik

Für die Mitgliedstaaten der OECD ist die nach vielen DBA für Betriebsstätten noch mögliche Form der indirekten Gewinnermittlung nach einer im Voraus bestimmten starren Formel ausdrücklich keine Alternative zum Fremdvergleichsgrundsatz im multinationalen Konzern.[398] Die indirekte Methode könne nicht so umgesetzt werden, dass sie einerseits vor einer **Doppelbesteuerung** schützt und andererseits eine einmalige Besteuerung sicherstellt. Notwendig wäre hierzu eine umfassende internationale **Koordination** über die Anwendung der Methode, die Einigung auf die globale Besteuerungsgrundlage des Konzerns sowie die Auswahl, Bewertung und Gewichtung der Faktoren, die bei der Aufteilung der Besteuerungsgrundlage zu berücksichtigen sind. Diese Koordination würde die Beteiligung aller wichtigen Staaten erfordern, in denen multinationale Unternehmen tätig sind, da in den Unternehmen ansonsten zumindest zwei vollkommen verschiedene Gewinnaufteilungssysteme zur Anwendung kämen, die nicht aufeinander abgestimmt werden können.

Weitere Vorbehalte richten sich gegen die mangelhafte Differenzierung der globalen Gewinnaufteilung nach Unterschieden bei den Funktionen, Risiken und der Produktivität zwischen den Gliedunternehmen des Konzerns. So seien die globalen Unterschiede zwischen den nationalen Kapitalertragsraten und Arbeitsproduktivitäten viel zu groß, um die Gewinnaufteilung nach einer Formel generell akzeptieren zu können. Bisher gebe es jedenfalls für eine verursachungsgerechte Zuordnung **keine allgemein akzeptierten Schlüssel**. Für viele ist die Zerlegung mittels eindimensionaler Betriebsfaktoren allenfalls bei Unternehmen mit vergleichsweise homogenen Betriebsstruktu-

---

[394] Zu den Einschränkungen bei oligopolistischem Wettbewerb siehe Nielsen, S. B./ Raimondos-Møller, P./Schjelderup, G., JPET 2003, S. 419 ff.
[395] Siehe Gordon, R. H./Wilson, J. O., Econometrica 1986, S. 1357 ff.
[396] Vgl. Wellisch, D., Verrechnungspreismethoden, 2003, S. 355 ff.; Schröer, A., ZfbF 2004, S. 269 ff.
[397] Vgl. Krause-Junk, G., ifo Schnelldienst 2002, S. 5; Oestreicher, A., StuW 2002, S. 354; Weiner, J. M., CESifo Forum 2002, S. 18.
[398] Vgl. OECD, Leitlinien 2010, Tz. 1.35 ff.

ren und Leistungsprogrammen plausibel. Auch würden durch diese Methode nicht nur Rentabilitätsunterschiede zwischen den einzelnen Betriebsteilen des Konzerns vernachlässigt. Vielmehr erfolge zudem ein automatischer Verlustausgleich, da bei einem positiven Gesamterfolg alle Betriebsteile einen positiven Erfolgsanteil zugewiesen bekommen.[399] Ferner werde das Ergebnis von Wechselkursschwankungen, unterschiedlichen Inflationsraten und Kosten der Kapitalnutzung beeinflusst. In Einklang müssten schließlich auch die Buchführungsvorschriften aller Staaten gebracht werden. Nach dem gegenwärtigen fiskalischen Souveränitätsverständnis praktizieren alle Staaten die indirekte Methode, soweit sie diese überhaupt anwenden, auf der Basis ihrer jeweiligen **nationalrechtlichen Gewinn- oder Vermögensermittlungsvorschriften.** Da sich diese Gewinn- und Vermögensermittlungsvorschriften aber häufig nicht entsprechen, kommen die Veranlagungsbehörden im Regelfall zu **unterschiedlichen Gesamterfolgen oder Gesamtvermögen.** Bedenkt man, dass jede Steuerhoheit die Ermittlung und Verteilung der Steuerbemessungsgrundlagen nach unilateralem Recht so vornimmt, dass ihr fiskalisches Opfer möglichst gering ist, so resultiert dies i. d. R. in unvermeidbaren Doppelbesteuerungen. Diese durch den Gebrauch unterschiedlicher Gewinn- und Vermögensermittlungsvorschriften entstehenden inkongruenten Abgrenzungen werden durch unterschiedliche Erhebungstechniken, Steuerkontrollen etc. noch verschärft.

3. Praktische Probleme

Mit wenigen Ausnahmen sehen die Regelungen für die Besteuerung von Kapitalgesellschaften eine direkte Gewinnermittlung vor.[400] Von daher wären zunächst die Voraussetzungen für den Übergang auf das Konzept der einheitlichen Besteuerung zu schaffen. Ob man hier schon die Grenzen einer Besteuerung rechtlich selbständiger Gesellschaften überschreitet,[401] sollte man bezweifeln dürfen. Im Unterschied zum Konzept der gewerbesteuerlichen Organschaft bleiben die Unternehmen nach dem Prinzip der einheitlichen Besteuerung sowohl sachlich als auch persönlich mit ihrem eigenen Einkommen steuerpflichtig. Unabhängig davon bringt aber auch die Gewinnaufteilung nach einer Formel praktische Schwierigkeiten mit sich und hat auch konzeptionelle Schwächen.

Die einheitliche Besteuerung von Konzernen setzt voraus, dass sich die Staaten auf eine **gemeinsame Besteuerungsbasis** einigen. Es darf erwartet werden, dass dieser Einigungsprozess einige Zeit in Anspruch nehmen kann.[402] Daneben bliebe zu entscheiden, welcher Teil der gemeinsamen

---

[399] Vgl. für alle Storck, A., Betriebsstätten, 1980, S. 279; siehe dazu Miller, B.F., Unitary, 1984, S. 158; Bird, R.M./Brean, D.J.S., CTJ 1986, S. 1392; Bird, R.M., IFA-Bulletin 1988, S. 292; siehe hierzu auch OECD, Leitlinien 2010, Tz. 1.29.
[400] Vgl. für Europa Jacobs, O.H./Spengel, C., IStR 1994, S. 100 ff., S. 146 ff.; Grotherr, S., StuW 1996, S. 356 ff.; Herzig, D.,WPg-Sonderheft 2003, S. 35 ff.; Oestreicher, A./Scheffler, W./Spengel, C./Wellisch, D., Modelle, 2008, S. 57 ff.
[401] Vgl. Wassermeyer, F., Verrechnungspreise, 2005, S. 64
[402] Siehe hierzu Oestreicher, A./Spengel, C., RIW 2001, S. 889 ff.; Schneider, D., DB 2003, S. 58; Spengel, C., ET 2003, S 253 ff.; Spengel, C., IStR 2003, S. 29 ff., S. 67 ff.; Spengel, C., Bemessungsgrundlage, 2004, S. 101 ff.; Esterer, F., Maßgeblichkeit, 2005, S. 110 ff.; Herzig, N., Gewinnermittlung, 2005, S. 127 ff.; Scheffler, W., Maßgeblichkeit, 2005, S. 136 ff.

1. Kapitel. Einführung

Steuerbemessungsgrundlage unter den einbezogenen Konzerngesellschaften aufzuteilen ist.[403] Ein zweites Problem betrifft die **Abgrenzung des Konsolidierungskreises.** Beschränkt man sich auf Europa, muss sich diese Abgrenzung schon deshalb von der Vorgehensweise im handelsrechtlichen Konzernabschluss unterscheiden, weil sich die einheitliche Besteuerung von Konzernunternehmen in der EU auf das Gemeinschaftsgebiet bezieht.[404] Weitere Argumente sind bestehende Einbeziehungswahlrechte, eine bestehende Zweckdivergenz und die Konsolidierungstechnik, da die Konsolidierung mit dem Ansatz der erworbenen Wirtschaftsgüter zum Zeitwert verbunden ist.[405] Festzulegen ist schließlich, ob sich die Abgrenzung des Konsolidierungskreises an der rechtlichen Beherrschungsmöglichkeit der Muttergesellschaft oder an Kriterien für eine wirtschaftliche Verflechtung der Konzernunternehmen orientieren soll. Die Abgrenzung der wirtschaftlichen Einheit nach rechtlichen Kriterien hätte den Vorteil, weniger streitanfällig zu sein.[406] Andererseits setzen die z. B. für eine Organschaft maßgebenden Kriterien (hier: eine Mehrheit der Stimmrechte) nicht voraus, dass die Konzernunternehmen in einem Leistungsaustausch stehen und Integrationsvorteile realisieren.[407] Sind Minderheitsgesellschafter beteiligt, ergibt sich darüber hinaus das Problem, wie die Konzernsteuern auf das Mutterunternehmen und die einzelnen Konzernunternehmen aufzuteilen sind.[408]

4. Konzeptionelle Schwächen

Im Rahmen der Gewinnaufteilung nach einer Formel wird der Zusammenhang zwischen der Geschäftstätigkeit des Unternehmens und dem Gewinn, den das Unternehmen an einem bestimmten Standort erwirtschaftet hat, mit Hilfe von **Aufteilungsfaktoren** hergestellt. Zu diesem Zweck wird traditionell auf das an einem Standort eingesetzte Vermögen, die Lohnsumme und den erzielten Umsatz Bezug genommen. Daneben wurden von den Dienststellen der EU Kommission die unternehmensbezogene Wertschöpfung sowie makroökonomische Größen in die Diskussion gebracht.[409]

---

[403] Zur Besteuerungspraxis in den US-Bundesstaaten siehe Oestreicher. A., Konzern-Gewinnabgrenzung, 2000, S. 141 ff.; Hellerstein, W./McLure, C. E. jr., ITPF 2004, S. 203; Oestreicher, A./Scheffler, W./Spengel, C./Wellisch, D., Modelle, 2008, S. 300 f.
[404] Vgl. Schneider, D., BB 2003, S. 302; Spengel, C., Bemessungsgrundlage, 2004, S. 101 ff.; siehe zum gesamten Komplex auch Oestreicher, A./Scheffler, W./Spengel, C./Wellisch, D., Konzernbesteuerung, 2008, S. 318 ff.
[405] Vgl. Schreiber, U., StuW 2004, S. 223 f.; Oestreicher, A., Consolidation, 2008, S. 538 ff.; Herzig, N., Harmonization, 2008, S. 562 f.; Schreiber, U., DBW 2009, S. 547 ff.
[406] Für eine Orientierung am US-Bundessteuerrecht (federal taxation) nach dem Vorbild der „US consolidated tax return" siehe Fülbier, R. U./Pferdehirt, H., DB 2006, S. 179.
[407] Zur Orientierung in den US-Bundesstaaten an wirtschaftlichen Kriterien vgl. Oestreicher, A., Konzern-Gewinnabgrenzung, 2000, S. 136 ff.; Hellerstein, W./McLure, C. E. jr., ITPF 2004, S. 204 ff.; umfassend zu diesem Thema bei Oestreicher, A./Scheffler, W./Spengel, C./Wellisch, D., Modelle, 2008, S. 91 ff.; Wendt, C., Tax Base, 2009, S. 178 ff.
[408] Vgl. Scheffler, W., DBW 1991, S. 712 ff.; Baetge, J./Beermann, T., Organschaft, 1998, S. 279 ff.; Theisen, M. R., Konzern, 2000, S. 583 f.; Schneider, D., BB 2003, S. 303; Oestreicher, A., Consolidation, 2008, S. 542 ff.
[409] Vgl. Kommission der Europäischen Gemeinschaften, Aufteilungsmechanismus, 2007, Tz. 9.

Die **theoretische Rechtfertigung für den Bezug auf Produktionsfaktoren** ergibt sich zum einen aus dem für die Besteuerung des Einkommens maßgebenden Besteuerungsrecht des Quellenstaates. Nach diesem Prinzip steht grundsätzlich jenem Staat das Besteuerungsrecht zu, in dessen Grenzen sich die Wertschöpfung durch Kombination der Produktionsfaktoren (Arbeit und Kapital) vollzieht. Betrachtet man den Gewinn eines Unternehmens als Verzinsung des jeweils eingesetzten Kapitals, erscheint seine Aufteilung nach dem Marktwert der Wirtschaftsgüter oder ihren Kapitalnutzungskosten (Abschreibungen und Zinsen) sachgerecht.[410] Dagegen mag die Lohnsumme zwar einfach zu ermitteln sein und als Ersatzgröße für die Messung des immateriellen Kapitals dienen.[411] Unterscheidet sich jedoch das Einsatzverhältnis von Arbeit und Kapital innerhalb der Unternehmen des Konsolidierungskreises, dürfte die Lohnsumme selbst dann, wenn sich die Stückkosten innerhalb Europas aneinander angleichen,[412] nur mit Einschränkungen als eine Näherungsvariable für die Kapitalkosten zu empfehlen sein.[413]

Der Bezug auf die **Umsatzerlöse** basiert auf der Überlegung, dass der Gewinn erst durch das Zusammenspiel von Angebot und Nachfrage zu Stande kommt (marktorientiertes Quellenprinzip), so dass bei staatenübergreifenden Transfers sowohl der Staat, in dem das Gut hergestellt wird, als auch jenes Land, in dem das Gut nachgefragt (verwendet) wird, einen im Zweifel gleichberechtigten Anspruch auf den Erfolg des Unternehmens haben.[414]

Im Grunde lässt sich dieser Streit um die Quelle der Einkünfte sachlich nicht entscheiden.[415] Tatsache ist aber, dass nach den international üblichen Quellenregeln der Bestimmungsort in aller Regel keine Besteuerungsansprüche geltend macht.[416]

Diese Probleme lassen sich auch nicht dadurch beheben, dass die Aufteilung des Gewinns nach der **Wertschöpfung** erfolgt. Zwar sind mit dieser Maßgröße einige Vorzüge gegenüber den traditionellen Aufteilungsfaktoren verbunden, weil keine Gewichtung der Einflussfaktoren erforderlich ist, keine Marktwerte oder Kapitalkosten zu bestimmen sind und dieser Maßstab auf alle Branchen gleichmäßig angewendet werden kann. Da für die Berechnung der Wertschöpfung auf die Umsatzerlöse abzustellen ist, wirken sich jedoch die konzerninternen Verrechnungspreise auf die Wertschöpfung und damit die Aufteilungsschlüssel aus, so dass die Problematik unangemessener Verrechnungspreise durch die Ergebniskonsolidierung nicht eliminiert wird.[417]

---

[410] Vgl. Jacobs, O. H./Spengel, C./Schäfer, A., Intertax 2004, S. 278 f.
[411] Vgl. Schreiber, U., StuW 2004, S. 222.
[412] Siehe Oestreicher, A., Konzern-Gewinnabgrenzung, 2000, S. 188 ff.
[413] So auch Hellerstein, W./McLure, C. E. jr., ITPF 2004, S. 209.
[414] Siehe die Parallele zu den Überlegungen über die Aufteilung der Besteuerungsrechte nach *Schanz* bei Vogel, K., Intertax 1988, S. 219; siehe für die EU allerdings auch Oestreicher, A./Koch, R., Revenue Consequences, 2007, S. 14 ff.
[415] Vgl. Musgrave, P. B., Principles, 1984, S. 228 ff.; Hellerstein W./McLure, C. E. jr., ITPF 2004, S. 209.
[416] Vgl. Westberg, B., ET 2002, S. 322 ff. Daneben stellen *McLure* und *Hellerstein* heraus, dass eine Aufteilungsregel, die allein auf den Umsatz abstellt, sehr wahrscheinlich internationale Handelsabkommen verletzen dürfte. Vgl. McLure, C. E. jr./Hellerstein, W., TN 2002, S. 1513 ff. In Ausnahmefällen kann es allerdings vorkommen, dass der Export von Waren eine Steuerpflicht im Land des belieferten Kunden begründet; vgl. 1. Teil, 4. Kapitel, Abschnitt C I 1.
[417] Vgl. auch 2. Teil, 4. Kapitel, Abschnitt E IV.

1. Kapitel. Einführung

Die Verwendung **makroökonomischer Faktoren** schließlich kann zu einer Aufteilung des Gewinns auf Staaten führen, in denen nur wenig zum konsolidierten Ergebnis beigetragen wurde, was traditionellen internationalen Besteuerungsprinzipien widerspricht.[418] Das eingesetzte **Vermögen** erscheint als Maßstab grundsätzlich geeignet. Dies gilt im Grundsatz auch für die Verteilung der ökonomischen Rente eines Unternehmens, die vielfältige und von Unternehmen zu Unternehmen unterschiedliche Bestimmungsgründe haben kann. Sie setzt aber ggf. eine Ausdifferenzierung der Aufteilungsfaktoren voraus.[419] Ist die ökonomische Rente z. B. auf natürliche Vorkommen an den Unternehmensstandorten zurückzuführen, wäre der Wert dieser Vorkommen in der Aufteilungsrechnung zu berücksichtigen. Vergleichbares gilt, wenn der Wettbewerbsvorteil des Unternehmens aus immateriellen Werten wie z. B. Patenten, Lizenzen, Know-how, Software oder Markenrechten resultiert.

Ein **praktisches Problem** besteht darin, dass die genannten Werte schwer zu lokalisieren und in ihrem Zeitwert zu bestimmen sind. Werden immaterielle Werte zu Herstellungskosten bewertet oder, wie das in der Praxis der US-Bundesstaaten der Fall ist, direkt vergütet, bleiben Zweifel an der angemessenen Verteilung des Konzerngewinns auf die an der Entstehung dieses Gewinns beteiligten Gesellschaften. Eine danach vorgenommene Aufteilung erscheint aber einfach, nicht unbegründet und vor allem objektiv.

III. Prozessorientierte Gewinnaufteilung

Bei allen Vorteilen einer formelhaften Gewinnaufteilung, mit deren Hilfe die konzeptionellen Schwächen und praktischen Schwierigkeiten einer direkten Gewinnabgrenzung überwunden werden, sind die Argumente, die gegen die Anwendung dieser Methode sprechen, nicht unerheblich. Zwar sprechen viele Gründe dafür, dass die Initiative der EU Kommission im Bereich der Unternehmensbesteuerung zu einer Vereinheitlichung der steuerlichen Gewinnermittlung im Binnenmarkt führen wird. Ferner ist vorstellbar, dass sich die Mitgliedstaaten auf Regelungen für die Abgrenzung des Konsolidierungskreises und ein Verfahren zur Konsolidierung der Teilergebnisse einigen.[420] Das ökonomische Anliegen der vorherrschenden Kritik an einer Gewinnabgrenzung nach dem Grundsatz des Fremdvergleichs würde allerdings über Bord geworfen, wenn das Konzept der Gewinnaufteilung aus Gründen der administrativen Vereinfachung auf das konsolidierte Ergebnis einer Unternehmensgruppe bezogen wird, die nur rechtlich qua Beteiligung miteinander verbunden ist. Daneben kann das Ziel einer möglichst treffsicheren Zuweisung des Gewinns nach seinem Entstehungsort verfehlt werden, wenn die Gewinnaufteilung auf zementierten und in erster Linie einfach zu ermittelnden Maßstäben beruht.[421] Schließlich wird das Verrechnungspreisproblem nicht vollständig eliminiert, wenn Geschäftsvorgänge mit Unternehmen, die in den Konsolidierungskreis nicht einbezogen sind, weiterhin nach dem

---

[418] So auch Wellisch, D., StuW 2004, S. 271.
[419] Vgl. Hellerstein, W./McLure, C. E. jr., ITPF 2004, S. 209 f.; McLure, C. E. jr., TNI 2004, S. 55.
[420] Siehe dazu aber Schreiber, U., DBW 2009, S. 547 ff.
[421] So auch Wellisch, D., StuW 2004, S. 275.

Fremdvergleichsgrundsatz abgerechnet werden müssen. Weitere Probleme stellen sich, wenn Minderheitsgesellschafter beteiligt sind und für den Fall, dass stille Reserven außerhalb der konsolidierten Gruppe entstanden sind.[422]

In der Besteuerungspraxis der US-Bundesstaaten werden die Umrisse einer **wirtschaftlichen Einheit** anhand ökonomischer Kriterien bestimmt. Danach werden nur die Gewinnbestandteile aufgeteilt, die aus der Verwertung eines wirtschaftlich verbundenen Sachleistungsprogramms resultieren. Mieten, Lizenzen und Dividenden sowie Gewinne oder Verluste aus der Veräußerung von Grundvermögen, beweglichem Sachanlagevermögen und immateriellen Vermögensgegenständen werden dagegen direkt zugewiesen. Damit orientieren sich zwar der Umfang und die Umrisse des Konsolidierungskreises an der **Existenz von Verbundbeziehungen** zwischen der Spitzeneinheit und den rechtlich selbständigen oder unselbständigen Gliedunternehmen (Tochtergesellschaften, Betriebsstätten) des Konzerns und beziehen sich formal auf die gesellschaftsrechtliche Struktur der organisatorischen Grundeinheiten (organizational approach).[423] Inhaltlich orientiert sich die wirtschaftliche Einheit jedoch an dem wechselseitigen Austausch von Werten (exchange or transfer of value).

Bezieht man diesen Werteverbund auf einzelne Aktivitäten oder Prozesse (activity approach), besteht die wirtschaftliche Einheit in wechselseitig miteinander **verbundenen Funktionen,** deren Umfang durch die Aufwendungen und Erträge begrenzt wird, die der einheitlichen Aktivität in den verschiedenen Organisationseinheiten des verbundenen Unternehmens zugeordnet werden können. Sie wird definiert durch die Güter und Ausgaben, die mit dem Ziel eingesetzt werden, einen gegebenen Markt oder ein Marktsegment zu bedienen. Aus dieser Perspektive unterscheiden sich die formelhafte oder auch globale und die an den Aktivitäten oder Prozessen orientierte Gewinnaufteilung lediglich in der Anzahl betrachteter Transaktionen, für die je nach Ausprägung eine Unternehmens- oder Spartenerfolgsrechnung zu erstellen ist.[424]

Die Richtlinien der OECD beschreiben mit der geschäftsvorfallbezogenen Gewinnaufteilungsmethode (transactional profit split method) eine **auf einzelne Geschäftsfälle bezogene Variante** dieser Form der Gewinnaufteilung, für die, was eine Differenzierung zwischen Normalgewinn und unverteiltem Restgewinn (ökonomische Rente) erlaubt,[425] individuell das eingesetzte Kapital, die relative Bedeutung der von den Parteien geleisteten Beiträge oder im Rahmen der Restgewinnanalyse der Wert der jeweils beigesteuerten immateriellen Wirtschaftsgüter maßgebend sein können.[426] Kon-

---

[422] Vgl. Oestreicher, A./Spengel, C., Status: Recht 2008, S. 303; Oestreicher, A., Consolidation, 2008, S. 538 ff.; Schreiber, U., DBW 2009, S. 547 ff.
[423] Vgl. Higinbotham, H. N./Asper, D. W./Stoffregen, P. A./Wexler, R. P., TLR 1987, S. 369; ähnlich bereits Musgrave, P. B., Public Finance 1972, S. 398 f., 407.
[424] Zur Umsetzung einer prozessorientierten Gewinnabgrenzung siehe Oestreicher, A., Konzern-Gewinnabgrenzung, 2000, S. 195 ff.; ähnlich Franzé, R., Intertax 2005, S. 264 f.; Russo, A., Intertax 2005, S. 28 ff.
[425] Für *Brüggelambert* ist diese Differenzierung mit dem Vorteil verbunden, dass jener Teil vom Ganzen eines multinationalen Konzerns separiert wird, bei dem eine ergebnisorientierte Vergleichbarkeit gegeben ist. Vgl. Brüggelambert, G., BFuP 2005, S. 180.
[426] Vgl. OECD, Leitlinien 2010, Tz. 2.121 ff. Vor dem Hintergrund der bestehenden Nachteile, die mit einer Anwendung der Standard-Fremdvergleichsmethoden verbun-

zeptionell handelt es sich um eine indirekte Methode, da der Erfolg einer Transaktion mit Hilfe betriebswirtschaftlicher Maßstäbe auf die in den Leistungsprozess eingeschalteten Unternehmensglieder aufgeteilt wird.[427]

IV. Fazit

Eindeutige Schlussfolgerungen für eine künftige Ausgestaltung der Erfolgs- und Vermögensabgrenzung sind nicht möglich. Konzeptionell erscheint die indirekte Methode zwar der Gewinnabgrenzung nach **dem Fremdvergleichsgrundsatz überlegen.** Andererseits hat die indirekte Methode eigene Probleme und Schwächen. Die Gewinnaufteilung nach einer Formel setzt eine einheitliche Gewinnermittlung und ökonomische Integration voraus.[428] Praktische Schwierigkeiten, die allerdings zu meistern sind, stellen sich im Zusammenhang mit der Abgrenzung des Konsolidierungskreises und der Bestimmung des aufteilbaren Gewinns. Ein zentraler Nachteil des Konzeptes besteht ferner darin, dass die Gewinnzuweisung relativ pauschal erfolgt und die Verlagerung unternehmerischer Funktionen in Länder mit niedrigen Steuersätzen begünstigt.

Die an Prozessen orientierte Gewinnaufteilung vermeidet die Schwächen der Gewinnabgrenzung auf Basis von Verrechnungspreisen und unterstützt im Unterschied zur formelhaften Gewinnaufteilung eine möglichst **treffsichere Zuweisung** der Gewinne nach ihrem Entstehungsort.[429] Um logische Widersprüche zu vermeiden, Einflüsse der Besteuerung auf unternehmerische Entscheidungen zurückzudrängen und administrativ handhabbar zu bleiben, müsste eine Beschränkung dieser Methode auf einzelne Geschäftsvorgänge unterbleiben. Sie sollte sich vielmehr auf die betrieblichen Kernprozesse ausrichten und wechselseitige Kostenabhängigkeiten berücksichtigen. In der praktischen Anwendung könnte die prozessorientierte Gewinnabgrenzung mit einem Verfahren zur verbindlichen Verrechnungspreisfestsetzung[430] verbunden werden.

2. Kapitel. Erfolgs- und Vermögensabgrenzung bei Direktgeschäften

Im Rahmen der Erfolgs- und Vermögensabgrenzung bei Direktgeschäften stellt sich die Frage der **Zurechnung** von **Erträgen** (Einnahmen) und **Aufwendungen** (Werbungskosten) zu den in den §§ 34d und 49 EStG definierten Einkunftsarten.[1] Das deutsche Recht kennt hierfür keine expliziten Re-

---

den sind, legen inzwischen auch die OECD-Leitlinien mehr Gewicht auf die transaktionsorientierte Gewinnaufteilung, siehe OECD, Transactional Profit Methods, 2008; OECD, Leitlinien 2010, Tz. 2.108 ff.; zur Abgrenzung gegenüber der formelhaften Gewinnaufteilung siehe OECD, Leitlinien 2010, Tz. 1.18.
[427] So auch Avi-Yonah, R. S., WTJ 2010, S. 16 f., der sich ebenfalls für eine Integration von Gewinnaufteilung und Gewinnabgrenzung nach dem Grundsatz des Fremdvergleichs auf der Basis eines profit splits ausspricht.
[428] Ebenso Russo., A., Intertax 2005, S. 31.
[429] Zur Überlegenheit der Gewinnverteilungsmethoden siehe auch Brüggelambert, G., BFuP 2005, S. 188 ff.
[430] Siehe dazu im Einzelnen 6. Kapitel, Abschnitt B II.
[1] Da die Regeln der Vermögensabgrenzung denen der Erfolgsabgrenzung entsprechen, soll im Folgenden auf die Vermögensabgrenzung nicht gesondert eingegangen werden.

geln, weshalb auf die allgemeinen Grundsätze der Erfolgsermittlung zurückzugreifen ist.

Die Zurechnung der **Erträge** richtet sich grundsätzlich danach, ob der einzelne zur Frage stehende Ertrag durch eine spezielle Einkunftsart veranlasst ist. Die jeweilige Einkunftsart muss das auslösende Moment für die Entstehung der Ertragsbestandteile sein, ansonsten ist eine Zurechnung ausgeschlossen. Eine Mitverursachung durch außerhalb der Einkunftsart liegende Umstände ist allerdings unschädlich. **Alleiniger Zurechnungsmaßstab** ist somit die Veranlassung eines Ertragspostens durch die Aktivitäten im Rahmen der jeweiligen Einkunftsart.[2] Probleme bei der Zurechnung von Erträgen zur jeweiligen Einkunftsart treten regelmäßig nur bei den **Gewinneinkunftsarten** auf. Bei den **Überschusseinkünften** hingegen (z. B. Mieteinnahmen für ein ausländisches Grundstück) bereitet die Ertragszuordnung grundsätzlich wenige Schwierigkeiten.

Die Zuordnung von **Aufwendungen** erfolgt nach der gleichen Systematik wie die Zuordnung der Erträge. In Bezug auf den Abzug von Betriebsausgaben und Werbungskosten sind die §§ 4 Abs. 4, 9 Abs. 1 und 50 Abs. 1 EStG zu beachten. Hierbei findet das allgemeine Veranlassungsprinzip Anwendung.[3] Danach können den Einkünften i. S. d. §§ 34c und 34d EStG nur solche Aufwendungen zugeordnet werden, die in einem direkten wirtschaftlichen Zusammenhang zu der Einnahmeerzielung stehen.[4] Für Zinsen und Dividenden, die als Teil einer gewerblichen Tätigkeit erzielt werden, bedeutet das, dass sich mögliche Refinanzierungskosten nur dann i. S. d. direkten Gewinnermittlungsmethode zuordnen lassen, wenn das Darlehen, das diese Kosten ausgelöst hatte, aufgenommen wurde, um mit seiner Hilfe die betreffende Einkunftsquelle zu finanzieren. Ist der Steuerpflichtige umgekehrt mit seinen inländischen Einkünften steuerpflichtig, müssen die Aufwendungen durch die inländischen Einnahmen veranlasst sein.[5] Unerheblich ist, ob die Aufwendungen im In- oder Ausland entstehen.[6] Das Veranlassungsprinzip spiegelt sich auch in der Vorschrift des § 3c Abs. 1 EStG wider. Hiernach sind Ausgaben, die mit steuerfreien Einnahmen in unmittelbarem wirtschaftlichen Zusammenhang stehen, nicht als Betriebsausgaben oder Werbungskosten abziehbar. Der für die Zurechnung von Aufwendungen zu den Einkunftsarten notwendige wirtschaftliche Zusammenhang liegt vor, wenn zwischen den vorgenommenen Aufwendungen und den einzelnen Erträgen eine nicht zu weite **Beziehung tatsächlicher Art** besteht. Auf den rechtlichen Zusammenhang kommt es nicht an.[7]

Bei der Ermittlung und Abgrenzung der inländischen oder ausländischen Einkünfte sind sowohl die Erträge und Aufwendungen, die unmittelbar mit einer inländischen oder ausländischen Einkunftsquelle zusammenhängen, als

---

[2] Vgl. Wingert, K.-D., CDFI 1980, S. 153 ff.
[3] Vgl. Rädler, A. J./Raupach, A., Auslandsbeziehungen, 1966, S. 398; Blümich, W., Einkommensteuergesetz, § 34d EStG, Anm. 13.
[4] Vgl. BFH v. 16. 3. 1994, BStBl 1994 II, S. 799; BFH v. 9. 4. 1997, BStBl 1997 II, S. 657; BFH v. 29. 3. 2000, BStBl 2000 II, S. 577.
[5] Vgl. BFH v. 20. 7. 1988, BStBl 1989 II, S. 140; Herrmann, C./Heuer, G./Raupach, A., Einkommensteuergesetz, § 50 EStG, Anm. 25; Schmidt, L., Einkommensteuergesetz, § 50 EStG, Rz. 27.
[6] Vgl. hierzu auch BFH v. 20. 7. 1988, BStBl 1989 II, S. 140.
[7] Vgl. BFH v. 14. 11. 1951, BStBl 1951 III, S. 235.

2. Kapitel. Bei Direktgeschäften

auch solche, die nur mittelbar mit ihr zusammenhängen, zu berücksichtigen.

Besteht ein **unmittelbarer** wirtschaftlicher Zusammenhang zwischen Aufwand und Ertrag, so bereitet die Zurechnung regelmäßig keine Schwierigkeiten. Ein derartiger Zusammenhang ist gegeben, wenn die Aufwendungen und Erträge nach Entstehung und Zweckbestimmung miteinander verbunden sind, wenn also die Aufwendungen ursächlich und unmittelbar auf Vorgänge zurückzuführen sind, die die Erträge betreffen. Aus diesem Grund sind z. B. Zinsen für inländische Kredite bei der Ermittlung der ausländischen Einkünfte zu berücksichtigen, wenn die Kredite wirtschaftlich zur Erzielung der ausländischen Einkünfte (z. B. Darlehensvergaben an ausländische Abnehmer) Verwendung gefunden haben.[8]

Besteht lediglich ein **mittelbarer** wirtschaftlicher Zusammenhang zwischen Aufwand und Ertrag, so bereitet die Zurechnung Schwierigkeiten. Bei den mittelbar zuzurechnenden Beträgen handelt es sich um solche, die sowohl mit den inländischen als auch mit den ausländischen Erträgen zusammenhängen (z. B. Forschungsaufwendungen bei Vergabe von Lizenzen an in- und ausländische Vertragspartner). Beachtet man beim diesbezüglichen Aufteilungsproblem, dass zwischen den vorgenommenen Aufwendungen und den erzielten Einkünften eine nicht zu weite Beziehung tatsächlicher Art bestehen darf,[9] so lässt sich für die **Gemeinkosten** folgende Aufteilungsregel erstellen:

- **Die leistungsabhängigen** (variablen) Aufwendungen sind mittels eines Schlüssels nach ihrer tatsächlichen Beziehung zur ausländischen und inländischen Einkunftsquelle aufzuteilen, da sie anteilig von den inländischen oder ausländischen Einkünften verursacht werden. Als Aufteilungsschlüssel kommen Faktoren wie z. B. Lohnkosten, der Wert der eingesetzten Wirtschaftsgüter und die Einnahmen in Betracht (ggf. kombiniert).
- **Die leistungsunabhängigen** (fixen) Aufwendungen sind grundsätzlich durch das Bestehen des Betriebes und nicht durch die grenzüberschreitende Tätigkeit veranlasst. Wären diese Aufwendungen auch ohne deren Durchführung angefallen, können die Einkünfte aus grenzüberschreitenden Tätigkeiten nicht mit der Begründung, alle Aufwendungen würden mit den erzielten Erträgen in Zusammenhang stehen, anteilig um die leistungsunabhängigen Aufwendungen gekürzt werden. Für die Ermittlung der ausländischen Einkünfte nach § 34 d EStG sind daher die leistungsunabhängigen Aufwendungen im Regelfall ausschließlich den inländischen Einkünften zuzuordnen. Für die Ermittlung der inländischen Einkünfte nach § 49 EStG sind sie den ausländischen Einkünften zuzuordnen, also im Ausland zu berücksichtigen.

Anderes muss gelten, wenn die ausländischen Einkünfte einen wesentlichen Beitrag zur **Deckung der fixen Kosten** erbringen. Maßgebend ist hier, welche Aufwendungen ein Dritter im Einzelfall geleistet hätte. Orientiert man sich am Handeln eines ordentlichen und gewissenhaften Geschäftsleiters, wird man in diesem Zusammenhang berücksichtigen müssen, dass eine Leis-

---
[8] Vgl. Herrmann, C./Heuer, G./Raupach, A., Einkommensteuergesetz, § 3 c EStG, Anm. 61.
[9] So Rädler, A. J./Raupach, A., Auslandsbeziehungen, 1966, S. 398 ff.

tung auf lange Sicht nur angeboten werden kann, wenn die Preise kostendeckend sind. Zwar sind die Schwierigkeiten einer Zuordnung der Kosten auf einzelne Produkte oder Leistungen nicht gering. Gewinn oder Überschuss entsteht aber erst, wenn auch die relevanten Fixkosten gedeckt sind. Besondere Bedingungen herrschen, wenn ein preispolitischer Ausgleich möglich ist oder Verbundbeziehungen bestehen.

Für die unmittelbare und mittelbare Zurechnung von Aufwand und Ertrag kommt es im Ergebnis also allein auf die sachliche Beziehung zur ausländischen und/oder inländischen Einkunftsquelle an. Unerheblich ist, in welchem Staat und in welcher Währung die Beträge angefallen sind. Diese Tatbestände können lediglich Indizien für die sachliche Zugehörigkeit zu einer Einkunftsquelle sein.

Die vorstehenden Grundsätze zur Erfolgs- und Vermögensabgrenzung (Zuordnung nach dem wirtschaftlichen Zusammenhang) werden insbesondere von **Entwicklungsländern** häufig nicht akzeptiert. Auf der Einnahmenseite versuchen solche Länder, auch unzweifelhaft deutsche Leistungsanteile (Stammhaus-Engineering, Materiallieferung auf fob-Basis) in die dortige Bemessungsgrundlage einzubeziehen (sog. Liefergewinnbesteuerung). Auf der Ausgabenseite werden oftmals Aufwendungen, die mit den Einkünften zusammenhängen, nicht berücksichtigt (z. B. weil sie nicht in lokaler Währung anfallen), so dass diese Einkünfte teilweise auf Bruttobasis besteuert werden (sog. Bruttoprinzip). Solche Qualifikationskonflikte können zu erheblich unterschiedlichen Bemessungsgrundlagen führen, die hieraus resultierenden Doppelbesteuerungen lassen sich im Rahmen der inländischen Wohnsitzbesteuerung nur durch die Steuerabzugsmethode mildern.

Bei der internationalen Geschäftstätigkeit bilden die **Austauschverhältnisse der Währungen** eine wichtige Determinante für den Umfang und den Ertrag einer ausländischen Geschäftstätigkeit. Die Unternehmen sind dabei regelmäßig bestrebt, Währungsrisiken bei Auslandsgeschäften auszuschließen oder wenigstens zu mindern, selbst wenn dadurch entsprechende Chancen auf Kursgewinne aufgegeben werden.

Werden die Geschäftsbeziehungen auf Basis **fremder Währungen** abgeschlossen, können durch Wechselkursveränderungen Währungsgewinne oder -verluste entstehen. Bei Ausschluss des Währungsrisikos durch Gegengeschäfte (Devisentermin- oder -optionsgeschäfte) entstehen Kosten, die wie die Währungsgewinne oder -verluste entweder dem Quellenstaat oder dem Wohnsitzstaat zugerechnet werden müssen.

Beispiel: Ein inländischer Gewerbetreibender hält in seinem Betriebsvermögen eine 5%ige Beteiligung an einer US-amerikanischen Aktiengesellschaft, aus der ihm 200 000 $ Dividenden zustehen. Der Beschluss über die Ausschüttung wurde im März des Jahres gefasst. Der Wechselkurs betrug zu diesem Zeitpunkt 1 €/$. Die Überweisung der Dividende erfolgt im Juni des Jahres. Im Zuflusszeitpunkt ist der Wechselkurs auf 0,75 €/$ gefallen. Wird der Währungsverlust i. H. v. 50 000 € den ausländischen Einkünften zugerechnet, so beträgt der Anrechnungshöchstbetrag bei einem ESt-Satz von 42% 63 000 €, anderenfalls beläuft er sich auf 84 000 €.

Die Finanzverwaltung vertritt zu diesem Problem im **Outbound-Fall** den Standpunkt, dass währungsbedingte Erfolgsbeiträge als ausländische Einkünfte einzustufen sind,[10] während Teile des Schrifttums[11] die gegenteilige Position einnehmen. Die Finanzgerichtsbarkeit[12] hat im Zusammenhang mit Währungsgewinnen aus einer Immobilieninvestition die Rechtsprechung zu Währungsergebnissen bei ausländischen Betriebsstätten für anwendbar erklärt und eine Zuordnung entsprechender Ergebnisse zu den ausländischen Einkünften vorgenommen.

Um diese Zuordnungsproblematik lösen zu können, bedarf es eines Rückgriffs auf die allgemeinen Grundsätze für die Abgrenzung in- und ausländischer Einkünfte. Im Einkommensteuerrecht ist in diesem Zusammenhang § 34 d EStG relevant. Nach der Systematik dieser Vorschrift ist im ersten Schritt die Zuordnung der Einkünfte zu den jeweiligen Einkunftsarten nach den §§ 13 ff. EStG durchzuführen. Im zweiten Schritt ist sodann zu prüfen, ob zusätzlich die in § 34 d EStG normierten ausländischen Anknüpfungsmerkmale realisiert werden. Ist dies unter Beachtung der isolierenden Betrachtungsweise der Fall, sind die betreffenden Einkünfte als ausländische zu qualifizieren.

Entscheidend für die **Einordnung der Währungserfolge** ist nun, zu welchem Zeitpunkt der Tatbestand der Einkunftserzielung im Ausland als abgeschlossen angesehen wird. Es handelt sich damit um ein Problem, welches ausschließlich in der Abgrenzung der Einkunftsarten untereinander und damit letztlich auch in den zugrunde liegenden Einkommensbegriffen liegt. Die **Finanzverwaltung** geht davon aus, dass im Zusammenhang mit dem oben wiedergegebenen Beispiel die Einkunftserzielung im Ausland erst im Zeitpunkt des Zuflusses der Dividenden abgeschlossen ist. Die Abgrenzung zwischen in- und ausländischen Einkünften im Rahmen der Gewinneinkunftsarten entspricht dann derjenigen im Bereich der Überschusseinkunftsarten. Nach der **gegenteiligen Auffassung** ist die Einkunftserzielung im Ausland jedoch bereits mit Entstehung des Dividendenanspruchs beendet. Sobald der Gewinnverwendungsbeschluss gefasst wurde, muss im Rahmen der Gewinneinkunftsarten die Dividendenforderung erfolgswirksam eingebucht werden. Nach dem Zeitpunkt des Gewinnverwendungsbeschlusses ist eine Dividendenerzielungsabsicht nicht mehr gegeben, die Tätigkeit des Steuerpflichtigen beschränkt sich auf die Verwaltung einer Forderung, deren Wertänderungen im Rahmen der Einkünfte aus Kapitalvermögen nicht erfasst werden können.[13] Bezogen auf das obige Beispiel ist nach dieser Auffassung eine Subsumtion des Währungsverlustes unter die Einkünfte aus Kapitalvermögen i. S. d. § 34 d Nr. 6 EStG auch bei Anwendung der isolierenden Betrachtungsweise nicht möglich. Es liegen **inländische Einkünfte** aus Gewerbebetrieb vor, die den Anrechnungshöchstbetrag nicht berühren.

Welche der beiden Auffassungen den Prinzipien einer leistungsfähigkeitsgerechten und wettbewerbsneutralen Unternehmensbesteuerung besser Rechnung trägt, wird insbesondere durch den Tatbestand deutlich, dass für den ausländischen Staat die Ermittlung der Besteuerungsgrundlagen aus-

---

[10] Vgl. Finanzministerium Nordrhein-Westfalen v. 1. 3. 1974, StEK, EStG, § 34 c, Nr. 76; ebenso Blümich, W., Einkommensteuergesetz, § 34 d EStG, Anm. 20.
[11] Vgl. Pering, W., DB 1986, S. 2299 ff.; Weber, A., CDFI 1986, S. 149 ff.; Korn, C., IStR 2007, S. 890.
[12] Vgl. FG Niedersachsen v. 15. 8. 1996, EFG 1996, S. 1229; siehe dazu auch Schänzle, T., IStR 2009, S. 519.
[13] Vgl. Institut FSt, Brief 125, S. 25.

schließlich in Landeswährung erfolgt und infolgedessen Währungsschwankungen nicht erkennbar sind. Werden die Währungserfolge als **ausländische Einkunftsteile** behandelt, impliziert dies letztlich eine Zuweisung in die Besteuerungskompetenz des ausländischen Staates. Insbesondere in Verbindung mit der Freistellungsmethode können so **Besteuerungslücken** entstehen, da der inländische Staat auf eine Besteuerung verzichtet und gleichzeitig das Ausland die Währungsänderungen steuerlich nicht erfassen kann.[14] Vollzieht sich die weitere Verwendung der Einkunftsteile im Rahmen der inländischen Volkswirtschaft und damit in Euro-Gegenwerten, so ist die Qualifikation der Währungserfolge als ausländische Einkunftsteile weder mit dem Leistungsfähigkeitspostulat noch mit dem Gedanken der Wettbewerbsneutralität vereinbar. Diese systematischen Bedenken sind auch im Zusammenhang mit der Anrechnungsmethode bedeutsam, wenngleich sich hier die konkreten Auswirkungen auf den Anrechnungshöchstbetrag beschränken.

Eine sachgerechte Abgrenzung zwischen in- und ausländischen Einkünften hat sich u. E. deshalb am **Zeitpunkt der Entstehung des Anspruchs** auf die maßgeblichen Erfolgsbeiträge zu orientieren; Wertänderungen, die zwischen Entstehung und Zufluss der Einkünfte stattfinden, stellen sich als Ergebnis der **inländischen Einkunftserzielung** dar. Ähnliche Überlegungen lassen sich auch im Hinblick auf den Umrechnungszeitpunkt der ausländischen Steuern anstellen. Analog zur Abgrenzung der ausländischen Einkünfte ist auch in diesem Bereich nicht der Zeitpunkt der Zahlung der Steuer entscheidend, sondern der Zeitpunkt der Entstehung der Steuerschuld. Allerdings ist es hier aus Praktikabilitätserwägungen sinnvoll, die jetzige Regelung beizubehalten.

Problematisch ist diese Lösung jedoch im Rahmen der **Überschusseinkunftsarten**. Aufgrund des in diesem Bereich gültigen Einkommensbegriffs ist für den Zeitpunkt der Einkunftsentstehung ausschließlich das Zuflussprinzip maßgebend. Eine Aussonderung der währungsbedingten Erfolge ist damit nicht möglich, vielmehr wird der zufließende Betrag insgesamt als dem Ausland zugehörig qualifiziert.[15] Diese Widersprüchlichkeit lässt sich auf der Grundlage des geltenden Rechts nicht auflösen, hierfür wäre eine einheitliche Abgrenzung des Tatbestands der Einkunftserzielung notwendig, die aufgrund des Dualismus zwischen Gewinn- und Überschusseinkunftsarten de lege lata nicht erreicht werden kann.

Im Zusammenhang mit Betriebsstättenverlusten hatte der **EuGH** die Gelegenheit, die Zuordnung von Währungserfolgen aus europarechtlicher Sicht zu entscheiden.[16] Hierbei sah der EuGH in der fehlenden Berücksichtigung des Währungsverlustes im Inland eine Beschränkung der Niederlassungsfreiheit. Diese Grundsätze der EuGH-Rechtsprechung sollten auch auf vergleichbare Situationen im Rahmen von Direktgeschäften anwendbar sein.[17]

---

[14] Vgl. dazu auch Schänzle, T., IStR 2009, S. 517 ff.
[15] Im Gegensatz dazu BFH v. 9. 11. 1993, BStBl 1994 II, S. 289. Nach diesem Urteil gelten Kursverluste bei Fremdwährungsdarlehen nicht als Werbungskosten bei den Einkünften aus Vermietung und Verpachtung, da bei Überschusseinkunftsarten Wertänderungen des der Einkommenserzielung dienenden Vermögens dem Privatbereich zuzurechnen sind.
[16] Vgl. EuGH v. 28. 2. 2008 (Deutsche Shell), EuGHE 2008 I, S. 1129.
[17] Für eine Anwendung auf Währungsverluste im Zusammenhang mit Währungsverlusten aus der Veräußerung von ausländischen Immobilienvermögen siehe auch Schänzle, T., IStR 2009, S. 519.

Die angeführten Probleme im Zusammenhang mit Währungsschwankungen gelten analog im **Inbound-Fall**. Allerdings sind hierbei spiegelbildlich die entsprechenden Grundsätze des Wohnsitzstaates des ausländischen Steuerpflichtigen relevant. In Deutschland wirken sich Währungserfolge grundsätzlich nicht aus, da die Besteuerungsgrundlagen in Landeswährung ermittelt werden.

3. Kapitel. Erfolgs- und Vermögensabgrenzung bei Betriebsstätten

A. Besonderheiten der Gewinnabgrenzung bei Betriebsstätten

Stammhaus und Betriebsstätte bilden ein einheitliches Unternehmen. Daher kann der Gewinn einer Betriebsstätte rechtlich nur einheitlich mit dem Unternehmen entstehen. Hat dieses Unternehmen seinen Sitz in Deutschland, unterliegt es mit diesem Gewinn im Inland der unbeschränkten Steuerpflicht. Daneben ist das Stammhaus mit den der Betriebsstätte zuzurechnenden Einkünften im Ausland beschränkt steuerpflichtig. In Deutschland wird die Doppelbesteuerung i. d. R. durch die Freistellungsmethode vermieden, vermehrt kommt auch die noch im nationalen Recht (§ 34 c Abs. 1 EStG; § 26 Abs. 1 KStG) vorgesehene Anrechnungsmethode zur Anwendung. Zur Ermittlung der im Inland freigestellten Betriebsstätteneinkünften bzw. der auf diese Einkünfte entfallenden Steuern müssen die Betriebsstätteneinkünfte gesondert ermittelt werden. Ähnliches gilt aufgrund spezieller Verrechnungsbeschränkungen für Betriebsstättenverluste oder wegen des Inlandscharakters der Gewerbesteuer (§§ 2 a EStG, 9 Nr. 3 GewStG). Hat das Unternehmen seinen Sitz im Ausland, ist die Gewinnabgrenzung aus deutscher Sicht erforderlich, um die Höhe der in Deutschland beschränkt steuerpflichtigen Einkünfte der Betriebsstätte (aus Gewerbebetrieb) zu ermitteln (§ 49 Abs. 1 Nr. 2 a EStG).

Die gesonderte Ermittlung der Betriebsstätteneinkünfte kann auf unterschiedliche Weise durchgeführt werden.[1] Im Rahmen der **Gewinnabgrenzung** werden das Vermögen sowie die Aufwendungen und Erträge separiert, die auf die Betriebsstätte entfallen. Diese Abgrenzung kann sowohl mit Hilfe der direkten Methode[2] als auch mit Hilfe der indirekten Methode vollzogen werden. In jedem Fall kann nur abgegrenzt werden, was zuvor ermittelt wurde. Die Abgrenzung bewirkt mithin eine Aufteilung des Gesamterfolgs auf Stammhaus und Betriebsstätte.

Daneben ist eine unmittelbare (direkte) **Ermittlung der Gewinne** oder Verluste von Stammhaus und Betriebsstätte denkbar. In diesem Sinne beziehen sich die steuerlichen Pflichten eines ausländischen Unternehmens, das in Deutschland eine Betriebsstätte unterhält, auf die gesonderte Ermittlung der Betriebsstätteneinkünfte nach deutschem Steuerrecht. Diese Pflicht ist aber auf die Ermittlung der beschränkt steuerpflichtigen Einkünfte begrenzt. Sie

---

[1] Vgl. Wassermeyer, F., IStR 2005, S. 85.
[2] Nach der h. M. ist das Vorliegen einer Arm's-length-Buchführung nicht unabdingbare Voraussetzung für die direkte Methode. Vgl. z. B. Schaumburg, H., Steuerrecht, 1998, S. 1166 f. m. w. N; Ladehmann, F./Söffing, G., Einkommensteuergesetz, § 49 EStG, Anm. 322.

wird i. d. R. mit Hilfe einer **Betriebsstättenbilanz** vollzogen. Besteht zwischen Deutschland und dem Staat, in dem das Unternehmen ansässig ist oder eine andere Betriebsstätte unterhält, ein DBA, dessen Bestimmungen in Bezug auf Unternehmensgewinne dem OECD-Modell (Art. 7 Abs. 2 OECD-Modell) nachgebildet ist, sind die Betriebsstätten für Zwecke der Gewinnabgrenzung fiktiv als selbständige und unabhängige Unternehmen zu behandeln (Selbständigkeitsfiktion der Betriebsstätte). Wie weit diese **fiktive Selbständigkeit** reichen muss, wird nicht einheitlich gesehen. Sie unterliegt gegenwärtig auch einem Wandel. Grundsätzlich wird hierbei zwischen einer eingeschränkten und einer uneingeschränkten Selbständigkeit unterschieden. International wurden beide Ansätze praktiziert, was in der Vergangenheit nicht selten dazu führte, dass Unternehmensgewinne doppelt oder im Ergebnis zu gering besteuert wurden. Die deutsche Finanzverwaltung ist in ihren Verwaltungsgrundsätzen bisher von einer **eingeschränkten Anwendung** der Selbständigkeitsfiktion ausgegangen.[3] Danach war die Aufteilung zwischen Stammhaus und Betriebsstätte nach dem Grundsatz des Fremdvergleichs vorzunehmen, wenn sie Leistungen betrifft, die Gegenstand der ordentlichen Geschäftstätigkeit der leistenden Unternehmenseinheit sind. Da schuldrechtliche Verträge zwischen Stammhaus und Betriebsstätte nicht möglich sind, durften Gewinne aus z. B. Darlehns-, Miet- oder Lizenzverträgen (Innentransaktionen), die einer funktionsgerechten Gewinnabgrenzung widersprechen, nicht berücksichtigt werden.

Um den internationalen Konsens zu stärken, hat sich die OECD inzwischen zum Grundsatz der **funktional selbständigen Einheit** (functionally separate entity approach) bekannt.[4] Dementsprechend lassen aber auch die Änderungen der Betriebsstätten-Verwaltungsgrundsätze aus dem Jahr 2009 erkennen, dass sich die deutsche Finanzverwaltung in Bezug auf die Betriebsstätten-Gewinnermittlung einer weiterreichenden Anwendung der Selbständigkeitsfiktion zuwendet.[5] Sie sieht vor, dass die Aufteilung zwischen Stammhaus und Betriebsstätte nach dem **Grundsatz des Fremdvergleichs** auch dann vorzunehmen ist, wenn die Aufteilung auf der Grundlage der Funktionsteilung zwischen Stammhaus und Betriebsstätte zu einer sachgerechten Einkommensabgrenzung führt. Daneben ist in den neuen Betriebsstätten-Verwaltungsgrundsätzen das Verbot einer Berücksichtigung von Gewinnen aus Innentransaktionen gestrichen. Außerhalb der Übertragung oder Überlassung von Wirtschaftsgütern, die nach den Regelungen über die Verstrickung und Entstrickung (§§ 4 Absatz 1 Satz 3, 7; 6 Absatz 1 Nr. 4 Satz 1; 6 Absatz 1 Nr. 5a EStG, § 12 Absatz 1 KStG) zum gemeinen Wert erfolgen muss, fehlt im deutschen Recht für die Anwendung der uneingeschränkten Selbständigkeitsfiktion allerdings zurzeit noch die Rechtsgrundlage.[6]

Wird unterstellt, dass die direkte und indirekte Gewinnermittlung keine grundlegenden Unterschiede in Bezug auf die Höhe der Einkünfte bewirken dürfen (Art. 3 Abs. 1 GG), zielt das direkt ermittelte Betriebsstättenergebnis

---

[3] Vgl. Betriebsstätten-Verwaltungsgrundsätze, BMF-Schreiben v. 24. 12. 1999, BStBl 1999 I, S. 1076, Tz. 2.2.
[4] Vgl. OECD, Report, 2008, Tz. 72 ff.
[5] Vgl. Betriebsstätten-Verwaltungsgrundsätze, BMF-Schreiben v. 25. 8. 2009, BStBl 2009 I, S. 888, Tz. 2.2.
[6] So auch Ditz, X./Schneider, M., DStR 2010, S. 83.

ebenfalls auf die Ermittlung des Anteils der Betriebsstätte am Gesamtgewinn der wirtschaftlichen Einheit ab. Würde man bei der direkten Ermittlung des Betriebsstättengewinns den Ausweis von Zwischengewinnen zulassen, resultierten die Gewinnermittlung und die Gewinnabgrenzung in unterschiedlichen Ergebnissen. Gleiches träfe auf die alternative Anwendung von direkter und indirekter Methode zu.

Akzeptiert man vor diesem Hintergrund, dass der Gewinn einer Betriebsstätte auf den Anteil dieser Betriebsstätte am Gesamtgewinn der rechtlichen Einheit beschränkt sein muss, ist die Erfolgs- und Vermögensabgrenzung zwischen Stammhaus und Betriebsstätte grundsätzlich an folgende Bedingungen geknüpft:

- Aufgrund der fiskalischen Interessen der betroffenen Staaten müssen die Erfolgs- und Vermögensteile **verursachungsgerecht** bei Stammhaus und Betriebsstätte **lokalisiert** werden. Dabei ist dafür Sorge zu tragen, dass **Gewinnverlagerungen** zwischen Stammhaus und Betriebsstätte möglichst ausgeschlossen sind.
- Der rechtlichen Einheit von Stammhaus und Betriebsstätte wird bei der Erfolgs- und Vermögensabgrenzung nur dann Rechnung getragen, wenn aus Sicht des Gesamtunternehmens **keine Verstöße gegen das Realisationsprinzip** zu verzeichnen sind.

Um diese Bedingungen zu erfüllen, sind zunächst jedem Unternehmensteil die Erträge zuzuordnen, die dieser Unternehmensteil durch seine Geschäftstätigkeit mit Dritten realisiert hat. Beispiele sind die am Markt erzielten Umsatzerlöse, Veräußerungsgewinne oder sonstige Erträge.

Die Erfolgsbeiträge aller auf den Markt gerichteten Aktivitäten der Betriebsstätte sind unzweifelhaft durch diese erwirtschaftet und ihr demnach uneingeschränkt nach den Grundsätzen ordnungsmäßiger Buchführung zuzuordnen. Erbringt folglich die Betriebsstätte Lieferungen und Leistungen an unternehmensfremde Abnehmer, so erfolgt der jeweilige Erfolgsausweis nach dem **Realisationsprinzip** bei Lieferung und Leistung und entsprechend den im Außenverkehr vereinbarten Preisverhältnissen.

Auf der anderen Seite sind die entsprechenden Aufwendungen zu erfassen, die das Unternehmen für Material, Personal, Abschreibungen, Verwaltung und Vertrieb geleistet hat. Werden interne Leistungen und Ressourcen anderer Unternehmensteile in Anspruch genommen, ist fraglich, inwieweit diese Vorleistungen durch einen fremdüblichen Preis oder entsprechende Anteile am Gesamterfolg zu vergüten sind. Damit geht es im Wesentlichen um die richtige Verrechnung der internen Leistungsbeiträge. Sie bildet das Kernstück der Erfolgs- und Vermögensabgrenzung bei Betriebsstätten[7] und kann gegenwärtig noch grundsätzlich direkt oder indirekt vorgenommen werden. Für beide Verfahren ist vorab jedoch die Frage nach der Zuordnung der relevanten Vermögens- und Kapitalausstattung zu klären.

Die oben beschriebenen Nachteile der **indirekten Methode** bewirken, dass deren Tauglichkeit für die Ermittlung des Betriebsstättenerfolgs und -vermögens allgemein kritisch beurteilt wird. Daher wurde diese Alternative auch im Rahmen der Neufassung des Art. 7 OECD-Modell (Unternehmens-

---

[7] Vgl. Roth, A., Gewinnabgrenzung, 2003, S. 167.

gewinne) „aufgrund eines nicht weiterbestehenden Bedarfs" an der indirekten Methode aus dem Text des Musterabkommens **gestrichen**. Zwar ist die indirekte Methode in den Bestimmungen vieler DBA noch vorhanden. Die Frage, welche Methode bei der Erfolgs- und Vermögensabgrenzung vorzuziehen ist, wird von der h. M. gleichwohl zugunsten der direkten Methode beantwortet.[8] Daneben soll die indirekte Methode auch im nationalen Recht nur als ultima ratio Anwendung finden.[9] Ihr Einsatz ist auf solche Fälle beschränkt, in denen eine gesonderte Betriebsstättenbuchführung wegen geringen Umfangs der wirtschaftlichen Aktivität nicht existiert oder wegen besonders enger sachlicher Verknüpfungen mit dem Stammhaus nicht aussagekräftig ist. Im Übrigen wird man davon ausgehen dürfen, dass die pauschale Ermittlung des Betriebsstättenerfolgs auf der Basis von Schlüsselgrößen im Hinblick auf die Entwicklungen auf Ebene der OECD ihre praktische Bedeutung verlieren wird. Dies schließt aber nicht aus, dass in Zukunft transaktions(gruppen)bezogene **Spielarten** der indirekten Methode[10] stärkeres Gewicht erhalten werden. Ziel der Entwicklung auf Ebene der OECD ist ja gerade, den Kanon der Verrechnungspreismethoden, die für die Gewinnabgrenzung zwischen verbundenen Unternehmen zur Verfügung stehen, auf vergleichbare Vorgänge zwischen den Betriebsstätten eines internationalen Einheitsunternehmens zu übertragen, was auch die Anwendbarkeit der **geschäftsfallbezogenen Gewinnaufteilungsmethode** einschließt.

Um mögliche Verstöße gegen das Realisationsprinzip zu vermeiden, ist sicherzustellen, dass Gewinne aus unternehmensinternen Transaktionen erst dann ausgewiesen werden, wenn der einzelbetriebliche Realprozess abgeschlossen ist. Werden die internen Leistungen und Ressourcen zu Fremdpreisen bewertet, müssen die entstandenen Erfolgsbeiträge bei der Bestimmung der steuerpflichtigen Gewinne von Stammhaus und Betriebsstätte eliminiert werden. Im Grundsatz sind hierfür aktive (bei Verlusten) oder passive (bei Gewinnen) Korrekturposten in einer Nebenrechnung außerhalb der Bilanz **(Korrekturpostenmethode)** vorgesehen.

B. Rechtsgrundlagen

I. Nationales Recht

1. Buchführungspflicht

Für ein deutsches Stammhaus mit **ausländischen Betriebsstätten** ergibt sich aus dem handelsrechtlichen Vollständigkeitsgebot, welches durch das Maßgeblichkeitsprinzip (§ 5 Abs. 1 EStG) auch im Steuerrecht Geltung erlangt, die Verpflichtung, eine **Gesamtbilanz** zu erstellen, die alle dem Stammhaus zuzurechnenden Wirtschaftsgüter, Schulden etc. enthält. Es exis-

---

[8] Vgl. z. B. IDW, WPg 1987, S. 650; Kumpf, W., StbJb 1988/89, S. 410; Becker, H., DB 1989, S. 10 ff.; Herrmann, C./Heuer, G./Raupach, A., Einkommensteuergesetz, § 49 EStG, Anm. 251 f.; Lademann, F./Söffing, G., Einkommensteuergesetz, § 49 EStG, Anm. 323.

[9] Vgl. BFH v. 28. 3. 1985, BStBl 1985 II, S. 405; IDW, WPg 1987, S. 649 f.; Betriebsstätten-Verwaltungsgrundsätze, BMF-Schreiben v. 24. 12. 1999, BStBl 1999 I, S. 1076, Tz. 2.3.

[10] Zu dieser Einstufung der transaktionsorientierten Gewinnaufteilungsmethode siehe Snowdon, C., ITR 2009, S. 14 m. w. N.

3. Kapitel. Bei Betriebsstätten   671

tieren in der deutschen Steuerrechtspraxis keine Regelungen, die das Stammhaus zur Erstellung einer gesonderten Betriebsstättenbuchführung verpflichten. Der Buchführungsverpflichtung kann das Unternehmen zum einen auf der Grundlage einer Weltbuchführung nachkommen, in der auch die Geschäftsvorfälle der Betriebsstätte und die ihr dienenden Wirtschaftsgüter aufgenommen sind. Für die Anwendung der direkten Methode ist es dann notwendig, die Auslandsbetriebsstätte in einem gesonderten Kontenkreis zu erfassen, aus welchem das Betriebsstättenergebnis abgeleitet werden kann. Der Gewinnanteil des Stammhauses wird in diesem Fall durch eine **Subtraktion des Betriebsstättenerfolgs** vom Gesamtergebnis ermittelt. Zum anderen kann das Unternehmen jedoch auch getrennte Bücher für beide Betriebsteile führen; das Gesamtergebnis und die Gesamtbilanz ergeben sich bei dieser Vorgehensweise aus der Konsolidierung der beiden Teilabschlüsse. Grundsätzlich müssen beide Verfahren zum gleichen Ergebnis führen, bei richtiger Anwendung stimmen sowohl die Teil- als auch die Gesamtergebnisse aus der einheitlichen Weltbuchführung und aus den getrennten Buchführungen überein. Wenn nun, wie es nach geltendem Souveränitätsverständnis üblich ist, jeder Staat die Bemessungsgrundlagen generell auf der Basis seiner eigenen innerstaatlichen Gewinnermittlungsvorschriften errechnet, so bedeutet dies in formaler Hinsicht, dass für die ausländische Betriebsstätte über eine Gewinnermittlung nach deutschen Rechnungslegungsvorschriften hinaus auch ein nach ausländischen Rechnungslegungsvorschriften aufgebautes Rechnungswesen einzurichten ist.

Soweit nach den Vorschriften des Betriebsstättenstaates eine Buchführungspflicht besteht und dieser auch nachgekommen wird, kann auf eine originäre Buchführung nach Maßgabe der inländischen Regelungen verzichtet werden. Nach § 146 Abs. 2 AO sind die Ergebnisse der ausländischen Buchführung zu übernehmen, wobei die erforderlichen Anpassungen an die deutschen Regelungen vorzunehmen sind.[11]

Beim Vorliegen einer **inländischen Betriebsstätte** besteht nach §§ 238 ff. HGB, 140 AO die Verpflichtung, Bücher zu führen, wenn diese eine Zweigniederlassung nach § 13 d HGB ist. Liegt keine Zweigniederlassung vor, kann sich bei Überschreitung bestimmter Größenmerkmale eine Buchführungspflicht aus § 141 AO ergeben.[12] Gleichzeitig wird regelmäßig im Sitzstaat des Stammhauses entsprechend den Vorschriften im deutschen Recht die Verpflichtung zur Erstellung einer Weltbuchführung bestehen.

2. Gewinnermittlung

In Bezug auf die Ermittlung der Gewinne von Betriebsstätten existieren nur wenige Sondervorschriften im deutschen Steuerrecht. So sehen die Sondervorschriften für beschränkt Steuerpflichtige vor, dass Betriebsausgaben nur abzuziehen sind, soweit sie in **wirtschaftlichem Zusammenhang** mit den

---

[11] Vgl. BFH v. 13. 9. 1989, BStBl 1999 II, S. 57; BFH v. 20. 12. 1995, BStBl 1996 II, S. 261; R 34 c Abs. 3 EStR.
[12] Verpflichtet wird bei § 141 AO die ausländische Unternehmung. Für die Beurteilung der Buchführungspflicht hingegen ist ausschließlich die Geschäftstätigkeit der Betriebsstätte maßgeblich. Die Notwendigkeit der Buchführung am Ort der Betriebsstätte ergibt sich aus § 146 AO.

inländischen Einkünften stehen (§ 50 Abs. 1 Satz 1 EStG). Darüber hinaus ist in Bezug auf den Gewinnbegriff im Allgemeinen geregelt, dass „der **Ausschluss oder die Beschränkung des Besteuerungsrechts** der Bundesrepublik Deutschland hinsichtlich des Gewinns aus der Veräußerung oder der Nutzung eines Wirtschaftsguts" wie eine Entnahme zu betriebsfremden Zwecken behandelt werden muss (§ 4 Abs. 1 Satz 3 EStG), die zum gemeinen Wert anzusetzen ist (§ 6 Abs. 1 Nr. 4 Satz 1 2. Halbsatz EStG). Bei Kapitalgesellschaften gilt dies als Veräußerung oder Überlassung des Wirtschaftsguts zum gemeinen Wert (§ 12 Abs. 1 KStG). Danach soll insbesondere auch die **Überführung eines Wirtschaftsguts** von einem inländischen Betrieb in die ausländische Betriebsstätte zur Realisation eines Gewinns in Höhe der Differenz von gemeinem Wert und Buchwert im Zeitpunkt der Überführung des Wirtschaftsguts führen (Sofortversteuerung).[12a] Vergleichbares gilt für die Überführung von Wirtschaftsgütern einer inländischen Betriebsstätte in das ausländische Stammhaus eines beschränkt steuerpflichtigen Unternehmens.

Umgekehrt liegt eine „Verstrickungseinlage" vor, wenn durch eine Überführung von Wirtschaftsgütern aus einem ausländischen Betriebsvermögen des Steuerpflichtigen in seine inländische Betriebsstätte stille Reserven erstmals steuerlich verstrickt werden (§ 4 Abs. 1 Satz 7 2. Halbsatz EStG).[12b] Das ist nicht der Fall, wenn Wirtschaftsgüter einer Betriebsstätte, die in einem Land belegen ist, mit dem Deutschland kein DBA geschlossen hat, in das inländische Betriebsvermögen übertragen werden. Überführt der Steuerpflichtige jedoch Wirtschaftsgüter aus einer Betriebsstätte, für die eine Freistellung nach DBA maßgebend ist, liegt eine Verstrickungseinlage vor, die mit dem gemeinen Wert anzusetzen ist (§ 6 Abs. 1 Nr. 5a EStG). Nutzungen und Leistungen sind jedoch nicht einlagefähig.[13]

Mit dieser Regelung erweitert der Gesetzgeber den Begriff der Entnahmen und Einlagen, die den Wechsel von Wirtschaftsgütern und Nutzungen zwischen privater und betrieblicher Sphäre erfassen, um „**Entstrickungs- und Verstrickungsentnahmen und -einlagen**". Letztere orientieren sich am Wechsel von Wirtschaftsgütern und Nutzungen innerhalb der betrieblichen Sphäre zwischen eingeschränktem und uneingeschränktem Besteuerungszugriff Deutschlands.[14] Während die Entstrickungsentnahme und die Verstrickungseinlage zum gemeinen Wert anzusetzen sind, bleibt es in Bezug auf die Normalentnahme und die Normaleinlage bei der Bewertung zum Teilwert.

Diese Neuregelung im Rahmen des SEStEG ist in der Literatur nicht ohne Kritik geblieben.[15] Sie ist auch nicht voll mit der Entwicklung auf Ebene der

---

[12a] Diese Rechtsfolge soll nach der Stellungnahme des Bundesrats durch Ergänzung des Gesetzestextes um ein Regelbeispiel in einem neuen Satz 4 „klargestellt" werden, vgl. BT-Drs. 17/2823 v. 27. 8. 2010, Artikel 1 Nr. 5a (neu), Artikel 2 Nr. 3a (neu).
[12b] Wird das JStG 2010 nach den Änderungsvorschlägen des Bundesrats umgesetzt, ist die Verstrickungseinlage künftig in Satz 8 geregelt.
[13] Vgl. Hruschka, F., StuB 2006, S. 590; Stadler, R./Elser, T., Einführung, 2007, S. 62.
[14] Vgl. Hruschka, F., StuB 2006, S. 585.
[15] Vgl. Körner, A., IStR 2006, S. 469 f.; Wassermeyer, F., DB 2006, S. 2420 ff.; ders., DB 2006, S. 1176 ff.; Werra, M./Teiche, A., DB 2006, S. 1455 ff.; Wassermeyer, F., IStR 2008, S. 176 ff.

OECD kompatibel. Dem Gesetzgeber geht es primär um die „konsequente Sicherung deutscher Besteuerungsrechte". Zu diesem Zweck wird bestimmt, dass **Zwischengewinne** aus unternehmensinternen Transaktionen **realisiert** sind, wenn das Besteuerungsrecht Deutschlands hinsichtlich der (gesamten) Gewinne aus der Veräußerung oder Nutzung eines Wirtschaftsguts ausgeschlossen oder beschränkt ist. Eine Beschränkung des Besteuerungsrechts ergebe sich bereits unilateral, soweit gleichartige Auslandssteuern auf den deutschen Steueranspruch anzurechnen sind, da eine Anrechnung die Höhe der Steuerzahlung im Inland schmälert. Vergleichbares gelte, wenn mit dem Betriebsstättenstaat ein DBA vereinbart ist, nach dem die Gewinne einer im Ausland belegenen Betriebsstätte von der Besteuerung in Deutschland freigestellt sind. Mit dieser Vereinbarung verzichtet Deutschland auf die Besteuerung der stillen Reserven, die während der Zugehörigkeit der Wirtschaftsgüter zum ausländischen Betriebsstättenvermögen entstanden sind. Die stillen Reserven, die während der Zugehörigkeit der Wirtschaftsgüter zum inländischen Betriebsstättenvermögen entstanden sind, werden von der Freistellung allerdings nicht erfasst. Sie unterliegen dem deutschen Besteuerungsrecht selbst dann, wenn Deutschland auf die Besteuerung der Betriebsstättenergebnisse aufgrund eines DBA verzichtet.

Daneben bricht diese Regelung mit zentralen **Gewinnermittlungsprinzipien,** verlagert den Besteuerungsanspruch zeitlich vor die Realisation des entsprechenden Außenumsatzes und missachtet höherrangiges Recht. Liegen Stammhaus und Betriebsstätte im Inland, vollziehen sich sämtliche „Überführungen" zwischen den Betriebsteilen erfolgsneutral. Sie sind für den abgebenden Unternehmensteil weder Veräußerung noch Entnahme, für den aufnehmenden Unternehmensteil sind sie weder Anschaffung noch Einlage. Damit werden gleichgelagerte Sachverhalte im grenzüberschreitenden Bereich nur deshalb unterschiedlich besteuert, weil sich die Durchsetzung der Besteuerungsansprüche im Auslandsfall schwieriger gestaltet. Für diesen Fall stehen der Finanzverwaltung jedoch mit der Amtshilferichtlinie und der Beitreibungsrichtlinie Instrumente zur Verfügung, die eine Durchsetzung deutscher Besteuerungsansprüche unterstützen. Unter diesen Voraussetzungen ist aber davon auszugehen, dass die Neuregelung in Bezug auf EU-Sachverhalte mit der Niederlassungsfreiheit kollidiert (Art. 49 AEU).[16] Weitere Reibungspunkte sind das abkommensrechtliche Diskriminierungsverbot sowie das verfassungsrechtliche Gleichbehandlungsgebot.[17]

Nach dem Gesetzeswortlaut ist die Vorschrift anwendbar, wenn das Besteuerungsrecht Deutschlands in Bezug auf den Gewinn aus der Veräußerung oder Nutzung eines Wirtschaftsguts ausgeschlossen oder beschränkt ist. Hier bleibt unklar, wie der **Wortlaut** dieser Vorschrift im Einzelnen zu verstehen

---

[16] Vgl. Kommission der Europäischen Gemeinschaften, Wegzugsbesteuerung, 2006, S. 6 ff.; Kessler, W./Huck, F., StuW 2005, S. 208 ff.; Spengel, C./Braunagel, R. U., StuW 2006, S. 43; aus europäischer Sicht wäre es geboten, den in Entstrickungsfällen die bis zur Entstrickung entstandenen stillen Reserven erst dann erfasst werden, wenn sie in der Betriebsstätte tatsächlich realisiert werden. Diese Auslegung stünde auch mit der Entstrickungsregel im Einklang, da Deutschland ein aufgeschobenes Besteuerungsrecht an den stillen Reserven behält, vgl. Körner, A., IStR 2009, S. 742 f.
[17] Vgl. Werra, M./Teiche, A., DB 2006, S. 1457.

ist.[18] Offen ist vor allem, ob sich das Besteuerungsrecht auf den vollen Gewinn oder nur auf die im Inland angewachsenen stillen Reserven bezieht. Aus diesem Grund soll auf Initiative des Bundesrats die Entstrickungsregelung im Rahmen des Jahressteuergesetzes 2010 um ein Regelbeispiel ergänzt werden, das diesen Hauptanwendungsfall insoweit „klarstellt" als ein Ausschluss oder eine Beschränkung des Besteuerungsrechts hinsichtlich des Gewinns aus der Veräußerung eines Wirtschaftsguts [...] insbesondere vor[liegt], wenn ein Wirtschaftsgut einer anderen Betriebsstätte zugeordnet wird.[18a] Vom **Zweck** der Vorschrift her gesehen, sollte es dem Gesetzgeber um die Besteuerung der im Inland angewachsenen stillen Reserven gehen. In diesem Fall dürfte der **Anwendungsbereich** der Neuregelung weitgehend leer laufen, da sich das Besteuerungsrecht des Betriebsstättenstaates auch im Geltungsbereich der Freistellungsmethode auf die Gewinne beschränkt, die der Betriebsstätte zuzuordnen sind. Hierzu gehören aber nach den international maßgebenden Besteuerungsprinzipien nicht die stillen Reserven, die während der Zugehörigkeit des Wirtschaftsguts zum Stammhaus angewachsen sind.[19] In diesem Sinne führt für den BFH die Überführung eines Einzelwirtschaftsguts aus einem inländischen Stammhaus in eine ausländische Betriebsstätte auch dann nicht zur sofortigen Gewinnrealisation, wenn die ausländischen Betriebsstättengewinne von der Besteuerung im Inland freigestellt waren (Aufgabe der Theorie der **finalen Entnahme**).[20] Diese Entscheidung des BFH lässt sich auch auf die aktuelle Rechtslage übertragen, da sich die heute maßgebenden Vorschriften inhaltlich nicht von den Regelungen unterscheiden, die dem Sachverhalt im Urteil des BFH zugrunde liegt.[21] Nach der anderen Lesart bezieht sich der Verlust oder die Beschränkung des Besteuerungsrechts auf den vollen Gewinn. Entsprechend wird die Neuregelung, d. h. die Entnahme zum gemeinen Wert, auch dann angewandt, wenn das auf das Inland bezogene Besteuerungsrecht nicht berührt ist. So sieht das vor allem auch die deutsche Finanzverwaltung.[22] Auf diese Weise wird sichergestellt, dass sich das Besteuerungsrecht in Bezug auf die stillen Reserven, die sich bis zum Überführungszeitpunkt angesammelt haben, durch nachfolgende Wertminderungen oder den Untergang des Wirtschaftsguts in der Betriebsstätte nicht reduziert. Das kann aber dazu führen, dass Gewinne besteuert werden, die im Unternehmen nicht tatsächlich entstehen. Außer-

---

[18] Vgl. Wassermeyer, F., IStR 2008, S. 179; ders., DB 2006, S. 2420 ff.; ders., DB 2006, S. 1176 f.
[18a] Vgl. Stellungnahme des Bundesrats und Gegenäußerung der Bundesregierung, BT-Drs. 17/2823, Artikel 1 Nr. 5 a (neu), Artikel 2 Nr. 3 a (neu).
[19] Vgl. Schönfeld, J., IStR 2010, S. 133 ff. eine Anwendung dieser Vorschrift ist denkbar, wenn der Anknüpfungspunkt der Besteuerung im Inland wegfällt, weil der Steuerpflichtige seine Betriebsstätte aufgibt oder den Ort seiner Geschäftsleitung verlegt. Vgl. Wassermeyer, F., DB 2006, S. 1179; ders., IStR 2010, S. 462 ff.
[20] Vgl. BFH v. 17. 7. 2008, BStBl 2009 II, S. 464; bestätigt durch BFH v. 28. 10. 2009 I R 99/08, IStR 2010, S. 103; dazu Wassermeyer, F., IStR 2010, S. 432 ff.
[21] So auch Körner, A., IStR 2009, S. 744; Prinz, U., DB 2009, S. 810; Ditz, X./ Schneider, M., DStR 2010, S. 84. Siehe aber die möglichen Rechtsänderungen durch das JStG 2010, vgl. Stellungnahme des Bundesrats und Gegenäußerung der Bundesregierung, BT-Drs. 17/2823, Artikel 1, Nr. 5 a (neu), Artikel 2, Nr. 3 a (neu).
[22] Vgl. Betriebsstätten-Verwaltungsgrundsätze, BMF-Schreiben v. 25. 8. 2009, BStBl 2009 I, S. 888, Tz 2.2; BMF-Schreiben v. 20. 5. 2009, BStBl 2009 I, S. 671; zur Anwendung der Grundsätze des BFH- Urteils v. 17. 7. 2008, BStBl 2009 II, S. 464.

dem wird die Tatsache missachtet, dass zwischen Stammhaus und Betriebsstätte keine Verträge, die das Risiko einer Wertminderung oder des Untergangs auf die Betriebsstätte verlagern könnten, abgeschlossen werden können.[23]

II. Abkommensrecht

Das Abkommensrecht wendet den Fremdvergleichsgrundsatz auch auf die Gewinnabgrenzung zwischen Stammhaus und Betriebsstätte an. Im Einzelnen bietet dieses Abkommensrecht aber zum gegenwärtigen Zeitpunkt kein einheitliches Bild. Nach dem überarbeiteten Entwurf eines neuen Art. 7 für das Musterabkommen der OECD werden einer Betriebsstätte die Gewinne zugeordnet, „die sie insbesondere im Rahmen ihrer **Geschäftsbeziehungen mit anderen Teilen des Unternehmens** hätte erzielen können, wenn sie im Hinblick auf die Funktionen, Wirtschaftsgüter und Risiken, die das Unternehmen in der Betriebsstätte und den anderen Teilen des Unternehmens ausübt, nutzt oder übernimmt, eine gleiche oder ähnliche Geschäftstätigkeit unter gleichen oder ähnlichen Bedingungen als selbständiges Unternehmen ausgeübt hätte und im Verkehr mit dem Unternehmen, dessen Betriebsstätte sie ist, völlig unabhängig gewesen wäre" (Art. 7 Abs. 2 OECD-Modell).[24] In den bestehenden DBA, die die Bundesrepublik Deutschland mit ihren Partnerstaaten abgeschlossen hat, sind die Bezüge auf „Geschäftsbeziehungen mit anderen Teilen des Unternehmens" sowie auch „die **Funktionen, Wirtschaftsgüter und Risiken,** die das Unternehmen in der Betriebsstätte und den anderen Teilen des Unternehmens ausübt, nutzt oder übernimmt" noch nicht enthalten. Andererseits werden nach diesen DBA „die für diese Betriebsstätte entstandenen Aufwendungen einschließlich der Geschäftsführungs- und Verwaltungskosten zum Abzug zugelassen, gleichgültig, ob sie in dem Staat, in dem die Betriebsstätte liegt, oder anderswo entstanden sind" (z. B. Art. 7 Abs. 3 DBA Österreich). Schließlich ist es nach vielen deutschen DBA alternativ möglich, die einer Betriebsstätte zuzurechnenden Gewinne durch Aufteilung der Gesamtgewinne des Unternehmens auf seine einzelnen Teile (indirekte Methode) zu ermitteln. Voraussetzung ist, dass diese Methode in einem Vertragsstaat üblich ist (z. B. Art. 7 Abs. 4 DBA Österreich). Dabei muss die Gewinnaufteilung im Ergebnis eine verursachungsgerechte Gewinnzuordnung bewirken.

Die Überarbeitung des Art. 7 OECD-Modell einschließlich seiner Kommentierung durch den OECD-Kommentar bewirkt, dass gegenwärtig **zwei unterschiedliche Versionen** dieser Regelung maßgebend sind. Bestehende DBA, die auf dem Text des Musterabkommens basieren, wie er vor der Änderung in 2010 Bestand hatte, werden noch Jahre fortgelten. Berichtet wird sogar, dass ein Teil der Länder in ihrer Abkommenspolitik an der bis 2010 maßgebenden Version festhalten will.[25] Andererseits war der Zweck der Aktualisierung des Musterkommentars in 2008, den Kommentar zum „alten"

---

[23] Vgl. Wassermeyer, F., IStR 2004, S. 734; ders., IStR 2005, S. 87; ders., DB 2006, S. 1178 f.; a. A. Pijl, H., IBFD-Bulletin 2006, S. 353, 357, mit Hinweisen zur niederländischen Finanzrechtsprechung.
[24] OECD, Revised Discussion Draft Art. 7, 2009, S. 5.
[25] Vgl. Baker, P./Collier, R., BIT 2009, S. 200.

Art. 7 OECD-Modell in einer Weise fortzuentwickeln, dass die Schlussfolgerungen aus dem OECD Bericht 2008 über die Zuordnung von Gewinnen zu Betriebsstätten (amtlicher Ansatz) soweit wie möglich schon auf bestehende DBA anwendbar sind. Wenn der überarbeitete Kommentar aus dem Jahre 2008 auch offen lässt, inwieweit der amtliche Ansatz der OECD mit dem „alten" Art. 7 des OECD-Modells in Einklang steht, ist doch festzuhalten, dass der „alte" und der „neue" Art. 7 die Selbständigkeitsfiktion der Betriebsstätte unterschiedlich weit auslegen. Neu ist dabei vor allem die **uneingeschränkte Anwendung des Fremdvergleichsgrundsatzes** auf interne Geschäftsvorgänge; während der „alte" Art. 7 selbst in der überarbeiteten Kommentierung aus dem Jahre 2008 die **Selbständigkeitsfiktion der Betriebsstätte noch eingeschränkt** anwendet.[26] Aufgrund dieser Einschränkung ist es z. B. nicht generell erforderlich, dass einer Betriebsstätte das wirtschaftliche Eigentum an Wirtschaftsgütern zugeordnet wird. Folglich stehen auch interne Darlehens- oder Lizenzverrechnungen grundsätzlich nicht im Einklang mit der „alten" Fassung von Art. 7. Maßgebend ist aufgrund der neuen Kommentierung aber eine Art Betriebsstätten-Trennungsprinzip (functionally separate entity approach), das es verbietet, Stammhaus und Betriebsstätte für Zwecke der Gewinnabgrenzung als ein einheitliches Unternehmen zu betrachten.[27]

Ausgangspunkt für das Projekt der OECD, sowohl den Kommentar zum „alten" Art. 7 zu überarbeiten als auch diesen Art. 7 selbst zu ändern und den Kommentar erneut anzupassen war die Erkenntnis, dass die Interpretation der bisherigen Fassung nicht einheitlich vorgenommen wird. Anwendung finden im Wesentlichen **zwei unterschiedliche Lesarten,** die unter den Bezeichnungen „funktional selbständige Einheit (functionally separate entity)" und **„maßgebende Geschäftstätigkeit** (relevant business activity)" diskutiert werden. Gedanklicher Bezugspunkt des letzteren Konzeptes sind die Gewinne des Unternehmens, die nach dem OECD-Modell bis 2010 sowie den in Übereinstimmung mit diesem Text vereinbarten deutschen DBA nur insoweit im Vertragsstaat (Betriebsstättenstaat) besteuert werden dürfen, als sie dieser Betriebsstätte zugerechnet werden können (Art. 7 Abs. 1 OECD-Modell). Mit dieser Formulierung werde zunächst ausgeschlossen, dass sich das Besteuerungsrecht des Betriebsstättenstaates nicht über die Gewinne hinaus erstreckt, die durch die Betriebsstätte erwirtschaftet werden. Maßgebend sind nur die Gewinne aus Tätigkeiten, an denen die Betriebsstätte beteiligt ist. Andere Einkünfte, die das Unternehmen im Vertragsstaat außerhalb der Betriebsstätte erzielt, werden von dieser Zuweisung des Besteuerungsrechts an den Betriebsstättenstaat nicht berührt (keine „Attraktivkraft" der Betriebsstätte). Hieraus sei aber auch abzuleiten, dass sich die Gewinnzuordnung auf einen Teil des Gewinns bezieht, den das Unternehmen aus der Tätigkeit insgesamt erzielt. Übt das Unternehmen diese Tätigkeit auch in anderen Teilen des Unternehmens aus, reduzieren Verluste, die das Unternehmen in diesen anderen Teilen des Unternehmens erzielt, den ganzen Gewinn des Unternehmens aus dieser Tätigkeit, was zur Folge hat, dass auch der Gewinn der Betriebsstätte anteilig vermindert.

---

[26] So auch Ditz, X./Schneider, M., DStR 2010, S. 82.
[27] OECD-Kommentar, Art. 7, Tz. 11.

Das Konzept der **funktional selbständigen Einheit** orientiert sich an Art. 7 Abs. 2 OECD-Modell, nach dem einer Betriebsstätte die Gewinne zuzuordnen sind, die diese Betriebsstätte erzielen würde, wenn sie eine gleiche oder ähnliche Geschäftstätigkeit als selbständiges Unternehmen ausgeübt hätte und im Verkehr mit dem Unternehmen, dessen Betriebsstätte sie ist, völlig unabhängig gewesen wäre. Diese Vorgabe kann nur erfüllt werden, wenn der Bezug auf den Gesamterfolg, den das Unternehmen aus der Geschäftstätigkeit erwirtschaftet, aufgegeben wird. Sie hat auch zur Folge, dass der Betriebsstätte nach dem Konzept der funktional selbständigen Einheit Gewinne zugeordnet werden können, obwohl das Unternehmen insgesamt Verluste erwirtschaftet. Ob diese Logik so weit gehen kann, dass Gewinne aus einzelnen Geschäftsvorgängen auszuweisen sind, die am Markt noch nicht realisiert wurden,[28] erscheint fraglich.

Beispiel: Die Betriebsstätte stellt Erzeugnisse fertig und überträgt sie zum Vertrieb oder Einbau in ein anderes Produkt an das Stammhaus. Am Jahresende liegen die Erzeugnisse noch auf Lager. Nach dem Bericht der OECD ist in der Betriebsstätte der Gewinn aus der Produktion der Erzeugnisse bereits auszuweisen, obwohl sie am Markt noch nicht realisiert sind.

Bei aller Orientierung an wirtschaftlich selbständigen Unternehmen muss gesehen werden, dass die Betriebsstätte Teil des Gesamtunternehmens ist. Daneben gilt es zu berücksichtigen, dass die Aufgabe von DBA erfüllt wird, wenn die Gewinne eines Unternehmens überschneidungsfrei dessen Betriebsstätten zugeordnet werden. Wann der insoweit zugewiesene Gewinn ausgewiesen wird, ist dagegen eine **Frage der Gewinnermittlung,** welche nicht Gegenstand der DBA ist. In jedem Fall hat das Konzept der funktional selbständigen Einheit aber zur Folge, dass die Beziehungen zwischen den Betriebsstätten eines Unternehmens wie Geschäftsvorgänge behandelt werden, die auf Basis des Fremdvergleichsgrundsatzes so abzurechnen sind, als stünden sich die verschiedenen Einheiten des Unternehmens wie voneinander unabhängige Gesellschaften gegenüber. Möglich sind danach nicht nur die Entnahme von Wirtschaftsgütern zum gemeinen Wert (§ 6 Abs. 1 Nr. 4 Satz 1 EStG) oder dem Fremdvergleichspreis,[29] sondern auch Dienstleistungen, Nutzungsüberlassungen oder die Überlassung von Kapital, wobei auch hier jeweils der Fremdvergleichspreis zur Anwendung kommen soll. Voraussetzung ist, dass zuvor festgestellt wird, welche Funktionen ausgeübt, Wirtschaftsgüter eingesetzt und Risiken übernommen wurden.

Die Überarbeitung des OECD-Modells sowie der entsprechenden Kommentierung machen deutlich, dass sich die Finanzverwaltungen der OECD-Mitgliedstaaten für eine allgemeine Anwendung des Konzeptes der **funktional selbständigen Einheit** stark machen und ihre nationalen Gesetzgeber auffordern wollen, die Texte der bestehenden DBA entsprechend anzupassen, neue DBA nach den Musterbestimmungen 2010 abzuschließen sowie die nationalen Besteuerungsrechte durch eine Ergänzung der maßgebenden Gewinnermittlungsvorschriften entsprechend auszuschöpfen. Vertreter der deut-

---
[28] Vgl. OECD, Report, 2008, Tz. 70.
[29] So die Übersetzung der gesetzlichen Vorschriften durch die Finanzverwaltung, vgl. BMF-Schreiben v. 25. 8. 2008, BStBl 2009 I, S. 888, Tz. 2.6.1.

schen Finanzverwaltung haben schon zu verstehen gegeben, dass die neue Auslegung des Art. 7 i. S. d. überarbeiteten Musterkommentars zu übernehmen ist und der Grundsatz des Fremdvergleichs durch eine Ergänzung des AStG im Rahmen der Betriebsstättengewinnermittlung allgemein verankert werden soll.[30]

III. Verhältnis zwischen den nationalen und den abkommensrechtlichen Regelungen

Nach Abkommensrecht ist auf die Gewinnabgrenzung zwischen Stammhaus und Betriebsstätte der Fremdvergleichsgrundsatz anzuwenden. Gegenwärtig ist zwar die Anwendung des Fremdvergleichsgrundsatzes bei Betriebsstätten auf den Transfer von Wirtschaftsgütern und auf spezielle Dienstleistungen begrenzt. Vorgesehen ist aber hier schon heute, dass der Transfer von Wirtschaftsgütern zu **Fremdpreisen** vollzogen wird. Ebenso soll dem Empfänger spezieller Dienstleistungen ein Entgelt in Rechnung gestellt werden, das sich an Marktpreisen orientiert, d. h. auf Seiten des Leistenden Gewinne zulässt. Die abkommensrechtlichen Vorschriften sind aber nur anwendbar, wenn zwischen dem Stammhaus- und dem Betriebsstättenstaat ein DBA besteht. Darüber hinaus müssen sie sich auf die Ermittlung des zu versteuernden Einkommens von Stammhaus und Betriebsstätte auswirken können.

Besteht kein DBA, richtet sich die Gewinnabgrenzung zwischen Stammhaus und Betriebsstätte in Deutschland ausschließlich nach deutschem Recht.[31] Danach ist die Überführung eines Wirtschaftsguts in die ausländische Betriebsstätte zum gemeinen Wert anzusetzen, wenn das Besteuerungsrecht der Bundesrepublik Deutschland hinsichtlich des Gewinns aus der **Veräußerung oder Nutzung** eines Wirtschaftsguts ausgeschlossen oder beschränkt ist.[32] Die Überführung eines Wirtschaftsguts in das inländische Stammhaus vollzieht sich dagegen, da das Besteuerungsrecht der Bundesrepublik insoweit nicht begründet wird, zum Buchwert. Für Dienstleistungen und Kapitalüberlassungen bestehen keine gesetzlichen Regelungen.

Existiert ein DBA, das in Bezug auf die Abgrenzung der Unternehmensgewinne dem OECD-Modell nachgebildet ist, legt es dem innerstaatlichen Steuerrecht der beteiligen Staaten im bilateralen Verhältnis Schranken auf.[33] Umstritten ist aber, ob die Abkommensnormen wie eine innerstaatliche Rechtsvorschrift unmittelbar anwendbar sind oder durch nationale Regelungen ausgefüllt werden müssen. Teilweise wird die Auffassung vertreten, dass die Vorschriften eines DBA **Schrankenrecht** sind, so dass ihnen bei der steuerlichen Beurteilung einzelner Sachverhalte nach nationalem Recht **keine unmittelbare Bedeutung** zukomme.[34] Dementsprechend hätte der Grundsatz des Fremdvergleichs nach Art. 7 Abs. 2 OECD-Modell keine unmittelbare Bedeutung für das nationale Recht. Eine zweite Auffassung geht dahin, dass der Grundsatz des Fremdvergleichs bei Betriebsstätten **nur für die**

---

[30] Vgl. Becker, K., Betriebsstätten-Gewinnabgrenzung, 2010, S. 81–94.
[31] Ebenso Roth, A., Gewinnabgrenzung, 2003, S. 171.
[32] Siehe 3. Kapitel, Abschnitt D.
[33] Vgl. Ditz, X., IStR 2005, S. 39.
[34] Vgl. Debatin, H./Wassermeyer, F., Doppelbesteuerung, Art. 7, Anm. 315.

3. Kapitel. Bei Betriebsstätten

Gewinnabgrenzung unmittelbare Wirkung (self executing) entfalte. Die Gewinnermittlung richte sich dagegen nach den innerstaatlichen Rechtsvorschriften, so dass die nach DBA vorgesehene Bewertung zu Fremdpreisen keine Auswirkungen auf den für das Stammhaus oder die Betriebsstätte ermittelten Gewinn haben kann. Sieht das innerstaatliche Recht bei internen Vorgängen keine Realisierung von Zwischengewinnen vor, kann auch ein DBA keinen Steueranspruch im Zeitpunkt der Überführung begründen.[35] Schließlich wird drittens die Auffassung vertreten, die DBA-Norm sei nicht nur auf Ebene der Gewinnabgrenzung, sondern **auch auf Ebene der Gewinnermittlung** unmittelbar anwendbar.[36] Diese Sichtweise bedeutet, dass ein Transfer von Wirtschaftsgütern zwischen Stammhaus und Betriebsstätte sowie spezielle Dienstleistungen auch dann zu Fremdpreisen abzurechnen wären, wenn das innerstaatliche Recht keine entsprechende Realisierung von Zwischengewinnen vorsieht.

Im Grunde erfüllt sich der Sinn und Zweck eines DBA, Doppelbesteuerungen zu vermeiden, nur, wenn die Betriebsstätteneinkünfte im Wohnsitzstaat und im Quellenstaat korrespondierend abgegrenzt und ermittelt werden. Ob der Anwendungsstaat ein ihm danach zustehendes Besteuerungsrecht ausübt, ist allein eine Frage seines nationalen Rechts.[37] Dies mag Minderbesteuerungen zur Folge haben. Sie auszuschließen wäre aber Aufgabe beider Vertragsstaaten. Dementsprechend hat auch der OECD-Steuerausschuss eine unmittelbare Anwendung des Fremdvergleichsgrundsatzes auf Ebene der Gewinnermittlung ausdrücklich abgelehnt.[38]

Damit kann festgehalten werden, dass die unmittelbare Anwendung des Fremdvergleichs nach DBA auf die **Gewinnabgrenzung** beschränkt ist.[39] Die **Gewinnermittlung** richtet sich nach den Vorschriften des nationalen Rechts. Eine Realisierung von Zwischengewinnen kann nicht auf das DBA gestützt werden. An dieser Rechtslage sollte sich auch dann nichts ändern, wenn nach dem functionally separate entity approach der Anwendungsbereich des Fremdvergleichs auf Ebene der OECD auf alle Innentransaktionen erweitert wird. Bleibt es in Deutschland bei den gegenwärtigen Gewinnermittlungsvorschriften, ist der Fremdvergleichsgrundsatz im deutschen DBA so umzusetzen, dass die für das Gesamtunternehmen realisierten Aufwendungen und Erträge nach Maßgabe ihrer wirtschaftlichen Veranlassung zwischen Stammhaus und Betriebsstätte aufzuteilen sind. Anderes gilt nur in Bezug auf die Veräußerung oder Überlassung von Wirtschaftsgütern zur Nutzung, soweit das Besteuerungsrecht der Bundesrepublik ausgeschlossen, beschränkt oder erstmals begründet wird (§ 4 Abs. 1 Sätze 3, 7 EStG, § 12 Abs. 1 KStG). Wird allerdings die Bewertung zum gemeinen Wert auf grenzüberschreitende Transaktionen beschränkt, ist es fraglich, ob die allgemeine Entstrickungsregel mit den Vorgaben des Europarechts im Einklang steht, wenn die danach

---

[35] Vgl. BFH v. 9. 11. 1988, BStBl 1989 II, S. 510; Kempka, B., Gewinnrealisierung, 1995, S. 108; Schaumburg, H., Steuerrecht, 1998, S. 262; Ditz, X., IStR 2005, S. 41; Kroppen, H.-K., IStR 2005, S. 75.
[36] Vgl. Kluge, V., StuW 1975, S. 302 ff.; Becker, H., DB 1989, S. 14.
[37] Vgl. Kessler, W./Huck, F., StuW 2005, S. 201 ff.; Kroppen, H.-K., IStR 2005, S. 74; Tipke, K./Kruse, H. W., Abgabenordnung, § 2 AO, Anm. 33.
[38] Vgl. OECD-Kommentar, Art. 7, Anm. 55; OECD, Report, 2008, Tz. 12.
[39] So auch BFH-Urteil v. 17. 7. 2008, BStBl 2009 II, S. 464.

ausgelösten Steuerzahlungen bis zur Realisation in einem Außenverhältnis gestundet werden.[40]

Die dargestellten Grundsätze der internationalen Gewinnabgrenzung bei Betriebsstätten sollen im Folgenden näher betrachtet werden. Diese Betrachtung ist auf die **direkte Ermittlung** der Gewinne von Stammhaus und Betriebsstätten beschränkt. Zu unterscheiden sind aber die Aufteilung der Einkünfte bei Betriebsstätten international tätiger Unternehmen nach den deutschen Betriebsstätten-Verwaltungsgrundsätzen,[41] denen die **eingeschränkte Anwendung** der Selbständigkeitsfiktion zugrunde liegt, und der amtliche Ansatz der OECD (Authorized OECD Approach),[42] der auf der Fiktion einer **uneingeschränkten Selbständigkeit** der Betriebsstätte basiert. Die Betriebsstätten-Verwaltungsgrundsätze sind Ausdruck der deutschen Gewinnermittlungsgrundsätze und dienen auch einer Durchsetzung der Besteuerungsansprüche, die sich Deutschland im Rahmen seiner DBA gesichert hat. Diese DBA folgen im Wesentlichen dem Muster, das auf Ebene der OECD bis zum Jahre 2010 Bestand hatte (alter Wortlaut des Art. 7 OECD-Modell). Der amtliche Ansatz der OECD dient einer Vereinheitlichung der verschiedenen Ansätze einer Betriebsstätten-Gewinnabgrenzung und ihrer Angleichung an die Gewinnabgrenzung nach dem Grundsatz des Fremdvergleichs bei verbundenen Unternehmen. Er beruht auf einem **zweistufigen Ansatz** und wurde 2010 im Rahmen einer Aktualisierung des Art. 7 (neuer Wortlaut des Art. 7 OECD-Modell) im OECD-Modell verankert.[43] Wenngleich dieser neue Art. 7 bisher keinen Eingang in die deutsche Abkommenspraxis (neue DBA, Revisionen) gefunden hat, wird der amtliche Ansatz der OECD gleichwohl vorgestellt, weil der OECD-Kommentar zum alten Art. 7 seit seiner Änderung in 2008 schon – mit Einschränkungen (Selbständigkeitsfiktion) – auf diesen Ansatz Bezug nimmt.

C. Wirtschaftliche Grundlagen der Betriebsstättentätigkeit

I. Funktionen

1. Amtlicher Ansatz der OECD

Nach den Bestimmungen des Art. 7 OECD-Modell, dem auch die deutschen DBA nachgebildet sind, sind die Tätigkeit der Betriebsstätte und die dafür maßgebenden Bedingungen für die Gewinnzurechnung von zentraler Bedeutung („wenn sie eine gleiche oder ähnliche Tätigkeit zu gleichen oder ähnlichen Bedingungen als selbständiges Unternehmen ausgeübt hätte"). Der neue Art. 7 macht deutlich, dass sich die Ähnlichkeit oder Vergleichbarkeit

---

[40] Vgl. § 4g EStG; siehe dazu Hintsanen, L., ET 2003, S. 117 ff.; Kessler, W./Huck, F., StuW 2005, S. 208 ff.; Spengel, C./Braunagel, R. U., StuW 2006, S. 43; Beiser, R., DB 2008, S. 2724 ff.; weniger streng siehe Wissenschaftlicher Beirat des Fachbereichs Steuern der Ernst & Young AG, BB 2005, S. 2167 f.
[41] Vgl. Betriebsstätten-Verwaltungsgrundsätze, BMF-Schreiben v. 24. 12. 1999, BStBl 1999 I, S. 1076; geändert aufgrund des Gesetzes über steuerliche Begleitmaßnahmen zur Einführung der Europäischen Gesellschaft und zur Änderung weiterer steuerrechtlicher Vorschriften durch Betriebsstätten-Verwaltungsgrundsätze, BMF-Schreiben v. 25. 8. 2009, BStBl 2009 I, S. 888.
[42] Vgl. OECD, Report, 2008.
[43] OECD, Revised Discussion Draft Art. 7, 2009.

der Tätigkeiten und Bedingungen auf die Funktionen, Wirtschaftsgüter und Risiken bezieht, die in der Betriebsstätte ausgeübt, eingesetzt oder übernommen werden. Mit diesen Bestimmungen nimmt Art. 7 auf den Grundsatz des Fremdvergleichs Bezug, wie er im Zusammenhang mit der Gewinnabgrenzung zwischen verbundenen Unternehmen Anwendung findet. Unterstellt wird, dass sich Stammhaus und Betriebsstätte in ihren Leistungsbeziehungen wie fremde Dritte einander gegenüber stehen. Entsprechend sind sämtliche **Leistungsbeziehungen** zwischen den Betriebsstätten eines Unternehmens zu identifizieren und „so anzusetzen, wie sie unter den zwischen voneinander unabhängigen Dritten vereinbarten Bedingungen angefallen wären" (Art. 9 Abs. 1 OECD-Modell, § 1 Abs. 1 AStG) (uneingeschränkte Selbständigkeitsfiktion). Die damit verbundene Bestimmung von Fremdpreisen setzt eine **Analyse der verschiedenen Faktoren** voraus, die auf die Preisbestimmung zwischen fremden Dritten Einfluss haben (funktionale Analyse).

Hierzu gehören neben den **Eigenschaften der gehandelten Güter** oder erbrachten Leistungen vor allem die von den Parteien wahrgenommenen Funktionen, ein damit verbundener Kapitaleinsatz und die Verteilung der bestehenden Risiken.[44] Ziel dieser Analyse ist es festzuhalten, welche **Tätigkeiten und Verantwortungen** des Unternehmens durch die Betriebsstätte wahrgenommen werden, und in welchem Ausmaß dies geschieht. Daneben ist zu ermitteln, in welcher Eigenschaft diese Funktionen ausgeführt werden. Denkbar ist z. B., dass die Tätigkeit als Dienstleistung für einen anderen Teil des Unternehmens erbracht oder in eigener Verantwortung ausgeführt wird. Wird die Betriebsstätte durch eine feste Geschäftseinrichtung begründet (Art. 5 Abs. 1 OECD-Modell), sind die Dokumentation der Betriebsstättenfunktion, die Art der Geschäftseinrichtung, die für die Betriebsstätte konstitutiv ist, und die Tätigkeiten, die an diesem Ort ausgeführt werden, von Bedeutung. Handelt es sich um eine Vertreter-Betriebsstätte (Art. 5 Abs. 5 OECD-Modell), sind die Aufgaben des Agenten, die dieser im Auftrag des Prinzipals ausübt, zu berücksichtigen.[45]

2. Zurechnung nach deutschem Recht

Im Unterschied zum Abkommensrecht ist der Grundsatz des Fremdvergleichs in deutschem Recht auf Betriebsstätten nicht direkt anwendbar. Tragendes Prinzip ist hier das **Veranlassungsprinzip**.[46] Danach sind die Aufwendungen und Erträge grundsätzlich dem Unternehmensteil zuzuordnen, die mit den Leistungsbeträgen dieses Unternehmensteils in Zusammenhang stehen. Fingiert man die Betriebsstätte als selbständiges unabhängiges Unternehmen, kann die Veranlassung von Erträgen und Aufwendungen mit Hilfe des Fremdvergleichs objektiviert werden. Dieser Fremdvergleich hilft entgelt-

---

[44] Vgl. OECD, Report, 2008, Tz. 88; zur analogen Anwendung der übrigen Vergleichbarkeitsfaktoren (Vertragsbedingungen, wirtschaftliche Verhältnisse der Vertragsparteien und spezielle Umstände, wie z. B. die von den Partnern verfolgten Geschäftsstrategien) siehe Tz. 92 f.
[45] Vgl. OECD, Report, 2008, Tz. 89.
[46] BFH v. 20. 7. 1988, BStBl 1989 II, S. 140; BFH v. 13. 11. 1990, BStBl 1991 II, S. 94; BFH v. 16. 2. 1996, BFH/NV 1997, S. 111; BFH v. 21. 7. 1999, BStBl 2000 II, S. 336; BFH v. 17. 11. 1999, BStBl 2000 II, S. 605; BFH v. 9. 5. 2008, BFH/NV 2008, S. 1060; siehe dazu auch Ziehr, U., Einkünftezurechnung, 2008, S. 37 ff. m. w. N.

fähige Leistungen zu identifizieren oder festzustellen, welche Unternehmenseinheit bei fiktiver Selbständigkeit und Unabhängigkeit die entstandenen Aufwendungen getragen hätte. So ist z. B. die **Aufteilung** zwischen Stammhaus und Betriebsstätte nach dem Grundsatz des Fremdvergleichs vorzunehmen, wenn die Aufteilung Leistungen betrifft, die Gegenstand der ordentlichen Geschäftstätigkeit der leistenden Unternehmenseinheit sind und wenn die Aufteilung auf der Grundlage der Funktionsaufteilung zwischen Stammhaus und Betriebsstätte zu einer sachgerechten Einkommensabgrenzung führt.[47] Zwar hat die Notwendigkeit einer veranlassungsbezogenen Analyse aufgrund der Vorgaben zur Entstrickung und Verstrickung stiller Reserven im Rahmen der Übertragung und Überlassung von Wirtschaftsgütern zur Nutzung (§ 4 Abs. 1 Satz 3 EStG, § 12 Abs. 1 KStG) an Bedeutung verloren. Schuldrechtliche Vereinbarungen zwischen Stammhaus und Betriebsstätte sind aber rechtlich nicht möglich, so dass nach deutschem Recht außerhalb dieser Entstrickungs- und Verstrickungsvorgänge die für das Gesamtunternehmen realisierten Erträge und Aufwendungen nach Veranlassungsgesichtspunkten aufzuteilen sind. Hierbei sind jeweils die tatsächlichen Verhältnisse maßgebend. Zu berücksichtigen sind insbesondere[48]

- die Struktur, Organisation und Aufgabenteilung im Unternehmen sowie der Einsatz von Wirtschaftsgütern,
- die einzelnen Funktionen der Betriebsstätte, z. B. Herstellung, Montage, Forschung und Entwicklung, verwaltungsbezogene Leistungen, Absatz, sonstige Dienstleistungen, und
- in welcher Eigenschaft die Betriebsstätte als selbständiges Unternehmen diese Funktion erfüllt hätte, z. B. wie ein Eigenhändler, Agent.

II. Risiken

1. Amtlicher Ansatz der OECD

Unternehmerische Tätigkeiten sind mit Risiken verbunden. Während diese Risiken im Konzern durch vertragliche Vereinbarungen frei verteilt und, soweit das dem Fremdvergleich entspricht, einzelnen Unternehmen zugeordnet werden können,[49] sind Risiken im Betriebstättenzusammenhang rechtlich **durch das Gesamtunternehmen** zu tragen. Für Zwecke der Einkunftszurechnung können Betriebsstätten auch wohl so behandelt werden, als würden sie ihnen zugeordnete Risiken selbst tragen, wenn gleich sie dafür vertraglich nicht in Anspruch genommen werden können. In diesem Sinne fordert der amtliche Ansatz der OECD, eine Betriebsstätte so zu behandeln, als hätte sie die **Risiken übernommen,** die mit den verschiedenen Aufgaben, die durch das Personal der Betriebsstätte ausgeführt werden, im Zusammenhang stehen (significant people functions). So sollte z. B. eine Betriebsstätte so behandelt werden, als müsste sie für Risiken aus der Verteilung

---
[47] Vgl. Betriebsstätten-Verwaltungsgrundsätze, BMF-Schreiben v. 24. 12. 1999, BStBl 1999 I, S. 1076, Tz. 2.2.
[48] Vgl. Betriebsstätten-Verwaltungsgrundsätze, BMF-Schreiben v. 24. 12. 1999, BStBl 1999 I, S. 1076, Tz. 2.3.1.
[49] Vgl. OECD, Leitlinien 2010, Tz. 1.47–1.49, 1.52–1.53, 1.65–1.66; siehe dazu Oestreicher, A., Gewinnaufteilung, 2005, S. 78.

von Sorgfaltspflichten auf die Mitarbeiter einstehen, die in ihren Aufgaben eingebunden sind.[50] Da vertragliche Vereinbarungen zwischen Betriebsstätte und den übrigen Teilen des Unternehmens fehlen, wird die Zuordnung von Risiken bei Betriebsstätten primär von den **tatsächlichen Verhältnissen** bestimmt. Nach dem Fremdvergleichsgrundsatz ergibt sich die Aufteilung der Risiken und Verantwortlichkeiten aus dem Verhalten der Vertragsparteien und der wirtschaftlichen Gesetzmäßigkeiten, die für die Beziehungen zwischen unabhängigen Unternehmen maßgebend sind. Im Zusammenhang mit Betriebsstätten können das Verhalten der Beteiligten und die wirtschaftlichen Gesetzmäßigkeiten aus internen Vereinbarungen (z. B. Vergütungsregelungen) abgeleitet werden, indem auf der Basis interner Daten oder Unterlagen analysiert wird, wie unabhängige Unternehmen ihre Verantwortungsbereiche intern abgrenzen. Die danach gefundene Aufteilung der Risiken sollte bei der Betriebsstättengewinnermittlung Berücksichtigung finden. So sollten z. B. Rückstellungen, die zur Vorsorge für diese Risiken zu bilden sind, der Betriebsstätte zugeordnet werden. Daneben sollte die Betriebsstätte auch die **finanziellen Konsequenzen** tragen, die aus der Bildung sowie der Auflösung dieser Rückstellungen resultieren.

Art und Umfang der durch eine Betriebsstätte übernommenen Risiken haben auch Einfluss auf das ihr zuzuordnende Kapital. Die Übernahme wesentlicher Risiken setzt voraus, dass auch das der Betriebsstätte zugeordnete Kapital zu erhöhen ist, um die Kreditwürdigkeit der Betriebsstätte zu erhalten.

2. Zurechnung nach nationalem Recht

Die deutschen Verwaltungsgrundsätze sprechen die Zurechnung von Risiken auf Stammhaus und Betriebsstätte nicht ausdrücklich an. Aus verschiedenen Bestimmungen lässt sich gleichwohl ableiten, dass die Position der OECD in der deutschen Finanzverwaltung geteilt wird und in den Betriebsstätten-Verwaltungsgrundsätzen mittelbar zum Ausdruck kommt. So ist schon nach dem **Veranlassungsprinzip** zu berücksichtigen, ob ein Verlust durch die Tätigkeit von Stammhaus oder Betriebsstätte verursacht wurde. Mehr noch sind nach dem Grundsatz des Fremdvergleichs die Bedingungen maßgebend, unter denen die Tätigkeit der Betriebsstätte ausgeübt wurde.[51] In diesem Sinne spielt es auch eine Rolle, in welcher Eigenschaft die Funktionen der Betriebsstätte erfüllt wurden.[52] Eigenhändler und Agent zeichnen sich nicht nur durch ein unterschiedliches Funktionsspektrum aus, sondern tragen auch ein unterschiedliches Markt- und Bestandsrisiko.

Schließlich ist in Bezug auf die Bemessung eines ausreichend Dotationskapitals der Betriebsstätte auf Unternehmen abzustellen, die vergleichbare Marktchancen haben oder vergleichbare Marktrisiken tragen.[53] Im Übrigen wird, soweit bei der Übertragung oder Überlassung von Wirtschaftsgütern

---

[50] Vgl. OECD, Report, 2008, Tz. 97.
[51] Vgl. Betriebsstätten-Verwaltungsgrundsätze, BMF-Schreiben v. 24. 12. 1999, BStBl 1999 I, S. 1076, Tz. 2.2.
[52] Vgl. Betriebsstätten-Verwaltungsgrundsätze, BMF-Schreiben v. 24. 12. 1999, BStBl 1999 I, S. 1076, Tz. 2.3.1.
[53] Vgl. Betriebsstätten-Verwaltungsgrundsätze, BMF-Schreiben v. 24. 12. 1999, BStBl 1999 I, S. 1076, Tz. 2.5.1.

zum gemeinen Wert das Risiko einer anschließenden Wertminderung auf den Unternehmensteil verlagert, der das Wirtschaftsgut zum gemeinen Wert übernommen hat.

Beispiel: Die deutsche M-GmbH stellt zu Herstellungskosten i. H. v. 130 000 € eine Werkzeugmaschine her und liefert sie zum Vertrieb in seine Betriebsstätte in Spanien. Der gemeine Wert dieser Werkzeugmaschine beträgt 170 000 €. Die sinkende Nachfrage nach Werkzeugmaschinen bewirkt, dass die Betriebsstätte beim Verkauf erhebliche Preisabschläge einräumen muss, dem zu Folge die Maschine nur zu einem Nettoverkaufspreis i. H. v. 150 000 € (120 000 €) veräußert werden kann.

In diesem Beispiel mag man darüber streiten, wie weit die Selbständigkeitsfiktion der Betriebsstätte nach deutschem Recht geht oder gehen darf. Wird aber (mit der Finanzverwaltung) unterstellt, dass die Maschine bei der Übertragung zum Preis von 170 000 € anzusetzen ist, trägt die Betriebsstätte das volle Marktrisiko aus der Veräußerung der Werkzeugmaschine. Infolgedessen realisiert sie einen Verlust i. H. v. 20 000 € (50 000 €). Die Notwendigkeit einer Zuordnung von Risiken auf die Betriebsstätte ergibt sich aber selbst dann, wenn es vor dem Hintergrund des europarechtlichen Diskriminierungsverbots sowie des Verbots einer Doppelbesteuerung richtig ist, dass die von beiden Staaten (Stammhaus und Betriebsstätte) insgesamt besteuerten **stillen Reserven nicht höher** sein dürfen als der Gewinn, den das Unternehmen bei der Einschaltung einer inländischen Betriebsstätte errechnen würde.[54] Unter dieser Voraussetzung wäre das Besteuerungsrecht des deutschen Fiskus in der ersten Variante (150 000 €) auf 30 000 € beschränkt, während es in der zweiten Variante um die Frage ginge, inwieweit die Betriebsstätte am entstandenen Verlust i. H. v. 10 000 € zu beteiligen ist.

III. Vermögen

1. Amtlicher Ansatz der OECD

a) Grundlage

Ausgangspunkt der OECD ist das Konzept des wirtschaftlichen Eigentums der Betriebsstätte an Wirtschaftsgütern, die der Betriebsstätte zugerechnet oder im Interesse der Aufgaben dieser Betriebsstätte dort genutzt werden.[55] Dabei nutzt die OECD den Begriff des **wirtschaftlichen Eigentums** äquivalent zur entsprechenden Zurechnung von Wirtschaftsgütern zum Betriebsvermögen einer rechtlich selbständigen Kapitalgesellschaft, so dass wirtschaftliches Eigentum die mit dieser Zurechnung verbundenen Nutzen und Lasten (Zurechnung der korrespondierenden Erträge, wie z. B. Lizenzen, der Abschreibungsbeträge oder auch der Veräußerungsgewinne oder -verluste) einschließt.[55a] Ziel dieses Konzeptes ist die Aufstellung einer **„Steuerbilanz"**, die den gleichen Kriterien folgt, die auch für verbundene Unternehmen maßgebend sind. Für diese Zwecke sind nicht nur die Wirtschaftsgüter fest-

---

[54] Vgl. Körner, A., IStR 2009, S. 743; siehe hierzu auch die Diskussion dieses Falls bei Wassermeyer, F., IStR 2004, S. 734 f.; Hruschka, F./Lüdemann, P., IStR 2005, S. 79 ff.; Kroppen, H.-K., IStR 2005, S. 75; Wassermeyer, F., IStR 2005, S. 87 f.
[55] Vgl. OECD, Report, 2008, Tz. 101.
[55a] Dazu Kanter, M./Reijnierse, J./Vollebegr, H., European Taxation 2010, S. 192 ff.

zustellen, die in der Betriebsstätte genutzt werden. Festzustellen sind auch die Bedingungen, unter denen diese Wirtschaftsgüter genutzt werden (alleiniges oder gemeinsames Eigentum, Nutzung in Lizenz oder als Teilnehmer eines Poolvertrags). Diese Feststellung ist im Betriebsstättenzusammenhang mit **besonderen Schwierigkeiten** verbunden, da vertragliche Grundlagen insoweit fehlen. Aus rechtlicher Sicht sind die Wirtschaftsgüter dem Unternehmen, dessen Teil die Betriebsstätte ist, insgesamt zuzurechnen. Stattdessen ist auf die wirtschaftlichen Rahmenbedingungen abzustellen, die die Beziehungen zwischen den verschiedenen Teilen des einheitlichen Unternehmens determinieren. Daher ist das wirtschaftliche Eigentum an den Wirtschaftsgütern, die einer Betriebsstätte zuzurechnen sind, mit Hilfe einer **Funktionsanalyse** zu bestimmen. Sie basiert im Wesentlichen auf einer Zurechnung der Wirtschaftsgüter, die für die Ausübung der wesentlichen Aufgaben der Betriebsstätte maßgebend sind. Die Zuordnung von Wirtschaftsgütern zu Betriebsstätten bedeutet aber nicht automatisch, dass auch die Einkünfte aus ihrer Verwertung der Betriebsstätte in vollem Maße zuzurechnen sind. Vielmehr kommt es auf die Art des Wirtschaftsguts und den Kontext an, in dem dieses Wirtschaftsgut genutzt wird. So mag es sein, wenn es die Aufgabe der Betriebsstätte ist, Güter herzustellen, die hierzu erforderlichen Produktionsanlagen der Betriebsstätte zuzurechnen. Ob auch die Erträge aus der Verwertung der hergestellten Wirtschaftsgüter in den Gewinn der Betriebsstätte eingehen, hängt aber von der Funktion ab (Eigenproduzent oder Fertigungsdienstleistungen), die die Betriebsstätte in diesem Zusammenhang übernimmt.

b) Materielle Wirtschaftsgüter

In Bezug auf materielle Wirtschaftsgüter geht die OECD pragmatische vor. Maßgebendes Kriterium für die Zurechnung dieser Wirtschaftsgüter ist grundsätzlich der Ort ihrer Nutzung.[56]

c) Immaterielle Wirtschaftsgüter

Immaterielle Wirtschaftsgüter haben für die Wettbewerbsfähigkeit von Unternehmen zentrale Bedeutung. Im Rahmen der Betriebsstättengewinnabgrenzung standen lange Zeit die Schwierigkeiten einer rechtlichen Zuordnung immaterieller Wirtschaftsgüter zu Teilen des Unternehmens und die fehlenden Möglichkeiten einer internen Lizenzierung im Vordergrund. Dies hatte zur Folge, dass sich die Mitgliedstaaten bis zuletzt an einer Aufteilung der mit der Entwicklung immaterieller Wirtschaftsgüter verbundenen Kosten orientierten. Diese Aufteilung der Kosten ist für die OECD im Hinblick auf die Bedeutung immaterieller Wirtschaftsgüter für den Unternehmenserfolg nicht mehr sachgerecht. So ist z. B., wenn die Zuordnung von immateriellen Wirtschaftsgütern unterbleibt, die Verlässlichkeit der Funktionsanalyse herabgesetzt. Ein Verzicht auf die Zuordnung immaterieller Wirtschaftsgüter bringt es aber mit sich, dass die Erfassung der Rückflüsse aus ihrer Überlassung an fremde Dritte und die Vergütung der Teile des Unternehmens, die die Entwicklung immaterieller Wirtschaftsgüter durchgeführt haben, mit Fehlern

---

[56] Vgl. OECD, Report, 2008, Tz. 104.

behaften sind. Um diese Auswirkungen zu vermeiden, sieht die OECD die Zuordnung immaterieller Wirtschaftsgüter nach dem Konzept des **wirtschaftlichen Eigentums** auf die Betriebsstätten vor. Dabei wird in Bezug auf die Zuordnung des wirtschaftlichen Eigentums zwischen gewerblichen Wirtschaftsgütern (trade intangibles) und Wirtschaftsgütern, die der Vermarktung dienen (marketing intangibles), unterschieden. Darüber hinaus spielt in Bezug auf gewerbliche Wirtschaftsgüter eine Rolle, ob diese Wirtschaftsgüter selbst entwickelt oder erworben wurden.

Ein Blick auf rechtlich selbständige Unternehmen zeigt, dass Gesellschaften die Entwicklung immaterieller Wirtschaftsgüter nicht selbst vornehmen müssen, sondern andere Gesellschaften für Zwecke der Auftragsforschung einschalten können. Der Vergleich macht deutlich, dass wirtschaftliches Eigentum an selbst erstellen gewerblichen Wirtschaftsgütern nicht voraussetzt, dass die Entwicklungstätigkeit selbst erledigt wird. Maßgebend ist vielmehr, welches Unternehmen die Federführung hat, für die Prozessgestaltung verantwortlich ist und die wesentlichen Risiken trägt. Merkmal dieser aktiven Willensbildung sind z. B. die Festlegung der Rahmenbedingungen in Bezug auf den Entwicklungsprozess, die Prüfung und Auswertung von Testergebnissen, die Formulierung von Etappenzielen oder die Entscheidung über die Fortsetzung eines Projekts. Keine Rolle spielt, welcher Teil des Unternehmens über die finanzielle Ausstattung verfügt, um das Entwicklungsrisiko zu übernehmen. Entscheidend ist allein, welche Betriebsstätte in Bezug auf das Entwicklungsrisiko die **aktiven Entscheidungen** fällt; dieser Betriebsstätte ist dann das hierfür notwendige Dotationskapital zuzuordnen – das Kapital folgt also den Risiken, nicht umgekehrt.[57]

Vergleichbar damit ist in Bezug auf entgeltlich erworbene Wirtschaftsgüter entscheidend, in welcher Betriebsstätte die für den Erwerb maßgebenden Entscheidungen getroffen werden. Hierzu gehören z. B. die Entscheidung der für den Erwerb des Wirtschaftsguts notwendigen Weiterentwicklungsmaßnahmen sowie die Einschätzung und Steuerung der mit dem Einsatz dieses Wirtschaftsguts verbundenen Risiken.

Bei Wirtschaftsgütern, die dem Vertrieb dienen (z. B. der Name, Marken, Warenzeichen), richtet sich die Zurechnung des wirtschaftlichen Eigentums vor allem nach der Entscheidungsbefugnis über die Entwicklung und Durchführung von Markenstrategien, dem Schutz von Warenzeichen, den Firmen- oder Markennamen sowie die Pflege etablierter Werte. Entscheidend ist wiederum, wer die aktiven Entscheidungen trifft und die entsprechenden Risiken verantwortet. Das kann bei Wirtschaftsgütern, die dem Vertrieb dienen, auch die Betriebsstätte sein, die das Marketingbudget verwaltet und entsprechende Maßnahmen initiiert.

d) Rechte und Verpflichtungen

Neben den Vermögenswerten sind der Betriebsstätte die Rechte und Verpflichtungen zuzurechnen, die aus den Geschäftsbeziehungen des Unternehmens mit selbständigen Unternehmen resultieren. Diese Zurechnung setzt voraus, dass die Geschäftsbeziehungen des Unternehmens identifiziert wer-

---

[57] Vgl. OECD, Report, 2008, Tz. 122.

3. Kapitel. Bei Betriebsstätten

den, die die jeweiligen Vertragspartner für den Fall, dass die Betriebsstätte völlig unabhängig wäre, mit dieser Betriebsstätte durchgeführt hätten. Sie steht i. d. R. mit den Wirtschaftsgütern und Risiken im Zusammenhang, die der Betriebsstätte zugerechnet werden.

2. Zurechnung nach nationalem Recht

a) Wirtschaftsgüter

Nach den Vorgaben des deutschen Steuerrechts sind der Betriebsstätte die Wirtschaftsgüter nach dem Prinzip der wirtschaftlichen Zugehörigkeit zuzuordnen.[58] Hieraus folgt, dass der Betriebsstätte grundsätzlich alle Wirtschaftsgüter zuzurechnen sind, die mit ihren Aufgaben im Zusammenhang stehen und ihr tatsächlich dienen.[59] Zu diesem Zweck sind in der Betriebsstättenbilanz die Wirtschaftsgüter auszuweisen, die ein selbständiger Gewerbebetrieb am gleichen Ort und unter gleichen oder ähnlichen Bedingungen zur Erzielung eines vergleichbaren Geschäftserfolgs benötigt. Hierbei kommt es, vergleichbar dem Konzept der OECD, darauf an, ob die Betriebsstätte als selbständiges Unternehmen **wirtschaftliches Eigentum** erworben hätte. Maßgebend sind die tatsächlichen Verhältnisse und insbesondere die Struktur, Organisation und Aufgabenstellung der Betriebsstätte im Unternehmen.[60] Die Finanzverwaltung[61] zählt hierzu neben Wirtschaftsgütern, die zur ausschließlichen Verwertung und Nutzung durch die Betriebsstätte bestimmt sind, auch solche Wirtschaftsgüter, aus denen Einkünfte resultieren, zu deren Erzielung die Tätigkeit der Betriebsstätte überwiegend beigetragen hat. Bei der Zuordnung der Wirtschaftsgüter soll ferner die **Zentralfunktion** des Stammhauses beachtet werden. Danach sind dem Stammhaus i. d. R. das Halten der dem Gesamtunternehmen dienenden Finanzmittel, nicht aber die von der Betriebsstätte erwirtschafteten überschüssigen Mittel zuzurechnen, sowie Beteiligungen, wenn sie nicht einer in der Betriebsstätte ausgeübten Tätigkeit dienen.[62]

Abgrenzungsprobleme bei der Zuordnung treten vor allem dann auf, wenn Wirtschaftsgüter dem Betrieb der Betriebsstätte lediglich anteilig dienen (zeit-

---

[58] Vgl. Betriebsstätten-Verwaltungsgrundsätze, BMF-Schreiben v. 25. 8. 2009, BStBl 2009 I, S. 888, Tz. 2.2.
[59] Vgl. BFH v. 1. 4. 1987, BStBl 1987 II, S. 550; BFH v. 30. 8. 1995, BStBl 1996 II, S. 563; BFH v. 29. 11. 2000, HFR 2001, S. 1053.
[60] Vgl. Betriebsstätten-Verwaltungsgrundsätze, BMF-Schreiben v. 25. 8. 2009, BStBl 2009 I, S. 888, Tz. 2.4; siehe auch Kleineidam, H.-J., Rechnungslegung, 1992, S. 157 f.; Maier, J., Zuordnung, 2003, S. 246 ff.; Herrmann, C./Heuer, G./Raupach, A., Einkommensteuergesetz, § 49 EStG, Anm. 241; zur Orientierung am Konzept des wirtschaftlichen Eigentums siehe Ziehr, U., Einkünftezurechnung, 2008, S. 169 ff.
[61] Vgl. hierzu im Folgenden Betriebsstätten-Verwaltungsgrundsätze, BMF-Schreiben v. 25. 8. 2009, BStBl 2009 I, S. 888, Tz. 2.4.
[62] Zur Kritik siehe Roth, A., Gewinnabgrenzung, 2003, S. 175; Wassermeyer, F./Andresen, U./Ditz, X., Betriebsstätten-Handbuch, 2006, Rz. 4.6. Der Bericht der OECD aus dem Jahre 2008 verzichtet auf die Fiktion der Zentralfunktion des Stammhauses. Unter der Voraussetzung, dass das Stammhaus die entsprechende Leitungsfunktion tatsächlich ausübt, können aber die im Betriebsstättenerlass aufgestellten Grundsätze auch bei der Gewinnzuordnung im Sinne der neuen OECD-Grundsätze angewandt werden. Vgl. Förster, H./Naumann, M., IWB, Fach 10, International, Gruppe 2, S. 1780, S. 1784 ff.

lich oder funktionsmäßig). Bei **zeitanteiliger Nutzung** erscheint die Weiterführung der Wirtschaftsgüter in der Bilanz des Unternehmensteils, bei dem sie überwiegend genutzt werden, aus praktischen Gründen zweckmäßig. Dem anderen Unternehmensteil muss in diesem Fall der anfallende Aufwand anteilig zugeordnet werden.[63] Bei **funktionsanteiliger Nutzung** ist auch eine anteilige Zuordnung der Wirtschaftsgüter denkbar.[64] Dagegen sieht die Finanzverwaltung nur eine Zuordnung entweder bei der Betriebsstätte oder beim Stammhaus vor. Eine Zuordnung bei der Betriebsstätte kann jedoch unterbleiben, wenn die Wirtschaftsgüter der Betriebsstätte nur vorübergehend überlassen werden und die Überlassung unter fremden Dritten aufgrund eines Miet-, Pacht- oder ähnlichen Rechtsverhältnisses erfolgt wäre. Das Gleiche gilt für Wirtschaftsgüter, die von mehreren Betriebsstätten gleichzeitig oder nacheinander genutzt werden und deren Kosten und Erträge durch ein Aufteilungsverfahren innerhalb des Unternehmens umgelegt werden.

Die Zurechnung von Wirtschaftsgütern auf die Betriebsstätte wirft regelmäßig dann größere Probleme auf, wenn es sich hierbei um Wirtschaftsgüter handelt, die ihre im Rahmen des Gesamtunternehmens zugewiesene Funktion gleichermaßen als Bestandteil des Betriebsvermögens des Stammhauses und als Bestandteil des Betriebsstättenvermögens erfüllen können. Hierbei handelt es sich insbesondere um **immaterielle Wirtschaftsgüter** wie z. B. Know-how und Patente. Für solche Wirtschaftsgüter ist der erkennbare Wille der Geschäftsleitung für die Zuordnung ausschlaggebend.[65] Die **buchmäßige Behandlung**, in der die unternehmerische Entscheidung zum Ausdruck kommt, ist nur Indiz, nicht Voraussetzung der Zuordnung.[66] Sie ist allerdings dann nicht zu beachten, wenn sie den kaufmännischen und wirtschaftlichen Erfordernissen widerspricht. Nur wenn sich aus dem Grundsatz der wirtschaftlichen Zugehörigkeit keine eindeutige Lösung ergibt, hat die inländische Zentrale ein Zurechnungswahlrecht, welches durch die buchmäßige Behandlung ausgeübt wird.

Eine Ausnahme von dem Grundsatz, dass Wirtschaftsgüter entsprechend ihrer wirtschaftlichen Zugehörigkeit zuzuordnen sind und ihrer Belegenheit grundsätzlich keine Bedeutung zukommt, zeigt sich in der Behandlung von Grundvermögen. Nutzt eine ausländische Betriebsstätte im Inland belegenes **Grundvermögen** oder eine inländische Betriebsstätte im Ausland belegenes Grundvermögen, so kann der Betriebsstätte das Grundvermögen nicht zugerechnet werden.[67] Auch das Abkommensrecht enthält bei derartigen Wirtschaftsgütern eine strenge Normierung des **Belegenheitsprinzips**, wobei für die Abgrenzung des unbeweglichen Vermögens regelmäßig das Recht des Belegenheitsstaates maßgebend ist (Art. 6 Abs. 2 bzw. Art. 22 Abs. 1 OECD-

---

[63] Vgl. BFH v. 20. 7. 1988, BStBl 1989 II, S. 140; Raab, J./Looks, C., Nutzungsüberlassung, 2003, S. 304 ff.; Förster, H./Naumann, M./Rosenberg, O., IStR 2005, S. 620 f.
[64] Vgl. BFH v. 20. 3. 2002, BFH/NV 2002, S. 1017; Ditz, X., Betriebsstätten, 2004, S. 287 ff., S. 296 ff.; Nowotny, C., Betriebsstättengewinnermittlung, 2004, S. 102 ff.; Wassermeyer, F., IStR 2005, S. 86 f.; Wassermeyer, F./Andresen, U./Ditz, X., Betriebsstätten-Handbuch, 2006, Rz. 2.44. A. A. Raab, J./Looks, C., Nutzungsüberlassung, 2003, S. 306; Hruschka, F./Lüdemann, P., IStR 2005, S. 79 ff.
[65] Vgl. BFH v. 1. 4. 1987, BStBl 1987 II, S. 550.
[66] Vgl. BFH v. 29. 7. 1992, BStBl 1993 II, S. 63.
[67] Vgl. BFH v. 24. 2. 1988, BStBl 1988 II, S. 663.

Modell). Dieser Konflikt mit dem Prinzip der wirtschaftlichen Zugehörigkeit beruht darauf, dass das Grundvermögen im internationalen Steuerrecht regelmäßig als eigenes Steueranknüpfungsmoment angesehen wird, das gegenüber dem Steueranknüpfungsmoment Betriebsstätte jeweils nur innerstaatlich subsidiär ist.

b) Verbindlichkeiten und Rückstellungen

Die Zurechnung der **Passiva** auf die Betriebsstätte lässt sich befriedigend lösen, soweit es sich um der Betriebsstätte **direkt zurechenbare Fremdkapitalteile** und um die aus ihrem Geschäftsbetrieb mit fremden Dritten resultierenden **Verbindlichkeiten** und **Rückstellungen** (einschließlich Pensionsrückstellungen) handelt. Nimmt das Stammhaus Fremdkapitalteile für die Betriebsstätte auf, so muss eindeutig nachgewiesen werden, dass die der Betriebsstätte tatsächlich zugegangenen Finanzierungsmittel auch aus den vom Stammhaus aufgenommenen Krediten stammen (Durchlaufkredite). Die Tatsache, dass in Höhe eines aufgenommenen Darlehens Finanzmittel an die Betriebsstätte fließen, ist als Nachweis für eine direkte Zuordenbarkeit allein nicht ausreichend; erforderlich ist vielmehr ein **unmittelbarer zeitlicher und sachlicher Zusammenhang.**[68] Anhaltspunkte für die Kreditverwendung lassen sich aus den bei größeren Vorhaben erstellten Finanzplänen ableiten. Die verbleibende Zuordnung orientiert sich, wie noch darzustellen sein wird, an den Grundsätzen für die Bemessung von Dotationskapital.

c) Abrechnungsgrundsätze bei mehreren Betriebsstätten

Die Zurechnung hat im Rahmen der direkten Methode grundsätzlich für jede Betriebsstätte gesondert zu erfolgen. Eine Zusammenfassung zweier oder mehrerer Betriebsstätten ist nur möglich, sofern diese in wirtschaftlichem Zusammenhang miteinander stehen. In allen anderen Fällen gilt die Selbständigkeitsfiktion für jede **Einzelbetriebsstätte.** Die Wirtschaftsgüter des Gesamtunternehmens sind somit nach ihrer Funktion auf das Stammhaus und die einzelnen Betriebsstätten zu verteilen. Eine Änderung der bestehenden Verteilung zwischen den einzelnen Betriebsstätten setzt voraus, dass die funktionale Zuordnung gelöst wird. Das ist z. B. der Fall, wenn die Nutzung eines Wirtschaftsguts durch die Betriebsstätte endet.

Wenn in der deutschen Besteuerungspraxis für Betriebsstätten, die in demselben ausländischen Staat belegen sind, auch ohne einen wirtschaftlichen Zusammenhang eine Zusammenfassung erfolgt,[69] so ist dies ausschließlich mit Praktikabilitätserwägungen zu rechtfertigen. In diesen Fällen werfen Überführungen zwischen den Betriebsstätten abrechnungstechnisch keine Probleme auf, es handelt sich um innerbetriebliche Vorgänge. Soweit jedoch eine dieser Betriebsstätten Verluste erwirtschaftet, verbietet sich im Hinblick auf § 2a EStG eine solche Vorgehensweise. Die für die Verlustverrechnungsbeschränkungen entscheidende Beurteilung, ob eine aktive oder passive gewerbliche Betätigung i. S. d. § 2a EStG vorliegt, muss für jede Betriebsstätte getrennt erfolgen.

---

[68] Vgl. BFH v. 27. 7. 1965, BStBl 1966 III, S. 24.
[69] Vgl. Uelner, A., Gewinnrealisierung, 1980, S. 147.

IV. Kapital

1. Amtlicher Ansatz der OECD

a) Kreditwürdigkeit

Der gedankliche Ausgangspunkt, nach dem es sich bei der Betriebsstätte um ein eigenes Unternehmen handelt, das von seinem Stammhaus völlig unabhängig ist, macht es erforderlich, dass das Unternehmen der Betriebsstätte einen Teil seines „freien" Eigenkapitals (Dotationskapital) zuordnet. Dabei ist davon auszugehen, dass sich Stammhaus und Betriebsstätte grundsätzlich durch eine **einheitliche Kreditwürdigkeit** auszeichnen.[70]

Zwar wird anerkannt, dass sich „passive Konzerneffekte" ergeben können und die Selbständigkeitsfiktion untergraben wird, wenn bei allen Betriebsstätten das Rating des Gesamtunternehmens zugrunde gelegt wird. Für eine Differenzierung gibt es aber i. d. R. keine Anhaltspunkte. So ließe es sich kaum begründen, wenn dem Stammhaus per se eine höhere Kreditwürdigkeit zugerechnet wird, die dieses in die Lage versetzen würde, für ihre Betriebsstätten Garantien zu übernehmen. Daher werden nach den Vorstellungen der OECD auch **keine Garantievereinbarungen** zwischen Stammhaus und Betriebsstätten sowie unter den Betriebsstätten anerkannt. Dies ist auch insoweit sachgerecht, als zwischen Betriebsstätte und rechtlich selbständigen Unternehmen Unterschiede bestehen, die es einer Betriebsstätte auch verbieten, Garantien gegenüber dem Markt abzugeben.

b) Finanzierung der Betriebsstätte

Grundsätzlich kann der Kapitalbedarf einer Betriebsstätte durch Eigen- oder Fremdkapital gedeckt werden. Die **Festlegung der Kapitalstruktur**, d. h. das Verhältnis von Eigen- zu Fremdkapital der Betriebsstätte, hat einerseits unmittelbare Bedeutung für die Zurechnung von Zinsaufwendungen für das der Betriebsstätte zuzuordnende Fremdkapital. Andererseits bestimmt die Kapitalstruktur mittelbar die Höhe der beschränkt steuerpflichtigen Einkünfte im Betriebsstättenstaat sowie die Einkünfte, die im Sitzstaat des Stammhauses bei Vorliegen eines DBA i. d. R. freizustellen oder im Nicht-DBA-Fall für die Berechnung des Anrechnungshöchstbetrags heranzuziehen sind. In Abhängigkeit von der Maßnahme zur Vermeidung der Doppelbesteuerung der Betriebsstätteneinkünfte im Sitzstaat des Stammhauses gelten dabei folgende Zusammenhänge:

- **Freistellung des Betriebsstättengewinns:** Je höher (geringer) die Eigenkapitalausstattung der Betriebsstätte ist, desto höher (geringer) fällt der freizustellende Gewinnanteil der Betriebsstätte aus und desto geringer (höher) ist der Gewinnanteil, der auf das Stammhaus entfällt.
- **Anrechnung der ausländischen Steuer:** Je höher (geringer) die Eigenkapitalausstattung der Betriebsstätte ist, desto höher (geringer) ist der Anteil der Betriebsstätteneinkünfte. Folglich fällt beim Stammhaus der Höchstbetrag an anrechenbaren Auslandssteuern umso höher (geringer) aus.

Da Zinszahlungen grundsätzlich steuerlich abziehbare Betriebsausgaben sind, ist es ein zentrales Anliegen der Staaten, dass die Betriebsstätte angemessen mit Dotationskapital ausgestattet ist, um eine Gewinnzurechnung zu erreichen,

---

[70] Zur Ausnahme siehe OECD, Report, 2008, Tz. 131.

3. Kapitel. Bei Betriebsstätten

die dem Grundsatz des Fremdvergleichs entspricht. Zu den zentralen Fragen gehört dabei, ob bei internen Darlehen und Vorauszahlungen Zinsen zu verrechnen sind. Nicht weniger bedeutsam ist, inwieweit bei der Zurechnung auf das Gesamtkapital des Unternehmens Bezug genommen werden muss.

Nach dem amtlichen Ansatz der OECD[71] hat die **Eigenkapitalausstattung** einer Betriebsstätte mit den Funktionen dieser Betriebsstätte, den ihr zugeordneten Wirtschaftsgütern und den hiermit jeweils verbundenen Risiken in Einklang zu stehen. Zu diesem Zweck ist das Dotationskapital (free capital) **in zwei Stufen** zu bestimmen. Notwendig ist erstens eine Messung und Bewertung der übernommenen Risiken und zugeordneten Wirtschaftsgüter. Auf dieser Grundlage ist zweitens das Eigenkapital zu bestimmen, welches erforderlich ist, die übernommenen Risiken zu tragen und die Wirtschaftsgüter zu finanzieren.

In Bezug auf die **Messung und Bewertung der Risiken und Wirtschaftsgüter** unterscheidet die OECD zwischen Finanzinstituten, die regulatorischen Anforderungen unterliegen,[72] und Nichtbanken. Nachfolgend wird ausschließlich auf Nichtbanken abgestellt. Müssen diese keine speziellen Anforderungen in Bezug auf die Messung von Risiken beachten, kann die notwendige Kapitalausstattung auf das Verhältnis des Wertes der Wirtschaftsgüter gestützt werden. Möglich ist eine Bewertung der Wirtschaftsgüter zum Buchwert oder zum aktuellen Marktwert. Daneben wird auch die Bewertung zu ursprünglichen Anschaffungskosten diskutiert. Wichtig ist aber, dass der Bewertungsmaßstab im Gesamtunternehmen einheitlich herangezogen wird. Unterliegt das Unternehmen erheblichen Geschäftsrisiken, sind ergänzende Berechnungen erforderlich, die das Verhältnis der übernommenen Risiken zum Ausdruck bringen.

Im zweiten Schritt ist auf dieser Basis die **erforderliche Eigenkapitalausstattung** festzulegen. Sie ist grundsätzlich nach Maßgabe des Fremdvergleichs zu bestimmen.[73] Im Einzelnen bietet die OECD in diesem Zusammenhang **verschiedene Verfahren** an, legt sich aber nicht auf ein bestimmtes Verfahren fest. Diskutiert werden ein einfaches Kapitalaufteilungsverfahren, eine Schlüsselung nach dem „wirtschaftlichen Eigenkapital", ein thin capitalisation approach, der sich an den Kapitalstrukturen vergleichbarer Unternehmen orientiert, sowie für Unternehmen, die entsprechenden regulatorischen Anforderungen unterliegen, eine Art Mindesteigenkapitalanforderung (quasi thin capitalisation). Letzten Endes können die Empfehlungen der OECD keine Rechtssicherheit oder internationale Übereinstimmung gewährleisten. Sie dokumentieren vielmehr, dass es keine objektive Leitlinie für die Kapitalzuordnung auf Betriebsstätten gibt. Hilfestellung verspricht aber auch insoweit die neue Gegenberichtigungsnorm in Bezug auf Unternehmensgewinne (Art. 7 Abs. 3 OECD-Modell 2010). Sie verlangt eine bilaterale Anerkennung des Dotationskapitals, wenn die Ermittlung dieses Kapitals nach den Vorgaben eines der amtlichen Ansätze erfolgt ist.[74]

---

[71] OECD, Report, 2008, Tz. 130 ff.
[72] Siehe hierzu OECD, Report, 2008, Tz. 142; OECD, Banks, 2008, Tz. 24 f., 85 ff.
[73] Siehe OECD, Report, 2008, Tz. 150 ff. Die Zuordnung der damit verbundenen Fremdkapitalkosten einschließlich der Vergütung von treasury dealings wird in den Tz. 184 ff. behandelt. Siehe dazu Abschnitt IV 1 c). Vgl. auch Förster, H./Naumann, M., IWB 2004, Fach 10, International, Gruppe 2, S. 1777 ff.
[74] Vgl. OECD, Revised Discussion Draft, Art. 7 Abs. 3; siehe dazu auch OECD-Kommentar, 2008, Art. 7, Tz. 47 f.

c) Bestimmung der Zinskosten einer Betriebsstätte

Sind Dotations- und Fremdkapital bestimmt, können die Zinskosten ermittelt werden, die einer Betriebsstätte zuzurechnen sind. Im Einzelnen können nach dem Bericht der OECD verschiedene **Methoden** der Zurechnung von Zinskosten unterschieden werden. Hierbei geht der amtliche Ansatz der OECD sogar so weit, unter bestimmten Voraussetzungen interne Geschäftsvorgänge zu unterstellen. In diesem Zusammenhang wird dann auch die Verrechnung eines Gewinnaufschlags für die Ausübung entsprechender Finanzierungsfunktionen (treasury functions) für richtig erachtet.

Grundsätzlich steht jedoch die Annahme fiktiver Innentransaktionen im Zusammenhang mit der Finanzierung von Betriebsstätten nicht im Mittelpunkt des amtlichen Ansatzes der OECD.[75] Zwar wird die bisherige Differenzierung zwischen Finanzierungs- und andern Betriebsstätten zugunsten des funktionsbezogenen Ansatzes aufgegeben. Dieser funktionsbezogene Ansatz bedeutet aber nicht, dass jeder Finanzierung eine Innentransaktion zwischen Stammhaus und Betriebsstätte zugrunde liegt. Das ist nur insoweit der Fall, als Finanzierungsfunktionen zu vergüten sind (treasury dealings). Für diesen Fall ist nach dem amtlichen Ansatz der OECD zu bestimmen, wer **wirtschaftlicher Eigentümer** der entsprechenden Finanzierungsmittel ist und daher auch Anspruch auf Vergütung einer entsprechenden Finanzierungstätigkeit hat.

Im OECD Kommentar werden schon bisher zwei weitere Methoden einer Zurechnung von Zinskosten zu Betriebsstätten diskutiert, die auch den DBA vieler Länder in verschiedenen Variationen zugrunde liegen. Nach der **Rückverfolgungsmethode** (tracing approach) werden die Finanzierungsmittel einer Betriebsstätte zur primären Bereitstellung des Kapitals zurückverfolgt. Der Betriebsstätte werden dann die Zinskosten zugerechnet, die das Unternehmen an den Kapitalgeber zu entrichten hat (weitergeleitetes Fremdkapital). Nach der **Übertragbarkeitsmethode** (fungibility approach) wird unterstellt, dass Finanzierungsmittel, die eine Betriebsstätte aufnimmt, die Zwecke des gesamten Unternehmens finanzieren. Tatsächliche Finanzmittelbewertungen oder Zinsbelastungen bleiben bei diesem Ansatz unbeachtet. Beide Ansätze haben ihre Nachteile.[76] Sie werden auch in den DBA der OECD Länder bisher nicht in ihrer Reinform angewendet. Gleichwohl besteht das Ziel beider Methoden darin, der Betriebsstätte Zinskosten zuzurechnen, die in ihrer Höhe dem Fremdvergleich entsprechen. Daher werden beide Ansätze von der OECD weiterhin autorisiert.

Innentransaktionen wurden bisher vor allem mit dem Hinweis auf die mögliche Verrechnung von Zinskosten bei Unternehmen abgelehnt, die vollständig eigenfinanziert sind. Hier wird von der OECD darauf hingewiesen, dass die Anerkennung interner Finanzierungsbeziehungen lediglich das Ziel hat, die Aufgaben einer **Finanzierungsabteilung** (significant people functions relevant to determining the economic ownership of the cash and financial assets of the enterprise) zu vergüten. Das kann z.B. mit Hilfe eines fremdüblichen Gewinnaufschlags für vergleichbare Tätigkeiten erfolgen. Das Durchleiten von Fremdkapital kann hier aber maximal im Rahmen eines **Dienstleistungsentgelts** vergütet werden. Diese Aufgabe rechtfertigt jedenfalls nicht die Zuordnung wirtschaftlichen Eigentums an Finanzierungsmitteln. Nicht akzeptiert

---
[75] Vgl. OECD, Report, 2008, Tz. 186.
[76] Vgl. OECD-Kommentar, Tz. 18.2.

wird von der OECD auch ein Gewinnaufschlag wegen Bonitätsunterschieden zwischen Stammhaus und Betriebsstätte. Für derartige Unterschiede fehlt nach dem Ansatz der OECD die wirtschaftliche Rechtfertigung. Werden keine entsprechenden Finanzierungsaufgaben ausgeführt, bleibt es insoweit bei der ggf. anteiligen Zurechnung der Zinskosten, die das Unternehmen im Außenverhältnis aufzuwenden hat.

Bleibt das Dotationskapital unter dem Betrag, der nach einem der amtlichen Ansätze als fremdüblich gilt, sind die Zinskosten der Betriebsstätte entsprechend zu reduzieren. Fraglich ist aber, wie der maßgebende Korrekturbetrag zu bestimmen ist, wenn sich nicht identifizieren lässt, welche Verbindlichkeit zur Unterfinanzierung der Betriebsstätte geführt hat. Hier besteht eine Methode darin, die verrechneten Zinskosten nach dem Verhältnis von durchschnittlicher zu maximal zulässiger Fremdfinanzierung proportional zu kürzen. Nach einer anderen Methode kann ein gewichteter Durchschnittszins zugrunde gelegt werden. Daneben werden aber auch andere Methoden für zulässig erachtet, wenn deren Ergebnisse vom Steuerpflichtigen und der Finanzbehörde des Betriebsstättenstaates für zutreffender erachtet werden.[77]

Sieht das nationale Steuerrecht des Betriebsstättenstaates Mindestkapitalanforderungen vor, die den als fremdüblich erachteten Betrag des Dotationskapitals übersteigen, kann das dazu führen, dass der Betriebsstättenstaat nicht so besteuert wird, als es ihm nach Art. 7 zusteht. In diesem Fall begrenzt Art. 7 die Mindestkapitalanforderung auf das fremdübliche Maß, wie dieser Artikel bei Überdotierung umgekehrt dem Wohnsitzstaat ermächtigt, den Rahmen auszuschöpfen, der diesem nach dem Fremdvergleichsgrundsatz zusteht.

2. Vorgaben nach nationalem Recht

Eine Betriebsstätte muss auch nach deutschem Verständnis über das zur Erfüllung ihrer Funktion notwendige **Dotationskapital** verfügen. Um diese Voraussetzungen zu erfüllen, muss das notwendige Dotationskapital dem Grundsatz des Fremdvergleichs entsprechen.[78] Entspricht das Dotationskapital nicht diesen Voraussetzungen, sind der Gewinn und das Vermögen der Betriebsstätte so zu ermitteln, als ob ihr angemessenes Dotationskapital zur Verfügung gestellt wurde. Das bedeutet, dass das Fremdkapital der Betriebsstätte grundsätzlich bis zur Höhe des steuerlich angemessenen Dotationskapitals als Eigenkapital zu behandeln ist (Umwidmung). Ist das unterschiedlich hoch verzinslich, ist nach den Betriebsstätten-Verwaltungsgrundsätzen für die Umwidmung des anteiligen Fremdkapitals auf die zeitliche Reihenfolge der Fremdkapitalaufnahme abzustellen.

Die Festlegung der Kapitalstruktur einer Betriebsstätte ist vor allem aus zwei Gründen schwierig. Im Allgemeinen ist es bereits anhand betriebswirtschaftlicher Kriterien nicht möglich, Aussagen über eine optimale, richtige oder sachgerechte Finanzierungsstruktur zu treffen. Ferner ist es im Besonderen angesichts der rechtlichen Unselbständigkeit einer Betriebsstätte schwierig, dieser eindeutig separierbare Finanzmittel zuzuweisen. Deshalb können die Festlegung der Kapitalstruktur einer Betriebsstätte und die Höhe der auf sie

---
[77] Zu den technischen Möglichkeiten einer Korrektur für den Fall, dass die Betriebsstätte komplett außenfinanziert ist, siehe OECD, Report, 2008, Tz. 203.
[78] Vgl. Betriebsstätten-Verwaltungsgrundsätze, BMF-Schreiben v. 24. 12. 1999, BStBl 1999 I, S. 1076, Tz. 2.5.1.

entfallenden Zinsaufwendungen nur auf Plausibilitätsüberlegungen beruhen, die im Einzelfall widerlegbar sind. Im Folgenden werden die Grundzüge aufgezeigt, die in Abbildung 15 zusammengefasst sind.

Der Kapitalbedarf der Betriebsstätte bestimmt sich nach dem **Aktivvermögen**, das ihr nach dem Grundsatz der wirtschaftlichen Zugehörigkeit zugeordnet wird.[79] Dabei kann das Aktivvermögen entweder mit Eigen- oder mit Fremdkapital oder – was dem Regelfall entspricht – gemischt finanziert sein. Bei der Zuordnung der finanziellen Mittel zur Betriebsstätte ist zwischen der externen und der internen Kapitalausstattung zu unterscheiden. Die Zuordnung der **externen Kapitalausstattung** nebst damit zusammenhängenden Zinsaufwendungen ist i. d. R. unproblematisch.[80] Dabei handelt es sich um Fremdkapital, das die Betriebsstätte direkt bei fremden Dritten **aufnimmt** (direkt aufgenommenes Fremdkapital) sowie um Fremdkapital, das vom Stammhaus für betriebsstättenspezifische Verwendungszwecke aufgenommen und an die Betriebsstätte **durchgeleitet** wurde (durchgeleitetes Fremdkapital). Die von außen beschafften Fremdmittel werden der Betriebsstätte als Verbindlichkeiten gegenüber unternehmensfremden Darlehensgebern direkt zugerechnet.[81] Existiert ein Verrechnungssaldo aus dem laufenden Geschäftsverkehr zwischen Stammhaus und Betriebsstätte, so ist dieser ebenfalls grundsätzlich als Schuldposten auszuweisen.[82] Zu Lasten des Betriebsstättenergebnisses werden dementsprechend die **Zinsen** verrechnet, die auf von außen beschaffte Fremdmittel entfallen.[83] Dies gilt unabhängig davon, ob sie im In- oder Ausland angefallen sind und wo sie verbucht werden.[84] Abzugsfähig ist nach h. M. der tatsächlich entstandene Außenaufwand. Zinsen auf durchgeleitete Darlehen des Stammhauses können nicht mit einem Gewinnaufschlag weiterverrechnet werden, lediglich eine Überwälzung der durch die Darlehensaufnahme entstandenen Verwaltungskosten ist möglich.

Eine an den wahrgenommenen betrieblichen Funktionen ausgerichtete Erfolgsabgrenzung erfordert es jedoch, von einer bloßen Überwälzung des Außenaufwands abzusehen, wenn die mit der Darlehensaufnahme oder der Darlehensdurchleitung zusammenhängenden Aktivitäten eine eigenständige, wirtschaftlich abgrenzbare Tätigkeit des Stammhauses darstellen. Entsprechend dieser Unterscheidung wird denn auch im Bereich der Kreditwirtschaft ein Gewinnaufschlag auf durchgereichtes Kapital allgemein befürwortet und von der Finanzverwaltung gebilligt.[85]

---

[79] Zur Zuordnung der Aktiva vgl. Abschnitt C II 1.
[80] Vgl. Kleineidam, H.-J., IStR 1993, S. 350 f.; Burmester, G., Finanzierung, 1997, S. 662; Haiß, U., Gewinnabgrenzung, 2000, S. 67 f.; Mössner, J. M. u. a., Steuerrecht, 2005, Rz. C 141.
[81] Vgl. BFH v. 25. 6. 1986, BStBl 1986 II, S. 785; Betriebsstätten-Verwaltungsgrundsätze, BMF-Schreiben v. 24. 12. 1999, BStBl 1999 I, S. 1076, Tz. 3.3; Debatin, H., DB 1989, S. 1741; Becker, H., DB 1990, S. 393; Beiser, R., IStR 1992, S. 7; Schaumburg, H., Steuerrecht, 1998, S. 1173 f.
[82] Vgl. BFH v. 20. 3. 2002, BFH/NV 2002, S. 1017; Kumpf, W., FR 2001, S. 453.
[83] Vgl. Betriebsstätten-Verwaltungsgrundsätze, BMF-Schreiben v. 24. 12. 1999, BStBl 1999 I, S. 1076, Tz. 3.3. Vgl. auch Kumpf, W., Betriebsstätten, 1982, S. 143 ff.
[84] Vgl. BFH v. 20. 7. 1988, BStBl 1989 II, S. 140.
[85] Vgl. Betriebsstätten-Verwaltungsgrundsätze, BMF-Schreiben v. 24. 12. 1999, BStBl 1999 I, S. 1076, Tz. 3.3. Siehe auch Debatin, H., DB 1989, S. 1741; Schaumburg, H., Steuerrecht, 1998, S. 1173 f.; Kumpf, W./Roth, A., DB 2000, S. 787 ff.; OECD-Kommentar, Art. 7, Anm. 49.

3. Kapitel. Bei Betriebsstätten

Der nicht durch externe Mittel gedeckte Finanzierungssaldo stellt die **interne Kapitalausstattung** der Betriebsstätte dar, die sich aus dem Dotationskapital und dem weitergeleiteten Fremdkapital zusammensetzt. Als Dotationskapital wird gemeinhin das anteilige Eigenkapital des internationalen Einheitsunternehmens bezeichnet, das der Betriebsstätte zuzuordnen ist.[86] Eine anteilige Verrechnung von Zinsen zu Lasten der Betriebsstätte ist insoweit nicht zulässig.[87]

Bei dem weitergeleiteten Fremdkapital handelt es sich um Fremdkapital, das vom Stammhaus zur Finanzierung des Gesamtunternehmens aufgenommen wurde und der Betriebsstätte anteilig zugeordnet wird.

Abbildung 15: Kapitalausstattung einer Betriebsstätte

Aktiva	Teilbilanz der Betriebsstätte		Passiva
Aktivvermögen der Betriebsstätte ⇔ Kapitalbedarf der Betriebsstätte, der durch externe und interne Kapitalausstattung zu decken ist	Externe Kapitalausstattung		*Direkt aufgenommenes Fremdkapital* Fremdkapital, das die Betriebsstätte bei fremden Dritten im In- und Ausland aufnimmt Zinsaufwendungen mindern den Betriebsstättengewinn
			Durchgeleitetes Fremdkapital Fremdkapital, das das Stammhaus für betriebsstätten-spezifische Verwendungszwecke aufnimmt und an die Betriebsstätte durchleitet Zinsaufwendungen mindern den Betriebsstättengewinn
	Interne Kapitalausstattung		*Dotationskapital* Anteiliges Eigenkapital des internationalen Einheitsunternehmens, das der Betriebsstätte zuzurechnen ist. Bei dessen Ermittlung kommt der unternehmerischen Entscheidung eine besondere Bedeutung zu Anteilige Verrechnung von Zinsen zu Lasten der Betriebsstätte nicht zulässig
			Weitergeleitetes Fremdkapital Anteil am Fremdkapital, das vom Stammhaus zur Finanzierung des Gesamtunternehmens aufgenommen wurde und der Betriebsstätte zuzurechnen ist. Ermittelt sich durch Subtraktion des Dotationskapitals von der internen Kapitalausstattung Anteilige Zuordnung der Zinsaufwendungen zur Betriebsstätte im Rahmen der Erfolgsabgrenzung zwischen Stammhaus und Betriebsstätte

Der Charakter des **weitergeleiteten Fremdkapitals** wird nicht einheitlich beurteilt. Bei Abstellen auf die wirtschaftliche Selbständigkeit der Unterneh-

---
[86] Vgl. Haiß, U., Gewinnabgrenzung, 2000, S. 58; Kumpf, W./Roth, A., DB 2000, S. 787; Kumpf, W., FR 2001, S. 453.
[87] Vgl. BFH v. 25. 6. 1986, BStBl 1986 II, S. 785. Siehe auch Mössner, J. M. u. a., Steuerrecht, 2005, Rz. C 140.

mensteile „Betriebsstätte" und „Stammhaus" sowie unter Beachtung des Grundsatzes einer verursachungsgerechten Erfolgslokalisation (Profit-Center-Denken) entspräche das weitergeleitete Fremdkapital einem **verzinslichen Eigendarlehen**.[88] Steht demgegenüber die rechtliche Unselbständigkeit der Betriebsstätte im Vordergrund, ist die Annahme eines verzinslichen Eigendarlehens problematisch, da unternehmensinterne Vereinbarungen kein Schuldverhältnis begründen können. Deshalb ist auch eine innerbetriebliche Zinserwirtschaftung nur schwer begründbar und wird auch von der Rechtsprechung,[89] der Finanzverwaltung[90] und der h. M. im Schrifttum bisher abgelehnt. Eine Weiterbelastung von **Nutzungsentgelten** in Höhe marktüblicher Zinsen ist entgegen gewichtiger Stimmen im Schrifttum[91] selbst dann nicht möglich, wenn das Stammhaus seiner Betriebsstätte bspw. nicht ausgeschüttete Gewinne überlässt und somit auf die Möglichkeit einer ertragbringenden Investition der Mittel im Inland verzichtet, während sich gleichzeitig der Betriebsstättengewinn um die ersparten Zinsen einer alternativen Außenfinanzierung erhöht. Die Finanzverwaltung spricht sich in diesen Fällen für ein generelles Zuordnungsverbot der Finanzmittel zur Betriebsstätte aus, um eine Verlagerung von Einkünften auf Betriebsstätten zu vermeiden.[92] Die **entgeltliche Überlassung** von Kapital nach Maßgabe des Fremdvergleichsgrundsatzes (also mit „Gewinnaufschlag") ist nur zulässig, wenn die Leistung Gegenstand der ordentlichen Geschäftstätigkeit des leistenden Unternehmensteils ist.[93]

Anstelle der Annahme verzinslicher Eigendarlehen und somit einer direkten Zuordnung des Fremdkapitals kommt deshalb nur eine **indirekte Abgrenzung** zwischen dem unverzinslichen Dotationskapital und dem verzinslich weitergeleiteten Fremdkapital in Frage. Dabei sind der Betriebsstätte vom Stammhaus für weitergeleitetes Fremdkapital anteilig Zinsen zu belasten.[94] Es erfolgt ausschließlich eine rein **zeitliche Zuordnung** der im Abrechnungszeitraum entstandenen Zinsen,[95] da ein wirtschaftlicher Zusammenhang von Fremdmitteln mit bestimmten Wirtschaftsgütern, abgesehen von Projekt- und Investitionsfinanzierungen, nur im Zeitpunkt der Kreditaufnahme (hier: durch das Stammhaus) festzustellen ist. Im Übrigen steht es dem Abzug der Zinsen bei der Ermittlung des Betriebsstättenergebnisses nicht entgegen, wenn überhaupt keine Finanzierungsmittel zur Betriebsstätte geflossen sind, ein Kapitaltransfer also nicht erfolgte und das Stammhaus keine anteiligen

---

[88] Vgl. z. B. Runge, B., Betriebsstättenerlass, 2001, S. 136.
[89] Vgl. BFH v. 27. 7. 1965, BStBl 1966 III, S. 24.
[90] Vgl. Betriebsstätten-Verwaltungsgrundsätze, BMF-Schreiben v. 24. 12. 1999, BStBl 1999 I, S. 1076, Tz. 3.3.
[91] Die Forderung nach Ansatz eines Finanzierungsnutzens geht zurück auf Becker. Vgl. Becker, H., DB 1989, S. 10 f.; ders., DB 1990, S. 393 f.; ders., IWB, Fach 2, Vorschau und Standpunkte, S. 624 ff. Siehe auch Kumpf, W., Betriebsstätten, 1982, S. 146 ff.; IDW, IDW-Fachnachrichten 1996, S. 227; Haiß, U., Gewinnabgrenzung, 2000, S. 84 f.
[92] Vgl. Betriebsstätten-Verwaltungsgrundsätze, BMF-Schreiben v. 24. 12. 1999, BStBl 1999 I, S. 1076, Tz. 2.4. Vgl. dazu Kumpf, W./Roth, A., DB 2000, S. 746.
[93] Vgl. Betriebsstätten-Verwaltungsgrundsätze, BMF-Schreiben v. 24. 12. 1999, BStBl 1999 I, S. 1076, Tz. 2.2. Zulässig ist z. B. die Verrechnung von Zinsen durch eine Konzernfinanzierungsgesellschaft mit ihre Betriebsstätte oder Schwester-Betriebsstätte. Vgl. Kumpf, W./Roth, A., DB 2000, S. 745.
[94] Vgl. Kumpf, W./Roth, A., DB 2000, S. 793.
[95] Vgl. Betriebsstätten-Verwaltungsgrundsätze, BMF-Schreiben v. 24. 12. 1999, BStBl 1999 I, S. 1076, Tz. 2.5.1, 3.3. („Zinszahlungen des Unternehmens").

Zinsen erstattet werden. Es reicht aus, wenn die Zinsbelastung in der Teilbilanz des Stammhauses als Forderung und in der Teilbilanz der Betriebsstätte als Verbindlichkeit ausgewiesen wird. In jedem Fall erleichtert eine buchmäßige Weiterbelastung der Zinsen den Verwendungsnachweis gegenüber der Finanzverwaltung.[96] Das weitergeleitete Fremdkapital wird der Betriebsstätte nicht direkt zugeordnet, sondern bestimmt sich als Saldo zwischen der internen Kapitalausstattung und dem zuvor zu bestimmenden Dotationskapital.[97] Über die Festlegung der Höhe des unverzinslichen Dotationskapitals besteht somit ein genereller **Gestaltungsspielraum**, Zinsaufwendungen entweder der Betriebsstätte oder dem Stammhaus zuzuordnen. Grundsätzlich sind für die **Bestimmung des Dotationskapitals** verschiedene Lösungsmöglichkeiten denkbar:

- Das Dotationskapital der Betriebsstätte ist in der Weise zu bestimmen, dass das FK : EK-Verhältnis der Betriebsstätte dem unternehmensspezifischen Verschuldungsgrad entspricht (Kapitalspiegeltheorie).
- Die Betriebsstätte wird mit einem branchentypischen Dotationskapital ausgestattet.
- Die Höhe der Eigenkapitalausstattung bleibt vorrangig der unternehmerischen Entscheidung des Stammhauses überlassen. Das sich daraus ergebende Finanzierungsverhältnis ist grundsätzlich steuerlich anzuerkennen, soweit nicht eine missbräuchliche Gestaltung vorliegt.

Die Alternative 1 war geraume Zeit für die Bestimmung der Kapitalausstattung einer Betriebsstätte maßgeblich.[98] Die Anwendung der **Kapitalspiegeltheorie** stellt eine Kombination der direkten und der indirekten Methode dar. Nach dem Grundsatz der wirtschaftlichen Zugehörigkeit ist diese Vorgehensweise vertretbar, wenn Stammhaus und Betriebsstätte weitgehend übereinstimmende Betriebsfunktionen ausüben und eine homogene Struktur aufweisen.[99] Soweit sich die Tätigkeiten von Betriebsstätte und Stammhaus jedoch unterscheiden und eine Verselbständigung der Betriebsstätte möglich ist, wird eine Aufteilung des internen Finanzierungssaldos nach dem unternehmensspezifischen EK : FK-Schlüssel den wirtschaftlichen Gegebenheiten nicht gerecht. Der BFH hat in seinem Urteil vom 25. 6. 1986[100] diesen Überlegungen Rechnung getragen und die Anwendung der Kapitalspiegeltheorie insoweit abgelehnt.[101]

Gegen die Alternative 2 spricht, dass bei einer Orientierung am **branchenüblichen Eigenkapitalanteil** den betriebsindividuellen Gegebenheiten nicht

---

[96] Vgl. Kumpf, W./Roth, A., DB 2000, S. 793.
[97] Vgl. Betriebsstätten-Verwaltungsgrundsätze, BMF-Schreiben v. 24. 12. 1999, BStBl 1999 I, S. 1076, Tz. 2.5.1. Vgl. auch Burmester, G., Finanzierung, 1997, S. 662 f.; sowie Haiß, U., Gewinnabgrenzung, 2000, S. 82, die dem Ansatz des Dotationskapitals generell Vorrang vor dem Ansatz von direkt zurechenbarem (durchgeleitetem) und weitergeleitetem Fremdkapital einräumen will.
[98] Vgl. FG Düsseldorf v. 13. 9. 1979, EFG 1980, S. 379; Neubauer, H., JbFSt 1976/77, S. 318.
[99] Vgl. Betriebsstätten-Verwaltungsgrundsätze, BMF-Schreiben v. 24. 12. 1999, BStBl 1999 I, S. 1076, Tz. 2.5.1.; siehe kritisch dazu Strunk, G./Kaminski, B., IStR 2000, S. 36.
[100] Vgl. BFH v. 25. 6. 1986, BStBl 1986 II, S. 785.
[101] Im Urteil des BFH v. 23. 8. 2000, BStBl 2002 II, S. 207, ist entgegen dem Kommentar von *Wassermeyer* keine Renaissance der Kapitalspiegeltheorie zu sehen; vgl.

ausreichend Rechnung getragen werden kann. Auch für den Fall, dass zwei international tätige Unternehmen in exakt derselben Branche tätig sind und die jeweiligen Leistungsprogramme nur marginal voneinander abweichen, kann die jeweilige Aufgabenverteilung zwischen Stammhaus und Betriebsstätte so erhebliche Unterschiede aufweisen, dass die Festlegung eines einheitlichen anteiligen Dotationskapitals dem Grundprinzip einer funktionalen Gewinnaufteilung in keiner Weise gerecht wird. Dieses Urteil gilt umso mehr angesichts der Streubreite der unternehmensindividuellen Eigenkapitalquoten in manchen Branchen.

Mit der Alternative 3 wird der Gedanke einer funktionalen Eigenständigkeit im Bereich der Finanzierung konsequent umgesetzt. Sie wird deshalb auch durch die Rechtsprechung,[102] die Finanzverwaltung[103] sowie die mittlerweile h. M. im Schrifttum grundsätzlich vorgezogen.[104] Die **betriebsindividuelle Finanzausstattung** wird weitgehend wie bei einer Tochtergesellschaft in den Entscheidungsbereich der Zentrale gestellt. Eine anteilige Zuordnung der vom Stammhaus aufgenommenen Darlehen, die zur Finanzierung der Geschäftsführung und der allgemeinen Verwaltung verwendet werden, scheidet aber für den BFH dann aus, wenn ein konkreter sachlicher oder zeitlicher Zusammenhang zwischen der Aufnahme allgemeiner Darlehensschulden durch das Stammhaus und den Sach- oder Finanzzuweisungen an die Betriebsstätte entweder nicht vorhanden ist oder nicht nachgewiesen werden kann.[105] Die unternehmerische Entscheidung ist ferner zu beanstanden, wenn sie gesetzlichen Regelungen (z. B. bei Banken und Versicherungen) oder ökonomischen Prinzipien zuwiderläuft und mithin als willkürlich zu bezeichnen ist.

Eine völlige Gleichstellung von Betriebsstätte und Tochtergesellschaft im Bereich der Finanzierung scheidet allerdings aus. Vielmehr sind bei der Festlegung der Kapitalausstattung einer Betriebsstätte bestimmte Grenzen zu beachten, die aus der rechtlichen Unselbständigkeit der Betriebsstätte resultieren. Vor diesem Hintergrund ist die Finanzierung einer Betriebsstätte stets eingebettet in die Finanzierung des gesamten Unternehmens. Folglich bestimmt sich der Umfang des Dotationskapitals innerhalb der Grenzen der Eigenkapitalausstattung des Gesamtunternehmens und kann nicht unabhängig davon festgelegt werden. Daraus resultieren absolute **Grenzen für die Höhe des Dotationskapitals** und des weitergeleiteten Fremdkapitals. Das Dotationskapital kann maximal der Gesamteigenkapitalausstattung und folglich das weitergeleitete Fremdkapital maximal dem Fremdkapital des Gesamtunternehmens entsprechen.[106] In der Beachtung dieser absoluten Grenzen wird der

---

Wassermeyer, F., IStR 2001, S. 157. Nach dem Urteil des BFH v. 20. 3. 2002, BFH/NV 2002, S. 1017, ist die Aufteilung im Wege der Schätzung zulässig. Diese Schätzung kann sich auch am Verhältnis zwischen Eigenkapital und Fremdkapital, dem Kapitalspiegel, orientieren.

[102] Vgl. BFH v. 25. 6. 1986, BStBl 1986 II, S. 785; BFH v. 1. 4. 1987, BStBl 1987 II, S. 550.

[103] Vgl. Betriebsstätten-Verwaltungsgrundsätze, BMF-Schreiben v. 24. 12. 1999, BStBl 1999 I, S. 1076, Tz. 2.5.1.

[104] Vgl. die Nachweise bei Göttsche, M./Stangl, I., DStR 2000, S. 505.

[105] Vgl. BFH v. 20. 3. 2002, BFH/NV 2002, S. 1017.

[106] Bestätigt wird diese Obergrenze des Dotationskapitals durch die Rechtsprechung; vgl. BFH v. 23. 8. 2000, BStBl 2002 II, S. 207. Siehe auch Kumpf, W., FR 2001, S. 453, der insoweit von einer Klarstellung spricht.

3. Kapitel. Bei Betriebsstätten

Unterschied zur Finanzierung einer rechtlich selbständigen Tochtergesellschaft recht deutlich. Kann der Tochtergesellschaft von ihrer Muttergesellschaft bspw. ein (konzerninternes) Darlehen gewährt werden, auch wenn die Muttergesellschaft im Extremfall ausschließlich mit Eigenkapital finanziert ist. Umgekehrt ist es denkbar, dass der Tochtergesellschaft Beteiligungskapital zur Verfügung gestellt wird, obwohl die Muttergesellschaft – wiederum im Extremfall – nahezu ausschließlich mit Fremdkapital finanziert ist.

Ein weiterer Unterschied zwischen Betriebsstätte und Tochtergesellschaft im Bereich der Finanzierung besteht darin, dass bei Betriebsstätten ein liquiditätswirksamer Kapital- und Zinstransfer nicht unbedingt erfolgen muss. Denkbar sind auch aus Darlehensaufnahmen stammende Sachzuweisungen, die im zeitlichen Zusammenhang mit der Darlehensaufnahme vollzogen werden.[107]

Auch wenn man die Abgrenzung des Dotationskapitals der individuellen unternehmerischen Entscheidung überlässt, wird es stets eine Bandbreite alternativer Möglichkeiten geben, die akzeptiert werden muss. Andererseits gilt es jedoch, Willkür und unangemessene Steuerverlagerungen zu vermeiden. Dieser Beurteilung folgend sieht die Finanzverwaltung eine Korrektur des Gewinns und des Vermögens der Betriebsstätte vor, wenn die Höhe des ihr zugewiesenen Dotationskapitals nicht den Erfordernissen des Fremdvergleichs entspricht. Die diesbezüglich vorgegebenen Grenzen für die Anerkennung des Dotationskapitals differenzieren allerdings danach, ob es sich um eine inländische Betriebsstätte eines ausländischen Investors (Inbound-Investition) oder um eine ausländische Betriebsstätte eines inländischen Investors handelt (Outbound-Investition). Im Fall einer **ausländischen Betriebsstätte** wird von einer Höchstdotierung ausgegangen und eine Dotierung, die über die wirtschaftlichen Erfordernisse hinausgeht, nicht anerkannt.[108] Dagegen soll im Fall einer **inländischen Betriebsstätte** eine Mindestdotierung nicht unterschritten werden. Solange kein angemessenes Dotationskapital zur Verfügung steht, ist das Fremdkapital als Eigenkapital zu behandeln.[109]

Im Ergebnis schränkt die Finanzverwaltung die Entscheidungsfreiheit bei Festlegung des Dotationskapitals erheblich ein. Die diesbezügliche Vorgabe einer Mindestgrenze bei inländischen Betriebsstätten und einer Höchstgrenze bei ausländischen Betriebsstätten ist aufkommensorientiert und ohne gesetzliche Grundlage.[110] Da ferner keine quantitativen Vorgaben für die Höchst- und Mindestdotierungen gemacht werden,[111] wäre es zumindest im Zuge der Rechts- und Planungssicherheit für die Unternehmen sinnvoll Zinsabzugsrelationen vorzugeben, bei deren Einhaltung von der Angemessenheit der Gestaltung auszugehen ist.[112] Eine Mindestkapitalausstattung ist im Betriebs-

---
[107] Vgl. BFH v. 20. 3. 2002, BFH/NV 2002, S. 1017.
[108] Vgl. Betriebsstätten-Verwaltungsgrundsätze, BMF-Schreiben v. 24. 12. 1999, BStBl 1999 I, S. 1076, Tz. 2.5.1.
[109] Vgl. Betriebsstätten-Verwaltungsgrundsätze, BMF-Schreiben v. 24. 12. 1999, BStBl 1999 I, S. 1076, Tz. 2.5.1; Runge, B., IStR 2002, S. 827, mit Hinweis auf BFH v. 3. 8. 2000, BFH/NV 2002, S. 1017; zur Vorgehensweise Göttsche, M./Stangl, I., DStR 2000, S. 504; Strunk, G./Kaminski, B., IStR 2000, S. 36.
[110] Kritisch zur fehlenden Rechtsgrundlage z. B. Kraft, G., StbJb 2000/01, S. 220 f.
[111] Siehe hierzu den Vorschlag von Haiß, U., Gewinnabgrenzung, 2000, S. 134.
[112] Vgl. Strunk, G./Kaminski, B., IStR 1997, S. 516; dies., IStR 2000, S. 36.

stättenerlass nur für inländische Bank- bzw. Versicherungsbetriebsstätten verankert.[113]

D. Abrechnung von internen Leistungsbeziehungen

I. Systematik

In Abhängigkeit davon, wie stark Stammhaus und Betriebsstätte wirtschaftlich integriert sind, ist zwischen den beiden Betriebsteilen ein mehr oder weniger intensiver Leistungsaustausch möglich. Dieser Leistungsaustausch kann sich auf Nutzungen oder Dienstleistungen erstrecken und schließt auch die Übertragung von Wirtschaftsgütern ein. Hierbei lassen sich im Zusammenhang mit der Übertragung von Wirtschaftsgütern grundsätzlich zwei Motive voneinander unterscheiden. Ein erstes Motiv besteht in der Ausstattung einer Betriebsstätte mit Vermögen und Kapital im Rahmen der Gründung der Betriebsstätte, ihrer Erweiterung oder Funktionsänderung. Umgekehrt kann die Schließung, Funktionsänderung oder Einschränkung ihrer Geschäftstätigkeit zu einer Rückführung des Vermögens und Kapitals führen. Im Zuge der **Ausstattung einer Betriebsstätte** werden primär Gegenstände des Anlagevermögens und das zur Finanzierung dieses Vermögens notwendige Kapital überführt. Zum Teil werden Gegenstände überführt, die zuvor bereits der Tätigkeit des Stammhauses gedient haben. Möglich ist aber auch, dass die Wirtschaftsgüter im Interesse der Betriebsstätte durch das Stammhaus neu erworben werden. Das zu diesem Zweck aufgenommene Fremdkapital wird ggf. an die Betriebsstätte durchgeleitet.

Daneben kann sich die Überführung von Wirtschaftsgütern zwischen Stammhaus und Betriebsstätte oder vice versa im Rahmen des **laufenden Geschäftsverkehrs** vollziehen. Hierbei geht es primär um den Transfer von Umlaufvermögen. Zentrales Beispiel ist die Überführung von Vorprodukten oder Erzeugnissen, die im anderen Betriebsteil jeweils weiterverarbeitet oder vertrieben werden. Parallel dazu sind Verbindlichkeiten und Rückstellungen zuzuordnen, die durch den Geschäftsbetrieb verursacht sind.

In Bezug auf die **Richtung der Überführung** ist danach zu unterscheiden, ob Wirtschaftsgüter vom Inland ins Ausland oder umgekehrt vom Ausland ins Inland verbracht werden. Hierbei muss differenziert werden, ob der Transfer zwischen Stammhaus und ausländischer Betriebsstätte eines inländischen Unternehmens, das in Deutschland der unbeschränkten Steuerpflicht unterworfen ist, oder zwischen Stammhaus und inländischer Betriebsstätte eines ausländischen Unternehmens, das in Deutschland der beschränkten Steuerpflicht unterliegt, vollzogen wird. Schließlich spielt eine Rolle, ob mit dem Ausland ein DBA besteht. Ist in einem DBA die **Freistellungsmethode** vereinbart, liegt das vorrangige Besteuerungsrecht über das Ergebnis der ausländischen Betriebsstätte (Outbound-Struktur) im Staat der Betriebsstätte, so dass das Inland bei einer Überführung von Wirtschaftsgütern ins Ausland sein Besteuerungsrecht insoweit verliert, als der Wertzuwachs funktional auf die

---

[113] Vgl. BMF-Schreiben v. 29. 9. 2004, BStBl 2004 I, S. 917; siehe dazu Betriebsstätten-Verwaltungsgrundsätze, BMF-Schreiben v. 24. 12. 1999, BStBl 1999 I, S. 1076, Tz. 4.2.2, 4.2.3; Förster, H./Naumann, M., DB 2004, S. 2337 ff.; Erb, M., IStR 2005, S. 328 ff.

3. Kapitel. Bei Betriebsstätten 701

Betriebsstätte entfällt. Kommt vor allem dann, wenn kein DBA vereinbart ist, die **Anrechnungsmethode** zur Anwendung, verkürzt sich demgegenüber der Besteuerungsanspruch um die im Ausland gezahlten Steuern. Das Besteuerungsrecht verbleibt jedoch auch beim inländischen Stammhaus und ist unbeschränkt.

Unterliegt das Unternehmen mit den Ergebnissen seiner Betriebsstätte im Inland (Inbound-Struktur) der **beschränkten Steuerpflicht,** wird das Besteuerungsrecht des Inlands durch ein DBA auf den Anteil der Betriebsstätte am Gesamterfolg reduziert, den das Unternehmen mit seiner Betriebsstätte hätte erzielen können, wenn die internen Leistungsbeziehungen zu Bedingungen abgerechnet worden wären, die voneinander unabhängige Personen unter den gegebenen Verhältnissen vereinbart hätten (Art. 7 Abs. 2 OECD-Modell). Ist kein DBA vereinbart, ergibt sich das Besteuerungsrecht des Inlands ausschließlich aus den inländischen Vorschriften zur beschränkten Steuerpflicht (§§ 49, 50 EStG).

II. Unterstellung fiktiver Geschäftsvorgänge (dealings)

1. Amtlicher Ansatz der OECD

Nach den Vorgaben des Art. 7 OECD-Modell ist für die Zurechnung der Unternehmensgewinne zu unterstellen, dass die Betriebsstätte ihre Tätigkeiten unter gleichen oder ähnlichen Bedingungen als selbständiges Unternehmen ausübt. Weitere Voraussetzung ist, dass die Betriebsstätte im Geschäftsverkehr mit dem Unternehmen, dessen Betriebsstätte sie ist, völlig unabhängig gewesen wäre. Um diese Vorgaben vollständig zu erfüllen, ist es nach dem amtlichen Ansatz der OECD erforderlich, die Art der „internen" Geschäftsvorgänge zwischen der Betriebsstätte und den übrigen Teilen des Unternehmens festzustellen und so zu verrechnen, wie das zwischen unabhängigen Unternehmen der Fall gewesen wäre. Diese **Unterstellung fiktiver Geschäftsvorgänge** dient allein der Zuordnung eines fremdüblichen Gewinns. Weitere Konsequenzen (z. B. die Quellensteuerpflicht fiktiver Lizenzzahlungen) werden nicht gezogen. Sie stehen auch außerhalb des Regelungsbereichs von Art. 7.

Wenn auch die Abrechnung fiktiver Geschäftsvorgänge erreichen soll, dass die Betriebsstättengewinnermittlung dem Beispiel selbständiger Unternehmen folgt, so muss doch berücksichtigt werden, dass der Fremdvergleichsgrundsatz auf fiktive Geschäftsvorgänge nicht unmittelbar Anwendung finden kann. Eine Betriebsstätte ist weder rechtlich selbständig, noch haben fiktive Geschäftsvorgänge rechtliche Konsequenzen. Daher zeichnen sich diese Geschäftsvorgänge auch weder durch Vertrag noch dadurch aus, dass sie außerhalb des steuerlichen Bereichs Rechtswirkungen entfalten. Diese Unterschiede bringen es mit sich, dass an den Nachweis interner Geschäftsbeziehungen andere Anforderungen zu stellen und entsprechende **Dokumentationserfordernisse** zu erfüllen sind. Ausgangspunkte sind die Buchführungsunterlagen und interne Aufzeichnungen. Diese spiegeln nicht selten die „Vertragsvereinbarungen" wider, unter denen die fiktiven Geschäftsbeziehungen zustande gekommen sind. Die Berücksichtigung danach ausgewiesener Vorgänge setzt aber den Nachweis voraus, dass Leistungen (z. B. die Übertragung von Erzeugnissen, Dienstleistungen oder die Nutzung von immateriellen Wirtschaftsgütern) **feststellbar** sind und

tatsächlich erbracht werden.[114] Entsprechende Nachweise der Steuerpflichtigen sind anzuerkennen, wenn[115]

- die Aufzeichnungen mit dem wirtschaftlichen Gehalt der tatsächlich durchgeführten Vorgänge im Einklang stehen,
- die tatsächlichen Vorgänge insgesamt nicht von den Bedingungen abweichen, die fremde Dritte vereinbart hätten, und
- die Ergebnisse der fiktiven Vereinbarungen nicht gegen die Grundsätze des amtlichen Ansatzes verstoßen, weil z. B. Funktionen und Risiken separiert werden.

2. Vorgaben nach nationalem Recht

Im Unterschied zu den besonderen Regelungen des OECD-Modells und der deutschen DBA, nach denen die Betriebsstätte für Zwecke der Gewinnzuordnung zu behandeln ist, als wäre sie im Verkehr mit dem Unternehmen, dessen Betriebsstätte sie ist, völlig selbständig gewesen (Art. 7 Abs. 2 OECD-Modell), sind der Betriebsstätte nach nationalem Recht die Wirtschaftsgüter nach dem Prinzip der wirtschaftlichen Zugehörigkeit und die mit den Wirtschaftsgütern im Zusammenhang stehenden Betriebseinnahmen und Betriebsausgaben nach dem **Veranlassungsprinzip** zuzuordnen.[116] Die Veranlassung durch eine Betriebsstätte kann durch Fremdvergleich objektiviert werden. Gleichwohl ist es das Ziel der Aufteilung, dass der Betriebsstätte ein Teil des Unternehmensgewinns zugeordnet wird (eingeschränkte Selbständigkeitsfiktion). Dabei ist, wenn auch schuldrechtliche Vereinbarungen zwischen Stammhaus und Betriebsstätte rechtlich nicht möglich sind, die Aufteilung „nach dem Grundsatz des Fremdvergleichs vorzunehmen, wenn die Aufteilung Leistungen betrifft, die Gegenstand der **ordentlichen Geschäftstätigkeit** der leistenden Unternehmenseinheit sind und wenn die Aufteilung auf der Grundlage einer Funktionsteilung zwischen Stammhaus und Betriebsstätte zu einer sachgerechten Einkommensabgrenzung führt."[117] Diese Regelung dient der Objektivierung des Veranlassungszusammenhangs. Sie unterstellt, dass dem Veranlassungsprinzip ideal Rechnung getragen wird, wenn der Gewinn aus Leistungen, die Gegenstand der ordentlichen Geschäftstätigkeit der leistenden Unternehmenseinheit sind, durch Fremdvergleich ermittelt wird. Aus diesem Zusammenhang wird man aber selbst vor dem Hintergrund, dass die Finanzverwaltung im Rahmen der Überarbeitung ihrer Betriebsstätten-Verwaltungsgrundsätze den Hinweis, dass Gewinne aus „Innentransaktionen" bei der Gewinnabgrenzung zwischen Stammhaus und Betriebsstätte nicht berücksichtigt werden dürfen,[118] gestrichen hat, nicht

---

[114] Die OECD erwartet, dass der entsprechende Nachweis im Rahmen einer Funktionsanalyse geführt wird. Hierbei sei auch festzustellen, ob, und wenn ja, inwieweit wesentliche Risiken, Verantwortung oder Vorteile infolge dieser Geschäftsbeziehung übertragen wurden, vgl. OECD, Report, 2008, Tz. 212, 213.

[115] Vgl. OECD, Report, 2008, Tz. 216.

[116] Vgl. Betriebsstätten-Verwaltungsgrundsätze, BMF-Schreiben v. 25. 8. 2009, BStBl 2009 I, S. 888, Tz. 2.4.

[117] Betriebsstätten-Verwaltungsgrundsätze, BMF-Schreiben v. 25. 8. 2009, BStBl 2009 I, S. 888, Tz. 2.4.

[118] Vgl. Betriebsstätten-Verwaltungsgrundsätze, BMF-Schreiben v. 24. 12. 1999, BStBl 1999 I, S. 1076.

ableiten können, dass nach nationalem Gewinnermittlungsrecht mit fiktiven Geschäftsbeziehungen zu arbeiten wäre. Hierfür fehlt, wenigstens bisher, die Rechtsgrundlage.[119] Anderes gilt für die Übertragung oder Überlassung von Wirtschaftsgütern zur **Nutzung**. Wird das Besteuerungsrecht der Bundesrepublik Deutschland hinsichtlich des Gewinns aus der Veräußerung oder Nutzung eines Wirtschaftsguts ausgeschlossen oder beschränkt, gilt die Übertragung oder Überlassung als Entnahme, Veräußerung oder Überlassung des Wirtschaftsguts zum gemeinen Wert (§§ 4 Abs. 1 Satz 3 EStG, 6 Abs. 1 Nr. 4 EStG, 12 Abs. 1 KStG). Wird umgekehrt das Besteuerungsrecht der Bundesrepublik Deutschland neu begründet, ist von einer Einlage zum gemeinen Wert auszugehen (§§ 4 Abs. 1 Satz 7 EStG, 6 Abs. 1 Nr. 5 a EStG). Ziel dieser Regelungen ist die Sicherung des deutschen Besteuerungsrechts.[120] Sie bedeuten nicht, dass in Bezug auf die Übertragung oder Überlassung von Wirtschaftsgütern zur Nutzung fiktive Geschäftsbeziehungen zu unterstellen wären. Damit wird die Betriebsstätte aus der nationalen Perspektive auch insoweit nicht wie ein unselbständiger Teil des Unternehmens behandelt.

Ob die erste Regelung („Entstrickung" zum gemeinen Wert) Anwendung findet, weil Wirtschaftsgüter in eine ausländische Betriebsstätte übertragen werden, ist strittig.[121] Für weite Teile der Literatur, die sich inzwischen auch auf zwei Urteile des BFH[122] berufen kann, läuft diese Regelung weitgehend leer, weil das Besteuerungsrecht Deutschlands in Bezug auf den Gewinn aus der Veräußerung oder Nutzung eines Wirtschaftsguts selbst dann nicht ausgeschlossen oder beschränkt ist, wenn die Gewinne der Betriebsstätte durch ein DBA freigestellt sind.[123] Die Finanzverwaltung sieht dies anders und wendet auch das Urteil des BFH, mit dem dieser die Rechtsprechung zur „finalen Entnahme" aufgegeben hat, über den Einzelfall hinaus nicht an.[124] Nach dieser Rechtsprechung wurde in der Überführung von Einzelwirtschaftsgütern aus dem inländischen Stammhaus in eine ausländische Betriebsstätte, deren Gewinn nach Maßgabe eines DBA von der inländischen Besteuerung freizustellen ist, eine mit dem Teilwert zu bewertende **Entnahme** gesehen. Für die Finanzverwaltung entsprechen die gesetzlichen Entstrickungsregelungen, die ausweislich der Gesetzesbegründung das zuvor geltende Recht lediglich klarstellen, den OECD-Grundsätzen und der internationalen Verwaltungspraxis. Daher ist auch geplant, den Hauptanwendungsfall der Überführung eines Wirtschaftsguts in eine ausländische Betriebsstätte mit Hilfe eines Regelbeispiels „klarstellend" zu erläutern, demzufolge „ein Ausschluß oder eine Beschränkung des Besteuerungsrechts hinsichtlich des Gewinns aus der Veräußerung eines

---

[119] Vgl. auch Ditz, X./Schneider, M., DStR 2010, S. 83.
[120] Vgl. hierzu Kessler, W./Huck, F., StuW 2005, S. 197 ff.
[121] Siehe hierzu die Diskussion in 1. Kapitel, Abschnitt B I 2.
[122] BFH v. 17. 7. 2008, BStBl 2009 II, S. 464; BFH v. 28. 10. 2009 I R 99/08, BFH/NV 2010, S. 346.
[123] Vgl. nur Wassermeyer, F., DB 2006, S. 1176; Rödder, T./Schumacher, A., DStR 2006, S. 1483; Wassermeyer, F., IStR 2008, S. 176; Prinz, U., DB 2009, S. 810; Ditz, X., IStR 2009, S. 120; Mitschke, W., DB 2009, S. 1377.
[124] Vgl. BMF-Schreiben v. 20. 5. 2009, BStBl 2009 I, S. 671; siehe dazu Prinz, U., DB 2009, S. 807 ff.; Körner, A., IStR 2009, S. 7 f.; Mitschke, W., FR 2009, S. 326.

Wirtschaftsguts [...] insbesondere vor[liegt], wenn ein Wirtschaftsgut einer ausländischen Betriebsstätte zugeordnet wird."[124a]

Gegen die Entstrickung zum gemeinen Wert bestehen aber auch aus europarechtlicher Sicht erhebliche **Bedenken**. Legt man die Maßstäbe an, die sich aus der Rechtsprechung des EuGH, vor allem aus dem Urteil in der Rs. de Lasteyrie du Saillant[125] ergeben, muss die Übertragung eines Wirtschaftsguts innerhalb des EU-/EWR-Raums steuerneutral möglich sein, wenn diese Neutralität in einem vergleichbaren Inlandssachverhalt gegeben ist. Danach wäre der Entstrickungstatbestand aus europarechtlicher Sicht so auszulegen, dass anlässlich der Übertragung oder Überlassung von Wirtschaftsgütern zur Nutzung die bis zur Entstrickung entstandenen stillen Reserven nicht schon im Zeitpunkt der Übertragung, sondern erst später anlässlich eines tatsächlichen Realisationsakts erfasst werden.[126]

III. Ermittlung der Betriebsstättengewinne

1. Amtlicher Ansatz der OECD

a) Abrechnung fiktiver Geschäftsvorgänge mit Hilfe von Verrechnungspreismethoden

Im Kern zeichnet sich der amtliche Ansatz der OECD durch die **Abrechnung der Leistungsbeziehungen** zwischen der Betriebsstätte und dem Unternehmen, dessen Betriebsstätte sie ist, zu **Marktpreisen** aus. Zu diesem Zweck sieht dieser Ansatz vor, dass die fiktiven Geschäftsvorgänge zwischen der Betriebsstätte und „ihrem" Unternehmen mit Geschäftsbeziehungen verglichen werden, die zwischen voneinander unabhängigen Unternehmen durchgeführt werden.

Dieser Vergleich ist analog zu den Empfehlungen durchzuführen, wie sie in den Leitlinien der OECD in Bezug auf **selbständige Gesellschaften** beschrieben sind.[127] Danach ist Vergleichbarkeit gegeben, wenn bestehende Unterschiede zwischen den fiktiven Geschäftsvorgängen im Betriebsstättenkontext und den Geschäftsbeziehungen zwischen unabhängigen Unternehmen entweder keinen Einfluss auf den Verrechnungspreis haben oder bestehende Unterschiede durch Anpassungen hinreichend genau eliminiert werden können. Anwendbar sind grundsätzlich sowohl die geschäftsfallbezogenen Standardmethoden (Preisvergleichsmethode, Wiederverkaufspreismethode und Kostenaufschlagsmethode) als auch, wenn die Standardmethoden nicht zuverlässig angewendet werden können, die geschäftsfallbezogenen Gewinnmethoden (Gewinnaufteilungsmethode und geschäftsfallbezogene Nettomargenmethode).

Liegen z. B. interne Vergleichspreise vor, weil das Stammhaus **Waren** zum Vertrieb sowohl an eine Betriebsstätte als auch an konzernfremde Vertriebsgesellschaften liefert, ergäbe sich der Gewinn, der dieser Betriebsstätte zuzurechnen wäre, aus der Differenz zwischen den Umsatzerlösen aus Verkäufen an Kunden der Betriebsstätte und den fiktiven Wareneinstandskosten, die aus

---

[124a] Vgl. Stellungnahme des Bundesrats und Gegenäußerung der Bundesregierung, BT-Drs. 17/2823, Artikel 1 Nr. 5 a (neu), Artikel 2 Nr. 3 a (neu).
[125] Vgl. EuGH v. 11. 3. 2004 (de Lasteyrie du Saillant), EuGHE 2004, S. I-2409.
[126] Vgl. Körner, A., IStR 2009, S. 742.
[127] Siehe hierzu die Darstellungen im 1. Kapitel, Abschnitt C II.

der Anwendung der internen Vergleichspreise auf die Lieferungen des Unternehmens an die Betriebsstätte resultieren. Sind Vergleichspreise nicht verfügbar, muss auf andere Methoden ausgewichen werden. So mögen für den Fall, dass die Betriebsstätte eine Vertriebsfunktion übernommen hat, die Fremdvergleichspreise in Bezug auf die fiktiven Lieferungen an die Betriebsstätte durch Verminderung der Verkaufspreise um fremdübliche Bruttogewinnspannen bestimmt werden können, wenn sich herausstellt, dass die zum Vergleich herangezogenen Vertriebsgesellschaften eine gleiche oder ähnliche Funktion unter gleichen oder ähnlichen Bedingungen ausüben oder die Vergleichbarkeit durch Anpassungen hergestellt werden kann. Stellt sich heraus, dass die Betriebsstätte wichtige **Funktionen** in Bezug auf die Entwicklung von Wirtschaftsgütern, die dem Vertrieb dienen (marketing intangibles), übernommen hat, während das Stammhaus in Zusammenhang mit der Herstellung der Waren keine nennenswerten Beiträge zur Wertschöpfung leistet, mag es richtig sein, dass der Fremdvergleichspreis in Bezug auf die fiktive Lieferung der Waren an die Betriebsstätte durch Anwendung der Kostenaufschlagsmethode bestimmt wird. Vergleichbar damit muss eine Zuordnung von Kosten des Stammhauses zur Betriebsstätte unterbleiben, wenn diese Kosten, die das Stammhaus getragen hat, in den Marktpreisen der fiktiven Geschäftsbeziehung mit der Betriebsstätte ihren Niederschlag gefunden haben.

In Bezug auf die Lieferung von Waren unterscheidet sich der amtliche Ansatz nicht wesentlich von der Vorgehensweise, die für die Gewinnzurechnung schon bisher maßgebend war. Im Einzelnen war aber bisher danach zu unterscheiden, ob die Leistungen unmittelbar oder nur indirekt zum Gewinn der Betriebsstätte aus Umsätzen mit Kunden der Betriebsstätte beigetragen haben. Trugen die Leistungen unmittelbar zum Erfolg des Stammhauses bei, waren Fremdvergleichspreise in Rechnung zu stellen, während z. B. die Überlassung von immateriellen Wirtschaftsgütern keine entsprechende Verrechnung zur Folge hatte, wenn sich diese Überlassung nur indirekt auf den Erfolg der Betriebsstätte ausgewirkt hat. Dieser Ansatz machte es bisher notwendig, zwischen unmittelbaren und indirekten Beiträgen zum Gewinn der Betriebsstätte zu unterscheiden und setzte auch voraus, dass sich objektive Kriterien finden lassen, nach denen die Unterscheidung zwischen unmittelbaren und indirekten Beiträgen zweifelsfrei möglich ist. Daher haben die OECD Mitgliedstaaten entschieden, die Differenzierung zwischen unmittelbaren und mittelbaren Beiträgen aufzugeben und stattdessen auf die **Vergleichbarkeit mit Geschäftsbeziehungen** zwischen voneinander unabhängigen Unternehmen abzustellen. Bei dieser Analyse kann auf die entsprechenden Kriterien der OECD für multinationale Unternehmen Bezug genommen werden, denen zufolge fünf Vergleichbarkeitsfaktoren unterschieden werden.[128]

Mit Ausnahme der maßgebenden Vertragsbedingungen können diese Vergleichbarkeitsbedingungen ohne weiteres auf den Betriebsstättenkontext übertragen werden, da sie auf die faktisch gegebenen **Rahmenbedingungen** konzerninterner Geschäftsvorfälle abstellen. An die Stelle der Vertragsbedingungen müssen im Betriebsstättenkontext das tatsächliche Verhalten der Vertreter beider Unternehmensteile und die Verteilung der Aufgaben treten, für die wesentliche Entscheidungen im Stammhaus oder Betriebsstätte getroffen

---

[128] Vgl. 1. Kapitel, Abschnitt C II 2 a).

werden. Ergibt dieser Vergleich mit Geschäftsbeziehungen zwischen voneinander unabhängigen Unternehmen, dass fremde Dritte Leistungen gegen Entgelt erbracht hätten, ist auch im Betriebsstättenkontext von einer entsprechenden Geschäftsbeziehung auszugehen.

b) Verrechnung typischer Geschäftsvorgänge

(1) Übertragung oder Überlassung materieller Wirtschaftsgüter

Für die Zuordnung des wirtschaftlichen Eigentums auf Stammhaus oder Betriebsstätte ist bei materiellen Wirtschaftsgütern, wie dargestellt,[129] der Ort maßgebend, an dem das Wirtschaftsgut genutzt wird. Ändert sich dieser Nutzungsort, weil z. B. eine Maschine, die zuvor im Stammhaus eingesetzt war, in der Betriebsstätte weiter genutzt wird, wechselt das wirtschaftliche Eigentum aufgrund eines realen und auch erkennbaren Vorgangs, so dass nach dem amtlichen Ansatz der OECD ein **fiktiver Geschäftsvorgang** begründet wird.

Wechselt ein materielles Wirtschaftsgut in das wirtschaftliche Eigentum einer Betriebsstätte, sollte die Bemessungsgrundlage einer noch folgenden Abschreibung dieses Wirtschaftsguts im Betriebsstättenstaat vorbehaltlich des Steuerrechts, das für diesen Staat maßgebend ist, dem **Marktwert** dieses Wirtschaftsguts im Übertragungszeitpunkt entsprechen, während das abgebende Stammhaus einen Gewinn in Höhe der Differenz zwischen dem Buchwert des Wirtschaftsguts und diesem Marktwert realisiert.[130] Eine Zuschreibung (oder Abschreibung) auf den Marktwert mag nicht erforderlich sein, wenn Stammhaus und Betriebsstätte ihre Zusammenarbeit in einer Weise organisiert haben, die zwischen voneinander unabhängigen Unternehmen zum Abschluss einer Kostenumlagevereinbarung geführt hätte. Vergleichbar damit sind aber die veränderte Zurechnung und Zuschreibung des Buchwerts auch dann nicht notwendig, wenn das Wirtschaftsgut in einer Form überlassen wird, die unter fremden Dritten zu einem Miet- oder Lizenzvertrag geführt hätte. In diesem Fall wäre auch im Zeitpunkt der Übertragung kein Gewinn oder Verlust zu realisieren. Stattdessen sind den beiden Unternehmensteilen Ertrag und Aufwand zuzuordnen, die sich in ihrer Höhe an Miet- oder Lizenzzahlungen orientieren, wie sie zwischen voneinander unabhängigen Unternehmen üblich wären.

(2) Übertragung oder Überlassung immaterieller Wirtschaftsgüter

Hat die Betriebsstätte an der Entwicklung eines immateriellen Wirtschaftsguts mitgewirkt oder außerordentliche Marketingaufwendungen getragen, steht ihr bei der anschließenden Verwertung des Wirtschaftsguts eine fremdübliche Vergütung zu. Höhe und Struktur dieser Vergütung hängen im Einzelnen davon ab, wem das Wirtschaftsgut zuzurechnen ist und ob es übertragen oder überlassen wurde.[131] Wurde das Wirtschaftsgut **im Auftrag** des Stammhauses entwickelt, steht der Betriebsstätte ein Entgelt für die Auftrags-

---

[129] Vgl. Abschnitt C III 2 a).
[130] Diese Schlussfolgerungen für den Staat des abgebenden Unternehmensteils werden zwar im Bericht der OECD nicht ausdrücklich gezogen, ergeben sich aber aus der Abgrenzung zur Nutzungsüberlassung, vgl. OECD, Report, 2008, Tz. 234.
[131] Vgl. OECD, Report, 2008, Tz. 236.

3. Kapitel. Bei Betriebsstätten   707

fertigung zu. Resultiert die Entwicklung aus einer **Kooperation** mit anderen Teilen des Unternehmens, mag eine Zurechnung von Ertrag und Aufwand nach dem Vorbild einer Kostenumlagevereinbarung richtig sein, wenn die Zusammenarbeit zwischen den Teilen des Unternehmens in einer Form erfolgte, die zwischen voneinander unabhängigen Unternehmen zum Abschluss einer entsprechenden Kooperationsvereinbarung geführt hätte. Anderes gilt, wenn das Wirtschaftsgut in der **alleinigen Regie** der Betriebsstätte entwickelt wurde. In diesem Fall steht ihr der Ertrag aus der Nutzung des Wirtschaftsguts oder, soweit das Wirtschaftsgut anderen Unternehmensteilen zur Nutzung überlassen wird, eine Vergütung in Höhe einer fremdüblichen **Lizenzgebühr** zu. Möglich ist aber auch, dass das maßgebende Nutzungsentgelt im Preis für die Lieferung von Erzeugnissen durch den wirtschaftlichen Eigentümer des immateriellen Wirtschaftsguts verrechnet oder im Wege eines profit split verrechnet wird. In jedem Fall setzt diese Vergütung keine Zahlung voraus und bewirkt auch keine Kapitalertragsteuerpflicht. Sie hat lediglich die **Zurechnung von Ertrag** bei der Betriebsstätte und Aufwand bei dem Unternehmensteil zur Folge, der das Wirtschaftsgut nutzt.

Wird ein immaterielles Wirtschaftsgut anlässlich einer Reorganisation zur weiteren Nutzung auf einen anderen Unternehmensteil (von der Betriebsstätte auf das Stammhaus oder umgekehrt) übertragen, sind der Wert dieses immateriellen Wirtschaftsguts und der anlässlich der Übertragung entstehende Gewinn **durch Vergleich** mit einer ähnlichen Transaktion zwischen unabhängigen Unternehmen zu bestimmen.[132] Hierbei ist z. B. auch zu berücksichtigen, ob die Nutzung des Wirtschaftsguts exklusiv ist oder durch eine parallele Verwendung in anderen Betriebsteilen eingeschränkt wird. Der Vorgang wird ggf. nach dem amtlichen Ansatz wie der Erwerb eines Nutzungsrechts behandelt. Ist vorgesehen, dass das übertragene Wirtschaftsgut im Verbund mit anderen Unternehmensteilen gemeinsam weiterentwickelt wird, wäre die Betriebsstätte, wenn voneinander unabhängige Unternehmen unter vergleichbaren Umständen eine Kooperationsvereinbarung geschlossen hätten, für steuerliche Zwecke so zu behandeln, als hätte sie einen Anteil an der bisherigen Entwicklung erworben (Eintrittszahlung), während die weitere Entwicklung und Nutzung nach dem Vorbild eines Kostenumlagevertrags verrechnet wird. Verrechnung und Dokumentation des Vorgangs hätten sich in diesem Fall an den Vorgaben zu orientieren, die die Leitlinien der OECD für Poolvereinbarungen vorsehen.

(3) Interne Dienstleistungen

Eine Betriebsstätte ist häufig auf erhebliche Unterstützung durch das Stammhaus angewiesen. Diese Unterstützung kann sich auf eine ganze Bandbreite unterschiedlicher Leistungen erstrecken, die sich von strategischer Führung über zentrale Gehaltsabrechnung bis hin zur Rechnungslegung erstrecken kann. Bisher war vorgesehen, dass entsprechende Leistungen im Hinblick auf die rechtliche Einheit von Stammhaus und Betriebsstätte zu Kosten verrechnet werden. Gewinnaufschläge waren auf Leistungen beschränkt, die zum Geschäftszweig des Unternehmens gehörten oder die Haupttätigkeit der Betriebsstätte ausmachten. Diese Sichtweise ist inzwischen überholt. Nach dem Ansatz

---

[132] Vgl. OECD, Report, 2008, Tz. 241 ff.

der OECD bezieht sich die Anwendung des Fremdvergleichsgrundsatzes nicht nur auf die Verrechnung eines fremdüblichen Preises. Maßgebend ist auch, ob voneinander unabhängige Unternehmen **vergleichbare Dienstleistungen** in Auftrag gegeben hätten. Dabei mag sich ergeben, dass vergleichbare Leistungen am Markt **zu Preisen** angeboten werden, die unter oder über den Kosten liegen, die das Stammhaus für seine administrativen Leistungen aufwendet. Im Einzelnen kann sich aber ergeben, dass Stammhaus und Betriebsstätte in Bezug auf administrative Leistungen in einer Weise zusammenarbeiten, die bei selbständigen Unternehmen die Voraussetzungen eines Kostenumlagevertrags erfüllen würden. Unter diesen Umständen ist die Abrechnung der administrativen Dienstleistungen nach dem Muster einer **Poolumlage denkbar**.[133] Daneben lassen die Leitlinien der OECD die Verrechnung von Dienstleistungen zu Kosten aber auch dann zu, wenn sich der Aufwand, der mit der Bestimmung des Fremdvergleichsentgelts verbunden ist (Kosten, administrative Belastungen), wirtschaftlich nicht durch entsprechendes Mehraufkommen rechtfertigt.[134]

c) Gründung und Auflösung der Betriebsstätte

Zum Teil entstehen Aufwand und Ertrag bevor eine Betriebsstätte ihre Geschäftstätigkeit aufgenommen oder nachdem sie ihre Tätigkeit beendet hat. In diesen Fällen kann es vorkommen, dass die Zuordnung von Aufwendungen und Erträgen nach ihrer wirtschaftlichen Veranlassung durch die Betriebsstätte nicht möglich ist. So mögen Anlaufkosten entstehen, bevor die Betriebsstätte in ihrem Gastland aktiv ist oder nachlaufende Erträge entstehen, nachdem die Betriebsstätte ihre Tätigkeit bereits eingestellt hat. Für diese Fälle gibt der amtliche Ansatz **keine Lösung** vor. Die OECD akzeptiert vielmehr, dass es nach den nationalen Rechtsvorschriften ihrer Mitgliedstaaten unterschiedliche Regelungen gibt, hält aber fest, dass sie ein Interesse daran hat, auf Basis weiterer Arbeiten auch in diesem Punkt einen Konsens zu erreichen.

2. *Vorgaben nach nationalem Recht*

a) Überführung vom inländischen Stammhaus in die ausländische Betriebsstätte

(1) Wirtschaftsgüter des Anlagevermögens

Ist das Besteuerungsrecht der Bundesrepublik Deutschland hinsichtlich des Gewinns aus der Veräußerung oder Nutzung eines Wirtschaftsguts ausgeschlossen oder beschränkt, weil dieses Wirtschaftsgut aus dem Betriebsvermögen eines inländischen Stammhauses in das „betriebsfremde" Vermögen einer ausländischen Betriebsstätte überführt wird, ist dieses Wirtschaftsgut so zu behandeln, als wurde es aus dem inländischen Betriebsvermögen **entnommen** (§ 4 Abs. 1 Satz 3 EStG),[134a] der Betriebsstätte überlassen oder an die Betriebsstätte veräußert (§ 12 Abs. 1 KStG).[134b] Diese Rechtsfolge gilt grund-

---
[133] Vgl. OECD, Report, 2008, Tz. 255.
[134] Vgl. OECD, Leitlinien 2010, Tz. 7.37.
[134a] Vgl. dazu auch die geplante Ergänzung dieser Vorschrift um ein Regelbeispiel in Satz 4 (neu), Stellungnahme des Bundesrats und Gegenäußerung der Bundesregierung, BT-Drs. 17/2823, Artikel 1 Nr. 5 a.
[134b] Siehe ebenda Artikel 2 Nr. 3 a.

3. Kapitel. Bei Betriebsstätten

sätzlich unabhängig davon, ob das Wirtschaftsgut beim Stammhaus zum Anlage- oder Umlaufvermögen gehört. Nicht maßgebend ist nach Auffassung der Finanzverwaltung auch, ob sich der Ausschluss oder die Beschränkung des Besteuerungsrechts aus nationalen Rechtsvorschriften oder einem DBA ergibt und soweit letzteres der Fall ist, ob in diesem DBA in Bezug auf die Verminderung oder Vermeidung von Doppelbesteuerungen bei Unternehmensgewinnen die Anrechnungs- oder Freistellungsmethode vereinbart ist. Es genügt, wenn das Besteuerungsrecht der Bundesrepublik Deutschland hinsichtlich des Gewinns aus der Veräußerung des Wirtschaftsguts lediglich dadurch beschränkt wird, dass die ausländische Steuer auf den Betriebsstättengewinn im Inland anzurechnen ist.[135] In der Literatur wird, gestützt auf die Aufgabe der „finalen Entnahme"-Theorie durch den BFH, zu Recht hervorgehoben, dass das Besteuerungsrecht der Bundesrepublik in Bezug auf die stillen Reserven, die während der Zugehörigkeit zu ihrem Hoheitsgebiet entstanden sind, durch Maßnahmen zur Vermeidung von Doppelbesteuerung nicht ausgeschlossen oder beschränkt wird, so dass der Anwendungsbereich dieser Vorschrift weitgehend leer läuft.[136]

Die fiktive Entnahme des Wirtschaftsguts, seine fiktive Überlassung oder fiktive Veräußerung ist mit dem **gemeinen Wert** zu bewerten (§§ 6 Abs. 1 Nr. 4 EStG, 12 Abs. 1 KStG). Ob diese Bewertung für den Fall, dass mit dem Betriebsstättenstaat ein DBA geschlossen wurde, zu einer Überschreitung des Besteuerungsrechts der Bundesrepublik Deutschland führt, muss im Einzelfall beurteilt werden. In vielen Fällen wird der gemeine Wert mit dem **Fremdvergleichspreis** übereinstimmen,[137] weshalb die deutsche Finanzverwaltung den gemeinen Wert mit dem Fremdvergleichspreis schlicht gleichsetzt.[138] Möglich ist aber, dass die beiden Wertmaßstäbe im Einzelfall voneinander abweichen. So besteht ein wesentlicher **Unterschied** darin, dass ungewöhnliche und persönliche Verhältnisse bei der Ermittlung des gemeinen Werts unberücksichtigt bleiben müssen (§ 9 Abs. 2 Satz 3 BewG). Für die Rechtsprechung ergibt sich aus dieser Bestimmung, dass ein **individueller Nutzen,** den allein der betreffende Steuerpflichtige mit dem Wirtschaftsgut verbindet, auszuschließen ist („objektiver Wert"), während der Fremdvergleichspreis im Unterschied dazu die individuellen Zielsetzungen und Handlungsalternativen der gedachten Marktpartner in das Kalkül einbezieht.[139]

Die vorgeschriebene Entstrickung zum gemeinen Wert wird von der Finanzverwaltung so ausgelegt, dass ein Unterschiedsbetrag zwischen dem gemeinen Wert (dem Fremdvergleichspreis) des Wirtschaftsguts und seinem Buchwert im Zeitpunkt der Überführung als Gewinn oder Verlust zu erfassen ist. Maßgebend sind Preis und Wert im Zeitpunkt der Überfüh-

---

[135] Vgl. Gesetzesbegründung in BR-Drs. 542/06, S. 42.
[136] Zur Diskussion siehe 1. Kapitel, Abschnitt B I 2.
[137] Vgl. BFH v. 18. 10. 1967, BStBl 1968 II, S. 105; BFH v. 27. 11. 1974, BStBl 1975 II, S. 306; BFH v. 17. 10. 2001, BStBl 2004 II, S. 171.
[138] Betriebsstätten-Verwaltungsgrundsätze, BMF-Schreiben v. 25. 8. 2009, BStBl 2009 I, S. 888, Tz. 2.6.1.
[139] Vgl. Ziehr, U., Einkünfterzurechnung, 2008, S. 280 ff.; siehe zur Abweichung des Fremdvergleichsgrundsatzes vom gemeinen Wert auch Stadler, R./Elser, T., BB-Special 8, 2006, S. 21 f.; Werra, M./Teiche, A., DB 2006, S. 1457; sowie ferner Gosch, D., Körperschaftsteuergesetz, § 8, Tz. 383.

rung.[140] Dabei sind eingetretene Wertminderungen im Zeitpunkt der Überführung zu beachten.

Beispiel: Das Unternehmen A überführt ein Patent, das ursprünglich für das inländische Stammhaus entwickelt wurde, in seine ausländische Betriebsstätte B. Im Überführungszeitpunkt beträgt der gemeine Wert dieser Entwicklung 380 000 €. Da das Patent selbst entwickelt wurde, wird es in der Bilanz des Stammhauses nicht erfasst. Mit der Überführung des Patents in die Auslandsbetriebsstätte B realisiert A einen Entnahmegewinn i. H. v. 380 000 €.

Weitere Folge ist die (außerbilanzielle) Aufstockung des Buchwerts in der Steuerbilanz der Betriebsstätte des (einheitlichen) Unternehmens. Wertansatz und Besteuerung im Betriebsstättenstaat bestimmen sich nach dem Steuerrecht dieses (anderen) Staats.

Folgt man der Rechtsprechung des EuGH insbesondere in der Rs. de Lasteyrie du Saillant[141], ergibt sich, dass Steuerpflichtige, die ihre Niederlassungsfreiheit wahrnehmen, weder früher noch höher besteuert werden dürfen als die Steuerpflichtigen, die ihre Niederlassung in ein und demselben Mitgliedstaat beibehalten. Sehen die steuerlichen Vorschriften eines Mitgliedstaats vor, dass die Übertragung von Wirtschaftsgütern zwischen den Betriebsstätten des Unternehmens innerhalb eines Landes nicht oder aufschiebend besteuert wird, steht die Sofortbesteuerung in Bezug auf die Übertragung von Wirtschaftsgütern auf die Betriebsstätte in einem anderen Land im Konflikt mit den europäischen Grundfreiheiten.[142] Daher spricht vieles dafür, dass die Entstrickungsregelungen bei Überführungen innerhalb der EU grundsätzlich in der Weise auszulegen sind, dass **keine Sofortbesteuerung** der im Außenverhältnis noch nicht realisierten Gewinne erfolgt.[143] In diesem Sinne ist auch eine **Entschließung** des Rats der EU zu verstehen. Behält sich der abgebende Staat im Zusammenhang mit der Übertragung wirtschaftlicher Tätigkeiten die Option vor, sein Recht auf die Besteuerung noch nicht realisierter Gewinne auszuüben, wobei diese Gewinne als Differenz zwischen dem Marktwert im Überführungszeitpunkt und ihrem Buchwert ermittelt werden, ist der aufnehmende Staat bei der Ermittlung der sich anschließenden Wertsteigerung anlässlich der Veräußerung dieses Wirtschaftsguts an diesen Marktwert gebunden. Eine **Besteuerung** im Überführungszeitpunkt scheidet aber aus. Sie ist vielmehr bis zum Zeitpunkt einer späteren Veräußerung **aufzuschieben**. Hierzu wird der aufnehmende Staat aufgefordert, den abgebenden Staat insbesondere bei der Bestimmung des Veräußerungszeitpunkts zu unterstützen.[144]

Wird der Gewinn als Differenz zwischen dem Marktwert und dem Buchwert im Überführungszeitpunkt ermittelt, kann der notwendige Besteuerungsaufschub erreicht werden, indem diese Differenz zu Lasten des Erfolgs gegen einen aktiven **Ausgleichsposten** gebucht und damit in ihren Auswirkungen auf den Gewinn neutralisiert wird. In diesem Sinne kann ein

---

[140] Vgl. Betriebsstätten-Verwaltungsgrundsätze, BMF-Schreiben v. 25. 8. 2009, BStBl 2009 I, S. 888, Tz. 2.6.1.
[141] Vgl. EuGH v. 11. 3. 2004 (de Lasteyrie du Saillant), EuGHE 2004, S. I-2409.
[142] Vgl. Kommission der Europäischen Gemeinschaften, Wegzugsbesteuerung, 2006, S. 7.
[143] Vgl. insbesondere Körner, A., IStR 2009, S. 742 ff.
[144] Vgl. Council of the European Union, Resolution, 2008, Buchstaben C, F.

unbeschränkt Steuerpflichtiger nach deutschem Einkommensteuerrecht in Höhe des Unterschiedsbetrags zwischen dem Buchwert und dem gemeinen Wert des Wirtschaftsguts auf Antrag einen Ausgleichsposten bilden (§ 4g Abs. 1 Satz 1 EStG). Voraussetzung ist aber, dass das Wirtschaftsgut infolge seiner Zurechnung zu einer Betriebsstätte desselben Steuerpflichtigen in einem anderen Mitgliedstaat der EU als entnommen gilt. Daneben wird dieser Besteuerungsaufschub auf Wirtschaftsgüter des Anlagevermögens beschränkt.[145]

Beispiel: Das inländische Stammhaus überführt eine Maschine, durch die die Produktionskapazitäten einer in Frankreich belegenen Betriebsstätte verstärkt werden sollen, in seine französische Betriebsstätte.

Wird die Produktionsmaschine zur dauerhaften Nutzung in die Betriebsstätte überführt, hat dies eine Zuordnung dieses Wirtschaftsguts zum Betriebsvermögen der Betriebsstätte zur Folge. Zwar bleibt die Maschine weiterhin im rechtlichen Eigentum des einheitlichen Unternehmens. Die **Nutzung der Maschine** in der Betriebsstätte rechtfertigt aber den Abzug der Abschreibungen und aller weiteren Aufwendungen, die auf dieses Wirtschaftsgut geleistet werden, bei der Betriebsstätte. Auf der anderen Seite hat das Stammhaus einen Anspruch auf die Vergütung der stillen Reserven, die dem Wirtschaftsgut im Zeitpunkt der Überführung innewohnen. Würde die Betriebsstätte das Wirtschaftsgut veräußern, stünde ihr bei einer Überführung zum Buchwert deshalb nicht der gesamte Veräußerungsgewinn zu; er entfiele in Höhe der stillen Reserven, die während der Zugehörigkeit der Maschine zum Vermögen des Stammhauses entstanden sind, auf das Stammhaus.[146] Entsprechend entfällt auch bei einer Überführung der Maschine zum gemeinen Wert ein Teil des Verwertungserfolgs aus der Nutzung der Produktionsmaschine auf das Stammhaus. Wurde ein Ausgleichsposten gebildet, realisiert sich dieser Gewinn durch die ratierliche Auflösung dieses Ausgleichspostens. Die Höhe des jeweiligen Ertrags pro Jahr lässt sich nicht exakt bestimmen, da eine Zuordnung von Ertrag auf Vorleistungen bis heute weder theoretisch[147] noch praktisch befriedigend lösbar ist. Man wird aber annehmen dürfen, dass er im Zusammenhang mit der Anlagennutzung entsteht. Daher gilt der Ertrag bei mehrperiodig nutzbaren Anlagen, Dienstleistungen oder Nutzungen als realisiert, wenn die entsprechenden Leistungen verzehrt wurden. Hilfsweise kann auch die **gleichmäßige Verteilung** der stillen Reserven über die Nutzungsdauer zulässig sein.[148] Voraussetzung ist aber, dass entsprechende Außenumsätze erzielt werden. Anderenfalls erscheint es nicht zulässig, dass das Unternehmen „an sich selbst verdient". Entsprechend ist das Besteuerungsrecht des

---

[145] Zu den Anwendungsfragen des Ausgleichspostens siehe Goebel, S./Jenet, B./ Franke, V., IStR 2010, S. 235 ff.
[146] Auf die besondere Frage, inwieweit das Stammhaus auf einen Teil dieser stillen Reserven verzichten muss, wenn sich bei einem (späteren) Verkauf herausstellt, dass sich die stillen Reserven tatsächlich nicht realisieren lassen, wird im Zusammenhang mit der Überführung von Gegenständen des Umlaufvermögens eingegangen, vgl. Abschnitt D III 2a) (2).
[147] Siehe hierzu Schäfer, E., Unternehmung, 1991, S. 205 ff.
[148] Vgl. Wassermeyer, F., IStR 2004, S. 734; ders., IStR 2005, S. 85 ff.; ders., DB 2006, S. 1179 ff.; ders., IStR 2010, S. 464; a. A. Hruschka, F./Lüdemann, P.,

deutschen Fiskus auf die Erlöse aus der Verwertung des Gegenstands (der Produktionsmaschine) begrenzt.

Beispiel: Ein inländisches Stammhaus überführt eine Maschine mit einer Gesamtnutzungsdauer von acht Jahren nach Ablauf von drei Jahren in eine Auslandsbetriebsstätte. Die historischen Anschaffungskosten der Maschine betrugen 80 000 €. Die Maschine wird beim Stammhaus und bei der Betriebsstätte linear abgeschrieben.

Anschaffungskosten	80 000 €
– Abschreibungen beim Stammhaus für drei Jahre	– 30 000 €
Buchwert im Überführungszeitpunkt	50 000 €
Gemeiner Wert im Überführungszeitpunkt	55 000 €
Buchgewinn des Stammhauses	5000 €

Bilanz des Stammhauses vor der Übertragung

Maschine	50 000 €	Kapital	50 000 €

Bilanz des Stammhauses nach der Übertragung

Forderungen	55 000 €	Kapital	50 000 €
		Gewinn	5000 €

Außerbilanzielle Korrektur (im Jahr der Übertragung):	
Gewinn lt. Steuerbilanz	5000 €
– Bildung eines passiven Ausgleichspostens	– 5000 €
Steuerpflichtiger Gewinn	0 €

In der Bilanz des Stammhauses wird im Übertragungszeitpunkt ein Gewinn von 5000 € ausgewiesen. Dieser Gewinn kann durch einen außerbilanziellen passiven Ausgleichsposten neutralisiert werden. Orientiert man sich an der Nutzungsdauer der Maschine, ist der passive Ausgleichsposten des Stammhauses im Wirtschaftsjahr der Überführung und in den folgenden vier Wirtschaftsjahren zu jeweils einem Fünftel aufzulösen, d.h. jährlich mit 1000 €. Um diesen Betrag erhöht sich in den fünf folgenden Jahren jeweils außerhalb der Bilanz der steuerpflichtige Gewinn des Stammhauses. Bei der Betriebsstätte wird die Maschine mit 50 000 € aktiviert und innerhalb der Restnutzungsdauer abgeschrieben. Korrespondierend zur Vorgehensweise des Stammhauses bildet die Betriebsstätte außerhalb der Bilanz einen aktiven Ausgleichsposten, der in den fünf folgenden Jahren in Höhe des Abschreibungsbetrags aufgelöst wird. Dadurch vermindern sich die Einkünfte der Betriebsstätte außerbilanziell um jeweils 1000 €. Im Ergebnis führt diese Vorgehensweise zu einer Stundung mit ratierlicher Zahlung der aus den aufgedeckten stillen Reserven resultierenden Steuern über eine Laufzeit von fünf Jahren.

Der Auflösungszeitraum für den Ausgleichsposten beträgt maximal fünf Jahre (§ 4g Abs. 2 Satz 1 EStG). Er ist abhängig davon, ob das überführte Wirtschaftsgut abnutzbar oder nicht abnutzbar ist, ohne Rücksicht auf die Restnutzungsdauer im Wirtschaftsjahr seiner Bildung und in den folgenden vier Wirtschaftsjahren jährlich mit einem Fünftel seines ursprünglichen Betrags aufzulösen (§ 4g Abs. 1 Satz 1 EStG). Im Ergebnis führt diese Methode zu einer **Stundung und ratierlichen Zahlung** der Steuer auf die stillen Reserven, die bis zum Überführungszeitpunkt angewachsen sind, über eine Laufzeit von fünf Jahren. Wertminderungen, die das Wirtschaftsgut nach seiner Überführung ins

---

IStR 2005, S. 78 ff. Gemeinschaftsrechtliche Bedenken können gleichwohl auch insoweit nicht ausgeschlossen werden, weil diese Form der systematischen Ertragsrealisation beim entsprechenden Inlandsfall keine Parallelen hat, vgl. Tenore, M., Intertax 2006, S. 386 ff.

Ausland erfährt, werden nicht berücksichtigt. Andererseits ist der Ausgleichsposten sofort in vollem Umfang gewinnerhöhend aufzulösen, wenn das überführte Wirtschaftsgut aus dem Betriebsvermögen ausscheidet, in eine Betriebsstätte außerhalb der EU überführt wird oder die stillen Reserven im Ausland aufzudecken sind (§ 4 g Abs. 2 Satz 2 EStG). Gleiches gilt bei der Verletzung von Aufzeichnungs- und Mitwirkungspflichten (§ 4 g Abs. 5 EStG). Diese Regelungen zur Entstrickung stiller Reserven sind nicht unproblematisch. Fraglich ist vor allem, ob nicht das Stammhaus an den Wertänderungen des Wirtschaftsguts, die während dessen Zugehörigkeit zur Betriebsstätte eintreten, beteiligt werden muss. Daneben sind auch die Frist von fünf Jahren sowie die zeitanteilige Auflösung sachlich **kaum zu rechtfertigen.** Ein zeitlicher Besteuerungsaufschub um wenige Jahre dürfte die gemeinschaftsrechtlichen Bedenken kaum ausräumen. Daher erscheint es notwendig, dass über die Zuordnung der durch die Betriebsstätte erzielten Gewinne auf Stammhaus und Betriebsstätte noch einmal nachgedacht wird.

(2) Wirtschaftsgüter des Umlaufvermögens

Ist das Besteuerungsrecht der Bundesrepublik Deutschland hinsichtlich des Gewinns aus der Veräußerung oder Nutzung eines Wirtschaftsguts ausgeschlossen oder beschränkt, ist auch bei der „Lieferung" von Rohstoffen, Halb- und Fertigfabrikaten sowie anderen Wirtschaftsgütern des Umlaufvermögens als Gewinn oder Verlust der Unterschiedsbetrag zwischen dem **gemeinen Wert** im Zeitpunkt der Überführung des Wirtschaftsguts und seinem Buchwert zu erfassen. Eingetretene, voraussichtliche dauerhafte Wertminderungen sind zu beachten.

Beispiel: Das Unternehmen A produziert in seinem inländischen Stammhaus Fertigerzeugnisse zu Herstellungskosten i. H. v. 80 €/Stück. Am Markt werden vergleichbare Erzeugnisse zum Preis i. H. v. 120 €/Stück an Großhändler veräußert. A überführt 1000 Einheiten dieser Erzeugnisse in seine in Frankreich belegene Betriebsstätte B. In der Betriebsstätte entstehen Vertriebskosten i. H. v. 20 €/Stück. Die Erzeugnisse können zum Preis von 150 €/Stück (75 €/Stück) veräußert werden.
Mit der Überführung der Fertigerzeugnisse in die französische Betriebsstätte B realisiert A einen Entnahmegewinn i. H. v. 120 ./. 80 = 40 €/Stück. Dieser Gewinn wird nach Ansicht der Finanzverwaltung unabhängig davon realisiert, ob das Unternehmen die Erzeugnisse mit Gewinn (Veräußerungspreis i. H. v. 150 €/Stück) oder Verlust (Veräußerungspreis i. H. v. 75 €/Stück) an Dritte verkaufen kann.[149]

Bei Abrechnung zum gemeinen Wert oder Fremdpreisen sind Fallkonstellationen denkbar, bei denen die zu Arm's-length-Preisen abgerechnete innerbetriebliche Transaktion zu einem positiven (negativen) Erfolgsausweis des Stammhauses führt, der Erfolgsbeitrag beim nachfolgenden Außengeschäft der Betriebsstätte aber ein umgekehrtes Vorzeichen aufweist. Aus Sicht des Gesamtunternehmens kann es dabei in besonders ungünstigen Fällen sogar zu einem Gesamtverlust (Gesamtgewinn) kommen.

Nach einer ersten Auffassung kann grundsätzlich auch das Stammhaus (die Betriebsstätte) keinen Gewinn erzielen, wenn die Betriebsstätte (das Stammhaus) z. B. Waren mit Verlust weiterverkauft.[150] Mehr noch könne zwischen

---

[149] Vgl. BMF-Schreiben v. 25. 8. 2009, BStBl 2009 I, S. 888, Tz. 2.6.1.
[150] Siehe zuletzt Körner, A., IStR 2009, S. 743; so aber bereits auch Ritter, W., JbFSt 1976/77, S. 302; Debatin, H., BB 1990, S. 828.

Stammhaus und Betriebsstätte nur der **tatsächlich realisierte Ertrag** aufgeteilt werden. Diese Auffassung stützt sich auf die rechtliche Einheit von Stammhaus und Betriebsstätte und den Referenzenfall des rein inländischen Vermögens. Sie betont, dass die Betriebsstätte in ihrer Eigenschaft als rechtlich unselbständiger Teil des Unternehmens keine eigenständigen Risiken übernehmen kann. Für die Finanzverwaltung und andere Teile in der Literatur[151] widerspricht dieses Ergebnis jedoch dem **Grundsatz des Fremdvergleichs**, da die einzelnen Unternehmensteile ihre Betriebsergebnisse unter z. T. völlig unterschiedlichen Markt- und Konkurrenzbedingungen erzielen. Diese unterschiedlichen ökonomischen Rahmendaten dürfen sich danach ergebnismäßig prinzipiell nicht anders niederschlagen, als dies auch bei rechtlich selbständigen Vertragspartnern der Fall wäre. Demnach müsste derjenige Unternehmensteil die Verluste tragen, bei dem sie angefallen oder wirtschaftlich verursacht worden sind.[152] Folgende Beispiele sollen die Problematik im Falle von Gewinnen im Innenverkehr und Verlusten im Außenverkehr erläutern.

Beispiel: Das inländische Stammhaus vertreibt einen Teil seiner inländischen Produktion von Personalcomputern über eine Auslandsbetriebsstätte. Bei Selbstkosten von 1000 € je PC wird der Betriebsstätte für eine Lieferung per 31.12.t_0 ein marktüblicher Preis (Zwischenhandel) von 1250 € in Rechnung gestellt. Der geschätzte Endverkaufspreis auf dem Auslandsmarkt (Einzelhandel) liegt für die Periode $t_1(t_2)$ umgerechnet bei 1500 € (900 €) je PC. Die Betriebsstätte veräußert die Computer nicht wie geplant in t_1, sondern in t_2 zu einem Stückpreis von je 900 €. Damit entsteht aus Sicht des Gesamtunternehmens ein Verlust von 100 € je PC.

Hat die Betriebsstätte z. B. wegen ineffizienter Organisations- oder Vertriebsstrukturen den Absatz der Computer nicht, wie geplant, in t_1 erreicht, so dass sie die betreffende Lieferung erst in der Folgeperiode zu gesunkenen Preisen veräußern konnte, entspräche es dem Verhalten voneinander unabhängiger Unternehmen, dass die Betriebsstätte den gesamten Verlust trägt. Auch unter fremden Dritten wäre der vereinbarte Händlerpreis nicht nachträglich geändert worden.

Beispiel: Daten wie oben, doch drängen Stammhaus und Betriebsstätte aus beiderseitigem Interesse in t_1 auf eine starke Ausweitung des Marktanteils der Computer im Ausland. Bei Marktpreisen von 1500 € wird vereinbart, dass die Betriebsstätte die Rechner zu einem Kampfpreis von 900 € veräußert.

In derartigen Fällen erscheint es nach der auf den Grundsatz des Fremdvergleichs bezogenen Auffassung sachgerecht, die Mindererlöse bzw. die Verluste aus dem Verkauf der Produkte gewichtet nach den Interessen von Stammhaus und Betriebsstätte anteilig beiden Unternehmensteile zuzurechnen.[153] Strebt dagegen das Stammhaus durch Kampfpreise oder ähnliche Mittel eine Ausweitung oder Sicherung seines Marktanteils an, so verlangt die Finanzverwaltung im Interesse des Fremdvergleichs und der Gleichbehand-

---

[151] Vgl. Hruschka, F./Lüdemann, P., IStR 2005, S. 76 ff.; Kroppen, H.-K., IStR 2005, S. 74 f.; Becker, H./Höppner, H./Grotherr, S./Kroppen, H., DBA-Kommentar, Art. 7, Rn. 109 ff.
[152] So auch Fink, J. U., RIW 1988, S. 48 f.; Mössner, J. M. u. a., Steuerrecht, 2005, Rz. C 113.
[153] Zur Berücksichtigung von Geschäftsstrategien siehe auch OECD, Report, 2008, Tz. 225.

3. Kapitel. Bei Betriebsstätten 715

lung mit verbundenen Unternehmen die alleinige Zuordnung der Aufwendungen und Mindererlöse zum herstellenden Unternehmensteil.[154]

Die Bewertung zum gemeinen Wert oder zum Fremdvergleichspreis im Überführungszeitpunkt bewirkt jedoch, dass der Gewinnanteil des Stammhauses auf **die stillen Reserven im Überführungszeitpunkt** fixiert wird. Geht man davon aus, dass Stammhaus und Betriebsstätte einen Außenumsatz für das einheitliche Unternehmen nur zusammen bewirken können, ist diese Festlegung **willkürlich**. Maßgebend kann nur der tatsächlich realisierte Erfolg sein, der nach den Wertverhältnissen im Realisationszeitpunkt auf die Betriebsstätten aufzuteilen ist, die an der Leistung des Unternehmens beteiligt waren. Unabhängig davon ist eine Regelung, die die Überführung von Wirtschaftsgütern (auch) in das EU-Ausland im Vergleich zu Überführungen in eine Betriebsstätte im Inland diskriminiert, EU-rechtlich kaum haltbar.

(3) Überführung und Rücküberführung von Wirtschaftsgütern in das inländische Stammhaus

(a) Einkünfte der Betriebsstätte sind aufgrund eines DBA freigestellt

Liegt die Betriebsstätte in einem Staat, mit dem die Bundesrepublik Deutschland in einem DBA die Freistellung der Betriebsstätteneinkünfte vereinbart hat, wird bei Überführung von Wirtschaftsgütern, die von der Betriebsstätte angeschafft oder hergestellt werden, in das inländische Stammhaus das Besteuerungsrecht der Bundesrepublik Deutschland hinsichtlich des Gewinns aus der Veräußerung dieser Wirtschaftsgüter begründet. Für diesen Tatbestand unterstellt das EStG die Einlage der entsprechenden Wirtschaftsgüter in das inländische Stammhaus zum **gemeinen Wert** (§§ 4 Abs. 1 Satz 7 2. Halbsatz; 6 Abs. 1 Nr. 5a EStG).[154a] Gleiches gilt für den Fall, dass ursprünglich in die Betriebsstätte überführte Wirtschaftsgüter in das inländische Stammhaus zurücküberführt werden. Damit bleibt es bei der ursprünglichen **Auflösung der stillen Reserven.** Wertsteigerungen während der Zugehörigkeit zum Betriebsstättenvermögen werden der Betriebsstätte zugeordnet. Setzt der Betriebsstättenstaat das Wirtschaftsgut zu einem über oder unter dem gemeinen Wert liegenden Fremdvergleichspreis an, kommt es zur Doppelbesteuerung oder einer steuerfreien Aufstockung des Wertansatzes. Wird ein Wirtschaftsgut des Anlagevermögens vor Ablauf der Fünfjahresfrist für die Auflösung des Ausgleichspostens zurückgeführt, ist der im Zeitpunkt der Rückführung noch bestehende **Ausgleichsposten erfolgsneutral aufzulösen** (§ 4g Abs. 3 EStG). Gleichzeitig ist das Wirtschaftsgut im Stammhaus, abweichend von der allgemeinen Regelung (gemeiner Wert), zu den **fortgeführten Anschaffungskosten** zuzüglich der gewinnerhöhend erfassten Auflösungsbeträge sowie einem Unterschiedsbetrag zwischen dem Rückführungswert und dem Buchwert (nach ausländischem Recht), höchstens jedoch mit dem gemeinen Wert anzusetzen (besonderer Verstrickungswert). Auf diese Weise soll sichergestellt werden, dass die aufgrund der ursprünglichen Überführung im Inland aufgedeckten und bereits anteilig versteuerten stillen Reserven im Wege der AfA per saldo (zeitversetzt) neutralisiert werden. Daneben soll verhindert

---
[154] Vgl. Betriebsstätten-Verwaltungsgrundsätze, BMF-Schreiben v. 24. 12. 1999, BStBl 1999 I, S. 1076, Tz. 3.2.2.
[154a] Wird das JStG 2010 nach den Änderungsvorschlägen des Bundesrats umgesetzt, ist die Verstrickungseinlage künftig in § 4 Abs. 1 Satz 8 geregelt.

werden, dass die im Ausland eingetretenen Wertänderungen im Inland zu einer steuerfreien Wertaufstockung genutzt werden können. Insoweit unterscheidet sich die Lösung bei gebildeten Ausgleichsposten von der allgemeinen Regel, die für das Umlaufvermögen gilt oder den Fall, dass vom Wahlrecht der Bildung eines Ausgleichspostens kein Gebrauch gemacht wurde.

Beispiel: Das Unternehmen A überführt am 1. 1. 2010 eine Maschine, Anschaffungskosten am 1. 1. 2008 i. H. v. 100 000 €, Nutzungsdauer zehn Jahre, in seine ausländische Betriebsstätte. Ein Jahr später, am 1. 1. 2011 wird die Maschine in das deutsche Stammhaus zurücküberführt. Im Überführungszeitpunkt betrage der gemeine Wert der Maschine 88 000 €. Bei Rückführung liege dieser Wert bei einem Betrag i. H. v. 81 000 €.

In diesem Beispiel wird die Maschine, wenn lineare AfA unterstellt ist, während der Zugehörigkeit zum inländischen Stammhaus auf fortgeführte Anschaffungskosten i. H. v. 80 000 € zum 31. 12. 2009 abgeschrieben. In Höhe der Differenz zwischen diesem Wert und dem gemeinen Wert i. H. v. 88 000 € kann i. H. v. 8000 € ein Ausgleichsposten gebildet werden, der in 2010 zu einem Fünftel (1600 €) aufzulösen ist. Während der Zugehörigkeit zur ausländischen Betriebsstätte möge das Wirtschaftsgut nach der Restnutzungsdauer linear auf den Buchwert von 77 000 € abgeschrieben werden. Wird im Ausland bei Rücküberführung die Differenz zwischen dem Buchwert und dem Fremdvergleichspreis besteuert, ermittelt sich der besondere Verstrickungswert aus den fortgeführten Anschaffungskosten am 1. 1. 2011 (70 000 €), zuzüglich des Betrags aus der Auflösung des Ausgleichspostens (1600 €) und der im Ausland versteuerten Differenz zwischen Buchwert und Fremdvergleichspreis im Rückführungszeitpunkt (4000 €). Damit errechnet sich ein besonderer Verstrickungswert i. H. v. 75 600 €. Auf dieser Grundlage ist die AfA für die Restnutzungsdauer von sieben Jahren i. H. v. 10 600 € pro Jahr fortzuführen. Die Zuordnung des Wirtschaftsguts (einschließlich der AfA) zur Betriebsstätte ist rückwirkend aufzuheben (§ 4 g Abs. 3 Satz 2 EStG).

Voraussetzung ist, dass bei der Überführung des Wirtschaftsguts in die Betriebsstätte ein Ausgleichsposten tatsächlich gebildet wurde. Hat der Steuerpflichtige auf die Bildung des Ausgleichspostens verzichtet und die stillen Reserven bei der Überführung des Wirtschaftsguts in Höhe der Differenz zwischen den fortgeführten Anschaffungskosten und dem gemeinen Wert im Überführungszeitpunkt versteuert, vollzieht sich die Rückführung nach der allgemeinen Regel zum gemeinen Wert im Rückführungszeitpunkt.

(b) Einkünfte der Betriebsstätte sind nicht aufgrund eines DBA freigestellt

Nach den Vorstellungen des Gesetzgebers liegt eine Verstrickungseinlage nur vor, wenn durch die Überführung eines Wirtschaftsguts das Besteuerungsrecht der Bundesrepublik Deutschland (erstmals) begründet wird. Erfolgt die Überführung aus einer Betriebsstätte in einem Land, mit dem kein DBA geschlossen ist oder in dem ein DBA mit Anrechnungsmethode vereinbart wurde, ist diese Voraussetzung nicht gegeben, da das Besteuerungsrecht, wenn auch eingeschränkt, schon vorher bestand.[155] Aufgrund dieser Einstufung vollzieht sich die Überführung in das inländische Stammhaus zu Buchwerten und hat im Überführungszeitpunkt keine steuerlichen Wirkungen. Diese Sichtweise wird auch von der Finanzverwaltung geteilt.[156]

---

[155] Diese Sichtweise erscheint nicht konsequent; siehe auch Stadler, R./Elser, T., Einführung, 2007, S. 59 f.; siehe aber die geplante „Klarstellung" der Entstrickungsgrundsätze durch das JStG 2010; vgl. Stellungnahme des Bundesrats und Gegenäußerung der Bundesregierung, BT-Drs. 17/2823, Nr. 3 Artikel 1 Nr. 5 a (neu), Artikel 2 Nr. 3 a (neu).
[156] Vgl. Betriebsstätten-Verwaltungsgrundsätze, BMF-Schreiben v. 25. 8. 2009, BStBl 2009 I, S. 888, Tz. 2.6.2.

b) Überführung aus der inländischen Betriebsstätte in das ausländische Stammhaus und vice versa

Nach den Regelungen des EStG ist es grundsätzlich ohne Bedeutung, ob das Besteuerungsrecht der Bundesrepublik Deutschland hinsichtlich des Gewinns aus der Veräußerung eines Wirtschaftsguts auf der unbeschränkten oder beschränkten Steuerpflicht eines Unternehmens beruht. Damit vollzieht sich aber auch die Überführung eines Wirtschaftsguts aus der inländischen Betriebsstätte in das ausländische Stammhaus eines Unternehmens (wie umgekehrt auch die Überführung oder Rückführung in die inländische Betriebsstätte) zum **gemeinen Wert**. Die resultierende Besteuerung der stillen Reserven kann bei beschränkt Steuerpflichtigen nicht durch Bildung eines Ausgleichspostens aufgeschoben werden. Für diese Regelung ist maßgebend, dass Wirtschaftsgüter, die im Rahmen einer beschränkten Steuerpflicht aus der inländischen Betriebsstätte in das ausländische Stammhaus übertragen werden, aus der deutschen Besteuerungshoheit ausscheiden.[157]

Diese Position ist nicht unproblematisch. Aus Sicht des Einheitsunternehmens macht es keinen Unterschied, **in welche Richtung** ein Wirtschaftsgut zwischen Stammhaus und Betriebsstätte überführt wird. Stets handelt es sich um einen Transfer innerhalb einer rechtlichen und wirtschaftlichen Einheit. Da aus Gründen einer sachgerechten Besteuerung der Gesamtgewinn zwischen Betriebsstätte und Stammhaus aufzuteilen ist, sind die dem Herkunftsland zuzuordnenden stillen Reserven zwar dort **zu erfassen, nicht jedoch bereits im Überführungszeitpunkt als realisiert auszuweisen und zu versteuern.** Die Erwägung, dass die stillen Reserven, die in den Wirtschaftsgütern des Betriebsvermögens ruhen, nicht endgültig der Besteuerung entgehen dürfen, gebietet keine sofortige Besteuerung des nicht realisierten Gewinns. Daran ändert auch die Tatsache nichts, dass der Betriebsinhaber im Ausland ansässig ist. Dieser bleibt nämlich mit seinem Gewinn, soweit dieser auf der Realisierung der im Inland gebildeten Reserven beruht, (beschränkt) steuerpflichtig.[158]

Die von der Finanzverwaltung geforderte Sofortversteuerung der stillen Reserven ist wohl vor allem aus dem **fiskalischen Interesse** an einer einfachen Steuererhebung zu erklären. Sicher kann es schwierig sein, über die sich im ausländischen Stammhaus vollziehende weitere Behandlung des Wirtschaftsguts Kenntnis zu erlangen. Ein **Lösungsweg** könnte jedoch in einer entsprechenden Aufzeichnungspflicht gesucht werden, nach der das beschränkt steuerpflichtige Unternehmen verpflichtet wird, die weitere Verwendung oder Verwertung des überführten Wirtschaftsguts nachprüfbar offen zu

---

[157] Vgl. BFH v. 17. 12. 1997, BStBl 1998 II, S. 260.
[158] Anderes mag aber gelten, wenn die inländische Betriebsstätte oder die inländische Steuerpflicht aufgegeben wird, vgl. Wassermeyer, F., IStR 2010, S. 462 ff.; im Unterschied dazu hält der BFH in diesem Fall die Entstehung von nachträglichen Einkünften für richtig, vgl. BFH v. 28. 10. 2009, BFH/NV 2010, S. 346. Wird das Jahressteuergesetz 2010 in der Fassung umgesetzt, die durch den Bundesrat vorgeschlagen wurde, vgl. Stellungnahme des Bundesrats und Gegenäußerung der Bundesregierung, BT-Drs. 17/2823, Artikel 1 Nr. 5 a (neu), Artikel 2 Nr. 3 a (neu), sind die im Inland gebildeten stillen Reserven anlässlich der Zuordnung der Wirtschaftsgüter zum ausländischen Betriebsvermögen zu realisieren, was mit dem Risiko einer doppelten Besteuerung verbunden sein kann, vgl. Wassermeyer, F., IStR 2010, S. 465 f.

legen. In diesem Sinne sieht auch die Mitteilung der **Europäischen Kommission** in Bezug auf die Wegzugsbesteuerung in der EU vor, dass die Mitgliedstaaten dem Steuerpflichtigen die angemessene Auflage machen, die Steuerbehörden regelmäßig darüber zu unterrichten, ob die verbrachten Wirtschaftsgüter sich noch in seinem Besitz befinden oder veräußert wurden.[159] Solche Auflagen dürfen aber nicht über das zur Erreichung des Ziels erforderliche Maß hinausgehen. Eine **mögliche Auflage** kann aber darin bestehen, dass der Steuerpflichtige jährlich einmal verpflichtet wird, zu erklären, dass seine Betriebsstätte (Stammhaus) im anderen Staat noch immer im Besitz des verbrachten Wirtschaftsguts ist. Für das abnutzbare Anlagevermögen stellt sich allerdings auch in diesem Fall die Schwierigkeit, dass nicht zweifelsfrei festgestellt werden kann, ob sich im Überführungszeitpunkt vorhandene stille Reserven in den Betriebsstättenerlösen realisieren und welcher Anteil ggf. auf jedes Jahr der Nutzung entfällt. Stuft man die Methode der aufgeschobenen Gewinnverwirklichung als potentiell europarechtswidrig ein, weil diese Form der systematischen Ertragsrealisation beim entsprechenden Inlandsfall keine Parallele hat, muss die Besteuerung der stillen Reserven im Grunde solange aufgeschoben werden, bis sich die stillen Reserven bei einer Veräußerung realisieren.[160]

c) Anteilige Nutzung von Wirtschaftsgütern

Ist ein Wirtschaftsgut, das einer Betriebsstätte exklusiv zur Nutzung überlassen wird, dieser Betriebsstätte zuzurechnen, hat die Nutzungsüberlassung zur Folge, dass das Wirtschaftsgut in die Betriebsstätte überführt wird. Die Überführung eines solchen Wirtschaftsguts liegt vor, soweit es zur Nutzung oder Verwertung durch die Betriebsstätte bestimmt ist. Darunter fällt auch Fertigungs- und Produktions-know-how, das bei der Verlagerung von Produkten oder Produktionslinien in der ausländischen Betriebsstätte Verwendung findet.[161] Sie ist mit dem **gemeinen Wert** zu bewerten und bewirkt die Aufdeckung der stillen Reserven in Bezug auf das Wirtschaftsgut im Überführungszeitpunkt.

Ist dieses Wirtschaftsgut (weiterhin) z. B. dem Stammhaus zuzurechnen, weil das Wirtschaftsgut in Sinne eines Miet- oder Lizenzverhältnisses kurzfristig oder mehreren Betriebsstätten gleichzeitig zur Nutzung überlassen wird, scheidet eine Überführung und die Entstrickung der stillen Reserven im Wirtschaftsgut aus. Stattdessen unterstellt der Gesetzgeber für den Fall, dass das Besteuerungsrecht der Bundesrepublik Deutschland hinsichtlich des Gewinns aus der Nutzung des Wirtschaftsguts ausgeschossen oder beschränkt ist (§§ 4 Abs. 1 Satz 3 EStG, 12 Abs. 1 KStG), die **Entnahme der Nutzungen.** Vorgesehen ist auch hier die Bewertung der Entnahme zum gemeinen Wert. Dabei kommen zur **Bestimmung des gemeinen Werts** dieser Nutzungen grundsätzlich verschiedene Verfahren in Betracht. Denkbar ist einmal die

---

[159] Vgl. Kommission der Europäischen Gemeinschaften, Wegzugsbesteuerung, 2006, S. 7.
[160] Zur potenziellen Europarechtswidrigkeit der Besteuerung einer Überführung von Wirtschaftsgütern von der inländischen Betriebsstätte in ihr ausländisches Stammhaus siehe Tenore, M., Intertax 2006, S. 386 ff.
[161] Vgl. BMF-Schreiben v. 25. 8. 2009, BStBl 2009 I, S. 888, Tz. 2.6.1. c).

3. Kapitel. Bei Betriebsstätten

Abrechnung der Nutzungsüberlassung zu Marktpreisen. Liegen keine Vergleichspreise vor, erscheint, je nach Sachlage, die Beteiligung des Stammhauses an den Verwertungserfolgen (Gewinnaufteilung) oder den Unterlizenzergebnissen (Wiederverkaufspreismethode) der Betriebsstätte möglich, die die Betriebsstätte unter Nutzung des überlassenen Wirtschaftsguts erzielt hat.

Beispiel: Das Unternehmen A überlässt seiner Betriebsstätte B für eine bestimmte Zeit die Nutzung eines LKW. Für die Unterhaltung des LKW entstehen A Aufwendungen für Abschreibungen, Instandhaltung, Zinsen und Betriebskosten i. H. v. 20 000 € per annum. Der ortsübliche Mietaufwand für ein vergleichbares Fahrzeug beträgt 30 000 € pro Jahr. Mit der Überlassung des LKW zur Nutzung durch die Betriebsstätte realisiert A einen Entnahmegewinn i. H. v. 10 000 € pro Jahr.

Aus dem Blickwinkel des Europarechts ist auch dieser Fall nicht unproblematisch. Wird das gleiche Wirtschaftsgut zwischen zwei inländischen Betriebsstätten überlassen, ist ein Ausweis von Nutzungsentgelten nicht erforderlich. Anderseits entsteht per Saldo kein Gewinn, wenn die fiktiven Nutzungsentgelte zu Lasten des Ergebnisses der ausländischen Betriebsstätte verrechnet werden können. Voraussetzung ist aber auch hier, dass die fiktiven Nutzungsentgelte am Markt erwirtschaftet werden. Anderenfalls werden durch die fiktiven Entgelte Gewinne ausgewiesen, die im Außenverhältnis nicht realisiert werden.[162]

Während sich nach dem Wortlaut des Gesetzes die Entstrickungsentnahme auf den Gewinn aus „der Veräußerung oder der Nutzung eines Wirtschaftsguts erstreckt, beschränkt sich die **Verstrickungseinlage** auf die Begründung des Besteuerungsrechts der Bundesrepublik Deutschland hinsichtlich des Gewinns aus der **Veräußerung** eines Wirtschaftsguts".[163] Damit sind Nutzungen im inländischen Betriebsvermögen nicht verstrickungseinlagefähig. Überlässt eine ausländische Betriebsstätte Wirtschaftsgüter zur Nutzung an das inländische Stammhaus, sind die Nutzungen zu ggf. anteiligen Selbstkosten zu verrechnen.

Beispiel: Betriebsstätte B überlässt seinem Stammhaus A einen LKW zur Nutzung für eine bestimmte Zeit. Für die Unterhaltung des LKW entstehen B Aufwendungen für Abschreibungen, Instandhaltung, Zinsen und Betriebskosten i. H. v. 20 000 € per annum. Der ortsübliche Mietaufwand für ein vergleichbares Fahrzeug beträgt 30 000 € pro Jahr. Mit der Überlassung des LKW zur Nutzung durch das Stammhaus sind die bei B entstehenden Fahrzeugkosten i. H. v. 20 000 € pro Jahr an A zu verrechnen. Die Aufwendungen sind auf die Höhe der ursprünglichen Ausgaben beschränkt.

d) Dienstleistungsverkehr

Der Dienstleistungsverkehr innerhalb der internationalen Einheitsunternehmung wird üblicherweise in **gewerbliche Dienstleistungen** einerseits sowie Geschäftsführungsaufwendungen, allgemeine Verwaltungsaufwendungen und ähnlicher Aufwand des Stammhauses andererseits unterteilt.

---

[162] Zur Kritik an der gesetzlichen Regelung in Bezug auf Nutzungsüberlassungen siehe vor allem Wassermeyer, F., IStR 2008, S. 178 f.; sowie ferner Körner, A., IStR 2009, S. 750.
[163] Zur Diskussion und Entwicklung der Vorschrift, in Bezug auf Nutzungseinlagen siehe Hruschka, F., StuB 2006, S. 584, 590; Stadler, R./Elser, T., Einführung, 2007, S. 61 ff.

Unter gewerbliche Dienstleistungen fallen grundsätzlich alle wirtschaftlichen Verrichtungen, die nicht in der Erzeugung von Sachgütern, sondern in persönlichen Leistungen bestehen. Sie umfassen insbesondere den Bereich des Transportwesens, den Nachrichtenverkehr, die Baubetreuung oder Instandhaltung. Zu diesen Leistungen gehören aber auch die Tätigkeit der Handelsvertreter, Makler, Spediteure oder die Lohnfertigung für das Stammhaus.[164] Sind diese Leistungen zur Haupttätigkeit der Betriebsstätte zu zählen, akzeptiert die Finanzverwaltung den Ansatz von Fremdvergleichspreisen. Anderes gilt, wenn keine Fremdvergleichspreise feststellbar sind. In diesen Fällen kann zur Ermittlung des Betriebsstättengewinns auch die Kostenaufschlagsmethode herangezogen werden, wobei ein Gewinnaufschlag von 5 bis 10% anerkannt wird.[165] Dagegen lehnt die Finanzverwaltung unter Bezugnahme auf das BFH-Urteil v. 20. 7. 1988[166] bei Geschäftsführungsleistungen und allgemeinen Verwaltungsleistungen (z. B. auf dem Gebiet der Buchführung oder Rechtsberatung) das Marktpreiskonzept ab. Vielmehr sollen derartige Leistungen auf der Basis des **Kostenprinzips**, d. h. ohne Gewinnaufschlag, abgerechnet werden.[167] Entsprechende Aufwendungen sind der Betriebsstätte zuzuordnen, soweit diese Aufwendungen entweder durch eine Leistung des Stammhauses gegenüber der Betriebsstätte ausgelöst sind oder auf einer Dienstleistung von dritter Seite beruhen, die auch der Betriebsstätte dient. Beschränkt sich die Tätigkeit des Stammhauses auf die **geschäftliche Oberleitung** der Betriebsstätte, so ist dem Stammhaus ein angemessener Anteil am Gesamtergebnis zuzurechnen.[168] Aufwendungen, die durch das Unternehmen als Ganzes entstehen (z. B. die Kosten der rechtlichen Organisation), sind sachgerecht aufzuteilen.[169]

e) Gründung und Auflösung der Betriebsstätte

Nach den Vorgaben des deutschen Steuerrechts sind Betriebseinnahmen und Betriebsausgaben auf der Grundlage des Veranlassungsprinzips zuzuordnen. Daher sind ein Gründungsaufwand und Aufwendungen, die im Interesse einer Betriebsstätte vor ihrer Errichtung entstehen, zu Lasten des Betriebsstättenergebnisses anzusetzen.

Wird eine Betriebsstätte aufgelöst, sind Aufwendungen und Erträge, die der Betriebsstätte zuzurechnen sind, bis zu ihrer Abwicklung bei der Betriebsstätte zu berücksichtigen. In Bezug auf die Überführung oder Rückführung von Wirtschaftsgütern aus der Betriebsstätte in das Stammhaus finden dabei die oben dargestellten Regelungen Anwendung.[170]

---

[164] Vgl. Betriebsstätten-Verwaltungsgrundsätze, BMF-Schreiben v. 24. 12. 1999, BStBl 1999 I, S. 1076, Tz. 3.1.1., 3.1.3.
[165] Vgl. Betriebsstätten-Verwaltungsgrundsätze, BMF-Schreiben v. 24. 12. 1999, BStBl 1999 I, S. 1076, Tz. 3.1.2. Siehe kritisch dazu Haiß, U., Gewinnabgrenzung, 2000, S. 221 f.
[166] Vgl. BFH v. 20. 7. 1988, BStBl 1989 II, S. 140.
[167] Vgl. Betriebsstätten-Verwaltungsgrundsätze, BMF-Schreiben v. 24. 12. 1999, BStBl 1999 I, S. 1076, Tz. 3.4; zur Kritik siehe z. B. Kumpf, W./Roth, A., Gewinnabgrenzung, 2006, S. 594 f.
[168] Vgl. BFH v. 28. 7. 1993, BStBl 1994 II, S. 148.
[169] Vgl. Betriebsstätten-Verwaltungsgrundsätze, BMF-Schreiben v. 24. 12. 1999, BStBl 1999 I, S. 1076, Tz. 3.4.1.
[170] Vgl. Betriebsstätten-Verwaltungsgrundsätze, BMF-Schreiben v. 25. 8. 2009, BStBl 2009 I, S. 888; zur Rechtsänderung gegenüber der bis dahin maßgebenden Sichtweise der Finanzverwaltung siehe Ditz, X./Schneider, M., DStR 2010, S. 86.

E. Währungsumrechnung der Betriebsstätte

I. Übersicht

Neben den Schwierigkeiten einer verursachungsgerechten Erfolgsabgrenzung stellen sich im Rahmen einer Ermittlung des Ergebnisses ausländischer Betriebsstätten zwei zusätzliche Problemkreise, die aus der Notwendigkeit der Fremdwährungsumrechnung resultieren. Zum einen ist zu untersuchen, nach welcher Methode ein Betriebsstättenergebnis, das in der Landeswährung des Betriebsstättenstaates ermittelt wurde, in die Währung des Inlandes umzurechnen ist. Zum anderen stellt sich die Frage, ob eventuelle Währungserfolge den in- oder ausländischen Einkünften zuzurechnen sind. Im Folgenden werden ausschließlich Fragestellungen im Zusammenhang mit ausländischen Betriebsstätten (Outbound-Fall) erörtert. Im umgekehrten (Inbound-)Fall richtet sich die Währungsumrechnung nach dem Recht des Sitzstaates des ausländischen Stammhauses.

II. Methoden der Währungsumrechnung

Grundsätzlich sind zwar die Geschäftsvorfälle der ausländischen Betriebsstätte in einer Euro-Buchführung zu erfassen. Die Vorschriften der Abgabenordnung sehen jedoch vor, dass die Buchführungsergebnisse nach den erforderlichen Anpassungen an die deutschen steuerrechtlichen Vorschriften für Besteuerungszwecke übernommen werden (§ 146 Abs. 2 Satz 3 AO). Voraussetzung ist, dass im Domizilstaat der Betriebsstätte eine Buchführungspflicht besteht und diese auch erfüllt wird. Für umfangmäßig bedeutende Zweigniederlassungen stellt diese Ausnahmevorschrift faktisch den Regelfall dar.[171] Nach welchen **Umrechnungsverfahren** diese Ergebnisübernahme zu erfolgen hat, ist allerdings durch das deutsche Steuerrecht nicht explizit geregelt, so dass für die Umrechnung der Betriebsstättenbuchhaltung in Euro grundsätzlich die allgemeinen Regelungen des Handelsrechts zu beachten sind.[172] Diese Verpflichtung setzt voraus, dass im Rahmen der **Folgebewertung** grundsätzlich jeder einzelne Geschäftsvorfall mit dem maßgebenden Tageskurs in Euro umzurechnen ist (§ 256a HGB).[173] Ergibt sich im Rahmen der Umrechnung zum maßgebenden Wechselkurs am Bilanzstichtag eine Wertänderung, ist nach Maßgabe des Realisations- und Imparitätsprinzips zu entscheiden, ob aufgrund dieser Wertänderung ein Gewinn oder Verlust zu erfassen ist. Bei Realisation sind Wertänderungen in jedem Fall erfolgswirksam zu erfassen.

Zwar gewährleistet nur diese Umrechnungstechnik („Quasi-Euro-Buchführung") eine zahlenmäßig exakte Erfassung währungsbedingter Erfolge. Berücksichtigt man jedoch die Zielsetzung der Ordnungsvorschriften für die Buchführung und für Aufzeichnungen, letztere zu vereinfachen,[174] wird deutlich, dass aufgrund des hiermit verbundenen Arbeitsaufwands eine zwingende

---

[171] Vgl. Beck'scher Bilanz-Kommentar, § 256a, Rn. 241; ähnlich OECD, Appendix, 2008, S. 236, Rn. 12.1. Siehe dazu auch die Übersicht zu den Buchführungspflichten für Betriebsstätten in unterschiedlichen Domizilstaaten in IDW, WPg 1987, S. 651.
[172] Die OECD gibt zu diesem Punkt, soweit ersichtlich, keine Empfehlung.
[173] Vgl. Betriebsstätten-Verwaltungsgrundsätze, BMF-Schreiben v. 24. 12. 1999, BStBl 1999 I, S. 1076, Tz. 2.8.1.
[174] So auch OECD, Appendix, 2008, S. 236, Rn. 12.1.

Verpflichtung zur parallelen Buchführung nicht bestehen kann.[175] Daher ist es nach den Grundsätzen der Finanzverwaltung nicht zu beanstanden, wenn für die Umrechnung der Geschäftsvorfälle auf das **Stichtagskursverfahren** zurückgegriffen wird. Daneben werden aber auch andere Verfahren, die im Rahmen der Konsolidierung von Tochterunternehmen eingesetzt werden, für zulässig erachtet.[176] Die Umrechnung der Betriebstättenbilanz nach dem Stichtagskursverfahren kann dazu führen, dass das Realisations- und Anschaffungswertprinzip verletzt werden. Daher wird diese Methode nur dann für vertretbar gehalten, wenn keine erheblichen Wechselkursschwankungen bestehen. Kommt es zwischen zwei Bilanzstichtagen zu einer Änderung der Währungsparitäten, so ist die reine Stichtagskursmethode ferner nicht in der Lage, die auf die Wechselkursveränderung zurückgehende Wertänderung am Reinvermögen zu dokumentieren. Da die ermittelte Eigenkapitalveränderung in diesem Fall sowohl realisierte als auch unrealisierte Erfolge vermischt, ist die Umrechnungsdifferenz nach h. M. bis zur Beendigung des Investments erfolgsneutral zu behandeln.[177]

In der Konzernrechnungslegung wurde die Stichtagskursmethode in der Vergangenheit vor allem dann für richtig gehalten, wenn das ausländische Tochterunternehmen unabhängig und selbständig operiert, so dass sich Schwankungen zwischen der Berichtswährung des ausländischen Unternehmens und der Konzernberichtswährung nicht auf die Ertragslage des Konzerns auswirken. Ist das ausländische Tochterunternehmen hingegen „wirtschaftlich als Betriebsstätte des Mutterunternehmens" einzustufen, erfolgte die Umrechnung des auf ausländische Währung lautenden Abschlusses so, als wären die darin abgebildeten Geschäftsvorfälle auf Konzernebene getätigt und unmittelbar in Euro gebucht worden **(Zeitbezugsmethode).** Die erforderliche Unterscheidung zwischen selbständig und unselbständig tätigen Tochterunternehmen ist nicht immer zweifelsfrei zu treffen. Da die Umrechnung zu Stichtagskursen weniger Aufwand bedeutet, ist die Praxis sehr häufig davon ausgegangen, dass die Tochterunternehmen ihr Geschäft selbständig betreiben. Um dieser Praxis Rechnung zu tragen, wird in der Konzernrechnungslegung die „Umrechnung von auf fremde Währung lautenden Abschlüssen" (§ 308 a HGB) nach einer **modifizierten Stichtagskursmethode** vorgeschrieben.[178] Danach sind die „Aktiv- und Passivposten einer auf fremde Währung lautenden Bilanz [...], mit Ausnahme des Eigenkapitals, das zum historischen Kurs in Euro umzurechnen ist, zum Devisenkassamittelkurs am Abschlussstichtag in Euro umzurechnen, während die Posten der Gewinn- und Verlustrechnung zum Durchschnittskurs in Euro umzurechnen sind (§ 308 a Abs. 1 Sätze 1, 2 HGB). Für die steuerliche Gewinnermittlung sind diese Vorgaben zwar nicht maßgebend. Sie zeigen aber auf, dass die notwendige Vereinfachung nicht erreicht wird, wenn die Umrechnung nach der Zeitbezugsmethode erfolgen muss.

Werden Abschlüsse auf der Basis differenzierter Kurse umgerechnet, spiegeln sich die aus Sicht des Mutterunternehmens noch nicht realisierten

---

[175] So bereits Institut FSt, Brief 125, S. 18 f.; Baranowski, K.-H., DB 1992, S. 241.
[176] Vgl. Beck'scher Bilanz-Kommentar, § 256 a, Rn. 242.
[177] Siehe dazu nur Ziehr, U., IStR 2009, S. 263, mit weiteren Nachweisen.
[178] Vgl. BT-Drs. 16/10 067 v. 30. 7. 2008, S. 84.

3. Kapitel. Bei Betriebsstätten

Erfolge aus der Währungsumrechnung in den **Abweichungen** zwischen den Jahresergebnissen, die sich aus der umgerechneten Bilanz und der umgerechneten Fremdwährungsgewinn- und -verlustrechnung ergeben, wider.[179] Um die entstehende Lücke zu schließen und Gleichheit mit einer einheitlichen Umrechnung zum Stichtag (reine Stichtagskursmethode) herzustellen, ist die resultierende Währungsumrechnungsdifferenz mit dem Eigenkapital zu verrechnen. Diese Verrechnung hat **grundsätzlich erfolgsneutral** zu erfolgen. Daher ist eine sich ergebende Umrechnungsdifferenz in der Konzernrechnungslegung innerhalb des Konzerneigenkapitals nach den Rücklagen unter dem Posten „Eigenkapitaldifferenz aus Währungsumrechnung" auszuweisen. Auf diese Weise wird erreicht, dass die zum Kapital der Tochtergesellschaft gehörende Umrechnungsdifferenz erst **realisiert** wird, wenn die Tochtergesellschaft aus dem Konsolidierungskreis ausscheidet (§ 308 a Abs. 1 Satz 3 und 4 HGB).

Ob diese Behandlung auch im Betriebsstättenkontext richtig ist, wird unterschiedlich gesehen.[180] Hinter der **Stichtagsmethode** und ihren verschiedenen Ausprägungen steht die Auffassung, dass die Währungsumrechnung lediglich einen **Transformationsvorgang** darstellt, der dazu dient, die Ergebnisse des Fremdwährungsabschlusses und des Euro-Abschlusses rechnerisch nach einer einheitlichen Maßgröße umzuformen und so zusammenfassbar zu machen. Aus dem lokalen Blickwinkel der Auslandsbetriebsstätte führt eine Wechselkursänderung zu keiner Veränderung der Abschlusspositionen; diese erscheinen lediglich für das Inland in einem anderen Maßstab. Die Stichtagsmethoden orientieren sich am Leitbild getrennt zu beurteilender **autonomer Unternehmenseinheiten,** die ihre wirtschaftliche Tätigkeit in ihrem eigenen Umfeld entfalten und für die die inländischen Bewertungsregeln nicht relevant sind. Diese Vorstellungswelt würde dem herrschenden Verständnis einer Betriebsstätte als rechtlich unselbständigem Unternehmensteil nicht gerecht, wenn bei Wechselkursänderungen die Anwendung der Stichtagsmethode zu Gewinnausweisen führen kann, die gegen Bewertungsgrundsätze wie das Realisationsprinzip und das Imparitätsprinzip verstoßen. Bei einer Aufwertung der Landeswährung des Betriebsstättenstaates wird bspw. Anlagegegenständen ein Wert zugewiesen, der über den fortgeführten Anschaffungskosten liegt. Umgekehrt kommt es bei einer Abwertung zu einem Wertansatz der Verbindlichkeiten, der mit inländischen Bewertungsvorschriften nicht in Einklang steht. Einer Betriebsstätte ist jedoch allenfalls für Zwecke der Erfolgs- und Vermögensabgrenzung eine fiktive wirtschaftliche Selbständigkeit zuzubilligen, im Außenverhältnis ist dagegen die recht-

---

[179] Zur Entstehung von Umrechnungsdifferenzen im Einzelnen vgl. z. B. Müller, H., RIW 1987, S. 851; Busse von Colbe, W./Ordelheide, D./Gebhardt, G./Pellens, B., Konzernabschlüsse, 2010, S. 153 ff.

[180] Vgl. die Auffassung der deutschen Finanzverwaltung, nach der die Umrechnungsdifferenzen erfolgswirksam mit dem Eigenkapital der Betriebsstätte zu verrechnen sind, in Betriebsstätten-Verwaltungsgrundsätze, BMF-Schreiben v. 24. 12. 1999, BStBl 1999 I, S. 1076, Tz. 2.8.1.e). Diese bezieht sich auf die Anwendung der Zeitbezugsmethode, die mit dem BilMoG aufgegeben wurde und damit auch in Zusammenhang mit der Betriebsstättenergebnisermittlung nicht mehr anwendbar sein sollte. Vgl. Eisenach, M., DB 1987, S. 2282; Pfitzer, N., Finanzierung, 1988, S. 238 f.; Betriebsstätten-Verwaltungsgrundsätze, BMF-Schreiben v. 24. 12. 1999, BStBl 1999 I, S. 1076, Tz. 2.8.1. d).

liche Einheit strikt zu beachten. Eine Umrechnungsmethode, die diese Besonderheit im Verhältnis zwischen Betriebsstätte und Stammhaus nicht berücksichtigt, sondern lediglich zu einer Aufsummierung der Ergebnisse autonomer Unternehmen führt, wäre deshalb grundsätzlich abzulehnen.[181] Eine Ausnahme hierzu ist nur in solchen Fällen denkbar, in denen eine auf längere Sicht stabile Währungsparität zwischen dem Domizilstaat der Betriebsstätte und dem Domizilstaat des Stammhauses gegeben ist.[182] Auch die Finanzverwaltung sieht eine Anwendung der Stichtagsmethode bei **nicht wesentlichen Kursschwankungen** als zulässig an. Sie ist dann nicht zu beanstanden, wenn nur der Gewinn der Betriebsstätte nach dem am Bilanz- und Bewertungsstichtag geltenden Kurswert umgerechnet wird.[183]

Demgegenüber gilt bei der **Zeitbezugsmethode** die Währungsumrechnung gerade nicht als Transformationsvorgang, sondern sie wird als Bewertungsproblem im Rahmen der Gewinnermittlung interpretiert. Wechselkursänderungen schlagen sich nach diesem Konzept in einer Änderung des Wertes der Aktiv- und Passivposten nieder, die jedoch in Abhängigkeit von Art und Inhalt der jeweiligen Bilanzposition sowie dem angewendeten Umrechnungsverfahren unterschiedliche Berücksichtigung findet. Der historische Kurs im Anschaffungszeitpunkt kommt zur Anwendung, wenn die Wechselkursänderung nach Maßgabe der inländischen Bewertungsregeln bei dem jeweiligen Abschlussposten keine unmittelbare Wertänderung auslöst. Umgekehrt impliziert die Umrechnung zum Tageskurs, dass durch die Wechselkursänderung zugleich eine Wertänderung stattgefunden hat. Es kann jedoch fraglich erscheinen, ob eine formalistische Übertragung der inländischen Bewertungsregeln auf die Umrechnung ausländischer Betriebsstättenabschlüsse in der oben beschriebenen Weise den zugrunde liegenden wirtschaftlichen Tatbeständen Rechnung trägt. Auswirkungen hat dies insbesondere auf die Behandlung der bilanziellen Umrechnungsdifferenzen, welche die wechselkursbedingten Wertänderungen der Aktiv- und Passivposten in der Bilanz zum Ausdruck bringen. Problematisch ist hier zum einen der Zeitpunkt ihrer Realisation, zum anderen die eventuelle imparitätische Vorwegnahme von Währungsverlusten.

Die inländischen Bewertungsregelungen sind grundsätzlich konzipiert für die Erfassung pagatorischer Transaktionen; durch den Bewertungsvorgang wird das geldliche Ende eines Bilanzpostens vorweggenommen. Die Umrechnung des Betriebsstättenergebnisses stellt jedoch gerade **keinen pagatorischen Vorgang** dar, ein Rücktransfer der Vermögensgegenstände und Schulden ist regelmäßig nicht beabsichtigt. Vielmehr liegen dem Betriebsstättenabschluss regelmäßig Umsatzprozesse zugrunde, die ihren Ausgangs- und Endpunkt im ausländischen Währungsgebiet haben. So vollzieht sich bspw. die Anschaffung eines Vermögenswertes in Landeswährung, die Abschreibungsgegenwerte werden in Landeswährung verdient und auch die Ersatzbeschaffung erfolgt in Landeswährung. Nimmt die Betriebsstätte bei im Betriebsstättenstaat ansässigen Kreditinstituten ein Darlehen auf, so fließt die

---

[181] A. A. z. B. Baranowski, K.-H., Auslandsbeziehungen, 1996, S. 110.
[182] Vgl. BFH v. 13. 9. 1989, BStBl 1990 II, S. 57.
[183] Vgl. Betriebsstätten-Verwaltungsgrundsätze, BMF-Schreiben v. 24. 12. 1999, BStBl 1999 I, S. 1076, Tz. 2.8.1; so auch Beck'scher Bilanzkommentar, § 256a, Rn. 242.

3. Kapitel. Bei Betriebsstätten

Valuta in Landeswährung zu und ist auch in Landeswährung zurückzuzahlen. Eine Wechselkursänderung hat auf solche Vorgänge keine Auswirkung, da es an einem Transaktionsvorgang über die Währungsgrenzen hinweg fehlt.[184] Bei einer unveränderten Anwendung der Bewertungsregeln würden diese Tatbestände negiert und unterstellt, dass beide Unternehmensteile nicht nur rechtlich eine Einheit bilden, sondern auch unter einheitlichen wirtschaftlichen und rechtlichen Rahmenbedingungen tätig werden.

Angesichts der fundamentalen Unterschiede in der ökonomischen Einschätzung von Umrechnungs- und Transaktionserfolgen erscheint eine **sofortige** erfolgswirksame Berücksichtigung der bilanziellen Kursänderungsdifferenzen **nicht angemessen.** Die bei einem Währungssystem mit flexiblen Wechselkursen häufig auftretenden Paritätsänderungen würden anderenfalls zu einem buchmäßigen Erfolgsausweis führen, der den tatsächlichen wirtschaftlichen Gegebenheiten nicht entspricht. Inwieweit Kursänderungsdifferenzen tatsächlich realisiert werden, ist letztlich erst nach Beendigung der Auslandstätigkeit aus der Sicht der Totalperiode festzustellen. Rechnerisch lässt sich dann das **realisierte Währungsergebnis** ermitteln, indem das zurückgeflossene Dotationskapital, umgerechnet zum Kurs **im Rückflusszeitpunkt,** demselben Kapital, umgerechnet zum Kurs im Zeitpunkt des Transfers ins Ausland, gegenübergestellt wird. Welcher Anteil des Totalwährungserfolgs nun einzelnen Perioden zuzurechnen ist, konnte bislang noch nicht übereinstimmend geklärt werden. Eine erfolgswirksame Berücksichtigung der Kursänderungsdifferenzen vor dem Zeitpunkt des Rücktransfers muss sich daher bis auf weiteres an Fiktionen orientieren.[185]

Eine sinnvolle Festlegung des Realisationszeitpunkts kann durch die Anknüpfung an die physische Existenz der Wirtschaftsgüter im Unternehmen gewonnen werden, die die Entstehung der Kursänderungsdifferenzen verursacht haben. Im Zeitpunkt des Ausscheidens aus dem Betriebsvermögen ist der auf dieses Wirtschaftsgut entfallende Kursänderungserfolg bestimmt und nicht mehr veränderbar. Eine Realisation des Erfolgs zu diesem Zeitpunkt erscheint deshalb plausibel.[186] Aus Gründen der Praktikabilität und aus der Überlegung, dass das Umrechnungsrisiko ein eher globales, am Reinvermögen anknüpfendes Risiko darstellt, kann dieses Realisationskonzept von einzelnen Vermögens- und Schuldposten abgekoppelt und auf den gesamten Sach- und Nominalgüterbestand übertragen werden.[187] Sobald sich ein Abgang beim gesamten Sachgüterbestand oder beim Gesamtbestand an Nominalgütern ergibt, ist der Saldo der auf diesen Bestand entfallenden Kursänderungsdifferenzen anteilig erfolgswirksam aufzulösen.

Will man sich einer solchen Fiktion nicht anschließen, so bleibt nur eine **erfolgsneutrale Abgrenzung** der Kursänderungsdifferenzen bis zum Zeitpunkt des Rücktransfers finanzieller Mittel zum inländischen Stammhaus. Erst dann ist eine genaue Bestimmung des tatsächlichen Währungserfolgs möglich, und erst zu diesem Zeitpunkt setzt eine steuerliche Erfassung ein.

---

[184] Vgl. IDW, Weltabschluß, 1977, S. 75; Baranowski, K.-H., DB 1992, S. 242.
[185] Vgl. IDW, Weltabschluß, 1977, S. 77; a. A. wohl Ziehr, U., IStR 2009, S. 265 ff.
[186] Eine solche Vorgehensweise entspricht im Wesentlichen einer formalen Übertragung des Realisationsprinzips auf die Umrechnung ausländischer Bilanzen. Vgl. Lück, W., Umrechnung, 1974, S. 59.
[187] Vgl. hierzu auch den Vorschlag bei Müller, H., RIW 1987, S. 856 f.

Unabhängig vom Problem des Realisationszeitpunkts ist die Frage einer imparitätischen Behandlung umrechnungsbedingter Wertminderungen zu beantworten. Unter Berücksichtigung der ökonomischen Qualität des Umrechnungsrisikos scheint eine Vorwegnahme von umrechnungsbedingten Währungsverlusten nur dann notwendig, wenn von einer **nachhaltigen Wertminderung** auszugehen ist, die nicht durch gegenläufige Effekte kompensiert wird. In diesem Sinne ist eine erfolgswirksame Behandlung negativer Kursänderungsdifferenzen nur dann geboten, wenn z. B. der gesamte Sachgüterbestand nachhaltig eine Wertminderung erfährt. Entsprechendes gilt auch für den zusammengefassten Bestand an Nominalgütern. Eine Verlustantizipation erfolgt nur, wenn die negativen Kursänderungsdifferenzen langfristig nicht durch positive ausgeglichen werden.[188]

III. Qualifikation der umrechnungsbedingten Währungserfolge

Die Zuordnung umrechnungsbedingter Erfolge zu den in- oder ausländischen Einkünften bestimmt nicht nur im Bereich der Freistellungsmethode den Umfang der im Inland freizustellenden Einkünfte, sondern sie beeinflusst darüber hinaus den Anrechnungshöchstbetrag bei Anwendung der Anrechnungsmethode und das Ausmaß der Verlustberücksichtigungsmöglichkeiten im Zusammenhang mit Drittstaatensachverhalten (§ 2a EStG).

Problematisch sind in diesem Zusammenhang insbesondere die **umrechnungsbedingten Erfolgsbestandteile,** die Wertänderungen des Betriebsstättenvermögens aus der Sicht des Stammhauses repräsentieren. Für Währungsgewinne und -verluste, die im Rahmen des innerbetrieblichen Lieferungs- und Leistungsverkehrs zwischen Betriebsstätte und Stammhaus entstehen, gelten grundsätzlich die gleichen Überlegungen wie bei Direktgeschäften zwischen unabhängigen Unternehmen, so dass insoweit auf die entsprechenden Ausführungen verwiesen werden kann.[189] Dabei ist zu beachten, dass die Wahl der Transaktionswährung mit der Verantwortung im Einklang steht, die das Stammhaus oder die Betriebsstätte im Hinblick auf die Steuerung des Wechselkursrisikos haben.

Während die h. M.,[190] die Rechtsprechung[191] und die Finanzverwaltung[192] diese umrechnungsbedingten Betriebsstättenerfolge als **Auslandseinkünfte** qualifizieren, befürwortet ein Teil der Literatur[193] eine Zuordnung der Wäh-

---

[188] Vgl. Müller, H., RIW 1987, S. 857.
[189] Siehe hierzu die Ausführungen im 2. Kapitel.
[190] Vgl. Kraft, G., StbJb 2000/01, S. 224; Kumpf, W./Roth, A., DB 2000, S. 790; Malinski, P., IStR 2000, S. 502; Kumpf, W., FR 2001, S 454; Löwenstein, U./Looks, C., Betriebsstättenbesteuerung, 2003, S. 320 f.; Wassermeyer, F./Andresen, U./Ditz, X., Betriebsstätten-Handbuch, 2006, S. 335 f.; Ziehr, U., IStR 2009, S. 265 ff.; Blümich, W., Einkommensteuergesetz, § 34 d EStG, Anm. 20; Brezing, K./Krabbe, H./Lempenau, G./Mössner, J. M./Runge, B., Außensteuerrecht, § 34 d EStG, Rz. 69 ff.; Flick, H./Wassermeyer, F./Wingert, K. D./Kempermann, M., DBA-Schweiz, Art. 7, Rn. 506.
[191] Vgl. BFH v. 16. 2. 1996, BStBl 1996 II, S. 588; BFH v. 16. 2. 1996, BStBl 1997 II, S. 128.
[192] Vgl. Betriebsstätten-Verwaltungsgrundsätze, BMF-Schreiben v. 24. 12. 1999, BStBl 1999 I, S. 1076, Tz. 2.8.1.
[193] Vgl. Institut FSt, Brief 125, S. 19 ff., 40 ff.; Pering, W., DB 1986, S. 2300 m. w. N.; Uhrmann, K., DB 1992, S. 1792; Uhrmann, K., StBp 1996, S. 244 f.; Haiß, U., Gewinnabgrenzung, 2000, S. 362; Mössner, J. M. u. a., Steuerrecht, 2005, Rz. C 128; Ditz, X./Schönfeld, J., DB 2008, S. 1461.

3. Kapitel. Bei Betriebsstätten

rungserfolge **zum Inland.** Letzteres wird im Wesentlichen damit begründet, dass umrechnungsbedingte Betriebsstättenerfolge, soweit sie auf Wertänderungen des Betriebsstättenvermögens zurückzuführen sind, nicht aus der eigentlichen Geschäftstätigkeit der Betriebsstätte resultieren, sondern lediglich durch deren Existenz veranlasst sind. In der originären Erfolgsrechnung der Betriebsstätte, die in Fremdwährung geführt wird, können sich diese Wertänderungen nicht niederschlagen. Sie treten vielmehr ausschließlich in der Bilanz des inländischen Stammhauses auf, da dieses zur Bilanzierung in der Inlandswährung gesetzlich verpflichtet ist. Dieser gesetzliche Anordnungszwang, der Tatbestand, dass der Betriebsstättenstaat aufgrund der Fremdwährungsbuchführung nicht in der Lage ist, die umrechnungsbedingten Erfolge steuerlich zu erfassen sowie die Tatsache, dass Betriebsstätten nach den Vorgaben der einschlägigen DBA wie selbständige und unabhängige Unternehmen zu behandeln sind, werden als ausschlaggebend für die Einordnung als Inlandserfolg bezeichnet.[194]

Dieser Auffassung kann jedoch nicht zugestimmt werden. Als Gewinn der Betriebsstätte ist der Teil des Gesamtergebnisses des Unternehmens zu ermitteln, „der sowohl durch ihre Tätigkeit als auch durch ihre Existenz erwirtschaftet wurde."[195] Ohne die Existenz und Tätigkeit der ausländischen Betriebsstätte können umrechnungsbedingte Währungsgewinne oder Währungsverluste gar nicht eintreten, so dass dem Betriebsstättenergebnis auch solche Umrechnungserfolge zuzurechnen sind, die **Wertänderungen der Betriebsstättenausstattung** aus inländischer Sicht abbilden. Eine abweichende Zurechnung von Umrechnungsergebnissen ergibt sich auch nicht aus der Selbständigkeitsfiktion i. S. d. einschlägigen DBA. Zwar könnte eine Betriebsstätte, wäre sie ein selbständiges Unternehmen, solche umrechnungsbedingten Währungsgewinne und Währungsverluste nicht erzielen. Die Selbständigkeitsfiktion diene jedoch der Betriebsstättengewinnabgrenzung, so dass dieser Maßstab in Bezug auf die Zuordnung umrechnungsbedingter Währungserfolge keine Anwendung finden kann.[196] Zusätzlich unterstützt wird diese Argumentation dadurch, dass auch Gewinne aus der Veräußerung der Betriebsstätte nach Art. 13 Abs. 2 OECD-Modell regelmäßig der Besteuerungskompetenz des Betriebsstättenstaates zugewiesen werden. Daraus lässt sich der Schluss ziehen, dass Wertverluste und Wertgewinne am Betriebsstättenvermögen im Zusammenhang mit der abkommensrechtlichen Freistellung grundsätzlich der inländischen Besteuerung entzogen werden sollen.[197] Bei Anwendung der Freistellungsmethode unterliegen sie damit aber weder im Inland noch im Betriebsstättenstaat der Besteuerung und können allenfalls im Rahmen des Progressionsvorbehalts berücksichtigt werden. Im Rahmen der Anrechnungsmethode führt diese Zuordnung zu ausländischen Einkünften dazu, dass Währungsverluste den Umfang der anrechenbaren ausländischen Steuern mindern, während Währungsgewinne steuerpflichtig werden.[198]

---
[194] Vgl. Institut FSt, Brief 125, S. 20 ff.; Ditz, X./Schönfeld, J., DB 2008, S. 1461.
[195] BFH v. 20. 7. 1988, BStBl 1989 II, S. 142.
[196] Vgl. BFH, Urteil v. 20. 7. 1988, BStBl 1989 II, S 140.
[197] A. A. Mössner, J. M. u. a., Steuerrecht, 2005, Rz. C 129.
[198] Siehe dazu Kumpf, W./Roth, A., DB 2000, S. 790; Roth, A., Gewinnabgrenzung, 2003, S. 182 f.

Anderes gilt in Bezug auf Betriebsstätten, die **innerhalb der EU bzw. des EWR** belegen sind. Nach der Rechtsprechung des EuGH widerspricht es der Niederlassungsfreiheit (Art. 49 AEU), wenn eine Gesellschaft mit Betriebsstätten in anderen Mitgliedstaaten Verluste weder im Herkunftsstaat noch in den Betriebsstättenstaaten vom steuerpflichtigen Ergebnis abziehen kann.[199] Diese **Beschränkung der Niederlassungsfreiheit** lässt sich für den EuGH weder durch die Tatsache rechtfertigen, dass Währungsgewinne umgekehrt freigestellt sind, noch überzeugte das Argument einer Zuordnung des Besteuerungsrechts nach DBA, da Währungsverluste im Betriebsstättenstaat naturgemäß nicht entstehen könnten, womit eine Aufteilung des Besteuerungsrechts insoweit nicht möglich ist. Entsprechende Verluste können für den EuGH nur im Stammhausstaat berücksichtigt werden. Ein Verstoß gegen die Niederlassungsfreiheit ist aber im Anrechnungsfall auch dann gegeben, wenn ein Währungsverlust als Betriebsausgabe eines in einem Mitgliedstaat ansässigen Unternehmens nur in dem Umfang abgezogen werden darf, in dem seine in einem anderen Mitgliedstaat belegene Betriebsstätte keine steuerfreien Gewinne erzielt.

Die Rechtsfrage, die der EuGH in seinem Urteil zu entscheiden hatte, war auf die **Liquidation einer Betriebsstätte** bezogen. Im konkreten Fall wurde die Betriebsstätte dadurch liquidiert, dass ihre Wirtschaftsgüter unter Aufdeckung der stillen Reserven in eine Tochtergesellschaft eingebracht wurden, die im Betriebsstättenstaat ansässig war. Der Währungsverlust ergab sich aus dem Vergleich des Dotationskapitals, das nach Auflösung der Betriebsstätte rückgeführt wurde, mit dem Kapitalbetrag, den das Stammhaus ursprünglich zugeführt hat. Offen bleibt, ob die Grundsätze dieses Urteils nicht in gleicher Weise auch auf **laufende Währungsverluste** übertragen werden müssen. Eine zweite Frage betrifft das Verhältnis zu Drittstaaten.

Die Problematik umrechnungsbedingter Währungserfolge stellt sich, wie oben erläutert,[200] nur im Zusammenhang mit der Umrechnung auf Basis der **Zeitbezugsmethode**. Ob danach ausgewiesene Währungsverluste laufend zu berücksichtigen sind, wird in der Literatur unterschiedlich gesehen. Die Befürworter einer Berücksichtigung laufender Währungsverluste weisen darauf hin, dass sich das vom Stammhaus getragene Währungsrisiko verwirklicht hat, sobald laufende Währungsverluste erfolgswirksam geworden sind.[201] Für eine unterschiedliche Behandlung laufender Währungserfolge und Währungserfolge aus der Rückführung von Dotationskapital gebe es auch auf der Rechtfertigungsebene (Aufteilung der Besteuerungsrechte nach DBA, Kohärenz) keine Anhaltspunkte.[202]

Demgegenüber sind Währungsverluste nach einer anderen Auffassung frühestens dann zu berücksichtigen, wenn die ihnen zugrundeliegenden Wirtschaftsgüter ins Stammhaus überführt werden.[203] Die Finanzverwaltung will

---

[199] Vgl. EuGH v. 28. 2. 2008 (Deutsche Shell), EuGHE 2008, S. I-1129; zur Vorinstanz siehe Beschluss des FG Hamburg v. 8. 6. 2006, DStRE 2006, S. 1497.
[200] Vgl. Abschnitt E I und II.
[201] Vgl. Ziehr, U., IStR 2009, S. 263 f.; Ditz, X./Schönfeld, H., IStR 2009, S. 1459; Schänzle, T., IStR 2009, S. 518.
[202] Mit Fragezeichen im Hinblick auf die EuGH Entscheidungen in den Rs. Marks & Spencer sowie Lidl Belgium bei Ditz, X./Schönfeld, J., IStR 2009, S. 1459.
[203] Vgl. Hruschka, F., IStR 2008, S. 499.

3. Kapitel. Bei Betriebsstätten

Währungsverluste zunächst nur anlässlich der tatsächlichen Beendigung einer Betriebsstätte berücksichtigen.[204] Favorisiert man, wie hier, die Anwendung einer **Stichtagsmethode**, bleibt, da sich das Problem der Zurechnung laufender Währungserfolge unter der Stichtagsmethode nicht stellt, ihre Berücksichtigung nach Beendigung der Auslandstätigkeit. Eine frühere Verrechnung wäre aber plausibel, wenn die Verluste konkreten Vermögensgegenständen zugeordnet werden können.

Bei seiner Entscheidung über die Zurechnung der umrechnungsbedingten Währungserfolge hat sich der EuGH auf die für Betriebsstätten maßgebliche Niederlassungsfreiheit gestützt. Ist primär die Niederlassungsfreiheit betroffen, wird die **Kapitalverkehrsfreiheit**, deren Schutzbereich sich auch auf Drittstaaten erstreckt, in ihrer Anwendung verdrängt.[205] Eine Anwendung der Kapitalverkehrsfreiheit auf Betriebsstätten in Drittstaaten ist daher grundsätzlich ausgeschlossen, so dass eine Berücksichtigung von umrechnungsbedingten Währungserfolgen insoweit nicht auf Europarecht gestützt werden kann.

F. Erfolgs- und Vermögensabgrenzung zwischen Stammhaus und Vertreter

Neben der festen Geschäftseinrichtung gehört auch der ständige Vertreter zu den regelmäßigen Anknüpfungspunkten der beschränkten Steuerpflicht (§§ 49 Abs. 1 Nr. 2 Buchstabe a EStG, 13 AO). Vertreter kann jede natürliche Person, Gesellschaft oder Personenvereinigung sein. Rechtliche Abhängigkeiten stehen der Vertretereigenschaft nicht entgegen.[206] Maßstab für die Ermittlung der einem Vertreter zuzurechnenden Erfolgs- und Vermögensanteile ist – wie beim internationalen Einheitsunternehmen – das Prinzip der **wirtschaftlichen Zugehörigkeit**; für die Anwendung der direkten und indirekten Methode gelten insoweit analoge Grundsätze.

Da nach dem gegenwärtig noch maßgebenden Recht eine Vertretertätigkeit im Regelfall kein besonderes Betriebsvermögen voraussetzt, ist die grenzüberschreitende **Vermögensabgrenzung** weitgehend unproblematisch. Grundsätzlich sind der Vertretung jedoch die Vermögenswerte und Risiken zuzuordnen, die mit den Funktionen und Risiken dieser Person im Zusammenhang stehen. Hierzu ist nach dem Bericht der OECD betreffend die Zuordnung von Gewinn auf Betriebsstätten[207] vor allem erforderlich, dass geprüft wird, ob die Vertretung zentrale unternehmerische Funktionen (im Auftrag des Stammhauses) durchführt. So ist typisch, dass der Vertreter keinen Eigentumsanspruch an den vertriebenen Produkten erwirbt, da diese Güter bis zum Verkauf an einen fremden Dritten im Eigentum des Unternehmens

---

[204] Siehe BMF-Schreiben v. 23. 11. 2009, BStBl 2009 I, S. 1332.
[205] Vgl. EuGH v. 6. 11. 2007 (Stahlwerk Ergste Westig), EuGHE 2007, S. I-151; zum Verhältnis zwischen Kapitalverkehrs- und Niederlassungsfreiheit auch Tippenhofer, M./Lohmann, A., IStR 2008, S. 857; sowie 2. Teil, 3. Kapitel, Abschnitt E II 3.
[206] Zum Vertreterbegriff siehe auch FG Münster v. 24. 5. 2004, EFG 2004, S. 1498; mit Anmerkung von Herlinghaus, A., EFG 2004, S. 1500 f.; Heußner, J., IStR 2004, S. 161 ff.; Piltz, D., IStR 2004, S. 182.
[207] Vgl. OECD, Report, 2008, Tz. 263 ff., 268.

verbleiben.[208] Das Warenuntergangsrisiko liegt in diesen Fällen regelmäßig beim vertretenen Unternehmen. Fraglich ist aber, ob die Wirtschaftsgüter dem Stammhaus zuzurechnen sind, wenn die Lagerhaltungsfunktion vom Vertreter übernommen wird. Nach den Zielsetzungen, die mit den neuen Grundsätzen der OECD betreffend die Zuordnung von Betriebsstättengewinnen verfolgt werden, ist an die Zuordnung der Güter und Risiken zur Betriebsstätte des vertretenen Unternehmens im Ausland gedacht. Vergleichbares gilt für die Zuordnung des Dotationskapitals. Vergleichbare Fragen entstehen bei der **Erfolgsabgrenzung**. Sie sollen anhand des folgenden Beispiels erläutert werden:

Beispiel: Ein inländisches Stammunternehmen hat im Ausland eine Tochtergesellschaft, die – neben anderen Tätigkeiten – auch als Handelsvertreter des Stammunternehmens tätig wird. Die Tochtergesellschaft, die eine Abschlussvollmacht besitzt und persönlich weisungsgebunden ist, erhält für ihre Vertretungstätigkeit vom Stammhaus eine Handelsvertreterprovision.

Aus der Struktur dieser Geschäftsbeziehung lassen sich folgende **Gewinnentstehungsbereiche** ableiten:

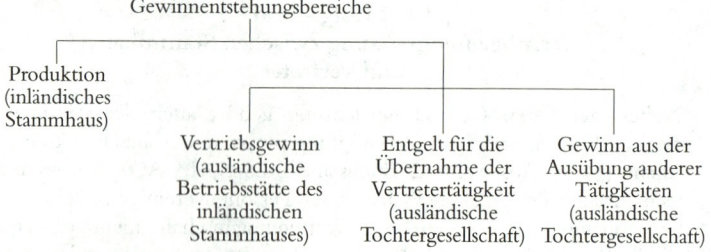

Fraglich ist, welche Erfolgsbestandteile bei der ausländischen Tochtergesellschaft im Rahmen der unbeschränkten ausländischen Steuerpflicht zu erfassen sind und welche im Rahmen der beschränkten Steuerpflicht des Stammhauses. Bei der damit notwendigen Erfolgsabgrenzung ist zwischen den **drei Erfolgskomponenten** Vertriebsgewinn, Entgelt für die Übernahme der Vertretertätigkeit (Handelsvertreterprovision) und Gewinne aus sonstigen Tätigkeiten des Unternehmens der Tochtergesellschaft zu unterscheiden.

Zu den Einkünften, die der Tätigkeit eines ständigen Vertreters zuzurechnen sind (beschränkte Steuerpflicht des Stammhauses), zählen steuerlich die funktionsbezogenen **Vertriebsgewinne**. Zur Abgrenzung der aus den Verkäufen erzielten Einkünfte als Produktionsgewinn des Stammhauses von den Vertriebsgewinnen des Vertreters ist primär die direkte Methode der Gewinnzurechnung anzuwenden.[209] In diesem Zusammenhang sind der Betriebsstätte für Zwecke der Gewinnermittlung zunächst die **Provisionseinnahmen** zuzuordnen. Hierbei hat die Höhe der Provisionseinnahmen den Beträgen zu entsprechen, die die Vertretung hätte erzielen können, wenn sie im Geschäftsverkehr mit dem Stammhaus als selbständiges Unternehmen tätig gewesen wäre. Regelmäßig übernimmt die Betriebsstätte im Rahmen der Aufgaben

---

[208] Vgl. Naumann, M./Förster, H., IStR 2004, S. 249; Wassermeyer, F., DB 2006, S. 1179.
[209] A. A. Baranowski, K.-H., IWB, Fach 3, Deutschland, Gruppe 2, S. 726 f.

eines Handelsvertreters keine zentralen unternehmerischen Funktionen, die ein wirtschaftliches Eigentum an immateriellen Wirtschaftsgütern begründen könnte,[210] so dass sich die Provision auf eine Vergütung für Dienstleistungen beschränken wird. Verwaltet die Betriebsstätte darüber hinaus weitere Risiken (z. B. im Rahmen der Lagerhaltung) oder setzt sie unternehmerische Strategien um, ist ihr nach dem amtlichen Ansatz der OECD betreffend die Gewinnzuordnung bei Betriebsstätten[211] hierfür eine über die Provision hinausgehende **Erfolgsbeteiligung** zuzuordnen. Dieser Ansatz hat sich zwar gegenwärtig in der Literatur noch nicht durchgesetzt.[212] Es ist aber davon auszugehen, in Deutschland schon bald eine Gesetzesinitiative gestartet wird, nach der die neuen Grundsätze der OECD in nationales Recht umgesetzt werden.

Abzusetzen sind bei der Betriebsstätte die **Aufwendungen für Leistungen,** die sie im Rahmen der Erfüllung ihrer Aufgaben vom Unternehmen der Tochtergesellschaft empfängt. Zu diesen Leistungen gehört im Wesentlichen die **Vergütung für die Vertretertätigkeit,** die im Zweifel durch das Personal der Tochtergesellschaft erbracht wird. Beschränkt sich die Vergütung der Betriebsstätte auf eine Handelsvertreterprovision, **reduziert sich der Gewinn der Betriebsstätte** nach Abzug der entsprechenden Aufwendungen **auf Null,** während die Vertreterprovision im Ergebnis des Unternehmens der Tochtergesellschaft erfasst wird (single tax payer approach).[213]

Übernimmt der ständige Vertreter auch **andere betriebliche Funktionen** für das Stammhaus (dritte Säule, Ebene der ausländischen Tochtergesellschaft), können der Tätigkeit häufig nur Aufwendungen unmittelbar zugeordnet werden. In diesen Fällen kann der Gewinn aus der ständigen Vertretung durch einen Aufschlag auf die Aufwendungen ermittelt werden.

Auch bei Anwendung der indirekten Methode ist die jeweils ausgeübte Funktion von entscheidender Bedeutung.[214] Dementsprechend ist zu berücksichtigen, dass die Vertretertätigkeit durch eine Tochtergesellschaft ausgeübt wird, die außerhalb des einheitlichen Unternehmens steht. Aufzuteilen ist lediglich das Ergebnis (Produktionserfolg und Vertriebsgewinn), das nach Abzug der Entgelte für Leistungen der Tochtergesellschaft an die Muttergesellschaft (Stammhaus und Betriebsstätte) entfällt.

Wird die **Tochtergesellschaft** im Auftrag der Muttergesellschaft tätig, erwirbt sie einen Anspruch auf die angemessene Vergütung ihrer Tätigkeit. Dieses Entgelt für die **Vertretertätigkeit** bemisst sich regelmäßig nach den Grundsätzen der Bestimmung einer **fremdüblichen Handelsvertreterprovision.** Sie bewirkt, dass der Ertrag aus der Vertretung im Ergebnis bei der Tochtergesellschaft erfasst wird, während der korrespondierende Aufwand das Ergebnis der Vertreterbetriebsstätte belastet.

---

[210] So auch OECD, Report, 2008, Tz. 269.
[211] Vgl. OECD, Report, 2008, Tz. 279.
[212] Befürwortend Pijl, H., ET 2006, S. 29 ff.
[213] So auch Sieker, K., BB 1996, S. 983 ff.; OECD, Report, 2008, Tz. 271; a. A. Bellstedt, C., Gesellschaften, 1973, S. 30; Haiß, U., Gewinnabgrenzung, 2000, S. 298 f. Zu den Nachteilen und Unzulänglichkeiten dieses Ansatzes siehe OECD, Report, 2008, Tz. 272 ff.
[214] Vgl. BFH v. 28. 6. 1972, BStBl 1972 II, S. 785.

Übt die Tochtergesellschaft ihre Tätigkeit als Makler oder Kommissionär aus und ist dabei nicht nur rechtlich, sondern auch wirtschaftlich (persönlich) unabhängig,[215] begründet sie insoweit keine Vertreterbetriebsstätte des inländischen Stammunternehmens (Art. 5 Abs. 5, 6 OECD-Modell). In diesem Fall wird die Vertreterprovision unmittelbar durch das Unternehmen der Tochtergesellschaft erzielt, so dass sich in Bezug auf die Zuordnung der Handelsvertreterprovision im Ergebnis kein Unterschied gegenüber der Tätigkeit einer abhängigen Vertreterin einstellt, soweit die Vertretertätigkeit durch das Personal der Tochtergesellschaft erbracht wird. Davon geht auch der OECD-Steuerausschuss aus, wenn er im Zusammenhang mit dem „unabhängigen Vertreter" feststellt, dass eine Vertretung nur hinsichtlich der besonderen Tätigkeit begründet wird und die ordentliche (eigene) Tätigkeit des Vertreters nicht berührt.[216]

Geht man davon aus, dass nach den anerkannten Grundsätzen des Außensteuer- und Abkommensrechts eine Tochtergesellschaft nicht zur Betriebsstätte der Muttergesellschaft umqualifiziert werden kann,[217] kann ein Vertretergewinn im Rahmen der beschränkten Steuerpflicht beim selbständigen Vertreter allenfalls ein anteiliger funktionsbezogener Vertriebsgewinn sein und beinhaltet nicht die Vertreterprovision.[218] Beim unselbständigen Vertreter gilt im Grundsatz dasselbe, auch hier bildet die Vertreterprovision das Einkommen des Vertreters im Rahmen dessen beschränkter oder unbeschränkter Einkommensteuerpflicht und der anteilige Vertriebsgewinn den Erfolg der Vertretung (beschränkte Steuerpflicht des Stammhauses). Allerdings kann ein anteiliger Vertriebsgewinn des Stammhauses auch nur dann im Rahmen der beschränkten Steuerpflicht zu erfassen sein, falls das Stammhaus selbst (neben der Einschaltung der Vertreter-Kapitalgesellschaft) entsprechende Vertriebsfunktionen ausübt. Nach dem amtlichen Ansatz der OECD bleibt es ggf. dem Steuerrecht des Betriebsstättenstaates überlassen, wie er den Erfolg der Vertretung (beschränkte Steuerpflicht des Stammhauses) steuerlich veranlagt. Offensichtlich gehen einige Länder so vor, dass die auf die Vertretung entfallende Steuer beim unabhängigen Vertreter erhoben wird.[219]

Unumstritten ist die Zuordnung der Erfolgsanteile, die die Tochtergesellschaft aus **Tätigkeiten außerhalb der Vertretereigenschaft** erzielt. Solche Einkünfte bleiben von der Vertretungstätigkeit der Tochtergesellschaft unberührt, so dass insoweit die allgemeinen Besteuerungsgrundsätze (unbeschränkte Steuerpflicht der Tochtergesellschaft) Bestand haben. Betriebsstättenbesteuerung und allgemeine Kapitalgesellschaftsbesteuerung laufen insofern nebeneinander her, das Stammhaus ist mit den marktüblichen Vertretereinkünften beschränkt, die Tochtergesellschaft mit ihrem eigenen Einkommen (inkl. der Provision) dagegen als eigenes Steuerrechtssubjekt unbeschränkt steuerpflichtig.

---

[215] Zu den Kriterien der wirtschaftlichen Unabhängigkeit siehe Endres, D., IStR 1996, S. 1 ff.; Piltz, D., IStR 2004, S. 186.
[216] Vgl. OECD-Kommentar, Art. 5, Anm. 38.
[217] Vgl. Art. 5 Abs. 7 OECD-Modell.
[218] Im Grundsatz gleicher Ansicht Sieker, K., BB 1996, S. 983 ff. Nach seiner Ansicht entsteht bei einer Vergütung des selbständigen Vertreters in Höhe des Fremdvergleichspreises kein Vertriebsgewinn oder -verlust.
[219] Vgl. OECD, Report, 2008, Tz. 282.

4. Kapitel. Erfolgs- und Vermögensabgrenzung bei Kapitalgesellschaften

A. Entwicklung des arm's length principle

Im Rahmen der Besteuerung internationaler Konzerne hat die Auseinandersetzung mit den Verrechnungspreisen im Steuerrecht eine lange Tradition.[1] So kam eine erste umfassende **Studie** über die Besteuerung internationaler Unternehmen in 35 Ländern, die durch den Steuerausschuss im Rat des Völkerbunds zur Vorbereitung der ersten Abkommensmuster auf dem Gebiet der Besteuerung initiiert wurde, bereits im Jahre 1933 zu dem Ergebnis, dass die Länder in der großen Mehrzahl das Prinzip der selbständigen Einheit (direkte Methode) bevorzugen.[2] In nahezu keinem Land war die Frage der Gewinnabgrenzung zu diesem Zeitpunkt jedoch durch ein Gesetz geregelt.

Konkrete und für die Besteuerungspraxis **relevante Regeln** zu Verrechnungspreisen ergingen erstmals in den USA im Jahre 1968 mit den Regulations zu Sec. 482 IRC (einer dem § 1 AStG vergleichbaren Vorschrift).[3] Im Jahre 1979 entstand der erste OECD-Bericht zu den Verrechnungspreisen, der durch spätere Berichte – die allerdings andere Schwerpunkte hatten – ergänzt wurde. Die deutsche Finanzverwaltung folgte dem US-amerikanischen Beispiel und erließ im Jahre 1983 entsprechende „Verwaltungsgrundsätze" für die Prüfung der Einkunftsabgrenzung bei international verbundenen Unternehmen.[4] Ähnliche nationale Verrechnungspreisregeln finden sich in vielen anderen Ländern. Wichtige Impulse erhielt die Diskussion über die Verrechnungspreise in den achtziger Jahren des vergangenen Jahrhunderts durch die Einführung des „commensurate with income standard" im Rahmen des **US Tax Reform Act 1986,** nach dem sicherzustellen ist, dass die Gegenleistung aus der Übertragung oder Überlassung von immateriellem Vermögen dem Ertragswert dieser Wirtschaftsgüter entsprechen muss (super royalty), sowie das von der US-Finanzverwaltung im Jahre 1988 veröffentlichte White Paper, durch das eine Bestimmung in die Richtlinien der US-Finanzverwaltung Eingang gefunden hat (Sec. 1.482–4(f) (2) Treas. Reg.), der zufolge der für das immaterielle Wirtschaftsgut gefundene Wert regelmäßig überprüft und ggf. an die mit dem immateriellen Gut erzielbaren Erträge angepasst werden muss (periodic adjustment). Daneben entwickelten die Autoren des White Paper eine neue Methode für die Bewertung immaterieller Wirtschaftsgüter, aus die nach den Richtlinien der OECD und der US-Finanzverwaltung heute zulässigen Gewinnaufteilungsmethoden (profit split methods) hervorgegangen sind.[5] Auf der Basis des **White Paper** wurden in den USA nach z. T. heftiger Kritik an den

---

[1] Vgl. hierzu Eggers, W., DStR 1996, S. 393 ff.
[2] Vgl. Carroll, M. B., Taxation, 1933, S. 88; siehe dazu Langbein, S. I., TN 1986, S. 631 ff.
[3] Zu diesen Richtlinien, ihrem politischen Hintergrund sowie den US-amerikanischen Bestrebungen einer Internationalisierung der darin entwickelten Verrechnungspreismethoden siehe Langbein, S. I., TN 1986, S. 639 ff.
[4] Vgl. Verwaltungsgrundsätze, BMF-Schreiben v. 23. 2. 1983, BStBl 1983 I, S. 218.
[5] Vgl. hierzu Oestreicher, A., Konzern-Gewinnabgrenzung, 2000, S. 61 ff., 116 ff.

vorgeschlagenen und vorläufigen Richtlinienfassungen im Jahre 1994 neue Verrechnungspreisrichtlinien verabschiedet. Wenngleich diese Richtlinien zwar wieder mehr Spielraum für den Vergleich der konzerninternen Übertragungen von immateriellen Wirtschaftsgütern mit den Übertragungen zwischen unabhängigen Marktpartnern enthalten, indem etwa bei allen Methoden auch „ungenaue Vergleichstransaktionen" herangezogen werden dürfen,[6] wurden gleichwohl die Ertragsbewertung (super royalty) und das Konzept der periodischen Anpassung bestätigt. Schließlich ist heute sowohl nach den US-amerikanischen Richtlinien als auch nach den Richtlinien der OECD die Gewinnabgrenzung nach der (residualen) Gewinnaufteilungsmethode zulässig.

Nicht zuletzt als Reaktion auf die Entwicklungen in den USA begann auch der OECD-Fiskalausschuss wieder damit, sich intensiver der Verrechnungspreisthematik zu widmen. Nach etwas mehr als dreijährigen Verhandlungen hat die **OECD** in den Jahren 1995 sowie mit weiteren Kapiteln in 1999/2009 die „Verrechnungspreisgrundsätze für multinationale Unternehmen und Steuerverwaltungen"[7] als zusammengeführte Überarbeitung ihres grundlegenden Berichts von 1979 und der nachfolgenden Berichte veröffentlicht. Dieser OECD-Bericht beeinflusst die derzeit laufende Überarbeitung der deutschen Verwaltungsgrundsätze[8] in nicht unerheblichem Maße, wie dies auch beim entsprechenden Bericht des Jahres 1979 schon der Fall war. Einige Staaten, wie z. B. Österreich und die Schweiz, gehen weiter als die meisten anderen OECD-Staaten und verzichten zugunsten des Regelungswerks der OECD auf eigene nationale Verrechnungspreisregelungen.[9]

---

[6] Zur Entwicklung siehe Flick, H. F. W., IStR 1993, S. 105 ff.; Glicklich, P. A./Goldstein, S. B., JTAX 1993, S. 306 ff.; Morrison, P. D., Intertax 1993, S. 62 ff.; Ruchelman, S. C., IBFD-Bulletin 1993, S. 187 ff.; Birnkrant, H. J./Croker, J. E., JTAX 1994, S. 268 ff.; King, E., Pricing, 1994, S. 10 ff.; Institut FSt, Konzernverrechnungspreise, 1995, S. 26 ff.; Kuebart, J., Verrechnungspreise, 1995, S. 127 ff.

[7] Vgl. OECD, JTPF APA, 1995/1999. Zur nichtamtlichen Übersetzung des achten Kapitels vgl. Schreiber, R./Kuckhoff, H., IStR 1998, Beihefter zu Heft 1.

[8] Vgl. hierzu Verwaltungsgrundsätze-Umlagen, BMF-Schreiben v. 30. 12. 1999, BStBl 1999 I, S. 1122, betreffend die „Grundsätze für die Prüfung der Einkunftsabgrenzung durch Umlageverträge zwischen international verbundenen Unternehmen", das Tz. 7 der Verwaltungsgrundsätze von 1983 ersetzt; Verwaltungsgrundsätze-Arbeitnehmerentsendung, BMF-Schreiben v. 9. 11. 2001, BStBl 2001 I, S. 796, betreffend die „Grundsätze für die Prüfung der Einkunftsabgrenzung zwischen international verbundenen Unternehmen in Fällen der Arbeitnehmerentsendung", das Tz. 6 ergänzt; Verwaltungsgrundsätze-Verfahren, BMF-Schreiben v. 12. 4. 2005, BStBl 2005 I, S. 570, betreffend die „Grundsätze für die Prüfung der Einkunftsabgrenzung zwischen nahe stehenden Personen mit grenzüberschreitenden Geschäftsbeziehungen in Bezug auf Ermittlungs- und Mitwirkungspflichten, Berichtigungen sowie auf Verständigungs- und EU-Schiedsverfahren", das Tz. 8 und 9 der Verwaltungsgrundsätze aus 1983 ersetzt; sowie BMF-Schreiben v. 13. 7. 2006, BStBl 2006 I, S. 461; BMF-Schreiben v. 5. 10. 2006, BStBl 2006 I, S. 594. Weitere Schreiben werden folgen. So existiert bereits ein Entwurf zu Grundsätzen für die Prüfung der Einkunftsabgrenzung in Fällen grenzüberschreitender Verlagerungen von Funktionen. Erwartet werden daneben weitere Schreiben zu „ertragsschwachen" Unternehmen, zu Dienstleistungen sowie zu immateriellen Wirtschaftsgütern.

[9] Vgl. die entsprechenden Hinweise bei Stock, F./Kaminski, B., DB 1997, S. 1054, FN 15 (Österreich); sowie Storck, A., Verrechnungspreise, 1997, S. 29 f. (Schweiz).

B. Rechtsgrundlagen für Ergebniskorrekturen im internationalen Konzern

Nach geltendem Recht werden bei der Ermittlung des Welteinkommens der einzelnen Konzernmitglieder konzerninterne Leistungsaustauschbeziehungen mit steuerlicher Wirkung anerkannt, es erfolgen keine Zwischengewinneliminierungen. Diese **Anerkennung der Lieferungen und Leistungen dem Grunde nach** beinhaltet aber die Gefahr, dass die wirtschaftlich verbundenen Konzerngesellschaften Transaktionen zu unangemessenen Bedingungen vereinbaren und somit Gewinnverlagerungen vornehmen. Aber nicht nur Minderbesteuerungen, sondern auch Doppelbesteuerungen können auftreten, wenn z. B. bei den beteiligten Staaten unterschiedliche Vorstellungen oder Korrekturvorschriften in Bezug auf die Angemessenheit von Verrechnungspreisen vorliegen. Zentrales Problem im Rahmen des grenzüberschreitenden Lieferungs- und Leistungsverkehrs zwischen verbundenen Unternehmen ist somit die Preisgestaltung **(Anerkennung der Vertragsbeziehungen der Höhe nach).** Dabei geht es letztlich darum, ob das auf der Grundlage der vereinbarten oder gar fehlenden Gegenleistung von dem Mutter- oder Tochterunternehmen im Inland ausgewiesene Betriebsergebnis der Besteuerung zugrunde gelegt werden kann oder zu modifizieren ist. Im Folgenden werden – getrennt nach Nicht-DBA-Fall und DBA-Fall – die Rechtsgrundlagen aufgezeigt, die eine Ergebniskorrektur im internationalen Konzern ermöglichen.

I. Nationales Recht

Die folgende Darstellung beschränkt sich auf die Erläuterung der Rechtsvorschriften, die sich im deutschen Steuerrecht für die Korrektur unangemessener Vertragsbeziehungen zwischen Tochter- und Muttergesellschaft finden. Als Berichtigungsvorschriften kommen insbesondere die Vorschriften über verdeckte Gewinnausschüttungen und verdeckte Einlagen sowie die Berichtigung von Einkünften (§ 1 AStG) in Betracht. Diese Vorschriften haben sowohl für den Fall der Investition eines ausländischen Gesellschafters in eine inländische Kapitalgesellschaft (Inbound) als auch für den Fall der Investition eines inländischen Gesellschafters in eine ausländische Tochtergesellschaft (Outbound) Bedeutung. Materielle Relevanz hat vor allem die **verdeckte Gewinnausschüttung,** die Schätzungen zufolge ca. 90% aller Korrekturfälle ausmacht. Demgegenüber kommt die **verdeckte Kapitaleinlage** nur in 7% der Fälle zur Anwendung, während eine Berichtigung nach § 1 AStG höchstens in 3% aller Fälle vorgenommen wird.[10] Hier wird man aber erwarten müssen, dass die praktische Bedeutung von § 1 AStG aufgrund der weiter reichenden Bestimmungen zum „hypothetischen Fremdvergleich" (§ 1 Abs. 3 Satz 5 AStG) sowie der Ermittlung von Fremdvergleichspreisen in Fällen einer „Funktionsverlagerung" (§ 1 Abs. 3 Satz 9 AStG) zunehmen wird. Denkbar ist auch, dass einzelne Rechtsgeschäfte von Muttergesellschaften mit ihren Tochtergesellschaften als **rechtsmissbräuchlich i. S. d. § 42 AO** angesehen

---

[10] Vgl. Wassermeyer, F., IStR 2001, S. 633; Flick, H./Wassermeyer, F./Baumhoff, H., Außensteuerrecht, § 1 AStG, Anm. 8.

werden. Diesbezüglich kann jedoch auf die Ausführungen zu Basisgesellschaften im Inbound- und im Outbound-Fall verwiesen werden.[11]

1. Verdeckte Gewinnausschüttung (vGA)

Der Begriff der verdeckten Gewinnausschüttung ist gesetzlich nicht definiert. Klarheit verschafft insofern aber die **Rechtsprechung** des BFH.[12] Danach stellen bei der Kapitalgesellschaft „eine Vermögensminderung oder verhinderte Vermögensmehrung, die durch das Gesellschaftsverhältnis veranlasst sind, sich auf die Höhe des Einkommens auswirken und nicht im Zusammenhang mit einer offenen Ausschüttung stehen"[13] eine vGA dar. Sie mindern das Einkommen nicht (§ 8 Abs. 3 Satz 2 KStG). Voraussetzung ist ferner, dass die Vermögensminderung bei der Körperschaft die Eignung besitzt, beim Gesellschafter einen sonstigen Bezug auszulösen.[14] Die Veranlassung durch das Gesellschaftsverhältnis ist immer dann zu bejahen, wenn die Gesellschaft bei Anwendung derjenigen Sorgfalt, die das Gesetz in § 93 Abs. 1 Satz 1 AktG und § 43 Abs. 1 GmbHG einem ordentlichen und gewissenhaften Geschäftsleiter abverlangt, diesen Vorteil einer Person, die nicht Gesellschafter ist, nicht gewährt hätte.

Darüber hinaus geht die Rechtsprechung von einer vGA aus, wenn die Kapitalgesellschaft Leistungen an einen **beherrschenden Gesellschafter** erbringt, ohne dass im Voraus getroffene und klare Vereinbarungen vorliegen. Diese Beurteilung gilt auch dann, wenn Leistung und Gegenleistung ansonsten angemessen sind.[15] Das Fehlen einer klaren und eindeutigen **Vereinbarung im Voraus** kann allerdings nur als Indiz für eine gesellschaftsrechtliche Veranlassung gewertet werden.[16] Möglich ist, dass diese indizielle Wir-

---

[11] Vgl. zum Inbound-Fall 3. Teil, 3. Kapitel, Abschnitt B II 2 c) und zum Outbound-Fall 4. Teil, 3. Kapitel, Abschnitt A I 2 b) (3).
[12] Vgl. z. B. BFH v. 9. 8. 1989, BStBl 1990 II, S. 237; BFH v. 6. 11. 1991, BStBl 1992 II, S. 415; BFH v. 17. 2. 1993, BStBl 1993 II, S. 457; BFH v. 10. 3. 1993, BStBl 1993 II, S. 635; BFH v. 7. 8. 2002, BStBl 2004 II, S. 131; BFH v. 25. 5. 2004, BFH/NV 2005, S. 105; BFH v. 22. 2. 2005, BFH/NV 2005, S. 1266; BFH v. 9. 6. 2007, BStBl 2007 II, S. 830. Zur Entwicklung dieses Rechtsinstituts siehe Bauschatz, P., Gewinnausschüttung, 2001, S. 17 ff.; Rasch, S., Konzernverrechnungspreise, 2001, S. 26 ff.; für eine umfassende Darstellung des Rechtsinstituts der verdeckten Gewinnausschüttung siehe z. B. Janssen, B., Verdeckte Gewinnausschüttungen, 2010.
[13] BFH v. 22. 2. 1989, BStBl 1989 II, S. 476, vgl. auch Wassermeyer, F., DStR 1990, S. 158 ff.; Knobbe-Keuk, B., Unternehmenssteuerrecht, 1993, S. 642 ff.; Wassermeyer, F., StVJ 1993, S. 208 ff.; durch das JStG 2007 wurde nun korrespondierende Besteuerung der verdeckten Gewinnausschüttung auf Ebene von Gesellschaft und Gesellschafter sichergestellt (§ 32 a KStG). Danach kann, soweit gegenüber einer Körperschaft ein Steuerbescheid hinsichtlich der Berücksichtigung einer verdeckten Gewinnausschüttung erlassen, aufgehoben oder geändert wird, ein Steuerbescheid oder ein Festsetzungsbescheid gegenüber dem Gesellschafter, dem die verdeckte Gewinnausschüttung zuzurechnen ist, oder einer diesem nahe stehenden Person erlassen, aufgehoben oder geändert werden.
[14] Vgl. BFH v. 7. 8. 2002, BStBl 2004 II, S. 131; Janssen, B., NWB 2008, S. 5259.
[15] Vgl. BFH v. 1. 10. 1986, BStBl 1987 II, S. 459; BFH v. 29. 4. 1987, BStBl 1987 II, S. 797; BFH v. 2. 3. 1988, BStBl 1988 II, S. 786; BFH v. 22. 2. 1989, BStBl 1989 II, S. 631; BFH v. 9. 11. 2005, BStBl 2006 II, S. 564. Vgl. auch Eigelshoven, A./Nientimp, A., DB 2003, S. 2307 ff.
[16] Vgl. BFH v. 19. 3. 1997, BStBl 1997 II, S. 577; BFH v. 29. 10. 1997, BFH/NV 1998, S. 929; BFH v. 19. 5. 1998, BStBl 1998 II, S. 689; siehe dazu auch BVerfG v. 7. 11. 1995, BStBl 1996 II, S. 34.

4. Kapitel. Bei Kapitalgesellschaften 737

kung durch andere Rückschlüsse widerlegt wird. In diesem Sinne bestimmen die Hinweise zu den Richtlinien der Finanzverwaltung (H 36 KStR), dass bei Dauerschuldverhältnissen, deren Durchführung einen regelmäßigen Leistungsaustausch zwischen den Vertragsparteien voraussetzt, im Allgemeinen aufgrund der Regelmäßigkeit der Leistungen und des engen zeitlichen Zusammenhangs von Leistung und Gegenleistung bereits aus dem tatsächlichen Leistungsaustausch eine entsprechende Vereinbarung abgeleitet werden kann und somit eine bestehende Unsicherheit beseitigt wird.[17] Im Übrigen ist zu beachten, dass die Rechtsprechung des BFH nur auf einer formellen Überprüfung der getroffenen Vereinbarung aufbaut. „Die Unklarheit kann nicht aus dem Fremdvergleich abgeleitet werden. Allenfalls können aus dem, was fremde Dritte üblicherweise zu vereinbaren pflegen, erhöhte Anforderungen für das abgeleitet werden, worüber sich die Kapitalgesellschaft und ihr beherrschender Gesellschafter bzw. die ihm nahe stehende Person einigen müssen."[18] Damit wird aber ein Vertrag zwischen verbundenen Unternehmen nicht schon deshalb ungenau, weil im Vergleich zu den Verträgen zwischen fremden Dritten **nicht auf alle Einzelheiten** eingegangen wurde. Im Übrigen wird z. B. Know-how nicht einmal in den Verträgen zwischen fremden Dritten vollständig beschrieben oder festgehalten. Die Literatur geht davon aus, dass Know-how in der weit überwiegenden Zahl der Know-how-Verträge nicht identifiziert ist und es daher zwischen den Vertragsparteien zu Differenzen kommen kann, weil die beteiligten Personen eines Unternehmens schlicht keine Zeit damit verbringen wollen, das Know-how genau zu bestimmen.[19] Ähnlich werden auch Franchise-Verträge in der Praxis häufig nur als Rahmenverträge ausgestaltet, während sich Einzelheiten aus Handbüchern und der tatsächlichen Umsetzung ergeben.[20] Schließlich ist bei internationalen Sachverhalten zu berücksichtigen, dass die Gewinnberichtigung aufgrund fehlender vorheriger Vereinbarungen durch DBA beschränkt sein kann.[21]

Die verdeckte Gewinnausschüttung wird daher durch insgesamt fünf **Merkmale** charakterisiert:[22]

- Vermögensminderung oder verhinderte Vermögensmehrung bei der Kapitalgesellschaft;
- Veranlassung durch das Gesellschafterverhältnis;
- Einkommensminderung bei der Kapitalgesellschaft;
- Fehlen eines Zusammenhangs mit einer offenen Ausschüttung;
- Eignung, beim Gesellschafter einen sonstigen Bezug auszulösen.

Damit kommen als vGA grundsätzlich alle Vermögensvorteile, die zu Lasten des Vermögens der Kapitalgesellschaft gewährt werden, in Frage. Allerdings wird bei der Einkommensminderung auf den Steuerbilanzgewinn abgestellt, so dass eine vGA bspw. auch dann vorliegt, wenn die Kapitalgesellschaft

---

[17] So auch Blümich, W., Einkommensteuergesetz, § 8 KStG, Anm. 312.
[18] BFH v. 13. 7. 1994, BFH/NV 1995, S. 548.
[19] Vgl. Stumpf, H./Groß, M., Lizenzvertrag, 2007, S. 361 m. w. N.
[20] Siehe dazu Schütze, R. A./Weipert, L., Vertragshandbuch, 2009, Anm. III.2.4.(4). b); sowie bereits Knoppe, H., Know-how-Verträge, 1964, S. 22.
[21] Siehe hierzu Abschnitt B III.
[22] Vgl. BFH v. 7. 8. 2002, BStBl 2004 II, S. 131; BFH v. 22. 2. 2005, BFH/NV 2005, S. 1266. Vgl. auch Hoffmann, W.-D., DStZ 2005, S. 97; Gosch, D., Körperschaftsteuergesetz, § 8 KStG, Anm. 166.

ihrem Anteilseigner steuerfreie Einkünfte – z. B. die Forderung auf eine DBA-freigestellte Schachteldividende – unentgeltlich abtritt.[23]

Im **grenzüberschreitenden Liefer- und Leistungsverkehr** zwischen Konzerngesellschaften sind folgende Zuwendungen von der Tochtergesellschaft an den Gesellschafter (Muttergesellschaft) denkbar:

(1) Die Tochtergesellschaft erwirbt von der Muttergesellschaft Wirtschaftsgüter zu einem unangemessen hohen Entgelt.

(2) Die Tochtergesellschaft nutzt Dienste, Kapital oder Wirtschaftsgüter der Muttergesellschaft gegen ein unangemessen hohes Entgelt.

(3) Die Tochtergesellschaft veräußert Wirtschaftsgüter an die Muttergesellschaft unentgeltlich oder gegen ein unangemessen niedriges Entgelt.

(4) Die Tochterkapitalgesellschaft überlässt der Muttergesellschaft Dienste, Kapital oder Wirtschaftsgüter unentgeltlich oder gegen ein unangemessen niedriges Entgelt zur Nutzung.

Um das Vorliegen einer vGA zu bejahen, muss die Zuwendung der Kapitalgesellschaft **an einen ihrer Gesellschafter** erfolgen. Der unmittelbaren Zuwendung an den Gesellschafter steht die Zuwendung an eine dem Gesellschafter nahe stehende Person gleich. Auch Zuwendungen an Schwestergesellschaften können eine vGA der vorteilsgewährenden Kapitalgesellschaft begründen, da insofern über die gemeinsame Muttergesellschaft eine gesellschaftsrechtliche Verflechtung besteht.[24] Besteht die vGA in der Zuwendung eines Vermögensvorteils an eine dem Gesellschafter nahe stehende Person, ist es nicht notwendig, dass der Gesellschafter den mit der Zuwendung verbundenen Vermögensvorteil selbst erzielt.[25] Erforderlich ist aber, dass die Vermögensminderung geeignet ist, beim Gesellschafter einen sonstigen Bezug auszulösen.[26]

Die **Veranlassung durch das Gesellschaftsverhältnis** ist immer dann gegeben, wenn ein „ordentlicher und gewissenhafter Geschäftsleiter" einem Nichtgesellschafter den Vermögensvorteil nicht zugewendet hätte (Fremdvergleich). Unbeachtlich ist dabei, ob, und wenn ja, inwieweit die Kapitalgesellschaft die vGA beabsichtigt hat oder eine entsprechende Einigung zwischen der Gesellschaft und dem Gesellschafter vorliegt. So wird eine vGA (zur Abwehr von missbräuchlichen Gestaltungen) individuell auch dann angenommen, wenn die vertraglichen Vereinbarungen „unüblich" oder „nicht ernsthaft" sind.[27] Maßgeblicher Zeitpunkt für die Beurteilung der Frage, ob die Ursache der Zuwendung im Gesellschaftsverhältnis liegt, ist der Zeitpunkt, zu dem die vGA vollzogen wird.

---

[23] Vgl. BFH v. 7. 8. 2002, BStBl 2004 II, S. 131.
[24] Vgl. BFH v. 6. 4. 1977, BStBl 1977 II, S. 571; BFH v. 26. 10. 1987, BStBl 1988 II, S. 348.
[25] Vgl. BFH v. 18. 12. 1996, BStBl 1997 II, S. 301. Der Anlass der Zuwendung muss allerdings in der Beziehung zum Gesellschafter liegen; vgl. Rose, G., DB 2005, S. 2596 m. w. N.
[26] Vgl. BFH v. 7. 8. 2002, BStBl 2004 II, S. 131; BFH v. 17. 11. 2004, BFH/NV 2005, S. 793; BFH v. 25. 1. 2005, BFH/NV 2005, S. 1109; Wassermeyer, F., DB 2001, S. 2466; Rose, G., DB 2005, S. 2596; Gosch, D., Körperschaftsteuergesetz, § 8 KStG, Anm. 170.
[27] Vgl. BFH v. 17. 5. 1995, BStBl 1996 II, S. 204; BFH v. 8. 12. 1995, BStBl 1996 II, S. 383; BFH v. 9. 6. 1997, BStBl 1998 II, S. 307; siehe dazu Wassermeyer, F., DB 2001, S. 2467 ff.; Hoffmann, W.-D., DStZ 2005, S. 99 f.

4. Kapitel. Bei Kapitalgesellschaften

Für den Fall der vGA einer **inländischen Tochterkapitalgesellschaft** an eine ausländische Muttergesellschaft (Inbound-Fall) ergeben sich folgende **Rechtsfolgen** auf der Ebene der vorteilsgewährenden Tochtergesellschaft:

– Nach § 8 Abs. 3 Satz 2 KStG dürfen vGA den Gewinn einer Kapitalgesellschaft nicht mindern. Die vGA ist bei der Ermittlung des Einkommens der inländischen Tochtergesellschaft außerhalb der Bilanz hinzuzurechnen.[28] Maßgeblicher Wertansatz für die Korrektur ist der Verkehrswert (gemeiner Wert).[29]

– Ebenso wie der ermittelte körperschaftsteuerliche Gewinn der Kapitalgesellschaft wird die vGA mit einer 15%igen Körperschaftsteuer belastet (§ 23 Abs. 1 KStG). Hinzu kommen der Solidaritätszuschlag sowie die Gewerbesteuer.

– Von der inländischen Tochtergesellschaft ist Kapitalertragsteuer für Rechnung der Muttergesellschaft abzuführen (§ 43 Abs. 1 EStG), falls bei dieser ein Zufluss des Vermögensvorteils bejaht werden kann. Dies ist auch bei Nutzungsvorteilen der Fall, so dass bei Nutzungsüberlassungen (z. B. unverzinsliche Darlehen) der Tochtergesellschaft von einem kapitalertragsteuerpflichtigen Zufluss an das Mutterunternehmen auszugehen ist.[30]

Im Einzelfall bleibt die vGA im Inland allerdings steuerfrei. Dies ist bspw. der Fall, wenn Gegenstand der vGA die Veräußerung einer Beteiligung an einer ausländischen Kapitalgesellschaft zu einem unangemessen niedrigen Entgelt an einen ausländischen Gesellschafter ist. Auf die vGA findet die Steuerbefreiung für Veräußerungsgewinne nach § 8b Abs. 2 KStG Anwendung.[31]

Bei der **ausländischen Muttergesellschaft** gehört die vGA nach § 49 Abs. 1 Nr. 5 i. V. m. § 20 Abs. 1 Nr. 1 EStG zu den beschränkt steuerpflichtigen Einkünften. Aufgrund der isolierenden Betrachtungsweise des § 49 Abs. 2 EStG liegen auch im Falle eines ausländischen Gewerbebetriebs des Gesellschafters Einkünfte aus Kapitalvermögen vor. Die Einkommen- bzw. Körperschaftsteuer gilt mit der Erhebung der Kapitalertragsteuer bei der

---

[28] Siehe BFH v. 29. 6. 1994, BStBl 2002 II, S. 366; BMF-Schreiben v. 28. 5. 2002, BStBl 2002 I, S. 603. Zur Problematik, ob diese Rechtsfolge an die Vermögensminderung der Kapitalgesellschaft, an den Abfluss bei der Gesellschaft oder an den Zufluss beim Gesellschafter anknüpft, vgl. Dötsch, E./Jost, W. F./Pung, A./Witt, G., Körperschaftsteuer, § 8 Abs. 3 KStG, Anm. 169 ff.
[29] So noch H 37 KStR. Der BFH betont dagegen die Bewertung nach Fremdvergleichsgesichtspunkten, was zwar in der Regel zum Ansatz des gemeinen Wertes führt – vgl. BFH v. 23. 2. 2005, BStBl 2005 II, S. 882; BFH v. 23. 1. 2008, DStR 2008, S. 865; BFH v. 7. 4. 2008, BFH/NV 2008, S. 1202; sowie Verwaltungsgrundsätze-Verfahren, BMF-Schreiben v. 12. 4. 2005, BStBl 2005 I, S. 570, Tz. 5.3.1. – grundsätzlich aber darauf abstellt, was ordentliche und gewissenhafte Geschäftsleiter vereinbart hätten. So auch Wassermeyer, F., IStR 2001, S. 637; ebenso Gosch, D., Körperschaftsteuergesetz, § 8 KStG, Anm. 383; sowie bereits BFH v. 27. 11. 1974, BStBl 1975 II, S. 306. Siehe zum Unterschied zwischen dem gemeinen Wert und dem Fremdvergleichspreis auch 3. Kapitel, Abschnitt D III 2 a) (1).
[30] Vgl. BFH v. 26. 10. 1987, BStBl 1988 II, S. 348. Vgl. hierzu auch ausführlich Herzig, N./Förster, G., DB 1988, S. 1329 ff.; Schneeloch, D., BB 1988, S. 1929 ff.
[31] Vgl. BFH v. 6. 7. 2000, BStBl 2002 II, S. 490. Siehe auch Eilers, S./Wienands, H.-G., GmbHR 2000, S. 1235.

Tochtergesellschaft als abgegolten (§ 50 Abs. 2 Satz 1 EStG). Als Folge der Abgeltungswirkung der Kapitalertragsteuer kommen daher weder das Teileinkünfteverfahren (§ 3 Nr. 40 EStG) noch das körperschaftsteuerliche Beteiligungsprivileg (§ 8b Abs. 1 KStG) zur Anwendung.[32] Bei Vorliegen eines DBA besteht die Möglichkeit einer Erstattung der gezahlten Kapitalertragsteuer.

Für den Fall der Vorteilsgewährung einer **ausländischen Tochtergesellschaft** an eine inländische Muttergesellschaft (Outbound-Fall) richten sich Art und Umfang einer Gewinnkorrektur bei der vorteilsgewährenden Tochterkapitalgesellschaft ausschließlich nach ausländischem Recht.

Wird die Gewinnkorrektur von der inländischen Finanzverwaltung der Höhe und dem Grunde nach anerkannt, so ist der Vorteilszufluss im Inland ebenfalls als vGA zu qualifizieren.[33] Die vGA zuzüglich anzurechnender Ertragsteuern gehört bei der **inländischen Muttergesellschaft** als Vorteilsempfängerin zu den Betriebseinnahmen (§ 20 Abs. 1 Nr. 1 i.V.m. § 20 Abs. 3 EStG) und wird in Abhängigkeit von der jeweiligen Rechtsform des Steuerpflichtigen entweder nach § 3 Nr. 40 EStG nur zu 60% (unbeschränkte Einkommensteuerpflicht) oder aufgrund § 8b Abs. 1 KStG gar nicht (unbeschränkte Körperschaftsteuerpflicht) bei der Besteuerung berücksichtigt.[34] Dabei gelten nach § 8b Abs. 5 KStG bei körperschaftsteuerpflichtigen Muttergesellschaften stets 5% der vGA als nichtabzugsfähige Betriebsausgaben. Soweit eine ausländische Kapitalertragsteuer erhoben wird, ist sie auf die deutsche Steuer anzurechnen. Dies gilt allerdings nicht in den Fällen, in denen die vGA entweder aufgrund des nationalen Beteiligungsprivilegs gemäß § 8b Abs. 1 KStG oder – falls ein DBA mit dem Staat der Tochtergesellschaft vorliegt – aufgrund eines DBA-Schachtelprivilegs[35] in Deutschland freizustellen ist. Sofern der Anwendungsbereich des DBA-Schachtelprivilegs vGA nicht einschließt, ergibt sich die Freistellung nach dem nationalen Beteiligungsprivileg.

Die folgende Übersicht zeigt die **bilanzielle Behandlung bei der inländischen Muttergesellschaft** (Vorteilsempfänger). Zur Verdeutlichung wird auf die bereits dargestellten vier Grundfälle der vGA zurückgegriffen.[36]

---

[32] Siehe 3. Teil, 3. Kapitel, Abschnitt B I 2.
[33] Vgl. Mössner, J.M. u.a., Steuerrecht, 2005, Rz. C 239.
[34] Die Steuerfreiheit besteht nur, soweit die Bezüge oder Einnahmen das Einkommen der leistenden Kapitalgesellschaft nicht gemindert haben, vgl. § 3 Nr. 40 Satz 1 Buchstabe d) Satz 2 EStG; § 8b Abs. 1 Satz 2 KStG; dies gilt auch in DBA-Fällen, vgl. § 8b Abs. 1 Satz 3 KStG. Siehe hierzu Dörfler, O./Heurung, R./Adrian, G., DStR 2007, S. 514; Blümich, W., Einkommensteuergesetz, § 8b KStG, Anm. 140 f.; zu Dreiecksachverhalten siehe § 3 Nr. 40 Buchstabe. d) Satz 3 EStG, § 8b Abs. 1 Satz 4 KStG.
[35] Siehe z.B. Art. 23 Abs. 3 Nr. 9) in Verbindung mit Art. 10 Abs. 5 DBA USA; siehe dazu Endres, D./Jacob, F./Gohr, M./Klein, M., Kommentar DBA-USA, Art. 10, Tz. 157; zur Relevanz des DBA-Schachtelprivilegs in den Fällen, in denen der Dividendenbegriff des § 8b Abs. 1 KStG enger gefasst ist als der Dividendenbegriff des entsprechenden DBA, siehe 1. Teil, 4. Kapitel, Abschnitt D.
[36] Siehe zur steuerlichen Behandlung der vGA beim Gesellschafter und der Gesellschaft im Einzelnen Scheffler, W., BB 2002, S. 544 ff.

4. Kapitel: Bei Kapitalgesellschaften

Sachverhalt	Rechtsfolge innerhalb der Buchführung der Muttergesellschaft	Einkommensänderung
(1) Die Tochtergesellschaft erwirbt von der Muttergesellschaft Wirtschaftsgüter zu einem überhöhten Entgelt von 100 (Verkehrswert 60)	Umsatzerlöse 100 ./. 40 = 60 Beteiligungserträge 40 (vGA)	± 0
(2) Die Tochtergesellschaft nimmt Leistungen der Muttergesellschaft zu einem überhöhten Entgelt von 100 in Anspruch (Verkehrswert 60)	Leistungsentgelte 100 ./. 40 = 60 Beteiligungserträge 40 (vGA)	± 0
(3) Die Tochtergesellschaft veräußert Wirtschaftsgüter an die Muttergesellschaft zu einem unangemessen niedrigen Preis von 60 (Verkehrswert 100)	Materielle und immaterielle WG: Anschaffungskosten 60 + 40 = 100 Beteiligungserträge 40 (vGA)	Im laufenden Jahr + 40 später ./. AfA-Anteil p. a.
(4) Die Tochtergesellschaft erbringt Leistungen an die Muttergesellschaft zu einem unangemessen niedrigen Entgelt von 60 (Verkehrswert 100)	Betriebsausgaben 60 Beteiligungserträge 0 (vGA)	± 0

Zu (1): Für steuerliche Zwecke ist das Rechtsgeschäft in einen Kaufvertrag über 60 und in eine vGA i. H. v. 40 aufzuteilen. Der Gesamtgewinn der Muttergesellschaft bleibt unverändert. Dem verminderten Veräußerungserlös steht eine entsprechende Erhöhung des Einkommens durch die vGA gegenüber.

Zu (2): Wie im Fall (1) ist eine Aufteilung des Entgelts vorzunehmen. Die Leistungsentgelte (z. B. Mieteinnahmen) werden auf 60 reduziert, die vGA erhöht den Gewinn um 40.

Zu (3): Bei diesem Sachverhalt sind folgende Grundsätze zu beachten: Wirtschaftsgüter sind mit den Anschaffungskosten zu bewerten. Die tatsächlichen Anschaffungskosten betragen 60. Der Gesellschafter erhält aber die Wirtschaftsgüter teilweise unentgeltlich. Für unentgeltlich erworbene materielle Wirtschaftsgüter besteht steuerlich eine Aktivierungspflicht. Als vGA ist die Differenz zwischen tatsächlichen (60) und üblichen Anschaffungskosten (100) anzusetzen. Der Erhöhung des Gewinns um 40 stehen in späteren Jahren in gleicher Höhe gewinnmindernde Abschreibungen gegenüber. Bei der Übertragung immaterieller Wirtschaftsgüter gilt Entsprechendes. Das Aktivierungsverbot des § 5 Abs. 2 EStG wird insoweit durch den Grundsatz der Trennung zwischen gesellschaftsrechtlichem und betrieblichem Bereich (§ 4 Abs. 1 EStG) verdrängt.[37]

Zu (4): Erbringt die Tochtergesellschaft Leistungen zu einem unangemessen niedrigen Entgelt, so darf nach deutscher Wertung nicht unterstellt werden, dass die Muttergesellschaft an die Tochtergesellschaft angemessene Entgelte bezahlt und die Differenz als vGA zurückerhalten hat (Fiktionstheorie).[38] Insofern sind bei der Muttergesellschaft nur 60 als Betriebsausgaben anzusetzen. Die Vorteilszuwendung der Tochtergesellschaft i. H. v. 40 wirkt sich bei der Muttergesellschaft bereits in Form ersparter Aufwendungen gewinnerhöhend aus, so dass eine nochmalige Gewinnerhöhung nicht erforderlich ist.

---

[37] Vgl. BFH v. 20. 8. 1986, BStBl 1987 II, S. 455; BFH v. 24. 3. 1987, BStBl 1987 II, S. 705.
[38] Vgl. BFH v. 28. 1. 1981, BStBl 1981 II, S. 612; BFH v. 26. 10. 1987, BStBl 1988 II, S. 348.

In der Rechtspraxis treten Vermögenszuwendungen innerhalb des internationalen Konzerns häufig nicht einseitig auf, sondern mit mehr oder weniger quantitativen Unterschieden und/oder zeitlicher Verschiebung wechselseitig. Daraus ergibt sich die Frage, ob und inwieweit eine Saldierung zwischen nachteiligen und vorteilhaften Geschäften erfolgen kann (Vorteilsausgleich).

Wechselseitige Vermögensverschiebungen, die ihre Grundlage in einem gegenseitigen Vertrag (§ 320 BGB) haben, sind unzweifelhaft gegenzurechnen. Gleiches gilt, wenn mehrere Rechtsgeschäfte so eng zusammengehören, dass sie wirtschaftlich als einheitliches Geschäft anzusehen sind (z. B. günstiger Warenpreis, aber hohe Lizenzgebühr).[39] Darüber hinaus lässt der BFH[40] zu, dass auch dann zwischen mehreren Rechtsgeschäften ein **Vorteilsausgleich** zulässig ist, wenn die Beteiligten vorweg eindeutige und klare Abmachungen getroffen haben, welche die gewährten Vorteile als Gegenleistung für Leistungen der Gesellschafter an die Gesellschaft erkennbar machen. Zusätzlich muss ein zeitlicher Zusammenhang bestehen, der Leistung und Gegenleistung miteinander verbindet.

Die deutsche Finanzverwaltung erkennt einen Vorteilsausgleich nur in sehr **engen Grenzen** an, insbesondere müssen spätestens zum Ende des Wirtschaftsjahres der Zeitpunkt und die Art des Ausgleichs festgelegt sein. Die Nachteile müssen dann innerhalb der drei folgenden Wirtschaftsjahre kompensiert werden.[41]

Beispiel: Eine inländische Muttergesellschaft übernimmt die Werbung für den Gesamtkonzern und erhält dafür von ihren Vertriebstöchtern vertraglich höhere Abnahmepreise.

Der positive Verbundeffekt im Konzern (z. B. verbesserte Marktmacht, erhöhte Kreditwürdigkeit etc.) kann hingegen nicht im Rahmen eines Vorteilsausgleichs berücksichtigt werden. In der **internationalen Rechtspraxis** wird das Konzept des Vorteilsausgleichs flexibler angewendet. Nach den Richtlinien der OECD sowie auch der US-amerikanischen Finanzverwaltung genügt die faktische Darlegung, ohne dass im Voraus getroffene Vereinbarungen vorliegen müssen.[42]

2. Verdeckte Kapitaleinlage (vKE)

Das von der Rechtsprechung entwickelte Institut der vKE ist im internationalen Konzern insbesondere auf der Ebene der Muttergesellschaft bedeutsam, geht es hier doch um Vermögensverschiebungen von der Muttergesellschaft zur Tochtergesellschaft. Damit handelt es sich bei der vKE grundsätzlich um den **umgekehrten Sachverhalt** wie bei der vGA. Sie erhöhen das Einkommen nicht (§ 8 Abs. 3 Satz 3 KStG).

---

[39] Vgl. Döllerer, G., Gewinnausschüttungen, 1990, S. 115 ff.; Lange, J., Gewinnausschüttungen, 1998, S. 130 ff.
[40] Vgl. BFH v. 22. 4. 1964, BStBl 1964 III, S. 370; BFH v. 8. 6. 1977, BStBl 1977 II, S. 704.
[41] Vgl. Verwaltungsgrundsätze, BMF-Schreiben v. 23. 2. 1983, BStBl 1983 I, S. 218, Tz. 2.3.3. Zustimmend Dötsch, E./Jost, W. F./Pung, A./Witt, G., Körperschaftsteuer, § 8 Abs. 3 KStG, Anm. 93.
[42] Zum Konzept des Vorteilsausgleichs siehe im Einzelnen Abschnitt C II 4 d).

4. Kapitel. Bei Kapitalgesellschaften

Eine **verdeckte Kapitaleinlage** liegt nach ständiger Rechtsprechung vor, wenn ein Gesellschafter seiner Kapitalgesellschaft Vermögensvorteile zuwendet und diese Zuwendung ihre Ursache im Gesellschaftsverhältnis hat.[43] Da der Ausgangspunkt für den Tatbestand einer vKE die Definition der Einlage (§ 4 Abs. 1 EStG) ist, sind nur solche Vermögensvorteile bedeutsam, die zum Ansatz oder zur Erhöhung eines Aktivpostens bzw. zum Wegfall oder zur Minderung eines Passivpostens führen.

Gegenstand einer vKE kann sowohl die unentgeltliche Übertragung von materiellen Wirtschaftsgütern und Rechten sein als auch die Lieferung solcher Wirtschaftsgüter unter dem Marktpreis. Darüber hinaus stellt auch die unentgeltliche oder verbilligte Lieferung von immateriellen Wirtschaftsgütern eine vKE dar, da das Aktivierungsverbot für immaterielle Wirtschaftsgüter des Anlagevermögens (§ 5 Abs. 2 EStG) zugunsten des übergeordneten Gebots einer korrekten Trennung zwischen gesellschaftsrechtlicher und betrieblicher Sphäre zurücktritt.[44]

Als vKE ungeeignet ist die Überlassung von Geld und anderen Wirtschaftsgütern zur Nutzung, da unentgeltliche oder verbilligte Nutzungsüberlassungen für sich allein zu keiner Vermehrung des Gesellschaftsvermögens im Überlassungszeitpunkt führen.[45] Auch die ersparten künftigen Aufwendungen führen nicht zu Vermögensmehrungen, da diese sich im Gewinnbereich und nicht im Vermögensbereich vollziehen.[46]

Beispiel: Eine Muttergesellschaft vermietet der Tochtergesellschaft ein Wirtschaftsgut zu einem ungewöhnlich günstigen Mietzins. Der Gewinn der Muttergesellschaft wird um den der Tochtergesellschaft gewährten Gebrauchsvorteil gemindert, und entsprechend erhöht sich der Gewinn der Tochtergesellschaft. Eine Gewinnkorrektur aufgrund des Rechtsinstituts der vKE kommt aber nicht in Betracht, weil es sich beim Gebrauchsvorteil um kein aktivierungsfähiges Wirtschaftsgut handelt.[47]

Diese Grundsätze der Rechtsprechung, die zu reinen Inlandssachverhalten entwickelt worden sind, gelten auch für den Fall der Gewährung grenzüberschreitender zinsloser oder unverzinslicher Darlehen.[48] Entsprechend ist der aus der Weiterverwendung des zinslosen Darlehens entstehende Zinsertrag allein der begünstigten Tochtergesellschaft zuzurechnen.[49]

---

[43] Vgl. z. B. BFH v. 9. 3. 1983, BStBl 1983 II, S. 744; BFH v. 14. 11. 1984, BStBl 1985 II, S. 227; BFH v. 27. 7. 1988, BStBl 1989 II, S. 271; BFH v. 16. 4. 1991, BStBl 1992 II, S. 234.
[44] Vgl. Jacobs, O. H., Rechtsform, 2009, S. 197 ff.
[45] Vgl. BFH v. 26. 10. 1987, BStBl 1988 II, S. 348.
[46] Wenn durch die Nutzungsüberlassung beim Gesellschafter ein dauerhafter Verlust entsteht, ist der Sachverhalt strittig. Vgl. hierzu BFH v. 8. 11. 1960, BStBl 1960 III, S. 513; sowie Döllerer, G., BB 1988, S. 1789 f.
[47] Zur Überlassung unentgeltlicher Nutzungen durch eine Tochtergesellschaft an ihre Schwestergesellschaft siehe BFH v. 19. 5. 2005, BFH/NV 2005, S. 1784. Diese Überlassung bewirkt bei der Tochtergesellschaft eine vGA an die Muttergesellschaft. Auf Ebene der Muttergesellschaft ist aber davon auszugehen, dass die Muttergesellschaft den empfangenen Vorteil für Zwecke ihrer Beteiligung verbraucht hat, so dass sich bei ihr Ertrag und Aufwand in gleicher Höhe gegenüberstehen. Vgl. auch BFH v. 26. 10. 1987, BStBl 1998 II, S. 348.
[48] Vgl. BMF-Schreiben v. 24. 7. 1979, BStBl 1979 I, S. 564; BFH v. 22. 11. 1983, BFHE 140, S. 69; BFH v. 24. 5. 1984, BStBl 1984 II, S. 747. Hier greift aber § 1 AStG; vgl. nachfolgend Abschnitt B I 3.
[49] Vgl. BFH v. 17. 10. 2001, BFH/NV 2002, S. 240.

Die unterschiedliche Behandlung der **Nutzungsüberlassungen** bei der vGA einerseits und der vKE andererseits war in der Vergangenheit zunehmend kritisiert worden.[50] Der Gewinn einer Kapitalgesellschaft kann nämlich nur dann von allen gesellschaftsrechtlich veranlassten Einflüssen bereinigt werden, wenn der Anwendungsbereich beider Vorschriften identisch definiert ist.[51] In seinem Beschluss vom 26. 10. 1987[52] hat sich der Große Senat des BFH dieser Kritik jedoch nicht angeschlossen. Einlagefähig sind damit nach wie vor nur solche Gegenstände, die Bestandteil eines Vermögensvergleichs nach § 4 Abs. 1 EStG sein können. Diese Voraussetzung erfüllen lediglich bilanzierungsfähige Wirtschaftsgüter. Eine Ausdehnung des Wirtschaftsgutbegriffs auf Nutzungen und Leistungen für Zwecke einer Einlage i. S. d. § 4 Abs. 1 Satz 7 EStG wurde grundsätzlich abgelehnt.

Ausnahmen von dieser an das Handelsrecht anknüpfenden Abgrenzung des Einlagebegriffs sind jedoch möglich, wenn dies aufgrund besonderer steuerrechtlicher Wertungen erforderlich ist. In diesem Zusammenhang ist insbesondere der Zweck der Einlagevorschrift relevant, den der Große Senat[53] wie folgt umschreibt: „Mit der Einlageregelung des § 4 Abs. 1 Satz 1 EStG soll in steuerrechtlicher Sicht erreicht werden, dass vom Steuerpflichtigen steuerfrei gebildetes oder bei ihm bereits besteuertes Vermögen nach seiner Einbringung in den Betrieb nicht durch eine Erhöhung der Gewinneinkünfte der Besteuerung unterworfen wird." Dieser finale Einlagebegriff würde demnach die Einlage schlichter Nutzungen und Leistungen erlauben, wenn diese beim Gesellschafter zu steuerpflichtigen Einkünften führten. Da dies jedoch im Rahmen der geltenden Rechtslage regelmäßig nicht der Fall ist, entfällt der Anlass für eine Erweiterung der Einlagemöglichkeiten.[54]

Den **Maßstab** für das Vorliegen einer vKE bildet die Beurteilung, ob ein Gesellschafter seiner Gesellschaft Vermögensvorteile zuwendet, die ein Nichtgesellschafter bei Anwendung der Sorgfalt eines ordentlichen Kaufmanns (§ 347 HGB) der Gesellschaft nicht einräumen würde.[55] Damit wird die Qualifikation auch bei der vKE vom Fremdvergleich abhängig gemacht. Unerheblich ist dagegen, ob die Vorteilszuwendung beabsichtigt wurde bzw. ob eine diesbezügliche Einigung zwischen den Beteiligten zustande kam. Als Korrekturmaßstab kommt sowohl bei der empfangenden Kapitalgesellschaft als auch beim leistenden Gesellschafter der Teilwert zum Ansatz.

Bezüglich der **Rechtsfolgen** einer vKE ist wiederum zwischen der Ebene der Tochtergesellschaft und der des Gesellschafters (Muttergesellschaft) zu unterscheiden.

Für den Fall der vKE einer inländischen Muttergesellschaft in eine **ausländische Tochtergesellschaft** (Outbound-Fall) richten sich Art und Umfang

---

[50] Vgl. Jacobs, O. H./Spengel, C., IStR 1994, S. 104, 150 f.
[51] Vgl. statt vieler BFH v. 20. 8. 1986, BStBl 1987 II, S. 65; Wassermeyer, F., StbJb 1985/86, S. 213 ff. m. w. N.
[52] Vgl. BFH v. 26. 10. 1987, BStBl 1988 II, S. 348.
[53] Vgl. BFH v. 26. 10. 1987, BStBl 1988 II, S. 353.
[54] Vgl. hierzu z. B. Bordewin, A., DStR 1988, S. 227 ff.; Döllerer, G., BB 1988, S. 1789 ff.; Felix, G., DStZ 1988, S. 179 f.; Groh, M., DB 1988, S. 514 ff., S. 571 ff.
[55] Vgl. z. B. BFH v. 19. 2. 1970, BStBl 1970 II, S. 442; BFH v. 26. 10. 1987, BStBl 1988 II, S. 348.

4. Kapitel. Bei Kapitalgesellschaften

einer Gewinnkorrektur bei der Tochtergesellschaft ausschließlich nach ausländischem Recht.

In der Bilanz der leistenden **inländischen Muttergesellschaft** erhöhen sich die Anschaffungskosten der Beteiligung an der ausländischen Tochtergesellschaft um den Teilwert des Wirtschaftsguts (§ 6 Abs. 6 Satz 2 EStG, § 8 Abs. 1 KStG). Dieser Erhöhung des Betriebsvermögens steht der Abgang des hingegebenen Wirtschaftsguts als Vermögensminderung gegenüber, so dass es in Höhe der Differenz zwischen dem Teilwert und dem Buchwert des Wirtschaftsguts zur Gewinnrealisierung kommt.[56] Wurde das entsprechende Wirtschaftsgut allerdings innerhalb von drei Jahren vor dem Zeitpunkt der Zuführung angeschafft oder hergestellt, so ergibt sich die Höhe der bei der Muttergesellschaft als nachträglicher Anschaffungsaufwand zu erfassenden vKE entweder in Abhängigkeit vom Teilwert oder von den niedrigeren Anschaffungs- oder Herstellungskosten (§ 6 Abs. 6 Satz 2 i. V. m. § 6 Abs. 1 Nr. 5 Buchstabe a) EStG). In diesem Fall werden die stillen Reserven somit nicht bei der leistenden inländischen Muttergesellschaft realisiert. Eine Realisation erfolgt allenfalls bei der empfangenden ausländischen Tochtergesellschaft, falls diese das empfangene Wirtschaftsgut zu den niedrigeren Anschaffungs- oder Herstellungskosten aktiviert.

Liegt eine vKE einer ausländischen Muttergesellschaft in eine **inländische Tochtergesellschaft** vor (Inbound-Fall), so ergeben sich auf Ebene der Tochtergesellschaft nachstehende Rechtsfolgen:

– Die vKE führt bei der Tochtergesellschaft zu einer Vermögensmehrung. Diese ist erfolgsneutral zu verbuchen, was dadurch sichergestellt wird, dass eine vKE bei der Ermittlung des steuerpflichtigen Einkommens – analog zur Behandlung der offenen Einlagen – abgezogen wird. Das gilt nicht, soweit eine verdeckte Einlage das Einkommen der Muttergesellschaft gemindert hat (§ 8 Abs. 3 Satz 4 KStG, § 32a Abs. 2 KStG).[57]
– Auf vKE sind nach h. M. die Regelungen des EStG analog anzuwenden. Demnach kommt für die Bewertung der vKE bei der Kapitalgesellschaft der Teilwert zum Ansatz (§ 6 Abs. 1 Nr. 5 EStG, § 8 Abs. 1 KStG).[58]

Die Behandlung der vKE bei der **ausländischen Muttergesellschaft** richtet sich grundsätzlich nach ausländischem Steuerrecht. Im Inland ist im Rahmen der beschränkten Steuerpflicht der Muttergesellschaft eine Aktivierung des Teilwertes der vKE als nachträgliche Anschaffungskosten der Beteiligung vorzunehmen, wenn die vKE von einem inländischen Gewerbebetrieb der ausländischen Muttergesellschaft geleistet worden ist.[59]

Bezüglich der Möglichkeit eines **Vorteilsausgleichs** kann auf die Ausführungen zur vGA verwiesen werden.[60] Wird innerhalb des Konzerns durch Ausgleichszahlungen die einseitige Vorteilszuwendung nach dem Maßstab des Fremdverhaltens ausgeglichen, so gelten hierfür nach der deutschen Wertung die allgemeinen Regeln. Dies bedeutet, dass die Rückgängigmachung einer

---
[56] Vgl. Schmidt, L., Einkommensteuergesetz, § 6 EStG, Rz. 748.
[57] Siehe dazu Dörfler, O./Heurung, R./Adrian, G., DStR 2007, S. 517 ff.
[58] Vgl. BMF-Schreiben v. 12. 10. 1998, DStR 1998, S. 1754 ff.; Korn, K., KöSDi 2000, S. 12 353; Weber-Grellet, H., StB 2000, S. 127; Schmidt, L., Einkommensteuergesetz, § 6 EStG, Rz. 555.
[59] Vgl. Döllerer, G., Gewinnausschüttungen, 1990, S. 233.
[60] Vgl. Abschnitt B I 1.

vGA grundsätzlich als Einlage zu behandeln ist,[61] der Ausgleich einer vKE ist als Kapitalrückführung zu behandeln.

Im internationalen Vergleich ist hier die Praxis uneinheitlich, es überwiegt jedoch die Überlegung – analog zur Vorgehensweise im deutschen Recht, „Ausgleichszahlungen" nicht erfolgswirksam abzuwickeln.

3. Gewinnberichtigung nach § 1 AStG

§ 1 AStG sieht Ergebniskorrekturen vor, wenn Einkünfte eines Steuerpflichtigen aus Geschäftsbeziehungen mit einer ihm nahe stehenden Person dadurch gemindert werden, dass er im Rahmen solcher Geschäftsbeziehungen zum Ausland Bedingungen, insbesondere Preise (Verrechnungspreise), vereinbart, die von denen abweichen, die unabhängige Dritte unter gleichen oder ähnlichen Verhältnissen vereinbart hätten (Fremdvergleichsgrundsatz). Liegt ein solcher Sachverhalt vor, so sind „seine Einkünfte unbeschadet anderer Vorschriften so anzusetzen, wie sie unter den zwischen unabhängigen Dritten vereinbarten Bedingungen ausgefallen wären". **Zielsetzung** der „Berichtigung von Einkünften" ist es, Erfolgslenkungen ins Ausland zu verhindern. In diesem Sinne werden im Inbound-Fall Erfolgsverlagerungen von der inländischen Tochterkapitalgesellschaft auf ihre ausländische Muttergesellschaft und im Outbound-Fall **Erfolgsverlagerungen** von der inländischen Muttergesellschaft auf ihre ausländische Tochtergesellschaft erfasst. Die Vorschrift bildet die rechtliche Grundlage dafür, dass die Finanzverwaltung die Deutschland hoheitlich zustehenden sowie durch zahlreiche DBA verankerten Besteuerungsrechte auf der Basis innerstaatlicher Regelungen wahrnehmen kann. Eine ggf. erforderliche Erfolgskorrektur vollzieht sich durch die Erhöhung der vereinbarten, aber unangemessenen Entgelte bis zu der Höhe, die zwischen **unabhängigen Unternehmen** üblich ist.[62] Dabei ist, um willkürliche Ergebnisse zu vermeiden, im Verhältnis der nahe stehenden Personen hinsichtlich aller Informationen, die für die Geschäftsbeziehung wesentlich sind, Transparenz anzunehmen (§ 1 Abs. 1 Satz 2 AStG).[63]

Im Folgenden werden die einzelnen Anwendungsvoraussetzungen des § 1 AStG und das Verhältnis dieser Vorschrift zu den anderen Ergebniskorrekturvorschriften erläutert. Anschließend wird noch auf Probleme der technischen Durchführung und auf die Möglichkeit des Vorteilsausgleichs bei § 1 AStG eingegangen.

a) Anwendungsvoraussetzungen

Als **nahe stehende Personen** bezeichnet § 1 Abs. 2 AStG solche natürlichen und juristischen Personen, die international durch wesentliche **Beteiligungen** (≥ 25% des Nennkapitals) oder durch Beherrschungsverhältnisse miteinander verflochten sind. Weiterhin umfasst dieser Begriff Drittpersonen,

---

[61] Vgl. Verwaltungsgrundsätze-Verfahren, BMF-Schreiben v. 12. 4. 2005, BStBl 2005 I, S. 570, Tz. 5.5.1. Siehe Janssen, B., Verdeckte Gewinnausschüttungen, 2010, Anm. 433.
[62] Vgl. auch Anwendungsschreiben AStG, BMF-Schreiben v. 14. 5. 2004, BStBl 2004 I, Sondernummer 1/2004, Tz. 1.1.1.
[63] Siehe hierzu auch die Gesetzesbegründung in BT-Drs. 16/4841, S. 85.

4. Kapitel: Bei Kapitalgesellschaften 747

die aufgrund wesentlicher Beteiligungen oder einer **Beherrschungsmöglichkeit** auf beide vertragsschließenden Partner Einfluss nehmen können. Gedacht ist hier an Schwestergesellschaften, bei denen die gemeinsame Muttergesellschaft die Geschäftsbeziehungen zwischen den Schwestergesellschaften beeinflussen kann. Die Verflechtung durch beherrschenden Einfluss kann vor allem auf beteiligungsähnlichen Rechten, auf Unternehmensverträgen, der aktienrechtlichen Eingliederung oder der Zusammenfassung mehrerer Unternehmen unter einheitlicher Leitung beruhen.[64] Schwierige Abgrenzungsprobleme wirft schließlich § 1 Abs. 2 Nr. 3 AStG auf, der folgende Interessenverflechtungen anspricht:

– Ein Steuerpflichtiger bzw. eine Drittperson kann einen außerhalb dieser Geschäftsbeziehung begründeten Einfluss auf die Geschäftsbeziehungen ausüben. Beispiele sind Marktbindungsverträge, Konkurrenzausschlussabsprachen oder Vertriebsbindungen, d. h. vertragliche Vereinbarungen, nach der sich ein Vertreiber an die Produkte eines bestimmten Herstellers bindet.[65]

– Einer der Beteiligten hat ein eigenes Interesse an der Erzielung der Einkünfte des anderen. Hierzu gehören Interessengemeinschaften oder Rechtsbeziehungen aufgrund derer die eigene Leistungspflicht vom Einkommen der jeweils anderen Person abhängt. Es genügen aber bereits rein persönliche Interessen an der mittelbaren Verlagerung von Einkünften auf eine dritte Person.[66]

Durch die Einbeziehung dieser beiden Fälle geht der Anwendungsbereich des § 1 AStG über gesellschaftsrechtliche Verflechtungen und damit über die Institute der vGA und vKE weit hinaus.[67]

Geschäftsbeziehung i. S. d. § 1 AStG ist „jede den Einkünften zugrunde liegende schuldrechtliche Beziehung, die keine gesellschaftsvertragliche Vereinbarung ist und entweder beim Steuerpflichtigen oder bei der nahe stehenden Person Teil einer Tätigkeit ist, auf die die §§ 13, 15, 18 oder § 21 des Einkommensteuergesetzes anzuwenden sind oder im Fall eines ausländischen Nahestehenden anzuwenden wären, wenn die Tätigkeit im Inland vorgenommen würde" (§ 1 Abs. 5 AStG). Es kann sich dabei um Rechtsgeschäfte jeder Art, wie Erwerb und Veräußerung von Wirtschaftsgütern, Erbringen von Dienstleistungen, Darlehenshingabe sowie Überlassung von materiellen und immateriellen Wirtschaftsgütern handeln, wobei eine beschränkte Steuerpflicht der nahe stehenden Person mit den daraus erzielten Einkünften nicht erforderlich ist.[68]

---
[64] Vgl. Verwaltungsgrundsätze, BMF-Schreiben v. 23. 2. 1983, BStBl 1983 I, S. 218, Tz. 1.3.2.5.
[65] Familiäre Beziehungen begründen für sich genommen keinen außerhalb der Geschäftsbeziehung liegenden Einfluss, vgl. BFH v. 19. 1. 1994, BStBl 1994 II, S. 725.
[66] Vgl. BFH v. 19. 1. 1994, BStBl 1994 II, S. 725; Verwaltungsgrundsätze, BMF-Schreiben v. 23. 2. 1983, BStBl 1983 I, S. 218, Tz. 1.3.2.7.; vgl. hierzu auch Anwendungsschreiben AStG, BMF-Schreiben v. 14. 5. 2004, BStBl 2004 I, Sondernummer 1/2004, Tz. 1.0.1.
[67] Vgl. BFH v. 6. 8. 1985, BStBl 1986 II, S. 17; BFH v. 27. 7. 1988, BStBl 1989 II, S. 57.
[68] Vgl. Anwendungsschreiben AStG, BMF-Schreiben v. 14. 5. 2004, BStBl 2004 I, Sondernummer 1/2004, Tz. 1.4.1.

Beispiel: Eine in Deutschland ansässige natürliche Person vergibt aus privaten Mitteln ein Darlehen an eine ihr nahe stehende Kapitalgesellschaft. Die Vergabe des Darlehens ist eine Geschäftsbeziehung, wenn auf die Tätigkeit der ausländischen Gesellschaft die Bestimmungen über die Besteuerung von Land- und Forstwirtschaft, aus Gewerbebetrieb, aus selbständiger Arbeit oder aus Vermietung und Verpachtung („Grundtätigkeiten") anzuwenden sind. Hierunter fallen stets auch Tätigkeiten von Körperschaften, soweit deren Einkünfte nach § 8 Abs. 2 KStG als Einkünfte aus Gewerbebetrieb zu behandeln sind. Bei der natürlichen Person ist diese Voraussetzung nicht erfüllt, da die Vergabe von Darlehen aus privaten Mitteln außerhalb der genannten Grundtätigkeiten erfolgt. Von daher ist auch im Unterschied zur Situation im Beispiel die Vergabe eines privaten Darlehens zur privaten Verwendung keine Geschäftsbeziehung i. S. von § 1 AStG.

Die Rechtsgeschäfte können auch gesetzlich begründet sein, so z. B. beim Verzicht auf Schadensersatzansprüche etc. **Keine Geschäftsbeziehung** ist dagegen die Zuführung von Nominalkapital in die ausländische Tochtergesellschaft (gesellschaftsrechtliche Einlage).[69] Für dieses Ergebnis ist maßgebend, dass die Überlassung von Eigenkapital nicht auf einer schuldrechtlichen, sondern auf einer gesellschaftsrechtlichen Vereinbarung beruht. Zu den Geschäftsbeziehungen zählen nicht die Beziehungen, die das Nahestehen erst begründen. Deshalb ist insbesondere eine wesentliche Beteiligung als solche keine Geschäftsbeziehung. Erforderlich ist vielmehr, dass über die Beteiligung hinaus ein selbständiges Leistungsverhältnis zwischen Gesellschaft und Gesellschafter besteht. Das gilt für das BMF auch dann, wenn die hierzu getroffene schuldrechtliche Vereinbarung in den Gesellschaftsvertrag aufgenommen wurde oder Eigenkapital ersetzenden Charakter hat.[70]

Danach kommt es für das Bestehen einer Geschäftsbeziehung nicht darauf an, welche betrieblichen oder gesellschaftsrechtlichen Interessen ihr im Einzelfall zugrunde liegen. Beruht das Verhältnis jedoch auf einer **gesellschaftsrechtlichen Vereinbarung,** wird es von der gesetzlichen Definition einer Geschäftsbeziehung nicht erfasst. Voraussetzung ist allerdings eine klare, im Vorhinein getroffene Festlegung durch Gesellschaftsvertrag oder Satzung. In diesem Fall wäre z. B. die Zahlung einer Bürgschaftsprovision für die Übernahme einer Patronatserklärung weiterhin entbehrlich. Möglicherweise ist die Definition der Geschäftsbeziehung aber auch insoweit zu

---

[69] Vgl. Blümich, W., Einkommensteuergesetz, § 1 AStG, Anm. 37.
[70] Vgl. Anwendungsschreiben AStG, BMF-Schreiben v. 14. 5. 2004, BStBl 2004 I, Sondernummer 1/2004, Tz. 1.4.2. Im Unterschied dazu entschied der BFH noch zu der vor der Rechtsänderung durch das „Gesetz zum Abbau von Steuervergünstigungen und Ausnahmeregelungen (StVergAbG)" v. 20. 5. 2003, BGBl 2003 I, S. 660, maßgebenden Regelung, dass auch finanzielle Zuwendungen der Muttergesellschaft, die nach dem für die Tochtergesellschaft maßgebenden Gesellschaftsrecht Eigenkapital dieser Gesellschaft würden, außerhalb des Anwendungsbereichs von § 1 AStG stehen. Vgl. BFH v. 29. 11. 2000, BStBl 2002 II, S. 720; bestätigt durch BFH v. 27. 8. 2008 BFH/NV 2009, S. 123; BFH v. 29. 4. 2009 BFH/NV 2009, S. 1648; siehe dazu Rehm, H./Nagler, S., IStR 2008, S. 421. Das BMF reagierte auf die Position des BFH zunächst mit einem Nichtanwendungserlass – siehe BMF-Schreiben v. 17. 10. 2002, BStBl 2002 I, S. 1025 – und initiierte eine gesetzliche „Klarstellung" durch das StVergAbG. Siehe dazu Günkel, M./Lieber, B., IStR 2004, S. 230. Davon unabhängig hat sich das BMF jedoch inzwischen der Sichtweise des BFH angeschlossen und für VZ vor 2003, d. h. vor Inkrafttreten der aktuellen Gesetzesfassung, verfügt, der Auslegung des BFH zu folgen, vgl. BMF-Schreiben v. 12. 1. 2010, BStBl 2010 I, S. 34; dazu auch BFH v. 23. 6. 2010 I R 37/09, DStR 2010, S. 1883.

eng geraten, als ausdrücklich auf eine schuldrechtliche Beziehung abgestellt wird.[71] An der Geschäftsbeziehung muss auf der einen Seite der Steuerpflichtige beteiligt sein, auf der anderen Seite die „nahe stehende Person". Ist diese durch eine wesentliche Beteiligung bzw. durch Beherrschungsverhältnisse mit dem Steuerpflichtigen verflochten (Nr. 1 und 2), so gilt § 1 AStG für alle Geschäftsbeziehungen zwischen den beteiligten Personen. Im Fall besonderer Einflussmöglichkeiten oder einer partiellen Interessenidentität (Nr. 3) gilt § 1 AStG hingegen lediglich für den Kreis von Geschäftsbeziehungen, auf die sich die Einflussmöglichkeit oder das gemeinsame Interesse bezieht. Damit ist § 1 AStG auf Transaktionen ohne Bezug zum Inland nicht anwendbar. Zur Korrektur von Geschäftsbeziehungen nachgeschalteter Zwischengesellschaften untereinander kann die Norm nicht herangezogen werden.[72]

Im Zusammenhang mit **Betriebsstätten** nahe stehender Personen ist die Rechtslage nicht eindeutig. Nach dem BMF liegen „Geschäftsbeziehungen zum Ausland" auch vor bei Geschäften zwischen

– den inländischen und ausländischen Betriebsstätten unbeschränkt oder beschränkt steuerpflichtiger Personen sowie
– inländischen und ausländischen ganz oder teilweise beteiligungsidentischen Personengesellschaften, Gemeinschaften und ähnlichen Gebilden.[73]

Auf der anderen Seite entschied der BFH mit Urteil vom 28. 4. 2004,[74] dass die Annahme einer Geschäftsbeziehung i. S. d. § 1 AStG eine **personale Beziehung** der inländischen Steuerpflichtigen zu einer ausländischen nahe stehenden Person voraussetzt. An einer solchen personalen Beziehung fehle es, wenn ein inländischer Steuerpflichtiger einer inländischen nahe stehenden Person ein zinsloses Darlehen gewährt, auch dann, wenn die überlassenen Finanzmittel den Zwecken einer in einem ausländischen Staat belegenen Betriebsstätte der nahe stehenden Person dienen und für diese tatsächlich verwendet werden. Hierauf soll es jedoch nicht ankommen, da die durch die Unverzinslichkeit des Darlehens verursachte Einkünfteminderung in ihrer Auswirkung allein auf das Inland beschränkt sei.

Das BMF reagierte auch auf dieses Urteil mit einem **Nichtanwendungserlass**.[75] Geschäftsbeziehungen zwischen dem Steuerpflichtigen und einer ihm nahestehenden Person werden nach Auffassung des BMF auch dann von § 1 AStG erfasst, wenn die schuldrechtliche Beziehung zu einer inländischen (unbeschränkt steuerpflichtigen) Person besteht. Dies sei dann der Fall, wenn die Person eine ausländische Betriebsstätte unterhält und die Geschäftsbeziehung nicht dem inländischen Stammhaus, sondern der ausländischen Betriebsstätte zuzuordnen ist. Diese Zuordnung erfolge funktional und ergebe sich regelmäßig aus der Verwendung der Darlehensmittel. Die Vorschrift des

---

[71] Vgl. Schnitger, A., IStR 2003, S. 76; Günkel, M./Lieber, B., IStR 2004, S. 231; Blümich, W., Einkommensteuergesetz, § 1 AStG, Anm. 37.
[72] Vgl. BFH v. 20. 4. 1988, BStBl 1988 II, S. 868. Siehe hierzu auch Bellstedt, C., DB 1988, S. 2273 ff.; Ebenroth, C. T./Fuhrmann, L., DB 1989, S. 1100 ff.
[73] Siehe hierzu im Einzelnen Anwendungsschreiben AStG, BMF-Schreiben v. 14. 5. 2004, BStBl 2004 I, Sondernummer 1/2004, Tz. 1.4.3.
[74] Vgl. BFH v. 28. 4. 2004, BFH/NV 2004, S. 1442.
[75] Vgl. BMF-Schreiben v. 22. 7. 2005, BStBl 2005 I, S. 818.

§ 1 AStG stelle darauf ab, ob die Geschäftsbeziehung „zum Ausland" bestehe und nicht, ob zivilrechtlich eine personale Beziehung mit einer ausländischen Person vereinbart wurde. Eine andere Auffassung widerspreche auch dem Sinn und Zweck dieser Vorschrift.

Diese Argumente sind nicht frei von Zweifeln, weil sie Geschäftsbeziehungen unterstellen, die rechtlich nicht bestehen können.[76] Darüber hinaus wird der Anwendungsbereich des Fremdvergleichs ohne Abstriche auf das Verhältnis zu Betriebsstätten übertragen.[77]

Weitere Voraussetzung für § 1 AStG ist, dass die vereinbarten Geschäftsbedingungen zu einer **Einkunftsminderung** des inländischen Steuerpflichtigen führen. Es genügt hierbei, wenn die Einkunftsminderung erst nach dem Ende der Geschäftsbeziehung eintritt.

Liegen die genannten Voraussetzungen des § 1 AStG vor, so sind die Einkünfte des Steuerpflichtigen in der Höhe anzusetzen, wie sie zwischen **unabhängigen Dritten** angefallen wären. Dies gilt insbesondere im Fall der grenzüberschreitenden unentgeltlichen Nutzungsüberlassung zwischen verbundenen Unternehmen.

Beispiel: Die inländische Muttergesellschaft gewährt ihrer ausländischen Tochtergesellschaft ein zinsloses oder zu niedrig verzinstes Darlehen. Da in diesem Fall keine vKE vorliegt, kann eine Gewinnkorrektur nur auf § 1 AStG gestützt werden.

Bei der Ergebniskorrektur entstehen allerdings dann Anwendungsprobleme, wenn die Voraussetzungen des § 1 AStG und die der vGA (bzw. vKE) gleichzeitig vorliegen.

b) Verhältnis des § 1 AStG zur verdeckten Gewinnausschüttung (vGA) und zur verdeckten Kapitaleinlage (vKE)

Die verschiedenen Rechtsgrundlagen für Einkommenskorrekturen überschneiden sich in ihrem Anwendungsbereich.[78] Zwar sind vGA und vKE auch außerhalb von Geschäftsbeziehungen zum Ausland und bei Beteiligungen kleiner 25% denkbar, während andererseits der Anwendungsbereich von § 1 AStG auch natürliche Personen und Interessenverflechtungen erfasst, die nicht auf Beteiligungen basieren (siehe Abbildung 16). Darüber hinaus erstreckt sich § 1 AStG auch auf Nutzungsüberlassungen, während die vKE auf einlagefähige Wirtschaftsgüter beschränkt ist. Gleichwohl kann bei Vermögensverlagerungen von einer inländischen Mutter- zu einer ausländischen Tochtergesellschaft § 1 AStG mit der vKE konkurrieren. Bei Vermögensverlagerungen von einer inländischen Tochter- zu einer ausländischen Muttergesellschaft kollidiert § 1 AStG mit der vGA. Lediglich die vGA und die vKE schließen sich gegenseitig aus.

---

[76] Vgl. Kaminski, B., StuW 2008, S. 337 f.
[77] Zu praktischen Folgefragen der Position des BMF siehe Strunk, G./Kaminski, B., IStR 2006, S. 142 ff.
[78] Siehe dazu z. B. Kraft, G., Außensteuergesetz, § 1 AStG, Rz. 25 ff.

4. Kapitel. Bei Kapitalgesellschaften

Abbildung 16: Verhältnis des § 1 AStG zur verdeckten Gewinnausschüttung (vGA) und zur verdeckten Kapitaleinlage (vKE)

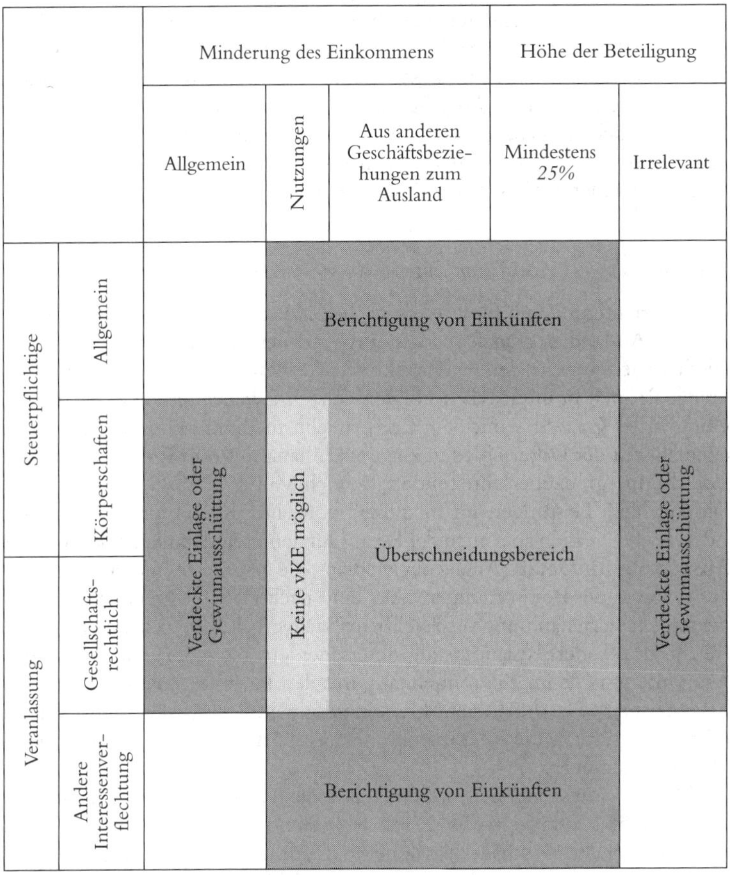

			Minderung des Einkommens			Höhe der Beteiligung	
		Allgemein	Nutzungen	Aus anderen Geschäftsbeziehungen zum Ausland		Mindestens 25%	Irrelevant
Steuerpflichtige	Allgemein			Berichtigung von Einkünften			
	Körperschaften	Verdeckte Einlage oder Gewinnausschüttung	Keine vKE möglich	Überschneidungsbereich		Verdeckte Einlage oder Gewinnausschüttung	
Veranlassung	Gesellschaftsrechtlich						
	Andere Interessenverflechtung			Berichtigung von Einkünften			

Wären die Rechtsfolgen der jeweils konkurrierenden Rechtsnormen identisch, so bliebe die Frage nach dem Verhältnis der einzelnen Korrekturvorschriften ein rein theoretisches Problem. Da aber zum Teil erhebliche Unterschiede bei den Rechtsfolgen bestehen, stellt sich die Frage nach dem **Rangverhältnis** der Normen. So setzt die vGA eine Veranlassung im Gesellschaftsverhältnis voraus, die am Maßstab sorgfältigen Handelns ordentlicher und gewissenhafter Geschäftsleiter gemessen wird, während nach § 1 AStG auf die Bedingungen abzustellen ist, die fremde Dritte unter sonst gleichen Verhältnissen vereinbart hätten (Fremdvergleichsgrundsatz). Daneben ist die vGA mit dem gemeinen Wert und die vKE mit dem Teilwert anzusetzen, während für die „Berichtigung von Einkünften" (§ 1 AStG) der Fremdvergleichspreis maßgebend ist.[79]

---

[79] Zum Unterschied zwischen dem Fremdvergleichspreis und dem gemeinen Wert siehe die Diskussion im 3. Kapitel, Abschnitt D III 2 a) (1).

Um vor diesem Hintergrund **maximale Flexibilität** zu haben, sieht das Gesetz vor, § 1 AStG „unbeschadet anderer Vorschriften" anzuwenden.

„Führt die Anwendung des Fremdvergleichsgrundsatzes zu weitergehenden Berichtigungen als die anderen Vorschriften, sind die weitergehenden Berichtigungen neben den Rechtsfolgen der anderen Vorschriften durchzuführen" (§ 1 Abs. 1 Satz 3 AStG). Mit dieser Ergänzung wird ausdrücklich klargestellt, dass Berichtigungen nach § 1 AStG andere Regelungen (vor allem vGA und vKE, aber auch Entnahmen und Einlagen), die grundsätzlich Vorrang haben, ergänzen, soweit die Rechtswirkungen nach § 1 AStG über die Rechtswirkungen der anderen Vorschriften hinausgehen (Idealkonkurrenz).[80]

c) Verhältnis des § 1 AStG zum Europarecht

Die Berichtigung von Einkünften nach § 1 AStG ist auf Geschäftsbeziehungen zum Ausland begrenzt, so dass aufgrund der bestehenden Unterschiede zwischen den verschiedenen Korrekturmaßstäben sowohl im Anwendungsbereich als auch in ihren Rechtsfolgen vielfach Zweifel bestehen, ob die Regelungen des § 1 AStG mit dem Europarecht im Einklang stehen. Besonders augenfällig ist der Unterschied in Zusammenhang mit **Nutzungsüberlassungen,** die im grenzüberschreitenden Bereich von § 1 AStG erfasst werden, während diese Leistungen im Inlandsfall von einer Korrektur ausgenommen sind. Daneben sorgen aber auch der Bezug auf den Fremdvergleich sowie dessen **Umsetzung im Detail** (Ansatz des Medians, die geforderte Informationstransparenz sowie die Bestimmungen über eine nachträgliche Preisanpassung) für eine ungleiche Behandlung vergleichbarer Sachverhalte, die sich lediglich durch ihren Inlands- oder Auslandsbezug unterscheiden. Besonders markant werden diese Unterschiede im Zusammenhang mit den Regelungen zur **Funktionsverlagerung.**[81] Das AStG sieht hier eine doppelte ertragswertorientierte Gesamtbewertung vor, die im Zusammenhang mit den anderen Korrekturmaßstäben unbekannt ist.

Schließlich muss gesehen werden, dass die Funktionsverlagerungsverordnung – wohl contra legem – das zu bewertende Transferpaket als eine Art unternehmerische Geschäftschance begreift. Außerdem sollte nicht übersehen werden, dass Geschäftsbeziehungen mit Auslandsbezug zwischen nahe stehenden Personen erhöhten Dokumentationspflichten unterworfen sind, die zudem unter dem Vorbehalt besonderer Sanktionsmechanismen stehen (§ 90 Abs. 3 AO; § 162 Abs. 3, 4 AO; sowie GAufzV).

Zweifel an der Vereinbarkeit von § 1 AStG mit dem Europarecht äußern auch der **BFH**[82] und die **Finanzgerichte** Düsseldorf und Münster[83], wenn es

---

[80] Siehe Gesetzesbegründung zum UntStRefG 2008, BT-Drs. 16/4841 v. 27. 3. 2007, S. 85; in diesem Sinne bereits das Anwendungsschreiben AStG, BMF-Schreiben v. 14. 5. 2004, BStBl 2004 I, Sondernummer 1/2004, Tz. 1.1.2. Zum Meinungsstand in Bezug auf die Rechtslage vor der Rechtsänderung durch das Unternehmenssteuerreformgesetz 2008, siehe 6. Auflage, S. 687 f.
[81] Vgl. Rolf, T., IStR 2009, S. 152 ff.; siehe im Einzelnen Abschnitt D.
[82] BFH v. 29. 11. 2000, BStBl 2002 II, S. 720; BFH v. 21. 6. 2001, BFH/NV 2001, S. 1169.
[83] FG Düsseldorf v. 19. 2. 2008, EFG 2008, S. 1006; Verfahren erledigt durch BFH v. 29. 4. 2009, BFH/NV 2009, S. 1648; FG Münster v. 22. 2. 2008, EFG 2008, S. 923, Revision zurückgenommen.

4. Kapitel. Bei Kapitalgesellschaften

auch aus deutscher Sicht bisher zu keiner Vorlage an den EuGH gekommen ist. Gleichwohl hatte der EuGH im vergangenen Jahr die Gelegenheit, zur Vereinbarkeit der Gewinnabgrenzung mit Hilfe von Verrechnungspreisen mit dem Europarecht Stellung zu nehmen.[84] In der Rs. SGI[85] ging es um außergewöhnliche Vorteile im Zusammenhang mit der Vergabe eines unverzinslichen Darlehens sowie mit Zahlungen für eine Verwaltungsratstätigkeit, die eine belgische Gesellschaft ihrem Gesellschafter mit Sitz im Ausland gewährt. Der EuGH bewertete die entsprechende Korrektur des Einkommens durch die belgische Finanzverwaltung als **Beschränkung der Niederlassungsfreiheit,** da sie unter der Voraussetzung erfolgte, dass die empfangenden Gesellschafter ihren Sitz im Ausland hatten. Der EuGH hielt diese Beschränkung aber im Interesse einer ausgewogenen Aufteilung der Besteuerungsrechte für **gerechtfertigt.** Dabei sei es nicht erforderlich, dass der Missbrauchstatbestand, gegen den sich die Regelung des Steuerrechts wende, genau bezeichnet ist.[86] Die Beschränkung müsse aber verhältnismäßig sein und dürfe daher nicht über das hinausgehen, was zur Erreichung der mit ihr verfolgten Ziele in ihrer Gesamtheit erforderlich sei. Dazu müsse das Gesetz objektive und nachprüfbare Kriterien benennen, anhand derer verifiziert werden könne, ob die Gestaltung künstlich ist. Andererseits müsse der Steuerpflichtige die Möglichkeit haben, seine Gestaltung wirtschaftlich zu rechtfertigen.

Aus dieser Entscheidung wird teilweise der Schluss gezogen, dass die Voraussetzungen, die der EuGH an die Rechtfertigung einer Beschränkung der Niederlassungsfreiheit stellt, durch § 1 AStG in Verbindung mit § 90 Abs. 3 AO gegeben sind.[87] Die Tatsache jedenfalls, dass In- und Auslandsfälle unterschiedlich geregelt sind, rechtfertigt für sich noch nicht den Schluss, dass ein nicht zu rechtfertigender Verstoß gegen die Niederlassungsfreiheit vorliegt. Der Steuerpflichtige könne Beweise für die Angemessenheit der Verrechnungspreise vorlegen. Mögliche Korrekturen seien der Höhe nach auf den Fremdvergleichspreis beschränkt. Dabei orientiere sich Deutschland an internationalen Grundsätzen und den Arbeiten der OECD.

Betrachtet man die Regelungen des § 1 AStG im Einzelnen, bleiben jedoch **Zweifel,** ob diese Bestimmungen über das hinausgehen, was international als der übliche Maßstab angesehen wird. Schließlich sind die Regelungen des AStG in Bezug auf z. B. den Median, die Anpassungsklausel[88] sowie die Informationstransparenz international ohne Vorbild. Vergleichbares gilt für die ertragswertorientierte Gesamtbewertung oder auch die zum Teil sehr harschen Sanktionsmechanismen. Die hier unter Androhung von Zwangsmitteln geforderte Dokumentation aller Geschäftsbeziehungen mit Auslandsbezug hat nur wenig mit der durch den EuGH geforderten Möglichkeit für

---

[84] *einstweilen frei.*
[85] Vgl. EuGH v. 21. 1. 2010 (SGI), IStR 2010, S. 144. Vgl. dazu Andresen, U., IStR 2010, S. 289 ff.; Scheipers, T./Linn, A., IStR 2010, S. 469 ff. Englisch, J., IStR 2010, S. 139 ff.
[86] Die Überlegungen des EuGH sind in diesem Zusammenhang allerdings nicht sehr präzise, vgl. Baker, P., Intertax 2010, S. 195.
[87] Vgl. Becker, K./Sydow, S., IStR 2010, S. 196 ff.; sowie weitergehender Naumann, M./Sydow, S./Becker, K./Mitschke, W., IStR 2009, S. 665 ff.
[88] Vgl. dazu Oestreicher, A./Wilcke, D., DB 2010, S. 467 ff.; dies., DB 2010, S. 1709 ff.

den Steuerpflichtigen gemein, die wirtschaftliche Rechtfertigung seiner Gestaltung nachweisen zu können.

Zur Beseitigung der europarechtlichen Bedenken käme im Übrigen eine – allerdings mit weit reichenden Konsequenzen für Inlandsfälle verbundene – Vereinheitlichung der Korrekturmaßstäbe und Anwendungsbereiche oder eine Abschaffung des § 1 AStG in Frage.[89]

d) Probleme bei der technischen Durchführung des § 1 AStG

Im Fall der Erfolgsverlagerung von einer inländischen Muttergesellschaft auf eine ausländische Tochtergesellschaft (Outbound-Fall) wirft die technische Durchführung der Berichtigung nach § 1 AStG einige Fragen auf, die bis heute nicht abschließend gelöst sind.

Nach Auffassung der Finanzverwaltung[90] ist die Berichtigung nach § 1 AStG **außerhalb der Bilanz** vorzunehmen. Es erfolgt damit bei der inländischen Muttergesellschaft keine der vKE entsprechende Aktivierung der Vorteilsgewährung auf den Buchwert der Beteiligung an der Tochtergesellschaft. Da jedoch deren Vermögen durch die ersparten Aufwendungen gestiegen ist, kann es bei einer Veräußerung der Auslandsbeteiligung zu einer nochmaligen Besteuerung im Rahmen des Veräußerungsgewinns (Kaufpreis ./. unveränderter Beteiligungswert) kommen. Die Finanzverwaltung lässt deshalb eine Kürzung des Veräußerungsgewinns um den Berichtigungsbetrag nach § 1 AStG zu. Im Fall der Liquidation der Tochtergesellschaft soll entsprechend verfahren werden.

Diese Problematik ist nach der Einführung des allgemeinen Veräußerungsprivilegs allerdings nur noch in den Fällen relevant, in denen bei der Veräußerung der Auslandsbeteiligung die Vorschrift des § 8 b Abs. 2 KStG nicht greift (z. B. bei einbringungsgeborenen Anteilen).

e) Vorteilsausgleich bei § 1 AStG

Die Finanzverwaltung akzeptiert innerhalb des § 1 AStG einen Vorteilsausgleich zwischen nachteiligen und vorteilhaften Geschäftsbeziehungen,[91] wenn der Steuerpflichtige nachteilige Bedingungen im Hinblick darauf in Kauf genommen hat, dass er von dem Geschäftspartner im Rahmen des in Betracht stehenden Geschäftszusammenhangs im Gegenzug Vorteile erhält.[92] Im Gegensatz zur vGA und vKE sind somit auch dann Vor- und Nachteile aus **mehreren Rechtsgeschäften** saldierbar, wenn keine vertragliche Regelung im Voraus vorliegt, aber die Vorteilszuwendung im Hinblick auf bestimmte Gegenleistungen erfolgt.

Unter dem Blickpunkt der deutschen Rechtswertung zum ordentlichen Kaufmann bedeutet dies, dass der Steuerpflichtige geeignete Maßnahmen treffen muss, um die gegenseitig gewährten Vor- und Nachteile ständig festzuhalten, einander gegenüberzustellen und in angemessener Zeit auszuglei-

---

[89] Vgl. Wassermeyer, F., IStR 2001, S. 113.
[90] Vgl. Verwaltungsgrundsätze-Verfahren, BMF-Schreiben v. 12. 4. 2005, BStBl 2005 I, S. 570, Tz. 5.5.
[91] Vgl. Abschnitt C II 4 d).
[92] Vgl. Verwaltungsgrundsätze, BMF-Schreiben v. 23. 2. 1983, BStBl 1983 I, S. 218, Tz. 2.3.1.

chen.[93] Entgegen der bisher starren Handhabung des Vorteilsausgleichs seitens der deutschen Finanzverwaltung erscheinen uns großzügigere Maßstäbe im Hinblick auf Zeitdauer, verrechenbare Geschäftsbeziehungen und Formerfordernisse sachgerecht.[94]

Die Rückgängigmachung einer Gewinnkorrektur nach § 1 AStG aufgrund einer Ausgleichszahlung oder eines Vorteilsausgleichs führt zu einer **Kürzung des Hinzurechnungsbetrags** außerhalb der Bilanz.[95] Der Berichtigungsbetrag nach § 1 AStG ist als Merkposten jährlich festzuhalten, da er auch bei einer Beteiligungsveräußerung oder Liquidation den Veräußerungs- oder Liquidationserlös kürzt.

II. Abkommensrecht

Im Abkommensfall gibt Art. 9 OECD-Modell den Rahmen für Ergebniskorrekturen vor. Danach ist bei verbundenen Unternehmen zu prüfen,[96] ob „die beiden Unternehmen in ihren kaufmännischen oder finanziellen Beziehungen an vereinbarte oder auferlegte Bedingungen gebunden sind, die von denen abweichen, die unabhängige Unternehmen miteinander vereinbaren würden". Beide Abkommensvorschriften haben zum Ziel, bei Verstößen gegen den Arm's-length-Grundsatz Gewinnkorrekturen zu ermöglichen. Ihrem Wesen als Abkommensvorschriften entsprechend, stellen diese Normen Schranken dar, die es den Vertragsstaaten verwehren sollen, über die im Abkommen niedergelegten Maßstäbe hinaus ihre innerstaatlichen Ergebniskorrekturvorschriften anzuwenden.[97] Die Vertragsstaaten werden umgekehrt nicht dazu verpflichtet, eine nach ihrem innerstaatlichen Recht nicht vorgesehene Besteuerung auf den in der Abkommensklausel gesetzten Rahmen zu erweitern. Die Vorschriften können somit die innerstaatlichen Rechtsgrundlagen nicht ersetzen, sondern zwingen nur, die einschlägigen Vorschriften des deutschen Rechts (vGA, vKE, § 1 AStG) so anzuwenden, dass der im Abkommen niedergelegte Maßstab eingehalten wird.[98]

---

[93] Vgl. Blümich, W., Einkommensteuergesetz, § 1 AStG/Anm. 97; Wöhrle, W./Schelle, D./Gross, E., Außensteuergesetz, § 1 AStG, VG, Anm. 58 ff.
[94] So auch Fischer, L./Kleineidam, H.-J./Warneke, P., Steuerlehre, 2005, S. 93; Flick, W./Wassermeyer, F./Baumhoff, H., Außensteuerrecht, § 1 AStG, Rz. 795; Wöhrle, W./Schelle, D./Gross, E., Außensteuergesetz, § 1 AStG/VG, Anm. 60.
[95] Vgl. Verwaltungsgrundsätze-Verfahren, BMF-Schreiben v. 12. 4. 2005, BStBl 2005 I, S. 570, Tz. 5.5.1.d). Voraussetzung ist, dass die Ausgleichszahlungen innerhalb eines Jahres nach Bekanntgabe des berichtigten Steuerbescheids tatsächlich bezahlt werden.
[96] Die Gewinnkorrekturklausel des Art. 9 OECD-Modell ist unter der gleichen Artikelnummer auch in das UN-Modell übernommen worden. Daneben enthalten die Musterabkommen der USA und Art. 4 Nr. 1 und Nr. 2 EG-Schiedsverfahrenskonvention eine mit Art. 7 Abs. 2 (nahezu) und Art. 9 Abs. 1 OECD-Modell wörtlich übereinstimmende Vorschrift. Vgl. Übereinkommen 90/436/EWG, Abl. 1990 Nr. L 225, S. 10; Gesetz zu dem Übereinkommen v. 23. 7. 1990 über die Beseitigung der Doppelbesteuerung im Falle von Gewinnberichtigungen zwischen verbundenen Unternehmen v. 26. 8. 1993, BGBl 1993 II, S. 1308.
[97] Diese Schrankenwirkung von DBA ist jedoch nicht zwingend vorgegeben. Vielmehr steht es den Vertragsparteien sowohl völkerrechtlich als auch verfassungsrechtlich frei, auch steuerverschärfende Klauseln in ein DBA aufzunehmen. Vgl. Lang, M., Doppelbesteuerungsabkommen, 2002, Anm. 48.
[98] Vgl. dazu Flick, H./Wassermeyer, F./Baumhoff, H., Außensteuerrecht, § 1 AStG, Anm. 99; Vogel, K./Lehner, M., DBA-Kommentar, Art. 9, Anm. 18 ff.

In Anlehnung an Art. 9 des OECD- bzw. des UN-Modells enthalten alle neueren DBA der Bundesrepublik Deutschland eine Vorschrift über die Besteuerung verbundener Unternehmen.[99] Darin ist bestimmt, dass die von einem Unternehmen ausgewiesenen Gewinne dann **zu korrigieren** sind, wenn

- ein Unternehmen eines Vertragsstaates unmittelbar oder mittelbar an der Geschäftsleitung, der Kontrolle oder dem Kapital eines Unternehmens des anderen Vertragsstaates beteiligt ist (Mutter- und **Tochtergesellschaften**) oder
- dieselben Personen unmittelbar oder mittelbar an der Geschäftsleitung, der Kontrolle oder dem Kapital eines Unternehmens eines Vertragsstaates und eines Unternehmens des anderen Vertragsstaates beteiligt sind (**Schwesterfirmen**) und
- in diesen Fällen das Unternehmen Bedingungen akzeptiert, die ein fremdes, **unabhängiges Unternehmen** nicht angenommen hätte.

Mit dieser Anordnung sollen zutreffende Gewinne ermittelt und unberechtigte Vermögensverlagerungen verhindert werden.

Gegenstand einer Erfolgskorrektur nach Art. 9 OECD-Modell sind alle „**kaufmännischen oder finanziellen**" Beziehungen zwischen den beiden Unternehmen. Wurden einem der verbundenen Unternehmen im Rahmen dieser Beziehungen Bedingungen auferlegt, die eine unabhängige Gesellschaft nicht akzeptiert hätte, so ist der Gewinn dieses Unternehmens zu erhöhen. Eine Gewinnberichtigung ist somit nur insoweit zulässig, als durch die Verbundenheit zwischen beiden Unternehmen und den daraus resultierenden besonderen Bedingungen eine Gewinnminderung eingetreten ist. Korrekturmaßstab ist das Arm's-length-Entgelt, d. h. die Preisbildung bei unabhängigen Unternehmen.

Die Gewinnberichtigung bei Geschäften zwischen verbundenen Unternehmen nach Art. 9 Abs. 1 OECD-Modell kann zur **Doppelbesteuerung** führen.

Beispiel: Eine deutsche GmbH ist zu 100% am Nennkapital einer französischen S.A. beteiligt. Sie verkauft an ihre Tochtergesellschaft Maschinen zum Preis von 900 € pro Stück. Ein fremdes Unternehmen hätte aufgrund der allgemeinen Wettbewerbssituation nur einen Preis von 500 € pro Stück akzeptiert. Ändern die französischen Finanzbehörden den Gewinn der französischen S.A., indem ein Einkaufspreis von nur 500 € pro Maschine angesetzt wird, so kommt es i. H. v. 400 € pro Maschine zu einer Doppelbesteuerung, falls der Gewinn der GmbH nicht gleichzeitig korrigiert wird.

Um solche Doppelbesteuerung zu vermeiden, ist in Art. 9 Abs. 2 OECD-Modell eine **korrespondierende Gewinnberichtigung** vorgesehen. Eine Gewinnerhöhung in dem einen Vertragsstaat zieht hiernach eine entsprechende Gewinnminderung im anderen Vertragsstaat nach sich.[100] Die korrespondierende Gewinnberichtigung ist allerdings kein Automatismus. Sie muss nur

---

[99] Vgl. z. B. das DBA-USA; zur Kommentierung dieser Bestimmungen siehe Endres, D./Jacob, F./Gohr, M./Klein, M., Kommentar DBA-USA, Art. 9, Rz. 17 ff.
[100] Damit gibt Art. 9 Abs. 2 OECD-Modell im Unterschied zu den (übrigen) Verteilungsnormen des Abkommens eine eigene Regelung zur Vermeidung der (wirtschaftlichen) Doppelbesteuerung vor und nimmt damit eine Sonderstellung innerhalb der Verteilungsnormen ein; vgl. Lang, M., IStR 2002, S. 610 f.

4. Kapitel. Bei Kapitalgesellschaften

dann durchgeführt werden, wenn auch der „andere Vertragsstaat" der Auffassung ist, dass die Gewinnberichtigung zu einer Aufteilung der Gewinne auf die beiden Vertragsstaaten führt, die mit dem Grundsatz des Fremdvergleichs im Einklang steht.[101] Sind die Voraussetzungen der Gegenberichtigung gegeben, so nimmt der andere Vertragsstaat eine entsprechende Änderung der von diesen Gewinnen erhobenen Steuer vor. Falls erforderlich werden die zuständigen Behörden einander konsultieren.[102] Deutschland behält sich allerdings vor, in seinen DBA auf eine dem Art. 9 Abs. 2 OECD-Modell nachgebildete Vorschrift zu verzichten, ist aber bereit, die Regelung im Rahmen der Abkommensverhandlungen unter der Voraussetzung zu akzeptieren, dass der „andere Vertragsstaat" nur insoweit zur Anpassung verpflichtet wird, als er unilateral oder in **Verständigungsverfahren** mit der Gewinnkorrektur durch den erstgenannten Vertragsstaat einverstanden ist.[103]

Die korrespondierende Gewinnberichtigung hängt meist davon ab, ob die Gewinnfestsetzung im anderen Staat der Höhe nach als gerechtfertigt anerkannt wird, worin in der Praxis regelmäßig gerade die Problematik liegt. Jeder der Vertragsstaaten wird behaupten, bei seinem Unternehmen nur einen dem Arm's-length-Maßstab entsprechenden Gewinn angesetzt zu haben. In der Praxis bedeuten solche Klauseln zumindest eine Aufforderung an die Vertragsstaaten, sich um eine gegenseitige Verständigung i. S. d. Zielsetzung des Artikels zu bemühen, ggf. auch über die Einleitung eines Verständigungsverfahrens.[104]

Die **Verpflichtung** zu einer korrespondierenden Gewinnberichtigung ist u. E. im Interesse der Steuerpflichtigen unumgänglich.[105] Dies unterstreicht folgendes Beispiel.

Beispiel: Gewährt eine ausländische Tochtergesellschaft ihrer inländischen Muttergesellschaft ein unverzinsliches Darlehen, so wird derselbe wirtschaftliche Vorteil zweimal besteuert: einmal bei der Tochtergesellschaft durch Zurechnung der vGA zum Einkommen, zum zweiten bei der Muttergesellschaft durch die Erfassung des infolge des fehlenden Zinsaufwands erhöhten Gewinns. Eine Gewinnkorrektur nach § 1 AStG kann nicht vorgenommen werden, da der inländische Gewinn nicht vermindert wird. Im Ergebnis bleibt es mangels nationaler Korrekturvorschriften bei der doppelten Besteuerung desselben wirtschaftlichen Vorteils.

Eine korrespondierende Gewinnberichtigung ist mit der sog. **Schiedsverfahrenskonvention**[106] zumindest innerhalb der EU weitgehend erreicht. Nach Art. 4 Nr. 1 des Übereinkommens wird dann, wenn die Gewinne eines Unternehmens eines Vertragsstaates aufgrund einer Gewinnberichtigung nach Art. 9 Abs. 1 OECD-Modell gleichzeitig in die Gewinne eines Unternehmens im anderen Vertragsstaat einbezogen werden, ein dreistufiges Verfahren

---

[101] Vgl. OECD-Kommentar, Art. 9 Abs. 2, Anm. 5.
[102] Siehe hierzu Endres, D./Jacob, F./Gohr, M./Klein, M., Kommentar DBA-USA, Art. 9, Rz. 52.
[103] Vgl. OECD-Kommentar, Art. 9, Anm. 17. Dieser Vorbehalt entspricht der Regelung, die Deutschland im DBA-USA durch einen entsprechen Zusatz im Abkommenstext gefunden hat.
[104] Vgl. OECD-Kommentar, Art. 9, Anm. 11.
[105] Vgl. dazu Verwaltungsgrundsätze-Verfahren, BMF-Schreiben v. 12. 4. 2005, BStBl 2005 I, S. 570.
[106] Vgl. Übereinkommen 90/436/EWG, Abl. 1990 Nr. L 225, S. 10. Siehe ausführlich hierzu 2. Teil, 3. Kapitel, Abschnitt D II.

eingeleitet, welches obligatorisch zu einer verbindlichen Einigung führt. Im Rahmen der laufenden Überarbeitung des Musterabkommens hat im Jahre 2008 auch die OECD ein verpflichtendes Schiedsverfahren im Abkommenstext verankert (Art. 25 Abs. 5 OECD-Modell). Danach soll ein Fall, um den sich die zuständigen Behörden im Rahmen eines Verständigungsverfahrens erfolglos bemüht haben, einem Schiedsgericht vorgelegt werden, das den Fall verbindlich entscheidet.[107]

III. Verhältnis zwischen den nationalen und den abkommensrechtlichen Korrekturvorschriften

Im Schrifttum wird das Verhältnis zwischen den nationalen und den abkommensrechtlichen Korrekturvorschriften nicht einheitlich beurteilt. Die Auffassung, die DBA-Ergebniskorrekturklauseln seien selbständige, unmittelbar anwendbare Rechtsgrundlagen,[108] kann mittlerweile als überholt betrachtet werden. Die Rechtsprechung[109] und die überwiegende Literaturmeinung[110] sehen in den Abkommensnormen dagegen korrekterweise **keine selbständigen Rechtsgrundlagen,** sondern einen Berichtigungsrahmen zur Überprüfung der aus nationaler Sicht gebotenen Anpassungen. Da DBA weder eine Steuerpflicht begründen noch erweitern können, bilden die Bestimmungen zur Besteuerung von verbundenen Unternehmen keine selbständige Rechtsgrundlage für Gewinnberichtigungen. Vielmehr ist eine diesbezügliche Gewinnkorrektur nur dann möglich, wenn der zu beurteilende Vorgang den Tatbestand einer Berichtigungsvorschrift des nationalen Steuerrechts erfüllt. Als solche nationalen Korrekturvorschriften kommen – wie oben dargestellt – die Regelungen über vGA und vKE sowie § 1 AStG in Betracht.

Umstritten ist, ob die Gewinnkorrekturklausel des Art. 9 Abs. 1 OECD-Modell Berichtigungen aufgrund **nationaler Korrekturvorschriften** in den Fällen ausschließt, in denen die Berichtigungen durch den Anwendungsbereich des **Art. 9 OECD-Modell** nicht abgedeckt sind. Soweit der abkommensrechtlichen Korrekturvorschrift ein derartiger ausschließender Charakter zukommt, wären z. B. Ergebniskorrekturen außerhalb des Unternehmensbereichs oder in den Fällen des § 1 Abs. 2 Nr. 3 AStG bei Vorliegen eines DBA nicht möglich.[111] Eine so weitgehende Wirkung wird von den Vertretern der deutschen Finanzverwaltung[112] bestritten, ist u. E. aber zwingend. Art. 9 OECD-Modell stellt seinem Wesen nach eine Besteuerungsschranke auf, die den Steuerpflichtigen vor Gewinnkorrekturen schützt, deren Berechtigung nicht in einem Abweichen von Drittverhalten liegt.

---

[107] Siehe hierzu Bödefeld, A./Kuntschik, N., IStR 2009, S. 449 ff.
[108] So u. a. Schmitz, R. C. A., Steuerrecht, 1957, S. 473; Bellstedt, C., Gesellschaften, 1973, S. 431.
[109] Vgl. z. B. BFH v. 12. 3. 1980, BStBl 1980 II, S. 531, zum DBA-Niederlande; BFH v. 21. 1. 1981, BStBl 1981 II, S. 517, zum DBA-Frankreich; sowie BFH v. 26. 3. 1991, BStBl 1991 II, S. 704, zum DBA-Schweiz.
[110] Vgl. z. B. Debatin, H., RIW/AWD 1980, S. 3; Pöllath, R./Rädler, A. J., DB 1982, S. 561 ff., 617 ff.; Mössner, J. M. u. a., Steuerrecht, 2005, Rz. C 263; Ditz, X., IStR 2005, S. 37; Flick, H./Wassermeyer, F./Baumhoff, H., Außensteuerrecht, § 1 AStG, Anm. 99; Vogel, K./Lehner, M., DBA-Kommentar, Art. 9, Anm. 3.
[111] So jedoch z. B. IDW, IDW-Fachnachrichten 1989, S. 64; Vogel, K./Lehner, M., DBA-Kommentar, Art. 9, Anm. 18 ff.
[112] Vgl. Blümich, W., Einkommensteuergesetz, § 1 AStG, Anm. 18.

In diesem Sinne wird man auch davon ausgehen müssen,[113] dass es bei der Anwendung von Art. 9 OECD-Modell nicht auf formale Kriterien ankommt, wie dies in der deutschen Rechtsprechung durch Bezug auf eindeutige, im Voraus getroffene Abmachungen gefordert wird.[114] Hat ein Leistungsaustausch stattgefunden, so ist im Rahmen des Art. 9 OECD-Modell lediglich die Frage nach der Höhe des **fremdüblichen Entgelts** zu beantworten. Nach dem Wortlaut dieser Normen ist es unerheblich, ob die Bedingungen durch eine gesellschaftsrechtliche Einflussnahme zustande gekommen sind. Gegenstand der Prüfung sind die „vereinbarten" oder „auferlegten" Bedingungen.[115] Nach dieser Auffassung muss die Annahme einer vGA aufgrund eines Verstoßes gegen formale Vorschriften an der Schranke der abkommensrechtlichen Vorschriften scheitern. Für die Sperrwirkung der DBA gegen Gewinnkorrekturen aufgrund **formaler Kriterien** spricht auch, dass DBA nicht wirksam ausgeschlossen werden, wenn einseitige Korrekturen aufgrund nationaler Vorschriften zulässig wären. Gegen diese Auffassung wird vorgetragen, dass der Fremdvergleichsgrundsatz aufgrund des gerade zitierten Wortlauts international gesehen nur auf eine Angemessenheitsprüfung der Höhe nach bezogen wird. Ist danach eine getroffene Vereinbarung dem Grunde nach unüblich oder nicht ernsthaft gewollt oder wird sie nicht tatsächlich durchgeführt, so berühre Art. 9 OECD-Modell die Qualifikation dieser Zahlung dem Grunde nach nicht.[116]

International besteht wohl noch wenig Übereinstimmung, ob und wenn ja, wie ernsthaft gemeinte Vereinbarungen innerhalb des Fremdvergleichsgrundsatzes zu behandeln sind. Unklar ist auch, wann von einer nicht ernsthaft gemeinten Vereinbarung ausgegangen werden kann. Von daher kann auch die Auffassung vertreten werden, dass zur Beurteilung dieser Frage auf das Recht des jeweiligen Anwenderstaates abzustellen ist. Entstehende Qualifikationskonflikte könnten dann nur in einem Verständigungsverfahren gelöst werden.

Die Bedeutung der DBA-Berichtigungsnormen liegt jedoch primär im Bereich der **Korrekturbemessung**. So hat der Finanzausschuss der OECD im Hinblick auf Art. 9 OECD-Modell allgemeine Grundsätze darüber entwickelt, welche Verrechnungspreise im grenzüberschreitenden Waren- und Dienstleistungsaustausch sowohl zwischen Mutter- und Tochtergesellschaften als auch zwischen Schwestergesellschaften als angemessen anzusehen sind. In 1995 hat die OECD den dazu ursprünglich in 1979 veröffentlichten Bericht

---

[113] Der BFH hatte bisher noch keine Gelegenheit, diese Frage zu entscheiden. In der Entscheidung vom 9. 11. 2005 konnte der BFH diese Frage offenlassen. Diese Entscheidung erging zum DBA-Italien 1925, das eine mit Art. 9 OECD-Modell vergleichbare Regelung nicht enthält. Vgl. BFH v. 9. 11. 2005, BStBl 2006 II, S. 564 m. w. N. Siehe dazu Eicker, K./Röhrbein, J., WPg 2006, S. 1358 ff.; Baumhoff, H./ Greinert, M., IStR 2008, S. 353. Nach Auffassung des FG Köln entwickelt die einer Art. 9 OECD-Modell inhaltsgleiche Vorschrift aber eine Sperrwirkung gegenüber einer vGA in den Fällen, in denen die Gewinnkorrektur nach nationalem Recht auf rein formale Beanstandungen gestützt wird, vgl. FG Köln v. 22. 8. 2007, DStRE 2008, S. 696; a. A. Verwaltungsgrundsätze-Verfahren, BMF-Schreiben v. 12. 4. 2005, BStBl 2005 I, S. 570, Tz. 6.1.1.
[114] Vgl. Abschnitt B I 1. Sind die vereinbarten oder auferlegten Bedingungen allerdings so unbestimmt, dass zum Zwecke des Fremdvergleichs die Werthaltigkeit der Leistungen nicht geprüft werden kann, wird das Ziel des Abkommens nicht erreicht.
[115] So auch Eigelshoven, A./Nientimp, A., DB 2003, S. 2309.
[116] Vgl. Flick, H./Wassermeyer, F./Baumhoff, H., Außensteuerrecht, § 1 AStG, Anm. 98; ähnlich Chebounov, A., IStR 2002, S. 588.

durch einen neuen Verrechnungspreisbericht[117] ersetzt und diesen den Regierungen der Mitgliedstaaten zur Berücksichtigung empfohlen. Die deutsche Finanzverwaltung ist der Empfehlung des Berichts von 1979 mit dem Erlass einer Verwaltungsanweisung (Verwaltungsgrundsätze für die Prüfung der Einkunftsabgrenzung bei international verbundenen Unternehmen)[118] nachgekommen, die in Teilbereichen wesentlich detailliertere Bestimmungen als der entsprechende OECD-Bericht enthält, vorrangig um den Erfordernissen der deutschen Betriebsprüfungspraxis Rechnung zu tragen.[119] Eine Überarbeitung dieser Verwaltungsgrundsätze durch die Finanzverwaltung wurde bisher nur in Teilen abgeschlossen.[120]

Tabelle 36: Korrekturvorschriften im internationalen Konzern

Rechtsnorm	Inhalt	Anwendungsbereich
1. Verdeckte Gewinnausschüttung (vGA)	Als vGA gilt eine Vermögensminderung oder verhinderte Vermögensmehrung, die durch das Gesellschaftsverhältnis veranlasst ist, sich auf die Höhe des Einkommens auswirkt und nicht im Zusammenhang mit einer offenen Ausschüttung steht.	Alle Vermögenszuwendungen (bilanzierungsfähige Wirtschaftsgüter, ganz oder teilweise unentgeltliche Leistungen).
2. Verdeckte Kapitaleinlage (vKE)	Der Gesellschafter wendet seiner Kapitalgesellschaft außerhalb einer förmlichen gesellschaftsrechtlichen Kapitalerhöhung Vermögensvorteile zu, die ein nicht beteiligter Dritter der Kapitalgesellschaft nicht zugewendet hätte.	Bilanzierungsfähige Vermögenszuwendungen (unentgeltliche oder verbilligte Übertragung von materiellen und immateriellen Wirtschaftsgütern; keine vKE bei unentgeltlichen oder verbilligten Nutzungsüberlassungen).
3. § 1 AStG	Minderung von Einkünften eines Steuerpflichtigen aus Geschäftsbeziehungen mit einer ihm nahe stehenden Person.	Alle Einkunftsminderungen im Zusammenhang mit grenzüberschreitenden Geschäftsbeziehungen zu nahe stehenden Personen (rechtsgeschäftlicher Leistungsaustausch, gesetzliche Schuldverhältnisse; die Zuführung von Nominalkapital ist keine Geschäftsbeziehung, sondern gesellschaftsrechtliche Einlage).
4. Art. 9 OECD-Modell, Art. 9 UN-Modell	Minderung von Gewinnen eines Unternehmens bei kaufmännischen oder finanziellen Beziehungen mit einem anderen verbundenen Unternehmen.	Alle Transaktionsarten.

---

[117] Vgl. OECD, JTPF APA, 1995/1999.
[118] Vgl. Verwaltungsgrundsätze, BMF-Schreiben v. 23. 2. 1983, BStBl 1983 I, S. 218.
[119] Vgl. Höppner, H.-D., StBp 1983, S. 123.
[120] Siehe Verwaltungsgrundsätze-Umlagen, BMF-Schreiben v. 30. 12. 1999, BStBl 1999 I, S. 1122; Verwaltungsgrundsätze-Arbeitnehmerentsendung, BMF-Schreiben v. 9. 11. 2001, BStBl 2001 I, S. 796; Verwaltungsgrundsätze-Verfahren, BMF-Schreiben v. 12. 4. 2005, BStBl 2005 I, S. 570; Verwaltungsgrundsätze-Funktionsverlagerung, BMF-Schreiben v. 13. 10. 2010, BStBl 2010 I, S. 774.

4. Kapitel. Bei Kapitalgesellschaften

Korrektur-maßstab	Rechtsfolgen	
	Inbound	Outbound
Fremdvergleich für Qualifikation und gemeiner Wert für Korrektur[121]	**Bei der inländischen Kapitalgesellschaft:** Einkommenserhöhung durch Korrektur außerhalb der Bilanz (R 36 KStR); Belastung mit 15% Körperschaftsteuer zzgl. Solidaritätszuschlag und Gewerbesteuer. **Beim ausländischen Gesellschafter:** Beschränkte Steuerpflicht (Kapitalertragsteuer) § 2 Nr. 1 KStG i. V. m. § 49 Abs. 1 Nr. 5 EStG.	**Bei der ausländischen Kapitalgesellschaft:** Korrektur nach ausländischen Vorschriften. **Beim inländischen Gesellschafter:** Verdeckte Gewinnausschüttungen sind Betriebseinnahmen (zzgl. anzurechnender Ertragssteuern). Soweit nicht von der Abgeltungsteuer erfasst, Anwendung des Teileinkünfteverfahrens bzw. des nationalen Schachtelprivilegs sowie weiterer unilateraler bzw. bilateraler Maßnahmen zur Vermeidung der Doppelbesteuerung.
Fremdvergleich für Qualifikation und Teilwert für Korrektur	**Bei der inländischen Kapitalgesellschaft:** Vorteilsgewährung stellt (nachträgliche) Anschaffungskosten für die bilanzierungsfähigen Wirtschaftsgüter dar (Maßstab: Teilwert). Die dadurch bedingte Vermögensmehrung ist erfolgsneutral zu behandeln (Korrektur außerhalb der Bilanz). **Beim ausländischen Gesellschafter:** U. U. Aktivierung der Vorteilsgewährung als nachträgliche Anschaffungskosten im Rahmen der beschränkten Steuerpflicht (Maßstab: Teilwert).	**Bei der ausländischen Kapitalgesellschaft:** Korrektur nach ausländischen Vorschriften. **Beim inländischen Gesellschafter:** Vorteilsgewährung ist auf dem Beteiligungskonto als nachträgliche Anschaffungskosten mit dem Teilwert zu aktivieren (§ 6 Abs. 6 Satz 2 EStG).
Fremdvergleich[122]	**Bei der leistenden Person:** Hinzurechnung außerhalb der Bilanz (analog nichtabzugsfähiger Betriebsausgaben). **Bei der empfangenden Person:** Keine Regelung.	
Fremdvergleich für Qualifikation und Arm's-length-Entgelt für Korrektur	Die Anwendung der jeweiligen nationalen Korrekturnormen bleibt unberührt, allerdings wird deren Reichweite bei der Entgeltfestlegung (Arm's-length-Entgelt) begrenzt. Es besteht die Möglichkeit zur korrespondierenden Gewinnberichtigung (Verständigungsverfahren).	

Bedeutung erlangt der OECD-Bericht auch im Bereich der **korrespondierenden Gewinnberichtigung**. Bestehen in den Vertragsstaaten unterschiedliche Auffassungen über Art und Umfang einer Gewinnberichtigung, so kann das Verständigungsverfahren (Art. 25 OECD-Modell) beantragt werden. Im Rahmen dieses Verfahrens sollte eine korrespondierende Gewinn-

---

[121] Nach Auffassung des BMF entspricht der gemeine Wert regelmäßig dem Fremdvergleichspreis. Vgl. 3. Kapitel, Abschnitt D III 2 a) (1).
[122] Vgl. Wassermeyer, F., DB 2007, S. 535.

berichtigung nunmehr eher durchsetzbar sein, da mit dem OECD-Bericht eine „amtliche Leitlinie" zur Auslegung der Berichtigungsnorm zur Verfügung steht. Die deutsche Finanzverwaltung hat ausdrücklich ihre Bereitschaft bekundet, im Rahmen eines Verständigungsverfahrens von ihrer eigenen Auffassung zum „Maßstab des Fremdvergleichs" ggf. zugunsten einer internationalen Abstimmung abzurücken. In Deutschland steuerpflichtige Einkünfte können somit – ungeachtet der Bestandskraft des deutschen Steuerbescheids – nachträglich herabgesetzt werden.[123]

Zusammenfassend bleibt festzuhalten, dass im nationalen Recht verschiedene Korrekturvorschriften zur Gewinnberichtigung bei verbundenen Unternehmen zur Anwendung gelangen. Die dadurch bedingten **Abgrenzungsschwierigkeiten** werden aber in ihrer materiellen Auswirkung wesentlich gemindert, indem i. d. R. ein einheitlicher Korrekturmaßstab benutzt wird. Eine Präzisierung dieses Korrekturmaßstabs erfolgt durch die Verwaltungsgrundsätze zur Einkunftsabgrenzung, wenngleich – wie im Einzelnen schon gezeigt wurde – nicht alle Fragen geklärt sind. Im DBA-Fall kann regelmäßig auf eine spezielle Gewinnberichtigungsklausel im jeweiligen Abkommen zurückgegriffen werden. Diese Vorschrift schafft einen Berichtigungsrahmen für die nationalen Vorschriften, zugleich besteht durch den Leitliniencharakter des OECD-Berichts eine Handhabung zur international einheitlichen Gewinnberichtigung (u. a. Verständigungs- und Schiedsverfahren). Die Aufnahme der korrespondierenden Gewinnberichtigung (Art. 9 Abs. 2 OECD-Modell) in die Mehrzahl der deutschen DBA vermeidet durch einseitige Gewinnkorrekturen hervorgerufene Doppelbelastungen. Fernziel bleibt der Einbezug der korrespondierenden Gewinnberichtigung in sämtliche DBA. Die vorstehende Tabelle 36 gibt noch einmal einen Überblick über Inhalt, Anwendungsvoraussetzungen, Korrekturmaßstäbe und Rechtsfolgen der alternativen Berichtigungsvorschriften.

C. Präzisierung des Fremdvergleichsentgelts für Geschäftsvorgänge im Rahmen des laufenden Geschäftsverkehrs

I. Vertrieb von Gütern und Waren

Liefert ein Konzernunternehmen Güter oder Waren an eine andere Konzerneinheit, ist als Verrechnungspreis derjenige Preis anzusetzen, den Fremde für Lieferungen

– gleichartiger Güter oder Waren,
– in vergleichbarer Menge,
– in den belieferten Absatzmarkt,
– auf vergleichbarer Handelsstufe und
– zu vergleichbaren Lieferungs- und Zahlungsbedingungen

unter den gegebenen Marktverhältnissen vereinbart hätten.[124] Um den danach maßgebenden Vergleichspreis zu bestimmen, können grundsätzlich alle

---

[123] Vgl. Verwaltungsgrundsätze, BMF-Schreiben v. 23. 2. 1983, BStBl 1983 I, S. 218, Tz. 1.2.3.
[124] Vgl. Verwaltungsgrundsätze, BMF-Schreiben v. 23. 2. 1983, BStBl 1983 I, S. 218, Tz. 2.4.1., 3.1.1.; siehe hierzu auch Kurzewitz, C., Verrechnungspreismethode, 2009, S. 144 ff.

4. Kapitel. Bei Kapitalgesellschaften

Standardmethoden sowie die geschäftsvorfallbezogene Nettomargen- und Nettogewinnaufteilungsmethode angewandt werden, sofern bestimmte Voraussetzungen gegeben sind.[125] In Bezug auf die Wahl der im Einzelfall **maßgebenden Verrechnungspreismethode** sieht das AStG vor, dass der Verrechnungspreis vorrangig nach der Preisvergleichsmethode, der Wiederverkaufspreismethode oder der Kostenaufschlagsmethode zu bestimmen ist, wenn Fremdvergleichswerte ermittelt werden können, die nach Vornahme sachgerechter Anpassungen im Hinblick auf die ausgeübten Funktionen, die eingesetzten Wirtschaftsgüter und die übernommenen Chancen und Risiken für diese Methoden **uneingeschränkt vergleichbar** sind. Mehrere solcher Werte bilden eine Bandbreite (§ 1 Abs. 3 Satz 1 AStG).[126] Daher ist zu berücksichtigen, dass ein ordentlicher Geschäftsleiter sich an der Methode orientieren wird, die den Verhältnissen am nächsten kommt, unter denen sich auf wirtschaftlich vergleichbaren Märkten Fremdpreise bilden. Im Übrigen hängt die Methodenwahl von der Verlässlichkeit der verfügbaren Daten ab. Im Zweifel ist die Methode zu bevorzugen, für die möglichst zuverlässige Daten aus dem tatsächlichen Verhalten der beteiligten nahe stehenden Unternehmen bei Fremdgeschäften ermittelt werden können. Bei Vertriebsgesellschaften wird der Fremdvergleichspreis nach der Rechtsprechung des BFH regelmäßig mit Hilfe der Wiederverkaufspreismethode ermittelt.[127] Die Anwendung der Preisvergleichsmethode setzt voraus, dass der zu beurteilende Preis einerseits und der als Maßstab anzulegende Vergleichspreis andererseits auf zumindest im Wesentlichen identischen Leistungsbeziehungen beruhen.[128] Sind uneingeschränkt vergleichbare Werte nicht zu ermitteln, müssen der Verrechnungspreisermittlung **eingeschränkt vergleichbare Werte** zugrunde gelegt werden. Für die Ermittlung eingeschränkt vergleichbarer Werte kommen grundsätzlich alle geeigneten Verrechnungspreismethoden in Betracht. Können keine eingeschränkt vergleichbaren Fremdvergleichswerte ermittelt werden, ist ein hypothetischer Fremdvergleich durchzuführen (§ 1 Abs. 3 Satz 5 AStG).[129]

Um die Marktalternative zu bestimmen, die in ihren Konditionen hinreichend vergleichbar ist, sind **alle Umstände des Einzelfalls** zu berücksichtigen. Zu den Kriterien, die den Preis oder Gewinn aus der Lieferung von Waren oder Gütern beeinflussen können, gehören insbesondere[130]

- die besondere Art, Beschaffenheit und Qualität sowie der Innovationsgehalt der gelieferten Güter und Waren;
- die Verhältnisse des Marktes, in dem die Güter oder Waren benutzt, verbraucht, bearbeitet, verarbeitet oder an Fremde veräußert werden;

---

[125] Zur Haltung der deutschen Finanzverwaltung gegenüber den gewinnorientierten Methoden siehe Verwaltungsgrundsätze-Verfahren, BMF-Schreiben v. 12. 4. 2005, BStBl 2005 I, S. 570, Tz. 3.4.10.3.b).
[126] Siehe 1. Kapitel Abschnitt C III.
[127] Vgl. BFH v. 17. 10. 2001, BStBl 2004 II, S. 171; BFH v. 6. 4. 2005, BFH/NV 2005, S. 1719.
[128] Siehe dazu auch Oestreicher, A./Vormoor, C., IStR 2004, S. 96 ff.; Oestreicher, A., StuW 2006, S. 252 ff.
[129] Zum Anwendungsbereich des hypothetischen Fremdvergleichs siehe Bernhardt, L./van der Ham, S./Kluge, S., Ubg 2009, S. 244 ff.
[130] Vgl. Verwaltungsgrundsätze, BMF-Schreiben v. 23. 2. 1983, BStBl 1983 I, S. 218, Tz. 3.1.2.

- die Funktionen und die Handelsstufen, die von den beteiligten Unternehmen tatsächlich wahrgenommen werden;
- die Liefervereinbarungen, insbesondere über Haftungsverhältnisse, Zahlungsfristen, Rabatte, Skonti, Gefahrentragung, Gewährleistungen usw.;
- bei langfristigen Lieferbeziehungen die damit verbundenen Vorteile und Risiken;
- besondere Wettbewerbssituationen.

Von zentraler Bedeutung für die Vergleichbarkeit der Verhältnisse ist, dass die an dem Geschäftsvorgang beteiligten Unternehmen jeweils **vergleichbare Funktionen ausüben und vergleichbare Risiken** tragen. Hierfür sind nach Auffassung der deutschen Finanzverwaltung insbesondere von Bedeutung[131]

- die Struktur, Organisation, Aufgabenteilung und Risikoverteilung im Konzern sowie die Zurechnung von Wirtschaftsgütern;
- die Zuordnung der Funktionen (Herstellung, Montage, Forschung und Entwicklung, verwaltungsbezogene Leistungen, Absatz, Dienstleistungen) auf die an der Wertschöpfung beteiligten Konzernunternehmen und
- die Eigenschaft, in der die einzelne Konzerngesellschaft die ihr zugewiesene Funktion im Einzelnen erfüllt (z. B. als Eigenhändler, Agent oder als gleichberechtigter Teilnehmer oder Handlungsbeauftragter eines Pools). Hierbei ist der wirtschaftliche Gehalt der tatsächlichen Tätigkeit maßgebend.

Werden im Zusammenhang mit der Lieferung von Gütern oder Waren besondere Finanzierungsleistungen (Zahlungsziele oder Kundenfinanzierung), Beistellungen oder Nebenleistungen erbracht, so ist dies ebenso im Preis zu berücksichtigen wie eine eventuelle Nutzung von immateriellen Wirtschaftsgütern im Herstellungsprozess (z. B. eines gewerblichen Schutzrechts, eines Urheberrechts oder einer nicht geschützten Erfindung). Die Vereinbarung einer separaten Lizenzgebühr wird von der Finanzverwaltung in diesem Zusammenhang nicht anerkannt.

Beispiel: Eine amerikanische Muttergesellschaft liefert Markensportschuhe an eine in Deutschland ansässige Tochtergesellschaft, die diese Schuhe in der Funktion einer Vertragshändlerin auf dem deutschen Markt vertreibt. Der Wert der Marke ist im Preis abzubilden, den die Vertriebsgesellschaft an die ausländische Muttergesellschaft zu vergüten hat. Die Vereinbarung einer Lizenzgebühr für die mit der Veräußerung von Markensportschuhen verbundene Nutzung der Marke ist nicht zulässig.[132]

Sind die Vergleichspreise durch besondere Wettbewerbssituationen beeinflusst, können sie für die Bewertung der konzerninternen Geschäftsbeziehung nicht herangezogen werden. Zu den danach nicht verwertbaren Daten gehören Preise,

---

[131] Vgl. Verwaltungsgrundsätze, BMF-Schreiben v. 23. 2. 1983, BStBl 1983 I, S. 218, Tz. 2.1.3.
[132] Anderes gilt bei einer Vereinbarung, die einer Tochtergesellschaft das einfache Recht zur Benutzung des Konzernnamens und des Firmenlogos als Warenzeichen für die im Gebiet verkauften oder zum Verkauf angebotenen Produkte einräumt. In diesem Fall tritt die Lizenznehmerin unter dem Markennamen und/oder Markenzeichen des Warenzeicheninhabers auf. Vgl. BFH v. 9. 8. 2000, BStBl 2001 II, S. 140. Siehe dazu Borstell, T./Wehnert, O., IStR 2001, S. 127 f.; Kroppen, H.-K./Roeder, A., IWB 2/2001, S. 51 f.; sowie Abschnitt B IV 4 d).

- die sich auf abgeschlossenen Sondermärkten bilden;
- bei denen im Zusammenhang mit der Markteinführung besondere Abschläge zugestanden werden;
- die sich unter Umgehung oder außerhalb eines sonst bestehenden Patentschutzes bilden;
- die durch behördliche Preisregulierungen oder vergleichbare Maßnahmen beeinflusst sind.

Besondere Bedingungen liegen schließlich im Zusammenhang mit der Einführung neuer Produkte sowie im Rahmen der Umsetzung von Strategien einer Marktausweitung oder Marktverteidigung vor. So entstehen während der Einführungsphase häufig erhöhte Kosten oder Mindererlöse, die auf eine aggressive Niedrigpreispolitik oder produktbezogene Markterschließungskosten zurückzuführen sein können. Vergleichbar damit sind Marktanteilsstrategien häufig mit „Kampfpreisen", kostenlosen Zusatzleistungen oder anderen Kaufanreizen verbunden. Fraglich ist hier, welches Unternehmen die damit verbundenen Kosten oder Erlösminderungen zu tragen hat. Die Finanzverwaltung steht in diesem Zusammenhang auf dem Standpunkt, dass **Produkteinführungskosten** vom Vertriebsunternehmen nur insoweit zu tragen sind, als ihm aus der Geschäftsverbindung ein angemessener Betriebsgewinn verbleibt. Die **Kosten einer Marktanteilsstrategie** werden dem Hersteller sogar grundsätzlich in vollem Umfang zugeordnet. Hierbei spielt es keine Rolle, dass sich das Herstellerunternehmen ggf. in wirtschaftlichen Schwierigkeiten befindet. Ein Vertriebsunternehmen wird nicht allein deshalb eigene Verluste in Kauf nehmen, weil sein Lieferant auf die Erzielung von für den Vertreiber nicht auskömmlichen Preisen angewiesen ist. Die Dinge mögen aber anders liegen, wenn der Lieferant eine voraussichtlich kurzfristige wirtschaftliche Durststrecke überstehen muss und der Vertreiber in dieser Phase eine Gewinnlosigkeit oder sogar vorübergehende Verluste in Kauf nimmt, um eine langjährige Geschäftsbeziehung nicht zu gefährden.[133] Vergleichbares kann für Phasen eines wirtschaftlichen Abschwungs gelten. Möglich ist hier grundsätzlich eine **Anpassung der Vertriebsmargen** wegen geänderter ökonomischer Rahmenbedingungen oder aufgrund strategischer Überlegungen. Dabei mag die Anpassung umso stärker ausfallen, je intensiver die Konkurrenz und geringer die eigene Verhandlungsmacht ist. Denkbar ist aber auch ein Margenverzicht zugunsten eines späteren **Nachteilausgleichs**.[134]

---

[133] Vgl. BFH v. 6. 4. 2005, BFH/NV 2005, S. 1719. Siehe hierzu auch die Kommentierung dieses Urteils durch Kaminski, B./Strunk, B., BB 2005, S. 2379 ff., die zu Recht darauf hinweisen, dass die Höhe der Gewinne einer ausländischen Produktionsgesellschaft für die inländische Verrechnungspreisbestimmung in Fällen, in denen sich die Tätigkeit im Inland auf einfache Dienstleistungen erstreckt, keine Bedeutung haben kann.

[134] Vgl. Scholz, C.M., TPITP 2009, S. 1 ff.; Engler, G., IStR 2009, S. 685 ff. Liegen keine aktuellen Vergleichsdaten vor, ist die Dokumentation des Einflusses aktueller Entwicklungen auf die Angemessenheit der Verrechnungspreise häufig schwierig, wenn sich die Dokumentation vor allem auf Informationen aus Datenbanken stützt. Möglich sind hier zumeist nur pauschale Anpassungen oder ein Bezug auf vergleichbare Phasen in früheren Jahren, die handwerklich nicht vollständig überzeugen können und auch auf Durchschnittsbetrachtungen beruhen, vgl. dazu Wellens, L./Thier, C., PETS 2009, S. 4 f.; Engler, G., IStR 2009, S. 687 f.; sowie auch Kommission der Europäischen Gemeinschaften, JTPF profit margins, 2009, Gliederungspunkt D.

Grundsätzlich werden damit aber die mit dem Produkt verbundenen Marktchancen und Marktrisiken beim Herstellerunternehmen angesiedelt.

Anderes kann und sollte für Konzerne gelten, bei denen die Verantwortung für ein Produkt oder eine bestimmte Geschäftsstrategie nicht beim Hersteller, sondern einem von diesem Hersteller verschiedenen Inhaber der für den Erfolg des Konzerns wesentlichen Ressourcen liegt. Dies kann der Inhaber eines bedeutsamen Patents, des Know-hows oder, besonders im Konsumgüterbereich, der Eigentümer der für den Absatz bedeutsamen Markenrechte oder Markenzeichen sein. Liegen diese Rechte beim Vertriebsunternehmen, ist kein Grund ersichtlich, nach dem die Kosten der Markterschließung grundsätzlich vom Herstellerunternehmen zu tragen sind.[135] In diesem Sinne gehen auch die Richtlinien im Bericht der OECD davon aus, dass die Verantwortung für den Markt und die Marktschließung sowohl beim Produktions- als auch Vertriebsunternehmen liegen kann. Damit kommt es aber u. E. darauf an, welches Konzernunternehmen nach den tatsächlichen Verhältnissen **Träger des Marktrisikos** ist.

Die wiedergegebenen Regelungen der Verrechnungspreisgrundsätze für die Lieferung von Gütern und Waren erfordern eine umfassende Analyse zahlreicher **Einflussfaktoren,** die sich auf den Preis und die Vergütung der an der Lieferbeziehung beteiligten Hersteller- und Vertriebsunternehmen auswirken können. So ist etwa im Hinblick auf die erforderliche Gleichartigkeit der für den Fremdvergleich herangezogenen Fremdpreise für Güter oder Waren darauf zu achten, dass diese Güter eine vergleichbare Ausstattung haben, in ihren technischen Merkmalen vergleichbar sind, eine vergleichbare Haltbarkeit, Zuverlässigkeit und ein vergleichbares Image besitzen. Ebenso können Lieferungen nur dann zum Vergleich herangezogen werden, wenn sie in einer vergleichbaren Menge auf geographisch, demographisch, technologisch oder sonst vergleichbaren Märkten gehandelt werden. Dementsprechend können Preise für Waren, die in einem Fachgeschäft angeboten werden, nicht an den Preisen für funktional vergleichbare Güter, die zur Abholung in Mitnahmemärkten bereitstehen, gemessen werden. Vergleichbares gilt für die Zahlungsbedingungen, denen zufolge unterschiedliche Gewährleistungsbedingungen oder Zahlungsfristen vereinbart werden. Schließlich ist die Währung bedeutsam, in der die Rechnung fakturiert wird.[136]

In aller Regel spiegeln sich bei Geschäften zwischen zwei unabhängigen Unternehmen jedoch in der Vergütung die von den Unternehmen wahrgenommenen Funktionen sowie die mit diesen Funktionen verbundenen Investitionen und Risiken wider, so dass die Bestimmung der Verrechnungspreise ihren Ausgangspunkt zunächst in der Funktionsanalyse haben sollte. Diese **Funktionsanalyse** zielt darauf ab, die den unabhängigen und verbundenen Unternehmen zugewiesenen Tätigkeiten und Verantwortungen festzustellen und zu vergleichen. Sie wird i. d. R. bei dem Vertragspartner vorgenommen, für den die Funktionsanalyse einfacher durchzuführen ist oder für den zuverlässige Daten leichter zu beschaffen sind. Im

---

[135] Ebenso Borstell, T., Verrechnungspreispolitik, 2003, S. 328 ff.; ders., Lieferungen, 2004, S. 1193.
[136] Siehe dazu im Einzelnen Borstell, T., Lieferungen, 2004, S. 1092.

4. Kapitel. Bei Kapitalgesellschaften

Verhältnis von Hersteller und Vertriebsunternehmen wird diese Analyse von daher regelmäßig beim Vertriebsunternehmen durchgeführt, da das Leistungsspektrum eines Vertriebsunternehmens gewöhnlich homogener als das eines Herstellers ist. Eine gründliche Funktionsanalyse wird allerdings beide Unternehmen berücksichtigen, um sicherzustellen, dass der auf den Hersteller entfallende Erfolg mit den dort ausgeführten Funktionen, seinen Risiken sowie dem Betrag der eingesetzten Investitionsmittel im Einklang steht.

Im Einzelnen dient die Funktionsanalyse einer ganzen Reihe wichtiger Zwecke. Sie zeigt einmal den Umfang der investierten Mittel sowie die zu vergütenden Funktionen und Risiken. Ferner macht sie deutlich, welche **Verrechnungspreismethode** im Einzelfall die besten Ergebnisse liefert und konkretisiert damit zugleich die Suche nach den methodenspezifisch erforderlichen **Vergleichsdaten**. Schließlich bildet sie die Basis für ggf. erforderliche Anpassungsrechnungen.

Eine Vertriebsgesellschaft kann im Wesentlichen die folgenden Funktionen und Risiken übernehmen:[137]

- **Funktionen:** Marktforschung, Etikettieren und Sortimentieren, Einkauf, Lagerhaltung, Kommunikation, Preispolitik, Verkauf, Auftragsbearbeitung, Bereitstellung, Inkasso, Kundendienst;
- **Risiken:** Lagerhaltungsrisiko, Absatzrisiko, Wechselkursrisiko, Kreditrisiko, Gewährleistungsrisiko.

Die genannten Funktionen müssen nicht vollständig in der Vertriebsgesellschaft angesiedelt sein. Üblicherweise ist die Funktionsdichte einer Vertriebsgesellschaft vom gewählten Vertriebsmodell abhängig. Als Grundformen der in der Praxis verbreiteten **Vertriebsmodelle** lassen sich in diesem Zusammenhang das Modell des Vertragshändlers, des Kommissionärs und des Handelsvertreters unterscheiden.[138] Im Einzelnen sind innerhalb dieser Vertriebsmodelle weitergehende Differenzierungen möglich. So übernimmt gegenüber der vollen Funktionsbreite die reine Vertreibergesellschaft i. d. R. keine Marketingfunktionen und ist auch in der Preisgestaltung nicht mehr autonom. Wird der Kanon der typischen Vertriebsfunktionen um weitere Funktionen reduziert, entsteht eine „funktionsarme" Vertreibergesellschaft, für die sich in der Literatur der Begriff stripped buy and sell distributor company eingebürgert hat. Für dieses Modell ist typisch, dass die Lagerhaltung, die Bereitstellung der Ware (Transport, Auslieferung, Versicherung, u. a.) und teilweise auch der Kundendienst von einer anderen, häufig als eine zentrale Dienstleistungsgesellschaft eingerichtete Konzerngesellschaft, übernommen wird.

---

[137] Vgl. Brodersen, C./Kolczynski, H. v., Intertax 1997, S. 204; Baumhoff, H., IStR 2003, S. 4 f.; Baumhoff, H./Bodenmüller, R., Verlagerung, 2003, S. 358 ff.; Borstell, T., Verrechnungspreispolitik, 2003, S. 335 f.; Borstell, T., Lieferungen, 2004, S. 1129 ff.; IDW, IDW Fachnachrichten 2004, Beihefter 6, S. B7.
[138] Vgl. Prinz, U., FR 1997, S. 519; Baumhoff, H./Bodenmüller, R., Verlagerung, 2003, S. 358 ff.

768 5. Teil. Erfolgs- und Vermögensabgrenzung

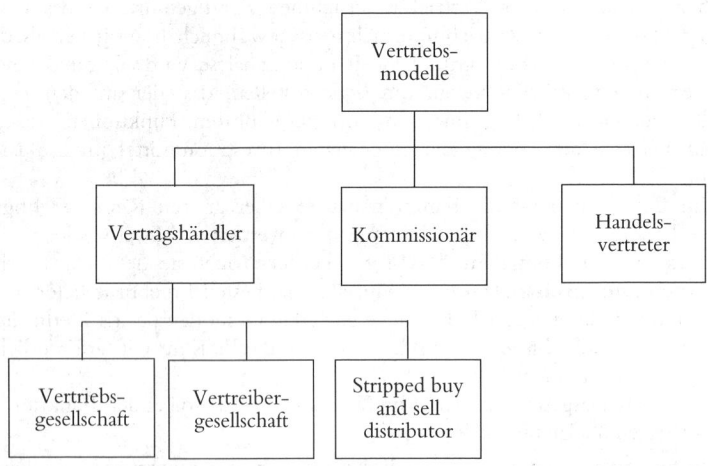

Der zentrale Unterschied zwischen den verschiedenen Varianten des Modells eines Vertragshändlers und den alternativ verfügbaren Grundmodellen des Kommissionärs und Handelsvertreters besteht in der Rechtsstellung des Vertriebsunternehmens im Hinblick auf die vertriebenen Waren oder Güter. Der **Vertragshändler** erwirbt das Eigentum an den von ihm zu vertreibenden Produkten. Er trägt das volle Absatzrisiko und ist auch verantwortlich, wenn das Produkt Mängel hat, im Lager oder auf dem Weg zum Kunden beschädigt wird oder untergeht. Die Funktionen und Risiken eines Vertragshändlers werden typischerweise durch die Spanne zwischen dem Einkaufs- und Verkaufspreis vergütet. Damit konzentriert sich im Fall des Vertragshändlers die Suche auf den fremdüblichen Einkaufspreis, für die die **Preisvergleichsmethode** vor allen anderen Methoden Vorzug haben sollte. Voraussetzung ist allerdings, dass von einem unabhängigen Unternehmen ein vergleichbares Produkt verkauft wird. Ist diese Voraussetzung nicht gegeben, kann im Fall des Vertragshändlers alternativ die **Wiederverkaufspreismethode** angewendet werden. Die Handelsspanne des Vertragshändlers kann aus der Marge abgeleitet werden, die dieser bei vergleichbaren Fremdgeschäften erzielt. Daneben kann auch die Handelsspanne als Richtwert dienen, die ein unabhängiges Unternehmen bei vergleichbaren Fremdgeschäften verdient. Die Höhe der ermittelten Marge des Vertragshändlers wird dabei wesentlich von dem Wert der von ihm übernommenen Funktionen und Risiken bestimmt.[139]

Beispiel: Eine Konzernobergesellschaft liefert Fertigwaren an eine Vertriebstochtergesellschaft. Diese vertreibt die von der Muttergesellschaft bezogenen Produkte als Alleinvertreter, so dass mangels vergleichbarer Großhandelsumsätze kein Marktpreis festzustellen ist. Der Verrechnungspreis ist nach der Wiederverkaufspreismethode zu bestimmen.

---

[139] Zum signifikanten Zusammenhang zwischen der Wertschöpfungstiefe und der Rohgewinnmarge siehe Oestreicher, A./Duensing, M., IStR 2005, S. 142. Diese Feststellung rechtfertigt zugleich empirisch die Anwendung der Kostenaufschlagsmethode und der Berry Ratio; siehe dazu 5. Teil, 4. Kapitel, Abschnitt D III 3 b) im Bereich der Vertriebsunternehmen.

4. Kapitel. Bei Kapitalgesellschaften 769

Der Wiederverkaufspreis ist um einen Funktionsrabatt an den Alleinvertreter zu berichtigen. Hat der Wiederverkäufer (im Beispiel die Vertriebstochtergesellschaft) die Waren bearbeitet oder sonst verändert, ist der Wiederverkaufspreis entsprechend zu modifizieren. Besondere Schwierigkeiten bestehen bei der Bestimmung des angemessenen Verrechnungspreises für Waren, die ihren Wert aus einem immateriellen Nutzen (z.B. Image einer Marke) schöpfen, den der Käufer des Produkts realisieren kann. Hier kann es schwierig sein, vergleichbare Fremdgeschäfte zu finden, so dass in diesen Fällen auf die Gewinnaufteilungsmethode zurückzugreifen sein kann.[140]

Im Gegensatz zum Vertragshändler erwirbt ein **Kommissionär** kein Eigentum an den von ihm vertriebenen Produkten. Der Kommissionär tritt zwar nach außen im eigenen Namen auf, handelt aber auf fremde Rechnung, so dass das Eigentum an den Waren bis zum Verkauf beim Kommittenten liegt.[141] Damit trägt aber der Kommissionär nur ein im Vergleich zum Vertragshändler geringeres Vertriebsrisiko. Im Einzelfall übernimmt der Kommissionär jedoch das Inkasso der Forderungen sowie ein damit verbundenes Kreditrisiko. In diesem Sinne beschränkt sich der Kommissionär in seiner Funktionstiefe im Kern auf Marketing, Werbung und Akquisition, die Auftragsbearbeitung, den Kundendienst und ggf. das Inkasso. Damit nimmt er aber im Wesentlichen eine Dienstleistungsfunktion wahr.[142]

Aufgrund seiner aktiven Rolle am Markt und seiner Verantwortung für Marketing, Werbung und Akquisition wird für den Kommissionär häufig die **Wiederverkaufspreismethode** als primäre Verrechnungspreismethode angesehen, wobei sich die Höhe des für den Kommissionär maßgebenden Bruttogewinnabschlags an den zwischen Fremden üblichen Kommissionsgebühren für vergleichbare Kommissionsgeschäfte (Waren, Absatzmarkt, Handelsstufe, usw.) zu orientieren hat und infolge der eingeschränkten Funktionstiefe und der geringen Risiken niedriger ausfallen sollte als die entsprechende Marge eines Vertragshändlers. Auf der anderen Seite wird allerdings aufgrund des speziellen Dienstleistungscharakters auch die Anwendung der **Kostenaufschlagsmethode** für zulässig erachtet.[143]

Der **Handelsvertreter** arbeitet nicht nur auf fremde Rechnung, sondern tritt darüber hinaus auch im fremden Namen auf. Seine Tätigkeit beschränkt sich auf die Einwerbung und Vermittlung von Aufträgen sowie die sich an eine erfolgreiche Akquisition anschließende Auftragsbearbeitung. Sein Ge-

---
[140] Vgl. OECD, JTPF APA, 1995/1999, Tz. 6.24 ff.; Levey, M.M., Intertax 1999, S. 90.
[141] Zur rechtlichen Struktur und einem rechtsvergleichenden Überblick siehe Brodersen, C./Kolczyinski, H. v., Intertax 1997, S. 201 ff.
[142] Vgl. Isensee, T., IStR 2001, S. 468; Borstell, T., Verrechnungspreispolitik, 2003, S. 334 ff.; Engler, G., Dienstleistung, 2004, S. 1368 ff.
[143] Vgl. Kuckhoff, H./Schreiber, R., Verrechnungspreise, 1997, S. 87 ff.; Burkert, M., Reallokation, 1999, S. 527; Baumhoff, H./Bodenmüller, R., Verlagerung, 2003, S. 358 ff. Mit Hinweis auf eine restriktive Haltung der Finanzverwaltung und Vorschlägen für alternative Vergütungsmodelle siehe auch Brodersen, C./Kolczyinski, H. v., Intertax 1997, S. 203 ff. Nach Auffassung der OECD sollte ein Kommissionär oder Handelsvertreter grundsätzlich auf der Grundlage einer umsatzabhängigen Größe vergütet werden. Eine Kombination aus kosten- und umsatzbezogenen Kennziffern (z.B. die Berry Ratio) wird aber ebenfalls für zulässig erachtet, daneben kann aber, vor allem nach einer Restrukturierung auch eine geschäftsfallbezogene Gewinnaufteilungsmethode das beste Ergebnis liefern.

schäftsrisiko beschränkt sich auf die Auslastung seiner Kapazitäten. In diesem Modell kommen aus den bereits für den Kommissionär diskutierten Gründen sowohl die Wiederverkaufspreis- als auch die Kostenaufschlagsmethode in Betracht. Die dabei zur Anwendung kommenden Bruttogewinnmargen leiten sich aus den vergleichbaren Provisionssätzen für Handelsvertreter ab. Sie dürften im Hinblick auf die vergleichsweise geringe Funktionstiefe geringer ausfallen als in den alternativen Vertriebskonzepten.

II. Herstellung von Erzeugnissen

Für die Bestimmung der Verrechnungspreise von Erzeugnissen sehen die Verwaltungsgrundsätze keine besonderen Richtlinien vor. Vielmehr sind die oben dargestellten Verrechnungspreisgrundsätze für die Lieferung von Gütern und Waren sowie die Kosten der Markterschließung in gleicher Weise auch für den Bereich der Herstellung von Erzeugnissen maßgebend. Damit sind hierfür alle Standardmethoden sowie mit Abstrichen grundsätzlich auch die transaktionsorientierten Gewinnmethoden anwendbar. Welche **Methode** im Einzelfall Vorrang haben sollte, bestimmt sich nach der Verfügbarkeit der für die Methode jeweils spezifischen Datenanforderung nach dem Funktions- und Risikoprofil des maßgebenden Unternehmens sowie nach den Verhältnissen, unter denen sich auf wirtschaftlich vergleichbaren Märkten die Fremdpreise bilden.[144]

Um auf dieser Grundlage die für den Einzelfall zutreffende Verrechnungspreismethode bestimmen zu können, ist der Methodenauswahl regelmäßig eine **Funktionsanalyse** vorzuschalten. In diesem Zusammenhang können für die Herstellung von Erzeugnissen im Wesentlichen folgende Funktionen und Risiken voneinander unterschieden werden:[145]

- **Funktionen:** Forschung und Entwicklung, Produktpolitik, Beschaffung, Lagerhaltung, Fertigung, Vertrieb und Verwaltung;
- **Risiken:** Beschaffungsrisiko, Lagerrisiko, Absatzrisiko, Gewährleistungsrisiko.

Zum Teil üben die Herstellerunternehmen nur wenige dieser Kernfunktionen aus, während andere die gesamte Palette an Funktionen und Risiken wahrnehmen. Im Einzelnen ist das für ein Unternehmen gegebene Funktions- und Risikospektrum abhängig von der Entscheidung des Konzerns über die Konfiguration und geographische Struktur der betrieblichen Aktivitäten. Im Hinblick auf das Spektrum der insgesamt möglichen Ausprägungsformen lassen sich aber zwei einander entgegengesetzte **Grundkonzepte** identifizieren, die in der Praxis in verschiedenen Abstufungen wieder zu finden sind. Zu unterscheiden sind in diesem Zusammenhang das Modell des (Eigen-)Produzenten einerseits vom Modell des Lohnherstellers andererseits.[146]

---

[144] Vgl. Verwaltungsgrundsätze, BMF-Schreiben v. 23. 2. 1983, BStBl 1983 I, S. 218, Tz. 2.4.1, 3.1.1; Verwaltungsgrundsätze-Verfahren, BMF-Schreiben v. 12. 4. 2005, BStBl 2005 I, S. 570, Tz. 3.4.10.
[145] Vgl. Baumhoff, H., Verrechnungspreispolitik, 1999, S. 495 ff.; Finsterwalder, O., IStR 2004, S. 764 f.; IDW, IDW Fachnachrichten 2004, Beihefter 6, S. B7.
[146] Vgl. Haarmann, W., Produktionsverlagerung, 1997, S. 70 ff.; Baumhoff, H./Bodenmüller, R., Verlagerung, 2003, S. 355 ff.; Baumhoff, H./Greinert, M., IStR 2006, S. 789 f.

4. Kapitel. Bei Kapitalgesellschaften   771

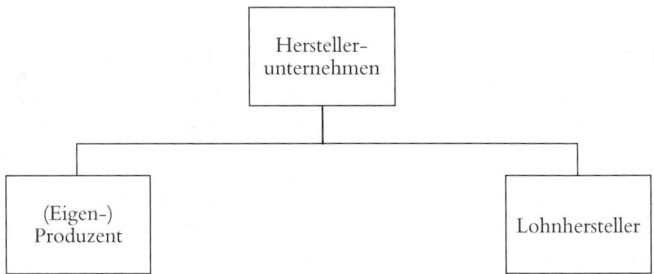

Ein **Lohnhersteller** ist ein Produktionsunternehmen, das i. d. R. nur über eine eingeschränkte Fertigungstiefe verfügt, ein vergleichsweise geringes Risiko trägt und seine Tätigkeit nach den Vorgaben eines Auftraggebers durchführt. Er übernimmt i. d. R. keine eigenen Forschungs- und Entwicklungstätigkeiten und verfügt von daher auch nicht über eigene immaterielle Vermögenswerte. Die für die Herstellung erforderliche Technologie wird vielmehr vom Auftraggeber gestellt, oftmals unter der Auflage, dass Verbesserungen und Erfahrungen, die der Lohnhersteller im Zuge seiner Tätigkeit erzielt, unentgeltlich an den Auftraggeber herauszugeben sind. Wenig ausgeprägt sind im Übrigen auch Beschaffung, Lagerhaltung und Vertrieb. Typisch ist, dass der Auftraggeber auch die Rohstoffe bereitstellt und das Ergebnis der Produktion langfristig abnimmt, so dass der Lohnhersteller i. d. R. weder ein Beschaffungsrisiko noch das Absatzrisiko trägt (consignment arrangement). Möglich sind ein Lagerrisiko sowie die Übernahme des Gewährleistungsrisikos für die in der Sphäre des Lohnherstellers entstandenen Fehler.

Die Konzeption des Lohnherstellers, die in der Literatur teilweise auch unter dem Schlagwort von der „verlängerten Werkbank" des Auftraggebers diskutiert wird, zeichnet sich im Hinblick auf die Wahl der sachgerechten Methode zur Bestimmung der Verrechnungspreise durch folgende zwei Besonderheiten aus. Gegenstand der Produktionstätigkeit sind regelmäßig einzelne Abschnitte aus dem Fertigungsprogramm des Auftraggebers, die nach dessen speziellen Bedürfnissen ausgeführt werden. Damit existieren aber für die Erzeugnisse, die der Lohnhersteller unter seinen speziellen wirtschaftlichen Bedingungen an den Auftraggeber liefert, häufig **keine vergleichbaren Transaktionen im Markt**. Zudem ist der Beitrag des Lohnherstellers im Wesentlichen als eine Dienstleistung (Werkleistung)[147] zu qualifizieren, die aufgrund der regelmäßig nur geringen Fertigungstiefe des Lohnherstellers **mit dem Wert des Produkts in keiner sinnvollen Beziehung** steht. Stehen aber für die ausgetauschten Lieferungen oder Leistungen keine Marktpreise zur Verfügung, ist in der Praxis die **Kostenaufschlagsmethode** häufig die allein anwendbare Standardmethode. Anderes sollte nur dann gelten, wenn

---

[147] Im Gegensatz dazu würde ein Werklieferungsvertrag voraussetzen, dass der Lohnhersteller die für die Produktion erforderlichen Roh-, Hilfs- und Betriebsstoffe selbst beschafft und daraus das bestellte Produkt herstellt. Zur Einordnung unter die Verträge mit Dienstleistungscharakter siehe Engler, G., Dienstleistung, 2004, S. 1354 ff.

5. Teil. Erfolgs- und Vermögensabgrenzung

der Lohnhersteller im Einzelfall die wesentlichen Anteile der Fertigung übernimmt.

Beispiel: Eine ausländische Muttergesellschaft lässt spezielle Teile ihrer Fertigung in enger Anbindung an den Betrieb des ausländischen Unternehmens durch ihre deutsche Tochtergesellschaft herstellen. Für die im Inland produzierten Erzeugnisse übernimmt die ausländische Muttergesellschaft eine langfristige Abnahmeverpflichtung.

Die Finanzverwaltung wertet diese Tochtergesellschaft als abhängiges Unternehmen, das mit seiner eingeschränkten Produktionsbreite auf Dauer nicht lebensfähig ist.[148] Da diese Lieferung unter Fremden in Form einer Lohnherstellung in Auftrag gegeben worden wäre, kann der Verrechnungspreis mit Hilfe der Kostenaufschlagsmethode ermittelt werden.[149] Hierbei kann das Unternehmen die Kostenaufschläge nach der geschäftsfallbezogenen Nettomargenmethode aus den (Netto-)Renditekennzahlen vergleichbarer Unternehmen ableiten.[150] Die Anwendung der Kostenaufschlagsmethode ist jedoch nicht zwingend. Werden vergleichbare Dienstleistungen gegen Entgelt am Markt angeboten, kommt auch bei Lohnfertigern grundsätzlich die Preisvergleichsmethode in Betracht. Lässt sich für eine bestimmte Leistung im Geschäftsverkehr mit oder zwischen fremden Dritten ein bestimmter Preis als üblich feststellen, ist dieser Preis sogar vorrangig heranzuziehen.[151] Wird auf die Kostenaufschlagsmethode abgestellt, darf der Auftraggeber für das zur Nutzung überlassene Know-how keine Gebühren verrechnen. Gleiches gilt für sonstige Beistellungen des Auftraggebers. Im Ergebnis wird der Gesamterfolg von ausländischer Muttergesellschaft und inländischer Tochtergesellschaft nach den Grundsätzen der **residual allocation method** aufgeteilt, indem der deutschen Tochter nur das marktübliche Entgelt für die Funktion eines Lohnherstellers zugesprochen wird, während die Gewinne im Übrigen dem ausländischen Auftraggeber zugerechnet werden.[152]

Da der Lohnhersteller über keinen eigenen Marktzugang verfügt, sind für die Anwendung der Kostenaufschlagsmethode Annahmen über die **geplante Beschäftigung** zu machen, um die Fixkosten, und hier insbesondere die Abschreibungen, über den Preis verdienen zu können. Daneben sind aber auch Vereinbarungen über die Abnahme zumindest bestimmter Mindestmengen zu treffen, wenn der Lohnhersteller vom Absatzrisiko generell freigestellt

---

[148] Andererseits wird der Lohnfertiger in den Verwaltungsgrundsätze-Verfahren als Unternehmen, das lediglich Routinefunktionen erbringt, „die ohne weiteres am Markt auch bei Dritten in Auftrag gegeben werden können", eingestuft. Vgl. Verwaltungsgrundsätze-Verfahren, BMF-Schreiben v. 12. 4. 2005, BStBl 2005 I, S. 570, Tz. 3.4.10.2.a). Diese Sichtweise akzeptiert, dass auch Unternehmen mit eingeschränkter Produktionsbreite am Markt auf Dauer lebensfähig sein können. Zur Kritik siehe bereits Kroppen, H.-K., Handbuch, V Tz. 3.1.3; siehe dazu Baumhoff, H., Verrechnungspreispolitik, 1999, S. 492 ff.
[149] Vgl. Verwaltungsgrundsätze, BMF-Schreiben v. 23. 2. 1983, BStBl 1983 I, S. 218, Tz. 3.1.3.
[150] Vgl. Verwaltungsgrundsätze-Verfahren, BMF-Schreiben v. 12. 4. 2005, BStBl 2005 I, S. 570, Tz. 3.4.10.3.b); siehe hierzu auch Krahnert, R., Verrechnungspreisbestimmung, 2005; Oestreicher, A./Endres, D., Dokumentation, 2005, S. 14 ff.
[151] Vgl. BFH v. 6. 4. 2005, BFH/NV 2005, S. 1719.
[152] Siehe dazu Abschnitt D III 3 c).

4. Kapitel. Bei Kapitalgesellschaften 773

werden soll. Anderenfalls würde der Lohnhersteller bei einem Rückgang der Abnahmemenge am Risiko teilnehmen, ohne dafür eine Kompensation zu erhalten.

Können am Standort des Lohnfertigers spezifische Vorteile („Standortvorteile") realisiert werden, sind bei einer Anwendung der Kostenaufschlagsmethode weitere Besonderheiten zu beachten. Diese **Standortvorteile** sind vor allem darauf zurückzuführen, dass am Standort des Lohnfertigers die Produktionskosten niedriger sind, da ein geringeres Lohnniveau maßgebend ist oder niedrigere Sozialabgaben zu tragen sind. Daneben mögen Preisunterschiede bei den Energiekosten bestehen oder die Rahmenbedingungen durch Subventionen verbessert sein.[153] Bestimmt man den Verrechnungspreis für Leistungen des Lohnfertigers nach dem örtlichen Kostenniveau zzgl. eines üblichen Gewinnaufschlags, kommen die am Standort des Lohnfertigers realisierbaren Vorteile allein dem Auftraggeber zu. Dieses Ergebnis mag richtig sein. Voraussetzung ist aber, dass es die **Marktverhältnisse** in Bezug auf die Leistungen eines Lohnfertigungsunternehmens zutreffend wiedergibt. Das dürfte aber nur der Fall sein, wenn die Standortvorteile des Lohnfertigers imitierbar, substituierbar oder durch Konkurrenzunternehmen beliebig wahrnehmbar sind, so dass sie von Wettbewerbern kurzfristig wegkonkurriert werden können. Insoweit kommt es auf die Zahl der Wettbewerber und die Vergleichbarkeit der von den Wettbewerbern angebotenen Leistungen an. Hat sich jedoch kein entsprechender **Konkurrenzpreis** herausgebildet, kann nach dem Grundsatz des Fremdvergleichs nicht generell davon ausgegangen werden, dass die Standortvorteile dem Auftraggeber zugerechnet werden müssen. Maßgebend kann nur der Preis sein, auf den sich Auftraggeber und Lohnfertiger nach den individuellen Verhältnissen einigen würden.[154] In diesem Sinne kommt auch das FG Münster in seinem rechtskräftigen Urteil vom 16. 3. 2006[155] zu dem Ergebnis, dass ein unabhängiger Dritter über die Höhe seiner Produktionskostenvorteile informiert ist und sie in seinen Verhandlungen mit dem Auftraggeber zu einem Teil auch bei der Festlegung der Preise durchsetzen kann. Im Ergebnis wird man bei Anwendung der Kostenaufschlagsmethode berücksichtigen müssen, dass die Kostenbasis von Lohnfertigern, die über durchsetzbare Standortvorteile verfügen, um entsprechende **Opportunitätskosten** zu erhöhen sind.[156]

Im Gegensatz zu den Funktionen des Lohnherstellers kontrolliert der **Produzent** den gesamten Herstellungsprozess, betreibt aktiv Forschung und Entwicklung, setzt immaterielles Vermögen ein und trifft die unternehmerischen Entscheidungen hinsichtlich der zu fertigenden Produkte und des Fertigungs-

---
[153] Vgl. Baumhoff, H./Greinert, M., IStR 2006, S. 791.
[154] Siehe hierzu die Diskussion bei Baumhoff, H./Greinert, M., IStR 2006, S. 791. Dieses Ergebnis wird auch gestützt durch das Resultat einer empirischen Analyse über die Festlegung der Preise durch deutsche Hersteller. Danach bilden die Kosten zwar einen wichtigen Bezugspunkt. Die meisten Unternehmen berücksichtigen daneben jedoch die Bedingungen des Marktes und den bestehenden Wettbewerb. Vgl. Stahl, H., Price Setting, 2005, S. 5; siehe dazu auch Krahnert, R., Verrechnungspreisbestimmung, 2005, S. 98 ff.
[155] Vgl. FG Münster v. 16. 3. 2006, IStR 2006, S. 794.
[156] Ähnlich Baumhoff, H./Greinert, M., IStR 2006, S. 793; sowie bereits Kuckhoff, H./Schreiber, R., Verrechnungspreise, 1997, Rz. 217; Schreiber, R., Verrechnungspreise, 2003, S. 319.

verfahrens selbst. Beschaffung, Lagerhaltung und Vertrieb runden sein Aufgabenspektrum ab. Dementsprechend trägt der Produzent das volle Marktrisiko. Deshalb hat der Produzent einen Anspruch auf die gesamte Differenz zwischen den Kosten, die für die Herstellung des Produkts erforderlich waren, und dem Preis, der bei der Veräußerung des Produkts zu erzielen ist. Infolgedessen kommt zur Bestimmung des Verrechnungspreises für Lieferungen des Produzenten an nahe stehende Unternehmen zunächst die **Preisvergleichsmethode** in Betracht. Alternativ kann der Verrechnungspreis bei einer Lieferung an eine konzerneigene Vertriebsgesellschaft mit Hilfe der **Wiederverkaufspreismethode** aus dem Marktpreis abgeleitet werden, den die Vertriebsgesellschaft bei der Weiterveräußerung auf dem Markt erzielt.

Anderes muss freilich gelten, wenn das Erzeugnis nach der Bearbeitung durch den Produzenten noch keine Marktreife erhalten hat. Dieser Fall ist z. B. denkbar, wenn der Produzent seine Erzeugnisse zur weiteren Bearbeitung an ein drittes Konzernunternehmen liefert. Liegen für diese Lieferungen weder interne Vergleichspreise aus Lieferungen des Produzenten an fremde Abnehmer noch externe Vergleichspreise aus Transaktionen zwischen konzernunabhängigen Vertragspartnern vor, kann die Preisvergleichsmethode nicht verwendet werden. In gleicher Weise scheidet aber auch die Wiederverkaufspreismethode aus, wenn die Erzeugnisse beim belieferten Unternehmen weiterverarbeitet werden. Von daher dürfte für diesen Fall regelmäßig nur die **Kostenaufschlagsmethode** zur Verfügung stehen. Alternativ dazu sollte aber auch die Anwendung der **Gewinnaufteilungsmethode** zulässig sein.

Beispiel: Eine Muttergesellschaft liefert Halbfertigfabrikate zur Weiterverarbeitung an eine Produktionstochtergesellschaft. Ein Markt für derartige Halbfertigfabrikate besteht nicht. In diesem Fall wird im allgemeinen die Kostenaufschlagsmethode anzuwenden sein, denn fremde Geschäftspartner werden unter vergleichbaren Verhältnissen bei ihren Preisvorstellungen von den jeweiligen Kosten der Ware zuzüglich eines entsprechenden Gewinnaufschlags ausgehen.

Verfügt die Konzernmuttergesellschaft über nicht ausgelastete Kapazitäten, kann sie zur Auslastung dieser Kapazitäten und Aufrechterhaltung der Beschäftigung Preise vereinbaren, die die Fixkosten nicht oder nur teilweise decken (Deckungsbeitrag).[157] Leerkosten dürfen generell nicht zur Abrechnung kommen.

Zwischen den beiden Polen „Eigenproduzent" und „Lohnhersteller" sind verschiedene Übergangsformen denkbar, die sich durch eine Abstufung in der Funktionsdichte des Herstellerunternehmens auszeichnen. So mag z. B. der **Lizenzfertiger** grundsätzlich alle Merkmale eines Produzenten auf sich vereinen und vor allem auch das Marktrisiko aus dem Absatz seiner Produkte tragen. Stellt er jedoch seine Produkte auf der Grundlage eines Lizenzvertrags mit dem Inhaber des entsprechenden Patents, der Marke oder eines Geschmacksmusters her, ist er in seinen Entscheidungen nicht mehr völlig frei, sondern, je nach Vertrag, zeitlich, räumlich, oder in Bezug auf die Menge an Vorgaben oder Vereinbarungen gebunden. Da er die Herstellung auf eigene Rechnung und im eigenen Namen durchführt, hat auch er Anspruch auf die

---

[157] Vgl. DIHT, Verrechnungspreise, 1981, S. 18 f.; IDW, IDW Fachnachrichten 1989, S. 65.

4. Kapitel. Bei Kapitalgesellschaften 775

Differenz zwischen den Kosten, die für die Herstellung des Produkts erforderlich waren, und dem Preis, der bei der Veräußerung des Produkts zu erzielen ist. Insoweit sind bei Lieferungen an nahe stehende Unternehmen auch hier die Preisvergleichsmethode, die Wiederverkaufspreismethode oder die Kostenaufschlagsmethode anwendbar. Für seine Produktion nimmt er jedoch die Vorleistung eines Lizenzgebers in Anspruch, der am Ergebnis des Produktionsprozesses in Form von Lizenzgebühren teilhat. Um diese Gebühren verringert sich auch die Marge des Lizenznehmers im Vergleich zum (Voll-) Produzenten. Streng genommen müssen diese Gebühren bei Anwendung der Kostenaufschlagsmethode auch aus der Kostenbasis ausgeklammert werden. Läuft sein vertragliches Herstellerrecht aus oder wird der Lizenzvertrag gekündigt, muss er die Produktion der vertraglich gebundenen Produkte einstellen.

Der **Auftragsfertiger** hingegen produziert wie der Lohnhersteller im Auftrag eines Prinzipals nach dessen Weisungen. Dieser Prinzipal nimmt i. d. R. das Ergebnis der Produktion langfristig ab, so dass der Auftragnehmer insoweit kein Marktrisiko trägt. Im Unterschied zum reinen Lohnfertiger kann der Auftragsfertiger jedoch über eigene produktionsbezogene Forschung und Entwicklung verfügen, eigene Fertigungstechnologie einsetzen, Vorprodukte selbst beschaffen und ein Rohstoff- oder Produktlager unterhalten (buy sell arrangement). Möglich ist damit, dass ein Auftragnehmer die organisatorische Leitung der Produktion weitestgehend in Händen hält und bestimmt.[158] Die letzten Entscheidungsrechte über die Art und Gestaltung der Produkte liegen aber beim Auftraggeber. Das Herstellungsgeschehen wird danach von ihm auch beherrscht. Hinzu kommt, dass die Produktion nicht im Namen des Auftragnehmers erfolgt. Dieser handelt weder auf eigenes Risiko, noch tritt er im eigenen Namen am Markt auf, sondern wird für Rechnung des Auftraggebers tätig. Stellt der Auftragsfertiger im Auftrag seines Prinzipals Produkte her, übernimmt er eine marktübliche Dienstleistung, die nach der Preisvergleichsmethode bewertet werden kann. Sind Vergleichspreise nicht zu beobachten, kommen alternativ die Kostenaufschlagsmethode oder die transaktionsbezogene Nettomargenmethode in Frage. Hat das im Auftrag fertigende Unternehmen wesentliche Anteile an der Entwicklung oder hält es wertvolle immaterielle Wirtschaftsgüter, kann die geschäftsfallbezogene Gewinnaufteilungsmethode besser geeignet sein.[159] Bei einer Anwendung der Wiederverkaufspreismethode müssen jedoch Abstriche gemacht werden, da der Auftragsfertiger i. d. R. für Rechnung des Prinzipals tätig ist.

III. Dienstleistungen

1. Abgrenzung der verrechenbaren Leistungen vom Gesellschafteraufwand und der Kostenumlage nach dem Poolkonzept

a) Typologie konzerninterner Leistungsbeziehungen

Die bisherigen Ausführungen haben sich auf die Bestimmung des Fremdvergleichsentgelts für Waren, Güter und Erzeugnisse konzentriert. Dabei wurde implizit unterstellt, dass die erhaltene Lieferung und Leistung das empfangende Konzernunternehmen begünstigt und dieses aufgrund des zu-

---

[158] Vgl. FG Hamburg v. 4. 12. 1989, EFG 1990, S. 463.
[159] *einstweilen frei.*

gewandten **Nutzenvorteils** zur Zahlung eines Entgelts bereit ist. Diese Annahme trifft auf Leistungen nicht in jedem Fall zu, so dass zunächst zu untersuchen ist, welche Leistungen im Einzelnen dem Grunde nach verrechnet werden können.[160] Sicherlich kein Arm's-length-Entgelt stellt nämlich eine Zahlung für eine Konzernleistung dar, die überhaupt nicht im Interesse des Zahlenden liegt und durch ihn auch nicht veranlasst ist.

Im internationalen Konzern werden die Funktionen eines Konzern-, Sparten- oder Ländermanagements (Beispiele sind Finanzen, Controlling, Rechts- und Steuerberatung, EDV oder Verwaltung) häufig zentralisiert, indem derartige Aufgaben entweder direkt von der Muttergesellschaft oder von eigenständigen Konzerngesellschaften (Shared Service Center) übernommen werden. Zum Teil haben diese Funktionen ihre Grundlage in der **gesellschaftsrechtlichen Verantwortung** der Muttergesellschaft gegenüber ihren Tochtergesellschaften. Beispiele sind Leistungen, die mit der Wahrnehmung der Gesellschafterrechte, Leitung des Konzerns und Überwachung der Tochtergesellschaften zusammenhängen. Im Übrigen dienen die verschiedenen Leistungsbeziehungen jedoch i. d. R. dem **betrieblichen Interesse** der Konzerngesellschaften und beruhen auf einer schuldrechtlichen Basis. Das Spektrum der hier möglichen Geschäftsbeziehungen reicht von einfachen Dienstleistungen bis hin zu Kooperationen, die mit dem Ziel einer gemeinsamen Anschaffung, Herstellung oder Entwicklung von Gütern oder Diensten vereinbart werden.

Sie lassen sich nach der Richtung des Interesses, das die beteiligten Parteien am Vertragsgegenstand haben, unterscheiden in Leistungen, die dem betrieblichen Interesse der **empfangenden Gesellschaften** dienen, und in Tätigkeiten, die im gemeinsamen Interesse **aller Gesellschaften**, die an einem Vertrag beteiligt sind, liegen. Erstere sind Vorleistungen, die die Leistungen empfangende Konzerneinheit von einer anderen Konzerneinheit bezieht, weil eine eigene Erstellung entweder nicht möglich oder wirtschaftlich nicht effizient wäre (z. B. die Tätigkeit von Stabsspezialisten, ein Zentraleinkauf oder die zentrale Datenverarbeitung), da bei einer Zusammenfassung der Leistungen in einer zentralen Stelle Skalen- und/oder Verbundeffekte **(economies of scale and scope)** erzielt werden können. Kooperationen dienen dagegen der gemeinsamen Bedarfsdeckung im jeweils eigenen Interesse der beteiligten Parteien. Ihr Anwendungsbereich liegt dort, wo die Realisierung von Synergievorteilen voraussetzt, dass die beteiligten Parteien im Rahmen einer partnerschaftlichen Struktur wechselseitig zum Erfolg beitragen **(economies of integration)**.

Die Frage, ob, und wenn ja, nach welchen Grundprinzipien konzerninterne Lieferungen und Leistungen verrechenbar sind, ist im Wesentlichen davon abhängig, aus welcher Interessenlage heraus sie erbracht wurden. Die drei folgenden Kategorien können unterschieden werden:

1. Tätigkeiten, die von der Muttergesellschaft oder einer Zwischengesellschaft aufgrund ihrer Stellung als Gesellschafterin im eigenen Interesse erbracht werden (Leistungsbeziehungen auf gesellschaftsrechtlicher Basis, **Gesellschafteraufwand**).

---

[160] Zu den umsatzsteuerlichen Aspekten der Weiterverrechnung von Leistungen im Konzern siehe Slapio, U., PIStB 2005, S. 152 ff.

2. Leistungen, die im betrieblichen Interesse der empfangenden Gesellschaften erbracht werden, um einen festgestellten Bedarf eines oder mehrerer Gliedunternehmen zu decken (betrieblich bedingter **Leistungsaustausch** auf schuldrechtlicher Basis).

3. Tätigkeiten, die dem gemeinsamen Interesse der an der Leistungserstellung beteiligten Konzerngesellschaften dienen (Leistungsabgaben an eine Art Innengesellschaft, **Kostenumlage**).

Aufwendungen zur Erbringung von Leistungen, die dem Geschäftsbetrieb der Muttergesellschaft in deren Eigenschaft als Gesellschafter zurechenbar sind **(shareholder activities, stewardship expenses)**, können nicht auf die Tochtergesellschaften verrechnet werden. Für Leistungen auf gesellschaftsrechtlicher Grundlage kann die Muttergesellschaft kein Entgelt in Rechnung stellen.[161] Sind die Aufwendungen jedoch den Geschäftsbetrieben der Tochtergesellschaften zurechenbar, müssen sie weiterbelastet werden. Sie sind im Rahmen eines Entgelts an die die Leistungen empfangenden Gesellschaften zu verrechnen. Die zu bestimmenden Verrechnungspreise haben grundsätzlich eine Gewinnkomponente (Gewinnaufschlag) zu enthalten. Schließen sich die Konzernglieder zum Zwecke der gemeinsamen Bedarfsdeckung zu einem Interessenverbund **(Aufwandspool)** zusammen, tauschen sie keine Leistungen aus. Die Aufwendungen des Pools sind wie eigene Aufwendungen der Poolmitglieder zu behandeln und **ohne Gewinnaufschlag** im Rahmen einer **Kostenumlagevereinbarung** auf die Poolmitglieder umzulegen.[162]

Abbildung 17: Typologie konzerninterner Leistungsbeziehungen

Art der konzerninternen Leistungsbeziehung	Gesellschafteraufwand	Leistungsaustausch		Kostenumlage
Merkmale				
Rechtliche Grundlage	Gesellschaftsrecht	Schuldrechtlicher Vertrag		
Interesse	Leistender	Leistungsempfänger		Beteiligte
Verrechnungsform	–	Direkte Preisverrechnung	Indirekte Preisverrechnung (Leistungsumlage)	Kostenteilung (Poolumlage)
Rechnungsbetrag	–	Fremdvergleichspreis	Anteiliger Aufwand	Anteiliger Aufwand
Gewinnzuschlag	–	Ja	Ja	Nein

Die Abgrenzung der verrechenbaren Leistungen vom Gesellschafteraufwand gestaltet sich verhältnismäßig problemlos bei dezentral organisierten Konzernen, bei denen der Zuständigkeitsbereich der Muttergesellschaft so begrenzt ist, dass ihre Tätigkeit lediglich in der Verwaltung **(monitoring)** der Beteiligungen an den Tochtergesellschaften besteht. In diesen Fällen ist der

---

[161] Vgl. OECD, Leitlinien 2010, Tz. 7.9 und 7.10.
[162] Zur Kostenumlagevereinbarung siehe im Einzelnen 1. Kapitel Abschnitt C IV 1 und 2.

gesamte Aufwand der Muttergesellschaft als Gesellschafteraufwand zu qualifizieren. Bei zentralistisch organisierten Konzernen werden dagegen sämtliche Entscheidungen von größerer Tragweite von der Konzernobergesellschaft getroffen und viele Dienstleistungen von speziellen Unternehmenseinheiten für den Gesamtkonzern geleistet. Für die Verrechenbarkeit von Leistungen, die über die Verwaltung der Beteiligungen hinausgehen, werden zwei Ansätze vertreten:

1. Die **enge Auslegung des Begriffs Gesellschafteraufwand** beschränkt sich auf Ausgaben in Zusammenhang mit dem Erwerb und der Verwaltung der Beteiligungen. Alle darüber hinausgehenden Tätigkeiten bspw. zum Management, zur Koordination und Kontrolle des Gesamtkonzerns dienen dem Geschäftsbetrieb der Tochtergesellschaften. Diese Konzeption führt somit zu einer umfassenden Verrechnung von Aufwendungen.
2. Die **weite Auslegung des Begriffs Gesellschafteraufwand** ordnet die oben angesprochenen Tätigkeiten weitgehend der Muttergesellschaft zu. Ein Entgelt kann nur verlangt werden, wenn auf die speziellen Anforderungen der Tochtergesellschaften zugeschnittene Dienstleistungen identifizierbar sind, m. a. W. wenn die Tätigkeiten den Geschäftsbetrieb der Tochtergesellschaft unterstützen.

In den deutschen Verwaltungsgrundsätzen wird der zweite Ansatz vertreten.[163] Die OECD neigt hingegen zur ersten Auffassung.[164] Nach den allgemeinen Grundsätzen der steuerlichen Gewinnermittlung sind Aufwendungen, die durch den Betrieb veranlasst sind, als Betriebsausgaben abzugsfähig. Dieser **kausale Betriebsausgabenbegriff** bedingt, dass Aufwendungen nicht nur dann abzugsfähig sind, wenn sie direkt mit bestimmten Erträgen in Verbindung stehen, sondern bereits dann, wenn die Aufwendungen geeignet sind, die Geschäftstätigkeit des Unternehmens allgemein zu fördern. Das Merkmal „betriebliche Veranlassung" ist damit auch für die Verrechenbarkeit von Aufwendungen für von einer Gruppengesellschaft erhaltene Dienstleistungen dem Grunde nach ausschlaggebend.[165] Übernimmt die Muttergesellschaft das Management, die Koordination und Kontrolle für den Gesamtkonzern, führt die funktionale Betrachtungsweise zu folgenden Ergebnissen: Werden die Tätigkeiten durch den Betrieb der Muttergesellschaft verursacht, sind die verursachten Aufwendungen nicht auf die Tochtergesellschaften verrechenbar. Sind die Aufwendungen durch den Betrieb einer speziellen Tochtergesellschaft verursacht, sind sie dieser zuzurechnen. Ein Entgelt und damit ein Verrechnungspreis sind dann zwingend zu vereinbaren.[166]

Diese allgemeinen Gewinnermittlungsprinzipien sind u. E. für die Zuordnung des Dienstleistungsaufwands **dem Grunde nach** ausreichend. Die Finanzverwaltung ist zwar der Ansicht, dass nach dem Grundsatz des Drittvergleichs eine Entgeltsvereinbarung nur möglich ist, wenn die Dienstleistung

---

[163] Vgl. Klein, K.-G., DB 1984, S. 2053; Schlagheck, M., StBp 2000, S. 83 ff.; Kroppen, H.-K., Handbuch, O Tz. 7.9 f.
[164] Vgl. OECD, Leitlinien 2010, Tz. 7.6 ff.
[165] Vgl. Verwaltungsgrundsätze, BMF-Schreiben v. 23. 2. 1983, BStBl 1983 I, S. 218, Tz. 1.4.1; Becker, H., FR 1984, S. 610; Baumhoff, H., Verrechnungspreise, 1986, S. 168.
[166] Vgl. Baumhoff, H., Verrechnungspreise, 1986, S. 168 ff.; Engel, C. L. J., Konzerntransferpreise, 1986, S. 116 ff.

4. Kapitel. Bei Kapitalgesellschaften

eindeutig abgrenzbar ist und im Interesse des empfangenden Unternehmens erbracht wird, d. h. einen Vorteil erwarten lässt und eigene Kosten erspart.[167] Ebenso wird im internationalen Bereich der Abzug von Betriebsausgaben davon abhängig gemacht, ob der Leistungsempfänger aus der Dienstleistung einen Nutzen oder Vorteil zieht (benefit test).[168] Dabei ist allerdings zu bedenken, dass diesen Merkmalen keine eigenständige Bedeutung zukommt. Sie können nur ein **Indiz** oder Hilfskriterium für die betriebliche Veranlassung sein,[169] die nur in Bezug auf die Verhältnisse des Einzelfalles überprüft werden kann. Somit ist für jede Dienstleistungsart getrennt zu untersuchen, ob die Tätigkeit durch den Geschäftsbetrieb der Muttergesellschaft oder den der Tochtergesellschaften verursacht ist, m. a. W. ob die Leistung einseitigen Charakter hat oder eine Leistungsbeziehung zwischen Mutter und Tochter widerspiegelt.

b) Gesellschafteraufwand (shareholder expenses)

Eindeutig durch den Geschäftsbetrieb der Konzernmuttergesellschaft (Konzernholding) verursacht sind Aufwendungen, die mit der Wahrnehmung der Gesellschafterrechte, Leitung des Konzerns und Überwachung der Tochtergesellschaften zusammenhängen. Diese Tätigkeiten **(shareholder activities)** dienen ausschließlich dem Interesse der Muttergesellschaft. Sie beruhen auf den gesellschaftsrechtlichen Verbindungen innerhalb eines Konzerns, ein echter Leistungsaustausch zwischen Mutter- und Tochtergesellschaft liegt nicht vor. Entsprechend sind diese Aufwendungen von der Muttergesellschaft zu übernehmen und aus den Dividenden der Tochtergesellschaften zu bedienen. Bei den anderen Konzernunternehmen scheidet der Abzug von Betriebsausgaben aus. Beispiele für die als Gesellschafterleistungen, Kontroll- oder Regieleistungen bezeichneten Maßnahmen, die i. d. R. nicht vergütet werden können, sind:[170]

– Leistungen, die mit der **Leitung des Konzerns** sowie der **juristischen Struktur der Muttergesellschaft** zusammenhängen. Dazu zählen z. B. Kosten für Gesellschafterversammlungen der Muttergesellschaft, die Ausgabe von Anteilen an der Muttergesellschaft, Kosten des Aufsichtsrates und des Vorstandes.

– **Überwachung der Geschäftstätigkeit der Tochtergesellschaften.** Zu den Kontrollmaßnahmen zählen u. a. die Überwachung der Geschäftsführung einer Tochtergesellschaft einschließlich der Analyse sowie Kontrolle ihres Rechnungswesens, eine im Interesse der Konzernleitung liegende Innenrevision durch konzerneigene oder fremde Prüfer sowie Informationsbesuche von gesetzlichen Vertretern der Muttergesellschaft bei den Tochterunternehmen. Eine Mischleistung liegt aber vor, wenn die Tochtergesellschaft keine eigene Revision unterhält oder eine Konzernrevision

---

[167] Vgl. Verwaltungsgrundsätze, BMF-Schreiben v. 23. 2. 1983, BStBl 1983 I, S. 218, Tz. 6.2.2.
[168] Vgl. z. B. OECD, Leitlinien 2010, Tz. 7.23.
[169] Zustimmend Schlagheck, M., StBp 2000, S. 85.
[170] Vgl. OECD, Bericht, 1979, Tz. 154, 156 ff., 176; OECD, Bericht, 1984, 3. Teil, Tz. 33 ff., 38, 40; OECD, Leitlinien 2010, Tz. 7.10 ff., siehe auch Verwaltungsgrundsätze, BMF-Schreiben v. 23. 2. 1983, BStBl 1983 I, S. 218, Tz. 6.3.2; Baumhoff, H., Verrechnungspreise, 1986, S. 172 ff.; Schlagheck, M., StBp 2000, S. 84.

neben der eigenen Revision einer Tochtergesellschaft im Interesse der Tochtergesellschaft tätig wird.

- **Überwachung und Verwaltung (monitoring) der Beteiligungen,** es sei denn, es handelt sich um Tätigkeiten, für die ein unabhängiges Unternehmen unter vergleichbaren Verhältnissen bereit wäre, ein Entgelt aufzuwenden, oder die es als Eigenleistungen für sich selbst erbringen würde.
- **Dokumentation des Konzernergebnisses.** Bei diesen Aufgaben geht es um die Einführung und Überwachung eines einheitlichen Rechnungs- und Berichtswesens, die Konsolidierung des Konzernergebnisses, die Aufstellung einer Weltbilanz einschließlich deren Prüfung durch den Wirtschaftsprüfer.
- Aufwendungen, die mit dem **Erwerb neuer Beteiligungen** im Zusammenhang stehen. Angesprochen sind hier jedoch lediglich die Beteiligungen der Muttergesellschaft selbst. Unterstützt die Muttergesellschaft dagegen eine andere Konzerngesellschaft beim Erwerb von Beteiligungen, handelt es sich um verrechenbare Dienstleistungen.
- **Überlassung von Eigenkapital.** Die Beteiligung an einer Tochtergesellschaft und Überlassung von Eigenkapital begründen oder stärken die gesellschaftsrechtliche Beziehung zwischen dem Steuerpflichtigen und einer nahe stehenden Person. Sie sind durch das Gesellschaftsverhältnis veranlasst und beruhen auf einer gesellschaftsrechtlichen Vereinbarung. Schuldrechtliche Beziehungen begründen dagegen nach Auffassung der Finanzverwaltung einen Leistungsaustausch, selbst wenn eine ggf. vorgesehene Unentgeltlichkeit einen eigenkapitalersetzenden Zweck verfolgt.[171]

   Beispiel: Eine Konzern-Obergesellschaft gibt zugunsten einer konzernangehörigen Gesellschaft eine Garantie-Erklärung ab. Die Übernahme der Garantie durch die Konzern-Obergesellschaft ist allein deshalb erforderlich, um die begünstigte Gesellschaft, die nicht mit dem ihrer Funktion als Konzernfinanzierungsgesellschaft entsprechenden Eigenkapital ausgestattet worden ist, in die Lage zu versetzen, dass diese die ihr zugedachte Aufgabe tatsächlich wahrnehmen kann.

- **Rückhalt im Konzern.** Für die Vorteile, die den Tochtergesellschaften allein aus ihrer Zugehörigkeit zu einem Konzern entstehen, kann kein Entgelt verrechnet werden. Als typische Beispiele werden genannt: erhöhte Kreditwürdigkeit (Rating), verbilligte Einkaufsmöglichkeiten oder das Recht zur Führung des Konzernnamens.[172] Derartige Sachverhalte sollen ausschließlich auf sog. passiven Konzernwirkungen (Verbundeffekte) beruhen, ohne dass es einer gesonderten Aktivität der Konzernobergesellschaft bedarf. Für eine Vergütungsfähigkeit fehle es somit am schuldrechtlichen Leistungsaustausch. In der Rechtspraxis wirft diese Definition des sog. Konzernrückhalts erhebliche Probleme auf. Eine Verrechnung kann u. E. immer dann erfolgen, wenn die Vorteile für die Tochtergesellschaften auf-

---

[171] Das gelte auch dann, wenn die schuldrechtliche Vereinbarung in den Gesellschaftsvertrag aufgenommen wurde; vgl. Anwendungsschreiben AStG, BMF-Schreiben v. 14. 5. 2004, BStBl 2004 I, Sondernummer 1/2004; a. A. Günkel, M./Lieber, B., IWB, Fach 3, Deutschland, Gruppe 1, S. 2074 f.; siehe hierzu auch BFH v. 30. 5. 1990, BStBl 1990 II, S. 875; BFH v. 29. 11. 2000, BStBl 2002 II, S. 720.
[172] Vgl. BFH v. 9. 8. 2000, BStBl 2001 II, S. 140.

grund spezifischer Aktivitäten der Muttergesellschaft entstehen (z. B. Rahmeneinkaufsverträge, aktive Investor-Relations-Politik).
- Aktivitäten zur **Entwicklung der Konzernstrategie** und der **Finanzierungsgrundsätze des Gesamtunternehmens.** Hierunter fallen die Festlegung von generellen Unternehmenszielen und der Unternehmenspolitik einschließlich der Erarbeitung zielorientierter Konzeptionen und Strategien wie die rechtliche Organisation des Konzerns, die Unternehmens- und Bereichsdiversifizierung, Gründung oder Erwerb weiterer Tochtergesellschaften, Maßnahmen zur Risikostreuung sowie die Kapitalbedarfsplanung für den Gesamtkonzern.

c) Verrechenbare Leistungen

(1) Eindeutig zuordenbare Dienstleistungen

Für Leistungen der Konzernobergesellschaft oder anderer Konzernunternehmen, die ihrer Art nach grundsätzlich auch von einem unabhängigen Dritten erbracht werden könnten, ist von der begünstigten Gesellschaft ein Entgelt zu entrichten. Die leistungserbringende Gesellschaft übernimmt diese Tätigkeiten nicht als Ausfluss ihrer Gesellschafterstellung, sondern in der einem Dienstleistungsunternehmen vergleichbaren Funktion. Diese Aufgaben können dem **betrieblichen Bereich** des leistungsempfangenden Unternehmens zugeordnet werden. Entsprechend sind Leistungen zwischen verbundenen Unternehmen verrechenbar, wenn ein schuldrechtlicher Leistungsaustausch vorliegt, d. h. auch zwischen Fremden ein Entgelt gewährt worden wäre und wenn eine Verrechnung von vornherein vereinbart ist und nachgewiesen wird.[173] Eine Zurechnung ist aber nicht möglich, wenn der Aufwand den empfangenden Unternehmen in anderer Form weiterbelastet wird, z. B. wenn in den Verrechnungspreisen des sonstigen konzerninternen Waren- oder Leistungsverkehrs die damit zusammenhängenden Aufwendungen bereits berücksichtigt sind.

Im Einzelnen sind zwischen Mutter- und Tochtergesellschaften für folgende Leistungen Entgelte zu verrechnen:
- **Unterstützungs- und Beratungsleistungen in wirtschaftlichen, finanziellen und technischen Angelegenheiten.** Diese Leistungen liegen häufig ausschließlich im Interesse der Untergesellschaften und ersparen dort eigene Aufwendungen. Typische Aufgaben sind Unterstützung beim Einkauf (u. a. Erstellen weltweiter Standardeinkaufsverträge, Beschaffung von Marktinformationen, Koordination von Unternehmensbereichen, Aushandeln von Konzernrabatten), Beratungen in Finanzierungsfragen (u. a. Erstellen von Finanzierungsanalysen, Unterstützung bei der Projekt- und Exportfinanzierung), die Erfüllung von Aufgaben im Bereich der Öffentlichkeitsarbeit (u. a. Koordination konzernbezogener Präsentationen, Informationsstellen in wirtschaftlich bedeutsamen Zentren), Werbung und Absatzförderung, die Entwicklung von Entscheidungshilfen bei Investitions-, Finanz- und Organisationsfragen, die Beratung in Bau- und Ingenieur-

---

[173] Vgl. Verwaltungsgrundsätze, BMF-Schreiben v. 23. 2. 1983, BStBl 1983 I, S. 218, Tz. 3.3.3 und Tz. 7.1.1.

angelegenheiten sowie die Übernahme von EDV- und Buchhaltungsarbeiten.
- **Unterstützungs- und Beratungsleistungen in wettbewerbs-, zivil-, steuer- und zollrechtlichen Angelegenheiten.** In diese Kategorie gehören bspw. Unterstützungs- und Koordinierungsleistungen im Fall von Akquisitionen, Zusammenschlüssen, Ausgliederungen und ähnlichen Transaktionen, Entwicklung von Standardverträgen (u. a. Lizenzvereinbarungen, Vereinbarungen über Kostenumlagen), Unterstützung bei kartell-, steuer-, zoll- und völkerrechtlichen Verfahren.[174]
- **Planung und Steuerung einzelner Investitions-, Produktions-, Forschungs-, Einkaufs- und Absatzmaßnahmen im Gesamtkonzern.** Obschon eine umfassende Unternehmensplanung die vollständige Integration aller Planungen für die einzelnen Leistungs- und Unternehmensbereiche voraussetzt, können die Planungen für diese einzelnen Leistungs- und Unternehmensbereiche u. E. nicht dem Geschäftsbetrieb der Konzernobergesellschaft zugerechnet werden. Derartige Tätigkeiten sind u. E. verrechenbar, da sie den Konzerngesellschaften einen wirtschaftlichen Wert verschaffen, der ihrer Geschäftsposition förderlich ist.[175]

(2) Nicht eindeutig zuordenbare Dienstleistungen (Mischfälle)

Obwohl mit dem Geschäftsbetrieb der Muttergesellschaft (Zentralfunktion) und dem der Tochtergesellschaften zwei theoretisch klar getrennte Sphären angesprochen werden, ist die Grenzziehung zwischen dem betrieblichen und gesellschaftsrechtlichen Bereich im Einzelfall schwierig, so dass die Aufspaltung der Aufwendungen in einen verrechenbaren und einen nicht verrechenbaren Teil notwendig wird. Nachfolgend werden einige Grenzfälle behandelt, bei denen für die Zulässigkeit einer Entgeltsvereinbarung keine generelle Kategorisierung erfolgen kann.

(a) Koordinationsleistungen

Koordinationsleistungen sind erforderlich, um die Tätigkeiten einzelner Konzerngesellschaften oder bestimmter sparten- oder produktbezogener Tätigkeitsbereiche innerhalb eines Unternehmens zur Optimierung und zur Vermeidung von Reibungsverlusten aufeinander abzustimmen. Hinsichtlich ihrer Verrechenbarkeit sind sie in vier Kategorien zu unterteilen:[176]
- zentrale Koordination,
- vertikale Koordination,
- horizontale Koordination und
- Innenkoordination.

Die **Verrechenbarkeit der Koordinationsleistungen** richtet sich danach, wem die Tätigkeit funktional zurechenbar ist.

Die **zentrale Koordination** liegt grundsätzlich im Interesse des Gesamtunternehmens und umfasst Abstimmungsmaßnahmen der Konzernobergesellschaft, die im Rahmen des Gesamtplanes der Unternehmensgruppe mit dem Ziel durchgeführt werden, die Tätigkeiten der Tochtergesellschaften unter

---

[174] Siehe hierzu etwa BFH v. 23. 6. 1993, BStBl 1993 II, S. 801.
[175] Zu dieser Formel siehe OECD, Leitlinien 2010, Tz. 7.6.
[176] Vgl. Engel, C. L. J., Konzerntransferpreise, 1986, S. 148 ff.

4. Kapitel. Bei Kapitalgesellschaften   783

Nutzung möglichst aller Verbundeffekte und in Übereinstimmung mit der Konzernstrategie zu optimieren. Die zentrale Koordinierung hat somit neben einer abgestimmten Investitions-, Produktions-, Finanz- und Absatzplanung im Gesamtverbund typischerweise auch die Steuerung des Lieferungs- und Leistungsaustausches zwischen Einzelunternehmen einschließlich der Muttergesellschaft zum Inhalt.

Letztere Tätigkeiten zählen jedoch grundsätzlich zum Interessenbereich der Konzerngesellschaften, die dazu notwendigen Aufwendungen sind deshalb auf die Tochtergesellschaften zu verrechnen.

Die **vertikale Koordination** betrifft einzelne abgrenzbare Maßnahmen, die der Abstimmung der Geschäftsbeziehungen zwischen der Konzernobergesellschaft und einer Tochtergesellschaft dienen. Hierbei handelt es sich um Leistungen, die beide Unternehmen in der Erfüllung ihres eigenständigen Aufgabenbereiches (Produktion, Vertrieb, Forschung und Entwicklung) unterstützen. Die Aufwendungen sind zu verrechnen und jeweils anteilig als Betriebsausgaben abzugsfähig.

Beispiel: Die Muttergesellschaft M und ihre Tochtergesellschaft T stellen die gleichen Waren her. Zur Erhaltung und Sicherung der Marktstellung ist ein erheblicher Werbeaufwand erforderlich. Um Reibungsverluste und Doppelarbeit zu vermeiden, ist zwischen den Marketingabteilungen der beiden Unternehmen eine Abstimmung darüber notwendig, wie die damit zusammenhängenden Aufgaben verteilt werden. Diese Koordination liegt sowohl im Interesse von M als auch im Interesse von T. Da sie in gleichem Maße der Aufgabenerledigung beider Gesellschaften dient, ist der damit verbundene Aufwand von M und T anteilig zu tragen.

Bei der **horizontalen Koordination** handelt es sich um Abstimmungsmaßnahmen zwischen mehreren Tochtergesellschaften der gleichen Sparte bzw. der gleichen Produktgruppe. Analog zur vertikalen Koordination sind die Aufwendungen anteilig den beteiligten Konzerneinheiten zuzurechnen. Nicht entscheidend ist, wer den Gesamtaufwand zunächst getragen hat.

Beispiel: Die Muttergesellschaft M hat mehrere Tochtergesellschaften (T 1, T 2). T 1 ist Hersteller unterschiedlicher Erzeugnisse und der dazugehörigen Ersatzteile. T 2 vertreibt die Produkte von T 1. Um einen reibungslosen Absatz zu gewährleisten, stimmen sich T 1 und T 2 über Fragen der Lagerhaltung ab, d. h., ob das Lager von T 1 oder T 2 oder von beiden zu unterhalten ist, und welchen Umfang und welche Sortierung das Lager aufweisen soll. Eine derartige Abstimmung dient sowohl der Aufgabenerfüllung von T 1 als auch dem Interesse von T 2. Die Koordinationskosten sind von beiden je zur Hälfte zu übernehmen.

Die **Innenkoordination** betrifft Abstimmungen im Innenbereich einer Konzerngesellschaft, wie die Koordination zwischen Produktion, Vertrieb, Finanz- und Investitionsplanung. Diese Leistungen gehören allein zum Aufgabenkreis des betreffenden Unternehmens. Die damit zusammenhängenden Aufwendungen sind ausschließlich bei diesem Unternehmen als Betriebsausgaben abzugsfähig. Übernimmt die Muttergesellschaft für ihre Tochtergesellschaft diese Koordinationsaufgaben, hat sie für diese Leistungen von ihrer Tochtergesellschaft ein Entgelt zu verlangen.

(b) Kontrolltätigkeiten

Bei Kontrolltätigkeiten ist gleichfalls eine Differenzierung notwendig. Dienen sie zur **Überwachung der Geschäftsführung der Tochtergesell-**

schaften, sind die hiermit verbundenen Aufwendungen dem Geschäftsbetrieb der Muttergesellschaft zurechenbar. Diese Aufwendungen sind von der Konzernobergesellschaft zu übernehmen. Kontrolltätigkeiten können ihre Veranlassung auch in der **betrieblichen Sphäre der Tochtergesellschaft** haben. Beispiele hierfür sind die Überprüfung der Produktqualität und die Kontrolle ihrer Herstellungs-, Verwaltungs- und Vertriebsprozesse. Ähnliche Überlegungen gelten für den Bereich der **internen Revision**. Diese Tätigkeiten sind gleichfalls grundsätzlich dem Aufgabenbereich der Konzernmuttergesellschaft zuzurechnen. Anderseits können die Tochtergesellschaften bei einer entsprechend ausgebauten zentralen Revisionsabteilung auf eigenständige Überwachungsmaßnahmen ganz oder teilweise verzichten. Würden die Revisionsleistungen nicht von der Muttergesellschaft erbracht werden, so müsste die Tochtergesellschaft die Aufgaben selbst ausführen oder einen unabhängigen Controller oder Wirtschaftsprüfer beauftragen. Soweit die interne Revision auf Veranlassung der Tochtergesellschaft ausgeübt wird, besitzt die Muttergesellschaft deshalb einen Vergütungsanspruch.[177]

> **Beispiel:** Ein deutscher Konzern führt weltweit ein einheitliches Buchführungs- und Kostenrechnungssystem ein, das einerseits eine sofortige Datenübertragung zur Konzernmutter für Kontroll- und Konsolidierungszwecke ermöglicht, andererseits aber für die lokalen Konzerngesellschaften Zusatzinformationen für eigene Planungszwecke auf Abruf bereithält. Ergibt sich für die Konzernmitglieder ein objektiver Zusatznutzen gegenüber dem bisherigen System, sind dessen Gesamtkosten auf Mutter- und Tochtergesellschaften aufzuteilen.

(c) Planung

Im Bereich der Planung ist zwischen Zentralplanung und Ausführungsplanung zu unterscheiden. Die **Zentralplanung** (z. B. Einkaufs-, Produktions-, Absatz-, Investitions- und Finanzierungsplanung für den Gesamtkonzern) dient der Festlegung der Unternehmenspolitik. Sie ist Aufgabe der Konzernobergesellschaft, so dass eine Weiterbelastung der damit zusammenhängenden Aufwendungen ausscheidet. Bei der **Ausführungsplanung** wird die Zentralplanung innerhalb der vorgegebenen Richtlinien in konkrete Einzelplanungen der Tochtergesellschaft umgesetzt. Die Erstellung der individuellen Einkaufs-, Produktions-, Absatz-, Investitions- und Finanzpläne ist durch die Geschäftsbetriebe der Tochtergesellschaften veranlasst. Soweit die Muttergesellschaft ihre Tochtergesellschaften hierbei unterstützt (z. B. Ermittlung des Finanzbedarfs, Durchführung einer Investitionsrechnung), handelt es sich um entgeltpflichtige Dienstleistungen.

(d) Unterstützungs- und Beratungsleistungen

Bei Unterstützungs- und Beratungsleistungen der Muttergesellschaft in personellen Angelegenheiten handelt es sich um Aufgaben, deren betriebliche Veranlassung bei den einzelnen Tochtergesellschaften liegt. Die Aufwendungen im Zusammenhang mit der Personalbeschaffung, der Festlegung von Grundsätzen der Personalpolitik, der Aus- und Fortbildung einschließlich der dazu notwendigen Schulungen sowie ggf. für administrative Leistungen (wie Lohn- und Gehaltsabwicklung) sind den Tochtergesellschaften weiterzubelas-

---

[177] Vgl. Baumhoff, H., Verrechnungspreise, 1986, S. 176, 192; Engel, C. L. J., Konzerntransferpreise, 1986, S. 148, 151 f.

ten und dort als Betriebsausgaben abzugsfähig. Die Aufstellung von allgemeinen Gehalts- und Anstellungsrichtlinien für den Gesamtkonzern wird demgegenüber als Maßnahme im Rahmen der zentralen Koordination dem Geschäftsbetrieb der Muttergesellschaft zugerechnet. Den Tochtergesellschaften kann hierfür kein Entgelt in Rechnung gestellt werden.

(e) Reisekosten

Reisekosten, die im Zusammenhang mit der Erfüllung von Dienstleistungen anlässlich der Besuche von Mitarbeitern der Muttergesellschaft bei den Tochtergesellschaften entstehen, hängen i. d. R. so eng mit der damit verbundenen Dienstleistung zusammen, dass sie deren funktionale Zuordnung teilen.[178] Anderes gilt lediglich für die Kosten der Informationsbesuche, die im Zusammenhang mit den Überwachungsaufgaben der gesetzlichen Vertreter einer Muttergesellschaft entstehen.

(f) Zusammenfassende Übersicht

Aufgrund der Komplexität und Vielschichtigkeit des Dienstleistungsaustauschs zwischen verbundenen Unternehmen ist in vielen Fällen eine eindeutige Abgrenzung zwischen Kontroll- und abrechenbaren Kosten nicht möglich. Für die **konzerninterne Abrechnungspraxis** ergeben sich hieraus zwei Konsequenzen:

- Bei der Anerkennung der Verrechenbarkeit von Dienstleistungen **dem Grunde nach** ist nicht auf eine einzelne Periode abzustellen, sondern auf den Durchschnitt mehrerer Jahre. Dies ist insbesondere in den Fällen von Bedeutung, in denen die Muttergesellschaft Dienstleistungen auf Abruf bereithält und die Tochtergesellschaften diese von Periode zu Periode in unterschiedlichem Umfang in Anspruch nehmen (On-call-Leistungen, Bereitschaftsleistungen).[179]
- Die Aufwendungen für Aufgaben im Bereich der Verwaltung, des Managements, der Kontrolle, der Beratung oder ähnliche Aufgaben **der Höhe nach** können häufig nur durch Schätzungen ermittelt werden. Grundlage hierfür bildet das Verhältnis des Arbeitsaufwandes der jeweiligen Fachabteilung für Leistungen zugunsten von Tochtergesellschaften zu ihrer Gesamtarbeitsleistung. Im Einzelfall können die verrechenbaren Kosten vereinfachend in der Weise ermittelt werden, dass auf Grundlage von Erfahrungswerten aus der Vergangenheit von den Gesamtkosten eine Pauschale (z. B. 20 bis 25%) als nicht weiterbelastbare Kosten abgezogen und der verbleibende Teil als abrechenbare Kosten angesehen wird.

Tabelle 37 enthält eine Zusammenfassung, welche Dienstleistungen dem Grunde nach im Konzern mit Arm's-length-Entgelten verrechnet werden können. Sie enthält die allgemein anerkannten Prinzipien, ist aber insoweit vereinfachend, als im Einzelfall aufgrund der spezifischen Verhältnisse insbesondere in Abhängigkeit von Unternehmensorganisation und interner Aufgabenteilung eine abweichende Beurteilung geboten ist.[180]

---
[178] Vgl. Kumpf, W., Verrechnungspreise, 1976, S. 269.
[179] Vgl. Stock, F./Kaminski, B., DB 1997, S. 1052 ff.
[180] Zu einer vergleichbaren Abgrenzung von verrechenbaren Dienstleistungen im Vergleich zu nicht verrechenbaren Gesellschafteraufwendungen siehe auch Kommission der Europäischen Gemeinschaften, JTPF Report, 2010, Annexes 1, 2, S. 15 ff.

5. Teil. Erfolgs- und Vermögensabgrenzung

Tabelle 37: Grundsätze der Verrechenbarkeit von Dienstleistungen dem Grunde nach

Dienstleistungsart	ver- rechenbar	nicht ver- rechenbar
– Beratung und Unterstützung – wirtschaftliche, finanzielle und technische Angelegenheiten (Einkauf, Öffentlichkeitsarbeit, Werbung und Absatzförderung, Unterstützung bei Investitions-, Finanzierungs- und Organisationsfragen, Bau- und Ingenieurleistungen, EDV) – zivil-, steuer-, zollrechtliche Angelegenheiten (Unterstützung bei Akquisitionen, Zusammenschlüssen, Ausgliederungen, Entwicklung von Standardverträgen, Hilfestellung bei kartell- und zollrechtlichen Verfahren)	x x	
– Beteiligungen: Erwerb, Überwachung (monitoring), Verwaltung, Finanzierung		x
– Dokumentation: Konsolidierung des Konzernergebnisses, Aufstellung und Publizierung einer Weltbilanz		x
– Regionalkonzernabschlüsse nach Konzern- oder Landesrichtlinien		x
– Garantien – Kreditsicherheit – Eigenkapitalersatz		x x
– Controlling, Revision – Überwachung der Geschäftstätigkeit der Tochtergesellschaften – Kontrolle der Wirtschaftlichkeit des Einkaufs, der Produktion und des Absatzes – Qualitätskontrollen – zentrale Konzernrevision – Einsatz der internen Revision bei einer Tochtergesellschaft	x x x x	 x
– Konzernrückhalt		x
– Konzernstrategie, Entwicklung der		x
– Koordination – zentrale Koordination – vertikale Koordination – horizontale Koordination, z. B. Sparten-, Produktbereiche – Innenkoordination	 x (anteilig) x x	
– Leitung des Konzerns		x
– Personalbereich – Unterstützung bei Personalbeschaffung, Festlegung der Personalpolitik, Aus- und Fortbildung, Lohn- und Gehaltsabwicklung – Aufstellung von allgemeinen Gehalts- und Anstellungsrichtlinien (policy)	x	 x
– Planung – zentrale Planung in den Bereichen Einkauf, Produktion, Absatz, Investition, Finanzierung und Forschung		x

Dienstleistungsart	ver-rechenbar	nicht ver-rechenbar
– Ausführungsplanung	×	

– Rechnungswesen
– Entwicklung und Überwachung eines einheitlichen
  Rechnungs- und Berichtswesens
– Übernahme der Buchführungspflichten der Tochter-
  gesellschaften
	×	×
		(anteilig)

– Reisekosten: entsprechend der Zwecksetzung des Besuchs	×	×

d) Verwaltungspool

Schließen sich mehrere Konzerngesellschaften als gleichberechtigte Partner zusammen, um im gemeinsamen Interesse und auf gemeinschaftliches Risiko bestimmte Dienstleistungen zu erbringen, an denen alle beteiligten Unternehmen gleichberechtigt partizipieren wollen, ist der **Kostenumlagevertrag** ein geeignetes Abrechnungskonzept.[181] Die bei der oder den Dienstleistungen erbringenden Einheiten tatsächlich anfallenden Kosten werden hierbei zusammengefasst (Aufwandspool) und dann mit Hilfe eines Aufteilungsschlüssels auf die Unternehmen verteilt, welche die Dienstleistungen nutzen oder berechtigt sind, die Dienstleistungen in Anspruch zu nehmen. Die umzulegenden Aufwendungen dürfen nicht um einen Gewinnaufschlag erhöht werden. Das verrechnete Entgelt bildet lediglich einen Beitrag zu Leistungen, die allen Partnern in gleicher Weise offen stehen und entspricht dem Gegenwert ersparter Eigenleistungen, die ihrerseits zu Selbstkosten (Vollkosten) ohne Gewinnaufschlag zu bewerten sind.[182]

Im Rahmen einer Kostenumlagevereinbarung ist zunächst festzulegen, welche **Dienstleistungen** von der Umlage dem Grunde nach erfasst werden. Nach den Prüfungsgrundsätzen der Verwaltung können die Aufwendungen grundsätzlich alle Leistungskategorien betreffen, so dass der Anwendungsbereich der Kostenumlage insoweit nicht begrenzt wird. Möglicher **Gegenstand** einer Kostenumlage sind neben Forschung und Entwicklung sowie dem Erwerb von Wirtschaftsgütern ausdrücklich auch verwaltungsbezogene Leistungen und andere Leistungen, so dass im Ergebnis grundsätzlich alle im Konzern verrechenbaren Dienstleistungen im Rahmen einer Kostenumlage auf qualifizierte Konzerngesellschaften verteilt werden können, die im Hinblick auf die gemeinsame Leistung gleichgerichtete Interessen verfolgen, d. h. die Leistungen für die Interessengemeinschaft gemeinsam nutzen.

Die Leistungen eines Pools können von einem, von mehreren oder allen Poolmitgliedern **gemeinsam** erbracht werden. Andererseits werden die mit Hilfe einer Kostenumlage verrechenbaren Leistungen durch die Verwaltungsgrundsätze auf Hilfsfunktionen der Poolmitglieder beschränkt. Auf diese Weise sollten nach dem gegenwärtigen Stand der Diskussion die

---

[181] Siehe zur methodischen Darstellung dieses Abrechnungskonzepts 1. Kapitel Abschnitt IV.
[182] Vgl. Oestreicher, A., IStR 2000, S. 764 ff.; Becker, H., IWB, Fach 10, International, Gruppe 2, S. 1328; zu dem gesamten Komplex der Kostenumlage siehe Abschnitt D IV 2.

Aufwendungen spezieller **Dienstleistungsgesellschaften** nur im Rahmen eines Leistungsaustausches direkt oder indirekt, auf jeden Fall aber unter Einschluss eines Gewinnaufschlags verrechnet werden können, während das Konzept des Umlagevertrags bloße Auftragnehmer aus dem Anwendungsbereich der Kostenumlage ausschließt. Neben den Leistungen spezieller Dienstleistungsgesellschaften sollten vor diesem Hintergrund aber auch die verwaltungsbezogenen Leistungen einer Muttergesellschaft aus dem Anwendungsbereich der Kostenumlage **ausgeschlossen** sein, soweit diese Leistungen zu den Hauptfunktionen der Muttergesellschaft gehören, wie das bei Holdinggesellschaften der Fall sein kann. Beispiele sind die für eine **Finanzholding** typischen Servicefunktionen, zu denen neben dem Finanz- und Rechnungswesen die auf wesentliche Führungskräfte beschränkte Personalabteilung gehört.

Die Höhe des umlagefähigen **Betrags** bestimmt sich nach dem Umfang und der Bewertung der einzubeziehenden Aufwendungen. Dem Grunde nach können die Mitglieder am Umlageverfahren mit steuerlicher Wirkung grundsätzlich nur mit solchen Aufwendungen belastet werden, die nach dem Gegenstand des Kostenumlagevertrags im Interesse der gemeinsamen Tätigkeit entstanden sind. Ausgangsbasis für den umlagefähigen Betrag sind nach den Verwaltungsgrundsätzen die tatsächlichen direkten und indirekten Aufwendungen, die im Zusammenhang mit den erbrachten oder zu erbringenden Leistungen stehen.[183] Kontrollkosten oder Aufwendungen im Gesellschafterinteresse sind dagegen nicht abrechnungsfähig, da insoweit überhaupt kein Leistungsaustausch zwischen Ober- und Untergesellschaft stattfindet.

Die Bewertung der Leistungen erfolgt auf Basis der tatsächlichen Aufwendungen. Prinzipiell ist von einer nachträglichen Abrechnung auszugehen, so dass die Dienstleistungen mit den tatsächlich angefallenen **Istkosten** zu bewerten sind. Eine Bewertung zu Wiederbeschaffungskosten würde demgegenüber einen in Deutschland nicht zulässigen Abzug kalkulatorischer Kostenbestandteile bedeuten. Bei einer Durchschnittsbildung sollten auch Normalkosten verwendet werden können. In diesem Fall sind sämtliche Preis- und Mengenabweichungen den Dienstleistungen empfangenden Konzerngesellschaften zu belasten.

Die Aufteilung der umlagefähigen Kosten auf die an der Umlage beteiligten Vertragsparteien erfolgt grundsätzlich auf Basis des Nutzens, den jedes Poolmitglied für sich erwartet. Im Einzelnen werden zu diesem Zweck unterschiedliche **Nutzenmaße** diskutiert, die für Dienstleistungen jedoch oft nur bedingt geeignet sind. Grundsätzlich resultieren die Vorteile aus der gemeinsamen Beschaffung, Herstellung oder Entwicklung einer Leistung in Kosteneinsparungen oder Erlössteigerungen. Während sich die Auswirkungen einer Verwertung neuer Forschungsergebnisse auf den Erlös anhand der Umsatzzahlen oder der Anzahl hergestellter oder verkaufter Einheiten einer Produktlinie approximieren lassen, ist der Zusammenhang zwischen einer in Anspruch genommenen Dienstleistung und dem Unternehmenserfolg we-

---

[183] Vgl. Verwaltungsgrundsätze-Umlagen, BMF-Schreiben v. 30. 12. 1999, BStBl 1999 I, S. 1122, Tz. 2.1; zu den Ausnahmen und Besonderheiten siehe Abschnitt D IV 2 b.

niger eindeutig. Gleichwohl erscheint eine **Orientierung am Umsatz** nicht unzulässig und sollte insbesondere aus Gründen der Praktikabilität und Verhältnismäßigkeit akzeptiert werden können.[184] Betriebswirtschaftlich sinnvoller erscheinen allerdings Nutzenmaße, die die Nachfrage an der gemeinsam erstellten Leistung zum Ausdruck bringen (Versicherungsumfang, Darlehensbetrag, Anzahl Prüfungstage, Schulungsstunden oder Werbematerial)[185] oder sich an den Kosten orientieren, die die einzelnen Teilnehmer aufzuwenden hätten, wenn sie die Leistungen selbst erbringen würden.

2. Verrechnungsformen

a) Direkte vs. indirekte Preisverrechnung

Ergibt sich, dass es sich bei der internen Leistungsbeziehung um eine **Dienstleistung** handelt, ist ein Entgelt zu bestimmen. Aus Sicht der Finanzverwaltung ist zu prüfen, ob ein vereinbartes Entgelt mit den Grundsätzen des Fremdvergleichs im Einklang steht.[186] Bei der Festlegung des Entgelts für interne Leistungen wird es häufig notwendig sein, einzelne Leistungsbeziehungen zu identifizieren, und den erbrachten Leistungen vor allem dann, wenn vergleichbare Leistungen auch gegenüber fremden Dritten erbracht werden, ein spezifisches Entgelt zuzuordnen. In diesem Fall werden multinationale Unternehmen durch die OECD „ermutigt", die internen Dienstleistungen **einzeln zu verrechnen** (direct-charge method).[187] Auf der anderen Seite wird aber auch gesehen, dass die Einzelverrechnung konzerninterner Dienstleistungen mit einem erheblichen Verwaltungsaufwand verbunden sein kann. Das gilt vor allem dann, wenn die konzerninterne Dienstleistung für mehrere Tochtergesellschaften parallel erbracht wird. Entsprechend hält es die OECD für notwendig, ggf. andere Abrechnungsmechanismen zu entwickeln, nach denen die Abrechnung auf der Basis von Aufteilungen, Zurechnungen und zum Teil auch mit Hilfe von Schätzungen **indirekt** erfolgen.[188] Damit kann die konzerninterne Abrechnung von Dienstleistungen grundsätzlich auf zwei Wegen erfolgen:[189]

– Bei der **direkten Preisverrechnung** (direkte Methode) wird **für jede spezielle Leistung** ein Entgelt verrechnet, das nach Art und Umfang für vergleichbare Leistungen unter Fremden gezahlt wird. Fehlt es an einem

---

[184] So wohl auch Baumhoff, H., IStR 2000, S. 703.
[185] Vgl. Vögele, A./Freytag, U., IStR 2001, S. 95. Voraussetzung für eine prozessmengenabhängige Verrechnung der Kosten ist jedoch, dass die entstehenden Gemeinkosten von den maßgebenden Leistungsmengen abhängig sind. Leistungsmengenneutrale Gemeinkosten können nicht mengenmäßig verrechnet werden, sondern müssen konventionell verteilt werden; vgl. Oestreicher, A., Konzern-Gewinnabgrenzung, 2000, S. 220 m.w.N. Für Leistungen der Unternehmensleitung, im Bereich des Marketing oder der Forschung und Entwicklung wird daher eine prozessmengenabhängige Verrechnung vielfach nicht möglich sein; so auch Ditz, X., DB 2004, S. 1955.
[186] Vgl. OECD, Leitlinien 2010, Tz. 7.19.
[187] Vgl. OECD, Leitlinien 2010, Tz. 7.21. Siehe auch Verwaltungsgrundsätze-Umlagen, BMF-Schreiben v. 30. 12. 1999, BStBl 1999 I, S. 1122, Tz. 1, Satz 2.
[188] Vgl. OECD, Leitlinien 2010, Tz. 7.23.
[189] So ausdrücklich Verwaltungsgrundsätze-Umlagen, BMF-Schreiben v. 30. 12. 1999, BStBl 1999 I, S. 1122, Tz. 1.

Marktpreis, können als Verrechnungspreis ersatzweise die angefallenen Kosten zzgl. eines Gewinnaufschlags angesetzt werden.

- Bei der **indirekten Preisverrechnung** (indirekte Methode oder Leistungsumlage) erfolgt eine Verrechnung der entstandenen Aufwendungen im Rahmen einer zusammenfassenden Bewertung von heterogenen und u. U. schwer voneinander abgrenzbaren Leistungen eines Konzernunternehmens für andere Unternehmenseinheiten. Auch in dieser Verrechnungsform sind die (aufwandsgleichen) Kosten für eine Bestimmung des fremdüblichen Entgelts um einen Gewinnaufschlag zu erhöhen.

Beispiel: Das deutsche Chemieunternehmen A ist ein international tätiges Unternehmen mit Produktions- und Vertriebsgesellschaften in den USA, Europa und Japan. A ist in folgende Sparten gegliedert: Düngemittel, Fotochemie, Farben und Pharma. Das Spartenmanagement befindet sich jeweils bei dem Konzernbereich, bei dem der Schwerpunkt der betreffenden Aktivität liegt.

Die Sparte Fotochemie wird von der amerikanischen Tochtergesellschaft geführt; zu dieser Sparte gehören Produktions- und Vertriebsgesellschaften in Deutschland, Großbritannien, Spanien, in der Schweiz und den USA. A bittet um Stellungnahme, wie die Kosten des Spartenmanagements steuerlich zu behandeln sind.
Folgende Daten stehen zur Verfügung:
- Der Aufwand für die Koordination der Geschäftstätigkeit beträgt 5 Mio. €.
- Der gesamte Spartenumsatz von 1 Mrd. € verteilt sich wie folgt auf die einzelnen Tochterunternehmen: Deutschland 450 Mio. €, Schweiz 100 Mio. €, USA 150 Mio. €, Spanien 50 Mio. € und Großbritannien 250 Mio. €.

Die Aufwendungen zur Koordination der Geschäftstätigkeit des Konzerns (management fees) können in Form einer **(Leistungs-)Umlage** auf die einzelnen Konzerneinheiten verteilt werden. Bei der Bestimmung der umlagefähigen Kosten sind gesellschaftsrechtlich veranlasste Kosten (Gesellschafteraufwand) auszusondern und der Konzernmuttergesellschaft zu belasten. Der Managementgesellschaft bzw. Kontroll- und Koordinierungsstelle ist ein angemessener Gewinn zuzuordnen. Zu diesem Zweck ist nach Ansicht der deutschen Finanzverwaltung die Summe der direkten und indirekten Kosten um einen dem Fremdvergleich entsprechenden **Gewinnaufschlag** zu erhöhen (Kostenaufschlagsmethode). Für Kontroll- und Koordinierungsstellen sahen die Betriebsstätten-Verwaltungsgrundsätze in ihrer ursprünglichen Form einen Safe-haven-Gewinnaufschlag i. H. v. 5 bis 10% vor.[190] Diese Festlegung einer Bandbreite für den Gewinnaufschlag wurde zwar aus den Betriebsstätten-Verwaltungsgrundsätzen herausgenommen.[191] Sie dürfte jedoch aufgrund des begrenzten Funktions- und Risikoumfangs von Kontroll- und Koordinierungsstellen in vielen Fällen dem Gewinnaufschlag entsprechen, der unter fremden Dritten üblich ist und entspricht auch der Spanne, die das BMF für andere Dienstleistungen erwartet.[192] Ähnlich stellt auch das **EU Joint Transfer Pricing Forum** fest, dass in der Praxis für

---

[190] Vgl. Betriebsstätten-Verwaltungsgrundsätze, BMF-Schreiben v. 24. 12. 1999, BStBl 1999 I, S. 1076, Tz. 4.4.4.
[191] Vgl. BMF-Schreiben v. 20. 11. 2000, BStBl 2000 I, S. 1509; sowie die Anmerkung von Kumpf, W./Roth, A., FR 2001, S. 109 f.
[192] Vgl. Betriebsstätten-Verwaltungsgrundsätze, BMF-Schreiben v. 24. 12. 1999, BStBl 1999 I, S. 1076, Tz. 3.1.2.

4. Kapitel. Bei Kapitalgesellschaften 791

Konzerndienstleistungen, die zur Wertschöpfung der Unternehmen nicht wesentlich beitragen, typischerweise Aufschläge i. H. v. 3 bis 10%, häufig um 5% verrechnet werden.[193] Die angemessene Aufteilung der umlagefähigen Kosten bei indirekter Preisverrechnung setzt die Bestimmung eines **Aufteilungsmaßstabes** voraus, nach dem das Entgelt, das von den beteiligten Konzerngesellschaften für die Inanspruchnahme der Leistungen indirekt zu vergüten ist, in einer Weise bestimmt wird, die dem Nutzen der die Leistungen empfangenden Konzernglieder gerecht wird. Dabei kann diese Aufteilung grundsätzlich auf Basis des Umsatzes, des eingesetzten Personals oder aufgrund anderer Kriterien erfolgen. Ob die Aufteilungsmethode zweckmäßig ist, hängt aber von der Art und der Inanspruchnahme der Leistung ab: Hier kann es nach Auffassung der OECD nützlich sein, für die verschiedenen Gliedunternehmen des Konzerns eine Funktionsanalyse durchzuführen, um eine Beziehung zwischen den erbrachten Leistungen einerseits und dem mit diesen Leistungen verbundenen Nutzen für die die Leistungen abnehmenden Gliedunternehmen herzustellen.[194]

Damit stellt sich das Problem, dass weder die Verwaltungsgrundsätze noch der OECD-Bericht konkrete Anhaltspunkte für die Bestimmung eines akzeptablen Umlageschlüssels enthalten. Es besteht zwar Einigkeit darüber, dass pauschale Umlageverträge auf der Basis **globaler Merkmale** der die Leistungen empfangenden Gesellschaft steuerlich nicht anerkannt werden können. Von den Finanzbehörden wird allerdings schon lange anerkannt, dass umfangreiche Aufteilungsrechnungen mit erheblichen Kosten auf Seiten der Unternehmen verbunden sein können, die den Nutzen einer möglichst genauen Zuordnung der insgesamt angefallenen Kosten nicht zu rechtfertigen vermögen.[195] Vor diesem Hintergrund war es in der Vergangenheit nicht unüblich, dass die umlagefähigen Kosten im Wesentlichen **allein auf Basis der Umsatzerlöse** verteilt wurden.

Fortführung des Beispiels: Die Umlagemasse erhöht sich durch den 10%igen Gewinnaufschlag von 5 Mio. € auf 5,5 Mio. €. Bei einer Verteilung im Verhältnis der Umsätze der Tochtergesellschaften ist dieser Betrag auf die einzelnen Tochtergesellschaften wie folgt zu verteilen: Deutschland 2,475 Mio. €, Schweiz 0,55 Mio. €, USA 0,825 Mio. €, Spanien 0,275 Mio. € und Großbritannien 1,375 Mio. €.

Unter Einsatz von EDV ist es jedoch möglich, den maßgebenden Kostenblock relativ einfach in seine verschiedenen Bestandteile zu unterteilen, so dass für einzelne Schichten unterschiedliche Aufteilungsformeln entwickelt werden können, um die für die einzelnen Leistungsempfänger jeweils angemessene Belastung zu bestimmen.

Die Verrechnung muss grundsätzlich alle Konzerneinheiten nach einem einheitlichen Maßstab erfassen. Sofern sich einzelne Gesellschaften nicht an diesem System beteiligen können (z. B. Transferprobleme, steuerliche Rege-

---

[193] Vgl. Kommission der Europäischen Gemeinschaften, JTPF Report, 2010, Tz. 63; siehe hierzu ferner Kommission der Europäischen Gemeinschaften, JTPF profit margins, 2009.
[194] Vgl. OECD, Leitlinien 2010, Tz. 7.32.
[195] Vgl. Vitez, C., TPITP 2001, S. 8.

lungen), muss **alternativ** über eine direkte Preisverrechnung oder eine Bündelung mit der Lieferung von Waren oder Erzeugnissen nachgedacht werden. Im Zweifel sind die mit der Dienstleistung zusammenhängenden Aufwendungen von der leistenden Gesellschaft oder, nach Ansicht der deutschen Finanzverwaltung, von der Konzernobergesellschaft zu tragen.[196] Bei der Muttergesellschaft mindern diese Aufwendungen allerdings das Einkommen nur insoweit, als eine Gewinnberichtigungsvorschrift anzuwenden ist.[197] In der Bundesrepublik Deutschland ist in diesem Zusammenhang nur eine Korrektur auf der Grundlage von § 1 AStG möglich, da Dienstleistungen nicht Gegenstand verdeckter Einlagen sein können. Eine Korrektur kann allerdings unterbleiben, wenn innerhalb des Umlagevertrages in eindeutiger Weise ein Vorteilsausgleich vereinbart wird.

Betriebswirtschaftlich ist die indirekte Verrechnung der umlagefähigen Kosten auf die beteiligten Konzernunternehmen mit der Verteilung von Gemeinkosten auf Kostenstellen oder -träger vergleichbar. Von den hierzu in der Literatur angebotenen Verteilungsprinzipien dürfte das **Leistungsentsprechungsprinzip** am meisten überzeugen, während das Kostentragfähigkeitsprinzip, bei dem sich die Verrechnung nach der Fähigkeit richtet, Kosten zu übernehmen, ungeeignet erscheint. Nach dem Tragfähigkeitsprinzip wird die Kostenverteilung in Abhängigkeit des jeweiligen Gewinns der Tochtergesellschaften vorgenommen. Zwischen Kostenentstehung bei der dienstleistungserbringenden Unternehmenseinheit und dem Gewinn der dienstleistungsempfangenden Gesellschaften besteht jedoch kein ursächlicher Zusammenhang.

Bei dem Leistungsentsprechungsprinzip (leistungsentsprechende Gesamtkostenverteilung) wird danach gefragt, welcher Anteil von der Summe der Gesamtkosten auf die einzelnen Tochtergesellschaften entfällt. Dabei können je nach Art der zu verteilenden Kosten unterschiedliche Schlüssel zur Anwendung kommen. Je enger die Kausalität zwischen Schlüsselgröße und verrechneten Kosten ist, desto mehr eignet sich der Schlüssel. Da es sich bei den zu verrechnenden Kosten i. d. R. nicht um variable, sondern um fixe Kosten handelt, kann die Beziehung zwischen Schlüsselgröße und Kosten nicht eng i. S. einer unmittelbaren Proportionalität zwischen beiden Parametern definiert werden (causa efficiens), sondern i. S. einer Mittel-Zweck-Beziehung (causa finalis). Eine solche vertretbar weite Kausalitätsbeziehung liegt vor, wenn z. B. die Kosten für die Unterstützung bei der Personalbeschaffung, der Festlegung der Personalpolitik oder der Aus- und Fortbildung nach dem Verhältnis der jeweiligen Lohnsumme der einzelnen Tochtergesellschaften oder die Kosten für Hilfestellungen in Investitions- und Finanzierungsfragen nach dem Verhältnis des gebundenen Kapitals verrechnet werden. In anderen Fällen mögen Umsatz-, Wert- oder Zeitgrößen diesen Mittel-Zweck-Zusammenhang zum Ausdruck bringen.[198] Festzuhalten bleibt, dass jede Schlüsselung – dies liegt in der Natur der Sache – mit Unschärfen verbunden ist.

---

[196] Vgl. Klein, K.-G., DB 1984, S. 2051.
[197] Vgl. zur Problematik die obigen Ausführungen zu Zahlungsverboten im Abschnitt C II 4 c).
[198] Zu üblichen Aufteilungsschlüsseln siehe Kommission der Europäischen Gemeinschaften, JTPF Report, 2010, Tz. 52.

b) Die Entscheidung zwischen den alternativen Abrechnungsgrundsätzen

Ob die indirekte oder direkte Preisverrechnung zur Anwendung kommt, hängt von der Art des Leistungsaustauschs und dem organisatorischen Aufbau des Konzerns ab. So ist insbesondere bedeutsam, ob in einem Konzern neben den Leitungsorganen bei der Konzernspitze bzw. den einzelnen Konzerngesellschaften noch Sparten- und/oder Produktbereichsorganisationen vorhanden sind (sog. Matrixorganisation). Wichtig ist des Weiteren die Art und Weise der unternehmerischen Arbeitsteilung, d. h. der Umfang betrieblicher Funktionen pro Gesellschaft, das jeweilige Forschungs- und Entwicklungskonzept etc. Letztendlich kommt auch der Struktur des Rechnungswesens bei der Anwendung der Verrechnungsformen große Bedeutung zu.

Grundsätzlich räumen die deutschen Verwaltungsgrundsätze bei der Bewertung der Leistungsbeziehungen zwischen verbundenen Unternehmen der direkten Preisverrechnung **Vorrang** ein, während die indirekte Preisverrechnung bislang nur subsidiär zugelassen ist.[199] Die Bevorzugung der direkten Preisverrechnung wird damit begründet, dass sie die Geschäftsbeziehungen transparenter macht, die Gewinnverlagerungsmöglichkeiten einschränkt, das Risiko doppelter Verrechnungen verringert und einfacher durchzuführen ist.[200] Bestimmte konzerninterne Leistungen, zu denen im Wesentlichen konzerninterne Dienstleistungen gehören,[201] lassen sich den Leistungsempfängern aber nur auf indirektem Wege zuordnen. Dementsprechend besteht Einigkeit darüber, dass **indirekte Verrechnungsverfahren** zumindest in den folgenden Fällen mit dem Arm's-length-Maßstab vereinbar sind:[202]

– Der Vorteil oder Nutzen einzelner Leistungen kann nur ungenau oder nur aufgrund einer Schätzung quantifiziert werden. Beispiele hierfür bilden Dienstleistungen wie zentrale Verkaufsförderung, Werbung oder Managementleistungen.

– Die Leistungen bestehen in einem Leistungsbündel und die einzelnen Teile können nur mit einem Verwaltungsaufwand erfasst und bewertet werden, der als unverhältnismäßig hoch anzusehen ist. Diese Problematik gilt bspw. für die Tätigkeit des zentralen Managements und der Konzernstäbe.

Da in diesen Anwendungsfällen bei der direkten Preisverrechnung erhebliche praktische Schwierigkeiten auftreten, wird für diese Form des Leistungsaustauschs häufig die indirekte Preisverrechnung als die einzig mögliche Verrechnungsform angesehen. Diese Aussage gilt allerdings nicht, wenn die betreffenden Leistungen auch gegenüber Fremden erbracht werden.

Als **Ergebnis** lässt sich festhalten, dass sich der Anwendungsbereich einer direkten Preisverrechnung typischerweise auf spezielle Dienstleistungen bezieht. Da bei verwaltungsbezogenen Dienstleistungen sowie im Bereich Forschung und Entwicklung in vielen Fällen keine Marktpreise bekannt sind, sodass eine getrennte Erfassung der Leistungen einschließlich der zugehörigen Aufwendungen nur schwer oder gar nicht möglich ist, sind diese Formen des

---

[199] Vgl. Verwaltungsgrundsätze, BMF-Schreiben v. 23. 2. 1983, BStBl 1983 I, S. 218, Tz. 6.4.2; Verwaltungsgrundsätze-Umlagen, BMF-Schreiben v. 30. 12. 1999, BStBl 1999 I, S. 1122, Tz. 1.
[200] Vgl. hierzu auch OECD, Leitlinien 2010, Tz. 7.20.
[201] Siehe dazu auch Abschnitt D I 3 a).
[202] Vgl. OECD, Leitlinien 2010, Tz. 7.21 ff.

internen Leistungsaustauschs i. d. R. nur indirekt über eine Kostenaufteilung verrechenbar. Wohl aus diesem Grunde verzichtet auch der OECD-Bericht auf die explizite Festlegung einer Priorität zwischen den beiden Abrechnungsverfahren. Auch Vertreter der deutschen Finanzverwaltung sehen keine Rechtfertigung für die Nachrangigkeit der indirekten Verrechnungsmethode. Vielmehr müsse es der freien Entscheidung der Unternehmen überlassen bleiben, welcher Methode sie den Vorzug geben.[203] Insgesamt sollte deshalb im Zuge der aktuellen Überarbeitung der deutschen Verwaltungsgrundsätze eine flexiblere Handhabung – etwa i. S. einer grundsätzlichen Methodenfreiheit – verwirklicht werden.[204]

Neben der Frage der Anerkennung durch die Finanzverwaltung ist aus Sicht des betroffenen Konzerns die Organisationsstruktur bei der Frage nach der besten Abrechnungsform zu berücksichtigen:

– Ist bei einem **dezentral organisierten Unternehmen** der Zuständigkeitsbereich der Muttergesellschaft so begrenzt, dass ihre gesamte Tätigkeit lediglich in Überwachung und Kontrolle (monitoring) der Beteiligungen besteht, sind die damit zusammenhängenden Ausgaben als „Gesellschafteraufwand" anzusehen. Die bei der Muttergesellschaft anfallenden Aufwendungen sind weder durch direkte noch indirekte Preisverrechnung den nachgeordneten Konzerngesellschaften belastbar.

– Bei multinationalen Unternehmen mit stark **zentralisierter Struktur** werden bedeutsame Investitionsentscheidungen überwiegend vom Vorstand der Muttergesellschaft getroffen und viele Dienstleistungen (Marketing, Ausbildung, Einkauf) für den Gesamtkonzern auf Ebene der Obergesellschaft koordiniert. Der Aufwand für diese Tätigkeiten ist ganz oder teilweise durch den Geschäftsbetrieb der verschiedenen Konzerngesellschaften verursacht und wird regelmäßig im Wege einer indirekten Preisverrechnung weiterbelastet.

Der Anwendungsbereich für die indirekte Methode nimmt also tendenziell umso mehr zu, je mehr die Erbringung von komplexen Dienstleistungen bei der Konzernzentrale oder einzelnen Konzerndienstleistungsgesellschaften konzentriert wird.

3. Ermittlung des Fremdvergleichsentgelts

a) Direkte Preisverrechnung

Dienstleistungen innerhalb eines Konzerns sind grundsätzlich verrechenbar. Zu diesem Zweck kann das Entgelt für die einzelne Leistung entweder direkt (direkte Preisverrechnung) oder mit Hilfe von Pauschalmethoden oder Schät-

---

[203] Vgl. Runge, B., Kostenumlageverträge, 1996, S. 296; auf Ebene der Prüfer wird dieser Punkt offensichtlich anders eingeschätzt, vgl. Böcker, H., StBP 2008, S. 11.

[204] Als ersten Schritt in diese Richtung kann die Regelung im Rahmen der Grundsätze für die Prüfung der Einkunftsabgrenzung durch Umlageverträge zwischen international verbundenen Unternehmen angesehen werden, nach der unterstellt ist, dass die Einzelverrechnung von Leistungen mit Hilfe der direkten oder indirekten Methode ermittelt werden kann. Vgl. Verwaltungsgrundsätze-Umlagen, BMF-Schreiben v. 30. 12. 1999, BStBl 1999 I, S. 1122, Tz. 1. Die entsprechende Alternative wäre in den (noch zu bearbeitenden) Richtlinien der Verwaltung über die Bestimmung von Verrechnungspreisen für Dienstleistungen anzusiedeln.

4. Kapitel. Bei Kapitalgesellschaften

zungen indirekt (indirekte Preisverrechnung) bestimmt werden.[205] Den Unternehmen steht die Wahl der Abrechnungsmethode grundsätzlich frei. Im Einzelnen werden sie sich bei dieser Wahl insbesondere von Praktikabilitätsüberlegungen leiten lassen. Entsprechend wird im Bericht der OECD vermutet, dass ein multinationaler Konzern insbesondere dann in der Lage sein wird, den Preis für Dienstleistungen direkt zu bestimmen, wenn bestimmte Dienstleistungen nicht nur für verbundene sondern auch für unabhängige Unternehmen erbracht werden und die Dienstleistungen vergleichbar und wesentlicher Bestandteil der Geschäftstätigkeit sind. In diesem Fall sind **gewerbliche Dienstleistungen** (Transport, Versicherung, Finanzdienstleistungen oder Marketing) zwischen Konzernunternehmen nach den gleichen Grundsätzen abzurechnen, die auch für die Bestimmung der Verrechnungspreise im Warenverkehr anzuwenden sind. Fehlen Vergleichspreise aus Transaktionen mit oder zwischen fremden Dritten, ist bei gewerblichen Dienstleistungen jedoch i. d. R. die Kostenaufschlagsmethode anzuwenden. Besondere Grundsätze bestehen für die Kosten der Werbung und Markterschließung. Letztere werden nach den Verwaltungsgrundsätzen von einem Vertriebsunternehmen nur insoweit getragen, als ihm aus der Geschäftsverbindung ein angemessener Betriebsgewinn verbleibt.[206]

Beispiel: Eine inländische Produktionsgesellschaft (= Konzernspitze) übernimmt die weltweite Werbung für alle Produkte, die über ihre ausländischen Tochterkapitalgesellschaften vertrieben werden. Zu entscheiden ist, inwieweit die Kosten für diese Werbung bei der Kalkulation in das Entgelt für die Lieferungen an die ausländischen Tochtergesellschaften eingerechnet werden dürfen.

Hierzu ist eine Analyse der Funktionen der verschiedenen Unternehmenseinheiten durchzuführen, d. h. es ist zu prüfen, in welchem Umfang die Werbung dem Aufgabenbereich des Herstellungs- oder Vertriebsunternehmens zuzuordnen ist.[207] Im Beispielsfall ist deshalb bedeutsam, ob die ausländischen Tochtergesellschaften ihre Verkaufstätigkeiten wie selbständige Unternehmen mit vollem Risiko und der Übernahme aller Vertriebsfunktionen ausüben. Trifft dies zu, gehören die Werbemaßnahmen zum Aufgabenbereich der Tochtergesellschaften, so dass diese die Kosten zu tragen haben. Das inländische Produktionsunternehmen erbringt durch die Übernahme der Werbefunktion eine Dienstleistung. Für die Entgeltberechnung ist grundsätzlich auf die Kostenaufschlagsmethode zurückzugreifen. Im Einzelfall ist es jedoch auch möglich, die Vorteile einer Tochtergesellschaft aus den Werbemaßnahmen bei den Preisvereinbarungen über die bezogenen Waren zu berücksichtigen (Vorteilsausgleich).[208] Das Produktionsstammhaus hat jedoch die Kosten der Werbung dann vollständig zu tragen, wenn sich die ausländischen Tochtergesellschaften in ihren Funktionen auf die physische Distribu-

---

[205] Vgl. OECD, Leitlinien 2010, Tz. 7.20 ff.; sowie oben 1. Kapitel, Abschnitt D I 3 a), (Abschnitt C III 2. Zur Leistungsverrechnung bei Dienstleistungen siehe auch Korff, M., Konzerninterne Dienstleistungen, 2008, S. 65 ff.; Kurzewitz, C., Verrechnungspreismethode, 2009, S. 212 ff.
[206] Vgl. Verwaltungsgrundsätze, BMF-Schreiben v. 23. 2. 1983, BStBl 1983 I, S. 218, Tz. 3.4.1.
[207] Vgl. Verwaltungsgrundsätze, BMF-Schreiben v. 23. 2. 1983, BStBl 1983 I, S. 218, Tz. 3.3.2.
[208] Zum Vorteilsausgleich vgl. Abschnitt C II 4 d).

tion der Produkte beschränken, d. h. ohne jedes Risiko und ohne Übernahme von Marketingfunktionen tätig werden. Soweit Werbemaßnahmen zum Aufgabenbereich beider Unternehmen gehören, muss eine Aufteilung der Kosten vorgenommen werden. Nach den einschlägigen Urteilen des BFH liegt hingegen die Tendenz zugrunde, dass der Produzent die Werbe- und Einführungskosten von Markenartikeln zu tragen hat, zumindest in den Fällen, in denen der Vertriebsgesellschaft innerhalb eines Zeitraums von drei Jahren kein angemessener Vertriebsgewinn verbleibt.[209]

Bei **verwaltungsbezogenen Leistungen** (Management, Planung, Kontrolle, Beratungen oder Rechnungswesen) ist die Verrechnung eines Entgelts nur möglich, wenn für die Leistungen außerhalb des gesellschaftsrechtlichen Verhältnisses zwischen fremden Dritten ein Entgelt gewährt worden wäre.[210] Voraussetzung ist daher, dass die Leistungen

- eindeutig abgrenzbar und messbar sind sowie
- im Interesse der empfangenden Personen erbracht wurden, d. h. einen Vorteil erwarten lassen und eigene Kosten ersparen.

Die Verrechnung verwaltungsbezogener Leistungen kann ebenfalls direkt oder indirekt erfolgen. Eine direkte Preisverrechnung wird insbesondere dann möglich sein, wenn für die Ableitung der Fremdpreise auf Marktdaten oder die Preisermittlung für vergleichbare Leistungen an fremde Dritte zurückgegriffen werden kann. So können der Leistungsabrechnung bei konzerninterner Steuerberatung, bei der Übernahme von Buchhaltungsarbeiten, bei Ingenieurleistungen u. v. m. die maßgebenden Gebührenverordnungen oder die Stundensätze externer Berater zugrunde gelegt werden.[211] Stehen für die Anwendung der Preisvergleichsmethode keine vergleichbaren Fremddaten zur Verfügung, ist der Fremdpreis i. d. R. nach der Kostenaufschlagsmethode zu schätzen.[212]

Beispiel: Die ausländische Informatik AG übernimmt den Betrieb und die Fortentwicklung des konzerninternen Rechnungswesens. Die einzelnen Konzerngesellschaften bzw. die Konzernobergesellschaft verfügen online über alle relevanten Daten, welche sowohl für die Managementinformationssysteme als auch für die Finanzbuchhaltung erforderlich sind.

Für den Fall der Informatik AG gibt es aufgrund der komplexen Dienstleistungsstrukturen i. d. R. nur begrenzte Marktpreisvergleiche. In der Rechtspraxis erfolgt die Verrechnung derartiger Dienstleistungen deshalb häufig mittels der Kostenaufschlagsmethode. Dabei kann die Frage auftreten, ob der Preis so hoch anzusetzen ist, dass er für den Dienstleistungsanbieter in jedem Fall zu einem Gewinn führt. Diese Frage ist zu verneinen, da es für Unternehmen, die am Markt tätig sind, keine Gewinngarantie gibt. Besonders in der Anlaufphase oder unter bestimmten Umständen, unter denen auch ein unab-

---

[209] Vgl. BFH v. 17. 2. 1993, BStBl 1993 II, S. 457; BFH v. 17. 10. 2001, BStBl 2004 II, S. 171; BFH v. 6. 4. 2005, BFH/NV 2005, S. 1719; zur Kritik Abschnitt C II 3 f) und Abschnitt C II 4 b).
[210] Vgl. Verwaltungsgrundsätze, BMF-Schreiben v. 23. 2. 1983, BStBl 1983 I, S. 218, Tz. 3.2.3.2., Tz. 6.2.; siehe dazu auch oben Abschnitt D II 2.
[211] Vgl. z. B. für Steuerberatungsleistungen durch eine konzerneigene Steuerberatungsgesellschaft BFH v. 23. 6. 1993, BStBl 1993 II, S. 801.
[212] Vgl. Zimmermann, J./Börst, J., BC 1997, S. 63 ff.

hängiges Unternehmen im Zusammenhang mit der Leistung von Diensten keinen Gewinn erzielt, weil etwa die Kosten der Dienstleistung z. B. aufgrund strategischer Maßnahmen höher sind als ihr Marktpreis, muss der zwischen verbundenen Unternehmen verrechnete Preis nicht zwangsläufig mit einem Gewinn des leistenden Unternehmens verbunden sein.[213] Allerdings darf die Verlustphase nach der Rechtsprechung des BFH in Bezug auf Vertriebsgesellschaften i. d. R. den Zeitraum von drei Jahren nicht übersteigen.

b) Indirekte Preisverrechnung

(1) Anwendungsbereich

Ist eine Einzelabrechnung von Leistungen nicht möglich oder nur schwierig zu vollziehen, verbleibt nur die Möglichkeit einer **indirekten Verrechnung** in Form einer mit gewissen Schätzungen und der Anwendung pauschaler Methoden vollzogenen Kostenzuordnung und -aufteilung. Im Einzelnen handelt es sich dabei um eine pauschalierte Abrechnung betrieblich veranlasster Dienstleistungen innerhalb eines Konzerns auf Kostenbasis einschließlich eines Gewinnaufschlags.[214] Die indirekte Preisverrechnung ist die in vielen Konzernen bevorzugte Form der Dienstleistungsverrechnung, da viele Erbringer konzerninterner Leistungen – im Gegensatz zu externen Beratern – nur sehr ungern zur Einzelabrechnung und der damit regelmäßig verknüpften Zeiterfassung und -abrechnung bereit sind. Die für eine indirekte Preisverrechnung zwischen verbundenen Unternehmen getroffenen Vereinbarungen sind gleichfalls am **Grundsatz des Drittvergleichs** zu messen, d. h. die Bedingungen müssen mit denjenigen vergleichbar sein, die Fremde in ähnlicher Lage festgelegt hätten. Nach dem dealing at arm's length principle ist zu prüfen, ob ein ordentlicher und gewissenhafter Geschäftsleiter dem der Schätzung oder Pauschalmethode zugrunde liegenden Kostenverteilungsmodus zugestimmt hätte.

Beispiel: Eine ausländische Tochtergesellschaft, die Informatik S. A., wickelt konzernweit den E-Mail-Verkehr ab und stellt weltweit den EDV-Support. Die einzelnen Konzerngesellschaften verfügen online über alle relevanten Daten, welche sowohl für die Managementinformationssysteme als auch für die Finanzbuchhaltung erforderlich sind, können auf ein effizientes Kommunikationsinstrument und rund um die Uhr auf einen Ansprechpartner im Störfall zurückgreifen.

Ist der Nachweis einer gesonderten Bemessungsgrundlage für den Preis (z. B. durch Aufzeichnungen über die bei Erfüllung der einzelnen Arbeitsaufträge angefallenen Arbeitsleistungen und Kosten) nicht wirtschaftlich oder objektiv möglich, verbleibt praktisch nur die Möglichkeit, die Kosten unter Anwendung geeigneter Schlüsselgrößen unter den Leistungsempfängern aufzuteilen.

Die deutschen **Verwaltungsgrundsätze** enthalten bisher noch keine Richtlinien über die indirekte Verrechnung von Dienstleistungsentgelten.[215] Nach den Richtlinien der OECD wird jedoch grundsätzlich anerkannt, dass

---
[213] Vgl. OECD, Leitlinien 2010, Tz. 7.33.
[214] Siehe dazu im Einzelnen Abschnitt D I 3 b).
[215] Vgl. Verwaltungsgrundsätze, BMF-Schreiben v. 23. 2. 1983, BStBl 1983 I, S. 218, Tz. 6.4.2. In den Grundsätzen für die Prüfung der Einkunftsabgrenzung durch Umlage-

multinationale Konzerne für die Preisverrechnung in Bezug auf Dienstleistungen von Konzernmuttergesellschaften oder Konzerndienstleistungszentren pauschale Abrechnungsmethoden entwickeln. Diese Methoden werden für zulässig erachtet, wenn der Wert der an die Empfänger erbrachten Dienstleistungen und der Umfang der zwischen unabhängigen Unternehmen erbrachten Dienstleistungen ausreichend berücksichtigt werden. Nicht akzeptiert wird die pauschale Dienstleistungsverrechnung allerdings, wenn gewisse Dienstleistungen, die zur Haupttätigkeit des Unternehmens gehören, nicht nur für verbundene Unternehmen, sondern auch für Dritte erbracht werden.[216] Diese nachrangige Zulässigkeit der pauschalen Dienstleistungsverrechnung dürfte auf Vorbehalte der Finanzverwaltungen gegenüber der pauschalen Leistungsverrechnung zurückzuführen sein, da der Umfang des tatsächlichen Leistungsflusses schwer nachprüfbar sein kann oder die Gefahr der doppelten Kostenbelastung besteht.[217]

(2) Ermittlung des Entgelts

Die Höhe des Entgelts einer pauschal verrechenbaren Dienstleistung bestimmt sich maßgeblich nach dem Umfang sowie der Bewertung der einzubeziehenden Kosten. Im Einzelnen wird man sich in diesem Zusammenhang an den Prinzipien orientieren können, die für die Kostenaufschlagsmethode entwickelt wurden. Danach sind für den (sachlichen) Kostenumfang die **Herstellungskosten** der erbrachten Leistungen heranzuziehen, wobei sowohl direkte als auch indirekte Kostenelemente zu berücksichtigen sind.[218] Die Bewertung der bei der Dienstleistungsproduktion anfallenden Aufwendungen hängt dagegen entscheidend davon ab, nach welchen Grundsätzen die Preisfestsetzung zwischen fremden Dritten erfolgen würde. Dabei ist insbesondere darauf abzustellen, zu welchem Zeitpunkt und nach welchen Kriterien der Rechnungspreis zwischen nicht konzernverbundenen Vertragspartnern zustande kommt. Kann aufgrund der Verhältnisse der betrachteten Dienstleistungsart davon ausgegangen werden, dass zwischen fremden Unternehmen vorab die Leistungsgebühr fest vereinbart wird, führt dies zu **Plankosten.** Die dienstleistungserbringende Konzerneinheit hat in diesem Fall wie jedes wirtschaftlich selbständige Unternehmen Mengen- und Preisabweichungen zu übernehmen. Ist es zwischen Fremden dagegen üblich, bei Vertragsabschluss ausschließlich die Preiskomponente festzulegen, nicht aber die Mengenkomponente (z. B. Anzahl der Stunden), ist eine Bewertung mit **Sollkosten** vorzunehmen. In diesem Fall tragen die Tochtergesellschaften das Risiko von Mengenabweichungen. Bei dem Konzernunternehmen, das die Dienstleistungen erbringt, beeinflussen sowohl Preissteigerungen als auch Preisrückgänge das Ergebnis.

In jedem Fall sind die ermittelten Kosten der Leistungserbringung um einen angemessenen **Gewinnaufschlag** zu erhöhen. Die indirekte Preisver-

---

verträge zwischen international verbundenen Unternehmen wird lediglich vorausgesetzt, dass die Einzelabrechnung von Leistungen sowohl nach der direkten als auch der indirekten Methode zulässig ist; vgl. Verwaltungsgrundsätze-Umlagen, BMF-Schreiben v. 30. 12. 1999, BStBl 1999 I, S. 1122, Tz. 1.
[216] Vgl. OECD, Leitlinien 2010, Tz. 7.23. In derartigen Fällen erscheint eine pauschale Verrechnung auch nicht notwendig, da Marktpreise aus Geschäften mit fremden Dritten vorliegen dürften.
[217] Vgl. Kuckhoff, H./Schreiber, R., IStR 2000, S. 346.
[218] Zur Begründung siehe Abschnitt D III 2 c).

rechnung stellt zwar eine vereinfachte, aber dennoch zur direkten Preisverrechnung gleichberechtigte Form der Entgeltvereinbarung dar. Da auch ein fremdes Unternehmen mit Gewinnerzielungsabsicht tätig wäre, ist nach dem Grundsatz des Drittvergleichs ein Gewinnaufschlag zwingend anzusetzen.

(3) Bestimmung des Aufteilungsschlüssels

Die Art und Weise, nach der die Entgelte auf die verschiedenen Empfänger aufgeteilt werden, hängt im Einzelnen von der Art und der Inanspruchnahme der Dienstleistung ab.[219] In der Praxis werden die bewerteten Leistungen häufig nach dem Verhältnis der Umsätze der leistungsempfangenden Unternehmen aufgeteilt. Dieser Aufteilungsmodus dürfte in vielen Fällen ökonomisch begründet sein. Grundsätzlich wird sich die Zweckmäßigkeit dieser Aufteilung jedoch an dem Ziel orientieren müssen, ob der gewählte Aufteilungsmaßstab eine Beziehung zur Leistungsinanspruchnahme durch die abnehmenden Konzernunternehmen herstellen kann. Auf dieser Grundlage wird es häufig sinnvoll sein, die **Kosten für verwaltungsbezogene Leistungen** auf der Basis von Stundenaufschrieben nach dem Zeitaufwand zu verteilen, der für die Belange der einzelnen Tochtergesellschaften jeweils angefallen ist. Dagegen können die Kosten, die für die **Entwicklung und den Ausbau der Informationstechnologie** sowie für Unterstützungsleistungen im Zusammenhang mit der Pflege von Hard- und Software entstanden sind, nach der tatsächlichen Inanspruchnahme dieser Installationen und festen Bereitstellungskosten zu verrechnen sein. Auch für andere **technische Dienstleistungen** dürfte eine Mischung aus festen Bereitstellungskosten und variablen Nutzungskosten sinnvoll sein, die sich an dem Zeitaufwand orientieren kann, den die verschiedenen Mitarbeiter für die einzelnen Projekte realisieren. Die Kosten für **Leistungen einer Personalverwaltung** werden häufig nach Mitarbeiterzahlen umgelegt, während im Zusammenhang mit **Finanzdienstleistungen** i. d. R. anteilige Zeitbedarfe oder das Verhältnis der Bilanzsummen maßgebend sind. Für die **anderen Bereiche** können der Umsatz oder die Wertschöpfung der begünstigten Gesellschaften herangezogen werden. Möglich sind aber auch zusammengesetzte Aufteilungsfaktoren, wenn auf diese Weise eine genauere Zuordnung der entstandenen Kosten erreicht werden kann.[220]

Neben der Kostenaufteilungsmethode diskutierten frühere Berichte der OECD mit dem **Kostenfinanzierungsverfahren** (fixed key method) ein weiteres Verfahren zur Verrechnung konzerninterner Dienstleistungen. Hierbei handelt es sich um eine pauschalierte Bezuschussung (cost funding) der dienstleistungserbringenden Konzerngesellschaft durch die partizipierenden Mitglieder. Danach wird der Beitrag eines jeden Leistungsempfängers absolut oder mit Hilfe eines festen Schlüssels auf eine vorher festgesetzte betriebswirtschaftliche Bezugsgröße (z. B. 1% des Umsatzes der dienstleistungsempfangenden Unternehmen) bestimmt, so dass die bei dem leistungserbringenden

[219] Vgl. OECD, Leitlinien 2010, Tz. 7.25.
[220] Vgl. Vitez, C., TPITP 2001, S. 8; siehe dazu auch den Vergleich zwischen einer umsatz- sowie prozessorientierten Verrechnung von administrativen Dienstleistungen und management services bei Vögele, A./Scholz, C. M./Hoffmann, K., IStR 2001, S. 94 ff.; sowie die Empfehlungen des EU Joint Transfer Pricing Forum, vgl. Kommission der Europäischen Gemeinschaften, JTPF Report, 2010, Tz. 47 ff.

Unternehmen tatsächlich entstehenden Kosten zunächst unberücksichtigt bleiben. Der nicht bezuschusste Teil der Kosten ist von der leistungserbringenden Einheit zu tragen.[221] Eine indirekte Verbindung zwischen dem zu zahlenden Beitrag und den anfallenden Kosten kann sich jedoch dann ergeben, wenn der Zuschuss-Satz so bemessen wird, dass sich im mehrperiodischen Vergleich Unter- und Überdeckungen ausgleichen.

In seiner allgemeinen Form ist das Kostenfinanzierungsverfahren **im Regelfall abzulehnen,** da eine Umlage durch eine von den Kosten der Leistungserbringung unabhängige Bezugsgröße nur selten mit dem Grundsatz des Drittvergleichs vereinbar sein dürfte. Zieht man die allgemeinen Grundsätze des OECD-Berichts heran, sind Kostenfinanzierungsverfahren jedenfalls dann nicht zulässig, wenn die bei den konzernintern erbrachten Leistungen anfallenden Kosten völlig vernachlässigt werden. Bei einer nicht ausreichenden Berücksichtigung der jeweiligen Aufwendungen oder der Verwendung einer mehr oder weniger willkürlich ausgewählten Schlüsselgröße kommt diesem Verfahren damit allenfalls der Charakter einer groben Schätzung zu. Führt die verwendete Bezugsgröße aber im Durchschnitt dazu, dass der Auftragnehmer für seine entstehenden Kosten verursachungsgerecht entschädigt wird und ihm darüber hinaus ein angemessener Gewinn verbleibt, ist das Kostenfinanzierungsverfahren u. E. zulässig, auch wenn es in den einzelnen Jahren auf Ebene des Unternehmens, bei dem die mit der Erbringung der Dienstleistungen zusammenhängenden Kosten anfallen, zu Über- oder Unterdeckungen kommt. Dieses Urteil stützt sich auf die Hinweise in den Verwaltungsgrundsätzen zur indirekten Preisverrechnung, nach denen bei der Verrechnung verwaltungsbezogener Dienstleistungen zu berücksichtigen ist, „dass die Beteiligten in einem Dauerverhältnis stehen"[222].

IV. Forschung und Entwicklung, Verwaltung und Lizenzierung von immateriellen Wirtschaftsgütern

1. Abgrenzung der verrechenbaren Leistungen nach dem Poolkonzept

a) Konzerninterne Abrechnungssysteme für Forschungs- und Entwicklungstätigkeiten

Mit der zunehmenden internationalen Arbeitsteilung, der immer häufigeren Errichtung von Fabrikationsstätten in Auslandsmärkten und dem generellen Zwang zu Produktinnovationen und neuesten Fertigungstechnologien wächst die Bedeutung von Verrechnungs- oder Umlagesystemen im Bereich der Forschung und Entwicklung. Die Höhe der Aufwendungen für Forschung und Entwicklung von zehn bis 20 oder in bestimmten Branchen sogar noch mehr Prozent des Umsatzes, die regelmäßig langfristigen Zeiträume bis zur Marktreife von Produkten sowie die kürzeren Verwertungszeiten einer abgeschlossenen Entwicklung und damit die wiederum steigenden Aufwendungen für technologische Neuorientierungen unterstreichen die Notwendigkeit einer anteiligen Zuordnung von Forschungs- und Entwicklungskosten auf die Konzerngesellschaften, die aus den Ergebnissen der Forschungs- und Entwicklungstätigkeit einen Vorteil ziehen.

---

[221] Vgl. Baumhoff, H., Verrechnungspreise, 1986, S. 256.
[222] Verwaltungsgrundsätze, BMF-Schreiben v. 23. 2. 1983, BStBl 1983 I, S. 218, Tz. 6.4.1, Satz 2.

4. Kapitel. Bei Kapitalgesellschaften

Die Forschungs- und Entwicklungstätigkeiten eines Konzerns können unterschiedlich organisiert und finanziert werden.[223] Was die **Organisation** der Forschungs- und Entwicklungstätigkeit betrifft, werden in vielen Konzernen – insbesondere in solchen mit ehemaliger Stammhausstruktur – Forschung und Entwicklung **zentral** vom Mutterunternehmen oder einem eigenständigen, auf diese Tätigkeiten spezialisierten konzerninternen Forschungsunternehmen durchgeführt, das diese Aufgabe entweder auf eigene Rechnung oder im Auftrag des Mutterunternehmens erledigt. Die Muttergesellschaft oder das konzerninterne Forschungsunternehmen verfügt hier über das rechtliche Eigentum an den Forschungs- und Entwicklungsergebnissen und führt die Forschungs- und Entwicklungsarbeiten häufig mit eigenem Personal durch. Die Globalisierung und weltweite Integration ihrer Tätigkeiten veranlassen größere Konzerne jedoch mehr und mehr, die Forschung und Entwicklung **dezentral** zu organisieren, um ihre in- und ausländischen Tochtergesellschaften entweder mit eigenen Forschungs- und Entwicklungsfunktionen zu betrauen oder aber sie zu einem konzerninternen Forschungsverbund zusammenzufassen. Typisch ist die Zusammenfassung der dezentral im Bereich Forschung und Entwicklung tätigen Konzernunternehmen auf dem Gebiet der zeitzonenübergreifenden Forschungstätigkeit, bei der alle Mitarbeiter auf dem elektronischen Wege am Arbeitsergebnis der jeweils anderen teilhaben (Flugzeugbau, Automobilbau, Softwareentwicklung, u. a. m.). In diesem Fall entwickeln die einzelnen Gesellschaften ihr Produkt (z. B. Software) nicht selbst, sondern arbeiten vernetzt rund um die Uhr, wobei eine Gesellschaft das Entwicklungsergebnis am Ende ihres Arbeitstages der nächsten überlässt, um ihrerseits das über Nacht weiterentwickelte Ergebnis am folgenden Morgen wieder zu übernehmen. Gleiches gilt auch für die solcherart betriebene Forschung und Entwicklung in anderen Bereichen. In all diesen Fällen stellt sich die Frage, welcher Konzerngesellschaft das entwickelte Wirtschaftsgut gehört und damit ein Anteil am Gewinn zusteht, der aus der Verwertung dieses Wirtschaftsgutes erzielt wird. Die Antwort darauf ist abhängig vom gewählten Finanzierungsmodell.

Die **Finanzierung** der Forschungs- und Entwicklungstätigkeit kann entweder nachgelagert in der Form erfolgen, dass das Mutterunternehmen oder die Forschungsgesellschaft die Kosten ihrer Forschungs- und Entwicklungsarbeiten zunächst selbst trägt und anschließend dadurch deckt, dass es von den Tochter- oder Schwestergesellschaften eine Vergütung (Lizenz) für die Nutzung der Patente und des Know-how verlangt. Bei dieser Gestaltung amortisieren sich die Forschungs- und Entwicklungsaufwendungen erst nach der Marktreife des entsprechenden Produkts (**Lizenzmodell**). Dies gilt auch dann, wenn die Forschungstätigkeit im Auftrag der Muttergesellschaft, der Forschungsgesellschaft oder einer Forschungsgemeinschaft (Pool) von einem dritten Konzernunternehmen oder einer außenstehenden Institution übernommen wird (Auftragsforschung).[224] Auch in diesem Fall gehen die Aufwendungen zunächst zu Lasten des Eigentümers der geschaffenen Wirtschaftsgüter.

---

[223] Vgl. Becker, H., Forschungstätigkeiten, 1997, S. 47 ff.; Storck, A., Umlagen, 1997, S. 456 ff.

[224] Hierbei nimmt die Forschungsgemeinschaft gegenüber der im Auftrag tätigen Unternehmung die Stellung eines Nachfragepools ein.

Beispiel: Ein deutscher Automobilkonzern hat seine neuen Produkte bislang ausschließlich durch die Muttergesellschaft in Deutschland entwickelt. Für den Einstieg in den neuen Geschäftsbereich Motorroller vergibt die Muttergesellschaft einen Forschungsauftrag an eine neu eingerichtete Forschungsstelle in Irland, die ihre Tätigkeiten nach den Anweisungen der deutschen Muttergesellschaft ausführt. Es wird vereinbart, dass die Leistungen der irischen Forschungsstelle durch ein Entgelt für Dienstleistungen vergütet werden. Ferner soll das Verwertungsrecht an den Ergebnissen des Forschungsauftrags beim Auftraggeber liegen.

Alternativ dazu haben die Konzernunternehmen die Möglichkeit, ihre Forschungs- und Entwicklungsaufwendungen über Kostenumlageverträge zu finanzieren, so dass die Ausgaben der forschenden Konzerneinheiten bereits in der Entwicklungsphase von den beteiligten Konzernunternehmen nach einem definierten Schlüssel getragen werden (**Umlagefinanzierung**).

Die Umlagefinanzierung kann grundsätzlich nach zwei verschiedenen Konzepten gestaltet werden: Betreiben mehrere Konzernunternehmen gemeinsam Forschung und Entwicklung und partizipieren sie gemeinschaftlich am Erfolg und Risiko, spricht man von einem **Forschungspool**, der die entstandenen Kosten im Wege der Umlage auf die beteiligten Unternehmen verteilt (Poolkonzept).[225]

Übernimmt dagegen die Muttergesellschaft oder ein Konzernforschungsunternehmen die Kosten und Risiken, während andere Konzernunternehmen an der Forschung und Entwicklung gegen eine feste Gebühr partizipieren, so spricht man von Kostenfinanzierungsverträgen (**cost funding**). Das Kostenfinanzierungsmodell ist im Grenzfall ein Lizenzmodell, wobei die Lizenz nach den entstandenen Kosten bemessen wird.

Die Schwierigkeiten eines Nachweises angemessener Kosten- und Nutzungszuordnungen (benefit test) bei **Kostenfinanzierungsverträgen** führen in der Praxis dazu, dass derartige Verträge steuerlich nicht oder nur recht **eingeschränkt anerkannt** werden. So erkennen bspw. die deutschen Verwaltungsgrundsätze eine Umlage durch einen von den Kosten unabhängigen Vomhundertsatz des Umsatzes des steuerpflichtigen Unternehmens nicht an.[226] Sofern jedoch ausnahmsweise Kostenfinanzierungsverträge steuerlich anerkannt werden, bedarf es des Einbezugs eines Gewinnaufschlags für das von der leistungserbringenden Konzerngesellschaft übernommene Risiko.

b) Zur Entscheidung über die Struktur der konzerninternen Forschung und Entwicklung

Ursprünglich haben viele Unternehmen die Forschungs- und Entwicklungsaufwendungen häufig erst im Nachhinein durch die Vergabe von Paten-

---

[225] Zur steuerlichen Anerkennung (materielle und formelle Voraussetzungen) von Konzernumlagen vgl. Abschnitt D IV 3.
[226] Nach den deutschen Grundsätzen für die Prüfung der Einkunftsabgrenzung durch Umlageverträge zwischen international verbundenen Unternehmen ist eine Umlage durch einen von den Aufwendungen unabhängigen Vomhundertsatz des Umsatzes der leistungsempfangenden Unternehmen oder einer ähnlichen Bezugsgröße [...] steuerlich nicht anzuerkennen. Dagegen erscheint das Finanzierungsverfahren nach den OECD-Leitlinien 2009 nicht ausgeschlossen zu sein. Nach diesem Bericht kann es Kostenverteilungsverträge (cost contribution arrangements) vielmehr „für **jede gemeinsame Finanzierung** (Hervorhebung durch Verf.) und Aufteilung von Kosten und Risiken geben"; OECD, Leitlinien 2010, Tz. 8.7.

… und die Überlassung von Verfahrenstechniken finanziert (Lizenzmodell). Mittlerweile sind jedoch insbesondere größere Konzerne, die weltweit umfassend und mit hohem Kostenaufwand forschen, zum Umlagemodell übergewechselt,[227] nach dem über einen Kostenverteilungsvertrag die Aufwendungen bereits im Zeitpunkt ihres Anfalls von den beteiligten Konzerngesellschaften getragen werden. **Lizenz- und Poolmodell** weisen im Vergleich folgende Vor- und Nachteile auf:

- Bei der Lizenzvergabe sind die **Entwicklungsführerschaft** und das **Eigentumsrecht** bei einer Gesellschaft konzentriert. Beim Poolmodell liegen dagegen die Entwicklungsführerschaft und die Eigentumsrechte bei den Partnern gemeinschaftlich, sofern nicht vereinbart wird, dass jeder Vertragspartner bezüglich der von ihm erarbeiteten Forschungsergebnisse Eigentümer bleibt oder das Eigentum generell der Mutter- oder einer Forschungsgesellschaft zugeordnet wird. Unabhängig von der gewählten Finanzierungsweise und der rechtlichen Eigentümerschaft werden die Nutzungsrechte an den Forschungsergebnissen sämtlichen Konzernunternehmen zugänglich gemacht.[228] Mangels eines entgeltlichen Erwerbs unterbleibt in allen Fällen zumindest in Deutschland eine Aktivierung der entstehenden immateriellen Wirtschaftsgüter (§ 5 Abs. 2 EStG).[229]
- Beim Lizenzmodell liegen **Kostenrisiko, Finanzierungsbedarf und Ertragschancen** ausschließlich bei einer Konzerneinheit, während beim Umlagemodell sich das Kosten- und Ertragspotenzial auf die beteiligten Partner verteilt.
- Bei Lizenzverträgen ist für die Überlassung von im Einzelfall unterschiedlich definierten Technologien (statisch/dynamisch) ein **marktübliches Entgelt** zu vereinbaren. Angesichts der besonderen Schwierigkeiten einer Bestimmung von marktüblichen Preisen für Wirtschaftsgüter, deren Wert häufig gerade in seiner Verschiedenheit oder Einzigartigkeit liegt, ist die steuerliche Anerkennung der Lizenzgebühren in vielen Fällen problematisch. Beim Poolmodell erfolgt ein freier Know-how-Austausch zwischen den Partnern, so dass die am Umlagevertrag beteiligten Unternehmen alle Forschungs- und Entwicklungsergebnisse gegen jährliche Abrechnung der **Kosten und Erträge auf Basis eines definierten Schlüssels** nutzen können.
- Das Poolkonzept setzt einen Vertrag voraus, in dem sämtliche Vereinbarungen detailliert festgehalten werden. Über die Durchführung des Umlagevertrages sind in jeder Periode umfangreiche **Dokumentations- und Nachweispflichten** bezüglich der anfallenden Kosten und der empfangenen Leistungen zu erfüllen. Darüber hinaus sind Regelungen aufzunehmen, nach welchen Grundsätzen ein Wechsel im Kreis der am Umlageverfahren partizipierenden verbundenen Unternehmen abgewickelt wird (Ein-/Austrittsvereinbarungen).[230] Beim Lizenzmodell ist der Verwaltungsaufwand grundsätzlich wesentlich geringer, da häufig nur die Angemessenheit der

---

[227] Vgl. Becker, H., Forschungstätigkeiten, 1997, S. 49.
[228] Zum Unterschied zwischen dem rechtlichen und wirtschaftlichen Eigentum siehe OECD, Leitlinien 2010, Tz. 8.6.
[229] Vgl. Verwaltungsgrundsätze-Umlagen, BMF-Schreiben v. 30. 12. 1999, BStBl 1999 I, S. 1122, Tz. 1.6.
[230] Vgl. Abschnitt D IV 3.

vereinbarten Lizenzgebühr nachzuweisen ist. Darüber hinaus ist das Lizenzmodell flexibel bei der Änderung des Nutzerkreises. Es darf aber nicht übersehen werden, dass auch bei Lizenzverträgen der Dokumentationsbedarf ständig zunimmt.

- Das **Poolmodell** besitzt des Weiteren den Vorteil, dass über den Kostenumlagevertrag eine **Kooperation** zwischen dem Forschungsunternehmen und den an den Forschungsergebnissen partizipierenden Unternehmen **gefördert** wird. Aus dieser Kooperation können Vorteile entstehen, wenn das Know-how durch den das Unternehmen übergreifenden Austausch von Wissen und Erkenntnissen (knowledge sharing) schneller aufgebaut und erweitert wird. Daneben können bei gemeinsam definierten Zielen die in den einzelnen Standorten lokal unterschiedlichen Anforderungen und Bedingungen der Forschung bereits in einem sehr frühen Entwicklungsstadium berücksichtigt werden.
- Auf **Lizenzgebühren** wird regelmäßig eine **Quellensteuer** erhoben, die jedoch durch DBA-Regelungen herabgesetzt wird und beim Lizenzgeber häufig angerechnet werden kann. Umlageverträge unterliegen dagegen nicht dem Steuerabzug.[231]

Die Entscheidung für das Lizenz- oder das Poolmodell wird immer unternehmensspezifisch zu fällen sein. Eine **Abwägung** zwischen der Kostenumlage, der Lizenz und anderen Forschungs- und Entwicklungskonzepten zeigt die folgende Übersicht. Wird die produktbezogene Forschungs- und Entwicklungsaktivität, wie häufig bei dezentral organisierten Konzernen, von mehreren großen Tochtergesellschaften durchgeführt, sprechen beachtliche Gründe für das Poolmodell. Durch den Umlagevertrag wird die Zusammenarbeit zwischen den einzelnen Konzerneinheiten gefördert, so dass das vorhandene Entwicklungspotenzial besser genutzt, die Entwicklungsaktivitäten insgesamt besser koordiniert und zugunsten der Vertragspartner die Kosten reduziert werden. Darüber hinaus kann eine gegenseitige Lizenzvergabe (cross-licensing) vermieden werden. Im Umlagevertrag übernimmt jeder Partner einen Teil der Kosten und Risiken und hat dafür Anspruch auf einen angemessenen Anteil an allen verwertbaren Ergebnissen der Forschung und Entwicklung.

	Pool-konzept	Lizenz	Auftrags-forschung	Technologie-verkauf
Risikoübernahme	Partner	Lizenzgeber	Auftraggeber	Käufer
Aufwands-verrechnung	laufend	vorlaufend	laufend	vorlaufend
Entgeltregelung	Kosten gemäß Schlüssel	marktübliche Lizenz	marktübliches Entgelt für Dienstleistung	Marktpreis der Technologie
Eigentums-rechte	Partner oder Dritter	Lizenzgeber	Auftraggeber	Käufer
Nutzungsrechte	Partner	Lizenznehmer	Auftraggeber	Käufer

[231] Vgl. OECD, Leitlinien 2010, Tz. 8.23 und 8.33; Verwaltungsgrundsätze-Umlagen, BMF-Schreiben v. 30. 12. 1999, BStBl 1999 I, S. 1122, Tz. 4.4, Satz 4. Dies kann strittig sein, wenn die Umlage nach dem Beitragsgedanken (cost funding) konzipiert ist.

4. Kapitel. Bei Kapitalgesellschaften 805

c) Die Verrechenbarkeit von Kosten der Grundlagenforschung

Die Festlegung einer betriebswirtschaftlich sinnvollen Kostenübernahme für die Grundlagenforschung muss auf zwei Aspekte abstellen: einerseits die jeweilige unternehmensinterne Organisation der Forschungs- und Entwicklungstätigkeiten, andererseits die inhaltliche Definition.

Bei **zentraler Organisation** der Forschungs- und Entwicklungstätigkeit eines Konzerns übernimmt die Muttergesellschaft (oder eine speziell damit beauftragte Konzernforschungsgesellschaft) regelmäßig auch die Kosten der Grundlagenforschung: Die Nutzungsüberlassung erfolgt sodann im Rahmen von Lizenzen (zusammen mit der angewandten Forschung und Entwicklung). Bei einem Konzern mit **dezentraler Forschungs- und Entwicklungsstruktur** hingegen bietet es sich an, die Grundlagenforschung als Konzernaufgabe zu definieren.

Der Begriff der **Grundlagenforschung** kann nun allerdings **unterschiedlich weit** ausgelegt werden. Besteht bei der Forschung überhaupt kein Bezug mehr zur gegenwärtigen Produktpalette des Konzerns, so ist eine Verrechnung dieser Kosten auf die einzelnen Konzernmitglieder nicht vertretbar. Ist demgegenüber ein – wenn auch weiter – Zusammenhang zu dem gegenwärtigen Leistungsprogramm vorhanden, so ist eine Konzernumlage denkbar.

Beispiel: Ein Automobilkonzern erforscht Möglichkeiten, wie die herkömmlichen, auf Öl und Benzin basierenden Verbrennungsmotoren in Zukunft durch grundsätzlich andere Aggregate (Brennstoffzelle) ersetzt werden können. In diesem Fall besteht ein Zusammenhang zum Kerngeschäft eines Automobilkonzerns. Geht das gleiche Unternehmen aber der Frage nach, wie das Problem der Mobilität durch Informations- und Kommunikationsmittel ohne Einsatz des Autos entschärft werden kann, so können diese Kosten schwerlich auf die einzelnen Konzerntöchter verrechnet werden. Sie verbleiben bei der Muttergesellschaft.

Soweit Forschungsaufwendungen also eine Voraussetzung für die Entwicklung neuer Produkte darstellen, die für die dauerhafte Fortführung des Unternehmenszwecks erforderlich sind, kann eine **Veranlassung** zwischen Forschungsaufwendungen und dem konkreten Unternehmen konstruiert werden. In diesem Sinne ist es vertretbar, alle Kosten der Grundlagenforschung, die in einem – weit auszulegenden – Zusammenhang mit der wirtschaftlichen Tätigkeit des Leistungsempfängers stehen, diesem auch anteilig anzulasten. Analoges gilt für den Einbezug der Grundlagenforschung in Lizenzen. Die Verteilung der Aufwendungen für Grundlagenforschung über eine Kostenumlage wird auch von den Finanzbehörden anerkannt.[232]

d) Forschungspool

(1) Gestaltungsziel

Im Rahmen eines Forschungspools koordinieren mehrere verbundene Unternehmen ihre Forschungs- und Entwicklungsaktivitäten als gleichberechtigte Partner im **gemeinsamen Interesse,** auf gemeinsames Risiko und mit gemeinsamer Ertragschance. Durch die Zusammenarbeit sollen das in den

---

[232] Vgl. Verwaltungsgrundsätze-Umlagen, BMF-Schreiben v. 30. 12. 1999, BStBl 1999 I, S. 1122.

einzelnen Gesellschaften vorhandene Wissen besser genutzt, die Entwicklungsaktivitäten insgesamt besser aufeinander abgestimmt und damit der Wirkungsgrad erhöht sowie Kosten abgebaut werden. Daneben wird das Risiko eines Fehlschlags auf mehrere Konzernunternehmen verteilt. Auf diese Weise können Forschungs- und Entwicklungsprojekte initiiert werden, die von den einzelnen Vertragsparteien isoliert nicht finanziert werden könnten.

Die Grundstrukturen einer steuerlich anerkannten Kostenumlagevereinbarung wurden im Zusammenhang mit einer Darstellung der Methoden zur Bestimmung des Fremdvergleichsentgelts erläutert und diskutiert.[233] Die folgenden Ausführungen konzentrieren sich deshalb auf die Besonderheiten des Poolkonzepts im Zusammenhang mit der Forschungs- und Entwicklungstätigkeit.

(2) Vertragsbeteiligte

Mitglieder eines steuerlich anzuerkennenden Kostenumlagevertrags können nur Unternehmen sein, die die Leistungen für die Interessengemeinschaft in wirtschaftlich gleicher Weise **nutzen**. Nicht erforderlich ist, dass alle Teilnehmer des Pools eigene (Forschungs-)Leistungen erbringen. Möglich ist vielmehr, dass einzelne Teilnehmer ihre Beiträge in Form von Geldzahlungen leisten, so dass im extremen Fall die Forschungsleistungen von nur einer einzigen Konzerngesellschaft durchgeführt werden können. Voraussetzung ist nach den Verwaltungsgrundsätzen jedoch, dass sich die Leistungen auf **Hilfsfunktionen** der Poolteilnehmer erstrecken. Bei einer zentral organisierten Forschungstätigkeit scheiden damit aber rechtlich verselbständigte Forschungsgesellschaften aus dem Kreis potentieller Poolmitglieder aus, wenn sie entweder die Ergebnisse ihrer Tätigkeiten nicht selbst nutzen oder die Forschungstätigkeit in ihrer Hauptfunktion ausüben. Gleiches gilt in abgeschwächter Form für eine Konzernmuttergesellschaft, die aus den Leistungen, die sie gegenüber der Innengesellschaft erbringt, für sich selbst keine Vorteile zieht. Regelmäßig kommen dafür nur Fertigungsbetriebe als Beteiligte eines Kostenumlagevertrags in Betracht, es können jedoch auch Vertriebsunternehmen mit einbezogen werden, die indirekt, also über die Produktverkäufe, den auf sie entfallenden Anteil der Forschungsleistungen verwerten.[234] Holding- und Patentverwertungsgesellschaften verfolgen indessen unterschiedliche Interessen, so dass diese nicht Mitglieder eines Forschungs- und Entwicklungspools sein können.

(3) Umlagefähiger Aufwand

Zu verteilen sind ausschließlich die für die Forschungs- und Entwicklungsaufgaben im gemeinsamen Interesse angefallenen **Aufwendungen**. Damit gehen die Kosten einer Forschung, die aufgrund eines besonderen Auftrages eines nahe stehenden oder fremden Unternehmens durchgeführt wird (Auftragsforschung), nicht in die Gesamtkosten ein, sondern sind dem Auftrag gebenden Unternehmen direkt in Rechnung zu stellen. Des Weiteren ist die

---
[233] Siehe Abschnitt D IV 2 a).
[234] Vgl. OECD, Leitlinien 2010, Tz. 8.10. Zur Diskussion über die Teilnahmeberechtigung an einer Kostenteilungsvereinbarung vgl. Becker, H., IWB, Fach 10, International, Gruppe 2, S. 1326; Schreiber, R./Kuckhoff, H., IStR 1998, Beihefter zu Heft 1, S. 3.

Umlagemasse um von außerhalb des Teilnehmerkreises (ggf. auch von Dritten) zufließende **Lizenzeinnahmen** und Erträge aus Verkäufen von Technologien zu kürzen (sog. Nettokosten). Staatliche **Subventionen** müssen nicht in jedem Fall von dem Betrag abgesetzt werden, der zwischen den Beteiligten aufgeteilt wird. Vielmehr wird ein solcher Abzug nur dann für gerechtfertigt erachtet, wenn er auch unter unabhängigen Unternehmen vorgenommen würde.[235] Die deutschen Verwaltungsgrundsätze behandeln dagegen staatliche Zuschüsse wie normale Dritteinnahmen, die die umlagerelevanten Kosten entsprechend mindern. Unter Beachtung der Zielsetzung einer Zuschussgewährung – Verbesserung der Standortbedingungen für das forschende Unternehmen – ist u. E. eine Kürzung der zu verteilenden Kosten um den Zuschuss von staatlichen Stellen abzulehnen.[236] Aufgrund der ungesicherten Rechtslage ist zu empfehlen, die Behandlung von Zuschüssen explizit im Umlagevertrag zu regeln.

(4) Umlageschlüssel
Der umlagefähige Aufwand ist auf der Basis des Nutzens, den jedes Poolmitglied für sich erwartet, aufzuteilen. Im Einzelnen sind die Vertragsbeteiligten jedoch frei, den jeweils sachgerechtesten Umlageschlüssel nach ihrem Ermessen zu bestimmen. Hierbei sollte beachtet werden, dass durch die Kostenumlage insbesondere längerfristige Leistungsbeziehungen abgegolten werden. Der Umlageschlüssel ist so auszuwählen, dass die umlagefähigen Kosten auf die Konzernmitglieder längerfristig im Verhältnis ihrer Leistungsinanspruchnahme verteilt werden. Die in den einzelnen Jahren anfallenden Kosten sind jeweils nach diesem Schlüssel zu verteilen. Zu empfehlen ist, dass der Verteilungsschlüssel für einen längeren Zeitraum vorgegeben wird. Als Anhaltspunkt kann ein Zeitraum von fünf Jahren dienen, der allerdings ggf. an die Spezifika der jeweiligen Forschungstätigkeit anzupassen ist. Der Umlageschlüssel ist bereits vor Ablauf dieser Frist zu modifizieren, wenn sich die maßgeblichen Verhältnisse entscheidend verändern. Die Kostenbeitragspflicht eines Mitglieds muss sich nach seinem **erwarteten Nutzen** richten und ist nicht vom späteren Erfolg der Forschungs- und Entwicklungsaktivität abhängig.[237]

(5) Zuordnung von Eigentums- und Nutzungsrechten
Im Umlagevertrag kann vereinbart werden, dass das (rechtliche) **Eigentum** entweder den beteiligten Konzernunternehmen gemeinsam zusteht oder – im Falle einer zentral organisierten Forschung und Entwicklung – ausschließlich dem Partner zugeordnet wird, der die Forschungsergebnisse erarbeitet hat. Alle konzernangehörigen Gesellschaften mit Forschungs- und Entwicklungseinrichtungen können aber auch die Konzernmuttergesellschaft oder ein anderes verbundenes Unternehmen (Patentverwertungsgesellschaft) im Rahmen eines Treuhandverhältnisses beauftragen und ermächtigen, weltweit die Schutzrechte für sämtliche immateriellen Wirtschaftsgüter im eigenen Namen anzumelden und aufrechtzuerhalten. Im ersten Fall ist eine gleichberechtigte

---
[235] Vgl. OECD, Leitlinien 2010, Tz. 8.17.
[236] So auch Engler, G., Dienstleistung, 2004, S. 1460 ff.; differenzierend Baumhoff, H., IStR 2000, S. 704; Kuckhoff, H./Schreiber, R., IStR 2000, S. 376.
[237] Vgl. OECD, Leitlinien 2010, Tz. 8.9 ff., 8.26.

Nutzung ohne weiteres gewährleistet. Im zweiten und dritten Fall ist für die anderen Konzernunternehmen ein uneingeschränktes Nutzungsrecht zu vereinbaren, d. h. der Rechtsanspruch auf die Nutzung der Forschungsergebnisse ist festzulegen.[238]

(6) Eintritts-/Austrittsregelungen

Umlageverträge müssen auch Eintritts- und Austrittslösungen für Veränderungen bei den Teilnehmern vorsehen, d. h. Regelungen über die Neuaufnahme in den sowie das Ausscheiden von Konzernunternehmen aus dem Forschungspool.[239] Probleme können insbesondere bei Neuerwerb von Beteiligungen entstehen, wenn der eintretende Partner über besonderes Wissen oder Erfahrungen verfügt und diese in die Gemeinschaft einbringt. Umgekehrt kann auch die Frage gestellt werden, ob das eintretende Unternehmen für das bereits verfügbare Wissen im Pool Ausgleichszahlungen zu leisten hat. In der Praxis stellt sich die Forderung nach derartigen **Eintrittszahlungen** (buy-in payments) bei laufenden Forschungstätigkeiten als ein schwieriges Bewertungsthema dar.[240]

Geht man davon aus, dass bei Eintritt in einen Umlagevertrag die Vertragspartner über Forschungsergebnisse gleicher Art und gleicher Funktion verfügen, können diese immateriellen Wirtschaftsgüter wechselseitig ohne Gewinnrealisierung zur Verfügung gestellt werden. Dies ist u. E. der Fall, wenn das eintretende Unternehmen bisher schon marktfähige Produkte vertrieben hat und somit über das notwendige Know-how zur Fertigung verfügt. Ein Eintrittsgeld ist somit nur insoweit zu leisten, als die gegenseitig vorhandenen Entwicklungsergebnisse nicht gleichwertig sind.

Des Weiteren ist in den Umlagevertrag eine **Austrittsregelung** (buy-out) aufzunehmen, die im Falle der Kündigung durch einen Vertragspartner die Möglichkeit zur Weiternutzung der Ergebnisse sowie die Notwendigkeit und Höhe angemessener Entschädigungen festlegt.

Für den Fall, dass ein Forschungspool nach Ablauf der vereinbarten Laufzeit beendet wird, haben die ehemaligen Poolteilnehmer verschiedene Möglichkeiten, sich im Hinblick auf das dem Pool zustehende Vermögen auseinanderzusetzen. Denkbar sind grundsätzlich die Realteilung des Vermögens, die Übertragung der Vermögensanteile an einen Lizenzgeber oder die Vereinbarung einer schlichten Nutzung des vorhandenen Vermögens über die Restnutzungsdauer. Verzichten die Vertragspartner anlässlich einer Änderung des Umlagevertrags in einen Lizenzvertrag zugunsten des künftigen Lizenzgebers auf ihren Anteil an den Ergebnissen des Umlagevertrags, so sind sie für die Aufgabe ihres Anteils angemessen zu **entschädigen**. Diese Entschädigungszahlung ist beim Lizenzgeber aktivierungspflichtig, soweit sich diese Zahlung auf Wirtschaftsgüter bezieht. Die künftigen Lizenznehmer erzielen dagegen Erträge aus der anteiligen Veräußerung gegebener Wirtschaftsgüter, bereits angefangener Arbeiten oder Kenntnisse. Werden diese

---

[238] Siehe zur Gestaltung der Eigentumsrechte bei Einschaltung einer Patentverwertungsgesellschaft im Einzelnen Abschnitt D II 3 h) (2); sowie ferner auch *Vögele, A./ Freytag, U.*, IStR 2000, S. 251 ff.

[239] Ausführlich hierzu vgl. OECD, Leitlinien 2010, Tz. 8.31 ff.; sowie oben Abschnitt D IV 2 d).

[240] Vgl. *Becker, H.*, Forschungstätigkeiten, 1997, S. 54 ff.

4. Kapitel. Bei Kapitalgesellschaften 809

Wirtschaftsgüter bei einer Umstellung des Umlagevertrags von dem designierten Lizenzgeber nicht übernommen, so ist zu berücksichtigen, dass zumindest für eine Übergangszeit die bisherigen Poolmitglieder das erworbene Know-how und die geschaffenen immateriellen Wirtschaftsgüter ohne Entgelt nutzen können.[241]

2. Ermittlung der Verrechnungspreise im Rahmen des Lizenzmodells

a) Abgrenzungen

Im Rahmen des Lizenzmodells werden die Kosten der Forschungs- und Entwicklungstätigkeit vom **Lizenzgeber** getragen. Die Funktion des Lizenzgebers kann von der Muttergesellschaft, einer speziell ausgerichteten Forschungsgesellschaft oder, wenigstens im Hinblick auf Drittlizenzen, einem konzerninternen Forschungsverbund (Forschungspool) eingenommen werden. Diese Gesellschaften wiederum können die Forschungs- und Entwicklungstätigkeiten entweder selbst ausführen oder eine dritte Gesellschaft beauftragen, diese Tätigkeit auf Rechnung der lizenzgebenden Gesellschaft durchzuführen (Auftragsforschung).

Während der **Forschungs- und Entwicklungsphase** ergeben sich vor diesem Hintergrund beim Lizenzmodell keine Verrechnungspreisfragen, wenn die Tätigkeit „im Haus" vorgenommen wird. Anderes gilt jedoch, wenn mit der Durchführung der Forschungs- und Entwicklungstätigkeit eine dritte Konzerngesellschaft eingeschaltet wird. In diesem Fall ist nach der Vergütung zu fragen, die die im Auftrag forschende Gesellschaft für ihre Dienste im Interesse des Lizenzgebers zu erhalten hat.

Die Kosten der Forschung und Entwicklung, die beim Lizenzgeber während der Forschungs- und Entwicklungsphase angefallen sind, werden im Lizenzmodell dadurch gedeckt, dass der Lizenzgeber von den Konzerngesellschaften, die die Ergebnisse der Forschungs- und Entwicklungstätigkeit in der **Verwertungsphase** nutzen, eine Vergütung (Lizenz) für die Nutzung der entwickelten Patente, Marken oder übrigen immateriellen Wirtschaftsgüter verlangt. Die steuerliche Zurechnung der Lizenzentgelte setzt allerdings voraus, dass dem Lizenzgeber das rechtliche und/oder wirtschaftliche Eigentum an dem entwickelten Wirtschaftsgut zuzurechnen ist. Diese Zuordnung ist regelmäßig unproblematisch, wenn der Lizenzgeber das Wirtschaftsgut auf eigene Rechnung selbst entwickelt und, soweit das möglich und gewollt ist, auch auf seinen Namen eingetragen oder registriert hat. Die Schwierigkeiten beginnen, wenn die Entwicklungskosten zu einem Teil von anderen Konzerngesellschaften getragen wurden. In Deutschland sind Wirtschaftsgüter zwar grundsätzlich dem **rechtlichen Eigentümer** zuzurechnen, so dass rechtlich geschützte Wirtschaftsgüter beim Inhaber der Schutzrechte zu erfassen sind. Das wird aber international nicht einheitlich gesehen.[242] Außerdem stellt sich die Frage, ob das mit Unterstützung anderer Konzerngesellschaften entstandene Wirtschaftsgut durch den rechtlichen Eigentümer selbst erstellt oder erworben wurde. Sind nicht rechtlich geschützte Wirt-

---

[241] Vgl. Verwaltungsgrundsätze-Umlagen, BMF-Schreiben v. 30. 12. 1999, BStBl 1999 I, S. 1122, Tz. 4.3.
[242] Vgl. Przysuski, M./Lalapet, S./Swaneveld, H., TNI 2004, S. 290 f.

schaftsgüter zu beurteilen, wird die Antwort schwieriger. Soweit vertraglich nichts anderes vereinbart ist, entscheidet sich die Zuordnung hier grundsätzlich nach der Frage, welche Konzerngesellschaft als wirtschaftliche Eigentümerin gilt, weil sie z. B. den wesentlichen Anteil der relevanten Ausgaben getragen und damit auch das Risiko einer Fehlentwicklung übernommen hat.[243]

Der Begriff „immaterielle" Wirtschaftsgüter umfasst gewerbliche Schutzrechte (z. B. Patente, Marken, Geschmacks- und Gebrauchsmuster), Namens- und Urheberrechte (Copyrights) und ungeschützte Wirtschaftsgüter (Know-how oder Betriebsgeheimnisse).[244] Ihre entgeltliche Überlassung ist im internationalen Geschäftsverkehr weit verbreitet. In (klassischen) **Lizenzverträgen** wird die Nutzungsüberlassung von Patenten und Know-how zur Produktion typischerweise mit der Erlaubnis verbunden, diese Produkte auch unter der Marke des Lizenzgebers zu vertreiben. Als Entgelt wird häufig eine **einheitliche** Lizenz (Globallizenz) verrechnet.[245] Diese Art der Verrechnung hat den Nachteil, dass von den Finanzbehörden im Rahmen der Angemessenheitsprüfung oft die Aufspaltung des gesamten Entgelts in die Einzelkomponenten gefordert wird. Die Pauschalverrechnung lässt sich jedoch auch dann nicht mehr praktizieren, wenn die Eigentumsrechte an der **Marke** und an den Patenten oder dem Know-how nicht mehr bei ein und derselben Gesellschaft liegen, wie dies bei internationalen Konzernen immer häufiger der Fall ist.[246]

Ein **Patent** verleiht ein ausschließliches Recht auf die Nutzung einer bestimmten Erfindung immer nur für einen **begrenzten Zeitraum**.[247] Marken berechtigen den Inhaber, sie als unverwechselbares Kennzeichen für bestimmte Waren oder Dienstleistungen eines bestimmten Herstellers (oder Händlers) zu nutzen und anderen ihre Nutzung für ähnliche Zwecke zu untersagen. Sie schaffen jedoch nicht unbedingt ein wirtschaftliches Monopol, da sie Wettbewerber nicht am Vertrieb gleicher oder ähnlicher Waren hindern, vorausgesetzt, sie benutzen andere, unterscheidbare Zeichen. Eine **Marke** ist **zeitlich nicht begrenzt;**[248] ihr Schutz erlischt nur unter ganz bestimmten rechtlichen Umständen (freiwilliger Verzicht, nicht fristgerechte Erneuerung, Löschung oder Nichtigerklärung durch gerichtliche Entscheidung usw.).

Die Höhe dieser Vergütung hat den Grundsätzen des Drittvergleichs zu entsprechen. Da für originär entwickelte immaterielle Wirtschaftsgüter häufig keine geeigneten Vergleichstransaktionen zur Verfügung stehen, konzentrieren sich in dieser Verwertungsphase die steuerlichen Fragen auf die Bestimmung der angemessenen Lizenzgebühren für Patente, das Know-how, Marken oder ähnliche Wirtschaftsgüter.

---

[243] Vgl. Przysuski, M./Lalapet, S./Swaneveld, H., TNI 2004, S. 290; Markham, M., TNI 2005, S. 900; Verlinden, I./Smits, A./Lieben, B., IP Life Cycle, 2005, S. 117.
[244] Vgl. OECD, Leitlinien 2010, Tz. 6.2; siehe auch Bauer, M. E., Verrechnungspreise, 2000, S. 58 ff.; Markham, M., TNI 2005, S. 898.
[245] Vgl. Engler, G., Dienstleistung, 2004, S. 1503.
[246] Vgl. Storck, A., Steuer-Revue 1993, S. 497 ff.
[247] Vgl. OECD, Leitlinien 2010, Tz. 6.8.
[248] Siehe dazu Meffert, H./Burmann, C., Abnutzbarkeit, 1998, S. 78, 87 ff.; Gerpott, T. J./Thomas, S. E., DB 2004, S. 2492.

b) Auftragsforschung

Auftragsforschung ist dadurch gekennzeichnet, dass eine oder – im Falle eines Nachfragepools[249] – auch mehrere Konzerngesellschaften einem anderen Konzernunternehmen einen eindeutig definierten Forschungsauftrag erteilen und vereinbart wird, dass der oder die Auftraggeber in vollem Umfang das **Verwertungsrecht für die Forschungsergebnisse** besitzen. Zu diesem Zweck wird zwischen dem Auftraggeber und der Forschungsgesellschaft regelmäßig eine Vereinbarung in Form eines Dienstvertrags getroffen. Die Forschungs- und Entwicklungsaufwendungen sind von der durchführenden Konzerngesellschaft dem Auftraggeber zu belasten und werden dort wie innerbetriebliche Forschungs- und Entwicklungskosten behandelt. Beim Auftraggeber sind sie, da

– selbst erstellte immaterielle Wirtschaftsgüter des Anlagevermögens in Deutschland nicht aktiviert werden dürfen und
– diese Erstellung sowohl im eigenen Betrieb (Eigenherstellung) als auch durch Dritte (Fremdherstellung) erfolgen kann,

regelmäßig bereits im Zeitpunkt der Zahlung als Betriebsausgaben abzugsfähig.[250] Entscheidend ist, ob die Herstellung auf Gefahr und Rechnung des Auftraggebers erfolgt und ob dieser das **Herstellungsgeschehen beherrscht**.[251] Um in diesem Sinne von einer Auftragsforschung ausgehen zu können, sollte der Auftraggeber zunächst über das für die Erstellung erforderliche Know-how verfügen. Wichtig ist ferner, dass das Forschungsprojekt durch den Auftraggeber vertraglich genau definiert und in seinem Projektverlauf überwacht wird. Auf jeden Fall müssen alle wichtigen Entscheidungen über den Inhalt der Forschungs- und Entwicklungstätigkeiten dem Auftraggeber vorbehalten bleiben. Ist dies der Fall, so sind die Forschungs- und Entwicklungskosten beim Auftraggeber nicht zu aktivieren (originärer Erwerb).

Der Betriebsausgabenabzug ist allerdings nur insoweit möglich, als die gezahlte Vergütung im Drittvergleich angemessen ist. Betriebsausgaben können danach nur soweit geltend gemacht werden, als Preise berechnet werden, die auch voneinander unabhängige Dritte unter gleichen oder ähnlichen Verhältnissen vereinbart hätten (§ 1 AStG). Für die **Bestimmung der marktüblichen Preise** kommen grundsätzlich alle Methoden in Betracht. Allerdings sind einer Anwendung sowohl der Preisvergleichsmethode als auch der Wiederverkaufspreismethode Grenzen gesetzt, da individuelle Forschungsleistungen üblicherweise nicht auf dem Markt gehandelt werden und deshalb Vergleichswerte i. d. R. fehlen. Es mag zwar Fälle geben, in denen gleichartige oder ähnliche Aufträge an unabhängige Forschungseinrichtungen

---

[249] Vgl. Abschnitt D IV 2 a; sowie Vögele, A./Freytag, U., RIW 2001, S. 174. Nach deutschem Verständnis kommt die Einbindung einer reinen (Auftrags-)Forschungsgesellschaft in eine Kostenumlagevereinbarung nicht in Frage, da die Ausübung der Forschungstätigkeit bei ihr nicht Hilfs- sondern Hauptfunktion ist. Vgl. Verwaltungsgrundsätze-Umlagen, BMF-Schreiben v. 30. 12. 1999, BStBl 1999 I, S. 1122, Tz. 1.1; sowie Kuckhoff, H./Schreiber, R., IStR 2000, S. 379.
[250] Zur bilanziellen Behandlung von Forschungs- und Entwicklungsaufwendungen vgl. Endres, D. u. a., Corporate Taxable Income, 2007, S. 36 ff.
[251] Vgl. FG Hamburg v. 4. 12. 1989, EFG 1990, S. 463; Blümich, W., Einkommensteuergesetz, § 5 EStG, Anm. 540.

(z. B. Universitäten) vergeben werden. Gleichwohl wird die Vergleichbarkeit der Bedingungen in vielen Fällen nicht gegeben sein und sich auch mit Hilfe von Anpassungsrechnungen nicht herstellen lassen.[252] Vor diesem Hintergrund wird man die Angemessenheit der vereinbarten Leistungsentgelte nach der **Kostenaufschlagsmethode** bestimmen müssen.[253]

c) Patente und Know-how-Lizenzen

(1) Entgeltpflicht

Überlässt ein Konzernunternehmen einem verbundenen Unternehmen Patente, Gebrauchs- oder Geschmacksmuster sowie ähnliche Rechte (Urheberrechte einschließlich der Leistungsschutzrechte für Computerprogramme, Tonträger und Filme) oder Werte (ungeschützte Erfindungen, Rezepte, Know-how sowie nicht urheberrechtlich geschützte Computerprogramme oder rein wirtschaftliche Vorteile) zur Nutzung, ist steuerlich hierfür ein Entgelt zu verrechnen, da zwischen Fremden eine unentgeltliche Zurverfügungstellung von immateriellen Wirtschaftsgütern nicht üblich ist (**Entgeltpflicht**). Üblicherweise orientieren sich die Zahlungen an der Höhe der produzierten Stückzahl oder an den verkauften Produkten des Lizenznehmers. In bestimmten Fällen werden derartige Lizenzgebühren nach degressiven Sätzen (sog. Staffelsätzen) berechnet, d. h., dass stufenweise das Entgelt nach Überschreiten vorgegebener Grenzwerte reduziert wird. Häufig wird zur laufenden Nutzungsgebühr eine Einmalgebühr (lump sum payment) gezahlt.[254] Derartige Einmalgebühren sind grundsätzlich beim Lizenzgeber zu passivieren und über die voraussichtliche Laufzeit des Vertrages zu verteilen.[255]

Nach den OECD-Leitlinien ist die Vereinbarung einer Lizenzgebühr dem Grunde nach allerdings nur dann zulässig, wenn das immaterielle Wirtschaftsgut (Patent, Know-how etc.) vom Lizenzgeber auf eigene Kosten und eigenes Risiko entwickelt wurde, und die Weitergabe für das abnehmende Konzernunternehmen (Lizenznehmer) von **Nutzen** ist (benefit test).[256] Bei Know-how und anderen Wirtschaftsgütern, die keinen besonderen Rechtsschutz genießen, muss hinzukommen, dass es sich um nicht allgemein zugängliches Spezialwissen handelt, für das ein fremder Dritter ein Entgelt zu zahlen bereit wäre.[257]

---

[252] Vgl. Bauer, M. E., Verrechnungspreise, 2000, S. 157 ff.; Kaminski, B., IStR 2001, S. 543.
[253] Vgl. Verwaltungsgrundsätze, BMF-Schreiben v. 23. 2. 1983, BStBl 1983 I, S. 218, Tz. 5.3.
[254] Vgl. Groß, M./Rohrer, O., Lizenzgebühren, 2008, Rn. 7, 271 ff. Einmalzahlungen zu Beginn der Austauschbeziehung reduzieren den möglichen Schaden aufgrund opportunistischen Abnehmerverhaltens nach dem Transfer der Anbieterleistung. Diese Gefahr kann alternativ durch den Verzicht auf ein Exklusivbezugsrecht begrenzt werden; vgl. Kloyer, M., ZfbF 2004, S. 336.
[255] Vgl. bereits RFH v. 8. 5. 1929, RStBl 1929, S. 410; BFH v. 23. 2. 1977, BStBl 1977 II, S. 392; sowie Roth, A., Besteuerung, 1983, S. 192 ff. Kommt ein Ausweis als passiver Rechnungsabgrenzungsposten wegen mangelnder Zeitbestimmung nicht in Betracht, hat die Passivierung entweder unter der Position „Erhaltene Anzahlungen" oder „Rückstellungen für ungewisse Verbindlichkeiten" zu erfolgen. Vgl. Adler, H./Düring, W./Schmaltz, K., Rechnungslegung, § 250 HGB, Tz. 15; Beck'scher Bilanzkommentar, § 250 HGB, Tz. 18. Wird die Einmalgebühr hingegen für die Schulung von Mitarbeitern des Lizenznehmers gezahlt, so erfolgt keine Passivierung.
[256] Vgl. OECD, Leitlinien 2010, Tz. 6.14 f.
[257] Vgl. Finsterwalder, O., IStR 2006, S. 356 f.

Beispiel: Die US-amerikanische Tochtergesellschaft einer deutschen Kapitalgesellschaft bei ihrer Produktion Patente und Erfindungen ihrer Muttergesellschaft. Die Tochtergesellschaft verkauft ihre Erzeugnisse in Nordamerika. Die inländische Muttergesellschaft muss für die Leistungen an ihre ausländische Tochtergesellschaft eine angemessene Lizenzgebühr in Rechnung stellen.

Um eine doppelte Verrechnung der Technologie zu vermeiden, darf steuerlich keine Lizenz erhoben werden, wenn die Nutzungsüberlassung im Zusammenhang mit Lieferungen oder Leistungen mit geringer zusätzlicher Wertschöpfung steht.[258]

Beispiel: Das deutsche Unternehmen liefert seiner ausländischen Tochter weitgehend fertige Erzeugnisse und macht ihr gleichzeitig seine Erfahrungen für die Endbearbeitung in Bezug auf den lokalen Markt zugänglich. Enthält der Verrechnungspreis der Waren einen Zuschlag für Forschung und Entwicklung, kann dem ausländischen Produktionsbetrieb für die Zurverfügungstellung des Know-how kein weiteres Entgelt in Rechnung gestellt werden.

Anderes gilt aber, wenn die Nutzungsüberlassung mehr als nur untergeordnete Bedeutung hat. In diesem Fall sind gemischte Verträge in ihre Leistungsbestandteile zu zerlegen und steuerlich nach den jeweils maßgebenden Bestimmungen zu behandeln.[259]

Um die Voraussetzungen für eine Bewertung überlassener immaterieller Wirtschaftsgüter zu schaffen, ist es regelmäßig erforderlich, in einem schriftlich abgeschlossenen Lizenz- bzw. Nutzungsvertrag die Art des übertragenen immateriellen Wirtschaftsgutes (Nutzungsrechts) und die sonstigen Bedingungen wie Laufzeit, Einsatzgebiet etc. zu beschreiben.

(2) Bestimmung der angemessenen Lizenzgebühr

(a) Übersicht

Ist die Verrechenbarkeit einer Nutzungsüberlassung dem Grunde nach möglich, stellt sich die Frage nach der Höhe der angemessenen **Lizenzgebühr**. Maßgeblich ist insoweit der Betrag, der von einem unabhängigen Unternehmen für dasselbe immaterielle Wirtschaftsgut unter gleichen Bedingungen gezahlt worden wäre (Grundsatz des Drittvergleichs). Dieses Prinzip setzt in Bezug auf die Überlassung von Lizenzen und Know-how grundsätzlich voraus, dass das Nutzungsentgelt aufgrund einer sachgerechten **Bemessungsgrundlage** (z. B. Umsatz, Menge, Einmalbetrag) bestimmt wird.[260] Ferner ist die Lizenzgebühr vorzugsweise anhand von Marktpreisen zu ermitteln, die an aktiven Märkten beobachtet werden können.[261] Die Bestimmung von Lizenzgebühren ist aber nicht auf **marktpreisorientierte Verfahren** beschränkt. Sind Marktpreise nicht verfügbar, kommen kosten- (cost ap-

---

[258] Vgl. Verwaltungsgrundsätze, BMF-Schreiben v. 23. 2. 1983, BStBl 1983 I, S. 218, Tz. 5.1.2; OECD, Leitlinien 2010, Tz. 6.17. Ein Vorteilsausgleich bleibt allerdings möglich.
[259] Vgl. OECD-Kommentar, Art. 12, Anm. 17; siehe dazu Doernberg, R., TNI 2006, S. 564 ff.
[260] Vgl. Verwaltungsgrundsätze, BMF-Schreiben v. 23. 2. 1983, BStBl 1983 I, S. 218, Tz. 5.2.2; zu den verschiedenen Vergütungsformen einer Lizenzvergabe siehe Engler, G., Dienstleistung, 2004, S. 1514 ff.; Groß, M./Rohrer, O., Lizenzgebühren, 2008, Rn. 6 ff.
[261] Vgl. BFH v. 6. 4. 2005, BFH/NV 2005, S. 1719.

proach) oder gewinnorientierte Verfahren (income approach) zur Anwendung.[262] Die Wiederverkaufspreismethode kann dagegen nur in Ausnahmefällen herangezogen werden, wenn der konzernverbundene Lizenznehmer das immaterielle Wirtschaftsgut seinerseits im Wege der Unterlizenz an einen unabhängigen Dritten zur Nutzung überlässt.

(b) Preisvergleichsmethode/Marktorientiertes Verfahren

Die Durchführung eines Fremdvergleichs mittels der **Preisvergleichsmethode** stößt bei der Bewertung von immateriellen Wirtschaftsgütern häufig auf Schwierigkeiten, da nicht in ausreichendem Umfang konkrete Vergleichsmöglichkeiten bestehen. Lizenzverträge, die vergleichbare Unternehmen für dasselbe Wirtschaftsgut unter denselben oder ähnlichen Marktbedingungen abgeschlossen haben, existieren i. d. R. nicht. Angebote eines Konzernunternehmens an ein fremdes Unternehmen oder Unterlagen über Lizenzverträge zwischen fremden Dritten sind häufig gleichfalls nicht verfügbar.[263] In Fällen, in denen der Lizenznehmer für das immaterielle Wirtschaftsgut eine **Unterlizenz** an einen Fremden gewährt, kann dieses Entgelt den Ausgangspunkt für einen Preisvergleich bilden. Im Allgemeinen ist aufgrund der vielfältigen Unterschiede hinsichtlich Art und Umfang der überlassenen immateriellen Wirtschaftsgüter[264] eine individuelle Berechnung der zu verrechnenden Vergütung dennoch unerlässlich.

Das Bundesamt für Finanzen hat für Lizenzen und Know-how eine der Öffentlichkeit nicht zugängliche Zentralkartei erstellt, aus der die Finanzverwaltung im Wege eines außerbetrieblichen Vergleichs verhältnismäßig **starre Regelungen** zur Festsetzung eines Verrechnungspreises ableitet. Diese Vorgehensweise ist zum einen mit dem Nachteil verbunden, dass durch die in der Zentralkartei fixierten Sätze nicht berücksichtigt wird, dass es für den Wert eines immateriellen Wirtschaftsgutes entscheidend auf seine Marktchancen und die zwischen den Vertragspartnern individuell vereinbarten Vertragsbedingungen ankommt. Zum anderen werden die Steuerpflichtigen im Rahmen einer Außenprüfung unter Umständen mit Verrechnungspreisen konfrontiert, die der Prüfer der **Lizenzkartei** entnimmt und als angemessen bezeichnet, wobei der Steuerpflichtige aufgrund der Anonymität der Lizenzdaten die etwaige Vergleichbarkeit der Verrechnungspreise nicht nachvollziehen kann.[265] Für den Steuerpflichtigen muss dagegen sichergestellt sein, dass die zum Vergleich herangezogenen Entgelte auf Transaktionen beruhen, die in ihren Merkmalen tatsächlich vergleichbar sind. Auch die oft genannte

---

[262] Siehe Kurzewitz, C., Verrechnungspreismethode, 2009, S. 284 ff.; zur Ermittlung von Zukunftserfolgswerten siehe IDW, WPg Supplement 4/2007, S. 64 ff.; Beyer, S./ Menninger, J., Bewertung IDW S 5, 2009, S. 113 ff.; sowie bereits Scholich, M./ Mackenstedt, A./Greinert, M., Valuation, 2004, S. 496.
[263] Zu den Ausnahmen siehe Oestreicher, A., StuW 2006, S. 247.
[264] Zu den maßgebenden Bewertungsfaktoren gehören der Umfang des Benutzungsrechts, die Merkmale des Bezugsobjekts, die Fertigung, die Marktsituation, die technischen Standards, die Absatzverhältnisse des Lizenznehmers, die Art der Zusammenarbeit sowie sonstige Einflussgrößen (Laufzeit, Erfüllung, Zahlungsweise, Transfermöglichkeiten, Sicherungen, Risiken oder auch politische Einflüsse). Vgl. Groß, M./ Rohrer, O., Lizenzgebühren, 2008, Rn. 3 ff.
[265] Vgl. Debatin, H./Wassermeyer, F., Doppelbesteuerung, Art. 9, Anm. 305; zur Problematik geheimer Vergleichsdaten siehe auch BFH v. 17. 10. 2001, BStBl 2004 II, S. 171.

4. Kapitel. Bei Kapitalgesellschaften

Richtschnur für das Lizenzentgelt i. H. v. 0,5 bis 5% des Umsatzes[266] durch den Lizenznehmer führt zu einer zu weitgehenden Typisierung. Gleiches gilt für sonstige veröffentlichte Erfahrungssätze.[267] Ein Abweichen von der Lizenzkartei oder anderen Vorgaben kann somit allenfalls ein Aufgriffskriterium im Rahmen einer Außenprüfung sein, wobei die Angemessenheitsüberprüfung allein anhand der Umstände des Einzelfalls zu erfolgen hat.[268]

Der Lizenznehmer wird sich bei der Entscheidung über die Annahme eines Lizenzangebotes immer an dem **spezifischen Nutzen** des immateriellen Wirtschaftsgutes für sein Unternehmen orientieren. Zu Recht betont deshalb der BGH in seinen Urteilen, die sich mit der Höhe von Lizenzsätzen in Schadensersatzprozessen befassen, dass für die Bemessung der Lizenzgebühr grundsätzlich die besonderen Umstände des einzelnen Falls maßgebend sind, während die sich aus den „Richtlinien für die Vergütung von Arbeitnehmererfindungen im privaten Dienst" ergebenden Rahmensätze nur unter Vorbehalt herangezogen werden können.[269] Im Einzelnen wird die Höhe der Vergütung von folgenden Faktoren beeinflusst,[270] die letztlich alle auf die mit dem immateriellen Wirtschaftsgut verknüpften Markt- und **Gewinnerwartungen** abstellen:

- Umfang der Nutzungsrechte (alleinige Verwertungsmöglichkeit oder auch Überlassung an andere Unternehmen);
- Umfang und Wert der erbrachten Dienstleistungen (technische Hilfe, Personalschulung usw.);
- Innovationsgrad des Patents (bahnbrechende Erfindung oder lediglich Verbesserung eines bereits geschützten Verfahrens);
- Länge des Zeitraumes, für den das Patent bzw. das Know-how voraussichtlich seinen Wert behalten wird;
- statische oder dynamische Patente, d. h. hat der Lizenznehmer Anspruch auf Beteiligung an weiteren Entwicklungen des Lizenzgebers oder ist der Lizenznehmer verpflichtet, dem Lizenzgeber künftige Verbesserungen einer Erfindung oder eines anderen immateriellen Wirtschaftsgutes zu überlassen;
- Bedingungen auf dem maßgeblichen Markt;
- sachlicher und geographischer Geltungsbereich des Nutzungsrechts;
- Exportbeschränkungen für Waren, die aufgrund dieser Rechte produziert werden;
- Kapitalbedarf für notwendige Investitionen (z. B. für den Bau neuer Anlagen oder den Kauf von Spezialmaschinen).

---

[266] Vgl. Institut FSt, Brief 275, S. 10.
[267] Zur Höhe der Lizenzgebühr für einzelne Industriezweige und Produkte vgl. Böcker, H., StBp 1991, S. 73 ff.; sowie darauf aufbauend Groß, M., BB 1995, S. 885 ff.; Groß, M., BB 1998, S. 1321 ff.; Groß, M., BB 2000, Beilage 10, S. 24; Groß, M./ Rohrer, O., Lizenzgebühren, 2008, Rn. 143 ff.
[268] In diesem Sinne können Lizenzentgelte aus Verträgen mit US-Gesellschaften anhand von Vergleichsinformationen aus entsprechenden Datenbanken nach den Umständen des Einzelfalls auf ihre Angemessenheit geprüft werden, da diese Verträge einer Publikationspflicht unterliegen. Vgl. Oestreicher, A., StuW 2006, S. 247.
[269] Vgl. BGH v. 30. 5. 1995, GRUR 1995, S. 578; zu den Methoden der Richtlinien für die Vergütung von Arbeitnehmererfindungen siehe Bauer, M. E., Verrechnungspreise, 2000, S. 226 ff.
[270] Vgl. OECD, Leitlinien 2010, Tz. 6.20; siehe dazu auch Engler, G., Dienstleistung, 2004, S. 1519 ff.

Sind diese Informationen über Lizenzen unter Fremden nicht in ausreichendem Maße verfügbar, bleiben der Anwendung einer marktpreisorientierten Methode (market approach) Grenzen gesetzt.

(c) Kostenorientierte Ansätze

Im Rahmen der **kostenorientierten Ansätze** zur Bewertung immaterieller Wirtschaftsgüter wird geprüft, welche Kosten für eine Reproduktion des Bewertungsobjekts aufzuwenden wären. Diese kostenorientierten Ansätze beruhen auf der Annahme, dass ein rational handelnder Investor nicht bereit wäre, mehr als die Wiederbeschaffungs- oder Wiederherstellungskosten für das Wirtschaftsgut zu bezahlen. Um diesen Preis zu bestimmen, sind alle direkten, indirekten und kalkulatorischen Kosten zu ermitteln, die notwendig sind, das Wirtschaftsgut zu reproduzieren oder zu ersetzen. Ist das zu bewertende Wirtschaftsgut nicht neu, sind Abschläge für eingetretene technische, wirtschaftliche oder funktionale Wertminderungen vorzunehmen.[271] Zum Teil wird aber auch versucht, den Verrechnungspreis pauschal aus dem Verhältnis von Forschungs- und Entwicklungskosten zu dem durch ein Patent begünstigten Umsatz zu bilden. Voraussetzung ist jeweils, dass die Kosten einer Reproduktion des Wirtschaftsgutes identifiziert und eindeutig zugeordnet werden können, wie das z. B. bei einer Erstellung von Software der Fall sein kann. Zwischen dem Marktpreis eines immateriellen Wirtschaftsgutes und den Kosten seiner Entwicklung besteht jedoch kein festes Verhältnis.[272] Bei erfolgreichen Produkten wird das Lizenzentgelt die Kosten übersteigen, während bei weniger erfolgreichen oder erfolglosen Produkten der Marktpreis unter den Kosten liegt. Die Ungewissheit über den künftigen Ertrag von Forschungs- und Entwicklungsaufwendungen, die Länge des Zeitraumes, über den eine Technologie kommerziell nutzbar ist, und das Monopolelement bei der Lizenzvergabe führen zwangsläufig dazu, dass der Rückgriff auf die Kosten nur ein **Anhaltspunkt** sein kann. Da sich der Wert immaterieller Wirtschaftsgüter an den künftigen Ertragschancen der Produkte ausrichtet, kommt der Höhe der Entwicklungskosten also allenfalls eine Kontrollfunktion zu.[273] Die Kostenaufschlagsmethode bietet sich somit im Wesentlichen nur bei der Auftragsforschung als Alternative zur Ermittlung eines angemessenen Verrechnungspreises an.[274]

(d) Gewinnorientierte Verfahren

Nach den **gewinnorientierten Verfahren** bestimmt sich der Wert eines immateriellen Wirtschaftsguts aus den erwarteten Zahlungsüberschüssen, die

---

[271] Vgl. Jäger, R./Himmel, H., BFuP 2003, S. 427; Scholich, M./Mackenstedt, A./Greinert, M., Valuation, 2004, S. 497; siehe dazu auch IDW, WPg 2005, S. 1420, Tz. 39 ff.
[272] Vgl. Bauer, M. E., Verrechnungspreise, 2000, S. 223 ff.; Verlinden, I./Smits, A./Lieben, B., IP Life Cycle, 2005, S. 82; OECD, Leitlinien 2010, Tz. 6.26. Siehe dazu ausführlicher Roth, A., Besteuerung, 1983, S. 271; Kuebart, J., Verrechnungspreise, 1995, S. 160 ff.
[273] So wohl auch Verwaltungsgrundsätze, BMF-Schreiben v. 23. 2. 1983, BStBl 1983 I, S. 218, Tz. 5.2.4. Für die Bewertung von immateriellen Vermögensgegenständen finden sie von daher auch in der Praxis kaum Anwendung. Vgl. Verlinden, I./Smits, A./Lieben, B., IP Life Cycle, 2005, S. 81; Mackenstedt, A./Fladung, H.-D./Himmel, H., WPg 2006, S. 1040.
[274] Vgl. hierzu Abschnitt D III 2 c).

4. Kapitel. Bei Kapitalgesellschaften 817

dem bewerteten Wirtschaftsgut individuell zugerechnet werden können.[275] Dieser Ansatz basiert auf der Investitionstheorie und ist in der Praxis am weitesten verbreitet.[276] Danach wird der Wert eines immateriellen Wirtschaftsguts im Rahmen eines **Barwertkalküls** durch Anwendung eines risikoangepassten Kapitalisierungszinssatzes auf die erwarteten Einzahlungsüberschüsse ermittelt. Voraussetzung ist, dass die mit dem immateriellen Wirtschaftsgut verbundenen Einzahlungsüberschüsse bestimmt und der für den Vergleich maßgebende Kapitalisierungszinssatz abgeleitet werden kann. In diesem Zusammenhang wird zur Bestimmung des Kapitalisierungszinssatzes in aller Regel auf das in der Praxis verbreitete Konzept der weighted average cost of capital zurückgegriffen werden. Maßgebend ist insoweit das dem immateriellen Wirtschaftsgut inhärente Rendite-Risiko-Profil.[277] In Bezug auf die Bestimmung der relevanten Einzahlungsüberschüsse können grundsätzlich vier verschiedene Verfahren unterschieden werden.[278] Nach der Methode der unmittelbaren **Cash-Flow-Prognose** werden dem Vermögenswert direkt zurechenbare Cash-Flows ermittelt und mit dem vermögenswertspezifischen Kapitalisierungszinssatz diskontiert. Im Rahmen der Methode der **Lizenzpreisanalogie** wird der Wert des Vermögensgegenstandes aus den ersparten Lizenzzahlungen abgeleitet. Die **Residualwertmethode** stellt darauf ab, dass eine direkte Zuordnung von Einzahlungsüberschüssen vielfach schwierig ist, weil die Cash-Flows in aller Regel im Verbund mit anderen materiellen oder immateriellen Wirtschaftsgütern generiert werden. Von daher werden nach der Residualwertmethode die Einzahlungsüberschüsse auf Kapazitätseinheiten bezogen und um fiktive Auszahlungen für die „unterstützenden Vermögenswerte" gekürzt. Gegenstand dieser Methode schließlich ist die Ermittlung der Cash-Flows, die sich im Vergleich zum Betrieb des Unternehmens erzielen lassen, wenn das Unternehmen auf den Einsatz des zu bewertenden Vermögenswerts verzichtet.

Bei dieser Ableitung der Werte immaterieller Wirtschaftsgüter aus ihren Ertragserwartungen (Gewinnpotenzialen) ist nach den Grundsätzen des **hypothetischen Fremdvergleichs** sowohl die Perspektive des Verkäufers als auch die Perspektive des Käufers zu berücksichtigen (§ 1 Abs. 3 Sätze 5–7 AStG). Schließlich ist der Preis im Einigungsbereich zu bestimmen, der dem Fremdvergleichsgrundsatz mit der höchsten Wahrscheinlichkeit entspricht.[279] Vergleichbar damit muss die Ermittlung von Verrechnungspreisen für immaterielle Wirtschaftsgüter auch nach den Leitlinien der OECD sowohl die Perspektive des abgebenden als auch die des erwerbenden Unternehmens berücksichtigen.[280] Auf Seiten des erwerbenden Unternehmens ist dem ermittelten Barwert der Wert des abschreibungsbedingten Steuervorteils (tax

---
[275] Zur Separierung patentspezifischer Cash-Flows siehe Witte, K., Patente, 2010.
[276] Vgl. Scholich, M./Mackenstedt, A./Greinert, M., Valuation, 2004, S. 498.
[277] Zu Einzelheiten siehe IDW, WPg Supplement 4/2007, S. 64 ff.; Bayer, S./Mackenstedt, A., WPg 2008, S. 338 ff.
[278] Siehe dazu Jäger, R./Himmel, H., BFuP 2003, S. 432 ff.; Mackenstedt, A./Fladung, H.-D./Himmel, H., WPg 2006, S. 1041 ff.; IDW, WPg Supplement 4/2007, S. 64 ff.; Beyer, S., Fair Value-Bewertung, 2008, S. 151 ff.; Beyer, S./Mackenstedt, A., WPg 2008, S. 338 ff.
[279] Zum hypothetischen Fremdvergleich vgl. 1. Kapitel; siehe hierzu auch Bernhardt, L./van der Ham, S./Kluge, G., Ubg 2009, S. 244 ff.
[280] Vgl. OECD, Leitlinien 2010, Tz. 6.14.

amortisation benefit) hinzuzurechnen, während der Veräußerer berücksichtigen muss, dass er im Veräußerungspreis oder dem Lizenzentgelt auch die Steuern erzielen muss, die mit der Veräußerung oder Lizenzierung des immateriellen Wirtschaftsguts verbunden sind. Der Planungszeitraum ist auf die wirtschaftliche Nutzungsdauer des zu bewertenden Wirtschaftsguts beschränkt.

Die betriebliche **Praxis** geht häufig so vor, dass die Lizenzgebühr in Anlehnung an die Gewinnerwartungen, die der Lizenznehmer durch die Nutzung des immateriellen Wirtschaftsgutes erzielen kann, **pauschal ermittelt** wird. Daneben orientiert sich auch die deutsche Finanzverwaltung primär am operativen Ergebnis anstelle der (freien) Cash-Flows.[281] Sie geht davon aus, dass ein ordentlicher und gewissenhafter Geschäftsleiter einer Entgeltvereinbarung für immaterielle Wirtschaftsgüter nur zustimmt, wenn dem von ihm geleiteten Unternehmen ein **angemessener Betriebsgewinn** verbleibt (Gewinnzerlegungsmethode oder profit split method).[282] Dabei wird unterstellt, dass die Gewinne beim nutzungsberechtigten Lizenznehmer aus dem Einsatz eines immateriellen Wirtschaftsgutes zu einem bestimmten Anteil dem Lizenzgeber zustehen.[283]

Beispiel: Der erwartete jährliche Gewinn vor Verwaltungs- und Vertriebskosten aus dem Einsatz einer Lizenz (vor Lizenzzahlung) beträgt 18 Mio. €. Aus einem als angemessen angesehenen Anteil des Lizenzgebers von 25 bis 33 $^{1}/_{3}$% errechnet sich eine Lizenzgebühr absolut von 4,5 bis 6,0 Mio. €. Bezogen auf den während der achtjährigen Laufzeit geschätzten Umsatz mit den lizenzierten Produkten von durchschnittlich 100 Mio. € ergibt sich ein angemessenes Nutzungsentgelt (prozentual von) 4,5 bis 6,0% des Umsatzes.

Das Nutzungsentgelt wird von der Finanzverwaltung dann als angemessen angesehen, wenn nach Abzug von Verwaltungs- und Vertriebskosten dem Lizenznehmer ein angemessener Gewinn verbleibt. Dieser Gedanke, nach dem sich die Bemessung der Lizenzgebühr am verbleibenden Gewinn des Lizenznehmers orientieren kann, erscheint wirtschaftlich sinnvoll. Streng genommen verlagert sich das Problem jedoch auf die Frage einer Bestimmung des angemessenen Gewinns beim Lizenznehmer. Erste Hilfe verspricht die in der Praxis oft bemühte **Knoppe-Formel,** nach der eine Lizenzgebühr als angemessen gilt, wenn sie das Betriebsergebnis des Lizenznehmers um höchstens 25 bis 33$^{1}/_{3}$% schmälert.[284] Tatsächlich ist der **Gebrauchswert** dieser Richtgröße aus verschiedenen Gründen beschränkt. So beruht diese Formel zum einen auf subjektiven Erfahrungen des Autors aus den sechziger Jahren des vergangenen Jahrhunderts, die häufig nur einen recht vagen Anhaltspunkt für die Angemessenheit der Lizenzgebühr bieten können. Zum Zweiten wird eingeräumt, dass die genannte Spanne je nach dem Wert der Lizenz zum Teil erheblich überschritten oder unterschritten werden kann. Schließlich ist festzuhalten, dass die Formel willkürliche Ergebnisse produzieren kann, wenn

---

[281] Vgl. Verlinden, I./Smits, A./Lieben, B., IP Life Cycle, 2005, S. 86; Zech, T., IStR 2009, S. 419; siehe dazu auch OECD, Leitlinien 2010, Tz. 2.123.
[282] Vgl. Verwaltungsgrundsätze, BMF-Schreiben v. 23. 2. 1983, BStBl 1983 I, S. 218, Tz. 5.2.3.
[283] Vgl. Goldscheider, R./Jarosz, J./Mulhern, C., Les Nouvelles 2002, S. 124.
[284] Vgl. Knoppe, H., BB 1967, S. 1117 ff.; zur Kritik siehe Engler, G., Dienstleistung, 2004, S. 1559 ff.; Mössner, J. M. u. a., Steuerrecht, 2005, Rz. C 402.

aufgrund von individuellen Einflüssen auf die Kosten- und Erlösstruktur das Betriebsergebnis im Zeitablauf nicht konstant ist.[285] Die Anwendung dieser Formel erscheint aber vor allem dann gerechtfertigt, wenn der Anteil des Lizenzgebers an den gesamten Investments in einer entsprechenden Größenordnung liegt und genauere Informationen über die Werttreiber des damit verbundenen Produktionserfolgs nicht bekannt sind.[286] Dies wird auch durch empirische Tests der „25 per cent rule" bestätigt, die zeigen, dass der Gewinnanteil des Lizenzgebers überwiegend zwischen 21 und 40% des Betriebsergebnisses liegt und in einer mittleren Lizenzgebühr resultiert, die im Branchendurchschnitt einen Wert von knapp mehr als 25% erreicht – auch wenn die Streuung groß ist.[287]

In den USA hat die am Gewinn orientierte Bewertung von immateriellen Wirtschaftsgütern im Zuge der Neufassung von Sec. 482 IRC eine gesetzliche Regelung erhalten.[288] Danach wird bestimmt, dass die Einkünfte aus der Übertragung oder Überlassung von immateriellen Vermögensgegenständen dem **Ertragswert** dieser Wirtschaftsgüter zu entsprechen haben (commensurate with the income standard). Um die vorgeschriebene Ertragsbewertung zu gewährleisten, wurde von der US-Finanzverwaltung im Jahre 1988 die Gewinnaufteilungsmethode (profit split method) entwickelt, nach der die gewöhnlichen Funktionen eines Geschäftsbetriebs mit der durchschnittlichen Rendite des eingesetzten Anlagevermögens zu vergüten sind (basic arm's length return). Die verbleibende Differenz zwischen der durchschnittlichen Rendite des investierten Vermögens und dem tatsächlichen Erfolg einer Transaktion (residual profit) resultiere nach der Studie der US-Finanzverwaltung („1988 White Paper") aus dem Einsatz immaterieller Vermögenswerte, die in aller Regel dem Lizenzgeber zustehen. Verfügen sowohl der Lizenzgeber als auch der Lizenznehmer über immaterielle Wirtschaftsgüter, ist die verbleibende Differenz nach dem relativen Wert der eingesetzten Wirtschaftsgüter auf die Vertragspartner aufzuteilen (residual profit split). Der gefundene Lizenzverrechnungspreis müsse regelmäßig **überprüft** und ggf. an die mit dem immateriellen Gut erzielbaren Erträge angepasst werden.

Die ursprünglich sehr vehement vorgetragene Kritik an diesem Ansatz basiert im Kern darauf, dass es sich hierbei nicht mehr um eine transaktionsbezogene Preisfindung handelt, sondern um eine indirekte Form der Gewinnabgrenzung, die mit dem Fremdvergleichsgrundsatz nicht zu vereinbaren ist.[289] Inzwischen hat sich die Gewinnaufteilungsmethode international zu Recht durchgesetzt.[290]

Gleichwohl ist die von der US Finanzverwaltung eingeführte Form der residualen Gewinnaufteilung (basic arm's length return method with profit

---

[285] Siehe dazu auch Ditz, X., IStR 2009, S. 421.
[286] Vgl. Goldscheider, R./Jorosz, J./Mulhern, C., Les Nouvelles 2002, S. 130; Granstrand, O., Les Nouvelles 2006, S. 179 ff.
[287] Vgl. Goldscheider, R./Jarosz, J./Mulhern, C., Les Nouvelles 2002, S. 132 f.; dies., Twenty-Five Per Cent, 2007, S. 31.
[288] Vgl. Flick, H. F. W./Zwergel, C., IStR 1994, S. 411; Mogle, J. R., Tax Management 1994, S. 23 f.; Becker, H., IWB, Fach 8, USA, Gruppe 2, S. 701 f.
[289] So auch Becker, H., IWB, Fach 8, USA, Gruppe 2, S. 704. Zur Stellungnahme des DIHT und des BDI zum US-Richtlinienentwurf zu Sec. 482 IRC siehe IWB, Fach 2, Vorschau und Standpunkte, S. 603 f.; Maisto, G., CDFI 1992, S. 141 ff.
[290] Siehe Verlinden, I./Smits, A./Lieben, B., IP Life Cycle, 2005, S. 83 ff.

split addition to residual profit) aus wenigstens zwei Gründen nicht unproblematisch. Mit der einseitigen Zurechnung des Restgewinns auf den Lizenzgeber behandelt diese Methode den Lizenznehmer zum einen als eine Art verlängerte Werkbank, weil die Vorteile einer integrierten Produktion, die ein multinationales Unternehmen gegenüber einander fremden Vertragspartnern realisieren kann, **einseitig** dem Erfolg des Lizenzgebers zugerechnet werden. Damit weicht diese Methode von der h. M. innerhalb der ökonomischen Literatur ab, wonach die Integrationsvorteile auf allen Ebenen des internationalen Unternehmens angesiedelt sein können.[291] Zum anderen ist der Restgewinn „nach dem relativen Wert" der vorhandenen immateriellen Wirtschaftsgüter zwischen Lizenzgeber und Lizenznehmer aufzuteilen, wenn der Lizenzgeber komplexe Funktionen wahrnimmt, erhebliche Risiken trägt und über bedeutsame immaterielle Wirtschaftsgüter verfügt.[292] Da es hierfür jedoch i. d. R. keine vergleichbaren Informationen aus unabhängigen Unternehmen gibt, wird schon im White Paper selbst eingeräumt, dass die Aufteilung der Erträge aus diesen immateriellen Wirtschaftsgütern im Wesentlichen eine Frage der Schätzung ist.

Wird die Lizenzgebühr für ein immaterielles Wirtschaftsgut aus dem Ertragswert abgeleitet, so muss wesensnotwendig auf **Plan- oder Budgetzahlen** abgestellt werden. Ein Nichterreichen der angenommenen Werte berechtigt dann nicht zu einer nachträglichen Korrektur. Gleichwohl kennen die Richtlinien der US-Finanzverwaltung eine Pflicht zu periodischen **Anpassungen,** soweit der Überlassungsvertrag die Vertragsdauer von einem Jahr übersteigt (periodic adjustments). Das gilt selbst dann, wenn die Vergütung in Form einer einmaligen Pauschalzahlung geleistet wird. Um in diesem Fall den ggf. erforderlichen Korrekturbetrag bestimmen zu können, ist die Pauschalzahlung in eine äquivalente Lizenzgebühr umzurechnen. Damit ist die Finanzverwaltung nicht daran gehindert, eine Lizenzgebühr, die in früheren Jahren Anerkennung fand, zu einem späteren Zeitpunkt zu berichtigen.[293] Allerdings sind die erforderlichen Anpassungen nur in Übereinstimmung mit den allgemeinen Grundsätzen für die Aufteilung des Einkommens möglich und unterliegen zahlreichen Beschränkungen. So wird insbesondere auf eine Anpassung verzichtet, wenn die tatsächlichen Gewinne und Kosteneinsparungen, die mit der Nutzung oder Verwertung des immateriellen Wirtschaftsguts im Zeitpunkt einer Prüfung bis dahin erzielt wurden, in einer Bandbreite von 80 bis 120% des budgetierten Ergebnisses liegen. Erst außerhalb dieser Grenzwerte erfolgt eine Korrektur.[294] Damit vergleichbar sieht auch das deutsche **AStG** eine Preisanpassung vor, wenn wesentliche immaterielle Wirtschaftsgüter und Vorteile Gegenstand der Geschäftsbeziehung sind, die Verrechnungspreis-

---

[291] Vgl. Fuller, J. P., TN 1988, S. 659 ff.; Langbein, S. I., TN 1989, S. 1397 ff.; Stoffregen, P. A./Higinbotham, H. N./Asper, D. W./Wexler, R. P., TN 1989, S. 1260; siehe auch Treasury Department und Internal Revenue Service, White Paper, 1988, S. 101. Zum gesamten Problemkreis siehe Oestreicher, A., Konzern-Gewinnabgrenzung, 2000, S. 59 ff.

[292] Vgl. Treasury Department und Internal Revenue Service, White Paper, 1988, S. 101. Zu einer analytischen Lösung auf der Basis eines Nash-Verhandlungsmodells siehe Choi, W./Weinstein, R., IDEA 2001, S. 49 ff.

[293] Vgl. Abschnitt C II 6.

[294] Vgl. Mogle, J. R., Tax Management 1994, S. 25; Diessner, C., US-Vorschriften, 2004, S. 1747 ff.

bestimmung auf der Anwendung des hypothetischen Fremdvergleichs beruht, die tatsächliche Gewinnentwicklung von der Gewinnentwicklung abweicht, die der Verrechnungspreisbestimmung zugrunde lag und eine diesen Umstand berücksichtigende vertragliche Anpassungsregelung fehlt.[295] Eine Anpassung sollte u. E. nur in Betracht kommen, wenn über den Wert des immateriellen Wirtschaftsguts im Zeitpunkt des Vertragsabschlusses hohe Unsicherheit besteht und **fremde Unternehmen** vor diesem Hintergrund kurzfristige Verträge abschließen oder Preisanpassungsklauseln in die Vereinbarung aufnehmen würden.[296]

d) Namens- und Markenlizenzen

(1) Entgeltpflicht

Die wirtschaftliche Bedeutung von Firmen-, Waren- und Dienstleistungszeichen, d. h. von Namen und Marken, unterlag in der Vergangenheit – ebenso wie die gesamten Produktions- und Organisationsstrukturen der Unternehmen – einem bedeutsamen Wandel.[297] Ihre ursprüngliche Funktion, die in der Kennzeichnung der **Herkunft, Beschaffenheit und Güte** von Produkten und Dienstleistungen lag, wird zunehmend durch die **Kommunikationsfunktion** verdrängt. Die Marke wird mehr und mehr zu einem Instrument, das dem Konsumenten durch Werte, Normen, Symbole oder andere Instrumente die **Corporate Identity** eines Unternehmens vermittelt. Der Markeninhaber verfügt über alle Möglichkeiten des Marketingmix, um die Kommunikation inhaltlich zu gestalten. Ziel ist, dem Konsumenten bei zunehmendem Wettbewerb auf internationalen Märkten über einzelne Produkte und Dienstleistungen hinaus Identifikationskriterien für seine Kaufentscheidungen zu vermitteln. Waren somit früher primär Produktions- und technologische Innovationen ausschlaggebend für die optimale Nutzung von Marktpotenzialen, so sind heute **Produktsegmentierungen** (Produktvielfalt) und die Kommunikation mit dem Konsumenten gleichwertige Instrumente. Nach einer Umfrage unter den 100 umsatzstärksten deutschen Unternehmen sowie den Mitgliedern des deutschen Markenverbandes gehören Marken zu den wichtigsten Werten dieser Unternehmen. Ihrem Wert nach entfallen rund zwei Drittel des Unternehmensgesamtwerts im Durchschnitt auf Marken.[298] Zum Teil wird die Marke, z. B. Heinz (seit 1876), Coca-Cola (seit 1886), Odol (seit 1893), Kellogg's (seit 1906) oder Persil (seit 1907), als länderübergreifender Konsumentenbegriff langlebiger als jedes Produkt eines Unternehmens. Andererseits ist bekannt, dass lediglich 1 bis 15% aller Markenneueinführungen sich mittel- bis langfristig zu erfolgreichen Marken entwickeln.[299]

---

[295] Siehe dazu im Einzelnen Oestreicher, A./Wilcke, D., DB 2010, S. 467 ff.; sowie dies., DB 2010, S. 1709 ff.
[296] Vgl. OECD, Leitlinien 2010, Tz. 6.30 f.
[297] Vgl. Storck, A., Steuer-Revue 1993, S. 497 ff.
[298] Vgl. PwC/GfK Marktforschung/Sattler, H./Markenverband e. V., Markenbewertung, 2006, S. 8, 11; siehe dazu Menninger, J., Immaterielle Werte, 2009, S. 349 ff.; siehe aber auch Meffert, H./Burmann, C., Abnutzbarkeit, 1998, S. 96 ff.
[299] Vgl. Meffert, H./Burmann, C., Abnutzbarkeit, 1998, S. 101. Zwar sind mehr als ein Viertel der world class brands bereits über 100 Jahre alt, die meisten Marken erweisen sich jedoch kurz- bis mittelfristig als wirtschaftlicher Misserfolg; vgl. ebenda, S. 103.

Es ist offensichtlich, dass dieser Wandel der wirtschaftlichen Bedeutung von Namen und Marken nicht nur mit hohen Aufwendungen verbunden ist, sondern dass damit im Falle eines Markenerfolgs auch ein besonderes **immaterielles Wirtschaftsgut** geschaffen wird. Insbesondere im Konsumgüterbereich sind die Aufwendungen für Namen und Marken außerordentlich hoch. Im internationalen Geschäftsverkehr ist daher die entgeltliche Überlassung von Warenzeichen und Marken weit verbreitet. Auch bei Akquisitionen finden Marken als Bewertungsgegenstand zunehmendes Interesse. Die steuerliche Verrechenbarkeit von Entgelten für die Führung eines Firmennamens unterscheidet sich von der bei Überlassung von Marken und Warenzeichen.

Für die Führung des **Firmennamens** ist steuerlich grundsätzlich kein Entgelt zu verrechnen,[300] weil die Verleihung des Rechts an die Tochtergesellschaft, den Firmennamen zu führen, nach den Grundsätzen des Firmenrechts als Akt der Dotation anzusehen ist. Damit stehen insoweit gesellschaftsrechtliche Interessen der Muttergesellschaft im Vordergrund. Für die Überlassung von **Marken- und Warenzeichen** besteht dagegen eine steuerliche Entgeltpflicht, soweit die Überlassung nicht bereits in den Verrechnungspreisen für Lieferungen eingeschlossen ist.

Sind **Firmennamen und Warenzeichen identisch,** was insbesondere bei Produktionstochtergesellschaften der Fall sein kann, so ist zu prüfen, ob nach den tatsächlichen Verhältnissen das Schwergewicht bei der Einräumung des Firmennamens oder auf der Überlassung des Warenzeichens liegt. Da Markenzeichen und Firmenname grundsätzlich unabhängig voneinander verwertbar und mit entsprechenden Schutzrechten ausgestattet sind, ist ein gezahltes Entgelt dann in vollem Umfang verrechenbar, wenn es sich derart in den Verbraucherkreisen durchgesetzt hat, dass dem Waren- oder Markenzeichen ein **eigenständiger Wert** zukommt und der Firmenname hinter das Warenzeichen zurücktritt oder in ihm aufgeht (Unternehmensmarke).[301] Bis zu diesem Zeitpunkt ist eine Aufteilung des Entgelts in einen abzugsfähigen und einen nichtabzugsfähigen Betrag vorzunehmen.[302] Damit ist es für die Beurteilung der Frage, ob die überlassene Marke einen eigenständigen Wert hat, nicht allein entscheidend, ob deren Nutzung tatsächlich zu einer Absatzsteigerung oder zu einer Erhöhung des Marktanteils geführt hat. Es kommt nach der Rechtsprechung des BFH vielmehr darauf an, ob die mit der Einräumung der Marke verbundenen marktfähigen Schutzrechte geeignet sind, zur Absatzförderung beizutragen.[303] Darüber hinaus gilt:

- Nur die Benutzung des vollständigen **Firmennamens** einer Tochtergesellschaft auf den von ihr hergestellten Erzeugnissen fällt unter das steuerliche Verrechnungsverbot, nicht hingegen die Benutzung von Handelsnamen (besondere Geschäftsbezeichnung).

---

[300] Vgl. BFH v. 9. 8. 2000, BStBl 2001 II, S. 140; Verwaltungsgrundsätze, BMF-Schreiben v. 23. 2. 1983, BStBl 1983 I, S. 218, Tz. 6.3.2; siehe dazu auch Böcker, H., StBp 1991, S. 75.
[301] So bestätigt durch BFH v. 9. 8. 2000, BStBl 2001 II, S. 140; siehe dazu Borstell, T./Wehnert, O., IStR 2001, S. 127 f.; sowie bereits BFH v. 17. 4. 1956, BStBl 1956 III, S. 180, der eine gesellschaftsrechtliche Veranlassung als Regelfall bezeichnet hat.
[302] Vgl. Dahnke, H., IStR 1993, S. 271 f.
[303] A. A. noch FG Rheinland-Pfalz v. 14. 12. 1998, EFG 1999, S. 499.

4. Kapitel. Bei Kapitalgesellschaften

– Die Benutzung speziell gestalteter und farblich hervorgehobener **Symbole** (z. B. Firmenlogos) ist stets nach Markenrechtsgrundsätzen zu beurteilen. Die Verrechnungsmöglichkeit wird in der Rechtspraxis eindeutig bejaht. Die Nutzung von Handelsnamen, die identisch mit Marken sein können, beruht zwar auf firmenrechtlichen Grundsätzen. Es steht dem Gesellschafter jedoch frei, die Gesellschaft nach dem Gegenstand des Unternehmens und dies auch unter Verwendung des Markennamens und/oder Markenzeichens zu benennen.

Die früher in der Rechtsprechung vertretene Auffassung,[304] dass **Konzernmarken** von Konzernmitgliedern regelmäßig unentgeltlich und ohne besonderen Lizenzvertrag verwendet werden dürfen, ist in dieser Allgemeinheit als überholt anzusehen. Grundvoraussetzung für die steuerliche Anerkennung von Markenlizenzen (insbesondere bei Konzernmarken) ist allerdings, dass der Lizenzgeber in markenrechtlicher Hinsicht auch Eigentümer der Konzernmarke ist. Probleme können insoweit bei der Frage des **wirtschaftlichen Eigentums** auftreten.

Beispiel: Die Konzernholding ist rechtlich Eigentümerin der Marke (Warenzeichen, Dienstleistungsmarke). Folglich kann einzig sie die Rechte an Dritte und Konzernunternehmen in Lizenz weitergeben. Die einzelnen nationalen Gesellschaften tragen mit nationalen Werbekampagnen zum Bekanntheitsgrad der Konzernmarke bei. Fraglich ist, ob über das Rechtsinstitut des wirtschaftlichen Eigentums die jeweiligen Gesellschaften als „Mitinhaber" der Marke angesehen werden können, mit dem Ergebnis, dass sie keine oder nur eine ermäßigte Markenlizenz zahlen müssen.

Zur Beantwortung dieser Frage ist vom Wert und der Rechtsfigur eines Markenrechts auszugehen. Der Wert einer Marke leitet sich insbesondere aus ihrem Bekanntheitsgrad und der Güte und Qualität der mit dieser Marke versehenen Erzeugnisse ab. Die mit der Werbung – lokal und konzernweit – verbundenen Aufwendungen bilden zwar eine Voraussetzung, um den gewünschten Bekanntheitsgrad zu erzielen, sie stellen aber keineswegs die einzige Voraussetzung dar.[305] Der Wert einer Marke als Ausdruck einer Corporate Identity ist – insbesondere bei berühmten Marken – erheblich höher als die Kosten für die damit zusammenhängende Werbung. Zwischen dem Wert einer Marke und den übernommenen Werbekosten besteht – obschon dies in steuerlichen Prüfungen immer wieder diskutiert wird – kein unmittelbarer Zusammenhang.[306] Das Konzept des wirtschaftlichen Eigentums (§ 39 AO) kann u. E. generell **nicht auf das Markenrecht** übertragen werden, denn mit Ablauf oder Kündigung des Lizenzvertrages ist der wirtschaftliche Wert der Marke durch die bisherige Nutzung des Lizenznehmers nicht verringert. Die Marke kann sofort ohne Einbußen an Wert weiterverwendet werden, während der bisher

---

[304] Vgl. FG Freiburg v. 21. 12. 1960, EFG 1962, S. 315.
[305] Aus diesem Grund werden auch die kostenorientierten Ansätze zur Messung des Marktwerts in der Literatur überwiegend abgelehnt; vgl. Frahm, L. G., Markenbewertung, 2004, S. 59.
[306] Vgl. OECD, Leitlinien 2010, Tz. 6.27; so auch Meffert, H./Burmann, C., Abnutzbarkeit, 1998, S. 86 m. w. N.; Dürrfeld, A./Wingendorf, P., IStR 2005, S. 467.

Nutzungsberechtigte von der Zugkraft und den sonstigen Vorteilen der Marke vom selben Zeitpunkt an ausgeschlossen ist.[307]

Gegen das wirtschaftliche Eigentum von einzelnen Konzerngesellschaften spricht auch die folgende Überlegung: Grundsätzlich dürfen Verhältnisse zwischen verbundenen Unternehmen nicht von denen abweichen, die unter fremden Dritten vereinbart werden. Überlässt ein Lizenzgeber einem fremden Dritten eine Marke zur Nutzung gegen bloße Übernahme der Kosten für die Werbung, kann der Lizenznehmer wohl kaum als wirtschaftlicher Eigentümer der Marke betrachtet werden. Nichts anderes kann dann aber für ein verbundenes Unternehmen gelten.

Der wirtschaftliche **Nutzen** einer Marke für die Tochtergesellschaften (benefit test) lässt sich durch **Konsumentenbefragungen** belegen.[308] Wesentliche Kriterien, die die Stärke einer Marke ausmachen, sind insbesondere die vorhandene oder potentielle Marktführerschaft der markierten Produkte, die Beständigkeit der mit der Marke vermittelten Eigenschaften (Markenimage), die Größe des relevanten Marktes, die geographische Reichweite ihrer Wahrnehmung (lokale vs. globale Marken), ihre Empfindlichkeit gegenüber aktuellen Trends, das Ausmaß und die Dauerhaftigkeit der Maßnahmen zur Markenpflege, sowie ein bestehender Rechtsschutz.[309]

(2) Bestimmung der angemessenen Lizenzgebühr

Die Bemessung einer Markenlizenzgebühr erfolgt primär nach den Grundsätzen der **Preisvergleichsmethode** (marktpreisorientiertes Verfahren). Werden vergleichbare Lizenzen von einem Konzern an fremde Unternehmen vergeben, so sind diese Lizenzen als Vergleichsmaßstäbe vorrangig heranzuziehen. Solche Preisvergleiche gibt es allerdings bei Marken selten, allenfalls im Zusammenhang mit Joint Ventures oder bei der externen Nutzung der Marken für im Konzern nicht hergestellte Produkte (sog. Merchandising, z. B. Modedesigner vergibt Marke an Parfümhersteller, Tabakkonzern überlässt Marke an Schuhproduzent, Getränkekonzern räumt Markennutzung einem Bekleidungshersteller ein etc.).

Liegen interne Vergleichslizenzen nicht vor, so sind **externe Daten** zur Bewertung heranzuziehen, was bei Marken in verschiedener Hinsicht problematisch sein kann. In der Fachliteratur werden zwar teilweise Regelsätze erwähnt.[310] Neben der großen Spannweite dieser Sätze erfolgen i. d. R. jedoch keine Unterscheidungen zwischen Patent- und Know-how-Entgelt einerseits und Marken andererseits. Dies kann den Vergleichswert derartiger Lizenzsätze wesentlich einschränken. Andererseits zeigt sich, dass das Preispremium, das bei Markenproduktion auf den Wert der Marke zurückgeführt werden kann, empirisch mit Hilfe **hedonischer Preisfunktionen** ermittelt werden kann.[311]

---

[307] So auch Dürrfeld, A./Wingendorf, P., IStR 2005, S. 465; ablehnend ferner Becker, M., Marken, 2003, S. 109 f.
[308] Vgl. Storck, A., Steuer-Revue 1993, S. 505.
[309] Vgl. o. V., Business Week 2003, S. 48; Verlinden, I./Smits, A./Lieben, B., IP Life Cycle, 2005, S. 68 f.
[310] Vgl. z. B. Engler, G., Dienstleistung, 2004, S. 1529 ff.; Groß, M./Rohrer, O., Lizenzgebühren, 2008, Rn. 780 ff.
[311] Vgl. Dewenter, R./Haucap, J./Luther, R./Rötzel, P., TP 2007, S. 4 ff.; Baltas, G./Saridakis, C., JORS 2010, S. 284 ff.

4. Kapitel. Bei Kapitalgesellschaften

Auch aus der Rechtsprechung des BGH ergeben sich allenfalls Anhaltspunkte zur Lizenzhöhe. So wird im Bereich der gewerblichen Schutzrechte bei Verletzung des Rechts durch einen Dritten der Schaden abstrakt danach berechnet, wie hoch eine normalerweise erteilte Lizenz für das Schutzrecht gewesen wäre.[312] In diesem Zusammenhang hatte der BGH hervorgehoben, dass sich die Höhe der Lizenzgebühr in erster Linie nach dem **Bekanntheitsgrad** und dem **Ruf des Zeichens** richtet. Diesen Grundsätzen folgend hat der BGH dann z. B. für die Verletzung von Warenzeichen eine Lizenz i. H. v. 1 oder 2% vom Umsatz zugebilligt.[313] Bei berühmten Marken muss von einer wesentlich höheren Lizenz ausgegangen werden. Unter Abstellung auf Bekanntheitsgrad und Ruf eines (verletzten) Warenzeichens können Lizenzgebühren zwischen 2 und 5% vom Umsatz üblich sein.[314] Denkbar sind jedoch auch Markenwerte i. H. v. 5 bis 10% vom Umsatz für low-road brands, 15 bis 20% für hitchhikers sowie mehr als 20% für high-road brands.[315]

Neben marktpreisorientierten Verfahren sind auch **kostenorientierte** Verfahren denkbar. Diese orientieren sich grundsätzlich an den erwarteten Ausgaben, die für eine Reproduktion der (immateriellen) Vermögenswerte aufzuwenden sind. Damit wird aber der Nutzen, der sich mit dem Vermögensgegenstand für das Unternehmen oder den Bewerter ergibt, allenfalls mittelbar im Bewertungskalkül berücksichtigt.[316] Aus diesem Grund eignen sich kostenorientierte Verfahren in Zusammenhang mit der Markenbewertung in aller Regel nur für Plausibilitätsüberlegungen oder wenn andere Verfahren nicht mit hinreichender Genauigkeit eingesetzt werden können.

Führen marktpreisorientierte Verfahren zu keinem Ergebnis, kann in Anlehnung an die Ausführungen zu den Technologielizenzen auf gewinn- oder **kapitalwertorientierte** Verfahren zurückgegriffen werden, die i. S. d. hypothetischen Fremdvergleichs sowohl die Perspektive des abgebenden als auch des erwerbenden Unternehmens berücksichtigen müssen (§ 1 Abs. 3 Sätze 5 bis 7 AStG).[317] Konzeptionell beruhen die gewinnorientierten Methoden im Bereich der Markenbewertung auf einkommensbezogenen monetären Bewertungsverfahren, für die sich z. B. im Rahmen der unternehmensorientierten Ansätze das Restwertverfahren, die Einkommensallokation, das Verfahren der Gewinn- oder Renditevergleiche sowie auch das Barwert- oder Ertragswertverfahren herausgebildet haben.[318] Folgt man dem Standard der IDW zur Bewertung immaterieller Vermögenswerte (IDW S 5), kommt bei der Bewer-

---
[312] Vgl. Baumbach, A./Hefermehl, W., Warenzeichenrecht, 1985, S. 24, Rdn. 31.
[313] Vgl. BGH v. 16. 2. 1963, GRUR 1973, S. 375; BGH v. 12. 1. 1966, GRUR 1966, S. 375; BGH v. 13. 7. 1974, GRUR 1975, S. 85.
[314] Vgl. Baumbach, A./Hefermehl, W., Warenzeichenrecht, 1985, Einl. UWG, Rdn. 355.
[315] Vgl. Verlinden, I./Smits, A./Lieben, B., IP Life Cycle, 2005, S. 73 ff.
[316] Vgl. IDW, WPg Supplement 4/2007, S. 64 ff.
[317] Vgl. Hommel, M./Buhleier, C./Pauly, D., BB 2007, S. 371 ff. Mit Beispielen zu den verschiedenen Anwendungen auf die Markenbewertung siehe auch Verlinden, I./Smits, A./Lieben, B., IP Life Cycle, 2005, S. 68 ff. Vgl. auch Dürrfeld, A./Wingendorf, P., IStR 2005, S. 468. Nach einer Studie ist es aber noch immer verbreitete Auffassung bei großen Unternehmen und Markenunternehmen, dass eine Markenbewertung nicht zuverlässig durchführbar sei. Vgl. PwC/GfK Marktforschung/Sattler, H./Markenverband e. V., Markenbewertung, 2006, S. 18.
[318] Vgl. Frahm, L. G., Markenbewertung, 2004, S. 72 ff.; zur Übersicht siehe S. 52 und S. 88 ff., mit zahlreichen Hinweisen auf die Primärliteratur.

tung von Marken vorzugsweise das kapitalwertorientierte Verfahren in Betracht. Im Einzelnen steht hier neben der Methode der unmittelbaren Cash-Flow-Prognose, der Lizenzanalogie und der Residualwertmethode vor allem die Mehrgewinnmethode zur Auswahl. Die zentrale Aufgabe besteht dabei – unabhängig von der gewählten Methode – in der Abgrenzung der markenrelevanten Umsätze. Insoweit wird bei der Mehrgewinnmethode der Mehrgewinn ermittelt, der sich durch Nutzung einer eingeführten Marke gegenüber dem Fall des Verkaufs eines nicht markierten, äquivalenten Produkts ergibt.[319]

D. Ermittlung des Fremdvergleichsentgelts für die Bestandteile eines Transferpakets im Rahmen von Konzern-Restrukturierungen (Funktionsverlagerungen)

I. Regelungen des deutschen Gesetz- und des Verordnungsgebers

1. Bestimmung der Verrechnungspreise nach dem Außensteuergesetz

Wird eine Funktion einschließlich der dazugehörigen Chancen und Risiken und der übertragenen oder überlassenen Wirtschaftsgüter und sonstigen Vorteile verlagert (Funktionsverlagerung), hat der Steuerpflichtige für den Fall, dass für die übertragenen Chancen, Risiken, Wirtschaftsgüter und Vorteile weder eingeschränkt noch uneingeschränkt vergleichbare Fremdpreise ermittelt werden können, den Einigungsbereich auf der Grundlage des übertragenen **Transferpakets** unter Berücksichtigung funktions- und risikoadäquater Kapitalisierungszinssätze zu bestimmen (§ 1 Abs. 3 Satz 9 AStG).[320] Die Einzelbestimmung von Verrechnungspreisen für alle betroffenen Wirtschaftsgüter und Dienstleistungen ist aber anzuerkennen, wenn der Steuerpflichtige glaubhaft macht, dass keine wesentlichen immateriellen Wirtschaftsgüter und Vorteile Gegenstand der Funktionsverlagerung waren oder dass die Summe der Einzelverrechnungspreise gemessen an der Preisbestimmung für das Transferpaket dem Fremdvergleichsgrundsatz entspricht. **Einzelverrechnungspreise** für die Bestandteile des Transferpakets sind aber auch dann anzuerkennen, wenn der Steuerpflichtige glaubhaft macht, dass zumindest ein wesentliches Wirtschaftsgut Gegenstand der Funktionsverlagerung ist und er das Wirtschaftsgut genau bezeichnet.

Damit lassen sich in Bezug auf die Bestimmung von Verrechnungspreisen in Fällen einer Funktionsverlagerung, für die keine zumindest eingeschränkt vergleichbaren Fremdvergleichspreise in Bezug auf das Transferpaket vorliegen, vier Fallkonstellationen identifizieren.[321]

– Es wird glaubhaft gemacht, dass **keine wesentlichen** immateriellen Wirtschaftsgüter und Vorteile Gegenstand der Funktionsverlagerung sind. In diesen Fällen können die Einzelpreise der übertragenen Wirtschaftsgüter angesetzt werden.

---

[319] Vgl. IDW, WPg Supplement 4/2007, S. 64 ff., Tz. 5; siehe dazu ferner Menninger, J., Markenbewertung, 2010, S. 140 ff.
[320] Zur zeitlichen Anwendung dieser Regelung siehe Andresen, U./Schoppe, C., IStR 2009, S. 600.
[321] Vgl. Oestreicher, A./Wilcke, D., Ubg 2010, S. 228.

- Die **Summe der Einzelverrechnungspreise** (der übertragenen Wirtschaftsgüter) entspricht gemessen an der Preisbestimmung für das Transferpaket dem Fremdvergleichsgrundsatz. Auch in diesen Fällen können die Einzelpreise der übertragenen Wirtschaftsgüter angesetzt werden.

  Beispiel: Die Formulierung „gemessen an der Preisbestimmung für das Transferpaket" ist so zu lesen, dass als Fremdvergleichspreis für das Transferpaket die Summe der Einzelverrechnungspreise (für die verlagerten Wirtschaftsgüter und sonstigen Vorteile) angesetzt werden darf, wenn diese Summe innerhalb des auf Basis des hypothetischen Fremdvergleichs und der Transferpaketbetrachtung ermittelten Einigungsbereichs liegt. Mit dieser Regelung zeigt der Gesetzgeber eine Möglichkeit auf, glaubhaft zu machen, dass ein anderer als der Mittelwert dem Fremdvergleichsgrundsatz mit der höchsten Wahrscheinlichkeit entspricht (§ 1 Abs. 3 Satz 7 AStG).

- Es wird glaubhaft gemacht, dass **zumindest ein wesentliches** immaterielles Wirtschaftsgut Gegenstand der Funktionsverlagerung ist. Weitere Voraussetzung ist, dass es genau bezeichnet wird. Auch hier dürfen die Einzelverrechnungspreise „für die Bestandteile des Transferpakets" angesetzt werden. Eine Bezugnahme zur Bewertung des Transferpakets als Ganzes fehlt. Die Verprobung des Gesamtergebnisses anhand einer Gesamtbewertung kann hier unterbleiben.[322]

- Alle **übrigen Funktionsverlagerungen**, für die keine zumindest eingeschränkt vergleichbaren Fremdvergleichspreise für das Transferpaket existieren, und die nicht unter die Fälle 1 bis 3 zu subsumieren sind: Hier muss eine Ermittlung des Einigungsbereichs auf der Grundlage des Transferpakets vorgenommen werden und der Preis (im Einigungsbereich) angesetzt werden, der dem Fremdvergleichsgrundsatz (mit der höchsten Wahrscheinlichkeit) entspricht.

Sind wesentliche immaterielle Wirtschaftsgüter und Vorteile Gegenstand einer Geschäftsbeziehung, für die weder eingeschränkt noch uneingeschränkt vergleichbare Fremdpreise ermittelt werden können, ist, wenn die tatsächliche spätere Gewinnentwicklung erheblich von der Gewinnentwicklung abweicht, die der Verrechnungspreisbestimmung zugrunde lag, widerlegbar zu vermuten, dass zum Zeitpunkt des Geschäftsabschlusses Unsicherheiten im Hinblick auf die Preisvereinbarung bestanden und unabhängige Dritte eine sachgerechte Anpassungsregelung vereinbart hätten. Wurde eine solche Regelung nicht vereinbart und tritt innerhalb der ersten zehn Jahre nach Geschäftsabschluss eine erhebliche Abweichung ein, ist für eine deshalb vorzunehmende Berichtigung einmalig ein angemessener **Anpassungsbetrag** auf den ursprünglichen

---

[322] Unklar ist dabei, welche Bedeutung der Bezug auf „ein" immaterielles Wirtschaftsgut haben soll. Diese Formulierung erscheint verunglückt, was möglicherweise damit zusammenhängt, dass im ersten Halbsatz eine Ausnahme für den Fall greift, dass „keine" wesentlichen immateriellen Wirtschaftsgüter und Vorteile Gegenstand der Funktionsverlagerung waren. Es mag zwar auf den ersten Blick eine erhebliche Vereinfachung bedeuten, wenn es, um den Anwendungsbereich der Einzelbewertung zu gelangen, genügen würde, dass nur ein einziges wesentliches immaterielles Wirtschaftsgut genau zu bezeichnen ist, alle weiteren jedoch nicht. Da jedoch, um Einzelverrechnungspreise „für die Bestandteile des Transferpakets" zu ermitteln, alle Bestandteile des Transferpakets zu identifizieren (und bezeichnen) sind, sollte man sich hier besser keiner Illusion hingeben. In diesem Sinne bezieht sich auch die Gesetzesbegründung zu Recht auf „die von der Funktionsverlagerung betroffenen, wesentlichen immateriellen Wirtschaftsgüter" (Plural), vgl. Bericht des Finanzausschusses, BT-Drs. 17/939 v. 4. 3. 2010, S. 21.

Verrechnungspreis der Besteuerung des Wirtschaftsjahres zugrunde zu legen, das dem Jahr folgt, in dem die Abweichung eingetreten ist.[323] Einzelheiten zur Anwendung des Fremdvergleichsgrundsatzes sind Gegenstand der **Funktionsverlagerungsverordnung**. In vier Abschnitten werden allgemeine Fragen (Begriffsbestimmungen, Anwendungsregeln), Bewertungsregelungen (Wert des Transferpakets, Bestandteile des Transferpakets, Kapitalisierungszinssatz und -zeitraum, Bestimmung des Einigungsbereichs sowie Schadensersatz-, Entschädigungs- und Ausgleichsansprüche) und Einzelheiten in Fällen nachträglicher Anpassungen (Anpassungsregelung des Steuerpflichtigen, erhebliche Abweichung und angemessene Anpassung) behandelt sowie Anwendung und Inkrafttreten geregelt.

2. Funktionsverlagerungsverordnung

a) Begriff der Funktion

Nach den Vorgaben der Rechtsverordnung bedeutet Funktion eine Geschäftstätigkeit, die aus der Zusammenfassung gleichartiger betrieblicher Aufgaben besteht, die von bestimmten Stellen oder Abteilungen eines Unternehmens erledigt werden. Sie ist organischer Teil eines Unternehmens, ohne dass ein Teilbetrieb im steuerlichen Sinn vorliegen muss (§ 1 FVerlV). **Beispiele** sind nach der Begründung zum Gesetzentwurf[324] der Vertrieb und die Produktion, aber auch Forschungs- und Entwicklungsabteilungen. Die Begründung zur Verordnung des BMF stellt darauf ab, dass die betrieblichen Aufgaben, die Gegenstand eines einheitlichen Verlagerungsvorgangs sein können, in ihren Gewinnauswirkungen für die beteiligten Unternehmen sachgerecht abgrenzbar sind. Eine Funktion müsse danach über eine gewisse **Eigenständigkeit** verfügen, die es erlaubt, ihr bestimmte Erträge und Aufwendungen zuzuordnen.[325]

Zum Teil wird das Definitionsmerkmal „Geschäftstätigkeit" in der Literatur so verstanden, als suggeriere es, dass es auf eine Tätigkeit zur Erzielung von Einnahmen ankomme.[326] Andere Autoren kommen zu dem Ergebnis, dass erst dann eine Funktion im steuerlichen Sinne entsteht, wenn die Zusammenfassung von Aufgaben in der Weise erfolgt, dass eine marktgängige Leistung erbracht werden kann.[327] Dem steht allerdings entgegen, dass nach der Rechtsverordnung ausdrücklich auch Leistungen, die ausschließlich gegenüber dem verlagernden Unternehmen erbracht werden (z. B. die Lohnfertigung), unter den Begriff der Funktion fallen.[328] Ferner gilt es zu berücksichtigen, dass nach der Begründung zum Gesetzentwurf der Fraktionen der CDU/CSU und SPD[329] die Regelungen zu Funktionsverlagerungen primär

---

[323] Siehe hierzu Oestreicher, A./Wilcke, D., DB 2010, S. 467 ff.
[324] Vgl. BT-Drs. 16/4841 v. 27. 3. 2007, S. 84.
[325] Vgl. BR-Drs. 352/08 v. 23. 5. 2008, S. 10, Begründung, Besonderer Teil zu § 1 Abs. 1, Satz 2.
[326] Vgl. Haas, W., Ubg 2008, S. 520; Brüninghaus, D./Bodenmüller, R., DStR 2009, S. 1286.
[327] Vgl. Borstell, T./Schäperclaus, J., IStR 2008, S. 278, 283 f.
[328] Vgl. BR-Drs. 352/08 v. 23. 5. 2008, S. 16, Begründung, Besonderer Teil zu § 2 Abs. 2, Satz 1; in Verbindung mit Verwaltungsgrundsätze-Verfahren, BMF-Schreiben v. 12. 4. 2005, BStBl 2005 I, S. 570, Tz. 3.4.10.2. Buchstabe a).
[329] Vgl. BT-Drs. 16/4841 v. 27. 3. 2007, S. 84.

dazu beitragen sollen, die Besteuerung in Deutschland geschaffener Werte sicherzustellen, wenn immaterielle Wirtschaftsgüter und Vorteile ins Ausland verlagert werden. Dieses Ziel würde nur zum Teil erreicht, wenn der Gesetzgeber die Übertragung von Managementfunktionen[330] vor allem auch im Zusammenhang mit der Einrichtung einer Prinzipalstruktur aus dem Definitionsbereich der Funktion hätte ausklammern wollen. Wird das Definitionsmerkmal der Geschäftstätigkeit so verstanden, dass auch interne Aufgaben erfasst werden, zeigt sich, dass jede Form einer unternehmensbezogenen Aufgabensynthese vom Funktionsbegriff erfasst wird. Vor allem müssen die Aufgaben einer Stelle oder Abteilung nicht alle Elemente erfassen, die für eine Realisation der Unternehmensleistung erforderlich sind. Die Stelle oder Abteilung muss zwar „organischer Teil eines Unternehmens" sein, was voraussetzt, dass die Aufgaben der Stelle oder Abteilung einen inneren Zusammenhang aufweisen, der sie von anderen Abteilungen unterscheidet und der Funktion eine gewisse Eigenständigkeit verleiht. Nicht erforderlich ist aber, dass die Funktion für sich allein lebensfähig ist. Hier unterscheidet sich die Funktion ganz wesentlich vom Begriff des **Teilbetriebs,** der nach der Rechtsprechung keine internen Organisationseinheiten erfasst.[331] Daneben genügt es nach der Begründung zur Verordnung des BMF auch, dass die Aufgaben in ihren Gewinnauswirkungen für die beteiligten Unternehmen sachgerecht abgrenzbar sind (Vertrieb für eine bestimmte Region), während im Zusammenhang mit dem Teilbetrieb die Unterscheidbarkeit der Tätigkeiten maßgebend ist.[332]

b) Funktionsverlagerung

Die Tatbestandsvoraussetzungen einer Funktionsverlagerung sind nicht einfach zu erschließen. Während das Gesetz vorsieht, dass die Bewertung auf der Grundlage des Transferpakets vorzunehmen ist, wenn eine Funktion einschließlich der dazugehörigen Chancen und Risiken und der mit übertragenen oder überlassenen Wirtschaftsgüter und sonstigen Vorteile verlagert (Funktionsverlagerung) wird, liegt eine Funktionsverlagerung nach der Rechtsverordnung vor, wenn ein Unternehmen einem anderen, nahestehenden Unternehmen **Wirtschaftsgüter und sonstige Vorteile** sowie die damit verbundenen Chancen und Risiken überträgt oder zur Nutzung überlässt, damit das übernehmende Unternehmen eine Funktion ausüben kann, die bisher von dem verlagernden Unternehmen ausgeübt worden ist. Man muss die beiden Vorschriften wohl so lesen, dass die Einschränkung einer Funktion im Inland und ihre Ausübung im Ausland keine Funktionsverlagerung darstellt, wenn keine Wirtschaftsgüter und sonstige Vorteile übertragen werden. In diesem Fall („ausschließlich" der Wirtschaftsgüter, sonstiger Vorteile, Chancen und Risiken) ist auch keine Bewertung auf der Grundlage des Transferpakets vorzunehmen. Sie kann auch vorliegen, wenn das übernehmende Unternehmen die Funktion nur zeitweise übernimmt. Die Definition

---
[330] Vgl. Schreiber, R., Ubg 2008, S. 436; siehe hierzu auch die Aufzählung von Verwaltungsgrundsätzen, BMF-Schreiben v. 23. 2. 1983, Tz. 2.1.3., nach der auch verwaltungsbezogene Leistungen den Funktionsbegriff erfüllen.
[331] So BFH v. 22. 12. 1993, BStBl 1994 II, S. 352.
[332] Vgl. hierzu Weier, D., DStR 2008, S. 1003; zur Kritik siehe insbesondere Kroppen, H.-K./Rasch, S., IWB, Fach 3,Deutschland, Gruppe 1, S. 2444 ff.

verdeutliche die Voraussetzung, „dass das verlagernde Unternehmen dem übernehmenden Unternehmen die Grundlagen dafür zur Verfügung stellt, damit dieses die Funktion ausüben kann"[333]. Andererseits besteht nach der Rechtsverordnung ein Transferpaket aus einer Funktion und den mit dieser Funktion zusammenhängenden Chancen und Risiken sowie den Wirtschaftsgütern und Vorteilen, die das verlagernde Unternehmen dem übernehmenden Unternehmen zusammen mit der Funktion überträgt oder zur Nutzung überlässt, und den in diesem Zusammenhang erbrachten Dienstleistungen (§ 1 Abs. 3 FVerlV). Soll das „Transferpaket" die Summe der übertragenen Werte bezeichnen, ist der Widerspruch zur Definition des Tatbestands der Funktionsverlagerung offenkundig. Besteht die Funktionsverlagerung in der Übertragung von Wirtschaftsgütern und sonstigen Vorteilen, kann die „Funktion" selbst nicht Gegenstand der übertragenen Vorteile sein. Anderes wird gelten, wenn die gesetzliche Bestimmung, nach der in Fällen der Funktionsverlagerung die Bewertung „auf der Grundlage des Transferpakets" vorzunehmen ist, zum Ausdruck bringen soll, das für die übertragenen Wirtschaftsgüter und sonstigen Vorteile eine Gesamtbewertung vorzunehmen ist. Ein Widerspruch ergäbe sich in diesem Fall nicht. Zu bewerten sind Wirtschaftsgüter und sonstige Vorteile – nur diese sind auch Gegenstand der Funktionsverlagerung. Die Funktion selbst ist nicht zu bewerten.[333a] Ihre Verlagerung bildet lediglich den Auslöser (Tatbestandsvoraussetzung), der die Rechtsfolge einer Bewertung („der Wirtschaftsgüter und sonstigen Vorteile") als Ganzes zur Konsequenz hat. Alles andere hieße, auf das Konstrukt der **Geschäftschance** zurückzufallen, das mit der Neufassung des AStG im Rahmen der Unternehmensteuerreform 2008 aufgegeben wurde.[334]

Fraglich ist auch, wie man sich die Übertragung von Dienstleistungen vorstellen muss. Dienste werden geleistet. Es ist zwar nicht ausgeschlossen, dass im Zuge einer **Dienstleistung** z. B. Know-how übertragen wird. Know-how gehört aber zu den Wirtschaftsgütern und sonstigen Vorteilen, die von der Definition der Funktionsverlagerung bereits erfasst werden.

Gleichwohl macht die Verordnung eine Funktionsverlagerung nur davon abhängig, dass dadurch die Ausübung der betreffenden Funktion durch das verlagernde Unternehmen eingeschränkt wird (§ 1 Abs. 2 Satz 1 FVerlV).[335] Dabei lässt die Rechtsverordnung offen, wie sich dieser Tatbestand erfüllt.[336]

---

[333] BR-Drs. 352/08 v. 23. 5. 2008, S. 11, Begründung, Besonderer Teil zu § 1.
[333a] Die verbreitete Auffassung, nach der das Transferpaket (einschließlich Funktion) den Gegenstand der Bewertung bildet, vgl. z. B. Franke, R./Kügler, K., Funktionsverlagerungen, 2010, kann nicht überzeugen.
[334] Dafür spricht auch die (neue) Definition der außergewöhnlichen Geschäftsvorfälle im Hinblick auf die Pflicht zur zeitnahen Erstellung von Aufzeichnungen (§ 3 Abs. 2 GAufzV); a. A. Brüninghaus, D./Bodenmüller, R., DStR 2009, S. 1287 ff.
[335] Nach Haas geht diese „Einschränkung" über den Wortsinn des Gesetzes hinaus, so dass die FVerlV von der Ermächtigungsgrundlage insoweit nicht gedeckt sei, vgl. Haas, W., Ubg 2008, S. 520; sein Argument beruht auf der Tatsache, dass das Gesetz von der Verlagerung einer Funktion spricht, während die Rechtsverordnung (im Interesse einer Abgrenzung der Funktionsverlagerung von der „Funktionsverdoppelung") auf die Übertragung der Überlassung von Wirtschaftsgütern und sonstigen Vorteilen (die nicht als Einzelheit greifbar sind) abstellt.
[336] Für die Finanzverwaltung ist die Einschränkung irrelevant, wenn diese geringfügig oder zeitlich begrenzt ist und keine wesentlichen Gewinnauswirkungen hat. Eine Einschränkung ist nicht mehr geringfügig, wenn der Umsatz innerhalb eines Fünfjahres-

4. Kapitel. Bei Kapitalgesellschaften

Grundsätzlich wird eine Funktion aber **reduziert**, wenn dieser Funktion Aufgaben entzogen werden.[337] Das ist z. B. schon der Fall, wenn eine Vertriebsabteilung in ihrem Aufgabenspektrum auf bestimmte Kunden oder Länder beschränkt wird. Die Ausübung einer Funktion wird aber auch dann eingeschränkt, wenn die Entscheidungsträger in ihren Kompetenzen beschnitten werden, wie das bei einer Reduktion auf eine Herstellung im Auftragsverhältnis der Fall sein kann. Das „Aufgabenbündel" selbst muss nicht übertragen werden. Es ist auch nicht Bestandteil der Definition, dass die Personen, die die Funktion beim abgebenden Unternehmen ausgeübt haben, in das aufnehmende Unternehmen wechseln. Schließlich kommt es nicht darauf an, „ob das übernehmende Unternehmen mit den übertragenen oder zur Nutzung überlassenen Wirtschaftsgütern und Vorteilen die Funktion tatsächlich in gleicher Weise wie das verlagernde Unternehmen ausübt".

Daher liegt eine Funktionsverlagerung nicht vor, wenn innerhalb von fünf Jahren nach Aufnahme der Funktion durch das nahestehende Unternehmen die Ausübung der Funktion beim abgebenden Unternehmen nicht eingeschränkt wird, weil die Überlassung der Wirtschaftsgüter und sonstigen Vorteile zu einer „**Verdoppelung**" der Funktion geführt hat (§ 1 Abs. 6 FVerlV). Ebenso liegt umgekehrt eine Funktionsverlagerung nicht vor, wenn ausschließlich Wirtschaftsgüter veräußert oder zur Nutzung überlassen werden oder wenn nur **Dienstleistungen** erbracht werden. Das gilt auch, wenn nur Personal im Konzern entsandt wird[338] oder wenn der Vorgang zwischen voneinander unabhängigen Dritten nicht als Veräußerung oder Erwerb einer Funktion angesehen würde (§ 1 Abs. 7 FVerlV).

Offen bleibt, was unter „**sonstige Vorteile**", die eine Funktionsverlagerung (nur) begründen, wenn sie in der Verbindung mit Wirtschaftsgütern („Wirtschaftsgüter und sonstige Vorteile") übertragen werden, zu verstehen ist. Sonstige Vorteile, tatsächliche Zustände und konkrete Möglichkeiten fallen bereits unter den Wirtschaftsgutbegriff,[339] wenn diese Vorteile, Zustände und Möglichkeiten „durch Aufwendungen erworben" wurden, „selbständig bewertungsfähig" (als Einzelheit greifbar, gegenüber dem Firmenwert abgrenzbar) sind[340] und „einen Nutzen für mehrere Wirtschaftsjahre" erbringen. Folgt man dieser Wertung, ergibt sich im Umkehrschluss, dass es sich bei

---

zeitraumes in einem Wirtschaftsjahr um mindestens 1 Mio. € absinkt. Ausgangspunkt ist der Umsatz, den das ursprünglich tätige Unternehmen im letzten vollen Wirtschaftsjahr vor der Funktionsänderung aus der Funktion erzielt hat, vgl. Verwaltungsgrundsätze-Funktionsverlagerung, BMF-Schreiben v. 13. 10. 2010, BStBl 2010 I, S. 774, Rn. 49.
[337] Zur Kritik an dieser Regelung in den Fällen einer „Substitution" siehe Kroppen, H.-K./Rasch, S., IWB, Fach 3, Deutschland, Gruppe 1, S. 2447 f.; u. E. führt auch eine Substitution zur Gewinnrealisierung; Abhilfe könnte eine dem § 6 b EStG nachgebildete Vorschrift schaffen, vgl. Oestreicher, A., DB 2009, S. 1, oder die Anwendung der Korrekturpostenmethode, vgl. Spengel, C., Fortentwicklung, 2010, S. 90.
[338] Eine Rückausnahme soll aber greifen, wenn die Personalentsendung Teil einer Funktionsverlagerung ist. Zur berechtigten Kritik siehe Baumhoff, H./Ditz, X./Greinert, M., DStR 2008, S. 1947.
[339] Vgl. Schmidt, L., Einkommensteuergesetz, § 5, Rz. 94; siehe dazu auch Oestreicher, A., Steuerbilanzen, 2003, S. 277 ff.
[340] Hierzu genügt die Übertragbarkeit mit dem Betrieb; insoweit fordert die Rechtsprechung eine „Teilwertfähigkeit", vgl. BFH v. 10. 8. 1989, BStBl 1990 II, S. 15, Voraussetzung ist eine objektiv nachvollziehbare Relation zum Unternehmenskaufpreis.

"sonstigen Vorteilen", die nicht Wirtschaftsgüter sind, um Bestandteile des Geschäftswerts handeln muss.[341]

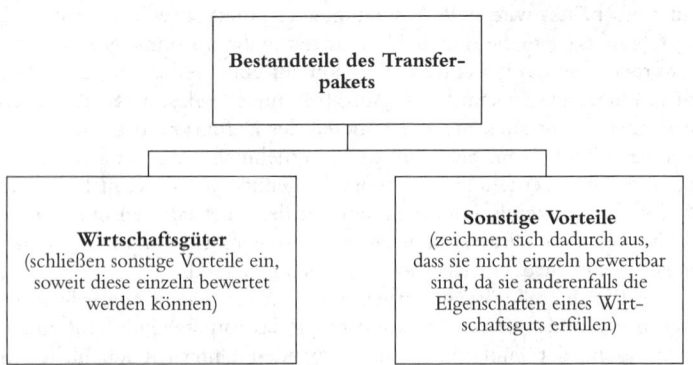

Die Abgrenzung dieser Bestandteile kann im Einzelfall schwierig sein, weil es sich um Vorteile handelt, die i. d. R. zusammen mit dem Betrieb oder Betriebsteil erworben werden und deshalb auch als Geschäftswertkomponenten wie z. B. Belegschaft, Kunden- oder Lieferantenstamm, Firmennamen oder Auftragsbestand in Erscheinung treten können.[342] Typische Bestandteile des **Geschäftswerts** sind z. B. der Ruf einer Unternehmung, die Qualifikation des Managements oder der Belegschaft, Marktanteile, das Betriebsklima, eingerichtete Vertriebsnetze oder Standortvorteile und die Unternehmensorganisation.[343] Zu diesen **Bestandteilen** können z. B. die Synergievorteile gehören, die aus den persönlichen Netzwerkbeziehungen eines entsandten Entwicklungsingenieurs resultieren können. Geschäftswert bildende Bestandteile können aber auch das Know-how und der Kundenstamm sein.[344]

Zeichnen sich die "sonstigen Vorteile" dadurch aus, dass sie gerade nicht einzeln bewertet werden können, weil sie sich als Residuum ergeben, nach dem der Wert der einzeln bewertbaren Wirtschaftsgüter vom Gesamtwert des Transferpakets abgezogen wurde, ergibt sich, dass die Ausnahmeregelung, nach der die Bestandteile des Transferpakets einzeln zu bewerten sind, wenigstens in Bezug auf die Geschäftswertkomponenten nicht durchführbar erscheint. Hieraus wird zum Teil der Schluss gezogen, dass das Transferpaket i. S. d. dritten Ausnahmeregelung nur solche Bestandteile enthalten kann, die überhaupt der Einzelbewertung zugänglich sind.[345] Das hieße, dass der Steuer-

---

[341] Verwaltungsgrundsätze-Funktionsverlagerung, BMF-Schreiben v. 13. 10. 2010, BStBl 2010 I, S. 774, Rn. 172 f. Diese Sichtweise setzt voraus, dass im Rahmen einer Funktionsverlagerung Bestandteile des Firmenwerts übertragen werden können; nach Auffassung des BFH folgt der Geschäftswert, abgesehen von Sonderfällen, wie z. B. der Begründung einer Betriebsaufspaltung oder der Realteilung, dem Betrieb eines lebenden Unternehmens und kann nur mit diesem erworben werden, vgl. BFH v. 27. 3. 2001, BStBl 2001 II, S. 771; siehe auch Oestreicher, A./Hundeshagen, C., DB 2008, S. 1637.
[342] Vgl. Schmidt, L., Einkommensteuergesetz, § 6 EStG, Rz. 322.
[343] Vgl. Fasselt, M./Brinkmann, J., Vermögensgegenstände, 2004, B 211 a, Rz. 2 m. w. N.
[344] Vgl. BFH v. 26. 11. 2009, DB 2010, S. 368.
[345] Vgl. Kroppen, H.-K., BDI Steuerrundschau 6/2010, S. 2.

pflichtige für den Fall, dass zumindest ein wesentliches immaterielles Wirtschaftsgut Gegenstand der Funktionsverlagerung ist (was in der überwiegenden Mehrzahl der Fall sein dürfte), ein Wahlrecht hätte, den Geschäfts- oder Firmenwert in die Bewertung einzubeziehen (Bewertung des Transferpakets als Ganzes) oder nicht (Einzelbewertung der Komponenten des Transferpakets). Schlüssiger erscheint indes, dass die mit dem Transferpaket übergehenden Gewinnpotenziale im Rahmen der Bewertung der genau bezeichneten immateriellen Wirtschaftsgüter erfasst werden sollen.[346] Dafür sprächen auch die im Bericht des Finanzausschusses vorgetragenen Ziele des Gesetzgebers, nach denen die Bemessungsgrundlage „nicht aufgeweicht" werden soll, so dass „keine großen steuerlichen Einbrüche zu befürchten" sind.[347]

c) Anwendung der Regelungen zum Transferpaket

Kann die Preisbestimmung als Ganzes aufgrund uneingeschränkt oder eingeschränkt vergleichbarer Werte erfolgen, hat die Anwendung der Preisvergleichsmethode, der Wiederverkaufspreismethode oder der Kostenaufschlagsmethode Vorrang vor der Bestimmung des Werts mit Hilfe des hypothetischen Fremdvergleichs (§ 2 Abs. 1 FVerlV).

Übt das übernehmende Unternehmen die Funktion ausschließlich gegenüber dem verlagernden Unternehmen aus und ist das Entgelt, das für die Ausübung der Funktion und die Erbringung der entsprechenden Leistung anzusetzen ist, nach der **Kostenaufschlagsmethode** zu ermitteln, ist davon auszugehen, dass mit dem übergehenden Transferpaket keine wesentlichen immateriellen Wirtschaftsgüter und Vorteile übertragen werden. Folge ist, dass der Wert des Transferpakets auf der Grundlage einer Einzelpreisbestimmung der übertragenen Wirtschaftsgüter und Vorteile ermittelt wird (§ 2 Abs. 2 FVerlV). Angesprochen ist der Fall, dass lediglich materielle Wirtschaftsgüter übertragen werden. Gleiches gilt aber auch für den Fall, dass die (zur Nutzung) übertragenen (immateriellen) Wirtschaftsgüter und Vorteile lediglich beigestellt werden. Auf das übernehmende Unternehmen gehen hier „keine weiteren Chancen und Risiken über, die die Zahlung eines besonderen Entgelts an das verlagernde Unternehmen für den Übergang eines Transferpakets rechtfertigen könnte"[348]. Die laufende Vergütung für die Leistungen des übernehmenden Unternehmens erschöpft sich in einem bloßen Tätigkeitsentgelt.

Beispiel: Das aufnehmende Unternehmen S ist im Auftrag des Unternehmens R tätig. R stellt die hierfür erforderliche Technologie bei und verzichtet daher auf die gesonderte Verrechnung eines Lizenzentgelts. Um diesen Auftrag zu übernehmen, investierte S in Produktionsanlagen. Seine Investitionsausgaben beliefen sich auf einen Betrag i. H. v. I = 1000 €. Im Rahmen der Tätigkeit für R entstehen laufende Kosten (einschließlich Abschreibungen) i. H. v. K = 2000 € pro Jahr. Das Tätigkeitsentgelt wird auf der Grundlage dieser Kosten zuzüglich eines Gewinnaufschlags i. H. v. m = 4% ermittelt. Dieser Gewinnaufschlag bringe das für ein im Auftrag tätiges Unternehmen geringe Risiko zum Ausdruck. Die Kapitalkosten risikoarmer Unternehmen betragen k = 8%.

---
[346] Vgl. Müller-Gatermann, G., Ubg 2010, S. 154.
[347] Vgl. Bericht des Finanzausschusses, BT-Drs. 17/939 v. 4. 3. 2010, S. 10 f.
[348] BR-Drs. 352/08 v. 23. 5. 2008, S. 16, Begründung, Besonderer Teil zu § 2 Abs. 2 Satz 1.

Bei K = 2000 und m = 0,04 errechnet sich der Umsatz dieses Unternehmens aus U = K (1 + m) = 2080 €. Dies ergibt einen Gewinn i. H. v. G = U − K = 80 €. Unterstellt man wiederkehrende Gewinne, ergibt sich bei G = 80 € und k = 0,08 ein Unternehmenswert i. H. v. W = G/k = 1000 €. Dieser Wert entspricht dem Investitionsausgabebetrag, da das Unternehmen gerade die Kapitalkosten für seine Auftragstätigkeit (Funktionsvergütung) erwirtschaftet.

Wird das Funktionsentgelt marktkonform ermittelt, stellt die Kostenaufschlagsmethode sicher, dass das „übernehmende" Unternehmen (lediglich) seine Kapitalkosten I x k = K x m = 80 € erwirtschaftet.[349] Der Kapitalwert dieser Investition (W − I) ist Null. Wird der Kostenaufschlag höher festgesetzt, ist dieser Zusammenhang allerdings nicht erfüllt. Diese Überlegung zeigt, dass es nicht darauf ankommt, ob die Vergütung nach der Kostenaufschlagsmethode ermittelt wird. Maßgebend ist vielmehr, dass die Vergütung marktkonform bestimmt wird. Marktkonform kann eine Vergütung aber auch auf Basis anderer Methoden ermittelt werden.

Beispiel: Das aufnehmende Unternehmen S vertreibt Produkte im Auftrag des Unternehmens R. R stellt den hierfür erforderlichen Kundenstamm bei und verzichtet auf die Verrechnung einer entsprechenden Vergütung.[350] Um den Vertrieb zu übernehmen, investierte S in Vertriebsanlagen. Seine Investitionsausgaben beliefen sich auf einen Betrag i. H. v. I = 1000 €. Im Rahmen der Tätigkeit für R entstehen laufende Umsätze i. H. v. U = 2000 € pro Jahr. Das Tätigkeitsentgelt wird auf der Grundlage der Wiederverkaufspreismethode unter Anwendung einer Nettomarge[351] i. H. v. m = 4% ermittelt. Dieser Gewinnaufschlag drückt das für ein im Auftrag tätiges Unternehmen geringe Risiko zum Ausdruck. Die Kapitalkosten risikoarmer Unternehmen betragen k = 8%.
Bei U = 2000 € und m = 0,04 ergibt sich ein Gewinn i. H. v. G = U x m = 80 €. Unterstellt man wiederkehrende Gewinne, ergibt sich bei G = 80 € und k = 0,08 auch in diesem Fall ein Unternehmenswert i. H. v. W = G/k = 1000 €.

Damit zeigt sich, dass die Bestimmungen über die „Anwendung der Regelungen zum Transferpaket" zu eng geraten sind und eher **deklaratorischen** oder beispielhaften Charakter haben. Die Vermutung, nach der keine „wesentlichen immateriellen Wirtschaftsgüter und Vorteile" übertragen werden, sollte immer dann richtig sein, wenn sich zeigt, dass das aufnehmende Unternehmen für seine Dienstleistungen an das übertragende Unternehmen ein Entgelt erzielt, das seine **Kapitalkosten** gerade deckt.[352] Dieses Entgelt kann auch nach der Preisvergleichsmethode, der Wiederverkaufspreismethode oder einer transaktionsorientierten Gewinnmethode zu ermitteln sein.

---

[349] Vgl. auch Rasch, S./Schmidtke, R., IStR 2009, S. 92 ff.
[350] Vgl. hierzu 5. Kapitel; sowie Bernhardt, L./van der Ham, S./Kluge, S., IStR 2008, S. 7.
[351] Der Bezug auf die Nettomarge dient hier primär der Vereinfachung; zur Anwendung der transaktionsbezogenen Nettomargenmethode; siehe Verwaltungsgrundsätze-Verfahren, BMF-Schreiben v. 12. 4. 2005, BStBl 2005 I, S. 570, Tz. 3.4.10.3.
[352] So auch Baumhoff, H./Ditz, X./Greinert, M., DStR 2008, S. 1950; dieser Tatbestand macht es allerdings nicht erforderlich, dass der „Funktionsgewinn" vom Wert des Transferpakets gesondert abgezogen wird; das „Herausrechnen des Funktionsgewinns" erfolgt vielmehr „automatisch" mit der Diskontierung der zukünftigen Gewinne oder Cash-Flows zum Kapitalisierungszins; aus diesem Grund kommt es auch nicht zu einer doppelten Besteuerung dieser Zukunftsgewinne. Die mit der Diskontierung verbundene Zuweisung dieser Gewinne an das aufnehmende Unternehmen bewirkt gerade, dass der Wert des Transferpakets insoweit vermindert wird.

Die Vermutung gilt nicht, wenn das übernehmende Unternehmen „die bisher ausschließlich gegenüber dem verlagernden Unternehmen erbrachten Leistungen eigenständig, ganz oder teilweise, gegenüber anderen Unternehmen zu Preisen erbringt, die höher sind als das Entgelt nach der Kostenaufschlagsmethode oder die entsprechend dem Fremdvergleichspreis höher anzusetzen sind", weil fremde Dritte außerhalb eines Lohn- oder Auftragsfertigungsverhältnisses den Einsatz der im Auftragsverhältnis bereitgestellten Wirtschaftsgüter und Vorteile vergüten würden. In diesem Fall „ist zum Zeitpunkt der erstmaligen Erbringung gegenüber den anderen Unternehmen für bisher unentgeltlich vom verlagernden Unternehmen für die Leistungserbringung zur Verfügung gestellten Wirtschaftsgüter und Vorteile" ein Entgelt zu verrechnen, das nach den Grundsätzen für die Bewertung von Transferpaketen zu ermitteln ist (§ 2 Abs. 2 Satz 2 FVerlV).

Der Wert für eine übertragene Funktion ist aber zu **Vergleichszwecken** auch dann nach den Grundsätzen für die Bewertung von Transferpaketen zu ermitteln, wenn ausnahmsweise die Verrechnungspreisermittlung für eine Funktionsverlagerung auf der Grundlage der Summe der Verrechnungspreise für die einzelnen betroffenen Wirtschaftsgüter und Vorteile anzuerkennen ist (§ 2 Abs. 3 FVerlV).

d) Wert des Transferpakets

Ist im Zusammenhang mit einer Funktionsverlagerung der Wert eines Transferpakets zu bestimmen, muss dieser Wert aus Sicht der beteiligten Unternehmen in Übereinstimmung mit den Gewinnpotenzialen stehen, die aus der Ausübung der Funktion erwartet werden können und der Funktion zuzurechnen sind. Ziel ist, für das übergehende Transferpaket einen betriebswirtschaftlich begründeten **Gesamtwert** (net present value) zu bestimmen, weil „die Summe der Verrechnungspreise für die einzeln betrachteten, übertragenen oder zur Nutzung überlassenen Wirtschaftsgüter und erbrachten Dienstleistungen i. d. R. nicht mit dem betriebswirtschaftlich begründeten Wert des Transferpakets übereinstimmt"[353]. Voraussetzung ist, dass das Transferpaket dem verlagernden Unternehmen auch zuzurechnen ist. Das ist nach der Begründung zum Entwurf der Verordnung der Fall, wenn und soweit das verlagernde Unternehmen selbst den erforderlichen Aufwand dafür getragen sowie Wirtschaftsgüter und Vorteile, die Teil des Transferpakets sind, hergestellt oder erworben hat. Als Beispiel wird in der Begründung auf den Aufwand Bezug genommen, den eine Vertriebsgesellschaft getragen hat, um einen Kundenstamm aufzubauen.[354]

Die jeweiligen Gewinnpotenziale sind unter Berücksichtigung aller Umstände des Einzelfalls auf der Grundlage einer Funktionsanalyse vor und nach Verlagerung unter Berücksichtigung tatsächlich bestehender Handlungsmöglichkeiten zu ermitteln und schließen auch Standortvorteile oder Standort-

---

[353] BR-Drs. 352/08 v. 23. 5. 2008, S. 17 f., Begründung, Besonderer Teil zu § 3 Abs. 1 Satz 1.
[354] Dieses Beispiel birgt die Gefahr von Missverständnissen. Die Übertragung eines Wirtschaftsguts „Kundenstamm" ist nur außerhalb eines vertraglich gebundenen Vertriebs denkbar. Anderenfalls entstehen der Vertriebsgesellschaft Entschädigungsansprüche (nach den Vorgaben des HGB) gegen den Inhaber des Vertriebsrechts, siehe § 8 FVerlV.

nachteile und Synergieeffekte ein. Wesentliche **Elemente** zur Berechnung der Gewinnpotenziale (Barwert) sind die Gewinnerwartungen der beteiligten Unternehmen, angemessene Kapitalisierungszinssätze und der von den Umständen der Funktionsausübung abhängige Kapitalisierungszeitraum.

– Gewinnpotenziale sind die aus der verlagerten Funktion jeweils zu erwartenden Gewinne nach Steuern (Barwert), auf die ein ordentlicher und gewissenhafter Geschäftsleiter aus Sicht des verlagernden Unternehmens nicht verzichten würde und für die ein solcher Geschäftsleiter aus der Sicht des übernehmenden Unternehmens bereit wäre, ein Entgelt zu zahlen (§ 1 Abs. 4 FVerlV). Der Begriff „Reingewinn nach Steuern" ist gesetzlich nicht definiert. Grundsätzlich sind für die Ermittlung nur die **finanziellen Überschüsse nach Fremdkapitalkosten und Steuern** aus dem Transferpaket wertrelevant, die als Nettoeinnahmen während der erwarteten wirtschaftlichen Nutzungsdauer des Transferpaketes „in den Verfügungsbereich des jeweiligen ordentlichen und gewissenhaften Geschäftsleiters gelangen"[355]. Diese werden üblicherweise aus den für die Zukunft geplanten Jahresergebnissen abgeleitet. Aus betriebswirtschaftlicher Sicht bestimmt sich der Wert nach dem erwarteten zukünftigen finanziellen Nutzen, der aus der Funktion (nicht mehr) gezogen werden kann. „Wesentlicher Ausgangspunkt für die Bewertung ist die Identifikation der spezifischen Einnahmen und Ausgaben, die der zu bewertenden Funktion zuzurechnen sind." [356]

– Zur Bestimmung des jeweils angemessenen **Kapitalisierungszinssatzes** ist unter Berücksichtigung der Steuerbelastung vom Zins für eine risikolose Investition auszugehen, auf den ein funktions- und risikoadäquater Zuschlag vorzunehmen ist (§ 5 FVerlV). Maßgebend ist der **Zinssatz für die risikolose Investition,** der jeweils für den Markt des verlagernden und des übernehmenden Unternehmens zu ermitteln ist.[357] Konkret sind risikolose Investitionen heranzuziehen, deren Laufzeit zu der voraussichtlichen Dauer der Funktionsausübung oder der Nutzungsdauer der Funktionsausübung oder der Nutzungsdauer der wesentlichen immateriellen Wirtschaftsgüter äquivalent ist. Bei unbegrenzter Kapitalisierung ist eine möglichst langfristige Vergleichsinvestition heranzuziehen. Möglich ist aber, die Länderrisiken im Wege eines Zuschlags zu berücksichtigen, wenn auch für das Ausland der inländische risikolose Zinssatz zugrunde gelegt wird. Auf den Basiszinssatz sind **funktions- und risikoadäquate Zuschläge** vorzunehmen. Diese Zuschläge sollten sich an den marktüblichen Rendite orientieren, die für die Ausübung vergleichbarer Funktionen erzielt wird. Können keine ausreichend vergleichbaren Renditeerwartungen ermittelt werden, ist der Zuschlag aus den Gewinnerwartungen des Gesamtunternehmens abzuleiten. Werden die erwarteten Gewinne bei Kapitalgesellschaften um die Steuern

---

[355] Verwaltungsgrundsätze-Funktionsverlagerung, BMF-Schreiben v. 13. 10. 2010, BStBl 2010 I, S. 774, Rn. 31.
[356] Verwaltungsgrundsätze-Funktionsverlagerung, BMF-Schreiben v. 13. 10. 2010, BStBl 2010 I, S. 774, Rn. 80; siehe dazu auch Greinert, M., DB 2009, S. 755 ff.
[357] Vgl. BR-Drs. 352/08 v. 23. 5. 2008, S. 20, Begründung, Besonderer Teil zu § 5 Satz 1; siehe dazu im Einzelnen Verwaltungsgrundsätze-Funktionsverlagerung, BMF-Schreiben v. 13. 10. 2010, BStBl 2010 I, S. 774, Rn. 104; Endres, D./Oestreicher, A., IStR 2009, Beihefter zu Heft 20, S. 11 ff.; Oestreicher, A./Hundeshagen, C., IStR 2009, S. 145 ff.; sowie die Fallstudie in Oestreicher, A./Hundeshagen, C., Ubg 2009, S. 830 ff.

4. Kapitel. Bei Kapitalgesellschaften

der Gesellschafter gekürzt, ist der Kapitalisierungszinssatz auch um die Steuern des Gesellschafters zu kürzen. Beschränkt sich die Berücksichtigung von Steuern auf die Steuern des Unternehmens, ist bei Kapitalgesellschaften der Kapitalisierungszinssatz nicht zu reduzieren.[358]
– Den Berechnungen ist grundsätzlich ein unbegrenzter **Kapitalisierungszeitraum** zugrunde zu legen (§ 6 FVerlV). Nach der Begründung zum Entwurf der Rechtsverordnung ist diese Festlegung notwendig, damit die erforderlichen Berechnungen rechtssicher vorgenommen werden können. Sie sei auch berechtigt, da auch für Betriebs- oder Teilbetriebsveräußerungen nach betriebswirtschaftlichen Grundsätzen ein unbegrenzter Kapitalisierungszeitraum angewandt wird und Funktionsverlagerungen solchen Vorgängen ähnlich sind.[359] Anderes gilt aber, wenn Gründe für einen bestimmten, von den Umständen der Funktionsausübung abhängigen Kapitalisierungszeitraum ersichtlich sind oder glaubhaft gemacht werden.

Gründe für einen bestimmten funktionsabhängigen Kapitalisierungszeitraum können nach der Begründung zum Entwurf der Rechtsverordnung sein, dass das übernehmende Unternehmen die verlagerte Funktion nur für einen begrenzten Zeitraum ausüben wird oder dass die ursprünglichen Investitionen und Vorleistungen des verlagernden Unternehmens mit der Zeit ihren Wert verlieren und die eigenen Investitionen des übernehmenden Unternehmens für die Ausübung der Funktion immer mehr an Bedeutung gewinnen.[360] Maßgebend ist freilich nicht, dass die ursprünglichen Investitionen an Wert verlieren – das ist ja grundsätzlich immer der Fall – und wer die zukünftigen Investitionen tätigt – das wird i. d. R. das aufnehmende Unternehmen sein. Wichtig ist vielmehr, ob das in der Funktion investierte Kapital ohne fremdes Zutun oder Beiträge, die vom aufnehmenden Unternehmen verantwortet werden, allein aus Rückflüssen der in der Funktion eingesetzten Wirtschaftsgüter und Vorteile erhalten werden kann.

Im Unterschied zur Bewertung ganzer Unternehmen ist nach den Grundsätzen des IDW zur **Bewertung immaterieller Vermögenswerte** in Bezug auf den Planungszeitraum der Cash-Flows auf die wirtschaftliche Nutzungsdauer oder die Restnutzungsdauer der (nämlichen) Vermögenswerte abzustellen. Diese Nutzungsdauer ist regelmäßig zeitlich begrenzt, so dass der Ansatz einer ewigen Rente nicht in Betracht kommt. Keine Rolle spielt, ob das erwerbende Unternehmen mögliche **Ersatzinvestitionen** aus dem Cash-Flow der übernommenen Vermögenswerte leisten kann. Die Berücksichtigung möglicher Ersatzinvestitionen wäre auch bei Funktionsverlagerungen gar nicht angemessen, wenn sie in der Verantwortung des aufnehmenden Unternehmens durchgeführt werden, da anderenfalls ausländische Wertschöpfungsbestandteile in den Wert einer Funktion eingingen. Von einer ewigen Rente kann jedoch ausnahmsweise ausgegangen werden, wenn sichergestellt

---

[358] Vgl. Verwaltungsgrundsätze-Funktionsverlagerung, BMF-Schreiben v. 13. 10. 2010, BStBl 2010 I, S. 774, Rn. 108; siehe dazu Endres, D./Oestreicher, A., IStR 2009, Beihefter zu Heft 20, S. 13; Oestreicher, A./Hundeshagen, C, IStR 2009, S. 150; dies., DB 2008, S. 1638; sowie ausführlich auf der Basis einer Fallstudie Oestreicher, A./Hundeshagen, C., Ubg 2009, S. 833 ff.
[359] Vgl. BR-Drs. 352/08 v. 23. 5. 2008, Begründung, Besonderer Teil zu § 6.
[360] Vgl. BR-Drs. 352/08 v. 23. 5. 2008, S. 19, Begründung, Besonderer Teil zu § 3 Abs. 2 Satz 3.

ist, dass die Nutzungsdauer so lang ist, dass es für das Bewertungsergebnis nicht darauf ankommt, ob der Barwert einer begrenzten Zahlungsreihe oder der Barwert einer ewigen Rente ermittelt wird. Nimmt man alles zusammen, spricht vieles dafür, dass bei Funktionsverlagerungen so, wie das auch bei immateriellen Vermögenswerten der Fall ist, grundsätzlich auf eine **begrenzte Nutzungsdauer** abgestellt wird, während die zeitlich unbegrenzte Nutzungsdauer nur für Ausnahmefälle in Betracht kommt.

Der Wert eines Transferpakets ist auch dann im Ganzen zu bestimmen, wenn im Rahmen einer Funktionsverlagerung **gesonderte Verträge** für die Übertragung von Wirtschaftsgütern (Verkauf), für die Nutzungsüberlassung von Wirtschaftsgütern (z. B. die Vereinbarung einer Miete oder Lizenzierung) und für die Erbringung von Dienstleistungen vorliegen oder entsprechend dem Fremdvergleichsgrundsatz anzunehmen sind. Bestehen Zweifel, ob hinsichtlich des Transferpakets oder einzelner Teile eine Übertragung oder eine Nutzungsüberlassung anzunehmen ist, wird auf Antrag von einer Nutzungsüberlassung ausgegangen (§ 4 Abs. 2 FVerlV). Legt man der Besteuerung die Fiktion der Nutzungsüberlassung zugrunde, wird die Sofortversteuerung etwaiger, erheblicher stiller Reserven (Differenz zwischen dem Fremdvergleichspreis und dem Buchwert) so weit vermieden, wie der Antrag (Teile des Transferpakets oder gesamtes Transferpaket) reicht.[361] Offen bleibt, welcher **Zeitraum** dieser fiktiven Nutzungsüberlassung zugrunde zu legen ist, wenn nicht vereinbart ist, dass die Funktion nur für einen begrenzten Zeitraum verlagert wird. Man wird aber davon ausgehen müssen, dass die Finanzverwaltung in Übereinstimmung mit den übrigen Bestimmungen der Rechtsverordnung davon ausgehen wird, dass grundsätzlich ein unbegrenzter Überlassungszeitraum zugrunde zu legen ist.

Unklar ist ferner, ob diese Fiktion auch im Verhältnis zu einem **möglichen Erwerber** des die Funktion aufnehmenden Unternehmens beachtlich ist oder bei einer möglichen Veräußerung dieses Unternehmens zur Aufdeckung der bis dahin noch nicht versteuerten stillen Reserven führt.

Bewirkt in den Fällen einer „**Funktionsverdoppelung**" die Einschränkung der Funktion beim abgebenden Unternehmen innerhalb der Sperrfrist, dass zum Zeitpunkt, in dem die Einschränkung eintritt, insgesamt eine einheitliche Funktionsverlagerung vorliegt, sind die Verrechnungspreise für die Geschäftsvorfälle, die dazu geführt haben, dass eine Funktionsverlagerung vorliegt, so anzusetzen, dass sie zusammen mit den ursprünglich bestimmten Verrechnungspreisen dem nach seinen Gewinnpotenzialen bestimmten Gesamtwert des Transferpakets entsprechen (§ 4 Abs. 3 FVerlV). Diese Regelung soll Änderungen der Verrechnungspreise für die zuerst verwirklichten Geschäftsvorfälle und damit internationale Doppelbesteuerungsprobleme für den Fall vermeiden, dass die zuerst verwirklichten Geschäftsvorfälle schon Gegenstand der Ertragsbesteuerung im anderen Staat waren. Richtig klar ist sie aber nicht. Eine Funktionsverdoppelung liegt vor, wenn, wie bei einer Verlagerung, Wirtschaftsgüter und sonstige Vorteile sowie die damit verbundenen Chancen und Risiken übertragen oder zur Nutzung überlassen werden, damit das übernehmende Unternehmen eine Funktion ausüben kann, die von dem

---

[361] Zu dieser Möglichkeit siehe Baumhoff, H./Greinert, M., Ubg 2009, S. 544 ff.; Oestreicher, A./Hundeshagen, C., Ubg 2009, S. 840 ff.

verlagernden Unternehmen ausgeübt worden ist. Im Unterschied zur Verlagerung wird aber vorausgesetzt, dass es innerhalb einer Frist von fünf Jahren zu keiner Einschränkung der Funktion beim abgebenden Unternehmen kommt (§ 1 Abs. 2, 6 FVerlV). Der Tatbestand, der eine Funktionsverdoppelung nachträglich zur Funktionsverlagerung werden lässt, besteht damit regelmäßig darin, dass die Funktion bei dem die Funktion abgebenden Unternehmen **eingeschränkt** wird. Das sieht im Zweifel so aus, dass z. B. die im Inland verbliebene Produktionsabteilung ihre Arbeit einstellt. Eine Verlagerung von Wirtschaftsgütern ist jedenfalls nicht mehr erforderlich, wenn die Wirtschaftsgüter und Vorteile einschließlich der damit verbundenen Chancen und Risiken (die zuerst verwirklichten Geschäftsvorfälle) bereits zu Beginn der Sperrfrist übertragen (verdoppelt) wurden. Insoweit wird auch nicht ganz klar, für welchen **Vorgang** genau Verrechnungspreise so anzusetzen sind, dass sie zusammen mit den ursprünglich bestimmten Verrechnungspreisen dem nach seinen Gewinnpotenzialen bestimmten Gesamtwert des Transferpakets entsprechen.

e) Bestimmung des Einigungsbereichs

Der Einigungsbereich wird von den Preisen bestimmt, die der Leistende (das abgebende Unternehmen) und der Leistungsempfänger (das aufnehmende Unternehmen) mindestens erzielen wollen oder zu zahlen bereit sind. Ein solcher Bereich entsteht, wenn der Mindestpreis des abgebenden Unternehmens unter dem Betrag liegt, den das aufnehmende Unternehmen maximal ausgeben will. Anderenfalls ist die entsprechende Schnittmenge leer. Für das abgebende Unternehmen ergibt sich der **Mindestpreis** des Einigungsbereichs aus dem Ausgleich für den Wegfall oder die Minderung des Gewinnpotenzials zuzüglich der ggf. anfallenden Schließungskosten. Dabei sind tatsächlich bestehende **Handlungsalternativen,** die das Unternehmen realisieren könnte (z. B. die Einschaltung eines Auftragsproduzenten), zu berücksichtigen. In Fällen, in denen das verlagernde Unternehmen aus rechtlichen, tatsächlichen oder wirtschaftlichen Gründen nicht mehr dazu in der Lage ist, die Funktion mit eigenen Mitteln selbst auszuüben, entspricht der Mittelpreis dem Liquidationswert (§ 7 Abs. 2 FVerlV). Das kann nach der Begründung zum Entwurf der Rechtsverordnung der Fall sein, weil z. B. „ein Kunde die Verlagerung verlangt oder weil wegen der räumlichen Entfernung zum Markt eine direkte Erschließung von Deutschland aus nicht sinnvoll ist"[362]. Der Liquidationswert umfasst auch die Schließungskosten und kann deshalb auch kleiner als Null sein. Offen bleibt hierbei, was unter Schließungskosten zu verstehen ist und ob Schließungskosten auch Steuern auf entstehende Veräußerungsgewinne einschließen.

Erwartet das Unternehmen dauerhafte **Verluste,** wird der Mindestpreis des die Funktion abgebenden Unternehmens durch die zu erwartenden Verluste oder die ggf. anfallenden Schließungskosten begrenzt; maßgebend ist der „niedrigere absolute Betrag" (§ 7 Abs. 3 FVerlV). Diese Regelung ist auch dann nicht auf Anhieb nachvollziehbar, wenn davon ausgegangen wird, dass „durch die Funktionsverlagerung Schließungskosten für das verlagernde Un-

---

[362] BR-Drs. 352/08 v. 23. 5. 2008, S. 22, Begründung, Besonderer Teil zu § 7 Abs. 2.

ternehmen vermieden werden"[363]. Unklar ist ferner, was unter dem „niedrigeren absoluten Betrag" zu verstehen ist. Zur Verdeutlichung soll von folgendem Beispiel ausgegangen werden, in dem drei Szenarien unterschieden werden.

Szenario	zu erwartende Verluste	Schließungskosten
I	-100	-100
II	-50	-100
III	-150	-100

Mathematisch ist der absolute Betrag, der Absolutbetrag oder auch schlicht der Betrag einer Zahl immer eine positive Zahl oder Null. Notiert man die Verluste oder Schließungskosten mit einem negativen Vorzeichen (−100), ergibt sich ein absoluter Betrag i. H. v. |−100| = 100. Der Mindestpreis wäre positiv. Damit wird unterstellt, dass das abgebende Unternehmen anlässlich der Funktionsverlagerung wenigstens einen Preis von +100 erzielen wollte. Tatsächlich wäre das Unternehmen aber in dem Fall, da die Verluste und die Schließungskosten −100 betragen (**Szenario I**) gut beraten, jede Vereinbarung zu akzeptieren, die die Belastung durch Verluste oder Schließungskosten reduziert. Fallen bei einer Funktionsverlagerung Schließungskosten i. H. v. −100 an, stellt sich das Unternehmen schon besser, wenn es einen Preis i. H. v. 1 erzielt. Werden durch die Funktionsverlagerung Schließungskosten für das verlagernde Unternehmen vermieden, dürfte das Unternehmen sogar zu Ausgleichszahlungen bis zu maximal dem Betrag der zu erwartenden Verluste (|−100|) bereit sein.

Sind Verluste (Barwert) i. H. v. −50 zu erwarten, wäre es bei Schließungskosten i. H. v. −100 günstiger, die Funktion fortzuführen. Entstehen für den Fall einer Funktionsverlagerung Schließungskosten i. H. v. −100 (**Szenario II**), wird man erwarten dürfen, dass ein ordentlicher und gewissenhafter Geschäftsleiter einen Preis von wenigstens +50 erzielen wollte, weil er dann in der Summe (−100 + (+50)=−50) nicht schlechter stünde, als in dem Fall, dass er die Funktion fortführt. In diese Richtung geht auch die Begründung zum Entwurf der Verordnung, nach der es dem Fremdvergleich entsprechen kann, wenn zur Begrenzung von Verlusten ein Entgelt vereinbart wird, das die anfallenden Schließungskosten nur teilweise deckt. Das sei z. B. der Fall, wenn „der Vorteil des übernehmenden Unternehmens geringer ist, als die Schließungskosten des verlagernden Unternehmens". Die Rede ist hier aber nicht vom Mindestpreis. Angesprochen wird vielmehr der Einigungspreis, wenn es auch richtig ist, dass das abgebende Unternehmen einen Preis akzeptieren würde, der einen Teil der Schließungskosten deckt. Werden durch die Funktionsverlagerung Schließungskosten für das verlagernde Unternehmen vermieden, dürfte das Unternehmen zu Ausgleichszahlungen bis zu maximal dem Betrag der zu erwartenden Verluste (|−50|) bereit sein, was in der

---

[363] BR-Drs. 352/08 v. 23. 5. 2008, S. 23, Begründung, Besonderer Teil zu § 7 Abs. 3. Hinzu kommt, dass Schließungskosten nicht zu vermeiden sind, wenn man hierzu auch die anlässlich der Funktionsverlagerung zu zahlenden Steuern auf die resultierenden Übertragungsgewinne rechnet; siehe dazu bereits Oestreicher, A./Hundeshagen, C., DB 2008, S. 1698; inzwischen auch Verwaltungsgrundsätze-Funktionsverlagerung, BMF-Schreiben v. 13. 10. 2010, BStBl 2010 I, S. 774, Rn. 116 f.

4. Kapitel. Bei Kapitalgesellschaften

Begründung zur Verordnung ebenfalls zum Ausdruck kommt. Danach kann das verlagernde Unternehmen dem übernehmenden Unternehmen eine Ausgleichszahlung für die Übernahme der Verlustquelle zahlen, soweit durch die Funktionsverlagerung Schließungskosten für das verlagernde Unternehmen vermieden werden, die die Ausgleichszahlung an das übernehmende Unternehmen übersteigen.[364] Richtig ist ferner, dass das vereinbarte Entgelt oder die vom verlagernden Unternehmen geleistete Ausgleichszahlung aus Sicht des verlagernden Unternehmens nur dann betriebswirtschaftlich sinnvoll sind und dem Handeln eines ordentlichen und gewissenhaften Geschäftsleiters entsprechen, wenn die um das vereinbarte Entgelt geminderten oder die um die Ausgleichszahlung erhöhten Schließungskosten niedriger sind als die zu erwartenden Verluste aus der verlagerten Funktion.

Sind Verluste (Barwert) i. H. v. −150 zu erwarten, wäre es bei Schließungskosten i. H. v. −100 (**Szenario III**) günstiger, die Funktion zu schließen. Auch in dieser Situation stellt sich das Unternehmen schon besser, wenn es einem Preis i. H. v. 1 erzielt. Werden durch die Funktionsverlagerung wiederum Schließungskosten für das verlagernde Unternehmen vermieden, dürfte das Unternehmen zu Ausgleichszahlungen bis zu maximal dem Betrag der zu erwartenden Verluste (|−150|) bereit sein.

Nach allem ergibt sich, dass grundsätzlich darauf abzustellen ist, ob der Verlust die Schließungskosten übersteigt. Es ist ggf. vorteilhafter, die Funktion einzustellen. In diesem Fall ergibt sich der Mindestpreis aus

Mindestpreis = max. (Verlust [Barwert]; Schließungskosten)
− Schließungskosten.

Dabei ist zu berücksichtigen, dass „Verlust" und „Schließungskosten" negative Werte repräsentieren. Daher ist wegen des negativen Vorzeichens der dem Betrage nach kleinere Betrag maximal. So ergibt sich z. B. für Szenario I der Mindestpreis aus

max. (−100; −100) − (−100) = 0.

Werden die Schließungskosten durch die Funktionsverlagerung vermieden, ergibt sich

Mindestpreis = Verlust (Barwert).

Für das aufnehmende Unternehmen ergibt sich der **Höchstpreis** des Einigungsbereichs aus dem Gewinnpotential, das dieses Unternehmen erzielen kann, wenn es die Funktion übernimmt. Bei der Bestimmung dieser „Obergrenze des Verhandlungsrahmens" sind tatsächlich bestehende Handlungsmöglichkeiten, die das übernehmende Unternehmen hätte, wenn es vom verlagernden Unternehmen unabhängig und über alle wesentlichen Umstände vollständig informiert wäre (§ 7 Abs. 4 FVerlV, § 1 Abs. 1 Satz 2 AStG) zu berücksichtigen. Höchstpreis und Einigungsbereich sind auch dann

---
[364] Vgl. BR-Drs. 352/08 v. 23. 5. 2008, S. 23, Begründung, Besonderer Teil zu § 7 Abs. 3.

zu bestimmen, wenn das abgebende Unternehmen aus der Funktion dauerhafte Verluste erzielt oder aus rechtlichen, tatsächlichen oder wirtschaftlichen Gründen nicht mehr dazu in der Lage ist, die Funktion aus eigenen Mitteln auszuüben. Ist die Funktion für ein anderes Unternehmen wertvoll, wäre auch in dieser Situation „ein unabhängiger Dritter als verlagerndes Unternehmen grundsätzlich nicht dazu bereit, das Transferpaket unentgeltlich zur Verfügung zu stellen"[365].

f) Schadensersatz-, Entschädigungs- und Ausgleichsansprüche

Anstelle von Einigungspreisen können der Funktionsverlagerung gesetzliche oder vertragliche Schadensersatzansprüche, Entschädigungsansprüche, Ausgleichsansprüche oder sonstige Ansprüche zugrunde gelegt werden.[365a] Voraussetzung ist, dass

– sie auch voneinander unabhängigen Dritten zustünden, wenn ihre Handlungsmöglichkeiten vertraglich oder tatsächlich ausgeschlossen würden,
– solche Dritte unter ähnlichen Umständen in vergleichbarer Weise verfahren wären und
– keine wesentlichen Wirtschaftsgüter und Vorteile übertragen oder zur Nutzung überlassen worden sind, es sei denn, die Übertragung oder Überlassung ist zwingende Folge der gesetzlichen oder vertraglichen Ansprüche.

Nach der Begründung zum Entwurf der Rechtsverordnung bezieht sich diese Regelung auf Fälle, in denen Funktionsverlagerungen in der Form der Entziehung oder Reduzierung einer Funktion durchgeführt werden (**Abschmelzungsfälle**). In diesen Fällen wird häufig geltend gemacht, dass einem Unternehmen auch unter fremden Dritten kein Anspruch auf ein Entgelt, sondern nur ein gesetzlicher oder vertraglicher Anspruch auf Schadensersatz oder ein Anspruch auf einen sonstigen Ausgleich zustünde. Offen bleibt, was unter Entziehung oder Reduzierung einer Funktion in diesem Zusammenhang genau zu verstehen ist. Der Begriff „Abschmelzung" mag in der Literatur geläufig sein, erscheint aber nicht trennscharf. Da dieser Begriff häufig im Zusammenhang mit der Reduktion eines Produktionsunternehmens, das in Lizenz fertigt, auf ein Unternehmen, das nach genauen Vorgaben im Auftrag tätig ist, benutzt wird oder auf die „Abschmelzung" von Vertragshändlern zu Kommissionären oder Handelsvertretern Anwendung findet, wird man davon ausgehen dürfen, dass der (teilweise) **Entzug zuvor vertraglich eingeräumter Rechte** nach entsprechender Kündigung gemeint ist, der zu Schadensersatzansprüchen, Entschädigungsansprüchen, Ausgleichsansprüchen oder sonstigen Ansprüchen führen kann. Nicht unter die „Abschmelzung" dürfte jedoch fallen, wenn Produktionsunternehmen, die auf der Grundlage eigener Rechte herstellen, oder Vertriebsunternehmen, die nicht in die Vertriebsorganisation eines Herstellers von Markenwaren eingegliedert (keine Vertragshändler) sind,[366] auf Unternehmen umgestellt werden, die in Lizenz oder im Auftrag fertigen oder vertreiben.

---

[365] BR-Drs. 352/08 v. 23. 5. 2008, S. 24, Begründung, Besonderer Teil zu § 7 Abs. 5.
[365a] Siehe hierzu auch Puls, M., IStR 2010, S. 89 ff.
[366] Zum Begriff des Vertragshändlers siehe 6. Teil, 5. Kapitel, Abschnitt B III 1.

4. Kapitel. Bei Kapitalgesellschaften

g) Einzelheiten in Fällen nachträglicher Anpassungen

Wesentliche immaterielle Wirtschaftsgüter werden nach einer widerlegbaren gesetzlichen Vermutung (§ 1 Abs. 3 Satz 11 AStG) wegen der Unsicherheit ihres künftigen Wertes zwischen voneinander unabhängigen Dritten grundsätzlich nur auf der Basis von Preisvereinbarungen übertragen oder überlassen, die Möglichkeiten nachträglicher Preisanpassungen vorsehen. Solche **Anpassungsregelungen** liegen auch dann vor, wenn im Hinblick auf wesentliche immaterielle Wirtschaftsgüter und Vorteile Lizenzvereinbarungen getroffen werden, die die zu zahlende Lizenz vom Umsatz oder Gewinn des Lizenznehmers abhängig machen oder für die Höhe der Lizenz Umsatz und Gewinn berücksichtigen (§ 9 FVerlV). Die Möglichkeit einer nachträglichen Anpassung bei erheblicher Abweichung der tatsächlichen Gewinnentwicklung von der Gewinnentwicklung, die der Verrechnungspreisbestimmung zugrunde lag, besteht nur, wenn ein Transferpaket oder ein darin enthaltenes immaterielles Wirtschaftsgut zu einem Festpreis veräußert wird und keine fremdübliche Preisanpassungsklausel vereinbart wurde. Nur für diesen Fall sind gesetzlich zehn Jahre als Überprüfungszeitraum festgelegt. Daraus folgt andererseits, dass im Einzelfall tatsächlich vereinbarte, kürzere Fristen für Preisanpassungsklauseln oder Lizenzvereinbarungen anzuerkennen sind, wenn sie dem Fremdvergleichsgrundsatz entsprechen. Daneben dürfte aber auch das Verfahren der **verzögerten Kaufpreisfestsetzung** oder **nachträglichen Kaufpreiserhöhung** (Earn-out-Verfahren) eine dem Fremdvergleichsgrundsatz entsprechende Anpassungsregelung darstellen. Bei diesem Verfahren vereinbaren die Vertragsparteien, dass der Verkäufer über einen Grundbetrag hinaus für eine definierte Anzahl an Jahren gewinnabhängige Beträge erhält.[367] Bei diesen Verfahren kann sich die verzögerte Kaufpreisfestsetzung auf eine Kaufpreisperiode von etwa zwei bis maximal fünf Jahren erstrecken.[368]

Eine **erhebliche Abweichung** liegt vor, wenn der Verrechnungspreis, der sich auf Basis der tatsächlichen Gewinnentwicklung ergibt, außerhalb des ursprünglichen Einigungsbereichs liegt. Der neue Einigungsbereich wird nach der Rechtsverordnung durch den ursprünglichen Mindestpreis und den neu ermittelten Höchstpreis des Unternehmens begrenzt. Hierbei sei vom ursprünglichen Mindestpreis auszugehen, da bei diesem keine Veränderung eintreten kann, während der Höchstpreis des übernehmenden Unternehmens anhand der tatsächlich erzielten Gewinne neu zu berechnen ist.[369] Eine erhebliche Abweichung liegt auch dann vor, wenn die tatsächliche Gewinnentwicklung des übernehmenden Unternehmens aus der übernommenen Funktion entgegen den ursprünglichen Erwartungen so ungünstig verläuft, dass sich kein Einigungsbereich mehr ergibt. Dies ist der Fall, wenn der ursprüngliche Mindestpreis des verlagernden Unternehmens höher ist als der „neue" Höchstpreis des übernehmenden Unternehmens (§ 10 Satz 3 FVerlV).

---

[367] Vgl. Helbling, C., Absicherungsstrategien, 2009, S. 248; zu Messbarkeitsproblemen bei Erwerb im längerfristigen Interesse siehe aber Fisseler, M./Weißhaupt, F., DB 2006, S. 431; die Bewertung von Earn-out-Klauseln im Rahmen von Unternehmenstransaktionen wird bei Tallau, C., FB 2009, S. 8 ff. diskutiert.
[368] Dagegen kann eine Kaufpreisreduzierung wegen Umsatzrückgängen im Einzelfall sogar wegen Sittenwidrigkeit unwirksam sein, vgl. OLG Naumburg v. 19. 7. 2005, DStR 2006, S. 1387; Klein-Blenkers, F., NZG 2006, S. 247.
[369] Siehe hierzu Oestreicher, A./Wilcke, D., DB 2010, S. 468 ff.

Beide Regelungen wollen nicht recht einleuchten. Es ist zwar richtig, dass sich tatsächliche Änderungen nach einer Funktionsverlagerung nur auf Seiten des aufnehmenden Unternehmens ergeben können. Diese Änderungen sind aber nur insoweit zu berücksichtigen, als sie nicht auf Maßnahmen zurückgehen, die nach der Funktionsverlagerung neu begründet wurden (nachträgliche Investitions- oder Reorganisationsmaßnahmen). Maßgebend können nur die in der Funktion bereits angelegten Entwicklungen sein, über die im **Zeitpunkt der Funktionsverlagerung** Unsicherheit herrschte, so dass es zu einer falschen Einschätzung über die zukünftige Entwicklung kommen konnte.[370] Aufgrund der tatsächlichen Entwicklung kann sich aber auch die Kalkulation des **abgebenden Unternehmens** nachträglich als falsch herausstellen. Wäre die tatsächliche Entwicklung vorhersehbar gewesen, hätte in diesem Fall auch das abgebende Unternehmen einen vom ursprünglichen Grenzpreis abweichenden Mindestpreis ermittelt. Werden sowohl Höchstpreis als auch Mindestpreis infolge der tatsächlichen Entwicklung angepasst, kommt es auch nicht im Nachhinein zu der Situation, dass der „neue" Höchstpreis unter den ursprünglichen Mindestpreis sinkt. Für diesen Fall schreibt die Rechtsverordnung, entgegen dem Gesetzeswortlaut, einen unter dem Mindestpreis liegenden „angepassten" Verrechnungspreis vor. Auf einen Preis, der außerhalb des Einigungsbereichs liegt, hätten sich ordentliche Geschäftsleiter allerdings nie geeinigt.

Eine Anpassung ist angemessen, wenn sie grundsätzlich dem Unterschiedsbetrag zwischen dem ursprünglichen und dem neu ermittelten Einigungswert entspricht. Entwickelt sich die Gewinnerwartung so ungünstig, dass sich kein Einigungsbereich mehr ergibt, ist die Anpassung angemessen, wenn sie dem Unterschiedsbetrag zwischen dem (niedrigeren) neuen Höchstpreis des übernehmenden Unternehmens und dem ursprünglichen Mindestpreis des verlagernden Unternehmens entspricht (§ 11 FVerlV).

II. Kapitel IX der OECD-Verrechnungspreisleitlinien

1. Gegenstand des neunten Kapitels der Leitlinien zu Verrechnungspreisfragen bei der Restrukturierung internationaler Unternehmen

a) Übersicht

Im Jahr 2010 veröffentlichte die OECD ihre aktuellen Leitlinien zu Verrechnungspreisfragen mit einem neuen Kapitel IX zu der Restrukturierung internationaler Unternehmen.[371] Im Unterschied zu den Vorschriften in Deutschland über die Ermittlung der Verrechnungspreise und die Prüfung der Einkunftsabgrenzung zwischen nahe stehenden Personen in Fällen von grenzüberschreitenden Funktionsverlagerungen geht das Diskussionspapier der OECD jedoch über den Bereich der Funktionsverlagerung hinaus. Das bezieht sich zwar nicht auf den Gegenstand der Betrachtung selbst. So versteht die OECD unter dem Begriff der **Restrukturierung** von (internationalen) Unternehmen die grenzüberschreitende Neuzuordnung von Funktionen, Wirtschaftsgütern und/oder Risiken innerhalb einer Unternehmensgruppe.

---

[370] So auch Schwenke, M., Funktionsverlagerungen, 2010, S. 117, wenn auch der Wortlaut der Regelungen im Gesetz und der FVerlV sowie die Auslegung der Finanzverwaltung eine andere Interpretation nahe legen.
[371] Vgl. OECD, Leitlinien 2010, insbesondere Kap. IX.

4. Kapitel. Bei Kapitalgesellschaften 845

Als Beispiele gelten für die OECD die Umwandlung eines Eigenhändlers mit vollständig eigenem Geschäftsrisiko in einen Kommissionär oder Agenten, der nur ein begrenztes Risiko trägt, die Umwandlung eines Eigenproduzenten in einen Lohnfertiger, die Rationalisierung und Spezialisierung von Geschäftsprozessen in den Bereichen Forschung und Entwicklung, Produktion, Vertrieb und Dienstleistungen sowie die Übertragung immaterieller Wirtschaftsgüter auf eine zentrale Einheit, die auch im Mittelpunkt der deutschen Regelungen stehen.[372] Ferner bezieht sich das neunte Kapitel auf die allgemeinen Verrechnungspreisleitlinien und hält auch fest, dass der Fremdvergleichsgrundsatz und die Verrechnungspreisleitlinien auf Restrukturierungen und Geschäftsvorfälle, die nach einer Restrukturierung durchgeführt werden, so anzuwenden sind, wie das der Fall wäre, wenn die Geschäftsvorgänge von vornherein in der entsprechenden Form gestaltet worden wären.[373] Neben der Vergütung für die Übertragung von Wirtschaftsgütern und sonstigen Vorteilen im Rahmen der Restrukturierung selbst, beschäftigt sich das neunte Kapitel der OECD-Leitlinien aber in seinen **vier thematischen Abschnitten** (Parts) auch mit der Risikoallokation und der Risikobewertung (Part I), der Vergütung für konzerninterne Lieferungen und Leistungen, die im Anschluss an eine Restrukturierung (anders) erbracht werden (Part III) sowie der Nichtanerkennung von Restukturierungsmaßnahmen (Part IV). Im Unterschied zum AStG, der FVerlV und den Verwaltungsgrundsätzen-Funktionsverlagerung klammert die OECD andererseits jedoch im Zusammenhang mit dem Themenbereich „Vergütung der Restrukturierung selbst" (Part II) die Bewertungsfrage weitgehend aus. Wie aus dem Fiskalausschuss der OECD zu vernehmen ist, soll dieses Thema umfassend und systematisch in Zusammenhang mit der geplanten Überarbeitung der Verrechnungspreisleitlinien für **immaterielle Wirtschaftsgüter** behandelt werden.

b) Risikoallokation und Risikobewertung bei Transaktionen zwischen verbundenen Unternehmen

Die Fragen der Risikoaufteilung und -bewertung beziehen sich insbesondere auf das Spannungsverhältnis zwischen konzerninternen Vertragsbedingungen und dem tatsächlichen Verhalten der Konzernunternehmen. Im Zentrum stehen die **Fragestellungen,** ob die vertraglichen Vereinbarungen zwischen Konzernunternehmen eine fremdübliche Aufteilung der Risiken widerspiegeln, wann Risiken ökonomisch bedeutsam sind und welche Schlussfolgerungen für die Bestimmung von Verrechnungspreisen zu ziehen sind.

Für die OECD kommt der Zuordnung von Risiken im Konzern zentrale Bedeutung zu. Basis einer steuerlich anzuerkennenden Risikoaufteilung sei die möglichst schriftlich, im Vorhinein zu treffende Vereinbarung, die mit dem tatsächlichen Verhalten in Einklang stehen muss.[374] Weitere **Vorausset-**

---

[372] Vgl. Verwaltungsgrundsätze-Funktionsverlagerung, BMF-Schreiben v. 13. 10. 2010, BStBl 2010 I, S. 774, Rn. 4 ff.
[373] OECD, Leitlinien 2010, Tz. 9.2 f., 9.9. Tatsächlich bedarf es für eine mögliche Korrektur der stillen Reserven, die anlässlich der Verlagerung einer betrieblichen Funktion aufgedeckt werden, keiner separaten Norm, vgl. Oestreicher, A., Ubg 2009, S. 80.
[374] Vgl. OECD, Leitlinien 2010, Tz. 9.11 f. mit Hinweisen auf OECD, Leitlinien 2010, Tz. 1.52 f.

zung ist für die OECD, dass die Risikoaufteilung dem entspricht, was fremde Dritte vereinbart hätten. Fremde Dritte übernehmen nach Überzeugung der OECD Risiko nur insoweit, als sie das Risiko verantworten müssen, es steuern und beherrschen können. Diese **Beherrschung** müsse sich zwar nicht auf das Tagesgeschäft erstrecken, es bedeute aber, dass die Mitarbeiter der Gesellschaft, der ein spezifisches Risiko zugeordnet ist, die hierauf bezogenen strategischen Entscheidungen fällen können und das auch tatsächlich tun.[375]

> **Beispiel:** Im Rahmen einer Auftragsforschung erteilt A den Auftrag an das Unternehmen F, die laufenden Forschungstätigkeiten (Durchführung der Versuchsreihen, Analysen, Auswertungen) durchzuführen. Für seine Tätigkeiten erhält F eine vom Forschungserfolg unabhängige Vergütung, während A Eigentümer der Forschungsergebnisse wird, andererseits aber auch das Risiko eines Fehlschlags trägt. Hier können zwar die Aufgaben der täglichen Forschungsarbeiten einschließlich der hiermit verbundenen Entscheidungen auf der operativen Ebene auf F übertragen werden. A verbleiben aber die Entscheidungen, sich den Auftragnehmer auszusuchen, das Forschungsprojekt zu spezifizieren, Methoden vorzugeben und den Zielrahmen zu setzen. Dieses Risiko kann A nur unter der Voraussetzung zugeordnet werden, dass er über Personal verfügt, das entsprechende Kompetenzen (fachlich und disziplinarisch) hat und diese tatsächlich auch ausübt.

Mögliche **Korrekturen** können auf zwei Ebenen aufsetzen. Ergibt sich, dass die Risikozuordnung dem Grundsatz des Fremdvergleichs entspricht, bliebe zu prüfen, ob sich diese Zuordnung in den Preisen für verrechnete Leistungen angemessen niedergeschlagen hat. Ist das nicht der Fall, sind entsprechende Korrekturen erforderlich. Widerspricht die Risikoverteilung dem Grundsatz des Fremdvergleichs, weil sich entweder aus vergleichbaren Verträgen zwischen fremden Dritten ergibt, dass die Vertragsparteien eine andere Risikozuordnung wählen oder die Vertragspartner nicht in der Lage sind, die ihnen zugeordneten Risiken tatsächlich zu verwalten, werden die Finanzverwaltungen durch die OECD ermuntert, bei der Bestimmung der Verrechnungspreise von einer **geänderten Risikoaufteilung** zwischen den Vertragsparteien auszugehen.[376]

c) Fremdübliche Vergütung der Restrukturierung selbst

Ausgangspunkt der Bestimmung von Fremdvergleichspreisen für die Restrukturierung selbst ist eine Identifikation der Geschäftsvorgänge, die zu einer veränderten Zuordnung von Funktionen, Vermögenswerten und Risiken im Konzern führen.

> **Beispiel:** Besteht eine Restrukturierung darin, dass eine bis dahin eigenständig agierende Konzernvertriebsgesellschaft nach der Restrukturierung alle Aufgaben eines Kommissionärs übernimmt, stellt sich die Frage nach dem veränderten Aufgabenspektrum, einer möglichen Veränderung in der Zuordnung von Wirtschaftsgütern (Sachen, Rechten oder sonstigen Vorteilen), damit verbundene Vermögenstransfers und den Konsequenzen für die übernommenen Risiken.

Ferner sind die geschäftlichen Motive sowie die erwarteten Vorteile zu untersuchen, die das Unternehmen veranlasste, die Restrukturierung durch-

---
[375] Zur Kritik siehe Werra, M. IStR 2009, S. 84.
[376] Vgl. OECD, Leitlinien 2010, Tz. 9.34 ff.

4. Kapitel. Bei Kapitalgesellschaften 847

zuführen. Viele Restrukturierungen werden nicht zuletzt deshalb durchgeführt, weil es die Gruppe insgesamt profitabler oder wettbewerbsfähiger macht. Kommt es in diesem Zusammenhang zu einem Verlust lokaler Vorteile, so haben die Konzerngesellschaften i. S. d. Fremdvergleichsgrundsatzes, der auf die **Perspektive** der einzelnen Gesellschaften abstellt, Anspruch auf einen entsprechenden Ausgleich. Maßgebend sind hier die Möglichkeiten, die das Konzernunternehmen realistischerweise alternativ wahrnehmen könnte.[377]

Die Übertragung von Funktionen, Wirtschaftsgütern und Risiken ist für die OECD mit einer **Umverteilung** der Gewinn- oder Verlustpotenziale im Konzern verbunden. Diese Gewinn- oder Verlustpotenziale sind zwar selbst keine Wirtschaftsgüter und Kosten. Zu prüfen ist aber, ob die zugrunde liegende Veränderung bei den Rechten oder anderen Wirtschaftsgütern fremdüblich vergütet wurde.[378] Die fremdübliche Vergütung übertragener Rechte oder anderer Wirtschaftsgüter richtet sich für die OECD nach der Höhe des damit verbundenen Gewinn- oder Verlustpotenzials, den erwarteten Vergütungen der betroffenen Unternehmen im Anschluss an die Restrukturierung sowie den Alternativen, die den abgehenden sowie den aufnehmenden Unternehmen tatsächlich zur Verfügung standen.

Im Einzelnen unterscheidet Kapitel IX zwischen der Übertragung von **Werten** (something of value) und der Entschädigung der restrukturierten Einheit für reorganisationsbedingte Nachteile. Zu den übertragenen Werten gehören, je nach Sachverhalt und Form der Strukturveränderung, die Übertragung einzelner Wirtschaftsgüter oder gar der **Unternehmensfunktionen** (activities, ongoing concern).

In Bezug auf die Übertragung materieller Wirtschaftsgüter empfiehlt die OECD vornehmlich die Anwendung von **Standardmethoden.** In Bezug auf immaterielle Wirtschaftsgüter[379] macht sie deutlich, dass die Wertfindung sowohl die Perspektive des abgebenden als auch die Perspektive des aufnehmenden Unternehmens berücksichtigen, alternative Verwendungen prüfen und mögliche Entgelte, die bei anschließender Nutzung durch das abgebende Unternehmen an den neuen Eigentümer (z. B. Prinzipal- oder zentrale Verwaltungsgesellschaften) zu leisten sind, in das Kalkül einbeziehen muss. Sind die Werte unsicher, behalten sich voneinander unabhängige Unternehmen **Preisanpassungen** oder Nachverhandlungen vor. Bestehen aber im Zeitpunkt der Reorganisationen keine Unsicherheiten in Bezug auf die künftige Wertentwicklung, verstößt es gegen den Grundsatz des Fremdvergleichs, wenn die Finanzverwaltung aufgrund von Informationen, die erst später bekannt werden, eine Korrektur fordert. Der Tatbestand allein, dass die Zukunft unsicher ist, rechtfertigt nach Auffassung der OECD nicht von vorn-

---
[377] Vgl. OECD, Leitlinien 2010, Tz. 9.59 ff.
[378] Vgl. OECD, Leitlinien 2010, Tz. 9.65 ff.; dabei hält die OECD fest, dass die Gewinn- und Verlustpotenziale auf einzelne Rechte und Wirtschaftsgüter bezogen sind; sie sollten nicht i. S. d. Gewinne oder Verluste interpretiert werden, die das restrukturierte Unternehmen aus einer Fortführung seiner Unternehmenstätigkeit auf unbegrenzte Dauer erwartet.
[379] Eine Übertragung immaterieller Wirtschaftsgüter kann auch darin bestehen, dass vertragliche Rechte (z. B. im Rahmen einer Art Änderungskündigung zugunsten eines verbundenen Unternehmens) aufgegeben werden, vgl. OECD, Leitlinien 2010, Tz. 9.91 f.; siehe dazu auch Baumhoff, H./Puls, M., IStR 2009, S. 78.

herein die nachträgliche Preisanpassung durch die Finanzverwaltung. Maßgebend ist stets, was voneinander unabhängige Unternehmen in der zu entscheidenden Situation vereinbart hätten.[380] Bei lokalen Werten (z. B. einer Kundenliste) ist zu prüfen, wer diese Werte nach einer Restrukturierung nutzt. Verbleiben sie lokal, ist das bei der Bemessung der Vergütung im Anschluss an die Restrukturierung zu berücksichtigen.

Werden **Unternehmensfunktionen** übertragen, beschränkt sich der Fremdpreis für die OECD nicht notwendigerweise auf die Summe der Vergleichspreise für die einzelnen Wirtschaftsgüter. Das entsprechende **Bündel** von Wirtschaftsgütern und anderen Werten (einschließlich vertraglicher Rechte oder eines Arbeitnehmerstamms), Verbindlichkeiten und Risiken kann auch einen Firmenwert einschließen. Daher können sich aus Sicht der OECD auch Bewertungsmethoden, die in Zusammenhang mit Unternehmenserwerben i. S. d. Erwerbs von Wirtschaftsgütern (acquisition deals) als nützlich erweisen.[381] Auf Einzelheiten geht die OECD an dieser Stelle nicht ein, da sie dieses Thema im Rahmen eines geplanten Projekts zur Bewertung immaterieller Wirtschaftsgüter umfassender behandeln will.

Bei **Verlusten** mag die Restrukturierung im Vergleich zur Fortsetzung Vorteile haben. Fraglich ist daher, ob das aufnehmende Unternehmen unter fremden Dritten bereit ist, für die Übernahme der Funktion ein Entgelt zu zahlen. Im Einzelnen ist die Antwort von der Nachhaltigkeit der erwarteten Verluste, der Höhe möglicher Schließungskosten und bestehender Synergievorteile, die sich beim aufgebenden Unternehmen an anderer Stelle ergeben, abhängig.[382]

Werden im Zuge einer Restrukturierung bestehende **Vertragsbeziehungen** beendet, mögen sich für das restrukturierte Unternehmen weitere Nachteile ergeben. Möglich sind Kosten, die aus der Abschreibung seiner Investments oder einer Auflösung von Arbeitnehmerbeziehungen resultieren, Restrukturierungskosten und der Verlust eines Gewinnpotenzials. Diese Schäden oder Nachteile können nach Auffassung der OECD auszugleichen sein, wenn

- die der Vertragsbeziehung zugrunde liegende Vereinbarung eine Entschädigungsklausel enthält,
- die der Vertragsbeziehung zugrunde liegende Vereinbarung fremdüblich keine oder eine nicht ausreichende Entschädigungsleistung vorsieht oder
- aufgrund gesetzlicher Bestimmungen oder richterlicher Anordnung Entschädigungsleistungen bestehen.

d) Vergütung von Geschäftsbeziehungen zwischen verbundenen Unternehmen im Anschluss an eine Restrukturierung

Im Zusammenhang mit einer Restrukturierung ist es nicht ungewöhnlich, dass der Gewinn der restrukturierten Konzerngesellschaft nach der Restrukturierung deutlich einbricht. Daher setzt sich die OECD in einem dritten

---

[380] Vgl. OECD, Leitlinien 2010, Tz. 9.88.
[381] OECD, Leitlinien 2010, Tz. 9.93 f.; für Werra, M., IStR 2009, S. 85, ist damit die deutsche Transferpaketbetrachtung international abgesichert.
[382] OECD, Leitlinien 2010, Tz. 9.95 ff.

4. Kapitel. Bei Kapitalgesellschaften 849

Abschnitt auch mit der Vergütung von **Geschäftsbeziehungen** zwischen verbundenen Unternehmen im Anschluss an eine Restrukturierung auseinander. Diese Geschäftsbeziehungen sind grundsätzlich nicht anders zu vergüten als Transaktionen, die bereits von vornherein in der entsprechenden Form durchgeführt wurden, so dass generell die allgemeinen Verrechnungspreisleitlinien zur Anwendung kommen.[383] Da Kapitel IX parallel zur Überarbeitung der Leitlinien in Bezug auf die Themen „Vergleichbarkeit" und „Status der Gewinnmethoden"[384] geschrieben wurde, betont die OECD zunächst ihre Auffassung, dass es notwendig sei, die bisherige Sichtweise, nach der Gewinnmethoden Ausnahmecharakter haben, aufzugeben und

– diskutiert die Anwendung von **Verrechnungspreismethoden** auf Geschäftsvorgänge, die im Anschluss an eine Restrukturierung durchgeführt werden,
– geht auf das **Verhältnis** von Vergütung für die Restrukturierung selbst und die Vergütung im Anschluss an die Restrukturierung ein,
– analysiert die Bedeutung der **Gewinne,** die von den beteiligten Gesellschaftern vor und nach der Restrukturierung erzielt werden, und
– hält fest, dass die Zuordnung der **Standortvorteile** von sowohl der Spezialisierung als auch dem Wettbewerb in Bezug auf die verlagerte Aktivität abhängt.

Ein besonderes Problem ergibt sich für die OECD aus dem Umstand, dass ein restrukturiertes Unternehmen vor der Restrukturierung wesentlich zur Entwicklung des Unternehmens und vor allem auch immaterieller Werte beigetragen hat, so dass es einer sorgfältigen Analyse bedarf, welches Unternehmen nach der Restrukturierung aus diesen Werten Vorteile zieht. Grundsätzlich sind aber die Übertragung dieser Vorteile gegen Entgelt sowie die anschließende Nutzung durch das restrukturierte Unternehmen möglich. In diesem Fall müsse sich die weitergehende Nutzung immaterieller Werte jedoch in der Vergütung und den Gewinnen des restrukturierten Unternehmens widerspiegeln.[385]

Die Wahl der zutreffenden Verrechnungspreismethode muss sich für die OECD daran orientieren, ob die grundlegenden Vergleichbarkeitskriterien erfüllt werden können. Dabei ruft sie in Erinnerung, dass sich die Anwendung der **Kostenaufschlagsmethode** oder der geschäftsfallorientierten Gewinnvergleichsmethode aus den wirtschaftlichen Rahmenbedingungen ergeben muss und nicht umgekehrt eine risikoarme Situation aus geringen Gewinnaufschlägen abgeleitet werden kann.[386] Die **Preisvergleichsmethode** komme insbesondere dann zur Anwendung, wenn vergleichbare Transaktionen beobachtet oder Preise aus zuvor durchgeführten Unternehmenserwerben abgeleitet werden können. Die Anwendung **einseitiger Methoden** (Kostenaufschlagsmethode, Wiederverkaufspreismethode und transaktionsorientierte Nettogewinnmethode) bedeute nicht, dass sich die Analyse der wirtschaftlichen Rahmenbedingungen auf nur eine Vertragspartei beschränken kann. In Fällen einer Restrukturierung hat das zur Folge, dass auch die Funktionen,

---
[383] Vgl. OECD, Leitlinien 2010, Tz. 9.123.
[384] Vgl. 1. Kapitel.
[385] Vgl. OECD, Leitlinien 2010, Tz. 9.127.
[386] Vgl. OECD, Leitlinien 2010, Tz. 9.13 i. V. m. Tz. 9.44 ff.

Wirtschaftsgüter und Risiken der anderen Vertragspartei zu prüfen sind, womit Informationen über die Funktionen des ausländischen verbundenen Unternehmens erforderlich werden. Unabhängig davon kann für die OECD, wenngleich sie auch im Zusammenhang mit Restrukturierungen eine grundsätzliche Präferenz für die Standardmethoden erkennen lässt,[387] die **geschäftsfallorientierte Gewinnaufteilungsmethode** die geeignetere Methode sein. Diese Position wird im Entwurf der OECD durch ein Beispiel zur Einrichtung einer zentralen Beschaffungsgesellschaft unterstrichen.[388] Der **Vergleich der Gewinne** eines Unternehmens mit den Gewinnen, die dieses Unternehmen vor der Restrukturierung erzielt hat, führt dagegen für die OECD nicht immer zu einem belastbaren Ergebnis, wenngleich dieser Vergleich dazu beitragen kann, den Restrukturierungsvorgang insgesamt zu verstehen. Maßgebende Gründe dafür sind, dass der Vergleich mit Geschäftsbeziehungen zwischen voneinander abhängigen Unternehmen grundsätzlich keine belastbare Vergleichsgrundlage bildet. Darüber hinaus müsse berücksichtigt werden, dass nicht immer alle Funktionen, Wirtschaftsgüter und Risiken tatsächlich auf den Vertragspartner übertragen werden. Dies setze voraus, dass die wirtschaftlichen Rahmenbedingungen sorgfältig zu analysieren sind.[389]

Dient die Restrukturierung dem Ziel einer Nutzung von **Standortvorteilen** (geringere Lohn- oder Grundstückskosten), stellt sich die Frage, ob, und wenn ja, wie die entstehenden Vorteile zwischen den Vertragsparteien aufzuteilen sind. Im Unterschied zu den Regelungen der FVerlV und den einschlägigen Verwaltungsgrundsätzen, die diese Standortvorteile grundsätzlich dem Auftraggeber zuordnen[390], stellt die OECD generell darauf ab, welche Vereinbarung zwischen fremden Dritten in Abhängigkeit der gegebenen Bedingungen des Marktes, der wirtschaftlichen Situation in den Unternehmen (Funktionen, Wirtschaftsgüter und Risiken) sowie einer damit verbundenen Verhandlungsstärke getroffen werden würde.[391]

e) Anerkennung der gewählten Struktur (Dispositionsfreiheit)

In Konzernstrukturen ist es nicht auszuschließen, dass sich die einzelnen Konzerngesellschaften durch ein Funktionsspektrum auszeichnen, das in dieser Form nicht unmittelbar bei wirtschaftlich selbständigen Gesellschaften zu finden ist. Dieses Ergebnis kann sich insbesondere dann einstellen, wenn sich ein Konzernunternehmen entschließt, seine Wertschöpfungskette global auszurichten und sich in Bezug auf die Funktionsdichte der eingebundenen Konzerngesellschaften nicht nur, aber auch von steuerlichen Kriterien leiten zu lassen. Vor diesem Hintergrund mag es nicht verwundern, dass die OECD im Zusammenhang mit steuerlichen Überlegungen zur Restrukturierung

---

[387] Vgl. hierzu Werra, M., IStR 2009, S. 86 f.
[388] Vgl. OECD, Leitlinien 2010, Tz. 9.154 ff. Zur Diskussion einer möglichen Präferenz für die geschäftsfallorientierte Gewinnaufteilungsmethode siehe Bullen, A./Gerten, A./Stürzlinger, B., TNI 2009, S. 1006 f.
[389] Vgl. OECD, Leitlinien 2010, Tz. 9.142 ff.
[390] Vgl. Verwaltungsgrundsätze-Funktionsverlagerung, BMF-Schreiben v. 13. 10. 2010, BStBl 2010 I, S. 774, Rn. 82; siehe dazu Endres, D./Oestreicher, A., IStR 2009, Beihefter zu Heft 20, S. 12 f.; Frotscher, G./Oestreicher, A., Intertax 2009, S. 379 ff.
[391] Vgl. OECD, Leitlinien 2010, Tz. 9.148 ff.

4. Kapitel. Bei Kapitalgesellschaften

diskutiert, ob und wenn ja, unter welchen Bedingungen den Steuerbehörden empfohlen werden sollte, einzelnen Strukturen die **Anerkennung** zu versagen. Dabei nimmt die OECD Bezug auf die entsprechenden, bereits allgemein eingeführten Passagen der OECD-Leitlinien.[392] Bei aller Skepsis, die die beteiligten Finanzverwaltungen zur Diskussion dieser Fragestellung getrieben haben mag, stellt die OECD gleichwohl heraus, dass sich Konzerne grundsätzlich so organisieren dürfen, wie sie das für richtig halten.[393] Unternehmen können nicht gezwungen werden, ein strukturelles Mindestmaß geschäftlicher Aktivitäten in einem Land aufrechtzuerhalten. Den Steuerbehörden steht allerdings das Recht zu, aus einer Struktur und ihrer Veränderung **steuerliche Konsequenzen** zu ziehen. Diese steuerlichen Konsequenzen können einmal darin bestehen, dass Verrechnungspreise für konzerninterne Leistungsbeziehungen korrigiert oder Veräußerungsgewinne, die mit einer Übertragung von Wirtschaftsgütern und/oder sonstigen Vorteilen verbunden sind, erfasst werden. Sie können aber auch dazu führen, dass eine gegebene Struktur nicht anerkannt oder umgedeutet wird. Das ist nach Auffassung der OECD der Fall, wenn der wirtschaftliche Gehalt und die formale Struktur voneinander abweichen. Unter diesen Umständen könne einer vereinbarten Geschäftsbeziehung die Anerkennung versagt und in Übereinstimmung mit ihrer wirtschaftlichen Substanz **umgedeutet** werden. Gleiches gelte auch, wenn Gehalt und Struktur zwar in Einklang stehen, die Bedingungen in ihrer Gesamtheit aber von denen abweichen, die wirtschaftlich vernünftig agierende Unternehmen vereinbaren würden, und die Bestimmung angemessener Verrechnungspreise aufgrund der gewählten Struktur nicht möglich ist.[394]

Die Möglichkeit einer Umdeutung vereinbarter Bedingungen und Strukturen wird von der OECD auf **außergewöhnliche Vorgänge** eingeschränkt. Sie ist auch dann nicht möglich, wenn ein angemessener Verrechnungspreis festgestellt werden kann. Offen ist weitgehend, wie sich wirtschaftlich rational agierende voneinander unabhängige Unternehmen verhalten.[395] Lassen sich vergleichbare Strukturen unter voneinander unabhängigen Unternehmen finden, kann kaum unterstellt werden, dass die Vereinbarung wirtschaftlich nicht vernünftig ist. Andererseits lässt sich aus der Tatsache, dass eine Struktur unter voneinander unabhängigen Unternehmen nicht beobachtet werden kann, kaum ableiten, dass sie dem Fremdvergleich nicht standhält. Die OECD empfiehlt aber zu prüfen, welche Alternativen zur Verfügung standen, die ggf. vorteilhafter gewesen wären. Dabei dürfe nicht auf einzelne Vorgänge separat abgestellt werden, vielmehr müsse die Struktur insgesamt betrachtet werden. Schließlich sei zu berücksichtigen, dass Restrukturierungen multinationaler Unternehmen häufig dem Ziel einer Errichtung globaler Geschäftsmodelle dienen, die unter voneinander unabhängigen Unternehmen nicht zu finden sind. Wenn aber die OECD auch anerkennt, dass es legitime Gruppeninteressen für eine Restrukturierung geben kann und davon auszugehen ist, dass angemessene Verrechnungspreise zu ermitteln sind, hält sie doch fest, dass der

---

[392] Vgl. OECD, Leitlinien 2010, Tz. 9.161 ff.
[393] Zur Diskussion siehe den Bericht von Bullen, A./Gerten, A./Stürzlinger, B., TNI 2009, S. 999 f.
[394] Vgl. OECD, Leitlinien 2010, Tz. 1.65.
[395] Vgl. OECD, Leitlinien 2010, Tz. 9.171 f.

Grundsatz des Fremdvergleichs auf das einzelne Unternehmen abstellt. Aus dieser Perspektive ist es nicht ausreichend, dass eine Restrukturierung aus Sicht der Gruppe vernünftig ist. Der Vorgang muss vielmehr **auf jeder Ebene fremdüblich** sein und die Alternativen dieser Konzernunternehmen berücksichtigen.

Besteht die Restrukturierung z. B. darin, dass die Funktion eines Unternehmens von „Eigenhandel" auf „risikoarmer Vertrieb" umgestellt wird, kann die Fremdüblichkeit nach Auffassung der OECD hergestellt werden, indem sowohl die Restrukturierung selbst als auch die Vergütung des sich anschließenden Geschäftsverkehrs zu Marktpreisen abgerechnet wird. Die Anerkennung müsse aber versagt werden, wenn im Zuge einer Restrukturierung alle wesentlichen immateriellen Wirtschaftsgüter auf eine **substanzlose Gesellschaft** übertragen werden, deren Geschäfte mittelbar durch das Personal der restrukturierten Unternehmung betrieben werden.[396]

2. Vergleich des Kapitels IX der OECD-Leitlinien mit den Regelungen zur Funktionsverlagerung nach dem deutschen Außensteuergesetz

Ein Vergleich der Ansätze von OECD und AStG zur Umsetzung des Fremdvergleichs in Fällen der Restrukturierung macht deutlich, dass zahlreiche Ähnlichkeiten bestehen. Die beiden Ansätze sind allerdings nicht deckungsgleich. So beziehen sich beide Ansätze auf das Gewinnpotenzial, das den übertragenen Wirtschaftsgütern und sonstigen Vorteilen zuzurechnen ist. Die OECD betont aber die Bewertung der **einzelnen Wirtschaftsgüter** vornehmlich auf Basis der Standardmethoden. Wird eine Funktion übertragen, kann ein Geschäfts- oder Firmenwert zu berücksichtigen sein, während in Deutschland die Bewertung grundsätzlich auf der Grundlage eines Transferpaketes zu erfolgen hat.[397]

Sowohl die OECD als auch die Regelungen des AStG legen Priorität auf eine Anwendung der Standardmethoden. Gleichwohl wird von der OECD herausgestellt, dass auch bei Anwendung einseitiger Methoden (Kostenaufschlagsmethode, Wiederverkaufspreismethode oder transaktionsorientierte Nettomargenmethode) die Funktionen, Wirtschaftsgüter und Risiken der **Vertragsgegenseite** zu analysieren sind. Bei einer Übertragung immaterieller Vermögensgegenstände ist in Bezug auf die Bestimmung der maßgebenden Verrechnungspreise sowohl die Perspektive des aufnehmenden als auch die des abgebenden Unternehmens zu berücksichtigen.

Wird eine **Funktion** übertragen, können sich Bewertungsmethoden, die bei Unternehmenskäufen eingesetzt werden, als hilfreich erweisen.[398] Nach den Regelungen in Deutschland sind dagegen **Grenzpreise** zu ermitteln. Diese Grenzpreise sind aus den Gewinnerwartungen abzuleiten, die sich mit den übertragenen Wirtschaftsgütern und sonstigen Vorteilen verbinden. Dabei ist davon auszugehen, dass die Vertragsparteien alle wesentlichen Umstände

---

[396] Vgl. OECD, Leitlinien 2010, Tz. 9.188 ff. Siehe hierzu auch Baumhoff, H./Puls, M., IStR 2009, S. 77; Werra, M., IStR 2009, S. 82 f.
[397] Vgl. OECD, Leitlinien 2010, Tz. 9.75 ff., 9.93 ff., in bestimmten Fällen kann auch nach den Leitlinien die Berücksichtigung eines Gesamtpaktes notwendig sein.
[398] Vgl. OECD, Leitlinien 2010, Tz. 9.75 ff., 9.80.

der Geschäftsbeziehung kennen und nach den Grundsätzen ordentlicher und gewissenhafter Geschäftsleiter handeln. Im Zweifel ist der Preis im Einigungsbereich zugrunde zu legen, der dem Fremdvergleichspreis mit der höchsten Wahrscheinlichkeit entspricht (§ 1 Abs. 1 und 3 AStG).

Folge der Grenzpreisbewertung ist, dass auch die möglichen **Integrationsvorteile** in die Ermittlung der Höchstpreise aus Sicht des aufnehmenden Unternehmens, des Einigungsbereichs und des Verrechnungspreises eingehen. Nach Auffassung der OECD hängt die Zuordnung möglicher Standortvorteile davon ab, welche Regelungen voneinander unabhängige Unternehmen im Einzelfall getroffen hätten.[399]

Sowohl die Leitlinien der OECD als auch die deutschen Regelungen fordern **Preisanpassungen.** Nach den Leitlinien der OECD ist eine Preisanpassung erforderlich, falls sich der Verrechnungspreis wesentlich ändert. Voraussetzung ist allerdings, dass die Preisänderung im Transaktionszeitpunkt unsicher war; es dürfen auch nur solche Änderungen berücksichtigt werden, deren Ursachen vor dem Transaktionszeitpunkt liegen.[400] Nach den deutschen Regelungen kommt es nicht auf die Ursache der Preisänderung an, maßgebend ist alleine, dass es zu einer erheblichen Abweichung gegenüber der Gewinnentwicklung kommt, die der Verrechnungspreisbestimmung zugrunde lag.[401]

Die Überlegungen der OECD im Bereich der Restrukturierung internationaler Unternehmen sind noch nicht abgeschlossen. So hat die OECD im Rahmen ihrer Konsultationen mit den Vertretern der Unternehmen, den Verbänden und der Wissenschaft vor allem herausgestellt, dass sie die Frage der Bewertung von Restrukturierungsmaßnahmen im Kontext einer Überarbeitung ihrer Verrechnungspreisgrundsätze für **immaterielle Wirtschaftsgüter** behandeln will. Daher kann auch nicht ganz ausgeschlossen werden, dass sich die Position der OECD im Zuge dieser Auseinandersetzung an die nach deutschen Vorschriften maßgebende Orientierung am Ertragswert im Rahmen des hypothetischen Fremdvergleichs annähern wird. Ob das für alle Parameter der Ertragsbewertung (Gewinnerwartungen, Kapitalisierungszins und -zeitraum) gilt, muss offen bleiben. In Bezug auf die Berücksichtigung von Standortvorteilen und nachträglichen Änderungen in der Gewinnentwicklung sind aber die Unterschiede zwischen dem Ansatz der OECD und der deutschen Regelungen zum hypothetischen Fremdvergleich (nicht nur aber vor allem) mit Blick auf die Besteuerung von Funktionsverlagerungen bereits heute erkennbar. Kann ein Konsens nicht erreicht werden, sind **Doppelbesteuerungen** die logische Folge. Auch insoweit ist Deutschland aufgefordert, seine Position zu diesen Punkten zu überdenken.[402]

---

[399] Vgl. OECD, Leitlinien 2010, Tz. 9.148 ff.; siehe kritisch auch Ihli, U., Intertax 2008, S. 350.
[400] Vgl. OECD, Leitlinien 2010, Tz. 9.88.
[401] Vgl. Verwaltungsgrundsätze-Funktionsverlagerung, BMF-Schreiben v. 13. 10. 2010, BStBl 2010 I, S. 774, Rn. 138; siehe dazu Jahndorf, C., FR 2008, S. 109; Oestreicher, A., Ubg 2009, S. 88; Oestreicher, A./Wilcke, D., DB 2010, S. 468 ff.; Kraft, G., Außensteuergesetz, § 1 AStG, Tz. 456.
[402] Vgl. Endres, D./Oestreicher, A., IStR 2009, Beihefter zu Heft 20, S. 19; Frotscher, G./Oestreicher, A., Intertax 2010, S. 375 ff.; Oestreicher, A./Wilcke, D., DB 2010, S. 467 ff.

5. Kapitel. Erfolgs- und Vermögensabgrenzung bei Personengesellschaften

A. Besonderheiten der Gewinnabgrenzung bei Personengesellschaften

I. Einführung

Personengesellschaften unterliegen nach deutschem Recht einer (transparenten) Besteuerung auf Ebene der Gesellschafter (Mitunternehmer). Diese Besteuerung erfasst sowohl die Gewinnanteile, die die Gesellschafter einer Personengesellschaft von ihrer Gesellschaft beziehen, als auch Sondervergütungen, die sie für die Tätigkeit im Dienste der Gesellschaft sowie die Überlassung von Wirtschaftsgütern erhalten. Dementsprechend setzt sich das Betriebsvermögen der Mitunternehmerschaft aus zwei Komponenten zusammen. Einen ersten Bestandteil bildet das **Gesamthandsvermögen,** d. h. das Vermögen der Personengesellschaft selbst. Hinzuzurechnen ist zweitens das im rechtlichen und/oder wirtschaftlichen Eigentum der Mitunternehmer stehende und im Geschäftsbetrieb der Personengesellschaft eingesetzte **Sonderbetriebsvermögen** (§ 15 Abs. 1 Satz 1 Nr. 2 EStG).

Für Zwecke der Anwendung von DBA wird die Beteiligung an einer Personengesellschaft als Unternehmen der Gesellschafter behandelt.[1] Damit unterliegen die Gewinne der Personengesellschaft grundsätzlich der Besteuerung im Ansässigkeitsstaat des Gesellschafters. Ferner bestehen jeweils so viele Unternehmen, wie Gesellschafter vorhanden sind,[2] so dass über die Transaktionen zwischen Unternehmensvermögen und Sonderbetriebsvermögen hinaus auch der Lieferungs- und Leistungsverkehr zwischen den Gesellschaftern einer Mitunternehmerschaft Bedeutung hat. Wird die Tätigkeit der Personengesellschaft durch eine im anderen Staat belegene Betriebsstätte ausgeübt, kommt schließlich eine Besteuerung des Gesellschafters durch den Betriebsstättenstaat in Betracht (Art. 7 Abs. 2 OECD-Modell). Die Beteiligung eines unbeschränkt steuerpflichtigen Gesellschafters an einer inländischen oder ausländischen gewerblich tätigen Personengesellschaft, die eine Betriebsstätte im Ausland unterhält, führt dazu, dass diese Betriebsstätte jeweils anteilig den Mitunternehmern zuzurechnen ist. Entsprechendes gilt für beschränkt steuerpflichtige Gesellschafter, die an einer inländischen Personengesellschaft beteiligt sind. Damit sind im Zusammenhang mit Personengesellschaften grundsätzlich **drei Besteuerungsebenen** (Mitunternehmer, Personengesellschaft und Betriebsstätte) zu unterscheiden, die im Zusammenhang mit Übertragungsvorgängen voneinander abzugrenzen sind. Tabelle 38 dokumentiert die hierbei denkbaren Leistungsbeziehungen, auf die in Abschnitt C näher einzugehen ist.

---

[1] Vgl. BFH v. 26. 2. 1992, BStBl 1992 II, S. 937; Betriebsstätten-Verwaltungsgrundsätze, BMF-Schreiben v. 24. 12. 1999, BStBl 1999 I, S. 1076, Tz. 1.1.5.1; BMF-Schreiben v. 16. 4. 2010, BStBl 2010 I, S. 354, Tz. 2.2.2.; siehe dazu Letzgus, C.K., Ubg 2010, S. 427; sowie ferner Debatin, H./Wassermeyer, F., Doppelbesteuerung, Art. 3, Anm. 29.

[2] Vgl. Debatin, H./Wassermeyer, F., Doppelbesteuerung, Art. 7, Anm. 66.

5. Kapitel. Bei Personengesellschaften

Tabelle 38: Besteuerungsebenen bei Personengesellschaften im Zusammenhang mit Übertragungsvorgängen

Inland \ Ausland	Betriebsstätte	Personengesellschaft	Mitunternehmer
Betriebsstätte	Steuerlich nicht relevante Innentransaktion	Lieferungs- und Leistungsverkehr mit Unterbetriebsstätten	Lieferungs- und Leistungsverkehr mit Unterbetriebsstätten
Personengesellschaft	Lieferungs- und Leistungsverkehr mit Unterbetriebsstätten	Steuerlich nicht relevante Innentransaktion	Übertragungen zwischen Gesellschaft und Gesellschaftern
Mitunternehmer	Lieferungs- und Leistungsverkehr mit Unterbetriebsstätten	Übertragungen zwischen Gesellschaft und Gesellschaftern	Übertragungen zwischen verschiedenen Mitunternehmern

Das Konzept der **Mitunternehmerbesteuerung** bei Personengesellschaften ist international nicht durchgängig bekannt.[3] Zum Teil werden Personengesellschaften in anderen Staaten als eigenständige Steuersubjekte behandelt. Diese Einstufung hat nicht nur Auswirkungen auf die Frage der Abkommensberechtigung von Gesellschafter oder Gesellschaft. Sie hat auch Auswirkungen auf die Abgrenzung des Vermögens und die Qualifikation der Einkünfte.[4] Diese Problematik stellt sich aber auch dann, wenn die Qualifikation der Einkünfte nach nationalem Recht und nach dem Recht eines DBA unterschiedlich vollzogen wird. Besondere Bedeutung hat in diesem Zusammenhang die Einstufung der Sondervergütungen, die ein Gesellschafter von der Personengesellschaft für Dienste im Interesse der Gesellschaft oder die Überlassung von Wirtschaftsgütern zur Nutzung erhält. So sind Sondervergütungen nach der Rechtsprechung des BFH nicht schon deshalb als Unternehmensgewinne zu behandeln, weil sie nach nationalem Recht (§ 15 EStG) als Einkünfte aus Gewerbebetrieb zu erfassen sind. Für Zwecke der DBA sei vielmehr darauf abzustellen, ob das die Einkünfte vermittelnde Wirtschaftsgut einer im Vertragsstaat ansässigen Person „tatsächlich gehört". Dieses Merkmal ist anhand von Kriterien **tatsächlicher Art** auszulegen, was im Grunde bedeutet, dass sich die Behandlung der Sondervergütungen nach dem funktionalen Zusammenhang der Wirtschaftsgüter zur Person des Gesellschafters (Mitunternehmers), seiner Personengesellschaft oder (ggf. ausländischen) Betriebsstätte bestimmt.[5] Nach Auffassung der deutschen Finanzverwaltung gehören Sondervergütungen dagegen zu den Einkünften aus **Gewerbebetrieb.** Eine Zuordnung zu anderen Artikeln eines DBA ist danach selbst dann

---
[3] Vgl. 4. Teil, 4. Kapitel.
[4] So ist in Bezug auf Staaten, in denen Personengesellschaften als juristische Personen behandelt werden, eine besondere Aufteilung des Besteuerungsrechts erforderlich. Siehe hierzu die Hinweise in Betriebsstätten-Verwaltungsgrundsätze, BMF-Schreiben v. 24. 12. 1999, BStBl 1999 I, S. 1076, Tz. 1.1.5.1.
[5] Vgl. BFH v. 27. 2. 1991, BStBl 1991 II, S. 444; BFH v. 27. 2. 1991, BFH/NV 1992, S. 385; BFH v. 30. 8. 1995, BStBl 1996 II, S. 563; BMF v. 16. 4. 2010, BStBl 2010 I, S. 354, Tz. 2.2.4.1., mit Hinweisen auf BFH v. 13. 2. 2008, BStBl 2009 II, S. 414; siehe dazu Blumers, W./Zillmer, I.-K., BB 2010, S. 1378; Letzgus, C. K., Ubg 2010, S. 427; Vees, C. F., DB 2010, S. 1427 ff.

ausgeschlossen, wenn das DBA keine ausdrücklichen Regelungen zur Behandlung der Sondervergütungen enthält (§ 50 d Abs. 10 EStG).[6] Ob sich die Position der Finanzverwaltung durchsetzen kann, muss sich zeigen. Der BFH dürfte jedoch schon bald Gelegenheit haben, hierzu Stellung zu beziehen.[7]

Im Übrigen finden aber auch bei Personengesellschaften die Grundsätze der Zuordnung von Wirtschaftsgütern zum Unternehmen des Gesellschafters der Personengesellschaft (Stammhaus) und der Betriebsstätte Anwendung, so dass die Besteuerungsfolgen bei Personengesellschaften lediglich durch die besondere Problematik der **Qualifikationskonflikte** überlagert werden. Von daher erscheint auch die besondere Aufmerksamkeit der Finanzverwaltung gerechtfertigt, wenn die Eigenkapitalausstattung einer Betriebsstätte nach Gesellschafterwechsel willkürlich verändert wird.[8] Die Dotation durch die Altgesellschafter kann u. E. jedoch nur ein Anhaltspunkt für die zulässige Eigenkapitalausstattung sein. Sie sollte das Ermessen der neu eintretenden Gesellschafter jedenfalls nicht präjudizieren können.[9]

Bevor auf dieser Basis die Rechtsfolgen der Übertragung von Wirtschaftsgütern der Mitunternehmerschaft auf die Gesellschafter der Mitunternehmerschaft, die Personengesellschaft sowie ausländische Betriebsstätten dargestellt werden, ist zunächst auf den Umfang des Betriebsvermögens einer Mitunternehmerschaft einzugehen. Daneben sind die Rechtsgrundlagen einer möglichen Korrektur der Einkünfte zu analysieren.

II. Umfang des Betriebsvermögens der Personengesellschaft

1. Gesellschaftsvermögen (Gesamthandsvermögen)

Das Gesellschaftsvermögen der Personengesellschaft bilden die Wirtschaftsgüter, die der **Gesellschaft** rechtlich und/oder wirtschaftlich zuzurechnen sind (§ 718 BGB, § 39 AO). Es handelt sich hierbei um gemeinschaftliches Vermögen der Gesellschafter (Gesamthandsvermögen).

Bei der **Abgrenzung des Gesellschaftsvermögens** ist grundsätzlich auf die handelsrechtliche Selbstständigkeit der Personengesellschaft abzustellen. Daneben spielt aber auch die steuerrechtliche Fragestellung eine Rolle, ob einzelne Wirtschaftsgüter dem Betriebs- oder Privatbereich zuzuordnen sind. Es bedarf somit immer einer zusätzlichen Prüfung dahingehend, ob nicht mit einzelnen oder mehreren Wirtschaftsgütern private Verluste in den betrieblichen Bereich der Personengesellschaft verlagert werden. Nach der Finanzverwaltung und der BFH-Rechtsprechung sind Wirtschaftsgüter des Gesamthandsvermögens nicht zum Betriebsvermögen zu zählen, soweit

---

[6] Vgl. BMF-Schreiben v. 16. 4. 2010, BStBl 2010 I, S. 354, Tz. 5.1; so auch FG München v. 30. 7. 2009, EFG 2009, S. 1954 (Revision eingelegt); zur Diskussion siehe Hils, M., DStR 2009, S. 888 ff.; Meretzki, A., IStR 2009, S. 217 ff.; Müller, M., BB 2009, S. 751 ff.; Blumers, W./Zillmer, J.-K., BB 2010, S. 1379 ff.; Letzgus, C. K., Ubg 2010, S. 429 f.; Schmidt, C., IStR 2010, S. 413 ff.; Wassermeyer, F., FR 2010, S. 537 ff.
[7] Siehe zur abkommensrechtlichen Behandlung von Unternehmensgewinnen Wassermeyer, F., IStR 2010, S. 37 ff.
[8] Vgl. Betriebsstätten-Verwaltungsgrundsätze, BMF-Schreiben v. 24. 12. 1999, BStBl 1999 I, S. 1076, Tz. 2.5.1.
[9] Ähnlich Wassermeyer, F./Andresen, U./Ditz, X., Betriebsstätten-Handbuch, 2006, Tz. 7.17.

– für den Erwerb der Wirtschaftsgüter kein betrieblicher Anlass feststellbar ist;[10]
– die Wirtschaftsgüter der Gesellschaft voraussichtlich nur Verluste einbringen[11] und
– Wirtschaftsgüter des Gesamthandsvermögens ausschließlich oder zu mehr als 90% der privaten Lebensführung eines, mehrerer oder aller Mitunternehmer dienen.[12]

2. Sonderbetriebsvermögen

Zum Betriebsvermögen der Personengesellschaft zählen neben den Wirtschaftsgütern des Gesellschaftsvermögens auch die im zivilrechtlichen und/oder wirtschaftlichen Eigentum der Mitunternehmer stehenden Wirtschaftsgüter, die im Geschäftsbetrieb der Gesellschaft eingesetzt werden (Sonderbetriebsvermögen). Zur inhaltlichen **Konkretisierung und Abgrenzung des Sonderbetriebsvermögens** ist zwischen dem gewillkürten und dem notwendigen Sonderbetriebsvermögen der Gesellschafter zu unterscheiden.[13]

Zum **gewillkürten Sonderbetriebsvermögen** gehören alle im Eigentum der Gesellschafter stehenden Wirtschaftsgüter, die dem Betrieb der Personengesellschaft dienen können, aber dies nicht notwendigerweise müssen. Ein rein formaler Buchausweis in der Sonderbilanz reicht zur Beantwortung der Frage, ob ein betreffendes Wirtschaftsgut dem Betrieb der Personengesellschaft dient, nicht aus.[14] Vielmehr müssen die betreffenden Wirtschaftsgüter objektiv geeignet und subjektiv dazu bestimmt sein, dem Betrieb der Personengesellschaft zu dienen oder die Beteiligung des Gesellschafters an der Personengesellschaft zu fördern. So können bspw. solche Wertpapiere die geforderten Voraussetzungen erfüllen, die der Gesellschafter für Kredite der Gesellschaft verpfändet hat.

Notwendiges Sonderbetriebsvermögen stellen alle dem Gesellschafter gehörenden Wirtschaftsgüter dar, die dem Betrieb der Gesellschaft dienen. Zum notwendigen **Sonderbetriebsvermögen I** rechnen dabei alle Wirtschaftsgüter, die dem Betrieb einer Personengesellschaft zur Nutzung überlassen werden und diesem tatsächlich mittelbar oder unmittelbar dienen.[15] Unerheblich ist dabei, ob die Nutzung durch die Gesellschaft aufgrund einer im Gesellschaftsvertrag begründeten Beitragspflicht oder aufgrund eines neben dem Gesellschaftsvertrag bestehenden Miet-, Pacht-, Leihvertrags oder eines anderen Rechtsverhältnisses gegen Entgelt oder unentgeltlich begründet wurde.

Im grenzüberschreitenden Bereich kann u. E. bei der Beurteilung der Frage, in welchen Fällen Wirtschaftsgüter als Sonderbetriebsvermögen I zu

---

[10] Vgl. BFH v. 22. 5. 1975, BStBl 1975 II, S. 804; BFH v. 2. 6. 1976, BStBl 1976 II, S. 668; BFH v. 12. 9. 1985, BStBl 1986 II, S. 255 m. w. N.
[11] Vgl. BFH v. 5. 2. 1970, BStBl 1970 II, S. 492; BFH v. 15. 11. 1978, BStBl 1979 II, S. 257; BFH v. 19. 7. 1984, BStBl 1985 II, S. 6.
[12] Vgl. BFH v. 30. 6. 1987, BStBl 1988 II, S. 418.
[13] Vgl. hierzu auch Jacobs, O. H., Rechtsform, 2009, S. 253 ff. Vgl. die detaillierte Rechtsprechung zur Einordnung von Wirtschaftsgütern in die verschiedenen Arten des Sonderbetriebsvermögens bei Schön, W., DStR 1993, S. 185 ff.
[14] Vgl. BFH v. 23. 10. 1990, BStBl 1991 II, S. 401; BFH v. 31. 1. 1991, BStBl 1991 II, S. 786.
[15] Vgl. BFH v. 18. 12. 1991, BStBl 1992 II, S. 585.

gelten haben, auf die im Rahmen der Betriebsstättenbesteuerung aufgezeigten Abgrenzungskriterien des arm's length principle abgestellt werden. Danach sind der Personengesellschaft alle Wirtschaftsgüter zuzurechnen, die für den jeweiligen Leistungserstellungsprozess notwendig sind. Es erfolgt also eine Zuordnung nach rein betriebsbezogenen wirtschaftlichen Merkmalen, wobei das Sachziel des Geschäftsbetriebs der Personengesellschaft maßgeblich ist.

Zum notwendigen **Sonderbetriebsvermögen II** rechnen alle Wirtschaftsgüter, die zwar nicht unmittelbar den Gesellschaftszweck fördern, jedoch dazu bestimmt sind, der Beteiligung eines Gesellschafters an einer Personengesellschaft zu dienen. Den typischen Fall des Sonderbetriebsvermögens II bilden regelmäßig die von den Kommanditisten einer GmbH & Co. KG gehaltenen Anteile an einer Komplementär-GmbH.[16] Die Begründung für die Betriebsvermögenseigenschaft der vorgenannten (GmbH-)Anteilswerte sieht der BFH im Zusammenhang mit den §§ 4 ff., 15 Abs. 1 Satz 1 Nr. 2, 16 Abs. 1 Nr. 2 und Abs. 2 EStG darin, „dass einkommensteuerrechtlich nicht nur der Betrieb der Personengesellschaft, sondern auch die Beteiligung des Gesellschafters (Mitunternehmers) als gewerbliche Betätigung behandelt wird."[17]

Wirtschaftsgüter des Sonderbetriebsvermögens können das Betriebsvermögen nur unter Realisierung von Gewinn bzw. Verlust wieder verlassen, es sei denn, es liegt ein Tatbestand vor, bei dem ausnahmsweise auf Gewinnrealisierung verzichtet werden kann. Die **Gewinnrealisierung** beim Ausscheiden aus dem Betriebsvermögensbereich kann durch Entnahmen oder Veräußerungen eintreten.

B. Rechtsgrundlagen

I. Nationales Recht

1. Übersicht

Gewinnanteile eines unbeschränkt steuerpflichtigen Gesellschafters, der an einer Personengesellschaft, die im Inland weder eine Betriebsstätte unterhält noch einen ständigen Vertreter bestellt hat, beteiligt ist, sind mit Hilfe eines originären Betriebsvermögensvergleichs oder im Wege einer Überschussrechnung zu ermitteln (§ 4 Abs. 1 EStG). Bei Gewinnermittlung durch vollständigen Betriebsvermögensvergleich (§ 4 Abs. 1 EStG) sind alle Geschäftsvorfälle unter Beachtung der Grundsätze ordnungsmäßiger Buchführung zu erfassen, auch wenn sie aufgrund der nach ausländischem Recht maßgebenden Buchführung in fremder Währung ermittelt wurden. Unterhält die ausländische Personengesellschaft eine Betriebsstätte im Inland, ist der dafür nach den §§ 4 Abs. 1, 5 EStG ermittelte Gewinn maßgebend.[18]

Der Gewinnanteil eines beschränkt Steuerpflichtigen an einer inländischen Personengesellschaft ist auf der Grundlage einer Steuerbilanz einschließlich einer möglichen Ergänzungsbilanz und Sonderbilanz zu ermitteln (§§ 49

---

[16] Vgl. BFH v. 11. 12. 1990, BStBl 1991 II, S. 510; BFH v. 7. 7. 1992, BStBl 1993 II, S. 328; BFH v. 24. 2. 2005, BStBl 2006 II, S. 361 m. w. N.; BFH v. 13. 2. 2008, BStBl 2009 II, S. 414.
[17] BFH v. 15. 10. 1975, BStBl 1976 II, S. 188.
[18] Vgl. Betriebsstätten-Verwaltungsgrundsätze, BMF-Schreiben v. 24. 12. 1999, BStBl 1999 I, S. 1076, Tz. 1.1.5.4.

Abs. 1 Nr. 2, 15 Abs. 1 Satz 1 Nr. 2 EStG). Entsprechend ist bei einer ausländischen Personengesellschaft mit inländischer Betriebsstätte zu verfahren.[19]

Für die Abgrenzung der Gewinnanteile in- oder ausländischer Mitunternehmer an einer in- oder ausländischen Personengesellschaft sieht das deutsche Steuerrecht verschiedene Regelungen vor, die sich in ihrem Anwendungsbereich zum Teil überschneiden. Maßgebende **Rechtsgrundlagen** sind die Bewertungsvorschriften für (normale) Entnahmen und Einlagen (§ 6 Abs. 1 Nr. 4 und 5 EStG), das Buchwertprivileg bei Überführungen zwischen den Betriebsvermögen eines Unternehmers und innerhalb einer Mitunternehmerschaft (§ 6 Abs. 5 EStG), Entstrickungsentnahmen und Verstrickungseinlagen (§ 4 Abs. 1 Satz 3 und 7 EStG, § 12 Abs. 1 KStG) sowie die außensteuerliche Norm in Bezug auf die Berichtigung von Einkünften (§ 1 AStG).

2. Entnahmen und Einlagen

Vermögensänderungen, die nicht betrieblich veranlasst sind, dürfen den Gewinn weder erhöhen noch vermindern. Aus diesem Grund ist der Unterschiedsbetrag zwischen dem Betriebsvermögen am Schluss des Wirtschaftsjahrs und dem Betriebsvermögen am Schluss des vorangegangenen Wirtschaftsjahrs um den Wert der Entnahmen zu erhöhen. Der Wert der Einlagen ist abzuziehen. Durch diese Hinzurechnung der Entnahmen wird erreicht, dass die durch die Überführung von Wirtschaftsgütern in den betriebsfremden Bereich vollzogenen Vermögensminderungen den Gewinn nicht schmälern. Umgekehrt wird mit dem Abzug von Einlagen erreicht, dass die mit der Überführung von Vermögenswerten aus dem betriebsfremden Bereich verbundenen Mehrungen des Betriebsvermögens den Gewinn nicht erhöhen. Bedeutsam ist zum einen, wann im Einzelnen eine Überführung in den betriebsfremden Bereich vorliegt. Zum zweiten ist von Interesse, mit welchem Wert Einlagen und Entnahmen anzusetzen sind.

Normale **Entnahmen** sind „alle Wirtschaftsgüter (Barentnahmen, Waren, Erzeugnisse, Nutzungen und Leistungen), die der Steuerpflichtige für sich, seinen Haushalt oder für andere betriebsfremde Zwecke im Laufe des Wirtschaftsjahrs entnommen hat" (§ 4 Abs. 1 Satz 2 EStG). Um diesen Tatbestand zu erfüllen, muss das Wirtschaftsgut sachlich dem Betriebsvermögen zuzurechnen und entnahmefähig sein, zu betriebsfremden Zwecken abgegeben und durch eine Entnahmehandlung ausgeschieden sein. Die Überführung von Wirtschaftsgütern in eine ausländische Betriebsstätte erfüllt diese Voraussetzungen nicht, da sie aus dem Betriebsvermögen des Steuerpflichtigen nicht ausscheiden. Anderes gilt bei der Überführung in einen anderen Betrieb des Gesellschafters, ein Sonderbetriebsvermögen oder das Gesamthandsvermögen einer Personengesellschaft.

Normale **Einlagen** sind alle Wirtschaftsgüter, die der Steuerpflichtige dem Betrieb im Laufe des Wirtschaftsjahrs zugeführt hat (§ 4 Abs. 7 1. Halbsatz EStG). Voraussetzung ist, dass ein einlagefähiges Wirtschaftsgut durch eine schlüssige Einlagehandlung vom betriebsfremden in den betrieblichen Bereich überführt wird.

---

[19] Vgl. Betriebsstätten-Verwaltungsgrundsätze, BMF-Schreiben v. 24. 12. 1999, BStBl 1999 I, S. 1076, Tz. 1.1.5.5; zur Buchführungspflicht in Bezug auf inländische Betriebsstätten siehe 3. Kapitel, Abschnitt B I 1.

Entnahmen werden grundsätzlich mit dem **Teilwert** im Zeitpunkt der Entnahme bewertet (§ 6 Abs. 1 Nr. 4 EStG). Durch diese Bewertungsregelung wird erreicht, dass Wertänderungen, die die entnommenen Wirtschaftsgüter während ihrer Zugehörigkeit zum Betriebsvermögen erfahren haben, in die Gewinnermittlung einbezogen werden. Auf diese Rechtsfolge kann nur verzichtet werden, wenn die Besteuerung der stillen Reserven auch nach der Entnahme gesichert bleibt (teleologische Reduktion). Liegt der Teilwert im Entnahmezeitpunkt unter den (ggf. fortgeführten) Anschaffungs- oder Herstellungskosten, entsteht ein Entnahmeverlust.

Da die Besteuerung der **stillen Reserven** sichergestellt ist, wenn ein Steuerpflichtiger das Wirtschaftsgut in einen Betrieb mit derselben Gewinnermittlungsart überführt, kann auf die Besteuerung der stillen Reserven in diesem Zeitpunkt und damit auch auf die Bewertung der Entnahmen mit dem Teilwert verzichtet werden. Notwendige Folge ist, dass das Wirtschaftsgut in dem anderen Betrieb mit dem **Buchwert** fortgeführt wird (weiter Betriebsbegriff). Nicht zur Gewinnverwirklichung führt auch die Überführung eines Wirtschaftsguts in einen Betrieb der Land- und Forstwirtschaft oder der selbstständigen Arbeit. Die Versteuerung der stillen Reserven bei der Gewerbesteuer muss nicht sichergestellt sein.[20] Eine Aufdeckung der stillen Reserven ist jedoch erforderlich, wenn ein Wirtschaftsgut aus dem Betrieb gewerblicher Art einer im Übrigen steuerbefreiten Körperschaft in den steuerfreien Bereich überführt wird. In einer Reihe von Fällen wird die Besteuerung der stillen Reserven von Gesetz wegen unter der Voraussetzung aufgeschoben, dass in dem anderen Betrieb die Buchwerte fortgeführt werden.

Auch Einlagen sind grundsätzlich mit dem Teilwert zu bewerten. Dadurch wird einerseits sichergestellt, dass sich Wertminderungen, die sich im Privatvermögen vollzogen haben, nicht als Verluste gewinnmindernd auswirken können. Andererseits wird verhindert, dass während der Zugehörigkeit zum Privatvermögen erzielte Wertsteigerungen als betriebliche Gewinne versteuert werden. Besonderheiten gelten für Wirtschaftsgüter, die in den letzten drei Jahren vor dem Zeitpunkt der Zuführung angeschafft oder hergestellt worden sind, sowie für Anteile an Kapitalgesellschaften, an denen ein Steuerpflichtiger wesentlich beteiligt ist (§ 6 Abs. 1 Nr. 5 Buchstaben a, b EStG).

3. Buchwertverknüpfung (§ 6 Abs. 5 EStG)

Wird ein einzelnes Wirtschaftsgut von einem Betriebsvermögen in ein anderes Betriebsvermögen desselben Steuerpflichtigen überführt, ist bei der Überführung der Buchwert anzusetzen, sofern die Besteuerung der stillen Reserven sichergestellt ist (§ 6 Abs. 5 Satz 1 EStG). Die Bewertung zum Buchwert ist ferner maßgebend für die Überführung eines Wirtschaftsguts aus einem eigenen Betriebsvermögen eines Steuerpflichtigen in dessen Sonderbetriebsvermögen bei einer Mitunternehmerschaft und umgekehrt sowie für die Überführung zwischen verschiedenen Sonderbetriebsvermögen desselben Steuerpflichtigen bei verschiedenen Mitunternehmerschaften (§ 6 Abs. 5

---

[20] Vgl. BFH v. 14. 6. 1988, BStBl 1989 II, S. 187.

5. Kapitel. Bei Personengesellschaften

Satz 2 EStG). Ist die Besteuerung der stillen Reserven gesichert, hat die Bewertung auch dann mit dem Buchwert zu erfolgen, soweit ein Wirtschaftsgut

- unentgeltlich oder gegen Gewährung oder Minderung von Gesellschaftsrechten aus einem Betriebsvermögen des Mitunternehmers in das Gesamthandsvermögen einer Mitunternehmerschaft und umgekehrt,
- unentgeltlich oder gegen Gewährung oder Minderung von Gesellschaftsrechten aus dem Sonderbetriebsvermögen eines Mitunternehmers in das Gesamthandsvermögen derselben Mitunternehmerschaft oder einer anderen Mitunternehmerschaft, an der er beteiligt ist, und umgekehrt oder
- unentgeltlich zwischen den jeweiligen Sonderbetriebsvermögen verschiedener Mitunternehmer derselben Mitunternehmerschaft

übertragen wird (§ 6 Abs. 5 Satz 3 EStG). Für die Übertragung in oder aus dem Gesamthandsvermögen sowie zwischen den Sonderbetriebsvermögen verschiedener Mitunternehmerschaften sind allerdings **Haltefristen** zu beachten. Wird das Wirtschaftsgut hier innerhalb der Sperrfrist von drei Jahren veräußert oder entnommen, so ist rückwirkend auf den Zeitpunkt der Übertragung der Teilwert anzusetzen, es sei denn, die stillen Reserven sind durch Erstellung einer Ergänzungsbilanz dem Gesellschafter zugeordnet worden (§ 6 Abs. 5 Satz 4 EStG).[21]

Überführt danach der unbeschränkt steuerpflichtige Gesellschafter einer Mitunternehmerschaft ein Wirtschaftsgut aus dem Betriebsvermögen seines inländischen Unternehmens in sein **inländisches Sonderbetriebsvermögen** bei dieser oder einer anderen Mitunternehmerschaft, realisiert der Gesellschafter aus dem Transfer keinen Gewinn, da die Übertragung zu **Buchwerten** zu vollziehen ist. Das gleiche gilt, wenn er das Wirtschaftsgut unentgeltlich in das Gesamthandsvermögen seiner inländischen Personengesellschaft überträgt. Fraglich ist aber, ob diese Rechtsfolge auch dann eintritt, wenn der unbeschränkt steuerpflichtige Mitunternehmer ein Wirtschaftsgut seines inländischen Betriebs unentgeltlich in das Gesamthandsvermögen seiner **ausländischen Personengesellschaft** überträgt. Entscheidende Bedeutung hat in diesem Zusammenhang die Frage, inwieweit bei einer Überführung in das Gesamthandsvermögen einer ausländischen Personengesellschaft das Besteuerungsrecht der Bundesrepublik Deutschland in Bezug auf die stillen Reserven sichergestellt ist. Diese Frage dürfte noch unstrittig sein, wenn die Übertragung in das Betriebsvermögen der **inländischen Betriebsstätte** einer ausländischen Personengesellschaft erfolgt. Sie dürfte auch dann noch einvernehmlich beantwortet werden, wenn die ausländische Personengesellschaft transparent besteuert wird und ihre Betriebsstätte in einem Land belegen ist, in dem das Besteuerungsrecht der Bundesrepublik Deutschland nicht durch ein DBA ausgeschlossen ist.[22] In diesem Fall unterliegt der in Deutschland ansässige Mitunternehmer nach dem Welteinkommensprinzip mit den ausländischen Einkünften der unbeschränkten Steuerpflicht. Unterschiedliche Auffassungen bestehen aber in Bezug auf die Übertragung in das Betriebsvermögen der ausländischen Personengesellschaft oder einer **ausländischen**

---

[21] Zur Technik der Zuordnung stiller Reserven in einer Ergänzungsbilanz siehe Jacobs, O. H., Rechtsform, 2009, S. 231 ff.
[22] Vgl. Hruschka, F., StuB 2006, S. 586.

Betriebsstätte, wenn das Stammhaus oder die Betriebsstätte in einem Land betrieben wird, mit dem ein DBA, das Betriebsstättengewinne von der Besteuerung in der Bundesrepublik Deutschland freistellt, abgeschlossen ist. Im Einzelnen sind zwar die Besteuerungsfolgen auch in diesem Fall von der Frage abhängig, wie die ausländische Gesellschaft für Zwecke einer Anwendung des DBA klassifiziert wird.[23] Behandeln aber z. B. sowohl Deutschland als auch das Ausland die Personengesellschaft transparent, gilt die Personengesellschaft als Betriebsstätte des Gesellschafters,[24] so dass das vorrangige Besteuerungsrecht der Bundesrepublik Deutschland in Bezug auf die stillen Reserven, die bis zum Zeitpunkt der Überführung entstanden sind, nicht ausgeschlossen wird.[25] Eine Buchwertverknüpfung erscheint von daher auch in diesem Fall zwingend. Die Finanzverwaltung unterstellt dagegen eine Entnahme aus dem inländischen Betrieb und erwartet von daher, dass bei der Überführung von Wirtschaftsgütern aus einem inländischen Betriebsvermögen in das Betriebsvermögen einer ausländischen Personengesellschaft der Fremdvergleichspreis angesetzt wird.[26]

4. Entstrickungsentnahme und Verstrickungseinlage

a) Anwendungsvoraussetzungen und Rechtsfolge

Nach den Vorgaben des EStG wird „der Ausschluss oder die Beschränkung des Besteuerungsrechts der Bundesrepublik Deutschland hinsichtlich des Gewinns aus der Veräußerung oder Nutzung eines Wirtschaftsguts" **wie eine Entnahme** zu betriebsfremden Zwecken behandelt und zum gemeinen Wert angesetzt. Bei Körperschaften, Personenvereinigungen oder Vermögensmassen gilt dieser Tatbestand als Veräußerung oder Überlassung des Wirtschaftsguts zum gemeinen Wert (§§ 4 Abs. 1 Satz 3, 6 Abs. 1 Nr. 4 Satz 1 2. Halbsatz EStG, § 12 Abs. 1 KStG). Umgekehrt liegt eine „Verstrickungseinlage" vor, wenn durch eine Überführung von Wirtschaftsgütern aus einem ausländischen Betriebsvermögen eines Steuerpflichtigen in sein inländisches Betriebsvermögen stille Reserven erstmals steuerlich verstrickt werden. Im Einzelnen wurde auf diese Regelungen bereits im Zusammenhang mit der Darstellung

---

[23] Von dem Ergebnis der steuerlichen Qualifikation hängt es ab, ob der inländische Steuerpflichtige aus Sicht des Quellenstaates nach den Grundsätzen der Mitunternehmerschaft oder als Anteilseigner einer Kapitalgesellschaft besteuert wird. Siehe im Einzelnen 4. Teil, 4. Kapitel, Abschnitt A.
[24] Eine andere Beurteilung mag sich ergeben, wenn die Personengesellschaft im Sitzstaat als unbeschränkt steuerpflichtige Gesellschaft eingestuft wird. Nach den Betriebsstätten-Verwaltungsgrundsätzen ist hier eine besondere Prüfung der Aufteilung des Besteuerungsrechts vorzunehmen. Vgl. Betriebsstätten-Verwaltungsgrundsätze, BMF-Schreiben v. 24. 12. 1999, BStBl 1999 I, S. 1076, Tz. 1.1.5.2. Gleichwohl steht das vorrangige Besteuerungsrecht über die stillen Reserven, die bis zum Überführungszeitpunkt entstanden sind, der Bundesrepublik Deutschland auch dann zu, wenn die Personengesellschaft im Ausland nach den Grundsätzen einer Kapitalgesellschaft besteuert wird. Daneben rechtfertigt auch die im Ausland abweichende Qualifikation keine Besteuerung im Überführungszeitpunkt.
[25] Vgl. BFH Urteil v. 17. 7. 2008, BStBl 2009 II, S. 464; ebenso Prinz, U., DB 2009, S. 810 f.; Körner, A., IStR 2009, S. 746; a. A. Mitschke, W., FR 2008, S. 1144; ders., FR 2009, S. 326.
[26] Vgl. BMF-Schreiben v. 20 5. 2009, BStBl 2009 I, S. 671, vgl. hierzu auch die Diskussion bei Mitschke, W., IStR 2010, S. 95 ff.; Körner, A., IStR 2010, S. 208 ff.; Mitschke, W., IStR 2010, S. 210 ff.

der Erfolgs- und Vermögensabgrenzung bei Betriebsstätten eingegangen, so dass auf die entsprechenden Ausführungen verwiesen werden kann.[27]

b) Verhältnis zur Buchwertverknüpfung (§ 6 Abs. 5 Satz 3 EStG)

Das Verhältnis zwischen Entstrickungsentnahme, Verstrickungseinlage und Buchwertprivileg (§ 6 Abs. 5 Satz 3 EStG) ist **gesetzlich nicht geregelt**. Für Entstrickungsentnahmen und Verstrickungseinlagen ist jedoch allgemein maßgebend, dass das Besteuerungsrecht der Bundesrepublik Deutschland hinsichtlich des Gewinns aus der Veräußerung eines Wirtschaftsguts ausgeschlossen oder beschränkt wird. Dieser Tatbestand wird durch gesetzliche Fiktion einer Entnahme für betriebsfremde Zwecke gleichgestellt. Das Buchwertprivileg bezieht sich demgegenüber auf eine unentgeltliche Übertragung oder eine Übertragung gegen Gewährung oder Minderung von Gesellschaftsrechten. Entsprechend liegt bei der Einbringung gegen Gesellschaftsanteile grundsätzlich ein gewinnrealisierender **Tausch** vor, bei dem auf eine Gewinnverwirklichung anlässlich der Einbringung verzichtet werden kann, sofern die künftige Erfassung sichergestellt ist. Sie erweitert den Anwendungsbereich der Buchwertfortführung über den eigenen Betrieb des Steuerpflichtigen hinaus auf anderes Betriebsvermögen des Steuerpflichtigen oder das Betriebsvermögen einer Mitunternehmerschaft, an welcher der Steuerpflichtige beteiligt ist (weiter Betriebsbegriff), setzt aber voraus, dass das Wirtschaftsgut innerhalb der betrieblichen Sphäre verbleibt.[28]

Vor diesem Hintergrund ist die Überführung von Wirtschaftsgütern in ein anderes Betriebsvermögen, das Sonderbetriebsvermögen oder das Gesamthandsvermögen einer Mitunternehmerschaft zu Buchwerten zu verrechnen, wenn die Besteuerung der **stillen Reserven sichergestellt** ist. Auf die Beschränkung des Besteuerungsrechts der Bundesrepublik Deutschland käme es zwar nicht an. Gleichwohl hatte der BFH in seiner früheren Rechtsprechung die Überführung von Einzelwirtschaftsgütern aus einem inländischen Stammhaus in eine ausländische Betriebsstätte als gewinnrealisierende Entnahme gewertet (These der finalen Entnahme). Inzwischen hält der BFH an dieser Rechtsprechung aber nicht mehr fest.[29] Er erkennt an, dass die (spätere) Besteuerung im Inland entstandener stiller Reserven selbst dann nicht beeinträchtigt ist, wenn die ausländischen Betriebsstättengewinne durch entsprechende Vereinbarungen in einem DBA von der Besteuerung im Inland **freigestellt** sind.[30] Im Übrigen könne dem Steuerpflichtigen aus Gründen der Niederlassungsfreiheit die Anwendung des Buchwertprinzips nicht deshalb versagt werden, weil ein Wirtschaftsgut in eine in einem Mitgliedstaat der EU ansässige und nach dortigem Recht buchführungspflichtige Personengesellschaft eingebracht werde. Daher sollten die Entstrickungsregelung und die Buchwertverknüpfung nicht in Konflikt stehen.

---

[27] Siehe 3. Kapitel.
[28] So jüngst auch BFH v. 15. 4. 2010, BFH/NV 2010, S. 1345.
[29] Vgl. BFH v. 17. 7. 2008, BStBl 2009 II, S. 464; zur Nichtanwendung siehe BMF-Schreiben v. 20. 5. 2009, BStBl 2009 I, S. 671.
[30] Nahezu einhellige Auffassung, vgl. z. B. Wassermeyer, F./Andresen, U./Ditz, X., Betriebsstätten-Handbuch, Rz. 3 ff.

864 5. Teil. *Erfolgs- und Vermögensabgrenzung*

5. Berichtigung von Einkünften (§ 1 AStG)

a) Anwendungsvoraussetzungen und Rechtsfolge

Werden Einkünfte eines Steuerpflichtigen aus einer Geschäftsbeziehung zum Ausland mit einer ihm nahe stehenden Person dadurch gemindert, dass er seiner Einkünfteermittlung andere Bedingungen, insbesondere Preise (Verrechungspreise), zugrunde legt, als sie voneinander unabhängige Dritte unter gleichen oder ähnlichen Verhältnissen vereinbart hätten, sind seine Einkünfte unbeschadet anderer Vorschriften so anzusetzen, wie sie unter voneinander unabhängigen Dritten angefallen wären (§ 1 AStG). Zielsetzung und Anwendungsbereich dieser Vorschrift wurden bereits im Zusammenhang mit der Erfolgs- und Vermögensabgrenzung bei Kapitalgesellschaften erläutert. Im Folgenden ist aber zu prüfen, inwieweit diese Voraussetzungen im Rahmen des Lieferungs- und Leistungsverkehrs zwischen Mitunternehmern und Personengesellschaft erfüllt sind.

- **Nahe stehende Person:** Das Erfordernis „nahe stehender Personen" wird u. E. bereits durch die Gesellschafterstellung (Unternehmerinitiative und Unternehmerrisiko) des Gesellschafters erfüllt. Eine Mindestbeteiligungsquote – z. B. eine qualifizierte Beteiligung i. H. v. 25%[31] – ist nicht erforderlich.

- **Geschäftsbeziehung:** Eine Geschäftsbeziehung zwischen einem Steuerpflichtigen und einer ihm nahe stehenden Person ist gegeben, wenn der Austausch auf einer schuldrechtlichen Beziehung beruht. Sie ist stets geschäftlich, wenn auf die zugrunde liegenden Tätigkeiten die Vorschriften des EStG über die Besteuerung von Einkünften aus Land- und Forstwirtschaft, Gewerbebetrieb, selbstständiger Arbeit sowie Vermietung und Verpachtung (Grundtätigkeiten) anzuwenden sind.

  Keine Geschäftsbeziehungen sind die Vorgänge, die das Nahestehen erst begründen, d. h. Vorgänge, die das Verhältnis zwischen den Gesellschaften und ihrer Mitunternehmer regeln, namentlich die Überlassung von Eigenkapital.[32] Nach diesen Grundsätzen liegen Geschäftsbeziehungen zum Ausland auch bei **Geschäften zwischen in- und ausländischen,** ganz oder teilweise personenidentischen Personengesellschaften vor.[33] Gleiches gilt für die Finanzverwaltung auch bei Geschäften zwischen der inländischen Betriebsstätte eines unbeschränkt Steuerpflichtigen und der ausländischen Betriebsstätte eines ihm nahe stehenden anderen beschränkt oder unbeschränkt Steuerpflichtigen. Damit sollte die Berichtigungsnorm (§ 1 AStG) **anwendbar** sein, wenn zivilrechtlich und steuerlich anerkannte geschäftliche Beziehungen zwischen der Personengesellschaft und ihren Mitunternehmern vorliegen.[34] Diese Auffassung wird auch durch die Tatsache gestützt, dass die Rechtsprechung des BFH bei Rechtsgeschäften außerhalb des Regelungsbereiches von § 15 Abs. 1 Satz 1 Nr. 2 EStG die Rechtssubjekteigenschaft der Personengesellschaft be-

---

[31] Vgl. Manke, K., JbFSt 1978/79, S. 340.
[32] Vgl. Anwendungsschreiben AStG, BMF-Schreiben v. 14. 5. 2004, BStBl 2004 I, Sondernummer 1/2004, Tz. 1.4.1, 1.4.2.
[33] Vgl. Anwendungsschreiben AStG, BMF-Schreiben v. 14. 5. 2004, BStBl 2004 I, Sondernummer 1/2004, Tz. 1.4.3.
[34] Vgl. Manke, K., JbFSt 1978/79, S. 340; a. A. Gocksch, S., IStR 2002, S. 183.

tont, womit sich steuerlich anerkanntermaßen zwei Rechtssubjekte (Gesellschaft und Gesellschafter) einander gegenüberstehen. Beiträge des Mitunternehmers, die seine Mitunternehmerstellung begründen, liegen jedoch außerhalb des Anwendungsbereichs der Berichtigungsnorm. Diese Einschränkung bezieht sich allerdings auf Sachleistungen, zu denen sich die Gesellschafter nach dem Gesellschaftsvertrag verpflichtet haben. Sie betrifft nicht die schuldrechtlichen Gesellschaft-Gesellschafterbeziehungen, die beim Gesellschafter zu Sondervergütungen führen.[35]

b) Verhältnis zu Entnahmen und Einlagen

Liegen Entnahme- oder Einlagesachverhalte vor, die gleichzeitig auch eine Geschäftsbeziehung i. S. v. § 1 Abs. 5 AStG darstellen, stellt sich die Frage nach der maßgebenden Rechtsfolge. Die hierfür maßgebende Regelung sieht vor, dass die ggf. weitergehenden Berichtigungen des Fremdvergleichs neben den Rechtsfolgen der Einlagen oder Entnahmen durchzuführen sind, wenn die Anwendung des Fremdvergleichsgrundsatzes zu weitergehenden Berichtigungen führt (§ 1 Abs. 1 Satz 3 AStG).[36] Offene Einlagen beruhen jedoch auf dem Gesellschaftsverhältnis.[37] Umgekehrt sind offene Entnahmen privat veranlasst, so dass auch insoweit **keine Rechtsfolgenkonkurrenz** mit § 1 AStG gegeben ist.[38] Entnahmen und Einlagen können aber durch ein entgeltliches Rechtsgeschäft verdeckt sein.

Beispiel: Der Gesellschafter einer Personengesellschaft veräußert ein Wirtschaftsgut, das er bisher in seinem eigenen Betrieb nutzte, zu einem unangemessen niedrigen Entgelt.

Dieser Fall lag vor wenigen Jahren einem Urteil des FG Münster zugrunde.[39] Nach dem Sachverhalt veräußerte ein Steuerpflichtiger aus seinem inländischen Betrieb Waren an seine Betriebe im Ausland, wobei die Verkaufspreise nicht dem entsprachen, was unter fremden Dritten vereinbart und gezahlt worden wäre. Das FG Münster bekräftigte zwar, dass die Konkurrenz von § 1 Abs. 1 AStG zu § 4 Abs. 1 Satz 1 EStG im Schrifttum weitgehend ungeklärt sei. Im Urteilsfall stellte sich jedoch das Konkurrenzverhältnis zwischen der Korrektur nach § 1 AStG und einer Entnahme für das FG Münster nicht, weil der Steuerpflichtige Waren, die er an seinen ausländischen Betrieb geliefert hatte, zu einem Preis veräußerte, der über dem Teilwert des Wirtschaftsguts lag. Zweck der Entnahmevorschrift sei vor allem, die steuerliche Erfassung der stillen Reserven sicherzustellen. Das wäre nur dann nicht gewährleistet, wenn der Steuerpflichtige die Waren

---

[35] So auch Blümich, W., Einkommensteuergesetz, § 1 AStG, Anm. 37; Flick, H./Wassermeyer, F./Baumhoff, H., Außensteuerrecht, § 1 AStG, Anm. 224.
[36] Siehe dazu auch die Diskussion im Zusammenhang mit der Gewinnabgrenzung bei Kapitalgesellschaften im 4. Kapitel.
[37] Vgl. Wassermeyer, F., IStR 2001, S. 635.
[38] Vgl. Gocksch, S., IStR 2002, S. 183. Dementsprechend ist es für den BFH ernstlich zweifelhaft, ob nicht die Rechtsfolge des § 4 Abs. 1 Satz 1 EStG, soweit sie sich auf Sach- und/oder Leistungsentnahmen bezieht, die Anwendung des § 1 AStG ausschließt. Vgl. BFH v. 17. 12. 1997, BStBl 1998 II, S. 321.
[39] Vgl. FG Münster v. 31. 8. 2000, EFG 2000, S. 1389.

unter dem Teilwert an seine Betriebe im Ausland geliefert hätte.[40] Für die weitere Analyse soll das Beispiel von daher erweitert werden.

Beispiel: Der Gesellschafter einer Personengesellschaft veräußert ein Wirtschaftsgut, das er bisher in seinem eigenen Betrieb nutzte, zu einem Preis i. H. v. 80 (40) GE an seine Personengesellschaft. Der Teilwert dieses Wirtschaftsguts beträgt 80 GE. Für den gemeinen Wert wird ein Betrag von 100 GE ermittelt. Der gemeine Wert entspreche dem Fremdvergleichspreis.

Nach dem Urteil des FG Münster scheidet eine Entnahme aus, wenn das Wirtschaftsgut zum Teilwert i. H. v. 80 GE veräußert wird, da die Besteuerung der stillen Reserven gewährleistet ist. Liegt eine **Geschäftsbeziehung** vor, kann der Vorgang nach dem FG Münster deshalb nur nach § 1 Abs. 1 AStG korrigiert werden. Dafür würde auch sprechen, dass der Vorgang überwiegend entgeltlich erfolgt. Bei einer Korrektur nach § 1 Abs. 1 AStG wäre der Preis außerbilanziell um 20 GE auf 100 GE zu erhöhen.

Anderes müsste gelten, wenn das Wirtschaftsgut zum Preis i. H. v. 40 GE veräußert wird. Für ein Teilentgelt, das unter dem Teilwert des Wirtschaftsguts liegt, gibt das Urteil des FG Münster keine Lösung vor. Wird jedoch auf die Sicherung der stillen Reserven in Höhe der Differenz zwischen Buchwert und Teilwert abgestellt, wäre eine Entnahme des Wirtschaftsguts zum Teilwert zu berücksichtigen. Ferner ergäbe sich eine Konkurrenz zu § 1 Abs. 1 AStG, wenn die Veräußerung an die Personengesellschaft (im Urteilsfall des FG Münster lag eine Veräußerung an die ausländischen Betriebe des Steuerpflichtigen vor) als Geschäftsbeziehung eingestuft wird. Schließen sich die Geschäftsbeziehungen und die (verdeckte) Entnahme wechselseitig aus, kann aber nur entweder eine Entnahme oder eine Geschäftsbeziehung vorliegen.[41]

Für die Lösung des Konkurrenzverhältnisses ist u. E. zu berücksichtigen, dass das Rechtsgeschäft nur zum Teil entgeltlich erfolgte (gemischtes Geschäft). Insoweit sind grundsätzlich zwei Ansätze denkbar. Stellt man darauf ab, welcher Teil überwiegt (Einheitstheorie), wäre dieser Vorgang, da er zu 60% unentgeltlich erfolgt, nicht als Geschäftsbeziehung zu werten.[42] Dementsprechend wäre der Gewinn aus der Veräußerung des Wirtschaftsguts auch (nur) um 40 GE zu erhöhen.

Dieses Ergebnis kann nicht überzeugen, da die Rechtsfolge von der Höhe des gezahlten Entgelts abhängig wäre. Es widerspricht auch der sonst üblichen Behandlung gemischter Geschäfte im Einkommensteuerrecht. Die einkommensteuerliche Behandlung von gemischten Geschäften stellt in aller Regel nicht auf den überwiegenden Charakter eines Veräußerungsvorgangs ab, sondern teilt die Übertragung i. S. d. **Trennungstheorie** in einen voll

---

[40] Darüber hinaus sollte nach dem Sachverhalt des Urteils ein Konkurrenzverhältnis zu § 1 AStG schon deshalb ausscheiden, weil § 1 AStG von einer Geschäftsbeziehung ausgeht, die zwischen zwei nicht identischen Personen besteht. Vgl. Gocksch, S., IStR 2002, S. 183. Nach dem Sachverhalt des Urteils war die Bewertung einer Überführung in ein anderes Betriebsvermögen desselben Steuerpflichtigen zu entscheiden. Vgl. FG Münster v. 31. 8. 2000, EFG 2000, S. 1589.
[41] Vgl. Gocksch, S., IStR 2002, S. 183.
[42] Für *Wassermeyer* genügte in diesem Fall bereits ein Teilentgelt i. H. v. 1 €, um die Rechtsfolgen des § 1 AStG auszulösen. Vgl. Wassermeyer, F., IStR 2001, S. 635.

entgeltlichen und einen voll unentgeltlichen Teil auf.[43] Stimmen die Wertmaßstäbe für die Aufteilung und die Prüfung der Angemessenheit überein, ist die Korrektur mit der Buchung einer Entnahme erledigt. In diesem Fall muss der **entgeltliche Teil** angemessen sein, so dass eine weitere Korrektur des entgeltlichen Teils nach § 1 AStG nicht mehr notwendig ist.[44] Aufteilungsmaßstab für die Bestimmung des entgeltlichen Teils ist jedoch das Verhältnis des Entgelts zum gemeinen Wert des übertragenen Wirtschaftsguts,[45] während § 1 AStG auf den Fremdpreis abstellt. Unterscheiden sich Fremdpreis und gemeiner Wert, ist von daher eine Korrektur im entgeltlichen Teil des Geschäfts nicht ausgeschlossen. Beim **unentgeltlichen Teil** handelt es sich um eine (verdeckte) Entnahme. Übertragungen aus oder in das Privatvermögen sind daher mit dem Teilwert zu bewerten. Erfolgt die Übertragung dagegen aus oder in das Betriebsvermögen, wird im nationalen Fall eine Gewinnrealisierung nur ausgelöst, wenn das Teilentgelt nicht in einer Gewährung oder Minderung von Gesellschaftsrechten erfolgt. Soweit die Übertragung unentgeltlich oder gegen Gesellschaftsrechte erfolgt, ist die Entnahme nach § 6 Abs. 5 Satz 3 EStG zu Buchwerten zu vollziehen. Anderes gilt, wenn aufgrund der Übertragung das Besteuerungsrecht der Bundesrepublik Deutschland hinsichtlich des Gewinns aus der Veräußerung oder der Nutzung des Wirtschaftsguts ausgeschlossen oder beschränkt ist. In diesem Fall ist, wie oben dargestellt, die Entnahme zum gemeinen Wert anzusetzen.[46]

II. Abkommensrecht

Das Abkommensrecht wendet den Fremdvergleichsgrundsatz auch auf die Gewinnabgrenzung zwischen verschiedenen Betriebsstätten eines Unternehmens an. Nach der bis 2010 maßgebenden Fassung des Art. 7 OECD-Modell ist die Selbständigkeitsfiktion der Betriebsstätte selbst in der überarbeiteten Kommentierung aus dem Jahre 2008 noch eingeschränkt. Mehr noch werden nach den bestehenden deutschen DBA die für eine Betriebsstätte „entstandenen Aufwendungen einschließlich der Geschäftsführungs- und Verwaltungskosten zum Abzug zugelassen, gleichgültig, ob sie in dem Staat, in dem die Betriebsstätte liegt, oder anderswo entstanden sind" (z. B. Art. 7 Abs. 3 DBA-Österreich). Schließlich ist es nach zahlreichen deutschen DBA alternativ möglich, die einer Betriebsstätte zuzurechnenden Gewinne des Unternehmens durch Aufteilung des Gesamtgewinns des Unternehmens auf seine einzelnen Teile zu ermitteln.[47] Auf der anderen Seite ist es das Ziel der aktuellen Überarbeitung des Art. 7 OECD-Modell 2010, die Anwendung des Fremdvergleichsgrundsatzes im Rahmen des **functionally separate entity approach** an die entsprechende Vorgehensweise bei rechtlich selbstständigen Kapitalgesellschaften anzuglei-

---

[43] Vgl. BFH v. 17. 7. 1980, BStBl 1981 II, S. 11; BMF-Schreiben v. 7. 6. 2001, BStBl 2001 I, S. 367; im Einzelnen siehe Jacobs, O. H., Rechtsform, 2009, S. 245 f.
[44] So auch Gocksch, S., IStR 2002, S. 184.
[45] Vgl. BMF-Schreiben v. 29. 3. 2000, BStBl 2000 I, S. 462, unter II.1.c.; BMF-Schreiben v. 7. 6. 2001, BStBl 2001 I, S. 367.
[46] Siehe Abschnitt B I 4 a).
[47] Vgl. 3. Kapitel, Abschnitt B II.

chen.[48] Dies bedeutet, dass sämtliche Transaktionen zwischen den Betriebsstätten eines Unternehmens zu Marktpreisen zu verrechnen wären. Im Zusammenhang mit Personengesellschaften würde sich die Möglichkeit einer Verrechnung zu Marktpreisen auch auf Sondervergütungen und grenzüberschreitende Übertragungen zwischen dem Betriebsvermögen des Gesellschafters, dem Sonderbetriebsvermögen und dem Gesamthandsvermögen erstrecken. Gegenwärtig ist der überarbeitete Entwurf eines neuen Artikels „Unternehmensgewinne" noch nicht verabschiedet. Er setzt auch eine entsprechende Anpassung des nationalen Rechts voraus.[49]

III. Verhältnis zwischen nationalem Recht und Abkommensrecht

Ein DBA legt dem innerstaatlichen Recht der beteiligten Staaten Schranken auf. Nach mehrheitlicher Auffassung in der Literatur, die auch vom Steuerausschuss der OECD geteilt wird, hat ein entsprechendes DBA jedoch keine unmittelbare Bedeutung für die Gewinnermittlungen der in- und ausländischen Betriebsstätten eines Unternehmens.[50] Damit kann aber festgehalten werden, dass sich die Anwendung des Fremdvergleichsgrundsatzes gegenwärtig auf die **Lieferung von Gütern sowie auf bestimmte Dienstleistungen** beschränkt. In Bezug auf Nutzungen und Leistungen dürfte die durch die Einführung allgemeiner Entstrickungs- und Verstrickungsgrundsätze (§ 4 Abs. 1 Satz 3, 7 EStG) erfolgte Ausdehnung des innerstaatlichen Besteuerungsanspruches zurzeit noch begrenzt sein.

Beispiel: Unternehmen A entwickelt eine Steuerungssoftware für den Vertrieb, die in der ausländischen Betriebsstätte des Unternehmens eingesetzt wird. Nach dem Wortlaut der Entstrickungsregelung (§ 4 Abs. 1 Satz 3 EStG) ist die Überführung der Software zur Nutzung durch die ausländische Betriebsstätte als Entstrickungsentnahme anzusehen, die mit dem gemeinen Wert zu bewerten ist (§ 6 Abs. 1 Nr. 4 Satz 1 2. Halbsatz EStG).[51] Nach dem Text der Vereinbarungen in vielen deutschen DBA kann die Überlassung der Software nur zu Selbstkosten ohne Gewinnaufschlag erfolgen.[52]

Diese Beurteilung mag sich ändern, wenn die OECD den Grundsatz des Fremdvergleichs für Unternehmensgewinne im Zuge ihrer **Revision** der bestehenden Interpretationsansätze an die Vorgehensweise bei Kapitalgesellschaften angleicht. Es bleiben aber die im Zusammenhang mit der Gewinnabgrenzung bei Betriebsstätten beschriebenen Zweifel an der Verfassungsmäßigkeit und Europarechtstauglichkeit.

---

[48] Vgl. OECD, Revised Discussion Draft Art. 7, 2009, S. 5; Lang, M., Double Taxation Conventions, 2010, Rz. 263.
[49] Siehe dazu Becker, M., Umbruch, 1998, S. 81 ff.
[50] Vgl. 3. Kapitel, Abschnitt B III.
[51] Siehe aber BFH v. 17. 7. 2008, BStBl 2009 II, S. 464, dessen Ausführungen sich unverändert auf die aktuelle Rechtslage übertragen lassen sollten, vgl. Körner, A., IStR 2009, S. 744; siehe dazu aber BMF-Schreiben v. 20. 5. 2009, BStBl 2009 I, S. 671.
[52] A. A. Hruschka, F., StuB 2006, S. 589, für den der Ansatz zum gemeinen Wert in Übereinstimmung mit dem DBA erfolgt. Siehe dazu auch Wassermeyer, F., DB 2006, S. 1179; sowie 3. Kapitel.

C. Lieferungs- und Leistungsverkehr der Personengesellschaft

I. Lieferungs- und Leistungsverkehr mit Dritten

Kommt es zu einem Lieferungs- und Leistungsaustausch – z. B. aus einem Kaufvertrag, Miet- oder Pachtvertrag, Dienst- oder Werkvertrag, oder Darlehensvertrag – zwischen einer Personengesellschaft und fremden Dritten, so ergeben sich entsprechende **Betriebseinnahmen, Betriebsausgaben, Forderungen und Verbindlichkeiten**. Dies gilt unabhängig davon, ob der Vertragspartner im Domizilstaat der Personengesellschaft oder in einem anderen Staat ansässig ist. Besonderheiten sind in dieser Hinsicht nicht zu vermerken, da derartige Leistungsbeziehungen innerhalb der von der Gesellschaft durchzuführenden Gewinnermittlung zu erfassen sind. Maßgeblich sind demnach die GoB.

II. Lieferungs- und Leistungsverkehr mit Unterbetriebsstätten

Bei international tätigen Personengesellschaften besteht die Möglichkeit, dass die Gesellschaften außerhalb ihres Domizilstaates selbstständige Betriebsstätten unterhalten. Hier ist für den grenzüberschreitenden Lieferungs- und Leistungsverkehr innerhalb des Gesamthandsvermögens (Personengesellschaft an Betriebsstätte und umgekehrt) zu beachten, dass die Personengesellschaft und ihre Betriebsstätten Teile ein und desselben **Unternehmens** sind und Lieferungs- und Leistungsbeziehungen deshalb nicht wie Dritte miteinander abrechnen können. Beim Leistungsaustausch zwischen der Personengesellschaft und ihren in anderen Staaten belegenen Betriebsstätten finden die Grundsätze der **Betriebsstättenbesteuerung** uneingeschränkt Anwendung.[53]

III. Überlassung von Wirtschaftsgütern zur Nutzung

Die von Gesellschaftern bezogenen Vergütungen für die Überlassung von Wirtschaftsgütern stellen bei der Personengesellschaft Betriebsausgaben und beim Gesellschafter Sonderbetriebseinnahmen dar, so dass sich der Gesamtgewinn der Mitunternehmerschaft nicht mindert. Auf der anderen Seite hat die Höhe der vereinbarten Sondervergütung Auswirkungen auf die Gewinnverteilung zwischen den Gesellschaftern, so dass schon aus diesem Grund bereits im rein nationalen Fall der Ansatz zu Marktpreisen gefordert wird.[54] Außerhalb von Familiengesellschaften dürfte aber bereits der Interessengegensatz zwischen den beteiligten Gesellschaftern zum Ansatz des Marktpreises führen. Im grenzüberschreitenden Bereich unterliegen die vertraglichen Beziehungen zwischen dem Gesellschafter einer Personengesellschaft und seiner Gesellschaft der Gewinnberichtigungsnorm des § 1 AStG.[55] Danach ist die grenzüberschreitende Überlassung von Wirtschaftsgütern zur Nutzung durch die in- oder ausländische Personengesellschaft zu **Fremdpreisen** abzurechnen.

---

[53] Vgl. Maier, J., Personengesellschaften, 2003, S. 368. Zu diesen Grundsätzen siehe 3. Teil, 2. Kapitel, Abschnitt A; 4. Teil, 2. Kapitel, Abschnitt A und 5. Teil, 3. Kapitel.
[54] Vgl. Jacobs, O. H., Rechtsform, 2009, S. 249 ff.
[55] Vgl. Wassermeyer, F./Andresen, U./Ditz, X., Betriebsstätten-Handbuch, 2006, Rz. 7.13.

IV. Übertragungsfälle zwischen Gesellschaft und Gesellschafter

Vermögensübertragungen zwischen einer Personengesellschaft und ihren Gesellschaftern können entgeltlich, unentgeltlich oder gegen Gewährung oder Rückgabe von Gesellschaftsrechten erfolgen. Die Vermögensübertragungen können auf der Seite des Gesellschafters sowohl das Privatvermögen als auch Sonderbetriebsvermögen oder einen eigenständigen Betriebsvermögensbereich berühren. Für die Beurteilung grenzüberschreitender Übertragungsfälle ist von Bedeutung, dass der inländische Gesellschafter einer ausländischen Personengesellschaft in Bezug auf seinen Gesellschaftsanteil so zu behandeln ist, als unterhielte er im Staat der ausländischen Gesellschaft eine Betriebsstätte.[56] Entsprechend wird der ausländische Gesellschafter einer inländischen Personengesellschaft behandelt. Aus diesem Grund sind die bei der Betriebsstättenalternative dargestellten Grundsätze zur Erfolgs- und Vermögensabgrenzung grundsätzlich analog anwendbar. Auf Geschäftsbeziehungen zwischen Gesellschaft und Gesellschafter ist daneben jedoch auch die Vorschrift über die Berichtigung von Einkünften anwendbar.

1. Entgeltliche Übertragungen

Übertragungsgeschäfte zwischen einer Personengesellschaft und ihren Gesellschaftern liegen nach der BFH-Rechtsprechung **außerhalb des Regelungsbereichs** von § 15 Abs. 1 Satz 1 Nr. 2 EStG,[57] denn sie erfüllen nicht den Tatbestand der Überlassung von Arbeitskraft, Kapital oder Wirtschaftsgütern an die Mitunternehmerschaft. Im Ergebnis berühren Übertragungsgeschäfte damit nicht die wirtschaftliche Einheit der Mitunternehmer (und damit die Mitunternehmerstellung); vielmehr sind sie als Leistungsaustauschbeziehungen zu betrachten. Dabei macht es keinen Unterschied, ob die Wirtschaftsgüter beim Veräußerer Sonderbetriebsvermögen, Betriebsvermögen eines separaten Gewerbebetriebs oder Privatvermögen sind.[58] Veräußert der Mitunternehmer an seine Mitunternehmerschaft entgeltlich ein Wirtschaftsgut, das aus seinem eigenen Gewerbebetrieb stammt, so ist dieser Vorgang, wenn er sich wie im Geschäftsverkehr zwischen Fremden übliche Veräußerung darstellt, insgesamt als **Veräußerungs- oder Anschaffungsvorgang** zu behandeln. Entsprechendes gilt für den umgekehrten Fall, d. h. wenn die Mitunternehmerschaft entgeltlich ein Wirtschaftsgut an den Mitunternehmer veräußert und das erworbene Wirtschaftsgut beim Mitunternehmer Betriebsvermögen wird.[59]

Der grenzüberschreitende rechtsgeschäftliche Leistungsaustausch ist somit als **Fremdgeschäft** nach den allgemeinen GoB zu behandeln. Die Mitunternehmerschaft oder der Mitunternehmer als Veräußerer realisieren im Zeitpunkt der Veräußerung des Wirtschaftsguts einen Gewinn bzw. Verlust in Höhe der Differenz zwischen Veräußerungspreis und Buchwert (**Realisationsprinzip**). Beim Erwerber liegt immer ein Anschaffungsvorgang vor, d. h.

---
[56] Vgl. BFH v. 27. 2. 1991, BStBl 1991 II, S. 444.
[57] Vgl. BFH v. 28. 1. 1976, BStBl 1976 II, S. 744.
[58] Vgl. Schmidt, L., Einkommensteuergesetz, § 15 EStG, Rz. 660 ff. m. w. N.
[59] § 6 Abs. 5 Satz 3 EStG kommt in den Fällen der entgeltlichen Übertragung nicht zur Anwendung. Vgl. BMF-Schreiben v. 7. 6. 2001, BStBl 2001 I, S. 367.

er hat bei sich Anschaffungskosten in Höhe des vereinbarten Kaufpreises zzgl. etwaiger Nebenkosten zu bilanzieren.

Diese skizzierten Grundsätze finden **im Bereich des Anlagevermögens und des Umlaufvermögens** Anwendung. Die entsprechenden Vergütungen sind – sofern der Mitunternehmer eine eigene gewerbliche Betätigung ausübt – keine Sonderbetriebseinnahmen, sondern Betriebseinnahmen des eigenen Gewerbebetriebs.[60] Dementsprechend wurden vom BFH Warenlieferungen im normalen Geschäftsverkehr,[61] Bankgeschäfte zwischen Gesellschafter und Gesellschaft[62] sowie Bauleistungen des Bauunternehmergesellschafters an seine Baugesellschaft[63] anerkannt.

Die Fälle des **normalen Geschäftsverkehrs** gelten als Musterbeispiele dafür, dass Leistungsbeziehungen zwischen der Mitunternehmerschaft und den Mitunternehmern weder durch die Gesellschaft veranlasst noch durch sie motiviert sind. Die Partner sind vielmehr austauschbar und die Leistungsbeziehungen eher zufällig. Derartige Leistungsbeziehungen sind bei angemessener Entgeltvereinbarung grundsätzlich wie Leistungsbeziehungen zwischen Dritten zu behandeln.

Werden im Rahmen von Leistungsbeziehungen zwischen Gesellschaft und Gesellschafter Entgelte in unangemessener Höhe vereinbart, so hat eine Korrektur zu erfolgen. Als Rechtsgrundlage kommen hier zum einen die spezielle Berichtigungsnorm des § 1 AStG, zum anderen die allgemeinen Grundsätze in Bezug auf teilentgeltliche Rechtsgeschäfte (partielle Anwendung der Entnahme- und Einlagegrundsätze) in Frage. Denkbar ist schließlich die Anwendung des Prinzips der Buchwertfortführung (§ 6 Abs. 5 Satz 1 EStG) auf den unentgeltlichen Teil der Rechtsgeschäfte.[64] Führt die unangemessene Preisgestaltung zu einer Einkunftsminderung im Inland, so sollte § 1 AStG **vorrangig** Anwendung finden, da die entsprechenden Voraussetzungen (Geschäftsbeziehungen, nahe stehende Personen) bei entgeltlichen Verkaufsgeschäften zwischen einer Personengesellschaft und deren Gesellschaftern stets gegeben sind.[65]

Kann § 1 AStG aufgrund von Gewinnverlagerungen ins Inland nicht angewendet werden, so hat aufgrund der Vorgaben des EStG (§ 4 Abs. 1 Sätze 3 und 7; § 6 Abs. 1 Nr. 4 und 5 a EStG) eine Korrektur auf Basis des gemeinen Wertes zu erfolgen. Teilentgeltliche Übertragungen sind in einen voll entgeltlichen und einen voll unentgeltlichen Vorgang aufzuteilen.[66] Der **entgeltliche Anteil** des Rechtsgeschäfts ist nach dem Verhältnis des Entgelts

---

[60] Vgl. BFH v. 9. 2. 1978, BStBl 1979 II, S. 111.
[61] Vgl. BFH v. 18. 9. 1969, BStBl 1970 II, S. 43.
[62] Vgl. BFH v. 14. 3. 1969, BStBl 1969 II, S. 480.
[63] Vgl. BFH v. 10. 5. 1973, BStBl 1973 II, S. 630.
[64] Bei unentgeltlicher Übertragung aus Betriebsvermögen verdrängt die gesetzlich vorgeschriebene Buchwertfortführung (§ 6 Abs. 5 EStG) die allgemein für Tauschvorgänge und unentgeltliche Übertragungen geltenden Realisierungsgrundsätze. Vgl. Jacobs, O. H., Rechtsform, 2009, S. 246.
[65] A. A. Gocksch, S., IStR 2002, S. 183. Das Argument, nachdem die Annahme einer Geschäftsbeziehung ausscheidet, da ihm die Geschäftsbeziehung der Personengesellschaft wie seine eigene zuzurechnen ist, wird durch die Rechtsprechung nicht gedeckt. Vgl. ausdrücklich BFH v. 30. 5. 1990, BStBl 1990 II, S. 875 unter II. 3. a); Wassermeyer, F., IStR 2001, S. 635; Mössner, J. M. u. a., Steuerrecht, 2005, Rz. E 106 und F 83.
[66] Vgl. Jacobs, O. H., Rechtsform, 2009, S. 245 f.

zum gemeinen Wert des übertragenen Wirtschaftsguts zu bestimmen. In Höhe des **unentgeltlichen Anteils** realisiert der Gesellschafter eine (verdeckte) Einlage. Diese Einlage ist nach den Entstrickungsgrundsätzen zum gemeinen Wert anzusetzen, wenn durch die Einlage das Besteuerungsrecht der Bundesrepublik Deutschland erstmals begründet wird.

2. Unentgeltliche Übertragungen

a) Zwischen der Personengesellschaft und einem Betriebsvermögen des Gesellschafters

Bei der Übertragung eines Wirtschaftsguts zwischen der Personengesellschaft und einem Betriebsvermögen des Gesellschafters findet grundsätzlich ein Rechtsträgerwechsel statt. Ist in diesem Zusammenhang die Besteuerung der stillen Reserven sichergestellt, kann auf eine Gewinnrealisierung anlässlich der Einbringung gleichwohl verzichtet werden. Dies gilt sowohl für die Übertragung zwischen dem inländischen Gewerbebetrieb eines Mitunternehmers und der **ausländischen Personengesellschaft** als auch für Überführungen aus einer inländischen Personengesellschaft in das ausländische Betriebsvermögen eines Gesellschafters. Bei einer grenzüberschreitenden Übertragung setzt dies voraus, dass das Besteuerungsrecht der Bundesrepublik Deutschland hinsichtlich des Gewinns aus der Veräußerung oder Nutzung des übertragenen Wirtschaftsguts **weder ausgeschlossen noch beschränkt** ist. Für die Finanzverwaltung fällt hierunter insbesondere die Überführung eines Wirtschaftsguts von einem inländischen Betrieb in eine ausländische (DBA-)Betriebsstätte.[67] Das gelte umso mehr, als der mit der Einbringung verbundene **Rechtsträgerwechsel** zu einem gewinnrealisierenden Außenumsatz führe.[68] Auf die bestehenden Zweifel an der Maßgeblichkeit dieser Vorschrift für die Übertragung von Wirtschaftsgütern in ein ausländisches Betriebsvermögen und die fehlende Harmonie mit dem EU-Recht wurde bereits hingewiesen.[69]

Zu berücksichtigen wäre auch, dass das Besteuerungsrecht der Bundesrepublik Deutschland nicht deshalb ausgeschlossen oder beschränkt wird, wenn der Ansatz zum Buchwert erfolgt. Die Durchsetzung des Besteuerungsanspruchs gestaltet sich zwar schwierig. Eine Sicherung dieses Anspruchs ergibt sich jedoch bei Übertragungen zwischen der Personengesellschaft und dem Betriebsvermögen eines Gesellschafters bereits aus der Notwendigkeit, den mit einer Übertragung zum Buchwert verbundenen Übergang stiller Reserven auf die Gesamthand und die übrigen Mitgesellschafter durch die Aufstellung einer Ergänzungsbilanz zu verhindern.[70]

Für Übertragungen aus dem Betriebsvermögen eines Auslandsgesellschafters zur **inländischen Personengesellschaft** ist die Frage der Gewinnrealisierung nach ausländischem Recht zu beantworten. Um eine Steuerverstrickung der stillen Reserven, die im Ausland entstanden sind, zu vermeiden, ist die Überführung von Wirtschaftsgütern auf der Ebene der deutschen Personengesellschaft (§ 4 Abs. 1 Satz 7, § 6 Abs. 1 Nr. 5a EStG)

---
[67] Vgl. BMF-Schreiben v. 20. 5. 2009, BStBl 2009 I, S. 671.
[68] Vgl. Mitschke, W., FR 2008, S. 1145.
[69] Siehe vor allem auch BFH v. 17. 7. 2008, BStBl 2009 II, S. 464; Prinz, U., DB 2009, S. 807 ff.; Körner, A., IStR 2009, S. 741 ff.
[70] Vgl. Jacobs, O. H., Rechtsform, 2009, S. 240 ff.

mit dem **gemeinen Wert** zu verrechnen. Auf diese Weise wird sichergestellt, dass bei einem Transfer nach Deutschland nur die stillen Reserven der Besteuerung unterliegen, die ab dem Zeitpunkt des Transfers zusätzlich entstanden sind.

b) Zwischen der Personengesellschaft und dem Privatvermögen des Gesellschafters

Erfolgt die unentgeltliche Übertragung aus dem Gesamthands- oder dem Sonderbetriebsvermögen in das Privatvermögen, so liegt eine **Entnahme** vor.[71] Die Entnahme führt immer zur Gewinnrealisierung; eine teleologische Reduktion ist hier nicht möglich. Überträgt der Gesellschafter aus seinem Privatvermögen der Personengesellschaft oder in das Sonderbetriebsvermögen ein Wirtschaftsgut unentgeltlich, so liegt eine Entnahme und bei der Gesellschaft eine nach § 6 Abs. 1 EStG zu bewertende **Einlage** vor.[72]

3. Übertragungen gegen Gesellschaftsrechte

a) Zwischen der Personengesellschaft und einem Betriebsvermögen des Gesellschafters

Eine Übertragung gegen Gewährung von Gesellschaftsrechten (Einbringung) liegt vor, wenn die Erhöhung des Vermögens der Personengesellschaft, die durch die übertragenen Wirtschaftsgüter eintritt, ausschließlich dem Kapitalkonto des einbringenden Gesellschafters zugeschrieben wird. Dabei muss es sich um das Kapitalkonto handeln, das für die Beteiligung des Gesellschafters am Gesellschaftsvermögen maßgebend ist. Eine Übertragung gegen Minderung von Gesellschaftsrechten liegt entsprechend dann vor, wenn die durch die Übertragung eintretende Minderung des Vermögens der Gesellschaft dem Kapitalkonto des Gesellschafters belastet wird, auf den das Wirtschaftsgut übergeht.

Bei der Übertragung eines Wirtschaftsguts vom Gesellschafter **auf die Personengesellschaft** gegen Gewährung von Gesellschaftsrechten handelt es sich um einen **tauschähnlichen entgeltlichen Vorgang**,[73] für den nach dem Buchwertprivileg (§ 6 Abs. 5 Satz 3 EStG) die Buchwertfortführung vorgeschrieben ist.[74] Soweit einzelne Wirtschaftsgüter gegen Übernahme von Verbindlichkeiten übertragen werden, steht dies einer erfolgsneutralen Übertragung entgegen.[75]

Erfolgt die Übertragung von Wirtschaftsgütern aus dem Betriebsvermögen (oder Privatvermögen) eines Gesellschafters in das Gesellschaftsvermögen gegen Gewährung von Gesellschaftsrechten zu Bedingungen, die im Vergleich zu den Bedingungen zwischen fremden Dritten als **nicht angemessen** einzustufen sind, kann das Entgelt zu korrigieren sein. Besteht die Gegenleistung in Gesellschaftsrechten, kann die Gewinnkorrektur jedoch nicht auf die Berichtigung von Einkünften (§ 1 AStG) gestützt werden, weil die Beteiligung am Eigenkapital der Gesellschaft nicht unter den Begriff der Geschäftsbezie-

---

[71] Vgl. BFH v. 30. 6. 1987, BStBl 1988 II, S. 418.
[72] Siehe dazu Schmidt, L., Einkommensteuergesetz, § 15 EStG, Rz. 665, 669.
[73] Vgl. BMF-Schreiben v. 7. 6. 2001, BStBl 2001 I, S. 367.
[74] Vgl. BFH, 17. 7. 2008, BStBl 2009 II, S. 464; a. A. BMF-Schreiben v. 20. 5. 2009, BStBl 2009 I, S. 691. Siehe auch Abschnitt B I 3 und 4 sowie Abschnitt C IV 2.
[75] Vgl. BMF-Schreiben v. 28. 4. 1998, BStBl 1998 I, S. 583; BMF-Schreiben v. 7. 6. 2001, BStBl 2001 I, S. 367.

hung fällt.[76] Teilentgeltliche Übertragungen sind vielmehr nach dem Verhältnis vom Wert des Entgelts und dem gemeinen Wert des Wirtschaftsguts in einen vollentgeltlichen und einen unentgeltlichen Vorgang aufzuteilen (Trennungstheorie). In Bezug auf den **entgeltlichen Teil** werden beim Gesellschafter anteilig die ggf. vorhandenen stillen Reserven aufgedeckt und unterliegen in Abhängigkeit von der Art (Beteiligung, einbringungsgeborene Anteile, andere Wirtschaftsgüter) und der Vermögenszugehörigkeit des übertragenen Wirtschaftsguts (Betriebs- oder Privatvermögen) der Besteuerung. Überträgt die Personengesellschaft an einen Gesellschafter, werden die entsprechenden stillen Reserven auf Ebene der Personengesellschaft aufgedeckt. Beim Empfänger des Wirtschaftsguts liegen in Höhe des geleisteten Entgelts Anschaffungskosten vor. In Bezug auf den **unentgeltlichen Teil** liegt dagegen eine (verdeckte) Entnahme oder Einlage vor. Diese sind, soweit das Besteuerungsrecht der Bundesrepublik Deutschlands ausgeschlossen, beschränkt oder erstmals begründet wird, zum gemeinen Wert anzusetzen (§§ 4 Abs. 1 Sätze 3 und 7, 6 Abs. 1 Nr. 4 Satz 1 2. Halbsatz und Nr. 5 a EStG, § 12 Abs. 1 KStG).[77] Das ist nach Auffassung des BFH „jedenfalls nach der [...] Rechtslage vor Inkrafttreten des § 4 Abs. 1 Satz 3 EStG i. d. F. des SEStEG" nicht schon deshalb der Fall, weil Wirtschaftsgüter eines inländischen Unternehmens in dessen ausländische Betriebsstätte überführt werden.[78] Da die (spätere) Besteuerung im Inland entstandener stiller Reserven durch eine Freistellung der ausländischen Betriebsstättengewinne oder eine Anrechnung der (auf ausländische Einkünfte) im Ausland gezahlten Steuern nicht beeinträchtigt ist, wird man die Auffassung des BFH auf die aktuelle Rechtslage übertragen können.[79]

b) Zwischen der Personengesellschaft und dem Privatvermögen des Gesellschafters

Überträgt ein **Mitunternehmer** ein bisher zu seinem Privatvermögen gehörendes Wirtschaftsgut gegen Gewährung von Gesellschaftsrechten auf die Personengesellschaft, so liegt nach Auffassung der Finanzverwaltung ein tauschähnlicher Vorgang vor. Die Bewertung erfolgt gemäß § 6 Abs. 6 EStG mit dem gemeinen Wert des hingegebenen Wirtschaftsguts.[80] Überträgt die **Personengesellschaft** ein Wirtschaftsgut gegen Minderung von Gesellschaftsrechten an einen oder mehrere Mitunternehmer, bei dem oder bei denen das Wirtschaftsgut Privatvermögen wird, so gilt Entsprechendes.[81]

---

[76] Siehe hierzu die Urteile des BFH v. 15. 7. 1976, BStBl 1976 II, S. 748; BFH v. 25. 11. 1980, BStBl 1981 II, S. 419; BFH v. 29. 10. 1987, BStBl 1988 II, S. 374, in denen die Gesellschafternähe dieser Geschäfte betont wird.

[77] Vgl. Jacobs, O. H., Rechtsform, 2009, S. 245 f.; siehe dazu auch Abschnitt B I 4 a) in Bezug auf das Verhältnis von Entnahmen, Einlagen sowie Verstrickungsentnahmen und Verstrickungseinlagen.

[78] Vgl. BFH v. 17. 7. 2008, BStBl 2009 II, S. 464.

[79] So auch Prinz, U., DB 2009, S. 810; Körner, A., IStR 2009, S. 744; a. A. BMF-Schreiben v. 20. 5. 2009, BStBl 2009 I, S. 691; Mitschke, W., FR 2008, S. 1144.

[80] Vgl. BMF-Schreiben v. 29. 3. 2000, BStBl 2000 I, S. 462. Siehe dazu Brandenberg, H., FR 2000, S. 1183 f.; Jacobs, O. H., Rechtsform, 2009, S. 239 f. m. w. N.; Blümich, W., Einkommensteuergesetz, § 6 EStG, Anm. 140; Schmidt, L., Einkommensteuergesetz, § 15 EStG, Rz. 664; a. A. Reiß, W., BB 2000, S. 1964.

[81] Vgl. BMF-Schreiben v. 29. 3. 2000, BStBl 2000 I, S. 462. Nach Ansicht von Schmidt, L., Einkommensteuergesetz, § 15 EStG, Rz. 668, und Reiß, W., BB 2000, S. 1974, liegt in diesem Fall jedoch eine Entnahme vor, die gem. § 6 Abs. 1 Nr. 4 EStG mit dem Teilwert zu bewerten ist.

Erfolgt die Übertragung zu unangemessenen Bedingungen, ist der Vorgang teilentgeltlich. Er bewirkt eine (verdeckte) Entnahme oder Einlage in Bezug auf den unentgeltlichen Teil dieses Rechtsgeschäfts. Private Entnahmen oder Einlagen sind mit dem Teilwert zu bewerten.

V. Übertragungsfälle zwischen den Gesellschaftern

Veräußert ein Mitunternehmer **entgeltlich** ein Wirtschaftsgut seines Sonderbetriebsvermögens an seine Mitgesellschafter, so ist nach herrschender Auffassung ein Gewinn in Höhe des Unterschiedsbetrags zwischen Buchwert und höherem Veräußerungserlös zu **realisieren**.[82] Das Gleiche gilt auch dann, wenn Wirtschaftsgüter des Sonderbetriebsvermögens an alle Gesellschafter, d. h. ins Gesamthandsvermögen, entgeltlich übertragen werden.[83] Erfolgt die Veräußerung zu einem unangemessenen Preis, so ist eine (ggf. anteilige) **Korrektur** nach § 1 AStG zulässig.[84]

Überträgt ein inländischer Mitunternehmer unentgeltlich ein Wirtschaftsgut seines Sonderbetriebsvermögens an einen inländischen Mitgesellschafter, so ist nach § 6 Abs. 5 Satz 3 EStG zwingend der Buchwert anzusetzen.[85] Das gilt nach der Rechtsprechung des BFH auch dann, wenn es sich um einen ausländischen Erwerber handelt und das Besteuerungsrecht in Bezug auf Gewinne aus einer Veräußerung des Wirtschaftsguts im Ausland liegt.[86] Da Übertragungen zwischen mehreren Sonderbetriebsvermögen der Gesellschafter und zwischen dem Sonderbetriebs- und Gesamthandsvermögen Gewinnrealisierungen auslösen können, ist entscheidend, ob solche Gewinnrealisierungen innerhalb des Betriebsvermögens der Mitunternehmerschaft (Gesamthands- und Sonderbetriebsvermögen) methodisch zulässig sind. Für eine Gewinnrealisierung spricht der Gedanke, dass die Gesellschaft und die Gesellschafter als verschiedene Rechtsträger angesehen werden. Dennoch erscheint aus der Sicht der Mitunternehmerschaft eine Gewinnrealisierung für den Zeitraum ausgeschlossen, in dem die übertragenen Wirtschaftsgüter innerhalb der wirtschaftlichen Einheit verbleiben, da der Betrieb der Personengesellschaft samt Sonderbetriebsvermögen als eine Einheit aufzufassen ist, deren Gewinn nach den §§ 4, 5, 15 Abs. 1 Satz 1 Nr. 2 EStG zu ermitteln ist. Die Frage, ob ein Gewinn als realisiert anzusehen ist, entscheidet sich somit u. E. ausschließlich aus der Gesamtbilanz der Mitunternehmerschaft, was die Verbuchung der Übertragungsfälle nach der Methode der aufgeschobenen Gewinnrealisierung nahe legt. Im Hinblick auf die ablehnende Position der Finanzver-

---

[82] Vgl. BFH v. 12. 10. 1977, BStBl 1978 II, S. 191; Mitunternehmererlaß, BMF-Schreiben v. 20. 12. 1977, BStBl 1978 I, S. 8, Tz. 37; BMF-Schreiben v. 7. 6. 2001, BStBl 2001 I, S. 367. Siehe auch Schmidt, L., Einkommensteuergesetz, § 15 EStG, Rz. 674.
[83] Das Gleiche gilt auch für entgeltliche Übertragungen aus dem Gesamthandsvermögen in das Sonderbetriebsvermögen. Vgl. BFH v. 31. 3. 1977, BStBl 1977 II, S. 415; Mitunternehmererlaß, BMF-Schreiben v. 20. 12. 1977, BStBl 1978 I, S. 8, Tz. 22, Tz. 30; BMF-Schreiben v. 7. 6. 2001, BStBl 2001 I, S. 367; sowie Schmidt, L., Einkommensteuergesetz, § 15 EStG, Rz. 662, 666 m. w. N.
[84] Vgl. Piltz, D. J., Personengesellschaften, 1981, S. 106.
[85] Siehe auch Brandenberg, H., FR 2000, S. 1187; Kloster, A./Kloster, L., GmbHR 2001, S. 421 f.
[86] Zur Diskussion siehe Abschnitt B I 4 a).

waltung,[87] kann diese Diskussion nach der Einführung der gesetzlichen Entstrickungs- und Verstrickungstatbestände noch nicht als abgeschlossen gelten.[88]

6. Kapitel. Verfahrensrechtliche Regelungen

A. Besteuerungsgrundsätze

I. Pflichten der Finanzbehörden

Im Interesse einer Gleichmäßigkeit der Besteuerung sind die Finanzbehörden von Amts wegen verpflichtet (Amtsermittlungsgrundsatz), die für ein steuerliches Verfahren erheblichen Sachverhalte zu ermitteln (§§ 85, 88 AO). In diesem Zusammenhang bestimmen sie die Art und den Umfang der notwendigen Ermittlungen und die hierzu notwendigen Nachweise. Sie haben jedoch alle für den Einzelfall bedeutsamen Umstände zu berücksichtigen (§ 88 Abs. 2 AO). Zu diesem Zweck werden i. d. R. mit dem Erlass der Prüfungsanordnung vom Steuerpflichtigen zweckdienliche Auskünfte schriftlich eingeholt und vorhandene oder nicht beschaffbare Unterlagen angefordert.[1] Beispiele sind Summen- und Salden- sowie Umbuchungslisten, der zum Handelsregister eingereichte Jahresabschluss, Angaben über Betriebsstätten oder besondere Aufzeichnungen (§ 90 Abs. 3 AO).[2] Die zuletzt erwähnten Aufzeichnungen dürfen allerdings nicht generell für alle Bereiche oder Geschäftsvorgänge des Unternehmens angefordert werden. Ihre Anforderung ist vielmehr auf die im Rahmen der Prüfungsvorbereitung erkennbaren, **steuerlich relevanten Bereiche** oder Transaktionen einzuschränken. Um Fremdvergleichsdaten zu gewinnen, die den Finanzbehörden eine Prüfung der Verrechnungspreise möglich macht, kann die Verwaltung alle sich ihr bietenden Möglichkeiten im Rahmen ihrer gesetzlichen Grenzen nutzen. Sie kann auf Quellen zurückgreifen, die frei zugänglich sind oder Unterlagen des Steuerpflichtigen und/oder anderer Beteiligten heranziehen. Sie kann sich aber auch auf Daten über Geschäftsvorfälle, Geschäftsbeziehungen und Unternehmen stützen, die sie in anderen Besteuerungsverfahren gewonnen hat.[3] Daten aus anderen Besteuerungsverfahren dürfen allerdings im Hinblick auf eine damit ggf. verbundene Verletzung des Steuergeheimnisses nicht unter Nennung des betroffenen Steuerpflichtigen bekannt gegeben und auch nicht namentlich in ein gerichtliches Verfahren eingebracht werden (§ 30 AO).[4]

---

[87] So auch jüngst BFH v. 14. 5. 2010, BB 2010, S. 1465.
[88] BMF v. 20. 5. 2009, BStBl 2009 I, S. 671; siehe dazu Mitschke, W., FR 2008, S. 1144; zur Regelung in den Betriebstätten-Verwaltungsgrundsätzen siehe BMF-Schreiben v. 24. 12. 1999, BStBl 1999 I, S. 1076, Tz. 2.6.4.
[1] Vgl. Kuckhoff, H., Kernaussagen, 2005, S. 20.
[2] Vgl. Verwaltungsgrundsätze-Verfahren, BMF-Schreiben v. 12. 4. 2005, BStBl 2005 I, S. 570, Tz. 2.2.
[3] Vgl. BFH v. 17. 10. 2001, BStBl 2004 II, S. 171.
[4] Vgl. BFH v. 18. 12. 1984, BStBl 1986 II, S. 226; BMF-Schreiben v. 7. 4. 1986, BStBl 1986 I, S. 128; zur Verwertung von Daten, die aus diesem Grund in anonymisierter Form in die Beweisführung durch die Finanzbehörden eingebracht werden, siehe 4. Kapitel, Abschnitt C III.

6. Kapitel. Verfahrensrechtliche Regelungen 877

Im Rahmen ihrer **Amtsermittlungspflicht** muss sich die Finanzbehörde jedoch zunächst an die Beteiligten selbst wenden (§ 93 Abs. 1 Satz 3 AO).[5] Insoweit wird die Amtsermittlungspflicht der Finanzbehörden durch die Mitwirkungspflichten der Beteiligten (§ 90 AO) ergänzt und ggf. auch eingeschränkt. Kommt der Steuerpflichtige seinen Mitwirkungspflichten nicht nach, kann sich die Sachaufklärungspflicht der Finanzbehörden reduzieren.[6] Besondere Bedeutung hat in diesem Zusammenhang das Kriterium der **Beweisnähe**. Die Verantwortung des Steuerpflichtigen für die vollständige Sachaufklärung ist danach umso größer, je mehr Tatsachen und Beweismittel der von ihm beherrschten Informations- und Tätigkeitssphäre angehören.[7] An die Darstellungen und Beweisanträge der Beteiligten ist die Behörde nicht gebunden. Sie übt aber ihr Ermessen fehlerhaft aus, wenn sie den Beweisanträgen der Beteiligten nicht nachgeht.[8]

II. Mitwirkungspflichten der Beteiligten

1. Allgemeine Mitwirkungspflichten

Bei der Ermittlung steuerlich relevanter Sachverhalte sind die beteiligten Personen oder die für sie tätigen Vertreter zur Mitwirkung verpflichtet (§§ 78, 90 Abs. 1 Satz 1 AO). Sie kommen ihrer Mitwirkungspflicht insbesondere dadurch nach, dass sie die für die Besteuerung erheblichen Tatsachen vollständig und wahrheitsgemäß offen legen und die ihnen bekannten Beweismittel angeben. Im Einzelnen wird diese allgemeine Mitwirkungspflicht (§§ 90 Abs. 2, 3; 93 bis 100; 140 ff. AO) konkretisiert und um eine **besondere Mitwirkungspflicht** im Zusammenhang mit einer Außenprüfung ergänzt. Danach haben Steuerpflichtige und Beteiligte Auskünfte zu erteilen (§ 93 AO), Beweismittel vorzulegen (§§ 97, 100 AO), Bücher und Aufzeichnungen zu führen (§§ 140 bis 148 AO), wahrheitsgemäße Steuererklärungen abzugeben (§ 149 AO), den Empfänger von Ausgaben zu benennen (§ 160 AO) sowie auch bei einer Außenprüfung mitzuwirken (§ 200 AO). Der Umfang dieser Mitwirkungspflicht richtet sich nach den Umständen des Einzelfalls (§ 90 Abs. 1 Satz 3 AO). Zentrale Bedeutung hat, inwieweit die für die Ermittlung eines Sachverhalts erforderlichen Tatsachen oder Beweismittel in der vom Steuerpflichtigen beherrschten Informations- und Tätigkeitssphäre liegen. So nimmt die Rechtsprechung z.B. eine **gesteigerte Mitwirkungspflicht** an, wenn die steuerrechtliche Würdigung des Sachverhalts die Abgrenzung privater und betrieblicher Aufwendungen erfordert.[9] Vergleichbares gilt für Sachverhalte, die sich auf Vorgänge im Ausland beziehen.

---

[5] Vgl. Klein, F., Abgabenordnung, § 88 AO, Anm. 2. Im Unterschied zum Strafrecht soll die Durchsetzung des Steueranspruchs nicht daran scheitern, dass die Steuerpflichtigen ihre Mitwirkung verweigern. Vgl. Crezelius, G., IStR 2002, S. 435; siehe dazu auch Tipke, K./Kruse, H.-W., Abgabenordnung, § 90 AO, Rz. 1 und 2.
[6] So bereits BFH v. 28. 10. 1960, BStBl 1961 III, S. 109; siehe auch BFH v. 15. 2. 1989, BStBl 1989 II, S. 462; BFH v. 24. 11. 1993, BFH/NV 1994, S. 766.
[7] Vgl. BFH v. 15. 2. 1989, BStBl 1989 I, S. 462.
[8] Vgl. Klein, F., Abgabenordnung, § 88 AO, Anm. 1.
[9] Vgl. BFH v. 4. 7. 1990, BStBl 1990 II, S. 817; Klein, F., Abgabenordnung, § 90 AO, Anm. 3.

2. Erhöhte Mitwirkungspflicht bei Auslandssachverhalten

Im Ausland darf die Finanzbehörde bei der Ermittlung eines Steuerfalls nicht tätig werden, sofern dies DBA nicht ausdrücklich zulassen.[10] Ist ein Sachverhalt zu ermitteln, der sich auf Vorgänge im Ausland bezieht, haben von daher die Beteiligten diesen Sachverhalt aufzuklären und die erforderlichen **Beweismittel** zu beschaffen (§ 90 Abs. 3 Satz 1 AO). Hierzu gehört, dass die Beteiligten Auskünfte im Ausland einholen, im Ausland lebende Zeugen im Inland stellen und Beweisvorsorge treffen.[11] Dabei haben sie alle bestehenden rechtlichen und tatsächlichen Möglichkeiten auszuschöpfen.

Nach den Verwaltungsgrundsätzen-Verfahren ist vom Steuerpflichtigen im Rahmen seiner **Aufklärungs- und Nachweisbeschaffungspflichten** (§ 90 Abs. 1 und 2 AO) u. a. „aufzuklären, auf welche Weise die zwischen ihm und Nahestehenden vereinbarten Preise zustande gekommen sind, welche vertraglichen Vereinbarungen bestehen, welche Funktionen, Risiken und Wirtschaftsgüter bei der Preisfindung berücksichtigt wurden, welche Verrechnungspreismethode angewandt wurde, wie kalkuliert wurde, ob und was der Steuerpflichtige zur Durchführung von Fremdvergleichen unternommen hat und inwieweit nahe stehende Personen auf die Preisgestaltung Einfluss ausgeübt haben."[12] Die Vorlagepflichten gelten auch für vorhandene oder beschaffbare Unterlagen, deren Erstellung weder durch Gesetz oder die GoB gefordert wird (Kostenstellenrechnungen, Budgets, Absatzplanungen, Spartengliederungen, Berichte oder Verrechnungspreisstudien), und erstrecken sich insbesondere auf Beweismittel, die in Büchern, Aufzeichnungen, Geschäftspapieren oder anderen Unterlagen nahe stehender Personen festgehalten oder auf Datenträgern gespeichert sind.[13] Strittig ist, ob die Vorlagepflicht auch Gutachten und Stellungnahmen zu Verrechnungspreisfragen erfasst.[14] Hierbei ist zu bedenken, dass sich die Mitwirkungspflicht der Beteiligten lediglich auf den Bereich der **Sachaufklärung** beschränkt, während die Sachverhaltswürdigung in den Aufgabenbereich der Finanzverwaltung fällt.[15] Eine Vorlagepflicht für Gutachten und Stellungnahmen kann daher nicht hergeleitet werden, wenn sie einen Sachverhalt im Wesentlichen beurteilen. Vergleichbares gilt für Fremdvergleichsanalysen, da sie sich i. d. R. nicht auf den verwirklichten Sachverhalt, sondern ein Geschäft mit oder zwischen fremden Dritten beziehen. Auf jeden Fall beschränkt sich aber die erhöhte Mitwir-

---

[10] Vgl. Crezelius, G., IStR 2002, S. 435 ff.
[11] Vgl. Verwaltungsgrundsätze-Verfahren, BMF-Schreiben v. 12. 4. 2005, BStBl 2005 I, S. 570, Tz. 3.3.1.
[12] Verwaltungsgrundsätze-Verfahren, BMF-Schreiben v. 12. 4. 2005, BStBl 2005 I, S. 570, Tz. 3.3.2.
[13] So ausdrücklich für die erhöhte Mitwirkungsplicht, wie sie bereits vor der Rechtsänderung durch § 90 Abs. 3 AO bestand, FG Münster v. 22. 8. 2000, EFG 2001, S. 4; Schreiber, R., Verwaltungsgrundsätze, 2005, S. 152; a. A. z. B. Ditz, X., DStR 2004, S. 2040.
[14] So Verwaltungsgrundsätze-Verfahren, BMF-Schreiben v. 12. 4. 2005, BStBl 2005 I, S. 570, Tz. 3.3.2; Weiß, G., StBp 2004, S. 220; ders., StBp 2005, S. 42 ff.; zu Recht a. A. Schaumburg, H., DStR 2002, S. 833; Bauer, D./Taetzner, T., BB 2004, S. 2267; Ditz, X., DStR 2004, S. 2040; Bauer, D./Taetzner, T., StBp 2005, S. 39 ff.; Wehnert, O./Selzer, D., DB 2005, S. 1295 ff.
[15] Vgl. BMF-Schreiben v. 26. 2. 2004, BStBl 2004 I, S. 270; Wassermeyer, F., DB 2001, S. 2468 f.; Baumhoff, H., IStR 2003, S. 3.

kungspflicht bei Auslandssachverhalten auf die Vorlage vorhandener Unterlagen. Es besteht danach keine Verpflichtung, eigene Aufzeichnungen für Zwecke der Verrechnungspreisfestsetzung zu erstellen.[16] Nach dem Gesetz haben die Beteiligten alle für sie bestehenden rechtlichen und tatsächlichen Möglichkeiten auszuschöpfen. Ist es einem Beteiligten nicht möglich, die erforderlichen Informationen zu geben oder Aufzeichnungen vorzulegen, weil ausschließlich nahe stehende Personen, die die Herausgabe verweigern, über diese Informationen verfügen, liegt lediglich dann kein Verstoß des Beteiligten gegen seine Mitwirkungspflicht vor, wenn er weder rechtlich noch tatsächlich eine Möglichkeit hat, die Informationen oder Unterlagen zu beschaffen und ihm deshalb die Beweisvorsorge **nicht zumutbar** war.

Beispiel: Die inländische Tochtergesellschaft eines ausländischen Unternehmens bezieht Managementleistungen, die von der Muttergesellschaft auf Basis der Kostenaufschlagsmethode in Rechnung gestellt werden. In diesem Fall hat der Geschäftsführer der Tochtergesellschaft i. d. R. keine rechtliche oder tatsächliche Möglichkeit, sich gegen den Willen der Muttergesellschaft nachträglich über Einzelheiten der Konzernverrechnung zu informieren und entsprechende Unterlagen zu beschaffen.[17] Die Verantwortung gegenüber seiner Gesellschaft sollte ihn auch dann daran hindern, diese Unterlagen zu beschaffen, wenn die Geschäftsführung der Tochtergesellschaft in Personalunion durch einen Geschäftsführer der Muttergesellschaft ausgeführt wird.[18]

Grundsätzlich können sich die Beteiligten aber nicht auf die Rechtsvorschriften eines ausländischen Staates berufen, selbst wenn diese der Weitergabe von Informationen an den deutschen Staat entgegenstehen.[19] Die **Verweigerung** der Mitwirkung kann aber gerechtfertigt sein, wenn die Beteiligten nachweisen, dass sie wegen eines Verstoßes gegen ausländische Rechtsvorschriften ernsthaft mit einer Bestrafung rechnen müssen.[20]

Auf der anderen Seite kann sich ein Beteiligter nicht darauf berufen, dass er den Sachverhalt nicht aufklären oder Beweismittel nicht beschaffen kann, wenn er sich nach der Lage des Falls bei der Gestaltung seiner Verhältnisse die Möglichkeiten dazu hätte beschaffen oder einräumen lassen können. So kann der Steuerpflichtige die **Beweisvorsorge** auch dadurch treffen, dass er sich bei Beginn der Geschäftsbeziehung mit der nahe stehenden Person den Zugang zu Informationen und Unterlagen vertraglich sichert. Dementsprechend wird man für das Beispiel davon ausgehen müssen, dass sich die

---

[16] Vgl. BFH v. 17. 10. 2001, BStBl 2004 II, S. 171.
[17] Vgl. BFH v. 10. 5. 2001, BFH/NV 2001, S. 957; siehe dazu Engler, G., Verfahren, 2004, S. 466 f.; sowie bereits BDI, Verrechnungspreise, 1983, Anmerkung zu Tz. 9.1.2 der Verwaltungsgrundsätze; die zitierte Textziffer ist inzwischen zugunsten der Verwaltungsgrundsätze-Verfahren aufgehoben.
[18] Vgl. z. B. Kroppen, K.-H./Rasch, S., IWB, Fach 3, Deutschland, Gruppe 1, S. 2096; so auch Schreiber, R., Verwaltungsgrundsätze, 2005, S. 152 ff., der darauf hinweist, dass zunächst die Gesellschaft um Mitwirkung zu bitten ist, bevor der Geschäftsführer als Dritter (§ 93 AO) um Auskunft gebeten wird; a. A. Verwaltungsgrundsätze-Verfahren, BMF-Schreiben v. 12. 4. 2005, BStBl 2005 I, S. 570, Tz. 3.3.2.b); sowie Crezelius, G., IStR 2002, S. 439.
[19] Vgl. BFH v. 16. 4. 1986, BStBl 1986 II, S. 736; so auch Wilke, K.-M, IWB, Fach 3, Deutschland, Gruppe 1, S. 1335; Tipke, K./Kruse, H.-W., Abgabenordnung, § 90 AO, Rz. 28; a. A. Schaumburg, H., Steuerrecht, 1998, S. 1293.
[20] Vgl. BFH v. 21. 1. 1976, BStBl 1976 II, S. 513; siehe dazu Dreßler, G., StBp 1992, S. 159.

Geschäftsführung der Tochtergesellschaft bei Verträgen mit fremden Dritten, die eine Vergütung der Kosten des Auftragnehmers durch den Auftraggeber vorsehen, ein Recht auf Einsicht in die Unterlagen und die Prüfung der entstandenen Kosten aushandeln und durch separate Bestimmung ausdrücklich zusichern lassen wird. Vergleichbar damit sieht die Finanzverwaltung weitere Anwendungsbeispiele einer Beweisvorsorge durch vertragliche Zusicherung der Beteiligten an einem Pool hinsichtlich der zu verteilenden Aufwendungen, bei der Überlassung immaterieller Wirtschaftsgüter gegen umsatzabhängige Lizenzgebühr hinsichtlich der Umsatzerlöse, bei der Anwendung der Wiederverkaufspreismethode hinsichtlich der Abgabepreise und bei der Anwendung der Gewinnaufteilungsmethode im Hinblick auf den Gesamtgewinn und/oder die Aufteilungsschlüssel.[21]

3. Besondere Aufzeichnungen und Dokumentationspflichten

a) Einführung

Die **erhöhten Mitwirkungspflichten** des Steuerpflichtigen bei Auslandssachverhalten beschränken sich auf die Vorlage vorhandener oder beschaffbarer Aufzeichnungen. Sie setzen nicht voraus, dass Aufzeichnungen für Zwecke der Verrechnungspreisfestsetzung separat angefertigt werden.[22] Um vor diesem Hintergrund die Möglichkeiten einer Prüfung der Verrechnungspreise durch die Finanzverwaltung zu verbessern, hat der Gesetzgeber mit dem StVergAbG im Jahr 2003[23] weitere Dokumentations- und Sanktionsvorschriften zur Bekämpfung von Verrechnungspreisgestaltungen geschaffen. Danach hat ein Steuerpflichtiger bei Vorgängen mit Auslandsbezug über Art und Inhalt seiner Geschäftsbeziehungen mit nahe stehenden Personen (§ 1 Abs. 2 AStG) **Aufzeichnungen** zu erstellen. Handelt es sich um einen Staat, mit dem keine effektive Amtshilfe i. S. von Art. 26 OECD-Modell gewährleistet ist, erstreckt sich die Aufzeichnungspflicht auch auf nicht nahe stehende Personen (§ 51 Abs. 1 Nr. 1 f.) aa) ccc) EStG).[24] Die Aufzeichnungspflicht umfasst auch die **wirtschaftlichen und rechtlichen Grundlagen** für eine den Grundsatz des Fremdvergleichs beachtende Vereinbarung von Preisen und anderen Geschäftsbedingungen mit den Nahestehenden und erstreckt sich ferner auf die Gewinnaufteilung zwischen Stammhaus und Betriebsstätte. Vergleichbares gilt für die Gewinnermittlung von Personengesellschaften, soweit dabei Geschäftsbeziehungen i. S. d. AStG (§ 1 Abs. 5 AStG) zu prüfen sind.[25] Einzelheiten der Dokumentationspflicht werden durch eine Rechtsverordnung bestimmt.

Allerdings erfordern **EU-rechtskonforme** Dokumentationspflichten und Sanktionsmaßnahmen eine Gleichbehandlung von inländischen und grenzüberschreitenden Transaktionen. Aus diesen Erwägungsgründen wären die

---

[21] Vgl. Verwaltungsgrundsätze-Verfahren, BMF-Schreiben v. 12. 4. 2005, BStBl 2005 I, S. 570, Tz. 3.3.3.
[22] Vgl. BFH v. 17. 10. 2001, BStBl 2004 II, S. 171.
[23] Gesetz zum Abbau von Steuervergünstigungen und Ausnahmegenehmigungen v. 20. 5. 2003, BGBl 2003 I, S. 660.
[24] Siehe dazu Sinz, A./Kubaile, H., IStR 2009, S. 401 ff.; Geuenich, M., NWB 2009, Nr. 31, S. 2396 ff.
[25] Siehe dazu 5. Kapitel, Abschnitt B I 5.

6. Kapitel. Verfahrensrechtliche Regelungen 881

erhöhten Mitwirkungspflichten bei ausländischen Geschäftsbeziehungen entweder abzuschaffen oder auf Inlandssachverhalte auszuweiten.[26]

b) Gewinnabgrenzungsaufzeichnungsverordnung

Nach der GAufzV[27] verlangen die Aufzeichnungspflichten eine Darstellung der verwirklichten Geschäftsvorfälle des Steuerpflichtigen mit nahe stehenden Personen. Aus diesen Aufzeichnungen muss ersichtlich sein, welchen Sachverhalt der Steuerpflichtige im Rahmen seiner Geschäftsbeziehungen (§ 1 Abs. 5 AStG) mit nahe stehenden Personen (§ 1 Abs. 2 AStG) verwirklicht hat (Sachverhaltsdokumentation). Neben dieser Identifikation aller maßgebenden Vorgänge (Austauschverhältnisse und andere Geschäftsbeziehungen, die keinen Leistungsaustausch zum Gegenstand haben, wie Vereinbarungen über Arbeitnehmerentsendungen und Poolvereinbarungen) müssen die Aufzeichnungen ersichtlich machen, ob, und wenn ja, inwieweit die vereinbarten Bedingungen und Preise mit dem Grundsatz des Fremdvergleichs vereinbar sind (Angemessenheitsdokumentation).[28] Gegenstand der **Sachverhaltsdokumentation** sind Angaben über die Art, den Umfang und die Abwicklung der Geschäftsbeziehungen einschließlich ihrer wirtschaftlichen und rechtlichen Rahmenbedingungen. Im Rahmen der **Angemessenheitsdokumentation** sind die Markt- und Wettbewerbsverhältnisse darzustellen, die für die Tätigkeit des Steuerpflichtigen von Bedeutung sind. Zu diesem Zweck hat der Steuerpflichtige Vergleichsdaten heranzuziehen und zu dokumentieren, soweit solche Daten bei ihm oder bei nahe stehenden Personen vorhanden sind oder soweit er sich diese mit zumutbarem Aufwand aus ihm frei zugänglichen Quellen beschaffen kann. Maßgebend sind Daten (Preise, Kostenaufteilungen, Gewinnaufschläge, Bruttospannen, Nettospannen und Gewinnaufteilungen) aus vergleichbaren Geschäften zwischen fremden Dritten sowie aus vergleichbaren Geschäften, die der Steuerpflichtige oder eine ihm nahe stehende Person mit fremden Dritten abgeschlossen hat. Zusätzlich sind innerbetriebliche Daten (Plan- und Prognoserechnungen) vorzulegen, die eine Plausibilitätskontrolle ermöglichen. Der Steuerpflichtige ist zwar nicht verpflichtet, Aufzeichnungen für mehr als eine Methode zu erstellen. Dafür muss er jedoch sicherstellen, dass die Preise und Geschäftsbedingungen nach einer im Hinblick auf den Grundsatz des Fremdverhaltens geeigneten Methode bestimmt werden.

Art, Inhalt und Umfang der Aufzeichnungspflichten bestimmen sich nach den Umständen des Einzelfalls.[29] So erstreckt sich bei **Dauersachverhalten**

---

[26] Zur europarechtlichen Beurteilung siehe Joecks, W./Kaminski, B., IStR 2004, S. 65 ff. Siehe auch Schnitger, A., IStR 2003, S. 75 f.; Lausterer, M., IStR 2003, S. 707; Schnorberger, S., DB 2003, S. 1246 f.; Rödder, T., DStR 2004, S. 1632; Schaumburg, H., DB 2005, S. 1137; Worgulla, N./Söffing, M., FR 2009, S. 554; Kessler, W./Eike, R., DB 2009, S. 1316 f.
[27] Verordnung zu Art, Inhalt und Umfang von Aufzeichnungen i. S. d. § 90 Abs. 3 der Abgabenordnung (Gewinnabgrenzungsaufzeichnung – GAufzV) v. 13. 11. 2003, BStBl 2003 I, S. 789.
[28] Zur Diskussion über die Verpflichtung zur Erstellung einer Angemessenheitsdokumentation siehe Schreiber, R., Verwaltungsgrundsätze, 2005, S. 162 ff.; sowie ders., IWB, Fach 3, Deutschland, Gruppe 1, S. 2105 ff.
[29] Zur Vorgehensweise und praktischen Hilfen siehe IDW, IDW Fachnachrichten 2004, Beihefter 6; Vögele, A./Brem, M., Dokumentation, 2004, S. 312 ff.; Wellens, L., IStR 2004, S. 655 ff.

die Aufzeichnungspflicht über den Zeitpunkt des Geschäftsabschlusses hinaus auf Informationen, die der Finanzbehörde eine Prüfung ermöglichen, ob fremde Dritte bei einer Änderung der Umstände, die für die Angemessenheit vereinbarten Preise von wesentlicher Bedeutung sind, eine Anpassung der Geschäftsbedingungen vereinbart hätten. Insbesondere sind Art, Inhalt und Umfang der Aufzeichnungspflichten jedoch von der im Einzelfall angewandten Verrechnungspreismethode abhängig. Hier sind vor allem die Gründe festzuhalten, die für den Steuerpflichtigen bei seiner Auswahl einer geeigneten Methode maßgebend waren. Dabei sind alle Aufzeichnungen grundsätzlich für jeden einzelnen Geschäftsvorfall anzufertigen. Jedoch können Geschäftsvorfälle zu Gruppen zusammengefasst werden, wenn die Geschäftsvorfälle gleichartig oder gleichwertig sind, Teilleistungen darstellen oder ursächlich zusammenhängen

Aufzeichnungen über **außergewöhnliche Geschäftsvorfälle**[30] sind zeitnah zu erstellen. Diese Voraussetzung gilt als erfüllt, wenn die Aufzeichnungen innerhalb von sechs Monaten nach der Vereinbarung des Geschäftsvorfalls angefertigt werden. Wird die Dokumentation nach Ablauf dieser Frist erstellt, kann sie als in ihrem Beweiswert vermindert angesehen und durch die Finanzverwaltung als nicht ausreichend eingestuft werden. Im Übrigen hat die Vorlage von Aufzeichnungen, die i. d. R. nur für die Durchführung einer Außenprüfung verlangt werden soll, nach Aufforderung innerhalb von 60 Tagen zu erfolgen (§ 90 Abs. 3 Satz 6–8 AO).[31] Bei außergewöhnlichen Geschäftsvorfällen beträgt die Frist 30 Tage (§ 90 Abs. 3 Satz 9 AO, § 3 Abs. 2 GAufzV). Sie setzt nicht voraus, dass der Vorlagepflichtige eine Auskunft nicht erteilt hat, unzureichende Auskünfte gibt oder Bedenken gegen die Richtigkeit einer Auskunft bestehen (§§ 90 Abs. 3, 97 Abs. 2 AO).

Im Einzelnen erstrecken sich die Aufzeichnungspflichten auf vier Bereiche:

Abbildung 18: Aufzeichnungspflichten nach der Rechtsverordnung zu § 90 Abs. 3 AO

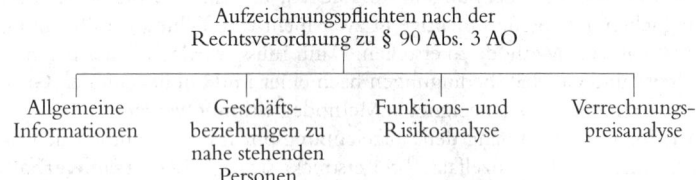

Die **allgemeinen Informationen** sollen über Beteiligungsverhältnisse, Geschäftsbetrieb und Organisationsaufbau informieren. Gefordert werden z. B. eine Darstellung der organisatorischen und operativen Konzernstruktur (einschließlich Betriebsstätten und Beteiligungen an Personengesellschaften)

---

[30] Beispiele sind Vermögensübertragungen im Zuge von Umstrukturierungsmaßnahmen, die Übertragung und Überlassung von Vorteilen im Zusammenhang mit wesentlichen Funktions- und Risikoänderungen im Unternehmen, Geschäftsvorfälle im Zusammenhang mit einer für die Verrechnungspreisbildung erheblichen Änderung der Geschäftsstrategie oder der Abschluss von Umlageverträgen (§ 3 Abs. 2 GAufzV).
[31] In begründeten Einzelfällen kann diese Frist verlängert werden.

oder eine Beschreibung der Tätigkeitsbereiche des Steuerpflichtigen.[32] Im Übrigen sind Aufzeichnungen über die Geschäftsbeziehungen mit nahe stehenden Personen, die Funktions- und Risikoanalyse sowie die Verrechnungspreisanalyse anzufertigen. Vorzulegen sind eine Übersicht über Art und Umfang der **Geschäftsbeziehungen mit nahe stehenden Unternehmen** (einschließlich der zugrunde liegenden Verträge), eine Liste der wesentlichen immateriellen Wirtschaftsgüter, die der Steuerpflichtige für Zwecke seiner Geschäftsbeziehungen zu Nahestehenden besitzt oder nutzt, Informationen über die jeweils ausgeübten **Funktionen,** die übernommenen Risiken, die eingesetzten wesentlichen Wirtschaftsgüter, die vereinbarten Vertragsbedingungen und bedeutsame Markt- und Wettbewerbsverhältnisse, eine Beschreibung der Wertschöpfungskette sowie eine **Verrechnungspreisanalyse.**[33] Diese umfasst eine Darstellung und Begründung der gewählten Verrechnungspreismethode, Unterlagen über Berechnungen sowie eine Aufbereitung der zum Vergleich herangezogenen Preise oder Finanzdaten unabhängiger Unternehmen einschließlich ggf. zu berücksichtigender Unterlagen über Anpassungsrechnungen.

Beruft sich der Steuerpflichtige auf bestimmte Umstände, die auf die Beurteilung der Fremdüblichkeit Einfluss haben, sind Aufzeichnungen über diese Umstände zu erstellen und auf Anforderung vorzulegen. Zu diesen **Informationen in besonderen Fällen** können z. B. Unterlagen über Geschäftsstrategien, über Verrechnungspreiszusagen durch und Verrechnungspreisvereinbarungen mit ausländischen Steuerverwaltungen, über Preisanpassungen aufgrund von Verrechnungspreiskorrekturen oder Vorwegauskünften oder über die Ursachen von Verlusten und über Vorkehrungen des Steuerpflichtigen zur Beseitigung einer Verlustsituation gehören. Bei Kostenumlageverfahren sind Unterlagen über andere Teilnehmer, den Aufteilungsschlüssel und den erwarteten Nutzen aus der Beteiligung am Umlageverfahren vorzulegen.

Die Aufzeichnungen müssen so **beschaffen** sein, dass sie es einem sachverständigen Dritten innerhalb angemessener Zeit möglich machen, sich einen Überblick zu verschaffen, welche Sachverhalte verwirklicht wurden und ob der Steuerpflichtige hierbei den Grundsatz des Fremdvergleichs beachtet hat. Ist dies nicht der Fall, sind die Aufzeichnungen als im Wesentlichen unverwertbar zu verwerfen. Unverwertbar sind Aufzeichnungen insbesondere, wenn sie unklar, nicht nachvollziehbar oder in wesentlichen Teilen unvollständig sind, wenn sie in sich widersprüchlich sind oder sich auf eine offensichtlich ungeeignete Verrechnungspreismethode stützen.

Aufzeichnungen können **schriftlich oder in elektronischer Form** erstellt werden und sind grundsätzlich zehn Jahre aufzubewahren. Nicht erforderlich ist, dass die Aufzeichnungen in deutscher Sprache vorgelegt werden. Hier kann die Finanzbehörde auf Antrag Ausnahmen zulassen. So können insbesondere Verträge und Dokumente in der ursprünglichen Sprache vorgelegt werden. Die Finanzbehörde kann ggf. Übersetzungen verlangen (§ 87 AO).

Bei **kleinen Unternehmen** und Steuerpflichtigen, die aus Geschäftsbeziehungen mit Nahestehenden Überschusseinkünfte beziehen, gelten die Auf-

---

[32] Andererseits sind gesellschaftsvertragliche Vereinbarungen keine Geschäftsbeziehungen; vgl. Wassermeyer, F., DB 2003, S. 1537.
[33] Zur praktischen Umsetzung siehe IDW, IDW Fachnachrichten 2004, Beihefter 6.

zeichnungspflichten durch Erteilung von Auskünften und die Vorlage von Unterlagen auf Anforderung des Finanzamts als erfüllt, wenn die regelmäßige (30/60 Tage) oder verlängerte Frist (§ 90 Abs. 3, Sätze 8–10 AO) eingehalten wird. Kleinere Unternehmen sind Steuerpflichtige, bei denen die Summe der fremdüblichen Entgelte für die Lieferung von Gütern und Waren aus Geschäftsbeziehungen mit nahe stehenden Personen fünf Mio. € nicht übersteigt. Bei anderen Leistungen reduziert sich dieser Betrag auf 500 000 €.

c) *Verwaltungsgrundsätze-Verfahren*

(1) Übersicht

Die Einführung der gesetzlichen Aufzeichnungs- und Dokumentationspflichten hat einigen Klärungsbedarf erzeugt, der auch durch die Gewinnabgrenzungsaufzeichnungsverordnung nicht vollständig befriedigt wurde. Um diese Lücke zu schließen, legte die Finanzverwaltung im Jahre 2005 eine umfassende Verwaltungsanweisung vor, die zur Rechtsklärung beitragen sollte. Gleichzeitig wurde mit diesen Verfahrensgrundsätzen die Textziffern 8 und 9 der Verwaltungsgrundsätze aus dem Jahre 1983 überarbeitet und ersetzt. Damit behandeln die neuen Verwaltungsgrundsätze auch Fragestellungen außerhalb der Aufzeichnungspflichten. **Kernstück der neuen Verfahrensgrundsätze**[34] ist aber das Thema, „ob und inwieweit der Steuerpflichtige seinen Geschäftsbeziehungen Bedingungen einschließlich Preisen zugrunde gelegt hat, die erkennen lassen, dass er den Grundsatz des Fremdverhaltens [...] beachtet hat" (Angemessenheitsdokumentation).

Die einschlägige Textziffer (3.4.12) erstreckt sich auf mehrere Seiten des Erlasses. Nimmt man die Regelungen über

– die Zusammenfassung von Geschäftsvorfällen und interne Verrechnungspreisrichtlinien,
– zusätzlich nützliche Informationen,
– erforderliche Aufzeichnungen in besonderen Fällen,
– Erleichterungen bei den Aufzeichnungspflichten,
– die Verprobung des Ergebnisses,
– die Verwertbarkeit und Unverwertbarkeit von Aufzeichnungen und
– Berichtigungsmöglichkeiten bei verwertbaren Aufzeichnungen

hinzu, erreichen die Vorgaben über die Aufzeichnungen in Bezug auf Vergleichspreise oder Vergleichsergebnisse nahezu ein Drittel des gesamten Verwaltungserlasses. Dieses Verhältnis mag den Stellenwert verdeutlichen, den die Finanzverwaltung dem Nachweis der marktüblichen Vergütung durch den Steuerpflichtigen beilegt. Im Einzelnen erläutert das Schreiben unter dem Stichwort **„Angemessenheitsdokumentation"** allgemeine Vorgaben und Begriffe, listet Anforderungen auf, die an die Aufzeichnung von Informationen aus Datenbanken oder aus dem Internet gestellt werden, regelt, unter welchen Bedingungen ermittelte Fremdpreise oder Margen in ihrer Bandbreite einzuschränken sind, und stellt ein statistisches Verfahren vor, mit dessen Hilfe Bandbreiten verkleinert werden können. Einen Kernbestandteil bilden daneben die zu einer neuen Verrechnungspreismethode erhobenen Planrech-

---

[34] Vgl. Verwaltungsgrundsätze-Verfahren, BMF-Schreiben v. 12. 4. 2005, BStBl 2005 I, S. 570.

nungen aufgrund innerbetrieblicher Plandaten und aufgrund von Gewinnprognosen. Anforderungen an die Vergleichbarkeit, eine Ausnahmeregelung, die sich auf nachträgliche Preisfestlegungen bezieht und die Festlegung, dass Mehrjahresanalysen zweckmäßig sein können, beschließen diesen Regelungskomplex.

Inhaltlich beruhen diese Regelungen auf den Vorgaben der Verfahrensgrundsätze zur Sachverhaltsdokumentation (Tz. 3.4.11) und einem Abschnitt über Aufzeichnungen und Verrechnungspreismethoden (Tz. 3.4.10). Nach allgemeiner Überzeugung, die von der Finanzverwaltung generell geteilt wird, ist der Steuerpflichtige grundsätzlich frei, sich an der Methode zu orientieren, die seinen Verhältnissen am besten gerecht wird. Er muss sich aber vorrangig an der Preisvergleichsmethode, der Wiederverkaufspreismethode oder der Kostenaufschlagsmethode orientieren, wenn Fremdvergleichswerte ermittelt werden können, die nach Vornahme sachgerechter Anpassungen im Hinblick auf die ausgeübten Funktionen, die eingesetzten Wirtschaftsgüter und die übernommenen Chancen und Risiken (Funktionsanalyse) für diese Methoden uneingeschränkt vergleichbar sind (§ 1 Abs. 3 Satz 1 AStG). Er ist zwar nicht verpflichtet, mehr als eine Methode anzuwenden. Auch muss er nicht begründen, warum er andere Methoden für weniger geeignet hält. Er muss aber **darlegen,** aus welchen Gründen die gewählte Verrechnungspreismethode in Bezug auf die ausgeübten Funktionen, die übernommenen Risiken und die eingesetzten Wirtschaftsgüter zu sachgerechten Ergebnissen führt. Zu diesem Zweck wird der Steuerpflichtige durch die Verfahrensgrundsätze verpflichtet, eine **Charakterisierung** des Unternehmens in Bezug auf die zu prüfende Geschäftsbeziehung vorzunehmen, um zu klären, ob und welches der beteiligten Unternehmen Routinefunktionen ausübt, welches Unternehmen das wesentliche Unternehmensrisiko trägt oder mehr als nur Routinefunktionen ausübt, ohne wesentliche Risiken zu tragen.[35]

(2) Sachverhaltsdokumentation

Für die Sachverhaltsdokumentation hat der Steuerpflichtige Aufzeichnungen über Art, Inhalt und Umfang seiner Geschäftsbeziehungen zu nahe stehenden Personen sowie über die wirtschaftlichen und rechtlichen Rahmenbedingungen zu erstellen (§ 1 Abs. 2 GAufzV).

Für die Finanzverwaltung folgt daraus die allgemeine Pflicht zur Anfertigung von **Aufzeichnungen** darüber, „wie die zwischen [dem Steuerpflichtigen] und den nahe stehenden Personen vereinbarten Preise zustande gekommen sind, inwieweit nahe stehende Personen auf die Preisgestaltung Einfluss genommen haben, welche Funktionen und Risiken übernommen wurden, welche Wirtschaftsgüter eingesetzt wurden, welche Verrechnungspreismethode angewandt wurde, wie kalkuliert wurde und welche Fremdvergleiche durchgeführt wurden."[36] Diese Erwartung geht u. E. zu weit und deckt sich auch nur zum Teil mit den Vorgaben der Rechtsverordnung.[37] Tatsächlich beschränkt sich die Verpflichtung des Steuerpflichtigen auch nach den wei-

---

[35] Siehe zur Diskussion der nach den Verwaltungsgrundsätze-Verfahren zulässigen Methoden 4. Kapitel, Abschnitt D III.
[36] Verwaltungsgrundsätze-Verfahren, BMF-Schreiben v. 12. 4. 2005, BStBl 2005 I, S. 570, Tz. 3.4.11.1.
[37] Siehe dazu im Einzelnen Wassermeyer, F., Statement, 2005, S. 7 f.

teren Anweisungen des Schreibens auf die Angabe allgemeiner Informationen zum Konzernaufbau, Informationen über die Art und den betraglichen Umfang der Geschäftsbeziehung zu nahe stehenden Personen einschließlich einer Liste der wesentlichen immateriellen Wirtschaftsgüter, eine Darstellung der Funktionen, Risiken, Wirtschaftsgüter und Marktverhältnisse sowie eine Beschreibung der Wertschöpfungskette.[38] Hierunter versteht man den Leistungserstellungsprozess, der mit der Forschung und Entwicklung beginnt und mit der Abgabe der Leistung an den Endkonsumenten endet. Dieser Wertschöpfungsbeitrag ist häufig bereits aus der Funktions- und Risikoanalyse ersichtlich. Für Zwecke der Dokumentation ist aber auch die Bedeutung der Beiträge einzelner Konzerngesellschaften zu den einzelnen Geschäftsprozessen zu analysieren und ihr Verhältnis zu den Wertschöpfungsbeiträgen der nahe stehenden Personen darzustellen.

(3) Angemessenheitsdokumentation

(a) Übersicht

Die Aufzeichnungen in Bezug auf die Angemessenheit der vereinbarten Preise und Bedingungen müssen nach Auffassung der Finanzverwaltung generell so beschaffen sein, dass eine sachverständige Prüfung, ob die Abgrenzung der Einkünfte dem Grundsatz des Fremdverhaltens[39] entspricht, möglich ist. Darüber hinaus muss das **ernsthafte Bemühen** des Steuerpflichtigen belegt werden, dass er bei der steuerlichen Ermittlung der Einkünfte den Fremdvergleichsgrundsatz beachtet hat (Tz. 3.4.12.1 bis 3.4.12.3).[40] Zu diesem Zweck soll die Angemessenheit der verrechneten Preise möglichst durch **externe oder interne Fremdvergleichsdaten** belegt werden. Ergänzend sind zur Plausibilitätskontrolle Aufzeichnungen über innerbetriebliche Daten zu erstellen. Unter bestimmten Voraussetzungen können daneben innerbetriebliche Planrechnungen zur Bildung von Verrechnungspreisen verwendet werden.[41] Es genügt nicht, dass der Steuerpflichtige von der Richtigkeit seiner verrechneten Preise persönlich überzeugt ist. Er kann sich auch nicht darauf berufen, dass die Preise von nahe stehenden Personen vorgeschrieben wurden. Zur Begründung muss er vielmehr objektive Kriterien heranziehen. In gleicher Weise sind innerbetriebliche Plandaten regelmäßig auf mögliche Abweichungen zwischen Soll- und Ist-Ergebnissen zu untersuchen (Tz. 3.4.12.6.c)).

Fremdvergleichsdaten setzen Geschäftsvorfälle zwischen voneinander unabhängigen Geschäftspartnern voraus. In Betracht kommen Geschäftsvorfälle zwischen fremden Dritten, Geschäftsvorfälle der Steuerpflichtigen mit fremden Dritten und Geschäftsvorfälle zwischen Personen, die dem Steuerpflichtigen nahe stehen, und fremden Dritten. Sie beschränken sich aber nicht auf Preise (Preisvergleichsdaten), sondern erstrecken sich auch auf andere Daten. Beispiele sind Bruttomargen, Kostenaufschläge oder Nettomargen. Sie müssen

---
[38] Siehe hierzu auch IDW, IDW Fachnachrichten 2004, Beihefter 6.
[39] Nach *Wassermeyer* ist die hier zum Ausdruck gebrachte Verhaltenspflicht durch die Ermächtigungsnorm für die GAufzV, auf die sich die Verfahrensgrundsätze stützen, nicht abgedeckt; vgl. Wassermeyer, F., Statement, 2005, S. 7.
[40] Zur Frage, ob die Verpflichtung der Steuerpflichtigen, eine Angemessenheitsdokumentation zu erstellen, gesetzlich verankert ist, siehe Schreiber, R., IWB, Fach 3, Deutschland, Gruppe 1, S. 2107 ff.
[41] Die Verwendung von Daten aus dem Controlling zu diesem Zweck ist bei Brem, M./Tucha, T., DStR 2008, S. 2332 ff., beschrieben.

6. Kapitel. Verfahrensrechtliche Regelungen 887

sich aber entweder auf einzelne Geschäftsvorfälle oder auf genau identifizierte Transaktionsbündel des geprüften Unternehmens beziehen.

(b) Informationen aus Datenbanken oder aus dem Internet

Nach Auffassung der Finanzverwaltung sind Informationen aus Datenbanken oder aus dem Internet in Bezug auf die Prüfung einer Vergleichbarkeit häufig nicht ausreichend oder zuverlässig. Hieraus resultiert eine erweiterte Pflicht des Steuerpflichtigen zur Prüfung der Vergleichbarkeit, für die alle verfügbaren und mit vertretbarem Aufwand zu beschaffenden Informationen heranzuziehen sind (Tz. 3.4.12.4). Ergibt diese Prüfung, dass die Informationen aus Datenbanken oder aus dem Internet wenigstens **eingeschränkt vergleichbar** sind, können die Daten verwertet werden. Voraussetzung ist aber, dass der in der Datenbank vorgenommene Suchprozess nachvollziehbar und nachprüfbar ist. Ferner verlangt die Finanzverwaltung, dass die Daten in elektronischer Form zugänglich gemacht werden.

Erhebliche Mängel in der Datenbank können dazu führen, dass die enthaltenen Informationen insgesamt als nicht verwertbar eingestuft werden. Vor diesem Hintergrund sind für einen Netto-Renditen-Vergleich, der sich auf Datenbankanalysen stützt, eine Reihe von Angaben zu machen. Hierzu gehören vor allem die genaue Angabe der Datenbank, die Kriterien des Datenbankanbieters für die Aufnahme der Unternehmensdaten in die Datenbank, eine Erläuterung der in der Datenbank verwendeten Gliederung der Bilanz und Gewinn- und Verlustrechnung sowie die Erläuterungen der in der Datenbank zugrunde gelegten Branchenklassifizierung. Um den Suchprozess nachvollziehbar zu machen, müssen ferner die Auswahlschritte begründet, ausgeschiedene Unternehmen benannt, ggf. vorgenommene Anpassungsrechnungen erläutert und hilfsweise eingesetzte Berechnungsmodelle (Beispiele sind das CAPM-Modell oder die Regressionsanalyse) dargestellt werden.

(c) Bandbreiten und ihre Einengung

Bei der Ermittlung von Fremdvergleichsdaten ergibt sich regelmäßig eine Reihe möglicher Werte (Bandbreite). Vor diesem Hintergrund hängen die für die Besteuerung maßgebenden Wertansätze davon ab, ob

- für einen Wert die größte Wahrscheinlichkeit der Richtigkeit spricht oder
- mehrere Werte gleichermaßen den Anschein der Richtigkeit haben.

Eine Bandbreite gleichermaßen wahrscheinlicher Werte ist nur dann in vollem Umfang zu berücksichtigen, wenn aufgrund zuverlässiger und vollständiger Informationen feststeht, dass eine uneingeschränkte Vergleichbarkeit der Geschäftsbedingungen besteht. Kann die Vergleichbarkeit der Geschäftsbedingungen nicht hinreichend zuverlässig festgestellt werden, ist die Bandbreite einzuengen (§ 1 Abs. 3 Satz 3 AStG). Gleiches gilt für den Fall, dass die ermittelten Werte lediglich eingeschränkt vergleichbar sind, weil die zugrunde liegenden Geschäftsbedingungen voneinander abweichen (Tz. 3.4.12.5).

Durch Einengung der Bandbreite sollen Werte ausgeschlossen werden, die unter abweichenden Bedingungen zustande gekommen sind. Im Einzelnen werden von der Finanzverwaltung unterschiedliche Methoden vorgestellt. Danach kann die ermittelte Bandbreite von Vergleichswerten durch Anwendung eines **anderen Verrechnungspreisverfahrens** verprobt werden. Eine weitere Methode besteht darin, die Bandbreite mit Hilfe von **Anpassungs-**

rechnungen, Kontrollrechnungen oder Plausibilitätsüberlegungen zu verengen. So könne z. B. erwartet werden, dass ein Steuerpflichtiger, der über eine vorteilhafte Verhandlungsposition verfügt, in der Lage ist, die Preise tendenziell zu seinen Gunsten zu beeinflussen.

Können diese Möglichkeiten nicht genutzt werden, so ist die Bandbreite durch **statistische Methoden** einzuengen. Methodisch hat dies nach Auffassung der Finanzverwaltung grundsätzlich durch Konzentration auf die mittleren 50% der Werte zu erfolgen. In diesem Fall vollzieht sich die Einengung der Bandbreite durch Ausscheiden von 25% der kleinsten und 25% der größten Werte. Daneben darf der Steuerpflichtige andere Verfahren zur Bandbreitenverengung nutzen, wenn er glaubhaft macht, dass diese Verfahren den Verhältnissen seines Falles besser gerecht werden.[42] Setzt der Steuerpflichtige einen Wert außerhalb der Bandbreite an, ist auf den Median zu korrigieren (§ 1 Abs. 3 Satz 4 AStG).[43]

(d) Planungsrechnungen aufgrund von innerbetrieblichen Plandaten und aufgrund von Gewinnprognosen

Innerbetriebliche Daten spielen für die Angemessenheitsdokumentation eine zentrale Rolle. Zum einen soll die Finanzbehörde mit Hilfe innerbetrieblicher Plandaten in die Lage versetzt werden, das steuerliche Ergebnis des Steuerpflichtigen sowie die von ihm herangezogenen Fremdvergleichsdaten einer Plausibilitätskontrolle zu unterziehen (Tz. 3.4.12.2). Andererseits dürfen Steuerpflichtige auch unter bestimmten Voraussetzungen ihre Verrechnungspreise aufgrund innerbetrieblicher Plandaten und vorsichtiger Gewinnprognosen eigenständig **festlegen.** Hierbei hat die Preisbestimmung aufgrund der Planrechnungen, die im Zeitpunkt des tatsächlichen Geschäftsabschlusses verfügbar waren, zu erfolgen.

Eine Angemessenheitsdokumentation, die auf Planrechnungen zurückgreift, ist soweit wie möglich auf Fremdvergleichsdaten zu stützen. In Betracht kommen fremdübliche Gewinnaufschläge oder eine marktübliche Kapitalverzinsung. Auf jeden Fall muss die Verrechnungspreisfestsetzung auf einer im Einzelfall sachgerechten Methode beruhen. Darüber hinaus sind die zugrunde liegenden Annahmen anhand der Erfahrungen bereits abgelaufener Zeiträume und auf der Basis betriebswirtschaftlich fundierter, vorsichtiger Prognosen zu begründen. Dabei ist die **Fremdüblichkeit** der nach der Planung erwarteten Gewinne zu belegen. Dies kann über verschiedene Wege erreicht werden. Möglich ist der Vergleich mit

- dem mittleren Wert (Median) der Renditekennziffern zumindest eingeschränkt vergleichbarer Unternehmen in dem betreffenden Geschäftsbereich,
- dem Ertrag einer funktions- und risikoadäquaten Anlage am Kapitalmarkt oder
- dem funktions- und risikoadäquaten Anteil des Konzernunternehmens am zu erwartenden Gesamtgewinn des Konzerns. Voraussetzung für diese letzte Alternative ist allerdings, dass die Gewinnerwartung für den Gesamtkon-

---

[42] Zur Diskussion und Kritik siehe 4. Kapitel, Abschnitt C II 5; siehe dazu auch Baumhoff, H./Ditz, X./Greinert, M., DStR 2005, S. 1554 ff.; Graf, M., IStR 2005, S. 177 f.; Oestreicher, A., Vorgaben, 2005, S. 47 ff.; Werra, M., IStR 2005, S. 20 f.
[43] Kritisch hierzu vgl. Baumhoff, H./Ditz, X./Greinert, M., DStR 2007, S. 1463 f.

zern durch nachvollziehbare Analysen glaubhaft gemacht werden kann. Die Angemessenheit der Gewinnerwartung des einzelnen Konzernunternehmens kann ggf. aus dem Verhältnis der Wertschöpfungsbeiträge, der Umsätze, der anteilig getragenen Kosten oder einer wertenden Gegenüberstellung der Funktionen und Risiken im Verhältnis zu denen des Gesamtkonzerns abgeleitet werden.

In allen Fällen setzt die Finanzverwaltung voraus, dass der Steuerpflichtige im regelmäßigen Turnus einen **Abgleich zwischen Soll- und Ist-Zahlen** erstellt. Werden diese Anforderungen nicht erfüllt, hält die Finanzverwaltung eine Angemessenheitsdokumentation, die auf innerbetrieblichen Plandaten beruht, für nicht verwertbar.

(4) Weitere Vorgaben

Aufzeichnungen für außergewöhnliche Geschäftsvorfälle und Dauerschuldverhältnisse sind stets einzeln zu erstellen. Bei gewöhnlichen Geschäftsvorfällen können sachlich und zeitlich miteinander verbundene Geschäftsvorfälle unter bestimmten Bedingungen (§ 2 Abs. 3 GAufzV) zusammengefasst behandelt werden.[44] Bestehen innerbetriebliche Verrechnungspreisrichtlinien,[45] die für bestimmte Geschäftsvorgänge eine Preisermittlung nach dem Maßstab des Fremdvergleichs vorsehen, kann auf eine geschäftsvorfallbezogene Einzelaufzeichnung verzichtet werden, wenn aufgezeigt werden kann, dass die Richtlinie eingehalten wird.

Im Einzelfall können weitergehende Informationen nützlich und in besonderen Fällen (§ 5 GAufzV) erforderlich sein. Grundsätzlich sind aber die Aufzeichnungen der Steuerpflichtigen **verwertbar**, wenn sie einem sachverständigen Dritten innerhalb angemessener Zeit die Feststellung und Prüfung ermöglichen, welche Sachverhalte verwirklicht wurden und ob, und wenn ja, inwieweit der Steuerpflichtige dabei den Grundsatz des Fremdvergleichs beachtet hat. Ob Aufzeichnungen im Wesentlichen **unverwertbar** sind, kann nur im einzelnen Fall entschieden werden. Davon unabhängig sind aber Einkünfteberichtigungen auch dann möglich, wenn der Steuerpflichtige verwertbare Aufzeichnungen vorlegt. Für Einkünfteberichtigungen liegt die **Feststellungslast** jedoch bei der Finanzbehörde, wenn der Sachverhalt trotz Mitwirkung des Steuerpflichtigen nicht vollständig geklärt werden kann. Voraussetzung ist, dass das vom Steuerpflichtigen ermittelte Ergebnis dem Fremdvergleich nicht entspricht und das von der Finanzbehörde festgestellte Resultat zumindest wahrscheinlicher ist.[46]

4. Informationsaustausch

Die erhöhte Mitwirkungspflicht für Steuerpflichtige bei Vorgängen, die sich auf das Ausland beziehen, sowie die besonderen Aufzeichnungs- und Dokumentationspflichten machen deutlich, dass die eigenen Aufklärungs-

---

[44] Im Einzelnen Naumann, M./Förster, H, NWB, Fach 2, S. 8490 f.; siehe dazu auch OECD, JTPF APA, 1995/1999, Tz. 1.42 ff.
[45] Zur Verrechnungspreisrichtlinie als Teil der Dokumentationsstrategie bei Volkswagen siehe Brödel, M., Verrechnungspreisrichtlinie, 2005, S. 110 ff.
[46] Siehe dazu im Einzelnen Verwaltungsgrundsätze-Verfahren, BMF-Schreiben v. 12. 4. 2005, BStBl 2005 I, S. 570, Tz. 3.4.20; zur Kritik an den Anweisungen der Finanzverwaltung siehe z. B. Werra, M., IStR 2005, S. 23.

möglichkeiten der Finanzverwaltung im grenzüberschreitenden Geschäftsverkehr bei Verrechnungspreisfragen erheblich eingeschränkt sind. Gleichwohl sind die Informationsmöglichkeiten der Finanzverwaltung nicht auf Auskünfte der Steuerpflichtigen reduziert. Vielmehr kann die Finanzverwaltung auch **andere Behörden** um Unterstützung ersuchen, so wie sie selbst zur Amtshilfe verpflichtet ist (§§ 111 ff. AO). Insbesondere können die Finanzbehörden zwischenstaatliche **Rechts- und Amtshilfe** in Anspruch nehmen (§ 117 Abs. 1 AO).[47] Voraussetzung ist aber, dass die Auskünfte für Zwecke der Besteuerung erforderlich sind (§ 111 Abs. 1 AO). Darüber hinaus sollen auch ausländische Staaten erst um Amtshilfe ersucht werden, wenn die Sachverhaltsaufklärung durch den Steuerpflichtigen nicht zum Ziel führt oder keinen Erfolg verspricht (§ 93 Abs. 1 Satz 3 AO).[48]

Die rechtliche Grundlage für den Austausch von Auskünften zwischen der deutschen Finanzverwaltung und den ausländischen Behörden bilden **DBA** (Art. 26 OECD MA)[49] oder **Rechtshilfeabkommen.** Innerhalb der EU kann ein Amtshilfeersuchen zudem auf die EG-Amtshilferichtline,[50] die durch das EG-Amtshilfe-Gesetz (EGAHiG) in deutsches Recht umgesetzt wurde, sowie auf innerstaatlich anwendbare Rechtsakte der EU[51] gestützt werden. Eine weitere Grundlage bildet grundsätzlich das Abkommen über gegenseitige Amtshilfe in Steuersachen.[52] Bei diesem Abkommen über gegenseitige Amtshilfe in Steuersachen handelt es sich um eine multilaterale Verständigung über den Informationsaustausch einschließlich simultaner Betriebsprüfungen und die Teilnahme an Untersuchungen im Ausland sowie die Unterstützung bei der Beitreibung von Steuern und der Beschaffung von Unterlagen (Art. 1 CMAATM). Sein Adressatenkreis besteht aus den zurzeit 54 Staaten, die dem Rat der EU und/oder der OECD angehören. Gegenwärtig ist dieses Abkommen zwischen 14 Staaten in Kraft. Auch Deutschland hat dieses Abkommen unterzeichnet; es wurde hier aber bisher noch nicht ratifiziert. Auf Veranlassung der G20 Staaten wurde das Abkommen über gegenseitige Amtshilfe in Steuersachen in 2009 an die überarbeiteten OECD Standards über den Informationsaustausch angepasst. Das entsprechende Protokoll wurde seit Mai 2010 von elf der 14 Vertragsparteien unterzeichnet, so dass es drei Monate

---

[47] Zur Ausdehnung der internationalen Zusammenarbeit unter den Finanzbehörden siehe Ernst & Young, TNI 2007, S. 813 ff.
[48] Vgl. im Einzelnen Klein, F., Abgabenordnung, § 117 AO, Anm. 12; Tipke, K./ Kruse, W., Abgabenordnung, § 93 AO, Rz. 11; in diesem Sinne verlangt auch der Kommentar zum OECD-Modell, dass zunächst die Beweismittel im Inland ausgeschöpft werden; vgl. OECD-Kommentar, Art. 26, Anm. 9 a.
[49] Auf Druck der G20 Staaten wurde der OECD-Standard in Bezug auf steuerliche Transparenz und den Austausch von Information inzwischen allgemein akzeptiert; darüber hinaus hat auch die UN diesen Standard in ihr Musterabkommen übernommen. Seit 2009 wurden von Ländern, die diesen Standard nach Untersuchungen der OECD bis dahin nicht substanziell umgesetzt haben, mehr als 400 Abkommen unterzeichnet. Ihre Umsetzung und effektive Durchführung wird durch das Global Forum on Transparency and Exchange of Information on Tax Purposes überwacht vgl. OECD, Information, 2010, S. 2 f.
[50] Vgl. Richtlinie 77/799/EWG des Rates v. 19. 12. 1977, Abl. 1977 Nr. L 336, S. 15; siehe hierzu 2. Teil, 3. Kapitel, Abschnitt D I.
[51] Hierzu zählt vor allem die Verordnung (EG) Nr. 1798/2003 des Rates v. 7. 10. 2003, Abl. 2003 Nr. L 264, S. 1.
[52] Vgl. Council of Europe/OECD, Convention, 2008.

6. Kapitel. Verfahrensrechtliche Regelungen

nach der Ratifikation in wenigstens fünf Staaten in Kraft treten kann (Art. 28 CMAATM). Daneben sind dem Abkommen vier weitere Staaten beigetreten; diese haben auch das Ergänzungsprotokoll unterzeichnet. Schließlich ist im Verhältnis zu anderen Staaten auch ein vertragsloser Amtshilfeverkehr möglich. So kann eine deutsche Finanzbehörde Amtshilfe auch dann leisten (Kulanzauskunft), wenn keine entsprechende zwischenstaatliche Vereinbarung vorliegt (§ 117 Abs. 3 AO). Im Unterschied zu den Bestimmungen des EGAHiG, der Amtshilferichtlinie, der DBA und der besonderen Abkommen über Amts- und Rechtshilfe in Steuersachen ist die Finanzverwaltung jedoch im vertraglosen Amtshilfeverkehr nicht zur Amts- oder Rechtshilfe verpflichtet.

Inhaltlich ist grundsätzlich zwischen dem großen und dem kleinen Auskunftsaustausch zu unterscheiden. Die **große Auskunftsklausel** ist i. d. R. bei Abkommen mit europäischen Staaten und anderen Industriestaaten anzuwenden.[53] Sie erstreckt sich auf alle Auskünfte, die zur Anwendung der DBA oder des innerstaatlichen Rechts eines Vertragsstaates über die unter das Abkommen fallenden Steuern erforderlich sind. Dementsprechend können auch Auskünfte über die Richtigkeit von Tatsachenbehauptungen oder über Beweismittel angefordert werden.[54]

Beispiel: Die deutsche Gesellschaft D liefert konzernintern Waren an eine Tochtergesellschaft (T) in E. Im Rahmen einer Prüfung der Verrechnungspreise für Lieferungen zwischen den verbundenen Unternehmen D und T interessiert sich die deutsche Finanzverwaltung für die Preise, die eine Gesellschaft oder ein Konzern in E für vergleichbare Lieferungen außerhalb von Konzernbeziehungen aufwendet. Zu diesem Zweck kann die deutsche Finanzverwaltung im Rahmen des großen Auskunftsverkehrs bei der Finanzverwaltung in E um Auskunft über die entsprechenden Preise ersuchen.

Dieser umfassende Austausch ist auch Gegenstand der besonderen Amts- und Rechtshilfevereinbarung und der EGAHiG. Im Übrigen beziehen sich die DBA jedoch auf den **kleinen Auskunftsaustausch.** Danach können Auskünfte erbeten und übermittelt werden, die zur Durchführung der DBA erforderlich sind.

Beispiel: Auskünfte über die Höhe der tatsächlich gezahlten Lizenzgebühren oder die Ansässigkeit eines Zahlungsempfängers.

Die Auskünfte können grundsätzlich auf Ersuchen in Einzelfällen, **spontan** oder automatisch, d. h. im Wege der regelmäßigen Übermittlung gleichartiger Sachverhalte, erfüllt werden. Typisch ist die Inanspruchnahme zwischenstaatlicher Amtshilfe aufgrund Ersuchen im Einzelfall.[55] Die deutsche Finanzverwaltung darf aber Amtshilfe auch ohne entsprechendes Ersuchen entgegennehmen und spontan erhaltene Auskünfte verwerten. Ebenso darf umgekehrt den Mitgliedstaaten der EU spontan Auskunft erteilt werden (§ 2 Abs. 2 EGAHiG), wenn die Finanzbehörden im Einzelfall Feststellungen treffen, bei denen tatsächliche Anhaltspunkte die Vermutung rechtfertigen, dass z. B.

---

[53] Vgl. Anwendungsbereich des EG-Amtshilfe-Gesetzes sowie der Doppelbesteuerungs- und Amtshilfeabkommen, BMF-Schreiben v. 25. 1. 2006, BStBl 2006 I, S. 26. Siehe dazu Klein, F., Abgabenordnung, § 117 AO, Anm. 29.
[54] Vgl. BMF-Schreiben v. 25. 1. 2006, BStBl 2006 I, S. 26, Tz. 1.5.1.1.
[55] Zum Verfahren siehe BMF-Schreiben v. 25. 1. 2006, BStBl 2006 I, S. 26, Tz. 2.3. Der Amtshilfeweg ist in Tz. 16.2 beschrieben.

892   5. Teil. Erfolgs- und Vermögensabgrenzung

- Steuern im anderen Staat verkürzt wurden,[56]
- für Zwecke der Steuerumgehung Geschäftsbeziehungen über Drittstaaten geleitet werden oder
- insgesamt eine zu niedrige Steuerfestsetzung dadurch eintreten kann, dass Gewinne zwischen nahe stehenden Personen nicht wie zwischen fremden Dritten abgegrenzt werden.[57]

Ob Spontanauskünfte nach DBA erfüllt werden dürfen, ist aus den einzelnen Bestimmungen des DBA zu ermitteln. Die Zulässigkeit wird aber grundsätzlich bei Staaten, mit denen eine große Auskunftsklausel vereinbart ist, bejaht.[58] Sie ist ferner gegeben, soweit sich die Steuerbehörden auf den spontanen Auskunftsverkehr im Rahmen der Gegenseitigkeit geeinigt haben.

Der **regelmäßige Auskunftsaustausch**[59] ist für Fragen der zwischenstaatlichen Erfolgsabgrenzung nicht relevant.

III. Rechtsfolgen bei Verstößen gegen Mitwirkungspflichten

1. Verstöße gegen die allgemeinen Auskunfts- und Vorlagepflichten

Kommt der Steuerpflichtige seinen Mitwirkungspflichten nicht nach, kann sich die Ermittlungspflicht der Finanzbehörde verringern. Für die Voraussetzungen und das Ausmaß der **reduzierten Sachaufklärungspflicht** der Finanzbehörden lassen sich allerdings keine abstrakten Maßstäbe angeben. Allgemein ist die Verantwortung des Steuerpflichtigen aber umso größer, je mehr Tatsachen und Beweismittel der von ihm beherrschten Informations- oder Tätigkeitssphäre angehören.[60] Daneben kommt es auf den Grad der Pflichtverletzung, die Verhältnismäßigkeit und Zumutbarkeit an. Gestaltet der Steuerpflichtige den Sachverhalt in besonderer Weise, hat er auch bei der Sachverhaltsaufklärung eine gesteigerte Mitverantwortung.

Kann ein Sachverhalt aufgrund der nicht zureichenden Mitwirkung des Steuerpflichtigen nicht aufgeklärt werden, reduziert sich das **Beweismaß** der Finanzbehörde. So kann sich die Finanzverwaltung bei der Feststellung eines Sachverhalts „mit einem geringeren Grad an Überzeugung" begnügen, als das in aller Regel erforderlich ist. Eine an Sicherheit grenzende Wahrscheinlichkeit (Regelbeweismaß) ist dann nicht erforderlich. Daneben kann die Verletzung der Mitwirkungspflicht nachteilige Folgen für nachträgliche Änderungsmöglichkeiten der Steuerbescheide haben.[61] Das ist vor allem dann der Fall, wenn der Steuerpflichtige über seine Ausgaben keine genaue Aufklärung geben kann (§ 162 Abs. 2 AO).

2. Verstöße gegen die besonderen Aufzeichnungs- und Vorlagepflichten

Für Verstöße gegen die besonderen Aufzeichnungs- und Vorlagepflichten hat der Gesetzgeber spezifische Sanktionen eingeführt. Werden die vorgese-

---
[56] Siehe dazu BFH v. 15. 2. 2006, BStBl 2006 II, S. 616; sowie BMF-Schreiben v. 1. 8. 2006, BStBl 2006 I, S. 489.
[57] Siehe im Einzelnen BMF-Schreiben v. 25. 1. 2006, BStBl 2006 I, S. 26, Tz. 4.1.1.
[58] Vgl. Klein, F., Abgabenordnung, § 117 AO, Anm. 31.
[59] Vgl. BMF-Schreiben v. 25. 1. 2006, BStBl 2006 I, S. 26, Tz. 4.1.2.
[60] Vgl. BFH v. 15. 2. 1989, BStBl 1989 II, S. 462.
[61] Vgl. BFH v. 17. 10. 2001, BStBl 2004 II, S. 171; siehe dazu Klein, F., Abgabenordnung, § 90 AO, Anm. 6.

henen Aufzeichnungen nicht vorgelegt, sind vorgelegte Aufzeichnungen im Wesentlichen unverwertbar, oder wird festgestellt, dass der Steuerpflichtige bei außergewöhnlichen Geschäftsvorfällen seine Aufzeichnungen nicht zeitnah erstellt hat, wird widerlegbar **vermutet**, dass die im Inland steuerpflichtigen Einkünfte aus Sachverhalten mit Auslandsbezug höher sind als sie vom Steuerpflichtigen erklärt wurden. Hat in solchen Fällen die Finanzbehörde eine Schätzung vorzunehmen, weil sie die Besteuerungsgrundlage nicht ermitteln oder berechnen kann, ist sie ermächtigt, die **Schätzung** zu Lasten des Steuerpflichtigen vorzunehmen, wenn die Einkünfte nur innerhalb eines bestimmten Rahmens, insbesondere nur aufgrund von Preisspannen bestimmt werden können (§ 162 Abs. 3 Satz 2 AO). Als erste Sanktion kann damit das zuungunsten des Steuerpflichtigen wirkende Ende der Bandbreite gewählt werden (Straf- oder Verdachtsschätzung). Gleiches gilt, wenn trotz Vorlage verwertbarer Aufzeichnungen durch den Steuerpflichtigen Anhaltspunkte dafür bestehen, dass seine Einkünfte höher wären als die erklärten Einkünfte, und Zweifel nicht aufgeklärt werden können, weil ausländische nahe stehende Personen ihre Auskunfts- oder Mitwirkungspflichten i. S. d. §§ 90 Abs. 2, 93 Abs. 1 AO nicht erfüllen (§ 162 Abs. 3 Satz 3 AO). Daneben droht bei Staaten, mit denen keine effektive Amtshilfe i. S. v. Art. 26 OECD-Modell gewährleistet ist, die Einschränkung der Abzugsfähigkeit von Betriebsausgaben, Entlastung von Quellensteuern und Steuerbefreiungen von Beteiligungserträgen, falls gegen die erhöhten Mitwirkungspflichten verstoßen wird.[62]

Als **weitere Sanktion** drohen Strafzuschläge, wenn die vorgeschriebenen Aufzeichnungen nicht vorlegt oder vorgelegte Aufzeichnungen im Wesentlichen unverwertbar sind (§§ 163 Abs. 4, 90 Abs. 3 AO). Schließlich sind Strafen bei verspäteter Vorlage verwertbarer Aufzeichnungen vorgesehen; Tabelle 39 fasst die Regelung zu den Strafzuschlägen zusammen.

Tabelle 39: Struktur der Strafzuschläge

Strafmaß	Pflichtwidrigkeit
Mindestbetrag 5000 €	Nichtvorlage oder Vorlage unverwertbarer Aufzeichnungen
5 bis 10% des Mehrbetrags der Einkünfte, der sich nach Berichtigung aufgrund einer Verletzung der Aufzeichnungspflicht ergibt, sofern dieser Zuschlag 5000 € übersteigt	Nichtvorlage oder Vorlage unverwertbarer Aufzeichnungen
Höchstbetrag 1 Mio. €, mindestens jedoch 100 € für jeden vollen Tag der Fristüberschreitung	Verspätete Vorlage verwertbarer Aufzeichnungen

Der Zuschlag von 5 bis 10% richtet sich nach dem Mehrbetrag der Einkünfte, nicht der Steuer. Deshalb ist es insoweit unerheblich, ob es in dem betreffenden Veranlagungszeitraum durch die Feststellung der Außenprüfung tatsächlich zu Steuerbelastungen kommt. In jedem Fall ist der Zuschlag einheitlich für **jeden Veranlagungszeitraum,** für den Aufzeichnungen angefordert werden, festzusetzen und bezieht sich jeweils auf die von der Finanzbehörde angeforderten Aufzeichnungen. Daher kann der einheitliche Zu-

---

[62] Vgl. Sinz, A./Kubaile, H., IStR 2009, S. 401 ff.; Geuenich, M., NWB 2009, S. 2396 ff.

schlag auf mehreren Pflichtverletzungen beruhen.[63] In rechtlicher Sicht handelt es sich bei dem Zuschlag um eine steuerliche Nebenleistung, die bei der Ermittlung des zu versteuernden Einkommens nicht abzugsfähig ist (§ 3 Abs. 4 AO; § 12 Nr. 3 EStG; § 10 Nr. 2 KStG).[64] Die Höhe des Zuschlags ist in den beiden letzten Fällen in das **pflichtgemäße Ermessen** der Finanzverwaltung gestellt. Von der Festsetzung eines Zuschlags ist zwar abzusehen, wenn die Pflichtverletzung entschuldbar erscheint oder nur ein geringfügiges Verschulden vorliegt.[65] Der Höhe nach sind die Zuschläge jedoch überzogen und inhaltlich zu unbestimmt. Außerdem sind Anwendungsschwierigkeiten insbesondere auch im Zusammenspiel mit anderen Rechtsordnungen zu erwarten,[66] ganz abgesehen von der Frage nach der EU-Rechtswidrigkeit einer allein Auslandsfälle betreffenden Strafvorschrift.[67]

Mit den dargestellten Dokumentationspflichten, Vorlagefristen und Sanktionsvorschriften ist Deutschland dem Beispiel anderer Staaten gefolgt, die, ausgehend von den USA und Australien, in den vergangenen Jahren entsprechende Vorschriften eingeführt haben.[68]

B. Internationale Verständigung

I. Abwicklung von Verrechnungspreisberichtigungen und Verständigungs- oder Schiedsverfahren

1. Übersicht

Bei der Abrechnung von Geschäftsbeziehungen zwischen nahe stehenden Personen ist der Grundsatz des Fremdvergleichs zu beachten. Mit dieser Regelung schöpft Deutschland das Besteuerungsrecht aus, das den Vertragsstaaten eines DBA nach OECD-Modell zugewiesen ist (Art. 9 Abs. 1 OECD-Modell). Der Grundsatz des Fremdvergleichs ist jedoch mit erheblichen Anpassungsschwierigkeiten verbunden,[69] so dass es oftmals zu unterschiedlichen Sichtweisen in Bezug auf den maßgebenden Fremdpreis und die zutreffende Gewinnabgrenzung kommt. Sind deshalb die Gewinne eines Unternehmens zu korrigieren, resultierten Doppelbesteuerungen der zugerechneten Gewinnanteile, wenn nicht in anderen Vertragsstaaten eine entsprechende Korrektur der dort von diesen Gewinnen erhobenen Steuern erfolgte. Um entsprechende Doppelbesteuerungen zu vermeiden, sehen DBA (Art. 9

---

[63] Vgl. Verwaltungsgrundsätze-Verfahren, BMF-Schreiben v. 12. 4. 2005, BStBl 2005 I, S. 570, Tz. 4.6.3.d); siehe dazu Lüdicke, J., IStR 2003, S. 436.
[64] Zur Diskussion siehe Lüdicke, J., IStR 2003, S. 436; Rödder, T./Schumacher, A., DStR 2003, S. 818.
[65] Das ist z. B. der Fall, wenn Aufzeichnungen vernichtet werden. Vgl. Verwaltungsgrundsätze-Verfahren, BMF-Schreiben v. 12. 4. 2005, BStBl 2005 I, S. 570, Tz. 4.6.4.
[66] So ist z. B. fraglich, ob eine Korrektur im Rahmen eines Verständigungs- oder Schiedsverfahrens zum Wegfall der Zuschläge führt.
[67] Vgl. auch Abschnitt A II 3 a).
[68] Vgl. Wilmanns, J., Vergleich, 2006, S. 62. In einem internationalen Vergleich der Vorlagefristen und Strafzuschläge im Zusammenhang mit der Dokumentation von Verrechnungspreisen vgl. Deloitte Touche Tohmatsu, Transfer Pricing Matrix, 2009; Ernst & Young, Transfer Pricing Survey, 2009; KPMG, Transfer Pricing Review, 2009; PwC, International Transfer Pricing, 2009.
[69] Siehe 4. Kapitel, Abschnitt C III.

6. Kapitel. Verfahrensrechtliche Regelungen

Abs. 2 OECD-Modell) und, innerhalb der EU, die Schiedsverfahrenskonvention (Art. 4, 5) für diesen Fall eine **korrespondierende Gegenberichtigung** durch den anderen Vertragsstaat vor. Der andere Vertragsstaat ist aber an die Feststellungen im erstgenannten Vertragsstaat nicht gebunden. Notwendige Korrekturen beziehen sich allein auf Gewinne, die das Unternehmen des erstgenannten Vertragsstaates erzielt hätte, wenn die zwischen den Unternehmen vereinbarten Bedingungen die gleichen gewesen wären, die unabhängige Dritte miteinander vereinbaren würden. Hierüber mag es aber auch zwischen den Finanzverwaltungen der beteiligten Staaten unterschiedliche Auffassungen geben. Können Doppelbesteuerungen deshalb nicht durch korrespondierende Berichtigung vermieden werden, bleibt die Hoffnung, dass sich die Finanzbehörden auf besonderen Antrag des Steuerpflichtigen im Rahmen eines **DBA-Verständigungsverfahrens** (Art. 25 OECD-Modell) einigen. Zwar sehen die meisten DBA die Möglichkeit einer korrespondierenden Gegenberichtigung vor, verlangen aber nicht zwingend, dass sich die Vertragsparteien einigen. Das **Schiedsabkommen**[70] schreibt dagegen ein Schlichtungsverfahren vor,[71] wenn sich die Mitgliedstaaten nicht innerhalb von zwei Jahren auf eine Verständigungsvereinbarung zur Beseitigung der Doppelbesteuerung einigen können. Gleiches gilt aufgrund der in das OECD Modell aufgenommenen Schiedsklausel (Art. 25 Abs. 5 OECD-Modell),[72] sowie der Schiedsklauseln nach den DBA mit Österreich[73] oder den USA,[74] während die Schiedsklauseln der älteren DBA mit Frankreich, Schweden sowie Kanada vorsehen, dass die Einleitung eines Schiedsverfahrens im Ermessen der Behörden steht.[75]

Die **Wirksamkeit der Schiedsverfahrenskonvention** ist bisher nicht befriedigend. Nach einer Studie der Europäischen Kommission aus dem Jahr 2002 wurde festgestellt, dass innerhalb der EU zwischen 1995 und 1999 insgesamt 135 Verständigungsverfahren oder Verfahren nach der EU-Schiedsverfahrenskonvention eingeleitet wurden. Einschließlich Drittländer erhöht sich diese Zahl auf 421 Verfahren. Innerhalb dieses Zeitraums wurden jedoch nur 62 (238) Fälle erfolgreich abgeschlossen, während sieben (17) Verfahren scheiterten. Damit betrug die Erfolgsquote in den abgeschlossenen Verfahren zwar 90% (93%). Innerhalb der EU lag die **durchschnittliche Verfahrensdauer** jedoch bei 20 Monaten.[76] Anträge nach der EU-Schiedsverfahrenskonvention wurden danach von den Mitgliedstaaten in nahezu allen Fällen angenommen.[77] Knapp 60% dieser Fälle befanden sich allerdings am Ende des

---

[70] Übereinkommen 90/436/EWG, Abl 1990 Nr. L 225, S. 10 ff.
[71] Zum Verfahren siehe Rousselle, O., ET 2005, S. 15 ff., Markham, M., Intertax 2005, S. 70 f.; sowie ausführlich 2. Teil, 3. Kapitel, Abschnitt D II.
[72] Vgl. OECD, Model Tax Convention Update, 2008, S. 4.
[73] DBA-Österreich vom 24. 8. 2000, BGBl 2002 II, S. 735.
[74] DBA-USA in der Fassung der Bekanntmachung vom 4. 6. 2008, BStBl 2008 I, S. 766.
[75] DBA-Frankreich in der Fassung des Zusatzabkommens vom 20. 12. 2001 BGBl 2002, II, S. 2372; DBA-Schweden vom 14. 7. 1992, BGBl 1994 II, S. 686, BStBl 1994 I, S. 423; DBA-Kanada vom 19. 4. 2001, BGBl 2002 II, S. 67.
[76] Vgl. Kommission der Europäischen Gemeinschaften, Unternehmensbesteuerung, 2002, S. 299 f.
[77] Vgl. Kommission der Europäischen Gemeinschaften, Unternehmensbesteuerung, 2002, S. 382.

Untersuchungszeitraums noch in der ersten Phase. Kein Verfahren war im Zeitpunkt der Studie bereits in die zweite (Schieds-)Phase eingetreten. Auf welche Ursachen diese Verzögerungen zurückzuführen waren, wurde nicht im Einzelnen untersucht. Festzustellen war aber, dass das Ziel einer Verfahrenshöchstdauer von drei Jahren nicht erreicht wurde und die Mitgliedstaaten ganz offensichtlich die zweite Phase nicht wie vorgesehen eingeleitet haben. Diese Statistik verbesserte sich auch in den Folgejahren nicht. Eine entsprechende Analyse des European Joint Transfer Pricing Forum, das die Anzahl offener Fälle wiedergibt, die auf der Basis der Schiedsvereinbarung eingerichtet wurden,[78] zeigte, dass zum 31. 12. 2008 insgesamt 178 bis 218 Verfahren noch nicht abgeschlossen waren. In 68 bis 96 Fällen überschritt die bereits verstrichene Verfahrensdauer die Zeitspanne von zwei Jahren. In bis zu drei Fällen war der Antrag vor dem 1. 1. 2000, d. h. noch unter der Geltungsdauer der ersten Vertragslaufzeit für die Anwendung der Schiedsverfahrenskonvention gestellt worden. Die durchschnittliche Bearbeitungsdauer aller noch offenen Verfahren lag im Zeitpunkt des Berichts bei vier bis fünf Jahren. Die Schiedsphase wurde bisher allerdings nur in wenigen Verfahren erreicht.[79]

Die Einrichtung des **European Joint Transfer Pricing Forums** (EU-Verrechnungspreisforum) geht zurück auf einen Vorschlag der EU-Kommission aus dem Jahre 2001.[80] Aufgabe dieses Forums ist es, die praktischen Probleme zu untersuchen, die sich bei der Anwendung der steuerlichen Verrechnungspreisregelungen im Binnenmarkt und insbesondere bei der Umsetzung des EU-Schiedsübereinkommens ergeben. Im Vordergrund stehen dabei die Entwicklung konsensfähiger Ansätze, die zur EU-weiten Anwendung der steuerlichen Verrechnungspreisregelungen führen. Dazu soll sich das Forum vor allem auf die Dokumentationspflichten, einschließlich der Möglichkeiten zur Reduzierung des Verwaltungsaufwandes kleinerer und mittlerer Unternehmen, die Förderung größerer Rechtssicherheit hinsichtlich der Anerkennung von Verrechnungspreisen durch die Steuerverwaltungen und die Untersuchung der Möglichkeiten für ein schnelleres und besser abgestimmtes Streitbeilegungsverfahren konzentrieren.

Zentrale Ergebnisse des Verrechungspreisforums sind EU-weit die Entwicklung eines **Verhaltenskodex zur Verrechnungspreisdokumentation**,[81] von **Leitlinien für Verrechnungspreiszusagen**[82] sowie eines Verhaltenskodex zur effektiven Durchführung des Schiedsübereinkommens und eines Vorschlags für einen überarbeiteten Verhaltenskodex.[83] Dieser überarbeitete **Verhaltenskodex zur effektiven Durchführung des Schiedsübereinkommens** ist das Ergebnis einer Überprüfung der Funktionsweise des Schiedsübereinkommens. Gegenstand des Vorschlags sind die Regelung des

---

[78] Vgl. Kommission der Europäischen Gemeinschaften, JTPF Update, 2009.
[79] Siehe z. B. Bödefeld, A./Kuntschik, N., IStR 2009, S. 452.
[80] Siehe zu den Vorschlägen Oestreicher, A., StuW 2002, S. 346.
[81] Vgl. Entschließung des Rates und der im Rat vereinigten Vertreter der Regierungen der Mitgliedstaaten v. 27. 6. 2006, Abl. 2006 Nr. C 176, S. 1.
[82] Vgl. Kommission der Europäischen Gemeinschaften, Streitbeilegungsverfahren, 2007; siehe dazu auch Kommission der Europäischen Gemeinschaften, Verrechnungspreisreform, 2009.
[83] Vgl. Überarbeiteter Verhaltenskodex 2009/C 322/01, Abl. 2009 Nr. C 322, S. 1.

Anwendungsbereichs für das Schiedsabkommen in Dreieckskonstellationen[84] und bei Unterkapitalisierung, die Zulässigkeit von Anträgen bei empfindlich zu bestrafenden Verstößen gegen steuerliche Vorschriften, der Beginn maßgebender Fristen, die Durchführung des Verständigungsverfahrens nach dem Schiedsübereinkommen, das Verfahren während Schiedsphase, die Festlegung von Steuern und Zinsen während grenzübergreifender Streitbeilegungsverfahren, der Beitritt neuer Mitgliedstaaten zum Schiedsübereinkommen sowie Schlussbestimmungen, denen zu Folge die Mitgliedstaaten aufgefordert werden, der Kommission alle zwei Jahre über die praktische Anwendung des Verhaltenskodex zu berichten.[84a]

Der Verhaltenskodex kommt in den Fällen zur Anwendung, in denen die Steuerverwaltung eines Mitgliedstaates den steuerpflichtigen Gewinn eines Unternehmens aufgrund einer Berichtigung der Verrechnungspreise nach oben korrigiert. Er soll gewährleisten, dass das Schiedsübereinkommen von den Mitgliedstaaten wirksamer angewandt wird.

2. Internationale Verständigungs- und Schiedsverfahren

Internationale Verständigungs- und Schiedsverfahren sind zwischenstaatliche Verfahren zur übereinstimmenden Anwendung der DBA und des EU-Schiedsübereinkommens.[85] Sie haben ihre Rechtsgrundlage in den Verständigungsklauseln der DBA (Art. 25 OECD-Modell) sowie der Schiedsverfahrenskonvention (Art. 6 ff.).

Nach den **Verständigungsklauseln der DBA** kann ein Verständigungsverfahren eingeleitet werden, wenn Doppelbesteuerungen drohen, die der betreffende Staat durch unilaterale Maßnahmen nicht beseitigen kann (Verständigungsverfahren im engeren Sinne). Diese Verfahren dienen einer Vermeidung der Doppelbesteuerung und zielen in Verrechnungspreisfällen auf die bilaterale Verständigung bei der vertraglichen Festsetzung einer Gewinnkorrektur. Daneben ist die Einleitung eines Verständigungsverfahrens möglich, um Schwierigkeiten oder Zweifel zu beseitigen, die bei der Auslegung oder Anwendung des Abkommens entstehen (Konsultationsverfahren) oder um Doppelbesteuerungen in Fällen, die vom Abkommen nicht geregelt sind, zu vermeiden.[86] Verständigungsverfahren können aber auch eingeleitet werden, wenn ein DBA entsprechende Klauseln nicht vorsieht. Sie müssen aber nicht zwingend zu einem Ergebnis führen, wenn auch Verständigungsverfahren aus deutscher Sicht in vielen Fällen erfolgreich gelöst wurden.[87] Möglich ist, dass die Verhandlungen ergebnislos enden oder die erzielten Ergebnisse nicht oder nicht vollständig umgesetzt werden.[88] Als zentrales Problem erweist sich dabei, dass die Verfahren oftmals zu lange dauern und kein Zwang besteht, sich einvernehmend zu einigen.[89]

---

[84] Siehe Hann, P., Intertax 2009, S. 694.
[84a] Bödefeld, A./Kuntschik, N., IStR 2010, S. 474 ff.
[85] Vgl. Übereinkommen 90/436/EWG, Abl. 1990 Nr. L 225, S. 10.
[86] Vgl. BMF-Schreiben v. 13. 7. 2006, BStBl 2006 I, S. 461, Tz. 1.2.1; die Konsultationsverfahren haben im Vergleich zu den Verständigungsverfahren im engeren Sinne eine weitaus geringere Bedeutung, vgl. Ismer, R., IStR 2009, S. 366.
[87] Vgl. BT-Drs. 16/8027 v. 11. 2. 2008, S. 7.
[88] Vgl. Herlinghaus, A., IStR 2010, S. 125 ff.
[89] Vgl. hierzu Bödefeld, A./Kuntschik, N., IStR 2009, S. 449.

5. Teil. Erfolgs- und Vermögensabgrenzung

Neben der Einführung eines Schiedsverfahrens hat die OECD in ihren Kommentar Leitlinien zur Durchführung von Verständigungsvereinbarungen aufgenommen und die Kommentierung in einigen Punkten ergänzt. Im Übrigen hat die OECD auf ihrer Internetseite eine Anleitung zur effektiven Durchführung von Verständigungsverfahren **(Manual on Effective Matural Agreement Procedures, MEMAP)** zur Verfügung gestellt, die sich sowohl an die Steuerpflichtigen als auch die Finanzverwaltungen richtet. Das MEMAP soll über die Durchführung eines Verständigungsverfahrens informieren und beste Durchführungswege (best practices) identifizieren.

Diese Informationen und Orientierungshilfen sind nicht bindend. Insbesondere ist nicht beabsichtigt, dass durch das MEMAP die Rechte und Pflichten nach dem einschlägigen DBA beschränkt oder erweitert werden. Ferner ist die Anleitung sowohl den einzelnen DBA, den einzelnen staatlichen Leitlinien, dem OECD-Modell und dem OECD Kommentar nachgeordnet. Der nach dem MEMAP „beste Durchführungsweg" ist die Vorgehensweise, die generell am besten geeignet ist, das Verständigungsverfahren durchzuführen. Wenn auch erwartet wird, dass sich Steuerpflichtige und Finanzverwaltung bemühen, den besten Weg zu gehen, wird gleichwohl gesehen, dass das nicht immer möglich oder im Einzelfall ideal ist.

Die **Verständigungsklauseln der Schiedsverfahrenskonvention** sehen eine Verständigungsvereinbarung im engeren Sinne nur zu Fragen der Gewinnabgrenzung zwischen verbundenen Unternehmen und zur Gewinnaufteilung bei Betriebsstätten vor. Hierzu gehören auch Gewinnberichtigungen, die sich aus finanziellen Beziehungen, einschließlich Darlehen und Darlehenskonditionen, ergeben und nach dem Fremdvergleichsgrundsatz erfolgen.[90] Werden sich die Vertragsstaaten in Verständigungsverfahren, die auf die Schiedsverfahrenskonvention gestützt werden (Phase I), nicht einig, sind auch hier die Verfahren nach den Bestimmungen der Schiedsverfahrenskonvention zwingend in ein Schiedsverfahren (Phase II) zu überführen. Zur Abwicklung von Verständigungsverfahren im engeren Sinne nach dem DBA und nach der Schiedsverfahrenskonvention hat das BMF ein Merkblatt herausgegeben.[91] Ziel dieser Verfahren ist danach, den Anspruch der Abkommensberechtigten auf abkommensmäßige Besteuerung im Rahmen der beiden Rechtsordnungen zu erreichen.[92] Im Einzelnen hat das BMF die Wahrnehmung der Aufgaben einer zuständigen Behörde für den Bereich der Verständigungsverfahren nach DBA und den Bereich der Schiedsverfahrenskonvention auf das Bundeszentralamt für Steuern (BZSt) übertragen.[93] Das BZSt handelt im Einvernehmen mit den zuständigen Landesbehörden. Aufgabe dieser Behörden ist es, die Verständigungsvereinbarung innerstaatlich umzusetzen.

---

[90] Vgl. Überarbeiteter Verhaltenskodex 2009/C 322/01, Abl. 2009 Nr. C 322, S. 2, Tz. 1.2.
[91] Vgl. BMF-Schreiben v. 13. 7. 2006, BStBl 2006 I, S. 461; zu Verständigungs- und Schiedsverfahren nach dem EU-Schiedsabkommen in der Praxis siehe auch Bödefeld, A./Kuntschick, N., IStR 2009, S. 268.
[92] Vgl. BMF-Schreiben v. 13. 7. 2006, BStBl 2006 I, S. 461, Tz. 1.3.1.
[93] Vgl. BMF-Schreiben v. 29. 11. 2004, BStBl 2004 I, S. 1144.

6. Kapitel. Verfahrensrechtliche Regelungen

3. Verständigungs- und Schiedsvereinbarung nach DBA

Deutschland hat in zahlreichen DBA die Möglichkeit zur Beantragung der Einleitung eines Verständigungsverfahrens verankert.[94] In Deutschland kann dieser Antrag bei dem für die Besteuerung zuständigen Finanzamt oder beim BZSt eingereicht werden. Er kann auch dann gestellt werden, wenn nach deutschem Steuerrecht oder nach dem Recht eines anderen Staates ein Rechtsbehelf anhängig oder der Rechtsweg noch nicht erschöpft ist. Dieser Antrag ist zeitnah zu stellen. Viele DBA enthalten besondere Fristen, die bei der Antragstellung zu beachten sind.[95] Ist in einem DBA keine Antragsfrist festgelegt, stimmt die deutsche Finanzverwaltung der Einleitung eines Verständigungsverfahrens grundsätzlich nicht zu, wenn zwischen der Bekanntgabe einer Besteuerungsmaßnahme und dem Antrag des Steuerpflichtigen eine Zeit von mehr als vier Jahren vergangen ist.

Der Antrag auf **Einleitung eines Verständigungsverfahrens** setzt voraus, dass eine abkommenswidrige Besteuerung vorliegt oder droht. Richtet sich der Antrag an die deutsche Finanzbehörde, hat die Verwaltung zuvor zu prüfen, ob der Doppelbesteuerung durch eine deutsche innerstaatliche Maßnahme abgeholfen werden kann. Die deutschen Finanzbehörden haben ggf. die entsprechenden Maßnahmen zu ergreifen. Anderenfalls hat, soweit die materiellen Voraussetzungen gegeben sind, das BZSt das Verständigungsverfahren einzuleiten. Wird das Verständigungsverfahren durch eine ausländische Finanzbehörde eingeleitet, prüft das BZSt lediglich die formellen Voraussetzungen.

Wird ein Verständigungsverfahren durchgeführt, ist der Sachverhalt soweit erforderlich von Amts wegen durch die örtlich zuständigen Finanzämter zu ermitteln. Hierbei ist der Antragsteller zur Mitwirkung verpflichtet. Darüber hinaus ist auch das Ergebnis der Ermittlungen durch die Finanzbehörde des anderen Staates heranzuziehen. Schließlich finden auch die Auskunftsklauseln der DBA und die Bestimmungen des EGAHiG im Verständigungsverfahren Anwendung.[96]

Über das Ergebnis dieser Ermittlungen können die beteiligten Finanzbehörden einen **gemeinsamen Bericht** anfertigen, der auch eine gemeinsame Bewertung der Sachverhalte und die Eckwerte für eine notwendige Schätzung vorschlägt. Kann das Einvernehmen mit dem Steuerpflichtigen auf andere Weise hergestellt werden, ist ein Bericht nicht erforderlich. Unabhängig davon kann der Steuerpflichtige im Rahmen des Verständigungsverfahrens Anträge stellen und sich zu Tatsachen und Rechtsfragen äußern. Am Verständigungsverfahren sind aber nur die Finanzbehörden der Vertragsstaaten beteiligt.[97] Sie haben die Verständigung herbeizuführen und die Abkommensberechtigten über das Verfahren zu unterrichten.

---

[94] Zu den Einzelheiten des Verfahrens siehe BMF-Schreiben v. 13. 7. 2006, BStBl 2006 I, S. 461, Tz. 2; Krämer, R., IWB, Fach 3, Deutschland, Gruppe 2, S. 1331 ff.; zu einer Darstellung der Regelungen nach dem OECD-Modell siehe Keerl, M., Verrechnungspreise, 2008, S. 189 ff.; Merz, S./Sajogo, D., PIStB 2010, S. 185 ff.
[95] Vgl. BMF-Schreiben v. 13. 7. 2006, BStBl 2006 I, S. 461, Anlage 2.
[96] Vgl. BMF-Schreiben v. 13. 7. 2006, BStBl 2006 I, S. 461, Tz. 7.
[97] So auch OECD, Leitlinien 2010, Tz. 4.57.

5. Teil. Erfolgs- und Vermögensabgrenzung

Zur **Umsetzung der Verständigungsvereinbarung** sind die ergangenen Steuerbescheide ggf. zu ändern.[98] Voraussetzung ist nach den Vorgaben des BZSt, dass sich der Antragsteller mit der Umsetzung der Verständigungsvereinbarung schriftlich einverstanden erklärt, schwebende Rechtsbehelfe erledigt werden[99] und der Antragsteller in der Verständigungsvereinbarung auf Rechtsbehelfe verzichtet.[100] Scheitert ein Verständigungsverfahren, ist das örtlich zuständige Finanzamt angewiesen zu prüfen, ob eine Doppelbesteuerung unter dem Gesichtspunkt der sachlichen Unbilligkeit vermieden werden kann.[101] Eine Billigkeitsmaßnahme kommt für die deutsche Finanzverwaltung jedoch nicht in Betracht, wenn der Steuerpflichtige verfahrensrechtliche Vorschriften nicht beachtet hat, seine Mitwirkungspflichten verletzt oder falsche Angaben gemacht hat und hierdurch die eingetretene Doppelbesteuerung mit verursacht worden ist.

In einen (geringeren) Teil seiner DBA hat Deutschland Verständigungsvereinbarungen aufgenommen, die eine **Schiedsklausel** enthalten. Ein erstes Beispiel ist das DBA-Frankreich,[102] nach dem eine Schiedskommission angerufen werden kann, wenn nicht innerhalb von zwei Jahren nach dem Eingang des Antrags auf Verständigung eine Einigung erzielt werden konnte (Art. 25 a DBA-Frankreich). Fakultativ ist die Schiedsklausel auch nach dem DBA-Kanada.[103] Danach können Fragen, Schwierigkeiten oder Zweifel betreffend die Auslegung oder Anwendung des Abkommens, die nicht durch die zuständigen Behörden geregelt werden können, im gegenseitigen Einvernehmen der zuständigen Behörden einer Schiedskommission vorgelegt werden (Art. 25 Abs. 6 DBA-Kanada). Anderes ergibt sich aus den Schiedsklauseln mit Österreich, Schweden oder den USA. Nach dem DBA-Österreich[104] sind die Staaten auf Antrag verpflichtet, den Fall im Rahmen eines Schiedsverfahrens entsprechend Art. 273 AEU vor dem EuGH anhängig zu machen, wenn die Schwierigkeiten oder Zweifel, die bei der Auslegung oder Anwendung des DBA entstehen, von den zuständigen Behörden nicht im Verständigungsverfahren nach den vorstehenden Absätzen dieses Artikels innerhalb einer Frist von drei Jahren ab der Verfahrenseinleitung beseitigt werden.[104a] Vergleichbar damit sieht auch das DBA-USA ein verpflichtendes Schiedsverfahren vor. Im Unterschied zu Österreich sieht das DBA-USA jedoch detaillierte Regelungen für die Durchführung des obligatorischen Schiedsverfahrens vor. Es startet grundsätzlich zwei Jahre nach Verfahrensbeginn, wenn sich die zuständigen Behörden nicht vorher auf einen anderen Zeitpunkt geeinigt

---

[98] Um diese Möglichkeit der Änderung ergangener Steuerbescheide sicherzustellen, ist bestimmt, dass die Festsetzungsfrist insoweit nicht vor Ablauf eines Jahres nach dem Wirksamwerden der Verständigungsvereinbarung endet (§ 175 AO).
[99] Siehe dazu Baumhoff, H., WPg-Sonderheft 2006, S. 155.
[100] Gleichwohl ist derzeit eine Vielzahl von Verfahren beim BFH anhängig, so dass sich die Bindungswirkung von Verständigungsvereinbarungen stellt. Konkret stellt sich die Frage, ob DBA Regelungen durch die Exekutive konkretisiert oder geändert werden können, vgl. Ismer, R., IStR 2009, S. 366 ff.
[101] Vgl. BMF-Schreiben v. 13. 7. 2006, BStBl 2006 I, S. 461, Tz. 8.2.
[102] DBA-Frankreich in der Fassung des Zusatzabkommens vom 20. 12. 2001, BGBl 2002 II, S. 2372.
[103] DBA-Kanada, vom 19. 4. 2001, BGBl 2002 II, S. 671.
[104] DBA-Österreich, vom 24. 8. 2000, BGBl 2002 II, S. 735.
[104a] Dazu Hinnekens, L., EC Tax Review 2010, S. 115.

haben (Art. 25 Abs. 6 DBA-USA).[105] Ergänzt werden diese Schiedsklauseln einschließlich der Konkretisierungen im entsprechen Protokoll durch ein Verständigungsvereinbarung, in der weitere Einzelheiten zum Verfahrensablauf festgelegt sind.[106] Nach dem DBA-Schweden[107] ist für den Fall, dass die Vertragsstaaten im Verständigungsverfahren keine Einigung erzielen, die Anwendung des Europäischen Übereinkommens zur friedlichen Beilegung von Streitigkeiten vorgesehen (Art. 41 Abs. 5 DBA-Schweden). Danach sollen völkerrechtliche Streitigkeiten grundsätzlich vor dem Internationalen Gerichtshof in Den Haag beigelegt werden.[108] Abweichend hiervon können aber die Vertragsstaaten auch ein Schiedsgericht anrufen.

Im Rahmen ihrer Aktualisierungen des Musterabkommens sowie des Kommentars zum Musterabkommen hat die OECD im Jahr 2008 dem Art. 25 einen neuen Abs. 5 hinzugefügt, durch den ein Verfahren zur verbindlichen Entscheidung von Streitigkeiten über die Auslegung der Anwendung des Abkommens durch einen oder mehrere Schiedsrichter beschrieben wird.[109] Danach muss das Verständigungsverfahren auf Antrag des Steuerpflichtigen in ein Schiedsverfahren überführt werden, wenn die zuständigen Behörden nicht in der Lage sind, sich innerhalb von zwei Jahren über die Lösung des Falls zu einigen. Die Frist beginnt grundsätzlich mit der Unterbreitung des streitigen Falls und der Einreichung der erforderlichen Unterlagen. Der Fristbeginn setzt aber voraus, dass die abkommenswidrige Besteuerung tatsächlich eingetreten ist.[110]

Nach dem Musterabkommen der OECD sind **Gegenstand des Schiedsverfahrens** „alle ungelösten Fragen des Falles". Das gilt nicht für Fragen, zu denen bereits eine Gerichtsentscheidung in einem der Staaten ergangen ist. Es ist aber auch nicht möglich, ein Schiedsverfahren und innerstaatliche Rechtsmittel parallel zu verfolgen. Vielmehr ist bis zur Entscheidung des Schiedsgerichts eine Aussetzung des innerstaatlichen Rechtsmittels zu erwirken. Der Steuerpflichtige hat dann die Möglichkeit, den Schiedsspruch entweder zu akzeptieren (und auf das Rechtsmittel zu verzichten) oder abzulehnen und das Rechtsmittel weiter zu betreiben.[111]

4. Verständigungs- und Schiedsverfahren nach der EU-Schiedsverfahrenskonvention

Innerhalb der EU kann im Falle von Gewinnberichtigungen zwischen verbundenen Unternehmen die Einleitung eines Verständigungs- oder Schiedsverfahren auch auf die EU-Schiedsverfahrenskonvention gestützt wer-

---

[105] DBA-USA in der Fassung der Neubekanntmachung vom 4. 6. 2008, BStBl 2008 I, S. 766.
[106] Vgl. Verständigungsvereinbarung Schiedsverfahren, BMF v. 16. 1. 2009, BStBl 2009 I, S. 345; siehe dazu Flick, H./Heinsen, O., IStR Länderbericht 5/2009, S. 27.
[107] DBA-Schweden vom 14. 7. 1992, BStBl 1994 I, S. 422.
[108] Diese Regelung im DBA-Schweden zeigt auf die grundsätzliche Problematik hin, dass durch die Vereinbarung eines Schiedsverfahrens in DBA dem Internationalen Gerichtshof die grundsätzliche Zuständigkeit entzogen wird; siehe dazu Nobrega e Silva Loureiro, L., Intertax 2009, S. 529 ff.
[109] Siehe dazu Bödefeld, A./Kuntschik, N., IStR 2009, S. 449 ff.; Nientimp, A./Tomson, S., IStR 2009, S. 615 ff.; Ault, H./Sasseville, J., BFIT 2009, S. 208 ff.; Herlinghaus, A., IStR 2010, S. 125 ff.
[110] Vgl. OECD Musterkommentar, Art. 25, Tz. 75; siehe dazu Debatin, H./Wassermeyer, F., Doppelbesteuerung, Art. 25, Anm. 78.
[111] Vgl. OECD Musterkommentar, Art. 25, Tz. 76 ff.

den. Daher ist fraglich, welches Verfahren ggf. **Vorrang** hat. Das Verhältnis von Verständigungs- und Schiedsverfahren nach DBA und Schiedskonvention wird unterschiedlich beurteilt.[112] Man wird aber wohl ausschließen dürfen, dass das EU-Schiedsabkommen per se vorgeht. Rechtlich hat das Schiedsabkommen die Qualität eines **multilateralen völkerrechtlichen Abkommens,** das mit bilateralen DBA auf einer Stufe steht.[113] Von daher sind bei Streitigkeiten über Verrechnungspreise das Schiedsabkommen und die Schiedsverfahren nach DBA grundsätzlich nebeneinander anwendbar.[114] Da die Verfahren nicht parallel verfolgt werden können, sollte dem eingeleiteten Prozess Vorrang zukommen. Für die Durchführung und Umsetzung der Verfahren ist diese Zuordnung zwar regelmäßig ohne Bedeutung, da nach den Vorgaben des BMF die einschlägigen Regeln für beide Verfahren entsprechend anzuwenden sind.[115] Inhaltlich sind die Vorgaben der DBA und der Schiedskonvention aber nicht deckungsgleich, so dass sich die Frage stellt, ob sich der Steuerpflichtige auf eine günstigere Regelung nach DBA stützen kann. Hier sollte ein Wechsel der Verfahren nur innerhalb der maßgebenden Fristen[116] möglich sein.[117]

Soll die Verständigung nach der Schiedsverfahrenskonvention erfolgen, muss die Finanzbehörde das Unternehmen frühzeitig auf eine geplante Gegenberichtigung hinweisen und ihm Gelegenheit geben, die verbundenen Unternehmen in dem anderen Vertragsstaat zu unterrichten (Vorverfahren).[118] Stimmen die beteiligten Finanzbehörden und Unternehmen der Berichtigung und Gegenberichtigung zu, ist ein Verständigungs- und Schiedsverfahren nicht erforderlich.

Erzielen die beteiligten Finanzbehörden und Unternehmen im Vorverfahren keine Einigung, können die betroffenen Unternehmen ein Verständigungsverfahren nach der Schiedsverfahrenskonvention (Art. 6 Abs. 1) bean-

---

[112] Vgl. Bödefeld, A./Kuntschik, N., IStR 2009, S. 453; die OECD merkt hier lediglich an, dass EU-Staaten den Anwendungsbereich der DBA-Schiedsklausel mit ihren Verpflichtungen aus dem EU-Schiedsabkommen koordinieren müssen, vgl. OECD Musterkommentar, Art. 25, Tz. 67.
[113] Vgl. Vogel, K./Lehner, M., DBA-Kommentar, Art. 25, Tz. 301, so wohl auch BMF-Schreiben v. 13. 7. 2006, BStBl. 2006 I, S. 461, Tz. 1.1.2; a. A. siehe Hinnekens, L., ECTR 1998, S. 249.
[114] Vgl. Jirousek, H., ÖStZ 1999, S. 219; Vogel, K./Lehner, M., DBA-Kommentar, Art. 25, Tz. 268.
[115] Vgl. BMF-Schreiben v. 13. 7. 2006, BStBl 2006 I, S. 461, Tz. 12.1.2.
[116] Ist in anzuwendenden DBA keine Antragsfrist festgelegt, stimmt die deutsche Finanzverwaltung einer Einleitung des Verständigungsverfahrens nicht zu, wenn der Steuerpflichtige eine Zeit von mehr als vier Jahren zwischen der Bekanntgabe der maßgebenden Besteuerungsmaßnahme und seinem Antrag hat verstreichen lassen und nicht besondere Umstände eine frühere Geltendmachung ausgeschlossen haben, siehe BMF-Schreiben v. 13. 7. 2006, BStBl 2006 I, S. 461, Tz. 2.2.3; nach der Schiedskonvention ist der Antrag innerhalb von drei Jahren nach der ersten Mitteilung der Maßnahme zu unterbreiten, die eine Doppelbesteuerung herbeigeführt hat oder herbeiführen könnte. Diese Frist beginnt mit der Bekanntgabe des ersten Bescheides, der zu einer Doppelbesteuerung führt (Art. 6 Abs. 1 Satz 2 Schiedskonvention); siehe auch BMF-Schreiben v. 13. 7. 2006, BStBl 2006 I, S. 461, Tz. 11.2.1.
[117] Zur Diskussion siehe Züger, M., ET 2000, S. 104 f.; Bödefeld, A./Kuntschik, N., IStR 2009, S. 453; Vogel, K./Lehner, M., DBA-Kommentar, Art. 25, Tz. 268.
[118] Vgl. Übereinkommen 90/436/EWG, Abl. 1990 Nr. L 225, S. 10; siehe dazu auch Verwaltungsgrundsätze-Verfahren, BMF-Schreiben v. 12. 4. 2005, BStBl 2005 I, S. 570, Tz. 6.1.2.

tragen.[119] Dieser **Antrag** ist innerhalb von drei Jahren nach der ersten Mitteilung jener Maßnahme zu unterbreiten, die eine Doppelbesteuerung z. B. infolge einer Verrechnungspreiskorrektur herbeigeführt hat oder herbeiführen könnte. Ist der Antrag zulässig und begründet, leitet das BZSt das Verständigungsverfahren nach der Schiedsverfahrenskonvention ein, es sei denn, die zuständigen deutschen Finanzbehörden können durch eine deutsche innerstaatliche Maßnahme abhelfen.

Die **Einleitung des Verständigungsverfahrens** durch das BZSt hat innerhalb einer Frist von vier Monaten zu erfolgen.[120] Im Einzelnen ist das Verfahren davon abhängig, ob die Antragstellung im Inland oder Ausland erfolgt.[121] Ferner ist von Bedeutung, ob die Gewinnkorrektur durch die in- oder ausländische Finanzverwaltung vollzogen wurde.

Führt das Verständigungsverfahren nicht innerhalb von zwei Jahren zur Einigung, geht das Verständigungsverfahren in ein **Schiedsverfahren** über. Danach sind die zuständigen Behörden der beteiligten Staaten verpflichtet, einen Beratenden Ausschuss einzusetzen und dessen Stellungnahme einzuholen (Art. 7 Abs. 1 Schiedsverfahrenskonvention).[122] Diese Frist kann im Einvernehmen mit den beteiligten Unternehmen verlängert werden (Art. 7 Abs. 4 Schiedsverfahrenskonvention). Der Beratende Ausschuss besteht i. d. R. aus einem unabhängigen Vorsitzenden, je zwei Vertretern der zuständigen Behörden und einer geraden Anzahl (i. d. R. zwei) unabhängiger Personen (Art. 9 Abs. 1 Schiedsverfahrenskonvention). Er gibt seine Stellungnahme innerhalb von sechs Monaten ab. Bei seiner Stellungnahme ist der Beratende Ausschuss an den Grundsatz des Fremdvergleichs gebunden (Art. 11 Abs. 1 Schiedsverfahrenskonvention). Die Stellungnahme ergeht mit einfacher Mehrheit der Mitglieder. Im Verfahren vor dem Beratenden Ausschuss haben die betroffenen Unternehmen ein Recht auf Anhörung oder Vertretung (Art. 10 Abs. 2 Schiedsverfahrenskonvention). Sie können vor dem Beratenden Ausschuss Stellungnahmen abgeben sowie Beweismittel und Schriftstücke vorlegen. Auf Aufforderung durch den Beratenden Ausschuss sind sie zu Auskünften oder der Vorlage von Beweismitteln verpflichtet.

Nach Abgabe der **Stellungnahme** des Beratenden Ausschusses haben die zuständigen Behörden weitere sechs Monate Zeit, sich zu einigen. Sie sind nicht verpflichtet, die Stellungnahme des Beratenden Ausschusses umzusetzen, sondern können, sofern die Doppelbesteuerung vermieden wird, von der Stellungnahme abweichen.

---

[119] Nach dem Merkblatt des BMF sollte dieser Antrag zweckmäßigerweise im Staat des übergeordneten Steuerpflichtigen gestellt werden; vgl. BMF-Schreiben v. 13. 7. 2006, BStBl 2006 I, S. 461, Tz. 11.1.1. Im Zusammenhang mit der Gewinnaufteilung bei Betriebsstätten soll der Antrag dementsprechend durch das Stammhaus gestellt werden; die Betriebsstätte gilt für Zwecke der Schiedsverfahrenskonvention als Unternehmen des anderen Vertragsstaates.

[120] Ein Verständigungs- oder Schiedsverfahren kann ausgesetzt werden, wenn durch Gerichts- oder Verwaltungsverfahren festgestellt werden soll, ob ein beteiligtes Unternehmen im Zusammenhang mit den Handlungen, die eine Gewinnberichtigung zur Folge haben, einen schweren Verstoß gegen steuerliche Vorschriften begangen hat.

[121] Siehe hierzu BMF-Schreiben v. 13. 7. 2006, BStBl 2006 I, S. 461, Tz. 12.

[122] Zu den Einzelheiten über den Beginn der Frist siehe BMF-Schreiben vom 13. 7. 2006, BStBl 2006 I, S. 461, Tz. 13.1.2 und 13.1.3; Krämer, R., IWB, Fach 3, Deutschland, Gruppe 2, S. 1341 f.

Können sich die zuständigen Behörden jedoch nicht auf eine abweichende Regelung einigen, sind sie an die Stellungnahme des Beratenden Ausschusses gebunden (Art. 12 Abs. 1 Schiedsverfahrenskonvention). Die Stellungnahme des Beratenden Ausschusses kann veröffentlicht werden. Hierzu ist die Zustimmung aller Beteiligten erforderlich (Art. 12 Abs. 2 Schiedsverfahrenskonvention). Sofern die Behörden und beteiligten Unternehmen einverstanden sind, kann die Veröffentlichung auch in anonymisierter Form, d. h. ohne Nennung der Namen oder anderer Angaben, die eine Identifizierung der beteiligen Unternehmen möglich machen würden, erfolgen.

II. Advance Pricing Agreements

1. Entwicklung

Zur Vermeidung von zeitaufwendigen Auseinandersetzungen mit der Finanzverwaltung über die Angemessenheit der steuerlichen Verrechnungspreise bieten die USA seit dem Jahr 1991 die Vereinbarung von **Advance Pricing Agreements** (APA) an, die zwischen der Finanzverwaltung und dem Steuerpflichtigen abgeschlossen werden können. Bei dieser Vereinbarung mit der Finanzverwaltung handelt es sich um eine Art verbindliche Auskunft, durch die

- die zwischen zwei oder mehr Gliedunternehmen eines internationalen Konzerns maßgebende Verrechnungspreismethode
- für eine bestimmte Geschäftsart und
- einen bestimmten Zeitraum

durch Absprache verbindlich festgelegt werden kann. Über diesen Gegenstand eines APA hinaus wird im Allgemeinen auch eine Vereinbarung über die Bandbreite der angemessenen Ergebnisse getroffen, die das Unternehmen bei Anwendung der vereinbarten Verrechnungspreismethode erreichen sollte. Werden die in einem APA festgelegten Bedingungen eingehalten, gelten die danach in Rechnung gestellten Verrechnungspreise als angemessen. Infolgedessen können sich spätere Betriebsprüfungen mit der Prüfung begnügen, ob der Steuerpflichtige seine Vereinbarungen eingehalten und die hiermit verbundenen Berichtspflichten erfüllt hat. **Unilaterale APA** beschränken sich in den USA auf Vereinbarungen mit der US-amerikanischen Finanzverwaltung. Daneben verbinden **bi- und multilaterale APA** diese Absprache mit einer Vereinbarung zwischen der US-amerikanischen und einer oder ggf. mehreren ausländischen Steuerverwaltungen nach Maßgabe der in den jeweiligen DBA enthaltenen Berechtigungen zu Verständigungsverfahren.

Die Einleitung eines APA-Verfahrens in den USA beruht auf einem formellen Antrag des Steuerpflichtigen, der von einem besonderen Mitarbeiterstab beim IRS bearbeitet und in gemeinsamen Besprechungen mit dem Steuerpflichtigen verhandelt wird.[123] Im Einzelnen gliedert sich das APA-Verfahren in **fünf Phasen**. Es beginnt mit der Antragseinreichung, setzt sich über die Prüfung (Due Dilligence), die Analyse sowie die Verhandlung und Vereinbarung fort und findet seinen Abschluss mit dem

---

[123] Siehe dazu im Einzelnen Zschiegner, H., IWB, Fach 8, USA, Gruppe 2, S. 1391 ff.; sowie Heinrich, R./Schmitt, V., DB 2006, S. 2430 ff.

Entwurf, der Durchsicht und dem Abschluss des Vertrags. Der für ein APA bis zum Abschluss des Verfahrens insgesamt erforderliche Zeitraum betrug bei neuen unilateralen APA, die im Jahre 2008 abgeschlossen wurden, durchschnittlich 22 Monate. Für neue bilaterale oder multilaterale APA belief sich diese Frist im Jahr 2008 auf knapp 38 Monate; sie sind also ein zeitintensives Verfahren.[124]

Im Rahmen der Verhandlung eines APA ist nach den Richtlinien der US-amerikanischen Finanzverwaltung die Geschäftsart, auf die diese Vereinbarung anzuwenden ist, genau zu beschreiben und in ihren relevanten Details gegenüber dem IRS offen zu legen. Maßgebend sind hierbei

– die im Zusammenhang mit dieser Geschäftsart ausgeübten geschäftlichen Funktionen und übernommenen Risiken,
– die erforderlichen Daten für die Prüfung von Auswahl und Anwendung der jeweils besten Verrechnungspreismethode,[125]
– die für die vorgeschlagene Methode entscheidungserheblichen Annahmen sowie
– externe und interne Vergleichswerte.

Um zu vermeiden, dass sensible Daten ohne Aussicht auf einen Verhandlungserfolg preisgegeben werden, kann die Zweckmäßigkeit eines APA im Rahmen einer **Vorbesprechung** mit dem IRS geprüft werden. Hierzu kann sich der Steuerpflichtige mit Hilfe eines Beraters anonym an das IRS wenden, um eine erste Reaktion der Finanzverwaltung zu der von ihm vorgeschlagenen Verrechnungspreismethode sowie Informationen über die nach Auffassung des IRS erforderlichen Daten, Dokumente und Analysen einzuholen. Unabhängig davon fallen APA, einschließlich damit verbundener Informationen, in die Kategorie der „nicht zur Veröffentlichung bestimmten Informationen aus Steuererklärungen" (Sec. 6103(b)(2)(C) IRC), die der Öffentlichkeit nicht einmal in neutralisierend redigierter Fassung zugänglich gemacht werden dürfen.

Zentraler **Bestandteil jedes APA** sind die für die Festlegung der Verrechnungspreismethode jeweiligen Gültigkeitsbedingungen. Unter diese Annahmen fallen sämtliche Tatsachen und Umstände, die für die Anwendung der vereinbarten Verrechnungspreismethode und das hiermit verbundene Ergebnis von Bedeutung sind. Sie umfassen im betrieblichen Bereich z. B. die Definition der Aufwendungen und Kosten, die Erwartungen über die Art und Entwicklung der Umsatzerlöse sowie die aktuellen Daten über die Struktur des Unternehmens und seine geschäftliche Strategie. Weitere Annahmen beziehen sich auf den rechtlichen Bereich, die Bereiche Steuern, Rechnungslegung und Finanzwirtschaft sowie die wirtschaftlichen Rahmendaten (Zinssätze, Marktverhältnisse oder die voraussichtliche wirtschaftliche Entwicklung). Ändern sich diese Daten oder werden die vereinbarten Annahmen nicht erfüllt, kann ein APA (ggf. automatisch) zu korrigieren oder aufzuheben

---

[124] Vgl. IRS v. 13. 4. 2009, IRB 2009, S. 766; siehe auch Zschiegner, H., IWB, Fach 8, USA, Gruppe 2, S. 1551; Zschiegner, H., IWB, Fach 8, USA, Gruppe 2, S. 1363; Zschiegner, H., IWB, Fach 8, USA, Gruppe 2, S. 1269; sowie Markham, M., Intertax 2005, S. 222 ff., zum Vergleich mit der Zeitdauer von APA in Australien.
[125] Eine Analyse der Verrechnungspreismethoden für bilaterale APA findet sich bei Yamakawa, H., TNI 2007, S. 709 ff.

sein. Von daher muss sich der Steuerpflichtige grundsätzlich dazu verpflichten, einmal pro Jahr über die Einhaltung der entscheidungskritischen Annahmen sowie mögliche Änderungen zu berichten.

Grundsätzlich ist fraglich, ob ein derart verwaltungsintensives Verfahren in der Lage ist, den komplizierten und oft vielverzweigten Lieferungs- und Leistungsverkehr in multinationalen Unternehmen zu regeln. Neben Kosten und Dauer des Verfahrens ist auch der Verlust an Flexibilität der Preisgestaltung auf im APA nicht vorhergesehene Entwicklungen zu bedenken.[126] Darüber hinaus wird die notwendige Sicherheit über die Anerkennung der Verrechnungspreispolitik auch nur dann erreicht, wenn ein APA simultan mit Finanzbehörden mehrerer Länder eingeleitet werden kann. Von daher verfolgten die amerikanischen Finanzbehörden von Anfang an das Ziel, auch **ausländische Behörden** in das Verfahren einzubinden, da nur dann eine Doppelbesteuerung ausgeschlossen werden kann.[127] Tatsächlich konnte der IRS bereits einige Staaten gewinnen, die dem Beispiel der USA folgten und nach dem Vorbild der US-amerikanischen Richtlinien eigene APA-Programme etablierten. Hierzu gehören insbesondere Australien, Belgien, Deutschland, Frankreich, Kanada, Japan, Mexiko, Großbritannien und die Niederlande.[128] In jüngerer Zeit richteten aber auch China, Malaysia, Polen, Portugal und Schweden entsprechende Programme ein.[129]

Im Unterschied zu den USA gibt es in **Deutschland** keine Vorschriften oder Richtlinien, nach denen die Anwendung einer Verrechnungspreismethode im Voraus einvernehmlich mit der Steuerverwaltung festgelegt werden könnte. Steuervereinbarungen zwischen dem Steuerpflichtigen und der Finanzbehörde sind nicht zulässig. Die deutsche Finanzverwaltung kann aber **auf der Grundlage eines DBA**, das eine Klausel über das Verständigungs- und Konsultationsverfahren entsprechend Art. 25 OECD-Modell enthält, oder der EU-Schiedsverfahrenskonvention eine Verständigungsvereinbarung im Voraus treffen.[130] **Verständigungsvereinbarungen** mit dem ausländischen Staat sind für Deutschland völkerrechtlich bindend, so dass die Ergebnisse einer Verständigungsvereinbarung mit den vereinbarten Inhalten umgesetzt werden müssen. Das hierfür maßgebende Instrument ist in Deutschland die **verbindliche**

---

[126] Vgl. Kroppen, H.-K., IWB, Fach 8, USA, Gruppe 2, S. 798; Werra, M., DB 1993, S. 709.
[127] Vgl. Herzig, N., Advance Pricing Agreements, 1997, S. 108.
[128] Vgl. Lohnis, H./Moons, P., IStR 2001, S. 707; Ernst & Young, Survey, 2001, S. 30 ff.; Pijl, H./Hählen, W., IBFD-Bulletin 2001, S. 614 ff.; Rodemer, I., Advance Pricing, 2001, S. 1; Wrappe, S./Chung, K., TMIJ 2002, S. 118 ff.; Grotherr, S., BB 2005, S. 861; Kroppen, H.-K./Rasch, S., IWB, Fach 5, Niederlande, Gruppe 2, S. 325 ff. Siehe hierzu auch die z.T. sehr detaillierten Vergleiche bei Sawyer, A.J., IBFD-Bulletin 2004, S. 556 ff. (Australien, Neuseeland); Wrappe, S./Chung, K./McAlonan, R.J./Zed, G./Oatway, J./Goldberg, S.M., TNI 2004, S. 1043 ff. (USA, Kanada); Gibert, B., ET 2005, S. 56 ff.; Wrappe, S./Haigh, R./O'Mahony, D., TNI 2005, S. 845 ff. (USA, Großbritannien); Wrappe, S./Kroppen, H.-K./Lewis, D./Haigh, R./Orta, R. G., TNI 2005, S. 67 ff. (USA, OECD); Grotherr, S., IWB, Fach 10, International, Gruppe 2, S. 1823 ff.; Bernat, M., TNI 2006, S. 475 ff. (EU-Mitgliedstaaten); Markham, M., Intertax 2006, S. 393 ff. (Australien, Kanada, USA).
[129] Vgl. Deloitte Touche Tohmatsu, Transfer Pricing Matrix, 2009, S. 23 f.
[130] Vgl. OECD, JTPF APA, 1995/1999, Tz. 4.29 ff.; 4.124 ff.; sowie Annex: Guidelines for Conducting Advance Pricing Agreements under Mutual Agreement Procedures (MAP APA).

6. Kapitel. Verfahrensrechtliche Regelungen

(Vorab-)Zusage.[131] Konkrete **Verfahrensregelungen zur Durchführung von APA** liegen in Deutschland seit dem Jahr 2006 vor.[132] Vorabverständigungsvereinbarung und Vorabzusage bilden nach deutschem Verständnis gemeinsam das APA.[133] Von daher werden Verrechnungspreiszusagen grundsätzlich nur erteilt, wenn zuvor eine Verständigung mit dem anderen Staat erreicht wurde. Liegt kein DBA vor, kann sich die Finanzbehörde auf Antrag gleichwohl einseitig binden, wenn es nach Lage des Sachverhalts möglich erscheint und an der Auskunft ein berechtigtes Interesse besteht.[134] Ein unilaterales APA des Steuerpflichtigen mit einer ausländischen Finanzbehörde bindet die deutschen Finanzbehörden nicht. Der Steuerpflichtige kann aber beantragen, dass sich die deutsche Finanzverwaltung korrespondierend verpflichtet.[135]

2. Verfahren

Für die Durchführung eines **Vorabverständigungsverfahrens** ist in Deutschland das BZSt als competent authority zuständig. Dieses Amt schließt auch die Vorabverständigungsvereinbarung mit der ausländischen Finanzbehörde ab. Im Verhältnis zum Steuerpflichtigen sind die örtlichen Finanzbehörden der Länder zuständig. Sie erteilen die verbindliche Vorabzusage und erlassen die entsprechenden Steuerbescheide.

Vor der Entscheidung über einen Antrag auf Einleitung eines APA können **Vorgespräche** (prefiling) hilfreich sein.[136] Das Vorgespräch stimmt Gegenstand und Inhalt des APA ab und erörtert, welche Unterlagen für seine Durchführung erforderlich sind. Daneben können der für die Durchführung eines APA erforderliche Zeitbedarf und die Aussicht auf Einigung mit der anderen Finanzbehörde besprochen werden. Diese Vorgespräche sind auch durch Berater auf einer anonymen Basis möglich. In diesen Fällen sind Äußerungen der Finanzbehörden jedoch unverbindlich.

Inhalt und Anwendungsbereich eines APA liegen im Entscheidungsbereich des **Steuerpflichtigen**. So kann der Steuerpflichtige seinen Antrag funk-

---

[131] Vgl. BMF-Schreiben v. 5. 10. 2006, BStBl 2006 I, S. 594, Tz. 1.2. Damit sind APA aufgrund ihrer Rechtsgrundlage in den DBA von anderen verbindlichen Zusagen und von verbindlichen Auskünften nach Treu und Glauben – siehe dazu Wilke, K.-M., Voraussetzungen, 2005, S. 215 ff. – zu unterscheiden. Anders noch Schnorberger, S./Wingendorf, P., DB 2004, S. 2235; Schnorberger, S., Rechtssicherheit, 2005, S. 79.
[132] Siehe dazu Loh, A./Peters, H. M., RIW 2007, S. 116 ff.; zu Überlegungen in Bezug auf die Ausgestaltung spezieller Verfahrensregelungen siehe Grotherr, S., IStR 2005, S. 350 ff.
[133] Vgl. Schnorberger, S., Rechtssicherheit, 2005, S. 79. Die OECD stellt diesbezüglich ausdrücklich fest, dass „the participating tax authorities need to give effect to the agreement in their own jurisdiction. The tax administrations should enter into some kind of a confirmation or agreement with their respective taxpayers consistent with the mutual agreement entered into by the participating tax competent authorities"; vgl. OECD, Mutual, 1995/1999, Annex, Tz. 67.
[134] Vgl. BMF-Schreiben v. 29. 12. 2003, BStBl 2003 I, S. 742.
[135] Eine korrespondierende Bindung kommt aber für die deutschen Finanzbehörden nur in Frage, wenn ohne besonderen Aufwand festgestellt werden kann, dass durch das APA die Besteuerungsinteressen der Bundesrepublik Deutschland gewahrt sind; vgl. Finanzministerium Baden-Württemberg v. 28. 11. 1994, IStR 1995, S. 34; Bayerisches Staatsministerium der Finanzen v. 9. 1. 1995, IStR 1995, S. 241.
[136] Vgl. Grotherr, S., IStR 2005, S. 354.

tional, personal oder regional auf Geschäftsvorgänge mit bestimmten Personen oder die Geschäftsvorgänge mit bestimmten Ländern beziehen. Die Beschränkungen dürfen nicht willkürlich sein. Außerdem sind Auswirkungen auf Steuerpflichtige in Drittstaaten zu bedenken.

Gegenstand eines APA ist regelmäßig eine Verständigung auf die Anwendung einer oder mehrerer Verrechnungspreismethoden für bestimmte Geschäftsvorgänge oder für Arten von Geschäftsvorgängen. Daneben können aber auch Preise oder Margen, Regelungen für die Fortschreibung der Vereinbarung im APA-Zeitraum oder Anpassungsmaßnahmen in die Vereinbarung aufgenommen werden. Regelungen, die über die Methode zur Bestimmung der Verrechnungspreise hinausgehen, werden jedoch für die Finanzverwaltung davon abhängig gemacht, dass sie über Gültigkeitsbedingungen abgesichert werden.

Beispiel: Unternehmen A beantragt, die Höhe des Darlehenszinssatzes für eine konzerninterne Kreditfinanzierung mit Hilfe eines APA vorab festzulegen. Plant das Unternehmen z. B., die Höhe des Darlehenszinses variabel an die Entwicklung eines Referenzzinssatzes, z. B. LIBOR, anzupassen, wird die Höhe des Aufschlagsatzes von der Kreditwürdigkeit abhängen. Über Gültigkeitsbedingungen kann vereinbart werden, dass der Aufschlag im Verhältnis zu LIBOR von der Voraussetzung abhängig gemacht wird, dass sich das Rating oder die Kreditwürdigkeit der das Darlehen aufnehmenden Unternehmen nicht ändert.[137]

APA beziehen sich grundsätzlich auf einen zukünftigen **Zeitraum**. Von daher beginnen sie regelmäßig mit dem Anfang des Wirtschaftsjahrs, in dem der Antrag auf ein APA gestellt wird. Unter bestimmten Voraussetzungen lassen die deutschen Finanzbehörden einen früheren Beginn zu. Daneben besteht die Bereitschaft, mit den ausländischen Behörden auch über eine Rückbeziehung der Vereinbarung zu verhandeln (roll back), die der vereinbarten Laufzeit vorausgehen.[138]

Über die **Eröffnung** eines Vorabverständigungsverfahrens entscheidet das BZSt. Bei dieser Entscheidung sind die Interessen der Steuerpflichtigen angemessen zu berücksichtigen. Daneben spielt auch die inhaltliche Übereinstimmung des Antrags mit den deutschen Verrechnungspreisgrundsätzen, die internationale Durchsetzbarkeit oder die Ernsthaftigkeit der zu beurteilenden Geschäftsvorgänge eine Rolle. Wird z. B. deutlich, dass der Antrag des Steuerpflichtigen primär auf dem Interesse einer Steuervermeidung beruht, kann ihm das BZSt im Einvernehmen mit den zuständigen obersten Länderbehörden ablehnen. Gleiches gilt, wenn der Steuerpflichtige nicht im erforderlichen Umfang mitwirkt oder Informationen verweigert.

Kooperation, Information und zeitliche Flexibilität sind nicht nur bei der Eröffnung des Verfahrens bedeutsam, sondern für den gesamten Ablauf eines erfolgreichen APA entscheidend. Zwar ist der Antragsteller am Vorabverständigungsverfahren nicht beteiligt. Das Verfahren liegt vielmehr bei dem BZSt und der zuständigen Behörde des anderen Staates. Diese schließen auch die Vereinbarung miteinander ab. Daneben sind Vertreter der obersten Finanzbehörden der Länder in die Prüfung und Entscheidung einbezogen. Der Steuerpflichtige ist aber zur Mitwirkung, Informationsbeschaffung und Vorlage von Unterlagen verpflichtet.

---

[137] Vgl. OECD, Mutual, 1995/1999, Tz. 4.126; zu möglichen weiteren Bedingungen siehe BMF-Schreiben v. 5. 10. 2006, BStBl 2006 I, S. 594, Tz. 3.7.
[138] Vgl. BMF-Schreiben v. 5. 10. 2006, BStBl 2006 I, S. 594.

Die Finanzbehörden sind an ein abgeschlossenes APA gebunden. Voraussetzung ist, dass der dem APA zugrunde liegende Sachverhalt erfüllt ist und die **Gültigkeitsbedingungen** eingehalten sind. Von daher sind die Finanzbehörden berechtigt, im Rahmen einer (regelmäßigen) Außenprüfung die Einhaltung dieser Bedingungen zu prüfen. Werden die Gültigkeitsbedingungen nicht erfüllt, entfällt die Bindung der Finanzbehörden. Andererseits darf die Finanzverwaltung von den Ergebnissen des APA nicht abweichen, wenn die Prüfung ergibt, dass der Steuerpflichtige das APA zutreffend angewendet hat. Sie ist auch dann an die Vereinbarungen im APA gebunden, wenn der Steuerpflichtige abweichende Preise, Margen oder Verrechnungspreismethoden zugrunde legt. Der Steuerpflichtige ist jedoch nicht verpflichtet, den Sachverhalt zu verwirklichen, der dem APA zugrunde gelegt wurde. In diesem Fall hat das APA keine Rechtswirkung.

3. Würdigung von APA

Im Vergleich zu den üblichen Streitbeilegungsmechanismen haben APA zahlreiche Vorteile, die sie zu einem interessanten Instrument des Steuerrisikomanagements machen dürften.[139] Zu diesen Vorteilen zählt die Bindung der Finanzbehörden an das Ergebnis des APA. Werden der Sachverhalt erfüllt und die Gültigkeitsbedingungen eingehalten, kann der Steuerpflichtige darauf vertrauen, dass er für einen relativ langen Zeitraum vor Doppelbesteuerungen und einer Anpassung der Verrechnungspreise durch die Finanzbehörden effektiv geschützt ist. **Hauptvorteile** eines APA sind daher die klaren Festlegungen in Bezug auf die Bestimmung der Verrechnungspreise gegenüber verbundenen Unternehmen. Sie bewirken Planungssicherheit und tragen dazu bei, dass teure Prozesse oder sonstiger Rechtsmittel in diesem Bereich vermieden und das Risiko, hohe Strafzuschläge auf mögliche Anpassungen der Verrechnungspreise in Kauf nehmen zu müssen, reduziert werden. Daneben beschränkt sich die Prüfung der Finanzbehörden auf die Einhaltung von Sachverhalt und Gültigkeitsbedingungen. Nicht zu unterschätzen ist auch, dass die Verhandlungen zwischen Steuerpflichtigen und Finanzbehörden im Rahmen eines APA auf konstruktive Zusammenarbeit ausgerichtet sind.[140]

Andererseits kommen APA durch Verhandlungen zustande und werden mit dem Ziel geführt, ein bestimmtes Problem einvernehmlich zu lösen. Vor diesem Hintergrund eignen sich APA vor allem in komplexen Verhandlungssituationen sowie in umstrittenen Fällen einer Betriebsprüfung. In allen Fällen muss der Steuerpflichtige jedoch bereit sein, die für eine sachgerechte Verrechnungspreisprüfung ihm bekannten Tatsachen vollständig vorzulegen und die Finanzbehörden bei der weiteren Sachverhaltsaufklärung ohne Einschränkung zu unterstützen. Er muss sich auch darüber bewusst sein, dass die Finanzbehörde alle bekannt gewordenen Umstände zugunsten und zu Lasten des Steuerpflichtigen verwenden und im Rahmen des Informationsaustauschs

---

[139] Vgl. Grotherr, S., BB 2005, S. 855 ff.; Markham, M., Intertax 2005, S. 228 f.; Schnorberger, S./Wingendorf, P., ITPJ 2005, S. 80 f.; siehe kritisch Gehm, M., Stbg 2005, S. 149 ff.
[140] Vgl. Deanehan, R., Verrechnungspreise, 2005, S. 84 ff.; Markham, M., Intertax 2005, S. 216 f.; Schnorberger, S., Rechtssicherheit, 2005, S. 80.

an andere Finanzbehörden übermitteln darf, auch wenn das APA am Ende scheitert.[141]

Nachteilig sind daher die vergleichsweise umfassende Preisgabe interner Daten zur intensiven Prüfung durch die Finanzverwaltung, durch die die Finanzverwaltung vertiefte Kenntnisse über das Unternehmen erhält, die vergleichsweise lange Verfahrensdauer, eine zeitlich nur beschränkte Wirksamkeit der Vereinbarung sowie der erhebliche Zeitaufwand, der die Einsparungen im Zusammenhang mit einer reduzierten Intensität von Betriebsprüfungen neutralisieren oder sogar überkompensieren kann,[142] so dass sich ein APA in erster Linie für große Unternehmen rechnet, die ohnehin einer permanenten Prüfung unterliegen. Dafür spricht auch, dass der Abschluss eines APA durchaus Betriebsprüfungen für nicht mit eingeschlossene Vorperioden nach sich ziehen kann, für die die Betriebsprüfer über intensive Kenntnisse aus den APA-Verhandlungen verfügen. Diese Nachteile mögen den Grund dafür bilden, dass sich in den USA die Zahl der in den Jahren 1991 bis 2008 insgesamt beantragten (1252) und abgeschlossenen Verfahren (841) auf einem vergleichsweise niedrigen Niveau bewegt.[143] Innerhalb der EU ist die Verbreitung von APA noch geringer. So lag die Anzahl bi- und multilateraler APA, die Ende 2008 in Kraft war, bei insgesamt 107 Vereinbarungen. Davon entfielen auf Frankreich 54 und auf Großbritannien 28 APA. In Deutschland waren Ende 2008 drei APA in Kraft. Anträge auf Abschluss eines APA lagen im Jahr 2008 in 14 Fällen vor.[144]

---

[141] Zu den Möglichkeiten und Gründen eines Scheiterns von APA siehe Markham, M., Intertax 2005, S. 225 f.
[142] Vgl. hierzu ausführlich OECD, JTPF APA, 1995/1999, Tz. 4.143 ff.; siehe dazu ferner Herzig, N., Advance Pricing Agreements, 1997, S. 116 ff.; Eggers, W., Agreements, 2000, S. 1625; Ernst & Young, Survey, 2001, S. 28; Rodemer, I., Advance Pricing, 2001.
[143] Vgl. IRS v. 13. 4. 2009, IRB 2009, S. 766; siehe im Einzelnen Rodemer, I., Advance Pricing, 2001, S. 33 ff.; Zschiegner, H., IWB, Fach 8, USA, Gruppe 2, S. 1065.
[144] Vgl. Kommission der Europäischen Gemeinschaften, JTPF APA, 2010.

Sechster Teil
Grenzüberschreitende Steuerplanung

1. Kapitel. Anknüpfungsmerkmale, Instrumente und Legitimität der internationalen Steuerplanung

Steuern knüpfen an verwirklichte Lebenssachverhalte an. Diese so zu gestalten, dass die mit ihrer Realisation verbundenen Steuerkosten für die Unternehmensgruppe minimiert werden, ist Aufgabe der betrieblichen Steuerplanung.[1] Der wirtschaftliche Erfolg der unternehmerischen Betätigung wird am Ertrag nach Steuern gemessen, so dass gerade bei hohen Steuersätzen ein Zwang zu steuereffizientem Verhalten entsteht: Es gedeiht die Steuerberatung als Gestaltungswissenschaft.[2] Durch optimales Einstellen des unternehmerischen Geschehensablaufs auf das steuerliche Umfeld versucht der Steuerplaner, die Besteuerung dem Grunde, der Höhe und/oder dem Zeitpunkt nach zu beeinflussen. Oder aber plakativer ausgedrückt: Steuerplanung hat das Ziel, „Dummensteuern" zu vermeiden, wobei mit *Rose* diese als Steuerlasten zu verstehen sind, die nicht entstanden wären, wenn der Steuerpflichtige das gleiche wirtschaftliche Ziel unter klugem Einsatz der vorhandenen Mittel anders erreicht hätte.[3] Ihm stehen dabei bereits im nationalen Bereich eine Vielzahl von legalen Möglichkeiten und Freiräumen zur Verfügung, die Steuerstundungen und ggf. endgültige Steuerersparnisse erlauben. Dem international mobilen Unternehmen bietet sich darüber hinaus das klassische Planungspotenzial durch die **Nutzung der zwischenstaatlichen Steuerarbitrage** für seine betrieblichen Dispositionen.

Als Ausfluss des völkerrechtlichen Souveränitätsprinzips steht jedem Staat das Recht zu, die inhaltliche Ausgestaltung seines Steuersystems nach eigenen Vorstellungen festzulegen. Mangels erkennbaren Einigungswillens der Staatengemeinschaft wird es auch in absehbarer Zukunft keine umfassende Rechtsangleichung geben, so dass sich alle Parteien im Besteuerungsverfahren weiterhin mit Unterschieden im Hinblick auf Systematik, Bemessungsgrundlage, Tarif und Steuerrechtsdurchsetzung auseinanderzusetzen haben. Diese Aussage gilt auch für die EU, bei der die Harmonisierungsbestrebungen mit der Betonung der Steuersouveränität der Mitgliedstaaten an Nachdruck eingebüßt haben, so dass auf dem Weg zu einer binnenmarktgerechten Besteuerung zahlreiche Hürden zu überwinden bleiben.[4] Als Resultat der von Land zu Land voneinander abweichenden Besteuerungsgrundsätze und dem Ziel der Staaten, ihre Position im globalen Wettbewerb zu verbessern, ergibt sich ein **internationales Steuergefälle,** wobei sich die Skala schlagwortartig mit den entgegengesetzten Eckpunkten Steueroase und Hochsteuerland beschreiben lässt. Will ein Staat unerwünschten Ausweichreaktionen begegnen, muss er seine Steuerbelastung auf ein akzeptables und international übliches Niveau

---

[1] Vgl. Rose, G., Steuerplanung, 1989, S. 294.
[2] Vgl. Lang, J., Steuertheorie, 1995, S. 8.
[3] So die Definition von Rose, G., Dummensteuern, 1995, S. 153.
[4] Vgl. Rodi, M., StuW 2008, S. 332.

beschränken. Der Weg ins Ausland als Ausdruck steuerlicher Planungsüberlegungen kann, insbesondere wenn er als Funktionsverlagerung vollzogen wird, auf Dauer nur unzulänglich mit fiskalischen Barrieren versperrt werden, sondern allein durch ein sinnvolles und vom Steuerpflichtigen respektiertes Abgabensystem.[5] Ein überdurchschnittlicher Grad an Steuergestaltung mag Indizfunktion haben für eine subjektiv als zu hoch eingeschätzte Steuerbelastung oder für erhebliche systematische Defizite der Gesetzgebung.

Die weltweit verschiedenartige Ausgestaltung der steuerlichen Rahmenbedingungen, kurz: das internationale Steuergefälle, bildet den wohl wichtigsten Ausgangspunkt für die Steuerplanung eines international tätigen Unternehmens, welche die **Zielsetzung der (relativen) Steuerbarwertminimierung**[6] aus dem Blickwinkel des Gesamtkonzerns verfolgt. Neben der klassischen Steuerbarwertminimierung bestimmt zunehmend die Optimierung der **Konzernsteuerquote** die Steuerpolitik multinationaler Unternehmen.[7] Die Konzernsteuerquote wird auf Basis realisierter Unternehmensdaten aus dem Rechnungswesen abgeleitet und entspricht dem Verhältnis von tatsächlichem sowie latentem Steueraufwand des Konzerns zum Jahresüberschuss vor Steuern. Formal gilt:

$$\text{Konzernsteuerquote} = \frac{\text{tatsächlicher Steueraufwand} + \text{latente Steuern}}{\text{Jahresüberschuss des Konzerns vor Steuern}} \times 100$$

Es mangelt nicht an Kritik an der Aussagefähigkeit dieser Kennzahl, wobei sich die mehr grundsätzlichen Einwände gegen ihre Vergangenheitsbezogenheit, die Nichtberücksichtigung von Substanz- und Verkehrsteuern oder die mangelnde Abbildung von Timing-Effekten (aufgrund fehlender Abzinsung latenter Steuern) richten.[8] Die mehr pragmatischen Gegenargumente beziehen sich auf die Schwierigkeiten der Informationsbeschaffung oder die leichte Beeinflussbarkeit dieser Größe. Durch das Abstellen auf den weltweiten Konzernsteueraufwand bzw. Jahresüberschuss lässt sich die auf nationale Investitionen bzw. einzelne Standorte entfallende Steuerbelastung nicht isolieren, so dass die Konzernsteuerquote auch keine unmittelbare Maßgröße zur Beurteilung der steuerlichen Standortattraktivität ist. Generell gilt, dass bei einem Blick auf die Konzernsteuerquote eine Steuerpolitik der Tarifsenkungen mit Verbreiterung der Bemessungsgrundlage attraktiv ist.

Unabhängig von der Frage der Messgröße (Steuerbarwertminimierung, Konzernsteuerquote) steht aber die Notwendigkeit einer proaktiven Steuer-

---

[5] So auch Runge, B., Wettbewerb, 1997, S. 957 ff.; Schmidt-Ahrens, L., Steuerplanung, 2005, S. 147.

[6] Vgl. zum Bereich der internationalen Besteuerung u. a. Telkamp, H.J., Tochtergesellschaft, 1975, S. 68 ff.; Wacker, W.H., Steuerplanung, 1981, S. 313 ff.; Grotherr, S., Steuerplanung, 2003, S. 10 ff.; Fischer, L./Kleineidam, H.-J./Warneke, P., Steuerlehre, 2005, S. 251 f.; Schmidt-Ahrens, L., Steuerplanung, 2005, S. 147; Lühn, A., Der Konzern 2008, S. 93 ff.

[7] Vgl. hierzu Herzig, N./Dempfle, U., DB 2002, S. 1 ff.; Endres, D., Konzernsteuerquote, 2005, S. 163 ff.; Spengel, C., Konzernsteuerquoten, 2005, S. 89 ff.; Dempfle, U., Konzernsteuerquote, 2006, S. 27 ff.; Ortgies, K., Konzernsteuerquote, 2006, S. 64 ff.; Kröner, M./Beckenhaub, C., Konzernsteuerquote, 2008, S. 1 ff.; Kröner, M./Benzel, U., Konzernsteuerquote, 2008, S. 1091 ff.; Risse, R., Steuercontrolling, 2010, S. 80 ff.

[8] Vgl. für viele Zielke, R., DB 2006, S. 2585 ff.; Sureth, C./Halberstadt, A./Bischoff, D., StuW 2009, S. 59 ff.

1. Kapitel. Anknüpfungspunkte, Instrumente u. Legitimität 913

gestaltungspolitik. Mittlerweile ist der Steuerdruck in den Konzernen zu hoch – und zu vernetzt und mobil ist die Wirtschaft –, als dass die Koexistenz verschiedener Steuerrechtsordnungen nicht Anlass zu Steuergestaltungen geben könnte. Dabei geht es einerseits um die lokale bzw. regionale Steuerplanung auf der Stufe der Landesgesellschaften oder Regionen, andererseits um die konzernweite Optimierung der Steuerbelastung. Zwischen **regionaler und gesamtkonzernorientierter Steuerplanung** bestehen naturgemäß erhebliche wechselseitige Interdependenzen mit komplementären, aber zum Teil auch durchaus konkurrierenden Zielen.

Die Nutzung des steuerlichen Regelungsgefälles ist ein äußerst komplexes Gebiet.[9] Zielsetzung des international operierenden Unternehmens muss es sein, sich offenbarende Steuerchancen in die betriebliche Planung zu integrieren, das individuelle Steuerrisiko zu minimieren und die Gesamtsteuerposition zu verbessern. Dabei darf nicht verkannt werden, dass die wichtigste Aufgabe der Steuerabteilung die ordnungsgemäße Erfüllung der gesetzlichen Vorschriften (tax compliance) und das **steuerliche Risiko-Management** sind. Insoweit darf es keine Überraschungen geben und es gilt, ein negatives Image zu vermeiden. Die in den letzten Jahren deutlich zu beobachtende starke Fokussierung auf Risikovermeidung und -absicherung setzt insoweit der Steuerplanung ihre spürbaren Grenzen.

Der unter Beobachtung der Risikominimierung verbleibende Freiraum zur steuerlichen Chancenoptimierung kann nur dann erfolgreich genutzt werden, wenn die Steuerpflichtigen bzw. die international tätigen Unternehmen oder ihre Berater mit den in- und ausländischen Besteuerungsregeln in vollem Umfang vertraut sind und sämtliche **Interdependenzen der Steuerwirkungen** kennen sowie deren **Verhältnis zu nichtsteuerlichen Einflussfaktoren** beachtet wird. Eine sorgfältige Analyse erfordert ein Abwägen aller Vor- und Nachteile der betrachteten Gestaltungsalternativen. Dabei darf nicht nur auf die möglicherweise eintretenden Steuerersparnisse abgestellt werden, vielmehr müssen auch die **Risiken der jeweiligen Gestaltungen** untersucht werden. Dies gilt insbesondere für die Frage, ob nach den in den beteiligten Staaten geltenden gesetzlichen Regelungen die gewählte Alternative dem Grunde und der Höhe nach anerkannt wird. Häufig sieht sich das Unternehmen plötzlich einem Kampf der beteiligten Steuerbehörden um ihr jeweiliges Steueraufkommen ausgesetzt und muss sich im Ausland auf völlig anders gelagerte Steuerprinzipien und Veranlagungspraktiken einstellen. Des Weiteren ist zu prüfen, ob die ermittelten Steuervorteile durch gegenläufige Effekte in anderen Bereichen ganz oder teilweise neutralisiert werden. Letztlich sind auch Entwicklungstendenzen in den nationalen Steuersystemen, im Abkommensrecht sowie in Regionalzusammenschlüssen wie der EU herauszuarbeiten und deren Einflüsse auf das eigene Unternehmen zu prognostizieren. All dies stellt hohe Anforderungen an Sorgfalt und Sachkompetenz des Steuerplaners.

Ungeachtet ihrer Komplexität ist die agierende und reagierende steuergestaltende Tätigkeit als Mittel zur Minimierung der Steuerbelastung für

---

[9] „Wie viel Steuern der Bürger zu entrichten hat, hängt von seinem Informationsstand, und davon ab, wie gut oder wie schlecht er beraten ist." Tipke, K./Lang, J., Steuerrecht, 2008, S. 287.

nahezu jedes Unternehmen unerlässlicher Bestandteil des Tagesgeschäfts – dies kann angesichts der Tatsache, dass die Steuer typischerweise zwischen 25% und 40% des (positiven) Unternehmensergebnisses für sich beansprucht, kaum überraschen. Fakt ist, dass die konzernspezifische Steuerquote – in gewissen Bandbreiten – durchaus gestaltbar und keinesfalls gesetzlich fixiert ist. Häufig kann bereits eine bescheidene Reduktion der Steuerbelastung denselben Nettoergebniseffekt hervorrufen wie eine beträchtliche Umsatzsteigerung[10] – umso besser für den Shareholder-Value, wenn beides zusammentrifft.

Die Instrumente zum Erreichen steuerplanerischer Zielsetzungen sind so vielfältig und facettenreich wie das Tagesgeschehen im Konzern. Systematisierend lassen sich aber drei Kernbereiche internationaler Steuerplanung zusammenfassen:

- **Planung der Gruppenstruktur:** Aufgabe des Steuerplaners ist die Errichtung einer steuereffizienten Gruppenstruktur, was sowohl die Rechtsformwahl als auch insbesondere eine vorteilhafte Beteiligungsanbindung beinhaltet. Im Rahmen seiner Strukturentscheidungen steht der Unternehmer vor der Aufgabe, den Gruppenaufbau so zu gestalten, dass seine Steuerziele erreicht und systematische Schwachstellen vermieden werden. Die steuerlichen Ansprüche an die bestmögliche Gruppenstruktur sind äußerst vielfältig: Nutzung des rechtsformspezifischen und internationalen Steuergefälles, Minimierung von Quellensteuersätzen, Sicherung des Abkommensschutzes, Inanspruchnahme von Steueranreizen, Sicherstellung von steuerlicher Ergebniskonsolidierung und Verlustnutzung, Ermöglichung einer steuereffizienten Exit-Besteuerung bzw. Unternehmensübertragung auf die nächste Generation, Vermeidung der Nichtabzugsfähigkeit von Kosten u. v. m.[11] Die strukturellen Reaktionsmöglichkeiten des Unternehmens auf diese Steuervorgaben liegen insbesondere in der Rechtsformwahl im In- und Ausland, der Festlegung von Beteiligungshöhen und Beteiligungsanbindungen, dem Einsatz von Holdinggesellschaften und special purpose vehicles oder der Herstellung steuerlich konsolidierter Gruppen, wie bspw. einer Organschaft in Deutschland.
- **Steuerung der Bemessungsgrundlagen:** Die Zuordnung des Gesamtergebnisses zu den verschiedenen nationalen Unternehmenseinheiten ist das Kernthema in der herausfordernden Alltagsarbeit des internationalen Steuerplaners. Inhaltlich ist hierbei die legale Einkünftesteuerung dem Grunde und der Höhe nach angesprochen. Instrumente sind u. a. die Finanzierungspolitik, die Verrechnung des innerbetrieblichen Lieferungs- und Leistungsverkehrs (Verrechnungspreise), die Nutzung bzw. Vermeidung von Qualifikationskonflikten oder auch die optimale Allokation betrieblicher Funktionen und Risiken im Gesamtkonzern.
- **Vermeidung interner Gewinnrealisierung:** Ein Unternehmen ist ein dynamisches Gebilde, welches eingebunden ist in sich ständig verändernde wirtschaftliche, rechtliche und steuerliche Rahmenbedingungen. Folgerichtig ergibt sich immer wieder die Notwendigkeit zu Anpassungsprozessen, gruppeninternen Übertragungen von Wirtschaftsgütern und Reorganisationsmaßnahmen. Dabei soll der Steuerplaner eventuelle steuerliche

---

[10] Vgl. das Rechenbeispiel bei Endres, D./Eckstein, H.-M., Steuerrecht, 2001, S. 76.
[11] Vgl. die Aufzählung von Subzielen bei Lühn, A., Der Konzern 2008, S. 95 ff.

1. Kapitel. Anknüpfungspunkte, Instrumente u. Legitimität

Barrieren (Gewinnrealisierung, Transaktionssteuern, Verlust positiver Steuerattribute) auf dem Weg zur Neuausrichtung der Organisationsstrukturen möglichst klein halten oder sogar beseitigen.

Instrumente und Aufgaben der internationalen Steuerplanung

Planung der Gruppenstruktur (Vermeidung von Doppelbesteuerungen, Rechtsformwahl, Einsatz von Holdinggesellschaften etc.)	Steuerung der Bemessungsgrundlage (Nutzung des Steuergefälles dem Grunde und der Höhe nach, bspw. Finanzierungspolitik, Verrechnungspreise, Qualifikationskonflikte)	Vermeidung konzerninterner Gewinnrealisierung (Aufschub der Aufdeckung von stillen Reserven, Vermeidung von Verkehrsteuerbelastungen etc.)

Es ist offensichtlich, dass die drei aufgezeigten Kernbereiche internationaler Steuerplanung eng miteinander verzahnt sind. So sollten Strukturentscheidungen einerseits nicht isoliert von den Überlegungen zur Steuerung der Bemessungsgrundlage getroffen werden. Andererseits ist der Weg in eine konzeptionell neue Gruppenstruktur häufig mit Gewinnrealisierungsfragen gepflastert. Allen Bereichen gemeinsam ist die Notwendigkeit zur regelmäßigen **Überprüfung früherer Erkenntnisse und Entscheidungen**. So können Entwicklungen im Hinblick auf die weltweiten Rahmenbedingungen (Globalisierung) zu einem Veränderungsdruck führen, unter dem bestehende Strukturen der Unternehmen in Frage gestellt, Organisationsformen geändert und effizientere Abläufe eingeführt werden müssen. Auch Benchmarking-Studien mit einem Vergleich der Steuerquote von Wettbewerbern können einen alarmierenden Anlass für einen steuerlichen Check-up bieten. Schließlich erfordern auch umgesetzte oder erwartete Gesetzesänderungen planerische Reaktionen. Gerade beim zu beobachtenden Massenausstoß von Gesetzen und dem damit einhergehenden instabilen Zustand des deutschen und internationalen Steuerrechts kann kaum von einem mehrjährigen Planungshorizont ausgegangen werden. Reformbestrebungen müssen antizipiert und ihre Auswirkungen auf den eigenen Konzern analysiert werden. Ergebnis kann bspw. eine Verzögerung von Dividendenausschüttungen (bei erwarteten Steuersatzreduzierungen) oder eine Vorverlagerung von Reorganisationen bzw. Veräußerungen sein. Wichtig ist in diesem Zusammenhang natürlich auch, dass sich der Unternehmer genügend Flexibilität erhält, um revidierte steuerliche Konzepte im betrieblichen Alltag umzusetzen. Dann zeigen sich die Resultate dort, wo sie jedes Mitglied der Organisation am deutlichsten sehen kann: auf der bottom line der Ergebnisrechnung.

In den nachfolgenden Kapiteln dieses Steuerplanungsteils werden einige **typische steuergestalterische Möglichkeiten** innerhalb dieser drei Kernbereiche dargestellt. Den Anfang bilden die Rechtsformwahl im In- und Ausland sowie die Finanzierung der grenzüberschreitenden Geschäftstätigkeit.

Der Verfahrensweise in den ersten Teilen dieses Buches folgend werden dabei In- und Outbound-Investitionen separat erläutert. Daran anschließend finden sich Kapitel zu Zentralthemen gestalterischer Steuerpolitik, die mit Einsatz von Holding- und Dienstleistungsgesellschaften, Verrechnungspreispolitik im Konzern, internationale M&A-Strategien und Nutzung von Qualifikationskonflikten überschrieben sind. Den Abschluss des Steuerplanungsteils bildet ein Thema, das sich nicht unmittelbar in die drei oben aufgeführten Kernbereiche einordnen lässt, nichtsdestotrotz in der Unternehmenspraxis ständig an Bedeutung gewinnt – die Steuerplanung in Mitarbeiter-Entsendungsfällen. Auch insoweit gilt, dass durch optimierte Sachverhaltsgestaltung steuerliche Vorteile erzielbar sind.

Ein einleitendes Kapitel zur internationalen Steuerplanung wäre nicht vollständig, würde es nicht auch diesbezügliche **Restriktionen** hervorheben. Diese liegen zum einen sicher im **unternehmenspolitischen Bereich:** Wo steuerplanerische Partialzielsetzungen mit übergeordneten Unternehmenszielen (z. B. Handelsbilanzgewinnmaximierung) in Konflikt treten, sind faktische Schranken gegenüber der Steuerpolitik gesetzt. In der Praxis findet sich bei der Steuerplanung eine sehr starke Abhängigkeit von anderen Bereichen und Funktionen, nicht selten wird bewusst ein steuerlicher Mehrpreis gezahlt, weil anderen Unternehmensaspekten Priorität eingeräumt wird (z. B. Vorrang einer grenzüberschreitenden Divisionsstruktur anstelle steuerlich sinnvoller Landesholdings).

Wichtige Grenzen steuergestaltender Aktivitäten finden sich natürlich auch in verschiedensten steuerlichen Vorschriften, die aber in erster Linie als **Abwehrmechanismus gegen unangemessene Gestaltungen** gedacht sind.[12] Am Ausbau dieses Instrumentariums haben Gesetzgeber und Finanzverwaltung in einer wahren Missbrauchsphobie[13] in den letzten Jahren mit hohem Verschärfungswillen gearbeitet. Das erweiterte Eingriffsarsenal reicht von umfangreichen Dokumentationsvorschriften, einer Neufassung des § 42 AO,[14] zusätzlichen spezialgesetzlichen Missbrauchsvorschriften (z. B. § 50 d Abs. 9 und 10 EStG) über das Steuerhinterziehungsbekämpfungsgesetz bis hin zu einer geplanten Anzeigepflicht von Steuergestaltungen in einem neuen § 138 a AO.[15] Die zunehmende Zuflucht zu derartigen Drohgebärden eines Obrigkeitsstaats bei legalen Gestaltungen erscheint nicht nur wegen der damit verbundenen Bürokratie und verfassungsrechtlicher Bedenken, sondern insbesondere wegen der damit entstehenden Steuerkultur bedenklich.[16]

Letztlich ergeben sich Planungsstörungen aber auch durch ständige (und kaum systematische) **Änderungen des Steuerrechts,** wobei jegliche Unste-

---

[12] Vgl. beispielhaft für viele die Auflistungen bei Burmester, G., Minderbesteuerung, 1997, S. 55 ff.; Menck, T., StBp 1997, S. 173 ff.; Musil, A., RIW 2006, S. 287 ff. *Rose* weist zutreffend darauf hin, dass bei extensiver Anwendung dieser Grundsätze seitens der Finanzverwaltung dem Steuerplaner auch nicht der Mut zum Rechtsbehelf fehlen darf. Vgl. Rose, G., Dummensteuern, 1995, S. 163 f.
[13] So Drüen, K.-D., DStR 2010, S. 8.
[14] Zur weitgehenden Wirkungslosigkeit dieser im JStG 2008 eingeführten Änderung vgl. für viele Crezelius, G., DB 2007, S. 1428 ff.; Drüen, K.-D., Ubg 2008, S. 31 ff.; Heintzen, M., FR 2009, S. 599 ff.; Hey, J., BB 2009, S. 1044 ff.
[15] Vgl. hierzu Flämig, C., DStR 2007, Beihefter zu Heft 44, S. 2 ff.; Kessler, W./ Eicke, R., BB 2007, S. 2370 ff.
[16] Vgl. Pöllath, R., FR 2008, S. 1042; Drüen, K.-D., DStR 2010, S. 2 ff.

tigkeiten aber neuerliche Auslöser steuerorientierter Reaktionen sein werden. Diese Planungsinstabilität potenziert sich auf der Ebene der untergesetzlichen Normkonkretisierungen, aber auch bei den Verwaltungsvorschriften.[17] Ein Mangel an überzeugenden Gesetzeskonzepten lässt die Halbwertszeit von Steuervorschriften jedenfalls immer geringer erscheinen, Steuerplanungssicherheit droht zur Utopie zu werden.[18] Der Steuerplaner wird auch durch die rastlos agierende Steuergesetzgebung in einem Meer steuergesetzlicher Buchstaben und Worte[19] überfordert, wenn er heute nicht weiß, was morgen gelten wird.[20]

Über diese zu beachtenden Grenzen internationaler Steuerplanung hinaus stellt sich mehr grundlegend die Frage nach ihrer **Legitimität**. Einfach mit der Moral macht es sich der, der alles gutheißt, was das Gesetz nicht ausdrücklich verbietet. Auf der anderen Seite werden Begriffe wie Steuerplanung, Steuervermeidung, Minderbesteuerung, Steuerflucht, Steuerhinterziehung oder Steuerumgehung fast als Synonyme verwendet und die Steuergestaltung auch jenseits von Steuermissbrauchstatbeständen als inakzeptabel bezeichnet.[21] Richtig ist, dass Steuervermeidung ohne Täuschung und Betrug betriebswirtschaftliche Aufgabe und eben keine Steuerhinterziehung ist. Kein Steuerpflichtiger ist verpflichtet, den Sachverhalt so zu gestalten, dass ein Steueranspruch entsteht.[22] Steuervermeidung durch Nicht-Verwirklichung steuerbarer Tatbestände hat keinerlei negativen Beigeschmack und ist ethisch nicht zu tadeln.[23] Die Rechtsprechung stellt dem Steuerpflichtigen ausdrücklich frei, Gestaltungen zu wählen, die eine geringere Steuerbelastung nach sich ziehen.[24] Eine höhere als die niedrigste Steuer legt das Gesetz niemandem auf.[25] Dies bedeutet, dass es nicht moralisch fragwürdig oder gar illegitim sein kann, wenn der Steuerpflichtige jeden sich bietenden legalen Vorteil bei seiner Steuerplanung nutzt und wirtschaftliche Betätigungen unter Mitnahme steuerlicher Optimierungseffekte eingeht.[26] Vor diesem Hintergrund rüttelt das zunehmende Abstellen auf moralische und ethische Aspekte unter Vernachlässigung der Frage nach hinreichender gesetzlicher Grundlage (Stichworte: good corporate citizenship, spirit of law vs. letter of law, Maßhalten des ehrbaren Kaufmanns) an Kernelementen des Rechtsstaats. Das Steuerrecht beruht auf Gesetz und dessen Gestaltung und nicht auf der Ehrbarkeit oder

---

[17] Vgl. Hey, J., Steuerplanungssicherheit, 2002, S. 76 ff.
[18] Vgl. Hey, J., DStR 2007, S. 1.
[19] So Pöllath, R., FR 2008, S. 1044.
[20] Vgl. Thiel, J., StuW 2005, S. 335.
[21] So Nawrath, A., DStR 2009, S. 4.
[22] So der in seiner Deutlichkeit zu begrüßende BFH v. 20. 5. 1997, DB 1997, S. 1747.
[23] So auch Schneider, D., DB 1997, S. 486. *Schneider* geht noch weiter: Rechtlich zulässige Gestaltungen bei der Verwirklichung an sich steuerbarer Tatbestände sind nicht nur zulässig, sondern als Lern- und Erziehungsprozess für Gesetzgebende sogar ethisch geboten. Vgl. Schneider, D., DB 1997, S. 489. Siehe auch Vetter, T., IWB, Fach 3, Deutschland, Gruppe 2, S. 732; Laule, G., IStR 2003, S. 220; Rose, G., FR 2003, S. 1274.
[24] Vgl. BFH v. 20. 5. 1997, DB 1997, S. 1747.
[25] Vgl. Pöllath, R., FR 2008, S. 1043: Der Steuerpflichtige ist pflichtig, nicht lustig und zahlt seine Steuern korrekt, nicht gern.
[26] Vgl. Spriegel, H./Schweiss, K., BB 1996, S. 1362; Grotherr, S., Steuerplanung, 2003, S. 27 f.

Moral des Steuerpflichtigen oder auf Gerechtigkeitsvorstellungen der Verwaltung.[27] Auch die Fesseln des Verfassungs- und Europarechts[28] werden – einhergehend mit einer härteren administrativen Gangart der Steuerverwaltung – bewusst getestet.[29]

Über die Legitimität der Steuergestaltung hinaus ist sie auch betriebswirtschaftlich, wenn nicht sogar wirtschafts- und gesellschaftspolitisch geboten.[30] Insofern besteht bei der Steuerplanung kein Unterschied zu den sonstigen Grundsätzen betriebswirtschaftlicher Planung. Es ist unbestritten, dass die Beschaffungs-, Investitions-, Finanzierungs-, Personal- oder Absatzplanung unter dem Ziel der unternehmensinternen Optimierung im Rahmen der gesetzlichen Grenzpfähle steht, was vor allem bedeutet, unnötige Kosten zu vermeiden. Insofern besteht nicht der geringste Unterschied zur Steuerplanung; moralische Zeigefinger sind diesbezüglich völlig fehl am Platz.[31]

Sofern die Steuerplanung Lücken in der Gesetzgebung zu gesetzlich zulässigen, aber als unangemessen zu empfindenden Steuerersparnissen nutzt, liegt es am Gesetzgeber oder an der Rechtsprechung, diese zu schließen, wie sie auch aufgerufen sind, erkannte Regelungen, die zu Doppelbesteuerungen führen, abzubauen.[32] Wer den internationalen Steuerwettbewerb um mobiles Kapital, Offshore-Gesellschaften oder Beschäftigungen im Dienstleistungsbereich als unfair und verzerrend bewertet,[33] muss insoweit um Abhilfe, d. h. um Harmonisierung und internationale Zusammenarbeit bemüht sein, darf aber nicht das einzelne Unternehmen wegen legaler Verlagerung von Steuersubstanz anprangern. Auch rechtspolitische Bedenken gegen eine gesetzliche Vorschrift berechtigen weder, diese durch eine entsprechende ergebnisorientierte Auslegung der Vorschrift zur Geltung zu bringen, noch dürfen sie mit Hilfe der Annahme eines Rechtsmissbrauchs i. S. d. § 42 AO durchgesetzt werden.[34] Wertungen des Gesetzgebers dürfen weder durch Anwendung von § 42 AO korrigiert werden, noch dürfen spätere Gesetzesänderungen durch Hinweis auf einen Rechtsmissbrauch vorverlegt werden.[35] Es erscheint insofern nur konsequent, dass die Rechtsprechung es dem Steuerpflichtigen zugesteht, dass er im Rahmen der bestehenden Gesetze seine Verhältnisse so

---

[27] So Pöllath, R., FR 2008, S. 1043.
[28] Nach Hey, J., FR 2008, S. 1033 scheint sich eine Mentalität des „anything goes" breit zu machen.
[29] Homburg, S., Stbg 2008, S. 15 verweist insofern insbesondere auf die Nichtanwendungsprophylaxe und den Aussetzungsoktroy; Fuest, C., Strategien, 2009, S. 18 wünscht ein von weniger Konflikten geprägtes Verhältnis zur Kundschaft, sprich zur Wirtschaft.
[30] Vgl. Flämig, C., DStR 2007, Beihefter zu Heft 44, S. 6.
[31] Eine Unterscheidung zwischen „guten" und „schlechten" Kosten, wie sie politisch moralisierend gelegentlich beschrieben wird, ist betriebswirtschaftlich nicht vertretbar. Energiekosten sind z. B. „schlechte" Kosten. Sie sind abzubauen, da sie natürliche Ressourcen verschwenden und die Umwelt belasten. Arbeitskosten werden als „gute" Kosten empfunden. Ihr Abbau erzeugt Arbeitslosigkeit und ist gesellschaftspolitisch abzulehnen. In diese Kategorie gehören auch die Steuern, zumindest die der anderen. Wer sie reduzieren will, entzieht sich seiner staatspolitischen Verantwortung.
[32] Zu den moralischen Verpflichtungen des Gesetzgebers vgl. eindringlich Schneider, D., DB 1997, S. 489 ff.
[33] Vgl. hierzu Runge, B., Wettbewerb, 1997, S. 958 ff.
[34] Vgl. BFH v. 20. 5. 1997, DB 1997, S. 1747.
[35] Vgl. BFH v. 18. 7. 2001, BFH/NV 2001, S. 1636.

einrichtet, dass seine Erträge nach Steuern möglichst hoch sind, d. h. er kann bei mehreren rechtlichen Möglichkeiten diejenige wählen, die die geringste Steuerbelastung auslöst.[36] Das Motiv, Steuern zu sparen, macht eine steuerliche Gestaltung noch nicht unangemessen.[37] Steuerausweichhandlungen stoßen allerdings dann an Grenzen, wenn es nicht mehr alleine um die optimale Gestaltung von vertraglichen Verhältnissen im Rahmen bestehender nationaler und internationaler Rechtsverhältnisse geht, sondern der Vorgang als Rechtsmissbrauch, Scheingeschäft oder gar als strafbare Steuerhinterziehung zu werten ist.[38] Wann eine Gestaltung als unangemessen i. S. eines Missbrauchsvorwurfs zu beurteilen ist, wird lebhaft diskutiert. Die sog. Gesamtplanlehre sieht das Charakteristikum des Missbrauchs darin, dass Rechtsakte untereinander kombiniert werden, bei denen, vereinfacht formuliert, die Folgen des einen durch den anderen wirtschaftlich wieder rückgängig gemacht werden.[39] Die europarechtlichen Grenzen für eine Missbrauchsannahme sind dagegen deutlich enger geworden. Auf Missbrauchsvermeidung kann sich der nationale Gesetzgeber nur berufen, wenn sich eine Norm gegen rein künstliche Gestaltungen richtet und dem Steuerpflichtigen zusätzlich eine Exkulpationsmöglichkeit eingeräumt wird.[40] Nationale Vorschriften widersprechen den Anforderungen der gemeinschaftsrechtlich verbürgten Niederlassungsfreiheit (Art. 49 i. V. m. Art. 54 AEU), wenn sie dem Steuerpflichtigen die Möglichkeit eines Gegenbeweises im Einzelfall vorenthalten.[41]

Das Bestreben nach Reduzierung der Steuerbelastung darf jedenfalls nicht dazu führen, durch unzutreffende Sachverhaltsdarstellung oder Außerachtlassung der Informations- und Mitwirkungspflichten den legalen Bereich zu verlassen. Keine „Dummensteuern" sind nämlich solche Abgaben, die man nur durch illegales Verhalten hätte vermeiden können.[42] Es ist legitime Aufgabe der Finanzverwaltung, einen unangemessenen Missbrauch der Gestaltungsfreiheit durch steuerinduzierte verfremdete Realität zurückzuweisen.[43] Um derartigen Fällen und Anstrengungen vorzubeugen, steht dem Gesetzgeber und der Rechtsprechung aber ein ausreichendes Instrumentarium zur Verfügung. Darüberhinausgehende Ansatzpunkte für mehr Steuergerechtigkeit und eine Verbesserung der Steuerkultur würde eine Steuerpolitik bieten, die mehr prinzipientreu und nachvollziehbar ist und weniger Anreize für Steuergestaltung liefert. Das beste Mittel gegen Steuerarbitrage und Missbrauch sind klare, gleichmäßige und gerechte Steuernormen.[44] Ohne eine

---

[36] So bereits BFH v. 14. 10. 1964, BStBl 1964 III, S. 669. Siehe FG Rheinland-Pfalz v. 10. 7. 2001, EFG 2001, S. 1474; aber auch Fischer, P., FR 2001, S. 1212 f.
[37] Vgl. BFH v. 25. 9. 2009, BStBl 2009 II, S. 999.
[38] Immer häufiger ist zu beobachten, dass bei Betriebsprüfungen „vorsorglich" die Steuerfahndung eingeschaltet wird. Zu steuerstrafrechtlichen Risiken bei der Verrechnungspreisgestaltung vgl. Sidhu, K./Schemmel A., BB 2005, S. 2549 ff.; Kiesel, H./ Theissen, M., IStR 2006, S. 284 ff.
[39] So Hahn, H., DStZ 2006, S. 441; Kugelmüller-Pugh, A., FR 2007, S. 1139 ff.; vgl. auch BFH v. 6. 9. 2000, BStBl 2001 II, S. 229.
[40] Vgl. Hahn, H., IStR 2007, S. 323 ff.; Köhler, S./Tippelhofer, M., IStR 2007, S. 681 ff.; Hey, J., FR 2008, S. 1037; Kokott, J., FR 2008, S. 1041 f.
[41] Vgl. BFH v. 21. 10. 2009, DStR 2010, S. 37.
[42] Vgl. Rose, G., Dummensteuern, 1995, S. 153.
[43] Vgl. Drüen, K.-D., StuW 2008, S. 154.
[44] So Drüen, K.-D., StuW 2008, S. 166.

Steuerkultur mit breiter Akzeptanz bei den Steuerpflichtigen und ihren Beratern ist kein Steuerstaat zu machen.[45]

2. Kapitel. Steueroptimale Rechtsformwahl im In- und Ausland

A. Systematisierung der Formen grenzüberschreitender Unternehmenstätigkeit

Die erste grundlegende Entscheidung, die ein Auslandsunternehmen mit Geschäftsinteressen in Deutschland sowie ein deutsches Unternehmen mit Geschäftsinteressen im Ausland zu fällen hat, betrifft den Umfang seiner unternehmerischen Aktivitäten. De facto hat das Unternehmen ein Wahlrecht, mit seiner Betätigungsform die Schwelle zur Steuerpflicht in dem anderen Staat zu überschreiten oder seine Verhältnisse so einzurichten, dass er von ihr verschont bleibt. Nach den Maßstäben des deutschen Steuerrechts tritt grundsätzlich keine Steuerpflicht ein, wenn in Deutschland weder eine Gesellschaft noch eine Betriebsstätte oder ein ständiger Vertreter unterhalten werden. Auf dieser Grundlage ziehen etwa bloße Exportgeschäfte in die Bundesrepublik keine deutsche Steuerpflicht nach sich. Analog dazu hat i. d. R. die Vornahme von Direktgeschäften im Ausland keine ausländische Steuerpflicht zur Folge.

Ist die Entscheidung zugunsten einer festen Inlands- bzw. Auslandsbasis gefallen, schließt sich die Frage nach der geeigneten Gestaltungsalternative an. Da in Deutschland – und regelmäßig auch im Ausland – **keine einheitliche Unternehmensbesteuerung** sämtlicher Gesellschaftsformen existiert, bestimmt die konkrete Rechtsform der unternehmerischen Betätigung auch deren steuerliche Konsequenzen. Zudem sollten Investoren bei der Rechtsformwahl auch die Implikationen für den Steuerstatus in ihrem jeweiligen Ansässigkeitsstaat berücksichtigen. Denn nur auf der Grundlage einer **Gesamtbetrachtung der Steuerbelastung** von Grund- und Spitzeneinheit sind abschließende Vorteilhaftigkeitsaussagen möglich. Allerdings hängt die Reichweite der Gesamtbetrachtung von der **Perspektive des Investors** ab: So ist für multinationale, kapitalmarktorientierte Unternehmen ausschließlich die Unternehmensebene entscheidungsrelevant, da die kapitalgebenden Anteilseigner regelmäßig nicht bekannt sind. Hingegen gilt es bei mittelständisch strukturierten Unternehmen, auch die Ebene des Anteilseigners in die Entscheidung mit einzubeziehen. Denn in diesem Fall erzielen die Anteilseigner i. d. R. einen beträchtlichen Teil ihrer Einkünfte über diese Beteiligung und häufig auch aus aktiver Tätigkeit in diesem Unternehmen, so dass die Gesamtsteuerbelastung unter Einbezug der persönlichen Steuern entscheidungsrelevant ist. Die Steuerminimierung als oberstes steuerplanerisches Ziel hat somit in Abhängigkeit der Perspektive des Investors die gesamte Unternehmung bzw. den Gesamtkonzern im Visier.

Im Kern geht es bei der Frage nach der optimalen Anlageform einer Direktinvestition um die Alternative der Unterhaltung einer Betriebsstätte, der Betätigung über eine Personengesellschaft oder der Errichtung einer selbständigen Tochterkapitalgesellschaft. Diese **verschiedenen Formen der In-**

---

[45] Vgl. Drüen, K.-D., DStR 2010, S. 8.

2. Kapitel. Steueroptimale Rechtsformwahl im In- und Ausland

bound- oder Outbound-Betätigung sollen im Folgenden hinsichtlich der mit den einzelnen Alternativen verknüpften Steuerbelastungen verglichen werden, um damit eine Hilfestellung für die Gestaltung der unternehmerischen Tätigkeit zu geben.

Gegenstand der nachfolgenden Ausführungen ist somit die **Rechtsformwahl als steuerplanerisches Entscheidungsproblem**. Dieser Betrachtungswinkel soll nicht die Sicht darauf versperren, dass die Steuerpolitik nur einen Teilbereich der Unternehmensstrategie ausmacht und außersteuerliche Faktoren die Anlageform maßgeblich beeinflussen können. Hierzu zählen insbesondere die Haftungsbegrenzung, die Kapitalisierungserfordernisse, die Kreditwürdigkeit, das lokale Ansehen, Mitbestimmungsrechte an Einrichtungen der Geschäftsführung, die Regelung der Entnahmerechte sowie Publizitäts- und Prüfungspflichten. Manchmal wird ein Zielkompromiss erforderlich sein, so dass die steuerlich günstigste Gestaltungsalternative nicht unbedingt mit der tatsächlich gewählten Form der Investition übereinstimmen muss.

Zunächst werden in Abschnitt B die grundsätzlichen Besteuerungsunterschiede zwischen den verschiedenen Formen, die als Grundeinheit für die grenzüberschreitende Geschäftstätigkeit in Frage kommen (Betriebsstätte, Tochterpersonen- und Tochterkapitalgesellschaft), verbal erläutert. Den Schwerpunkt bilden dann die beiden folgenden Abschnitte, in denen getrennt nach Inbound- (Abschnitt C) und Outbound-Investitionen (Abschnitt D) die Einflussfaktoren auf die Steuerlast aufgezeigt und anhand konkreter Fälle die Steuerbelastungen der einzelnen Gestaltungsalternativen berechnet und einer Analyse unterzogen werden.

B. Grundsätzliche Belastungsunterschiede der Gestaltungsalternativen

Die wesentlichsten Abweichungen zwischen den verschiedenen Formen der unternehmerischen Betätigung bestehen bei der Ermittlung der Bemessungsgrundlagen, der Besteuerung der erzielten Gewinne, den Möglichkeiten zur Verlustkompensation und der Substanzbesteuerung.

I. Ermittlung der Bemessungsgrundlagen

Bei der Ermittlung der Bemessungsgrundlagen unterscheiden sich die Gestaltungsalternativen insbesondere hinsichtlich der Buchführungspflicht und der Erfolgs- und Vermögensabgrenzung.

1. Buchführungspflicht

Bei einer Betriebsstätte fehlt es an der rechtlichen Selbständigkeit, so dass nicht die Betriebsstätte als solche, sondern das ausländische bzw. das deutsche Stammhaus in beiden Staaten buchführungspflichtig ist. Personengesellschaften sind aufgrund ihrer relativen Rechtsfähigkeit im Domizilstaat buchführungspflichtig; bei der Wohnsitzbesteuerung des Gesellschafters ist bspw. im Outbound-Fall lediglich eine Angleichung der ausländischen Rechnungslegung an die §§ 4 ff., 15 EStG erforderlich. Eine Tochterkapitalgesellschaft ist als eigenständiges Steuersubjekt dazu verpflichtet, nach Maßgabe des jeweiligen Rechts des Domizilstaates selbständig Bücher zu führen. Eine ergänzende

Buchführung der Gesellschafter ist grundsätzlich nicht erforderlich. Ausnahmen ergeben sich bspw. bei Outbound-Investitionen durch die §§ 7 ff. AStG.

2. Erfolgs- und Vermögensabgrenzung

Um den Steueransprüchen der verschiedenen Steuerhoheiten Rechnung zu tragen, sind der **Welterfolg** und das **Weltvermögen** eines international tätigen Unternehmens auf die beteiligten Staaten **verursachungsgerecht aufzuteilen**. Doppelbesteuerungen werden nur vermieden, wenn die beteiligten Staaten (zufällig) die gleichen Abgrenzungsgrundsätze anwenden oder falls die Kriterien der Erfolgs- und Vermögensabgrenzung in einem DBA festgeschrieben sind.

Eine **Betriebsstätte** und ihr Stammhaus bilden rechtlich und wirtschaftlich eine Einheit. Die Erfolgs- und Vermögensabgrenzung erfolgt beim internationalen Einheitsunternehmen nach dem **Prinzip der wirtschaftlichen Zugehörigkeit**, d. h. der Welterfolg und das Weltvermögen des Einheitsunternehmens sind nach der direkten oder indirekten Methode möglichst verursachungsgerecht auf Stammhaus und Betriebsstätte zu verteilen. Die indirekte Methode bewirkt, dass nicht auf die einzelnen Leistungsbeziehungen abgestellt wird, sondern in Anlehnung an die zivilrechtliche Würdigung Gesamterfolg und -vermögen von Stammhaus und Betriebsstätte mittels Schlüsselgrößen aufgeteilt werden. Demgegenüber werden bei der direkten Methode Lieferungen und Leistungen im Rahmen des ordentlichen Geschäftsverkehrs einzeln erfasst und nach dem Arm's-length-Prinzip abgerechnet. Dabei ist zu berücksichtigen, dass eine Gewinnrealisierung erst dann eintritt, wenn der Erfolgsbeitrag am Markt realisiert ist. Aus deutscher Sicht sind die Abgrenzungsprinzipien der Finanzverwaltung im Betriebsstättenerlass[1] geregelt. Erfolgt die Aufwands- und Ertragszuordnung im Ausland jedoch nach anderen Gesichtspunkten, kann es zu Doppelbesteuerungen (oder auch Minderbesteuerungen) kommen, die die wirtschaftliche Attraktivität der Betriebsstätte überhaupt in Frage stellen können.

Personengesellschaften ermitteln ihre auf die einzelnen Mitunternehmer aufzuteilenden Bemessungsgrundlagen ausschließlich nach den **Gewinn- und Vermögensermittlungsvorschriften des Domizilstaates.** Bestehen zwischen der inländischen und der ausländischen Behandlung von Personengesellschaften Abweichungen, erfolgt bei der Wohnsitzbesteuerung des Mitunternehmers eine Korrektur nach Maßgabe des Inlandsrechts. Leistungsaustauschbeziehungen zwischen Gesellschaft und Gesellschafter werden in Deutschland nach dem Mitunternehmerkonzept besteuert, soweit sie als Sondervergütungen unter § 15 Abs. 1 Satz 1 Nr. 2 EStG einzuordnen sind. Sowohl bei den Sondervergütungen als auch bei den grundsätzlich anerkannten Vertragsbeziehungen (Veräußerungsgeschäfte zwischen Gesellschaft und Gesellschafter) sind unangemessene Entgeltvereinbarungen entsprechend dem Marktpreisniveau zu korrigieren.

Bei einem internationalen Konzern ermitteln sowohl die **Tochterkapitalgesellschaft** als auch das Mutterunternehmen ihr steuerpflichtiges Welteinー

---

[1] Vgl. Betriebsstätten-Verwaltungsgrundsätze, BMF-Schreiben v. 24. 12. 1999, BStBl 1999 I, S. 1076; sowie Betriebsstätten-Verwaltungsgrundsätze, BMF-Schreiben v. 25. 8. 2009, BStBl 2009 I, S. 888. Vgl. ausführlich 5. Teil, 3. Kapitel.

2. Kapitel. Steueroptimale Rechtsformwahl im In- und Ausland

kommen bzw. Weltvermögen auf Basis einer **gesonderten Buchführung.** Aufgrund der rechtlichen Trennung zwischen beiden Gesellschaften werden konzerninterne Leistungsaustauschbeziehungen dem Grunde nach prinzipiell anerkannt. Wegen der wirtschaftlichen Abhängigkeit der beteiligten Partner wird jedoch die Angemessenheit der Höhe des vereinbarten Entgelts überprüft. Grundlagen hierfür bilden nach deutschem Recht die Korrekturvorschriften des § 1 AStG, das Institut der verdeckten Einlage und die Regelung über verdeckte Gewinnausschüttungen. Für im Ausland ansässige Tochterkapitalgesellschaften bzw. Mutterunternehmen gelten die entsprechenden ausländischen Regeln und bilateral Art. 9 OECD-Modell. Mit Hilfe der Angemessenheitsprüfung soll verhindert werden, dass innerkonzernliche Leistungsbeziehungen nicht zu Fremdbedingungen abgeschlossen werden und somit zu Gewinnverlagerungen über die Grenze führen. Allerdings können Wettbewerbsverzerrungen nur dann vollständig vermieden werden, wenn sich die beteiligten Staaten auf die Anwendung des Arm's-length-Prinzips einigen und die bestehenden Spielräume bei der Festlegung des Entgelts möglichst in gleicher Weise begrenzt werden. In Zweifelsfällen besteht im DBA-Fall die Möglichkeit, ein Verständigungsverfahren einzuleiten.

II. Besteuerung von Gewinnen und Verlusten

Die durch die unternehmerische Tätigkeit erwirtschafteten Gewinne können sowohl im Inland als auch im Ausland der Besteuerung unterliegen. Dabei führen die Gestaltungsalternativen zu jeweils unterschiedlichen steuerlichen Konsequenzen.

1. Besteuerung im Domizilstaat

a) Besteuerung von Gewinnen

Deutsche **Betriebsstätten** oder **Personengesellschaften** unterliegen im Rahmen einer **Inbound-Investition,** sofern sie gewerblich tätig sind, als selbständiger Gewerbebetrieb mit ihrem Gewerbeertrag (§ 7 GewStG) der Gewerbesteuer. Außerdem wird das ausländische Stammhaus bzw. werden die ausländischen Gesellschafter mit ihren inländischen Einkünften aus Gewerbebetrieb i. S. d. § 49 Abs. 1 Nr. 2 Buchstabe a EStG beschränkt steuerpflichtig. Diese Besteuerung der Einkünfte erfolgt im Rahmen eines Veranlagungsverfahrens, wobei sich die Einkommensteuer nach dem progressiven Tarif der Grundtabelle bemisst. Des Weiteren ist die Ermäßigung der Einkommensteuer bei gewerblichen Einkünften um das 3,8fache des Gewerbesteuer-Messbetrags zu beachten (§ 35 EStG). Handelt es sich bei dem Stammhaus bzw. dem Gesellschafter im Ausland dagegen um eine Kapitalgesellschaft, werden die Gewinne in Deutschland mit einem Körperschaftsteuersatz von 15% belastet (§ 23 Abs. 1 KStG). In beiden Fällen kommt jeweils der Solidaritätszuschlag (§ 1 SolZG) hinzu.

Gewinne, die im **Outbound-Fall** von einer ausländischen **Betriebsstätte** oder **Personengesellschaft** erzielt werden, unterliegen den ausländischen Ertragsteuern. Lediglich in den Sonderfällen, in denen das Ausland eine Personengesellschaft nach Kapitalgesellschaftsgrundsätzen besteuert (subjektiver Qualifikationskonflikt), tritt an die Stelle der beschränkten Steuerpflicht der

Gesellschafter die unbeschränkte Steuerpflicht der Personengesellschaft. Abgesehen von diesem Qualifikationskonflikt erfolgt die ausländische Quellenbesteuerung stets im Feststellungszeitpunkt. Da die Besteuerung unabhängig davon ist, ob die Gewinne thesauriert oder ausgeschüttet werden (Feststellungsprinzip), sind – anders als bei Tochterkapitalgesellschaften – Beeinflussungen des Besteuerungszeitpunkts durch Gestaltung der Ausschüttungspolitik bei Betriebsstätten und Personengesellschaften nicht möglich.

Eine **Tochterkapitalgesellschaft** ist als eigenständiges Steuersubjekt mit den von ihr erzielten Gewinnen im Domizilstaat unbeschränkt körperschaftsteuerpflichtig. Bei einer **Inbound-Investition** wird somit Körperschaftsteuer i. H. v. 15% erhoben (§ 23 Abs. 1 KStG). Hinzu kommen Solidaritätszuschlag (§ 1 SolZG) sowie Gewerbesteuer (§ 7 GewStG). Die ausländischen Gesellschafter sind mit den Dividenden in Deutschland beschränkt steuerpflichtig; die Kapitalertragsteuer beträgt derzeit grundsätzlich 25% (§ 43a Abs. 1 Nr. 1 EStG) zuzüglich Solidaritätszuschlag. Handelt es sich bei dem ausländischen Anteilseigner allerdings um eine Kapitalgesellschaft, so werden auf Antrag zwei Fünftel der Kapitalertragsteuer gem. § 44a Abs. 9 EStG erstattet, so dass sich die Kapitalertragsteuer auf 15% reduziert. Außerdem vermindert sich die Kapitalertragsteuer im Abkommensfall gemäß den einschlägigen DBA-Bestimmungen sowie bei Ausschüttungen an EU-Muttergesellschaften aufgrund der Mutter-Tochterrichtlinie. Im Fall von **Outbound-Investitionen** bestimmen sich die Höhe und der Umfang der unbeschränkten Steuerpflicht der ausländischen Tochterkapitalgesellschaft nach den Regelungen des Domizillandes. Entsprechendes gilt für die Kapitalertragsteuer auf Dividenden im Rahmen der beschränkten Steuerpflicht des deutschen Gesellschafters. Im Abkommensfall ist auf die DBA-Bestimmungen sowie bei EU-Tochtergesellschaften zusätzlich auf die Mutter-Tochterrichtlinie abzustellen.

b) Behandlung von Verlusten

Bei **Inbound-Investitionen** besteht im Rahmen der Gewerbesteuer ausschließlich die Möglichkeit, Verluste aus inländischen **Betriebsstätten** oder **Personengesellschaften** vorzutragen (§ 10a GewStG). Im Rahmen der Einkommen- und Körperschaftsteuer können sie mit anderen positiven inländischen Einkünften nach § 2 Abs. 3 EStG ausgeglichen werden. Können die Verluste auf dem Wege des innerperiodischen Verlustausgleichs nicht bzw. nicht in voller Höhe berücksichtigt werden, bleibt die Möglichkeit des interperiodischen Verlustausgleichs mittels Verlustvor- und/oder -rücktrag unter Beachtung der Mindestbesteuerung (§ 10d EStG). Beim Ausgleich des anteiligen Verlustes an einer Personengesellschaft mit anderen inländischen Einkünften eines Gesellschafters ist allerdings die Verlustverrechnungsbeschränkung des § 15a EStG zu beachten. Auch im Fall einer inländischen **Tochterkapitalgesellschaft** ist im Rahmen der Gewerbesteuer ein Verlustvortrag (§ 10a GewStG) sowie bei der Körperschaftsteuer neben dem Verlustvortrag ein Verlustrücktrag möglich (§ 10d EStG). In beiden Fällen können Verluste zudem im Rahmen einer gewerbe- (§ 2 Abs. 2 Satz 2 GewStG) und körperschaftsteuerlichen Organschaft (§§ 14ff. KStG) mit Gewinnen anderer (vor- oder nachgeschalteter) deutscher Tochtergesellschaften des Auslandsinvestors verrechnet werden.

Bei **Outbound-Investitionen** gelten die ausländischen Vorschriften zur Behandlung von Verlusten bei Betriebsstätten und Personengesellschaften sowie Tochterkapitalgesellschaften.

2. Besteuerung im Wohnsitzstaat des Gesellschafters

a) Besteuerung von Gewinnen

Im Wohnsitzstaat des Gesellschafters unterliegen die durch die Investitionstätigkeit erwirtschafteten Gewinne der unbeschränkten Steuerpflicht (Wohnsitzbesteuerung). Die Besteuerung erfolgt im Zeitpunkt der Feststellung (Betriebsstätte, Personengesellschaft) oder der Ausschüttung (Tochterkapitalgesellschaft). Zur Vermeidung bzw. Minderung von Doppelbesteuerungen gibt es eine Reihe von Entlastungsmaßnahmen, die sich in Abhängigkeit der Gestaltungsalternative unterscheiden.

Bei **Inbound-Investitionen** ist das ausländische Recht des Wohnsitzstaates des Gesellschafters relevant. Eine konkrete Darstellung der ausländischen Regelungen ist an dieser Stelle allerdings nicht möglich, da der hier vorgenommenen Betrachtung kein bestimmter ausländischer Staat zugrunde gelegt wird. Im Folgenden werden die für den Fall einer **Outbound-Investition** in Deutschland geltenden Regelungen dargestellt.

In Deutschland ist bei **ausländischen Betriebsstätten** und **Personengesellschaften** zwischen DBA- und Nicht-DBA-Fall zu unterscheiden: Besteht kein Abkommen, sind die ausländischen Steuern auf die erzielten Gewinne nach § 34c Abs. 1 EStG bzw. § 26 Abs. 1 KStG anrechenbar. Alternativ kann auf Antrag statt der Steueranrechnung die Abzugsmethode nach § 34c Abs. 2 EStG oder die Steuerpauschalierung nach § 34c Abs. 5 EStG in Anspruch genommen werden.[2] Für die Gewerbesteuer gelten die Kürzungsvorschriften des § 9 Nr. 2 und 3 GewStG. Im Abkommensfall bleiben die Gewinne grundsätzlich nach dem Betriebsstättenprinzip des Art. 7 OECD-Modell aus den Bemessungsgrundlagen der inländischen Ertragsteuern ausgeklammert. Für die Bestimmung des Einkommensteuersatzes auf die inländischen Einkünfte ist der Progressionsvorbehalt nach § 32b EStG bezüglich der freigestellten Gewinne zu beachten, sofern dieser nicht aufgrund einer passiven Geschäftstätigkeit ausgeschlossen ist.

Bei Muttergesellschaften in der Rechtsform eines Einzelunternehmens oder einer Personengesellschaft unterliegen Gewinnausschüttungen einer **ausländischen Tochterkapitalgesellschaft** gemäß dem Teileinkünfteverfahren (§ 3 Nr. 40 Buchstabe d EStG) nur zu 60% der Besteuerung. Dies gilt unabhängig davon, ob ein DBA besteht oder nicht. Eine Belastung der Ausschüttungen mit Gewerbesteuer entsteht unter den Voraussetzungen des § 9 Nr. 7 GewStG nicht (Beteiligungsquote ≥ 15%). Die auf die Gewinnausschüttungen der Tochterkapitalgesellschaft erhobene Kapitalertragsteuer kann im Inland nach § 34c Abs. 1 EStG in voller Höhe angerechnet werden. Wie bei der Betriebsstätte kann auch die Abzugsmethode (§ 34c Abs. 2 EStG) oder die Pauschalierung (§ 34c Abs. 5 EStG) gewählt werden.

---

[2] Nach § 26 Abs. 6 KStG gilt § 26 Abs. 2 und 5 EStG grundsätzlich auch für Kapitalgesellschaften.

Bei inländischen Muttergesellschaften in der Rechtsform einer Kapitalgesellschaft werden die Beteiligungserträge unabhängig von einem bestehenden DBA durch das nationale Beteiligungsprivileg (§ 8 b Abs. 1 KStG) von der Wohnsitzbesteuerung freigestellt. Die Freistellung gilt ferner unabhängig von der Beteiligungshöhe und – unter den Voraussetzungen des § 9 Nr. 7 GewStG – mit Wirkung für die Gewerbesteuer. Jedoch unterliegen gem. § 8 b Abs. 5 KStG 5% der steuerfreien Dividenden als nichtabzugsfähige Betriebsausgaben der deutschen Gewerbe- und Körperschaftsteuer. Eine auf die Dividenden erhobene ausländische Quellensteuer kann im Inland nicht angerechnet werden.

Bei Muttergesellschaften in der Rechtsform eines Einzelunternehmens oder einer Personengesellschaft sind die Besteuerungsfolgen im Inland unabhängig von der Art der Gewinnverwendung. Bei Mutterkapitalgesellschaften ist hinsichtlich der Besteuerungsfolgen im Fall der Weiterausschüttung nach der Rechtspersönlichkeit des Anteilseigners zu unterscheiden. Weiterausschüttungen an andere inländische Kapitalgesellschaften bleiben gem. § 8 b Abs. 1 und 5 KStG bei deren Einkommensermittlung (mit Ausnahme von 5%) außer Ansatz. Handelt es sich bei dem Anteilseigner hingegen um eine einkommensteuerpflichtige Person, hängen die Besteuerungsfolgen davon ab, ob die Anteile an der Mutterkapitalgesellschaft dem Privat- oder Betriebsvermögen des Gesellschafters zugerechnet werden. Bei im Privatvermögen gehaltenen Anteilen unterliegen die Dividenden grundsätzlich dem gesonderten Steuertarif des § 32 d EStG i. H. v. 25% (Abgeltungsteuer).[3] Sind die Anteile hingegen dem Betriebsvermögen zuzuordnen, so erfolgt die Besteuerung nach dem Teileinkünfteverfahren, wonach für 40% der Gewinnausschüttungen eine Steuerbefreiung gewährt wird (§ 3 Nr. 40 Buchstabe d EStG).

b) Behandlung von Verlusten

Bei **Inbound-Investitionen** ist die steuerliche Behandlung der Gestaltungsalternativen im Ausland von der jeweiligen DBA-Situation abhängig. Im Nicht-DBA-Fall können die Verluste einer deutschen **Betriebsstätte** oder **Personengesellschaft** in die ausländische Steuerbemessungsgrundlage der Muttergesellschaft einbezogen werden, wenn davon ausgegangen wird, dass die Anrechnungsmethode zur Anwendung kommt. Im DBA-Fall hängen die Möglichkeiten der Verlustberücksichtigung davon ab, welche Methode zur Vermeidung der Doppelbesteuerung zur Anwendung kommt. Bei der Anrechnungsmethode werden die Verluste wie im Nicht-DBA-Fall bei der Muttergesellschaft in die Bemessungsgrundlage einbezogen. Findet dagegen die Freistellungsmethode Anwendung, ist grundsätzlich keine Verlustberücksichtigung möglich, es sei denn, ein Verlustabzug mit anschließender Nachversteuerung ist vorgesehen.[4] Bei **Tochterkapitalgesellschaften** besteht aufgrund des Trennungsprinzips unabhängig von der DBA-Situation grundsätzlich keine Möglichkeit, Verluste im Ausland zu berück-

---

[3] Vgl. hierzu sowie zu den Optionsmöglichkeiten gem. § 32 d Abs. 2 Nr. 3 EStG Jacobs, O. H., Rechtsform, 2009, S. 173 ff.

[4] Zur möglichen Ausgestaltung einer Nachversteuerungsregelung wird auf den 4. Teil, 2. Kapitel, Abschnitt B II 2. a) (2) der 4. Auflage verwiesen.

sichtigen.[5] Ausnahmen können sich ergeben, falls das Ausland eine grenzüberschreitende Ergebniskonsolidierung zulässt, wie bspw. die grenzüberschreitende Organschaft in Dänemark,[6] Frankreich,[7] Italien[8] und auch in Österreich.[9] In Deutschland ist im Fall einer **Outbound-Investition** bei **ausländischen Betriebsstätten** und **Personengesellschaften** ebenfalls zwischen der Verlustbehandlung nach nationalem Recht und Abkommensrecht zu unterscheiden:

- Im **Nicht-DBA-Fall** wird das Ergebnis der ausländischen Grundeinheit im Feststellungszeitpunkt in die Steuerbemessungsgrundlage des Stammunternehmens (Gesellschafters) einbezogen. Eine Verlustkompensation des negativen Ergebnisses (Verlustanteils) einer außerhalb der EU/EWR belegenen Betriebsstätte mit positiven inländischen Einkünften kommt allerdings nach § 2a Abs. 2 EStG nur insofern in Betracht, als es sich (fast) ausschließlich um Einkünfte aus aktiver Tätigkeit handelt. Übersteigen die berücksichtigungsfähigen ausländischen Verluste die Gewinne des Stammhauses (Gesellschafters), ist ein innerperiodischer Verlustausgleich mit anderen Einkünften sowie ein interperiodischer Verlustabzug nach § 10d EStG möglich. Eine in der Regel gleichzeitig zulässige Verlustverrechnung im Ausland steht der deutschen Verlustverrechnung nicht entgegen, führt jedoch über eine Minderung der ausländischen Steuer in Gewinnjahren zu einer geringeren Steueranrechnungsmöglichkeit. Im Bereich der Gewerbesteuer werden Verluste ausländischer Betriebsstätten (§ 9 Nr. 3 GewStG) oder Personengesellschaften (§ 8 Nr. 8 GewStG) wegen des Inlandscharakters der Gewerbesteuer zum inländischen Gewerbeertrag hinzugerechnet. Bei ausländischen Personengesellschaften ist zusätzlich § 15a EStG zu beachten, der auch auf Auslandssachverhalte Anwendung findet. Sind neben den tatbestandlichen Voraussetzungen des § 15a EStG die des § 2a EStG erfüllt, kommt jeweils die engere Verlustverrechnungsbeschränkung zur Anwendung.[10]
- Nach dem Betriebsstättenprinzip finden im **DBA-Fall** Verluste bei der inländischen Bemessungsgrundlage grundsätzlich keine Berücksichtigung. Allerdings sieht § 32b EStG vor, dass Verluste ausländischer Betriebsstätten oder Personengesellschaften, die entweder innerhalb der EU/EWR oder in Drittstaaten aktiv tätig sind, im Rahmen eines negativen Progressionsvorbehalts auf den Steuersatz des inländischen Stammhauses (Gesellschafters) einwirken.

---

[5] Allerdings sind sowohl bei Betriebsstätten als auch bei Tochterkapitalgesellschaften auf Ebene der Muttergesellschaft definitive Verluste zu berücksichtigen. Vgl. hierzu 4. Teil, 2. Kapitel, Abschnitt B II 2. a) (2); sowie 4. Teil, 3. Kapitel, Abschnitt B II 1. a) (2). Einer rechtsformabhängige Unterscheidung bedarf es somit jedoch nicht.
[6] Vgl. Böhme, C. A., IStR 1998, S. 165 ff.; Schulze, I., IWB, Fach 5, Dänemark, Gruppe 2, S. 163 f.; Kessler, W., Gruppenbesteuerung, 2009, S. 494 f.
[7] Vgl. Endres, D., Konzernbesteuerung, 2003, S. 465 f.
[8] Vgl. Mayr, S./Frei, R., IWB, Fach 5, Italien, Gruppe 2, S. 533 f.; Dörr, I., DSWR 2004, S. 248 f.; Schneider, M., IStR 2007, S. 457 ff.; Kessler, W., Gruppenbesteuerung, 2009, S. 495 f.
[9] Vgl. Hirschler, K./Schindler, C. P., IStR 2004, S. 505 ff.; Kessler, W./Daller, R., IStR 2006, S. 289 ff.; Kessler, W., Gruppenbesteuerung, 2009, S. 497; Endres, D., Gruppenbesteuerung, 2010, S. 191 ff.
[10] Vgl. hierzu auch 4. Teil, 4. Kapitel, Abschnitt B II 1 a) (2) (c).

Verluste einer **ausländischen Tochterkapitalgesellschaft** können i. d. R. im Ausland mit früheren oder späteren Gewinnen verrechnet werden. Dieser Verlustabzug ist jedoch auf die Ebene der Tochterkapitalgesellschaft beschränkt; eine Verlustberücksichtigung beim inländischen Gesellschafter ist grundsätzlich ausgeschlossen. Ausnahmen hiervon bestehen nur, wenn nachhaltige Verluste eine Teilwertabschreibung auf die Beteiligung ermöglichen, die bei einkommensteuerpflichtigen Muttergesellschaften dann zu 60% Berücksichtigung findet (§ 3 Nr. 40 i. V. m. § 3 c Abs. 2 Satz 1 EStG) und die sich über § 7 GewStG auch auf die Gewerbesteuer auswirkt. Handelt es sich hingegen bei der inländischen Muttergesellschaft um eine Kapitalgesellschaft, sind Gewinnminderungen durch Teilwertabschreibungen auf die Beteiligung aufgrund der Freistellung der Beteiligungserträge im Ganzen steuerlich nicht abzugsfähig (§ 8 b Abs. 3 Satz 3 KStG).

III. Substanzbesteuerung

Die Substanzbesteuerung spielt ausschließlich im Rahmen der Besteuerung im Ausland eine Rolle, da in Deutschland keine für die folgende Betrachtung relevanten Substanzsteuern erhoben werden.

Das in einer ausländischen **Betriebsstätte** oder **Personengesellschaft** eingesetzte Vermögen kann im Ausland im Rahmen der beschränkten Vermögensteuerpflicht des Stammhauses (Gesellschafters) erfasst werden, sofern eine Vermögensteuer einbehalten wird. Insofern ergeben sich auch keine Änderungen durch das Vorliegen eines DBA, da das vorrangige Besteuerungsrecht für das Auslandsvermögen dem ausländischen Staat zugewiesen wird (Art. 22 Abs. 2 i. V. m. Art. 23 A OECD-Modell).

Erhebt der Sitzstaat der **Tochterkapitalgesellschaft** eine Vermögensteuer, ist die Auslandsgesellschaft als selbständiges Steuersubjekt im Ausland unbeschränkt vermögensteuerpflichtig. Daneben kann der Gesellschafter mit seiner Beteiligung an der Kapitalgesellschaft der ausländischen Vermögensbesteuerung unterliegen. Diese entfällt jedoch bei Vorliegen eines DBA, da das vorrangige Besteuerungsrecht für die Beteiligung generell alleine dem Wohnsitzstaat zugewiesen wird (Art. 22 Abs. 4 OECD-Modell).

Neben einer Vermögensteuer können im Ausland bei gewerblichen oder beruflichen Tätigkeiten auch Gewerbesteuern oder gewerbesteuerähnliche Abgaben auf die Substanz, die Wertschöpfung oder die Lohnsumme der ausländischen Grundeinheit erhoben werden. Hiervon sind die Gestaltungsalternativen bei Outbound-Investitionen i. d. R. rechtsformübergreifend gleich betroffen.[11]

Unterschiedliche Auswirkungen auf die Steuerbelastung der verschiedenen Gestaltungsalternativen ergeben sich somit nur bei unterschiedlicher Substanzsteuerbelastung im Ausland. Diese kann aus Unterschieden in der Behandlung von beschränkt (Betriebsstätte, Personengesellschaft) und unbeschränkt (Tochterkapitalgesellschaft) Steuerpflichtigen resultieren oder im Nicht-DBA-Fall aus der Doppelbelastung der Gestaltungsalternative der Tochterkapitalgesellschaft.

---

[11] Zu den gewerbesteuerähnlichen Abgaben in der EU vgl. 2. Teil, 2. Kapitel, Abschnitt C.

2. Kapitel. Steueroptimale Rechtsformwahl im In- und Ausland   929

C. Steuerstrategien für ausländische Investoren in Deutschland (Inbound-Investitionen)

I. Einflussfaktoren auf die Steuerbelastung des Inlandsengagements

Die tatsächliche Besteuerungssituation bei Investitionen in Deutschland gestaltet sich für jeden Auslandsinvestor durchaus unterschiedlich. Nur bei Kenntnis verschiedenster Unternehmensspezifika (z. B. Ausschüttungsverhalten, Verrechnungspreispolitik, Steueranrechnungssituation im Ausland) lassen sich präzisere Aussagen über die Steuerbelastungswirkungen erzielen. Ohne Anspruch auf Vollständigkeit sind in Tabelle 40 die wesentlichen Einflussfaktoren aufgelistet, die Auswirkungen auf die Steuerbelastung bei einer Direktinvestition in Deutschland haben.

Tabelle 40: Einflussfaktoren auf die Steuerbelastung bei Inbound-Investitionen

Einflussfaktoren	Auswirkungen auf die Steuerbelastung	Relevant für folgende Gestaltungsalternativen
1. Bestehen oder Nicht-Bestehen eines DBA mit dem Ansässigkeitsstaat des Investors	Das Vorhandensein eines DBA wirkt sich bspw. auf die Höhe deutscher Quellensteuern und die Behandlung von Veräußerungsgewinnen aus. Die Maßnahmen zur Vermeidung der Doppelbesteuerung beruhen im Nicht-DBA-Fall ausschließlich auf den unilateralen Regelungen des ausländischen Steuerrechts, während im DBA-Fall die speziellen Abkommensvorschriften gelten.	Betriebsstätte Personengesellschaft Kapitalgesellschaft
2. Rechtsform in Deutschland	Die Rechtsform der Grundeinheit hat Auswirkungen auf die steuerliche Behandlung in Deutschland (anzuwendende Tarife und Steuerermäßigungen, Festsetzung der Bemessungsgrundlage, Zeitpunkt der Besteuerung, Verlustverrechnung im Ausland) sowie auf die Besteuerungsbefugnis im Ausland.	
3. Rechtsform der ausländischen Spitzeneinheit	Die Rechtsform der ausländischen Spitzeneinheit beeinflusst ebenfalls Art und Umfang der Besteuerung in Deutschland (anzuwendende Tarife und Steuerermäßigungen in Deutschland, deutsche Quellensteuern). Im Rahmen der Besteuerung im Ausland gelten für die grenzüberschreitende Tätigkeit von Personenunternehmen und Kapitalgesellschaften z. T. abweichende Regelungen (z. B. anzuwendende Tarife im Ausland, unilaterale Maßnahmen zur Vermeidung der Doppelbesteuerung, abkommensrechtliche Schachtelprivilegien).	
4. Besteuerungssystem des Auslandes	Das Besteuerungssystem des Auslandes bestimmt Umfang und Höhe der Auslandssteuer (u. a. ausländische Zusatz-	

Einflussfaktoren	Auswirkungen auf die Steuerbelastung	Relevant für folgende Gestaltungsalternativen
	belastungen und Entlastungen). Abweichungen zwischen dem in- und ausländischen Besteuerungssystem (Steuersubjekt, Bemessungsgrundlage, Tarif) können zu Doppel- und Minderbesteuerungen führen.	
5. Erfolgssituation von Grund- und/oder Spitzeneinheit	Die Höhe des Gewinns bestimmt gleichzeitig die in- und ausländische Steuerbelastung (anzuwendende Tarife). Das Anrechnungspotenzial ist ebenfalls von der Erfolgssituation abhängig.	
6. Sachziel (Aktivität) der Muttergesellschaft	Die Tätigkeit und Begründung der ausländischen Muttergesellschaft hat gem. § 50 d Abs. 3 EStG Einfluss auf die Höhe deutscher Quellensteuern.	
7. Sachziel (Aktivität) in Deutschland	Bei passiven Grundeinheiten ist im Ausland eine Hinzurechnungsbesteuerung möglich; es kommt u. U. zum Methodenwechsel bei der Betriebsstättenbesteuerung.	Betriebsstätte Personengesellschaft Kapitalgesellschaft
8. Eigen- oder Fremdfinanzierung des Inlandsengagements	Die Finanzierungsart beeinflusst die Steuerbelastung in Abhängigkeit vom in- und ausländischen Ertragsteuerniveau sowie vom Bestehen eines DBA. Daneben kann auch der wirtschaftliche Zusammenhang zwischen Refinanzierung der ausländischen Spitzeneinheit und Finanzierung der inländischen Grundeinheit steuerliche Auswirkungen haben. Hinsichtlich der (Gesellschafter-)Fremdfinanzierung der inländischen Grundeinheit ist das Problem der Abzugsfähigkeit der Zinsen gem. § 4 h EStG i. V. m. § 8 a KStG (Zinsschranke) zu beachten.	
9. Anzahl der Gesellschafter der Spitzeneinheit	Die Anzahl der Gesellschafter bestimmt bei Spitzeneinheiten in der Rechtsform der Personengesellschaft die Höhe des in Deutschland auf jeden Gesellschafter entfallenden einkommensteuerpflichtigen Gewinnanteils. Dadurch lassen sich u. U. Progressionsvorteile erzielen.	Betriebsstätte Personengesellschaft
10. Ausschüttungsverhalten der deutschen Grundeinheit	Bei Gewinnthesaurierung ist grundsätzlich nur die Grundeinheit in Deutschland unbeschränkt steuerpflichtig. Bei Gewinnausschüttungen unterliegt zusätzlich die Spitzeneinheit im Ausland (unbeschränkt) und in Deutschland (beschränkt) der Besteuerung.	
11. Beteiligungsquote des Auslandsinvestors	Die Beteiligungsquote hat u. a. Einfluss auf die Höhe deutscher Quellensteuern sowie die unilateralen oder bilateralen Maßnahmen zur Vermeidung der Dop-	Kapitalgesellschaft

2. Kapitel. Steueroptimale Rechtsformwahl im In- und Ausland

Einflussfaktoren	Auswirkungen auf die Steuerbelastung	Relevant für folgende Gestaltungsalternativen
	pelbesteuerung auf Ebene der ausländischen Spitzeneinheit. Häufig ist die Gewährung von Schachtelprivilegien (Freistellungsmethode oder die Möglichkeit der indirekten Anrechnung) an eine Mindestbeteiligungsquote von 10 oder 25% geknüpft.	Kapitalgesellschaft
12. Sitzstaat der ausländischen Spitzeneinheit	Bei in EU-Mitgliedstaaten ansässigen Mutterkapitalgesellschaften (bzw. ggf. körperschaftsteuerpflichtigen Mutterpersonengesellschaften) können die Vergünstigungen der EU-Richtlinien in Anspruch genommen werden.	

An dieser Stelle kann nicht auf alle denkbaren Sachverhaltskonstellationen eingegangen werden. Vielmehr werden bei den nachfolgenden Belastungsvergleichen nur jene Fälle betrachtet, die für die unternehmerische **Betätigung von ausländischen Investoren in Deutschland** typisch sind. Die obige Aufstellung soll aber als Hinweis dafür gelten, dass sich in Abhängigkeit von den zugrunde gelegten Ausgangsdaten unterschiedliche Steuerbelastungsergebnisse und auch Vorteilhaftigkeitsrangfolgen zwischen den verschiedenen Gestaltungsalternativen errechnen lassen.

II. Durchführung des Belastungsvergleichs zwischen Betriebsstätte und Tochterkapitalgesellschaft in Deutschland

1. Erläuterung der Ausgangsdaten

Nachdem die wesentlichen Einflussfaktoren auf die Steuerbelastung von Inbound-Investitionen aufgezeigt wurden, werden im Folgenden die Belastungswirkungen alternativer Rechtsformen berechnet.[12] Dabei soll im Wege einer **kasuistischen Veranlagungssimulation** untersucht werden, welche Form des Inlandsengagements am ehesten der Zielsetzung der Steuerminimierung entspricht. Folgende Ausgangsdaten liegen dem Belastungsvergleich zugrunde: Ein ausländisches Unternehmen in der Rechtsform a) eines Personenunternehmens (Einzelunternehmen, Personengesellschaft mit natürlichen Personen als Gesellschaftern) oder b) einer Kapitalgesellschaft plant, seine bislang ausschließlich auf den Sitzstaat beschränkte aktive Geschäftstätigkeit auf Deutschland auszudehnen. Dabei besteht für das Unternehmen die Möglichkeit, die Aktivität in Deutschland mittels
1. Errichtung einer Betriebsstätte oder einer Personengesellschaft bzw.
2. Gründung einer Tochterkapitalgesellschaft

durchzuführen. Die Beteiligungsquote an der Tochterkapitalgesellschaft beträgt, um sie mit Betriebsstätten vergleichen zu können, 100%. Die Inlandsaktivität wird mit Eigenkapital i. H. v. 1000 ausgestattet. Im Gewinnfall ergibt

---

[12] Vgl. hierzu auch Endres, D., PIStB 2008, S. 9 ff.; Endres, D., Musterfälle, 2008, S. 41 ff

sich eine Bruttorendite von 10%, im Verlustfall geht man von einer negativen Bruttorendite von 10% aus. Für das deutsche und das nicht untypische ausländische Steuerrecht gilt Folgendes:

- Die ausländischen Steuersätze betragen bei der Körperschaftsteuer 25%, bei der Einkommensteuer 50%.
- Im Ausland gilt ein Shareholder-relief-Verfahren mit reduziertem Einkommensteuersatz i. H. v. 25%.[13]
- Deutsche Steuern werden im Ausland im Nicht-DBA-Fall generell im Rahmen der direkten und ggf. indirekten Anrechnungsmethode[14] berücksichtigt.[15] Die Anrechnung ist auf die anteilige ausländische Steuer begrenzt, die auf die betreffenden Einkünfte entfällt. Im DBA-Fall kommt für deutsche Betriebsstättengewinne unabhängig von der ausländischen Spitzeneinheit und für Schachteldividenden, die ausländische Mutterkapitalgesellschaften beziehen, die Freistellungsmethode zur Anwendung.
- Vermögen- und Gewerbesteuer fallen im Ausland nicht an. Die ausländischen Gewinnermittlungsvorschriften entsprechen denen des deutschen Rechts.
- In Deutschland wird auf Dividenden im Nicht-DBA-Fall eine Quellensteuer von 25% (ausländisches Mutterpersonenunternehmen) bzw. 15% (ausländische Mutterkapitalgesellschaft)[16] erhoben. Durch den Abschluss eines DBA reduziert sich die deutsche Kapitalertragsteuer auf 15% (ausländisches Mutterpersonenunternehmen) bzw. 5% (ausländische Mutterkapitalgesellschaft).
- Weiterhin sei der Gewerbesteuerhebesatz (H) in Deutschland 400%.
- Für die Berechnungen wird der derzeit geltende Spitzensteuersatz bei der Einkommensteuer (Grenzsteuersatz) i. H. v. 45% zugrunde gelegt.
- Solidaritätszuschlag, Kirchensteuer und Freibeträge werden nicht berücksichtigt.

Im Rahmen der Beispielrechnung wird die Beteiligung an einer inländischen Personengesellschaft weitestgehend nicht gesondert behandelt, da sie aus deutscher (und regelmäßig auch ausländischer) Sicht als Folge des Transparenzprinzips so betrachtet wird, als betreibe jeder Gesellschafter mit seinem Gesellschaftsanteil eine eigene unternehmerische Betriebsstätte. Deshalb und aufgrund der Nichtberücksichtigung schuldrechtlicher Vertragsbeziehungen zwischen der deutschen Grundeinheit und der ausländischen Spitzeneinheit ergeben sich somit dieselben Steuerbelastungen wie bei einer inländischen Betriebsstätte.

---

[13] Vgl. hierzu 2. Teil, 2. Kapitel, Abschnitt B III.
[14] Zur Ausgestaltung der indirekten Anrechnungsmethode in den USA vgl. Eicke, R., Repatriierungsstrategien, 2009, S. 332 ff.; Endres, D./Jacob, F./Gohr, M./Klein, M., DBA Deutschland/USA, 2009, Art. 23, Rdn. 10 ff.
[15] Die Frage, ob die deutsche Gewerbesteuer im Nicht-DBA-Fall auf die ausländische Ertragsteuer anrechenbar ist, ist ausschließlich nach ausländischem Recht zu beantworten. Im Abkommensfall ist im Ausland regelmäßig eine Anrechnung der deutschen Gewerbesteuer vorgesehen (siehe z. B. DBA-Großbritannien, DBA-USA). Im Folgenden wird auch für den Nicht-DBA-Fall eine Anrechnung der deutschen Gewerbesteuer unterstellt.
[16] Ist die ausländische Spitzeneinheit eine Kapitalgesellschaft, so können in Deutschland zwei Fünftel der einbehaltenen Quellensteuer i. H. v. 25% gem. § 44 a Abs. 9 EStG auf Antrag erstattet werden. Somit ergibt sich ein Quellensteuersatz i. H. v. 15%.

2. Gewinnfall

a) Ausländische Spitzeneinheit in der Rechtsform eines Personenunternehmens

(1) Nicht-DBA-Fall

Tätigt der ausländische Investor seine Inlandsinvestition in Form einer **Betriebsstätte,** so wird er im Inland mit dem Betriebsstättengewinn i. H. v. 100 gewerbesteuer- und beschränkt einkommensteuerpflichtig. Bei einem Hebesatz von 400% ergibt sich eine Gewerbesteuerbelastung von 14,00.[17] Die Einkommensteuer beträgt 45,00 und wird gem. § 35 Abs. 1 EStG um das 3,8fache des Steuermessbetrags, also i. H. v. 13,30, ermäßigt. In Deutschland fallen somit Steuern von insgesamt 45,70 an. Im Ausland unterliegt der Betriebsstättengewinn im Rahmen der Welteinkommensbesteuerung einer Einkommensteuerbelastung von 50%. Nach Anrechnung der deutschen Steuern vom Ertrag (Einkommen- und Gewerbesteuer) ergibt sich eine ausländische Einkommensteuerzahllast von 4,3. Insgesamt beträgt die Belastung der Gewinne somit 50,00. Dies entspricht einer Belastung mit dem ausländischen Einkommensteuerniveau. Es handelt sich somit aus der Sicht des ausländischen Investors um eine kapitalexportneutrale Besteuerung.[18]

Bei einer **Tochterkapitalgesellschaft** fällt in Deutschland Gewerbesteuer i. H. v. 14,00 an. Als selbständiges Steuersubjekt ist die Tochterkapitalgesellschaft unbeschränkt körperschaftsteuerpflichtig, wodurch sich bei Thesaurierung eine Körperschaftsteuerbelastung von 15,00 ergibt. Im Ausschüttungsfall wird auf die Bruttodividende eine Kapitalertragsteuer i. H. v. 17,75 erhoben. Diese kann im Ausland auf die – durch den geringeren Steuersatz (Shareholder-relief-Verfahren) reduzierte – Einkommensteuer angerechnet werden, so dass die ausländische Einkommensteuerzahllast Null beträgt. Die deutsche Körperschaftsteuer kann dagegen nicht angerechnet werden. Im Fall der Thesaurierung entspricht die Steuerbelastung i. H. v. 29,00 einer Belastung mit deutscher Gewerbe- und Körperschaftsteuer (kapitalimportneutrale Besteuerung). Im Ausschüttungsfall ergibt sich folglich eine Gesamtsteuerbelastung i. H. v. 46,75. Diese setzt sich aus der deutschen Gewerbe- und Körperschaftsteuer sowie der deutschen, auf die ausländische Einkommensteuer direkt anzurechnenden Kapitalertragsteuer zusammen.

Beim **Vergleich der Steuerbelastungen der beiden Gestaltungsalternativen** lässt sich eine Vorteilhaftigkeit der Tochterkapitalgesellschaft feststellen: Die Steuerbelastung der Betriebsstätte beträgt unabhängig von der Gewinnverwendung 50,00. Bei der Kapitalgesellschaft ergibt sich bei Thesaurierung eine Belastung von 29,00. Bei isolierter Betrachtungsweise in Deutschland ist die Alternative der Kapitalgesellschaft im Thesaurierungsfall vorteilhafter als die der Betriebsstätte, da die Gesamtbelastung mit Körperschaftsteuer und Gewerbesteuer (29,00) geringer ausfällt als die Gewerbesteuer und die um die Gewerbesteuer ermäßigte Einkommensteuer

---

[17] Aus Vereinfachungsgründen bleibt bei ausländischen Unternehmen in der Rechtsform eines Personenunternehmens im Folgenden der Freibetrag gem. § 11 Abs. 1 Satz 3 Nr. 1 GewStG unberücksichtigt.
[18] Vgl. die Ausführungen zu Kapitalexport- und Kapitalimportneutralität 1. Teil, 3. Kapitel, Abschnitt B.

(45,70). Hinzu kommt die Nachbelastung mit ausländischer Einkommensteuer aufgrund des höheren Steuerniveaus im Ausland. Schüttet die Kapitalgesellschaft ihre Gewinne aus, wird der Gewinn insgesamt mit 46,75 belastet, während bei der Betriebsstätte durch die Nachbelastung mit der vergleichsweisen hohen Einkommensteuer weiterhin eine Gesamtbelastung von 50,00 zum Tragen kommt. Diese niedrigere Steuerbelastung der Alternative der Kapitalgesellschaft ergibt sich trotz einer – wenn auch durch den reduzierten Einkommensteuersatz gemilderten – Doppelbelastung des Gewinns mit deutscher Körperschaftsteuer und ausländischer Einkommensteuer. Die inländische Kapitalertragsteuer wirkt sich nicht auf die Gesamtsteuerbelastung aus, da sie auf die ausländische Einkommensteuer angerechnet werden kann.

Berechnungsschema (Nicht-DBA-Fall):

Spitzeneinheit: Personenunternehmen
Gestaltungsalternative: Betriebsstätte

Eingesetztes Kapital			1000,00
Gewinn vor Steuern (10%)			100,00
Inland			
– GewSt (400% × 3,5)			14,00
	Einkommensteuerpflichtiger Gewinn	100,00	
	ESt (45%)	45,00	
	– Steuerermäßigung gem. § 35 EStG	13,30	
	= festzusetzende ESt	31,70	
– festzusetzende ESt			31,70
= Gewinn nach Steuern			54,30
Ausland			
steuerpflichtiger Gewinn		100,00	
	ESt 50%	50,00	
	– Anrechnungsbetrag	45,70	
	= festzusetzende ESt	4,30	
– festzusetzende ESt			4,30
= Gewinn nach ESt (Nettozufluss)			50,00
Gesamtsteuerbelastung			50,00

Berechnungsschema (Nicht-DBA-Fall):

Spitzeneinheit: Personenunternehmen
Gestaltungsalternative: Tochterkapitalgesellschaft

Eingesetztes Kapital		1000,00
Gewinn vor Steuern (10%)		100,00
Inland		
– GewSt (400% × 3,5)		14,00
– KSt 15%		15,00
= Gewinn nach Steuern (Bruttodividende)		71,00
– KapESt 25%		17,75
= Nettodividende		53,25

Ausland
steuerpflichtiger Gewinn
(Bruttodividende) 71,00
  ESt 25% 17,75
  − Anrechnungsbetrag 17,75
  = festzusetzende ESt 0,00
− festzusetzende ESt 0,00
= Gewinn nach ESt (Nettozufluss) 53,25

Gesamtsteuerbelastung bei Thesaurierung 29,00
Gesamtsteuerbelastung bei Ausschüttung 46,75

(2) DBA-Fall

Im Fall der **Betriebsstätte** ergeben sich durch das Bestehen eines DBA für die Besteuerung in Deutschland gegenüber dem Nicht-DBA-Fall keine Veränderungen. Das uneingeschränkte Besteuerungsrecht Deutschlands resultiert aus Art. 7 OECD-Modell (Betriebsstättenprinzip). Im Ausland kommt bei Betriebsstättengewinnen dagegen − anders als im Nicht-DBA-Fall − die Freistellungsmethode zur Anwendung. Als Folge dessen ergibt sich im Vergleich zum Nicht-DBA-Fall eine niedrigere Gesamtsteuerbelastung von 45,70, die sich nur noch aus der deutschen Gewerbesteuer und der deutschen Einkommensteuer nach Ermäßigung durch die Gewerbesteuer zusammensetzt (kapitalimportneutrale Besteuerung).

Bei der **Tochterkapitalgesellschaft** beträgt die Gesamtsteuerbelastung bei Thesaurierung in Deutschland ebenso wie im Nicht-DBA-Fall 29,00 (kapitalimportneutrale Besteuerung). Im Ausschüttungsfall wird die Kapitalertragsteuer bei Bestehen eines DBA von 25% auf 15%, d. h. auf 10,65, reduziert. Im Ausland verbleibt nach Anrechnung der Kapitalertragsteuer eine Einkommensteuerzahllast von 7,10. Die verringerte Kapitalertragsteuer wirkt sich somit im Beispiel nur auf die Höhe des Anrechnungsbetrags aus, nicht jedoch auf die Gesamtsteuerbelastung, die analog zum Nicht-DBA-Fall 46,75 beträgt.

Der **Vergleich der Alternativen** führt hinsichtlich der Vorteilhaftigkeit zu einer Veränderung gegenüber dem Nicht-DBA-Fall: Im Thesaurierungsfall ist die Tochterkapitalgesellschaft mit einer Belastung von 29,00 zwar immer noch vorteilhafter als die Betriebsstätte mit einer Belastung von 45,70. Im Ausschüttungsfall stellt jedoch die Betriebsstätte mit einer Gesamtsteuerbelastung von (nur noch) 45,70 die günstigere Alternative dar, da sich bei der Tochterkapitalgesellschaft weiterhin eine Gesamtsteuerbelastung i. H. v. 46,75 ergibt. Die − wenn auch durch den geringeren Steuersatz gemilderte − Doppelbelastung mit deutscher Körperschaftsteuer und ausländischer Einkommensteuer ist nunmehr ausschlaggebend für die Mehrbelastung im Vergleich zur Betriebsstättenalternative. Im Ergebnis bewirkt der Abschluss eines DBA somit eine relative Verbesserung der Betriebsstättenalternative, da infolge der Freistellungsmethode das im Vergleich zum ausländischen niedrigere deutsche Steuerniveau zur Anwendung kommt.

Berechnungsschema (DBA-Fall):

Spitzeneinheit: Personenunternehmen
Gestaltungsalternative: Betriebsstätte

Eingesetztes Kapital		1000,00
Gewinn vor Steuern (10%)		100,00
Inland		
– GewSt (400% × 3,5)		14,00
Einkommensteuerpflichtiger Gewinn	100,00	
ESt (45%)	45,00	
– Steuerermäßigung gem. § 35 EStG	13,30	
= festzusetzende ESt	31,70	
– festzusetzende ESt		31,70
= Gewinn nach Steuern		54,30
Ausland		
steuerpflichtiger Gewinn		0,00
– ESt		0,00
= Gewinn nach ESt (Nettozufluss)		54,30
Gesamtsteuerbelastung		45,70

Berechnungsschema (DBA-Fall):

Spitzeneinheit: Personenunternehmen
Gestaltungsalternative: Tochterkapitalgesellschaft

Eingesetztes Kapital		1000,00
Gewinn vor Steuern (10%)		100,00
Inland		
– GewSt (400% × 3,5)		14,00
– KSt 15%		15,00
= Gewinn nach Steuern (Bruttodividende)		71,00
– KapESt 15%		10,65
= Nettodividende		60,35
Ausland		
steuerpflichtiger Gewinn (Bruttodividende)	71,00	
ESt 25%	17,75	
– Anrechnungsbetrag	10,65	
= festzusetzende ESt	7,10	
– festzusetzende ESt		7,10
= Gewinn nach ESt (Nettozufluss)		53,25
Gesamtsteuerbelastung bei Thesaurierung		29,00
Gesamtsteuerbelastung bei Ausschüttung		46,75

2. Kapitel. Steueroptimale Rechtsformwahl im In- und Ausland

b) Ausländische Spitzeneinheit in der Rechtsform einer Kapitalgesellschaft

Bei einer Kapitalgesellschaft als ausländische Spitzeneinheit ist immer zwischen der Besteuerung von Gesellschaft und Gesellschafter zu unterscheiden. Auf diese Weise kann die steuerliche Vorteilhaftigkeit der Gestaltungsalternativen sowohl aus Sicht der ausländischen Mutterkapitalgesellschaft als auch aus Sicht ihrer ausländischen Gesellschafter abgeleitet werden. Letzteres ist insbesondere bei Investitionen mittelständischer Unternehmen relevant, wenn die im Inland erzielten Gewinne zur Ausschüttung gelangen müssen oder wenn ein Vergleich mit einem Personenunternehmen als Spitzeneinheit erfolgen soll. Denn in diesem Fall unterliegen die Gewinne bei Entnahme durch die Gesellschafter keiner weiteren Besteuerung mehr.

(1) Nicht-DBA-Fall

(a) Ebene der Gesellschaft

Bei Investition in eine **Betriebsstätte** besteht neben der deutschen Gewerbesteuerpflicht der Betriebsstätte die beschränkte Körperschaftsteuerpflicht der ausländischen Kapitalgesellschaft im Inland. Bei einem Hebesatz von 400% ergibt sich eine Gewerbesteuerbelastung i. H. v. 14,00. Nach § 23 Abs. 1 KStG unterliegen die Betriebsstättengewinne einem Körperschaftsteuersatz von 15%. Die Gesamtbelastung beträgt folglich 29,00. Im Ausland unterliegt der Betriebsstättengewinn einem Körperschaftsteuersatz von 25%. Nach Anrechnung der deutschen Gewerbe- und Körperschaftsteuer ergibt sich eine Zahllast von Null, und es verbleibt ein Anrechnungsüberhang von 4,00. Insgesamt liegt die Gesamtsteuerbelastung bei 29,00 und setzt sich aus der inländischen Gewerbe- und Körperschaftsteuer zusammen. Dies führt aus der Sicht des ausländischen Investors zu einer kapitalimportneutralen Besteuerung.

Eine **Tochterkapitalgesellschaft** ist in Deutschland gewerbesteuerpflichtig und unbeschränkt körperschaftsteuerpflichtig. Bei der Gewerbe- und Körperschaftsteuer ergibt sich bei Thesaurierung dieselbe Belastung wie im Betriebsstättenfall, also i. H. v. 29,00. Im Ausschüttungsfall wird auf die Bruttodividende von 71,00 eine 15%ige Kapitalertragsteuer, also i. H. v. 10,65 erhoben. Im Ausland unterliegt die Bruttodividende einer Körperschaftsteuer von 25%. Die Doppelbelastung der Beteiligungserträge wird bei der ausländischen Mutterkapitalgesellschaft durch die indirekte Anrechnungsmethode vermieden, wodurch die steuerpflichtigen ausländischen Einkünfte i. H. v. 100,00 die Bemessungsgrundlage zur Berechnung der ausländischen Körperschaftsteuer bilden. Dies bedeutet aber zugleich, dass neben der deutschen Kapitalertragsteuer auch die auf der Bruttodividende lastende deutsche Gewerbe- und Körperschaftsteuer auf die ausländische Körperschaftsteuer angerechnet werden können. Da der Anrechnungshöchstbetrag auf die ausländische Körperschaftsteuer begrenzt ist, die auf diese Einkünfte entfällt, verbleibt ein Anrechnungsüberhang von 14,65. Insgesamt beträgt die Gesamtsteuerbelastung bei Thesaurierung im Inland 29,00 und resultiert aus der inländischen Gewerbe- und Körperschaftsteuer (kapitalimportneutrale Besteuerung). Bei Ausschüttung an die Mutterkapitalgesellschaft erhöht sich die Gesamtsteuerbelastung aufgrund der erhobenen Kapitalertragsteuer auf 39,65.

Beim **Vergleich der beiden Gestaltungsalternativen** lässt sich feststellen, dass die Alternative der Betriebsstätte insgesamt mit einer Gesamtsteuerbelastung von 29,00 die vorteilhaftere Alternative ist. Sofern die Tochterkapitalgesellschaft ihre Gewinne thesauriert, bestehen zwischen beiden Gestaltungsalternativen zwar keine Unterschiede. Schüttet die Tochterkapitalgesellschaft ihren Gewinn dagegen an ihre ausländische Muttergesellschaft aus, fällt bei der Alternative einer Tochterkapitalgesellschaft eine höhere Steuerbelastung an als bei der einer Betriebsstätte, da bei letzterer auf entnommene Gewinne keine Kapitalertragsteuer einbehalten wird. Da sich bei den betrachteten Alternativen dieselbe Gewerbesteuerbelastung ergibt, hat sie keine Auswirkung auf die Vorteilhaftigkeit.

(b) Ebene der Gesellschafter

Bei Weiterausschüttung der Gewinne der ausländischen Muttergesellschaft an ihre Anteilseigner kommt im Rahmen des im Ausland geltenden Shareholder-relief-Verfahrens ein reduzierter Einkommensteuersatz i. H. v. 25% anstelle des tariflichen Einkommensteuersatzes i. H. v. 50% zur Anwendung.[19]

Im **Betriebsstättenfall** ergibt sich bei den Anteilseignern der ausländischen Muttergesellschaft eine Belastung mit ausländischer Einkommensteuer von 25%, i. H. v. 17,75. Die Gesamtsteuerbelastung beträgt somit 46,75 und setzt sich aus der inländischen Gewerbesteuer, der inländischen Körperschaftsteuer und der ausländischen Einkommensteuer zusammen.

Auch bei der **Kapitalgesellschaftsalternative** entsteht auf Ebene der Gesellschafter eine Einkommensteuerbelastung von 25%. Unter Berücksichtigung der Einkommensteuer von 15,09 ergibt sich eine Gesamtsteuerbelastung i. H. v. 54,74. Diese resultiert aus der inländischen Gewerbesteuer, der inländischen Körperschaftsteuer, der inländischen Kapitalertragsteuer und der ausländischen Einkommensteuer; eine ausländische Körperschaftsteuer fällt aufgrund eines Anrechnungsüberhangs von 14,65 dagegen nicht an.

Bei Weiterausschüttung kommt es sowohl bei Wahl der Betriebsstätte als auch bei Wahl der Tochterkapitalgesellschaft grundsätzlich zu einer Doppelbelastung der in Deutschland erzielten Gewinne auf Ebene der ausländischen Gesellschafter. Diese Doppelbelastung wird durch das Shareholder-relief-Verfahren lediglich gemildert, nicht jedoch gänzlich vermieden. Insgesamt treten im Vergleich zu den unter (1) (a) betrachteten Fällen keine Veränderungen der Vorteilhaftigkeit auf, d. h. auch bei Weiterausschüttung weist die Betriebsstätte die geringere Steuerbelastung auf. Die Mehrbelastung der Tochterkapitalgesellschaft resultiert allein aus der Belastung der Dividenden mit Kapitalertragsteuer in Deutschland, die im Ausland teilweise definitiv wird. Dagegen haben die deutsche Gewerbesteuer, die deutsche Körperschaftsteuer und die ausländische Einkommensteuer keine Auswirkungen auf die Vorteilhaftigkeit.

---

[19] Würde man stattdessen im Ausland ein anderes Körperschaftsteuersystem (klassisches Körperschaftsteuersystem oder Anrechnungsverfahren) unterstellen, hat dies zwar Konsequenzen auf die absolute Höhe der Gesamtsteuerbelastung; Auswirkungen auf die Vorteilhaftigkeit der beiden Gestaltungsalternativen Betriebsstätte und Tochterkapitalgesellschaft ergäben sich hingegen nicht, so dass das ausländische Körperschaftsteuersystem insoweit nicht entscheidungsrelevant ist. Vgl. zu den verschiedenen Körperschaftsteuersystemen 2. Teil, 2. Kapitel, Abschnitt B III.

Berechnungsschema (Nicht-DBA-Fall):

Spitzeneinheit: Kapitalgesellschaft
Gestaltungsalternative: Betriebsstätte

Eingesetztes Kapital		1000,00
Gewinn vor Steuern (10%)		100,00

Gesellschaftsebene
Inland
– GewSt (400% × 3,5)		14,00
– KSt 15%		15,00
= Gewinn nach Steuern		71,00

Ausland
steuerpflichtiger Gewinn	100,00	
KSt 25%	25,00	
– Anrechnungsbetrag	25,00	
= festzusetzende KSt	0,00	
Anrechnungsüberhang	4,00	
– festzusetzende KSt		0,00
= Gewinn nach KSt		71,00

Gesellschafterebene
Dividende		71,00
= steuerpflichtige Einkünfte		71,00
– ESt 25%		17,75
= Gewinn nach ESt (Nettozufluss)		53,25

Gesamtsteuerbelastung bei Thesaurierung im Ausland		29,00
Gesamtsteuerbelastung bei Ausschüttung		46,75

Berechnungsschema (Nicht-DBA-Fall):

Spitzeneinheit: Kapitalgesellschaft
Gestaltungsalternative: Tochterkapitalgesellschaft

Eingesetztes Kapital		1000,00
Gewinn vor Steuern (10%)		100,00

Gesellschaftsebene
Inland
– GewSt (400% × 3,5)		14,00
– KSt 15%		15,00
= Bruttodividende		71,00
– KapESt 15%		10,65
= Nettodividende		60,35

Ausland
steuerpflichtiger Gewinn	100,00	
KSt 25%	25,00	
– Anrechnungsbetrag	25,00	
= festzusetzende KSt	0,00	
Anrechnungsüberhang	14,65	
– festzusetzende KSt		0,00
= Gewinn nach KSt		60,35

Gesellschafterebene

Dividende	60,35
= steuerpflichtige Einkünfte	60,35
− ESt 25%	15,09
= Gewinn nach ESt (Nettozufluss)	45,26
Gesamtsteuerbelastung bei Thesaurierung im Inland	29,00
Gesamtsteuerbelastung bei Thesaurierung im Ausland	39,65
Gesamtsteuerbelastung bei Weiterausschüttung	54,74

(2) DBA-Fall

(a) Ebene der Gesellschaft

Durch den Abschluss eines DBA ergeben sich im Fall der **Betriebsstätte** für die Besteuerung in Deutschland keine Unterschiede. Das uneingeschränkte Besteuerungsrecht Deutschlands ergibt sich aus Art. 7 OECD-Modell (Betriebsstättenprinzip). Im Ausland kommt annahmegemäß – anders als im Nicht-DBA-Fall – die Freistellungsmethode zur Anwendung. Diese führt jedoch aufgrund der höheren deutschen Steuerbelastung zu den gleichen Ergebnissen wie die Anrechnungsmethode im Nicht-DBA-Fall. Somit ergibt sich insgesamt eine Steuerbelastung von 29,00, die der deutschen Gewerbe- und Körperschaftsteuer entspricht (kapitalimportneutrale Besteuerung).

Im Fall einer deutschen **Tochterkapitalgesellschaft** hat das Vorliegen eines DBA ebenfalls keine Konsequenzen, sofern die Tochtergesellschaft ihre Gewinne thesauriert. Werden die Gewinne dagegen an die ausländische Muttergesellschaft transferiert, fällt auf die Dividenden nur noch eine reduzierte Kapitalertragsteuer von 5%, demnach i. H. v. 3,55 an. Im Ausland kommt die Freistellungsmethode zur Anwendung. Die Gesamtsteuerbelastung reduziert sich im Vergleich zum Nicht-DBA-Fall aufgrund der geringeren Kapitalertragsteuer von 39,65 auf 32,55.

Die **Steuerbelastungen der beiden Gestaltungsalternativen** entsprechen sich, falls die deutsche Tochterkapitalgesellschaft ihre Gewinne thesauriert. Bei Ausschüttung an die ausländische Muttergesellschaft ist dagegen die Betriebsstätte mit einer Belastung von 29,00 günstiger als die Tochterkapitalgesellschaft mit einer Belastung von 32,55. Die Mehrbelastung im Vergleich zur Betriebsstätte resultiert aus der Belastung der Dividende mit Kapitalertragsteuer in Deutschland, die definitiv ist.

Ist die ausländische Muttergesellschaft in einem **EU-Mitgliedstaat** ansässig, besteht dagegen kein Unterschied zwischen den Gestaltungsalternativen. Grund ist der Wegfall von Quellensteuern auf Dividenden als Ergebnis der Mutter-Tochterrichtlinie.[20]

(b) Ebene der Gesellschafter

Bei Weiterausschüttung der Gewinne der ausländischen Muttergesellschaft an ihre Anteilseigner fließt diesen bei der Alternative der **Betriebsstätte** eine Bruttodividende von 71,00 zu, die zu den steuerpflichtigen Einkünften im

---

[20] Vgl. die Darstellung im 2. Teil, 3. Kapitel, Abschnitt B I. Gleiches gilt für in den USA oder der Schweiz ansässige Muttergesellschaften, soweit die Voraussetzungen für den in den jeweiligen DBA vorgesehenen Nullsteuersatz auf Dividenden erfüllt sind.

2. Kapitel. Steueroptimale Rechtsformwahl im In- und Ausland

Ausland gehört und somit dort dem reduzierten Einkommensteuersatz im Rahmen des Shareholder-relief-Verfahrens i. H. v. 25% unterliegt. Dadurch wird die Freistellung der Betriebsstättengewinne auf Ebene der Muttergesellschaft bei den Gesellschaftern partiell zunichte gemacht. Es kommt also zu einer Doppelbelastung der Gewinne mit inländischer Gewerbesteuer, inländischer Körperschaftsteuer und ermäßigter ausländischer Einkommensteuer. Insgesamt beträgt die Steuerbelastung 46,75.

Bei Vorliegen einer deutschen **Tochterkapitalgesellschaft** kommt es auf Ebene der Gesellschafter der ausländischen Muttergesellschaft ebenfalls zu einer Nachversteuerung der steuerfreien Dividenden. Die Gesellschafter unterliegen mit ihrer Dividende von 67,45 einer reduzierten ausländischen Einkommensteuer von 25%, d. h. von 16,86. Die Gesamtsteuerbelastung erhöht sich dadurch auf 49,41 und setzt sich aus der deutschen Gewerbesteuer, der deutschen Körperschaftsteuer, der deutschen Kapitalertragsteuer und der ermäßigten ausländischen Einkommensteuer zusammen. Im Vergleich zum Nicht-DBA-Fall fällt die Gesamtsteuerbelastung aufgrund der niedrigeren deutschen Kapitalertragsteuer allerdings geringer aus.

Durch die Weiterausschüttung ergeben sich im Vergleich zur Thesaurierung auf Ebene der Muttergesellschaft keine Vorteilhaftigkeitsveränderungen, denn sowohl bei der Betriebsstätte als auch bei der Tochterkapitalgesellschaft fällt bei den Gesellschaftern auf die Dividende die ermäßigte Einkommensteuer im Rahmen des Shareholder-relief-Verfahrens von 25% an.

Berechnungsschema (DBA-Fall):

Spitzeneinheit: Kapitalgesellschaft
Gestaltungsalternative: Betriebsstätte

Eingesetztes Kapital	1000,00
Gewinn vor Steuern (10%)	100,00
Gesellschaftsebene	
Inland	
– GewSt (400% × 3,5)	14,00
– KSt 15%	15,00
= Gewinn nach Steuern	71,00
Ausland	
Steuerpflichtiger Gewinn	0,00
– KSt	0,00
= Gewinn nach KSt	71,00
Gesellschafterebene	
Dividende 71,00	
= steuerpflichtige Einkünfte 71,00	
– ESt 25%	17,75
= Gewinn nach ESt (Nettozufluss)	53,25
Gesamtsteuerbelastung bei Thesaurierung im Ausland	29,00
Gesamtsteuerbelastung bei Ausschüttung	46,75

Berechnungsschema (DBA-Fall):

Spitzeneinheit: Kapitalgesellschaft
Gestaltungsalternative: Tochterkapitalgesellschaft

Eingesetztes Kapital	1000,00
Gewinn vor Steuern (10%)	100,00
Gesellschaftsebene	
Inland	
– GewSt (400% × 3,5)	14,00
– KSt 15%	15,00
= Bruttodividende	71,00
– KapESt 5%	3,55
= Nettodividende	67,45
Ausland	
steuerpflichtiger Gewinn	0,00
– KSt	0,00
= Gewinn nach KSt	67,45
Gesellschafterebene	
Dividende	67,45
= steuerpflichtige Einkünfte	67,45
– ESt 25%	16,86
= Gewinn nach ESt (Nettozufluss)	50,59
Gesamtsteuerbelastung bei Thesaurierung im Inland	29,00
Gesamtsteuerbelastung bei Thesaurierung im Ausland	32,55
Gesamtsteuerbelastung bei Weiterausschüttung	49,41

3. Verlustfall

Häufig entstehen gerade in der Anlaufphase einer Direktinvestition Verluste, deren steuermindernde Nutzung der Steuerplaner natürlich anstrebt. Betrachtet man ausschließlich die beiden Gestaltungsalternativen Betriebsstätte und Tochterkapitalgesellschaft, sind die **Verlustverrechnungsmöglichkeiten in Deutschland** identisch: Im Rahmen der Gewerbesteuer werden Verluste jeweils ausschließlich vorgetragen (§ 10a GewStG), während bei der Einkommen- bzw. Körperschaftsteuer neben dem Verlustvortrag auch ein Verlustrücktrag möglich ist (§ 10d EStG). Die Rechtsform der ausländischen Muttergesellschaft hat ebenfalls keinen Einfluss auf die Vorteilhaftigkeitsrangfolge zwischen beiden Alternativen. Verfügt der Auslandsinvestor dagegen bereits über weitere profitable Aktivitäten in Deutschland, so können die Verluste im Rahmen einer gewerbe- (§ 2 Abs. 2 Satz 2 GewStG) und körperschaftsteuerlichen **Organschaft** (§§ 14 ff. KStG) mit Gewinnen anderer deutscher Tochtergesellschaften des Auslandsinvestors verrechnet werden. Hieraus resultiert zumindest ein Liquiditätsvorteil, der insbesondere in Krisenzeiten entscheidend sein kann; auf die Rechtsform der ausländischen Muttergesellschaft kommt es wiederum nicht an.

Abgesehen von diesen Verlustverrechnungsmöglichkeiten in Deutschland wird dem Auslandsinvestor aber auch daran gelegen sein, die deutschen Verluste im Jahr ihrer Entstehung mit seinem ausländischen Einkommen zu verrechnen, d.h. **die deutschen Verluste in die ausländische Bemessungsgrundlage einzubeziehen.** In diesem Fall ist jene Gestaltungsalternative am vorteilhaftesten, mit der die größten Steuereinsparungen erzielt werden. Im Folgenden wird hinsichtlich der DBA-Situation und der Rechtsform der ausländischen Spitzeneinheit differenziert.

a) Nicht-DBA-Fall

Im Fall einer deutschen **Betriebsstätte** können die dort entstandenen Verluste unmittelbar in die ausländische Steuerbemessungsgrundlage der Muttergesellschaft einbezogen werden. Bei einer Mutterkapitalgesellschaft ergibt sich dadurch entsprechend dem ausländischen Körperschaftsteuersatz eine Entlastung von 25% und bei einer Mutterpersonengesellschaft sogar entsprechend dem ausländischen Einkommensteuersatz i. H. v. 50%, jeweils in Bezug auf die Verlusthöhe. Aufgrund des höheren ausländischen Einkommensteuersatzes ist somit eine ausländische Mutterpersonengesellschaft günstiger. Allerdings handelt es sich bei den Entlastungswirkungen lediglich um Liquiditätseffekte, denn in späteren Jahren sinkt die Anrechnungsmöglichkeit im Ausland in dem Maße, in dem die Verluste in Deutschland vorgetragen werden. Bei einer **Tochterkapitalgesellschaft** ist aufgrund des Trennungsprinzips keine direkte Verlustberücksichtigung im Ausland möglich. Ausnahmen ergeben sich lediglich, wenn im Ausland eine Teilwertabschreibung auf die Anteile zulässig ist oder im Rahmen von Sonderregelungen ein Verlustabzug mit späterer Hinzurechnung der Verluste, sobald die Tochterkapitalgesellschaft wieder Gewinne erwirtschaftet, vorgesehen ist (sog. Nachversteuerungslösung).

b) DBA-Fall

Im Fall einer deutschen **Betriebsstätte** hängen die Möglichkeiten der Verlustberücksichtigung im ausländischen Stammhaus davon ab, welche Methode zur Vermeidung der Doppelbesteuerung im entsprechenden Abkommen zur Anwendung kommt. Bei der Anrechnungsmethode werden die Verluste bei der Mutterpersonen- bzw. Mutterkapitalgesellschaft in die Bemessungsgrundlage einbezogen, so dass sich keine Veränderungen zum Nicht-DBA-Fall ergeben. Findet dagegen die Freistellungsmethode Anwendung, ist grundsätzlich keine Verlustberücksichtigung möglich, es sei denn im Ausland gibt es Sonderregelungen, die einen Verlustabzug im Rahmen einer Nachversteuerungslösung möglich machen.[21] Für den Fall einer **Tochterkapitalgesellschaft** ergeben sich keine Veränderungen gegenüber dem Nicht-DBA-Fall.

4. Zusammenfassung

Die Ergebnisse des Belastungsvergleichs verdeutlichen, dass die Entscheidung für eine bestimmte Rechtsform immer eine unternehmensspezifische ist. Eine von der Sachverhaltskonstellation unabhängige Empfehlung kann nicht gegeben werden, sondern muss von den **Umständen des jeweili-**

---

[21] Vgl. 4. Teil, 2. Kapitel, Abschnitt B II 2 a) (2).

gen Einzelfalls abhängig gemacht werden. Je nachdem, welche Datenkonstellation vorliegt, kann jede der betrachteten Formen des Inlandsengagements die aus steuerlicher Sicht zu empfehlende Gestaltungsalternative sein. Für die konkrete Steuerplanung bedeutet dies, dass die Entscheidung nur bei Kenntnis sämtlicher relevanter Informationen getroffen werden darf.

Zunächst muss sich das ausländische Unternehmen zwischen einem Direktgeschäft ohne feste Präsenz in Deutschland (z. B. bloße Lieferungen) oder einer Inbound-Investition entscheiden. Generell wird ein Direktgeschäft, das keine deutsche Steuerbelastung auslöst, vorzuziehen sein, falls das Steuerniveau im Ausland geringer ist. Allerdings scheidet eine solche steuerliche Ausweichstrategie häufig aus unternehmerischen Gründen aus, denn dauerhafter Erfolg lässt sich nur mit ausreichender Marktpräsenz erzielen. Auf der Suche nach einer geeigneten Anlageform stehen dann die Betriebsstätte (Zweigniederlassung), Personengesellschaft oder Kapitalgesellschaft zur Auswahl. Darüber hinaus darf die Vorteilhaftigkeit einer Gestaltungsalternative nicht allein aufgrund der laufenden Besteuerung beurteilt werden. Die Besteuerung der aperiodischen Geschäftsvorgänge ist dabei umso bedeutsamer, je eher in absehbarer Zeit eine Aufnahme, Umstrukturierung oder Beendigung der Inlandstätigkeit des Auslandsinvestors beabsichtigt ist. Erst wenn alle Einflussfaktoren für die Steuerbelastung des Inlandsengagements bekannt sind, lassen sich klare Einzelaussagen dahingehend treffen, welche der Alternativen Betriebsstätte, Personen- oder Kapitalgesellschaft der Zielsetzung Steuerminimierung am besten entspricht. Allgemeingültige Aussagen über die Vorteilhaftigkeit einer der Gestaltungsalternativen sind daher nur begrenzt möglich. Es bietet sich eine Beurteilung anhand **alternativer Gewinnverwendungsstrategien** an.

- **Reinvestition im Inland:** Handelt es sich bei der ausländischen Spitzeneinheit um ein Personenunternehmen mit natürlichen Personen als Partnern, so ist es bei Verzicht auf Gewinnrepatriierung günstiger, in eine inländische Tochterkapitalgesellschaft zu investieren und zwar unabhängig davon, ob ein DBA besteht oder nicht. Dies ist darauf zurückzuführen, dass das deutsche Steuerniveau, das sich aus Gewerbe- und Körperschaftsteuer zusammensetzt, unter dem bei der Betriebsstättenalternative im Nicht-DBA-Fall zur Anwendung kommenden ausländischen Einkommensteuerniveau und unter dem im DBA-Fall zur Anwendung kommenden inländischen Steuerniveau, das sich aus Gewerbesteuer und Einkommensteuer nach Ermäßigung durch die Gewerbesteuer zusammensetzt, liegt.[22] Bei einer Kapitalgesellschaft als Spitzeneinheit führen dagegen die verschiedenen Gestaltungsalternativen zu einer identischen Steuerbelastung, da sowohl die Betriebsstätte als auch die Kapitalgesellschaft in Deutschland der Körperschaftsteuer und der Gewerbesteuer zu denselben Bedingungen unterliegen.

---

[22] Hierbei wird wie in den obigen Beispielsrechnungen unterstellt, dass im Rahmen der beschränkten Einkommensteuerpflicht zunächst der deutsche Spitzensteuersatz i. H. v. 45% zur Anwendung kommt (Fall a in Tabelle 41).

2. Kapitel. Steueroptimale Rechtsformwahl im In- und Ausland

Tabelle 41: Steuerbelastung bei Inbound-Investitionen im Gewinnfall

Inländische Grundeinheit	Ausländische Spitzeneinheit: Personenunternehmen						Ausländische Spitzeneinheit: Kapitalgesellschaft			
	Nicht-DBA-Fall			DBA-Fall			Nicht-DBA-Fall		DBA-Fall	
	Betriebsstätte		Tochterkapitalgesellschaft	Betriebsstätte		Tochterkapitalgesellschaft	Betriebsstätte	Tochterkapitalgesellschaft	Betriebsstätte	Tochterkapitalgesellschaft
Reinvestition im Inland	50,00[a]	50,00[b]	29,00	45,70[a]	25,70[b]	29,00	29,00	29,00	29,00	29,00
Reinvestition auf Ebene der ausländischen Spitzeneinheit	50,00[a]	50,00[b]	46,75	45,70[a]	25,70[b]	46,75	29,00	39,65	29,00	32,55
Durchleitung an die Gesellschafter der Spitzeneinheit	50,00[a]	50,00[b]	46,75	45,70[a]	25,70[b]	46,75	46,75	54,74	46,75	49,41

[a] Im Rahmen der beschränkten Einkommensteuerpflicht in Deutschland kommt ein Einkommensteuersatz von 45% zur Anwendung.
[b] Im Rahmen der beschränkten Einkommensteuerpflicht im Ausland kommt ein Einkommensteuersatz i. H. v. 25% zur Anwendung.

- **Reinvestition auf Ebene der ausländischen Spitzeneinheit:** Sollen die Gewinne von der ausländischen Spitzeneinheit reinvestiert werden, ist es für ein Personenunternehmen als Spitzeneinheit im DBA-Fall nun vorteilhafter, in eine Betriebsstätte zu investieren. Denn bei dieser Gestaltungsalternative kommt weiterhin lediglich das Steuerniveau zum Tragen, welches sich aus inländischer Einkommen- und Gewerbesteuer ergibt; dagegen fällt bei der Alternative der Tochterkapitalgesellschaft neben der deutschen Gewerbe- und Körperschaftsteuer noch ausländische Einkommensteuer an, da die deutsche Körperschaftsteuer – im Gegensatz zur deutschen Kapitalertragsteuer – im Ausland nicht anrechenbar ist. Im Nicht-DBA-Fall bleibt es – infolge der Nachbelastung mit ausländischer Einkommensteuer aufgrund des höheren Steuerniveaus im Ausland bei der Betriebsstätte – bei der Vorteilhaftigkeit der Tochterkapitalgesellschaft.
Bei einer Spitzeneinheit in der Rechtsform einer Kapitalgesellschaft ist unabhängig vom Bestehen eines DBA die Investition in eine Betriebsstätte im Gegensatz zur ausschließlichen Betrachtung der Situation in Deutschland

vorteilhafter, da bei der Tochterkapitalgesellschaft im Ausschüttungsfall Kapitalertragsteuer erhoben wird. Insgesamt handelt es sich bei der inländischen Betriebsstätte einer ausländischen Kapitalgesellschaft um die günstigste Gestaltungsalternative, da die Steuerbelastung, bestehend aus der deutschen Gewerbe- und Körperschaftsteuer, unter der für Betriebsstätten und Tochterkapitalgesellschaften eines ausländischen Personenunternehmens liegt.

– **Durchleitung an die Gesellschafter der Spitzeneinheit:** Ist die Spitzeneinheit ein Personenunternehmen, so verbleibt es mangels weiteren Besteuerungszugriffs bei der Vorteilhaftigkeit der Tochterkapitalgesellschaft, da keine weiteren Steuerbelastungen auftreten.

Für eine Kapitalgesellschaft als Spitzeneinheit ändert sich durch die Weiterleitung der Gewinne an die Anteilseigner die für die Ebene der Spitzeneinheit festgestellte Vorteilhaftigkeitsrangfolge ebenfalls nicht. Allerdings unterliegen die Gewinne auf Ebene der Anteilseigner zusätzlich der Einkommensteuer und damit einer Doppelbelastung, welche durch das Shareholder-relief-Verfahren in Form eines reduzierten Einkommensteuersatzes zumindest gemildert wird.

Insgesamt betrachtet stellen im Nicht-DBA-Fall und bei Weiterausschüttung der Gewinne an die Anteilseigner die Betriebsstätte einer ausländischen Kapitalgesellschaft und die Tochterkapitalgesellschaft einer ausländischen Personengesellschaft gemeinsam die günstigsten Alternativen dar. Im DBA-Fall liegt die Vorteilhaftigkeit bei der Alternative der Betriebsstätte eines ausländischen Personenunternehmens, da aufgrund der Freistellung lediglich das inländische Steuerniveau zum tragen kommt.

Zusammenfassend lässt sich feststellen, dass im Fall einer **ausländischen Mutterkapitalgesellschaft** die Betriebsstätte unabhängig von der Ebene, auf der die Gewinne reinvestiert werden sollen, die vorteilhafteste Gestaltungsalternative für Inbound-Investitionen in Deutschland darstellt. Insofern führt die Gewinnverwendungspolitik nicht zu Interessenkollisionen. Die Tochterkapitalgesellschaft weist generell nur im Thesaurierungsfall eine identische Belastung auf. Ansonsten ist diese Gestaltungsalternative bei einem reinen Tarifvergleich der Betriebsstätte unterlegen, da beim Transfer der Gewinne in das Ausland Kapitalertragsteuer anfällt. Von einer Einbehaltung der Kapitalertragsteuer wird jedoch bei Ansässigkeit der Muttergesellschaft innerhalb der EU aufgrund der Mutter-Tochterrichtlinie abgesehen, so dass aus der Sicht von EU-Mutterkapitalgesellschaften beide Gestaltungsalternativen gleichwertig sind. Tendenziell kann somit bezüglich der Steuertarife festgehalten werden, dass sich das **Deutschlandengagement** aus der Sicht einer ausländischen Mutterkapitalgesellschaft weitgehend **rechtsformneutral** gestalten lässt.

Handelt es sich dagegen um eine **ausländische Mutterpersonengesellschaft** können sich in Abhängigkeit von der Belastungsebene Interessenkonflikte ergeben. Denn bei ausschließlicher Betrachtung der Situation in Deutschland ist die Tochterkapitalgesellschaft günstiger, während bei einer Repatriierung der Gewinne in das Ausland zumindest im DBA-Fall die Betriebsstättenalternative vorteilhafter ist. Allerdings ist annahmegemäß davon ausgegangen worden, dass bei ausländischen Personenunternehmen, die in Deutschland beschränkt steuerpflichtig werden, der Einkommensteuerspitzensatz i. H. v. 45% zur Anwendung kommt.

2. Kapitel. Steueroptimale Rechtsformwahl im In- und Ausland

Es ist hingegen auch vorstellbar, dass in der deutschen Betriebsstätte geringe Gewinne erzielt werden oder die ausländische Personengesellschaft über einen großen Gesellschafterkreis verfügt. In beiden Fällen kann der auf die Gesellschafter der ausländischen Personengesellschaft in Deutschland entfallende Gewinnanteil somit einem **geringeren (Durchschnitts-)Einkommensteuersatz** unterliegen, da sich dieser auch für beschränkt Einkommensteuerpflichtige aus dem Normaltarif des § 32 a EStG ergibt, wobei der Grundfreibetrag dem zu versteuernden Einkommen hinzuzurechnen ist (§ 50 Abs. 1 Satz 2 EStG). Für die folgenden Berechnungen wird ein beispielhafter (Durchschnitts-)Einkommensteuersatz i. H. v. 25% zugrunde gelegt (Fall b in Tabelle 41). Bei Anwendung dieses niedrigeren Einkommensteuersatzes stellt sich die Belastungssituation bei der Betriebsstättenalternative in Deutschland wie folgt dar: Auf den Betriebsstättengewinn fällt wie bisher Gewerbesteuer i. H. v. 14,00 an.[23] Bei Anwendung des 25%igen Einkommensteuersatzes beträgt die Einkommensteuer unter Berücksichtigung der Steuerermäßigung gem. § 35 EStG 11,70. Damit ergibt sich in Deutschland eine Gesamtsteuerbelastung mit Einkommen- und Gewerbesteuer von nur noch 25,70 gegenüber 45,70 bei Anwendung des Einkommensteuerspitzensatzes. Im **Nicht-DBA-Fall** profitieren die Gesellschafter der ausländischen Personengesellschaft jedoch nicht von der reduzierten Gesamtsteuerbelastung in Deutschland. Denn aufgrund des Welteinkommensprinzips und der Anwendung der Anrechnungsmethode im Ausland wird der Betriebsstättengewinn auf das höhere ausländische Einkommensteuerniveau hochgeschleust (kapitalexportneutrale Besteuerung). Kommt dagegen im **DBA-Fall** die Freistellungsmethode zur Anwendung, bleibt es bei der insoweit niedrigeren Belastung des Betriebsstättengewinns mit deutschen Steuern (kapitalimportneutrale Besteuerung). Damit ist die Betriebsstätte im DBA-Fall nicht nur generell günstiger als eine Tochterkapitalgesellschaft. Vielmehr handelt es sich auch um die mit Abstand niedrigste Gesamtsteuerbelastung sämtlicher untersuchter Gestaltungsalternativen. Eine Variation der Anzahl der Gesellschafter einer ausländischen Personengesellschaft und somit indirekt eine Variation der auf die Gesellschafter in Deutschland entfallenden Einkünfte kann sich bei der Betriebsstättenalternative folglich auf die Höhe der Gesamtsteuerbelastung auswirken. Diese Möglichkeit besteht infolge des proportionalen deutschen Körperschaftsteuersatzes weder bei ausländischen Mutterkapitalgesellschaften noch bei Investitionen in eine inländische Tochterkapitalgesellschaft.

Zu einem vergleichbaren Ergebnis kommt man bei Anwendung des optionalen Sondersteuersatzes von 28,25% gem. § 34 a EStG (sog. Thesaurierungsbegünstigung), soweit einer inländischen Personengesellschaft, deren Besteuerungsfolgen grundsätzlich denen einer inländischen Betriebsstätte entsprechen, weder Gewinnanteile entnommen werden noch eine ausländische Mutterkapitalgesellschaft Gesellschafterin ist. Allerdings erfolgt bei einer späte-

---

[23] Aus Vereinfachungsgründen ist bei den Berechnungen der Freibetrag gem. § 11 Abs. 1 Nr. 1 GewStG unberücksichtigt geblieben. Insbesondere bei niedrigen Gewinnen hat der Freibetrag i. H. v. 24 500 € jedoch deutliche Auswirkung auf die gewerbesteuerliche Belastung in Deutschland. Um eine Vergleichbarkeit mit den bisherigen Berechnungen zu gewährleisten, bleibt der Freibetrag allerdings auch im Folgenden unberücksichtigt.

ren Entnahme eine Nachversteuerung i. H. v. 25%, so dass sich grundsätzlich nur Zins- und Liquiditätsvorteile ergeben können.[24]

Im Stadium der Inbound-Investitionsentscheidung sollten auch die Besteuerungskonsequenzen bei einer späteren **Trennung vom Deutschlandengagement** nicht vernachlässigt werden. Dabei bestehen insoweit bedeutsame Rechtsformunterschiede:

- Die Veräußerung einer Betriebsstätte bzw. des **Anteils an einer Personengesellschaft** fällt grundsätzlich unter die deutsche beschränkte Steuerpflicht, die auch abkommensrechtlich nicht aufgehoben oder begrenzt wird. Vielmehr räumt Art. 7 i. V. m. Art. 13 OECD-Modell (Betriebsstättenprinzip) hier Deutschland das uneingeschränkte Besteuerungsrecht ein.
- Im Gegensatz dazu unterliegt zwar auch die Veräußerung einer Kapitalgesellschaftsbeteiligung der deutschen Steuerpflicht. Diese wird aber regelmäßig durch eine Regelung analog zu Art. 13 Abs. 5 OECD-Modell aufgehoben, so dass das diesbezügliche Besteuerungsrecht alleine dem Heimatstaat des Investors zusteht.

Bei der Entscheidung für eine der beiden Gestaltungsalternativen Betriebsstätte oder Tochterkapitalgesellschaft ist somit die Kapitalgesellschaftsalternative tendenziell günstiger, wobei diese Aussage noch verstärkt wird, wenn ausländische Mutterkapitalgesellschaften von diesbezüglichen Steuerbefreiungsvorschriften im Ausland profitieren.

Im **Verlustfall** ist unter steuerlichen Gesichtspunkten die Gestaltungsalternative am vorteilhaftesten, mit der die größten Steuereinsparungen erzielt werden können. Sofern einem inländischen Verlust positive ausländische Einkünfte gegenüberstehen, ergeben sich folgende Steuerentlastungen:

Tabelle 42: Steuerentlastung bei Inbound-Investitionen im Verlustfall

Rechtsform der Spitzeneinheit	Nicht-DBA-DBA-Fall	Betriebsstätte	Tochterkapitalgesellschaft
Personenunternehmen	Nicht-DBA	50	–
Kapitalgesellschaft	Nicht-DBA	25	–
Personenunternehmen	DBA	50/–	–
Kapitalgesellschaft	DBA	25/–	–

Bei der Tochterkapitalgesellschaft entfällt aufgrund des Trennungsprinzips und des grundsätzlichen Fehlens einer grenzüberschreitenden Organschaft[25] regelmäßig eine Verlustverrechnung im Sitzstaat des ausländischen Investors. Dagegen sind Verluste deutscher Betriebsstätten in vielen Investorländern berücksichtigungsfähig.[26] Deshalb besteht im Verlustfall eine Präferenz zur

---

[24] Ob und inwieweit eine deutsche Nachsteuer auf Ebene der ausländischen Spitzeneinheit anrechenbar ist, hängt vom ausländischen Steuerrecht ab. Zur Behandlung in Deutschland vgl. den Belastungsvergleich im Outbound-Fall in Abschnitt D II 4.

[25] Elemente einer grenzüberschreitenden Organschaft finden sich nur in Dänemark, Italien, Österreich und in eingeschränktem Umfang in Frankreich. Vgl. Endres, D., Konzernbesteuerung, 2003, S. 461 ff.; Hirschler, K./Schindler, C. P., IStR 2004, S. 505 ff. Lüdicke, J./Rödel, S., IStR 2004, S. 549 ff.; BDI/PwC, Verlustberücksichtigung, 2006, S. 97 ff.; Endres, D., WPg-Sonderheft 2006, S. 11 ff.

[26] Siehe dazu Abschnitt B II 2 b) und C II 3.

deutschen Betriebsstätte, wobei bei Erreichen der Gewinnzone dann häufig an eine Umwandlung in eine Kapitalgesellschaft gedacht wird.

Die Abschirmwirkung einer Kapitalgesellschaft – und damit der Ausschluss von der direkten Verlustverrechnung – greift allerdings nur dann, wenn aus der Sicht des Investor-Heimatstaates das deutsche Gebilde als Kapitalgesellschaft zu werten ist. Aufgrund abweichender steuerlicher Klassifizierungsregeln kann es durchaus dazu kommen, dass deutsche Personengesellschaften (z. B. GmbH & Co. KG) oder Kapitalgesellschaften (z. B. GmbH) im Ausland unterschiedlich qualifiziert werden. Aufgrund solcher subjektiven Qualifikationskonflikte kann bspw. auch bei Errichtung einer „hybriden" GmbH eine Verlustnutzung im Ausland möglich sein. Den klassischen Anwendungsfall hierzu bieten die USA, die mittels des sog. Check-the-box-Verfahrens die gewünschte Klassifizierung bestimmter ausländischer Unternehmen – darunter auch die GmbH – als Kapital- oder Personengesellschaften für US-Zwecke zulassen.[27] Für einen US-Investor ist es deshalb bislang nicht notwendig, die Betriebsstättenform zu wählen, um eine Anerkennung der deutschen Verluste für US-Steuerzwecke zu erreichen.

Aber auch bei den angesprochenen Variationsfällen darf nicht der Eindruck von Patentrezepten entstehen. Die gemachten Vorteilhaftigkeitsaussagen beziehen sich vielmehr auf die im Beispielsfall getroffenen Annahmen und stellen damit keine allgemein gültigen Handlungsempfehlungen dar. Im Einzelfall können sich unter Berücksichtigung aller Einflussfaktoren (z. B. Verrechnungspreispolitik) durchaus andere Vorteilhaftigkeitsrangfolgen ergeben. So fand bei den obigen Überlegungen die Steuerbemessungsgrundlage noch keine Berücksichtigung, weshalb bei der endgültigen Anlageentscheidung die unterschiedlichen Prinzipien der Erfolgs- und Vermögenszuordnung bei den verschiedenen Rechtsformen noch in die Betrachtung einzubeziehen sind. Zusätzlich können im Einzelfall die unterschiedlichen Gewinnrealisierungstatbestände im Konzern und im Einheitsunternehmen (z. B. bei Überführung von Wirtschaftsgütern) durchaus entscheidungsrelevant werden. Wie schließlich auch mit Hilfe der Finanzierungspolitik die Steuerbelastung bei den verschiedenen Rechtsformen gesteuert werden kann, ist Gegenstand des dritten Kapitels. In jedem Fall müssen in die Entscheidungsfindung auch die konkreten steuerlichen Regelungen im Sitzstaat des ausländischen Investors einfließen.

D. Steuerstrategien für Auslandsinvestitionen von Steuerinländern (Outbound-Investitionen)

I. Einflussfaktoren auf die Steuerbelastung des Auslandsengagements

Analog zu Inbound-Investitionen sind auch bei Outbound-Investitionen mit der Entscheidung für eine der Gestaltungsalternativen Betriebsstätte, Personengesellschaft oder Kapitalgesellschaft die steuerlichen Konsequenzen des Auslandsengagements keineswegs eindeutig festgelegt. Vielmehr lässt sich bei

---

[27] Vgl. check the box regulations vom 17. 12. 1996 zu Sec. 7701 IRC und hierzu u. a. Small, D. G., IStR 1996, S. 280; Flick, H. F. W., IStR 1998, S. 110 f. Zur Gestaltung mit den Check-the-box-Regeln vgl. Endres, D./Spengel, C., Steuerstrukturen, 1997, S. 96 ff.; Kroschel, J., Income Tax, 2000, S. 323 ff.; Endres, D./Schreiber, C., USA, 2008, S. 114 f. Zu Steuerreformplänen der US-Regierung mit Einschränkungen der Check-the-box-Regelung vgl. Endres, D./Eckstein, H.-M., Status: Recht 2009, S. 145 ff.

einer Analyse der grenzüberschreitenden Besteuerung eine Reihe von Faktoren feststellen, die die Steuerwirkungen der einzelnen Gestaltungsalternativen entscheidend beeinflussen. Determinanten der Steuerbelastung sind bspw. die Rechtsform der inländischen Spitzeneinheit, das Bestehen oder Nicht-Bestehen eines DBA, das Sachziel der ausländischen Grundeinheit und die Entwicklungsstufe des Domizillandes. Die Einflussfaktoren sind somit weitgehend mit denjenigen bei Inbound-Investitionen identisch, treten allerdings bei Outbound-Investitionen mit umgekehrten Vorzeichen auf. Die wesentlichsten Bestimmungsfaktoren für die Steuerbelastung der Auslandstätigkeit und deren wichtigsten Auswirkungen sind in der Tabelle 43 festgehalten.

Tabelle 43: Einflussfaktoren auf die Steuerbelastung bei Outbound-Investitionen

Einflussfaktoren	Auswirkungen auf die Steuerbelastung	Relevant für folgende Gestaltungsalternativen
1. Bestehen oder Nicht-Bestehen eines DBA mit dem ausländischen Domizilland	Das Vorhandensein eines DBA wirkt sich bspw. auf die Höhe ausländischer Quellensteuern und die Behandlung von Veräußerungsgewinnen aus. Die Maßnahmen zur Vermeidung der Doppelbesteuerung beruhen im Nicht-DBA-Fall ausschließlich auf den unilateralen Regelungen des deutschen AStR, während im DBA-Fall die speziellen Abkommensvorschriften zu beachten sind.	Betriebsstätte Personengesellschaft Kapitalgesellschaft
2. Rechtsform im Ausland	Die Rechtsform der Grundeinheit hat Auswirkungen auf die steuerliche Behandlung im Ausland (anzuwendende Tarife, Festsetzung der Bemessungsgrundlage, Zeitpunkt der Besteuerung, Verlustverrechnung im Ausland) sowie auf die Besteuerungsbefugnis im Inland.	
3. Rechtsform der inländischen Spitzeneinheit	Die Rechtsform der Spitzeneinheit beeinflusst Art und Umfang der Besteuerung im Ausland (anzuwendende Tarife im Ausland, ausländische Quellensteuern). Im Rahmen der Inlandsbesteuerung gelten für die Tätigkeit von Personenunternehmen und Kapitalgesellschaften teilweise abweichende Regelungen (z. B. Beteiligungsprivilegien, Thesaurierungsbegünstigung für Personengesellschaften).	
4. Besteuerungssystem des Auslandes	Das Besteuerungssystem des Auslandes bestimmt Umfang und Höhe der Auslandssteuer (u. a. ausländische Zusatzbelastungen und Entlastungen). Abweichungen zwischen dem in- und ausländischen Besteuerungssystem (Steuersubjekt, Bemessungsgrundlage, Tarif) können zu Doppel- und Minderbesteuerungen führen.	

2. Kapitel. Steueroptimale Rechtsformwahl im In- und Ausland

Einflussfaktoren	Auswirkungen auf die Steuerbelastung	Relevant für folgende Gestaltungsalternativen
5. Erfolgssituation von Grund- und/oder Spitzeneinheit	Die Höhe des Gewinns bestimmt die in- und ausländische Steuerbelastung (anzuwendende Tarife). Das Anrechnungspotenzial ist ebenfalls von der Erfolgssituation abhängig. Bei Verlusten kommen Sondervorschriften (§§ 2 a, 15 a EStG) zur Anwendung.	
6. Sachziel (Aktivität) der ausländischen Grundeinheit	Bei aktiven (begünstigten) Grundeinheiten gelten die abkommensrechtlichen Schachtelprivilegien und das Betriebsstättenprinzip (DBA-Fall). Bei passiven Grundeinheiten ist eine Hinzurechnungsbesteuerung möglich; es kommt u. U. zum Methodenwechsel bei der Betriebsstättenbesteuerung (z. B. Art. 24 Abs. 1 Nr. 1 Buchstabe a DBA-Schweiz). In Ausnahmefällen ist eine Durchgriffsbesteuerung möglich.	Betriebsstätte Personengesellschaft Kapitalgesellschaft
7. Entwicklungsstufe des Domizillandes der Grundeinheit	Ist das Domizilland ein Industrieland, sind die typischen Vorschriften des deutschen internationalen Steuerrechts heranzuziehen. Für Investitionen in einem Entwicklungsland gelten zusätzliche Sonderregelungen (z. B. fiktive Steueranrechnung im DBA-Fall).	
8. Eigen- oder Fremdfinanzierung des Auslandsengagements	Die Finanzierungsart beeinflusst die Steuerbelastung in Abhängigkeit vom in- und ausländischen Ertragsteuerniveau sowie vom Bestehen eines DBA. Daneben kann auch der wirtschaftliche Zusammenhang zwischen Refinanzierung der inländischen Spitzeneinheit und Finanzierung der ausländischen Grundeinheit steuerliche Auswirkungen haben. Hinsichtlich der (Gesellschafter-) Fremdfinanzierung der ausländischen Grundeinheit ist außerdem die Abzugsfähigkeit von Zinsen zu beachten.	
9. Anzahl der Gesellschafter der Spitzeneinheit	Die Anzahl der Gesellschafter bestimmt bei Spitzeneinheiten in der Rechtsform der Personengesellschaft die Höhe des im Ausland auf jeden Gesellschafter entfallenden einkommensteuerpflichtigen Gewinnanteils. Dadurch lassen sich u. U. Progressionsvorteile erzielen.	Betriebsstätte Personengesellschaft
10. Ausschüttungsverhalten der ausländischen Grundeinheit	Bei Gewinnthesaurierung ist grundsätzlich nur die Grundeinheit im Ausland steuerpflichtig (unbeschränkt). Bei Gewinnausschüttungen unterliegt zusätzlich die Spitzeneinheit im Inland (unbeschränkt) und im Ausland (beschränkt) der Besteuerung.	Kapitalgesellschaft

Einflussfaktoren	Auswirkungen auf die Steuerbelastung	Relevant für folgende Gestaltungsalternativen
11. Höhe des Ertragsteuerniveaus im Domizilland der Grundeinheit	Hat das Domizilland ein hohes Ertragsteuerniveau i. S. d. § 8 Abs. 3 AStG, sind die typischen Vorschriften des deutschen internationalen Steuerrechts anwendbar. Bei Domizilländern mit niedrigem Ertragsteuerniveau besteht die Möglichkeit der Hinzurechnungsbesteuerung (§§ 7 ff. AStG).	
12. Beteiligungsquote der inländischen Spitzeneinheit	Die Beteiligungsquote hat u. a. Einfluss auf die Höhe der ausländischen Quellensteuer. Ferner sind bei einer Beteiligungsquote von mindestens 15% die Vorschrift des § 9 Nr. 7 GewStG und bei mindestens 10% die abkommensrechtlichen Schachtelprivilegien anwendbar. Natürliche Personen unterliegen mit den Gewinnen aus der Veräußerung von Kapitalgesellschaftsbeteiligungen unter 1% dem Abgeltungsteuersatz i. H. v. 25%, sofern sich die Anteile im Privatvermögen befinden (§ 20 i. V. m. § 32 d EStG), wohingegen bei Beteiligungen über 1% das Teileinkünfteverfahren zur Anwendung kommt (§ 17 EStG).	Kapitalgesellschaft
13. Sitzstaat der ausländischen Grundeinheit	Bei Ansässigkeit von Tochtergesellschaften in EU-Mitgliedstaaten können die Vergünstigungen der EU-Richtlinien in Anspruch genommen werden.	
14. Zurechnung der Kapitalgesellschaftsanteile im Inland	Werden die Anteile an der Kapitalgesellschaft im Inland von natürlichen Personen im Privatvermögen gehalten, so unterliegen die Gewinnausschüttungen dem Abgeltungsteuersatz i. H. v. 25%. Es besteht im Einzelfall die Möglichkeit der Option zum Teileinkünfteverfahren (§ 32 d Abs. 2 Nr. 3 EStG). Sind die Anteile dagegen dem Betriebsvermögen zuzurechnen, so kommt generell das Teileinkünfteverfahren zur Anwendung.	

II. Durchführung des Belastungsvergleichs zwischen Betriebsstätte und Tochterkapitalgesellschaft im Ausland

1. Erläuterung der Ausgangsdaten

Nachdem die wesentlichen Einflussfaktoren auf die Steuerbelastung von Outbound-Investitionen aufgezeigt wurden, erfolgt nun die Durchführung des rechnerischen Steuerbelastungsvergleichs[28] im Wege einer **kasuistischen**

---

[28] Vgl. hierzu auch Endres, D./Oestreicher, A., PIStB 2000, S. 206 ff.; Grotherr, S., SteuerStud 2001, S. 182 ff.; Maier-Frischmuth, M., StuB 2001, S. 588 ff.; Neu, N./

2. Kapitel. Steueroptimale Rechtsformwahl im In- und Ausland 953

Veranlagungssimulation, wobei folgendes Zahlenbeispiel zugrunde liegt: Ein deutsches Unternehmen in der Rechtsform a) eines Personenunternehmens (Einzelunternehmen, Personengesellschaft mit natürlichen Personen als Gesellschafter) oder b) einer Kapitalgesellschaft mit natürlichen Personen als Gesellschafter plant, die bislang ausschließlich nationale aktive Geschäftstätigkeit auf das Ausland auszudehnen. Das Unternehmen steht vor der Entscheidung, ob es die Auslandsaktivität durch

1. die Errichtung einer Betriebsstätte oder einer Personengesellschaft bzw.
2. die Gründung einer Tochterkapitalgesellschaft

verwirklichen soll. Die Beteiligungsquote an der Tochterkapitalgesellschaft beträgt 100%, um sie mit Betriebsstätten vergleichen zu können. Das Unternehmen stellt der ausländischen Einheit Eigenkapital i. H. v. 1000 zur Verfügung. Für die Berechnungen werden im Gewinnfall eine Bruttorendite i. H. v. 10% und im Verlustfall eine negative Bruttorendite von ebenfalls 10% zugrunde gelegt.

Bei der Entscheidung zwischen den Gestaltungsalternativen hat das Unternehmen folgende Informationen über das nicht untypische Steuerrecht des Domizillandes zu berücksichtigen:

- Die ausländischen Steuersätze betragen bei der Körperschaftsteuer 25%, bei der Einkommensteuer 50%.
- Auf Dividenden wird im Nicht-DBA-Fall eine Quellensteuer i. H. v. 30% einbehalten. Durch den Abschluss eines DBA reduziert sich die Quellensteuer im Ausland auf 5% (Mutterkapitalgesellschaft) bzw. 15% (Mutterpersonenunternehmen).
- Vermögen- und Gewerbesteuer fallen im Ausland nicht an. Die ausländischen Gewinnermittlungsvorschriften entsprechen denen des deutschen Rechts.

Der Berechnung liegt der inländische Körperschaftsteuersatz i. H. v. 15% und der inländische Einkommensteuerspitzensatz i. H. v. 45% zugrunde. Der Gewerbesteuerhebesatz (H) in Deutschland sei 400%. Solidaritätszuschlag, Kirchensteuer und Freibeträge bleiben unberücksichtigt.

Die Vorteilhaftigkeitsreihenfolge der zur Verfügung stehenden Gestaltungsalternativen kann weder generell noch im Beispielsfall eindeutig angegeben werden. Dies ist nur möglich, wenn sämtliche Einflussfaktoren auf die Steuerbelastung international tätiger Unternehmen (z. B. die Rechtsform der inländischen Spitzeneinheit, das Bestehen oder Nicht-Bestehen eines DBA) feststehen. Ändert sich auch nur einer dieser Einflussfaktoren, kann sich wegen der Rückwirkungen auf die Steuerbelastung der jeweiligen Auslandstätigkeit die Rangfolge bezüglich der Vorteilhaftigkeit der einzelnen Alternativen ändern.

Da im Rahmen des vorgestellten Beispiels von einer transparenten Besteuerung von Personengesellschaften im Quellenstaat ausgegangen wird, führt die Beteiligung an einer solchen Personengesellschaft grundsätzlich zu denselben Steuerbelastungen wie bei einer ausländischen Betriebsstätte. Somit **erübrigt**

Schiffers, J., GmbHR 2001, S. 1005 ff.; Endres, D., PIStB 2003, S. 134 f.; Endres, D., PIStB 2003, 150 f.; Scheffler, W., SteuerStud 2007, S. 446 ff.; sowie speziell zu Aspekten bei Tochtergesellschaften Grotherr, S., IWB, Fach 3, Deutschland, Gruppe 2, S. 1209 ff.

sich im Folgenden **eine gesonderte Behandlung der Personengesellschaft** und es kann insoweit auf die Ergebnisse der Betriebsstätte verwiesen werden. Dies bedeutet gleichzeitig, dass die Fälle subjektiver Qualifikationskonflikte (ausländische Personengesellschaft wird nach dem Kapitalgesellschaftskonzept besteuert) ebenso ausscheiden wie Fälle, in denen Sondervergütungen zwischen Gesellschaft und Gesellschafter zu berücksichtigen wären und somit objektive Qualifikationskonflikte auftreten könnten.

2. Gewinnfall

a) Inländische Spitzeneinheit in der Rechtsform eines Personenunternehmens

(1) Nicht-DBA-Fall

Investiert die inländische Spitzeneinheit im Ausland in eine **Betriebsstätte**, so wird sie im Ausland mit dem in der Betriebsstätte erzielten Gewinn i. H. v. 100 beschränkt einkommensteuerpflichtig. Die Einkommensteuer beträgt bei einem unterstellten Einkommensteuersatz von 50% 50. Im Inland fällt aufgrund des § 9 Nr. 3 GewStG keine Gewerbesteuer an. Dagegen unterliegt der in der Betriebsstätte erzielte Gewinn im Rahmen der Welteinkommensbesteuerung des Personenunternehmens der inländischen Einkommensteuer. Die ausländische Einkommensteuer kann nach § 34c Abs. 1 EStG auf die inländische Einkommensteuer, die auf die ausländischen Einkünfte entfällt, angerechnet werden. Aufgrund der höheren ausländischen Steuerbelastung fällt keine inländische Steuer an; vielmehr verbleibt ein Anrechnungsüberhang von 5. Insgesamt ergibt sich eine Steuerbelastung i. H. v. 50. Dies entspricht einer Belastung der Gewinne mit dem ausländischen Einkommensteuerniveau (kapitalimportneutrale Besteuerung).[29]

Eine ausländische **Tochterkapitalgesellschaft** unterliegt als selbständiges Steuersubjekt der ausländischen Körperschaftsteuer i. H. v. 25. Schüttet sie die Gewinne an das inländische Mutterpersonenunternehmen aus, wird im Ausland eine Quellensteuer i. H. v. 22,50 (30%) erhoben. Nach dem Teileinkünfteverfahren sind ausländische Dividenden zu 60% bei der Ermittlung der Einkünfte anzusetzen (§ 3 Nr. 40 Buchstabe d EStG). Eine Belastung mit Gewerbesteuer unterbleibt im Inland gem. § 9 Nr. 7 GewStG. Die ausländische Quellensteuer kann gem. § 34c Abs. 1 EStG auf die inländische Einkommensteuer angerechnet werden, die auf die Einkünfte aus dem ausländischen Staat entfällt, so dass die inländische Einkommensteuerzahllast Null beträgt. Es verbleibt ein Anrechnungsüberhang i. H. v. 2,25. Die Steuerbelastung beläuft sich im Fall der Thesaurierung der Gewinne bei der Tochterkapitalgesellschaft auf 25. Dies entspricht einer Belastung der Gewinne mit dem ausländischen Körperschaftsteuerniveau (kapitalimportneutrale Besteuerung). Bei Ausschüttung an das Personenunternehmen beträgt die Steuerbelastung 47,50; sie setzt sich aus der ausländischen Körperschaftsteuer auf die Gewinne und der ausländischen Quellensteuer zusammen.

Vergleicht man nun die **Steuerbelastung der beiden Gestaltungsalternativen**, so zeigt sich, dass die Alternative der ausländischen Tochterkapital-

---

[29] Vgl. die Ausführungen zu Kapitalexport- und Kapitalimportneutralität 1. Teil, 3. Kapitel, Abschnitt B.

2. Kapitel. Steueroptimale Rechtsformwahl im In- und Ausland

gesellschaft die günstigere ist. Die Steuerbelastung im Fall der Betriebsstätte i. H. v. 50 entspricht dem höheren ausländischen Einkommensteuerniveau. Dies gilt unabhängig davon, ob die Gewinne im Ausland verbleiben oder ins Inland transferiert werden. Im Fall der Tochterkapitalgesellschaft kommt dagegen bei Thesaurierung der Gewinne mit einer Steuerbelastung i. H. v. 25 das ausländische Körperschaftsteuerniveau zum Tragen. Ist wie in unserem Beispiel das ausländische Körperschaftsteuerniveau geringer als das zur Anwendung kommende ausländische Einkommensteuerniveau, so ist im Fall der Thesaurierung der Gewinne die Tochterkapitalgesellschaft stets die vorteilhaftere Alternative. Diese Vorteilhaftigkeit bleibt auch im Falle des Gewinntransfers nach Deutschland bestehen. Die Belastung der Tochterkapitalgesellschaft im Ausschüttungsfall steigt zwar auf 47,50 und resultiert aus der zusätzlichen Belastung mit ausländischer Quellensteuer bzw. von 60% der Dividenden mit inländischer Einkommensteuer, bleibt jedoch weiterhin unter der Belastung der Betriebsstätte i. H. v. 50. Die ausländische Quellensteuer hat insoweit Auswirkungen auf die Gesamtbelastung, als ein Anrechnungsüberhang i. H. v. 2,25 entsteht. Im Teileinkünfteverfahren nehmen die Fälle potenzieller Anrechnungsüberhänge tendenziell zu, da der Anrechnungshöchstbetrag durch die nur 60%ige Besteuerung der Dividenden systemimmanent sinkt.

Berechnungsschema (Nicht-DBA-Fall):

Spitzeneinheit: Personenunternehmen
Gestaltungsalternative: Betriebsstätte

Eingesetztes Kapital		1000,00
Gewinn vor Steuern (10%)		100,00
Ausland		
– ESt 50%		50,00
= Gewinn nach ESt		50,00
Inland		
Steuerpflichtiger Gewinn	100,00	
ESt 45%	45,00	
– Anrechnungsbetrag	45,00	
= festzusetzende ESt	0,00	
Anrechnungsüberhang	5,00	
– festzusetzende ESt		0,00
= Gewinn nach ESt (Nettozufluss)		50,00
Gesamtsteuerbelastung		50,00

Berechnungsschema (Nicht-DBA-Fall):

Spitzeneinheit: Personenunternehmen
Gestaltungsalternative: Tochterkapitalgesellschaft

Eingesetztes Kapital	1000,00
Gewinn vor Steuern (10%)	100,00
Ausland	
– KSt 25%	25,00
= Gewinn nach KSt	75,00
– Quellensteuer (30%)	22,50

Inland
Bruttodividende	75,00
Steuerpflichtige Einkünfte (60%)	45,00
ESt 45%	20,25
– Anrechnungsbetrag	20,25
= festzusetzende ESt	0,00
Anrechnungsüberhang	2,25
– festzusetzende ESt	0,00
= Gewinn nach ESt (Nettozufluss)	52,50
Gesamtsteuerbelastung bei Thesaurierung	25,00
Gesamtsteuerbelastung bei Ausschüttung	47,50

(2) DBA-Fall

Aufgrund des Art. 7 OECD-Modell wird im Fall der ausländischen **Betriebsstätte** eines inländischen Personenunternehmens das vorrangige Besteuerungsrecht dem Quellenstaat zugewiesen. Die ausländische Einkommensteuer beträgt 50. Im Inland werden die Gewinne freigestellt, womit eine Belastung mit inländischen Steuern entfällt. Der in den DBA i. V. m. § 32 b EStG vorgesehene positive Progressionsvorbehalt im Fall einer aktiven Geschäftstätigkeit oder einer Geschäftstätigkeit außerhalb der EU/EWR wirkt sich im Beispielsfall nicht aus, da annahmegemäß der Spitzensteuersatz bereits zur Anwendung kommt. Die Gesamtsteuerbelastung entspricht dem ausländischen Einkommensteuerniveau i. H. v. 50 (kapitalimportneutrale Besteuerung).

Im Fall der **Tochterkapitalgesellschaft** fällt im Ausland analog zum Nicht-DBA-Fall Körperschaftsteuer i. H. v. 25 an. Bei Ausschüttung wird durch das Bestehen des DBA die Quellensteuer auf 15%, d. h. auf 11,25 gesenkt. Im Inland entfällt aufgrund von § 9 Nr. 7 GewStG die Gewerbesteuer. Die ausgeschütteten Gewinne i. H. v. 75 unterliegen bei den Gesellschaftern des Mutterunternehmens nach dem Teileinkünfteverfahren (§ 3 Nr. 40 Buchstabe d EStG) zu 60% der Einkommensteuer. Nach Anrechnung der ausländischen Quellensteuer verbleibt eine Einkommensteuerzahllast i. H. v. 9,00. Im Vergleich zum Nicht-DBA-Fall bleibt bei Thesaurierung die Gesamtsteuerbelastung unverändert bei 25, bei Ausschüttung verringert sie sich aufgrund der niedrigeren ausländischen Quellensteuer auf 45,25.

Bezüglich der **Vorteilhaftigkeit** ergibt sich insofern keine Änderung gegenüber dem Nicht-DBA-Fall. Die Alternative der ausländischen Tochterkapitalgesellschaft ist unabhängig von der Gewinnverwendung vorzuziehen. Werden die Gewinne bei der ausländischen Tochterkapitalgesellschaft thesauriert, beträgt die Belastung 25 gegenüber der Belastung der Betriebsstätte i. H. v. 50. In beiden Fällen kommt das ausländische Steuerniveau zum Tragen, wobei der ausländische Körperschaftsteuersatz mit 25% annahmegemäß geringer ist als der zur Anwendung kommende ausländische Einkommensteuersatz von 50%. Bei Transfer der Gewinne nach Deutschland bleibt die Tochterkapitalgesellschaft ebenfalls die günstigere Alternative. Die geringere Quellensteuer auf die Dividende wirkt sich im Vergleich zum Nicht-DBA-Fall bei der Alternative der Tochterkapitalgesellschaft zusätzlich positiv auf die Gesamtsteuerbelastung aus. Der Belastung mit ausländischer Einkommensteuer im

2. Kapitel. Steueroptimale Rechtsformwahl im In- und Ausland

Fall der Betriebsstätte i. H. v. 50 steht die Belastung mit ausländischer Körperschaftsteuer, ausländischer Quellensteuer und der nach direkter Anrechnung verbleibenden inländischen Einkommensteuer i. H. v. insgesamt 45,25 im Fall der Tochterkapitalgesellschaft gegenüber.

Berechnungsschema (DBA-Fall):

Spitzeneinheit: Personenunternehmen
Gestaltungsalternative: Betriebsstätte

Eingesetztes Kapital	1000,00
Gewinn vor Steuern (10%)	100,00
Ausland	
– ESt 50%	50,00
= Gewinn nach ESt	50,00
Inland	
Steuerpflichtiger Gewinn	0,00
– ESt	0,00
= Gewinn nach ESt (Nettozufluss)	50,00
Gesamtsteuerbelastung	50,00

Berechnungsschema (DBA-Fall):
Spitzeneinheit: Personenunternehmen
Gestaltungsalternative: Tochterkapitalgesellschaft

Eingesetztes Kapital		1000,00
Gewinn vor Steuern (10%)		100,00
Ausland		
– KSt 25%		25,00
= Gewinn nach KSt		75,00
– Quellensteuer 15%		11,25
Inland		
Bruttodividende	75,00	
Steuerpflichtige Einkünfte (60%)		45,00
ESt 45%	20,25	
– Anrechnungsbetrag	11,25	
= festzusetzende ESt	9,00	
– festzusetzende ESt		9,00
= Gewinn nach ESt (Nettozufluss)		54,75
Gesamtsteuerbelastung bei Thesaurierung		25,00
Gesamtsteuerbelastung bei Ausschüttung		45,25

b) Inländische Spitzeneinheit in der Rechtsform einer Kapitalgesellschaft

(1) Nicht-DBA-Fall

(a) Ebene der Gesellschaft

Im Fall der **Betriebsstätte** wird die inländische Kapitalgesellschaft mit dem von der Betriebsstätte erzielten Gewinn im Ausland beschränkt körperschaftsteuerpflichtig. Bei einem Steuersatz i. H. v. 25% beträgt die ausländische Körperschaftsteuer 25. Im Inland sind die Gewinne aufgrund des § 9 Nr. 3

GewStG von der Gewerbesteuer befreit. Aufgrund des Welteinkommensprinzips unterliegen die Gewinne bei der Mutterkapitalgesellschaft der inländischen Körperschaftsteuer i. H. v. 15% (§ 23 Abs. 1 KStG). Die ausländische Körperschaftsteuer kann nach § 26 Abs. 1 KStG auf die inländische Körperschaftsteuer angerechnet werden. Aufgrund der höheren ausländischen Steuerbelastung fällt keine inländische Steuer an, vielmehr verbleibt ein Anrechnungsüberhang i. H. v. 10. Die Gesamtsteuerbelastung beträgt 25, d. h. sie entspricht dem ausländischen Körperschaftsteuerniveau (kapitalimportneutrale Besteuerung).

Eine ausländische **Tochterkapitalgesellschaft** unterliegt im Ausland der unbeschränkten Körperschaftsteuerpflicht i. H. v. 25. Im Fall der Thesaurierung der Gewinne bei der Tochterkapitalgesellschaft entspricht dies der Höhe der Gesamtsteuerbelastung (kapitalimportneutrale Besteuerung). Schüttet die Tochterkapitalgesellschaft die Gewinne an die inländische Mutterkapitalgesellschaft aus, wird eine Quellensteuer i. H. v. 22,50 (30%) auf die Bruttodividende i. H. v. 75 erhoben. Im Inland bleiben die ausländischen Dividenden aufgrund des nationalen Beteiligungsprivilegs (§ 8b Abs. 1 KStG) bei der Ermittlung des Einkommens der inländischen Kapitalgesellschaft außer Ansatz. Die Freistellung greift gleichermaßen für die Körperschaft- und die Gewerbesteuer, eine Hinzurechnung nach § 8 Nr. 5 GewStG unterbleibt im hier betrachteten Fall. Jedoch gelten gem. § 8b Abs. 5 KStG 5% der steuerfreien Dividenden als nichtabzugsfähige Betriebsausgaben i. S. d. § 3c Abs. 1 EStG, die somit dem steuerpflichtigen Einkommen hinzuzurechnen sind. Dieser Betrag wird bei der Mutterkapitalgesellschaft mit Gewerbesteuer i. H. v. 0,53 und Körperschaftsteuer i. H. v. 0,56 belastet. Eine Anrechnung der ausländischen Quellensteuer ist aufgrund der Freistellung der Dividenden nicht möglich. Die im Inland zu versteuernde 5%ige Kostenpauschale stellt nichtabzugsfähige Betriebsausgaben und somit gerade keine zu versteuernden Einkünfte dar. Die Gesamtsteuerbelastung bei Thesaurierung im Inland beträgt 48,59.

Für eine **Vorteilhaftigkeitsaussage** ist im Fall der Tochterkapitalgesellschaft zwischen der Thesaurierung und der Ausschüttung der Gewinne an die Mutterkapitalgesellschaft zu unterscheiden. Im Fall der Betriebsstätte ist die Steuerbelastung dagegen unabhängig von der Gewinnverwendung. Im Thesaurierungsfall entspricht die Steuerbelastung sowohl für die Gestaltungsalternative der Tochterkapitalgesellschaft als auch für die der Betriebsstätte dem ausländischen Körperschaftsteuerniveau i. H. v. 25. Bei Transfer der Gewinne an die Mutterkapitalgesellschaft kommt im Fall der Betriebsstätte mit 25 weiterhin das ausländische Körperschaftsteuerniveau zum Tragen, wohingegen die Steuerbelastung im Fall der Tochterkapitalgesellschaft bei 48,59 liegt. Dieser Mehrbelastung liegt neben der inländischen Steuerbelastung auf den nach § 8b Abs. 5 KStG anzusetzenden Betrag insbesondere die zusätzliche Belastung der ausgeschütteten Gewinne mit ausländischer Quellensteuer zugrunde. Die Betriebsstätte stellt aus diesem Grund die vorteilhaftere Gestaltungsalternative dar.

(b) Ebene der Gesellschafter

Werden die ausländischen Gewinnanteile auf Ebene der inländischen Mutterkapitalgesellschaft **thesauriert,** entstehen auf Ebene der Gesellschafter aufgrund des Trennungsprinzips **keine Steuerwirkungen.** Bei **Weiterausschüttung** der zugeflossenen Gewinnanteile an die inländischen Gesellschafter (natürliche Personen) wird bei der Ermittlung der Einkünfte unabhängig von der im Ausland realisierten Gestaltungsalternative (Betriebsstätte oder Tochterkapitalgesellschaft) danach unterschieden, ob die Anteile an der Mutterkapitalgesellschaft dem Privat- oder Betriebsvermögen des Gesellschafters zugerechnet werden. Sind die Anteile dem Privatvermögen zuzurechnen, unterliegen die Gewinnausschüttungen dem gesonderten Steuertarif nach § 32 d EStG i. H. v. 25% (Abgeltungsteuer).[30] Werden die Anteile jedoch im Betriebsvermögen eines eigenständigen Gewerbebetriebs des Gesellschafters gehalten oder erfolgt eine Option nach § 32 d Abs. 2 Nr. 3 EStG, werden die Gewinnausschüttungen nach dem Teileinkünfteverfahren zu 60% (§ 3 Nr. 40 EStG) dem persönlichen Einkommensteuersatz unterworfen (im vorliegenden Fall somit 45%). Da die Behandlung der Gewinnausschüttungen unabhängig von der im Ausland realisierten Gestaltungsalternative ist, ändert sich die für die Ebene der Mutterkapitalgesellschaft festgestellte Vorteilhaftigkeitsrangfolge jedoch nicht. Insoweit unterscheiden sich die steuerlichen Konsequenzen auf der Ebene des inländischen Gesellschafters auch nicht von der einkommensteuerlichen Behandlung im Inland erwirtschafteter Gewinne; vielmehr wird die Vorteilhaftigkeit der Gestaltungsalternativen ausschließlich durch die unterschiedliche Höhe der definitiven Unternehmenssteuern bestimmt.

Bei der Gestaltungsalternative der **Betriebsstätte** fließt den Gesellschaftern eine Bruttodividende i. H. v. 75 zu. Im Fall von im Betriebsvermögen (Privatvermögen) gehaltenen Anteilen ergibt sich eine Steuerbelastung von 20,25 (18,75), was zu einer Gesamtsteuerbelastung auf Ebene des Gesellschafters von 45,25 (43,75) führt. Es entsteht eine – wenn auch durch die abgesenkte Bemessungsgrundlage gemilderte – Doppelbelastung der Gewinne mit ausländischer Körperschaftsteuer der Mutterkapitalgesellschaft und inländischer Einkommensteuer der Gesellschafter.

Auch im Fall der **Tochterkapitalgesellschaft** wird die Behandlung der Bruttodividende i. H. v. 51,41 von der Zuordnung der Anteile zum Privat- oder Betriebsvermögen abhängig gemacht: So entsteht im Fall von im Betriebsvermögen (Privatvermögen) gehaltenen Anteilen auf Ebene der Gesellschafter eine zusätzliche Belastung von 13,88 (12,85), was zu einer Gesamtsteuerbelastung von 62,47 (61,44) führt. Folglich ist die Tochterkapitalgesellschaft der Betriebsstätte auch auf der Gesamtebene eindeutig unterlegen. Denn es entsteht nicht nur eine Mehrfachbelastung mit ausländischer Körperschaftsteuer und inländischer Einkommensteuer, sondern es kommt die Belastung mit ausländischer Quellensteuer sowie inländischer Gewerbe- und Körperschaftsteuer auf den Betrag i. S. d. § 8 b Abs. 5 KStG hinzu. Im Vergleich zur Betriebsstättenalternative fällt die inländische Einkommensteuer der Gesellschafter einer mittelbar gehaltenen, ausländischen Tochtergesellschaft allerdings geringer aus, da die definitive ausländische Quellensteuer und die deutsche Steuer auf die sog. Kostenpauschale des

---

[30] Zur Abgeltungsteuer im Allgemeinen, zur Option zum Teileinkünfteverfahren bei unternehmerischen Beteiligungen und zur Günstigerprüfung vgl. Jacobs, O. H., Rechtsform, 2009, S. 173 ff.

§ 8 b Abs. 5 KStG den ausschüttungsfähigen Gewinn der Muttergesellschaft und somit die einkommensteuerliche Bemessungsgrundlage gemindert haben.

Berechnungsschema (Nicht-DBA-Fall):

Spitzeneinheit: Kapitalgesellschaft
Gestaltungsalternative: Betriebsstätte

Eingesetztes Kapital		1000,00
Gewinn vor Steuern (10%)		100,00
Gesellschaftsebene		
Ausland		
– KSt 25%		25,00
= Gewinn nach KSt		75,00
Inland		
Steuerpflichtiger Gewinn	100,00	
KSt 15%	15,00	
– Anrechnungsbetrag	15,00	
= festzusetzende KSt	0,00	
Anrechnungsüberhang	10,00	
– festzusetzende KSt		0,00
= Gewinn nach KSt		75,00
Gesellschafterebene		
a) Anteile im Privatvermögen (PV)		
Steuerpflichtige Einkünfte (Dividende)		75,00
– Abgeltungsteuer (25%)		18,75
= Gewinn nach ESt (Nettozufluss)		56,25
b) Anteile im Betriebsvermögen (BV)		
Dividende		75,00
Steuerpflichtige Einkünfte (60%)		45,00
– ESt (45%)		20,25
= Gewinn nach ESt (Nettozufluss)		54,75
Gesamtsteuerbelastung bei Thesaurierung im Inland		25,00
Gesamtsteuerbelastung bei Ausschüttung (PV)		43,75
Gesamtsteuerbelastung bei Ausschüttung (BV)		45,25

Berechnungsschema (Nicht-DBA-Fall):

Spitzeneinheit: Kapitalgesellschaft
Gestaltungsalternative: Tochterkapitalgesellschaft

Eingesetztes Kapital	1000,00
Gewinn vor Steuern (10%)	100,00
Gesellschaftsebene	
Ausland	
– KSt 25%	25,00
= Gewinn nach KSt	75,00
– Quellensteuer 30%	22,50

2. Kapitel. Steueroptimale Rechtsformwahl im In- und Ausland 961

Inland
Bruttodividende		75,00
Steuerpflichtige Einkünfte gem. § 8 b Abs. 5 KStG (5%)		3,75
– festzusetzende GewSt		0,53
– festzusetzende KSt (15%)		0,56
= Gewinn nach Steuern		51,41

Gesellschafterebene
a) Anteile im Privatvermögen (PV)		
steuerpflichtige Einkünfte (Dividende)		51,41
– Abgeltungsteuer (25%)		12,85
= Gewinn nach ESt (Nettozufluss)		38,56
b) Anteile im Betriebsvermögen (BV)		
Dividende		51,41
steuerpflichtige Einkünfte (60%)		30,85
– ESt (45%)		13,88
= Gewinn nach ESt (Nettozufluss)		37,53
Gesamtsteuerbelastung bei Thesaurierung im Ausland		25,00
Gesamtsteuerbelastung bei Thesaurierung im Inland		48,59
Gesamtsteuerbelastung bei Ausschüttung (PV)		61,44
Gesamtsteuerbelastung bei Ausschüttung (BV)		62,47

(2) DBA-Fall

(a) Ebene der Gesellschaft

Im Fall der **Betriebsstätte** ändert sich die Steuerbelastung durch den Abschluss eines DBA im Ergebnis nicht. Das Besteuerungsrecht wird durch Art. 7 OECD-Modell dem Quellenstaat zugewiesen. Die inländische Mutterkapitalgesellschaft unterliegt einer ausländischen Körperschaftsteuer i. H. v. 25. Im Inland fallen aufgrund der Freistellung der Betriebsstättengewinne keine Steuern an. Die Gesamtsteuerbelastung entspricht dem ausländischen Körperschaftsteuerniveau (kapitalimportneutrale Besteuerung). Da das ausländische Steuerniveau über dem inländischen Körperschaftsteuerniveau liegt, führen sowohl die Anrechnungsmethode im Nicht-DBA-Fall als auch die Freistellungsmethode im DBA-Fall zur gleichen Steuerbelastung.

Im Fall der **Tochterkapitalgesellschaft** unterliegt diese einer ausländischen Körperschaftsteuer i. H. v. 25. Schüttet die Tochterkapitalgesellschaft die Gewinne an die Mutterkapitalgesellschaft aus, wird eine Quellensteuer erhoben, die durch das DBA annahmegemäß auf 5%, d. h. auf 3,75, abgesenkt wird. Ebenso wie im Nicht-DBA-Fall werden die Dividenden im Inland von der Besteuerung freigestellt. Die Steuerfreistellung beruht dabei entweder auf § 8 b Abs. 1 KStG oder auf dem in dem jeweiligen DBA verankerten Schachtelprivileg.[31] Jedoch gelten auch in diesem Fall 5% der Dividende, also ein Betrag i. H. v. 3,75, als nichtabzugsfähige Betriebsausgaben und führen dadurch zu einer Belastung mit deutscher Gewerbesteuer i. H. v. 0,53 und deutscher Körperschaftsteuer i. H. v. 0,56. Eine Anrechnung der ausländischen

---
[31] Siehe dazu 1. Teil, 4. Kapitel, Abschnitt B II 2 und D.

Quellensteuer ist infolge der Freistellung der Dividenden nicht möglich, da die im Inland zu versteuernde 5%ige Kostenpauschale gerade keine Einkünfte darstellt, sondern es sich um nichtabzugsfähige Betriebsausgaben handelt. Die Gesamtsteuerbelastung beträgt im Fall der Thesaurierung bei der Mutterkapitalgesellschaft 29,84. Ist die ausländische Tochterkapitalgesellschaft im **EU-Ausland** belegen, so wird infolge der Mutter-Tochterrichtlinie dagegen keine Quellensteuer auf Schachteldividenden erhoben, so dass die diesbezügliche Definitivbelastung bei der Gestaltungsalternative der Tochterkapitalgesellschaft entfällt.

Vergleicht man die Steuerbelastung der beiden Gestaltungsalternativen, so zeigt sich, dass im Fall der Thesaurierung im Ausland die Betriebsstätte und die Tochterkapitalgesellschaft gleichwertige Optionen darstellen. Die Steuerbelastung entspricht jeweils dem ausländischen Körperschaftsteuerniveau i. H. v. 25. Sollen die Gewinne dagegen auf Ebene der deutschen Spitzeneinheit reinvestiert werden, stellt die Betriebsstätte wie auch im Nicht-DBA-Fall die vorteilhaftere Alternative dar. Es bleibt bei der Steuerbelastung der Betriebsstätte i. H. v. 25, während im Fall der Tochterkapitalgesellschaft die Steuerbelastung auf 29,84 ansteigt. Dieser Belastungsanstieg ist auf die Erhebung der (reduzierten) ausländischen Quellensteuer auf die ausgeschütteten Gewinne sowie die inländische Gewerbe- und Körperschaftsteuer auf den gem. § 8b Abs. 5 KStG anzusetzenden Betrag zurückzuführen.

(b) Ebene der Gesellschafter

Der Abschluss eines DBA hat keine Konsequenzen für die steuerliche Behandlung der **Weiterausschüttung** der ausländischen Gewinnanteile der Mutterkapitalgesellschaft an ihre inländischen Gesellschafter (natürliche Personen). Unabhängig von der im Ausland realisierten Gestaltungsalternative (Betriebsstätte oder Tochterkapitalgesellschaft) wird auf Ebene der Gesellschafter im Fall von im Betriebsvermögen (Privatvermögen) gehaltenen Anteilen das Teileinkünfteverfahren (die Abgeltungsteuer) in Gang gesetzt, so dass sich die Vorteilhaftigkeit der Gestaltungsalternativen ausschließlich durch die unterschiedliche Höhe der definitiven Unternehmenssteuern bestimmt.

Im Fall der **Betriebsstätte** fließt den Gesellschaftern eine Bruttodividende i. H. v. 75 zu, die bei im Betriebsvermögen (Privatvermögen) gehaltenen Anteilen zu einer Steuerbelastung von 20,25 (18,75) und somit zu einer Gesamtsteuerbelastung von 45,25 (43,75) führt. Es kommt zu einer Doppelbelastung mit ausländischer Körperschaftsteuer der Mutterkapitalgesellschaft und inländischer Einkommensteuer der Gesellschafter. Die Freistellung der ausländischen Gewinne auf Ebene der Mutterkapitalgesellschaft wird dadurch rückgängig gemacht.

Bei der Gestaltungsalternative der **Tochterkapitalgesellschaft** unterliegen die ausgeschütteten Gewinne bei Halten der Anteile an der Mutterkapitalgesellschaft im Betriebsvermögen (Privatvermögen) einer Steuerbelastung von 18,94 (17,54). Dies führt zu einer Gesamtsteuerbelastung auf Ebene des Gesellschafters von 48,78 (47,38). Es entsteht eine Mehrfachbelastung mit ausländischer Körperschaftsteuer der Tochterkapitalgesellschaft, ausländischer Quellensteuer, inländischer Gewerbe- und Körperschaftsteuer auf den gem.

2. Kapitel. Steueroptimale Rechtsformwahl im In- und Ausland

§ 8 b Abs. 5 KStG anzusetzenden Betrag sowie inländischer Einkommensteuer der Gesellschafter.

Auch im DBA-Fall erweist sich die Gestaltungsalternative der Betriebsstätte mit einer Gesamtsteuerbelastung i. H. v. 43,75 (Anteile im Privatvermögen) bzw. 45,25 (Anteile im Betriebsvermögen) als vorteilhaft gegenüber derjenigen der Tochterkapitalgesellschaft mit einer Gesamtsteuerbelastung i. H. v. 47,38 (Anteile im Privatvermögen) bzw. 48,78 (Anteile im Betriebsvermögen). Grund für die Mehrbelastung im Fall der Tochterkapitalgesellschaft ist wiederum neben der Steuer auf die Kostenpauschale i. S. d. § 8 b Abs. 5 KStG insbesondere die Erhebung einer Quellensteuer auf die Ausschüttung der ausländischen Tochterkapitalgesellschaft. Infolge der Absenkung des Quellensteuersatzes durch das DBA von 30% auf 5% wird der Belastungsunterschied zwischen den beiden Gestaltungsalternativen im Vergleich zum Nicht-DBA-Fall jedoch deutlich verringert.

Berechnungsschema (DBA-Fall):

Spitzeneinheit: Kapitalgesellschaft
Gestaltungsalternative: Betriebsstätte

Eingesetztes Kapital	1000,00
Gewinn vor Steuern (10%)	100,00
Gesellschaftsebene	
Ausland	
– KSt 25%	25,00
= Gewinn nach KSt	75,00
Inland	
Steuerpflichtiger Gewinn	0,00
– KSt	0,00
= Gewinn nach KSt	75,00
Gesellschafterebene	
a) Anteile im Privatvermögen (PV)	
Steuerpflichtige Einkünfte (Dividende)	75,00
– Abgeltungsteuer (25%)	18,75
= Gewinn nach ESt (Nettozufluss)	56,25
b) Anteile m Betriebsvermögen	
Dividende	75,00
Steuerpflichtige Einkünfte (60%)	45,00
– ESt (45%)	20,25
= Gewinn nach ESt (Nettozufluss)	54,75
Gesamtsteuerbelastung bei Thesaurierung im Inland	25,00
Gesamtsteuerbelastung bei Ausschüttung (PV)	43,75
Gesamtsteuerbelastung bei Ausschüttung (BV)	45,25

Berechnungsschema (DBA-Fall):
Spitzeneinheit: Kapitalgesellschaft
Gestaltungsalternative: Tochterkapitalgesellschaft

Eingesetztes Kapital		1000,00
Gewinn vor Steuern (10%)		100,00
Gesellschaftsebene		
Ausland		
– KSt 25%		25,00
= Gewinn nach KSt		75,00
– Quellensteuer 5%		3,75
Inland		
Bruttodividende	75,00	
Steuerpflichtige Einkünfte gem. § 8 b Abs. 5 KStG (5%)	3,75	
– festzusetzende GewSt		0,53
– festzusetzende KSt		0,56
= Gewinn nach Steuern		70,16
Gesellschafterebene		
a) Anteile im Privatvermögen (PV)		
steuerpflichtige Einkünfte (Dividende)		70,16
– Abgeltungsteuer (25%)		17,54
= Gewinn nach ESt (Nettozufluss)		52,62
b) Anteile im Betriebsvermögen (BV)		
Dividende		70,16
Steuerpflichtige Einkünfte (60%)		42,10
– ESt (45%)		18,94
= Gewinn nach ESt (Nettozufluss)		51,22
Gesamtsteuerbelastung bei Thesaurierung im Ausland		25,00
Gesamtsteuerbelastung bei Thesaurierung im Inland		29,84
Gesamtsteuerbelastung bei Weiterausschüttung (PV)		47,38
Gesamtsteuerbelastung bei Weiterausschüttung (BV)		48,78

3. Verlustfall

Bei Verlusten aus dem Auslandsengagement ist unter steuerlichen Gesichtspunkten die Alternative am vorteilhaftesten, aus der die höchste **Steuerersparnis** resultiert. Im Fall der Betriebsstätte entfällt im Verlustfall eine ausländische Besteuerung, wobei es auch im Rahmen der beschränkten Steuerpflicht des Stammhauses regelmäßig möglich ist, im Ausland einen Verlustrücktrag bzw. -vortrag vorzunehmen. Auch im Fall der Tochterkapitalgesellschaft sind zumeist im Rahmen ihrer unbeschränkten Steuerpflicht im Ausland interperiodische **Verlustverrechnungen** zulässig. Hier soll allerdings untersucht werden, welche Vorteilhaftigkeitsreihenfolge sich bei nachhaltigen Verlusten ergibt, so dass eine längere Verlustphase unterstellt wird. Damit kann der i. d. R. zeitlich beschränkte Verlustabzug im Ausland unberücksichtigt bleiben, so dass dem deutschen Investor vielmehr daran gelegen sein wird, die ausländischen Verluste im Jahr ihrer Entstehung mit den inländischen Einkünften zu verrechnen, d. h. in die deutsche

2. Kapitel. Steueroptimale Rechtsformwahl im In- und Ausland   965

Bemessungsgrundlage einzubeziehen. Denkbar ist eine Verlustverrechnung für den Fall, dass der deutsche Investor im Ausland Beteiligungen an weiteren, gewinnbringenden Tochterkapitalgesellschaften hält und eine Ergebniskonsolidierung im Rahmen der Gruppenbesteuerung im Ausland möglich ist.[32]

a) Nicht-DBA-Fall

Da die Steuerwirkungen der Gestaltungsalternativen im Nicht-DBA-Fall im Wesentlichen unabhängig von der Rechtsform der Spitzeneinheit sind, kann an dieser Stelle auf eine Unterscheidung im Hinblick auf die Rechtsform des inländischen Investors weitestgehend verzichtet werden.[33] Im Inland werden die in der ausländischen **Betriebsstätte** entstehenden Verluste unmittelbar dem inländischen Stammhaus zugerechnet. Aufgrund der gewerbesteuerlichen Korrekturvorschrift des § 9 Nr. 3 GewStG ergeben sich keine gewerbesteuerlichen Effekte. Die Verluste wirken sich jedoch auf die inländische Einkommen- bzw. Körperschaftsteuer des Stammhauses aus, sofern Geschäfte außerhalb der EU/EWR aktiv getätigt werden (§ 2a EStG). Dies gilt zwar auch bei Geschäften, die innerhalb der EU/EWR (aktiv oder passiv) getätigt werden. Da Deutschland aber mit allen EU-Mitgliedstaaten ein DBA abgeschlossen hat, ist dies nur in den Fällen von Bedeutung, in denen ausnahmsweise keine Freistellungsmethode zur Anwendung kommt (z. B. aufgrund eines abkommensrechtlichen Aktivitätsvorbehalts)[34]. Im Beispiel mindert sich die Einkommensteuer eines Mutterpersonenunternehmens durch die ausländischen Betriebsstättenverluste entsprechend dem inländischen Einkommensteuersatz um 45% und die Körperschaftsteuer einer Mutterkapitalgesellschaft entsprechend dem inländischen Körperschaftsteuersatz um 15%, jeweils in Bezug auf die Verlusthöhe.

Eine direkte Verlustverrechnung bei der inländischen Muttergesellschaft ist im Fall einer ausländischen **Tochterkapitalgesellschaft** wegen der Abschirmwirkung der Tochterkapitalgesellschaft ausgeschlossen. Liegen dauerhafte Verluste vor, ist unter besonderen Voraussetzungen bei einkommensteuerpflichtigen Muttergesellschaften mit Wirkung für die Einkommen- und Gewerbesteuer eine Teilwertabschreibung auf den Beteiligungsansatz in der Ertragsteuerbilanz möglich. Spiegelbildlich zum Teileinkünfteverfahren für Dividenden und Veräußerungsgewinne wird die Teilwertabschreibung aber nur zu 60% anerkannt (§ 3c Abs. 2 EStG). Bei einer Mutterkapitalgesellschaft kann die Teilwertabschreibung dagegen überhaupt nicht steuermindernd berücksichtigt werden (§ 8b Abs. 3 Satz 3 KStG).

---

[32] Zu den Möglichkeiten der Ergebniskonsolidierung im Ausland vgl. Hirschler, K./Schindler, C. P., IStR 2004, S. 505 ff.; Lüdicke, J./Rödel, S., IStR 2004, S. 549 ff.; BDI/PwC, Verlustberücksichtigung, 2006, S. 97 ff.; Endres, D., WPg-Sonderheft 2006, S. 11 ff.; Endres, D. u. a., Corporate Taxable Income, 2007, S. 84 ff., 756 ff.
[33] Zur Verwertung von Auslandsverlusten vgl. auch Endres, D., Musterfälle, 2008, S. 222 ff.
[34] Zu abkommensrechtlichen Aktivitätsvorbehalten siehe ausführlich Kaminski, B., StuW 2007, S. 275 ff.

b) DBA-Fall

Durch die Zuweisung des vorrangigen Besteuerungsrechts der **Betriebsstätten**ergebnisse zum Quellenstaat und deren regelmäßige Freistellung im Inland ergeben sich keine Besteuerungswirkungen (Art. 7 i. V. m. Art. 23 OECD-Modell); insbesondere ist aufgrund der Freistellungsmethode eine unmittelbare Verlustberücksichtigung im Inland ausgeschlossen. Der Betriebsstättenverlust kann sich jedoch bei den einkommensteuerpflichtigen Gesellschaftern einer inländischen Mutterpersonengesellschaft mittelbar über den in § 32 b EStG vorgesehenen negativen Progressionsvorbehalt auswirken, sofern dieser nicht aufgrund einer passiven Geschäftstätigkeit ausgeschlossen ist.

Im Fall der **Tochterkapitalgesellschaft** ändert sich im DBA-Fall im Vergleich zum Nicht-DBA-Fall nichts. Im Beispiel mindern die Verluste der ausländischen Grundeinheit annahmegemäß weder die ausländischen noch die inländischen Steuerzahlungen. Es kommt allenfalls bei einkommensteuerpflichtigen Muttergesellschaften eine Teilwertabschreibung in Frage.

4. Zusammenfassung

Die Ergebnisse des Belastungsvergleichs machen – wie bereits bei den Inbound-Investitionen – deutlich, dass die Entscheidung zugunsten einer bestimmten Form der Auslandstätigkeit nicht verallgemeinernd getroffen werden kann.[35] Je nachdem, welche Datenkonstellation vorliegt, kann jede der betrachteten Formen des Auslandsengagements die aus steuerlicher Sicht zu empfehlende Gestaltungsalternative sein. Insbesondere müssen die spezifischen Regelungen des Besteuerungssystems im Domizilland (z. B. Ermittlung der Bemessungsgrundlagen, Tarife, Maßnahmen zur Vermeidung der Doppelbesteuerung) ermittelt werden. Auch hier bietet sich eine Beurteilung anhand **alternativer Gewinnverwendungsstrategien** an.

- **Reinvestition im Ausland:** Sollen die Gewinne im Ausland unter Verzicht auf Repatriierung reinvestiert werden, ist bei einer inländischen Spitzeneinheit in der Rechtsform eines Personenunternehmens eine ausländische Tochterkapitalgesellschaft vorteilhaft. Ausschlaggebend ist der im Vergleich zum ausländischen Einkommensteuerspitzensatz niedrigere ausländische Körperschaftsteuersatz, dem die Gewinne der ausländischen Tochterkapitalgesellschaft unterliegen. Bei einer Spitzeneinheit in der Rechtsform der Kapitalgesellschaft ist die Steuerbelastung von Betriebsstätte und Tochterkapitalgesellschaft dagegen gleich, da jeweils der ausländische Körperschaftsteuersatz die Steuerbelastung bestimmt.

---

[35] Die einleitenden Ausführungen in 6. Teil, 2. Kapitel, Abschnitt C II 4 gelten hier analog.

2. Kapitel. Steueroptimale Rechtsformwahl im In- und Ausland

Tabelle 44: Steuerbelastung bei Outbound-Investitionen im Gewinnfall

	Spitzeneinheit: Personenunternehmen				Spitzeneinheit: Kapitalgesellschaft			
	Nicht-DBA-Fall		DBA-Fall		Nicht-DBA-Fall		DBA-Fall	
Ausländische Grundeinheit	Betriebsstätte	Tochterkapitalgesellschaft	Betriebsstätte	Tochterkapitalgesellschaft	Betriebsstätte	Tochterkapitalgesellschaft	Betriebsstätte	Tochterkapitalgesellschaft
Reinvestition im Ausland	50[a]	45[b]	25	50[a]	20[b]	25	25	25	25
Reinvestition auf Ebene der inländischen Spitzeneinheit	50[a]	45[b]	47,50	50[a]	20[b]	45,25	25	48,59	25	29,84
Durchleitung an die Gesellschafter der Spitzeneinheit	50[a]	45[b]	47,50	50[a]	20[b]	45,25	45,25[c]	62,47[c]	45,25[c]	48,78[c]

[a] Im Rahmen der beschränkten Einkommensteuerpflicht im Ausland kommt ein Einkommensteuersatz von 50% zur Anwendung.
[b] Im Rahmen der beschränkten Einkommensteuerpflicht im Ausland kommt ein Einkommensteuersatz i. H. v. 20% zur Anwendung.
[c] Die Anteile an der Mutterkapitalgesellschaft im Inland werden von einer natürlichen Person im Betriebsvermögen gehalten.

- **Reinvestition auf Ebene der inländischen Spitzeneinheit:** Sofern die Gewinne von der deutschen Spitzeneinheit, bspw. auch in andere Tochterunternehmen, reinvestiert werden sollen, erweist sich bei einem Personenunternehmen als Spitzeneinheit ebenfalls die Tochterkapitalgesellschaft grundsätzlich als vorteilhaft. Eine solche Investition führt zwar zu einer – durch das Teileinkünfteverfahren abgemilderten – Doppelbelastung mit ausländischer Körperschaftsteuer, ausländischer Kapitalertragsteuer und inländischer Einkommensteuer. Diese liegt jedoch unter der Steuerbelastung in Höhe des ausländischen Einkommensteuerniveaus, welches bei der Betriebsstättenalternative sowohl im Nicht-DBA-Fall (aufgrund eines Anrechnungsüberhangs) als auch im DBA-Fall (infolge der Freistellung) zur Anwendung kommt. Im Nicht-DBA-Fall wird die Doppelbelastung bei der Alternative der Tochterkapitalgesellschaft im Beispiel durch einen Überhang an nichtanrechenbarer ausländischer Quellensteuer verstärkt. Die Vorteilhaftigkeit wird hierdurch zwar verringert, bleibt jedoch bestehen.

Ist die Spitzeneinheit eine Kapitalgesellschaft, so ist unabhängig von dem Bestehen eines DBA bei Thesaurierung auf Ebene der Spitzeneinheit die Betriebsstätte die günstigere Alternative. Dies resultiert vor allem aus der zusätzlichen Belastung der Gewinnausschüttungen einer Tochterkapitalgesellschaft mit ausländischer Quellensteuer. Allerdings sind die Gestaltungsalternativen auch dann nicht als gleichwertig anzusehen, wenn – wie innerhalb der EU – auf Gewinnausschüttungen regelmäßig keine Quellensteuer erhoben wird, da weiterhin der gem. § 8 b Abs. 5 KStG anzusetzende Betrag mit Gewerbe- und Körperschaftsteuer belastet wird.

Insgesamt erweist sich die Betriebsstätte als grundsätzlich vorteilhaft: Die tarifliche Steuerbelastung kann in diesem Fall durch die Wahl einer Kapitalgesellschaft als inländische Spitzeneinheit am stärksten reduziert werden. Im Vergleich zum Personenunternehmen als inländische Spitzeneinheit kommt statt dem höheren in- bzw. ausländischen Einkommensteuerniveau das (zumeist) niedrigere ausländische Körperschaftsteuerniveau zum Tragen. Diese einmalige Belastung mit ausländischer Körperschaftsteuer führt zugleich zur Vorteilhaftigkeit gegenüber einer Tochterkapitalgesellschaft, da bei letzterer neben der ausländischen Körperschaftsteuer noch zusätzlich eine Belastung mit inländischer Steuer sowie ggf. mit ausländischer Quellensteuer erfolgt.

- **Durchleitung an die Gesellschafter der Spitzeneinheit:** Ist beabsichtigt, die Gewinne an die Gesellschafter der inländischen Spitzeneinheit durchzuleiten, ergeben sich bei einem Personenunternehmen sowie bei einer Kapitalgesellschaft als Spitzeneinheit die gleichen Vorteilhaftigkeitsaussagen bezüglich der ausländischen Grundeinheit wie im Fall der Thesaurierung auf Ebene der inländischen Spitzeneinheit: Bei einem Personenunternehmen als Spitzeneinheit bleibt die Tochterkapitalgesellschaft vorteilhaft, da es auf Ebene der inländischen Gesellschafter zu keiner zusätzlichen Besteuerung kommt. Ist die Spitzeneinheit eine Kapitalgesellschaft, so ist die ausländische Betriebsstätte weiterhin die günstigere Alternative, da es bei beiden Gestaltungsalternativen zur identischen steuerlichen Behandlung auf Ebene der inländischen Gesellschafter kommt. Insgesamt betrachtet sollten die Investitionen dabei im Inland über eine Kapitalgesellschaft als Spitzeneinheit getätigt werden, da es – zumindest im Nicht-DBA-Fall aufgrund der zusätzlichen Belastung mit ausländischer Kapitalertragsteuer – gegenüber der Tochterkapitalgesellschaftsalternative einer Mutterpersonengesellschaft zu geringfügigen Belastungsvorteilen kommt.

Bei den bisher vorgenommenen Berechnungen der Steuerbelastungen alternativer Outbound-Investitionen ist annahmegemäß davon ausgegangen worden, dass bei Personenunternehmen, die im Ausland beschränkt steuerpflichtig werden, ein **Einkommensteuersatz** i. H. v. 50% zur Anwendung kommt. Vorstellbar ist aber auch eine deutsche Personengesellschaft, die ihre Investition im Ausland in Form einer Betriebsstätte vornimmt und geringe Gewinne erzielt oder über eine große Anzahl an deutschen Gesellschaftern verfügt. Handelt es sich bei diesen Gesellschaftern um natürliche Personen, so wird jeder einzelne mit seinem Anteil am Gewinn im Ausland beschränkt einkommensteuerpflichtig. Ist der jeweilige ausländische Gewinnanteil ausreichend gering, so ist es aufgrund der vorherrschenden progressiven Einkom-

2. Kapitel. Steueroptimale Rechtsformwahl im In- und Ausland 969

mensteuersätze durchaus denkbar, dass im Ausland ein vergleichsweise **sehr niedriger Steuersatz** zur Anwendung kommt. Legt man bspw. den durchschnittlichen Eingangssatz der Einkommensteuer innerhalb der EU zugrunde, kann der relevante Einkommensteuersatz auf 20% sinken.[36] Den Berechnungen im Inland soll unverändert der Einkommensteuerspitzensatz von 45% zugrunde liegen.[37] Addiert man die bei den einzelnen Gesellschaftern entstandenen Steuerbelastungen, so ergibt sich die Gesamtsteuerbelastung der Investition, die sich mit den Gesamtsteuerbelastungen der übrigen Investitionsalternativen vergleichen lässt.

Die Gesamtsteuerbelastung der **deutschen Personengesellschaft mit ausländischer Betriebsstätte** ist dabei abhängig von der jeweiligen DBA-Situation. Im Nicht-DBA-Fall beträgt die ausländische Einkommensteuer bei einem unterstellten Einkommensteuersatz von 20% 20. In Deutschland unterliegt der in der Betriebsstätte erzielte Gewinn im Rahmen der Welteinkommensbesteuerung der Gesellschafter der Einkommensteuer i. H. v. 45%. Dabei kann die ausländische Steuer auf die deutsche Einkommensteuer angerechnet werden. Aufgrund der geringeren ausländischen Steuerbelastung verbleibt nach der Anrechnung eine deutsche Einkommensteuer i. H. v. 25. Insgesamt ergibt sich folglich eine Steuerbelastung i. H. v. 45. Dies entspricht einer Belastung der Gewinne mit dem deutschen Einkommensteuerniveau (kapitalexportneutrale Besteuerung). Bei Anwendung des ursprünglichen ausländischen Einkommensteuersatzes i. H. v. 50% ergibt sich dagegen eine Gesamtsteuerbelastung von 50, da insoweit ein Anrechnungsüberhang von 5 auftritt (kapitalimportneutrale Besteuerung).

Im DBA-Fall wird aufgrund des Art. 7 OECD-Modell das Besteuerungsrecht ausschließlich dem Quellenstaat zugewiesen. Die ausländische Einkommensteuer beträgt bei dem unterstellten Einkommensteuersatz von 20% 20. Im Inland werden die Gewinne freigestellt, womit eine Belastung mit inländischen Steuern entfällt. Der in den DBA i. V. m. § 32 b EStG vorgesehene Progressionsvorbehalt wirkt sich im Beispielsfall nicht aus, da annahmegemäß bei den einzelnen Gesellschaftern im Inland der Spitzensteuersatz bereits zur Anwendung kommt. Somit entspricht die Gesamtsteuerbelastung dem ausländischen Einkommensteuerniveau i. H. v. 20 (kapitalimportneutrale Besteuerung), wodurch diese Investition im Vergleich zu den bisher untersuchten Gestaltungsalternativen der mit Abstand niedrigsten Gesamtsteuerbelastung unterliegt. Im Fall einer deutschen Personengesellschaft mit hinreichend großer Anzahl an Gesellschaftern ist es somit möglich, den im Ausland zur Anwendung kommenden Einkommensteuersatz und damit auch die auf die Betriebsstättengewinne entfallende Gesamtsteuerbelastung zu senken. Damit wird die Personengesellschaftsalternative im Inland in Kombination mit einer

---

[36] Vgl. Tabelle 4.
[37] Ohne von diesem zugrunde gelegten Einkommensteuerspitzensatz abzuweichen, besteht bei deutschen Personengesellschaften auch auf Ebene der Spitzeneinheit die Möglichkeit der Absenkung des Einkommensteuersatzes: Nach § 34 a EStG kann im Jahr der Entstehung nicht entnommener Gewinne grundsätzlich ein inländischer Einkommensteuersatz i. H. v. 28,25% angewendet werden (sog. Thesaurierungsbegünstigung). Allerdings kommt es bei späteren Entnahmen zu einer Nachbelastung i. H. v. 25%. Zu Einzelheiten der Ausgestaltung der Thesaurierungsbegünstigung nach § 34 a EStG vgl. Jacobs, O. H., Rechtsform, 2009, S. 144 ff.

ausländischen Betriebsstätte bzw. Personengesellschaft insbesondere für Investoren attraktiv, die an möglichst hohen entnahmefähigen Nettogewinnen für private Zwecke interessiert sind.

Somit besteht im Fall der Kombination einer inländischen Mutterpersonenunternehmung mit einer ausländischen Betriebsstätte bzw. Tochterpersonengesellschaft die Möglichkeit der Einmalbelastung ausländischer Einkünfte mit einem verhältnismäßig niedrigen Einkommensteuersatz. Denn in diesem Fall handelt es sich (im Rahmen der beschränkten Steuerpflicht) im Ausland und (der unbeschränkten Steuerpflicht) im Inland um das gleiche Steuersubjekt. Wird die Investition dagegen über eine inländische Mutterkapitalgesellschaft oder eine ausländische Tochterkapitalgesellschaft durchgeführt, kann grundsätzlich keine Einmalbelastung erreicht werden. Denn in diesem Fall wird ein zusätzliches Steuerrechtssubjekt zwischengeschaltet, dessen Steuerbelastung im Rahmen des derzeitigen (Körperschaft-)Steuersystems definitiv wird.

Allerdings kann eine Einmalbelastung im Fall der Kombination einer **inländischen Mutterkapitalgesellschaft mit einer ausländischen Betriebsstätte** bzw. Tochterpersonengesellschaft ausnahmsweise dann erreicht werden, wenn im Inland für eine steuerliche Gruppenbesteuerung zwischen der Mutterkapitalgesellschaft und einer dieser vorangestellten transparent besteuerten Personengesellschaft optiert wird (z. B. die deutsche Organschaft). Da die ausländischen Betriebsstätteneinkünfte im Ausland lediglich dem vergleichsweise niedrigen Körperschaftsteuersatz unterliegen und zugleich im DBA-Fall im Inland freigestellt werden (Art. 7 OECD-Modell), kommt eine verhältnismäßig niedrige Gesamtsteuerbelastung zustande.[38]

Bei der Rechtsformentscheidung ist zusätzlich zur laufenden Besteuerung die steuerliche Behandlung von **Veräußerungsgewinnen** einzubeziehen, die für die einzelnen Rechtsformen unterschiedlich geregelt ist:

– Die Veräußerung einer **ausländischen Betriebsstätte** bzw. des **Anteils an einer ausländischen Personengesellschaft** fällt grundsätzlich unter die beschränkte Steuerpflicht im Ausland, die auch abkommensrechtlich nicht aufgehoben oder begrenzt wird. Vielmehr räumt Art. 7 i. V. m. Art. 13 Abs. 2 OECD-Modell (Betriebsstättenprinzip) hier dem ausländischen Staat das uneingeschränkte Besteuerungsrecht ein.

– Im Gegensatz dazu unterliegt zwar auch die Veräußerung einer **Kapitalgesellschaftsbeteiligung** der ausländischen Steuerpflicht. Diese wird aber regelmäßig durch eine Regelung analog zu Art. 13 Abs. 5 OECD-Modell aufgehoben, so dass das diesbezügliche vorrangige Besteuerungsrecht alleine dem Heimatstaat des Investors zusteht. In Deutschland wird der Veräußerungsgewinn allerdings bei einkommensteuerpflichtigen Gesellschaftern (Einzelunternehmer, Personengesellschaften) gem. § 3 Nr. 40 EStG nur zu 60% erfasst. Sofern es sich bei dem inländischen Gesellschafter um eine Kapitalgesellschaft handelt, bleibt der Veräußerungsgewinn gem. § 8b Abs. 2, 3 KStG sogar zu 95% steuerfrei.

Im Ergebnis hat die Gestaltungsalternative Kapitalgesellschaft somit grundsätzlich die steuerlich günstigere Exit-Belastung für den Veräußerer zur Folge,

---

[38] Vgl. Endres, D., Musterfälle, 2008, S. 84 f. Für einen Überblick über Steuergestaltungen mit ausländischen Personengesellschaften vgl. Kahle, H., StuW 2005, S. 61 ff.

3. Kapitel. Einfluss der Finanzierung auf die Höhe der Steuerbelastung

bei der im Fall einer Kapitalgesellschaft als inländischem Gesellschafter die Belastung mit Gewerbe- und Körperschaftsteuer auf 5% (nichtabzugsfähige Betriebsausgaben) reduziert wird.

Im Fall laufender ausländischer **Verluste** stellt sich die Betriebsstätte unabhängig von der Rechtsform der inländischen Spitzeneinheit im Nicht-DBA-Fall als die vorteilhaftere Alternative dar. Es kommt zu einer Steuerentlastung in Höhe des inländischen Einkommen- bzw. Körperschaftsteuersatzes von 45 bzw. 15, während bei einer Tochterkapitalgesellschaft infolge des Trennungsprinzips keine Steuerentlastungen entstehen. Im DBA-Fall ergibt sich bei Vorliegen einer Betriebsstätte allenfalls im Rahmen des negativen Progressionsvorbehalts (§ 32 b EStG) eine Entlastungswirkung, sofern die Geschäfte aktiv getätigt werden. Im Fall der Tochterkapitalgesellschaft entfällt wegen der Abschirmwirkung unabhängig von dem Bestehen oder Nicht-Bestehen eines DBA eine Verlustverrechnung auf Ebene der Spitzeneinheit. Hier macht sich das Fehlen einer internationalen Organschaft in Deutschland bemerkbar. Im Rahmen der internationalen Steuerplanung wird deshalb auch versucht, Anlaufverluste bei Auslandsinvestitionen in Betriebsstätten oder Personengesellschaften (bzw. atypischen stillen Beteiligungen) anfallen zu lassen. Bei Überschreiten der Gewinnschwelle wird die Betriebsstätte oder die Personengesellschaft sodann häufig in eine Kapitalgesellschaft umgewandelt.

Tabelle 45: Steuerentlastung bei Outbound-Investitionen im Verlustfall

Rechtsform der Spitzeneinheit	Nicht-DBA-DBA-Fall	Betriebsstätte	Tochterkapital-/gesellschaft
Personenunternehmen	Nicht-DBA	45	–
Kapitalgesellschaft	Nicht-DBA	15	–
Personenunternehmen	DBA	–	–
Kapitalgesellschaft	DBA	–	–

3. Kapitel. Der Einfluss der Finanzierung auf die Höhe der Steuerbelastung

A. Grundsätze internationaler Unternehmensfinanzierung

Finanzierungsfragen gehören zu den Zentralthemen in der alltäglichen Arbeit des internationalen Steuerplaners. Aufgrund der unternehmerischen Zielvorgabe eines möglichst hohen Gewinns nach Steuern und dem maßgeblichen Einfluss der Kapitalkosten auf diese Zielgröße werden Finanzierungsstrukturen immer steuersensibler. Auch die Internationalisierung der Unternehmen mit dem daraus resultierenden leichteren Zugang zu ausländischen Kapitalmärkten und der hohen Flexibilität an alternativen Finanzierungsmöglichkeiten hat dazu beigetragen, dass Finanzierungsentscheidungen heutzutage nicht mehr ohne Einbeziehung der mit der Finanzierungsform einhergehenden Steuerbelastung getroffen werden. Umgekehrt errichten die beteiligten Staaten zunehmend steuerliche Spezialnormen zur Regulierung internationaler Finanzierungsinstrumente, was die Komplexität der Finanzgestaltung weiter erhöht.

Unabhängig von der gewählten Rechtsform erfordern Neuinvestitionen genau wie ein Unternehmenskauf ein Startkapital. Der **Finanzierungsbedarf** der von einem Investor errichteten Inlands- bzw. Auslandseinheit hängt primär von Art und Umfang der ihr gesetzten Aufgaben ab. Als allgemeiner Finanzierungsgrundsatz gilt die Leitlinie, dass die Inlands- bzw. Auslandsbasis so mit Kapital ausgestattet sein sollte, dass sie auch ohne zusätzlichen Rückhalt durch den Investor ihre Vertriebs-, Produktions- und sonstigen Ziele erreichen kann. Eine den individuellen Unternehmenszielen angemessene und mehrperiodige Kapitalstrukturplanung ist unabdingbar. Weitere Kriterien für die Finanzierungsstruktur sind Haftungsumfang, Sicherheiten, Flexibilität, Kapitalkosten und Konventionen der Gläubiger.[1] Finanzierungsentscheidungen sind also vorrangig eine **betriebswirtschaftliche Aufgabe,** die aber unter dem Gesichtspunkt der Minimierung der Kapitalkosten und damit unter Einbezug der mit der Finanzierungsform einhergehenden Steuerbelastung zu lösen ist.

Steht der Gesamtkapitalbedarf für ein Inlands- bzw. Auslandsengagement fest, folgt die Frage nach der **Mittelbereitstellung.** In einem international tätigen Unternehmen orientiert sich die diesbezügliche Steuerplanung an dem Grundsatz, dass – bei gleich hohen Zinssätzen – Kredite von den (profitablen) Unternehmensteilen aufgenommen werden, bei denen die steuerliche Wirkung des Zinsabzugs am Größten ist, also in Ländern mit hohen Steuersätzen. Umgekehrt gilt, dass Eigenkapital grundsätzlich – gleiche Rendite sei unterstellt – in Ländern mit niedriger Steuerbelastung einzusetzen ist. Angesichts des hohen deutschen Steuersatzniveaus in der Vergangenheit erklärt dies, warum Auslandsinvestoren ihre Deutschlandaktivitäten möglichst gering mit Eigenkapital ausstatteten. Gemäß Erhebungen der Deutschen Bundesbank dominierte denn auch bislang bei **Inbound-Investitionen** nach Deutschland eindeutig die konzerninterne Darlehensvergabe.[2] In den letzten Jahren sind die Steuersätze in Deutschland jedoch gesenkt worden, was für viele ausländische und insbesondere US-amerikanische Investoren Anlass war, die bisherigen Finanzierungsstrategien zu überdenken. Dennoch – bei einem Blick auf das internationale Steuergefälle – ist es der Regelfall, dass im Ansässigkeitsstaat des Investors (oder in einem von ihm genutzten Drittland) die Gesamtsteuerbelastung geringer ist als in Deutschland, und er deshalb bestrebt sein wird, die Investition so weit wie möglich mit verzinslichem Fremdkapital zu finanzieren. Die Auswirkungen auf das Ergebnis der deutschen Unternehmenseinheit sind offensichtlich: Während bei der Eigenkapitalvergabe das Ergebnis von Finanzierungskosten unbelastet bleibt, entsteht bei der Fremdfinanzierung ein Zinsaufwand, sodass die Bemessungsgrundlage im höher besteuernden Deutschland grundsätzlich reduziert wird.

Auch im Rahmen einer **Outbound-Investition** stellt sich die Frage, wie die aus Sicht des Gesamtunternehmens vorteilhafteste Ausgestaltung der Finanzierungsströme zu bestimmen ist. Soweit die Auslandseinheit ihren Kapitalbedarf nicht durch eigenwirtschaftete Mittel (Selbstfinanzierung)

---

[1] Vgl. Prinz, U., Kaufpreisfinanzierung, 2000, S. 238; Crezelius, G., steuer-journal 2004, S. 14 ff.; Prinz, U., Finanzierungsfreiheit, 2010, S. 149 f.
[2] Vgl. Deutsche Bundesbank, Direktinvestitionen, 2009, S. 42 ff. Siehe auch Schreiber, U./Overesch, M., DB 2007, S. 820.

oder eigenständige Darlehensaufnahme abdeckt, erfolgt die Mittelbereitstellung durch andere Unternehmenseinheiten. Inländische Muttergesellschaften bzw. ihre Konzernfinanzierungsgesellschaften haben grundsätzlich die Entscheidung zu treffen, ob die ausländische Unternehmenseinheit mit Eigen- oder Fremdkapital auszustatten ist. Bei rechtlich selbständigen Tochtergesellschaften umfassen die Wahlmöglichkeiten bei der konzerninternen Finanzierung – neben der unmittelbaren konzernexternen Finanzierung der Tochtergesellschaft – die Einlage als gezeichnetes Kapital oder Kapitalrücklage, die Überlassung als Gesellschafter- bzw. Konzerndarlehen oder in hybrider Form, d. h. Vereinbarung eines Finanzierungsinstruments, das systematisch zwischen Eigen- und Fremdfinanzierung einzuordnen ist (z. B. partiarische Darlehen, stille Beteiligungen, Wandelanleihen, Genuss- oder Optionsrechte und vergleichbare ausländische Rechtsinstitute)[3]. Weitere Verfeinerungsinstrumente sind die Steuerung des Kapitalbedarfs mit Leasingmodellen oder die Erhöhung der Rendite flüssiger Mittel durch Nutzung fiktiver Steueranrechnungsmöglichkeiten. Auch die Umleitung von Dividenden- oder Zinszahlungen über steuergünstige Länder zur Vermeidung von Quellensteuern und zur Reduzierung der Steuerbelastung auf Zinseinnahmen sowie die Frage nach der optimalen Dividendenpolitik gehören genauso wie das Management des Währungsrisikos durch währungskongruente Refinanzierung (Hedging-Instrumente) oder Swapgeschäfte zum weiten Aufgabenbereich der Finanzplanung.

Für die **Steuergestaltung** resultieren aus diesem Spektrum an Möglichkeiten **zahlreiche Ansatzpunkte**, deren Komplexität sich aus dem Nebeneinander der unterschiedlichen Steuersysteme im internationalen Bereich, den verschiedenen Formen der Quellenbesteuerung auf grenzüberschreitende Dividenden und Zinsen sowie den Steuerwirkungen auf Ebene der Muttergesellschaft ergibt. Da Fremdkapital grundsätzlich von den Unternehmensteilen aufgenommen werden soll, bei denen die steuerliche Wirkung des Zinsabzugs am Größten ist, erscheint angesichts der immer noch hohen deutschen Steuersätze die gruppeninterne Eigenkapitalvergabe für Auslandsinvestitionen deutscher Unternehmen häufig günstiger.[4] Dennoch ist es ein vielfach zu beobachtendes Handicap der Auslandstöchter deutscher Unternehmen, dass sie über eine mangelhafte Ausstattung mit Eigenkapital verfügen. Risikoüberlegungen und Profit-Center-Denken mögen insoweit eine vorrangige Rolle spielen. Darüber hinaus kann durch Einschaltung von Konzernfinanzierungsgesellschaften erreicht werden, dass ein Zinsabzug im Ausland eintritt, ohne dass ein korrespondierender Zinsertrag in Deutschland zu hohen Sätzen der Besteuerung zu unterwerfen ist. Auf jeden Fall sind bei grenzüberschreitenden Finanzierungsstrukturen innerhalb eines Konzerns die deutschen **Dokumentationsvorschriften** nach § 90 Abs. 3 AO zu beachten, da diese als Geschäftsbeziehungen zu nahe stehenden Personen qualifiziert werden.[5]

Finanzierungsentscheidungen sind steuersensitiv und daher unter dem Gesichtspunkt der Minimierung der mit der Finanzierungsform einhergehenden

---

[3] Vgl. auch 7. Kapitel, Abschnitt B VI.
[4] Vgl. Spengel, C./Braunagel, R. U., StuW 2006, S. 34.
[5] Siehe hierzu ausführlicher das 5. Kapitel zu den Verrechnungspreisen.

Steuerbelastung zu treffen. Um die Steuerquote zu minimieren, müssen sich die Finanzierungskosten möglichst effektiv im Konzern steuerlich auswirken.

Der von der Rechtsprechung des BFH allgemein akzeptierte Grundsatz der Finanzierungsfreiheit[6] kombiniert mit der fehlenden Finanzierungsneutralität der Besteuerung belässt dem Unternehmer die Möglichkeit zur **Nutzung der internationalen Steuerarbitrage** durch Ausschöpfung weiter Finanzierungsspielräume. Ein Steuerpflichtiger ist frei, wie er seine wirtschaftlichen Aktivitäten finanziert. Der Besteuerung ist daher die Entscheidung des Steuerpflichtigen zugrunde zu legen, gleichgültig, ob er die Finanzierungsstruktur rein national oder grenzüberschreitend aufsetzt. Innerhalb der EU kann sich der Steuerpflichtige zudem auf die Freiheiten des **europäischen Vertragswerkes** stützen. Demnach ist es ein wesentliches Ziel der EU, einen Binnenmarkt ohne rechtliche oder tatsächliche Hindernisse zu errichten. Um dies zu erreichen, normiert der AEU-Vertrag Grundfreiheiten, die aufgrund der Höherrangigkeit des Gemeinschaftsrechts den nationalen Gesetzen − somit auch den Steuergesetzen − vorgehen. Im Rahmen der Unternehmensfinanzierung sind insbesondere die Kapitalverkehrsfreiheit sowie die Niederlassungsfreiheit von Bedeutung. Bei der Kapitalverkehrsfreiheit geht der AEU-Vertrag sogar noch einen Schritt weiter, denn nach Art. 63 Abs. 1 i. V. m. Art. 64 AEU-Vertrag können sich auch Drittstaateninvestoren auf diese Grundfreiheit berufen, sofern die Beschränkungen von Investitionen in Drittstaaten nicht bereits am 31. Dezember 1993 bestanden haben (sog. Stand-still-Klausel).[7]

Die mit der Finanzierungsfreiheit automatisch verknüpfte Frage nach der steuerlich optimalen Finanzierungsform stellt den Steuerplaner im Tagesgeschäft vor immer neue Herausforderungen. Die Möglichkeiten und Grenzen für die Gestaltung der Finanzierungsverhältnisse und damit für die **Senkung der Kapitalkosten** werden in den nachfolgenden Abschnitten für die verschiedenen Formen von Inbound- und Outbound-Investitionen (Betriebsstätte, Kapitalgesellschaft, Personengesellschaft) analysiert.

B. Finanzierung von Inbound-Investitionen

I. Betriebsstätten

1. Dotationskapital

Die inländische Betriebsstätte eines ausländischen Unternehmens benötigt zur Erfüllung ihres Geschäftszwecks eine ihr gewidmete Kapitalausstattung, die als Dotationskapital bezeichnet wird.[8] Dieses ist eine **steuerliche Fiktion** mit dem Zweck, das „**Eigenkapital**" der Betriebsstätte zu ersetzen. Während für das Dotationskapital keine Zinsen verrechnet werden dürfen, können Darlehensmittel, welche die Betriebsstätte unmittelbar von Außenstehenden

---

[6] Vgl. BFH v. 16. 9. 1958, BStBl 1958 II, S. 451; BFH v. 5. 2. 1992, BStBl 1992 II, S. 532; BFH v. 24. 4. 1997, BStBl 1999 II, S. 342; BFH v. 8. 12. 1997, BStBl 1998 II, S. 197; BFH v. 19. 3. 1998, BStBl 1998 II, S. 513; BFH v. 15. 2. 2002, BStBl 2003 II, S. 327; BFH v. 1. 7. 2003, BVH/NV 2003, S. 1560; BFH v. 6. 12. 2005, BStBl 2006 II, S. 265; BFH v. 25. 2. 2009, BStBl 2009 II, S. 459.

[7] Zu den einzelnen europäischen Grundfreiheiten siehe 2. Teil, 3. Kapitel, Abschnitt E II.

[8] Ausführlich dazu 5. Teil, 3. Kapitel, Abschnitt C IV.

3. Kapitel. Einfluss der Finanzierung auf die Höhe der Steuerbelastung 975

erhält oder die indirekt vom Stammhaus für Zwecke der Betriebsstätte aufgenommen und an diese durchgeleitet werden,[9] zu Lasten des Betriebsstättenergebnisses verzinst werden. Über die Behandlung dieser Sachverhalte besteht weitgehend Übereinstimmung. Strittig ist dagegen die Bestimmung des erforderlichen Umfangs an Dotationskapital und eng damit verknüpft die Frage, ob zwischen Stammhaus und Betriebsstätte für Zwecke der Besteuerung ein Darlehensverhältnis anzuerkennen ist („Eigendarlehen", verzinsliches head office account).[10] Die Bedeutung dieser Frage ist ausschlaggebend für die Belastung mit Körperschaft- und (wegen Hinzurechnungen nach § 8 Nr. 1 Buchstabe a GewStG) Gewerbesteuer.

Die steuerliche Fiktion einer wirtschaftlichen Selbständigkeit der Betriebsstätte als Maßstab für die Erfolgsabgrenzung impliziert, dass die Betriebsstätte so mit Dotationskapital auszustatten ist, dass sie die ihr übertragenen Aufgaben erfüllen kann. Ob dies mit einem Dotationskapital von Null der Fall sein kann, das Dotationskapital entsprechend dem EK : FK-Verhältnis des Gesamtunternehmens (sog. Kapitalspiegeltheorie) zu ermitteln ist oder aber branchen- bzw. funktionsübliche Kapitalausstattungen zu ermitteln sind, ist äußerst umstritten.[11] Die deutsche Rechtsprechung hat sich grundsätzlich auf den Standpunkt gestellt, dass die Finanzierung der Betriebsstätte der Entscheidung des Stammhauses zu überlassen ist.[12] Der Widmungsakt der Zentrale findet nur dort seine Grenzen, wo er im Widerspruch zu kaufmännischen und wirtschaftlichen Erfordernissen steht.[13] Die Kapitalspiegeltheorie als grundsätzliche Leitlinie hat der BFH zwar verworfen,[14] allerdings auch festgestellt, dass das Dotationskapital einer inländischen Betriebsstätte nicht höher als das gesamte Eigenkapital des Unternehmens sein kann.[15]

In den Betriebsstätten-Verwaltungsgrundsätzen 1999[16] – geändert durch das BMF-Schreiben vom 20. November 2000[17] und das BMF-Schreiben vom 25. August 2009[18] – übernimmt die Finanzverwaltung zwar weitgehend die Rechtsprechung, betont aber gleichzeitig die Notwendigkeit einer **fremd-**

---

[9] In anderem Zusammenhang betont der BFH ausdrücklich eine funktionale Betrachtungsweise bei der Zuordnung von Vermögenswerten (hier: Darlehensmittel) zur Betriebsstätte. Vgl. BFH v. 30. 8. 1995, BStBl 1996 II, S. 563; Andresen, U., Betriebsstätten Handbuch, 2006, Anm. 2.114.
[10] Vgl. hierzu ausführlich 5. Teil, 3. Kapitel.
[11] Siehe hierzu u. a. IDW, WPg 1987, S. 648 ff.; Kumpf, W., StJb 1988/89, S. 393 ff.; Debatin, H., DB 1989, S. 1692 ff. und S. 1739 ff.; Beiser, R., IStR 1992, S. 7 ff.; Dehnen, P.H., CDFI 1996, S. 404 ff.; Becker, H., Gewinnermittlung, 1997, S. 28 ff.; Andresen, U., Betriebsstätten Handbuch, 2006, Anm. 2.122. Vgl. zudem 5. Teil, 3. Kapitel, Abschnitt C IV.
[12] Vgl. BFH v. 25. 6. 1986, BStBl 1986 II, S. 785; BFH v. 8. 12. 1997, BStBl 1998 II, S. 193; BFH v. 23. 8. 2000, BStBl 2002 II, S. 207.
[13] Vgl. BFH v. 1. 4. 1987, BStBl 1987 II, S. 550; BFH v. 12. 1. 1994, IStR 1994, S. 176; BFH v. 30. 10. 1996, BStBl 1997 II, S. 12; BFH v. 20. 3. 2002, BFH/NV 2002, S. 1017.
[14] Vgl. BFH v. 29. 7. 1992, BStBl 1993 II, S. 63; Betriebsstätten-Verwaltungsgrundsätze, BMF-Schreiben v. 25. 8. 2009, BStBl 2009 I, S. 888, Tz. 2.4.
[15] Vgl. BFH v. 23. 8. 2000, BStBl 2002 II, S. 207; hierzu FW, IStR 2001, S. 157.
[16] Vgl. Betriebsstätten-Verwaltungsgrundsätze, BMF-Schreiben v. 24. 12. 1999, BStBl 1999 I, S. 1076, Tz. 2. 5. Zu den Sondervorschriften bei Banken und Versicherungsbetriebsstätten vgl. ebenda, Tz. 4.1.3., 4.2.1. und 4.2.3.
[17] Vgl. BMF-Schreiben v. 20. 11. 2000, BStBl 2000 I, S. 1509.
[18] Vgl. BMF-Schreiben v. 25. 8. 2009, BStBl 2009 I, S. 888.

vergleichskonformen Kapitalausstattung der Betriebsstätte.[19] Sofern das Dotationskapital nicht nach der Kapitalausstattung unabhängiger Unternehmen mit vergleichbaren Marktchancen bzw. vergleichbaren Marktrisiken bestimmt werden kann (direkte Methode), bestehen nach Auffassung der Finanzverwaltung keine Bedenken, das Eigenkapital des Gesamtunternehmens auf Basis einer Schätzung entsprechend den ausgeübten Funktionen und Risiken (Funktions- und Risikoanalyse) aufzuteilen und im Falle von Funktionsgleichheit von Stammhaus und Betriebsstätte die Eigenkapitalquote des Stammhauses als geeigneten Anhaltspunkt für die Eigenkapitalausstattung der Betriebsstätte heranzuziehen. Die funktions- und risikobezogene Kapitalaufteilungsmethode bestätigte die Finanzverwaltung auch für inländische Betriebsstätten ausländischer Kreditinstitute, obwohl bspw. Kreditinstitute mit Sitz in einem EWR-Staat nach § 53 b KWG nicht verpflichtet sind, Eigenmittel für ihre inländischen Betriebsstätten auszuweisen.[20] Somit soll für die steuerliche Gewinnermittlung der deutschen Betriebsstätte ein angemessenes Dotationskapital zugeordnet werden. Nur in Ausnahmefällen wird von der funktions- und risikobezogenen Kapitalaufteilungsmethode abgewichen und das angemessene Dotationskapital durch einen sog. äußeren Fremdvergleich ermittelt. Für kleinere inländische Betriebsstätten von Kreditinstituten (Bilanzsumme von nicht mehr als 500 Mio. €) greift eine Vereinfachungsregel, wonach das Dotationskapital nicht ermittelt werden muss, wenn ein Dotationskapital von mindestens 3% der Bilanzsumme ausgewiesen wird, mindestens jedoch 5 Mio. €.[21]

Unangemessene **Über- und Unterdotierungen** der Betriebsstätte sollen nach Auffassung der Finanzverwaltung nicht akzeptabel sein, es sei denn, die anderen Unternehmensteile sind ebenfalls über-/unterkapitalisiert. Bei von fremdüblichen Verhältnissen abweichender Kapitalausstattung ist ein Teil des Fremdkapitals der Betriebsstätte in Dotationskapital umzuwidmen und insoweit der Zinsabzug zu versagen. Bei der Umwidmung in Missbrauchsfällen ist auf die zeitliche Reihenfolge der Aufnahme der Verbindlichkeiten abzustellen.[22]

Eine zulässige **Allokation von Fremdkapital** zur Betriebsstätte setzt zum einen die betriebliche Veranlassung im Rahmen des Gesamtunternehmens und zum anderen die Veranlassung durch Tätigkeiten, die der Erzielung von inländischen Einkünften dienen, voraus (§ 4 Abs. 4 EStG, § 50 Abs. 1 EStG). Wird das Fremdkapital durch das ausländische Stammhaus im Rahmen der Gründung der inländischen Betriebsstätte aufgenommen, so ist die Veranlassung durch die Betriebsstätte regelmäßig gegeben. Darüber hinaus können auch Teile der allgemeinen Finanzierungskosten des Einheitsunternehmens durch die Tätigkeiten der inländischen Betriebsstätte veranlasst sein, die dieser im Rahmen der steuerlichen Gewinnermittlung zugeordnet werden.[23]

---

[19] Für eine kritische Würdigung der Erlassregelungen zum Dotationskapital vgl. Göttsche, M./Stangl, I., DStR 2000, S. 504 ff.; Strunk, G./Kaminski, B., IStR 2000, S. 35 f.; Ditz, X., Betriebsstätten, 2004, S. 365; Andresen, U., Betriebsstätten Handbuch, 2006, Anm. 2.120. Vgl. auch 5. Teil, 3. Kapitel, Abschnitt C IV.
[20] Vgl. BMF-Schreiben v. 29. 9. 2004, BStBl 2004 I, S. 917, Tz. 2.1.1.
[21] Vgl. BMF-Schreiben v. 29. 9. 2004, BStBl 2004 I, S. 917, Tz. 2.1.5.
[22] Offen bleibt, welche zeitliche Reihenfolge gemeint ist. Grundsätzlich käme eine Umqualifizierung der ältesten oder der jüngsten Verbindlichkeit in Frage. Vgl. Göttsche, M./Stangl, I., DStR 2000, S. 504.
[23] Vgl. EuGH v. 15. 5. 1997 (Futura Singer), EuGHE 1997, S. I-2471, Tz. 18.

3. Kapitel. Einfluss der Finanzierung auf die Höhe der Steuerbelastung

Der bei der Festlegung des Dotationskapitals zumindest in der Praxis verbleibende Spielraum führt im Rahmen der Steuerplanung zu der Frage, ob der Finanzmittelbedarf der deutschen Betriebsstätte vorwiegend mit Eigen- oder Fremdkapital gedeckt werden soll. In dem häufigen Fall, dass das Steuerniveau im Ausland geringer ist als die inländische Steuerbelastung, wird der Investor bestrebt sein, den deutschen Betriebsstättengewinn möglichst durch Fremdkapitalzinsen zu schmälern. Dies kann insbesondere dadurch erreicht werden, dass eine ausländische fremdfinanzierte Konzernkapitalgesellschaft kein weiteres Vermögen neben der deutschen Betriebsstätte hält.[24] Bestimmt sich im Ausland der Umfang des anzuerkennenden Dotationskapitals nach einer Verhältnisregel oder nach anderen Maßstäben, können Qualifikationskonflikte mit der Folge von Doppelbesteuerungen (Dotationskapital aus ausländischer Sicht ist niedriger) oder Minderbesteuerungen (höheres Dotationskapital aus Auslandssicht) auftreten.

2. Begrenzung des Zinsabzugs durch die Zinsschranke

Der Betriebsausgabenabzug für Zinsaufwendungen eines Betriebs wird durch § 4 h EStG begrenzt (sog. Zinsschranke). Die Regelung gilt für sowohl unbeschränkt als auch beschränkt Steuerpflichtige. Nach Auffassung der Finanzverwaltung sind Betriebsstätten keine eigenständigen Betriebe für Zwecke der Zinsschranke, sondern vielmehr nur Teil eines Betriebes.[25] Für ausländische Kapitalgesellschaften bzw. Personengesellschaften, die im Inland über eine Betriebsstätte tätig sind, gelten die nachfolgenden Ausführungen zur Finanzierung inländischer Kapital- bzw. Personengesellschaften entsprechend.[26] Dabei ist allerdings ungeklärt, ob wegen der Beschränkung der Zinsschranke auf Zinsen, die den im Inland steuerpflichtigen Gewinn bzw. das im Inland steuerpflichtige Einkommen gemindert haben, ausschließlich die im Inland verwirklichten Merkmale bei der Anwendung der Vorschrift zu berücksichtigen sind.[27] Auch inländische vermögensverwaltende Aktivitäten ausländischer Kapitalgesellschaften, insbesondere Immobilieninvestitionen, werden von der Zinsschranke erfasst (entsprechende Anwendung des § 4 h EStG gem. § 8 a Abs. 1 Satz 4 KStG).[28]

II. Kapitalgesellschaften

1. Belastungsvergleich zwischen Eigen- und Fremdfinanzierung

Die Grundausstattung mit Finanzmitteln beziehen Tochterkapitalgesellschaften über das handelsrechtlich vorgeschriebene Mindestnennkapital (25 000 € bei der GmbH sowie 50 000 € bei der AG). Zur Abdeckung des weiteren

---

[24] Vgl. BFH v. 23. 8. 2000, BStBl 2002 II, S. 207; zur Frage eines Gestaltungsmissbrauchs i. S. d. § 42 AO im Hinblick auf vergleichbare Strukturen bei inländischen Immobilieninvestitionen vgl. BFH v. 17. 11. 2004, BFH/NV 2005, S. 1016.
[25] Vgl. BMF-Schreiben v. 4. 7. 2008, BStBl 2008 I, S. 718, Tz. 9; Dörr, I./Geibel, S./Fehling, D., NWB, Fach 4, S. 5202.
[26] Siehe Abschnitt B II 2 bzw. Abschnitt B III 2.
[27] Vgl. hierzu Köhler, S./Hahne, K. D., DStR 2008, S. 1506.
[28] Zum Anwendungsbereich dieser Vorschrift und dem Verhältnis zu § 49 Abs. 1 Nr. 2 Buchstabe f EStG vgl. Dötsch, E./Jost, W. F./Pung, A./Witt, G., Körperschaftsteuer, § 8 a KStG, Anm. 62 ff.

Kapitalbedarfs können entweder die ausländische Muttergesellschaft bzw. der im Ausland ansässige Anteilseigner (natürliche Person) durch Einlagen in Form zusätzlichen Nennkapitals oder von Kapitalrücklagen oder die inländische Tochtergesellschaft durch Gewinnthesaurierung und somit als Gewinnrücklage weiteres Eigenkapital bilden. Alternativ kann die deutsche Tochtergesellschaft Fremdkapital aufnehmen, wobei wiederum zwei Unterformen zu unterscheiden sind: die direkte Darlehensaufnahme bei einer außenstehenden Bank bzw. am Kapitalmarkt oder die Finanzierung über den Anteilseigner, die Mutter- oder eine Gruppengesellschaft (z. B. Konzernfinanzierungsgesellschaft).[29] Zwischen diesen beiden Unterformen liegt die Mischform der direkten Bankfinanzierung mit Garantien oder Bürgschaften des Konzerns. Die Abwägung zwischen diesen verschiedenen Formen der Kapitalaufnahme ist eine zentrale Aufgabe der Steuerplanung, da die Finanzierungsform wesentlichen Einfluss auf die in- und ausländische Steuerbelastung hat.

Vergleicht der ausländische Gesellschafter die Steuerkonsequenzen von Eigen- und Fremdfinanzierung, so sind bei der **Fremdfinanzierung** die Zinsen bei der deutschen Tochtergesellschaft für Körperschaftsteuerzwecke grundsätzlich abzugsfähig, während sie aufgrund der gewerbesteuerlichen Hinzurechnung gem. § 8 Nr. 1 Buchstabe a GewStG zu einem Viertel der Gewerbesteuer unterliegen. Eine Quellensteuer auf die abfließenden Zinsen wird in Deutschland grundsätzlich nicht erhoben. Ausnahmsweise kann es zur beschränkten Steuerpflicht gem. § 43 Abs. 1 Satz 1 Nr. 2 und 3 EStG sowie § 49 Abs. 1 Nr. 5 EStG insbesondere hinsichtlich bestimmter gewinnabhängiger Fremdkapitalinstrumente und bei unmittelbarer oder mittelbarer Sicherung durch inländischen Grundbesitz kommen.[30]

Soweit eine verzinsliche Darlehensvergabe erfolgt, entspricht die Gesamtsteuerbelastung somit der im Ausland auf die Darlehenszinsen anfallenden Steuer zuzüglich der auf die Zinsen zu entrichtenden Gewerbesteuer. Umgekehrt entfällt bei der **Eigenkapitalfinanzierung** der Zinsaufwand, so dass – vereinfachend – die ausländische Steuer durch eine deutsche Steuerbelastung ersetzt wird. Neben der Belastung mit Körperschaft- und Gewerbesteuer sowie Solidaritätszuschlag ist ggf. die deutsche Kapitalertragsteuer noch zu berücksichtigen.[31] Übersteigt das deutsche Steuerniveau dasjenige des Auslands, erscheint die Fremdfinanzierung damit generell vorteilhafter. Hieraus ergeben sich in Abhängigkeit von der Rechtsform des Anteilseigners die folgenden **Vorteilhaftigkeitsüberlegungen:**[32]

– Eine ausländische natürliche Person als Anteilseigner wird regelmäßig die Fremd- der Eigenkapitalvergabe vorziehen, da eigenfinanzierte Gewinne auf Ebene der inländischen Kapitalgesellschaft der Gewerbe- und der Körperschaftsteuer sowie dem Solidaritätszuschlag unterliegen und diese Steuern nicht auf die im Ausland auf die Dividenden entfallende Einkommen-

---

[29] Zu den rechtlichen Rahmenbedingungen der Kapitalausstattung siehe Crezelius, G., steuer-journal 2004, S. 14 ff.
[30] Zur Beschränkung des deutschen Quellenbesteuerungsrechts nach DBA siehe 3. Teil, 3. Kapitel, Abschnitt B II und nach der Zins- und Lizenzgebührenrichtlinie siehe 2. Teil, 3. Kapitel, Abschnitt B III.
[31] Zur Quellensteuerplanung siehe 4. Kapitel, Abschnitt B I.
[32] Vgl. hierzu auch Scheffler, W., BB 2000, S. 2441 ff.; Grotherr, S., IWB, Fach 3, Deutschland, Gruppe 2, S. 1209 ff.; Herzig, N./Lochmann, U., DB 2004, S. 825 ff.

3. Kapitel. Einfluss der Finanzierung auf die Höhe der Steuerbelastung

steuer angerechnet werden können. Bei unterstellter identischer ausländischer Einkommensbesteuerung von Zinsen und Dividenden (kein Teileinkünfteverfahren o. ä.) vermeidet im Vergleich dazu die Fremdfinanzierung die deutsche Körperschaftsteuer und senkt die Gewerbesteuerlast.

– Eine ausländische Mutterkapitalgesellschaft wird ebenfalls die Fremdfinanzierung bevorzugen, wenn die gewerbe- und körperschaftsteuerliche Belastung (einschließlich Solidaritätszuschlag) der Eigenfinanzierung im Inland (u. U. erhöht um eine Kapitalertragsteuer) höher ist als die Belastung der Fremdfinanzierung mit deutscher Gewerbesteuer auf ein Viertel der Zinsaufwendungen und ausländischer Körperschaftsteuer auf Zinsen.

Beispiel: Eine niederländische Muttergesellschaft gründet eine Vertriebs-AG in Deutschland. Die AG benötigt zur Aufnahme ihrer Geschäftstätigkeit finanzielle Mittel von 1,5 Mio. €, von denen 50 000 € durch das Stammkapital und 450 000 € durch direkte Bankdarlehen aufgebracht werden. Zu entscheiden ist die optimale Vorgehensweise bezüglich des offenen Finanzbedarfs von 1 Mio. €: Zuführung als Eigenkapital oder in der Form eines verzinslichen Gesellschafterdarlehens? Der angemessene Zinssatz betrage 6%, der Gewinn vor Steuern und Zinsen 66 000 €, der Steuersatz in den Niederlanden 25,5%;[32a] Dividenden sind dort freigestellt.

	Deutsche Tochtergesellschaft	
	Eigenfinanzierung	Fremdfinanzierung
1. Gewinn vor Steuern und Zinsen	66 000	66 000
2. Zinsaufwand	–	60 000
3. Gewerbesteuer (400%) 21 000 × 14% 66 000 × 14%	– – 9240	– 2940 –
4. Körperschaftsteuer 6000× 15% 66 000 × 15%	– – 9900	– 900 –
5. SolZ (5,5% auf KSt)	– 545	– 50
6. Dividende Zins	46 315 –	2110 60 000
7. Kapitalertragsteuer	–	–
8. Gesamtsteuer Inland	– 19 685	– 3890
9. Steuer Ausland (25,5%)	–	– 15 300
10. Nettozufluss	46 315	46 810
11. Gesamtsteuerquote	29,83%	29,08%

Als Ergebnis lässt sich festhalten, dass die **Fremdfinanzierungsalternative** im Regelfall nach wie vor **günstiger als die Eigenkapitalvergabe** ist. Allerdings hat sich der früher sehr erhebliche Belastungsunterschied durch die Absenkung des Körperschaftsteuersatzes auf 15% deutlich relativiert. Entscheidend für die Vorteilhaftigkeit ist angesichts des erheblichen Vorteils bei der inländischen Besteuerung letztlich die ausländische Besteuerung der Zinsen. Da ein internationaler Konzern seine Finanzpolitik häufig so einrichten kann (z. B. mit einer Finanzierungsgesellschaft), dass die Zinseinnahmen bei einer Finanzierungsgesellschaft in einem niedriger besteuernden Land anfallen, verstärkt sich tendenziell die Präferenz für die Fremdkapitalvergabe. Die Fremdfinanzierung ist allerdings nicht in unbegrenztem Maße zulässig, vielmehr sind

---

[32a] Der Körperschaftsteuersatz in den Niederlanden soll ab dem Jahr 2011 auf 25% reduziert werden.

980   6. Teil. Grenzüberschreitende Steuerplanung

insofern die (nachfolgenden) Restriktionen zu beachten, die das deutsche Körperschaftsteuergesetz zur Fremdfinanzierung vorsieht.

2. Begrenzung der Fremdfinanzierung in Deutschland

a) Problematik

Gesellschafterfremdfinanzierungs- oder Unterkapitalisierungsregelungen betreffen in erster Linie den Fall, dass Steuerausländer die inländische Tochtergesellschaft mit einem zu geringen Eigenkapital ausstatten und dieser gleichzeitig in erheblichem Umfang Fremdkapital zuführen, so dass ein wesentlicher Teil des Gewinns der fremdfinanzierten Kapitalgesellschaft ins Ausland verlagert wird (sog. **profit shifting**). Für das Steueraufkommen in dem Staat, in dem die Tochtergesellschaft ihren Geschäftsbetrieb unterhält, ist eine konzerninterne Fremdfinanzierung immer von Nachteil, da über die Verrechnung von Zinsaufwendungen das inländische Steueraufkommen geschmälert wird, während bei Eigenfinanzierung steuerliche Anknüpfungspunkte erfüllt sind.

In Deutschland stellt vor dem Hintergrund der Finanzierungsfreiheit nach ständiger Rechtsprechung des BFH auch die Gewährung von eigenkapitalersetzenden Gesellschafterdarlehen keinen Gestaltungsmissbrauch (§ 42 AO) dar, so dass eine Umqualifizierung des Fremdkapitals in Eigenkapital und der Zinsen in verdeckte Gewinnausschüttungen grundsätzlich nicht möglich ist.[33]

Vor diesem Hintergrund wurde die gesellschafterbezogene Fremdfinanzierung von Kapitalgesellschaften bis zur Unternehmensteuerreform 2008 durch § 8 a KStG a. F. beschränkt. Durch das UntStRefG 2008[34] wurde die sog. Zinsschranke (§ 4 h EStG) eingeführt, die gem. § 8 a KStG in modifizierter Form auch für Kapitalgesellschaften gilt.[35] Anders als § 8 a KStG a. F. schränkt die Zinsschranke nicht nur die Gesellschafterfremdfinanzierung ein, sondern gilt für sämtliche Zinsaufwendungen eines Betriebs und damit auch einer Kapitalgesellschaft; sie ist ferner unabhängig von der steuerlichen Ansässigkeit der Kapitalgesellschaft und ihrer Gesellschafter anzuwenden.

b) Regelungsinhalte der Zinsschranke

(1) Grundregel

Zinsaufwendungen eines Betriebes sind bis zur Höhe des Zinsertrages des Betriebes abzugsfähig (§ 4 h Abs. 1 Satz 1 EStG i. V. m. § 8 a Abs. 1 Satz 1 KStG), und darüber hinaus (sog. Nettozinsaufwand) nur bis zur Höhe von 30% des – um die Zinsaufwendungen und die nach § 6 Abs. 2 Satz 1, § 6 Abs. 2 a Satz 2 und § 7 EStG abgesetzten Beträge (d. h. insbesondere der planmäßigen AfA) erhöhten sowie um die Zinserträge verminderten – maß-

---

[33] Vgl. BFH v. 5. 2. 1992, BStBl 1992 II, S. 532; BFH v. 6. 11. 2007, BFH/NV 2008, S. 616. Zur Verneinung eines Gestaltungsmissbrauchs bei Zwischenschaltung einer fast ausschließlich mit Gesellschafterdarlehen finanzierten ausländischen Kapitalgesellschaft beim Erwerb inländischen Grundbesitzes siehe BFH v. 17. 11. 2004, BFH/NV 2005, S. 1016.
[34] BGBl 2007 I, S. 1912.
[35] Die Zinsschranke ist erstmals für Wirtschaftsjahre anzuwenden, die nach dem 25. 5. 2007 (Tag des Beschlusses des Deutschen Bundestags über das Unternehmensteuerreformgesetz 2008) beginnen und nicht vor dem 1. 1. 2008 enden (§ 52 Abs. 12 d EStG, § 34 Abs. 6 a Satz 3 KStG).

geblichen Einkommens (§ 8a Abs. 1 Satz 1 KStG; sog. **verrechenbares EBITDA** = Earnings Before Interest, Tax, Depreciation and Amortization)[35a]. Die darüberhinaus bestehende Nichtabziehbarkeit gilt auch für die Gewerbesteuer. Folglich mindern nicht abzugsfähige Zinsen nicht den Gewinn i. S. d. § 7 GewStG und unterliegen daher auch nicht der Hinzurechnung nach § 8 Nr. 1 GewStG.[36] Der Begriff des Betriebes ist gesetzlich nicht definiert. Ebenso enthält das BMF-Schreiben vom 4. Juli 2008[37] keine allgemeine Definition. Vielmehr soll wohl der allgemeine **Betriebsbegriff** des EStG gelten.[38] Danach ist unter einem Betrieb eine selbständige und unternehmerisch lebensfähige, organisatorisch abgeschlossene Einheit von personellen, sachlichen und immateriellen Produktions- und Leistungsfaktoren zu verstehen, die darauf gerichtet ist, am Markt Leistungen anzubieten und nachzufragen.[39] Eine Kapitalgesellschaft hat grundsätzlich nur einen Betrieb i. S. d. Zinsschranke.[40] Organträger und Organgesellschaft einer körperschaftsteuerlichen und gewerbesteuerlichen Organschaft gelten dabei gem. § 15 Satz 1 Nr. 3 KStG als ein Betrieb, so dass die Zinsschranke für den Organkreis beim Organträger anzuwenden ist. Nach Auffassung der Finanzverwaltung folgt aus der betriebsbezogenen Anwendung der Zinsschranke, dass auch das verrechenbare EBITDA betriebsbezogen zu ermitteln ist und daher insbesondere der Gewinnanteil aus einer Mitunternehmerschaft, an der eine Kapitalgesellschaft beteiligt ist, bei deren EBITDA nicht zu berücksichtigen ist.[41] Dies steht nicht mit dem Wortlaut des § 8a Abs. 1 Satz 1 KStG im Einklang, da ein solcher Gewinnanteil das maßgebliche Einkommen der Kapitalgesellschaft erhöht.

Die Zinsschranke erfasst grundsätzlich nur **Erträge und Aufwendungen aus der Überlassung von Geldkapital** und nicht solche aus der Überlassung von Sachkapital. Fremdkapital i. S. d. § 4h Abs. 3 EStG sind somit alle als Verbindlichkeit passivierungspflichtigen Kapitalzuführungen in Geld, die nach steuerlichen Kriterien nicht zum Eigenkapital gehören. Das sind insbesondere fest und variabel verzinsliche Darlehen, partiarische Darlehen, typisch stille Beteiligungen, Gewinnschuldverschreibungen und Genussrechtskapital (mit Ausnahme des Genussrechtskapitals i. S. d. § 8 Abs. 3 Satz 2 KStG).[42] Auf die Dauer der Überlassung des Fremdkapitals kommt es nicht an.[43]

Nach § 4h Abs. 3 Satz 4 EStG führen die Auf- und Abzinsung unverzinslicher oder niedrig verzinslicher Verbindlichkeiten oder Kapitalforderungen ebenfalls zu Zinserträgen oder Zinsaufwendungen. Nach Auffassung der Fi-

---

[35a] Vgl. Lenz, M./Dörfler, O./Adrain, G., Ubg 2010, S. 1 f.
[36] Vgl. Herzig, N./Liekenbrock, B., DB 2007, S. 2931; Schaden, M./Käshammer, D., BB 2007, S. 2323; Rödder, T., DStR 2007, Beihefter zu Heft 40, S. 7 f.; Töben, T./Fischer, H., BB 2007, S. 975.
[37] Vgl. BMF-Schreiben v. 4. 7. 2008, BStBl 2008 I, S. 718.
[38] Vgl. BT-Drucksache 16/4835, S. 1 f.
[39] Vgl. Frotscher, G., Körperschaftsteuergesetz, § 8a KStG, Anm. 37; Dörr, I./Geibel, S./Fehling, D., NWB, Fach 4, S. 5201; Schaden, M./Käshammer, D., BB 2007, S. 2319; Bron, J. F., IStR 2008, S. 14 f.; Kußmaul, H./Ruiner, C./Schappe, C., DStR 2008, S. 904; Köster-Böckenförde, A./Clauss, A., DB 2008, S. 2213 ff.; Möhlenbrock, R., Ubg 2008, S. 2 f.
[40] Vgl. BMF-Schreiben v. 4. 7. 2008, BStBl 2008 I, S. 718, Tz. 7.
[41] Vgl. BMF-Schreiben v. 4. 7. 2008, BStBl 2008 I, S. 718, Tz. 42.
[42] Vgl. BMF-Schreiben v. 4. 7. 2008, BStBl 2008 I, S. 718, Tz. 11.
[43] Vgl. BMF-Schreiben v. 4. 7. 2008, BStBl 2008 I, S. 718, Tz. 12.

nanzverwaltung sollen hiervon die Erträge aus der erstmaligen Bewertung von Verbindlichkeiten (Abzinsung) und die erstmalige Bewertung von Kapitalforderungen mit dem Barwert ausgenommen sein.[44] Diese einschränkende Auslegung des § 4 h Abs. 3 Satz 4 EStG ist jedenfalls im Hinblick auf den Ertrag aus der Abzinsung einer Verbindlichkeit gem. § 6 Abs. 1 Nr. 3 EStG abzulehnen.[45]

Fraglich ist die Einstufung von Zahlungen aufgrund von Leistungsbeziehungen neben der Kapitalüberlassung, insbesondere von **Termingeschäften** zwecks Währungs- oder Zinsabsicherung im Zusammenhang mit der Darlehensaufnahme. Ein Swapgeschäft ohne Kapitalüberlassung führt für sich betrachtet nicht zu Zinsaufwendungen.[46] Aber auch bei gleichzeitigem Abschluss eines Darlehensvertrages beinhalten die Swapgeschäfte eine nicht nur zivilrechtlich, sondern auch wirtschaftlich eigenständige Leistung neben der Kapitalüberlassung, die gegen den Einbezug der damit zusammenhängenden Zahlungen in die Ermittlung der Zinsaufwendungen spricht.[47] Die Eigenständigkeit der Leistungserbringung wird besonders deutlich, wenn der Darlehensgeber und der Leistungserbringer nicht identisch sind. Praktisch relevant ist dies insbesondere bei Kreditvermittlungsprovisionen. Diese stellen kein Entgelt für die Kapitalüberlassung dar.[48] Sie sind daher auch nicht als Zinsaufwendungen für Zwecke der Zinsschranke anzusehen.[49] Jedenfalls im Hinblick auf an Dritte gezahlte **Provisionen und Gebühren** liegen wohl auch nach Verwaltungsauffassung keine Zinsaufwendungen vor.[50] Dies sollte erst recht für Absicherungsgeschäfte mit Dritten gelten.[51]

Die Zinsschranke kommt unabhängig davon zur Anwendung, ob die Zinsen an einen Gesellschafter, eine diesem nahe stehende Person oder an einen fremden Dritten ohne Rückgriff auf den Gesellschafter gezahlt werden. Einen Gesellschafterbezug enthalten allerdings die Ausnahmetatbestände des § 8 a Abs. 2 und 3 KStG, auf die noch einzugehen sein wird.

Durch das Wachstumsbeschleunigungsgesetz[52] wurde für Wirtschaftsjahre, die nach dem 31. Dezember 2009 enden, ein sog. **EBITDA-Vortrag** eingeführt.[53] Das nach § 4 h Abs. 4 Satz 1 EStG gesondert festzustellende, verrechenbare EBITDA wird, soweit es den Nettozinsaufwand in einem Wirtschaftsjahr übersteigt, in die folgenden fünf Wirtschaftsjahre vorgetragen

---

[44] Vgl. BMF-Schreiben v. 4. 7. 2008, BStBl 2008 I, S. 718, Tz. 27.
[45] Vgl. Blümich, W., Einkommensteuergesetz, § 4 h EStG, Anm. 41.
[46] Vgl. BFH v. 4. 6. 2003, BStBl 2004 II, S. 517.
[47] Vgl. Scheunemann, M. P./Socher, O., BB 2007, S. 1148; Schmidt-Fehrenbacher, V., Ubg 2008, S. 471.
[48] Vgl. BFH v. 4. 3. 1976, BStBl 1977 II, S. 380.
[49] Vgl. Scheunemann, M. P./Socher, O., BB 2007, S. 1148; Fischer, H./Wagner, T., BB 2008, S. 1873; Blümich, W., Einkommensteuergesetz, § 4 h EStG, Anm. 38.
[50] Umkehrschluss aus Tz. 15 des BMF-Schreibens v. 4. 7. 2008, BStBl 2008 I, S. 718, die nur Provisionen etc. an den Fremdkapitalgeber erfasst.
[51] Nach OFD Frankfurt v. 4. 5. 2000, FR 2000, S. 848, können allerdings Zahlungen aus Devisentermingeschäften in die Einkünfte aus Kapitalvermögen aus Fremdwährungskapitalforderungen einbezogen werden. Diese Auffassung wurde im Ergebnis bestätigt durch FG Rheinland-Pfalz v. 26. 8. 2002, EFG 2002, S. 1444.
[52] BGBl 2009 I, S. 3950.
[53] Auf Antrag wird das verrechenbare EBITDA des ersten Wirtschaftsjahres, das nach dem 31. 12. 2009 endet, um rückwirkend zu ermittelnde EBITDA-Vorträge aus Wirtschaftsjahren, die nach dem 31. 12. 2006 beginnen und vor dem 1. 1. 2010 enden, erhöht (§ 52 Abs. 12 d Satz 5 EStG).

3. Kapitel. Einfluss der Finanzierung auf die Höhe der Steuerbelastung   983

(§ 4h Abs. 1 Satz 3 EStG). Zinsaufwendungen, die in einem der folgenden Wirtschaftsjahre das jeweilige verrechenbare EBITDA übersteigen, sind bis zur Höhe des EBITDA-Vortrags abzugsfähig (§ 4h Abs. 1 Satz 4 EStG). Ein EBITDA-Vortrag entsteht – und erhöht sich nur dann – wenn der Betrieb in dem jeweiligen Wirtschaftsjahr nicht aufgrund der nachfolgend erläuterten Ausnahmetatbestände des § 4h Abs. 2 EStG zwingend von der Anwendung des Zinsschranke ausgenommen ist (§ 4h Abs. 1 Satz 3 zweiter Halbsatz EStG). Der EBITDA-Vortrag geht bei einer Verschmelzung oder Einbringung nicht über (§§ 4 Abs. 2 Satz 2, 12 Abs. 3, 20 Abs. 9 UmwStG) und mindert sich im Falle einer Abspaltung (§ 15 Abs. 3 UmwStG). Ein schädlicher Beteiligungserwerb i. S. d. § 8c KStG hat dagegen keine Auswirkungen auf den EBITDA-Vortrag.[53a]

§ 8a Abs. 1 Satz 1 KStG i. V. m. § 4h Abs. 1 EStG führt zu einer Gewinnkorrektur außerhalb der Steuerbilanz und erhöht den Gesamtbetrag der Einkünfte. Eine Kapitalertragsteuerpflicht besteht nicht.[54] Eine korrespondierende Gegenkorrektur beim Zinsempfänger erfolgt nicht.

Zinsaufwendungen, die in dem Wirtschaftsjahr, in dem sie angefallen sind, steuerlich nicht abgezogen werden dürfen, können nach § 4h Abs. 1 Satz 2 EStG zeitlich unbegrenzt vorgetragen werden. Die Möglichkeit eines Rücktrages des Zinsaufwandes besteht nicht. Der verbleibende **Zinsvortrag** ist gesondert festzustellen und in den Folgejahren fortzuschreiben (§ 4h Abs. 5 EStG). Der Zinsvortrag ist in den nächsten Wirtschaftsjahren mit dem dann anfallenden Nettozinsaufwand zusammenzurechnen und bis zu Höhe des verrechenbaren EBITDAs abzuziehen. Ist der Abzug der vortragsfähigen Zinsaufwendungen innerhalb der nächsten fünf Jahre hinreichend wahrscheinlich, können latente Steuern aktiviert werden (§ 274 HGB), so dass sich die Zinsschranke insoweit nicht auf die Konzernsteuerquote auswirkt.[55] Der Zinsvortrag wie auch der EBITDA-Vortrag gehen gem. § 4h Abs. 5 EStG bei Aufgabe oder Übertragung des Betriebs unter; nach Verwaltungsauffassung gilt dies – ohne erkennbare Rechtsgrundlage – anteilig bei Aufgabe oder Übertragung eines Teilbetriebs oder Ausscheiden einer Organgesellschaft aus dem Organkreis.[56] § 8c KStG gilt gem. § 8a Abs. 1 Satz 3 KStG für den Zinsvortrag entsprechend, d. h. der Zinsvortrag geht bei Vorliegen eines schädlichen Beteiligungserwerbs ganz oder teilweise unter, soweit keine stillen Reserven i. S. d. § 8c Abs. 1 Satz 7 KStG existieren, welche die nach § 8c Abs. 1 Satz 6 KStG abziehbaren nicht genutzten Verluste übersteigen. Auch bei Verschmelzung, Auf- oder Abspaltung geht der Zinsvortrag wie ein Verlustvortrag ganz oder teilweise unter (§§ 4 Abs. 2 Satz 2, 12 Abs. 3, 15 Abs. 3 UmwStG).

(2) Ausnahmetatbestände

(a) Freigrenze

Die Abzugsbeschränkung nach § 8a Abs. 1 Satz 1 KStG i. V. m. § 4h Abs. 1 Satz 1 EStG greift nicht, sofern der Nettozinsaufwand weniger als

---

[53a] Siehe auch Lenz, M./Dörfler, O./Adrian, G., Ubg 2010, S. 2ff.
[54] Vgl. Blumenberg, J./Benz, S., Unternehmensteuerreform 2008, 2007, S. 118.
[55] Vgl. die Gesetzesbegründung in BT-Drs. 16/10067, S. 67 f.; siehe auch Rödder, T./Stangl, I., DB 2007, S. 482.
[56] Vgl. BMF-Schreiben v. 4. 7. 2008, BStBl 2008 I, S. 718, Tz. 47; zur Kritik vgl. Dörfler, O., Ubg 2008, S. 700.

3 Mio. € beträgt (§ 4 h Abs. 2 Satz 1 Buchstabe a EStG). Die Freigrenze wird pro Wirtschaftsjahr und Betrieb gewährt.[57]

(b) Keine Konzernzugehörigkeit der Kapitalgesellschaft

Die Zinsschranke kommt außerdem nicht zur Anwendung, wenn der Betrieb nicht oder nur anteilig zu einem Konzern gehört (§ 4 h Abs. 2 Satz 1 Buchstabe b EStG). Der Zinsschranke liegt ein **erweiterter Konzernbegriff** zugrunde.[58] Danach gehört ein Betrieb zu einem Konzern, wenn er nach den einschlägigen Rechnungslegungsstandards mit einem oder mehreren anderen Betrieben konsolidiert wird oder konsolidiert werden könnte (§ 4 h Abs. 3 Satz 5 EStG). Ferner gehört ein Betrieb zu einem Konzern, wenn seine Finanz- und Geschäftspolitik mit einem oder mehreren anderen Betrieben einheitlich bestimmt werden kann (§ 4 h Abs. 3 Satz 6 EStG; sog. Gleichordnungskonzern). Kein Konzern liegt folglich vor, wenn der oder die Gesellschafter keine andere Körperschaft beherrschen und auch kein Einzelunternehmen unterhalten wird. Ferner werden in den Konzernbegriff der Zinsschranke nur vollkonsolidierte Gesellschaften einbezogen.[59] Da der Organkreis gem. § 15 Satz 1 Nr. 3 KStG als ein Betrieb gilt, bildet er für sich keinen Konzern i. S. d. Zinsschranke.[60] Das Gesetz enthält keine Aussage darüber, auf welchen Zeitpunkt oder Zeitraum für die Beurteilung der Zugehörigkeit zu einem Konzern abzustellen ist. Nach Ansicht der Finanzverwaltung ist auf die Verhältnisse des vorangehenden Abschlussstichtages abzustellen.[61]

Die Ausnahmeregelung des § 4 h Abs. 2 Satz 1 Buchstabe b EStG kommt nur zur Anwendung, wenn keine schädliche **Gesellschafterfremdfinanzierung** vorliegt. Die Kapitalgesellschaft muss gem. § 8 a Abs. 2 KStG nachweisen, dass die Vergütungen für Fremdkapital an einen wesentlich beteiligten Anteilseigner, eine diesem nahe stehende Person i. S. d. § 1 Abs. 2 AStG oder einen rückgriffsberechtigten Dritten der Kapitalgesellschaft nicht mehr als 10% des Nettozinsaufwandes der Kapitalgesellschaft betragen.

Als ein wesentlich beteiligter Anteilseigner gilt ein zu mehr als 25% unmittelbar oder mittelbar am Grund- oder Stammkapital beteiligter Anteilseigner.[62] Der Begriff des Rückgriffs wird von der Finanzverwaltung sehr weit ausgelegt. Ein konkreter, rechtlich durchsetzbarer Anspruch (z. B. aufgrund einer Garantieerklärung oder einer Bürgschaft), eine Vermerkpflicht in der Bilanz, eine dingliche Sicherheit (z. B. Sicherungseigentum, Grundschuld) oder eine harte bzw. weiche Patronatserklärung begründen zwar einen Rückgriff, sind aber nicht erforderlich. Es genügt vielmehr bereits, wenn der Anteilseigner oder die ihm nahe stehende Person dem Dritten gegenüber faktisch für die Erfüllung der Schuld einsteht.[63] Insbesondere werden auch Gestaltungen erfasst, bei denen eine Bank der Kapitalgesellschaft ein Darlehen

---

[57] Vgl. BMF-Schreiben v. 4. 7. 2008, BStBl 2008 I, S. 718, Tz. 58.
[58] Vgl. BMF-Schreiben v. 4. 7. 2008, BStBl 2008 I, S. 718, Tz. 59.
[59] Vgl. Hageböke, J./Stangl, I., DB 2008, S. 200 ff.; Hennrichs, J., DB 2007, S. 2101; Schulz, S., DB 2008, S. 2043 ff.
[60] Vgl. BMF-Schreiben v. 4. 7. 2008, BStBl 2008 I, S. 718, Tz. 63 und 65.
[61] Vgl. BMF-Schreiben v. 4. 7. 2008, BStBl 2008 I, S. 718, Tz. 68.
[62] Vgl. zu Einzelheiten Gosch, D., Körperschaftsteuergesetz, § 8 a, Anm. 33 ff.
[63] Vgl. Gosch, D., Körperschaftsteuergesetz, § 8 a, Anm. 87 i. V. m. Anm. 47 und 48.

3. Kapitel. Einfluss der Finanzierung auf die Höhe der Steuerbelastung

gewährt und der Anteilseigner seinerseits bei der Bank eine Einlage unterhält (sog. Back-to-back-Finanzierung); die Abtretung der Einlageforderung an die Bank ist dabei keine Voraussetzung.[64] Wenn sich der Rückgriff nur auf einen Teilbetrag der Darlehenssumme erstreckt, sind nur die auf diesen Teilbetrag entfallenden Fremdkapitalvergütungen bei der Prüfung der 10%-Grenze zu berücksichtigen.[65]

(c) Eigenkapitalquotenvergleich bei konzernzugehörigen Kapitalgesellschaften

Konzernzugehörige Kapitalgesellschaften können die Anwendung der Zinsschranke durch den Nachweis einer zumindest konzerndurchschnittlichen Eigenkapital-Quote vermeiden (§ 4h Abs. 2 Satz 1 Buchstabe c EStG; sog. **Escape-Klausel**). Ist die Eigenkapital-Quote der inländischen Konzerngesellschaft nicht um mehr als zwei Prozentpunkte geringer als die des Konzerns, ist die Abzugsbeschränkung nach § 8a Abs. 1 Satz 1 KStG i.V.m. § 4h Abs. 1 Satz 1 EStG nicht anwendbar.

Dabei ist die Eigenkapital-Quote des Betriebes mit der des Konzerns auf Basis der Bilanzen des vorangegangenen Wirtschaftsjahres zu vergleichen. Als Eigenkapital-Quote gilt nach § 4h Abs. 2 Satz 1 Buchstabe c Satz 3 EStG das Verhältnis des Eigenkapitals zur Bilanzsumme. Beide Vergleichsgrößen sind grundsätzlich auf Grundlage von Abschlüssen nach IFRS zu ermitteln und nach § 4h Abs. 2 Satz 1 Buchstabe c Satz 4–7 EStG zu modifizieren.[66] Von besonderer praktischer Bedeutung ist dabei die Kürzung des Eigenkapitals gem. § 4h Abs. 2 Satz 5 KStG um die Anteile an anderen Konzerngesellschaften. Diese **Beteiligungsbuchwertkürzung** soll einen Kaskadeneffekt verhindern, hat jedoch überschießenden Charakter und verhindert im Ergebnis die Anwendung der Escape-Klausel für Kapitalgesellschaften mit nennenswertem Beteiligungsbesitz. Sie ist allerdings wegen der Betriebsfiktion des § 15 Satz 1 Nr. 3 KStG nicht auf Anteile an Organgesellschaften anwendbar.[67] Die Regelung führt dazu, dass das Halten anderer Beteiligungen, insbesondere an ausländischen Konzerngesellschaften, in einer zu einem Auslandskonzern gehörenden deutschen Kapitalgesellschaft im Hinblick auf die Zinsschranke nachteilig sein kann.

Ebenfalls gilt die Escape-Klausel nur dann, wenn keine schädliche **Gesellschafterfremdfinanzierung** vorliegt. Die Kapitalgesellschaft muss nach § 8a Abs. 3 KStG für jeden zum Konzern gehörenden Rechtsträger nachweisen, dass Vergütungen für Fremdkapital an einen zu mehr als 25% unmittelbar oder mittelbar beteiligten Gesellschafter, an eine diesem nahe stehenden Person oder an einem Dritten, der auf die vorgenannten Personen zurückgreifen kann, nicht mehr als 10% des Nettozinsaufwandes dieses Rechtsträgers betragen. Dieser Nachweis ist in der Praxis nur schwer zu führen.[68] Nach Auffassung der Finanzverwaltung werden dabei die Vergütungen für Fremdkapital aller wesentlich beteiligten Gesellschafter zusammengerechnet (Gesamt-

---

[64] Vgl. BMF-Schreiben v. 4. 7. 2008, BStBl 2008 I, S. 718, Tz. 83.
[65] Vgl. OFD Koblenz v. 27. 4. 2009, DB 2009, S. 1964.
[66] Zu Einzelheiten vgl. Hennrichs, J., DB 2007, S. 2101; Köster, O., BB 2007, S. 2278; Ganssauge, K./Mattern, O., DStR 2008, S. 213 und 267.
[67] Vgl. Gosch, D., Körperschaftsteuergesetz, § 4h EStG Exkurs, Anm. 114.
[68] Zur 10%-Grenze des § 8a Abs. 3 KStG siehe ausführlich Brunsbach, S./Syré, M., IStR 2008, S. 157 ff.

betrachtung).[69] Da konzerninterne Fremdfinanzierungen bereits beim Eigenkapitalquotenvergleich berücksichtigt werden, fällt nur die konzernexternen Gesellschafterfremdfinanzierung unter diese Regelung. Daher beschränkt § 8a Abs. 3 Satz 2 KStG den Anwendungsbereich auf Zinsaufwendungen aus solchen Verbindlichkeiten, die in dem voll konsolidierten Konzernabschluss ausgewiesen sind, und bei Darlehen von Dritten auf die Fälle des Rückgriffs auf konzernexterne Anteilseigner bzw. diesen nahe stehende Personen.[70]

c) Gestaltungsmöglichkeiten

Jegliche Neueinführung oder Änderung einer Gesetzesvorschrift fordert eine Reaktion des Steuerplaners im Hinblick auf die Auswirkung auf die bisherige Unternehmenspraxis und die Identifizierung eventueller neuer Gestaltungschancen. Die Zinsschranke veranlasst zunächst zu einer gezielten Finanzierung im Rahmen des verrechenbaren EBITDA der inländischen Kapitalgesellschaft. Diesbezüglich besteht ein weiter Gestaltungsspielraum.[71]

Tabelle 46 zeigt die wesentlichen Gestaltungsansätze, mit denen die Steuerposition der inländischen Kapitalgesellschaft im Rahmen der Zinsschranke verbessert werden kann. In jedem Einzelfall ist zu analysieren, welcher der – teilweise konträren – Ansätze vorteilhaft sein kann.

Tabelle 46: Gestaltungsansätze im Rahmen der Zinsschranke

Ziel	Instrument
1. Erhöhung der Zinserträge	– Vereinbarung einer Wertpapierleihe über verzinsliche Wertpapiere[72]
2. Reduktion der Zinsaufwendungen	– Zuführung von Eigenkapital (auch in Form von Genussrechten i. S. d. § 8 Abs. 3 Satz 2 KStG oder von atypisch stillen Beteiligungen) – Überlassung von Sachmitteln anstelle von Geldkapital (Miete, Pacht, Leasing) – Vereinbarung einer EBITDA-abhängigen Verzinsung – Gewährung von niedrig verzinslichen Darlehen – Aktivierung von Zinsen im Rahmen der Herstellungskosten – Zins- und Währungsswapgeschäfte
3. Erhöhung des steuerlichen EBITDA	– Bildung von Organschaften – Einbringung profitabler Geschäftsfelder – Umwandlung von Tochterkapitalgesellschaften in Personengesellschaften – Erhöhung der AfA (Erwerb von Anlagevermögen statt Leasingfinanzierung)

---

[69] Vgl. BMF-Schreiben v. 4. 7. 2008, BStBl 2008 I, S. 718, Tz. 82; hieran bestehen nach dem Beschluss des Niedersächsischen Finanzgerichts v. 18. 2. 2010, DStR 2010, S. 597, ernsthafte Zweifel.
[70] Vgl. BMF-Schreiben v. 4. 7. 2008, BStBl 2008 I, S. 718, Tz. 80.
[71] Vgl. dazu z. B. Endres, D./Reister, T./Spengel, C., WPg 2007, S. 486 f.; Dörr, I./Fehling, D., Ubg 2008, S. 345 ff.
[72] Nach Verwaltungsauffassung kann dies einen Gestaltungsmissbrauch darstellen; vgl. BMF-Schreiben v. 4. 7. 2008, BStBl 2008 I, S. 718, Tz. 24.

3. Kapitel. Einfluss der Finanzierung auf die Höhe der Steuerbelastung 987

Ziel	Instrument
4. Freigrenzennutzung durch Schaffung mehrerer Betriebe	− Gründung neuer Betriebe für neue Aktivitäten − Ausgliederung aus einem Betrieb in Tochterbetriebe − Spaltung von Betrieben − Bildung mehrerer Betriebe durch atypisch stille Beteiligungen
5. Vermeidung von Konzernstrukturen	− Schaffung von Organkreisen − Schaffung eines Einheitsunternehmens − Einsatz von Stiftungen als Konzernmutter
6. Erhöhung der Eigenkapitalquote der inländischen Kapitalgesellschaft	− Erhöhung des Eigenkapitals durch Einlagen − Einbringung ausländischer Betriebsstätten − Vermeidung der Beteiligungsbuchwertkürzung durch Veräußerung von Anteilen an Konzerngesellschaften − Verringerung der Bilanzsumme, z. B. durch Auslagerung von Verbindlichkeiten (CTA bei Pensionsverpflichtungen)

d) Kritik

Die Zinsschranke ist komplex in der Anwendung,[73] wirkt in wirtschaftlich angespannten Zeiten aufgrund einer vermehrten Substanzbesteuerung krisenverschärfend,[74] führt infolge der Versteuerung der beim Schuldner nicht abzugsfähiger Zinsen auf Ebene des Gläubigers zu Doppelbesteuerungen und ist EU-rechtlichen Bedenken ausgesetzt.[75]

Bei der Zinsschranke und ihrer Vorgängerregelung (§ 8a KStG a. F. (1994–2007)) geht es im Grundsatz um die Sicherstellung von Steuersubstrat in Deutschland; einer übermäßigen Fremdfinanzierung durch Steuerausländer soll Einhalt geboten werden.[76] Diese Zielsetzung lässt sich am besten verwirklichen, indem Zinsabzugsbeschränkungen auf Missbrauchsfälle bei Auslandssachverhalten begrenzt werden oder eine internationale Vereinbarung zur Besteuerung grenzüberschreitender Zinszahlungen getroffen wird. Dagegen entschärfen die im Rahmen des Wachstumsbeschleunigungsgesetzes[76a] vollzogenen Änderungen – dauerhafte Erhöhung der Freigrenze auf 3 Mio. €, Einführung eines fünfjährigen EBITDA-Vortrags und Erhöhung des Toleranzrahmens von 1% auf 2% beim Eigenkapitalquotenvergleich – lediglich die ökonomische und rechtliche Problematik der Zinsschranke, ohne sie zu beseitigen. Alternativmodelle einer Zinsabzugsbeschränkung,[77] die etwa am

---

[73] Vgl. die obigen Ausführungen; sowie Dörfler, O., Ubg 2008, S. 693 ff.
[74] Vgl. Spengel, C./Finke, K./Zinn, B., Substanzbesteuerung, 2010, S. 89 ff. Siehe auch Watrin, C./Pott, C./Richter, F., StuW 2009, S. 260 ff.; Blaufus, K./Lorenz, D., StuW 2009, S. 327 ff.
[75] Vgl. Führich, G., IStR 2007, S. 341 ff.; Kraft, G./Bron, J. F., EWS 2007, S. 487 ff.; Musil, A./Volmering, B., DB 2008, S. 15 f.; Führich, G., Ubg 2009, S. 30 ff.; Knopf, R./Bron, J. F., BB 2009, S. 1223; Kessler, W./Dietrich, M.-L., DB 2010, S. 242 f.
[76] Vgl. Spengel, C./Golücke, M., RIW 2003, S. 335 f.; siehe auch Hey, J., FR 2008, S. 1036 f.
[76a] BGBl 2009 I, S. 3950.
[77] Vgl. Herzig, N./Bohn, A., IStR 2009, S. 253 ff.; Herzig, N./Bohn, A./Fritz, G., DStR 2009, Beihefter zu Heft 29, S. 61 ff.

Verschuldungsgrad oder an Aktivagrenzen anknüpfen, sind ebenfalls nicht zielführend, solange das Doppelbesteuerungsproblem vor allem im Inland bestehen bleibt.

Eine Regelung zur Begrenzung der Gesellschafter-Fremdfinanzierung ausschließlich zu Lasten im Ausland ansässiger Gesellschafter erscheint EU-rechtlich unbedenklich, soweit sie sich auf Missbrauchsfälle beschränkt. Der durch die EuGH-Rechtsprechung vorgegebene Rahmen bietet hierfür genügend Spielraum, so dass der deutsche Gesetzgeber unilateral handeln könnte.[78] Gemessen an dem vordergründigen Ziel der Steueraufkommenssicherung würde eine Zinsabzugsbeschränkung für reine Missbrauchsfälle allerdings zu kurz greifen. Das Ziel einer fairen Aufteilung von Steuersubstrat bei grenzüberschreitenden Finanzierungen lässt sich am besten dadurch erreichen, dass dem Staat des finanzierten Unternehmens ein vorrangiges Besteuerungsrecht auf die ins Ausland abfließenden Zinszahlungen eingeräumt wird. Die einbehaltene (Quellen-)Steuer wäre im Sitzstaat des Zinsempfängers unbegrenzt anzurechnen und ein Überhang zu erstatten.[79] Das OECD-Musterabkommen steht einer solchen Aufteilung der Besteuerungsbefugnisse grundsätzlich nicht entgegen, allerdings wäre für EU-Fälle die Zins- und Lizenzgebührenrichtlinie[80] zu ändern, was aufgrund des Einstimmigkeitsprinzips einen langfristigen Akt der europäischen Steuerharmonisierung voraussetzt.

3. Angemessenheit der Vergütung

Vor dem Hintergrund des internationalen Steuergefälles hat – neben dem Volumen – auch die Höhe des Entgelts für Darlehen zwischen den einzelnen Unternehmen eines Konzerns Einfluss auf die Steuerbelastung.

Ist eine Darlehensvereinbarung dem Grunde nach akzeptabel, folgt eine Angemessenheitsüberprüfung der Höhe nach. Zur Vermeidung von Gewinnverlagerungen werden die Zinsvereinbarungen zwischen verbundenen Unternehmen daraufhin überprüft, ob sie dem **Maßstab des Drittverhaltens** standhalten. Im Inbound-Fall stellen unangemessen hohe Vergütungen eine verdeckte Gewinnausschüttung i. S. d. § 8 Abs. 3 Satz 2 KStG dar, während unangemessen niedrige Vergütungen hingegen keine verdeckten Einlagen darstellen und daher steuerlich nicht korrigiert werden.[81] Unverzinsliche Darlehen mit einer Laufzeit von mehr als einem Jahr sind allerdings gem. § 6 Abs. 1 Nr. 3 EStG abzuzinsen, so dass ein steuerlicher Abzinsungsertrag mit nachfolgendem Aufzinsungsaufwand entsteht. Die Prüfung einer verdeckten Gewinnausschüttung ist insoweit der Anwendung der Zinsschranke vorgelagert, als diese sich nur auf Zinsaufwendungen bezieht, die den maßgeblichen Gewinn bzw. das maßgebliche Einkommen gemindert haben.[82]

In Deutschland hat die Finanzverwaltung das Arm's-length-Prinzip für Darlehen und Kredite im Konzernverbund in Tz. 4 der Verwaltungsgrundsätze[83]

---

[78] Vgl. zu einem Gesetzesvorschlag Schön, W., IStR 2009, S. 888.
[79] Vgl. Spengel, C., Tax Science Fiction, 2008, S. 47 ff. m. w. N.
[80] Vgl. 2. Teil, 3. Kapitel, Abschnitt B III.
[81] Vgl. unten Abschnitt B II 4.
[82] Vgl. BMF-Schreiben v. 4. 7. 2008, BStBl 2008 I, S. 718, Tz. 18.
[83] Vgl. BMF-Schreiben v. 23. 2. 1983, BStBl 1983 I, S. 218.

konkretisiert.[84] Danach können Zinsaufwendungen nur in der Höhe steuerwirksam verrechnet werden, wie der vereinbarte Zins unter Berücksichtigung von
- Kredithöhe und Laufzeit,
- Art und Zweck des Kredits,
- Währungsrisiken und -chancen,
- Sicherheiten und Kreditwürdigkeit des Schuldners sowie
- sonstigen Umständen der Kreditgewährung, insbesondere der Verhältnisse auf den Kapitalmärkten,

den unter Fremden üblichen Bedingungen entspricht. Nur soweit dies handelsüblich ist, kann auf die Verrechnung von Zinsen verzichtet werden (z. B. Lieferantenkredite für Waren oder auch Dienstleistungen, Kontokorrentverhältnisse, Vorteilsausgleich).[85]

Bei Darlehen innerhalb einer international tätigen Unternehmensgruppe ist zu entscheiden, ob die jeweiligen Inlandswährungen der beiden beteiligten Unternehmen oder eine Drittwährung vereinbart werden. Viele Konzerne sind bestrebt, die Währungsrisiken und -chancen dem wirtschaftlich stärkeren Partner zu übertragen, in der Regel der Konzernzentrale, so dass im Verhältnis zu Tochtergesellschaften Darlehen regelmäßig in deren Landeswährung vergeben werden. Die Entscheidung für die **Wahl der Währung** liegt im Ermessensspielraum der beteiligten Unternehmen. Die vereinbarte Währung ist anzuerkennen, sofern auch Fremde den Kredit unter vergleichbaren Umständen in dieser Währung vereinbart hätten. Bei Krediten in ausländischer Währung ist der entsprechende Auslandszinssatz als Vergleichsmaßstab für die Angemessenheit der Konditionen zugrunde zu legen, wobei eventuelle Kurssicherungskosten (z. B. Wertsicherungsklausel, Kosten für Devisentermingeschäfte) zu berücksichtigen sind.[86]

Nach der Festlegung des relevanten Marktes für die Bestimmung des angemessenen Zinssatzes bleibt die Frage, ob bei der Beurteilung von dem **Soll- oder Habenzinssatz,** also dem Zins für aufgenommene oder für gewährte Kredite, auszugehen ist. Nach Ansicht der Finanzverwaltung sind die Zinssätze heranzuziehen, „zu denen Banken unter vergleichbaren Verhältnissen Fremden Kredite gewähren (Sollzins)".[87] Dagegen ist einzuwenden, dass man nur Vergleichbares miteinander vergleichen darf, und das Verhältnis von Konzerngesellschaften zueinander ein anderes ist als das Verhältnis einer Bank zu Kunden.[88] Auch die Verwaltungsgrundsätze konstatieren, dass in Sonderfällen andere als die Sollzinssätze heranzuziehen sind, sofern sich auch Fremde an ihnen ausrichten würden. Es erscheint zutreffend, anstatt der generellen Sollzinsregelung die gesamte Bandbreite zwischen dem Leitzins für langfristige Kredite an erstklassige Schuldner (niedriger Sollzins) und dem

---

[84] Vgl. hierzu auch FG Köln v. 11. 3. 1999, EFG 1999, S. 922, wonach strukturelle Unterschiede zwischen konzerninternem Darlehen (feste Verzinsung) und Refinanzierungsdarlehen von einem Dritten (variable Verzinsung) u. U. dem drittüblichen Verhalten widersprechen können.
[85] Vgl. BMF-Schreiben v. 23. 2. 1983, BStBl 1983 I, S. 218, Tz. 4.3.1. und 4.3.2.
[86] Vgl. BMF-Schreiben v. 23. 2. 1983, BStBl 1983 I, S. 218, Tz. 4.2.3.
[87] Vgl. BMF-Schreiben v. 23. 2. 1983, BStBl 1983 I, S. 218, Tz. 4.2.1.
[88] Vgl. Borstell, T./Wellens, L., Finanzierungsleistungen, 2004, S. 1599 ff.; Mössner, J. M. u. a., Steuerrecht, 2005, Rz. C 389.

Marktzins für börsengängige Schuldverschreibungen mit vergleichbarer Laufzeit (Habenzins) als angemessene Zinsspanne anzusehen. Auch der BFH ist der Auffassung, dass sich Darlehensschuldner und Darlehensgläubiger im Zweifel die Spanne zwischen banküblichem Soll- und Habenzins teilen.[89] Diese Vorgehensweise entspricht eher dem Verhalten eines ordentlichen Geschäftsleiters, dem ein Ermessensspielraum eingeräumt wird.

Konzerngesellschaften, die in wirtschaftlicher Hinsicht nicht als Kreditgeber fungieren, sondern die eine einem **Agenten oder Kommissionär** vergleichbare Funktion ausüben, dürfen für ihre Tätigkeit lediglich eine (Vermittlungs-)Provision in Rechnung stellen; der Kredit selbst wird unmittelbar dem Unternehmen zugerechnet, dem der Auszahlungsbetrag zufließt.[90] Unternehmen, die nur als Buchungsstelle handeln, üben keine vergütungsfähige Funktion aus, der Ansatz eines Verrechnungspreises scheidet deshalb aus.

Gibt eine Konzerngesellschaft bei der Kreditaufnahme durch eine andere Unternehmenseinheit eine **Garantiezusage** (Bürgschaft) oder stellt sie Sicherheiten zur Verfügung, übernimmt sie rechtlich die Verpflichtung, bei Zahlungsunfähigkeit des verbundenen Unternehmens den Kredit abzudecken. Nach Ansicht der Finanzverwaltung ist hierfür grundsätzlich ein Entgelt anzusetzen.[91]

4. Finanzierung in der Krise

In der Anfangsphase einer Investition führen hohe Finanzierungskosten, Abschreibungen und zu optimistische Umsatzerwartungen oft dazu, dass Verluste auszuweisen sind. Nicht selten geraten auch etablierte Unternehmen in Krisensituationen. Entstehen dadurch **Unterkapitalisierungen,** sind Sanierungsmaßnahmen unerlässlich. Bei Betriebsstätten sind Verluste i. d. R. durch Kapitalzuschüsse aufzufangen, bei Kapitalgesellschaften besteht dagegen insoweit ein größerer Handlungsspielraum. Neben Selbsthilfemaßnahmen der Tochterkapitalgesellschaft (z. B. Beschränkungen bei Abschreibungen, freiwillige Gewinnrealisierungen zur Liquiditätserhöhung bzw. Verbesserung der Bilanzrelationen durch sale-and-lease-back, Einschränkungen der Rückstellungsbildung) kann die Muttergesellschaft u. a. folgende Unterstützungsmaßnahmen bewirken:[92]

- Anpassung des Umfangs der Lieferungs- und Leistungsbeziehungen,
- Umwandlung von Darlehen in Eigenkapital (Debt-Equity-Swap), Kapitalerhöhungen oder Gesellschafterzuschüsse,
- Gewährleistungsmaßnahmen (z. B. Rangrücktrittserklärung, Bürgschaften) oder
- Auslagerung verlusttragender Funktionen bzw. Überlassung ertragsbringender Bereiche.

---

[89] Vgl. BFH v. 28. 2. 1990, BStBl 1990 II, S. 649; BFH v. 19. 1. 1994, BStBl 1994 II, S. 725; BFH v. 22. 10. 2003, BStBl 2004 II, S. 307.
[90] Vgl. BMF-Schreiben v. 23. 2. 1983, BStBl 1983 I, S. 218, Tz. 4.3.3.
[91] Zu Einzelheiten siehe unten Abschnitt C II 2.
[92] Zu den einzelnen Gestaltungsmöglichkeiten vgl. IDW, IDW-Fachnachrichten 2009, S. B 2 ff.; Mückl, N., FR 2009, S. 497; Schmidt, F./Mielke, A., Ubg 2009, S. 395; Häuselmann, H., BB 2010, S. 944; Hierstetter, F., DStR 2010, S. 882. Zu sale-and-lease-back als Planungsmodell für die Mindestbesteuerung nach § 10 d EStG siehe Groß, S./Steiger, J., DStR 2004, S. 1204.

3. Kapitel. Einfluss der Finanzierung auf die Höhe der Steuerbelastung

In den Büchern der Muttergesellschaft sind Barzuschüsse, Verlustübernahmen, Rabatte, Werbekostenzuschüsse und ähnliche Zulagen nach den Grundsätzen einer verdeckten Einlage auf dem Beteiligungskonto zu aktivieren, soweit diese Sanierungsmaßnahmen ihre Ursache im gesellschaftsrechtlichen Bereich haben. Sind die Sanierungsmaßnahmen nicht durch das Gesellschaftsverhältnis verursacht, sondern durch den Geschäftsbetrieb der Muttergesellschaft, mindern diese Ausgaben das steuerpflichtige Einkommen der Muttergesellschaft.

Bei einer deutschen Tochterkapitalgesellschaft kann eine Sanierung auch dadurch erfolgen, dass der ausländische Gesellschafter der deutschen Tochtergesellschaft **Nutzungen oder Dienstleistungen ohne Entgelt** überlässt. Im Inland findet keine Gewinnkorrektur statt, da unentgeltliche Nutzungsüberlassungen nicht als verdeckte Einlage erfasst werden.[93] Erhält die Gesellschaft ein zinsloses Darlehen und legt das empfangene Kapital verzinslich an, so sind allein ihr die Zinserträge zuzurechnen.[94] Diese Rechtsprechung ist nicht durch das Abzinsungsgebot des § 6 Abs. 1 Nr. 3 EStG für unverzinsliche Darlehen mit einer Laufzeit von mindestens zwölf Monaten überholt, so dass die Abzinsung bei der Tochtergesellschaft zu einem steuerpflichtigen Ertrag führt.[95]

Des Weiteren sind insoweit eventuelle **Gewinnkorrekturvorschriften im Ausland** zu beachten. Aus einer international nicht abgestimmten Zuordnung zum gesellschaftsrechtlichen oder betrieblichen Bereich können innerhalb eines Konzerns Doppel- oder Minderbesteuerungen resultieren.[96] Minderbesteuerungen im Fall von **verdeckten Einlagen** soll das Korrespondenzprinzip des § 8 Abs. 3 Satz 4 ff. KStG verhindern. Danach ist eine verdeckte Einlage steuerpflichtig, soweit sie das Einkommen des Gesellschafters gemindert hat oder im Dreiecksfall sowohl das Einkommen der leistenden Gesellschaft gemindert hat als auch bei der Besteuerung des Gesellschafters nicht berücksichtigt wurde. Im Inbound-Fall soll die Einkommensminderung beim Gesellschafter nach ausländischem Steuerrecht bestimmt werden.[97]

Beispiel: Eine schwedische Muttergesellschaft gibt an ihre deutsche Tochterkapitalgesellschaft, die in eine Verlustphase geraten ist, einen Zuschuss. In Deutschland wird anerkannt, dass der Zuschuss auf gesellschaftsrechtlicher Basis erfolgte, so dass sich das steuerpflichtige Einkommen der Tochtergesellschaft grundsätzlich gem. § 8 Abs. 3 Satz 3 KStG nicht erhöhen würde. In Schweden ist jedoch ein Betriebsausgabenabzug zulässig, sofern der Zuschuss dem laufenden Geschäftsverkehr und damit dem betrieblichen Bereich der Muttergesellschaft zugeordnet werden kann. Daher erhöht die verdeckte Einlage gem. § 8 Abs. 3 Satz 4 KStG das Einkommen der Tochtergesellschaft.

---

[93] Vgl. BFH v. 26. 10. 1987, BStBl 1988 II, S. 348.
[94] Vgl. BFH v. 17. 10. 2001, BFH/NV 2002, S. 240.
[95] Vgl. BFH v. 27. 1. 2010, BFH/NV 2010, S. 1005; BMF-Schreiben v. 26. 5. 2005, BStBl 2005 I, S. 699.
[96] Vgl. hierzu auch die im 7. Kapitel, Abschnitt B angesprochenen Qualifikationskonflikte.
[97] Vgl. BT-Drs. 16/3368, 21; Dötsch, E./Jost, W. F./Pung, A./Witt, G., Körperschaftsteuer, § 8 Abs. 3 KStG, Teil B, Anm. 153; Becker, J. D./Kempf, A./Schwarz, M., DB 2008, S. 377; zur Kritik Gosch, D., Körperschaftsteuergesetz, § 88, Anm. 124 c.

Besondere Aufmerksamkeit ist angezeigt, wenn sich die Muttergesellschaft für einen **Forderungsverzicht** als Sanierungsmaßnahme entscheidet.[98] Der Große Senat hat mit Beschluss vom 9. Juni 1997[99] entschieden, dass ein auf dem Gesellschaftsverhältnis beruhender Verzicht eines Gesellschafters auf seine nicht mehr voll werthaltige Forderung gegen seine Kapitalgesellschaft bei dieser zu einer Einlage in Höhe des werthaltigen Teils der Forderung führt. Die vom Großen Senat aufgestellten Grundsätze gelten auch dann, wenn sich der Verzicht des Gesellschafters auf ein Darlehen mit eigenkapitalersetzender Funktion bezieht.[100] Danach führt der Verzicht in Höhe des nicht werthaltigen Teils der Forderung bei der Tochterkapitalgesellschaft zu einem steuerpflichtigen Ertrag. Bei einer Einstufung als Sanierungsgewinn kommt unter bestimmten Voraussetzungen ein Steuererlass aus sachlichen Billigkeitsgründen in Betracht.[101] Der Teilwert des Vermögenszugangs ist mit dem Betrag zu bemessen, den der Betriebsinhaber für den Erwerb der Forderung oder die Herbeiführung des Verzichts hätte aufwenden müssen[102] bzw. mit dem Betrag, den der Gesellschafter aufwenden müsste, um eine gleichhohe Forderung gegen einen vergleichbaren Schuldner zu erwerben.[103] Das praktische Problem liegt demnach in der Frage der Feststellung des noch werthaltigen Teils der Forderung.[104]

Auf Ebene des Gesellschafters führt der Verzicht auf eine Forderung gegen seine Kapitalgesellschaft im Wege der verdeckten Einlage aus deutsch-steuerlicher Sicht zum Zufluss des noch werthaltigen Teils der Forderung und nachträglichen Anschaffungskosten auf die Beteiligung in gleicher Höhe. Zu einer wirtschaftlichen Doppelbesteuerung kommt es, soweit dem Ertrag bei der Gesellschaft kein korrespondierender Aufwand beim ausländischen Gesellschafter gegenübersteht (vergleichbar der Anwendung des § 8 b Abs. 3 Satz 4 KStG bei einem inländischen Gesellschafter).[105] Falls hingegen nach ausländischem Steuerrecht der Verzicht auch hinsichtlich des werthaltigen Teils der Darlehensforderung das Einkommen des Gesellschafters mindert, erhöht die verdeckte Einlage gem. § 8 Abs. 3 Satz 4 KStG das Einkommen der Tochtergesellschaft.

Erfolgt ein Forderungsverzicht durch den Gesellschafter nur gegen **Besserungsvereinbarung,** d. h. lebt im Zeitpunkt des Eintritts des Besserungsfalls die Verbindlichkeit wieder auf, dann gelten nach Auffassung der Finanzverwaltung steuerlich auch insoweit die Grundsätze des Beschlusses des Gro-

---

[98] Zur Auswirkung des Forderungsverzichtes auf die Konzernsteuerquote vgl. Benzel, U./Linzbach, M., DStR 2009, S. 1599 ff.
[99] Vgl. mit zahlreichen Literaturverweisen BFH v. 9. 6. 1997, BStBl 1998 II, S. 307. Vgl. Gail, W./Düll, A./Heß-Emmerich, U./Fuhrmann, G., GmbHR 1997, S. 1029; Groh, M., DB 1997, S. 1683 ff.; Welp, M., BB 1997, S. 1716 ff.; Hölzle, G., FR 2004, S. 1205 ff.; Helm, M. T./Krinninger, M., DB 2005, S. 1989 ff.; Förster, G./Wendland, J., GmbHR 2006, S. 173 ff. Vgl. auch BFH v. 29. 7. 1997, BStBl 1998 II, S. 652; BFH v. 28. 4. 2004, BFH/NV 2005, S. 19; BFH v. 23. 2. 2005, BStBl 2005 II, S. 522.
[100] Vgl. BFH v. 16. 5. 2001, BStBl 2002 II, S. 436.
[101] Vgl. BMF-Schreiben v. 27. 3. 2003, BStBl 2003 I, S. 240; nach FG München v. 12. 12. 2007, EFG 2008, S. 615, fehlt hierfür jedoch die Rechtsgrundlage.
[102] Vgl. BFH v. 9. 6. 1997, BStBl 1998 II, S. 307.
[103] Vgl. BFH v. 15. 10. 1997, BStBl 1998 II, S. 305.
[104] Vgl. Kohlhaas, K.-F., GmbHR 2009, S. 531 ff.
[105] Zu § 8 b Abs. 3 Satz 4 KStG siehe Abschnitt C II 1.

ßen Senats vom 9. Juni 1997.[106] Auf der Ebene der Gesellschaft kommt es durch die Ausbuchung der Verbindlichkeit im Rahmen des Forderungsverzichts zu einer Einlage in Höhe des werthaltigen Teils der Forderung, die gem. § 6 Abs. 1 Nr. 5 EStG mit dem Teilwert zu bewerten ist, und in Höhe des nicht werthaltigen Teils zu einem Ertrag, wenn der Verzicht im Gesellschaftsverhältnis veranlasst ist. Tritt der Besserungsfall ein, so lebt die Verbindlichkeit wieder auf und ist entsprechend wieder aufwandswirksam einzubuchen. Die (anteilige) Einlage gilt nach Auffassung der Finanzverwaltung als zurückgewährt und ist steuerlich entsprechend zu korrigieren.[107] Die Zinsen, die für die Dauer der Krise nachzuzahlen sind, können als Betriebsausgaben geltend gemacht werden, wenn keine im Gesellschaftsverhältnis veranlasste Verbindlichkeit gegeben ist.[108]

Aus Sicht des Steuerplaners dürfte die derzeitige Rechtslage zu der Empfehlung führen, dass der Gesellschafter seiner Kapitalgesellschaft Mittel zur freien Verfügung zuführt, die diese in die Lage versetzen, ihre Verbindlichkeit zu tilgen.[109] Dabei besteht steuerlich Gestaltungsfreiheit für den Gesellschafter, in welcher Weise er einen Sanierungsbeitrag leisten will. Eine Umdeutung in einen Darlehensverzicht oder die Annahme einer verdeckten Gewinnausschüttung ist bei einer Kapitalgesellschaft, die kein reiner Verlustmantel ist, daher regelmäßig nicht möglich.[110] Soweit es die Umstände erlauben, sollten dennoch zunächst Drittdarlehen getilgt werden, weil sich dadurch die wirtschaftliche Situation der Tochtergesellschaft verbessert. Weitere Ansatzpunkte für steueroptimierende Gestaltungen liegen in der Beschränkung auf eine Rangrücktrittserklärung. Diese führt bei sorgfältiger Ausgestaltung auch im Hinblick auf § 5 Abs. 2a EStG nicht zu einer gewinnerhöhenden Ausbuchung der Verbindlichkeit.[111]

III. Personengesellschaften

1. Finanzierungskosten und Mitunternehmerkonzeption

Für die Finanzierung inländischer Personengesellschaften können die Hinweise für die Kapitalausstattung einer Inlandsbetriebsstätte grundsätzlich übertragen werden. Die mitunternehmerische Beteiligung an einer deutschen Personengesellschaft durch einen beschränkt Steuerpflichtigen ist – anteilig – eine Betriebsstätte des Gesellschafters.[112] Anknüpfungspunkt für die deutsche Besteuerung des Gesellschafters ist die inländische Betriebsstätte der Personen-

---

[106] Vgl. BMF-Schreiben v. 2. 12. 2003, BStBl 2003 I, S. 648.
[107] Vgl. BMF-Schreiben v. 2. 12. 2003, BStBl 2003 I, S. 648, Tz. 2a. Diese Rückgewähr sollte trotz der Verwendungsfiktion des § 27 Abs. 1 Satz 3 KStG unmittelbar mit dem steuerlichen Einlagekonto verrechnet werden; vgl. Dötsch, E./Jost, W. F./ Pung, A./Witt, G., Körperschaftsteuer, § 27 KStG, Anm. 63.
[108] Vgl. BFH v. 30. 5. 1990, BStBl 1991 II, S. 588.
[109] Diese Gestaltung wird im Beschluss des BFH v. 16. 5. 2001 explizit angesprochen; vgl. BFH v. 16. 5. 2001, BStBl 2002 II, S. 436; siehe auch BFH v. 20. 12. 2001, BFH/NV 2002, S. 678, zur Schuldübernahme durch den Gesellschafter unter Regressverzicht.
[110] Vgl. BFH v. 30. 1. 2002, BFH/NV 2002, S. 1172 zum Verkauf wertgeminderter Forderungen.
[111] Vgl. BMF-Schreiben v. 8. 9. 2006, BStBl 2006 I, S. 497.
[112] Vgl. BFH v. 26. 2. 1992, BStBl 1992 II, S. 937; BFH v. 7. 8. 2002, BStBl 2002 II, S. 848.

gesellschaft, die dem Auslandsinvestor als eigene Betriebsstätte zugerechnet wird.[113] Besonderheiten ergeben sich jedoch aus dem Mitunternehmerkonzept.[114] Nach § 15 Abs. 1 Nr. 2 Satz 1 2. Halbsatz EStG werden Vergütungen (**Sondervergütungen**), die ein Gesellschafter von der Personengesellschaft für die Hingabe von Darlehen bezieht, dem Gewinnanteil steuerlich gleichgestellt und damit aus deutscher Sicht wie Eigenkapitalvergütungen behandelt. Im Nicht-DBA-Fall steht einer direkten Fremdfinanzierung seitens des Gesellschafters mit daraus resultierendem Betriebsausgabenabzug in Deutschland somit § 15 Abs. 1 Nr. 2 EStG entgegen.[115] Für den DBA-Fall bestimmt § 50 d Abs. 10 EStG, dass Sondervergütungen für Zwecke der Anwendung eines DBA ausschließlich als Unternehmensgewinne gelten.[115a] Die Einführung der Regelung war eine Reaktion des Gesetzgebers[116] auf die Rechtsprechung des BFH zum DBA-USA, wonach auf Zinsen, die eine inländische Personengesellschaft an ihren in den USA ansässigen Gesellschafter für die Gewährung eines Darlehens zahlt, der Zinsartikel (Art. 11 DBA-USA) anzuwenden ist und nicht der Artikel über die Unternehmensgewinne (Art. 7 DBA-USA).[117] Im Ergebnis waren die Sondervergütungen bei Fehlen einer Spezialregelung für Sondervergütungen im jeweiligen DBA danach nicht als Teil des Betriebsstättengewinns der deutschen Besteuerung zu unterwerfen, sondern allein im Ansässigkeitsstaat des Mitunternehmers zu besteuern. Umstritten ist, ob § 50 d EStG ein unzulässiges treaty override beinhaltet.[118]

Als weitere Besonderheit der Personengesellschaftsalternative ist zu beachten, dass die vom Auslandsgesellschafter getragenen **Refinanzierungskosten** nach deutschem Recht als Sonderbetriebsausgaben abzugsfähig sind, d. h. die Höhe der deutschen Einkünfte mindern. Nimmt eine ausländische Kapitalgesellschaft ein Darlehen auf und leitet diese Mittel an die deutsche Personengesellschaft weiter, so kann es – je nach Ausgestaltung des Systems der Personengesellschaftsbesteuerung im Ausland – zum doppelten Zinsabzug im In- und Ausland kommen.[119]

Beim **Erwerb von Anteilen an einer Personengesellschaft** durch einen im Ausland ansässigen Investor soll der erwerbende beschränkt steuerpflichtige Mitunternehmer nach Auffassung der Finanzverwaltung seinen Eigenkapitalanteil nach dem Erwerb nicht willkürlich zu Lasten der Betriebsstätte vermindern dürfen, da die bisherige Eigenkapitalausstattung als betriebsnotwendiger

---

[113] Vgl. Betriebsstätten-Verwaltungsgrundsätze, BMF-Schreiben v. 24. 12. 1999, BStBl 1999 I, S. 1076, Tz. 1.1.5.1; sowie Krabbe, H., IWB, Fach 3, Deutschland, Gruppe 2, S. 863.
[114] Zu den hieraus folgenden Problemen einschließlich einer kritischen Auseinandersetzung mit den von der Finanzverwaltung und dem Steuerausschuss der OECD verfolgten Lösungsansätzen vgl. Lüdicke, J., Personengesellschaften, 2000.
[115] Vgl. BFH v. 29. 1. 1964, BStBl 1964 III, S. 165; BFH v. 10. 11. 1983, BStBl 1984 II, S. 605.
[115a] Siehe auch BMF-Schreiben v. 16. 4. 2010, BStBl 2010 I, S. 354, Tz. 3.1. i. V. m. 2.2.1. und 2.2.3.
[116] Vgl. BT-Drucksache 16/11 108, S. 23.
[117] Vgl. BFH v. 17. 10. 2007, BStBl 2009 II, S. 356.
[118] Verneinend FG München v. 30. 7. 2009, EFG 2009, S. 1954; bejahend Frotscher, G., IStR 2009, S. 593; grundsätzlich zur Zulässigkeit eines treaty override Gosch, D., IStR 2008, S. 413.
[119] Vgl. auch 7. Kapitel, Abschnitt B I.

3. Kapitel. Einfluss der Finanzierung auf die Höhe der Steuerbelastung

Vergleichsmaßstab heranzuziehen sei.[120] Man ist geneigt zu vermuten, dass die Finanzverwaltung hier Fälle vor Augen hat, bei denen auch bei wirtschaftlicher Betrachtung mehrere unabhängige Mitunternehmer an der Personengesellschaft beteiligt sind, weil diese Unabhängigkeit möglicherweise als Indiz für eine rein betriebswirtschaftlich und nicht steuerlich motivierte Kapitalausstattung zu werten ist.[121] Etwas anderes sollte jedoch gelten, wenn die Personengesellschaft nur von wenigen oder bei wirtschaftlicher Betrachtung gar nur von einem einzigen Steuerpflichtigen gehalten wird.[122] Mangels divergierender Interessen erscheint das Festschreiben der Eigenkapitalausstattung des veräußernden Mitunternehmers nicht immer sachgerecht. Bei einem Rückschluss auf die historische Eigenkapitalausstattung würde hier dem Fremdvergleichsgedanken keineswegs gefolgt, obwohl die Dotation einer inländischen Betriebsstätte an dieser Grundwertung auszurichten ist.[123] Vielmehr ist die bisherige Kapitalausstattung hier gerade nicht das Ergebnis einer Dotationsentscheidung voneinander Unabhängiger, sondern wirtschaftlich eines einzigen mit der Personengesellschaft verbundenen Mitunternehmers. Dem Fremdvergleichsgrundsatz folgend wäre eine marktübliche Kapitalausstattung von Unternehmen abzuleiten, die vergleichbare Funktionen und Risiken wie die Betriebsstätte ausüben bzw. tragen. Darüber hinaus wäre das Festschreiben der bisherigen Kapitalausstattung beim ausländischen Mitunternehmer auch ein Verstoß gegen den Grundsatz der Finanzierungsfreiheit, da der Unternehmer nach Auffassung des BFH in seinen Finanzierungsentscheidungen grundsätzlich frei ist.[124] Wenn ein Steuerpflichtiger nach den deutschen Steuergesetzen jedoch keinen rechtfertigenden Grund für seine Entscheidung braucht, ein Wirtschaftsgut nicht mit Eigen- sondern mit Fremdkapital zu finanzieren,[125] sollte es ihm auch unbenommen sein, die vorgefundene Kapitalausstattung des von ihm erworbenen Mitunternehmeranteils zu verändern. Schließlich stellt sich die Frage, warum diese Konstanz des Dotationskapitals nur bei Veräußerung des Mitunternehmeranteils an im Ausland, nicht jedoch bei Veräußerung an im Inland ansässige Mitunternehmer gefordert wird. Da schon die individuellen Risikoneigungen von zwei Investoren selten identisch sein dürften und ein im Ausland ansässiger Steuerpflichtiger bei seinen Finanzierungsentscheidungen u. a. ganz anderen Kapitalmarkt-, Wechselkurs-, Inflationsverhältnissen unterliegen kann, dürfte aus rein betriebswirtschaftlicher Sicht die Aufrechterhaltung einer vorgefundenen Kapitalausstattung durch den ausländischen Investor nur im Ausnahmefall angezeigt sein. Eine Berechtigung mag die von der Finanzverwaltung geforderte Dotationskonstanz allenfalls dann haben, wenn der Mitunternehmeranteil nicht durch Veräußerung, sondern durch Wegzug des ehemals im Inland

---

[120] Vgl. Betriebsstätten-Verwaltungsgrundsätze, BMF-Schreiben v. 24. 12. 1999, BStBl 1999 I, S. 1076, Tz. 2.5.2.
[121] In diesem Sinne auch Strunk, G./Kaminski, B., IStR 2000, S. 41.
[122] So insbesondere bei einer GmbH & Co. KG, wenn der einzige Kommanditist auch alle Anteile an der Komplementär-GmbH hält.
[123] Vgl. Betriebsstätten-Verwaltungsgrundsätze, BMF-Schreiben v. 24. 12. 1999, BStBl 1999 I, S. 1076, Tz. 2.5.1.
[124] Vgl. BFH v. 4. 7. 1990, BStBl 1990 II, S. 817; BFH v. 5. 2. 1992, BStBl 1992 II, S. 532; BFH v. 8. 12. 1997, BStBl 1998 II, S. 193; BFH v. 1. 7. 2003, BFH/NV 2003, S. 1560; BFH v. 4. 11. 2004, BStBl 2005 II, S. 277.
[125] Vgl. BFH v. 20. 6. 2000, DB 2000, S. 2098.

ansässigen Mitunternehmers in die beschränkte Steuerpflicht hineinwächst. In jedem Fall ist beim fremdfinanzierten Erwerb eines Mitunternehmeranteils zu beachten, dass der dadurch begründeten inländischen Betriebsstätte kein höheres Eigenkapital zugeordnet werden kann, als eine erwerbende Kapitalgesellschaft als Mitunternehmer selbst aufweist.[126]

2. Begrenzung der Fremdfinanzierung in Deutschland

Der **Zinsschranke** des § 4h EStG unterliegen Betriebe i. S. d. § 13, § 15 oder § 18 EStG.[127] Mitunternehmerschaften haben – wie Kapitalgesellschaften – nur einen einheitlichen Betrieb. Insoweit gelten die vorherigen Ausführungen zu Kapitalgesellschaften entsprechend,[128] ebenso die aufgezeigten Steuerplanungsansätze. Nachfolgend wird somit nur auf ausgewählte Besonderheiten bei Personengesellschaft eingegangen.[129]

Zum **Betrieb** einer Mitunternehmerschaft gehört neben dem Gesamthandsvermögen (inkl. Ergänzungsbilanzen) auch das Sonderbetriebsvermögen der Mitunternehmer i. S. d. § 15 Abs. 1 Satz 1 Nr. 2 EStG.[130] Diese mitunternehmerschaftsbezogene Anwendung des § 4h EStG spiegelt sich auch im Rahmen des Eigenkapitalvergleichs wider, da im Konzernvermögen enthaltenes Sonderbetriebsvermögen gem. § 4h Abs. 2 Satz 7 EStG dem Betrieb der Mitunternehmerschaft zuzuordnen ist.

Keinen Betrieb unterhalten vermögensverwaltende Personengesellschaften; ihre Wirtschaftsgüter sind gem. § 39 Abs. 2 Nr. 2 EStG steuerlich anteilig ihren Gesellschaftern zuzuordnen und bei diesen – wie auch zuzurechnende Zinsaufwendungen etc. – ggf. bei der Anwendung der Zinsschranke zu berücksichtigen.[131]

Der von § 4h EStG betroffene nicht abziehbare Nettozinsaufwand der Mitunternehmerschaft aus dem Gesamthandsvermögen ist den Mitunternehmern nach Maßgabe des Gewinnverteilungsschlüssels zuzurechnen. Die Finanzverwaltung[132] will ferner auch den nicht abziehbaren Nettozinsaufwand aus dem **Sonderbetriebsbereich** nach dem „allgemeinen Gewinnverteilungsschlüssel" zuordnen. Dies führt i. d. R. zu nicht sachgerechten Ergebnissen,[133] da ein Mitunternehmer, bei dem keine Zinsaufwendungen im Sonderbetriebsvermögen anfallen, mehr als seinen Ergebnisanteil versteuern muss, falls ein anderer Mitunternehmer Zinsaufwendungen als Sonderbetriebsausgaben geltend macht, deren Abzugsfähigkeit der Höhe nach durch die Zinsschranke begrenzt wird. Zwar ist der Gegeneffekt zu berücksichtigen, wonach bei einem steuerwirksamen Zinsvortrag der Nachteil grundsätzlich kompensiert wird, wenn der Zinsvortrag nach Maßgabe des allgemeinen

---

[126] Vgl. BFH v. 23. 8. 2000, BStBl 2000 II, S. 207.
[127] Vgl. BMF-Schreiben v. 4. 7. 2008, BStBl 2008 I, S. 718, Tz. 2.
[128] Siehe Abschnitt B II 2.
[129] Vgl. dazu auch Lishaut, I. van/Schumacher, A./Heinemann, P., DStR 2008, S. 2341.
[130] Vgl. BMF-Schreiben v. 4. 7. 2008, BStBl 2008 I, S. 718, Tz. 6.
[131] Vgl. BMF-Schreiben v. 4. 7. 2008, BStBl 2008 I, S. 718, Tz. 5 und 43; Kröner, I./Bolik, A., DStR 2008, S. 1309 ff.
[132] Vgl. BMF-Schreiben v. 4. 7. 2008, BStBl 2008 I, S. 718, Tz. 51.
[133] Vgl. Wagner, T./Fischer, H., BB 2007, S. 1811 f.; Goebel, S./Eiblinghoff, K./Kim, O., DStZ 2008, S. 636; Lishaut, I. van/Schumacher, A./Heinemann, P., DStR 2008, S. 2344.

3. Kapitel. Einfluss der Finanzierung auf die Höhe der Steuerbelastung

Gewinnverteilungsschlüssels zugeordnet wird.[134] Eine vollständige betragsmäßige Korrektur tritt freilich nur ein, wenn der Zinsvortrag nicht zwischenzeitlich ganz oder teilweise untergeht. Ferner ergibt sich ein Liquiditäts- und Zinseffekt. Bis zur Klärung der Möglichkeit einer individuellen Zuordnung von Sonderbetriebseinnahmen und Sonderbetriebsausgaben ist zu empfehlen, gesellschaftsvertragliche Ausgleichsregelungen zu vereinbaren. Scheidet ein Mitunternehmer aus der Mitunternehmerschaft aus[135], so gehen nach § 4h Abs. 5 Satz 2 EStG der EBITDA-Vortrag und ein nicht verbrauchter Zinsvortrag anteilig mit der Quote unter, mit der der ausgeschiedene Gesellschafter an der Personengesellschaft beteiligt war. Dies soll nach der betriebsbezogenen Sichtweise der Finanzverwaltung unabhängig davon gelten, ob der Zinsvortrag auf Zinsen im Gesamthandsvermögen oder im Sonderbetriebsvermögen entfällt.[136] Soweit an einer Mitunternehmerschaft eine Körperschaft unmittelbar oder mittelbar beteiligt ist, kann der Zinsvortrag gem. § 4h Abs. 5 Satz 3 EStG auch wegen entsprechender Anwendung des § 8c KStG entfallen.

Auch bei einer Mitunternehmerschaft ist die Zinsschranke nicht anzuwenden, wenn einer der Ausnahmetatbestände des § 4h Abs. 2 erfüllt ist. Wenn eine Mitunternehmerschaft mittelbar oder unmittelbar einer Körperschaft nachgeordnet ist, gelten die einschränkenden Regelungen des § 8a Abs. 2 und 3 KStG zur Gesellschafterfremdfinanzierung entsprechend.[137]

C. Finanzierung von Outbound-Investitionen

I. Betriebsstätten

Ausländische Betriebsstätten sind unselbständige Teile des Gesamtunternehmens, denen zur Erfüllung ihres Geschäftszwecks eine bestimmte **Kapitalausstattung** zuzuordnen ist. Diese besteht regelmäßig aus zeitlich unbegrenzt zur Verfügung gestellten Eigenmitteln, dem sog. Dotationskapital, sowie aus zeitlich begrenzt empfangenen Darlehensmitteln, die von fremden Dritten oder vom Stammhaus zur Verfügung gestellt werden. Sowohl von der Betriebsstätte aufgenommene Fremdkredite als auch vom Stammhaus aufgenommene und unmittelbar an die Betriebsstätte weitergeleitete Fremddarlehen sind der Betriebsstätte zuzurechnen und führen damit bei dieser zu einem Abzug von Finanzierungskosten.

Strittig ist allerdings, wie weit der Spielraum des Stammhauses reicht, das Dotationskapital zugunsten oder zuungunsten des intern zugeordneten Fremdkapitals zu verringern bzw. zu erhöhen. Wie bereits bei der Finanzierung von Inbound-Investitionen erörtert,[138] werden zur Bestimmung eines angemessenen Dotationskapitals verschiedene Auffassungen vertreten, die von der Kapitalspiegeltheorie (Dotationskapital entspricht dem EK : FK-Verhältnis des Gesamtunternehmens) über die Forderung nach branchenüblicher

---

[134] Vgl. Kußmaul, H./Ruiner, C./Schappe, C., DStR 2008, S. 907.
[135] Zum Gesellschafterwechsel im Allgemeinen vgl. Hoffmann, W.-D., GmbHR 2008, S. 117 ff.
[136] Vgl. BMF-Schreiben v. 4. 7. 2008, BStBl 2008 I, S. 718, Tz. 52.
[137] Vgl. zu Einzelheiten Lishaut, I. van/Schumacher, A./Heinemann, P., DStR 2008, S. 2346 ff.
[138] Vgl. Abschnitt B I sowie 5. Teil, 3. Kapitel, Abschnitt C IV.

Eigenkapitalausstattung bis zum Hinweis auf die Risiko- und Funktionsanalyse reichen. Allerdings erscheinen alle Versuche, den Umfang des Dotationskapitals betriebswirtschaftlich oder aus der Tätigkeitsaufgabe der Betriebsstätte zu beschreiben, zwar theoretisch einleuchtend, aber kaum praktikabel.[139] Brancheneinheitliche Kapitalausstattungen sind nicht feststellbar, zumal der statistische Durchschnitt der Kapitalausstattung einer Branche nicht unbedingt eine branchenübliche Kapitalausstattung darstellt.

Die Finanzverwaltung leitet ihre Auffassung zur angemessenen Beteiligung einer Auslandsbetriebsstätte am Eigenkapital des Gesamtunternehmens im Grunde durch Spiegelung ihrer für die Inlandsbetriebsstätte vorgetragenen Argumente ab.[140] So wird für die Inlandsbetriebsstätte ein Mindestdotationskapital gefordert, welches dieser die Erfüllung ihrer Funktionen ermöglichen muss. Entspricht dieses Dotationskapital nicht dem Grundsatz des Fremdvergleichs, so sind Gewinn und Vermögen der Betriebsstätte unter der Fiktion einer angemessenen, d. h. höheren Dotierung zu ermitteln. Methoden zur Bemessung des angemessenen **Dotationskapitals** sind der äußere Fremdvergleich (direkte Methode), aber auch der innere Fremdvergleich sowie bei Funktionsgleichheit von Stammhaus und Betriebsstätte auch der Kapitalspiegel.[141] Für den Fall der Auslandsbetriebsstätte ist die Verwaltung nicht bereit, eine über die „wirtschaftlichen Erfordernisse" hinausgehende Dotierung anzuerkennen.[142] Selbst wenn man einmal von der mangelnden Operationalität des Begriffs der „wirtschaftlichen Erfordernisse" absieht, so verwundert doch die fehlende Symmetrie zum Inbound-Fall. Wenn von einem Auslandsinvestor nur eine Mindestdotierung seiner Inlandsbetriebsstätte gefordert wird, eine höhere Dotierung oder sogar eine – wie auch immer zu definierende – Überdotierung im Inlandsfall keine Einkommenskorrekturen nach sich zieht,[143] obwohl definitionsgemäß ein Verstoß gegen die „wirtschaftlichen Erfordernisse" vorliegt, so müsste eine höhere Dotierung der Auslandsbetriebsstätte grundsätzlich ebenso ohne Einkommenskorrekturen bleiben.[144] Jedenfalls schränkt die Verwaltung die auch von ihr zitierten Grundsätze des BFH sehr ein,[145] wonach bei der Entscheidung des Stammhauses zwischen Eigen- und Fremdkapitalvergabe dem Willen des Stammhauses grundsätzlich zu folgen ist,[146] es sei denn, dieser steht in Widerspruch zu kaufmännischen und wirtschaftlichen Erfordernissen.[147] Hier hat die Rechtsprechung nur Missbrauchsfällen eine Grenze gesetzt. Ein solcher Missbrauch kann bspw.

---

[139] Vgl. auch die Kritik von Becker, H., Gewinnermittlung, 1997, S. 27; Haiß, U., Steuerliche Abgrenzungsfragen, 2003, S. 43 ff.
[140] Zur Dotationsfrage bei Bankbetriebsstätten vgl. Betriebsstätten-Verwaltungsgrundsätze, BMF-Schreiben v. 24. 12. 1999, BStBl 1999 I, S. 1076, Tz. 4.1.3.; sowie kritisch Kumpf, W./Roth, A., FR 2000, S. 501.
[141] Vgl. Betriebsstätten-Verwaltungsgrundsätze, BMF-Schreiben v. 24. 12. 1999, BStBl 1999 I, S. 1076, Tz. 2.5.1.; BFH v. 20. 3. 2002, BFH/NV 2002, S. 1017; sowie die Ausführungen im Abschnitt B I.
[142] Vgl. Betriebsstätten-Verwaltungsgrundsätze, BMF-Schreiben v. 24. 12. 1999, BStBl 1999 I, S. 1076, Tz. 2.5.1.
[143] Vgl. Strunk, G./Kaminski, B., IStR 2000, S. 34.
[144] Vgl. Kumpf, W./Roth, A., DB 2000, S. 787.
[145] Vgl. Kumpf, W., FR 2001, S. 453 f.
[146] Vgl. BFH v. 25. 6. 1986, BStBl 1986 II, S. 785.
[147] Vgl. BFH v. 1. 4. 1987, BStBl 1987 II, S. 550; BFH v. 23. 8. 2000, BStBl 2002 II, S. 207.

3. Kapitel. Einfluss der Finanzierung auf die Höhe der Steuerbelastung

vorliegen, wenn die Dotierung der Auslandsbetriebsstätte zu einer unzureichenden Eigenkapitalausstattung von Stammhaus oder anderen Betriebsstätten geführt hat.[148] Außerhalb derartiger Fälle ist u. E. hingegen der Dotationsakt des Stammhauses steuerlich zu respektieren.

Der Betriebsstätte sind insoweit **Zinsaufwendungen** zuzuordnen, als die vom Stammhaus zur Verfügung gestellten Mittel das Dotationskapital übersteigen. Die Obergrenze bildet dabei der Zinsaufwand, der insgesamt im Einheitsunternehmen angefallen ist. Durch den Zuordnungsspielraum im Hinblick auf die Dotierung stellt sich für das Stammhaus die Frage, inwieweit eine Fremdkapitalvergabe einer Ausstattung mit Eigenmitteln vorzuziehen ist. Steht für das Gesamtunternehmen der Bedarf an Eigen- und Fremdkapital fest, lässt sich für den Regelfall, nämlich dass das Steuerniveau im Ausland geringer ist als die inländische Steuerbelastung, folgende Konsequenz ziehen:

– Die Zielsetzung, Finanzierungskosten möglichst in höher besteuernden Staaten (hier: Deutschland) geltend zu machen, führt zu Bestrebungen, die ausländische Betriebsstätte mit einem möglichst hohen Dotationskapital auszustatten. Mangels Zinsbelastung steigt das (niedriger besteuerte) Auslandseinkommen, während im Inland c. p. das Einkommen sinkt, da die Zinskosten dem Stammhaus gewinnmindernd zugeordnet werden. Der ausländische Betriebsstättengewinn wird durch die Fremdkapitalzinsen also nicht geschmälert, so dass im Nicht-DBA-Fall ein größerer Höchstbetrag im Rahmen der Anrechnungsmethode besteht und im DBA-Fall freizustellende Betriebsstätteneinkünfte in größerem Umfang vorliegen.[149]
– In der Praxis wird die Entscheidung über die Form der Finanzausstattung aber noch durch zahlreiche weitere Faktoren beeinflusst. Betriebswirtschaftliche Überlegungen (Profit-Center-Strukturen), eventuelle Verluste auf Ebene des Stammhauses oder auch die Nichtberücksichtigung von Währungsverlusten, die das inländische Stammhaus am ausländischen Dotationskapital erleidet, zählen zu diesen Faktoren.[150]
– Schließlich wird die Finanzierungspolitik auch maßgeblich von den entsprechenden Finanzierungsbestimmungen des Investitionslandes abhängig sein. Bestimmt sich im Ausland der Umfang des Abzugs von Finanzierungsaufwendungen nach einer Verhältnisregel (z. B. der EK : FK-Quote des Gesamtunternehmens) oder nach dem Grundsatz einer funktionsorientierten Kapitalausstattung, können bei einem hohen Dotationskapital der Auslandsbetriebsstätte und damit entsprechend höherem Fremdkapitalausweis beim Stammhaus Qualifikationskonflikte der Art entstehen, dass Teile der Zinskosten sowohl im Ausland von der Betriebsstätte als auch im Inland vom Stammhaus gewinnmindernd geltend gemacht werden können. Umgekehrt drohen aber auch Doppelbesteuerungen.

---

[148] Vgl. Kumpf, W./Roth, A., DB 2000, S. 787.
[149] Zu beachten ist, dass nach Auffassung der Finanzverwaltung beim Einsatz von Fremdmitteln zur Dotation ausländischer Bankenbetriebsstätten Darlehen sowie Fremdfinanzierungsaufwendungen dotationsmindernd der Betriebsstätte zugerechnet werden sollen. Vgl. Betriebsstätten-Verwaltungsgrundsätze, BMF-Schreiben v. 24. 12. 1999, BStBl 1999 I, S. 1076, Tz. 4. 1. 3. Dies wird abgelehnt, weil die Finanzverwaltung diesen Abzug im Inbound-Fall auch nicht zulässt. Vgl. Kumpf, W./Roth, A., FR 2000, S. 501.
[150] Vgl. BFH v. 16. 2. 1996, BStBl 1997 II, S. 128; BFH v. 18. 9. 1996, BFH/NV 1997, S. 408; BFH v. 7. 11. 2001, BStBl 2002 II, S. 865.

Beispiel: Von Seiten der US-amerikanischen Finanzverwaltung IRS wird grundsätzlich unterstellt, dass eine US-Betriebsstätte in demselben Eigen-/Fremdkapitalverhältnis finanziert ist wie das ausländische Stammhaus.[151] Die so festgelegten Verbindlichkeiten werden mit einem amtlich festgelegten Zinssatz multipliziert und somit der in den USA zulässige Zinsabzug festgelegt. Übersteigt die Zinsbelastung auf Eigendarlehen des deutschen Stammhauses dieses Limit, steht den deutschen Zinseinkünften kein korrespondierender Betriebsausgabenabzug in den USA gegenüber.

Die Finanzierungsplanung hat neben Körperschaftsteueraspekten auch die Gewerbesteuer in die Betrachtung einzubeziehen. Auch insoweit gilt der Grundsatz, dass ein hohes Dotationskapital der Auslandsbetriebsstätte die inländische Steuerbelastung grundsätzlich reduziert. Denn durch die Zuordnung der Zinsaufwendungen zum inländischen Stammhaus mindert sich trotz 25%iger Hinzurechnung von Zinsaufwendungen die Bemessungsgrundlage der Gewerbesteuer um 75% der Zinszahlungen (§ 8 Nr. 1 Buchstabe a GewStG). Im Falle einer Zuordnung der Fremdfinanzierung zur ausländischen Betriebsstätte können die Zinszahlungen weder im Nicht-DBA-Fall (aufgrund der gewerbesteuerlichen Kürzung gem. § 9 Nr. 3 GewStG) noch im DBA-Fall (aufgrund der Freistellung des Betriebsstättengewinns) bei der Ermittlung des inländischen Gewerbeertrags berücksichtigt werden.

II. Kapitalgesellschaften

1. Belastungsvergleich zwischen Eigen- und Fremdfinanzierung

Für die inländische Muttergesellschaft einer ausländischen Tochterkapitalgesellschaft stellt sich die Frage, in welchem Umfang der Finanzmittelbedarf der Tochtergesellschaft durch Zufuhr von Eigenkapital und in welchem Umfang durch Gewährung eines Gesellschafterdarlehens bzw. eines Darlehens eines verbundenen Unternehmens zu decken ist.

Beispiel: Eine deutsche Muttergesellschaft gründet ein Vertriebsunternehmen in Großbritannien. Die englische Tochterkapitalgesellschaft benötigt zur Aufnahme ihrer Geschäftstätigkeit finanzielle Mittel i. H. v. 2 Mio. €. Dieser Kapitalbedarf soll ausschließlich durch die deutsche Muttergesellschaft gedeckt werden. Zu entscheiden ist das optimale Verhältnis zwischen der Zuführung als Beteiligungskapital und der Vergabe eines verzinslichen Gesellschafterdarlehens.

Die Entscheidung über die Finanz- und Kapitalstruktur ist unter Berücksichtigung rechtlicher, betriebswirtschaftlicher und steuerlicher Aspekte zu treffen. Dabei sprechen folgende **außersteuerlichen Gesichtspunkte** für eine **Gesellschafterfremdfinanzierung**:[152]

– Die konzerninterne Zurverfügungstellung von Kapital in Form eines Darlehens weist den Vorzug auf, dass diese Finanzierungsform leichter zu verwalten ist und eine wesentlich höhere Flexibilität aufweist. Insbesondere entfallen die bei der Eigenfinanzierung zu beachtenden gesellschaftsrechtlichen Formvorschriften im Zusammenhang mit Kapitalerhöhungen und -herabsetzungen (ausgenommen Eigenfinanzierungen im Wege von Gesellschaftereinla-

---

[151] Vgl. Treas. Reg. 1.882–5, 1.884–4 und 1.861–8. Alternativ besteht auch die Möglichkeit, die auf US-Vermögen entfallenden Verbindlichkeiten mit einer vorab fixierten Quote festzuschreiben (z. B. 93% bei Banken, 50% bei sonstigen Unternehmen).
[152] Vgl. Grotherr, S., Unternehmensfinanzierung, 1995, S. 49 ff.; Zimmermann, H., IWB, Fach 1, IFA-Mitteilungen, S. 1409 ff.

3. Kapitel. Einfluss der Finanzierung auf die Höhe der Steuerbelastung

gen in freie Reserven). In Ländern mit Kapitalmarktbeschränkungen ist darüber hinaus die Zahlung von Zinsen oftmals eher zulässig als Gewinnausschüttungen, so dass geringere Transferrestriktionen zu beachten sind. Eigenkapital als haftendes Kapital ist einer Rückführung vielfach grundsätzlich entzogen.

– Bei Beteiligungsstrukturen mit mehreren Gesellschaftern lässt die Vergabe von Gesellschafterfremdkapital die Beteiligungsverhältnisse unberührt, wenn ein zusätzlicher Finanzbedarf nicht von allen Anteilseignern anteilig gedeckt wird.

– Betriebswirtschaftliche Aspekte betreffen insbesondere die Einhaltung gewisser Kapitalstrukturregeln, das Erreichen eines hohen leverage effect und die Belastung der operativen Einheit mit ihren Finanzierungskosten (Profit-Center).

Dagegen spricht für die **Eigenkapitalalternative,** dass auf Gewinnausschüttungen durch die Tochterkapitalgesellschaft verzichtet werden kann, während das Fremdkapital aus Gesellschafterdarlehen grundsätzlich unabhängig von der Erfolgslage zum vereinbarten Zeitpunkt zu verzinsen ist. Die Möglichkeiten zur Ausschüttungsplanung im Falle der Eigenfinanzierung bieten insbesondere bei schlechter Ertragslage der Tochterkapitalgesellschaft Vorteile. Mit der Fremdfinanzierung einhergehende Nachteile können jedoch bei Vereinbarung einer erfolgsabhängigen Verzinsung sowie durch den Einsatz hybrider Finanzierungsinstrumente vermieden bzw. reduziert werden.

Aus steuerlicher Sicht gibt es für Outbound-Investitionen kein Patentrezept über die optimale Form der Kapitalausstattung. Die Wahl der Finanzierungsform ist letztlich wesentlich davon abhängig, welche **Entscheidungsparameter** (ausschließliche Betrachtung der Tochtergesellschaft, Gesamtsteuerbelastung von Tochter- und Muttergesellschaft, Gesamtsteuerbelastung von Tochter- und Muttergesellschaft sowie deren Anteilseignern, Refinanzierungsebene, Erfolgssituation etc.) in die Betrachtung einbezogen werden.[153] Je nachdem, welche Belastungsebene, welche Steuern oder welche konkreten Finanzierungstatbestände man einbezieht, ist nicht nur die absolute Steuerhöhe unterschiedlich, sondern es kann sich auch die Reihenfolge in der Vorteilhaftigkeit der Alternativen ändern. Die Finanzierungsalternative, die auf Ebene der ausländischen Tochtergesellschaft günstig erscheint, kann sich z. B. bei einer Gesamtbetrachtung von Tochter- und Muttergesellschaft sowie Anteilseignern als nicht optimal erweisen.

Betrachtet man in einer ersten Stufe die Konsequenzen von Eigen- und Fremdkapitalvergabe isoliert für das Ausland, so sind die Auswirkungen auf das Ergebnis der Tochtergesellschaft offensichtlich: Während bei **Fremdfinanzierung** im Ausland ein Zinsaufwand grundsätzlich ergebnis- und steuerreduzierend wirkt, bleibt das Auslandsengagement bei der Eigenkapitalvergabe grundsätzlich[154] von Finanzierungskosten unbelastet.

Im Rahmen der ausländischen Besteuerung können Zinszahlungen der Tochtergesellschaft an ihren Gesellschafter – das deutsche Mutterunternehmen

---

[153] Vgl. die Auflistungen bei Scheffler, W., IStR 1992, S. 118; Jacobs, O. H., StuW 1996, S. 26 f.; Piltz, D. J., CDFI 1996, S. 28.
[154] Eine Ausnahme besteht dann, wenn das Ausland wie etwa in Belgien den Abzug einer fiktiven Verzinsung des Eigenkapitals von der Bemessungsgrundlage vorsieht. Vgl. Verbist, H./Weihmann, L.-V., IWB, Fach 5, Belgien, Gruppe 2, S. 259 ff.

– regelmäßig als Betriebsausgaben abgezogen werden. Abgesehen von einer eventuellen Quellenbesteuerung auf die Darlehenszinsen, die zumindest nach der Zins- und Lizenzgebührenrichtlinie bei Zahlungen von EU-Tochtergesellschaften nicht relevant sein sollte, fallen im Ausland keine Steuerzahlungen an.[155] Bei **Eigenfinanzierung** ergibt sich eine Doppelbelastung der Dividendenzahlungen mit ausländischen Steuern durch das Nebeneinander von Körperschaftsteuer auf die Gewinne der Tochterkapitalgesellschaft und Kapitalertragsteuer des Gesellschafters auf den Ausschüttungsbetrag. Der Abschluss eines DBA bewirkt lediglich, dass die Quellensteuer auf Dividenden (und Zinsen) herabgesetzt bzw. eliminiert wird. Darüber hinaus entfällt eine Quellenbesteuerung von Dividendenzahlungen im Anwendungsbereich der Mutter-Tochterrichtlinie.

Bei alleiniger Betrachtung der steuerlichen Bedingungen im Ausland weist also die konzerninterne Fremdfinanzierung bei gewinnerzielenden Tochtergesellschaften i. d. R. Vorteile auf. Für die endgültige Entscheidung ist aber zusätzlich zumindest die deutsche Steuerbelastung auf die vereinnahmten Dividenden und Zinsen zu berücksichtigen. Wird die Ebene der inländischen Muttergesellschaft einbezogen, ergibt sich Folgendes:

– Die Zinsen aus einem Darlehen an die Tochtergesellschaft unterliegen im Inland der Einkommen- bzw. Körperschaftsteuer zzgl. Solidaritätszuschlag sowie der Gewerbesteuer. Eine im Ausland ggf. erhobene Kapitalertragsteuer kann vom Gesellschafter auf seine Einkommen- bzw. Körperschaftsteuerschuld angerechnet werden. Die Gesamtsteuerbelastung des **Gesellschafterdarlehens** ist folglich mit der Besteuerung von im Inland erzielten Einkünften identisch.[156]

– **Dividendenzahlungen** an eine **Mutterkapitalgesellschaft** sind grundsätzlich unabhängig von (Nicht-)Bestehen eines DBA, Besitzdauer, Beteiligungshöhe und Art der Tätigkeit der Tochtergesellschaft im Ergebnis zu 95% von Körperschaft- und Gewerbesteuer freigestellt (§ 8b Abs. 1 und 5 KStG, § 7 GewStG).[156a] Sie unterliegen jedoch durch Hinzurechnung gem. § 8 Nr. 5 GewStG der Gewerbesteuer, wenn die Dividenden nicht die Voraussetzungen des internationalen gewerbesteuerlichen Schachtelprivilegs erfüllen. Nach § 9 Nr. 7 GewStG sind insbesondere[157] begünstigte Beteiligungen i. H. v. mindestens 15% seit Beginn des Erhebungszeitraums an einer Tochterkapitalgesellschaft, die ihre Bruttoerträge (fast) ausschließlich aus bestimmten aktiven Tätigkeiten oder Beteiligungen bezieht, und

---

[155] Von diesem Grundsatz gibt es länderspezifische Ausnahmen. So fällt z. B. in Frankreich bei Fremdfinanzierung wie bei Eigenfinanzierung die „taxe professionnelle" an. Vgl. Jacobs, O. H., StuW 1996, S. 28 ff.

[156] Diese Aussage ist ggf. zu modifizieren bei Zinsabzugsbeschränkungen im Ausland, bei Vereinbarung einer fiktiven Anrechnungsmöglichkeit, bei Anrechnungsüberhängen aufgrund einer sehr hohen Quellensteuer im Ausland oder bei fehlenden steuerpflichtigen Einkünften im Inland (z. B. Verlustfall).

[156a] Es spricht viel dafür, dass ein DBA-Schachtelprivileg auch der Fiktion nichtabzugsfähiger Betriebsausgaben gem. § 8b Abs. 5 KStG entgegensteht. Vgl. auch Hageböhe, J., IStR 2009, S. 473 ff.; Schönfeld, J., IStR 2010, S. 658. A. A. Gosch, D., Schachtelbesitz, 2010, S. 85 ff. Diese Frage wurde vom BFH in seiner Entscheidung v. 23. 6. 2010, DStR 2010, S. 1665, jedoch nicht beantwortet.

[157] Auf die Begünstigung bestimmter mittelbarer Beteiligungen nach § 9 Nr. 7 Satz 4 ff. GewStG sei in diesem Zusammenhang hingewiesen.

3. Kapitel. *Einfluss der Finanzierung auf die Höhe der Steuerbelastung* 1003

Beteiligungen von mindestens 10% zu Beginn des Erhebungszeitraums an EU-Kapitalgesellschaften, die die Voraussetzungen der Mutter-Tochterrichtlinie erfüllen. Nach zutreffender Auffassung erfolgt unabhängig von § 8 Nr. 5 GewStG auch dann eine gewerbesteuerliche Freistellung, wenn eine Freistellung nach DBA oder § 9 Nr. 8 GewStG zur Anwendung kommt.[158] Wenn keine gewerbesteuerliche Hinzurechnung erfolgt, umfasst die Gesamtsteuerbelastung bei Eigenkapitalfinanzierung damit die Körperschaftsteuer (zzgl. ggf. anderer Steuern) der ausländischen Tochterkapitalgesellschaft, ggf. die Kapitalertragsteuer auf die Ausschüttungen sowie Körperschaftsteuer, Solidaritätszuschlag und Gewerbesteuer auf 5% der Dividenden in Deutschland.

– Dividendenzahlungen an **natürliche Personen** unterliegen nach § 3 Nr. 40 Satz 1 Buchstabe d EStG zu 60% der inländischen Einkommensteuer, wenn die Anteile in einem **Betriebsvermögen** gehalten werden. Eine ausländische Kapitalertragsteuer wird vollständig angerechnet (§ 34 c Abs. 1 EStG). Liegen die Anteile in einem Betriebsvermögen, schlägt das Teileinkünfteverfahren an sich auch auf die Gewerbesteuer durch (§ 7 GewStG). Für die Gewerbesteuerbelastung kommt es allerdings im Ergebnis nicht zur Anwendung: Entweder ist das internationale gewerbesteuerliche Schachtelprivileg (§ 9 Nr. 7 und Nr. 8 GewStG) erfüllt, dann besteht völlige Gewerbesteuerfreiheit, oder es ist nicht erfüllt, dann besteht volle – und nicht nur 60%ige – Gewerbesteuerpflicht (mit Ermäßigung der Einkommensteuer gem. § 35 EStG) infolge der nach § 8 Nr. 5 GewStG vorzunehmenden Hinzurechnung. Nach § 3 c Abs. 2 EStG besteht ein Abzugsverbot für 40% der mit den Dividenden in Zusammenhang stehenden Betriebsausgaben unabhängig vom Zeitpunkt ihres Anfalls. Gewerbesteuerlich entfällt dieses 40%ige Betriebsausgabenabzugsverbot in den Fällen, in denen die Dividenden voll gewerbesteuerpflichtig sind (§ 8 Nr. 5 GewStG). In der Summe setzt sich die Steuerbelastung bei Gewährung des gewerbesteuerlichen Schachtelprivilegs aus der ausländischen Körperschaftsteuer (zzgl. ggf. anderer Steuern) der Tochterkapitalgesellschaft und Einkommensteuer (zzgl. Solidaritätszuschlag und etwaiger Kirchensteuer) des Gesellschafters auf 60% der Dividenden zusammen.

– Werden die Anteile im **Privatvermögen** gehalten, kommt der 25%ige Sondersatz der Abgeltungsteuer zur Anwendung (§ 32 d Abs. 1 und 3 EStG). Eine im Ausland einbehaltene Kapitalertragsteuer wird nach den Vorschriften des § 32 d Abs. 5 EStG angerechnet.[159]

– Werden die Dividenden von einer **Personengesellschaft** bezogen, so werden für Zwecke der Körperschaftsteuer und Einkommensteuer Kapitalgesellschaften (§ 8 b Abs. 6 KStG) und natürliche Personen als Mitunternehmer so behandelt, also bezögen sie die Dividenden unmittelbar von der ausländischen Tochtergesellschaft. § 8 b Abs. 1 bis 5 KStG sowie § 3 Nr. 40 EStG gelten gem. § 7 Satz 4 GewStG auch bei der Ermittlung des Gewerbeertrags auf Ebene der Personengesellschaft.

Entscheidend für die Vorteilhaftigkeit der konzerninternen Finanzierung ist das Verhältnis zwischen in- und ausländischer Steuerbelastung. Aufgrund des

---
[158] Vgl. Blümich, W., Einkommensteuergesetz, § 8 GewStG Anm. 576.
[159] Vgl. BMF-Schreiben v. 22. 12. 2009, BStBl 2010 I, S. 94, Tz. 201 ff.

im internationalen Vergleich immer noch überdurchschnittlich hohen deutschen Steuerniveaus wird in vielen Fällen letztlich die Höhe einer Kapitalertragsteuer den Ausschlag geben, ob die Eigen- oder die Fremdfinanzierung vorteilhaft ist. Dies bedeutet aus rein steuerlicher Sicht, dass in EU-Fällen mangels Kapitalertragsteuer und niedrigerer ausländischer Ertragsteuersätze häufiger auf die Eigenfinanzierung zurückzugreifen sein wird, während in Nicht-EU-Fällen das Entstehen einer Dividenden-Quellensteuer die Präferenzreihenfolge zugunsten der Fremdfinanzierung umkehren kann. Diese **Tendenzaussagen** belegt das nachstehende Beispiel für die Finanzierung einer US-Tochtergesellschaft.

Beispiel: Eine deutsche GmbH sucht die steuerlich günstigste Art der Vergabe von Finanzmitteln an ihre 100%ige Tochterkapitalgesellschaft mit Sitz in den USA. Der Körperschaftsteuersatz in den USA beträgt 35%, eventuelle zusätzliche Staatssteuern und lokale Steuern bleiben unberücksichtigt. Es sei unterstellt, dass die Zinsabzugsbeschränkungen für ausländische Anteilseigner in den USA nicht zur Anwendung kommen. Auf Dividenden wird eine Kapitalertragsteuer von 5% erhoben.[160] Bei Zinszahlungen fällt keine Quellensteuer an. Die inländische Tarifbelastung bei der Körperschaftsteuer zzgl. Solidaritätszuschlags beläuft sich auf 15,825%, der Hebesatz der Gewerbesteuer auf 400% (Tarifbelastung insgesamt: 29,825%). Beurteilungsmaßstab sei der Nettoerfolg auf Ebene der GmbH.

	Fremd-finanzierung	Eigen-finanzierung
Unbeschränkte Steuerpflicht der US-Tochterkapitalgesellschaft		
1. Gewinn vor Zinsen und Steuern	100,00	100,00
2. Zinsen	− 100,00	0,00
3. Gewinn vor Steuern	0,00	100,00
4. Körperschaftsteuer (35%)	0,00	− 35,00
5. Zins/Dividende	100,00	65,00
Beschränkte Steuerpflicht der GmbH		
6. Kapitalertragsteuer (5% von 5.)	0,00	− 3,25
7. Summe ausländische Steuern	0,00	38,25
8. Nettozufluss bei GmbH vor deutscher Steuerbelastung	100,00	61,75
Unbeschränkte Steuerpflicht der GmbH		
9. Bemessungsgrundlage	100,00	3,25
10. Gewerbesteuer (14%)	− 14,00	− 0,45
11. Körperschaftsteuer (15%)	− 15,00	− 0,49
12. Solidaritätszuschlag	− 0,83	− 0,03
13. Summe inländische Steuern	29,83	0,97
14. Nettozufluss nach Steuern	70,17	60,78
15. Steuerquote	29,83%	39,22%

Die niedrigeren deutschen Steuersätze (Belastungsvorteil gegenüber den USA: 5,17 Prozentpunkte = 35% − 29,83%) indizieren bereits eine Vorteil-

---

[160] Zwar wird nach Art. 10 Abs. 3 DBA-USA die Quellensteuer auf Beteiligungen, die mindestens 80% der Stimmrechte und des Werts umfassen und mindestens zwölf Monate bestanden haben, auf 0% reduziert. Die Eliminierung der Quellensteuer ist jedoch an spezifische Voraussetzungen, insbesondere der Limitation-on-benefits-Klausel geknüpft. Vgl. Endres, D./Wolff, U., IStR 2006, S. 721 ff. Es soll in dem Beispiel unterstellt werden, dass Art. 10 Abs. 3 DBA-USA nicht zur Anwendung kommt und es bei einer 5%igen US-Quellensteuer nach Art. 10 Abs. 2 Buchstabe a DBA-USA bleibt.

3. Kapitel. Einfluss der Finanzierung auf die Höhe der Steuerbelastung

haftigkeit der Fremd- gegenüber der Eigenfinanzierung. Die Mehrbelastung bei der Eigenfinanzierung gegenüber dem reinen Tarifvergleich i. H. v. 4,22 Prozentpunkten (= 39,22% – 35%) setzt sich zusammen aus der US-Kapitalertragsteuer sowie inländischer Körperschaftsteuer, Gewerbesteuer und Solidaritätszuschlag auf den nach § 8 b Abs. 5 KStG steuerpflichtigen Teil der Dividenden (4,22 Prozentpunkte = 3,25% + 0,45% + 0,49% + 0,03%).

Die absolute Höhe der Steuerbelastung und der -belastungsdifferenzen ist von Land zu Land unterschiedlich. Es gilt die Faustregel, dass auch bei etwa vergleichbaren Steuerbelastungen im In- und im Ausland das Vorhandensein einer **Kapitalertragsteuer** auf Dividendenzahlungen zur Fremdfinanzierung, das Fehlen eines Kapitalertragsteuerabzugs hingegen zur Eigenfinanzierung der Tochtergesellschaft führt.

Mit dem oben dargestellten Belastungsvergleich sind noch nicht alle Entscheidungsparameter für die Frage nach der optimalen Form der Mittelvergabe berücksichtigt. Ergänzend sind folgende Fallkonstellationen bei der **Ausgestaltung der Finanzierungsströme** in die Überlegungen einzubeziehen:

– **Refinanzierungskosten im Inland:** Im Ausgangsfall ist das Kapital, das der Investor der Tochtergesellschaft zur Verfügung gestellt hat, mit Eigenkapital refinanziert. Wird das im Ausland investierte Kapital von der Muttergesellschaft bzw. vom inländischen Anteilseigner dagegen mit Fremdkapital refinanziert, so hängt die Behandlung der Refinanzierungskosten im Inland von der Rechtsform des Anteilseigners ab. In jedem Fall steht die Abzugsfähigkeit dieser Kosten im Betriebsvermögen unter dem Vorbehalt einer Anwendung der Zinsschranke.[161]

(1) Ist der inländische Anteilseigner eine **natürliche Person,** kann die Vorteilhaftigkeit der Eigen- bzw. der Fremdfinanzierung nur anhand einer exakten Vergleichsrechnung des jeweiligen Einzelfalls bestimmt werden. Während Zinsaufwendungen aus der Refinanzierung eines Gesellschafterdarlehens an die Auslandsgesellschaft voll abzugsfähig sind (mit 25%iger gewerbesteuerlicher Hinzurechnung gem. § 8 Nr. 1 Buchstabe a GewStG), sind im Falle der Eigenkapitalvergabe nach § 3 c Abs. 2 Satz 1 EStG die mit der steuerfreien Dividenden (40%) in wirtschaftlichem Zusammenhang stehenden Zinsaufwendungen nicht abzugsfähig.[162] Liegen die Anteile in einem Betriebsvermögen, ergeben sich gewerbesteuerliche Besonderheiten. Die Kürzung des Gewerbeertrags um den steuerpflichtigen Teil der Auslandsdividenden wird nach § 9 Nr. 7 Satz 2 bzw. Nr. 8 Satz 2 i. V. m. § 9 Nr. 2a Satz 3 GewStG um die in unmittelbarem Zusammenhang stehenden Aufwendungen, insbesondere die Refinanzierungskosten, gemindert. Im Ergebnis erfolgt daher nur eine Kürzung, soweit der im Gewinn enthaltene 60%ige Ausschüttungsbetrag die entsprechenden Betriebsausgaben übersteigt, ansonsten ergäbe sich ein Doppelabzug. Die Betriebsausgaben, die danach den Kürzungsbetrag mindern und somit im Ergebnis nicht abzugsfähig sind, unterliegen nicht der Hinzurechnung nach § 8 Nr. 1 GewStG.

---

[161] Siehe oben Abschnitt B II 2 b.
[162] Aus diesem Grund kann sich eine Fremdkapitalaufnahme durch eine zwischengeschaltete inländische Kapitalgesellschaft empfehlen, weil so die Möglichkeit des 95%igen Betriebsausgabenabzugs eröffnet wird.

(2) Ist der Investor eine **Kapitalgesellschaft,** so sind die Refinanzierungsaufwendungen sowohl bei Fremd- als auch Eigenkapitalvergabe in vollem Umfang als Betriebsausgabe abzugsfähig (mit 25%iger gewerbesteuerlicher Hinzurechnung gem. § 8 Nr. 1 Buchstabe a GewStG). Im Fall der Eigenkapitalvergabe durch eine Mutterkapitalgesellschaft werden allerdings – unabhängig von der tatsächlichen Existenz von Refinanzierungskosten – stets 5% der zugeflossenen Dividenden als nichtabzugsfähige Betriebsausgaben der inländischen Besteuerung unterworfen (§ 8 b Abs. 5 KStG).

- **Ausländische Tochtergesellschaft erzielt Verluste:** Erwirtschaftet die ausländische Tochtergesellschaft Verluste, so ist die Finanzierung des ausländischen Investments mit Fremdkapital ungünstiger als die Finanzierung über Eigenkapital. Der Grund hierfür liegt darin, dass bei Vergabe von Fremdkapital die anfallenden Zinsaufwendungen zwar die Verluste der Tochtergesellschaft erhöhen, zumindest aber kurzfristig nicht steuerwirksam werden, sondern sich erst im Rahmen des interperiodischen Verlustabzugs auswirken. Andererseits erhöhen die aus dem Ausland zufließenden Zinserträge die inländischen Bemessungsgrundlagen für die Körperschaftsteuer einschließlich Solidaritätszuschlag und für die Gewerbesteuer. Unter Liquiditätsgesichtspunkten wiegt dies umso schwerer, wenn der Verlustabzug zeitlichen und/oder betragsmäßigen Beschränkungen unterliegt.[163] Wird die Investition dagegen mit Eigenmitteln finanziert, werden im Verlustfall – abgesehen von Zahlungen aus thesaurierten Gewinnen – grundsätzlich keine Ausschüttungen vorgenommen. Deshalb fallen im Inland keine Ertragsteuern an und die im Ausland entstehenden höheren Erträge werden durch die Verluste von einer Besteuerung abgeschirmt. Von daher bietet es sich an, die verlustträchtige Tochtergesellschaft mit Eigenkapital auszustatten, welches diese bei mangelndem Finanzierungsbedarf ggf. als Darlehen an eine andere (profitable) Konzerngesellschaft weiterleitet. Im Ergebnis kann durch eine Finanzierungspolitik, die die Nutzung bestehender Verluste mit berücksichtigt, die Konzernsteuerquote gesenkt werden.
- **Wertverminderungen der Anteile an der ausländischen Tochtergesellschaft** sind bei einer inländischen Mutterkapitalgesellschaft nicht und bei einer inländischen natürlichen Person nur zu 60% abzugsfähig (§ 8 b Abs. 3 Satz 3 KStG bzw. § 3 c Abs. 2 EStG). Bei Körperschaften gilt dies gem. § 8 b Abs. 3 Satz 4–6 KStG[164] auch für Gewinnminderungen im Zusammenhang mit einem Darlehen oder aus der Inanspruchnahme von Sicherheiten, die für ein Darlehen hingegeben werden, wenn das Darlehen oder die Sicherheit von einem zu mehr als 25% beteiligten Gesellschafter oder einer diesem nahestehenden Person gewährt wird und ein fremder Dritter das Darlehen bei sonst gleichen Umständen nicht gewährt hätte. Bei natürlichen Personen kann hingegen mangels besonderer Regelung das teilweise Abzugsverbot nach § 3 c Abs. 2 EStG nicht angewendet werden.[165]

---

[163] Eine Übersicht zum Verlustabzug im Ausland findet sich bei Lüdicke, J./Kempf, A./Brink, T., Verluste, 2010, S. 276 ff.; sowie im 2. Teil, 2. Kapitel, Abschnitt B I.
[164] Zur Rechtslage bis zum Veranlagungszeitraum 2007 vgl. BFH v. 14. 1. 2009, BStBl 2009 II, S. 674; sowie Ditz, X./Tcherverniachni, V., IStR 2009, S. 709.
[165] Zur Darstellung des Strittigen Meinungsstands siehe Dötsch, E./Jost, W. F./Pung, A./Witt, G., Körperschaftsteuer, § 8 b KStG, Anm. 141.

3. Kapitel. Einfluss der Finanzierung auf die Höhe der Steuerbelastung 1007

- **Inländische Muttergesellschaft erzielt Verluste:** Im umgekehrten Fall einer Verlustsituation im Inland weist dagegen die Fremdfinanzierung tendenziell Vorteile auf, da die aus dem Ausland vereinnahmten Zinsen aufgrund der Verrechnung mit inländischen laufenden Verlusten und Verlustvorträgen (bis zu 1 Mio. € unbegrenzte Verrechnung, darüber hinaus nur im Rahmen der Mindestbesteuerung des § 10 d Abs. 2 EStG)[166] keine sofortige Steuerbelastung auslösen. Allerdings würde eine im Ausland auf die Zinsen einbehaltene Kapitalertragsteuer mangels positiver inländischer Steuerschuld definitiv werden, so dass in einer solchen Konstellation eine sorgfältige Vorteilsabwägung vonnöten ist.

- **Kapitalverkehrsteuern auf Eigenkapitalzuführungen:** Erhebt der Sitzstaat der ausländischen Tochterkapitalgesellschaft auf zugeführtes Eigenkapital eigenständige Steuern (z. B. Frankreich, Polen oder Spanien), begünstigt dies tendenziell die Fremdfinanzierung oder die Selbstfinanzierung über einbehaltene Gewinne.

- **Zinsabzugsbeschränkungen durch thin/fat capitalization rules:** Im länderübergreifenden Vergleich zeigt sich, dass viele Staaten dem bei der (Gesellschafter-)Fremdfinanzierung auftretenden Problem der Unterkapitalisierung durch steuerliche Vorschriften begegnen.[167] Teilweise geschieht dies durch Anwendung allgemeiner Regelungen (wie bspw. Missbrauchsvorschriften). Abzugsbeschränkungen von Zinsen können aber auch auf expliziten Unterkapitalisierungsregelungen beruhen. Sofern die Finanzierung des ausländischen Investments mit Fremdkapital erfolgt, besteht somit die Gefahr, dass die Zinszahlungen auf Ebene der Tochtergesellschaft trotz einer angemessenen Vergütung insgesamt oder teilweise nicht abzugsfähig sind oder in Dividenden umqualifiziert werden, woraus Doppelbesteuerungen resultieren können.

- **Ausländische Tochterkapitalgesellschaft erhält Steuervergünstigungen:** Verschiedentlich erhalten ausländische Investoren Steuervergünstigungen, vor allem Investitions- und Innovationsanreize. Derartige Vergünstigungen zielen im Grundsatz darauf ab, mögliche Risiken bei Unternehmensneugründungen oder -erweiterungen zu reduzieren oder die Gewinnaussichten solcher Unternehmen zu erhöhen, die Investitionen in besonders förderungswürdigen Regionen oder Technologien tätigen. Zur Gewährung von Steuervergünstigungen bestehen mit der Bemessungsgrundlage, dem Tarif und der Steuerschuld drei prinzipielle Anknüpfungspunkte.[168] Sofern die Begünstigungen am Tarif, an der Steuerpflicht oder der Steuerschuld anknüpfen, ist die Eigen- der Fremdkapitalfinanzierung grundsätzlich überlegen, da die Zinsaufwendungen im Ausland die ertragsteuerliche Bemessungsgrundlage und somit die Steuerschuld bzw. den Umfang der Begünstigung reduzieren.

- **Fiktive Anrechnung:** Die Finanzierungsentscheidung wird im Einzelfall zusätzlich durch eventuelle Möglichkeiten zur fiktiven Anrechnung beeinflusst. Gewährt ein DBA bei Zinsen (oder Dividenden) im Inland fiktiv

---

[166] Vgl. Endres, D., PIStB 2006, S. 87 ff.
[167] Vgl. hierzu auch den anschließenden Abschnitt C II 2.
[168] Zu einer ausführlichen Erörterung der Fördermaßnahmen in den Mitgliedstaaten der EU vgl. 2. Teil, 2. Kapitel, Abschnitt D. Vgl. zu den Maßnahmen im asiatisch-pazifischen Raum Endres, D./Fuest, C./Spengel, C., Asia-Pacific, 2010, S. 33 ff.

eine Anrechnung ausländischer Steuern, die höher ist als die tatsächliche Quellenbesteuerung im Ausland, stellt sich die jeweils begünstigte Finanzierungsalternative als vorteilhafter dar. Selbstverständlich kann sich die fiktive Anrechnung einer Quellensteuer auf Gewinnausschüttungen (nicht aber auf Zinsen) nur im Rahmen des Teileinkünfteverfahrens auswirken[169] da sie bei Mutterkapitalgesellschaften mangels inländischer Steuerbelastung ins Leere läuft.

Zusammenfassend bleibt festzuhalten, dass insbesondere das Verhältnis zwischen ausländischem und inländischem **Steuerniveau** sowie das Vorhandensein von **Kapitalertragsteuern** auf Gewinnausschüttungen den steuergünstigsten Finanzierungsmix bestimmen. In der Vergangenheit wurden im Gegensatz zu Inbound-Investitionen deutsche Outbound-Investitionen überwiegend mit Eigenkapital finanziert.[170] Wie sich das Finanzierungsverhalten deutscher, international tätiger Konzerne in Bezug auf ihre Auslandstöchter angesichts des geänderten steuerlichen Datenkranzes verändern wird, bleibt zukünftigen empirischen Untersuchungen vorbehalten.

2. Begrenzung der Gesellschafterfremdfinanzierung im Ausland

a) Unterkapitalisierungsregelungen im Ländervergleich

Aus Sicht des Gesamtkonzerns ist die Fremdfinanzierung der ausländischen Tochtergesellschaft vorteilhaft, wenn das Steuerniveau im Land der Muttergesellschaft geringer ist als im Sitzstaat der Tochterkapitalgesellschaft oder durch Zwischenschaltung einer Finanzierungsgesellschaft bzw. durch Nutzung konzernweiter Verlustvorträge die Zinsversteuerung auf niedrigem Belastungsniveau gehalten werden kann. In der Praxis wird (auch um das haftende Kapital nicht zu hoch ausfallen zu lassen) deshalb meist eine niedrige Eigenkapitalquote präferiert,[171] wobei teilweise versucht wird, die Zinseinnahmen in einem niedrigeren besteuernden Land als Deutschland anfallen zu lassen.[172]

Das Steueraufkommen in dem Staat, in dem die Outbound-Investition erfolgt, wird durch die Zuführung von Fremdkapital (debt push down) geschmälert, so dass viele Länder Maßnahmen gegen eine extensive Gesellschafterfremdfinanzierung und damit gegen eine **Erosion ihres Besteuerungssubstrats** eingeführt haben. Solche Regelungen sind in gewisser Hinsicht steuersystematisch inkonsequent, da mit ihnen auf Umwegen gerade das Steueraufkommen erzielt werden soll, auf das bei DBA-Verhandlungen im Rahmen des Zinsartikels verzichtet wird. Statt einer Ausdehnung eines diesbezüglichen Quellenbesteuerungsrechts (das im bilateralen Umkehrfall natürlich auch die Kapitalvergabe ins Ausland treffen würde) bevorzugen viele Staaten Unterkapitalisierungsregelungen, durch die Zinszahlungen an den Anteilseigner auf Ebene der zahlenden Tochtergesellschaft dem Grunde nach

---

[169] Vgl. das Berechnungsbeispiel bei Grotherr, S., IWB, Fach 3, Deutschland, Gruppe 1, S. 1700 f.
[170] Vgl. Spengel, C./Braunagel, R. U., StuW 2006, S. 36; Deutsche Bundesbank, Direktinvestitionen, 2009, S. 42 ff.
[171] Vgl. zu weiteren nichtsteuerlichen Motiven der Darlehensfinanzierung Piltz, D. J., CDFI 1996, S. 28.
[172] Hierbei sind die Vorschriften des AStG zur Hinzurechnungsbesteuerung sorgfältig zu beachten. Vgl. 4. Teil, 3. Kapitel, Abschnitt A I 2 c).

3. Kapitel. Einfluss der Finanzierung auf die Höhe der Steuerbelastung

ganz oder teilweise nicht als Betriebsausgaben anerkannt werden. Die gesetzlich geregelten oder auf administrativen Erlassen bzw. ständiger Verwaltungspraxis beruhenden Maßnahmen stimmen zwar in der Zwecksetzung – Sicherung des nationalen Steueraufkommens – überein, inhaltlich unterscheiden sie sich jedoch deutlich. Die verschiedenen **Formen der Nichtanerkennung bzw. Begrenzung der konzerninternen Fremdfinanzierung** können bspw. ausschließlich gewinnabhängige Finanzierungsinstrumente betreffen. Sie können aber auch die Angemessenheit der Eigenkapitalquote regeln, indem entweder auf die übliche Beteiligungsfinanzierung im Drittvergleich abgestellt wird oder starre Eigen-/Fremdkapitalverhältnisse (debt-equity ratios) bzw. Zins-/Gewinnverhältnisse (interest coverage ratios) vorgegeben werden. Ihre Wirkungen bestehen z. T. lediglich darin, dass die gezahlten Entgelte – wie in Deutschland nach der Zinsschranke – vorübergehend oder endgültig ihre Abzugsfähigkeit als Betriebsausgaben verlieren, in manchen Ländern werden sie aber auch – wie in Deutschland nach § 8 a KStG a. F. – als verdeckte Gewinnausschüttungen behandelt. Teilweise erfasst die Umqualifizierung zusätzlich den Kapitalbetrag selbst, der dann als verdecktes Nennkapital gilt und somit nicht mehr als Betriebsschuld bei etwaigen Kapitalsteuern abzugsfähig ist. Für die Steuerplanung eines internationalen Konzerns besteht daher die Notwendigkeit, Finanzierungsentscheidungen jeweils auf die spezifischen Anerkennungsmaßstäbe im Sitzstaat der Tochtergesellschaft abzustimmen. Darüber hinaus ist zu beachten, dass kontroverse Meinungen darüber bestehen, ob eine Umqualifizierung von Zinsen in Dividenden mit bestehenden DBA oder mit EU-Recht vereinbar ist.[173] Wird eine solche Umqualifizierung für zulässig erachtet (wie z. B. in der Republik Korea, Spanien und Südafrika), ergeben sich beim Zinsempfänger regelmäßig Probleme hinsichtlich der Anrechnung der „Dividenden"-Quellensteuer.[174]

Tabelle 47 zeigt die Regelungen zur Begrenzung der Gesellschafterfremdfinanzierung in wichtigen ausländischen Staaten.[175]

Tabelle 47: Thin-capitalization-Regelungen im Ausland

Land	spezielle Regelungen
Australien	EK : FK 1 : 3
Belgien	EK : FK 1 : 1
Dänemark	EK : FK 1 : 4
Finnland	Keine (Praxis EK : FK 1 : 8)
Frankreich	EK : FK 1 : 1,5
Griechenland	EK : FK 1 : 3
Großbritannien	Konzerninterne Zinsaufwendungen > externer Nettozinsaufwand
Irland	keine
Italien	20% des handelsrechtlichen EBITDA

---

[173] Zu dieser Problematik vgl. OECD, Thin Capitalisation, 1987; Herzig, N., StuW 1993, S. 239 f.; Frotscher, G., IStR 1994, S. 210; Herzig, N., DB 1994, S. 114 f.; Menck, T., FR 1994, S. 69 ff.; Portner, R., IStR 1996, S. 23 ff. und S. 66 ff.
[174] Vgl. hierzu Piltz, D. J., Besteuerung, 1995, S. 116 ff.; ders., CDFI 1996, S. 71 ff.; Krebühl, H.-H., Gesellschafterfremdfinanzierung, 1997, S. 39.
[175] Vgl. Endres, D./Dorfmüller, P., PIStB 2001, S. 101; Obser, R., Gesellschafter-Fremdfinanzierung, 2005, S. 101 ff.; Kessler, W., Konzernsteuerrecht, 2008, § 8, Anm. 220 f.; Herzig, N./Bohn, A., IStR 2009, S. 253 ff.; Dorfmueller, P., IStR 2009, S. 831; Bauer, A., StuW 2009, S. 169 ff.; Zielke, R., Intertax 2010, S. 62 ff.

Land	spezielle Regelungen
Japan	EK : FK 1 : 3
Kanada	EK : FK 1 : 2
Luxemburg	EK : FK 15 : 85
Niederlande	grundsätzlich EK : FK 1 : 3
Österreich	Fremdvergleich (EK : FK 1 : 3)
Portugal	EK : FK 1 : 2 (nicht innerhalb der EU)
Schweden	keine
Schweiz	je nach Aktiva-Mix, grundsätzlich 1 : 2,3
Spanien	Nicht EU: EK : FK 1 : 2 oder Drittvergleich; EU: Drittvergleich
USA	EK : FK 1 : 1,5

Wegen ihrer praktischen Bedeutung soll im Folgenden beispielhaft auf die Regelungen in den USA näher eingegangen werden.

b) Thin capitalization in den USA

Die amerikanische Finanzverwaltung hat verschiedentlich Anläufe unternommen, auf Basis der Ermächtigungsvorschrift der Sec. 385 IRC Rechtsvorschriften für Gesellschafterdarlehen zu erlassen, wobei auch Kapitalstrukturregelungen im Vordergrund standen. Alle diese Bemühungen wurden aber in der Folge korrigiert und haben letztlich keinen Niederschlag in einer fixierten Eigen-/Fremdkapitalquote gefunden. Ist damit für rein innerkamerikanische Finanzierungsbetrachtungen ein Angemessenheitstest im Einzelfall durchzuführen („Daumenregel 1 : 3"), hat die 1989 eingeführte Regelung der Sec. 163 (j) IRC für den grenzüberschreitenden Bereich feste Regeln aufgestellt. Diese sog. **earnings stripping rules** verhindern, dass das lokale Einkommen durch überhöhte Zinszahlungen an ausländische verbundene Unternehmen übermäßig gemindert wird.

Die äußerst komplexen earnings stripping rules, die im Folgenden nur in ihren Grundzügen dargestellt werden können, versagen einer US-Kapitalgesellschaft die steuerliche Abzugsfähigkeit von Zinsaufwendungen, wenn die folgenden drei **Voraussetzungen** kumulativ erfüllt sind.[176]

- Der Verschuldungsgrad (Fremdkapital-/Eigenkapitalrelation) der US-Kapitalgesellschaft ist höher als 1,5 : 1.

Sind mindestens 40% der Bilanzsumme mit Eigenkapital finanziert (maßgebend ist das Ende des Steuerjahres), finden die Earnings-stripping-Vorschriften keine Anwendung (safe harbor test).

- Der Nettozinsaufwand (net interest expense) übersteigt im betreffenden Wirtschaftsjahr 50% des angepassten zu versteuernden Einkommens (adjusted taxable income).

Vereinfacht gesagt: Es kann nur die Hälfte des Ergebnisses vor Steuern und Zinsen durch Darlehenszinsen an verbundene Unternehmen gemindert werden. Ein Mehrbetrag wird als excess interest expense qualifiziert. Der Nettozinsaufwand errechnet sich gem. Sec. 163 (j) (6) B IRC aus der Summe aller Zinsaufwendungen abzüglich der Summe aller Zinserträge. Das adjusted taxable income ist definiert als zu versteuerndes Einkommen

---

[176] Zu Details vgl. Endres, D./Schreiber, C., USA, 2008, Anm. 86–90; Goebel, S./ Eilinghoff, K., IStR 2008, S. 233 ff.; Lenz, M./Dörfler, O., DB 2010, S. 20.

3. Kapitel. Einfluss der Finanzierung auf die Höhe der Steuerbelastung

zzgl. des Nettozinsaufwands, eines Verlustvor- oder Verlustrücktrages sowie Abschreibungen (Sec. 163 (j) (6) A IRC). Erreicht in den vorangegangenen Wirtschaftsjahren der Nettozinsaufwand nicht 50% des angepassten zu versteuernden Einkommens, so kann die Differenz als eine nicht ausgeschöpfte Abzugsbegrenzung (excess limitation carry forward) drei Jahre vorgetragen werden, bevor er dann allerdings endgültig verfällt. Dieser excess limitation carry forward erhöht dann den Höchstbetrag an abzugsfähigen Zinsen in den Folgejahren.

- Die Zinszahlungen erfolgen an nahe stehende Personen und diese Zinserträge unterliegen nicht bzw. nicht in vollem Umfang der US-Besteuerung.

Personen gelten als nahe stehend, sofern ein direktes oder indirektes Beteiligungsverhältnis von mehr als 50% der Kapitalanteile besteht. Dabei ist zu beachten, dass auch sog. Back-to-back-Finanzierungen in den Anwendungsbereich von Sec. 163 (j) IRC fallen. Dies bedeutet, dass auch Zinsen auf Verbindlichkeiten gegenüber fremden, in den USA steuerpflichtigen Dritten (z. B. US-Banken) zu erfassen sind, wenn die Verbindlichkeit durch eine nahe stehende Person garantiert wird, die nicht in den USA ansässig oder von der US-Bundeseinkommensteuer befreit ist.

Die **Rechtsfolge** des Sec. 163 (j) IRC besteht darin, dass dem an nahe stehenden Personen gezahlten, nicht der US-Steuer unterliegenden Zinsüberhang der Abzug als Betriebsausgabe versagt wird. Der Zinsüberhang (disallowed interest expense) kann zeitlich unbegrenzt vorgetragen werden und somit auch in späteren Jahren noch steuerlich geltend gemacht werden, soweit in den Folgejahren der Fremdfinanzierungsrahmen i. S. d. Sec. 163 (j) IRC nicht voll ausgeschöpft wird. Im Grundsatz führen die earnings stripping rules somit zwar nur zu einer zeitlich vorübergehenden Abzugsbeschränkung von Zinsaufwand. Bleibt allerdings das beanstandete Finanzierungsgebaren im Zeitablauf unverändert, ist die Möglichkeit zum Zinsabzug ausgeschlossen.

Beispiel: Die Frankfurt AG ist Anteilseignerin der New York Inc. Die Passivseite der Bilanz der New York Inc. setzt sich zusammen aus 500 Eigenkapital und 900 Verbindlichkeiten gegenüber der Frankfurt AG. Die US-Gesellschaft zahlt 10% Zinsen p. a. und erzielt keine Zinserträge. Der Gewinn der New York Inc. entwickelt sich wie folgt: 110 (Jahr 1), 80 (Jahr 2) und 60 (Jahr 3).

Lösungshinweis: Das Verhältnis Fremdkapital zu Eigenkapital beträgt 900 zu 500. Damit ist das Safe harbor-Verhältnis von 1,5 zu 1 überschritten. Es ist also zu prüfen, ob es zu Zinsabzugsbeschränkungen kommt.

	Jahr 1	Jahr 2	Jahr 3
steuerbares Einkommen	110	80	60
Nettozinsaufwand	90	90	90
berichtigtes Einkommen	200	170	150
davon 50% zulässiger Zinsaufwand	100	85	75
+ nicht ausgeschöpfter Spielraum der Vorjahre	0	10	5
= Zwischensumme	100	95	80
– tatsächlicher Zinsaufwand	90	90	90
vorzutragender Zinsaufwand	0	0	10
zulässiger Zinsabzug	90	90	80

Im Grundsatz ähneln die US-amerikanischen earnings stripping rules der deutschen Zinsschrankenregelung (§ 4h EStG, § 8a KStG). Anders als die Zinsschranke gelten sie jedoch nicht für Darlehenszinsen, die an Dritte gezahlt werden.[177] Die US-Regierung beabsichtigt schon seit längerer Zeit, Sec. 163 (j) IRC zu verschärfen, und unterbreitete in den vergangenen Jahren schon zahlreiche draft bills. Zu einer Änderung kam es bisher jedoch nicht. Weitere US-Regelungen mit speziellen Auswirkungen auf die Finanzierungspolitik beschäftigen sich mit der missbräuchlichen Umgehung von Zinsquellensteuern (conduit regulations), der Anerkennung des Betriebsausgabenabzugs nur im Jahr der tatsächlichen Zinszahlung (Sec. 267 IRC) und der Qualifikation von Finanzierungsinstrumenten als Eigen- oder Fremdkapital (Sec. 385 IRC). Insoweit sind bei der Finanzierung einer US-Investition äußerst komplizierte Steuerregeln zu beachten.

3. Angemessenheit der Vergütung

Neben einer Anwendung von Unterkapitalisierungsregeln ist bei der Fremdfinanzierung einer ausländischen Tochterkapitalgesellschaft zu prüfen, welche Anforderungen nach dem dortigen Recht an den Nachweis der Angemessenheit der Zinshöhe gestellt werden. Aber auch aus deutsch-steuerlicher Sicht ist zu prüfen, ob unangemessene Vergütungen für die Fremdkapitalüberlassung steuerlich zu korrigieren sind.[178] Unangemessen hohe Vergütungen stellen aus deutsch-steuerlicher Sicht unabhängig von der steuerlichen Behandlung im Ausland eine **verdeckte Gewinnausschüttung** der ausländischen Kapitalgesellschaft dar. Bei der inländischen Muttergesellschaft der finanzierten ausländischen Gesellschaft führt dies zu einem Bezug i. S. d. § 20 Abs. 1 Nr. 1 Satz 2 EStG, der den normalen Regelungen unterliegt, d. h. bei einer inländischen Mutterkapitalgesellschaft grundsätzlich nach § 8b Abs. 1 und 5 KStG zu 95% steuerfrei ist. Allerdings ist zu beachten, dass diese Freistellung gem. § 8b Abs. 1 Satz 2 und 3 KStG nur dann erfolgt, wenn der unangemessene Teil des Zinses das Einkommen der ausländischen Kapitalgesellschaft nicht gemindert hat oder (im Dreiecksfall) das Einkommen einer nahestehenden Person erhöht hat. Soweit das ausländische Steuerrecht den aus deutsch-steuerlicher Sicht unangemessenen Zinsabzug zulässt, kommt es somit in diesem Fall zu einer Besteuerung in Deutschland. Nach zutreffender Auffassung ist § 8b Abs. 1 Satz 2 KStG trotz des Verweises auf § 8 Abs. 3 Satz 2 KStG auch insoweit nicht anwendbar, als der Zins im Ausland wegen Anwendung einer ausländischen Unterkapitalisierungsregelung nicht abzugsfähig ist, die – vergleichbar der deutschen Zinsschranke – keine Einstufung der Zinszahlung als verdeckte Gewinnausschüttung vornimmt.[179]

Zwar stellen unangemessen niedrige Vergütungen auch im Outbound-Fall keine verdeckten Einlagen dar, es kann jedoch zu einer **Korrektur nach § 1 AStG** kommen. Nach Auffassung der Finanzverwaltung stellen auch unver-

---

[177] Zum Rechtsvergleich Goebel, S./Eilinghoff, K., IStR 2008, S. 233.
[178] Zu den Angemessenheitskriterien siehe Abschnitt B II 3.
[179] Vgl. Becker, J.D./Kempf, A./Schwarz, M., DB 2008, S. 371; Dörfler, O./Adrian, G., Ubg 2008, S. 377f.; Gosch, D., Körperschaftsteuergesetz, § 8b KStG, Anm. 147.

zinsliche Darlehen und Garantie- oder Patronatserklärungen[180] etc. nach der Neufassung des § 1 Abs. 5 AStG entgegen der Rechtsprechung zur alten Gesetzesfassung[181] eine Geschäftsbeziehung dar, so dass § 1 AStG anwendbar ist.

III. Personengesellschaften

Bei Outbound-Investitionen mittels Personengesellschaften muss der deutsche Unternehmer im Rahmen seiner Finanzierungsplanung festlegen, in welchem Verhältnis er die ausländische Personengesellschaft mit Eigen- oder Fremdkapital ausstatten möchte. Da die mitunternehmerische Beteiligung an einer im Ausland errichteten Personengesellschaft – anteilig – eine Betriebsstätte des Gesellschafters darstellt,[182] können die obigen Gestaltungshinweise für die Kapitalausstattung einer ausländischen Betriebsstätte grundsätzlich auf die Personengesellschaftsalternative übertragen werden. Dabei ist allerdings zu berücksichtigen, dass die **Grundsätze zur Betriebsstättenbesteuerung** nur dann uneingeschränkt zur Anwendung kommen, wenn die Personengesellschaft in ihrem Heimatstaat und in Deutschland übereinstimmend nach dem Mitunternehmerkonzept besteuert wird.[183]

Ähnlich wie im Betriebsstättenfall ergeben sich auch beim inländischen Gesellschafter einer ausländischen Personengesellschaft deutsche Abzugsbeschränkungen für Aufwendungen, die durch die ausländische Mitunternehmerschaft veranlasst worden sind. So mindern Refinanzierungszinsen im Zusammenhang mit dem Beteiligungserwerb oder der Kapitalausstattung der Personengesellschaft nach der in Deutschland geltenden Besteuerungskonzeption als Sonderbetriebsausgaben die Einkünfte des Gesellschafters aus seiner Personengesellschaftsbeteiligung. Die Zurechnung zu den ausländischen Einkünften führt über die in den DBA regelmäßig vereinbarte Freistellung der Beteiligungserträge dazu, dass im Inland ein Abzug der Fremdkapitalzinsen nicht möglich ist.[184] Da im Ausland die Konzeption der Sonderbetriebsausgaben meist unbekannt ist, droht ein „vagabundierender" Finanzierungsaufwand,[185] der in keinem der betreffenden Staaten steuerabzugsfähig ist.

---

[180] Vgl. BMF-Schreiben v. 23. 2. 1983, BStBl 1983 I, S. 218, Tz. 4. 4. Zur Höhe des Entgelts werden in der Literatur sehr unterschiedliche Aussagen gemacht, wobei die Extrempositionen bei 0,125% bzw. 2% liegen. Vgl. Gundel, G./Dahnke, H., Mutter-Tochter, 1995, S. 184; Ammelung, U., IStR 2003, S. 251; Zech, T., IStR 2009, S. 418 f.; Ditz, X., IStR 2009, S. 422.
[181] Dazu BMF-Schreiben v. 12. 1. 2010, BStBl 2010 I, S. 34; dazu und zu Zweifeln an der Reichweite der Neufassung Baumhoff, H./Ditz, X./Greinert, M., DStR 2010, S. 477 ff.
[182] Vgl. BFH v. 26. 2. 1992, BStBl 1992 II, S. 937; Betriebsstätten-Verwaltungsgrundsätze, BMF-Schreiben v. 24. 12. 1999, BStBl 1999 I, S. 1076, Tz. 1.1.5.1.; BFH v. 23. 8. 2000, BStBl 2002 II, S. 207.
[183] Zur Subjektqualifikation bei Personengesellschaften vgl. 4. Teil, 4. Kapitel.
[184] Nach Abschaffung der Regelungen zum Verlustabzug mit Nachversteuerung bei DBA-befreiten Betriebsstätten (§ 2a Abs. 3, 4 EStG) durch das StEntlG 1999/2000/2002 ist auch das temporäre indirekte Geltendmachen derartiger Finanzierungskosten nicht mehr möglich. Siehe dazu 4. Teil, 2. Kapitel, Abschnitt B II 2 a) (2).
[185] So Prinz, U./Breuninger, G. E., IWB, Fach 10, International, Gruppe 2, S. 1309, unter Hinweis auf die doppelte Nichtabzugsfähigkeit von Währungsverlusten.

Beispiel: Eine deutsche GmbH nimmt ein Darlehen auf und stellt die liquiden Mittel ihrer US-Personengesellschaft als Eigenkapital zur Verfügung. Die Refinanzierungszinsen der GmbH sind weder in Deutschland noch in den USA steuerlich abzugsfähig.

Solche bei Personengesellschaften im grenzüberschreitenden Bereich immer wieder anzutreffenden **Qualifikationskonflikte** können außer zu Doppelbesteuerungen auch zu Minderbesteuerungen führen. Insoweit werden die Planungsmöglichkeiten aber durch DBA-Verschärfungen, die BFH-Rechtsprechung zur Reichweite der Betriebsstättenfreistellung sowie durch § 50 d Abs. 9 EStG deutlich eingeschränkt.[186] So sind nach der BFH-Rechtsprechung Zinseinkünfte eines inländischen Mitunternehmers, die er von einer US-Personengesellschaft erhält, nicht nach Art. 7 DBA-US zu behandeln und von der Besteuerung freizustellen, sondern im Inland steuerpflichtig.[187] § 50 d Abs. 9 EStG beinhaltet eine unilaterale Switch-over-Klausel, die in DBA-Fällen eine (doppelte) Nichtversteuerung (sog. weiße Einkünfte) vermeiden soll.[188] Die Regelung umfasst zum einen Fälle, in denen der andere DBA-Staat Abkommensregelungen anders auslegt als Deutschland und dadurch gänzlich auf eine Besteuerung verzichtet oder nur eine der Höhe nach beschränkte Besteuerung vornimmt (§ 50 d Abs. 9 Satz 1 Nr. 1 EStG). Dies umfasst bspw. Gesellschaften, die nach deutschem Recht als Personengesellschaften qualifiziert werden.[189] Zum anderen wird die nach dem DBA vorgesehene Freistellung der Einkünfte aufgehoben, wenn der andere Vertragsstaat die Einkünfte nicht besteuern kann, weil dessen innerstaatliches Recht diese Einkünfte nicht im Rahmen der beschränkten Steuerpflicht erfasst (§ 50 d Abs. 9 Satz 1 Nr. 2 EStG). Diese Regelung ist auf Dividenden, die nach dem DBA von der deutschen Steuer freizustellen sind, nicht anzuwenden, wenn sie bei der Ermittlung des Gewinns der ausschüttenden Gesellschaft nicht abgezogen wurden (§ 50 d Abs. 9 Satz 2 EStG). Nicht erfasst werden sollen ferner solche Einkünfte, die nach dem Recht des anderen Staates allgemein von der Besteuerung ausgenommen sind;[190] keine Nichtbesteuerung ist somit bspw. gegeben, wenn aufgrund einer Verlustberücksichtigung keine Steuer festgesetzt wird.[191] Switch-over- oder Rückfallklauseln des entsprechenden DBA bleiben hingegen von der Vorschrift unberührt (§ 50 d Abs. 9 Satz 3 EStG).

D. Ansatzpunkte für komplexere Finanzierungsgestaltungen

Die bisherigen Ausführungen haben sich mit den zentralen Aufgaben des Steuerplaners bei der Unternehmensfinanzierung beschäftigt, der gewünsch-

---

[186] Zum Folgenden vgl. Lüdicke, J., Personengesellschaften, 2000, S. 25 ff.; Bindl, E., IStR 2006, S. 340 ff. Siehe auch 4. Teil, 4. Kapitel, Abschnitt A II 2 b).
[187] Vgl. BFH v. 27. 2. 1991, BStBl 1991 II, S. 444; BFH v. 31. 5. 1995, BStBl 1995 II, S. 683; BFH v. 16. 10. 2002, BStBl 2003 II, S. 631.
[188] Vgl. Vogel, K., IStR 2007, S. 225; Grotherr, S., IStR 2007, S. 266.
[189] Vgl. BT-Drucksache 16/2712, S. 108; Grotherr, S., IWB, Fach 3, Deutschland, Gruppe 3, S. 1459 ff.; Salzmann, S., IWB, Fach 3, Gruppe 3, S. 1465 ff.
[190] Vgl. BT-Drucksache 16/2712, S. 108.
[191] Vgl. BT-Drucksache 16/2712, S. 108; so auch zu den abkommensrechtlichen Rückfallklauseln OFD Frankfurt v. 13. 4. 2006, RIW 2006, S. 719.

3. Kapitel. Einfluss der Finanzierung auf die Höhe der Steuerbelastung

ten Allokation des Finanzierungsaufwands zum In- oder Ausland und der Erlangung der Abzugsfähigkeit der entsprechenden Finanzierungskosten. Unter der Prämisse, dass eine Unternehmensfinanzierung mit möglichst niedrigen Kapitalkosten und möglichst geringer Steuerbelastung zu wählen ist, dürfen finanzwirtschaftliche Entscheidungen die Nutzung der internationalen Steuerarbitrage nicht vernachlässigen, was tendenziell eine Zuordnung von Finanzierungsaufwendungen zu Hochsteuerländern zur Folge haben wird. Grundlegende Aufgabe des Steuerplaners ist es, den unter Berücksichtigung von Steuerniveau und Ertragslage unternehmensindividuell günstigsten Standort für Finanzierungsaufwendungen zu identifizieren und dort deren Abzugsfähigkeit sicherzustellen. Die letztgenannte Anforderung beinhaltet sowohl eine Berücksichtigung von lokalen Abzugsbeschränkungen dem Grunde und der Höhe nach (z. B. § 3c EStG, § 8b Abs. 5 KStG, § 4h EStG i. V. m. § 8a KStG, § 8 Nr. 1 Buchstabe a GewStG, Angemessenheit des Darlehensentgelts) als auch eine Beachtung von Formvorschriften, wie sie bspw. in Deutschland in Tz 1.4.1. der Verwaltungsgrundsätze von 1983 („im voraus getroffene klare und eindeutige Vereinbarungen")[192] vorgegeben sind. Insoweit ist das Risiko einer Nichtabzugsfähigkeit von Finanzierungskosten oder die Gefahr der Annahme verdeckter Gewinnausschüttungen zu minimieren.

Darüber hinaus bietet sich dem Steuerplaner ein weites Spektrum an Gestaltungschancen für den steuereffizienten Einsatz von Finanzmitteln über die Grenze, von denen nachfolgend eine Auswahl anhand von drei Beispielen angesprochen wird.

Beispiel 1: Erhöhung der Rendite durch fiktive Steueranrechnung. Einige DBA mit ehemaligen Entwicklungsländern (z. B. Portugal, Malaysia, Korea, Malta) sehen vor, dass bei von deutschen Anlegern bezogenen Zinsen statt der Anrechnung der tatsächlich gezahlten ausländischen Quellensteuer eine fiktive Quellensteuer berücksichtigt werden kann. Legt ein profitables deutsches Unternehmen überschüssige Liquidität bspw. bei portugiesischen Banken in der Freihandelszone Madeira an, so sind die €-Zinszahlungen durch Art. 41 Nr. 6 des Gesetzes über Steuervergünstigungen der Freihandelszone in Madeira von der grundsätzlich in Portugal erhobenen 20%igen Quellensteuer befreit. Dessen ungeachtet sieht das DBA-Portugal in Art. 24 Abs. 2c eine fiktive Anrechnung einer 15%igen Quellensteuer auf die Bruttozinsen vor. Dadurch erreicht der Anleger eine erhebliche Renditesteigerung (ca. 3–4% erhöhte Vorsteuerrendite).

Beispiel 2: Abschirmung von Zinserträgen durch Einsatz von Finanzierungsgesellschaften. Für einen deutschen Konzern mit hinreichendem Finanzbedarf lohnt sich das Nachdenken über die Einschaltung ausländischer Finanzierungsgesellschaften. Neben außersteuerlichen Vorteilen und der Vermeidung der 25%igen Hinzurechnung der Zinsaufwendungen nach § 8 Nr. 1 Buchstabe a GewStG für Zwecke der Gewerbesteuer, die bei Kapitalaufnahme durch eine deutsche Gesellschaft entstehen würde, lassen sich mittels einer Finanzierungsgesellschaft auch Zinsmargen, die durch Darlehensbeziehungen mit operativen Tochtergesellschaften entstehen, von der hohen deutschen Steuerbelastung abschirmen und unter gewissen Voraussetzungen in steuerfreie Dividenden umformen.[193]

---

[192] BMF-Schreiben v. 23. 2. 1983, BStBl 1983 I, S. 218.
[193] Auf die Einzelheiten der Nutzung von Finanzierungsgesellschaften wird im 5. Kapitel bei der Behandlung konzerneigener Dienstleistungszentren eingegangen. Vgl. 5. Kapitel, Abschnitt C II 3 a).

Beispiel 3: Steuerung des Finanzierungsaufwands durch Leasing über die Grenze.

Neben den „klassischen" Finanzierungsfragestellungen haben im Laufe der letzten Jahre grenzüberschreitende Leasingkonstruktionen immer mehr an Gewicht gewonnen. So wurden in den letzten Jahren z. B. TGV-Züge in Frankreich, Gasturbinen in Australien, Telekommunikationsausrüstung in Südostasien sowie Flugzeuge in aller Welt im Rahmen von Leasingverträgen von deutschen Investoren finanziert. Ähnlich wie in Deutschland[194] gibt es auch in anderen Staaten[195] detaillierte Vorschriften darüber, wer steuerlich als Eigentümer des Leasingobjektes zu gelten hat. Beim Leasing über die Grenze können international unterschiedliche Zurechnungsvorschriften in der Weise genutzt werden, dass es zur Mehrfachabschreibung auf das Leasinggut kommt. Auch für die Errichtung oder Erweiterung einer ausländischen Tochtergesellschaft eignet sich grenzüberschreitendes Leasing. Will die Auslandstochter Investitionen in bewegliche Wirtschaftsgüter[196] vornehmen, kann es vorteilhaft sein, dass die Tochtergesellschaft abschreibungsfähige Wirtschaftsgüter nicht selbst erwirbt, sondern von der Muttergesellschaft über einen Leasingvertrag erhält. Dies gilt insbesondere in der Anlaufphase, in der die Tochtergesellschaft keinen oder einen geringen Gewinn erzielt. Die Muttergesellschaft kann dann die Abschreibungen geltend machen, während bei der Tochtergesellschaft nur die (anfangs regelmäßig niedrigere) Leasingrate gewinnmindernd angesetzt wird. Steuerlich erzielt der Leasinggeber aus der Transaktion einen Stundungsvorteil, da er die aus der Investition entstehenden Anfangsverluste (z. B. durch Abschreibung und Zinsen) in Anspruch nehmen und sein zu versteuerndes Einkommen dadurch reduzieren kann. Internationale Konzerne wenden diese Technik auch an, um Gewinne und Verluste von Konzerneinheiten mit Sitz in verschiedenen Ländern über einen bestimmten Zeitraum auszugleichen oder um aus dem Nebeneinander von (vorübergehenden) Steuerstundungen und temporären zusätzlichen Steuerzahlungen in Niedrigsteuerländern Steuervorteile zu erzielen.

Mit den genannten Beispielen ist das Terrain des Finanzplaners aber bei weitem noch nicht abgesteckt – vom Einsatz hybrider Finanzierungsinstrumente (z. B. partiarische Darlehen, Genussrechte, perpetuals, Wandelschuldverschreibungen, stille Gesellschaften), die höhere Kapitalrenditen ermöglichen und ggf. im Land des Kapitalgebers als Eigenkapital, im Land des Kapitalnehmers als Fremdkapital eingestuft werden,[197] über die steueroptimale Steuerung des Finanzierungsstroms innerhalb des Konzerns bis hin zur Verrechnungspreispolitik (Lizenzgebühr vs. Umlagemodell) und den Umgang mit innovativen Finanzierungsinstrumenten reicht die Aufgabenpalette im Rahmen der Unternehmensfinanzierung. Auch das Timing von Finanzierungsaufwand (Ziel: Vorverlagerung) und Finanzierungserträgen (Ziel: Aufschub) ist neben der Allokation zu den steuereffektivsten Standorten ein maßgebliches Mittel zur Steuerung der Konzernsteuerquote. Da steuerliche Nachlässigkeiten in all diesen Bereichen überproportionalen Schaden anrichten können, wird einer der Schwerpunkte in den Steuerabteilungen internationaler Konzerne immer in der Suche nach steuerlich attraktiven Finanzierungsgestaltungen bzw. in der Vermeidung von Wettbewerbsnachteilen durch überhöhte Kapitalkosten liegen.

---

[194] Vgl. z. B. die Kriterien des BMF-Schreibens v. 23. 12. 1991, BStBl 1992 I, S. 13.
[195] Vgl. z. B. die in FASB 13 niedergelegten US-Leasingvorschriften. Vgl. auch die Beschreibung von Double-dip-Modellen im 7. Kapitel, Abschnitt B II.
[196] Verluste aus der Vermietung und Verpachtung ausländischer Wirtschaftsgüter oder von Sachinbegriffen, die nicht innerhalb der EU/EWR belegen sind, können nach § 2 a Abs. 1 Nr. 6 a EStG nicht mit anderen Gewinnen des Steuerpflichtigen verrechnet werden.
[197] Vgl. Piltz, D. J., Unternehmensfinanzierung, 1995, S. 142 ff.

4. Kapitel. Steuerplanung mit Holdinggesellschaften

A. Begriff und Erscheinungsformen der Holdinggesellschaft

Kaum ein Begriff des Internationalen Steuerrechts verfügt über eine derartige schillernde Ausstrahlung wie der der Holdinggesellschaft. Zwar sind die genauen Vorstellungen über die Wirkungsweise von Holdingstrukturen eher diffus, dennoch gilt der Begriff gemeinhin als Synonym für die gestalterische Energie von Großkonzernen in Bezug auf die Steuerplanung. Dabei ist der **Begriff** der Holding, aus dem englischen „to hold" abgeleitet, zunächst wertneutral und beschreibt lediglich eine bestimmte Form des Tätigwerdens einer Gesellschaft: Unter einer Holding wird eine Unternehmung verstanden, deren betrieblicher Hauptzweck in einer auf Dauer angelegten Beteiligung an rechtlich selbständigen Unternehmen liegt.[1] Mithin stellen Beteiligungen das wichtigste Aktivum einer Holdinggesellschaft dar, deren Aufgaben sich regelmäßig auf Verwaltungs-, Finanzierungs- und ggf. Führungsfunktionen beschränken. Operative Geschäftstätigkeiten werden dagegen dezentral ausgeübt.

Die organisatorische Zusammenfassung von Beteiligungen in Holdinggesellschaften kann sehr unterschiedlichen **Zwecken** dienen, für deren Beschreibung sich im Sprachgebrauch eine ganze Typologie von Holdingbegriffen herausgebildet hat. Je nach Erscheinungsform und Einsatzbereich wird deshalb u. a. von geschäftsleitenden Holdings, Auslandsholdings, Zwischenholdings oder Landesholdings gesprochen, wobei diese Aufzählung bei weitem nicht abschließend ist und durchaus Doppelfunktionen (z. B. Landes- und Managementholding) sowie Mischformen auftreten.

Tabelle 48: Typologie der Holdinggesellschaften[2]

Typisierungsmerkmal	Begriffswelt
Funktionale Betrachtung	Geschäftsleitende Holding, Führungsholding, Managementholding, Finanzholding, Vermögensholding
Hierarchische Betrachtung	Dachholding (als Konzernspitze), Zwischenholding
Regionale Betrachtung	Landesholding, Auslandsholding, EU-Holding
Sektorale Betrachtung	Spartenholding, Industrieholding, Funktionsholding
Eigentümerorientierte Betrachtung	Familienholding, Staatsholding, Mitarbeiterholding

---

[1] Vgl. z. B. Keller, T., Holdingkonzepte, 1993, S. 32; Krawitz, N./Büttgen, D./Hick, C., WPg 2002, S. 86; Hüllmann, U., Wertorientiertes Controlling, 2003, S. 27; Lutter, M. (Hrsg.), Holding-Handbuch, 2004, § 1 Rz. 11.

[2] Vgl. z. B. auch die Aufstellungen bei Lutter, M. (Hrsg.), Holding-Handbuch, 2004, § 1 Rz. 16 ff.; Dreßler, G., Gewinnverlagerung, 2007, S. 548 ff.; Eicke, R., Repatriierungsstrategien, 2009, S. 94 ff.

Beispiel für eine Holdingstruktur

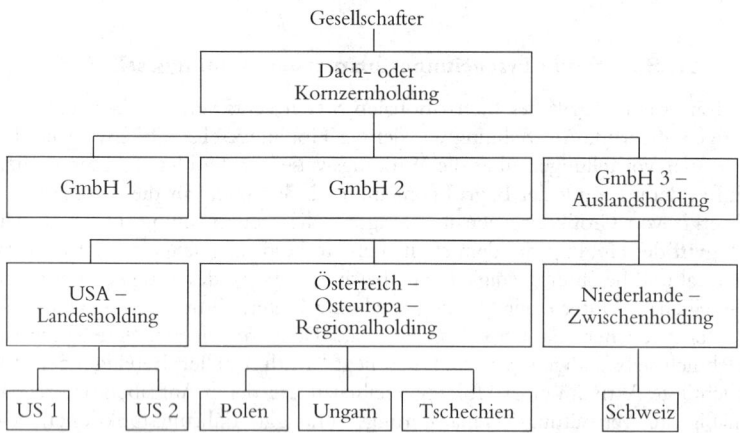

Begriffswelt und Typologie der Holdinggesellschaften verdeutlichen bereits, dass es ganz unterschiedliche Beweggründe für den Einsatz einer derartigen Organisationsstruktur gibt. Erreicht eine Unternehmensgruppe eine gewisse Größe und werden grenzüberschreitende Aktivitäten zahlreicher, gewinnt das **Konzernmanagement über eine Holdingstruktur** an Bedeutung. Die Motivation für eine Neuausrichtung im Hinblick auf ein Holdingkonzept wird in der Regel aus dem betriebswirtschaftlichen Bereich (hier der strategischen Unternehmensplanung) kommen, sie kann ihre Ursache aber auch in rechtlichen oder steuerlichen Überlegungen haben. In vielen Fällen wird der Anstoß zu einer Holdingstruktur aus dem Spannungsverhältnis zwischen wachsender Komplexität und gleichzeitig höheren Flexibilitätsanforderungen kommen – mit einer Holdingorganisation wird versucht, die Vorteile dezentralen Wirtschaftens auch in einem Großkonzern zu erhalten.[3]

Moderne betriebswirtschaftliche **Führungs- und Organisationskonzepte** (Stichwort: lean management) empfehlen für global operierende Unternehmen häufig ein dezentralisiertes und divisionalisiertes Vorgehen, wobei das bisherige Einheitsunternehmen in mittelständische Einheiten segmentiert wird. Traditionelle, in sich ruhende und festgefügte Organisationsformen und entsprechende „ritualisierte" Abläufe gehören eindeutig der Vergangenheit an.[4] Die früher typische Stammhausstruktur wird ersetzt durch ein Netzwerk lokaler Aktivitäten, wobei die Gesamtkonzernleitung typischerweise in eine Holdinggesellschaft inkorporiert ist.[5] Die **Dezentralisierung** vollzieht sich den Produktlinien folgend zunehmend im Wege der rechtlichen Verselbständigung in sog. Profit-Centers, die über Landesholdings zusammengefasst werden. Die Divisionalisierung wird sodann durch ein konzernweites Füh-

---

[3] Vgl. Hintzen, B., DStR 1998, S. 1322; Leker, J./Cratzius, M., BB 1998, S. 362; Streu, V., Zwischenholding, 2003, S. 141; Hüllmann, U., Wertorientiertes Controlling, 2003, S. 34.
[4] So bereits Baumgartner, P./Storck, A., Konzernstrukturen, 1997, S. 4.
[5] Vgl. z. B. Prinz, U., FR 2000, S. 537; Peters, M./Gast, T., WiSt 2002, S. 170; Vahs, D., Organisation, 2007, S. 170 ff.; Kutschker, M./Schmid, S., Management, 2008, S. 624 f.

rungskonzept nach Segment- oder Sparten- bzw. Produktbereichen erreicht, das allgemein als **Matrixorganisation** bezeichnet wird.[6] Die nachfolgende Grafik soll dies verdeutlichen:

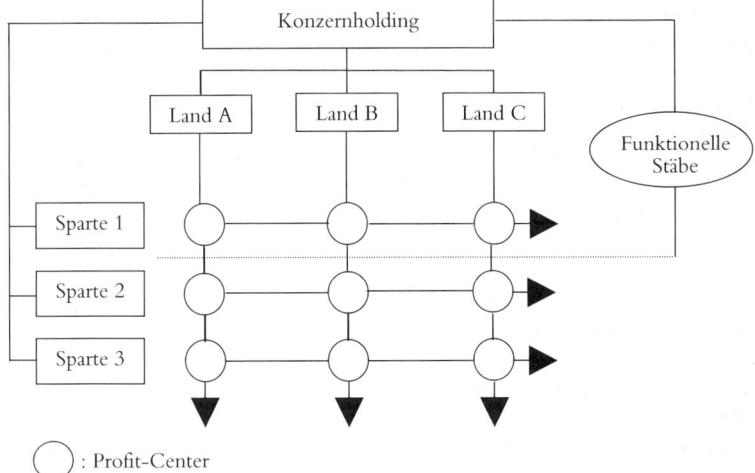

In der Praxis werden Matrixkonzepte, d. h. die Zuständigkeit einer Sparten- und/oder Produktbereichsleitung einerseits und die der lokalen bzw. regionalen Führung eines Profit-Centers andererseits, durchaus unterschiedlich umgesetzt. Dennoch können typischerweise folgende **Aufgabenbereiche** einer **Sparten- und/oder Produktbereichsleitung** zugeordnet werden:[7]

- Erarbeitung weltweiter Geschäftsstrategien;
- Verantwortung für unternehmensadäquate Profitabilität;
- Festlegung, Zuordnung und Koordination der Forschung und Entwicklung sowie des konzerninternen Technologietransfers;
- konzerninterne Produktions- und Marktzuordnungen;
- Koordination in der Beschaffung sowie
- Akquisitionen, Desinvestitionen und konzerninterne Restrukturierungen.

Kernbereiche der Verantwortung des **lokalen Managements** (Landesholding) bzw. eines **Profit-Centers** sind demgegenüber:

- Entwicklung und Implementierung lokaler Absatz- und Marktstrategien;
- lokale Geschäftsverantwortung (day-to-day business) bzw.
- lokale Ergebnisverantwortung.

Neben den beschriebenen Zuständigkeiten und Verantwortungen des lokalen Managements einerseits und der Sparten- und Produktbereichsleitungen andererseits (die selbst mehr und mehr als Managementgesellschaften oder sog. coordination centers rechtlich verselbständigt werden) gibt es weiterhin als drittes Strukturelement ausgewählte **Funktionsbereiche** (Stäbe), wie

---

[6] Vgl. u. a. Koerber, E. von., ZfbF 1993, S. 1060 f.; Selent, A., Unternehmensstrukturierung, 1997, S. 53.
[7] Vgl. u. a. Storck, A., Holdinggesellschaften, 1993, S. 17 ff.

z. B. Forschung und Entwicklung, Finanzen, Kommunikation, Recht, Steuern etc. mit spezifischen Aufgaben. Die unternehmensinterne Matrix ist demnach in der Regel dreidimensional.

Das oben aufgezeigte Matrixkonzept mit paralleler divisionaler und regionaler Leitung erscheint nun nicht unbedingt zwingend und bedarf genauer Kompetenzabgrenzungen. Ein ausschließlich der Spartenorganisation folgender Gruppenaufbau hat sicherlich demgegenüber den Vorteil, dass er den Bedürfnissen der Produktionsbereiche näher kommt und direktere Entscheidungen fördert. Allerdings birgt ein reines Spartenkonzept vielfach gravierende steuerliche Mehrbelastungen in sich, die durch fehlende Steuerkonsolidierung auf Landesebene, mehrfache Quellenbesteuerung von Dividenden oder eingeschränkte Fremdfinanzierungs- und Steuerplanungsmöglichkeiten entstehen. Nur wer diese Einschränkungen in Kauf nimmt, kann auf ein paralleles Landesholdingkonzept verzichten.

Ungeachtet des im Einzelfall gewählten Unternehmensaufbaus verspricht eine **Holdingstruktur mit einer Dachholding** und rechtlich verselbständigten dezentralen Profit-Centers im Vergleich zu einer herkömmlichen Geschäftsbereichsorganisation mit einzelnen unselbständigen Betriebsabteilungen eine Vielzahl an Vorteilen:[8]

– transparente Unternehmensstrukturen mit eindeutiger Ergebnis- und Bilanzverantwortung;
– erhöhte Motivation für Führungskräfte;
– Wegfall der falschen Sicherheit einer Zugehörigkeit zu einer großen Organisation;
– Möglichkeit zur Thesaurierung erwirtschafteter Ergebnisse;
– Lösung von Hierarchieproblemen;
– Konzentration der Aktivitäten auf die jeweiligen Produkte und den jeweiligen Kunden (Kunden- und Marktnähe);
– Haftungstrennung und Risikoverlagerung;
– einfachere Integration neuer bzw. neu erworbener Unternehmen;
– Möglichkeit selektiver Beteiligung als Anreiz für Kapitalanleger;
– Flexibilität bei Umstrukturierungen und Kooperation;
– Erreichung von Skaleneffekten durch die Konzentration administrativer Funktionen sowie
– Synergien durch zusätzliche Flexibilität im Cash-Flow-Management und bei der Dividendensteuerung.

Mit einer Holdingorganisation wollen die betreffenden Konzerne die Vorteile eines großen Unternehmens (z. B. Finanzkraft, Marktposition) mit der Flexibilität, den kurzen Entscheidungswegen und der Marktnähe kleinerer Einheiten kombinieren[9] und damit eine Win-win-Situation schaffen. Für das tatsächliche Gelingen dieses Vorhabens wird es in der Praxis entscheidend auf die horizontale Zusammenarbeit zwischen der Dachholding und dem nachgeordneten Unternehmensmanagement ankommen.

---

[8] Vgl. im Einzelnen Lettl, T., DStR 1996, S. 2020 ff.; ders., DStR 1997, S. 1016 ff.; Selent, A., Unternehmensstrukturierung, 1997, S. 53 ff.; Marantelli, A., Steuer-Revue 2000, S. 92; Streu, V., Zwischenholding, 2003, S. 141; Lutter, M. (Hrsg.), Holding-Handbuch, 2004, S. 30 ff.; Körner, A., IStR 2009, S. 1 ff.
[9] Vgl. Hintzen, B., DStR 1998, S. 1323.

4. Kapitel. Steuerplanung mit Holdinggesellschaften

Während die aufgezeigten betriebswirtschaftlichen Aspekte regelmäßig die Errichtung einer Konzernobergesellschaft zum Gegenstand haben, steht im Mittelpunkt der **Steuerplanung mit Holdinggesellschaften** meist die Etablierung nachgeschalteter Zwischen- oder Landesholdings. Die steuerlichen Zielsetzungen, die mit solchen Holdingstrukturen verfolgt werden, sind wiederum vielfältig. Sie reichen von der steuerwirksamen Finanzierung von Akquisitionen über die Minimierung von Quellensteuern bis hin zur Vermeidung von Veräußerungsgewinnen in Hochsteuerländern.[10] Ausgangspunkt einer Holdingstruktur ist die Zwischenschaltung einer Gesellschaft in einem Rechtskreis, um insbesondere durch Umleitung, Umformung oder temporäre Abschirmung von Einkünften Steuervorteile gegenüber einem Direktbezug der Einkünfte zu erzielen. Derartige Maßnahmen zur Minderung der Gesamtsteuerbelastung im Konzern haben zunehmende Bedeutung gewonnen, nachdem kapitalmarktorientierte Unternehmen die Konzernsteuerquote im Rahmen internationaler Rechnungslegungsstandards veröffentlichen und erläutern müssen.[11] Einige typische Beispiele für den steuerorientierten Einsatz von Holdinggesellschaften werden in den folgenden Abschnitten beschrieben.

Was die **Rechtsform der Holdinggesellschaft** betrifft, so dominiert im grenzüberschreitenden Bereich – von wenigen Ausnahmen abgesehen – die Kapitalgesellschaft.[12] Allerdings fällt die Wahl der Rechtsform einer Deutschlandholding eines ausländischen Investors aufgrund der Rechtsentwicklung in den letzten Jahren häufiger als früher zugunsten der Personengesellschaft aus.[13] Nachdem die Ertragsteuertarife beider Rechtsformen aus der Sicht ausländischer Investoren in der Rechtsform der Kapitalgesellschaft gleich sind,[14] kann die Personengesellschaft aufgrund der Möglichkeit der doppelten Verrechnung von Fremdfinanzierungskosten (double dip), der Quellensteuerfreiheit von Gewinnrepatriierungen sowie in Grenzen auch wegen der Verlustnutzung im Akquisitionsfall im Einzelfall wichtige Pluspunkte gegenüber der Kapitalgesellschaft sammeln. Nachteile können sich aus der Exitbesteuerung, dem Bereich der Verrechnungspreise und aus der fehlenden Möglichkeit zur Bestimmung des Zeitpunkts der Gewinnrepatriierung ins Ausland ergeben.[15] Bei der Wahl der Rechtsform der die deutschen Beteiligungen bündelnden Inlandsholding eines Auslandsinvestors tritt so an die Stelle des Pauschalvotums für die Kapitalgesellschaft die Notwendigkeit einer **Detailanalyse des Einzelfalls**. Wird die Holding allerdings für andere Zwecke – wie z. B. die Reduzierung von Quellensteuern – eingesetzt, bleibt es schon mangels eigen-

---

[10] Zur Diskussion der einzelnen Gestaltungsziele vgl. Kessler, W., Steuerplanung, 2003, S. 159 ff.; Grotherr, S., Steuerplanung, 2003, S. 5 ff.; Merks, P., TNI 2006, S. 55 ff.; Eicke, R., Repatriierungsstrategien, 2009, S. 80 ff.
[11] Vielfach wird darin der Beginn eines neuen Zeitalters betrieblicher Steuerpolitik und -planung gesehen. Vgl. z. B. Herzig, N., Ubg 2008, S. 288; Kröner, M./Beckenhaub C., Ubg 2008, S. 631 ff.; Zielke, R., StuW 2009, S. 63 ff.
[12] Vgl. zur Rechtsformwahl bei Holdingstrukturen auch Lutter, M. (Hrsg.), Holding-Handbuch, 2004, § 13 Rz. 4 ff., § 14 Rz. 2 ff.; Kessler, W./Köhler, S./Kröner, I. (Hrsg.), Konzernsteuerrecht, 2008, § 8 Rz. 115 ff.
[13] Zur ausführlichen Diskussion der Personengesellschaft als Holding vgl. Müller, M., Europa-Holding, 2004; siehe auch Russo, R., ET 2006, S. 478 ff.
[14] Vgl. hierzu 2. Kapitel, Abschnitt C II 4.
[15] Vgl. hierzu die Ausführungen im 6. Kapitel, Abschnitt B I 3 d) (2).

ständiger Abkommensberechtigung der Personengesellschaft bei der Präferenz für den Einsatz von Kapitalgesellschaften.

Im Mittelpunkt der nun folgenden Ausführungen steht zunächst die vom Steuerplaner gewünschte Wirkungsweise der Holdingstruktur. Fragen nach dem steueroptimalen Holdingstandort sowie nach der notwendigen Substanz und anderen steuerlichen Gestaltungsgrenzen finden sich in den anschließenden Abschnitten.

B. Typische Beispiele für den Einsatz von Holdinggesellschaften

I. Reduzierung von Quellensteuern

Außerhalb des Geltungsbereichs der EU-Richtlinien unterliegen Dividenden (analog den Lizenzgebühren und Zinszahlungen) zur Abgeltung der beschränkten Steuerpflicht im Quellenstaat regelmäßig einer Bruttoabzugssteuer (z. B. Kapitalertragsteuer). Die Höhe der Quellensteuern schwankt von Land zu Land; sie wird in den DBA mit dem Wohnsitzstaat des Empfängers in unterschiedlichem Umfang reduziert. Die Zielsetzung, durch Zwischenschaltung einer Holdinggesellschaft in einem Abkommensland und entsprechende **Umleitung der Dividenden-Ströme** die Belastung mit Quellensteuern zu vermeiden oder zumindest zu reduzieren, stellt das klassische Konzept der Steuerplanung mittels Holdinggesellschaften dar. Eine Minderung der Quellensteuerbelastung durch Einschaltung einer Holdinggesellschaft lässt sich bspw. durch folgende Gestaltungen erreichen:[16]

(1) Zwischen dem Quellenstaat und dem Sitzstaat des Endbeziehers (Wohnsitzstaat) der Einkünfte besteht **kein DBA**, so dass die Quellensteuern in voller Höhe erhoben werden. Das Gestaltungsziel besteht nun in der Zwischenschaltung einer Holdinggesellschaft mit Domizil in einem Staat (Drittstaat), der mit dem Quellenstaat ein DBA abgeschlossen und in diesem die Reduzierung der Quellensteuer vereinbart hat.

Beispiel 1: Eine in Monaco ansässige natürliche Person ist Gesellschafter einer deutschen Kapitalgesellschaft. Bei Gewinnausschüttungen an den Monegassen fällt in Deutschland Kapitalertragsteuer i. H. v. 25% (zuzüglich Solidaritätszuschlag) an. Da zwischen Monaco und Deutschland kein DBA besteht, wird die deutsche Quellensteuer nicht reduziert. Bringt der Monegasse seine Beteiligung in eine Kapitalgesellschaft in einem Drittstaat ein, der mit Deutschland ein DBA abgeschlossen hat, kann die Kapitalertragsteuer in Deutschland nach dem DBA nun regelmäßig auf 15% bei Streubesitz[17] bzw. 5% bei einer Schachtelbeteiligung ermäßigt werden; domiziliert die Kapitalgesellschaft in einem Mitgliedstaat der EU oder bspw. der Schweiz, ist u. U. sogar die volle Befreiung möglich. Die Steuerentlastung wird der Holdinggesellschaft jedoch dann verweigert, wenn ihre Einschaltung hauptsächlich zur Erlangung der Abkommensvorteile vorgenommen wurde und daher als missbräuchlich qualifiziert wird.[18]

---

[16] Vgl. z. B. Grotherr, S., Steuerplanung, 2003, S. 180 ff.; Bader, T., Steuergestaltung, 2007, S. 176 ff.; Dorfmueller, P., IStR 2009, S. 826 ff.; Zielke, R., Intertax 2009, S. 197 ff.

[17] Mit Wirkung ab 2009 ist die Absenkung der Kapitalertragsteuer auf 15% für ausländische Kapitalgesellschaften unabhängig von der Existenz eines DBA nach § 44 a Abs. 9 EStG möglich.

[18] Relevant ist in diesem Zusammenhang insbesondere § 50 d Abs. 3 EStG. Vgl. zu Einzelheiten Abschnitt D III.

4. Kapitel. Steuerplanung mit Holdinggesellschaften

Beispiel 2: Eine brasilianische Muttergesellschaft bezieht Dividenden von ihrer deutschen Tochtergesellschaft, die zunächst der deutschen Kapitalertragsteuer i. H. v. 25% (zuzüglich Solidaritätszuschlag) unterliegen. Zwar kann sich die brasilianische Muttergesellschaft $^2/_5$ der Kapitalertragsteuer vom Bundeszentralamt für Steuern erstatten lassen (§ 44a Abs. 9 EStG), eine weitergehende Absenkung der deutschen Steuer ist mangels eines DBA mit Brasilien nicht möglich. Jedoch kann bspw. durch Einschaltung einer dänischen Zwischenholding die Quellensteuerbelastung auf 0% reduziert werden, da nach der Mutter-Tochterrichtlinie innerhalb der EU keine Quellensteuer auf Dividenden anfällt. Auch eine Weiterausschüttung der Dividenden von Dänemark nach Brasilien wäre nach dem DBA zwischen beiden Ländern nicht mit Quellensteuern belastet.

Die Quellensteuerersparnis in Deutschland beläuft sich je nach Beteiligungsquote auf 10% bis 25% (zuzüglich erspartem Solidaritätszuschlag). Ein endgültiger Steuervorteil verbleibt allerdings nur, wenn der Drittstaat (Holdingstandort) bei Weiterausschüttungen der Einkünfte eine geringere Steuer erhebt als die Quellensteuerersparnis im Quellenstaat.

(2) Zwischen dem Quellenstaat und dem Sitzstaat der Konzernobergesellschaft besteht ein DBA, die Einkünfte werden aber durch eine Zwischenholding über einen Drittstaat umgeleitet, der **günstigere DBA-Regelungen** für den Endbezieher gewährleistet.

Beispiel 1: Die deutsche Konzernobergesellschaft besitzt eine gewinnbringende Vertriebsgesellschaft in Japan. Dividenden der Japan-Tochter unterliegen in Japan nach dem DBA-Deutschland/Japan einem Quellensteuerabzug von 10%. Bringt nun die deutsche Konzernobergesellschaft die japanische Beteiligung in eine niederländische Zwischenholding ein, so wird die Quellensteuer auf Dividenden nach dem DBA-Japan/Niederlande auf 5% reduziert, bei der Weiterausschüttung nach Deutschland fällt keine Quellensteuer an. Die Quellensteuerersparnis beträgt somit 5%, eine Zusatzsteuer in den Niederlanden entfällt (Beteiligungsprivileg). Bei Einbringung in eine Zwischenholding in Großbritannien könnte die Quellensteuerbelastung nach dem DBA-Japan/Großbritannien sogar auf null abgesenkt werden. Auch hier fällt bei Weiterausschüttung der Dividenden von Großbritannien nach Deutschland keine weitere Quellensteuerbelastung an.

Für Unternehmen, die auf asiatischen Märkten agieren, bietet sich zur Reduzierung der Quellensteuerbelastung die Zwischenschaltung einer Holdinggesellschaft in Hongkong an.[19]

Beispiel 2: Eine in Deutschland ansässige Muttergesellschaft hat eine operativ tätige Tochtergesellschaft in China. Ausschüttungen dieser Tochtergesellschaft nach Deutschland unterliegen nach dem DBA China einer Quellensteuer von 10%. Wird die chinesische Gesellschaft jedoch von einer Zwischenholding in Hongkong gehalten, wird die in China anfallende Quellensteuer durch Art. 10 Abs. 2 des DBA zwischen China und Hongkong auf 5% begrenzt. Hongkong erhebt bei Weiterausschüttung nach Deutschland keine Quellensteuer.[20]

(3) Quellensteuerersparnisse sind auch einer der wichtigsten Beweggründe für das Interesse von internationalen Konzernen, deren Konzernobergesellschaft nicht in einem Staat der EU domiziliert, an einer sog. **Europa-Holding**. Seit der Verabschiedung der Mutter-Tochterrichtlinie überprüfen insbesondere Konzerne aus Japan und den USA sehr intensiv, ob nicht mittels einer Zusam-

---

[19] Vgl. Wang, H., IStR 2008, S. 249 ff.; Endres, D./Fuest, C./Spengel, C., Asia-Pacific, 2010, S. 57.
[20] Zu steuergünstigen Gestaltungen für US-Konzerne bei Einschaltung einer Zwischenholding in Hongkong oder Singapur vgl. Eicke, R., Repatriierungsstrategien, 2009, S. 373 ff.

menfassung ihrer EU-Investments über eine Europa-Holding die Vorteile des z. T. harmonisierten europäischen Rechts genutzt werden können. Diese Betrachtungsweise hat sich insbesondere durch die sukzessive Absenkung der erforderlichen Mindestbeteiligung auf 10% (seit 2009)[21] verstärkt.

Beispiel: Ein Konzern mit US-Konzernobergesellschaft verfügt über Tochtergesellschaften in mehreren Staaten der EU und möchte diese Aktivitäten nun über eine Europa-Holding organisieren. Die Holding soll als Drehscheibe dienen, um überschüssige Liquidität aus Belgien, Irland und Österreich an die Schwestergesellschaften in Dänemark und Frankreich zu transferieren.

Gruppenstruktur vor Reorganisation

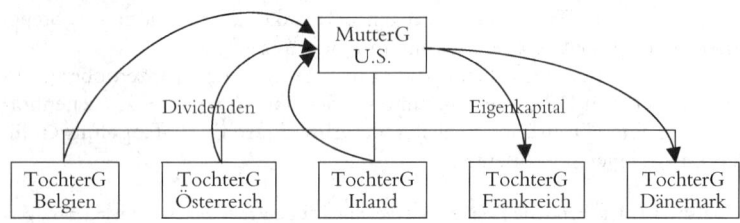

Gruppenstruktur nach Reorganisation

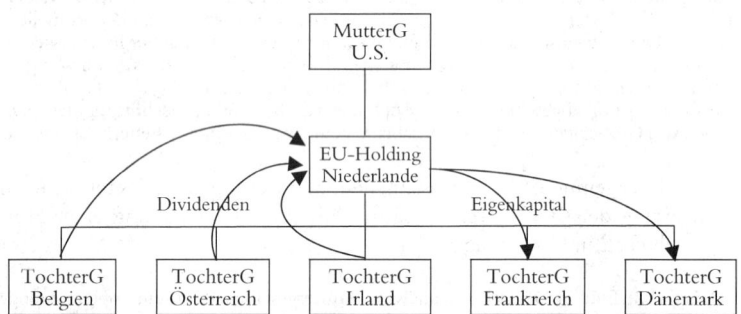

Während vor der Reorganisation Quellensteuern anfielen (z. B. Österreich 5%), können mit der Einschaltung der niederländischen Holding-BV alle Beteiligungserträge quellensteuerfrei in die Niederlande oder sogar in die USA transferiert werden.[22] Ein möglicher Nachteil der gezeigten Struktur besteht im Falle der Thesaurierung auf Ebene der niederländischen Holdinggesellschaft bzw. im Falle der Rückführung der Beteiligungserträge an andere europäische Tochtergesellschaften in den US-amerikanischen Hinzurech-

---

[21] Vgl. Richtlinie des Rates vom 22. 12. 2003 zur Änderung der Richtlinie 90/453/EWG über das gemeinsame Steuersystem der Mutter- und Tochtergesellschaften verschiedener Mitgliedstaaten (2003/123/EG), Abl. EG 2004 Nr. L 7, S. 41.
[22] Für deutsche Tochtergesellschaften einer qualifizierenden US-Muttergesellschaft wird durch die Eliminierung der Quellensteuer auf Schachteldividenden diese Gestaltung entbehrlich. Zu den Voraussetzungen für den Nullsteuersatz vgl. Endres, D./Wolff, U., IStR 2006, S. 721 ff.; Wassermeyer, F./Schönfeld, J., DB 2006, S. 1970 ff.; Endres, D./Jacob, F./Gohr, M./Klein, M., DBA-USA, Art. 10, Rz. 92 ff.

4. Kapitel. Steuerplanung mit Holdinggesellschaften

nungsbesteuerungsvorschriften (subpart F rules). Nach diesen können die an die niederländische Holding gezahlten Dividenden auch ohne Weiterausschüttung an die US-Muttergesellschaft zur US-Steuerpflicht herangezogen werden. Diese negativen Konsequenzen lassen sich durch zielgerichtete Ausübung des Check-the-box-Wahlrechts für gewinnausschüttende Tochtergesellschaften vermeiden.[23] Die Töchter, für die das Wahlrecht ausgeübt wurde, werden aus US-Sicht wie Betriebsstätten der BV behandelt, so dass für Zwecke der US-amerikanischen Hinzurechnungsbesteuerung keine schädlichen Dividenden fließen. Mit der obenstehenden Struktur lassen sich also sowohl Quellensteuern als auch negative US-Steuerkonsequenzen vermeiden.[24] Ähnliche Vorteile lassen sich bspw. auch bei Einschaltung einer spanischen Zwischenholding nach dem ETVE-Regime erzielen.[25]

(4) Weiterhin ist es denkbar, Mindestbeteiligungsgrenzen, an die abkommens- bzw. EU-rechtliche Reduzierungen von Quellensteuern geknüpft sind, durch Einschaltung von Zwischenholdinggesellschaften zu überwinden.

Beispiel: Eine in Deutschland ansässige Muttergesellschaft hält eine 8%ige Beteiligung an einer US-Tochterkapitalgesellschaft. Auf direkte Gewinnausschüttungen der US-Gesellschaft ist in den USA eine 15%ige Quellensteuer einzubehalten. Wird die US-Gesellschaft jedoch von einer US-Zwischenholding gehalten, reduziert sich die US-Quellensteuer auf die Dividendenzahlungen nach Deutschland auf 0%, falls eine qualifizierende Beteiligung zu einer deutschen Muttergesellschaft vorliegt. Anderenfalls kommt ein Quellensteuersatz von 5% zum Tragen (Art. 10 Abs. 3 DBA-USA).[26]

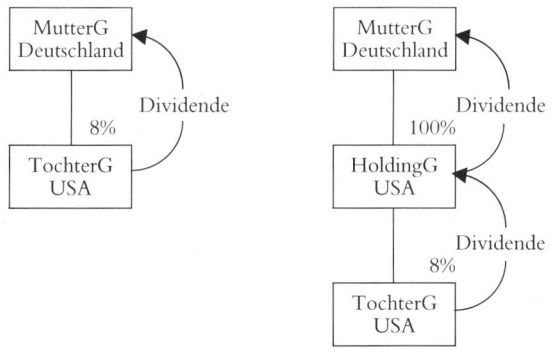

---

[23] Zu Einzelheiten des Check-the-box-Systems vgl. Dorfmüller, P., Tax Planning, 2003, S. 70 ff.; Endres, D./Schreiber, C., USA, 2008, S. 114 f.; sowie 4. Teil, 3. Kapitel, Abschnitt A I 1. Zu den geplanten Einschränkungen der US-Regierung vgl. Endres, D./Eckstein, H.-M., Status:Recht 2009, S. 145 ff.
[24] Zur Detailplanung einer solchen Holdingstruktur, insbesondere zur Optimierung der US-Anrechnungsposition vgl. Endres, D./Dorfmüller, P., PIStB 2001, S. 94 ff. mit weiteren Hinweisen. Nach den im Mai 2009 im sog. Grünbach veröffentlichten Vorschlägen der US-Regierung zum Umbau des US-Steuersystems sind allerdings weitreichende Einschränkungen des Check-the-box-Systems vorgesehen. Vgl. hierzu Endres, D./Eckstein, H.-M., Status:Recht 2009, S. 145 ff.
[25] Vgl. hierzu z. B. Halla-Villa Jimenéz, N., RIW 2003, S. 589 ff.; Bader, A., Steuergestaltung, 2007, S. 205 ff.
[26] Zu den Voraussetzungen vgl. Endres, D./Wolff, U., IStR 2006, S. 721 ff.; Endres, D./Jacob, F./Gohr, M./Klein, M., DBA-USA, Art. 10, Rz. 92 ff.

Bei den oben aufgeführten Beispielen geht es in der Grundkonzeption um die **Zwischenschaltung eines meist ausländischen Steuersubjekts** zwischen Endbezieher und Quelle der Einkünfte, um durch diese Verlängerung des Weges einen steuerlichen Vorteil zu erzielen, der bei einem direkten Bezug der Einkünfte nicht gegeben ist. Die dargestellten Vorteile durch Reduzierung von Quellensteuern lassen sich jedoch nur erreichen, wenn die Erlangung des Abkommensschutzes **(treaty shopping)** oder der europarechtlichen Vergünstigungen **(directive shopping)** nicht als Missbrauch rechtlicher Gestaltungen qualifiziert wird. Insoweit ist die diesbezügliche Spezialnorm des § 50 d Abs. 3 EStG zu beachten, wonach einer ausländischen Gesellschaft die Inanspruchnahme der Vorteile aus einem DBA oder aus einer EU-Richtlinie versagt werden kann, wenn der Zweck ihrer Einschaltung nicht in hinreichendem Maße über die Erlangung der genannten Vorteile hinausgeht.[27]

Über die grundsätzliche Anerkennung der Holdingstruktur hinaus sind die Besteuerungskonsequenzen bei Ein- und Ausstieg ausschlaggebend, insbesondere in Bezug auf die Steuerneutralität der Umstrukturierung, d. h. ob Beteiligungen von dem bisherigen Anteilseigner auf die Holding ohne Besteuerung stiller Reserven übertragen werden können. Gerade im Hinblick auf eine Europa-Holding ist z. B. bei US-amerikanischen und japanischen Konzernen auch die Behandlung ausländischer Steuern im Rahmen der Anrechnungsmethode bei der Besteuerung der Konzernobergesellschaft zu berücksichtigen, insbesondere die Begrenzung der Anrechnung bei einem mehrstufigen Konzernaufbau und die höhere Ausschüttungsflexibilität beim Verzicht auf Holdingstrukturen.[28]

II. Konsolidierung von positiven und negativen Ergebnissen

Holdinggesellschaften dienen häufig dazu, die verschiedenen ausländischen Aktivitäten eines Unternehmens in einem Gastland steuerlich zu konsolidieren, d. h. die Gewinne eines Konzernunternehmens mit Verlusten anderer Konzerneinheiten zu poolen. Durch diese **Zusammenfassung der Ergebnisse** von Konzerneinheiten können Ertragsteuerzahlungen auf Gewinne einzelner rechtlicher Einheiten minimiert und ein Ausgleich mit den Verlusten anderer Konzerneinheiten ermöglicht werden.

Beispiel: Eine US-amerikanische Kapitalgesellschaft ist gleichzeitig Gesellschafterin einer verlustbringenden GmbH in Hamburg und Aktionärin einer AG in Frankfurt, die erhebliche Gewinne ausweist. Eine Verschmelzung der beiden 100%igen Tochtergesellschaften ist aus organisatorischen Gründen nicht erwünscht. Die Anteile an den beiden Gesellschaften werden nun in eine deutsche Holdinggesellschaft eingelegt. Liegt zwischen der Holdinggesellschaft und den beiden anderen Kapitalgesellschaften jeweils eine körperschaftsteuerliche und gewerbesteuerliche Organschaft vor, können auf Ebene der Holdinggesellschaft die laufenden Verluste der GmbH in Hamburg mit den Gewinnen der AG in Frankfurt verrechnet werden.

---

[27] Vgl. im Einzelnen Abschnitt D III und 3. Teil, 3. Kapitel, Abschnitt B II 2 c). Zu Zweifelsfragen bei der Anwendung des § 50 d Abs. 3 EStG hat das BMF Stellung genommen. Vgl. BMF-Schreiben v. 3. 4. 2007, BStBl 2007 I, S. 446.
[28] Vgl. für einen US-Konzern Endres, D./Dorfmüller, P., PIStB 2001, S. 96 f.; Dorfmüller, P., Tax Planning, 2003, S. 45 ff.; speziell zu den Repatriierungshindernissen im US-Steuerrecht vgl. Eicke, R., Repatriierungsstrategien, 2009, S. 329 ff.

4. Kapitel. Steuerplanung mit Holdinggesellschaften

Herbeiführung der Gruppenbesteuerung

	GmbH	AG	Holding	Gesamt
vorher (ohne Konsolidierung)				
– Verlust/Gewinn	– 50	150	–	100
– Steuern (30%)	0	45	–	45
– deutsche Steuerbelastung				45%
nachher (mit Holding und Konsolidierung)[29]				
– Gewinn	–	–	100	100
– Steuern (30%)	–	–	30	30
– deutsche Steuerbelastung				30%

Wesentliche **Voraussetzung** für die Konsolidierungsmöglichkeit mittels einer Holdinggesellschaft ist die Möglichkeit einer Gruppenbesteuerung im Mutter-/Tochterverhältnis (vertikale Ergebniszurechnung), so dass Steuern nur auf den Saldo des in der Gruppe erzielten Gewinns erhoben werden. Tabelle 49 zeigt die Möglichkeiten steuerlicher Konsolidierungen in wichtigen Standortländern auf.[30]

---

[29] Bei der Errichtung der Holdingstruktur ist grundsätzlich § 8c KStG zu beachten, der in den Fällen, in denen die Konzernklausel des § 8c Abs. 1 S. 5 KStG nicht zum Tragen kommt, zu einem Wegfall von Verlustvorträgen führen kann. Zu der durch das Wachstumsbeschleunigungsgesetz eingefügten Konzernklausel vgl. z. B. Schmiel, U., BB 2010, S. 151 ff.; Frey, J./Mückl, N., GmbHR 2010, S. 71 ff. Für einen generellen Überblick über Verlustverrechnungsbeschränkungen vgl. Lüdicke, J./Kempf, A./Brink, T., Verluste, 2010, S. 58 ff.

[30] Für eine Länderdarstellung der Gruppenbesteuerung vgl. Endres, D., Konzernbesteuerung, 2003, S. 461 ff.; Lüdicke, J./Rödel, S., IStR 2004, S. 549 ff.; BDI/PwC, Verlustberücksichtigung, 2006, S. 97 ff.; Endres, D., WPg-Sonderheft 2006, S. 11 ff.; Schmidt, L./Heinz, C., Stbg 2006, S. 60 ff. und 141 ff.

Tabelle 49: Möglichkeit zur Gruppenbesteuerung in ausgewählten Staaten

	Austra-lien	Deutsch-land	Däne-mark	Frank-reich	Groß-britan-nien	Italien	Luxem-burg	Nieder-lande	Öster-reich	Schwe-den	Spanien	USA
(1) Voraussetzungen												
– Beteiligungs-quote (Stimmrechte)	100%	> 50%	> 50%	≥ 95%	> 75%	> 50%	> 95% (75%)	≥ 95%	> 50%	> 90%	> 75%	≥ 80%
– indirekte Beteiligung ausreichend	ja	ja	ja	ja	ja	ja	ja	ja	ja	ja	ja	ja
– Dauer der Beteiligung	–	ab Beginn des Wirtschaftsjahres	ab Beginn des Geschäftsjahres; auch < 1 Jahr möglich	ab Beginn des Geschäftsjahres	Beteiligungs-dauer < 1 Jahr; Konsolidierung entsprechender Ergebnisteile	ab Beginn des Wirtschaftsjahres	ab Beginn des Geschäftsjahres	ab Beginn des Geschäftsjahres	ab Beginn des Wirtschaftsjahres	ab Beginn des Wirtschaftsjahres	ab Beginn des Geschäftsjahres	Beteiligungs-dauer < 1 Jahr; Konsolidierung entsprechender Ergebnisteile
– Vertrag	–	Ergebnis-abführung	–	–	–	–	–	–	–	–	–	–
(2) Einbeziehung ausländischer Tochtergesell-schaften	nein	nein	ja	ja	nein (Ausnahme: EU/EWR-Verluste)	ja	nein	nein	ja (jedoch nur bei unmittelbarer Beteiligung)	nein (ab 2010 Ausnahme: EU/EWR-Verluste)	nein	nein[a]

[a] Außer aus Mexiko und Kanada.

Tabelle 49: Fortsetzung

	Australien	Deutschland	Dänemark	Frankreich	Großbritannien	Italien	Luxemburg	Niederlande	Österreich	Schweden	Spanien	USA
(3) Ausgleich aller Gewinne und Verluste innerhalb der Gruppe	ja	ja	ja	ja	außer Veräußerungsgewinne oder -verluste	ja (bei Auslandstöchtern nur gemäß Beteiligungsquote)	ja	ja	ja (jedoch auf Verlustausgleich beschränkt bei Auslandstöchtern)	ja	ja (spezielle Ausnahmen)	ja
(4) Antragstellung – Wahlrecht	ja (gemeinsam)	ja	nein	ja	ja	ja (bei nationaler Gruppe gemeinsame Antragstellung)	ja (gemeinsam)	ja (gemeinsam)	ja (gemeinsam)	ja	ja (gemeinsam, Ermessen der Steuerbehörde)	ja
– Begrenzung auf Einzelgesellschaften	nicht möglich (Sonderregelung: MEC)	möglich	nicht möglich	möglich	nicht möglich	möglich (bei internationaler Gruppe nicht möglich)	möglich	möglich	möglich	möglich	nicht möglich	nicht möglich

Tabelle 49: Fortsetzung

	Australien	Deutschland	Dänemark	Frankreich	Großbritannien	Italien	Luxemburg	Niederlande	Österreich	Schweden	Spanien	USA
– Bindefrist	unwiderruflich	5 Jahre	unbeschränkt; für Auslandsgesellschaften 10 Jahre	5 Jahre	unbeschränkt	3 Jahre national/ 5 Jahre international	5 Jahre	unbeschränkt	3 Jahre	unbeschränkt	unbeschränkt	unbeschränkt
(5) Verlustverrechnung vor Begründung der Organschafts-/Gruppenbesteuerung	nein	nicht möglich für Organgesellschaften; möglich für Organträger	nur mit Gewinnen der gleichen Gesellschaft; nicht möglich für Auslandsgesellschaften	nur mit Gewinnen der gleichen Gesellschaft	nicht möglich	nur mit Gewinnen der gleichen Gesellschaft	nur mit Gewinnen der gleichen Gesellschaft	nur mit Gewinnen der gleichen Gesellschaft	Gruppenträger kann mit Gewinnen der Gruppenmitglieder verrechnen	nein	nur mit Gewinnen der gleichen Gesellschaft	nur mit Gewinnen der gleichen Gesellschaft

4. Kapitel. Steuerplanung mit Holdinggesellschaften

Wie die Tabelle zeigt, zählen insbesondere Dänemark, Frankreich, Italien und Österreich derzeit zu den wenigen Ländern, die im Rahmen einer internationalen Organschaft bzw. Gruppenbesteuerung eine **grenzüberschreitende Verlustverrechnung** zulassen. In Folge des EuGH-Verfahrens Marks & Spencer[31] ist jedoch innerhalb der EU die Tendenz erkennbar, eine Verlustverrechnung über die Grenze zumindest dann zuzulassen, wenn die Verluste im Ausland endgültig nicht mehr berücksichtigt werden können. So können bspw. Konzernmuttergesellschaften in Großbritannien derartige Verluste von EU-Tochtergesellschaften seit 2006 steuerlich geltend machen.[32] In Deutschland hat die Bundesregierung im Koalitionsvertrag Ende 2009 die Einführung eines modernen Gruppenbesteuerungssystems anstelle der bisherigen Organschaft angekündigt. Dabei dürften die Änderungen aber im Wesentlichen im Wegfall des Ergebnisabführungsvertrages als Organschaftsvoraussetzung und kaum in einer grenzüberschreitenden Öffnung zur generellen Verlustverrechnung bestehen.[33] Letzteres gilt insbesondere, nachdem der EuGH die ebenfalls auf das Inland begrenzten Gruppenbesteuerungssysteme Finnlands[34] und der Niederlande[35] gemeinschaftsrechtlich nicht beanstandet hat.

Die Begründung einer Holding in Ländern mit grenzüberschreitender Verlustverrechnung wird aber nur dann Sinn machen, wenn sie als Zwischenholding genügend eigene steuerpflichtige Erträge erzielt, die durch die Verrechnung mit ausländischen Verlusten steuerlich verschont bleiben. Hintergrund ist, dass die steuerlichen Wirkungen einer internationalen Verlustverrechnung zwangsläufig auf den Domizilstaat der Zwischenholding beschränkt bleiben und die Besteuerung im Ansässigkeitsstaat der jeweiligen Grundeinheiten hiervon nicht tangiert wird.[36]

Beispiel: Eine deutsche Muttergesellschaft verfügt über eine profitable Tochtergesellschaft in Österreich und erwartet Verluste bei einer Tochtergesellschaft in Belgien. Durch Übertragung der Beteiligung an der belgischen Tochtergesellschaft an die Tochter in Österreich können die belgischen Verluste künftig im Konzern genutzt werden (im Gegensatz zum Status quo mit einer deutschen Muttergesellschaft). Im Ergebnis entsteht durch diese Möglichkeit der grenzüberschreitenden Verlustverrechnung zumindest ein positiver Zinseffekt.

Vergleicht man die landesspezifischen Konsolidierungsregelungen, so stellt man fest, dass die meisten Staaten neben einer Mehrheitsbeteiligung i. d. R. keine weiteren **Konsolidierungsvoraussetzungen** fordern. Ausnahmen bestätigen die Regel: In Deutschland bedarf es zusätzlich eines **Ergebnisabführungsvertrages,** welcher im internationalen Vergleich eine Spezialität dar-

---

[31] Vgl. EuGH v. 13. 12. 2005 (Marks & Spencer), EuGHE 2005, S. I-10 837.
[32] Vgl. hierzu Alberts, W., IWB, Fach 5, Großbritannien, Gruppe 2, S. 437 ff.
[33] Vgl. Endres, D., Gruppenbesteuerung, 2010, S. 189 ff.
[34] Vgl. EuGH v. 18. 7. 2007 (Oy AA), EuGHE 2007, S. I-6373. Siehe hierzu Schnitger, A., IWB, Fach 11, Europäische Union, Gruppe 2, S. 829 ff.; Wagner, T., IStR 2007, S. 650 ff.; Kußmaul, H./Niehren, C. IStR 2008, S. 81 ff.
[35] Vgl. EuGH v. 25. 2. 2010 (X Holding BV), DStR 2010, S. 427 ff. Siehe hierzu Eisenbarth, M., IStR 2010, S. 309 ff.
[36] Vgl. Kessler, W., Steuerplanung, 2003, S. 171 f.; Hirschler, K./Schindler, C. P., IStR 2004, S. 505 ff.; Lüdicke, J./Rödel, S., IStR 2004, S. 549 ff.; Mayr, S./Frei, R., IWB, Fach 5, Italien, Gruppe 2, S. 525 ff.; Romani, B./Strnad, O./Grabbe, C., IStR 2004, S. 155 ff.; Schultze, P./Ludemann, M., IStR 2004, S. 195 ff.

stellt.[37] Seitens der Wirtschaft wird der Verzicht auf den Abschluss eines Ergebnisabführungsvertrages nicht nur aus Gründen der administrativen Vereinfachung im Bereich des Gesellschaftsrechts gefordert, sondern insbesondere vor dem Hintergrund seiner negativen Auswirkungen auf Motivation und Ergebnisorientierung des Organmanagements sowie der Verlustübernahmeverpflichtung, die aufgrund der faktischen Aufhebung der Haftungsbegrenzung auf das Eigenkapital des Organs die Existenz des Organträgers gefährden kann.[38] Indessen lehnte die Finanzverwaltung diese Forderung bisher ab, da eine vom Subjektprinzip abweichende Ergebniszurechnung bei der Muttergesellschaft nur dann zu akzeptieren sei, wenn eine Beschränkung der Verlustverrechnung der Höhe nach auf die von der Muttergesellschaft tatsächlich getragenen Verluste der Tochtergesellschaft gewährleistet ist.[39] Allerdings bietet die deutsche Organschaft den Vorteil, dass die für eine Gruppenbesteuerung geforderte Beteiligungsquote mit der einfachen Mehrheit im internationalen Vergleich günstig ist. Nachteilig ist jedoch, dass der Abschluss eines Ergebnisabführungsvertrages bei einer Mehrheitsbeteiligung automatisch zu einer körperschaftsteuerlichen und gewerbesteuerlichen Organschaft führt, eine nur gewerbesteuerliche Organschaft also nicht installiert werden kann (§ 2 Abs. 2 Satz 2 GewStG).

Ein weiterer Nachteil des deutschen Organschaftsrechts liegt in der fehlenden **Zwischengewinneliminierung** bei organschaftsinternen Geschäften (bspw. Übertragung einzelner Wirtschaftsgüter), wie es tragender Baustein im Konzernsteuerrecht anderer Staaten ist (Frankreich, Großbritannien, Niederlande, Spanien, USA).[40] Nach Auffassung des BMF sprechen vor allem Schwierigkeiten bei der Bestimmung der in die Konsolidierung einzubeziehenden Gesellschaften sowie der hohe Aufwand einer solchen Konsolidierung gegen eine kurzfristig realisierbare Weiterentwicklung des deutschen Organschaftsrechts mit dem Ziel einer echten Konzernbesteuerung.[41] Es bleibt jetzt abzuwarten, zu welchen Änderungen die Vorgaben des Koalitionsvertrages in der derzeitigen Legislaturperiode tatsächlich führen werden.

III. Steuerwirksame Finanzierung des Beteiligungsportfolios

Die Einschaltung von Holdinggesellschaften eignet sich außerdem zur Optimierung der Finanzierung von Akquisitionen, insbesondere zur Schaf-

---

[37] Neben Deutschland verlangt lediglich Slowenien den Abschluss eines Gewinnabführungsvertrages. Vgl. Dötsch, E./Jost, W. F./Pung, A./Witt, G., Körperschaftsteuer, § 14 KStG, Anm. 20.
[38] Vgl. BMF, Bericht, 2001, S. 46. In diesem Sinne auch Herzig, N./Wagner, T., DB 2005, S. 1 ff.; sowie für Österreich Mayr, G., BB 2008, S. 1316. Lüdicke, J., FR 2009, S. 1025 ff.; Lishaut, I. van, FR 2009, S. 1030 ff.; Herzig, N., FR 2009, S. 1037 ff.; Krebühl, H.; FR 2009, S. 1042 ff.; Witt, C.-H., FR 2009, S. 1045 ff.; Richter, A./Welling, B., FR 2009, S. 1049 ff.; Endres, D., PIStB 2009, S. 214 ff.
[39] Vgl. BMF, Bericht, 2001, S. 46 f.; Müller-Gatermann, G., Gruppenbesteuerung, 2005, S. 233 f.; Lishaut, I. van, FR 2009, S. 1030 ff.
[40] Vgl. zur Kritik und zu einem Vergleich mit den Verhältnissen in Frankreich Jacobs, O. H./Spengel, C., IStR 1994, S. 100 ff. und S. 146 ff.; Geiger, H., IWB, Fach 5, Frankreich, Gruppe 2, S. 1335 ff.; zu Großbritannien siehe ausführlich Dörr, I., IStR 2004, S. 266 f.; zu USA Füllbier, R./Pferdehirt, H., DB 2006, S. 175 ff.
[41] Vgl. hierzu BMF, Bericht, 2001, S. 47; vgl. auch Krebs, H.-J., BB 2001, S. 2029 ff.; Krebühl, H.-H., DStR 2001, S. 1732 ff.; Müller-Gatermann, G., Gruppenbesteuerung, 2005, S. 233; Lishaut, I. van, FR 2009, S. 1030 ff.

fung erweiterter Fremdfinanzierungsmöglichkeiten auf Landesebene (sog. debt push down). Die Vorschaltung einer **Erwerbs-** bzw. **Landesholding** ermöglicht sowohl die Verlagerung der Finanzierungskosten in das Akquisitionsland als auch – z. B. bei Akquisitionen in Deutschland – eine Erhöhung des steuerlich abzugsfähigen Finanzierungsvolumens.

Beispiel: Ein Schweizer Konzern plant den fremdfinanzierten Erwerb einer deutschen GmbH von einem fremden Dritten. Der Akquisitionspreis für die Zielgesellschaft betrage 1000, wobei dieser Erwerb in vollem Umfang fremdfinanziert wird (Zinssatz 4%). Bei Erwerb und Finanzierung über eine deutsche Holding und Errichtung einer gewerbe- und körperschaftsteuerlichen Organschaft kann die Steuerbelastung im Vergleich zum Direkterwerb durch die schweizerische Konzernspitze signifikant reduziert werden, sofern auf deutscher Seite keine Regelungen greifen, die den Zinsabzug beschränken (z. B. Zinsschranke, §§ 4 h EStG, 8 a KStG).

	Steuerbelastung eines fremdfinanzierten Erwerbs	
	Direkterwerb aus der CH	Erwerb über deutsche Holding
Gewinn der Zielgesellschaft	100,0	100,0
(EBITDA annahmegemäß 140)		
– Gewerbesteuer (Hebesatz 400%)	– 14,0	–
– KSt (15%)	– 15,0	–
maximale Dividende/Ergebnisabführung		
an Organträger	71,0	100,0
a) Zahlung in die CH[42]	71,0	
– Steuer CH		
– Zinsaufwand CH	– 40,0	
Reingewinn Konzern	31,0	
b) Ergebniszurechnung an D-Holding		100,0
– Zinsaufwand D		– 40,0
Gewinn der Holdinggesellschaft		60,0
– Gewerbesteuer (Hebesatz 400%,		– 9,8
auf 60 + ¹/₄ × 40)		
– KSt (15%)		– 9,0
Dividende in die CH		41,2
– Steuer CH		
Reingewinn Konzern		41,2

Verfügt der investierende ausländische Konzern noch über eine weitere in- oder ausländische Tochtergesellschaft, so lässt sich durch eine Holdingstruktur nicht nur der Finanzierungsaufwand mit Gewinnen inländischer Zielgesellschaften verrechnen und ein Ergebnispool erreichen, sondern es können ggf. auch die Begrenzungen der Zinsschrankenregelung (§§ 4 h EStG, 8 a KStG) vermieden werden.[43]

Bei solchen Holdingstrukturen ist es aus deutscher Sicht besonders wichtig, eine Organschaft zwischen der Holdinggesellschaft und ihren Inlands-

---

[42] Gemäß dem Revisionsprotokoll zum schweizerisch-deutschen DBA vom 12. 3. 2002, BStBl 2003 I, S. 165, verzichten ab dem Jahre 2002 beide Staaten bei Dividenden aus wesentlichen Beteiligungen (Beteiligungen von mindestens 20% des Kapitals) auf die Erhebung einer Quellensteuer. Damit entfällt die vormals erhobene 5%ige Quellensteuer.
[43] Siehe hierzu Herzig, N./Liekenbrock, B., DB 2007, S. 2387 ff.; Köhler, S./Hahne, K. D., DStR 2008, S. 1505 ff.; Herzig, N./Liekenbrock, B., DB 2009, S. 1949 ff.

töchtern zu errichten, um das Entstehen von steuerfreien **Inlandsdividenden**[44] bei der Holding zu vermeiden.[45] Grund ist zum einen die Regelung des § 8b Abs. 5 KStG, wonach 5% dieser steuerfreien Dividendeneinnahmen nicht als Betriebsausgaben abgezogen werden dürfen. Zum anderen können Finanzierungsaufwendungen der Holding nicht steuerwirksam mit steuerfreien Inlandsdividenden verrechnet werden. Bei Existenz einer Organschaft ist jedoch der Ausgleich zwischen dem Einkommen der Organgesellschaft und den Zinsaufwendungen des Organträgers für körperschaftsteuerliche und gewerbesteuerliche Zwecke möglich. Bei **Auslandsdividenden** werden ebenfalls 5% der Dividendeneinnahmen pauschal als nichtabzugsfähige Betriebsausgaben festgesetzt (§ 8b Abs. 5 KStG). Allerdings kann in diesem Fall die 5%-Besteuerung nicht durch die Errichtung einer Organschaft vermieden werden, da sich ausländische Gesellschaften nicht als Organgesellschaften qualifizieren (sog. doppelter Inlandsbezug (§ 14 Abs. 1 Satz 1 KStG)).

IV. Minimierung der Steuerpflicht auf Veräußerungsgewinne

Je nach Ausgestaltung des jeweiligen lokalen Steuerrechts können Gewinne aus der Veräußerung von Anteilen an einer Kapitalgesellschaft im Wohnsitzstaat des Anteilseigners der unbeschränkten bzw. im Domizilland der Kapitalgesellschaft der beschränkten Besteuerung unterliegen. Wie sich durch die Zwischenschaltung einer Holdinggesellschaft in einem Abkommensland die Steuerbelastungen auf Veräußerungsgewinne reduzieren bzw. vermeiden lassen, verdeutlicht das folgende Beispiel:

Beispiel 1: Eine in einem Nicht-DBA-Land ansässige natürliche Person plant den Erwerb einer 10%igen Beteiligung an einer deutschen Kapitalgesellschaft. Bei einer späteren Veräußerung der Anteile ist der erzielte Gewinn im Rahmen der beschränkten Steuerpflicht in Deutschland zu 60% steuerpflichtig (§ 49 Abs. 1 Nr. 2 Buchstabe e EStG i.V.m. § 17 EStG und § 3 Nr. 40 Buchstabe c EStG). Die deutsche Besteuerung des Veräußerungsgewinns lässt sich bei Erwerb über eine niederländische Holdinggesellschaft völlig vermeiden, da im DBA-Fall dem Wohnsitzstaat (hier Niederlande) das vorrangige Besteuerungsrecht eingeräumt wird. Auf Ebene der niederländischen Holdinggesellschaft fallen gleichfalls keine Ertragsteuern an, da die Niederlande derartige Gewinne regelmäßig von der Besteuerung freistellen (participation exemption).

Beispiel 2: Eine deutsche Kapitalgesellschaft plant den Erwerb einer Kapitalgesellschaft in Indien. Bei einer direkten Beteiligung wäre ein Gewinn aus der Veräußerung der indischen Tochtergesellschaft in Indien steuerpflichtig (Steuersatz 22,66% bei einer Haltefrist von über zwölf Monaten oder 42,23% bei kurzfristigem Engagement), da Indien nach Art. 13 Abs. 4 DBA-Indien das vorrangige Besteuerungsrecht zugewiesen wird. Bei Erwerb der indischen Beteiligung über eine Zwischenholding in Singapur würde jedoch die indische Veräußerungsgewinnbesteuerung vermieden, da das DBA Indien-Singapur das exklusive Besteuerungsrecht dem Ansässigkeitsstaat des Veräußerers,

---

[44] Es sei darauf hingewiesen, dass die Steuerfreiheit von Dividenden und Veräußerungsgewinnen (§ 8b Abs. 1 und Abs. 2 KStG) nach Maßgabe des § 8b Abs. 7 KStG nur dann in Anspruch genommen werden kann, wenn die Holding die Beteiligung nicht mit der Absicht erworben hat, sie alsbald zu veräußern und damit einen kurzfristigen Eigenhandelserfolg zu erzielen. Vgl. BFH v. 14. 1. 2009, BStBl 2009 II, S. 671; siehe hierzu Löffler, C./Hansen, C., DStR 2009, S. 1135 ff.; Jacob, F./Scheifele, M., IStR 2009, S. 282 ff.
[45] Vgl. Krawitz, N./Büttgen-Pöhland, D., FR 2003, S. 883.

mithin also Singapur, zuweist. In Singapur wiederum fällt keine Steuer auf den Veräußerungsgewinn an.[46]

Auch in einem rein inländischen Kontext lässt sich durch Etablierung einer Holdingstruktur die Steuerpflicht auf künftige Veräußerungsgewinne minimieren, da Anteilsveräußerungen im Gegensatz zu sonstigen Vermögensveräußerungen (asset deals) steuerlich privilegiert sind.

Beispiel: Ein in einer Stammhausstruktur geführtes deutsches Unternehmen mit verschiedenen Sparten möchte sich die Flexibilität erhalten, einzelne Bereiche künftig steuergünstig zu veräußern. Durch Ausgliederung der operativen Sparten in Tochtergesellschaften und damit die Errichtung einer Holdingstruktur lassen sich nach dem Ablauf von sieben Jahren Gewinne aus Beteiligungsveräußerungen zu 95% körperschaft- und gewerbesteuerbefreit vereinnahmen (§§ 22 UmwStG, 8 b Abs. 2 und 3 KStG i. V. m. § 7 GewStG).

V. Geltendmachung bzw. Bewahrung von Teilwertabschreibungen und Liquidationsverlusten

Als Konsequenz von Steuerbefreiungen für Gewinne aus Anteilsveräußerungen werden in vielen Staaten Teilwertabschreibungen auf Tochtergesellschaften sowie Verluste aus der Veräußerung bzw. der Liquidation einer Tochtergesellschaft steuerlich nicht anerkannt.[47] Auch in Deutschland sind nach § 8 b Abs. 3 Satz 3 KStG entsprechende Wertminderungen bei der Gewinnermittlung der Muttergesellschaft nicht zu berücksichtigen. Von daher kann es sinnvoll sein, Beteiligungen an Tochtergesellschaften mit hohen Verlustrisiken unter einer Holding zusammenzufassen, die in einem Staat (bspw. in Luxemburg oder Spanien) domiziliert, der entsprechende Teilwertabschreibungen bzw. Liquidationsverluste steuerlich anerkennt und deren Verrechnung mit anderen steuerpflichtigen Einkünften zulässt **(deduction shopping)**.[48] Die Verlagerung derartiger künftiger Aufwandspositionen ist allerdings nur dann sinnvoll, wenn im Sitzstaat der Holding anderweitig steuerpflichtiges Einkommen generiert wird und eine Verlustverrechnung zulässig ist.

Vergleichbare Vorteile können sich durch rechtzeitiges Umhängen von bereits wertberichtigten Beteiligungen vor Eintritt der Wertaufholung ergeben. Zwar sind in Deutschland analog zu Veräußerungsgewinnen auch **Teilwertzuschreibungen** steuerlich irrelevant, soweit dadurch unter neuem Recht vorgenommene und deshalb steuerlich unbeachtliche Teilwertabschreibungen kompensiert werden. Hat sich die Teilwertabschreibung jedoch nach alter Rechtslage steuerlich ausgewirkt, so führt auch der Ertrag aus der Wertaufholung bis zur Höhe der früheren, steuerlich wirksamen Teilwertabschreibung zu steuerpflichtigen Einnahmen (§ 8 b Abs. 2 Satz 4 KStG). Darüber hinaus ist zu beachten, dass im Falle einer nicht einkommensmindernden Teilwertabschreibung die außerbilanzielle Einkommenserhöhung bei der Er-

---

[46] Vgl. Janssen, R., BC 2007, S. 181. Ähnliche Vorteile lassen sich über eine Zwischenholding in Zypern erreichen. Vgl. hierzu im Einzelnen Weggenmann, H. R., Indien, S. 145 ff.
[47] Siehe kritisch hierzu Spengel, C./Schaden, M., DStR 2003, S. 2192 ff.; Kessler, W., Konzernsteuerrecht, 2008, S. 745 ff.
[48] Vgl. Endres, D./Oestreicher, A., Intertax 2000, S. 415; Bader, A., Steuergestaltung, 2007, S. 110 f.

mittlung des Veräußerungsgewinns nach § 8b Abs. 3 Satz 3 KStG nicht neutralisiert wird, d. h. der Steuerbilanzwert des Anteils wird nicht um die steuerunwirksame Teilwertabschreibung korrigiert. Folglich unterliegen die nicht einkommensmindernden Teilwertabschreibungen dem pauschalen Betriebsausgabenabzug des § 8b Abs. 3 Satz 1 KStG. Wird die Tochtergesellschaft allerdings rechtzeitig (d. h. vor einem Wertanstieg) konzernintern weiterveräußert, können sich keine wertaufholungsbedingten Steuerpflichten mehr ergeben. Die Problematik einer nur zu 95% steuerfreien Wertaufholung trotz vollumfänglicher Steuerfreiheit der vorangegangenen Teilwertabschreibung hat sich allerdings nach der teilweisen Aufgabe des Maßgeblichkeitsprinzips durch das Bilanzrechtsmodernisierungsgesetz[49] entschärft. Da nach § 5 Abs. 1 Satz 1 EStG nunmehr ausschließlich steuerliche Wahlrechte unabhängig vom handelsrechtlichen Ansatz ausgeübt werden können, muss eine Abschreibung des Beteiligungswertes in der Handelsbilanz nicht mehr zwingend in der Steuerbilanz nachvollzogen werden.[50]

VI. Vermeidung von Anrechnungsüberhängen

Bei Vermeidung der internationalen Doppelbesteuerung durch die Anrechnungsmethode kommt es häufig zu Steueranrechnungsüberhängen (excess foreign tax credit). Dies gilt insbesondere bei einer länderbezogenen Berechnung des Anrechnungsbetrags (per-country-limitation). Nach der Senkung des Körperschaftsteuersatzes auf 15% im Rahmen der Unternehmenssteuerreform 2008 hat diese Problematik auch aus deutscher Sicht an Bedeutung gewonnen. Dies resultiert daraus, dass die Anrechnung ausländischer Steuern nur auf die inländische Körperschaftsteuer (§ 26 Abs. 1 KStG), aber nicht auf die Gewerbesteuer vorgenommen wird.[51] Einen Ansatzpunkt für die Steuerplanung bildet auch hier die Wahl einer geeigneten Zwischengesellschaft zur Reduzierung der Quellensteuerbelastung.

Beispiel: Die in Deutschland ansässige Software-GmbH lizenziert Software an einen Kunden in Saudi-Arabien. Die Lizenzzahlungen unterliegen in Saudi-Arabien einer Quellensteuer i. H. v. 15% der Bruttoeinnahmen. Diese ist zwar grundsätzlich anrechenbar, jedoch begrenzt auf den Betrag an deutscher Körperschaftsteuer (15%), der auf die ausländischen Einkünfte entfällt. Aufwendungen, die in einem direkten oder indirekten Zusammenhang mit den ausländischen Lizenzeinnahmen stehen, lösen damit einen Anrechnungsüberhang aus. Durch Einschaltung einer Tochtergesellschaft in Österreich oder Großbritannien als Lizenzgeberin könnte im vorliegenden Fall eine Reduzierung der Steuerbelastung erreicht werden, da der Lizenzquellensteuersatz im Verhältnis Saudi-Arabien/Österreich 10% bzw. im Verhältnis Saudi-Arabien/Großbritannien 8% beträgt.

Im angelsächsischen Rechtskreis, in dem für Beteiligungseinkünfte traditionell die indirekte Anrechnungsmethode Anwendung findet, ist es darüber hinaus Zielsetzung der Steuerplanung, die Anrechnungsüberhänge auf Ebene der Muttergesellschaft durch die Bündelung der Einkünfte aus mehreren Staaten in einer ausländischen Holdinggesellschaft zu vermeiden. Durch Poo-

---

[49] BGBl. 2009 I, S. 1102.
[50] Vgl. zum Maßgeblichkeitsprinzip auch das BMF-Schreiben v. 12. 3. 2010, BStBl 2010 I, S. 239 Tz 13 ff.
[51] Siehe hierzu die Ausführungen im 4. Teil, 1. Kapitel, Abschnitt B.

ling der Einkünfte aus verschiedenen ausländischen Staaten in einer Holdinggesellschaft (**Mixer-Gesellschaft**) lassen sich die Vorteile der overall-limitation erreichen, soweit sich die per-country-limitation im Sitzstaat der Muttergesellschaft lediglich auf die Einkünfte aus dem Sitzstaat der Holdinggesellschaft bezieht. Damit ergibt sich die Möglichkeit, im Wege einer Durchschnittsbildung die Anrechnungsüberhänge aus Einkünften aus einem Hochsteuerland mit nicht ausgenutzten Anrechnungshöchstbeträgen auf Einkünfte aus einem Niedrigsteuerland zu verrechnen.

Beispiel: Eine Kapitalgesellschaft mit Sitz in Land A (Steuersatz 25%) bezieht aus der Beteiligung an Tochtergesellschaften in Land B und Land C jeweils Einkünfte von 100. Die anrechenbaren Steuern betragen 30 (Land B) bzw. 15 (Land C).

Aufgrund der in Land A vorgeschriebenen per-country-limitation gilt sowohl für die Einkünfte aus Land B als auch für die aus Land C ein Anrechnungshöchstbetrag von 25. Damit kann die Muttergesellschaft lediglich Steuern i. H. v. 40 (= 25 + 15) anrechnen, so dass eine Steuer i. H. v. 10 (= 50–40) verbleibt. Für die Einkünfte aus Land B verbleibt ein Anrechnungsüberhang i. H. v. 15, während für die Einkünfte aus Land C der Anrechnungshöchstbetrag nicht in vollem Umfang genutzt werden kann.

In der obigen Konstellation könnten dagegen sämtliche ausländischen Steuern angerechnet werden, sofern sich die Anteile an den Tochtergesellschaften in einer Holding befinden, deren Ansässigkeitsstaat entweder eine vollständige Dividendenfreistellung vorsieht oder den Anrechnungsbetrag mittels einer overall-limitation festlegt. Geeignete Holdingstandorte wären aus dieser Sicht z. B. die Niederlande wegen der dortigen Dividendenfreistellung oder Irland wegen seiner Onshore-pooling-Regelungen, die regelmäßig zusätzliche irische Steuern auf ausländische Dividenden vermeiden. Bei Zwischenschaltung einer niederländischen Holding sind die Einkünfte aus Land B und Land C auf der Holdingebene aufgrund der niederländischen participation exemption freigestellt. Bei Weiterausschüttung durch die Holding liegen aus Sicht der Mutterkapitalgesellschaft Einkünfte aus einem einzigen Staat, den Niederlanden, vor. Soweit in Land A die Anrechnung von Steuern aus Drittstaaten zulässig ist und sich die per-country-limitation ausschließlich auf die niederländischen Einkünfte bezieht, errechnet sich ein Anrechnungshöchstbetrag von 50 (= 200 × 25%), wobei sich die ausländischen Steuern auf 45 (= 30 + 15) summieren. Durch dieses **offshore pooling** sämtlicher ausländischer Einkünfte auf Ebene der niederländischen Holdinggesellschaft nähert sich die (durchschnittliche) ausländische Steuerbelastung in etwa dem Steuerniveau in Land A i. H. v. 25%. Der Zusatzertrag durch das Pooling beträgt 5 (verbleibende Steuer in Land A i. H. v. 5).

In bestimmten Konstellationen sprechen Anrechnungsüberlegungen aber auch gegen die Gründung von Holdinggesellschaften. Verfügt bspw. ein US-Konzern über eine Tochtergesellschaft in einem Hochsteuerland (z. B. Deutschland) und eine solche in einem niedrig besteuernden Land (z. B. Irland), so kann durch die Bündelung der Beteiligungen in einer Holding die Möglichkeit verloren gehen, durch gezielte **Ausschüttungspolitik** in den beiden Gesellschaften steuerlich hoch bzw. niedrig vorbelastete Dividenden in den USA zu erhalten und somit den US foreign tax credit optimal auszugestalten.[52] Wie dieses Problem mittels einer Holdingstruktur auf Basis des geltenden US-Rechts gelöst werden kann, zeigt das nachfolgende Beispiel.[53]

Beispiel: Eine US-Konzernobergesellschaft hat Tochtergesellschaften in den Niedrigsteuerländern Schweiz und Irland sowie in den Hochsteuerländern Deutschland, Frankreich und Italien. Der europäische Teilkonzern soll so strukturiert werden, dass eine Feinabstimmung der Steueranrechnungsposition der US-Muttergesellschaft durch gezielte Ausschüttungen aus europäischen Hoch- bzw. Niedrigsteuerländern ermöglicht wird. Die gewünschte Flexibilität wird durch die nachfolgende (Hi-low-)Holdingstruktur erreicht.

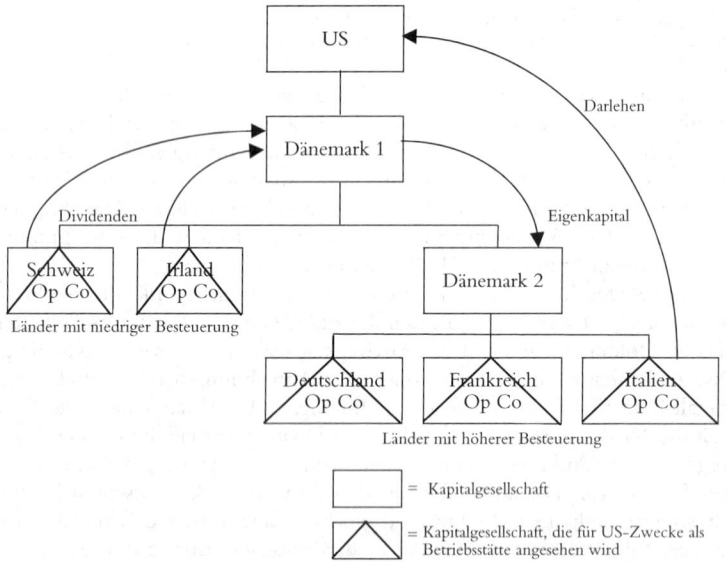

Mittels der vorliegenden Struktur werden die niedrigbesteuerten Europaeinkünfte in der Holding Dänemark 1 und die hochbesteuerten Erträge in der dänischen Holding 2 gebündelt. Ist angesichts der US-foreign-tax-credit-Position eine Ausschüttung niedrig besteuerten Einkommens vorteilhaft, schüttet Dänemark 1 eine Dividende aus. Benötigt die US-Konzernmutter hingegen hoch besteuertes Einkommen, vergeben entweder Dänemark 2 oder deren Tochtergesellschaften Darlehen an die US-Konzernmutter, die aus US-Sicht als Dividende qualifiziert werden (Sec. 956 IRC). Die Struktur verleiht Flexibilität in Bezug auf die benötigte Vorbelastung von Gewinnrepatriierungen im Hinblick auf die US-Steuerposition. Sollten die im Greenbook der US-Administration dargestellten Gesetzespläne allerdings unverändert umgesetzt werden, wäre die Wirkungsweise dieses Modell zukünftig eingeschränkt.[54] Diese geplanten Rechtsänderungen zeigen einmal mehr, dass

---

[52] Vgl. Endres, D./Spengel, C., Steuerstrukturen, 1997, S. 103 f. Eine ausführliche Analyse des US-amerikanischen Anrechnungssystems findet sich in Dorfmüller, P., Tax Planning, 2003, S. 45 ff.
[53] Vgl. Endres, D./Dorfmüller, P., PIStB 2001, S. 96 f.
[54] Für einen Überblick über die geplanten Änderungen vgl. Endres, D./Eckstein, H.-M., Status: Recht 2009, S. 145 ff.

VII. Umformung von Einkünften

Vorteile durch Nutzung des internationalen Steuergefälles oder durch Nutzung günstiger Regelungen im nationalen Recht oder in DBA lassen sich häufig dadurch erreichen, dass „steuerschädliche" Einkünfte durch Zwischenschaltung zusätzlicher Gesellschaften in „steuerbegünstigte" Erträge transformiert werden.[55] Dies ist der steuerliche Grundgedanke für die noch gesondert darzustellenden Dienstleistungs- und Finanzierungsgesellschaften,[56] mit deren Hilfe u. a. versucht wird, im Inland ansonsten steuerpflichtige Zinserträge, Lizenzgebühren oder Dienstleistungserträge in steuerbefreite Dividenden umzuwandeln. Bei entsprechender Planung können bspw. erhebliche Steuervorteile durch die Übertragung von Finanzierungsfunktionen einer deutschen Spitzeneinheit auf eine eigenkapitalfinanzierte Konzerngesellschaft in Belgien erzielt werden.[57] Auch Personengesellschaften als Holdinggesellschaft lassen sich für die Umformung von Einkünften einsetzen.

Beispiel: Die beiden natürlichen Personen A und B besitzen im Privatvermögen eine Beteiligung an einer US-Kapitalgesellschaft. Dividenden der US-Inc. fallen bei den Gesellschaftern in Deutschland unter die Abgeltungsteuer. Zur Vermeidung deutscher Steuerpflicht errichten A und B eine vorgeschaltete US-Lpartnership, welche die Beteiligung an der US-Inc. auch mit zivilrechtlicher Wirkung übernimmt. Im Hinblick auf die der US-partnership zufließenden Dividendenerträge beantragen A und B in ihrer inländischen Steuererklärung Steuerfreistellung nach dem Betriebsstättenprinzip (Art. 7 i. V. m. Art. 23 DBA-USA).

Es liegt auf der Hand, dass die Einschaltung einer reinen Beteiligungsholding mit erheblichen steuerlichen Risiken behaftet ist, so dass operative Substanz (wobei ein aktives Beteiligungsmanagement i. S. einer geschäftsleitenden Holding genügen sollte) und ein tatsächlicher Zusammenhang des Geschäftsbetriebes mit dem Beteiligungserwerb wesentlich sind.[58] Den Vorrang der abkommensrechtlichen Zuordnung von Beteiligungen einer Personengesellschaft nach dem tatsächlich-funktionalen Zusammenhang gegenüber einer zivilrechtlichen Betrachtung hat der BFH für den Fall einer niederländischen Kommanditgesellschaft (C. V. – besloten commanditaire vennotshap) ausdrücklich bestätigt.[59] Die zivilrechtliche Übertragung von Beteiligungen auf eine zwischengeschaltete ausländische Personengesellschaftsholding führt danach nur dann zu der angestrebten abkommensrechtlichen Zuordnung zur ausländischen Personengesellschaftsbetriebsstätte, wenn die Beteiligungen für die Geschäftstätigkeit der Personengesellschaft funktional wesentlich sind.

---

[55] Vgl. Kessler, W., Euro-Holding, 1996, S. 86 ff.
[56] Vgl. 5. Kapitel, Abschnitt C II 3 a).
[57] Vgl. Winkeljohann, N./Weihmann, L.-V., Ubg 2009, S. 161 ff.
[58] Vgl. BFH v. 7. 8. 2002, BStBl 2002 II, S. 848.
[59] Vgl. BFH v. 19. 12. 2007, BStBl 2008 II, S. 510; Goebel, S./Boller, T./Ungemach, M., IStR 2008, S. 643 ff.; Blumers, W., DB 2008, S. 1765 ff.

VIII. Nutzung von Kapitalgesellschaftsprivilegien

Der Einsatz von Holdinggesellschaften ist nicht notwendigerweise ein grenzüberschreitendes Phänomen, sondern kann auch im Inlandsfall Vorteile bieten. Aufgrund der (systembedingten) Ungleichbehandlung von natürlichen Personen und Kapitalgesellschaften im Hinblick auf Dividendenbezüge und Veräußerungsgewinne aus Kapitalgesellschaftsbeteiligungen liegt es nahe, dass sich natürliche Personen über den Einsatz einer Kapitalgesellschaftsholding deren Steuerprivilegien nutzbar machen.

Beispiel: Herr Reich verfügt über ein umfangreiches Beteiligungsportefeuille, das sich aus verschiedenen (meist wesentlichen) Beteiligungen an in- und ausländischen Kapitalgesellschaften zusammensetzt. Dividendenzahlungen unterliegen bei Herrn Reich ebenso der Abgeltungsteuer wie die sich aus Beteiligungsumschichtungen regelmäßig ergebenden Veräußerungsgewinne. Da Herr Reich seinen Lebensunterhalt aus seiner Tätigkeit als Fußballprofi gut finanzieren kann und somit auf Beteiligungserträge nicht angewiesen ist, bringt er die Kapitalgesellschaftsbeteiligungen in eine Reich Holding GmbH ein. Künftige in- und ausländische Dividenden und Veräußerungsgewinne können von dieser GmbH nach § 8 b Abs. 1 und 2 i. V. m. § 8 b Abs. 3 und 5 KStG und § 7 Satz 1 GewStG zu 95% gewerbe-[60] und körperschaftsteuerfrei vereinnahmt, thesauriert und reinvestiert werden, so dass die Zwischenschaltung der Holdinggesellschaft Herrn Reich eine zeitliche Verlagerung seiner Steuerzahlungen ermöglicht.

Um die missbräuchliche Inanspruchnahme derartiger Gestaltungsmöglichkeiten einzudämmen, sieht der Gesetzgeber in § 22 UmwStG eine zeitlich gestaffelte nachträgliche Besteuerung des Einbringungsgewinns nach Maßgabe des Teileinkünfteverfahrens vor, wenn zwischen der Einbringung durch eine natürliche Person und der Veräußerung noch nicht sieben Jahre vergangen sind. Entsprechende Einschränkungen für die Behandlung von Dividendenbezügen bestehen nicht.

IX. Vermeidung ausländischer Erbschaftsteuern

Der abschließende Fall soll nochmals verdeutlichen, welch vielfältige Einsatzmöglichkeiten für Holdinggesellschaften bestehen und dass auch die hier aufgezeigten Gestaltungshinweise bei weitem nicht erschöpfend sind. Das nachfolgende Beispiel beschäftigt sich mit der Vermeidung ausländischer Erbschaftsteuern – Holdinggesellschaften können auch vor ausländischem Steuerzugriff im Todesfall oder bei Schenkungen schützen.

Beispiel: Die deutschen natürlichen Personen A und B gründen eine OHG, die eine US-Immobilie erwirbt. Bei Tod von A und B fällt in den USA eine erhebliche Erbschaftsteuer an. Wird die US-Immobilie über eine zwischengeschaltete Holding-GmbH gehalten („eine GmbH stirbt nicht"), bleiben Änderungen im Gesellschafterbestand der Personengesellschaft für US-Erbschaftsteuerzwecke irrelevant. Zur weiteren steuerlichen Optimierung in Deutschland wäre die Installation einer Organschaft zwischen der OHG und der Holding-GmbH zu empfehlen. Allerdings ist eine gewerbliche Tätigkeit der OHG für die Qualifikation als Organträgerin zwingende Voraussetzung (§ 14 Abs. 1 Nr. 2 Satz 2 KStG).[61]

---

[60] Bei den Beteiligungen, die nicht unter ein gewerbesteuerliches Schachtelprivileg fallen (§ 9 Nr. 2a und 7 GewStG), ergibt sich allerdings infolge der Hinzurechnungen gem. § 8 Nr. 5 GewStG eine volle Gewerbesteuerpflicht auf Dividenden.
[61] Vgl. BMF-Schreiben v. 10. 11. 2005, BStBl 2005 I, S. 1038, Tz. 15 ff.

4. Kapitel. *Steuerplanung mit Holdinggesellschaften* 1041

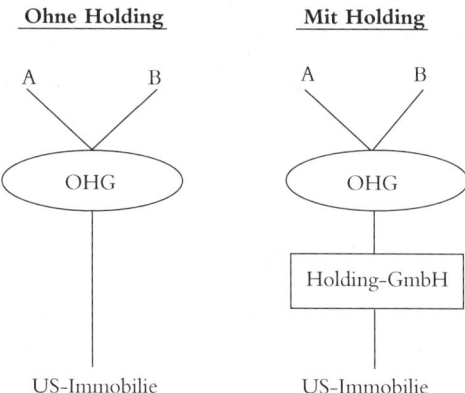

C. Voraussetzungen für die Eignung eines Landes als Holdingstandort

Im Rahmen der Standortentscheidung für eine Holdinggesellschaft gilt natürlich, dass das Anforderungsprofil an den Holdingstandort von der mit der Struktur verknüpften Zielsetzung abhängig ist. Da für den Einsatz von Holdinggesellschaften äußerst vielfältige Steuermotivationen existieren, muss sich die Suche nach dem geeigneten Standort an der **Verwirklichung der jeweiligen Zielsetzungen** ausrichten. Eine allgemeingültige Empfehlung für ein bestimmtes Land als bester Holdingstandort kann deshalb nicht ausgesprochen werden. Vielmehr ist insoweit immer auf die spezielle Interessenlage des Konzerns und dessen abkommensrechtliche Verflechtung mit potentiellen Holdingstaaten abzustellen. Ein Land, das sich für einen Investor aus Land A als Holdingstandort anbietet, muss nicht unbedingt die beste Alternative für einen Investor des Landes B darstellen.

Der Kreis der geeigneten Holdingstaaten wird somit vom **Holdingzweck** bestimmt und ist keinesfalls auf Niedrigsteuerländer begrenzt. In Abhängigkeit von den Verhältnissen des Einzelfalls – hier spielen vor allem die DBA-Bestimmungen und der Standort der Konzernobergesellschaft eine Rolle – kann sich auch die Errichtung einer Auslandsgesellschaft in einem sog. Hochsteuerland als vorteilhaft erweisen. Dies gilt insbesondere dann, wenn das Steuerrecht von Industriestaaten spezielle Anreize für die Holdingansiedlung vorsieht (z. B. Steuerfreistellungen, Wegfall von Quellensteuern). Im typischen Fall einer reinen **Beteiligungsholding** wird der Körperschaftsteuersatz des zur Wahl stehenden Standortes sogar von untergeordneter Bedeutung sein, weil in den potentiellen Sitzstaaten Beteiligungserträge überwiegend durch sog. Holding- oder Schachtelprivilegien von der lokalen Ertragsbesteuerung freigestellt sind. Dagegen werden Umfang und Ausgestaltung des DBA-Netzes, Vergünstigungen aus der Umsetzung spezieller EU-Regelungen (insbesondere die Mutter-Tochterrichtlinie, Zins- und Lizenzgebührenrichtlinie und Fusionsrichtlinie), die steuerliche Behandlung von Umstrukturierungsmaßnahmen sowie die Besteuerung von Veräußerungsgewinnen in dem in Frage kommenden Land einen zentralen Stellenwert einnehmen. Da in der

Praxis Holdinggesellschaften aber häufig auch **Dienstleistungsfunktionen** übernehmen und insoweit lokales steuerpflichtiges Einkommen generieren, sollte neben dem vorrangigen Blick auf die Bemessungsgrundlage auch der Steuertarif letztlich nicht unberücksichtigt bleiben.

Im „Wettbewerb der Steuersysteme" um Investitionen, Arbeitsplätze und Steuereinnahmen locken immer mehr Industriestaaten auch mit **Holdingprivilegien**. Klassische, europäische Holdingstaaten wie Luxemburg, die Niederlande und die Schweiz haben zwischenzeitlich Konkurrenz aus Dänemark, Malta, Österreich, Spanien und Zypern bekommen.[61a] Daneben locken klassische Steueroasen wie bspw. die Bahamas, Bermudas, Cayman Islands, Guernsey oder die Niederländischen Antillen mit Niedrigststeuersätzen.[62] Bereits aus außersteuerlichen Gründen (schlechte Erreichbarkeit, problematische Infrastruktur, politische Instabilität) erscheint der Einsatz von Holdinggesellschaften in Oasenländern häufig als kritisch. Aus steuerlicher Sicht kommt hinzu, dass Steueroasenländer regelmäßig über keine DBA mit Industriestaaten verfügen und sie im besonderen Maße durch steuerliche Abwehrmaßnahmen der Heimat-Fisken (Hinzurechnungsbesteuerung, Missbrauch etc.) betroffen sind. Aus der hohen Bedeutung von DBA für die Verwirklichung der mit Holdinggesellschaften verfolgten Ziele lässt sich die prinzipielle Empfehlung ableiten, dass sich Gesellschaften in Steueroasenländern für Holdingstrukturen kaum eignen.

Versucht man unabhängig von den konkreten betrieblichen Verhältnissen eine Länderanalyse im Hinblick auf die Eignung als Holdingstandort, so sollte das gesuchte Holdingdomizil idealerweise die in Tabelle 50 aufgezeigten Determinanten aufweisen:[63]

Tabelle 50: Determinanten für die Eignung als Holdingstandort

Außersteuerliche Kriterien	Steuerliche Einflussfaktoren
– politische Stabilität und positives wirtschaftliches Klima – stabile und frei konvertierbare Währung – keine Kapital- und Gewinntransferbeschränkungen – geringe gesetzliche oder administrative Auflagen (z. B. keine lokalen Mindestkapitalbeteiligungen, großzügige Aufenthaltsregelungen für Ausländer) – gute Infrastruktur, wie z. B. Kommunikations- und Verkehrsverbindungen – flexibles Gesellschaftsrecht und geringe Errichtungskosten für Gesellschaften	– Freistellung von Dividenden- und Betriebsstätteneinkünften sowie von entsprechenden Veräußerungsgewinnen – Abzugsfähigkeit von Refinanzierungskosten, Teilwertabschreibungen und Betriebsstättenverlusten – umfangreiches Abkommensnetz (zur Minimierung von Quellensteuern auf eingehende Erträge) – keine Quellensteuern auf abfließende Dividenden, Lizenzgebühren und Zinsen – niedrige laufende Besteuerung der Holding und ihrer Mitarbeiter

---

[61a] Zu möglichen Holdingstandorten im südostasiatischen Raum siehe Endres, D./Fuest, C./Spengel, C., Asia-Pacific, 2010, S. 56 ff.
[62] Vgl. Dreßler, G., Gewinnverlagerung, 2007, S. 36 ff., der zahlreiche Steueroasen benennt.
[63] Vgl. hierzu auch Endres, D./Dorfmueller, P., Status:Recht 2008, S. 255. Zu den steuerlichen Einflussfaktoren vgl. auch Kessler, W., Euro-Holding, 1996, S. 97 ff.; Kraft, G., DStR 1999, S. 1540 f.; O'Grady, E., TNI 2002, S. 1063. Zu außersteuerlichen Kriterien siehe Günkel, M., Holdinggesellschaften, 1997, S. 106; Streu, V., Zwischenholding, 2003, S. 141; Lutter, M. (Hrsg.), Holding-Handbuch, 2004, § 16 Rz. 12; Körner, A., IStR 2009, S. 1 ff.

4. Kapitel. Steuerplanung mit Holdinggesellschaften 1043

Außersteuerliche Kriterien	Steuerliche Einflussfaktoren
– hohe Qualität an Beratungsleistungen bzw. von Arbeitskräften	– positives lokales Steuerklima (z. B. unbegrenzter Verlustvortrag, Gruppenbesteuerung, keine Hinzurechnungsbesteuerung, großzügige Regelungen zur Gesellschafterfremdfinanzierung, akzeptable Prüfungspraxis der Steuerverwaltung) – Verzicht auf Substanz- und Kapitalverkehrsteuern – zeitlich stabile Steuergesetzgebung

Obwohl kein Staat alle genannten Kriterien optimal erfüllt, sind doch in der Vergangenheit bestimmte Domizilstaaten bevorzugt gewählt worden. Für viele deutsche, aber auch z. B. für amerikanische und schweizerische Konzerne bieten zurzeit Luxemburg, Malta, Spanien und Zypern ein sehr günstiges Umfeld. Zu den bevorzugten Holdingstandorten gehören aber auch Irland, die Niederlande, Österreich und die Schweiz (Tabelle 52).[64]

Was die steuerliche **Attraktivität des Holdingstandortes Deutschland** betrifft, ergibt sich im Zeitablauf folgendes Bild: Auf der einen Seite halfen bislang sinkende Steuersätze bei Einkommen- und Körperschaftsteuer, die Ausweitung des Steuerprivilegs für Veräußerungsgewinne auf Inlandsbeteiligungen (§ 8b Abs. 2 KStG), die Vereinfachung der Organschaftsvoraussetzungen sowie die weitestgehende Beseitigung der Diskriminierungen mehrstufiger Holdingstrukturen im Außensteuerrecht[65] zur Aufnahme von Deutschland in entsprechende Holding-Vergleichstableaus; auf der anderen Seite haben sich die Einführung der Pauschalbesteuerung für in- und ausländische Beteiligungserträge i. H. v. 5%, die Versagung der Berücksichtigung von Teilwertabschreibungen und Veräußerungsverlusten sowie ausländischen DBA-Betriebsstättenverlusten, die Einführung der sog. Mindestbesteuerung, die Beseitigung der nur gewerbesteuerlichen Organschaft sowie die Ausweitung der Dokumentationsvorschriften im Bereich der Verrechnungspreise negativ auf die Attraktivität Deutschlands als Holdingstandort ausgewirkt. Auch die Unternehmenssteuerreform 2008 und die im Zeichen der Finanz- und Wirtschaftskrise stehenden Folgeänderungen durch das Bürgerentlastungsgesetz und das Wachstumsbeschleunigungsgesetz ergeben kein eindeutiges Bild: Positiv schlägt sicherlich die deutliche Absenkung des Körperschaftsteuersatzes auf 15% zu Buche. Demgegenüber werden die nach wie vor restriktive Zinsschrankenregelung, die Verschärfung der gewerbesteuerlichen Hinzurechnungsvorschriften, die Einschränkung der Verlustnutzung bei Anteilseignerwechsel sowie die überschießenden Maßnahmen zur Bekämpfung von Funktionsverlagerungen als deutlich negatives Signal für den Holdingstandort Deutschland gewertet.[66] Bei einem Blick auf die an einen Holding-

---
[64] Siehe auch Halla-Villa Jimenéz, N. J., RIW 2003, S. 589 ff.; Kessler, W./ Dorfmueller, P., IStR 2003, S. 231 ff.; Lutter, M. (Hrsg.), Holding-Handbuch, 2004, § 16 Rz. 106 ff.; Günkel, M., WPg-Sonderheft 2006, S. 7 ff.; Eynatten, W., IBFD 2007, S. 562 ff.; Endres, D./Dorfmueller, P., Status:Recht 2008, S. 255 ff.; Dorfmueller, P., IStR 2009, S. 826 ff.
[65] Vgl. hierzu 5. Kapitel, Abschnitt C II 3 a) und 4. Teil, 3. Kapitel, Abschnitt B II 1 b).
[66] Vgl. Endres, D./Dorfmueller, P., Status: Recht 2008, S. 255 f.; Kessler, W./Eicke, R., TNI 2008, S. 687 ff.; Körner, A., IStR 2009, S. 1 ff.

standort gestellten steuerlichen Anforderungen ergibt sich für Deutschland ein beschränkt konkurrenzfähiges Bild, wie die folgende Zusammenstellung der Vor- und Nachteile verdeutlicht (Tabelle 51).

Tabelle 51: Erfüllung steuerlicher Holdingkriterien in Deutschland

Kriterium	Vorteil	Nachteil
1. Steuerfreiheit von Auslandsdividenden	x	
2. Steuerbefreiung für Veräußerungsgewinne bei Auslandsbeteiligungen	x	
3. Abzugsfähigkeit entsprechender Veräußerungsverluste und Möglichkeit von Teilwertabschreibungen		x
4. Abzugsfähigkeit von Finanzierungskosten	x	
5. Steuerbefreiung für Veräußerungsgewinne bei Inlandsbeteiligungen	x	
6. Großzügige Regelung zur Gesellschafterfremdfinanzierung		x
7. Freistellung ausländischer Betriebsstättengewinne	x	
8. Berücksichtigung entsprechender Betriebsstättenverluste		x
9. Umfangreiches Abkommensnetz mit vorteilhaften Kapitalertragsteuersätzen	x	
10. EU-Mitgliedschaft	x	
11. Regelungen über die Hinzurechnungsbesteuerung		x
12. Unbegrenzter Verlustvortrag	x	
13. Günstige Gruppenbesteuerungsvorschriften (Organschaft)	x	
14. Niedrige Steuerlast auf sonstige Einkünfte (Zinsen, Lizenzgebühren, Dienstleistungen etc.)		x
15. Niedriger Einkommensteuersatz für Holding-Mitarbeiter		x
16. Verzicht auf Gesellschaftsteuer bei Gründung	x	
17. Keine Erhebung von Börsenumsatzsteuer bei Anteilsübertragung	x	
18. Verzicht auf Erhebung von Substanzsteuern	x	

Während die Freistellung von Dividenden und Veräußerungsgewinnen im internationalen Vergleich eher üblich und durch die 5%-Besteuerung sogar beeinträchtigt ist, bestehen Vorteile gegenüber Mitbewerbern insbesondere bei der grundsätzlichen Abzugsfähigkeit von Finanzierungskosten und im umfangreichen Abkommensnetz. Gegen Deutschland spricht nach wie vor das im europäischen Vergleich immer noch hohe Steuerniveau im Hinblick auf sonstige Einkünfte der Holdinggesellschaft. Zusätzlich bestehen bzgl. der **Stabilität der Steuergesetzgebung und der Prüfungspraxis** der Finanzverwaltung bei vielen Auslandsinvestoren Vorbehalte gegenüber Deutschland, die sich auch durch den Verweis auf die in der Tabelle aufgelisteten deutschen Standortpositiva schwer ausräumen lassen. Insoweit haben Staaten wie die Niederlande und Luxemburg eine längere und verlässlichere Holdingtradition, während Deutschland bei multinationalen Unternehmen offenkundig auf Glaubwürdigkeitsprobleme stößt, die angesichts des fortbestehenden Zickzackkurses der Steuergesetzgebung durchaus verständlich sind.[67]

---

[67] Vgl. auch Kessler, W./Eicke, R., TNI 2008, S. 687 ff.; Körner, A., IStR 2009, S. 1 ff.

Zusätzlich sollte berücksichtigt werden, dass durch die EU-Erweiterung der Wettbewerb um „den" Holdingstandort in Europa in erheblichem Maß zugenommen hat. Dies liegt zum einen darin begründet, dass alle zwölf Staaten, die seit 2004 beigetreten sind, einen durchschnittlichen **Körperschaftsteuersatz** von weniger als 20% aufweisen und damit zu den Niedrigsteuerländern zählen.[68] Zum anderen haben bereits einige der „alten" EU-Mitgliedstaaten auf den Steuerwettlauf der Beitrittsländer reagiert. Neben einer simplen Absenkung des Körperschaftsteuersatzes (z. B. in den Niederlanden von 34,5% auf nunmehr 25,5%, in Österreich von 34% auf 25% und in Deutschland von 25% auf 15%) werden in zahlreichen Ländern die **Entwicklungen im Europarecht**, insbesondere die Rechtsprechung des EuGH, aufmerksamer verfolgt. So hat bspw. Österreich eine weitestgehend europarechtskonforme Gruppenbesteuerung mit Wirkung zum 1. 1. 2005 eingeführt. Des Weiteren wendet z. B. Spanien nationale Hinzurechnungsbesteuerungs- sowie Gesellschafterfremdfinanzierungsvorschriften u. a. innerhalb der EU seit 2004 nicht mehr an. Schweden beabsichtigt, endgültige Verluste von EU-/EWR-Tochtergesellschaften ab 2010 bei der Besteuerung der schwedischen Muttergesellschaft zu berücksichtigen.

Weitere Impulse in Deutschland müssten bspw. von einer weiteren Absenkung der Ertragsteuerbelastung, der Vereinfachung der Zinsschrankenregelung, der Weiterentwicklung der deutschen Organschaft hin zu einer wettbewerbsfähigeren Konzernbesteuerung, der weiteren Entschärfung der Regelungen zur Funktionsverlagerung und einer Überarbeitung der Vorschriften des Außensteuergesetzes ausgehen. Ein zusätzlicher Anreiz könnte auch in einem Steuerprivileg für Mitarbeiteroptionen gesehen werden. Solche Anreizsysteme für das Management (Holdingmitarbeiter) werden weltweit immer wichtiger und eine Vollbesteuerung derartiger Optionsgewinne fördert sicherlich nicht die Zuwanderung von Holdinggesellschaften.

Klare Empfehlungen für den einen oder anderen Holdingstandort können aber auch nicht bei bloßer länderbezogener Gegenüberstellung der oben aufgelisteten 18 Holdingkriterien ausgesprochen werden. Auch insoweit gilt, dass ein Ländervergleich nur in Abhängigkeit vom **Holdingzweck** und den **konzernspezifischen Zahlungsströmen** sinnvoll ist. Etliche der aufgeführten Punkte werden im Einzelfall ohne Relevanz sein (z. B. Verlustverrechnung, Hinzurechnungs- oder Betriebsstättenbesteuerung), andere Unterscheidungskriterien – wie z. B. variierende Quellensteuersätze – können dagegen eher die Standortentscheidung dominieren. Auch daran, dass bereits das Fehlen eines elementaren Merkmals unter Umständen zum Knock-out-Kriterium für einen Standort werden kann (z. B. Steuerpflicht für Veräußerungsgewinne aus Inlandsbeteiligungen in Österreich und Spanien), zeigt sich, wie ungleichgewichtig die einzelnen Faktoren sind. Es liegt insoweit am jeweiligen Unternehmen, die Holdingkriterien in ihrer speziellen Bedeutung für den eigenen Zweck zu gewichten.

Beispiel: Ein US-amerikanischer Konzern hat mehrere europäische Beteiligungen (an aktiven Gesellschaften in Deutschland, der Schweiz und in Italien), die in einer EU-Holding zu bündeln sind. Weitere Beteiligungen sollen von der EU-Holding hinzuerworben werden. Geplant ist, dass die diesbezüglichen Finanzierungskosten in etwa die

---

[68] Vgl. hierzu auch die Übersichten im 2. Teil, 2. Kapitel.

bei der Holding anfallenden Dienstleistungserträge kompensieren werden. Der Ländervergleich soll sich auf einige wesentliche Kriterien und die bedeutsamsten zwölf europäischen Holdingstandorte beschränken.

Der US-amerikanische Konzernsteuerplaner muss nun unter Berücksichtigung der erwarteten Zahlungsströme eine Gewichtung der einzelnen Holdingkriterien und damit der Vor- und Nachteile der verschiedenen Standorte vornehmen. Der Standortvergleich bzw. die -beurteilung lässt sich z. B. anhand einer Punkterechnung (**Scoring-Modell**) durchführen. Dabei wird einerseits das Holdingkriterium gewichtet (z. B. Bedeutungsstufe 1 bis 5), andererseits die Erfüllung des Kriteriums in den speziellen Ländern bewertet (z. B. Erfüllungsgrad 1 bis 5). Multipliziert man beide Zahlen und addiert pro Land die Ergebnisse in Bezug auf alle Holdingkriterien, erhält man die zu vergleichende Länderpunktzahl. Zu den länderspezifischen Zielerfüllungsgraden lassen sich die folgenden Aussagen machen:

– Liegt der Schwerpunkt einer Struktur auf dem steuerfreien Bezug von Dividenden und Veräußerungsgewinnen, so bewerben sich Luxemburg, Malta, die Niederlande, die Schweiz, Spanien und Zypern um die ersten Plätze. Deutschlands Bedingungen sind insoweit zwar durch den Verzicht auf Haltefristen und Mindestbeteiligungsquoten günstig, allerdings ist die 5%-Regel des § 8b Abs. 3 und 5 KStG im internationalen Vergleich ein Holdinghindernis.
– Sollte die Vermeidung einer Quellensteuer auf Dividenden an die US-Muttergesellschaft das steuerliche Hauptziel sein, so sind Belgien, Dänemark, Deutschland, Irland, Malta, die Niederlande, die Schweiz, Spanien und Zypern besonders attraktiv.
– Liegen die Motive der Steuerplanung in einem maximalen Zinsabzug (debt push down), so offerieren Länder wie Belgien, Irland, Luxemburg, Österreich und Spanien die besseren Konditionen.
– Das Abkommensnetz ist in Belgien, Deutschland, Frankreich, den Niederlanden und der Schweiz am umfangreichsten, wohingegen Luxemburg, die Niederlande und die Schweiz am meisten Konsistenz in ihren Bemühungen um Ansiedlung von Holdinggesellschaften zeigen.

Ein Vergleich der Holdingbedingungen in den verschiedenen europäischen Ländern erfordert ein ständiges Update, da jährliche Steuerreformen und damit permanente Änderungen der steuerlichen Spielregeln fast zur Regel werden.[69]

---

[69] Die Übersicht basiert auf dem Rechtsstand in den verschiedenen Ländern zum 1. 1. 2010.

Tabelle 52: Holdingstandorte im Vergleich

	Österreich	Belgien	Dänemark	Frankreich	Deutschland	Irland	Luxemburg	Malta	Niederlande	Spanien	Schweiz	Zypern
Regelbesteuerung auf nicht steuerbefreites Holding-Einkommen	25%	33% plus 3% Krisensteuer (Eff. Steuersatz: 33,99%)	25%	33 1/3% plus Zuschlag von 3,3% (Eff. Steuersatz: 34,43%)	15% plus 5,5% SolZ hierauf 11–18% GewSt (Eff. Steuersatz: 26–33%)	Gewerbliche Einkünfte 12,5%, Andere Einkünfte 25%	21% plus Zuschlag von 4% plus ca. 6,75% Gewerbesteuer (Eff. Steuersatz 28,59%)	35%	25,5%, 10% für gruppeninterne Lizenzen	30%	7,83% auf andere Einkünfte	10%
Steuerfreiheit von Auslandsdividenden	EU/EWR mit Auskunftsaustausch: Ja, sofern ausländischer Steuersatz nicht unter 15% Übriges Ausland: Ja, sofern mind. 10% Beteiligung ununter-	95% steuerfrei, sofern – mindestens 10% am Nennkapital der TG oder Akquisitionskosten mind. 2,5 Mio. € – ununterbrochen in den letzten	EU-/EWR-/DBA-Staat: Ja, sofern – mind. 10% Beteiligung und richtlinien- oder abkommensberechtigt Übriges Ausland: – Ja, soweit über	95% steuerfrei, sofern – Beteiligung mind. 5% – Beteiligung mind. 2 Jahre und – MG und TG Steuersubjekte	95% steuerfrei – Gewerbesteuerbefreiung setzt Beteiligung von mind. 15% voraus	Steuerpflichtig zu 12,5% soweit aus EU/DBA-Staat und gewerblich, jedoch Steueranrechnung sofern – Beteiligung mind. 5%	Ja, sofern – mind. 10% Beteiligung oder Akquisitionskosten mind. 1,2 Mio. € – für mind. 12 Monate und – TG als Kapitalunternehmen steu-	Steuerpflichtig, jedoch Steueranrechnung sowie -gutschrift, Option zur Freistellung unter bestimmten Bedingungen (particpating holding)	Ja, sofern – mind. 5% Beteiligung und TG – hat nicht > 50% Portfolio-Wirtschaftsgüter und – ausländischer Steuersatz ist nicht < 10%	Ja, sofern – mind. 5% Beteiligung ungunterbrochen in den letzten 12 Monaten oder Akquisitionskosten > 6 Mio. € – die ausländische TG einer Steuer	Ja, sofern – Beteiligung mind. 20% des Kapitals oder fair market value der Beteiligung (ab 2011 10%) mind. 2 Mio. CHF (ab 2011	Ja, sofern mind. 1% Beteiligung und weniger als 50% der Aktivitäten der TG resultieren aus Kapitaleink. und die ausländische Steuer ist nicht niedrig (< 5%)

Tabelle 52: Fortsetzung

Österreich	Belgien	Dänemark	Frankreich	Deutschland	Irland	Luxemburg	Malta	Niederlande	Spanien	Schweiz	Zypern
brochen in den letzten 12 Monaten – Wechsel zu Anrechnung, sofern bestimmte passive Einkünfte und der ausländische Steuersatz ≤ 15% ist	12 Monaten – die ausländische TG einer Steuer ähnlich der belgischen unterliegt	50% der Stimmrechte				erpflichtig oder als EU-Unternehmen in der Mutter-Tochterrichtlinie aufgeführt			ähnlich der spanischen unterliegt oder in DBA-Land ansässig und – TG's Einkommen aus eigener Geschäftstätigkeit mind. 85% des Gesamteinkommens und TG nicht in Steueroase außerhalb der EU ansässig	1 Mio. CHF) Auf kantonaler Ebene sind reine Holdinggesellschaften bezüglich Gewinnsteuern befreit	

4. Kapitel. Steuerplanung mit Holdinggesellschaften

	Österreich	Belgien	Dänemark	Frankreich	Deutschland	Irland	Luxemburg	Malta	Niederlande	Spanien	Schweiz	Zypern
Quellensteuer auf Dividenden innerhalb der EU	0%, sofern mind. 10% Beteiligung ununterbrochen in den letzten 12 Monaten	0%, sofern mind. 10% Beteiligung ununterbrochen in den letzten 12 Monaten	0%, sofern mind. 10% Beteiligung und richtlinien- oder abkommensberechtigt	0%, sofern mind. 10% Beteiligung ununterbrochen in den letzten 24 Monaten	0%, sofern mind. 10% Beteiligung ununterbrochen in den letzten 12 Monaten sowie bestimmte Substanzvoraussetzungen nach § 50 d EStG	Grundsätzlich 0%	0%, sofern mind. 10% Beteiligung oder Akquisitionskosten mind. 1,2 Mio. € und ununterbrochen in den letzten 12 Monaten	0%	0%, sofern mind. 5% Beteiligung	0%, sofern steuerfreie Einkünfte ausgeschüttet werden und nicht in Steueroase außerhalb EU ansässig; oder mind. 10% Beteiligung ununterbrochen in den letzten 12 Monaten	0%, sofern mind. 25% Beteiligung in den letzten 24 Monaten Haltedauer; ansonsten 35%, jedoch Reduktion on gem. DBA möglich	0%

Tabelle 52: Fortsetzung

	Österreich	Belgien	Dänemark	Frankreich	Deutschland	Irland	Luxemburg	Malta	Niederlande	Spanien	Schweiz	Zypern
Quellensteuer auf Dividenden in die USA bei qualifizierter Beteiligung	5%, sofern mind. 10% Beteiligung	0%, sofern mind. 10% Beteiligung ununterbrochen in den letzten 12 Monaten	0%, sofern mind. 10% Beteiligung	5%, sofern mind. 10% Beteiligung 0%, sofern mind. 80% Beteiligung ununterbrochen in den letzten 12 Monaten sowie Erfüllung der Limitation-on-benefits-Klausel	5%, sofern mind. 10% Beteiligung 0%, sofern mind. 80% Beteiligung ununterbrochen in den letzten 12 Monaten sowie Erfüllung der Limitation-on-benefits-Klausel	Grundsätzlich 0%	5%, sofern mind. 10% Stimmrechte 0%, sofern mind. 10% Beteiligung oder Akquisitionskosten mind. 1,2 Mio. € und ununterbrochen in 12 Monaten und sofern US-Muttergesellschaft voll steuerpflichtig	0%	0%, sofern mind. 80% Beteiligung ununterbrochen in den letzten 12 Monaten sowie Erfüllung der Limitation-on-benefits-Klausel	0% bei Ausschüttung steuerfreier Einkünfte, sonst 10% bei Beteiligung von mind. 25%	5%, sofern mind. 10% Beteiligung	0%

4. Kapitel. Steuerplanung mit Holdinggesellschaften

	Österreich	Belgien	Dänemark	Frankreich	Deutschland	Irland	Luxemburg	Malta	Niederlande	Spanien	Schweiz	Zypern
Steuerfreiheit von Veräußerungsgewinnen aus												
– Inlandsbeteiligungen	Nein	Ja	Ja, sofern – Beteiligung mind. 10%	Ja, jedoch nur zu 95%, sofern – Beteiligung > 5% für mind. 24 Monate	Ja, jedoch nur zu 95%[1]	Ja, sofern – mind. 5% Beteiligung für mind. 12 Monate ununterbrochen und – bestimmte Aktivitätsanforderungen bei TG	Ja, sofern – mind. 10% Beteiligung oder Akquisitionskosten mind. 6 Mio. € und – für mind. 12 Monate ununterbrochen	Grundsätzlich nein	Ja, sofern – mind. 5% Beteiligung und TG – hat nicht > 50% Portfolio-Wirtschaftsgüter und – Steuersatz ist nicht < 10%	Nein	Ja, sofern – mind. 20% (ab 2011 10%) Beteiligung für mind. 12 Monate Auf kantonaler Ebene sind reine Holdings meist zu 100% steuerbefreit	Ja, es sei denn, Anteile sind nicht börsennotiert und die TG besitzt unbewegliches Vermögen in Zypern

[1] Ausnahmen gelten für Einbringungen unter dem gemeinen Wert nach dem UmwStG: Bei Einbringungen unter der zeitlichen Geltung des SEStG erfolgt eine anteilige Nachversteuerung bei Veräußerung innerhalb von sieben Jahren.

Tabelle 52: Fortsetzung

	Österreich	Belgien	Dänemark	Frankreich	Deutschland	Irland	Luxemburg	Malta	Niederlande	Spanien	Schweiz	Zypern
– Auslandsbeteiligungen	Ja, sofern – mind. 10% Beteiligung ununterbrochen in den letzten 12 Monaten (Option zur Besteuerung)	Ja, sofern – die ausländische Steuer ähnlich der belgischen Steuer unterliegt	Ja, sofern – Beteiligung mind. 10% und TG in DBA/EU-Staat	Ja, jedoch nur zu 95%, sofern – Beteiligung > 5% für mind. 24 Monate	Ja, jedoch nur zu 95%	Ja, sofern – mind. 5% Beteiligung für mind. 12 Monate ununterbrochen – Gewerblichkeit der TG und – TG ansässig in EU- oder DBA-Land	Ja, sofern – mind. 10% Beteiligung oder Akquisitionskosten mind. 6 Mio. € – für mind. 12 Monate ununterbrochen und – TG als Kapitalunternehmen steuerpflichtig oder als EU-Unternehmen in der Mutter-Tochterrichtlinie aufgeführt	Nein, jedoch Steueranrechnung sowie -gutschrift Option zur Freistellung unter bestimmten Bedingungen (participating holding)	Ja, sofern – mind. 5% Beteiligung und TG – hat nicht > 50% Portfolio-Wirtschaftsgüter und – ausländischer Steuersatz ist nicht < 10%	Ja, sofern – mind. 5% Beteiligung ununterbrochen in den letzten 12 Monaten oder Akquisitionskosten > 6 Mio. € – die ausländische TG einer Steuer ähnlich der spanischen unterliegt oder in DBA-Land ansässig und	Ja, Voraussetzungen wie bei Inlandsbeteiligungen	Ja, Voraussetzungen wie bei Inlandsbeteiligungen

Österreich	Belgien	Dänemark	Frankreich	Deutschland	Irland	Luxemburg	Malta	Niederlande	Spanien	Schweiz	Zypern
									Einkommen der TG aus eigener Geschäftstätigkeit mind. 85% des Gesamteinkommens und TG nicht in Steueroase außerhalb EU ansässig		

Tabelle 52: Fortsetzung

	Österreich	Belgien	Dänemark	Frankreich	Deutschland	Irland	Luxemburg	Malta	Niederlande	Spanien	Schweiz	Zypern
Berücksichtigung von Veräußerungsverlusten bei												
– Inlandsbeteiligungen	Abzugsfähig (über 7 Jahre)	Nicht abzugsfähig, sofern Dividendenfreistellung	Nicht abzugsfähig	Nicht abzugsfähig	Nicht abzugsfähig	Nicht abzugsfähig	Abzugsfähig	Veräußerungsverluste nur mit laufenden oder zukünftigen Veräußerungsgewinnen verrechenbar	Nicht abzugsfähig	Abzugsfähig	Abzugsfähig innerhalb von 7 Jahren bezüglich direkten Bundessteuern	Nicht abzugsfähig, sofern Veräußerungsgewinne steuerfrei sind
– Auslandsbeteiligungen	Nicht abzugsfähig (abzugsfähig innerhalb von 7 Jahren, sofern Option zur Besteuerung	Nicht abzugsfähig, sofern Dividendenbefreiung greift	Nicht abzugsfähig	Nicht abzugsfähig	Nicht abzugsfähig	Nicht abzugsfähig	Abzugsfähig	Veräußerungsverluste nur mit laufenden oder zukünftigen Veräußerungsgewinnen	Nicht abzugsfähig	Abzugsfähig	Abzugsfähig innerhalb von 7 Jahren bei Bundessteuern Auf kantonaler Ebene	Nicht abzugsfähig (s. o.)

	Österreich	Belgien	Dänemark	Frankreich	Deutschland	Irland	Luxemburg	Malta	Niederlande	Spanien	Schweiz	Zypern
Kapitalsteuer		von Veräußerungsgewinnen ausgeübt)						verrechenbar			nicht abzugsfähig	
– auf Kapitaleinlagen	1% (mit Ausnahmen)	0%	0%	0%	0%	0%	0%	0%	0%	1%	1% (Bund)	0,6% des Nennwerts bei neuen Kapitalanteilen Keine Kapitalsteuer auf Agio
– auf Einbringung von Auslandsbeteiligungen	0%, sofern Beteiligung mind. 24 Monate vor Einbringung	0%	0%	0% unter bestimmten Voraussetzungen	0%	0%	0%	0%	0% unter bestimmten Voraussetzungen	0%	0% unter bestimmten Voraussetzungen	wie oben

Tabelle 52: Fortsetzung

	Österreich	Belgien	Dänemark	Frankreich	Deutschland	Irland	Luxemburg	Malta	Niederlande	Spanien	Schweiz	Zypern
Abzugsfähigkeit von Finanzierungskosten für Auslandsbeteiligungen	Abzugsfähig	Abzugsfähig, sofern fremden Dritten vergleichbar	Abzugsfähig, im Rahmen der allgemeinen Regelungen	Abzugsfähig, sofern neben ausländischen Dividenden noch andere Einkünfte	Abzugsfähig im Rahmen der Zinsschranke	Abzugsfähig, unter bestimmten Bedingungen	Abzugsfähig außer bei Zusammenhang mit steuerfreien Dividenden	Abzugsfähig	Abzugsfähig im Rahmen base erosion test	Abzugsfähig	Abzugsfähig	Nicht abzugsfähig
Begrenzung des Zinsabzugs/Regeln zur Gesellschafter-Fremdfinanzierung (Begrenzung des FK : EK-Verhältnisses)	Keine Regelung (Drittvergleich)	Keine Regelung (Drittvergleich); bei Zahlungen an Niedrigsteuerländer spezielle Begrenzungen	4:1 sowie bestimmte EBIT- und vermögensbezogene Begrenzungen, Freibetrag DKK 21.300 Mio.	Zinssatzbezogene und gewinnbezogene Limitierung sowie Begrenzung auf 1,5:1	Zinsschranke, abzugsfähig in Höhe der Zinserträge zzgl. 30% des steuerlichen EBITDA; Freigrenze € 3 Mio. Escapeklausel	Keine Regelung	85:15	Keine Regelung	3:1	3:1 (Nein, sofern EU und nicht in Steueroase)	Keine gesetzliche Regelung, sondern Verwaltungserlass: Operative Gesellschaft: abhängig von der Vermögensstruktur Finanzierungsgesellschaft 6:1	Keine Regelung

4. Kapitel. Steuerplanung mit Holdinggesellschaften

	Österreich	Belgien	Dänemark	Frankreich	Deutschland	Irland	Luxemburg	Malta	Niederlande	Spanien	Schweiz	Zypern
EU-Mitgliedschaft	Ja	Ja	Ja	Ja	Ja	Ja	Ja	Ja	Ja	Ja	Nein	Ja
Einkommensteuerspitzenbelastung für Holding-Mitarbeiter (ohne KiSt)	50%	50% plus bis zu 9% kommunale Steuer hierauf	52%	40%	45% plus 5,5% SolZ hierauf	41% plus Einkommensabgabe	38% plus 2,5% SolZ hierauf	35%	52%	43%	11,5% (Bund) plus ca. 5%–25% (Kanton/Gemeinde)	30%
Umfang DBA-Netz mit niedrigen Quellensteuersätzen	84	88	75	118	88	46	51	48	86	73	89	47
Regelungen Hinzurechnungsbesteuerung	Nein	Nein	Ja	Ja	Ja	Nein	Nein	Nein	Nein	Ja	Nein	Nein

D. Grenzen der Einschaltung von Holdinggesellschaften

I. Gesetzliche Grenzen der Steuerplanung

Durch die Einschaltung von Holdinggesellschaften können Höhe, Ort und Zeitpunkt der Besteuerung beeinflusst werden, wobei die gestalterische Kreativität des Steuerplaners aber nicht schrankenlos ausgelebt werden kann. Insbesondere in Fällen, in denen der Einsatz einer Holdinggesellschaft vorrangig steuerinduziert ist, ist zunächst sorgfältig darauf zu achten, dass die tatsächlichen oder vermeintlichen steuerlichen Strukturvorzüge auch den betriebswirtschaftlichen Erfordernissen gerecht werden und keine Kompensation durch Nachteile in anderen Bereichen (komplizierte Gruppenstruktur, Zusatzkosten, Vermögensverlagerung in Risikoländer) eintritt. Daneben ist ein besonderes Augenmerk auf die im Steuerrecht begründeten Grenzen der Steuerplanung zu legen, da eine fehlgeschlagene Holdingstruktur zu verheerenden Doppelbesteuerungen führen kann.[70]

Jede Steuerordnung muss sich gegen die **missbräuchliche Umgehung** ihrer Steuergesetze schützen,[71] wobei sich sofort die Frage nach einer rechtsstaatlich angemessenen Abgrenzung von wirtschaftlich gerechtfertigten und missbräuchlichen Gestaltungen aufdrängt. Werden Holdingmodelle zur Reduzierung in- oder ausländischer Steuerzahlungen eingesetzt, so werden diejenigen Staaten den Rückgriff auf gesetzliche Abwehrmechanismen überprüfen, deren Steuersubstrat betroffen ist. Von den Sonderfällen einer Landes- bzw. Akquisitionsholding einmal abgesehen wird dies in den wenigsten Fällen der Holdingstandort sein, da eine aus steuerlichen Motiven eingesetzte Zwischenholding regelmäßig zur Reduzierung der Steueransprüche eines Drittstaates benutzt wird. In den potenziellen Sitzstaaten von Holdinggesellschaften erfolgt deshalb nur ausnahmsweise eine Missbrauchs- bzw. Angemessenheitsprüfung, zumal diese Staaten bewusst die Holdingtätigkeit durch Einräumung von steuerlichen Vergünstigungen fördern. Sie sind der Ansicht, dass der betroffene Wohnsitz- oder Quellenstaat Gegenmaßnahmen zu ergreifen hat, wenn er die Holdingstruktur als missbräuchlich wertet.

Für die Anerkennung eines Holdingmodells durch in- und ausländische Finanzbehörden sind insbesondere eine **ausreichende Substanz** der Auslandsholding und der Verweis auf **wirtschaftliche Beweggründe** maßgeblich. Allerdings sind im Hinblick auf die einzelfallbezogene Anwendung von Missbrauchsvorschriften bereits bei deutschen Steuerbeamten und Finanzgerichten zum Teil verblüffende Meinungsunterschiede feststellbar; viel weniger noch gelingt ein internationaler Konsens.[72]

Die im **deutschen Steuerrecht** verankerten **Abwehrmaßnahmen** gegen unangemessene Auslandsstrukturen umfassen insbesondere die Regelungen über die Bestimmung des Ortes der Geschäftsleitung, die Missbrauchsvorschriften der Abgabenordnung, die Anti-treaty-shopping-Vorschrift des § 50 d

---

[70] Vgl. Lutter, M. (Hrsg.), Holding-Handbuch, 2004, § 16 Rz. 13.
[71] Vgl. Hundt, F., Missbrauchsverständnis, 1997, S. 153; ebenso Runge, B., Abwehrklauseln, 2003, S. 1709 ff.; für den nationalen Bereich Drüen, K.-D., StuW 2008, S. 154 ff.
[72] Zu EU-rechtlichen Grenzen nationaler Missbrauchsvorschriften vgl. Laule, G., IStR 2003, S. 217 ff.; Hey, J., StuW 2008, S. 167 ff. Zur Entwicklung eines EU-rechtlichen Missbrauchsgrundsatzes siehe Englisch, J., StuW 2009, S. 3 ff.

4. Kapitel. Steuerplanung mit Holdinggesellschaften

Abs. 3 EStG sowie die Hinzurechnungsbesteuerung nach dem Außensteuergesetz. Welche Gesetzesregelung jeweils als Überprüfungsmaßstab für ein Holdingmodell eingesetzt wird, bestimmt sich maßgeblich nach der mit der Struktur verfolgten steuerlichen Zielsetzung.

Abbildung 19: Gesetzliche Anerkennungsgrenzen von Holdingstrukturen

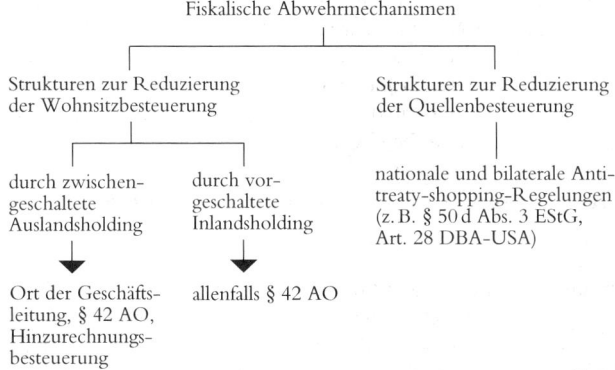

Die Einzelheiten der jeweils zur Anwendung kommenden Gesetzesregelungen wurden bereits im Rahmen der einzelnen Gestaltungsalternativen im 3. und 4. Teil ausführlich beschrieben,[73] so dass nachfolgend ein Überblick genügt, um die wesentlichen Voraussetzungen für eine erfolgreiche Umsetzung von Holdingstrukturen aufzuzeigen. Ergänzend sei noch auf die erhöhten Mitwirkungs-, Beweisvorsorge- und Erklärungspflichten im grenzüberschreitenden Geschäftsverkehr hingewiesen,[74] deren Beachtung – auch als Vorsorge gegen eventuelle strafrechtliche Vorwürfe[75] – unabdingbar ist. Welche Bedeutung diesen **Auskunfts- und Mitwirkungspflichten** beigemessen wird, lässt sich auch an der in den letzten Jahren zustande gekommenen internationalen Abstimmung zur Verbesserung des internationalen Auskunftsaustausches ablesen. So bekräftigten im Oktober 2008 17 OECD-Staaten sowie im April 2009 die G20-Staaten, die Durchsetzung einer effektiven Amtshilfe nach Maßgabe des Art. 26 OECD-Modells durch nationale Maßnahmen unterstützen zu wollen. In Deutschland wurden vor diesem Hintergrund das Steuerhinterziehungsgesetz[76] bzw. die Steuerhinterziehungsbekämpfungsverordnung[77] beschlossen, welche die fehlende Auskunftserteilung nicht kooperierender Staaten bzw. der Steuerpflichtigen durch Verweigerung steuerlicher Begünstigungen oder Abzugsmöglichkeiten (z. B. keine Schachtelprivilegien nach § 8b KStG, keine Quellensteuerentlastung

---

[73] Vgl. 3. Teil, 3. Kapitel, Abschnitt B II 2c) und 4. Teil, 3. Kapitel, Abschnitt A I 2.
[74] Vgl. die Zusammenstellung bei Spriegel, H./Schweiss, K., BB 1996, S. 1356; sowie Tz. 3 des BMF-Schreibens v. 12. 4. 2005 (Verwaltungsgrundsätze-Verfahren), BStBl 2005 I, S. 570.
[75] Zu den strafrechtlichen Risiken bei grenzüberschreitenden Aktivitäten vgl. Spriegel, H., Strafrechtliche Risiken, 2003, S. 1664 ff. Zu den Möglichkeiten der Finanzverwaltung zur Sachverhaltsaufklärung bei internationalen Sachverhalten vgl. Bilsdorfer, P., Informationsquellen, 2003, S. 1689 ff.
[76] BGBl. 2009 I, S. 2302.
[77] BGBl. 2009 I, S. 3046.

nach § 50 d EStG) pönalisiert.[78] In diesem Zusammenhang wurde von der OECD eine Schwarze bzw. Graue Liste von Staaten veröffentlicht, die bislang nicht oder nur teilweise zu der geforderten Kooperation bereit waren. Wie groß der politische Druck war, zeigt sich daran, dass bis zum November 2009 alle Staaten, die auf diesen Listen geführt wurden (u. a. auch Luxemburg, Österreich und die Schweiz), ihre Verhandlungsbereitschaft signalisiert bzw. bereits konkrete Abkommen zur Auskunftserteilung abgeschlossen hatten. Die deutsche Finanzverwaltung hat am 2. 1. 2010 bestätigt, dass derzeit kein Staat oder Gebiet die Voraussetzungen für Maßnahmen nach der Steuerhinterziehungsbekämpfungsverordnung erfüllt. Bis zu einer gegenteiligen Bekanntgabe bestehen daher für die Steuerpflichtigen keine zusätzlichen Mitwirkungs-, Auskunfts- oder Nachweispflichten.[79]

II. Maßnahmen zum Schutz der Wohnsitzbesteuerung

1. Ort der Geschäftsleitung

Steuerkonzepte mit Auslandsholdings setzen regelmäßig eine **Abschirmwirkung der ausländischen Kapitalgesellschaft** vor der deutschen Besteuerung voraus, so dass zumindest ein direkter deutscher Steuerzugriff auf das Holdingergebnis ausgeschlossen ist. Allerdings sind solche Auslandsgesellschaften, deren Ort der Geschäftsleitung im Inland liegt, in Deutschland unbeschränkt steuerpflichtig.[80] Die Abschirmwirkung kann in diesen Fällen nicht erreicht werden, die Einkünfte der Gesellschaft unterliegen nach dem Welteinkommensprinzip der deutschen Steuerbelastung. Der angestrebte Holdingzweck kann deshalb in vielen Fällen nur verwirklicht werden, wenn der Ort der Geschäftsleitung unzweifelhaft im Ausland liegt.[81]

Ort der Geschäftsleitung ist nach § 10 AO der Mittelpunkt der **geschäftlichen Oberleitung**. Er befindet sich dort, wo der für die Geschäftsführung maßgebende Wille gebildet wird und nach den tatsächlichen Verhältnissen dauernd die für die Geschäftsführung notwendigen Maßnahmen von einigem Gewicht angeordnet werden, m. a. W. die Entscheidungen des Tagesgeschäfts getroffen werden.[82] Wenn die Muttergesellschaft aus ihrem Gesellschafterinteresse heraus Informationen und Abstimmungen bei besonderen Geschäften verlangt (z. B. im Rahmen geschäftspolitischer Richtlinien), so ist dies wesensmäßig noch nicht Geschäftsführung. Notwendig ist deshalb eine klare Abgrenzung von Geschäftsführungsfunktionen einerseits und Funktionen des

---

[78] Zur Kritik vgl. z. B. Haarmann, W./Suttorp, A., BB 2009, S. 1275 ff.; Eilers, S./Dann, H., BB 2009, S. 2399 ff.; Kessler, W./Eicke, R., DB 2009, S. 1314 ff.
[79] Vgl. BMF-Schreiben v. 5. 1. 2010, BStBl 2010 I, S. 19.
[80] Vgl. BFH v. 23. 6. 1992, BStBl 1992 II, S. 972.
[81] Im Übrigen können auch die Nutzung ausländischer DBA oder die angestrebten lokalen Besteuerungsfolgen die tatsächliche Geschäftsleitung im Ausland voraussetzen.
[82] Grundlegend zum Ort der Geschäftsleitung vgl. RFH v. 16. 6. 1931, RStBl 1931, S. 848; RFH v. 3. 7. 1934, RStBl 1934, S. 1078; RFH v. 11. 7. 1940, RStBl 1940, S. 706; BFH v. 17. 7. 1968, BStBl 1968 II, S. 695; BFH v. 7. 12. 1994, BStBl 1995 II, S. 175; BFH v. 15. 10. 1997, BFH/NV 1998, S. 434; BFH v. 19. 3. 2002, BFH/NV 2002, S. 1411. Zu den Problemen bei der Lokalisierung des Ortes der Geschäftsleitung bei bi- oder polyzentrischen Führungsstrukturen vgl. Breuninger, G. E./Krüger, A., Lokalisierung, 1999, S. 79 ff. Zu den nationalen und internationalen Entwicklungen bzgl. des Ortes der Geschäftsleitung vgl. Kessler, W./Müller, M. A., IStR 2003, S. 361 ff.; Ebert, S., IStR 2005, S. 534 ff.; Perwein, S., GmbHR 2009, S. 418 ff.

4. Kapitel. Steuerplanung mit Holdinggesellschaften

Aufsichtsrats bzw. der Gesellschafterversammlung andererseits. Damit der Ort der Geschäftsleitung sich im Ausland befindet, empfiehlt sich zum einen, dass die Gesellschaft einen im Ausland ansässigen Geschäftsführer anstellt, der die geschäftliche Entscheidungsbefugnis vor Ort wahrnimmt, und dass zum anderen von der Gesellschaft ein eigenständiger Geschäftsbetrieb mit eigener visueller Identität (Büroräume, Briefpapier, Telefon, Aufbewahrung aller erforderlichen Geschäftsdokumente) eingerichtet wird.

2. Missbrauchsvorschriften

Gesellschaften, deren Ort der Geschäftsleitung im Ausland liegt, können nur dann eine Abschirmwirkung gegen die deutsche Besteuerung entfalten, wenn sie als eigenständige Kapitalgesellschaften angesehen werden. Sind die Voraussetzungen der Tatbestände Scheingeschäft, Treuhandschaft oder Gestaltungsmissbrauch erfüllt, liegt eine sog. **Basisgesellschaft** vor, deren Gewinn und Vermögen direkt dem hinter der Gesellschaft stehenden Gesellschafter zugeordnet werden (**Durchgriffsbesteuerung**).[83]

– Die Grundsätze eines **Scheingeschäfts** (§ 41 AO) haben für Holdinggesellschaften keine große Bedeutung. Im Allgemeinen geht die Rechtsprechung nämlich davon aus, dass der ernste Wille der Beteiligten darauf gerichtet ist, die ausländische Gesellschaft wirksam zu gründen und die Geschäfte über diese Gesellschaft abzuwickeln.[84] Ein Scheingeschäft wird nur angenommen, wenn die Gesellschafter ihre vertraglichen Pflichten aus dem Gründungsvertrag tatsächlich nicht erfüllen und die ausländische Holdinggesellschaft keine betriebliche Funktion ausübt, m. a. W. wenn der Gründung einer ausländischen Kapitalgesellschaft nach Ansicht der Steuerverwaltung nur formale Bedeutung zukommt.

– Die Kriterien eines **Treuhandverhältnisses** (§ 39 AO) zwischen Auslandsgesellschaften und inländischem Anteilseigner sind aufgrund der restriktiven BFH-Rechtsprechung gleichfalls nur in seltenen Fällen erfüllt.

– Zentraler Beurteilungsmaßstab bildet damit die Prüfung, ob die Einschaltung der Auslandsgesellschaft einen **Missbrauch von rechtlichen Gestaltungen** darstellt. § 42 AO verankert als allgemeinen Missbrauchstatbestand, dass durch Missbrauch von Gestaltungsmöglichkeiten des Rechts das Steuergesetz nicht umgangen werden kann.[85] Nachdem diese Norm fast 20 Jahre unverändert blieb, hat der Gesetzgeber sie nun innerhalb weniger Jahre bereits zweimal angepasst – zunächst im StÄndG 2001 und danach im Rahmen des JStG 2008, um deren als unzureichend empfundene Schlagkraft zu verbessern.[86]

---

[83] Zum Konkurrenzverhältnis zwischen dem Ort der Geschäftsleitung und der Missbrauchsklausel des § 42 AO vgl. Hundt, F., Missbrauchsverständnis, 1997, S. 165. Hundt gelangt zutreffend zu dem Ergebnis, dass § 42 AO als Auffangklausel hinter die unbeschränkte Steuerpflicht aufgrund § 1 KStG i. V. m. § 10 AO zurücktritt.
[84] Vgl. BFH v. 21. 10. 1988, BStBl 1989 II, S. 216; siehe auch Gebbers, H., StBp 1987, S. 99 ff.; sowie Dreßler, G., Gewinnverlagerung, 2007, S. 306 f. mit weiteren Hinweisen zur Rechtsprechung.
[85] Für eine Übersicht über die Missbrauchsregelungen in anderen Ländern vgl. Böing, C., Gestaltungsmissbrauch in Europa, 2006; Eicke, R., Repatriierungsstrategien, 2009, S. 197 ff.
[86] Vgl. zur Rechtsentwicklung Wienbrake, M., DB 2008, S. 664 f.

Das Steuerrecht knüpft zwar grundsätzlich an die gewählten vertraglichen Vereinbarungen an. Dies gilt aber nur, solange die wirtschaftlichen Verhältnisse den rechtlichen Gestaltungen entsprechen. Als Konsequenz aus dem **Grundsatz der Gestaltungsfreiheit** hat der Steuerpflichtige bei einem gegebenen wirtschaftlichen Sachverhalt häufig die Wahl zwischen mehreren Gestaltungen des privaten Rechts. Von mehreren angemessenen Gestaltungsmöglichkeiten darf der Steuerpflichtige prinzipiell die steuerlich günstigste wählen.[87] Dies gilt jedoch nicht für solche Strukturen, die nur der Manipulation dienen. Ungewöhnliche Gestaltungen, die keinen wirtschaftlichen Sinn haben, die unter fremden Dritten nicht üblich sind und nur eine Steuerminderung bezwecken, werden steuerlich nicht anerkannt. Kennzeichnend ist dabei ein Auseinanderklaffen von inhaltlich wirtschaftlichem Zweck und äußerlich formalrechtlich gewähltem Weg, der das zu untersuchende Rechtsgeschäft in einem anderen Licht erscheinen lässt.[88] Ein solcher Missbrauch von Gestaltungsmöglichkeiten liegt nach der im Rahmen des JStG 2008 in § 42 Abs. 2 AO eingefügten gesetzgeberischen Definition vor, wenn eine unangemessene rechtliche Gestaltung gewählt wird, die beim Steuerpflichtigen oder Dritten im Vergleich zu einer angemessenen Gestaltung zu einem gesetzlich nicht vorgesehenen Steuervorteil führt. Dies gilt jedoch nicht, wenn der Steuerpflichtige nachweist, dass für die gewählte Gestaltung außersteuerliche Gründe ausschlaggebend waren, die nach dem Gesamtbild der Verhältnisse beachtlich sind.

Nach den Gesetzesmaterialien soll die Neufassung im Interesse der Gleichmäßigkeit und Rechtssicherheit zu einer präziseren, aber auch effektiveren Anwendung von § 42 AO führen.[89] Ob diese Ziele tatsächlich erreicht werden, erscheint fraglich.[90] Begrüßenswert ist sicherlich die klar festgelegte **Prüfungsabfolge der Vorschriften zur Missbrauchsabwehr.** Nach § 42 Abs. 1 S. 1 AO ist im ersten Schritt zu prüfen, ob das im Einzelfall anzuwendende Einzelsteuergesetz eine Regelung enthält, die der Missbrauchsabwehr dient. Sind deren Tatbestandsvoraussetzungen erfüllt, richten sich die Rechtsfolgen allein nach dem Einzelsteuergesetz. Ist dies nicht der Fall, bestimmt sich das Vorliegen eines Missbrauchs gem. § 42 Abs. 1 S. 3 AO nach der in § 42 Abs. 2 AO enthaltenen Legaldefinition. Nach der gesetzgeberischen Zielsetzung sollte § 42 AO den Rang einer allgemeinen Auffangklausel erhalten, die zusätzlich zur Anwendung kommen kann, wenn im ersten Prüfungsschritt ein Missbrauch i. S. d. spezielleren Regelung verneint wurde. Der von der Rechtsprechung stets betonte Wertungsvorrang der spezialgesetzlichen Missbrauchsregelung, der bislang die Anwendung von § 42 AO abschließend verdrängte, sollte so beseitigt werden. Trotz dieser Neuformulierung wird jedoch allgemein davon ausgegangen, dass damit das Konkur-

---

[87] Vgl. z. B. BFH v. 23. 10. 1996, BStBl 1998 II, S. 90; BFH v. 29. 5. 2008, BStBl 2008 II, S. 789; sowie Drüen, K.-D., StuW 2008, S. 155 f. m. w. N.
[88] So Hahn, H., DStZ 2006, S. 431 ff.; Dreßler, G., Gewinnverlagerung, 2007, S. 321 ff.
[89] Vgl. BT-Drs. 16/6290, S. 40 und 81.
[90] Die Literatur kommt hierbei nahezu einhellig zu einer ablehnenden Einschätzung. Vgl. u. a. Fischer, P., FR 2008, S. 306 ff.; Heintzen, M. FR 2009, S. 599 ff.; Hey, J., BB 2009, S. 1044 ff.; Tipke, K./Kruse, H. W., Abgabenordnung, § 42 AO, Anm. 36 f. m. w. N.

4. Kapitel. Steuerplanung mit Holdinggesellschaften

renzverhältnis zwischen der einzelgesetzlichen Missbrauchsregelung und der Generalklausel des § 42 AO keine entscheidende Änderung erfahren hat.[91] Da die Frage der Unangemessenheit einer Gestaltung nur anhand der umgangenen Norm ermittelt werden kann, gelten spezialgesetzliche Missbrauchsfestlegungen nach wie vor auch im Rahmen des § 42 AO fort.[92] Positiv ist weiterhin, dass § 42 Abs. 2 AO ausdrücklich die Motive des Steuerpflichtigen einbezieht und dabei die Beweislastverteilung zwischen Finanzbehörden und dem Steuerpflichtigen regelt. Im ersten Schritt hat die Finanzverwaltung nachzuweisen, dass die begründete Annahme eines Missbrauchs gegeben ist. Die Unangemessenheit der Gestaltung darf dabei nicht lediglich behauptet werden, sondern sie ist anhand von Tatbeständen mit Indizwirkung zu begründen. Liegt dieser Nachweis von Seiten der Finanzverwaltung vor, kann der Steuerpflichtige seinerseits den Nachweis erbringen, dass für die Gestaltung außersteuerliche Gründe beachtlich waren und sich dadurch dem Missbrauchsvorwurf entziehen.[93] Ob es jedoch tatsächlich gelungen ist, mit der in § 42 Abs. 2 AO angefügten Missbrauchsdefinition die bisher durch Kasuistik geprägte Anwendung der Generalklausel präziser zu fassen, ist stark zu bezweifeln. Zum einen bedürfen neue Begrifflichkeiten (wie der „gesetzlich nicht vorgesehene Steuervorteil" oder der Dritte als Vorteilsempfänger) noch einer genauen Klärung. Zum anderen enthält § 42 Abs. 2 AO wiederum keinen Wertungsmaßstab für die Unangemessenheit einer Gestaltung.[94] Bei der Ausfüllung des Begriffs der Unangemessenheit knüpft die Gesetzesbegründung vielmehr ausdrücklich an die bisherige Rechtsprechung des BFH sowie des EuGH an. Auch wenn zukünftig punktuell neue Akzente nicht ausgeschlossen werden können, ist eine grundlegende Neuorientierung der Rechtsprechung daher auch nach der Neufassung des § 42 AO nicht zu erwarten.[95] Für den Umgang mit der „blutleeren"[96] Generalklausel des § 42 AO kann und muss daher nach wie vor auf die umfangreiche Rechtsprechung[97] zurückgegriffen werden, die in Zusammenhang mit Basisgesellschaften im Wesentlichen folgende **Kriterien** entwickelt hat:

---

[91] Zumindest echten spezialgesetzlichen Missbrauchsverhinderungsnormen soll nach wie vor eine Abschirmwirkung im Hinblick auf die allgemeine Norm des § 42 AO zukommen. Vgl. Tipke, K./Kruse H. W., Abgabenordnung, § 42 AO, Anm. 13; Drüen, K.-D., Ubg 2008, S. 33 f.; Fischer, P., FR 2008, S. 306 ff.; Gosch, D., Zwischengesellschaft, 2008, S. 604. Die Frage, in welchen Fällen echte Spezialnormen vorliegen, wird daher entscheidende Bedeutung für die Anwendung des § 42 AO erlangen. Siehe hierzu auch Hahn, H., DStZ 2008, S. 488 f.
[92] Vgl. Drüen, K.-D., Ubg 2008, S. 31; Mack, A./Wollweber, M., DStR 2008, S. 186; Schuhmann, H., StBP 2008, S. 233.
[93] Zum gestuften Nachweisverfahren basierend auf dem Gedanken einer sphärenorientierten Nachweispflicht vgl. z. B. Heintzen, M., FR 2009, S. 604 f. m. w. N.
[94] Nach der Gesetzesbegründung wurde aufgrund der massiven Kritik an den vorangegangenen Entwurfsfassungen des § 42 Abs. 2 AO auf eine gesetzliche Definition des Begriffs der Unangemessenheit verzichtet und damit eine "Weiterentwicklung der Rechtsordnung„ in diesem Bereich durch die Rechtsprechung ermöglicht. Vgl. BT-Drs. 16/7036, S. 24.
[95] In diesem Sinne z. B. Drüen, K.-D., Ubg 2008, S. 38; Hübschmann, W./Hepp, E./Spitaler, A., Abgabenordnung, § 42 AO, Anm. 15; Hey, J., BB 2009, S. 1048.
[96] So Rose, G./Glorius-Rose, C., DB 1997, S. 2397.
[97] Zur Entwicklung und Diskussion der Rechtsprechung zu § 42 AO vgl. Rose, G./Glorius-Rose, C., DB 2004, S. 2174 ff. m. w. N.

6. Teil. Grenzüberschreitende Steuerplanung

- Basisgesellschaften sind Gesellschaften ohne selbständigen Geschäftsbetrieb, d. h. solche Gesellschaften, die neben bloßem Halten von Beteiligungen keine eigenen Interessen verfolgen (funktionslose Rechtsträger).[98]
- Für die Entfaltung einer eigenen wirtschaftlichen Tätigkeit genügt es nicht, dass die Basisgesellschaft lediglich das Eigenkapital hält[99] oder sich darauf beschränkt, mit ihrem Eigenkapital oder zusätzlichen Darlehensmitteln des Gesellschafters angeschaffte Wertpapiere zu halten und zu verwalten.[100] Allerdings ist eine Projekt-Finanzierungsgesellschaft, die sich ausschließlich oder hauptsächlich mit der Ausleihung von Geldern und der Anlage von Kapitalvermögen beschäftigt, anzuerkennen.[101] Auch eine Immobilien-Vermietungsgesellschaft ist selbst dann nicht funktionslos, wenn sie abgesehen von der Geschäftsführung über kein Personal und keine Büroräume verfügt. Entscheidend ist, dass sie über die Geschäftsführung in der Lage ist, die Vermietungsgeschäfte auszuführen.[102]
- Die Anerkennung der Eigenständigkeit einer Auslandsgesellschaft erfordert grundsätzlich eine über den Rahmen der bloßen Vermögenshaltung hinausgehende Teilnahme am allgemeinen wirtschaftlichen Verkehr, wie es auch sonst zur Annahme einer gewerblichen Betätigung notwendig ist.[103] Allerdings ist die Struktur nicht deshalb missbräuchlich, weil die Abwicklung der Wertpapiergeschäfte im Ausland durch eine Managementgesellschaft erfolgt.[104] Auch eine Projektgesellschaft oder ein Unternehmen mit einem engen und lediglich eingeschränkten Unternehmensgegenstand ist prinzipiell steuerlich anzuerkennen.[105]
- Das erkennbare, ernsthafte Bemühen zur Erzielung von wirtschaftlichen Erfolgen ist ausreichend, um den Missbrauchsvorwurf zu entkräften.[106] Dies ist insbesondere für die Gründungsphase von Auslandsgesellschaften relevant, in der es zunächst darum geht, spätere wirtschaftliche Aktivitäten vorzubereiten.
- Bei einer nur teilweise aktiv tätigen ausländischen Kapitalgesellschaft, die gleichzeitig Einkünfte aus passivem Erwerb erzielt, unterbleibt die Einordnung als Basisgesellschaft, wenn die aktive wirtschaftliche Betätigung nicht von völlig untergeordneter Bedeutung ist.[107] Die Verneinung eines Rechts-

---

[98] Vgl. BFH v. 29. 1. 1975, BStBl 1975 II, S. 553. Nach dem BFH-Urteil vom 31. 5. 2005, BStBl 2006 II, S. 118, kann aber im reinen Halten mehrerer Beteiligungen auch eine funktional eigenwirtschaftliche Tätigkeit zu sehen sein (Abkehr vom BFH-Urteil v. 20. 3. 2002, BStBl 2002 II, S. 819). Allerdings hat die Finanzverwaltung mit einem Nichtanwendungserlass (30. 1. 2006, BStBl 2006 I, S. 166) reagiert, der von der Steuerpraxis als auch Rechtsprechung auf das heftigste kritisiert wird. Vgl. FG Köln vom 16. 3. 2006 (Hilversum III), EFG 2006, S. 896.
[99] Vgl. BFH v. 16. 1. 1976, BStBl 1976 II, S. 401.
[100] Vgl. BFH v. 29. 7. 1976, BStBl 1977 II, S. 263.
[101] Vgl. BFH v. 20. 3. 2002, BStBl 2003 II, S. 50.
[102] Vgl. BFH v. 17. 11. 2004, BFH/NV 2005, S. 1016. In diesem Sinne auch FG Niedersachsen v. 13. 5. 2009, EFG 2009, S. 1721.
[103] Vgl. BFH v. 29. 7. 1976, BStBl 1977 II, S. 263.
[104] Vgl. BFH v. 25. 2. 2004, BStBl 2005 II, S. 14; FG Niedersachsen v. 13. 5. 2009, EFG 2009, S. 1721.
[105] Vgl. BFH v. 20. 3. 2002, BStBl 2003 II, S. 50.
[106] Vgl. BFH v. 29. 7. 1976, BStBl 1977 II, S. 268.
[107] Vgl. BFH v. 5. 3. 1986, BStBl 1986 II, S. 496.

4. Kapitel. Steuerplanung mit Holdinggesellschaften

missbrauchs erstreckt sich auf die gesamte Geschäftstätigkeit, da der Bundesfinanzhof den durchaus denkbaren Weg nicht beschritten hat, aktive und passive Einkünfte aufzuteilen und getrennt zu beurteilen.[108]
- Das bloße Erzielen von passiven Einkünften rechtfertigt für sich genommen noch keinen Missbrauchsvorwurf. Vielmehr müssen weitere Umstände hinzutreten, die die Gestaltung als missbräuchlich kennzeichnen, was insbesondere bei der Einschaltung bloßer Briefkastengesellschaften der Fall ist.[109] Der BFH unterscheidet insoweit zwischen einer funktionslosen Basisgesellschaft und einer eigenwirtschaftlich tätigen Kapitalanlagegesellschaft.[110] Missbräuchlich könne die Zwischenschaltung einer ausländischen Gesellschaft allenfalls dann sein, wenn sie lediglich vorübergehend erfolgt und nur zu dem Zweck bestimmt ist, anderweitig drohenden steuerlichen Belastungen zu entgehen. Ist die Gesellschaft jedoch auf eine gewisse Dauer angelegt[111] und verfügt sie über ein Mindestmaß an personeller und sachlicher Ausstattung, scheidet die Anwendung von § 42 AO aus.
- Die Voraussetzungen der Durchgriffsbesteuerung sind nicht erfüllt, wenn die ausländische Gesellschaft aus den wirtschaftlich anerkennenswerten Gründen, Beteiligungen im In- und Ausland zu erwerben und günstige Finanzierungsmöglichkeiten im Ausland nutzen zu können, gegründet wurde.[112]
- Vollzieht sich eine Restrukturierung, bspw. zur Schaffung einer Holdingkonstruktion, in mehreren Einzelschritten und sind die einzelnen Schritte aufgrund anerkennenswerter wirtschaftlicher Gründe bei isolierter Betrachtung nicht als rechtsmissbräuchlich zu beanstanden, liegt ein Gestaltungsmissbrauch nicht deshalb vor, weil die Einzelhandlungen auf einem Gesamtplan beruhen. Mehrere Einzelhandlungen sind in ihrer Summe und unter Berücksichtigung ihres beabsichtigten Ineinandergreifens nicht anders zu qualifizieren als die jeweils isoliert betrachtete Handlung.[113]
- Eine Auslandsholding braucht nicht, wie die geschäftsleitende Holding als Organträger, die umfassende Konzernleitung über mehrere abhängige Unternehmen auszuüben. Für ihre Anerkennung genügt die Wahrnehmung einzelner Funktionen einer geschäftsleitenden Holding.[114]

---

[108] Hierin besteht ein Unterschied zur Hinzurechnungsbesteuerung nach dem Außensteuergesetz (§ 9 AStG). Ablehnend FG Nürnberg v. 17. 11. 1987, RIW 1988, S. 576; ebenso Debatin, H., DStZ 1987, S. 216 f. Vgl. auch BFH v. 28. 1. 1992, BStBl 1993 II, S. 84.
[109] Vgl. BFH v. 19. 1. 2000, BStBl 2001 II, S. 222.
[110] Vgl. BFH v. 25. 2. 2004, BStBl 2005 II, S. 14.
[111] Anhaltspunkte, welcher Zeitraum als dauerhaft qualifiziert, liefert das Dublin-Docks-Urteil des BFH, in dem ein Zeitraum von 23 Monaten als nicht vorübergehend angesehen wurde. Vgl. BFH v. 19. 1. 2000, BStBl 2001 II, S. 222.
[112] Vgl. BFH v. 29. 7. 1976, BStBl 1977 II, S. 268.
[113] Vgl. BFH v. 20. 6. 2000, DB 2000, S. 2098. Handelt es sich allerdings um ein bloßes „Hin und Her" ohne Rechtfertigung durch außersteuerliche Gründe, kann ein Missbrauch zu bejahen sein. So BFH v. 8. 5. 2003, BStBl 2003 II, S. 854. Zur Figur des Gesamtplans vgl. auch Rose, G./Glorius-Rose, C., DB 2003, S. 412; Spindler, W., DStR 2005, S. 1 ff.; Hahn, H., DStZ 2006, S. 440 f.
[114] Vgl. BFH v. 29. 1. 1975, BStBl 1975 II, S. 553; BFH v. 9. 12. 1980, BStBl 1981 II, S. 339.

6. *Teil. Grenzüberschreitende Steuerplanung*

- Der in den Statuten niedergelegte Gesellschaftszweck muss tatsächlich vollzogen werden und die behaupteten Gründe für die Gesellschaftserrichtung müssen durch wirtschaftliches Handeln der Organe nach der Errichtung in Erscheinung treten.[115] Gleichwohl kann es in besonderen Fällen unschädlich sein, wenn ein Dritter mit der operativen Geschäftsführung und Verwaltung der Auslandsgesellschaft beauftragt wird, sofern die Geschäftsleitung der Auslandsgesellschaft Einfluss auf die strategischen Geschäftsentscheidungen ausübt.[116]
- Innerhalb der EU ist nach der Rechtsprechung des EuGH[117] eine unangemessene Gestaltung insbesondere dann anzunehmen, wenn die gewählte Gestaltung rein künstlich ist und nur dazu dient, die Steuerentstehung im Inland zu umgehen.[118] Der EuGH konkretisiert dabei die Gründung einer ausländischen Tochtergesellschaft nur dann als rein künstlich und bar jeder wirtschaftlichen Realität, wenn diese keinerlei wirtschaftliche Tätigkeit ausübt. Lässt sich jedoch die Ausübung einer dauerhaften wirtschaftlichen Tätigkeit mittels einer festen Geschäftseinrichtung anhand objektiver, von dritter Seite nachprüfbarer Anhaltspunkte wie Geschäftsräumen, Personal und Ausrüstungsgegenständen nachweisen, ist die Anwendung einer typisierenden nationalen Missbrauchsvorschrift wie § 42 AO ungeachtet des Vorhandenseins steuerlicher Motive nicht gerechtfertigt.[119] Vor dem Hintergrund dieses weiten Verständnisses der Niederlassungsfreiheit durch den EuGH hat es das FG Niedersachsen für die Anerkennung eines in kaufmännischer Weise eingerichteten Geschäftsbetriebs (z. B. für Zwecke des § 8 Abs. 1 Nr. 3 AStG) ausreichen lassen, wenn dieser nicht von der ausländischen Gesellschaft selbst unterhalten wird, sondern von einer konzerninternen Managementgesellschaft, die ihre Tätigkeit gegenüber der ausländischen Gesellschaft über einen Dienstleistungsvertrag erbringt.[120] Gleichermaßen lehnt der BFH in seinem Schlussurteil zu Columbus Container das Vorliegen eines die Anwendung der Hinzurechnungsbesteuerung rechtfertigenden Missbrauchs ab, da die in Frage stehende ausländische Gesellschaft aktiv, ständig und nachhaltig im Rahmen ihres Unternehmenszwecks am Wirtschaftsleben des Niederlassungsstaates teilgenommen hat, über entsprechend qualifiziertes Personal und geeignete Geschäftsräume verfügte und ihre Einkünfte aus eigener Tätigkeit erzielt hatte und somit den gemeinschaftsrechtlich erforderlichen Motivtest bestehen konnte.[121]
- Die objektive Beweislast für das Vorliegen der tatsächlichen Voraussetzungen eines Rechtsmissbrauchs trägt die Finanzverwaltung.[122] Für den Steuer-

---

[115] Vgl. BFH v. 16. 1. 1976, BStBl 1976 II, S. 401.
[116] Vgl. BFH v. 25. 2. 2004, BStBl 2005 II, S. 14.
[117] Vgl. u. a. EuGH v. 12. 9. 2006, EuGHE I, S. 7995 (Cadbury Schweppes).
[118] So auch die Finanzverwaltung im Anwendungsschreiben zu § 42 AO. Vgl. BMF v. 17. 7. 2008, BStBl 2008 I, S. 694.
[119] Vgl. grundlegend EuGH v. 12. 9. 2006 (Cadbury Schweppes), EuGH I, S. 7995.
[120] Vgl. FG Niedersachsen v. 13. 5. 2009, EFG 2009, S. 1721.
[121] Vgl. BFH v. 21. 10. 2009, BFHE 227, S. 64. Siehe hierzu Brocke, K. von/Hackemann, T., DStR 2010, S. 368; Lieber, B., IStR 2010, S. 142.
[122] Zur Auslegung des Amtsermittlungsgrundsatzes aus Sicht der Finanzverwaltung vgl. Tz. 2 des BMF-Schreibens v. 12. 4. 2005 (Verwaltungsgrundsätze-Verfahren), BStBl 2005 I, S. 570.

pflichtigen bestehen jedoch erhöhte Pflichten zur Mitwirkung bei der Sachverhaltsaufklärung und Beweismittelbeschaffung (§ 90 Abs. 2 AO). Der Nachweis beachtlicher außersteuerlicher Gründe zur Entkräftung eines Missbrauchs ist vom Steuerpflichtigen zu erbringen (§ 42 Abs. 2 S. 2 AO). Auch der EuGH legt dem Steuerpflichtigen die Beweislast für das Vorliegen einer tatsächlichen Wirtschaftstätigkeit im Niederlassungsstaat auf.[123]

Deutlich weist die Rechtsprechung darauf hin, dass eine bestimmte Gestaltung nicht allein deshalb als unangemessen anzusehen ist, weil sie auch aus steuerlichen Beweggründen gewählt worden ist, vielmehr wird ausdrücklich das **Recht auf Steuergestaltung** respektiert.[124] Diese Haltung bringt selbst die Finanzverwaltung im Anwendungsschreiben zu § 42 AO zum Ausdruck.[125] Allein das Bestreben, Steuern zu sparen, macht eine rechtliche Gestaltung nicht unangemessen, und dient eine Gestaltung wirtschaftlichen Zwecken, darf das Verhalten der Beteiligten nicht auf seine Angemessenheit beurteilt werden.[126] Steuersparende Gestaltungen sind ebenso legitim wie die Missbrauchsverhinderungsbemühungen.[127]

Für die Steuergestaltung mit **ausländischen Holdinggesellschaften** bedeutet dies einerseits, dass ausreichend Substanz und Aktivität zum Bejahen einer geschäftsleitenden Holding zugeführt werden sollten, wobei der Schwerpunkt auf der Aktivität liegen sollte.[128] Andererseits ist Vorsorge zu treffen, dass auch steuerlich motivierte Holdinggestaltungen mit zusätzlichen wirtschaftlichen Argumenten gestützt werden können.[129]

Die oben aufgeführten Missbrauchsurteile zur Aufrechterhaltung der Wohnsitzbesteuerung haben sich ausschließlich mit Auslandsholdings (Basisgesellschaften) befasst. Unstrittig können aber auch **inländische Holdinggesellschaften** zur Reduzierung der deutschen Wohnsitzbesteuerung führen, man denke nur an Landesholdings zum Zwecke des Gewinn- und Verlustpoolings oder generell an fremdfinanzierte Akquisitionsholdinggesellschaften. Alle diese Konstruktionen wurden bislang zumindest von der höchstrichterlichen Rechtsprechung nicht in Frage gestellt. Der BFH weist darauf hin, dass die Rechtsprechung noch nie eine auf Dauer angelegte Zwischenschaltung inländischer Kapitalgesellschaften als Rechtsmissbrauch qualifiziert hat.[130]

---

[123] Vgl. EuGH v. 12. 9. 2006 (Cadbury Schweppes), EuGHE I, S. 7995, Rz. 70.
[124] Vgl. BFH v. 16. 1. 1992, BStBl 1992 II, S. 541; BFH v. 16. 1. 1996, BStBl 1996 II, S. 214; BFH v. 20. 5. 1997, DB 1997, S. 1747; BFH v. 15. 10. 1998, BStBl 1999 II, S. 119; BFH v. 17. 12. 2003, BStBl 2004 II, S. 648; BFH v. 29. 5. 2008, BStBl 2008 II, S. 789 m. w. N.
[125] Vgl. BMF v. 17. 7. 2008, BStBl 2008 I, S. 694.
[126] Vgl. BFH v. 4. 4. 2001, BStBl 2001 II, S. 677.
[127] So Rose, G., FR 2003, S. 1274.
[128] Vgl. BFH v. 19. 1. 2000, BStBl 2001 II, S. 222, für den Fall einer Kapitalanlagegesellschaft, in der das Fehlen eines eigenen Geschäftsbetriebs (keine eigenen Räumlichkeiten, kein Personal, keine Telekommunikationseinrichtungen) aufgrund tatsächlich durchgeführtem Kapitalanlagegeschäft nicht als schädlich beurteilt wurde.
[129] Vgl. Niedrig, H.-P., IStR 2003, S. 476 ff. Allein die Tatsache, dass die Gründung der Kapitalgesellschaft im Ausland einfacher und billiger als in Deutschland ist, stellt keinen anzuerkennenden wirtschaftlichen Grund dar. Vgl. Pflüger, H., PIStB 2001, S. 228 ff., mit Verweis auf FG Saarland v. 7. 11. 2000, EFG 2001, S. 214.
[130] Vgl. BFH v. 23. 10. 1996, BStBl 1998 II, S. 90; BFH v. 25. 2. 2004, BStBl 2005 II, S. 14; FG Düsseldorf v. 9. 11. 2004, IStR 2005, S. 125; BFH v. 29. 5. 2008, BStBl 2008 II, S. 789.

Deshalb ist regelmäßig kein Missbrauch gegeben, wenn ein Steuerpflichtiger
– aus welchen Gründen auch immer – auf Dauer zwischen sich und eine
Einkunftsquelle eine inländische Kapitalgesellschaft schaltet und alle sich daraus
ergebenden Konsequenzen zieht. Lediglich in Ausnahmefällen kann
etwas anderes gelten, wie der BFH in einem besonderen Sachverhalt feststellt.[131]
Das Urteil macht deutlich, dass eine „allgemein gültige Antwort auf
die Frage, wann die Zwischenschaltung einer Kapitalgesellschaft i. S. d. § 42
AO missbräuchlich ist, nicht möglich ist". Wird im Rahmen einer „gesamtplanmäßigen
Gestaltung" das Ziel verfolgt, Gewinne in einer nicht steuerbaren
Sphäre anfallen zu lassen, so kann dies missbräuchlich sein, wenn die
„pro forma" Auslagerung auf ein anderes Rechtssubjekt unangemessen ist im
Verhältnis zum Inhalt der Norm, deren Rechtsgeltung zu sichern ist. Letztlich
entscheiden hierbei die tatsächlichen Gegebenheiten im Einzelfall.[132]

Neben dem nationalen Damoklesschwert des § 42 AO finden sich zunehmend
auch im **Abkommensrecht** Vorschriften zur Verhinderung einer missbräuchlichen
Nutzung oder Umgehung von DBA.[133] Das Arsenal zur Vermeidung
eines Abkommensmissbrauchs besteht dabei u. a. darin,
– bestimmten Holdinggesellschaften die Inanspruchnahme von Abkommensvorteilen
völlig zu versagen;
– die Abkommensberechtigung von einer aktuellen Steuerpflicht im Sitzstaat
abhängig zu machen (Subject-to-tax- oder Switch-over-Klauseln) oder
– eine passive Kapitalgesellschaft aus dem Anwendungsbereich des DBA auszuklammern,
soweit diese durch Gesellschafter beherrscht wird, die in
keinem der beiden Staaten ansässig sind.

Die in der Abkommenspraxis vorzufindenden Anti-Missbrauchsklauseln
sind international allerdings kaum abgestimmt und entsprechend stark kasuistisch
ausgestaltet.[134]

3. Hinzurechnungsbesteuerung

Liegt kein Missbrauch rechtlicher Gestaltungsmöglichkeiten vor, wird die
Eigenständigkeit der ausländischen Holdinggesellschaft grundsätzlich anerkannt.
Bei Inlandsgesellschaftern ist aber damit die Abschirmwirkung der
Auslandsgesellschaft noch nicht uneingeschränkt gewährleistet, da im nächsten
Schritt noch die Vorschriften der **Hinzurechnungsbesteuerung** (§§ 7–
14 AStG) zu prüfen sind.[135] Dies gilt ungeachtet der Tatsache, dass die

---
[131] Vgl. BFH v. 17. 6. 1998, BStBl 1998 II, S. 667 (Zwischenschaltung einer GmbH
in Grundstücksgeschäfte zur Vermeidung gewerblicher Einkünfte aus Grundstückshandel).
Vgl. auch BFH v. 8. 5. 2003, BStBl 2003 II, S. 854, zu einem Fall der Anteilsrotation.
[132] Zu Empfehlungen für Inbound-Gestaltungen vgl. Niedrig, H.-P., IStR 2003,
S. 481 ff.; Kaiser, F., IStR 2009, S. 121 ff.
[133] Zum generellen Verhältnis zwischen DBA und § 42 AO vgl. Vogel, K./Lehner,
M., DBA-Kommentar, Art. 1, Anm. 102 ff.
[134] Vgl. Burmester, G., Minderbesteuerung, 1997, S. 72; Schaumburg, H., Steuerrecht,
1998, S. 822 ff.; Runge, B., Abwehrklauseln, 2003, S. 1709 ff.; Grothurr, S., IWB,
Fach 1, Deutschland, Gruppe 3, S. 2309 ff.; Lüdicke, J., DBA-Politik, 2008, S. 40 ff.
[135] Zum Verhältnis von § 42 AO und §§ 7 ff. AStG vgl. zuletzt BFH v. 7. 9. 2005,
BStBl 2006 II, S. 537, wonach regelmäßig kein Missbrauch vorliegt, wenn die Unangemessenheit
einer Gestaltung allein in Tatumständen zu sehen wäre, die die Hinzurechnungsbesteuerung
auslösen; vgl. auch BFH v. 19. 1. 2000, BStBl 2001 II, S. 222; BFH

Vorschriften der §§ 7–14 und 20 AStG als europarechtswidrig erachtet werden.[136] Mit dem Urteil vom 12. 9. 2006 (Cadbury Schweppes) hat der EuGH die Hinzurechnungsbesteuerung nach britischem Recht als nicht mit der Niederlassungsfreiheit vereinbar erklärt. Im Anschluss an diese Rechtsprechung hat inzwischen der BFH in seinem Urteil vom 21. 10. 2009 (Schlussurteil Columbus Container) auch die deutsche Hinzurechnungsbesteuerung als gemeinschaftsrechtswidrig eingestuft.[137] Als Reaktion auf das Cadbury Schweppes-Urteil des EuGH wurde durch das JStG 2008 die Möglichkeit eines Gegenbeweises in § 8 Abs. 2 AStG eingeräumt, wenn ein inländischer Gesellschafter an einer Gesellschaft in einem EU-/EWR-Mitgliedstaat beteiligt ist, die eine tatsächliche wirtschaftliche Tätigkeit im Niederlassungsstaat ausübt.[138]

Typische Einkünfte einer Auslandsholding wie **Dividenden oder Gewinne aus der Veräußerung von Beteiligungen** sind grundsätzlich von der Hinzurechnungsbesteuerung ausgenommen (§ 8 Abs. 1 Nr. 8 und 9 AStG).[139] Dies gilt generell ohne einschränkende Voraussetzungen, also ohne Berücksichtigung der steuerlichen Vorbelastung, der Beteiligungsquote sowie der aktiven oder passiven Tätigkeit der ausschüttenden oder veräußerten Gesellschaft. Beteiligungsveräußerungseinkünfte sind nur passiv, soweit bei der Veräußerung einer Tochtergesellschaft unmittelbar bzw. mittelbar Teile des Veräußerungsgewinns auf Wirtschaftsgüter entfallen, die der Erzielung von Zwischeneinkünften mit Kapitalanlagecharakter dienen (§ 8 Abs. 1 Nr. 9 i. V. m. § 7 Abs. 6 a AStG).[140]

Für den Teil der passiven Einkünfte, der sich nicht aus Zwischeneinkünften mit Kapitalanlagecharakter i. S. d. § 7 Abs. 6 a AStG zusammensetzt, kommt die Ausschüttungsfiktion des Außensteuergesetzes allerdings dann nicht zum Tragen, wenn entweder das Kriterium **Inlandsbeherrschung** (zusammengerechnete Beteiligung von unbeschränkt Steuerpflichtigen > 50%) oder **Niedrigbesteuerung** (geschuldete Steuer auf Einkünfte der ausländischen Gesellschaft < 25%) vermieden wird. Eine niedrigere Besteuerung liegt auch dann vor, wenn Ertragsteuern von mindestens 25% zwar rechtlich geschuldet, aber nicht erhoben werden.[141]

---

v. 20. 3. 2002, BStBl 2003 II, S. 50; BMF-Schreiben v. 14. 5. 2004 (Anwendungsschreiben AStG), BStBl 2004 I, Sondernummer 1/2004, Tz. 7.0.2. Vgl. Niedrig, H.-P., IStR 2003, S. 475; Günkel, M./Lieber, B., IWB, Fach 3, Deutschland, Gruppe 1, S. 2077; Roser, F., FR 2005, S. 180.
[136] Vgl. hierzu 4. Teil, 3. Kapitel, Abschnitt A I 2 c).
[137] BFH v. 21. 10. 2009, BFHE 227, S. 64.
[138] Da § 8 Abs. 2 AStG erstmals für Wirtschaftsjahre der Zwischengesellschaft anzuwenden ist, die nach dem 31. 12. 2007 beginnen (§ 21 Abs. 17 AStG), behält das BMF-Schreiben vom 8. 1. 2007, BStBl 2007 I, S. 99, welches eine Übergangsregelung bis zur gesetzlichen Neuregelung enthält, für die verbleibenden Zeiträume weiterhin Wirkung. Kritisch zur Neuregelung z. B. Sedemund, J., BB 2008, S. 696 ff.; Flick, H./Wassermeyer, F./Baumhoff, H., Außensteuerrecht, § 8 Anm. 405 ff.
[139] Vgl. auch Rödder, T./Schumacher, A., DStR 2001, S. 1690 ff.; Flick, H./Wassermeyer, F./Baumhoff, H., Außensteuerrecht, § 8 Anm. 280 ff.
[140] Vgl. Kessler, W./Dorfmüller, P./Schmitt, C. P., PIStB 2001, S. 324 ff.; Kneip, C./Rieke, I., IStR 2001, S. 665 ff.; Flick, H./Wassermeyer, F./Baumhoff, H., Außensteuerrecht, § 8 Anm. 290 ff.
[141] § 8 Abs. 3 S. 2 AStG, eingefügt durch das JStG 2008 als Reaktion auf die BFH-Rechtsprechung, nach welcher es für das Vorliegen einer niedrigen Besteuerung auf

Liegen alle Voraussetzungen der Hinzurechnungsbesteuerung vor (passive Einkünfte, Inlandsbeherrschung, Niedrigbesteuerung), so wird der Hinzurechnungsbetrag gem. § 10 Abs. 3 Satz 1 AStG nach den Vorschriften des deutschen Steuerrechts ermittelt und gehört zu den Beteiligungserträgen i. S. d. § 20 Abs. 1 Nr. 1 EStG. Die Schutzwirkung von § 8 b Abs. 1 KStG bzw. § 3 Nr. 40 EStG entfällt. Das DBA-Schachtelprivileg bei der Hinzurechnungsbesteuerung wurde durch die Streichung des § 10 Abs. 5 AStG im Rahmen des StVergAbG[142] ersatzlos aufgehoben.[143] Somit wird der anzusetzende Hinzurechnungsbetrag auch im DBA-Fall nicht mehr wie eine tatsächliche Dividende von der deutschen Steuer freigestellt. Insofern muss der Holdingplaner stets überprüfen, ob aktive oder passive Einkünfte erzielt werden und welcher gesetzlich vorgesehenen Ertragsteuerbelastung diese ausländischen Einkünfte unterliegen. Gegebenenfalls lässt sich eine Hinzurechnungsbesteuerung auch durch gestalterische Maßnahmen vermeiden, wie das nachfolgende Beispiel zeigt.[144]

Beispiel: Ein inländischer Konzern ist an einer gewinnbringenden ausländischen Zwischengesellschaft beteiligt. Aufgrund einer niedrigen effektiven Belastung drohen diese Gewinne in den Anwendungsbereich der Hinzurechnungsbesteuerung zu fallen. Um eine Hinzurechnungsbesteuerung zu vermeiden, kann eine verlusterzielende ausländische Einheit in eine Zwischenholding transformiert und der gewinnerzielenden Zwischengesellschaft übergeordnet werden. Die Gewinne der Zwischengesellschaft können daher mit den Verlusten der Obergesellschaft verrechnet und eine Hinzurechnungsbesteuerung kann verhindert werden (§ 14 Abs. 1 AStG).[145]

Soweit eine niedrig besteuerte Auslandsholding jedoch **Zwischeneinkünfte mit Kapitalanlagecharakter** i. S. d. § 7 Abs. 6 a AStG erzielt, unterliegen diese grundsätzlich nur dann nicht dem deutschen Steuerzugriff,[146] wenn die Beteiligung des Inländers an der betreffenden Gesellschaft grundsätzlich 1% des Kapitals nicht erreicht oder der Anteil der Kapitalanlageeinkünfte 10% der Bruttoerträge[147] und den Betrag von 80 000 € nicht übersteigt (vgl. § 7 Abs. 6 AStG).[148] Das Halten einer Kleinstbeteiligung von unter 1% bietet allerdings dann keinen Schutz vor der Hinzurechnungsbesteuerung,

---

die abstrakt geschuldete Steuer ankam. Vgl. BFH v. 9. 7. 2003, BStBl 2004 II, S. 4; BFH v. 3. 5. 2006, BFH/NV 2006, S. 1729; Kraft, G./Nitzschke, D., IStR 2003, S. 820 f.; Jahn, R., PIStB 2004, S. 3 f.; Watermeyer, H. J./Meyer, S., GmbH-StB 2004, S. 203.
[142] StVergAbG v. 16. 5. 2003, BGBl 2003 I, S. 327.
[143] Die Abschaffung des DBA-Schachtelprivilegs stellt ein „treaty override" dar. Vgl. Watermeyer, H. J./Meyer, S., GmbH-StB 2004, S. 204; Flick, H./Wassermeyer, F./Baumhoff, H., Außensteuergesetz, Vor §§ 7–14, Rn. 104.
[144] Zu diesem Beispiel vgl. Becker, J. D./Loitz, R./Stein, V., Verlustnutzung, 2009, S. 195.
[145] Vgl. BMF-Schreiben v. 14. 5. 2004 (Anwendungsschreiben AStG), BStBl 2004 I, Sondernummer 1/2004, Tz. 14.1.6.
[146] Zu beachten ist, dass Kapitalanlageeinkünfte nach mehrfacher Änderung des § 21 Abs. 7 Satz 1 Nr. 2 AStG wieder der Gewerbesteuer unterliegen.
[147] Zum Begriff der Bruttoeinkünfte vgl. BMF-Schreiben v. 14. 5. 2004, BStBl 2004 I, Sondernummer 1/2004, Tz. 9.0.1.
[148] Passive niedrig besteuerte Einkünfte ausländischer Zwischengesellschaften sind nach Auffassung des BFH auch hinzuzurechnen, wenn sie weniger als 10% der gesamten Bruttoeinkünfte der ausländischen Zwischengesellschaft betragen. Vgl. BFH v. 15. 9. 2004, BStBl 2005 II, S. 255.

4. Kapitel. Steuerplanung mit Holdinggesellschaften

wenn die ausländische Zwischengesellschaft (fast) ausschließlich Zwischeneinkünfte mit Kapitalanlagecharakter erzielt, es sei denn, bei der Zwischengesellschaft handelt es sich um eine börsennotierte Gesellschaft (§ 7 Abs. 6 Satz 3 AStG).

Werden die genannten Grenzen überschritten, kann nur geprüft werden, inwieweit Kapitalanlageeinkünfte in solche mit kapitalanlagenahem Charakter transformiert werden können, die jedoch nicht von der verschärften Hinzurechnungsbesteuerung erfasst werden. Hier ist bspw. an konzerninterne Leasinggestaltungen zu denken.[149]

III. Maßnahmen zum Schutz der Quellenbesteuerung

Die Maßnahmen zum Schutz der Quellenbesteuerung richten sich in erster Linie gegen das klassische treaty shopping. Steuerliche Gestalter werden regelmäßig versuchen, durch geschickte Kombination günstiger DBA-Vorschriften in den Genuss einer niedrigen Quellenbesteuerung zu gelangen. Hier hat Deutschland mit der Einführung von § 50 d Abs. 3 EStG ein speziell gegen das **treaty und EU directive shopping** gerichtetes Instrumentarium geschaffen. Vorausgegangen war die Zurückhaltung des BFH, die Basisgesellschaftsrechtsprechung (und damit auch § 42 AO) auch auf solche ausländischen Gesellschaften anzuwenden, an denen nur Steuerausländer beteiligt sind.[150] Im sog. Monaco-Urteil[151] würdigte der erkennende I. Senat des BFH die Gründung der Kapitalgesellschaft im Ausland durch einen Ausländer noch als einen das inländische Steuerrecht nicht berührenden Vorgang. Auch die Quintett-Rechtsprechung des I. Senats[152] sah in der Einschaltung ausländischer Kapitalgesellschaften zum Zwecke der Quellensteuerersparnis in Deutschland keinen Gestaltungsmissbrauch.[153] Im Gegensatz zu deutschbeherrschten Basisgesellschaften ließ der BFH Steuerausländer ihre ausländischen Verhältnisse so gestalten, wie sie ihnen steuerrechtlich am günstigsten erschienen.[154] Dagegen befand der IV. Senat des BFH im „Niederländische-Brüder-Fall"[155] die Einschaltung einer schweizerischen AG als unangemessen und ließ § 42 AO zur Anwendung kommen. Angesichts dieser gegenläufigen Rechtsprechung verschiedener BFH-Senate blieb die Rechtslage zum Phänomen des treaty shopping lange Zeit ungeklärt. Mit dem Inkrafttreten des § 50 d Abs. 3 EStG sollte per Gesetzesvorschrift verhindert werden, dass Steuerausländer juristische Personen mit dem Ziel der Erwirkung von Steuerbegünstigungen aus EU-Richtlinien **(directive shopping)** oder aus DBA **(treaty shopping)** zwischen sich und ihre inländischen Interessen schalten. Es wird als unbefriedigend empfunden, dass Personen aufgrund von Steuer-

---

[149] Vgl. Bogenschütz, E./Kraft, G., IStR 1994, S. 158.
[150] Vgl. hierzu Spriegel, H./Schweiss, K., BB 1996, S. 1359 ff.; Hundt, F., Mißbrauchsverständnis, 1997, S. 160 ff.; Kraft, G., Treaty Shopping, 2000, S. 1263 ff.
[151] Vgl. BFH v. 29. 10. 1981, BStBl 1982 II, S. 150.
[152] Vgl. BFH v. 13. 9. 1972, BStBl 1973 II, S. 57; BFH v. 19. 2. 1975, BStBl 1975 II, S. 584.
[153] Vgl. hierzu jedoch FG Köln v. 13. 3. 2001, EFG 2001, S. 693; sowie Pflüger, H., PIStB 2001, S. 255 ff.
[154] Vgl. auch BFH v. 21. 10. 1988, BStBl 1989 II, S. 216.
[155] Vgl. BFH v. 10. 11. 1983, BStBl 1984 II, S. 605.

konstruktionen Abkommensvergünstigungen erhalten, die ihnen von den Vertragsstaaten eigentlich nicht zugedacht sind.

Aufgrund der Diskussionen über die Anwendungsbreite dieser Missbrauchsvorschrift und insbesondere wegen der Einschränkungen des Anwendungsbereichs von § 50 d Abs. 3 EStG durch das BFH-Urteil vom 31. 5. 2005 (Hilversum II) erfolgte im Rahmen des JStG 2007[156] eine erhebliche Verschärfung der Regelung.[157] Eine Quellensteuerentlastung ist seit dem VZ 2007 nicht mehr vorgesehen, wenn neben dem subjektiven Tatbestand der Beteiligung von Personen, denen eine Entlastung bei Direktbezug nicht zustände, mindestens einer der drei nachstehenden Tatbestände erfüllt ist:

– für die Einschaltung der ausländischen Gesellschaft gibt es keine wirtschaftlichen oder sonstigen beachtlichen Gründe;
– die Auslandsgesellschaft erzielt nicht mehr als 10% ihrer Bruttoerträge aus eigener (aktiver) Wirtschaftstätigkeit;
– die ausländische Gesellschaft beteiligt sich nicht mit einem für diesen Zweck eingerichteten Geschäftsbetrieb am allgemeinen wirtschaftlichen Verkehr.

Der Gesetzgeber will nur auf die wirtschaftlichen Verhältnisse der zwischengeschalteten Auslandsgesellschaft abstellen (§ 50 d Abs. 3 Satz 2, 2. Halbsatz EStG); Struktur und Strategiekonzepte innerhalb eines Konzerns bleiben unbeachtet. Die Verwaltung von Wirtschaftsgütern, insbesondere das Halten von Beteiligungen an einer oder mehreren Gesellschaften ohne geschäftsleitende Funktionen, soll nicht als eigene Wirtschaftstätigkeit angesehen werden[158] und kann somit zur Anwendung von § 50 d Abs. 3 EStG führen. Liegen wirtschaftliche oder sonstige Gründe für die Zwischenschaltung einer Gesellschaft vor, so soll gleichwohl ein Missbrauch zu bejahen sein, wenn nicht auch zusätzlich die beiden anderen Tests erfüllt sind. Ergänzend wird in § 50 d Abs. 3 Satz 3 EStG bestimmt, dass es an einer eigenen wirtschaftlichen Tätigkeit fehlt, soweit die ausländische Gesellschaft ihre wesentlichen Geschäftstätigkeiten auf Dritte überträgt. Das Outsourcing von wesentlichen Funktionen auf Management-, Beratungs- oder ähnliche Gesellschaften ist somit gesetzlich als Missbrauchsmerkmal festgeschrieben. Gemessen an der bisherigen Rechtslage wurden die Anforderungen an eine Quellensteuerentlastung insoweit wesentlich verschärft. Darüber hinaus hat die Finanzverwal-

---

[156] Vgl. JStG 2007 v. 13. 12. 2006, BGBl 2006 I, S. 2878.
[157] In der Hilversum II-Entscheidung gewährt der BFH einer ausschließlich beteiligungshaltenden zwischengeschalteten Kapitalgesellschaft, die über kein eigenes Personal, über keine eigenen Geschäftsräume und über keine eigenen Telekommunikationseinrichtungen verfügt, die steuerrechtliche Anerkennung. Vgl. BFH v. 31. 5. 2005, BStBl 2006 II, S. 118 (ausdrückliche Abweichung vom BFH Urteil v. 20. 3. 2002, BStBl 2002 II, S. 819); BMF-Schreiben v. 30. 1. 2006 (Nichtanwendungserlass), BStBl 2006 I, S. 166; FG Köln v. 16. 3. 2006, EFG 2006, S. 896. Siehe zur Diskussion der Hilversum II-Entscheidung sowie des Nichtanwendungserlasses Grotherr, S., IStR 2006, S. 361 ff.; Kessler, W./Eicke, R., PIStB 2006, S. 167; Lieber, B., IWB, Fach 3, Deutschland, Gruppe 3, S. 1433.
[158] Nicht ausreichend für die Annahme einer unschädlichen aktiven Beteiligungsverwaltung ist nach der Finanzverwaltung die Durchführung nur einzelner Geschäftsfunktionen, wie z. B. Lizenzverwertung oder Kreditgewährung. Vgl. BMF-Schreiben v. 3. 4. 2007, BStBl 2007 I, S. 446, Tz. 6.

tung in ihrem Anwendungsschreiben zu § 50 d Abs. 3 EStG vom 3. 4. 2007[159] eine eher restriktive Haltung für die Anerkennung der Entlastungsberechtigung ausländischer Zwischengesellschaften erkennen lassen. Dies ist insbesondere auch deshalb misslich, weil der Anwendungsbereich des § 50 d Abs. 3 EStG im Zuge der Einführung der Abgeltungsteuer ab 2009 auf die Absenkung der Kapitalertragsteuer für ausländische Kapitalgesellschaften von 25 auf 15% ausgedehnt wurde (§ 44 a Abs. 9 EStG). Zwar konnten einige Zweifelsfragen bei der Anwendung des § 50 d Abs. 3 EStG inzwischen geklärt werden:

- So hat nun auch die Finanzverwaltung bestätigt, dass in den Anwendungsbereich des § 50 d Abs. 3 EStG nur Quellensteuererstattungsansprüche fallen. Entlastungsansprüche, die sich aus der Zuweisung des vorrangigen Besteuerungsrechtes nach einem DBA für andere Ansprüche ergeben, z. B. für Gewinne aus der Veräußerung von Beteiligungen, werden nicht betroffen.[160]
- Soweit ein DBA eine abschließende Regelung zur Vermeidung einer missbräuchlichen Inanspruchnahme enthält, geht diese als speziellere Regelung vor. Für eine Anwendung von § 50 d Abs. 3 EStG ist dann kein Raum mehr.[161]
- Erfüllt bei mehrstufigen Beteiligungsstrukturen die zwischengeschaltete Kapitalgesellschaft die Substanzerfordernisse des § 50 d Abs. 3 EStG nicht, ist darauf abzustellen, ob eine ihr nachgeschaltete Gesellschaft die Funktionsvoraussetzungen erfüllt, sofern diese persönlich entlastungsberechtigt ist. Eine mittelbare Entlastungsberechtigung ist demnach ausgeschlossen, wenn der mittelbare Gesellschafter z. B. in einem Nicht-DBA-Staat oder außerhalb der EU ansässig ist. Bei substanzschwachen Beteiligungsstrukturen ist damit jeweils auf der nächsthöheren Ebene weiterzuprüfen, bis in der Kette eine Gesellschaft gefunden wird, die neben den subjektiven auch die objektiven Entlastungskriterien des § 50 d Abs. 3 EStG erfüllen kann.[162] Diese Vorgehensweise gilt gleichermaßen für die Anwendung der Börsenklausel bei mehrstufigen Beteiligungsstrukturen.[163]

Beispiel: Eine in den USA ansässige Kapitalgesellschaft beteiligt sich über eine funktionsschwache Tochterkapitalgesellschaft in Luxemburg an einer deutschen GmbH. Zwar kann die zwischengeschaltete Gesellschaft in Luxemburg die Substanzerfordernisse des § 50 d Abs. 3 EStG nicht erfüllen, dennoch kann eine Absenkung der deutschen Quellensteuer auf Dividenden beantragt werden, soweit die in den USA ansässige Kapitalgesellschaft nach Art. 10 DBA USA entlastungs-

---

[159] Vgl. BMF-Schreiben v. 3. 4. 2007, BStBl 2007 I, S. 446.
[160] Vgl. BMF-Schreiben v. 3. 4. 2007, BStBl 2007 I, S. 446, Tz. 2.
[161] Vgl. BMF-Schreiben v. 3. 4. 2007, BStBl 2007 I, S. 446, Tz. 11; BFH v. 19. 12. 2007, BStBl 2008 II, S. 691. Siehe hierzu auch Jahn, R., PIStB 2008, S. 229 ff. Dies betrifft allerdings nur einige wenige DBA, z. B. die DBA mit den USA (Art. 28) und Kanada (Art. 29 Abs. 3). Andere DBA enthalten dagegen explizit den Vorbehalt für innerstaatliche Missbrauchsregeln und damit auch für § 50 d Abs. 3 EStG, so z. B. die DBA mit Österreich (Art. 28 Abs. 2) und inzwischen auch das DBA mit der Schweiz (Art. 23) i. d. F. des Revisionsprotokolls 2002.
[162] Vgl. BMF-Schreiben v. 10. 7. 2007, IStR 2007, S. 555; Lüdicke, J., IStR 2007, S. 556; Kessler, W./Eicke, R., PIStB 2007, S. 317.
[163] Vgl. BMF-Schreiben v. 21. 6. 2010, BStBl 2010 I, S. 596. Siehe auch Kessler, W./Eicke, R., PIStB 2007, S. 319; Flick, H./Wassermeyer, F./Baumhoff, H., Außensteuerrecht, § 50 d Abs. 3 EStG, Anm. 207.

berechtigt ist. Ist allerdings zwischen den USA und Luxemburg eine weitere Tochterkapitalgesellschaft auf den Niederländischen Antillen zwischengeschaltet, kommt wegen der fehlenden subjektiven Entlastungsberechtigung dieser Gesellschaft eine Quellensteuerabsenkung in Deutschland nicht in Frage, auch wenn der US-Gesellschaft bei Direktbezug der Dividenden ein reduzierter Quellensteuersatz zugestanden hätte.

Trotz dieser verschiedenen Klärungen auf der einen Seite hat die Neuregelung des § 50 d Abs. 3 EStG (wie so häufig) eine Fülle neuer **Zweifelsfragen** auf anderer Ebene aufgeworfen. Wegen ihrer überschießenden Tendenz steht die Reaktion des Gesetzgebers auf die aus seiner Sicht unerwünschte Rechtsprechung nahezu einhellig in der Kritik.[164] Insbesondere ist es mehr als fraglich, ob § 50 d Abs. 3 EStG in der derzeitigen Fassung mit den Maßstäben des EU-Rechts vereinbar ist. Dies resultiert zum einen aus der Überlegung, dass ein Sachverhalt innerhalb der EU nicht allein deshalb einem pauschalen Missbrauchsvorwurf unterworfen werden kann, weil er grenzüberschreitend stattfindet.[165] Unter diesem Aspekt sollte der Missbrauchsbegriff des § 50 d Abs. 3 EStG nicht über den Maßstab hinausgehen, der für die missbräuchliche Zwischenschaltung einer Gesellschaft im rein nationalen Sachverhalt nach § 42 AO angelegt wird.[166] Zum anderen hat der EuGH in ständiger Rechtsprechung nationale Missbrauchsnormen, die anhand pauschaler Kriterien bestimmte Vorgänge als Missbrauch deklarieren, ohne die Möglichkeit eines einzelfallbezogenen Gegenbeweises zu ermöglichen, als EU-rechtlich unzulässig behandelt.[167] Zudem wird aus Sicht der Niederlassungsfreiheit die Gründung einer ausländischen Tochtergesellschaft nur dann als missbräuchlich angesehen, wenn es sich um eine rein künstliche Gestaltung ohne dauerhafte wirtschaftliche Tätigkeit im Niederlassungsstaat handelt. Insoweit geht die Neuregelung insbesondere im Hinblick auf die alternativ ausgestalteten Tatbestandsmerkmale des § 50 d Abs. 3 EStG sowie die 10%-Klausel (§ 50 d Abs. 3 Nr. 2 EStG) weit über das hinaus, was gemeinschaftsrechtlich zur Verhinderung eines Missbrauchs als zulässig erachtet wird.[168] Der BFH hat denn auch in der sog. SOPARFI-Entscheidung die vom EuGH geprägte Terminologie der künstlichen Gestaltung für eine EU-

---

[164] Vgl. z. B. Günkel, M./Lieber, B., DB 2006, S. 2197 ff.; Ritzer, C./Stangl, I., FR 2006, S. 757 ff.; Piltz, D., IStR 2007, S. 793 ff.; Kempf, A./Meyer, A., DStZ 2007, S. 584 ff.; Gosch, D., Zwischengesellschaft, 2008, S. 597 ff. und 613 ff.; Micker, L., FR 2009, S. 409 ff.

[165] Vgl. hierzu im Einzelnen Kirchhof, P., Kompaktkommentar, 2008, § 50 d EStG, Anm. 42.

[166] Die Rechtsprechung des BFH hat letztlich noch nie eine auf Dauer angelegte Zwischenschaltung inländischer Kapitalgesellschaften als Rechtsmissbrauch qualifiziert, wenn ein Steuerpflichtiger – aus welchen Gründen auch immer – zwischen sich und eine Einkunftsquelle eine inländische Kapitalgesellschaft schaltet und alle sich daraus ergebenden Konsequenzen zieht (so BFH-Urteil vom 23. 10. 1996, BStBl 1998 II, S. 90; vgl. auch BFH-Urteil vom 15. 10. 1998, BStBl 1999 II, S. 119.

[167] Vgl. z. B. EuGH v. 12. 9. 2006, Cadbury-Schweppes, EuGHE 2006 I, S. 7995. So inzwischen auch ausdrücklich der BFH in seinem Schlussurteil zu Columbus Container v. 21. 10. 2009, BFHE 227, S. 64. Siehe auch 2. Teil, 3. Kapitel, Abschnitt E II 5.

[168] Zu den EU-rechtlichen Bedenken im Detail z. B. Flick, H./Wassermeyer, F./Baumhoff, H., Außensteuerrecht, § 50 d Abs. 3, Anm. 21 ff.; Kirchhof, P., Kompaktkommentar, 2008, § 50 d EStG, Anm. 42; Kaiser, F., IStR 2009, S. 121 ff.; Bron, J., DB 2007, S. 1273 ff.; Micker, L., FR 2009, S. 409 ff.

4. Kapitel. Steuerplanung mit Holdinggesellschaften

rechtskonforme Auslegung des § 50d Abs. 1a und 3 EStG a.F. herangezogen.[169] Was die Substanzerfordernisse anbelangt, sollte sich daran im Grundsatz auch nach der Neuregelung des § 50d Abs. 3 EStG durch das JStG 2007 nichts ändern.[170] Dies gilt insbesondere auch angesichts der jüngeren Finanzrechtsprechung, die i. S. einer EU-rechtskonformen Auslegung deutscher Missbrauchsbestimmungen dem gemeinschaftsrechtlichen Anforderungsprofil einschließlich der Möglichkeit eines Gegenbeweises ungeachtet strengerer einzelgesetzlicher Maßstäbe strikte Beachtung schenkt.[171] Vor diesem Hintergrund ist es nicht verwunderlich, dass die EU-Kommission zwischenzeitlich ein Vertragsverletzungsverfahren gegen Deutschland aufgrund der unverhältnismäßigen Anforderungen für den Nachweis einer eigenen wirtschaftlichen Tätigkeit im Rahmen des § 50d Abs. 3 Nr. 2 EStG eingeleitet hat.[172]

Die Anwendung anderer fiskalischer Abwehrmechanismen zum Schutz der Quellenbesteuerung neben § 50d Abs. 3 EStG (wie z. B. Qualifizierung der ausländischen Gesellschaft als deutsches Körperschaftsteuersubjekt aufgrund inländischen Ortes der Geschäftsleitung) erscheint dagegen nur in Sonderfällen denkbar.[173] Allerdings lässt die Neufassung des § 42 AO durch das JStG 2008, die den Inhalt dieser Vorschrift i. S. einer Auffangklausel immer dann zur Geltung bringen soll, wenn ein Missbrauch nach der spezialgesetzlichen Regelung nicht angenommen werden kann, die Frage der Anwendbarkeit des § 42 AO auf Quellensteuerfälle wieder relevant werden. Mittlerweile hat der BFH seine frühere Zurückhaltung bei der **Anwendung des § 42 AO auf Quellensteuerfälle** – und damit das Monaco-Urteil – aufgegeben. Bereits in der BFH-Entscheidung vom 27. 8. 1997 über die Zwischenschaltung niederländischer Objekt-BVs betont der BFH, dass § 42 AO nicht danach unterscheidet, ob ein Steuerinländer oder ein Steuerausländer eine ausländische Basisgesellschaft missbräuchlich einsetzt.[174] Mit dem Urteil vom 29. 10. 1997 machte der BFH noch einen weiteren Schritt in Richtung schärferer Bekämpfung des treaty shopping. In Abweichung zum Monaco-Urteil stellt er ausdrücklich klar, dass sich der Anwendungsbereich des § 42 AO auch auf Basisgesellschaften erstreckt, an denen kein Inländer beteiligt ist.[175] Nach dem

---

[169] Vgl. BFH v. 29. 1. 2008, BStBl 2008 II, S. 978. Siehe hierzu Kessler, W./Eicke, R., IStR 2008, S. 366; Renger, S., BB 2008, S. 1376 f.; Rehm, H./Nagler, J., GmbHR 2008, S. 615 f.
[170] Vgl. Gosch, D., BFH-PR 2008, S. 296.
[171] Instruktiv in diesem Zusammenhang FG Niedersachsen v. 13. 5. 2009, EFG 2009, S. 1721; sowie das Schlussurteil zu Columbus Container, BFH v. 21. 10. 2009, BFHE 227, S. 64. Dazu u. a. Brocke, K. von/Hackemann, T., DStR 2010, S. 368; Lieber, B., IStR 2010, S. 142.
[172] Vgl. Pressemitteilung IP/10/298 der Kommission v. 18. 3. 2010.
[173] Vgl. Ebert, S., IStR 2005, S. 534 ff.; Perwein, S., GmbHR 2009, S. 418 ff.; Busekist, K. von, GmbHR 2006, S. 132 ff.
[174] Vgl. BFH v. 27. 8. 1997, BStBl 1998 II, S. 163. Siehe hierzu auch Jegzentis, P./Kahl, I., IStR 2001, S. 131 ff. Im Urteilsfall stellt der BFH auf die absehbare Unmöglichkeit der Erfüllung des Darlehensvertrages seitens der BV ab, so dass im Umkehrschluss das Outsourcing als solches bzw. eine „ausjustierte" Mischfinanzierung mit Eigen- und Fremdkapital wohl anzuerkennen sind. Allerdings tendiert der BFH im Urteil v. 17. 11. 2004, BFH/NV 2005, S. 1016, mit der Anerkennung einer bloßen Vermietungsgesellschaft wieder zu einer deutlich zurückhaltenderen Anwendung von § 42 AO.
[175] Vgl. BFH v. 29. 10. 1997, BStBl 1998 II, S. 235. Vgl. hierzu auch die Anmerkungen von Höppner, H.-D., IWB, Fach 3a, Rechtsprechung, Gruppe 1, S. 656 ff.

Urteil vom 20. 3. 2002 („§ 42 AO 1977 erfasst auch beschränkt Steuerpflichtige")[176] steht fest, dass im Bereich der beschränkten Steuerpflicht keine Einschränkungen mehr für die Anwendung des Missbrauchsgedankens bestehen.[177] Allerdings macht der BFH auch in ständiger Rechtsprechung deutlich, dass die spezialgesetzlichen Regelungen in § 50 d Abs. 3 EStG die allgemeine Generalklausel des § 42 AO abschließend verdrängen.[178] Es spricht vieles dafür, dass sich diese Beurteilung auch nach der Neufassung des § 42 AO durch das JStG 2008 nicht ändert.[179]

Auch im **Abkommensrecht** beschäftigen sich zunehmend Klauseln speziell mit dem treaty shopping.[180] Das OECD-Musterabkommen erlaubt zur Vermeidung eines treaty shopping die Versagung der Abkommensvergünstigungen bei Quellensteuern auf Dividenden, Zinsen und Lizenzen, wenn derartige Erträge nicht nutzungsberechtigten Gesellschaften bzw. Personen **(beneficial owner)** zufließen.[181] Einige DBA enthalten auch spezielle Prüfungsvorschriften für die Abkommensberechtigung. Besonders umfangreiche Missbrauchsklauseln enthält bspw. das DBA Niederlande-USA. Um abkommens- und somit vergünstigungsberechtigt zu sein, müssen die strengen Anforderungskriterien des Art. 26 DBA Niederlande-USA (limitation on benefits) erfüllt werden. Auch das DBA-USA zielt in Art. 28 grundsätzlich auf die Beschränkung der Nutzung von Abkommensvorteilen im Bereich der Quellensteuern ab. Das Revisionsprotokoll von 2006 enthält im Wesentlichen Missbrauchsklauseln analog zum DBA Niederlande-USA, da die USA auf ihrem neuen DBA-Standard verharrten.[182] Die Abkommensberechtigung wird juristischen Personen (Gesellschaften) versagt, sofern nicht ein Katalog von positiven Tests – von denen jeder einzelne für sich entscheidungsrelevant ist – im konkreten Fall erfüllt werden kann.[183]

---

[176] Vgl. BFH v. 20. 3. 2002, BStBl 2002 II, S. 819.
[177] Vgl. Kraft, G., Treaty Shopping, 2000, S. 1276.
[178] Vgl. zuletzt BFH v. 29. 1. 2008, BStBl 2008 II, S. 978 m. w. N.
[179] Siehe Abschnitt D II 2.
[180] Strittig ist, ob diese Klauseln als lex specialis nationale Missbrauchsnormen ausschließen. Im Hinblick auf § 50 d Abs. 3 EStG wurde dies von der Rechtsprechung i. S. eines Vorrangs der spezielleren abkommensrechtlichen Regelung gelöst. Vgl. BFH v. 19. 12. 2007, BStBl 2008 II, S. 691. Diese Haltung vertritt auch die Finanzverwaltung, vgl. BMF-Schreiben v. 3. 4. 2007, BStBl 2007 I, S. 446, Tz. 11. Zur Diskussion vgl. Piltz, D. J., BB 1987, Beilage 14, S. 5; Laule, G., Mißbrauch, 1997, S. 191 ff.; Vogel, K./Lehner, M., DBA-Kommentar, Art. 1, Anm. 113 ff.
[181] Vgl. OECD-Kommentar, Art. 10, Anm. 12, Art. 11, Anm. 8, Art. 12, Anm. 4; Lüdicke, J., DBA-Politik, 2008, S. 40.
[182] Vgl. Endres, D./Wolff, U., IStR 2006, S. 721 ff.; Swoboda, T./Dorfmueller, P., IStR 2006, Länderbericht 13, S. 2 f.
[183] Das in Abb. 16 dargestellte Prüfschema für die generelle Abkommensberechtigung ist nicht mit den Voraussetzungen für den Dividenden-Nullsatz gem. Art. 10 Abs. 3 des DBA Deutschland-USA identisch.

4. Kapitel. Steuerplanung mit Holdinggesellschaften

Abbildung 20: Vereinfachtes Prüfschema für die Abkommensberechtigung einer in einem Vertragsstaat ansässigen Person gem. Art. 28 DBA-USA

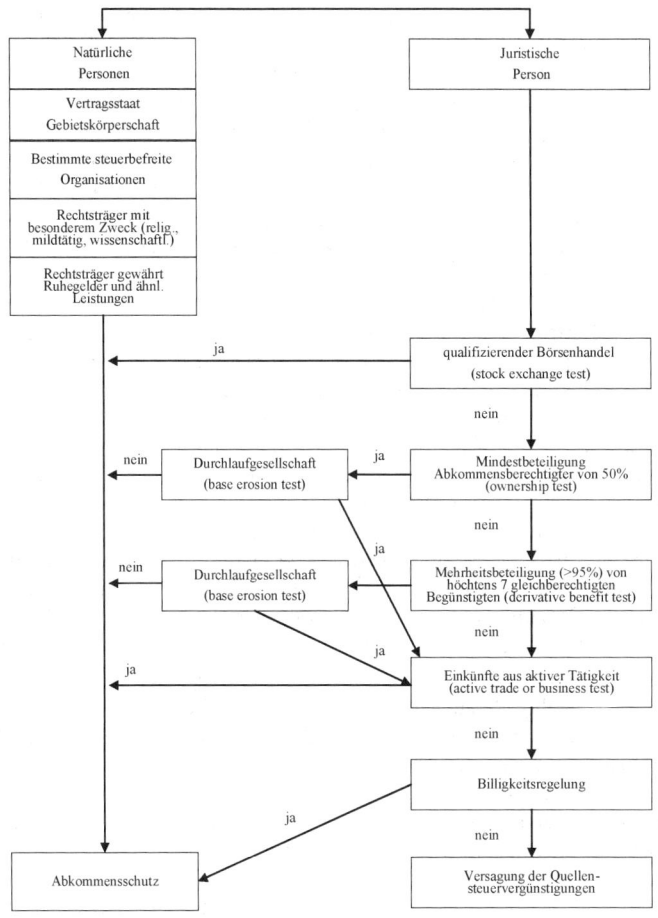

Die als Konzession an die amerikanische Abkommensdoktrin normierte Kasuistik gewährleistet u. E. jedoch keine ausgewogene Lösung und schafft praktische Anwendungsschwierigkeiten.[184] Letztere finden im Abkommen selbst ihre Bestätigung, indem Art. 28 DBA-US in Abs. 7 eine Art „Gnadenklausel" enthält, wonach die zuständigen Behörden bei Nichtbestehen der Tests (ggf. vorab) dennoch die Abkommensanwendung anordnen können. Damit sind die betroffenen Gesellschaften einem in weiten Bereichen unkontrollierbaren Verwaltungsermessen unterworfen, was dem Schutzgedanken eines Abkommens widerspricht.

---

[184] Vgl. Endres, D., Musterfälle, 2009, S. 205 ff.; Endres, D./Schreiber, C., USA, 2008, S. 360.

IV. Schranken durch gegenläufige Steuereffekte

Für die Steuerplanung ist es nicht ausreichend, dass die Einschaltung einer Holdinggesellschaft steuerlich anerkannt wird und keine gegenläufigen betriebswirtschaftlichen Kompensationseffekte auftreten. Innerhalb des Entscheidungsprozesses ist vielmehr auch zu beachten, dass mit der Errichtung einer Auslandsholding nicht nur Steuervorteile verbunden, sondern bisweilen auch erhebliche Steuernachteile hinzunehmen sind. Derartige gegenläufige Steuereffekte liegen bspw. in folgenden Bereichen:

1. Die Entscheidung für eine Holdingstruktur bedingt regelmäßig die Übertragung von Beteiligungen oder Betrieben auf Tochtergesellschaften. Kommt es hierbei zu **Gewinnrealisierungen,** kann dies zu prohibitiven Steuerbelastungen führen. Der Steuerplaner muss deshalb äußerste Sorgfalt darauf verwenden, dass sowohl der Weg in als auch aus der Holding nicht von einem Zwang zur Aufdeckung stiller Reserven begleitet wird.[185]
2. Die **Errichtung** einer Auslandsholding verursacht **Kosten.** Hierzu gehören nicht nur die Gründungsaufwendungen (z. B. Notargebühren), die laufenden Kosten für Büro und Personal sowie die organisatorische Überwachung durch die inländische Muttergesellschaft, sondern auch Verkehrsteuern wie Gesellschaftsteuer, Grunderwerbsteuer, Börsenumsatzsteuer oder Stempelabgaben. Diese Kosten sind in die Entscheidungsfindung über die Holdingstruktur einzubeziehen.
3. Die durch eine Holdinggesellschaft bedingte erweiterte Konzernstruktur kann im Einzelfall **unerwünschte, steuerliche Begleiterscheinungen** bzgl. der Anrechenbarkeit von Auslandsteuern, der Abzugsfähigkeit von Finanzierungsaufwendungen, dem Fortbestand von Verlustvorträgen oder dem zusätzlichen Anfall von Drittstaatsteuern auslösen.

Die Steuerplanung mit Holdinggesellschaften zeigt sich somit als herausfordernde Aufgabe. Gesetzliche Grenzen, betriebswirtschaftliche Erfordernisse und drohende Steuerineffizienzen sind ins gestalterische Kalkül einzubeziehen. Doch selbst bei sorgfältigster Planung gesellt sich zu diesen Faktoren noch die Ungewissheit über künftige Änderungen der steuerlichen Rahmenbedingungen, sei es im nationalen Recht des In- oder Auslands oder im Hinblick auf die zukünftige Abkommens- oder EU-Politik. Völlige Dispositionssicherheit i. S. eines Risikoausschlusses lässt sich bei den zu beobachtenden „Rechtssprüngen" im internationalen Steuerrecht nicht erreichen.[186]

5. Kapitel. Steuerplanung mit Verrechnungspreisen und Konzernumlagen

A. Die Aufgaben der betrieblichen Verrechnungspreispolitik

I. Entwicklung eines Verrechnungspreissystems

Jedes international tätige Unternehmen muss sich darauf einstellen, dass das Thema der Verrechnungspreise jederzeit ins Rampenlicht einer Betriebsprü-

---

[185] Die Instrumente zur Vermeidung einer Gewinnrealisierung werden im 6. Kapitel im Detail beschrieben. Vgl. hierzu auch Körner, A., IStR 2009, S. 1 ff.
[186] Vgl. Rödder, T., FR 1988, S. 359 f.

fung rücken kann. Beanstandungspunkte gibt es viele: Überhöhte oder zu niedrige Lizenzgebühren, unangemessene Beratungsentgelte, zu lange Anlaufverluste, Verkäufe über oder unter Wert, die Abgrenzung von Gesellschafteraufwand und verrechenbaren Leistungen, mangelnde oder übertriebene Unterstützung in der Gruppe – um nur einige der üblichen Themen zu benennen.[1] Zahlt man bei einem Geschäft mit einem verbundenen Unternehmen zu viel, fordert der heimische Betriebsprüfer eine Gewinnanpassung, zahlt man zu wenig, droht das gleiche Schicksal im Nachbarstaat. Insoweit die richtigen Bandbreiten zu definieren, gehört mit zu den schwierigsten Aufgaben der betrieblichen Verrechnungspreispolitik.

In welcher Form muss sich nun aber ein Unternehmen auf die Risiken und Chancen einstellen, die der Bereich der Verrechnungspreise ohne Zweifel liefert? Die Herausforderung beginnt bereits mit der Bestandsaufnahme des Ist-Zustands im Konzern:

- Welche konzerninternen Lieferungs- und Leistungsströme gibt es (insoweit müssen Vergangenheits- und Plandaten gesammelt werden)?
- Auf welcher Basis werden diese Transaktionen abgerechnet?
- Welche vertraglichen Vereinbarungen über Konzernverrechnungspreise existieren zwischen den einzelnen Konzerneinheiten?

Im Rahmen einer **Schwachstellenanalyse** werden erfahrungsgemäß häufig sowohl ungeplante Überdotierungen von Konzernleistungen als auch Nichtbelastungen festzustellen sein. Versucht man die Beweggründe für die Preisfindung zu identifizieren, wird man fast regelmäßig auf nicht dokumentierte Ad-hoc-Entscheidungen für einzelne Geschäfte stoßen. Entgegen der häufig beschriebenen Gewinnverlagerung (profit shifting) im Konzern, die auf Rentabilitätsunterschiede in Abhängigkeit des Steuersatzgefälles abstellt und von daher auch Konzernstrukturentscheidungen erfasst,[2] sind in vielen Unternehmen die Verrechnungspreise nämlich keinesfalls steuerinduziert, sondern ergeben sich aus betriebswirtschaftlichen Überlegungen oder durch autonome Entscheidungen der Spartenleiter. Die Tatsache, dass die Verrechnungspreise nicht beliebig als Instrument der Gewinnverlagerung eingesetzt werden, bedeutet im Umkehrschluss allerdings nicht, dass sie steuerlich generell unbeanstandet bleiben. Vielmehr müssen die vorgenommenen Abrechnungen auch in diesen Fällen den steuerlichen Anforderungen entsprechen.

Stehen die Leistungsströme und deren Abrechnung fest, bedarf es im nächsten Schritt einer **Beurteilung** im Hinblick auf die Angemessenheit des **Ist-Zustands.** Um die steuerliche Akzeptanz der konzerninternen Gewinnaufteilung zu beurteilen, kann mit Hilfe einer **Funktions- und Risikoanalyse** der Anteil jeder Konzerneinheit an der gesamten Wertschöpfung des Konzerns (und damit die prozentuale Gewinnberechtigung) geschätzt werden. Die Identifizierung und Bewertung der einzelnen Funktionen (z. B. Forschung und Entwicklung, Einkauf, Produktion, Vertrieb) und Risiken (Produktrisiko, Forderungsrisiko, Währungsrisiko, Absatzrisiko) erfordert einen

---

[1] Vgl. die Aufzählung bei Endres, D./Eckstein, H.-M., Steuerrecht, 2001, S. 54.
[2] Vgl. aus der jüngeren Zeit Huizinga, H./Loeven, L., JPE 2008, S. 1164 ff.; Overesch, M., NTJ 2009, S. 5 ff.; Weichenrieder, A. J., ITPF 2009, S. 281 ff.; Schreiber, U./Overesch, M., ZfB 2010, Special Issue 2, S. 23 ff. Zum Volumen der möglichen Gewinnverlagerung siehe Heckemeyer, J. H./Spengel, C., DB 2009, S. 133 ff.

erheblichen Aufwand an interner Informationsbeschaffung und -aufarbeitung und nicht zuletzt auch ein Benchmarking mit anderen Unternehmen. Ist die Aufgaben- und Risikoverteilung analysiert, muss eine betriebsindividuelle Gewichtung der kritischen Erfolgsfaktoren vorgenommen werden.

Beispiel: In einem Unternehmen der Parfümeriebranche wird die Wertschöpfungskette maßgeblich von der Marketingseite geprägt sein, während die Produktion eine eher untergeordnete Rolle einnimmt. Umgekehrtes gilt in der Hochtechnologie – so wird z. B. ein Hersteller von Spezialmaschinen den Forschungs- und Produktions-, und nicht den Vertriebsgesellschaften die eigentliche Bedeutung zumessen.

Soweit das Ergebnis der Funktionsanalyse die im Konzern vorzufindende Gewinnaufteilung nicht stützt, bedarf es **Anpassungen** im Hinblick auf die Methodik oder Höhe der Verrechnungspreise. Im Rahmen einer wertorientierten Steuerplanung gilt es in diesem Zusammenhang, zulässige Gestaltungswahlrechte (Einzelabrechnung vs. Pauschalgebühr, Wiederverkaufspreismethode gegenüber Kostenaufschlag, Lizenzmodell oder Kostenumlage) zu erkennen und steueroptimal auszunutzen sowie ggf. auch den Profit-Center-Gedanken im Konzern zu stärken. Da die Implementierung eines neuen Verrechnungspreissystems die Ergebnismessung – und damit Mitarbeitervergütungen und Managemententscheidungen – massiv beeinflussen kann, sollte eine Systemumstellung immer von einer **Task-Force** (mit Vertretern von Steuern, Bilanzierung, Recht, Personal sowie strategischem und/oder operativem Management) verabschiedet werden.[3] Eine transparente und fundierte Verrechnungspreispolitik, die in einheitlichen Verrechnungspreisrichtlinien niedergelegt ist, erleichtert deren praktische Umsetzung. Allerdings ist gleichzeitig darauf zu achten, dass innerhalb des vorgegebenen Verrechnungspreissystems genügend Flexibilität verbleibt, um auf Sonderkonstellationen reagieren zu können.

II. Beweismittelvorsorge

Ist ein Verrechnungspreissystem definiert, sollte ein Unternehmen die strengen Verfahrensvorgaben für den konzerninternen Leistungsaustausch einhalten und von vornherein detaillierte Beweismittelvorsorge betreiben. Mit der Beachtung von Form- und Dokumentationserfordernissen erfüllt der Konzern zugleich seine **Dokumentations- und Mitwirkungspflichten** bei Auslandsbeziehungen (§ 90 Abs. 2, Abs. 3 AO). Schriftliche Vereinbarungen vor Beginn der Tätigkeiten, Spezifizierung der abgerechneten Leistungen und laufende Nutzennachweise sind ebenso wichtig wie die laufende Sammlung aller Daten, die für die Bildung und Beurteilung der Verrechnungspreise maßgeblich sind.[4] Eine sorgfältige und zeitnahe Dokumentation ist aber nicht nur Bestandteil der Risikovorsorge, sondern teilweise auch Voraussetzung dafür, dass spätere Strafzuschläge auf Gewinnkorrekturen vermieden werden.

In der Literatur wird z. T. zu Recht darauf hingewiesen, dass bei Offenlegung von Verrechnungspreisstudien, Marktanalysen oder Verprobungsrechnungen, die dem Zweck dienen, bestehende Verrechnungspreissysteme auf

---

[3] Vgl. Klein, T., IStR 1995, S. 550.
[4] Vgl. Verwaltungsgrundsätze-Verfahren, BMF-Schreiben v. 12. 4. 2005, BStBl 2005 I, S. 570; siehe hierzu im Einzelnen 5. Teil, 6. Kapitel, Abschnitt A II 3 c).

ihre Übereinstimmung mit den steuerlichen Anforderungen zu analysieren, nicht unerhebliche Risiken drohen. Der Betriebsprüfer erhält nämlich insoweit sehr informatives Zahlenmaterial, aus dem er u. U. ganz andere Rückschlüsse als der Steuerpflichtige zieht.[5] Insofern birgt ein offensives Vorgehen die Gefahr von **Verrechnungspreisbeanstandungen**. Unerlässlich bleibt aber die Beweisvorsorge in Bezug auf alle Dokumentationsunterlagen, für die nach den gesetzlichen oder rechtlichen Vorgaben eine Vorlagepflicht besteht.[6] Im Hinblick auf den Umfang der Verrechnungspreisdokumentation muss jeder Konzern einen Kompromiss finden zwischen der gewünschten (relativen) Steuersicherheit und den Kosten (z. B. für eine Verrechnungspreisstudie), die er zur Erzielung dieser Steuersicherheit aufzuwenden bereit ist.[7] Als Minimum ist allerdings sicherzustellen, dass die vorgeschriebenen Aufzeichnungen innerhalb der gesetzlichen Frist (§ 90 Abs. 3 AO) vorgelegt werden können. Abzuraten ist auch von abrupten und häufigen Änderungen der Verrechnungspreispolitik, da sie regelmäßig hohen Begründungsbedarf entweder für die Zukunft oder für die Vergangenheit auslösen.

Kommt es trotz aller Risikovorsorge dennoch zu Preisanpassungen in der Betriebsprüfung, ist die Möglichkeit einer **korrespondierenden Gegenkorrektur im Ausland** zu prüfen, um Doppelbesteuerungen auszuschließen. In der Praxis kann diese Rechtsfolge meist nur durch ein aufwendiges und zeitraubendes Verständigungsverfahren vermieden werden, weil die meisten Staaten sich – verständlicherweise – weigern, den von der ausländischen Finanzverwaltung festgesetzten Preis als für sie verbindlich zu übernehmen.[8] Daneben ist nach einem (geringen) Teil der deutschen DBA die Durchführung eines Schiedsverfahrens möglich oder zwingend vorgesehen. Innerhalb der EU gelten zusätzlich die Richtlinien zum EU-Schiedsverfahren, das im Anschluss an ein ergebnisloses Verständigungsverfahren durchgeführt werden und mit einer Einigung enden muss.[9]

III. Optimale Allokation der Bemessungsgrundlagen

Jedes international tätige Unternehmen ist bestrebt, seine weltweiten Aktivitäten so zu gestalten, dass sich für das Gesamtunternehmen (Konzern) der größtmögliche Nutzen im Hinblick auf die Befriedigung von Konsumentenbedürfnissen, Umsatz- und Renditeerwartungen und eine stetige Verbesserung des Shareholder-Value ergibt. Diese Bestrebungen müssen Unterstützung durch ein Steuermanagement erfahren, welches bereits im nationalen Bereich Steuergestaltungschancen (wie z. B. Rechtsformwahl, Verlustnutzung, Organschaften) erkennt und nutzt. Es sollte darüber hinaus auch im internationalen Kontext die Strukturen so einstellen, dass Doppelbesteuerungen vermieden und die konzernweiten Steuerlasten minimiert werden. Liegt der diesbezügliche Organisationsrahmen fest, wird die **Steuerung der Bemessungsgrundlagen** der verschiedenen Konzerneinheiten zur zentralen Auf-

---

[5] Vgl. Werra, M., IStR 1995, S. 516; Bauer, D./Taetzner, T., BB 2004, S. 2271.
[6] Siehe hierzu ausführlich 5. Teil, 6. Kapitel, Abschnitt A II.
[7] So Klein, T., IStR 1995, S. 550.
[8] Vgl. Art. 9 Abs. 2 OECD-Modell.
[9] Vgl. hierzu 2. Teil, 3. Kapitel, Abschnitt D II und 5. Teil, 6. Kapitel, Abschnitt B I 4.

gabe der Steuerpolitik. Mit dem Ziel, einerseits Kosten- oder Wettbewerbsvorteile zu realisieren und andererseits Steuern zu sparen, kann eine **Auslagerung betrieblicher Funktionen und Risiken** ins Ausland erforderlich werden. Anders als bei den Strukturentscheidungen, bei denen der Ort der Einkunftserzielung fixiert ist, aber die diesbezügliche Steuerlast durch geeignete Rechtsformwahl oder Repatriierungsstrategien (Holdinggesellschaften) gemindert wird, geht es im Rahmen der an der Bemessungsgrundlage orientierten Steuerplanung um **Allokationsstrategien**, d. h. um die Festlegung, in welchen Konzerneinheiten (Realstandorten) gewisse Einkünfte realisiert und originär besteuert werden sollen.[10]

Steuerlicher Ausgangspunkt für die konzernoptimale Zuordnung der Gesamtaktivitäten im Konzern auf verschiedene Standorte ist also das **internationale Steuergefälle**, meist gemessen an unterschiedlichen Steuertarifen.[11] Deutschland hat zwar seine Steuersätze spürbar abgesenkt. Dennoch ist es insbesondere aufgrund der gewerbesteuerlichen Zusatzbelastung immer noch leicht nachvollziehbar, warum multinationale Unternehmen versuchen, die auf Deutschland fallenden Aktivitäten und Unternehmensgewinne zu minimieren, indem mobile Funktionen einschließlich ihrer Wertschöpfung von den Realstandorten abgespalten und in niedriger besteuernde Länder verlagert werden.[12] Der sich verschärfende Wettbewerb sowie ein permanenter Zwang zur Kostenreduzierung zwingen die Unternehmen, historische Standortentscheidungen im Hinblick auf Kosten und/oder Steuereinsparungen zu überprüfen. Um konkurrenzfähig zu sein, besteht ein latenter Anreiz, die **Konzernsteuerquote** unter das deutsche Niveau zu drücken und dort zu investieren, wo (neben anderen Standortfaktoren) attraktivere steuerliche Rahmenbedingungen vorherrschen.[13]

Die Instrumente für die Steuerung der **Bemessungsgrundlagen** im internationalen Konzern umfassen ein weites Spektrum an Handlungsmöglichkeiten. Solange im weltweiten Vergleich Einkünfte unterschiedlich definiert, ermittelt und tarifbesteuert werden, wird es dem Unternehmen möglich sein, mit der **realen Leistungserbringung** an solche Standorte auszuweichen, die den Unternehmenserfordernissen gerecht werden und gleichzeitig steuereffizient sind. Folgerichtig ist in der Praxis zu beobachten, dass angesichts der immer noch überdurchschnittlich hohen deutschen Steuersätze

– Inlandskonzerne ihre Aktivitäten im Ausland erhöhen und
– Auslandskonzerne die Aufgaben, die sie deutschen Tochtergesellschaften zuordnen, ständig reduzieren.

So kann ein **deutsches Unternehmen** durch die Aufnahme von Produktionstätigkeiten im Ausland oder den Einsatz ausländischer Dienstleistungs-

---

[10] Vgl. zur Unterscheidung auch Kessler, W., Euro-Holding, 1996, S. 82.
[11] Siehe hierzu die Ergebnisse eines Vergleichs der effektiven Unternehmenssteuerbelastung in der EU im 2. Teil, 2. Kapitel, Abschnitt E III.
[12] Vgl. Menck, T., IStR 2001, S. 280.
[13] Siehe hierzu Jackstein, C. D., Steuersystem, 1997, S. 179 ff.; Burkert, M., IStR 2003, S. 320 ff.; Endres, D., RIW 2003, S. 729 ff.; Scheffler, W./Eickhorst, D., BB 2004, S. 818 ff.; Endres, D., Konzernsteuerquote, 2005, S. 163 ff.; Lemein, G. D., TNI 2005, S. 715 ff.; Schmidt-Ahrens, L., Steuerplanung, 2005, S. 143 ff.; Spengel, C., Konzernsteuerquoten, 2005, S. 89 ff.; Buettner, T./Ruf, M., ITPF 2007, S. 151 ff.

5. Kapitel. Steuerplanung mit Verrechnungspreisen u. Konzernumlagen 1083

gesellschaften theoretisch relativ einfach das bestehende internationale Steuergefälle nutzen. Umgekehrt können **Auslandskonzerne** ihre Aktivitäten in Deutschland verringern, indem sie die Funktionen nationaler (deutscher) Gesellschaften auf Dienstleistungen (Lohnfertiger bzw. Vertriebsagent) reduzieren, während der Vertrieb bzw. die Produktion sowie das Management aller unternehmerischen Chancen und Risiken an einer zentralen Stelle außerhalb von Deutschland gebündelt werden. In allgemeiner Form gilt, dass die Allokation von Funktionen, Chancen und Risiken auch Maßstab für die Gewinnaufteilung im Konzern sein muss, wobei die Abgrenzung innerkonzernlicher Leistungsaustauschbeziehungen über **Verrechnungspreise** erfolgt. Da die Festsetzung der Verrechnungspreise letztlich die Höhe der Besteuerungsgrundlagen in den verschiedenen Ländern bestimmt, vermag es nicht zu verwundern, dass deren Überprüfung durch die beteiligten Fisken in den letzten Jahren zum Zentralthema des internationalen Steuerrechts geworden ist. Daneben gehen die Finanzverwaltungen zunehmend dazu über, die Verlagerungsvorgänge selbst auf Steuerwirkungen und insbesondere die Aufdeckung der in den übergehenden Wirtschaftsgütern ruhenden stillen Reserven zu untersuchen.

Die steuermotivierte Auslagerung von Konzernfunktionen, die Verrechnungspreispolitik oder auch die Festlegung konzerninterner Finanzierungsströme bezwecken die Beeinflussung der Steuerbemessungsgrundlagen durch Zuordnung von Erträgen zu Niedrig- und entsprechender Aufwendungen zu Hochsteuerländern (Nutzung des internationalen Steuertarifgefälles). Die Bekämpfung der „Gewinnlenkung"[14] durch Allokationsstrategien ist schwierig, da es einerseits am internationalen Willen sowie − selbst innerhalb der EU − der Fähigkeit zu einer stärkeren Steuerkoordination fehlt und es andererseits dem Steuerpflichtigen unbenommen bleibt, seine geschäftlichen Dispositionen an einem Ort seiner Wahl zu treffen. Die Finanzverwaltung vermag insoweit nur mutmaßlichen Missbräuchen entgegenzutreten und in der Wirklichkeit nicht vollzogenen Funktionsverlagerungen die steuerliche Wirkung abzuerkennen.[15] Insoweit die Spreu vom Weizen zu trennen und die bestehenden Grauzonen zwischen zweifelhaften Gestaltungen und förderungswürdigen Investitionen aufzuhellen, ist eine herausfordernde und nicht immer lösbare Aufgabe.[16] Wirkliche Unterstützung für die Finanzverwaltung versprechen dabei allein Steuersatzsenkungen und Steuerharmonisierungen: Nur klar erkennbare und konsequent durchgehaltene Zielvorgaben in der Steuerpolitik sowie ausgewogene Steuergesetze vermögen das Vertrauen der Steuerpflichtigen in eine verlässliche, sie finanziell nicht überfordernde inländische Besteuerung ihrer Erträge zu erhalten oder zurückzugewinnen. Erst wenn die Steuerlasten auch im Inland denjenigen in Anreiz- und Investitionsländern in etwa nahe kommen, besteht die Chance, steuerbedingten Kapitalexport zu vermeiden und abgewandertes Kapital wieder in das Inland zurückzuholen.[17]

---

[14] Vgl. Kormann, H., Steuerpolitik, 1970, S. 147.
[15] Vgl. OECD, Leitlinien 2010, Tz. 9.161 ff.
[16] Vgl. Dreßler, G., Niedrigsteuerländer, 2000, S. 376 ff.
[17] Vgl. Dreßler, G., StBp 1999, S. 260.

B. Verrechnungspreisstrategien für ausländische Investoren in Deutschland (Inbound-Investitionen)

I. Wirtschaftliche Rahmenbedingungen globaler Branchen

Die zunehmende Intensität von Forschung und Entwicklung, sinkende Kosten für Transport und Telekommunikation sowie fortschreitende Liberalisierungen im internationalen Handel und Kapitalverkehr förderten die weltweite Vermarktung neuer Produkte und Technologien und führten zu der Entstehung von Märkten, die durch vielfältige Faktoren über die Ländergrenzen hinweg verknüpft sind. In diesen „globalen Branchen" wird die Wettbewerbsposition eines Unternehmens in einem bestimmten Land ganz erheblich von seiner Stellung in anderen Ländern beeinflusst, so dass international agierende Unternehmen ihre betrieblichen Funktionen weltweit integrieren müssen, um die Gemeinsamkeiten der einzelnen Märkte ausnutzen zu können.[18] Damit beschränkt sich aber das internationale Unternehmen heute nicht mehr nur auf den anfänglichen Transfer von immateriellen Wirtschaftsgütern, Wissen oder Erfahrungen zu den Auslandsniederlassungen.[19] Für die Entwicklung einer Internationalisierungsstrategie müssen Unternehmen vielmehr für alle betrieblichen Funktionen entscheiden, welche Aktivitäten autonom oder für mehrere Unternehmenssegmente gemeinsam ausgeführt werden. Daneben muss bestimmt werden, wie diese Aktivitäten auf die verschiedenen Länder zu verteilen sind (Konfiguration der betrieblichen Aktivitäten).[20] Die Entscheidung über die **geographische Struktur** der Unternehmensaktivitäten bewegt sich zwischen der schwerpunktmäßigen Ansiedlung einer Aktivität an einem Standort und ihrer Durchführung in vielen Ländern. Sie orientiert sich an der jeweiligen Funktion und der ggf. notwendigen Nähe zum Kunden. Im Extremfall werden in jedem Land die betrieblichen Funktionen komplett durchlaufen. Der **Integrationsgrad**, der für die Ausrichtung der betrieblichen Aktivitäten auf das übergeordnete Gesamtziel erforderlich ist, kann von der vollständigen lokalen Autonomie, bei der auf jede Koordination verzichtet wird, bis hin zu einer engen Verzahnung der einzelnen Unternehmensteile reichen. Im Einzelnen sind der Zwang zur globalen Integration und die notwendige Anpassung an nationale Gegebenheiten in den verschiedenen Wirtschaftszweigen unterschiedlich intensiv ausgeprägt.[21] So wirken z. B. „die wachsenden Kostenvorteile in der Fertigung, die mit den internationalen oder regionalen Betriebsgrößenerfordernissen einhergehen, oder die Notwendigkeit, die steigenden technologischen Entwicklungskosten auf einen kürzeren Produktlebenszyklus umzulegen"[22], darauf hin, dass die Koordination der globalen Unternehmenstätigkeit verstärkt und die Integration der betrieblichen Prozesse weltweit intensiviert wird. Andere Einflussfaktoren, wie z. B. die von Land zu Land unterschiedlichen Verbraucherpräferenzen und Marktstruktu-

---

[18] Vgl. Porter, M. E., Wettbewerb, 1989, S. 21.
[19] Vgl. Rugman, A. M., Multinationals, 1981, S. 22 ff.; Teece, D. J., JEBO 1986, S. 21 ff.
[20] Vgl. Porter, M. E., Wettbewerb, 1989, S. 25 ff.
[21] Vgl. Bartlett, C. A., Aufbau, 1989, S. 428 ff.; Porter, M. E., Wettbewerb, 1989, S. 20 f.
[22] Bartlett, C. A., Aufbau, 1989, S. 428.

ren, erfordern eine stärkere lokale Differenzierung und Anpassung. Während in der Vergangenheit zunächst länderspezifische Strategien dominierten,[23] bevor nach dem Zweiten Weltkrieg Freihandelsabkommen, sinkende internationale Transportkosten, verbesserte Kommunikationsmöglichkeiten und fortschrittliche Fertigungsverfahren die globale Koordination begünstigten, befinden sich heute zahlreiche multinationale Unternehmen in der Situation, dass sie ihre Aktivitäten trotz aller Anpassungen an die nationalen Bedürfnisse und Anforderungen in den einzelnen Ländern weltweit koordinieren und steuern müssen, um leistungsstarke und effiziente Wettbewerber zu bleiben.[24]

II. Allokation der Konzernfunktionen unter Berücksichtigung von Kapitaleinsatz und Risiken

In den althergebrachten Konzernstrukturen finden sich in jedem Gastland voll durchstrukturierte und **eigenständig lebensfähige** Organisationen, oft mit eigener Produktion, aber fast immer mit eigenem Vertrieb, eigenen Dienstleistungsfunktionen und zumeist auch einer weitgehend autarken Geschäftsführung. In dieser Konstellation ist es die traditionelle Aufgabe der internationalen Steuerplanung, grenzüberschreitende Gruppenstrukturen so auszurichten, dass die Konzernsteuerquote minimiert und steuerliche Störeffekte wie Doppelbesteuerungen, Ausschüttungssperren oder Quellensteuernachteile ausgeschlossen werden. Dabei wird die im Konzern vorgefundene Arbeitsteilung und Länderallokation zunächst grundsätzlich akzeptiert und versucht, die bestehende Organisation in den bestmöglichen rechtlichen Rahmen einzubinden. Mutter-Tochter-, Fusions- sowie Zins- und Lizenzgebührenrichtlinie sind dabei genau wie die DBA willkommene Hilfsmittel, um die Beteiligungsstrukturen steueroptimal auszurichten.

Die damit verbundenen Strukturfragen werden auch in Zukunft ihren Platz in der Steuerplanung nicht verlieren. Sie werden aber zunehmend ergänzt durch Überlegungen im Hinblick auf die steuerlich optimale Aufteilung der unternehmerischen Funktionsbereiche im Konzern. Insoweit gilt es, die steuerlichen Rahmendaten für das Unternehmen zu optimieren und die Strukturen auf die unterschiedlichen Standortbedingungen einzustellen. Bei dieser Suche nach einer kostengünstigen Organisationsstruktur bietet sich eine **regionale oder globale Zentralisierung von Funktionen** im Konzern an, so dass nicht mehr in jedem Land eine kostenintensive Gesamtstruktur vorgehalten werden muss. Nachfolgend werden einige in der Praxis vorzufindende Ansätze für Inbound-Investitionen vorgestellt. Dabei wird deutlich werden, dass der Umfang der Zentralisierung durchaus variieren kann und von einer Zusammenfassung von Dienstleistungsfunktionen über den Vertrieb bis hin zur zentralen Produktion reicht. Im weitestgehenden

---

[23] Vgl. Bartlett, C. A., Aufbau, 1989, S. 432 ff.; Chandler, A. jr., Wettbewerb, 1989, S. 467 ff.; Porter, M. E., Wettbewerb, 1989, S. 46 ff.
[24] Aus diesem Grund bildet sich nach *Kuhn* für das internationale Unternehmen langfristig eine geozentrische Struktur heraus, die sich durch transplants in den für das Unternehmen strategisch bedeutsamen Regionen auszeichnet. Vgl. Kuhn, J., ZfB 1998, S. 942 ff.

Fall entsteht eine zentrale Unternehmenseinheit, die die Produkte im eigenen Namen produziert und vertreibt und sich hierbei nationaler Gesellschaften als bloße Dienstleistungserbringer bedient (Entrepreneur-Struktur).[25]

III. Zur Intensität unternehmerischer Funktionen im Inland

1. Vertrieb

Ein erster Bereich ist die Zentralisierung von Absatzfunktionen oder Verkaufsaktivitäten für einen regionalen Markt (z. B. Europa). Begünstigt wird diese Tendenz dadurch, dass sich immer mehr Produkte weg von einem rein lokalen Verkaufsangebot hin zu regionalen oder globalen Marken entwickeln. Zusätzlich sprechen logistische Vorteile, die Zentralisierung und Einsparung von Warenlagern, die einheitliche Behandlung der Kunden in einem homogenen Markt, ein zentrales Kreditrisiken- und Währungsmanagement, verbesserter Kundenservice in Form eines vervollständigten Angebotssortiments, ein regional einheitliches Vorgehen im Hinblick auf die Preis- und Rabattpolitik und administrative Ersparnisse für die neuen Vertriebsstrukturen. Die Zentralisierung maßgeblicher Verkaufsfunktionen an einer Stelle bedeutet aber nicht gleichzeitig, dass die Lokalgesellschaften überflüssig werden. Diese kennen ihren Markt am besten und sind für den Verkaufserfolg unerlässlich. Deshalb wird der Verkauf weiterhin über diese Lokalgesellschaften abgewickelt, die aber nun in geänderter Form als eine **in ihren Funktionen reduzierte Vertriebsgesellschaft** (stripped buy and sell distributor), als Kommissionär[26] oder Handelsvertreter, und nicht mehr wie zuvor als Händler und Verkäufer selbst hergestellter Produkte, auftreten. Aus wirtschaftlichen und logistischen Gründen wird daneben gelegentlich ein zentrales Warenlager errichtet, um von dort die Auslieferung der Produkte für einen regionalen Markt (z. B. Europa) vorzunehmen.[27]

Ein **Verkaufskommissionär** ist dadurch gekennzeichnet, dass er gewerbsmäßig Waren für Rechnung eines Kommittenten im eigenen Namen verkauft. Der **Handelsvertreter** dagegen vermittelt Geschäfte im Namen und auf Rechnung des Geschäftsherrn (Prinzipal). Im Rahmen eines Kommissionärsvertrages tritt der Prinzipal demzufolge gegenüber dem Abnehmer nicht in Erscheinung. In Abgrenzung zum Vertragshändler übernimmt der Kommissionär kein Absatzrisiko, da er die Waren nicht auf eigene Rechnung vertreibt. Für einen Kommissionär ist es somit typisch, dass er nur ein indirektes Vertriebsrisiko trägt.

---

[25] Vgl. Vroemen, E., TNI 2002, S. 885 f.; Burkert, M., IStR 2003, S. 358 ff.; Möller, M./Bartl, C., Verrechnungspreispolitik, 2003, S. 273 ff.; Lenz, M., WPg-Sonderheft 2006, S. S 149 ff.
[26] Vgl. zum Kommissionärsmodell z. B. Bodenmüller, R., Steuerplanung, 2004, S. 366 ff.
[27] Vgl. Seltenreich, S., IStR 2004, S. 589.

5. Kapitel. Steuerplanung mit Verrechnungspreisen u. Konzernumlagen 1087

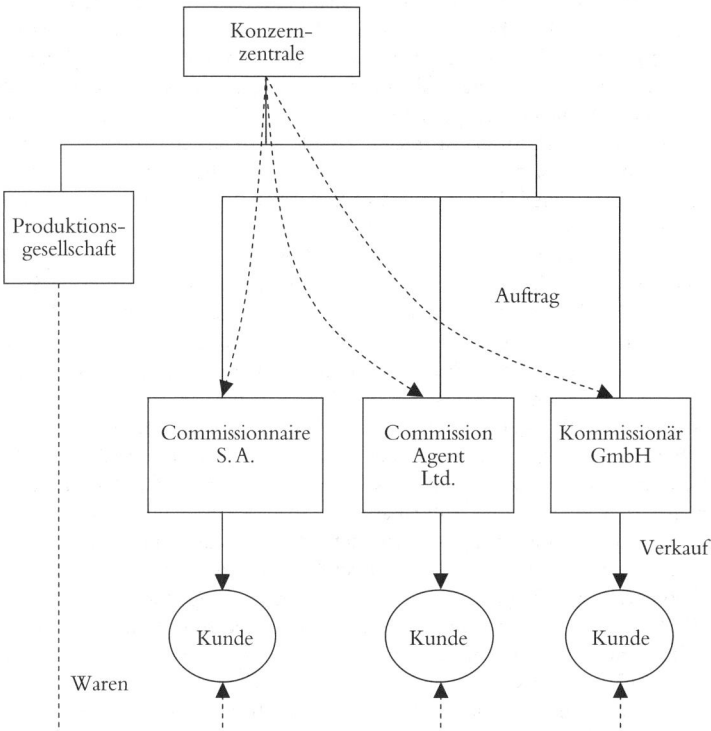

In diesem Charakteristikum liegt nunmehr gerade die Wurzel steuerlicher Planungsüberlegungen. Durch das deutlich reduzierte unternehmerische Risiko und seine im Vergleich zum Händler eingeschränkten Funktionen sind die angemessenen Kommissionszahlungen auf vermittelte Umsätze geringer als die notwendigen Rohgewinnspannen, die einem Eigenhändler zugestanden werden müssen.[28] Dabei ist allerdings dreierlei zu beachten:

- Die vereinbarte **Kommissionsgebühr** muss der Höhe nach angemessen sein und den Grundsätzen des Fremdvergleichs entsprechen.[29] Zur Bestimmung der angemessenen Funktionsvergütung ist mit Hilfe der Daten von Vergleichsunternehmen oder im Rahmen einer Funktions- und Risikoanalyse zu untersuchen, welche Konditionen im Hinblick auf das reduzierte Aufgabenspektrum (kein Lagerbestand, kein Forderungsrisiko, kein Währungsrisiko) gerechtfertigt sind.
- Kontrovers diskutiert wird die Frage, ob die Einschaltung einer Tochterkommissionärsgesellschaft eine **Betriebsstätte** des ausländischen Mutter-

---

[28] Zur detaillierten Ableitung von Gestaltungsempfehlungen für den umgekehrten Fall einer Gestaltung des Auslandsvertriebs siehe Scheffler, W., RIW 2001, S. 321 ff. Die der Analyse zugrunde liegende Vergleichsmethode ist auf den hier betrachteten Fall des Inlandsvertriebs analog anwendbar.
[29] Vgl. OECD, Leitlinien 2010, Tz. 9.123.

unternehmens nach Art. 5 Abs. 5 und 6 OECD-Modell begründen kann. Für Kommissionäre und andere unabhängige Vertreter wird diese Einstufung zwar i. d. R. abzulehnen sein.[30] Gleichwohl sollte darauf geachtet werden, dass der Prinzipal nicht in das Tagesgeschäft des Vertreters eingreift. Ferner sollte der Vertreter, falls möglich, für mehrere Unternehmen tätig sein und ggf. neben der Vertretertätigkeit ein weiteres Geschäft ausüben.[31] Ist die Tochterkommissionärsgesellschaft als Vertreterbetriebsstätte einzustufen, kann sich nach dem amtlichen Ansatz der OECD für die Gewinnaufteilung zwischen Stammhaus und Betriebsstätte ein Gewinn der Vertreterbetriebsstätte ergeben.[32]

- Wird ein zentrales Warenlager im Inland errichtet, muss daneben geprüft werden, ob die hiermit verbundene Lagerhaltung eine Betriebsstätte der ausländischen Zentrale begründet. Das ist zwar i. d. R. nicht der Fall, da Einrichtungen, die ausschließlich zur Lagerung, Ausstellung oder Auslieferung von Gütern oder Waren des Unternehmens benutzt werden, nach DBA ausdrücklich nicht als Betriebsstätten gelten (Art. 5 Abs. 4 OECD-Modell). Gleiches gilt für Bestände von Gütern oder Waren, die ausschließlich zur Lagerung, Ausstellung oder Auslieferung gehalten werden, oder für Einrichtungen, die zu dem Zweck unterhalten werden, für das Unternehmen Güter einzukaufen, Informationen zu beschaffen oder andere Tätigkeiten vorbereitender oder unterstützender Art auszuüben. Anderes gilt aber, wenn eine Einbindung in Verkaufstätigkeiten gegeben ist. Hier reichen bereits dem Verkauf nachgelagerte Dienstleistungen aus.[33]

- Wird eine bestehende Händlerstruktur auf eine Kommissionärsbasis umgestellt, könnte ein zusätzliches steuerliches Risiko im Übergang eines immateriellen Wirtschaftsguts (Kundenstamm, Geschäftswert) von dem ehemaligen Händlerunternehmen auf den Geschäftsherrn bestehen. Vor diesem Hintergrund ist zu prüfen, ob das Vertriebsunternehmen aufgrund einer Umstellung des Vertriebskonzeptes **Gewinne** realisiert **oder Ansprüche** gegenüber dem Geschäftsherrn erwirbt, die vom Geschäftsherrn zu vergüten sind. Zu denken ist an einen Ausgleichsanspruch für den Kundenstamm, Ansprüche aufgrund von Verstößen gegen ein Wettbewerbsverbot sowie Schadensersatz für nicht amortisierte Investitionen, entgangene Gewinne oder entstandene Schließungskosten.[34] Hierbei ist zu bedenken, dass der fehlende Ausgleich dieser Ansprüche eines in seiner Funktion reduzier-

---

[30] So auch Lemein, G., TNI 2005, S. 718. Im angelsächsischen Bereich (common law jurisdictions) ist die Rechtsfigur des Kommissionärs zwar unbekannt. Viele Länder erkennen das Konzept eines verdeckten Vertreterverhältnisses dort jedoch an (agent with an undisclosed principal). Zur Existenz eines Betriebsstättenrisikos vgl. Endres, D., IStR 1996, S. 1 ff.; Prinz, U., JbFSt 1996/97, S. 425 ff.
[31] Vgl. BFH v. 14. 9. 1994, BStBl 1995 II, S. 238 ff.; siehe hierzu auch Timmermans, S., IWB, Fach 3, Deutschland, Gruppe 2, S. 809 ff.; Endres, D., IStR 1996, S. 3 ff.; Brodersen, C./Kolczynski, H. v., Intertax 1997, S. 201 ff. Siehe auch 3. Teil, 2. Kapitel, Abschnitt A II 3 b).
[32] Vgl. OECD, Report, 2008, Tz. 263 ff.; Lemein, G., TNI 2005, S. 722 („and that (if) is a big if"); dazu aus deutscher Sicht auch Naumann, M./Förster, H., IStR 2004, S. 248 ff.; sowie 5. Teil, 3. Kapitel, Abschnitt F.
[33] Vgl. Seltenreich, S., IStR 2004, S. 593.
[34] Vgl. Abschnitt B IV sowie die Darstellungen zur Bestimmung des Fremdvergleichsentgelts für die Bestandteile des Transferpakets im Rahmen von Konzern-Restrukturierungen (Funktionsverlagerungen) im 5. Teil, 4. Kapitel, Abschnitt D.

ten Unternehmens auf die wirtschaftliche Abhängigkeit dieses Unternehmens hinweisen und das Risiko einer Vertreterbetriebsstätte erhöhen kann.

Das Kommissionärsmodell erfreut sich insbesondere deshalb zunehmender Beachtung, weil es die Zentralisierung des Verkaufs zulässt, ohne gleichzeitig notwendigerweise zu Gewinnabgrenzungen im Verhältnis von Stammhaus und Betriebsstätte zu führen. Will man das Betriebsstättenrisiko völlig ausschließen, bedarf es eines Rückgriffs auf die Vertragshändlerfunktion, d. h. die Landesgesellschaften erwerben die Waren vom liefernden Gruppenunternehmen und veräußern diese im eigenen Namen und auf eigene Rechnung weiter. Um dennoch bei einer Funktionsanalyse die möglichst niedrige Rentabilität des Händlers zu begründen, wird teilweise versucht, die typischerweise von einer Vertriebsgesellschaft zu tragenden Risiken zu reduzieren. So werden durch Vertrag bspw. Kreditausfallrisiken, Wechselkursrisiken, Lagerhaltungs- und Transportrisiken sowie Garantie- und Gewährleistungsrisiken durch den Lieferanten übernommen. Im Gegenzug sind die Verhandlungsfreiheit und der Preisspielraum der Vertriebsgesellschaft beschränkt. Von daher resultiert aus dieser Gestaltung der auch steuerliche **Vorteil,** dass die Gewinnmarge abgesenkt ist und insoweit auch der im Vergleich mit dem typischen Vertragshändler verminderten Risikoübernahme des in seinem Risiko reduzierten Vertreibers Rechnung trägt.

2. Produktion

Auch bei der Produktion kann ein gruppeninternes Outsourcing im Wege der Reallokation von Herstellungsfunktionen zu günstigen wirtschaftlichen, aber auch steuerlichen Ergebnissen führen. Aus betriebswirtschaftlicher Sicht liegen die Vorteile vor allem in einer besseren Wettbewerbsposition bei Ein- und Verkauf, der Zentralisierung von Finanzierungs- und Währungsrisiken sowie einer Vereinheitlichung (und Reduzierung) der Produktionskosten.

Kombiniert man diese betriebswirtschaftliche Ausgangslage mit steuerlichen Überlegungen, so bietet es sich an, eine zentralisierte Produktionsgesellschaft an einem niedrig besteuerten Standort (wie z. B. Irland) anzusiedeln. Eine solche **Neuaufnahme** der Auslandsproduktion ist hinsichtlich der steuerlichen Anerkennung aufgrund der aktiven Tätigkeit solange unproblematisch, als sie nicht mit anderweitigen Betriebsschließungen einhergeht.

Die **Verlagerung** der Produktion durch Schließung der bisherigen Produktionsstätte und Errichtung einer neuen, zentralen Produktionsgesellschaft dürfte von den Steuerbehörden allerdings als Übertragung der funktional zugehörigen (vor allem immateriellen)[35] Wirtschaftsgüter, Chancen und Risiken angesehen werden, insbesondere wenn die zu schließende Fabrik profitabel arbeitet. Insoweit gilt es, den Nutzen der Reorganisation für das einzelne Unternehmen zu dokumentieren.

Häufig wird es aus den vielfältigsten wirtschaftlichen und rechtlichen Gründen nicht möglich sein, die eigentlichen Produktionstätigkeiten in einem einzigen Niedrigsteuerland zusammenzufassen. Um dennoch die Produktion zentral zu steuern, wird auf die Möglichkeit der **Lohn- oder Auftragsfer-**

---

[35] Vgl. Verwaltungsgrundsätze-Funktionsverlagerung, BMF-Schreiben v. 13. 10. 2010, BStBl 2010 I, S. 774, Rn. 203 ff.

6. Teil. Grenzüberschreitende Steuerplanung

tigung (contract manufacturing) zurückgegriffen. Dabei werden die Produktionsaktivitäten bei den lokalen – ggf. hoch besteuerten – Produktionsgesellschaften belassen. Gleichzeitig werden jedoch die unternehmerischen Risiken, das Eigentum an den hergestellten Gütern sowie die Verantwortung über Teile der Produktion von den jeweiligen Gruppengesellschaften auf eine einzelne, zentrale Einheit übertragen. Ähnlich den Kommissionärsmodellen im Vertrieb trägt der Auftragsproduzent insbesondere keine Inventar- oder Verkaufsrisiken, da der Auftraggeber (Prinzipal) weiterhin Eigentümer der Rohstoffe und Produkte bleibt. Den Lohnfertiger trifft allein das Risiko für Produktionsfehler. Der Auftragsproduzent erhält für seine Leistung eine Gebühr, die sich mangels Absatz- oder Beschaffungsrisiko regelmäßig nach der Kostenaufschlagsmethode berechnet. Hierbei wird sich der Kostenaufschlag insbesondere an der technischen Komplexität des Herstellungsprozesses orientieren.

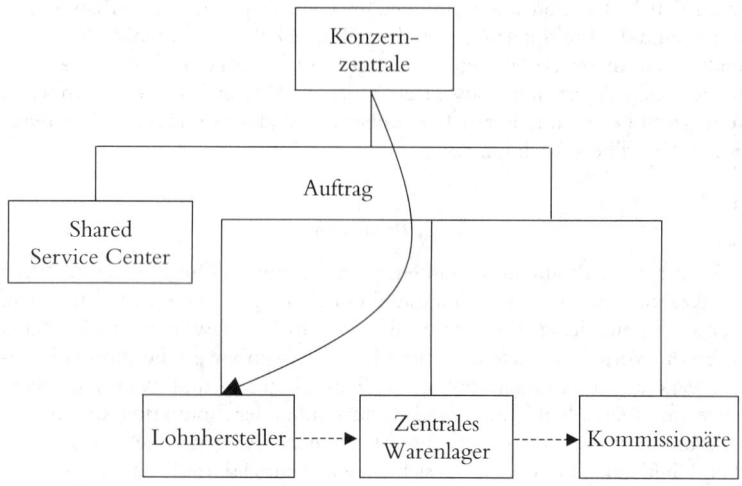

Die steuerlichen Risiken der Lohnherstellung gleichen weitgehend den Fragestellungen beim Kommissionärsmodell:
- Bestimmung der angemessenen **Dienstleistungsgebühr** für den Lohnfertiger. Wird für die Ermittlung der Verrechnungspreise des Lohnfertigers die Kostenaufschlagsmethode herangezogen, konzentriert sich diese Frage auf den im Hinblick auf das reduzierte Aufgabenspektrum (keine Inventar- oder Verkaufsrisiken) angemessenen Rohgewinnaufschlag;[36]
- Vermeidung einer **Betriebsstätte** des ausländischen Auftraggebers;
- Gefahr einer **Gewinnrealisierung** im Zeitpunkt der Vertragsumstellung von einem Vollproduzenten auf einen Lohnhersteller, wobei die Thematik hier ähnlich wie bei einer Betriebsschließung liegt.

Grundsätzlich wird man davon ausgehen können, dass das Steuerrecht eine geänderte Aufgabenzuweisung durch die Gesellschafter auch dann akzeptieren muss, wenn sie im Einzelfall für die Ländergesellschaften einen Verlust von

---

[36] Siehe hierzu 5. Teil, 4. Kapitel, Abschnitt C II.

5. Kapitel. Steuerplanung mit Verrechnungspreisen u. Konzernumlagen 1091

Funktionen, aber auch Risiken zur Folge haben.[37] Im Einzelnen können sich jedoch **Ausgleichsansprüche** der inländischen Tochtergesellschaft gegenüber ihrer ausländischen Muttergesellschaft ergeben.[38]

3. Dienstleistungen

Auf dem Wege einer Zentralisierung von Konzernfunktionen besteht eine dritte Möglichkeit in der Errichtung von **Support-Zentren** (shared service centres) für Verwaltungsaufgaben.[39] In diesem Zusammenhang werden bestimmte Dienstleistungen, die bislang von den Gruppengesellschaften selbst ausgeübt wurden, an einem bestimmten Ort zusammengeführt, um Kostenduplizierungen zu vermeiden oder Synergievorteile zu erzielen. Bei den betroffenen Funktionen kann es sich sowohl um Back-office-Leistungen als auch um Managementaufgaben handeln.

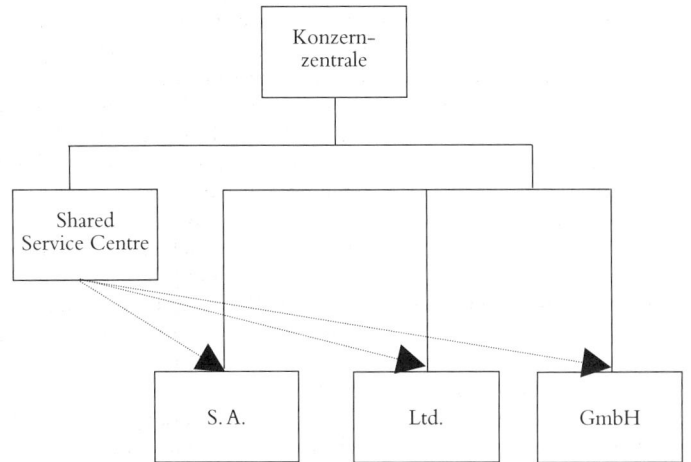

Kerngedanke dieser Zusammenführung von Back-office-Leistungen ist die Kostenminimierung für die abtrennbaren und nicht zum operativen Geschäft der lokalen Unternehmen gehörenden Bereiche, ohne Marktnähe und insbesondere Reaktionsfähigkeit auf sich ändernde Rahmenbedingungen aufzugeben. Solche Zentralisierungen einzelner Funktionen sind schon seit einiger Zeit bei den Rechenzentren zu beobachten. Darüber hinaus werden aber auch die Bereiche Buchhaltung, Financial Reporting, Treasury Management, zentraler Einkauf, EDV, Verkaufsabwicklung oder Personalfunktionen in Zentren ausgelagert. Von dort werden diese Dienstleistungen dann an die Lokalgesellschaften erbracht und abgerechnet. Die Gruppe erreicht somit eine schlankere Struktur, wobei Arbeitsabläufe eingespart, konzentriert und damit auch quantitativ verbessert werden.

---

[37] Vgl. BFH v. 18. 12. 1996, BFHE 182, S. 190; ebenso Haarmann, W., Produktionsverlagerung, 1997, S. 69; siehe aber andererseits OECD, Leitlinien 2010, Tz. 9.161.
[38] Siehe dazu Abschnitt B IV.
[39] Vgl. dazu PwC International Shared Services Centre Group, Belgium, ITPJ 1998, S. 213 ff.; Verlinden, I./Boone, P., TPITP 2000, S. 3 ff.

6. Teil. Grenzüberschreitende Steuerplanung

Beim Einstieg in ein Support-Zentrum sind aus deutscher Sicht eine Vielzahl potenzieller **Schwierigkeiten** auszuräumen. Diese betreffen neben Personalfragen (Reduzierung, Entsendung und Zusammenfassung von Mitarbeitern an den verschiedenen Standorten) insbesondere die Erfüllung der Regularien, die von den einzelnen Ländern bei der Auslagerung gewisser Dienstleistungsfunktionen vorgeschrieben werden. Bedeutsam ist in diesem Zusammenhang etwa die Frage einer Übertragung von Buchführungsarbeiten an ein shared service centre, die einen Dispens von der lokalen Buchführungspflicht voraussetzt. Hier kann die zuständige Finanzbehörde auf Antrag bewilligen, dass elektronische Bücher und sonstige Aufzeichnungen im Ausland geführt werden (§ 146 Abs. 2a AO). Erforderlich ist, dass der Steuerpflichtige den Standort des Datenverarbeitungssystems als auch ggf. Namen und Anschrift eines Beauftragten mitteilt, Auskunfts-, Vorlage- und Mitwirkungspflichten erfüllt sowie ein Datenzugriff möglich ist.

Aus steuerlicher Sicht bieten shared service centres verschiedene **Reize**, die je nach Ausgestaltung der verwendeten Struktur variieren. So kann das shared service centre als eine eigene rechtliche und steuerliche Einheit ausgestaltet werden, die ihrerseits die an die lokalen Gruppenunternehmen erbrachten Leistungen über ein indirekt ermitteltes Dienstleistungsentgelt (indirekte Preisverrechnung) weiterbelastet. Die Abrechnung kann auch im Wege der direkten Preisverrechnung über fixierte Stundensätze oder mit Hilfe der Kostenaufschlagsmethode erfolgen. Befindet sich die zentrale Einheit in einem Land mit günstigen steuerlichen Bedingungen, so wird das Gewinnelement entsprechend niedrig besteuert, während die Entgelte für die Leistungen in den operativen Gesellschaften steuerlich als Aufwand berücksichtigt werden, und somit im Ergebnis das internationale Steuergefälle ausgenutzt werden kann. Die Dokumentation der ausgeführten Leistungen muss nicht zuletzt hinsichtlich der steuerlichen Anerkennung der Verrechnungspreise oder pauschalen Entgelte den Anforderungen der beteiligten Staaten genügen.

Manche Unternehmen gehen über die Zusammenfassung von Hilfsfunktionen hinaus und bündeln die maßgeblichen unternehmerischen Koordinationsfunktionen an einer Stelle. Ergebnis ist eine **zentrale unternehmerische Einheit** (hier business control centre genannt), die als Managementgesellschaft die Geschicke einer regionalen Unternehmensgruppe leitet. Kostenbelastungen einer solchen zentralen Kontroll- und Koordinierungsstelle oder Managementgesellschaft sind bei den einzelnen Landesgesellschaften immer besonders sorgfältig im Hinblick auf ihre Abzugsfähigkeit (verrechenbare Leistungen vs. Gesellschafteraufwand) zu überprüfen.

IV. Verrechnung konzerninterner Reallokationsmaßnahmen

1. Bestimmung des Fremdvergleichsentgelts

a) Grundlagen

Zur Herstellung der dargestellten Strukturen ist häufig eine Reduktion der bestehenden Präsenz im Inland erforderlich, die auch eine Veränderung der konzerninternen Aufgabenzuweisung bewirkt. Werden z. B. im Interesse einer Zentralisierung der Absatzfunktion die Aufgaben einer Vertriebsgesellschaft auf die Tätigkeit einer risikoarmen Vertriebsgesellschaft (low risk distributor), eines Kommissionärs oder unabhängigen Vertreters reduziert, fallen bei dieser Vertriebsgesellschaft nicht nur einzelne Arbeitsvorgänge weg. Es wird auch das Management der Vertriebsgesellschaft von der Verantwortung für die übertragenen Aufgaben einschließlich der hiermit ggf. verbundenen Risiken befreit. Schließlich verlieren auch die eingesetzten Wirtschaftsgüter ihre notwendige Verbindung mit dem Betrieb der Vertriebsgesellschaft.

Diese Veränderung in der betrieblichen Aufgabenzuweisung hat nicht nur Auswirkungen auf die maßgebenden Verrechnungspreise, zu denen die Vertriebsgesellschaft ihre Waren oder Erzeugnisse bezieht. Wird berücksichtigt, dass der Verrechnungspreis von den Funktionen, Risiken und eingesetzten Wirtschaftsgütern abhängig ist, folgt aus der Veränderung einer Aufgabenzuweisung, dass die laufende Vergütung um die Entgeltbestandteile für die entsprechende Tätigkeit, das übernommene Risiko und die eingesetzten Wirtschaftsgüter sinken muss.

Beispiel: Im Zuge einer betrieblichen Reorganisation werden die Verantwortung einer Vertriebsgesellschaft für die lokale Preispolitik, das Delkredererisiko und das Wechselkursrisiko auf eine regionale Führungsgesellschaft übertragen. Außerdem soll die Lagerung der Waren und Erzeugnisse auf Rechnung der Regionalgesellschaft erfolgen. Der Übergang des rechtlichen und wirtschaftlichen Eigentums an den Waren und Erzeugnissen soll erst stattfinden, nach dem die Waren von der lokalen Vertriebsgesellschaft im Bedarfsfall bestellt werden. Wechsel der Betrieb des Lagers von der Vertriebsgesellschaft auf die regionale Führungsgesellschaft, muss der Einkaufspreis der Vertriebsgesellschaft reflektieren, dass der Betrieb des Lagers nun aus der Marge der Führungsgesellschaft finanziert werden muss. Die Vertriebsgesellschaft ist dagegen entlastet. Ihre Marge ist um die Kosten der Lagerhaltung zu vermindern. Daneben muss die Marge reflektieren, dass die lokale Vertriebsgesellschaft von der Verantwortung für die Preispolitik, das Delkredererisiko und das Wechselkursrisiko entbunden ist.

Verlieren die eingesetzten Wirtschaftsgüter ihre notwendige Verbindung mit dem Betrieb der die Funktion abgebenden Gesellschaft, sind auch die Auswirkungen der Reorganisation auf die Investments dieser Gesellschaft zu überprüfen. Hier mag eine **Veräußerung der ursprünglich eingesetzten Wirtschaftsgüter** oder eine Überlassung dieser Wirtschaftsgüter zur Nutzung durch fremde Dritte erforderlich werden. Das kann z.B. der Fall sein, wenn die regionale Führungsgesellschaft im Beispiel oben ein regionales Zentrallager errichtet, so dass ein ursprünglich durch die Vertriebsgesellschaft betriebenes Lagergebäude ohne weitere Funktion wäre und leer stünde. Gelingt dies nicht oder ist eine Verwertung nur möglich, indem Wertabschläge hingenommen werden, müsste gefragt werden, ob der Gesellschafter, der die Änderung der konzerninternen Aufgabenzuordnung veranlasst hat, die damit verbundene Verminderung des Werts der eingesetzten Wirtschaftsgüter auszugleichen hat. Gleiches gilt auch für eine Wertminderung im immateriellen Vermögen sowie ggf. auch des Geschäftswerts.[40]

b) Gegenstand der Vergütungspflicht

In vielen Fällen werden aber nicht nur die Funktionen und (vertragliche) Risiken auf das verbundene Unternehmen, das die Aufgaben übernehmen

---
[40] Siehe BFH v. 25. 1. 1979, BStBl 1979 II, S. 369; BFH v. 26. 7. 1989, BFH/NV 1990, S. 442.

soll, übertragen. Vielmehr findet auch ein Transfer von Wirtschaftsgütern, die im Vermögen der funktionsübertragenden Gesellschaft entwickelt oder auf Rechnung dieses Unternehmens erworben wurden, statt. Das kann im Beispiel oben die ursprünglich durch die Vertriebsgesellschaft hergestellte oder erworbene Lagerhalle sein. Größere Bedeutung haben in diesem Zusammenhang jedoch i. d. R. **immaterielle Wirtschaftsgüter,** die im Zuge einer betrieblichen Funktionsverlagerung in das Vermögen der die Funktion aufnehmenden Gesellschaft übertragen werden. Zu diesen Vermögenswerten können z. B. ein Kundenstamm, Vertriebskonzepte, Marktkenntnisse, entwickelte Markenwerte, Patente, Know-how oder andere Geschäftsgeheimnisse rechnen. Möglich ist aber auch, dass im Zuge einer Funktionsverlagerung **Teile des Geschäftswerts,** geschäftswertbildende Faktoren oder geschäftswertähnliche Wirtschaftsgüter betroffen sind. Der Gesetzgeber lässt diese Frage offen und spricht stattdessen von „Funktion einschließlich der dazugehörigen Chancen und Risiken und der mit ihr übertragenen Wirtschaftsgüter und sonstigen Vorteile" (§ 1 Abs. 3 Satz 9 AStG).[41] Die damit grundsätzlich verbundene „Paketbetrachtung" macht aber die Identifikation der einzelnen „Bestandteile" des Transferpakets nicht überflüssig. Denn diese Identifikation ist erstens erforderlich, um entscheiden zu können, ob als Alternative zur Bestimmung des Einigungsbereichs „auf der Grundlage des Transferpakets" die Voraussetzungen für einen Ansatz von Einzelverrechnungspreisen gegeben sind. Daneben ist die Identifikation der Bestandteile des Transferpakets auch erforderlich, um die übertragenen Wirtschaftsgüter und sonstigen Vorteile auf Seiten des aufnehmenden Unternehmens soweit möglich aktivieren und nach Maßgabe ihrer individuellen Nutzungsdauer abschreiben zu können.

Geschäftswert ist der Mehrwert, der einem gewerblichen Unternehmen oder einem Teilbetrieb über den Substanzwert der einzelnen materiellen und immateriellen Wirtschaftsgüter abzüglich der Schulden innewohnt.[42] Er ist seiner Natur nach der Ausdruck für die Gewinnchancen eines Unternehmens, soweit sie nicht in einzelnen Wirtschaftsgütern verkörpert sind, sondern durch den Betrieb des eingeführten und fortlebenden Unternehmens im Ganzen gewährleistet erscheinen.[43] Unselbständig geschäftswertbildende Faktoren sind dabei i. d. R. der Ruf eines Unternehmens, sein Kundenkreis, günstige Einkaufsmöglichkeiten, schwebende Arbeitsverträge, die (innere und äußere) Organisation des Unternehmens oder eingearbeitetes Personal.[44] Abgesehen von Sonderfällen, wie z. B. der Begründung einer Betriebsaufspaltung oder

---

[41] Vgl. 5. Teil, 4. Kapitel, Abschnitt D I 2 b.
[42] Vgl. BFH v. 27. 3. 1996, BStBl 1996 II, S. 576; BFH v. 14. 1. 1998, BFH/NV 1998, S. 1160.
[43] Vgl. BFH v. 28. 3. 1966, BStBl 1966 III, S. 456; BFH v. 25. 1. 1979, BStBl 1979, S. 369; BFH v. 26. 7. 1989, BFH/NV 1990, S. 442; BFH v. 26. 11. 2009, BFH/NV 2010, S. 721.
[44] Vgl. Schmidt, L., Einkommensteuergesetz, § 5 EStG, Rz. 223; soweit diese Vorteile (z. B. der Kundenstamm) als Einzelheit greifbar und selbständig bewertungsfähig sind, ist auch ihre eigenständige Überlassung als immaterielle Wirtschaftsgüter möglich. Denkbar ist aber in Bezug auf den Kundenstamm auch eine Bindung von Kunden an die Person des Unternehmers (statt an das Unternehmen), wenn überwiegend der Unternehmer nach außen in Erscheinung tritt und die Mitarbeiter, die Betriebsorganisation oder die Lage des Betriebes für den Erfolg des Unternehmens unbedeutend sind, vgl. BFH v. 26. 11. 2009, BFH/NV 2010, S. 721.

der Realteilung, folgt der Geschäftswert dem übertragenen Betrieb und kann nur mit diesem übertragen werden.[45] Ob zu diesen Sonderfällen auch die Verlagerung einer Funktion gehört, ist höchstrichterlich noch nicht entschieden. Es erscheint nicht ausgeschlossen, dass sich im Rahmen einer Funktionsverlagerung die Möglichkeiten einer Übertragung von Wirtschaftsgütern und sonstigen Vorteilen auf geschäftswertbildende Faktoren beschränken.

Als **geschäftswertbildende Faktoren** und geschäftswertähnliche Wirtschaftsgüter werden von der Rechtsprechung daneben ein gegen Zahlung eines Entgelts vereinbartes befristetes Wettbewerbsverbot,[46] konkrete Kunden- und Lieferbeziehungen, der konkrete Auftragsbestand, der Eintritt in schwebende Verträge des Absatzmarkts sowie u. U. auch eine Geschäfts- oder Erwerbschance behandelt.[47] Im Sachverhalt, der dem vorstehend zitierten Urteil zugrunde lag, übertrug eine Gesellschaft ihrem (mittelbaren) Gesellschafter ihre Rechte aus einem für sie günstigen Grundstückskaufvertrag gegen Freistellung von Zahlungsverpflichtungen, obwohl der Grundstückswert in der Zwischenzeit (um ein Mehrfaches) gestiegen war. In seinem Urteil konnte der BFH offen lassen, ob es sich bei dieser Erwerbschance um ein einlagefähiges Wirtschaftsgut handelte. Vielmehr war es für den BFH ausreichend festzustellen, dass ein ordentlicher und gewissenhafter Geschäftsleiter den Übereignungsanspruch nur gegen Zahlung eines angemessenen Betrags abgetreten hätte. Legt man der Geschäfts- oder Erwerbschance jedoch die Eigenschaft eines einlagefähigen Wirtschaftsguts zugrunde, so sind ihr Wegfall und, soweit dieser Wegfall durch das Gesellschaftsverhältnis veranlasst war, die dadurch eingetretene Vermögensminderung eine vGA.[48] Das zuletzt genannte Urteil dürfte für die vorliegende Beurteilung von besonderem Interesse sein. Schließlich kann jede Funktion eines Unternehmens mit Geschäftschancen und damit einem Gewinnpotenzial verbunden sein. Das Spektrum dieser Geschäftschancen kann von der bloßen Möglichkeit, künftig einen Vermögensvorteil zu erzielen, bis hin zur Konkretisierung dieser Möglichkeit in einer rechtlichen Position reichen. Fraglich ist deshalb, inwieweit der im Zusammenhang mit der vGA eingeführte Begriff der Erwerbschance den Kreis der vergütungsfähigen Tatbestände erweitert.

Die **Geschäftschancenlehre** hat ihren Ursprung im Gesellschaftsrecht der GmbH. Sie zielt ab auf die Fälle, in denen es zwischen dem Gesellschafter oder dem Geschäftsführer einer GmbH und der Gesellschaft zu indirekten Vermögensverschiebungen kommt, weil der Gesellschafter oder Geschäftsführer dieser GmbH durch private Geschäfte die Gewinnerzielung auf Ebene der GmbH vereitelt. Rechtsgrundlagen sind die **Treuepflicht** des Gesellschafters und die Pflicht des Geschäftsführers, in allen Angelegenheiten, die das Interesse der Gesellschaft berühren, die Sorgfalt eines ordentlichen Geschäftsmannes anzuwenden (§ 43 GmbHG). Konkret dürfen geschäftliche Möglichkeiten und Chancen, die sich einer Kapitalgesellschaft bieten, von einem Gesellschafter oder Geschäftsführer weder für sich noch zugunsten anderer (insbesondere ihm nahestehender) Personen ausgewertet werden.

---

[45] Vgl. BFH v. 26. 11. 2009, BFH/NV 2010, S. 721.
[46] Voraussetzung ist, dass sich das Wettbewerbsverbot nicht als eine wesentlichen Grundlagen der Geschäftsübernahme, sondern nur als eine Nebenabrede erweist; vgl. BFH v. 14. 2. 1973, BStBl 1973 II, S. 580.
[47] Vgl. BFH v. 12. 12. 1990, BStBl 1991 II, S. 593.
[48] Zur vGA siehe 5. Teil, 4. Kapitel.

Entgehen der Gesellschaft Einnahmen, weil der Gesellschafter in seiner Person Geschäfte wahrnimmt, die er als ordentlicher und gewissenhafter Geschäftsleiter der Gesellschaft hätte zuordnen müssen, kann sich der Tatbestand der vGA erfüllen. Gleichwohl ist zu beachten, dass sich aus der Verletzung der besonderen Treuepflicht heraus zivilrechtliche Ersatzansprüche ergeben können, die selbst dann, wenn sie entgegen ihrer zutreffenden Behandlung nicht aktiviert werden, die Rechtsfolge einer vGA ausschließen;[49] eine vGA käme nur in Betracht, wenn die Kapitalgesellschaft auf ihre Forderungen verzichtet hätte.

Zudem ist zu berücksichtigen, dass das Gesellschaftsrecht einerseits und das **Steuerrecht** andererseits die Pflichten eines Gesellschafters an unterschiedlichen Maßstäben messen. Während im Gesellschaftsrecht die Treuepflicht des Gesellschafters aus der Tatsache abgeleitet wird, dass sich der Gesellschafter mit anderen zum gemeinsamen Betrieb eines Unternehmens zusammengeschlossen hat, spielt der Gedanke des Minderheitenschutzes in der steuerlichen Rechtsprechung keine Rolle. Im Steuerrecht läuft die Treuepflicht des Gesellschafters vielmehr auf den Schutz der Kapitalgesellschaft hinaus. Maßstab ist dort das Handeln des **ordentlichen und gewissenhaften Geschäftsleiters**, für den sämtliche sachfremden Einflüsse aus dem Gesellschaftsverhältnis unterbleiben müssen.[50] Während im ersten Zusammenhang die Zustimmung der übrigen Gesellschafter zu einem Geschäft des Gesellschafters (Dispens) die Verletzung des Wettbewerbsverbots in der zivilrechtlichen Wertung ausschließt, bleibt es im Steuerrecht, das sich bei der Beurteilung einer Geschäftstätigkeit des Gesellschafters im Geschäftsfeld seiner Kapitalgesellschaft von der ursprünglichen Bindung an das Zivilrecht gelöst hat, bei einer vGA, wenn sich aufgrund dieser Geschäftstätigkeit das Vermögen der Kapitalgesellschaft vermindert oder die Mehrung des Vermögens verhindert wird.[51]

Einschränkend hält der BFH eine vGA jedoch nur dann für möglich, wenn eigene konkrete Geschäftschancen der Kapitalgesellschaft (teilweise) unentgeltlich zur Nutzung überlassen werden.[52] Zwar ist bisher noch nicht abschließend geklärt, wann eine Geschäftschance so konkret vorliegt, dass sie bewertbar ist und bei einer Verlagerung entsprechend entgolten werden muss. Regelmäßig setzt sie jedoch die Möglichkeit voraus, ein **bestimmtes Einzelgeschäft** abzuschließen.[53]

Beispiel: Im Jahr 01 erwirbt die Gesellschaft einen Anspruch auf die Übertragung eines Grundstücks. Vier Jahre später überträgt sie ihrem Gesellschafter die Rechte aus dem für sie günstigen Grundstückskaufvertrag gegen Freistellung von den Zahlungsverpflichtungen, obwohl der Grundstückswert in der Zwischenzeit um ein Mehrfaches gestiegen war.

---

[49] Vgl. BFH v. 14. 9. 1994, BStBl 1997 II, S. 89; BMF-Schreiben v. 19. 12. 1996, BStBl 1997 I, S. 112.
[50] So auch Baumhoff, H./Bodenmüller, R., Verlagerung, 2003, S. 375 ff.
[51] Vgl. BFH v. 14. 9. 1994, BStBl 1997 II, S. 89; BFH v. 29. 5. 1996, BStBl 1997 II, S. 60.
[52] So auch Kuckhoff, H./Schreiber, R., IStR 1999, S. 325.
[53] Vgl. aus der jüngeren Rechtsprechung BFH v. 17. 3. 2003, BFH/NV 2004, S. 819; BFH v. 15. 3. 2005, BStBl 2005 II, S. 817; BFH v. 20. 8. 2008, BFH/NV 2009, S. 49; BFH v. 16. 12. 2009, BFH/NV 2010, S. 1135. Soweit ersichtlich, hat sich der BFH nur in seiner Entscheidung v. 6. 12. 1995, BStBl 1997 II, S. 118, mit unternehmerischen Geschäftschancen auseinandergesetzt.

Dabei kommt es nach Auffassung der Rechtsprechung insbesondere darauf an, ob die Gesellschaft Geschäfte dieser Art überhaupt schon getätigt, das konkrete Geschäft vor dem Gesellschafter **angebahnt** und ihrerseits bereits **Maßnahmen zur Durchführung** des Geschäfts **getroffen** hat. Im Einzelnen sehen die Gerichte derzeit jedoch von einer Konkretisierung aller in Betracht kommenden Kriterien ab und verweisen stattdessen auf Ausführungen in der Literatur,[54] „die einen ersten Anhaltspunkt geben können, jedoch in der Praxis möglicherweise noch eine weitere Differenzierung und Konkretisierung erfahren müssen."[55] Folgt man den Ausführungen in der Literatur, sind Geschäftschancen dem Vermögensbereich der Kapitalgesellschaft auch in den Fällen zuzurechnen, in denen es sich um Anschlussaufträge aus bereits durchgeführten Geschäften handelt, die Gesellschaft bereits besondere Aufwendungen für das Geschäft gehabt hat oder der Gesellschafter sich zur Wahrnehmung der Möglichkeit des Personals und der Sachausstattung der Gesellschaft bedient oder insbesondere Know-how verwendet, das er bei der Gesellschaft erworben hat.[56]

Zusammenfassend wird das Vorliegen einer Erwerbs- oder Geschäftschance durch die Rechtsprechung bejaht, wenn die Gesellschaft ein konkretes Geschäft angebahnt und bereits Maßnahmen getroffen hat, die dazu führen, dass dieses Geschäft bei der Durchführung einen Gewinn abwirft. Aufgrund dieser Aussicht auf einen (mühelosen) Gewinn stellt die Geschäftschance einen vermögenswerten Vorteil dar, für den ein ordentlicher Geschäftsleiter ein Entgelt verlangen würde. Die bloße **Möglichkeit, in einer bestimmten Funktion tätig zu werden, erfüllt diese Voraussetzungen der Geschäftschance nicht.**[57] Folgt man der ökonomischen Theorie, können (über eine Tätigkeitsvergütung und die marktübliche Verzinsung des Kapitals hinausgehende, d. h. ökonomische) Gewinne nur erzielt werden, wenn Unternehmen interne Güter, Systeme oder Prozesse einsetzen, die nicht oder nur schwer imitierbar und substituierbar oder auf ein Konkurrenzunternehmen transferierbar sind. Besondere Bedeutung haben also immobile Ressourcen, die nicht oder nur beschränkt handelbar sind (z. B. das Image oder eine Kundenbindung). Vergleichbares gilt aber auch für Ressourcen, die besonders geschützt sind (z. B. Patente). In diesem Sinne wird auch die Bedeutung von Forschung und Entwicklung für den Unternehmenserfolg durch die empirische Erfolgsfaktorenforschung betont. Daraus folgt aber, dass der aufgrund der Besonderheit oder Exklusivität eines Produkts über die normale Verzinsung des Kapitals hinaus erzielbare Erfolg nicht dem Funktionsinhaber zusteht, sondern vielmehr dem Hersteller oder einem anderen Eigentümer der immateriellen Wirtschaftsgüter, die für den Erfolg der Produkte maßgebend sind. Daher ist es auch **korrekturbedürftig,** wenn die Finanzverwaltung die „Funktion" selbst zu den Bestandteilen eines Transferpakets rechnet. Zu bewerten sind Wirtschaftsgüter und sonstige Vorteile unter Berücksichtigung der mit ihnen verbundenen Chancen und Risiken – nur diese sind Gegenstand einer Funktionsverlagerung. Ihr Wert ist grundsätzlich „auf der Grund-

---

[54] Vgl. Thiel, J., DStR 1993, S. 1804; siehe auch Ditz, X., DStR 2006, S. 1627 f.
[55] Vgl. BFH v. 13. 11. 1996, BFHE 181, S. 494.
[56] Ähnlich Kuckhoff, H./Schreiber, R., IStR 1999, S. 325.
[57] So wohl auch Blumers, W., DStR 2010, S. 19; nichts anderes kommt im Prinzip auch in § 2 Abs. 2 FVerlV zum Ausdruck.

lage des Transferpakets unter Berücksichtigung funktions- und risikoadäquater Kapitalisierungszinssätze", d. h. als Gesamtwert zu bestimmen.[58]

Beispiel: Die inländische T-GmbH produziert in Deutschland kosmetische Produkte und vertreibt diese in Europa. Im Zuge einer Zentralisierung wichtiger Konzernfunktionen wird die T-GmbH auf die Funktionen der Auftragsfertigung und des vertraglich gebundenen Vertriebs reduziert. Die Produktionsanlagen sowie wesentliche immaterielle Wirtschaftsgüter (Patente, Warenzeichen, Markenrechte und ein Teil des Kundenstamms) bleiben im Eigentum der T-GmbH. Für die Einräumung des Direktionsrechts und die Überlassung von Produktions-Know-how sowie Teilen des Kundenstamms wird der ausländischen M-S. A. kein Entgelt verrechnet.

Im Rahmen der Umstellung des selbständig tätigen Unternehmens T-GmbH auf die Fertigung und den Vertrieb im Auftrag der M-S. A. werden Wirtschaftsgüter auf die M-S. A. übertragen. Der Wert dieser Wirtschaftsgüter ist grundsätzlich auf Basis des übertragenen **Transferpakets**[59] insgesamt zu bestimmen. Alternativ können Einzelpreise der übertragenen Wirtschaftsgüter angesetzt werden. Voraussetzung ist, dass die Summe der **Einzelverrechnungspreise** gemessen an der Bewertung des Transferpakets als Ganzes dem Fremdvergleichsgrundsatz entspricht. Die Einzelbewertung ist hier aber auch möglich, wenn die T-GmbH glaubhaft macht, dass unter den immateriellen Wirtschaftsgütern (Patente, Warenzeichen, Markenrechte und Teile des Kundenstamms) wenigstens ein Wirtschaftsgut wesentlich, d. h. für die verlagerte Funktion erforderlich (qualitativer Maßstab) ist und dem Fremdvergleichspreis nach insgesamt mehr als 25% der Summe der Einzelpreise aller Wirtschaftsgüter und Vorteile des Transferpakets beträgt (quantitativer Maßstab).[60]

c) Bewertung der übertragenen Vorteile

(1) Übersicht

Liegen für das Transferpaket als Ganzes keine zumindest eingeschränkt vergleichbaren Fremdvergleichswerte vor, hat der Steuerpflichtige den Eignungsbereich auf der Grundlage eines hypothetischen Fremdvergleichs unter Berücksichtigung funktions- und risikoadäquater Kapitalisierungszinssätze zu bestimmen (§ 1 Abs. 3 Satz 9 AStG). Alternativ können Einzelverrechnungspreise angesetzt werden, wenn der Steuerpflichtige glaubhaft macht, dass die Summe der Einzelverrechnungspreise der übertragenen Wirtschaftsgüter „gemessen an der Bewertung des Transferpakets als Ganzes" dem **Fremdvergleichsgrundsatz** entspricht (§ 1 Abs. 3 Satz 10 zweite Alternative AStG). Für die Ermittlung der Einzelverrechnungspreise ist keine besondere Methode vorgesehen. Insoweit steht dem Steuerpflichtigen der gesamte Methodenkanon offen. Die Summe der Einzelverrechnungspreise entspricht dem Fremdvergleichsgrundsatz, wenn sie im Einigungsbereich liegt.[61] Daher sind in dieser Variante neben

---
[58] Zu den Ausnahmen siehe § 1 Abs. 3 Satz 10 AStG.
[59] Siehe zu diesem Ansatz bereits Kleineidam, H.-J., Lizenzen, 1994, S. 103 ff.; Kuebart, J., Verrechnungspreise, 1995, S. 11 ff.; Bodenmüller, R., Steuerplanung, 2004, S. 15 ff.; Flick, H./Wassermeyer, F./Baumhoff, H., Außensteuerrecht, § 1 AStG, Rz. 706.
[60] Vgl. Verwaltungsgrundsätze-Funktionsverlagerung, BMF-Schreiben v. 13. 10. 2010, BStBl 2010 I, S. 774, Rn. 74 f. i. V. m. 38.
[61] Verwaltungsgrundsätze-Funktionsverlagerung, BMF-Schreiben v. 13. 10. 2010, BStBl 2010 I, S. 774, Rn. 72 f.

den Einzelverrechnungspreisen sowohl der Einigungsbereich als auch der Wert des Transferpakets zu ermitteln, so dass ein erheblicher Mehraufwand in Kauf zu nehmen ist, der sich nur lohnt, wenn auf diese Weise ein für den Steuerpflichtigen günstiger Wert im Einigungsbereich „glaubhaft" gemacht werden kann.

Die Summe der Einzelverrechnungspreise kann aber auch dann angesetzt werden, wenn **keine** wesentlichen immateriellen Wirtschaftsgüter und Vorteile Gegenstand der Funktionsverlagerung waren (§ 1 Abs. 3 Satz 10 erste Alternative AStG). Immaterielle Wirtschaftsgüter und Vorteile sind wesentlich, wenn glaubhaft ist, dass Sie für die verlagerte Funktion erforderlich sind und ihr Fremdvergleichspreis insgesamt mehr als 25% der Summe der Einzelpreise aller Wirtschaftsgüter und Vorteile des Transferpakets beträgt (§ 1 Abs. 5 FVerlV). Schließlich sind Einzelverrechnungspreise für die Bestandteile des Transferpakets anzuerkennen, wenn der Steuerpflichtige glaubhaft macht, dass **mindestens ein wesentliches immaterielles Wirtschaftsgut** Gegenstand der Funktionsverlagerung ist (§ 1 Abs. 3 Satz 10 dritte Alternative AStG). Voraussetzung ist hier, dass der Steuerpflichtige dieses (mindestens eine) Wirtschaftsgut genau bezeichnet. Nicht erforderlich ist hier, dass die Summe der Einzelverrechnungspreise, gemessen an der Bewertung des Transferpakets als Ganzes, dem Fremdvergleichsgrundsatz entspricht. Die Verprobung des Ergebnisses kann in dieser Alternative also unterbleiben.

Mit diesen Alternativen steht es dem Steuerpflichtigen frei, das Transferpaket insgesamt oder, wenn die Voraussetzungen einer Einzelverrechnung erfüllt sind, auch mit den Einzelverrechnungspreisen der übertragenen Wirtschaftsgüter anzusetzen. Die entsprechende **Entscheidung** wird der Steuerpflichtige davon abhängig machen, ob sich der Aufwand einer Bestimmung der Einzelverrechnungspreise unter steuerlichen Gesichtspunkten lohnt. Hierbei ist zu berücksichtigen, dass auch der Wert immaterieller Einzelwirtschaftsgüter nach der Methode des hypothetischen Fremdvergleichs zu bestimmen ist, wenn nach den Standardmethoden oder transaktionsorientierten Gewinnmethoden keine zumindest eingeschränkt vergleichbaren Fremdvergleichswerte ermittelt werden können.

(2) Bewertung des Transferpakets auf der Basis eines tatsächlichen Fremdvergleichs

Liegen für das Transferpaket uneingeschränkt oder zumindest eingeschränkt vergleichbare Fremdvergleichswerte vor, ist der Verrechnungspreis vorrangig auf dieser Basis zu bestimmen. **Uneingeschränkte Vergleichbarkeit** kann allerdings schon deshalb kaum hergestellt werden, weil die Möglichkeit, alle Vergleichskriterien zu beobachten, eingeschränkt ist.[62] Hinzu kommt, dass es wegen der negativen Steuerfolgen eines Asset Deals[63] für die Verlagerung von Funktionen auf dem Markt i. d. R. keine Parallele gibt.[64]

---

[62] Vgl. Oestreicher, A., Statement, 2005, S. 17.

[63] Im Unterschied zum Share Deal führt ein Asset Deal (wie die Funktionsverlagerung) zur Aufdeckung und Besteuerung stiller Reserven beim Veräußerer, die sich dieser, soweit möglich, im Kaufpreis vergüten lässt.

[64] Ob das Outsourcing insbesondere von Hilfsfunktionen wie in den Bereichen EDV, Transport und Logistik, Buchhaltung oder Cash-Management weiter helfen kann, bliebe zu prüfen. Vgl. Baumhoff, H./Ditz, X./Greinert, M., DStR 2008, S. 1948; Voraussetzung wäre jedoch, dass das verlagernde Unternehmen Wirtschaftsgüter und sonstige Vorteile überträgt. Eine Inanspruchnahme von Diensten Dritter erfüllt den Tatbestand der Funktionsverlagerung nicht.

Hält man Ausschau nach Transaktionen, die mit dem Vorgang einer Funktionsverlagerung **eingeschränkt vergleichbar** sind, kommen Preise für Unternehmenstransaktionen, Brutto- oder Nettomargen in Bezug auf Funktionsgesellschaften (Managementgesellschaften, Produktions- oder Vertriebsgesellschaften) in Betracht. Setzt man Marktkenntnis voraus, mag es sein, dass über Unternehmenstransaktionen Einzelheiten bekannt sind, die der Verrechnungspreisbestimmung zugrunde gelegt werden könnten. Darüber hinaus informieren einschlägige Datenbanken über realisierte Unternehmensverkäufe. Hierbei wäre allerdings zu berücksichtigen, dass die Zahl der Transaktionen, über die Preise veröffentlicht werden, eher gering ist. Daneben erstrecken sich die verfügbaren Informationen auf primär große Transaktionen, die i. d. R. Unternehmensgruppen und komplexe Strukturen erfassen.

Informationen über Brutto- oder Nettomargen lassen sich aus Unternehmensdatenbanken gewinnen.[65] Problematisch ist hier aber erstens, dass diese Informationen vergangenheitsorientiert sind, während die Bestimmung eines Unternehmenswerts zukunftsbezogene Informationen voraussetzt. Zweitens müsste vom Wert eines Unternehmens auf den Wert einer Funktion übergeleitet werden (können). Schließlich wäre drittens nachzuweisen, dass die zur Preisbestimmung herangezogenen Daten eingeschränkt vergleichbar sind.

Wann die Vergleichbarkeit eingeschränkt ist oder fehlt, wenn sich maßgebende Preisbestimmungsfaktoren unterscheiden, ist eine Frage der Bewertung im Einzelfall.[66] Will der Steuerpflichtige die Festlegung seiner Verrechnungspreise auf eingeschränkt vergleichbare Fremdvergleichswerte stützen, hat er nach den Vorstellungen der Finanzverwaltung darzulegen und aufzuzeichnen, welche Unterschiede im Einzelnen bestehen, welche Anpassungsrechnungen im Hinblick auf die Unterschiede vorgenommen wurden, warum Anpassungsrechnungen ggf. unterlassen wurden oder nicht möglich waren. Sind Anpassungsrechnungen unterblieben, ist darzustellen, weshalb trotz unterlassener Anpassungsrechnungen eine zumindest eingeschränkte Vergleichbarkeit angenommen werden kann. Diese Darstellungen setzten einschlägige Erfahrungen und Marktkenntnisse voraus, die in der notwendigen Tiefe kaum vorhanden sind. **Unvergleichbarkeit** ist aber erst gegeben, wenn die wesentlichen Preisbestimmungsfaktoren sich so erheblich voneinander unterscheiden, dass die Unterschiede nicht beseitigt werden können. Das gilt vor allem dann, wenn die Fremdvergleichsdaten lückenhaft, unüberprüfbar und im Hinblick auf die Qualität der relevanten Daten unzuverlässig sind.

(3) Bewertung der Bestandteile des Transferpakets auf der Basis von Einzelverrechnungspreisen

Liegen keine zumindest eingeschränkt vergleichbaren Fremdvergleichswerte vor, ist das Transferpaket auf der Basis eines hypothetischen Fremdvergleichs zu bewerten. Gleichzeitig sind die oben dargestellten **Ausnahmeregelungen** anwendbar. Zwar ist der Nachweis, dass die Summe der Einzelwerte dem Fremdvergleichsgrundsatz entspricht, nur dann zu führen, wenn nicht entweder ein wesentliches oder nicht wenigstens ein wesentliches immaterielles

---

[65] Vgl. Oestreicher, A., StuW 2006, S. 243 ff.
[66] Vgl. Verwaltungsgrundsätze-Verfahren, BMF-Schreiben v. 12. 4. 2005, BStBl 2005 I, S. 570.

5. Kapitel. Steuerplanung mit Verrechnungspreisen u. Konzernumlagen

Wirtschaftsgut übertragen wird, das der Steuerpflichtige genau zu bezeichnen hat. Um zu prüfen, ob die **Einzelbewertung** im Einzelfall zu günstigeren Ergebnissen führt als die Gesamtbewertung, wird der Steuerpflichtige im Zweifel auch in diesen Alternativen gut beraten sein, parallel zur Einzelbewertung eine Gesamtbewertung durchzuführen. Stehen uneingeschränkt oder eingeschränkt vergleichbare Fremdvergleichswerte nicht zur Verfügung, sind auch die einzeln zu bewertenden Wirtschaftsgüter und Vorteile nach dem Grundsatz des **hypothetischen Fremdvergleichs** zu bewerten. Maßgebend sind die Gewinnpotenziale dieser einzelnen Wirtschaftsgüter und Vorteile, die Ermittlung des Einigungsbereichs aus Grenzpreisen und die Feststellung eines mit der höchsten Wahrscheinlichkeit dem Fremdvergleichsgrundsatz entsprechenden Preises. Bei der Bewertung einzelner Wirtschaftsgüter mögen zwar die Erfahrungen breiter sein als bei der Bewertung von Transferpaketen. Es bleibt aber dabei, dass Cash-Flows zu isolieren, Kapitalkosten zu identifizieren und ertragswertorientierte Marktpreise zu bestimmen sind. Ob das alles eine Erleichterung (i. S. v. weniger Aufwand oder Beratungskosten) bedeutet, soll hier nicht diskutiert werden. Es sei hier nur darauf hingewiesen, dass in der täglichen Bewertungspraxis auch die Cash-Flows von immateriellen Einzelwerten häufig nur auf indirektem Wege – ausgehend von einer vorherigen Gesamtbewertung – identifiziert werden können, womit sich der Vorteil, auf die Verprobung mit Hilfe einer Gesamtbewertung verzichten zu können, in vielen Fällen in Luft auflösen dürfte. Schließlich ist auch die Bestimmung der Kapitalkosten immaterieller Vermögensgegenstände keine leichte Aufgabe, da es i. d. R. an vergleichbaren und marktgängigen Werten fehlt, deren Kapitalkosten als Maßstab für die Kapitalkosten des in Betracht stehenden immateriellen Wirtschaftsguts dienen könnte.[67]

Die Einzelpreisbestimmung kann aber **Vorteile** im Hinblick auf die nicht einzeln bewertbaren Geschäftswertkomponenten haben.[68] Zwar können sich im Rahmen der notwendigen Feststellung der Gewinnerwartungen, die mit dem Einsatz der einzelnen immateriellen Werte und Vorteile im Unternehmen verbunden sind, geschäftswertbildende Faktoren und Standortvorteile auf die Verrechnungspreisbestimmung auswirken, wenn voneinander unabhängige Unternehmen sie für ihre Preisbestimmung berücksichtigen würden. Es kann aber nach den Verwaltungsgrundsätzen-Funktionsverlagerung nicht unterstellt werden, dass dies regelmäßig der Fall ist.[69] Wird insoweit auf die Berücksichtigung von Geschäftswertkomponenten verzichtet, können sich in der praktischen Handhabung Verrechnungspreisvorteile für die beteiligten Unternehmen ergeben. Auf der anderen Seite steht weder fest, dass in jedem Fall geschäftswertbildende Faktoren auf einen Erwerber übergehen, noch kann dies generell ausgeschlossen werden, so dass auch im Rahmen einer Gesamtbewertung nicht zwingend davon ausgegangen werden muss, dass sich entsprechende Vorteile auf den Wert des Transferpakets auswirken.

---

[67] Zu den methodischen Defiziten einer Preisbestimmung aus künftigen Cash-Flows siehe Schildbach, T., DStR 2010, S. 70.
[68] Zur Diskussion siehe Baumhoff, H./Ditz, X./Greinert, M., DStR 2010, S. 1309 ff.; Oestreicher, A./Wilcke, D., Ubg 2010, S. 225 ff.
[69] Verwaltungsgrundsätze-Funktionsverlagerung, BMF-Schreiben v. 13. 10. 2010, BStBl 2010 I, S. 774, Rn. 76.

(4) Bewertung des Transferpakets auf der Basis des hypothetischen Fremdvergleichs

Werden die Voraussetzungen einer Einzelpreisbestimmung entweder nicht erfüllt oder ergibt ein Vergleich, dass diese Einzelpreisbestimmung für den Steuerpflichtigen nicht vorteilhaft ist, muss die Ermittlung des Einigungsbereichs nach dem Grundsatz des hypothetischen Fremdvergleichs und unter Berücksichtigung funktions- und risikoadäquater Kapitalisierungszinssätze auf der Grundlage des **Transferpakets** bestimmt werden. Zu diesem Zweck sind

- die Überschüsse zu isolieren, die auf das Transferpaket entfallen,[70]
- die Nutzungsdauer zu ermitteln und
- der angemessene Kapitalisierungszinssatz zu bestimmen.

Die hierzu ergangenen Bestimmungen wurden bereits im Zusammenhang mit der Darstellung des hypothetischen Fremdvergleichs[71] sowie der Vorgaben des Außensteuergesetzes und der Funktionsverlagerungsverordnung[72] dargestellt. Die notwendigen Rechenschritte sind gleichwohl nicht trivial und erfordern zahlreiche Informationen aus dem Unternehmen, über mögliche Vergleichsunternehmen sowie in Bezug auf Kapitalmarktdaten. Schwierigkeiten bereitet hier i. d. R. schon die Isolierung der Überschüsse, die auf die in Transferpaketen gebündelten Wirtschaftsgüter und sonstigen Vorteile entfallen. Größeren Aufwand erfordern aber daneben auch die Identifikation angemessener Kapitalisierungszinssätze sowie die Beachtung methodischer Zusammenhänge bei der Anwendung der ertragswertorientierten Verfahren zur Bestimmung des maßgebenden Zukunftserfolgswerts. Diese **Herausforderungen** sind aber weitgehend technischer Natur, so dass insoweit auf die vorliegende Literatur verwiesen werden kann.[73] Sie eröffnen aber auf der anderen Seite einen nicht zu unterschätzenden Spielraum bei der rechnerischen Ermittlung des maßgebenden Verrechnungspreises. Zu den **Stellgrößen**, die auf das Ergebnis der Berechnungen Einfluss nehmen, gehören vor allem

- die Wahl des **Bewertungsansatzes**: Grundsätzlich sind für die Ermittlung nur die finanziellen Überschüsse nach Fremdkapitalkosten und Steuern aus dem Transferpaket wertrelevant, die als Nettoeinnahmen während der erwarteten wirtschaftlichen Nutzungsdauer des Transferpakets in den Verfügungsbereich des jeweiligen ordentlichen und gewissenhaften Geschäftsleiters gelangen (direkte Methode bezogen auf die Funktion). Statt der direkten Methode kann der Steuerpflichtige auch die „indirekte Methode" anwenden, nach der jeweils für das verlagernde und für das übernehmende Unternehmen eine Bewertung jeweils vor und nach Funktionsverlagerung vorgenommen wird;[74]

---

[70] Siehe hierzu die Fallstudie bei Gillenkirch, R./Thamm, R., WiSt 2008, S. 620 ff., 685 ff.
[71] Vgl. 5. Teil, 1. Kapitel, Abschnitt C III 7.
[72] Vgl. 5. Teil, 4. Kapitel, Abschnitt D.
[73] Vgl. Oestreicher, A./Hundeshagen, C., DB 2008, S. 1637 ff. und S. 1693 ff.; Oestreicher, A., Ubg 2009, S. 80 ff.; Oestreicher, A./Hundeshagen, C., IStR 2009, S. 145 ff.; Oestreicher, A./Hundeshagen, C., Ubg 2009, S. 830 ff.
[74] Vgl. Verwaltungsgrundsätze-Funktionsverlagerung, BMF-Schreiben v. 13. 10. 2010, BStBl 2010 I, S. 774, Rn. 32. Bei identischen und impliziten Prämissen ergibt sich aus der indirekten Methode und den Verfahren zur Wertbestimmung nach der direkten Methode (DCF-Verfahren, Ertragswertmethode) jeweils ein und derselbe Unternehmenswert, vgl. Ballwieser, W., WPg 1998, S. 82; zu einem Vergleich von

- die Wahl der **Rechenelemente:** Die maßgebenden „Reingewinne nach Steuern" werden regelmäßig aus den für die Zukunft geplanten Jahresergebnissen abgeleitet. Die hierfür zugrunde liegende Planungsrechnung kann, je nach Üblichkeit, nach handelsrechtlichen, steuerrechtlichen oder nach anderen Vorschriften (z. B. IFRS, US-GAAP) aufgestellt sein;
- die Wahl der **Bewertungsmethode:** Bei der Bewertung einzelner Vermögenswerte oder eines Transferpakets nach der direkten Methode ergibt sich der Wert eines Vermögenswerts aus der Summe der Barwerte der künftig erzielbaren Cash-Flows zum Bewertungsstichtag. Dabei können die Cash-Flows unmittelbar prognostiziert, im Wege der Lizenzpreisanalogie, der Residualwertmethode oder der indirekten Mehrgewinnmethode ermittelt werden.[75] Nach der Ertragswertmethode sind die finanziellen Überschüsse nach Fremdkapitalkosten und Steuern wertrelevant.[76] Im Rahmen des WACC-Verfahrens werden die Fremdkapitalkosten der Gesamtkapitalkosten berücksichtigt.[77] Bei einer indirekten Bewertung ergibt sich der „Funktionswert" als Differenz der Unternehmenswerte vor und nach der Funktionsverlagerung. Hierbei kann der Unternehmenswert sowohl nach der Ertragswertmethode als auch einem Discounted-Cash-Flow-Verfahren ermittelt werden;[78]
- die Berücksichtigung von (persönlichen) **Steuern:** Steuern mindern die finanziellen Zuflüsse aus dem Bewertungsobjekt und der Alternativanlage in unterschiedlicher Weise, so dass sie als negative Zielbeiträge im Kalkül zu berücksichtigen sind. In Bezug auf die Steuerfolgen auf der Anteilseignerebene (persönliche Steuern) kann bei Kapitalgesellschaften davon ausgegangen werden, dass die jeweiligen Nettozuflüsse einer vergleichbaren persönlichen Besteuerung unterliegen, so dass auf eine unmittelbare Berücksichtigung dieser Steuerfolgen (typisierend) verzichtet werden kann;[79]
- die Wahl des **Kapitalisierungszinssatzes:** Ausgangspunkt ist der landesübliche Zins für eine quasi risikolose Investition. Dem Steuerpflichtigen bleibt es unbenommen, auch für das ausländische Unternehmen den inländischen risikolosen Zinssatz zu verwenden, wenn bestehende Länderrisiken im Wege eines angemessenen Zuschlags berücksichtigt werden. Auf den Basiszins sind funktions- und risikoadäquate Zuschläge vorzunehmen. Diese Zuschläge sollten sich an den marktüblichen Renditen orientieren, die für die Ausübung vergleichbarer Funktionen erzielt werden. Können keine ausreichend vergleichbaren Renditeerwartungen ermittelt werden, ist der funktions- und risikoadäquate Zuschlag für die betroffenen Unternehmen

---

direkter und indirekter Methode siehe Oestreicher, A./Hundeshagen, C., DB 2008, S. 1695; die Ermittlung des Verrechnungspreises für ein Transferpaket nach der direkten Methode wird dargestellt bei Oestreicher, A./Hundeshagen, C., Ubg 2009, S. 830 ff.; in der Bewertungspraxis dürfte die grundsätzliche Übereinstimmung der Bewertungsergebnisse allerdings eher der Ausnahmefall sein.
[75] Vgl. IDW, WPg Supplement 4/2007, S. 64 ff., Tz. 23.
[76] So auch Verwaltungsgrundsätze-Funktionsverlagerung, BMF-Schreiben v. 13. 10. 2010, BStBl 2010 I, S. 774, Rn. 31.
[77] Siehe Oestreicher, A./Hundeshagen, C., Ubg 2009, S. 832 ff.
[78] Zur Wahl der Bewertungsmethode siehe Verwaltungsgrundsätze-Funktionsverlagerung, BMF-Schreiben v. 13. 10. 2010, BStBl 2010 I, S. 774, Rn. 87 f.
[79] Vgl. Verwaltungsgrundsätze-Funktionsverlagerung, BMF-Schreiben v. 13. 10. 2010, BStBl 2010 I, S. 774, Rn. 34, Rn. 10.

aus den Gewinnerwartungen des Konzerns oder der Unternehmensgruppe abzuleiten;[80]
- die Wahl des **Kapitalisierungszeitraums**: Die Länge des maßgebenden Kapitalisierungszeitraums hängt „von den Umständen der Funktionsausübung" ab. Sie bildet einen wesentlichen Prüfungsschwerpunkt und ist grundsätzlich von dem glaubhaft zu machen, der sich darauf beruft, es sei denn, solche Umstände sind ersichtlich. Aus Vereinfachungsgründen kann für das verlagernde und das übernehmende Unternehmen von einem einheitlichen Kapitalisierungszinssatz ausgegangen werden.[81]

(5) Preisanpassung

Bestanden zum Zeitpunkt des Geschäftsabschlusses Unsicherheiten im Hinblick auf die Preisvereinbarung, wird erwartet, dass der Steuerpflichtige in Bezug auf die Verrechnungspreise für immaterielle Wirtschaftsgüter, sachgerechte Anpassungsregelungen vereinbart. Durch die Finanzverwaltung wird ggf. geprüft, ob die Anpassungsregelung dem Fremdvergleichsgrundsatz entspricht. Sind keine Vergleichsfälle feststellbar, „ist ein betriebswirtschaftlich ausgewogener Interessenausgleich Maßstab für die Prüfung einer entsprechenden Klausel"[82].

Haben die beteiligten Unternehmen keine fremdüblichen (vertraglichen) Anpassungsregelungen vereinbart, ist der vereinbarte Preis zu berichtigen, wenn innerhalb der ersten zehn Jahre nach Geschäftsabschluss eine erhebliche Abweichung eingetreten ist. Eine erhebliche Abweichung ist gegeben, wenn der unter Zugrundelegung der tatsächlichen Gewinnentwicklung zutreffende Verrechnungspreis außerhalb des ursprünglichen Einigungsbereichs liegt. Der neue **Einigungsbereich** wird durch den ursprünglichen Mindestpreis und den neu ermittelten Höchstpreis des übernehmenden Unternehmens begrenzt. Eine erhebliche Abweichung liegt auch vor, wenn der neu ermittelte Höchstpreis niedriger ist als der ursprüngliche Mindestpreis des verlagernden Unternehmens (§ 10 FVerlV).

Die zitierte Regelung zur Preisanpassung ist an mehreren Stellen **konkretisierungsbedürftig.** Offen ist hier vor allem, was unter „tatsächlicher späterer Gewinnentwicklung" zu verstehen ist, auf welchen Zeitraum diese bezogen ist und wie sich zur Feststellung einer erheblichen Abweichung „der unter Zugrundelegung der tatsächlichen Gewinnentwicklung zutreffende Verrechnungspreis" bestimmt (§ 1 Abs. 3 AStG, § 10 Satz 1 FVerlV).[83]

Beispiel: Im Rahmen einer Funktionsverlagerung im Jahr 2010 wurde ein Transferpaket übertragen. Bei der Bewertung des Transferpakets wurde unterstellt, dass ausgehend von einem durchschnittlichen Gewinn am Ende des ersten Jahres nach

---

[80] Vgl. Verwaltungsgrundsätze-Funktionsverlagerung, BMF-Schreiben v. 13. 10. 2010, BStBl 2010 I, S. 774, Rn. 105 f.; zur korrekten Bestimmung siehe Oestreicher, A./ Hundeshagen, C., IStR 2009, S. 149 ff., Oestreicher, A./Hundeshagen, C., Ubg 2009, S. 833 ff.
[81] Vgl. Verwaltungsgrundsätze-Funktionsverlagerung, BMF-Schreiben v. 13. 10. 2010, BStBl 2010 I, S. 774, Rn. 109 f.
[82] Verwaltungsgrundsätze-Funktionsverlagerung, BMF-Schreiben v. 13. 10. 2010, BStBl 2010 I, S. 774, Rn. 137.
[83] Vgl. hierzu im Einzelnen Oestreicher, A./Wilcke, D., DB 2010, S. 468 ff. Daneben ist noch unklar, wie diese Preisanpassung bei der Bestimmung von Mindest- und Höchstpreis zu berücksichtigen ist, vgl. dazu Oestreicher, A./Wilcke, D., DB 2010, S. 1709 ff.

5. Kapitel. Steuerplanung mit Verrechnungspreisen u. Konzernumlagen

Geschäftsabschluss i. H. v. 100, die weiteren Gewinne durchschnittlich mit jeweils 2% im Vergleich zum jeweiligen Vorjahreswert wachsen. Ist nun der tatsächliche Gewinn am Ende des ersten Jahrs 110, so stellt sich die Frage, wie die Gewinne der nachfolgenden Jahre anzusetzen sind. Ein unveränderter Ansatz der zukünftigen Gewinne mit ihren ursprünglichen Erwartungswerten hätte den Vorteil, dass keine neuen Kalkulationen anzustellen wären. Ist jedoch die ursprüngliche Modelllogik korrekt, wäre es richtig, für das nachfolgende Jahr die durchschnittliche Wachstumsrate auf den tatsächlich realisierten Gewinn anzuwenden.[84]

Dabei wird man davon ausgehen müssen, dass es für die Finanzverwaltung keine Rolle spielt, ob die **tatsächliche spätere Gewinnentwicklung** lediglich die im Zeitpunkt des Geschäftsabschlusses bestehende Unsicherheit über die zukünftige Entwicklung beseitigt (Wertaufhellung) oder auf Maßnahmen zurückzuführen ist, die das aufnehmende Unternehmen nach Übernahme der Funktion ergriffen hat (wertbegründende Maßnahmen).[85] Auf diese Auslegung weist auch die Finanzverwaltung hin, wonach lediglich auf Seiten des aufnehmenden Unternehmens Wertänderungen eintreten können.[86] Hierbei wird allerdings übersehen, dass sich die Preisanpassung bei diesem Verständnis von der auf den Übertragungszeitpunkt bezogenen Verrechnungspreisermittlung verabschieden würde. Maßgebend können nur die in der Funktion **bereits angelegten Entwicklungen** sein, über die im Zeitpunkt der Funktionsverlagerung Unsicherheit herrscht.[87] Aufgrund der tatsächlichen Entwicklung kann sich aber auch die Kalkulation des abgebenden Unternehmens nachträglich als falsch herausstellen. Wäre die tatsächliche Entwicklung vorhersehbar gewesen, hätte in diesem Fall auch das abgebende Unternehmen einen vom ursprünglichen Grenzpreis **abweichenden Mindestpreis** ermittelt. Werden sowohl der Höchstpreis als auch der Mindestpreis angepasst, kommt es auch nicht zu der etwas fragwürdigen Situation, das der „neue" Höchstpreis unter den ursprünglichen Mindestpreis sinkt und dennoch von einer Einigung ausgegangen wird.

Die Möglichkeit einer nachträglichen Anpassung bei erheblicher Abweichung der tatsächlichen Gewinnentwicklung von der Gewinnentwicklung, die der Verrechnungspreisbestimmung zugrunde lag, besteht nur, wenn ein Transferpaket oder ein darin enthaltenes immaterielles Wirtschaftsgut zu einem Festpreis veräußert wird und keine fremdüblichen Preisanpassungsklauseln vereinbart wurden. Nur für diesen Fall sind gesetzlich zehn Jahre als Überprüfungszeitraum festgelegt.

Daraus folgt andererseits, dass im Einzelfall **tatsächlich vereinbarte, kürzere Fristen** für Preisanpassungsklauseln oder Lizenzvereinbarungen anzuerkennen sind, wenn sie dem Fremdvergleichsgrundsatz entsprechen. Daneben dürfte aber auch das Verfahren der verzögerten Kaufpreisfestsetzung oder nachträglichen Kaufpreiserhöhung (Earn-out-Verfahren) eine dem Fremdvergleichsgrundsatz entsprechende Anpassungsregelung darstellen. Bei diesem

---

[84] Dieser Ansicht folgt auch die Finanzverwaltung, vgl. Verwaltungsgrundsätze-Funktionsverlagerung, BMF-Schreiben v. 13. 10. 2010, BStBl 2010 I, S. 774, Rn. 138 ff.
[85] A. A. wohl Schwenke, M., Funktionsverlagerungen, 2010, S. 117.
[86] Vgl. Verwaltungsgrundsätze-Funktionsverlagerung, BMF-Schreiben v. 13. 10. 2010, BStBl 2010 I, S. 774, Rn. 141.
[87] In diesem Sinne auch OECD, Leitlinien, Tz. 9.86; siehe ähnlich auch Schwenke, M., Funktionsverlagerungen, 2010, S. 117.

Verfahren vereinbaren die Vertragsparteien, dass der Verkäufer über einen Grundbetrag hinaus für eine bestimmte Anzahl Jahre gewinnabhängige Beträge erhält.[88] Dabei kann sich die verzögerte Kaufpreisfestsetzung auf eine Kaufpreisperiode von etwa zwei bis maximal fünf Jahre erstrecken.[89]

(6) Schadensersatz-, Entschädigungs- und Ausgleichszahlungen

Anstelle von Einigungspreisen können der Funktionsverlagerung gesetzliche oder vertragliche Schadensersatzansprüche, Entschädigungsansprüche, Ausgleichsansprüche oder sonstige Ansprüche zugrunde zu legen sein. Zu diesen Ansprüchen gehören insbesondere[90]

- gesetzliche Ausgleichsansprüche des Handelsvertreters, Kommissionärs, Agenten oder Vertragshändlers (§ 89 b HGB);
- vertraglich vereinbarter Schadensersatz, z. B. für nicht amortisierte Investitionen eines Vertragshändlers, der auf Veranlassung des Herstellers oder Lizenzgebers vorgenommen wurde;
- vertraglich vereinbarter Schadensersatz, z. B. für entgangene Gewinne oder für Schließungskosten anlässlich einer vorzeitigen Vertragsauflösung, sowie
- gesetzliche oder vertragliche Ansprüche aufgrund eines Verstoßes gegen ein Wettbewerbsverbot.

Allgemein bezieht sich diese Regelung auf die Fälle, in denen Funktionsverlagerungen in der Form der Entziehung oder Reduzierung einer Funktion durchgeführt werden (Abschmelzungsfälle).[91] In diesen Fällen wird häufig geltend gemacht, dass einem Unternehmen auch unter fremden Dritten kein Anspruch auf ein Entgelt, sondern nur ein gesetzlicher oder vertraglicher Anspruch auf Schadensersatz oder ein Anspruch auf einen sonstigen Ausgleich zustünde. Unklar bleibt dabei, was unter **Entziehung oder Reduzierung einer Funktion** zu verstehen ist. Der Begriff der „Abschmelzung" mag in der Praxis geläufig sein, erscheint aber nicht trennscharf. Gleichwohl wird man aber davon ausgehen müssen, dass die genannten Ansprüche ein Vertragsverhältnis zwischen den beteiligten Unternehmen voraussetzen. Es dürfte also der (teilweise) Entzug zuvor vertraglich eingeräumter Rechte nach entsprechender Kündigung gemeint sein, der zu Schadensersatzansprüchen, Entschädigungsansprüchen, Ausgleichsansprüchen oder sonstigen Ansprüchen führen kann.

Nicht unter die „Abschmelzung" dürfte jedoch fallen, wenn Produktionsunternehmen, die auf der Grundlage eigener Rechte herstellen oder Vertriebsunternehmen, die nicht in die Vertriebsorganisation eines Herstellers von Markenwaren eingegliedert (keine Vertragshändler) sind, auf Unternehmen umgestellt werden, die in Lizenz oder Auftrag fertigen oder vertreiben. In diesen Fällen werden Einigungspreise für Transferpakete zu ermitteln sein.

---

[88] Vgl. Helbling, C., Absicherungsstrategien, 2009, S. 248 ff.; zu Messbarkeitsproblemen bei Erwerb im längerfristigen Interesse siehe Fisseler, M./Weishaupt, F., DB 2006, S. 431.
[89] Dagegen kann eine Kaufpreisreduzierung wegen Umsatzrückgängen im Einzelfall wegen Sittenwidrigkeit unwirksam sein, vgl. OLG Naumburg v. 19. 7. 2005, DStR 2006, S. 1387; Klein-Blenkers, F., NZG 2006, S. 247.
[90] Vgl. Verwaltungsgrundsätze-Funktionsverlagerung, BMF-Schreiben v. 13. 10. 2010, BStBl 2010 I, S. 774, Rn. 137; siehe hierzu auch Puls, M., IStR 2010, S. 89 ff.
[91] Vgl. BR-Drs. 352/08 v. 23. 5. 2008, Begründung, Besonderer Teil zu § 8 FVerlV.

2. Betriebliche Anwendungsfälle im Zusammenhang mit Inbound-Investitionen

a) Vertrieb

Im Zusammenhang mit dem Vertrieb von Waren und Gütern werden in Bezug auf Inbound-Investitionen folgende Anwendungsfälle einer Funktionsverlagerung diskutiert:
- Abschmelzung des Eigenhändlers zum Vertragshändler, Kommissionär oder Agenten sowie
- Aufgabe der Handelsfunktion im Inland.

Dem Hersteller eines Erzeugnisses steht grundsätzlich ein umfassendes Recht an den hergestellten Gütern zu. Er kann sie als Waren in den Verkehr bringen oder gebrauchen. In diesem Sinne umfasst eine Herstellungslizenz grundsätzlich auch das Recht, den Gegenstand zu gebrauchen oder zu veräußern. Für den Vertrieb seiner Artikel kann der Hersteller dritte Personen einbinden. Ist diese Person vertraglich in die Absatzorganisation des Herstellers eingebunden, wird sie als **Vertragshändlerin** tätig. Kommissionäre agieren im eigenen Namen, Handelsvertreter im Namen ihres Auftraggebers, beide sind für Rechnung des Herstellers tätig. Der **Eigenhändler** ist dagegen ein weitgehend eigenständiges Unternehmen. Er arbeitet weder für Rechnung des Herstellers noch ist er in seine Absatzorganisation eingegliedert. Er verfügt vielmehr über seine eigene Absatzorganisation, seinen eigenen Markt und Kundenstamm. Sein Ziel besteht darin, unter dem eigenen Namen bekannt zu sein und Reputation aufzubauen, während Vertragshändler i. d. R. unter dem Namen der Hersteller bekannt sind. In vertikalen Konzernstrukturen, die hier im Mittelpunkt stehen, überwiegt der Typus des Vertragshändlers, während Eigenhändler vielfach horizontal integriert sind.

Vor diesem Hintergrund bezieht sich der Fall einer Abschmelzung der Vertriebsfunktion vom Eigenhändler auf einen Vertragshändler, Kommissionär oder Vertreter in erster Linie auf die Situation, in der ein vormals eigenständiges Unternehmen (häufig nach Akquisition) in die Herstellerorganisation eines Prinzipals eingegliedert wird. Ganz ähnlich stellt sich auch die vollständige Übertragung der Eigenhandelsfunktion dar.

Beispiel: Die A-GmbH betreibt in Deutschland schon seit vielen Jahren selbständig einen erfolgreichen Handel mit Büroartikeln. Das Unternehmen ist am Markt gut etabliert, agiert auf der Basis einer selbst entwickelten Händlermarke und zeichnet sich vor allem durch eine effiziente Vertriebsorganisation sowie einen wertvollen Kundenstamm aus. Da sie sich durch die A-GmbH einen Zugang zum deutschen Markt versprach, entschied sich die U. S. amerikanische D-Inc. zum Kauf dieser Gesellschaft. Im Interesse einer einheitlichen Koordination soll die A-GmbH jedoch, wie alle anderen europäischen Vertriebsgesellschaften der D-Inc., durch eine Europazentrale koordiniert werden. Zu diesem Zweck schließt die A-GmbH mit der europäischen Zentralgesellschaft einen Kommissionärsvertrag ab, gibt ihre Kundenbuchhaltung sowie die Lagerhaltung auf, überträgt die entsprechenden Wirtschaftsgüter auf die Europazentrale und baut das entsprechende Personal ab. Als Kommissionärin vertreibt die A-GmbH in Zukunft neben den Artikeln unter eigener Marke auch die Produkte der D-Inc.

Durch diese Restrukturierung veranlassen die beteiligten Gesellschaften eine Funktionsverlagerung, da die A-GmbH Wirtschaftsgüter überträgt, damit die Europazentrale eine Funktion ausüben kann, die bisher von der A-GmbH ausgeübt wurde. Im Zuge dieser Umstellung des Vertriebs sollte auch der vorhandene Kundenstamm auf die

Europazentrale übergehen, da das Geschäft mit den Kunden beim Kommissionärsmodell auf Rechnung des Prinzipals abgeschlossen wird.[92]

Die Situation ist eine andere, wenn die A-GmbH zuvor i. S. einer Vertragshändlerin in den Vertrieb der D-Inc. eingebunden war.

Beispiel: Im Interesse eines Vertriebs ihrer Produkte in Deutschland errichtete die D-Inc. schon vor vielen Jahren eine Vertriebsgesellschaft, die hier für die D-Inc. auf der Basis eines Vertriebsvertrages tätig war und die Produkte der D-Inc. unter der Marke ihrer U. S. amerikanischen Muttergesellschaft vertrieb. Um den Vertrieb ihrer Produkte in Europa enger zu koordinieren, errichtet die D-Inc. eine Art Europazentrale, kündigt den Vertriebsvertrag mit ihrer deutschen Tochtergesellschaft und veranlasst, dass die Europazentrale, die vertraglich zum Vertrieb der Konzernprodukte in Europa verpflichtet ist, einen Kommissionärsvertrag mit der deutschen Tochtergesellschaft abschließt, auf dessen Grundlage der Vertrieb in Deutschland nach erfolgter Restrukturierung fortgesetzt werden soll. In diesem Zusammenhang gibt die deutsche Gesellschaft ihre Kundenbuchhaltung sowie die Lagerhaltung auf, überträgt die entsprechenden Wirtschaftsgüter auf die Europazentrale und baut das entsprechende Personal ab. Als Kommissionärin vertreibt die deutsche Tochtergesellschaft die Büroartikel weiterhin im eigenen Namen und unter der Marke ihrer U. S. amerikanischen Muttergesellschaft. Im Unterschied zur Situation vor der Restrukturierung wird sie aber jetzt auf Rechnung der Europazentrale tätig.

Aufgrund der Restrukturierung veranlassen die beteiligten Gesellschaften auch in dieser Variante eine Funktionsverlagerung. Gleiches würde gelten, wenn der Vertrieb durch die deutsche Gesellschaft ganz eingestellt würde. Fraglich ist aber, ob das Transferpaket auch in diesem Fall eine Vergütung für den Kundenstamm einschließen muss. Hier kommt es zwar auf die Situation im Einzelfall an, i. d. R. wird diese Frage aber zu verneinen sein.

Nach Auffassung von Rechtsprechung und Finanzverwaltung, die ihre Grundlage in zwei Entscheidungen des BFH vom 20. 8. 1986[93] hat, kann die Kündigung eines Vertriebsvertrages durch den Hersteller einen Ausgleichsanspruch der Vertriebsgesellschaft begründen, der auf die Vergütung für den Wert des überlassenen Kundenstamms gerichtet ist. Wird der Vertrag vor Ablauf der regulären Kündigungsfrist beendet, kann der Vertriebsgesellschaft zudem ein **Anspruch auf Schadensersatz** zustehen, der sich in seiner Höhe nach den Erträgen bemisst, die der Vertriebsgesellschaft infolge der vorzeitigen Beendigung des Vertrags entgangen sind. Verzichtet die Vertriebsgesellschaft auf die Geltendmachung bestehender Ansprüche, ist von einer vGA des Kundenstamms sowie des ggf. darüber hinaus gehenden Entschädigungsanspruchs auszugehen. Die damit verbundene Korrektur des zu versteuernden Einkommens ist unabhängig davon vorzunehmen, ob Zivilrechtsansprüche der Gesellschaft gegen ihre Gesellschafter gegeben sind. Da dem Entstehen zivilrechtlicher Ansprüche einerseits und steuerlicher Gewinnkorrekturen andererseits unterschiedliche Tatbestandsmerkmale zugrunde liegen, ist die Rechtsfolge einer vGA nicht an die zivilrechtliche Beurteilung gebunden.

Über die genannten Ansprüche hinaus müsse nach Auffassung einzelner Vertreter der Finanzverwaltung ein **Ausgleich** für die in die Vertriebsstruktur getätigten, bis dahin aber noch nicht amortisierten Investitionen geleistet werden. Der Ausgleich für mit diesen Investitionen verbundenen Aufwen-

---

[92] Zur Frage der Zurechnung des Kundenstamms im Vertriebsrecht siehe Thume, K.-H., BB 2009, S. 1026 f.
[93] Vgl. BFH v. 20. 8. 1986, BStBl 1987 II, S. 455; BFH v. 20. 8. 1986, BFH/NV 1987, S. 471; siehe ähnlich BFH v. 26. 7. 1989, BFH/NV 1990, S. 442.

5. Kapitel. Steuerplanung mit Verrechnungspreisen u. Konzernumlagen

dungen könne pauschal in der Weise geschehen, dass bei der Berechnung der Schadensersatzansprüche wegen vorzeitiger Beendigung der Vertragslaufzeit auf eine (verlängerte) Kündigungsfrist von bis zu zwei Jahren abgestellt wird.[94] Letztere Auffassung ist in der Literatur umstritten und durch die Rechtsprechung des BGH oder BFH nicht bestätigt,[95] so dass die Diskussion insoweit noch nicht abgeschlossen ist.

Der Wert einer **Kundenbeziehung** wird im Allgemeinen von verschiedenen Faktoren beeinflusst. Maßgebend sind die Kundenzahl und Kundenstruktur, die Dauer und Intensität der Kundenbeziehungen sowie der Firmenname und die Besonderheiten der Marke. Daneben spielen vertragliche Bindungen wie z. B. die Existenz von Lizenz- oder Kooperationsverträgen eine Rolle. In jedem Fall aber hängt die Frage, ob, und wenn ja, in welcher Höhe steuerlich eine Entschädigung für die Übertragung eines Kundenstamms zu fordern ist, nach der wohl einhelligen Auffassung in Rechtsprechung, Literatur und Finanzverwaltung ab von

– der Stärke, mit der die Vertriebsgesellschaft in die Vertriebsorganisation des Herstellers eingebunden ist, sowie
– der Bedeutung, die die von der Vertriebsgesellschaft erschlossenen Kundenbeziehungen oder Vertriebswege für die Absatzchancen der Markeninhaberin in dem Vertriebsgebiet haben.

Hierbei wird mit Hilfe des **ersten Kriteriums** ausgelotet, inwieweit die Vertriebsgesellschaft wirtschaftlich eigenständig tätig ist oder als Vertragshändler Aufgaben eines ausführenden Organs übernimmt. Während der Wert des Kundenstamms im praktisch seltenen Fall einer wirtschaftlich eigenständigen Vertriebsgesellschaft nach dem Ertragswert- oder Discounted-Cash-Flow-Verfahren zu bestimmen ist, kann dem Vertragshändler ein Ausgleichsanspruch in analoger Anwendung von § 89 b HGB zustehen.[96]

Das **zweite Kriterium** wird in der Rechtsprechung und Literatur unter dem Schlagwort „Sogwirkung bei Markenartikeln" diskutiert. Nach diesem Kriterium ist die Rechtmäßigkeit eines Anspruchs davon abhängig, dass dem Hersteller aus der vertraglichen Überlassung des Kundenstamms durch das Vertriebsunternehmen nennenswerte Vorteile zugeflossen sind. Entsprechend kann eine Entschädigung steuerlich nicht oder nur in einer verminderten Höhe gefordert werden, wenn die von der Vertriebsgesellschaft erschlossenen Kundenbeziehungen oder Vertriebswege für den Erfolg der Vertriebsgesellschaft von untergeordneter Bedeutung sind, weil ausschließlich oder im

---

[94] Vgl. Kuckhoff, H./Schreiber, R., IStR 1999, S. 356; die EU-Gruppenfreistellungsverordnung Nr. 1400/2002 sieht inzwischen für die Kfz-Branche eine Kündigungsfrist von zwei Jahren vor. In vielen Branchen sind aber i. d. R. keine größeren Investitionen zu tätigen; dies liegt auch daran, dass der Auftraggeber nach § 86 a Abs. 1 HGB alle zur Ausübung der Tätigkeit des Vertriebsmittlers erforderlichen Unterlagen zur Verfügung zu stellen hat; vgl. Thume, K.-H., BB 2009, S. 1029; zu dieser Frage siehe auch Puls, M., IStR 2010, S. 91 f.
[95] Vgl. Timmermans, S., IWB, Fach 3, Deutschland, Gruppe 2, S. 808 f.; Thume, K.-H., BB 2009, S. 1029; ablehnend auch Baumhoff, H./Bodenmüller, R., Verlagerung, 2003, S. 375 ff. Im Urteil des BFH v. 6. 12. 1995, BStBl 1997 II, S. 118, wurde die Durchführung einer Funktion als Geschäftschance begriffen; die Frage einer Entgeltpflicht wird in diesem Urteil allerdings nicht behandelt.
[96] Zum aktuellen Stand des Handelsvertreter- und Vertragshändlerrechts siehe Kindler, P./Menges, J., DB 2010, S. 1109 ff.; Westphal, B., DB 2010, S. 1333 ff.

Wesentlichen die Produkte mit ihren Qualitätsstandards und/oder ihrem Bekanntheitsgrad Auslöser für die Nachfrage sind. Der Begriff des **Vertragshändlers** ist gesetzlich nicht definiert. Nach übereinstimmender Auffassung in Rechtsprechung und Literatur handelt es sich bei dieser Rechtsfigur jedoch um einen „Kaufmann, dessen Unternehmen in die Vertriebsorganisation eines Herstellers von Markenwaren in der Weise eingegliedert ist, dass er es durch Vertrag mit dem Hersteller [...] übernimmt, im eigenen Namen und auf eigene Rechnung die Vertragswaren im Vertragsgebiet zu vertreiben und in ihrem Absatzgebiet zu fördern".[97] Entsprechend wird dem Vertragshändler nach der ständigen Rechtsprechung des BGH ein Ausgleichsanspruch in analoger Anwendung des § 89 b HGB zugebilligt, wenn

– zwischen diesem und seinem Lieferanten ein Rechtsverhältnis besteht, das sich nicht in bloßen Käufer-Verkäufer-Beziehungen erschöpft, sondern den Vertragshändler aufgrund vertraglicher Abmachungen (Rahmenvertrag) so in die Absatzorganisation seines Lieferanten eingliedert, dass er wirtschaftlich in erheblichem Umfang dem Handelsvertreter vergleichbare Aufgaben zu erfüllen hat, sowie

– der Vertragshändler verpflichtet ist, seinem Lieferanten bei Beendigung des Vertragsverhältnisses seinen Kundenstamm zu überlassen, so dass sich der Lieferant die Vorteile des Kundenstammes sofort und ohne weiteres nutzbar machen kann.

Zentrales Merkmal einer Eingliederung des Vertragshändlers in die Absatzorganisation seines Lieferanten ist die sich aus dem erforderlichen Rahmenvertrag ergebende Pflicht des Vertragshändlers, sich nachhaltig für den Absatz der Vertragserzeugnisse und die Marke (des Herstellers) einzusetzen. Diese Verpflichtung dürfte bei Konzerngesellschaften i.d.R. erfüllt sein. Sie dokumentiert sich gewöhnlich in vertraglichen Regelungen, nach denen der Vertragshändler Werbemaßnahmen für die Produkte des Herstellers durchzuführen sowie den Hersteller über die Vertriebstätigkeit und die allgemeine Marktentwicklung, insbesondere im Hinblick auf Wettbewerber und Kunden, zu unterrichten hat. Umgekehrt hat der Hersteller den Vertragshändler zu diesem Zweck gewöhnlich in ausreichendem Maße mit Werbematerial oder allgemein allen zur Ausübung seiner Tätigkeit erforderlichen Unterlagen auszustatten. Weitere Merkmale können nach der Rechtsprechung, die sich häufig mit dem Vertrieb von Automobilen oder Computersoftware auseinandersetzen musste, die Verpflichtung zur Unterhaltung geeigneter Geschäftsräume, zur weitgehenden Erschließung des Verkaufsgebietes oder zu Kundendienstleistungen sein. Ähnliche Hinweise ergeben sich aus einer Verpflichtung zur Unterhaltung eines bestimmten Lagerbestandes, einer Empfehlung von empfohlenen Abgabepreisen, aus Weisungs- oder Einsichtsrechten des Herstellers sowie aus Berichts- oder Mitteilungspflichten des Vertragshändlers. Schließlich gehört zur Eingliederung in die Absatzorganisation bei Markenartikeln i.d.R. auch die Übertragung eines Alleinvertriebsrechts.[98] Merkmal eines Alleinvertriebsrechts ist die ausschließliche Zuweisung eines Vertrags-

---

[97] BGH v. 1. 12. 1993, NJW 1994, S. 657. Siehe auch BGH v. 17. 4. 1996, NJW 1996, S. 2159; sowie Schmidt, K., Handelsrecht, 1999, S. 759 m. w. N.
[98] Vgl. BFH v. 25. 3. 1982, BB 1982, S. 2067; Graf von Westphalen, F., DB 1984, Beilage 24, S. 2 ff.; Roser, F., FR 1996, S. 580.

5. Kapitel. Steuerplanung mit Verrechnungspreisen u. Konzernumlagen

gebietes an den Vertragshändler, womit der Hersteller die Ausschließlichkeit der Rechte des Vertragshändlers innerhalb der Grenzen des Vertragsgebietes anzuerkennen hat.

Zweites Merkmal eines Vertragshändlervertrags ist eine Vereinbarung, nach der sich der Vertragshändler verpflichtet, dem Hersteller seinen Kundenstamm zu überlassen. Die Prüfung dieses Kriteriums bereitet vor allem dann Schwierigkeiten, wenn, wie das bei konzerngebundenen Vertriebsgesellschaften häufig der Fall ist, überhaupt kein Vertriebsvertrag vorhanden ist. Es wird allerdings für ausreichend gehalten, wenn die Möglichkeit des Herstellers, den Kundenstamm seines Vertragshändlers zu nutzen, auf anderen Gründen, wie z. B. auf der tatsächlichen Vertragsdurchführung, beruht.[99] Nicht maßgebend ist, ob diese Verpflichtung erst im Zeitpunkt der Vertragsbeendigung oder schon während der Vertragslaufzeit durch laufende Unterrichtung des Lieferanten/Herstellers zu erfüllen ist. So hatte der BGH[100] die Verpflichtung zur Überlassung des Kundenstamms in einer Entscheidung bejaht, in der ein Kraftfahrzeughändler „wegen der besonderen Verkaufsplanung" die zu jedem Neufahrzeug gehörende Meldekarte am Tage der Erstzulassung an den Hersteller zu übersenden hatte. Der Umstand allein, dass der Vertragshändler gelegentlich gezielte Anfragen des Herstellers beantwortet und ihm zumindest seine wichtigen Kunden benennt, rechtfertigt jedoch nicht den Schluss, der Vertragshändler sei zur Überlassung seiner Kundendaten vertraglich verpflichtet worden.[101]

Ob der **Kundenstamm** eines Vertragshändlers schon dann auf den Prinzipal übergeht, wenn der Vertrag nicht aufgelöst, sondern auf eine Kommissionsbasis umgestellt wird, ist steuerlich noch nicht abschließend geklärt. Hauptargument gegen die Schlussfolgerung, nach der eine Umstellung des Vertriebskonzepts zu einem Übergang des Kundenstamms führt, ist die Tatsache, dass ein Vertriebsunternehmen, das nunmehr für Rechnung des Prinzipals tätig wird, den vorhandenen Kundenstamm weiterhin nutzen wird.[102] Dem könnte allerdings entgegengehalten werden, dass rechtlich das Geschäft mit dem Kunden beim Kommissionärsmodell auf Rechnung des Prinzipals abgeschlossen wird.

Eine andere Frage ist jedoch, ob dem Kommissionär aus diesem rechtlichen Übergang ein **Ausgleichsanspruch** zusteht. Dies ist u. E. zu verneinen, wenn die Vertriebsgesellschaft bisher in Form eines Vertragshändlers in die Organisation des Konzerns eingebunden war.[103] Schließlich ist es Zweck der Regelung

---

[99] Vgl. BGH v. 14. 4. 1983, NJW 1983, S. 2877; BGH v. 14. 1. 1986, DB 1986, S. 1070. Das kann auch dann maßgebend sein, wenn zur Vermeidung eines Ausgleichsanspruchs im Vertrag das am Sitz des auswärtigen Prinzipals maßgebende Recht vereinbart wird. Vgl. Käbisch, V., IStR 2001, S. 325 ff., mit Hinweis auf EuGH v. 9. 11. 2000 (Ingmar), EuGHE 2000, S. I-9305; zurückhaltender Thume, K.-H., BB 2009, S. 1027, unter Bezug auf die ständige Rechtsprechung des BGH.
[100] Vgl. BGH v. 25. 3. 1982, BB 1982, S. 2067; ähnlich BGH v. 6. 10. 1993, BB 1993, S. 2401.
[101] Vgl. BGH v. 1. 12. 1993, NJW 1994, S. 657.
[102] Vgl. Kroppen, H.-K., IWB, Fach 3, Deutschland, Gruppe 2, S. 747; siehe zur handelsrechtlichen Perspektive Kindler, P./Menges, J., DB 2010, S. 1116.
[103] So auch Burkert, M., Reallokation, 1999, S. 519; Kuckhoff, H./Schreiber, R., IStR 1999, S. 321 ff. Ein anderes Ergebnis stellt sich jedoch ein, wenn der Eigenhändler bisher wirtschaftlich selbständig war und den Kundenstamm aufgrund eigener Anstrengungen aufgebaut hat. In diesem Fall sollte ein Ausgleichsanspruch gegeben sein, der sich in seiner Höhe nach dem Ertragswert des Kundenstamms bemessen sollte.

des § 89b HGB, den Unternehmer, der seinem Vertriebspartner das auf dem Vertrag beruhende Recht entzieht, bestimmte Güter zu vertreiben, zu einem angemessenen Ausgleich zu verpflichten, weil der Unternehmer nunmehr berechtigt ist, die Vorteile aus den ihm zugegangenen Kundenbeziehungen alleine zu nutzen, sie also nicht mehr mit dem Vertragshändler teilen zu müssen. Hierzu kommt es allerdings nicht, wenn der Vertriebsvertrag lediglich auf eine Kommissionärsbasis umgestellt wird. Entsprechend geht auch der Ausgleichsanspruch des Vertragshändlers nicht verloren, sondern bleibt der Vertriebsgesellschaft auch nach Umstellung auf eine Kommissionärsbasis in vollem Umfang erhalten. Er richtet sich in beiden Fällen auf den Ausgleich für Provisionsverluste aus der für einen Handelsvertreter typischen Tätigkeit.[104]

Unabhängig davon wird der Kauf von Produkten eines Herstellers regelmäßig durch verschiedene Faktoren beeinflusst. Deshalb kann davon ausgegangen werden, dass die werbende Tätigkeit des Vertriebsunternehmens oder Vertragshändlers den Kaufentschluss regelmäßig nicht allein, sondern im Allgemeinen nur mitursächlich beeinflusst. Zwar genügt nach der Rechtsprechung des BGH[105] diese Mitverursachung im Allgemeinen für die Zubilligung eines Ausgleichs. Doch entspricht es der Billigkeit, bei der Bemessung des Ausgleichsanspruchs zu berücksichtigen, dass die Verkaufsbemühungen des Eigenhändlers durch die von der Marke ausgehende **Sogwirkung** in nicht unerheblichem Maße gefördert werden können. In vielen Fällen, in denen sich die Rechtsprechung mit diesem Argument im Zusammenhang mit den Ansprüchen von Kraftfahrzeugvertragshändlern zu beschäftigen hatte, wurde diese Sogwirkung häufig pauschal mit einem **Abschlag** i. H. v. 25% auf den Ausgleichsanspruch berücksichtigt.

b) Produktion

Will eine ausländische Muttergesellschaft, deren Tochtergesellschaft im Inland bisher in der Form eines Eigenproduzenten tätig war, die Herstellung aus Gründen der wirtschaftlichen Effizienz regional zentralisieren, wird oftmals eine Umstellung der Produktionstätigkeit der Tochtergesellschaft **auf die Funktion eines Lohnherstellers** oder auch die eines im Auftrag fertigenden Unternehmens vorgenommen. Aus einer steuerlichen Perspektive ist diese Umstellung mit verschiedenen Risiken verbunden. Neben einer erforderlichen Anpassung der Verrechnungspreise sowie der Gefahr, dass das inländische Unternehmen eine Betriebsstätte der ausländischen Muttergesellschaft begründet,[106] stellt sich insbesondere die Frage nach einer Vergütungspflicht, soweit im Zusammenhang mit dieser Umstellung **Wirtschaftsgüter** auf die ausländische Muttergesellschaft oder eine dritte Konzerngesellschaft übertragen werden.

Beispiel: Das U. S. amerikanische Maschinenbauunternehmen M-Inc. plant, seine europäischen Produktions- und Vertriebstätigkeiten enger zu koordinieren, und beschließt zu diesem Zweck die Errichtung einer Art „Europazentrale" in der Schweiz (S-AG). In Deutschland ist die M-Inc. erst seit wenigen Monaten durch seine Tochterge-

---

[104] Vgl. BGH v. 5. 6. 1996, DB 1996, S. 2330.
[105] Vgl. BGH v. 26. 2. 1997, DB 1997, S. 973.
[106] Zur Existenz eines Betriebsstättenrisikos vgl. Endres, D., IStR 1996, S. 1 ff.; Haarmann, W., Produktionsverlagerung, 1997, S. 63 ff.; Burkert, M., Reallokation, 1999, S. 531; sowie Abschnitt B III 2.

sellschaft (T-GmbH) vertreten. Die M-Inc. hatte die Anteile an dieser Gesellschaft vor allem wegen wertvoller Produktmarken, besonderer Prozesstechnologie und des Kundenportfolios erworben.

Die T-GmbH tritt ihre Kompetenzen zur eigenständigen Entwicklung und Produktion sowie ihren Vertrieb in Deutschland einschließlich des hiermit verbundenen residualen Gewinnanspruchs an die S-AG ab, in dem sie sich durch Vertrag verpflichtet, nur noch im Auftrag der S-AG zu fertigen und zu vertreiben. Daneben überträgt sie ihr Vorratslager. Im Gegenzug soll die S-AG die aus dem Geschäft resultierenden Risiken tragen. Alle übrigen Vermögenswerte verbleiben bei der T-GmbH. In diesem Sinne nutzen die Landesgesellschaften alle immateriellen Werte, die im Zusammenhang mit der Produktion entwickelt wurden („Alt IP") ab der Umstellung im Auftrag von S-AG für die Auftragsfertigung von Produkten. Ebenso bleibt die T-GmbH auch nach der Umstellung Inhaber der Marken und verwendet sie zur Herstellung von Markenprodukten im Auftrag der S-AG. Diese lässt sich ein Nutzungsrecht einräumen, führt die Forschung und Entwicklung auf dieser Basis fort und entwickelt neue Werte. Schließlich erhält die T-GmbH das exklusive Vertriebsrecht für den Inlandsmarkt.

Durch den Abschluss von Verträgen, in denen sich die T-GmbH verpflichtet, zukünftig im Auftrag der S-AG zu produzieren und zu vertreiben, überträgt das deutsche Unternehmen das Herstellerrecht sowie die hiermit verbundenen Chancen und Risiken (den residualen Gewinnanspruch) auf die S-AG.[107] Damit werden die Produkte der T-GmbH, die bisher ausschließlich von der inländischen Konzerngesellschaft hergestellt und vertrieben wurden, in Zukunft von der S-AG hergestellt und vertrieben. Anstelle der T-GmbH ist in Zukunft die S-AG für das Geschäft verantwortlich, indem sie vertraglich in die Vereinbarungen mit Lieferanten und Kunden eintritt sowie das Produktions- und Entwicklungsprogramm festlegt, während die T-GmbH nach den Vorgaben der S-AG tätig und auch nur im Verhältnis zu dieser Gesellschaft für das Ergebnis ihrer Tätigkeit verantwortlich ist. Dabei spielt es für die Beurteilung der Funktionsverlagerung selbst keine Rolle, dass die T-GmbH die Produkte nach wie vor selbst fertigt und ihr die hierzu erforderlichen Vermögenswerte (Produktionsanlagen, „Alt IP" und Marken) gehören. Es ist allerdings zu berücksichtigen, dass sich dieses Eigentum an den Wirtschaftsgütern in der Vergütung niederschlagen muss, die die T-GmbH im anschließenden Geschäftsverkehr mit der S-AG erzielt.[108]

Anderes sollte gelten, wenn die Verlagerung für die T-GmbH zu einer lediglich geringfügigen oder zeitlich begrenzten Einschränkung führt, die keine relevanten Gewinnauswirkungen hat (Bagatellfälle).[109] Ob eine Einschränkung geringfügig ist, wird anhand der Umsatzentwicklung gemessen. Geringfügigkeit ist gegeben, wenn der aus der Funktion stammende Umsatz innerhalb eines Fünfjahreszeitraums in einem Wirtschaftsjahr um weniger als 1 Mio. € absinkt, den das ursprünglich tätige Unternehmen im letzten vollen Wirtschaftsjahr vor der Funktionsänderung aus der Funktion hat. Wird Vertrieb der Produkte auch unter der neuen Struktur über die T-GmbH vollzogen, weil die T-GmbH in den Vertrieb als Vertragshändlerin eingebunden ist, kann in vielen Fällen ein Überschreiten der Bagatellgrenze vermieden werden.

---

[107] Daher liegt auch für die Finanzverwaltung der Tatbestand einer Funktionsverlagerung vor, vgl. Verwaltungsgrundsätze-Funktionsverlagerung, BMF-Schreiben v. 13. 10. 2010, BStBl 2010 I, S. 774, Rn. 203 ff.
[108] Vgl. Verwaltungsgrundsätze-Funktionsverlagerung, BMF-Schreiben v. 13. 10. 2010, BStBl 2010 I, S. 774, Rn. 174.
[109] Vgl. Verwaltungsgrundsätze-Funktionsverlagerung, BMF-Schreiben v. 13. 10. 2010, BStBl 2010 I, S. 774, Rn. 48 f.

Die Situation ist regelmäßig eine andere, wenn im Rahmen der Restrukturierung lediglich andere Formen einer vertragsgebundenen Tätigkeit gewählt werden.

Beispiel: In Deutschland ist die M-Inc. bereits seit vielen Jahren durch die T-GmbH vertreten. Diese Gesellschaft fertigt auf Basis einer Technologie, die durch die U. S. Muttergesellschaft entwickelt wurde und im Rahmen einer Lizenzvereinbarung gegen Zahlung eines Lizenzentgelts zur Verfügung gestellt wird.

Die **Umstellung** eines in Lizenz fertigenden Unternehmens zum Auftragsproduzenten wird in den Funktionsverlagerung-Verwaltungsgrundsätzen nicht direkt angesprochen. Vorgänge, die von fremden Dritten nicht als Veräußerung oder Erwerb einer Funktion angesehen würden, sind jedoch nicht nach den Grundsätzen der Funktionsverlagerung zu behandeln. Hierzu gehören Vorgänge, die formal den Tatbestand einer Funktionsverlagerung erfüllen, aber entsprechend dem Fremdvergleichsgrundsatz tatsächlich so abgewickelt werden, dass sie nach allgemeiner Verkehrsanschauung nicht wie Funktionsverlagerungen anzusehen sind. Beispiele sind die fristgerechte Kündigung von Verträgen oder das Auslaufen einer Vertragsbeziehung.[110] Kündigt die M-Inc. ihrer deutschen T-GmbH den Lizenzvertrag fristgerecht, um diese Gesellschaft anschließend im Rahmen eines Auftragsverhältnisses zu beschäftigen, sollte man davon ausgehen, dass dieser Vorgang „aus dem Anwendungsbereich der Transferpaketbetrachtung" auszunehmen ist. In ökonomischen Kategorien verbirgt sich hierunter freilich eine „Funktionsverlagerung", formaljuristisch gesehen ist der Tatbestand jedoch nicht verwirklicht.

Wird ein vertraglich eingeräumtes Nutzungsrecht durch reguläre Vertragskündigung beendet, überträgt der Lizenznehmer **keine Wirtschaftsgüter** und sonstige Vorteile, die dem Lizenzgeber nicht schon gehört haben. Tatsächlich ist es auch zwischen fremden Dritten nicht unüblich, dass ein ursprünglich geschlossener Lizenzvertrag gekündigt und ggf. durch ein anderes Vertragsverhältnis ersetzt wird (Änderungskündigung). Unabhängig davon sind aber für Wirtschaftsgüter, die in diesem Zusammenhang übertragen werden, angemessene Verrechnungspreise anzusetzen. Das kann z. B. der Fall sein, wenn die T-GmbH den von ihr im eigenen Namen entwickelten Kundenstamm auf die S-AG überträgt. Daneben bleibt zu prüfen, ob wegen vorzeitiger Vertragskündigung oder im Hinblick auf Investitionen, die die T-GmbH im Vertrauen darauf lassen hat, dass der Vertrag weitergeführt wird, Schadensersatz oder **Ausgleichszahlungen** zu leisten sind.

c) Dienstleistungen

Im Zusammenhang mit Dienstleistungen kann die Rückführung des Engagements ins Ausland damit verbunden sein, dass eine Funktion, die in eigener Verantwortung und auf eigene Rechnung im Inland durchgeführt wurde, vom ausländischen Gesellschafter oder einem nahe stehenden Unternehmen übernommen wird (Ausgliederung), so dass die Abnehmer der Dienstleistung im Inland (z. B. die Empfänger von Buchhaltungsleistungen)

---

[110] Vgl. Verwaltungsgrundsätze-Funktionsverlagerung, BMF-Schreiben v. 13. 10. 2010, BStBl 2010 I, S. 774, Rn. 59 f.

nach der Verlagerung von der ausländischen Gesellschaft bedient werden. Daneben mag die ursprünglich eigenständig durchgeführte Tätigkeit auf eine Tätigkeit zurückgeführt werden, die im Auftrag eines ausländischen Prinzipals (Abschmelzung) durchgeführt wird. Überträgt die inländische Gesellschaft in diesem Zusammenhang Wirtschaftsgüter, Chancen und Risiken auf die ausländische Gesellschaft, die die Tätigkeit vollständig (Ausgliederung) oder als Auftraggeber (Abschmelzung) übernimmt, kann ein Transferpaket übergehen, wenn der Transfer der Dienstleistungsfunktion mit einer Übertragung immaterieller Wirtschaftsgüter, Chancen und Risiken verbunden ist. Die **Übertragung von Wirtschaftsgütern und sonstigen Vorteilen** mag sich nach Auffassung der Finanzverwaltung aber auch aus der Tatsache ergeben, dass Mitarbeiter, die über wertvolle Produkt- oder Prozesskenntnisse, Markt- oder Branchenkenntnisse verfügen, ins Ausland versetzt werden.

Die Rückführung des Engagements ins Ausland kann sich auch so darstellen, dass eine ursprünglich im Auftrag eines ausländischen Prinzipals durchgeführte Tätigkeit im Inland aufgegeben wird. Diese Verlagerung ist i. d. R. nicht mit der Übertragung eines Transferpakets verbunden, weil das vertragsgebundene Dienstleistungsunternehmen gewöhnlich keine eigenen Wirtschaftsgüter einsetzt und Risiken trägt.

C. Verrechnungspreisstrategien für Auslandsinvestitionen von Steuerinländern (Outbound-Investitionen)

I. Das Erreichen der Abschirmwirkung als Gestaltungsvorgabe

Unter dem Gesichtspunkt einer Minimierung der Steuerbelastung sind in Anbetracht der immer noch hohen deutschen Steuertarifbelastung Gestaltungen vorteilhaft, bei denen die Anknüpfungsmerkmale der Besteuerung tendenziell im niedriger besteuernden Ausland verwirklicht und von einer Besteuerung in Deutschland abgeschirmt werden (kapitalimportneutrale Besteuerung). Die Einschaltung von Auslandsgesellschaften und die damit verbundene Auslagerung betrieblicher Aufgaben ins Ausland sind dennoch regelmäßig nur zum Teil von steuerlichen Überlegungen geprägt, da die Standortwahl in weiten Bereichen durch die betrieblichen Verhältnisse und wirtschaftlichen Bedingungen im In- und Ausland beeinflusst wird.

Dies gilt insbesondere für **Produktionsgesellschaften.** Aus steuerlicher Sicht ist die Verlagerung von Teilen der Produktion in ein Niedrigsteuerland verhältnismäßig einfach abzuwickeln. Aufgrund der aktiven Tätigkeit der ausländischen Produktionsgesellschaft steht deren steuerliche Anerkennung regelmäßig außer Frage. Dem steht allerdings gegenüber, dass Produktionsgesellschaften regelmäßig eine geringe betriebswirtschaftliche Standortelastizität aufweisen. Einer Ansiedlung von Produktionsgesellschaften im niedrigbesteuernden Ausland stehen häufig praktische Schranken oder eine mangelnde Bereitschaft zur Übernahme damit verknüpfter weiterer unternehmerischer Risiken entgegen. Ausländische Produktionsgesellschaften eröffnen aber steuerlichen Gestaltungsspielraum insoweit, als sie dem Wesen nach Eigenfertiger, Lohnfertiger oder Lizenzfertiger sein können. Die deutsche Finanzverwaltung wird hier primär versucht zu sein, in der Auslandseinheit einen Lohnfertiger zu sehen, weil die von einem Lohnfertiger übernommenen Chancen und Risiken im Vergleich zu den anderen Formen minimal sind und deshalb auch das ins Ausland verlagerte Gewinnpotenzial gering ist.[111] Anders ist die Situation bei der Auslagerung von **Dienstleistungs-** und insbesondere **Finanzierungsfunktionen** auf eine Auslandsgesellschaft. Der Kreis potenzieller Sitzstaaten für Konzerneinheiten, die bestimmte Aktivitäten wie Finanzierung, Leasing oder Factoring für das Gesamtunternehmen übernehmen, wird durch betriebswirtschaftliche Überlegungen nur wenig eingeschränkt. Der sich den Dienstleistungsgesellschaften daraus eröffnende Spielraum für die Steuerplanung wird jedoch begrenzt, indem Kriterien der steuerlichen Anerkennung beim Einsatz derartiger Gesellschaften stärker zu beachten sind als bei Produktionsgesellschaften. Von besonderer Bedeutung sind in diesem Zusammenhang Fragen der Missbräuchlichkeit von Gestaltungen und Probleme der Hinzurechnungsbesteuerung.[112]

Neben Produktion und Dienstleistungen wird zunehmend auch die Auslagerung von **Forschung und Entwicklung** sowie die Verwaltung und Lizenzierung immaterieller Wirtschaftsgüter in Erwägung gezogen. In diesem Zusammenhang kann einmal daran gedacht werden, die bisher im Inland durchgeführte Forschungs- und Entwicklungstätigkeit im Ausland anzusiedeln. Da der Erfolg von Forschung und Entwicklung maßgeblich durch die Qualifikation der verfügbaren Mitarbeiter bestimmt wird, ist die Standortflexibilität dieser Funktion begrenzt, wenn notwendiges Personal nicht vorhanden ist oder nur über Gastaufenthalte ausländischer Forscher zur Verfügung gestellt werden kann. Häufig ist es auch erforderlich, dass die Forschungstätigkeit in einer unmittelbaren Nähe zu einem der Produktionsstandorte ausgeübt wird, so dass der Spielraum für die Steuerplanung auf den ersten Blick begrenzt ist. Allerdings hat sich der diesbezügliche Gestaltungsrahmen im Zuge der EU-Osterweiterung, die den Zugang zu den teilweise deutlich geringeren Steuerbelastungen in unmittelbarer Nachbarschaft Deutschlands erleichtert, aus deutscher Sicht beträchtlich erweitert. Auch über die Nutzung von Standorten im asiatisch-pazifischen Raum können bedeutsame Steuerreduktionen erzielt werden.[113] Ferner kann die sich bisher im Inland befindliche Forschungsabteilung weiterhin dort tätig bleiben, wohingegen die vorhandene Technologie, die Marke oder das Know-how in das steuergünstige Ausland verlagert werden. Wichtige Planungsparameter sind

---

[111] Vgl. Raupach, A., StuW 2000, S. 366. Bei einer Verlagerung der (Teil-)Produktion eines Eigenproduzenten auf einen Auftragsfertiger (Funktionsabspaltung) liegt zwar grundsätzlich eine Funktionsverlagerung vor; andererseits ist in diesem Fall jedoch davon auszugehen, dass mit dem übergehenden Transferpaket keine wesentlichen immateriellen Wirtschaftsgüter und Vorteile übertragen oder entgeltlich zur Nutzung überlassen werden, so dass die entsprechende Öffnungsklausel zur Durchführung einer Einzelpreisverrechnung anwendbar ist (§ 1 Abs. 3 Satz 10 AStG, § 2 Abs. 2 FVerlV); siehe dazu auch Verwaltungsgrundsätze-Funktionsverlagerung, BMF-Schreiben v. 13. 10. 2010, BStBl 2010 I, S. 774, Rn. 66, 206 ff. Wird das übernehmende Unternehmen dagegen in die Lage versetzt, die hergestellten Produkte über die Lohnfertigung hinaus auf eigene Rechnung zu vermarkten, sind die Voraussetzungen für die Annahme, dass keine wesentlichen immateriellen Wirtschaftsgüter übertragen werden, nicht erfüllt, so dass im Zweifel eine Transferpaketbewertung durchzuführen ist.
[112] Hierzu gehört bei Dienstleistungen vor allem die Voraussetzung, dass sich die ausländische Gesellschaft bei der Durchführung ihrer Tätigkeit nicht inländischer Steuerpflichtiger „bedient", vgl. dazu FG München v. 7. 12. 2009, EFG 2010, S. 622.
[113] Vgl. Endres, D./Fuest, C./Spengel, C., Asia-Pacific, 2010.

5. Kapitel. Steuerplanung mit Verrechnungspreisen u. Konzernumlagen

aber auch in diesem Fall geeignete rechtliche Voraussetzungen, die den Patentschutz und einen uneingeschränkten Technologietransfer gewährleisten, sowie ein ausgebautes Netzwerk an DBA, um die Lizenzentgelte ohne oder nur mit einer geringen Quellensteuerbelastung vereinnahmen zu können.

Die obigen Ausführungen verdeutlichen, dass die steuerliche Zielsetzung bei der Auslagerung betrieblicher Funktionen auf Produktions- oder Dienstleistungsgesellschaften in der Ausnutzung des internationalen Steuergefälles liegt, so dass bei der Standortwahl dem ausländischen Steuerniveau entscheidende Bedeutung zukommt. Im Unterschied zur Steuerplanung mit Holdinggesellschaften bezwecken ausländische Produktions- oder Dienstleistungsgesellschaften keine Strukturvorteile durch Zwischenschaltung einer Gesellschaft, sondern dienen als Mittel zur **Verlagerung des Realstandortes** einer Unternehmensaktivität ins steuerlich günstigere Ausland.

Mit der Zielvorgabe „Besteuerung im Ausland" und somit einer kapitalimportneutralen Besteuerung verbindet sich für einen deutschen Konzern unmittelbar die Frage, auf welche Weise eine abschließende Auslandsbesteuerung erreicht werden kann. Wie die im vierten Teil dargestellten steuerlichen und wettbewerbspolitischen Konsequenzen der Grundformen des Auslandsengagements verdeutlichen, ist dies mit Gestaltungen möglich, bei denen internationale Doppelbesteuerungen in Deutschland entweder durch die nationale Dividendenbefreiung oder aber durch die abkommensrechtliche Freistellungsmethode vermieden werden. Das in der Praxis bedeutsamste Instrument, um eine Belastung auf Basis des ausländischen Steuerniveaus zu erreichen, stellt im DBA- wie im Nicht-DBA-Fall die Errichtung eines **eigenständigen Rechtsträgers** im Ausland dar. Generell kommt hierfür eine ausländische Kapitalgesellschaft in Frage. Die damit verbundene Abschirmwirkung (deferral) ist international verankert und bewirkt, dass Gewinne aus den auf Tochtergesellschaften übertragenen betrieblichen Funktionen im Allgemeinen nicht Anknüpfungspunkt einer Besteuerung im Sitzstaat der inländischen Konzernobergesellschaft sind, so dass lediglich das Besteuerungsniveau des Auslands zum Tragen kommt. Nimmt die Tochtergesellschaft Gewinnausschüttungen an die deutsche Muttergesellschaft vor, so sind auch diese nach § 8b Abs. 1 KStG sowie ggf. ergänzend nach § 9 Nr. 7 GewStG von der deutschen Besteuerung freigestellt, und zwar unabhängig von der Existenz eines DBA. Die Frage, ob ein DBA besteht und, wenn ja, welche Regelungen und Bedingungen es zur Vermeidung der Doppelbesteuerung von Dividenden vorsieht, stellt sich im Rahmen der Wohnsitzbesteuerung des Dividendenbeziehers nach derzeitiger Rechtslage erst dann, wenn passive Einkünfte erzielt werden bzw. wenn die Voraussetzungen für eine Hinzurechnungsbesteuerung erfüllt sind. Allerdings ist das Vorliegen eines DBA vielfach wichtig, um Quellensteuerbelastungen im Staat der ausschüttenden Tochterkapitalgesellschaft zu reduzieren.

Die Zielvorgabe Kapitalimportneutralität kann eingeschränkt auch durch Investition in eine ausländische **Betriebsstätte** oder **Personengesellschaft** erreicht werden. Dies gilt jedoch nur unter der Voraussetzung, dass zwischen dem Standortstaat und Deutschland ein DBA besteht und das Auslandsergebnis nach dem Betriebsstättenprinzip freigestellt bleibt. In diesem Fall die Rechtsform der deutschen Muttergesellschaft unbeachtlich.

Bei Investitionen in einem **Nicht-DBA-Land** bietet sich demnach nur die Errichtung einer Tochtergesellschaft an. Erzielt diese Gesellschaft Einkünfte, die aktiv i. S. d. abschließenden Aufzählung in § 8 Abs. 1 AStG und/oder hoch besteuert sind, orientiert sich die Besteuerung im Thesaurierungs- wie auch im Ausschüttungsfall ausschließlich am ausländischen Steuerniveau. Erzielt sie hoch besteuerte Einkünfte (Ertragsteuerbelastung im Ausland mindestens 25%),[114] wird ebenfalls stets eine kapitalimportneutrale Besteuerung erreicht. Erzielt die Auslandstochter dagegen Einkünfte aus passiver Tätigkeit, erfolgt unter den weiteren Voraussetzungen des Außensteuergesetzes (ausländische Steuerbelastung geringer als 25%, Beteiligung von unbeschränkt Steuerpflichtigen zu mehr als 50%) auf Ebene des inländischen Gesellschafters eine Hinzurechnungsbesteuerung der nach inländischen Vorschriften ermittelten ausländischen passiven Einkünfte. Erzielt die Tochtergesellschaft Zwischeneinkünfte mit Kapitalanlagecharakter, reicht dagegen bereits eine 1%ige Beteiligung eines Inländers für die verschärfte Hinzurechnungsbesteuerung aus. Bei Kapitalanlagegesellschaften, deren Anteile als „Sparmodelle" angeboten werden, wird auf eine Mindestbeteiligungsquote sogar völlig verzichtet (§ 7 Abs. 6 Satz 1, 3 AStG). Als Folge des nationalen Zugriffs auf die passiven Einkünfte gehen die Steuervorteile des ausländischen Steuersystems unabhängig von der Gewinnverwendungspolitik der als Zwischengesellschaft bezeichneten Tochterkapitalgesellschaft verloren.[115]

Bei Investitionen in einem **DBA-Partnerland** besteht höhere Flexibilität für die Herstellung einer kapitalimportneutralen Besteuerung. Zum einen kann eine Tochtergesellschaft errichtet werden, wobei hier die Zielsetzung bereits aufgrund der inländischen Dividendenfreistellung (also auch ohne DBA) erreicht wird. Bei aktiver Tätigkeit in einem Abkommensstaat sind auch die beiden Gestaltungsalternativen Betriebsstätte und Personengesellschaft geeignet, da über die Freistellung nach dem Betriebsstättenprinzip ebenfalls der gewünschte Abschirmeffekt eintritt. Übt die ausländische Tochtergesellschaft passive Tätigkeiten aus, unterliegen ihre Einkünfte unter den Voraussetzungen der Hinzurechnungsbesteuerung dem inländischen Steuerniveau (§ 10 Abs. 2 Satz 3 AStG). Da die Freistellung der Dividende (§ 8 b Abs. 1 KStG) oder das Teileinkünfteverfahren (§ 3 Nr. 40 Satz 1 Nr. d EStG) in diesem Fall selbst bei Vorliegen von DBA-Schachtelprivilegien nicht anwendbar sind, keine Änderungen bewirken kann, kann der Hinzurechnungsbetrag nicht freigestellt werden. Unabhängig davon, ob die ausländische Tochtergesellschaft ihre Gewinne ausschüttet oder thesauriert, unterliegen diese dann der Inlandsbelastung. Die Hinzurechnungsbesteuerung setzt sich demnach über das Trennungsprinzip hinweg.[115a]

Für den in der Praxis bedeutsamen Fall der Errichtung einer **Tochtergesellschaft** lässt sich die Schlussfolgerung ziehen, dass bei Einkünften aus aktiver Tätigkeit die gewünschte Besteuerung nach dem Konzept der Kapitalimportneutralität unabhängig von der Gewinnverwendungsentscheidung und Existenz eines DBA erfolgt. Liegt ein DBA vor, so richtet sich bei Investiti-

---

[114] Zur Steuerbelastung in Europa siehe 2. Teil, 2. Kapitel, Abschnitt E III. Daneben gibt es zahlreiche Sonderzonen und Gebiete mit niedriger Ertragsteuerbelastung im außereuropäischen Raum (bspw. Aruba und Britische Jungferninseln); vgl. BMF-Schreiben v. 14. 5. 2004, BStBl 2004 I, Sondernummer 1/2004, Anlage 2.

[115] Zu Zweifeln an der EU-Konformität der §§ 7 ff. AStG siehe 4. Teil, 3. Kapitel, Abschnitt A I 2 c).

[115a] Zu Defiziten der Hinzurechnungsbesteuerung siehe Kraft, G., IStR 2010, S. 377 ff.

onen in Form einer **Betriebsstätte** oder Tochterpersonengesellschaft die Besteuerung gleichfalls nach den im Ausland geltenden Verhältnissen. Dabei ist die Freistellung nach dem Betriebsstättenprinzip mit den Wirkungen eines DBA-Schachtelprivilegs vergleichbar.

Beispiel: Ein deutsches Unternehmen verlegt Teile seiner Produktion nach Großbritannien. Bei der Wahl der Gestaltungsalternative Tochtergesellschaft unterliegen die Produktionsgewinne in Großbritannien einer Besteuerung von 28%. Eine inländische Ertragsbesteuerung entsteht weder im Thesaurierungs- noch – abgesehen von § 8b Abs. 5 KStG – im Ausschüttungsfall. Bei Errichtung einer Betriebsstätte sind die erwirtschafteten Gewinne gleichfalls nicht in der inländischen Bemessungsgrundlage enthalten.

Fällt die Tätigkeit einer niedrig besteuerten ausländischen Kapitalgesellschaft **nicht unter den Aktivitätskatalog** des § 8 Abs. 1 AStG, lässt sich eine Besteuerung der Erfolge bestimmter Tochtergesellschaften auf Ebene der inländischen Muttergesellschaft vermeiden, sofern nachgewiesen werden kann, dass die ausländische Gesellschaft eine wirkliche wirtschaftliche Tätigkeit ausübt (§ 8 Abs. 2 AStG).

Danach ist eine ausländische Gesellschaft in Bezug auf passive Einkünfte, die einer niedrigen Besteuerung unterliegen, nicht Zwischengesellschaft, wenn (kumulativ) die folgenden Voraussetzungen vorliegen (§ 8 Abs. 1 Satz 1 AStG):
- Sitz oder Geschäftsleitung der Gesellschaft in einem Mitgliedstaat der EU oder des EWR;
- mehrheitliche Beteiligung durch in Deutschland unbeschränkt steuerpflichtige Personen;
- Nachweis dieser Personen, dass die Gesellschaft (1) insoweit einer tatsächlichen wirtschaftlichen Tätigkeit (2) in diesem Staat nachgeht. Darüber hinaus müssen Amtshilfe gewährt oder Auskünfte erteilt werden, die erforderlich sind, um die Besteuerung durchzuführen (§ 8 Abs. 2 Satz 2 AStG).

Ausgeschlossen sind
- Zurechnungsbeträge aus Untergesellschaften, die weder Sitz noch Geschäftsleitung im EU-/EWR-Raum aufweisen oder
- Zwischeneinkünfte, die einer Betriebsstätte mit Belegenheit außerhalb des EU-/EWR-Raums zuzurechnen sind (§ 8 Abs. 2 Satz 3 und 4 AStG).

Daneben wird die Gegenbeweismöglichkeit davon abhängig gemacht, dass die Einkünfte der „tatsächlichen wirtschaftlichen Tätigkeit der Gesellschaft" zuzuordnen sind, durch diese Tätigkeit erzielt und insoweit der Fremdvergleichsgrundsatz (§ 1 AStG) beachtet wurden (§ 8 Abs. 2 Satz 5 AStG).

Die Einschränkung auf Sachverhalte, die in der EU oder dem EWR realisiert werden, steht grundsätzlich in Übereinstimmung mit der Rechtsprechung des EuGH zur Niederlassungsfreiheit. Noch nicht abschließend geklärt ist dagegen, unter welchen Bedingungen die ausländische Gesellschaft in Bezug auf ihre passive Funktion einer **tatsächlichen wirtschaftlichen Tätigkeit** im ausländischen Staat nachgeht. Nach Ansicht der Finanzverwaltung[116] hat der

---

[116] Vgl. BMF-Schreiben v. 8. 1. 2007, DB 2007, S. 137; siehe auch Wassermeyer, F./Schönfeld, J., GmbHR 2006, S. 1069f.; Haun, J./Käshammer, D./Reiser, H., GmbHR 2007, S. 185ff.; Köhler, S./Eicker, K., DStR 2007, S. 331ff.; Winkeljohann, N./Weihmann, L.-V., Ubg 2008, S. 167f.

Steuerpflichtige in diesem Zusammenhang insbesondere nachzuweisen,[117] dass

- die Gesellschaft in dem Mitgliedstaat, in dem sie ihren Sitz oder ihre Geschäftsleitung hat, am dortigen Marktgeschehen im Rahmen ihrer gewöhnlichen Geschäftstätigkeit aktiv, ständig und nachhaltig teilnimmt;
- die Gesellschaft dort für die Ausübung ihrer Tätigkeit ständig sowohl geschäftsleitendes als auch anderes Personal beschäftigt;
- das Personal der Gesellschaft über die Qualifikation verfügt, um die der Gesellschaft übertragenen Aufgaben eigenverantwortlich und selbständig zu erfüllen;
- die Einkünfte der Gesellschaft ursächlich aufgrund der eigenen Aktivitäten der Gesellschaft erzielt werden sowie
- den Leistungen der Gesellschaft, sofern sie ihre Geschäfte überwiegend mit nahe stehenden Personen i. S. d. § 1 Abs. 2 AStG betreibt, für die Leistungsempfänger wertschöpfende Bedeutung zukommt und die Ausstattung mit Kapital zu der erbrachten Wertschöpfung in einem angemessenen Verhältnis steht.

Im Unterschied zum Schreiben des BMF wird in der Begründung zum JStG 2008[118] anstelle „der Teilnahme am Marktgeschehen" auf die „Teilnahme am wirtschaftlichen Verkehr im anderen Mitgliedstaat" abgestellt. Diese Teilnahme am wirtschaftlichen Verkehr des anderen Mitgliedstaats soll dann nicht vorliegen, wenn die **Kernfunktionen** der Gesellschaft nicht von ihr selbst ausgeübt werden. Das sei der Fall, wenn sich eine Funktion der Gesellschaft in einer gelegentlichen Kapitalanlage ohne gleichzeitige Ausübung einer geschäftsleitenden Funktion erschöpft. Darüber hinaus fehlt es nach Auffassung des Gesetzgebers bei ausländischen Holdinggesellschaften, die Beteiligungen lediglich verwalten (ohne gleichzeitig eine geschäftsleitende Funktion auszuüben) grundsätzlich am Merkmal einer wirtschaftlichen Tätigkeit. Auf der anderen Seite enthält die Gesetzesbegründung jedoch eine ausdrückliche Klarstellung, nach der die Teilnahme am allgemeinen Wirtschaftsverkehr auch grundsätzlich gegenüber einem verbundenen Unternehmen erfolgen kann. Das Vorliegen eines nach deutschen steuerlichen Grundsätzen „kaufmännisch eingerichteten Geschäftsbetriebs" reicht nach der Gesetzesbegründung jedenfalls nicht ohne weiteres für die Annahme einer wirklichen wirtschaftlichen Tätigkeit der ausländischen Gesellschaft aus.

Im Übrigen lässt das Gesetz einen Gegenbeweis nur insoweit zu, wie die Gesellschaft einer tatsächlichen wirtschaftlichen Tätigkeit **„in diesem Staat"** nachgeht. Hierbei dürfte es sich um den EU-/EWR-Staat handeln, in dem die Gesellschaft ihren Sitz oder ihre Geschäftsleitung hat. Vom Gegenbeweis ausgeschlossen wären damit Einkünfte, die außerhalb der EU oder des EWR erwirtschaftet werden. Gleiches gilt nach dem Gesetzeswortlaut für Betriebsstätten, die in anderen Staaten der EU oder des EWR unterhalten werden.

Schließlich soll die Entlastungsmöglichkeit nur für Einkünfte der Zwischengesellschaft gelten, die durch die nachgewiesene **tatsächliche Tätigkeit** der

---

[117] Der Nachweis der eigenständigen wirtschaftlichen Tätigkeit ist aber nicht möglich, wenn die Muttergesellschaft oder nahe stehende Personen an der Tätigkeit der ausländischen Gesellschaft mitwirken, vgl. § 8 Abs. 1 Nr. 3–6 AStG.
[118] Vgl. BT-Drs. 16/6290 v. 4. 9. 2007.

5. Kapitel. Steuerplanung mit Verrechnungspreisen u. Konzernumlagen

Gesellschaft erzielt wurden oder nach der Verkehrsauffassung dieser Tätigkeit zumindest als Nebenerträge zugeordnet werden können. Das ist nach einem Beispiel des Gesetzgebers in der Gesetzesbegründung nicht der Fall bei einem ausländischen Dienstleistungszentrum, das in der Form einer Tochtergesellschaft betrieben wird, wenn die Funktion der Tochtergesellschaft, die zur Ausübung ihrer Tätigkeit über Büroräume und eigenes, auch geschäftsleitendes Personal verfügt, auf eine reine Verwaltungstätigkeit (Buchführung, Rechnungserstellung oder Debitorenüberwachung) beschränkt ist und darüber hinaus Geldmittel, die von der inländischen Konzernmuttergesellschaft als Eigenkapital zur Verfügung gestellt wurden, „nach näherer Weisung der Muttergesellschaft als verzinsliche Darlehen an andere Gesellschaften der Gruppe weitergeleitet" werden. Dieses Beispiel bedeutet zwar, dass ausländische konzerninterne Dienstleistungsgesellschaften oder Finanzierungsgesellschaften jedenfalls dann mit einer „echten" wirtschaftlichen Tätigkeit ausgestattet sein sollten, wenn diese Gesellschaft bei entsprechender Ausstattung mit Geschäftsräumen, Wirtschaftsgütern und Personal eigenbestimmt „selbständig" tätig werden. Es sagt aber auch, dass die tatsächliche wirtschaftliche Tätigkeit einer im Ausland niedergelassenen Gesellschaft **funktionsbezogen zu prüfen** ist. Ob diese Differenzierung mit dem Europarecht im Einklang steht, erscheint fraglich. Schädlich ist nach der Gesetzesbegründung wohl, wenn eine Darlehensvergabe „nach näherer Weisung" der Muttergesellschaft erfolgt, während offen bleibt, welche Rechtsfolge zu ziehen ist, wenn auch die Buchführung, Rechnungserstellung oder Debitorenüberwachung nach Arbeitsanweisungen der Muttergesellschaft vollzogen wird, was bei konzerninternem Outsourcing nicht ungewöhnlich ist. Offen bleibt aber auch, wie zu entscheiden ist, wenn die Geldmittel durch ausländische Konzerngesellschaften zur Verfügung gestellt werden oder aus Gewinnausschüttungen nachgeschalteter Tochtergesellschaften stammen. Nach der Gesetzesbegründung stehen die Zinsen aus der Darlehensvergabe in keinem Zusammenhang mit der von der Tochtergesellschaft tatsächlich ausgeübten Tätigkeit. Damit sei eine künstliche Gestaltung anzunehmen, auf die die besonderen Regelungen für Gesellschaften, die im Binnenmarkt tätig (§ 8 Abs. 2 AStG) sind, nicht angewendet werden können, womit die Zinserträge einer Treasury-Gesellschaft auch dann der Hinzurechnungsbesteuerung unterlägen, wenn diese Gesellschaft im Binnenmarkt tätig ist.

Zentraler Maßstab für die Frage, ob die Hinzurechnungsbesteuerung im europäischen Raum Anwendung finden darf, ist nach dem Willen des Gesetzgebers der Nachweis, dass die ausländische Gesellschaft „in diesem Staat" eine „wirkliche wirtschaftliche Tätigkeit" ausübt. Diese Kriterien wurden der EuGH Rechtsprechung zur Niederlassungsfreiheit entnommen,[119] aber auch dort nicht näher definiert. Der EuGH gibt jedoch einige Hinweise, die insoweit als **Richtschnur** heranzuziehen sein dürften. Danach sind die Voraussetzungen einer Anwendbarkeit gegeben, wenn

- die stabile und kontinuierliche Teilnahme am Wirtschaftsleben eines anderen Mitgliedstaates und entsprechende Nutzenziehung sowie
- die tatsächliche Ansiedlung der betreffenden Gesellschaft und tatsächliche Ausübung einer wirtschaftlichen Tätigkeit mittels einer festen Einrichtung in diesem Staat auf unbestimmte Zeit

---

[119] Siehe z. B. EuGH v. 12. 9. 2006 (Cadbury Schweppes), EuGHE 2006, S. I-7995.

gegeben sind. Die Feststellung dieser Voraussetzungen muss auf objektiven, von dritter Seite nachprüfbaren Anhaltspunkten beruhen, die sich u. a. auf das Ausmaß des greifbaren Vorhandenseins der ausländischen Gesellschaft in Form von Geschäftsräumen, Personal und Ausrüstungsgegenständen beziehen.

Danach verlangt auch der EuGH eine „wirkliche wirtschaftliche Tätigkeit" auf Basis einer **stabilen, festen Einrichtung**, die auf **unbestimmte Zeit** am Niederlassungsort durchgeführt wird. In seinen Anforderungen ist der EuGH aber nicht sehr spezifisch, sondern belässt es vielmehr bei den objektiven Prüfungsmerkmalen Geschäftsräume, Personal sowie Ausrüstungsgegenstände, um tatsächliche Ansiedlungen von fiktiven Ansiedlungen, die keine wirkliche wirtschaftliche Tätigkeit im Hoheitsgebiet eines anderen Mitgliedstaates entfaltet, abzugrenzen. Mit den genannten Kriterien setzt der EuGH jedenfalls nicht voraus, dass (alle) Kernfunktionen einer Gesellschaft von dieser Gesellschaft selbst ausgeübt werden. Er verzichtet jedenfalls auf qualitative Elemente, die eine Unterscheidung zwischen tatsächlicher wirtschaftlicher Tätigkeit und nicht wirklicher geschäftlicher Tätigkeit notwendig machen würden. Die Entscheidung des EuGH ist vielmehr von dem Grundsatz getragen, dass rein missbräuchlichen Gestaltungen der Schutz des europäischen Vertragswerkes zu versagen ist. Eine funktionale Differenzierung oder Zuordnung von Einkünften nach dem Ausmaß der Weisung durch die Muttergesellschaft ist der Entscheidung jedenfalls nicht zu entnehmen. Darüber hinaus dürfte es in Bezug auf das Kriterium einer stabilen und kontinuierlichen Teilnahme am Wirtschaftsleben auch nicht auf die absolute Anzahl der Geschäfte ankommen, die sich bei einer Beschränkung auf die Vergabe von (wenigen) konzerninternen Darlehen in einer überschaubaren Größenordnung halten dürften. Vielmehr dürfte ausreichen, wenn sich im Zeitablauf eine gewisse Regelmäßigkeit abzeichnet.

Damit erscheint fraglich, ob die Anforderungen, die nach der Begründung des Gesetzgebers sowie der Finanzverwaltung an die „Substanz" einer ausländischen Gesellschaft gestellt werden, in ihrer Schärfe einer Überprüfung durch den BFH oder EuGH Stand halten werden. Gleichwohl empfiehlt es sich, die Konkretisierung des Begriffs der tatsächlichen wirtschaftlichen Tätigkeit, wie er von der Finanzverwaltung vorgenommen wird, bei einer Ausgestaltung einer Zwischengesellschaft zu beachten. Dabei ist insbesondere sicherzustellen, dass die verschiedenen Substanzerfordernisse im Hinblick auf die Tätigkeit dieser Gesellschaft erfüllt werden.

Beispiel: Zur effizienteren Koordination ihres Europavertriebs beauftragt eine deutsche Muttergesellschaft die in Luxemburg ansässige Europe S. A. R. L. mit dem Vertrieb ihrer Produkte durch nachgeordnete Gesellschaften in deren lokalen Märkten. Zu diesem Zweck nimmt die Europe S. A. R. L. die Funktion und Rechtsstellung eines konzerninternen Vertragshändlers ein, d. h. die Produkte der Muttergesellschaft erwirbt, um sie danach an die lokalen Vertriebsgesellschaften weiter zu veräußern. Nach den Vorgaben des Aktivitätskatalogs muss davon ausgegangen werden, dass die Handelstätigkeit als passive Tätigkeit eingestuft wird, da der nachzuweisende Geschäftsbetrieb die Teilnahme am allgemeinen wirtschaftlichen Verkehr voraussetzt. Das war nach Auffassung der Finanzverwaltung bisher nicht der Fall, wenn eine Gesellschaft nur im Verkehr mit Konzerngesellschaften tätig war. Erfüllt die Europe S. A. R. L. ihre Aufgabe aber mit eigener Ausstattung selbständig, so sollte die Anwendung der Hinzurechnungsbesteuerung nicht mehr zulässig sein.

5. Kapitel. Steuerplanung mit Verrechnungspreisen u. Konzernumlagen

Der Nachweis der eigenständigen wirtschaftlichen Tätigkeit ist aber nicht möglich, wenn die Muttergesellschaft oder nahe stehende Personen an der Tätigkeit der ausländischen Gesellschaft mitwirken.[120] Führt eine entsprechende Prüfung für andere Sachverhalte zu dem Ergebnis, dass die beherrschte EU- oder EWR-Tochtergesellschaft keine wirtschaftliche Tätigkeit im Hoheitsgebiet des Staates der Tochtergesellschaft entfaltet, ist die Gründung dieser beherrschenden Gesellschaft nach dem EuGH als eine rein künstliche Gestaltung anzusehen. In diesem Fall sollte die Anwendung der Hinzurechnungsbesteuerung nicht gegen Vorgaben des EU-Rechts verstoßen. Damit stößt die bestehende Flexibilität zur Herstellung einer kapitalimportneutralen Besteuerung bei künstlichen Gestaltungen sowie bei passiven Tätigkeiten, die über Tochtergesellschaften in niedrigbesteuerten Drittstaaten abgewickelt werden, an eine Grenze. Die Folgen sind eine Durchbrechung des Trennungsprinzips bei der Tochtergesellschaft, eine Zurechnung des Einkommens und damit auch eine Erfassung der Einkünfte (kapitalexportneutrale Besteuerung) auf Ebene der inländischen Muttergesellschaft.

Plant ein deutsches Unternehmen in einem Land, das ein niedriges Steuerniveau aufweist (z. B. die Bermudas), die Errichtung einer Tochtergesellschaft, die passive Einkünfte erzielt, lässt sich die Abschirmung auch nicht dadurch erreichen, dass eine aktive Gesellschaft zwischengeschaltet wird. Vielmehr sind auch die Einkünfte nachgeschalteter Zwischengesellschaften zuzurechnen (§ 14 Abs. 1 AStG).

Eine Hinzurechnung von Einkünften aus passiver Tätigkeit nachgeschalteter Zwischengesellschaften (wie oben die Tochtergesellschaft auf den Bermudas) unterbleibt nur,

– wenn die Einkünfte aus Tätigkeiten stammen, die einer eigenen aktiven Tätigkeit der vorgeschalteten Gesellschaft dienen, und
– wenn die Einkünfte für den Fall, dass die nachgeschaltete ausländische Gesellschaft auch Zwischeneinkünfte mit Kapitalanlagecharakter erzielt, den Betrag von 10% ihrer Bruttoeinkünfte bzw. 80 000 € nicht übersteigen.

Die bisherigen Ausführungen haben verdeutlicht, dass sich ein deutsches Unternehmen durch die Verlagerung gewinnträchtiger **Produktionstätigkeiten** ins Ausland theoretisch einfach der hohen Steuerbelastung im Inland entziehen kann. Es steht jedem Unternehmen frei, seine Tätigkeit beliebig auf das Ausland auszudehnen, auch wenn hierbei unter legaler Ausnutzung von DBA Geschäftsbereiche (hier die Produktion) ins Ausland verlagert werden. Aufgrund der unbestrittenen Aktivität im Ausland ist die steuerliche Anerkennung der Struktur weitgehend gesichert. Künftige Gewinne fallen bei einer Tochtergesellschaft im niedriger besteuernden Ausland an, eventuelle Dividendenzahlungen sind bei der Konzernmutter in Deutschland zu 95% steuerbefreit. Die steuerliche Problematik beschränkt sich regelmäßig auf die Anerkennung der Verrechnungspreise für Leistungsaustauschbeziehungen zwischen Mutter- und Tochtergesellschaft, insbesondere bei Rücklieferung der produzierten Güter nach Deutschland, sowie auf die Notwendigkeit der Vergütung des übertragenen Gewinnpotenzials für den Fall, dass im Zuge der Produktionsverlagerung einzelne Wirtschaftsgüter oder ein Transferpaket übertragen wurden.[121] Den-

---

[120] Vgl. § 8 Abs. 1 Nr. 3–6 AStG.
[121] Vgl. Abschnitt B IV 1.

noch wird die Neigung zur Auslandsproduktion in den seltensten Fällen allein steuerindiziert sein. Für das inländische Management ist eine Produktionsverlagerung eine ebenso weittragende wie schwierige Investitionsentscheidung: Die sofortigen Kosten der Auslagerung sind den abgezinsten künftigen Kostenersparnissen (wie z. B. geringere Personalkosten oder Steuereinsparungen) gegenüberzustellen. Vergleichbares gilt für den **Vertrieb,** wenngleich hier bei der Herstellung der notwendigen Nähe zum Kunden mehr Flexibilität besteht. Nicht zuletzt aufgrund möglicher Änderungen in den Rahmenbedingungen im In- und Ausland sind solche Kalküle aber immer mit einem gewissen Grad an Unsicherheit behaftet.

Anders als bei der Produktion ist im Zusammenhang mit der **Verwaltung** des immateriellen Vermögens und der Erbringung von Dienstleistungen eine wesentlich höhere Standortelastizität gegeben. Der Grundgedanke ist einfach: In einem steuergünstigen Land können diese Funktionen als Profit-Center zentralisiert und einer dort errichteten Kapitalgesellschaft übertragen werden, so dass entstehende Gewinne von der deutschen Besteuerung grundsätzlich abgeschirmt sind. Einige typische Funktionen, bei denen eine ausreichende Standortmobilität gegeben ist, und die sich deshalb für die grenzüberschreitende Steuerplanung besonders eignen, sind in den nachfolgenden Abschnitten aufgelistet. Zuvor werden jedoch kurz die steuerlichen Implikationen einer Verlagerung des Vertriebs und der Produktionstätigkeit aus Deutschland ins Ausland aufgezeigt.

II. Anwendungsbereiche für ein konzerninternes Outsourcing

1. Vertrieb

Der Einsatz ausländischer Vertriebsgesellschaften dient regelmäßig primär der verbesserten Befriedigung der Kundenwünsche und -beziehungen und nicht der Erzielung von Steuervorteilen, weshalb ihre steuerliche Anerkennung relativ unproblematisch sein dürfte. Dies gilt unabhängig davon, ob sie in einem Hoch- oder einem Niedrigsteuerland domizilieren. Fragen nach einer möglichen Anwendung der Hinzurechnungsbesteuerung lassen sich aufgrund der generell als aktiv eingestuften Tätigkeit vielfach von vorneherein ausschließen.

Die Funktion der Vertriebsgesellschaften kann als Eigenhändler, Kommissionär oder Handelsvertreter ausgestaltet sein. Wird für die Auslandseinheit das Rechtskleid der Kapitalgesellschaft gewählt, was der Regelfall ist, so sind die Vertriebsgesellschaften in allen drei Fällen prinzipiell rechtlich unabhängig von den durch sie vertretenen Konzerngesellschaften und begründen also grundsätzlich keine Vertreterbetriebsstätten ihrer Mutter- oder Schwestergesellschaft (Vertragshändler), ihres Kommittenten (Kommissionär) oder ihres Prinzipals (Handelsvertreter).[122]

Der Vertragshändler trägt das Risiko, dass sich die erwarteten Absatzpreise am Markt nicht durchsetzen lassen. Erzielt dieser Vertragshändler Verluste, gehen die Vorteile einer niedrigen Ertragsbesteuerung ins Leere. Bestehen Unsicherheiten auf dem Auslandsmarkt, machen Strukturen, die mit einem geringeren aber stabilen Ertragsniveau verbunden sind, mehr Sinn. Ein mit allen Funktionen ausgestatteter Vertragshändler im Ausland ist aber aus der

---

[122] Vgl. Raupach, A., StuW 2000, S. 366.

steuerlichen Perspektive auch dann nicht das Mittel der Wahl, wenn die Steuersätze im Ausland hoch oder nicht wesentlich geringer als in Deutschland sind (z. B. in Japan und den USA). Steuerlich macht es mehr Sinn, dass wesentliche Funktionen und Risiken auch in diesem Fall außerhalb eines regionalen Marktes durchgeführt und koordiniert werden, der sich durch hohe Steuersätze auszeichnet. Eine Rückverlagerung der entsprechenden Funktionen und Risiken auf die inländischen Produktionsgesellschaften würde zwar eine Verrechnung von Verlusten aus der ausländischen Vertriebstätigkeit mit den Ergebnissen der inländischen Produktionsgesellschaften bewirken. Gewinne unterlägen hier aber dem noch relativ hohen Ertragsteuerniveau. Daher wird eine Lösung dieses Zielkonflikts häufig in der Einführung einer **Prinzipalstruktur** gesehen, in der die Vertriebsgesellschaften als Vertragshändler mit reduziertem Risiko, als Kommissionäre oder unabhängige Vertreter tätig sind, während die Verantwortung für die Preise, das Delkredererisiko und das Fremdwährungsrisiko auf eine regional zuständige Vertriebsprinzipalgesellschaft übertragen wird. Wird eine Prinzipalgesellschaft in die Wertschöpfungskette des Vertriebs eingebunden, ändern sich das Funktions- und Risikoprofil und die Zahl der Vertragspartner, die in den Vertrieb eingebunden sind.

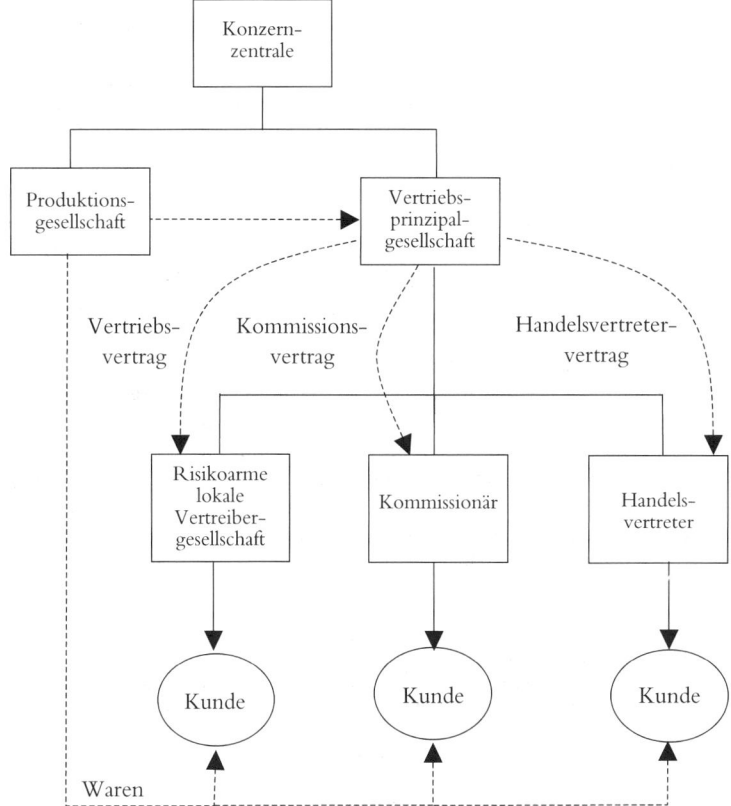

Die Veränderung des Funktions- und Risikoprofils einer Vertriebsgesellschaft kann mit **steuerlichen Implikationen** verbunden sein. Im Einzelnen hängen diese Folgen von der jeweils gewählten Alternative sowie von der konkreten Ausgestaltung der steuerlichen Vorschriften des Landes, in dem die Vertriebsgesellschaft ansässig ist, ab. Daneben ist die Einbindung einer konzerninternen Vertriebsprinzipalgesellschaft aus Gründen, die mit der deutschen Hinzurechnungsbesteuerung im Zusammenhang stehen, nicht unproblematisch.

In den **Vertriebsländern** können die steuerlichen Folgen vielschichtig sein. Sie reichen von einer fehlenden Anerkennung der geplanten Struktur über das Risiko der Begründung einer Betriebsstätte, eines Wegfalls der steuerlichen Verlustvorträge, falls Anteilseigner wechseln und die Geschäftstätigkeit geändert wird (same business test), bis hin zu speziellen Dokumentationserfordernissen und zusätzlichen Zoll- und Logistikkosten. Schließlich können auch stille Reserven aufzulösen und zu versteuern sein, wenn im Zuge einer Abschmelzung der Vertriebsfunktion im Ausland vor allem immaterielle Wirtschaftsgüter übertragen werden.[123] Im Ausland ist man jedoch vielfach noch nicht so weit, dass die Übertragung von Transferpaketen unterstellt wird; der Wert eines übergegangenen Kundenstamms oder Absatzmarktes ist jedoch ggf. zu vergüten.

Aus **deutscher Sicht** ist das Risiko einer Hinzurechnungsbesteuerung zu prüfen, wenn die Tätigkeit als passiv gilt und in ein Gebiet verlagert wird, das sich durch eine niedrige Besteuerung auszeichnet. Eine niedrige Besteuerung liegt vor, wenn die passiven Einkünfte der ausländischen Gesellschaft einer Belastung durch Ertragsteuern von weniger als 25% unterliegen. Einkünfte aus dem konzerninternen Handel gelten als **passiv**, es sei denn der Steuerpflichtige weist nach, dass die ausländische Gesellschaft einen für derartige Handelsgeschäfte in kaufmännischer Weise eingerichteten Geschäftsbetrieb unter Teilnahme am allgemeinen wirtschaftlichen Verkehr unterhält und die zur Vorbereitung, zum Abschluss und zur Ausführung der Geschäfte gehörenden Tätigkeiten ohne Mitwirkung des Gesellschafters oder einer dem Gesellschafter nahe stehenden Person ausübt (§ 8 Abs. 1 Nr. 4 AStG).

Von einer **schädlichen Mitwirkung** ist auszugehen, wenn die ausländische Gesellschaft faktisch nicht mehr als eigene Handelsgesellschaft angesehen werden kann, weil die wesentlichen Handelsfunktionen durch den unbeschränkt steuerpflichtigen Gesellschafter ausgeführt werden.[124] Unklarheit besteht aber, ob eine ausländische Konzerngesellschaft, die ihre Handelstätigkeit ausschließlich anderen Konzerngesellschaften anbietet, am **allgemeinen wirtschaftlichen Verkehr** teilnimmt. In der Literatur wird dies z. T. für möglich gehalten.[125] Die Finanzverwaltung schließt das nicht aus,[126] scheint

---

[123] Vgl. hierzu die Diskussion um die Übertragung eines Transferpakets im Rahmen von Inbound-Strukturen im Abschnitt B IV 1.
[124] Vgl. Kraft, G., Außensteuergesetz, § 8 AStG, Tz. 254 ff.; siehe dazu aber vor allem auch Flick, H./Wassermeyer, F./Baumhoff, H., Außensteuerrecht, § 8 AStG, Rz. 153 ff.
[125] Vgl. Flick, H./Wassermeyer, F./Baumhoff, H., Außensteuerrecht, § 8 AStG, Anm. 143.
[126] Siehe BMF-Schreiben v. 14. 5. 2004, BStBl 2004 I, Sondernummer 1/2004, Tz. 8.1.4.2. und 8.1.4.3.

5. Kapitel. Steuerplanung mit Verrechnungspreisen u. Konzernumlagen

aber die Teilnahme am allgemeinen wirtschaftlichen Verkehr grundsätzlich zu verneinen. Der BFH stellt lediglich für Dienstleistungen fest, dass eine Beteiligung am allgemeinen wirtschaftlichen Verkehr nicht vorliegt, wenn die Dienstleistungen innerhalb eines Konzerns erbracht werden und die Beschränkung auf der Konzernstruktur beruht.[127] Das zuletzt genannte Urteil des BFH aus dem Jahre 1984 bezieht sich auf das deutsche Außensteuerrecht. Gleichwohl stellt der BFH fest, dass der Begriff einer „Teilnahme am allgemeinen wirtschaftlichen Verkehr" im AStG nicht definiert ist, so dass mangels anderer Anhaltspunkte so zu verwenden ist, wie ihn die Rechtsprechung zur Qualifikation gewerblicher Betriebe entwickelt hat. Hieraus ergebe sich, dass eine Teilnahme am allgemeinen wirtschaftlichen Verkehr nur dann vorliegen kann, wenn der Geschäftsbetrieb auf einen Wechsel bei den Kunden angelegt ist.

In der neueren Rechtsprechung des BFH zum Begriff der „Teilnahme am allgemeinen wirtschaftlichen Verkehr" wird dieses Merkmal nicht mehr betont. Geschäftsbeziehungen mit mehreren, womöglich ständig wechselnden Kunden sprechen zwar im Allgemeinen für das erforderliche Teilhaben am Marktgeschehen, sind aber kein unerlässliches Erfordernis.[128] Eine Teilnahme am allgemeinen wirtschaftlichen Verkehr kann bereits gegeben sein, wenn die Leistung nur einem Abnehmer[129] oder nur Angehörigen sowie nahe stehenden Personen angeboten wird.[130] Entscheidend ist, ob die zu beurteilende Tätigkeit ihrer Art und ihrem Umfang nach dem Bild einer unternehmerischen Tätigkeit entspricht.[131] Die Funktion des Merkmals „Teilnahme am allgemeinen wirtschaftlichen Verkehr" liege im Wesentlichen darin, diejenigen Tätigkeiten aus dem Bereich der Gewerblichkeit auszugrenzen, die nicht auf einen Leistungs- oder Güteraustausch gerichtet sind. Das ist nicht der Fall bei Leistungen, die im Geschäftsleben von einer Vielzahl gewerblicher Unternehmen gleichermaßen angeboten werden. Unter diesen Voraussetzungen ist nach Ansicht des BFH selbst ein vertragliches Verbot, Geschäftsbeziehungen zu weiteren Personen aufzunehmen, unschädlich.[132]

Diese Urteile werden auch im Schrifttum als Beleg dafür gesehen, dass die Hinzurechnungsbesteuerung nicht eingreifen dürfte, wenn das Konzernunternehmen eine Vielzahl von Handelsgeschäften durchführt, da diese Tätigkeit ihrer Art als auch ihrem Umfang nach einer unternehmerischen Tätigkeit entspricht.[133] Im Kontext einer Hinzurechnungsbesteuerung ist diese Frage jedoch in den vergangenen Jahren vom BFH nicht entschieden worden. Von

---

[127] Vgl. BFH v. 29. 8. 1984, BStBl 1985 II, S. 120; so auch FG München v. 7. 12. 2009, EFG 2010, S. 622.
[128] Vgl. BFH v. 24. 1. 1990, BFH/NV 1990, S. 798; BFH v. 21. 3. 2000, BFH/NV 2000, S. 1329; BFH v. 22. 1. 2003, BStBl 2003 II, S. 464.
[129] Vgl. BFH v. 10. 12. 2001, BStBl 2002 II, S. 291; BFH v. 16. 2. 2002, BStBl 2002 II, S. 565; BFH v. 22. 1. 2003, BStBl 2003 II, S. 464.
[130] Vgl. BFH v. 28. 6. 2001, BStBl 2002 II, S. 565; BFH v. 18. 3. 2004, BStBl 2004 II, S. 737; BFH v. 15. 3. 2005, BStBl 2005 II, S. 817; BFH v. 17. 3. 2010, DStR 2010, S. 1022.
[131] Ausdrücklich zustimmend BFH v. 10. 12. 2001, BStBl 2002 II, S. 291.
[132] Siehe BFH v. 15. 12. 1999, BStBl 2000 II, S. 404; BFH v. 20. 2. 2003, BStBl 2003 II, S. 510.
[133] Vgl. Kroppen, H.-K./Hagemeier, T., IWB, Fach 3, Deutschland, Gruppe 2, S. 1137.

daher muss davon ausgegangen werden, dass die Finanzverwaltung an ihrer oben wiedergegebenen Auffassung festhalten wird. Die Urteile des BFH liefern u. E. jedoch gute Gründe, auf eine Erklärung der entsprechenden Einkünfte zu verzichten. Das gilt vor allem dann, wenn die Prinzipalgesellschaft in einem EU-/EWR-Staat ansässig ist.[134] Außerhalb der EU und des EWR käme nur ein Verstoß gegen die Kapitalverkehrsfreiheit (Art. 63 AEU) in Betracht, die nach ihrem Wortlaut auch im Verhältnis zu Drittstaaten Geltung hat. Auch kann die infolge der Hinzurechnungsbesteuerung ausgelöste Rechtsfolge der Steuerbelastung prinzipiell einen Eingriff in den Schutzbereich dieser Grundfreiheit darstellen. In der Rs. Cadbury Schweppes hat der EuGH jedoch entschieden, dass ein Exklusivitätsverhältnis zwischen der Kapitalverkehrs- und der Niederlassungsfreiheit i. S. eines Vorrangs der Niederlassungsfreiheit besteht, wenn der Steuerinländer mehrheitlich an der ausländischen Kapitalgesellschaft beteiligt ist.[135] Dieser Vorrang gilt selbst im Verhältnis zu Drittstaaten, wenn die Niederlassungsfreiheit gar nicht zur Anwendung kommt.[136]

Zu Diskussionen mit der Finanzverwaltung kann es auch bei der Frage kommen, ob das diese Funktion abgebende inländische Unternehmen bei einer Verlagerung der Vertriebsaktivitäten auf eine ausländische Handelsgesellschaft einen Anspruch auf Vergütung aus der Übertragung von Wirtschaftsgütern oder sonstigen Vorteilen hat. Eine solche Konsequenz wurde, soweit ersichtlich, bisher in der Praxis bei der Internationalisierungsstrategie eines deutschen Konzerns nicht gezogen. Sie dürfte auch unberechtigt sein, ist aber nach Auffassung der Finanzverwaltung grundsätzlich gegeben. Auf diesen Punkt wird weiter unten im Zusammenhang mit der Verrechnung konzerninterner Reallokationsmaßnahmen noch zurückzukommen sein.[137] Ferner kann fraglich sein, welche Vergütung der ausländischen Vertriebstochtergesellschaft unter fremden Dritten zugesprochen würde.[138] Grundsätzlich wird aber einem ausländischen Eigenhändler aufgrund erweiterter Funktionen und Risiken ein höherer Gewinnanteil zuzustehen sein, als dies bei einem Kommissionär oder Handelsvertreter der Fall ist.

2. Produktionstätigkeit

Für eine Verlagerung der Produktionstätigkeit aus Deutschland ins Ausland kann es viele Gründe geben. Während vor Jahren noch die von Land zu Land unterschiedlichen Verbraucherpräferenzen eine lokale Differenzierung, d. h. eine Nähe der Produktion zum lokalen Markt und Dezentralisierung der Produktionstätigkeit vorteilhaft erscheinen ließ, dominieren heute die Vorteile einer (ggf. regionalen) Zentralisierung, die aufgrund sich ändernder Rahmenbedingungen in den hoch industrialisierten Standorten eine Verlagerung der Produktionstätigkeit in kostengünstigere Regionen (z. B. Südostasien) zur Folge hat. Das Spektrum reicht von der Ausgliederung einzelner operativer

---
[134] Siehe hierzu die Diskussion über die Änderung von § 8 Abs. 2 AStG in Abschnitt C I.
[135] Vgl. EuGH v. 12. 9. 2006 (Cadbury Schweppes), EuGHE 2006, S. I-7995.
[136] Vgl. EuGH v. 6. 11. 2007 (Stahlwerk Ergste Westig), EuGHE 2007, S. I-151.
[137] Vgl. Abschnitt C III 2 b).
[138] Vgl. hierzu OECD, Leitlinien 2010, Tz. 9.123 ff.; insbesondere Tz. 9.130 ff.

Tätigkeiten bis hin zur Verlagerung der vollständigen Herstellerfunktion. Im Extremfall werden auch die bereits im Inland entwickelten Produktions- und Prozesstechnologien sowie Maschinen und Produktionsanlagen ins Ausland überführt. Bei einer Verlagerung der rein operativen Tätigkeit wird die ausländische Konzerngesellschaft als Lohnhersteller für den inländischen Hersteller tätig, der die Produktion weiterhin selbst vermarktet („verlängerte Werkbank"). Typisches Kennzeichen eines Lohnherstellers ist eine Vereinbarung, nach der ein Auftraggeber

- langfristig den Großteil der Produktion abnimmt, so dass der Lohnfertiger nur ein geringes Absatzrisiko trägt;
- die Dispositionsbefugnis über das Produkt und das Fertigungsverfahren ausübt oder
- das Eigentum an den für die Ausübung der Funktion bedeutsamen immateriellen Vermögensgegenständen behält.

Das gegenteilige Extrem beschreibt die Situation eines Eigenproduzenten, dem über die Produktionstätigkeit hinaus auch das Recht eingeräumt wird, die Produktion auf eigene Rechnung zu vermarkten.[139] In beiden Fällen kann die Funktionsübertragung vom physischen Transfer der für die Produktion erforderlichen Maschinen und Produktionsanlagen begleitet sein.

Die steuerlichen Implikationen einer Produktionsverlagerung ins Ausland hängen im Einzelnen von der Bandbreite der mit der Verlagerung übergehenden Funktionen, Risiken und Wirtschaftsgüter ab sowie der rechtlichen Grundlage, auf deren Basis die Übertragungen vorgenommen werden. So können Wirtschaftsgüter in das Eigentum der ausländischen Gesellschaft übergehen oder zur Nutzung überlassen werden. Ebenso können die Rechte und Pflichten der beteiligten Parteien unterschiedlich breit ausgestaltet sein. Vor diesem Hintergrund sind i. d. R. folgende drei Fragenbereiche zu unterscheiden, die auf die steuerliche Vorteilhaftigkeit z. T. gegenläufigen Einfluss haben:

- Die **Vergütung** des Herstellers für seine Produktionstätigkeit muss den Grundsätzen des Fremdvergleichs entsprechen. Während diese Frage für einen Eigenfertiger nach den allgemeinen Grundsätzen der Bestimmung von Verrechnungspreisen für Warenlieferungen beantwortet werden kann, wirft die Vergütung eines Lohn- oder Auftragsfertigers im Konzern z. T. schwierige Fragen auf. Regelmäßig werden die Verrechnungspreise bei vertragsgebundener Fertigung auf der Basis der Kostenaufschlagsmethode kalkuliert. Diskussionspunkte sind aber sowohl die Frage der maßgebenden Kostenbasis als auch die Höhe des für die Übernahme der Fertigungsfunktion angemessenen Gewinnaufschlags. Die Gewinnaufteilung wird im Wesentlichen durch den Umfang der beim Lohn- oder Auftragsfertiger angesiedelten unternehmerischen Risiken bestimmt.[140]
- Ferner kann der Hersteller bei einem Auftragsfertigungsverhältnis mit einem ausländischen Produzenten eine **Betriebsstätte** im Ausland begründen, wenn der Hersteller die Verfügungsmacht über die Produktionsanlagen erlangt und in diesen Anlagen sein Unternehmen betreibt.[141]

---

[139] Vgl. Burkert, M., Reallokation, 1999, S. 532.
[140] Siehe hierzu OECD, Leitlinien 2010, Tz. 9.132.
[141] Zu den Voraussetzungen einer Betriebsstätte siehe 3. Teil, 2. Kapitel, Abschnitt A und 4. Teil, 2. Kapitel, Abschnitt A.

– Werden im Zusammenhang mit einer Auslagerung der Produktionstätigkeit **Wirtschaftsgüter** überlassen, ist schließlich zu fragen, ob, und wenn ja, in welcher Höhe dafür ein Entgelt anzusetzen ist. So wird bei einer Verlagerung der Produktion auf ein Konzernunternehmen, das als Lohnfertiger für den inländischen Hersteller tätig wird, die für die Produktion notwendige Technologie regelmäßig bereitgestellt. Eine Übertragung oder entgeltliche Überlassung von immateriellen Wirtschaftsgütern dürfte in diesem Fall regelmäßig ausscheiden. Im Gegensatz dazu erwirbt der Eigenfertiger jedoch das Eigentum an der Produktions- und Prozesstechnologie. Eine Übertragung des Eigentums an diesen Wirtschaftsgütern auf den ausländischen Eigenfertiger ist nach dem Grundsatz des Fremdvergleichs zu Marktwerten zu vergüten. Gleiches gilt, wenn Maschinen und Produktionsanlagen auf die ausländische Produktionsgesellschaft übertragen werden.

Diese Fragestellungen entsprechen der Problemstruktur für den umgekehrten Fall der inländischen Produktion. Im Einzelnen können von daher die Planungsüberlegungen und Risikopunkte, die bereits im Inbound-Fall diskutiert wurden, spiegelbildlich auf den Outbound-Fall übertragen werden.[142] Auf die steuerlichen Folgen im Outbound-Fall, die mit der Übertragung der Funktion eines Produzenten verbunden sind, auf die funktional hiermit verbundenen Wirtschaftsgüter, Chancen und Risiken sowie die in diesem Zusammenhang erbrachten Dienstleistungen wird aber noch einzugehen sein.[143] Aus Sicht des Gesetzgebers bilden diese übergehenden Werte ein Transferpaket, dessen Wert grundsätzlich nach der Höhe des übertragenen Gewinnpotenzials zu bestimmen ist (§ 1 Abs. 3 Sätze 9 und 10 AStG).

3. Dienstleistungen

Seit Jahren verstärkt sich der Trend zum konzerninternen Outsourcing von Aufgaben, die nicht an die durch die betriebliche Leistungserstellung vorgegebenen Standorte gebunden sind. Während die an spezielle Konzerngesellschaften übertragenen Aufgaben zunächst auf die Bereiche Rechts- und Steuerberatung, Datenverarbeitung sowie Forschung und Entwicklung begrenzt waren, werden heute vermehrt auch Dienstleistungen im Finanzbereich (Finanzierung, Liquiditäts- und Währungsmanagement, Versicherung), Führungsbereich (Management, Kontrolle und Koordinierung) oder im sonstigen Verwaltungsbereich (Liegenschaften, sonstige Dienstleistungen) in separaten Konzerngesellschaften konzentriert. Einige typische Funktionen, die sich für die grenzüberschreitende Steuerplanung besonders eignen, werden nachfolgend diskutiert.

a) Finanzierungsgesellschaften

Aufgabe einer Finanzierungsgesellschaft ist primär die Kapitalbeschaffung auf in- und ausländischen Geld- und Kapitalmärkten mit dem Zweck der Weiterleitung an andere Teileinheiten des Gesamtkonzerns. Um die Kosten der Konzernfinanzierung zu senken, sind die Unternehmen gezwungen, Kapitalmärkte mit günstigen Finanzierungskonditionen zu erschließen. Die

---
[142] Siehe Abschnitt B III 2.
[143] Siehe Abschnitt C III 2 c).

5. Kapitel. Steuerplanung mit Verrechnungspreisen u. Konzernumlagen

Einschaltung einer Finanzierungsgesellschaft im Ausland verspricht in diesem Zusammenhang für deutsche Konzerne mehrere **Vorteile nichtsteuerlicher Art:**[144]

- Durch eine Finanzierung im Ausland lassen sich häufig die Emissionskosten im Vergleich zu einer Anleihenausgabe im Inland reduzieren.
- Durch das Ausweichen auf ausländische Kapitalmärkte können staatliche Reglementierungen vermieden werden, die z. T. als sehr restriktiv empfunden werden.[145]
- Durch die häufig weniger komplexen Anforderungen bei der Gestellung von Sicherheiten im Ausland lassen sich gleichfalls Kosten und Verwaltungsaufwendungen einsparen.

Diese außersteuerlichen Gesichtspunkte sind i. d. R. für die Errichtung einer Finanzierungsgesellschaft ausschlaggebend. Zusätzlich bieten Finanzierungen über das Ausland dem deutschen Konzern auch **Steuervorteile**. Bei einer Kapitalaufnahme bei fremden Dritten durch eine deutsche Gesellschaft werden die Fremdkapitalzinsen bei der Ermittlung der Gewerbesteuer anteilig hinzugerechnet, auch wenn der Finanzierungsbetrag an eine ausländische Konzerneinheit weitergeleitet wird. Diese gewerbesteuerliche Belastung entfällt, wenn die Finanzierung über eine ausländische Finanzierungsgesellschaft abgewickelt wird. Schließlich unterliegt die Gewinnmarge der Finanzierungsgesellschaft lediglich der im Vergleich zum deutschen Steuerniveau niedrigeren Standortbesteuerung. Somit kann es für deutsche Unternehmen sowohl aus steuerlicher als auch aus betriebswirtschaftlicher Sicht sinnvoll sein, über zwischengeschaltete ausländische Finanzierungsgesellschaften Kredite aufzunehmen oder Wandel- und Optionsanleihen zu emittieren, wobei die deutsche Muttergesellschaft eine Garantiezusage erteilt oder in sonstiger Weise Sicherheiten stellt. Wird wegen der Höhe des Kapitalbedarfs ein Banken- oder Anleihekonsortium eingeschaltet, übernimmt häufig das Konsortium zunächst sämtliche Wertpapiere und zahlt die Darlehensvaluta an die Finanzierungsgesellschaft aus. Anschließend erfolgt der Verkauf der Wertpapiere primär an institutionelle Anleger (Übernahmekonsortium).[146] Die Finanzierungsgesellschaft stellt die aufgenommenen Mittel wiederum im Konzernverbund zur Verfügung.

Die nachstehende Abbildung verdeutlicht beispielhaft die Gestaltung der vertraglichen Beziehung bei Einschaltung einer ausländischen Finanzierungsgesellschaft. Die Möglichkeit der direkten Kapitalaufnahme durch die inländische Muttergesellschaft und der Abschluss eines Darlehensvertrages zwischen der Muttergesellschaft und der Tochtergesellschaft ist aus den genannten gewerbe- und allgemeinen ertragsteuerlichen Gründen wenig vorteilhaft. Aus steuerplanerischer Sicht und aus nichtsteuerlichen Motiven bietet sich vielmehr eine Anleihenausgabe über die Finanzierungsgesellschaft an, die wiederum gegenüber der Tochtergesellschaft als Darlehensgeber auftritt.

---

[144] Vgl. Gundel, G., IStR 1994, S. 211; Ammelung, U./Schneider, H., IStR 1996, S. 502; Bosch, H.-G., DB 1997, S. 1737; Salzberger, W./Theisen, M. R., WiSt 1999, S. 406 ff; Borstell, T./Jamin, C., Finanzierungsfunktionen, 2008, S. 812 f.; Storck, A., Unternehmensfinanzierung, 2010, S. 978 ff.
[145] Gerade das niederländische Emissionsrecht ist hier sehr liberal.
[146] Zu den verschiedenen national und international üblichen Emissionsverfahren vgl. Ammelung, U./Kuich, P., IStR 2000, S. 643 f.

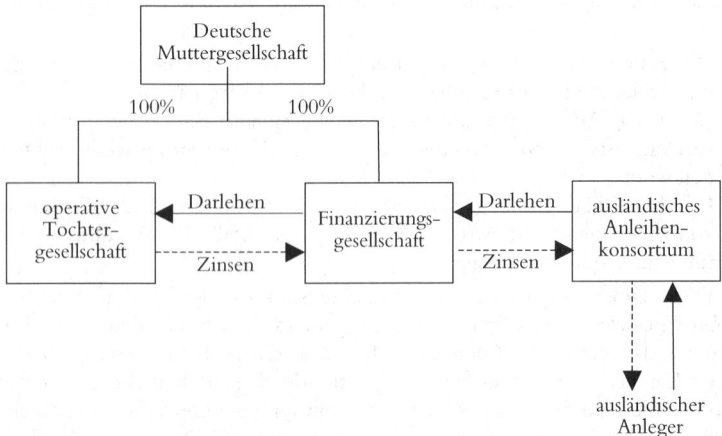

Die **steuerliche Vorteilhaftigkeit** derartiger Finanzierungsstrukturen basiert auf mehreren Aspekten:

- Kein **Kapitalertragsteuerabzug auf Zinszahlungen** der Finanzierungsgesellschaft: Eine Quellensteuerbelastung auf die Refinanzierungsentgelte (im Beispiel die Anleihe auf dem ausländischen Kapitalmarkt) entsteht dann nicht, wenn nach dem Steuerrecht des Auslandes ein Kapitalertragsteuerabzug nicht vorgesehen ist.[147] In anderen Fällen ist darauf zu achten, dass der Sitzstaat der Finanzierungsgesellschaft ein möglichst umfassendes Abkommensnetz besitzt, so dass die Zinsen ohne oder zumindest mit geringer Quellensteuerbelastung an die ausländischen Kapitalanleger ausbezahlt werden können.

- Kein **Kapitalertragsteuerabzug auf Zinseinnahmen** der Finanzierungsgesellschaft: Die Finanzierungsgesellschaft muss auch bei der Darlehensvergabe an Konzerngesellschaften (im Beispiel die Tochtergesellschaft) auf die Quellensteuerminimierung bezüglich ihrer Zinseinnahmen achten. Bei voller oder hoher Refinanzierung können nämlich die auf die Bruttozinseinnahmen erhobenen Quellensteuern aufgrund der Begrenzungen im Rahmen der Anrechnungsmethode regelmäßig nur in geringem Umfang angerechnet werden. Auch in diesem Zusammenhang ist es von großer Bedeutung, dass der Sitzstaat der Finanzierungsgesellschaft mit zahlreichen Ländern DBA abgeschlossen hat, in denen die Kapitalertragsteuern auf Zinsen aufgehoben oder zumindest wesentlich reduziert werden.

- Keine oder nur eine **geringe Vermögensbesteuerung** der Finanzierungsgesellschaft: Die Finanzierungsgesellschaft hat häufig ein Mindesteigenkapital zur Absicherung ihrer Aktivitäten. Es ist deshalb für die Steuerplanung von Bedeutung, ob der potenzielle Standortstaat eine Vermögensbesteuerung kennt oder nicht. Infolge der weltweit geringen Verbreitung ertragsunabhängiger Unternehmenssteuern ist dies häufig nicht der Fall.

---

[147] Im Inland fällt eine Quellensteuer nur bei Besicherung der Anleihe durch inländischen Grundbesitz o. ä. an. Vgl. § 49 Abs. 1 Nr. 5 EStG. Siehe dazu 3. Teil, 3. Kapitel, Abschnitt B I 2 a).

5. Kapitel. Steuerplanung mit Verrechnungspreisen u. Konzernumlagen

- Keine Beschränkung bezüglich der **Abzugsfähigkeit von Finanzierungskosten** der Finanzierungsgesellschaft: Die Vorgabe bestimmter Finanzierungsstrukturen (thin/fat capitalization rules) durch den Sitzstaat der Finanzierungsgesellschaft, welche bspw. die Abzugsfähigkeit von Zinsaufwendungen an ein bestimmtes Verhältnis zwischen Eigen- und Fremdkapital oder Eigenkapital und Aktiva koppeln,[148] kann zu einer Begrenzung der Fremdkapitalquote auf Ebene der Finanzierungsgesellschaft führen, die ihre steuerliche Vorteilhaftigkeit einschränkt.[149]
- Geringe **Besteuerung des Finanzierungsgewinns:** Die Finanzierungsgesellschaft sollte mit ihrer Zinsmarge (Differenz zwischen Zinseinnahmen aus Darlehensvergabe an Konzerngesellschaften und Zinsaufwendungen aus der Refinanzierung am Kapitalmarkt) einer niedrigen Standortbesteuerung unterliegen. Beispiele sind Zypern (10%), Irland (12,5%) oder die Schweiz (9 bis 12%). Daneben können niedrige Ertragsteuerbelastungen auch in Malta oder Belgien erreicht werden. Die relativ hohe Ertragsteuerbelastung in bestimmten DBA-Standorten (z.B. in Luxemburg, den Niederlanden, Polen, Ungarn oder Spanien) führt zu Bestrebungen, durch zusätzliche Einschaltung von Betriebsstätten oder Kapitalgesellschaften in niedrigbesteuerten Gebieten (z.B. in der Schweiz oder auf den Niederländischen Antillen) eine weitergehende Steuerersparnis zu erzielen. Steuerersparnisse lassen sich aber auch mit Hilfe der ausländischen Betriebsstätte einer deutschen Kapitalgesellschaft erzielen.[150] In manchen Staaten ist eine niedrige Effektivbesteuerung des Finanzierungsgewinns ferner durch Absprache mit den Finanzbehörden über die Höhe der Steuerbemessungsgrundlage erreichbar.

Neben diesen steuerlichen Zielvorgaben muss ein potenzieller Standort für Finanzierungsgesellschaften auch folgende **wirtschaftliche Kriterien** erfüllen: politische und wirtschaftliche Stabilität des Sitzlandes, Leistungsfähigkeit des Bankwesens, moderate Währungs- und Zinsentwicklung, geringer Umfang an Devisenkontrollen und im Allgemeinen Liberalität des Handels- und Wirtschaftsrechts. Diesen Anforderungen genügen eine Reihe von Staaten, vorrangig die Niederlande, aber auch Belgien, Irland, Luxemburg, Malta und Zypern.

Das letztgenannte Steuerziel einer insgesamt geringen Ertragsteuerbelastung lässt sich nur verwirklichen, wenn die (verschärfte) Hinzurechnungsbesteuerung nach dem AStG nicht zur Anwendung kommt. Dies ist unabhängig von den weiteren Kriterien der Qualifikation als Zwischengesellschaft außerhalb Europas[151] nur der Fall, wenn die ausländische Tochtergesellschaft „aktive Einkünfte" i.S.d. § 8 Abs. 1 Nr. 7 AStG erzielt. Einkünfte einer niedrig besteuerten ausländischen Finanzierungsgesellschaft, die Zwischeneinkünfte

---

[148] Vgl. dazu 3. Kapitel, Abschnitt C II 2.
[149] Dazu Storck, A., Unternehmensfinanzierung, 2010, S. 983 ff.
[150] Vgl. Kollruss, T., GmbH-Rundschau 2009, S. 637 ff.; ders., FB 2009, S. 311 ff. Zur Vereinbarkeit von § 20 Abs. 2 AStG mit dem Gemeinschaftsrecht siehe EuGH v. 6. 12. 2007 (Columbus Container Services), IStR 2007, S. 63; BFH v. 21. 10. 2009, BFH/NV 2010, S. 279; Kraft, G., IStR 2010, S. 381 f.
[151] Zu den Besonderheiten für Gesellschaften, die ihren Sitz oder ihre Geschäftsleitung in einem Mitgliedstaat der EU oder in einem Vertragsstaat des EWR-Abkommens haben siehe die Diskussion in Abschnitt C I.

mit Kapitalanlagecharakter i. S. d. § 7 Abs. 6 und 6a AStG sind (z. B. Zinseinkünfte aus Eigenmitteln oder aus der Anlage von Vorratsliquidität), werden ungeachtet eines ggf. vorliegenden DBA der deutschen Muttergesellschaft zugerechnet.[152]

Bei ausländischen Finanzierungsgesellschaften gelten Einkünfte dann als aktiv, wenn die Finanzmittel auf einem ausländischen Kapitalmarkt aufgenommen und im Ausland belegenen aktiven oder inländischen Betrieben oder Betriebsstätten zur Verfügung gestellt werden (§ 8 Abs. 1 Nr. 7 AStG). Die **aktive Qualifikation** der Konzernfinanzierungseinkünfte liegt demnach nur bei Erfüllung mehrerer Voraussetzungen vor:

– Der inländische Gesellschafter muss nachweisen, dass die Finanzierungsgesellschaft die zu Finanzierungszwecken verwandten Mittel ausschließlich auf **ausländischen Kapitalmärkten** aufgenommen hat. Eine Kapitalaufnahme bei Banken mit Sitz oder Geschäftsleitung im Inland ist nicht möglich. Nach h. M. kommt es hierbei nur auf die Inanspruchnahme des ausländischen Kapitalmarkts an, die Herkunft der Mittel tritt demgegenüber in den Hintergrund.[153] Dagegen soll nach Auffassung der Finanzverwaltung auch die mittelbare Kreditaufnahme auf dem inländischen Kapitalmarkt schädlich sein,[154] wenn z. B. Teile der Emission von Inländern gezeichnet werden. Sieht man von möglichen Missbräuchen ab, ist diese Auffassung jedoch abzulehnen, u. a. weil dem kapitalaufnehmenden Inlandskonzern damit faktisch unerfüllbare Nachweispflichten auferlegt werden.[155] Steht der Kapitalgeber dem inländischen Steuerpflichtigen oder der Finanzierungsgesellschaft i. S. d. § 1 AStG nahe, so gilt die Kapitalaufnahme ebenfalls nicht als aktive Tätigkeit. Auch die Mittelaufnahme durch Nahestehende als Treuhänder oder Vertreter ohne Offenlegung der Interessenlage ist für die Aktivität der Einkünfte schädlich.[156] Die Forderung, dass die Mittel nicht von nahe stehenden ausländischen Personen stammen dürfen, ist vielfach auf Kritik gestoßen.[157] Sie kann u. E. nicht aus dem gesetzlichen Ziel der Kapitalaufnahme auf einem ausländischen Kapitalmarkt abgeleitet werden.

– Die Ausleihe von Kapital, das aus **Eigenmitteln** (Eigenkapital einschließlich Gewinnen) der ausländischen Finanzierungsgesellschaft stammt, stellt nach Verwaltungsauffassung eine passive Erwerbstätigkeit dar,[158] da das Eigenkapital nicht auf ausländischen Finanzmärkten aufgenommen, sondern von der inländischen Muttergesellschaft aufgebracht wurde. Den wirtschaftlichen Zusammenhängen wird diese Meinung jedoch nicht gerecht: Die ausländische Finanzierungsgesellschaft muss nach dem Gesellschafts-

---

[152] Zu Gestaltungsvorschlägen, die auf der fiktiven Anrechnung der nach einem DBA tatsächlich nicht zu entrichtenden Quellensteuern beruhen, siehe Kollruss, T., IStR 2006, S. 513 ff.
[153] Vgl. Schaumburg, H., Steuerrecht, 1998, S. 460; Kluge, V., Steuerrecht, 2000, Tz. N 418.
[154] Vgl. BMF-Schreiben v. 14. 5. 2004, BStBl 2004 I, Sondernummer 1/2004, Tz. 8.1.7.2.
[155] Vgl. Ammelung, U./Kuich, P., IStR 2000, S. 641 ff.
[156] Vgl. BMF-Schreiben v. 14. 5. 2004, BStBl 2004 I, Sondernummer 1/2004, Tz. 8.1.7.2.
[157] Vgl. Nieß, B., Finanzierung, 1989, S. 236 ff.
[158] Vgl. BMF-Schreiben v. 11. 7. 1974, BStBl 1974 I, S. 442, Tz. 8.17.4.

5. Kapitel. Steuerplanung mit Verrechnungspreisen u. Konzernumlagen 1135

recht des jeweiligen ausländischen Staates mit dem erforderlichen Mindestkapital ausgestattet werden. Es ist nicht gerechtfertigt, die Erträge aus der Anlage der Eigenmittel als passiv anzusehen, da aktive Finanzierungstätigkeiten i. S. d. § 8 Abs. 1 Nr. 7 AStG ohne Eigenkapital nicht möglich sind. Die Kritik bezieht sich nicht nur auf die verbindlich vorgegebene Mindesteinlage, sondern auch auf die darüber hinausgehende, als angemessen anzusehende Eigenkapitalausstattung. Die Höhe des Eigenkapitals der Finanzierungsgesellschaft ist untrennbar mit ihrer Finanzierungstätigkeit verbunden; sie hängt insbesondere vom Umfang der von ihr aufgenommenen Fremdmittel ab. Es sprechen keine Argumente dagegen, die ansonsten im AStG geltende **funktionale Betrachtungsweise**[159] nicht auch auf Finanzierungsgesellschaften zu übertragen.[160]

– Die aufgenommenen Mittel müssen entweder inländischen Betrieben oder Betriebsstätten oder aber ausländischen Betrieben und Betriebsstätten, die nachweislich ausschließlich oder fast ausschließlich (≥ 90% der Bruttoerträge) eine aktive Tätigkeit i. S. d. § 8 Abs. 1 Nr. 1–6 AStG ausüben, als Darlehen zugeführt werden.

Die gewünschte **vollständige Abschirmwirkung** kann also nur erreicht werden, wenn die ausländische Finanzierungsgesellschaft bei Art und Umfang ihrer Finanzierungstätigkeit die restriktiven Bedingungen des AStG erfüllt. Darüber hinaus gilt es die allgemeinen Grundregeln zu beachten, die der Anerkennung einer Auslandsstruktur im Wege stehen können. Wenngleich die Unternehmen in der Gestaltung ihrer Rechtsbeziehungen weitgehend frei sind, so dürfen die Gestaltungsmöglichkeiten des Rechts nicht missbraucht werden, um Steuergesetze zu umgehen und Vorteile zu erlangen, die bei angemessener Gestaltung nicht erreicht werden. Das ist nach der Rechtsprechung des BFH der Fall, wenn eine rechtliche Gestaltung gewählt wird, die zur Erreichung des erstrebten wirtschaftlichen Ziels unangemessen ist, der Steuerminderung dienen soll und durch wirtschaftliche oder sonstige beachtliche außersteuerliche Gründe nicht zu rechtfertigen ist. Geht es um die Einschaltung einer Finanzierungsgesellschaft, belegt andererseits die Existenz der Vorschriften über die **Hinzurechnungsbesteuerung** (§§ 7 ff. AStG), dass der Gesetzgeber die Einschaltung von passiv tätigen Kapitalgesellschaften im niedrig besteuernden Ausland gerade nicht als rechtsmissbräuchlich betrachtet, sondern ganz im Gegenteil explizit anerkennt. Nur die mit diesen Gestaltungen bezweckte Abschirmwirkung wird in bestimmten Fällen nicht akzeptiert. Entsprechend sieht die allgemeine Missbrauchsnorm vor, dass zunächst zu prüfen ist, ob die Tatbestandsmerkmale einer speziellen Vorschrift erfüllt sind. Ist eine spezielle Missbrauchsnorm einschlägig, so bestimmen sich die Rechtsfolgen nach jener Norm. Anderenfalls entsteht der Steueranspruch nach der allgemeinen Norm so, wie er bei einer den wirtschaftlichen Vorgängen angemessenen rechtlichen Gestaltung entsteht (§ 42 Abs. 1 AO). Isoliert betrachtet wird damit zunächst der allgemeine Grundsatz geregelt, dass die speziellere Norm der allgemeineren Regelung vorgeht. Von größerer

---

[159] Vgl. BMF-Schreiben v. 14. 5. 2004, BStBl 2004 I, Sondernummer 1/2004, Tz. 8.0.2.
[160] So auch Becker, H., IWB, Fach 3, Deutschland, Gruppe 1, S. 1178; a. A. Menck, T., StBp 1997, S. 198.

Bedeutung ist aber die hiermit verbundene Sperrwirkung. Immer wenn der Tatbestand spezieller Umgehungsvorschriften eingreift, bestimmt sich die Rechtsfolge allein aus dem Einzelsteuergesetz, so dass die Frage, ob parallel auch ein **Missbrauch** i. S. d. allgemeinen Norm vorliegt, gar nicht mehr geprüft werden muss. Fraglich ist aber, wie zu verfahren ist, wenn einzelne Tatbestandsmerkmale der spezielleren Regelung in einem Einzelsteuergesetz nicht erfüllt sind. Hier muss man sehen, dass sich die Rechtsfolgen nach der speziellen Vorschrift nur bestimmen, wenn die Tatbestandsmerkmale der speziellen Norm erfüllt sind. Anderenfalls, also wenn der Tatbestand einer speziellen Umgehungsvorschrift nicht erfüllt wird, ist zu prüfen, ob ein Missbrauch i. S. d. allgemeinen Vorschrift vorliegt. In der Sache will der Gesetzgeber erreichen, dass die allgemeine Norm durch spezielle Vorschriften nicht verdrängt wird. Spezielle Vorschriften sollen nur den Zugriff in typischen Fällen erleichtern, so dass die Generalklausel auch dann anwendbar bleibt, wenn ein Tatbestandsmerkmal einer Sondervorschrift nicht erfüllt ist.

Das ist nicht der Fall, wenn es sich bei der speziellen Norm um eine „echte" Spezialnorm handelt, die den Missbrauch in sachlicher, zeitlicher oder persönlicher Hinsicht konkretisiert (Normierung von Toleranzbereichen oder spezieller Fristen).[161] Ergibt sich aber, dass die spezielle Vorschrift den missbrauchsanfälligen Bereich nicht abschließend konkretisiert, sondern beispielhaft regelt und die Abwehr des Missbrauchs damit erleichtern soll, spricht auch nach Auffassung der Literatur viel für eine parallele Anwendung der allgemeinen Norm. Gleiches gilt, wenn die Spezialvorschrift ihrerseits durch Gestaltungsmöglichkeiten des Rechts umgangen werden soll. Damit kann aber die Anwendung der allgemeinen Norm bei Sachverhalten, die unter die Hinzurechnungsbesteuerung fallen, nicht vollständig ausgeschlossen werden.

In diesem Sinne sprach sich der BFH in einer Reihe von „Irlandstrukturen" gleichwohl gegen die **Anwendbarkeit der allgemeinen Missbrauchsvorschrift** aus. Hierbei ging es um den Einsatz irischer Kapitalgesellschaften, deren eigener Geschäftsbetrieb nicht sehr ausgeprägt war. Zweck der Gesellschaften war eine reine Kapitalanlagetätigkeit, die sich dadurch auszeichnete, dass die Vorbereitung und Durchführung der Kapitalanlagetätigkeit durch externe Dienstleister vollzogen wurde (Outsourcing).[162]

In den konkreten Fällen qualifizierte der BFH die irischen Gesellschaften aus mehreren Gründen nicht als Briefkastenfirmen. Zum einen wäre einer bloßen Briefkastengesellschaft der Status eines „International Financial Centre" (IFS C) nicht zuerkannt worden. Weiterhin hatten die Gesellschaften einen Board of Directors, dem die letzte **Entscheidungsgewalt** über die Kapitalanlagen nicht nur oblag, sondern der sie auch ausübte. Da die Gesellschaften demnach auf eigenes Risiko Einkünfte erzielten, seien sie nicht funk-

---
[161] Vgl. Drüen, K.-D., Ubg 2008, 31 ff.
[162] Vgl. zuletzt BFH v. 25. 2. 2004, BStBl 2005 II, S. 14. In diesem Urteil ging es inhaltlich um die weitere Frage, ob Einkünfte aus Dividenden nach Art. 22 Abs. 2 Buchstabe a DBA-Irland auch dann von der deutschen Steuer freigestellt werden, wenn die Dividenden von einer irischen „unlimited company having a share capital" ausgeschüttet werden. Der BFH bejahte diese Frage in Abweichung seiner bis dahin maßgebenden Rechtsprechung. Zur Entwicklung siehe Raupach, A./Burwitz, G., IStR 2000, S. 385 ff.; Clausen, U., DB 2001, S. 2515 ff.; Philipowski, R., DB 2001, S. 1112 ff.; ders., IStR 2001, S. 676 ff.; ders., IStR 2002, S. 521; ders., Steuerquellen, 2002, S. 551 ff.

tionslos gewesen. Schließlich sei auch das Outsourcing des Tagesgeschäfts an einen externen Dienstleister für das Kapitalanlagegeschäft nicht unüblich (sondern typisch) und der Abschluss derartiger Managementverträge zusätzlich Voraussetzung für die Erlangung des IFS C-Status. Auch das Fehlen eines nennenswerten Geschäftsbetriebs wurde nicht als schädlich beurteilt, wohl deshalb, da nach dem Outsourcing des Tagesgeschäfts ein solcher objektiv nur in geringem Ausmaß vorgehalten werden musste.

Die Finanzverwaltung belegte die beiden ersten Entscheidungen des BFH zum Outsourcing zunächst mit einem Nichtanwendungserlass.[163] Im Anschluss an das Urteil vom 25. 2. 2004 wurden jedoch die entsprechenden Teile des Nichtanwendungsschreibens aufgehoben.[164]

Aus Sicht der Steuerplanung sollte davor gewarnt werden, die höchstrichterliche Beurteilung der genannten Fälle als eine pauschale Lockerung der Anforderungen an eine anzuerkennende Auslandsgesellschaft zu interpretieren. So dürfte es fraglich sein, ob der BFH generell passiv tätige Auslandsgesellschaften (keine Briefkastengesellschaften) anerkennen wird, deren operatives Tagesgeschäft durch Outsourcing von Dritten übernommen wird und deren Geschäftsleitung sich auf strategische Entscheidungen der Einkünfteerzielung beschränkt.[165] Eine Lösungsmöglichkeit könnte darin bestehen, dass eine derartige Gestaltung nur dann akzeptiert wird, wenn eine solche Konstruktion tatsächlich branchenüblich ist, wie dies im Urteilsfall im Kapitalanlagegeschäft der Fall ist.

Neben Irland (für Kapitalanlagegesellschaften) erfreuen sich die **Niederlande** seit Jahren großer Beliebtheit als Standort für Finanzierungsgesellschaften. Ihre Spitzenposition verdanken sie einerseits der großen Liberalität des niederländischen Kapitalmarktes, andererseits auch großzügigen Steuerregelungen. Entgegen der ursprünglichen Ankündigung haben sich die Niederlande jedoch entschieden, das spezielle Steuerregime für Zinsen, nach dem die Bemessungsgrundlage auf einen bestimmten Prozentsatz des Eigenkapitals begrenzt werden sollte (Zinsbox), nicht einzuführen. Ziel war es, dass der Zinsabzug für ausländische Investoren ausreichend begrenzt wird. Eine solche Möglichkeit ließe sich nur im Rahmen einer durchgreifenden Steuerreform darstellen.[166] Damit ist aber die ursprünglich geplante, gesetzlich normierte und mit der EU abgestimmte Vorzugsbesteuerung auf unbestimmte Zeit verschoben.

Neben den Niederlanden verfügen auch Belgien und Luxemburg über besondere Vorschriften, die die Konzernfinanzierung begünstigen. So kann in **Belgien** der effektiv zu zahlenden Körperschaftsteuersatz i. H. v. nominal 34% (einschließlich Krisenabgabe) durch einen Zinsabzug auf das Eigenkapital (notional interest deduction) wesentlich gesenkt werden.[167] Für das

---

[163] Vgl. BMF-Schreiben v. 19. 3. 2001, BStBl 2001 I, S. 243.
[164] Vgl. BMF-Schreiben v. 28. 12. 2004, BStBl 2005 I, S. 28.
[165] Vgl. Buciek, K., DStZ 2000, S. 425; so aber FG Baden-Württemberg v. 28. 6. 2001, EFG 2001, S. 1350; siehe dazu Philipowski, R., IStR 2001, S. 676 ff.; a. A. Clausen, U., IStR 2000, S. 182, nach dem Outsourcing im Wege von Management- oder Betriebsführungsverträgen isoliert betrachtet nicht mehr zur Versagung der steuerlichen Anerkennung der Auslandsgesellschaft führen kann, selbst dann nicht, wenn die Gesellschaft völlig substanzlos ist.
[166] Vgl. dazu Szudoczky, R./van de Streek, J. L., Intertax 2010, S. 280.
[167] Vgl. Heyvaert, W./Deschrijver, D., Intertax 2005, S. 458 ff.

belgische Steuerjahr[168] 2011 beträgt der Zinssatz für den Zinsabzug auf das Eigenkapital 3,8%. Wird die belgische Finanzierungsgesellschaft mit Eigenkapital oder unverzinslichen konzerninternen Darlehen finanziert, reduziert sich die effektive Bemessungsgrundlage bei einem Zinsertrag auf Ausleihungen von 6% auf 2,2% (= 6% − 3,8%) bzw. auf 36,6% der vollen Bemessungsgrundlage, woraus eine Steuerbelastung von 12,5% (= 36,6 × 34%) resultiert. Bei einem Zinsertrag von 8% reduzieren sich die effektive Bemessungsgrundlage auf 4,2% (= 8 − 3,8%), die volle Bemessungsgrundlage auf 52,5% und die Steuerbelastung auf 17,9% (= 52,5 × 34%). Eine ähnliche Abzugsmöglichkeit kann in **Luxemburg** durch den Einsatz von hybriden Finanzinstrumenten erreicht werden. Zypern und Irland sind bereits aufgrund ihres niedrigen Körperschaftsteuersatzes interessant. In **Malta** kann in bestimmten Konstellationen eine Körperschaftsteuerbelastung kleiner 10% herbeigeführt werden.[169] Im Unterschied zu den vorgenannten Gebieten resultiert diese günstige Gesamtbelastung aus einer spezifischen Steueranrechnung, die der (auch der deutsche) Anteilseigner einer in Malta tätigen Gesellschaft erhalten kann. Die finanzierende Gesellschaft unterliegt isoliert einer maltesischen Körperschaftsteuer i. H. v. 35% und ist damit nicht niedrig besteuert.

b) Treasury centres

Mit zunehmender Internationalisierung eines Konzerns werden – häufig einhergehend mit der Errichtung einer Finanzierungsgesellschaft – Tochtergesellschaften etabliert, die die in der Gruppe vorhandene **Liquidität steuern** und das gesamte **Währungsmanagement** übernehmen. Neue Kommunikations-, Informations- und Abrechnungssysteme erleichtern diesen Trend zur Zentralisierung und Optimierung der konzerninternen Liquiditätsplanung.[170] Derartige treasury centres erfüllen bspw. folgende Aufgaben:[171]

– Die kurzfristige Disposition konzerninterner Gelder einschließlich des Poolings der in den verschiedenen Konzerneinheiten vorhandenen Finanzmittel (cash management).[172] Die innerhalb des Gesamtkonzerns verfügbaren liquiden Mittel werden im zentralen treasury centre gebündelt und denjenigen Konzernunternehmen überlassen, die einen Bedarf an solchen Mitteln haben. Auf diese Weise kann der kurzfristige Finanzbedarf der einzelnen Unternehmensteile vollständig konzernintern gedeckt und die verbleibenden liquiden Mittel konzernextern ertragsbringend angelegt werden. Weiterhin werden der Verlust von Valutatagen und die Kassenhaltung in den einzelnen Konzernteilen minimiert.

---

[168] Geschäftsjahre, welche am 31. 12. 2011 oder später enden.
[169] Das gilt unabhängig davon, dass der Gesetzgeber den Belastungsvergleich zur Feststellung einer Niedrigbesteuerung (§ 8 Abs. 3 AStG) im Rahmen des JStG 2010 geändert hat.
[170] Vgl. Borstell, T./Wellens, L., Finanzierungsleistungen, 2004, S. 1614.
[171] Vgl. z. B. Storck, Unternehmensfinanzierung, 2010, S. 990 f.
[172] Detailliert zu den betriebswirtschaftlichen Vorteilen des cash managements und cash poolings vgl. Jäckle, J., FB 2000, S. 82 ff.; zu den steuerlichen Implikationen vgl. Oho, W./Eberbach, C., DB 2001, S. 825 ff.; Oho, W., Cash-Pooling, 2008, S. 883 ff.

- Den konzerninternen Finanzausgleich (clearing oder netting). Forderungen und Verbindlichkeiten der Clearingteilnehmer untereinander, die aus dem gesamten zwischenstaatlichen Waren- und Dienstleistungsverkehr resultieren, werden periodisch über Verrechnungskonten gegeneinander aufgerechnet, so dass lediglich Verrechnungssalden gezahlt werden müssen. Das Clearing dient der Vermeidung unnötiger Bargeld- und Buchgeldbewegungen und damit auch der Einsparung von Bankgebühren.
- Die Durchführung der Liquiditätsplanung und damit verknüpft die langfristige Disposition verfügbarer Gelder (Vermögensmanagement).
- Das Management externer Reserven, wie z. B. Erhalt und Erhöhung von Kreditlinien (Kreditmanagement).
- Die Minimierung von Zins- und Wechselkursrisiken (z. B. Hedging) im Rahmen des Devisen- oder Währungsmanagements.

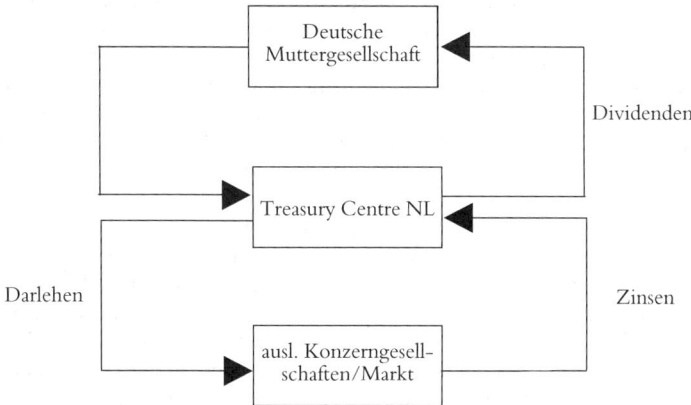

Ein bedeutsamer Einsatzzweck für treasury centres ergibt sich unter dem Aspekt der mittel- und langfristigen **Disposition von Eigenmitteln.** Die beim deutschen Stammhaus oder der Konzernobergesellschaft vorhandenen liquiden Mittel können – anstelle einer Darlehensvergabe – im Wege einer Kapitalerhöhung langfristig an ein ausländisches treasury centre übertragen werden. Dieses übernimmt sodann (wie bei den Finanzierungsgesellschaften bereits dargestellt) die optimale Mittelanlage im Konzern und/oder am Markt. Das inländische Stammhaus oder die Konzernobergesellschaft erhält anstelle voll steuerpflichtiger Zinserträge steuerlich privilegierte Gewinnanteile oder Dividenden. Die vorstehende Abbildung verdeutlicht diese Gestaltung.

Entsprechend der Aufgabenstellung von treasury centres mit umfangreichen Finanzierungsströmen, gleichzeitiger vielfältiger Anlage von liquiden Mitteln und der Nutzung moderner Sicherungs- und Finanzinstrumente muss ein steuerlich günstiger Standort für eine solche Gesellschaft folgende **Bedingungen** erfüllen:
- ausgebautes Netzwerk an DBA, damit das treasury centre Zinserträge ohne oder nur mit geringer Quellensteuerbelastung vereinnahmen kann;

- keine Quellensteuern auf die Zins- und Dividendenzahlungen des treasury centres;
- eine geringe Ertragsteuerbelastung;
- keine Erhebung von Verkehrsteuern, wie Stempelabgaben, Börsenumsatzsteuern etc., sowie
- keine Besteuerung des Vermögens des treasury centres.

Insbesondere im Fall einer Übertragung umfangreicher Eigenmittel an das treasury centre sind die Vorschriften zur **Hinzurechnungsbesteuerung** der wohl wichtigste Planungsparameter einer solchen Gestaltung. Nachdem der Gesetzgeber die Anknüpfungspunkte für einen inländischen Besteuerungszugriff durch das Gesetz zum Abbau von Steuervergünstigungen und Ausnahmeregelungen vom 20. 5. 2003[173] verschärft hat, indem er die Anwendung eines abkommensrechtlichen Schachtelprivilegs auf den Hinzurechnungsbetrag gestrichen hat (§ 10 Abs. 6 AStG a. F.), können Konzernfinanzierungseinkünfte aus der Weitergabe von Eigenmitteln keine Abschirmwirkung von der deutschen Steuer mehr beanspruchen. Es wird also, solange die Hinzurechnungsbesteuerung in der gegenwärtigen Form noch anwendbar ist, darauf ankommen, die entsprechenden Rechtsfolgen durch die Standortplanung zu vermeiden. So lässt sich der Hinzurechnungstatbestand durch Ansiedlung von Konzernfinanzierungsgesellschaften insbesondere in EU-Staaten mit Steuerbelastungen nahe 25% völlig ausschließen. Mögliche Standorte sind insoweit Österreich sowie die Niederlande, Portugal, Finnland, Dänemark oder Schweden.

Traditionell gilt der Standort **Niederlande** für deutsche Unternehmen aufgrund der guten Kapitalmarktinfrastruktur und der Nichterhebung einer Kapitalertragsteuer für treasury centres als besonders attraktiv. Allerdings ist die Ertragsteuerbelastung im internationalen Vergleich für Finanzierungsgesellschaften von zurzeit 25,5% relativ hoch. Die im Zusammenhang mit der Konzernfinanzierung vor wenigen Jahren noch interessante Übertragung von Finanzmitteln und damit verbunden von Ertragspotenzial auf eine **Betriebsstätte** in einem DBA-Staat (Sandwich-Gestaltungen) bringt heute keine ergänzenden Vorteile mehr. Attraktive Rahmenbedingungen für Treasury-Gesellschaften bieten neben den Niederlanden vor allem **Belgien, Luxemburg, Irland** oder **Malta**. Die steuerlichen Konsequenzen solcher Gestaltungen sollen am nachfolgenden Beispiel dargestellt werden. Ausgangspunkt ist ein von einem Konzern erwirtschafteter Gewinn von 100, welcher alternativ als Zinsertrag von einem mit Eigenkapital von 1000 ausgestatteten treasury centre in Deutschland, Belgien, Irland, den Niederlanden, Malta und Finnland erzielt wird. Die nachfolgende Übersicht enthält die steuerliche Belastung der verschiedenen Alternativen.[174]

---

[173] BGBl 2003 I, S. 660.
[174] Es wird von der Thesaurierung der Gewinne des treasury centres ausgegangen, so dass die 5%ige Inlandsbesteuerung etwaiger Dividendenausschüttungen (§ 8b Abs. 5 KStG) unbeachtet bleiben kann.

5. Kapitel. Steuerplanung mit Verrechnungspreisen u. Konzernumlagen 1141

Treasury Centre in:	Deutschland	Belgien	Irland	Niederlande	Malta	Finnland
1. Gewinn vor Steuern	100,00	100,00	100,00	100,00	100,00	100,00
2. Ertragsteuerbelastung[175] im jeweiligen Sitzstaat	29,83	21,08[176]	12,50	25,50	5,00[177]	26,00
3. Deutsche Hinzurechnungsbesteuerung 29,83% auf die Einkünfte	–	29,83	29,83	–	–	–
Anrechenbare anteilige ausländische Steuer	–	15	12,50	–	–	–
4. Gewinn nach Ertragsteuern	70,17	64,09	70,17	74,50	95,00	74,00
5. Ertragsteuerbelastung	29,83	35,91	29,83	25,50	5,00	26,00

Das Beispiel verdeutlicht nicht nur die weitreichende Wirkung der Hinzurechnungsbesteuerung bei vorteilhaften Steuerregimen in Bezug auf Treasury centre-Aktivitäten, sondern auch, dass sich vor allem aufgrund der heute zusätzlich gegebenen deutschen Gewerbesteuerbelastung immer noch nennenswerte Belastungsvorteile für ausländische Standorte ergeben. Am Beispiel Finnlands zeigt sich, dass EU-Staaten, die keine Sondervergünstigungen für Finanzierungsgesellschaften kennen, dennoch steuerlich attraktive Rahmenbedingungen für treasury centres bieten können. Entsprechendes gilt für die Niederlande. Will der Gesetzgeber entsprechende steuerliche Anreize verhindern, erscheint vor allem die weitere Absenkung der inländischen Steuerbelastung zielführend. Dies gilt vor allem auch vor dem Hintergrund der Tatsache, dass die oben dargestellten Wirkungen der Hinzurechnungsbesteuerung auf dem Rechtswege erfolgreich bekämpft werden können. Am Beispiel von Malta zeigt sich, dass die Hinzurechnungsbesteuerung bei allen Verschärfungen, die mit den Steuerreformen der vergangenen Jahre verbunden waren, nicht allen Besonderheiten ausländischer Rechtssysteme wirksam begegnen kann.[177a]

c) Versicherungsgesellschaften (Captives)

Captive Insurance Companies sind konzerneigene Versicherungsgesellschaften, deren Aufgabe darin besteht, ausgewählte Risiken sämtlicher oder einzelner Konzernunternehmen zu übernehmen. Die Captive dient dem

---

[175] In Deutschland Gewerbesteuer (Hebesatz 400% : 14) zzgl. Körperschaftsteuer (15%) und Solidaritätszuschlag (0,825 = 15 × 0,055).

[176] Für das Engagement in Belgien errechnet sich die Steuerbelastung durch Anwendung des tariflichen Steuersatzes (derzeit 34%) auf das Einkommen nach Abzug der kalkulatorischen Zinsen auf das Eigenkapital i. H. v. derzeit 3,8%.

[177] Die maltesische Finanzierungsgesellschaft unterliegt einer Besteuerung von derzeit 35% des erzielten Einkommens. Aufgrund einer spezifischen Steuervergütung kann die Steuerbelastung des Anteilseigners einer in Malta tätigen Gesellschaft auf die Höhe der in Deutschland nichtabziehbaren Betriebsausgaben i. H. v. 5% (§ 8b Abs. 5 KStG) beschränkt werden.

[177a] Dazu auch Köhler, S./Luckey, J./Kollruss, T., Ubg 2010, S. 465 ff.

Risikoausgleich innerhalb des Konzerns, so dass es sich aus Sicht des Gesamtkonzerns bei wirtschaftlicher Betrachtung um eine besondere Form der Selbstversicherung handelt. Eine Captive kann als Direktversicherer oder als Rückversicherer tätig werden. In ihrer Eigenschaft als Direktversicherer trägt sie gegen entsprechende Prämienzahlung in vollem Umfang die Risiken der verschiedenen Konzerngesellschaften. Als Rückversicherungs-Captive haftet sie für die vom Erstversicherer übernommenen Risiken.[178]

Die **Vorteile** aus der Einschaltung einer Captive sind vorrangig nichtsteuerlicher Art. So kann eine Captive zur Optimierung der konzernweiten Risikopolitik eingesetzt werden. Unter der Voraussetzung einer versicherungstechnisch exakten Bemessung der Prämien sind erhebliche psychologische Auswirkungen auf das Risikoverhalten der Konzernmitglieder zu erwarten, wenn ein beträchtlicher Teil der angefallenen Schäden über die Captive und damit über ein konzerneigenes Unternehmen abgewickelt wird. Weiterhin kann ein im Vergleich zur Fremdversicherung günstigerer Verlauf der Prämienentwicklung erwartet werden. Die Begründung hierfür folgt aus versicherungstechnischen Überlegungen: Ein Versicherer definiert einen Schaden, für den er eine Versicherung anbieten will. Diesem Schaden ordnet er ein bestimmtes Kollektiv (Versicherungsnehmer) zu. Anschließend berechnet er die Prämie als Beitrag des Einzelnen zur Finanzierung der Schäden des Kollektivs, wobei neben dem objektivierbaren Risikoanteil vor allem auch das unsystematische, d. h. das mit unterschiedlichen Wahrscheinlichkeiten auftretende Risiko mitversichert wird. Die zur Bemessung der Risiken notwendigen Informationen sind zwischen dem Versicherer und dem Kollektiv asymmetrisch verteilt, der Versicherer wird demnach eine zu weitgehende Prämienindividualisierung stets vermeiden.

Bei Einschaltung einer Captive besteht das Kollektiv demgegenüber ausschließlich aus Konzernunternehmen. Dies hat zunächst den Vorteil, dass die Prämien individuell von den (bekannten) Unternehmensrisiken abhängig gemacht werden können und damit niedriger ausfallen. Dabei ist jedoch zu bedenken, dass mit der Verkleinerung des Kreises der Versicherungsnehmer die Prämiengestaltung wesentlich stärkeren Schwankungen unterworfen sein wird, als dies im Normalfall üblich ist.

Schließlich verbleiben durch die Selbstversicherung die Prämienzahlungen im Unternehmensverbund. Bei einem günstigen Schadensverlauf innerhalb des Konzerns entstehen aus den von den einzelnen Konzernunternehmen entrichteten Arm's-length-Prämien Gewinne bei der Captive. Dieser Vorteil verwandelt sich bei statistisch überdurchschnittlichem Risikoeintritt natürlich in eine Konzernmehrbelastung.

Die **Steuervorteile** einer konzerneigenen, im Ausland domizilierenden Versicherungsgesellschaft bestehen einerseits darin, dass nach ausländischem Recht möglicherweise in größerem Umfang Rückstellungen gebildet werden können und sich dadurch Steuerstundungseffekte erzielen lassen. Zum anderen unterliegt bei Errichtung einer Captive in einem Niedrigsteuerland oder bei speziellen Steuerprivilegien der von der Gesellschaft erzielte Gewinn im

---

[178] Vgl. zu den verschiedenen Funktionen auch Wurm, F. J., Dienstleistungsgesellschaften, 1992, S. 57 ff.

5. Kapitel. Steuerplanung mit Verrechnungspreisen u. Konzernumlagen 1143

Ausland nur einer geringen Ertragsteuerbelastung. Im Zusammenhang mit der zuletzt genannten Zielsetzung stellen sich zwei Problembereiche:
- Die Abschirmwirkung der Captive wird durchbrochen, wenn sie eine passive Tätigkeit i. S. d. AStG ausübt (§ 8 Abs. 1 Nr. 3 AStG).[179]
- Die von einer deutschen Konzerngesellschaft an die Captive entrichtete Versicherungsprämie ist nur abzugsfähig, soweit diese angemessen ist (§ 1 AStG).[180]

Der Betrieb von Versicherungsunternehmen ist grundsätzlich als **aktive Tätigkeit** anzusehen (§ 8 Abs. 1 Nr. 3 AStG). Dies gilt aber nur für Versicherungsunternehmen, die der Versicherungsaufsicht unterliegen[181] und die Geschäfte nicht überwiegend mit nahe stehenden Personen i. S. d. § 1 Abs. 2 AStG abschließen.[182] Erfüllen Captives zumindest eine dieser beiden Bedingungen nicht, so ist ihr Geschäftsbetrieb als passive Tätigkeit zu werten.

Unklar ist, wie das Merkmal „Überwiegen von Geschäften" zu interpretieren ist. Nach Auffassung der Finanzverwaltung muss die Captive zur Erfüllung dieser Grenze mehr als 50% der Geschäfte mit externen Versicherungsunternehmen abschließen, um nicht Zwischengesellschaft i. S. d. § 8 Abs. 1 Nr. 3 AStG zu sein. Bei der Beurteilung dieser Grenze soll ausschließlich auf die Vertragsbeziehungen zwischen der Captive und den einzelnen Konzerngesellschaften (Konzernseite) abgestellt werden.[183] Hierzu wird angemerkt, dass Captives die von den Konzerngesellschaften versicherten Risiken häufig rückversichern. Dies dürfte insbesondere bei Großrisiken eher Regel denn Ausnahme sein. Die Captive tritt hier (Marktseite) jedoch als gewöhnlicher Nachfrager auf dem Versicherungsmarkt auf. Würde man demnach bei der Beurteilung des „Überwiegens" von Geschäften nicht nur die Konzern-, sondern auch die Marktseite gleichgewichtet mit einbeziehen, hätte das zur Konsequenz, dass eine Captive als aktiv zu qualifizieren wäre, wenn sie ihr gesamtes **Konzerngeschäft** rückversichert und darüber hinaus — wenn auch in unbedeutendem Umfang — **Versicherungsgeschäfte mit Dritten** durchführt.[184] Die Finanzverwaltung spricht sich eindeutig gegen die Berücksichtigung des Marktgeschäfts aus. Es ist jedoch festzustellen, dass eine Rückversicherungs-Captive damit faktisch nicht nur 50%, sondern 75% ihrer Geschäfte mit fremden Dritten ausführen muss, um als aktiv zu gelten. Dies geht u. E. jedoch über das gesetzlich geforderte „Überwiegen" des Versicherungsgeschäfts mit Dritten hinaus.

---
[179] Zu den Besonderheiten für Gesellschaften, die ihren Sitz oder ihre Geschäftsleitung in einem Mitgliedstaat der EU oder in einem Vertragsstaat der EWR haben, siehe die Diskussion in Abschnitt C I.
[180] Zur Frage des Betriebsausgabenabzugs von Prämien an eine Captive Insurance Company vgl. Bialek, K. H./Grillet, L. L., RIW 1992, S. 301 ff.; Köster, B.-K., DB 1994, S. 2312 ff.; sowie generell zu den steuerlichen Aspekten einer Captive Würfele, P., IWB, Fach 3, Deutschland, Gruppe 1, S. 1241 ff.
[181] Vgl. BMF-Schreiben v. 10. 1. 1977, DB 1977, S. 145.
[182] Vgl. Flick, H./Wassermeyer, F./Baumhoff, H., Außensteuerrecht, § 8 AStG, Anm. 108. „Nahe stehend" bedeutet eine mittelbare oder unmittelbare Beteiligung von mindestens 25%.
[183] Vgl. BMF-Schreiben v. 14. 5. 2004, BStBl 2004 I, Sondernummer 1/2004, Tz. 8.1.3.5, 8.1.3.6; siehe dazu Kraft, G., Außensteuergesetz, § 8 AStG, Tz. 200 ff.
[184] Vgl. hierzu Menck, T., IWB, Fach 3, Deutschland, Gruppe 1, S. 1524; Gundel, G., IStR 1993, S. 54.

Sofern die Captive nicht aktiv i. S. d. § 8 Abs. 1 Nr. 3 AStG ist, erzielt sie **Zwischeneinkünfte mit Kapitalanlagecharakter.**[185] Domiziliert die Captive an einem Standort mit niedriger Ertragsteuerbelastung außerhalb der EU und des EWR, unterliegt sie der Hinzurechnungsbesteuerung. Bedingung ist, dass die Beteiligungsvoraussetzungen erfüllt sind. Davon kann aber im Konzern grundsätzlich ausgegangen werden. Bei Einkünften mit Kapitalanlagecharakter liegt die Beteiligungsschwelle grundsätzlich bei nur 1% der Anteile.

Der zweite Problembereich betrifft die **Anerkennung der konzerninternen Leistungsverrechnungen,** d. h. die von einem Konzernunternehmen an die Captive entrichtete Versicherungsprämie. Rechtsgrundlage für eine Gewinnberichtigung bildet insbesondere die „Berichtigung von Einkünften" (§ 1 AStG). Da die Verwaltungsgrundsätze zur Einkunftsabgrenzung[186] Versicherungsgeschäfte nicht ausdrücklich erwähnen, ist auf die allgemeinen Gewinnermittlungsgrundsätze zurückzugreifen. Dem Grunde nach dürfen die geleisteten Prämien nur abgezogen werden, wenn die abgeschlossene Versicherung ihrer Art und ihrem Umfang nach auf den betrieblichen Bedürfnissen des als Versicherungsnehmer auftretenden Konzernunternehmens beruht. Für die Angemessenheitsprüfung der Höhe nach ist maßgebend, ob die an die Captive entrichtete Zahlung mit den marktüblichen Prämien für ein hinreichend vergleichbares Versicherungsgeschäft übereinstimmt. Nach den oben angestellten Überlegungen dürfen stärkere Schwankungen der Prämien u. E. jedoch nicht zum Anlass einer Gewinnkorrektur genommen werden, solange deren Kalkulation allein auf versicherungstechnischen Grundsätzen und damit auf dem Verhalten unter fremden Dritten beruht.

d) Factoring- und Reinvoicing-Gesellschaften

Unter Factoring ist ein Finanzierungsgeschäft zu verstehen, bei dem eine Finanzierungsgesellschaft (Factor)
- die Forderungen aus Lieferungen und Leistungen einer Konzerngesellschaft ankauft oder diese bis zur Fälligkeit bevorschusst (Finanzierungsfunktion);[187]
- das Risiko des Forderungsausfalls (Delkrederefunktion) und ggf. Währungsrisiken übernimmt[188] sowie
- die Debitorenbuchhaltung und das Mahnwesen führt sowie das Inkasso betreibt (Dienstleistungs- oder Servicefunktion). Die Dienstleistungen können zusätzlich die Fakturierung für die Konzerngesellschaften, die Anfertigung von Statistiken und weitere Beratungsleistungen umfassen.

Charakteristisches Kennzeichen des **Factoring** ist somit die Kombination eines Finanzierungsinstruments mit speziellen Dienstleistungen wie z. B. dem Einsatz einer spezialisierten Administration zum Forderungsinkasso. Der **steuerliche Anreiz** einer Factoringgesellschaft im Konzernverbund liegt zum einen darin, dass die veräußernde Gesellschaft im Zeitpunkt des Forderungs-

---

[185] Vgl. BMF-Schreiben v. 14. 5. 2004, BStBl 2004 I, Sondernummer 1/2004, Tz. 7.6.4.
[186] Vgl. Verwaltungsgrundsätze, BMF-Schreiben v. 23. 2. 1983, BStBl 1983 I, S. 218.
[187] Der Forderungsverkauf kann auch als reine Innentauschaktion (stilles Factoring) vereinbart werden, so dass die Schuldner weiterhin an die einzelnen Konzerngesellschaften zahlen und diese die eingegangenen Zahlungen an den Factor weiterleiten.
[188] Beim „unechten Factoring" wird das Risiko des Forderungsausfalls hingegen dem Auftraggeber rückbelastet.

5. Kapitel. Steuerplanung mit Verrechnungspreisen u. Konzernumlagen 1145

verkaufs einen steuerwirksamen Abschlag auf den in der Bilanz ausgewiesenen Wert vornehmen kann. Die Factoringgesellschaft (Finanzierungsgesellschaft) weist bei Fälligkeit der Forderung korrespondierend einen Ertrag aus. Liegt die ertragsteuerliche Belastung im Staat der Factoringgesellschaft unter der in dem Land, in dem die veräußernde Konzerneinheit ihren Sitz hat, lassen sich durch dieses Finanzierungsgeschäft Ertragsteuerersparnisse erzielen, die noch durch Steuerstundungseffekte aufgrund des Zeitunterschiedes von Aufwandsverrechnung beim abgebenden Konzernunternehmen und Erfolgsrealisierung bei der Factoringgesellschaft verstärkt werden. Verwendet die veräußernde Konzerngesellschaft mit Sitz in Deutschland die zugeflossenen Mittel, um anderweitig bestehende Verbindlichkeiten abzudecken, kann zum anderen der Umfang der Hinzurechnung von Schuldzinsen bei der Gewerbesteuer verringert werden.

Beispiel: Eine deutsche Muttergesellschaft gründet in Irland eine Factoringgesellschaft. Deren Aufgabe ist es, als Factor alle laufenden Forderungen aus Lieferungen und Leistungen der Konzerngesellschaften mit einem Abschlag anzukaufen. Die irische Gesellschaft erzielt in Höhe des Forderungsabschlags bei Realisierung der Forderungen einen Ertrag, der nur der niedrigen irischen Besteuerung unterliegt. In Deutschland verringert sich im Zeitpunkt des Verkaufs in gleicher Höhe der steuerpflichtige Gewinn der Gesellschaft, die ihre Forderung abtritt.

Die Einordnung des Factorings in die Systematik der **Hinzurechnungsbesteuerung** wird nicht einheitlich beurteilt. Beim Factoring werden Einkünfte aus dem Halten und Verwalten von Forderungen erzielt, so dass im Grundsatz Zwischeneinkünfte mit Kapitalanlagecharakter anzunehmen sind, soweit die Einkünfte nicht ausnahmsweise aus aktiver Tätigkeit erzielt werden.[189] Nach Auffassung der Finanzverwaltung sind der Ankauf und die Einziehung von Kundenforderungen dann nicht als Betrieb eines Kreditinstituts zu werten, wenn der Forderungserwerb ausschließlich oder überwiegend von verbundenen Unternehmen erfolgt, denn eine kreditwirtschaftliche Tätigkeit setzte typischerweise eine Verbindung verschiedener Geschäfts- und Kundenrisiken voraus.[190] Die Einschätzung mag sich aber ändern, wenn das Geschäftsmodell der Factoringgesellschaft vorsieht, die Kundenforderungen für Zwecke der Verbriefung und Platzierung am Markt an eine konzernfremde Gesellschaft zu veräußern, die die **Verbriefung** veranlasst (Asset Backed Securities Gesellschaft). Nach dem Anwendungsschreiben zum AStG liegt eine Kapitalaufnahme auf ausländischen Kapitalmärkten vor, falls das Kapital entweder aus einer Anleiheemission auf einen ausländischen Kapitalmarkt kommt, als Darlehen bei einer ausländischen Kapitalsammelstelle beschafft wurde oder von im Ausland ansässigen Personen auf ausländischen Kapitalmärkten zur Verfügung gestellt wird. Darüber hinaus darf keine „mittelbare Kreditaufnahme" auf dem inländischen Kapitalmarkt vorliegen. Erfolgt die Finanzierung der Factoringgesellschaft durch eine konzernfremde ausländische Asset Backed Securities Gesellschaft, sollte davon ausgegangen werden

---
[189] Vgl. Menck, T., StBp 1997, S. 200; Flick, H./Wassermeyer, F./Baumhoff, H., Außensteuerrecht, § 8 AStG, Anm. 93.
[190] Vgl. BMF-Schreiben v. 14. 5. 2004, BStBl 2004 I, Sondernummer 1/2004, Tz. 8.1.3.3.; kritisch Kraft, G., Außensteuergesetz, § 8 AStG, Tz. 143, der auf den wirtschaftlich entscheidenden Vorteil einer Vorfinanzierung durch Factoring abstellt.

dürfen, dass das Kapital auf ausländischen Kapitalmärkten aufgenommen wurde. Zu diesem Zweck muss die Factoringgesellschaft jedoch selbst an den Kapitalmarkt herangetreten sein.[191] Die Qualifizierung als aktive Tätigkeit erfordert ferner, dass das **Kapital „darlehensweise"** zur Verfügung gestellt wird. Da eine Factoringgesellschaft die Forderungen der Originatoren grundsätzlich erwirbt, könnte bei formaler Betrachtung der Schluss gezogen werden, dass die entsprechende Voraussetzung nicht erfüllt ist. Aus wirtschaftlicher Sicht stellt die Factoringgesellschaft jedoch Liquidität vorzeitig zur Verfügung, wodurch die Forderungen der Originatoren bevorschusst werden.[192] Stuft man diese Bevorschussung als Darlehensgewährung ein, sollte die Tätigkeit der Factoringgesellschaft als aktiv gelten dürfen. Im Einzelnen sind diese Voraussetzungen einer aktiven Qualifikation jedoch sehr eng.

Reinvoicing-Gesellschaften üben gleichfalls Finanzierungs-, Delkredere- und Dienstleistungsfunktionen aus. Ihre Tätigkeit besteht darin, Waren von der produzierenden (deutschen) Gesellschaft zu kaufen und die Waren mit einem Gewinnaufschlag in eigenem Namen und auf eigene Rechnung an lokale Vertriebstochtergesellschaften der Muttergesellschaft oder Endkunden weiterzuverkaufen. Häufig übernimmt die Reinvoicing-Gesellschaft zusätzlich das Wechselkursrisiko. Eine solche Zwischenschaltung einer konzerneigenen Handelsgesellschaft ist bei Lieferungen in bestimmte Märkte häufig aus wirtschaftlichen oder politischen Gründen geboten. Für die Steuerbelastung des Konzerns ergibt sich der positive Effekt, dass Finanzierungs- und Dienstleistungstätigkeit sowie die Übernahme des Forderungsausfalls- und Währungsrisikos die Erhebung einer Gewinnmarge rechtfertigen. Diese unterliegt im Ausland im Vergleich zur Besteuerung in Deutschland häufig einer geringeren Belastung. Die Steuerersparnisse können – wie generell bei der Auslagerung von Dienstleistungstätigkeiten – nur erzielt werden, wenn keine Hinzurechnungsbesteuerung vorzunehmen ist. Für diese Gesellschaften bietet sich deshalb ein Standort in einem Land mit einer Ertragsteuerbelastung an, die (knapp) oberhalb der Grenze von 25% zur Niedrigbesteuerung liegt.

Die **steuerliche Attraktivität** ausländischer Factoring- und Reinvoicing-Gesellschaften dürfte durch die in den vergangenen Jahren eingetretene Verschärfung der Hinzurechnungsbesteuerung erheblich eingeschränkt worden sein. Entgegen der früheren Rechtslage können heute nämlich von den gesamten Einkünften der Factoringgesellschaft diejenigen Einkommensteile nicht mehr von der verschärften Hinzurechnungsbesteuerung ausgenommen werden, die nicht auf den An- und Verkauf von Forderungen, sondern auf damit verbundene Dienstleistungen (Kundenbuchhaltung, Inkasso- oder Mahnwesen sowie ggf. auch Übernahme des Delkredererisikos) entfallen. Insoweit kommt es grundsätzlich zur vollen Hinzurechnungsbesteuerung dieser Einkünfte. Wird für Gesellschaften, die ihren Sitz oder ihre Geschäftsleitung in einem Mitgliedstaat der EU oder des EWR haben, nachgewiesen, dass diese insoweit einer tatsächlichen wirtschaftlichen Tätigkeit in diesem Staat nachgehen, gelten Besonderheiten (§ 8 Abs. 2 AStG).[193]

---

[191] Vgl. BMF-Schreiben v. 14. 5. 2004, BStBl 2004 I, Sondernummer 1/2004, Tz. 8.1.7.2.
[192] Vgl. BGH v. 23. 1. 1980, BGHZ 76, S. 126.
[193] Siehe Abschnitt C I.

e) Managementgesellschaften, Kontroll- und Koordinierungsstellen

Die Globalisierung der Weltwirtschaft mit ihrer hohen Mobilität von Waren, Kapital und Arbeit hat dazu geführt, dass internationale Konzerne zunehmend Managementgesellschaften als regionale Führungsinstrumente einsetzen. Das angestrebte Organigramm einer Unternehmensgruppe weist eher die Unterteilung nach betrieblichen Funktionen wie Marketing oder Produktion auf, statt sich an Landesgrenzen oder dem rechtlichen Unternehmensaufbau zu orientieren. Dieses Besinnen auf die Kernkompetenzen in den Unternehmen führt vielfach zur Zusammenfassung bestimmter Funktionen innerhalb der Unternehmensgruppe, indem diese aus den operativen Gesellschaften in einen Zentralbereich ausgelagert werden (gruppeninternes Outsourcing).[194] Solche headquarters, coordination oder shared services centres haben bspw. folgende **Aufgaben**:[195]

– Überwachung der Geschäftsleitung der Tochtergesellschaften im Interesse der Konzernobergesellschaft;
– Festlegung der Konzernstrategie und Anpassung an die örtlichen Verhältnisse;
– Vorbereitung von Fragen mit regional begrenzter Bedeutung für Entscheidungen der Konzernspitze;
– Beratungen unterschiedlichster Art, wie Einkaufs-, Personal-, Finanz- und Investitionsplanung sowie technische oder rechtliche Assistenz;
– Koordination von Forschung und Entwicklung und Know-how-Transfer;
– Abstimmung von Marketing-Maßnahmen einschließlich Marktforschung und Öffentlichkeitsarbeit sowie
– Aufgaben innerhalb des Rechnungs- und Berichtswesens, des Controllings und der internen Revision.

Regelmäßig stehen bei derartigen Kontroll- und Koordinierungsstellen weniger der Steueraspekt und die Auslagerung gewinnträchtiger Tätigkeiten ins Ausland denn **Kosten- und Synergieeffekte** im Vordergrund. Kerngedanke ist also die Vermeidung von Kostenduplizierungen in nicht zum operativen Geschäft der lokalen Unternehmen gehörenden Bereichen, ohne Marktnähe und insbesondere Reaktionsfähigkeit auf sich ändernde Rahmenbedingungen aufzugeben. Aus steuerplanerischer Sicht ist sicherzustellen, dass die in den regionalen Managementgesellschaften anfallenden Aufwendungen den betreffenden Konzerngesellschaften weiterbelastet werden können und dass eine durch mehrfache Zurechnung von Zinsen, Lizenzen usw. mögliche Doppelbesteuerung vermieden wird.[196] Es geht in diesem Zusammenhang also in erster Linie um Fragen der **Verrechenbarkeit** der Koordinierungs- und Managementkosten.[197]

---

[194] Vgl. Endres, D., Unternehmenstätigkeit, 1997, S. 91 ff.
[195] Vgl. BMF-Schreiben v. 24. 8. 1984, BStBl 1984 I, S. 458; Becker, H., DB 1984, S. 1847; ders., Intertax 1989, S. 430 f.; Baumgartner, P./Storck, A., Konzernstrukturen, 1997, S. 7 ff.
[196] Zu Steuerproblemen im internationalen Spartenkonzern vgl. Raupach, A., IStR 1993, S. 194 ff.
[197] Ausführlich zur Verrechenbarkeit von Managementleistungen dem Grunde und der Höhe nach vgl. 5. Teil, 4. Kapitel, Abschnitt C III 1.

Als Standorte für solche coordination centres kommen z. B. Hongkong, die Schweiz oder auch Singapur in Frage.[198] Entscheidend für die Standortwahl ist in der Praxis darüber hinaus, inwieweit mehrsprachiges Personal und eine gute Infrastruktur vorhanden sind und ob die Besteuerung der Mitarbeiter (häufig Expatriates) einer solchen Managementgesellschaft bzw. eines coordination centres als günstig bezeichnet werden kann.

f) Immobiliengesellschaften

Mit zunehmender Dezentralisierung und Internationalisierung der unternehmerischen Tätigkeiten tritt die Problematik der optimalen Nutzung vorhandener Immobilienressourcen in den Vordergrund. Im Kern geht es um Fragen wie Einführung des Marktpreisprinzips für die Nutzung aller betrieblichen Immobilien, optimale Liegenschaftsverwaltung durch spezialisiertes Management sowie Diversifizierung der betrieblichen Aktivitäten in die Bereiche des sog. „real estate development". Konsequenterweise führen derartige Konzepte dazu, dass sich auch der Immobilienbereich zu einem eigenständigen Profit-Centre entwickelt. Solange dieser nur buchhalterisch (d. h. als rechtlich unselbständiger Unternehmensbereich) abgegrenzt wird, entstehen keine spezifischen Steuerfragen. Diese Aussage gilt jedoch nicht mehr, wenn die Immobilienaktivitäten in selbständige Tochterkapitalgesellschaften ausgelagert werden. Probleme entstehen hier insbesondere aufgrund der eventuell mit der Auslagerung einhergehenden **Realisierung der stillen Reserven** des Grundbesitzes.

Eine erfolgsneutrale Ausgliederung von Betrieben in selbständige Kapitalgesellschaften ist im deutschen Steuerrecht nur möglich, wenn ein selbständig lebensfähiger Betrieb oder Teilbetrieb übertragen wird. Die Definition des Teilbetriebs[199] umfasst dabei auch den Immobilienbesitz. Damit lässt sich innerhalb eines Konzerns bei einer Übertragung von betrieblichen Aktivitäten ohne die dazugehörenden Fabrik- und Verwaltungsgebäude die Auflösung der stillen Reserven häufig nicht vermeiden. Das Problem der Besteuerung der stillen Reserven stellt sich in besonderem Maße in Deutschland, im Ausland ist eine Ausgliederung des Immobilienbereiches häufig ohne die restriktiven Kriterien eines Teilbetriebs erfolgsneutral möglich. Eine Möglichkeit zur erfolgsneutralen Verselbständigung des Grundbesitzes in Deutschland bildet die Übertragung des Grundvermögens auf eine Personengesellschaft.

Für die Überlassung von Grundbesitz an die einzelnen Konzerneinheiten ist ein angemessenes **Entgelt** festzusetzen. Besondere Probleme ergeben sich in diesem Zusammenhang bei stadtnahen Standorten, da der Verrechnungspreis in Höhe der Nutzungsvergütungen für vergleichbare Objekte in vielen Fällen den Erfolg der industriell tätigen Tochtergesellschaften in starkem Umfang schmälert. Weitere Fragen stellen sich regelmäßig in Bezug auf den Umfang der Miet- und Pachtgegenstände. So ist bei Fabrikgebäuden bspw. festzulegen, ob der Mieter oder der Vermieter die Einbauten oder Umbauten

---

[198] Vgl. zu Hongkong und Singapur Endres, D./Fuest, C./Spengel, C., Asia-Pacific, 2010, S. 55 ff.
[199] Vgl. R 16 Abs. 3 EStR.

5. Kapitel. Steuerplanung mit Verrechnungspreisen u. Konzernumlagen

vornimmt, und wer die Investition von Betriebsvorrichtungen tätigt und finanziert.

Für die Steuerplanung ist weiterhin zu berücksichtigen, ob bei Immobiliengesellschaften steuerliche Sonderregelungen (wie Übertragung von stillen Reserven auf Reinvestitionen, erweiterte Kürzungsmöglichkeiten bei der Gewerbesteuer) genutzt werden können. Auch grunderwerbsteuerliche Gesichtspunkte können im Einzelfall sowohl für als auch gegen den konzerninternen Einsatz von Immobiliengesellschaften sprechen und sind stets zu bedenken. Für die internationale Steuergestaltung ist die Immobilienbetreuung nur insoweit von Bedeutung, als gewisse Dienstleistungsfunktionen im niedriger besteuernden Ausland zentralisiert und abgerechnet werden können. Dagegen sind erzielte Mietüberschüsse oder Veräußerungsgewinne nach den Grundprinzipien des internationalen Steuerrechts jeweils im **Belegenheitsstaat** steuerlich zu erfassen, so dass insoweit eine Nutzung eines etwaigen Steuersatzgefälles bei Belegenheit im Inland ausscheidet.

g) Übernahme sonstiger Dienstleistungsfunktionen

Die bislang aufgeführten Beispiele für konzerneigene Dienstleistungsgesellschaften sind nicht erschöpfend. Aufgabe der Steuerplanung eines internationalen Unternehmens ist es, Bereiche zu identifizieren, in denen eine Funktionsverlagerung ins Ausland nicht nur steuerliche Vorteile verspricht, sondern auch aus betriebswirtschaftlicher Sicht sinnvoll ist. Die Zentralisierung von Funktionen im Konzern unterstützt den Weg zu einer kostengünstigeren Unternehmensstruktur, da nicht mehr in jedem Land eine kostenintensive Gesamtorganisation vorgehalten werden muss. Der Grad der steuerlich sinnvollen Bündelung richtet sich dabei danach, inwieweit die betrachteten Tätigkeiten eine genügende Standortelastizität aufweisen und im Hinblick auf mögliche Ertragsteuerersparnisse ein ausreichendes Ertragspotenzial besitzen. Zu denken ist dabei u. a. an Leasinggesellschaften zur konzerninternen Zurverfügungstellung von Sachkapital, an EDV-, Beratungs- oder Einkaufszentren sowie u. U. Dienstleistungsgesellschaften, die mit der Übernahme von Buchhaltungsarbeiten beauftragt werden.

Die Wahl des günstigsten Standortes für eine solche Dienstleistungsgesellschaft ist dabei immer von der Art und dem Volumen der ausgeübten Funktion, den dafür in den verschiedenen Ländern gewährten Steueranreizen sowie den betriebswirtschaftlichen und rechtlichen Rahmenbedingungen abhängig.

h) Nutzungsüberlassungen

(1) Vermögensverwaltungsgesellschaften

Im Hinblick auf Forschungs- und Entwicklungstätigkeiten stehen das Lizenzmodell oder die Kostenumlage zur Verfügung.[200] Bei der Entscheidung für eines dieser Modelle sind folgende Vor- und Nachteile gegeneinander abzuwägen. Beim **Lizenzmodell** gehen die Aufwendungen, die in der Forschungs- und Entwicklungsphase anfallen, zu Lasten des forschenden Mutterunternehmens oder einer speziellen Konzernforschungsgesellschaft. Umge-

---

[200] Vgl. 5. Teil, 1. Kapitel, Abschnitt C IV.

kehrt gehen aber bei einer sich anschließenden Verwertung der entwickelten Wirtschaftsgüter die Erträge in die steuerliche Bemessungsgrundlage des Lizenzgebers ein und unterliegen dort der Besteuerung.[201] Führt man sich den Anteil am Ergebnis des Konzerns vor Augen, der häufig auf die Nutzung selbst entwickelter Wirtschaftsgüter zurückgeführt werden kann, ist es aus der steuerlichen Perspektive ratsam, die Lizenzinhaberschaft in einem Land mit einem günstigen Steuerregime anzusiedeln. Die **Vorteilhaftigkeit** basiert dabei im Wesentlichen auf folgenden Aspekten:

- kein Quellensteuerabzug auf Lizenzeinnahmen der die Lizenzen vergebenden Konzerngesellschaft. Zu diesem Zweck ist es bedeutsam, dass der Sitzstaat dieser Gesellschaft mit zahlreichen Ländern DBA abgeschlossen hat, in denen die Kapitalertragsteuern auf Lizenzgebühren aufgehoben oder zumindest wesentlich reduziert werden; in Bezug auf EU-Sachverhalte kann u. U. die Zins- und Lizenzgebührenrichtlinie in Anspruch genommen werden;
- keine oder nur eine geringe Vermögensbesteuerung durch den Sitzstaat der die Lizenzen vergebenden Konzerngesellschaft;
- geringe Besteuerung des Gewinns der Forschungsgesellschaft aus der Lizenzvergabe;
- günstige Verrechnungsmöglichkeiten für die im Rahmen der Forschungs- und Entwicklungstätigkeit ggf. eintretenden Verluste.

Ist die Forschungs- und Entwicklungstätigkeit eines deutschen Konzerns beim Mutterunternehmen in Deutschland angesiedelt, können zwar ggf. eintretende Verluste im Rahmen eines inner- oder interperiodischen Verlustausgleichs gegen vergleichsweise hoch besteuerte Einkünfte verrechnet werden. Erzielt das forschende Unternehmen jedoch Gewinne, wird die Vorgabe einer niedrigen Besteuerung in Deutschland grundsätzlich nicht erreicht.[202] In diesem Fall kann darüber nachgedacht werden, welche steuerlichen Techniken angewendet werden können, um die bereits hergestellten immateriellen Güter möglichst steuerschonend zu verlagern.[203] In der Grundstruktur kann dieses Ziel durch den Verkauf der Wirtschaftsgüter an eine das Vermögen verwaltende **Tochtergesellschaft** (intellectual/intangible property holding company) verwirklicht werden, die ihren Sitz in einem steuergünstigeren Standort hat.[204] Klammert man bestimmte Länder aus, die aus wirtschaftlichen oder politischen Gründen als Standort nicht in Frage kommen, zählen hierzu insbesondere Irland, die Niederlande oder die Schweiz.

---

[201] Siehe auch Scheffler, W./Kusch, C., Steuerplanung, 1999, S. 875 ff.
[202] Eine Gestaltungsmöglichkeit zur Absenkung der effektiven Steuerbelastung besteht allerdings darin, die Lizenzvergabe über eine deutsche Gruppengesellschaft vorzunehmen, die über ungenutzte Verlustvorträge verfügt.
[203] Vor dem Hintergrund der gesetzlichen Vorgaben in Bezug auf die Erfassung und Bewertung eines Transfers vor allem immaterieller Wirtschaftsgüter, ggf. auch im Rahmen einer Funktionsverlagerung (§ 1 Abs. 3 insbesondere Satz 5–12 AStG), ist hierzu jedoch eine sorgfältige Planung erforderlich; ggf. kann eine Verlustsituation zur Aufdeckung stiller Reserven im immateriellen Vermögen genutzt werden; vgl. Oestreicher, A., Verlustberücksichtigung, 2003, S. 108; Reitsam, M., Verlustverwertung, 2006, S. 156; Orth, M., Verlustverwertungsstrategien, 2008, S. 1002 ff.
[204] Vgl. z. B. Cinnamon, A., TPIR 2001, S. 10.

5. Kapitel. Steuerplanung mit Verrechnungspreisen u. Konzernumlagen

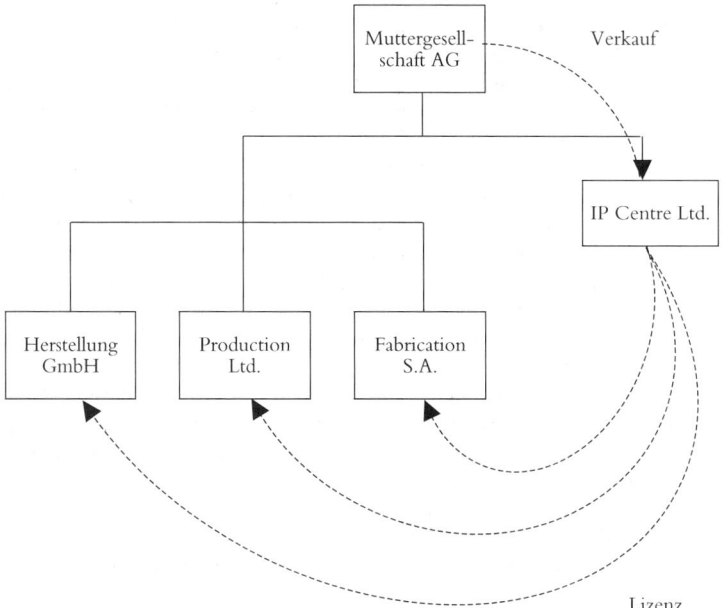

Das Steuerziel einer niedrigen Ertragsteuerbelastung lässt sich indessen nur erreichen, wenn
- das Modell zu einer Verlagerung der steuerlichen **Bemessungsgrundlage** ins niedriger besteuernde Ausland führt. Voraussetzung hierfür ist die steuerliche Anerkennung der von der ausländischen Konzerngesellschaft in Rechnung gestellten Lizenzgebühr als Betriebsausgabe durch die inländische Finanzverwaltung. Die Bestimmung der Verrechnungspreise für die Überlassung von immateriellen Wirtschaftsgütern gehört indes zu den schwierigsten Fragen der internationalen Gewinnabgrenzung, so dass dieser Punkt mit besonderer Sorgfalt zu analysieren ist. Auf die hier bestehenden Möglichkeiten wurde bereits weiter oben detaillierter eingegangen;[205]
- die **Hinzurechnungsbesteuerung** nach dem AStG nicht zur Anwendung kommt. Da die Überlassung von Rechten, Plänen, Mustern, Verfahren, Erfahrungen und Kenntnissen nach dem AStG als eine schädliche Tätigkeit eingestuft wird, wenn der Steuerpflichtige nicht nachweist, dass die ausländische Gesellschaft die Ergebnisse eigener Forschungs- oder Entwicklungsarbeit auswertet, die ohne Mitwirkung der Muttergesellschaft oder einer nahe stehenden Person unternommen wurde (§ 8 Abs. 1 Nr. 6 a) AStG), ist nach der gegenwärtigen Rechtslage der Tatbestand entscheidend, dass die Vermögen verwaltende Tochtergesellschaft keiner niedrigen Besteuerung unterworfen ist;[206]

---

[205] Siehe Abschnitt B IV.
[206] Siehe hierzu BFH v. 3. 5. 2006, BFH/NV 2006, S. 1729; BMF-Schreiben v. 13. 4. 2007, BStBl 2007 I, S. 440; maßgebend ist die jeweils tatsächlich gezahlte Ertragsteuer. Darüber hinaus ist nach dem JStG-E 2010 vorgesehen, dass in die für Zwecke

– die ggf. erforderliche Übertragung von Wirtschaftsgütern steuerschonend vollzogen werden kann. Die Veräußerung der entwickelten Wirtschaftsgüter führt regelmäßig zu einer Aufdeckung der **stillen Reserven,** die ihrer Höhe nach von der Marktreife dieser Wirtschaftsgüter und dem Ergebnis der Kaufpreisfestsetzung geprägt wird. Damit hängt aber die Vorteilhaftigkeit der skizzierten Grundstruktur von der Höhe des Verrechnungspreises ab, den das inländische Mutterunternehmen bei der Übertragung des Vermögens auf die ausländische Verwaltungsgesellschaft ansetzt. Spricht eine hohe Ertragsteuerbelastung bei der Übertragung des immateriellen Vermögens (Patente, Know-how, gewerbliche Schutzrechte, u. a.) gegen eine sofortige Reorganisation der konzerninternen Forschung, so kann alternativ daran gedacht werden, dass die Funktion einer Verwaltung des immateriellen Vermögens nur sukzessive an die in einem günstigen Sitzstaat ansässige Verwaltungsgesellschaft übertragen wird. Möglich wird dies z. B. dadurch, dass diese Gesellschaft ab einem bestimmten Zeitpunkt die Verantwortung für **neue Forschungsprojekte** übernimmt (fading out), die sie dann entweder selbst durchführt oder im Wege der Auftragsforschung koordiniert. In diesem Zusammenhang gehen die Überlegungen häufig dahin, dass die Kapazitäten der Muttergesellschaft weiter genutzt werden. Zu diesem Zweck wird zwischen der Muttergesellschaft und dem ausländischen Konzernunternehmen vereinbart, dass zukünftig die inländische Forschungs- und Entwicklungstätigkeit als reine Auftragsforschung für die ausländische Konzerngesellschaft durchgeführt wird. Auf diese Weise wird sichergestellt, dass sowohl das immaterielle Vermögen als auch das mit der Forschung und Entwicklung verbundene Risiko bei der ausländischen Konzerngesellschaft angesiedelt sind.

Ein weiterer Übertragungsweg kann darin bestehen, dass die Muttergesellschaft die von ihr entwickelten Wirtschaftsgüter in einen **Kostenumlagevertrag** mit der ausländischen Konzerngesellschaft einbringt. Da der entstehende Pool rechtlich nicht selbständig ist, liegt bei dieser Einbringung keine Übertragung auf einen anderen Rechtsträger vor. Stattdessen ist nach den Verwaltungsgrundsätzen von einer Überlassung dieser Wirtschaftsgüter zur Nutzung auszugehen, deren Wert grundsätzlich nach den entstandenen Aufwendungen zu bemessen ist.[207]

> **Beispiel:** Die deutsche A-GmbH und die schweizerische C-AG planen die gemeinsame Entwicklung einer Software-Technologie, die nach Abschluss der Entwicklungsarbeiten von beiden Unternehmen im Rahmen der Abwicklung von Kundenaufträgen eingesetzt wird. Die A-GmbH hat einen Teil der Technologie, die im Rahmen der Forschungsgemeinschaft ausgebaut und zur Marktreife geführt werden soll, bereits selbst entwickelt. Es wird vereinbart, dass A für die Überlassung dieser Technologie an den Pool ein nach den ursprünglichen Aufwendungen der A-GmbH zu bestimmendes Nutzungsentgelt (angemessenes Lizenzentgelt abzüglich eines Gewinnaufschlags) erhalten soll. Umgekehrt wird A nach seinem Anteil an den Entwicklungskosten des Pools für die neue Technologie belastet. Nach Abschluss der Entwicklungsarbeiten hat die C-

---

der Feststellung einer niedrigen Besteuerung durchzuführende Belastungsrechnung Ansprüche der Gesellschafter auf Erstattung oder Anrechnung der von der ausschüttenden ausländischen Gesellschaft gezahlten Ertragsteuer einzubeziehen sind (§ 8 Abs. 3 Satz 2 AStG). Vgl. BT-Drs. 17/2249, S. 24.

[207] Vgl. Verwaltungsgrundsätze-Umlagen, BMF-Schreiben v. 30. 12. 1999, BStBl 1999 I, S. 1122, Tz. 2.1, Abs. 3; dazu auch OECD, Leitlinien 2010, Tz. 8.15 f.

AG aufgrund ihrer Beiträge zu den Entwicklungskosten das Recht erworben, die neu entwickelte Software-Technologie für das Produkt auf ihrem Markt qua Eigentümerstellung selbst zu verwerten.

Mit Wirkung vom 1. 1. 2007 wurde in den **Niederlanden** ein besonderes Steuerregime für die Besteuerung von Einkünften aus der Verwertung von bestimmten immateriellen Vermögenswerten, insbesondere Lizenzen (Patentbox) eingeführt.[208] Ursprünglich war dieses Regime beschränkt auf Steuerpflichtige, die diese immateriellen Vermögenswerte nach dem 31. 12. 2006 selbst entwickelt haben und für die sie ein nach niederländischem oder ausländischem Recht erteiltes Patent besitzen. Im Jahre 2008 wurde die Begünstigung jedoch ausgeweitet auf nicht patentierte Forschungs- und Entwicklungstätigkeiten, womit die Patentbox zur **Innovationsbox** weiterentwickelt wurde. Die gleichzeitig eingeführte Beschränkung der maximalen Gewinne, die ermäßigt besteuert wurden, wurde zum 1. 1. 2010 wieder aufgehoben. Daneben wurde die Besteuerung weiter ermäßigt. Nach dem neuen Regime werden Lizenzeinkommen nur mit 5/25,5 der aktuellen Nettoergebnisse aus erhaltenen Lizenzgebühren einschließlich Kapitalerträgen und der entsprechenden Abschreibungen der aktivierten Forschungs- und Entwicklungskosten sowie anderen zuordenbaren Aufwendungen der Besteuerung zugrunde gelegt. Bei einem aktuellen Steuersatz i. H. v. 25,5% resultiert daraus eine effektive Steuerbelastung von 5%. Die Entwicklung muss allerdings in einem nennenswerten Umfang von Arbeitnehmern des niederländischen Steuerpflichtigen geleistet werden, für die er eine besondere Forschungs- und Entwicklungsanmeldebescheinigung erhalten hat. Die Begünstigung greift aber grundsätzlich auch in Situationen, in denen die Forschungs- und Entwicklungstätigkeit teilweise von Dritten durchgeführt wird oder im Wege der Auftragsforschung außerhalb der Niederlande stattfindet. Das selbstgeschaffene Wirtschaftsgut muss allerdings dem niederländischen Steuerpflichtigen zurechenbar sein. Markenrechte und Markenzeichen werden von dieser Steuerbegünstigung einer Innovationsbox nicht erfasst. Die maximale Bemessungsgrundlage für dieses spezielle Steuerregime ist auf das Vierfache der Summe aus aktivierten Forschungs- und Entwicklungskosten und aktivierten Kosten der Weiterentwicklung begrenzt.

(2) Patent-, Lizenz- und Markenverwertungsgesellschaften

Beim **Umlagemodell** erfolgt eine Aufteilung der für die Forschungs- und Entwicklungstätigkeit anfallenden Kosten auf die an der Umlage beteiligten Konzerngesellschaften. Die auf deutsche Vertragsteilnehmer entfallenden Aufwendungen sind dabei grundsätzlich sofort als Betriebsausgaben abziehbar.[209] Steuerliche Probleme können sich aber im Zusammenhang mit der Anerkennung des auf die Teilnehmer entfallenden Anteils der Höhe nach ergeben. Grundsätzlich wird der umlagefähige Aufwand auf Basis des Nutzens, den jedes Poolmitglied für sich erwartet, aufgeteilt. Mit diesen Regelungen ist die Höhe des laufenden Einkommens der Poolmitglieder auf die Differenz zwischen den laufenden Einnahmen aus der Verwertung der entwickelten Wirt-

---

[208] Vgl. Eynatten, W., Intertax 2008, S. 514 f.; Schlie, I./Stetzelberger, A., IStR 2008, S. 273.
[209] Vgl. dazu im Einzelnen 5. Teil, 1. Kapitel, Abschnitt C IV 2 e).

schaftsgüter (Einsatz im eigenen Unternehmen oder Lizenzierung an ausgewählte Vertragspartner) und der anteilig auf sie entfallenden Aufwendungen begrenzt. Daneben können bei einem Wechsel im Bestand der Poolmitglieder Gewinne aus der anteiligen Veräußerung der im Rahmen der bisherigen Tätigkeit entwickelten Wirtschaftsgüter, angefangenen Arbeiten oder Kenntnisse entstehen.[210] In keinem Fall unterliegt die Umlage jedoch einem Abzug für Quellensteuer auf Lizenzzahlungen.

Entscheidet sich ein Konzern für ein Umlagemodell, so kann die Organisation der Forschungsaufgaben gleichwohl in einer Zentralgesellschaft erfolgen. Darüber hinaus kann auch die Zentralgesellschaft die Aufgaben einer **Patent- und Lizenzverwertung** übernehmen. Die Partner des Umlagevertrages können vereinbaren, dass der Umlagevertrag über eine spezielle Gesellschaft abgewickelt wird, wobei aus einer zivilrechtlichen Perspektive verschiedene Gestaltungsvarianten möglich sind.

Aus deutscher Sicht ist es ausreichend und möglich, die Rechte aus den Ergebnissen der Forschung und Entwicklung, die aus der Tätigkeit der Poolgesellschaften resultieren,[211] für Zwecke der Anmeldung und zentralen Verwaltung der hiermit verbundenen Schutzrechte im Rahmen eines Auftragsverhältnisses **treuhänderisch** auf eine spezielle Gesellschaft zu übertragen (Patentverwertungsgesellschaft). Daneben ist eine Übertragung des (schuldrechtlich gebundenen) rechtlichen Eigentums (Recht auf die Patente) auf die Treuhänderin möglich (**Verwaltungstreuhand mit Übereignung**). Diese Übertragung führt dann nicht zwingend zu einer Gewinnrealisierung, wenn das Nutzungsrecht an den Forschungsergebnissen (wirtschaftliches Eigentum) bei den Partnern des Umlagevertrages verbleibt. Gleichwohl ist die damit verbundene Aufspaltung des Eigentums in „rechtliches" und „wirtschaftliches" Eigentum nicht in jedem Fall zu empfehlen, da die Zwischenschaltung eines Rechtsträgers zu Nachteilen bei der Anwendung von DBA und der Anrechnung ausländischer Steuern führen kann. Diese Probleme treten auf, wenn Lizenzen an dritte Vertragsnehmer erteilt werden. Die dritte Variante schließlich, **Übertragung der vollen Rechte** (auf die Patente und aus den Ergebnissen der Forschung und Entwicklung) auf die Zentralgesellschaft (rechtliches und wirtschaftliches Eigentum) führt zur Gewinnverwirklichung, wenn die Übertragung erst zu Beginn der Verwertungsphase eines durch den Pool bereits entwickelten Produkts erfolgt. Die Gewinnrealisierung ließe sich nur vermeiden, wenn die Rechte an den Forschungsergebnissen von vornherein der Verwertungsgesellschaft zustehen.[212] Hierzu wäre jedoch ein Auf-

---

[210] Vgl. dazu im Einzelnen 5. Teil, 1. Kapitel, Abschnitt C IV 2 d).
[211] Die Terminologie des deutschen Patentrechts unterscheidet nicht zwischen Eigentümer und Besitzer, sondern zwischen Erfinder und Patentinhaber. Der Erfinder hat das Recht auf das Patent (§ 6 Satz 1 PatG). Erfinder können auch mehrere sein, also auch mehrere juristische Personen. Diese erlangen ein gemeinschaftliches Recht auf das Patent (§ 6 Satz 2 PatG). Für das Recht auf das Patent (Gesamtheit der aus der Erfindung herrührenden Rechte) ist eine Anmeldung nicht erforderlich. Der Erfinder erlangt die Rechte aus seiner Erfindung nicht erst durch Eintragung beim Patentamt. Durch die Eintragung erlangt er vielmehr (nur) den von ihm begehrten Schutz seiner Erfindung. Der Patentinhaber dagegen, der mit dem Erfinder nicht personenidentisch sein muss, erlangt das Nutzungsrecht aus dem Patent. Ihm steht das Recht aus dem Patent zu. Dieses Nutzungsrecht kann ganz oder teilweise übertragen werden.
[212] Vgl. Vögele, A./Freytag, U., IStR 2000, S. 252.

5. Kapitel. Steuerplanung mit Verrechnungspreisen u. Konzernumlagen

tragsverhältnis zwischen der Verwertungsgesellschaft und dem Forschungspool erforderlich, in dem die Verwertungsgesellschaft als Auftraggeber fungiert.

Sollen bei der Einschaltung einer speziellen Verwertungsgesellschaft für Wirtschaftsgüter, die im wirtschaftlichen **Eigentum des Pool** bleiben (ursprünglicher Sinn des Poolgedankens), sowohl eine Aufdeckung der stillen Reserven im entwickelten Wirtschaftsgut vermieden als auch die Möglichkeiten einer Anrechnung ausländischer Steuern gewahrt werden, sollten die Nutzungsrechte an den Ergebnissen der Forschungs- und Entwicklungstätigkeit im Rahmen eines Auftragsverhältnisses treuhänderisch auf die spezielle Gesellschaft übertragen werden. Im Einzelnen sind dabei folgende Aspekte zu berücksichtigen:

– Die spezielle Gesellschaft kann und sollte nicht selbst **Partner** des Forschungspools sein. Nach den Verwaltungsgrundsätzen zu Kostenumlagen können Partner eines Umlagepools nur Unternehmen sein, die ein gleichgerichtetes Interesse verfolgen, d. h. die Leistungen für die Interessengemeinschaft in gleicher Weise nutzen. Bei einem Forschungs- und Entwicklungspool verfolgen Patentverwertungsgesellschaften andere Interessen als Produktionsgesellschaften.

– Die spezielle Gesellschaft sollte ebenso nicht als **Auftraggeberin** (auf eigene Rechnung) für die Forschungs- und Entwicklungsprojekte des Umlagepools eingesetzt werden, sondern als Treuhänderin, die von den konzernangehörigen Gesellschaften (mit Forschungs- und Entwicklungseinrichtungen) beauftragt und ermächtigt ist, weltweit die Schutzrechte für sämtliche immateriellen Wirtschaftsgüter im eigenen Namen anzumelden und aufrechtzuerhalten. Das deutsche Patentrecht sollte einer Anmeldung durch eine juristische Person, die nicht Erfinderin ist, nicht entgegenstehen. Zu beachten ist aber, dass zur Wahrnehmung der Rechte in Deutschland ein Inlandsvertreter (Patentanwalt oder Rechtsanwalt) erforderlich ist.

– Die spezielle Gesellschaft sollte weiterhin die **Rechte** nur eingeschränkt für Zwecke der Registrierung, Verwaltung und Weiterlizenzierung erwerben. Hierzu ist ein Lizenzvertrag über die Patentinhaberschaft erforderlich, der mit den Erfindern, d. h. den Poolgesellschaften, geschlossen werden kann. Dieser Lizenzvertrag ist eine separate Vereinbarung, die neben dem Umlagevertrag, der das Verhältnis zwischen den Poolgesellschaften regelt, zwischen der Verwertungsgesellschaft und den Poolgesellschaften geschlossen wird.

– Die Partner des Umlagepools sollten das uneingeschränkte Recht auf eigenständige Nutzung der aus der vereinbarten Tätigkeit entstehenden Ergebnisse zurückbehalten. Zu diesem Zweck sollte ein **Rechtsanspruch** auf die Nutzung der Forschungsergebnisse festgelegt werden.

Als Beauftragter der am Forschungspool beteiligten Partner erhält die Patentverwertungsgesellschaft lediglich das vertraglich definierte Nutzungs-/Verwertungsrecht an den Ergebnissen der Forschungs- und Entwicklungstätigkeit. Erträge aus Lizenzen muss sie dagegen nach Maßgabe des vereinbarten Schlüssels an die Partner des Umlagevertrages weitergeben. Ihr eigener Entgeltanspruch umfasst lediglich ein **Dienstleistungsentgelt** (handling fee) für die Leistungen, die sie im Rahmen des Auftragsverhältnisses für die Poolgesellschaften erbringt. Diese Leistungen sind zu Fremdpreisen an den

Pool zu verrechnen. Für die Bestimmung der Fremdpreise wird dabei regelmäßig die Kostenaufschlagsmethode heranzuziehen sein. Dabei wird nach allgemeiner Praxis ein Aufschlag von bis zu 5% auf die tatsächliche Wertschöpfung berechnet.[213] Der an die Poolpartner verrechnete Betrag ist im Wege der Umlage aufzuteilen. Dabei sind Doppelverrechnungen zu vermeiden.

Die Ergebnisse, die aufgrund der gemeinsamen Forschungs- und Entwicklungstätigkeit erzielt werden, stehen den Teilnehmern jeweils selbst zu. Damit können die Vertragsteilnehmer die Forschungsergebnisse aufgrund ihrer eigenen Kostenbeiträge nutzen. Auf diese Kostenbeiträge der Poolpartner darf im Empfängerland keine **Quellensteuer** erhoben werden. Werden die Rechte durch eine Patentverwertungsgesellschaft gegen Lizenz an außerhalb des Pools stehende Dritte vergeben, sind folgende Grundsätze zu beachten:

– Handelt die spezielle Konzerngesellschaft **treuhänderisch** im Auftrag der Poolgesellschaften (Patentverwertungsgesellschaft), richten sich, da die Verwertungsgesellschaft in ihrer Eigenschaft als Treuhänderin nicht selbst abkommensberechtigt ist, die Abkommensberechtigung und die Abkommensfolgen nach dem jeweiligen DBA, das zwischen den Partnern des Umlagevertrages und dem Empfänger der Nutzungsrechte besteht. Das gleiche gilt für die Anrechnung etwa erhobener ausländischer Steuern.

– Ist die spezielle Konzerngesellschaft dagegen rechtliche **Eigentümerin** der Patente (Verwaltungstreuhand mit Übereignung), hätte dies u. U. nachteilige Folgen, da für die Abkommensberechtigung, so sie überhaupt anerkannt wird, die zivilrechtliche Rechtsstellung maßgebend ist, während die Anrechnung ausländischer Steuern nur dem wirtschaftlichen Eigentümer zusteht.[214]

Für **Marken** und andere immaterielle Wirtschaftsgüter der Absatzförderung kommt regelmäßig nur das **Lizenzmodell** in Frage.[215] Während Patente und Know-how i. d. R. das Ergebnis risikoreicher, aufwendiger Forschung und Entwicklung, d. h. durch eine „vorlaufende" Aufwandsstruktur gekennzeichnet sind, verursacht die formalrechtliche Begründung einer Marke hingegen oft keine hohen Kosten; es wird aber zunehmend aufwendiger, der Marke einen Wert zu geben und diesen Wert zu erhalten oder zu steigern (z. B. intensive und kostspielige Image- und Werbekampagnen, aufwendige Qualitätskontrollen). Die Aufwandsstruktur ist demnach „nachlaufend". Ausgaben für Werbung fallen nicht nur beim Eigentümer der Marke, sondern auch beim Lizenznehmer an, wodurch besondere steuerliche Probleme entstehen.

Auch die **Firma** und Marke(n) haben unterschiedliche Funktionen. Die Firma ist im Handelsrecht der Name, unter dem ein Kaufmann seine Geschäfte betreibt.[216] Sie steht deshalb – wie der Handelsname – für das Unternehmen. Demgegenüber steht die Marke für Erzeugnisse und/oder Dienstleistun-

---

[213] Vgl. Verwaltungsgrundsätze-Umlagen, BMF-Schreiben v. 30. 12. 1999, BStBl 1999 I, S. 1122.
[214] Vgl. Becker, H., Forschungstätigkeiten, 1997, S. 55.
[215] Während Patente und Know-how sich auf Rechte zur Herstellung von Produkten beziehen, d. h. produktionsorientiert sind, gehören Handelsnamen und Marken zu den Instrumenten des Absatzes – sie sind abnehmerorientiert.
[216] Zum Begriff der Firma und zu zivilrechtlichen Fragen der Firmenveräußerung und der Firmenlizenz vgl. Köhler, H., DStR 1996, S. 510 ff.

5. Kapitel. Steuerplanung mit Verrechnungspreisen u. Konzernumlagen 1157

gen, die auf diese Weise mit einem Gütesiegel und Hinweisen auf die corporate identity versehen werden (vgl. z. B. § 3 Abs. 1 MarkenG). Beide Rechte sind deshalb strikt zu trennen. Rechtliche Befugnisse in Bezug auf eines dieser Rechte umfassen niemals auch automatisch das andere Recht.

Unabhängig von der zeitlichen Struktur der Ausgaben repräsentieren Marken häufig einen erheblichen Wert, der im Einzelfall einen wesentlichen Teil des Gesamtwerts von Unternehmen ausmachen kann. Hier erfordert der zunehmende Dezentralisierungs- und Internationalisierungsgrad industrieller Prozesse zunehmd die Entwicklung der Konzernmarke als Sinnbild einer einheitlichen Markenpolitik und der corporate identity oder des corporate branding.[217] Historisch betrachtet ist der Markenrechtseigentümer typischerweise das Stammhaus oder zunehmend die Konzernholding. Insoweit ergibt sich steuerlich die Notwendigkeit, diese Wirtschaftsgüter zu konkretisieren, zu bewerten und zu verrechnen. Aus einer steuerplanerischen Perspektive kann es zudem vorteilhaft sein, das Eigentum an den Markenrechten und die Lizenzvergabe in einem Land anzusiedeln, das über ein günstiges Steuerregime verfügt. Im Grundsatz unterscheidet sich diese Problemstruktur nicht von der oben diskutierten Situation bei anderen Schutzrechten, dem Urheberrecht oder Know-how.

III. Sperren auf dem Weg zu einer niedrigen Konzernsteuerquote

1. Abwehrmechanismen der Steuergesetzgebung

Eine sorgfältige Steuerplanung erfordert immer auch eine Prüfung, mit welchem Grad an Sicherheit die vorgeschlagene Gestaltung von den Finanzbehörden anerkannt wird. Es liegt auf der Hand, dass Funktionsverlagerungen ins niedriger besteuernde Ausland mit den Interessen des deutschen Fiskus kollidieren. Die gewünschte Ausklammerung des Auslandsgewinns aus der deutschen Bemessungsgrundlage kann somit nur erreicht werden, wenn die eingeschlagene Vorgehensweise der kritischen Überprüfung im Hinblick auf die Abwehrmechanismen der deutschen Steuergesetzgebung standhält. Hier besitzt die Finanzverwaltung insbesondere mit den Vorschriften des AStG eine Handhabe, die eine unangemessene Ausnutzung des internationalen Steuergefälles verhindern soll und in den letzten Jahren für ausländische Finanzierungs- und Kapitalanlagegesellschaften immer wieder verschärft worden ist. Es dürfen auch nicht Tatbestände geschaffen werden, die die Annahme einer inländischen Geschäftsleitung oder eines Rechtsmissbrauchs rechtfertigen.[218] Schließlich ist auch die Verrechnungspreispolitik zwischen der Auslandsgesellschaft und den übrigen (insbesondere inländischen) Konzerneinheiten streng an dem Maßstab des Fremdverhaltens auszurichten.

Der besonnene Unternehmer wird sich dieser Schranken immer bewusst sein und Konstruktionen mit funktionsarmen Auslandsgesellschaften reserviert gegenüberstehen. Nur falls ein ausreichendes Volumen an ins Ausland über-

---

[217] Vgl. Zeug, A., Konzernmarke, 1988, S. 16 ff. Beispiele für attraktive Marken in Deutschland sind Nivea, Volkswagen oder Adidas. Vgl. Brand Asset Valuator, Young & Rubicam, zitiert nach o. V., Fonds Magazin 3/2001, S. 13.
[218] Zur Analyse der Rechtsprechung im Hinblick auf die Annahme unbeschränkter Steuerpflicht bzw. eines Gestaltungsmissbrauchs vgl. die Ausführungen zur Holdinggesellschaft im 5. Teil, 4. Kapitel, Abschnitt C III 2 b).

tragbaren Aufgaben existiert, auch wirtschaftliche Gründe für ein Auslandsengagement sprechen und dessen Risiken abschätzbar sind, wird er eine Auslandsinvestition ernsthaft in Erwägung ziehen. Mit Blick auf die zunehmend restriktivere Einstellung der Finanzverwaltung muss in der Auslandseinheit genügend wirtschaftliche Substanz angesiedelt sein, wobei die sachliche und personelle Ausstattung der Gesellschaft, die Motivation für ihre Errichtung und die im Ausland ausgeübte Tagespolitik ständig zu dokumentieren sind.

Allerdings ist es im Zeitalter der Globalisierung für einen Großteil international operierender Unternehmen häufig schon aus Gründen der wirtschaftlichen Effizienz erforderlich, die Struktur des Konzerns an die veränderten Bedingungen anzupassen. Bei der damit verbundenen Neuordnung von Konzernstrukturen können Unternehmen das steuergünstige Ausland berücksichtigen, ohne hierbei den Anschein leerer Firmenmäntel zu erzeugen. Ist die grundsätzliche Entscheidung für eine dezentrale Organisation getroffen und soll das Outsourcing nicht nur auf Inlandsorte beschränkt bleiben, so gilt es weitere steuerliche, rechtliche und wirtschaftliche Sperren auf dem Weg zu der gewünschten Konzernstruktur zu bedenken. In steuerlicher Hinsicht ist insoweit auf mögliche „Einmalsteuern" hinzuweisen, worunter neben den nachfolgend noch näher beschriebenen Fragen der Gewinnrealisierung durch Übertragung materieller und insbesondere immaterieller Wirtschaftsgüter (Geschäftswert, Gewinnpotenzial)[219] auch Verkehrsteuern (in Deutschland insbesondere die Grunderwerbsteuer) einzustufen sind. Insoweit bietet sich ein Umdenken im Hinblick auf ein vermehrtes Auslandseinkommen speziell bei der Neuaufnahme von Aktivitäten an, da in diesen Fällen regelmäßig die Problematik der „Einmalsteuern" geringer ist. Rechtliche Probleme der Funktionsverlagerung können vielfältiger Natur sein, beginnend bei dem Übergang von Arbeitsverhältnissen nach § 613a BGB bis hin zur Zulässigkeit der Übernahme bestimmter Beratungsleistungen durch Auslandsgesellschaften nach dem RBerG.[220] Auch die Spanne betriebswirtschaftlicher Gesichtspunkte ist weit und umfasst u. a. Mitbestimmungseinflüsse, die Personalpolitik, Kostensenkungen, Effizienzsteigerung durch Spezialisierung und Konzentration, Währungskonsequenzen und den Einfluss auf Image und Marktstellung.[221]

Auch bei dem ernsthaften Versuch, alle möglichen Barrieren und gegenläufigen Effekte auf dem Weg zu einer niedrigen Konzernsteuerquote zu identifizieren, bleiben mit dem Internationalisierungsprozess Unwägbarkeiten verknüpft. In steuerlicher Hinsicht betreffen diese sowohl die Fortentwicklung des Steuerklimas im Ausland als auch eine mögliche weitere Verschärfung des deutschen Außensteuerrechts. Soweit die Nutzung des internationalen Steuergefälles durch deutsche Konzerne noch auf dem internationalen Schachtelprivileg basiert, gilt es zu beachten, dass diese Steuerfreistellung in der jüngeren Abkommenspolitik durch Aktivitäts-, Rückfall- oder Switch-over-Klauseln zunehmend eingeschränkt wird. Letztlich ist bei solchen Gestaltungen, die sich in der Grauzone zwischen förderungswürdigen Auslandsinvestitionen

---

[219] Vgl. hierzu Abschnitt B IV 1 b).
[220] Vgl. zu Rechtsproblemen beim Outsourcing von Service-Abteilungen Hübner-Weingarten, R. M., DB 1997, S. 2593 ff.
[221] Vgl. Selent, A., Unternehmensstrukturierung, 1997, S. 54 ff.

und unangemessenen Gewinnverlagerungen bewegen, auch auf die Gefahr einer endgültigen Doppelbesteuerung im Falle eines Missbrauchsverdikts hinzuweisen.

2. Verrechnung konzerninterner Reallokationsmaßnahmen im Zusammenhang mit Outbound-Investitionen

a) Grundlagen

Werden im Zusammenhang mit der Verlagerung von Funktionen Wirtschaftsgüter auf eine ausländische Konzerngesellschaft übertragen, sind für die einzelnen Vermögenswerte Fremdvergleichspreise anzusetzen. Dies gilt auch dann, wenn sich der Wert dieser Wirtschaftsgüter in der Beteiligung an der ausländischen Tochtergesellschaft fortsetzt. Nach der Logik des AStG sind die Vermögenswerte, die anlässlich einer Funktionsverlagerung übertragen werden, auf der Grundlage eines Transferpakets zu bewerten. Liegen für das Transferpaket keine zumindest eingeschränkt vergleichbaren Fremdvergleichswerte vor, hat der Steuerpflichtige das **Transferpaket** grundsätzlich mit Hilfe eines hypothetischen Fremdvergleichs unter Berücksichtigung funktions- und risikoadäquater Kapitalisierungszinssätze zu bestimmen. Werden keine wesentlichen immateriellen Wirtschaftsgüter übertragen, entspricht die Summe der **Einzelverrechnungspreise** gemessen am Wert des Transferpakets als Ganzes dem Fremdvergleichspreis oder wird wenigstens ein wesentliches Wirtschaftsgut übertragen, das der Steuerpflichtige genau bezeichnet, können alternativ Einzelverrechnungspreise angesetzt werden (§ 1 Abs. 3 Satz 9 und 10 AStG). Die (nachträgliche) Einführung vor allem der zuletzt genannten Ausnahmeregelung hatte die erneute Diskussion zur Folge, ob im Zuge der Verlagerung einer Funktion über den Kreis der einzelnen materiellen und immateriellen Wirtschaftsgüter hinaus auch ein Entgelt für den Firmenwert oder **firmenwertähnliche Wirtschaftsgüter** zu vergüten ist.

Die Rechtsprechung des BFH geht im Grundsatz davon aus, dass der Geschäftswert grundsätzlich mit dem Betrieb verwoben ist und daher weder separat veräußert noch entnommen werden kann. Abgesehen von Sonderfällen wie z. B. der Begründung einer Betriebsaufspaltung oder der Realteilung folge der Geschäftswert dem übertragenen Betrieb und könne nur mit diesem übertragen werden.[222] Ob auch die Verlagerung einer Funktion zu den Sonderfällen gehört, in denen ein Geschäftswert übergehen kann, wurde höchstrichterlich noch nicht entschieden. Man wird aber davon ausgehen müssen, dass sich geschäftswertbildende Faktoren auf die Einzahlungsüberschüsse auswirken können, die aus dem Einsatz immaterieller Wirtschaftsgüter oder einem Transferpaket erwartet werden.

Beispiel: Im Zuge einer Funktionsverlagerung ist geplant, dass ein leitender Entwicklungsingenieur für einen Zeitraum von drei Jahren zur aufnehmenden Gesellschaft entsandt wird, um diese Gesellschaft beim Aufbau eines vorgesehenen Werkes zu unterstützen. Der Entwicklungsingenieur ist bestens vernetzt, so dass sich dem Konzern schnelle Erfolge verspricht. Man wird nicht bestreiten können, dass ein fremder Dritter regelmäßig bereit sein dürfte, für entsprechende Synergievorteile, die aus den persönli-

---

[222] Vgl. BFH v. 27. 3. 1996, BStBl 1996 II, S. 576; BFH v. 27. 3. 2001, BStBl 2001 II, S. 771; BFH v. 26. 11. 2009, BFH/NV 2010, S. 721.

chen Netzwerkbeziehungen des entsandten Entwicklungsingenieurs resultieren können, positive Preise zu zahlen bereit ist, wenn ihm diese Vorteile einen quantifizierbaren finanziellen Nutzen verschaffen.

Die Berücksichtigung geschäftswertbildender Faktoren bedarf aber einer sorgfältigen Analyse im Einzelfall. Es kann nicht unterstellt werden, dass sich geschäftswertbildende Faktoren regelmäßig auswirken.[223] Es steht weder fest, dass in jedem Fall geschäftswertbildende Faktoren auf einen Erwerber übergehen, noch kann das generell ausgeschlossen werden. Dementsprechend darf aber auch im Rahmen einer Gesamtbewertung nicht zwingend unterstellt werden, dass sich geschäftswertbildende Faktoren auf den Wert des Transferpakets auswirken. Einzelheiten zum Gegenstand der Vergütungspflicht, zur Bewertung der übertragenen Vorteile sowie zu Schadensersatz-, Entschädigungs- oder Ausgleichszahlungen wurden bereits bei der Verrechnung konzerninterner Reallokationsmaßnahmen im Zusammenhang mit Inbound-Investitionen analysiert, so dass auf diese Ausführungen verwiesen werden kann.[224] Die folgenden Abschnitte können sich daher auf betriebliche Anwendungsfälle beschränken, die im Zusammenhang mit Outbound-Investitionen typisch sind.

b) Vertrieb

Die Aufgaben des Vertriebs bilden eine Funktion, wenn sie aus einer Zusammenfassung gleichartiger Aufgaben bestehen, die von Personal in bestimmten Stellen oder Abteilungen eines Unternehmens erledigt werden.[225] Der Vertrieb wird verlagert, wenn Wirtschaftsgüter und sonstige Vorteile sowie die damit verbundenen Chancen und Risiken übertragen oder zur Nutzung überlassen werden, damit diese Vertriebsaufgaben durch ein übernehmendes Unternehmen ausgeübt werden können und dadurch die Ausübung der betreffenden Funktion durch das verlagernde Unternehmen eingeschränkt wird (§ 1 Abs. 2 FVerlV). Entsprechend gilt als Funktionsverlagerung die Verlagerung des Vertriebs auf einen Eigenhändler. Vergleichbares gilt nach den Verwaltungsgrundsätzen für die Verlagerung auf einen Vertragshändler.[226]

Ein Unternehmen ist typischer **Eigenhändler,** wenn es die Vermarktungsfunktion ausübt und über die dazugehörigen Entscheidungskompetenzen verfügt sowie ihm die für die Funktion wesentlichen Betriebsgrundlagen und die mit der Tätigkeit des Eigenhändlers verbundenen Chancen und Risiken zuzurechnen sind. Der Eigenhändler ist ein weitgehend eigenständiges Unternehmen. Er arbeitet weder für Rechnung des Herstellers noch ist er in seine Absatzorganisation eingegliedert. Er verfügt vielmehr über seine eigene Absatzorganisation, seinen eigenen Markt und Kundenstamm. Sein Ziel besteht darin, unter dem eigenen Namen bekannt zu sein und Reputation aufzubauen, während Konzernunternehmen i. d. R. unter dem Namen ihrer Mutter-

---

[223] Vgl. Verwaltungsgrundsätze-Funktionsverlagerung, BMF-Schreiben v. 13. 10. 2010, BStBl 2010 I, S. 774, Rn. 75 f.
[224] Vgl. Abschnitt B IV 1.
[225] Vgl. Verwaltungsgrundsätze-Funktionsverlagerung, BMF-Schreiben v. 13. 10. 2010, BStBl 2010 I, S. 774, Rn. 14 ff.
[226] Vgl. Verwaltungsgrundsätze-Funktionsverlagerung, BMF-Schreiben v. 13. 10. 2010, BStBl 2010 I, S. 774, Rn. 210, 213.

gesellschaft und für den Vertrieb derer Marken bekannt sind. Von daher ist auch für den Eigenhändler typisch, dass er die Produkte verschiedener Hersteller führt und auch Handelsmarken vertreibt. Er dominiert dort, wo es für den Erfolg primär auf die Strategie im Vertrieb ankommt, während die spezifischen Eigenschaften der Produkte in den Hintergrund treten.

Für den **Vertragshändler** ist typisch, dass er in die Absatzorganisation des Herstellers eingegliedert ist und über keinen eigenen Kundenstamm verfügt. Merkmale eines Vertragshändlers sind unter anderem die Zuweisung eines bestimmten Absatzgebietes, die Einräumung eines Alleinvertriebsrechts, eine Berichtspflicht, Wettbewerbsbeschränkungen sowie die Einbeziehung in Preisbindungen und Werbemaßnahmen des Herstellers.

Wird im Rahmen einer Funktionsverlagerung durch den Abschluss eines Vertragshändlervertrags lediglich die **operative Vertriebstätigkeit** auf eine ausländische Vertriebsgesellschaft übertragen, so liegt die Verlagerung auf ein Routineunternehmen vor. Vergleichbares gilt für die Einschaltung konzerngebundener Kommissionäre oder Handelsvertreter. Eine Vergütung der inländischen Gesellschaft für die zeitliche Überlassung des Vertriebsrechts sowie eines ggf. durch die inländische Gesellschaft geschaffenen Kundenstamms scheidet aus, da der Hersteller nach deutschem Rechtsverständnis bei der Begründung eines Vertragshändlervertrages die zur Ausübung der Tätigkeit eines Vertragshändlers erforderlichen Unterlagen wie Muster, Zeichnungen, Preislisten, Werbedrucksachen oder Geschäftsbedingungen zur Verfügung stellen (beistellen) muss (§ 86a HGB). Zu diesen Unterlagen gehört nach Auffassung der Rechtsprechung und Literatur auch die Beistellung der Kundenliste, sofern diese vorliegt. Die Überlassung der Kundenliste hat unentgeltlich zu erfolgen, sie ist eine Bringschuld des Unternehmers und zwingendes Recht.[227]

Routineunternehmen zeichnen sich nach den Vorgaben der Finanzverwaltung dadurch aus, dass sie einfache Funktionen ausüben, nur in geringem Maße Wirtschaftsgüter einsetzen und Risiken tragen. Offen bleibt hier zwar, wo die Grenze liegt zwischen einfachen und komplexen Funktionen, dem Einsatz von Wirtschaftsgütern im geringen oder umfassenderen Maße oder Übernahme von geringen oder substanziellen Risiken. Werden aber die für die Übernahme der Vertriebsaufgabe erforderlichen immateriellen Wirtschaftsgüter bereitgestellt, erschöpft sich die laufende Vergütung für die Vertriebsleistung des übernehmenden Unternehmens in einem bloßen Tätigkeitsentgelt. Hier darf es keine Rolle spielen, ob das Entgelt für die Tätigkeit eines Vertriebsunternehmens in einer das niedrige Risiko berücksichtigenden Provision besteht oder in der Form einer Vertriebsmarge vergütet wird.[228]

Beispiel: Die A-GmbH, die den Vertrieb ihrer Produkte bisher durch eine eigene Vertriebsabteilung erledigt hat, beschließt die Einschaltung einer speziellen Vertriebsorganisation. Zu diesem Zweck überträgt sie das Vertriebsrecht durch Verträge an in- und ausländische Vertriebstochtergesellschaften.

---

[227] Vgl. Heymann, E., HGB-Kommentar, § 86a HGB Tz. 3; Staub, H./Brüggemann, D., HGB-Kommentar, § 86a HGB, Tz. 2.
[228] So im Zusammenhang mit der Funktionsverlagerung auf einen Auftragsfertiger Ditz, X./Just, D., DB 2009, S. 142; siehe dazu ferner auch Verwaltungsgrundsätze-Funktionsverlagerung, BMF-Schreiben v. 13. 10. 2010, BStBl 2010 I, S. 774, Rn. 66 f.

Die **Entgeltlichkeit** einer Funktionsverlagerung steht und fällt mit der Übertragung oder Überlassung von Wirtschaftsgütern und sonstigen Vorteilen (§ 1 Abs. 2 FVerlV). Funktionen können dagegen im Rechtssinne ebenso wenig übertragen werden wie Dienstleistungen, sie können nur ausgeübt oder ausgeführt werden. Vor diesem Hintergrund führt aber die Einschaltung von Vertriebstochtergesellschaften nicht per se zu einem entgeltpflichtigen Vorgang. Dem Hersteller steht grundsätzlich ein umfassendes Recht an den hergestellten Gütern zu. Er kann sie als Waren in den Verkehr bringen oder gebrauchen. Daher umfasst eine Herstellungslizenz grundsätzlich auch das Recht, den Gegenstand zu gebrauchen oder zu veräußern. Für den Vertrieb seiner Artikel kann der Hersteller dritte Personen einbinden.

Im Beispiel oben überträgt die A-GmbH das Vertriebsrecht durch Vertriebsvertrag an ihre in- und ausländischen Vertriebstochtergesellschaften. Sind diese Gesellschaften in die Absatzorganisation der A-GmbH eingegliedert, weil ihnen ein bestimmtes Absatzgebiet zugewiesen und das Alleinvertriebsrecht eingeräumt wird, weil sie eine Berichtspflicht haben, Wettbewerbsbeschränkungen unterliegen sowie in die Preisbindungen und Werbemaßnahmen der A-GmbH eingebunden sind, werden die Tochtergesellschaften als Vertragshändler tätig. Folge ist, dass die A-GmbH bei der Begründung der Vertragshändlerverträge die für die Ausübung dieser Tätigkeit erforderlichen Unterlagen sowie auch vorhandene Kundenlisten beistellen muss.[228a] Zwar mag es erforderlich sein, dass darüber hinaus Wirtschaftsgüter und sonstige Vorteile übertragen werden. Soweit diese Wirtschaftsgüter und sonstigen Vorteile jedoch nicht die Voraussetzungen „wesentlicher" Werte erfüllen, ist die Bewertung eines **Transferpakets** auf der Grundlage des hypothetischen Fremdvergleichs nicht erforderlich.[229] In Bezug auf die inländischen Vertriebstochtergesellschaften fehlt daneben die Voraussetzung einer Geschäftsbeziehung zum Ausland (§ 1 Abs. 1 AStG). Im Übrigen sieht eine Bagatellregelung vor, dass eine Funktionsverlagerung nicht gegeben ist, wenn sich der Umsatz nicht um mindestens 1 Mio. € mindert.[230]

c) Produktion

Bei einer Verlagerung der Produktion in das Ausland ist ebenfalls entscheidend, ob die auf das Produkt bezogenen Rechte in das Ausland übertragen werden (Funktionsausgliederung). In der Diskussion wird hier i. d. R. von der „Verlagerung der Produktion auf einen **Eigenproduzenten**" gesprochen. Alternativ dazu ist denkbar, dass lediglich Teile der ausführenden Tätigkeit zur Durchführung in das Ausland verlagert werden, während die Herstellerrechte bei der die Funktion abgebenden Gesellschaft im Inland zurück bleiben. In diesem Fall wird die Produktion im Ausland regelmäßig auf der Basis eines schuldrechtlichen Vertrages durchgeführt. Je nach Vertragsgegenstand handelt

---
[228a] Vgl. Roth, M., BB 2010, S. 2000 ff.
[229] So auch Zech, T., IStR 2009, S. 421. Eine Zuordnung des Kundenstamms zur Produktions- oder Vertriebsgesellschaft setzt allerdings voraus, dass das Vertragsverhältnis, auf dessen Grundlage der Vertrieb erfolgt, bekannt ist.
[230] Vgl. Verwaltungsgrundsätze-Funktionsverlagerung, BMF-Schreiben v. 13. 10. 2010, BStBl 2010 I, S. 774, Rn. 49 i. V. m. 22 f.

5. Kapitel. Steuerplanung mit Verrechnungspreisen u. Konzernumlagen 1163

es sich um die Verlagerung der (Teil-)Produktion eines Eigenproduzenten auf einen **Lohn- oder Auftragsfertiger.** Dieser Fall wird z. T. unter dem Stichwort „Funktionsabspaltung" diskutiert.[231]

Beispiel: Im Interesse einer Begrenzung der Produktionskosten plant die A-GmbH die Ausgliederung der Produktion einer Maschinenbaureihe auf eine Tochtergesellschaft in Irland. Zu diesem Zweck sollen die der Fertigung dienenden Produktionsanlagen auf die irische Gesellschaft übertragen und die irische Gesellschaft verpflichtet werden, nach den genauen Vorgaben der A-GmbH zu fertigen. Nach den Informationen aus dem Rechnungswesen ist bekannt, dass die betreffenden Produktionsanlagen einen Marktwert i. H. v. 10 Mio. € haben. Im Vertrag über „Auftragsfertigung für die A-GmbH" ist vorgesehen, dass die A-GmbH das für die Fertigung erforderliche Know-how unentgeltlich bereitstellt. Im Gegenzug soll die irische Gesellschaft verpflichtet werden, nur für die A-GmbH tätig zu werden. Die A-GmbH verpflichtet sich langfristig, die für die irische Gesellschaft geplanten Produktionsmengen zu einem Preis abzunehmen, der nach der Kostenaufschlagsmethode bestimmt wird. Die Produktionskosten betragen pro Jahr 20 Mio. €. Nach dem Vertrag über „Auftragsfertigung für die A-GmbH" ist das irische Lohnfertigungsunternehmen berechtigt, bei seiner Preisberechnung ein Gewinnelement i. H. v. 4% dieser Kosten aufzuschlagen.

In Fällen der Funktionsverlagerung hat der Steuerpflichtige den Verrechnungspreis grundsätzlich auf Basis einer Verlagerung der Funktion als Ganzes (Transferpaket) zu bestimmen. Davon abweichend ist die Bestimmung von **Einzelpreisen** „für alle betroffenen Wirtschaftsgüter und Dienstleistungen nach Vornahme sachgerechter Anpassungen anzuerkennen, wenn der Steuerpflichtige glaubhaft macht, dass keine wesentlichen immateriellen Wirtschaftsgüter und Vorteile mit der Funktion übergegangen sind oder zur Nutzung überlassen wurden" (§ 1 Abs. 3 Satz 10 AStG). Dies kann unterstellt werden, wenn sich die Vergütung auf ein Entgelt beschränkt, das für einfache Dienstleistungen und die Nutzung der in diesem Zusammenhang erworbenen materiellen Wirtschaftsgüter entrichtet wird.[232] Dementsprechend sieht auch eine besondere Regelung in der Funktionsverlagerungsverordnung vor, dass mit einem übergehenden Transferpaket keine wesentlichen immateriellen Wirtschaftsgüter und Vorteile übertragen werden, wenn das übernehmende Unternehmen die Funktion ausschließlich gegenüber dem verlagernden Unternehmen ausübt und das Entgelt, das für die Ausübung der Funktion und die Erbringung der entsprechenden Leistung anzusetzen ist, nach der Kostenaufschlagsmethode zu ermitteln ist. Folge ist, dass der Wert des Transferpakets auf der Grundlage einer Einzelpreisbestimmung der übertragenen Wirtschaftsgüter und Vorteile ermittelt wird (§ 2 Abs. 2 FVerlV).[233] Angesprochen wird in den Verwaltungsgrundsätzen zwar der Fall, dass lediglich materielle Wirtschaftsgüter übertragen werden.[234] Gleiches sollte aber auch für den Fall gelten, dass die (zur Nutzung) übertragenen (immateriellen) Wirtschaftsgüter und Vorteile lediglich bereitgestellt werden. Auf das übernehmende Unternehmen gehen hier „keine weiteren Chancen und Risiken über, die die

---

[231] Vgl. z. B. Ditz, X./Just, D., DB 2009, S. 142; Zech, T., IStR 2009, S. 420.
[232] So auch Ditz, X./Just, D., DB 2009, S. 142; siehe auch Rasch, S./Schmidtke, R., IStR 2009, S. 92 ff.
[233] Vgl. Verwaltungsgrundsätze-Funktionsverlagerung BMF-Schreiben v. 13. 10. 2010, BStBl 2010 I, S. 774, Rn. 66 f., 206 f.
[234] Vgl. Verwaltungsgrundsätze-Funktionsverlagerung, BMF-Schreiben v. 13. 10. 2010, BStBl 2010 I, S. 774, Rn. 66.

6. Teil. Grenzüberschreitende Steuerplanung

Zahlung eines besonderen Entgelts an das verlagernde Unternehmen für den Übergang eines Transferpakets rechtfertigen könnte".[235] Die Einzelpreisbestimmung ergibt einen Wert für das Transferpaket i. H. v. 10 Mio. € (Marktwert der Produktionsanlagen). Für die Bereitstellung des Know-hows ist kein gesonderter Wert zu verrechnen. Das bereitgestellte Know-how versetzt die irische Gesellschaft in die Lage, für die A-GmbH zu einem Preis zu fertigen, der nach der Kostenaufschlagsmethode bestimmt wird. Es ist nach Ablauf des Auftragsverhältnisses an die A-GmbH herauszugeben.

Für die Abrechnung der **laufenden Geschäfte** nach der Funktionsverlagerung ist aus Sicht der Finanzverwaltung zu beachten, dass die Kosten für das bereitgestellte Know-how nicht in die Kostenbasis einfließen dürfen. Mehr noch wird verlangt, dass sich der Kostenaufschlag an einer angemessenen Kapitalrendite orientiert und berücksichtigt, was unabhängige Auftragsfertiger in einer vergleichbaren Situation am Markt erwirtschaften.[236] Daraus folge, dass die **Standortvorteile** grundsätzlich in vollem Umfang dem Auftraggeber zuzuordnen sind, weil auch zwischen fremden Dritten ein ordentlicher Geschäftsleiter des Auftraggebers nicht bereit wäre, die Standortvorteile hälftig zu teilen.

Ist das aufnehmende Unternehmen in einem Wettbewerbsumfeld tätig, mag es einem starken Preisdruck ausgesetzt sein. Lässt die (fehlende) Konkurrenz jedoch Preisspielräume zu, ist **kein Grund ersichtlich,** der dieses Unternehmen veranlassen sollte, mögliche Kostenvorteile, Investitionsvergünstigungen oder Synergien im Preis unmittelbar weiterzugeben. Im Übrigen ist das Unternehmen auch im Rahmen seiner Preiskalkulation nicht an die tatsächlich entstehenden Kosten gebunden. Insoweit sollte auch bei der Auftragsfertigung das Ergebnis eines Fremdvergleichs den Ausschlag geben. Die verbreitete Vorstellung, nach der Routineunternehmen „kleine aber relativ stabile Gewinne" erzielen, darf nicht den Blick dafür verstellen, dass im Einzelfall die tatsächlichen Verhältnisse von der Fiktion abweichen können.

Das Bild ändert sich, wenn im Zuge der Produktionsverlagerung wesentliche immaterielle Wirtschaftsgüter übertragen werden, die das aufnehmende Unternehmen in die Lage versetzen, die Vermarktung der hergestellten Güter auf eigene Rechnung zu übernehmen.

Beispiel: Die A-GmbH stellt in Deutschland Maschinen her, die in verschiedenen Baureihen auf die unterschiedlichen Anforderungsprofile der Kunden zugeschnitten sind. Wegen des wachsenden Preisdrucks soll die Produktion einer Baureihe, die das Niedrigpreissegment bedient, in eine Tochtergesellschaft nach Polen verlegt werden. Im Einzelnen werden die auf die Baureihe bezogenen Lizenzrechte sowie alle mit dieser Baureihe im Zusammenhang stehenden Produktionsanlagen nach Polen übertragen. In Deutschland werden mit dieser Maschinenbaureihe nur noch geringe Gewinne erwirtschaftet. Die Umsätze belaufen sich auf 6 Mio. € im aktuellen Wirtschaftsjahr (Jahr 1). Für die kommenden Wirtschaftsjahre wird mit rückläufigen Umsätzen und rückläufigen Ergebnissen gerechnet.
Durch die Verlagerung der Produktion nach Polen werden wegen der niedrigeren Produktionskosten Standortvorteile erzielt. Dazu zählen niedrigere Arbeitskosten und

---

[235] BR-Drs. 352/08 v. 23. 5. 2008, Begründung, Besonderer Teil, zu § 2 Abs. 2, Satz 1.
[236] Vgl. Verwaltungsgrundsätze-Verfahren, BMF-Schreiben v. 12. 4. 2005, BStBl 2005 I, S. 570, Tz. 3.4.12.6 b); Verwaltungsgrundsätze-Funktionsverlagerung, BMF-Schreiben v. 13. 10. 2010, BStBl 2010 I, S. 774, Rn. 207.

5. Kapitel. Steuerplanung mit Verrechnungspreisen u. Konzernumlagen

die Aussicht auf Investitionsvergünstigungen. Außerdem ist bekannt, dass der Ertragsteuersatz in Polen mit 19% erheblich unter dem Ertragsteuersatz in Deutschland liegt. Die frei werdenden Produktionskapazitäten im Inland müssen abgebaut werden. Hierfür fallen einmalige Schließungskosten i. H. v. 3 Mio. € an. Andererseits gelingt es der A-GmbH noch im gleichen Jahr, ein erfolgreiches Nachfolgeprodukt am Markt zu platzieren. Die A-GmbH erreichte bereits in diesem Einführungsjahr einen Umsatz i. H. v. mehr als 6 Mio. € und rechnet fest damit, Umsatz und Ergebnis im Inland noch erheblich steigern zu können. Die polnische Gesellschaft hat freie Kapazitäten, sie könnte ihre Anlagen alternativ durch Erweiterung der lokalen Produktion auslasten.

Die Verlagerung der Produktion von Maschinen ist grundsätzlich auf der Basis eines **Transferpakets** zu verrechnen, da Wirtschaftsgüter übertragen oder überlassen wurden, damit die polnische Gesellschaft eine Aufgabe (Herstellung von Maschinen) übernehmen kann, die bisher von der deutschen Gesellschaft wahrgenommen wurde. Unerheblich ist grundsätzlich, dass es der A-GmbH gelingt, noch im gleichen Jahr ein erfolgreiches Nachfolgeprodukt am Markt zu platzieren, durch das Umsätze realisiert werden können, die sogar über den Umsätzen liegen, die die A-GmbH mit der übertragenen Produktionsreihe in Deutschland erzielen konnte.[237] Entscheidend ist dabei, dass das von der A-GmbH entwickelte Nachfolgeprodukt auf anderen immateriellen Wirtschaftsgütern beruht.[238] Das gilt jedenfalls insoweit, als die Rechte für das Vorgängerprodukt im Rahmen der Funktionsverlagerung nach Polen übertragen wurden.[239] Anderes kann gelten, wenn die A-GmbH diese Rechte lizenziert und auf dieser Grundlage die ursprüngliche Baureihe durch eine neue Baureihe substituiert hätte.[240]

Die Vorgaben der Erlassregelungen zur **Bewertung** von Transferpaketen erscheinen teilweise noch überarbeitungsbedürftig.[241] Die Bewertungspraxis wird es begrüßen, dass die Finanzverwaltung in der Erlassregelung den Reingewinn nach Steuern i. S. von finanziellen Überschüssen nach Fremdkapitalkosten und Steuern versteht.[242] Ob sich das mit der gesetzlichen Regelung und der Rechtsverordnung vereinbaren lässt, die von Gewinnerwartungen und Reingewinn sprechen, müssen ggf. die Gerichte entscheiden. Schließlich wird der Begriff „Gewinn" im Außensteuergesetz durchaus mit Bezug auf das EStG verstanden (§ 10 Abs. 3 AStG). Daneben berechnet die Finanzverwaltung den Reingewinn im Zusammenhang mit ihrer Ermittlung von Richt-

---

[237] Zur Bagatellregelung im Zusammenhang mit der Abgrenzung zur Funktionsverdoppelung siehe Verwaltungsgrundsätze-Funktionsverlagerung, BMF-Schreiben v. 13. 10. 2010, BStBl 2010 I, S. 774, Rn. 48 f.
[238] Das wird bei z. B. bei *Crüger et al.* übersehen, die diesen Vorgang als Funktionsverdoppelung einstufen, vgl. Crüger, A./Heggmair, M./Boehlke, N., IStR 2010, S. 86.
[239] Vgl. Verwaltungsgrundsätze-Funktionsverlagerung, BMF-Schreiben v. 13. 10. 2010, BStBl 2010 I, S. 774, Rn. 22 f. Vgl. kontrovers Borstell, T., IStR 2009, S. 332; Brüninghaus, B./Bodenmüller, R., DStR 2009, S. 1289; Zech, T., IStR 2009, S. 120; Ditz, X., IStR 2009, S. 424.
[240] Vgl. Verwaltungsgrundsätze-Funktionsverlagerung, BMF-Schreiben v. 13. 10. 2010, BStBl 2010 I, S. 774, Rn. 119; siehe dort auch zu weiteren Ausnahmefällen, die nach Auffassung der Finanzverwaltung den Ansatz eines Mindestpreises i. H. v. Null rechtfertigen.
[241] Zur Bewertung siehe im Einzelnen Endres, D./Oestreicher, A., IStR 2009, Beihefter zu Heft 20, S. 1 ff.; Oestreicher, A./Hundeshagen, C., Ubg 2009, S. 830 m. w. N.
[242] So z. B. Baumhoff, H./Ditz, X./Greinert, M., DStR 2008, S. 1949; Roeder, A., Ubg 2008, S. 202 ff.; Rasch, S./Schmidtke, R., IStR 2009, S. 97.

sätzen selbst auch auf der Grundlage von periodisierten Größen (Betriebseinnahmen und Betriebsausgaben), so dass es der Rechtssicherheit dienen würde, wenn diese Änderung ihren Niederschlag im Gesetz fände. Deutlich werden müsste aber auch, dass Gewinnentwicklung, Gewinnpotenzial oder entgangene Gewinne in diesem Sinne zu verstehen sind. Zumindest befremdlich erscheint in diesem Zusammenhang auch, dass die Gewinnpotenziale (i. S. von finanziellen Überschüssen) „aufgrund einer Kostenstellenrechnung, einer Produktergebnisrechnung oder einer Kostendeckungsbeitragsrechnung aus dem Gesamtgewinn des Unternehmens heraus gerechnet werden"[243] sollen. Diese Rechnungen haben i. d. R. abweichende Zielsetzungen zum Gegenstand und dürften auch von ihrer Datenbasis her kaum geeignet sein, die finanziellen Überschüsse zu ermitteln, die mit bestimmten Funktionen im Zusammenhang stehen.

Im Zusammenhang mit dem Kapitalisierungszinssatz bezieht sich die Erlassregelung auf den Standard des IDW zur Durchführung von Unternehmensbewertungen.[244] Dort wird jedoch für den Basiszinssatz nicht auf Zinssätze, sondern grundsätzlich auf die langfristig erzielbare Rendite öffentlicher Anleihen abgestellt. Ist ein Unternehmen mit unbegrenzter Lebensdauer zu bewerten, wird empfohlen, da Wertpapiere mit unbegrenzter Laufzeit nicht gehandelt werden, den Basiszins ausgehend von aktuellen Zinsstrukturkurven und zeitlich darüberhinausgehenden Prognosen abzuleiten. Während bei der Renditeberechnung sämtliche Zahlungsströme mit derselben Rate diskontiert werden, wird im Rahmen der Zinsstrukturschätzung jede Zahlung mit dem Zinssatz diskontiert, der in Abhängigkeit vom Zahlungszeitpunkt nach den gegenwärtigen Marktverhältnissen zu erwarten ist.[245] Hierbei kann man sich jeden Zahlungsstrom als den Rückzahlungsbetrag einer Nullkuponanleihe mit entsprechender Laufzeit vorstellen, was – im Unterschied zur Diskontierung mit einer konstanten Rendite – bedeutet, dass der Basiszinssatz im Zeitraum veränderlich ist. Darüber hinaus ist die Anweisung, dass der Kapitalisierungszinssatz für den Fall, dass die erwarteten Gewinne bei Kapitalgesellschaften typisierend nur um die Steuern des Unternehmens gekürzt werden, nicht reduziert werden darf, nur richtig, wenn der Wert des Transferpaketes nach dem Ertragswertverfahren ermittelt wird. Liegt das WACC-Verfahren zugrunde, ist die steuerliche Abzugsfähigkeit der Fremdkapitalzinsen im Nenner zu berücksichtigen und muss sehr wohl die auf die Fremdfinanzierung entfallende Ersparnis im Steuersatz berücksichtigen, d. h. den Kapitalisierungszinssatz entsprechend kürzen.

Niedrigere Lohnkosten, **Investitionsvergünstigungen** und Steuersatzvorteile spiegeln sich im Kapitalisierungszinssatz aber nur insoweit wider, als die Unternehmen der Vergleichsgruppe (peer group) in der Art und Ausgestaltung ihrer Geschäftstätigkeit mit der polnischen Tochtergesellschaft übereinstimmen. Können die Unternehmen der peer group vergleichbare Kostenvorteile nutzen und unterliegen sie auch einer vergleichbaren Steuerbelastung, werden wichtige Parameter, die den Wert der Produktion aus Sicht des

---

[243] Verwaltungsgrundsätze-Funktionsverlagerung, BMF-Schreiben v. 13. 10. 2010, BStBl 2010 I, S. 774, Rn. 85. Siehe hierzu kritisch Wilmanns, J./Gimmler, F./Wilcke, D./Wellens, L./Kuckhoff, H., Sonderausgabe Juli 2009, S. 16 f.
[244] Vgl. IDW, WPg Supplement 3/2008, S. 68, Tz. 116.
[245] Siehe hierzu Deutsche Bundesbank, Zinsstrukturkurven, 1997, S. 62.

5. Kapitel. Steuerplanung mit Verrechnungspreisen u. Konzernumlagen

aufnehmenden Unternehmens determinieren, im Kapitalisierungszinssatz bereits erfasst. Ist das nicht der Fall, weil die Unternehmen der peer group die genannten Investitionsvergünstigungen nicht erhalten haben, sind Korrekturen erforderlich. Um zu vermeiden, dass diese Vorteile, die die polnische Tochtergesellschaft alternativ durch Erweiterung ihrer lokalen Produktion realisieren könnte, in den Grenzpreis einfließen und ihre Preisbereitschaft erhöhen, wären die ermittelten Einzahlungsüberschüsse um die in Aussicht stehenden Investitionshilfen zu kürzen.

d) Dienstleistung

Die Unterscheidung zwischen der Ausgliederung und der Abspaltung einer Funktion ist auch für Dienstleistungen relevant. Wird eine Tätigkeit, die bisher in eigener Verantwortung und auf eigene Rechnung durchgeführt wurde, auf ein anderes Unternehmen mit der Maßgabe übertragen, dass dieses andere Unternehmen die Dienstleistung **auf eigene Verantwortung** übernimmt (Ausgliederung), mag es sein, dass die Verlagerung dieser Funktion mit einem Transfer von Wirtschaftsgütern, Chancen und Risiken verbunden ist. Ist das der Fall, bewirkt dieser Transfer die Übertragung eines **Transferpakets,** das grundsätzlich nach Ertragswertgesichtspunkten zu bewerten ist. [246] Anwendungsfälle sind z. B. die Einschaltung einer Finanzierungsgesellschaft oder eines treasury centres, der oder dem wertvolle Wirtschaftsgüter, ein Team von Mitarbeitern oder eine eingespielte Organisation übertragen werden. Für die Finanzverwaltung kommt es hier vor allem dann zur Verlagerung eines Gewinnpotenzials, wenn im Zusammenhang mit der Funktionsverlagerung Mitarbeiter versetzt werden, die besondere Produktions-, Verfahrens- oder Marktkenntnisse besitzen.[247] Weitere Anwendungsbereiche sind die Einschaltung von Versicherungs-, Factoring- oder Reinvoicinggesellschaften, Koordinationszentren oder sonstige Dienstleistungsgesellschaften (ein Beispiel sind Beschaffungsgesellschaften). Auf die Einzelheiten der Wertbestimmung wurde im Zusammenhang mit der Verrechnung konzerninterner Reallokationsmaßnahmen bei Inbound-Investitionen eingegangen.[248]

Beispiel: Die A-GmbH plant, die Aufgaben der Konzernfinanzierung bei einer Tochtergesellschaft in London (A-plc.) anzusiedeln. Auf diese Weise erwartet die A-GmbH besseren Zugang zum internationalen Kapitalmarkt. Darüber hinaus geht die A-GmbH davon aus, dass das Unternehmen in London gut ausgebildete Finanzfachleute mit besten Kontakten in die Londoner City einstellen und das Know-how dieser Mitarbeiter für die Finanzierung des Konzerns nutzen kann. Bisher werden die Aufgaben der Konzernfinanzierung von Mitarbeitern der A-GmbH wahrgenommen. Um die A-plc mit den erforderlichen Ressourcen auszustatten, soll Kapital i. H. v. 20 Mio. € eingelegt werden. Darüber hinaus soll ein Mitarbeiter der A-GmbH, der in der zentralen Finanzabteilung beschäftigt ist, das Personal der A-plc. einarbeiten und die A-plc. für einen Zeitraum von maximal sechs Monaten personell unterstützen. Zu diesem Zweck wird der Mitarbeiter im Rahmen eines Dienstleistungsvertrages zwischen der A-GmbH und der A-plc. tätig, bleibt aber weiterhin bei der A-GmbH angestellt.

---

[246] Zu den Ausnahmen siehe § 1 Abs. 3 Satz 10 AStG.
[247] Vgl. Kroppen, H.-K./Rasch, S./Eigelshoven, A., IWB, Fach 3, Deutschland, Gruppe 1, S. 2222; Verwaltungsgrundsätze-Funktionsverlagerung, BMF-Schreiben v. 13. 10. 2010, BStBl 2010 I, S. 774, Rn. 56.
[248] Vgl. Abschnitt B IV.

Die geplante Ansiedlung von Aufgaben der Konzernfinanzierung bei einer ausländischen Tochtergesellschaft erfüllt den Tatbestand einer Funktionsverlagerung. Ob diese Funktionsverlagerung allerdings mit einer Aufdeckung und Besteuerung stiller Reserven verbunden ist, hängt davon ab, ob Wirtschaftsgüter und sonstige Vorteile (Transferpaket) übertragen werden.[249] Zu diesen Wirtschaftsgütern rechnet im Beispiel zum einen das übertragene Kapital. Daneben können immaterielle Werte (Beziehungen zu Finanzinstitutionen, Software, Daten, spezifische Kenntnisse oder auch Prozess-Knowhow, das z. B. in Organisationsanweisungen dokumentiert ist) Gegenstand der Übertragung sein.

Werden im Zusammenhang mit einer Funktionsverlagerung Mitarbeiter des verlagernden Unternehmens im übernehmenden Unternehmen eingesetzt, sind nach Auffassung der Finanzverwaltung auch die **Vorteile** für das übernehmende Unternehmen, die mit dem Einsatz dieser Mitarbeiter verbunden sind, Teil des Transferpaketes.[250] Zu den hiermit verbundenen Vorteilen kann z. B. gehören, dass das übernehmende Unternehmen aus den (persönlichen) Kenntnissen der Mitarbeiter oder ihrem Know-how Vorteile ziehen kann.

Diese Anweisung in den Verwaltungsgrundsätzen-Funktionsverlagerung erscheint wenig präzise. Das gilt vor allem deshalb, da die Entsendung von Personal im Konzern regelmäßig keine Funktionsverlagerung darstellt (§ 1 Abs. 7 FVerlV). Hier ist es ja nicht ungewöhnlich oder z. T. gerade gewollt, dass die persönlichen Kenntnisse und das Know-how der entsandten Mitarbeiter im Ausland eingesetzt werden, um die mit der Personalentsendung verfolgten Ziele zu erreichen. Folgt man den Verwaltungsgrundsätzen-Arbeitnehmerentsendung, führt der mit einer Entsendung von Arbeitnehmern im Interesse des aufnehmenden Unternehmens regelmäßig verbundene Wissenstransfer (nur) dazu, dass die Aufwendungen für die entsandten Mitarbeiter vom aufnehmenden Unternehmen zu tragen sind.[251] Der Transfer von Mitarbeitern allein genügt also nicht. Es muss sich schon um konkrete Wirtschaftsgüter und sonstige Vorteile handeln, die im Zuge einer Funktionsverlagerung aus dem Vermögen des abgebenden Unternehmens ausscheiden und in das Vermögen des aufnehmenden Unternehmens übergehen (z. B. Nutzungsrechte, Arbeitsbeziehungen oder dokumentiertes Prozess-Know-how). Hiervon wird man aber regelmäßig ausgehen müssen, wenn eine Funktion zur selbständigen Ausübung bei einer anderen Gesellschaft im Konzern übertragen wird. Anderenfalls hätte dem abgebenden Unternehmen bis dahin die Grundlage für die Erzielung von Einkünften aus dieser Funktion gefehlt.

Für das inländische, die Funktion abspaltende Unternehmen führt die Abspaltung – im Unterschied zur Ausgliederung einer Dienstleistungsfunktion

---

[249] Die Regelung in § 1 Abs. 3 FVerlV, nach der auch die Funktion selber Bestandteil des Transferpaketes ist, steht im Widerspruch zur Definition des Tatbestands der Funktionsverlagerung (§ 1 Abs. 2 FVerlV). Ohne Wirtschaftsgüter können aber aus der alleinigen Ausübung einer Funktion keine Übergewinne erzielt werden, die zu einem positiven Ertragswert führen würden. Die Übergewinne sind alleine den im Rahmen der Funktionsausübung eingesetzten Wirtschaftsgütern zuzurechnen.
[250] Vgl. Verwaltungsgrundsätze-Funktionsverlagerung, BMF-Schreiben v. 13. 10. 2010, BStBl 2010 I, S. 774, Rn. 52.
[251] Vgl. Verwaltungsgrundsätze-Arbeitnehmerentsendung, BStBl 2001 I, S. 796, Tz. 3.1.2., 4.2.

– zu einer **vertragsgebundenen Tätigkeit** im Ausland. Wird insoweit lediglich die reine Tätigkeit im Auftrag des inländischen Unternehmens verlagert, während die funktional zugehörigen Wirtschaftsgüter, Chancen und Risiken beim Auftraggeber zurück bleiben, kann davon ausgegangen werden, dass kein **Gewinnpotenzial** übertragen wird. Die übertragenen Routinefunktionen sind marktüblich zu vergüten. Regelmäßig wird die Vergütung mit Hilfe der Kostenaufschlagsmethode ermittelt.

Beispiel: Die A-GmbH hat die Bewilligung der Finanzbehörde eingeholt, ihre Bücher und Aufzeichnungen im Ausland führen zu dürfen (§ 146 Abs. 2a AO). Die A-GmbH plant, diese Dokumentationsaufgaben in den Niederlanden zu konzentrieren und will zu diesem Zweck Wirtschaftsgüter erwerben, die einer Verarbeitung und Archivierung der entsprechenden Daten dienen. Daneben sollen die Mitarbeiter der niederländischen Gesellschaft die Buchhaltungssoftware des Konzerns nutzen können. Bisher wurde die Konzerndokumentation im Inland erledigt. Mit der Verlagerung dieser Aufgabe ins Ausland werden drei Mitarbeiter von Deutschland in die Niederlande versetzt.

Die Besteuerung einer Funktionsverlagerung auf der Grundlage eines Transferpakets setzt voraus, dass Wirtschaftsgüter und sonstige Vorteile übertragen wurden. Übt das übernehmende Unternehmen die Funktion ausschließlich gegenüber dem verlagernden Unternehmen aus und ist das Entgelt, das für die Ausübung der Funktion und die Erbringung der entsprechenden Leistung anzusetzen ist, nach der Kostenaufschlagsmethode zu ermitteln, darf aber davon ausgegangen werden, dass mit der Verlagerung keine wesentlichen immateriellen Wirtschaftsgüter und Vorteile übertragen werden (§ 2 Abs. 2 FVerlV).[252]

Nach den Verwaltungsgrundsätzen-Funktionsverlagerung ist bei der Verlagerung (nicht nur) von Dienstleistungen zu unterscheiden, ob das verlagernde Unternehmen die Dienstleistung bisher nur für sich erbracht hat oder sie auch für andere Unternehmen erbringt. Hat das Unternehmen die Buchhaltung bisher nur für sich selbst erbracht, ist im Einklang mit der Funktionsverlagerungsverordnung regelmäßig davon auszugehen, dass keine wesentlichen immateriellen Wirtschaftsgüter und Vorteile übertragen wurden. Folge ist, dass ein mögliches Transferpaket (§ 1 Abs. 3 FVerlV) allenfalls auf der Grundlage einer Einzelpreisbestimmung übertragener Wirtschaftsgüter und Vorteile ermittelt wird (§ 2 Abs. 2 FVerlV). Anderes würde gelten, wenn die A-GmbH die in Rede stehende Dienstleistung auch im Verhältnis zu anderen Unternehmen erbracht hätte.[253]

e) Forschung

Zur Ansiedlung von Forschungs- und Entwicklungstätigkeiten an einem steuerlich günstigeren ausländischen Standort besteht die am weitesten reichende Möglichkeit darin, die Funktion der Forschung und Entwicklung **vollständig** auf eine ausländische Forschungsgesellschaft zu übertragen (Funktionsausgliederung). Diese Funktionsausgliederung hätte die Auf-

---

[252] Zum Begriff des „Routineunternehmens" siehe Verwaltungsgrundsätze-Verfahren, BMF-Schreiben v. 12. 4. 2005, BStBl 2005 I, S. 570, Tz. 3.4.10.2.
[253] Vgl. Verwaltungsgrundsätze-Funktionsverlagerung, BMF-Schreiben v. 13. 10. 2010, BStBl 2010 I, S. 774, Rn. 218 ff.

deckung der stillen Reserven zur Folge, die in den übertragenen Wirtschaftsgütern und sonstigen Vorteilen enthalten sind. Diese Wirtschaftsgüter und sonstigen Vorteile können grundsätzlich auch geschäftswertbildende Bestandteile einschließen. Wirtschaftlich setzt die Ansiedlung der Konzernforschung an einen steuerlich günstigen Standort jedoch voraus, dass das Ausland über eine vergleichbar gute Infrastruktur für die Durchführung der Forschungs- und Entwicklungstätigkeit verfügt wie das Inland. Sie ist zum Scheitern verurteilt, wenn das für die Durchführung dieser Tätigkeit erforderliche Personal nicht vorhanden oder nicht über Gastaufenthalte ausländischer Forscher zur Verfügung gestellt werden kann. Vor diesem Hintergrund ist es häufig so, dass die operative Forschungsarbeit, für die das Unternehmen bisher im Inland eine **Forschungs- und Entwicklungstätigkeit** unterhalten hat, weiterhin im Inland durchgeführt werden muss. Damit beschränkt sich die Umgestaltung dieser Funktion auf die Übertragung der bisher entwickelten Produkt- und Verfahrenstechnologie sowie die in diesem Zusammenhang vorhandenen Kenntnisse, Erfahrungen oder Schutzrechte (Patente, Gebrauchsmuster, Marken, u. a.). Parallel dazu wird häufig vereinbart, dass die bisher in Deutschland tätige Abteilung in Zukunft nur noch im Auftrag des ausländischen Konzernunternehmens tätig wird. Auf diese Weise kann erreicht werden, dass die im Inland entwickelten Forschungs- und Entwicklungsergebnisse sowohl rechtlich als auch wirtschaftlich dem ausländischen Konzernunternehmen zugerechnet werden, während sich die Vergütung für die inländische Forschungstätigkeit auf eine Gebühr für die im Auftrag des ausländischen Unternehmens durchgeführte Dienstleistung beschränkt.

Werden im Zuge der Funktionsverlagerung **Wirtschaftsgüter und sonstige Vorteile** einschließlich der hiermit verbundenen Chancen und Risiken auf ein ausländisches Unternehmen verlagert, ist das mit dem Transferpaket verbundene Gewinnpotenzial grundsätzlich nach den Vorgaben des hypothetischen Fremdvergleichs unter Berücksichtigung funktions- und risikoadäquater Kapitalisierungszinssätze zu ermitteln und anlässlich der Übertragung zu besteuern. Daneben ist unter speziellen Voraussetzungen die Einzelpreisbestimmung denkbar (§ 1 Abs. 3 Satz 10 AStG). Diese Grundsätze sind u. E. sowohl auf den Fall anwendbar, dass Forschung auf eine Forschungsgesellschaft übertragen wird, die die Aufgaben der inländischen Gesellschaft im Ausland weiterführt. Sie sind aber auch dann maßgebend, wenn die Tätigkeit im Inland im Rahmen einer Auftragsforschung fortgesetzt wird. Voraussetzung ist, dass die Wirtschaftsgüter, Chancen, Risiken und vor allem das Recht auf die Verwertung der Forschungsergebnisse übertragen werden. Der Wert des Gewinnpotenzials ist aus dem Ertragswert abzuleiten. Der maßgebende Ansatz wurde im Zusammenhang mit der Vorstellung des hypothetischen Fremdvergleichs und der Funktionsverlagerungsbesteuerung im fünften Teil sowie im Rahmen der Inbound-Perspektive in diesem Kapitel vorgestellt und diskutiert.

Ein Gewinnpotenzial kann im Zusammenhang mit Forschung und Entwicklung aber auch dann übergehen, wenn die Tätigkeit im Rahmen einer Auftragsforschung auf ein verbundenes Unternehmen **ausgelagert** (Funktionsabspaltung) wird. Voraussetzung ist, dass in diesem Zusammenhang Forschungsergebnisse übertragen werden, die vom übernehmenden Unternehmen für eigene Zwecke oder auch im Interesse von Aufträgen für Dritte eingesetzt wird.

6. Kapitel. Internationale M&A-Steuerstrategien

A. Vermeidung der Gewinnrealisierung

I. Zur Problematik der Besteuerung gruppeninterner Transaktionen

Für die unterschiedlichen Interessen und Zielsetzungen bei der Durchführung des unternehmerischen Auslandsengagements stehen zahlreiche Organisationsstrukturen zur Verfügung. Die Rechtsformwahl im In- und Ausland, die Beteiligungsanbindung, die Entscheidung über einen zentralen oder dezentralen Gruppenaufbau – all diese Gestaltungsspielräume werden im Rahmen der Internationalisierung zugunsten einer den Konzernbedürfnissen am ehesten gerecht werdenden Struktur genutzt. Im Zeitablauf sieht sich aber jede Unternehmensgruppe immer wieder mit der Notwendigkeit konfrontiert, Anpassungen an sich ändernde Marktdaten oder gesetzliche Rahmenbedingungen vorzunehmen, um sich neue Perspektiven zu sichern und die eigene Wettbewerbsposition zu erhalten bzw. zu stärken. Solche **Änderungen der historisch gewachsenen Organisationsstrukturen** sind in vielerlei Form möglich, fast immer aber steuersensibel. Berühren die erforderlichen Umstrukturierungen gar noch die Steuerhoheiten verschiedener Länder, sind Komplikationen vorprogrammiert. Der unternehmerischen Tendenz zur Globalisierung steht insoweit die zunehmende Konzentration der Finanzverwaltung auf nationale Belange diametral entgegen („business goes global taxes stay local").

Die Flexibilität der Unternehmen zur Anpassung an geänderte Rahmenbedingungen wird aber erheblich behindert, wenn betriebswirtschaftlich erforderliche Reorganisationen durch Steuerzahlungen belastet werden. Hinzu kommt, dass Vorgänge wie Umwandlungen, Verschmelzungen, Spaltungen, Sitzverlegungen oder konzerninterne Beteiligungsübertragungen keinen geeigneten Anknüpfungspunkt für eine Besteuerung bieten, da insoweit keine Gewinnrealisierung am Markt stattgefunden hat und ein Mittelzufluss ausbleibt. Da das Steuerrecht bei der Beurteilung dieser Vorgänge aber zunächst nicht auf den Konzern als wirtschaftliche Organisation, sondern streng auf die Rechtsform und den einzelnen Rechtsträger abstellt, können gruppeninterne formale Vermögensübertragungen[1] trotz entgegenstehender wirtschaftlicher Aspekte die Kriterien eines Besteuerungstatbestands erfüllen. Die damit aufkommende **Spannung zwischen der wirtschaftlichen und formaljuristischen Wertung von Reorganisationsvorgängen** macht eine Grenzziehung erforderlich, ob der jeweilige Vorgang ohne Besteuerungsbarrieren erfolgen kann oder ob Ertrag- und Verkehrsteuerbelastungen nicht zu vermeiden sind. Hier liegt es am Steuerplaner, alle Wege auszuloten, um steuerneutral zur gewünschten Endstruktur zu gelangen.

Im Zielsystem der internationalen Steuerplanung nimmt die Vermeidung prohibitiver Steuerzahlungen auf Reorganisationsvorgänge einen hohen Stellenwert ein. Zwar erreicht man mit einer ertragsteuerlichen Buchwertver-

---

[1] Solche Vermögensübertragungen können auch lediglich steuerlich fingiert sein. So gilt z. B. mit der Ausübung des Check-the-box-Wahlrechts durch eine US-Muttergesellschaft eine deutsche GmbH für US-Steuerzwecke als Personengesellschaft (vgl. 4. Teil, 3. Kapitel, Abschnitt A I 1), wobei alle Konsequenzen im Hinblick auf die „Umwandlung" zu ziehen sind.

knüpfung letztlich „nur" einen Besteuerungsaufschub, solche positiven Timing-Effekte durch Vermeidung vorzeitiger Steuerzahlungen sind aber in den meisten Entscheidungsprozessen von ausschlaggebender Bedeutung.[2] Zielvorgabe der Steuerpolitik sollte allerdings auch nur die Fortschreibung des steuerlichen Status quo vor der Reorganisation sein – endgültige Steuerausfälle durch geschickte Umstrukturierungsmaßnahmen sollten nicht ermöglicht werden.

Welches sind nun die wesentlichen **steuerlichen Hürden,** die sich einer steuerneutralen Umstrukturierung der Gruppenorganisation in den Weg stellen? Steuerliche Belastungen drohen in folgenden Bereichen:

- **Zwang zur Gewinnrealisierung:** Die Ausgangsfrage bei jeder konzerninternen Umstrukturierung betrifft das Vorhandensein stiller Reserven, d. h. ob die Marktwerte der betroffenen Wirtschaftsgüter deren Buchwerte übersteigen. Ist dies zu bejahen, so ist bei jedem Reorganisationsschritt zu überprüfen, ob die jeweilige Vermögensübertragung ohne erfolgswirksame Auflösung der in den zu übertragenden Wirtschaftsgütern gebundenen stillen Reserven erfolgen kann oder ob ein Abweichen vom Buchwert und damit der Ausweis eines Ertrags notwendig wird. Zentralproblem von Umstrukturierungen ist somit die Frage nach Umfang und Höhe der Gewinnrealisierungspflicht. Diese Frage schließt auch die eventuelle Rückgängigmachung (recapture) früher gewährter Steuerabzüge – z. B. Teilwertabschreibungen, Abzug von Auslandsverlusten – mit ein.

- **Verkehrsteuerbelastungen:** Übertragungen von Beteiligungen oder anderen Vermögenswerten innerhalb eines Konzerns lösen in vielen Ländern Verkehrsteuerbelastungen aus. In Deutschland ist insoweit – neben der Vermeidung umsatzsteuerlicher Risiken – insbesondere die Grunderwerbsteuer von Bedeutung, die sowohl bei direkter Übertragung von Grundbesitz als auch bei Anteilsvereinigungen hinsichtlich grundbesitzhaltender Gesellschaften (§ 1 Abs. 3 GrEStG) sowie beim Wechsel im Gesellschafterbestand von Personengesellschaften mit Grundbesitz (§ 1 Abs. 2 a GrEStG) anfallen kann. Da die Grunderwerbsteuer mit einem Tarif von 3,5% oder 4,5%[3] gerade bei gruppeninternen Vorgängen ohne Mittelzufluss prohibitiv teuer werden kann, richtet sich das Augenmerk des Steuerplaners insbesondere darauf, indirekte Grunderwerbsteuertatbestände wie Anteilsvereinigungen zu vermeiden.[4] Die durch das Wachstumsbeschleunigungsgesetz[4a]

---

[2] Das timing ist auch bei anderen steuerplanerischen Überlegungen von wesentlicher Bedeutung, z. B. im Rahmen der Ertragssteuerung bei sich ändernden Steuertarifen, der Verzögerung von Dividendenausschüttungen bei sich abzeichnenden Quellensteuer- oder Ausschüttungssteuerreduktionen, bei der Dividendenoptimierung im Fall einer Änderung des Körperschaftsteuersystems oder bei Deferred-compensation-Vergütungsmodellen.

[3] Seit der Föderalismusreform 2006 haben die Bundesländer gem. Art. 105 Abs. 2 a GG die Befugnis zur Bestimmung des Steuersatzes bei der Grunderwerbsteuer. Von dieser Möglichkeit einer Abweichung von dem ansonsten gem. Art. 125 a Abs. 1 GG fortgeltenden Steuersatz i. H. v. 3,5% haben bisher Berlin, Hamburg und Sachsen-Anhalt Gebrauch gemacht. Entsprechende Überlegungen gibt es in Brandenburg, Bremen, Niedersachsen und dem Saarland für das Jahr 2011. Schleswig-Holstein will ab dem Jahr 2013 nachziehen und den Steuersatz auf 5% anheben.

[4] Vgl. Salzmann, S./Loose, F., DStR 2004, S. 1941 ff.; Schönweiß, R., Grunderwerbsteuer, 2004, S. 290 ff.; Behrens, S., Ubg 2009, S. 316 ff.

[4a] BGBl 2009 I, S. 3950.

6. Kapitel. Internationale M&A-Steuerstrategien 1173

eingeführte Steuervergünstigung bei Umstrukturierungen im Konzern (§ 6a GrEStG) bringt eine gewisse Erleichterung, ist jedoch wegen der restriktiven Voraussetzungen nicht immer verfügbar.[5]
- **Verlust vorteilhafter Steuerattribute:** Mit der gruppeninternen Reorganisation sollen auch keine Steuerattribute verloren gehen, die künftige Steuerzahlungen reduzieren könnten. In erster Linie ist hierbei an Verlustvorträge zu denken, in Deutschland aber auch an den Zinsvortrag i. S. d. § 4h EStG. Der Steuerplaner muss bei Beteiligungsübertragungen oder Umwandlungen sorgfältig darauf achten, dass Verlustnutzungsbeschränkungen (in Deutschland z. B. die Vorschrift des § 8c KStG und des § 4 Abs. 2 Satz 2 UmwStG, in den USA z. B. Sec. 382 IRC) nicht zum Tragen kommen. Auch die Auswirkungen auf Investitionszulagen, Steueranrechnungspositionen, Behaltefristen (z. B. § 6b EStG, § 22 UmwStG etc.)[6] oder auch Organschaftsbeziehungen sind zu bedenken.

Die Problematik der Besteuerung von Reorganisationsmaßnahmen ist vom Gesetzgeber erkannt worden. So enthalten deutsche wie auch ausländische Rechtsordnungen eine Reihe von Grundregeln, die wirtschaftlich sinnvolle Umstrukturierungen von prohibitiven Steuerzahlungen ausnehmen sollen. Die **Entwicklung des deutschen Reorganisationsrechts** verlief allerdings nicht geradlinig.[7] Zum Ende der ersten Ausbauphase bis etwa 1995 verfügte Deutschland mit dem UmwStG, § 8b Abs. 2 KStG a. F., dem Mitunternehmererlass, der Betriebsaufspaltung, der Realteilung, dem Tauschgutachten und der § 6b-Rücklage über ein breitgefächertes Instrumentarium zur steuerneutralen Unternehmensreorganisation bei nationalen Sachverhalten (während die EU-Fusionsrichtlinie nur für Einbringungsvorgänge umgesetzt worden war).[8] Ungeachtet des weiter steigenden unternehmerischen Reorganisationsbedarfs folgte eine Abbauphase. Diese war gekennzeichnet von der z. T. äußerst restriktiven Auslegung der Vorschriften durch die Finanzverwaltung,[9] insbesondere jedoch vom StEntlG 1999/2000/2002, welches Umstrukturierungsbausteine außerhalb des UmwStG weitestgehend abschaffte, ohne letzteres entsprechend auszuweiten. Mit dem StSenkG bzw. dem UntStFG begann die zweite Ausbauphase insbesondere durch Einführung der vollen bzw. hälftigen Freistellung von Gewinnen aus der Veräußerung von in- und ausländischen Kapitalgesellschaftsanteilen (§ 8b Abs. 2 KStG, § 3 Nr. 40 EStG), der eingeschränkten Wiedereinführung des Mitunternehmererlasses (§ 6 Abs. 5 EStG), einer Öffnung des Anwendungsbereichs steuerneutraler Realteilungen (§ 16 Abs. 3 EStG) und der erstmaligen Einführung einer Regelung für die Übertragung von Inlandsvermögen durch ausländische Verschmelzungen (§ 12 Abs. 2 KStG). Mit der Anordnung der generellen Gewerbesteuerpflicht

---

[5] Zu der Neuregelung vgl. Wischott, F./Schönweiß, R., DStR 2009, S. 2638 ff.; Dettmeier, M./Geibel, S., NWB 2010, S. 582 ff.; Neitz, C./Lange, C., Ubg 2010, S. 17 ff., Rödder, T./Schönfeld, J., DStR 2010, S. 415 ff.
[6] Vgl. die Auflistung wichtiger Haltefristen bei Olbing, K., GmbH-StB 2005, S. 379.
[7] Zum Folgenden vgl. Herzig, N., DB 2000, S. 2236 f.
[8] Zum Tauschgutachten und dessen Abschaffung vgl. Herzig, N., Tauschgutachten, 2000, S. 393 ff.; zur Betriebsaufspaltung und den übrigen zwischenzeitlich abgeschafften Instrumenten vgl. die Vorauflage, S. 1151 f.
[9] Vgl. BMF-Schreiben v. 25. 3. 1998 (Umwandlungssteuererlass), BStBl 1998 I, S. 268.

bei der Veräußerung von Mitunternehmeranteilen durch Kapitalgesellschaften (§ 7 Satz 2 GewStG) wurde allerdings eine neue Reorganisationsbarriere geschaffen. Die dritte Ausbauphase an Maßnahmen zur Beseitigung steuerlicher Hemmnisse für betriebswirtschaftlich sinnvolle grenzüberschreitende Restrukturierungen erfolgte mit dem SEStEG. Hiermit wurden das Umwandlungssteuerrecht an die Vorgaben der EU – insbesondere an die EU-Fusionsrichtlinie und die SE-Verordnung – angepasst sowie einheitliche Rechtsgrundsätze für alle inländischen und europaweiten Umstrukturierungen geschaffen. Damit wurde der Anwendungsbereich des UmwStG insbesondere auf grenzüberschreitende Vorgänge innerhalb der EU und des EWR ausgedehnt (sog. **Europäisierung**). Dabei sollten aber auch durch die Kodifizierung von Entstrickungstatbeständen deutsche Besteuerungsrechte gewahrt werden.

Insgesamt bleibt dabei aber nach wie vor unbefriedigend, dass Steuerneutralität – aufgrund zahlreicher Restriktionen – in Einzelfällen nur über Umwegkonstruktionen erreichbar ist bzw. sinnvolle Vermögensübertragungen durch steuerliche Ersatzlösungen (z. B. Betriebspacht oder Betriebsführung) verdrängt werden. Auch brachte das SEStEG mit der Versagung des Verlustübergangs bei Verschmelzungen sowie Auf- und Abspaltungen zwischen Kapitalgesellschaften einen erheblichen Rückschritt mit sich. Eine weitere **Verschärfung der Rechtslage** im Hinblick auf die Verlustnutzung bei Kapitalgesellschaften enthielt das UntStRefG 2008 mit der Einführung des § 8 c KStG und der Anwendung dieser Regelung durch die Finanzverwaltung auch auf jede konzerninterne Anteilsübertragung.[10] Eine steuerpolitische Kehrtwende enthielt insoweit das Wachstumsbeschleunigungsgesetz mit der Unschädlichkeit von Anteilsübertragungen im – eng definierten – Konzern und der Nutzbarkeit von Verlusten trotz Anteilsübertragung in Höhe der steuerpflichtigen stillen Reserven im inländischen Betriebsvermögen der Kapitalgesellschaft und der dauerhaften Anwendbarkeit der zuvor zeitlich begrenzt eingeführten Sanierungsklausel. Letzteres steht allerdings unter dem Vorbehalt eines Beihilfe-Prüfverfahrens durch die EU-Kommission.[11]

Im nachfolgenden Abschnitt wird das Instrumentarium des Steuerplaners zur **Vermeidung der Gewinnrealisierung** dargestellt. Dabei wird sowohl auf solche Vorschriften einzugehen sein, die einen Gewinnrealisierungsaufschub (Buchwertübertragung) ermöglichen, als auch auf Umstrukturierungen erleichternde Steuerbefreiungstatbestände (z. B. § 8 b Abs. 2 KStG). Die Ausführungen müssen sich auf die in der deutschen Steuergesetzgebung verankerten steuerneutralen Umstrukturierungsmöglichkeiten beschränken, wobei nicht übersehen werden darf, dass bei internationalen Reorganisationen auch die Prüfung der **Auswirkungen nach ausländischem Recht** unerlässlich ist. Im Anschluss an die Beschreibung des steuerlichen „Werkzeugkastens" werden in Abschnitt A III einige typische Reorganisationsfälle mit ihren Steuerkonsequenzen angesprochen, d. h. es wird die Anwendung der Grundregeln am Beispielsfall getestet.

---

[10] Vgl. BMF-Schreiben v. 4. 7. 2008, BStBl 2008 I, S. 736, Tz. 11; des Weiteren folgte im JStG 2009 die Versagung der Nutzung von Verlusten und Zinsvorträgen durch rückwirkende Umwandlung nach Verwirklichung des Tatbestands des § 8 c KStG (§ 2 Abs. 4 UmwStG).
[11] Vgl. BMF-Schreiben v. 30. 4. 2010, BStBl 2010 I, S. 488.

II. Das Instrumentarium des Steuerplaners

1. Steuerneutrale Umstrukturierung durch Gewinnrealisierungsaufschub

a) Umwandlungssteuergesetz

Die zentralen steuerlichen Regelungen zur Erleichterung wirtschaftlich sinnvoller Reorganisationsvorgänge sind im Umwandlungssteuergesetz zusammengefasst. Schon früh hatten Rechtsprechung und Gesetzgeber erkannt, dass wirtschaftlich vernünftige Umstrukturierungen nicht durch steuerliche Eingriffe erschwert werden sollen.[12] Da die rein formalrechtliche Betrachtung der mit Umwandlungen und anderen Reorganisationen verbundenen Vermögensübertragungen häufig zur Annahme eines Realisationsakts (Veräußerung, Tausch) führt, haben RFH und BFH in ständiger Rechtsprechung betont, dass der Begriff der Gewinnrealisierung wirtschaftlich zu verstehen sei, und die zugrunde liegenden Transaktionen als „Rechtsvorgänge eigener Art" oder als „bloße gesellschaftsrechtliche Organisationsakte" bezeichnet, um so die mit solchen Vermögensübertragungen normalerweise einhergehenden steuerlichen Konsequenzen außer Kraft zu setzen. Die Erkenntnis, dass niemand an sich selbst verdient und die Fortführung der Sachherrschaft über einzelne oder eine Gruppe von Wirtschaftsgütern der Annahme einer Gewinnrealisierung im Wege steht, hat bereits im Jahre 1934 zu einem ersten Umwandlungssteuergesetz[13] geführt, in dem die Rechtsgrundlagen für steuerneutrale Umwandlungen von Kapitalgesellschaften geschaffen wurden. Über verschiedene Zwischenstufen[14] wurden mit dem UmStG 1969 die Grundlagen des heutigen Umwandlungssteuerrechts geschaffen. Infolge der Reform des Körperschaftsteuersystems im Jahre 1977 bedurfte es erneut einer Neufassung des Umwandlungssteuergesetzes (UmwStG 1977), wobei wiederum die Forderung im Vordergrund stand, notwendige Anpassungsprozesse an die Marktbedingungen durch steuerrechtliche Bestimmungen nicht zu erschweren oder gar zu verhindern. Eine grundlegende Stufe im Entwicklungsprozess des Umwandlungssteuergesetzes war das UmwStG 1995, das steuerfreie Reorganisationstypen erweiterte und maßgeblich an das 1994 ebenfalls reformierte Umwandlungsrecht anknüpfte. Das Umwandlungsgesetz gibt dem Steuerrecht **vier Arten der handelsrechtlichen Umwandlung** vor:

- **Verschmelzung (§ 2 UmwG):** Unter einer Verschmelzung versteht man die Übertragung des gesamten Vermögens eines Rechtsträgers im Wege der Gesamtrechtsnachfolge auf einen anderen Rechtsträger, der entweder schon besteht (Verschmelzung durch Aufnahme) oder neu gegründet wird (Verschmelzung durch Neugründung) – jeweils im Grundsatz gegen Gewährung von Anteilen an die Gesellschafter des übertragenden Rechtsträgers.
- **Spaltung (§ 123 UmwG):** Bei einer **Aufspaltung** teilt der übertragende Rechtsträger sein gesamtes Vermögen auf und überträgt die Vermögensteile

---

[12] „Die Pflicht zur Gewinnverwirklichung läßt sich nicht immer nach streng logischen Gesichtspunkten entscheiden. Wirtschaftliche Überlegungen ... stehen im Vordergrund." so BFH v. 10. 2. 1972, BStBl 1972 II, S. 419; vgl. auch RFH v. 10. 4. 1940, RStBl 1940, S. 595; BFH v. 2. 10. 1962, BStBl 1962 III, S. 513; BFH v. 26. 1. 1977, BStBl 1977 II, S. 419; BFH v. 8. 4. 1992, BStBl 1992 II, S. 764.
[13] Vgl. RGBl 1934 I, S. 572.
[14] Zur Historie des Umwandlungssteuergesetzes vgl. Rödder, T./Herlinghaus, A./ Lishaut, I. van, Umwandlungssteuergesetz, Einführung, Anm. 6 ff.

jeweils als Gesamtheit[15] auf mindestens zwei andere schon bestehende oder neu gegründete Rechtsträger. Bei der **Abspaltung** bleibt der übertragende Rechtsträger bestehen und überträgt nur einen Teil oder mehrere Teile seines Vermögens auf einen oder mehrere andere bereits bestehende oder neu zu gründende Rechtsträger. Die Auf- und Abspaltung erfolgt ebenfalls im Grundsatz gegen Gewährung von Anteilen an die Gesellschafter des übertragenden Rechtsträgers. Auch bei der **Ausgliederung** werden Vermögensteile vom übertragenden auf neu gegründete bzw. bereits bestehende Rechtsträger übertragen, im Unterschied zur Abspaltung erhalten jedoch nicht die Gesellschafter des übertragenden Rechtsträger, sondern der übertragende Rechtsträger selbst die Anteile an den übernehmenden Rechtsträgern. Als Alternative zur Ausgliederung nach dem UmwG kann auch eine Übertragung durch **Einzelrechtsnachfolge** im Rahmen einer Sachgründung oder Sachkapitalerhöhung erfolgen.[16]

– **Vermögensübertragung (§ 174 UmwG)**: Die Vermögensübertragung dient als Auffangtatbestand für Sonderfälle wie die Voll- oder Teilübertragung von einer Kapitalgesellschaft auf den Bund, ein Land oder eine andere Gebietskörperschaft.

– **Formwechsel (§ 190 UmwG)**: Bei einer formwechselnden Umwandlung findet keine Vermögensübertragung statt. Vielmehr wechselt der übertragende Rechtsträger nur sein „Rechtskleid". Möglich ist insbesondere auch der Formwechsel von der Personenhandelsgesellschaft zur Kapitalgesellschaft und umgekehrt. Der „Formwechsel" zwischen den verschiedenen Personengesellschaftsrechtsformen vollzieht sich nicht nach UmwG, sondern durch schlichte Änderung des Gesellschaftsvertrags.

Die im Umwandlungssteuergesetz 1995 enthaltenen Tatbestände reflektierten – bei abweichender Systematik – vorwiegend die oben beschriebenen Reorganisationsvorgänge des Umwandlungsgesetzes, behandelten aber weiterhin auch die Fälle der Einbringung im Wege der Einzelrechtsnachfolge. Eine neue Entwicklungsstufe des Umwandlungssteuergesetzes beinhaltete das Gesetz über steuerliche Begleitmaßnahmen zur Einführung der Europäischen Gesellschaft und zur Änderung weiterer steuerlicher Vorschriften (SEStEG).[17] Mit dem **SEStEG** wurden die jüngsten gesellschaftsrechtlichen und steuerlichen Entwicklungen zur Umstrukturierung von Unternehmen sowie EU-rechtliche Vorgaben umgesetzt. Parallel hierzu wurde das UmwG an die EU-Verschmelzungsrichtlinie[18] sowie an die Entscheidung des EuGH in der Rs. SEVIC Systems[19] angepasst und regelt nunmehr auch die grenzüberschreitende Verschmelzung einer deutschen Kapitalgesellschaft mit einer Kapitalgesellschaft aus einem anderen EU-/EWR-Staat (§ 122 a ff. UmwG).[20]

---

[15] Zur Abgrenzung vom Gesamtrechtsnachfolge vgl. BFH v. 7. 8. 2002, BStBl 2003 II, S. 835.
[16] Vgl. Fuhrmann, L./Simon, S., AG 2000, S. 49 ff.; zum Vergleich der beiden Rechtsinstitute vgl. Engelmeyer, C., AG 1999, S. 263 ff.
[17] Vgl. BGBl 2006 I, S. 2782.
[18] Vgl. Richtlinie 2005/56/EG des Rates v. 26. 10. 2005, Abl. 2005 Nr. L 310, S. 1.
[19] Vgl. EuGH v. 13. 12. 2005 (SEVIC Systems), EuGHE 2005, S. I-10 805. Vgl. hierzu Hornig, M., PIStB 2006, S. 75 ff.; Louven, C./Dettmeier, M./Pöschke, M./Wenig, A., BB 2006, Special 3, S. 1 ff.; Sedemund, J., BB 2006, S. 519 ff.
[20] Vgl. Zweites Gesetz zur Änderung des Umwandlungsgesetzes v. 24. 4. 2007, BGBl 2007 I, S. 524. Vgl. hierzu Drinhausen, F./Keinath, A., BB 2006, S. 725 ff.;

Diese handelsrechtliche Erweiterung der Verschmelzungsmöglichkeiten musste auch im Steuerrecht reflektiert werden. Im Rahmen dieser **Europäisierung** wurde der persönliche Anwendungsbereich des UmwStG auf bestimmte in der EU/EWR ansässige Rechtsträger ausgedehnt (§ 1 Abs. 2 und 4 UmwStG). Ebenfalls wurde der sachliche Anwendungsbereich auf die Verschmelzung einer SE oder SCE und auf ausländische Umwandlungen, die einer Umwandlung nach dem UmwG vergleichbar sind, erstreckt (§ 1 Abs. 1 und 3 UmwStG). Die Verschmelzung von Kapitalgesellschaften in **Drittstaaten** ist dagegen nicht im UmwStG, sondern in § 12 Abs. 2 KStG geregelt. Zur **Sitzverlegung** – derzeit im Hinblick auf den Satzungssitz aus deutscher Sicht nur für die SE möglich – existiert keine gesonderte Regelung; sie wird von der allgemeinen Entstrickungsnorm in § 12 Abs. 1 KStG erfasst.

Das Umwandlungssteuergesetz ermöglicht derzeit unter bestimmten Voraussetzungen eine Vermeidung der Gewinnrealisierung durch **Fortführung der Buchwerte** auf Antrag bei der Verschmelzung, Auf- und Abspaltung von Kapital- oder Personengesellschaften, dem Formwechsel zwischen Personen- und Kapitalgesellschaften[21] sowie der Einbringung in Kapital- oder Personengesellschaften (durch Ausgliederung oder Einzelrechtsnachfolge). Parallel zu den allgemeinen Entstrickungstatbeständen in den §§ 4 Abs. 1 Satz 3 EStG, 12 Abs. 1 KStG[22] ist dabei eine Grundvoraussetzung für die Buchwertfortführung auf **Gesellschaftsebene,** dass das Besteuerungsrecht Deutschlands hinsichtlich des Gewinns aus einer Veräußerung der übertragenen Wirtschaftsgüter nicht ausgeschlossen oder beschränkt wird (§§ 3 Abs. 2, 11 Abs. 2, 20 Abs. 2, 24 Abs. 2 UmwStG sowie § 12 Abs. 2 Satz 1 KStG); eine Ausnahme hiervon gilt nur beim Anteilstausch (§ 21 Abs. 2 UmwStG). Bei der Verschmelzung sowie Auf- und Abspaltung von Kapitalgesellschaften ist auch auf **Gesellschafterebene** die Vermeidung der Gewinnrealisierung grundsätzlich nur möglich, wenn das Besteuerungsrecht Deutschlands nicht ausgeschlossen oder beschränkt wird (§§ 13 Abs. 2 UmwStG, 12 Abs. 2 Satz 2 KStG).

Insgesamt sind die in das Umwandlungssteuerrecht aufgenommenen Regelungen begrüßenswert, da sie Flexibilität auch bei internationalen Reorganisationsvorgängen einräumen. Fortbestehende Reorganisationshemmnisse ergeben sich aber neben Grunderwerbsteuerbelastungen auch aus teilweise einengenden Tatbestandsvoraussetzungen im UmwStG selbst (z. B. Teilbetriebsbegriff, Sofortbesteuerung bei Entstrickung, weitgehender Ausschluss von Drittstaaten) bzw. aus der teilweise restriktiven Auslegung der im UmwStG geregelten Tatbestände durch die Finanzverwaltung.

b) Übertragungen bei Mitunternehmerschaften, Realteilung und Überführungstatbestände

Der Mitunternehmererlass[23] war bis zu seiner (vorübergehenden) Außerkraftsetzung eines der zentralen Gestaltungsinstrumente zur steuerneutralen

---

Haritz, D./Wolff, B. v., GmbHR 2006, S. 340 ff.; Neye, H.-W./Timm, B., GmbHR 2007, S. 561 ff.
[21] Der Formwechsel wird insoweit wegen des damit verbundenen Wechsels der Besteuerungskonzeption steuerlich wie eine Verschmelzung behandelt (§§ 9 und 25 UmwStG).
[22] Vgl. dazu 5. Teil, 5. Kapitel, Abschnitt C IV.
[23] Vgl. BMF-Schreiben v. 20. 12. 1977 (Mitunternehmererlass), BStBl 1978 I, S. 8.

Reorganisation bei Personenunternehmen. Der Erlass versuchte zur Rechtssicherheit im schwierigen Feld der Personengesellschaftsbesteuerung beizutragen und behandelte dabei auch die **Gewinnrealisierungsproblematik bei Vermögensübertragungen** zwischen Gesellschaft und Gesellschafter.[24] Im Ergebnis erweiterte er die steuerneutralen Einbringungsmöglichkeiten des UmwStG (§ 24 UmwStG) und der Rechtsprechung zur Realteilung von Personengesellschaften[25] auch auf die Übertragung von Einzelwirtschaftsgütern und ließ im rein nationalen Kontext erhebliche Gestaltungsmöglichkeiten im Hinblick auf Buchwertübertragungen auf und von Personengesellschaften zu.[26]

Nach zwischenzeitlicher gesetzlicher Abschaffung der Buchwertübertragungsmöglichkeiten ab dem 1. 1. 1999 durch die §§ 6 Abs. 5, 16 Abs. 3 Satz 2 EStG i. d. F. des StEntlG 1999/2000/2002 erfolgte durch das StSenkG eine teilweise „Wiedereinführung" des Mitunternehmererlasses mit Wirkung vom 1. 1. 2001.[27] Weitere Nachbesserungen wurden mit dem UntStFG umgesetzt.[28] Danach gilt **Steuerneutralität bei den folgenden Übertragungstatbeständen,** sofern sie entweder unentgeltlich oder gegen Gewährung oder Minderung von Gesellschaftsrechten durchgeführt werden:[29]

– Übertragungen zwischen dem Betriebsvermögen eines Mitunternehmers und dem Gesamthandsvermögen einer Mitunternehmerschaft (§ 6 Abs. 5 Satz 3 Nr. 1 EStG),
– Übertragungen zwischen dem Sonderbetriebsvermögen eines Mitunternehmers in das Gesamthandsvermögen derselben oder einer anderen Mitunternehmerschaft (§ 6 Abs. 5 Satz 3 Nr. 2 EStG) und umgekehrt, sowie
– Übertragungen zwischen den Sonderbetriebsvermögen verschiedener Mitunternehmer einer Mitunternehmerschaft (§ 6 Abs. 5 Satz 3 Nr. 3 EStG).

Unklar ist derzeit, ob die Regelungen abschließend sind oder entsprechend auf nicht geregelte Sachverhalte übertragen werden können. Dies betrifft insbesondere die Übertragung von Einzelwirtschaftsgütern zwischen zwei Mitunternehmerschaften, die nach dem Wortlaut nicht von § 6 Abs. 5 EStG erfasst wird. Der I. Senat des BFH ist der Auffassung der Finanzverwaltung gefolgt und hat die Anwendbarkeit des § 6 Abs. 5 EStG verneint.[30] Der IV. Senat hält dies hingegen wegen verfassungsrechtlicher Bedenken für ernst-

---

[24] Eine Buchwertfortführung wurde auch durch Richterrecht, z. B. bei einer Vermögensübertragung durch Realteilung von Personengesellschaften und bei Überführung von Wirtschaftsgütern zwischen personen- und beteiligungsidentischen Personengesellschaften, anerkannt. Vgl. hierzu BFH v. 10. 2. 1972, BStBl 1972 II, S. 419; BFH v. 10. 12. 1991, BStBl 1992 II, S. 385; BFH v. 4. 5. 2004, BStBl 2004 II, S. 893.
[25] Bei einer Realteilung wird das Vermögen der Personengesellschaft im Verhältnis der Beteiligungen unter den Gesellschaftern aufgeteilt, wobei die bisherigen Gesellschafter das anteilig übernommene Betriebsvermögen als solches in Einzelunternehmen oder in Mitunternehmerschaften fortführen. Vgl. BFH v. 6. 5. 1952, BStBl 1952 III, S. 183.
[26] Vgl. Thiel, J./Rödder, T., FR 1998, S. 401 ff.
[27] Vgl. hierzu die Analysen von Brandenberg, H. B., FR 2000, S. 1182 ff.; Düll, A./Fuhrmann, G./Eberhard, M., DStR 2000, S. 1713 ff.; Herrmann, H. J./Neufang, B., BB 2000, S. 2599 ff.; Schulze zur Wiesche, D., FR 2000, S. 976 ff.; Neumann, S., EStB 2001, S. 60 ff.
[28] Vgl. hierzu BMF, Bericht, 2001, S. 3 ff.
[29] Zur Auslegung durch die Finanzverwaltung vgl. OFD Karlsruhe v. 20. 6. 2006, ESt-Kartei BW § 6 EStG, Fach 5, Nr. 4.1.
[30] Vgl. BFH v. 25. 11. 2009, BStBl 2010 II, S. 471.

lich zweifelhaft.[31] Die Rechtsfrage wird durch den Großen Senat des BFH geklärt werden müssen.

Steuerneutralität durch **zwingenden Buchwertansatz** im aufnehmenden Vermögenskreis gilt des Weiteren beim Transfer von Einzelwirtschaftsgütern bei allen **Überführungstatbeständen** zwischen zwei Betriebsvermögen desselben Steuerpflichtigen, zwischen dem Betriebsvermögen und einem Sonderbetriebsvermögen desselben Steuerpflichtigen bei einer Mitunternehmerschaft sowie zwischen verschiedenen Sonderbetriebsvermögen des Steuerpflichtigen bei verschiedenen Mitunternehmerschaften (§ 6 Abs. 5 Satz 1 und 2 EStG).

Bei allen Übertragungs- und Überführungstatbeständen ist die Buchwertfortführung nur möglich, sofern die **Besteuerung der stillen Reserven sichergestellt** ist. Bei den Übertragungstatbeständen bestehen zudem restriktive Vorschriften zur **Missbrauchsabwehr**. Neben einem rückwirkenden Teilwertansatz bei Veräußerung oder Entnahme des übertragenen Wirtschaftsguts innerhalb einer Sperrfrist gem. § 6 Abs. 5 Satz 4 EStG erfolgen Übertragungen insoweit nicht zum Buch-, sondern zwingend zum Teilwert, als sich der **Anteil einer Körperschaft** an dem Wirtschaftsgut unmittelbar oder mittelbar erhöht, und zwar entweder im Zuge dieser Übertragung oder aber innerhalb von sieben Jahren nach dieser Übertragung aus irgendeinem anderen Grund (§ 6 Abs. 5 Satz 5 und 6 EStG). Der Gesetzgeber will hiermit Gestaltungen abwehren, bei denen Wirtschaftsgüter zu Buchwerten in Personengesellschaften eingebracht werden, an denen Kapitalgesellschaften beteiligt sind.[32]

Mit dem UntStFG wurden auch die steuerlichen Regelungen zur **Realteilung** an das Grundkonzept des § 6 Abs. 5 EStG angepasst.[33] Nach § 16 Abs. 3 Satz 2 EStG ist eine Realteilung wiederum grundsätzlich **zwingend zu Buchwerten** durchzuführen, sofern die **Besteuerung der stillen Reserven sichergestellt** ist. Neben der Auseinandersetzung durch Zuteilung von Betrieben, Teilbetrieben und Mitunternehmeranteilen ist sie auch bei Zuteilung von Einzelwirtschaftsgütern steuerneutral möglich, wenn mindestens eine wesentliche Betriebsgrundlage nach der Realteilung weiterhin Betriebsvermögen eines Realteilers darstellt.[34] Ein Teilwertansatz ist – vergleichbar § 6 Abs. 5 Satz 5 EStG – zwingend, wenn Einzelwirtschaftsgüter der real zu teilenden Mitunternehmerschaft unmittelbar oder mittelbar in das Betriebsvermögen einer Körperschaft, Personenvereinigung oder Vermögensmasse übertragen werden und diese nicht schon bisher mittelbar oder unmittelbar an dem übertragenen Wirtschaftsgut beteiligt war.

Mit den §§ 6 Abs. 5, 16 Abs. 3 Satz 2 EStG sollte allerdings nur eine innerstaatliche, nicht dagegen eine grenzüberschreitende Flexibilität erreicht werden. Das Erfordernis einer Sicherstellung der Besteuerung der stillen Reserven und die durch das SEStEG eingeführten allgemeinen Entstrickungs-

---

[31] Vgl. BFH v. 15. 4. 2010, BFH/NV 2010, S. 1345.
[32] Damit soll insbesondere vermieden werden, dass eine mittelbare Veräußerung des (anteiligen) Wirtschaftsguts durch die steuerbegünstigte Veräußerung der Kapitalgesellschaftsanteile erfolgt. Kritisch zu der weit überschießenden Regelung Düll, A./Fuhrmann, G./Eberhard, M., DStR 2000, S. 1716 f.; Reiß, W., BB 2000, S. 1969 f.; Rödder, T./Schumacher, A., DStR 2001, S. 1637.
[33] § 16 Abs. 3 EStG hat Vorrang vor den Regelungen des § 6 Abs. 3 und 5 EStG.
[34] Vgl. BMF-Schreiben v. 28. 2. 2006, BStBl 2006 I, S. 228.

grundsätze der §§ 4 Abs. 1 Satz 3 EStG, 12 Abs. 1 KStG sollen nach der Auslegung durch die Finanzverwaltung dazu führen, dass die Zuordnung des übertragenen oder überführten Wirtschaftsguts zu einer ausländischen Betriebsstätte zu einer zwingenden Gewinnrealisierung führt. Nach Auffassung der Finanzverwaltung[35] ist der Fremdvergleichspreis – mit der u. E. abzulehnenden Konsequenz einer sofortigen Gewinnrealisierung – anzusetzen.[36] Im umgekehrten Fall, bei Übertragungen aus dem Betriebsvermögen eines Auslandsgesellschafters auf die inländische Personengesellschaft, stellt sich die Frage der Gewinnrealisierung zunächst im Ausland, wobei in Deutschland zur Vermeidung der Verstrickung von stillen Reserven nach den §§ 4 Abs. 1 Satz 7, 6 Abs. 1 Nr. 5 a EStG der Ansatz des gemeinen Werts erfolgt.

Im Gegensatz zur restriktiven Behandlung von Übertragungen auf eine ausländische Personengesellschaft ist bei der Überführung von Wirtschaftsgütern aus einem **inländischen Stammhaus** in eine EU-/EWR-**Auslandsbetriebsstätte** nach § 4 g EStG zumindest eine zeitliche Streckung der Besteuerung durch Bildung eines Ausgleichspostens in Höhe des Unterschiedsbetrags zwischen dem gemeinen Wert und dem Buchwert möglich. Dieser Ausgleichsposten ist im Jahr der Überführung und den vier folgenden Wirtschaftsjahren zu jeweils einem Fünftel gewinnerhöhend aufzulösen (§ 4 g Abs. 1, Abs. 2 Satz 1 EStG). Bei Ausscheiden des Wirtschaftsguts aus dem Betriebsvermögen des Steuerpflichtigen oder aus der Besteuerungshoheit der Mitgliedstaaten der EU oder einer Aufdeckung der stillen Reserven ist der Ausgleichsposten in vollem Umfang aufzulösen (§ 4 g Abs. 2 Satz 2 EStG). Im Fall der Rückführung des Wirtschaftsguts ins Inland ist gem. § 4 g Abs. 3 EStG der noch bestehende Ausgleichsposten ohne Auswirkung auf den Gewinn aufzulösen und ein besonderer Verstrickungswert anzusetzen.[37] Für den umgekehrten Fall der Überführung von Wirtschaftsgütern von der **inländischen Betriebsstätte** in das **ausländische Stammhaus** gilt die Regelung jedoch nicht, da sie nur bei unbeschränkt Steuerpflichtigen anzuwenden ist.[38]

Die durch das SEStEG eingeführten Entstrickungsregelungen sollten klarstellend die zuvor bestehende Praxis der Finanzverwaltung kodifizieren, die auf der von der Finanzrechtsprechung entwickelten Theorie der „Gewinnverwirklichung durch Steuerentstrickung" beruhte.[39] Dieser Sofortbesteuerung stiller Reserven (bis auf § 4 g EStG ohne Stundungslösung) begegneten von Anfang an erheblichen europarechtlichen Bedenken.[40] Hinzu kommt,

---

[35] Speziell zur Realteilung vgl. BMF-Schreiben v. 28. 2. 2006, BStBl 2006 I, S. 228, Abschnitt V. Siehe allgemein auch Betriebsstätten-Verwaltungsgrundsätze, BMF-Schreiben v. 24. 12. 1999, BStBl 1999 I, S. 1076, Tz. 2.6.4. – ohne Neufassung in Betriebsstätten-Verwaltungsgrundsätze, BMF-Schreiben v. 25. 8. 2009, BStBl 2009 I, S. 888; kritisch hierzu Ditz, X./Schneider, M., DStR 2010, S. 85.
[36] Vgl. 5. Teil, 5. Kapitel, Abschnitt C IV. Kritisch auch Kaminski, B., DStR 1997, S. 57; Prinz, U./Breuninger, G. E., IWB, Fach 10, International, Gruppe 2, S. 1301; Schell, M., BB 2006, S. 1026.
[37] Vgl. Kessler, W./Winterhalter, H./Huck, F., IStR 2007, S. 133.
[38] Zur Kritik vgl. 5. Teil, 3. Kapitel, Abschnitt D III 2 b).
[39] Grundlegend BFH v. 16. 7. 1969, BStBl 1970 II, S. 175; BFH v. 30. 5. 1972, BStBl 1972 II, S. 760; BFH v. 16. 5. 1983, BStBl 1983 II, S. 771; BFH v. 14. 6. 1988, BStBl 1989 II, S. 187; BFH v. 13. 11. 1990, BStBl 1991 II, S. 94; BFH v. 21. 6. 2001, BStBl 2002 II, S. 537.
[40] Vgl. Körner, A., IStR 2006, S. 469 ff.; Wassermeyer, F., DB 2006, S. 1176 ff.; Werra, M./Teiche, A., DB 2006, S. 1455 ff.; PwC, Reform, 2007, Tz. 336.

6. Kapitel. Internationale M&A-Steuerstrategien 1181

dass der BFH die Entstrickungsrechtsprechung sowohl für den Fall der Überführung in eine ausländische Betriebsstätte[41] als auch für den Fall einer Betriebsverlegung in das Ausland[42] aufgeben hat. Dem liegt eine geänderte Auslegung des § 49 Abs. 1 Nr. 2 EStG und des Art. 7 OECD-MA zugrunde, nach der die bis zur Überführung ins Ausland entstandenen stillen Reserven weiterhin dem deutschen Besteuerungsrecht unterliegen. Die Finanzverwaltung geht davon aus, dass die Rechtsprechungsänderung entsprechend dem Willen des Gesetzgebers[43] keine Bedeutung für die Rechtslage nach dem SEStEG hat.[44] Dies ist jedoch zweifelhaft und nur begründbar, wenn bereits eine Beschränkung des deutschen Besteuerungsrechts hinsichtlich der nach dem Überführungszeitpunkt entstehenden stillen Reserven zur Anwendung der Entstrickungsregelungen führt. Anderenfalls laufen die Regelungen gemessen an der neueren Rechtsprechung des BFH ins Leere.[45]

Nach einem Änderungsvorschlag des Bundesrates zum JStG-E 2010[45a] soll dem § 4 Abs. 1 Satz 3 EStG ein klarstellender Satz 4 angefügt werden, wonach ein Ausschluss oder eine Beschränkung des Besteuerungsrechts hinsichtlich des Gewinns aus der Veräußerung eines Wirtschaftsgutes insbesondere dann vorliegt, wenn das Wirtschaftsgut einer ausländischen Betriebsstätte zugeordnet wird. Damit sollen die bisherigen Verwaltungsgrundsätze[45b] gesetzlich festgeschrieben und somit die Grundsätze der finalen Entnahmetheorie aus der früheren BFH-Rechtsprechung umgesetzt werden, wobei die Grundsätze auch für Wirtschaftsjahre, die vor dem 1. Januar 2006 enden, gelten sollen (§ 52 Abs. 8 b Satz 2 EStG idF JStG-E 2010).[45c]

c) Aufschub der Besteuerung stiller Reserven nach § 6b EStG

Ein weiteres steuerplanerisches Instrument zur Übertragung stiller Reserven ist die Vorschrift des § 6b EStG.[46] Sie gewährt dem Steuerpflichtigen ein Wahlrecht, stille Reserven, die bei der Veräußerung bestimmter Wirtschaftsgüter realisiert werden, auf begünstigte andere Wirtschaftsgüter zu übertragen. Auf diese Weise kommt es zu einem **vorläufigen Besteuerungsaufschub** mit Nachholung der Steuerbelastung über die betriebsgewöhnliche Nutzungsdauer der Ersatzwirtschaftsgüter.[47]

Technisch erfolgt der Gewinnrealisierungsaufschub durch Vornahme eines gewinnmindernden Abzugs von den Anschaffungs- oder Herstellungskosten

---
[41] Vgl. BFH v. 17. 7. 2008, BStBl 2009 II, S. 464.
[42] Vgl. BFH v. 28. 10. 2009, BFH/NV 2010, S. 346; BFH v. 28. 10. 2009, BFH/NV 2010, S. 432.
[43] Vgl. BT-Drs. 16/2710, S. 28.
[44] Vgl. BMF-Schreiben v. 20. 8. 2009, BStBl 2009 I, S. 671; ausführlich hierzu Mitschke, W., DB 2009, S. 1376 ff.
[45] Vgl. Ditz, X., IStR 2009, S. 119 f.; Schneider, N./Oepen, W., FR 2009, S. 28; Dörr, I./Bühler, T., IWB 2010, S. 127 f.; Gosch, D., BFH/PR 2010, S. 117; Schönfeld, J., IStR 2010, S. 133 ff.
[45a] BT-Drs. 17/2823, S. 3 ff.
[45b] Vgl. Betriebsstätten-Verwaltungsgrundsätze, BMF-Schreiben v. 24. 12. 1999, BStBl 1999 I, S. 1076, Tz. 2.6.1.
[45c] BT-Drs. 17/2823, S. 4.
[46] Zu vergleichbaren Entlastungsmaßnahmen in ausländischen Rechtskreisen vgl. Förster, J., Veräußerungsgewinnbesteuerung, 1997, S. 721 ff.
[47] Beachte auch die Regelung zur Übertragung stiller Reserven bei Ersatzbeschaffung in R 6.6 EStR.

bestimmter Wirtschaftsgüter, sofern diese bereits angeschafft oder hergestellt sind. Anderenfalls können die stillen Reserven in eine den steuerpflichtigen Gewinn mindernde Rücklage eingestellt und regelmäßig innerhalb von vier Jahren[48] auf bestimmte Wirtschaftsgüter übertragen werden. Soweit die Rücklage innerhalb der vorgesehenen Fristen nicht verwendet wird, ist sie gewinnerhöhend aufzulösen. Zum Ausgleich des Vorteils aus dem Besteuerungsaufschub ist der Auflösungsbetrag in diesem Fall für jedes volle Jahr des Bestehens der Rücklage um 6% zu erhöhen (§ 6b Abs. 7 EStG).

Ein Besteuerungsaufschub für ansonsten realisierte Veräußerungsgewinne und die damit einhergehende Verminderung des zukünftigen Abschreibungspotentials müssen nicht in jedem Fall steuerlich optimal sein. Insbesondere bei geplanter Veräußerung des gesamten Betriebs,[49] aber auch in Verlustperioden oder zur Vermeidung ungünstiger künftiger Progressionseffekte kann ein Verzicht auf die Ausübung des Wahlrechts sinnvoll sein. Abgesehen von diesen Sonderfällen dürfte die Bildung einer § 6b-Rücklage aber regelmäßig vorteilhaft sein. Dies gilt im Allgemeinen auch dann, wenn im Übertragungszeitpunkt keine konkrete Reinvestitionsabsicht besteht.[50] Grund hierfür ist, dass der gestundete Steuerbetrag im Falle der Rücklagenauflösung nach bspw. vier Jahren – Progressionseffekte vernachlässigt – nur um einen Jahreszins von etwa 5,5% erhöht wird,[51] was im Regelfall unter den Refinanzierungskosten eines Unternehmens liegen dürfte.

Die Inanspruchnahme des gem. § 5 Abs. 1 Satz 2 EStG unabhängig von der Handelsbilanz auszuübenden Wahlrechts ist nach § 6b Abs. 4 EStG an eine Reihe von **Voraussetzungen** geknüpft.[52] Insbesondere muss das angeschaffte bzw. hergestellte Wirtschaftsgut zum Anlagevermögen einer inländischen Betriebsstätte gehören und das veräußerte Wirtschaftsgut muss im Zeitpunkt der Veräußerung mindestens sechs Jahre ununterbrochen zum Anlagevermögen einer inländischen Betriebsstätte gehört haben.[53] Aus steuerplanerischer Sicht besonders bedeutsam sind die in § 6b Abs. 1 und 10 EStG festgelegten Übertragungsmöglichkeiten. Hier wird nicht nur der Kreis der Wirtschaftsgüter des Anlagevermögens eingeschränkt, deren stille Reserven im Falle der Veräußerung dem Grunde nach begünstigungsfähig sind, sondern es wird auch geregelt, auf welche Wirtschaftsgüter des Anlagevermögens und in welchem Umfang die stillen Reserven übertragen werden können. Sieht man von Sondertatbeständen bei landwirtschaftlichem Betriebsvermögen und für Binnenschiffe ab, können nach der derzeitigen Gesetzesfassung nur die in Abbildung 21 aufgeführten Übertragungen im Rahmen des § 6b EStG erfolgen.

---

[48] Abweichend hiervon sehen § 6b Abs. 3 und 8 EStG in bestimmten Fällen eine auf sechs Jahre verlängerte und § 6b Abs. 10 EStG eine nur zweijährige Übertragungsfrist vor.
[49] Zur steuerlichen Behandlung von § 6b-Rücklagen im Falle der Veräußerung des gesamten Betriebs vgl. Schoor, H. W., FR 1997, S. 252 und S. 256 f.
[50] Eine Reinvestitionsabsicht ist nicht Voraussetzung für die Inanspruchnahme von § 6b EStG. Dies gilt nach Auffassung des BFH auch im Falle von Betriebsveräußerungsgewinnen. Vgl. hierzu BFH v. 5. 6. 1997, BFH/NV 1997, S. 754.
[51] Die 6%-Verzinsungsvorschrift in § 6b Abs. 7 EStG vernachlässigt Zinseszinsen, so dass der Effektivzins niedriger liegt.
[52] Vgl. hierzu Maus, G./Lentschig, P., StBp 1996, S. 318 ff.; dies., StBp 1997, S. 5 ff.
[53] Zur Zusammenrechnung von Besitzzeiten eines Wirtschaftsguts im Betriebsvermögen verschiedener Rechtsträger vgl. OFD Kiel v. 22. 8. 2001, DStR 2001, S. 2025.

6. Kapitel. Internationale M&A-Steuerstrategien

Abbildung 21: Übertragungen im Rahmen des § 6b EStG

Übertragen von \ auf	Grund und Boden	Gebäude	Anteile an Kapitalgesellschaften	Abnutzbare bewegliche Wirtschaftsgüter
Grund und Boden	100%	100%	–	–
Gebäude	–	100%	–	–
Anteile an Kapitalgesellschaft (bis 500 000 €)*	–	60%	100%	60%

* Veräußerer ist eine bilanzierende natürliche Person (mit Beteiligung im Betriebsvermögen) oder eine Mitunternehmerschaft, soweit deren Mitunternehmer natürliche Personen sind (§ 6b Abs. 10 Satz 10 EStG).

Angesichts dieser eingeschränkten Reichweite der Vorschrift ist festzustellen, dass die Vorschrift den Wandel von einer produktionsorientierten Wirtschaft hin zu einer Dienstleistungsgesellschaft nie nachvollzogen hat. Die zentralen Produktionsfaktoren der heutigen Wirtschaftsordnung stehen jedoch nicht mehr in den Bilanzen der Unternehmen, sondern befinden sich in den Köpfen der Mitarbeiter. Es stellt sich deshalb die Frage, wie sinnvoll es ist, die unter dem Vorbehalt der Reinvestition gewährte vorübergehende steuerliche Verschonung von Veräußerungstatbeständen auf Grund und Boden, Gebäude und – im Übrigen ohne jegliche steuersystematische Rechtfertigung – bei Personengesellschaften und Einzelunternehmern auf Kapitalgesellschaftsbeteiligungen zu beschränken, auf Wirtschaftsgüter also, über die viele technologie- oder dienstleistungsorientierte Unternehmen häufig gar nicht verfügen. Das Beispiel eines Biotechnologieunternehmens, das jahre- oder sogar jahrzehntelang an einem Medikament geforscht hat und nach dessen endgültiger Marktzulassung das entsprechende Patent veräußert, um sich anderen Entwicklungsvorhaben zuzuwenden, könnte möglicherweise auf ein strukturelles Defizit des § 6b EStG hindeuten – trotz aller Abgrenzungsschwierigkeiten, die die Ausweitung der Regelung auf derartige Reinvestitionen unzweifelhaft mit sich brächte.

2. Nutzung von Steuerbefreiungsvorschriften

Die Steuerneutralität konzerninterner Restrukturierungen lässt sich einerseits dadurch erreichen, dass bestimmte Vermögensübertragungen zu Buchwerten ermöglicht werden und dadurch die Besteuerung der in den betreffenden Wirtschaftsgütern vorhandenen stillen Reserven zeitlich aufgeschoben wird. Daneben kennt die deutsche Steuergesetzgebung auch Steuerbefreiungen für Übertragungen von Anteilen an Kapitalgesellschaften, womit ein endgültiger (Teil-)Verzicht auf die Erfassung eingetretener Wertsteigerungen verknüpft ist. Es liegt auf der Hand, dass die Nutzung solcher Steuerbefreiungsvorschriften für den Steuerplaner von besonderem Interesse ist.

6. Teil. Grenzüberschreitende Steuerplanung

Die in diesem Zusammenhang bedeutsamste Vorschrift ist § 8b Abs. 2 KStG, nach dem insbesondere bei Kapitalgesellschaften **Gewinne aus der Veräußerung von Anteilen an Kapitalgesellschaften freigestellt** sind. Dies eröffnet ein großes Maß an Flexibilität für konzerninterne Restrukturierungen von Kapitalgesellschaften, weil es nicht darauf ankommt, ob die Tochtergesellschaft im Inland oder in einem ausländischen DBA- oder Nicht-DBA-Staat domiziliert, ob sie aktiv oder passiv tätig ist, welche Beteiligungsquote vorliegt und wie lange das Beteiligungsverhältnis bereits besteht. Die Vorschrift befreit auch Gewinne aus der Veräußerung von eigenen Anteilen[54] und von Anteilen an Organgesellschaften[55] von der Besteuerung und wirkt sich über § 7 GewStG auch auf die Gewerbesteuer aus.[56] Dies gilt entgegen der früheren Auffassung der Finanzverwaltung[57] auch bei der Ermittlung des Gewerbeertrags einer Mitunternehmerschaft, soweit an dieser keine natürlichen Personen unmittelbar oder mittelbar über Personengesellschaften beteiligt sind (§ 7 Satz 4 GewStG).

Neben Gewinnen aus der Veräußerung von Anteilen an Kapitalgesellschaften sind auch solche aus deren **verdeckter Einlage**, aus **Liquidation**[58] und **Kapitalherabsetzung**[59] sowie **Wertaufholungsgewinne** steuerfrei.[60] Die Steuerfreiheit gilt auch für Einkommenserhöhungen gem. § 8 Abs. 3 Satz 2 KStG bei Vorliegen einer verdeckten Gewinnausschüttung wegen der Übertragung einer Beteiligung unter dem Verkehrswert.[61] Nach § 8b Abs. 2 KStG sind zwar Veräußerungsgewinne von der Besteuerung ausgenommen, allerdings gelten nach § 8b Abs. 3 Satz 1 KStG 5% des Gewinns als nichtabzugsfähige Betriebsausgaben. Somit sind im Ergebnis Gewinne aus der Veräußerung von Anteilen an in- und ausländischen Kapitalgesellschaften in Deutschland zu 95% steuerfrei. Im Gegenzug zur 95%igen Steuerfreistellung von Veräußerungsgewinnen bleiben **Veräußerungsverluste** und sonstige Gewinnminderungen (insbesondere Teilwertabschreibungen) **unberücksichtigt** (§ 8b Abs. 3 Satz 3 KStG). Auch sind Veräußerungsgewinne insoweit **steuerpflichtig,** als in früheren Jahren steuerwirksame Teilwertabschreibungen (§ 8b Abs. 2 Satz 4 KStG)[62] oder steuerwirksame Abzüge insbesondere nach § 6b EStG (§ 8b Abs. 2 Satz 5 KStG) vorgenommen wurden.

Die 95%ige Freistellung der Veräußerungsgewinne wird zur **Vermeidung missbräuchlicher Gestaltungen** bei bestimmten Konstellationen allerdings an Wartefristen gebunden oder anderweitig eingeschränkt und für bestimmte Unternehmen aus der Finanz- und Versicherungsbranche in einigen Fällen sogar völlig außer Kraft gesetzt:

---

[54] Vgl. BMF-Schreiben v. 28. 4. 2003, BStBl 2003 I, S. 292, Tz. 15.
[55] Vgl. BMF-Schreiben v. 28. 4. 2003, BStBl 2003 I, S. 292, Tz. 14 und 16.
[56] Einer Hinzurechnung nach § 8 Nr. 5 GewStG können nur Gewinnausschüttungen unterliegen, nicht aber Veräußerungsgewinne.
[57] Vgl. BMF-Schreiben v. 28. 4. 2003, BStBl 2003 I, S. 292, Tz. 57; dagegen BFH v. 9. 8. 2006, BFH/NV 2006, S. 2379.
[58] Vgl. BMF-Schreiben v. 28. 4. 2003, BStBl 2003 I, S. 292, Tz. 17 i. V. m. Tz. 7.
[59] Vgl. BMF-Schreiben v. 28. 4. 2003, BStBl 2003 I, S. 292, Tz. 14.
[60] Zur Steuerbefreiung von Gewinnen aus den Ersatzrealisationstatbeständen des § 21 Abs. 2 UmwStG vgl. Kessler, W./Schmalz, A./Schmidt, W., DStR 2001, S. 1867.
[61] Vgl. BMF-Schreiben v. 28. 4. 2003, BStBl 2003 I, S. 292, Tz. 21.
[62] Zur vorrangigen Verrechnung des Gewinns mit nicht steuerwirksamen Teilwertabschreibungen vgl. BFH v. 19. 8. 2009, BFH/NV 2010, S. 115.

6. Kapitel. Internationale M&A-Steuerstrategien 1185

- Ein Veräußerungsgewinn ist gem. § 8b Abs. 4 KStG a. F. nicht befreit, wenn die veräußerten Anteile auf der Einbringung eines Betriebs, Teilbetriebs oder eines Mitunternehmeranteils („schädliche" einbringungsgeborene Anteile i. S. d. § 21 UmwStG a. F.) oder einer Einbringung durch einen nicht von § 8b Abs. 2 KStG begünstigten Steuerpflichtigen unter dem Buchwert innerhalb von sieben Jahre vor dem Veräußerungszeitpunkt beruht.[63] Trotz Abschaffung dieser Regelung durch das SEStEG gilt die alte Rechtslage bis zum Ablauf der Sperrfrist fort (§ 34 Abs. 7 a KStG).[64]
- Nach § 8b Abs. 7 KStG gilt u. a. die Steuerbefreiung des § 8b Abs. 2 KStG nicht für Anteile, die bei Kreditinstituten und Finanzdienstleistungsinstituten dem Handelsbuch zuzurechnen sind oder von **Finanzunternehmen** i. S. d. KWG mit dem Ziel der kurzfristigen Erzielung eines Eigenhandelserfolges erworben werden. Unter den sehr weit gefassten Anwendungsbereich der Vorschrift fallen auch **Holdinggesellschaften,** was die Steuerpflicht bestimmter von ihnen realisierter Veräußerungsgewinne bedingt.[65]
- Nach § 8b Abs. 8 KStG gilt die Veräußerungsgewinnbefreiung nicht für Anteile, die bei Lebens- und Krankenversicherungsunternehmen den Kapitalanlagen zuzurechnen sind.

Auch ausländische Kapitalgesellschaften können von der Vorschrift des § 8b Abs. 2 KStG profitieren. Diese können bei Veräußerung einer inländischen wesentlichen Beteiligung auch dann beschränkt steuerpflichtig sein, wenn die Anteile nicht im Betriebsvermögen einer inländischen Betriebsstätte liegen (§ 49 Abs. 1 Nr. 2 Buchstabe e EStG). Allerdings wird insoweit das deutsche Besteuerungsrecht regelmäßig durch ein DBA ausgeschlossen, wobei die Beteiligungshöhe meist unerheblich ist. Eine Verbesserung der Situation durch § 8b Abs. 2 KStG ergibt sich demnach grundsätzlich nur in Nicht-DBA-Fällen. Hier stellt § 8b Abs. 2 i. V. m. Abs. 3 KStG Veräußerungsgewinne auch dann zu 95% frei, wenn die Anteile nicht im Betriebsvermögen einer inländischen Betriebsstätte lagen.[66]

Die fast völlige Steuerbefreiung von Gewinnen aus der Veräußerung von Kapitalgesellschaftsbeteiligungen ist systembedingt Körperschaftsteuersubjekten, insbesondere Kapitalgesellschaften vorbehalten. An die Stelle der Steuerfreiheit tritt eine 40%ige Befreiung von der Einkommen- und ggf. der Gewerbesteuer, sofern Anteilseigner natürliche Personen mit Anteilen im Betriebsvermögen oder i. S. d. § 17 EStG sind (§ 3 Nr. 40 EStG, § 7 GewStG; sog. **Teileinkünfteverfahren**). Auch mit Hilfe dieser partiellen Steuerbefreiung werden Umstrukturierungen entlastet und dadurch ggf. erst ermöglicht, wenngleich eine 60%ige Besteuerung eines Veräußerungsgewinns in vielen Fällen immer noch prohibitiv sein wird. Weiterhin gelten auch hier Missbrauchsvermeidungsvorschriften für „schädliche" einbringungsgeborene Anteile (§ 3 Nr. 40 Satz 3 und 4 EStG a. F.)[67] und Beschränkungen der Steuerbefreiung bei zwischenzeitlich nicht wertaufgeholten, steuerlich wirksamen Teilwertabschrei-

---
[63] Vgl. Abschnitt B I 3 b).
[64] Zur Rechtslage nach dem SEStEG vgl. Abschnitt A III 1 a).
[65] Vgl. BFH v. 14. 1. 2009, BStBl 2009 II, S. 671; sowie BMF-Schreiben v. 25. 7. 2002, BStBl 2002 I, S. 712.
[66] Vgl. Dötsch, E./Jost, W. F./Pung, A./Witt, G., Körperschaftsteuer, § 8b KStG, Anm. 52; Gosch, Körperschaftsteuergesetz, § 8b KStG, Anm. 230.
[67] Vgl. Abschnitt B I 3 b).

bungen und Abzüge nach § 6 b EStG o. a. (§ 3 Nr. 40 Satz 1 Buchstabe a Satz 2 und 3 EStG) sowie für Kreditinstitute etc. (§ 3 Nr. 40 Satz 3 und 4 EStG). Zusammenfassend offeriert insbesondere § 8 b Abs. 2 KStG die Chance, Wertsteigerungen an in- und ausländischen Kapitalgesellschaftsbeteiligungen sowohl bei Veräußerungen in der Gruppe als auch bei Verkäufen an fremde Dritte (fast) steuerfrei zu realisieren. Da nach Abkommensrecht diesbezügliche Veräußerungsgewinne regelmäßig ausschließlich im Wohnsitzstaat besteuert werden dürfen,[68] bleibt der Veräußerungsvorgang auch im Ausland steuerfrei. Die Anwendung des § 8 b Abs. 2 KStG hat im Vergleich zu Gewinnrealisierungsaufschubtatbeständen des UmwStG insbesondere den Vorteil, dass keine Mehrheitsbeteiligungen (wie etwa bei § 21 UmwStG)[69] bestehen müssen. Insofern stellt die Vorschrift ein leistungsfähiges Instrument dar, die Unternehmensstruktur an geänderte wirtschaftliche Verhältnisse anzupassen.

Neben § 8 b Abs. 2 KStG existieren einige **weitere** Gesetzesvorschriften, die **Steuerbefreiungen oder -ermäßigungen** zulassen:

- Natürliche Personen als Veräußerer können im Privatbesitz gehaltene Beteiligungen an Kapitalgesellschaften grundsätzlich steuerfrei veräußern, sofern ihr Beteiligungsprozentsatz innerhalb der letzten fünf Jahre 1% nicht überschritten hat und sie die Anteile vor dem 1. 1. 2009 erworben haben (§ 52 a Abs. 10 EStG). Für danach erworbene Anteile gilt die Abgeltungsteuer i. H. v. 25% nach den §§ 20 Abs. 2 Nr. 1, 32 d EStG.
- Bei der Veräußerung von Betrieben oder Mitunternehmeranteilen stehen natürlichen Personen die Steuerermäßigungen der §§ 16 und 34 EStG zu.
- Wenn deutsche Konzerne Auslandsbetriebsstätten oder Anteile an Personengesellschaften mit ausländischen Betriebsstätten veräußern, kommt es bei Anwendbarkeit eines DBA nach dem Betriebsstättenprinzip regelmäßig zu einer abkommensrechtlichen Steuerfreistellung in Deutschland (vorbehaltlich einer Nichtbesteuerung im Ausland i. S. d. § 50 d Abs. 9 EStG)[70]. Allerdings bleibt das Besteuerungsrecht des ausländischen Quellenstaates von den Regelungen des DBA unberührt.
- Schließlich bestehen in bestimmten Fällen Befreiungen von der Gewerbesteuer. Diese sind mit dem Objektcharakter der Gewerbesteuer zu erklären, da die Aufnahme und die Beendigung eines Gewerbebetriebs nicht Gegenstand einer Objektsteuer sein können.[71] Unter Berücksichtigung von § 7 Satz 2 GewStG ist die Veräußerung bzw. die Aufgabe von Einzelunternehmen, von Betrieben oder Teilbetrieben einer Mitunternehmerschaft, von Mitunternehmeranteilen sowie von Anteilen des Komplementärs einer KGaA gewerbesteuerfrei, soweit die Gewinne unmittelbar auf natürliche Personen entfallen. Dies gilt allerdings dann nicht, wenn Betriebe oder Teilbetriebe sowie Mitunternehmeranteile innerhalb von fünf Jahren nach der Umwandlung einer Kapital- auf bzw. in eine Personengesellschaft veräußert oder aufgegeben werden (§ 18 Abs. 3 UmwStG). Nach der Rechtsprechung des BFH[72] ist – unabhängig von der Einführung des § 16

---

[68] Vgl. Art. 13 OECD-Modell.
[69] Vgl. Abschnitt A III 1 b).
[70] Vgl. 7. Kapitel, Abschnitt C.
[71] Vgl. BFH v. 25. 5. 1962, BStBl 1962 III, S. 438; BFH v. 13. 11. 1963, BStBl 1964 III, S. 124.
[72] Vgl. BFH v. 14. 12. 2006, BStBl 2007 II, S. 580.

6. Kapitel. Internationale M&A-Steuerstrategien

Abs. 1 Satz 2 EStG – auch die Veräußerung des Teils eines Mitunternehmeranteils gewerbesteuerpflichtig.[73]

Ist sich der Steuerplaner der vorhandenen Bausteine für steuerneutrale Reorganisationen bewusst, muss er ihren optimalen Einsatz im einzelnen Umstrukturierungsfall überprüfen. Es ist nun im Rahmen dieses Buches nicht möglich, alle denkbaren nationalen und grenzüberschreitenden Reorganisationsmöglichkeiten im Hinblick auf ihre Steuerwirkungen auszuloten; dies muss einem Kompendium des Umwandlungssteuerrechts vorbehalten bleiben. In den nachfolgenden Abschnitten sollen aber einige in Inbound- und Outboundkonstellationen typische Sachverhaltsgestaltungen erläutert werden. Hierbei soll jeweils untersucht werden, inwieweit mit einem der in diesem Abschnitt beschriebenen Gewinnrealisierungsaufschub- oder Befreiungstatbestände Steuerneutralität erreicht werden kann.

III. Typische Reorganisationsfälle

1. Inbound-Reorganisationen

a) Inkorporation einer deutschen Betriebsstätte

Ein in der Praxis typischer Anwendungsfall für die Anwendung des Gewinnrealisierungsaufschubs nach dem UmwStG ist die Inkorporation einer deutschen Betriebsstätte.

Ausgangsfall: Eine ausländische EU-Kapitalgesellschaft („Foreign Company – ForCo") verfügt über eine Betriebsstätte in Deutschland. Zielsetzung der Betriebsstättenstruktur war die Nutzung der deutschen Anlaufverluste im Heimatland der ForCo. Nach Auslaufen der Verlustphase soll jetzt die deutsche Betriebsstätte in eine neu gegründete GmbH eingebracht werden.

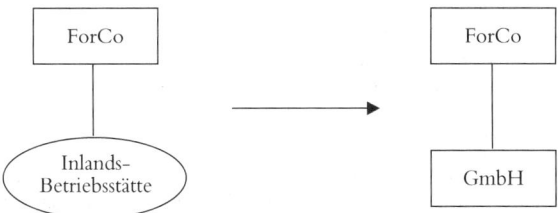

Nach allgemeinen Grundsätzen sind Einbringungen als **tauschähnliche Vorgänge** zu betrachten. Die Einbringung einer deutschen Betriebsstätte in eine inländische Kapitalgesellschaft führt deshalb im Inland prinzipiell zur Realisierung der stillen Reserven. Mögliche Ausnahmen von dieser grundsätzlichen Gewinnrealisierungspflicht können sich aus dem Umwandlungssteuergesetz ergeben:

§ 20 Abs. 1 UmwStG regelt die Voraussetzungen für die **erfolgsneutrale Einbringung von Unternehmensteilen** in eine Kapitalgesellschaft, die nach dem Recht eines EU- oder EWR-Staates gegründet wurde und deren Sitz und Ort der Geschäftsleitung sich innerhalb des Hoheitsgebiets eines

---

[73] Vgl. auch OFD Düsseldorf v. 18. 1. 2001, DStR 2001, S. 708; OFD Kiel v. 28. 2. 2001, BB 2001, S. 1075; zur Diskussion Märkle, R., DStR 2001, S. 685 ff.; Wendt, M./Roser, F., EStB 2001, S. 152 f.

dieser Staaten befindet (§ 1 Abs. 3 und 4 Satz 1 Nr. 1 UmwStG). Somit ist danach sowohl die im Ausgangsfall vorliegende Einbringung einer Inlandsbetriebsstätte in eine deutsche GmbH als auch ihre Einbringung in eine in einem anderen EU-/EWR-Staat ansässige Kapitalgesellschaft möglich.

Die Vorschrift gilt gem. § 1 Abs. 4 Satz 1 Nr. 2 Buchstabe a UmwStG auch für einbringende Gesellschaften, die nach dem Recht eines EU- oder EWR-Staates gegründet wurden und deren Sitz und Ort der Geschäftsleitung sich innerhalb des Hoheitsgebiets eines dieser Staaten befindet, sowie für einbringende natürliche Personen, deren Wohnsitz oder gewöhnlicher Aufenthalt sich innerhalb des Hoheitsgebiets eines dieser Staaten befindet und die nicht nach einem DBA als außerhalb dieses Gebiets ansässig angesehen werden. Bei einbringenden Personengesellschaften müssen auch deren Gesellschafter diese Ansässigkeitsvoraussetzungen erfüllen.

Im Ausgangsfall ist § 20 UmwStG wegen der Ansässigkeit der ForCo in der EU somit dem Grunde nach anwendbar. Ist Einbringender hingegen eine Kapitalgesellschaft, die in einem DBA-Staat außerhalb der EU ansässig ist, lässt sich die Steuerneutralität regelmäßig nur dann erreichen, wenn Deutschland ein Besteuerungsrecht hinsichtlich der erhaltenen Anteile hat, insbesondere weil diese einer inländischen Betriebsstätte zuzuordnen sind (§ 1 Abs. 4 Satz 1 Nr. 2 Buchstabe b UmwStG). Anderenfalls ist ein gutes timing erforderlich, d. h. die Einbringung in eine GmbH sollte idealerweise zu einem Zeitpunkt erfolgen, in dem die aufgebauten und zu realisierenden stillen Reserven der Betriebsstätte (z. B. Geschäftswert) durch Verrechnung mit vorhandenen Verlustvorträgen zumindest teilweise – Mindestbesteuerung gem. § 10 d Abs. 2 EStG – nicht besteuert werden.

Allerdings hängt die Erfolgsneutralität des Einbringungsvorgangs auch im EU-/EWR-Fall von weiteren Voraussetzungen ab. Insbesondere muss **Einbringungsgegenstand** ein Betrieb, Teilbetrieb[74] oder Mitunternehmeranteil sein. Letzteres wäre z. B. auch beim Formwechsel einer inländischen Mitunternehmerschaft in eine Kapitalgesellschaft der Fall.

Nach § 22 Abs. 1 UmwStG führt eine **Veräußerung** der als Gegenleistung für eine Einbringung unter dem gemeinen Wert **erhaltenen Anteile** innerhalb von sieben Jahren nach der Einbringung zu einer rückwirkenden Besteuerung des sog. Einbringungsgewinns I beim Einbringenden. § 22 Abs. 1 Satz 6 UmwStG enthält eine Vielzahl von **Ersatztatbeständen** zur Vermeidung von Besteuerungslücken, insbesondere im Hinblick auf verdeckte Einlagen in Kapitalgesellschaften und Ketteneinbringungen, aber auch im Hinblick auf den Verlust der Ansässigkeitsvoraussetzungen des § 1 Abs. 4 UmwStG (§ 22 Abs. 1 Satz 6 Nr. 6 UmwStG).[75] Erhebliche Rechtsunsicherheit besteht derzeit insbesondere im Hinblick auf Umstrukturierungen, die der Einbringung nachfolgen, und Ausschüttungen aus dem steuerlichen Einlagekonto.[76]

Der **Einbringungsgewinn I** entspricht der Differenz zwischen dem gemeinen Wert des eingebrachten Betriebsvermögens und dem bei der Ein-

---

[74] Zum Teilbetriebsbegriff vgl. Abschnitt A III 2 a).
[75] Zu Einzelheiten siehe Rödder, T./Herlinghaus, A./Lishaut, I. van, Umwandlungssteuergesetz, § 22 UmwStG, Anm. 101 ff.
[76] Vgl. dazu Schumacher, A./Neumann, R., DStR 2008, S. 332 ff.

6. Kapitel. Internationale M&A-Steuerstrategien

bringung angesetzten Buch- oder Zwischenwert (abzüglich Umwandlungskosten), vermindert um jeweils ein Siebtel für jedes seit dem Einbringungszeitpunkt abgelaufene Zeitjahr. Der Einbringungsgewinn I gilt gem. § 22 Abs. 1 Satz 4 UmwStG als nachträgliche Anschaffungskosten der erhaltenen Anteile, mindert also den Gewinn aus der Anteilsveräußerung (auf den § 8 b Abs. 2 KStG anzuwenden ist). Des Weiteren ist bei der übernehmenden Kapitalgesellschaft gem. § 23 Abs. 2 Satz 1 und 2, Abs. 3 Satz 2 UmwStG auf Antrag zum Beginn des Wirtschaftsjahrs der Veräußerung – also nicht rückwirkend – und bei Nachweis der Entrichtung der Steuer auf den Einbringungsgewinn durch den Einbringenden ein „Erhöhungsbetrag" gewinnneutral anzusetzen. Dies gilt jedoch nur, wenn das eingebrachte Betriebsvermögen entweder noch zum Betriebsvermögen der Kapitalgesellschaft gehört oder zum gemeinen Wert übertragen wurde, d. h. nicht bei einer Weiterübertragung unter dem gemeinen Wert. Aus dem Ansatz des Erhöhungsbetrags dürfte eine **wirtschaftsgutbezogene Buchwertaufstockung** bzw. bei erfolgter Weiterübertragung zum gemeinen Wert sofort abziehbarer Aufwand folgen.[77] Das Konzept des Einbringungsgewinns I gilt gem. § 22 Abs. 1 Satz 5 UmwStG grundsätzlich nicht, soweit das eingebrachte Betriebsvermögen **Anteile an Kapitalgesellschaften** enthält; insoweit kommt die Regelung für den Anteilstausch in § 22 Abs. 2 UmwStG zur Anwendung.[78] § 22 Abs. 1 UmwStG bleibt allerdings daneben anwendbar, wenn – wie regelmäßig bei Einbringung durch einen beschränkt Steuerpflichtigen – das Besteuerungsrecht Deutschlands hinsichtlich des Gewinns aus der Veräußerung der erhaltenen Anteile ausgeschlossen oder beschränkt ist (§ 22 Abs. 1 Satz 5, 2. Halbsatz UmwStG); im Ausgangsfall wäre dies relevant, wenn zum Vermögen der Inlandsbetriebsstätte auch Anteile an Kapitalgesellschaft gehören würden.

Es erscheint zweifelhaft, ob die genannte Behaltefrist von sieben Jahren die Missbrauchsvorschrift des Art. 15 FRL in richtlinienkonformer Weise umsetzt. Nach dem Ratsprotokoll sollte die Steuerneutralität nur dann aufgehoben werden, wenn die erhaltenen Anteile in „rascher Zeitfolge" wieder veräußert werden. Es kann sich in vielen Fällen aus vernünftigen wirtschaftlichen Gründen die Notwendigkeit einer erneuten Umstrukturierungsmaßnahme innerhalb von sieben Jahren ergeben. Die Behaltefrist nimmt deshalb – soweit ersichtlich – in keinem Mitgliedstaat der EU einen Zeitraum von sieben Jahren ein, der kaum noch als „rasche Zeitfolge" verstanden werden kann.[79] Letztlich wird der EuGH entscheiden müssen, ob die typisierende Pauschalregelung zulässig ist.[80] Die Vorgabe dieser starren zeitlichen Frist ist u. E. trotz der Siebtelregelung[81] gemeinschaftsrechtlich kaum haltbar.

---

[77] Vgl. BT-Drs. 16/2710, S. 50.
[78] Vgl. dazu Abschnitt A III 1 b).
[79] Vgl. Saß, G., DB 1993, S. 1892 ff.
[80] Seine Zielrichtung hat der EuGH mit dem Leur-Bloem-Urteil (Rs. C-28/95) dabei schon eindeutig vorgegeben. Vgl. EuGH v. 17. 7. 1997, EuGHE 1997, S. I-4161. Eine generelle Missbrauchsvorschrift, die bestimmte Gruppen von Vorgängen automatisch diskriminiert, ohne auf die tatsächliche Umgehungsabsicht im Einzelfall einzugehen, erscheint dem EuGH nicht mit der Fusionsrichtlinie vereinbar.
[81] Diese entspricht nach der Gesetzesbegründung der im Zeitablauf abnehmenden Missbrauchsvermutung; vgl. BT-Drs. 16/2710, S. 46.

b) Zusammenfassung von Beteiligungen in einer deutschen Holding

(1) Übertragungen durch Kapitalgesellschaften

Die Zusammenfassung von In- und Auslandsbeteiligungen in einer deutschen Holdinggesellschaft kann ganz verschiedene Motive haben: Die Verrechnung inländischer Gewinne und Verluste über eine Landesholding, Quellensteuerersparnisse, der grenzüberschreitende Zusammenschluss zu einem Joint Venture[82] oder aber – speziell für Privatinvestoren – die Nutzung von Kapitalgesellschaften vorbehaltenen Dividenden- oder Veräußerungsprivilegien.[83] Als Ausgangsfall der nachfolgenden Ausführungen wird der folgende Sachverhalt unterstellt.

Ausgangsfall: Eine deutsche AG verfügt über eine inländische Tochterkapitalgesellschaft (D-GmbH) und eine 100%ige Beteiligung an einer Gesellschaft in Österreich (A-GesmbH). Eine ausländische Kapitalgesellschaft (ForCo) ist Alleingesellschafter einer holländischen Gesellschaft (NL-BV) und einer US-amerikanischen Gesellschaft (US-Inc.). Im Rahmen eines Gemeinschaftsunternehmens sollen alle Beteiligungen in einer deutschen Holdinggesellschaft (H-GmbH) gebündelt werden.

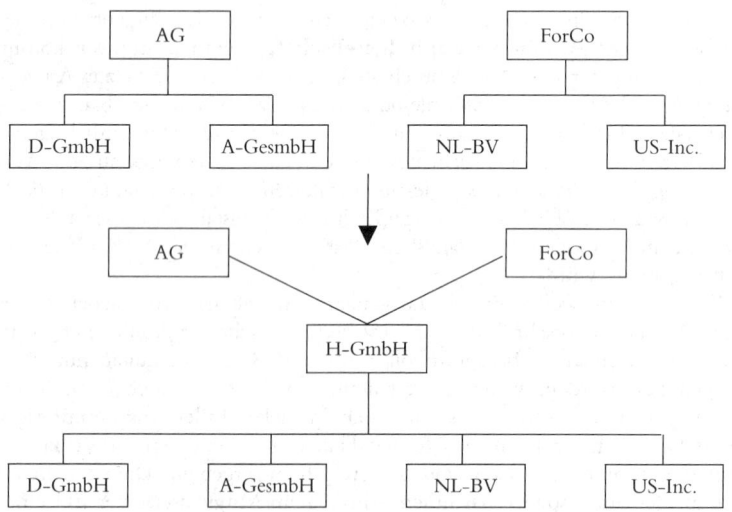

Eine vergleichsweise einfache Vorgehensweise zur Zusammenfassung der Tochtergesellschaften ist deren schlichter Verkauf an die H-GmbH (ggf. auch deren verdeckte Einlage). Das Fehlen von Mindesthaltefristen und -beteiligungen, Aktivitätsvorbehalten und die Unbeachtlichkeit eines DBA bei § 8b Abs. 2 KStG erleichtert derartige Beteiligungsumhängungen.[84] Allerdings unterliegen die realisierten Veräußerungsgewinne der 5%-Besteuerung des § 8b Abs. 3 KStG. Die Nutzung von § 8b Abs. 2 KStG steht auch der ForCo zu,[85] soweit überhaupt eine beschränkte Steuerpflicht gem. § 49 EStG besteht und

---
[82] Vgl. auch die Ausführungen im Abschnitt C I.
[83] Vgl. 4. Kapitel, Abschnitt B I.
[84] Vgl. Herzig, N., DB 2000, S. 2242.
[85] Dies gilt auch dann, wenn die Beteiligung keiner inländischen Betriebsstätte zuzurechnen ist. Siehe aber 3. Teil, 1. Kapitel, Abschnitt B I und 3. Teil, 2. Kapitel, Abschnitt B I 1 a).

6. Kapitel. Internationale M&A-Steuerstrategien

das deutsche Besteuerungsrecht für einen Einbringungsgewinn nicht ohnehin durch ein DBA ausgeschlossen ist; im vorliegenden Sachverhalt ergeben sich für die ForCo in Deutschland keine steuerlichen Anknüpfungspunkte.

Die Beteiligungen können aber auch durch eine **share-for-share transaction** in eine deutsche Holdinggesellschaft gegen Gewährung von Gesellschaftsrechten eingebracht werden. Auch ein solcher **Anteilstausch** ist ein Gewinnrealisierungstatbestand: Auf Ebene der einbringenden Gesellschaften liegt gleichzeitig ein Veräußerungsgeschäft bezüglich der hingegebenen Anteile und ein Anschaffungsgeschäft bezüglich der erworbenen Anteile vor. § 8 b Abs. 2 KStG ist auch auf einen solchen Tauschgewinn anwendbar.[86]

Die in § 21 UmwStG eröffneten Möglichkeiten zum steuerneutralen Anteilstausch, die zwar keine steuerfreie Realisierung stiller Reserven erlauben, aber immerhin die Möglichkeit des Realisierungsaufschubs bieten, sind dadurch jedoch keineswegs obsolet: Ihre Einsatzmöglichkeit ist stets dann zu prüfen, wenn § 8 b Abs. 2 KStG nicht anwendbar ist oder nicht angewendet werden soll, insbesondere weil:[87]

– bei erheblichen stillen Reserven die 5%-Steuerpflicht nach § 8 b Abs. 3 KStG vermieden werden soll;
– die Anteile an den Tochtergesellschaften durch „schädliche" Einbringungsvorgänge innerhalb der letzten sieben Jahre erworben wurden und eine Veräußerung deshalb einen voll steuerpflichtigen Gewinn auslösen würde;[88]
– auf die Anteile in der Vergangenheit steuerwirksame Teilwertabschreibungen vorgenommen wurden und mangels zwischenzeitlicher Wertaufholung beim Eintritt in die Zielstruktur durch Verkauf eine sofortige Steuerpflicht ausgelöst würde (§ 8 b Abs. 2 Satz 4 KStG);
– auf die Beteiligung steuerwirksame Abzüge nach § 6 b EStG vorgenommen worden sind, die eine Steuerbefreiung für Veräußerungsgewinne ausschließen (§ 8 b Abs. 2 Satz 5 KStG);
– die Anteilseigner keine Kapitalgesellschaften, sondern natürliche Personen sind, weil insoweit im Veräußerungsfall an die Stelle der 95%igen Steuerfreiheit die 60%ige Versteuerung der stillen Reserven tritt (§ 3 Nr. 40 Buchstabe a EStG). Im Gegensatz zu § 8 b Abs. 2 KStG kommt es bei den einschlägigen Regelungen des UmwStG nicht auf die Rechtsform des Einbringenden an.

Im Folgenden wird daher der Ausgangsfall dahingehend modifiziert, dass an die Stelle der deutschen AG der deutsche Investor A (natürliche Person) und an die Stelle der ForCo der ausländische Privatinvestor F tritt. Weil eine ggf. eintretende Veräußerungsgewinnbesteuerung prohibitiv wäre, muss geprüft werden, ob bei der Restrukturierung auf den Gestaltungsbereich des UmwStG zurückgegriffen werden kann. Die nachfolgenden Ausführungen gelten entsprechend, wenn eine Kapitalgesellschaft aus den vorgenannten Gründen eine Buchwertübertragung anstrebt.

---
[86] Vgl. BMF-Schreiben v. 28. 4. 2003, BStBl 2003 I, S. 292, Tz. 19.
[87] Zu den Einschränkungen der Freistellung nach § 8 b Abs. 2 KStG vgl. auch Abschnitt A II 2.
[88] § 8 b Abs. 4 KStG a. F. i. V. m. § 21 UmwStG a. F. bzw. § 22 Abs. 1 UmwStG. Eine Einbringung zu Buchwerten vermeidet diese Besteuerung (§ 22 Abs. 1 Satz 6 Nr. 2 UmwStG).

(2) Deutsche natürliche Personen als Einbringende

Der deutsche Investor (A) kann seine Anteile an der D-GmbH zum **Buchwert** in die H-GmbH einbringen, wenn die erwerbende Holdinggesellschaft aufgrund ihrer Beteiligungen einschließlich der übernommenen Anteile nachweisbar unmittelbar die **Mehrheit der Stimmrechte** an der erworbenen Gesellschaft hat, deren Anteile eingebracht werden (sog. **qualifizierter Anteilstausch;** § 21 Abs. 1 Satz 2, Abs. 2 Satz 1 UmwStG). Wenn kein qualifizierter Anteilstausch vorliegt, erfolgt zwingend eine Gewinnrealisierung auf Grundlage des gemeinen Wertes (§ 21 Abs. 1 Satz 1 UmwStG). Die für den qualifizierten Anteilstausch erforderliche Stimmrechtsmehrheit kann zum einen schon vor der Einbringung bei der Holdinggesellschaft bestanden haben. In diesem Fall ist § 21 Abs. 1 Satz 2 UmwStG unabhängig von der Quote der neu eingebrachten Beteiligung anwendbar. Sie kann aber auch erst mit der Einbringung einer Mehrheitsbeteiligung zustande kommen. Schließlich ist es möglich, dass mehrere Minderheitsgesellschafter ihre insgesamt zur Stimmenmehrheit der übernehmenden Kapitalgesellschaft führenden Anteile in einem einheitlichen Akt, d. h. im Rahmen der Sachgründung oder einer Sachkapitalerhöhung, in die Holdinggesellschaft einbringen.[89]

Voraussetzung für die Anwendung des UmwStG auf den Einbringungsvorgang ist des Weiteren, dass die **Gegenleistung** der H-GmbH für das eingebrachte Vermögen zumindest zum Teil in **neuen Gesellschaftsanteilen** besteht. Neben den neuen Gesellschaftsanteilen können also auch andere Wirtschaftsgüter (bspw. Geld) gewährt werden.

Die übernehmende Kapitalgesellschaft (H-GmbH) hat unter diesen Voraussetzungen ein **Bewertungswahlrecht** nach § 21 Abs. 1 Satz 2 UmwStG. Sie kann die übernommenen Anteile auf Antrag wahlweise mit ihrem Buchwert, ihrem gemeinen Wert oder einem Zwischenwert in der Steuerbilanz ansetzen. Nach § 21 Abs. 1 Satz 3 UmwStG muss der Ansatz mindestens dem gemeinen Wert anderer Wirtschaftsgüter entsprechen, die neben den neuen Anteilen gewährt werden. Der gewählte Wertansatz gilt gem. § 21 Abs. 2 Satz 1 UmwStG für den Einbringenden (A) als Veräußerungspreis und – gem. § 21 Abs. 2 Satz 6 i. V. m. § 20 Abs. 3 Satz 3 UmwStG abzüglich des gemeinen Wertes anderer gewährter Wirtschaftsgüter – als Anschaffungskosten der für die Einbringung erhaltenen neuen Gesellschaftsanteile. Die übernehmende Holdinggesellschaft (H-GmbH) kann daher durch **Fortführung der Buchwerte** (Buchwertverknüpfung) bzw. der Anschaffungskosten verhindern, dass die Anteilseinbringung beim Einbringenden ggf. zu einem Veräußerungsgewinn führt. Allerdings wird der Gewinnrealisierungsaufschub mit einer **Verdoppelung der stillen Reserven** bezahlt, da diese nach der Einbringung sowohl in den Anteilen an den eingebrachten Tochtergesellschaften verbleiben als auch auf die H-GmbH-Anteile übergehen.

§ 21 UmwStG begünstigt **Anteile an inländischen und ausländischen Kapitalgesellschaften** (auch bei Ansässigkeit außerhalb von EU/EWR; Umkehrschluss aus § 1 Abs. 4 Satz 1 UmwStG). Die Vorschrift erfasst auch die

---

[89] Vgl. zum insoweit inhaltsgleichen § 20 Abs. 1 Satz 2 UmwStG a. F. BMF-Schreiben v. 25. 3. 1998 (Umwandlungssteuererlass), BStBl 1998 I, S. 268, Tz. 20. 15.

Einbringung in eine in einem anderen EU-/EWR-Mitgliedstaat ansässige Kapitalgesellschaft (§ 1 Abs. 4 Satz 1 Nr. 1 UmwStG).[90] Soweit beim Einbringenden der Gewinn aus einer Veräußerung der eingebrachten Anteile im Einbringungszeitpunkt nicht nach § 8b Abs. 2 KStG steuerfrei gewesen wäre (d.h. insbesondere wenn der Einbringende eine natürliche Person ist),[91] führt eine **Veräußerung der** unter dem gemeinen Wert **eingebrachten Anteile** durch die übernehmende Gesellschaft oder das Vorliegen eines Ersatzbestandes innerhalb von sieben Jahren zu einer **rückwirkenden Besteuerung** des sog. Einbringungsgewinns II beim Einbringenden (§ 22 Abs. 2 UmwStG).

Der **Einbringungsgewinn II** ist als Gewinn aus der Veräußerung von Anteilen zu versteuern und entspricht der Differenz zwischen dem gemeinen Wert und dem bei der Einbringung angesetzten Buch- oder Zwischenwert (abzüglich Umwandlungskosten), vermindert um jeweils ein Siebtel für jedes seit dem Einbringungszeitpunkt abgelaufene Zeitjahr. Der Einbringungsgewinn II gilt gem. § 22 Abs. 2 Satz 4 UmwStG als nachträgliche Anschaffungskosten der erhaltenen Anteile. Nach § 23 Abs. 2 Satz 3 UmwStG erhöht er bei Nachweis der Steuerentrichtung die Anschaffungskosten der eingebrachten Anteile bei der übernehmenden Gesellschaft und mindert deren Gewinn aus der Anteilsveräußerung (auf den § 8b Abs. 2 KStG anzuwenden ist). Somit würde der deutsche Investor A bei Veräußerung der von ihm eingebrachten Anteile an der D-GmbH durch die H-GmbH innerhalb von sieben Jahren nach der Einbringung einen Einbringungsgewinn II versteuern, der dem Teileinkünfteverfahren gem. § 3 Nr. 40 EStG unterläge.

(3) Ausländische natürliche Personen als Einbringende

Bringt ein in einem ausländischen DBA-Staat ansässiger Privatinvestor F Beteiligungen an in- und ausländischen Kapitalgesellschaften in eine deutsche Holding ein, steht Deutschland aufgrund des Abkommensrechtes regelmäßig kein Besteuerungsrecht für einen eventuellen Einbringungsgewinn zu (Art. 13 Abs. 4 OECD-Modell). Würde F allerdings in einem Nicht-DBA-Staat domizilieren, so dass der Gewinn aus der Veräußerung einer mehrheitsvermittelnden Inlandsbeteiligung wegen beschränkter Steuerpflicht gem. § 17 i.V.m. § 49 Abs. 1 Nr. 2 Buchstabe e EStG der 60%igen deutschen Besteuerung unterläge, besteht die Möglichkeit zur Nutzung von § 21 UmwStG. Hinsichtlich der erhaltenen Anteile an der inländischen Holdinggesellschaft ist § 17 EStG unabhängig von der Beteiligungshöhe anwendbar (§ 17 Abs. 6 EStG).

Der übernehmenden deutschen Kapitalgesellschaft (H-GmbH) steht dann das Bewertungswahlrecht des § 21 Abs. 1 Satz 2 UmwStG auch in den Fällen zu, in denen der Einbringende beschränkt steuerpflichtig ist. Der gewählte Wert gilt für den Einbringenden für Zwecke der deutschen Besteuerung gleichzeitig als Veräußerungspreis der eingebrachten Anteile sowie als Anschaffungskosten der erhaltenen Anteile. Im Veräußerungsfall gelten die oben für inländische natürliche Personen dargestellten Besteuerungskonsequenzen des § 22 Abs. 2 UmwStG entsprechend.

---

[90] Vgl. dazu Abschnitt A III 2b).
[91] Zur „Fristenverkettung" bei Einbringung durch eine Kapitalgesellschaft und Anwendbarkeit des § 8b Abs. 4 KStG vgl. Abschnitt A III 2b).

c) Inländische Umwandlungen, Verschmelzungen und Spaltungen mit Auslandsbezug

Im Regelfall einer Inbound-Investition ist der Auslandsinvestor in Deutschland häufig über eine Kapitalgesellschaft, meist eine GmbH, tätig. Strategische Allianzen, Zukäufe oder gruppeninterne Überlegungen können im Zeitablauf eine Umstrukturierung der Ursprungsorganisationsform erforderlich machen, wobei nachfolgend die Umwandlung in eine Personengesellschaft (durch Formwechsel oder Verschmelzung), die Verschmelzung und die Spaltung auf inländische Kapitalgesellschaften angesprochen werden. Zentrale Frage ist dabei wiederum der Zwang zur Gewinnrealisierung, wobei zwischen Gesellschaft und Gesellschafter zu differenzieren ist.[92] Angesichts der Vielzahl denkbarer Konstellationen für internationale Reorganisationsvorgänge beschränken sich die nachfolgenden Ausführungen auf drei Ausgangsfälle, bei denen der Auslandsbezug einerseits durch den beteiligten Auslandsinvestor und andererseits durch Auslandsvermögen der umstrukturierten deutschen Kapitalgesellschaft hergestellt wird.[93]

(1) Umwandlung einer Kapital- in eine Personengesellschaft

Beispiel: Ein Auslandsinvestor (ForCo) verfügt über eine 100%ige Beteiligung an der T-GmbH, zu deren Betriebsvermögen auch eine Auslandsbetriebsstätte gehört. Aus deutschen Mitbestimmungs- und Publizitätsgründen möchte die ForCo die T-GmbH durch Formwechsel in eine KG umwandeln (der erforderliche Beitritt eines zweiten Gesellschafters, typischerweise eines mit 0% beteiligten Komplementärs, wird nachfolgend vernachlässigt).

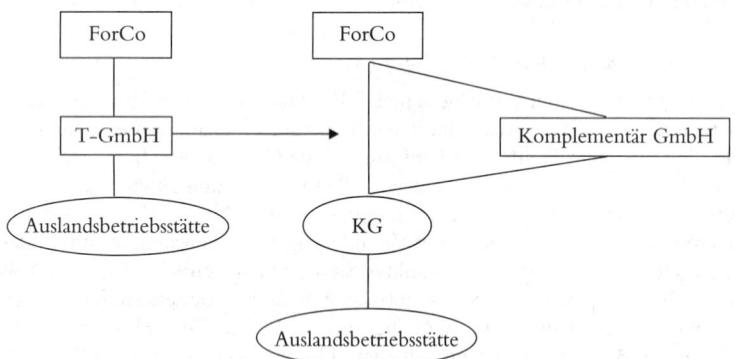

Auf den Formwechsel sind gem. § 14 UmwStG die Vorschriften für die Verschmelzung von Kapital- auf Personengesellschaften (§§ 3 ff. UmwStG) entsprechend anzuwenden. Bei der Umwandlung der T-GmbH in eine KG

---

[92] Auf die Grunderwerbsteuerbelastung bei Vorhandensein von inländischem Grundbesitz wird nachfolgend nicht eingegangen, diese kann jedoch bei Verschmelzungen und Spaltungen prohibitiv wirken. Außerhalb des Anwendungsbereichs des § 6a GrEStG kann lediglich der Formwechsel grunderwerbsteuerfrei erfolgen. Vgl. BFH v. 4. 12. 1996, BStBl 1997 II, S. 661; BFH v. 30. 9. 2003, BStBl 2003 II, S. 776; BFH v. 7. 7. 2004, BStBl 2004 II, S. 1006; Finanzministerium Baden-Württemberg v. 18. 9. 1997, DB 1997, S. 2002; sowie die Ausführungen im Abschnitt B I 4.

[93] Zur Behandlung von Auslandsvermögen bei der Umwandlung inländischer Gesellschaften vgl. insbesondere Engl, R. L., Umwandlung, 1997, S. 75 ff.

6. Kapitel. Internationale M&A-Steuerstrategien

sind die übergehenden Wirtschaftsgüter in der steuerlichen Schlussbilanz der T-GmbH grundsätzlich mit dem gemeinen Wert anzusetzen (§ 9 i. V. m. § 3 Abs. 1 UmwStG). Dies gilt auch für immaterielle Wirtschaftsgüter (einschließlich des Firmenwerts), die nicht entgeltlich erworben wurden. Nur auf Antrag kann gem. § 3 Abs. 2 UmwStG ein Buchwert oder ein Zwischenwert angesetzt werden, sofern (1) die Wirtschaftsgüter Betriebsvermögen der KG werden und die spätere Besteuerung mit Einkommen- oder Körperschaftsteuer sichergestellt ist und (2) das Recht von Deutschland hinsichtlich der Besteuerung der übertragenden Wirtschaftsgüter bei den Gesellschaftern der KG (hier: ForCo) nicht ausgeschlossen oder beschränkt wird und (3) eine Gegenleistung nicht gewährt wird oder nur in Gesellschaftsrechten besteht. Bei der Verschmelzung auf eine Personengesellschaft oder dem Formwechsel einer Kapitalgesellschaft in eine Personengesellschaft werden die unter (1) bis (3) genannten Voraussetzungen für jeden Gesellschafter der Personengesellschaft gesondert geprüft. Hinsichtlich der Auslandsbetriebstätte verliert Deutschland das Besteuerungsrecht in dem Ausnahmefall, dass die Betriebsstättengewinne nicht nach einem DBA freigestellt sind (da diese nach der Umwandlung nicht der beschränkten Steuerpflicht unterliegen).[94]

Bei den Gesellschaftern erfolgt unabhängig von ihrer Ansässigkeit und dem steuerlichen Status ihrer Anteile eine Besteuerung der steuerlichen Gewinnrücklagen in der Schlussbilanz der GmbH gem. § 7 UmwStG wie bei einer Vollausschüttung. Diese Gewinnrücklagen gelten als Bezüge i. S. d. § 20 Abs. 1 Nr. 1 EStG und unterliegen damit auch dem Kapitalertragsteuerabzug gem. § 43 Abs. 1 Nr. 1 EStG. Eine Erstattung der Kapitalertragsteuer gem. § 50 d EStG nach Maßgabe des für die ForCo geltenden DBA (Art. 10 OECD-Modell) ist möglich (allerdings erfolgt gem. § 43 b Abs. 1 Satz 4 EStG keine Freistellung nach der Mutter-Tochterrichtlinie).

Die KG übernimmt die Wirtschaftsgüter gem. § 4 Abs. 1 Satz 1 UmwStG mit dem Wert aus der steuerlichen Schlussbilanz der GmbH. Gem. § 4 Abs. 4 UmwStG ist ein Übernahmeergebnis in Höhe der Differenz zwischen dem steuerlichen Buchwert der Anteile an der übertragenden GmbH und dem Ansatz der übergehenden Wirtschaftsgüter zu ermitteln. Dabei gelten Anteile i. S. d. § 17 EStG und Anteile, die im Betriebsvermögen gehalten werden, grundsätzlich als zu Anschaffungskosten bzw. zum Buchwert in das Betriebsvermögen der KG eingelegt bzw. überführt (§ 5 Abs. 2 und 3 UmwStG). Es ist streitig, wie diese Einlage- bzw. Überführungsfiktion bei beschränkt steuerpflichtigen Anteilseignern anzuwenden ist. Nach Verwaltungsauffassung gilt sie im Ergebnis nur dann, wenn Deutschland nach dem DBA das Besteuerungsrecht hinsichtlich eines Veräußerungsgewinns hat,[95] d. h. insbesondere wenn die Anteile zu einem inländischen Betriebsstättenvermögen gehören.[96] Im Rahmen der Ermittlung des Übernahmeergebnisses werden die stillen Reserven im Betriebsvermögen einer ausländischen DBA-

---

[94] Vgl. Dötsch, E./Jost, W. F./Pung, A./Witt, G., Körperschaftsteuer, § 3 UmwStG (SEStEG), Anm. 39.
[95] Der Übernahmegewinn wird als Veräußerungsgewinn qualifiziert. Vgl. zum DBA-Österreich BFH v. 22. 2. 1989, BStBl 1989 II, S. 794.
[96] Zu Einzelheiten vgl. Dötsch, E./Jost, W. F./Pung, A./Witt, G., Körperschaftsteuer, § 4 UmwStG (SEStEG), Anm. 5.

Betriebsstätte der Überträgerin gem. § 4 Abs. 4 Satz 2 UmwStG gewinnerhöhend erfasst.[97] Für den Übernahmegewinn gelten nach § 4 Abs. 7 UmwStG die Regelungen des Teileinkünfteverfahrens sowie § 8 b KStG mit den entsprechenden Betriebsausgabenabzugsverboten.[98] Im Falle von natürlichen Personen unterliegt ein Übernahmegewinn nach nationalem Recht somit der 60%igen Besteuerung (§ 4 Abs. 7 Satz 2 UmwStG). Ist eine im Ausland ansässige natürliche Person wesentlich i. S. d. § 17 EStG an der Kapitalgesellschaft beteiligt, steht Deutschland im Nicht-DBA-Fall das Besteuerungsrecht des Übernahmegewinns zu (§ 49 Abs. 1 Nr. 2 Buchstabe a oder e EStG). Ist der Anteilseigner in einem DBA-Staat ansässig, ist ein etwaiger Übernahmegewinn abkommensrechtlich ein Veräußerungsgewinn i. S. d. Art. 13 Abs. 4 OECD-Modell (bzw. beim Formwechsel ein Tatbestand des Art. 21 Abs. 1 OECD-Modell), der regelmäßig nur im Wohnsitzstaat des Gesellschafters zu versteuern ist. Damit greift die 60%ige Besteuerung nur bei beschränkt steuerpflichtigen natürlichen Personen als Anteilseignern, die entweder in einem ausländischen Nicht-DBA-Staat oder in einem Staat mit einem vom OECD-Modell abweichenden DBA ansässig sind.

(2) Verschmelzung

Beispiel: Eine Auslandskapitalgesellschaft (ForCo) erwirbt alle Anteile an zwei deutschen Gesellschaften (GmbH 1 und GmbH 2). GmbH 1 verfügt über eine Auslandsbetriebsstätte. Im Anschluss an die Akquisition wird GmbH 1 auf GmbH 2 verschmolzen.

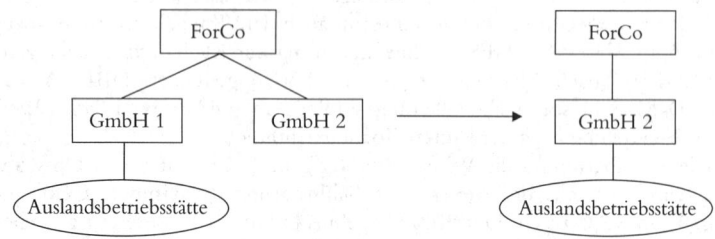

Auf die Verschmelzung der GmbH 1 auf die GmbH 2 sind §§ 11 ff. UmwStG anzuwenden. Die übergehenden Wirtschaftsgüter sind in der Schlussbilanz der übertragenden GmbH grundsätzlich gem. § 11 Abs. 1 UmwStG mit dem gemeinen Wert anzusetzen; auf Antrag kann jedoch auch gem. § 11 Abs. 2 UmwStG der Buchwert oder ein Zwischenwert angesetzt werden, soweit (1) sichergestellt, dass die Wirtschaftsgüter später bei der übernehmenden Körperschaft der Körperschaftsteuer unterliegen, (2) das Besteuerungsrecht Deutschlands hinsichtlich der Veräußerungsgewinne nicht ausgeschlossen oder beschränkt wird und (3) eine Gegenleistung nicht gewährt wird oder in Gesellschaftsrechten besteht. Diese Voraussetzungen sind bei der Verschmelzung auf eine inländische nicht steuerbefreite Kapitalgesellschaft ohne Gewährung einer anderen Gegenleistung als Gesellschaftsrechten erfüllt.

---

[97] Kritisch zu dieser Regelung u. a. Förster G./Felchner, J., DB 2006, S. 1077 f.; Thömmes, O./Schulz, A./Eismayr, R./Müller, S., IWB, Fach 11, Europäische Union, Gruppe 2, S. 753; Werra, M./Teiche, A., DB 2006, S. 1459.

[98] Ein Übernahmeverlust ist gem. § 4 Abs. 6 EStG bei natürlichen Personen höchstens i. H. v. 60% der Einkünfte gem. § 7 UmwStG abziehbar.

6. Kapitel. Internationale M&A-Steuerstrategien

Dies gilt auch – unabhängig von einer etwaigen DBA-Freistellung – in Bezug auf die Auslandsbetriebsstätte, hinsichtlich derer allerdings eine Besteuerung im Betriebsstättenstaat erfolgen könnte. Bei der übernehmenden GmbH ist die Verschmelzung unter Übernahme der Schlussbilanzwerte der übertragenden GmbH erfolgsneutral (§ 12 Abs. 1 Satz 1, Abs. 2 Satz 1 UmwStG). Ein nach § 8 b KStG zu besteuernder **Übernahmegewinn** i. S. d. § 12 Abs. 2 Satz 2 UmwStG kann nur bei einer Beteiligung der übernehmenden GmbH an der übertragenden GmbH entstehen (up-stream merger).[99] Da etwaige **Verlust- und Zinsvorträge** der übertragenden GmbH nicht übergehen (§ 12 Abs. 3 i. V. m. § 4 Abs. 2 Satz 2 UmwStG), ist steuerlich die Verschmelzung auf die Verlustgesellschaft vorteilhaft (ein Fall eines schädlichen Beteiligungserwerbs i. S. d. § 8 c KStG liegt im Ausgangsfall nicht vor, da die ForCo an beiden Gesellschaften zu 100% beteiligt ist, § 8 c Abs. 1 Satz 5 KStG). Die Verschmelzung kann auch hinsichtlich der Anteile der ForCo an der übertragenden GmbH auf Antrag ohne Gewinnrealisierung erfolgen (§ 13 Abs. 2 UmwStG), falls überhaupt ein deutsches Besteuerungsrecht besteht. Denn die Voraussetzung des § 13 Abs. 2 Satz 1 Nr. 1 UmwStG, die fehlende Beschränkung des deutschen Besteuerungsrechts hinsichtlich der Anteile an der übernehmenden Kapitalgesellschaft, ist bei einer Verschmelzung auf eine inländische Kapitalgesellschaft erfüllt.

Die §§ 11 ff. UmwStG sind gem. § 1 Abs. 1 Satz 1 Nr. 1, Abs. 2 UmwStG auch auf die – nach § 122 a ff. UmwG und der SE-Verordnung mögliche – grenzüberschreitende **Hereinverschmelzung** einer ausländischen EU-/EWR-Kapitalgesellschaft auf eine inländische Kapitalgesellschaft anwendbar. Dabei hat die ausländische Kapitalgesellschaft eine Schlussbilanz i. S. d. § 11 UmwStG aufzustellen, wenn dies für deutsche Besteuerungszwecke erforderlich ist.[100] Dies betrifft zum einen die Ermittlung eines etwaigen Übertragungsgewinns hinsichtlich des inländischen Vermögens der ausländischen Körperschaft. Zum anderen ist der Ansatz in der Schlussbilanz wegen der Wertverknüpfung gem. § 12 Abs. 1 Satz 1 UmwStG auch maßgebend für die Höhe eines Übernahmegewinns i. S. d. § 12 Abs. 2 Satz 2 UmwStG im Falle eines up-stream mergers. Soweit durch die Verschmelzung inländisches Betriebsvermögen mit stillen Reserven übertragen wird, kann die Besteuerung durch einen Antrag auf – für alle Wirtschaftsgüter einheitlichen – Buchwertansatz gem. § 11 Abs. 2 UmwStG vermieden werden. Soweit hinsichtlich des bisherigen Auslandsvermögens infolge der Verschmelzung erstmals ein deutsches Besteuerungsrecht begründet werden sollte, sollten die Wirtschaftsgüter von der übernehmenden inländischen Kapitalgesellschaft – trotz der Wertverknüpfung gem. § 12 Abs. 1 Satz 1 UmwStG – gem. § 8 Abs. 1 KStG i. V. m. den §§ 4 Abs. 1 Satz 7, 6 Abs. 1 Nr. 5 a EStG mit dem gemeinen Wert angesetzt werden.[101]

---

[99] Zum möglichen Verstoß der daraus resultierenden 5%-Steuerpflicht gegen die EU-Fusionsrichtlinie, die eine 100%ige Steuerfreiheit des Übernahmegewinns vorsieht, vgl. Körner, A., IStR 2006, S. 470; Thömmes, O./Schulz, A./Eismayr, R./Müller, S., IWB, Fach 11, Europäische Union, Gruppe 2, S. 755; Werra, M./Teiche, A., DB 2006, S. 1459.
[100] Vgl. BT-Drs. 16/2710, S. 40.
[101] Vgl. Rödder, T./Herlinghaus, A./Lishaut, I. van, Umwandlungssteuergesetz, § 12 UmwStG, Anm. 47 „Auslandsvermögen". So auch die Gesetzesbegründung zur vergleichbaren Frage in § 20 Abs. 2 Satz 2 UmwStG; vgl. BT-Drs. 16/2710, S. 43.

(3) Spaltung

Beispiel: Eine Auslandskapitalgesellschaft (ForCo) hatte gemeinsam mit einem deutschen Konzern (K-AG) ein Joint Venture gegründet, wobei als Rechtsform eine deutsche GmbH gewählt wurde. Nach dem Scheitern der Zusammenarbeit soll die K-AG den Teilbetrieb 1, die ForCo den Teilbetrieb 2 der Joint-Venture-GmbH 1 erhalten. Die Trennung soll derart erfolgen, dass die Joint-Venture-GmbH den Teilbetrieb 2 durch nichtverhältniswahrende Abspaltung auf die GmbH 2 überträgt. Im Rahmen der Abspaltung soll die K-AG sämtliche Anteile an der GmbH 1 und die ForCo sämtliche Anteile an der GmbH 2 erhalten. Eine Ausgleichszahlung zwischen den Parteien sei nicht erforderlich. Die vorhandene Auslandsbetriebsstätte der Joint-Venture-GmbH verbleibt bei der GmbH 1 (alternativ: geht auf GmbH 2 über).

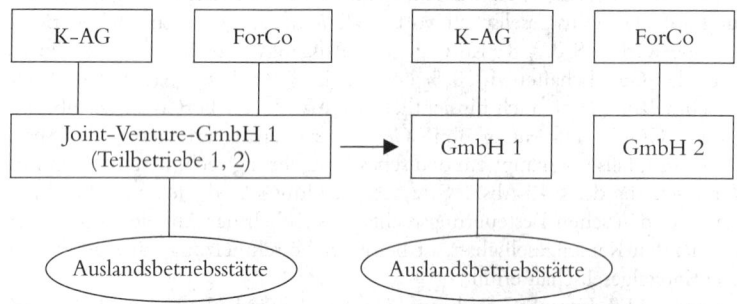

Die Spaltung eines Unternehmens ist ein Vorgang, der sich in umgekehrter Richtung zur Verschmelzung vollzieht. Als Motive für die Spaltung kommen u. a. die Dekonzentration eines mehrspartigen Konzerns, die Trennung nicht harmonisierender Gesellschafterstämme, die Auflösung eines gescheiterten Joint Ventures (wie im Ausgangsfall) oder aber Umstrukturierungsmaßnahmen – z. B. als Vorbereitung für die Sanierung oder Veräußerung von Unternehmensteilen – in Betracht. In der Praxis wird regelmäßig der Abspaltung gegenüber der Aufspaltung der Vorzug gegeben, weil hinsichtlich des bei der Abspaltung verbleibenden Vermögens ein Gewinnrealisierungsrisiko ausgeschlossen ist.

Auf die Auf- oder Abspaltung sind die Regelungen zur Verschmelzung (§§ 11 ff. UmwStG) gem. § 15 Abs. 1 Satz 1 UmwStG grundsätzlich entsprechend anwendbar. Die Regelungen zur Vermeidung der Gewinnrealisierung auf Gesellschafts- und Gesellschafterebene (§§ 11 Abs. 2, 13 Abs. 2 UmwStG) sind jedoch gem. § 15 Abs. 1 Satz 2 UmwStG nur anwendbar, wenn auf die übernehmenden Kapitalgesellschaften **Teilbetriebe** übergehen und im Fall der Abspaltung bei der übertragenden Kapitalgesellschaft ein Teilbetrieb verbleibt.[102] Als Teilbetrieb gilt gem. § 15 Abs. 1 Satz 3 UmwStG auch ein Mitunternehmeranteil oder eine 100%ige Beteiligung an einer Kapitalgesellschaft („fiktive Teilbetriebe"). Dies vorausgesetzt, wären die weiteren Anforderungen der §§ 11 Abs. 2, 13 Abs. 2 UmwStG – insbesondere die fehlende Beschränkung des deutschen Besteuerungsrechts – im Ausgangsfall erfüllt (auch hinsichtlich der Auslandsbetriebsstätte, falls diese übertragen würde). Sowohl bei der GmbH als auch bei den Gesellschaftern ist daher bei Vorliegen der Teilbetriebsvoraussetzung wie bei einer Verschmelzung die Vermeidung

---

[102] Zur Teilbetriebsvoraussetzung des § 15 UmwStG vgl. BMF-Schreiben v. 25. 3. 1998 (Umwandlungssteuererlass), BStBl 1998 I, S. 268, Tz. 15.1 ff.

6. Kapitel. Internationale M&A-Steuerstrategien

einer Gewinnrealisierung auf Antrag möglich. Dies ist hinsichtlich der von der ForCo gehaltenen Anteile nur relevant, wenn überhaupt ein deutsches Besteuerungsrecht besteht.

Die Buchwertfortführung auf Gesellschaftsebene gem. § 11 Abs. 2 UmwStG steht allerdings unter dem Vorbehalt mehrerer **Missbrauchsvorschriften** in § 15 Abs. 2 UmwStG. Da die Abspaltung im Ausgangsfall zu einer Trennung der Gesellschafterstämme i. S. d. § 15 Abs. 2 Satz 5 UmwStG führt, kann sie nur zu Buchwerten erfolgen, wenn die Beteiligungen der K-AG und der ForCo mindestens fünf Jahre vor dem steuerlichen Übertragungsstichtag bestanden haben (dies soll den Erwerb eines Teilbetriebs durch Anteilserwerb mit nachfolgender Spaltung verhindern). Veräußern die K-AG oder die ForCo nach der Abspaltung Anteile an den Nachfolgekapitalgesellschaften an außenstehende Personen, so ist die Veräußerungssperre von fünf Jahren zu beachten (§ 15 Abs. 2 Satz 2–4 UmwStG). Damit sollen Gestaltungen verhindert werden, bei denen bspw. die Abspaltung auf die GmbH 2 erfolgt, um der ForCo im Ergebnis eine nach dem DBA in Deutschland steuerfreie Veräußerung des Teilbetriebs 2 durch Veräußerung der Anteile an der GmbH 2 zu ermöglichen. Denn der Veräußerungsgewinn aus der Veräußerung des Teilbetriebs durch die Joint-Venture-GmbH unterläge im Gegensatz dazu der vollen Besteuerung. Nach § 15 Abs. 2 Satz 4 UmwStG ist von einer für die Buchwertfortführung schädlichen Vorbereitung einer Veräußerung auszugehen, wenn innerhalb von fünf Jahren nach dem steuerlichen Übertragungsstichtag Anteile an den aufnehmenden Rechtsträgern und im Falle der Abspaltung auch an der übertragenden Kapitalgesellschaft veräußert werden, die mehr als 20% der Anteile ausmachen, die vor der Spaltung an der übertragenden Kapitalgesellschaft bestanden haben. Nach der bisherigen Rechtsprechung des BFH enthält § 15 Abs. 2 Satz 4 UmwStG eine unwiderlegbare Fiktion.[103] Zu beachten ist jedoch, dass die EU-Fusionsrichtlinie eine § 15 Abs. 2 Satz 2–4 UmwStG vergleichbare Klausel nicht enthält und diese typisierende Missbrauchsregelung ohne Widerlegungsmöglichkeit wohl Art. 15 FRL entgegenstehen könnte.[104]

Zwar könnten die Regelungen des UmwStG – wie auf eine grenzüberschreitende Verschmelzung – auch auf die **grenzüberschreitende Spaltung** einer ausländischen EU-/EWR-Kapitalgesellschaft auf eine inländische Kapitalgesellschaft angewandt werden. Allerdings existieren hierfür derzeit keine Regelungen im UmwG. Die Grundsätze des EuGH-Urteils in der Rs. SEVIC Systems, nach denen die fehlende Zulässigkeit einer grenzüberschreitenden (Herein-) Verschmelzung einen Verstoß gegen die Niederlassungsfreiheit darstellt, sind allerdings auf andere grenzüberschreitende Umwandlungsformen entsprechend anwendbar.[105] Daher müssen auch grenzüberschreitende Spaltungen innerhalb von EU und EWR umwandlungsrechtlich zugelassen werden.[106] Umwegmodelle, die das Ergebnis einer Spaltung im Wege der Einzelrechtsnachfolge herbeiführen (insbesondere Einbringung eines Teilbetriebs in

---

[103] Vgl. BFH v. 3. 8. 2005, BStBl 2006 II, S. 391.
[104] Vgl. Hahn, H., GmbHR 2006, S. 464; Gille, M., IStR 2007, S. 197.
[105] Vgl. EuGH v. 13. 12. 2005 (SEVIC Systems), EuGHE 2005, S. I-10 805, Rz. 19: „Grenzüberschreitende Verschmelzungen entsprechen wie andere Gesellschaftsumwandlungen …".
[106] Vgl. PwC, Reform, 2007, Tz. 819; Kallmeyer, H./Kappes, S., AG 2006, S. 234.

eine Tochtergesellschaft mit nachfolgender Sachausschüttung der erhaltenen Anteile),[107] können nicht unter Vermeidung einer Gewinnrealisierung durchgeführt werden.

d) Sitzverlegung vom Ausland ins Inland

Verlegt eine Kapitalgesellschaft ihren Sitz über die Grenze, können sich zivil- und steuerrechtliche Fragestellungen aus dem Zusammentreffen zweier nationaler Rechtsordnungen sowie aus dem Umstand ergeben, dass jeweils das Gesellschafts- und Steuerrecht im Wegzugs- und im Zuzugsstaat nicht aufeinander abgestimmt sind. Eindeutig geregelt sind die gesellschaftsrechtlichen Folgen einer grenzüberschreitenden Sitzverlegung nur bei der Europäischen Gesellschaft (SE), die ihren Satzungs- und Verwaltungssitz unter Beibehaltung ihrer Identität und Rechtsfähigkeit in einen anderen Mitgliedstaat der EU verlegen kann (Art. 8 SE-Verordnung).

Während es bei der Sitzverlegung gesellschaftsrechtlich vor allem um den Fortbestand der Rechtsfähigkeit der umgezogenen Gesellschaft geht, sind steuerlich der Fortbestand der Identität des Körperschaftsteuersubjekts sowie Entstrickungs- und Verstrickungstatbestände zu prüfen. Die Einordnungskriterien beider Rechtskreise weisen international eine hohe Übereinstimmung auf: Zivilrechtlich wird die Rechtsfähigkeit regelmäßig nach dem satzungsmäßigen Sitz und dem Verwaltungssitz der Gesellschaft, steuerrechtlich nach dem Satzungssitz (§ 11 AO) und dem Ort der tatsächlichen Geschäftsleitung (§ 10 AO) bestimmt. Für die gesellschaftsrechtliche Einordnung der Sitzverlegung gibt es allerdings mit der Sitz- und der Gründungstheorie zwei unterschiedliche Ansätze,[108] deren Konsequenzen anhand des folgenden Beispiels skizziert werden:

Beispiel: Zwei Inländer beabsichtigen, über eine Kapitalgesellschaft ausschließlich Geschäfte im Inland zu betreiben. Weil die gesellschaftsrechtlichen Vorschriften zur Gründung einer Kapitalgesellschaft in Großbritannien sehr viel einfacher als in Deutschland sind, gründen sie eine company limited by shares (Ltd.) britischen Rechts.[109] Die Gesellschafter beantragen anschließend die Verlegung des Verwaltungssitzes nach Deutschland.

Nach der in angelsächsischen Ländern vorherrschenden **Gründungstheorie** richtet sich die Rechtsfähigkeit von Kapitalgesellschaften nach dem Recht des Gründungsstaates.[110] Die einmal durch wirksame Gründung nach dem Recht eines (ausländischen) Staates erlangte Rechtsfähigkeit als Kapitalgesellschaft geht grundsätzlich auch dann nicht verloren, wenn die ausländische Gesellschaft ihren Verwaltungssitz ins Inland verlegt. Die Ltd. wird weiterhin als Kapitalgesellschaft angesehen („non-resident Ltd."). Die Sitzverlegung kann deshalb **ohne Liquidation** im bisherigen Sitzstaat und Neugründung in Deutschland bewirkt werden.

---

[107] Vgl. dazu auch Abschnitt A II 2 c) (3).
[108] Zu den beiden Theorien vgl. Staringer, C., Doppelansässigkeit, 1999, S. 40 ff.
[109] Zu den Vor- und Nachteilen der Errichtung einer Ltd. in Großbritannien vgl. Ebert, S./Levedag, C., GmbHR 2003, S. 1337 ff.; Graf, H./Bisle, M., IStR 2004, S. 838 ff. Zur englischen private limited company (plc) mit Verwaltungssitz in Deutschland vgl. Wachter, T., GmbHR 2004, S. 88 ff.; Neu, N., GmbH-StB 2005, S. 371 ff. Vgl. ferner zur französischen S. a. r. l. Binnewies, B., GmbH-StB 2004, S. 210 ff.
[110] Die Gründungstheorie gilt bspw. in den USA, aber auch in Dänemark, Großbritannien, Irland, den Niederlanden und Spanien.

6. Kapitel. Internationale M&A-Steuerstrategien

Nach der in Deutschland bislang geltenden **Sitztheorie** bestimmt sich das Gesellschaftsstatut nach dem Recht des Staates, in dem die Gesellschaft ihren tatsächlichen Verwaltungssitz hat.[111] Verlegt die Ltd. nur ihren Verwaltungssitz nach Deutschland, ohne sich den inländischen Gründungsvorschriften (neu) zu unterwerfen, würde sie nach der Sitztheorie mit der Verlegung des Verwaltungssitzes ins Inland die Rechtspersönlichkeit einer Kapitalgesellschaft verlieren.

Da die Sitztheorie grenzüberschreitenden Sitzverlegungen unter Aufrechterhaltung der nationalen Rechtsform entgegensteht, stellte sich die Frage nach deren Vereinbarkeit mit der Niederlassungsfreiheit in der EU. Der EuGH hat demgemäß in der Rs. Überseering entschieden, dass die Sitztheorie jedenfalls insoweit gegen die Niederlassungsfreiheit verstößt und der Gründungstheorie zu folgen ist.[112] Im Ausgangsfall ist Deutschland daher verpflichtet, die Rechtsfähigkeit der Ltd. nach dem Recht des Gründungsstaats Großbritannien anzuerkennen, so dass die steuerliche Anerkennung ausländischer Kapitalgesellschaften, die im Anschluss an ihre Gründung ihren Verwaltungssitz nach Deutschland verlegen, als geklärt gilt und ein solcher Zuzug keine Liquidationsbesteuerung auslöst.[113] Die weitergehenden Folgen für die Anwendbarkeit der Sitztheorie sind jedoch streitig.[114] Es bleibt abzuwarten, wie die deutsche oberste Rechtsprechung im Detail für das Gesellschaftsrecht reagieren wird.[115]

Für die steuerrechtliche Einordnung der Sitzverlegung ins Inland ist von Bedeutung, dass eine Gesellschaft schon dann der deutschen unbeschränkten Körperschaftsteuerpflicht unterliegt, wenn entweder der statuarische Sitz oder der Ort der Geschäftsleitung sich im Inland befindet (§ 1 Abs. 1 Nr. 1 KStG). Um den Steueranspruch auf das Welteinkommen nach § 1 Abs. 2 KStG zu sichern, ist die Eigenschaft als unbeschränkt steuerpflichtige Person also sehr viel weiter gezogen als die zivilrechtliche. Die Bedeutung der zivilrechtlichen Einordnung für die steuerliche Qualifikation eines Unternehmens ist infolge des Urteils des BFH vom 23. 6. 1992[116] weitgehend geklärt.[117] Der BFH hatte dabei den Fall zu entscheiden, bei dem eine nach liechtensteinischem Recht gegründete AG lediglich ihren Verwaltungssitz (unter Beibehaltung ihres Satzungssitzes in Liechtenstein) nach Deutschland verlegt hatte. Der BFH gelang-

---

[111] Die Sitztheorie gilt ferner in Belgien, Frankreich, Luxemburg, Österreich und Portugal.
[112] Vgl. EuGH v. 5. 11. 2002 (Überseering), EuGHE 2002, S. I-9919. Bestätigt in der Rs. Inspire Art, EuGH v. 30. 9. 2003 (Inspire Act), EuGHE 2003, S. I-10 155; Maul, S./Schmidt, C., BB 2003, S. 2297.
[113] Vgl. Dautzenberg, N., StuB 2002, S. 540.
[114] Zur Diskussion vgl. Behrens, P., EuZW 2002, S. 737; Eidenmüller, H., ZIP 2002, S. 2233; Forsthoff, U., DB 2002, S. 2471; Gosch, D., StBp 2002, S. 374 ff.; Kallmeyer, H., DB 2002, S. 2521; Leible, S./Hoffmann, J., DB 2002, S. 2203 f.; Schulz, M./Sester, P., EWS 2002, S. 545 ff.; Stieb, S., GmbHR 2002, S. 473; Wernicke, T., EuZW 2002, S. 759; Birk, D., IStR 2003, S. 472; Dubovizkaja, E., GmbHR 2003, S. 697; Lutter, M., BB 2003, S. 7 ff.; Großerichter, H., DStR 2003, S. 166; Kindler, P., BB 2003, S. 812; Neye, H.-W., EWiR 2002, S. 1003.
[115] Zur Diskussion in Österreich vgl. Aigner, D./Kofler, G., IStR 2003, S. 570 ff.
[116] Vgl. BFH v. 23. 6. 1992, BStBl 1992 II, S. 972.
[117] Vgl. hierzu auch die Ausführungen im 4. Teil, 3. Kapitel, Abschnitt A I 1; sowie Finanzbehörde Hamburg v. 15. 1. 1985, DB 1985, S. 258; FG Düsseldorf v. 6. 11. 1986, EFG 1987, S. 202.

te unter ausdrücklicher Bezugnahme auf die im Zivilrecht herrschende Sitztheorie zu dem Ergebnis, dass die Gesellschaft als „nicht rechtsfähiger Verein" einzustufen und nach Zuzug ins Inland der unbeschränkten Körperschaftsteuerpflicht nach § 1 Abs. 1 Nr. 5 i. V. m. § 3 Abs. 1 KStG zu unterwerfen ist.[118] Entscheidend sei, ob die ausländische Gesellschaft nach ihrem im Ausland geregelten rechtlichen Aufbau und ihrer wirtschaftlichen Stellung einer deutschen Kapitalgesellschaft vergleichbar ist („**Typusvergleich**"). Diese Rechtsprechung, wonach ausländische Kapitalgesellschaften mit inländischem Verwaltungssitz unbeschränkt körperschaftsteuerpflichtig sein können, wurde in späteren Urteilen bestätigt,[119] weshalb heute der gesellschaftsrechtliche Theorienstreit über die Auswirkungen der Sitzverlegung im Grunde nur noch dann Relevanz für die Körperschaftsteuersubjektivität hat, wenn nach inländischer Wertung keine Körperschaft, sondern bspw. eine Mitunternehmerschaft vorliegt.[120]

Verlegt eine beschränkt steuerpflichtige ausländische Kapitalgesellschaft ihren Sitz oder ihre Geschäftsleitung ins Inland, löst dieser Vorgang grundsätzlich keine Besteuerung der im Inlandsvermögen vorhandenen stillen Reserven aus. Wird durch den Zuzug ein deutsches Besteuerungsrecht hinsichtlich des Gewinns aus der Veräußerung eines Wirtschaftsguts begründet (Verstrickungstatbestand), ist das Wirtschaftsgut mit dem gemeinen Wert anzusetzen (§ 8 KStG i. V. m. den §§ 6 Abs. 1 Nr. 5 a, 4 Abs. 1 Satz 7 EStG.[121] Nach der Sitztheorie hätte der Untergang der Rechtsfähigkeit der Kapitalgesellschaft allerdings die Übertragung der Betriebsstätte auf die Aktionäre zur Folge.[122] Allerdings hat der BFH festgestellt, dass der zivilrechtliche Untergang der Rechtsfähigkeit der Auslandsgesellschaft als Kapitalgesellschaft bei Typusgleichheit mit einer der anderen nicht rechtsfähigen Körperschaften des § 1 Abs. 1 KStG nicht zum Verlust ihrer Identität als Subjekt der Körperschaftsteuer führt, so dass sich die Verlegung des Verwaltungssitzes **steuerlich identitätswahrend** vollzieht.[123] Bei Zuzug einer EU-Gesellschaft wird dies durch die Entscheidung des EuGH in der Rs. Überseering[124] unterstrichen, denn der EuGH führt insoweit aus, dass der Zuzugsstaat „nach den Art. 43 und 48 EG [Art. 49 und 54 AEU] verpflichtet [ist], die Rechtsfähigkeit und damit die Parteifähigkeit zu achten, die diese Gesellschaft nach dem Recht ihres Gründungsstaates besitzt".[125] Im Übrigen bleiben bei der Sitzverlegung ins Inland die angewachsenen stillen Reserven in der inländischen Besteue-

---

[118] Kritisch zur rechtlichen Einstufung Knobbe-Keuk, B., StuW 1990, S. 372; Knobbe-Keuk, B., DB 1992, S. 2071.
[119] Vgl. BFH v. 16. 12. 1998, BStBl 1999 II, S. 437; siehe dazu die Anmerkungen von Kempermann, M., FR 1999, S. 758; sowie BFH v. 17. 5. 2000, BStBl 2000 II, S. 619; BFH v. 26. 4. 2001, BFH/NV 2001, S. 1206; BFH v. 19. 3. 2002, BFH/NV 2002, S. 1411; BFH v. 29. 1. 2003, BStBl 2004 II, S. 1043.
[120] Vgl. Saß, G., IWB, Fach 11, Europäische Gemeinschaften, Gruppe 2, S. 411.
[121] Zu Detailfragen vgl. PwC, Reform, 2007, Tz. 491 ff.
[122] Vgl. Hügel, H. F., ZGR 1999, S. 83.
[123] Vgl. BFH v. 23. 6. 1992, BStBl 1992 II, S. 972. Siehe auch Finanzministerium Baden-Württemberg v. 17. 8. 1993, StEK KStG 1977, § 1 Nr. 37.
[124] Vgl. EuGH v. 5. 11. 2002, EuGHE 2002, S. I-9919; zur Erstreckung dieser Grundsätze auf US-Gesellschaften wegen des Diskriminierungsverbots des DBA-USA vgl. BFH vom 29. 1. 2003, BStBl 2004 II, S. 1043; BMF-Schreiben v. 8. 12. 2004, BStBl 2004 I, S. 1181.
[125] So auch Wagner, K.-R., GmbHR 2003, S. 689 ff.; Birk, D., IStR 2004, S. 473.

6. Kapitel. Internationale M&A-Steuerstrategien

rung verhaftet, für eine Entstrickungsbesteuerung besteht somit kein Anlass.[126] Weitere Konsequenz der Identität des Körperschaftsteuersubjekts ist, dass die ausländische Körperschaft nach dem Zuzug berechtigt sein muss, Verluste ihrer ehemaligen Betriebsstätte abzuziehen. Dies ergibt sich allein aus der Subjektidentität, eine den Verlustabzug eröffnende Sonderregelung ist nicht notwendig.[127]

Im Gefolge der EuGH-Urteile – Centros[128], Überseering[129], Inspire Art[130] – können schließlich die deutschen Gesellschafter der zugezogenen Gesellschaft bei Typusgleichheit auch nicht – gestützt auf die Liquidationsbesteuerung des § 17 Abs. 4 EStG – einer „Hinzuzugsbesteuerung" unterworfen werden.[131] Grund hierfür ist wiederum die Steuersubjektidentität, die die Tatbestandsvoraussetzungen des § 17 Abs. 4 EStG, nämlich Auflösung und Liquidation der ausländischen Gesellschaft mit Auskehrung ihres Vermögens an die Gesellschafter, logisch ausschließt.[132] Bei beschränkt steuerpflichtigen Anteilseignern besteht ein Interesse, im Zeitpunkt des Zuzugs der Gesellschaft die steuerliche Verstrickung der Anteile in Deutschland zum gemeinen Wert festzuhalten. Einen solchen Verstrickungstatbestand zum gemeinen Wert enthält § 17 EStG jedoch nicht (anders für Anteile im Betriebsvermögen, §§ 6 Abs. 1 Nr. 5 a, 4 Abs. 1 Satz 7 EStG).

2. Outbound-Reorganisationen

a) Einbringung einer Betriebsstätte in eine Auslandsgesellschaft

Überträgt ein deutsches Unternehmen seine rechtlich unselbständige Auslandsbetriebsstätte oder den Anteil an einer ausländischen Personengesellschaft auf eine ausländische Tochterkapitalgesellschaft, ist insbesondere zu prüfen, ob es zu einer Auflösung der stillen Reserven und damit zu einer Gewinnrealisierung im In- oder Ausland kommt.[133] Im Rahmen einer Einbringung ist es auch möglich, Betriebe (Betriebsstätten) oder Teilbetriebe nicht in eigene, sondern in bislang konzernfremde Kapitalgesellschaften einzubringen und dadurch eine Kooperation einzuleiten.

---

[126] Vgl. Dötsch, E., DB 1989, S. 2302; Thömmes, O., DB 1993, S. 1022; Thiel, J., GmbHR 1994, S. 279; Schwedhelm, R./Binnewies, B., DB 1999, S. 1421; entsprechend für den Fall der Verlegung der Geschäftsleitung einer ausländischen Kapitalgesellschaft in das Inland Benkert, M./Haritz, D./Schmidt-Ott, J., IStR 1995, S. 242; Haase, F., IStR 2004, S. 235.
[127] So auch Hügel, H. F., ZGR 1999, S. 89.
[128] Vgl. EuGH v. 9. 3. 1999 (Centros), EuGHE 1999, S. I–1459.
[129] Vgl. EuGH v. 5. 11. 2002 (Überseering), EuGHE 2002, S. I–9919.
[130] Vgl. EuGH v. 30. 9. 2003 (Inspire Art), EuGHE 2003, S. I–10 155.
[131] Vgl. die entsprechenden Hinweise bei Schwedhelm, R./Binnewies, B., DB 1999, S. 1420 ff.
[132] So auch Crezelius, G., DStR 1997, S. 1714 f.; Kessler,W./Huck, F./Obser, R./Schmalz, A., DStZ 2004, S. 820. Eine andere Rechtslage könnte sich allenfalls im Ausnahmefall ergeben, wenn die ausländische Kapitalgesellschaft aus einem Staat zuzieht, dessen Rechtsordnung durch die Sitztheorie geprägt ist und der Wegzug eine Auflösung und Abwicklung auslöst.
[133] Die Einbringung kann gem. § 2 a Abs. 4 EStG zur Hinzurechnung von Altverlusten einer DBA-Betriebsstätte führen, die nach § 2 a Abs. 3 EStG (bis 1998) abgezogen wurden (§ 52 Abs. 3 EStG). Zur EU-rechtlichen Problematik der Nichtberücksichtigung von Verlusten ausländischer DBA-Betriebsstätten siehe 4. Teil, 2. Kapitel, Abschnitt B II 2 a) (2).

6. Teil. Grenzüberschreitende Steuerplanung

Ausgangsfall: Eine deutsche GmbH hat eine Betriebsstätte im Ausland. Die GmbH bringt ihre Betriebsstätte in eine ausländische Kapitalgesellschaft (ForCo) gegen Gewährung neuer ForCo-Anteile ein.

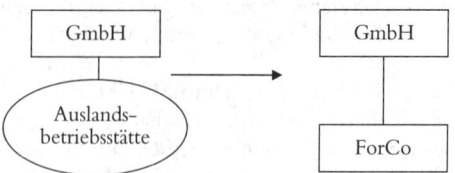

Die **Einbringung der Auslandsbetriebsstätte** in eine ausländische Kapitalgesellschaft gilt steuerlich als **Veräußerung** (Tausch) und damit als Gewinnrealisierungstatbestand. Nach deutschem Steuerrecht kommen damit für die Besteuerung des inländischen Stammhauses (GmbH) die folgenden allgemeinen Gewinnrealisierungsgrundsätze zum Tragen:

- Die Einbringung einer in einem **Nicht-DBA-Staat** belegenen Betriebsstätte oder Personengesellschaft in eine ausländische Kapitalgesellschaft führt generell zur Aufdeckung der im eingebrachten Betriebsvermögen enthaltenen stillen Reserven.[134] Der Einbringende kann ggf. die infolge des Einbringungsvorgangs anfallende ausländische Steuer auf seine Steuerschuld anrechnen bzw. davon abziehen.
- Die Besteuerung der stillen Reserven durch den inländischen Fiskus tritt nicht ein, wenn die eingebrachten Wirtschaftsgüter zu einer ausländischen Betriebsstätte gehören, deren Besteuerung auch hinsichtlich der Veräußerungsgewinne in einem **DBA** ausschließlich dem ausländischen Quellenstaat zugewiesen wird (Art. 13 OECD-Modell). Die von der ForCo gewährten Anteile sind auf Ebene der inländischen GmbH mit dem gemeinen Wert der übertragenen Wirtschaftsgüter zu bewerten,[135] wobei der sich ergebende Buchgewinn in Deutschland grundsätzlich von der Besteuerung freigestellt ist.[136]

Beispiel: Ein deutsches Unternehmen bringt das Vermögen seiner US-amerikanischen Betriebsstätte in eine US-amerikanische Kapitalgesellschaft ein. Der Einbringungsgewinn ist nach Art. 13 Abs. 3 DBA-USA von der inländischen Besteuerung freizustellen. In der Steuerbilanz des inländischen Unternehmens sind die Anteile an der Kapitalgesellschaft mit dem gemeinen Wert anzusetzen. Die Übertragung des Vermögens löst in den USA gleichfalls keine Steuerbelastung aus, da die Kapitalgesellschaft für das von der Betriebsstätte übernommene Vermögen die Buchwerte weiterführt (Sec. 351 i. V. m. Sec. 362 IRC).

Ist die Betriebsstätte des deutschen Stammhauses im DBA-Ausland belegen, ist mit der Einbringung somit grundsätzlich keine steuerpflichtige Reservenrealisierung im Inland verknüpft. Die ausländischen Besteuerungskonsequenzen folgen lokalen Vorschriften, wobei im EU-Bereich aufgrund der Fusionsrichtlinie insoweit regelmäßig die Steuerneutralität durch Buchwertfortführung gewährleistet ist (analog zu § 20 UmwStG).

---

[134] Vgl. schon RFH v. 30. 4. 1935, RStBl 1935, S. 1208.
[135] Vgl. Endres, D./Selent, A., DB 1985, S. 2015; Förster, G./Dautzenberg, N., DB 1993, S. 647.
[136] Vgl. Täske, J., Einbringung, 1997, S. 245 f.

6. Kapitel. Internationale M&A-Steuerstrategien

Bei Einbringung in eine EU-/EWR-Gesellschaft kann die Einbringung auch für deutsche Besteuerungszwecke grundsätzlich zum Buchwert erfolgen, wenn ein Betrieb, Teilbetrieb oder Mitunternehmeranteil eingebracht wird (§ 20 UmwStG).[137] Eine für die Buchwertfortführung schädliche Beschränkung des deutschen Besteuerungsrechts (§ 20 Abs. 2 Satz 2 Nr. 3 UmwStG) kann im Fall einer bereits zuvor freigestellten DBA-Betriebsstätte nicht vorliegen (zur Vermeidung einer Verstrickung stiller Reserven auf Anteilsebene sind die erhaltenen Anteile unabhängig vom Wertansatz bei der übernehmenden Gesellschaft mit dem gemeinen Wert anzusetzen; § 20 Abs. 3 Satz 2 UmwStG). Im Ausnahmefall der Einbringung einer in einem anderen EU-Mitgliedstaat belegenen Anrechnungsbetriebsstätte durch eine deutsche Kapitalgesellschaft wird das zuvor bestehende deutsche Besteuerungsrecht jedoch ausgeschlossen und es erfolgt eine Gewinnrealisierung. Gem. § 20 Abs. 7 i. V. m. § 3 Abs. 3 UmwStG ist unter den Voraussetzungen des Art. 10 FRL eine fiktive Steuer des anderen Mitgliedstaates anzurechnen.[138]

Erfolgt im Betriebsstättenstaat keine Besteuerung der Einbringung, so kann ein deutsches Besteuerungsrecht aus einer sog. Rückfallklausel im DBA folgen.[139] Des Weiteren erfolgt gem. § 50 d Abs. 9 EStG ungeachtet des DBA keine Freistellung eines Einbringungsgewinns, wenn der Betriebsstättenstaat das Abkommen so anwendet, dass die Einkünfte von der Besteuerung auszunehmen sind oder nur zu einem durch das Abkommen begrenzten Steuersatz besteuert werden **(Qualifikationskonflikt)**, oder wenn die Einkünfte dort nicht steuerpflichtig sind, weil sie von einem beschränkt Steuerpflichtigen erzielt werden.[140] Eine Buchwertfortführung im Ausland, die auch einem dort ansässigen Einbringenden gewährt würde, stellt eine **Freistellung nach innerstaatlichem Recht** dar, die nicht unter die Vorschrift fällt.[141]

Die bisherigen Ausführungen zur Gewinnrealisierungsproblematik bei Einbringungen in Auslandskapitalgesellschaften haben unterstellt, dass es sich bei dem Einbringungsgegenstand um eine im Ausland belegene Betriebsstätte handelt. Nachfolgend soll der – praktisch allerdings eher seltene Fall – der Einbringung einer inländischen Betriebsstätte in eine ausländische Kapitalgesellschaft erörtert werden.

Variation des Ausgangsfalls: Eine deutsche GmbH hat eine Inlandsbetriebsstätte, die sie gegen Gewährung von Gesellschaftsrechten in eine ausländische Kapitalgesellschaft (ForCo) einbringt. Die ForCo verfügt nach dem Einbringungsvorgang über die Betriebsstätte in Deutschland.

---

[137] Vgl. Abschnitt A III 1 a).
[138] Zu Einzelheiten vgl. Widmann, S./Mayer, R., Umwandlungssteuerrecht, § 20, Anm. R 758 ff.
[139] Zur Anwendung einer DBA-Rückfallklausel beim Formwechsel einer ausländischen Personengesellschaft in eine Kapitalgesellschaft vgl. BFH v. 17. 10. 2007, BStBl 2008, S. 953. Einer Versagung der Freistellung nach § 20 Abs. 2 AStG dürfte grundsätzlich die Einstufung von Gewinnen aus Umwandlungen als aktive Einkünfte gem. § 8 Abs. 1 Nr. 10 AStG entgegenstehen.
[140] Zum Verhältnis zur DBA-Auslegung und der Problematik der rückwirkenden Anwendung gem. § 52 Abs. 59a EStG vgl. BFH v. 19. 5. 2010, BFH/NV 2010, S. 1554.
[141] Vgl. BFH v. 5. 3. 2008, BFH/NV 2008, S. 1487; Graf, H./Bisle, M., IStR 2010, S. 401.

1206 6. Teil. Grenzüberschreitende Steuerplanung

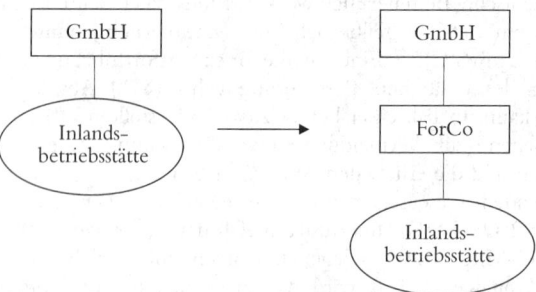

Eine Vermeidung der Besteuerung der in der Inlandsbetriebsstätte enthaltenen stillen Reserven in Deutschland ist lediglich im EU-/EWR-Bereich möglich, d. h. falls die GmbH ihre Inlandsbetriebsstätte **in eine in einem anderen EU-/EWR-Mitgliedstaat ansässige Kapitalgesellschaft** gegen Gewährung neuer Anteile einbringt. In diesem Fall ist § 20 UmwStG gem. § 1 Abs. 3 und 4 Satz 1 UmwStG anwendbar, wenn ein Betrieb, Teilbetrieb oder Mitunternehmeranteil eingebracht wird. Der **Teilbetrieb** i. S. d. nationalen deutschen Steuerrechts ist „ein mit einer gewissen Selbstständigkeit ausgestatteter, organisch geschlossener lebensfähiger Teil eines Gesamtbetriebs".[142] In den von der Fusionsrichtlinie geregelten Fällen kann dieser Teilbetriebsbegriff jedoch jedenfalls insoweit nicht maßgebend sein, als er höhere Anforderungen stellt als der **Teilbetriebsbegriff der Fusionsrichtlinie.** Nach Art. 2 Buchstabe i FRL ist ein Teilbetrieb „die Gesamtheit der in einem Unternehmensteil einer Gesellschaft vorhandenen aktiven und passiven Wirtschaftsgüter, die in organisatorischer Hinsicht einen selbstständigen Betrieb, das heißt eine aus eigenen Mitteln funktionsfähige Einheit, darstellen". Nach der h. M. bestehen zwischen den Teilbetriebsbegriffen erhebliche Unterschiede,[143] insbesondere soll es nach der Fusionsrichtlinie ausreichen, dass wesentliche Betriebsgrundlagen zur dauerhaften Nutzung überlassen werden, während nach bisheriger Sichtweise zum nationalen Recht eine Übertragung dieser erforderlich ist.[144] Dem könnte allerdings entgegenstehen, dass der EuGH in seinem bisher einzigen Urteil zum Teilbetriebsbegriff der Fusionsrichtlinie es für erforderlich gehalten hat, dass die aktiven und passiven Wirtschaftsgüter eines Teilbetriebs in ihrer Gesamtheit „übertragen" werden.[145] Wie im reinen Inlandsfall ist nach § 20 UmwStG die Gewährung **„neuer Anteile"** erforderlich, während nach der Fusionsrichtlinie auch die Gewährung eigener Anteile als Gegenleistung in Betracht kommt. Hierin dürfte ein Verstoß gegen die Fusionsrichtlinie liegen.[146]

---

[142] Vgl. BFH v. 25. 11. 2009, BFH/NV 2010, S. 633; R 16 (3) EStR.
[143] Vgl. die zusammenfassende Darstellung bei Goebel, S./Ungemach, M./Seidenfad, S., DStZ 2009, S. 354.
[144] Vgl. BFH v. 16. 2. 1996, BStBl 1996 II, S. 342; BFH v. 7. 4. 2010, BFH/NV 2010, S. 1749; a. A. die Vorinstanz FG Sachsen v. 9. 9. 2008, EFG 2009, S. 65; siehe dazu Kutt, F./Pitzal, C., DStR 2009, S. 1243 ff.
[145] Vgl. BFH v. 7. 4. 2010, BFH/NV 2010, S. 1749, mit Hinweis auf EuGH v. 15. 1. 2002 (Andersen), EuGHE 2002, S. I-379, Rz. 25; siehe dazu Menner, S./Broer, F., DB 2002, S. 815.
[146] Vgl. Schmitt, J./Hörtnagl, R./Stratz, R., Umwandlungssteuergesetz, § 20, Anm. 205.

Eine **Veräußerung** der für die Einbringung **erhaltenen Anteile** oder die Verwirklichung bestimmter Ersatztatbestände führen gem. § 22 Abs. 1 UmwStG zur rückwirkenden Besteuerung eines Einbringungsgewinns.[147]

b) Zusammenfassung von Beteiligungen in einer Auslandsholding

(1) Übertragungen durch deutsche Kapitalgesellschaften

Zur Verdeutlichung dieses typischen Reorganisationsfalles soll auf das bei Inbound-Investitionen erläuterte Joint-Venture-Beispiel zurückgegriffen werden, wobei jetzt die gemeinsame Holdinggesellschaft im EU-Ausland angesiedelt werden soll.

Ausgangsfall: Eine deutsche AG verfügt über 100%ige Beteiligungen an einer inländischen GmbH (D-GmbH 1) und einer niederländischen Kapitalgesellschaft (NL-BV 1). Die ForCo ist ebenfalls Alleingesellschafterin einer deutschen (D-GmbH 2) und einer niederländischen Gesellschaft (NL-BV 2). Die AG und die ForCo schließen sich zu einem Gemeinschaftsunternehmen in den Niederlanden zusammen und bringen ihre Beteiligungen in eine BV-Holding ein.

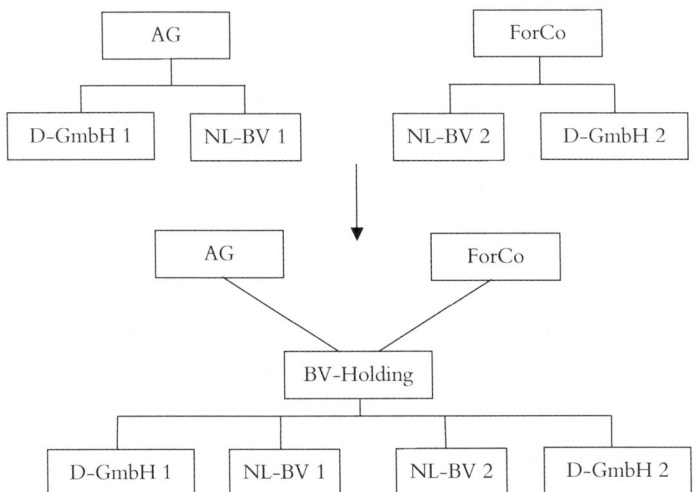

§ 8b Abs. 2 und 3 Satz 1 KStG stellt Veräußerung (Verkauf, Tausch) und verdeckte Einlage von Anteilen an in- und ausländischen Kapitalgesellschaften zu 95% steuerfrei. Die Vorschrift macht das dargestellte Reorganisationsziel für die deutsche AG bei Inkaufnahme einer 5%-Besteuerung auf erzielte Veräußerungsgewinne erreichbar. Dennoch wird bei erheblichen stillen Reserven regelmäßig eine Einbringung zu Buchwerten nach § 21 UmwStG angestrebt. Dies gilt insbesondere in den Fällen einer vollen Steuerpflicht nach § 8b Abs. 4 KStG a. F. oder einer Nachversteuerung nach § 22 UmwStG, die bei Buchwerteinbringung gem. § 22 Abs. 1 Satz 6 Nr. 2 UmwStG vermieden werden kann. Die nachfolgenden Ausführungen zur Einbringung durch natürliche Personen gelten insoweit entsprechend.

---

[147] Vgl. Abschnitt A III 1 a), auch zur EU-rechtlichen Problematik.

(2) Deutsche natürliche Personen als Einbringende

Im Folgenden wird der Ausgangsfall dahingehend modifiziert, dass an die Stelle der deutschen AG der deutsche Privatinvestor A und an die Stelle der ForCo die ausländische natürliche Person F tritt, so dass ein Rückgriff auf die Regelung des § 8 b Abs. 2 KStG nicht möglich ist. Die in Frage stehenden Beteiligungen umfassen immer 100%, so dass aus deutscher Sicht ein Veräußerungsgewinn dem Teileinkünfteverfahren unterliegt (§ 3 Nr. 40 Buchstabe c i. V. m. § 17 EStG).

Die Vermeidung einer Gewinnrealisierung ist unter den Voraussetzungen des § 21 UmwStG möglich. Im Grundsatz gelten die Ausführungen zur Einbringung in eine inländische Kapitalgesellschaft entsprechend, insbesondere zur Anforderung an den qualifizierten Anteilstausch.[148] Der wesentliche Unterschied liegt in der Ausübung des Wahlrechts zum Buchwertansatz. Anders als bei Einbringung in eine inländische Kapitalgesellschaft gilt der Ansatz bei der übernehmenden Kapitalgesellschaft nicht als Veräußerungspreis für den Einbringenden, wenn das Besteuerungsrecht Deutschlands – wie im DBA-Regelfall (Art. 13 OECD-Modell) – hinsichtlich der eingebrachten oder erhaltenen Anteile ausgeschlossen oder beschränkt ist (§ 21 Abs. 2 Satz 2 UmwStG).[149] Vielmehr gilt in diesen Fällen unabhängig vom Ansatz bei der übernehmenden Kapitalgesellschaft grundsätzlich der gemeine Wert als Veräußerungspreis und Anschaffungskosten der erhaltenen Anteile. Die neuen Anteile können jedoch auf Antrag des Einbringenden mit einem unter dem gemeinen Wert liegenden Wert angesetzt werden, wenn das Besteuerungsrecht der Bundesrepublik Deutschland hinsichtlich des Gewinns aus der Veräußerung der erhaltenen Anteile nicht ausgeschlossen oder beschränkt wird oder ein Fall der Fusionsrichtlinie vorliegt (§ 21 Abs. 2 Satz 3 UmwStG). Damit ist eine **Buchwerteinbringung regelmäßig** möglich, weil Deutschland nach den DBA mit den EU-/EWR-Staaten bis auf wenige Ausnahmen (z. B. DBA-Tschechien) das Besteuerungsrecht für den Gewinn aus der Veräußerung von Anteilen an einer im anderen Staat ansässigen Kapitalgesellschaft durch eine in Deutschland ansässige Person hat (Art. 13 OECD-Modell).

Beispiel: Im Ausgangsfall hat Deutschland nach der Einbringung in die BV-Holding kein Besteuerungsrecht für die von dem deutschen Einbringenden eingebrachten Anteile an der D-GmbH 1 (zwar besteht nach nationalem Recht eine beschränkte Steuerpflicht, jedoch steht den Niederlanden das alleinige Besteuerungsrecht zu, Art. 8 Abs. 1 DBA-Niederlande) und an der NL-BV 1 (schon keine beschränkte Steuerpflicht). Es liegt somit ein Fall des § 21 Abs. 2 Satz 2 UmwStG vor. Auf Antrag des Einbringenden gelten die Buchwerte bzw. Anschaffungskosten der eingebrachten Anteile gem. § 21 Abs. 2 Satz 3 Nr. 1 UmwStG als Veräußerungspreis und Anschaffungskosten der erhaltenen Anteile an der BV-Holding, weil Deutschland gem. Art. 8 Abs. 1 DBA-Niederlande das Besteuerungsrecht hinsichtlich der Anteile an der BV-Holding hat.

Eine **Veräußerung der** unter dem gemeinen Wert **eingebrachten Anteile** durch die übernehmende Gesellschaft innerhalb von sieben Jahren führt zu

---
[148] Vgl. Abschnitt A III b).
[149] Anders noch die Vorgängervorschrift des § 23 Abs. 4 UmwStG, nach der eine grenzüberschreitende Buchwertverknüpfung erforderlich war. Darin lag ein Verstoß gegen die Fusionsrichtlinie; vgl. EuGH v. 11. 12. 2008 (A. T.), IStR 2009, S. 97.

6. Kapitel. Internationale M&A-Steuerstrategien

einer **rückwirkenden Besteuerung** des Einbringungsgewinns II beim Einbringenden (§ 22 Abs. 2 UmwStG).[150] Diese Siebenjahresfrist dürfte nicht mit der Fusionsrichtlinie vereinbar sein,[151] weil nach den nicht veröffentlichten Ratsprotokollen nur eine Weiterveräußerung der Anteile „in rascher Zeitfolge" als missbräuchlich angesehen werden sollte.[152] Darüber hinaus sind nach den EuGH-Urteilen in den Rs. Leur-Bloem[153] und „Kommission/Belgien"[154] typisierende Missbrauchsregelungen ohne Berücksichtigung der tatsächlichen Missbrauchsabsicht ohnehin nicht EU-konform. Schließlich kann es im Konzernsachverhalt in der Übergangszeit zu einer Kollision mit den auf Einbringungen vor SEStEG noch anwendbaren Missbrauchsvorschriften des § 8b Abs. 4 KStG a. F. kommen.

Beispiel: Eine deutsche A-GmbH brachte am 31. 12. 2005 einen Teilbetrieb nach § 20 Abs. 1 Satz 1 UmwStG steuerneutral in die C-GmbH ein. Am 31. 12. 2007 brachte die A-GmbH die Anteile an der C-GmbH nach § 21 UmwStG in die französische B-SA ein. Die B-SA veräußert die Anteile an der C-GmbH im Jahr 2013. Da die Sperrfrist des § 8b Abs. 4 KStG a. F. für die teilbetriebseinbringungsgeborenen Anteile an der C-GmbH im Jahr 2007 noch nicht abgelaufen war, wäre die Veräußerung dieser Anteile durch die A-GmbH im Einbringungszeitpunkt nicht nach § 8b Abs. 2 KStG steuerfrei gewesen. § 22 Abs. 2 UmwStG ist somit anwendbar und da die dort enthaltene Sperrfrist im Jahr 2013 noch nicht abgelaufen ist, ist rückwirkend zum 31. 12. 2007 ein Einbringungsgewinn II ($^2/_7$) von der A-GmbH zu versteuern. Dieser ist wegen der Anwendung des § 8b Abs. 4 KStG a. F. gesetzestechnisch voll steuerpflichtig.

Das Bejahen einer sog. „Fristverkettung" führt u. E. zu einem unbilligen Ergebnis, da die einbringende A-GmbH nach Ablauf der Sperrfrist des § 8b Abs. 4 KStG a. F. nach dem 31. 12. 2012 zur steuerfreien Veräußerung der Anteile an der C-GmbH und auch der erhaltenen Anteile an der F-SA berechtigt gewesen wäre. Eine über diesen Zeitpunkt hinausgehende steuerliche Verstrickung der in den Anteilen gebundenen stillen Reserven ist nicht zu rechtfertigen.[155]

(3) Ausländische Personen als Einbringende

§ 21 UmwStG stellt keine Anforderungen an die Ansässigkeit des Einbringenden. Ob die einbringende Person beschränkt oder unbeschränkt steuerpflichtig, in einem EU-Mitgliedstaat oder außerhalb der EU ansässig oder eine natürliche oder juristische Person ist, ist für die Anwendung des § 21 UmwStG unbeachtlich, weil § 1 Abs. 4 UmwStG diesbezüglich nur fordert, dass die übernehmende Gesellschaft eine EU-/EWR-Gesellschaft ist.

Die Anwendbarkeit des § 21 UmwStG ist allerdings nur dann materiell von Bedeutung, wenn eine inländische Beteiligung eingebracht wird und kein

---

[150] Vgl. Abschnitt A III 1 b).
[151] Vgl. Gille, M., IStR 2007, S. 197 m. w. N.
[152] Vgl. Wassermeyer, F., DStR 1992, S. 61, der von einer Frist von bis zu drei Jahren ausgeht.
[153] Vgl. EuGH v. 17. 7. 1997 (Leur-Bloem), EuGHE 1997, S. I-4161.
[154] Vgl. EuGH v. 26. 9. 2000 (Kommission/Belgien), EuGHE 2000, S. I-19.
[155] Im Ergebnis ebenso zu § 26 Abs. 2 UmwStG a. F. Beinert, S./Lishaut, I. van, FR 2001, S. 1153.

6. Teil. Grenzüberschreitende Steuerplanung

DBA besteht oder Deutschland einen Veräußerungsgewinn nach dem DBA besteuern dürfte.

Beispiel: Der auf den Cayman Islands ansässige X ist an der D-GmbH zu 100% beteiligt. Mangels DBA wäre ein Veräußerungsgewinn gem. § 49 Abs. 1 Nr. 2 Buchstabe e, aa) EStG beschränkt steuerpflichtig. X bringt die Beteiligung an der D-GmbH im Rahmen einer Sachkapitalerhöhung in die in den Niederlanden ansässige NL-BV ein.

Zwar hat Deutschland nach der Einbringung grundsätzlich kein Besteuerungsrecht an den erhaltenen Anteilen. Da jedoch ein Fall der Fusionsrichtlinie vorliegt, gelten auf Antrag des X gem. § 21 Abs. 2 Satz 3 Nr. 2, Satz 5 UmwStG die Anschaffungskosten der Beteiligung an der D-GmbH als Veräußerungspreis und Anschaffungskosten der Beteiligung an der NL-BV. Deutschland besteuert allerdings den Gewinn aus einer späteren Veräußerung der Beteiligung an der NL-BVso, als ob die Beteiligung an der D-GmbH veräußert würde; es besteht beschränkte Steuerpflicht nach § 49 Abs. 1 Nr. 2 Buchstabe e, bb) EStG.

c) Ausländische Umwandlungen mit Inlandsbezug

Analog zur Beschreibung der Gewinnrealisierungsproblematik bei Inbound-Investitionen soll auch bei der Besprechung von Outbound-Investitionen abschließend auf die Reorganisation von Kapitalgesellschaftsstrukturen eingegangen werden. In den Beispielsfällen geht es um die Umwandlung ausländischer Kapital- in Personengesellschaften sowie die Verschmelzung und Spaltung ausländischer Kapitalgesellschaften, wobei der Inlandsbezug sowohl durch den deutschen Gesellschafterkreis als auch durch Inlandsvermögen der restrukturierten Auslandsgesellschaft hergestellt wird. Die folgenden Ausführungen konzentrieren sich im Wesentlichen auf die Besteuerungswirkungen beim inländischen Gesellschafter bzw. auf das Inlandsvermögen, da die steuerlichen Konsequenzen bei der ausländischen Kapitalgesellschaft vom lokalen Steuerrecht bestimmt werden.[156]

(1) Umwandlung einer Kapital- in eine Personengesellschaft
Beispiel: Die deutsche M-GmbH ist Alleingesellschafterin einer ausländischen Kapitalgesellschaft (ForCo), die sie vor einigen Jahren gegründet hat. Geplant ist die Umwandlung der ForCo in eine Personengesellschaft (Betriebsstätte) der M-GmbH.[157] Zum Vermögen der ForCo gehört auch eine deutsche Betriebsstätte (Unterbetriebsstätte).

---

[156] Einen Überblick über ausländische Umwandlungs- und Umwandlungssteuergesetze gibt z. B. Widmann, S./Mayer, R., Umwandlungssteuerrecht, Anh. 3 zum UmwStG.

[157] Ein typischer Ausgangspunkt für eine Strukturanpassung in Gestalt einer Umwandlung in eine Betriebsstätte bzw. Personengesellschaft ist ein Gesellschafterwechsel (z. B. Beteiligungskauf) in Deutschland, wobei der deutsche Anteilserwerber eine natürliche Person bzw. eine Personengesellschaft mit natürlichen Personen als Mitunternehmer ist. In diesen Fällen ist eine Steuerfreiheit der Auslandsgewinne beim inländischen Gesellschafter nur durch Umwandlung der Auslandskapitalgesellschaft erreichbar. Allerdings ist in diesen Fällen auf eventuelle Steuersatzunterschiede zwischen Einkommen- und Körperschaftsteuer im Ausland zu achten. Zu weiteren Motiven vgl. Greif, M., Umwandlung, 1997, S. 214 ff.

6. Kapitel. Internationale M&A-Steuerstrategien

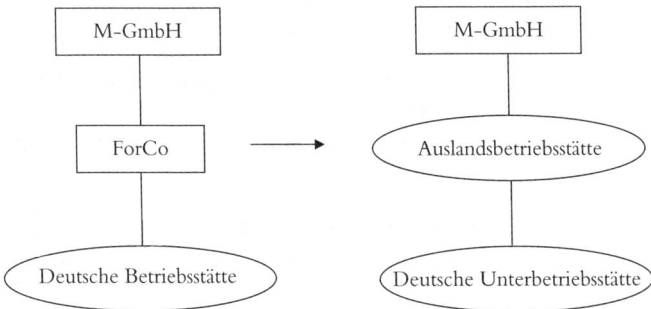

Bei Umwandlung einer ausländischen Kapitalgesellschaft (ForCo) in eine Personengesellschaft ist für Besteuerungszwecke zwischen der Ebene der Auslandsgesellschaft und der Ebene der Gesellschafter zu unterscheiden:

- Die Frage der Gewinnrealisierungspflicht bei der **umzuwandelnden Kapitalgesellschaft** (ForCo) ist zunächst nach den steuerlichen Vorschriften des Auslands zu beantworten. Im Ausland sind – wie nach dem deutschen UmwStG – für die Umwandlung von Kapitalgesellschaften häufig Vergünstigungen vorgesehen, die eine Verpflichtung zur Auflösung der stillen Reserven ausschließen oder deren Rechtsfolgen abschwächen.[158]

Beispiel: Eine französische Kapitalgesellschaft wird in eine französische Personengesellschaft umgewandelt. Erfolgt hinsichtlich Gesellschaftszweck, Kapital und Dauer der Gesellschaft keine Änderung, sind die stillen Reserven (plus-values latentes) nicht aufzulösen, wenn die Buchwerte fortgeführt werden und die Besteuerung sichergestellt ist. Laufende Gewinne und offene Rücklagen gelten allerdings als ausgeschüttet.[159]

Eine Besteuerung der ausländischen Kapitalgesellschaft ist im Inland dann möglich, wenn die übertragende Kapitalgesellschaft inländische Steueranknüpfungsmerkmale, wie insbesondere eine inländische Betriebsstätte, besitzt und dementsprechend beschränkt körperschaftsteuerpflichtig ist. Das UmwStG ist anwendbar, wenn die Umwandlung einer Verschmelzung oder einem Formwechsel nach UmwG vergleichbar ist (§ 1 Abs. 1 Satz 1 Nr. 1 oder Nr. 2 UmwStG) und wenn sowohl die ausländische Kapitalgesellschaft als auch die ausländische Personengesellschaft die Voraussetzung der EU-/EWR-Ansässigkeit gem. § 1 Abs. 2 UmwStG erfüllen. Wenn dies der Fall ist, kann unter den Voraussetzungen der §§ 9, 3 Abs. 2 UmwStG auf Antrag der Buchwert angesetzt werden, um eine inländische Besteuerung zu vermeiden. Hinsichtlich einer inländischen Betriebsstätte ist dabei die Voraussetzung des § 3 Abs. 2 Satz 1 Nr. 2 UmwStG gegeben, weil das deutsche Besteuerungsrecht durch die Umwandlung weder ausgeschlossen noch beschränkt werden kann.

Wenn das UmwStG mangels EU-/EWR-Ansässigkeit der ForCo keine Anwendung findet, könnte danach zu unterscheiden sein, ob im Ausland

---
[158] Vgl. Greif, M., IStR 1998, S. 66.
[159] Vgl. Widmann, S./Mayer, R., Umwandlungssteuerrecht, Anh. 3 zum UmwStG, Anm. F 215.

die Umwandlung als Auflösung des Rechtsträgers alter Rechtsform und Übertragung des Vermögens auf einen Rechtsträger neuer Rechtsform gesehen wird oder ob der umgewandelte Rechtsträger aus der ausländischen Perspektive nur identitätswahrend sein Rechtskleid wechselt, eine Vermögensübertragung auf einen anderen also gerade nicht erfolgt. Während eine übertragende Umwandlung zur Gewinnrealisierung führt, ist fraglich, ob ein identitätswahrender Formwechsel einen Anknüpfungspunkt für eine Gewinnrealisierung darstellen kann, wenn dies auch im Bereich des UmwStG der Fall ist.[160]

- Auf Ebene des **inländischen Gesellschafters** (M-GmbH) erfolgt bei Anwendbarkeit des UmwStG wie bei der Umwandlung einer inländischen Kapitalgesellschaft[161] zum einen eine Besteuerung der aus deutscher Sicht bei der ForCo bestehenden Gewinnrücklagen gem. § 7 UmwStG. Bei der Ermittlung der hierfür erforderlichen Beträge nach deutschem Steuerrecht (Steuerbilanzeigenkapital, Einlagekonto gem. §§ 29 Abs. 6, 27 Abs. 8 KStG) bestehen ganz erhebliche praktische Schwierigkeiten. Hinzu kommt, dass die stillen Reserven im ausländischen Vermögen der ForCo gem. § 4 Abs. 4 Satz 2 UmwStG das Übernahmeergebnis erhöhen, soweit Deutschland wegen DBA-Freistellung kein Besteuerungsrecht hinsichtlich dieses Vermögens hat. Die danach entstehenden Einkünfte i. S. d. §§ 7, 4 Abs. 4–7 UmwStG stellen abkommensrechtlich Dividenden bzw. Veräußerungsgewinne dar, für die Deutschland das vorrangige Besteuerungsrecht hat (Art. 10 und 13 OECD-Modell).

Wenn das UmwStG nicht anwendbar ist, dürfte in der Aufgabe der Kapitalgesellschaftsbeteiligung und der gleichzeitigen Betriebsvermögensübernahme ein Veräußerungs- bzw. Tauschgeschäft liegen.[162] Damit kommt es zu einer Aufdeckung der in den Anteilen an der Kapitalgesellschaft (ForCo) enthaltenen stillen Reserven.[163] Im Ausgangsfall ist dieser Gewinn bei der M-GmbH allerdings zu 95% steuerfrei, wenn die Voraussetzungen des § 8 b Abs. 2 KStG gegeben sind.

Beispiel: Wurde vor SEStEG eine österreichische GmbH, deren Anteile sich zu mehr als 1% im Privatvermögen eines in Deutschland unbeschränkt Steuerpflichtigen befanden, nach dem österreichischen Umgründungsgesetz in eine Personengesellschaft umgewandelt, entstand in Deutschland ein steuerpflichtiger Veräußerungsgewinn (§ 17 Abs. 4 EStG a. F.), da das maßgebliche österreichische Recht in der Umwandlung eine Auflösung sieht. Der selbstgeschaffene Firmenwert der umgewandelten Kapitalgesellschaft war Bestandteil des Veräußerungserlöses.[164]

---

[160] Der BFH hat diese Frage hinsichtlich der Einordnung eines Formwechsels nach italienischem Recht auf Gesellschafterebene ausdrücklich offen gelassen; vgl. BFH v. 17. 10. 2007, BStBl 2008 II, S. 953.
[161] Vgl. Abschnitt A III 1 c) (1).
[162] Wertet man den Rechtsformwechsel dagegen als bloßen gesellschaftsrechtlichen Organisationsakt, der keinen Ansatzpunkt für eine Gewinnrealisierung bietet, so bleibt der Untergang der Beteiligung steuerlich irrelevant. So schon Böttcher, C./Beinert, J., DB 1968, S. 1961 f.; Flume, W., ZfbF 1968, S. 91 ff.; Tipke, K., DB 1968, Beilage 17.
[163] Vgl. RFH v. 10. 3. 1937, StuW 1937, S. 615, bezüglich des Gewinns bei der Auflösung einer schweizerischen AG; BFH v. 22. 2. 1989, BStBl 1989 II, S. 794; Vogel, K./Lehner, M., DBA-Kommentar, Art. 13, Anm. 2.
[164] Zur Anrechnung der österreichischen Kapitalertragsteuer in Deutschland siehe Widmann, S., Beschränkte Steuerpflicht, 2005, S. 588 f.

6. Kapitel. Internationale M&A-Steuerstrategien 1213

Erfolgt nach dem ausländischen Zivilrecht eine formwechselnde Umwandlung, so dürfte dies nichts an den deutschen Rechtsfolgen ändern.[165] Wenn allerdings die ausländische Personengesellschaft aufgrund ihrer Struktur nach inländischem Rechtsverständnis als Kapitalgesellschaft zu qualifizieren ist, ist ein ausländischer Formwechsel für den inländischen Gesellschafter unbeachtlich.

(2) Verschmelzung
Der Erörterung der Steuerfolgen einer Verschmelzung liegt nachfolgendes Beispiel zugrunde.

Beispiel:[166] Die deutsche M-GmbH war auf der Suche nach einem lokalen Partner für ihre 100%ige ausländische Tochterkapitalgesellschaft ForCo erfolgreich und möchte eine strategische Allianz mit einer anderen Gesellschaft (ForCo II) im Domizilstaat von ForCo eingehen. Zu diesem Zweck wird die ForCo auf die ForCo II verschmolzen, wobei die M-GmbH nach der Verschmelzung 60% der Anteile an der ForCo II besitzt. Die ForCo verfügt über eine deutsche Betriebsstätte.

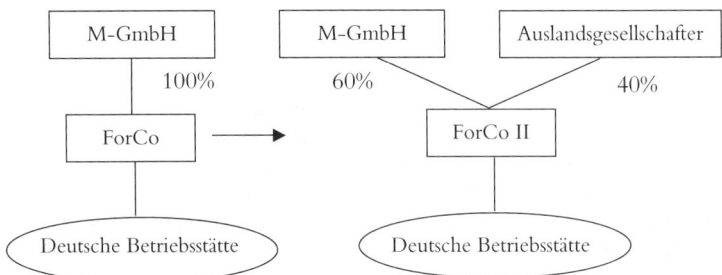

Die Frage der Steuerneutralität der Verschmelzung auf **Gesellschaftsebene** richtet sich zunächst nach dem Recht im ausländischen Domizilstaat, wobei im Regelfall ein Verzicht auf Reservenrealisierung möglich ist.[167] Soweit im Rahmen der beschränkten Steuerpflicht inländisches Vermögen steuerverhaftet ist (insb. eine inländische Betriebsstätte), liegt in der verschmelzungsbedingten Übertragung grundsätzlich eine gewinnrealisierende Veräußerung vor. Das UmwStG ist anwendbar, wenn die Umwandlung einer Verschmelzung nach UmwG vergleichbar ist (§ 1 Abs. 1 Satz 1 Nr. 1 UmwStG) und wenn beide ausländischen Kapitalgesellschaften die Voraussetzung der **EU-/EWR-Ansässigkeit** gem. § 1 Abs. 2 UmwStG erfüllen.

---

[165] A. A. Haas, G., RIW 1981, S. 386 und S. 863; Greif, M., IStR 1998, S. 68. Diese Frage wurde vom BFH bisher offen gelassen; BFH v. 22. 2. 1989, BStBl 1989 II, S. 794; BFH v. 17. 10. 2007, BStBl 2008 II, S. 953.
[166] Zu Fragen der Hinzurechnungsbesteuerung bei der Verschmelzung von zwei ausländischen Zwischenholdinggesellschaften vgl. Schmidt, L./Hageböke, J., IStR 2001, S. 697 ff.
[167] So ist z. B. in den USA nach Sec. 368 (a) (1) (A) IRC eine solche Verschmelzung (eine A-Reorganisation) sowohl im Wege einer Verschmelzung durch Aufnahme als auch im Wege einer Verschmelzung durch Neugründung (unter beiderseitiger Aufgabe der Rechtspersönlichkeit der übertragenden Gesellschaften) möglich. Vgl. Grothen, S., IWB, Fach 10, International, Gruppe 2, S. 1193 ff.; Endres, D./Schreiber, C., USA, 2008, S. 191 ff.; Widmann, S./Mayer, R., Umwandlungssteuerrecht, Anh. 3, USA, Anm. U 390.

Wenn dies der Fall ist, kann unter den Voraussetzungen des § 11 Abs. 2 UmwStG auf Antrag der Buchwert angesetzt werden, um eine inländische Besteuerung zu vermeiden. Hinsichtlich einer inländischen Betriebsstätte ist dabei die Voraussetzung des § 11 Abs. 2 Satz 1 Nr. 2 UmwStG gegeben, weil das deutsche Besteuerungsrecht durch die Verschmelzung weder ausgeschlossen noch beschränkt werden kann. Entsprechendes gilt gem. § 12 Abs. 2 Satz 1 UmwStG für eine **Drittstaatenverschmelzung**. Die §§ 11 ff. UmwStG sind gem. § 1 Abs. 1 Satz 1 Nr. 1, Abs. 2 UmwStG auch auf die – nach den §§ 122 a ff. UmwG und der SE-Verordnung mögliche – grenzüberschreitende **Hinausverschmelzung** einer deutschen Kapitalgesellschaft auf eine EU-/EWR-Kapitalgesellschaft anwendbar. In diesem Fall gewinnt die Entstrickungsregelung des § 11 Abs. 2 Satz 1 Nr. 2 UmwStG besondere Bedeutung, weil diese nach herkömmlichen Verständnis regelmäßig[168] nur insoweit erfüllt ist, als Wirtschaftsgüter auch nach der Verschmelzung einer inländischen Betriebsstätte zuzuordnen sind. Es ist zweifelhaft, ob die nach der Vorstellung des Gesetzgebers anderenfalls vorzunehmende Sofortbesteuerung der stillen Reserven mit dem geänderten abkommensrechtlichen Verständnis des BFH[169] und den europarechtlichen Grundfreiheiten, insbesondere der Niederlassungsfreiheit,[170] vereinbar ist.[171]

Auf der **Ebene des Gesellschafters** kann bei der – einer Verschmelzung nach UmwG vergleichbaren – Verschmelzung von EU-/EWR-Gesellschaften oder Drittstaatengesellschaften auf Antrag eine Gewinnrealisierung vermieden werden, wenn das Besteuerungsrecht der Bundesrepublik Deutschland hinsichtlich des Gewinns aus der Veräußerung der Anteile an der übernehmenden Kapitalgesellschaft nicht ausgeschlossen oder beschränkt wird oder ein Fall der Fusionsrichtlinie vorliegt (§§ 13 Abs. 2 UmwStG, 12 Abs. 2 Satz 2 KStG). Dies ist innerhalb von EU-/EWR regelmäßig der Fall (Ausnahmen sind insbesondere bei grenzüberschreitenden Verschmelzungen möglich). Bei fehlender Vergleichbarkeit der Verschmelzung oder Nichtvorliegen der Voraussetzungen des § 13 Abs. 2 UmwStG kommt es zu einem gewinnrealisierenden Anteilstausch.[172] Im Ausgangsfall ist dieser Gewinn bei der M-GmbH allerdings zu 95% steuerfrei, wenn die Voraussetzungen des § 8 b Abs. 2 KStG gegeben sind.

(3) Spaltung

Beispiel: Da die M-GmbH eine interne Reorganisation in Richtung eines Spartenkonzerns beschlossen hat, soll die ausländische Tochtergesellschaft (ForCo) in ihre beiden Teilbereiche A und B aufgespalten werden. Die M-GmbH soll im Anschluss an die Aufspaltung über getrennte Beteiligungen an einer ForCo A und ForCo B verfügen, wobei die deutsche Betriebsstätte der ForCo zum ForCo B-Bereich zu rechnen ist.

---

[168] Unabhängig von einer inländischen Betriebsstätte bleibt das deutsche Besteuerungsrecht auch hinsichtlich inländischen Grundbesitzes und in Ausnahmefällen auch hinsichtlich Beteiligungen an inländischen Kapitalgesellschaften erhalten.
[169] Vgl. Abschnitt A II 1 b).
[170] Vgl. zur vergleichbaren Frage bei der Sitzverlegung Abschnitt A III 2 d).
[171] Vgl. Köhler, S., IStR 2010, S. 337 ff.
[172] Eine Ausnahme hiervon besteht nur im Rahmen der Abgeltungsteuer gem. § 20 Abs. 4 a EStG.

6. Kapitel. Internationale M&A-Steuerstrategien 1215

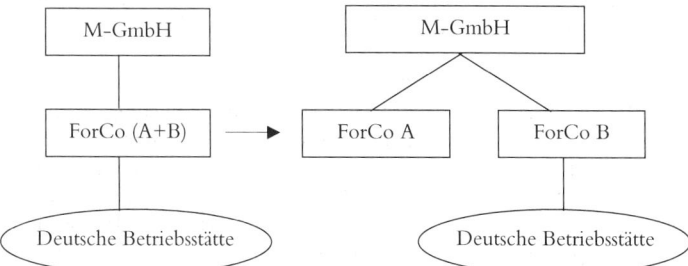

Auf eine ausländische Auf- oder Abspaltung ist das UmwStG anwendbar, wenn diese einer Auf- oder Abspaltung nach dem UmwG vergleichbar sind (§ 1 Abs. 1 Satz 1 Nr. 1 UmwStG) und wenn beide ausländischen Kapitalgesellschaften die Voraussetzung der **EU-/EWR-Ansässigkeit** gem. § 1 Abs. 2 UmwStG erfüllen. Wenn dies der Fall ist, kann unter den Voraussetzungen des § 15 Abs. 1 und 2 UmwSG – insbesondere doppelte Teilbetriebsvoraussetzung, keine Vorbereitung einer Veräußerung[173] – und des § 11 Abs. 2 UmwStG auf Antrag der Buchwert angesetzt werden, um eine inländische Besteuerung zu vermeiden. Hinsichtlich einer durch die Spaltung übertragenen inländischen Betriebsstätte ist dabei die Voraussetzung des § 11 Abs. 2 Satz 1 Nr. 2 UmwStG gegeben, weil das deutsche Besteuerungsrecht durch die Verschmelzung weder ausgeschlossen noch beschränkt werden kann.

Problematisch ist allerdings, dass Spaltungen nach ausländischem Recht teilweise auf anderem rechtstechnischen Weg als eine Auf- oder Abspaltung nach UmwG[174] herbeigeführt werden (z. B. Abspaltung nach französischem Recht):[175]

– Eine **Aufspaltung** kann auch dergestalt erreicht werden, dass die ForCo ihre beiden Teilbetriebe A und B gegen Gewährung neuer Gesellschaftsrechte in die ForCo A und ForCo B einbringt. Nachfolgend wird die ForCo aufgelöst, wobei die M-GmbH die Beteiligungen an den beiden Nachfolgekapitalgesellschaften erhält.
– Alternativ ist auch eine **Abspaltung** dergestalt denkbar, dass die ForCo den Teilbereich B auf eine neue Tochtergesellschaft überträgt und die ForCo B-Anteile dann im Wege einer Kapitalherabsetzung oder einer Sachausschüttung auf die M-GmbH überträgt. Die ForCo bleibt in diesem Fall als Schwestergesellschaft von der ForCo B bestehen.

Es ist fraglich, ob in diesen Fällen die vom UmwStG geforderte Vergleichbarkeit gegeben ist. Dies sollte u. E. bejaht werden, wenn die Maßnahme zum gleichen Ergebnis führt. Verneint man die Vergleichbarkeit oder liegt eine **Spaltung von Drittstaatengesellschaften** vor, für die keine Regelung existiert, so liegt nach allgemeinen Grundsätzen bei Aufspaltung eine Liquidation

---

[173] Vgl. Abschnitt A III 1 c) (3).
[174] Vgl. Abschnitt A II 1 a).
[175] Vgl. Widmann, S./Mayer, R., Umwandlungssteuerrecht, Anh. 3 zum UmwStG, Anm. F 163.

und bei Abspaltung eine Sachausschüttung vor.[176] Im Ausgangsfall ist der dabei entstehende Gewinn bei der M-GmbH zu 95% steuerfrei, wenn die Voraussetzungen des § 8 b Abs. 2 KStG gegeben sind.[177]

(4) Ausländische Umwandlungen und Hinzurechnungsbesteuerung
Die Übertragung von Wirtschaftsgütern, die der Erzielung passiver Einkünfte i. S. d. §§ 7 ff. AStG[178] dienen, durch eine Umwandlung im Ausland stellt nach deutschen Grundsätzen regelmäßig einen Gewinnrealisierungstatbestand dar. Daher könnte die ausländische Umwandlung beim inländischen Gesellschafter eine Hinzurechnungsbesteuerung auslösen, selbst wenn eine niedrige Besteuerung nur durch eine den deutschen umwandlungssteuerlichen Regelungen vergleichbare Buchwertfortführung im Ausland begründet wurde. Diese überschießende Rechtsfolge soll § 8 Abs. 1 Nr. 10 AStG vermeiden. Danach liegen keine passiven Einkünfte vor, wenn diese stammen „aus Umwandlungen, die ungeachtet des § 1 Abs. 2 und 4 UmwStG zu Buchwerten erfolgen könnten; das gilt nicht, soweit eine Umwandlung den Anteil an einer Kapitalgesellschaft erfasst, dessen Veräußerung nicht die Voraussetzungen der Nr. 9 erfüllen würde. Des Weiteren bleiben nach dem § 10 Abs. 3 Satz 4 AStG die Vorschriften des UmwStG bei der Ermittlung des Hinzurechnungsbetrags unberücksichtigt, „soweit Einkünfte aus einer Umwandlung nach § 8 Abs. 1 Nr. 10 hinzuzurechnen sind."

Diese Regelungen und ihr Verhältnis zueinander führen zu zahlreichen Zweifelsfragen, die ihre praktische Anwendung erheblich erschweren.[179] Nach dem Wortlaut ist zunächst zu prüfen, ob die ausländische Umwandlung ungeachtet der Voraussetzung einer Ansässigkeit innerhalb der EU oder dem EWR nach dem UmwStG zu Buchwerten erfolgen könnte. Es müssen somit sämtliche Voraussetzungen des UmwStG für eine Buchwertfortführung gegeben sein.[180] Wie erläutert, ist eine Buchwertfortführung nach den Vorschriften des UmwStG u. a. nur insoweit möglich, als das deutsche Besteuerungsrecht für Gewinne aus der Veräußerung der übertragenen Wirtschaftsgüter nicht ausgeschlossen oder beschränkt wird. Bei der Prüfung dieser Voraussetzung im Rahmen des § 8 Abs. 1 Nr. 10 AStG dürfte darauf abzustellen sein, ob eine Entstrickung erfolgen würde, wenn die übertragende ausländische Gesellschaft im Inland ansässig wäre. Bei einer rein nationalen Umwandlung im Ausland sollte diese Voraussetzung somit immer erfüllt sein.[181]

Rechtsfolge der Bejahung einer fiktiven Buchwertansatzmöglichkeit ist gem. § 8 Abs. 1 Nr. 10 AStG allerdings keine zwingende Buchwertfortfüh-

---
[176] Vgl. zur inländischen Spaltung, auf die § 15 UmwStG a. F. nicht anzuwenden war, BMF-Schreiben v. 25. 3. 1998 (Umwandlungssteuererlass), BStBl 1998 I, S. 268, Tz. 15.11. Zur spin-off-dividend nach US-amerikanischem Recht vgl. FG Rheinland-Pfalz v. 24. 9. 2007, EFG 2008, S. 41.
[177] Abzulehnen ist eine volle Steuerpflicht nach § 8 b Abs. 1 Satz 2 KStG wegen Einstufung einer Abspaltung als verdeckte Gewinnausschüttung, die im Ausland nicht zu einer Einkommenserhöhung führt; vgl. Becker, J./Loose, T., IStR 2010, S. 384 f.
[178] Vgl. dazu 4. Teil, 3. Kapitel, Abschnitt A I 2 c).
[179] Vgl. dazu Schmidtmann, D., IStR 2007, S. 229; Schießl, H., DStZ 2009, S. 207; Schnitger, A., IStR 2010, S. 265.
[180] D. h. bei Spaltungen u. a. auch die doppelte Teilbetriebsbedingung; vgl. Becker, J./Loose, T., IStR 2010, S. 388 f.
[181] Vgl. zur noch weitergehenden „Inlandsthese" Flick, H./Wassermeyer, F./Baumhoff, H., Außensteuerrecht, § 8 AStG, Anm. 319.1.

6. Kapitel. Internationale M&A-Steuerstrategien

rung für Zwecke der Hinzurechnungsbesteuerung, sondern die Einstufung der bei einem Ansatz über dem Buchwert entstehenden Einkünfte als aktiv. Im Regelfall wird die daraus resultierende Aufdeckung der stillen Reserven für Zwecke der Hinzurechnungsbesteuerung vorteilhaft sein (da nachfolgende passive Einkünfte durch Abschreibungen etc. gemindert werden). Aktive Einkünfte gem. § 8 Abs. 1 Nr. 10 AStG liegen allerdings nicht vor, soweit eine Umwandlung den Anteil an einer Kapitalgesellschaft erfasst, dessen Veräußerung nicht die Voraussetzungen des § 8 Abs. 1 Nr. 9 AStG erfüllen würde. Dies betrifft Anteile an Kapitalgesellschaften, die Zwischeneinkünfte mit Kapitalanlagecharakter erzielen. Die Einschränkung dürfte sowohl den Fall erfassen, dass ein Anteil an einer solchen Kapitalgesellschaft zum übertragenen Vermögen gehört, als auch bei einer ausländischen Gesellschaft anwendbar sein, die einen Anteil an einer solchen Kapitalgesellschaft hält, wenn letztere verschmolzen oder gespalten wird.

d) Sitzverlegung vom Inland ins Ausland

Ein Wegzug von Gesellschaften von Deutschland ins Ausland kann zum einen betriebswirtschaftliche Gründe, wie z. B. die Nähe zum ausländischen Markt, zum anderen auch ertrag- und erbschaftsteuerliche Gründe haben. Wie bereits für den Zuzug von Kapitalgesellschaften dargelegt,[182] sind die gesellschaftsrechtlichen Fragen der grenzüberschreitenden Sitzverlegung vor dem Hintergrund der Sitztheorie noch nicht abschließend geklärt. Unter Beibehaltung ihrer Identität und Rechtsfähigkeit kann eine im Inland ansässige Europäische Gesellschaft (SE) ihren Satzungs- und Verwaltungssitz in einen anderen Mitgliedstaat der EU verlegen (Art. 8 SE-Verordnung). Für andere deutsche Kapitalgesellschaften hat sich insoweit die Rechtslage durch das MoMiG[183] geändert, das eine Neufassung der §§ 4a GmbHG, 5 AktG mit dem Wegfall der Koppelung von Satzungs- und Verwaltungssitz enthielt. Dies dürfte zur Folge haben, dass sich nunmehr nur noch der Satzungssitz, nicht aber der Verwaltungssitz, im Inland befinden muss. Der Wegzug einer AG oder GmbH durch **Verlegung des Verwaltungssitzes** ins Ausland sollte daher möglich sein.[184] Eine **Verlegung des Satzungssitzes** einer AG oder GmbH unter Wahrung der Identität der Gesellschaft dürfte hingegen weiterhin unzulässig sein.[185] Darin liegt kein Verstoß gegen die Niederlassungsfreiheit innerhalb der EU.[186] Allerdings gebietet es die Niederlassungsfreiheit, die Verlegung des Satzungssitzes in einen anderen EU-Mitgliedstaat unter Umwandlung in eine Gesellschaftsform dieses Mitgliedstaates zuzulassen (**grenzüberschreitender Formwechsel**).[187] Das deutsche Recht sieht dies allerdings derzeit noch nicht vor.

---

[182] Vgl. Abschnitt A III 1 d).
[183] Gesetz zur Modernisierung des GmbH-Rechts und zur Bekämpfung von Missbräuchen v. 23. 10. 2008, BStBl 2008 I, S. 2026.
[184] Vgl. Bayer, W./Schmidt, J., ZHR 2009, S. 744 ff. mit einer Darstellung des Diskussionsstandes.
[185] Vgl. BayObLG v. 11. 2. 2004, DStR 2004, S. 1224; OLG München v. 4. 10. 2007, DStR 2007, S. 1925.
[186] Vgl. EuGH v. 16. 12. 2008 (Cartesio), IStR 2009, S. 59.
[187] Vgl. EuGH v. 16. 12. 2008 (Cartesio), IStR 2009, S. 59, Tz. 111 ff.; zu den Auswirkungen für das deutsche Recht vgl. Bayer, W./Schmidt, J., ZHR 2009, S. 752 ff.

Eine Sitzverlegung, die gesellschaftsrechtlich zur Auflösung und Abwicklung führt, hat steuerlich eine Liquidationsbesteuerung gem. § 11 KStG zur Folge.[188] Eine gesellschaftsrechtlich zulässige Verlegung des Verwaltungssitzes oder auch des Satzungssitzes von Deutschland in einen anderen EU-/EWR-Staat führt hingegen – anders als nach der Rechtslage vor SEStEG – nicht zu einer Liquidationsbesteuerung, auch wenn die Gesellschaft dadurch aus der unbeschränkten Steuerpflicht in Deutschland ausscheidet. Eine solche Sitzverlegung wird allerdings von der allgemeinen **Entstrickungsregelung** in § 12 Abs. 1 KStG erfasst,[189] nach der ein Wirtschaftsgut als zum gemeinen Wert veräußert gilt, wenn das Besteuerungsrecht Deutschlands hinsichtlich des Gewinns aus der Veräußerung des Wirtschaftsguts ausgeschlossen oder beschränkt wird. Wie bei einer grenzüberschreitenden Hinausverschmelzung[190] ist dies nach Verwaltungsauffassung regelmäßig der Fall, soweit Wirtschaftsgüter nicht in einer inländischen Betriebsstätte verbleiben. Es ist zweifelhaft, ob die nach der Vorstellung des Gesetzgebers vorzunehmende Sofortbesteuerung der stillen Reserven mit dem geänderten abkommensrechtlichen Verständnis des BFH[191] vereinbar ist.[192]

Eine Sofortbesteuerung bei Wegzug muss sich des Weiteren an EU-rechtlichen Schranken messen lassen. Sie kollidiert bei der Sitzverlegung in andere EU-Mitgliedstaaten mit dem Europarecht, da insoweit die **Niederlassungsfreiheit** (Art. 49 AEU) beschränkt wird. Denn im reinen Inlandsfall werden die stillen Reserven erst gar nicht aufgelöst.[193] Anzustreben wäre zumindest eine Stundungsmöglichkeit für die fälligen Steuern. Zwar können derartige Grundrechte aus zwingendem öffentlichen Allgemeininteresse eingeschränkt werden und die „Wahrung der Aufteilung der Besteuerungsbefugnisse zwischen den Mitgliedstaaten" ist hierfür grundsätzlich ein geeigneter Rechtfertigungsgrund.[194] Allerdings hat der EuGH im Fall des Wegzugs einer natürlichen Person die Sofortbesteuerung der stillen Reserven einer von ihr gehaltenen Beteiligung als unzulässig angesehen.[195] Der BFH musste diese Frage bei den von ihm entschiedenen Fällen der Entstrickung von Betriebsvermögen nicht prüfen, weil eine Besteuerung bereits aus abkommensrechtlichen Gründen ablehnte. Es spricht jedoch viel dafür, dass eine Sofortbesteuerung bei Wegzug innerhalb der EU generell unzulässig und eine Stundung der Steuer bis zum Zeitpunkt eines tatsächlichen Gewinnrealisierungsvorgang erforderlich ist (vergleichbar § 6 Abs. 5 AStG).[196]

---

[188] Vgl. Blumenberg, J., IStR 2009, S. 551.
[189] Eine zusätzliche Registrierung der Gesellschaft im Ausland (z. B. „domestication" im US-Bundesstaat Delaware) bei Beibehaltung von Sitz und Geschäftsleitung in Deutschland bedingt hingegen keine Gewinnrealisierungspflicht, kann aber im Hinblick auf den Abkommensschutz nachteilig sein. Vgl. Art. 4 Abs. 3 DBA-USA.
[190] Vgl. Abschnitt A III 2 c) (2).
[191] Vgl. Abschnitt A II 1 b).
[192] Vgl. Köhler, S., IStR 2010, S. 341 f.
[193] Vgl. zur Kritik Rödder, T., DStR 2004, S. 1633; Schön, W., IStR 2004, S. 297; Schaumburg, H., Wegzug, 2005, S. 417 ff.; Kraft, G./Bron, J., IStR 2006, S. 26 ff.; Werra, M./Teiche, A., DB 2006, S. 1457; Schönherr, F./Lemaitre, C., GmbHR 2006, S. 566 f.
[194] Vgl. EuGH v. 25. 2. 2010 (X Holding BV), IStR 2010, S. 427, Tz. 28 f.
[195] Vgl. EuGH v. 11. 3. 2004 (de Lasteyrie du Saillant), EuGHE 2004, S. I-2409; EuGH v. 7. 9. 2006 (N), EuGHE 2006, S. I-7569.
[196] Vgl. Gosch, D., BFH/PR 2009, S. 117. Die Vorinstanzen hatten einen Verstoß gegen die Niederlassungsfreiheit bejaht, vgl. FG Köln v. 18. 3. 2008, EFG 2009, S. 259;

6. Kapitel. Internationale M&A-Steuerstrategien

Wenn eine Kapitalgesellschaft aufgrund einer Sitzverlegung aus der unbeschränkten Steuerpflicht eines EU-/EWR-Staates ausscheidet oder nach einem DBA als außerhalb des Hoheitsgebiets dieser Staaten ansässig anzusehen ist, gilt sie gem. § 12 Abs. 3 KStG als aufgelöst und die Regeln zur Liquidationsbesteuerung nach § 11 KStG sind entsprechend anzuwenden. Dies gilt nach dem Wortlaut der Regelung unabhängig davon, ob die stillen Reserven weiterhin der deutschen Besteuerung unterliegen (insbesondere auch bei Zuordnung von Wirtschaftsgütern zu einer inländischen Betriebsstätte).[197]

Auf Ebene der **Gesellschafter** hat eine gesellschaftsrechtlich zulässige Sitzverlegung grundsätzlich keine steuerlichen Auswirkungen in Deutschland. Kommt es hingegen gesellschaftsrechtlich zur Liquidation, führt dies auch auf Gesellschafterebene zur Gewinnrealisierung bzw. zu Bezügen i. S. d. § 20 Abs. 1 Nr. 2 EStG. Die Auflösungsfiktion des § 12 Abs. 3 KStG dürfte mangels tatsächlicher oder fingierter Abwicklung der Kapitalgesellschaft nicht zu einer Besteuerung auf Gesellschafterebene führen.[198]

Bei Sitzverlegung in einen Staat, mit dem Deutschland ein DBA abgeschlossen hat, nach dem Gewinne aus der Veräußerung der Anteile an der Kapitalgesellschaft (auch) in diesem Staat besteuert werden können (abweichend von Art. 13 OECD-Modell), wird das deutsche Besteuerungsrecht beschränkt. Dies führt im Betriebs- und Privatvermögen grundsätzlich zu einer Besteuerung der stillen Reserven (§§ 4 Abs. 1 Satz 3, 17 Abs. 5 Satz 1 EStG). Die Sitzverlegung einer SE in einen anderen Mitgliedstaat der EU wird jedoch von dieser Besteuerung ausgeklammert; im Zeitpunkt der tatsächlichen Veräußerung der Anteile erfolgt die Besteuerung, ungeachtet des DBA, als ob die Sitzverlegung nicht erfolgt wäre (§§ 4 Abs. 1 Satz 4, 17 Abs. 5 Satz 2 EStG). Dieser Besteuerungsaufschub wird im Privatvermögen gem. § 17 Abs. 5 Satz 2 EStG – anders als im Betriebsvermögen – auch bei der Sitzverlegung anderer Kapitalgesellschaften gewährt.

Die vorgenannten Grundsätze gelten entsprechend bei der **Sitzverlegung zwischen zwei ausländischen Staaten**. Im Fall einer identitätswahrenden Sitzverlegung kann eine Veräußerungsgewinnbesteuerung nicht angenommen werden.[199]

B. Akquisitionsgestaltung

I. Inbound-Akquisitionen

1. Steuerplanerische Ausgangsüberlegungen beim Unternehmenskauf

Der Markt für Unternehmenskäufe zeigt nach einem starken Rückgang im Zuge der Finanzkrise in den Jahren 2007 bis 2009 wieder Auftriebskräfte, wenn auch die Käufe durch Private Equity-Fonds angesichts zurückhaltender Kreditvergabepraxis der Banken erheblich an Bedeutung verloren haben. Die

---

FG Rheinland-Pfalz v. 17. 1. 2008, EFG 2008, S. 680. Zweifelnd vor dem Hintergrund des EuGH-Urteils v. 16. 12. 2008 (Cartesio), IStR 2009, S. 59, vgl. Gebert, D./Fingerhuth, J., IStR 2009, S. 445.
[197] Zur Frage einer teleologischen Reduktion der Vorschrift in diesen Fällen vgl. Eickmann, M./Mörwald, F., DStZ 2009, S. 427 f.
[198] Vgl. Dötsch, E./Jost, W. F./Pung, A./Witt, G., Körperschaftsteuer, § 12 KStG, Anm. 196.
[199] Vgl. Crezelius, G., DStR 1997, S. 1715.

Ursachen für Unternehmenskäufe durch industrielle Investoren liegen in der Globalisierung der Märkte, in dem sich stetig verschärfenden Konkurrenzdruck sowie in der Tatsache, dass in vielen gesättigten Branchen die Marktanteile weitestgehend verteilt sind, so dass sich Wachstumsziele und Wettbewerbsvorteile durch erwartete Synergieeffekte nur über Firmenkäufe realisieren lassen. So ist es vorrangiges Ziel vieler Übernahmen, möglichst schnell eine starke Ausgangsposition in rasant wachsenden Schlüsselmärkten zu besetzen, die eigene Angebotspalette durch Übernahme geeigneter Unternehmen mit Randlösungen abzurunden oder auch die eigenentwickelte technische Lösung eines bestimmten Problems durch Übernahmen konkurrierender Technologien zu einem Industriestandard auszubilden. Weitere Impulse kommen von der Veräußererseite, weil bspw. immer mehr Firmeninhaber der älteren Generation mangels geeigneter Nachfolger ihr Unternehmen in fremde Hände übergeben müssen. Auch die Steuergesetzgebung zeigt sich als Katalysator für weitere Beteiligungsentflechtungen, da in Deutschland – wie in vielen anderen Staaten – die Veräußerung von Kapitalgesellschaftsbeteiligungen durch Kapitalgesellschaften weitgehend steuerfrei ist.

Für den ausländischen Investor, der in Deutschland tätig werden will, liegen die **Vorteile einer Akquisition** im Vergleich zur Neugründung einer Gesellschaft insbesondere im erleichterten Zugang zum deutschen Markt, dem Vorhandensein qualifizierten Personals, der Reduzierung der Aufbauarbeit und der Möglichkeit zur Erzielung von Synergieeffekten. Die eigene Gründung sichert dagegen eine einheitliche Unternehmenskultur und erlaubt einen schrittweisen Unternehmensaufbau, der das Risiko in Grenzen hält. Auf der anderen Seite erfordert sie aber meist große Anstrengungen, sich in dem fremden Markt gegen die etablierte Konkurrenz durchzusetzen. In vielen Fällen dürfte der Zwang, sich möglichst umgehend in schnell wachsenden und entwickelnden Märkten zu positionieren, für einen Erwerb einer existierenden Organisation sprechen.

Mit der Entscheidung zugunsten der Akquisition eines deutschen Unternehmens werden auch zahlreiche steuerliche Fragestellungen aufgeworfen. Die Funktionen des steuerlichen Beraters in Akquisitionsfällen sind vielschichtig, da Besteuerungsaspekte sowohl die Strukturierung und das Timing der Transaktion als auch die Vertragsverhandlungen und nicht zuletzt die Preisvorstellungen der Vertragsparteien beeinflussen.

Abbildung 22: Steuerberatungsaspekte bei Unternehmenskäufen

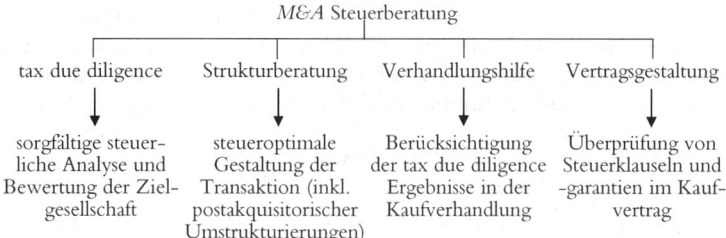

Erstes Augenmerk ist auf die **Minimierung des Kaufrisikos** zu richten: Der Käufer wird bestrebt sein, sämtliche Steuerrisiken bezüglich der Objekt-

# 6. Kapitel: Internationale M&A-Steuerstrategien 1221

gesellschaft zu identifizieren, um Vorsorge gegen unliebsame steuerliche Überraschungen zu treffen. Hierfür ist eine systematische Untersuchung und Durchleuchtung der Zielgesellschaft im Rahmen einer eingehenden Unternehmensprüfung (sog. **due diligence**) unerlässlich.[200] Professionell durchgeführte due diligences sind angesichts der zunehmenden Komplexität der Transaktionen nahezu unverzichtbar. Die Nutzen einer due diligence liegen auf der Hand:
- Grundlage für die Unternehmensbewertung und damit für den Kaufpreis (Analyse künftiger Ertragspotentiale oder Cashflows);
- Minderung des Risikos von Fehlentscheidungen;
- Basis für Gewährleistungsforderungen und Garantien.

Im Rahmen einer **tax due diligence**[201] wird die Steuerhistorie der Zielgesellschaft überprüft (Steuerstatus, drohende Steuernachzahlungen, Auffälligkeiten, Verbesserungsvorschläge), und es werden Prognosen über die künftige Steuersituation einschließlich der Bewertung von Steuerrisiken abgegeben. Einerseits lässt sich eine tax due diligence als vorweggenommene steuerliche Außenprüfung bezeichnen, die vom Erwerber (statt durch Finanzbeamte) durchgeführt wird, andererseits ist der Umfang einer due diligence aber durch den Einbezug von Gegenwart und Zukunft weiter. Da nicht selten mit der Übernahme eines Unternehmens auch dessen steuerlicher Berater wechselt, stellt die tax due diligence gleichzeitig die erste Möglichkeit zur Einarbeitung in die steuerlichen Verhältnisse des Zielunternehmens dar. Die Durchführung der steuerlichen Unternehmensprüfung erfolgt regelmäßig in enger Abstimmung mit dem Financial- und Legal-due-diligence-Team, um so zu einem zutreffenden Gesamtbild über das Kaufobjekt zu gelangen.[202] Die Anforderungen einer tax due diligence sind vielfältig, weshalb seitens der Beraterschaft regelmäßig Spezialistenteams ausgebildet werden, die ihre Untersuchungen u. a. nach folgenden Überlegungen ausrichten bzw. organisieren:

- Mit dem Auftraggeber ist abzustimmen, in welcher Detailliertheit die Risikoprüfung durchgeführt werden soll. Vorab zu klären ist, ab welcher Größenordnung Risiken entscheidungserheblich und deshalb in einem Prüfungsbericht aufzunehmen sind.
- Verschiedene Branchen bzw. unternehmerische Rechtsformen bergen bis zu einem gewissen Grad typische Steuerrisiken. Vorhandene Branchenerfahrungen erleichtern deshalb die Risikoanalyse und gezieltes Nachfragen bei unzureichender Informationslage.
- Die Übernahme einer inländischen Einzelgesellschaft stellt andere Anforderungen als der Erwerb eines im Inland ansässigen, weltweit tätigen Konzerns. Das Steuerteam muss deshalb ggf. in der Lage sein, u. U. innerhalb weniger Tage entsprechend ausgebildete Steuerfachleute in allen Domizil-

---

[200] Zum Ablauf und den verschiedenen Teilbereichen einer due diligence vgl. Fluck, A./Roos, R., FB 2001, S. 10 ff. m. w. N.
[201] Vgl. ausführlich Holzhäuser, B. P./Schmidt, F., Tax Due Diligence, 2010. Siehe auch Endres, D./Eckstein, H.-M., Übernahmen, 1999, S. 291 ff.; Brebeck, F./Bredy, J./Welbers, H., Due Diligence, 2002, S. 311 ff.; Eilers, S., Tax Due Diligence, 2004, S. 83 ff.; Löffler, C., WPg 2004, S. 576 ff.
[202] Vgl. zu den einzelnen Due-diligence-Bereichen Schaumburg, H., Unternehmenskauf, 2004, S. 1 ff.

staaten der wichtigsten Tochtergesellschaften zur Verfügung zu stellen. In diesen Fällen ist trotz unterschiedlicher Steuersysteme auf eine effiziente Koordinierung der Länderergebnisse zu achten, um dem Käufer einen schnellen und verlässlichen Überblick über die steuerlichen Risiken zu verschaffen.

Die Ergebnisse dieser Untersuchungen haben direkte Auswirkungen auf die **Kaufpreisverhandlungen** und/oder reflektieren sich in den **Steuer- und Gewährleistungsklauseln** im Kaufvertrag (z. B. im Hinblick auf die Behandlung verdeckter Gewinnausschüttungen, Verzinsung von Nachzahlungs- und Erstattungsbeträgen etc.). Hier gehört es zu den Standardregelungen, dass der Veräußerer für die Steuern einsteht, welche die Zeit vor dem Unternehmenskauf betreffen. Da diese Steuern regelmäßig erst in Betriebsprüfungen nach dem Unternehmensübergang rechtskräftig festgesetzt werden, sind dem Veräußerer insoweit vertragliche Mitwirkungsrechte zuzugestehen. Diese typischen Steuerklauseln werden im Einzelfall um Spezialregelungen ergänzt, die auf die individuelle Situation der Zielgesellschaft und die bekannt gewordenen Steuerrisiken zugeschnitten werden müssen. Eine sorgfältige Präzisierung der Steueraspekte im Kaufvertrag ist von erheblicher Bedeutung, um Steuerrisiken zu vermeiden und nachträgliche Meinungsunterschiede auszuschließen. Weiterhin wird der Erwerber versuchen, sein Kaufrisiko durch eine Bilanz- und Eigenkapitalgarantie zu minimieren, d. h., er wird eine bindende Zusage des Verkäufers über Höhe und Zusammensetzung des Eigenkapitals im Übertragungszeitpunkt fordern. Unterschreitet das tatsächlich übergehende Eigenkapital dann die vertraglich festgelegte Zielgröße, berechtigt dies zu Kaufpreisminderungen.

Die vertraglichen Steuerklauseln werden vom Umfang der tax due diligence beeinflusst. Es ist jedoch zu bedenken, dass in der Praxis Steuerklauseln oftmals zeitlich und betraglich Beschränkungen vorsehen. Steuerrisiken werden dagegen meist erst Jahre später bei Betriebsprüfungen evident. Die Durchsetzung von Forderungen des Käufers scheitert dann oft schon an der Einbringlichkeit. Zur Risikominimierung sollte man sich daher keinesfalls alleine auf vertragliche Steuerklauseln verlassen, sondern zuvor auch eine tax due diligence durchführen.[203]

Neben der Risikominimierung durch Due-diligence-Handlungen und sorgfältiger Vertragsformulierung liegt der weitere Schwerpunkt der steuerlichen Akquisitionsbetreuung in der Wahl einer geeigneten **Erwerbsstrategie**. Hierfür kann es keine Patentrezepte geben, da die im Einzelfall geeignetste Vorgehensweise immer von den **Zielvorstellungen beider Vertragsparteien** abhängt, die aber wiederum je nach Ausgangslage variieren. So wird eine natürliche Person als Veräußerer durchaus andere Steuerziele haben als eine Kapitalgesellschaft, der Erwerb von einem Steuerinländer kann andere Anforderungen an die Erwerbsstruktur stellen als der Kauf von einem Steuerausländer und die Akquisition einer Personengesellschaft wirft andere Fragestellungen auf als der Erwerb von Kapitalgesellschaftsanteilen.

Bei der Wahl der Akquisitionsstrategie wird es nicht selten zu Interessenskonflikten zwischen Veräußerer und Erwerber kommen, so dass die letztlich vereinbarte Struktur auch kaufpreisbeeinflussend wirkt. Generell sollte der

---

[203] Vgl. Endres, D./Eckstein, H.-M., Steuerrecht, 2001, S. 40.

6. Kapitel: Internationale M&A-Steuerstrategien

Käufer auch die Steuersituation der Gegenseite im Auge haben, da die Kenntnis der Steuerbelastung auf Verkäuferseite eine wichtige Information für die Kaufpreisverhandlungen sein kann.

Maßgebliches **Ziel des Veräußerers** wird es sein, die mit dem Verkauf einhergehende Steuerbelastung zu minimieren. Zur Maximierung des Nach-Steuer-Erlöses stehen dem **Veräußerer je nach Rechtsform** insbesondere die folgenden Mittel zur Verfügung:

- Veräußerung nicht wesentlicher Beteiligungen an Kapitalgesellschaften durch natürliche Personen, um von der diesbezüglichen Steuerfreiheit (keine Erfassung nach § 17 EStG) zu profitieren. In Anbetracht der Mindestbeteiligungsquote von 1% und der Einführung der Abgeltungsteuer für nach dem 31. 12. 2008 erworbene Anteile dürfte die Steuerfreiheit mittlerweile allerdings in den wenigsten Fällen erreichbar sein;
- Veräußerung von Beteiligungen an Kapitalgesellschaften durch natürliche Personen unter Nutzung des Teileinkünfteverfahrens (§ 3 Nr. 40 Buchstabe b EStG) bzw. durch Körperschaften unter Nutzung des Veräußerungsprivilegs (§ 8b Abs. 2 KStG);
- Inanspruchnahme von Tarifbegünstigungen und des Freibetrags für außerordentliche Einkünfte aus Betriebsveräußerungen für natürliche Personen (§§ 16 und 34 EStG);[204]
- Nutzung des Wahlrechts für Personenunternehmen, Gewinne aus der Veräußerung von Kapitalgesellschaftsbeteiligungen steuerneutral auf die Anschaffungskosten anderer, neu erworbener Anteile an Kapitalgesellschaften oder abnutzbarer beweglicher Wirtschaftsgüter zu übertragen bzw. die Gewinne in eine steuerfreie Rücklage nach § 6b EStG einzustellen (§ 6b Abs. 10 EStG).

Die **Interessenlage des Erwerbers** besteht regelmäßig darin, durch geeignete Strukturierung die künftige deutsche Steuerbelastung zu reduzieren:

- Der Investor ist zunächst an einer möglichst vollständigen und zeitnahen Transformation des Kaufpreises (Anschaffungskosten) in steuerwirksame Betriebsausgaben (insb. Abschreibungen) interessiert. Die mit der Schaffung von zusätzlichem Abschreibungsvolumen verbundenen Ertragsteuerersparnisse bewirken eine Steigerung der Liquidität, aus der wiederum Zins- und Tilgungsverpflichtungen bedient werden können.
- Besteht ein Steuergefälle zugunsten des Auslands, was aufgrund des immer noch überdurchschnittlich hohen deutschen Steuerniveaus häufig der Fall ist, sollten Inbound-Akquisitionen regelmäßig mit Fremdkapital finanziert und die Zinsaufwendungen in Deutschland gewinnmindernd geltend gemacht werden.
- Speziell beim Kauf von Kapitalgesellschaften ist aus Käufersicht auch eine Nutzung eventueller Verlust- und Zinsvorträge der Zielgesellschaft von besonderem Interesse. Auch an den steuergünstigen Ausstieg aus dem Engagement zu einem späteren Zeitpunkt (Exit-Besteuerung) ist bereits bei der Festlegung der Akquisitionsstruktur zu denken.

---

[204] Zur Betriebsaufgabe über zwei Veranlagungszeiträume siehe BMF-Schreiben v. 20. 12. 2005, BStBl 2006 I, S. 7.

– Schließlich wird auch eine Minimierung der regelmäßig vom Erwerber zu tragenden Transaktionskosten angestrebt, was in Deutschland insbesondere die Berücksichtigung der Grunderwerbsteuer betrifft.

Nachfolgend wird dargestellt, inwieweit bei verschiedenen Fallkonstellationen von Inbound-Akquisitionen die Transaktionsziele von Veräußerer und Erwerber erreicht bzw. kombiniert werden können.

2. Erwerb einer Betriebsstätte oder eines Mitunternehmeranteils

Der Kauf einer rechtlich unselbständigen **Betriebsstätte** (häufig ein Unternehmensteil einer Kapitalgesellschaft) vollzieht sich über den Erwerb der einzelnen Wirtschaftsgüter **(asset deal)**. Während der erzielte Veräußerungserlös für die Betriebsstätte beim Veräußerer der regulären Besteuerung unterliegt, bilanziert der Erwerber – sei es ein ausländisches oder ein vorgeschaltetes inländisches Unternehmen – die erworbenen Wirtschaftsgüter mit ihren Anschaffungskosten, so dass der Gesamtkaufpreis im Verhältnis der Verkehrswerte auf alle materiellen und immateriellen Wirtschaftsgüter aufzuteilen ist. Übersteigen die Anschaffungskosten der Betriebsstätte die Summe der Verkehrswerte der bilanzierten Wirtschaftsgüter, ist der Differenzbetrag als Ausgleichszahlung für einen **Geschäftswert** anzusetzen und über 15 Jahre abzuschreiben.[205]

Durch die Möglichkeit, den Gesamtkaufpreis auf die Einzelwirtschaftsgüter aufzuteilen und somit neues Abschreibungspotential zu kreieren, ist ein derartiger asset deal für den Erwerber regelmäßig steuerlich attraktiv. Zusätzlich ist der **Abzug der Finanzierungsaufwendungen** grundsätzlich zulässig, soweit die Mittel für den Betriebsstättenerwerb aufgenommen werden. Den steuerlichen Vorteilen des Erwerbers ist aber die Steuerpflicht des Veräußerers im Hinblick auf den erzielten Veräußerungsgewinn gegenüberzustellen.

Eine für beide Vertragsparteien vergleichsweise günstige Konstellation besteht dagegen bei der Übertragung eines **Betriebs oder Teilbetriebs** sowie eines **gesamten Mitunternehmeranteils**[206] durch eine **natürliche Person**, sofern die **Tarifbegünstigung** des § 34 Abs. 3 EStG[207] in Anspruch genommen werden kann und der Veräußerungsgewinn gem. § 7 Satz 2 GewStG

---

[205] Zur Vorgehensweise bei der Aufteilung im Einzelnen siehe den nachfolgenden Vergleich zwischen asset und share deal in Abschnitt B I 3 a).
[206] Nach § 16 Abs. 1 Satz 1 und 2 EStG sind Gewinne, die aus der Veräußerung eines Teils eines Einzelunternehmens, Mitunternehmeranteils oder Komplementäranteils einer KGaA erzielt werden, laufende Gewinne mit der Folge, dass auf sie die Begünstigungen der §§ 16 Abs. 4 und 34 EStG nicht anwendbar sind; sie unterliegen auch der Gewerbesteuer; vgl. BFH v. 14. 12. 2006, BStBl 2007 II, S. 780. Die Veräußerung von (Teil-)Betrieben einer Mitunternehmerschaft, eines Mitunternehmeranteils oder des Komplementäranteils einer KGaA unterliegt stets der Gewerbesteuer, soweit sie nicht auf eine natürliche Person als Mitunternehmer entfällt (§ 7 Satz 2 GewStG). Zur sachgerechten Verteilung der durch die Veräußerung ausgelösten Gewerbesteuerlast vgl. Scheifele, M., DStR 2006, S. 253 ff.
[207] Nach § 34 Abs. 3 EStG beträgt der ermäßigte Steuersatz 56% des durchschnittlichen Steuersatzes, mindestens jedoch 15%. Zur sonst geltenden Fünftelregelung des § 34 Abs. 1 EStG vgl. Herzig, N./Förster, G., DB 1999, S. 713 ff. Zur Versagung der Begünstigung bei zeitlich eng vorangehender Übertragung wesentlicher Betriebsgrundlagen zu Buchwerten vgl. BFH v. 6. 9. 2000, BStBl 2001 II, S. 731; sowie Wischmann, R., EStB 2001, S. 9.

6. Kapitel. Internationale M&A-Steuerstrategien 1225

auch **gewerbesteuerfrei** ist.[208] Befinden sich im Betriebsvermögen des Einzelunternehmens bzw. der Mitunternehmerschaft auch Anteile an Kapitalgesellschaften, fällt der Veräußerungsgewinn insoweit unter das Teilkünfteverfahren (§ 3 Nr. 40 Buchstabe b EStG), wenn nicht das Wahlrecht zur Übertragung nach § 6 b EStG ausgeübt wird. Da der Erwerber der Kapitalgesellschaftsanteile den hierfür zu zahlenden Kaufpreis steuerlich nicht geltend machen kann, wird er die Zuordnung eines möglichst geringen Kaufpreisanteils auf diese Kapitalgesellschaftsanteile anstreben.

Der Kauf von Mitunternehmeranteilen ist aus Sicht des **Erwerbers** zwar zivilrechtlich ein Kauf von Gesellschaftsrechten, steuerlich wird er aber wie ein **Erwerb von Wirtschaftsgütern** (asset deal) behandelt. Buchungstechnisch erfolgt die Buchwertaufstockung auf den Kaufpreis in einer **Ergänzungsbilanz** des eintretenden Gesellschafters.[209]

Beispiel: Der Steuerausländer A kauft für 500 000 € von X einen Anteil an einer deutschen KG. Das Kapitalkonto des X im Zeitpunkt des Gesellschafterwechsels beträgt 100 000 €. Bei der KG wird das handelsrechtliche Kapitalkonto von 100 000 € fortgeführt. Der Mehrpreis von 400 000 € ist in der Ergänzungsbilanz von A als Mehrkapital zu passivieren und auf die Wirtschaftsgüter mit stillen Reserven bzw. einen Firmenwert aufzuteilen. In den Folgejahren sind diese Mehrwerte entsprechend den steuerlichen Abschreibungsregelungen aufzulösen, d. h. über die Restnutzungsdauer zu verrechnen, wobei der Geschäftswert nach § 7 Abs. 1 Satz 3 EStG über 15 Jahre abzuschreiben ist.

Der Gesellschafterwechsel lässt die Handelsbilanz der Personengesellschaft unverändert. Dies führt insbesondere zu dem positiven Effekt, dass die erhöhten Abschreibungen das handelsrechtliche Ergebnis nicht mindern, sondern ausschließlich für die Besteuerung des eintretenden Gesellschafters von Bedeutung sind.

Ob der ausländische Investor den Erwerb der Personengesellschaftsanteile über eine vorgeschaltete inländische Kapitalgesellschaft (i. d. R. GmbH) durchführt oder einen Direkterwerb der Mitunternehmeranteile präferiert, wird u. a. von einer eventuellen Quellensteuer auf Dividendenzahlungen sowie Überlegungen zur Exit-Besteuerung abhängen. Die Finanzierungskosten des Erwerbers bzw. der erwerbenden vorgeschalteten Kapitalgesellschaft sind in beiden Fällen im Inland im Rahmen der Zinsschranke abzugsfähig.[210] In den Fällen, in denen der ausländische Investor den Mitunternehmeranteil direkt erwirbt, mindern nach deutscher Besteuerungskonzeption die **Finanzierungskosten** des Erwerbers seine inländischen Einkünfte als **Sonderbetriebsausgaben**. Kennt das Ausland keine der deutschen Mitunternehmerkonzeption vergleichbare Regelung, kann dieser **Qualifikationskonflikt** zur Folge haben, dass die Fremdkapitalzinsen sowohl im Inland wie auch im Ausland steuerlich geltend gemacht werden können **(double-dip)**.[211]

---

[208] Dies gilt, sofern nicht ausnahmsweise § 18 Abs. 3 UmwStG einschlägig ist, der eine Gewerbesteuerpflicht anordnet, wenn die Personengesellschaft bzw. das Einzelunternehmen innerhalb der letzten fünf Jahre durch Umwandlung einer Körperschaft hervorgegangen ist. Vgl. auch OFD Frankfurt/Main v. 7. 9. 2000, FR 2000, S. 1370, wonach die Regelung des § 18 Abs. 4 UmwStG a. F. auch auf Entnahmevorgänge anzuwenden ist; vgl. hierzu auch Wichmann, R., EStB 2001, S. 21. Ferner OFD Koblenz v. 27. 12. 2004, DStR 2005, S. 194.
[209] Ausführlich dazu Jacobs, O. H., Rechtsform, 2009, S. 501 ff.
[210] Vgl. 3. Kapitel, Abschnitt B III.
[211] Vgl. Müller, M. A., IStR 2005, S. 181 ff.; sowie 7. Kapitel, Abschnitt B I.

Beispiel: Eine dänische Kapitalgesellschaft erwirbt Anteile an einer deutschen Personengesellschaft. Der Kaufpreis der Anteile wird von dem dänischen Gesellschafter durch Fremdkapital finanziert. Die Finanzierungsaufwendungen sind sowohl im Rahmen seiner unbeschränkten Steuerpflicht in Dänemark als auch im Rahmen seiner beschränkten Steuerpflicht in Deutschland abzugsfähig (§ 15 Abs. 1 Nr. 2 EStG).

Zusammenfassend liegt für den Erwerber eine günstige Ausgangsposition vor, wenn er als Zielgesellschaft eine deutsche Personengesellschaft ins Auge gefasst hat. Will der Auslandsinvestor sein Deutschlandengagement später in Kapitalgesellschaftsform betreiben, ist auch eine sich an die Akquisition unmittelbar anschließende Umwandlung in eine Kapitalgesellschaft ertragsteuerlich unproblematisch. Während also beim Personengesellschaftserwerb regelmäßig keine Strukturkonflikte zwischen beiden Vertragsparteien auftreten, sind Interessenskollisionen beim Kauf von Anteilen an Kapitalgesellschaften dagegen der Regelfall, wie im Folgenden gezeigt wird.

3. Steuerstrategien zum Erwerb von Kapitalgesellschaften

a) Erwerb des Betriebsvermögens (asset deal) oder Kauf der Anteile (share deal)

Für die Akquisition eines Unternehmens in der Rechtsform einer Kapitalgesellschaft ist zwischen den beiden Grundformen Erwerb der Gesellschaftsanteile (**Beteiligungserwerb, sog. share deal**) und dem Kauf der Gesamtheit der einzelnen Wirtschaftsgüter (**Vermögenserwerb, sog. asset deal**) zu unterscheiden. Zur Erläuterung der beiden grundsätzlichen Akquisitionsalternativen asset versus share deal wird ein Beispielsfall unterstellt, bei dem ein US-Investor (US-Inc.) die deutsche D-GmbH von einem fremden Dritten erwerben möchte. Buchwerte (BW) und Verkehrswerte (VW) der D-GmbH ergeben sich aus nachfolgender Bilanz.

Daten des Ausgangsfalls
Bilanz D-GmbH (alle Werte in T€)

Aktiva	BW	(VW)	Passiva	
Grundstück	50	(150)	Stammkapital	50
Maschinen	150	(300)	Gewinnrücklagen	150
Immaterielle Wirtschaftsgüter	0	(30)		
Firmenwert	0	(20)		
Summe	200	(500)	Summe	200

Daten per 31. 12. 2010; das Wirtschaftsjahr der Gesellschaft gleiche dem Kalenderjahr; in 2010 werde ein Nullergebnis erzielt.

Die Vorteilhaftigkeit der bei Übernahme einer Kapitalgesellschaft bestehenden Alternativen Erwerb von Gesellschaftsanteilen oder Erwerb der Wirtschaftsgüter wird vom Käufer nach anderen Kriterien beurteilt als vom Verkäufer.[212] Der **Käufer** hat grundsätzlich ein Interesse daran, dass die Anschaffungskosten möglichst schnell über Abschreibungen als Betriebsausgaben geltend gemacht werden können, um aus den damit verbundenen Ertrag-

---

[212] Zu denkbaren Interessenkonflikten und Lösungsmöglichkeiten vgl. Scheffler, W., StuW 2001, S. 293 ff.; Bogenschütz, E., Steuerliche Aspekte, 2004, S. 322 ff.

steuerersparnissen eine Liquiditätsentlastung zu erzielen. Er will also einen sog. **step-up,** d. h. eine Aufstockung der Buchwerte der Wirtschaftsgüter der Zielgesellschaft bis zur Höhe des anteiligen, bezahlten Kaufpreises.[213] Unter dieser Zielsetzung bietet sich der Erwerb der Wirtschaftsgüter an. Bei dieser Akquisitionsform besteht die Möglichkeit, zumindest wesentliche Teile des Kaufpreises auf die einzelnen abschreibungsfähigen Wirtschaftsgüter aufzuteilen. Die erhöhten Buchwerte bilden das zukünftige Abschreibungspotential.

Beispiel: Im Grundfall eines **asset deal** erwirbt der Investor (US-Inc.) unmittelbar die **Wirtschaftsgüter** von der D-GmbH. Der Kaufpreis entspricht den Verkehrswerten von 500 000 €. Nach dem Erwerb bilden die Wirtschaftsgüter in Deutschland eine Betriebsstätte der US-Inc.

Direkter asset deal des ausländischen Investors (US-Inc.)

Der Erwerber hat die Wirtschaftsgüter seiner neuen Betriebsstätte in Höhe der Anschaffungskosten zu aktivieren, wobei der **Gesamtkaufpreis** zur Vermeidung von Manipulationen in einem **vierstufigen Verfahren aufgeteilt** wird:[214]

– Aktivierung der bilanzierten materiellen und immateriellen Wirtschaftsgüter mit ihren Teilwerten und Neufestsetzung der Restnutzungsdauern, soweit es sich nicht um Gebäude handelt.
– Aktivierung selbsterstellter immaterieller Wirtschaftsgüter in Höhe der Teilwerte.
– Der danach verbleibende Kaufpreis ist als Geschäfts- oder Firmenwert zu aktivieren.
– Ist eine vollständige Verteilung des Kaufpreises in den ersten drei Stufen ausnahmsweise nicht möglich,[215] so kann ein Mehrbetrag bei betrieblicher Veranlassung ausnahmsweise sofort als Betriebsausgabe abgezogen werden.

Die **Vorteile des Vermögenserwerbs** sind umso ausgeprägter, je höher der Anteil des Kaufpreises ist, der auf Wirtschaftsgüter mit einer kurzen Restnutzungsdauer entfällt. Umgekehrt gilt, dass die Vorteilhaftigkeit sich reduziert, wenn die Anschaffungskosten in erheblichem Umfang auf nicht abschreibungsfähige Wirtschaftsgüter (Grund und Boden, Wertpapiere) oder Wirtschaftsgüter mit einer langen Restnutzungsdauer entfallen.[216] Unternehmen mit einer hohen Ertragskraft werden bestrebt sein, die bestehenden

---

[213] Vgl. Kraft, G., RIW 2003, S. 643 ff.
[214] Vgl. Herzig, N./Hötzel, O., DBW 1990, S. 518 f. Strittig ist, ob die übernommenen nicht bilanzierten Wirtschaftsgüter und der Geschäftswert nacheinander oder gleichzeitig anteilig aufzustocken sind. Vgl. hierzu Hörger, H., Kaufpreisaufteilung, 2004, S. 112 ff.
[215] In der Praxis denkbar insbesondere beim Erwerb von einem „lästigen" Gesellschafter.
[216] Vgl. das Berechnungsbeispiel bei Koenen, S./Gohr, M., DB 1993, S. 2541 ff.

Spielräume in der Weise zu nutzen, dass der Kaufpreis soweit wie möglich auf Wirtschaftsgüter mit einer kurzen Restnutzungsdauer entfällt.

Bei der **Verteilung des Kaufpreises auf Einzelwirtschaftsgüter und Leistungen des Veräußerers** lassen sich allgemein die Präferenzen des Erwerbers in etwa wie folgt ordnen:[217]

- sofortiger Aufwand (Beratungshonorar, Abfindungen, evtl. Wettbewerbsverbot, geringwertige Wirtschaftsgüter, günstige Aufträge, Vorräte);
- kurzfristiger Aufwand (Forderungen, Know-how, Fahrzeuge);
- mittelfristiger Aufwand (günstige Dauerschuldverhältnisse, Patente, Maschinen);
- langfristiger Aufwand (Geschäftswert, Warenzeichen, firmenwertähnliche Wirtschaftsgüter, Gebäude);
- Aufwand nur bei Teilwertabschreibung oder Veräußerung (Grund und Boden, Wertpapiere, u. U. Konzessionen).

Lange Zeit strittig war in diesem Zusammenhang die **Abschreibbarkeit von Warenzeichen bzw. Markenrechten.** Der Vermögensteuersenat des BFH hat in einem Aussetzungsbeschluss vom 4. 9. 1996[218] festgestellt, dass es nicht ernstlich zweifelhaft sei, dass entgeltlich erworbene Warenzeichen, die auf Dauer betrieblich genutzt werden, keinem Werteverzehr unterliegen. Für den Bereich des Ertragsteuerrechts nimmt die Finanzverwaltung dagegen an, dass ein Warenzeichen dem Grunde nach ein abnutzbares Wirtschaftsgut ist. Angesichts der Pflegebedürftigkeit kann eine Marke unter wirtschaftlichen Gesichtspunkten nur zeitlich begrenzt genutzt werden. In Anlehnung an den Geschäfts- oder Firmenwert wird für das Warenzeichen eine betriebsgewöhnliche Nutzungsdauer von 15 Jahren unterstellt, es sei denn, es wird eine kürzere Dauer vom Steuerpflichtigen nachgewiesen.[219] Alternativ ist (insbesondere nach Akquisitionen mit Buchwertaufstockung) auch darüber nachzudenken, Warenzeichen auf eine ausländische Gesellschaft zu übertragen und nach Deutschland zu lizenzieren. Dabei ist auf entsprechenden Schutz nach der EU-Zins- und Lizenzgebührenrichtlinie (§ 50g EStG) oder eines DBA und die rechtzeitige Einholung einer Freistellungsbescheinigung nach § 50d Abs. 2 EStG zur Vermeidung einer Quellensteuerbelastung zu achten.

Unter der Zielsetzung, den Gesamtkaufpreis möglichst vollständig und zeitnah mit steuerlicher Wirkung zu verrechnen, ist ein asset deal zu Marktwerten aus der Sicht des Erwerbers vorteilhaft. Denn die Bemessungsgrundlage der künftigen Abschreibungen (oder künftiger Veräußerungsgewinne) in Deutschland bilden infolge der **Buchwertaufstockung** (step-up) die Teilwerte der erworbenen Wirtschaftsgüter. Die damit im Anschluss an die Akquisition verbundenen Ertragsteuerersparnisse erhöhen den **Cash-Flow**, weshalb die anfänglich höheren Zins- und Tilgungsverpflichtungen besser bedient werden können. Daneben besteht ein weiterer Vorteil eines asset deal

---

[217] Siehe hierzu Holzapfel, H.-J./Pöllath, R., Unternehmenskauf, 2003, Rz. 145 b.
[218] Vgl. BFH v. 4. 9. 1996, BStBl 1996 II, S. 586. Vgl. hierzu die Kritik von Stein, C./Ortmann, M., BB 1996, S. 787 ff.; Barth, T./Kneisel, H., WPg 1997, S. 473 ff. Aufgrund des intensiven Konkurrenzkampfes und der hohen Kosten für die Bewertung von Marken wird nach a. A. für eine Abschreibungsdauer von 3–6 Jahren plädiert. Vgl. Schubert, T., FR 1998, S. 92 ff.
[219] Vgl. BMF-Schreiben v. 12. 7. 1999, BStBl 1999 I, S. 687; FG Düsseldorf v. 9. 5. 2000, EFG 2000, S. 1177. Kritisch hierzu Gold, G., DB 1998, S. 956 ff.

darin, dass Gewinnrepatriierungen an das Stammhaus keine Quellenbesteuerung auslösen. Nachteilig ist allerdings – ggf. neben Verrechnungspreisfragen – die grundsätzlich bestehende inländische **Veräußerungsgewinnbesteuerung** und die Unmöglichkeit der Verlustübertragung beim eventuellen Wiederverkauf der Betriebsstätte.

Die mit Blick auf Veräußerungsgewinne sowie Verluste bestehenden Nachteile lassen sich in vielen Fällen vermeiden, indem der **asset deal** durch eine in Deutschland bestehende oder neu zu gründende **Tochtergesellschaft** (US-GmbH) erfolgt. Der potentielle Nachteil einer 5%igen Quellensteuer auf Gewinnrepatriierungen an die US-Inc. besteht im Ausgangfall nicht, sofern die spezifischen Limitation-on-benefits-Voraussetzungen des Art. 10 Abs. 3 DBA-USA erfüllt sind. Auch die unterschiedlichen Lösungen zu Verrechnungspreisfragen sind beim Vergleich Betriebsstätte versus GmbH zu berücksichtigen.

Asset deal durch die deutsche Tochter des ausländischen Investors (US-GmbH)

Werden anstelle der Wirtschaftsgüter die **Anteile an der D-GmbH erworben (share deal)**, so führt die D-GmbH die Buchwerte der Wirtschaftsgüter und die bestehenden Abschreibungspläne fort. Die US-Inc. hat die Gesellschaftsanteile in ihrer Bilanz mit den Anschaffungskosten zu aktivieren. Ein **step-up** der Buchwerte in der Steuerbilanz der D-GmbH erfolgt beim share deal **nicht**. Zudem sind bei einem fremdfinanzierten Erwerb die Zinsen nicht in Deutschland, sondern nur auf der Ebene des ausländischen Investors abzugsfähig.

Share deal des ausländischen Investors (US-Inc.)

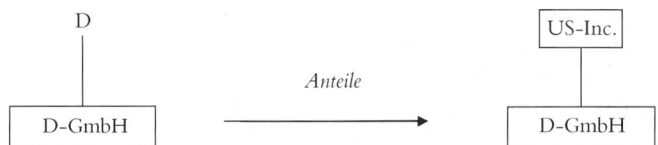

Werden die Anteile an der D-GmbH dagegen durch eine existierende oder neu gegründete **Tochtergesellschaft** der US-Inc. (US-GmbH) erworben, können zunächst die bei der US-GmbH anfallenden Finanzierungskosten in Deutschland in den Grenzen der Zinsschranke abgezogen werden. Um eine steuerliche Ergebniskonsolidierung, insbesondere einen Abzug der Finanzierungskosten von den Gewinnen der D-GmbH, zu erreichen und die 5%-Steuerpflicht auf Dividenden der D-GmbH an die US-GmbH zu vermeiden, sollte zwischen der erwerbenden US-GmbH und der D-GmbH direkt im Anschluss an die Akquisition ein **Organschaftsverhältnis** hergestellt werden.

Share deal der Tochter des ausländischen Investors (US-GmbH)

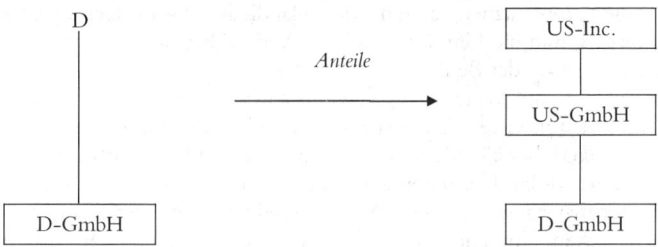

Fasst man zusammen, so ist der Kauf von Wirtschaftsgütern aus der Sicht des Investors i. d. R. günstiger als der Erwerb von Gesellschaftsanteilen, da ein asset deal mit einem steuereffektiven step-up und dadurch mit höheren Abschreibungsbeträgen verbunden ist. Dennoch können im Einzelfall auch Gründe dafür sprechen, den Kauf der Anteile zu präferieren. Sie beruhen alle darauf, dass in diesem Fall die rechtliche und steuerliche Selbständigkeit der Kapitalgesellschaft aufrechterhalten bleibt, so dass durch den Gesellschafterwechsel auf Ebene der Kapitalgesellschaft keine der nachfolgenden, exemplarischen steuerlichen Effekte eintreten:

- Steuerliche Vergünstigungen, die personenbezogen ausgestaltet sind oder an bestimmte Verbleib- bzw. Fortführungspflichten anknüpfen, gehen nicht verloren.
- Ein Verlustvortrag der Kapitalgesellschaft kann im Rahmen des § 8 c KStG, d. h. insbesondere bei Existenz stiller Reserven (§ 8 c Abs. 1 Satz 6–8 KStG), weiterhin genutzt werden.
- Liegt der Kaufpreis unter der Summe der Buchwerte, kann u. U. bei der Anteilsübertragung die bilanzielle Abwertung der Wirtschaftsgüter vermieden werden („step-down in basis").
- Auch in Fällen, in denen die Zielgesellschaft (oder die Erwerbsgesellschaft) bereits über nachhaltige Verluste verfügt, ist eine Buchwertaufstockung und damit eine künftige Belastung des Finanzergebnisses häufig nicht erwünscht und steuerlich nicht erforderlich.

Während sich für den Unternehmenserwerber im Regelfall die Übernahme der Wirtschaftsgüter als vorteilhaft darstellt, hat der Veräußerer meist ein starkes Interesse an der Alternative des Anteilsverkaufs. Erfolgt auf Wunsch des Erwerbers dennoch eine Übertragung der einzelnen Wirtschaftsgüter, wird sich dies in einer Erhöhung des Kaufpreises niederschlagen. Der Käufer hat deshalb eine Abwägung zwischen den abgezinsten Steuerersparnissen beim Vermögenserwerb und dem erhöhten Kaufpreis vorzunehmen. Übersteigt der Barwert der Steuerersparnisse beim Erwerb der einzelnen Wirtschaftsgüter den Zuschlag zum Kaufpreis, bleibt die Vorteilhaftigkeit des Vermögenserwerbs bestehen, auch wenn sich sein Vorteil reduziert. Zusammenfassend können die Präferenzen des Verkäufers zur Anteilsübertragung folgende Ursache haben:

- Während Gewinne aus der Veräußerung von Wirtschaftsgütern bei der *D-GmbH* in voller Höhe der Körperschaft- und Gewerbesteuer unterliegen, ist eine Veräußerung von Gesellschaftsanteilen regelmäßig bei Kapital-

gesellschaften zu 95% und bei natürlichen Personen zu 40% steuerbefreit bzw. unterliegt der 25%igen Abgeltungsteuer.[220]
- Für in der Vergangenheit eingegangene Verbindlichkeiten haftet weiterhin die Kapitalgesellschaft (D-GmbH), sofern zwischen Käufer und Verkäufer keine abweichende Vereinbarung getroffen wird.
- Bei der Übertragung von Gesellschaftsanteilen reduzieren sich Transaktionskosten und -formalitäten und eine Liquidation der Gesellschaft erübrigt sich. Auch Behaltefristen (z. B. bei Investitionszulagen) können nicht rückwirkend entfallen.

Die früher insbesondere durch Umwandlung der Kapitalgesellschaft in eine Personengesellschaft bestehende Möglichkeit einer **Transformation des gezahlten Kaufpreises für Anteile in steuerliches Abschreibungspotential** ist mit der Einführung des § 8b Abs. 2 KStG durch das StSenkG abgeschafft worden. Die Anerkennung der nach Wirksamwerden des StSenkG diskutierten Gestaltungen zur Erreichung eines nicht voll steuerpflichtigen step-up beim Erwerber – downstream merger,[221] Organschaftsmodell[222] sowie KGaA-Modell[223] – ist äußerst fraglich.

b) Strukturierungsalternativen zur Verzögerung des steuerlichen Veräußerungszeitpunkts

In der Praxis gibt es immer wieder Fälle, in denen die Parteien sich zwar dem Grunde nach über einen Deal einig sind, diesen aber nicht sofort, sondern erst mit einer gewissen Zeitverzögerung realisieren wollen. Gründe hierfür können sowohl in der Person des Veräußerers liegen (z. B. vertraglich befristete Veräußerungsverbote, Wunsch nach vorübergehendem Erhalt der Unternehmenskontrolle, günstigere Steuersituation in der Zukunft insbesondere wegen des Ablaufs von **Sperrfristen** wie der nach § 22 UmwStG oder nach § 8b Abs. 4 KStG a. F.) als auch vom Erwerber (z. B. Beschaffung der erforderlichen Finanzmittel durch anderweitige Desinvestitionen) vorgebracht werden. Typische Instrumente, die bei Vertragsabschlüssen zur **Verzögerung des steuerlichen Veräußerungszeitpunkts** verwendet werden, sind Termingeschäfte (insbesondere Terminkauf und Optionsgeschäfte), teilweise in Verbindung mit Dilutierungs- bzw. Joint-Venture-Modellen.

Bei Vereinbarung eines **Terminkaufs** zur zeitlichen Verzögerung einer Anteilsübertragung macht man sich den Umstand zunutze, dass bei Anteils-

---

[220] Zu Einzelheiten der begünstigten Besteuerung der Gewinne aus der Veräußerung von Anteilen an Kapitalgesellschaften und möglichen Ausnahmen vgl. Abschnitt A II 2.
[221] Vgl. Rödder, T./Wochinger, P., FR 1999, S. 1 ff.; Bogenschütz, E., KGaA, 2000, S. 163 ff.; Dieterlen, J./Schaden, M., BB 2000, S. 2552 f.; Hannemann, S., DB 2000, S. 2497 ff.; Beinert, S./Lishaut, I. van, FR 2001, S. 1150; Blumers, W./Beinert, S./Witt, S.-C., DStR 2001, S. 235; Pluskat, S., DB 2001, S. 2220 f.; Bruski, J., FR 2002, S. 181 ff.; Streit, B./Baar, S., BBK 2002, Beilage 1, S. 25 ff.; Bogenschütz, E., Steuerliche Aspekte, 2004, S. 329 ff.; Herzig, N., Step up-Modelle, 2004, S. 143 ff.; Kusterer, S., DStR 2004, S. 78.
[222] Vgl. Beinert, S./Lishaut, I. van, FR 2001, S. 1148 f.; Blumers, W./Beinert, S./Witt, S.-C., DStR 2001, S. 235; sowie dies., DStR 2001, S. 1741 ff.; Dautel, R., FB 2001, S. 423 ff.; Förster, G., WPg 2001, S. 1247; Herzig, N., Step up-Modelle, 2004, S. 140 ff.
[223] Vgl. Schaumburg, H./Schulte, C., KGaA, 2000, S. 83 ff.; Beinert, S./Lishaut, I. van, FR 2001, S. 1150; Pluskat, S., DB 2001, S. 2218 f.; Bruski, J., FR 2002, S. 181 ff.; Halasz, C./Kloster, L./Kloster, A., GmbHR 2002, S. 87; Rödder, T./Hötzel, O./Mueller-Thuns, T., Unternehmenskauf, 2003, S. 817; Bogenschütz, E., Steuerliche Aspekte, 2004, S. 331 ff.; Herzig, N., Step up-Modelle, 2004, S. 145 f.

übertragungen aus einem Betriebsvermögen sowie bei Veräußerungen nach § 17 EStG und § 22 UmwStG steuerlich nicht auf den Abschluss des obligatorischen (schuldrechtlichen) Kaufvertrags, sondern auf den Zeitpunkt der Übertragung des wirtschaftlichen Eigentums an den Anteilen abzustellen ist. Zivilrechtlich setzt die Eigentumsübertragung aber ein schuldrechtliches Verpflichtungsgeschäft (Kaufvertrag) und ein dingliches Erfüllungsgeschäft (Übereignung) voraus. Folglich liegt aus **rein zivilrechtlicher Sicht** selbst bei Vorliegen eines Kaufvertrags, der sämtliche Einzelheiten einer geplanten und von beiden Seiten gewollten Veräußerung im Detail regelt, solange noch keine Veräußerung vor, wie die Übertragung des Eigentums noch nicht stattgefunden hat. Durch Vereinbarung eines in der Zukunft liegenden Eigentumsübergangs kann deshalb **zivilrechtlich** die Veräußerung von Kapitalgesellschaftsanteilen grundsätzlich beliebig verzögert werden. Zu beachten ist allerdings, dass **steuerlich** beim Auseinanderfallen von rechtlichem und wirtschaftlichem Eigentum der Zeitpunkt des Übergangs des wirtschaftlichen Eigentums maßgeblich ist (§ 39 Abs. 2 Nr. 1 AO). Beim Modell des Terminkaufs ist demnach zwingend darauf zu achten, dass nicht ungewollt vor der geplanten Eigentumsübertragung unter einem günstigeren steuerlichen Regime bereits **wirtschaftliches Eigentum** an den Anteilen übergeht. Nach ständiger Rechtsprechung des BFH ist dies jedenfalls dann der Fall, wenn aufgrund eines bürgerlich-rechtlichen Rechtsgeschäfts der Käufer eines Anteils bereits eine rechtlich geschützte, auf den Erwerb der Anteile gerichtete Position erworben hat (Anwartschaft), die ihm gegen seinen Willen nicht mehr entzogen werden kann, und auch die mit den Anteilen verbundenen wesentlichen Rechte (Gewinnbezugsrecht, Stimmrecht) sowie das Risiko einer Wertminderung und die Chance einer Wertsteigerung auf ihn übergegangen sind.[224] Dies ist nicht der Fall, wenn eine aufschiebende Bedingung vereinbart wird, deren Eintritt nicht allein vom Willen und Verhalten des Erwerbers abhängt.[225] In der Realität von Unternehmensübernahmen wird der Käufer regelmäßig nicht bereit sein, sich in eine vertragliche Situation zu begeben, bei der alle vom BFH genannten Parameter für den Übergang wirtschaftlichen Eigentums vermieden werden. So wird er ein Interesse daran haben, bereits bei Abschluss des Kaufvertrags den künftigen Kaufpreis für die Anteile vertraglich festzulegen. Möglicherweise besteht er bis zum vereinbarten Übereignungstermin auf eine seine Interessen wahrende Stimmrechtsausübung durch den Veräußerer oder er möchte sich gegen eine Veräußerung der Anteile an Dritte absichern, die dem Altgesellschafter zwischenzeitlich ein verlockendes Angebot machen könnten. Wenngleich diese Wünsche nicht sämtlich unerfüllt bleiben müssen,[226] so ist doch offenbar, dass das Risiko des

---

[224] So grundlegend BFH v. 10. 3. 1988, BStBl 1988 II, S. 832; vgl. auch BFH v. 11. 6. 2006, BStBl 2007 II, S. 296; BFH v. 22. 7. 2008, BStBl 2009 II, S. 124; BFH v. 9. 10. 2008, BStBl 2009, S. 140; für den Fall der Rückkaufsoption siehe BFH v. 15. 12. 1999, BStBl 2000 II, S. 527.
[225] Vgl. zum Kartellvorbehalt BFH v. 25. 6. 2009, BStBl 2010 II, S. 182.
[226] Vgl. FG München v. 24. 6. 1999, DStRE 2000, S. 18 f., wo der Übergang wirtschaftlichen Eigentums allein schon mangels Übertragung der Anwartschaft verneint wurde; zur Diskussion siehe Klein-Blenkers, F., NZG 2001, S. 1109 f. Vgl. BFH v. 18. 12. 2001, BFH/NV 2002, S. 640, wo der Übergang wirtschaftlichen Eigentums trotz Übertragung der Anwartschaft auf den Käufer und Fixierung des Kaufpreises verneint wurde.

6. Kapitel. Internationale M&A-Steuerstrategien 1233

vorzeitigen Übergangs wirtschaftlichen Eigentums umso größer ist, je weniger Spielraum sich Verkäufer und Käufer in der Zeit bis zum Eigentumsübergang lassen.[227] Die Anwendung des Terminkaufmodells erfordert daher eine **detaillierte Analyse der Interessen der beteiligten Parteien** sowie eine äußerst **sorgfältige Vertragsgestaltung**. Aus den genannten Gründen setzt das Terminkaufmodell ein vergleichsweise hohes Maß an gegenseitigem Vertrauen der Vertragsparteien voraus, weshalb es sich für kooperative Übernahmen eignen mag, bspw. weil der Käufer der Anteile hohes Interesse daran hat, dass der Altgesellschafter nach Durchführung der Akquisition die Geschäftsführung der neuen Tochtergesellschaft noch für gewisse Zeit beibehält.

Beim **Optionsmodell** gewährt entweder der Veräußerer dem potentiellen Erwerber das Recht, Anteile an der Zielgesellschaft zu einem bestimmten Preis zu erwerben **(Call-Option)**. Alternativ dazu kann auch der Erwerber dem Veräußerer das Recht einräumen, die Anteile an der Zielgesellschaft zu einem bestimmten Preis an ihn zu veräußern **(Put-Option)**. Typischerweise haben Optionen eine bestimmte Laufzeit, nach deren Ablauf sie verfallen. Durch Vereinbarung eines Ausübungszeitraums (Festlegung eines Datums, vor dem der Inhaber des Calls die Anteile nicht erwerben und der Inhaber des Puts dieselben nicht veräußern darf) lässt sich der steuerliche Veräußerungszeitpunkt prinzipiell beliebig in die Zukunft verlagern. Sofern entweder dem Erwerber ein einseitiger Call oder lediglich dem Verkäufer ein Put gewährt wird, dürfte im Regelfall kein Risiko des vorzeitigen Übergangs wirtschaftlichen Eigentums bestehen. Etwas anderes mag gelten, wenn daneben Abreden über die Ausübung des Stimmrechts bzw. Verfügungen bezüglich zwischenzeitlich möglicher Gewinnausschüttungen getroffen werden. Kombinierte Put-/Call-Gestaltungen, die die Sicherungsinteressen beider Parteien berücksichtigen, werden in der Literatur im Hinblick auf den vorzeitigen Übergang wirtschaftlichen Eigentums kritischer betrachtet.[228] Insbesondere bei Überschneidungen in den Ausübungszeiträumen beider Optionen kombiniert mit einheitlichen Ausübungspreisen von Put und Call wird ein Risiko in Bezug auf § 39 AO gesehen. Ursächlich hierfür ist die Überlegung, dass bei einer derartigen Kombination von Ankaufs- und Verkaufsrechten bspw. unabhängig vom Börsenkurs der Aktie die Ausübung der Option entweder aus Sicht des Käufers oder aber des Verkäufers wirtschaftlich vorteilhaft sein muss, weshalb man bereits im Zeitpunkt der Optionsgewährung zu einem steuerlichen Veräußerungstatbestand kommen könnte.[229] Diese Einschätzung ist jedoch nicht zwingend. Zum einen liegen insbesondere bei nicht börsennotierten Anteilen typischerweise von Person zu Person abweichende Wertvorstellungen vor, die dazu führen können, dass keine der beiden Parteien ihre Option ausübt. Zum anderen könnte die Put-/Call-Gestaltung auch bei einheitlichen Wertvorstellungen allenfalls in einen Terminkauf, also in ein verdecktes schuldrechtliches Verpflichtungsgeschäft, umgedeutet werden. Während hier aus zivilrechtlicher Sicht bis zur tatsächlichen Übereignung der Anteile noch

---
[227] Zu etwaigen Gestaltungen vgl. Rund, T., GmbHR 2001, S. 96 ff.; sowie Haun, J./Winkler, H., DStR 2001, S. 1196 f.; Rödder, T./Wochinger, P., FR 2001, S. 1261 f.
[228] Vgl. Haun, J./Winkler, H., DStR 2001, S. 1195 ff.; Rödder, T./Wochinger, P., FR 2001, S. 1264; Förster, G., DB 2002, S. 1400 f.
[229] Vgl. Jakobs, N./Wittmann, H.-J., GmbHR 2000, S. 921; Seibt, C. H., DStR 2000, S. 2065 m. w. N.

kein Veräußerungstatbestand vorliegt, ist auch aus steuerlicher Sicht jedenfalls dann noch kein wirtschaftliches Eigentum übergegangen, wenn nicht zusätzlich zu den Optionen besondere Dividenden-, Stimmrechts- und Verfügungsbeschränkungen vereinbart sind.[230]

Da der Erwerber in der Praxis regelmäßig sofort Einfluss auf die unternehmerischen Entscheidungen in der Zielgesellschaft erlangen will, werden sowohl Terminkäufe als auch Optionsmodelle häufig nicht isoliert eingesetzt. So können Käufer und Verkäufer den Zeitraum bis zur Anwendbarkeit der günstigeren Veräußerungsgewinnbesteuerung durch Abschluss eines Betriebspachtvertrags[231] oder eines Betriebsführungsvertrags überbrücken.[232] Der angestrebte sofortige Einfluss des Erwerbers kann auch mit dem **Dilutierungs-** oder **Joint-Venture-Modell** erreicht werden, das dem potentiellen Anteilserwerber sofort die Mehrheit der Stimmrechte an der Zielgesellschaft verschafft.

Beim Dilutierungsmodell beschließt der Altgesellschafter der Zielgesellschaft (GmbH) eine Barkapitalerhöhung, zu deren Zeichnung ausschließlich der potentielle Erwerber der Zielgesellschaft zugelassen wird. Die Barkapitalerhöhung erfolgt dabei unter Abgeltung der in der Zielgesellschaft befindlichen stillen Reserven. Die ausschließliche Zulassung des Erwerbers zur Zeichnung der Kapitalerhöhung kann nur dann eine Veräußerung (bspw. i. S. d. § 17 EStG) darstellen, wenn die Altgesellschafter entweder direkt vom Erwerber ein Entgelt für den Verzicht auf das ihnen zustehende Bezugsrecht erhalten oder wenn ein Aufgeld, das der Erwerber an die Zielgesellschaft leistet, in engem zeitlichen Zusammenhang an den Altgesellschafter ausgekehrt wird.[233] Daher führt die Gestaltung dazu, dass beim Altgesellschafter bis zur Veräußerung seiner dilutierten Beteiligung kein Zufluss liquider Mittel erfolgt. Eine darlehensweise Überlassung der aus der Kapitalerhöhung resultierenden und möglicherweise überschüssigen Mittel durch die Gesellschaft an Alt- und Neugesellschafter sollte nur bei Vorliegen entsprechender wirtschaftlicher Gründe erfolgen.

Soll der Erwerber bspw. eine Beteiligung von 51% an der Zielgesellschaft erhalten, so erfordert dies eine Bareinlage i. H. v. rd. 104% des Verkehrswerts[234] der Zielgesellschaft. Eine derartige Kapitalbeteiligung ermöglicht dem Erwerber i. d. R. die Konsolidierung der Zielgesellschaft und sichert ihn bis zu einem gewissen Grad gegen eine denkbare Veräußerung der vom Altgesellschafter noch gehaltenen Anteile an Dritte ab, da das Interesse an einer Minderheitsbeteiligung an einer GmbH grundsätzlich wohl geringer sein dürfte. Da vorläufig keinerlei Anteile veräußert werden, kann auch das

---

[230] So auch IDW, IDW-Fachnachrichten 2000, Sonderbeilage 11, S. 32 f.; Seibt, C. H., DStR 2000, S. 2065; Rödder, T., Gestaltungsbeispiele, 2004, S. 74.
[231] Zu den Grundsätzen der Betriebsverpachtung vgl. SenVerw. Bremen, Erlass v. 31. 5. 2000, DStR 2000, S. 1308; BFH v. 28. 8. 2003, BStBl 2004 II, S. 10.
[232] Vgl. hierzu Weißmüller, W., BB 2000, S. 1949 ff.
[233] Vgl. BFH v. 13. 10. 1992, BStBl 1993, S. 477; Holzapfel, H.-J./Pöllath, R., Unternehmenskauf, 2003, Rz. 143, 190; Rödder, T., Gestaltungsbeispiele, 2004, S. 81 f.
[234] Erwirbt der Gesellschafter den Anteil gegen eine Einlage unter Verkehrswert, kann dies u. U. ein Schenkungstatbestand sein. Vgl. Gleichlautende Erlasse der obersten Finanzbehörden der Länder v. 15. 3. 1997, BStBl 1997 I, S. 350; BFH v. 20. 12. 2000, BStBl 2001 II, S. 454; sowie die Diskussion von Hucke, A., BB 2001, S. 1932 ff.

Dilutierungsmodell zur Verzögerung einer Unternehmensübernahme unter günstigeren steuerlichen Bedingungen genutzt werden. Die spätere Vollübernahme der Anteile des dilutierten Altgesellschafters kann über einen Terminkauf oder Optionsgestaltungen erfolgen. Bei der Kombination des Dilutierungsmodells mit Terminkauf oder Optionen bestehen allerdings wegen der möglichen faktischen Entwertung der Gesellschafterrechte des Veräußerers durch die Mehrheitsbeteiligung des Erwerbers **erhöhte Risiken** in Bezug auf den vorzeitigen Übergang wirtschaftlichen Eigentums.[235]

Das hier angesprochene Dilutierungsmodell basiert auf einer Kapitalerhöhung in der Zielgesellschaft, die allein durch den künftigen „Erwerber" vorgenommen wird. Umgekehrt ist es auch denkbar, dass der „**Veräußerer**" die Anteile an der Zielgesellschaft in eine Gesellschaft der **Erwerbergruppe steuerneutral** einbringt. Der Vorteil einer solchen Gestaltung liegt insbesondere darin, dass keine überschüssige Liquidität in der Zielgesellschaft angesammelt wird. Auch Kombinationen — z. B. Einbringung von Zielgesellschaftsanteilen und Bargeld in ein neues Joint Venture — sind denkbar.

Bei allen Verzögerungsmodellen ist die **sorgfältige Gestaltung des Vertragswerks** von herausragender Bedeutung.

c) Wahl des Akquisitionsvehikels

Neben der Entscheidung, ob ein asset deal oder ein share deal erfolgt und wie er finanziert wird, hat die Bestimmung des Akquisitionsvehikels durch den Erwerber beim Unternehmenskauf eine erhebliche steuerliche Auswirkung. Beim Erwerb von Kapitalgesellschaftsanteilen hat die Wahl des Akquisitionsvehikels insbesondere Einfluss auf die Verrechnung der durch die Akquisition verursachten Finanzierungskosten mit operativen Erträgen der Zielgesellschaft (**debt push down**), die Minimierung von Quellensteuern auf Gewinnrepatriierungen sowie die Planung eines steuerlich optimalen späteren Ausstiegs aus dem Investment (**Exit-Planung**).

(1) Strukturierung des Erwerbs über eine inländische Holding-Kapitalgesellschaft

Ist dem Auslandsinvestor im Akquisitionsfall daran gelegen, in Deutschland Fremdfinanzierungskosten geltend zu machen, so ist hierfür zunächst erforderlich, die Voraussetzungen für einen Betriebsausgabenabzug — vorbehaltlich der Einschränkungen der Zinsschranke (§§ 8a KStG, 4h EStG)[236] — zu schaffen. Dies kann dadurch ermöglicht werden, dass eine deutsche Kapitalgesellschaft die Anteile (teilweise) fremdfinanziert erwirbt. Verfügt z. B. ein US-Investor bereits über eine deutsche Tochtergesellschaft (USD-GmbH), kann diese die Anteile an der D-GmbH auch selbst erwerben. Alternativ kann der US-Investor die Anteile an der USD-GmbH in eine neue Holdinggesellschaft (US-GmbH) einbringen,[237] die dann auch die D-GmbH-Beteiligung erwirbt.

---

[235] Vgl. zur wirtschaftlichen Gesamtbildbetrachtung bei einer solchen Gestaltung BFH v. 11. 7. 2006, BStBl 2007 II, S. 296.
[236] Vgl. zur Ausgestaltung der Zinsschranke 3. Kapitel, Abschnitt B II 2.
[237] Vgl. zur Ertragsteuerneutralität nach deutschem Recht Abschnitt A III 1 b).

Einfaches Holdingmodell

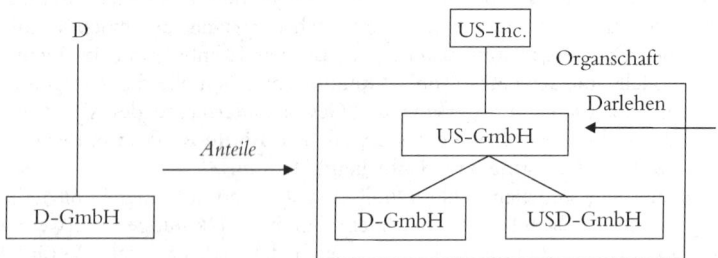

Im Beispielsfall könnte die US-GmbH auch ein Darlehen bei der US-Inc. aufnehmen, um die Anteile an der D-GmbH zu erwerben. Der auf Ebene der US-GmbH entstehende Zinsaufwand stellt bei der US-Muttergesellschaft Zinsertrag dar, es sei denn, es wird in den USA eine **check-the-box-election** ausgeübt, wodurch die US-GmbH für US-Steuerzwecke als Betriebsstätte der US-Muttergesellschaft behandelt wird. In diesem Fall steht dem Zinsabzug in Deutschland keine korrespondierende Zinsbesteuerung in den USA gegenüber, da aus US-Sicht nur eine Mittelverschiebung innerhalb eines Unternehmens (von der deutschen „Betriebsstätte" an das US-Stammhaus) stattfindet.[238]

Im Inland ist dafür Sorge zu tragen, dass die Zinsaufwendungen mit den operativen Erträgen der deutschen Gruppe verrechenbar sind, was die Etablierung eines **körperschaftsteuerlichen und gewerbesteuerlichen Organschaftsverhältnisses** zwischen der US-GmbH und ihren beiden Tochtergesellschaften erfordert. Dadurch ist auch für Zwecke der Zinsschranke im Ergebnis auf den Organkreis abzustellen (§ 15 Satz 1 Nr. 3 KStG). Ein weiterer Vorteil der Organschaft ist der Wegfall von Cashflow-Nachteilen durch Kapitalertragsteuern und der Besteuerung nach § 8 b Abs. 5 KStG auf Dividenden der Tochtergesellschaften an die US-GmbH.

Die gewählte Struktur bietet weitestgehende Flexibilität im **Veräußerungsfall**. So könnte sich die US-GmbH im Grundsatz nahezu steuerfrei von der D-GmbH oder der USD-GmbH trennen (§ 8 b Abs. 1 und 3 Satz 1 KStG).[239] Auch könnte die US-Inc. ihre Anteile an der US-GmbH ohne deutsche Steuern veräußern (Art. 13 DBA-USA). Im Falle **von Dividendenzahlungen** der inländischen Holdinggesellschaft an die Muttergesellschaft ist die **Quellenbesteuerung durch Kapitalertragsteuer** zu beachten. Die deutsche Kapitalertragsteuer beträgt grundsätzlich 25% bzw. 15% (§ 43 Abs. 1 Satz 1 Nr. 1; § 43a Abs. 1 Nr. 1 EStG; § 44a Abs. 9)[240] und die von Deutschland abgeschlossenen DBA sehen regelmäßig niedrigere Sätze – häu-

---

[238] Vgl. hierzu Endres, D./Dorfmüller, P., PIStB 2001, S. 96. Zu Einzelheiten des Check-the-box-Systems vgl. Dorfmüller, P., Tax Planning, 2003, S. 70 ff.; Endres, D./Schreiber, C., USA, 2008, S. 47 ff., 66 ff., 114 f.; Dorfmüller, P., IStR 2010, S. 644. Siehe auch 4. Teil, 3. Kapitel, Abschnitt A I 1.

[239] Allerdings ist zu beachten, dass die US-GmbH als Holdinggesellschaft ein „Finanzunternehmen" i. S. d. § 8 b Abs. 7 KStG darstellt und die Absicht einer kurzfristigen Veräußerung zur vollen Besteuerung führt. Vgl. zu dieser Problematik Abschnitt A II 2.

[240] Vgl. auch 3. Teil, 1. Kapitel, Abschnitt B I.

fig 5% bei einer Beteiligung von mindestens 25% – vor (Art. 11 Abs. 2 OECD-Modell) und nach der EU-Mutter-Tochterrichtlinie ist keine Quellensteuer einzubehalten (§ 43 b EStG).[241] Verbleibende Quellensteuern können erhebliche Belastungen hervorrufen, weshalb Dividenden in Einzelfällen über geeignete Zwischenholdings zur Muttergesellschaft durchgeleitet werden (**treaty shopping**). Derartige Gestaltungen sind selbstverständlich nur dann sinnvoll, wenn aufgrund hinreichender Substanz der Vorwurf einer missbräuchlichen Einschaltung der Zwischengesellschaft (§ 50 d Abs. 3 EStG und § 42 AO) nicht erhoben werden kann.[242]

(2) Strukturierung des Erwerbs über eine inländische Holding-Personengesellschaft

Bei Einschaltung einer Personengesellschaft als Deutschlandholding würde die US-Muttergesellschaft bspw. zusammen mit einem Komplementär (K-GmbH) in Deutschland eine Kommanditgesellschaft gründen, in die sie ihre Anteile an der US-GmbH einlegt. Zur Finanzierung des Erwerbs der D-GmbH-Beteiligung von einem fremden Dritten nimmt die US-KG ein Darlehen von einer Konzernfinanzierungsgesellschaft des US-Konzerns (US-Inc. Sub) auf.

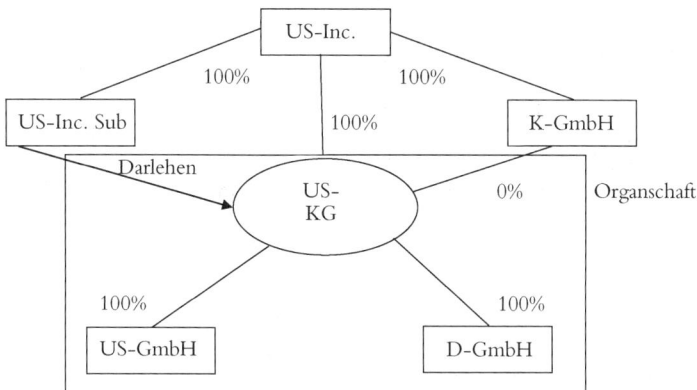

Der Charme der Personengesellschaftsholding liegt insbesondere darin, dass sich bei Zahlungen an die US-Gesellschafter **keine Quellenbesteuerungsprobleme** – insbesondere mit Blick auf die komplexen Voraussetzungen des Art. 10 Abs. 3 DBA-USA bei einer Kapitalgesellschaftsstruktur[243] – ergeben, da Gewinnrepatriierungen bei Personengesellschaften durch Entnahmen und nicht durch Dividenden erfolgen. Die Fremdfinanzierung unterliegt – neben der Prüfung des angemessenen Dotationskapitals – den Einschränkungen durch die **Zinsschranke**.[244] Des Weiteren ist darauf zu achten, dass die Konzerndarlehen nicht von einem ausländischen Mitunternehmer vergeben wer-

---

[241] Im obigen Beispielsfall kommt es bei Dividendenzahlungen an die US-Inc. nach Art. 10 Abs. 3 DBA-USA unter den Voraussetzungen der dort enthaltenen Limitation-on-benefits-Klausel zu keiner Quellensteuerpflicht.
[242] Vgl. dazu BMF-Schreiben v. 3. 4. 2007, BStBl 2007, S. 446 und 4. Kapitel, Abschnitt D III.
[243] Bezogen auf das Revisionsprotokoll vom 1. 6. 2006.
[244] Vgl. 3. Kapitel, Abschnitt B III 2.

den, da der Zinsaufwand in der Gesamthandsbilanz ansonsten durch korrespondierenden Zinsertrag in der Sonderbilanz des Mitunternehmers kompensiert wird (zum deutschen Besteuerungsrecht vgl. § 50 d Abs. 10 EStG).[245] Ebenso wie bei der Holding-Kapitalgesellschaft ist eine **körperschaftsteuerliche und gewerbesteuerliche Organschaft** zwischen der US-KG und ihren Tochtergesellschaften herzustellen, wobei die Personengesellschaft eine gewerbliche Tätigkeit ausüben muss (§ 14 Abs. 1 Satz 1 Nr. 2 Satz 2 KStG). Nach Verwaltungsauffassung reicht hierfür eine Holdingtätigkeit nicht aus, so dass z. B. Dienstleistungsfunktionen gegenüber den Tochtergesellschaften in der US-KG angesiedelt werden müssen.[246]

Was die Auflösung des Engagements betrifft, so hat die Struktur u. U. Nachteile gegenüber der Kapitalgesellschaftsalternative. Veräußert die US-KG Anteile an einer Tochterkapitalgesellschaft oder die US-Inc. die Beteiligung an der US-KG, so ist der auf die Beteiligungen entfallende Veräußerungsgewinn zu 95% von der Körperschaftsteuer und Gewerbesteuer befreit, soweit an der US-KG Kapitalgesellschaften beteiligt sind (§§ 8 b Abs. 6 KStG, 7 Satz 4 2. Halbsatz GewStG).[247] Befinden sich andere Wirtschaftsgüter als Beteiligungen mit stillen Reserven im Betriebsvermögen der Holdinggesellschaft, erscheint die Holding-Personengesellschaft der Kapitalgesellschaft unterlegen, **weil nur bei der Personengesellschaft ein diesbezüglicher Veräußerungsgewinn der Körperschaftsteuer unterliegt.** Umgekehrt hat der Erwerber einer Holding-Kapitalgesellschaft keine Möglichkeiten, seinen Kaufpreis für nicht in Anteilen bestehende Wirtschaftsgüter in Abschreibungspotential zu transformieren, während er beim Erwerb einer Personengesellschaft die im Kaufpreis abgegoltenen stillen Reserven der Wirtschaftsgüter in einer steuerlichen Ergänzungsbilanz sowohl für gewerbe- als auch für körperschaftsteuerliche Zwecke aufdecken und ggf. abschreiben kann.[248]

4. Verkehrsteuerliche Aspekte (Grunderwerb- und Umsatzsteuer)

Inbound-Akquisitionen werfen schließlich eine Reihe von verkehrsteuerlichen Fragen auf. Von besonderer Bedeutung sind für die Verhältnisse in Deutschland die Grunderwerbsteuer und die Umsatzsteuer, welche die **Transaktionskosten** entscheidend beeinflussen können.

Die **Grunderwerbsteuer** wird insbesondere durch den hohen Tarif von 3,5% bzw. 4,5%[249] bei der Detailplanung zum wichtigen Faktor:

- Findet bei einem Erwerbsvorgang (asset deal) eine Grundstücksübertragung auf einen anderen Rechtsträger statt, löst dies Grunderwerbsteuer nach § 1 Abs. 1 Nr. 1 GrEStG auf den Kaufpreis aus, soweit dieser auf die Grundstücke entfällt.
- Ist das Zielunternehmen eine Kapitalgesellschaft mit Grundbesitz und werden mindestens 95% ihrer Anteile unmittelbar oder mittelbar erworben

---

[245] Zur Möglichkeit, durch fremdfinanzierte Einlagenleistung des Mitunternehmers einen double-dip herzustellen, vgl. 7. Kapitel, Abschnitt B I.
[246] Vgl. BMF-Schreiben v. 10. 11. 2005, BStBl 2005 I, S. 1038, Rz. 18 f. Vgl. Endres, D./Schreiber, C./Dorfmüller, P., ITR 2007, S. 45 f.
[247] Zum Besteuerungsrecht für den Veräußerungsgewinn nach den DBA vgl. Art. 13 Abs. 2 und 4 OECD-Modell und BFH v. 13. 2. 2008, BStBl 2009 II, S. 414.
[248] Vgl. zu Vor- und Nachteilen von asset deal und share deal Abschnitt B I 3 a).
[249] Vgl. Abschnitt A I.

oder in einer Hand vereinigt, löst dieser Vorgang Grunderwerbsteuer nach § 1 Abs. 3 GrEStG aus.[250]
- Beim Erwerb von Personengesellschaftsanteilen ist neben § 1 Abs. 3 GrEStG vorrangig auch § 1 Abs. 2a GrEStG zu beachten, wonach auch die unmittelbare oder mittelbare Übertragung von mindestens 95% der Anteile am Gesellschaftsvermögen einer grundbesitzhaltenden Personengesellschaft innerhalb von fünf Jahren der Grunderwerbsteuer unterliegt.[251]
- In den letztgenannten Fällen des share deals ist die Grunderwerbsteuer durch Vorteile bei der Bemessungsgrundlage (Bedarfswerte gem. §§ 138 ff. BewG statt Kaufpreise, § 8 Abs. 2 Nr. 3 GrEStG) geringer als beim asset deal.

Gerade bei komplexen Akquisitionsmodellen kann sich die Grunderwerbsteuer als echtes Strukturierungshemmnis erweisen, zumal sie gegebenenfalls mehrfach ausgelöst werden kann.[252] Hinzu kommt, dass die Grunderwerbsteuer auch beim share deal nach Verwaltungsauffassung Anschaffungskosten und keine Betriebsausgaben darstellt.[253] Um die Grunderwerbsteuer als Kostenfaktor zu minimieren, muss beim jeweiligen Akquisitionskonzept darüber nachgedacht werden, ob nicht durch Vorabübertragung von Grundstücken durch die „richtige" Richtung einer Verschmelzung, durch Gründung von Grundstückspersonengesellschaften, oder durch Zurückbehaltung von Restanteilen von mehr als 5% durch den Verkäufer bzw. den Erwerb solcher Anteile durch einen Dritten steuerauslösende Sachverhalte vermieden oder in ihrer Wirkung beschränkt werden können. Im Hinblick auf grundbesitzhaltende Kapitalgesellschaften kann durch Zwischenschaltung einer Personengesellschaft, bei der ein fremder Dritter geringfügig beteiligt ist (im Extremfall mit 0% am Vermögen), wirtschaftlich im Ergebnis ein Erwerb von nahezu 100% der Anteile erfolgen.[254]

Der **Umsatzsteuer** unterliegen neben den hier nicht zu diskutierenden Einfuhren und innergemeinschaftlichen Erwerben nur Lieferungen und Leistungen, die ein Unternehmer gegen Entgelt im Rahmen seines Unternehmens erbringt, sofern diese steuerbar und nicht steuerbefreit sind. Bestimmte unentgeltliche Wertabgaben sind den entgeltlichen Lieferungen und Leistungen gleichgestellt. Bei einem **asset deal** wird der Abgebende in aller Regel Unternehmer sein, so dass die Übertragung der Wirtschaftsgüter grundsätzlich

---

[250] Vgl. zu Einzelheiten, insbesondere auch zur grunderwerbsteuerlichen Organschaft Gleich lautende Ländererlasse v. 2. 12. 1999, BStBl 1999 I, S. 991; Gleich lautende Ländererlasse v. 21. 3. 2007, BStBl 2007 I, S. 422.
[251] Vgl. zu Einzelheiten Gleich lautende Ländererlasse v. 25. 2. 2010, BStBl 2010 I, S. 245.
[252] Vgl. zu Einzelfragen beim share deal Behrens, S., Ubg 2008, S. 316 ff. Die Grunderwerbsteuerbefreiung gem. § 6a GrEStG bei nachfolgenden Umstrukturierungsmaßnahmen ist aufgrund ihrer restriktiven Voraussetzungen (im Zusammenhang mit dem Unternehmenskauf ist insbesondere die fünfjährige Vorbesitzzeit relevant) häufig nicht verfügbar.
[253] Vgl. Bayerisches Landesamt für Steuern v. 20. 8. 2007, DStR 2007, S. 1679; dazu Behrens, S., DStR 2008, S. 338.
[254] Vgl. Salzmann, S./Loose, F., DStR 2004, S. 1947. Dies beruht auf der Sichtweise, dass bei der Prüfung der 95%-Grenze des § 1 Abs. 3 GrEStG hinsichtlich einer Personengesellschaft unabhängig von der Beteiligung am Vermögen jeder Gesellschafter einen Anteil hält; vgl. Gleich lautende Ländererlasse v. 21. 3. 2007, BStBl 2007 I, S. 422, Abschnitt 7.

als Lieferung[255] oder sonstige Leistung einzuordnen ist.[256] Erfolgen diese Lieferungen und Leistungen allerdings im Rahmen einer **Geschäftsveräußerung** an einen anderen Unternehmer für dessen Unternehmen, so sind sie nicht steuerbar (§ 1 Abs. 1 a UStG). Eine Geschäftsveräußerung liegt vor, wenn ein Unternehmen oder ein in der Gliederung eines Unternehmens gesondert geführter Betrieb im Ganzen entgeltlich oder unentgeltlich übereignet oder in eine Gesellschaft eingebracht wird. Werden alle Wirtschaftsgüter eines Unternehmens auf einen einzigen Empfänger übertragen, so sind die Voraussetzungen der Geschäftsveräußerungen im Ganzen regelmäßig[257] erfüllt. Schwieriger sind die Fälle, in denen entweder Vermögensgegenstände nicht übertragen werden[258] oder in denen alle Gegenstände übertragen werden, aber auf verschiedene Empfänger.[259] Ebenso komplex können Sachverhalte sein, in denen ein gesondert geführter Betrieb im Ganzen übertragen wird. Rechtsprechung und Verwaltung bieten keine klaren Kriterien dafür an, wann ein gesondert geführter Betrieb vorliegt. Im Schrifttum[260] findet man Abgrenzungskriterien (z. B. räumlich und organisatorisch selbständig, Gleichartigkeit der betrieblichen Tätigkeit), die denen des ertragsteuerlichen Teilbetriebs ähneln.[261]

Auch eine Kapitalgesellschaft, mit der eine umsatzsteuerliche Organschaft besteht, kann einen gesondert geführten Betrieb i. S. dieser Regelung darstellen. Wenn eine Kapitalgesellschaft nach dem Gesamtbild der tatsächlichen Verhältnisse finanziell, wirtschaftlich und organisatorisch in das Unternehmen des Organträgers eingegliedert ist, übt sie eine wirtschaftliche Tätigkeit nicht selbständig aus und ist deswegen kein Unternehmer mehr. Umsatzsteuerlich ist sie deswegen wie ein gesondert geführter Betrieb des Organkreises anzusehen, obwohl sie zivilrechtlich noch selbständig ist. Diese zivilrechtliche Eigenständigkeit und damit die Fähigkeit, Rechte und Pflichten zu haben, stellt gleichzeitig das bestmögliche Abgrenzungskriterium für die Frage dar, ob ein „gesondert geführter" Betrieb vorliegt. Was der Organgesellschaft gehört und was sie macht, stellt aus der Sicht des Organkreises einen Teilbetrieb dar. Die

---

[255] Bei der Übertragung von körperlichen Gegenständen und solchen, die diesen im Geschäftsverkehr gleichgestellt werden, z. B. Kundenstamm, vgl. Abschn. 24 Abs. 1 UStR.

[256] Ausnahmen sind denkbar, wenn z. B. eine juristische Person des öffentlichen Rechts Vermögensgegenstände überträgt, die bei ihr nicht zu einem Betrieb gewerblicher Art gehören.

[257] Das gilt auch dann, wenn der Übernehmer mit den übernommenen Vermögensgegenständen seine unternehmerische Tätigkeit beginnt (Abschn. 5 Abs. 1 UStR).

[258] Nach der Rechtsprechung des BFH kann eine Geschäftsveräußerung im Ganzen auch dann angenommen werden, wenn unwesentliche Wirtschaftsgüter zurückbehalten werden oder wenn wesentliche Wirtschaftsgüter nicht übertragen werden, aber dem Übernehmenden vermietet oder verpachtet werden und eine dauerhafte Fortführung des Unternehmens durch den Erwerber gewährleistet ist. Die Verwaltung hat sich diese Rechtsprechung zu Eigen gemacht (Abschn. 5 Abs. 1 UStR).

[259] In der Praxis werden M&A-Transaktionen gelegentlich benutzt, um Trademarks oder Lizenzen nicht auf einen inländischen Übernehmer zu übertragen, sondern auf eine ausländische Verwertungsgesellschaft. Wenn solche Wirtschaftsgüter für das übertragene oder übernommene Unternehmen wesentlich sind, liegt keine Geschäftsveräußerung im Ganzen vor.

[260] Vgl. Birkenfeld, W., Umsatzsteuer-Handbuch, Teil I, Rz 568.13 m. w. N.; Pich, H., Umsatzsteuer-Richtlinien, 1996, S. 9 f.

[261] I. S. einer Parallelwertung vgl. auch Abschn. 5 Abs. 3 Satz 4 UStR.

6. Kapitel: Internationale M&A-Steuerstrategien

Übertragung aller Anteile an einer umsatzsteuerlichen Organgesellschaft stellt also einerseits eine Leistung dar, die im Inland steuerbar, aber nach § 4 Nr. 8 Buchstabe f UStG steuerfrei sein kann, andererseits ein „Umsatz im Rahmen einer Geschäftsveräußerung" nach § 1 Abs. 1a UStG. Aus der Gesetzessystematik folgt, dass eine Qualifizierung nach § 1 Abs. 1a UStG jede andere verdrängt. Die Übertragung der Anteile kann daher entgeltlich oder unentgeltlich sein und im Wege der Einbringung erfolgen, sie ist in dieser Konstellation grundsätzlich nicht steuerbar, wenn sie an einen Unternehmer für sein Unternehmen erfolgt.

Vor der Diskussion der Unternehmereigenschaft der Beteiligten sollen aber noch die derzeitigen Unsicherheiten bei einem **share deal** dargestellt werden, wenn die übertragenen Anteile nicht die einer umsatzsteuerlichen Organgesellschaft sind. Früher gingen Rechtsprechung und Verwaltung davon aus, dass die Übertragung von Anteilen an Personen- und Kapitalgesellschaften immer einen nach § 4 Nr. 8 Buchstabe f UStG steuerfreien Umsatz darstellten.[262] Sicher ist, dass diese Auffassung nicht mehr ohne Einschränkungen haltbar ist, aber es ist auch noch nicht abschließend geklärt, wo die Grenzen zwischen nicht steuerbarem Umsatz und steuerfreiem Umsatz verlaufen.

Der EuGH entschied, dass die Aufnahme von Gesellschaftern in eine Personengesellschaft kein steuerbarer und somit erst recht auch kein steuerfreier Umsatz ist.[263] Später kam er zu dem Ergebnis, dass die Ausgabe von Aktien beim Börsengang kein steuerbarer Umsatz ist.[264] Der EuGH begründet seine Auffassung damit, dass der bloße Erwerb und das Halten von Beteiligungen keine wirtschaftliche Tätigkeit darstelle, und fährt fort:[265] „Wenn der Erwerb von Beteiligungen als solcher keine wirtschaftliche Tätigkeit im Sinne der 6. Richtlinie darstellt, so muss dasselbe auch für die Veräußerung solcher Anteile gelten." Aus diesen Ausführungen kann der Schluss gezogen werden, dass die Übertragung von Gesellschaftsanteilen nur dann steuerbar ist, wenn sie entweder durch gewerbsmäßige Wertpapierhändler oder als direkte, dauernde und notwendige Erweiterung der unternehmerischen Tätigkeit erfolgt.[266] In der deutschen Rechtsprechung und Verwaltung ist dies aber noch nicht gesichert. Auch in einer Nachfolgeentscheidung des EuGH ist letztlich offen geblieben, unter welchen Voraussetzungen eine Beteiligungsveräußerung eine Geschäftsveräußerung im Ganzen darstellt.[267]

Ist bei einer M&A-Transaktion der Veräußerer kein Unternehmer, so ist der Vorgang unstreitig nicht steuerbar. Die vorgestellte noch nicht gesicherte

---

[262] Vgl. Thiede, F./Steinhauser, H., DB 2000, S. 1295; Kast, D./Peter, A. F., BB 2001, S. 1821.
[263] Vgl. EuGH v. 26. 6. 2003 (KapHag Renditefonds), EuGHE 2003, S. I-6851. Siehe auch BFH v. 1. 7. 2004, BStBl 2004 II, S. 1022.
[264] Vgl. EuGH v. 26. 5. 2005 (Kretztechnik), EuGHE 2005, S. I-4357; dazu Korf, R., DB 2005, S. 1357.
[265] EuGH v. 26. 6. 2003 (KapHag Renditefonds), EuGHE 2003, S. I-6851.
[266] So z. B. Korf, R., DB 2003, S. 1705. Wann eine solche direkte, dauernde und notwendige Erweiterung der unternehmerischen Tätigkeit vorliegt, ist offen, weil nicht erkennbar ist, ob das neuere Urteil des EuGH zu diesem Thema (v. 29. 4. 2004 (Empresa de Desenvolvimiento Mineiro), EuGHE 2004, S. I-4295) die frühere Entscheidung (v. 11. 7. 1996 (Régie Dauphinoise), EuGHE 1996, S. I-3695) präzisiert, korrigiert oder überholt.
[267] Vgl. EuGH v. 29. 10. 2009 (AB SKF), BFH/NV 2009, S. 2099, Rz. 33 ff.; siehe dazu Korf, R., UVR 2010, S. 74 ff.

6. Teil. Grenzüberschreitende Steuerplanung

Meinung und die konventionelle Auffassung können aber zu unterschiedlichen Ergebnissen führen, wenn bei einem share deal der Erwerber kein Unternehmer ist. Eine der Voraussetzungen des § 1 Abs. 1 a UStG ist, dass die Übertragung an einen Unternehmer für sein Unternehmen erfolgt. Eine Übertragung an einen Nichtunternehmer oder an jemanden, der zwar Unternehmer ist, die Anteile aber nicht für sein Unternehmen bezieht, kann also nicht unter § 1 Abs. 1 a UStG fallen. Auf der Grundlage, dass die Übertragung von Gesellschaftsanteilen nur dann steuerbar ist, wenn sie entweder durch gewerbsmäßige Wertpapierhändler oder als direkte, dauernde und notwendige Erweiterung der unternehmerischen Tätigkeit erfolgt, kann man auch bei Übertragungen an Nicht-Unternehmer zur Nicht-Steuerbarkeit kommen. Lehnt man diese These jedoch ab, so stellt ein share deal an einen Nicht-Unternehmer eine sonstige Leistung dar. Sie ist steuerbar, wenn der Erwerber im Inland oder EU-Ausland ansässig ist, aber nach § 4 Nr. 8 Buchstabe f UStG zwingend steuerfrei. Ist der Erwerber im Drittland ansässig, so ist die Transaktion nicht steuerbar und nicht vorsteuerabzugsschädlich.

Deshalb muss besonderes Augenmerk auf die Unternehmereigenschaft des Empfängers gerichtet werden, was insbesondere bei natürlichen Personen und bei Holdings kritisch sein kann. Das bloße Erwerben, Halten und Veräußern von Beteiligungen ist keine unternehmerische Tätigkeit.[268] Bei einer natürlichen Person, die Unternehmer ist, muss nur festgestellt werden, ob sie die erworbenen Anteile ihrem Unternehmen zuordnet und somit für ihr Unternehmen erwirbt. Eine natürliche Person, die keine wirtschaftliche Tätigkeit selbständig ausübt, hat kein Unternehmen, dem sie etwas zuordnen könnte. Das gleiche gilt für eine Holding, die kein Unternehmer ist. Auch wenn in diesem Themenkomplex noch nicht alle Fragen beantwortet sind, so hat doch die Rechtsprechung des EuGH und des BFH in den letzten Jahren hier für mehr Klarheit gesorgt. Eine Gesellschaft, die nicht gegen Entgelt tätig wird, ist kein Unternehmer[269] und kann deswegen auch keine umsatzsteuerliche Organschaft[270] begründen. Dividenden sind niemals Entgelt im umsatzsteuerlichen Sinne.[271] Zinsen können[272] es sein, müssen[273] es aber nicht. Das Entgelt kann nach einem Prozentsatz[274] vom Umsatz bemessen sein oder in einer Kostenweiterbelastung ohne Aufschlag[275] bestehen. Es reicht aus, wenn die entgeltliche Tätigkeit nur gegenüber Tochtergesellschaften erbracht wird, die

---

[268] Vgl. Abschn. 18 Abs. 2 UStR mit Nachweisen aus der EuGH-Rechtsprechung.
[269] Grundlegend dazu Eggers, J. H./Korf, R., DB 2002, S. 1238.
[270] A. A. früher OFD Stuttgart, 25. 8. 2004, DStR 2004, S. 1705; nach dieser – nicht bundeseinheitlich abgestimmten – Verfügung sollte eine nicht entgeltlich tätige Holding noch bis zum 31. 12. 2004 als tauglicher Organträger angesehen werden.
[271] Vgl. EuGH v. 22. 6. 1993 (Sofitam), EuGHE 1993, S. I-3513.
[272] Vgl. EuGH v. 29. 4. 2004 (Empresa de Desenvolvimiento Mineiro), EuGHE 2004, S. I-4295.
[273] So in der EuGH-Entscheidung v. 14. 11. 2000 (Floridienne S. A./Berginvest S. A.), EuGHE 2000, S. I-9567. Dort waren die Mittel aus vereinnahmten Dividenden als verzinsliche Darlehen an die Konzerngesellschaften vergeben worden.
[274] Vgl. EuGH v. 27. 9. 2001 (CIBO Participations), EuGHE 2001, S. I-6663, die sich ihre Dienstleistungen in Abhängigkeit vom Umsatz der Beteiligungsgesellschaften bezahlen ließ.
[275] Unzutreffend insoweit Schneider, H.-P./Hoffmann, P., Stbg 2001, S. 418. Diese Auffassung ist nicht mit Artikel 4 Abs. 1 der 6. Richtlinie in Einklang zu bringen.

6. Kapitel. Internationale M&A-Steuerstrategien 1243

Leistung wegen einer umsatzsteuerlichen Organschaft also nur eine Innenleistung ist.[276] Derzeit offen ist, ob eine ursprünglich entgeltliche Tätigkeit, welche die Organträgereigenschaft möglich machte, später wegfallen kann, ohne dass die Organschaft entfällt.[277] Gesichert ist jedenfalls, dass eine Holding, die sich ihre geschäftsleitende oder sonstige Tätigkeit nicht vergüten lässt, kein Unternehmer ist, mag sie auch noch so sehr in die Tochtergesellschaften hineinregieren. Anteilsveräußerungen durch solche Holdings sind also nicht steuerbar, an solche Holdings im Regelfall zwingend steuerfrei, sofern diese Holding nicht im Drittland ansässig ist (und man sich nicht der hier vertretenen Auffassung anschließt, nur die Veräußerung durch gewerbliche Anteilshändler sei überhaupt steuerrelevant).

Wenn eine zwingende Steuerfreiheit gegeben ist, dann steht auch fest, dass der Übertragende die Vorsteuern aus den Kosten der Transaktion nicht abziehen kann (§ 15 Abs. 1 UStG). Alle anderen Aussagen zum Vorsteuerabzug sind derzeit ungesichert, weil die Reichweite der zitierten EuGH-Entscheidungen einerseits und ihre Vereinbarkeit mit der sog. **Sphären-Theorie** andererseits sehr kontrovers diskutiert werden.

Der BFH begründete diese Theorie: „Demzufolge ist nach der Vorstellung des Gesetzgebers ein Nebeneinander zweier Sphären möglich, in denen Leistungen und Vorsteuerabzüge entweder zur Besteuerung und zum Abzug führen oder Nichtbesteuerung und Nichtabzug eintreten. [...] Der Bereich ihrer Betätigung ist durch Gesetz oder Satzung abgesteckt. Ein Nebeneinander von umsatzsteuerrechtlich relevanter oder irrelevanter Betätigung ist nur innerhalb dieses vorgegebenen Rahmens möglich. Infolgedessen ist grundsätzlich davon auszugehen, dass eine abgrenzbare Sphäre nichtunternehmerischer Betätigung in diesen Rahmen eingebunden [ist] und aus ihm nicht herausgelöst werden kann. Deshalb ist ein abgrenzbarer Teil nichtunternehmerischer Betätigung eines Unternehmers als die nichtunternehmerische Sphäre des Unternehmens zu definieren."[278] Danach sei also bei jedem Unternehmer zwingend eine nichtunternehmerische Sphäre gegeben. Der Erwerb und die Veräußerung von Beteiligungen wurden im Hinblick auf die Polysar-Entscheidung des EuGH dieser nichtunternehmerischen Sphäre zugeordnet.[279] Zwar hatte der BFH auch entschieden, dass nicht jede Beteiligung an einer Erwerbsgesellschaft der nichtunternehmerischen Sphäre zuzurechnen sei, doch wurde diese Entscheidung durch das EuGH-Urteil in der Rs. Polysar als überholt angesehen.[280]

Aus neueren Entscheidungen des EuGH wird jedoch geschlossen, dass ein Unternehmer die Vorsteuern aus den Kosten der Veräußerung oder des Erwerbs einer Beteiligung auch dann grundsätzlich abziehen kann, wenn der Veräußerungs- oder Erwerbsvorgang selbst nicht steuerbar ist.[281] Der BFH hat dies für den Fall der Ausgabe von Gesellschaftsanteilen bei der Aufnahme eines

---

[276] Vgl. BFH v. 9. 10. 2002, BStBl 2003 II, S. 375.
[277] Der BFH lässt diese Frage ausdrücklich offen in den Urteilen v. 22. 5. 2003, BStBl 2003 II, S. 954 und v. 7. 7. 2005, BStBl 2005 II, S. 849.
[278] BFH v. 20. 12. 1984, BStBl 1985 II, S. 176.
[279] Vgl. EuGH v. 20. 6. 1991 (Polysar), EuGHE 1991, S. I-3111.
[280] Vgl. BFH v. 20. 1. 1988, BStBl 1988 II, S. 557.
[281] Vgl. EuGH v. 8. 6. 2000 (Midland Bank), EuGHE 2000, S. I-4177; EuGH v. 22. 2. 2001 (Abbey National), EuGHE 2001, S. I-1361.

Gesellschafters ausdrücklich übernommen.[282] Im Schrifttum ist umstritten, ob die Sphärentheorie durch diese Entwicklung überholt ist oder nicht. Hier ist mit weiteren Entwicklungen zu rechnen.[283]
Wenn man von einer steuerfreien Übertragung von Gesellschaftsanteilen an einen inländischen Unternehmer ausgeht, so ist ein Verzicht auf die Steuerbefreiung möglich (§ 9 UStG). Hierbei ist aber zu beachten, dass der Verzicht dann in der notariellen Urkunde zu erklären ist (§ 9 Abs. 3 Satz 2 UStG), wenn die Transaktion nicht nur nach § 4 Nr. 8 Buchstabe f UStG, sondern gleichzeitig nach § 4 Nr. 10 Buchstabe a UStG steuerfrei ist, weil sie unter das Grunderwerbsteuergesetz fällt. Das ist nach § 1 Abs. 2a oder Abs. 3 GrEStG der Fall, wenn sich der Gesellschafterbestand einer Personen- oder Kapitalgesellschaft wesentlich ändert oder sich die Anteile in einer Hand vereinigen.

5. Zusammenfassende Empfehlungen zur Auswahl des Akquisitionskonzepts

Die Vielzahl an Strukturierungsmöglichkeiten für Inbound-Investitionen lässt erkennen, dass es diesbezüglich keine Patentrezepte gibt. Der mögliche Gestaltungsbereich wird durch die im jeweiligen Einzelfall vorzufindenden Ausgangsdaten abgesteckt, wobei insbesondere die Rechtsform der Zielgesellschaft, der Steuerstatus des Veräußerers, der angestrebte Zeitpunkt der Veräußerung und die gewünschte steuerliche Organisation des Erwerbers von Belang sind.

Angesichts des bestehenden Steuersatzgefälles zum Ausland wird es bei der Akquisitionsgestaltung häufig das Ziel sein, das Fremdfinanzierungspotential in Deutschland auszuschöpfen.[284] In der Praxis zeigt sich aber, dass sehr **steueraggressive Modelle** mit hoher Fremdfinanzierung nicht selten in künftigen **Verlustsituationen** enden. Um insoweit zu angemessenen Entscheidungen zu kommen, ist bei der Budgetüberprüfung und der Einschätzung künftiger Verbesserungs- und Synergiemöglichkeiten Vorsicht angezeigt.

Bestimmte **Sonderkonstellationen in der Zielgesellschaft** können ebenfalls das Akquisitionskonzept prägen. Verfügt die Zielgesellschaft über Verlustvorträge, ist § 8c KStG zu beachten, insbesondere im Hinblick auf die Erhaltung der Verlustvorträge in Höhe der stillen Reserven der Zielgesellschaft gem. § 8c Abs. 1 Satz 6–8 KStG.[285]

Natürlich sind auch die **Transaktionskosten** bei der Abwicklung der Akquisition zu berücksichtigen. Die obigen Ausführungen haben mit Blick auf die **Verkehrsteuern** die Grunderwerb- und die Umsatzsteuer als bedeutsame Faktoren herausgestellt.

Erwerbs- und Verkaufskonstruktionen, die alle ertrag- und verkehrsteuerlichen Barrieren beseitigen und alle wohlgemeinten Zielsetzungen der Vertragsparteien verwirklichen wollen, stellen sich im Ergebnis häufig als recht komplexes Puzzle zielgerichtet aneinander gereihter Einzelmaßnahmen dar.

---

[282] Vgl. BFH v. 1. 7. 2004, BStBl 2004 II, S. 1022.
[283] Vgl. Eggers, J. H./Korf, R., DB 2002, S. 1238, 1241; Dannecker, A./Seger, C. P., BB 2005, S. 1028; Stapperfend, T., UR 2006, S. 112.
[284] Vgl. dazu auch 3. Kapitel, Abschnitt B II 1.
[285] Zu Einzelfragen vgl. Lang, B., Der Konzern 2010, S. 35 ff.; Haßa, G./Gosmann, M., DB 2010, S. 1198 ff.; Dörr, I., NWB 2010, S. 184 ff.

6. Kapitel. Internationale M&A-Steuerstrategien

Kompliziert gestaltete Transaktionen setzen sich aber leicht dem **Vorwurf missbräuchlicher Gestaltung** aus, wobei die Nähe zu § 42 AO mit der Gewagtheit der Konzeption zunimmt. Zwar ist die steuerlich motivierte Einschaltung einer Kapitalgesellschaft grundsätzlich nicht als Missbrauch von Gestaltungsmöglichkeiten des Zivilrechts zu werten (§ 42 AO).[286] Die Rechtsprechung hat für den Fall, dass eine Tochtergesellschaft mit Verlustvortrag den Erwerbsvorgang vornimmt, ausdrücklich einen Missbrauch nach § 42 AO verneint.[287] In anderen Urteilen wird anerkannt, wenn ein Steuerpflichtiger – aus welchen Gründen auch immer – auf Dauer zwischen sich und seine Einkunftsquelle eine inländische oder im EU-Ausland ansässige Kapitalgesellschaft schaltet und alle sich daraus ergebenden Konsequenzen zieht sowie die Gesellschaft über ein Mindestmaß an personeller und sachlicher Ausstattung verfügt, die die unternehmerische Entscheidungs- und Handlungsfähigkeit sicher stellt.[288]

Diese Urteile sollten den Steuerplaner allerdings nicht in Sicherheit wiegen, sondern ihm vielmehr die Notwendigkeit für die **Dokumentation der betriebswirtschaftlichen Gründe** für die gewählte Endstruktur vor Augen führen. Gerade bei Modellen, die mit einer Personengesellschaftsstruktur enden, bestehen auch verschiedene gesellschaftsrechtliche Vorteile (Mitbestimmungsfreiheit, verminderte Prüfungs- und Veröffentlichungspflichten, Flexibilität des Gesellschaftsvertrags etc.),[289] die durchaus ins Gewicht fallen.

Die Ausführungen dieses Abschnitts bezogen sich in erster Linie auf Barübernahmen, deren Ergebnis darin bestand, dass die bisherigen Gesellschafter ihre Anteile gegen Kaufpreiszahlung übertragen und damit als Anteilseigner ausscheiden. Alternativ zu einem solchen Kauf mit nachfolgender (Allein-) Beherrschung der Zielgesellschaft bietet sich dem Erwerber auch die Möglichkeit, den Gesellschaftern der Zielgesellschaft (z. B. einer AG) Anteile an der Erwerbsgesellschaft im Rahmen einer Kapitalerhöhung anzubieten. Die Aktionäre verkaufen also nicht ihre Anteile an der Erwerbs-AG, sondern tauschen sie gegen deren Anteile im Rahmen eines fixierten Umtauschangebots. Eine solche Vorgehensweise, die zur Zusammenführung sowohl der Unternehmen als auch der Gesellschaftergruppen führt, kann mehrere Vorteile haben:[290] In Fällen, in denen der Veräußerer mit einem bar erzielten Veräußerungsgewinn steuerpflichtig wäre, kann eine solche Einbringung gegen Ausgabe neuer Gesellschaftsrechte einen Besteuerungsaufschub ermöglichen. Wenn aufgrund der Größe der Ziel-AG die Finanzierungskraft der Erwerbergruppe überschritten wird, bleibt ein Umtauschangebot häufig die einzige Alternative zur Verwirklichung der Übernahme. Aus unternehmenspolitischen und gesellschaftsrechtlichen Gründen ist ein merger of equals vielfach die beste Möglichkeit, hohe Mehrheitsbeteiligungen an der Ziel-AG zu erlangen.

---

[286] Vgl. Streck, M., BB 1992, S. 685; Hötzel, O., Unternehmenskauf, 1997, S. 171 ff.
[287] Vgl. BFH v. 29. 10. 1986, BStBl 1987 II, S. 310.
[288] Vgl. BFH v. 23. 10. 1996, BStBl 1998 II, S. 90; BFH v. 17. 11. 2004, BFH/NV 2005, S. 1016; BFH v. 25. 2. 2004, BStBl 2005 II, S. 14; BFH v. 31. 5. 2005, BStBl 2006 II, S. 118. Vgl. hierzu auch die Ausführungen zu Holdinggesellschaften im 4. Kapitel, Abschnitt D II 2.
[289] Vgl. Blumers, W./Beinert, S., DB 1997, S. 1639.
[290] Vgl. im Einzelnen zu Joint Ventures und Unternehmenszusammenschlüssen die Ausführungen in Abschnitt C.

II. Outbound-Akquisitionen

1. Steuerplanerische Ausgangsüberlegungen beim Unternehmenskauf

Die erkennbare Tendenz zu einer immer engeren Verflechtung der Weltwirtschaft, einhergehend mit der abnehmenden Bedeutung von Staatsgrenzen, zwingt Unternehmen zum Überdenken ihrer historisch gewachsenen und häufig willkürlich entstandenen Organisationsstrukturen. **„Globalisierung"** ist das Stichwort, das einen unternehmerischen Anpassungsprozess weg vom rein lokal ausgerichteten Verhalten zu einer regional oder gar global ausgerichteten Unternehmensphilosophie ausgelöst hat. Die Unternehmen müssen sich dem verschärften weltweiten Wettbewerb stellen und mittels internationaler Ausrichtung ihrer Produktionsstätten und Vertriebswege Antworten auf sich wandelnde Gegebenheiten finden. Diese Herausforderung beschränkt sich längst nicht mehr auf die allseits bekannten Großkonzerne, die als Global Player ohnehin weltweit vertreten sind. Auch kleinere und mittlere Unternehmen müssen ihre Chancen in einer stärkeren Auslandsorientierung nutzen.[291]

Die Debatte um die Globalisierung betrifft sowohl die interne Organisation eines Konzerns als auch die Ausweitung des Auslandsengagements durch Aufnahme oder Zukauf ausländischer Geschäftstätigkeiten. Bei der internen Reorganisation geht die Zielvorgabe weg von dem traditionellen Ansatz eines Denkens in Regionalstrukturen zu einer mehr **funktionsorientierten Hierarchie**. Das angestrebte Organigramm eines Konzerns weist nunmehr vorrangig die globale Unterteilung nach betrieblichen Funktionen und Sparten auf, statt sich an geographischen Gegebenheiten oder dem rechtlichen Unternehmensaufbau zu orientieren. Erforderliche Konsequenz ist eine länderübergreifende Zentralisierung von Funktionen im Konzern (z. B. in Form von shared service centers oder von zentralen Produktions- und Vertriebsgesellschaften) zu möglichst geringen Steuerkosten.[292] Neben dieser konzerninternen – aber weltweiten – Reorganisation der Aufgabenallokation tritt als zweite Aufgabe das Schritthalten mit dem globalen Wettbewerb durch verstärktes Engagement im Ausland. Es reicht nicht aus, Wachstumsmärkte lediglich über den Export bedienen zu wollen. Ohne Anstrengungen vor Ort kann es insoweit genauso zu entscheidenden Wettbewerbsnachteilen kommen wie in Fällen, in denen Kostenvorteile des Auslands auf der Herstellungsseite beharrlich ignoriert werden. Viele deutsche Unternehmen haben diese Notwendigkeiten erkannt und erweitern ihre ausländische Geschäftstätigkeit einerseits durch Neugründung und organisches Wachstum, andererseits aber auch durch Zukauf ausländischer Unternehmen. Zur Erhöhung des Shareholder-Value wird insbesondere das ertragreiche Kerngeschäft auch im Ausland aufgebaut, während unrentable Unternehmensbereiche abgestoßen werden.

Wenngleich die Entscheidung für oder gegen eine Akquisition in erster Linie durch strategische Überlegungen geprägt ist, kommt Steueraspekten häufig eine besondere Bedeutung zu.[293] Insoweit verspricht die Globalisierung durch die **Akquisition** von Unternehmen im Ausland oder auch durch das

---

[291] Vgl. Winkeljohann, N., Wirtschaft, 2010, S. 195 ff.
[292] Vgl. zur grenzüberschreitenden Zentralisierung von Funktionen im Konzern Endres, D., Unternehmenstätigkeit, 1997, S. 91 ff.; Herzig, N., WPg 1998, S. 280 ff.
[293] Vgl. Winkeljohann, N./Knoth, C., Akquisition, 1994, S. 785.

Eingehen von internationalen **Joint Ventures** und **strategischen Allianzen** ohne Zweifel Perspektiven im Hinblick auf die Nutzung des internationalen Steuergefälles. Bei unterstellter steueroptimaler Planung sollte mit einem Auslandsvorhaben regelmäßig die **konsolidierte Konzernsteuerquote** sinken, da die Steuerbelastung im Ausland vielfach niedriger gehalten werden kann als in Deutschland. Gerade bei Unternehmenszukäufen muss allerdings sichergestellt werden, dass bereits im Akquisitionsprozess die steuerlichen Weichen richtig gestellt werden, so dass einer anschließenden steuereffizienten Integration des Zielunternehmens in den Erwerberkonzern keine Barrieren entgegenstehen.

Die Praxis zeigt allerdings, dass Unternehmenszukäufe im Ausland recht komplex und zeitraubend sind, wobei die Problematik häufig ganz profan mit der Informationsbeschaffung über das Zielunternehmen sowie über den ausländischen Rechtskreis beginnt. Rechtliche Probleme und Schwierigkeiten ergeben sich trotz der grundsätzlich durchzuführenden **legal due diligence** insbesondere dadurch, dass der Käufer eines Auslandsunternehmens häufig mit Vertragsgestaltungen konfrontiert wird, die von den deutschen Usancen beträchtlich abweichen, und weiterhin die Frage verhandelt werden muss, welcher Rechtsordnung der Kaufvertrag zugrunde liegen soll.[294] Bei dem Versuch, einen angemessenen Kaufpreis mittels einer ansonsten üblichen Discounted-Cash-Flow-Rechnung (bzw. mittels einer Verprobung über Multiplikatoren) zu bestimmen, entfällt ein Großteil des Arbeitsaufwands auf die Vorbereitung und die Beschaffung von Informationen. Oft ist Vorsicht angezeigt, um nicht der Faszination des Ausweises deutlich steigender Ergebnisse vor dem Kaufzeitpunkt zu erliegen – eine sorgfältige **financial due diligence** sollte sicherstellen, dass solche kaufpreiserhöhenden Effekte nicht bloßes Resultat von Abschreibungsänderungen, verlangsamten Investitionen oder der Auflösung stiller Reserven sind. Fraglos ist auch ein sorgfältiger **Tax-due-diligence**-Prozess[295] von ganz entscheidender Bedeutung für die Risikobeurteilung und damit den gewünschten Erfolg einer Akquisition. Gerade auf dem fremden ausländischen Terrain muss sich der Erwerber einen genauen Einblick in den steuerlichen Status der Zielgesellschaft verschaffen. Identifizierte Risiken werden in die Kaufpreisverhandlungen einfließen und/oder schlagen sich in den Gewährleistungsregelungen und Steuerklauseln des Kaufvertrages nieder. Darüber hinaus wird der Erwerber im Rahmen der tax due diligence auch bereits Chancen und Grenzen für die künftige Steuergestaltung wahrnehmen und Hinweise auf die künftige Steuerquote erhalten. All diese Informationen werden dann auch benötigt, um die steueroptimale Erwerbsstrategie festzulegen und um geeignete postakquisitorische Reorganisationsmaßnahmen einzuleiten.

2. Die Gestaltung der Transaktion

a) Rechtsformspezifische Erwerbsstrategien

Die Wahl der Akquisitionsstrategie wird beim inländischen Unternehmenskäufer zumeist von Optimierungsüberlegungen diktiert, die grundsätzlich den

---

[294] Vgl. hierzu Picot, G./Land, V., DB 1998, S. 1601 ff.
[295] Zum Begriff und zur Vorgehensweise vgl. oben Abschnitt B I 1.

bei Inbound-Investitionen dargestellten Zielsetzungen des Erwerbers entsprechen.[296] Insbesondere folgende Bereiche sind für den **deutschen Erwerber** eines Auslandsunternehmens von **steuerlicher Relevanz:**[297]

- Vorteilhaftigkeitsabwägung zwischen dem Erwerb der Anteile an einem Unternehmen (share deal) und dem Kauf der einzelnen Wirtschaftsgüter (asset deal);
- steuereffiziente Allokation der Finanzierungskosten;
- Transformation von Anschaffungskosten in Abschreibungspotential (stepup);
- steuerliche Nutzung von Verlusten sowie
- Minimierung von Verkehrsteuern und Transaktionskosten.

Die endgültige Entscheidung über die Gestaltung der Akquisition muss neben diesen direkten Transaktionszielen auch die Langzeitwirkungen der entstehenden Gruppenstruktur berücksichtigen. Hierbei sind alle Aspekte zu erfassen, die hinsichtlich der **Rechtsformwahl** für die Auslandsinvestition maßgeblich sind.[298] Beispielhaft seien hier aufgezählt:

- rechtsformabhängige Steuerbelastungsdifferenzen im Ausland;
- Absicherung der Steuerfreistellung von Auslandsgewinnen in Deutschland;
- inländische Berücksichtigung eventueller Auslandsverluste;[299]
- Reduktion von ausländischen Quellensteuern und
- Flexibilität im Hinblick auf spätere Reorganisationen oder Veräußerungen (Exit-Besteuerung).

Der Zielerreichungsgrad im Hinblick auf die Steuerpräferenzen des Erwerbers ist – außer von den Verkäuferinteressen – insbesondere von der Rechtsform des Zielunternehmens abhängig. Daneben erlangen notwendigerweise die individuellen Steuervorschriften des Investitionslandes ausschlaggebende Bedeutung, so dass die nachfolgenden Ausführungen nur allgemeine Strategiehinweise geben können. Abschnitt B II 3 beschäftigt sich anschließend speziell mit Erwerbsstrukturen für einen Unternehmenskauf in den USA.

(1) Erwerb einer Auslandsbetriebsstätte

Der Kauf eines rechtlich unselbstständigen Unternehmens **(Betriebsstätte)** kann nur über den Erwerb einzelner Wirtschaftsgüter durchgeführt werden **(asset deal).** Die der künftigen Auslandsbetriebsstätte des deutschen Investors zuzurechnenden Wirtschaftsgüter sind mit ihren Anschaffungskosten in die Bilanz des inländischen Stammunternehmens aufzunehmen.[300] Der Kaufpreis ist auf alle materiellen und immateriellen Wirtschaftsgüter im Verhältnis ihrer Verkehrswerte (Teilwerte) aufzuteilen.[301] Übersteigt der tatsächliche Aufwand

---

[296] Vgl. Abschnitt B I 1.
[297] Siehe auch Stein, V./Becker, J. D., GmbHR 2003, S. 85.
[298] Vgl. die Beschreibung im 2. Kapitel, Abschnitt D I. Siehe auch Blumers, W., Steuerplanungsüberlegungen, 2003, S. 218 ff.
[299] Vgl. hierzu 4. Teil, 2. Kapitel, Abschnitt B II 1 a) (2) und 2 a) (2); 4. Teil, 3. Kapitel, Abschnitt B II 1 a) (2) und 2 a) (2); 4. Teil, 4. Kapitel, Abschnitt B II 1 a) (2) und 2 a) (2).
[300] Zu den Aufzeichnungs- und Meldepflichten bei Auslandsbetriebsstätten vgl. Betriebsstätten-Verwaltungsgrundsätze, BMF-Schreiben v. 24. 12. 1999, BStBl 1999 I, S. 1076, Tz. 1.1.4.2., sowie zur Währungsumrechnung Tz. 2.8.
[301] Zur Problematik der Kaufpreisaufteilung vgl. Winkeljohann, N./Knoth, C., Akquisition, 1994, S. 816 ff.

6. Kapitel. Internationale M&A-Steuerstrategien

für den Erwerb des Auslandsunternehmens die Summe der Teilwerte der bilanzierten und bisher nicht bilanzierten (selbstgeschaffenen immateriellen) Wirtschaftsgüter, ist der Differenzbetrag regelmäßig als **Ausgleichszahlung für einen Geschäftswert** anzusetzen. Die für die Kaufpreiszuordnung anzuwendenden Aufteilungsprinzipien des ausländischen und deutschen Steuerrechts können voneinander abweichen, so dass sich im In- und im Ausland u. U. ein unterschiedlicher Goodwill ergibt. Weiterhin sind die Regelungen, inwieweit ein solcher Goodwill mit steuerlicher Wirkung abgeschrieben werden darf, von Land zu Land sehr unterschiedlich (siehe Tabelle 53). Wird das Betriebsstättenergebnis nach einem DBA freigestellt (Betriebsstättenprinzip), beschränken sich diese Effekte auf den Betriebsstättenstaat.[302]

Tabelle 53: Steuerlich zulässige Goodwill-Abschreibungen in ausgewählten Ländern

Land	Regelung
Belgien	mindestens 5 Jahre (Regelfall: 10 Jahre)
China	10 Jahre
Dänemark	7 Jahre
Deutschland	15 Jahre
Frankreich	nicht abschreibbar
Griechenland	Sofortabschreibung oder 5 Jahre
Großbritannien	25 Jahre
Irland	nicht abschreibbar
Italien	18 Jahre
Kanada	7% auf 75% der Anschaffungskosten
Luxemburg	10 Jahre
Niederlande	10 Jahre
Österreich	15 Jahre
Portugal	nicht abschreibbar
Schweden	5 Jahre oder 30% (Methodenwechsel möglich)
Spanien	20 Jahre
USA	15 Jahre

Bevorzugt eine deutsche Kapitalgesellschaft aus Haftungserwägungen oder anderen Gründen ein Auslandsengagement in Form einer **Kapitalgesellschaft,** so kann der Erwerb der ausländischen Wirtschaftsgüter alternativ durch eine vorgeschaltete Konzerntochtergesellschaft im Ausland erfolgen. Aus steuerlicher Sicht verspricht eine solche Lösung u. a. Vorteile im Hinblick auf spätere Beteiligungsveräußerungen, da durch das Zusammenspiel von DBA und § 8b Abs. 2 KStG entsprechende Veräußerungsgewinne im Ausland vollständig und zu 95% von inländischer Steuer befreit bleiben, während bei **Veräußerung einer Auslandsbetriebsstätte** dem Quellenstaat ein Besteuerungsrecht vorbehalten bleibt. Im Verlustfall können **Auslandsverluste** nach geltendem Recht weder im Fall des Erwerbs einer DBA-Betriebsstätte[303] noch durch die Vornahme von Teilwertabschreibungen auf die Auslandstochter[304] bei der inländischen Kapitalgesellschaft genutzt werden; nur bei einem

---

[302] Vgl. Blumers, W., Steuerplanungsüberlegungen, 2003, S. 218 f.
[303] Streichung des § 2a Abs. 3 EStG durch das StEntlG 1999/2000/2002. Dies ist mit EU-Recht vereinbar, sofern die Verluste im Betriebsstättenstaat berücksichtigt werden können; vgl. EuGH v. 15. 5. 2008 (Lidl Belgium), EuGHE 2008, S. I-3601.
[304] Vgl. § 8b Abs. 3 KStG; kritisch dazu Grotherr, S., IWB, Fach 3, Deutschland, Gruppe 1, S. 1716 f.

inländischen Einzelunternehmen oder einer Personengesellschaft wird eine Teilwertabschreibung zu 60% anerkannt. Für natürliche Personen und Personengesellschaften als Investoren ist die Wahl der Auslandsbetriebsstätte auch deshalb attraktiv, weil insoweit die Auslandseinkünfte ohne weitere Nachversteuerung an die deutschen Personen als letztendliche Einkommensbezieher durchgeleitet werden können. Diese Möglichkeit eröffnet sich auch bei einer personenbezogenen deutschen Kapitalgesellschaft als investierendes Stammhaus, indem die steuerbefreiten Betriebsstätteneinkünfte über ein Organschaftsmodell an eine gewerbliche Organträger-Personengesellschaft weitergeleitet werden (zur Anwendung des Progressionsvorbehalts vgl. § 32 b Abs. 1 a EStG).[305]

Finanziert der Investor den asset deal mit **Fremdkapital,** sind die entsprechenden Finanzierungskosten unmittelbar der Auslandsbetriebsstätte zuzurechnen, falls im Betriebsstättenstaat zum deutschen Steuerrecht parallele Zuordnungsregeln bestehen. Ein Abzug in Deutschland ist jedenfalls ausgeschlossen. Wird eine Auslandstochterkapitalgesellschaft als Erwerberin zwischengeschaltet, sind bei einer konzerninternen Fremdfinanzierung die von den einzelnen Staaten aufgestellten Regelungen zur Anerkennung von Gesellschafterdarlehen dem Grunde und der Höhe nach zu berücksichtigen (thin capitalization rules).[306]

(2) Erwerb ausländischer Kapitalgesellschaftsanteile

Ist das ausländische Erwerbsobjekt (wie im Regelfall) eine Kapitalgesellschaft, stellt sich analog zur Darstellung bei Inbound-Investitionen[307] zunächst die Frage, ob ein Erwerb der Gesellschaftsanteile **(share deal)** oder ein direkter Kauf der einzelnen Wirtschaftsgüter der Kapitalgesellschaft **(asset deal)** steuerlich vorteilhafter ist. Üblicherweise werden bei diesem Thema die Meinungen von Erwerber und Veräußerer auseinander fallen, wobei in der Mehrzahl der Fälle letztlich die einfachere Beteiligungsübertragung das Ergebnis darstellen wird. Diese Vorgehensweise, deren Ursache z. B. in steuerlichen Vergünstigungen für Anteilsübertragungen, der Vermeidung der Rückgängigmachung von Sonderabschreibungen und Investitionsgutschriften oder aber in Haftungserwägungen liegen mag, entspricht der Präferenz des Veräußerers. Kommt es zum share deal, hat der Erwerber die Anteile mit dem Kaufpreis zu aktivieren, so dass eine Buchwertaufstockung (step-up) auf abschreibungsfähige Wirtschaftsgüter nicht möglich ist. Lediglich in Sonderfällen (z.B. bei Bestehen hoher Verlustvorträge) wird deshalb auch das Erwerberinteresse primär auf einen Beteiligungserwerb ausgerichtet sein.[308] Eine Kombination von share deal und asset deal mit dem Ziel der Kompensierung von Verlustvorträgen durch Verkauf und damit step-up eines veräußerten Betriebsteils scheitert, wenn das ausländische Steuerrecht – wie bspw. in Frankreich und Großbritannien – zwischen laufenden Verlusten und capital

---

[305] Zum Organschaftsmodell vgl. Grotherr, S., Organschaftsfragen, 1997, S. 760 ff. Ferner zur Personengesellschaft als Organträgerin BMF-Schreiben v. 10. 11. 2005, BStBl 2005 I, S. 1038.
[306] Vgl. 3. Kapitel, Abschnitt C II 2.
[307] Vgl. Abschnitt B I 3.
[308] Allerdings sind beim Miterwerb von Verlustvorträgen ausländische Vorschriften zur Begrenzung der Verlustverwertung (wie z.B. Sec. 382 IRC in den USA) zu beachten.

gains unterscheidet.[309] Die früher bei Inbound-Investitionen durchgeführten Erwerbsstrategien, mit denen die Ziele von Veräußerer und Erwerber kombiniert und ggf. Buchwertaufstockungen auch bei einem ursprünglichen Anteilserwerb erreicht werden konnten, finden sich im internationalen Rechtsvergleich eher selten.

Einigen sich die Vertragsparteien auf einen share deal, wird der Erwerber vielfach im Ausland **eine bestehende oder neu gegründete Gesellschaft als Akquisitionsvehikel** einsetzen, die das Fremdkapital aufnimmt und damit den Kaufpreis finanziert.[310] Ziel ist eine unmittelbare **Verrechnung der Fremdkapitalaufwendungen** mit den Gewinnen der Zielgesellschaft, was insbesondere dann erreicht werden kann, wenn im Ausland die Kapitalgesellschaft und die Akquisitionsgesellschaft nach einer der deutschen **Organschaft** vergleichbaren Regelung steuerlich zusammengefasst werden.

Beispiel: Eine deutsche Gesellschaft plant den Erwerb einer US-amerikanischen Kapitalgesellschaft. Kapitalgesellschaften können in den USA eine konsolidierte Steuererklärung abgeben, wenn sie so miteinander verbunden sind, dass sie als affiliated group angesehen werden (Sec. 1501 i. V. m. Sec. 1504 (a) IRC). Hierunter ist eine Gruppe von in den USA errichteten Kapitalgesellschaften zu verstehen, deren stimmberechtigte und stimmrechtslose Aktien grundsätzlich mindestens zu 80% direkt oder indirekt einer gemeinsamen US-amerikanischen Muttergesellschaft gehören. Können die Holdinggesellschaft und die erworbene Kapitalgesellschaft eine konsolidierte Steuererklärung abgeben, mindern die Zinsaufwendungen der Holdinggesellschaft die steuerpflichtigen Einkünfte der Kapitalgesellschaft.

Entsprechendes gilt auch, wenn das ausländische Domizilland ein dem ehemals in Deutschland anwendbaren **Vollanrechnungsverfahren** vergleichbares Körperschaftsteuersystem kennt (z. B. Malta). Denn durch die Verrechnung von steuerpflichtigen Dividenden und abzugsfähigen Zinsaufwendungen auf Ebene der Akquisitionsgesellschaft wird die auf den Dividenden lastende Körperschaftsteuer der Zielgesellschaft i. d. R. vollständig erstattet. Infolge der Zurückdrängung körperschaftsteuerlicher Anrechnungsverfahren ist diese Sachverhaltskonstellation immer seltener anzutreffen.

Unterschreitet allerdings das ausländische Steuerniveau die Belastung in Deutschland, verspricht ein direkter Beteiligungserwerb aus dem Inland höhere Entlastungseffekte in Bezug auf die beim Erwerber unter Beachtung der Zinsschranke abzugsfähigen Finanzierungskosten.[311] Insofern ist sicherzustellen, dass sich der deutsche Investor für die nationale Dividendenbefreiung des § 8b Abs. 1 KStG qualifiziert (Kapitalgesellschaft).[312]

(3) Erwerb einer ausländischen Personengesellschaft

Der in der Praxis eher seltene Erwerb von Anteilen an einer **ausländischen Personengesellschaft** ist zivilrechtlich zwar ein Kauf von Gesellschaftsrechten, nach deutschem Steuerrecht wird er aber regelmäßig wie ein **Erwerb**

---

[309] Vgl. Blumers, W., Steuerplanungsüberlegungen, 2003, S. 219.
[310] Ggf. kann das ausländische Akquisitionsvehikel von einer zwischengeschalteten Holdinggesellschaft in einem Drittland gehalten werden, um EU-rechtliche oder abkommensrechtliche Quellensteuerreduktionen nutzbar zu machen. Zu diesen Fällen des treaty bzw. directive shopping vgl. 4. Kapitel, Abschnitt B I.
[311] Vgl. 3. Kapitel, Abschnitt B II 2b).
[312] Vgl. 4. Kapitel, Abschnitt B III.

von **Wirtschaftsgütern** (asset deal) behandelt. Die in der Gesamthandsbilanz enthaltenen Wirtschaftsgüter sind anteilig mit den Anschaffungskosten des eintretenden Gesellschafters zu bewerten. Nach deutscher Besteuerungskonzeption wird buchungstechnisch so verfahren, dass in der Gesamthandsbilanz die Buchwerte unverändert bleiben und die Erfassung der Differenz zwischen dem Kaufpreis der Anteile und den anteiligen Buchwerten in einer **Ergänzungsbilanz** des eintretenden Gesellschafters erfolgt.

Beispiel: K kauft am 1. 2. 2010 für 350 000 € von V einen Anteil an einer ausländischen Personengesellschaft (limited partnership). Das Kapitalkonto im Zeitpunkt des Gesellschafterwechsels beträgt 200 000 €. Bei der Personengesellschaft wird das handelsrechtliche Kapitalkonto von 200 000 € fortgeführt. Aus deutscher Sicht ist der Mehrpreis von 150 000 € in der Ergänzungsbilanz von K als Mehrkapital zu passivieren und auf die aktiven und ggf. auch auf die passiven Wirtschaftsgüter, die stille Reserven enthalten, sowie den anteiligen Firmenwert zu verteilen. In den Folgejahren sind diese Mehrwerte entsprechend den steuerlichen Abschreibungsregelungen aufzulösen, d. h. über die Restnutzungsdauer zu verrechnen. Der Geschäftswert ist über 15 Jahre abzuschreiben.[313]

Finanzierungskosten des Erwerbs mindern nach der in Deutschland geltenden Besteuerungskonzeption als **Sonderbetriebsausgaben** die Einkünfte des inländischen Gesellschafters aus seiner Beteiligung an einer ausländischen Personengesellschaft. Die Zurechnung zu den **ausländischen Einkünften** führt über die im DBA regelmäßig vereinbarte Freistellung der Beteiligungserträge dazu, dass im Inland ein Abzug der Fremdkapitalzinsen nicht möglich ist. Häufig drohen solche inländischen Finanzierungskosten in steuerliches „Niemandsland" zu fallen, da – ohne vorgeschaltete ausländische Erwerberin – regelmäßig auch die Abzugsfähigkeit im Ausland versagt wird.

Der zuletzt angesprochene Qualifikationskonflikt mit der Konsequenz doppelter Nichtberücksichtigung von Finanzierungskosten leitet über zu der Feststellung, dass die Besteuerungsfragen von Personengesellschaften mit internationalem Gesellschafterkreis wenig harmonisiert sind. Da Global Player in aller Regel Kapitalgesellschaftskonzerne sind, ist auch der Erwerb einer ausländischen Personengesellschaft kein Alltagsthema. Kommt es zu einer solchen Konstellation, wird in den seltensten Fällen die oben beschriebene deutsche Besteuerungskonzeption spiegelbildlich anzuwenden sein, vielmehr sind **Qualifikationskonflikte** zumindest im Hinblick auf **Sondervergütungen** und **Sonderbetriebsausgaben** durchaus die Regel. Insofern erfordert gerade der Erwerb einer Personengesellschaftsbeteiligung im Ausland besondere Gestaltungssorgfalt im Hinblick auf die Vorgaben des ausländischen Rechts und deren Zusammenspiel mit deutscher Diktion.

b) Postakquisitorische Integrationsmaßnahmen

Allem Steuermanagement des Erwerbers zum Trotz wird der endgültige Kaufgegenstand wesentlich von der vorzufindenden Unternehmensstruktur und dem Verhandlungsgeschick der Parteien bestimmt, so dass eine Übereinstimmung von steueroptimalem und tatsächlichem Ergebnis letztendlich eher zufällig ist. Besteht darüber Klarheit, in welchen rechtlichen Gleisen die (ergänzte) Gruppe langfristig geführt werden soll, müssen **Reorganisationsmaßnahmen** im Hinblick auf diesen Organisationsrahmen initiiert werden.

---

[313] Vgl. Abschnitt B I 2.

Unmittelbar im Anschluss an den Unternehmenskauf bedarf es einer organisatorischen und strukturellen Zusammenführung von erworbenem Unternehmen mit vorhandenen Konzerneinheiten, nicht zuletzt auch deshalb, um die regelmäßig in den Kaufpreis einkalkulierten **Synergieeffekte** tatsächlich zu verwirklichen. Die Herausforderung besteht im Aufbau einer neuen Einheit, wobei weite Teile der bestehenden und neu erworbenen Organisation einzubinden sind. Der Anpassungsprozess, in dem die zu erwerbende Auslandsbasis steuereffizient in das Gefüge der Erwerbergruppe integriert wird, kann bspw. folgende Maßnahmen beinhalten:

– Einbringung der Zielgesellschaft (oder Teile/Sparten davon) in andere Gruppengesellschaften;
– Errichtung einer Landesholding als Dachgesellschaft mit entsprechenden Beteiligungsübertragungen;
– Übernahme anderer Konzernbeteiligungen/Sparten durch die Zielgesellschaft;
– Verschmelzung der Zielgesellschaft mit einer anderen Konzerneinheit;
– Rechtsformwechsel von Kapital- in Personengesellschaft und vice versa;
– Angleichung der Wirtschaftsjahre;
– Betriebsverpachtungen, Grundstücksausgliederungen und Refinanzierungen;
– Herstellung einer Steuerkonsolidierung (Organschaft) sowie
– Übertragung von materiellen oder immateriellen Wirtschaftsgütern zum Zwecke der Verlustnutzung oder zur steueroptimalen Aufgabenallokation im Konzern.

Generell bestimmen sich die rechtlichen und steuerlichen Konsequenzen all dieser Integrationsschritte zunächst nach Maßgabe des ausländischen Rechts, das häufig Möglichkeiten zu steuerneutralen Reorganisationen einräumt.[314] Allerdings können ausländische Umstrukturierungen auch deutsche Steuerimplikationen mit sich bringen. Zur Kernfrage wird insoweit die Gewinnrealisierungsproblematik (z. B. bei der Umwandlung ausländischer Kapitalgesellschaften in Personengesellschaften oder der Verschmelzung ausländischer Kapitalgesellschaften), die nur unter Berücksichtigung vielschichtiger Spezialregelungen (z. B. Umwandlungssteuergesetz, § 8 b Abs. 2 KStG, § 12 KStG, DBA) zu lösen ist.[315]

3. Ein Beispielsfall: Unternehmenskauf in den USA

Der US-amerikanische Markt gilt als einer der attraktivsten der Welt. In 2008 konnten die USA mit zugeflossenen $ 316 Mrd. den ersten Platz unter den industriellen Empfängerländern ausländischer Direktinvestitionen verteidigen.[316] Trotz der weltweiten Finanz- und Wirtschaftskrise, die zu einem starken Absinken der ausländischen Direktinvestitionen in den sog. entwickelten Volkswirtschaften in 2008 führte, stieg das Volumen der ausländischen Direktinvestitionen in den USA. Die USA verzeichneten als einzige der ent-

---
[314] Vgl. den Überblick bei Widmann, S./Mayer, R., Umwandlungssteuerrecht, Anh. 3 zum UmwStG.
[315] Vgl. Abschnitt A III 2.
[316] Vgl. hierzu sowie zu den folgenden Angaben UNCTAD, World Investment Report, 2009, S. 79 f., 247.

wickelten Volkswirtschaften einen Anstieg (17%) ausländischer Direktinvestitionen. In den vorherigen vier Jahren hatten die ausländischen Direktinvestitionen weltweit stark zugenommen. In den USA waren es bspw. in 2006 $ 237 Mrd. und in 2007 $ 271 Mrd. Der Anstieg in 2008 lässt sich im Wesentlichen auf Unternehmensakquisitionen von Ausländern zurückführen. So bezogen sich bspw. acht der 20 größten M&A-Transaktionen mit einem Volumen von mehr als $ 7 Mrd. auf US-amerikanische Firmen. Die größten Direktinvestitionen flossen in 2008 aus Großbritannien, Japan, den Niederlanden und der Schweiz in die USA.

Die absolute Größe, die Stabilität des Wirtschaftssystems, das zunehmende Wachstum, die Offenheit für neue Produkte, Ideen und Investitionen sowie die relativ liberale Steuergesetzgebung lassen den US-Markt äußerst attraktiv erscheinen. Umso überraschender ist es, dass nur etwas mehr als 3000 deutsche Unternehmen in den USA vertreten sind, und dies zum größten Teil Mittelständler sind. Ferner entspricht bei den „deutschen Multis" im Regelfall der US-Umsatzanteil nicht dem Marktpotential. Unternehmen, die hier Nachholbedarf haben, nennen als Begründung die Größe und Komplexität des Marktes und die Angst vor den finanziellen Konsequenzen eines Fehlschlags. Umso mehr kommt es deshalb auf eine sorgfältige Vorbereitung des Markteintritts (Marktanalyse, Anpassung der Produktpalette, Servicestrategie u. v. m.) an.[317] Unmittelbar hiermit verbunden ist die Frage, ob das US-Engagement durch Begründung einer Niederlassung/Tochtergesellschaft[318] oder aber durch Erwerb eines bereits existierenden Unternehmens erfolgen soll. Letzteres wird dadurch erleichtert, dass in den USA über fast jedes bestehende Unternehmen umfangreiche Informationen in Datenbanken erhältlich sind.[319]

Fällt die Entscheidung zugunsten des Erwerbs eines bestehenden US-Unternehmens aus, wird häufig eine Investmentbank mit der Suche des geeigneten Zielunternehmens (sog. targets) beauftragt. Der deutsche Investor tut gut daran, sich rechtzeitig mit den Unterschieden zwischen den deutschen und US-amerikanischen Rahmenbedingungen bei der Übernahme eines Unternehmens vertraut zu machen, wobei den Unterschieden im Finanz- und Rechtssystem eine hohe Bedeutung zukommt.[320] In Bezug auf das Finanzsystem ist festzuhalten, dass in Kontinentaleuropa die Unternehmensfinanzierung traditionell verstärkt über den Kredit erfolgt und nur langsam durch die Mittelaufnahme über Aktien abgelöst wird, während sich die Unternehmen in den USA verstärkt über den Eigenkapitalmarkt finanzieren. In der Folge muss der deutsche Investor viel eher damit rechnen, dass sein Zielunternehmen eine börsennotierte Gesellschaft ist. Mindestens ebenso wichtig sind die Unterschiede im Rechtssystem: Kodifizierung nach römischer Rechtstradition hier, fallbezogene Referenzbetrachtung **(case law)** dort.

---

[317] Vgl. Hilleke, K., US-Markteintritt, 2000, S. 117 ff., mit einer Diskussion von neun Faktoren für einen langfristigen Erfolg im US-Markt. Vgl. auch Oehme, S. C./ Punkenhofer, R., Firmengründung, 2003, S. 67 ff.
[318] Für einen Überblick über die gesellschaftsrechtlichen Rechtsformen vgl. Rückel, C., Niederlassungsgründung, 2000, S. 139 ff.; Heidmeier, F., IWB, Fach 8, USA, Gruppe 3, S. 341 ff.; Oehme, S. C./Punkenhofer, R., Firmengründung, 2003, S. 41 ff.; Endres, D./Schreiber, C., USA, 2008, S. 15 ff.; Dorfmüller, P., IStR 2010, S. 644.
[319] Vgl. Lutringer, R. E., Investitionen, 2000, S. 331 ff.
[320] Vgl. hierzu Dibelius, A. C., Amerika, 2000, S. 151 ff.

6. Kapitel. Internationale M&A-Steuerstrategien

Der Umstand, dass im Case-law-System gesetzesbegleitende Verordnungen einen anderen Stellenwert haben als der bereits entschiedene vergleichbare Fall, hat beim Unternehmenskauf Vor- und Nachteile. Ein Nachteil aus deutscher Sicht ist sicherlich, dass mangels Auslegungshilfen, die allgemein geltende Gesetzesverordnungen liefern können, in Unternehmenskaufverträgen alle Eventualitäten geregelt werden, was dessen Verhandlung noch mühseliger als zwischen deutschen Vertragspartnern macht. Vorteilhaft ist demgegenüber, dass es gerade im M&A-Bereich in den USA eine Fülle von Präzedenzfällen und damit eine ausgeprägte M&A-Kultur gibt, die gerade bei der **Übernahme einer börsennotierten Gesellschaft** bspw. im Rahmen eines öffentlichen Übernahmeangebots **(tender offer)**[321] zu einer guten Ausgangsposition verhilft. Diese Ausgangslage für einen Unternehmenserwerb wird noch verbessert durch die Unvoreingenommenheit und Professionalität, mit der amerikanische Manager, Aktionäre und auch die Öffentlichkeit mit dem Thema M&A umgehen, sowie nicht zuletzt durch den Umstand, dass es in den USA einen dem deutschen Aktiengesetz bislang immanenten Minderheitenschutz in vergleichbarem Umfang nicht gibt.

Ist die passende Zielgesellschaft gefunden, müssen bei der steuerlichen Strukturierung der Akquisition neben den deutschen auch die US-amerikanischen Besteuerungskonsequenzen[322] antizipiert und optimiert werden. Die im vorliegenden Abschnitt allgemein diskutierten steuerlichen Aspekte sollen im Folgenden für den Fall spezifiziert werden, dass ein deutscher Investor (hier eine GmbH) eine US-Gesellschaft (Target Inc.) erwerben will.[323] Es werden vier verschiedene Modelle diskutiert, wie der Erwerb des US-Unternehmens erfolgen kann:

– Erwerb des Betriebsvermögens gegen Barzahlung oder Schuldtitel (asset deal);
– Erwerb von Anteilen gegen Barzahlung oder Schuldtitel (share deal);
– Zwischenschaltung einer US-Holdinggesellschaft zum Betriebsvermögens- oder Anteilserwerb sowie
– Finanzierung der Akquisition durch Ausgabe eigener Anteile.

Diese Methoden schließen sich nicht generell gegenseitig aus. So ist es durchaus denkbar, Anteile von einem Veräußerer gegen Barzahlung zu erwerben und weitere Anteile von einem anderen oder auch demselben Veräußerer mit eigenen Anteilen zu finanzieren.

Beim **Betriebsvermögenskauf (asset deal)** erwirbt die deutsche GmbH die einzelnen Wirtschaftsgüter von der Target Inc., und zwar entweder unmittelbar von der US-Target Inc. oder von der US-amerikanischen Muttergesellschaft (US Parent), nachdem die Target Inc. ihr Betriebsvermögen im Wege der Liquidation an die US Parent ausgeschüttet hat. Die letztgenannte

---

[321] Vgl. die Übersicht über Struktur und Verfahrensweisen einer tender offer von Hutter, S./Lawrence, W. J., Übernahmerecht, 1999, S. 95 ff.; Endres, D./Schreiber, C., USA, 2008, S. 160 f.
[322] Neben den Bundessteuern sind die Steuern der Bundesstaaten zu berücksichtigen, deren Heterogenität dem deutschen Investor im Grunde fremd ist; zur bundesstaatlichen Besteuerung in den USA vgl. Endres, D./Schreiber, C., USA, 2008, S. 119 ff.
[323] Vgl. Lee, P. T./Kowallik, A., IWB, Fach 8, USA, Gruppe 2, S. 1085 ff.; Flick, H. F. W., IStR 2001, S. 502 ff.; Patton, B. L./Monette, J., IBFD-Bulletin 2001, S. 440 ff.; Endres, D./Schreiber, C., USA, 2008, S. 157 ff.

Alternative ist die praktisch häufigere, da nach Sec. 332 und 337 IRC die Liquidation einer Tochter- auf ihre Muttergesellschaft (subsidiary merger) erfolgsneutral erfolgen kann. Vorteile bietet dieser Weg vor allem dann, wenn der Käufer nicht alle stille Reserven tragenden Wirtschaftsgüter erwerben will.[324] Indem die Target Inc. ihren Geschäftsbetrieb steuerneutral an die US Parent ausschüttet, wird das steuerpflichtige Ereignis des asset deals auf die Muttergesellschaft verlagert. Es unterbleibt die Aufdeckung der stillen Reserven der von der deutschen GmbH nicht erworbenen assets, wobei diese Einzelwirtschaftsgüter künftig in der Bilanz der US Parent und nicht in der Bilanz einer weitestgehend entleerten Target Inc. geführt werden. Nach dem Kauf bilden die an den Käufer übertragenen Wirtschaftsgüter eine US-Betriebsstätte der deutschen GmbH, falls nicht eine US-Tochtergesellschaft als Erwerberin zwischengeschaltet wird.

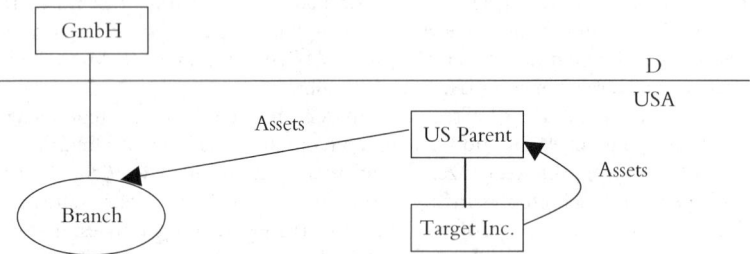

Die Steuertarifkonsequenzen, je nachdem, ob in den USA eine Betriebsstätte unterhalten oder eine US-Kapitalgesellschaft zwischengeschaltet wird, unterscheiden sich mehr im Inland (§ 8b Abs. 5 i. V. m. Abs. 1 KStG) denn in den USA, wie nachfolgende Kalkulation zeigt.

Steuerkalkulation bei einer US-Investition (in $)		
Investitionsform	Branch/ Partnership	Corporation
Besteuerung in USA		
Gewinn nach Bundesstaatensteuer und ggf. lokalen Steuern, vor US-Bundessteuer	100 000	100 000
US-Bundeskörperschaftsteuer (gestaffelt) (15% bis $ 50 000 25% von über $ 50 000 bis $ 75 000 34% von über $ 75 000 bis $ 100 000)	22 250	22 250
Jahresüberschuss	77 750	77 750
„Quellensteuer" (0%) – branch profits tax (Art. 10 Abs. 10 Satz 2 DBA-USA) – auf Dividenden (Art. 10 Abs. 3 DBA-USA)	0	0
Nettodividende bzw. Nettoauszahlung	77 650	77 750

---

[324] Vgl. Endres, D./Schreiber, C., USA, 2008, S. 165.

6. Kapitel. Internationale M&A-Steuerstrategien

Steuerkalkulation bei einer US-Investition (in $)		
Besteuerung in Deutschland		
Einnahme der GmbH	77 750	77 750
Zuzüglich Quellensteuer	0	0
Bruttoeinnahme	77 750	77 750
Steuerfreie Auslandseinkünfte	−77 750	−73 862
Steuerpflichtiges Einkommen (§ 8 b Abs. 5 KStG: 5% v. 77 750)	0	3888
Gewerbesteuer (Annahme: Hebesatz von 400%)	0	544
Körperschaftsteuer (inkl. Solidaritätszuschlag) (15,825%)	0	615
Jahresüberschuss GmbH (Nettoeinnahme minus deutsche Steuer)	77 750	76 591
Effektive Steuerbelastung bei Thesaurierung	22,3%	23,4%
Dividende bei Weiterausschüttung	77 750	76 591
Dividendeneinnahme	77 750	76 591
Abgeltungsteuer (25%) zzgl. 5,5% Solidaritätszuschlag (zusammen 26,375%)	−20 507	−20 201
Nettoertrag nach Steuer (Dividendeneinnahme minus Steuerzahlung)	57 243	56 390
Effektive Steuerbelastung	42,8%	43,6%

Aus steuerlicher Sicht besteht also eine sehr geringfügige Präferenz für die Rechtsform der Personengesellschaft/Betriebsstätte in den USA. Dies beruht darauf, dass Dividenden von Auslandstochtergesellschaften in Deutschland im Ergebnis nur zu 95% von der Gewerbe- und Körperschaftsteuer befreit sind, während der Gewinn aus der Personengesellschaft/Betriebsstätte vollständig von der deutschen Steuer freigestellt ist. In Abhängigkeit von der Refinanzierungs- und der Ausschüttungspolitik ist die endgültige Vorteilhaftigkeitsrangfolge der verschiedenen Investitionsalternativen in jedem Einzelfall zu überprüfen.

Bei der **veräußernden US-Kapitalgesellschaft** unterliegt der aus dem asset deal erzielte Veräußerungsgewinn dem US-Regelsteuersatz von maximal 35% (Grenzsteuersatz ohne Berücksichtigung von Staats- und Lokalsteuern). Ist der US-Anteilseigner an der Zielgesellschaft nicht eine zumindest mit 80% an den Stimmrechten und dem Wert beteiligte Kapitalgesellschaft, ergeben sich bei der nachfolgenden Dividendenausschüttung oder Liquidation der Target Inc. aufgrund des klassischen US-Körperschaftsteuersystems zusätzliche Steuerpflichten (Doppelbesteuerungen).[325]

---

[325] Der Nachteil des asset deals erhöht sich weiter bei natürlichen Personen als Anteilseigner an der Target Inc., da insofern der Steuersatz für langfristige Veräuße-

Für den **Käufer** hat ein asset deal neben einer Risikobegrenzung und der Möglichkeit des „pick and choose" den Vorteil, dass sich der Kaufpreis direkt in einer Wertaufstockung der erworbenen Wirtschaftsgüter und damit in höheren Abschreibungen bzw. niedrigeren künftigen Veräußerungsgewinnen niederschlägt. Beim Erwerb einzelner Wirtschaftsgüter ist der Kaufpreis nach dem Verhältnis der relativen Marktwerte zu verteilen. Wird ein „trade or business", also im Grunde ein Teilbetrieb erworben und fortgeführt, muss der Kaufpreis um Eventualverbindlichkeiten (Umweltrisiken, Produkthaftung u. a.), die zu passivieren sind, erhöht werden. Der nach Abzug der Eventualverbindlichkeiten verbleibende Restkaufpreis ist beim Erwerb von Teilbetrieben in den folgenden sieben Stufen auf die erworbenen Wirtschaftsgüter aufzuteilen.[326] Die erste Stufe bilden Barmittel und Bankguthaben, die zweite Government Securities, andere Wertpapiere sowie Fremdwährungsguthaben, die dritte Forderungen, die vierte das Vorratsvermögen, die fünfte die übrigen Wirtschaftsgüter, die sechste immaterielle Vermögenswerte ohne Goodwill und Firmenwert und die letzte Stufe Goodwill und Firmenwert. Immaterielle Wirtschaftsgüter und der sich als Restwert errechnende Goodwill sind grundsätzlich über 15 Jahre abzuschreiben (Sec. 197 IRC).[327] Da die Allokation des Kaufpreises auf die einzelnen Aktiva und Passiva sowohl beim Käufer wie auch beim Verkäufer Bedeutung hat und eine einheitliche Vorgehensweise vorgeschrieben ist, empfiehlt sich eine Aufteilung des Kaufpreises auf einzelne Wirtschaftsgüter bereits im Kaufvertrag. Ein möglicher Nachteil des asset deals für den Erwerber liegt in der Tatsache, dass Steuerattribute der Verkaufsgesellschaft wie Verlustvorträge, Haltefristen oder Steuerkredite nicht auf den Käufer übergehen.

Bei einem **Anteilskauf (share deal)** erwirbt der deutsche Investor direkt oder über eine vorgeschaltete US-Gesellschaft die Beteiligung an der US-Zielgesellschaft.

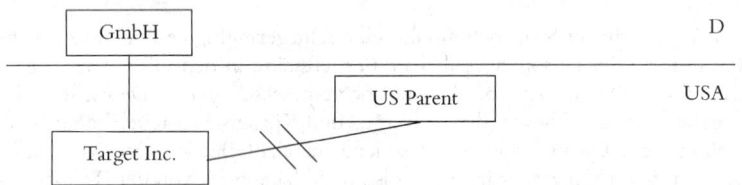

Im Fall des Anteilsverkaufs gegen Barzahlung ist der **Veräußerer** (natürliche Person) mit dem hieraus entstehenden Veräußerungsgewinn als „long-term capital gain" mit maximal 20% steuerpflichtig, falls die Anteile zuvor mehr als zwölf Monate gehalten wurden.[328] Bei Veräußerungen durch Kapi-

---

rungsgewinne maximal 20% beträgt (in 2008–2010 galt/gilt ein reduzierter Steuersatz i. H. v. 15% in bestimmten Fällen nach dem Tax Increase Prevention and Reconciliation Act of 2005, P. L. 109–222), d. h. die Anteilsveräußerung wesentlich niedriger belastet ist als ein asset deal.
[326] Vgl. Flick, H. F. W., Unternehmenskauf, 2004, S. 440 f.; Haas, W., Aspekte, 2004, S. 375 f.
[327] Vgl. Weiss, R., TN 2009, S. 228 ff.
[328] In 2008–2010 galt ein reduzierter Steuersatz i. H. v. 15% in bestimmten Fällen nach dem Tax Increase Prevention and Reconciliation Act of 2005, P. L. 109–222.

6. Kapitel. Internationale M&A-Steuerstrategien

talgesellschaften beträgt der Maximalsteuersatz 35%. Für den Veräußerer ist es durch die Ausgestaltung der Vergütung in Teilbeträgen möglich, die Steuerpflicht auf den Veräußerungsgewinn teilweise auf Folgejahre zu verschieben.

Für den **Erwerber** gilt Folgendes: Die Steuerattribute der Zielgesellschaft wie Verlustvorträge, Steuerkredite, Abschreibungsverfahren, Besitzdauern etc. bleiben im Gegensatz zum asset deal grundsätzlich erhalten. Bezüglich der Verlustvorträge ist allerdings eine Begrenzung der Verlustnutzung bei über 50%igen Anteilsübertragungen zu beachten. Erfolgt innerhalb von zwei Jahren nach Erwerb einer mindestens 50%igen Beteiligung außerdem noch eine Änderung des Unternehmenszwecks, können ab dem Zeitpunkt des Erwerbs überhaupt keine Verluste mehr vorgetragen werden (Sec. 382 IRC).

Die Anschaffungskosten der deutschen GmbH reflektieren sich nicht in einem asset step-up bei der Target Inc. Sie sind steuerlich verloren. Allerdings offeriert Sec. 338 IRC eine Optionsmöglichkeit,[329] wonach der Erwerber unter bestimmten Voraussetzungen den Kauf der Anteile wie einen direkten asset deal behandeln kann. Bei Ausübung des Wahlrechts wird beim Target ein Verkauf und Rückkauf der Vermögenswerte zum Anteilskaufpreis fingiert, was einerseits zur Wertaufstockung führt, andererseits aber auch einen steuerpflichtigen Gewinn bei der Target Inc. auslöst. Hat der Veräußerer der Anteile ebenfalls einen steuerpflichtigen Veräußerungsgewinn erzielt, führt diese Optionsausübung praktisch zu einer zweimaligen Besteuerung von stillen Reserven (beim Verkäufer und beim Target), weshalb sie selten attraktiv sein wird, es sei denn, das Target verfügt über beträchtliche Verlustvorträge.[330]

Interessanter ist eine Variante des Wahlrechts (Sec. 338 (h) (10) IRC), die dann greift, wenn die Target Inc. Mitglied einer konsolidierten US-Gruppe war.[331] Bei Ausübung dieses Wahlrechts wird der Veräußerer so behandelt, als hätte er Betriebsvermögen und nicht Anteile verkauft, was für ihn regelmäßig zu einer höheren Steuerbelastung führen dürfte. Zur Ausübung der Option ist deshalb ein gemeinsames Vorgehen beider Vertragsparteien erforderlich, weil der Veräußerer dem Erwerber nur dann zu aufgestockten Wirtschaftsgütern verhelfen wird, wenn er entsprechend – bspw. für etwaige Mehrsteuern – entschädigt wird. Die Option ist insbesondere bei Verlusten der konsolidierten Veräußerungsgruppe interessant. Sie kann aber auch in anderen Fällen ein Thema von Vertragsverhandlungen sein, wie nachfolgendes Beispiel zeigt.

Beispiel: Der Verkäufer, eine US-Kapitalgesellschaft, hat einen Anteilsbuchwert an seiner 100%igen Tochter (Target Inc.) von $ 15 Mio. Die Target Inc. wiederum hat Eigenkapital (Buchwerte der Wirtschaftsgüter) i. H. v. $ 12 Mio. Der Käufer offeriert einen Kaufpreis i. H. v. $ 50 Mio. Bei einem share deal erzielt der Verkäufer einen Veräußerungsgewinn i. H. v. $ 35 Mio., aus dem eine Steuerbelastung i. H. v. $ 12,25 Mio. resultiert ($ 35 Mio. × 35%). Bei Optionsausübung erhöht sich der Veräußerungsgewinn auf $ 38 Mio. und die Steuer auf $ 13,3 Mio. Der Zusatzsteuer von $ 1,05 Mio. des Veräußerers steht ein Aufstockungsbetrag beim Käufer von $ 38 Mio.

---

[329] Die Ausübung des Wahlrechts muss bis zum 15. Tag des neunten Monats nach dem Akquisitionsdatum (Sec. 338 (g) (1) IRC) schriftlich gegenüber der Finanzbehörde unter Verwendung des Formulars 8023A unwiderruflich erklärt werden.
[330] So auch Flick, H. F. W., Unternehmenskauf, 2004, S. 442.
[331] Vgl. hierzu auch Kroniger, A., IStR 2003, S. 730 ff.; Flick, H. F. W., Unternehmenskauf, 2004, S. 442 f.; Niemeier, W., RIW 2005, S. 440; Endres, D./Schreiber, C., USA, 2008, S. 174; Seago, W. E./Schnee, E. J., TN 2008, S. 1061.

gegenüber. Er wird daher den Kaufpreis entsprechend erhöhen, um mit dem Verkäufer gemeinsam die Option auszuüben.

Die nachfolgende Übersicht stellt die prinzipiellen Erwägungen zwischen asset und share deal aus Erwerber- und Veräußerersicht gegenüber. Es ergibt sich der bei solchen Transaktionen analog zum Inbound-Fall fast typische Konflikt, dass der Verkäufer regelmäßig die Veräußerung von Gesellschaftsanteilen präferiert, während der Käufer den bloßen Erwerb von Vermögenswerten bevorzugt.

	Steuervorteile für den	
	Erwerber	**Veräußerer**
beim asset deal	direkter asset step-up	ggf. Nutzung von Verlustvorträgen
beim share deal	Übergang der Steuerattribute	ggf. niedrigere Steuerlast

Schon aus Haftungsgründen, aber auch um ein „steuerliches Erscheinen" in den USA zu vermeiden, liegt es auf der Hand, dass der deutsche Investor insbesondere bei einem asset deal dazu neigen wird, den Unternehmenserwerb über eine US-Gesellschaft durchzuführen. Aber auch bei einem share deal hat die **Zwischenschaltung einer US-Holding** Vorteile, insbesondere im Hinblick auf die Verrechenbarkeit der Finanzierungskosten mit den Gewinnen der erworbenen Gesellschaft.

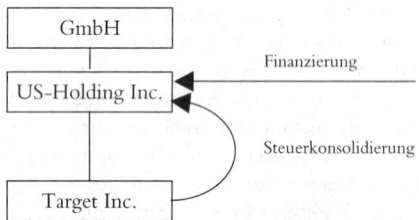

Sofern der Käufer eine Beteiligung von mindestens 80%[332] an der US-amerikanischen Target Inc. erwirbt, ist die Einschaltung einer US-Holding die vorteilhafteste Form für den Erwerb der Target Inc. Die US-Holding Inc. kann den Erwerb der Target Inc. teilweise durch Kreditaufnahme finanzieren und Zinskosten können (bei Einhaltung gewisser Eigen-/Fremdkapitalrelationen) aufgrund der möglichen konsolidierten Steuererklärung mit Gewinnen der Target Inc. verrechnet werden.[333] Dividendenzahlungen an die US-Holding Inc. sind grundsätzlich aufgrund der (automatischen) steuerlichen Konsolidierung zu 100% steuerfrei. Alternativ kann die Target Inc. auch auf die US-Holding Inc. (oder umgekehrt) fusioniert werden.

---
[332] Nach Sec. 1501 i. V. m. Sec. 1504 (a) (2) IRC kann eine konsolidierte Steuererklärung (sog. consolidated return) eingereicht werden, wenn die Muttergesellschaft mindestens 80% der Stimmrechte und mindestens 80% des Wertes der Gesellschaft innehat.
[333] Zu den Restriktionen bei der steuerlichen Abzugsfähigkeit von Finanzierungskosten vgl. Lee, P. T./Kowalski, A., IWB, Fach 8, USA, Gruppe 2, S. 1095 f.; Endres, D./Schreiber, C., USA, 2008, S. 90 ff.

6. Kapitel. Internationale M&A-Steuerstrategien

Nachteilig ist bei dieser Konstruktion, dass ein bei der späteren Veräußerung von der Target Inc. erzielter Gewinn der US-Besteuerung unterliegt, während bei Direkterwerb aus Deutschland § 8b Abs. 2 i. V. m. Abs. 3 KStG i. V. m. § 7 GewStG zum Zuge käme und somit der Veräußerungsgewinn zu 95% für Zwecke der KSt und GewSt steuerfrei wäre. Hält die US-Holding Inc. nur eine einzige Beteiligung, ist insoweit an eine Veräußerung der Holdinganteile zu denken.

Im Rahmen der unternehmerischen Zusammenarbeit oder strategischer Allianzen ist schließlich auch an Fälle zu denken, bei denen der Kaufpreis nicht in einer Barvergütung besteht, sondern dem Veräußerer Anteile am Übernehmer eingeräumt werden **(Finanzierung der Akquisition durch Ausgabe eigener Anteile – Equity als Transaktionswährung).**

Beispiel: Die deutsche Groß-AG hat eine US-Holding, die über drei US-Tochtergesellschaften verfügt. Von der X-Corp. erwirbt die US-Holding einen Geschäftsbereich, von der Y-Corp. deren 100%ige Tochtergesellschaft (Target), jeweils gegen Ausgabe von Holdinganteilen.

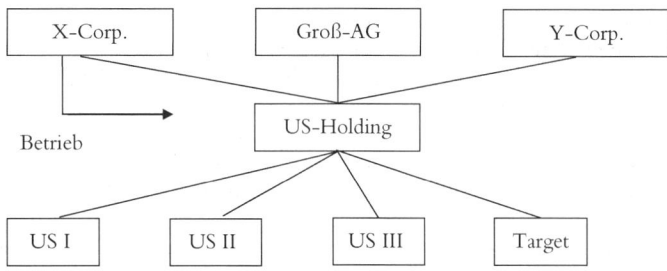

Die Share-for-share- (Y-Corp.) oder Asset-for-share- (X-Corp.) Transaktionen haben für die Übertragenden den Vorteil der Steuerfreiheit. Die US-Holding als Rechtsnachfolger hat die Buchwerte der X- und Y-Corp. für die jeweiligen Wirtschaftsgüter zu übernehmen.

Voraussetzung für die Steuerneutralität des **share for share deals (B-Reorganization)** ist nach (Sec. 368 (a) (1) (B) IRC), dass

1. die erwerbende Gesellschaft (hier die US-Holding) nach dem Anteilstausch über mindestens 80% an den stimmberechtigten und den nicht stimmberechtigten Gesellschaftsanteilen der erworbenen Gesellschaft (Target) verfügt (Sec. 368 (c) IRC) und
2. die Gegenleistung für die eingebrachten Gesellschaftsanteile ausschließlich in der Gewährung von stimmberechtigten Anteilen an der erwerbenden Gesellschaft oder an ihrer Muttergesellschaft besteht.

Darüber hinaus bestehen komplexe Bestimmungen bezüglich der Substanz der Transaktion, und es sind anschließende Haltefristen zu beachten.[334] Ein grenzüberschreitender share for share deal unterliegt besonderen Bestimmungen (Sec. 367 IRC) und ist i. d. R. nicht steuerneutral möglich.

---

[334] Zu Einzelheiten vgl. Grotherr, S., IWB, Fach 10, International, Gruppe 2, S. 1193 ff.; Endres, D./Schreiber, C., USA, 2008, S. 193 ff.; Huber, F., Reorganizations, 2008, S. 255 ff.

Entsprechende Voraussetzungen wie bei der Anteilsübertragung existieren auch bei einer **Asset-for-share-Transaktion (C-Reorganization)**. Insbesondere muss gewährleistet sein, dass die erwerbende Gesellschaft (hier die US-Holding) im Wesentlichen das gesamte Betriebsvermögen (d. h. mindestens 80% des Verkehrswertes aller Wirtschaftsgüter) der übertragenden Gesellschaft (hier der X-Corp.) übernimmt.[335] Der IRS kann auch voraussetzen, dass die X-Corp. im Anschluss an die Betriebsvermögensübertragung liquidiert bzw. fusioniert wird, so dass die Holdinganteile an die X-Gesellschafter übergehen.

C. Unternehmenskooperationen und Unternehmenszusammenschlüsse

I. Joint Ventures

1. Definition, Motivation und Vertragsgestaltung

Joint Ventures sind vertragliche Vereinbarungen über gemeinsame wirtschaftliche Aktivitäten zwischen zwei oder mehr Parteien. Ihre Erscheinungsformen sind vielfältig, aber immer besteht ihre Zwecksetzung darin, dem Joint Venture zugewiesene Aufgaben im gemeinsamen Interesse der Partnerunternehmen durchzuführen. Diese tragen Geld, Sachleistungen oder Technologien für den gemeinsamen Zweck bei, erhalten aber in den nicht von der Kooperation betroffenen Bereichen ihre Unabhängigkeit, so dass sich die Zusammenarbeit – im Gegensatz zur Fusion – auf bestimmte Gemeinschaftsvorhaben oder Tätigkeitsfelder beschränkt.

Ohne klare Begriffsabgrenzung wird im Zusammenhang mit **Joint Ventures** auch häufig von strategischen Allianzen und Gemeinschaftsunternehmen gesprochen, wobei es sich anbietet, das Schlagwort **strategische Allianzen** für bloße schuldrechtliche Vertrags-Joint-Ventures ohne gesellschaftsrechtliche Organisationseinbindung (Ergebnisgemeinschaften) und den Ausdruck **Gemeinschaftsunternehmen** für auf Kapitalbeteiligungen beruhende wirtschaftliche Kooperationen (equity joint ventures) zu verwenden.[336] Ein Gemeinschaftsunternehmen oder Joint Venture im engeren Sinne ist somit lediglich eine Bezeichnung für eine selbstständige Gesellschaft, unter der sich verschiedene Partner unter Teilung von Kontrolle, Risiko und Gewinn zusammengeschlossen haben. Als internationale Joint Ventures gelten Kooperationen von Partnern aus verschiedenen Herkunftsländern.

Joint Ventures sind kein neues Phänomen, sondern eine traditionelle Begleiterscheinung unserer Marktwirtschaft. Sie finden sich bereits häufig im nationalen Bereich bei der Zusammenarbeit deutscher Partner, sind aber insbesondere auch ein Instrument für die grenzüberschreitende privatwirtschaftliche Kooperation. Viele Konzerne streben strategische Allianzen oder Gemeinschaftsunternehmen als probates Mittel an, um mit starken Partnern

---
[335] Vgl. Endres, D./Schreiber, C., USA, 2008, S. 195 ff.; Huber, F., Reorganizations, 2008, S. 233 ff.
[336] Zur Abgrenzung zwischen „contractual" und „equity joint ventures" vgl. Zacher, T., IStR 1997, S. 408; Endres, D., Joint Ventures, 2003, S. 193 ff.; sowie nachfolgend Abschnitt C I 2. Eine einheitliche Begriffsbildung für den Ausdruck strategische Allianzen ist nicht ersichtlich.

6. Kapitel. Internationale M&A-Steuerstrategien 1263

neue Märkte, Ressourcen und Technologien zu erschließen, die kritische Masse für weiteres Wachstum zu erreichen oder die Risiken bestimmter kapital- oder technologieintensiver Projekte zu teilen. Mit dieser **Bündelung der Kräfte** versprechen Joint Ventures eine populäre Antwort auf die Herausforderungen in den neuen Märkten (z. B. Osteuropa, asiatischer Raum, Südamerika) und den steigenden Wettbewerbsdruck in vielen Industriezweigen (so insbesondere im High-Tech-Bereich mit seinen kurzen Produktlebenszyklen).[337] Der Rückgriff auf Kooperationen mit Partnerunternehmen ist häufig die effizienteste **Markterschließungsstrategie,** insbesondere in Fällen, in denen eine alternative Akquisitionstaktik mangels geeigneter Übernahmekandidaten kaum Erfolg verspricht und sich der Zutritt zu den verlockenden fremden Märkten nicht in gewünschter Form bewerkstelligen lässt. Was teilweise neu erscheint, ist die zunehmende Einbindung auch des Mittelstands in das früher eher den Multis überlassene internationale Joint-Venture-Geschäft – eine Entwicklung, die aber angesichts des Globalisierungszwangs nicht weiter zu überraschen vermag, da das Inland allein häufig nicht mehr als Wachstumsgrundlage ausreicht.

Das zentrale Problem bei der Errichtung eines Joint Ventures besteht sicherlich in der Identifizierung des fachlich geeigneten, kooperativen und ggf. auch kapitalkräftigen Partners. Die treibende Kraft, um Joint-Venture-Kandidaten zu sondieren, ist meist die erwünschte **Akkumulation von Marktmacht** (sei es auf der Absatz- oder Beschaffungsseite) durch kollektives Handeln und Zusammenfassung von Ressourcen zweier häufig sehr unterschiedlicher Unternehmen. Die Ambition der beteiligten Parteien besteht regelmäßig darin, die komplementären Fähigkeiten in einer Form zusammenzufassen, dass sich das Gemeinschaftsunternehmen durch **Synergiegewinne** letztlich stärker erweist als es die bloße Addition der eingebrachten Einzelteile verspricht.[338] Ob dies gelingt, ist maßgeblich vom Profil des Partnerunternehmens und einer auf beiden Seiten kongruenten Joint-Venture-Zielsetzung abhängig. Stimmen die Erwartungen und die Unternehmensphilosophien der beiden Partner nicht überein, so können kulturelle Barrieren schnell verhindern, dass die hohen Anfangsversprechen auch eingelöst werden können.[339]

Glaubt man, den richtigen Geschäftspartner gefunden zu haben, so werden die gemeinsamen Absichten zunächst in einem sog. „Letter of Intent" oder „Memorandum of Understanding" festgehalten. Verläuft diese Vorprüfungsphase erfolgreich, so schließen sich daran die endgültigen Vertragsverhandlungen an, deren Ziel es sein muss, ein Korsett für mögliche Konfliktfälle zu schaffen. Ein typisches **Joint-Venture-Vertragswerk** besteht aus einer Mehrzahl von Verträgen:[340] einem Gesellschaftsvertrag, der i. d. R. zu publizieren

---

[337] Vgl. Träm, M. R./Müllers-Patel, K., Unternehmensstrategie, 1999, S. 38 f.
[338] „To form one organization that is greater than the sum of its parts" ist die Standardformel, die in kaum einer Fusions- oder auch Joint-Venture-Ankündigung fehlen darf.
[339] In der Praxis ist die Trennungsrate bei Joint Ventures sehr hoch. Vgl. Herzig, N./ Watrin, C./Ruppert, H., DBW 1997, S. 764.
[340] Vgl. den umfangreichen Entwurf eines Joint-Venture-Vertragswerks für ein deutsch-amerikanisches Gemeinschaftsunternehmen bei Horten, M. R./Graf Kageneck, K.-E., Joint Ventures, 1996, S. 39 ff.

ist, einem Joint-Venture-Vertrag für Absprachen zwischen den Partnern, die Dritten nicht offenbart werden sollen, und separaten Leistungsverträgen zwischen den Partnern und dem Joint Venture. Um die gegenseitigen Interessen abzustimmen, müssen im Joint-Venture-Vertrag als Grundlagenvereinbarung mindestens folgende Punkte im Detail geregelt werden:[341]

- Zielsetzung, Form und Dauer der Zusammenarbeit;
- Verantwortlichkeit im Management (Kompetenzverteilung, Delegation von Verantwortung zur Joint-Venture-Geschäftsführung, Kontrollmechanismen, Besetzung der Gesellschaftsorgane, Vetorechte);
- Kapitalbeiträge (Eigenkapital, Darlehen – „money in") und besondere Verpflichtungen einzelner Partner;
- Bewertung der von den Parteien eingebrachten Leistungen (insbesondere Technologien, Marken etc.);
- Übergang oder Entsendung von Mitarbeitern;
- Ergebnisaufteilung und Verwendung („money out") sowie
- Modalitäten zur Behebung von Meinungsverschiedenheiten (Schiedsklauseln) und der Beendigung der Zusammenarbeit (Festlegung von Verkaufsrechten – „buy/sell provisions").

An diese Rahmenvereinbarungen können sich **separate Unterverträge** anschließen, insbesondere Dienstleistungs- oder Lieferverträge mit den Partnerunternehmen. Empfehlenswert erscheint es auch, die Einigung der Parteien über die wirtschaftlichen Grundsätze der Zusammenarbeit (insbesondere Fragen der Know-how-Übertragung, des Technologieschutzes, der Lizenzgebühren, der Unternehmensstrategie etc.) bereits vorab in schriftlicher Form in das Vertragswerk aufzunehmen. Handelt es sich bei den Partnern um Unternehmen, die im Umfeld der Joint-Venture-Aktivität eigene Geschäfte betreiben, müssen sich die Vertragsparteien über die Grenzen ihrer gemeinsamen Interessen einig werden, um Interessenkollisionen auszuschließen (z. B. Wettbewerbsverbote, Umfang der Lieferverflechtungen, Verrechnungspreise etc.).

Eines der Zentralthemen in den Vertragsverhandlungen ist sicherlich die **Festlegung der Beteiligungsquoten.** Um beiden Partnern ein Gefühl der Gleichberechtigung zu verschaffen, finden sich in der Praxis häufig Paritätsbeteiligungen, auch wenn bei dieser Konstellation Blockaden durch Patt-Situationen nicht ausgeschlossen werden können. Kann die angestrebte 50%-Quote bei angemessener Bewertung der Beiträge beider Partner nicht punktgenau erreicht werden, sind Ausgleichszahlungen zwischen den Partnern, Zusatzzahlungen in das Gemeinschaftsunternehmen oder ein „Zusatz-Leveraging" beim Partner mit dem höher bewerteten Beitrag erforderlich (d. h. dieser bringt Zusatzverbindlichkeiten in das Gemeinschaftsunternehmen ein).

Beispiel: Unternehmen A und Unternehmen B schließen sich zu einem Joint Venture in GmbH-Form zusammen, in das A seinen Teilbetrieb A und B seinen Teilbetrieb B einbringt. Nach sorgfältigen Due-Diligence-Untersuchungen und unter Einschaltung externer Bewertungsexperten einigen sich die Parteien darauf, dass der Wert von Teilbetrieb A 100 und der Wert von Teilbetrieb B 150 beträgt. Da eine

---

[341] Vgl. Mullarkey, D., TPIR 1994, S. 3; Zacher, T., IStR 1997, S. 412 ff.; Picot, G./Temme, U., M&A Review 2000, S. 321 ff.

paritätische Beteiligung an der Joint-Venture-GmbH vereinbart ist, leistet A an B eine Zahlung von 25. Die Behandlung dieser Zahlung bei A und B ist nicht eindeutig geklärt. U. E. handelt es sich beim zahlenden Unternehmen A um Anschaffungskosten für die GmbH-Beteiligung und bei B entsprechend um eine Anschaffungskostenminderung.[342]

Im Rahmen der Fixierung der Beteiligungsverhältnisse sollten beide Partner auch handelsrechtliche Konsolidierungsvorschriften[343] und für sie relevante Steuernormen nicht außer Acht lassen. So knüpfen Quellensteuerermäßigungen auf Dividendenzahlungen häufig an 25%ige oder 10%ige Mindestbeteiligungen an[344] und eine mindestens 15%ige Beteiligung ist Voraussetzung für die Gewerbesteuerfreiheit von Inlands- wie von Auslandsdividenden (§§ 8 Nr. 5 i. V. m. 9 Nr. 2a und 7 GewStG; 10% bei EU-Joint Ventures), während für andere Steuererleichterungen das Überschreiten der 50%igen Stimmrechtsmehrheit (z. B. bei gewünschter Organschaftsbeziehung zum deutschen Joint-Venture-Partner) maßgeblich ist.

Die obigen Ausführungen über die Beteiligungsquote verdeutlichen bereits, dass steuerliche Aspekte bei der Gestaltung eines Joint Ventures eine wesentliche Rolle spielen. Die **Steuerplanung** konzentriert sich bei Gemeinschaftsunternehmen insbesondere auf **drei Zielvorgaben:**[345]

– steuerfreie Errichtung des Joint Ventures, insbesondere unter Vermeidung von Gewinnrealisierungen bei der Übertragung von Betriebsvermögen oder Beteiligungen von den Gesellschaftern auf das Joint Venture,
– Minimierung der laufenden Steuerbelastung auf die erwirtschafteten und an die Partner zu verteilenden Erträge, insbesondere durch optimale Struktur-, Standort- und Rechtsformwahl sowie
– Vermeidung von Steuerkosten bei einer späteren Auflösung oder Rückabwicklung des Joint Ventures.

Welches Modell der Zusammenarbeit, welche Rechtsform und welcher Standort (In- oder Ausland) diesen Zielvorgaben am nächsten kommt, soll nachfolgend anhand eines Beispielsfalls (internationales Joint Venture zwischen einem deutschen und einem französischen Konzern) dargestellt werden.

---

[342] Zum entsprechenden Ergebnis gelangt man auch bei Fiktion einer Einbringung von 50 in die GmbH durch A mit nachfolgender Rückführung der Kapitalrücklage an beide Gesellschafter. Aus steuerlicher Sicht dürfte grundsätzlich eine anteilige Veräußerung durch B vorliegen; vgl. BFH v. 8. 12. 1994, BStBl 1995, S. 599. Bei Einbringung des Teilbetriebs gem. § 20 UmwStG sollte die Zahlung allerdings als andere Gegenleistung i. S. d. § 20 Abs. 2 Satz 4 UmwStG eingestuft werden.
[343] Vgl. §§ 290, 301, 310 ff. HGB und IDW, WPg 1993, S. 443 f. So wird gem. § 311 Abs. 1 Satz 2 HGB ein maßgeblicher Einfluss vermutet, der den Einbezug des Joint Ventures in den Konzernabschluss als assoziiertes Unternehmen bedingt, wenn das Partnerunternehmen einen Stimmrechtsanteil von mindestens 20% hat. Kapitalgesellschaften haben die Anteile am Joint Venture gemäß § 285 Nr. 11 HGB im Anhang anzugeben, wenn das Joint Venture als Unternehmen zu qualifizieren ist und die Anteilsquote mindestens 20% beträgt.
[344] Für eine Beteiligung an einem US Joint Venture ist für einen deutschen Joint-Venture-Partner auch die 80%ige Beteiligungsgrenze bedeutsam, die nach Art. 10 Abs. 3 DBA-USA zur Vermeidung einer US-Quellensteuer auf Dividenden erforderlich ist.
[345] Vgl. Endres, D./Eckstein, H.-M., Steuerrecht, 2001, S. 32.

2. Formen der Zusammenarbeit

a) Schuldrechtliche vs. gesellschaftsrechtliche Joint Ventures

Für die Zusammenarbeit von Unternehmen stehen verschiedene Intensitätsstufen zur Verfügung. In seiner engsten Ausgestaltung kann der unternehmerische Zusammenschluss im Wege einer Verschmelzung (Fusion) erfolgen, wobei zumindest die rechtliche Existenz einer der beiden fusionierten Gesellschaften untergeht und deren Gesellschafter Anteile an der übernehmenden Kapitalgesellschaft erhalten.[346] Werden dagegen nur bestimmte Bereiche oder Beteiligungen an eine Gemeinschaftsorganisation übertragen, wobei die Partnerunternehmen in den nicht von der Kooperation betroffenen Bereichen fortgeführt werden, so spricht man von einem **gesellschaftsrechtlichen Joint Venture**. Glauben die Partner, ohne ein gesellschaftsrechtliches Element auskommen zu können, so besteht auch die Möglichkeit einer rein **schuldrechtlichen Kooperation** ohne gemeinsame Gesellschaft und damit ohne kapitalmäßige Verflechtung. Solch ein Vertrags-Joint-Venture unterscheidet sich von anderen schuldrechtlichen Verbindungen wie Konsortialvereinbarungen, Auftragsproduktionen oder auch Kostenumlageverträgen dadurch, dass regelmäßig auch eine fixierte Gesamtgewinnaufteilung zwischen den Partnern vereinbart ist.[347]

b) Vertrags-Joint-Ventures

Die Grundform eines Zusammenschlusses auf vertraglicher Basis besteht darin, dass jeder Partner die von der Zusammenarbeit betroffenen Bereiche in eine eigene Tochtergesellschaft ausgründet. Es bestehen jedoch keine beteiligungsmäßigen Verflechtungen; die Koordination beruht vielmehr auf schuldrechtlichen Verträgen zwischen den beiden Tochtergesellschaften, die im Rahmen einer Ergebnisgemeinschaft Dividendengleichschritt, Gewinnaufteilung, Liquidationsausgleich oder auch (teilweise) Personenidentität in der Geschäftsführung vereinbaren.

Im Beispiel gehen die Tochtergesellschaften GmbH und S.A. von einem zusammengefassten Ergebnis aus, wobei Identität in den Bilanzierungsgrundsätzen, dem Geschäftsjahr und der Ausschüttungspolitik vereinbart wird.[348]

---

[346] Zu grenzüberschreitenden Fusionen vgl. Abschnitt C II.
[347] Allerdings sind die Begriffe nicht einheitlich definiert, so dass unter einem contractual joint venture zum Teil auch jede schuldrechtliche Verbindung (wie z. B. Lieferverträge, Lizenzvereinbarungen etc.) verstanden wird. So bspw. Zacher, T., IStR 1997, S. 408.
[348] Vgl. Müller, H.-P., Gestaltungen, 1994, S. 236.

6. Kapitel. Internationale M&A-Steuerstrategien

Die Partner 1 und 2 führen gedanklich ihre Gewinne in einen Pool ab, aus dem sie dann ihren Gewinnanteil nach einem vorab bestimmten Verteilungsschlüssel beziehen. Zivilrechtlich begründet eine solche Vertragsbeziehung nach einhelliger Literaturmeinung zwischen den Beteiligten (GmbH und S. A.) eine **GbR** (§§ 705 ff. BGB) als Innengesellschaft, deren gemeinsamer Zweck auf die Vergemeinschaftung des Gewinns der an ihr beteiligten Gesellschaften gerichtet ist.[349] Steuerlich führt ein Vertrags-Joint-Venture allerdings **nicht zur Annahme einer Mitunternehmerschaft,** sondern gilt als rein schuldrechtliche Austauschbeziehung. Dies hat zur Folge, dass von einem Partner geleistete Ausgleichszahlungen als abzugsfähige Betriebsausgaben und erhaltene Ausgleichszahlungen als steuerpflichtige Betriebseinnahmen behandelt werden.[350]

Für die Rechtsform der Aktiengesellschaft bzw. KGaA ist ein solcher Gewinngemeinschaftsvertrag als Vertragstypus explizit in § 292 Abs. 1 Nr. 1 AktG geregelt. Danach liegt eine Gewinngemeinschaft vor, wenn eine AG oder KGaA ihren Gewinn oder den Gewinn einzelner ihrer Betriebe ganz oder zum Teil mit dem Gewinn anderer Unternehmen oder einzelner Betriebe zusammenlegt.[351] Von der Rechtsprechung wurde ein solcher Poolvertrag bei betrieblicher Veranlassung und tatsächlicher Durchführung als Austauschbeziehung grundsätzlich anerkannt.[352] Dies gilt auch für Gewinngemeinschaften zwischen einem in- und einem ausländischen Unternehmen,[353] wobei empfangene **Ausgleichszahlungen** i. S. d. DBA als **Unternehmensgewinne** zu behandeln[354] und mangels Auslandsbetriebsstätte im Ansässigkeitsstaat des Zahlungsempfängers der Besteuerung zu unterwerfen sind.

Der Hinweis zur Steuerfreistellung im DBA-Fall verdeutlicht bereits die steuerliche Problematik eines grenzüberschreitenden Vertrags-Joint-Ventures: Würdigt einer der beteiligten Staaten die Vereinbarung als Mitunternehmerschaft bzw. betrachtet er die in seinem Territorium durchgeführten Aktivitäten des beschränkt steuerpflichtigen Partners als Betriebsstätte, so sind **Doppelbesteuerungen** absehbar. Da bereits unter deutscher Doktrin insbesondere bei starker Ausprägung gemeinsamer grenzüberschreitender Unternehmerinitiative und zusätzlichem Liquidationsausgleich nicht ausgeschlossen werden kann, dass jeweils eine Mitunternehmerschaft im In- und Ausland vorliegt,[355] und in anderen Ländern die Behandlung als Betriebsausgabe bzw. Betriebseinnahme keinesfalls die Norm ist,[356] geraten Unternehmen mit solchen

---

[349] Vgl. OLG Frankfurt/Main v. 23. 3. 1988, AG 1988, S. 267; Meister, N., Gewinngemeinschaft, 2003, S. 424 ff.
[350] Vgl. Müller, H.-P., Gestaltungen, 1994, S. 237; Piltz, D. J., Gewinngemeinschaft, 1996, S. 298; Meister, N., Gewinngemeinschaft, 2000, S. 444 ff.; Bogenschütz, E./Schanne, M., Kooperationen, 2003, S. 949 ff.; Herrmann, C./Heuer, G./Raupach, A., Einkommensteuergesetz, § 5 EStG, Anm. 157 und 1396.
[351] Zu Einzelheiten vgl. Haarmann, W., Stapled Stock, 1997, S. 257; Bogenschütz, E./Schanne, M., Kooperationen, 2003, S. 946 ff.
[352] Vgl. RFH v. 9. 5. 1934, RStBl 1934, S. 658; BFH v. 9. 10. 1964, BStBl 1965 III, S. 71.
[353] Vgl. RFH v. 24. 10. 1933 („Fünfbrüderfall"), StRK, KStG 1925, § 13 Rz. 150.
[354] Vgl. Döllerer, G., JbFSt 1987/88, S. 316.
[355] So mit beträchtlichen Argumenten Lechner, E., Gewinnpoolung, 1986, S. 150 und S. 258.
[356] So Müller, H.-P., Gestaltungen, 1994, S. 237.

contractual joint ventures in das Risiko einer ungewollten Qualifikation mit der möglichen Folge von Doppelbesteuerungen.[357]

Beispiel: Im Ausgangsfall erzielt die deutsche GmbH einen Gewinn von 100 und die französische S. A. einen Gewinn von 200. Die Ausgleichszahlung von 50 wird in Deutschland als Betriebseinnahme erfasst. Frankreich sieht in der Ergebnisgemeinschaft eine Personengesellschaft und unterwirft den lokalen Gewinn von 200 (bei Zurechnung von 100 zu jedem Partner) der französischen Besteuerung. Insgesamt unterliegt somit eine Bemessungsgrundlage von 350 der Besteuerung.

Um solche Ergebnisse und Unwägbarkeiten zu vermeiden, sollten internationale Vertrags-Joint-Ventures immer vorab mit den in- und ausländischen Steuerbehörden abgestimmt werden. Bei rein nationalen Gewinngemeinschaften ist die Qualifikationsfrage dagegen materiell regelmäßig unproblematisch.[358]

c) Gemeinschaftsunternehmen

Kennzeichen eines **Gemeinschaftsunternehmens (equity joint venture)** ist der kapitalmäßige Zusammenschluss der Kooperationspartner zu einer gesellschaftsrechtlichen Organisation für den Joint-Venture-Bereich.[359] Die verschiedenen Strukturformen für Gemeinschaftsunternehmen sollen anhand des folgenden Ausgangsfalls dargestellt werden.

Ausgangsfall: Der deutsche Partner 1-Chemiekonzern möchte in einem seiner Geschäftsfelder (Farben) ein Joint Venture mit einem bisherigen Wettbewerber (dem französischen Partner 2-Konzern) gründen. Beide Partner haben die Rechtsform einer Kapitalgesellschaft. Die Erträge aus dem Joint Venture sollen den beteiligten Partnern zu gleichen Teilen zufließen, da auch ihre Einlagen sich im Wert entsprechen. Bei beiden Partnern ist der Farbenbereich in einer separaten Tochtergesellschaft ausgegliedert. Die deutsche Farben-GmbH verfügt über Teilbetriebe in Ulm und Colmar, die französische Farben-S. A. über Teilbetriebe in Paris und Köln.

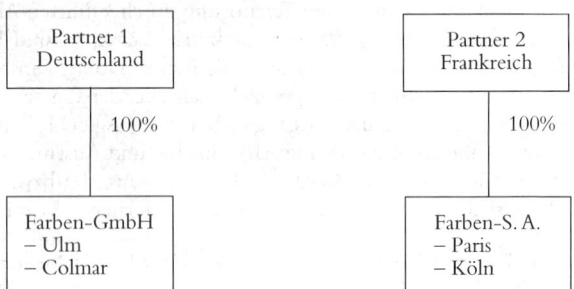

Die folgenden Ausführungen sollen sich vorrangig mit den möglichen **Strukturierungsalternativen** beschäftigen, während die Steuerimplikationen verschiedener Rechtsformen und Lokationen des jeweiligen Joint Ventures zunächst offen gelassen werden. Zwar wird in den nachfolgenden Beispielen regelmäßig von Kapitalgesellschaftsstrukturen ausgegangen, die Struk-

---

[357] Vgl. Fischer-Zernin, J., IWB, Fach 10, International, Gruppe 2, S. 1274.
[358] Vgl. Lechner, E., Gewinnpooling, 1986, S. 240, S. 263.
[359] Vgl. auch die Strukturbeschreibung von zwölf großen grenzüberschreitenden Unternehmenszusammenschlüssen von Hancock, S./Phillips, B./Gray, M., European Counsel 1999, S. 25 ff.

6. Kapitel. Internationale M&A-Steuerstrategien   1269

turen gelten jedoch ohne weiteres auch für Joint-Venture-Organisationen anderer Rechtsformen (z. B. Personengesellschaft, EWIV). Auch der Standort des Joint Ventures kann immer alternativ in Deutschland, Frankreich oder einem Drittstaat liegen. Die Steuerparameter im Hinblick auf die Standort- und Rechtsformwahl werden dann in Abschnitt C I 3 näher erläutert.

Beispiel 1 (Einheitsgesellschaft): Bei dieser klassischen Lösung[360] bringen die Farben-GmbH und die Farben-S. A. ihre Teilbetriebe des Bereichs Farben in eine neue Joint-Venture-Gesellschaft ein. Diese Gesellschaft verfügt dann über Betriebsstätten in Deutschland und Frankreich.

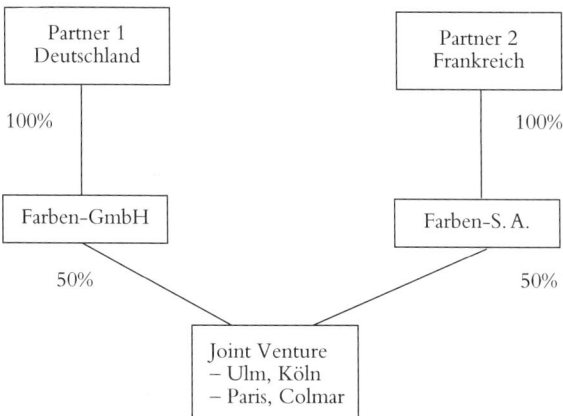

Alternativ kann auch auf die Gründung einer neuen Joint-Venture-Gesellschaft verzichtet werden. Die Teilbetriebe eines Partners (z. B. der GmbH) werden bei dieser Konstellation mittels einer Sachkapitalerhöhung in die bestehende Farben-Gesellschaft des anderen Partners (Farben-S. A.) eingebracht. Waren in der neuen Joint-Venture-Gesellschaft (Farben-S. A.) noch Wirtschaftsgüter, die nicht zum Kooperationsbereich gehören, sind diese vor dem Zusammenschluss auf den Partner 2-Konzern zu übertragen, bzw. ggf. ist auch eine Spaltung denkbar.

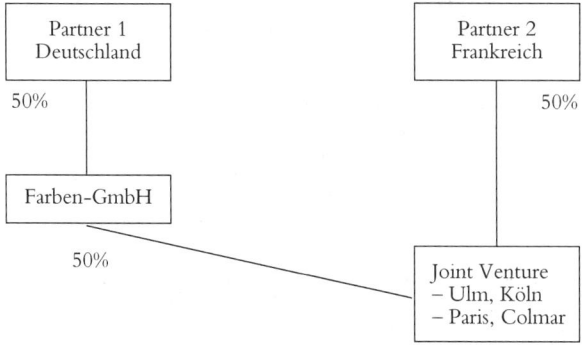

---

[360] Vgl. zur Einheitsgesellschaft auch Müller, H.-P., Gestaltungen, 1994, S. 239 ff.

Insbesondere in den Fällen, in denen das Joint Venture in der Rechtsform einer Personengesellschaft errichtet wird, dürfte sich für den jeweils im Ausland ansässigen Partner häufig die Errichtung einer **vorgeschalteten Tochtergesellschaft im Joint-Venture-Domizilstaat** anbieten.[361] Für den deutschen Joint-Venture-Partner kann dies zur Reduzierung von Exit-Steuern bei der Veräußerung seines Joint-Venture-Anteils auch bei einer inländischen Joint-Venture-Personengesellschaft vorteilhaft sein. Dabei ist allerdings die siebenjährige Sperrfrist nach § 22 Abs. 1 UmwStG zu beachten.[362]

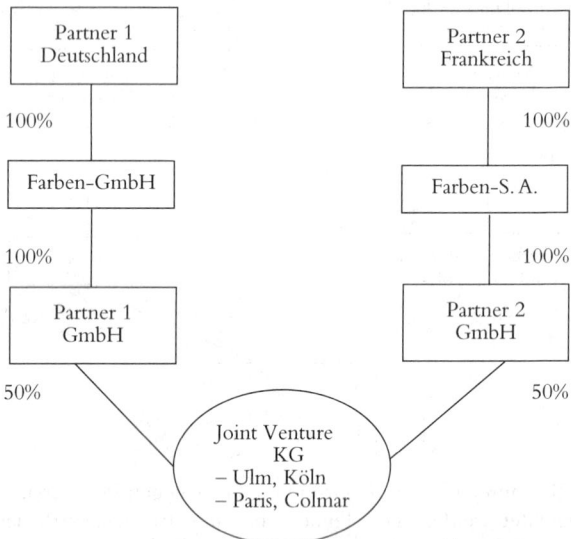

Im Beispielsfall gewährleistet die Errichtung der Partner 2-GmbH in Deutschland die Möglichkeit einer späteren (in Deutschland) steuerfreien GmbH-Anteilsveräußerung seitens des französischen Partners. Darüber hinaus wird keine französische Gesellschaft zum inländischen Personengesellschafter, so dass die Farben-S. A. keine deutschen Steuererklärungen einzureichen hat. Die Errichtung der Partner 1-GmbH kann es dem deutschen Anteilseigner ermöglichen, sich durch GmbH-Anteilsveräußerung fast steuerfrei aus dem Joint Venture zurückzuziehen.[363]

Beispiel 2 (Holdingmodell): Beim Holdingmodell bringen die beiden kooperationswilligen Unternehmen Beteiligungen in eine zentrale Holdinggesellschaft (Joint Venture) im Wege des Anteilstauschs ein. Die Holdinggesellschaft, in die die Kapitalanteile eingebracht werden, entsteht entweder durch Sachgründung oder ihr Nennkapital wird im Wege der Sachkapitalerhöhung aufgestockt. Als Gegenleistung erhalten die einbringenden Gesellschafter Anteilsrechte der Holdinggesellschaft. Die Teilbetriebe

---

[361] In Einzelfällen kann auch die Zwischenschaltung einer Gesellschaft in einem Drittstaat Vorteile versprechen (z. B. im Hinblick auf die Subpart-F-Besteuerung von US-amerikanischen Konzernen).
[362] Vgl. Abschnitt A III 1 a); für eine Einbringung vor Inkrafttreten des SEStEG gilt noch § 8 b Abs. 4 KStG a. F.
[363] Einer Partner 1-GmbH bedarf es nur, wenn die direkte Veräußerung der Farben-GmbH nicht in Frage kommt.

der eingebrachten Tochtergesellschaften verbleiben unverändert bei der Farben-GmbH bzw. der Farben-S. A., es geht lediglich die Gesellschafterstellung von den Partnern auf die Holdinggesellschaft über. Aus isolierten, direkten Beteiligungen werden gemeinsame, indirekte Beteiligungen.

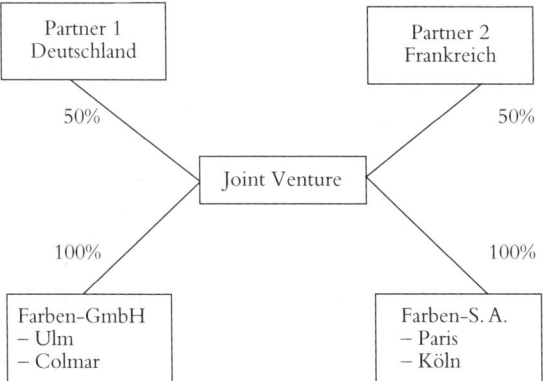

Auch beim Holdingmodell bedarf es nicht zwangsläufig der Neugründung einer Gesellschaft, vielmehr kann die Einbringung auch in eine der bestehenden Farben-Gesellschaften erfolgen, die dann – ohne weitere Strukturierungsschritte – eine Mischfunktion zwischen operativer und Holdingtätigkeit übernimmt.

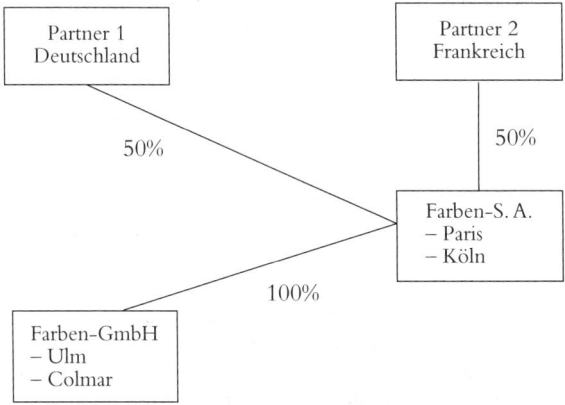

Es liegt auf der Hand, dass im Rahmen der Joint-Venture-Strukturplanung auch eine **länderbezogene Zusammenfassung der Aktivitäten für Steuerzwecke** erreicht werden sollte. Hierzu bestehen häufig wiederum verschiedene Reorganisationsmöglichkeiten, wobei im Beispielsfall daran gedacht werden kann, dass die Farben-GmbH und die Farben-S. A. ihre Teilbetriebe in eigenständigen Tochterkapitalgesellschaften verselbstständigen und diese Beteiligungen in ein Joint Venture einbringen. In einer zweiten Stufe werden dann die jeweiligen nationalen Beteiligungen zu einer steuerkonsolidierten Gruppe zusammengeführt.

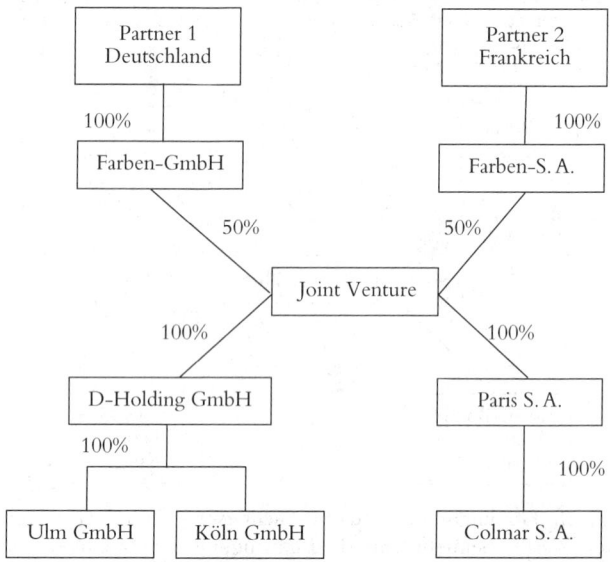

Beispiel 3 (Doppelholdingmodell): Das Modell der Doppelholding ist dadurch gekennzeichnet, dass es nicht nur eine, sondern zwei oder mehrere Gemeinschaftsorganisationen gibt. In der typischen Ausgestaltung (teils auch als strategische Allianz bezeichnet)[364] bleibt ein Konzern an eigenen Tochtergesellschaften mehrheitlich beteiligt, räumt aber dem Kooperationspartner Minderheitsbeteiligungen ein. Für den zweiten Partner werden die Beteiligungsverhältnisse spiegelbildlich hierzu gestaltet.

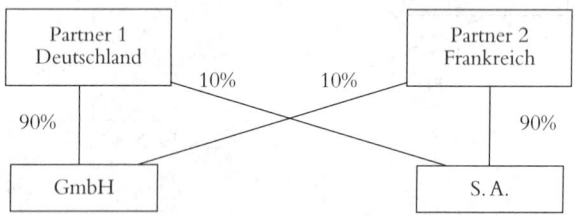

Sofern mit einer uneinheitlichen Gewinnentwicklung beider Joint-Venture-Gesellschaften gerechnet wird, kann daran gedacht werden, Nachteile des Mehrheitsgesellschafters der schlechter verdienenden Gesellschaft durch Einrichtung eines Gewinnpools zwischen den beiden Joint-Venture-Gesellschaften zu vermeiden. Darüber hinaus kann eine enge unternehmerische Zusammenarbeit unterstützt werden, indem die Minderheitsbeteiligungen in der strategischen Allianz mit höheren Stimmrechten ausgestattet werden. Als Ergebnis können dann bspw. beiden Gesellschaftern trotz unterschiedlicher Dividendenberechtigung die gleichen Stimmrechte zugewiesen werden.[365] Bezogen auf den Ausgangsfall könnte es sich auch anbieten, in beiden Ländern eine paritätisch gehaltene Gesellschaft neu zu errichten und in diese die

---

[364] Vgl. Selent, A., Unternehmensstrukturierung, 1997, S. 68.
[365] Vgl. Endres, D., Joint Ventures, 2003, S. 199 f.

6. Kapitel. Internationale M&A-Steuerstrategien

entsprechenden Teilbetriebe oder Beteiligungen im Wege des Anteilstauschs einzubringen. Statt einer einheitlichen Joint-Venture-Gesellschaft begründen die beiden Partner somit ein Doppelholdingmodell.

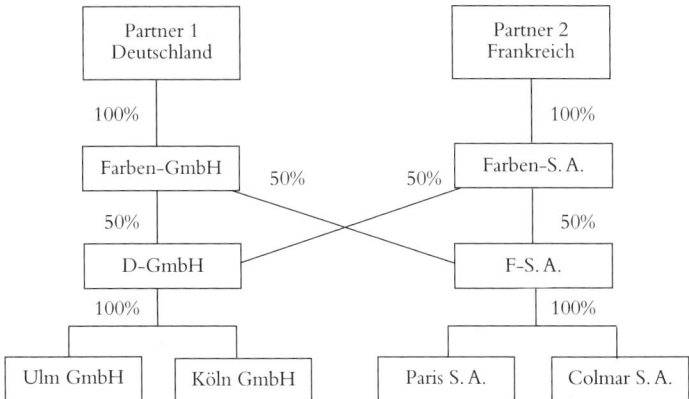

Wiederum bestehen verschiedene Variationsmöglichkeiten.[366] So ist es denkbar, dass die beiden Farben-Gesellschaften zunächst ihre Teilbetriebe in neue Kapitalgesellschaften ausgliedern und diese dann als Joint-Venture-Partner fungieren. Bei dieser Konstellation ergibt sich nachfolgende Struktur, bei der die beiden Joint-Venture-Gesellschaften erst auf der 3. Stufe der Beteiligungskette angesiedelt sind.

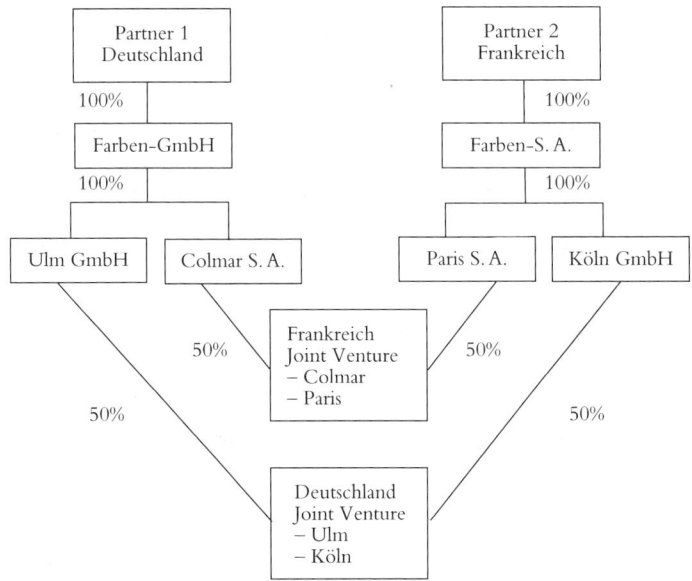

---

[366] Zu steuergünstigen Variationen insbesondere unter dem Blickwinkel des US-amerikanischen und kanadischen Rechts vgl. Dolan, K., TMIJ 1993, S. 51 f., S. 103 ff.; vgl. auch Endres, D./Miles, A., Intertax 1999, S. 243 ff.

Alternativ können auch wiederum einige der ausgegliederten Tochtergesellschaften (z. B. Ulm GmbH, Paris S. A.) als Joint-Venture-Gesellschaften eingesetzt werden, in die die jeweiligen anderen Landesbeteiligungen (Köln GmbH, Colmar S. A.) eingebracht werden.

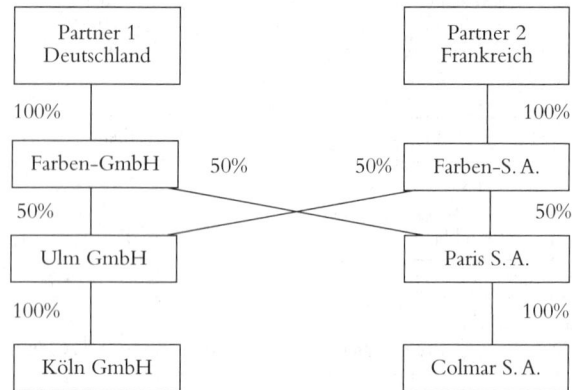

Sicherlich sind in Abhängigkeit von den unterschiedlichen Steuervorschriften in den einzelnen Ländern auch Mischformen zwischen den oben gezeigten Modellen möglich. Trotz der nicht unerheblichen Variationsbreite, die der Einsatz der dargestellten Strukturen bereits verspricht, kann bei der Joint-Venture-Planung nie Anspruch auf Vollständigkeit erhoben werden.

3. Steueroptimierung bei der Standort- und Rechtsformwahl

a) Steuerliche Zielsetzungen eines Joint-Venture-Partners

Jeder Joint-Venture-Partner hat eigene steuerliche Zielsetzungen und Anforderungen, von deren Erfüllungsgrad er seine Zustimmung zur Standort- und Rechtsformentscheidung abhängig machen wird. Tabelle 54[367] listet die typischen Kriterien auf, die bei der Abwägung zwischen in- und ausländischem Joint Venture bzw. Personen- oder Kapitalgesellschaft zu berücksichtigen sind.

Tabelle 54: Joint-Venture-Gestaltung

Steuerliche Zielsetzung	Joint-Venture-Gestaltung
	Erforderlicher steuerlicher Maßnahmenkatalog
– keine steuerliche Erfassung von Auslandserträgen am Joint-Venture-Standort	– Steuerfreiheit von Auslandsdividenden – Freistellung ausländischer Betriebsstättengewinne – Keine CFC-Rules (Hinzurechnungsbesteuerung)
– keine Steuerbelastung beim Weg in das Joint Venture	– steuerfreie Einbringung von Einzelwirtschaftsgütern (Technologie, Know-how, Goodwill), Teilbetrieben, Betrieben, Mitunternehmeranteilen und Beteiligungen – keine Verkehrsteuern

---

[367] Zur Zielerfüllung der aufgeführten Kriterien in Deutschland vgl. auch Tabelle 51.

6. Kapitel. Internationale M&A-Steuerstrategien

Joint-Venture-Gestaltung

Steuerliche Zielsetzung	Erforderlicher steuerlicher Maßnahmenkatalog
– steuerneutrale Exit-Möglichkeiten	– steuerfreie Rückübertragung von Einzelwirtschaftsgütern, Betrieben, Teilbetrieben und Beteiligungen – Steuerfreiheit für Veräußerungsgewinne bei In- und Auslandsbeteiligungen – keine Verkehrsteuern
– umfangreiche Möglichkeiten zur Verlustberücksichtigung	– Abzugsfähigkeit in- und ausländischer Verluste beim Joint Venture – Abzugsfähigkeit von Veräußerungsverlusten aus Beteiligungen und Teilwertabschreibungen – Verlustdurchleitung zu den Joint-Venture-Partnern – unbegrenzter Verlustvortrag – Konzernbesteuerungsvorschriften (Organschaft)
– günstige steuerliche Finanzierungsregeln	– großzügige Regelung zur Gesellschafterfremdfinanzierung – Abzugsfähigkeit von Finanzierungskosten für Auslandsbeteiligungen
– niedrige Steuerbelastung am Joint-Venture-Standort	– nationale und grenzüberschreitende Steueranrechnung – angemessene Steuerlast auf nicht steuerbefreite Einkünfte – niedriger Einkommensteuersatz für Joint-Venture-Mitarbeiter – umfassendes DBA-Netz mit geringen Quellensteuern auf zu- und abfließende Dividenden – Verzicht auf Gesellschaftsteuer, Börsenumsatzsteuer, Substanzsteuern, Missbrauchsvorschriften – großzügige Regelungen zur Gewinnermittlung

Die Gewichtung der einzelnen Faktoren wird sicherlich von Fall zu Fall variieren und auch von Partner zu Partner unterschiedlich sein, wobei in der konkreten Detailplanung immer die Umstände des speziellen Unternehmenszusammenschlusses zu würdigen sind. Soll eine (nur steuerliche Kriterien berücksichtigende) Empfehlung für eine Rechtsform oder einen Standort ausgesprochen werden, bedarf es aber zunächst einer sorgfältigen Informationssammlung über Fakten und Vorhaben der Kooperation, wobei als Minimum folgende Fragen zu klären sind:

– Ist der deutsche Partner eine natürliche Person bzw. Personengesellschaft oder eine Kapitalgesellschaft?
– Wie sind die Budgetzahlen des Gemeinschaftsvorhabens? Sind Anlaufverluste projektiert oder ist das Vorhaben besonders risikobehaftet mit der Möglichkeit zukünftiger Verluste?
– Welche Einlagen werden von beiden Seiten in das Joint Venture geleistet? Sind Gegenstand der Einbringung Grundstücke, Einzelwirtschaftsgüter (Technologie), Mitunternehmer- oder Kapitalgesellschaftsanteile?
– Wie wird das Gemeinschaftsunternehmen finanziert (Eigenkapital, externe Finanzierung, Gesellschafterdarlehen) und wie erfolgt ggf. eine Refinanzierung beim Gesellschafter? Sieht die Planung den Einsatz niedrig besteuerter ausländischer Finanzierungs- oder Kapitalanlagegesellschaften vor?
– Wie viel Substanz (Mitarbeiter, Aktivitäten) soll das eigentliche Joint Venture haben? Welche Vertragsbeziehungen bestehen zu den Partnern?

– Ist das Joint Venture zeitlich befristet bzw. sind Veräußerungen von in- oder ausländischen Bereichen durch das Joint Venture bzw. von Beteiligungen am Joint Venture geplant?

Die Beantwortung dieses Fragenkatalogs gibt dem Steuerplaner einige Eckpfeiler für seine Strukturierung an die Hand. Die Problematik der Entscheidungsfindung zeigt sich dann darin, dass die gestellten Fragen aus der Sicht eines jeden Partners zu beantworten sind und vor dem Hintergrund des steuerlichen Wunschkatalogs für verschiedene Standorte und Rechtsformen dann ein Kompromiss über die für beide Seiten beste Lösung gefunden werden muss. In jedem Fall sollte es die Beantwortung des Fragenkatalogs dem Steuerplaner jedoch ermöglichen, diejenigen Konstellationen aus seiner Strukturierung zu eliminieren, die aus steuerlicher Sicht von vornherein nachteilig sind (tax show stopper).[368]

Wenngleich die Festsetzung von Struktur, Standort und Rechtsform eines Joint Ventures maßgeblich von steuerlichen Gesichtspunkten geprägt wird und die Partnerunternehmen eine Steuerstrategie erwarten, die aus der Gesamtsicht von Gemeinschaftsunternehmen und Gesellschafterinteressen die Steuerquote minimiert, unnötige Risiken vermeidet und ausreichend Flexibilität im Hinblick auf künftige Änderungen der Ausgangsparameter zulässt, sind auch bei hinreichender Steuerplanung die Steuerquoten nicht beliebig beeinflussbar; vielmehr existieren immer Vorgaben, die der Steuereffizienz Grenzen setzen:

– Die Entscheidung über den geeigneten **Joint-Venture-Aufbau** wird in der Praxis wesentlich von **außersteuerlichen Faktoren** bestimmt, so dass Steueroptimierungen nur im Rahmen des vom Management klar abgesteckten Handlungsspielraums möglich sind. Ist bspw. ein späterer Börsengang denkbar, wird es sowohl eine Präferenz für einen Standort wie auch für eine Rechtsform geben. Führt das Joint Venture dazu, dass bei Zusammenrechnung der deutschen Arbeitnehmer beider Partner die für § 1 Abs. 1 Nr. 2 MitbestG maßgebliche Anwendungsvoraussetzung von 2000 Beschäftigten überschritten wird, werden sich die Joint-Venture-Partner die Errichtung einer Holdinggesellschaft im Ausland oder den Rückgriff auf eine mitbestimmungsfreie deutsche Personengesellschaft zumindest überlegen.[369] Zahlreiche weitere außersteuerliche Vorgaben sind denkbar, insbesondere im Hinblick auf die Haftungsfrage, die Flexibilität des Gesellschaftsrechts, die Neutralität eines Standortes und generell das Investitionsklima.

– Die zweite ganz wesentliche Einschränkung im Hinblick auf Steueroptimierungspläne besteht in der eigentlich trivialen Aussage, dass **Steuern im Grundsatz immer dort zu zahlen sind, wo auch die Aktivitäten durchgeführt werden.** Ist das gesamte unternehmerische Engagement fest in einem Hochsteuerland verwurzelt, so wird auch die Optimierung von Rechtsform und Standort des Joint Ventures an der hohen Konzernsteuerquote nichts ändern. Der Eindruck, dass bei Wahl eines deutschen Joint

---

[368] Mullarkey, D., TPIR 1994, S. 3, definiert tax show stopper als Steuerprobleme, bei denen der Gegenwartswert der in Rechnung zu stellenden Steuerkosten den erwarteten ökonomischen Nutzen übersteigt.
[369] Zu den Voraussetzungen der Mitbestimmung bei Holdingstrukturen vgl. Lutter, M. (Hrsg.), Holding-Handbuch, 2004, § 9 Rz. 7 ff.

6. Kapitel. Internationale M&A-Steuerstrategien

Ventures der inländische und bei Wahl eines ausländischen Joint Ventures der niedrigere ausländische Steuertarif zur Geltung käme, ist irreführend, da auch im letztgenannten Fall Deutschland das Inlandsengagement (sei es in Form einer Betriebsstätte oder einer Tochterkapitalgesellschaft) besteuern wird.

Maßgeblich für ein effizientes Steuermanagement ist also in erster Linie die **globale Allokation der unternehmerischen Aufgaben** einschließlich der damit verknüpften Verrechnungspreispolitik[370] – die Standort- und Rechtsformwahl tritt hinter diese Herausforderung an die zweite Stelle zurück, ohne dass damit ihre Bedeutung unterschätzt werden soll.

– Schließlich wird man bei der Standortfrage auch nicht umhin kommen, die **Substanz der gemeinsamen Joint-Venture-Organisation** anzusprechen. Zwar ist ein Zusammenschluss zweier Drittparteien zunächst frei von Missbrauchsgefahr und kann an jedem Ort der Welt erfolgen. Ist aber kein aktives Joint-Venture-Engagement geplant, wird eine Errichtung des Joint Ventures außerhalb des Ansässigkeitsstaates der Partner selten steuerlichen Sinn machen, zumal in diesen Fällen auch eine eigene Ertragszuordnung zum Joint Venture allenfalls in beschränktem Umfang möglich erscheint.

Grundsätzlich dürften in Bezug auf die Standortfrage in erster Linie die Staaten in Betracht kommen, in denen die Joint-Venture-Gesellschafter angesiedelt sind, daneben aber auch Standorte, in denen das Joint Venture seine Aktivitäten ausüben soll. Nachfolgend wird die Standort- und Rechtsformfrage vorrangig unter Berücksichtigung der Interessen des deutschen Joint-Venture-Partners für einen inländischen bzw. ausländischen Standort einer Joint-Venture-Gesellschaft analysiert.

b) Personengesellschaftsstrukturen

(1) Deutsche Joint-Venture-Personengesellschaft

Vereinbaren die Partner die Errichtung einer deutschen Joint-Venture-Personengesellschaft, können sie zwischen den Grundformen der GbR, der OHG und der KG wählen. Vergleichbare Rechtsformen gibt es in fast allen Staaten, wobei unternehmerische Aktivitäten in Deutschland traditionell besonders häufig in einem solchen Rechtskleid ausgeführt werden. Einigen sich die Partner des Ausgangsfalls auf ein paritätisch gehaltenes Joint Venture, ergibt sich die folgende Struktur.

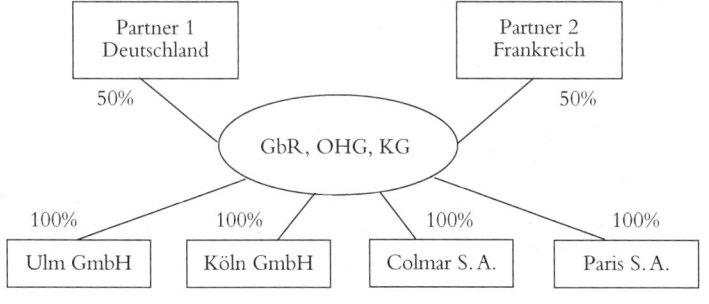

---
[370] Vgl. Müller, H., IStR 1996, S. 452 ff.; Herzig, N., WPg 1998, S. 289 ff.

Aus Sicht des deutschen Joint-Venture-Partners ergeben sich die folgenden steuerlichen Vorteile (+) und Nachteile (–) beim Eintritt in das Joint Venture, bei dessen laufender Besteuerung sowie beim Austritt aus dem Joint Venture.

+ Die Einbringung eines Betriebs, Teilbetriebs – hierzu zählt nach Verwaltungsauffassung[371] auch eine zu einem Betriebsvermögen gehörende 100%ige Beteiligung an einer Kapitalgesellschaft – oder Mitunternehmeranteilen wird von § 24 UmwStG geregelt.[372] Bei Anteilen an Kapitalgesellschaften ist überdies unabhängig von der Beteiligungshöhe ein zu 95% steuerfreier Verkauf nach § 8 b Abs. 2 KStG möglich.
– Möchte der inländische Partner 1 daneben noch Einzelwirtschaftsgüter (bspw. Patente) in das Joint Venture übertragen, so ist dies nicht vollständig steuerneutral. Vielmehr fordert § 6 Abs. 5 Satz 5 EStG im Beispiel die Aufdeckung und Versteuerung von 50% der in den Einzelwirtschaftsgütern gebundenen stillen Reserven, da sich durch deren Übertragung in das Gesamthandsvermögen der Personengesellschaft insoweit der Anteil einer Körperschaft (Partner 2) an dem Wirtschaftsgut erhöht.[373]
+ Verluste der Personengesellschaft oder inländischer Tochterkapitalgesellschaften, zu denen eine körperschaft- und gewerbesteuerliche Organschaft[374] besteht, können für Zwecke der Körperschaftsteuer (nicht aber der Gewerbesteuer) anteilig den Gesellschaftern zugerechnet werden.[375] Teilwertabschreibungen auf die Beteiligungen an den in- oder ausländischen Tochtergesellschaften oder Verluste aus deren Veräußerung sind hingegen steuerlich nicht abzugsfähig (§ 8 b Abs. 3 und § 8 b Abs. 6 KStG).
+ Keine wirtschaftliche Doppelbelastung der in den Tochtergesellschaften erzielten Gewinne, da bei Partner 1 sowohl Dividenden der inländischen wie auch der ausländischen Tochtergesellschaften zu 95% von der Körperschaftsteuer (§ 8 b Abs. 6 i. V. m. § 8 b Abs. 5 i. V. m. § 8 b Abs. 1 KStG) und bei der Joint-Venture Personengesellschaft von der Gewerbesteuer gem. § 7 Satz 4 2. Halbsatz GewStG ausgenommen werden.[376]
– Nachteile ergeben sich im Hinblick auf Quellensteuerbelastungen auf ausländische Dividendenbezüge, da sich Personengesellschaften weder für die Mutter-Tochterrichtlinie noch für in DBA regelmäßig dem Konzernverbund vorbehaltene niedrigere Quellensteuersätze qualifizieren.
+ Gewinne aus der Veräußerung der inländischen wie der ausländischen Tochtergesellschaften unterliegen zu 95% weder der Körperschaftsteuer noch der Gewerbesteuer (§ 8 b Abs. 6 i. V. m. § 8 b Abs. 2 KStG i. V. m. § 7 Satz 4 2. Halbsatz GewStG).

---

[371] Vgl. BMF-Schreiben v. 20. 5. 2009, BStBl 2009 I, S. 671; a. A. BFH v. 17. 7. 2008, BStBl 2009 II, S. 464.
[372] Vgl. Sieker, K., IStR 1997, S. 389 m. w. N.
[373] Zu beachten sind daneben § 6 Abs. 5 Satz 4 und 6 EStG, die zur rückwirkenden Aufdeckung stiller Reserven führen können; zu den Details vgl. Abschnitt A II 1 b).
[374] Diese setzt allerdings eine eigene gewerbliche Tätigkeit der Joint-Venture-Personengesellschaft voraus (§ 14 Abs. 1 Satz 1 Nr. 2 Satz 2 KStG).
[375] Für Gewerbesteuerzwecke ist eine entsprechende Verlustzurechnung nicht möglich. Bei beschränkter Haftung ist außerdem § 15 a EStG zu beachten.
[376] Gewerbesteuerlich vorbehaltlich einer Hinzurechnung nach § 8 Nr. 5 GewStG.

6. Kapitel. Internationale M&A-Steuerstrategien

– Beabsichtigt Partner 1, sich später durch Veräußerung seiner Personengesellschaftsbeteiligung aus dem Joint Venture zurückzuziehen, unterliegt ein Veräußerungsgewinn grundsätzlich der Körperschaftsteuer und gem. § 7 Satz 2 GewStG auch der Gewerbesteuer. Der Veräußerungsgewinn ist allerdings insoweit von der Körperschaft- und Gewerbesteuer befreit, als er auf die mittelbar veräußerten Anteile an Tochterkapitalgesellschaften entfällt (§ 8b Abs. 6 KStG i. V. m. § 7 Satz 4 2. Halbsatz GewStG). Im Regelfall wird der Auslandsinvestor Einwendungen gegen eine deutsche Joint-Venture-Personengesellschaft erheben. Zum einen ist insbesondere bei einem nichteuropäischen Partner davon auszugehen, dass bei seinem Eintritt in das Joint Venture die Steuerneutralität von Vermögensübertragungen ebenfalls am besten durch eine in seinem Heimatland ansässige Joint-Venture-Gesellschaft gewährleistet sein wird.[377] Zum anderen können auch Doppelbesteuerungen, die aus der Eigenart des deutschen Systems der Personengesellschaftsbesteuerung und damit drohender Qualifikationskonflikte resultieren, abschreckend wirken, wenngleich diese durch Vorschaltung einer deutschen Kapitalgesellschaft im Grunde leicht auszuschalten sind.

(2) Ausländische Joint-Venture-Personengesellschaft
Alternativ stellt sich die Frage, inwieweit eine im Ausland errichtete Personengesellschaft die steuerlichen Zielsetzungen beider Partner erfüllt.

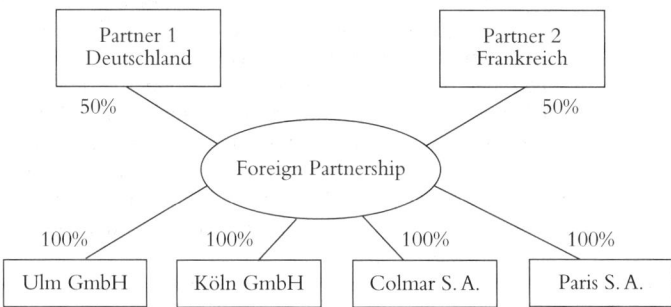

Die Beurteilung der steuerlichen Konsequenzen bei Eintritt und Exit sowie die laufende Besteuerung des Joint Ventures zeigen, dass der inländische Partner 1 aus steuerlicher Sicht bei einer solchen Konstruktion ggf. Nachteile in Kauf zu nehmen hätte.

– Der Weg in das Joint Venture ist für Partner 1 insoweit regelmäßig nahezu steuerfrei, als sein Beitrag in der Übertragung von Anteilen an Kapitalgesellschaften besteht (§ 8b Abs. 2 KStG). Für die Einbringung eines Betriebs, Teilbetriebs oder Mitunternehmeranteils gilt wie im Inlandsfall § 24 UmwStG unabhängig von der Ansässigkeit der Personengesellschaft, d. h. auch bei Ansässigkeit in einem Drittstaat (§ 1 Abs. 4 Satz 2 UmwStG). Voraussetzung für den Buchwertansatz ist nach § 24 Abs. 2

---

[377] So sind bspw. in den USA Einbringungen von Geschäftsbetrieben oder Beteiligungen in eine US-Kapitalgesellschaft nach Sec. 351 und 368 IRC und in eine US Joint-Venture-Personengesellschaft nach Sec. 721 IRC steuerfrei möglich. Die Begrenzungen für den Auslandsfall richten sich nach Sec. 367 IRC (Entstrickungssteuer für Outbound-Transfers).

Satz 2 UmwStG jedoch, dass das Besteuerungsrecht Deutschlands durch die Einbringung nicht ausgeschlossen oder beschränkt wird. Die Einbringung einzelner Wirtschaftsgüter kann nur unter den Voraussetzungen des § 6 Abs. 5 Satz 3 ff. EStG erfolgen; dies erfordert auch, dass die Besteuerung der stillen Reserven sichergestellt ist.[378]

+ Sofern das Joint-Venture-Vehikel eigene laufende Erträge erwirtschaftet, unterliegen diese aufgrund des DBA-Betriebsstättenprinzips regelmäßig nur im Ausland der Besteuerung. Da in Deutschland immer noch ein relativ hohes Steuerniveau herrscht, dürfte dies in der Mehrzahl der Fälle ein steuerlicher Vorteil sein.

– Es entfällt die Möglichkeit einer Verlustverrechnung. Ein Ausgleich ausländischer Personengesellschaftsverluste mit inländischem Einkommen der Partner 1 GmbH ist nicht möglich, wenn das entsprechende DBA eine Freistellung der Einkünfte vorsieht. Sofern die Personengesellschaft in einem Nicht-DBA-Staat ansässig ist bzw. das DBA keine Freistellung, sondern die Anrechnungsmethode vorsieht, kommt § 2a Abs. 2 EStG zur Anwendung, wonach das Halten einer Beteiligung an einer deutschen Kapitalgesellschaft unter dem Aktivitätskatalog als passiv qualifiziert wird.[379] Im Ergebnis scheidet somit im Beispielsfall die steuerliche Berücksichtigung des Verlustes im Inland grundsätzlich aus.[380]

– Die fremdfinanzierte Kapitalausstattung einer ausländischen Personengesellschaft durch ihren inländischen Gesellschafter (Partner 1) birgt grundsätzlich das Risiko „vagabundierenden" Zinsaufwands. In Deutschland ist ein Abzug dieser Fremdkapitalzinsen regelmäßig nicht möglich, weil sie nach dem deutschen Mitunternehmerkonzept Sonderbetriebsausgaben des Gesellschafters zu seiner ausländischen Personengesellschaftsbeteiligung darstellen und die Beteiligungseinkünfte aus der Personengesellschaft nach den DBA regelmäßig von der inländischen Besteuerung freigestellt sind. Da das Ausland das Konzept der Sonderbetriebsausgaben regelmäßig nicht kennt, kann der Finanzierungsaufwand u. U. in keinem der beiden Staaten steuerlich abzugsfähig sein.[381]

– Die fehlende Abkommensberechtigung führt auch im Auslandsfall zu den bei inländischen Personengesellschaften beschriebenen Dividenden-Quellensteuernachteilen.

+– Gewinne aus der Veräußerung der inländischen wie der ausländischen Tochtergesellschaften sind bei der Personengesellschaft ggf. steuerpflichtig bzw. sie werden im Rahmen der ausländischen beschränkten Steuerpflicht bei Partner 1 erfasst, im Inland bleiben sie aufgrund des DBA-Betriebsstättenprinzips unberücksichtigt. Gewinne aus der Veräußerung des Anteils an der Personengesellschaft sind bei Partner 1 aufgrund des

---

[378] Vgl. zur Frage der Entstrickung vor dem Hintergrund der neueren BFH-Rechtsprechung Abschnitt A II 1 b).
[379] Vgl. BFH v. 17. 11. 1999, BStBl 2000 II, S. 605.
[380] Bei EU-/EWR-ansässigen Gesellschaften ist jedoch zumindest der negative Progressionsvorbehalt möglich (§§ 2a Abs. 2a, 32b Abs. 1 Satz 3 EStG). Eine höchstrichterliche Klärung zum Abzug definitiver Auslandsverluste steht noch aus. Vgl. ausführlich dazu 4. Teil, 2. Kapitel, Abschnitt B II 2a) (2).
[381] So Prinz, U./Breuninger, G. E., IWB, Fach 10, International, Gruppe 2, S. 1309, unter Hinweis auf die doppelte Nichtabzugsfähigkeit von Währungsverlusten.

DBA-Betriebsstättenprinzips zwar i. d. R. ebenfalls steuerfrei, regelmäßig wird der ausländische Staat jedoch das ihm abkommensrechtlich zugewiesene Besteuerungsrecht auf solche Veräußerungsgewinne auch ausüben.

Für den inländischen Joint-Venture-Partner bringt die ausländische Personengesellschaft verschiedene steuerliche Nachteile mit sich, zu denen oftmals noch unerwünschte steuerliche Deklarationspflichten im Ausland hinzukommen. Wenn sich Inländer demnach an einem ausländischen Joint Venture beteiligen, werden sie regelmäßig eine Kapitalgesellschaft bevorzugen oder eine solche vor die ausländische Personengesellschaft schalten.

c) Kapitalgesellschaftsstrukturen

(1) Deutsche Joint-Venture-Kapitalgesellschaft

Einigen sich die Parteien auf die Errichtung einer deutschen Joint-Venture-Kapitalgesellschaft (GmbH oder AG), so erbringen sie ihre Beiträge an diese und erhalten im Gegenzug Kapitalgesellschaftsanteile.

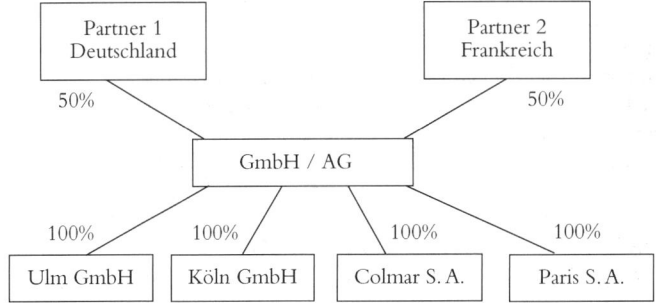

Aus Sicht des deutschen Joint-Venture-Partners ergeben sich die folgenden steuerlichen Vor- (+) und Nachteile (–) einer solchen Struktur.

+ Der Weg in das Joint Venture ist steuerneutral möglich, sofern Partner 1 Betriebe, Teilbetriebe, Mitunternehmeranteile oder mehrheitsvermittelnde Kapitalgesellschaftsbeteiligungen zu Buchwerten einbringt (§§ 20 und 21 UmwStG). Nach § 8b Abs. 2 i. V. m. Abs. 3 KStG ist auch der Verkauf von Beteiligungen an in- und ausländischen Kapitalgesellschaften an das Joint Venture regelmäßig zu 95% steuerfrei. Der in Frankreich ansässige Partner 2 kann seine deutschen Beteiligungen frei von deutscher Steuer an das deutsche Joint Venture verkaufen.
– Die Übertragung von Einzelwirtschaftsgütern in das Joint Venture führt zur Gewinnrealisierung.
+ Zinsgünstige Fremdkapitalgewährungen oder das unentgeltliche Erbringen von Dienstleistungen durch Partner 1 werden als steuerlich unschädliche Nutzungseinlagen qualifiziert.
– Partner 1 kann Joint-Venture-Verluste nur dann für sich nutzbar machen, wenn er eine körperschaftsteuerliche und gewerbesteuerliche Organschaft zur Joint-Venture-Kapitalgesellschaft und deren inländischen Tochtergesell-

schaften herstellen kann.³⁸² Teilwertabschreibungen von Partner 1 auf die Beteiligung am Gemeinschaftsunternehmen sowie Teilwertabschreibungen des Gemeinschaftsunternehmens auf die in- oder ausländischen Tochtergesellschaften sind ebenso wie entsprechende Veräußerungsverluste steuerlich nicht abzugsfähig (§ 8 b Abs. 3 KStG).³⁸³

+ Eine nur geringfügige wirtschaftliche Doppelbelastung der in den Tochtergesellschaften erzielten Gewinne, da sowohl beim Gemeinschaftsunternehmen als auch bei Partner 1 Dividenden zu 95% von der Körperschaftsteuer und der Gewerbesteuer ausgenommen werden (§ 8 b Abs. 1 i. V. m. Abs. 5 KStG i. V. m. § 7 Satz 4 2. Halbsatz GewStG).³⁸⁴

+ Vorteile ergeben sich durch das umfangreiche deutsche Abkommensnetz u. a. im Bereich der ausländischen Quellenbesteuerung sowie durch den nach § 8 b Abs. 5 KStG ermöglichten vollständigen Abzug von im Zusammenhang mit In- und Auslandsbeteiligungen anfallenden Betriebsausgaben (v. a. Finanzierungskosten in den Grenzen der Zinsschranke).

− Nachteile bringt die inländische Kapitalgesellschaft gegenüber einem ausländischen Joint Venture durch ihre im internationalen Vergleich immer noch überdurchschnittliche Ertragsteuerbelastung von etwa 30% und ggf. durch die hohen Einkommensteuersätze für Joint-Venture-Führungskräfte. Weiterhin können in der Praxis z. T. auch die Vorschriften der §§ 7 ff. AStG den Ausschlag zum Nachteil von Deutschland geben.³⁸⁵ Ein inländischer Standort infiziert bei ausländischen Zwischeneinkünften mit Kapitalanlagecharakter auch den Anteil des Auslandsgesellschafters (Partner 2).

+ Gewinne aus der Veräußerung der Tochtergesellschaften werden vom Gemeinschaftsunternehmen ebenso wie Gewinne aus der Veräußerung von Anteilen am Gemeinschaftsunternehmen von Partner 1 zu 95% körperschaft- und gewerbesteuerfrei vereinnahmt (§ 8 b Abs. 2 i. V. m. Abs. 3 KStG i. V. m. § 7 Satz 4 2. Halbsatz GewStG).

Im Ergebnis bringt eine deutsche Joint-Venture-Kapitalgesellschaft im Vergleich mit einer Joint-Venture-Personengesellschaft insbesondere beim Eintritt steuerliche Vorteile für den ausländischen Partner.

(2) Ausländische Joint-Venture-Kapitalgesellschaft

Da die Dividendenbesteuerung in Deutschland seit der Abschaffung des Anrechnungsverfahrens grundsätzlich nicht danach unterscheidet, ob Dividenden aus dem Inland oder aus dem Ausland bezogen werden,³⁸⁶ besteht insoweit kein steuerliches Argument gegen die Ansiedelung des Joint Ventures im Ausland. Ist umgekehrt der Auslandsinvestor in einem Land ansässig, in dem ein körperschaftsteuerliches Anrechnungssystem mit territorialer Wir-

---

³⁸² Im vorliegenden Beispiel gelingt dies mangels finanzieller Eingliederung nicht.
³⁸³ Zu einer 40%igen steuerlichen Abzugsfähigkeit von Wertminderungen an der Beteiligung kann es nur kommen, soweit im Inland natürliche Personen ihre Joint-Venture-Beteiligung in einem Betriebsvermögen halten.
³⁸⁴ Gewerbesteuerlich vorbehaltlich einer Hinzurechnung gem. § 8 Nr. 5 GewStG. Bei Weiterausschüttung an hinter Partner 1 stehende natürliche Personen wird die Doppelbelastung durch das Teileinkünfteverfahren abgemildert.
³⁸⁵ Zu den europarechtlichen Bedenken gegen diese Normen vgl. ausführlich 4. Teil, 3. Kapitel, Abschnitt B II 1 a) (3) (b).
³⁸⁶ Gewerbesteuerlich enthält § 9 Nr. 7 GewStG im Vergleich zu § 9 Nr. 2 a GewStG allerdings unterschiedliche Voraussetzungen.

6. Kapitel: Internationale M&A-Steuerstrategien

kung etabliert ist, wird er sich nachhaltig gegen einen deutschen Standort aussprechen, um die mit der Durchleitung von Auslandsdividenden über ein inländisches Gemeinschaftsunternehmen regelmäßig verbundene Vernichtung von Anrechnungsguthaben und die damit einhergehende wirtschaftliche Doppelbesteuerung zu vermeiden.[387]

Vereinbaren die beiden Kooperationspartner die Zusammenlegung ihrer Aktivitäten in einer ausländischen Kapitalgesellschaft, bietet es sich unter den Gesichtspunkten der steuerlichen Ergebniskonsolidierung durch Organschaften sowie der verbesserten Gesellschafterfremdfinanzierung (§ 8a Abs. 4 KStG) an, die deutschen Beteiligungen steuerneutral in einer Landesholding unter dem Gemeinschaftsunternehmen zu bündeln. Es ergibt sich dann die folgende Struktur.

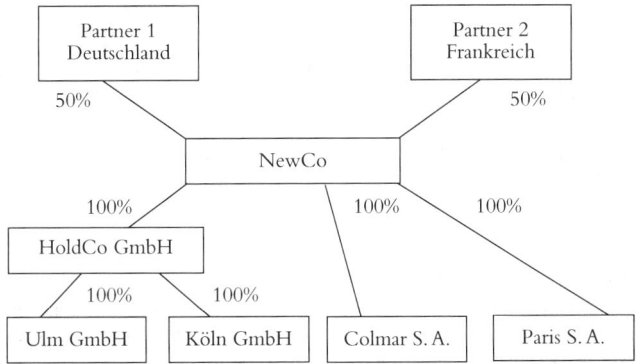

Die steuerlichen Merkmale in den Phasen Eintritt, Verbleib und Austritt aus dem Joint Venture stellen sich wie folgt dar.

+ Der Weg in das Joint Venture ist für Partner 1 regelmäßig nahezu steuerneutral, soweit er Anteile an in- oder ausländischen Kapitalgesellschaften überträgt (95%ige Steuerbefreiung gem. § 8b Abs. 2 und 3 KStG). Darüber hinaus können Betriebe, Teilbetriebe und mehrheitsvermittelnde Beteiligungen an Kapitalgesellschaften auch nach den §§ 20 und 21 UmwStG unter Buchwertfortführung steuerneutral in EU-/EWR-Joint-Venture-Kapitalgesellschaften eingebracht werden.
– Die Übertragung von Einzelwirtschaftsgütern in das ausländische Joint Venture führt zur Gewinnrealisierung.
– Bei zinsgünstigen Kapitalgewährungen oder unentgeltlich erbrachten Dienstleistungen durch Partner 1 kann es zu einer Einkommenskorrektur nach den Regelungen des § 1 AStG kommen.
– Partner 1 kann Verluste des Joint Ventures nicht für sich nutzbar machen, da sowohl Teilwertabschreibungen als auch Verluste aus der Veräußerung und der Liquidation des Gemeinschaftsunternehmens steuerlich nicht anerkannt werden (§ 8b Abs. 3 KStG).[388]

---

[387] Zu den dann im Ausland zu überprüfenden Gestaltungen zur Sicherung des Anrechnungsguthabens vgl. Endres, D., Joint Ventures, 2003, S. 207 ff.
[388] Dies gilt nach der Marks & Spencer-Entscheidung des EuGH v. 13. 12. 2005 (Marks & Spencer), EuGHE 2005, S. I–10437, grundsätzlich auch im europäischen Kontext. Vgl. BDI/PwC, Verlustberücksichtigung, 2006, S. 21 ff.

+ Partner 1 vereinnahmt Dividenden des Gemeinschaftsunternehmens nahezu steuerfrei (§ 8 b Abs. 1 i. V. m. Abs. 5 KStG).[389] Zu einer durch das Teileinkünfteverfahren bzw. die Abgeltungsteuer abgemilderten wirtschaftlichen Doppelbelastung dieser Gewinnausschüttungen kommt es erst bei deren Weiterausschüttung an hinter Partner 1 stehende inländische Privatinvestoren.
+ Als vorteilhaft dürfte sich auch der unbeschränkte Abzug von im Zusammenhang mit dem ausländischen Gemeinschaftsunternehmen stehenden Betriebsausgaben, insbesondere Finanzierungskosten in den Grenzen der Zinsschranke, bei Partner 1 auswirken.
+ Der Exit aus dem Joint Venture ist für Partner 1 zu 95% körperschaft- und gewerbesteuerfrei (§ 8 b Abs. 2 i. V. m. Abs. 3 KStG i. V. m. § 7 Satz 4 2. Halbsatz GewStG); ein Besteuerungsrecht des Sitzstaats des Joint Ventures besteht regelmäßig nicht.

Bei der Auswahl des Standortes des Auslands-Joint-Ventures wird man sich für einen Sitzstaat entscheiden, der ein internationales Schachtelprivileg für Dividenden und Veräußerungsgewinne gewährt (wie bspw. die Niederlande).[390] Nicht zu vernachlässigen sind hierbei jedoch die im Einzelfall zusätzlich eintretenden steuerlichen Belastungen des ausländischen Rechts, wie bspw. Verkehr- und Stempelsteuern.

(3) SE als Joint-Venture-Kapitalgesellschaft

Seit Ende 2004 steht auch für Joint Ventures eine supranationale europäische Rechtsform zur Verfügung: die **Europäische Aktiengesellschaft (Societas Europaea – SE)**. Die SE-VO sieht in Art. 2 Abs. 1–4 SE **vier Gründungsvarianten** vor, bei denen existierende Unternehmen aus mindestens zwei Mitgliedstaaten eine SE errichten:[391]
– durch Verschmelzung von zwei oder mehr Aktiengesellschaften,
– durch Bildung einer Holding-SE,
– durch Gründung einer Tochter-SE oder
– durch Formwechsel einer Aktiengesellschaft.

Ist ein Joint Venture zwischen zwei Unternehmen aus verschiedenen Mitgliedstaaten geplant, so bietet sich insbesondere die **Gründung einer SE als gemeinsame Tochtergesellschaft** als neue Strukturalternative an.

Nach Art. 2 Abs. 3 SE-VO können Gesellschaften aus mindestens zwei verschiedenen Mitgliedstaaten eine Tochter-SE als Gemeinschaftsunternehmen gründen. Eine Tochter-SE kann auch von Gesellschaften aus demselben Mitgliedstaat gegründet werden, wenn sie seit mindestens zwei Jahren eine dem Recht eines anderen Mitgliedstaates unterliegende Tochtergesellschaft oder eine Niederlassung in einem anderen Mitgliedstaat unterhalten.

Einigen sich die Parteien auf die Errichtung einer SE als Joint-Venture-Kapitalgesellschaft, so erbringen sie ihre Beiträge an die SE und erhalten im Gegenzug Gesellschaftsrechte an der SE.

---

[389] Gewerbesteuerlich vorbehaltlich einer Hinzurechnung gem. § 8 Nr. 5 GewStG.
[390] Vgl. Endres, D./Oestreicher, A., PIStB 2000, S. 218.
[391] Vgl. ausführlich 2. Teil, 3. Kapitel, Abschnitt C II.

6. Kapitel. Internationale M&A-Steuerstrategien

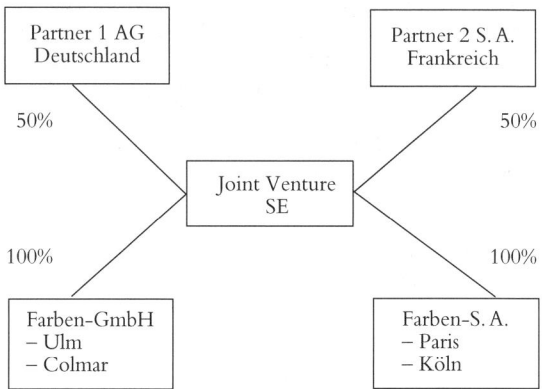

Im Falle der Errichtung einer deutschen SE ergeben sich für den deutschen Partner 1 die gleichen steuerlichen Konsequenzen wie bei der Begründung der Joint-Venture-Gesellschaft als herkömmliche GmbH.[392] Ähnliches wie bei einer ausländischen NewCo gilt, wenn die SE in einem anderen Mitgliedstaat (z. B. Großbritannien)[393] ihren Sitz haben soll. Bringt die Partner 1 AG im Rahmen der Joint-Venture-Vereinbarung mehrheitsvermittelnde Anteile an Kapitalgesellschaften in die ausländische SE ein, kann gem. § 21 UmwStG die 5%ige Besteuerung nach § 8 b Abs. 2 KStG vermieden werden.

Ohne Frage bietet die SE strategische und organisationsspezifische Vorteile, die für europaweit tätige Unternehmen von erheblicher Bedeutung sind.[394] Generell dürfte der Firmenzusatz SE zum Abbau psychologischer Schranken und Hemmnisse beitragen und dem Unternehmen ein modernes europäisches bzw. internationales Image verleihen.

d) Direktzuordnung von Gewinnbestandteilen zu einzelnen Partnern

Joint-Venture-Partner können ungeachtet des Zusammenschlusses von Unternehmensteilen in einem Gemeinschaftsunternehmen ein Interesse daran haben, einen unmittelbaren Zugang zu den Gewinnen zu behalten, die einzelne Tochtergesellschaften bzw. Unternehmensteile erwirtschaften.

Aus Sicht eines deutschen Partners war ein solches Interesse in der Vergangenheit vorrangig im deutschen körperschaftsteuerlichen Anrechnungsverfahren begründet, das ausländische Anteilseigner (bspw. das ausländische Gemeinschaftsunternehmen) vom Anrechnungsguthaben ausschloss, so dass grenzüberschreitende Dividendenzahlungen der Gefahr einer Mehrfachbesteuerung ausgesetzt waren.[395] Nachdem Deutschland auf das Halb- bzw. nachfolgend das Teileinkünfteverfahren übergegangen ist, besteht dieses Pro-

---

[392] Siehe hierzu Schumacher, A., Europäische Aktiengesellschaft, 2005, S. 272 ff.; Eggers, I., Gründung, 2006, S. 216 f.; sowie die Ausführungen in Abschnitt C I 3 c) (1).

[393] Aufgrund der möglichen Organisation nach dem monistischen System ohne Aufsichtsrat scheint Großbritannien gegenüber den Ländern mit dem dualistischen System mit Aufsichtsrat und Leitungsorgan vorteilhafter zu sein.

[394] Vgl. auch Malke, C., Companies, 2009, S. 9 ff.

[395] Vgl. Haarmann, W., Stapled Stock, 1997, S. 253.

blem für den deutschen Joint-Venture-Partner zwar nicht mehr. Entstammt sein Partner jedoch einem Land, das – wie bspw. Malta oder außerhalb der EU Australien – ein grundsätzlich nationales Körperschaftsteueranrechnungssystem praktiziert, muss sich das deutsche Unternehmen darauf einstellen, dass sein Partner die für ihn drohenden steuerlichen Nachteile zu vermeiden sucht. Diese Nachteile treten auf, wenn die maltesischen Einkünfte (hier der Limited) über ein ausländisches (auch ein deutsches) Joint Venture an den maltesischen Joint-Venture-Partner ausgeschüttet werden.

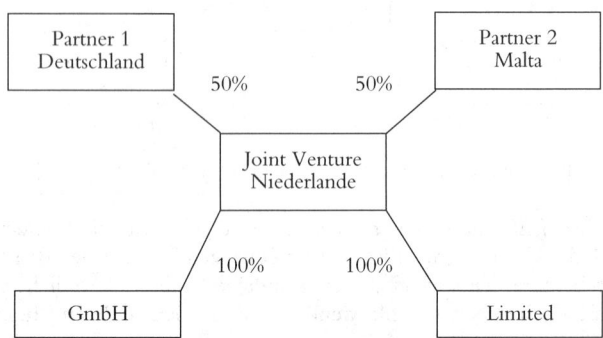

Während Dividenden der Limited an eine maltesische Muttergesellschaft diese zur Gutschrift berechtigen würden, erhöht der durch das Joint Venture bedingte Umweg der Dividendenströme über eine holländische (oder auch eine deutsche) Gesellschaft das maltesische Fiskalaufkommen, da bei der Weiterleitung der Dividenden aus den Niederlanden nach Malta grundsätzlich das maltesische Anrechnungsguthaben verloren geht. Offenkundig wird der maltesische Partner diese Steuersituation als schlagkräftiges Argument für einen maltesischen Standort des Joint Ventures nutzen. Dagegen mögen jedoch andere Gründe sprechen. In diesen Situationen erweist sich die Vernichtung des Anrechnungsguthabens durch Grenzübertritt letztlich für beide Joint-Venture-Parteien als maßgebliches **steuerliches Kooperationshemmnis**.[396]

Ein weiterer Anreiz zum direkten Zugriff auf nationale Gewinnquellen besteht dann, wenn die Schaffung grenzüberschreitender Dividendenströme zusätzliche Quellensteuern auslöst, etwa in Konstellationen, bei denen Dividendenzahlungen nicht wie im EU-Verbund quellensteuerfrei sind.

Schließlich können auch nicht oder nicht unmittelbar steuerliche Gründe für die Schaffung eines direkten Dividendenzugriffs auf eine Unternehmenseinheit sprechen, etwa wenn der Wunsch besteht, Übergewinne oder spezielle Vergütungen bspw. aufgrund von besonderen Vorleistungen eines Joint-Venture-Partners über eine zusätzliche Dividende abzugelten oder auch über den Kapitalmarkt neuen Investoren eine Beteiligung an einem bestimmten, rechtlich nicht verselbständigten Teilbereich des Joint Ventures zu ermöglichen.

In der **Steuerplanung** hat es nicht an Lösungsversuchen gefehlt, **grenzüberschreitende Dividendenzahlungen trotz Beibehaltung des Joint-Venture-Gedankens zu vermeiden**. Nachfolgend sollen Ansatzpunkte be-

---

[396] Vgl. auch Herzig, N., IStR 1996, S. 196 ff.

6. Kapitel. Internationale M&A-Steuerstrategien

schrieben werden, wie durch gesellschafts- und steuerrechtliche Konstruktionen die eigentlich kollidierenden Ziele „direkter Zugang zur Einkunftsquelle" und „zentrales Joint-Venture-Management" vereinbar gemacht werden können.[397]

- **Income-access-shares mit Gewinnpooling:** Income-access-shares-Strukturen vermeiden die nachteiligen Auswirkungen grenzüberschreitender Dividendenzahlungen, indem sie jedem Partner über Vorzugsanteile, Genussrechte, Genussscheine oder andere gewinnberechtigende Instrumente die ausschließliche oder überwiegende Gewinnberechtigung an „seiner" Landesgesellschaft zugestehen. Um einen Dividendengleichschritt bzw. eine 50:50-Gewinnaufteilung zu gewährleisten, ist der Abschluss eines Gewinnpoolingvertrags (Gewinngemeinschaft) zwischen den Schwestergesellschaften GmbH und US-Inc. erforderlich.[398] Für die gemeinsame Führung der Kooperation bleibt weiterhin die Joint-Venture-Gesellschaft zuständig, die entweder über die Stimmrechtsanteile an den operativen Gesellschaften verfügen kann oder mit diesen Management- oder Betriebsführungsverträge abschließt, so dass die einheitliche Herrschaftsmacht sichergestellt ist.[399]

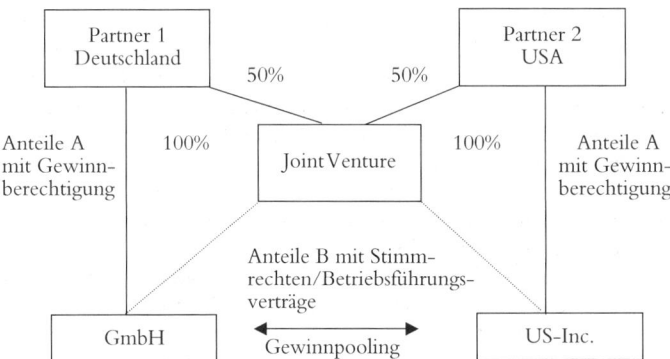

Die Detailausgestaltung derartiger Strukturen ist maßgeblich vom lokalen Gesellschafts- und Steuerrecht abhängig.[400] Zielsetzung ist aber immer der Direktzugriff (access) auf den gewünschten Gewinn bei Gleichstellung der Partner über eine schuldrechtliche Gewinngemeinschaft.

- **Verbundaktien (stapled stock):** Der Grundgedanke von Verbundaktien liegt in der Verknüpfung (stapling) zweier Gesellschaftsrechte, so dass diese nur gemeinsam erworben werden können, dem Anteilseigner aber insgesamt durch Ausschüttungen auf beide Anteile genau seine ihm zustehende (50%ige) Joint-Venture-Gewinnberechtigung zukommt. Die Variations-

---

[397] Vgl. Müller, H.-P., Gestaltungen, 1994, S. 242 f.
[398] Vgl. hierzu die Ausführungen im Abschnitt C I 2 b).
[399] Vgl. auch Breuninger, G. E., Joint Venture, 1997, S. 21; Storck, A., Der Schweizer Treuhänder 2000, S. 362 ff.
[400] Zu den Prüfungsnormen einer disproportionalen Gewinnverteilung in Deutschland (z. B. § 20 Abs. 2 a EStG, § 39 AO) vgl. Haarmann, W., Beteiligungen, 1996, S. 51 ff.; Breuninger, G. E., Joint Venture, 1997, S. 15 ff.

breite an Stapled-stock-Strukturen ist vielfältig;[401] ein denkbares Modell, das – wie zahlreiche Modelle der Praxis – die Verbundaktie mit einem Gewinnpooling kombiniert, gestaltet sich wie folgt:

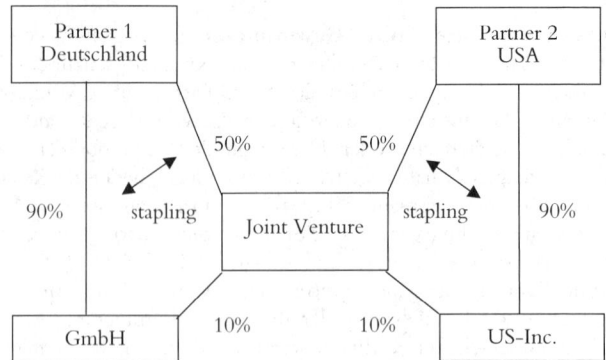

Partner 1 ist sowohl an dem Joint Venture als auch an der GmbH beteiligt, wobei die Besonderheit in der Ausgestaltung der Joint-Venture-Anteile besteht. Diese berechtigen grundsätzlich zum Bezug von 50% des vom Joint Venture (einschließlich der Tochtergesellschaften) erzielten Gewinns, allerdings unter Anrechnung der Gewinnausschüttung der GmbH an Partner 1. Entsprechend ermäßigt sich auch der Dividendenanspruch von Partner 2 gegenüber dem Joint Venture, soweit Partner 2 direkt Gewinnanteile von der US-Inc. erhalten hat. Die Anteile an dem Joint Venture und der Landesgesellschaft sind insofern „verklammert" – der Gewinnpool wird über den Dividendenausgleich auf Joint-Venture-Ebene erreicht.[402]

– **Personengesellschaftsstrukturen:** Im Rahmen von Personengesellschaftsstrukturen wird die Flexibilität der Personengesellschaftsstatute dazu benutzt, die gewünschte Allokation der Dividendenströme zu erreichen. In manchen Ländern erlaubt die Gewinnverteilungsabrede in Personengesellschaften die direkte Zuordnung der von ihr erwirtschafteten Erträge.[403] Alternativ können die Partner jeweils eine Personengesellschaft in ihrem Heimatland errichten, an denen den Landespartnern die vorrangige Gewinnberechtigung (A-Anteile) zusteht, während dem Auslandspartner nur bei Notwendigkeit einer Kompensationsausschüttung ein Gewinnbezugsrecht (durch Kommandit-B-Anteile) zugestanden wird. Die Komplementärfunktion und damit die Geschäftsleitung in den beiden Personengesellschaften wird von einer gemeinsamen Joint-Venture-Gesellschaft ausgeübt.[404]

---

[401] Vgl. Breuninger, G. E., Joint Venture, 1997, S. 10 f.; Vögele, A., Stapled Stocks, 2003, S. 1367 ff.; Harbarth, S., AG 2004, S. 582 ff.

[402] Ein Alternativmodell wäre eine Überkreuz-Beteiligung (Doppelholdingmodell), wobei die Beteiligungen an der jeweiligen Auslandsgesellschaft nur eine Dividende gewähren, wenn das Ausschüttungspotential auf der inländischen Stammaktie so gering ist, dass sie nicht ausreicht, um eine Dividende in Höhe der Ausschüttung auf die andere Stammaktie zu finanzieren. Vgl. Müller-Dott, J. P., Kooperationshemmnisse, 1996, S. 8 f.; Smith, C./Thalhammer, B., Verbundaktie, 1997, S. 14.

[403] Zu Beispielstrukturen insbesondere im Hinblick auf die USA vgl. Dolan, K., TMIJ 1993, S. 105 ff.

[404] Vgl. Breuninger, G. E., Joint Venture, 1997, S. 22 f.

6. Kapitel. Internationale M&A-Steuerstrategien 1289

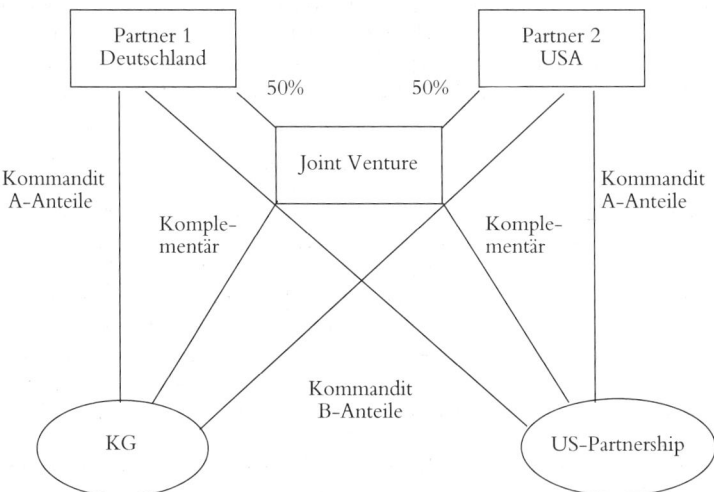

– **Tracking stocks:** Hierbei handelt es sich um Anteilsrechte an einem Gesamtunternehmen, bei denen sich der Dividendenanspruch auf das Ergebnis einer rechtlich unselbstständigen Untereinheit (tracked unit) bezieht. Tracking stocks werden derzeit vorrangig in den USA eingesetzt, um diversifizierte Unternehmen für den Kapitalmarkt in einer attraktiven Form aufzuspalten. Hierdurch sollen die Ergebnisbeiträge der einzelnen Unternehmensbereiche transparenter gemacht und damit letztlich die Marktkapitalisierung des Gesamtunternehmens gesteigert werden.[405] Auch die Schaffung einer attraktiven Akquisitionswährung oder die Konstruktion eines Instruments zur Managementvergütung über einen bereichsspezifischen Aktienoptionsplan kann Grund für die Schaffung derartiger Instrumente sein. Schließlich kann damit auch ein rechtlicher „spin off" vorbereitet werden. Eines der zentralen Hemmnisse ist allerdings der Umstand, dass der auf einen tracking stock ausgeschüttete Gewinnanteil typischerweise von der dadurch repräsentierten Beteiligung abweicht. Über die Zulässigkeit disproportionaler Gewinnausschüttungen besteht jedoch keine Einigkeit. Zwar hat der BFH[406] eine disproportionale Gewinnausschüttung nicht als Gestaltungsmissbrauch qualifiziert, das Urteil wurde seitens der Finanzverwaltung jedoch mit einem Nichtanwendungserlass belegt.[407] Der praktische Einsatz von Tracking-stock-Modellen ist daher selten.[408]

---

[405] Vgl. Friedl, M.J., BB 2002, S. 1157 ff.; Tonner, M., IStR 2002, S. 317 ff.; Prinz, U./Schürner, C. T., DStR 2003, S. 181 ff.
[406] Vgl. BFH v. 19. 8. 1999, BStBl 2001 II, S. 43. Zur kritischen Analyse des Urteils vgl. Groh, M., DB 2000, S. 1433 ff.
[407] Vgl. BMF-Schreiben v. 7. 12. 2000, BStBl 2001 I, S. 47.
[408] Vgl. Prinz, U., FR 2001, S. 285 ff. m. w. N.; zu den Anforderungen an die Rechnungslegung vgl. Prinz, U./Schürner, C. T., DStR 2001, S. 759 ff.; Görgemanns, T., GmbHR 2004, S. 175 f.; zu aktien- und kapitalmarktrechtlichen Aspekten vgl. Sieger, J.J./Hasselbach, K., BB 1999, S. 1277 ff.; Sieger, J.J./Hasselbach, K., AG 2001, S. 391 ff.; Tonner, M., IStR 2002, S. 317 ff.; Fleischer, H., NZG 2004, S. 1132; zur

Die Komplexität der oben beschriebenen Strukturen verdeutlicht die Problematik der Körperschaftsbesteuerung über die Grenze. Alle Modelle erfordern einen hohen gesellschaftsrechtlichen Aufwand, bedürfen der Analyse aus Sicht des Gesellschafts- und Wertpapierrechts und sind ohne Vorabstimmung mit der Finanzverwaltung im Wege der verbindlichen Auskunft nicht anzuraten.

4. Schlussfolgerungen für die Steuerstrategie

Internationale Joint Ventures sind mit Gestaltungsaufgaben überfrachtet. Dies gilt bei weitem nicht nur, aber auch für die steuerliche Seite. Es ist eine Strategie zu finden, die zunächst den vereinbarten „deal" reflektiert und nicht durch disproportionale Steuerbelastungen den wirtschaftlichen Kompromiss in Frage stellt. Zusätzlich muss das Joint-Venture-Modell für die gemeinsame Gesellschaft und ihre Partner das beste steuerliche Ergebnis versprechen, wobei die Gesellschafter oft aus gänzlich unterschiedlichen Finanz- und Rechtskreisen kommen und ggf. sogar kollidierende Fiskalziele haben. Die zur Verfügung stehenden Gestaltungsformen sind vielfältig, da sowohl die Art der Zusammenfassung als auch Rechtsform und Standort unter gewissen Vorgaben frei wählbar sind. Im Einzelfall die optimale Wahl zu treffen, die den gemeinsamen steuerlichen Zielsetzungen am ehesten entspricht, ist beileibe nicht einfach, zumal diese Entscheidung von wirtschaftlichen, rechtlichen und politischen Gesichtspunkten überlagert wird. Nicht selten muss die Steuer den Sündenbock spielen, sollen den Interessen eines Partners widerstrebende Strukturen abgeblockt werden.

In der Praxis ist die weitaus überwiegende Zahl internationaler Joint Ventures in Kapitalgesellschaftsform organisiert. Ob der Rechtsform der Personengesellschaft als Joint-Venture-Gesellschaft in Zukunft sehr viel größere Bedeutung zukommt, ist wohl eher fraglich. Wenngleich insbesondere der günstige Verlusttransfer im Inlandsfall, die weitergehende Steuerflexibilität im Hinblick auf Vermögenstransfers zwischen Gesellschaft und Gesellschafter und die Steuerbefreiung ausländischer Personengesellschaftsgewinne auch bei deutschen natürlichen Personen als Joint-Venture-Partner durchaus vorteilhaft sind, gibt es auch einige gewichtige Nachteile, so insbesondere die mangelnde Abkommensberechtigung, Quellensteuernachteile bei zufließenden Dividenden, der Ausschluss aus dem Anwendungsbereich der Fusionsrichtlinie sowie unerwünschte Deklarationspflichten im Rahmen in- oder ausländischer beschränkter Steuerpflicht.[409] Auch der mangelnde Bekanntheitsgrad von Personengesellschaftsstrukturen in anderen Rechtskreisen dürfte sich hemmend auswirken. Generell gilt, dass es **kein gesondertes Steuerregime für Joint-Venture-Gesellschaften** gibt und dass die Besonderheit eines oder mehrerer zusätzlicher Gesellschafter nichts an den Steuerkonsequenzen des betreffenden In- oder Outbound-Investors ändert. Im Regelfall werden sich die Joint-Venture-Partner immer noch tendenziell eher in Kapitalgesellschaftsform zusammenschließen, wobei in Einzelfällen durch die Wahl hybrider Gesell-

---

Steuerplanung vgl. Balmes, F./Graessner, H.-C., DStR 2002, S. 840 f.; Prinz, U./Schürner, C. T., DStR 2003, S. 181 ff.; zu einem der wenigen Praxisfälle vgl. Cichy, P./Heins, J.-C., AG 2010, S. 181.

[409] Vgl. auch die Auflistung typischer Vor- und Nachteile einer ausländischen Personengesellschaft bei Prinz, U./Breuninger, G. E., IWB, Fach 10, International, Gruppe 2, S. 1299 f.

schaften auch eine gewünschte unterschiedliche Qualifikation des Joint-Venture-Vehikels aus Sicht beider Partnerländer erreichbar ist.[410] Auch wenn in der Praxis auf ein Kapitalgesellschafts-Holdingmodell in einem der Partnerländer zurückgegriffen wird, gibt es **kein allgemeingültiges Patentrezept für die perfekte Joint-Venture-Strategie.** Vorgefertigte Lösungen laufen Gefahr, bessere Optionen für den Einzelfall zu übersehen, da die Unterschiede zwischen verschiedenen Kooperationsfällen meist größer sind als ihre Gemeinsamkeiten. Nur bei detaillierter Kenntnis der Zielsetzungen des jeweiligen Joint Ventures (z. B. Streben nach einer eigenständigen Identität am Markt, Haftungsfragen, Bilanzpolitik, Budget- und Ausschüttungsvorgaben, Mitarbeitermotivation durch Anstellung in einer separaten Joint-Venture-Gesellschaft etc.) und nach Klärung einer Fülle lokaler Steuerfragen sind fundierte Strukturaussagen möglich. Der Steuerplaner wird dabei häufig einer gesellschaftsrechtlichen Verbindung den Vorzug gegenüber einem reinen Vertrags-Joint Venture einräumen, um Risiken einer ungewollten Qualifikation als Mitunternehmerschaft zu minimieren.[411] Bei den Verhandlungen über die Standortfrage bezüglich einer paritätisch gehaltenen Joint-Venture-Kapitalgesellschaft erfordern aus Sicht des deutschen Partners lediglich eventuelle Gewinnrealisierungsprobleme (z. B. bei Konstellationen mit Übertragung von Betrieben ins Nicht-EU-Ausland), die Möglichkeit für steuerunschädliche Nutzungseinlagen und das ggf. bessere DBA-Netz die Wahl einer Inlandseinheit, während umgekehrt einem deutschen Standort insbesondere das nach wie vor vergleichsweise hohe Steuerniveau und die Regelungen des Außensteuergesetzes entgegengehalten werden können.

Ein präzise durchdachtes Joint-Venture-Konzept vermag zwar nicht wirtschaftlichen Erfolg zu garantieren, ermöglicht aber die besten Voraussetzungen für einen reibungslosen Ablauf der Zusammenarbeit.[412] Anders als im eigenen Konzern sind bei Gemeinschaftsunternehmen spätere Modifikationen der Struktur nur recht schwerfällig über Neuverhandlungen erreichbar, so dass ein Abwarten und Verzögern von Entscheidungen erhebliche Nachteile in sich bergen kann. Die daraus resultierende Notwendigkeit zur Detailarbeit im Ausgangsstadium, die Komplexität und den erheblichen Handlungsspielraum in der Strukturierung kann man als Chance oder Risiko verstehen – auf jeden Fall ist eine sorgfältige Auseinandersetzung mit steuerlichen Joint-Venture-Strategien unerlässlich.

II. Internationale Fusionen börsennotierter Gesellschaften (merger of equals)

1. Abgrenzung von internationalen Fusionen und Joint Ventures

Die Internationalisierung der Weltwirtschaft hat in den letzten Jahren zu einem starken Anstieg grenzüberschreitender Akquisitionen bzw. grenzüber-

---
[410] Vgl. Flick, H. F. W., IStR 1998, S. 111. *Flick* beschreibt eine Joint-Venture-Situation, bei der eine GmbH mittels der Check-the-box-Regelungen in den USA als Personengesellschaft kategorisiert wird und so eine US-Gewinnrealisierung bei Einbringung von US-Betriebsstättenvermögen in die deutsche Joint-Venture-GmbH vermieden wird. Zur „gecheckten" KGaA vgl. Kroniger, A./Thies, A., IStR 2002, S. 397 ff.
[411] Vgl. Fischer-Zernin, J., IWB, Fach 10, International, Gruppe 2, S. 1274.
[412] Vgl. auch Mullarkey, D., TPIR 1994, S. 3 und 10; Zacher, T., IStR 1997, S. 415.

6. *Teil. Grenzüberschreitende Steuerplanung*

schreitender Unternehmenszusammenschlüsse geführt. Die wohl spektakulärsten Fälle waren die Fusionen von Rhône-Poulenc/Hoechst,[413] Daimler Benz/Chrysler, Vodafone Airtouch/Mannesmann, Hewlett-Packard/Compaq, Viag/Lonza Group, Procter & Gamble/Gillette und Aventis/Sanofi. Etliche dieser Zusammenschlüsse haben einen besonderen Charakter, der sie von der Unternehmensakquisition einerseits und vom Joint Venture andererseits abhebt. Da es sich um ein umfassendes Zusammengehen zweier wirtschaftlich mehr oder weniger ebenbürtiger Unternehmen handelt – dies kommt auch in der Bezeichnung „**merger of equals**" zum Ausdruck, also dem Zusammenschluss unter Gleichen – können sie nicht als klassische Unternehmenserwerbe bezeichnet werden. Weil keine auf einzelne Unternehmensteile beschränkten Kooperationen gebildet werden, handelt es sich andererseits aber auch nicht um bloße Joint Ventures.

2. Grundlagen der Rechnungslegung internationaler Fusionen

a) Behandlung im HGB-Abschluss

Bei der Gestaltung eines merger of equals können bilanzpolitische Zielsetzungen eine maßgebliche Rolle spielen, sofern die anzuwendenden Rechnungslegungsvorschriften eine besondere, für die Außendarstellung günstigere Form der Darstellung im Konzernabschluss erlauben. Ein Konzernabschluss hat aufgrund seiner Informationsfunktion die Vermögens-, Finanz- und Ertragslage der wirtschaftlichen Einheit „Konzern" darzustellen, wobei ungeachtet ihrer rechtlichen Selbstständigkeit die einzelnen Konzerngesellschaften zu der fingierten rechtlichen Einheit „Konzern" zusammenzufassen sind. Im Rahmen der Kapitalkonsolidierung werden deshalb die Beteiligungsansätze in der Bilanz der Konzernobergesellschaft mit dem quotalen Eigenkapital der jeweiligen Tochtergesellschaften verrechnet (Kapitalkonsolidierung).

Die Gestaltungsspielräume des HGB bei der Darstellung der bilanziellen Folgen eines Unternehmenszusammenschlusses im Konzernabschluss wurden durch das BilMoG eingeschränkt. Bislang standen mit der Erwerbsmethode und der Interessenszusammenführungsmethode unterschiedliche Techniken der Kapitalkonsolidierung zur Verfügung.[414] Mit Aufhebung des Methodenwahlrechts des § 302 HGB a. F. durch das BilMoG ist die Anwendung der Interessenzusammenführungsmethode für Wirtschaftsjahre, die nach dem 31. 12. 2009 beginnen, nicht mehr anwendbar.[415]

Die künftig allein zulässige **Erwerbsmethode** interpretiert den Zusammenschluss zweier Unternehmen als Erwerb der Vermögensgegenstände und Schulden des einzubeziehenden Unternehmens durch das Mutterunternehmen nach § 290 HGB und sieht daher deren Neubewertung zum Zeitpunkt des Zusammenschlusses vor. Eine positive Differenz zwischen den Anschaffungskosten der Beteiligung des Mutterunternehmens an der erworbenen Gesellschaft und dem Zeitwert des anteiligen Nettovermögens ist in der Konzernbilanz als Geschäftswert auszuweisen und in den Folgejahren planmäßig

---

[413] Zu Steuerfragen bei der Entstehung von Aventis durch den Zusammenschluss von Rhone Poulenc und Hoechst vgl. Wienke, K., Steuerplanung, 2005, S. 128 ff.
[414] Vgl. IDW (Hrsg.), WP-Handbuch, 2006, Abschnitt M, Tz. 329 und 430.
[415] Art. 66 Abs. 5 EGHGB; vgl. Gelhausen, H. F./Fey, G./Kämpfer, G. (Hrsg.), Bilanzrechtsmodernisierungsgesetz, 2009, Q Tz. 273 ff.

abzuschreiben (§ 309 Abs. 1 HGB). Die Unterscheidung zwischen Erwerber und erworbenen Unternehmen wird nach HGB ausschließlich auf der Grundlage eines formalrechtlichen Unterordnungsverhältnisses nach § 290 HGB getroffen.[416] Die **Interessenzusammenführungsmethode** stellte bislang insbesondere beim Beteiligungserwerb im Wege eines Anteilstausches eine Alternative zur Erwerbsmethode dar. Bei dieser Technik der Kapitalkonsolidierung geht man davon aus, dass der Unternehmenszusammenschluss nicht auf einem Unternehmenserwerb, sondern einer Vereinigung der Vermögensinteressen der Anteilsinhaber zweier Unternehmen beruht, wobei die Anteilseigner die Ressourcen ihrer Unternehmen in einem Unternehmen bündeln. Diesem Grundgedanken folgt auch die Konsolidierungstechnik. Die Vermögensgegenstände und Schulden der beteiligten Unternehmen werden nicht neu bewertet, sondern im Konzernabschluss des fusionierten Unternehmens im Fusionszeitpunkt zu Buchwerten, in der Folgebewertung nach konzerneinheitlichen Bilanzierungsregeln fortgeführt. In der Vermeidung der Aufdeckung stiller Reserven – insbesondere durch die Bilanzierung und (planmäßige) Abschreibung eines Geschäfts- oder Firmenwerts – liegt denn auch die hohe Attraktivität der Interessenzusammenführungsmethode. Die Belastung des Konzernergebnisses durch hohe Abschreibungen in Folge eines Zusammenschlusses konnte vermieden werden.[417] Sofern vor dem 31. 12. 2009 Unternehmenszusammenschlüsse nach der Interessenzusammenführungsmethode bilanziert wurden, darf diese Methode der Kapitalkonsolidierung unter Fortgeltung der Regelungen des § 302 HGB a. F. beibehalten werden.[418]

b) Behandlung nach IFRS und US GAAP

Im Unterschied zu den bisherigen deutschen HGB-Regelungen sehen weder IFRS noch US GAAP die Anwendung der Interessenzusammenführungsmethode – im internationalen Regelungsumfeld als **„pooling of interest method"** bezeichnet – vor. Kapitalmarktorientierte Unternehmen haben – bis auf wenige Ausnahmen[419] – für Geschäftsjahre, die nach dem 31. 12. 2004 beginnen, zwingend ihren Konzernabschluss nach den von der EU übernommenen IFRS-Standards zu erstellen.[420] Da IFRS 3 (business combinations) von der EU übernommen und damit mit Rechtskraft versehen wurde, ist in internationalen Konzernabschlüssen sowie in deutschen Konzernabschlüssen kapitalmarktorientierter Konzerne sowie in Konzernabschlüssen, die freiwillig nach internationalen Standards aufgestellt werden,[421] jeder

---
[416] Vgl. Gelhausen, H. F./Fey, G./Kämpfer, G. (Hrsg.), Bilanzrechtsmodernisierungsgesetz, 2009, Q Tz. 6.
[417] Vgl. Bogenschütz, E., IStR 2000, S. 611.
[418] Art. 67 Abs. 5 Satz 2 EGHGB.
[419] Dies betrifft insbesondere traditionelle US GAAP-Bilanzierer; auch diese haben innerhalb der EU IFRS ab dem Geschäftsjahr, das am oder nach dem 1. 1. 2007 beginnt, anzuwenden.
[420] Vgl. Verordnung (EG) Nr. 1606/2002 des Europäischen Parlaments und des Rates v. 19. 7. 2002, Abl. EG 2002 Nr. L 243, S. 1.
[421] Die Möglichkeit zu einer freiwilligen, von der HGB-Konzernrechnungslegungspflicht befreienden Anwendung von IFRS eröffnet § 315 a Abs. 3 HGB.

Unternehmenserwerb, auch ein merger, zwingend nach der Erwerbsmethode abzubilden. In 2009 wurde IFRS 3 dahingehend verändert,[422] dass der Bilanzierende nunmehr ein Wahlrecht erhält, den Geschäftswert, der auf seinen Anteil entfällt (beteiligungsproportionaler goodwill), oder den Goodwill des gesamten Unternehmens (full goodwill) anzusetzen.[423] Allerdings erfolgt weder nach IFRS noch nach US GAAP eine Verrechnung planmäßiger Abschreibungen auf den Geschäftswert; vielmehr ist der bilanzierte Geschäftswert periodisch und anlassbezogen einem Wertminderungstest zu unterziehen und so auf seine Werthaltigkeit hin zu überprüfen.[424] Die **verpflichtende Anwendung der Erwerbsmethode** birgt jedoch gerade im Fall des mergers das Problem, einen Erwerber identifizieren zu müssen.[425] Dies kann im Einzelfall problematisch sein und führt – gerade bei nahezu gleich großen Unternehmen – dazu, dass im Konzern eine Mischung von Buchwerten und Zeitwerten ausgewiesen wird. Dies liegt daran, dass die Vermögenswerte und Schulden des Erwerbers – anders als die des erworbenen Unternehmens – keiner Neubewertung unterzogen werden und bedingt eine schlechte Interpretier- und Analysierbarkeit der Konzernabschlussinformationen. Vor diesem Hintergrund ist es denn auch nicht überraschend, dass über etwaige Alternativen – vor allem im Hinblick auf die Darstellung von mergers – wie bspw. die **Fresh-start-Methode**[426] nachgedacht wird. Diese sieht vor, dass im Falle eines Unternehmenserwerbs die Vermögenswerte und Schulden sowohl des Erwerbers als auch des erworbenen Unternehmens neu bewertet werden, so dass im Konzernabschluss nur noch Zeitwerte ausgewiesen werden. Dies würde die Probleme bei der Analyse von Konzernabschlüssen erheblich vereinfachen, bedingt aber erweiterte Ermessensspielräume für die Bilanzierenden, da es bezüglich des Erwerbers an einer Wertkonkretisierung der Vermögenswerte und Schulden in Form des entrichteten Kaufpreises gänzlich fehlt.[427]

3. Gestaltungsalternativen und steuerliche Konsequenzen

Grenzüberschreitende Unternehmenszusammenschlüsse sind in hohem Maße von dem Hemmnis der stark national ausgerichteten Wirtschaftsord-

---

[422] Vgl. Verordnung (EG) Nr. 495/2009 der Kommission vom 3. Juni 2009, Abl. EG 2009 Nr. L 149, S. 22.
[423] IFRS 3.32 (revised 2008); vgl. im Einzelnen Küting, K./Weber, C.-P./Wirth, J., KoR 2008, S. 139 ff.
[424] Vgl. Fladt, G./Feige, P., WPg 2003, S. 249 ff.; Wüstemann, J./Duhr, A., BB 2003, S. 247 ff.
[425] Dieses Problem hat das IASB erkannt und aus diesem Grund in IFRS 3 (revised 2008) B14 ff. vergleichsweise umfangreiche Regelungen zur Bestimmung des Erwerbers in Zweifelsfällen formuliert. Vgl. zu den Überlegungen des IASB im Zuge der Abschaffung der Interessenzusammenführungsmethode auch IFRS 3. BC37–53.
[426] Die Fresh-start-Methode geht von der Überlegung aus, dass die am Zusammenschluss beteiligten Gesellschaften Akquisitionsobjekte sind, die von der Konzernspitze des sich neu formierenden Unternehmens übernommen werden und dann entsprechend in der Folge sind sämtliche Vermögensgegenstände und Schulden mit Marktwerten zu bewerten. Die Methode ist mit einer Fülle bislang unbeantworteter Fragen behaftet; vgl. hierzu Pellens, B./Sellhorn, T., BB 1999, S. 2125; Vater, H., DB 2001, S. 1847 f. m. w. N.
[427] Vgl. Telkamp, H.-J./Bruns, C., WPg 2000, S. 744 ff.

6. Kapitel. Internationale M&A-Steuerstrategien

nungen betroffen.[428] Innerhalb der EU wurden solche Hemmnisse in vielen Bereichen abgebaut und auch die grenzüberschreitende Verschmelzung von Kapitalgesellschaften ist innerhalb von EU und EWR mittlerweile sowohl umwandlungsrechtlich (§§ 122 a ff. UmwG) als auch umwandlungssteuerlich (§ 1 Abs. 1 Satz 1 Nr. 1, Abs. 2 UmwStG) geregelt.[429] Die gebräuchlichste Form des Unternehmenszusammenschlusses war und ist jedoch die „unechte Fusion", also die Einbringung der Anteile an der einen Gesellschaft in die andere bzw. die Einbringung beider Gesellschaften in eine neue gemeinsame Muttergesellschaft.

Beispiel: Die deutsche Würfel AG und die französische Pyramiden S. A. planen, sich im Rahmen eines merger of equals zusammenzuschließen und wollen ihren Aktionären, die sich jeweils aus institutionellen Anlegern und Kleinaktionären (Streubesitz) zusammensetzen, die Zusammenführung der beiden Unternehmen durch Anteilstausch vorschlagen.

Die Ausgangssituation ist dadurch gekennzeichnet, dass beide Gesellschaften über jeweils in- und ausländische Tochtergesellschaften verfügen.

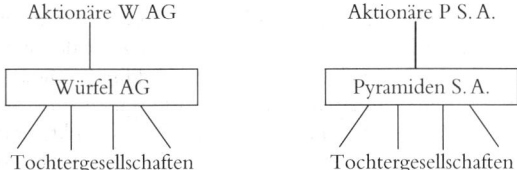

Zur Durchführung des Zusammenschlusses können die deutschen Aktionäre ihre Anteile an der Würfel AG im Wege einer Sacheinlage gegen neue Anteile in die Pyramiden S. A. einlegen, womit der Sitz der fusionierten Gesellschaft Frankreich wäre.

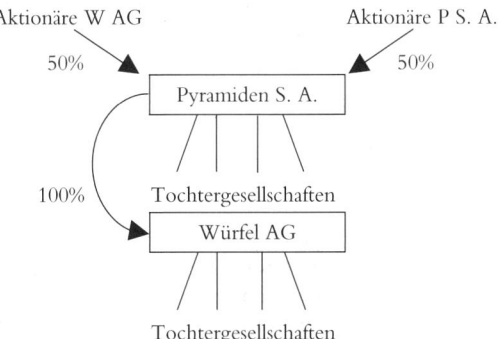

Umgekehrt können aber auch die französischen Aktionäre ihre Anteile an der Pyramiden S. A. in die Würfel AG gegen neue Anteile einlegen, womit der Sitz der Obergesellschaft Deutschland wäre.

---

[428] Vgl. Herzig, N., Kooperationshindernis, 1999, S. 622.
[429] Vgl. Abschnitt A II 1 a).

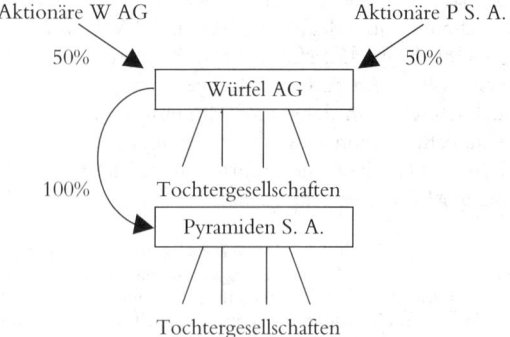

Es kann aber auch eine Struktur gewählt werden, bei der sowohl die deutschen als auch die französischen Aktionäre ihre Anteile in eine neue Holdinggesellschaft einlegen. Dies kann innerhalb der EU auch zur Gründung einer **Holding-SE** führen.[430] Als Domizilland dieser neuen Gesellschaft kommen neben Deutschland und Frankreich auch typische Holdingstandorte in Frage (im Beispiel die Niederlande). Letztere Lösung hat den nicht zu unterschätzenden psychologischen Vorteil, dass eine Holdinggesellschaft auf „neutralem Boden" Unterlegenheitsempfindungen des einen oder anderen Partners vermeidet.[431] Zur technischen Umsetzung dieser Struktur bietet sich die Einschaltung einer treuhänderisch agierenden Bank an, wobei die Holding BV parallel zwei Kapitalerhöhungen gegen Sacheinlagen unter Ausschluss des Bezugsrechts durchführt und so sowohl die Anteile an der Würfel AG als auch die an der Pyramiden S. A. aufnimmt.

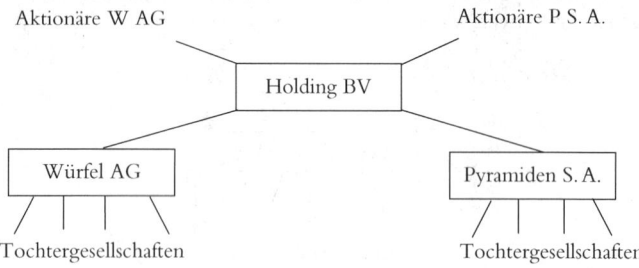

Welche Alternative letztlich gewählt wird, dürfte in erster Linie von nichtsteuerlichen Faktoren abhängen. Aus steuerlicher Sicht beeinflussen zunächst die Konsequenzen **auf Unternehmensebene** nach Vollzug der Fusion die Entscheidung, welche Gesellschaft unter die andere bzw. ob beide Gesellschaften unter eine neue Holding BV umgehängt werden sollen. Insoweit ist ein klassisches Problem der steuerlichen Standortwahl angesprochen, weshalb auf die entsprechenden Ausführungen zu Joint-Venture- und Holdinggestaltungen verwiesen werden kann.[432] Da jedoch die Frage, ob eine derartige

---

[430] Vgl. Art. 2 Abs. 2 i. V. m. Art. 32 ff. SE-Verordnung.
[431] Vgl. Hancock, S./Phillips, B./Gray, M., European Counsel 1999, S. 25.
[432] Vgl. Abschnitt C I 3 und 4. Kapitel, Abschnitt C.

grenzüberschreitende Fusion überhaupt erfolgreich vollzogen werden kann, in höchstem Maße von der Zustimmung möglichst aller Aktionäre abhängt, ist die **Besteuerung der Anteilseigner** beim grenzüberschreitenden Anteilstausch ein ausschlaggebendes Kriterium. Im Folgenden werden die wesentlichen steuerlichen Konsequenzen der drei oben genannten Fallgestaltungen diskutiert. Hieraus wird erkennbar, dass eine steuerschonende Abwicklung des Anteilstauschs u. U. einen immensen technischen Aufwand erfordert, der bei der Planung einer derartigen Transaktion nicht zu vernachlässigen ist.

Tauschen die deutschen[433] Aktionäre der Würfel AG ihre Aktien gegen solche einer anderen Gesellschaft ein, liegt ertragsteuerlich ein veräußerungs- bzw. tauschähnliches Geschäft vor, das ggf. zu einem steuerpflichtigen Veräußerungsgewinn führt. Liegen die Anteile im Betriebsvermögen einer Kapitalgesellschaft, ist der Tausch zu 95% steuerfrei (§ 8 b Abs. 2 und 3 KStG), bei natürlichen Personen gilt im Betriebsvermögen und bei Beteiligung i. S. d. § 17 EStG grundsätzlich das Teileinkünfteverfahren (§ 3 Nr. 40 EStG), im Übrigen bei Anschaffung der Anteile nach dem 31. 12. 2008 die Abgeltungsteuer (§§ 20 Abs. 2 Satz 1 Nr. 1, 32 d EStG).

Werden die Anteile in eine **deutsche Holding AG** eingebracht, kann es sich bei anderweitiger Steuerpflicht anbieten, die Fusion als **qualifizierten Anteilstausch** i. S. d. § 21 Abs. 1 Satz 2 UmwStG zu gestalten, weil damit eine unmittelbare Steuerpflicht im Tauschzeitpunkt vermieden und die Zustimmung einer möglichst breiten Aktionärsbasis erreicht werden kann. Hierzu ist es erforderlich, dass die Holding AG im Zuge eines einheitlichen Kapitalerhöhungsvorgangs[434] unmittelbar die Mehrheit der Stimmrechte an der Würfel AG erhält, die Holding AG die individuellen Buchwerte bzw. Anschaffungskosten der Anteilseigner übernimmt und andere Gegenleistungen, die den Aktionären der Würfel AG gewährt werden, die individuellen steuerlichen Einbringungswerte nicht übersteigen. Soweit ein Gewinn aus der Veräußerung der eingebrachten Anteile im Einbringungszeitpunkt nicht nach § 8 b Abs. 2 KStG steuerfrei wäre (d. h. insbesondere bei Einbringung durch natürliche Personen), führt eine Veräußerung dieser Anteile durch die übernehmende Holding AG innerhalb von sieben Jahren nach der Einbringung zur rückwirkenden Besteuerung eines Einbringungsgewinns.[435]

Die Steuerneutralität des Anteilstauschs steht unter dem Vorbehalt der Fortführung der Buchwerte bzw. Anschaffungskosten der Aktionäre der Würfel AG in den Büchern der Holding AG. Wenngleich dies einen erheblichen Verwaltungsaufwand erzeugt, müssen die Aktionäre nach diesen Daten befragt werden, soll deren Zustimmung nicht durch eine vermeidbare Steuerlast bei der Fusion aufs Spiel gesetzt werden. So wurden bspw. in den Fällen Daimler/Chrysler und Rhone-Poulenc/Hoechst entsprechende Fragebögen an die Aktionäre versandt.

---

[433] Entsprechende Übertragungen durch ausländische Aktionäre unterliegen regelmäßig mangels beschränkter Steuerpflicht bzw. aufgrund des abkommensrechtlichen Wohnsitzprinzips nicht der deutschen Besteuerung.
[434] Vgl. hierzu OFD Berlin v. 7. 5. 1999, DB 1999, S. 1478; Widmann, S./Mayer, R., Umwandlungssteuerrecht, § 21 UmwStG, Rz. 122 f.
[435] Zu Einzelheiten vgl. Abschnitt A III 1 b).

Tauschen die deutschen Aktionäre der Würfel AG ihre Aktien alternativ gegen Anteile an der Holding BV bzw. an der Pyramiden S. A., also einer **ausländischen Gesellschaft,** ein, können steuerpflichtige Veräußerungsvorgänge nur dann vermieden werden, wenn die ausländische Gesellschaft in einem EU-/EWR-Staat ansässig ist (§ 1 Abs. 4 Satz 1 Nr. 1 UmwStG). In diesem Fall ermöglicht wiederum § 21 UmwStG eine Ertragsteuerneutralität, wenn ein qualifizierter Anteilstausch vorliegt. Die eingebrachten Anteile können auf Antrag des Einbringenden unabhängig vom Wertansatz bei der übernehmenden Gesellschaft mit einem unter dem gemeinen Wert liegenden Wert – Buchwert oder Zwischenwert – angesetzt werden, soweit das Besteuerungsrecht von Deutschland bezüglich der im Rahmen des Anteilstauschs erhaltenen Anteile nicht ausgeschlossen oder beschränkt wird.[436]

Neben den diskutierten steuerlichen Grundproblemen auf Anteilseignerebene und Unterschieden in der laufenden Besteuerung der Top-Gesellschaft eines merger of equals wird die Einbringungsrichtung noch von weiteren steuerlichen und nicht-steuerlichen Merkmalen beeinflusst. So dürfte sich die Würfel AG als aufnehmende Gesellschaft bspw. dann anbieten, wenn der **inländische Grundbesitz** des deutschen Konzerns erheblich ist und sofern die Übertragung von mindestens 95% der Anteile zu erwarten ist. Gleiches gilt bei Existenz **steuerlicher Verlustvorträge** der Würfel AG oder deren deutscher Tochtergesellschaften, falls nicht ausreichende stille Reserven i. S. d. § 8c Abs. 1 Satz 6–8 KStG existieren.

Schließlich kann die Einbringungsrichtung bzw. die Präferenz für eine neue Holdinggesellschaft auch von **gesellschaftsrechtlichen Überlegungen** diktiert werden.[437] Ist die Würfel AG aufnehmende Gesellschaft, bedingt dies eine Kapitalerhöhung gegen Sacheinlage, wobei die Aktionäre der Würfel AG nach den §§ 182 ff. AktG vom Bezugsrecht auszuschließen sind. Da bei den Aktionären der Würfel AG eine Verwässerung ihrer Beteiligung eintritt, sind von vornherein Anfechtungsklagen gegen die Festlegung des Austauschverhältnisses zu erwarten.[438] Die Bestimmung der Obergesellschaft dürfte also bei dieser Struktur auch davon abhängen, welches Gesellschaftsrecht ein geringeres Risiko von Anfechtungsklagen birgt.

Unternehmenszusammenschlüsse können auch innerhalb der EU und des EWR durch eine (echte) **grenzüberschreitende Verschmelzung von Kapitalgesellschaften** erreicht werden. Neben einer Verschmelzung unter Fortbestehen der nationalen Rechtsform der übernehmenden Kapitalgesellschaft ist auch eine Verschmelzung bestehender Aktiengesellschaften zur SE möglich.[439]

Beispiel: Die Geschäftsführung der deutschen Würfel AG und der französischen Pyramiden S. A. streben eine Verschmelzung an, bei der sich keiner der Rechtsform des anderen unterordnen muss. Es wird der merger of equals mit dem modernen europäischen SE-Image beschlossen. Es wird eine Verschmelzung zur Aufnahme vorgeschlagen, wobei die SE ihren Sitz in Straßburg haben soll.

---

[436] Zu Einzelheiten vgl. Abschnitt A III 2 b).
[437] Zum Folgenden vgl. Bogenschütz, E., IStR 2000, S. 611.
[438] Vgl. hierzu die ausführliche Aufarbeitung der Problematik von Bayer, W., ZHR 1999, S. 505 ff.
[439] Vgl. ausführlich zur SE 2. Teil, 3. Kapitel, Abschnitt C II.

6. Kapitel. Internationale M&A-Steuerstrategien 1299

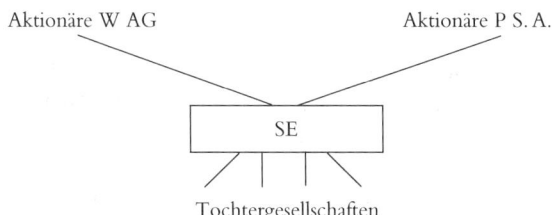

Nach Art. 29 SE-VO bewirkt die Verschmelzung zur Aufnahme i. S. d. Art. 17 Abs. 2 Buchstabe a SE-VO dass – bis auf den Rechtsformwechsel wie bei einer Verschmelzung nach UmwG (§§ 20, 122 a ff. UmwG) – gleichzeitig
– die Pyramiden S. A. die Rechtsform der SE annimmt,
– das gesamte Aktiv- und Passivvermögen der Würfel AG auf die Pyramiden SE übergeht und
– die Aktionäre der Würfel AG Aktionäre der Pyramiden SE werden.

Bei dem vorliegenden merger of equals können mit der SE beide Aktionärskreise vollständig zusammengeführt werden, ohne dass – wie bisher – bei einer Tochtergesellschaft Minderheitsgesellschafter verbleiben. Restrukturierungs- und Organisationskosten (wie z. B. die Kosten für ein ggf. erforderliches **Squeeze-out-Prozedere**) werden minimiert.[440] Die Komplettübernahme des italienischen Versicherers RAS dürfte auch einer der Hauptgründe für dessen Verschmelzung auf die in eine SE umfirmierte Allianz AG gewesen sein.

Die ertragsteuerliche Behandlung der grenzüberschreitenden Verschmelzung zur SE oder anderer grenzüberschreitender Verschmelzungen von Kapitalgesellschaften innerhalb von EU und EWR richtet sich nach den §§ 11–13 UmwStG. Sie kann im Grundsatz auf Antrag sowohl auf Gesellschaftsebene (§ 11 Abs. 2 UmwStG) als auch auf Gesellschafterebene (§ 13 Abs. 2 UmwStG) **ohne Gewinnrealisierung** erfolgen.[441] Bei einer grenzüberschreitenden Hinausverschmelzung ist jedoch problematisch, dass die Buchwertfortführung auf Gesellschaftsebene nur insoweit möglich ist, als **keine Entstrickung** erfolgt, d. h. das deutsche Besteuerungsrecht hinsichtlich des Gewinns aus einer Veräußerung der übergehenden Wirtschaftsgüter nicht ausgeschlossen oder beschränkt wird (§ 11 Abs. 2 Satz 1 Nr. 2 UmwStG). Nach der Vorstellung des Gesetzgebers und der Verwaltungsauffassung setzt dies im Grundsatz die Zuordnung dieser Wirtschaftsgüter zu einer inländischen Betriebsstätte voraus. Es ist zweifelhaft, ob die anderenfalls vorzunehmende **Sofortbesteuerung der stillen Reserven** mit dem geänderten abkommensrechtlichen Verständnis des BFH[442] und den europarechtlichen Grundfreiheiten, insbesondere der Niederlassungsfreiheit,[443] vereinbar ist.[444]

---

[440] Vgl. Wenz, M., AG 2003, S. 190; Endres, D., RIW 2004, S. 737. Zu den Abfindungsangeboten für Minderheitsgesellschafter vgl. §§ 7, 9 und 12 des Gesetzes zur Einführung der Europäischen Gesellschaft (SEEG), BGBl 2004 I, S. 3675.
[441] Vgl. zu Einzelheiten Abschnitt A III 1 c) (2).
[442] Vgl. Abschnitt A II 1 b).
[443] Vgl. zur vergleichbaren Frage bei der Sitzverlegung Abschnitt A III 2 d).
[444] Vgl. Köhler, S., IStR 2010, S. 337 ff.

7. Kapitel. Nutzung von Qualifikationskonflikten

A. Nicht harmonisierte Bemessungsgrundlagen und divergierende Zurechnungsregeln als Ausgangspunkt für die Steuerplanung

Typischer Ausgangspunkt der internationalen Steuerplanung ist die Beeinflussung der Steuerbemessungsgrundlagen durch Zuordnung von Erträgen zu Niedrig- und entsprechender Aufwendungen zu Hochsteuerländern (**Nutzung des internationalen Steuertarifgefälles**). Steuerbelastungsunterschiede können aber auch dadurch entstehen, dass die Steuersysteme und -tatbestände in den einzelnen Staaten nicht einheitlich aufgebaut bzw. definiert sind. Die Steuerplanung setzt in diesem Zusammenhang an spezifischen Abweichungen bei der Ermittlung der Steuerbemessungsgrundlagen oder bei der Einkommenszurechnung zwischen zwei Staaten an (Erfassungskonflikt). Innerhalb eines international tätigen Unternehmens werden die Verhältnisse so gestaltet, dass über die **Nutzung von unterschiedlichen nationalen Einkommensermittlungs- und Einkommenszuordnungsregeln** die Steuerlast des Gesamtkonzerns reduziert wird.

Jeder Staat ist bei der inhaltlichen Ausgestaltung seines Steuersystems souverän. Unterschiedliche Steuersysteme und -tatbestände öffnen aber für international operierende Unternehmen die Möglichkeit, spezifische Abweichungen bei der Ermittlung der **Steuerbemessungsgrundlagen** zwischen zwei Staaten steuerplanerisch zu nutzen. Auch für den Fall, dass international Übereinstimmung über die anzuwendenden Prinzipien bestehen würde, verblieben noch zahlreiche Detailregelungen, die zu einer unterschiedlichen steuerlichen Beurteilung des gleichen wirtschaftlichen Sachverhaltes führen.

Nicht abgestimmte Gesetzes- und Verwaltungsvorschriften im zwischenstaatlichen Bereich bieten jedoch nicht nur eine **steuerplanerische Chance,** sondern sie bergen auch **spezifische Risiken** in sich. Qualifikationskonflikte, d. h. die unterschiedliche steuerliche Behandlung identischer Sachverhalte durch verschiedene Staaten, beinhalten immer latent die Gefahr, dass aus ihnen unerwünschte **Doppelbesteuerungen** resultieren.[1]

Beispiel: Eine US-amerikanische Kapitalgesellschaft hat eine Tochtergesellschaft mit Sitz in Deutschland. Die Tochtergesellschaft nutzt bei der Produktion technisches Wissen ihrer Muttergesellschaft, das ihr über einen Lizenzvertrag zur Verfügung gestellt wird. Beim Verkauf der Erzeugnisse in Deutschland erzielt die Tochtergesellschaft einen im Vergleich zum Branchendurchschnitt hohen Gewinn. Während die deutschen Finanzbehörden eine Lizenzgebühr von 5% der Umsätze der Tochtergesellschaft als angemessen erachten, vertritt die US-amerikanische Finanzverwaltung bei Anwendung der Super-royalty-Regelungen die Auffassung, dass eine Vergütung i. H. v. 7% der Umsätze anzusetzen ist. Damit kommt es zu einer (wirtschaftlichen) Doppelbesteuerung, da die in den USA von der Muttergesellschaft zu versteuernden Einnahmen (7%) höher sind als die abzugsfähigen Betriebsausgaben der Tochtergesellschaft (5%).

Die möglichen Konfliktfälle sind dabei so vielfältig wie die zugrundeliegenden Steuerrechtsordnungen: Bei einer bestimmten Konstellation grenzüber-

---

[1] Vgl. Burmester, G., Minderbesteuerung, 1997, S. 58 ff.; Schaden, M./Franz, M., Ubg 2008, S. 452 ff.; Sasseville, J., BFIT 2009, S. 45 ff.; zum Begriff des Qualifikationskonflikts auch eingehend Vogel, K./Lehner, M., DBA-Kommentar, Einl., Anm. 150 ff.

schreitender Betätigung mag der eine Staat eine steuerpflichtige Betriebsstätte annehmen, der andere nicht. In dem einen Staat löst die Verlagerung betrieblicher Funktionen eine Exit-Besteuerung aus, während der andere Staat keine Anschaffungskosten anerkennt. Der eine Staat behandelt Zinsen als nichtabzugsfähige Ausgaben (thin cap, Zinsschranke), während der andere Staat steuerpflichtige Zinserträge annimmt. In dem einen Staat werden Nicht-Ansässige nur bei Transferierung der Einnahmen in sein Staatsgebiet besteuert (remittance basis), während der andere unabhängig von einem derartigen Zufluss besteuert.

Obwohl die Situationen überwiegen, in denen unterschiedliche Definitionen und nicht abgestimmte Vorgehensweisen bei der Ermittlung von Steuerbemessungsgrundlagen zu internationalen Doppelbesteuerungen bzw. zu langwierigen Verständigungsverfahren führen, verbleibt ein Bereich, der sich für die Steuerplanung eines Konzerns eignet. Die unterschiedlichen Grundsatzwertungen und Einzelregelungen können nämlich auch umgekehrt zur Erzielung von Steuervorteilen in Form von **internationalen Minderbesteuerungen** (double non-taxation) oder in Form von Zinsvorteilen durch den unterschiedlichen zeitlichen Anfall von Steuerzahlungen genutzt werden. Die Gestaltungsmöglichkeiten bzw. Steuerrisiken lassen sich systematisch folgenden Gruppen zuordnen:

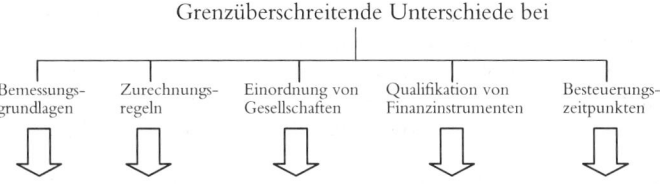

Minderbesteuerung	Doppelbesteuerung
doppelte Aufwandsverrechnung	keine Aufwandsberücksichtigung
doppelte Steuerfreistellung	doppelte Steuererfassung
Betriebsausgabenabzug ohne korrespondierende Besteuerung von Betriebseinnahmen	Betriebseinnahmenerfassung ohne korrespondierenden Abzug von Betriebsausgaben
unterschiedliche Periodisierung von Aufwendungen und Erträgen (Aufwand vor Ertrag)	unterschiedliche Periodisierung von Aufwendungen und Erträgen (Ertrag vor Aufwand)

Solange die Steuersysteme weltweit nicht harmonisiert sind, kann die Nutzung internationaler Systemunterschiede kaum verhindert werden. Aufgrund der komplexen, unübersichtlichen und einem ständigen Umbruch unterworfenen steuerlichen Regelungen entstehen im internationalen Bereich immer wieder Qualifikationskonflikte. Ihr Einsatz als Instrument der Steuerplanung ist eine **legale Möglichkeit, die Steuerbelastung zu senken,** es liegt – soweit die zugrundeliegenden wirtschaftlichen Sachverhalte in beiden Staaten korrekt beschrieben werden – grundsätzlich weder eine unzulässige Steuerumgehung geschweige denn eine strafbare Steuerhinterziehung vor.

Im nächsten Abschnitt werden einige Beispiele erläutert, wie Qualifikationskonflikte für ein international tätiges Unternehmen zu steuerlichen Vorteilen führen. Die ausgewählten Beispiele stellen lediglich einige **typische Anwendungsfälle** dar. Es wird sich an fast allen Beispielsfällen zeigen, dass ein und derselbe Qualifikationskonflikt je nach Sachverhaltsgestaltung in beide Richtungen (Mehr- oder Minderbelastungen) wirken kann. Der Steuerplaner wird versuchen, Qualifikationskonflikte zu seinen Gunsten zu nutzen und drohenden Steuerfallen auszuweichen. Nach Steuerreformen bzw. -änderungen in den einzelnen Staaten sowie nach Revisionen oder Neuabschlüssen von DBA ist immer zu prüfen, ob neue Planungsalternativen entstehen oder bislang mögliche Gestaltungen ihre steuerlichen Vorzüge verlieren.

B. Typische Beispielsfälle

I. Qualifikationskonflikte bei Personengesellschaften

Qualifikationskonflikte bei Personengesellschaften resultieren daraus, dass ihr Rechtscharakter in verschiedenen Staaten unterschiedlich beurteilt wird. Speziell aus deutscher Sicht kommt hinzu, dass Vergütungen aus schuldrechtlichen Verträgen zwischen der Personengesellschaft und ihren Gesellschaftern (Sondervergütungen wie Zinsen, Lizenzgebühren, Mieten) wie Gewinnanteile dem gewerblichen Bereich zugeordnet werden (§ 15 Abs. 1 Nr. 2 Satz 1, 2. Halbsatz EStG). Eine dieser Mitunternehmerkonzeption umfangmäßig vergleichbare Vorschrift ist im Ausland weitgehend unbekannt, ein Umstand, der sowohl im Outbound- als auch im Inbound-Fall zu Qualifikationskonflikten mit bis heute nicht vollständig gelösten Steuerfolgen führt.[2]

Beispiel: Der deutsche Gesellschafter einer US-amerikanischen Personengesellschaft gewährt dieser ein Darlehen (Outbound-Fall). Die Zinszahlungen mindern in den USA den steuerpflichtigen Gewinn der Personengesellschaft. Grundsätzlich werden in Deutschland Einkünfte aus der Beteiligung an einer US-amerikanischen Personengesellschaft nach dem DBA-USA freigestellt (Betriebsstättenprinzip). Aus deutscher Sicht qualifizieren sich die Zinsen aus dem Gesellschafterdarlehen nach § 15 Abs. 1 Nr. 2 Satz 1, 2. Halbsatz EStG als Einkünfte aus Gewerbebetrieb. Werden diese Sondervergütungen dem ausländischen Betriebsstättenergebnis zugerechnet und abkommensrechtlich nach dem Artikel über „Unternehmensgewinne" behandelt, erstreckt sich – wenn ein Wechsel zur Anrechnungsmethode unterbleibt – die Freistellung auch auf die Zinseinkünfte in Deutschland, weshalb sie im Ergebnis überhaupt nicht besteuert würden.

Der vorstehenden Argumentation kann entgegengehalten werden, dass abkommensrechtlich der Zinsartikel (Art. 11 OECD-Modell) regelmäßig Vorrang gegenüber dem Unternehmensgewinnartikel (Art. 7 Abs. 7 OECD-Modell) hat. Sind jedoch die Vergütungen für das Darlehen nach dem Zinsartikel zu behandeln, folgt hieraus die inländische Steuerberechtigung.[3] Eine

---

[2] Vgl. hierzu Lüdicke, J., Personengesellschaften, 2000 sowie ders., DBA Politik, 2008, S. 54 ff. mit einer kritischen Diskussion der vom Steuerausschuss der OECD und der deutschen Finanzverwaltung favorisierten Lösungen im Bereich der grenzüberschreitenden Personengesellschaftsbesteuerung. Vgl. auch Kahle, H., StuW 2005, S. 63; sowie 3. Teil, 4. Kapitel, Abschnitt B II 1 a) (2); 4. Teil, 4. Kapitel, Abschnitt A II 2 b).
[3] Vgl. Wassermeyer, F., IStR 2006, S. 273 (auch zur Diskussion einer doppelstöckigen Mitunternehmerschaft).

7. Kapitel. Nutzung von Qualifikationskonflikten

Zurechnung der Zinsen auf Abkommensebene zu den Unternehmensgewinnen wäre nur dann vorzunehmen, wenn die Darlehensforderung tatsächlich zur ausländischen Betriebsstätte gehört (sog. Betriebsstättenvorbehalt, Art. 11 Abs. 4 OECD-Modell). Zur Frage der „tatsächlichen Zugehörigkeit" stellt der BFH[4] in einer insoweit grundsätzlichen Entscheidung fest, dass eine sich aus nationalem Recht (§ 15 Abs. 1 Nr. 2 EStG) ergebende „rechtliche Zugehörigkeit" einer Forderung noch keine „tatsächliche Zugehörigkeit" i. S. d. DBA sei. Für Letztere genüge nicht schon die Nutzung der Darlehensmittel in der Betriebsstätte. Eine am Grundsatz des Fremdvergleichs orientierte Betriebsstättenbesteuerung verlange vielmehr, dass eine Zinsforderung nur dann „tatsächlich" zum Betriebsvermögen einer Betriebsstätte zählt, wenn bei einem vergleichbaren selbständigen Unternehmen ein Aktivposten auszuweisen wäre. Bei der Zinszahlung einer Personengesellschaft an ihre Gesellschafter sei dies gerade nicht der Fall, da hier ein vergleichbares selbständiges Unternehmen eine Verbindlichkeit als Passivposten zeigen würde.[5] Folgt man dieser Rechtsprechung, können Wirtschaftsgüter, die ein Mitunternehmer zwecks Erzielung von Sondervergütungen seiner Personengesellschaft überlässt, niemals eine tatsächliche Zugehörigkeit zur Betriebsstätte begründen, da sie aus Sicht der Personengesellschaft stets Fremdmittelcharakter haben.[6] Damit wäre es jedoch auch unmöglich, in der obigen Konstellation „weiße Einkünfte" durch Zinsabzug im Ausland und Freistellung im Inland zu erzeugen.

Zum gleichen Ergebnis kommt auch die Finanzverwaltung, wenngleich auf andere Art und Weise. Danach sollen Sondervergütungen bei grenzüberschreitenden Beteiligungen an Personengesellschaften grundsätzlich den Unternehmensgewinnen i. S. d. Art. 7 OECD-Modell zuzurechnen sein.[7] Diese Interpretation wurde durch Einführung des § 50 d Abs. 10 EStG im JStG 2009 auch gesetzlich festgeschrieben. Um im Outbound-Fall dennoch „weiße Einkünfte" zu vermeiden, soll auf die ausländischen Betriebsstätteneinkünfte, soweit es sich dabei um Sondervergütungen handelt, nicht die Freistellungsmethode Anwendung finden, wenn der Sitzstaat der Personengesellschaft nicht Sondervergütungen, sondern bspw. „Zinsen" oder „Lizenzen" annimmt und sich aufgrund dieser seinem innerstaatlichen Recht folgenden Qualifikation daran gehindert sieht, die Sondervergütungen in voller Höhe zu besteuern.[8] Die Verwaltung stützt sich dabei auf Aussagen im **OECD-Bericht** zu Personengesellschaften, wonach Konflikte bei der Qualifikation von Sondervergütungen dadurch gelöst werden sollen, dass der Wohnsitzstaat zur Vermeidung der Doppelbesteuerung diejenige Methode anwendet, die je nach

---
[4] Vgl. BFH v. 27. 2. 1991, BStBl 1991 II, S. 444. Zuletzt bestätigt durch BFH v. 17. 10. 2007, BFH/NV 2008, S. 869 m. w. N. Ferner BFH v. 30. 8. 1995, BStBl 1996 II, S. 563. Siehe hierzu die Anmerkungen von Krabbe, H., IStR 2002, S. 147 f.
[5] Vgl. grundlegend BFH v. 17. 10. 2007, BFH/NV 2008, S. 869.
[6] Vgl. Günkel, M./Lieber, B., FR 2000, S. 854; Weggenmann, H., IStR 2002, S. 2; Schild, C./Ehlermann, C., Besteuerungsprobleme, 2003, S. 1399.
[7] Vgl. BMF-Schreiben v. 16. 4. 2010, BStBl 2010 I, S. 354. Tz. 5.1. des Erlasses nimmt ausdrücklich Bezug auf die inhaltlich entsprechenden Regelungen im OECD-Kommentar (Art. 23 A, Anm. 32.1–32.7).
[8] Vgl. BMF-Schreiben v. 16. 4. 2010, BStBl 2010 I, S. 354, Tz. 4.1.3 und 5.1; ebenso Krabbe, H., FR 2001, S. 129 ff., unter Hinweis auf den Bericht des OECD-Steuerausschusses. Siehe auch Wolff, U., Unternehmensgewinne, 2005, S. 654 ff.

(damit vorrangiger) Qualifikation durch den Quellenstaat nicht nur Doppelbesteuerungen vermeidet, sondern insbesondere auch Doppelfreistellungen ausschließt.[9] Die Auffassung der Finanzverwaltung und damit auch die Ausführungen des OECD-Steuerausschusses werden in der Literatur allerdings umfänglich kritisiert.[10] Zum einen stehen sie zumindest im Outbound-Fall in Widerspruch zur Argumentation der BFH-Rechtsprechung, was die Finanzverwaltung offensichtlich in Kauf nimmt.[11] Zum anderen wird der Vorwurf erhoben, dass sich die Finanzverwaltung auf eine zu weitgehende bzw. unzulässige Interpretation der abkommensrechtlichen Regeln zur Vermeidung der Doppelbesteuerung seitens des OECD-Steuerausschusses stützt und mit der Anordnung des Übergangs von der Freistellungs- zur Anrechnungsmethode eine **Switch-over-Klausel** in den Methodenartikel hineininterpretiert hat.[12] Aus Sicht der Finanzverwaltung wurde diese Diskussion für den Outbound-Fall mit der Einführung des § 50 d Abs. 9 EStG ab VZ 2007 gelöst.[13] Nach dieser unilateralen Rückfallklausel kommt die nach dem DBA vorgesehene Freistellungsmethode in Deutschland nicht mehr zur Anwendung, sofern die beiden Vertragsstaaten die erzielten Einkünfte nicht unter den gleichen Abkommensartikel subsumieren (§ 50 d Abs. 9 Satz 1 Nr. 1 EStG), da sie z. B. von unterschiedlichen Sachverhalten ausgehen, die DBA-Norm nicht gleich auslegen oder bei der Auslegung auf ihr jeweiliges nationales Recht zurückgreifen und dadurch die Einkünfte nicht oder nur mit einem niedrigeren Steuersatz besteuert werden. Ferner greift die Rückfallklausel in den Fällen ein, in denen die Einkünfte nicht besteuert werden, weil nach einem DBA das vorrangige Besteuerungsrecht dem anderen Vertragsstaat zugewiesen wird, dieses dort allerdings aufgrund von nationalen Vorschriften zur beschränkten

---

[9] Vgl. OECD-Bericht, Partnerships, 1999 sowie ihm folgend OECD-Kommentar, Art. 23 A, Anm. 32.1; vgl. hierzu Krabbe, H., IStR 2000, S. 196 ff.; Schmidt, C., IStR 2001, S. 495 f.; Weggenmann, H., IStR 2002, S. 3 ff.; Kahle, H., StuW 2005, S. 67.
[10] Vgl. Engelen, F. A./ Pötgens, F. P. G., ET 2000, S. 250 ff.; Günkel, M./Lieber, B., FR 2000, S. 856 ff. m. w. N.; Strunk, G./Kaminski, B., IStR 2000, S. 41; zum Beitrag von Günkel/Lieber vgl. auch die Replik von Krabbe, H., FR 2001, S. 129 ff., einschließlich Duplik von Günkel/Lieber; Vogel, K., BIFD 2003, S. 41 f.; Gündisch, S., IStR 2005, S. 830 ff.; Piltz, D. J., Sondervergütungen, 2005, S. 749 ff.; Lang, M., IStR 2007, S. 606 ff.
[11] Vgl. Vees, C. F., DB 2010, S. 1422 ff.; Krabbe, H., IWB, Fach 3, Deutschland, Gruppe 2, S. 866; Göttsche, M./Stangl, I., DStR 2000, S. 501 f.
[12] Überdies wird von der h. M. (bspw. von Lang, M., IStR 2007, S. 606 ff.; Vogel, K./Lehner, M., DBA-Kommentar, Art. 1, Anm. 49; Debatin, H./Wassermeyer, F., Doppelbesteuerung, Art. 1, Anm. 28 g; Lüdicke, J., Personengesellschaften, 2000, S. 7 f.) die Anwendung einer neuen Fassung des OECD-Kommentars auf bereits bestehende Abkommen abgelehnt, sofern es sich hierbei nicht nur um eine neue Auslegung der bisherigen Fassung des OECD-Modells, sondern um unterschiedliche Abkommensanwendungen aufgrund unterschiedlicher Würdigung von Sachverhalten seitens der Vertragsstaaten handelt. In letzteren Fällen können sich die Änderungen nur auf künftige DBA auswirken, in denen die entsprechenden Klauseln aufgenommen worden sind. Im Protokoll Nr. 16 zum neuen DBA-Österreich ist denn auch explizit vermerkt, dass der OECD-Kommentar von beiden Seiten eine anerkannte Auslegungshilfe darstellt, wobei es bei künftigen Änderungen nicht auf den Stand des Kommentars im Zeitpunkt des Abschlusses des DBA ankommt. Im neuen Revisionsprotokoll zum DBA-USA wurde in Art. 23 Abs. 4 auch ausdrücklich eine Switch-over-/Subject-to-tax-Klausel aufgenommen.
[13] Vgl. Grotherr, S., IStR 2007, S. 265 ff.; Vogel, K., IStR 2007, S. 225 ff.

7. Kapitel. Nutzung von Qualifikationskonflikten

Steuerpflicht nicht ausgeübt werden kann (§ 50 d Abs. 9 Satz 1 Nr. 2 EStG). Folglich wird bei bestimmten Qualifikationskonflikten, die sich auf Personengesellschaften beziehen, die Freistellung der Einkünfte basierend auf dem Betriebsstättenprinzip verwehrt.

Während die unterschiedlichen Auslegungswege des BFH und der Finanzverwaltung bei Outbound-Investitionen noch zu übereinstimmenden Ergebnissen führten, nämlich der Vermeidung „weißer Einkünfte" durch die steuerliche Erfassung von Sondervergütungen, die an inländische Mitunternehmer fließen, tritt der Dissens bei Inbound-Investitionen mit negativen Auswirkungen für das Steuersubstrat zu Tage:

Beispiel: Der ausländische Gesellschafter einer deutschen Personengesellschaft gewährt dieser ein Darlehen (Inbound-Fall). Bei einer abkommensrechtlichen Qualifikation der Sondervergütungen als „Zinsen" würden diese nicht dem inländischen Betriebsstättenergebnis zuzurechnen sein. Deutschland hätte nur ein eingeschränktes Quellenbesteuerungsrecht, das im Falle von Zinsen überdies nicht in Anspruch genommen wird.

Nach Auffassung der Finanzverwaltung sind die Sondervergütungen abkommensrechtlich als Unternehmensgewinne nach Art. 7 OECD-Modell zu erfassen, wobei grundsätzlich davon ausgegangen wird, dass das Darlehen tatsächlich zur deutschen Betriebsstätte der Personengesellschaft gehört.[14] Demgegenüber überträgt der BFH seine zum Outbound-Fall entwickelte Rechtsprechung konsequent auch auf den Inbound-Fall. In seinem Urteil vom 17. 10. 2007[15] hat der BFH entschieden, dass Zinsen an US-amerikanische Mitunternehmer abkommensrechtlich als Zinsen nach Maßgabe des Art. 11 DBA-USA und nicht vorrangig als Unternehmensgewinne nach Art. 7 DBA-USA zu behandeln sind.[16] Der Rückverweis des Art. 11 Abs. 3 DBA-USA auf die Regelung der Unternehmensgewinne (Betriebsstättenvorbehalt) sei nicht anwendbar, da es an der tatsächlichen Zugehörigkeit der Forderung als Aktivposten der inländischen Betriebsstätte der Personengesellschaft fehle. Maßstab für die Frage, ob eine Forderung zum Vermögen oder zum Betriebsvermögen einer Betriebsstätte gehört, ist dabei der Fremdvergleichsgrundsatz des Art. 7 Abs. 2 DBA-USA bzw. OECD-Modell. Danach sind einer Betriebsstätte abkommensrechtlich diejenigen Gewinne zuzurechnen, die ein mit der Betriebsstätte vergleichbares selbständiges Unternehmen unter vergleichbaren Bedingungen erzielt hätte. Eine an diesem Gedanken orientierte Auslegung der Vorschrift müsse dazu führen, dass eine Zinsforderung jedenfalls dann nicht zum Betriebsvermögen einer Betriebsstätte zählt, wenn bei einem vergleichbaren selbständigen Unternehmen hierfür ein Passivposten in einer Betriebsstättenbilanz auszuweisen wäre.[17] Auf die inner-

---

[14] Vgl. BMF-Schreiben v. 16. 4. 2010, BStBl 2010 I, S. 354, Tz. 5.1; ebenso Ismer, R./Kost, S., IStR 2007, S. 120 ff.
[15] Vgl. BFH v. 17. 10. 2007, BFH/NV 2008, S. 869.
[16] Dabei entspricht die Regelung des Art. 7 DBA-USA insoweit der Regelung des Art. 7 OECD-Modell.
[17] Offen ist dabei, welcher Stammhaus-Betriebsstätte derartige Wirtschaftsgüter des Sonderbetriebsvermögens letztlich zuzuordnen sind. Zum Konzept einer separaten Mitunternehmerbetriebsstätte im Zusammenhang mit Sonderbetriebsvermögen I vgl. auch Wassermeyer, F., IStR 2006, S. 274; Meretzki, A., IStR 2009, S. 219; Kramer, J.-D., IStR 2010, S. 239; Wassermeyer, F., IStR 2010, S. 241.

staatlichen Gewinnzuordnungsgrundsätze für Mitunternehmerschaften greift der BFH insoweit nicht zurück.[18]

Mit dieser Handhabung dürfte die BFH-Rechtsprechung durchaus in Einklang mit der der OECD stehen, denn sie vermeidet im Vorfeld die Entstehung eines Qualifikationskonfliktes, da sie bei der Abkommensauslegung international übliche Begriffe anwendet und der gewerbesteuerlich begründeten deutschen Sonderbehandlung der Sondervergütungen keinen Vorrang einräumt.[19] Folge davon ist, und hier liegt die Brisanz der Entscheidung, dass für Sondervergütungen regelmäßig der ausländische Ansässigkeitsstaat das Besteuerungsrecht nach den speziellen DBA-Regelungen der Art. 10–13 OECD-Modell hat, während Deutschland dieses sowohl für die Einkommen- und Körperschaftsteuer als auch für die Gewerbesteuer verliert.

Um die inländische Besteuerung der Sondervergütungen im Inbound-Fall sicherzustellen, wurde als Reaktion auf die BFH-Rechtsprechung mit dem JStG 2009 ein neuer § 50 d Abs. 10 EStG eingeführt.[20] Dieser sieht vor, dass Vergütungen, die ein Mitunternehmer oder persönlich haftender Gesellschafter einer KGaA von der Gesellschaft für seine Tätigkeit im Dienst der Gesellschaft, für die Gewährung von Darlehen oder für die Überlassung von Wirtschaftsgütern bezieht, für Zwecke der Abkommensanwendung ausschließlich als Unternehmensgewinne behandelt werden, soweit nicht das Abkommen selbst eine explizite Regelung enthält.[21]

Für den Inbound-Fall geht der Gesetzgeber dabei davon aus, dass Deutschland das vorrangige Besteuerungsrecht für Sondervergütungen hat, soweit diese der inländischen Betriebsstätte der Personengesellschaft zuzuordnen sind und an einen im Ausland ansässigen Gesellschafter gezahlt werden.[22] Soweit der andere Vertragsstaat keine dem § 15 Abs. 1 Nr. 2 EStG entsprechende Regelung kennt, führt die Neuregelung regelmäßig zu einem Qualifikationskonflikt. Ob dieser – wie vom Gesetzgeber angenommen[23] – vom anderen Vertragsstaat tatsächlich durch Anrechnung der deutschen Steuer auf die Sondervergütungen gelöst wird, bleibt abzuwarten.[24] Für den Outbound-Fall stellt Satz 2 der Neuregelung mit dem Verweis auf § 50 d Abs. 9 Nr. 1 EStG klar, dass Sondervergütungen, die im ausländischen Betriebsstättenstaat nicht oder nur zu einem abkommensrechtlich begrenzten Steuersatz besteuert werden, trotz der in Satz 1 statuierten Behandlung als Unternehmensgewinne nicht in Deutschland freigestellt werden.

---

[18] Vgl. hierzu z. B. Blumers, W., DB 2008, S. 1765 ff.; Boller, T./Sliwka, T./Schmidt, S., DB 2008, S. 1003 ff.; Salzmann, S., IStR 2008, S. 399 ff.; Schmidt, C., IStR 2008, S. 290 ff.

[19] Vgl. Blumers, W., DB 2008, S. 1768; Salzmann, S., IStR 2008, S. 399.

[20] Vgl. BT-Drs. 16/11 108, S. 28 f.

[21] Ausdrückliche Regelungen enthalten bislang die DBA mit Belarus, Ghana, Kasachstan, Österreich, Schweiz, Singapur, Tadschikistan und Usbekistan.

[22] Vgl. die Gesetzesbegründung zum JStG 2009 BT-Drs. 16/11 108, S. 28 f. Offensichtlich ging der Finanzausschuss davon aus, dass mit der Qualifikation als Unternehmensgewinn auch die abkommensrechtliche Zuordnung der Sondervergütungen zur inländischen Betriebsstätte der Personengesellschaft einher geht (§ 15 Abs. 1 Nr. 2, 2. Halbsatz und Nr. 3, 2. Halbsatz EStG).

[23] Vgl. Bericht des Finanzausschusses BT-Drs. 16/11 108, S. 29 unter Hinweis auf Nr. 32.2–32.7 OECD-Kommentar.

[24] Vgl. Korn, C., IStR 2009, S. 641 ff.; Meretzki, A., IStR 2009, S. 222 f.

7. Kapitel. Nutzung von Qualifikationskonflikten 1307

Die Einführung des § 50 d Abs. 10 EStG hat im Schrifttum heftige Kritik ausgelöst.[25] Neben verfassungsrechtlichen Zweifelsfragen im Hinblick auf die Zulässigkeit eines treaty overrides[26] sowie im Hinblick auf die rückwirkende Anwendung auf alle noch nicht bestandskräftigen Fälle (auch für VZ vor 2009)[27] liegt der Schwerpunkt der Diskussion auf der Problematik, ob § 50 d Abs. 10 EStG in seiner jetzigen Formulierung die Zielsetzung der inländischen Besteuerung von Sondervergütungen im Inbound-Fall überhaupt erreichen kann. In der Tat sind hierbei erhebliche Zweifel angebracht, da § 50 d Abs. 10 EStG nach seinem Wortlaut lediglich die Qualifikation der Sondervergütungen als Unternehmensgewinne, aber nicht deren abkommensrechtliche Zuordnung zur inländischen Betriebsstätte regelt. Ohne eine entsprechende gesetzliche Regelung bleibt es aber bei den allgemeinen Zurechnungsgrundsätzen, wie sie der BFH zuletzt in seinem Urteil vom 17. 10. 2007[28] aufgestellt hat. Da eine Zuordnung der den Sondervergütungen zugrunde liegenden Wirtschaftsgüter als Aktivposten zu der inländischen Personengesellschaftsbetriebsstätte regelmäßig ausscheidet, ist trotz § 50 d Abs. 10 EStG die deutsche Besteuerung der Sondervergütungen im Inbound-Fall durch Art. 7 Abs. 1 Satz 1 OECD-Modell ausgeschlossen. Da die Finanzverwaltung diesen Standpunkt nicht teilt,[29] ist eine weitere gerichtliche Auseinandersetzung in diesem Bereich vorprogrammiert.[30] So sind zum § 50 d Abs. 10 EStG bereits zwei Urteile der Finanzgerichtsbarkeit mit unterschiedlichem Ergebnis ergangen: Das FG München kommt aufgrund der Anwendung des § 50 d Abs. 10 EStG entgegen der bisherigen BFH-Rechtsprechung zu einer inländischen Besteuerung von Sondervergütungen an einen ausländischen Mitunternehmer.[31] Demgegenüber konstatiert das FG Baden-Württemberg in seiner Entscheidung vom 9. 10. 2010[32], dass § 50 d Abs. 10 EStG nicht zwingend zu einem inländischen Besteuerungsrecht führt, da diese Norm die Frage der Betriebsstättenzugehörigkeit des Sonderbetriebsvermögens nicht regelt. Da gegen beide Entscheidungen Revision eingelegt wurde, kann der BFH in Kürze Stellung nehmen.

Der für Sondervergütungen aufgezeigte Grundgedanke lässt sich auch auf Sonderbetriebsausgaben übertragen. Der Unterschied besteht nur darin, dass

---

[25] Vgl. z. B. Günkel, M./Lieber, B., Ubg 2009, S. 301 ff.; Boller, T./Eilinghoff, K./ Schmidt, S., IStR 2009, S. 109 ff.; Korn, C., IStR 2009, S. 641 ff.; Lohbeck, A./Wagner, T., DB 2009, S. 423 ff.; Meretzki, A., IStR 2009, S. 217 ff.; Salzmann, S., IWB, Fach 3, Deutschland, Gruppe 3, S. 1539 ff.
[26] Vgl. hierzu neuerdings Gosch, D., IStR 2008, S. 413 ff. sowie Frotscher, G., IStR 2009, S. 593 ff.
[27] Vgl. z. B. Hils, M., DStR 2009, S. 891.
[28] Vgl. BFH v. 17. 10. 2007, BFH/NV 2008, S. 869.
[29] Vgl. BMF-Schreiben v. 16. 4. 2010, BStBl 2010 I, S. 354, Tz. 5.1. Siehe auch Schmidt, C., IStR 2010, S. 413 ff.; Letzgus, C. K., Ubg 2010, S. 425 ff.; Blumers, W./ Zillmer, K., BB 2010, S. 1375 ff.
[30] Siehe hierzu Schmidt, C., IStR 2010, S. 520 ff.; Letzgus, C. K., Ubg 2010, S. 513 ff., unter Hinweis auf die weitere Infragestellung des Standpunktes der Finanzverwaltung durch zwei neue BFH-Entscheidungen. Siehe auch BFH v. 28. 4. 2010, IStR 2010, S. 525; BFH v. 19. 5. 2010, DStR 2010, S. 1223.
[31] Vgl. FG München v. 30. 7. 2009, EFG 2009, S. 1954, Revision wurde eingelegt (Az. I R 74/09).
[32] Vgl. FG Baden-Württemberg v. 9. 10. 2009, EFG 2010, S. 238, Revision eingelegt (Az. I R 106/09).

keine doppelte Freistellung angestrebt wird, sondern eine doppelte Verrechnung von (Zins-)Aufwendungen.

Beispiel: Eine schwedische Kapitalgesellschaft beteiligt sich an einer deutschen Personengesellschaft. Zur Refinanzierung der Kapitaleinlage nimmt die Kapitalgesellschaft ein Darlehen auf. Die dafür gezahlten Zinsen sind in Deutschland als Sonderbetriebsausgaben bei der Gewinnermittlung auf Ebene der Personengesellschaft abzugsfähig. Die Refinanzierungszinsen mindern gleichzeitig in Schweden die steuerpflichtigen Einkünfte der Kapitalgesellschaft. Der doppelten Abzugsfähigkeit steht auch das DBA-Schweden nicht entgegen.[33]

Im Schrifttum wird ein solcher doppelter Zinsabzug (double dip) bspw. im Verhältnis zu Dänemark, Frankreich, Großbritannien, Kanada, Schweden, Schweiz und den USA für möglich gehalten.[34]

Die vorstehenden Beispiele haben ihre Ursache darin, dass bei einer Personengesellschaft nach deutschem Verständnis das Mitunternehmerkonzept in der dargestellten Reichweite zur Anwendung kommt und diese Vorgehensweise international nicht üblich ist. Zusätzlich können Minderbesteuerungen aber auch dadurch entstehen, dass die Höhe der – in übereinstimmender Weise qualifizierten – Einkünfte nicht nach gleichen Grundsätzen ermittelt wird. Dieser Sachverhalt tritt typischerweise bei der Ermittlung des Gewinns einer ausländischen Betriebsstätte oder einer ausländischen Personengesellschaft auf.[35]

Beispiel: Im Inland erzielt das Stammhaus einen Gewinn von 1 Mio. €. Der im Inland nach der direkten Methode ermittelte Gewinn der Auslandsbetriebsstätte (DBA-Staat) beträgt 200 000 €. Setzt das Ausland den Betriebsstättengewinn bspw. nach der indirekten Methode nur mit 100 000 € fest, so sind – wenn eine korrespondierende Gewinnberichtigung im Sitzstaat des Stammhauses unterbleibt – insgesamt nur 1,1 Mio. € zu versteuern.

Die Existenz eines DBA hat auf derartige Fälle keinen unmittelbaren Einfluss, da die in Anlehnung an Art. 7 OECD-Modell formulierten Regelungen zu unpräzise sind, um eine einheitliche Einkommensberechnung bei Betriebsstätten sicherzustellen.

II. Leasing über die Grenze: Ein Double-dip-Modell[36]

Leasing ist eine Sonderform der entgeltlichen Gebrauchsüberlassung von beweglichen oder unbeweglichen Gegenständen für eine bestimmte Zeit. Für

---
[33] Angesichts der Rechtsprechungsentwicklung zur abkommensrechtlichen Zuordnung des aktiven Sonderbetriebsvermögens (Vgl. BFH v. 17. 10. 2007, BFH/NV 2008, S. 869 m. w. N) ließe sich allerdings auch eine von der rein innerstaatlichen Rechtswertung abweichende Zuordnung des passiven Sonderbetriebsvermögens begründen. Ausgehend von dem Fremdvergleichsgrundsatz wäre hierfür entscheidend, ob ein vergleichbares selbständiges Unternehmen hierfür einen Passivposten in seiner Bilanz ansetzen würde.
[34] Vgl. Müller, M. A., IStR 2005, S. 182; Endres, D./Schreiber, C./Dorfmüller, P., ITR 2007, S. 43 ff.
[35] Vgl. Menck, T., StBp 1997, S. 177, der auch auf die Möglichkeit der Nutzung von Bewertungsunterschieden z. B. bei Überführungen in Auslandsbetriebsstätten hinweist.
[36] Mit der Bezeichnung double-dip werden allgemein solche Gestaltungen belegt, bei denen durch das doppelte Verrechnen von Aufwendungen in beiden beteiligten Steuersystemen Steuervorteile erzielt werden können. Dazu zählt bspw. auch die doppelte Nutzung von Verlustverrechnungsmöglichkeiten oder von Steuersubventionen bei doppelter Ansässigkeit.

den Verkäufer eines Produktes stellt sich häufig die Frage, ob er mit seinem Abnehmer einen **Kaufvertrag** oder einen **Leasingvertrag** abschließen soll. Diese beiden Alternativen unterscheiden sich im Wesentlichen darin, zu welchem Zeitpunkt der Hersteller den Gegenwert für seine Erzeugnisse erhält, in welcher Periode der erwirtschaftete Gewinn ausgewiesen wird und wem die Abschreibungen zustehen:

- Beim **Kauf der Waren** hat der Abnehmer nach den im Kaufvertrag vereinbarten Bedingungen den Rechnungspreis zu entrichten, der Veräußerungsgewinn ist im Zeitpunkt der Lieferung realisiert. Die Abschreibungen stehen dem Käufer zu.

- Schließen Hersteller und Kunde einen **Leasingvertrag** ab, fließt dem als Leasinggeber auftretenden Produzenten die Gegenleistung in Form der Leasingraten erst während der Laufzeit des Mietvertrages zu. Rechtlicher und wirtschaftlicher Eigentümer des Wirtschaftsgutes ist regelmäßig der Hersteller, der das Wirtschaftsgut in seiner Bilanz aktiviert und über die betriebsgewöhnliche Nutzungsdauer abschreibt. Aus der Bewertung des Wirtschaftsgutes mit den Herstellungskosten resultiert ein Steuerstundungseffekt, da der Gewinnausweis erst in der Mietphase erfolgt. Ein weiterer Vorteil des Leasings besteht darin, dass in den ersten Perioden häufig die Aufwandsverrechnungen über die Abschreibungen die Erträge aus den Leasingraten übersteigen, so dass sich der Steuerstundungseffekt des Leasings verstärkt.

Der Hersteller kann den Wert des ertragsteuerlichen Stundungseffektes bei seinen Preisvorstellungen berücksichtigen. Der Umfang, in dem die Steuervorteile des Leasings an den Abnehmer weitergegeben werden, ist häufig ein entscheidender Faktor bei der Auftragsvergabe. Für den Kunden ist die Annahme des Finanzierungsangebots dann empfehlenswert, wenn der bei Abschluss eines Leasingvertrages gewährte Preisvorteil höher ist als die Ertragsteuerersparnisse aus der Abschreibungsverrechnung bei Wahl der Alternative Kauf. Diese Wahlmöglichkeit ist regelmäßig dann einfach, wenn zwischen Hersteller und Abnehmer kein Interessenskonflikt besteht, beide Vertragsparteien also bspw. Gesellschaften eines Konzerns sind.

Einigen sich Verkäufer und Abnehmer auf ein **grenzüberschreitendes Leasingmodell,** so gilt es zu beachten, dass über die Zuordnung eines Leasinggegenstandes in den verschiedenen Ländern keine einheitlichen Kriterien bestehen. Deshalb können beim Leasing über die Grenze Situationen eintreten, in denen das zur Nutzung überlassene Wirtschaftsgut (1) weder dem Leasinggeber noch dem Leasingnehmer oder (2) beiden Vertragspartnern zugerechnet wird. Für die Steuerplanung eignet sich insbesondere der zweite Fall. In diesem mit dem Schlagwort **double dip** bezeichneten Modell kann sowohl der Leasinggeber als auch der Leasingnehmer die Abschreibungen in Anspruch nehmen. Das Double-dip-Modell ist der Zielsetzung zuzuordnen, durch zwischenstaatliche Qualifikationskonflikte eine **doppelte Verrechnung von Aufwendungen** zu erreichen.[37]

---

[37] Vgl. hierzu auch Scheffler, W., IStR 1993, S. 541 ff.; Bader, A. D., Finanzierung, 1994, S. 292 ff.; Menck, T., StBp 1997, S. 177; Streu, V., Leasing, 1999, S. 963 ff.; zur Gefahr der Doppelerfassung von Leasingraten vgl. Streu, V., IWB, Fach 10, International, Gruppe 2, S. 1319; Rehm, H., Leasing, 2006, S. 123 f.

Ursache für die Eignung des grenzüberschreitenden Leasings als Instrument der Steuerplanung ist, dass in einigen Ländern für die Zurechnung des Leasinggegenstandes ausschließlich das rechtliche Eigentum maßgeblich ist (z. B. in Frankreich und Italien). In anderen Staaten – wie z. B. Belgien, Deutschland, Kanada, Niederlande, Schweden, Spanien, USA – wird dagegen auf das wirtschaftliche Eigentum abgestellt, wobei der Begriff wirtschaftliche Verfügungsmacht wiederum national nach unterschiedlichen Kriterien konkretisiert wird.[38]

Eine zweifache Zurechnung des Leasinggegenstandes lässt sich bspw. erreichen, wenn der in Deutschland ansässige Leasinggeber (z. B. Hersteller) nach Auffassung der inländischen Finanzverwaltung als rechtlicher und wirtschaftlicher Eigentümer anzusehen ist – operatives Leasing – und gleichzeitig nach der Interpretation des ausländischen Steuerrechts der Leasingvertrag als Kaufvertrag mit Kaufpreisstundung bzw. als Mietkaufvertrag – Finanzierungsleasing – qualifiziert wird (Aktivierung des Wirtschaftsgutes beim Leasingnehmer).

Beispiel: Ein deutscher Leasinggeber vermietet eine Maschine an einen Leasingnehmer in den USA. Es liegt ein Vollamortisationsleasingvertrag mit Kaufoption vor, die Grundmietzeit erstreckt sich auf 90% der betriebsgewöhnlichen Nutzungsdauer, als Kaufpreis wird der ertragsteuerliche Restbuchwert vereinbart. Nach in Deutschland geltenden Regelungen ist als wirtschaftlicher Eigentümer der Leasinggeber anzusehen, nach den US-amerikanischen Regelungen ceteris paribus aber der Leasingnehmer. Die Abschreibungen auf dieses Wirtschaftsgut können sowohl in Deutschland vom Leasinggeber als auch in den USA vom Leasingnehmer verrechnet werden.

Orientiert sich die Zurechnung des Leasinggegenstandes sowohl im Inland als auch im Ausland nach dem Kriterium des **wirtschaftlichen Eigentums**, ist es in der Praxis außerordentlich schwierig, die von Land zu Land divergierenden Kriterien zur Annahme wirtschaftlichen Eigentums steuerplanerisch zu nutzen. Allerdings ist dies auch nicht ausgeschlossen, wie das obige als auch das nachfolgende Beispiel zeigen.

Beispiel: Eine niederländische B. V. erwirbt deutschen Grundbesitz und schließt mit einer deutschen GmbH einen Leasingvertrag, der so ausgestaltet ist, dass sowohl die B. V. als auch die GmbH nach ihrem jeweiligen nationalen Recht als wirtschaftlicher Eigentümer des Grundbesitzes betrachtet werden. In der Folge erzielt die B. V. Mieteinkünfte, die nach dem DBA-Niederlande in den Niederlanden steuerbefreit sind. Bei der Berechnung der Mieteinkünfte sind Abschreibungen auf den Grundbesitz und andere Betriebsausgaben steuerlich abzugsfähig; ergibt sich insgesamt ein Verlust, kann dieser mit anderen Gewinnen niederländischer Gruppengesellschaften der B. V. verrechnet werden, wobei es im Gewinnfall allerdings zu einer Nachversteuerung kommt. Bei der GmbH sind sowohl der Zinsanteil der Leasingraten als auch die Abschreibungen steuerlich abzugsfähig. Ungeachtet der Tatsache, dass beide Staaten das Konzept des wirtschaftlichen Eigentums anwenden, kann demnach bei sorgfältiger Vertragsgestaltung ein Qualifikationskonflikt kreiert werden, da die landesspezifischen Kriterien für die Beurteilung wirtschaftlichen Eigentums voneinander abweichen.

Eine doppelte Aktivierung lässt sich vergleichsweise einfacher erreichen, wenn der Leasinggeber seinen Sitz in einem Staat hat, in dem der Anspruch auf Abschreibungen uneingeschränkt dem **zivilrechtlichen Eigentümer** des

---

[38] Vgl. Endres, D. u. a., Corporate Taxable Income, 2007, S. 79, 683 ff. Zur umsatzsteuerlichen Problematik vgl. Amthor, F./Zugmaier, O., IWB, Fach 3, Gruppe 7, S. 723.

Wirtschaftsgutes zugerechnet wird (so z. B. in Frankreich), und der Leasingnehmer in einem Staat steuerpflichtig ist, in dem die Zurechnung nach dem Begriff des wirtschaftlichen Eigentums entschieden wird (so z. B. in Deutschland).[39]

Beispiel: Leasinggeber ist ein französischer Exporteur, der Leasingnehmer hat seinen Sitz in Deutschland. Die Grundmietzeit des Leasingvertrages überschreitet 90% der betriebsgewöhnlichen Nutzungsdauer der Maschine. Da in Frankreich das Wirtschaftsgut beim rechtlichen Eigentümer und in Deutschland beim wirtschaftlichen Eigentümer zu aktivieren ist, können sowohl der Leasinggeber als auch der Leasingnehmer die Abschreibungen gewinnmindernd verrechnen.

Die zweifache Inanspruchnahme von Abschreibungen führt jedoch zu keiner endgültigen Steuerersparnis, sondern lediglich zu einem **Steuerstundungseffekt**. Beim Leasinggeber ergeben sich gegenüber den üblicherweise angesetzten Abschreibungen keine Abweichungen. Beim Leasingnehmer steht dem Vorteil aus der Abschreibungsverrechnung der Nachteil gegenüber, dass die Leasingrate nicht mehr in vollem Umfang als Betriebsausgabe abgezogen werden kann, sondern in einen **erfolgsneutralen Tilgungsanteil** und einen **aufwandswirksamen Zins- und Kostenanteil** aufzuteilen ist. Der steuerliche Vorteil resultiert daraus, dass sich die Abschreibungs- und Tilgungsbeträge in den einzelnen Perioden unterscheiden, mithin die Abschreibungen in den ersten Jahren höher sind als die Tilgungsbeträge. Die Aufwandsverrechnung beim Leasingnehmer aus Abschreibung sowie Zins- und Kostenanteil übersteigt zunächst die von ihm entrichtete Leasingrate. Im weiteren Verlauf kehrt sich dieser Effekt um, so dass über die gesamte Laufzeit betrachtet die Summe der Abschreibungen mit der Summe der Tilgungsanteile übereinstimmt.

Die Technik des Double-dip-Modells beschränkt sich mittlerweile nicht mehr auf sein ursprüngliches Einsatzgebiet als Instrument der Exportfinanzierung. Die steuerlichen Vorteile des Leasings haben vielmehr dazu geführt, dass insbesondere Unternehmen aus kapitalintensiven Branchen (z. B. Schiffe, Flugzeuge, Schienenfahrzeuge) Investoren suchen, die bereit sind, als Leasinggeber aufzutreten. Von dem formalrechtlichen Wechsel vom Käufer zum Leasingnehmer profitieren beide Seiten, indem sie sich den Wert der Steuerersparnisse untereinander aufteilen.[40] Neben Double-dip-Modellen werden auch Triple-dip-Konstruktionen durchgeführt, bei denen durch eine Kette von Leasingverträgen eine gleichzeitige Aufwandsverrechnung in drei Ländern möglich wird. Die praktische Relevanz dieser Vertragsgestaltungen zeigt sich bspw. daran, dass ein Großteil der Luftfahrzeugflotte weltweit durch Geldgeber finanziert worden ist, die über eine entsprechende Absenkung der Leasingraten in der Lage waren, den Fluggesellschaften einen Barwertvorteil von 4% bis 8% der Anschaffungskosten eines Flugzeugs zu verschaffen. Immer häufiger kommt es daneben zu Sonderfinanzierungen von Immobilien wie Kraftwerken, Klär- oder Müllverbrennungsanlagen bspw. im Rahmen von US-crossborder leases, wobei in der Praxis Barwertvorteile von 3% bis 5% erreicht

---

[39] Vgl. die Übersicht bei Lindencrona, G./Tolstoy, S., CDFI 1990, S. 86.
[40] Für den Hersteller ist es weitgehend unbedeutend, ob er das Wirtschaftsgut direkt an den Abnehmer oder indirekt über einen Leasinggeber veräußert.

werden.[41] Diese Steuergestaltungsmöglichkeit wurde allerdings durch den „American Job Creation Act of 2004" in den USA mit Wirkung zum 12. 3. 2004 stark eingeschränkt und in der Folge in 2008 durch Gerichtsentscheidungen praktisch aufgehoben.[42] Als größtes Risiko für die deutschen Vertragspartner hat sich jedoch vor dem Hintergrund der Finanzkrise in 2008/2009 die Verschlechterung der Kreditwürdigkeit einer der beteiligten Banken oder Garantiegeber herausgestellt. Die dadurch notwendigen Umschuldungsmaßnahmen haben für viele Kommunen zu erheblichen Zusatzkosten geführt, die im Einzelfall den ursprünglichen Barwertvorteil erheblich übersteigen.[43]

III. Zurechnungskonflikte bei Cross-border-Finanzierungsstrukturen

Finanzierungsgestaltungen, die international unterschiedliche Kriterien zur Zuordnung des wirtschaftlichen Eigentums (hier: an Kapitalgesellschaftsanteilen) ausnutzen, werden in der Praxis auch als **Repo-Strukturen** bezeichnet.[44] Im Ergebnis führen sie zu einem Betriebsausgabenabzug ohne korrespondierenden Ertrag. Das Grundprinzip dieser Gestaltungen mag anhand des folgenden, stark vereinfachten Beispiels verdeutlicht werden.

Beispiel: Ein deutsches Mutterunternehmen (M-AG) hat eine Tochtergesellschaft (X 1) im Staat X, die über eine Beteiligung an einer anderen Gesellschaft im Staat X verfügt (X 2). X 1 veräußert seine Anteile an X 2 an M-AG zu 100, wobei M-AG gleichzeitig eine Put-Option erwirbt, aufgrund derer M-AG die Anteile nach fünf Jahren zu 125 an X 1 zurückverkaufen kann. Je nach Vertragsgestaltung qualifiziert der Staat X die Transaktion als besichertes Darlehensverhältnis und lässt einen jährlichen Zinsaufwand von 5 zu, während in Deutschland von einem Anteilskauf (und später einem steuerfreien Anteilsverkauf) ausgegangen wird.

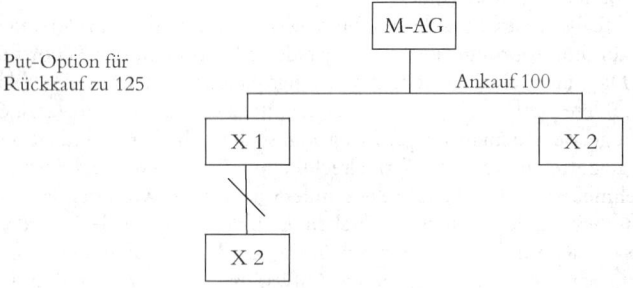

Ähnliche Planungsstrategien ergeben sich in den Fällen, in denen Wertpapierpensionsgeschäfte über die Grenze abgewickelt werden, die beteiligten Staaten aber die Wertpapiere unterschiedlichen Personen zurechnen, so dass

---

[41] Vgl. hierzu Bühner, A./Sheldon, C., DB 2001, S. 315 ff.; Günther, T./Niepel, M., DStR 2002, S. 601 ff.; Meier, K. W., PIStB 2003, S. 9; Smeets, P./Schwarz, H./Sander, D., NVwZ 2003, S. 1062; Stopp, K.-T./Korsten, M./Bieniek, G., LKV 2004, S. 540 ff.
[42] Zu den Urteilen BB&T Corp. vs. U. S. und AWG Leasing Trust vs. U. S. vgl. Coder, J., Tax Analysts 2008, S. 456 f.; Schnee, J. E., JofA 2008, S. 84. Der Internal Revenue Service hat mittlerweile die (Zwangs-) Beendigung der entsprechenden Cross-Border-Leasingverträge bis zum 31. 12. 2008 verfügt.
[43] Vgl. Stuppert, S./Gaul, C.-M., WD 2009, Nr. 28/09, S. 1 f.
[44] Der Begriff „Repo" ist aus dem englischen Begriff „repurchase" abgeleitet. Vgl. hierzu auch Bogenschütz, E., Ubg 2008, S. 542 f.

7. Kapitel. Nutzung von Qualifikationskonflikten

sich bezüglich der Erträge aus den Wertpapieren Doppel- oder Nichtbesteuerungen ergeben können.

Die vorstehenden Ausführungen stellen nur die Grundzüge derartiger Finanzierungsstrukturen in vereinfachter Form dar, die in der Praxis neben der steuerlich effizienten Fremdkapitalaufnahme auch zur Akquisitionsfinanzierung eingesetzt werden. Dabei ist die gruppeninterne Abwicklung nicht zwingend, vielmehr kann an die Stelle der Muttergesellschaft auch ein gruppenfremder Investor treten. Die Notwendigkeit, derartige Konzepte stets auf den individuellen Einzelfall abzustimmen, und die Vielzahl der dabei zu beachtenden inländischen und ausländischen Vorschriften einschließlich deren Wechselwirkungen erzeugen einen hohen Beratungs- und Abstimmungsaufwand, der die Vorteile von Repo-Finanzierungsstrukturen bei kleineren Transaktionsvolumina einschränken kann.

IV. Nutzung unterschiedlicher Periodisierungsvorschriften

Im Gegensatz zu Finanzierungsstrukturen, mit denen bspw. das Entstehen steuerpflichtiger Zinserträge vermieden werden soll, stehen Gestaltungen, die auf einen zeitlich beschleunigten Anfall steuerlich anzuerkennender Finanzierungskosten bzw. eine zeitliche Verzögerung des Anfalls steuerpflichtiger Finanzierungserträge abzielen. Hierunter fällt die Steuerplanung durch Ausnutzung zwischenstaatlicher Unterschiede bei der Aufwands- bzw. Ertragsperiodisierung. Wenngleich hiermit i. d. R. keine endgültigen Steuerersparnisse erreicht werden können, lassen sich die Kapitalkosten internationaltätiger Unternehmen durch die angestrebten **Timing-Vorteile** doch merklich reduzieren. Ein klassisches Beispiel ist der nachfolgend vereinfacht dargestellte grenzüberschreitende Einsatz einer Null-Kuponanleihe **(Zero-Bond)**.

Beispiel: Ein deutsches Mutterunternehmen (M-AG) hat zwei in unterschiedlichen ausländischen Staaten domizilierende Tochtergesellschaften X und Y. Zeichnet X einen von Y begebenen Zero-Bond, erkennt das Steuerrecht des Domizilstaates von Y häufig steuerlich abzugsfähigen periodischen Zinsaufwand an. Y gibt die ihm zugeflossenen Mittel bspw. an andere deutsche und ausländische Gruppengesellschaften weiter. Timing-Vorteile entstehen dann, wenn das Steuerrecht des Domizilstaates von X während der Laufzeit des Zero-Bonds keinen periodischen Zinsertrag annimmt, sondern die Differenz zwischen Rückzahlungsbetrag und Ausgabepreis erst im Rückzahlungszeitpunkt besteuert. Je nach Ansässigkeitsstaat von X können sich zusätzlich Tarifvorteile bei der Margenbesteuerung gegenüber einer direkten Finanzierung der Auslandsgesellschaften durch M-AG ergeben, wobei aber die Vorschriften des AStG zu beachten sind.

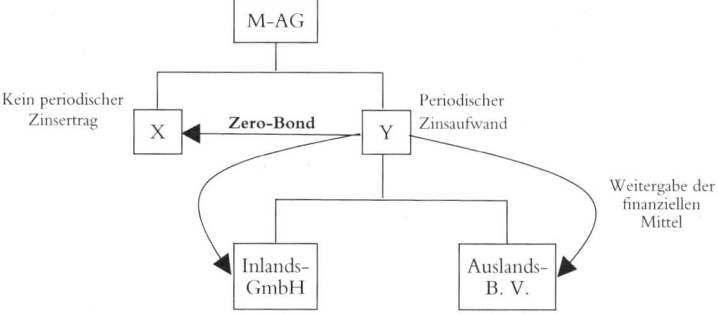

Die von Land zu Land abweichende Festlegung der Besteuerungszeitpunkte kann auch in verschiedenen anderen Bereichen zu Doppel- wie Minderbesteuerungen führen. Typische diesbezügliche Qualifikationskonflikte, die im Bereich der Mitarbeiterentsendung (z. B. bei der Besteuerung von Stock-Options oder von Versorgungsbezügen) auftreten, werden in einem nachfolgenden Kapitel behandelt.[45]

V. Ansatz fiktiver Eigenkapitalverzinsung

Eine ganz besondere Art von Qualifikationskonflikten ergibt sich daraus, dass die Steuersysteme bestimmter Staaten (z. B. Belgien und Brasilien)[46] eine kalkulatorische Verzinsung des Eigenkapitals einer Gesellschaft oder aber einer bestimmten unternehmerischen Aktivität steuerlich zum Abzug zulassen bzw. einer im Vergleich zum Normalsteuersatz niedrigeren Tarifbelastung unterwerfen. Technisch folgen all diese Fälle dem gleichen Prinzip, nämlich der Multiplizierung einer in der Gesellschaft oder der betrieblichen Aktivität gebundenen Eigenkapitalgröße mit einem i. d. R. von der landesüblichen Verzinsung abgeleiteten Zinsfaktor. Die so ermittelte Eigenkapitalverzinsung wird als Betriebsausgabe anerkannt **(allowance for corporate equity)** und mindert so die Steuerlast der betreffenden Gesellschaft bzw. der betrieblichen Aktivität. Staaten, die derartige Abzüge erlauben, verlassen insoweit das Grundprinzip einer Einkommensbesteuerung und implementieren ein aus dem Cash-Flow-Prinzip abgeleitetes konsumorientiertes Steuersystem,[47] das nicht nur inflationäre Scheingewinnbesteuerungen vermeidet, da die Preissteigerung über die Steuerbefreiung der Nominalverzinsung des Eigenkapitals berücksichtigt wird, sondern auch die Finanzierungsneutralität der Besteuerung verbessert. Die Vermeidung der Besteuerung inflationär aufgeblähter Scheingewinne war auch Anlass der Einführung dieses Besteuerungskonzepts in Brasilien. Von der deutschen Finanzverwaltung wird dieses Modell im Bereich der Kostenumlageverträge unterstützt, wo der durch Umlagevertrag auf die Mitglieder eines Pools verteilbare Kostenblock um eine Verzinsung des gebundenen Eigenkapitals erhöht werden darf.[48] Die steuerliche Attraktivität einer fiktiven Eigenkapitalverzinsung mag das folgende Beispiel verdeutlichen.[49]

Beispiel: Beteiligt sich ein deutscher Investor (GmbH) an einer brasilianischen Gesellschaft mit Eigenkapital, so unterliegen aus Gewinnen finanzierte Dividenden einer brasilianischen Vorbelastung von 34% (keine Quellensteuer). Wird die Dividende allerdings aus der Eigenkapitalverzinsung finanziert, unterliegt sie – da abzugsfähig – nicht der brasilianischen Körperschaftsteuer, sondern nur einer Quellenbesteuerung i. H v. 15%. In Deutschland ist die Dividende nach § 8 b Abs. 1 KStG i. V. m. Abs. 5 zu 95% steuerfrei.

---

[45] Siehe hierzu die Ausführungen im 8. Kapitel, Abschnitt D II 3.
[46] Vergleichbare Regelungen gab es in Italien und Österreich. Allerdings wurde die Möglichkeit des Ansatzes einer fiktiven Eigenkapitalverzinsung in Italien mit Wirkung zum 1. 1. 2004 und in Österreich mit Wirkung zum 1. 1. 2005 abgeschafft. Zur Diskussion in Norwegen vgl. Sørensen, P., Taxation, 2003, S. 1 ff.
[47] Vgl. hierzu Schmidt, F., Allowance, 1998.
[48] Zur Kritik an dieser Vorgehensweise vgl. 5. Teil, 1. Kapitel, Abschnitt C IV 2 b).
[49] Vgl. hierzu auch Köhler, S., Finanzierungen, 2006, S. 172 ff.; sowie Winkeljohann, N./Weihmann, L.-V., Ubg 2008, S. 161 ff.

Die deutsche Finanzverwaltung steht diesem Modell skeptisch gegenüber. Dem Vernehmen nach sind bereits finanzgerichtliche Verfahren angestrengt, in denen eine inländische Steuerpflicht der Eigenkapitalverzinsung unterstellt wird. Dennoch ist auch nach Einführung unilateraler Rückfallklauseln sowie des Korrespondenzprinzips in § 8b KStG davon auszugehen, dass eine solche im Ausland steuerbegünstigte Dividende grundsätzlich nicht der deutschen Besteuerung unterliegt. Trotz Abzugsfähigkeit der Eigenkapitalverzinsung im Ausland handelt es sich nach deutscher Wertung regelmäßig um Leistungen i. S. von § 20 Abs. 1 Nr. 1 EStG, die durch ein Gesellschaftsverhältnis begründet werden. Bei einer inländischen Spitzeneinheit in der Rechtsform einer Kapitalgesellschaft sind diese nach § 8b Abs. 1 und 5 KStG zu 95% steuerbefreit. Das für nach dem 18. 12. 2006 zufließende Bezüge geltende materielle Korrespondenzprinzip des § 8b Abs. 1 Satz 2 KStG, welches die Beteiligungsertragsbefreiung des § 8b Abs. 1 KStG davon abhängig macht, dass das Einkommen der leistenden Körperschaft nicht gemindert worden ist und somit einer ausreichenden Vorbelastung unterlegen hat, ist nur für verdeckte Gewinnausschüttungen und wirtschaftlich vergleichbare Einnahmen anwendbar.[50] Von einer Besteuerung offener Ausschüttungen, die im Wege eines Dividendenabzugs die ausländische Steuer mindern, wurde offenbar bewusst vor dem Hintergrund weitreichender Folgefragen für die deutsche Abkommenspolitik abgesehen.[51] Da die Eigenkapitalverzinsung damit bereits der nationalen Beteiligungsertragsbefreiung unterfällt, ist die Frage einer abkommensrechtlichen Freistellung im Hinblick auf abkommensrechtliche sowie unilaterale Rückfallklauseln in § 50 d EStG müßig.

VI. Hybride Finanzierungsinstrumente

Hybride Finanzierungsformen, wie etwa typische stille Gesellschaften, partiarische Darlehen oder Darlehen mit Rangrücktritt, Genussrechte und Gewinnobligationen (siehe Tabelle 55),[52] stellen zivilrechtlich Fremdkapital, verbunden mit vielen wirtschaftlichen Kennzeichen von Eigenkapital, oder Eigenkapital mit starkem Fremdkapitalcharakter dar. Wirtschaftlich betrachtet erfüllen sie aber unabhängig von ihrer zivilrechtlichen Ausgestaltung weitgehend die **Funktion von Eigenkapital.**

---

[50] Vgl. Dötsch, E./Jost, W. F./Pung, A./Witt, G., Körperschaftsteuer, § 8b KStG, Anm. 36.
[51] Vgl. Benecke, A., NWB 2006, S. 3430.
[52] Vgl. Jacobs, O. H., StuW 1996, S. 34 ff. Zu den in Deutschland gängigsten hybriden Finanzierungsinstrumenten vgl. auch den deutschen Nationalbericht zum 54. IFA-Kongreß von Jacob, F., IWB, Fach 1, IFA-Mitteilungen, S. 1521 ff.; Wiese, G. T./Dammer, T., DStR 1999, S. 867 ff.; Eilers, S./Schiessl, M., Finanzierungsformen, 2003, S. 441 ff.

6. Teil. Grenzüberschreitende Steuerplanung

Tabelle 55: Übersicht über wichtige hybride Finanzierungsinstrumente[53]

Besondere Finanzierungsformen in Deutschland	Wirtschaftliche Kennzeichnung
Genussrecht[54]	Vielfältig ausgestaltbar. Beteiligung am Gewinn und teilweise auch am Liquidationserlös Mit oder ohne Rückzahlungsvereinbarung
Gewinnobligation	Ganz oder teilweise erfolgsabhängige Verzinsung (Bsp.: Feste Grundverzinsung und Gewinnanspruch, der an die Dividende gekoppelt ist) Fester Rückzahlungstermin
Hybridanleihen (perpetuals)[55]	Schuldtitel ohne Laufzeitbegrenzung mit fester oder variabler Verzinsung
(Pflicht-)Wandel- oder Optionsanleihe[56]	Recht zum Umtausch der Anleihe oder des von der Anleihe getrennten Optionsscheins in neue Anteile des Emittenten Ausgabe im Rahmen einer bedingten Kapitalerhöhung
Umgekehrte Wandelanleihe[57]	Höherverzinsliche Anleihe Emittent hat das Recht, das Darlehen bei Fälligkeit statt durch Rückzahlung der Darlehenssumme durch Hingabe von Anteilen an Drittunternehmen zu tilgen
Partiarisches Darlehen	Gewinnabhängige Vergütung Mit Rückzahlungsvereinbarung Keine Verlustbeteiligungsmöglichkeit Abgrenzung zur stillen Gesellschaft schwierig
Typisch stille Gesellschaft	Gewinnabhängige Vergütung Mit Rückzahlungsvereinbarung Abgrenzung zum partiarischen Darlehen: Verlustbeteiligung und Bildung einer Zweckgemeinschaft
Atypisch stille Gesellschaft[58]	Gewinnabhängige Vergütung Beteiligung an den stillen Reserven Befristete Vertragslaufzeit möglich Abgrenzung zum partiarischen Darlehen: Verlustbeteiligung und Bildung einer Zweckgemeinschaft

---

[53] Zur Besteuerung von Finanzderivaten (unbedingte Finanztermingeschäfte, Optionen, Swaps, Hedges u. a.) vgl. die Übersicht von Selling, H.-J., IWB, Fach 10, International, Gruppe 8, S. 223 ff.
[54] Zur Besteuerung von Genussrechten vgl. Haase, F., StuB 2009, S. 495 ff.; zur internationalen Steuerplanung mit Genussrechten vgl. Bünning, M., Intertax 2003, S. 408 f.; Watrin, C./Lühn, M., IWB, Fach 3, Deutschland, Gruppe 4, S. 483 ff.; Kollruss, T., BB 2007, S. 467 ff.; Bogenschütz, E., Ubg 2008, S. 542 f.
[55] Vgl. Häuselmann, H., BB 2007, S. 931 ff.
[56] Zur Besteuerung von Pflichtwandelanleihen vgl. Häuselmann, H., BB 2003, S. 1531 ff.
[57] Zur Besteuerung von Aktien-, Wandel- und Umtauschanleihen vgl. Dreyer, G./Herrmann, H., BB 2001, S. 705 ff.; zur Umtauschanleihe vgl. auch BMF-Schreiben v. 24. 5. 2000, DB 2000, S. 1153; zur Aktienanleihe vgl. BMF-Schreiben v. 7. 10. 1999, DStR 1999, S. 2032; Teufel, T., AG 2008, S. 892 ff.
[58] Zu Qualifikationskonflikten beim grenzüberschreitenden Einsatz einer atypischen stillen Gesellschaft vgl. Günkel, M./Lieber, B., IWB, Fach 10, International, Gruppe 2, S. 1393 ff.; Pyszka, T., IStR 1999, S. 577 ff.; Schmidt, C., Konsequenzen, 2003, S. 1410 ff.; Dötsch, E./Jost, W. F./Pung, A./Witt, G., Körperschaftsteuer, IntGA, Anm. 1331 ff.

7. Kapitel. Nutzung von Qualifikationskonflikten

Besondere Finanzierungs-formen in Deutschland	Wirtschaftliche Kennzeichnung
Darlehen mit Rangrücktritt	Vertraglich vereinbarte Vergütungen Fester Rückzahlungszeitpunkt Darlehensgeber tritt für den Insolvenzfall mit seinem Anspruch gegenüber anderen Gläubigern zurück
Besserungsvereinbarungen	Rückzahlung von Verpflichtungen aus Darlehensvereinbarungen, soweit künftig Gewinne erwirtschaftet werden
Besondere Formen anderer Staaten[59]	
Großbritannien/Australien: Redeemable preference shares	Gewinnabhängige oder gewinnunabhängige Vergütung Rückzahlung zu einem festen oder variablen Zeitpunkt
Equity notes	Schuldverschreibungen mit besonders langer Laufzeit bzw. ohne Rückzahlungsvereinbarung
Frankreich: Titres subordonnés à durée indéterminée (T. S. D. I.) Obligation remboursable en actions (ORA)	Schuldverschreibungen mit Rangrücktritt und unbestimmter Laufzeit bzw. Rückzahlung bei Liquidation der Gesellschaft Pflichtwandelanleihe mit Rückzahlung durch Gewährung von Anteilen an der Emittentin
Schweiz: Partizipationsscheine	Teilnahme am laufenden Unternehmenserfolg und am Liquidationserlös i. d. R. ohne festen Rückzahlungstermin

Aus unternehmerischer Sicht wäre der günstigste Fall des Einsatzes hybrider Finanzierungsinstrumente bei Outbound-Investitionen dann gegeben, wenn der Sitzstaat der Tochtergesellschaft das Finanzierungsinstrument im Rahmen der Gewinnermittlung als Fremdkapital ansieht, somit das Ausland einen Zinsabzug zulässt, nach den Wertungen des DBA und des deutschen Steuerrechts jedoch Eigenkapital vorliegt. Trotz unilateraler bzw. abkommensrechtlicher Rückfallklauseln erfolgt hierdurch im Inland eine Freistellung, so dass im Ergebnis sog. „weiße Einkünfte" vorliegen.[60] Der Weg zu einer solchen Konstruktion ist jedoch äußerst kompliziert und bedarf einer sehr sorgfältigen Steuerplanung, wobei neben den steuerrechtlichen Wertungen im Sitzstaat der Tochtergesellschaft regelmäßig die konkreten Abkommensnormen zu berücksichtigen sind. Aus deutscher Sicht können – zumindest theoretisch – insgesamt **vier Sachverhaltskonstellationen** auftreten, die mit unterschiedlichen steuerlichen Konsequenzen verbunden sind:

- Auf Ebene der ausländischen Tochtergesellschaft sind die Entgelte für hybride Finanzierungsformen als Betriebsausgaben abzugsfähig und fallen abkommensrechtlich unter den Zinsartikel, verbunden mit der Anrechnungsmethode als Methode zur Vermeidung der Doppelbesteuerung im

---

[59] Vgl. hierzu Selling, H.-J., IWB, Fach 10, International, Gruppe 8, S. 261 f.
[60] Vgl. Pöllath, R./Rodin, A., IStR 1993, S. 213 ff.; Kollruss, T., BB 2007, S. 467 ff.; Bogenschütz, E., Ubg 2008, S. 533 ff.

Inland. Insofern besteht aus steuerlicher Sicht materiell kein Unterschied zur Fremdkapitalfinanzierung.

– Die Entgelte für hybride Finanzierungsformen sind entsprechend dem wirtschaftlichen Gehalt des Instruments auf Ebene der ausländischen Tochtergesellschaft nichtabzugsfähig und das Abkommen mit dem Sitzstaat der Tochtergesellschaft bezieht einzelne hybride Finanzierungsformen ausdrücklich in den Dividendenbegriff ein.[61] Dabei ist zum einen zu beachten, dass hiermit oftmals die Berechtigung des Tätigkeitsstaates verbunden ist, höhere Quellensteuersätze[62] als auf die übrigen Dividenden zu erheben.[63] Zum anderen werden hybride Finanzierungsformen, wie bspw. die stille Gesellschaft, das partiarische Darlehen und auch das Genussrecht,[64] für sich gesehen nicht die Voraussetzungen von § 8b Abs. 1 KStG und der DBA-Schachtelfreistellung erfüllen, auch wenn Dividendeneinkünfte im Abkommenssinn vorliegen.[65] Dies bedeutet, dass im Inland die Anrechnungsmethode als Maßnahme zur Vermeidung der Doppelbesteuerung zur Anwendung kommt mit der Konsequenz, dass die im Ausland gezahlte Körperschaftsteuer definitiv wird.

– Eine andere Beurteilung ergibt sich, wenn die inländische Muttergesellschaft neben dem hybriden Finanzierungsinstrument gleichzeitig eine Schachtelbeteiligung an der ausländischen Tochtergesellschaft hält. In diesen Fällen kommt es neben den Dividenden auch für die Entgelte der stillen Gesellschaft oder des partiarischen Darlehens zu einer Reduzierung der Quellensteuer und wohl auch zur Anwendung der DBA-Freistellung im Inland.[66] Dies gilt zumindest dann, wenn die jeweiligen Entgelte bei der zahlungsverpflichtenden Tochtergesellschaft nichtabzugsfähig sind.[67]

– Schließlich sind Fälle denkbar, in denen die Entgelte auf Ebene der ausländischen Tochtergesellschaft im Rahmen der Gewinnermittlung abzugsfähig sind und im Inland freigestellt werden.[68]

Beispiel 1: Eine französische Tochtergesellschaft begibt eine Anleihe in Form einer Obligation Remboursable en Actions (ORA) an ihre inländische Muttergesellschaft. Nach französischer Wertung sind die auf die ORA gezahlten Vergütungen steuerlich abzugsfähig. Aus deutscher Sicht ist die ORA als beteiligungsähnliches Genussrecht i. S. d. § 8 Abs. 3 Satz 2 KStG ausgestaltet und fällt deshalb unter die Beteiligungs-

---

[61] Vgl. Gewinnobligationen: DBA-Niederlande, DBA-Schweden, DBA-Schweiz. Partiarische Darlehen: DBA-Schweden, DBA-Schweiz, DBA-USA. Genussrechte sind in der Dividendendefinition des Art. 10 Abs. 3 OECD-Modell ausdrücklich genannt. Nach Auffassung einiger Autoren sind hiermit jedoch nur solche Genussrechte gemeint, die am Gewinn und am Liquidationserlös beteiligt sind. Zur abkommensrechtlichen Abgrenzung zwischen Zinsen und Dividenden vgl. auch FG Köln v. 11. 12. 2003, EFG 2005, S. 541.
[62] Höhere Quellensteuersätze für eine typische stille Beteiligung sind bspw. nach den DBA mit Finnland, der Schweiz und Ungarn zulässig. Keine Höchstbegrenzung sehen etwa die DBA mit Italien, Japan, Kanada, Schweden und USA vor.
[63] Vgl. Riegler, B./Salomon, K., DB 1991, S. 2205 ff.
[64] Für den Bereich der Genussrechte vgl. Widmayer, G., IStR 2001, S. 337 ff.; Bogenschütz, E., Ubg 2008, S. 542 f.
[65] Vgl. Vogel, K./Lehner, M., DBA-Kommentar, Art. 10, Anm. 167.
[66] Vgl. Vogel, K./Lehner, M., DBA-Kommentar, Art. 10, Anm. 168.
[67] Vgl. BFH v. 4. 6. 2008, BStBl 2008 II, S. 793.
[68] Zur Nutzung eines Qualifikationskonflikts im niederländisch/japanischen DBA durch Einsatz einer stillen Gesellschaft ("Holland TK Struktur") vgl. Page, J./Senft, R., PIStB 2005, S. 69 ff.

ertragsbefreiung des § 8 b Abs. 1 KStG. Da weder § 50 d Abs. 9 EStG noch das materielle Korrespondenzprinzip des § 8 b Abs. 1 Satz 2 KStG anwendbar sind, können bei entsprechender Ausgestaltung „weiße Einkünfte" entstehen.[69]

Beispiel 2: Eine deutsche Muttergesellschaft gewährt ihrer Tochtergesellschaft in Luxemburg zusätzliches Kapital gegen Einräumung einer stillen Beteiligung. Trotz Betriebsausgabenabzug in Luxemburg gelten die Einkünfte aus der Beteiligung stiller Gesellschafter unter dem DBA-Luxemburg als Dividenden (Schlussprotokoll zu den Art. 5, 7 und 13). Der Charme dieser Gestaltung lag bis zur höchstrichterlichen Klärung der Rechtslage im BFH-Urteil vom 4. 6. 2008[70] darin, dass aufgrund der abkommensrechtlichen Einordnung als Dividende nicht nur ein reduzierter Quellensteuersatz von 10% auf Seiten Luxemburgs,[71] sondern auch die Steuerfreistellung nach dem Schachtelprivileg des Art. 20 Abs. 2 des DBA beansprucht werden konnte.[72] Der BFH hat dieser Vorgehensweise jedoch eine Absage erteilt. Ziel und Zweck der abkommensrechtlichen Schachtelfreistellung sei es, nur jene Dividenden zu privilegieren, denen eine direkte 25%ige Kapitalbeteiligung zugrunde liegt. Da jedoch eine stille Beteiligung grundsätzlich keine Kapitalbeteiligung vermittelt und zudem aufgrund der Abzugsfähigkeit der Gewinnanteile in Luxemburg im wirtschaftlichen Ergebnis unbesteuerte Einkünfte vorliegen würden, könne eine Freistellung nach Art. 20 Abs. 2 des DBA nicht gewährt werden.[73]

Festzuhalten ist, dass die Zwitterstellung der hybriden Finanzierungsinstrumente im internationalen Bereich durchaus zu sachlichen Qualifikationskonflikten, verbunden mit einer doppelten Steuerfreistellung („weiße Einkünfte"), führen kann. Derartige Minderbesteuerungen können im Rahmen der grenzüberschreitenden Steuerplanung genutzt werden, was aus betriebswirtschaftlichen Gesichtspunkten durchaus legitim ist.

Aus steuersystematischer Sicht sind Minderbesteuerungen jedoch unerwünscht. Aufgrund der internationalen Zusammenarbeit der Steuerverwaltungen und verschärfter nationaler[74] und bilateraler[75] Gegenmaßnahmen sind hybride Finanzierungsinstrumente in der Praxis allerdings nur noch vereinzelt anzutreffen.

VII. Hybride Gesellschaften

Der Grundgedanke der Steuerplanung mit hybriden Gesellschaften entspricht der Vorgehensweise bei hybriden Finanzierungsinstrumenten: Ein wirtschaftlicher Tatbestand wird aufgrund seiner zwitterhaften Ausgestaltung von zwei Staaten unterschiedlich qualifiziert. Während aber bei den hybriden Finanzierungsinstrumenten noch ein einzelnes Rechtsgeschäft Gegenstand der Betrachtung war, erstreckt sich nunmehr die divergierende Beurteilung

---

[69] Ähnliche Gestaltungen sind in Belgien, Dänemark, Großbritannien, Italien, Luxemburg, Schweden und Spanien möglich.
[70] Vgl. BFH v. 4. 6. 2008, BStBl 2008 II, S. 793.
[71] Vgl. hierzu das DBA-Luxemburg (Art. 13 Abs. 4).
[72] Dagegen ist eine Freistellung nach nationalem Recht nicht erreichbar, da § 8 b Abs. 1 KStG nicht auf Einnahmen aus einer stillen Gesellschaft (§ 20 Abs. 1 Nr. 4 EStG) anwendbar ist. Vgl. zur Bedeutung von § 50 d Abs. 9 EStG in diesem Zusammenhang Dallwitz, H./Mattern, O./Schnitger, A., DStR 2007, S. 1697 ff.; Wagner, S., DStZ 2009, S. 215 ff.
[73] Vgl. BFH v. 4. 6. 2008 BStBl 2008 II, S. 793. Kritisch hierzu Teufel, T./Hasenberg, R., IStR 2008, S. 724 ff.
[74] Vgl. § 50 d Abs. 9 EStG i. d. F. des JStG 2007 v. 13. 12. 2006, BGBl 2006 I, S. 2878.
[75] Vgl. Art. 23 Abs. 4 im revidierten deutsch-amerikanischen DBA.

auf die **Einstufung eines Rechtssubjekts,** d. h. die Frage, ob ein Unternehmen eines anderen Rechtskreises als Personen- oder Kapitalgesellschaft einzuordnen ist.

Die Grundsätze für die Qualifikation von Gesellschaften sind von Land zu Land unterschiedlich ausgestaltet.[76] Als Ergebnis zwischenstaatlich abweichender Kriterien kann sich nun ergeben, dass ein Land ein und dieselbe Gesellschaft nach **Kapitalgesellschaftsgrundsätzen,** ein anderes Land aber nach **Personengesellschaftsprinzipien** besteuert.[77] Aus einem derartigen Qualifikationskonflikt resultierende hybride Gesellschaften lassen sich steuerplanerisch einsetzen. Mit ihnen kann man steuerliche Ziele erreichen, ohne notwendigerweise an die gesellschaftsrechtliche Rechtsform oder an die steuerrechtliche Behandlung im jeweiligen Ausland gebunden zu sein.

Allerdings ist hierbei zu beachten, dass der Spielraum zur steuerplanerischen Nutzung hybrider Gesellschaftsformen durch die Rechtsentwicklung seit 2007 stark eingeschränkt worden ist. Neben der Einführung unilateraler Rückfall- bzw. Switch-over-Klauseln (wie z. B. § 50 d Abs. 8–10 EStG) wird im Rahmen der deutschen Abkommenspolitik verstärkt auf die Vereinbarung abkommensrechtlicher Klauseln zur einheitlichen Behandlung hybrider Gesellschaftsformen bzw. zur Vermeidung weißer Einkünfte gedrängt. Hierfür sei beispielhaft auf die Neuregelungen im DBA-USA zur Abkommensberechtigung hybrider Gesellschaften (Art. 1 Abs. 7 DBA-USA 2006) und zum Rückfall des Besteuerungsrechts bei Qualifikationskonflikten (Art. 23 Abs. 4 Buchstabe b DBA-USA 2006) verwiesen.

In der Praxis werden hybride Gesellschaften aus einer Vielzahl von Beweggründen eingesetzt:

- Traditionell eignet sich die deutsche GmbH & Co. KG aufgrund der in ihr vermischten personen- und kapitalgesellschaftsrechtlichen Elemente für den Einsatz als hybrides Rechtsgebilde. So wird bspw. häufig eine deutsche GmbH & Co. KG, die nach US-Prinzipien als Kapitalgesellschaft gilt, für Investitionen in US-Grundvermögen herangezogen. Dies soll einerseits die deutsche Steuerbefreiung für die US-Einkünfte sicherstellen, andererseits aber auch eine US-Erbschaftsteuerpflicht beim Tod der an der GmbH & Co. KG beteiligten natürlichen Personen ausschließen.[78]
- Ebenso bei Investitionen in den USA findet sich der Einsatz von Limited Liability Companies (LLC), einer hybriden US-Gesellschaftsform, die im Außenverhältnis viele Eigenschaften von Kapitalgesellschaften aufweist, steuerlich aber dennoch meist als Personengesellschaft behandelt wird.[79]

---

[76] Zur deutschen Methodik der Steuerrechtsqualifikation basierend auf einem zweistufigen Rechtstypenvergleich vgl. 4. Teil, 3. Kapitel, Abschnitt A I 1.

[77] Allerdings können selbst in Fällen, in denen beide Länder eine Gesellschaft einheitlich qualifizieren, Ausschüttungsvorgänge abweichend behandelt werden. Zu Qualifikationskonflikten bei Ausschüttungen einer US-Kapitalgesellschaft wegen unterschiedlicher Behandlung als Dividenden bzw. Kapitalrückzahlungen vgl. Sedemund, J., RIW 2006, S. 533 ff.

[78] Zur Besteuerung in Konstellationen, in denen eine deutsche Personengesellschaft aus US-Sicht als Körperschaft zu behandeln ist, vgl. Sedemund, J., RIW 2006, S. 537 ff.; siehe zur verbleibenden Steuerplanung mit hybriden Gesellschaftsformen im Verhältnis zu den USA Djanani, C./Brähler, G., StuW 2007, S. 53 ff.

[79] Vgl. Henke, U./Lang, M., IStR 2001, S. 514 ff.; Schnittker, H., StuW 2004, S. 39 ff.; BMF-Schreiben v. 19. 3. 2004, BStBl 2004 I, S. 411. Zur ausführlichen Ana-

7. Kapitel. Nutzung von Qualifikationskonflikten

Über die LLC soll erreicht werden, dass sich die Vorteile der persönlichen Haftungsbeschränkung der Gesellschafter mit der deutschen steuerlichen Freistellung als Personengesellschaftsgewinn paaren lassen. Nach Ansicht der Finanzverwaltung erfolgt die Einordnung der LLC unter Berücksichtigung der konkreten Ausgestaltung der hybriden US-Gesellschaftsform. Dabei soll ein zweistufiges Vorgehen gelten: In einem ersten Prüfungsschritt soll analysiert werden, ob die bei der zu klassifizierenden LLC vorhandenen Merkmale in ihrem Gesamtbild eher für eine Körperschaft oder für eine Personengesellschaft sprechen. Führt die Gesamtbildbetrachtung nicht zu einer eindeutigen Einordnung der LLC, so soll in einem zweiten Schritt untersucht werden, ob die bei der LLC vorhandenen Merkmale, die zu einer Qualifikation als Kapitalgesellschaft führen, überwiegen. Insofern wird die LLC als Kapitalgesellschaft behandelt; anderenfalls erfolgt die Einordnung der LLC als Personengesellschaft. Diese Vorgehensweise wurde auch von der Rechtsprechung im BFH-Urteil vom 20. 8. 2008 grundsätzlich bestätigt.[80]

– Eine weitere US-amerikanische hybride Gesellschaftsform ist die Limited Liability Partnership (LLP).[81] Die LLP verbindet die Merkmale einer typischen Personengesellschaft mit Vorzügen einer Kapitalgesellschaft. Eine dieser US-Gesellschaftsform vergleichbare Konstruktion ist die UK-LLP, die seit ihrer Schaffung in 2000 ebenfalls die Merkmale sowohl einer Kapitalgesellschaft als auch einer Personengesellschaft in sich vereint.[82]

– Für Inbound-Investitionen aus den USA ist die GmbH als hybride Gesellschaftsform seit langer Zeit im Einsatz. Grund dafür sind die Check-the-box-Regelungen,[83] die dem amerikanischen Gesellschafter ein Wahlrecht zugestehen, eine deutsche GmbH als transparent oder als abschirmende Kapitalgesellschaft einzuordnen. Bei Wahl der Betriebsstätten- bzw. Personengesellschaftsqualifikation ist es bspw. möglich, Verluste einer deutschen GmbH bei der US-Muttergesellschaft zu nutzen, da bei entsprechender Planung weder die „dual consolidated loss rules" (Sec. 1503 (d) (3) IRC)[84] noch die „mirror legislation provisions"[85] in den USA zur Anwendung kommen.[86] Ferner kann eine Anrechnung der deutschen Körper-

---

lyse des BMF-Schreibens zur LLC vgl. Djanani, C./Brähler, G./Hartmann, T., IStR 2004, S. 481 ff.; Fahrenberg, J./Henke, U., IStR 2004, S. 485 ff.; Lemaitre, C./ Schnittker, H./Siegel, K., GmbHR 2004, S. 618 ff.

[80] Vgl. BFH v. 20. 8. 2008, BStBl 2009 II, S. 263. Kritisch hierzu Flick, H. F. W./ Heinsen, O., IStR 2008, S. 781 ff. Zur ähnlich gelagerten Problematik bei einer sog. S-Corporation vgl. BFH v. 20. 8. 2008, BStBl 2009 II, S. 234; sowie Behrens, S./Wagner, A., BB 2009, S. 147 f.; Eimermann, D., IStR 2009, S. 58 f.

[81] Vgl. Bungert, H., RIW 1994, S. 360 ff.; Hallweger, M., NZG 1998, S. 531 ff.; Schnittker, H., GmbHR 2001, S. 382 f., S. 713 ff.; Schnittker, H./Thiele, D., GmbHR 2002, S. 420 ff., S. 478 ff.; Schnittker, H./Lemaitre, C., FR 2003, S. 485 ff.

[82] Vgl. Kilian, M., NZG 2000, S. 1008 ff.; Triebel, V./Karsten, L., RIW 2001, S. 1 ff. Zur steuerlichen Einordnung siehe SenFin Berlin, Erlass v. 19. 1. 2007, IStR 2007, S. 447 f.

[83] Vgl. 4. Teil, 3. Kapitel, Abschnitt A I 1.

[84] Vgl. Schreiber, C./Meiisel, P., IStR 2002, S. 582 ff.; Greenwald, L. J./Leduc, R. J., JIT 2003, S. 36 ff. Eine vergleichbare Regelung wurde in Deutschland mit § 14 Abs. 1 Nr. 5 KStG geschaffen. Zu Einzelheiten vgl. Endres, D./Thies, A., RIW 2002, S. 275 ff.

[85] Sec. 1.1503–2 (c) (15) (iv) Treas. Reg. Vgl. Schreiber, C./Meiisel, P., IStR 2002, S. 582 ff.

[86] Vgl. Lüdicke, J., Organschaft, 2003, S. 440; Kollruss, T., IStR 2004, S. 735 ff.

schaft- und Gewerbesteuer bei US-amerikanischen natürlichen Personen als GmbH-Gesellschafter erreicht werden. Ebenso können bei US-Körperschaften als Anteilseigner Probleme im Rahmen des US-Anrechnungsverfahrens (3 rd-tier-Problem) oder im Rahmen der US-Hinzurechnungsbesteuerung durch den Einsatz einer hybriden GmbH eliminiert werden.[87] Ferner sind auch vorteilhafte Finanzierungsstrukturen denkbar, da Zinszahlungen einer deutschen „hybriden" GmbH beim US-Gesellschafter nicht als steuerpflichtige Zinseinnahmen gewertet werden.

Wie obigen Beispielsfällen zu entnehmen ist, erfreuen sich hybride Gesellschaften insbesondere in der US-amerikanischen Rechtspraxis aufgrund der hohen Flexibilität in Qualifikationsfragen einer großen Beliebtheit. Die dadurch erzielbaren Steuerersparnisse werden jedoch auch von Seiten der US-Administration zunehmend kritisch gesehen. So könnten die von der US-Regierung geplanten Neuregelungen im Bereich der Check-the-box-Regelung zu weitreichenden Einschränkungen der bisherigen Gestaltungsspielräume führen.[88] Ein in der Vergangenheit häufig eingesetztes Modell, dem der IRS ebenfalls den Kampf angesagt hat, sei mit dem folgenden Beispiel grob beschrieben.

Beispiel: Die deutsche M-AG möchte den Kapitalbedarf ihrer US-amerikanischen Tochtergesellschaften fremdfinanzieren. Erfolgt die Darlehensaufnahme durch eine der amerikanischen Gruppe vorgeschaltete US-Delaware Limited Partnership (Personengesellschaft), für die das Check-the-box-Wahlrecht zur Besteuerung als Kapitalgesellschaft ausgeübt wird, ergibt sich die Möglichkeit eines doppelten Fremdkapitalzinsabzugs. Aufgrund ihrer Einordnung als Kapitalgesellschaft sind die von der US-Delaware Limited Partnership gezahlten Fremdkapitalzinsen in den USA abzugsfähig und können bei Etablierung einer consolidated group mit den operativen Erträgen anderer amerikanischer Tochtergesellschaften verrechnet werden. Wird die US-Delaware Limited Partnership nur vermögensverwaltend tätig und qualifiziert sie sich deshalb nicht als Betriebsstätte der M-AG, ist die Fremdkapitalaufnahme aus deutscher Sicht der M-AG zuzurechnen, weshalb die Fremdkapitalzinsen ein weiteres Mal (in Deutschland) zum Abzug gebracht werden können. Die Bedienung des Darlehens finanziert US-Delaware Limited Partnership durch Dividendenzahlungen ihrer Tochtergesellschaften, die aus deutscher Sicht unmittelbar der M-AG zufließen und demnach zu 95% steuerfrei sind (§ 8 b Abs. 1 i. V. m. Abs. 5 KStG).

Auch bei US-Auslandsengagements mit erwarteten Anlaufverlusten finden hybride Strukturen immer häufiger Beachtung. Allerdings bestehen in den meisten anderen Rechtskreisen bei der Detailausgestaltung einer hybriden Gesellschaftsform mannigfaltige Unwägbarkeiten, so dass eine Abstimmung mit der Finanzverwaltung über die steuerliche Einstufung der jeweiligen Auslandsgesellschaft zum notwendigen Bestandteil des Planungsprozesses wird.

Vergleichbar mit der Gestaltung mit hybriden Gesellschaften ist auch die von Land zu Land unterschiedliche Wertung einer Gesellschaft aufgrund ihrer Organträgerstellung.

Beispiel: Die gewerblich tätige S-KG mit natürlichen Personen als Gesellschaftern hat mit ihrer Tochtergesellschaft S-GmbH einen wirksamen Ergebnisabführungsvertrag

---

[87] Vgl. dazu detailliert Tobin, J. J./Seto, W. R., IBFD-Bulletin 1994, S. 315 ff.; Flick, H. F. W., IStR 1998, S. 110 f.
[88] Für einen Überblick über die neue Steuerpolitik vgl. hierzu Endres, D./Eckstein, H.-M., Status: Recht 2009, S. 145 ff.

7. Kapitel. Nutzung von Qualifikationskonflikten 1323

abgeschlossen. Die S-GmbH verfügt über eine niederländische Betriebsstätte. Während aus holländischer Sicht die S-GmbH beschränkt körperschaftsteuerpflichtig ist (und damit der im Vergleich zu den Einkommensteuersätzen niedrigere Körperschaftsteuersatz zur Anwendung kommt), ist aus deutscher Sicht das Ergebnis direkt der Organträgerin S-KG zuzurechnen, so dass die niederländischen Ergebnisse den S-Gesellschaftern ohne Umweg über das Teileinkünfteverfahren steuerfrei zugeleitet werden können.

Ähnliche Organschaftsstrukturen können auch zur Reduzierung von Quellensteuern, zum Zinsabzug ohne korrespondierende Zinsbesteuerung oder zur Vermeidung von Erbschaftsteuer eingesetzt werden.

VIII. Mangelnde Harmonisierung bei der Abgrenzung zwischen gesellschaftsrechtlicher und betrieblicher Sphäre

Wie im Rahmen der Verrechnungspreisproblematik ausführlich behandelt, sind im internationalen Konzern Leistungsaustauschbeziehungen auf betrieblicher Basis von Transaktionen auf gesellschaftsrechtlicher Grundlage abzugrenzen. Zahlungen können nur dann steuerlich als Betriebsausgabe geltend gemacht werden, wenn sie betrieblich verursacht sind. Sind diese Voraussetzungen im Leistungsverkehr zwischen Gesellschaft und Gesellschafter nicht erfüllt, können die Zahlungen aufgrund ihrer gesellschaftsrechtlichen Veranlassung bei der Ermittlung des zu versteuernden Einkommens nicht gewinnmindernd abgezogen werden.

Angesichts der bereits im nationalen Recht bestehenden Meinungsverschiedenheiten, ob eine Leistung betrieblich oder gesellschaftsrechtlich verursacht ist, wird offensichtlich, dass es beim konzerninternen Leistungsaustausch im grenzüberschreitenden Bereich zu vielfältigen Qualifikationskonflikten kommen kann. Doppel- und Minderbesteuerungen wären nur vermeidbar, wenn international Übereinstimmung über die maßgeblichen Abgrenzungsgrundsätze erzielt werden könnte und Gewinnberichtigungen in einem Staat zwangsläufig zu korrespondierenden Gewinnänderungen im anderen Staat führen würden. Diese beiden Bedingungen sind aber weder derzeit erfüllt noch wird dies in absehbarer Zukunft der Fall sein. Die unterschiedlichen Gewinnermittlungsvorschriften und Zurechnungsregelungen haben vielmehr zur Folge, dass bei international tätigen Unternehmen abweichende Beurteilungen des gleichen wirtschaftlichen Sachverhaltes im In- und Ausland üblich sind. Nicht selten werden die Transaktionen sowohl dem Grunde als auch der Höhe nach unterschiedlich beurteilt.

Hauptaufgabe der Steuerplanung ist es, bei der Gestaltung des konzerninternen Leistungsaustauschs sorgfältig darauf zu achten, die aus solchen Qualifikationskonflikten drohende internationale Doppelbesteuerung zu vermeiden. Hierbei handelt es sich insbesondere deshalb um eine äußerst komplexe Aufgabe, da zum einen die steuerlichen Gewinnermittlungsvorschriften und Zurechnungsregeln von sämtlichen beteiligten Unternehmen zu beachten sind und zum anderen dennoch vorgenommene Gewinnberichtigungen in aller Regel zu Lasten der Unternehmen gehen. Die daraus resultierenden Doppelbesteuerungen lassen sich nur schwer vermeiden, da ein **international anerkannter Grundsatz der korrespondierenden Gewinnberichtigung nicht existiert.** Innerhalb der EU kann ggf. auf Basis des EU-Schiedsabkommens eine Lösung gefunden werden.[89] Entsprechendes gilt im Verhältnis zu den USA nach Einführung einer obligatorischen Schiedsklausel im Rahmen des Ergänzungsprotokolls 2006 zum deutsch-amerikanischen DBA. Außerhalb dieser Regelungen verbleibt häufig jedoch nur der langwierige und nicht immer erfolgversprechende Weg eines Verständigungsverfahrens.

Gelegentlich eignen sich Abgrenzungsunterschiede bei der Ermittlung der steuerlichen Bemessungsgrundlage aber auch als Ansatzpunkt für die Steuerplanung. In diesem Zusammenhang besteht die Zielsetzung darin, beim zahlungsverpflichteten Unternehmen eine Aufwandsverrechnung zu ermöglichen und beim zahlungsempfangenden Unternehmen eine Einkommenserhöhung zu vermeiden, m. a. W. die Leistung im ersten Fall der betrieblichen Sphäre und im zweiten Fall dem gesellschaftsrechtlichen Bereich zuzuordnen. Nach Einführung des Systems einer korrespondierenden Besteuerung von verdeckten Gewinnausschüttungen und verdeckten Einlagen auf Ebene der Kapitalgesellschaft und ihres Gesellschafters durch das JStG 2007 wurden die Gestaltungsspielräume in diesem Bereich jedoch weitgehend ausgeräumt.

Beispiel: Eine deutsche Tochtergesellschaft erbringt Dienstleistungen an ihre britische Muttergesellschaft und verlangt hierfür ein Entgelt von 100. Über die Angemessenheit des für die Dienstleistung zu entrichtenden Preises besteht Uneinigkeit. In Großbritannien wird ein Entgelt von 100 als mit dem dealing at arm's length principle vereinbar angesehen, während in Deutschland im Drittvergleich ein Preis von 80 als angemessen beurteilt wird. Die darüber hinausgehende Zahlung von 20 ist nach deutscher Wertung als verdeckte Einlage zu werten. Bislang ließen sich dadurch Steuervorteile aus Sicht des Gesamtunternehmens erzielen, da den Betriebsausgaben in Großbritannien von 100 in Deutschland nur steuerpflichtige Einkünfte der Tochtergesellschaft von 80 gegenüberstanden. Für verdeckte Einlagen, die nach dem 18. 12. 2006 getätigt werden, kommt es nach § 8 Abs. 3 Satz 4 KStG jedoch dann zu einer Erhöhung des zu versteuernden Einkommens, wenn diese das Einkommen des Gesellschafters wie im gegebenen Fall gemindert haben.

In der Praxis wird der obige Beispielsfall aber eher die Ausnahme sein. Viel häufiger ist der umgekehrte Sachverhalt anzutreffen: Beim Leistungsempfänger (Großbritannien) wird nur ein Entgelt von 80 als dem Drittvergleich entsprechend anerkannt, während der Leistungserbringer (Deutschland) aus Sicht der Finanzverwaltung einen „angemessenen" Preis von 100 zu fordern hat, wodurch eine Doppelbesteuerung entsteht.

C. Steuergesetzgeberische Ansatzpunkte zur Vermeidung von weißen Einkünften

Qualifikationskonflikte haben ihre Ursache in der Vielfalt der weltweiten Steuersysteme. Aufgrund der mangelnden Harmonisierung der Besteuerung können sich – wie oben an verschiedenen Beispielen aufgezeigt – Doppel- wie Minderbesteuerungen ergeben. Beide Konsequenzen sind aus steuertheoretischer Sicht unerwünscht, wenn auch nicht immer auszuschließen. Zur Vermeidung von aus Qualifikationskonflikten drohenden Doppelbesteuerungen bietet sich bei Bestehen eines DBA bzw. innerhalb der EU die Verständi-

---

[89] Vgl. zu den praktischen Erfahrungen hiermit Bödefeld, A./Kuntschik, N., IStR 2009, S. 268 ff.

gung zwischen den Finanzbehörden der beteiligten Staaten als Ausweg an. Ansonsten bleibt der Antrag auf eine Billigkeitsmaßnahme des Wohnsitzstaates als ultima ratio. Es ist offenkundig, dass das Hauptaugenmerk der Finanzverwaltungen den aus Qualifikationskonflikten denkbaren Minderbesteuerungen gilt. Mit Argusaugen werden die Möglichkeiten zur Entstehung weißer Einkünfte verfolgt und versucht, denkbaren Gestaltungsmöglichkeiten auf unilateraler als auch auf bilateraler oder gar multilateraler Ebene entgegenzuwirken. Entsprechend wird die Frage, wie die doppelte Nichtbesteuerung vermieden werden kann, mit unterschiedlichen Lösungswegen beantwortet.[90]

So hat bspw. die OECD auf internationaler Ebene zur Lösung von Qualifikationskonflikten bei Personengesellschaften eine Neuinterpretation der bestehenden Bestimmungen des OECD-Modells entwickelt, nach der der Wohnsitzstaat zur Vermeidung einer doppelten Nichtbesteuerung von Einkünften an die Handhabung durch den Quellenstaat gebunden wird.[91] Auch im nationalen Recht lassen sich verschiedene Ansatzpunkte verfolgen, die meist gegen bestimmte als missbräuchlich empfundene Gestaltungen ausgerichtet sind. So kann ein Freistellungsstaat wie Deutschland die Vermeidung „weißer Einkünfte" durch eine Vorschrift einzuschränken versuchen, die eine Steuerfreistellung nur zur Anwendung kommen lässt, wenn eine Besteuerung der freigestellten Einkünfte im Ausland sichergestellt ist. Auf dieser Konzeption basiert bspw. die im VZ 2004 eingeführte Regelung des § 50d Abs. 8 EStG, wonach bei Entsendungen der Arbeitslohn nur dann freigestellt wird, wenn der Arbeitnehmer den Nachweis erbringt, dass für die Einkünfte im Ausland Steuern bezahlt wurden oder der ausländische Staat ausdrücklich auf sein Besteuerungsrecht verzichtet.[92] Eine vergleichbare Regelung auf Verwaltungsebene war im Zusammenhang mit der Anwendung des § 8a KStG auf ausländische Tochtergesellschaften im BMF-Schreiben vom 15. 7. 2004[93] enthalten. In Tz. 27 des o. g. BMF-Schreibens hieß es, dass „die Rechtsfolgen ... für die inländischen Beteiligten in dem Umfang ein [treten], in dem die gezahlten Vergütungen nach dem Recht des anderen Staates tatsächlich nicht die steuerliche Bemessungsgrundlage der Kapitalgesellschaft gemindert haben ...". Diese Qualifikationsverkettung wurde in der Literatur kritisiert.[94] Inzwischen wurde jedoch mit der Einführung des materiellen Korrespondenzprinzips durch das JStG 2007 eine gesetzliche Basis für eine generelle Kohärenz der Besteuerung grenzüberschreitender verdeckter Gewinnausschüttungen und verdeckter Einlagen geschaffen. Danach wird die Steuerfreiheit von verdeckten Gewinnausschüttungen unter dem nationalen Schachtelprivileg des § 8b Abs. 1 KStG bzw. unter einem abkommensrechtlichen Schachtelprivileg nur noch dann gewährt, wenn sie das Einkommen der vorteilsgewährenden Kapitalgesellschaft nicht gemindert haben und somit eine grundsätzliche Vorbelastung im Ausland gegeben ist. Entsprechendes gilt

---

[90] Für einen Überblick über Sperren und Risiken bei In- und Outboundgestaltungen vgl. Grotherr, S., IWB, Fach 3, Deutschland, Gruppe 1, S. 2309 ff. sowie S. 2331 ff.
[91] Vgl. hierzu auch Kienberger, S., Avoidance, 2007, S. 309 ff.; Sasseville, J., BFIT 2009, S. 45 ff.
[92] Hierbei handelt es sich um einen klassischen treaty override.
[93] Vgl. BMF-Schreiben v. 15. 7. 2004, BStBl 2004 I, S. 593.
[94] Vgl. Hahn, H., GmbHR 2004, S. 277; Kessler, W., IStR 2004, S. 812 f.; Köhler, S./Eicker, K., DStR 2004, S. 674; Rödder, T./Schumacher, A., DStR 2004, S. 1454.

für die Begünstigung im Rahmen des Teileinkünfteverfahrens bei einkommensteuerpflichtigen Leistungsempfängern.[95] Umgekehrt wird auch die steuerneutrale Erfassung verdeckter Einlagen bei der vorteilsempfangenden Kapitalgesellschaft davon abhängig gemacht, dass diese beim Gesellschafter bzw. bei einer diesem nahestehenden Person nicht einkommensmindernd berücksichtigt wurde.[96]

Einen weiteren umfassenden Schritt zur Eindämmung als missbräuchlich empfundener weißer Einkünfte hat der Gesetzgeber mit der Einführung der Abs. 9 und 10 des § 50 d EStG getan. Während mit § 50 d Abs. 10 EStG der Versuch unternommen wurde, unversteuerte Einkünfte speziell im Bereich des Sonderbetriebsvermögens bei grenzüberschreitenden Mitunternehmerschaften zu vermeiden,[97] versagt § 50 d Abs. 9 EStG generell die abkommensrechtliche Freistellung, wenn entweder der ausländische Staat die entsprechenden Einkünfte aufgrund der Anwendung abkommensrechtlicher Vorschriften überhaupt nicht oder mit einem begrenzten Steuersatz besteuert[98] oder die Einkünfte im ausländischen Staat nur deshalb nicht steuerpflichtig sind, weil sie von einem dort Nicht-Ansässigen bezogen werden.[99]

§ 50 d Abs. 9 EStG führt zu einer deutlichen Eingrenzung der Gestaltungsspielräume für den Einsatz hybrider Finanzierungen und Gesellschaftsformen, durch die „weiße Einkünfte" aufgrund der abkommensrechtlichen Freistellung seitens Deutschlands erzeugt werden konnten.[100] Dies mag aus steuersystematischer Sicht in vielen Fällen begrüßenswert sein. Problematisch ist jedoch, dass Deutschland hier einseitig in bislang nicht gekanntem Ausmaß abkommensrechtliche Vereinbarungen unterläuft und das Verbot der virtuellen Doppelbesteuerung auch außerhalb einer Missbrauchsvermeidung umfassend aushöhlt. Für die im Rahmen der Abkommensverhandlungen vereinbarten beiderseitigen Steuerverzichte ist die grundsätzliche Ausgeglichenheitsvermutung zumindest dann gestört, wenn ausländisches Steuersubstrat jenseits klassischer Missbrauchsfälle aufgrund der unilateralen Rückfallklauseln im Inland besteuert wird. Insoweit wird neuerdings mit beachtlichen Argumenten die Verfassungsmäßigkeit dieser treaty overrides in Frage gestellt.[101]

Da das Entstehen „weißer Einkünfte" die unterschiedliche Behandlung eines Sachverhalts durch zwei Staaten als Ursache hat, bietet sich eine Lösung solcher Qualifikationskonflikte natürlich auch in den zwischen den beiden Staaten abgeschlossenen DBA an. So behält sich Deutschland als Ansässigkeits-

---

[95] Vgl. § 8b Abs. 1 Sätze 2–4 KStG i. V. m. § 3 Nr. 40 Buchstabe d Sätze 2–3 EStG. Anwendbar für Leistungen, die nach dem 18. 12. 2006 zufließen.
[96] Vgl. § 8 Abs. 3 Sätze 4–6 KStG. Anwendbar für Leistungen, die nach dem 18. 12. 2006 zufließen.
[97] Siehe auch hierzu die Ausführungen in Abschnitt B I.
[98] Vgl. § 50 d Abs. 9 Nr. 1 EStG. Eingeführt durch das JStG 2007, anwendbar auf alle noch nicht bestandskräftigen Fälle.
[99] Vgl. § 50 d Abs. 9 Nr. 2 EStG (anwendbar ab VZ 2007).
[100] Vgl. hierzu z. B. Loose, T./Hölscher, S./Althaus, M., BB 2006, S. 2724 ff.; Grotherr, S., IStR 2007, S. 265 ff.; Salzmann, IWB, Fach 3, Deutschland, Gruppe 3, S. 1471 ff.; Wagner, S., DStZ 2009, S. 215 ff.
[101] Vgl. Vogel, K., IStR 2005, S. 29 f.; Gosch, D., IStR 2008, S. 413 ff. Siehe hierzu auch Forsthoff, U., IStR 2006, S. 509 ff.; Bron, J., IStR 2007, S. 431 ff., Kempf, A./Bandl, M., DB 2007, S. 1377 ff.; Lüdicke, J., DBA-Politik, 2008, S. 33 ff.

7. Kapitel. Nutzung von Qualifikationskonflikten

staat in vielen Abkommen für den Fall von Qualifikations- und Zurechnungskonflikten den Übergang von der Freistellungs- zur Anrechnungsmethode vor.[102] Die Formulierungen dieser Rückfall- oder Subject-to-tax-Klauseln in den einzelnen DBA sind allerdings sehr unterschiedlich.[103] Die Relevanz dieser sowie der neuerdings vereinbarten Switch-over-Klauseln dürfte in Zukunft zunehmen, da deren Durchsetzung mittlerweile zum festen Verhandlungsziel deutscher Abkommenspolitik geworden ist.

Obwohl die Rückfallklauseln noch keine lange Abkommenstradition haben, waren sie schon verschiedentlich Anlass zu Streitigkeiten vor dem BFH.[104] Dass die Anwendung diese regelmäßig komplex formulierten Klauseln jedoch nicht nur für den Steuerpflichtigen, sondern auch für die Finanzverwaltung erhebliche Unsicherheiten mit sich bringt, macht die bislang von zahlreichen Kehrtwendungen geprägte Rechtsprechung deutlich. Im Urteil vom 17. 12. 2003[105] hatte der Oberste Gerichtshof zum (alten) DBA-Kanada noch unter ausdrücklicher Aufgabe seiner bisherigen Rechtsprechung entschieden, dass die Regelung des Art. 23 zur Vermeidung der Doppelbesteuerung nicht den Umkehrschluss erlaube, dass im Falle der Nichtausübung des Besteuerungsrechts durch den Quellenstaat dieses Recht an den Ansässigkeitsstaat zurückfiele. Dabei nahm der BFH ausdrücklich hin, dass die Aberkennung dieser Norm als Rückfallklausel zu einer sog. Keinmalbesteuerung der betreffenden Einkünfte führen kann. Die Finanzverwaltung hatte dieses Verbot der virtuellen Doppelbesteuerung für DBA mit entsprechenden Regelungsinhalten akzeptiert.[106] Im Revisionsprotokoll zum DBA-USA aus dem Jahre 2006 wurde deshalb eine neue Rückfallklausel im Art. 23 Abs. 4 vereinbart, die den Anforderungen des BFH entsprach. In seinem Urteil vom 17. 10. 2007[107] zum DBA-Italien hat der BFH nun wiederum seine im Kanada-Urteil von 2003 getroffene Rechtsauffassung verworfen und ist zu seinem ursprünglichen Abkommensverständnis[108] zurückgekehrt. Die Anwendung der Freistellungsmethode kommt danach vor dem Hintergrund der im DBA-Italien enthaltenen Rückfallklauseln nur dann in Frage, wenn im Quellenstaat tatsächlich eine Besteuerung der Einkünfte stattgefunden hat. Andere Regelungen, wie die zunehmend vereinbarten Switch-over-Klauseln, sind von dieser Rechtsprechung jedoch nicht betroffen.[109]

---

[102] Vgl. Wolff, U., Unternehmensgewinne, 2005, S. 655.
[103] Vgl. die Übersicht der OFD Düsseldorf/Münster v. 18. 7. 2005, IStR 2006, S. 96. Eine Switch-over-/Subject-to-tax-Klausel wurde auch in das Revisionsprotokoll zum DBA-USA aufgenommen, das am 1. 6. 2006 von den Vertragsparteien unterzeichnet wurde.
[104] Vgl. z. B. BFH v. 5. 2. 1992, BStBl 1992 II, S. 660; BFH v. 19. 5. 1993, BFH/NV 1994, S. 11; BFH v. 11. 6. 1996, BStBl 1997 II, S. 117. Vgl. auch Meilicke, W./Portner, R., IStR 2004, S. 397.
[105] Vgl. BFH v. 17. 12. 2003, BStBl 2004 II, S. 260.
[106] Vgl. OFD Düsseldorf/Münster v. 18. 7. 2005, IStR 2006, S. 96. Vgl. auch Holthaus, J., IStR 2005, S. 337.
[107] Vgl. BFH v. 17. 10. 2007, BStBl 2008 II, S. 953.
[108] Vgl. BFH v. 5. 2. 1992, BStBl 1992 II, S. 660 m. w. N.
[109] Im Einzelnen und zur möglichen Weitergeltung der auf Basis des Kanada-Urteils für nicht anwendbar erklärten Rückfallklauseln mit Dänemark, Neuseeland, Norwegen, Schweden und USA. Vgl. z. B. Goebel, S./Eichinghoff, K./Schmidt, S., IStR 2008, S. 750 ff.; Holthaus, J., FR 2008, S. 561 ff.

6. Teil. Grenzüberschreitende Steuerplanung

Bei allen Bemühungen um Abwehrmaßnahmen und auch bei intensivster Aktivierung des internationalen Auskunftsverkehrs werden sich Minderbesteuerungen auf Grund unterschiedlicher Fiskalsysteme nicht völlig ausschließen lassen. So kann Zurechnungskonflikten (z. B. beim double-dipleasing), unterschiedlichen Periodisierungsvorschriften oder Abweichungen bei der Verrechnungspreisprüfung mit obigen Mitteln kaum oder nur eingeschränkt begegnet werden. So bleibt als sauberer Ausweg nur eine Annäherung der Besteuerungssysteme. Innerhalb der EU sind die Bestrebungen für eine gemeinsame konsolidierte Körperschaftsteuerbemessungsgrundlage ein gangbarer Weg.[110]

8. Kapitel. Die Kombination von Unternehmens- mit Mitarbeiterzielen: Steuerplanung in Entsendungsfällen

A. Die Notwendigkeit für eine steuerorientierte Entsendungspolitik

Die zunehmende industrielle Verflechtung sowie das Bemühen der deutschen Wirtschaft, das Auslandsgeschäft zu intensivieren und den internationalen Erfahrungsaustausch zu pflegen, machen den Aufenthalt von deutschen Arbeitnehmern im Ausland notwendig. Umgekehrt vertrauen viele Auslandsunternehmen bei Aufnahme einer Inbound-Investition auf die Erfahrung und die Ausbildung ihrer Mitarbeiter und entsenden Mitarbeiter nach Deutschland. Unabhängig von der Richtung der Investition gilt die Grundregel, dass erfolgreiche Auslandsengagements mehr als gelegentliche Geschäftsreisen erfordern und zumindest in der Aufbauphase auf Fach- und Führungskräfte des Stammhauses zurückgegriffen werden muss. Die Präsenz solcher Expatriates vor Ort erleichtert den Schritt über die Grenze, wirft aber gleichzeitig vielfältige arbeits-, steuer- und sozialversicherungsrechtliche Probleme auf.

Für die Unternehmen ist es nicht unbedingt einfach, mobile Mitarbeiter für den Auslandseinsatz zu gewinnen.[1] Familiäre, kulturelle und Karriereüberlegungen sowie häufig schwierige Arbeitsbedingungen vor Ort sind hierbei sicherlich von ausschlaggebender Bedeutung. Gleichzeitig wächst der Druck in den Konzernen, die Entsendungskosten in einem annehmbaren Rahmen zu halten. Um bei dieser Ausgangskonstellation dennoch zu einer aus Unternehmens- und Mitarbeitersicht befriedigenden Entsendepolitik zu kommen, muss die Wahrnehmung aller Möglichkeiten der Steuerentlastung einen gewichtigen Raum einnehmen. Ob die bei Auslandseinsätzen regelmäßig festzustellenden Erwartungen des Mitarbeiters auf höhere Nettoeinnahmen erfüllt werden können, ist auch von der vereinbarten steuerlichen Handhabung der Personalentsendung abhängig.

---

[110] Vgl. 2. Teil, 4. Kapitel, Abschnitt E.
[1] Zu den wesentlichen Mobilitätshemmnissen vgl. Buschermöhle, U., PIStB 2000, S. 280 ff.; Hogh, M., Entsendung, 2000, S. 38 ff.

8. Kapitel. Steuerplanung in Entsendungsfällen

Tabelle 56: Zielsystem bei Entsendungsfällen

Typisches Zielsystem bei Entsendungen	Unternehmensziele	Mitarbeiterziele
Wirtschaftliche Ziele	Minimierung der Entsendungskosten, Sicherstellung der Corporate Identity, Know-how- und Erfahrungstransfer	Steigerung des Nettoeinkommens, befriedigender Lebensstandard, spätere Reintegration
Arbeitsrechtliche Ziele	Klare Vertragsgestaltung in Einklang mit Entsenderichtlinien	Keine Schlechterstellung gegenüber dem Status quo (Kündigungsschutz, Rückeingliederung etc.), Fortbildung im Ausland
Sozialversicherungsrechtliche Ziele	Vermeidung der Doppelpflichtversicherung	Ersatz von eventuellen Zusatzkosten, Aufrechterhaltung des Sozialversicherungsschutzes des Heimatlandes
Steuerliche Ziele	Reduzierung der Steuerkosten, Sicherstellung des Betriebsausgabenabzugs	Maximierung des Nettoeinkommens, Vermeidung der Doppelbesteuerung, Steuerausgleichsklausel

Bei der **Planung der Entsenderichtlinien** sind **Unternehmens- mit Mitarbeiterzielen zu kombinieren,** wie Tabelle 56 zeigt. Dass dieses Vorhaben nicht vollumfänglich gelingen kann, verdeutlichen am besten die oft schwierigen Verhandlungen über die Entsendungsvergütungen. Das gestiegene Kostenbewusstsein der Arbeitgeber erfordert ein Umdenken von der früher doch recht großzügigen Vergütungspraxis, zumal die Kosten einer Auslandsentsendung ohnehin meist das inländische Bruttogehalt erheblich übersteigen. Andererseits ist ein gewisses Anreizsystem erforderlich, um qualifiziertes Personal zu einem Auslandseinsatz zu bewegen. Gerade bei Entsendungen in Länder mit sehr hohen Einkommensteuersätzen bedarf es als incentive zumindest auch des Ausgleichs an Steuermehraufwand durch den Arbeitgeber. Ob steuerliche Minderbelastungen, die sich aufgrund des Auslandseinsatzes insbesondere in den Transferjahren ergeben, den betroffenen Mitarbeitern als windfall profit überlassen werden, ist eine der Entscheidungen, die ein Konzern im Rahmen seiner Entsendungspolitik zu treffen hat.

Die vorstehenden Ausführungen verdeutlichen bereits, dass die Steuerplanung für Expatriates ein komplexer Bereich ist, zumal die Steuersysteme mehrerer Staaten kombiniert werden müssen. Nachfolgend werden die nationalen und abkommensrechtlichen Steuerregeln bei der Entsendung deutscher Mitarbeiter ins Ausland und umgekehrt ausländischer Mitarbeiter ins Inland beschrieben und anschließend Hinweise für eine steuereffiziente Gestaltung des Entsendungspakets gegeben. Abschließend wird auf Arbeitgeberrisiken bei internationalen Beschäftigungen sowie sozial- und arbeitsrechtliche Aspekte eingegangen.

B. Auslandseinsatz von Steuerinländern (Outbound-Entsendung)

I. Entsendung in Nicht-DBA-Staaten

Zur Beurteilung der einkommensteuerlichen Konsequenzen einer Personalentsendung ist zwischen einem befristeten Auslandseinsatz unter Beibehaltung des inländischen Wohnsitzes und dem Wegzug mit Aufgabe des inländischen Wohnsitzes zu unterscheiden.

1. Aufrechterhaltung des deutschen Wohnsitzes

a) Der Auslandstätigkeitserlass

Erhält der Arbeitnehmer trotz Entsendung seinen inländischen Wohnsitz aufrecht, so bleibt er mit seinem Welteinkommen in Deutschland unbeschränkt steuerpflichtig.[2] Im Ausland wird er regelmäßig zusätzlich mit seinen Einkünften aus nichtselbständiger Tätigkeit – sofern kein Wohnsitz bzw. gewöhnlicher Aufenthalt begründet wird – der beschränkten Steuerpflicht unterworfen.[3] Folglich resultiert eine Doppelbesteuerung, die nach deutschem Außensteuerrecht grundsätzlich durch die Vorschriften des § 34c Abs. 1–3 EStG vermieden bzw. gemildert werden kann. Dabei greifen auch bei Arbeitnehmern die allgemeinen Regelungen, so dass neben der Anrechnung der ausländischen Steuer vom Einkommen (§ 34c Abs. 1 EStG) auch deren Abzug bei der Ermittlung der Einkünfte (§ 34c Abs. 2 und 3 EStG) in Betracht kommt.

Die praktische Bedeutung von Anrechnungs- und Abzugsmethode ist bei den Einkünften aus nichtselbständiger Arbeit allerdings eher als gering einzustufen, da in den meisten Fällen bei der Entsendung von Personal ins Nicht-DBA-Ausland die **Freistellungsmethode** aufgrund des sog. Auslandstätigkeitserlasses[4] zur Anwendung gelangt.[5] Angesichts der besonderen Bedeutung, die der Entsendung von qualifizierten Fachkräften ins Ausland für die deutsche Exportwirtschaft zukommt, hat sich die deutsche Finanzverwaltung für diesen Bereich unilateral zu einer großzügigen Regelung bereitgefunden. Basierend auf der Ermächtigungsvorschrift des § 34c Abs. 5 EStG können

---

[2] Bei langfristigen Entsendungen sind die Vor- und Nachteile einer möglichen (aber nicht zwingenden) inländischen Wohnsitzaufgabe gegeneinander abzuwägen. Vgl. hierzu Lüdicke, J., Ansässigkeitswechsel, 1999, S. 733 f.; Roser, F./Hamminger, A., Wohnsitzverlegung, 2003, S. 1129 ff. Zur steuerlichen Berücksichtigung von Kindern sowie dem Anspruch auf Kinder- und Elterngeld im Zusammenhang mit Entsendungen vgl. ausführlich Vetter, J./Schreiber, J./Glaser, J., IWB, Fach 3, Deutschland, Gruppe 3, S. 1575 ff. und S. 1587 ff.

[3] In Abhängigkeit von der Dauer des Auslandsaufenthalts kann es auch zur doppelten unbeschränkten Steuerpflicht kommen. Vgl. Ley, U., Entsendung, 2003, S. 1268.

[4] Vgl. BMF-Schreiben v. 31. 10. 1983, BStBl 1983 I, S. 470. Zu Einzelheiten vgl. Schaumburg, H., Steuerrecht, 1998, S. 159 ff. und S. 667 f.; Hensel, C., PIStB 2002, S. 88 ff.; Hilbert, L./Paul, C., StB 2008, S. 215 f.; Flick, H./Wassermeyer, F./Baumhoff, H., Außensteuerrecht, Anhang zu § 34c Abs. 5 EStG. Auch das österreichische Steuerrecht kennt eine dem Auslandstätigkeitserlass vergleichbare Regelung. Vgl. hierzu Walch, A., SWI 2008, S. 444 ff.

[5] Praktisch wichtige Entsendungsländer, mit denen kein DBA besteht, sind derzeit Taiwan und – aufgrund einer Kündigung des Abkommens – Brasilien. Zur Kündigung des DBA-Brasilien vgl. BMF-Schreiben v. 6. 1. 2006, BStBl 2006 I, S. 23.

8. Kapitel. Steuerplanung in Entsendungsfällen 1331

nach dem Auslandstätigkeitserlass im Ausland erzielte Arbeitseinkünfte von unbeschränkt und von beschränkt steuerpflichtigen Arbeitnehmern von der deutschen Steuer unter Progressionsvorbehalt freigestellt werden.[6] Dies gilt unabhängig davon, ob im Einsatzland eine Steuererhebung stattfindet oder nicht.[7] Die **sachlichen Voraussetzungen des Auslandstätigkeitserlasses** legen die begünstigten Tätigkeiten fest. Danach muss die Auslandstätigkeit des Arbeitnehmers auf der Anstellung bei einem inländischen Arbeitgeber beruhen. Ferner muss sie „zusammenhängen" mit

- dem Einbau, der Aufstellung oder der Instandsetzung von Wirtschaftsgütern,
- der Planung, Errichtung, Einrichtung, Erweiterung, Instandsetzung, Modernisierung, Wartung oder Überwachung von Fabriken, Bauwerken oder ähnlichen Vorhaben,
- dem Aufsuchen oder der Gewinnung von Bodenschätzen,
- der Beratung (Consulting) ausländischer Arbeitgeber oder Organisationen im Hinblick auf obige Vorhaben oder
- Tätigkeiten im Rahmen der deutschen öffentlichen Entwicklungshilfe.

Der geforderte Zusammenhang mit der begünstigten Tätigkeit wird unterstellt, wenn die im Ausland ausgeübte Tätigkeit in der praktischen Durchführung eines mit dem ausländischen Auftraggeber abgeschlossenen Vertrages besteht. Begünstigt ist auch die mittelbare Mitwirkung an einer Montage, sei es durch Subunternehmer oder durch eventuelle Hilfsfunktionen (z. B. Bürokräfte, Ärzte, Pflegepersonal). Zur Montage gehören bereits das Aufsuchen des Vorhabenstandortes, Projektierungen und vorbereitende Planungen sowie Baureifeplanungen. Nicht begünstigt sind dagegen die gewerbsmäßige Arbeitnehmerüberlassung (Leiharbeitnehmer) sowie sog. feasibility-studies (Machbarkeitsstudien), bei denen ein Zusammenhang mit der praktischen Durchführung eines abgeschlossenen Vertrages verneint wird. Gleiches gilt für die Betriebsführung von Anlagen, isolierte finanzielle Beratungen und Akquisitionen, soweit es sich nicht um die Beteiligung an einer Ausschreibung handelt.

Voraussetzung für die Begünstigung ist ferner die **zeitliche Komponente**. Eine deutsche Steuerfreistellung ist nur möglich, falls die ausländische Tätigkeit ununterbrochen mindestens drei Monate beträgt. Die Dauer der Tätigkeit ermittelt sich hierbei durch den Zeitraum, in dem der Arbeitnehmer „tatsächlich" im Ausland tätig gewesen ist (inkl. Reisetage). Bei Unterbrechungen des Auslandsaufenthalts liegt eine begünstigte Auslandstätigkeit nur dann vor, wenn der Drei-Monats-Zeitraum bei dem einzelnen Tätigkeitsabschnitt überschritten wird. Unschädlich sind hierbei Unterbrechungen bis zu einer Gesamtdauer von zehn Kalendertagen, wenn sie zur Durchführung oder Vorbereitung des Vorhabens notwendig sind. Gleiches gilt für Unterbrechungen

---

[6] In diesem Zusammenhang ist auf die Regelung des § 3 c Abs. 1 EStG zu verweisen. Werden ausländische Einkünfte im Inland freigestellt, sind sämtliche damit in unmittelbarem Zusammenhang stehenden Ausgaben (z. B. Werbungskosten) im Inland nichtabzugsfähig. Vgl. auch BFH v. 325. 10. 1966, BStBl 1967 III, S. 92; BFH v. 29. 5. 1996, BStBl 1997 II, S. 57.
[7] Nach dem Gesetzeswortlaut kommen die Vorschriften des § 50 d Abs. 8 und Abs. 9 EStG im Zusammenhang mit dem Auslandstätigkeitserlass nicht zur Anwendung.

der Tätigkeit wegen Krankheit oder im Falle eines Urlaubs. Jedoch können diese Unterbrechungen nicht auf die Mindestfrist angerechnet werden. Für die Erfüllung der zeitlichen Voraussetzung ist eine Bindung der Auslandstätigkeit an ein bestimmtes Projekt nicht erforderlich, vielmehr kann die Mindestfrist auch durch Einsätze bei verschiedenen Tätigkeiten in unterschiedlichen Ländern erfüllt werden.

Zu den **begünstigten Auslandsbezügen** gehören neben dem üblichen Arbeitslohn auch vertragliche oder tarifliche Prämien, Tantiemen, Einkleidungsbeihilfen, Urlaubsentgelte und dergleichen, wenn sich diese Entgelte eindeutig auf eine begünstigte Auslandstätigkeit beziehen.[8] Für die Freistellung der Bezüge spielt es dabei keine Rolle, ob sie direkt an den Arbeitnehmer ins Ausland oder an seine im Inland verbliebene Familie gezahlt werden.

Die Entsendung von Personal in ein Nicht-DBA-Land bei Anwendung des Auslandstätigkeitserlasses lässt sich anhand folgenden Beispiels zusammenfassen:

Beispiel: Der bei der deutschen X-AG beschäftigte Steuerinländer A wird von seinem Unternehmen zur Errichtung eines Staudammes nach Libyen entsandt. Seine Auslandstätigkeit ist auf ein Jahr begrenzt und besteht in der Beaufsichtigung der einheimischen Arbeitskräfte beim Einbau des von seiner Gesellschaft gelieferten Materials. Für die Dauer seiner Tätigkeit erhält er für seine Familie einen Teil seines Lohns im Inland ausbezahlt. Zusätzlich bekommt er neben einer Reisekostenvergütung noch eine Trennungsentschädigung, Urlaubsgeld für einen vierzehntägigen Heimaturlaub und eine Weihnachtsgratifikation. Da mit Libyen kein DBA besteht und die weiteren Voraussetzungen des Auslandstätigkeitserlasses erfüllt sind, ist die Tätigkeit des A in Libyen von der deutschen Besteuerung befreit. Der für die Auslandstätigkeit bezogene Arbeitslohn wird bei der Veranlagung des Arbeitnehmers zur Einkommensteuer nicht in die Bemessungsgrundlage einbezogen, jedoch bei der Bestimmung des Steuersatzes berücksichtigt (Freistellung unter Progressionsvorbehalt). Alle weiteren aufgeführten Bezüge des A sind in gleicher Weise freigestellt. Die Weihnachtsgratifikation ist, sofern A nicht das ganze Kalenderjahr im Ausland tätig war, zeitanteilig aufzuteilen.

Der **Auslandstätigkeitserlass ist dagegen dann nicht anzuwenden,** wenn das Einsatzland ein **DBA** mit der Bundesrepublik abgeschlossen hat, in dem das Besteuerungsrecht für die Einkünfte aus nichtselbständiger Tätigkeit geregelt wird.[9]

b) Das Verfahren zur Erlangung der Steuerfreistellung

Antragsberechtigt für die Inanspruchnahme der Freistellung im Rahmen des Auslandstätigkeitserlasses ist grundsätzlich der einzelne Arbeitnehmer. In den meisten Fällen wird jedoch Antragsteller auf Anwendung des Auslandstätigkeitserlasses der inländische Arbeitgeber sein. Der Antrag ist beim Betriebsstättenfinanzamt zu stellen (§ 41a Abs. 1 EStG). Sofern die Voraussetzungen für die Anwendung des Auslandstätigkeitserlasses vorliegen, erteilt das Finanzamt eine Freistellungsbescheinigung. In Konsequenz entfällt ein Lohnsteuerabzug durch den Arbeitgeber. Allerdings ist der Arbeitgeber dazu verpflichtet, die Führung des Lohnkontos gewissen Erfordernissen zu unterwerfen (getrennte Aufzeichnung des begünstigten Arbeitslohns etc.). Der deutsche Gesetzgeber verlangt keinen Nachweis über die der inländischen

---

[8] Sofern die Zuwendungen nicht gesondert für die begünstigte Tätigkeit geleistet werden, muss eine Aufteilung im Verhältnis der Kalendertage erfolgen.
[9] Dies trifft gegenwärtig bei allen deutschen DBA zu.

8. Kapitel. Steuerplanung in Entsendungsfällen

Lohnsteuer vergleichbare ausländische Steuer auf den Arbeitslohn. Unterbleibt eine Freistellungsbescheinigung, so ist es dem Arbeitnehmer im Rahmen der Einkommensteuerveranlagung unbenommen, eine Freistellung zu erwirken. Hierzu ist eine Bescheinigung seitens des Arbeitgebers unumgänglich. Sie muss die vom Auslandstätigkeitserlass geforderten zeitlichen und sachlichen Voraussetzungen bestätigen. Sind diese nicht erfüllt, wird der Steuerpflichtige nach den Grundsätzen der unbeschränkten Steuerpflicht in Deutschland mit seinem Welteinkommen veranlagt.

2. Aufgabe des inländischen Wohnsitzes

a) Beschränkte Steuerpflicht

Bei Aufgabe des deutschen Wohnsitzes bzw. gewöhnlichen Aufenthalts[10] entfällt die unbeschränkte Steuerpflicht, so dass aus deutscher Sicht zu überprüfen bleibt, ob Einkünfte aus nichtselbständiger Arbeit im Inland der beschränkten Steuerpflicht unterliegen (§ 49 Abs. 1 Nr. 4 EStG). Vergütungen des Arbeitnehmers werden der beschränkten Steuerpflicht unterworfen, wenn die Tätigkeit im Inland ausgeübt oder verwertet wird oder worden ist (§ 49 Abs. 1 Nr. 4 Buchstabe a EStG). Im Hinblick auf ausländische Einkünfte aus nichtselbständiger Arbeit bei Entsendungen ins Ausland hat der **inländische Verwertungstatbestand** zentrale Bedeutung.[11] Das deutsche Einkommensteuergesetz kennt keine explizite Begriffsdefinition des Verwertungstatbestandes. Die Finanzverwaltung folgt daher der Rechtsprechung des Bundesfinanzhofes[12] und definiert eine Verwertung als Zuführung eines durch den Arbeitnehmer im Ausland selbst ausgeführten körperlichen oder geistigen Arbeitsprodukts an den inländischen Arbeitgeber (R 39 d Abs. 1 LStR). Das zugeführte Arbeitsergebnis muss über die bloße Arbeitsleistung hinausgehen, darf sich also nicht in der im Ausland ausgeübten Tätigkeit erschöpfen.[13] Die Nutzbarmachung des Arbeitsprodukts muss an einem anderen Ort als dem der Tätigkeitsausübung (nämlich im Inland) stattfinden.[14] Werden die Arbeitsergebnisse nach Art ihrer Tätigkeit im Ausland zur Verfügung gestellt, liegt keine inländische Verwertung vor. Entgegen der früheren Auffassung der Finanzverwaltung ist die reine Vergütungszahlung durch den inländischen Arbeitgeber für den Begriff der Verwertung bedeutungslos.[15] Eine mögliche Vorteilsziehung des Arbeitgebers für die deutsche Wirtschaft ist für die inländische Verwertung nicht ausreichend.

---

[10] Zu den Begriffen vgl. Abschnitt C I 2.
[11] Liegen gleichzeitig die Voraussetzungen des Auslandstätigkeitserlasses vor, wird der Verwertungstatbestand insoweit überlagert. Zur Problematik der extensiven Besteuerung aufgrund des Verwertungstatbestandes vgl. Schmidt, L., Einkommensteuergesetz, § 49 EStG, Rz. 47 ff.
[12] Vgl. BFH v. 12. 11. 1986, BStBl 1987 II, S. 377 ff.; H 39 d LStR „Verwertungstatbestand i. S. d. § 49 Abs. 1 Nr. 4 EStG". Vgl. auch die Kommentierung der Rechtsprechung bei Lademann, F./Söffing, G., Einkommensteuergesetz, § 49 EStG, Anm. 548 ff.
[13] Vgl. BFH v. 5. 11. 1992, BStBl 1993 II, S. 407; ferner Hick, C., Arbeitnehmerentsendungen, 2004, S. 213; Schmidt, L., Einkommensteuergesetz, § 49 EStG, Rz. 48.
[14] Vgl. BFH v. 12. 11. 1986, BStBl 1987 II, S. 377.
[15] Nach § 49 Abs. 1 Nr. 4 Buchstabe b EStG besteht hierbei bei öffentlichen Kassen eine Ausnahme.

Beispiele: Eine inländische Verwertung liegt vor bei Übermittlung ausländischer Marktbeobachtungen und -analysen, die als Grundlage für inländische Entscheidungen herangezogen werden, oder bei der Verwertung der Autorenrechte eines Schriftstellers am Ort der Geschäftsleitung des Verlags.[16] Dagegen verneint der BFH eine inländische Verwertung bei einer reinen Produktpräsentation vor ausländischen Kunden genauso wie z. B. bei der Errichtung eines Gebäudes im Ausland durch Bauingenieure oder der Auslandstätigkeit von Kapitänen, ausländischen Flugbediensteten und Bodenpersonal deutscher Fluggesellschaften.[17]

Liegt eine inländische Verwertung vor, so sind sämtliche damit in Zusammenhang stehenden Vergütungen – unabhängig davon, ob sie von dem in- und/oder ausländischen Arbeitgeber geleistet werden – der beschränkten deutschen Besteuerung zu unterwerfen. Ggf. sind die auf die im Inland verwertete Arbeit entfallenden Gehaltsanteile im Wege der Schätzung zu ermitteln. Kann der Steuerpflichtige allerdings nachweisen, dass der ausländische Staat auf diese Einkünfte eine der deutschen Einkommensteuer entsprechende Steuer erhebt, verzichtet Deutschland unilateral auf sein Besteuerungsrecht.[18]

Um eine inländische Besteuerungsmöglichkeit auch außerhalb des Verwertungstatbestandes zu schaffen, umfasst die beschränkte Steuerpflicht in Deutschland zusätzlich auch Vergütungen, die von im Ausland ansässigen und dort tätigen **Geschäftsführern, Prokuristen oder Vorstandsmitgliedern** einer Gesellschaft mit Geschäftsleitung im Inland[19] bezogen werden (§ 49 Abs. 1 Nr. 4 Buchstabe c EStG).

In diesem Zusammenhang sind auch die Vorschriften des Außensteuergesetzes zur **erweiterten beschränkten Steuerpflicht** (§ 2 AStG) zu beachten. Verlegt ein Steuerpflichtiger seinen Wohnsitz in ein sog. Niedrigsteuerland (§ 2 Abs. 2 AStG) unter Aufrechterhaltung wesentlicher wirtschaftlicher inländischer Interessen (§ 2 Abs. 3 AStG), so kann bei Erfüllung der weiteren Voraussetzungen dieser Vorschrift die erweiterte beschränkte Steuerpflicht ausgelöst werden.[20]

Verfügt der Arbeitnehmer bei Wohnsitzwechsel ins Ausland über wesentliche Beteiligungen an Kapitalgesellschaften, drohte im Rahmen der sog. **Wegzugsbesteuerung** bislang – wie bei vielen anderen EU-/EWR-Staaten – eine Aufdeckung und Besteuerung der stillen Reserven (§ 6 AStG a. F.).[21] Aufgrund der EU-Rechtswidrigkeit[22] der dem § 6 AStG a. F. entsprechenden

---

[16] Vgl. BFH v. 20. 7. 1988, BStBl 1989 II, S. 87; Schmidt, L., Einkommensteuergesetz, § 49 EStG, Rz. 48 m. w. N.
[17] Vgl. BFH v. 12. 11. 1986, BStBl 1987 II, S. 379; BFH v. 12. 11. 1986, BStBl 1987 II, S. 381; BFH v. 12. 11. 1986, BStBl 1987 II, S. 383.
[18] Vgl. R 39 d Abs. 2 Nr. 2 LStR. Der Nachweis kann durch einen ausländischen Steuerbescheid oder eine Zahlungsquittung erfolgen.
[19] *einstweilen frei*
[20] Zur erweiterten beschränkten Steuerpflicht (§ 2 AStG) vgl. ausführlich BMF-Schreiben v. 14. 5. 2004, BStBl 2004 I, Sondernummer 1/2004; Kraft, G., Außensteuergesetz, § 2 AStG, Rz. 1 ff.
[21] Zu einem Beispielsfall im Hinblick auf den Wegzug von Deutschland nach Österreich bzw. alternativ in die Schweiz vgl. Endres, D./Freiling, C., PIStB 2009, S. 72 ff.
[22] Vgl. EuGH v. 11. 3. 2004 (de Lasteyrie du Saillant), EuGHE 2004, S. I–2409. Siehe hierzu Körner, A., IStR 2004, S. 424 ff.; Schindler, C. P., IStR 2004, S. 301 ff. Die französische Vorschrift ist jedoch nicht mit der deutschen Regelung vergleichbar, so dass von der de-Lasteyrie-du-Saillant-Entscheidung keine unmittelbaren Rückschlüsse auf die EU-Rechtswidrigkeit des § 6 AStG möglich sind. Vgl. Meilicke, W., GmbHR 2004, S. 511; Schindler, C. P., IStR 2004, S. 304 ff.

französischen Regelungen zur Wegzugsbesteuerung hat der deutsche Gesetzgeber mit einer Neufassung des § 6 AStG reagiert.[23] Die Einkommensteuer wird nunmehr im Wegzugszeitpunkt festgestellt, aber zinslos bis zu einer Veräußerung der Anteile oder einem Wegzug aus der EU oder dem EWR gestundet (§ 6 AStG n. F.).[24] Fraglich bleibt aber, ob sämtliche Neuregelungen den EU-rechtlichen Anforderungen gerecht werden,[25] wenngleich der BFH davon ausgeht.[26]

b) Form der Steuererhebung

Führt der Verwertungstatbestand oder die Tätigkeit als Geschäftsführer, Prokurist oder Vorstandsmitglied zur Annahme einer beschränkten Steuerpflicht, muss der inländische Arbeitgeber des Mitarbeiters die Steuer im Lohnsteuerabzugsverfahren abführen (§ 38 Abs. 1 Nr. 1 EStG). Der Arbeitnehmer hat nach § 39 d i. V. m. § 39 b Abs. 6 EStG für den Lohnsteuerabzug beim Betriebsstättenfinanzamt eine Bescheinigung zu beantragen, die die Steuerklasse sowie eventuelle Steuerfreibeträge dokumentiert (§ 39 d Abs. 2 EStG). Auf dieser Bescheinigung können nur Werbungskosten (soweit den Arbeitnehmer-Pauschbetrag nach § 9 a Satz 1 Nr. 1 EStG übersteigend) sowie Sonderausgaben (soweit den Sonderausgaben-Pauschbetrag nach § 10 c Abs. 1 EStG übersteigend) eingetragen werden.[27] Zur Bemessung der Höhe des Lohnsteuerabzuges werden beschränkt Steuerpflichtige in Steuerklasse I eingereiht (§ 39 d Abs. 1 Satz 1 EStG). Der auf die beschränkt steuerpflichtigen Arbeitnehmereinkünfte anzuwendende Tarif richtet sich nach der – ebenfalls für unbeschränkt Steuerpflichtige anzuwendenden – Vorschrift des § 32 a Abs. 1 EStG (§ 50 Abs. 1 Satz 2 EStG).[28]

Wechselt die Steuerpflicht im Laufe des VZ, so werden alle Einkünfte im Rahmen der unbeschränkten Steuerpflicht (einheitlich) veranlagt. Die beschränkt steuerpflichtigen Einkünfte werden dabei mit den unbeschränkt steuerpflichtigen Einkünften zusammengefasst (§ 2 Abs. 7 Satz 3 EStG). Zu-

---

[23] Vgl. Lausterer, M., BB 2006, Special 8, S. 81 ff.; Grotherr, S., IWB, Fach 3, Deutschland, Gruppe 1, S. 2153 ff.
[24] Vgl. ausführlich Kraft, G., Außensteuergesetz, § 6 AStG, Rz. 1 ff. Siehe auch Wilke, K.-M., PIStB 2009, S. 33 ff.; Endres, D./Freiling, C., PIStB 2009, S. 72 ff. Zu Fragen der Wegzugsbesteuerung im Verhältnis zur Schweiz, vgl. Lang, M./Lüdicke, J./Reich, M., IStR 2008, S. 713 ff.; Söffing, A./Bron, J. F., RIW 2009, S. 358 ff.
[25] Vgl. Lausterer, M., BB 2006, Special 8, S. 86 f. Siehe auch Kinzl, U.-P./Goerg, D., IStR 2005, S. 450 ff.; Richter, A./Escher, J., FR 2007, S. 681 ff.; Führich, G., ET 2008, S. 11 ff. Zu bislang offenen Rechtsfragen vgl. Hecht, S.A./Gallert, J., BB 2009, S. 2396 ff.
[26] Vgl. BFH v. 23. 9. 2008, BStBl 2009 II, S. 524.
[27] Sofern die Einkünfte nicht während eines vollen Kalenderjahres oder Kalendermonats zugeflossen sind, ermäßigen sich die Pauschalbeträge jeweils zeitanteilig. Vgl. § 50 Abs. 1 Satz 5 EStG.
[28] Während § 50 Abs. 1 Satz 2 EStG grundsätzlich die Anwendung des Steuertarifs nach § 32 a Abs. 1 EStG mit der Maßgabe vorsieht, dass das zu versteuernde Einkommen um den Grundfreibetrag erhöht wird, ermittelt sich bei sämtlichen beschränkt steuerpflichtigen Arbeitnehmern die Steuer unter Berücksichtigung des Grundfreibetrags. Allerdings bleibt die Anwendung des Splittingtarifs nach § 32 a Abs. 5 EStG bei lediglich beschränkt steuerpflichtigen Arbeitnehmern ausgeschlossen. Vgl. insbesondere auch zur Kritik der Gewährung des vollen Grundfreibetrags bei nur zeitweise im Inland ausgeübten Tätigkeiten Hidien, J. W./Holthaus, J., PIStB 2009, S. 108 ff.

vor werden sie noch nach den ihnen jeweils zugrunde liegenden Vorschriften ermittelt.

II. Entsendung in DBA-Staaten

Angesichts des umfangreichen deutschen Abkommensnetzes sind die bilateralen Regelungen über die steuerliche Behandlung der Entsendung inländischer Arbeitnehmer ins Ausland von besonderer praktischer Bedeutung.

1. Aufrechterhaltung des deutschen Wohnsitzes

a) Die Grundregel: Das Arbeitsortprinzip

Behält der Arbeitnehmer seinen Wohnsitz und damit seine Ansässigkeit im Inland bei, so wird die drohende doppelte Besteuerung des Arbeitslohnes durch das sog. **Arbeitsortprinzip** (Art. 15 Abs. 1 OECD-Modell) vermieden.[29] Hiernach sind Einkünfte aus einem bestehenden Arbeitsverhältnis grundsätzlich dem Staat zuzuweisen, in dem die Tätigkeit körperlich ausgeübt wird. Unerheblich ist, wo die Zahlung des Arbeitslohns erfolgt bzw. wohin diese geleistet wird. Dieser allgemeine Grundsatz für die Besteuerung der Einkünfte aus unselbständiger Arbeit hat zwei Folgen:

– Geht ein Steuerinländer im Ausland einer unselbständigen Arbeit nach, so hat grundsätzlich das Ausland das alleinige Besteuerungsrecht für die Arbeitseinkünfte. In der Bundesrepublik ist der Arbeitslohn von der Einkommen- bzw. Lohnsteuer – regelmäßig unter Berücksichtigung des Progressionsvorbehalts (§ 32 b Abs. 1 Nr. 3 EStG) – freizustellen.[30]
– Besteht für den deutschen Steuerinländer im Ausland lediglich aufgrund des Verwertungstatbestands (analog § 49 Abs. 1 Nr. 4 Buchstabe a EStG) eine beschränkte Steuerpflicht, so ist diese im Ausland für Zwecke des Abkommens aufzuheben.

Bei der Bestimmung des Arbeitsortes treten kaum Probleme auf. Der Arbeitsort liegt dort, wo der Arbeitnehmer tatsächlich seine Tätigkeit physisch ausübt.[31] Die **körperliche Anwesenheit** ist damit entscheidendes Tatbestandsmerkmal.[32] Auf die Dauer des Auslandsaufenthalts kommt es nicht an.[33] Jeder Aufenthaltstag im Ausland wird als Tag i. S. d. 183-Tage-Regelung angesehen, selbst dann, wenn sich der Arbeitnehmer täglich ausschließlich wenige Minuten im Ausland aufhält.[34] Besteht die Arbeitsausübung in Leis-

---

[29] In den Fällen des doppelten Wohnsitzes und in Konsequenz der doppelten unbeschränkten Steuerpflicht räumt Art. 4 Abs. 2 OECD-Modell für Zwecke der Anwendung des DBA einem Staat den Vorrang als Wohnsitzstaat ein (sog. tie breaker rule). Vgl. auch BMF-Schreiben v. 30. 12. 1996, BStBl 1996 I, S. 1506; BFH v. 19. 3. 1997, BStBl 1997 II, S. 447.
[30] Unter die Freistellung fallen sämtliche mit der ausländischen Tätigkeit in Zusammenhang stehenden Bezüge (Auslandszulagen, Reisekosten etc.). Vgl. Gross, E., Arbeitskräfte, 1997, S. 465. Dabei ist der Progressionsvorbehalt unabhängig davon anzuwenden, ob Deutschland im abkommensrechtlichen Sinne als Ansässigkeitsstaat gilt. Vgl. BFH v. 19. 12. 2001, BStBl 2003 II, S. 302; sowie Mosbach, P., Ubg 2008, S. 678 f.
[31] Vgl. BMF-Schreiben v. 14. 9. 2006, BStBl 2006 I, S. 532, Tz. 3.
[32] Vgl. BFH v. 12. 8. 1960, BStBl 1960 III, S. 441.
[33] Vgl. BFH v. 26. 5. 1971, BStBl 1971 II, S. 804; BFH v. 16. 7. 1986, BFH/NV 1988, S. 235.
[34] Vgl. BFH v. 10. 7. 1996, BStBl 1997 II, S. 15.

8. Kapitel. Steuerplanung in Entsendungsfällen 1337

tungen passiver Natur (sich bereithalten), so gilt die Leistung als dort erbracht, wo sich der Verpflichtete während der Zeitdauer der vereinbarten Leistungsverpflichtung aufhält.[35] Auch bei **leitenden Angestellten von Kapitalgesellschaften** sowie bei geschäftsführenden Organen einer Kapitalgesellschaft gilt regelmäßig das Tätigkeitsprinzip.[36] Der Ort der Geschäftsleitung (§ 49 Abs. 1 Nr. 4 Buchstabe c EStG) ist insoweit nicht maßgebend, so dass sich der betreffende Geschäftsführer, Prokurist oder Vorstand auf die Schrankenwirkung des DBA berufen kann.[37]

> **Beispiel:** Übt der Geschäftsführer einer kanadischen Kapitalgesellschaft seine Geschäftsführertätigkeit sowohl in Kanada als auch in Deutschland aus, so ist aufgrund des Tätigkeitsprinzips jeder der beiden Vertragsstaaten steuerberechtigt; die Geschäftsführervergütung ist ggf. im Wege der Schätzung anteilig aufzuteilen.

In der Theorie ist dieser Entwicklung zuzustimmen, wenn auch eine eindeutige Zuordnung zu einem Tätigkeitsstaat nicht immer praktikabel ist. Aus diesem Grund wird beim Abschluss neuer DBA teilweise versucht, die Besteuerung leitender Angestellter analog den für Aufsichtsrats- und Verwaltungsratsvergütungen geltenden Bestimmungen (Art. 16 OECD-Modell)[38] zu regeln, wonach das vorrangige Besteuerungsrecht wieder dem Land der Ansässigkeit der Kapitalgesellschaft zugeordnet wird.[39]

Grundsätzlich ist eine Freistellung aufgrund des Art. 15 OECD-Modell davon unabhängig, ob der Tätigkeitsstaat tatsächlich eine Besteuerung durchführt. Allerdings hat Deutschland seit dem VZ 2004 mit § 50 d Abs. 8 EStG eine sog. **Rückfall- bzw. (einseitige) Subject-to-tax-Klausel** einge-

---

[35] Vgl. BFH v. 2. 5. 1969, BStBl 1969 II, S. 579; Niermann, W., IWB, Fach 3, Deutschland, Gruppe 2, S. 1348. Besteht die Leistung in der Einhaltung eines Konkurrenz- bzw. Wettbewerbsverbots, ist auf den Ort abzustellen, an dem die zu unterlassende Handlung bei Verstoß gegen das bestehende Verbot vermutlich ausgeführt werden würde. Könnte an jedem beliebigen Ort gegen dieses Verbot verstoßen werden, ist auf den Aufenthaltsort des Arbeitnehmers abzustellen. Vgl. BFH v. 9. 9. 1970, BStBl 1970 II, S. 867 ff.

[36] Vgl. BFH v. 5. 10. 1994, BStBl 1995 II, S. 95; BMF-Schreiben v. 14. 9. 2006, BStBl 2006 I, S. 532; Niermann, W., IWB, Fach 3, Deutschland, Gruppe 2, S. 1355. Kritisch zur alten und neuen Rechtsprechung Neyer, W., Besteuerungsprobleme, 2003, S. 1231 ff. Zur widerstreitenden Rechtsprechung beim DBA-Schweiz vgl. Neyer, W., IStR 2005, S. 514 ff.

[37] *einstweilen frei*

[38] Im Rahmen des Änderungsprotokolls zum DBA-USA vom 1. 6. 2006 konnte die deutsche Seite den Einbezug der Vorstände und Geschäftsführer in die Regelungen des Art. 16 OECD-Modells nicht durchsetzen. Vgl. hierzu Endres, D./Jacob, F./Gohr, M./Klein, M., Kommentar DBA-USA, Art. 16, Rz. 5. Zu den steuerlichen Regelungen des Art. 16 OECD-Modell vgl. Lühn, T., IWB, Fach 3, Deutschland, Gruppe 2, S. 1369 ff. Zu verschiedenen Praxisfällen im Zusammenhang mit der Besteuerung der grenzüberschreitenden Aufsichtsratstätigkeit vgl. Endres, D., PIStB 2007, S. 255 ff.

[39] Dies sind u. a. die DBA mit Belgien, Dänemark, Japan, Kanada, Mexiko, Österreich, Polen, Schweden und der Schweiz. Im Regelfall bezieht sich Art. 16 OECD-Modell aber nur auf Aufsichtsratsvergütungen und nicht auf die Vergütungen von Geschäftsführungs- und Vorstandsmitgliedern. Vgl. BFH v. 27. 4. 2000, BFH/NV 2001, S. 6. Zur Behandlung von Geschäftsführervergütungen in Polen und Gestaltungsaspekte der Entsendung vgl. Jungmann, J./Jamrozy, M., PIStB 2003, S. 154 ff.; Nabialek, J./Jasmand, A., RIW 2005, S. 444 f. Zum DBA mit der Schweiz vgl. BFH v. 25. 10. 2006, BFH/NV 2007, S. 593; sowie Walter, M., GmbHR 2009, S. 298 ff.; Mayer, M., Arbeitnehmerbesteuerung, 2010, S. 230 ff.; Ronge, E./Perroulaz, K./Sutter, F., IStR 2010, S. 279. Zum DBA mit Österreich vgl. Mayer, M., Arbeitnehmerbesteuerung, 2010, S. 220 f.

führt.⁴⁰ Danach ist bei der Veranlagung eines in Deutschland unbeschränkt Steuerpflichtigen für eine Freistellung der Einkünfte aus nichtselbständiger Arbeit gemäß DBA nachzuweisen, dass diese Einkünfte im Tätigkeitsstaat tatsächlich besteuert worden sind oder dass der Tätigkeitsstaat auf sein Besteuerungsrecht verzichtet hat. Damit wird garantiert, dass der Grundsatz der Einmalbesteuerung erfüllt ist und folglich keine sog. „weißen Einkünfte" entstehen können. Dies gilt unabhängig davon, ob auch nach dem einschlägigen DBA eine entsprechende Rückfallklausel vorgesehen ist.⁴¹ Somit liegt hier ein **treaty overriding** vor, wenn das entsprechende DBA keine Rückfallklausel enthält.⁴² Darüber hinaus lassen sich bzgl. der Rückfallklausel für Einkünfte aus nichtselbständiger Arbeit bei einer Tätigkeit in DBA-Staaten dahingehend Bedenken äußern, dass die nur auf Arbeitnehmereinkünfte anzuwendende Regelung die davon Betroffenen gegenüber anderen Einkunftsbeziehern diskriminiert.⁴³ Eine Diskriminierung liegt außerdem auch dahingehend vor, dass lediglich Einkünfte aus nichtselbständiger Arbeit aus DBA-Staaten und nicht solche aus Nicht-DBA-Staaten, welche dem Auslandstätigkeitserlass unterliegen, erfasst werden. Insofern bestehen Bedenken gegen die Verfassungsmäßigkeit der Regelung.⁴⁴

Eine weitere Verschärfung sowie ein treaty overriding ergibt sich durch die Ergänzung des § 50d Abs. 9 EStG, nach welchem bei Qualifikationskonflikten als auch bei einer von der unbeschränkten Steuerpflicht abweichenden Besteuerung beschränkt Steuerpflichtiger im ausländischen Vertragsstaat nur die Anrechnungsmethode und nicht die Freistellung von Einkünften nach DBA in Deutschland gewährt wird, wenn der andere Staat die Einkünfte nicht besteuert.⁴⁵ Deutschland hatte zuvor bereits auch in einigen neueren DBA (Dänemark, Großbritannien, Italien, Kanada, Luxemburg, Neuseeland, Norwegen, Österreich, Schweden, Schweiz und USA) Rückfall- bzw. (einseitige) Subject-to-tax-Klauseln vereinbart.⁴⁶ Die **Subject-to-tax-Klausel**

---

⁴⁰ Zur Frage der Rechtmäßigkeit von § 50d Abs. 8 EStG vgl. FG Rheinland-Pfalz v. 11. 10. 2007 (rkr.), EFG 2008, S. 385 f., welches in der betreffenden Regelung weder einen Verstoß gegen § 2 AO noch gegen Art. 3 GG sieht. Vgl. hierzu Schmidt, O., PIStB 2008, S. 289 f. Das FG Rheinland-Pfalz hat seine Position in einem weiteren Verfahren bestätigt, welches zwischenzeitlich beim BFH anhängig (I R 66/09) wurde. Vgl. FG Rheinland-Pfalz v. 30. 6. 2009, EFG 2009, S. 1469.
⁴¹ Vgl. Niermann, W./Plenker, J., DB 2003, S. 2728; Hofmann, K.-W./Otto, U.B., FR 2004, S. 827; Warnke, K., EStB 2004, S. 292 f. Vgl. auch das BMF-Schreiben v. 21. 7. 2005, BStBl 2005 I, S. 821; Schmidt, O., PIStB 2005, S. 222 ff.; Strohner, K./Mennen, H., DStR 2005, S. 1713 ff.
⁴² Zur Zulässigkeit des treaty overriding vgl. Fehn, B.J., BB 2004, Special 3, S. 10; Hofmann, K.-W./Otto, U.B., FR 2004, S. 828 ff.; Neyer, W., BB 2004, S. 519 ff.; Gosch, D., IStR 2008, S. 413 ff.
⁴³ Vgl. Schmidt, L., Einkommensteuergesetz, § 50d EStG, Tz. 52.
⁴⁴ Vgl. für eine ausführlichere Diskussion Grotherr, S., IWB, Fach 3, Deutschland, Gruppe 3, S. 1396; Fehn, B.J., BB 2004, Special 3, S. 9 f.; Hofmann, K.-W./Otto, U.B., FR 2004, S. 827 f.; Holthaus, J., IStR 2004, S. 17 f.; Strohner, K./Mennen, H., DStR 2005, S. 1713 ff.
⁴⁵ Vgl. Grotherr, S., IStR 2007, S. 265 ff.; sowie 7. Kapitel, Abschnitt B I.
⁴⁶ Vgl. BFH v. 5. 2. 1992, BStBl 1992 II, S. 660; OFD Düsseldorf v. 11. 12. 1996, IStR 1997, S. 53; OFD Frankfurt/Main v. 18. 12. 1998, IStR 1999, S. 248; BMF-Schreiben v. 14. 9. 2006, BStBl 2006 I, S. 532; Wienands, H.-G., PIStB 1999, S. 26; Krabbe, H., IStR 2000, S. 196 ff.; Bendlinger, S., IWB, Fach 10, International, Gruppe 2, S. 1791; Endres, D./Schreiber, C. (Hrsg.), USA, 2008, S. 359 f.

wird regelmäßig über Art. 23 OECD-Modell umgesetzt.[47] Die o. g. Zweifel an der Wirksamkeit derartiger Rückfallklauseln kommen insbesondere auch in zwei BFH-Urteilen zum DBA-Kanada deutlich zum Ausdruck.[48] Zwischenzeitlich hat sich der BFH allerdings in einem weiteren Urteil zum DBA-Italien erneut zu den abkommensrechtlichen Rückfallklauseln geäußert und seine seit den beiden Urteilen zum DBA-Kanada geltende, zweifelnde Rechtsauffassung zur Wirksamkeit von abkommensrechtlichen Rückfallklauseln aufgegeben.[49] Insoweit kehrt der BFH zu seinem im Urteil vom 5. 2. 1992[50] geäußerten Abkommensverständnis zurück.[51] Daneben zeigt ebenfalls die neu aufgenommene Rückfallklausel im DBA-USA, dass sich die Finanzverwaltung absichern will.[52]

Die Regelungen des Art. 15 Abs. 1 OECD-Modell greifen nicht bei Vergütungen des Aufsichts- und Verwaltungsrates, des Öffentlichen Dienstes sowie bei Ruhegehältern. Des Weiteren sind i. d. R. für Künstler, Sportler, Flug- und Schiffspersonal, Hochschullehrer, Studenten, Schüler, Lehrlinge und sonstige Auszubildende besondere DBA-Regelungen einschlägig.[53]

Abweichend vom Arbeitsortprinzip in seiner reinen Form sehen die **DBA folgende wichtige Einschränkungen** vor:

– Art. 15 Abs. 2 OECD-Modell folgend wird das vorrangige Besteuerungsrecht bei nur kurzfristiger Beschäftigung im anderen Vertragsstaat (183-Tage-Regelung) unter bestimmten weiteren Voraussetzungen dem Wohnsitzstaat zugewiesen.

– In den deutschen DBA mit den Nachbarstaaten Frankreich, Österreich und der Schweiz wird das vorrangige Besteuerungsrecht an den Einkünften von Grenzgängern jeweils dem Wohnsitzstaat zugewiesen (sog. Grenzgängerregelung).[54] In diesen Fällen verzichtet der Quellenstaat regelmäßig auf sein Besteuerungsrecht.[55]

Diese beiden Einschränkungen des Arbeitsortprinzips gilt es im Folgenden näher zu präzisieren.[56]

---

[47] Anders bspw. in den mit Österreich und der Schweiz abgeschlossenen DBA, in denen die Subject-to-tax-Klausel über Art. 15 Abs. 4 DBA-Österreich bzw. Art. 15 Abs. 4 DBA-Schweiz geregelt wird.
[48] Vgl. BFH v. 27. 8. 1997, BStBl 1998 II, S. 58; BFH v. 17. 12. 2003, BStBl 2004 II, S. 260 ff.; Vogel, K., IStR 1997, Beihefter zu Heft 24, S. 1 ff.
[49] Vgl. BFH v. 17. 10. 2007, BStBl 2008 II, S. 953 ff.
[50] Vgl. BFH v. 5. 2. 1992, BStBl 1992 II, S. 660 ff.
[51] Vgl. ausführlich Grotherr, S., Rückfallklausel, 2008, S. 264 ff.
[52] Vgl. Endres, D./Wolff, U., IStR 2006, S. 729. Ausführlich zur abkommensrechtlichen Rückfallklausel im DBA-USA vgl. Grotherr, S., Rückfallklausel, 2008, S. 273 ff.; Endres, D./Jacob, F./Gohr, M./Klein, M., Kommentar DBA-USA, Art. 23, Rz. 62 ff.
[53] Vgl. bspw. Art. 15 Abs. 3 und Art. 17 OECD-Modell; sowie Holthaus, J., IStR 2002, S. 633 ff.; Lang, M./Stefaner, M., IStR 2003, S. 829 ff.; Jahn, R., PIStB 2004, S. 188 ff.; Vogel, K./Lehner, M., DBA-Kommentar, Art. 15, Anm. 161 ff.
[54] Die in Art. 15 Abs. 3 DBA-Belgien enthaltene Grenzgängerregelung wurde mit Wirkung ab dem 1. 1. 2004 durch ein Zusatzabkommen zum DBA-Belgien aufgehoben. Vgl. zum Zusatzabkommen (BGBl 2003 II, S. 1615) OFD Koblenz v. 22. 12. 2003, IStR 2004, S. 175; sowie die Anmerkungen von Hensel, C., PIStB 2003, S. 118 f.
[55] Vgl. nachfolgend Abschnitt B II 1 c).
[56] Zu typischen Beispielsfällen vgl. auch Ley, U., Entsendung, 2003, S. 1265 ff.; Endres, D., Musterfälle, 2008, S. 183 ff.

b) Die 183-Tage-Regelung als Ausnahme vom Arbeitsortprinzip

(1) Die Berechnung der 183-Tage-Frist

Bei vorübergehender Ausübung der unselbständigen Arbeit eines unbeschränkt steuerpflichtigen Arbeitnehmers[57] außerhalb des Wohnsitzstaates verbleibt das vorrangige Besteuerungsrecht unter bestimmten Voraussetzungen beim Wohnsitzstaat (Wohnsitzprinzip).[58] Diese **Einschränkung des Arbeitsortprinzips** resultiert insbesondere aus Gründen der Praktikabilität, der Verwaltungsökonomie sowie der Steuererhebungssicherheit und soll daneben die internationale Freizügigkeit qualifizierter Arbeitnehmer erleichtern.[59] Als vorübergehende Arbeitsausübung im anderen Staat wird hierbei ein **Auslandsaufenthalt von bis zu 183 Tagen** „innerhalb einer Frist von zwölf Monaten, die im betreffenden Steuerjahr beginnt oder endet" angesehen (Art. 15 Abs. 2 Buchstabe a OECD-Modell). Dauert danach der Aufenthalt im Ausland nicht mehr als 183 Tage, hat Deutschland das alleinige Besteuerungsrecht. Im anderen Fall steht dieses ausschließlich dem ausländischen Staat zu. Dabei ist diese Frist in jedem Veranlagungsjahr neu zu überprüfen.[60] Entgegen der derzeitigen Formulierung im OECD-Modell wird in den meisten bestehenden DBA bei der Fristenberechnung noch auf 183 Tage innerhalb eines Kalender- bzw. Steuerjahres abgestellt.[61] Dagegen ist insbesondere nach den neueren Abkommen bspw. mit Kanada, Kasachstan, Liberia, Malta, Mexiko, Norwegen, Polen und Russland ein vom Veranlagungs-, Kalender- oder Steuerjahr unabhängiger „Zeitraum von zwölf Monaten" maßgeblich. Hierzu hat das BMF klargestellt, dass hierbei alle denkbaren Zwölf-Monats-Zeiträume in Betracht zu ziehen sind, auch wenn diese sich z. T. überschneiden. Wann immer sich der Arbeitnehmer innerhalb eines zwölfmonatigen Zeitfensters an mehr als 183 Tagen in dem anderen Vertragsstaat aufhält, steht dem anderen Vertragsstaat das alleinige Besteuerungsrecht für die auf diese Tage entfallenden Einkünfte zu.[62]

Der OECD-Kommentar stellt bei der **Berechnung der 183 Tage** auf die Dauer des tatsächlichen Aufenthalts ab,[63] wobei u. a. folgende Tagesteile bzw. Anwesenheitstage ohne Arbeitstätigkeit mitgezählt werden: Tage bloßer Teil-

---

[57] Nach den neueren DBA mit Dänemark, Frankreich, Italien, Norwegen und Schweden ist die 183-Tage-Klausel auf Leiharbeitnehmer nicht anwendbar. Eine eventuelle Doppelbesteuerung wird durch die Anrechnungsmethode (§ 34 c EStG) gemildert. Vgl. BMF-Schreiben v. 14. 9. 2006, BStBl 2006 I, S. 532, Tz. 4.3.4.; Höreth, U./Kurz, E., StB 2007, S. 418.

[58] Vgl. BMF-Schreiben v. 14. 9. 2006, BStBl 2006 I, S. 532.

[59] Vgl. OECD-Kommentar, Art. 15, Anm. 3.

[60] Vgl. FG Köln v. 28. 11. 1983, EFG 1984, S. 460; Finanzministerium Nordrhein-Westfalen v. 10. 4. 1989, DStR 1989, S. 298; OFD Nürnberg v. 12. 9. 1989, DStR 1990, S. 39.

[61] Vgl. bspw. Art. 13 Abs. 4 Nr. 1 DBA-Frankreich; Art. 15 Abs. 2 Buchstabe a DBA-Österreich; Art. 15 Abs. 2 Buchstabe a DBA-Schweiz; sowie Mosbach, P., Ubg 2008, S. 677.

[62] Vgl. BMF-Schreiben v. 14. 9. 2006, BStBl 2006 I, S. 532; Niermann, W., IWB, Fach 3, Deutschland, Gruppe 2, S. 1347. Zu Polen vgl. BMF-Schreiben v. 29. 10. 2004, BStBl 2004 I, S. 1029.

[63] Dementgegen wird in manchen DBA wie bspw. mit Belgien und Dänemark nicht auf den Aufenthalt im Tätigkeitsstaat, sondern vielmehr auf die Dauer der Ausübung der nichtselbständigen Arbeit im Tätigkeitsstaat abgestellt. Vgl. BMF-Schreiben v. 14. 9. 2006, BStBl 2006 I, S. 532 f., Tz. 4.2.1.; sowie Höreth, U./Kurz, E., StB 2007, S. 416.

8. Kapitel. Steuerplanung in Entsendungsfällen 1341

anwesenheit, Ankunfts- und Abreisetag, Samstage, Sonn- und nationale Feiertage, Ferien im Tätigkeitsstaat vor, während oder nach der Tätigkeit, Kranken- und Streiktage oder Betriebsunterbrechungen.[64] Nicht mitzuzählen sind Ferientage außerhalb des Tätigkeitsstaates sowie Transitaufenthalte.[65] Dabei ist allerdings anzumerken, dass der Begriff des Aufenthalts i. S. d. Art. 15 Abs. 2 OECD-Modell und i. S. d. § 9 AO nicht identisch sind. Für die Berechnung der 183-Tage-Frist ist die physische Anwesenheit während dieses Zeitraums entscheidend.[66] Außerdem sind nach der Neukommentierung des OECD-Modells im Jahr 2008 Tage, an denen der Arbeitnehmer im Staat der Arbeitsausübung ansässig ist, nicht in die Berechnung der 183-Tage-Frist einzubeziehen sind. Diese neue Auffassung führt aus deutscher Sicht zu Diskrepanzen mit der bisher geltenden Meinung.[67] Konsequenz hierbei ist, dass die unterschiedliche Auslegung des Art. 15 Abs. 2 Buchstabe a OECD-Modell sowohl auf nationaler als auch auf bilateraler Ebene zu erheblichen Problemen und zu definitiven Doppelbesteuerungen führen kann. Eine Reaktion seitens der Finanzverwaltung hierauf steht derzeit allerdings noch aus.[68]

Was die Verteilung der Besteuerungsrechte an den Vergütungskomponenten anbelangt, ist der gesamte Arbeitslohn des ins Ausland entsandten Arbeitnehmers nach den Grundsätzen des BFH-Urteils vom 29. 1. 1986[69] in einen ausländischen und einen inländischen Anteil aufzuteilen. Dabei kommt es – entgegen der Regelung zur Bestimmung der 183-Tage-Frist – auf das Verhältnis der Arbeitstage und nicht der Aufenthaltstage an.

Beispiel: A ist vom 1. 1. 2010 bis zum 31. 7. 2010 für seinen deutschen Arbeitgeber in einem DBA-Staat tätig. Seinen Familienwohnsitz in Deutschland behält er bei. Er erhält im Jahr 2010 ein Jahresgehalt inkl. Weihnachts- und Urlaubsgeld i. H. v. 100 000 € sowie zusätzlich eine Auslandszulage i. H. v. 25 000 €.
Deutschland hat für den Arbeitslohn, der auf die Tätigkeit im DBA-Staat entfällt, kein Besteuerungsrecht, da sich A für den VZ 2010 länger als 183 Tage innerhalb jedes beliebigen Zwölf-Monats-Zeitraums im Ausland aufgehalten hat (Art. 15 und 23 OECD-Modell). Voraussetzung für die Steuerbefreiung in Deutschland ist der Nachweis, dass der Tätigkeitsstaat auf sein Besteuerungsrecht verzichtet hat oder dass die auf die Einkünfte festgesetzten Steuern entrichtet wurden (§ 50d Abs. 8 EStG). Der steuerfreie Arbeitslohn berechnet sich wie folgt: Die Auslandszulage i. H. v. 25 000 € ist der Tätigkeit im Ausland unmittelbar zuzuordnen und demzufolge steuerfrei. Der Arbeitslohn i. H. v. 100 000 € ist aufzuteilen. Die vereinbarten Arbeitstage sind die Kalendertage abzüglich der Tage, an denen der Arbeitnehmer i. R. des Arbeitsvertrag nicht zu arbeiten verpflichtet ist (= Urlaubstage sowie arbeitsfreie Samstage, Sonntage und gesetzliche Feiertage). Die vereinbarten Arbeitstage im Jahr 2010 betragen 220 Tage. Hat A sich tatsächlich an 140 Arbeitstagen im DBA-Staat aufgehalten, so sind 140/220

---

[64] Vgl. auch BMF-Schreiben v. 14. 9. 2006, BStBl 2006 I, S. 532 f.; sowie Niermann, W., IWB, Fach 3, Deutschland, Gruppe 2, S. 1347.
[65] Vgl. OECD-Kommentar, Art. 15, Anm. 5. Zur Berechnung der 183-Tage-Frist vgl. auch die Beispiele bei Wienands, H.-G., PIStB 1999, S. 20 f.; sowie BMF-Schreiben v. 14. 9. 2006, BStBl 2006 I, S. 532, Tz. 4.2.5.
[66] Vgl. BFH v. 10. 7. 1996, BStBl 1997 II, S. 15.
[67] Vgl. BMF-Schreiben v. 14. 9. 2006, BStBl 2006 I, S. 532.
[68] Vgl. ausführlich Schubert, M./Pavlovits, T., IStR 2009, S. 415 ff.; Vetter, J./Schreiber, J., IWB, Fach 10, International, Gruppe 2, S. 2081 ff.
[69] Vgl. BFH v. 29. 1. 1986, BStBl 1986 II, S. 479. Siehe hierzu auch OFD Münster v. 18. 12. 1986, RIW 1987, S. 241; OFD Münster v. 16. 12. 1987, StEK, Doppelbesteuerung, Allgemein, Nr. 79; OFD Berlin v. 29. 6. 1998, FR 1998, S. 757 f.; Heuser, A., Entsendung, 2004, S. 71 f.; BMF-Schreiben v. 14. 9. 2006, BStBl 2006 I, S. 532, Tz. 5.4. f.

des Jahresgehalts (100 000 €) zusätzlich zur Auslandszulage freizustellen (= 63 636 €). Der steuerfreie Arbeitslohn i. H. v. 63 636 € und die Zulage i. H. v. 25 000 € sind abzüglich Werbungskosten, die im Zusammenhang mit der Tätigkeit im DBA-Staat angefallen sind, im Rahmen des Progressionsvorbehalts (§ 32b Abs. 1 Nr. 3 EStG) zu berücksichtigen. Der übrige Arbeitslohn ist im Inland steuerpflichtig. Werbungskosten, die unmittelbar mit der Auslandstätigkeit zusammenhängen, dürfen davon nicht abgezogen werden (§ 3c Abs. 1 EStG).

Die Einschränkung des Arbeitsortprinzips bei vorübergehender Arbeitsausübung (maximal 183 Tage) eines im Inland ansässigen Arbeitnehmers ist allerdings neben der Zeitgrenze an zusätzliche Voraussetzungen gebunden. Art. 15 Abs. 2 OECD-Modell regelt mit mehreren Negationen, wann nur der Wohnsitzstaat besteuern darf. Nach dieser Vorschrift verbleibt Deutschland als Wohnsitzstaat des Arbeitnehmers das Besteuerungsrecht nur dann, wenn – neben der Unterschreitung der 183-Tages-Grenze –

– die Vergütungen von einem Arbeitgeber oder für einen Arbeitgeber gezahlt werden, der nicht im anderen Staat ansässig ist (Art. 15 Abs. 2 Buchstabe b OECD-Modell), und

– die Vergütungen nicht von einer Betriebsstätte getragen werden, die der Arbeitgeber im anderen Staat hat (Art. 15 Abs. 2 Buchstabe c OECD-Modell).[70]

Diese Voraussetzungen der 183-Tage-Regelung müssen **kumulativ** erfüllt sein. Wird nur eine Bedingung nicht erfüllt, wechselt das Besteuerungsrecht vom Wohnsitzstaat zum Tätigkeitsstaat entsprechend dem Arbeitsortprinzip. Diese einschränkenden Voraussetzungen der 183-Tage-Regelung führen zu drei im Folgenden darzustellenden Problembereichen.

(2) Ansässigkeit des Arbeitgebers in einem Drittstaat

Das Besteuerungsrecht im Wohnsitzland Deutschland bleibt von Art. 15 Abs. 2 OECD-Modell unberührt, wenn die Tätigkeitsvergütungen von einem Arbeitgeber oder für einen Arbeitgeber gezahlt werden, der nicht in dem Staat ansässig ist, in dem die Arbeit ausgeübt wird.[71] Für das deutsche Besteuerungsrecht unschädlich ist daher die Ansässigkeit des Arbeitgebers in einem Drittstaat oder in Deutschland.

Beispiel: Unterhält eine US-Gesellschaft (= Arbeitgeber) in Deutschland eine Zweigniederlassung (= Betriebsstätte) und sind die Mitarbeiter der deutschen Zweigniederlassung in Belgien im Einsatz, so unterliegen diejenigen Vergütungsbestandteile, die auf die Zeit des kurzfristigen Auslandsaufenthalts (weniger als 183 Tage) dieser deutschen Arbeitnehmer entfallen, dem deutschen Besteuerungsrecht. In Belgien ist das Arbeitsentgelt steuerfrei. Deutschland verbleibt das Besteuerungsrecht also nicht nur, wenn der Arbeitgeber in Deutschland ansässig ist, sondern auch immer dann, wenn der Arbeitgeber außerhalb des Tätigkeitsstaates (hier Belgien), also in einem Drittstaat, ansässig ist (hier die USA).

---

[70] Insgesamt betrachtet dienen diese beiden Rückausnahmen dazu, die Vergütung des Arbeitnehmers insbesondere bei nur kurzzeitigen Tätigkeiten im Ausland in dem Staat zu besteuern, in dem sie als Betriebsausgabe den Unternehmensgewinn gemindert hat. Vgl. Wellisch, D./Näth, M./Thiele, K., Vergütung, 2006, S. 27.
[71] Vgl. zum Fall der Doppelansässigkeit des Arbeitgebers, speziell im Verhältnis zu den USA BFH v. 5. 6. 2007, BStBl 2007 II, S. 810; Jahn, R., PIStB 2007, S. 251; Lühn, T., PIStB 2008, S. 92 f.

8. Kapitel. Steuerplanung in Entsendungsfällen 1343

Entsprechende Formulierungen enthalten z. B. die Abkommen mit Dänemark (Art. 15), Griechenland (Art. 11), Großbritannien (Art. 11), Irland (Art. 12), Island (Art. 15), den Niederlanden (Art. 10), Österreich (Art. 15), Polen (Art. 15), der Schweiz (Art. 15), Tunesien (Art. 15), Ungarn (Art. 15) und Zypern (Art. 15). Demgegenüber wird in mehreren älteren Abkommen der Bundesrepublik verlangt, dass der Arbeitgeber ausschließlich in Deutschland, nicht aber in einem Drittstaat ansässig sein darf.[72] So verbleibt z. B. im Verhältnis zu Norwegen der Bundesrepublik nur dann das Besteuerungsrecht, wenn die Arbeitnehmer für die Tätigkeit von einem in Deutschland ansässigen Arbeitgeber entlohnt werden.

Nach Art. 15 Abs. 2 OECD-Modell ist unabhängig von der Entsendungsdauer dem Tätigkeitsstaat stets das Besteuerungsrecht zuzusprechen, wenn ein dort ansässiger Arbeitgeber den Arbeitslohn wirtschaftlich trägt.[73] Die steuerliche Konsequenz von Personalentsendungen ist somit auch maßgeblich von der Frage abhängig, ob im jeweiligen Ausland ein Arbeitgeber-/Arbeitnehmerverhältnis i. S. d. DBA begründet wurde. Dabei ist nicht die Arbeitgebereigenschaft im rechtlichen, sondern im wirtschaftlichen Sinne ausschlaggebend.[74] Der Arbeitgeber, dem der Arbeitnehmer seine Arbeitskraft schuldet sowie unter dessen Leitung der Arbeitnehmer tätig wird bzw. an dessen Weisungen er gebunden ist, erfüllt regelmäßig dieses Kriterium.[75] Die Beifügung „ansässig" ist dann lediglich als Lokalisierungsmerkmal zu verstehen und hat nicht die Funktion, die Arbeitgeberstellung auf die Personeneigenschaft einzuengen.[76] Insbesondere im Fall des internationalen Arbeitnehmerverleihs ist jedoch umstritten, ob im Rahmen der Anwendung der DBA der Verleiher oder der Entleiher als wirtschaftlicher Arbeitgeber anzusehen ist. In der Vergangenheit hat die Finanzverwaltung stets den Entleiher als wirtschaftlichen Arbeitgeber i. S. d. DBA-Rechts qualifiziert.[77] Dahingegen hat sich der BFH in der neueren Rechtsprechung ausdrücklich gegen diese Verwaltungsauffassung ausgesprochen, indem er als wirtschaftlichen Arbeitgeber i. S. d. Abkommensrechts bei der Einschaltung eines ausländischen Arbeitnehmerverleihers grundsätzlich den Verleiher ansieht.[78] Nach dem neuen BMF-Schreiben vom 19. 4. 2006 soll es bei nur kurzfristiger gewerblicher Überlassung auf das Gesamtbild der Verhältnisse ankommen.[79] Insoweit wird es für möglich ge-

---

[72] Vgl. Vogel, K./Lehner, M., DBA-Kommentar, Art. 15, Anm. 77.
[73] Vgl. zum sog. wirtschaftlichen Arbeitgeber BFH v. 15. 3. 2000, BStBl 2002 II, S. 238; BFH v. 27. 4. 2000, BFH/NV 2001, S. 6; FG Hamburg v. 22. 11. 2001, EFG 2002, S. 445; BMF-Schreiben vom 14. 9. 2006, BStBl 2006 I, S. 532; Neyer, W., BB 2006, S. 917 ff.
[74] Vgl. BFH v. 21. 8. 1985, BStBl 1986 II, S. 4; BFH v. 23. 2. 2005, BStBl 2005 II, S. 547; Schmidt, O., IStR 2006, S. 78 ff.; Wellisch, D./Näth, M./Thiele, K., Vergütung, 2006, S. 23; Lühn, T., PIStB 2008, S. 109 ff.
[75] Wird der Mitarbeiter zu einem ausländischen Kunden entsandt, der alle Kosten übernimmt, so kann auch dieser einen Arbeitgeber i. S. d. Art. 15 OECD-Modell darstellen. Vgl. BFH v. 7. 7. 1967, BStBl 1967 III, S. 588.
[76] Vgl. Debatin, H., DStZ 1987, S. 211 ff.
[77] Vgl. hierzu auch das mittlerweile aufgehobene BMF-Schreiben v. 5. 1. 1994, BStBl 1994 I, S. 11.
[78] Vgl. BFH v. 4. 9. 2002, BStBl II 2003, S. 306; BFH v. 18. 12. 2002, BFH/NV 2003, S. 1152; Jahn, R., PIStB 2003, S. 62 ff.; Weerth, J. de, IStR 2003, S. 123 f.; Bendlinger, S., IWB, Fach 10, International, Gruppe 2, S. 1792 f.
[79] Vgl. BMF-Schreiben v. 14. 9. 2006, BStBl 2006 I, S. 592, Tz. 83.

halten, dass der Verleiher als wirtschaftlicher Arbeitgeber i. S. d. DBA anzusehen ist.[80]

(3) Entsendung zur ausländischen Betriebsstätte oder Tochterpersonengesellschaft

Entsprechend Art. 15 Abs. 2 OECD-Modell verbleibt bei kurzfristiger (maximal 183 Tage dauernder) Entsendung eines Arbeitnehmers in einen DBA-Staat der Bundesrepublik das Besteuerungsrecht, es sei denn, die Entlohnung geht „**zu Lasten**" **einer im Staat des Arbeitsortes befindlichen Betriebsstätte** des inländischen Arbeitgebers. Gleiches gilt auch dann, wenn die Entsendung zu einer **ausländischen Tochterpersonengesellschaft** erfolgt.[81] Sinn und Zweck dieser Regelung ist es, dem ausländischen Staat das vorrangige Besteuerungsrecht für solche Arbeitsentgelte zuzugestehen, die den ebenfalls seiner Steuerhoheit unterliegenden Gewinn einer Betriebsstätte bzw. Tochterpersonengesellschaft als Betriebsausgaben gemindert haben. In diesen Fällen hat der Einsatzstaat abweichend von der 183-Tage-Regelung das Besteuerungsrecht schon vom ersten Tag eines Auslandseinsatzes an. Diese Erweiterung der Ausnahmevorschrift vom reinen Tätigkeitsprinzip gilt nach Art. 15 Abs. 2 Buchstabe c OECD-Modell dann, wenn die Vergütungen von einer Betriebsstätte des Arbeitgebers im Ausland getragen werden. Daraus ist jedoch nicht zu folgern, dass die Betriebsstätte als Arbeitgeber anzusehen ist. Der BFH hatte vielmehr Betriebsstätten eine eigene Arbeitgebereigenschaft i. S. d. Buchstabens b der 183-Tage-Regelung abgesprochen, da sie als solche keine ansässigen Personen sein können.[82]

Beispiel: Ingenieur A eines deutschen Unternehmens wird für einen Monat zur ausländischen Betriebsstätte abgeordnet. A bezieht einen Monatslohn von 5000 € brutto, der während der Zeit seines Aufenthalts im Ausland von der ausländischen Betriebsstätte getragen wird. Das für die Tätigkeit im Ausland gezahlte Entgelt ist von der deutschen Besteuerung unter Progressionsvorbehalt freizustellen, da die ausländische Betriebsstätte den Aufwand trägt. Erfasst werden in der Bundesrepublik demnach (bei zwölf Monatsgehältern) 55 000 € mit dem für 60 000 € geltenden Steuersatz (§ 32 b Abs. 1 Nr. 3 EStG).

Das Problem liegt hier in der Frage begründet, wann das **Merkmal „Tragen"** **i. S. d. Abkommens** gegeben ist. Trägt die ausländische Betriebsstätte bzw. Tochterpersonengesellschaft die Arbeitsvergütungen, so hat der ausländische Staat ab dem ersten Tag das alleinige Besteuerungsrecht für die gezahlten Vergütungen. Trägt die Auslandsbasis die Arbeitsvergütungen nicht und dauert der Aufenthalt des Arbeitnehmers im Ausland weniger als 183 Tage innerhalb eines beliebigen Zwölf-Monats-Zeitraums, steht dem Wohnsitzstaat das vorrangige Besteuerungsrecht zu. Wie oben bereits ausgeführt, ist nach Auffassung der Finanzverwaltung für die Frage, ob die ausländische Betriebsstätte oder

---

[80] Vgl. Niermann, W., IWB, Fach 3, Deutschland, Gruppe 2, S. 1350; Endres, D./Jacob, F./Gohr, M./Klein, M., Kommentar DBA-USA, Art. 15, Rz. 15 f.
[81] Vgl. Selent, A./Endres, D., DB 1984, S. 84 ff.; Krabbe, H., IStR 2000, S. 199; im Einzelnen auch BMF-Schreiben v. 19. 4. 2006, BStBl 2006 I, S. 539.
[82] Vgl. BFH v. 29. 1. 1986, BStBl 1986 II, S. 442; so auch das Finanzministerium Nordrhein-Westfalen v. 5. 1. 1987, FR 1987, S. 115; BMF-Schreiben v. 14. 9. 2006, BStBl 2006 I, S. 532, Tz. 4.3.1. Die Qualifizierung der Betriebsstätte als Arbeitgeber i. S. d. § 38 Abs. 1 Nr. 1 EStG führt zu keiner anderen Beurteilung, da hier ausschließlich inländische Haftungsgründe eine Rolle spielen. Vgl. auch Peter, A. F., IStR 1999, S. 456 ff.

Tochterpersonengesellschaft die Vergütungen trägt, unerheblich, wer die Vergütungen ausbezahlt bzw. in seiner Buchführung abrechnet. Vielmehr ist die **wirtschaftliche Betrachtungsweise** maßgeblich,[83] d. h. in Einzelfällen kann auch die Belastung der Vergütungen als Dienstleistungsentgelt zur Begründung der Auslandssteuerpflicht genügen. Allerdings wird der Arbeitslohn als solcher nicht von der Betriebsstätte getragen, wenn er lediglich Teil von Verrechnungen für Lieferungen oder Leistungen mit der Betriebsstätte ist.[84]

Beispiel: Der Vorarbeiter V eines deutschen Unternehmens wird für zwei Monate zur ausländischen Betriebsstätte geschickt. Sein Lohn wird in der Betriebsstättenbuchführung nicht als solcher bezeichnet, sondern im Rahmen der Verrechnungen von Warenlieferungen, Dienstleistungen oder Geschäftsführungs- und allgemeinen Verwaltungskosten berücksichtigt. Fraglich ist, ob die Verrechnung zwischen Stammhaus und Betriebsstätte für das Merkmal „Tragen" i. S. d. DBA ausreicht.

Die Finanzverwaltung lässt die Freistellung der Arbeitseinkünfte von der inländischen Besteuerung in solchen Fällen nicht zu. Dagegen kann Folgendes eingewandt werden: Wenn es für das Merkmal des „Tragens" der Vergütung unerheblich sein soll, wer die Vergütung in seiner Buchführung abrechnet, so kann es auch gleichgültig sein, wie er dies tut. Die Antwort auf die Frage, ob die ausländische Betriebsstätte die Vergütung selbst unmittelbar zu Lasten ihres Betriebsstättenergebnisses auszahlt und abrechnet oder ob die gezahlten Vergütungen unmittelbar vom Inland an die ausländische Betriebsstätte weiter belastet werden, kann demnach allenfalls als Indiz für die Voraussetzung des Merkmals „Tragen" i. S. d. Abkommensrechts gewertet werden, ist aber allein nicht entscheidungserheblich.[85] Praktisch bedeutsam wird diese Frage insbesondere, wenn kaufmännisches oder technisches Personal des Stammhauses zu ausländischen Montagebetriebsstätten entsandt wird, um dort für kurze Zeit bestimmte Aufgaben (z. B. im Zusammenhang mit der Projektierung oder Überwachung eines Vorhabens) wahrzunehmen. Hier gilt es zu untersuchen, ob die Vergütungen dem „Montagegewinn" oder dem „Liefergewinn" zuzuordnen sind.

Zweifelhaft ist in diesem Zusammenhang auch, ob **Aufwendungen** für die Entsendung von Arbeitnehmern, **die vor der Gründung bzw. nach der Auflösung einer Betriebsstätte anfallen,** aber wirtschaftlich durch diese veranlasst sind, i. S. von Art. 15 Abs. 2 OECD-Modell weiterbelastet werden können, da die Abkommensregel das Bestehen einer Betriebsstätte voraussetzt. Die Finanzverwaltung verneint diese Frage, so dass der Arbeitslohn für vorbereitende Tätigkeiten und nachträgliche Aufwendungen, z. B. bei Bauausführungen und Montagen, der Betriebsstätte nicht zugerechnet werden kann. Dieser Auffassung kann jedoch nicht gefolgt werden, da nicht der zeitliche Anfall der Aufwendungen, sondern die wirtschaftliche Verursachung entscheidungsrelevant sein muss.[86] Hierfür spricht auch, dass z. B. auf gescheiterte

---
[83] So auch FG Hamburg v. 22. 11. 2001, EFG 2002, S. 445, für den Fall einer Betriebsstätte in Indonesien sowie die ständige Rechtsprechung des BFH. Vgl. hierzu auch Abschnitt B II 1 b) (4).
[84] Vgl. BMF-Schreiben v. 14. 9. 2006, BStBl 2006 I, S. 532.
[85] So auch BFH v. 24. 2. 1988, BStBl 1988 II, S. 819.
[86] Zur Aufwands- und Ertragszuordnung bei Betriebsstätten vgl. BFH v. 20. 7. 1988, BStBl 1989 II, S. 140.

(4) Entsendung zur ausländischen Tochterkapitalgesellschaft

In den neueren Abkommen, die sich an das OECD-Modell anlehnen, wird eine **rechtlich selbständige Tochterkapitalgesellschaft** selbst durch den Umstand einer 100%igen Beherrschung **nicht als Betriebsstätte der Muttergesellschaft** angesehen (Art. 5 Abs. 7 OECD-Modell).[87] In diesem Zusammenhang stellt sich die Frage, ob bei kurzfristiger Entsendung von Arbeitnehmern zu einer ausländischen Tochterkapitalgesellschaft und bei Weiterbelastung der Bezüge das vorrangige Besteuerungsrecht (analog zur Vorgehensweise bei Entsendung zu einer Betriebsstätte) bereits vom ersten Tag des Auslandseinsatzes an dem Tätigkeitsstaat zusteht. In einigen DBA ist eine entsprechende Regelung enthalten (z. B. in den DBA mit Ägypten, Indien und Pakistan). Soweit entsprechende Regelungen fehlen, wird in der älteren Literatur die Auffassung vertreten, dass die einschränkenden Voraussetzungen der 183-Tage-Regelung bei der Entsendung von Arbeitnehmern der inländischen Muttergesellschaft zur ausländischen Tochterkapitalgesellschaft nicht zur Anwendung kommen,[88] da der „klare Wortlaut" des Art. 15 Abs. 2 OECD-Modell den Fall der Entsendung zur ausländischen Tochterkapitalgesellschaft nicht erfasse.[89] Wenn die inländische Muttergesellschaft ihre Arbeitnehmer zur ausländischen Tochterkapitalgesellschaft im DBA-Staat für nicht länger als 183 Tage entsendet und die Bezüge der ausländischen Tochterkapitalgesellschaft weiter belastet werden, verbleibt es nach dieser Auffassung trotzdem bei der Steuerpflicht in Deutschland. Dagegen würde der gleiche Sachverhalt bei einer Entsendung zu einer ausländischen Betriebsstätte zum alleinigen Besteuerungsrecht des Auslands führen.

Mittlerweile hat der BFH die Vorschrift mehrfach auch bei ausländischen Tochterkapitalgesellschaften angewandt. Im Urteil vom 21. 8. 1985[90] zum DBA-Spanien entschied er, dass im Zusammenhang mit der Anwendung der 183-Tage-Regelung der Begriff des Arbeitgebers im wirtschaftlichen und nicht im rechtlichen Sinne[91] zu verstehen ist:[92]

„Die in Art. 15 Abs. 2 Buchstabe b DBA-Spanien verwandten Worte „wenn die Vergütungen von einem Arbeitgeber oder für einen Arbeitgeber gezahlt werden" lassen (…) darauf schließen, dass unter Arbeitgeber im Sinne des Abkommens derjenige Unternehmer verstanden werden soll, der die Vergütungen für die ihm geleistete unselbständige Arbeit wirtschaftlich trägt, sei es, dass er die Vergütungen unmittelbar dem betreffenden Arbeitnehmer auszahlt, sei es, dass ein anderes Unternehmen für ihn mit diesen Arbeitsvergütungen in Vorlage tritt (…)".

---

[87] Demgegenüber ist es aber nicht ausgeschlossen, dass die Tochterkapitalgesellschaft auch zur Vertreterbetriebsstätte der Muttergesellschaft werden kann, wenn sie Tätigkeiten für die Mutter ausübt, die sie nach den DBA-Regelungen zur Betriebsstätte qualifizieren. Vgl. Endres, D., IStR 1996, S. 1 ff.; BMF-Schreiben v. 14. 9. 2006, BStBl 2006 I, S. 532, Tz. 4.4.
[88] Vgl. u. a. Vogel, H., BB 1978, S. 1021 ff.
[89] Vgl. Vogel, K./Lehner, M., DBA-Kommentar, Art. 15, Anm. 68.
[90] Vgl. BFH v. 21. 8. 1985, BStBl 1986 II, S. 4.
[91] Dagegen ist bspw. für die Arbeitgeberhaftung der rechtliche Arbeitgeberbegriff einschlägig.
[92] Bestätigt durch Beschluss des BFH v. 29. 1. 1986, BStBl 1986 II, S. 442; BFH v. 27. 4. 2000, BFH/NV 2001, S. 6.

Damit ist der abkommensrechtliche Begriff des Arbeitgebers also nicht notwendigerweise identisch mit dem des Lohnsteuerrechts.[93] Dieser Auffassung ist zuzustimmen, da sie dem Sinn und Zweck der 183-Tage-Regelung gerecht wird, wonach der Tätigkeitsstaat auch bei nur vorübergehender Tätigkeit in seinem Gebiet den Lohn besteuern soll, wenn seine Steuersubstanz durch den Lohn gemindert wird. Auch die Finanzverwaltung hat sich der **wirtschaftlichen Auslegung des Arbeitgeberbegriffs** angeschlossen und erkennt die Freistellung von der deutschen Besteuerung an, „wenn der Arbeitnehmer dem ausländischen Unternehmen seine Arbeitsleistung schuldet, unter dessen Leitung tätig wird und dessen Weisung unterworfen ist und der Arbeitslohn nicht Preisbestandteil für eine Lieferung oder Werkleistung ist".[94] Allerdings können die auf die Weisungsgebundenheit abzielenden Abgrenzungskriterien bei der Entsendung von Mitarbeitern aus der Unternehmensleitung zu nicht immer eindeutigen Ergebnissen führen. In einem entsprechenden Fall ließ es auch der BFH offen, ob die Konzerneinheit, die (Teile der) Lohnaufwendungen tatsächlich wirtschaftlich trägt, deshalb gleichsam automatisch abkommensrechtlicher Arbeitgeber ist.

Beispiel: Das Vorstandsmitglied V einer inländischen AG wird an 124 Tagen eines Jahres u. a. als Vertreter der Konzerneinheit bei der spanischen Tochtergesellschaft tätig. Die AG zahlt die Bezüge in voller Höhe an V aus, die Tochtergesellschaft erstattet der Muttergesellschaft die auf die Tätigkeit in Spanien entfallenden Teile der Vergütung des V.

In seinem Beschluss v. 27. 4. 2000 stellt das Gericht fest,[95] dass die Rechtsprechung zum wirtschaftlichen Arbeitgeber nicht ohne Weiteres auf den vorliegenden Fall übertragen werden kann, da insoweit offen sei, ob V die Tätigkeit in Spanien in seiner Eigenschaft als Mitglied der Geschäftsleitung der spanischen Tochter ausgeübt oder aber als Vorstandsmitglied der AG die Tochter überwacht hat. Während im ersten Fall Deutschland kein Besteuerungsrecht für die in Spanien geleistete Arbeit habe, sei dies im zweiten Fall nicht eindeutig, da die Vergütungsbestandteile zwar ebenfalls von der spanischen Tochter getragen worden seien, aber die hierdurch vergütete Arbeit nicht für die Tochter-, sondern für die deutsche Muttergesellschaft geleistet worden sei. Bei der Lösung dieser Problematik ist u. E. ebenfalls auf den Grundsatz zurückzugreifen, dass derjenige Staat das vorrangige Besteuerungsrecht für den Arbeitslohn erhält, dessen Besteuerungssubstanz durch die Berücksichtigung des Arbeitsentgelts als Betriebsausgabe gemindert wurde. Diese Grundregel würde dazu beitragen, bei kurzfristigen Entsendungen zu ausländischen Tochterkapitalgesellschaften mit Weiterbelastung der Bezüge Doppel- und Minderbesteuerungen zu vermeiden, die bspw. auch dann auftreten können, wenn einer der Vertragsstaaten von einem rechtlichen und der andere von einem wirtschaftlichen Arbeitgeberbegriff ausgeht.[96]

---

[93] Zum Begriff des Arbeitgebers im Lohnsteuerrecht bei Entsendung im Konzern vgl. auch BFH v. 19. 2. 2004, BStBl 2004 II, S. 620.
[94] OFD Nürnberg v. 12. 9. 1989, DStR 1990, S. 39. Zum Arbeitgeberbegriff vgl. auch Runge, B., IStR 2002, S. 37 ff.; Achter, J., IStR 2003, S. 410 ff.; BMF-Schreiben v. 14. 9. 2006, BStBl 2006 I, S. 532, Tz. 4.3.3.1.
[95] Vgl. BFH v. 27. 4. 2000, BFH/NV 2001, S. 6.
[96] Vgl. OECD-Kommentar, Art. 15, Anm. 8; Bendlinger, S., IWB, Fach 10, International, Gruppe 2, S. 1794 ff.; zum Begriff des wirtschaftlichen Arbeitgebers siehe Reinhold, M., Personalentsendung, 2010, S. 91 ff.

(5) Verfahrensfragen

Die bisherigen Darstellungen zur Besteuerungszuordnung nach Art. 15 OECD-Modell lassen sich wie folgt zusammenfassen:

Abbildung 23: Prüfungsschema zur Besteuerung von Entsendungsfällen

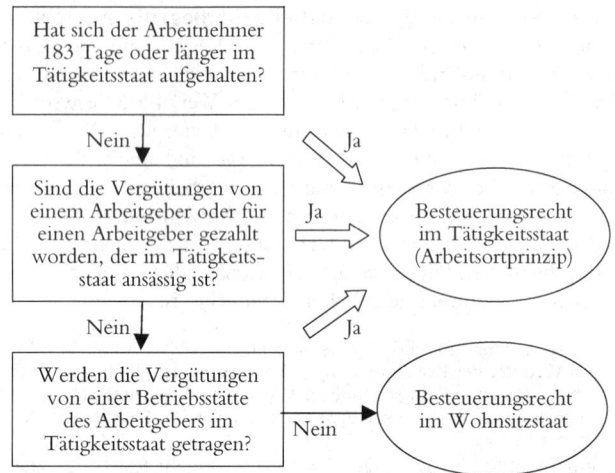

Spricht das DBA dem Inland das vorrangige Besteuerungsrecht zu, so erfolgt bei Vergütungszahlungen durch den inländischen Arbeitgeber ein Lohnsteuerabzug nach den allgemein geltenden Grundsätzen (§ 38 ff. EStG), ggf. wird eine Veranlagung nach § 25 EStG durchgeführt.

Mit dem Überschreiten der 183-Tage-Grenze hat der Tätigkeitsstaat rückwirkend für die Gesamteinsatzzeit das alleinige Besteuerungsrecht. In Deutschland darf der Arbeitslohn weder mit Lohnsteuer noch mit Einkommensteuer belastet werden.[97] Eine spezielle Freistellungsbescheinigung ist grundsätzlich nicht nötig (antragsunabhängig),[98] jedoch ratsam und auf Antrag zu erteilen.[99] Für die Freistellung nach den DBA mit Frankreich (Art. 25b), Italien (Art. 29), Norwegen (Art. 28), Schweden (Art. 44), der Schweiz (Art. 28) und den USA (Art. 29) wird allerdings eine Freistellungsbescheinigung verlangt (antragsabhängig). Wird sie nicht vorgelegt, erfolgt ein Lohnsteuerabzug (R 39 b.10 LStR). Der Freistellungsbescheid darf höchstens auf drei Jahre ausgestellt werden und soll mit Ablauf eines Kalenderjahres enden. Die ausländischen Vergütungen werden ggf. im Rahmen des Progressionsvorbehalts im Inland berücksichtigt (§ 32b Abs. 1 Nr. 3 EStG). Nach der BFH-Rechtsprechung soll ein ausländischer Arbeitnehmer-Verleiher jedoch keinen Anspruch auf Erteilung einer Freistellungsbescheinigung haben, da er nicht – wie vom Gesetz gefordert – inländischer Arbeit-

---

[97] Die besonderen Nachweispflichten des § 50 d Abs. 8 EStG kommen im Rahmen des Lohnsteuerabzugsverfahrens nicht zur Anwendung.
[98] Vgl. BFH v. 22. 10. 1986, BStBl 1987 II, S. 171; BFH v. 10. 5. 1989, BStBl 1989 II, S. 755.
[99] Vgl. Mosbach, P., Ubg 2008, S. 680.

geber sei.[100] Da die besonderen, nur für Leiharbeitsverhältnisse geltenden Regelungen gemeinschaftsrechtlich problematisch sind, hat der BFH ein Vorabentscheidungsverfahren vor dem EuGH veranlasst. Dieses ist jedoch mit Beschluss vom 3. 5. 2004 aufgehoben worden.[101]
Ist eine Freistellungsbescheinigung für Zwecke des Lohnsteuerabzugs nach § 39 b Abs. 6 EStG beim Betriebsstättenfinanzamt im Voraus beantragt und genehmigt worden, so wird das Finanzamt im Veranlagungsverfahren prüfen, ob die Voraussetzungen der Freistellung des Arbeitslohns nach DBA erfüllt sind. Wird der Freistellungsantrag erst später gestellt und genehmigt, darf die bereits einbehaltene und abgeführte Lohnsteuer der Vormonate vom Arbeitgeber mit Genehmigung seines Betriebsstättenfinanzamts dem Arbeitnehmer erstattet werden. Anderenfalls steht dem Arbeitnehmer ein Erstattungsanspruch bei seinem zuständigen Wohnsitzfinanzamt im Rahmen der Veranlagung (§ 46 Abs. 2 Nr. 1 EStG) zu.

c) Die Grenzgängerregelung als weitere Durchbrechung des Arbeitsortprinzips

In den von Deutschland abgeschlossenen DBA mit den Nachbarstaaten Frankreich (Art. 13 Abs. 5),[102] Österreich (Art. 15 Abs. 6)[102a] und der Schweiz (Art. 15 a)[103] ist die **Besteuerung der Grenzgänger** besonders geregelt. Prinzipiell sind Grenzgänger Personen, die in einem Staat in der Nähe der Grenze ihren Wohnsitz haben und im anderen Staat in der Nähe der Grenze ihren Arbeitsplatz aufsuchen.[104] Die Eigenschaft als Grenzgänger erfordert im Grundsatz eine tägliche Rückkehr zum Wohnort. Die maßgebende Grenzzone ist von der im jeweiligen DBA festgelegten Grenzgängerregelung abhängig. Während die Grenzzone mit Österreich bspw. ein Gebiet von bis zu 30 km beiderseits der Grenze umfasst,[105] ist in dem 2002 überarbeiteten DBA mit der Schweiz keine derartige Grenzzonenregelung mehr vorgesehen.[106] Für die steuerliche Behandlung als Grenzgänger wird weiterhin gefordert, dass der Arbeitnehmer sich regelmäßig morgens über die Grenze an seine Arbeitsstätte begibt und abends wieder zu seinem Wohnsitz zurück-

---
[100] Vgl. BFH v. 4. 9. 2002, BStBl II 2003, S. 306.
[101] Vgl. Rs. C-450/02 (Qualitair Engineering Services) sowie zur Streichung der Rs. Abl. 2004 Nr. C 228, S. 34. Vgl. auch die Diskussion der gemeinschaftsrechtlichen Aspekte bei Weerth, J. de, IStR 2003, S. 124 ff.
[102] Zu den Entwicklungen der Grenzgänger-Besteuerung zwischen Deutschland und Frankreich vgl. Sinz, A./Blanchard, S., IStR 2003, S. 258 ff.; BMF-Schreiben v. 3. 4. 2006, BStBl 2006 I, S. 304; Jahn, R., PIStB 2009, S. 67 ff.; Wilke, K.-M., IWB 2010, S. 173 ff.
[102a] Vgl. Mayer, M., Arbeitnehmerbesteuerung, 2010, S. 218 ff.
[103] Vgl. Miessl, G., IStR 2005, S. 477 ff.; Wellisch, D./Näth, M./Thiele, K., Vergütung, 2006, S. 27 ff.; Lusche, U., DStR 2010, S. 914 ff.; Mayer, M., Arbeitnehmerbesteuerung, 2010, S. 225 ff. Speziell zu den steuerlichen Konsequenzen im Hinblick auf die schweizerische Pensionskasse bei deutschen Grenzgängern vgl. Miessl, G., IStR 2007, S. 884 ff.
[104] Die Grenzgängerregelung greift auch bei Selbständigen und Gewerbetreibenden. Vgl. EuGH v. 30. 11. 1995 (Gebhard), EuGHE 1995, S. I-4165; Rädler, A.J., DB 1995, S. 793 f.; Lüdicke, J., IStR 1996, S. 111.
[105] Vgl. z. B. Förster, H., PIStB 2001, S. 169 f.; Mayer, M., Arbeitnehmerbesteuerung, 2010, S. 218 f.
[106] Vgl. Heuser, A., Entsendung, 2004, S. 79; Wellisch, D./Näth, M./Thiele, K., Vergütung, 2006, S. 27; Vetter, J./Schreiber, J., IWB 2010, S. 245.

kehrt.[107] Gelegentliche Übernachtungen am Arbeitsort und Unterbrechungen der Grenzüberschreitungen während des Urlaubs oder der Zeit einer Erkrankung sind grundsätzlich unbeachtlich. In den einzelnen Grenzgängerregelungen wurden vom Gesetzgeber verschiedene Zeiträume festgelegt, innerhalb derer eine Unterbrechung als unbeachtlich angesehen wird.[108]

Das **Besteuerungsrecht** für Einkünfte aus unselbständiger Arbeit der Grenzgänger hat nach den Abkommen mit Frankreich und Österreich ausschließlich (und nach dem DBA-Schweiz fast ausschließlich)[109] der **Wohnsitzstaat**. Damit wird der Tatsache Rechnung getragen, dass eine adäquate Berücksichtigung persönlicher Verhältnisse bei der Besteuerung nur im Wohnsitzstaat möglich ist. Diese Regelung greift auch dann, wenn die Voraussetzungen des Art. 15 Abs. 2 OECD-Modell nicht erfüllt sind und nach dieser Vorschrift eine Besteuerung im Ausland gerechtfertigt wäre. Im Ergebnis gewährleistet die Besteuerungsregelung für Grenzgänger in den vorgenannten DBA, dass der in dem anderen Vertragsstaat verdiente Arbeitslohn dort steuerfrei ausgezahlt und im Wohnsitzstaat unter Berücksichtigung der persönlichen Verhältnisse des Grenzgängers besteuert werden kann. Der Grenzgänger wird dadurch einem Arbeitnehmer, der in seinem Wohnsitzstaat beschäftigt ist, gleichgestellt,[110] was nicht immer nur vorteilhaft sein muss.

Die Besteuerungsregelung für Grenzgänger wird aus fiskalischen Gesichtspunkten regelmäßig nur dann praktiziert, wenn das Verhältnis der Personen, die jenseits der Grenze wohnen und diesseits der Grenze arbeiten (Einpendler), zu den Personen, die diesseits der Grenze wohnen und jenseits der Grenze arbeiten (Auspendler), in etwa ausgewogen ist.[111]

---

[107] Vgl. BFH v. 1. 3. 1963, BStBl 1963 III, S. 212; BFH v. 16. 3. 1994, BStBl 1994 II, S. 696.

[108] Vgl. Förster, H., PIStB 2001, S. 161 ff., für die Grenzgängerregelungen mit Frankreich und Österreich. Vgl. für das DBA-Frankreich das BMF-Schreiben v. 3. 4. 2006, BStBl 2006 I, S. 304, wonach nur ganze Tage der Abwesenheit für die Grenzgängereigenschaft schädlich sind. Zur 45-Tage-Regelung hinsichtlich des DBA-Frankreichs vgl. Jahn, R., PIStB 2009, S. 67 ff. Vgl. für das DBA-Österreich das BMF-Schreiben v. 30. 1. 1987, BStBl 1987 I, S. 191; sowie für das DBA-Schweiz das BMF-Schreiben v. 7. 7. 1997, BStBl 1997 I, S. 723 f.; Jahn, R., PIStB 2009, S. 100 f.; OFD Karlsruhe v. 17. 7. 2009, IStR 2009, S. 662 ff.; zur neueren Rechtsprechung vgl. z. B. Wilke, K.-M., IWB 2010, S. 173 ff.

[109] Im DBA-Schweiz sind einige Sonderregelungen einschlägig. Obwohl dort Grenzgänger ebenfalls im Wohnsitzstaat zu besteuern sind, hat der Tätigkeitsstaat das Recht auf Erhebung einer 4,5%igen Abzugsteuer auf die Bruttovergütungen, die auf die persönliche Einkommensteuer im Wohnsitzstaat angerechnet wird. In Verbindung mit dem Wegfall der 30 km-Grenze kommt es folglich lediglich auf die regelmäßige Rückkehr zum Wohnsitz an. Wer aus beruflichen Gründen an mehr als 60 Arbeitstagen nicht an seinen Wohnsitz zurückkehrt, ist nicht mehr als Grenzgänger zu beurteilen. Vgl. BFH v. 21. 8. 1996, BB 1997, S. 302; Geiger, O./Hartmann, R./Alscher, K., IStR 1994, S. 9 ff., 62 ff.; Kempermann, R., FR 1994, S. 564 ff.; FG Baden-Württemberg v. 5. 6. 2008, EFG 2008, S. 1890 f.; FG Baden-Württemberg v. 5. 6. 2008, EFG 2009, S. 88 ff.; FG Baden-Württemberg v. 5. 6. 2008, EFG 2009, S. 91 ff.; Miessl, G., IStR 2008, S. 625; Jahn, R., PIStB 2009, S. 100 f.; Mayer, M., Arbeitnehmerbesteuerung, 2010, S. 225 ff.; Vetter, J./Schreiber, J., IWB 2010, S. 245.

[110] Der BFH entschied in Abkehr von seiner bisherigen Rechtsprechung, dass die 183-Tage-Regelung auch bei arbeitstäglicher Rückkehr an den Wohnsitzstaat einschlägig ist. Vgl. BFH v. 10. 7. 1996, BStBl 1997 II, S. 15.

[111] Dadurch soll gewährleistet werden, dass dem Tätigkeitsstaat durch die spezielle Grenzgängerregelung einseitig kein unverhältnismäßig großer Verlust von Steuersubstrat entsteht. Sofern das Verhältnis zwischen Ein-und Auspendler in einem Missverhältnis

8. Kapitel. Steuerplanung in Entsendungsfällen   1351

Art. 15 OECD-Modell sieht dagegen keine expliziten Bestimmungen für die Besteuerung von Grenzgängern vor, „da die sich aus den örtlichen Verhältnissen ergebenden Probleme zweckmäßigerweise unmittelbar von den beteiligten Staaten geregelt werden"[112] sollen. Bei den restlichen von Deutschland abgeschlossenen DBA ist – mangels einer zusätzlichen Grenzgängerregelung – demnach die Besteuerung wie bei anderen Arbeitnehmern im Rahmen der Regelung des Art. 15 OECD-Modells vorzunehmen. Dies gilt auch für die Nachbarstaaten Dänemark, Luxemburg, Niederlande, Polen und Tschechische Republik.[113] Die in Art. 15 Abs. 3 DBA-Belgien enthaltene Grenzgängerregelung wurde mit Wirkung ab dem 1. 1. 2004 durch ein Zusatzabkommen zum DBA-Belgien aufgehoben.[114] Durch den Wegfall der Grenzgängerregelung findet die Besteuerung gem. Art. 15 Abs. 1 DBA-Belgien nunmehr grundsätzlich im Tätigkeitsstaat statt, der Ansässigkeitsstaat stellt die Einkünfte im Grundsatz von der Besteuerung unter Progressionsvorbehalt frei. Gleichwohl bleibt belgischen Gemeinden ein Anteil an der Einkommensteuer. Dieser wird auf die in Deutschland festgesetzte Einkommensteuer angerechnet, indem die in Deutschland erhobene Steuer pauschal um 8% gemindert wird.[115]

2. Aufgabe des inländischen Wohnsitzes

Mit der Verlegung des Wohnsitzes ins Ausland bei längerfristigen Versetzungen entfällt im Inland regelmäßig[116] die unbeschränkte Steuerpflicht.[117] Der für die beschränkte Steuerpflicht zu überprüfende **Verwertungstatbestand greift im DBA-Fall nicht,** da er in den einschlägigen DBA durch das Tätigkeitsprinzip überlagert wird.[118] Weiterhin kommen die Regelungen des Art. 15 OECD-Modell nicht zur Anwendung, da sie auf der Annahme der inländischen Ansässigkeit basieren.[119] Dem ausländischen Tätigkeitsstaat fällt somit vom ersten Tag an das uneingeschränkte Besteuerungsrecht für alle Vergütungen zu, die der im Ausland ansässige Mitarbeiter erhält.

Sowohl im Jahr des Weg- bzw. Zuzugs als auch bei nur unterjähriger unbeschränkter Steuerpflicht unterliegen nach § 32b Abs. 1 Nr. 2 EStG die gesamten Vergütungen aus der Auslandstätigkeit dem inländischen Progressionsvorbehalt. Fraglich ist dabei, ob zur Ermittlung des Einkommensteuertarifs

---
zueinander steht, wird wie bspw. im DBA-Schweiz dem Tätigkeitsstaat ein (begrenztes) Quellenbesteuerungsrecht eingeräumt.
[112] OECD-Kommentar, Art. 15, Anm. 10.
[113] Vgl. auch Oeftering, H./Görbing, H./Schmidt, E./Wagner, K., Lohnsteuerrecht, 1997, S. 42, Rz. 218.
[114] Vgl. zum Zusatzabkommen (BGBl 2003 II, S. 1615) OFD Koblenz v. 22. 12. 2003, IStR 2004, S. 175; sowie die Anmerkungen von Hensel, C., PIStB 2003, S. 118 f.
[115] Vgl. Vogel, K./Lehner, M., DBA-Kommentar, Art. 15, Anm. 155 a.
[116] Hierbei kommt es auf die tatsächlichen Umstände (z. B. gewöhnlicher Aufenthalt, Grundbesitz im Inland etc.) an.
[117] Ob die erweiterte beschränkte Steuerpflicht im Abkommensfall zulässig ist, richtet sich nach dem Vorliegen einer Öffnungsklausel im jeweiligen Abkommen, wie dies z. B. in Art. 4 Abs. 4 DBA-Schweiz der Fall ist. Vgl. Debatin, H./Wassermeyer, F., Doppelbesteuerung, Schweiz, Art. 4, Anm. 130 f.
[118] Vgl. R 39d Abs. 2 LStR.
[119] Vgl. hierzu auch Schubert, M./Pavlovits, T., IStR 2009, S. 415 ff.

in Fällen einer nur zeitweisen unbeschränkten Steuerpflicht tatsächlich auch die innerhalb des betreffenden VZ in Zeiten der „Nicht-Steuerpflicht" bezogenen ausländischen Einkünfte dem Progressionsvorbehalt unterworfen werden dürfen.

Beispiel: Ein US-Amerikaner arbeitet seit einigen Jahren bei der deutschen Tochtergesellschaft seines US-Arbeitgebers. Ab dem 1. 8. 2010 zieht er unter Aufgabe seines deutschen Wohnsitzes in die USA zurück und bezieht seinen Arbeitslohn wieder von seinem US-Arbeitgeber.

Nach § 32b Abs. 1 Nr. 2 EStG sind die in den USA bezogenen Einkünfte in die Berechnung des Steuersatzes für die in Deutschland steuerpflichtigen Einkünfte voll mit einzubeziehen,[120] obwohl die in den USA bezogenen Einkünfte weder der unbeschränkten noch der beschränkten deutschen Steuerpflicht unterliegen. Die Rechtmäßigkeit dieser Regelung unter den bestehenden DBA war zunächst sehr umstritten.[121] Nach Art. 23 OECD-Modell greift der inländische Progressionsvorbehalt ausschließlich, wenn die Bundesrepublik Ansässigkeitsstaat i. S. d. DBA ist. Dies ist in den obigen Fällen (zumindest) zeitweise nicht der Fall. Damit werden Einkünfte einem durch nationale Rechtsvorschrift begründeten Progressionsvorbehalt unterworfen, obwohl diese Einkünfte im Inland nicht steuerbar sind.[122] Mittlerweile hat der BFH die Rechtmäßigkeit des § 32b Abs. 1 Nr. 2 EStG jedoch in mehreren Urteilen bestätigt.[123] § 32b Abs. 1 Nr. 2 EStG sei verfassungsgemäß und verstoße nicht gegen das Gebot der „inneren Sachgesetzlichkeit". Darüber hinaus hat der BFH in seinem Urteil vom 19. 12. 2001 seine Rechtsprechung insofern geändert, als dass es für die Anwendung des § 32b Abs. 1 Nr. 2 EStG ausreicht, dass das einschlägige DBA die Berücksichtigung eines Progressionsvorbehalts jedenfalls nicht ausdrücklich verbietet. Damit steht die Regelung nicht im Widerspruch zu den dem OECD-Modell nachgebildeten DBA. Zugleich hat der BFH für die Fälle der doppelt ansässigen Steuerpflichtigen entgegen der bisherigen Rechtsprechung entschieden, dass der Progressionsvorbehalt gem. § 32b Abs. 1 Nr. 3 EStG auch für Steuerpflichtige mit doppeltem Wohnsitz, die jedoch für Zwecke der Anwendung des DBA nicht in Deutschland als ansässig gelten, anwendbar ist. Dies bedeutet, dass bei zeitweiser unbeschränkter Steuerpflicht in Deutschland jegliche nach DBA steuerfreien Einkünfte in den Progressionsvorbehalt eingehen, und zwar unabhängig davon, ob der Steuerpflichtige in Deutschland oder im anderen DBA-Staat ansässig ist oder als ansässig gilt.[124]

---

[120] Vgl. OFD Frankfurt/Main v. 28. 9. 2000, FR 2001, S. 50.
[121] Vgl. hierzu den Erlass des Finanzministeriums Mecklenburg-Vorpommern v. 25. 11. 1998, IStR 1999, S. 152, mit dem angesichts einer großen Zahl von Klageverfahren in derartigen Fällen das Ruhen von Einspruchsverfahren angeordnet wurde.
[122] Für eine Analyse der Rechtmäßigkeit des sog. erweiterten Progressionsvorbehalts vgl. z. B. Hellwig, P., DStZ 1996, S. 385; Mössner, J. M., IStR 1997, S. 225.
[123] Vgl. BFH v. 19. 12. 2001, BStBl 2003 II, S. 302; BFH v. 15. 5. 2002, BStBl 2002 II, S. 660; BFH v. 19. 11. 2003, BStBl 2004 II, S. 549. Vgl. auch die systematische Darstellung bei Vogel, K., IStR 2003, S. 419 f.
[124] Dies gilt, sofern sich die Steuerbefreiung nicht auch aus einer anderen Vorschrift ergibt und insoweit kein Progressionsvorbehalt greift. Vgl. auch Andresen, U., IStR 2002, S. 627 ff.

C. Inlandseinsatz von Steuerausländern (Inbound-Entsendung)
I. Entsendung aus Nicht-DBA-Staaten

1. Begründung der beschränkten Steuerpflicht

Das deutsche Steuerrecht unterscheidet grundlegend zwischen unbeschränkter und beschränkter Steuerpflicht. § 1 Abs. 1 EStG setzt für die unbeschränkte Steuerpflicht einen Wohnsitz *oder* den gewöhnlichen Aufenthalt im Inland voraus. Personen, die in Deutschland weder einen Wohnsitz noch den gewöhnlichen Aufenthalt begründen, sind beschränkt steuerpflichtig (§ 1 Abs. 4 i. V. m. §§ 49, 50, 50a EStG), sofern sie inländische Einkünfte i. S. d. § 49 EStG erzielen, es sei denn, sie sind erweitert unbeschränkt steuerpflichtig (§ 1 Abs. 2 EStG) oder haben zur unbeschränkten Steuerpflicht gem. § 1 Abs. 3 EStG optiert.

§ 49 EStG zählt abschließend die inländischen Einkünfte auf, die eine beschränkte Steuerpflicht begründen. Im Rahmen von Entsendungen stehen naturgemäß Einkünfte aus nichtselbständiger Arbeit im Vordergrund. Diese sind dann inländische Einkünfte, wenn die Arbeit im Inland ausgeübt[125] oder verwertet wird, an Bord eines von einem inländischen Unternehmen betriebenen Flugzeuges ausgeübt wird, wenn die Vergütung aus inländischen öffentlichen Kassen gewährt wird oder wenn es sich um Vergütungen für eine Tätigkeit als Geschäftsführer, Prokurist oder Vorstandsmitglied einer Gesellschaft mit Geschäftsleitung im Inland handelt (§ 49 Abs. 1 Nr. 4 Buchstaben a–e EStG). Sind diese Voraussetzungen erfüllt, unterliegt der Arbeitnehmer mit den betreffenden inländischen Einkünften in Deutschland der beschränkten Steuerpflicht. Sofern diese Einkünfte zusätzlich im ausländischen Wohnsitzstaat der Besteuerung unterworfen werden, kann es zu Doppelbesteuerungen kommen, deren Konsequenzen im Ausland zu mildern oder zu beseitigen wären.

Wird der im Ausland ansässige Arbeitnehmer im Inland tätig, ist er mit seinen Arbeitseinkünften aufgrund inländischer Ausübung beschränkt steuerpflichtig, unabhängig davon, ob er von einem inländischen oder einem ausländischen Arbeitgeber beschäftigt wird.[126] Der inländische Arbeitgeber wie auch der über eine inländische Betriebsstätte verfügende ausländische Arbeitgeber ist zum Einbehalt von Lohnsteuer verpflichtet (§ 38 Abs. 1 Nr. 1 EStG). Seit dem 1. 1. 2004 gilt gem. § 38 Abs. 1 Satz 2 EStG auch das in Deutschland ansässige aufnehmende Unternehmen, das den Arbeitslohn für die ihm geleistete Arbeit wirtschaftlich trägt, als inländischer Arbeitgeber i. S. d. § 38 Abs. 1 Nr. 1 EStG.[127] Der Lohnsteuerabzug hat Abgeltungswir-

---

[125] Regelmäßig ist der für das Merkmal „Ausübung" maßgebliche Tätigkeitsort der Ort des physischen Aufenthalts und der persönlichen Arbeitsausübung der Berufstätigkeit durch die betreffende Person. Vgl. hierzu auch Lademann, F./Söffing, G., Einkommensteuergesetz, § 49 EStG, Anm. 594.

[126] Zu den lohnsteuerlichen Einbehaltungspflichten für ausländische Arbeitgeber im Falle von gewerbsmäßigem Arbeitnehmerverleih in das Inland und den Haftungsfolgen für den inländischen Entleiher vgl. DWS, Steuerfolgen, 2001, S. 6. Siehe auch Jahn, R., PIStB 2001, S. 314 f.; Kramer, J.-D., IWB, Fach 10, International, Gruppe 2, S. 1348 ff.; Hidien, J. W./Holthaus, J., PIStB 2009, S. 108 ff.

[127] Dabei ist es unerheblich, ob das aufnehmende Unternehmen dem Arbeitnehmer den Arbeitslohn in eigenem Namen und für eigene Rechnung ausbezahlt. Grund für diese Gesetzesänderung war, dass in Deutschland ansässige aufnehmende Gesellschaften

kung (§ 50 Abs. 2 Satz 1 EStG). Existiert keine lohnsteuerliche Betriebsstätte des ausländischen Arbeitgebers in Deutschland, entfällt folglich auch die Pflicht zum Lohnsteuereinbehalt. In solchen Fällen wird die Finanzverwaltung nach § 37 EStG vierteljährliche Einkommensteuervorauszahlungen vom Entsandten verlangen, wobei die Verwaltung hier mit faktischen Einkünfteermittlungsproblemen konfrontiert sein dürfte.

Wird ein Mitarbeiter zu einer deutschen Tochtergesellschaft entsandt, so ist die Tochtergesellschaft nur dann zur Abführung der Lohnsteuer verpflichtet, wenn sie als lohnsteuerlicher Arbeitgeber anzusehen ist.[128] Der Begriff des Arbeitgebers wird im Gesetz nicht definiert. Im Allgemeinen wird er in Umkehr des Arbeitnehmerbegriffs des § 1 Abs. 2 LStDV dahingehend ausgelegt, dass Arbeitgeber derjenige ist, dem der Arbeitnehmer die Arbeitsleistung schuldet, unter dessen Leitung er tätig wird oder dessen Weisungen er zu befolgen hat.[129] In Zweifelsfällen sollte eine Lohnsteueranrufungsauskunft gem. § 42 e EStG bei der zuständigen Finanzbehörde eingeholt werden, um das Risiko einer Lohnsteuerhaftung nach § 42 d EStG zu vermeiden.

Bei Entsendungen zu einer inländischen Tochtergesellschaft kommt es häufig vor, dass die Muttergesellschaft dem Arbeitnehmer zusätzlich zum Gehalt weitere Vergütungen gewährt, indem sie bspw. die ausländischen Sozialversicherungsbeiträge übernimmt oder den Expatriate in ein Stock-Option-Programm einbindet. Grundsätzlich rechnen diese Vergütungen zu den inländischen Einkünften, weshalb sie ebenfalls der deutschen Lohnsteuer unterliegen. In nicht wenigen Fällen dürfte es jedoch so sein, dass der inländische Arbeitgeber keine vollständige Kenntnis über Art und Umfang der von der Muttergesellschaft geleisteten Zusatzvergütungen hat. Für das Beispiel eines von der ausländischen Konzernmutter eingeräumten Optionsrechts hat der BFH entschieden, dass der inländische Arbeitgeber dann, wenn er von der Gewährung der Option keine konkrete Kenntnis hatte, nach § 38 Abs. 1 Satz 2 EStG nicht zum Lohnsteuereinbehalt auf den Ausübungsgewinn verpflichtet ist.[130]

Bei ausschließlich beschränkter Steuerpflicht erfolgt eine Veranlagung lediglich subsidiär zum Lohnsteuerabzugsverfahren.[131] Unter bestimmten Voraussetzungen können Arbeitnehmer allerdings einen **Antrag auf (fiktive) unbeschränkte Steuerpflicht** stellen.[132] Sachliche Voraussetzung zur Inan-

---

i. d. R. abkommensrechtliche Arbeitgeber waren, ohne dass sie nach innerstaatlichem Recht als Arbeitgeber anzusehen waren. Diese Gesetzeslücke ist nunmehr geschlossen worden. Vgl. dazu näher Schmidt, O., IStR 2004, S. 372 ff.

[128] Vgl. Jahn, R., PIStB 2001, S. 316 f.; Lühn, T., IWB, Fach 3, Gruppe 3, S. 1569 ff.

[129] Vgl. BFH v. 21. 2. 1986, BStBl 1986 II, S. 768. Zu weiteren Details vgl. Hogh, M., Entsendung, 2000, S. 85 f.

[130] Vgl. BFH v. 24. 1. 2001, BStBl 2001 II, S. 512; zu dieser Problematik auch Lühn, T., IWB, Fach 3, Gruppe 3, S. 1569 ff.

[131] Vgl. § 50 Abs. 2 Satz 1 EStG. So besteht bspw. für Staatsangehörige der EU und des EWR die Möglichkeit, auf Antrag eine Veranlagung durchführen zu lassen. Vgl. hierzu § 50 Abs. 2 Satz 2 Nr. 4 Satz 7 EStG i. V. m. § 46 Abs. 2 Nr. 8 EStG; Hidien, J. W./Holthaus, J., IWB, Fach 3, Gruppe 1, S. 2403 ff. Zu Gestaltungsmöglichkeiten, wie auch bei Drittstaatenangehörigen eine Veranlagung erfolgen kann, siehe Hidien, J. W./Holthaus, J., PIStB 2009, S. 113.

[132] Zu Einzelheiten vgl. 3. Teil, 1. Kapitel, Abschnitt B I. Ebenso kann auch bei Bestehen eines DBA zur unbeschränkten Steuerpflicht gem. § 1 Abs. 3 EStG optiert werden.

spruchnahme der so ausgedehnten unbeschränkten Steuerpflicht ist, dass der beschränkt Steuerpflichtige Einkünfte i. S. d. § 49 EStG erzielt, die im Kalenderjahr zu mindestens 90% der deutschen Einkommensteuer unterliegen, oder dass die nach deutschem Steuerrecht ermittelten Auslandseinkünfte den Grundfreibetrag nach § 32 a Abs. 1 Satz 2 Nr. 1 EStG nicht übersteigen.[133]

2. Begründung der unbeschränkten deutschen Steuerpflicht

Hat der Expatriate seinen Wohnsitz nach Deutschland verlegt oder besteht der gewöhnliche Aufenthalt im Inland, wird er unbeschränkt steuerpflichtig und unterliegt infolgedessen mit seinem Welteinkommen der deutschen Steuerpflicht (§ 1 Abs. 1 EStG).

a) Die Bedeutung des Wohnsitzes nach nationalem Steuerrecht

Nach deutschem Steuerrecht hat eine Person ihren Wohnsitz dort, wo sie eine Wohnung unter Umständen innehat, die darauf schließen lassen, dass sie die Wohnung beibehalten und benutzen wird (§ 8 AO). Diese Umstände beinhalten einen Zeitbezug, der in § 9 AO („gewöhnlicher Aufenthalt") konkretisiert wird. Die Vorschrift enthält eine eigene steuerrechtliche Definition des Wohnsitzes.[134] Von dieser Definition abzugrenzen sind, obgleich diese in der Praxis sowohl bei Beratern als auch bei der Finanzverwaltung beliebte Instrumente zur „Darlegung" von Sachverhalten darstellen, bürgerlich-rechtliche Bestimmungen über Begründung, Beibehaltung und Aufgabe des Wohnsitzes sowie melderechtliche Vorschriften. Diese können nicht zur Auslegung von § 8 AO herangezogen werden.[135] Entgegen den Regelungen im bürgerlichen Recht (§§ 7 und 8 BGB) ist für den steuerlichen Wohnsitzbegriff die tatsächliche Ausgestaltung der Verhältnisse maßgebend. Diese ist anhand der **objektiven äußeren und wirtschaftlichen Merkmale** zu beurteilen; subjektive Momente sind unerheblich.[136] Der polizeilichen Meldung kommt nur eine Indizwirkung zu, ausschlaggebend ist diese im Zweifelsfall jedoch nicht.[137]

Die Prüfung, ob ein **Wohnsitz** i. S. d. EStG besteht, ist stets ohne Rückgriff auf Regelungen in einem DBA durchzuführen. Unabhängig davon, ob und wie viele Wohnsitze ein Steuerpflichtiger in anderen Staaten hat, ist er in Deutschland unbeschränkt einkommensteuerpflichtig, wenn er hier einen Wohnsitz i. S. d. § 8 AO begründet.[138] Der Begriff „Wohnung" des § 8 AO ist weit auszulegen. Je zweifelhafter es ist, ob eine „Wohnung" vorliegt, umso intensiver sind die sonstigen Umstände zu prüfen. Eine „Wohnung" kann nur dann vorliegen, wenn Räume vorhanden sind, die zum Wohnen geeignet sind. Grundsätzlich kann auch ein feststehender Campingwagen einen Wohn-

---

[133] Vgl. Lühn, T., IWB, Fach 3, Gruppe 3, S. 1524; Wellisch, D./Näth, M., IStR 2008, S. 549.
[134] Vgl. Schmidt, L., Einkommensteuergesetz, § 1 EStG, Tz. 20 ff.; Tipke, K./Kruse, H. W., Abgabenordnung, § 8 AO, Anm. 2.
[135] Vgl. Klein, F., Abgabenordnung, § 8 AO, Tz. 1.
[136] Vgl. BFH v. 23. 11. 1988, BStBl 1989 II, S. 182; BFH v. 27. 4. 1995, BFH/NV 1995, S. 967.
[137] Vgl. BFH v. 14. 11. 1969, BStBl 1970 II, S. 153; BFH v. 10. 11. 1978, BStBl 1979 II, S. 335; BFH v. 23. 10. 1985, BStBl 1986 II, S. 133.
[138] Vgl. BFH v. 4. 6. 1975, BStBl 1975 II, S. 708.

sitz darstellen, wenngleich im Allgemeinen davon ausgegangen werden kann, dass die betroffene Person in angemessenen Räumen untergebracht ist. Daher sollen hier nur einige ausgewählte Problemfälle angesprochen werden. Eine Wohnung, an deren Ausgestaltung der Steuerpflichtige nicht mitgewirkt hat (z. B. bereits möblierte Wohnung), kann dennoch eine Wohnung i. S. d. § 8 AO sein. Bei einem lediglich möblierten Zimmer ist dies häufig jedoch nicht der Fall.[139] Ein Wohnsitz gem. § 8 AO liegt nur dann vor, wenn der Wohnberechtigte die Wohnung „innehat", d. h. er muss über sie nach Belieben verfügen können.[140] Dabei steht die tatsächliche und weniger die rechtliche Verfügungsmöglichkeit im Vordergrund. Die Wohnung muss entweder ständig oder zumindest mit einer gewissen Regelmäßigkeit – wenn auch in größeren Zeitabständen – als Bleibe genutzt werden, um einen Wohnsitz darzustellen.[141] Auf die subjektive Absicht, in Deutschland keinen Wohnsitz begründen zu wollen, kommt es nicht an. Dementsprechend können nach Deutschland Entsandte, die sich beruflich zwar nur kurz, aber innerhalb mehrerer Jahre regelmäßig im Inland in ihrer eigenen oder gemieteten Wohnung aufhalten, trotzdem in Deutschland einen Wohnsitz begründen. Ein inländischer Wohnsitz führt auch dann zur unbeschränkten Steuerpflicht, wenn der Mittelpunkt der Lebensinteressen des Steuerpflichtigen nicht im Inland liegt.[142]

Der Wohnsitz im Inland besteht jedoch dann nicht mehr, wenn die Wohnung(en) aufgegeben wird (werden). Die Finanzverwaltung sieht in der **Aufgabe** einer Wohnung die Kündigung und Auflösung einer Mietwohnung sowie die unbefristete Vermietung entweder einer Wohnung im eigenen Haus oder einer Eigentumswohnung. Kann die Wohnung nicht sofort vermietet werden, so wird sie zur bloßen Vermögensverwaltung zurückgelassen. Der Wohnsitz endet dann mit dem Wegzug. Eine bloße Vermögensverwaltung liegt z. B. dann vor, wenn die Wohnung langfristig vermietet bzw. das Eigentum verkauft werden soll und dies auch in absehbarer Zeit tatsächlich verwirklicht wird. Die Folge ist, dass eine zwischenzeitliche Rückkehr zur Beaufsichtigung und Verwaltung der zurückgelassenen Wohnung dann nicht dazu führt, dass diese Wohnung (wieder) zum inländischen Wohnsitz wird.

Zieht ein Mitarbeiter zur vorübergehenden Tätigkeitsaufnahme nach Deutschland, so werden zum einen die Gesamtdauer der Tätigkeit sowie zum anderen persönliche Umstände bei der Auswahl einer Bleibe eine große Rolle spielen. Ein Mitarbeiter, der etwa nur wenige Monate in Deutschland bleiben möchte, wird wohl kaum nach Deutschland umziehen, sondern eher in einem Hotel oder in einer möblierten Wohnung wohnen. Aber auch wenn ein längerer Aufenthalt geplant ist, können lange Übergangszeiten (etwa bei der Wohnungssuche) bestehen, in denen der Mitarbeiter ähnlich untergebracht ist. Problematisch kann die Beurteilung eines gemieteten Hotelzimmers ausfallen. Dieses stellt i. d. R. nur bei langfristiger Nutzung eine Wohnung i. S. d. AO dar.[143] Das Problem zentralisiert sich hier in der Frage, ob

---

[139] Vgl. RFH v. 24. 6. 1936, RStBl 1936, S. 797; RFH v. 28. 3. 1940, RStBl 1940, S. 422; FG Saarland v. 26. 6. 1997, EFG 1997, S. 1151 ff.
[140] Vgl. BFH v. 24. 4. 1964, BStBl 1964 III, S. 462.
[141] Vgl. BFH v. 6. 3. 1968, BStBl 1968 II, S. 439.
[142] Vgl. BFH v. 24. 1. 2001, BFH/NV 2001, S. 1402.
[143] Vgl. Schwarz, B., Abgabenordnung, § 8 AO, Tz. 7 und 10.

eine solche Wohnung dazu bestimmt sein kann, „beibehalten und genutzt" zu werden. Dieses in § 8 AO selbst nicht weiter konkretisierte Zeitmoment lässt sich jedoch nach der Rechtsprechung mit Hilfe der sog. „Sechs-Monats-Frist" des § 9 AO bestimmen.[144]

b) Die Bedeutung des gewöhnlichen Aufenthalts nach nationalem Steuerrecht

Nach § 9 Satz 1 AO hat jemand seinen gewöhnlichen Aufenthalt dort, „wo er sich unter Umständen aufhält, die erkennen lassen, dass er an diesem Ort oder in diesem Gebiet nicht nur vorübergehend verweilt". Trotz fehlendem Wohnsitz kann ein gewöhnlicher Aufenthalt im Inland die unbeschränkte Einkommensteuerpflicht auslösen. Obgleich es mehrere Wohnsitze geben kann, besitzt ein Steuerpflichtiger nur einen gewöhnlichen Aufenthalt. Lässt sich zweifelsfrei bestimmen, dass der gewöhnliche Aufenthalt i. S. d. § 9 AO im Inland ist, kann er nicht zusätzlich im Ausland bestehen. Kurzfristige Aufenthalte im Ausland eines nach Deutschland Entsandten führen bei sonstigem Schwerpunktaufenthalt im Inland nicht zur Aufgabe des gewöhnlichen Aufenthalts im Inland.

Die Sätze 2 und 3 des § 9 AO konkretisieren die Aussage des Satzes 1. Nach Satz 2 stellt ein gewöhnlicher Aufenthalt einen **Aufenthalt von mehr als sechs Monaten** in Deutschland dar. Bei der Berechnung der „Sechs-Monats-Frist" bleiben kurzfristige Unterbrechungen wie Urlaube, Familienheimfahrten, längerer Heimaturlaub, Kur, Erholung, Geschäftsreisen etc. aufgrund des Wortlautes des Satzes 2 des § 9 AO unberücksichtigt, d. h. die Frist läuft weiter und die Unterbrechungszeit wird mitgerechnet. Die Rechtsprechung hat diesen Sechs-Monats-Zeitraum weiter konkretisiert: Ein Ausländer hat in der Bundesrepublik keinen gewöhnlichen Aufenthalt i. S. d. § 9 AO, wenn er sich weniger als sechs Monate in der Bundesrepublik aufhält und seine Aufenthaltsabsicht von vornherein auf diese Dauer beschränkt ist.[145] Dabei ist hervorzuheben, dass es sich bei der Beurteilung, ob im Einzelfall ein gewöhnlicher Aufenthalt vorliegt oder nicht, um eine Tatsachenwürdigung handelt, für die der Sechs-Monats-Zeitraum nur ein Anhaltspunkt ist. Sämtliche Begleitumstände sind bei der Entscheidungsfindung zu berücksichtigen. Schon der RFH stellte fest, dass die Sechs-Monats-Frist lediglich ausdrückt, ab welcher Zeitdauer ein Aufenthalt nicht mehr nur vorübergehend ist.[146] Im Umkehrschluss bedeutete dies, dass kein Wohnsitz i. S. d. § 8 AO vorliegen kann, wenn diese Zeitdauer des Aufenthalts nicht überschritten wird. Die Unterschreitung der Sechs-Monats-Frist führt allerdings nicht zwangsläufig zu einer Widerlegung des gewöhnlichen Aufenthalts nach § 9 AO. Im Einzelfall kann auch ein tatsächlicher Aufenthalt von weniger als sechs Monaten als nicht nur vorübergehend angesehen werden, sofern sich die ursprüngliche Absicht auf einen längeren Aufenthalt bezogen hat.[147] Der gewöhnliche Aufenthalt kann umgekehrt als aufgegeben betrachtet werden, wenn der Steuer-

---

[144] Vgl. BFH v. 30. 8. 1989, BFH/NV 1990, S. 211.
[145] Vgl. BFH v. 30. 8. 1989, BFH/NV 1990, S. 211; hierzu auch Löffler, C./Stadler, R., IStR 2008, S. 832.
[146] Vgl. RFH v. 19. 10. 1940, RStBl 1940, S. 925.
[147] Vgl. BFH v. 3. 8. 1977, BStBl 1978 II, S. 118.

pflichtige mehr als sechs Monate zusammenhängend (wieder) im Ausland lebt.

c) Besteuerungskonsequenzen bei Ansässigkeit im Inland

Die unbeschränkte deutsche Steuerpflicht erstreckt sich auf alle steuerbaren Einkünfte i. S. d. § 2 Abs. 1 EStG, wobei es nach dem in Deutschland angewandten Welteinkommensprinzip nicht darauf ankommt, ob diese Einkünfte im Inland oder im Ausland erzielt werden. Unabhängig davon, ob bei Entsendungen der Arbeitgeber im Inland oder im Ausland ansässig ist, treten im hier diskutierten Fall (Arbeitsort und Wohnsitz bzw. gewöhnlicher Aufenthalt des Entsandten in Deutschland) grundsätzlich nur dann Doppelbesteuerungsprobleme auf, wenn der Entsandte bspw. aufgrund seiner Nationalität, wegen eines ausländischen (Doppel-)Wohnsitzes oder aber aufgrund der Verwertung seiner im Inland geleisteten Arbeit im Ausland einer Besteuerung unterliegt. In diesen Fällen bleibt in Deutschland nur die Möglichkeit, die festgesetzte und gezahlte und keinem Ermäßigungsanspruch mehr unterliegende **ausländische Steuer** bei der Ermittlung der Einkünfte nach § 34c Abs. 3 EStG **abzuziehen.** Eine Anrechnung der ausländischen Steuern nach § 34c Abs. 1 EStG sowie die Anwendung der **Freistellungsmethode** nach Maßgabe des Auslandstätigkeitserlasses (§ 34c Abs. 5 EStG)[148] kommen nicht in Frage. Grund hierfür ist, dass beide Methoden zur Vermeidung der Doppelbesteuerung ausländische Einkünfte i. S. d. § 34d Nr. 5 EStG voraussetzen, die im Inland ausgeübte nichtselbständige Tätigkeit jedoch – auch bei Verwertung im Ausland – stets zu inländischen Einkünften führt.[149]

In beiden Fällen wird die Einkommensteuer grundsätzlich durch Lohnsteuerabzug erhoben, im Fall des ausländischen Arbeitgebers jedoch nur dann, wenn dieser im Inland eine Betriebsstätte oder einen ständigen Vertreter aufweist (§ 38 Abs. 1 Nr. 1 EStG).

II. Entsendung aus DBA-Staaten

Nach Art. 1 OECD-Modell gelten die Vorschriften eines DBA vorbehaltlich der **Ansässigkeit** des betroffenen Steuerpflichtigen in einem der beiden Vertragsstaaten. Da die abkommensrechtlichen Verteilungsnormen davon ausgehen, dass eine Person i. S. d. DBA in nur einem Staat als ansässig gelten kann, entscheidet die Definition der Ansässigkeit über das Recht des einen Staates, seine volle Besteuerung auszuüben, und die Pflicht des anderen Staates, seine Besteuerung entsprechend zurückzunehmen. Die Beurteilung der Ansässigkeit einer Person folgt auf abkommensrechtlicher Ebene durchaus anderen Kriterien als die unbeschränkte Steuerpflicht nach nationalem Recht. Es ist daher durchaus möglich, dass ein nach § 1 Abs. 1 EStG in Deutschland unbeschränkt Steuerpflichtiger nach einem DBA als nicht in Deutschland ansässig gilt. In Entsendungsfällen ist es deshalb wichtig zu prüfen, welcher Staat Wohnsitzstaat (Ansässigkeitsstaat) bzw. Tätigkeitsstaat (Arbeitsortstaat) ist.

Eine Definition des Ausdrucks „eine in einem Vertragsstaat ansässige Person" findet sich in Art. 4 Abs. 1 OECD-Modell. Danach ist dies eine Person, die

---

[148] Vgl. hierzu Abschnitt B I 1 a).
[149] Vgl. Kramer, J.-D., IWB, Fach 10, International, Gruppe 2, S. 1344.

8. Kapitel. Steuerplanung in Entsendungsfällen

nach dem Recht dieses Staates dort auf Grund ihres Wohnsitzes, ihres ständigen Aufenthalts oder eines anderen ähnlichen Merkmals steuerpflichtig ist. Diese Definition zielt allein auf **persönliche Merkmale,** nicht auf rein wirtschaftliche Anknüpfungspunkte ab. Behält ein entsandter Arbeitnehmer persönliche Anknüpfungspunkte im Herkunftsland und verwirklicht er solche zusätzlich im Zielland, läge nach Art. 4 Abs. 1 OECD-Modell eine doppelte Ansässigkeit vor. Für diese Fälle sieht Art. 4 Abs. 2 OECD-Modell eine sog. **tie breaker rule** vor, die in festgelegter und abgestufter Prüfungsreihenfolge anhand einer Reihe von Tests den für Zwecke der Anwendung des DBA maßgeblichen Ansässigkeitsstaat bestimmt.[150] Nach dieser Regel ist Ansässigkeitsstaat i. S. d. DBA derjenige Staat, in dem die Person über eine ständige Wohnstätte verfügt; ist dies in beiden Staaten der Fall, so gilt sie als in dem Staat ansässig, zu dem sie die engeren persönlichen und wirtschaftlichen Beziehungen hat (Mittelpunkt der Lebensinteressen). Ist auch der Mittelpunkt der Lebensinteressen nicht eindeutig bestimmbar oder verfügt die Person in keinem der beiden Staaten über eine ständige Wohnstätte, so gilt sie als nur in dem Staat ansässig, in dem sie ihren gewöhnlichen Aufenthalt hat. Ist auch dieses Kriterium nicht eindeutig, so wird auf das Kriterium der Staatsangehörigkeit zurückgegriffen. In verbleibenden Zweifelsfällen bzw. in DBA-Konstellationen ohne tie breaker rule (wie z. B. im DBA mit Japan)[151] kann die vorrangige Ansässigkeit nur in einem besonderen Verständigungsverfahren festgelegt werden.[152]

Nimmt der Expatriate eine Tätigkeit in Deutschland auf, ohne hier ansässig zu werden, wird Deutschland als Arbeitsortstaat ein Quellenbesteuerungsrecht beanspruchen. Im Falle eines inländischen Arbeitgebers hat Deutschland auch im DBA-Fall das vorrangige Besteuerungsrecht, ohne dass es auf die Tätigkeitsdauer oder die Belastung einer inländischen Betriebsstätte ankommt. Nach Art. 15 Abs. 2 OECD-Modell wird Deutschland das Besteuerungsrecht dann zugesprochen, wenn der Arbeitgeber in Deutschland ansässig ist. Der ausländische Staat muss demnach einen etwaigen Doppelbesteuerungstatbestand vermeiden. Etwas anderes kann bei einem ausländischen Arbeitgeber gelten. In diesem Fall hat Deutschland nur dann ein vorrangiges Besteuerungsrecht, wenn der Arbeitnehmer sich entweder länger als 183 Tage in Deutschland aufhält oder aber das Arbeitsentgelt einer deutschen Betriebsstätte weiterbelastet wird.[153]

Gilt der entsandte Mitarbeiter für Zwecke der DBA in Deutschland als ansässig und übt er eine nichtselbständige Tätigkeit im Inland aus, hat das Ausland in Bezug auf diese Einkünfte unabhängig davon, ob der Arbeitgeber im Inland oder im Ausland ansässig ist, regelmäßig kein Besteuerungsrecht.[154]

---

[150] Die überwiegende Anzahl von Deutschland abgeschlossenen DBA beinhalten eine dem Art. 4 Abs. 2 OECD-Modell nachgebildete Vorschrift. Vgl. Vogel, K./Lehner, M., DBA-Kommentar, Art. 4, Anm. 220.
[151] Vgl. zur Gefahr der Doppelbesteuerung sowie zu möglichen Lösungsalternativen im Verhältnis zu Japan insbesondere Schreiber, J./Lühn, T., IWB, Fach 6, Japan, Gruppe 2, S. 119 ff.
[152] Zur zunehmenden Bedeutung der Verständigungsverfahren vgl. kritisch Görl, M., Personalentsendung, 2003, S. 54 f.
[153] Vgl. hierzu Abschnitt B II 1 a).
[154] Etwas anderes kann dann gelten, wenn der Arbeitgeber eine Staatsbehörde oder eine andere ausländische Gebietskörperschaft ist oder die Arbeitsentgelte aus einer öffentlichen Kasse des Auslands gezahlt werden (Art. 19 OECD-Modell).

D. Vorteilhafte Gestaltung der Entsendevereinbarungen

I. Die Gewährung steuerfreier oder niedrig besteuerter Gehaltselemente als Zielsetzung

Die einkommensteuerliche Behandlung der Personalentsendung lässt durch Modifikationen bei Dauer und Ausgestaltung des Auslandseinsatzes durchaus Gestaltungsspielräume für eine steuereffiziente Entsendungspolitik zu. Voraussetzung ist natürlich immer, dass die steuerlichen Gestaltungsempfehlungen – z. B. im Hinblick auf die optimale Aufenthaltsdauer im Ausland – auch mit den **betriebswirtschaftlichen Erfordernissen von Entsende- und Gastunternehmen** in Einklang zu bringen sind. Der Erfolg der Entsendepolitik hängt zum großen Teil davon ab, dass aufbauend auf den wirtschaftlichen Notwendigkeiten ein wettbewerbsfähiges Vergütungspaket geschnürt wird, das auch in Zeiten einer zurückhaltenden Einstellung gegenüber Auslandsaufenthalten noch ausreichende Anreize ausstrahlt. Dass die Arbeitgeber angesichts ihres eigenen Kostendrucks insoweit in einer schwierigen Situation sind, ist offenkundig. Vorteilhafte Steuervarianten, die dem Mitarbeiter einen höheren Nettozufluss ohne Mehrbelastung des Arbeitgebers versprechen, sind deshalb von besonderem Interesse. Da Steuerkosten bei Entsendungen regelmäßig einen direkten Einfluss auf das Vergütungspaket haben, bedeuten diesbezügliche Ersparnisse gleichzeitig ein Kostensenkungspotenzial des Arbeitgebers.

Die übergreifende steuerliche **Zielsetzung bei der Entsendungsplanung** ist relativ einfach: Dem Mitarbeiter sollen Gehaltselemente zufließen, die möglichst niedrig oder überhaupt nicht besteuert sind. Dies kann angestrebt werden

– durch Nutzung des internationalen Steuergefälles bzw. durch Progressionsvorteile, die aus der Aufteilung des Gehalts auf mehrere Staaten oder auf spätere Veranlagungsperioden resultieren;
– durch Gewährung steuerbegünstigter oder gar steuerfreier Zusatzleistungen zum Grundgehalt.

Nachfolgend wird ein Überblick über die einzelnen Möglichkeiten zur Beeinflussung der doch häufig empfindlichen Steuerkosten in Entsendungsfällen gegeben.[155] In der Mehrzahl international operierender Konzerne haben steuerlich motivierte Vergütungselemente Aufnahme in schriftlich niedergelegte **Entsenderichtlinien** gefunden. In solchen international assignment manuals finden sich meist auch Regelungen darüber, in welcher Form das unterschiedliche Steuerniveau von Heimat- und Gastland in den Entsen-

---

[155] Zu steuerlichen Gestaltungsüberlegungen sowie zur Besteuerung von Expatriates bei Entsendungen in einzelne Länder vgl. auch Mutscher, A./Power, T., IStR 2002, S. 411 ff. (Irland); Ackstaller, A./Prechtl, R., PIStB 2005, S. 262 ff. (China); Kesen, N., IWB, Fach 5, Türkei, Gruppe 2, S. 141 ff. (Türkei); Page, D./Senft, R., PIStB 2005, S. 69 ff. (Japan); Sparfeld, S./Bobkova, M., PIStB 2005, S. 60 ff. (Tschechische Republik); Diekert, M./Lechowicz, A., PIStB 2008, S. 95 ff. (Tschechische Republik); Mayer, M./Nowotnick, U., RIW 2008, S. 851 ff. (Schweiz); Klotzek, C./Lechowicz, A., PIStB 2009, S. 221 ff. (Polen); Vetter, J./Schreiber, J., IWB, Fach 5, Belgien, Gruppe 2, S. 13 ff. (Belgien). Zur Besteuerung verschiedener Sachverhaltsgestaltungen im Verhältnis zur Schweiz vgl. Kessler, W./Ludwig, H., PIStB 2008, S. 328 ff.

8. Kapitel. Steuerplanung in Entsendungsfällen

dungsvereinbarungen Berücksichtigung findet. Verschiedene Modelle solcher Steuerausgleichsprogramme werden am Ende dieses Abschnitts dargestellt.

II. Varianten zur Minimierung der Steuerkosten

1. Fringe benefits: Personalvergütung in Form von Zusatzleistungen

Es ist dem Arbeitgeber grundsätzlich unbenommen, dem Arbeitnehmer über seine regelmäßige Barvergütung hinaus **Zusatzleistungen oder Sachbezüge** zu gewähren. Fast jede Steuerrechtsordnung sieht für bestimmte dieser sog. fringe benefits Vergünstigungen vor, wobei Rechtslage und Verwaltungspraxis von Land zu Land und auch im Zeitablauf variieren. Typische Sachbezüge sind z. B. die PKW-Bereitstellung,[156] die Erstattung der Schulkosten (educational allowance), Clubaufnahmegebühren und dessen Beiträge (Golfclub etc.), look and see trips, Mietzuschüsse, zinslose Arbeitgeberdarlehen, Umzugs- und Reisekostenpauschalen, Heimfahrtkosten (home leave), Sprachkurse, Kulturtraining, Zahlung eines Härteausgleichs (hard-ship allowance), Zuschüsse zu den Lebenshaltungskosten/Kaufkraftausgleich (cost of living allowance – COLA), Auslagenersatz beruflich veranlasster Kosten (Telefon, Fax etc.), Zuschüsse für die Steuerberatungskosten im Ausland – dem Einfallsreichtum sind hier kaum Grenzen gesetzt.[157]

International gibt es keine einheitliche Definition dieser freiwilligen Zusatzleistungen.[158] In Deutschland sind fringe benefits steuerbar und regelmäßig auch steuerpflichtig, wenn sie den Arbeitnehmer bereichern oder ihm Aufwendungen ersparen; sie sind steuerfrei, wenn die einen Vorteil bewirkenden Aufwendungen ganz überwiegend im eigenbetrieblichen Interesse des Arbeitgebers getätigt werden.[159] Dazwischen liegen Zusatzleistungen, bei denen der Steuergesetzgeber nur eine Pauschalbesteuerung verlangt oder Teilbeträge steuerfrei stellt.

Für den Arbeitgeber ist die **Aufspaltung des Vergütungspakets** in Arbeitslohn und Zusatzleistungen meist belanglos, da die entsprechenden Kosten zumeist unabhängig von der Aufteilung zu Betriebsausgaben führen. Die Kunst der Entsendungsplanung besteht nun darin, solche fringe benefits zu identifizieren, die beim jeweiligen Auslandseinsatz vom Mitarbeiter steuerbegünstigt bezogen werden können. In manchen Ländern kann der Arbeitgeber bspw. durch die unentgeltliche Bereitstellung einer Wohnung (anstelle von Mietzuschüssen) steuerliche Vorteile für seinen Arbeitnehmer erreichen.

Beispiel: Wird bei einer Entsendung nach Österreich die dem Expatriate zur Verfügung gestellte Wohnung direkt vom Arbeitgeber angemietet, unterliegen dort nur 75% der gezahlten Miete als geldwerter Vorteil der Besteuerung.

In anderen Staaten führt die Direkterstattung entsendungsbedingter Umzugskosten beim Arbeitnehmer zu keiner Steuerpflicht, wie dies auch bei der

---

[156] Zur unterschiedlichen Besteuerung der PKW-Überlassung in einigen Beispielländern vgl. Reinhold, M., Personalentsendung, 2010, S. 103 ff.
[157] Vgl. z. B. PwC, International Assignments, 1999/2000, S. 63 ff.; Kubaile, H., INF 2001, S. 17.
[158] Vgl. Endres, D., Musterfälle, 2008, S. 183 ff.
[159] Vgl. BFH v. 10. 6. 1983, BStBl 1983 II, S. 642; BFH v. 22. 3. 1985, BStBl 1985 II, S. 529; Sprenger, A., INF 2005, S. 787.

umgekehrten Konstellation – der Entsendung von Expatriates nach Deutschland – der Fall ist.[160] Auch Heimfahrtkosten (Arbeitgeber zahlt z. B. Flugticket) sind teilweise von einer Besteuerung ausgenommen. Steuerfreier Arbeitgeberersatz ist weiterhin denkbar in Form eines Kaufkraftausgleichs. Ziel eines solchen Kaufkraftausgleichs ist es, den im Einsatzland abweichenden Kosten eines einheitlichen Warenkorbs Rechnung zu tragen und dem Mitarbeiter denselben Lebensstandard wie im Heimatland zu garantieren. In Deutschland[161] wie auch in verschiedenen ausländischen Steuerrechtsordnungen ist ein derartiger Lebenshaltungskostenausgleich in bestimmten Grenzen beim Arbeitnehmer steuerfrei. Einige Länder, wie bspw. die Niederlande oder Schweden, sind dazu übergegangen, einen pauschalen Anteil des Bruttogehalts als „entsendungsbedingte Zusatzkosten" von der Besteuerung freizustellen.[162] So kann bspw. in den Niederlanden dem Arbeitnehmer eine steuerfreie Vergütung bis zu 30% seines Gehalts gewährt werden.[163] Nur der übersteigende Betrag unterliegt der niederländischen Einkommensteuer. In Belgien,[164] Frankreich und der Schweiz[165] sind alle Aufwandsentschädigungen steuerbefreit. Dagegen sind in Russland sowie in der Slowakischen und der Tschechischen Republik sämtliche Aufwandsentschädigungen steuerpflichtig.

Die Aufgabe des Steuerplaners besteht im Entsendungsfall also auch darin, das Steuerrecht des Gastlandes daraufhin zu untersuchen, inwieweit Vergütungen, die nicht Geldzahlungen sind, günstige Steuereffekte auslösen. Auf ein **Risiko für den Arbeitgeber** sei abschließend noch hingewiesen: Je vielfältiger die Vergütungen des Expatriate sind und je größer die Zahl der Auszahlungsstellen, desto größer ist auch die Gefahr der Unüberschaubarkeit und mangelnder Gesamtkostenkontrolle durch den Arbeitgeber.

2. Payroll-split-Modelle: Getrennte Arbeitsverträge im In- und Ausland

Grundgedanke eines Payroll-split-Modells ist die **Aufteilung des Gesamtgehalts** eines Arbeitnehmers **auf mehrere in- und ausländische Arbeitsverhältnisse,** um u. a. neben der Erzielung von Progressionsvorteilen auch Grundfreibeträge mehrfach auszunutzen. Durch den Abschluss separater Ar-

---

[160] Vgl. § 3 Nr. 13, 16 EStG; R 9.9 Abs. 3 LStR; BFH v. 4. 12. 1992, BStBl 1993 II, S. 722; Vetter, J./Schreiber, J., IWB, Fach 3, Gruppe 3, S. 219 ff.

[161] Vgl. § 3 Nr. 64 EStG; R 3.64 LStR.

[162] Vgl. BMF, IStR 2004, S. 92 ff.; PwC/ZEW, International Assignments, 2005, S. 33 f.

[163] Die Begünstigung ist an mehrere Voraussetzungen geknüpft: 1.) der Expatriate wurde aus dem niederländischen Ausland rekrutiert, arbeitet aber für einen niederländischen Arbeitgeber, 2.) es muss ein niederländischer Steuerabzug vom Lohn vorgenommen werden und 3.) er ist Experte auf einem Gebiet, in dem in den Niederlanden gegenwärtig ein Arbeitnehmermangel besteht oder der Expatriate wird innerhalb eines Konzerns entsandt. Die 30%ige Vergünstigung ist allerdings zeitlich begrenzt (grundsätzlich auf zehn Jahre, wobei nach fünf Jahren eine Überprüfung der Voraussetzungen durch die niederländischen Steuerbehörden erforderlich ist). Vgl. KPMG, Individual Tax, 2008, S. 465 f.

[164] In Belgien sind wiederkehrende Aufwandsentschädigungen wie bspw. für Mietzahlungen begrenzt abzugsfähig. Einmalige Ausgaben sowie Schulgeld sind sogar in vollem Umfang abzugsfähig. Vgl. Lühn, T., PIStB 2008, S. 292 ff.

[165] In der Schweiz besteht für Expatriates eine eigene Verordnung, die den zusätzlichen Abzug von besonderen Berufskosten regelt. Vgl. Mayer, M./Nowotnick, U., RIW 2008, S. 852.

8. Kapitel. Steuerplanung in Entsendungsfällen

beitsverträge mit verschiedenen in- und ausländischen Konzerngesellschaften kann der individuelle Steueraufwand des Arbeitnehmers dauerhaft gemindert werden.[166] Voraussetzung für das Funktionieren einer derartigen konzerninternen Gehaltsaufteilung ist allerdings, dass der im Inland ansässige Arbeitnehmer außer für seine deutsche Gesellschaft auch für einen Arbeitgeber im Ausland tätig wird und dieser Teile seines Arbeitslohns übernimmt. Entsprechend der Art und dem Umfang der Tätigkeit im Ausland werden bei Vorliegen dieser Voraussetzungen die Gesamtbezüge des Mitarbeiters auf mehrere Länder verteilt.[167]

Ausgangspunkt des Payroll-split-Gedankens ist die Aufteilung des Besteuerungsrechts für Einkünfte aus unselbständiger Tätigkeit nach Art. 15 OECD-Modell.[168] Unterschreitet ein Arbeitnehmer die 183-Tages-Frist, so verbleibt Deutschland als Wohnsitzstaat grundsätzlich das Besteuerungsrecht für sein gesamtes Jahresgehalt. Schließt der Arbeitnehmer nun einen separaten Arbeitsvertrag mit einer ausländischen Konzerngesellschaft ab, in der diese sich zur Zahlung eines Gehalts für seine Auslandstätigkeit verpflichtet, so geht insoweit das Besteuerungsrecht für den Arbeitslohn auf den Tätigkeitsstaat über. Im Ergebnis wird das Besteuerungsrecht in Bezug auf das Gesamtgehalt des Mitarbeiters auf zwei Staaten aufgesplittet, wodurch sich regelmäßig neben der ggf. zweifachen **Nutzung von Grundfreibeträgen** und nationalen **steuerlichen Vergünstigungen** insbesondere auch **Progressionsvorteile** ergeben.[169]

Beispiel: Ein deutscher Arbeitnehmer (ledig, keine Kinder) übte im Jahr 2007 ca. 40% seiner Tätigkeit in der Schweiz (Kanton Zug, Wohngemeinde Zug) aus. Neben dem Arbeitslohn erzielte er keine weiteren Einkünfte. Ohne payroll-split ergibt sich in Deutschland eine Gesamtsteuerbelastung i. H. v. 33,8%. Mit payroll-split unterliegt der Arbeitnehmer mit einem Einkommen von 40 000 € in der Schweiz einer Belastung i. H. v. 6,2%. Unter Berücksichtigung der deutschen Einkommensteuer beträgt die Steuerbelastung auf die Gesamtvergütung i. H v. 100 000 € 22,8%. Ein separater Arbeitsvertrag mit dem Arbeitgeber in der Schweiz kann also zu einer wesentlichen Steuerentlastung führen. Hätte der Steuerpflichtige seine Dienstleistungen gar in mehreren Ländern ausgeübt, so hätte die Steuerminderung infolge mehrerer Arbeitsverträge und höherer Progressionsvorteile noch beachtlicher ausfallen können.

Durch den payroll-split werden auf die ausländischen Vergütungen die ausländischen Tarife angewandt. Die **Grenzsteuersätze** sind häufig geringer als die bei entsprechend höherem Gehalt und höherer Progression in der Bundesrepublik ansonsten anfallenden Steuersätze. Darüber hinaus offerieren einzelne Entsendungsländer Expatriates oftmals besondere Steuervergünstigungen.[170]

Eine Freistellung des vom ausländischen Arbeitgeber bezahlten (oder einer ausländischen Konzerneinheit belasteten) Arbeitslohns von der deutschen Besteuerung ist grundsätzlich auch schon bei Auslandsaufenthalten von nur

---

[166] Vgl. Erhart, G./Ehrsam, J., StB 2007, S. 60 ff.
[167] Vgl. Grube, F., DStR 1997, S. 1958 f.; Endres, D., Musterfälle, 2008, S. 193 ff.
[168] Das Payroll-split-Modell wird in der Praxis vorrangig im DBA-Fall eingesetzt.
[169] Der Gesamtvorteil errechnet sich durch Abzug der Auslandssteuer von der inländischen Steuerersparnis.
[170] Neben den von beschriebenen Pauschalbefreiungen für Aufwandsentschädigungen unterliegen Expatriates bspw. in Spanien und Finnland einem niedrigen proportionalen Steuersatz i. H. v. 24% bzw. 35%. Vgl. hierzu BMF, IStR 2004, S. 92 ff.; Halla-Villa Jiménez, N.J., IStR 2004, Länderbericht 3, S. 3 f.; Haarmann, W./Rosenow A. K., IStR 2009, S. 537.

wenigen Tagen möglich. Um einem **Missbrauch durch Gehaltsaufsplittungsmodelle** vorzubeugen, werden von der deutschen Finanzverwaltung diesbezüglich hohe Anforderungen gestellt:[171]
- schriftlicher Arbeitsvertrag mit dem ausländischen Arbeitgeber,[172]
- tatsächliche Ausübung der Tätigkeit im Ausland,
- Dokumentation über die für den ausländischen Arbeitgeber im Ausland verrichteten Arbeitstage (z. B. mittels Bescheinigungen durch die ausländische Unternehmung, Reisekostenabrechnungen, Passtempel),
- Verhältnismäßigkeit der ausländischen Vergütung mit der dort ausgeübten Tätigkeit und
- keine Rückbelastung der Vergütung zum deutschen Arbeitgeber.

Diese Anforderungen sollen gewährleisten, dass Payroll-split-Modelle nur dann Steuervorteile ermöglichen, wenn die jeweiligen Vertragsinhalte die tatsächlichen Gegebenheiten abbilden und entsprechende Dokumentationen vorhanden sind. Eine missbräuchliche Nutzung von Gehaltsaufsplittungsmodellen kann neben Einkommen- und Lohnsteuerrisiken auch zu Beanstandungen der Konzern-Verrechnungspreise führen.[173] Darüber hinaus ist wie bei allen Entsendungsfällen zu prüfen, ob durch Art und Umfang der Auslandstätigkeit nicht die Gefahr der Bildung einer Betriebsstätte[174] oder **Risiken** für eine Hinzurechnungsbesteuerung durch schädliche Mitwirkung i. S. d. § 8 AStG hervorgerufen werden. Im Rahmen des Übergangs auf ein Payroll-split-System sind zusätzlich mögliche Rückwirkungen auf die Abrechnungsform in der Vergangenheit zu berücksichtigen, insbesondere auch im Hinblick auf die Akzeptanz der Verrechnungspreise.[175]

3. Mitarbeiterbeteiligungsmodelle (insbesondere Stock-Options) im Entsendungsfall

Viele in- und ausländische Publikumsgesellschaften verfügen über Mitarbeiterbeteiligungsprogramme in Form von Aktien mit Verfügungsbeschränkung (restricted stock), Aktienversprechen (restricted stock units) oder Aktienoptionen (Stock-Options).[176] Mit der Fokussierung auf den **Shareholder-value-Gedanken** sind derartige Modelle als eine Möglichkeit zur Motivation — nicht nur von Führungskräften — verstärkt in den Blickpunkt gerückt.[177] Dabei stehen die Stock-Options als ein Instrument zur gesellschaftsrechtlichen Beteiligung der Arbeitnehmer am Unternehmen des Arbeitgebers im Fokus.[178] Hierbei erhält ein Mitarbeiter das Recht, nicht jedoch

---

[171] Vgl. hierzu auch BMF-Schreiben v. 14. 9. 2006, BStBl 2006 I, S. 532, Tz. 5.2.; sowie Erhart, G./Ehrsam, J., StB 2007, S. 61.
[172] Nach a. A. ist ein separater Arbeitsvertrag nicht als zwingende Voraussetzung für die Anwendung eines payroll-splits anzusehen. Vgl. Erhart, G./Ehrsam, J., StB 2007, S. 61.
[173] Vgl. hierzu die Ausführungen im Abschnitt E I 1 und E I 2.
[174] Vgl. Paul, C./Hilbert, L., PIStB 2008, S. 136 f.
[175] Vgl. Endres, D., Musterfälle, 2008, S. 183 ff.
[176] Vgl. Portner, R., DStR 2010, S. 580.
[177] Vgl. grundsätzlich zu verschiedenen Möglichkeiten der Mitarbeiterbeteiligung in Deutschland John, A./Stachel, M., BB 2009, Special 1, S. 17 ff.; Kaehlert, G., BBK 2009, S. 233 ff.; sowie in Frankreich Körner, M., BB 2009, Special 1, S. 8 ff.
[178] In deutschen Unternehmen sind z. B. mehr als 500 Optionsprogramme aufgelegt worden. Vgl. Winter, S., ZfbF 2004, S. 618. Zu sog. virtuellen Eigenkapitalinstrumenten (bspw. stock appreciation rights) vgl. Herzig, N., DB 1999, S. 1 ff.; Schmidbauer, R., DStR 2000, S. 1487 ff.

8. Kapitel. Steuerplanung in Entsendungsfällen

die Pflicht, innerhalb eines bestimmten Zeitraums (amerikanische Option) oder zu einem bestimmten Zeitpunkt (europäische Option) eine bestimmte Anzahl von Anteilen an seinem arbeitgebenden Unternehmen oder einer Konzernobergesellschaft zu einem im Voraus festgelegten Preis zu erwerben. Typischerweise werden Stock-Options unentgeltlich eingeräumt und unterliegen persönlichen und/oder zeitlichen sowie auch sachlichen Verfügungsbeschränkungen. Steuerliche Fragestellungen ergeben sich insbesondere in Bezug auf die Einkunftsart und den Besteuerungszeitpunkt der durch die Stock-Options gewährten Vorteile. Nachfolgend werden zunächst die diesbezüglichen Regelungen in Deutschland beschrieben.

Die mit einem Stock-Option-Plan verbundenen Vermögensvorteile werden den **Einkünften aus nichtselbständiger Arbeit** zugeordnet.[179] Da die von Aktienoptionsprogrammen Begünstigten regelmäßig in einem Dienstverhältnis zur optionsgewährenden Gesellschaft stehen und sie deshalb aus steuerlicher Sicht Arbeitnehmer sind, ist der Vorteil aus der Einräumung von Stock-Options in aller Regel durch das individuelle Dienstverhältnis veranlasst.[180] Alle im Rahmen eines Dienstverhältnisses gewährten regelmäßigen und einmaligen Vorteile gelten als Einkünfte aus nichtselbständiger Arbeit i. S. d. § 19 Abs. 1 EStG (Arbeitslohn), sofern sie in Geld oder Geldeswert bestehen und dem Steuerpflichtigen zugeflossen sind (§ 8 Abs. 1 EStG). Dies gilt nach ständiger BFH-Rechtsprechung unabhängig davon, ob die Vorteile unmittelbar vom Arbeitgeber oder von einem Dritten zugewendet wurden, wenn der Arbeitnehmer die Vorteile vernünftigerweise als Frucht seiner Leistung für den Arbeitgeber ansehen muss und der Veranlassungszusammenhang nicht durch unmittelbare rechtliche und wirtschaftliche Beziehungen des Arbeitnehmers zu dem Dritten auszuschließen ist.[181] Im Umkehrschluss folgt daraus, dass dann kein Arbeitslohn vorliegt, wenn die Zuwendung verbilligter Aktien wegen anderer Rechtsverhältnisse oder aufgrund sonstiger, nicht auf dem Dienstverhältnis beruhenden Beziehungen zwischen Arbeitnehmer und Arbeitgeber gewährt wird.[182] In diesem Fall liegen Einkünfte aus Kapitalvermögen i. S. d. § 20 EStG vor und unterliegen regelmäßig der Abgeltungsteuer i. H. v. 25% (§ 32 d EStG).

Als **Besteuerungszeitpunkte** kommen grundsätzlich der Zeitpunkt der Einräumung (upfront bzw. grant), der Zeitpunkt der erstmaligen Verfügbarkeit bzw. der Unverfallbarkeit (vesting), der Zeitpunkt der Ausübung der Option (exercise) sowie der Zeitpunkt des Verkaufs der bei Ausübung erworbenen Aktie in Betracht.[183] Nach Auffassung von Rechtsprechung und Fi-

---

[179] Vgl. Herzig, N., DB 1999, S. 2 m. w. N.; Jacobs, O. H., Stock Option Plans, 1999, S. 116 ff.; Scholz, M., Stock Options, 2001, S. 106 ff.; kritisch dazu Portner, R., Stock Options, 2003, S. 63 f., 69 f.
[180] Diese Sichtweise wird von den meisten ausländischen Staaten geteilt. Vgl. Mössner, H.-J., CDFI 2000, S. 50.
[181] Vgl. u. a. BFH v. 5. 7. 1996, BStBl 1996 II, S. 545; BFH v. 20. 11. 2008, BStBl 2009 II, S. 382 m. w. N.
[182] Vgl. zur ständigen BFH-Rechtsprechung u. a. BFH v. 17. 1. 2005, BFH/NV 2005, S. 884; BFH v. 20. 11. 2008, BStBl 2009 II, S. 382 m. w. N. Für Indizien hinsichtlich einer Veranlassung durch das Dienstverhältnis, wie bspw. eine Verfallklausel, vgl. BFH v. 23. 6. 2005, BStBl 2005 II, S. 770.
[183] Die verschiedenen Besteuerungszeitpunkte haben enorme materielle Bedeutung für die Steuerpflichtigen. Vgl. hierzu die Beispielrechnungen von Jacobs, O. H., Stock Option Plans, 1999, S. 107 ff.; PwC, Aktienoptionen, 2007, S. 32 f.

nanzverwaltung sind die Vorteile aus einem Stock-Option-Plan erst bei **Ausübung der Optionsrechte** der Lohnsteuer zu unterwerfen.[184] Ein möglicher Gewinn bei der Veräußerung der mit der Option erworbenen Aktien ist nach den Vorschriften über die Besteuerung von Einkünften aus Kapitalvermögen zu behandeln (§ 20 Abs. 2 EStG) und unterliegen der Abgeltungsteuer.[185] In der Literatur wurde insbesondere auch der Zeitpunkt des Wegfalls der Verfügungsbeschränkungen als Besteuerungszeitpunkt diskutiert, da zu diesem Zeitpunkt die Verfügungsmacht auf den Arbeitnehmer übergeht.[186] Der Zeitpunkt der erstmaligen Ausübbarkeit i. S. d. erstmaligen Verfügbarkeit wurde allerdings höchstrichterlich verworfen. Wird einem Arbeitnehmer im Rahmen seines Arbeitsverhältnisses ein Optionsrecht auf den späteren Erwerb von Aktien zu einem bestimmten Übernahmepreis gewährt, so wird damit zunächst nur eine Chance eingeräumt. Ein geldwerter Vorteil fließt danach dem Berechtigten erst bei Ausübung der Option in Form des verbilligten Erwerbs der Aktien zu, da der Arbeitgeber dem Arbeitnehmer erst in diesem Zeitpunkt das wirtschaftliche Eigentum verschafft.[187] Entgegen der bisherigen Auffassung der Finanzverwaltung[188] kommt es nicht darauf an, ob eine vom Arbeitgeber als Stillhalter gewährte Aktienoption ein handelbares oder nichthandelbares bzw. selbständig bewertbares Wirtschaftsgut darstellt.[189]

Tabelle 57: Besteuerungszeitpunkte bei Stock-Options im internationalen Vergleich

	Gewährung	erstmalige Verfügbarkeit	Ausübung	Verkauf der Anteile
Belgien	X			
China			X	
Deutschland			X	
Finnland			X	X (29%)
Frankreich				X (18%)
Großbritannien				X (10–40%)a
Irland				X (20%)
Italien			X	
Luxemburg			X	

---

[184] Vgl. u. a. BFH v. 24. 1. 2001, BStBl 2001 II, S. 509; BFH v. 24. 1. 2001, BStBl 2001 II, S. 512; BFH v. 20. 11. 2008, BStBl 2009 II, S. 382. Siehe auch Dietborn, C./ Strnad, O., BB 2003, S. 1094 f.; Jacobs, O. H./Portner, R., FR 2003, S. 757 ff. Vgl. insbesondere im Hinblick auf internationale Sachverhalte Neyer, W., IWB, Fach 10, International, Gruppe 2, S. 1755 ff.
[185] Vgl. § 20 Abs. 2 EStG.
[186] Vgl. Eberhartinger, E./Engelsing, L., WPg 2001, S. 104; Herzig, N./Lochmann, U., DB 2001, S. 1437 m. w. N.; Portner, R., Stock Options, 2003, S. 80 ff.
[187] Vgl. BFH v. 23. 7. 1999, BStBl 1999 II, S. 684; BFH v. 20. 6. 2001, BStBl 2001 II, S. 689; BFH v. 30. 9. 2008, BStBl 2009 II, S. 282; BFH v. 20. 11. 2008, BStBl 2009 II, S. 382.
[188] Vgl. Finanzministerium Nordrhein-Westfalen v. 27. 3. 2003, FR 2003, S. 481; BMF-Schreiben v. 14. 9. 2006, BStBl 2006 I, S. 532, Tz. 6.6. ff.
[189] Vgl. BFH v. 20. 11. 2008, BStBl 2009 II, S. 382. Vgl. auch Busch, M., DStR 2009, S. 898.

	Gewährung	erstmalige Verfügbarkeit	Ausübung	Verkauf der Anteile
Niederlande			X	
Österreich			X[a]	
Polen			X	
Russland			X	X (13% bei unbeschränkter Steuerpflicht)
Schweden			X	
Schweiz	X[190]			
Slowakische Republik		X		
Slowenien			X (sofern innerhalb von drei Jahren, sonst keine Besteuerung)	
Tschechische Republik			X	
Ungarn				X (20%)
USA				X (20%)

[a] Modifizierte Bemessungsgrundlage

Mit der Besteuerung zum Ausübungszeitpunkt folgt Deutschland internationalen Gepflogenheiten, da nur eine Minderheit der Staaten Optionen einer Upfront-Besteuerung unterwirft (Tabelle 57).[191] Selbst diese Staaten tendieren mittlerweile zur Besteuerung zum Ausübungszeitpunkt.[192] So wurden bspw. in der Schweiz die Voraussetzungen dafür verschärft, dass bewertbare Aktienoptionen zum Gewährungszeitpunkt besteuert werden.[193]

In den USA ist die Besteuerung von der Art der gewährten Optionsrechte abhängig und erfolgt in aller Regel nicht im Einräumungszeitpunkt. Die sog. incentive stock options (ISO) führen zu Kapitaleinkünften (capital gains) und genießen damit steuerliche Vorteile gegenüber den sog. non-qualified stock options, die grundsätzlich zu Arbeitseinkünften führen. Bei einer ISO liegt weder im Zeitpunkt der Gewährung noch bei Ausübung der Option zu versteuerndes Einkommen vor. Erst wenn die erworbenen Aktien veräußert

---

[190] In der Schweiz erfolgt eine Unterteilung in bewertbare und nicht-bewertbare Stock-Options. Als bewertbare Stock-Options gelten entweder frei übertragbare bzw. frei handelbare Optionen oder aber gesperrte Optionen mit einer Laufzeit von nicht mehr als zehn Jahren und einer Sperrfrist von nicht mehr als fünf Jahren. Sie unterliegen der Besteuerung im Zeitpunkt der Einräumung bei unwiderruflichem Erwerb durch den Arbeitnehmer. Nicht bewertbare Stock-Options werden demgegenüber als bloße Anwartschaften angesehen, weshalb hinsichtlich des Besteuerungszeitpunkts auf den Ausübungszeitpunkt abzustellen ist. Vgl. ESTV, Kreisschreiben Nr. 5, 1997, S. 1 ff.
[191] Vgl. PwC/ZEW, International Assignments, 2005, S. 31.
[192] Vgl. Hasbargen, U./Schmitt, B./Kiesel, H., IStR 2006, S. 258.
[193] Vgl. ESTV, Rundschreiben Besteuerung von Mitarbeiteroptionen mit Vesting-Klauseln v. 6. 5. 2003, AZ DB-17.1 Stl.; von Ah, J., IWB, Fach 5, Schweiz, Gruppe 2, S. 658; Gehriger, P.-O./Harbeke, N.O./Vitali, M., IStR 2008, Länderbericht 11, S. 34 f.

werden, ist der Veräußerungsgewinn als capital gain mit einem ermäßigten Tarif steuerpflichtig. Bei non-qualified stock options wird in aller Regel erst im Zeitpunkt der Ausübung der Optionen die Differenz zwischen Aktienkurs und gezahltem Optionspreis besteuert. Ein Veräußerungsgewinn bei Verkauf **der Aktien** wird ebenfalls besteuert.[194]

Ungeachtet dieses überwiegenden Gleichklangs ergeben sich beim **länderübergreifenden Einsatz von Stock-Options** im Rahmen der internationalen Mitarbeiterentsendung je nach Sachverhalt zahlreiche steuerliche Fragestellungen, die sorgfältig zu prüfen sind. Der nach Deutschland entsandte Expatriate kann mit seinen Stock-Options in Deutschland unbeschränkt steuerpflichtig werden, wenn ihm die Optionen während der Tätigkeit und Ansässigkeit in seinem Heimatland gewährt wurden und er anschließend (vorübergehend) nach Deutschland zieht **(importierte Optionen)**. Im umgekehrten Fall, wenn also die Optionen während der Tätigkeit und Ansässigkeit des Arbeitnehmers in Deutschland gewährt wurden, der Arbeitnehmer anschließend jedoch seinen inländischen Wohnsitz (vorübergehend) aufgibt und ins Ausland verzieht **(exportierte Optionen),** kann er im Inland beschränkt steuerpflichtig sein. Probleme der Zuordnung des Besteuerungsrechts ergeben sich auch dann, wenn der Arbeitnehmer in einem anderen als seinem Wohnsitzstaat Einkünfte aus unselbständiger Arbeit erzielt und im Rahmen dieses Arbeitsverhältnisses in einen Stock-Option-Plan eingebunden wird. Die möglichen steuerlichen Belastungen eines grenzüberschreitenden Einsatzes von Stock-Option-Plänen reichen von Doppel-, Mehrfach- oder Minderbesteuerungen bis hin zu „weißen Einkünften". Die konkreten Besteuerungsfolgen des Einzelfalls hängen u. a. ab von dem (Nicht-)Bestehen eines DBA, von der Einkünftequalifikation und dem Besteuerungszeitpunkt der aus einem Stock-Option-Plan erzielten geldwerten Vorteile im entsendenden und aufnehmenden Staat sowie von der Frage der Zuordnung des Optionsprogramms zu ausländischer bzw. inländischer nichtselbständiger Tätigkeit.

Der BFH[195] hat bei Vorliegen eines DBA und unter weiteren Voraussetzungen zumindest die Grundlage für eine aus deutscher Sicht international koordinierte Zuweisung des Besteuerungsrechts für die Fälle geschaffen, in denen Arbeitnehmer bei Gewährung, Ausübung oder auch in der Zeit dazwischen in verschiedenen Ländern tätig sind.[196] Da im DBA-Fall das vorrangige Besteuerungsrecht grundsätzlich dem Tätigkeitsstaat zugewiesen wird (Art. 15 Abs. 1 OECD-Modell), soll das deutsche Besteuerungsrecht nur zeitanteilig bestehen. Soweit die vom begünstigten Arbeitnehmer in dem Zeitraum zwischen Gewährung und Ausübung des Optionsrechts bezogenen Einkünfte aus nichtselbständiger Arbeit wegen der Auslandstätigkeit nach DBA steuerfrei sind, soll deshalb auch der bei Ausübung des Optionsrechts zugeflossene geldwerte Vorteil auf den Zeitraum zwischen der Gewährung des Optionsrechts und dem Zeitpunkt der Ausübung aufgeteilt und zeitanteilig von der inländischen Besteuerung freigestellt werden.

---

[194] Vgl. KPMG, Individual Tax, 2008, S. 676.
[195] Vgl. BFH v. 24. 1. 2001, BStBl 2001 II, S. 509; BFH v. 24. 1. 2001, BStBl 2001 II, S. 512.
[196] Vgl. Herzig, N./Lochmann, U., DB 2001, S. 1437.

8. Kapitel. Steuerplanung in Entsendungsfällen

Die Finanzverwaltung hat die Aufteilung des geldwerten Vorteils bei Stock-Options zwischenzeitlich dahingehend präzisiert, dass bei der Aufteilung (und somit auch bei der zeitanteiligen Freistellung) auf den Zeitpunkt der erstmalig möglichen – und nicht der tatsächlichen – Ausübung abzustellen ist.[197] Demgegenüber stellt der OECD-Steuerausschuss auf den Zeitpunkt der Unverfallbarkeit (vesting) ab.[198] Soweit es zwischen diesen beiden Zeitpunkten zu Abweichungen kommt, besteht die Gefahr einer möglichen Doppelbesteuerung.

Beispiel: Ein ausländischer Computerexperte arbeitet während eines fünfjährigen Optionsprogramms, das ihm von seinem ausländischen Arbeitgeber gewährt wurde, für zwei Jahre im Ausland, bevor er unter Aufgabe seines ausländischen Wohnsitzes nach Deutschland zieht und die restlichen drei Jahre Arbeitslohn von der deutschen Tochtergesellschaft der ausländischen Konzernmutter bezieht (importierte Option). Nach Wegfall der Verfügungsbeschränkungen übt der Computerexperte am Ende des fünften Jahres sämtliche gewährten Aktienoptionen aus.

Besteht zwischen den beiden betroffenen Staaten ein DBA, besteuern beide Staaten Stock-Option-Pläne im (hier: übereinstimmenden) Ausübungszeitpunkt als Einkünfte aus nichtselbständiger Arbeit und interpretieren beide Staaten den aus einem Stock-Option-Plan resultierenden vermögenswerten Vorteil als Entgelt für in diesem Zeitraum geleistet Dienste, so dürfte im Regelfall eine konfliktfreie Besteuerung des Stock-Option-Plans erreicht werden. Deutschland besteuert den Ausübungsgewinn insoweit, als er zeitlich mit in Deutschland erbrachten Diensten korrespondiert (also zu $3/5$), der Heimatstaat stellt diesen Teil des Gewinns steuerfrei, besteuert also nur den Rest ($2/5$), oder besteuert ggf. den ganzen Ausübungsgewinn und rechnet die in Deutschland gezahlte Steuer an. Unter den genannten Voraussetzungen kann die harmonische Trennung der beiden Besteuerungssphären unabhängig davon gelingen, ob – wie im Beispiel – die Optionen importiert oder exportiert werden.[199]

Vergleichsweise unproblematisch sind auch Fälle, in denen beide Staaten upfront besteuern. Vor Im- bzw. Export der Option hat der ursprüngliche Wohnsitzstaat sein Besteuerungsrecht wahrgenommen, der spätere Wohnsitzstaat hat dementsprechend keinen steuerlichen Anknüpfungspunkt mehr. Weichen Wohnsitz- und Tätigkeitsstaat voneinander ab, besteuern beide Staaten im Zusagezeitpunkt den Optionswert als Arbeitseinkommen, eine Doppelbesteuerung kann jedoch durch Anwendung der Anrechnungsmethode bzw. der Freistellungsmethode vermieden werden. Erhebliche **steuerliche Verzerrungen** können indessen eintreten, wenn eine oder mehrere der oben

---

[197] Vgl. BMF-Schreiben v. 14. 9. 2006, BStBl 2006 I, S. 532, Tz. 6.6.2.; Schmidt, O., PIStB 2006, S. 303 ff.; Hasbargen, U./Schmitt, B./Wiesemann, M., IStR 2007, S. 381 ff.; Niermann, W., IWB, Fach 3, Deutschland, Gruppe 2, S. 1358; Schubert, M./Hofmann, K.-W., BB 2007, S. 26; Mosbach, P., Ubg 2008, S. 683.
[198] Vgl. OECD-Kommentar, Art. 15, Anm. 12; Hasbargen, U./Schmitt, B./Wiesemann, M., IStR 2007, S. 381 f.
[199] In Deutschland können bei mehrjährigem Vergütungszeitraum die Voraussetzungen für eine Tarifermäßigung (§ 34 EStG) vorliegen. Vgl. BFH v. 18. 12. 2007, BStBl 2008 II, S. 294. Seit 2008 wird die Tarifermäßigung neben unbeschränkt Steuerpflichtigen auch beschränkt steuerpflichtigen Arbeitnehmern gewährt. Vgl. hierzu Schmidt, L., Einkommensteuergesetz, § 34 EStG, Rz. 3.

genannten Voraussetzungen für eine konfliktfreie grenzüberschreitende Besteuerung nicht erfüllt sind,[200] was am Beispiel abweichender Besteuerungszeitpunkte deutlich wird.

Beispiel: Ein Schweizer Computerexperte arbeitet während eines fünfjährigen Optionsprogramms (bewertbare Stock-Options), das ihm von seinem Schweizer Arbeitgeber unentgeltlich gewährt wurde, zwei Jahre lang in der Schweiz, bevor er unter Aufgabe seines Schweizer Wohnsitzes nach Deutschland zieht und die restlichen drei Jahre Arbeitslohn von der deutschen Tochtergesellschaft seines Schweizer Arbeitgebers bezieht (importierte Option). Der rechnerische Optionswert im Einräumungszeitpunkt betrug 10, der Basispreis im Zeitpunkt der Ausübung, zu dem gleichzeitig auch die Verfügungsbeschränkungen wegfallen, beträgt 110 und der Wert der Aktie im Ausübungszeitpunkt 310.

In der Schweiz wird der Optionswert (10) im Einräumungszeitpunkt der Besteuerung (upfront) unterworfen, da es sich um bewertbare Stock-Options handelt.[201] Damit wird die Option aus schweizerischer Sicht in die Privatsphäre des Computerexperten übertragen. Ein späterer Ausübungsgewinn (200) ist aus Sicht der Schweiz ein Veräußerungsgewinn, der nach Abkommensrecht nur in Deutschland besteuert werden darf. Aus deutscher Sicht ist der Ausübungsgewinn den Einkünften aus nichtselbständiger Arbeit, und damit teils der in der Schweiz, teils der in Deutschland geleisteten nichtselbständigen Arbeit zuzuordnen. Deutschland unterwirft demnach den Ausübungsgewinn nur zu $^3/_5$ (120) der deutschen Besteuerung, $^2/_5$ des Gewinns (80) werden unter den Voraussetzungen des § 50 d Abs. 8 EStG freigestellt. Der Teil des Ausübungsgewinns, der auf den Aufenthalt in der Schweiz entfällt (80), wird jedoch auch in der Schweiz weitestgehend freigestellt, da hier nur eine Besteuerung in Höhe des Optionswerts (10) stattfindet. Der für eine Freistellung in Deutschland notwendige Nachweis der Besteuerung der Einkünfte im Tätigkeitsstaat kann insoweit nicht geführt werden, so dass es gemäß § 50 d Abs. 8 EStG ungeachtet der Regelungen des deutsch-schweizerischen DBA zu einer inländischen Besteuerung kommt.[202] Verzerrungen mit umgekehrtem Vorzeichen ergeben sich im Fall der exportierten Option.

Beispiel: Ein deutscher Computerexperte arbeitet während eines fünfjährigen Optionsprogramms, das ihm von seinem deutschen Arbeitgeber gewährt wurde, zwei Jahre lang in Deutschland, bevor er unter Aufgabe seines deutschen Wohnsitzes in die Schweiz zieht und die restlichen drei Jahre Arbeitslohn von der Schweizer Muttergesellschaft seines deutschen Arbeitgebers bezieht. Der rechnerische Optionswert im Einräumungszeitpunkt betrug 10, der Basispreis bei Ausübung (gleichzeitig Zeitpunkt des Wegfalls der Verfügungsbeschränkungen) beträgt 110 und der Wert der Aktie im Ausübungszeitpunkt 310.

Da Deutschland keine Upfront-Besteuerung durchführt und im Zusagezeitpunkt keine steuerlichen Anknüpfungspunkte in der Schweiz bestehen, bleibt der Optionswert im Zusagezeitpunkt in beiden Ländern unbesteuert.

---

[200] Vgl. die Analysen von Bürkle, T./Schnieder, E.-A., Aktienoptionen, 2000, S. 1116 ff.; Mössner, H.-J., CDFI 2000, S. 64 ff.; Portner, R., FB 2001, S. 290 ff.; Scholz, M., Stock Options, 2001, S. 213 ff.; Jacobs, O. H./Portner, R., Stock-Option-Plans, 2002, S. 251 ff.; Endres, D., Musterfälle, 2008, S. 202 ff.
[201] Vgl. Hildebrandt, M. W., CDFI 2000, S. 754 ff.
[202] Vgl. hierzu auch Klotzek, C./Lechowicz, A., PIStB 2009, S. 315 ff.

8. Kapitel. Steuerplanung in Entsendungsfällen

Bei Ausübung besteuert Deutschland nur ²/₅ des Ausübungsgewinns (80), da der Rest (³/₅) auf die in der Schweiz geleistete nichtselbständige Tätigkeit entfällt. In der Schweiz erfolgt auch insoweit keine Besteuerung, so dass dieser Teil des Ausübungsgewinns in beiden Staaten steuerfrei bleibt („weiße Einkünfte"). Da der Arbeitnehmer zum Zeitpunkt der Ausübung der Option nicht mehr unbeschränkt steuerpflichtig ist, kommt § 50 d Abs. 8 EStG nicht zum Tragen. Weitere Probleme können sich ergeben, wenn der ausländische Staat im Ausübungsfall von einem Veräußerungsgewinn ausgeht und diesen besteuert. Je nachdem, wie das Verhältnis des nach den ausländischen Vorschriften zu berechnenden Veräußerungsgewinns zu dem auf die Auslandstätigkeit entfallenden Teil des Ausübungsgewinns ist, kann es zu **Doppel- oder Minderbesteuerungen** kommen. Im Falle einer Doppelbesteuerung wird das Ausland eine Anrechnung der auf Deutschland zuzuordnenden Teil (²/₅) entfallenden deutschen Steuer häufig mangels Identität der Einkunftsarten bzw. mangels Periodengleichheit nicht gewähren.

Im Musterkommentar zu Art. 15 OECD-Modell[203] wird die Vergabe von Aktienoptionen, sofern sie nicht ausdrücklich als Bonusvergütung gewährt sind, als Anreizlohn für die Zeit zwischen Gewährung und Ausübung der Optionen definiert.[204] Des Weiteren nimmt die **OECD** eine Abgrenzung zwischen Einkünften aus unselbständiger Arbeit nach Art. 15 und Veräußerungsgewinnen nach Art. 13 OECD-Modell vor. Einkünfte bis zur Ausübung der Option gelten als Arbeitslohn. Weitere Einkünfte bis zum Verkauf der bei Ausübung erworbenen Aktie zählen zu den Veräußerungsgewinnen.[205] Der Musterkommentar schlägt vor, den Optionsgewinn, der als Arbeitslohn gilt, nach der Dauer der Tätigkeit in den betroffenen Staaten aufzuteilen und auf den jeweiligen Gewinnanteil das entsprechende Recht anzuwenden. Aufgeteilt wird dabei nach dem Zeitraum zwischen Optionsgewährung (grant) und dem Eintritt der Unverfallbarkeit (vesting).[206]

Zusammenfassend bleibt festzuhalten, dass vor allem zwischenstaatliche Unterschiede im Besteuerungszeitpunkt von Stock-Option-Plänen, unterschiedliche Qualifikationen der hieraus erwachsenden Einkünfte und voneinander abweichende Ansichten über die richtige Zuordnung der geldwerten Vorteile zu den jeweils in dem einen bzw. in dem anderen Staat ausgeübten nichtselbständigen Tätigkeiten Doppel- und Minderbesteuerungen verursachen können. Die Komplexität wird noch verstärkt, wenn der Arbeitnehmer während der Dauer des Optionsprogramms mehrfach Landes- und somit Steuergrenzen überschreitet. Diese Situationen bergen ihre steuerlichen Risiken, eröffnen andererseits auch Gestaltungsmöglichkeiten.

---

[203] Vgl. OECD-Kommentar, Art. 15, Anm. 12 ff.; OECD, Stock Options, 2004; hierzu ausführlich PwC, Aktienoptionen, 2007, S. 34 ff.
[204] Vgl. hierzu Burgstaller, E., IStR 2004, S. 152 f.; Portner, R., IStR 2005, S. 8 ff.
[205] Vgl. OECD-Kommentar, Art. 15, Anm. 12.2; Prätzler, R., IStR 2002, S. 555 f.; Burgstaller, E., SWI 2003, S. 122 ff.; Burgstaller, E., IStR 2004, S. 149 f.
[206] Vgl. OECD-Kommentar, Art. 15, Anm. 12.7 ff. Als Alternative war auch der Zeitraum zwischen Gewährung und Optionsausübung diskutiert worden (vgl. zur Begründung Portner, R., Stock Options, 2003, S. 190; allgemein Herzig, N./Lochmann, U., DB 2001, S. 1439). Praktikabler erscheinen schließlich die erste Ausübungsmöglichkeit. Zu einem internationalen Überblick des Aufteilungsmaßstabs bei international tätigen Mitarbeitern vgl. Hasbargen, U./Schmitt, B./Kiesel, H., IStR 2006, S. 259.

4. *Deferred compensation:* Arbeitnehmerfinanzierte Pensionszusagen

Ein Vergütungsinstrument, das im reinen Inlandssachverhalt wesentlich an Bedeutung gewonnen hat, ist die **Umwandlung von Arbeitslohn in Versorgungsbezüge** (aufgeschobene Vergütung bzw. deferred compensation). Entscheidendes Merkmal derartiger Umwandlungsvereinbarungen ist, dass der steuerliche Zufluss von Teilen der Gesamtvergütung eines Arbeitnehmers zeitlich verzögert wird.[207] Die Besteuerung von Lohn bzw. geldwerten Vorteilen erfolgt in Deutschland zu dem Zeitpunkt, zu dem der Arbeitnehmer über die Leistung wirtschaftlich verfügen kann (Zuflussprinzip).[208] Deshalb kann ein sofortiger Zufluss von Arbeitslohn nicht schon deshalb angenommen werden, weil der Arbeitnehmer die ihm zugestandene Wahlmöglichkeit in Anspruch nimmt, auf eine sofortige Barvergütung bzw. Gewährung von Vorteilen zu verzichten und diese erst in Zukunft „abzurufen". Vielmehr ist eine endgültige Abänderung der Vergütungsabrede zwischen Arbeitnehmer und Arbeitgeber notwendig, bevor der betreffende Anspruch dem Grunde und der Höhe nach entstanden ist.[209] Mit der Gehaltsumwandlungsvereinbarung geht der Anspruch auf Barauszahlung des umgewandelten Entgeltteils im Voraus endgültig unter und wird durch einen Versorgungsanspruch ersetzt. Bei einer deferred compensation erfolgt die Finanzierung einer zusätzlichen Altersversorgung regelmäßig durch Verzicht des Arbeitnehmers auf Teile seiner künftigen Gehaltserhöhung und/oder seiner erwarteten variablen Gehaltsbestandteile (Tantiemen/Boni) zugunsten einer Versorgungszusage. Die umgewandelten Gehaltsbestandteile werden nach versicherungsmathematischen Grundsätzen in vertragliche Versorgungsleistungen umgerechnet, wobei der Arbeitgeber die Ansprüche durch eine Rückversicherungspolice für den etwaigen Fall der Insolvenz des Unternehmens absichern kann.[210] Die Leistungen aus der Deferred-compensation-Zusatzversorgung fließen dann dem Arbeitnehmer erst im Zeitpunkt der Auszahlung mit steuerlicher Wirkung zu, folglich nach Eintritt des Versorgungsfalles. Auf die zur Auszahlung gelangenden Versorgungsleistungen ist dann je nach Versorgungsform Lohnsteuer einzubehalten und abzuführen.[211]

Zielsetzung eines Deferred-compensation-Modells ist demnach die **temporäre Verlagerung der Gehaltsbezüge** (inkl. steuerfreier Verzinsung) in die Zeit des Ruhestandes. Die Steuerprogression des Mitarbeiters ist dann häufig geringer als zum Zeitpunkt seiner aktiven Berufstätigkeit. Vor allem aber ermöglicht die deferred compensation die Schaffung einer zusätzlichen Alterssicherung aus unversteuertem oder gering versteuertem Einkommen, wohingegen die private Vorsorge durch Sparen grundsätzlich nur aus versteuertem Einkommen möglich wäre. Beim Arbeitgeber entsteht mit der Rückstellungsbildung ein zusätzlicher Liquiditätszuwachs aus der Innenfinanzie-

---

[207] Vgl. hierzu Doetsch, P. A., CDFI 2000, S. 415 ff.; Kubaile, H., INF 2001, S. 17.
[208] Vgl. BFH v. 30. 1. 1975, BStBl 1975 II, S. 776 ff.; BFH v. 19. 12. 1975, BStBl 1976 II, S. 322 f.
[209] Vgl. BFH v. 27. 5. 1993, BStBl 1994 II, S. 246. Zum Zeitpunkt des Zuflusses vgl. auch Wolf, N. G., DB 1999, S. 16 ff.
[210] Vgl. Scholz, S., Altersversorgung, 2006, S. 67.
[211] Zu den einzelnen Voraussetzungen eines Deferred-compensation-Modells vgl. Berz, S., DStR 2000, S. 315 ff.; Wellisch, D./Näth, M., BB 2005, S. 18 ff.; BMF-Schreiben v. 31. 3. 2010, BStBl 2010 I, S. 270.

8. Kapitel. Steuerplanung in Entsendungsfällen

rung, sofern keine Rückdeckungsversicherung abgeschlossen wird. Demnach sind arbeitnehmerfinanzierte Pensionszusagen im Regelfall sowohl für den Arbeitgeber als auch den Arbeitnehmer vorteilhaft, wodurch sich die Lohnkosten insgesamt reduzieren, wenn – was häufig der Fall ist – die Vorteile zwischen beiden Parteien aufgeteilt werden.[212]

Im Rahmen von **Entsendungsfällen** steht man vor der Entscheidung, die bestehende betriebliche Altersversorgung beizubehalten, eine weitere ausländische Altersversorgung aufzunehmen oder bestehende Versorgungsansprüche in eine neue ausländische Altersversorgung zu übernehmen.[213] Die **steuerliche Problematik** solcher Vereinbarungen betrifft die Kostentragung im Konzern,[214] die nur im Einzelfall zu klärende Lohnsteuerpflicht im Ausland sowie insbesondere die Zuordnung des Besteuerungsrechts für die Altersbezüge. In diesem Zusammenhang ist es problematisch, dass es auf Abkommensebene **keinen** – alle Vergütungsvarianten umfassenden – **einheitlichen Abkommensartikel** für Einkünfte aus abhängiger Tätigkeit gibt und die jeweiligen nationalen Steuerrechtsordnungen ebenso umfangreiche Detailvorschriften kennen.[215] So können die Leistungen im Zusammenhang mit einer deferred compensation unter verschiedene Artikel des OECD-Modells fallen und unterschiedliche Zuweisungen des Besteuerungsrechts zwischen den Vertragsstaaten hervorrufen. Die wichtigsten heranzuziehenden Artikel sind Art. 15 (Einkünfte aus unselbständiger Arbeit – grundsätzlich Tätigkeitsortprinzip),[216] Art. 18 (Ruhegehälter – Ansässigkeitsprinzip) und Art. 21 (andere Einkünfte – Ansässigkeitsprinzip). Behandelt bspw. der Quellenstaat deferred compensation als Einkünfte aus unselbständiger Arbeit und der Wohnsitzstaat diese als Ruhegehälter, so kommt es regelmäßig zu Doppelbesteuerungen. Im umgekehrten Fall, in dem der Quellenstaat ein Ruhegehalt und der Wohnsitzstaat Einkünfte aus unselbständiger Arbeit annehmen, ergibt sich – vorbehaltlich der Anwendung nationaler Rückfallklauseln wie § 50 d Abs. 8 und 9 EStG – eine Doppelfreistellung.

Angesichts der nationalen Vielfalt der Ausgestaltungen von Deferred-compensation-Modellen sind Besteuerungskonflikte oder Qualifikationskonflikte auch deshalb so häufig, weil die Staaten mangels klarer Definitionen und Abgrenzungen von Begriffen wie „Vergütungen" oder „Beziehen von Gehältern" bzw. Ruhegehältern ähnlichen Vergütungen" im Abkommenstext davon ausgehen, dass für die Auslegung der abkommensrechtlichen Begriffe ihr nationales Rechtsverständnis maßgebend ist. Hierzu sehen sie sich dann berechtigt, sofern sich aus dem Zusammenhang im DBA nichts anderes ergibt (Art. 3 Abs. 2 OECD-Modell). Im Zweifel hat damit jeder Ausdruck im DBA den Sinn, der ihm nach innerstaatlichem Recht beizulegen ist, was Qualifikationskonflikte vorprogrammiert.[217] Auch die von Deutschland geschlossenen Abkommen enthalten regelmäßig keine exakte Definition von „Ruhegehältern"

---

[212] Vgl. Spengel, C./Schmidt, F., Altersversorgung, 1997, S. 53 f. m. w. N.
[213] Vgl. Lösel, C., Altersversorgung, 2004, S. 13. Zu den Risiken vgl. auch Zwick, B., PIStB 2004, S. 201 ff.
[214] Vgl. nachfolgend Abschnitt E I 2.
[215] Zur Problemanalyse aus der internationalen Perspektive vgl. Mössner, H.-J., CDFI 2000, S. 53 ff.; Scheffler, W./Kölbl, S., IStR 2007, S. 113 ff.
[216] Vgl. hierzu auch die Ausführungen in diesem Kapitel in Abschnitt B II 1 a).
[217] So Gassner, W., IStR 2000, S. 489.

und ähnlichen Vergütungen".²¹⁸ Zudem fehlt meist eine genaue Abgrenzung zwischen Ruhegehältern und ähnlichen Vergütungen für frühere unselbständige Arbeit (Art. 18 OECD-Modell) sowie Gehältern, Löhnen und ähnlichen Vergütungen aus unselbständiger Arbeit (Art. 15 OECD-Modell). Insoweit ist strittig, ob bspw. die im Rahmen einer Auslandstätigkeit erdienten Versorgungsleistungen unter Art. 15 oder Art. 18 OECD-Modell einzuordnen sind²¹⁹ bzw. ob die Bezüge noch den freigestellten Auslandseinkünften zugehörig sind oder als Ruhegehälter vom im Zahlungszeitpunkt maßgebenden Ansässigkeitsstaat (Deutschland) besteuert werden dürfen.

Zahlungen im Rahmen von Deferred-compensation-Modellen müssen nicht vom Arbeitgeber selbst geleistet werden. Sofern die Leistungen für frühere Arbeitsleistungen erbracht werden, reichen Leistungen eines Dritten aus.²²⁰ Damit können insbesondere die in Deutschland äußerst weit verbreiteten, extern durchgeführten betrieblichen Versorgungsleistungen, die über Pensionsfonds und -kassen, Unterstützungskassen sowie Drittversicherungen abgewickelt werden, unter Art. 18 OECD-Modell fallen.²²¹ Entsprechend dem internationalen Verhältnis erfolgt auch in Deutschland (nunmehr) eine nachgelagerte Besteuerung.²²²

Ungeachtet eines überwiegenden Gleichklangs²²³ in Form der nachgelagerten Besteuerung können im Zusammenspiel mit einer vorgelagerten Besteuerung bei internationalen Mitarbeiterentsendungen **vielfältige Qualifikationskonflikte** entstehen. Im OECD-Modell werden vor diesem Hintergrund ausführlich mögliche Formulierungen eines DBA im Hinblick auf nicht kongruente Systeme der Besteuerung der betrieblichen Altersversorgung kommentiert.²²⁴ In diesem Zusammenhang erfuhr auch das DBA-USA eine Überarbeitung. In Art. 18 A des DBA-USA kommt eine Neuerung zur Anwendung, deren Hauptziel es ist, steuerliche Hindernisse für die grenzüberschreitende Erbringung von Dienstleistungen zu beseitigen, die sich aus Unterschieden im nationalen Recht der Vertragsstaaten hinsichtlich der Abzugsfähigkeit von Altersvorsorgebeiträgen ergeben.²²⁵ Danach sind Beiträge zu

---

²¹⁸ Vgl. Doetsch, P. A., CDFI 2000, S. 428 f.
²¹⁹ Vgl. BFH v. 5. 2. 1992, BStBl 1992 II, S. 660; BFH v. 10. 7. 1996, BStBl 1997 II, S. 341; Vogel, K./Lehner, M., DBA-Kommentar, Art. 15, Anm. 9. U. E. ist die Besteuerung (als Ruhegehälter) in Deutschland zumindest dann systemgerecht, wenn keine Belastung der Altersversorgungskosten an das Gastunternehmen erfolgt ist.
²²⁰ Vgl. Debatin, H./Wassermeyer, F., Doppelbesteuerung, Art. 18, Anm. 28; Vogel, K./Lehner, M., DBA-Kommentar, Art. 18, Anm. 18.
²²¹ Für eine ausführliche Darstellung der verschiedenen Möglichkeiten der betrieblichen Altersversorgung in Deutschland sowie eine Auseinandersetzung mit den bei Arbeitnehmerentsendungen auftretenden (intertemporalen) Besteuerungsproblemen siehe Doetsch, P. A., CDFI 2000, S. 433; Scholz, S., Altersversorgung, 2006, S. 61 ff., S. 121 ff.; Brähler, G./Lösel, C., StuW 2008, S. 73 ff.
²²² So können in Deutschland Beiträge an eine Pensionskasse oder einen Pensionsfonds von bis zu 4% der Beitragsbemessungsgrenze der Rentenversicherung (West) nach § 3 Nr. 63 EStG steuerfrei angespart werden können. Vgl. Höfer, R., DB 2001, S. 1145 ff.; Scholz, S., Altersversorgung, 2006, S. 71 ff. Explizit zur Entgeltumwandlung und zu Eigenbeiträgen siehe Förster, W./Rühmann, J./Recktenwald, S., BB 2001, S. 1406 ff.
²²³ Vgl. Scheffler, W./Kölbl, S., IStR 2007, S. 114 f.
²²⁴ Vgl. OECD-Kommentar, Art. 18, Anm. 8 ff.
²²⁵ Vgl. Endres, D./Wolff, U., IStR 2006, S. 727; Endres, D./Schreiber, C. (Hrsg.), USA, 2008, S. 364; Lühn, T., IWB, Fach 8, USA, Gruppe 2, S. 1495 ff.; Endres, D./Jacob, F./Gohr, M./Klein, M., Kommentar DBA-USA, Art. 18 A.

8. Kapitel. Steuerplanung in Entsendungsfällen

Altersvorsorgeplänen[226] des Heimatlandes im Tätigkeitsstaat nach den dortigen Regelungen abzugsfähig, sofern der Vorsorgeplan vor der Aufnahme der Tätigkeit im Gaststaat bestand. Bei der Abzugsfähigkeit der Vorsorgebeiträge sind die Beitragsgrenzen des Tätigkeitsstaates relevant. Während der Tätigkeit im Gaststaat erworbene Versorgungsansprüche dürfen nicht im Gaststaat besteuert werden. Diese Erleichterung ist ebenfalls auf das Maß begrenzt, das der Gaststaat nach seinem Recht dort Ansässigen für erworbene Ansprüche anerkennen würde.[227]

Besondere Bedeutung haben Doppel- und Minderbesteuerungen innerhalb der EU. In ihrer Mitteilung vom 19. 4. 2001 stellte die Europäische Kommission klar, dass aufgrund einer fehlenden steuerlichen Abzugsfähigkeit von Beiträgen in eine andere ausländische betriebliche Altersversorgung weder die Versorgungseinrichtungen in ihrer Dienstleistungsfreiheit noch die Arbeitnehmer in ihrer Freizügigkeit eingeschränkt werden dürfen.[228] Die Europäische Kommission favorisiert langfristig eine breitere Akzeptanz der nachgelagerten Besteuerung der betrieblichen Altersversorgung in allen Mitgliedstaaten.[229] Kurzfristig sollten allerdings auftretende Doppel- (und Minder-)besteuerungen über die bereits bestehenden DBA der betreffenden Länder beseitigt werden. In der Folge der Mitteilung wurden Vertragsverletzungsverfahren wegen der diskriminierenden Besteuerung der grenzüberschreitenden betrieblichen Altersversorgung gegen etliche Mitgliedstaaten eingeleitet.[230] In diesem Zusammenhang hat der EuGH auch die Ausgestaltung verschiedener steuerlicher Vergünstigungen bei der Riester-Rente als Verstoß gegen EU-Recht qualifiziert.[231] Der Gesetzgeber hat darauf bereits im Gesetz zur Umsetzung steuerlicher EU-Vorgaben sowie zur Änderung steuerlicher Vorschriften reagiert.[232]

Es ist abschließend festzuhalten, dass sich wie bei den Mitarbeiterbeteiligungsmodellen auch in Bezug auf die Versorgungsbezüge erhebliche Qualifikationskonflikte, die zu Doppel- und Minderbesteuerungen führen, ergeben

---

[226] Die unter das DBA-USA fallenden Vorsorgepläne betreffen auf deutscher Seite alle Altersvorsorgepläne i. S. von § 1 Betriebsrentengesetz (BetrAVG) sowie auf US-amerikanischer Seite die im Protokoll Nr. 16 Buchstabe, a aa zu Art. 18 A genannten pension plans mit Ausnahme sog. Roth Individual Retirement Accounts. Vgl. hierzu auch Endres, D./Jacob, F./Gohr, M./Klein, M., Kommentar DBA-USA, Art. 18 A, Rz. 61 ff.
[227] Vgl. zu Musterfällen Endres, D./Wolff, U., IStR 2006, S. 726 f.
[228] Vgl. Europäische Kommission, Altersversorgung, 2001. Vgl. hierzu Scholz, S., Altersversorgung, 2006, S. 182 ff. In diesem Zusammenhang ist auch die am 3. 6. 2003 verabschiedete Richtlinie 2003/41/EG über die Tätigkeiten und die Beaufsichtigung von Einrichtungen der betrieblichen Altersversorgung zu sehen. Sie regelt die gegenseitige Anerkennung von Einrichtungen der betrieblichen Altersversorgung, definiert Sicherheitsvorschriften und erlaubt die Schaffung paneuropäischer Altersvorsorgepläne, die die grenzüberschreitende Tätigkeit von Arbeitnehmern innerhalb der Europäischen Union erleichtern sollen. Vgl. Abl. 2003 Nr. L 235, S. 10; sowie Schonewille, P., ECTR 2005, S. 79.
[229] Vgl. Europäische Kommission, Altersversorgung, 2001, S. 20 f.
[230] Im Einzelnen sind dies Belgien, Dänemark, Frankreich, Großbritannien, Italien, Portugal und Spanien. Zum Ergebnis dieser Vertragsverletzungsverfahren siehe bspw. für Dänemark das EuGH-Urteil v. 30. 1. 2007 (Kommission/Dänemark), EuGHE 2007, S. I-1193, in welchem die Verletzung der europäischen Grundfreiheiten durch die dänischen Vorschriften festgestellt wurde.
[231] Vgl. EuGH v. 10. 9. 2009 (Kommission/Deutschland), DStR 2009, S. 1954.
[232] BGBl. 2010 I, S. 386. Siehe hierzu auch Schmidt, O., PIStB 2010, S. 107.

können, weshalb Deferred-compensation-Modelle insbesondere bei grenzüberschreitendem Einsatz im konkreten Einzelfall einer sorgfältigen Überprüfung bedürfen.

5. Festlegung der optimalen Entsendungsdauer

„Auf das richtige Timing kommt es an" – dieser Satz gilt nicht nur im Leistungssport, sondern auch im Hinblick auf die Entsendungsplanung. Hier gilt es, bestimmte Zeitgrenzen zu beachten, um die im jeweiligen Einzelfall steuereffizienteste Lösung zu verwirklichen.

Zunächst stellt sich die Frage, ob der Auslandseinsatz des Mitarbeiters als Entsendung oder als bloße **beruflich veranlasste Auswärtstätigkeit** zu qualifizieren ist. Im letztgenannten Fall kann der Arbeitnehmer einen umfangreichen Werbungskostenabzug in Anspruch nehmen (R 9.4–9.8 LStR).[233] Alternativ kann der Arbeitgeber die Aufwendungen in Höhe der anerkannten Werbungskosten steuerfrei ersetzen (§ 3 Nr. 16 EStG). Gerade dieser steuerfreie Werbungskostenersatz macht die Kategorisierung als beruflich veranlasste Auswärtstätigkeit für viele Arbeitnehmer reizvoll. Allerdings liegt eine beruflich veranlasste Auswärtstätigkeit i. S. d. einschlägigen Steuergesetze nur dann vor, „wenn der Arbeitnehmer vorübergehend außerhalb seiner Wohnung und an keiner seiner regelmäßigen Arbeitsstätten beruflich tätig wird" (R 9.4 Abs. 2 und 3 LStR). Dabei ist es unbeachtlich, ob die beruflich veranlasste Auswärtstätigkeit im In- oder Ausland durchgeführt wird.

Das in diesem Zusammenhang maßgebliche **Reisekostenrecht** wurde durch die Anpassung der Lohnsteuerrichtlinien zum Jahr 2008 umfassend geändert. War eine Auswärtstätigkeit zwar vorübergehend angelegt, dauerte sie aber an derselben Tätigkeitsstätte länger als drei Monate, so galt nach Auffassung der Finanzverwaltung bis einschließlich des VZ 2007, dass die auswärtige Tätigkeitsstätte ab dem vierten Monat als neue regelmäßige Arbeitsstätte anzusehen war – in Konsequenz entfiel der umfassende Werbungskostenabzug. Diese Regelung zur Drei-Monats-Frist ist nunmehr in den LStR 2008 ersatzlos gestrichen worden. Ebenfalls ist eine zeitliche Begrenzung des Begriffs „vorübergehend" nicht mehr enthalten.[234] In diesem Zusammenhang urteilte der BFH in seinem Urteil v. 10. 4. 2008, dass eine auswärtige Tätigkeitsstätte nicht allein durch Zeitablauf zur regelmäßigen Tätigkeitsstätte wird und eine regelmäßige Arbeitsstätte nur dann vorliegt, wenn die dortige Tätigkeit auf Nachhaltigkeit und Dauer angelegt sei.[235] Daneben kann grundsätzlich nur eine betriebliche Einrichtung des Arbeitgebers eine regelmäßige

---

[233] Die im Rahmen des umfassenden Werbungskostenabzugs geltend zu machenden Reisekosten (R 9.4 LStR) beinhalten im Einzelnen neben Fahrtkosten (R 9.5 LStR) und Verpflegungsmehraufwendungen (R 9.6 LStR) ebenso Übernachtungskosten (R 9.7 LStR) und Reisenebenkosten (R 9.8 LStR). Dabei ist allerdings darauf hinzuweisen, dass Fahrt-, Übernachtungs- und Reisenebenkosten für die gesamte Zeitdauer der beruflich veranlassten Auswärtstätigkeit in Anspruch genommen werden können, während Verpflegungsmehraufwendungen lediglich für die ersten drei Monate ansetzbar sind (§ 4 Abs. 5 Nr. 5 Satz 5 EStG). Vgl. Schreiber, J., IWB, Fach 3, Deutschland, Gruppe 3, S. 483 ff. Speziell zur steuerlichen Behandlung von Umzugskosten bei Entsendungen vgl. Vetter, J./Schreiber, J., IWB, Fach 3, Deutschland, Gruppe 3, S. 1555 ff.

[234] Vgl. Plenker, J./Schaffhausen, H.-W., DB 2008, S. 1822 ff.; Schreiber, J., IWB, Fach 3, Deutschland, Gruppe 6, S. 483 ff.

[235] Vgl. BFH v. 10. 4. 2008, BStBl 2008 II, S. 825.

8. Kapitel. Steuerplanung in Entsendungsfällen

Arbeitsstätte des Arbeitnehmers darstellen, nicht aber – auch bei längerfristigem Einsatz – eine betriebliche Einrichtung eines Kunden.[236] Insoweit ist für die Anerkennung einer beruflich veranlassten Auswärtstätigkeit auch eine langfristige vorübergehende Tätigkeit als unschädlich anzusehen.

Dagegen wird der Auslandseinsatz nicht als vorübergehende Tätigkeit anerkannt, „wenn nach Lage der Verhältnisse davon auszugehen ist, dass die auswärtige Tätigkeitsstätte vom ersten Tag an zur regelmäßigen Arbeitsstätte geworden ist". Dies ist z. B. regelmäßig im Fall einer (endgültigen) Versetzung anzunehmen. Bei einer **Mitarbeiterentsendung** handelt es sich jedoch i. d. R. gerade nicht um eine endgültige Versetzung, sondern vielmehr zumeist um eine zeitlich befristete Auswärtstätigkeit in einer betrieblichen Einrichtung eines verbundenen Unternehmens. Der Expatriate bleibt während der Entsendung Arbeitnehmer des entsendenden Unternehmens und wird für den Zeitraum der Entsendung zeitlich befristet in einer betrieblichen Einrichtung eines verbundenen Unternehmens tätig. Nach Beendigung der Entsendung kehrt der Expatriate an eine regelmäßige Arbeitsstätte bei der Heimatgesellschaft zurück und setzt dort seine Tätigkeit fort, weshalb im Ergebnis während des gesamten Entsendungszeitraums keine regelmäßige Arbeitsstätte bei der aufnehmenden Gesellschaft begründet wird.[237] In solchen Fällen muss der ausländische Arbeitsort dementsprechend nicht zwingend zur regelmäßigen Arbeitsstätte werden, sofern der Arbeitnehmer nicht in den geschäftlichen Ablauf der ausländischen Geschäftseinheit eingegliedert wird, der Expatriate somit ausschließlich den Weisungen der inländischen Geschäftseinheit unterliegt und aufgrund des Direktionsrechts des inländischen Arbeitgebers jederzeit wieder in das Heimatunternehmen zurück beordert werden kann.[238] Für die Beurteilung und Anerkennung der beruflich veranlassten Auswärtstätigkeit ist jedoch letztendlich auf das **Gesamtbild der Verhältnisse** abzustellen.

Nicht nur in Bezug auf die eventuelle Qualifikation als beruflich veranlasste Auswärtstätigkeit ist festzustellen, dass bei Auslandsaufenthalten, die die 183-Tages-Frist nicht überschreiten, der umfangreichste Handlungsspielraum besteht. Insoweit liegt es letztlich weitgehend im Ermessen von Arbeitgeber und Arbeitnehmer, ob Letzterer der in- oder ausländischen Besteuerung unterliegt. Erfolgt die **Entsendung in ein Hochsteuerland,** wird man auf das Unterschreiten der 183-Tages-Frist achten und Weiterbelastungen von Gehaltsbestandteilen an ausländische Konzerneinheiten unterlassen. Winken umgekehrt bei **Entsendung in ein Niedrigsteuerland** Vorteile, verhelfen eine Streckung des Auslandsaufenthalts, ein Payroll-split-Modell mit einem ausländischen Arbeitgeber oder eine Kostenweiterbelastung zur Steuerfreistellung im Inland.

Auch bei mittelfristigen Entsendungen kann ein optimales Timing zu zusätzlichen Steuervorteilen führen. Häufig empfiehlt sich ein Ortswechsel im Laufe des Versendungs- und Rückkehrjahres, um **Progressionsvorteile** im Ausland zu nutzen.

---

[236] Vgl. BFH v. 10. 7. 2008, BStBl 2009 II, S. 818; BFH v. 9. 7. 2009, BStBl 2009 II, S. 822; BMF-Schreiben v. 21. 12. 2009, BStBl 2010 I, S. 21.
[237] Vgl. R 9.4 Abs. 3 LStR; sowie Schreiber, J., IWB, Fach 3, Deutschland, Gruppe 6, S. 483 ff.
[238] Vgl. Kühlmann, T. M., Mitarbeiterentsendung, 1995, S. 135.

Beispiel: Der Arbeitnehmer A soll für ein Jahr ins Land X entsandt werden. A erhält ein Gehalt von 100 000 €. Nach der Einkommensteuerprogression des Staates X ergibt sich bei einem Einkommen von 50 000 € ein Durchschnittssteuersatz von 30%, bei 100 000 € von 50%. Wird A vom 1. 1. 2010 bis zum 31. 12. 2010 nach X entsandt, unterliegt er dort der 50%igen Besteuerung. Erfolgt der Auslandseinsatz dagegen vom 1. 7. 2010 bis zum 30. 6. 2011, zahlt er jährlich nur 15 000 € (somit insgesamt 30 000 €) an Steuern, was einem Steuervorteil von 20 000 € entspricht.

In Deutschland sind im obigen Beispiel durch ein geschicktes Timing von An- und Abreise keine Progressionsvorteile erzielbar, da (selbst bei Wegfall der unbeschränkten Steuerpflicht) die Auslandseinkünfte im Rahmen des Progressionsvorbehalts Berücksichtigung finden (§ 32 b Abs. 1 EStG).

Bei längerfristiger Entsendungsdauer wird sich auch die Frage nach dem **Wechsel der Ansässigkeit** stellen. Ein solcher Wegzug muss in jedem Einzelfall sorgfältig geplant werden, um unliebsame Überraschungen – z. B. im Rahmen der erweiterten beschränkten Steuerpflicht gem. § 2 AStG – zu vermeiden.[239] Aus steuerlicher Sicht kann ein Ansässigkeitswechsel in ein niedriger besteuerndes Ausland ggf. zu einer geringeren Besteuerung der sonstigen Einkünfte des Arbeitnehmers führen.

Nicht nur Entsendungsdauer und -zeitpunkt können Einfluss auf die Steuerposition des Mitarbeiters haben, sondern u. U. auch das **Timing der Vergütungszahlungen**. Häufig findet sich der Ratschlag zu Vorauszahlungen (Motivationsgelder, signing-on fees) oder Nachzahlungen (Tantiemen, Bonusleistungen).[240] Maßstab für eine eventuelle Steuerfreistellung in Deutschland ist insoweit der direkte Bezug zur im Ausland geschuldeten Arbeitsleistung. Ob im Ausland eine Vorzugsbesteuerung für solche Sonderzahlungen möglich ist (wie z. B. in Großbritannien oder Österreich), ist wiederum einzelfallabhängig.

Auch in Inbound-Entsendungsfällen ist die Vereinbarung von Bonuszahlungen, die erst nach Ablauf des Auslandseinsatzes ausgezahlt werden, ein in der Praxis gebräuchliches Gestaltungsmittel.[241] Durch die Versteuerung der Boni als nachträglicher Arbeitslohn im Steuerjahr nach Beendigung der Entsendung kann durch die Nutzung des Progressionsvorteils die Steuerbelastung verringert werden.

Beispiel: Die Entsendung eines ledigen Mitarbeiters nach Deutschland endete zum 31. 12. 2010. Sein Jahresgehalt 2010 wurde mit 100 000 € festgesetzt. Die darauf anfallende Einkommensteuer einschließlich Solidaritätszuschlag beträgt 35 689 €. Er hat keine weiteren Einkünfte. Die zusätzliche Bonuszahlung für 2010 i. H. v. 20 000 € erfolgt erst im März des Folgejahres. Wird der Bonus im Jahre 2011 als sonstiger Bezug versteuert, ergibt sich eine Steuerbelastung von 2850 €. Sofern die Bonuszahlung noch im Jahr 2010 erfolgen würde, ergäbe sich eine Jahressteuerschuld von 44 551 €. Die Auszahlung im Jahre 2011 führt somit zu einer Steuerersparnis von 6012 € (44 551 € abzüglich 35 689 € abzüglich 2850 €).

---

[239] Vgl. Roser, F./Hammering, A., Wohnsitzverlegung, 2000, S. 1013 ff.; sowie grundsätzlich zur Wegzugsbesteuerung anhand von praktischen Fallgestaltungen Endres, D./Freiling, C., PIStB 2009, S. 72 ff.
[240] Vgl. Mosbach, P., Ubg 2008, S. 682.
[241] Vgl. Endres, D., Musterfälle, 2009, S. 183 ff. Zur steuerlichen Behandlung von Bonuszahlungen im Vergleich zu Abfindungszahlungen vgl. Neyer, W., IStR 2004, S. 403 ff. Zur Behandlung von Abfindungszahlungen im internationalen Steuerrecht vgl. Knies, J., PIStB 2004, S. 285 ff.; Schmidt, O., PIStB 2006, S. 56 f.; Fuhrmann, C., KöSdi 2007, S. 15 555 f. Zu aktuellen Entwicklungen zum abkommensrechtlichen Besteuerungsrecht von Abfindungszahlungen vgl. Lühn, T., PIStB 2010, S. 94 ff.

8. Kapitel. Steuerplanung in Entsendungsfällen 1379

III. Die Berücksichtigung des internationalen Steuergefälles in Gehaltsvereinbarungen

In- und ausländische Steuersysteme unterscheiden sich im Hinblick auf Bemessungsgrundlagen und Tarif. Da der Mitarbeiter stets vorrangig auf Netto- statt auf Bruttobezüge achten wird, ist das unterschiedliche Steuerniveau des Gastlandes in die Vergütungsvereinbarungen zwischen Arbeitnehmer und Arbeitgeber einzubeziehen. Regelmäßig wird deshalb eine **Steuerausgleichsrechnung** vorgenommen, die das Steuergefälle zwischen Heimat- und Gastland nivelliert. Im Normalfall sehen die Entsendungsgrundlagen einen Ausgleich entsendungsbedingter Mehrsteuern (und Sozialversicherungsbeiträge) auf die Gehaltseinkünfte des Mitarbeiters vor. Dies bedeutet, dass der Mitarbeiter unabhängig von den Steuern des Gastlandes nur die Steuern und Sozialversicherungsbeiträge entrichten muss, die den Beträgen entsprechen, die er im Heimatland auf das vereinbarte Bruttoentsendungsgehalt ohne die Entsendung zu zahlen hätte.[242]

Die grundsätzlichen Möglichkeiten zur Berücksichtigung der von dem Inlandsniveau abweichenden Auslandssteuer in Gehaltsvereinbarungen stellen sich wie folgt dar:[243]

- **Echter Steuerausgleich – tax equalization:** Beim echten Steuerausgleich wird der Arbeitnehmer so gestellt, als hätte er die Arbeit im Inland ausgeübt. Die Tax-equalization-Methode schützt somit vor Steuermehrbelastungen im Ausland, vereitelt aber gleichzeitig eventuelle Steuervorteile des Mitarbeiters. Sind insgesamt im Ausland weniger Steuern als im Inlandsfall zu zahlen, erhält der entsendende Arbeitgeber den entsprechenden Vorteil.
- **Steuerschutzprogramm – tax protection:** Im Grundsatz gleicht das Tax-protection-Modell dem Steuerausgleichsprogramm. Allerdings werden eventuelle Steuervorteile durch ein niedrigeres ausländisches Steuerniveau (windfall profits) dem Expatriate zugute geschrieben. Dieser hat somit den Schutz vor Mehrsteuern, gleichzeitig aber auch die Chance auf eine geringere Belastung im Vergleich zum reinen Inlandsfall.
- **Ad-hoc-Entscheidungen:** Alternativ zu den oben aufgeführten Steuerausgleichsmodellen besteht die Möglichkeit von Einzelfallentscheidungen. Jeder Fall wird individuell unter Berücksichtigung der Einzelumstände entschieden.
- **Laissez-faire-Methode:** Bei dieser Methode werden die Steuerrisiken und -chancen ausschließlich auf den Arbeitnehmer übertragen. Das Unternehmen gewährt keine Unterstützung.

Umfragen zeigen, dass die weit überwiegende Zahl der Unternehmen echte Steuerausgleichsprogramme in ihrer Entsendungspolitik verankert hat.[244] Vielfache Varianten bestehen aber bzgl. der Technik, wie der Arbeit-

---

[242] Vgl. zu einem umfassenden Vergleich internationaler Entsendungskosten Endres, D./Spengel, C./Elschner, C., DB 2005, S. 2253 ff.; Endres, D./Spengel, C./Elschner, C./Schmidt, O., Intertax 2005, S. 490 ff.; PwC/ZEW, International Assignments, 2005.
[243] Vgl. Heise, H. J., Entsendung, 1997, S. 158.
[244] Vgl. PwC, International Assignments, 1999/2000, S. 74 f. Aus der Studie ergibt sich ein Prozentsatz von 85% für Steuerausgleichsprogramme und von 15% für tax protection schemes. Vgl. auch Ernst & Young, Auslandsentsendungen, 2003, S. 42.

nehmer gegen steuerliche Nachteile, die infolge seines Auslandsaufenthalts eintreten können, abgesichert wird.

Bei einem **echten Steuerausgleichsprogramm** sind die tatsächlichen Steuern, die an die Behörde des Gastlandes abzuführen sind, mit der hypothetischen Steuer bei Fortführung des deutschen Arbeitseinsatzes zu vergleichen. Berechnungsgrundlage für die **Ermittlung der hypothetischen deutschen Steuer** sind die einschlägigen deutschen Gesetzesvorschriften unter Berücksichtigung der persönlichen Verhältnisse des Arbeitnehmers. Dabei muss die Entsendungspolitik genau definieren, welche Einnahmen (z. B. sonstige Einkünfte und Einkünfte des Ehegatten) und welche Abzugsbeträge (z. B. Werbungskosten, Sonderabschreibungen etc.) bei der Berechnung der hypothetischen Steuer erfasst werden sollen.[245]

Ermittlung der hypothetischen inländischen Steuer

Inländisches Grundgehalt

+ eventuell fixe inländische Vergütungen (Sach-, Nebenleistungen etc.)
+ eventuell variable inländische Vergütungen (Prämien, Provisionen etc.)
+ eventuell inländisches Ehegatten-Einkommen bzw. private Einkünfte
./. inländische Abzugsbeträge (Werbungskosten, Mietverluste etc.)

= Bemessungsgrundlage der hypothetischen Steuer
× (hypothetischer) Steuersatz

= **hypothetische inländische Steuer des Arbeitnehmers**

Um entsendungsbedingte steuerliche Vor- und Nachteile zu eliminieren, wird der Arbeitnehmer ausschließlich mit seiner „hypothetischen" inländischen Steuer belastet. Die tatsächliche Auslandssteuer, die durch den Arbeitgeber getragen wird, bleibt daher für ihn ohne Relevanz. Der Auszahlungsbetrag an den Mitarbeiter entspricht damit dem Bruttogehalt abzüglich der hypothetischen inländischen Steuer. Die im Ausland steuerpflichtigen Einkünfte aus nichtselbständiger Tätigkeit sind die um die hypothetische Steuer bereinigten Nettovergütungen zzgl. der vom Arbeitgeber übernommenen Auslandssteuer. Inwieweit die übernommene Steuer in die ausländische Bemessungsgrundlage eingeht bzw. inwieweit und wann ein gross-up erforderlich ist, bestimmt sich nach Auslandsrecht.

Das **Verfahren der Einbehaltung der hypothetischen Steuer** erfolgt entweder durch sofortigen monatlichen Abzug von den Vergütungen oder im Rahmen einer Vergleichsrechnung am Jahresende. Normalerweise behält der Arbeitgeber die hypothetischen Steuern des Heimatlandes vom monatlichen Bruttogehalt des Mitarbeiters ein und entrichtet im Namen des Mitarbeiters die auf die Arbeitseinkünfte entfallenden Steuern (und Sozialversicherungsbeiträge) im Gastland.

Eine besondere Ausgestaltung eines tax equalization scheme ist die **Nettolohnvereinbarung**.[246] Dabei wird das inländische Nettogehalt als Bemes-

---
[245] Zu Einzelheiten vgl. Eckartsberg, C. H. v., Auslandseinsatz, 1978, S. 56 f.; Benner, W./Bals, B., BB 1995, Beilage 1, S. 1 f.; Heise, H. J., Entsendung, 1997, S. 143.
[246] Vgl. OFD Düsseldorf v. 27. 3. 2000, S 2367 A – St 122/1221 und v. 29. 11. 2005, S 2367 A – 22 St 221; Kühlmann, T. M., Mitarbeiterentsendung, 1995, S. 135 ff.; Schmidt, O., PIStB 2006, S. 170 f.; Ziesecke, S., PIStB 2007, S. 325 ff.; Retzlaff, F./Preising, T., DB 2010, S. 980.

sungsgrundlage für die Ermittlung des ausländischen Bruttogehalts zugrunde gelegt. Das inländische Nettogehalt ist dabei eine ausschließlich rechnerische Größe, die vor der Entsendung zwischen Arbeitgeber und Arbeitnehmer in Verhandlungen zu vereinbaren ist. Dem inländischen Nettogehalt werden spezifische Entsendungsvergütungen hinzugefügt, um auf das ausländische Nettogehalt zu gelangen. Durch Hochrechnung der auf diese Größe anfallenden ausländischen Steuern (sowie eventuell anfallende Sozialversicherungsbeiträge) wird das korrespondierende ausländische Bruttogehalt ermittelt.[247] Im Ausland wird der Bruttolohn ausgezahlt und die entsprechenden Steuern und ggf. Sozialversicherungsbeiträge abgezogen. Im Ergebnis wird ein Ausgleich zwischen den bisherigen inländischen Vergütungen (zzgl. Entsendungszulagen) und den zukünftigen ausländischen Vergütungen hergestellt. Der Expatriate selbst hält somit auch im Ausland sein inländisches Nettolohnniveau grundsätzlich aufrecht. Die Höhe des ausländischen Steuer- sowie Sozialversicherungsniveaus ist für ihn insoweit unbeachtlich.

Die Nettolohnvereinbarung beruht ausschließlich auf einer **Verpflichtung des Arbeitgebers im Innenverhältnis**. Gegenüber der Finanzverwaltung entwickelt sie keine unmittelbaren Rechtsfolgen. Der steuerpflichtige Arbeitslohn ist demnach das ermittelte ausländische Bruttogehalt, für das der Arbeitnehmer weiterhin selbst Steuerschuldner ist.[248] Im Rahmen von Nettolohnvereinbarungen verpflichtet sich der Arbeitnehmer in der Regel, eventuelle Erstattungsansprüche, die aufgrund seiner Einkommensteuerveranlagung entstehen können, an den Arbeitgeber abzutreten.[249] Von Arbeitgeberseite wird diese Vorgehensweise damit vertreten, dass der Arbeitgeber zuvor die ausländischen Steuer- und sonstigen Abzugsbeträge im Rahmen der Ermittlung der ausländischen Bruttobezüge übernommen habe. Stellt sich bei der Veranlagung heraus, dass diese Beträge durch den Arbeitgeber im Rahmen der Hochrechnung überbewertet wurden, sollte ihm der daraus resultierende Erstattungsanspruch zustehen. Auf die steuerpflichtigen Einkünfte des Veranlagungsjahres, aus dem dieser Erstattungsanspruch resultiert, hat diese Abtretung jedoch keine Auswirkung.[250] Allerdings mindern sie im Jahr der tatsächlichen Abtretung (§ 11 Abs. 2 EStG) an den Arbeitgeber als negative Einnahmen die entsprechenden steuerpflichtigen Einkünfte des Expatriate.[251]

Bei einem echten Steuerausgleichsmodell (tax equalization scheme) wird davon ausgegangen, dass dem entsandten Arbeitnehmer aus seiner Auslandstätigkeit normalerweise weder steuerliche Vor- noch Nachteile entstehen sollen. Diese Vorgabe wird bei einem **reinen Steuerschutzprogramm** (tax protection scheme) teilweise aufgegeben, da insofern eventuelle Steuervorteile (sofern die tatsächlichen Steuern während des Auslandsaufenthalts geringer

---

[247] Vgl. auch R 39 b.9 LStR.
[248] Vgl. für Deutschland § 38 Abs. 2 EStG.
[249] Vgl. auch OFD Düsseldorf v. 27. 3. 2000, S 2367 A – St 122/1221.
[250] Vgl. BFH v. 16. 8. 1979, BStBl 1979 II, S. 771.
[251] So für den Inlandsfall BFH v. 22. 6. 1990, BFH/NV 1991, S. 156. Entgegen der bisher in der Praxis üblichen Handhabung, dass der Erstattungsanspruch vom Nettoarbeitslohn abgezogen wird, stellt dieser nach Ansicht des BFH in Übereinstimmung mit der Ansicht der Finanzverwaltung (vgl. OFD Düsseldorf v. 29. 11. 2005, DStZ 2006, S. 84) eine negative Einnahme dar, die nicht den Nettoarbeitslohn, sondern nur den Bruttoarbeitslohn mindert. Vgl. BFH v. 30. 7. 2009, BFH/NV 2009, S. 1890; Ziesecke, S., PIStB 2007, S. 325.

sind als die Steuern, die er in Deutschland gezahlt hätte) dem Arbeitnehmer zugutekommen. Dieser hat somit den Schutz vor höheren Steuern, gleichzeitig aber auch die Möglichkeit der Erzielung von wind-fall profits. Bei der Durchführung eines Steuerschutzprogramms (tax protection scheme) zahlt der Arbeitgeber seinem Mitarbeiter dessen ausländisches Bruttogehalt aus. Der Expatriate erklärt und bezahlt seine Steuern bei der Finanzverwaltung selbst, soweit keine Lohnbesteuerung eintritt. Sind die tatsächlichen Steuern geringer als die vergleichbare (hypothetische) Inlandssteuer, entstehen dem Arbeitnehmer verbleibende Steuervorteile. Andererseits erstattet der Arbeitgeber den eventuellen Unterschiedsbetrag zwischen der inländischen Vergleichssteuer und den übersteigenden entsendungsbedingten tatsächlichen Auslandssteuern. Bei dieser Erstattung handelt es sich um einen Nettobetrag, der wiederum steuerpflichtigen Arbeitslohn darstellt. Um diesen Nachteil des Arbeitnehmers auszugleichen, muss die Erstattung auf einen Bruttobetrag hochgerechnet werden (sog. grossing up for taxes).

Vergleicht man ein echtes Tax-equalization-Modell bzw. eine Nettolohnvereinbarung mit einem Tax-protection-Modell, so ist aus **Arbeitnehmersicht** sicherlich letzteres zu bevorzugen, da die aus einer gegenüber dem Heimatland niedrigeren Steuerlast resultierenden Minderbelastungen im Transferland dem Expatriate zugutekommen. Aus **Arbeitgebersicht** enthält die Tax-protection-Methode aber neben den damit verbundenen Kostennachteilen ein weiteres Risiko: Da die Gesamtvergütung in Entsendungsfällen sich häufig aus einer Vielzahl von teilweise auch unübersichtlichen Vergütungselementen zusammensetzt und der Arbeitnehmer von Kürzungen der ausländischen Steuerbemessungsgrundlage selbst profitiert, kann die Tax-protection-Methode die Expatriates dazu verführen, die eigenen Steuerpflichten im Ausland zu vernachlässigen und ggf. die Belastungen unrechtmäßig zu verkürzen.[252] Diese Haltung kann für den Arbeitgeber im Gastland nachteilige Auswirkungen nach sich ziehen, weshalb viele Konzerne mittlerweile zu echten Steuerausgleichsmodellen übergegangen sind. Umgekehrt fehlt bei reinen Steuerausgleichsmodellen (Nettolohnvereinbarungen) dem Arbeitnehmer oft der Anreiz, sich ausreichend um steuerliche Belange zu kümmern, wodurch wiederum Mehrkosten beim Arbeitgeber entstehen können.

E. Weitere Aspekte internationaler Personalentsendung

I. Steuerrisiken im Unternehmensbereich

Der steuerliche Schwerpunkt bei der Analyse internationaler Personalentsendungen liegt zweifellos im einkommensteuerlichen Bereich. Die Gefahr einer Doppelbesteuerung ist zu minimieren und es sind steueroptimale Gestaltungsvarianten zu identifizieren. Bei der Konzentration auf diese Einkommensteueraspekte darf aber nicht übersehen werden, dass Entsendungsprogramme auch Auswirkungen auf die Unternehmensbesteuerung haben. Insbesondere eine ausländische Betriebsstättenbegründung, die Anpassung von Verrechnungspreisen oder eine Lohnsteuerhaftung können die unerwünschte Konsequenz von Nachlässigkeiten in der steuerlichen Entsendungsplanung sein.

---

[252] Vgl. Heise, H.J., Entsendung, 1997, S. 141.

8. Kapitel. Steuerplanung in Entsendungsfällen

1. Begründung einer Auslandsbetriebsstätte

Entsendet ein deutsches Unternehmen einen Mitarbeiter ins Ausland, so muss der Arbeitgeber auch Vorsorge treffen, dass die Annahme einer Auslandsbetriebsstätte des Mutterunternehmens aufgrund der Tätigkeit seines Mitarbeiters ausgeschlossen erscheint.[253] Ansonsten drohen zusätzliche Formalitäten, Auseinandersetzungen mit der ausländischen Steuerbehörde und nicht zuletzt steuerliche Mehrfacherfassungen von Gewinnen durch unterschiedliche Ergebniszuordnung im In- und Ausland. Zwar sind Betriebsstättengewinne aus DBA-Staaten grundsätzlich von der deutschen Besteuerung freigestellt, so dass die Annahme einer Betriebsstätte grundsätzlich sogar zu einem Steuervorteil führen kann. Angesichts des regelmäßig eher bescheidenen Volumens eines derartigen „Vertretergewinns" und in Anbetracht der oben angesprochenen Formalitäten und Risiken – insbesondere bei der nachträglichen Annahme einer Betriebsstätte[254] – scheuen jedoch die meisten Unternehmen eine steuerliche Präsenz im Ausland.[255]

Soll der **Gefahr der Begründung einer Auslandsbetriebsstätte** (oder im Umkehrfall einer Inlandsbetriebsstätte eines ausländischen Unternehmers) durch die Personalentsendung begegnet werden, so darf der abgeordnete Mitarbeiter zunächst nicht in einer festen Einrichtung des entsendenden Unternehmens tätig werden. Problematisch ist in diesem Zusammenhang, dass Büroanmietungen durch die Muttergesellschaft oder entsprechende Kostenbelastungen seitens der ausländischen Tochtergesellschaft betriebsstättenbegründend wirken können.[256] Darüber hinaus sollte dem Mitarbeiter keine Vollmacht eingeräumt werden, im Ausland im Namen des Mutterunternehmens Verträge abzuschließen, da mit Ausübung dieser Vollmacht regelmäßig die Rechtsfolge einer Vertreterbetriebsstätte ausgelöst wird.[257] Bereits im Entsendungsvertrag sollten deshalb diese Vollmachten ausgeschlossen und die Eingliederung des Expatriate in die ausländische Geschäftsorganisation vorgesehen werden.

2. Unangemessene konzerninterne Aufteilung der Entsendungskosten

Im Rahmen einer verursachungsgerechten Gewinnabgrenzung im Konzern müssen auch die Entsendungskosten nach dem **Prinzip der wirtschaftlichen Zugehörigkeit** den beteiligten in- und ausländischen Unternehmenseinheiten zugeordnet werden. Eine unangemessene Verrechnungspreispolitik durch Über- und Unterbelastungen seitens des entsendenden Unternehmens führt zu Gewinnanpassungen, womit latent die Gefahr von Doppelbesteuerungen und damit einer weiteren Erhöhung der Entsendungskosten verknüpft ist. Entscheidendes Kriterium für die Abzugsfähigkeit entsprechender Aufwendungen bei einer Unternehmenseinheit ist die **eigen-**

---

[253] Vgl. Paul, C./Hilbert, L., PIStB 2008, S. 136 f. Für den Inbound-Fall vgl. Schnorberger, S./Waldens, S., IStR 2001, S. 313 f.
[254] Vgl. Zehetmair, M., IStR 1998, S. 264.
[255] Zu den Rechtsfolgen bei Annahme einer Vertreterbetriebsstätte vgl. 3. Teil, 2. Kapitel, Abschnitt A II 3 b).
[256] Vgl. BFH v. 26. 10. 1987, BStBl 1988 II, S. 348; BFH v. 3. 2. 1993, BStBl 1993 II, S. 462; zur Rechtsprechungsentwicklung vgl. Korff, M., IStR 2009, S. 231 ff.
[257] Vgl. Art. 5 Abs. 5 OECD-Modell sowie den entsprechenden OECD-Kommentar. Zu aktuellen Entwicklungen vgl. Seltenreich, S., IWB, Fach 3, Deutschland, Gruppe 2, S. 1269 ff. Zu Einzelheiten vgl. 3. Teil, 2. Kapitel, Abschnitt A II 3 b).

betriebliche Veranlassung der Personalentsendung, wobei es nicht selten Streit mit der Finanzverwaltung darüber gibt, in wessen Interesse ein Mitarbeiter nun gerade tätig wird.[258] Gemäß den Verwaltungsgrundsätzen-Arbeitnehmerentsendung geht die Finanzverwaltung i. d. R. davon aus, dass der Arbeitnehmer im Interesse und für Rechnung des aufnehmenden Unternehmens tätig wird.[259] Allerdings wird diese Aussage insofern eingeschränkt, als dass für die Berücksichtigung von Aufwendungen bei inländischen Unternehmen – sowohl entsendenden als auch aufnehmenden – eine umfangreiche Dokumentation gefordert wird.[260]

Die **Dokumentationspflichten** wurden in der Gewinnabgrenzungsaufzeichnungsverordnung (GAufzV) konkretisiert.[261] Diese beziehen sich aber vorwiegend auf konzerninterne Lieferungen und Leistungen und decken den Bereich der konzerninternen Personalentsendung nur unzureichend ab. Für den Umfang der Dokumentation bei Mitarbeiterentsendungen bleiben daher die Verwaltungsgrundsätze-Arbeitnehmerentsendung maßgeblich. Als problematisch anzusehen ist hierbei, dass die Finanzverwaltung unterschiedliche Maßstäbe für inländische aufnehmende und entsendende Unternehmen anlegt. Im Outbound-Fall ist das BMF grundsätzlich nur gegen Nachweis bereit, die über das Lohnniveau des Staates der aufnehmenden Unternehmung ggf. hinausgehenden Personalaufwendungen für entsandte Mitarbeiter zu akzeptieren. Maßstab ist hierbei das Veranlassungsprinzip. Personalaufwand ist insbesondere dann beim entsendenden Unternehmen abzugsfähig, wenn der Expatriate mit Planungs-, Koordinierungs- oder Kontrollfunktionen betraut ist.[262] Im Inbound-Fall dagegen gilt der Fremdvergleichsgrundsatz. So besteht hierbei die widerlegbare Vermutung, dass Aufwendungen, die dem Fremdvergleich nicht standhalten, der entsendenden ausländischen Unternehmung zuzurechnen sind.[263] Auf diese Weise sieht die Verwaltung den Grundsatz des Fremdvergleichs befolgt,[264] weil ein aufnehmendes Unternehmen marktunüblich höhere Lohnaufwendungen für einen konzernfremden Arbeitnehmer ebenfalls nicht ohne weiteres akzeptiert hätte.[265]

---

[258] Vgl. Richter, G./Schanz, T., BB 1994, S. 398; Gross, E., Arbeitskräfte, 1997, S. 469; Kuckhoff, H./Schreiber, R., Verrechnungspreise, 1997, S. 104; Schnorberger, S./Waldens, S., IStR 2001, S. 39 ff.

[259] Vgl. BMF-Schreiben v. 9. 11. 2001 (Verwaltungsgrundsätze-Arbeitnehmerentsendung), BStBl 2001 I, S. 796, Tz. 3.1.1.; Waldens, S., PIStB 2002, S. 166 ff. Siehe auch OFD Koblenz v. 21. 8. 1995, IDW-Fachnachrichten 1995, S. 447.

[260] Vgl. BMF-Schreiben v. 9. 11. 2001 (Verwaltungsgrundsätze-Arbeitnehmerentsendung), BStBl 2001 I, S. 796, Tz. 3.1.1., 3.1.2.5. Siehe dazu Vögele, A./Crüger, A./Schmitt, V., DB 2002, S. 1185 ff.; Waldens, S., PIStB 2002, S. 17 f.; Waldens, S./Kohl, S., PIStB 2005, S. 14 ff. Zur Behandlung einzelner Gehaltsbestandteile vgl. Görl, M., IStR 2002, S. 447.

[261] Verordnung zu Art, Inhalt und Umfang von Aufzeichnungen i. S. d. § 90 Abs. 3 AO (GAufzV) v. 13. 11. 2003, BGBl 2003 I, S. 2296. Vgl. insbesondere Förster, J., Dokumentationspflichten, 2005, S. 373 ff.

[262] Vgl. BMF-Schreiben v. 9. 11. 2001 (Verwaltungsgrundsätze-Arbeitnehmerentsendung), BStBl 2001 I, S. 796, Tz. 3.3.

[263] Vgl. kritisch Förster, J., Dokumentationspflichten, 2005, S. 379 f.

[264] Kritisch dazu Schnorberger, S./Waldens, S., IStR 2001, S. 43 ff.; Waldens, S., PIStB 2002, S. 20 ff.

[265] Vgl. BMF-Schreiben v. 9. 11. 2001 (Verwaltungsgrundsätze-Arbeitnehmerentsendung), BStBl 2001 I, S. 796, Tz. 3.2.3. Siehe auch IDW, IDW-Fachnachrichten 2000, S. 657 ff.

8. Kapitel. Steuerplanung in Entsendungsfällen

Damit bestehen für verbundene Unternehmen bei grenzüberschreitenden Personalentsendungen erhebliche zusätzliche Nachweis- und Dokumentationspflichten, bspw. zu den folgenden Fragen:[266]
- Welches der beiden an der Entsendung beteiligten Unternehmen hat die Entsendung des Mitarbeiters veranlasst?
- Auf welcher Ebene der Tochtergesellschaft ist der entsandte Mitarbeiter tätig?
- Welche Funktionen führt der Mitarbeiter aus?
- Sind oder waren gleichwertige Mitarbeiter auf dem lokalen Arbeitsmarkt zu beschaffen?
- Ist die Arbeitsentsendung Teil eines Personaleinsatzes, der im Rahmen eines Entwicklungskonzepts des ausländischen Mutterunternehmens durchgeführt wird?

Werden die dem aufnehmenden Unternehmen entstandenen Aufwendungen durch das entsendende Unternehmen nicht oder nicht in ausreichendem Umfang erstattet, ist bei dem aufnehmenden Unternehmen eine Gewinnberichtigung nach § 1 AStG oder nach den Grundsätzen der verdeckten Gewinnausschüttung bzw. verdeckten Kapitaleinlage vorzunehmen.

Wird der Expatriate im Ausland im gemeinsamen Interesse von Mutter- und Tochtergesellschaft tätig, sind demnach die **Entsendungskosten verursachungsgerecht aufzuteilen**.[267]

Beispiel 1: Der bei der M-GmbH beschäftigte Facharbeiter A, der über umfangreiche Erfahrung auf dem Gebiet des Kraftwerkbaus verfügt, wird zur Durchführung eines neuen Projekts in Barcelona für fünf Monate zur spanischen Tochtergesellschaft der M-GmbH abgeordnet. Die Entsendung liegt im Interesse der für das Projekt verantwortlichen Tochtergesellschaft, die entsprechend auch die Entsendungskosten zu tragen hat.
Beispiel 2: Die französische Tochtergesellschaft einer deutschen GmbH ist in eine ernsthafte Krise geraten. Der deutsche Geschäftsführer B wechselt seinen Arbeitsort für sechs Monate von Mannheim nach Paris, um das lokale Management auszutauschen, Fehlerursachen zu analysieren und zu beheben sowie das Berichtswesen zur Mutter-GmbH zu verbessern. Da die Entsendung in beiderseitigem Interesse liegt, sind die entsprechenden Kosten zwischen Mutter- und Tochtergesellschaft aufzuteilen.

Insbesondere das zweite Beispiel verdeutlicht, wie schwierig in vielen Fällen die Interessenszuordnung und damit die zutreffende Schätzung des Kostenverteilungsschlüssels sein kann.[268] Ein weiteres Problem besteht in der Ermittlung der aufzuteilenden bzw. zu belastenden Entsendungskosten, da in diesen neben dem Regelgehalt auch Auslandszulagen und Nebenkosten enthalten sein sollen.[269] Fraglich ist dann, inwieweit die Gesamtbelastung noch dem Drittvergleich standhält.[270] Problematisch und letztlich nur im Einzelfall lösbar

---

[266] Vgl. BMF-Schreiben v. 9. 11. 2001 (Verwaltungsgrundsätze-Arbeitnehmerentsendung), BStBl 2001 I, S. 796, Tz. 3.3.; Kroppen, H.-K./Rasch, S./Roeder, A., IWB, Fach 3, Deutschland, Gruppe 1, S. 1828 f.; Waldens, S., PIStB 2002, S. 16 ff.
[267] Vgl. auch Waldens, S., PIStB 2002, S. 255 ff.
[268] Vgl. Kratzenberg, H., StBp 1989, S. 205; Fajen, H.-G., IStR 1995, S. 469; Gross, E., Arbeitskräfte, 1997, S. 469 ff.; Zehetmair, M., IStR 1998, S. 261 f.
[269] Vgl. Dahnke, H., IStR 1994, S. 496; Borstell, T./Gruchalla, P. v., Arbeitnehmerentsendungen, 2004, S. 1673 f.
[270] Verfügt der entsandte Mitarbeiter aber über keine Spezialkenntnisse und stehen darüber hinaus auf dem ausländischen Arbeitsmarkt ausreichend qualifizierte Arbeitskräfte zur Verfügung, so ist von einer teilweisen Veranlassung durch das Heimatunternehmen auszugehen, so dass ausschließlich die ortsüblichen Vergütungen beim Gast-

ist insoweit die Behandlung der Aufwendungen für die Altersvorsorge des Mitarbeiters oder für Stock-Option-Pläne.[271] Für Alterssicherungsaufwendungen ist u. E. zumindest bei kurz- und mittelfristigen Entsendungen eine Weiterbelastung dieser Gehaltsbestandteile nicht zwingend, da ein fremder Dritter wohl nur bei langfristigen Beschäftigungsverhältnissen betriebliche Versorgungsleistungen gewähren wird.[272]

Beispiel: Der Nachwuchsmanager C der X-AG soll Auslandserfahrung sammeln und wird deshalb für ein Jahr zur Leitung der Tochtergesellschaft nach Warschau entsandt. Die Entsendung ist vorrangig von der polnischen Gesellschaft veranlasst, aber auch in der Interessenlage des Konzerns. Eine Kostenbelastung eines lokal üblichen Drittgehalts (ohne Auslandszulagen, Umzugskosten, Aufwendungen für Altersversorgung) erscheint sachgerecht.

Bei der Personalentsendung gilt, dass **Vorsicht bei der Änderung bestehender Kostenbelastungsvereinbarungen** angezeigt ist, da insoweit neben Anerkennungsproblemen im Ausland auch Rückwirkungen auf den inländischen Betriebsausgabenabzug in der Vergangenheit nicht auszuschließen sind. Es ist deshalb dringend anzuraten, im Falle des Wechsels der Abrechnungsform eine entsprechende Dokumentation vorzuhalten.

Beispiel: Geschäftsführer D der M-GmbH hat bereits bisher Teile seiner Arbeitszeit dem Management der niederländischen Tochtergesellschaft gewidmet. Eine Kostenbelastung an die Dutch BV fand aber nicht statt. Nachdem der Finanzmanager der Dutch BV unerwartet ausschied, übernahm D teilweise dessen Aufgaben und schloss mit der Tochtergesellschaft einen zusätzlichen Arbeitsvertrag ab. Nach dem neu eingeführten Payroll-split-System wird das Gehalt des D hälftig von der M-GmbH und der Dutch BV getragen. Um Anerkennungsprobleme in den Niederlanden (für die Zukunft) und Deutschland (für die Vergangenheit) zu minimieren, sind die Zusatzaufgaben des D sorgfältig zu dokumentieren.

Aus der Sicht der Praxis ist allerdings die Möglichkeit zu begrüßen, dass in Absprache mit der Finanzverwaltung ein einheitlicher Aufteilungsmaßstab für alle Arbeitnehmerentsendungen festgelegt werden kann.[273]

3. Haftungsrisiko bei fehlerhaftem Lohnsteuerabzug

Wenn auch im Mittelpunkt der steuerlichen Entsendungspolitik der Arbeitnehmer steht, führen Nettolohnvereinbarungen oder Steuerausgleichsprogramme regelmäßig dazu, dass **Steuermehrkosten zu Lasten des Arbeitgebers** fallen. Darüber hinaus verbleiben zumeist auch sämtliche **Lohnsteuerhaftungsrisiken** letztlich im Unternehmensbereich, da eine Weiterbelastung von im In- oder Ausland nacherhobenen Lohnsteuern an die Mitarbeiter in der Praxis typischerweise ausgeschlossen ist.[274] Um bspw. zu

---

unternehmen als Betriebsausgaben anzuerkennen sind. Vgl. Kuckhoff, H./Schreiber, R., Verrechnungspreise, 1997, S. 106. Vgl. hierzu auch BFH v. 11. 4. 1984, BStBl 1984 II, S. 535; OFD Koblenz v. 21. 8. 1995, IDW-Fachnachrichten 1995, S. 447.
[271] Vgl. Fischer, H.-J., DB 2001, S. 1003 ff.
[272] So auch Zehetmair, M., IStR 1998, S. 261; Görl, M., IStR 2002, S. 447.
[273] Vgl. BMF-Schreiben v. 9. 11. 2001 (Verwaltungsgrundsätze-Arbeitnehmerentsendung), BStBl 2001 I, S. 796, Tz. 3.5. Vgl. auch die Gesamtwürdigung der Verwaltungsgrundsätze bei Kroppen, H.-K./Rasch, S./Roeder, A., IWB, Fach 3, Deutschland, Gruppe 1, S. 1830.
[274] Vgl. Paul, C./Hilbert, L., PIStB 2008, S. 139 f.

vermeiden, dass als steuerfrei deklarierte fringe benefits von den lokalen Finanzverwaltungen in steuerpflichtige geldwerte Vorteile umqualifiziert werden, muss eine kasuistische Einzelfallüberprüfung anhand der einschlägigen nationalen Steuergesetze die zutreffende Besteuerung der fringe benefits klären. Der inländische Arbeitgeber kann im Rahmen seiner Lohnsteuerabzugsverpflichtung[275] bspw. dann in Haftung genommen werden, wenn er bei Personalentsendungen den Lohnsteuerabzug unterlässt, obwohl keine Freistellungsbescheinigung vorliegt. Zudem sind die Lohnsteuerregelungen des Auslands sorgfältig zu beachten, wobei insbesondere auch sicherzustellen ist, dass der Freistellungsbetrag in Deutschland und der im Ausland erklärte Arbeitslohn nicht willkürlich voneinander abweichen.

Grundsätzlich ist bei Entsendungsfällen der Frage Aufmerksamkeit zu widmen, ob und inwieweit der inländische Konzernteil überhaupt **inländischer Arbeitgeber** ist, da nur ein inländischer Arbeitgeber für den von ihm gezahlten Arbeitslohn zum Lohnsteuereinbehalt verpflichtet ist (§ 38 Abs. 1 EStG) und er ggf. dafür haftet (§ 42 d Abs. 1 EStG). Mangels eindeutiger gesetzlicher Definitionen des Arbeitgeberbegriffs kann die Klärung dieser Frage im Einzelfall schwierig sein. Die Rechtsprechung sieht – im Umkehrschluss zur Definition des Arbeitnehmers in § 1 LStDV – denjenigen als Arbeitgeber an, dem der Arbeitnehmer die Arbeitsleistung schuldet, unter dessen Leitung er tätig wird und dessen Weisungen er zu befolgen hat und der berechtigt ist, den Arbeitnehmer einzustellen und zu entlassen.[276] Folglich besteht eine Lohnsteuereinbehaltungspflicht im Inland bspw. dann nicht, wenn eine ausländische Konzernmutter Arbeitnehmer zur Inlandstochter entsendet, die nur im Auftrag der Muttergesellschaft tätig werden, d. h. wenn sie ausschließlich oder nahezu ausschließlich Aufsichts- oder Kontrollfunktionen bei der Inlandstochter wahrnehmen. In diesen Fällen ist die ausländische Muttergesellschaft Arbeitgeber, weshalb im Inland keine Lohnsteuerpflicht besteht.[277] Andererseits ist ein inländischer Arbeitgeber zur Abführung der Lohnsteuer verpflichtet, wenn er Arbeitgeber im wirtschaftlichen Sinne ist. Dies ist etwa bei konzerninterner Weiterbelastung der Gehaltsaufwendungen ins Inland der Fall, auch wenn der inländische Konzernteil den Lohn nicht selbst auszahlt (§ 38 Abs. 1 Satz 2 EStG).[278]

II. Sozialversicherungsrechtliche Gesichtspunkte

Bei der Beschäftigung deutscher Mitarbeiter im Ausland sind neben steuerrechtlichen Gestaltungsfragen insbesondere auch sozialversicherungs- und arbeitsrechtliche[279] Gesichtspunkte zu beachten.[280] Steuerliche Gestaltungen in

---

[275] Vgl. § 38 Abs. 1 EStG; § 42 d EStG; R 39 b.10 LStR.
[276] Vgl. Pflüger, H., PIStB 2000, S. 259; Lühn, T., IWB, Fach 3, Gruppe 2, S. 1569 ff.
[277] Vgl. FG Nürnberg v. 6. 6. 2000, EFG 2000, S. 939; BFH v. 19. 2. 2004, BStBl 2004 II, S. 620.
[278] Kritisch hierzu Reinhold, M., Personalentsendung, 2010, S. 99.
[279] Vgl. hierzu Pietras, K./Thomas, H., RIW 2001, S. 691 ff. Zu den arbeitsrechtlichen Grundlagen vgl. DWS, Arbeitsrecht, 2001.
[280] Darüber hinaus besteht für den Arbeitgeber bei Auslandseinsätzen ebenfalls eine besondere Fürsorgepflicht ggü. dem Arbeitnehmer. Vgl. weiterführend Edenfeld, S., NZA 2009, S. 938.

Unkenntnis der sozial- und arbeitsrechtlichen Bestimmungen bergen ein hohes Risikopotenzial.

Bei einer vorübergehenden Beschäftigung im Ausland haben Arbeitgeber und Arbeitnehmer regelmäßig ein beiderseitiges Interesse an der Fortführung der deutschen Sozialversicherung; dies gilt sowohl unter Kostenaspekten als auch unter leistungsrechtlichen Gesichtspunkten als auch zur Vermeidung von Zahlungen von ausländischen Sozialversicherungsbeiträgen etc. Im Einzelnen ist insoweit zu unterscheiden zwischen einem internationalen Mitarbeitereinsatz in ein Land, mit dem Deutschland ein Abkommen über soziale Sicherheit abgeschlossen hat,[281] dem vertragslosen Ausland und den Mitarbeitereinsätzen innerhalb der EU.

- Wird ein Arbeitnehmer **in einem Staat des vertragslosen Auslandes tätig,** sind die innerstaatlichen Vorschriften über die Ausstrahlung (§ 4 SGB IV) anzuwenden.[282] Demzufolge unterliegt ein Arbeitnehmer bei einer Beschäftigung im vertragslosen Ausland im Wege der Ausstrahlung nach § 4 SGB IV den deutschen Vorschriften über die Sozialversicherung, wenn es sich um eine Entsendung im Rahmen eines im Inland bestehenden Beschäftigungsverhältnisses handelt und die Dauer der Beschäftigung im Ausland im Voraus zeitlich begrenzt ist.[283] Hinsichtlich der Auswirkung der Entgeltzahlung auf die Zuordnung des Beschäftigungsverhältnisses ist bei Konzernunternehmen zudem zu berücksichtigen, ob das Arbeitsentgelt bei der Gewinnermittlung im Inland als Betriebsausgabe steuerlich geltend gemacht wird.[284] Sofern die Voraussetzungen einer Ausstrahlung i. S. v. § 4 SGB IV kumulativ erfüllt sind, besteht in der deutschen Sozialversicherung weiterhin eine Versicherungspflicht. Durch § 4 SGB IV wird ausschließlich die Frage der Versicherungspflicht oder -berechtigung in der deutschen Sozialversicherung bei Beschäftigung im vertragslosen Ausland geregelt. Durch das Fehlen von über- und zwischenstaatlichen Koordinierungsregelungen kann es, unabhängig von einer in Deutschland bestehenden Sozialversicherungspflicht, zudem zu einer Anwendung der lokalen Rechtsvorschriften über soziale Sicherheit im Beschäftigungsstaat kommen.
- **Abkommen über soziale Sicherheit** überlagern das innerstaatliche Recht nicht unmittelbar, sondern müssen durch ein Ratifikationsgesetz des nationalen Gesetzgebers in das innerstaatliche Recht transformiert werden.[285] In den von der Bundesrepublik abgeschlossenen Sozialversicherungsabkommen werden die vom Abkommen mittelbar bzw. unmittelbar erfassten Zweige der deutschen Sozialversicherung – als Ausnahme des Territorialitätsprinzips – regelmäßig für einen begrenzten Zeitraum von zumindest 24 Monaten aufrechterhalten, sofern die Voraussetzungen einer

---

[281] Bilaterale Abkommen über Soziale Sicherheit hat die Bundesrepublik Deutschland derzeit mit Australien, Bosnien-Herzegowina, Chile, China, Indien, Israel, Japan, Kanada, Korea, dem Kosovo, Kroatien, Marokko, Mazedonien, Montenegro, Indien, Quebec, Serbien, der Türkei, Tunesien und den USA geschlossen.
[282] Vgl. Leitherer, S., Sozialversicherungsrecht, § 4 SGB IV, Rn. 1 ff.
[283] Vgl. hierzu die Richtlinien zur versicherungsrechtlichen Beurteilung von Arbeitnehmern bei Ausstrahlung (§ 4 SGB IV) und Einstrahlung (§ 5 SGB IV) der Spitzenverbände der Sozialversicherung in der Fassung vom 23. 4. 2007.
[284] Vgl. u. a. BSG v. 7. 11. 1996, USK 9651.
[285] Vgl. Hauck, K./Noftz, W., Sozialgesetzbuch IV, § 6, Rz. 4.

Entsendung vorliegen. Im Anschluss sind wieder die Rechtsvorschriften des Beschäftigungsstaates anzuwenden. Alle Abkommen enthalten eine Fülle von weiteren Sonderregelungen, die die anzuwendenden Rechtsvorschriften bei bestimmten Personengruppen einem der Vertragsstaaten zuweisen.

– Bei **Entsendungen innerhalb der EU** wird durch die unmittelbar anzuwendenden Abgrenzungsnormen der ab 1. 5. 2010 geltenden VO (EG) 883/2004 eine Doppelversicherung in verschiedenen Systemen der sozialen Sicherheit ausgeschlossen.[286] Grundsätzlich unterliegt ein Arbeitnehmer den Rechtsvorschriften über soziale Sicherheit des EU-Staats, in dessen Gebiet er physisch seine Beschäftigung ausübt (Art. 11 Abs. 3 Buchstabe a der VO (EG) 883/2004). In diesem Zusammenhang ist es unbeachtlich, in welchem EU-Staat sich der Betriebssitz des Arbeitgebers befindet oder in welchem EU-Staat der Arbeitnehmer seinen Wohnsitz hat. In den Art. 12–16 der VO (EG) 883/2004 wird durch diverse Ausnahmen die relativ starre Regelung des Beschäftigungsstaatsprinzips durchbrochen. Von dem Grundsatz sind insbesondere Ausnahmen möglich, wenn es sich um eine Sonderregelung i. S. v. Art. 12 Abs. 1 oder 2 VO (EG) 883/2004, d. h. um eine Entsendung, handelt. Eine wesentliche Neuregelung besteht darin, dass der Entsendezeitraum auf 24 Monate ausgedehnt wird. Soll eine Entsendung von vornherein mehr als 24 Monate dauern, ist von Anfang an eine Ausnahmevereinbarung erforderlich.[287]

III. Arbeitsvertragliche Gestaltung und ausländerrechtliche Voraussetzungen

Neben sozialversicherungsrechtlichen Aspekten müssen auch arbeitsrechtliche Gesichtspunkte und die Einreisebestimmungen des Auslands beachtet werden. In **arbeitsrechtlicher Hinsicht**[288] erfordert der Auslandseinsatz, dass gem. § 2 Abs. 2 Nachweisgesetz (1) die Dauer der Auslandstätigkeit, (2) die Währung, in der das Arbeitsentgelt gezahlt wird, (3) zusätzlich gewährtes Entgelt und Sachleistungen sowie (4) die Rückkehrbedingungen für den Mitarbeiter schriftlich niedergelegt werden. Mit dem Mitarbeiter wird in der Regel eine den Arbeitsvertrag ergänzende Vereinbarung zwischen Arbeitgeber und -nehmer (Entsendungsvereinbarung) geschlossen, die die einzelnen Modalitäten des Entsendepakets (z. B. Gehalt im Inland und nach Rückkehr, Festlegung des Direktionsrechts, Arbeitszeiten und Feiertagsregelungen, Details zur Sozialversicherung und Steuern, Heimflüge, Umzugskosten, Wohnkostenübernahme etc.) regelt.[289] Der Mitarbeiter wird dabei grundsätzlich im Rahmen seines deutschen (Heimatland-)Arbeitsverhältnisses entsendet. Alternativ ist es möglich, den deutschen Arbeitsvertrag ruhend zu stellen, d. h. die Hauptleistungspflichten aus dem Arbeitsverhältnis – Vergütungszahlung und Erbringung der Arbeitsleistung – zu suspendieren. In diesem Fall erhält der

---

[286] Vgl. Verordnung (EG) Nr. 883/2004 des Europäischen Parlaments und des Rates v. 29. 4. 2004, Abl. 2004 Nr. L 166, S. 1. In Bezug auf die Schweiz und die EWR-Staaten findet die neue Verordnung erst nach Abschluss der dafür vorgesehenen Ratifizierungsverfahren Anwendung.
[287] Vgl. zu den Neuerungen auch Charissé, C., DB 2010, S. 1348 ff.
[288] Ausführlich zu den arbeitsrechtlichen Aspekten der Auslandsentsendung vgl. Hofmann, K.-W./Nowak, H./Rohrbach, T., Auslandsentsendung, 2002, S. 8 ff.
[289] Vgl. Mastmann, G./Stark, J., BB 2005, S. 1849 ff.

Mitarbeiter im Gastland einen Arbeitsvertrag nach dem entsprechenden ausländischen Recht und die Vergütungsauszahlung erfolgt im Ausland. In einer Ruhensvereinbarung mit der Heimatgesellschaft werden dann üblicherweise nur Pflichten geregelt, die die Heimatgesellschaft noch erbringt, z. B. Stellung der Anträge bei den Sozialversicherungsbehörden, Fortführung der betrieblichen Altersversorgung sowie steuerliche Regelungen und Hinweise (z. B. Tax-equalization-Regelungen).

Entsendungsverträge oder Ruhensvereinbarungen unterliegen wie Arbeitsverträge der AGB-Kontrolle nach den §§ 305 ff. BGB. Die Regelungen in den Entsendungsverträgen müssen klar und deutlich formuliert sein und dürfen den Arbeitnehmer nicht unangemessen benachteiligen. Gerade die steuerlichen Vereinbarungen in Entsendungsverträgen stellen in diesem Kontext eine große Herausforderung dar. Insbesondere Tax-equalization-Regelungen sind häufig unzureichend und missverständlich formuliert. Wenn im Interesse des Arbeitgebers Entsendungen in Niedrigsteuerländer erfolgen, stellt sich die Frage, ob eine Tax-equalization-Regelung für den Arbeitnehmer eine unangemessene Benachteiligung gem. § 307 BGB ist, da er bei Beibehaltung einer Bruttovergütung eine niedrigere Steuerlast hätte. Die Beurteilung als Benachteiligung kann dabei jedoch nicht nur einseitig anhand der steuerlichen Auswirkungen festgemacht werden, vielmehr müssen im Rahmen einer Gesamtschau die Details des Einzelfalls, die Hintergründe der Entsendung und die sonstigen Vorteile, die der Mitarbeiter durch eine Tax-equalization-Richtlinie erhält, in Betracht gezogen werden. Wichtig ist, dass dem Mitarbeiter durch klare Regelungen und Berechnungen die steuerlichen Unterschiede und Auswirkungen deutlich vor Augen geführt werden und dieser bewusst mit einer tax equalization einverstanden ist.

Tax equalization und/oder Entsenderichtlinien des Unternehmens unterliegen gem. § 87 BetrVG der zwingenden Mitbestimmung des Betriebsrats. Dies bedeutet, dass der Betriebsrat in die Einführung, Gestaltung und Änderung dieser Richtlinien eingebunden werden muss. Nach § 80 Abs. 1 Nr. 1 BetrVG hat der Betriebsrat das Recht, Musterarbeitsverträge auf die Einhaltung des AGB-Rechts zu überprüfen.[290]

Im Hinblick auf **öffentliche Auflagen im Gastland** ist zu klären, ob Aufenthaltsgenehmigungen und/oder eine Arbeitserlaubnis erforderlich sind.[291] Auch Visa-Vorschriften sind häufig recht komplex, so dass eine intensive und rechtzeitige Auseinandersetzung mit den diesbezüglichen Erfordernissen unerlässlich ist. Schließlich sind auch lokale Beschränkungen hinsichtlich der Höhe des eingeführten Vermögens sowie der Zahlungsmittel, aber auch Begrenzungen hinsichtlich der Konten, auf die der deutsche Arbeitgeber Lohnvergütungen zahlen darf, zu erkunden.

Die Vielzahl der Gesichtspunkte, die zu beachten sind, wenn ein Mitarbeiter auf Veranlassung des Arbeitgebers seinen Tätigkeitsort über die Landesgrenzen hinweg wechselt, erfordern eine enge Koordination und zentrale Abwicklung der Entsendung im Konzern. Ungereimtheiten und Unzufrie-

---

[290] Vgl. Fitting, K./Engels, G./Schmidt, I./Trebinger, Y./Linsenmaier, W., Betriebsverfassungsgesetz, § 80, Rn. 6 ff.

[291] In den EU-Staaten ist eine Arbeitserlaubnis nicht erforderlich. Vgl. Art. 7 Verordnung (EWG) 1612/68.

8. Kapitel. Steuerplanung in Entsendungsfällen

denheiten auf Arbeitgeber- oder Arbeitnehmerseite lassen sich nur ausschließen, wenn die Steuer-, Rechts- und Personalabteilungen auf ein **standardisiertes Prozedere zur Abwicklung von Auslandseinsätzen** zurückgreifen können. Ein ständig wachsender Kreis von Unternehmen trägt diesen Herausforderungen mit gemeinsamen steuer-, arbeits- und sozialversicherungsrechtlichen **Entsenderichtlinien** Rechnung.

OECD-Musterabkommen zur Vermeidung der Doppelbesteuerung auf dem Gebiet der Steuern vom Einkommen und vom Vermögen (OECD-MA)[1]

Inhaltsübersicht

Abschnitt I. Geltungsbereich des Abkommens

Art. 1 Unter das Abkommen fallende Personen
Art. 2 Unter das Abkommen fallende Steuern

Abschnitt II. Begriffsbestimmungen

Art. 3 Allgemeine Begriffsbestimmungen
Art. 4 Ansässige Personen
Art. 5 Betriebstätte

Abschnitt III. Besteuerung des Einkommens

Art. 6 Einkünfte aus unbeweglichem Vermögen
Art. 7 Unternehmensgewinne
Art. 8 Seeschifffahrt, Binnenschifffahrt und Luftfahrt
Art. 9 Verbundene Unternehmen
Art. 10 Dividenden
Art. 11 Zinsen
Art. 12 Lizenzgebühren
Art. 13 Gewinne aus der Veräußerung von Vermögen
Art. 14 [aufgehoben]
Art. 15 Einkünfte aus unselbständiger Arbeit
Art. 16 Aufsichtsrats- und Verwaltungsratsvergütungen
Art. 17 Künstler und Sportler
Art. 18 Ruhegehälter
Art. 19 Öffentlicher Dienst
Art. 20 Studenten
Art. 21 Andere Einkünfte

Abschnitt IV. Besteuerung des Vermögens

Art. 22 Vermögen

---

[1] In der Fassung vom 17. 7. 2008.

Abschnitt V. Methoden zur Vermeidung der Doppelbesteuerung

Art. 23 A Befreiungsmethode
Art. 23 B Anrechnungsmethode

Abschnitt VI. Besondere Bestimmungen

Art. 24 Gleichbehandlung
Art. 25 Verständigungsverfahren
Art. 26 Informationsaustausch
Art. 27 Amtshilfe bei der Erhebung von Steuern
Art. 28 Mitglieder diplomatischer Missionen und konsularischer Vertretungen
Art. 29 Ausdehnung des räumlichen Geltungsbereichs

Abschnitt VII. Schlussbestimmungen

Art. 30 Inkrafttreten
Art. 31 Kündigung

Abschnitt I. Geltungsbereich des Abkommens

Art. 1 Unter das Abkommen fallende Personen

Dieses Abkommen gilt für Personen, die in einem Vertragsstaat oder in beiden Vertragsstaaten ansässig sind.

Art. 2 Unter das Abkommen fallende Steuern

(1) Dieses Abkommen gilt, ohne Rücksicht auf die Art der Erhebung, für Steuern vom Einkommen und vom Vermögen, die für Rechnung eines Vertragsstaats oder seiner Gebietskörperschaften erhoben werden.

(2) Als Steuern vom Einkommen und vom Vermögen gelten alle Steuern, die vom Gesamteinkommen, vom Gesamtvermögen oder von Teilen des Einkommens oder des Vermögens erhoben werden, einschließlich der Steuern vom Gewinn aus der Veräußerung beweglichen oder unbeweglichen Vermögens, der Lohnsummensteuern sowie der Steuern vom Vermögenszuwachs.

(3) Zu den bestehenden Steuern, für die das Abkommen gilt, gehören insbesondere

a) (in Staat A): ...
b) (in Staat B): ...

(4) Das Abkommen gilt auch für alle Steuern gleicher oder im Wesentlichen ähnlicher Art, die nach der Unterzeichnung des Abkommens neben den bestehenden Steuern oder an deren Stelle erhoben werden. Die zuständigen Behörden der Vertragsstaaten teilen einander die in ihren Steuergesetzen eingetretenen bedeutsamen Änderungen mit.

Abschnitt II. Begriffsbestimmungen

Art. 3 Allgemeine Begriffsbestimmungen

(1) Im Sinne dieses Abkommens, wenn der Zusammenhang nichts anderes erfordert,
a) umfasst der Ausdruck „Person" natürliche Personen, Gesellschaften und alle anderen Personenvereinigungen;
b) bedeutet der Ausdruck „Gesellschaft" juristische Personen oder Rechtsträger, die für die Besteuerung wie juristische Personen behandelt werden;
c) bezieht sich der Ausdruck „Unternehmen" auf die Ausübung einer Geschäftstätigkeit;
d) bedeuten die Ausdrücke „Unternehmen eines Vertragsstaats" und „Unternehmen des anderen Vertragsstaats", je nachdem, ein Unternehmen, das von einer in einem Vertragsstaat ansässigen Person betrieben wird, oder ein Unternehmen, das von einer im anderen Vertragsstaat ansässigen Person betrieben wird;
e) bedeutet der Ausdruck „internationaler Verkehr" jede Beförderung mit einem Seeschiff oder Luftfahrzeug, das von einem Unternehmen mit tatsächlicher Geschäftsleitung in einem Vertragsstaat betrieben wird, es sei denn, das Seeschiff oder Luftfahrzeug wird ausschließlich zwischen Orten im anderen Vertragsstaat betrieben;
f) bedeutet der Ausdruck „zuständige Behörde"
  i) (in Staat A): ...
  ii) (in Staat B): ...
g) bedeutet der Ausdruck „Staatsangehöriger" in Bezug auf einen Vertragsstaat
  i) jede natürliche Person, die die Staatsangehörigkeit oder Staatsbürgerschaft dieses Vertragsstaats besitzt; und
  ii) jede juristische Person, Personengesellschaft und andere Personenvereinigung, die nach dem in diesem Vertragsstaat geltenden Recht errichtet worden ist;
h) schließt der Ausdruck „Geschäftstätigkeit" auch die Ausübung einer freiberuflichen oder sonstigen selbständigen Tätigkeit ein.

(2) Bei der Anwendung des Abkommens durch einen Vertragsstaat hat, wenn der Zusammenhang nichts anderes erfordert, jeder im Abkommen nicht definierte Ausdruck die Bedeutung, die ihm im Anwendungszeitraum nach dem Recht dieses Staates über die Steuern zukommt, für die das Abkommen gilt, wobei die Bedeutung nach dem in diesem Staat anzuwendenden Steuerrecht den Vorrang vor einer Bedeutung hat, die der Ausdruck nach anderem Recht dieses Staates hat.

Art. 4 Ansässige Person

(1) Im Sinne dieses Abkommens bedeutet der Ausdruck „eine in einem Vertragsstaat ansässige Person" eine Person, die nach dem Recht dieses Staates dort auf Grund ihres Wohnsitzes, ihres ständigen Aufenthalts, des Ortes ihrer Geschäftsleitung oder eines anderen ähnlichen Merkmals steuerpflichtig ist, und umfasst auch diesen Staat und seine Gebietskörperschaften. Der Ausdruck umfasst jedoch nicht eine Person, die in diesem Staat nur mit Einkünften aus Quellen in diesem Staat oder mit in diesem Staat gelegenem Vermögen steuerpflichtig ist.

(2) Ist nach Absatz 1 eine natürliche Person in beiden Vertragsstaaten ansässig, so gilt Folgendes:

a) Die Person gilt als nur in dem Staat ansässig, in dem sie über eine ständige Wohnstätte verfügt; verfügt sie in beiden Staaten über eine ständige Wohnstätte, so gilt sie als nur in dem Staat ansässig, zu dem sie die engeren persönlichen und wirtschaftlichen Beziehungen hat (Mittelpunkt der Lebensinteressen);
b) kann nicht bestimmt werden, in welchem Staat die Person den Mittelpunkt ihrer Lebensinteressen hat, oder verfügt sie in keinem der Staaten über eine ständige Wohnstätte, so gilt sie als nur in dem Staat ansässig, in dem sie ihren gewöhnlichen Aufenthalt hat;
c) hat die Person ihren gewöhnlichen Aufenthalt in beiden Staaten oder in keinem der Staaten, so gilt sie als nur in dem Staat ansässig, dessen Staatsangehöriger sie ist;
d) ist die Person Staatsangehöriger beider Staaten oder keines der Staaten, so regeln die zuständigen Behörden der Vertragsstaaten die Frage in gegenseitigem Einvernehmen.

(3) Ist nach Absatz 1 eine andere als eine natürliche Person in beiden Vertragsstaaten ansässig, so gilt sie als nur in dem Staat ansässig, in dem sich der Ort ihrer tatsächlichen Geschäftsleitung befindet.

Art. 5 Betriebstätte

(1) Im Sinne dieses Abkommens bedeutet der Ausdruck „Betriebstätte" eine feste Geschäftseinrichtung, durch die die Geschäftstätigkeit eines Unternehmens ganz oder teilweise ausgeübt wird.

(2) Der Ausdruck „Betriebstätte" umfasst insbesondere:
a) einen Ort der Leitung,
b) eine Zweigniederlassung,
c) eine Geschäftsstelle,
d) eine Fabrikationsstätte,
e) eine Werkstätte und
f) ein Bergwerk, ein Öl- oder Gasvorkommen, einen Steinbruch oder eine andere Stätte der Ausbeutung von Bodenschätzen.

(3) Eine Bauausführung oder Montage ist nur dann eine Betriebstätte, wenn ihre Dauer zwölf Monate überschreitet.

(4) Ungeachtet der vorstehenden Bestimmungen dieses Artikels gelten nicht als Betriebstätten:
a) Einrichtungen, die ausschließlich zur Lagerung, Ausstellung oder Auslieferung von Gütern oder Waren des Unternehmens benutzt werden;
b) Bestände von Gütern oder Waren des Unternehmens, die ausschließlich zur Lagerung, Ausstellung oder Auslieferung unterhalten werden;
c) Bestände von Gütern oder Waren des Unternehmens, die ausschließlich zu dem Zweck unterhalten werden, durch ein anderes Unternehmen bearbeitet oder verarbeitet zu werden;
d) eine feste Geschäftseinrichtung, die ausschließlich zu dem Zweck unterhalten wird, für das Unternehmen Güter oder Waren einzukaufen oder Informationen zu beschaffen;
e) eine feste Geschäftseinrichtung, die ausschließlich zu dem Zweck unterhalten wird, für das Unternehmen andere Tätigkeiten auszuüben, die vorbereitender Art sind oder eine Hilfstätigkeit darstellen;
f) eine feste Geschäftseinrichtung, die ausschließlich zu dem Zweck unterhalten wird, mehrere der unter den Buchstaben a bis e genannten Tätigkeiten auszuüben, vorausgesetzt, dass die sich daraus ergebende Gesamttätigkeit der festen Geschäftseinrichtung vorbereitender Art ist oder eine Hilfstätigkeit darstellt.

(5) Ist eine Person – mit Ausnahme eines unabhängigen Vertreters im Sinne des Absatzes 6 – für ein Unternehmen tätig und besitzt sie in einem Vertragsstaat die Vollmacht, im Namen des Unternehmens Verträge abzuschließen, und übt sie die Vollmacht dort gewöhnlich aus, so wird das Unternehmen ungeachtet der Absätze 1 und 2 so behandelt, als habe es in diesem Staat für alle von der Person für das Unternehmen ausgeübten Tätigkeiten eine Betriebstätte, es sei denn, diese Tätigkeiten beschränken sich auf die in Absatz 4 genannten Tätigkeiten, die, würden sie durch eine feste Geschäftseinrichtung ausgeübt, diese Einrichtung nach dem genannten Absatz nicht zu einer Betriebstätte machten.

(6) Ein Unternehmen wird nicht schon deshalb so behandelt, als habe es eine Betriebstätte in einem Vertragsstaat, weil es dort seine Geschäftstätigkeit durch einen Makler, Kommissionär oder einen anderen unabhängigen Vertreter ausübt, sofern diese Personen im Rahmen ihrer ordentlichen Geschäftstätigkeit handeln.

(7) Allein dadurch, dass eine in einem Vertragsstaat ansässige Gesellschaft eine Gesellschaft beherrscht oder von einer Gesellschaft beherrscht wird, die im anderen Vertragsstaat ansässig ist oder dort (entweder durch eine Betriebstätte oder auf andere Weise) ihre Geschäftstätigkeit ausübt, wird keine der beiden Gesellschaften zur Betriebstätte der anderen.

Abschnitt III. Besteuerung des Einkommens

Art. 6 Einkünfte aus unbeweglichem Vermögen

(1) Einkünfte, die eine in einem Vertragsstaat ansässige Person aus unbeweglichem Vermögen (einschließlich der Einkünfte aus land- und forstwirtschaftlichen Betrieben) bezieht, das im anderen Vertragsstaat liegt, können im anderen Staat besteuert werden.

(2) Der Ausdruck „unbewegliches Vermögen" hat die Bedeutung, die ihm nach dem Recht des Vertragsstaats zukommt, in dem das Vermögen liegt. Der Ausdruck umfasst in jedem Fall das Zubehör zum unbeweglichen Vermögen, das lebende und tote Inventar land- und forstwirtschaftlicher Betriebe, die Rechte, für die die Vorschriften des Privatrechts über Grundstücke gelten, Nutzungsrechte an unbeweglichem Vermögen sowie Rechte auf veränderliche oder feste Vergütungen für die Ausbeutung oder das Recht auf Ausbeutung von Mineralvorkommen, Quellen und anderen Bodenschätzen; Schiffe und Luftfahrzeuge gelten nicht als unbewegliches Vermögen.

(3) Absatz 1 gilt für die Einkünfte aus der unmittelbaren Nutzung, der Vermietung oder Verpachtung sowie jeder anderen Art der Nutzung unbeweglichen Vermögens.

(4) Die Absätze 1 und 3 gelten auch für Einkünfte aus unbeweglichem Vermögen eines Unternehmens.

Art. 7 Unternehmensgewinne

(1) Gewinne eines Unternehmens eines Vertragsstaats können nur in diesem Staat besteuert werden, es sei denn, das Unternehmen übt seine Geschäftstätigkeit im anderen Vertragsstaat durch eine dort gelegene Betriebstätte aus. Übt das Unternehmen seine Geschäftstätigkeit auf diese Weise aus, so können die Gewinne des Unternehmens im anderen Staat besteuert werden, jedoch nur insoweit, als sie dieser Betriebstätte zugerechnet werden können.

(2) Übt ein Unternehmen eines Vertragsstaats seine Geschäftstätigkeit im anderen Vertragsstaat durch eine dort gelegene Betriebstätte aus, so werden vorbehaltlich des Absatzes 3 in jedem Vertragsstaat dieser Betriebstätte die Gewinne zugerechnet, die sie hätte erzielen können, wenn sie eine gleiche oder ähnliche Geschäftstätigkeit unter gleichen oder ähnlichen Bedingungen als selbständiges Unternehmen ausgeübt hätte und im Verkehr mit dem Unternehmen, dessen Betriebstätte sie ist, völlig unabhängig gewesen wäre.

(3) Bei der Ermittlung der Gewinne einer Betriebstätte werden die für diese Betriebstätte entstandenen Aufwendungen, einschließlich der Geschäftsführungs- und allgemeinen Verwaltungskosten, zum Abzug zugelassen, gleichgültig, ob sie in dem Staat, in dem die Betriebstätte liegt, oder anderswo entstanden sind.

(4) Soweit es in einem Vertragsstaat üblich ist, die einer Betriebstätte zuzurechnenden Gewinne durch Aufteilung der Gesamtgewinne des Unternehmens auf seine einzelnen Teile zu ermitteln, schließt Absatz 2 nicht aus, dass dieser Vertragsstaat die zu besteuernden Gewinne nach der üblichen Aufteilung ermittelt; die gewählte Gewinnaufteilung muss jedoch derart sein, dass das Ergebnis mit den Grundsätzen dieses Artikels übereinstimmt.

(5) Auf Grund des bloßen Einkaufs von Gütern oder Waren für das Unternehmen wird einer Betriebstätte kein Gewinn zugerechnet.

(6) Bei der Anwendung der vorstehenden Absätze sind die der Betriebstätte zuzurechnenden Gewinne jedes Jahr auf dieselbe Art zu ermitteln, es sei denn, dass ausreichende Gründe dafür bestehen, anders zu verfahren.

(7) Gehören zu den Gewinnen Einkünfte, die in anderen Artikeln dieses Abkommens behandelt werden, so werden die Bestimmungen jener Artikel durch die Bestimmungen dieses Artikels nicht berührt.

Art. 8 Seeschifffahrt, Binnenschifffahrt und Luftfahrt

(1) Gewinne aus dem Betrieb von Seeschiffen oder Luftfahrzeugen im internationalen Verkehr können nur in dem Vertragsstaat besteuert werden, in dem sich der Ort der tatsächlichen Geschäftsleitung des Unternehmens befindet.

(2) Gewinne aus dem Betrieb von Schiffen, die der Binnenschifffahrt dienen, können nur in dem Vertragsstaat besteuert werden, in dem sich der Ort der tatsächlichen Geschäftsleitung des Unternehmens befindet.

(3) Befindet sich der Ort der tatsächlichen Geschäftsleitung eines Unternehmens der See- oder Binnenschifffahrt an Bord eines Schiffes, so gilt er als in dem Vertragsstaat gelegen, in dem der Heimathafen des Schiffes liegt, oder, wenn kein Heimathafen vorhanden ist, in dem Vertragsstaat, in dem die Person ansässig ist, die das Schiff betreibt.

(4) Absatz 1 gilt auch für Gewinne aus der Beteiligung an einem Pool, einer Betriebsgemeinschaft oder einer internationalen Betriebsstelle.

Art. 9 Verbundene Unternehmen

(1) Wenn
a) ein Unternehmen eines Vertragsstaats unmittelbar oder mittelbar an der Geschäftsleitung, der Kontrolle oder dem Kapital eines Unternehmens des anderen Vertragsstaats beteiligt ist, oder
b) dieselben Personen unmittelbar oder mittelbar an der Geschäftsleitung, der Kontrolle oder dem Kapital eines Unternehmens eines Vertragsstaats und eines Unternehmens des anderen Vertragsstaats beteiligt sind

und in diesen Fällen die beiden Unternehmen in ihren kaufmännischen oder finanziellen Beziehungen an vereinbarte oder auferlegte Bedingungen gebunden sind, die von denen abweichen, die unabhängige Unternehmen miteinander vereinbaren würden, so dürfen die Gewinne, die eines der Unternehmen ohne diese Bedingungen erzielt hätte, wegen dieser Bedingungen aber nicht erzielt hat, den Gewinnen dieses Unternehmens zugerechnet und entsprechend besteuert werden.

(2) Werden in einem Vertragsstaat den Gewinnen eines Unternehmens dieses Staates Gewinne zugerechnet – und entsprechend besteuert –, mit denen ein Unternehmen des anderen Vertragsstaats in diesem Staat besteuert worden ist, und handelt es sich bei den zugerechneten Gewinnen um solche, die das Unternehmen des erstgenannten Staates erzielt hätte, wenn die zwischen den beiden Unternehmen vereinbarten Bedingungen die gleichen gewesen wären, die unabhängige Unternehmen miteinander vereinbaren würden, so nimmt der andere Staat eine entsprechende Änderung der dort von diesen Gewinnen erhobenen Steuer vor. Bei dieser Änderung sind die übrigen Bestimmungen dieses Abkommens zu berücksichtigen; erforderlichenfalls werden die zuständigen Behörden der Vertragsstaaten einander konsultieren.

Art. 10 Dividenden

(1) Dividenden, die eine in einem Vertragsstaat ansässige Gesellschaft an eine im anderen Vertragsstaat ansässige Person zahlt, können im anderen Staat besteuert werden.

(2) Diese Dividenden können jedoch auch in dem Vertragsstaat, in dem die die Dividenden zahlende Gesellschaft ansässig ist, nach dem Recht dieses Staates besteuert werden; die Steuer darf aber, wenn der Nutzungsberechtigte der Dividenden eine in dem anderen Vertragsstaat ansässige Person ist, nicht übersteigen:
a) 5 vom Hundert des Bruttobetrages der Dividenden, wenn der Nutzungsberechtigte eine Gesellschaft (jedoch keine Personengesellschaft) ist, die unmittelbar über mindestens 25 vom Hundert des Kapitals der die Dividenden zahlenden Gesellschaft verfügt;
b) 15 vom Hundert des Bruttobetrags der Dividenden in allen anderen Fällen.
Die zuständigen Behörden der Vertragsstaaten regeln in gegenseitigem Einvernehmen, wie diese Begrenzungsbestimmungen durchzuführen sind. Dieser Absatz berührt nicht die Besteuerung der Gesellschaft in Bezug auf die Gewinne, aus denen die Dividenden gezahlt werden.

(3) Der in diesem Artikel verwendete Ausdruck „Dividenden" bedeutet Einkünfte aus Aktien, Genussaktien oder Genusscheinen, Kuxen, Gründeranteilen oder anderen Rechten – ausgenommen Forderungen – mit Gewinnbeteiligung sowie aus sonstigen Gesellschaftsanteilen stammende Einkünfte, die nach dem Recht des Staates, in dem die ausschüttende Gesellschaft ansässig ist, den Einkünften aus Aktien steuerlich gleichgestellt sind.

(4) Die Absätze 1 und 2 sind nicht anzuwenden, wenn der in einem Vertragsstaat ansässige Nutzungsberechtigte im anderen Vertragsstaat, in dem die die Dividenden zahlende Gesellschaft ansässig ist, eine Geschäftstätigkeit durch eine dort gelegene Betriebstätte ausübt und die Beteiligung, für die die Dividenden gezahlt werden, tatsächlich zu dieser Betriebstätte gehört. In diesem Fall ist Artikel 7 anzuwenden.

(5) Bezieht eine in einem Vertragsstaat ansässige Gesellschaft Gewinne oder Einkünfte aus dem anderen Vertragsstaat, so darf dieser andere Staat weder die von der Gesellschaft gezahlten Dividenden besteuern, es sei denn, dass diese Dividen-

den an eine im anderen Staat ansässige Person gezahlt werden oder dass die Beteiligung, für die die Dividenden gezahlt werden, tatsächlich zu einer im anderen Staat gelegenen Betriebstätte gehört, noch Gewinne der Gesellschaft einer Steuer für nichtausgeschüttete Gewinne unterwerfen, selbst wenn die gezahlten Dividenden oder die nichtausgeschütteten Gewinne ganz oder teilweise aus im anderen Staat erzielten Gewinnen oder Einkünften bestehen.

Art. 11 Zinsen

(1) Zinsen, die aus einem Vertragsstaat stammen und an eine im anderen Vertragsstaat ansässige Person gezahlt werden, können im anderen Staat besteuert werden.

(2) Diese Zinsen können jedoch auch in dem Vertragsstaat, aus dem sie stammen, nach dem Recht dieses Staates besteuert werden; die Steuer darf aber, wenn der Nutzungsberechtigte der Zinsen eine in dem anderen Vertragsstaat ansässige Person ist, 10 v. H. des Bruttobetrags der Zinsen nicht übersteigen. Die zuständigen Behörden der Vertragsstaaten regeln in gegenseitigem Einvernehmen, wie diese Begrenzungsbestimmung durchzuführen ist.

(3) Der in diesem Artikel verwendete Ausdruck „Zinsen" bedeutet Einkünfte aus Forderungen jeder Art, auch wenn die Forderungen durch Pfandrechte an Grundstücken gesichert oder mit einer Beteiligung am Gewinn des Schuldners ausgestattet sind, und insbesondere Einkünfte aus öffentlichen Anleihen und aus Obligationen einschließlich der damit verbundenen Aufgelder und der Gewinne aus Losanleihen. Zuschläge für verspätete Zahlung gelten nicht als Zinsen im Sinne dieses Artikels.

(4) Die Absätze 1 und 2 sind nicht anzuwenden, wenn der in einem Vertragsstaat ansässige Nutzungsberechtigte im anderen Vertragsstaat, aus dem die Zinsen stammen, eine Geschäftstätigkeit durch eine dort gelegene Betriebstätte ausübt und die Forderung, für die die Zinsen gezahlt werden, tatsächlich zu dieser Betriebstätte gehört. In diesem Fall ist Artikel 7 anzuwenden.

(5) Zinsen gelten dann als aus einem Vertragsstaat stammend, wenn der Schuldner eine in diesem Staat ansässige Person ist. Hat aber der Schuldner der Zinsen, ohne Rücksicht darauf, ob er in einem Vertragsstaat ansässig ist oder nicht, in einem Vertragsstaat eine Betriebstätte und ist die Schuld, für die die Zinsen gezahlt werden, für Zwecke der Betriebstätte eingegangen worden und trägt die Betriebstätte die Zinsen, so gelten die Zinsen als aus dem Staat stammend, in dem die Betriebstätte liegt.

(6) Bestehen zwischen dem Schuldner und dem Nutzungsberechtigten oder zwischen jedem von ihnen und einem Dritten besondere Beziehungen und übersteigen deshalb die Zinsen, gemessen an der zugrundeliegenden Forderung, den Betrag, den Schuldner und Nutzungsberechtigter ohne diese Beziehungen vereinbart hätten, so wird dieser Artikel nur auf den letzteren Betrag angewendet. In diesem Fall kann der übersteigende Betrag nach dem Recht eines jeden Vertragsstaats und unter Berücksichtigung der anderen Bestimmungen dieses Abkommens besteuert werden.

Art. 12 Lizenzgebühren

(1) Lizenzgebühren, die aus einem Vertragsstaat stammen und deren Nutzungsberechtigter eine im anderen Vertragsstaat ansässige Person ist, können nur im anderen Staat besteuert werden.

(2) Der in diesem Artikel verwendete Ausdruck „Lizenzgebühren" bedeutet Vergütungen jeder Art, die für die Benutzung oder für das Recht auf Benutzung

von Urheberrechten an literarischen, künstlerischen oder wissenschaftlichen Werken, einschließlich kinematographischer Filme, von Patenten, Marken, Mustern oder Modellen, Plänen, geheimen Formeln oder Verfahren oder für die Mitteilung gewerblicher, kaufmännischer oder wissenschaftlicher Erfahrungen gezahlt werden.

(3) Absatz 1 ist nicht anzuwenden, wenn der in einem Vertragsstaat ansässige Nutzungsberechtigte im anderen Vertragsstaat, aus dem die Lizenzgebühren stammen, eine Geschäftstätigkeit durch eine dort gelegene Betriebstätte ausübt und die Rechte oder Vermögenswerte, für die die Lizenzgebühren gezahlt werden, tatsächlich zu dieser Betriebstätte gehören. In diesem Fall ist Artikel 7 anzuwenden.

(4) Bestehen zwischen dem Schuldner und dem Nutzungsberechtigten oder zwischen jedem von ihnen und einem Dritten besondere Beziehungen und übersteigen deshalb die Lizenzgebühren, gemessen an der zugrundeliegenden Leistung, den Betrag, den Schuldner und Nutzungsberechtigter ohne diese Beziehungen vereinbart hätten, so wird dieser Artikel nur auf den letzteren Betrag angewendet. In diesem Fall kann der übersteigende Betrag nach dem Recht eines jeden Vertragsstaats und unter Berücksichtigung der anderen Bestimmungen dieses Abkommens besteuert werden.

Art. 13 Gewinne aus der Veräußerung von Vermögen

(1) Gewinne, die eine in einem Vertragsstaat ansässige Person aus der Veräußerung unbeweglichen Vermögens im Sinne des Artikels 6 bezieht, das im anderen Vertragsstaat liegt, können im anderen Staat besteuert werden.

(2) Gewinne aus der Veräußerung beweglichen Vermögens, das Betriebsvermögen einer Betriebstätte ist, die ein Unternehmen eines Vertragsstaats im anderen Vertragsstaat hat, einschließlich derartiger Gewinne, die bei der Veräußerung einer solchen Betriebstätte (allein oder mit dem übrigen Unternehmen) erzielt werden, können im anderen Staat besteuert werden.

(3) Gewinne aus der Veräußerung von Seeschiffen oder Luftfahrzeugen, die im internationalen Verkehr betrieben werden, von Schiffen, die der Binnenschifffahrt dienen, und von beweglichem Vermögen, das dem Betrieb dieser Schiffe oder Luftfahrzeuge dient, können nur in dem Vertragsstaat besteuert werden, in dem sich der Ort der tatsächlichen Geschäftsleitung des Unternehmens befindet.

(4) Gewinne, die eine in einem Vertragsstaat ansässige Person aus der Veräußerung von Anteilen bezieht, deren Wert zu mehr als 50 vom Hundert unmittelbar oder mittelbar auf unbeweglichem Vermögen beruht, das im anderen Vertragsstaat liegt, können im anderen Staat besteuert werden.

(5) Gewinne aus der Veräußerung des in den Absätzen 1, 2, 3 und 4 nicht genannten Vermögens können nur in dem Vertragsstaat besteuert werden, in dem der Veräußerer ansässig ist.

Art. 14 Selbständige Arbeit

[aufgehoben]

Art. 15 Einkünfte aus unselbständiger Arbeit

(1) Vorbehaltlich der Artikel 16, 18 und 19 können Gehälter, Löhne und ähnliche Vergütungen, die eine in einem Vertragsstaat ansässige Person aus unselbständiger Arbeit bezieht, nur in diesem Staat besteuert werden, es sei denn, die Arbeit wird im anderen Vertragsstaat ausgeübt. Wird die Arbeit dort ausgeübt, so können die dafür bezogenen Vergütungen im anderen Staat besteuert werden.

(2) Ungeachtet des Absatzes 1 können Vergütungen, die eine in einem Vertragsstaat ansässige Person für eine im anderen Vertragsstaat ausgeübte unselbständige Arbeit bezieht, nur im erstgenannten Staat besteuert werden, wenn
a) der Empfänger sich im anderen Staat insgesamt nicht länger als 183 Tage innerhalb eines Zeitraums von zwölf Monaten, der während des betreffenden Steuerjahres beginnt oder endet, aufhält und
b) die Vergütungen von einem Arbeitgeber oder für einen Arbeitgeber gezahlt werden, der nicht im anderen Staat ansässig ist, und
c) die Vergütungen nicht von einer Betriebstätte getragen werden, die der Arbeitgeber im anderen Staat hat.

(3) Ungeachtet der vorstehenden Bestimmungen dieses Artikels können Vergütungen für unselbständige Arbeit, die an Bord eines Seeschiffes oder Luftfahrzeuges, das im internationalen Verkehr betrieben wird, oder an Bord eines Schiffes, das der Binnenschifffahrt dient, ausgeübt wird, in dem Vertragsstaat besteuert werden, in dem sich der Ort der tatsächlichen Geschäftsleitung des Unternehmens befindet.

Art. 16 Aufsichtsrats- und Verwaltungsratsvergütungen

Aufsichtsrats- und Verwaltungsratsvergütungen und ähnliche Zahlungen, die eine in einem Vertragsstaat ansässige Person in ihrer Eigenschaft als Mitglied des Aufsichts- oder Verwaltungsrats einer Gesellschaft bezieht, die im anderen Vertragsstaat ansässig ist, können im anderen Staat besteuert werden.

Art. 17 Künstler und Sportler

(1) Ungeachtet der Artikel 7 und 15 können Einkünfte, die eine in einem Vertragsstaat ansässige Person als Künstler, wie Bühnen-, Film-, Rundfunk- und Fernsehkünstler sowie Musiker, oder als Sportler aus ihrer im anderen Vertragsstaat persönlich ausgeübten Tätigkeit bezieht, im anderen Staat besteuert werden.

(2) Fließen Einkünfte aus einer von einem Künstler oder Sportler in dieser Eigenschaft persönlich ausgeübten Tätigkeit nicht dem Künstler oder Sportler selbst, sondern einer anderen Person zu, so können diese Einkünfte ungeachtet der Artikel 7 und 15 in dem Vertragsstaat besteuert werden, in dem der Künstler oder Sportler seine Tätigkeit ausübt.

Art. 18 Ruhegehälter

Vorbehaltlich des Artikels 19 Absatz 2 können Ruhegehälter und ähnliche Vergütungen, die einer in einem Vertragsstaat ansässigen Person für frühere unselbständige Arbeit gezahlt werden, nur in diesem Staat besteuert werden.

Art. 19 Öffentlicher Dienst

(1) a) Gehälter, Löhne und ähnliche Vergütungen, ausgenommen Ruhegehälter, die von einem Vertragsstaat oder einer seiner Gebietskörperschaften an eine natürliche Person für die diesem Staat oder der Gebietskörperschaft geleisteten Dienste gezahlt werden, können nur in diesem Staat besteuert werden.
b) Diese Gehälter, Löhne und ähnlichen Vergütungen können jedoch nur im anderen Vertragsstaat besteuert werden, wenn die Dienste in diesem Staat geleistet werden und die natürliche Person in diesem Staat ansässig ist und
  i) ein Staatsangehöriger dieses Staates ist oder
  ii) nicht ausschließlich deshalb in diesem Staat ansässig geworden ist, um die Dienste zu leisten.

(2) a) Ungeachtet des Absatzes 1 können Ruhegehälter oder ähnliche Vergütungen, die von einem Vertragsstaat oder einer seiner Gebietskörperschaften oder aus einem von diesem Staat oder der Gebietskörperschaft errichteten Sondervermögen an eine natürliche Person für die diesem Staat oder der Gebietskörperschaft geleisteten Dienste gezahlt werden, nur in diesem Staat besteuert werden.

b) Diese Ruhegehälter oder ähnliche Vergütungen können jedoch nur im anderen Vertragsstaat besteuert werden, wenn die natürliche Person in diesem Staat ansässig ist und ein Staatsangehöriger dieses Staates ist.

(3) Auf Gehälter, Löhne, Ruhegehälter und ähnliche Vergütungen für Dienstleistungen, die im Zusammenhang mit einer Geschäftstätigkeit eines Vertragsstaats oder einer seiner Gebietskörperschaften erbracht werden, sind die Artikel 15, 16, 17 oder 18 anzuwenden.

Art. 20 Studenten

Zahlungen, die ein Student, Praktikant oder Lehrling, der sich in einem Vertragsstaat ausschließlich zum Studium oder zur Ausbildung aufhält und der im anderen Vertragsstaat ansässig ist oder dort unmittelbar vor der Einreise in den erstgenannten Staat ansässig war, für seinen Unterhalt, sein Studium oder seine Ausbildung erhält, dürfen im erstgenannten Staat nicht besteuert werden, sofern diese Zahlungen aus Quellen außerhalb dieses Staates stammen.

Art. 21 Andere Einkünfte

(1) Einkünfte einer in einem Vertragsstaat ansässigen Person, die in den vorstehenden Artikeln nicht behandelt wurden, können ohne Rücksicht auf ihre Herkunft nur in diesem Staat besteuert werden.

(2) Absatz 1 ist auf andere Einkünfte als solche aus unbeweglichem Vermögen im Sinne des Artikels 6 Absatz 2 nicht anzuwenden, wenn der in einem Vertragsstaat ansässige Empfänger im anderen Vertragsstaat eine Geschäftstätigkeit durch eine dort gelegene Betriebstätte ausübt und die Rechte oder Vermögenswerte, für die die Einkünfte gezahlt werden, tatsächlich zu dieser Betriebstätte gehören. In diesem Fall ist Artikel 7 anzuwenden.

Abschnitt IV. Besteuerung des Vermögens

Art. 22 Vermögen

(1) Unbewegliches Vermögen im Sinne des Artikels 6, das einer in einem Vertragsstaat ansässigen Person gehört und im anderen Vertragsstaat liegt, kann im anderen Staat besteuert werden.

(2) Bewegliches Vermögen, das Betriebsvermögen einer Betriebstätte ist, die ein Unternehmen eines Vertragsstaates im anderen Vertragsstaat hat, kann im anderen Staat besteuert werden.

(3) Seeschiffe und Luftfahrzeuge, die im internationalen Verkehr betrieben werden, und Schiffe, die der Binnenschifffahrt dienen, sowie bewegliches Vermögen, das dem Betrieb dieser Schiffe oder Luftfahrzeuge dient, können nur in dem Vertragsstaat besteuert werden, in dem sich der Ort der tatsächlichen Geschäftsleitung des Unternehmens befindet.

(4) Alle anderen Vermögensteile einer in einem Vertragsstaat ansässigen Person können nur in diesem Staat besteuert werden.

Abschnitt V. Methoden zur Vermeidung der Doppelbesteuerung

Art. 23 A Befreiungsmethode

(1) Bezieht eine in einem Vertragsstaat ansässige Person Einkünfte oder hat sie Vermögen und können diese Einkünfte oder dieses Vermögen nach diesem Abkommen im anderen Vertragsstaat besteuert werden, so nimmt der erstgenannte Staat vorbehaltlich der Absätze 2 und 3 diese Einkünfte oder dieses Vermögen von der Besteuerung aus.

(2) Bezieht eine in einem Vertragsstaat ansässige Person Einkünfte, die nach den Artikeln 10 und 11 im anderen Vertragsstaat besteuert werden können, so rechnet der erstgenannte Staat auf die vom Einkommen dieser Person zu erhebende Steuer den Betrag an, der der im anderen Staat gezahlten Steuer entspricht. Der anzurechnende Betrag darf jedoch den Teil der von der Anrechnung ermittelten Steuer nicht übersteigen, der auf die aus dem anderen Staat bezogenen Einkünfte entfällt.

(3) Einkünfte oder Vermögen einer in einem Vertragsstaat ansässigen Person, die nach dem Abkommen von der Besteuerung in diesem Staat auszunehmen sind, können gleichwohl in diesem Staat bei der Festsetzung der Steuer für das übrige Einkommen oder Vermögen der Person einbezogen werden.

(4) Absatz 1 gilt nicht für Einkünfte oder Vermögen einer in einem Vertragsstaat ansässigen Person, wenn der andere Vertragsstaat dieses Abkommen so anwendet, dass er diese Einkünfte oder dieses Vermögen von der Besteuerung ausnimmt oder Absatz 2 des Artikels 10 oder des Artikels 11 auf diese Einkünfte anwendet.

Art. 23 B Anrechnungsmethode

(1) Bezieht eine in einem Vertragsstaat ansässige Person Einkünfte oder hat sie Vermögen und können diese Einkünfte oder dieses Vermögen nach diesem Abkommen im anderen Vertragsstaat besteuert werden, so rechnet der erstgenannte Staat

a) auf die vom Einkommen dieser Person zu erhebende Steuer den Betrag an, der der im anderen Staat gezahlten Steuer vom Einkommen entspricht;
b) auf die vom Vermögen dieser Person zu erhebende Steuer den Betrag an, der in dem anderen Vertragsstaat gezahlten Steuer vom Vermögen entspricht.

Der anzurechnende Betrag darf jedoch in beiden Fällen den Teil der vor der Anrechnung ermittelten Steuer vom Einkommen oder vom Vermögen nicht übersteigen, der auf die Einkünfte, die im anderen Staat besteuert werden können oder auf das Vermögen, das dort besteuert werden kann, entfällt.

(2) Einkünfte oder Vermögen einer in einem Vertragsstaat ansässigen Person, die nach dem Abkommen von der Besteuerung in diesem Staat auszunehmen sind, können gleichwohl in diesem Staat bei der Festsetzung der Steuer für das übrige Einkommen oder Vermögen der Person einbezogen werden.

Abschnitt VI. Besondere Bestimmungen

Art. 24 Gleichbehandlung

(1) Staatsangehörige eines Vertragsstaats dürfen im anderen Vertragsstaat keiner Besteuerung oder damit zusammenhängenden Verpflichtung unterworfen werden, die anders oder belastender ist als die Besteuerung und die damit zusammenhängenden Verpflichtungen, denen Staatsangehörige des anderen Staates unter glei-

chen Verhältnissen, insbesondere hinsichtlich der Ansässigkeit, unterworfen sind oder unterworfen werden können. Diese Bestimmung gilt ungeachtet des Artikels 1 auch für Personen, die in keinem Vertragsstaat ansässig sind.

(2) Staatenlose, die in einem Vertragsstaat ansässig sind, dürfen in keinem Vertragsstaat einer Besteuerung oder damit zusammenhängenden Verpflichtung unterworfen werden, die anders oder belastender ist als die Besteuerung und die damit zusammenhängenden Verpflichtungen, denen Staatsangehörige des betreffenden Staates unter gleichen Verhältnissen, insbesondere hinsichtlich der Ansässigkeit, unterworfen sind oder unterworfen werden können.

(3) Die Besteuerung einer Betriebstätte, die ein Unternehmen eines Vertragsstaats im anderen Vertragsstaat hat, darf in dem anderen Staat nicht ungünstiger sein als die Besteuerung von Unternehmen des anderen Staates, die die gleiche Tätigkeit ausüben. Diese Bestimmung ist nicht so auszulegen, als verpflichte sie einen Vertragsstaat, den in dem anderen Vertragsstaat ansässigen Personen Steuerfreibeträge, -vergünstigungen und -ermäßigungen auf Grund des Personenstandes oder der Familienlasten zu gewähren, die er seinen ansässigen Personen gewährt.

(4) Sofern nicht Artikel 9 Absatz 1, Artikel 11 Absatz 6 oder Artikel 12 Absatz 4 anzuwenden ist, sind Zinsen, Lizenzgebühren und andere Entgelte, die ein Unternehmen eines Vertragsstaats an eine im anderen Vertragsstaat ansässige Person zahlt, bei der Ermittlung der steuerpflichtigen Gewinne dieses Unternehmens unter den gleichen Bedingungen wie Zahlungen an eine im erstgenannten Staat ansässige Person zum Abzug zuzulassen. Dementsprechend sind Schulden, die ein Unternehmen eines Vertragsstaats gegenüber einer im anderen Vertragsstaat ansässigen Person hat, bei der Ermittlung des steuerpflichtigen Vermögens dieses Unternehmens unter den gleichen Bedingungen wie Schulden gegenüber einer im erstgenannten Staat ansässigen Person zum Abzug zuzulassen.

(5) Unternehmen eines Vertragsstaats, deren Kapital ganz oder teilweise unmittelbar oder mittelbar einer im anderen Vertragsstaat ansässigen Person oder mehreren solchen Personen gehört oder ihrer Kontrolle unterliegt, dürfen im erstgenannten Staat keiner Besteuerung oder damit zusammenhängenden Verpflichtung unterworfen werden, die anders oder belastender ist als die Besteuerung und die damit zusammenhängenden Verpflichtungen, denen andere ähnliche Unternehmen des erstgenannten Staates unterworfen sind oder unterworfen werden können.

(6) Dieser Artikel gilt ungeachtet des Artikels 2 für Steuern jeder Art und Bezeichnung.

Art. 25 Verständigungsverfahren

(1) Ist eine Person der Auffassung, dass Maßnahmen eines Vertragsstaats oder beider Vertragsstaaten für sie zu einer Besteuerung führen oder führen werden, die diesem Abkommen nicht entspricht, so kann sie unbeschadet der nach dem innerstaatlichen Recht dieser Staaten vorgesehenen Rechtsmittel ihren Fall der zuständigen Behörde des Vertragsstaats, in dem sie ansässig ist, oder, sofern ihr Fall von Artikel 24 Absatz 1 erfasst wird, der zuständigen Behörde des Vertragsstaats unterbreiten, dessen Staatsangehöriger sie ist. Der Fall muss innerhalb von drei Jahren nach der ersten Mitteilung der Maßnahme unterbreitet werden, die zu einer dem Abkommen nicht entsprechenden Besteuerung führt.

(2) Hält die zuständige Behörde die Einwendung für begründet und ist sie selbst nicht in der Lage, eine befriedigende Lösung herbeizuführen, so wird sie sich bemühen, den Fall durch Verständigung mit der zuständigen Behörde des anderen

Vertragsstaats so zu regeln, dass eine dem Abkommen nicht entsprechende Besteuerung vermieden wird. Die Verständigungsregelung ist ungeachtet der Fristen des innerstaatlichen Rechts der Vertragsstaaten durchzuführen.

(3) Die zuständigen Behörden der Vertragsstaaten werden sich bemühen, Schwierigkeiten oder Zweifel, die bei der Auslegung oder Anwendung des Abkommens entstehen, in gegenseitigem Einvernehmen zu beseitigen. Sie können auch gemeinsam darüber beraten, wie eine Doppelbesteuerung in Fällen vermieden werden kann, die im Abkommen nicht behandelt sind.

(4) Die zuständigen Behörden der Vertragsstaaten können zur Herbeiführung einer Einigung im Sinne der vorstehenden Absätze unmittelbar miteinander verkehren, gegebenenfalls auch durch eine aus ihnen oder ihren Vertretern bestehende gemeinsame Kommission.

(5) Wenn
a) eine Person nach Absatz 1 der zuständigen Behörde eines Vertragsstaats einen Fall mit der Begründung unterbreitet hat, dass Maßnahmen eines Vertragsstaats oder beider Vertragsstaaten für sie zu einer Besteuerung geführt hat, die diesem Abkommen nicht entspricht, und
b) die zuständigen Behörden nicht in der Lage sind, sich gemäß Absatz 2 über die Lösung des Falles innerhalb von 2 Jahren seit der Unterbreitung des Falles an die zuständige Behörde des anderen Vertragsstaats zu einigen,

werden alle ungelösten Fragen des Falles auf Antrag der Person einem Schiedsverfahren unterworfen, wenn zu ihnen bereits eine Gerichtsentscheidung in einem der Staaten ergangen ist. Sofern nicht eine Person, die unmittelbar von dem Fall betroffen ist, die Verständigungsvereinbarung, durch die der Schiedsspruch umgesetzt wird, abgelehnt, ist der Schiedsspruch für beide Staaten verbindlich und ungeachtet der Fristen des innerstaatlichen Rechts dieser Staaten durchzuführen, die zuständigen Behörden dieser Vertragsstaaten regeln in gegenseitigem Einvernehmen die Anwendung dieses Absatzes.

Art. 26 Informationsaustausch

(1) Die zuständigen Behörden der Vertragsstaaten tauschen die Informationen aus, die zur Durchführung dieses Abkommens oder zur Verwaltung oder Anwendung des innerstaatlichen Rechts betreffend Steuern jeder Art und Bezeichnung, die für Rechnung der Vertragsstaaten oder ihrer Gebietskörperschaften erhoben werden, voraussichtlich erheblich sind, soweit die diesem Recht entsprechende Besteuerung nicht dem Abkommen widerspricht. Der Informationsaustausch ist durch Artikel 1 und 2 nicht eingeschränkt.

(2) Alle Informationen, die ein Vertragsstaat nach Absatz 1 erhalten hat, sind ebenso geheim zu halten wie die auf Grund des innerstaatlichen Rechts dieses Staates beschafften Informationen und dürfen nur den Personen oder Behörden (einschließlich der Gerichte und der Verwaltungsbehörden) zugänglich gemacht werden, die mit der Veranlagung oder Erhebung, der Vollstreckung oder Strafverfolgung oder mit der Entscheidung von Rechtsmitteln hinsichtlich der in Absatz 1 genannten Steuern oder mit der Aufsicht über diese Personen oder Behörden befasst sind. Diese Personen oder Behörden dürfen die Informationen nur für diese Zwecke verwenden. Sie dürfen die Informationen in einem öffentlichen Gerichtsverfahren oder in einer Gerichtsentscheidung offen legen.

(3) Die Absätze 1 und 2 sind nicht so auszulegen, als verpflichten sie einen Vertragsstaat,
a) Verwaltungsmaßnahmen durchzuführen, die von den Gesetzen und der Verwaltungspraxis dieses oder des anderen Vertragsstaats abweichen;

b) Informationen zu erteilen, die nach den Gesetzen oder im üblichen Verwaltungsverfahren dieses oder des anderen Vertragsstaats nicht beschafft werden können;
c) Informationen zu erteilen, die ein Handels-, Industrie-, Gewerbe- oder Berufsgeheimnis oder ein Geschäftsverfahren preisgeben würden oder deren Erteilung dem Ordre public² widerspräche.

(4) Wenn ein Vertragsstaat in Übereinstimmung mit diesem Artikel um Erteilung von Informationen ersucht, wendet der andere Vertragsstaat zur Beschaffung der Informationen seine innerstaatlichen Ermittlungsbefugnisse an, auch wenn er die Informationen nicht für seine eigenen Steuerzwecke benötigt. Die Verpflichtung unterliegt den Beschränkungen des Absatzes 3; diese sind aber nicht so auszulegen, als erlaubten sie einem Vertragsstaat, die Erteilung der Informationen abzulehnen, nur weil er kein eigenes Interesse an ihnen hat.

(5) Absatz 3 ist nicht so auszulegen, als erlaube er einem Vertragsstaat, die Erteilung von Informationen abzulehnen, nur weil sie sich im Besitz einer Bank, einer anderen Finanzinstitution, eines Beauftragten, Bevollmächtigten oder Treuhänders befinden oder weil sie sich auf Beteiligungen an einer Person beziehen.

Art. 27 Amtshilfe bei der Erhebung von Steuern[3]

(1) Die Vertragsstaaten leisten sich gegenseitige Amtshilfe bei der Erhebung von Steueransprüchen. Diese Amtshilfe ist durch Artikel 1 und 2 nicht eingeschränkt. Die zuständigen Behörden der Vertragsstaaten können in gegenseitigem Einvernehmen regeln, wie dieser Artikel durchzuführen ist.

(2) Der in diesem Artikel verwendete Ausdruck „Steueranspruch" bedeutet einen Betrag, der auf Grund von Steuern jeder Art und Bezeichnung, die für Rechnung der Vertragsstaaten oder einer ihrer Gebietskörperschaften erhoben werden, geschuldet wird, soweit die Besteuerung diesem Abkommen oder anderen völkerrechtlichen Übereinkünften, denen die Vertragsstaaten beigetreten sind, nicht widerspricht, sowie mit diesem Betrag zusammenhängende Zinsen, Geldbußen und Kosten der Erhebung oder Sicherung.

(3) Ist der Steueranspruch eines Vertragsstaats nach dem Recht dieses Staates vollstreckbar und wird er von einer Person geschuldet, die zu diesem Zeitpunkt nach dem Recht dieses Staates die Erhebung nicht verhindern kann, wird dieser Steueranspruch auf Ersuchen der zuständigen Behörde dieses Staates für die Zwecke der Erhebung von der zuständigen Behörde des anderen Vertragsstaats anerkannt. Der Steueranspruch wird vom anderen Staat nach dessen Rechtsvorschriften über die Vollstreckung und Erhebung seiner eigenen Steuern erhoben, als handele es sich bei dem Steueranspruch um einen Steueranspruch des anderen Staates.

(4) Handelt es sich bei dem Steueranspruch eines Vertragsstaats um einen Anspruch, bei dem dieser Staat nach seinem Recht Maßnahmen zur Sicherung der

---

[2] Bundesrepublik Deutschland: Statt „dem Ordre public" die Worte „der öffentlichen Ordnung".

[3] In einigen Ländern ist Amtshilfe nach diesem Artikel möglicherweise auf Grund von innerstaatlichem Recht oder aus politischen oder verwaltungstechnischen Erwägungen unrechtmäßig, ungerechtfertigt oder eingeschränkt, bspw. auf Länder mit ähnlichen Steuersystemen oder Steuerverwaltungen oder auf bestimmte unter das Abkommen fallende Steuern. Aus diesem Grund sollte dieser Artikel nur dann Eingang in das Abkommen finden, wenn beide Staaten auf der Grundlage der in Ziffer 1 des Kommentars zu diesem Artikel beschriebenen Faktoren zu dem Schluss kommen, dass sie der Leistung von Amtshilfe bei der Erhebung von im anderen Staat erhobenen Steuern zustimmen können.

Erhebung einleiten kann, wird dieser Steueranspruch auf Ersuchen der zuständigen Behörde dieses Staates zum Zwecke der Einleitung von Sicherungsmaßnahmen von der zuständigen Behörde des anderen Vertragsstaats anerkannt. Der andere Staat leitet nach seinen Rechtsvorschriften Sicherungsmaßnahmen in Bezug auf diesen Steueranspruch ein, als wäre der Steueranspruch ein Steueranspruch dieses anderen Staates, selbst wenn der Steueranspruch im Zeitpunkt der Einleitung dieser Maßnahmen im erstgenannten Staat nicht vollstreckbar ist oder von einer Person geschuldet wird, die berechtigt ist, die Erhebung zu verhindern.

(5) Ungeachtet der Absätze 3 und 4 unterliegt ein von einem Vertragsstaat für Zwecke der Absätze 3 oder 4 anerkannter Steueranspruch als solcher in diesem Staat nicht den Verjährungsfristen oder den Vorschriften über die vorrangige Behandlung eines Steueranspruchs nach dem Recht dieses Staates. Ferner hat ein Steueranspruch, der von einem Vertragsstaat für Zwecke der Absätze 3 oder 4 anerkannt wurde, in diesem Staat nicht den Vorrang, den dieser Steueranspruch nach dem Recht des anderen Vertragsstaats hat.

(6) Verfahren im Zusammenhang mit dem Bestehen, der Gültigkeit oder der Höhe des Steueranspruchs eines Vertragsstaats können nicht bei den Gerichten oder Verwaltungsbehörden des anderen Vertragsstaats eingeleitet werden.

(7) Verliert der betreffende Steueranspruch, nachdem das Ersuchen eines Vertragsstaats nach den Absätzen 3 oder 4 gestellt wurde und bevor der andere Vertragsstaat den betreffenden Steueranspruch erhoben und an den erstgenannten Staat ausgezahlt hat,

a) im Falle eines Ersuchens nach Absatz 3 seine Eigenschaft als Steueranspruch des erstgenannten Staates, der nach dem Recht dieses Staates vollstreckbar ist und von einer Person geschuldet wird, die zu diesem Zeitpunkt nach dem Recht dieses Staates die Erhebung nicht verhindern kann, oder

b) im Falle eines Ersuchens nach Absatz 4 seine Eigenschaft als Steueranspruch des erstgenannten Staates, für den dieser Staat nach seinem Recht Maßnahmen zur Sicherung der Erhebung einleiten kann,

teilt die zuständige Behörde des erstgenannten Staates dies der zuständigen Behörde des anderen Staates unverzüglich mit, und nach Wahl des anderen Staates setzt der erstgenannte Staat das Ersuchen entweder aus oder nimmt es zurück.

(8) Dieser Artikel ist nicht so auszulegen, als verpflichte er einen Vertragsstaat,

a) Verwaltungsmaßnahmen durchzuführen, die von den Gesetzen und der Verwaltungspraxis dieses oder des anderen Vertragsstaats abweichen;
b) Maßnahmen durchzuführen, die dem Ordre public[4] widersprächen;
c) Amtshilfe zu leisten, wenn der andere Vertragsstaat nicht alle angemessenen Maßnahmen zur Erhebung oder Sicherung, die nach seinen Gesetzen oder seiner Verwaltungspraxis möglich sind, ausgeschöpft hat;
d) Amtshilfe in Fällen zu leisten, in denen der Verwaltungsaufwand für diesen Staat in einem eindeutigen Missverhältnis zu dem Nutzen steht, den der andere Vertragsstaat dadurch erlangt.

Art. 28 Mitglieder diplomatischer Missionen und konsularischer Vertretungen

Dieses Abkommen berührt nicht die steuerlichen Vorrechte, die den Mitgliedern diplomatischer Missionen und konsularischer Vertretungen nach den allgemeinen Regeln des Völkerrechts oder auf Grund besonderer Übereinkünfte zustehen.

---

[4] Bundesrepublik Deutschland: Statt „dem Ordre public" die Worte „der öffentlichen Ordnung".

Art. 29 Ausdehnung[5] des räumlichen Geltungsbereichs

(1) Dieses Abkommen kann entweder als Ganzes oder mit den erforderlichen Änderungen [auf jeden Teil des Hoheitsgebiets (des Staates A) oder (des Staates B), der ausdrücklich von der Anwendung des Abkommens ausgeschlossen ist, oder][6] auf jeden anderen Staat oder jedes andere Hoheitsgebiet ausgedehnt werden, dessen internationale Beziehungen von (Staat A) oder (Staat B) wahrgenommen werden und in dem Steuern erhoben werden, die im Wesentlichen den Steuern ähnlich sind, für die das Abkommen gilt. Eine solche Ausdehnung wird von dem Zeitpunkt an und mit den Änderungen und Bedingungen, einschließlich der Bedingungen für die Beendigung, wirksam, die zwischen den Vertragsstaaten durch auf diplomatischem Weg auszutauschende Noten oder auf andere, den Verfassungen dieser Staaten entsprechende Weise vereinbart werden.

(2) Haben die beiden Vertragsstaaten nichts anderes vereinbart, so wird mit der Kündigung durch einen Vertragsstaat nach Artikel 30 die Anwendung des Abkommens in der in jenem Artikel vorgesehenen Weise auch [für jeden Teil des Hoheitsgebiets (des Staates A) oder (des Staates B) oder] für Staaten oder Hoheitsgebiete beendet, auf die das Abkommen nach diesem Artikel ausgedehnt worden ist.

Abschnitt VII. Schlussbestimmungen

Art. 30 Inkrafttreten

(1) Dieses Abkommen bedarf der Ratifikation; die Ratifikationsurkunden werden sobald wie möglich in ...... ausgetauscht.

(2) Das Abkommen tritt mit dem Austausch der Ratifikationsurkunden in Kraft, und seine Bestimmungen finden Anwendung

a) (in Staat A):
b) (in Staat B):

Art. 31 Kündigung

Dieses Abkommen bleibt in Kraft, solange es nicht von einem Vertragsstaat gekündigt wird. Jeder Vertragsstaat kann nach dem Jahr ...... das Abkommen auf diplomatischem Weg unter Einhaltung einer Frist von mindestens sechs Monaten zum Ende eines Kalenderjahres kündigen. In diesem Fall findet das Abkommen nicht mehr Anwendung

a) (in Staat A):
b) (in Staat B):

Schlussklausel

Anmerkung: Die Schlussklausel über die Unterzeichnung richtet sich nach den verfassungsrechtlichen Verfahren der beiden Vertragsstaaten.

---

[5] Bundesrepublik Deutschland: Statt „Ausdehnung" das Wort „Erstreckung"; statt „ausgedehnt" das Wort „erstreckt".

[6] Die Worte in eckigen Klammern gelten, wenn das Abkommen auf Grund einer besonderen Bestimmung für einen Teil eines Hoheitsgebiets eines Vertragsstaats nicht anzuwenden ist.

Literaturverzeichnis

Abrams, H. E./Doernberg, R. L., How Electronic Works, TNI 1997, S. 1573–1589
Achter, J., Der Salto mortale des ersten Senats hinweg über die Dogmatik des Progessionsvorbehalts, IStR 2003, S. 203–207
– Der Arbeitgeberbegriff im Doppelbesteuerungsrecht, IStR 2003, S. 410–413
Ackstaller, A./Prechtl, R., Entsendung deutscher Mitarbeiter in die Volksrepublik China, PIStB 2005, S. 262–268
Adler, H./Düring, W./Schmaltz, K. (Rechnungslegung), Rechnungslegung und Prüfung der Unternehmen, Kommentar, bearb. von Forster, K.-H./Goerdeler, R./Lanfermann, J. u. a., 6. Aufl., Stuttgart 1998
Adonnino, P., Some Thoughts on the EC Arbitration Convention: European Union, ET 2003, S. 403–408
Aigner, D./Kofler, G., Steuerliche Folgen des Zuzugs von EU-Kapitalgesellschaften nach Österreich nach der Rechtsprechung des EuGH in der Rs. Überseering (C–208/00), IStR 2003, S. 570–576
Alberts, W., Das Steuerrecht Großbritanninens 2006/2007, IWB, Fach 5, Großbritannien, Gruppe 2, S. 437–448
Albrod, P., Die ertragsteuerliche Behandlung von Arbeitsgemeinschaften in der Bauwirtschaft, StBp 1994, S. 6–14
Alig, K. (Personengesellschaften), Personengesellschaften im internationalen Steuerrecht, St. Gallen 1980
Altehoefer, D./Landendinger, M., Die Ausgestaltung von Genußrechten ausländischer Kapitalgeber und die Beschränkung der inländischen Quellenabzugsbesteuerung durch DBA und EG-Recht, IStR 1997, S. 321–328
Altheim, M., Beratung der mittelständischen Wirtschaft bei Beteiligungen, Fusionen und Spaltungen im Binnenmarkt, IStR 1993, S. 353–359 (Teil I), S. 406–413 (Teil II)
Altüneppen, H., Parteifähigkeit, Sitztheorie und „Centros", DStR 2000, S. 1061–1068
Ammelung, U., (Erneute) Verrechnungspreisaspekte bei Sicherheitengestellung gegenüber ausländischen Finanzierungsgesellschaften?, IStR 2003, S. 250–252
Ammelung, U./Kuich, P., Ausländischer Kapitalmarkt im Sinne des § 8 Abs. 1 Nr. 7 AStG, IStR 2000, S. 641–644
Ammelung, U./Schneider, H., Einschaltungen niederländischer Finanzierungsgesellschaften bei Konzernfinanzierungen über den Eurokapitalmarkt, IStR 1996, S. 501–504 (Teil I), S. 552–560 (Teil II)
Ammelung, U./Sorocean, M., Patronatserklärungen zugunsten ausländischer Tochtergesellschaften. Bilanz- und steuerrechtliche Fragen, RIW 1996, S. 668–674
Amthor, F./Zugmaier, O., Neues zum Cross-Border-Leasing in der Umsatzsteuer, IWB, 2008, Fach 3, Gruppe 7, S. 668–674
Andresen, U., Progressionsvorbehalt nach § 32 b Abs. 1 Nr. 3 EStG bei unterjährigem Wechsel der Ansässigkeit und Doppelansässigkeit – Oder die neue Unmaßgeblichkeit des Ansässigkeitsstaates, IStR 2002, S. 627–630
– Zwangsrabatte und Verrechnungspreisanpassungen in der Pharmaindustrie – Anpassungsbedarf oder -notwendigkeit bei internationalen Pharmakonzernen mit Vertriebsgesellschaften in Deutschland, IStR 2004, S. 355–360
– Grundsätzliche Grundfreiheitskompatibilität des § 1 AStG definiert gleichzeitig Freiräume des BFH, dessen Grundfreiheitswidrigkeit über § 1 Abs. 3 Satz 9 AStG hinaus festzustellen – zugleich ergänzende Anmerkungen zum Urteil des EuGH in der Rechtssache „SGI", IStR 2010, S. 289–291

Andresen, U./Schoppe, C., Keine Rückwirkung des § 1 Abs. 3 AStG in die Zeit vor 2008, IStR 2009, S. 600–604

Anzinger, H. M., Die Europäische Privatgesellschaft – vom Vollstatut zum tregfähigen Kompromiss, BB 2009, S. 2606–2612

Armansperg, W. Graf von (Abschreibungsgesellschaft), Die Abschreibungsgesellschaft, Münchener Schriften zum Internationalen Steuerrecht, Heft 5, München 1983

Arndt, H.-W. (Mehrwertsteuer), Die Anpassung von Mehrwertsteuer und Verbrauchsteuern, in: Dichtl, E. (Hrsg.), Schritte zum Europäischen Binnenmarkt, 2. Aufl., München 1992, S. 75–104

Arndt, H.-W./Fischer, K. (Europarecht), Europarecht, 9. Aufl., Heidelberg 2008

Atchabahian, A., The Andean Subregion and its Approach to Avoidance or Alleviation of International Double Taxation, IFA-Bulletin 1974, S. 308–337

Aud, E. F. jr./Benson, D. M./Garrett-Nelson, L., Treasury's long-awaited subpart F study breaks no new ground, touts ending deferral, Tax Executive 2001, S. 48–51

Aujean, M. (Future), The CCCTB Project and the Future of European Taxation, in: Lang, M./Pistone, P./Schuch, J./Staringer, C. (Hrsg.), Common Consolidated Tax Base, Wien 2008, S. 11–36

Ault, H. J./Arnold, B. J. (Comparative), Comparative Income Taxation: A Structural Analysis, 3. Aufl., Alphen aan den Rijn 2010

Autzen, T. (Holding-Personengesellschaft), Die ausländische Holding-Personengesellschaft: Ertragsteuerliche Behandlung und zielorientierte Gestaltung, Berlin 2006

Avery Jones, J. F., Interpretation of tax treaties, IFA-Bulletin 1986, S. 75–85
– The View from a Tax Credit Country, SWI 2000, S. 511–516
– Characterization of Other States' Partnerships for Income Tax, BIFD 2002, S. 288–320

Avi-Yonah, R. S., Between Formulary Apportionment and the OECD Guidelines: A Proposal for Reconciliation, WTJ 2010, S. 3–18

Bachmann, B., Die Mehrwertbesteuerung der Europäischen wirtschaftlichen Interessenvereinigung im Bereich von Banken und Versicherungen, StuW 1997, S. 209–216

Bader, A. D. (Finanzierung), Steuerliche Strategien bei der Finanzierung von Tochtergesellschaften in der EG, in: Maßbaum, M./Meyer-Scharenberg, D./Perlet, H. (Hrsg.), Die deutsche Unternehmensbesteuerung im europäischen Binnenmarkt. Besteuerungsgrundlagen und grenzüberschreitende Steuerplanung in Deutschland, Neuwied/Kriftel/Ts./Berlin 1994, S. 275–336
– (Steuergestaltung), Steuergestaltung mit Holdinggesellschaften: Standortvergleich steuerlicher Holdingkriterien in Europa, 2. Aufl., Herne 2007

Baetge, J./Beermann, T. (Organschaft), Die Eignung der körperschaftsteuerlichen Organschaft für die Konzernbesteuerung, in: Meffert, H./Krawitz, N. (Hrsg.), Unternehmensrechnung und -besteuerung, Wiesbaden 1998, S. 265–288

Bähr, G. (Gewinnermittlung), Gewinnermittlung ausländischer Zweigbetriebe, München 1971

Bäumer, H., Die Thesaurierungsbegünstigung nach § 34a EStG – einzelne Anwendungsprobleme mit Lösungsansätzen, DStR 2007, S. 2089–2095

Baker, P., Transfer Pricing and Community Law: The SGI Case, Intertax 2010, S. 194–196

Baker, P./Collier, R., 2008 OECD Model: Changes to the Commentary on Article 7 and the Attribution of Profits to Permanent Establishments, BIT 2009, S. 199–203

Baker & McKenzie (European Union), Survey on the effective Tax Burden in the European Union, Amsterdam 1999

Ballwieser, W., Unternehmensbewertung mit Discounted Cash Flow-Verfahren, WPg 1998, S. 81–92
– Betriebswirtschaftliche (kapitalmarkttheoretische) Anforderungen an die Unternehmensbewertung, WPg-Sonderheft 2008, S. 102–108
Balmes, F./Graessner, H.-C., Steuerrechtliche Behandlung von tracking stocks, DStR 2002, S. 838–841
Balmes, F./Rautenstrauch, G./Kott, M., Societas Privata Europaea (Europäische Privatgesellschaft) – laufende Besteuerung und ausgewählte steuerliche Sonderfragen, DStR 2009, S. 1557–1564
Baltas, G./Saridakis, C., Measuring brand equity in the car market: a hedonic price analysis, JORS 2010, S. 284–293
Baranowski, K.-H., Die Behandlung des Berichtigungsbetrages bei grenzüberschreitenden Beziehungen, DStR 1982, S. 406–409
– Zur Ermittlung und Umrechnung ausländischer Einkünfte, DB 1992, S. 240–242
– (Auslandsbeziehungen), Besteuerung von Auslandsbeziehungen, 2. Aufl., Herne/Berlin 1996
– Steuerfolgen bei Einschaltung eines „Ständigen Vertreters", IWB, 1997, Fach 3, Deutschland, Gruppe 2, S. 719–728
– Steuerfolgen bei Beteiligung an einer österreichischen GmbH & Co. KG, IWB, 1999, Fach 3a, Rechtsprechung, Gruppe 1, S. 811–820
Bareis, P., Das Halbeinkünfteverfahren im Systemvergleich, StuW 2000, S. 133–143
– Außerhalb der Steuerbilanz? Vom unklaren Denken zur Besteuerung nach Gutdünken, BB 2005, S. 354–361
Barenfeld, J. (Cross-Border), Taxation of cross-border partnerships: double tax relief in hybrid and reverse hybrid situations, Amsterdam 2005
Barth, T./Kneisel, H., Entgeltlich erworbene Warenzeichen in der Handels- und Steuerbilanz, WPg 1997, S. 473–479
Barthel, C. W., Unternehmenswert: Rechtsformabhängige Bewertung?, FB 2007, S. 508–513
Bartlett, C. A. (Aufbau), Aufbau und Management der transnationalen Unternehmung: Die neue organisatorische Herausforderung, in: Porter, M. E. (Hrsg.), Globaler Wettbewerb, Wiesbaden 1989, S. 428–435
Bauer, A., Unterkapitalisierungsregelungen in Europa – eine Analyse, StuW 2009, S. 163–183
Bauer, D., Zusammenfassung von Geschäftsvorfällen bei der Verrechnungspreisplanung und -dokumentation, DB 2008, S. 152–157
Bauer, D./Taetzner, T., Zugriff ohne Ende? Grenzen der steuerlichen Vorlagepflicht von Gutachten des Steuerberaters zur Angemessenheit grenzüberschreitender Verrechnungspreise in multinationalen Konzernen, BB 2004, S. 2267–2271
– Zur Vorlagepflicht sachverhaltswürdigender Beratergutachten, StBp 2005, S. 39–44
Bauer, M. E. (Verrechnungspreise), Verrechnungspreise für immaterielle Wirtschaftsgüter des Anlagevermögens, Frankfurt a. M./Berlin/Bern u. a. 2000
Baumbach, A./Hefermehl, W. (Warenzeichenrecht), Warenzeichenrecht und Internationales Wettbewerbs- und Zeichenrecht, 12. Aufl., München 1985
Baumgärtel, M./Lange, U., Mögliche EU-Rechtswidrigkeit der Kapitalertragsteuer auf Streubesitzdividenden – Handlungsbedarf und Rahmenbedingungen für Gegenreaktionen des Gesetzgebers, Ubg 2008, S. 525–532
Baumgärtel, M./Perlet, H. (Holdinggesellschaften), Standortfragen bei der Bildung von Holdinggesellschaften, in: Maßbaum, M./Meyer-Scharenberg, D./Perlet, H. (Hrsg.), Die deutsche Unternehmensbesteuerung im europäischen Binnen-

markt. Besteuerungsgrundlagen und grenzüberschreitende Steuerplanung in Deutschland, Neuwied/Kriftel/Ts./Berlin 1994, S. 691–782

Baumgartner, M./Bertl, J./Dangel, T., Problembereiche der Besteuerung beschränkt Steuerpflichtiger aus der Sicht Deutschlands, Österreichs und der Schweiz, IStR 1993, S. 561–565

Baumgartner, P./Storck, A. (Konzernstrukturen), Headquarters als Kernelemente globaler Konzernstrukturen und ihre Steuerprobleme, in: Kley, M. D./Sünner, E./Willemsen, A. (Hrsg.), Steuerrecht, Steuer- und Rechtspolitik, Wirtschaftsrecht und Unternehmensverfassung, Umweltrecht. Festschrift für Wolfgang Ritter zum 70. Geburtstag, Köln 1997, S. 3–27

Baumhoff, H. (Verrechnungspreise), Verrechnungspreise für Dienstleistungen: Die steuerliche Einkunftsabgrenzung bei international verbundenen Unternehmen auf der Grundlage des Fremdvergleichs, Köln 1986

– Internationale Verrechnungspreise – Die „Palettenbesteuerung", eine Weiterentwicklung des Vorteilsausgleichs?, IStR 1994, S. 593–594

– Die Behandlung der Kostenaufschlagsmethode im neuen OECD-Bericht zu den Verrechnungspreisen – Betriebswirtschaftliche Anmerkungen zur Bestimmung der relevanten Kosten, IStR 1996, S. 53–55

– (Verrechnungspreispolitik), Verrechnungspreispolitik gegenüber ausländischen Lohnfertigern, in: Kleineidam, H.-J. (Hrsg.), Unternehmenspolitik und internationale Besteuerung. Festschrift für Lutz Fischer zum 60. Geburtstag, Berlin 1999, S. 487–508

– Die Verrechnung von Leistungen zwischen verbundenen Unternehmen mit Hilfe von Konzernumlagen, IStR 2000, S. 693–704 und S. 731–737

– Aktuelle Entwicklungen bei den internationalen Verrechnungspreisen, IStR 2003, S. 1–5

– (Verrechnungspreise), Die Bestimmung angemessener Verrechnungspreise bei der Existenz von Preisbandbreiten, in: Gocke, R./Gosch, D./Lang, M. (Hrsg.), Körperschaftsteuer, Internationales Steuerrecht, Doppelbesteuerung. Festschrift für Franz Wassermeyer zum 65. Geburtstag, München 2005, S. 347–369

– EU-Schiedsverfahren und DBA-Schiedsverfahren, WPg-Sonderheft 2006, S. 154–156

– (Verrechnungspreise), Verrechnungspreise, in: Schaumburg, H./Piltz, D. J., Grenzüberschreitende Gesellschaftsstrukturen im Internationalen Steuerrecht, Köln 2010, S. 75–102

Baumhoff, H./Bodenmüller, R. (Verlagerung), Verrechnungspreispolitik bei der Verlagerung betrieblicher Funktionen ins Ausland, in: Grotherr, S. (Hrsg.), Handbuch der internationalen Steuerplanung, 2. Aufl., Herne/Berlin 2003, S. 346–384

Baumhoff, H./Ditz, X./Greinert, M., Die Dokumentation internationaler Verrechnungspreise nach den „Verwaltungsgrundsätze-Verfahren", DStR 2005, S. 1549–1555

– Auswirkungen des Unternehmensteuerreformgesetzes 2008 auf die Ermittlung internationaler Verrechnungspreise, DStR 2007, S. 1461–1467

– Die Besteuerung von Funktionsverlagerungen nach der Funktionsverlagerungsverordnung vom 12. 8. 2008, DStR 2008, S. 1945–1952

– Klärung des Begriffs „Geschäftsbeziehung" i. S. des § 1 AStG durch das BMF-Schreiben vom 12. 1. 2010, DStR 2010, S. 476–479

– Die Besteuerung von Funktionsverlagerungen nach den Änderungen des § 1 Abs. 3 AStG durch das EU-Umsetzungsgesetz, DStR 2010, S. 1309–1315

Baumhoff, H./Greinert, M., Aufteilung von Standortvorteilen bei der Verrechnungspreisermittlung gegenüber Lohnfertigern – Anmerkungen zum Urteil des FG Münster vom 16. 3. 2006, IStR 2006, S. 789–793

- Steuerliche Anerkennung internationaler Verrechnungspreise bei Nichteinhaltung formaler Anforderungen – Anmerkungen zum Urteil des FG Köln vom 22. 8. 2007, IStR 2008, S. 353–358
- Angemessene Lizenzsätze bei grenzüberschreitenden Funktionsverlagerungen, Ubg 2009, S. 544–548

Baumhoff, H./Leitner, R./Digeronimo, A., Betriebsstättengewinnermittlung im internationalen Vergleich – Deutschland, Österreich, Schweiz –, IWB, 2000, Fach 10, International, Gruppe 2, S. 1433–1466

Baumhoff, H./Puls, M., Der OECD-Diskussionsentwurf zu Verrechnungspreisaspekten von „Business Restructurings": Analyse und erster Vergleich mit den deutschen Funktionsverlagerungsregeln nach § 1 Abs. 3 AStG, IStR 2009, S. 73–81

Baumhoff, H./Sieker, K., Ausgewählte Verrechnungspreisprobleme im Lichte des neuen OECD-Berichts, IStR 1995, S. 517–522

Bauschatz, P. (Gewinnausschüttung), Verdeckte Gewinnausschüttung und Fremdvergleich im Steuerrecht der GmbH (§§ 8 Abs. 3 Satz 2, 8a KStG), Berlin 2001

Bayer, W., Kapitalerhöhung mit Bezugrechtsausschluß und Vermögensschutz der Aktionäre nach § 255 Abs. 2 AktG, ZHR 1999, S. 505–553

Bayer, W./Schmidt, J., Grenzüberschreitende Sitzverlegung und grenzüberschreitende Restrukturierung nach MoMiG, Cartesio und Trabrennbahn, ZHR 2009, S. 735–774

BDI (Verrechnungspreise), Steuerliche Prüfung internationaler Verrechnungspreise, Köln 1983

BDI/BDA (Forschungsförderung), Positionspapier. Forschungsförderung unverzüglich einführen, Berlin 2009

BDI/PwC (Hrsg.) (Verlustberücksichtigung), Verlustberücksichtigung über Grenzen hinweg, Berlin/Frankfurt a. M. 2006

Beck'scher Bilanzkommentar: Handels- und Steuerrecht – §§ 238 bis 339 HGB, bearbeitet von Budde, W. D./Clemm, H./Pankow, M. u. a., 6. Aufl., München 2006

Becker, H., Die „Geschäfte gleicher Art" nach dem deutsch-amerikanischen Doppelbesteuerungsabkommen, AWD 1968, S. 145–150
- Die Besteuerung regionaler Konzernverwaltungsstellen in Deutschland, DB 1984, S. 1847–1849
- Die Verteilung zentraler Geschäftsführungs- und Dienstleistungskosten, FR 1984, S. 609–616
- Erschleichung der Abkommensberechtigung durch Zwischenpersonen, DStJG 1985, S. 171–193
- Treaty Shopping/Treaty Override, ET 1988, S. 383–385
- Die Finanzierung von Betriebsstätten und Tochterkapitalgesellschaften ausländischer Unternehmen, IWB, 1988, Fach 3, Deutschland, Gruppe 1, S. 1173–1186
- Die Besteuerung von Betriebsstätten, DB 1989, S. 10–16
- Die steuerlichen Sekundärwirkungen auf dem europäischen Binnenmarkt, DB 1989, S. 2041–2045
- Coordination Centres in Belgium and Germany, Intertax 1989, S. 430–432
- Funktionsnutzen oder Erwirtschaftungsgrundsatz – Wege zur Ermittlung des zutreffenden Betriebsstättenergebnisses, DB 1990, S. 392–395
- Die Bedeutung der Funktion für die Verrechnungspreise, IWB, 1990, Fach 10, International, Gruppe 2, S. 771–780
- Gewinnabgrenzung zwischen Stammhaus und ausländischer Betriebsstätte, IWB, 1993, Fach 2, Vorschau und Standpunkte, S. 623–626

- Werbekosten und Anlaufverluste als Anhaltspunkte für Gewinnverlagerungen ins Ausland, IWB, 1993, Fach 3, Deutschland, Gruppe 1, S. 1339–1344
- Die neuen US-Richtlinien zu den Konzernverrechnungspreisen, IWB, 1993, Fach 8, USA, Gruppe 2, S. 697–704
- Neuere Entwicklungen bei den Verrechnungspreisen, IWB, 1994, Fach 10, International, Gruppe 2, S. 951–964
- (Forschungstätigkeiten), Die Besteuerung internationaler Forschungs- und Entwicklungstätigkeiten sowie ihrer Verwertung, in: IDW (Hrsg.), Bericht über die Steuerfachtagung 1996 des Instituts der Wirtschaftsprüfer in Deutschland e. V., Globale Unternehmenstätigkeit und inländische Besteuerung, Düsseldorf 1997, S. 45–58
- (Gewinnermittlung), Die Gewinnermittlung bei Betriebsstätten, in: Burmester, G./Endres, D. (Hrsg.), Außensteuerrecht, Doppelbesteuerungsabkommen und EU-Recht im Spannungsverhältnis. Festschrift für Helmut Debatin zum 70. Geburtstag, München 1997, S. 25–33
- Cost Sharing. Die OECD-Leitlinien zu den Kostenteilungsvereinbarungen, IWB, 1998, Fach 10, International, Gruppe 2, S. 1325–1330
- Verwaltungsbezogene Leistungen im Konzern und die neuen Verwaltungsgrundsätze zu den Umlagen, IWB, 2000, Fach 3, Deutschland, Gruppe 2, S. 879–881

Becker, H./Günkel, M. (Betriebsaufspaltung), Betriebsaufspaltung über die Grenze, in: Raupach, A./Uelner, A. (Hrsg.), Ertragsbesteuerung. Festschrift für Ludwig Schmidt zum 65. Geburtstag, München 1993, S. 483–495

Becker, H./Höppner, H./Grotherr, S./Kroppen, H. (DBA-Kommentar), DBA-Kommentar, Doppelbesteuerungsabkommen auf dem Gebiet der Steuern vom Einkommen und vom Vermögen, auf dem Gebiet der Erbschaftsteuer, Herne/Berlin 1997, Stand: Oktober 2005

Becker, J. D./Kempf, A./Schwarz, M., Neue Steuerfallen im internationalen Steuerrecht – Zum überschießenden Regelungsgehalt des neuen Korrespondenzprinzips im Körperschaftsteuerrecht, DB 2008, S. 370–378

Becker, J./Loitz, R./Stein, V. (Verlustnutzung), Steueroptimale Verlustnutzung, Wiesbaden 2009

Becker, J./Loose, T., Besteuerung ausländischer Abspaltungen beim inländischen Anteilseigner, IStR 2010, S. 383–390

Becker, K., Steuerkoordination, Wegzugsbesteuerung und Maßnahmen der Betriebsstätten-Gewinnabgrenzung, in: Oestreicher, A. (Hrsg.), Umbruch, 2010, S. 81–94

Becker, K./Sydow, S., Das EuGH-Urteil in der belgischen Rechtssache C-311/08 SGI und seine Implikationen für die Frage der Europarechtmäßigkeit des § 1 AStG, IStR 2010, S. 196–198

Becker, M. (Marken), Die Verrechnung von Entgelten für die Überlassung von Namen und Marken, in: Oestreicher, A. (Hrsg.), Internationale Verrechnungspreise, Herne/Berlin 2003, S. 95–130
- (Umbruch), Unternehmen im Wandel und Umbruch: Transformation, Evolution und Neugestaltung privater und öffentlicher Institutionen, Stuttgart 1998

Beermann, A., Das Verbrauchsteuer-Binnenmarktgesetz. Bundesgesetzliche Neuregelung der Verbrauchsteuern und Neugestaltung des bundesgesetzlich geregelten Verbrauchsteuerrechts, DStZ 1993, S. 257–262 (Teil I), S. 291–294 (Teil II)

Behrens, P., Die Umstrukturierung von Unternehmen durch Sitzverlegung oder Fusion über die Grenze im Licht der Niederlassungsfreiheit im Europäischen Binnenmarkt (Art. 52 und 58 EWGV), ZGR 1994, S. 1–25
- EuGH klärt Niederlassungsfreiheit von Gesellschaften, EuZW 2002, S. 737

Literaturverzeichnis 1417

Behrens, S., Zur Anwendung von § 8a KStG n. F. auf fremdfinanzierte Personengesellschaften, DStR 2004, S. 398–403
– Ertragsteuerliche Behandlung der nach § 1 Abs. 2a oder Abs. 3 GrEStG angefallener Grunderwerbsteuer, DStR 2008, S. 338–342
– Grunderwerbsteuer bei auf grundbesitzhaltende Kapitalgesellschaften bezogenen M&A-Transaktionen, Ubg 2008, S. 316–323
Behrens, S./Wagner, A., „Auch hybride US-Gesellschaften können die Kapitalertragsteuer-Reduktion auf 5% oder gar 0% beanspruchen", BB 2009, S. 147–148
Beinert, S./Benecke, A., Änderungen der Unternehmensbesteuerung im Jahressteuergesetz 2009, Ubg 2009, S. 169–177
Beinert, S./Lishaut, I. van, Steuerfragen bei Anteilskäufen und Sperrfristen, FR 2001, S. 1137–1153
Beiser, R., Die grenzüberschreitende Finanzierung von Betriebstätten aus der Sicht des Arm's length Prinzips, IStR 1992, S. 7–11
– Das arm's length-Prinzip beim Güter- und Leistungstransfer zwischen Stammhaus und Betriebstätten im Gemeinschaftsrecht, DB 2008, S. 2724–2728
Bellingwout, J. W., Die internationale Sitzverlegung juristischer Personen in Bewegung, RIW 1997, S. 550–556
Bellstedt, C. (Gesellschaften), Die Besteuerung international verflochtener Gesellschaften, 3. Aufl., Köln-Marienburg 1973
– Hinzurechnung nach AStG bei Zwischengesellschaften – Anwendung des Beschlusses des Großen Senats zur Nutzungseinlage, DB 1988, S. 2273–2275
Bendlinger, S., Ende der 183-tägigen Schonfrist bei der internationalen Arbeitskräftegestellung – Neukommentierung des Arbeitgeberbegriffs im OECD-Musterabkommen, IWB, 2004, Fach 10, International, Gruppe 2, S. 1791–1800
– Die Dienstleistungsbetriebsstätte im DBA-Recht, SWI 2007, S. 151–158
– Das OECD-Musterabkommen 2008 – praxisrelevante Änderungen, SWI 2008, S. 545–553
Bendlinger, S./Görl, M./Paaßen, K.-H./Remberg, M., Neue Tendenzen der OECD zur Ausweitung des Betriebsstättenbegriffs und deren Beurteilung aus Sicht des Maschinen- und Anlagenbaus, IStR 2004, S. 145–149
Bendlinger, S./Remberg, M./Kuckhoff, H., Betriebsstättenbesteuerung im Großanlagenbau, IStR 2002, S. 40–46
Benecke, A., Verdeckte Gewinnausschüttung oder verdeckte Einlage – Eingeschränkte Anwendung des Halbeinkünfteverfahrens, NWB 2006, S. 3429–3435
Benecke, A./Schnitger, A., Anwendung des § 8a KStG bei Personengesellschaften in grenzüberschreitenden Sachverhaltskonstellationen, IStR 2004, S. 475–480
– Änderungsrichtlinie zur Fusionsrichtlinie: Vermeidung der wirtschaftlichen Doppelbesteuerung und Aufnahme transparenter Gesellschaften – zwei unvereinbare Ziele?, IStR 2005, S. 606–612 (Teil I), S. 641–648 (Teil II)
Benkert, M./Haritz, D./Schmitt-Ott, J., Die Verlegung der Geschäftsleitung einer ausländischen Kapitalgesellschaft in das Inland – zivilrechtliche und steuerliche Konsequenzen, IStR 1995, S. 242–245
Benner, W./Bals, B., Arbeitsentgelt im Sinne der Sozialversicherung und Arbeitslohn im Sinne des Lohnsteuerrechts, BB 1995, Beilage 1
Bennett, R. J./Krebs, G. (Business Taxes), Local Business Taxes in Britain and Germany, Baden-Baden 1988
Benz, S./Rosenberg, O., Einbringungsvorgänge nach dem Regierungsentwurf des SEStEG, BB 2006, Special 8, S. 51–77
Benzel, U./Linzbach, M., Auswirkungen des Forderungsverzichtes – Steuerliche Belastung und Beeinflussung der Steuerquote, DStR 2009, S. 1599–1602

Bergemann, A./Schönherr, F./Stäblein, W., Die Rechtsprechung des EuGH im Ertragsteuerrecht – Chancen und Risiken für deutsche Unternehmen, BB 2005, S. 1706–1721

Berger, R. (New Economy), Deutschland auf dem Weg in die New Economy, Vortragsmanuskript, 6. Münchner Konzern-Workshop, Der Konzern als Organisationsform im Wandel, 11. Oktober 2000

Bernat, M., Advance Tax Rulings in the New EU Member States, TNI 2006, S. 475–497

Bernhardt, L./van der Ham, S./Kluge, S., Die Expansion deutscher Unternehmen ins Ausland: Steuerliche Implikationen der Gründung von Vertriebstochtergesellschaften – Die Besteuerung von Funktionsverlagerungen im Fall von „Vertriebsabspaltungen", IStR 2008, S. 1–11

– Verrechnungspreismethoden – Weitergehende Anwendungsbereiche des hypothetischen Fremdvergleichs, Ubg 2009, S. 244–249

Bernhard, W., Einkünfte aus ausländischen Betriebsstätten im Lichte des Europarechts – Anmerkung zu dem Urteil des EuGH vom 14. 12. 2000, C–141/99 (AMID), IStR 2001, S. 366–368

Bertelsmann Stiftung (Hrsg.) (Unternehmensbesteuerung), Unternehmensbesteuerung und Investitionen – Deutschland im internationalen Vergleich, Gütersloh 2000

Bertram, F., Sozialversicherungsrechtliche Folgen der Auslandstätigkeit von Arbeitnehmern – insbesondere bei Entsendung innerhalb Europas (EU), IStR 1996, S. 443–448

Berz, S., Deferred Compensation aus Sicht der Steuerberaterpraxis, DStR 2000, S. 315–318

Beyer, S. (Fair Value-Bewertung), Fair Value-Bewertung von Vermögenswerten und Schulden, in: Ballwieser, W./Beyer, S./Zelger, H. (Hrsg.) Unternehmenskauf nach IFRS und US GAAP: Purchase Price Allocation, Goodwill und Impairment-Test, Stuttgart 2008, S. 151–202

Beyer, S./Mackenstedt, A., Grundsätze zur Bewertung immaterieller Vermögenswerte (IDW S 5), WPg 2008, S. 338–349

Beyer, S./Menninger, J. (Bewertung IDW S 5), Bewertung immaterieller Werte – Das Konzept der Wirtschaftsprüfer (IDW S 5), in: Möller, K./Piwinger, M./Zerfaß, A., Immaterielle Vermögenswerte – Bewertung, Berichterstattung und Kommunikation, Stuttgart 2009, S. 113–123

Bezborodov, S., Freedom of Establishment in the EC Economic Partnership Agreements: in Search of its Direct Effect on Direct Taxation, Intertax 2007, S. 658–712

Bialek, K. H./Grillet, L. L., Captive-Versicherung im deutschen und US-amerikanischen Körperschaftsteuerrecht, RIW 1992, S. 301–311

Biehl, D. (Gemeinsamer-Markt-Prinzip), Ausfuhrland-Prinzip, Einfuhrland-Prinzip und Gemeinsamer-Markt-Prinzip, Köln 1969

Bien, R./Wagner, T., Erleichterungen bei der Verlustabzugsbeschränkung und der Zinsschranke nach dem Wachstumsbeschleunigungsgesetz, BB 2009, S. 2627–2634

Biergans, E., Die Verlustausgleichsbeschränkungen des § 2a EStG nach Inkrafttreten des Steueränderungsgesetzes, IWB, 1992, Fach 3, Deutschland, Gruppe 3, S. 987–999

Biermann, F./Rau, S., Vergleichsgrößen bei der Zuführung neuen Betriebsvermögens nach § 8 Abs. 4 KStG, GmbHR 2002, S. 509–516

Bilsdorfer, P. (Informationsquellen), Die Informationsquellen und -wege der Finanzverwaltung bei internationalen Sachverhalten, in: Grotherr, S. (Hrsg.), Handbuch der internationalen Steuerplanung, 2. Aufl., Herne/Berlin 2003, S. 1689–1707

Bindl, E., Nutzung von Personengesellschaften zur Vermeidung von § 8a KStG im Inboundfall?, IStR 2006, S. 339–345

Binnewies, B., EU-Kapitalgesellschaften als Alternative zur GmbH?, GmbH–StB 2004, S. 206–212

Bird, R. M., Shaping a new international tax order, IFA-Bulletin 1988, S. 292–299

Bird, R. M./Brean, D. J. S., The Interjurisdictional Allocation of Income and the Unitary Taxation Debate, CTJ 1986, S. 1377–1416

Birk, D., Besteuerungsgleichheit in der Europäischen Union, DStJG 1996, S. 63–80

– Zuzug und Wegzug von Kapitalgesellschaften – Zu den körperschaftsteuerlichen Folgen der Überseeringentscheidung des EuGH, IStR 2003, S. 469–474

– Das sog. „Europäische" Steuerrecht, FR 2005, S. 121–127

Birkenfeld, W. (Mehrwertsteuer), Mehrwertsteuer der EU, 5. Aufl., Berlin 2003

– (Umsatzsteuer-Handbuch), Das große Umsatzsteuer-Handbuch, Teil I, 3. Aufl., Köln 1992/1998, Stand: Juli 2009

Birker, C./Seidel, P., Neue Auslegung des DBA-Schachtelprivilegs bei Einkünften aus typisch stillen Beteiligungen, BB 2009, S. 244–247

Birnkrant, H. J./Croker, J. E., Transfer pricing final Regs. increase flexibility, but not certainty, in choice of method, JTAX 1994, S. 268–273

Blanquet, F., Das Statut der Europäischen Aktiengesellschaft (Societas Europaea „SE"), ZGR 2002, S. 20–65

Blaufus, K./Lorenz, D., Die Zinsschranke in der Krise, StuW 2009, S. 323–332

Blümich, W. (Einkommensteuergesetz), Einkommensteuergesetz, Körperschaftsteuergesetz, Gewerbesteuergesetz: EStG, KStG, GewStG, Nebengesetze, Kommentar, 106. Aufl., München 1977/2003, Stand: Mai 2010

Blumenberg, J. (Rechtsprechung), Rechtsprechung des EuGH zur Unternehmensbesteuerung im Binnenmarkt, in: Oestreicher, A. (Hrsg.), Konzernbesteuerung, Herne/Berlin 2005, S. 239–267

– Wegzug und Zuzug von Kapitalgesellschaften, IStR 2009, S. 549–551

– (Verlustverrechnung), Die Zukunft der grenzüberschreitenden Verlustverrechnung in der EU, in: Kessler, W./Förster, G./Watrin, C. (Hrsg.), Unternehmensbesteuerung. Festschrift für Norbert Herzig zum 65. Geburtstag, München 2010, S. 211–230

Blumenberg, J./Lechner, F., Der Regierungsentwurf des SEStEG: Entstrickung und Sitzverlegung bei Kapitalgesellschaften, Neuerungen beim Einlagekonto, Körperschaftsteuerminderungen und -erhöhungen sowie sonstige Änderungen im Körperschaftsteuerrecht, BB 2006, Special 8, S. 25–36

Blumenberg, J./Benz, S., (Unternehmensteuerreform 2008), Unternehmensteuerreform 2008, Köln 2007

Blumers, W. (Steuerplanungsüberlegungen), Steuerplanungsüberlegungen beim Kauf von ausländischen Unternehmen, in: Grotherr, S. (Hrsg.), Handbuch der internationalen Steuerplanung, 2. Aufl., Herne/Berlin 2003, S. 217–223

– Demerger – Die Spaltung börsennotierter Gesellschaften (national und international), DB 2000, S. 589–594

– DBA-Betriebsstätten-Zurechnungen in der jüngsten BFH-Rechtsprechung, DB 2008, S. 1765–1771

Blumers, W./Beinert, S., Unternehmenskauf und Mitunternehmermodelle, DB 1997, S. 1636–1640

Blumers, W./Beinert, S./Witt., S.-C., Unternehmenskaufmodelle nach der Steuerreform, DStR 2001, S. 233–239

Blumers, W./Georg, D./Tiede, K., Gesellschafter-Fremdfinanzierung bei Unternehmensakquisitionen, BB 2004, S. 631–640

Blumers, W./Kinzl, U.-P., Änderung der Fusionsrichtlinie: Warten auf den EuGH, BB 2005, S. 971–975

Blumers, W./Zillmer, I.-K., Das neue BMF-Schreiben zur Anwendung der DBA auf Personengesellschaften, BB 2010, S. 1375–1382

BMF (Ursprungslandkommission), Gutachten der Ursprungslandkommission, Schriftenreihe des BMF, Bonn 1994, Heft 52

– (Bericht), Bericht zur Fortentwicklung des Unternehmenssteuerrechts, Berlin 2001

– Vergleich der steuerlichen Sonderregelungen ausgewählter Staaten für ausländische Spitzenkräfte, BMF für den BR-Finanzausschuss, IStR 2004, S. 92–93

Bock, V./Meissner, B., Körperschaftsteuerlicher Verlustabzug – Ausgewählte Zweifelsfragen zum BMF-Schr. vom 16. 4. 1999, GmbHR 1999, S. 1069–1077

Bodenmüller, R. (Steuerplanung), Steuerplanung bei Funktionsverlagerung ins Ausland – Ertragsteuerliche Folgen, Strategien und Modelle, Düsseldorf 2004

Böcker, H., Steuerliche Prüfung und Behandlung von Lizenzzahlungen an verbundene ausländische Unternehmen, StBp 1991, S. 73–83

– Aktuelle Erfahrungen bei der Prüfung von Kostenumlageverträgen mit ausländischen verbundenen Unternehmen, StBp 2008, S. 8–12

Böcking, H.-J., IAS für Konzern und Einzelabschluss?, WPg 2001, S. 1433–1439

– Zur Notwendigkeit des Bilanzrechtsmodernisierungsgesetzes, DK 2008, S. 461–466

Bödefeld, A./Kuntschik, N., Verständigungs- und Schiedsverfahren nach dem EU-Schiedsabkommen – Theorie und Praxis, IStR 2009, S. 268–273

– Schiedsverfahren nach DBA, IStR 2009, S. 449–454

– Der Überarbeitete Verhaltenskodex zur Anwendung des EU-Schiedsübereinkommen, IStR 2010, S. 474–478

Böhme, C.A., Entwicklung der internationalen Organschaft in Dänemark, IStR 1998, S. 165–171

Böing, C. (Gestaltungsmissbrauch), Steuerlicher Gestaltungsmissbrauch in Europa: eine rechtsvergleichende und gemeinschaftsrechtliche Untersuchung von Konzeptionen zur Bekämpfung des Gestaltungsmissbrauchs, Hamburg 2006

Bökelmann, J. (Gewinnzurechnung), Gewinnzurechnung im Körperschaftsteuerrecht, Herne/Berlin 1997

Böttcher, C./Beinert, J., Der Wechsel der Unternehmensform, DB 1968, S. 1961–1962

Bogdandy, A. von/Nettesheim, M., Die Europäische Union: Ein einheitlicher Verband mit einheitlicher Rechtsordnung, EuR 1996, S. 3–26

Bogenschütz, E. (Fusionsrichtlinie), Verletzung materiellen Rechts durch nicht richtlinienkonforme Transaktionsakte der Fusionsrichtlinie?, in: Burmester, G./ Endres, D. (Hrsg.), Außensteuerrecht, Doppelbesteuerungsabkommen und EU-Recht im Spannungsverhältnis. Festschrift für Helmut Debatin zum 70. Geburtstag, München 1997, S. 35–54

– (KGaA), Umwandlung einer Kapitalgesellschaft in eine KgaA, in: Wassermeyer, F./Mayer, D./Rieger, N. (Hrsg.), Umwandlungen im Zivil- und Steuerrecht. Festschrift für Siegfried Widmann zum 65. Geburtstag, Bonn 2000, S. 163–184

– Steuerliche Probleme bei europäischen Unternehmenszusammenschlüssen – Erfahrungsbericht aus deutscher Sicht, IStR 2000, S. 609–617

– (Steuerliche Aspekte), Steuerliche Aspekte des Kaufs und Verkaufs inländischer Unternehmen durch Steuerausländer, in: Schaumburg, H. (Hrsg.), Unternehmenskauf im Steuerrecht, Stuttgart 2004, S. 319–364

– Hybride Finanzierungen im grenzüberschreitenden Kontext, Ubg 2008, S. 533–543

Bogenschütz, E./Kraft, G., Konzeptionelle Änderungen der erweiterten Hinzurechnungsbesteuerung und Verschärfungen im Bereich der Konzernfinanzierungseinkünfte durch das StMBG, IStR 1994, S. 153–159

Bogenschütz, E./Schanne, M. (Kooperationen), Besteuerungsprobleme bei internationalen Kooperationen – dargestellt am Beispiel der Pharmaindustrie, in: Grotherr, S. (Hrsg.), Handbuch der internationalen Steuerplanung, 2. Aufl., Herne/Berlin 2003, S. 935–956

Bogenschütz, E./Striegel, A., Gewerbesteuerliche Behandlung der Veräußerung von Anteilen an Kapitalgesellschaften durch Personengesellschaften, DB 2000, S. 2547–2553

Bohley, P. (Statistik), Statistik: Einführendes Lehrbuch für Wirtschafts- und Sozialwissenschaftler, 4. Aufl., München 1991

Bolkestein, F., Taxation and competition: the realization of the Internal Market, ECTR 2000, S. 78–82

Boller, T./Eilinghoff, K./Schmidt, S., § 50d Abs. 10 EStG i. d. F. des JStG 2009 – ein zahnloser Tiger?, IStR 2009, S. 109–115

Boller, T./Sliwka, T./Schmidt, S., Behandlung grenzüberschreitender Sondervergütungen im Inboundfall, DB 2008, S. 1003–1005

Boos, M./Rehkugler, H./Tucha, T., Internationale Verrechnungspreise – ein Überblick, DB 2000, S. 2389–2393

Borchardt, K.-D., Stellungnahme des BMF zum neuen Verrechnungspreisbericht des OECD-Rates, IStR 1995, S. 384–385

Bordewin, A., Zur Einlage von Nutzungen, DStR 1988, S. 227–233

Borstell, T., Coordination Centers in Belgien, IWB, 1990, Fach 5, Belgien, Gruppe 2, S. 169–176

– (Verrechnungspreispolitik), Verrechnungspreispolitik bei konzerninternen Lieferungsbeziehungen, in: Grotherr, S. (Hrsg.), Handbuch der internationalen Steuerplanung, 2. Aufl., Herne/Berlin 2003, S. 323–342

– (Richtlinie), OECD-Richtlinie 1995/96/97, in: Vögele, A. (Hrsg.), Handbuch der Verrechnungspreise, 2. Aufl., München 2004, S. 132–199

– (Lieferungen), Lieferungen von Gütern und Waren, in: Vögele, A. (Hrsg.), Handbuch der Verrechnungspreise, 2. Aufl., München 2004, S. 1085–1213

– Funktionsverdoppelungen, IStR 2009, S. 329–336

Borstell, T./Gruchalla, P. von (Arbeitnehmerentsendungen), Grenzüberschreitende Arbeitnehmerentsendungen bei international verbundenen Gesellschaften, in: Vögele, A. (Hrsg.), Handbuch der Verrechnungspreise, 2. Aufl., München 2004, S. 1669–1697

Borstell, T./Jamin, C. (Finanzierungsfunktionen), Grenzüberschreitende Verlagerung von Aktivitäten, in: Kessler, W./Kröner, M./Köhler, S., Konzernsteuerrecht, München 2008, S. 772–819

Borstell, T./Prick, M., Grundsatzentscheidung zu anonymen Vergleichsdaten in der Prüfung von Verrechnungspreisen, IStR 1999, S. 304–307

Borstell, T./Schäperclaus, J., Was ist eigentlich eine Funktion?, IStR 2008, S. 275–284

Borstell, T./Wehnert, O., Lizenzzahlungen im Konzern, IStR 2001, S. 127–128

Borstell, T./Wellens, L. (Finanzierungsleistungen), Finanzierungsleistungen im Konzern, in: Vögele, A. (Hrsg.), Handbuch der Verrechnungspreise, 2. Aufl., München 2004, S. 1577–1621

Bosch, H.-G., Steuerliche Gestaltungen bei ausländischen Finanzierungsgesellschaften aus Sicht der steuerlichen Betriebsprüfung, DB 1997, S. 1736–1741

Brandenberg, H., Verrechnungsverbot für anrechenbare Verluste mit Sonderbilanzgewinnen?, DB 1993, S. 2301–2302

– Wiedereinführung des Mitunternehmererlasses?, FR 2000, S. 1182–1188

Brähler, G./Lösel, C., Durchbrechung des intertemporalen Korrespondenzprinzips bei internationalen Arbeitnehmerentsendungen, StuW 2008, S. 73–82

Brandenstein, P./Kühn, M., Voraussetzungen der personellen Verflechtung von Ehegatten bei der Betriebsaufspaltung, NZG 2002, S. 904–907

Brandt, U./Scheifele, M., Die Europäische Aktiengesellschaft und das anwendbare Recht, DStR 2002, S. 547–555

Braun, L., Zweifelsfragen im Gewerbesteuerrecht, BB 1993, S. 1122–1134

Braunagel, R. U. (Körperschaftsteuer-Bemessungsgrundlage), Gemeinsame Körperschaftsteuer-Bemessungsgrundlage in der EU – Eine Beurteilung im Hinblick auf das Europarecht, Lohmar/Köln 2008

– Rechtsvergleichende Anmerkungen zum Thema „Betriebsstättenverluste". Replik zum Beitrag von Hahn, in diesem Heft auf S. 157, IStR 2010, S. 163–165

Bravenec, L. L., Corporate Income Tax Coordination in the 21st Century, ET 2000, S. 450–465

Brebeck, F./Bredy, J./Welbers, H. (Due Diligence), Due Diligence aus bilanzieller und steuerlicher Sicht, in: Berens, W. (Hrsg.), Due Diligence bei Unternehmensakquisitionen, Stuttgart 2002, S. 293–324

Bregenhorn-Kuhs, A./Wagner, T., Gewerbesteuerliches Schachtelprivileg bei Gewinnanteilen aus doppelt ansässigen Kapitalgesellschaften, IWB, Fach 32009, Deutschland, Gruppe 5, S. 85

Brem, M./Tucha, T., Dokumentation von Verrechnungspreisen: Zur Strukturierung der Angemessenheitsanalyse, IStR 2006, S. 499–504

– Aus dem Controlling heraus zu angemessenen Verrechnungspreisen: Reporting, Analyse und Monitoring, DStR 2008, S. 2332–2337

Brendle, M./Schaaf, H., Gewerbesteuerliche Behandlung von inländischen Bauunternehmen mit Ergebnissen aus einer Tätigkeit im Ausland, FR 1975, S. 589–591

Breuninger, G. E. (Joint Venture), Internationale Joint Venture – Gestaltungsmöglichkeiten im Hinblick auf Körperschaftsteuerguthaben, Konferenz – Der Betrieb, 29. und 30. 10. 1997, Berlin 1997

Breuninger, G. E./Ernst, M., Abschied vom Abzug endgültig gewordener ausländischer Betriebsstättenverluste im Inland?, Kein „Import-Stopp" nach der EuGH Entscheidung Wannsee!, DStR 2009, S. 1981–1986

Breuninger, G. E./Krüger, A. (Lokalisierung), Die abnehmende Lokalisierung von Unternehmen als Rechtsproblem im internationalen Steuer- und Gesellschaftsrecht – Gibt es mehrere Orte der Geschäftsleitung?, in: Breuninger, G. E./ Müller, W./Strobl-Haarmann, E. (Hrsg.), Steuerrecht und europäische Integration. Festschrift für Albert J. Rädler zum 65. Geburtstag, München 1999, S. 79–112

Breuninger, G. E./Schade, D., Entwurf eines BMF-Schreibens zu § 8c KStG – „Verlustvernichtung" ohne Ende?, Ubg 2008, S. 261–268

Brevern, D. von, Die Umsetzung von Beihilfe-Rückforderungsentscheidungen der Kommission, EWS 2005, S. 154–162

Brezing, K./Krabbe, H./Lempenau, G./Mössner, J. M./Runge, B. (Außensteuerrecht), Außensteuerrecht, Kommentar, Herne 1998

Briese, A., Fragwürdige Korrespondenz bei verdeckten Gewinnausschüttungen und verdeckten Einlagen durch den Gesetzentwurf des Jahressteuergesetzes 2007, BB 2006, S. 2110–2113

Brinkmann, J. (Unternehmensbesteuerung), Der Einfluß des Europäischen Rechts auf die Unternehmensbesteuerung, Baden-Baden 1996

Brocke, K. von, Lidl Belgium und die praktischen Folgen, DStR 2008, S. 2201–2204

Brocke, K. von/Hackemann, T., BFH: Die Niederlassungsfreiheit beschränkt die Hinzurechnungsbesteuerung – Anmerkungen zu dem BFH-Schlussurteil in der EuGH-Rs. „Columbus Container", DStR 2010, S. 368–371

Brodersen, C./Kolczynski, H. von, The Commissionaire: A Tax-Focused Evaluation from Germany, Intertax 1997, S. 201–210

Broer, E. (Erbschaftsteuer), Erbschaftsteuer im internationalen Vergleich – Reformansätze für Deutschland, Lohmar/Köln 2008

Brödel, M. (Verrechnungspreisrichtlinie), Die Verrechnungspreisrichtlinie als Teil der Dokumentationsstrategie bei Volkswagen, in: PricewaterhouseCoopers (Hrsg.), Dokumentation von Verrechnungspreisen. Brennpunkte der neuen Verwaltungsgrundsätze-Verfahren, Frankfurt a. M. 2005, S. 110–114

Brokelind, C., The Proposed Amendments to the Parent-Subsidiary-Directive – Some Progress?, ET 2003, S. 451–456

– Royalty Payments: Unresolved Issues in the Interest and Royalties Directive, ET 2004, S. 252–258

Brombach-Krüger, M., Wohin entwickelt sich das Europäische Steuerrecht?, Ubg 2009, S. 335–342

Bron, J. F., Die Europarechtswidrigkeit des § 50 d Abs. 3 EStG unter der Berücksichtigung von Mißbrauchsvorbehalten im Gemeinschaftsrecht, DB 2007, S. 1273–1276

– Das Treaty Override im deutschen Steuerrecht vor dem Hintergrund aktueller Entwicklungen, IStR 2007, S. 431–436

– EWS-Kommentar zum EuGH-Urteil in der Rs. C-298/05 (Columbus Container), EWS 2008, S. 42–43

– Betriebsbegriff und beschränkte Steuerpflicht im Rahmen der Zinsschanken regelung der §§ 4 h EStG und 8 a KStG, IStR 2008, S. 14–16

Brüggelambert, G., Anmerkungen zur Theorie und Praxis der steuerlichen Gestaltung von Verrechnungspreisen – Abschließend erläutert am Beispiel der Henkel KGaA, BFuP 2005, S. 176–200

Brülisauer, P., Gewinnabgrenzung zwischen Stammhaus und Betriebsstätte im internationalen Verhältnis. Neue Interpretation des „Dealing-at-arm's-length"-Prinzips" durch die OECD, Der Schweizer Treuhänder 2005, S. 720–729

Brüninghaus, D./Bodenmüller, R., Tatbestandsvoraussetzungen der Funktionsverlagerung, DStR 2009, S. 1285–1290

Brunsbach, S. (Electronic Commerce), Electronic Commerce und Internationale Unternehmensbesteuerung, Lohmar/Köln 2003

Brunsbach, S./Syré, M., Die 10%-Grenze des § 8 a Abs. 3 KStG-neu als Voraussetzung für den Eigenkapitalvergleich, IStR 2008, S. 157–165

Bruski, J., Step-Up-Modelle beim Unternehmenskauf, FR 2002, S. 181–190

Buchna, J./Sombrowski, D., Aufwendungen mit Eigenkapitalersatzcharakter als nicht zu berücksichtigende Gewinnminderungen nach § 8 b Abs. 3 KStG n. F., DB 2004, S. 1956–1958

Buciek, K., Fristberechnung bei Montagebetriebsstätten – die neue Entwicklung der BFH-Rechtsprechung, IStR 1999, S. 629

– Anmerkung zum BFH-Urteil v. 10. 1. 2000 – I R 94/97, DStZ 2000, S. 425

– Aktuelle Entwicklungen zur Betriebsstättenbesteuerung, DStZ 2003, S. 139–147

Bücker, T., Die Organisationsverfassung der SPE, ZHR 2009, S. 281–308

Büge, O., Das Einkommensteuerrecht Chiles, IWB 1999, Fach 8, Chile, Gruppe 2, S. 13–18

Bühler, O. (Prinzipien), Prinzipien des internationalen Steuerrechts, München/Berlin 1964

Bühner, A./Sheldon, C., US-Leasingtransaktionen – Grundstrukturen einer grenzüberschreitenden Sonderfinanzierung, DB 2001, S. 315–318

Bünning, M., Germany: Use of Partnership and Other Hybrid Instruments in Cross–Border Transactions, Intertax 2003, S. 401–409

Bürkle, T./Schnieder, E.-A. (Aktienoptionen), Aktienoptionen (Stock Options) für international tätige Führungskräfte und daraus resultierende Besteuerungsprobleme, in: Grotherr, S. (Hrsg.), Handbuch der internationalen Steuerplanung, Herne/Berlin 2000, S. 1103–1125

Büttner, T./Overesch, M./Schreiber, U./Wamser, G. (Thin-Capitalization), The Impact of Thin-Capitalization Rules on Multinationals' Financing and Investment Decisions, Bundesbank Discussion Paper 03/2008

Buettner, T./Ruf, M., Tax incentives and the location of FDI: Evidence from a panel of German multinationals, ITPF 2007, S. 151–164

Bullen, A./Gerten, A./Stürzlinger, B., A Report on the OECD Discussion Draft on Business Restructurings, TNI 2009, S. 997–1014

Bullinger, P., Änderung der Mutter-Tochter-Richtlinie ab 2005: Erweiterung des Anwendungsbereiches und verbleibende Probleme, IStR 2004, S. 406–412

– Inländerdiskriminierung im Steuerrecht am Beispiel des § 8 Nr. 7 GewStG, IStR 2005, S. 370–375

Bungert, H., Die (Registered) Limited Liability Partnership, RIW 1994, S. 360–367

Burgers, I.J.J., Some thoughts on further refinement of the concept of place of effective management for tax treaty purposes, Intertax 2007, S. 378–386

Burgstaller, E., Mitarbeiter-Stock-Options im DBA-Recht – Einkünfte aus unselbständiger Arbeit oder Veräußerungsgewinn?, SWI 2003, S. 122–128

– Mitarbeiter-Stock-Options – Die Vorschläge der OECD zur Ergänzung des OECD-Musterkommentars, IStR 2004, S. 149–155

Burgstaller, E./Haslinger, K., Place of Effective Management as a Tie-Breaker-Rule-Concept, Developments and Prospects, Intertax 2004, S. 376–387

Burkert, M. (Reallokation), Reallokation von betrieblichen Funktionen und Risiken im international tätigen Konzern, in: Kleineidam, H.-J. (Hrsg.), Unternehmenspolitik und internationale Besteuerung. Festschrift für Lutz Fischer zum 60. Geburtstag, Berlin 1999, S. 509–538

– Funktionsverlagerungen im internationalen Konzern: Management der Steuererfolgen in Deutschland, IStR 2003, S. 320–324 (Teil I), S. 356–360 (Teil II)

Burmester, G. (Finanzierung), Steuerliche Aspekte der Finanzierung international tätiger Unternehmen, in: Klein, F./Stihl, H. P./Wassermeyer, F. (Hrsg.), Unternehmen Steuern. Festschrift für Hans Flick zum 70. Geburtstag, Köln 1997, S. 659–678

– (Minderbesteuerung), Zur Systematik internationaler Minderbesteuerung und ihrer Vermeidung, in: Burmester, G./Endres, D. (Hrsg.), Außensteuerrecht, Doppelbesteuerungsabkommen und EU-Recht im Spannungsverhältnis. Festschrift für Helmut Debatin zum 70. Geburtstag, München 1997, S. 55–79

Burwitz, G., Anerkennung von Anlaufverlusten bei Unternehmensgründungen, NZG 2007, S. 819

Busch, M., Zufluss von Arbeitslohn bei handelbaren Optionsrechten, DStR 2009, S. 898–899

Buschermöhle, U., Trends bei Mitarbeitereinsätzen im Ausland: Flexiblere Modelle sind gefragt, PIStB 2000, S. 280–283

Busekist, K. von, Ort der Geschäftsleitung und missbräuchlicher Einsatz von Auslandsgesellschaften, GmbHR 2006, S. 132–137

Busse von Colbe, W./Ordelheide, D./Gebhardt, G./Pellens, B. (Konzernabschlüsse), Konzernabschlüsse: Rechnungslegung nach betriebswirtschaftlichen Grundsätzen sowie nach Vorschriften des HGB und der IAS/IFRS, 7. Aufl., Wiesbaden 2010

Caamaño Anido, M. A./Calderón Carrero, J. M., Accounting, the permanent establishment in EC law: the Futura Participations case, ECTR 1999, S. 24–38

Carroll, M. B. (Taxation), Taxation of Foreign and National Enterprises Volume IV, Methods of Allocating Taxable Income, League of Nations Document No. C.425(b). M.217(b).1933.II.A, Genf 1933

Cattelaens, H., Standortsicherung durch Anrechnung ausländischer Körperschaftsteuer?, StuW 1993, S. 249–259
CEPS (Hrsg.) (Tax Base), Achieving a Common Consolidated Tax Base in the EU, bearbeitet von Gammie, M./Giannini, S./Klemm, A./Oestreicher, A./Parascandolo, P./Spengel, C., Brüssel 2005
Chandler, A. D. jr. (Wettbewerb), Die Entwicklung des zeitgenössischen globalen Wettbewerbs, in: Porter, M. E. (Hrsg.), Globaler Wettbewerb, Wiesbaden 1989, S. 467–514
Charissé, C., Grenzüberschreitender Arbeitnehmereinsatz in der EU – Neue sozialversicherungsrechtliche Regelungen, DB 2010, S. 1348–1350
Chebounov, A., Zur Problematik der Gewinnberichtigung nach dem DBA-Recht, IStR 2002, S. 586–590
Choi, W./Weinstein, R., An Analytical Solution to Reasonable Royalty Rate Calculations, IDEA 2001, S. 49–64
Cichy, P./Heins, J.-C., Tracking Stocks: Ein Gestaltungsmittel für deutsche Unternehmen (nicht nur) bei Börsengängen, AG 2010, S. 181–192
Cinnamon, A., Comparative Treatment of Intellectual Property, TPIR 2001, S. 3–12
Clausen, U., Anmerkung zum BFH-Urteil vom 19. 1. 2000 – I R 117/97, IStR 2000, S. 182–186
– Die Auslegung von Doppelbesteuerungsabkommen unter Berufung auf die Zweifelsfallregelung, DB 2001, S. 2515–2520
Cnossen, S., What Kind of Corporation Tax?, IBFD-Bulletin 1993, S. 3–16
Cnossen, S./Bovenberg, L., Fundamental Tax Reform in The Netherlands, ITPF 2001, S. 471–484
Coder, J., BB&T LILO Transaction a Sham, Appeals Court Affirms, Tax Analysts 2008, S. 456–457
Commission of the European Communities (Hrsg.) (Report), Report of the Committee of Independent Experts on Company Taxation, Brüssel/Luxemburg 1992
– (Company Taxation), Company Taxation in the Internal Market, SEC (2001) 1681, Brüssel 23. 10. 2001
– (Proposal), Proposal for a Council Directive amending Directive 90/435/EEC on the common system of taxation applicable in the case of parent companies and subsidiaries of different Member States, COM (2003) 462 final, Brüssel 29. 7. 2003
– (European Tax Survey), European Tax Survey, SEC (2004) 1128/2, Brüssel 10. 9. 2004
– (pilot scheme), Annex to the Communication from the Commission to the Council, the European Parliament and the Economic and Social Committee, Tackling the corporation tax obstacles of small and medium-sized enterprises in the Internal Market – outline of a possible Home State Taxation pilot scheme [...], SEC (2005) 1785, Brüssel 23. 12. 2005
– (Trends), Taxation trends in the European Union, Luxemburg 2009
Cordewener, A. (Grundfreiheiten), Europäische Grundfreiheiten und nationales Steuerrecht: „Konvergenz" des Gemeinschaftsrechts und „Kohärenz" der direkten Steuern in der Rechtsprechung des EuGH, Köln 2002
– Auslandsverluste und EG-Grundfreiheiten: Kurskorrektur am falschen Fall?, IStR 2003, S. 413–418
– Deutsche Unternehmensbesteuerung und europäische Grundfreiheiten – Grundzüge des materiellen und formellen Rechtsschutzsystems der EG, DStR 2004, S. 6–15
– Das EuGH-Urteil „Gerritse" und seine Umsetzung durch das BMF-Schreiben vom 3. 11. 2003 – Steine statt Brot für die Besteuerungspraxis!, IStR 2004, S. 109–117

- Das Abkommen über den Europäischen Wirtschaftsraum: eine unerkannte Baustelle des deutschen Steuerrechts, FR 2005, S. 236–241
- Grenzüberschreitende Verlustberücksichtigung im Europäischen Recht, DStJG 2005, S. 255–316
- EG-rechtlicher Grundfreiheitsschutz in der Praxis – Auswirkungen der Kapitalverkehrsfreiheit auf Sachverhalte mit Drittstaatsberührung, IWB, Fach 11, Rechtsprechung, Gruppe 2, S. 995–1006

Cordewener, A./Kofler, G. W./Schindler, C. P., Free Movement of Capital, Third Country Relationship and National Tax Law: An Emerging Issue before the ECJ, ET 2007, S. 107–119

Cordewener, A./Schnitger, A., Europarechtliche Vorgaben für die Vermeidung der internationalen Doppelbesteuerung im Wege der Anrechnungsmethode, StuW 2006, S. 50–79

Council of Europe/OECD (Convention), The Convention on Mutual Administrative Assistance in Tax Matters – Twentieth Anniversary Edition, Paris 2008

Council of the European Union (VAT rate), Council extends 15% minimum standard VAT rate until 2010, Presseveröffentlichung 15 682/05 v. 12. 12. 2005
- (Resolution), Council Resolution on coordinating exit taxation 2911th Economic and Financial Affairs vom 2. 12. 2008, Brussels 2008

Crezelius, G., Die isolierende Betrachtungsweise, insbesondere die grenzüberschreitende Betriebsaufspaltung, StVJ 1992, S. 322–338
- Identitätswahrende Sitzverlegung und wesentliche Beteiligung, DStR 1997, S. 1712–1716
- Steuerrechtliche Verfahrensfragen bei grenzüberschreitenden Sachverhalten, IStR 2002, S. 433–440
- Die Finanzierung der GmbH – Rechtliche Rahmenbedingungen der Kapitalausstattung, steuer-journal 2004, S. 14–18
- Vom Missbrauch zum Misstrauen: Zur geplanten Änderung des § 42 AO, DB 2007, S. 1428–1430

Crüger, A./Heggmair, M./Boelhke, N., Der Entwurf des BMF-Schreibens „Verwaltungsgrundsätze-Funktionsverlagerung", IStR 2010, S. 86–88

Crüger, A./Ritter, L., Steuerung von Konzernverrechnungspreisen durch die Kostenaufschlagsmethode, Controlling 2004, S. 497–502

Czakert, E., Der Stand der Arbeiten an einer gemeinsamen konsolidierten Körperschaftsteuer-Bemessungsgrundlage in der Europäischen Union, IStR 2006, S. 561–566

Dagnese, N./Kras, M./Mank, K., Dokumentation von Verrechnungspreisen – Kann der Mercosur der Europäischen Union folgen?, IWB, 2006, Fach 10, International, Gruppe 2, S. 1921–1928

Dahnke, H., Übertragung von Warenzeichen- und Namensrechten – zur Abzugsfähigkeit der Zinsaufwendungen –, IStR 1993, S. 271–272
- Lohnsteuerpflicht für eine im ausländischen Mutterhaus ausgeübte Tätigkeit als Geschäftsführer einer inländischen Kapital-Tochtergesellschaft, IStR 1994, S. 496–497
- Anwendung eines fiktiven Anlaufzeitraums als Verstoß gegen den Grundsatz des Fremdvergleichs – Streitpunkt im Rahmen einer Betriebsprüfung –, IStR 1996, S. 582–583

Daiber, C., The ECJ's Decision in A. T. v. Finanzamt Stuttgart-Körperschaften, ET 2009, S. 364–368

Dallwitz, H./Mattern, O./Schnitger, A., Beeinträchtigung grenzüberschreitender Finanzierung durch das JStG 2007, DStR 2007, S. 1697–1702

Daniels, T., The freedom of establishment: some comments on the ICI decision, ECTR 1999, S. 39–42

Dannecker, A./Seger, C. P., Vorsteuerabzug bei Holdinggesellschaften im Lichte der neuen Rechtsprechung, BB 2005, S. 1028–1032

Dautel, R., Steueroptimierter Unternehmenskauf nach der Unternehmenssteuerreform, FB 2001, S. 423–427

Dautzenberg, N., Der Europäische Gerichtshof und die direkten Steuern, BB 1992, S. 2400–2405
- Der Vertrag von Maastricht, das neue Grundrecht auf allgemeine Freizügigkeit und die beschränkte Steuerpflicht der natürlichen Personen, BB 1993, S. 1563–1568
- Zur Vorlageberichtigung von Finanzgerichten an den EuGH, Anmerkung zum Urteil des FG Rheinland-Pfalz vom 7. 11. 1994–5 K 2813/93, RIW 1995, S. 519–520
- Reformbedarf bei der beschränkten Steuerpflicht nach dem EuGH-Urteil in der Rechtssache Asscher, DB 1996, S. 2248–2250
- (Unternehmensbesteuerung), Unternehmensbesteuerung im EG-Binnenmarkt. Problembereiche und Perspektiven, Lohmar/Köln 1997
- Vereinbarkeit von Doppelbesteuerungsabkommen und EG-Vertrag am Beispiel der Besteuerung der Arbeitnehmereinkünfte – Bemerkungen aus Anlaß der EuGH-Vorlage Gilly, DB 1997, S. 1354–1361
- Anmerkung zum EuGH-Urteil vom 12. 5. 1998 – Rs. C-336/96, FR 1998, S. 851–852
- Beschränkung der beschränkten Körperschaftsteuerpflicht – Anmerkungen zum EuGH-Urteil vom 29. 4. 1999, StuB 1999, S. 766–768
- Diskriminierung inländischer Betriebsstätten ausländischer Körperschaften – EuGH, Urt. v. 21. 9. 1999, NWB, 2000, Fach 4, S. 4353–4354
- Die Kapitalverkehrsfreiheit des EG-Vertrags und die direkten Steuern – Auswirkungen aus dem Grundsatzurteil des EuGH vom 6. 6. 2000 in der Rechtssache Verkooijen, StuB 2000, S. 720–726
- Neuerungen im Internationalen Steuerrecht durch das Steuersenkungsgesetz, StuB 2000, S. 863–870
- EG-Kommission verwirft bestimmte steuerliche Fördermaßnahmen als verbotene Subventionen, StuB 2001, S. 443–445
- Änderungen im Bereich des internationalen Steuerrechts im Jahr 2002, StuB 2002, S. 469–475 (Teil A), S. 537–540 (Teil B)
- Europäische „Agenda" für das Ertragsteuerrecht im Jahr 2004: Die Richtlinien vom Juni 2003, BB 2004, S. 17–21
- Gedanken zur Rechtsprechung des EuGH zu den direkten Steuern im Jahre 2004, BB 2004, Special 6, S. 8–15
- Außensteuerrecht und europäische Grundfreiheiten, DB 2005, S. 1129–1137

De Wilde, M. F., Some Thoughts on a Fair Allocation of Corporate Tax in a Globalizing Economy, Intertax 2010, S. 281–305

Deanehan, R. (Verrechnungspreise), Rechtssicherheit durch Advance Pricing Agreements (APAs) – Möglichkeiten und Grenzen aus US-amerikanischer Sicht, in: PricewaterhouseCoopers (Hrsg.), Dokumentation von Verrechnungspreisen. Brennpunkte der neuen Verwaltungsgrundsätze-Verfahren, Frankfurt a. M. 2005, S. 84–89

Debatin, H., Die Bestimmung der Einkunftsart bei der beschränkten Steuerpflicht, DB 1961, S. 785–789
- Die Gewerbesteuer im internationalen Doppelbesteuerungsrecht, DB 1962, Beilage 12
- Steuerbefreiung mit Progressionsvorbehalt als Methode zur Vermeidung der Doppelbesteuerung, AWD 1965, S. 41–50
- Konzeptionen zur Steuerpflicht, FR 1969, S. 277–284
- Das Verbot steuerlicher Diskriminierung, DStZ 1970, S. 129–136

- Außensteuerliche und international-rechtliche Behandlung von Rechtsträgern und daran bestehenden Beteiligungen, DB 1977, Beilage 13
- OECD-Empfehlungen zur Vermeidung internationaler Doppelbesteuerungen, RIW/AWD 1978, S. 374–382
- Qualifikationsprobleme im Doppelbesteuerungsrecht, FR 1979, S. 493–499
- Handbuch der Vereinten Nationen für Verhandlungen über Doppelbesteuerungsabkommen zwischen Industriestaaten und Entwicklungsländern, DB 1980, Beilage 15
- Entwicklungsaspekte des internationalen Steuerrechts, RIW/AWD 1980, S. 3–10
- System und Auslegung der Doppelbesteuerungsabkommen, DB 1985, Beilage 23
- Entwicklungstendenzen im Internationalen Steuerrecht und nationalen Außensteuerrecht im Lichte der neuen höchstrichterlichen Rechtsprechung, DStZ 1987, S. 211–217
- Subjektiver Schutz unter Doppelbesteuerungsabkommen, BB 1989, Beilage 2
- Das Betriebsstättenprinzip der deutschen Doppelbesteuerungsabkommen, DB 1989, S. 1692–1697 (Teil I), S. 1739–1744 (Teil II)
- Die sogenannte Steuerentstrickung und ihre Folgen, BB 1990, S. 826–829
- Zum Steuerstatus ausländischer Kapitalgesellschaften, BB 1990, S. 1457–1460
- Das neue Doppelbesteuerungsabkommen mit den USA, DB 1990, S. 598–603 (Teil I), S. 654–661 (Teil II)
- Unternehmensorganisationsstrukturen im Gemeinsamen Markt aus steuerlicher Sicht, BB 1991, S. 947–955
- Zur Behandlung von Beteiligungen an Personengesellschaften unter den Doppelbesteuerungsabkommen im Lichte der neueren Rechtsprechung des Bundesfinanzhofs, BB 1992, S. 1181–1188
- StÄndG 1992 und „Treaty Override", DB 1992, S. 2159–2163
- Doppelbesteuerungsabkommen und internationales Recht, DStR 1992, Beilage zu Heft 23

Debatin, H./Wassermeyer F. (Doppelbesteuerung), Doppelbesteuerung. Kommentar zu allen deutschen Doppelbesteuerungsabkommen, München 1990, Stand: Mai 2010

Dehmer, H. H., Einmal erben, mehrfach zahlen – Gestaltungsansätze zur Vermeidung doppelter Erbschaftsteuerbelastung, IStR 2009, S. 454–459

Dehnen, P. H., Grundsätze der Einkunfts- und Vermögensermittlung bei Betriebsstätten sowie ihre Anwendung auf Banken, Versicherungen und andere Finanzinstitutionen (Nationalbericht), CDFI 1996, S. 401–426

Deloitte Touche Tohmatsu (Hrsg.) (Transfer Pricing Matrix), 2009 Strategy Matrix for Global Transfer Pricing, 2009

Dempfle, U. (Konzernsteuerquote), Charakterisierung, Analyse und Beeinflussung der Konzernsteuerquote, Köln 2006

Department of the Treasury (Subpart F), The Deferral of Income Earned Through U. S. Controlled Foreign Corporations, A Policy Study, Washington D. C. 2000

Dettmeier, M./Dörr, I., Geplante Änderungen der Unternehmensbesteuerung in den Regierungsentwürfen zum Richtlinien-Umsetzungsgesetz und EG-Amtshilfe-Anpassungsgesetz, BB 2004, S. 2382–2387

Dettmeier, M./Geibel, S., Die neue Grunderwerbsteuerbefreiung für Umstrukturierungen innerhalb eines Konzerns, NWB 2010, S. 582–596

Detweiler, A., Article 21 of the OECD Model Convention: Past, Present, and Future, Intertax 2009, S. 235–249

Deutsche Bundesbank (Steuereinnahmen), Neuere Entwicklung der Steuereinnahmen, Deutsche Bundesbank Monatsbericht August 1997, S. 83–103

– (Zinsstrukturkurven), Schätzung von Zinsstrukturkurven Monatsbericht Oktober 1997
– (Direktinvestitionen), Bestandserhebung über Direktinvestitionen, Statistische Sonderveröffentlichung 10, April 2009
Devereux, M., The Impact of Taxation on International Business: Evidence from the Ruding Committee Survey, ECTR 1992, S. 105–117
– (Direct Investment), Issues in the taxation of income from foreign portfolio and direct investment, in: Cnossen, S. (Hrsg.), Taxing Capital Income in the European Union. Issues and Option for Reform, Oxford 2000, S. 110–134
– Debating Proposed Reforms of the Taxation of Corporate Income in the European Union, International Tax and Public Finance 2004, S. 71–83
Devereux, M./Elschner, C./Endres, D./Spengel, C. (Report), Report 2009 – Effective Tax Levels Using the Devereux/Griffith Methodology (TAXUD/2008/CC/099), Mannheim/Oxford 2009
Devereux, M./Griffith, R. (Discrete Investment Choices), The taxation of discrete investment choices, Revision 2, London 1999
Devereux, M./Pearson, M. (Economic Efficiency), Corporate Tax Harmonisation and Economic Efficiency, Oxford 1989
– Harmonising Corporate Taxes in Europe, Fiscal Studies 1990, S. 21–35
Dewenter, R./Haucap, J./Luther, R./Rötzel, P., Hedonic prices in the German market for mobile phones, TP 2007, S. 4–13
Dibelius, A. C. (Amerika), Investieren in Amerika, in: Knower, D./Spemann, T. F./Würthele, G. (Hrsg.), Business Guide USA, Frankfurt a. M. 2000, S. 151–165
Diego, A. de, Die Mobilität der Europäischen Aktiengesellschaft (SE) im EG-Binnenmarkt, EWS 2005, S. 446–454
Diehl, W., Qualifikationskonflikte im Außensteuerrecht, FR 1978, S. 517–526
Diekert, M./Lechowicz, A., Besteuerung von nach Tschechien entsandten Mitarbeitern, PIStB 2008, S. 95–102
Diemer, R. (Regelungsbedarf), Regelungsbedarf einer Besteuerung der Europäischen Aktiengesellschaft (SE) – Sicht der Europäischen Kommission, in: Herzig, N. (Hrsg.), Besteuerung der europäischen Aktiengesellschaft, Köln 2004, S. 35–63
Dierckx, F., Construction Sites – Tax Treatment under the Belgian-Dutch, the Belgian-German and the Dutch-German Tax Treaties, ET 1989, S. 264–265
Diessner, C. (Wiederverkaufspreis), Wiederverkaufspreis-Methode, in: Vögele, A., Handbuch der Verrechnungspreise, 2. Aufl., München 2004, S. 233–248
– (US-Vorschriften), Kommentierung der US-Vorschriften zu Section 482 IRC, in: Vögele, A., Handbuch der Verrechnungspreise, 2. Aufl., München 2004, S. 1715–1807
Dietborn, C./Strnad, O., Besteuerung von Aktienoptionen nach dem Erlass des Finanzministeriums NRW vom 27. 3. 2003 – erste Würdigung, BB 2003, S. 1094–1095
Dieterlen, J./Schaden, M., Sofort abzugsfähiger Verlust oder step up durch downstream merger auch nach In-Kraft-Treten des Steuersenkungsgesetzes in Erwerberfällen?, BB 2000, S. 2552–2553
DIHT (Verrechnungspreise), Internationale Verrechnungspreise, DIHT-Planspiel, Bonn 1981
Dißars, B.-A., Die Europäische Privatgesellschaft (SPE), NWB 2009, S. 3737–3745
Distaso, M./Russo, R., The EC Interest and Royalties Directive – A Comment, ET 2004, S. 143–154
Ditz, X. (Betriebsstätten), Internationale Gewinnabgrenzung bei Betriebsstätten – Ableitung einer rechtsformneutralen Auslegung des Fremdvergleichsgrundsatzes im internationalen Steuerrecht, Berlin 2004

- Fremdvergleichskonforme Ermittlung eines Umlageschlüssels bei Konzernumlagen – Tatsächlicher versus erwarteter Nutzen, DB 2004, S. 1949–1955
- Reichweite des digitalen Datenzugriffs der Finanzverwaltung im nationalen und internationalen Konzern, DStR 2004, S. 2038–2041
- Internationale Gewinnabgrenzung bei Betriebsstätten und nationale Gewinnermittlungsvorschriften im Lichte aktueller Entwicklungen bei der OECD, IStR 2005, S. 37–43
- Übertragung von Geschäftschancen bei Funktionsverlagerungen ins Ausland – Darstellung an ausgewählten Beispielen, DStR 2006, S. 1625–1630
- Aufgabe der finalen Entnahmetheorie – Analyse des BFH-Urteils vom 17. 7. 2008 und seiner Konsequenzen, IStR 2009, S. 115–121
- Praxisfall einer Verrechnungspreisprüfung und Funktionsverlagerung – Anmerkung zum Beitrag von Zech, IStR 2009, 418, IStR 2009, S. 421–424

Ditz, X./Just, D., Besteuerung einer Produktionsverlagerung nach der Funktionsverlagerungsverordnung, DB 2009, S. 141–144

Ditz, X./Plansky, P., Anmerkung zum BMF-Schreiben vom 13. 7. 2009, IV B 5-S 2118-a/07/10 004, IStR 2009, S. 661–662
- Aktuelle Entwicklungen bei der Berücksichtigung ausländischer Betriebsstättenverluste, DB 2009, S. 1669–1674

Ditz, X./Schneider, M., Änderungen des Betriebsstättenerlasses durch das BMF-Schreiben vom 25. 8. 2009, DStR 2010, S. 81–87

Ditz, X./Schönfeld, J., Abzug von umrechnungsbedingten Währungsverlusten – Anm. zum EuGH-Urteil vom 28. 2. 2008 – Rs. C-293/06, Deutsche Shell, DB 2008, S. 1458–1460

Ditz, X./Tcherveniachki, V., Abzugsfähigkeit von Teilwertabschreibungen auf eigenkapitalersetzende Darlehen – Eine Analyse des BFH-Urteils vom 14. 1. 2009 unter besonderer Berücksichtigung des § 1 AStG, IStR 2009, S. 709–714

Dixon, J., The taxation of income derived from the supply of technology (Nationalbericht), CDFI 1997, S. 769–791

Djanani, C./Brähler, G., Internationale Steuerplanung durch Ausnutzung von Qualifikationskonflikten – dargestellt am Verhältnis Deutschland-USA StuW 2007, S. 53–63

Djanani, C./Brähler, G./Hartmann, T., Finanzverwaltung und die autonome Abkommensauslegung – zugleich Besprechung des BMF-Schreibens vom 19. 3. 2004, IStR 2004, S. 481–485

Doernberg, R., Electronic Commerce and International Tax Sharing, TNI 1998, S. 1013–1022
- Taxation Silos: Embedded Intangibles and Embedded Services Under U. S. Law, TNI 2006, S. 561–576

Doernberg, R./Hinnekens, L./Hellerstein, W. u. a. (Electronic Commerce), Electronic Commerce and Multijurisdictional Taxation, The Hague 2001

Doetsch, P. A., International-steuerrechtliche Fragen bei Gehaltsumwandlungen (Nationalbericht), CDFI 2000, S. 415–438

Döllerer, G., Diskussionsbeitrag zum Referat Raupach, A./Strobl, E.: Unternehmensorganisation/Unternehmensverträge, JbFSt 1987/88, S. 316
- Nutzungen und Nutzungsrechte – keine verdeckten Einlagen bei Kapitalgesellschaften, BB 1988, S. 1789–1796
- (Gewinnausschüttungen), Verdeckte Gewinnausschüttungen und verdeckte Einlagen bei Kapitalgesellschaften, 2. Aufl., Heidelberg 1990

Dörfler, O., Das BMF-Schreiben zur Zinsschranke vom 4. 7. 2008, Ubg 2008, S. 693–705

Dörfler, O./Adrian, G., Anwendungsfragen und Wirkungen des Korrespondenzprinzips bei verdeckter Gewinnausschüttung und verdeckter Einlage, Ubg 2008, S. 373–382

- § 8 b Abs. 3 KStG und Teilwertabschreibungen auf Gesellschafterdarlehen, SteuK 2009, S. 8–11
Dörfler, O./Heurung, R./Adrian, G., Korrespondenzprinzip bei verdeckter Gewinnausschüttung und verdeckter Einlage, DStR 2007, S. 514–520
Dörfler, O./Rautenstrauch, G./Adrian, G., Das Jahressteuergesetz 2009 – Ausgewählte Aspekte der Unternehmensbesteuerung, BB 2009, S. 580–587
Dörfler, O./Ribbrock, M., EuGH: Ausschluss der grenzüberschreitenden Nutzung von EU-Betriebsstättenverlusten – Kein Verstoß gegen Gemeinschaftsrecht – „Lidl Belgium", BB 2008, S. 1322–1327
Dörner, B. M., Die laufende Besteuerung der Kapitalgesellschaften und ihrer Gesellschafter nach dem StSenkG, INF 2000, S. 545–553
Dörr, I., Gruppenbesteuerung in Italien, DSWR 2004, S. 248–249
- Abschaffung oder Erweiterung der Organschaft?! Zu den möglichen Konsequenzen der Rechtssache Marks & Spencer, IStR 2004, S. 265–272
- Praxisfragen zur Umsetzung der Zins- und Lizenzrichtlinie in § 50 g EStG, IStR 2005, S. 109–117
- EWS-Kommentar zum EuGH-Urteil in der Rs. C-446/03 (Marks & Spencer), EWS 2006, S. 34–36
- Hinzurechnung von Zinsen und Lizenzgebühren europarechtswidrig?, NWB 2009, S. 3714–3724
- Wachstumsbeschleunigung durch den neuen § 8 c KStG, NWB 2010, S. 184–203
Dörr, I./Bühler, T., Keine Sofortbesteuerung bei Betriebsverlegung ins Ausland – Abkehr von der finalen Betriebsaufgabe, IWB 2010, S. 123–130
Dörr, I./Geibel, S./Geißelmeier, W./Gemmel, H./Krauß, R. G./Schreiber, S., Die neuen Regelungen zur Gesellschafter-Fremdfinanzierung – unter Berücksichtigung des BMF-Schreibens vom 15. 7. 2005, Beilage zu NWB Heft 34/2004, S. 1–93
Dörr, I./Geibel, S./Fehling, D., Die neue Zinsschranke, NWB, Fach 4, S. 5199–5216
Dörr, I./Fehling, D., Gestaltungsmöglichkeiten zum Öffnen der Zinsschranke, Ubg 2008, S. 345–352.
Dötsch, E., Körperschaftsteuerliche Behandlung der Verlegung des Sitzes bzw. der Geschäftsleitung einer Kapitalgesellschaft über die Grenze, DB 1989, S. 2296–2303
- Verschmelzungsbedingter Verlustübergang bei der Körperschaftsteuer: In welcher Weise kann die Übernehmerin den auf sie übergehenden Verlust steuerlich nutzen?, Der Konzern 2005, S. 511–513
Dötsch, E./Jost, W. F./Pung, A./Witt, G. (Körperschaftsteuer), Die Körperschaftsteuer: Kommentar zum Körperschaftsteuergesetz, zum Umwandlungssteuergesetz und zu den einkommensteuerrechtlichen Vorschriften der Anteilseignerbesteuerung, Stuttgart 1983, Stand: Juli 2010
Dötsch, E./Pung, A., Ausgewählte Fragen zu der letztmaligen Anwendung des Anrechnungsverfahrens sowie zu der erstmaligen Anwendung des Halbeinkünfteverfahrens, GmbHR 2001, S. 641–649
- Gesellschafter-Fremdfinanzierung: Das Einführungsschreiben zu § 8 a KStG vom 15. 7. 2004, DB 2004, S. 1683–1691
- Grenzüberschreitende Verlustverrechnung: Muss der deutsche Gesetzgeber wegen der europarechtlichen Entwicklungen reagieren?, Der Konzern 2006, S. 130–135
Dolan, K., Special Issues in Structuring International Joint Ventures, TMIJ 1993, S. 51–63 (Teil I), S. 103–117 (Teil II)
Dorfmüller, P. (Tax Planning), Tax Planning for U. S. MNCs with EU Holding Companies, Den Haag/London/New York 2003

- Die Errichtung von internationalen Holdingstrukturen durch deutsche Konzerne, IStR 2009, S. 826–831
- Die Qualifikation der deutschen GmbH & Co. KG aus US-amerikanischer Sicht: Risiken für die Anwendung des DBA-USA, IStR 2010, S. 644–650

Dorner, K./Dawid, R., Die Bestimmung angemessener Verrechnungspreise – Erhöhung der Vergleichbarkeit von Profitabilitätskennzahlen durch Anpassungsrechnungen, IWB, 2002, Fach 10, International, Gruppe 2, S. 1563–1576

Douma, S./Engelen, F. (Obstacles), Non-discriminatory Tax Obstacles to Free Movement, in: Lang, M./Weinzierl, C. (Hrsg.), Europäisches Steuerrecht. Festschrift für Friedrich Rödler zum 60. Geburtstag, Wien 2010, S. 193–203

Dreßler, G., Unbeachtlichkeit ausländischer Auskunftsverbote im deutschen Steuerrecht, StBp 1992, S. 149–159
- Gewinn- und Vermögensverlagerungen in Niedrigsteuerländern und kein Ende?, StBp 1999, S. 253–264
- (Niedrigsteuerländer), Gewinn- und Vermögensverlagerungen in Niedrigsteuerländern und ihre steuerliche Überprüfung, 3. Aufl., Neuwied u. a. 2000
- (Gewinnverlagerung), Gewinn- und Vermögensverlagerungen in Niedrigsteuerländern und ihre steuerliche Überprüfung, 4. Aufl., Köln 2007

Dreyer, G./Herrmann, H., Die Besteuerung von Aktien-, Wandel- und Umtauschanleihen, BB 2001, S. 705–710

Drinhausen, A./Keinath, A., Referentenentwurf eines zweiten Gesetzes zur Änderung des Umwandlungsgesetzes – Erleichterung grenzüberschreitender Verschmelzungen deutscher Kapitalgesellschaften?, BB 2006, S. 725–732
- Die grenzüberschreitende Verschmelzung inländischer Gesellschaften nach Erlass der Richtlinie zur grenzüberschreitenden Verschmelzung von Kapitalgesellschaften in Europa, RIW 2006, S. 81–87

Drüen, K.-D., „Präzisierung" und „Effektuierung" des § 42 AO durch das Jahressteuergesetz 2008, Ubg 2008, S. 31–38
- Unternehmerfreiheit und Steuerumgehung, StuW 2008, S. 154–166
- 2010: Der Aufbruch zu einer neuen Steuerkultur?, DStR 2010, S. 2–8

Drüen, K.-D./Kahler, B., Die nationale Steuerhoheit im Prozess der Europäisierung, StuW 2005, S. 171–184

Dubovizkaja, E., „Überseering"-Rechtsprechung: Gerichtliche Klarstellung zur Niederlassungsfreiheit von Gesellschaften, GmbHR 2003, S. 694–698

Duerr, M. G. (Allocations), Tax Allocations and International Business. Corporate Experience with Section 482 of the Internal Revenue Code, The Conference Board Report Nr. 555, New York 1972

Düll, A./Fuhrmann, G./Eberhard, M., Unternehmenssteuerreform 2001: Die Neuregelung des § 6 Abs. 5 Satz 3 EStG – sog. Wiedereinführung des Mitunternehmererlasses, DStR 2000, S. 1713–1718
- Aktuelles Beratungs-Know-how mittelständiger Kapitalgesellschaften, DStR 2002, S. 1030–1035

Dürrfeld, A./Wingendorf, P., Lizenzierung von Markenrechten im Konzern, IStR 2005, S. 464–468

Dunning, J. H./Lundan, S. M. (Enterprises), Multinational Enterprises and the Global Economy, 2. Aufl., Cheltenham 2008

DWS (Hrsg.) (Steuerfolgen), Merkblatt „Steuerfolgen der Entsendung von Mitarbeitern ins Ausland" 4/2001, Berlin 2001
- (Hrsg.) (Arbeitsrecht), Merkblatt „Arbeitsrechtliche Betrachtung der Entsendung von Mitarbeitern ins Ausland" 5/2001, Berlin 2001

Dziadkowski, D./Robisch, M., Gutachten zur Harmonisierung der Umsatzbesteuerung in Europa vorgelegt, BB 1994, S. 1605–1608

Ebenroth, C. T./Fuhrmann, L., Gewinnverlagerungen durch Unterpreisleistungen im transnationalen Konzern, DB 1989, S. 1100–1105

Eberhartinger, E./Engelsing, L., Zur steuerrechtlichen Behandlung von Aktienoptionen bei den optionsberechtigten Führungskräften, WPg 2001, S. 99–114
Ebert, S., Der Ort der Geschäftsleitung in internationalen Holding-Konzernstrukturen, IStR 2005, S. 534–540
Ebert, S./Levedag, C., Die zugezogene „private company limited by shares (Ltd.)" nach dem Recht von England und Wales als Rechtsformalternative für in- und ausländische Investoren in Deutschland, GmbHR 2003, S. 1337–1346
Ebling, K., Überlegungen zum neuen Außensteuerrecht aus der Sicht der steuerlichen Betriebsprüfung, StBp 1971, S. 218–225
– Anerkennung der steuerlichen Rechtsfähigkeit ausländischer Unternehmungen (Nationalbericht), CDFI 1988, S. 227–249
Eckartsberg, C. H. von (Auslandseinsatz), Auslandseinsatz von Stammhaus-Personal, Frankfurt a. M. 1978
Ecker, T./Koppensteiner, F., Anwendbarkeit der WTO-Abkommen auf direkte und indirekte Steuern, SWI 2009, S. 142–148
Eckerle, T. H. (Investitionsentscheidung), Der Einfluß der Besteuerung auf die unternehmerische Investitionsentscheidung: quantitative Belastungswirkungen im internationalen Vergleich, Köln 2000
Eckl, P., Treaty Shopping, JbFSt 2008/09, S. 271–278
– Generalthema I: Die Definition der Betriebsstätte, IStR 2009, S. 510–514
Edenfeld, S., Die Fürsorgepflicht des Arbeitgebers bei Auslandseinsätzen, NZA 2009, S. 938–943
Ege, G. (Betriebsstätte), Die Betriebsstätte im Internationalen Steuerrecht, in: Crezelius, G./Raupach, A./Schmidt, L. u. a. (Hrsg.), Steuerrecht und Gesellschaftsrecht als Gestaltungsaufgabe. Freundesgabe für Franz Josef Haas zur Vollendung des 70. Lebensjahres, Herne/Berlin 1996, S. 101–110
Egger, A. (IFRS), IFRS und Unternehmensbesteuerung, in: Renner, B./Schlager, J./Schwarz, R. (Hrsg.), Praxis der steuerlichen Gewinnermittlung. Gedenkschrift für Walter Köglberger, Wien 2008
Eggers, I. (Gründung), Gründung und Sitzverlegung einer SE aus ertragsteuerlicher Sicht, Köln 2006
Eggers, J. H./Korf, R., Umfang des Vorsteuerabzugs von Holdinggesellschaften, DB 2002, S. 1238–1243
Eggers, W., Die neuen OECD-Guidelines zu den internationalen Verrechnungspreisen – Entstehungsgeschichte und Hintergründe, DStR 1996, S. 393–399
– Anwendungsprobleme beim DBA-Pakistan, IWB Aktuell vom 24. 9. 1997, S. 851–852
– (Agreements), Advance Pricing Agreements, in: Grotherr, S. (Hrsg.), Handbuch der internationalen Steuerplanung, Herne/Berlin 2000, S. 1613–1626
Eicke, R. (Repatriierungsstrategien), Repatriierungsstrategien für U. S.-Investoren in Deutschland – Steuerplanung mit Holdinggesellschaften, Baden-Baden 2009
Eicker, K./Obser, R., Die Kapitalverkehrsfreiheit bekommt Konturen – zugleich Anmerkung zu den Schlussanträgen in den Rechtssachen Weidert, Paulus, Manninen und Lenz, IStR 2004, S. 443–447
Eicker, K./Röhrbein, J., Gemeinschaftsrechtliche Unbedenklichkeit der unterschiedlichen Behandlung von verbundenen Unternehmen nach DBA bei Verrechnungspreisen, WPg 2006, S. 1355–1362
Eicker, K./Scheifele, M., Die Betriebsstättenproblematik im Electronic Commerce, IWB, 1999, Fach 3, Deutschland, Gruppe 2, S. 783–794
Eicker, K./Seiffert, T., EuGH: Haftung des Vergütungsschuldners gemäß § 50a Abs. 5 Satz 5 EStG trotz Beitreibungsrichtlinie, BB 2007, S. 358–361
Eickmann, M./Mörwald, F., Steuerrechtliche Auswirkungen des Wegzugs von Kapitalgesellschaften in einen Drittstaat, DStZ 2009, S. 422–432

Eidenmüller, H., Wettbewerb der Gesellschaftsrechte in Europa: Zugleich Besprechung des Urteils des Europäischen Gerichtshofs vom 5. 11. 2002 in der Rechtssache C-208/00 (Überseering), ZIP 2002, S. 2233–2245
Eidenmüller, H./Engert, A./Hornuf, L., Vom Wert der Wahrheit: Eine empirische Analyse der Societas Europaea als Rechtsformalternative, AG 2009, S. 845–855
Eigelshoven, A./Nientimp, A., Internationale Verrechnungspreise und formale Kriterien beim Institut der verdeckten Gewinnausschüttung, DB 2003, S. 2307–2310
– Die Dokumentation angemessener Verrechnungspreise nach den Verwaltungsgrundsätze–Verfahren: Eine kritische Analyse, DB 2005, S. 1184–1189
Eilers, S. (Tax Due Diligence), Tax Due Diligence, in: Schaumburg, H. (Hrsg.), Unternehmenskauf im Steuerrecht, 3. Aufl., Stuttgart 2004, S. 83–108
– (Substanzerfordernis), Substanzerfordernis an ausländische Finanzierungsgesellschaften, in: Gocke, R./Gosch, D./Lang, M. (Hrsg.), Körperschaftsteuer, Internationales Steuerrecht, Doppelbesteuerung. Festschrift für Franz Wassermeyer zum 65. Geburtstag, München 2005, S. 323–332
Eilers, S./Dann, H., Gesetzgebung gegen Steuerhinterziehung – von Steueroasen, Informationswüsten und einer fragwürdigen Verordnung, BB 2009, S. 2399–2404
Eilers, S./Schiessl, M. (Finanzierungsformen), Der Einsatz von hybriden Finanzierungsformen und hybriden Gesellschaftsformen im Konzern, in: Grotherr, S. (Hrsg.), Handbuch der internationalen Steuerplanung, 2. Aufl., Herne/Berlin 2003, S. 441–454
Eilers, S./Schneider, N., Missbrauch vs. Misstrauen. Unilaterale Sicherung des deutschen Steueraufkommens (§ 50 d Abs. 3, 9 EStG), StbJb 2007/2008, S. 175–189
Eilers, S./Wienands, H.-G., Gestaltungsüberlegungen und Fallbeispiele zur Veräußerung von GmbH-Anteilen, Erneute Verschärfung des § 17 EStG durch den Gesetzesentwurf eines „StSenkG", GmbHR 2000, S. 405–414
– Steuersenkungsgesetz: Anteilsveräußerungen durch Körperschaften nach der Neufassung von § 8 b Abs. 2 KStG, GmbHR 2000, S. 1229–1240
– Kommentar zum BFH-Urteil vom 16. 5. 2001 – I B 143/00, Gesellschafter: Verzicht auf Darlehen mit eigenkapitalersetzender Funktion als Einlage, GmbHR 2001, S. 822–824
Eimermann, D., Verrechnungspreise: OECD zum US-Richtlinienentwurf zu Sec. 482 IRC, IStR 1993, S. 57–64
– Schachtelprivileg auf Ausschüttungen an eine S-Corporation oder einen anderen hybriden Rechtsträger nach dem DBA-USA 2006? – Eine Erwiderung auf die Anmerkungen von Anger/Sewtz in IStR 2008, 852, IStR 2009, S. 58–59
Eisenach, M., Währungsumrechnung beim Verlustabzug nach § 2 Auslandsinvestitionsgesetz, DB 1987, S. 2279–2284
Eisenach, M./Weiske, R., Gewinnzurechnung aus Einlageminderung gem. § 15 a Abs. 3 EStG bei Beteiligung an einer ausländischen Kommanditgesellschaft, DB 1987, S. 1655–1657
Eisenbarth, M./Hufeld, U., Die grenzüberschreitende Verlustverrechnung in der Konsolidierungsphase – Das Verfahren „X Holding" und die Grenzen der negativen Integration, IStR 2010, S. 309–313
Eisolt, D./Wickinger, S., Veräußerung von einbringungsgeborenen Anteilen nach der Neuregelung des § 8 b Abs. 4 KStG-StSenkG, BB 2001, S. 229–234
El Mahi, F., Die Europäische Genossenschaft, DB 2004, S. 967–972
Elschner, C./Ernst, C./Spengel, C. (Förderung), Fiskalische Kosten einer steuerlichen Förderung von Forschung und Entwicklung in Deutschland – Eine empirische Analyse verschiedener Gestaltungsoptionen, ZEW-Discussion Paper Nr. 10–019, Mannheim 2010

Elvinger, A., Luxembourg: Introduction of Foreign Tax Credit, Intertax 1980, S. 375–379

Endres, D. (Direktinvestitionen), Direktinvestitionen in Entwicklungsländern, München 1986
- (Steuergestaltung), Steuergestaltung in Europa aus Sicht der Unternehmenspraxis, in: Jacobs, O. H./Spengel, C. (Hrsg.), Aspekte der Unternehmensbesteuerung in Europa, Baden-Baden 1996, S. 183–204
- Die Vertreterbetriebsstätte im Konzern, IStR 1996, S. 1–5
- (Unternehmenstätigkeit), Die Neuordnung des Europageschäfts unter steuerlichen Aspekten, in: IDW (Hrsg.), Bericht über die Steuerfachtagung 1996 des Instituts der Wirtschaftsprüfer in Deutschland e. V., Globale Unternehmenstätigkeit und inländische Besteuerung, Düsseldorf 1997, S. 91–102
- Der Steuerstandort Deutschland nach dem Steuerentlastungsgesetz für ausländische Unternehmen mit Inlandsaktivitäten, WPg 2000, S. 96–104
- 20 Grundfälle zur beschränkten Steuerpflicht: Wann darf Deutschland besteuern?, PIStB 2001, S. 78–89
- (Joint Ventures), Steueraspekte internationaler Joint Ventures, in: Grotherr, S. (Hrsg.), Handbuch der internationalen Steuerplanung, 2. Aufl., Herne/Berlin 2003, S. 193–216
- (Konzernbesteuerung), Konzernbesteuerung in wichtigen Industriestaaten, in: Herzig, N. (Hrsg.), Organschaft, Stuttgart 2003, S. 461–482
- Reiches Ausland – Armes Inland: Steuerliche Effekte bei einer Funktionsverlagerung ins Ausland, RIW 2003, S. 729–733
- Kurzfälle zum Internationalen Steuerrecht, PIStB 2003, S. 132–135
- Rechtsformwahl und Vergütungsmodelle, PIStB 2003, S. 150–153
- Internationaler Vergleich der Konsolidierungs- und Organschaftsvorschriften, WPg-Sonderheft 2003, S. 35–40
- Typische Holdingstrukturen anhand von Beispielfällen, WPg-Sonderheft 2003, S. 56–63
- Europa-AG und Steuern: das Flaggschiff ist da, es fehlt nur das Segel, RIW 2004, S. 735–740
- (Konzernsteuerquote), Reduktion der Konzernsteuerquote durch internationale Steuerplanung, in: Oestreicher, A. (Hrsg.), Internationale Steuerplanung, Herne/Berlin 2005, S. 163–190
- Kostenumlagen für das Key-Account Management, PIStB 2005, S. 254–258
- Die rückgriffsgesicherte Fremdfinanzierung, PIStB 2005, S. 307–310
- Verwertung von Inlands- und Auslandssachverlusten, PIStB 2006, S. 87–90
- Steuerstandort Deutschland im Vergleich, WPg-Sonderheft 2006, S. 2–20
- Der Verzicht auf Dividenden-Quellensteuern im neuen Steuerabkommen mit den USA, PIStB 2006, S. 259–264
- Die Besteuerung grenzüberschreitender Aufsichtsratstätigkeit, PIStB 2007, S. 255–259
- Die Steuerbelastung auf Inbound-Investitionen nach der Unternehmensteuerreform, PIStB 2008, S. 9–13
- Steueraspekte bei der Suche nach dem optimalen FuE-Standort, PIStB 2008, S. 266–269
- (Musterfälle), 50 Musterfälle zum Internationalen Steuerrecht. Auslandsinvestition, Auslandsentsendung, Inbound-Aktivitäten, Nordkirchen 2008
- Gruppenbesteuerung über die Grenze, PIStB 2009, S. 214–220
- (Gruppenbesteuerung), Gesetzgeberischer Überarbeitungsbedarf bei der Organschaft: eine Bestandsaufnahme, in: Kessler, W./Förster, G./Watrin, C. (Hrsg.), Unternehmensbesteuerung. Festschrift für Norbert Herzig zum 65. Geburtstag, München 2010, S. 189–209

- (Steuerreformüberlegungen), Besser Steuern – Vom Nachbarn lernen. Ansatzpunkte für deutsche Reformüberlegungen bei einem Blick nach Österreich, in: Lang, M./Weinzierl, C. (Hrsg.), Europäisches Steuerrecht. Festschrift für Friedrich Rödler zum 60. Geburtstag, Wien 2010, S. 219–235
Endres, D. u. a. (Hrsg.) (Corporate Taxable Income), Determination of Corporate Taxable Income in the EU Member States, bearbeitet von Endres, D./Oestreicher, A./Scheffler, W./Spengel, C., Alphen aan den Rijn 2007
Endres, D./Dorfmüller, P., Holdingstrukturen in Europa, PIStB 2001, S. 94–103
– Holdingstandorte und –strukturen: Update zur Steuerplanung mit Holdinggesellschaften, Status: Recht 2008, S. 255–256
Endres, D./Eckstein, H.-M. (Übernahmen), Die steuerliche Gestaltung der Übernahme börsennotierter Aktiengesellschaften, in: Deutsches Aktieninstitut e. V. (Hrsg.), Die Übernahme börsennotierter Aktiengesellschaften, Frankfurt a. M. 1999, S. 289–311
– (Steuerrecht), Steuerrecht International. Ein Wegweiser für den Unternehmer beim Schritt über die Grenze, 2. Aufl., Schwäbisch Hall 2001
– USA: Präsident Obamas neue Steuerpolitik, Status: Recht 2009, S. 145–147
Endres, D./Freiling, C., Der praktische Fall – Wegzugsbesteuerung bei Wohnsitzverlagerung, PIStB 2009, S. 72–77
Endres, D./Fuest, C./Spengel, C. (Asia-Pacific), Company Taxation in the Asia-Pacific Region, Heidelberg 2010
Endres, D./Jacob, F./Gohr, M./Klein, M. (Kommentar DBA-USA), DBA Deutschland/USA – Doppelbesteuerungsabkommen, München 2009
Endres, D./Miles, A., Joint Ventures – An El Dorado for the German Revenue?, Intertax 1999, S. 243–254
Endres, D./Oestreicher, A., 2001 Tax Reform in Germany – Planning for a New Era, Intertax 2000, S. 408–422
– Das Steuersenkungsgesetz aus der Sicht international operierender Unternehmen, PIStB 2000, S. 205–219
– Grenzüberschreitende Ergebnisabgrenzung: Verrechnungspreise, Konzernumlagen, Betriebsstättengewinnermittlung – Bestandsaufnahme und Neuentwicklungen, IStR 2003, Beihefter zum Heft 15, S. 1–16
– German Transfer Pricing Principles – An Old Theme Revisited, Intertax 2004, S. 137–147
– Die Besteuerung von Funktionsverlagerungen in zehn Fällen – Zugleich eine Stellungnahme zum Entwurf der Verwaltungsgrundsätze-Funktionsverlagerung, IStR 2009, Beihefter zu Heft 20, S. 1–20
Endres, D./Selent, A., Die Umwandlung einer amerikanischen Betriebsstätte (oder Personengesellschaft) eines deutschen Unternehmens in eine US-Tochterkapitalgesellschaft, DB 1985, S. 2014–2020
Endres, D./Schreiber, C. (Hrsg.) (USA), Investitions- und Steuerstandort USA, München 2008
Endres, D./Schreiber, C./Dorfmüller, P., Holding companies prove worth, ITR 2007, S. 43–46
Endres, D./Selent, A., Die Umwandlung einer amerikanischen Betriebsstätte (oder Personengesellschaft) eines deutschen Unternehmens in eine US-Tochterkapitalgesellschaft, DB 1985, S. 2014–2020
Endres, D./Spengel, C. (Steuerstrukturen), Steuerstrukturen in Deutschland aus Sicht eines US-Investors, in: Burmester, G./Endres, D. (Hrsg.), Außensteuerrecht, Doppelbesteuerungsabkommen und EU-Recht im Spannungsverhältnis. Festschrift für Helmut Debatin zum 70. Geburtstag, München 1997, S. 81–106
Endres, D./Spengel, C./Elschner, C., Wie attraktiv sind europäische Länder als Standort für Mitarbeiterentsendungen?, DB 2005, S. 2253–2257

Endres, D./Spengel, C./Elschner, C./Schmidt, O., The Tax Burden on International Assignments, Intertax 2005, S. 490–502

Endres, D./Spengel, C./Reister, T., Neu Maß nehmen: Auswirkungen der Unternehmensteuerreform 2008, WPg 2007, S. 478–489

Endres, D./Thies, A., Bekämpfung doppelter Verlustnutzung im UntStFG – Oder: Wer danebenschießt, muß eine Strafrunde laufen, RIW 2002, S. 275–280

Endres, D./Twinem, G., Tax Strategies for Acquisitions in Germany, TNI 1995, S. 1335–1342

Endres, D./Wolff, U., Musterfälle zum revidierten deutsch-amerikanischen Doppelbesteuerungsabkommen, IStR 2006, S. 721–729

Endres, N./Kroniger, A., Die Anwendung von § 8 a KStG n. F. bei nachgeschalteten Personengesellschaften, FR 2004, S. 377–385

Engel, C. L. J. (Konzerntransferpreise), Konzerntransferpreise im internationalen Steuerrecht – Implikationen der Gewinnabgrenzung multinationaler Unternehmen mit besonderer Berücksichtigung der Konzerndienstleistungen, Köln 1986

Engelen, F. A./Pötgens, F. P. G., Report on „The Application of the OECD Model Tax Convention to Partnerships" and the Interpretation of Tax Treaties, ET 2000, S. 250–269

Engelmeyer, C., Ausgliederung durch partielle Gesamtrechtsnachfolge – ein Vergleich, AG 1999, S. 263–267

Engelschalk, M. (Bruttobasis), Die Besteuerung von Ausländern auf Bruttobasis, Heidelberg 1988

Engelsing, L., Zur steuerlichen Behandlung von Vergütungsaktienoptionen bei optionsberechtigten Arbeitnehmern, StuB 2003, S. 595–600

Engers, T., Schädlicher Gesellschafterwechsel i. S. v. § 8 Abs. 4 KStG beim Zusammentreffen von kapitalverändernden Maßnahmen und Anteilsübertragungen, BB 2006, S. 743–747

Engl, R. L. (Umwandlung), Umwandlung inländischer Gesellschaften mit Auslandsvermögen, in: Schaumburg, H./Piltz, D. J. (Hrsg.), Internationales Umwandlungssteuerrecht, Köln 1997, S. 75–110

Engler, G. (Verfahren), Verfahren, in: Vögele, A. u. a., Handbuch der Verrechnungspreise, 2. Aufl., München 2004, S. 459–585

– (Dienstleistung), Dienstleistung, Auftragsforschung, in: Vögele, A. u. a., Handbuch der Verrechnungspreise, 2. Aufl., München 2004, S. 1217–1575

– Änderung von Verrechnungspreisen in der Rezession, IStR 2009, S. 685–691

Englisch, J., Zur Dogmatik der Grundfreiheiten des EGV und ihren ertragsteuerlichen Implikationen, StuW 2003, S. 88–97

– Anmerkung zum Urteil des EuGH vom 25. 9. 2003, C–58/01 (Océ van der Grinten NV/Commissioners of Inland Revenue), IStR 2003, S. 782–783

– Anmerkung 2 zum Urteil des EuGH vom 15. 7. 2004, C–315/02 (Lenz), IStR 2003, S. 526–527

– Anmerkung zum EuGH-Urteil v. 13. 12. 2005, C–446/03, IStR 2006, S. 22–23

– Marks & Spencer: Grenzüberschreitender Verlustabzug im Mutter-Tochter-Verhältnis, IStR 2006, S. 19–23

– EuGH: Abzugsfähigkeit von Betriebsstättenverlusten aus anderem EU-Mitgliedstaat bei DBA-Freistellung, IStR 2008, S. 400–405

– Verbot des Rechtsmissbrauchs – ein allgemeiner Rechtsgrundsatz des Gemeinschaftsrechts,? StuW 2009, S. 3–22

Englisch, J., Einige Schlussfolgerungen zur Grundfreiheitskompatibilität des § 1 AStG – zugleich Anmerkung zum Urteil des EuGH in der Rs. SGI, IStR 2010, S. 139–142

Englisch, J./Schütze, A., The Implementation of the EC Parent-Subsidiary Directive in Germany – Recent Developments and Unresolved Issues, ET 2005, S. 488–499

Erb, M., Das steuerliche Dotationskapital inländischer Betriebsstätten international tätiger Kreditinstitute – die neuen BMF-Grundsätze, IStR 2005, S. 328–337

Erhart, G./Ehrsam, J., Payroll-Split für international tätige Mitarbeiter – Steuer- und sozialversicherungsrechtliche Aspekte, StB 2007, S. 59–63

Ernst & Young (Hrsg.) (Survey), Transfer Pricing 2001 Global Survey. Making Informed Decisions in Uncertain Times. Practices, Perceptions and Trends in 22 Countries, 2001

– (Auslandsentsendungen), Auslandsentsendungen auf dem Prüfstand – Kosten senken, Risiken begrenzen, rechtliche Vorgaben einhalten, Stuttgart 2003

– Tax Administration Goes Global: Complexity, Risks, and Opportunities, TNI 2007, S. 813–822

– (Implementation), Survey of the implementation of Council Directive 90/434/EEC (The Merger Directive, as amended), 2009

– (Transfer Pricing Survey), 2009 Global Transfer Pricing Survey, 2009

Ernst & Young/ZEW (Hrsg.) (Company Taxation), Company Taxation in the New EU Member States – Survey of the Tax Regimes and Effective Tax Burdens for Multinational Investors, 2. Aufl., Frankfurt a. M./Mannheim 2004

Esterer, F. (Maßgeblichkeit), Maßgeblichkeit der IAS/IFRS, in: Endres, D./Oestreicher, A./Scheffler, W./Schreiber, U./Spengel, C. (Hrsg.), Die internationale Unternehmensbesteuerung im Wandel – Symposium für Otto H. Jacobs zum 65. Geburtstag, München 2005, S. 110–127

Ettinger, J., Die luxemburgische SPF – Ein attraktives Modell zur Verwaltung von Familienvermögen, PIStB 2009, S. 78–85

Europäische Wirtschaftsgemeinschaft (Bericht), Bericht des Steuer- und Finanzausschusses, 1962

European Team of the IBFD, The Océ van der Grinten Case: Implications for Other EU Member States – A Critical Assessment, ET 2003, S. 394–402

Eynatten, W., European Holding Company Tax Regimes: A Comparative Study, ET 2007, S. 562–570

– European R&D and IP Tax Regimes: A Comparative Study, Intertax 2008, S. 502–519

Färber, G., Regionen in der Finanzverfassung der Europäischen Union – Probleme und Reformvorschläge, StuW 1996, S. 379–394

Fahrenberg, J./Henke, U., Das BMF-Schreiben zur steuerlichen Einordnung der US-LLC aus Beratersicht, IStR 2004, S. 485–489

Fajen, H.-G., Steuerfragen bei der Entsendung von Mitarbeitern ins Ausland, IStR 1995, S. 469–474

Fasselt, M./Brinkmann, J. (Vermögensgegenstände), Immaterielle Vermögensgegenstände, in: Beck'sches Handbuch der Rechnungslegung, Böcking, H.-J./Castan, E./Heymann, G./Pfitzer, N./Scheffler, E., München 2004

Feddersen, C., Seminar E: Zur Zulässigkeit steuerrechtlicher Maßnahmen zur Förderung von Exporten im Rahmen der Welthandelsorganisation – Der Streit um die Foreign Sales Corporations, IStR 2001, S. 551–559

Fehn, B. J., Arbeitnehmerentsendungen – einkommensteuerrechtliche Aspekte einer globalisierten und internationalisierten Arbeitswelt, BB 2004, Special 3, S. 7–11

Fehrenbacher, O., Mindeststeuersatz für beschränkt Steuerpflichtige gemeinschaftsrechtswidrig?, BB 2001, S. 1774–1776

Felix, G., Anmerkungen zum Nutzungseinlagen-Beschluß, DStZ 1988, S. 179–180

Feuerbaum, E., Exportwirtschaft und Außensteuerrecht, IWB, 1981, Fach 3, Deutschland, Gruppe 1, S. 651–660
– Nachträgliche Einkünfte aus inländischen Gewerbebetrieben und nachträgliche Finanzierungs-"Einkünfte" aus ausländischen Betriebstätten, RIW 1982, S. 97–102
– (Besteuerung), Internationale Besteuerung des Industrieanlagenbaus, 2. Aufl., Herne/Berlin 1983

Fey, A./Neyer, W., Zweifelsfragen bei der Spaltung eines internationalen Konzerns: Trennung von Gesellschafterstämmen, Veräußerung an außenstehende Personen, IStR 1998, S. 161–165

Fichtelmann, H. (Betriebsaufspaltung), Betriebsaufspaltung im Steuerrecht, 9. Aufl., Heidelberg 1996

Fiehler, K., Vergütungsformen von funktions- und risikoarmen Vertriebsgesellschaften, IStR 2007, S. 464–471

Fink, J. U., Gewinnzurechnungsmethoden im Verhältnis zwischen inländischem Stammhaus und ausländischer Betriebstätte, RIW 1988, S. 43–51

Finkbeiner, R., Verfassungsrechtliche Aspekte des Beschlusses des Großen Senats des BFH zum gewerbesteuerlichen Verlustabzug bei Personengesellschaften nach § 10a GewStG, DB 1993, S. 2201–2205

Finsterwalder, O., Einführung von Dokumentationssystemen bei internationalen Verrechnungspreisen – Anlass zur Prüfung grenzüberschreitender Risiko- und Funktionsverlagerung, IStR 2004, S. 763–768
– Bemessung von Verrechnungspreisen bei grenzüberschreitenden Know-how-Überlassungen im Konzern, IStR 2006, S. 355–360

Fischer, H./Wagner, T., Das BMF-Schreiben zur Zinsschranke, BB 2008, S. 1872–1879

Fischer, H.-J., Zulässigkeit und Grenzen des Betriebsausgabenabzugs der inländischen Tochtergesellschaft bei der Umsetzung internationaler Stock Option-Pläne in Deutschland, DB 2001, S. 1003–1006

Fischer, L., Europäisches Gemeinschaftsrecht und Steuerberatung in Deutschland, StbKR 1993, S. 37–62
– (Personengesellschaften), Die Beteiligung an ausländischen Personengesellschaften vor dem Hintergrund der Betriebsstätten-Verwaltungsgrundsätze vom 24. 12. 1999, in: Kirchhof, P./Lehner, M./Raupach, A./Rodi, M. (Hrsg.), Staaten und Steuern. Festschrift für Klaus Vogel zum 70. Geburtstag, Heidelberg 2000, S. 963–986

Fischer, L./Kleineidam, H.-J./Warneke, P. (Steuerlehre), Internationale Betriebswirtschaftliche Steuerlehre, Berlin 2005

Fischer, P., Geltungsanspruch des Steuergesetzes, Steuerumgehung und „wirtschaftliche oder sonst beachtliche außersteuerliche Gründe" – Zehn Thesen zum Meinungsstreit zwischen „Außen- und Innentheorie", FR 2001, S. 1212–1215
– Überlegungen zu § 42 AO i. d. F. des JStG 2008, FR 2008, S. 306–312

Fischer-Zernin, J., Sondervergütungen und DBA, RIW 1991, S. 493–497
– Joint Venture-Strukturen im internationalen Steuer- und Gesellschaftsrecht, IWB, 1997, Fach 10, International, Gruppe 2, S. 1273–1288

Fisseler, M./Weißhaupt, F., Vendor Finance beim nicht-öffentlichen Unternehmenskauf, DB 2006, S. 431–435

Fitting, K./Engels, G./Schmidt, I./Trebinger, Y./Linsenmaier, W. (Betriebsverfassungsgesetz), Betriebsverfassungsgesetz: BetrVG, Handkommentar, 25. Aufl., München 2010

Fladt, G./Feige, P., Der Exposure Draft 3: Business Combinations des IASB – Konvergenz mit den US-GAAP?, WPg 2003, S. 249–262

Flämig, C., Der Steuerstaat auf dem Weg in den Überwachungsstaat. Stellungnahme zu dem Entwurf zur Anzeigepflicht von Steuergestaltungen, DStR 2007, Beihefter zu Heft 44, S. 2–12

Fleischer, H., Legal Transplants im deutschen Aktienrecht, NZG 2004, S. 1129–1137

Fleißig, E. (Zinsbesteuerung), Die Harmonisierung der Zinsbesteuerung in der EU, Lohmar/Köln 2000

Flick, H. (Steuerermäßigung), Steuerermäßigung bei ausländischen Einkünften nach § 34c EStG und § 19a KStG, Bergisch-Gladbach 1959
– Der Begriff der festen Betriebsstätte und seine Entwicklung in verschiedenen Ländern, insbesondere im Hinblick auf die Harmonisierung künftiger Doppelbesteuerungsabkommen (Nationalbericht), CDFI 1967, S. 443–470
– Deutsche Aktivitäten von Ausländern über ausländische Zwischengesellschaften und die Mißbrauchsgesetzgebung des § 50d Abs. 1a EStG, IStR 1994, S. 223–225

Flick, H./Piltz, D.J. (Hrsg.) (Erbfall), Der Internationale Erbfall: Erbrecht, Internationales Privatrecht, Erbschaftsteuerrecht, München 1999

Flick, H./Wassermeyer, F., Das Ende des Oasenerlasses, DB 1975, S. 1674–1676

Flick, H./Wassermeyer, F./Baumhoff, H. (Außensteuerrecht), Kommentar zum Außensteuerrecht, 7. Aufl., Köln 1973/2001, Stand: November 2009

Flick, H./Wassermeyer, F./Wingert, K.-D./Kempermann, M. (DBA-Schweiz), Doppelbesteuerungsabkommen Deutschland-Schweiz: Steuern vom Einkommen und Vermögen, Nachlaß- und Erbschaftsteuern, Kommentar, Köln 1981/1995, Stand: Dezember 2009

Flick, H.F.W., Neue amerikanische Verrechnungspreisrichtlinien, IStR 1993, S. 105–111
– Wer wird zuletzt lachen? Revolutionäre Steuervereinfachung durch die US-Finanzverwaltung: Die „check the box" Regeln, IStR 1998, S. 110–111
– Umstrukturierungen nach dem Unternehmenserwerb in den USA (oder bleibt die Kuh auf dem Eis?), IStR 2001, S. 502–506
– (Unternehmenskauf), Steuerliche Aspekte des Unternehmenskaufs in den USA, in: Schaumburg, H. (Hrsg.), Unternehmenskauf im Steuerrecht, 2. Aufl., Stuttgart 2004, S. 437–453

Flick, H.F.W./Heinsen, O., Steuerliche Behandlung von Einkünften deutscher Gesellschafter aus der Beteiligung an einer US-Limited Liability Company – Anmerkungen zum BFH-Urteil vom 20. August 2008, I R 34/08, in diesem Heft S. 811, IStR 2008, S. 781–787

Flick, H.F.W./Zwergel, C., Je mehr sich ändert desto mehr bleibt gleich: endgültige amerikanische Verrechnungspreisrichtlinien, IStR 1994, S. 409–413

Flies, R., Die Umqualifikation der Einkünfte bei der beschränkten Steuerpflicht

Fluck, A./Roos, R., Unternehmenskauf und -verkauf, FB 2001, S. 8–14

Flume, W., Ungelöste steuerrechtliche Probleme bei der Unternehmenskonzentration, ZfbF 1968, S. 90–103

Fock, T.H., Unternehmenssteuerreform und beschränkte Steuerpflicht, RIW 2001, S. 108–115

Förster, G., Rechtsformwahl, Umwandlung und Unternehmenskauf nach der Unternehmenssteuerreform, WPg 2001, S. 1234–1249
– Kauf und Verkauf von Unternehmen nach dem UntStFG, DB 2002, S. 1394–1401

Förster, G./Dautzenberg, N., Verdopplung stiller Reserven bei grenzüberschreitenden Einbringungen, DB 1993, S. 645–650

Förster, G./Felchner, J., Umwandlung von Kapitalgesellschaften in Personenunternehmen nach dem Referentenentwurf zum SEStEG, DB 2006, S. 1072–1080

Förster, G./Lange, C., Steuerliche Aspekte der Gründung einer Europäischen Aktiengesellschaft (SE), DB 2002, S. 288–294
– Grenzüberschreitende Sitzverlegung der Europäischen Aktiengesellschaft aus ertragsteuerlicher Sicht, RIW 2002, S. 585–590
Förster, G./Lishaut, I. van, Steuerliche Folgen der Umwandlung einer Kapitalgesellschaft in ein Personenunternehmen nach neuem Umwandlungssteuerrecht, FR 2000, S. 1189–1199
Förster, H., Der Entwurf zur Aktualisierung der Kapitel I und III der OECD-Verrechnungspreisleitlinien, IStR 2009, S. 720–727
Förster, H./Naumann, M., Der neue OECD-Vorschlag zur Änderung der Betriebsstättengewinnermittlung nach Art. 7 OECD-MA im Vergleich zur bisherigen Auffassung, IWB, 2004, Fach 10, International, Gruppe 2, S. 1777–1790
– Erlass zur Dotation von Betriebsstätten, DB 2004, S. 2337–2339
Förster, H./Naumann, M./Rosenberg, O., Generalthema II des IFA Kongresses 2006 in Amsterdam: Gewinnabgrenzung bei Betriebsstätten, IStR 2005, S. 617–624
Förster, H., Die klassische Grenzgängerregelung mit Belgien, Frankreich und Österreich, PIStB 2001, S. 161–170
Förster, J., Das Grenzpendlergesetz: Ein weiterer Versuch zur Lösung des Grenzgängerproblems, DStR 1994, S. 1297–1303
– (Veräußerungsgewinnbesteuerung), Veräußerungsgewinnbesteuerung, in: Klein, F./Stihl, H. P./Wassermeyer, F. (Hrsg.), Unternehmen Steuern. Festschrift für Hans Flick zum 70. Geburtstag, Köln 1997, S. 721–736
– (Dokumentationspflichten), Steuerfragen und Dokumentationspflichten bei der Mitarbeiterentsendung aus Sicht der Unternehmen, in: Gocke, R./Gosch, D./Lang, M. (Hrsg.), Körperschaftsteuer, Internationales Steuerrecht, Doppelbesteuerung. Festschrift für Franz Wassermeyer zum 65. Geburtstag, München 2005, S. 371–389
Förster, J./Schollmeier, A. (Harmonisierung), Harmonisierung der Unternehmensbesteuerung, in: Birk, D. (Hrsg.), Handbuch des Europäischen Steuer- und Abgabenrechts, Herne/Berlin 1995, S. 813–899
Förster, W./Rühmann, J./Recktenwald, S., Auswirkungen des Altersvermögensgesetzes auf die betriebliche Altersversorgung – Die Einführung von Pensionsfonds und der Anspruch auf Entgeltumwandlung als Kernelemente der gesetzlichen Neuregelung, BB 2001, S. 1406–1412
Fohr, I. (Holdinggesellschaften), Besteuerungskonzept für Holdinggesellschaften, Frankfurt a. M. 2001
Forsthoff, U., EuGH fördert Vielfalt im Gesellschaftsrecht, DB 2002, S. 2471–2477
– Die Beschränkung der zeitlichen Wirkung von Urteilen des EuGH – Überlegungen zum Fall „Meilicke", DStR 2005, S. 1840–1844
– Internationale Verschmelzungsrichtlinie: Verhältnis zur Niederlassungsfreiheit und Vorwirkung: Handlungszwang für Mitbestimmungsreform, DStR 2006, S. 613–618
– Treaty Override und Europarecht, IStR 2006, S. 509–512
– Die eigenständige Bedeutung des sekundären Gemeinschaftsrechts, IStR 2006, S. 698–701
Frahm, L. G. (Markenbewertung), Markenbewertung: ein empirischer Vergleich von Bewertungsmethoden und Markenwertindikatoren, Frankfurt a. M. 2004
Franke, R./Kügler, K., Steuerliche Behandlung grenzüberschreitender Funktionsverlagerungen, IFSt-Schrift Nr. 463, Bonn 2010
Franz, A., Internationales Gesellschaftsrecht und die deutsche Kapitalgesellschaften im In- bzw. Ausland, BB 2009, S. 1250–1259
Franzé, R., Transfer Pricing and Distribution Arrangements: From Arm's Length to Formulary Apportionments of Income, Intertax 2005, S. 260–265

Frebel, M. (Erfolgsaufteilung), Erfolgsaufteilung und -besteuerung im internationalen Konzern, Lohmar/Köln 2006

Freiling, C./Schmucker, Y., Anwendungsprobleme des § 8 a KStG nach dem Steuersenkungsgesetz, IStR 2001, S. 97–102

Freitag, R., Mitgliedstaatliche Beschränkungen des Kapitalverkehrs und Europäisches Gemeinschaftsrecht, EWS 1997, S. 186–195

Freudenberg, M./Ludwig, C., Chancen für Gestaltungen aufgrund der geänderten Vorschriften zur Funktionsverlagerung, BB 2010, S. 1268–1271

Frey, J./Mückl, N., Konzeption und Systematik der Änderungen beim Verlustabzug (§ 8 c KStG), GmbHR 2010, S. 71–78

Friedl, M. J., Ein Plädoyer für Tracking Stocks, BB 2002, S. 1157–1164

Friedrich, K./Nagler, J., Das EuGH-Urteil Keller Holding und seine Auswirkungen auf die Abzugsbeschränkung des § 8 b KStG, IStR 2006, S. 217–221

Frischhut, M., Grenzüberschreitende Verschmelzungen von Kapitalgesellschaften – ein Überblick über die Zehnte gesellschaftliche Richtlinie, EWS 2006, S. 55–60

Frischmuth, M., Bestandsaufnahme und Zukunft der deutschen Hinzurechnungsbesteuerung (§§ 7 bis 14 AStG), IStR 2005, S. 361–366

Froesch, T., Zur EU-Rechtswidrigkeit des Mindeststeuersatzes nach § 50 Abs. 3 S. 2 EStG – Zugleich Besprechung der Beschlüsse des FG Düsseldorf vom 12. 10. 1999 und vom 18. 8. 2000, IStR 2001, S. 51–53

Frotscher, G., Gesellschafter-Fremdfinanzierung durch nicht anrechnungsberechtigte Anteilseigner, IStR 1994, S. 201–211

– Zur Vereinbarkeit der „Betriebsstättenbedingung" bei Sitzverlegung und grenzüberschreitender Umwandlung mit den Grundfreiheiten, IStR 2006, S. 65–72

– Treaty Override und § 50 d Abs. 10 EStG, IStR 2009, S. 593–600

Frotscher, G./Maas, E. (Körperschaftsteuergesetz), Kommentar zum Körperschaftsteuergesetz/Umwandlungssteuergesetz, Freiburg 1978, Stand: Mai 2010

Frotscher, G./Oestreicher, A., The German Approach to Taxing Business Restructurings: An Arm's Length Ahead?, Intertax 2009, S. 375–381

Früchtl, B., Vermögensverwaltende Dienstleistungen und Außensteuerrecht, IStR 2009, S. 482–485

Füger, R. (Vertriebsstruktur), Steuerliche Implikationen bei Änderung der inländischen Vertriebsstruktur von Steuerausländern, in: Grotherr, S. (Hrsg.), Handbuch der internationalen Steuerplanung, 2. Aufl., Herne/Berlin 2003, S. 751–784

Füger, R./Rieger, N., Anwendungserlass zu § 8 b KStG – Ausgewählte Zweifelsfragen (Teil II), FR 2003, S. 589–598

Führich, G., Ist die geplante Zinsschranke europarechtskonform?, IStR 2007, S. 341–345

– Exit Taxation and ECJ Case Law, ET 2008, S. 10–19

– Auswirkungen der Zins- und Lizenzrichtlinie auf Abzugsbeschränkungen im deutschen Steuerrecht, Ubg 2009, S. 30–42

Fülbier, R. U./Pferdehirt, H., US Consolidated Tax Return als Vorbild für eine Gruppenbesteuerung in der EU?, DB 2006, S. 175–181

Fuest, C. (Strategien), Welche steuerpolitischen Strategien verfolgt Deutschland, und ist Deutschland damit dem Steuerwettbewerb gewachsen?, in: Lüdicke, J. (Hrsg.), Wo steht das deutsche Internationale Steuerrecht?, Köln 2009, S. 1–18

Fuhrmann, C., Steuerliche Hinweise rund um den Arbeitslohn – Pauschalierung, Sachzuwendung, Sachbezug, Internationales und Weiteres, KöSdi 2007, S. 15 550–15 559

Fuhrmann, L./Simon, S., Praktische Probleme der umwandlungsrechtlichen Ausgliederung, AG 2000, S. 49–58

Fuller, J. P., The IRS Section 482 White Paper, TN 1988, S. 655–662

FW, Anmerkung zum BFH-Urteil vom 23. 8. 2000, I R 98/96, IStR 2001, S. 157
- Anmerkung zum Urteil des Österreichischen VwGH vom 25. 9. 2001, 99/14/0217 E, IStR 2001, S. 755–756

Gabert, I., Der Vorschlag der EU-Kommission zur Neufassung der EG-Amtshilferichtlinie, IWB, 2009, Fach 11, Europäische Union, Gruppe 2, S. 1015–1024

Gahleitner, G./Moritz, H., Das Steuerrecht Österreichs, IWB, 1999, Fach 5, Österreich, Gruppe 2, S. 467–484

Gail, W./Düll, A./Heß-Emmerich, U./Fuhrmann, G., Steuerliche Überlegungen des GmbH-Geschäftsführers und seines Beraters zum Jahresende 1997, GmbHR 1997, S. 1021–1045

Gammie, M., UK Imputation, Past, Present and Future, IBFD-Bulletin 1998, S. 429–439
- EU Taxation and the Societas Europaea – Harmless Creature or Trojan Horse?, ET 2004, S. 35–45

Gandenberger, O. (Kapitalimportneutralität), Kapitalexportneutralität versus Kapitalimportneutralität, Aufsätze zur Wirtschaftspolitik Nr. 7, Mainz 1983

Ganske, J., Die Europäische Wirtschaftliche Interessenvereinigung (EWIV), DB 1985, Beilage 20

Ganssauge, K./Mattern, O., Der Eigenkapitaltest im Rahmen der Zinsschranke, DStR 2008, S. 213–219 sowie S. 267–270

Gassner, W. (Betriebstätten), Die Begründung von Betriebstätten durch Bauausführungen, Montagen und ähnlichen Tätigkeiten und Dienstleistungen (Art. 5 Abs. 3 OECD-Musterabkommen), in: Gassner, W./Lang, M./Lechner, E. (Hrsg.), Die Betriebsstätte im Recht der Doppelbesteuerungsabkommen: Voraussetzungen der Besteuerung von Unternehmensgewinnen im Quellenstaat, Wien 1998, S. 57–76
- Thema II: International Tax Aspects of Deferred Remuneration, IStR 2000, S. 486–490

Gassner, W./Konezny, G. (Personengesellschaft), Die vermögensverwaltende Personengesellschaft aus abkommensrechtlicher Sicht, in: Gassner, W./Lang, M./Lechner, E. (Hrsg.), Personengesellschaften im Recht der Doppelbesteuerungsabkommen: die Auswirkungen des OECD-Reports auf die Abkommenspraxis, Wien 2000, S. 235–247

Gebbers, H., Gesichtspunkte der Sachverhaltsprüfung bei Einschaltung von Basisgesellschaften, StBp 1987, S. 99–105

Gebert, D./Fingerhuth, J., Die Verlegung des Ortes der Geschäftsleitung ins Ausland – Steuerliche Fallstricke im Licht aktueller gesellschaftsrechtlicher Entwicklungen, IStR 2009, S. 445–449

Gehm, M., Advance Pricing Agreements – Eine kritische Betrachtung, Stbg 2005, S. 149–153

Gehriger, P.-O./Harbeke, N. O./Vitali, M., Schweiz: Reform der Besteuerung von Mitarbeiterbeteiligungen, IStR 2008, Länderbericht 11, S. 34–35

Gehrke, H.-D./Krohn, D., Sind Verluste im Rahmen von Verschmelzungen von Kapitalgesellschaften steuerlich noch nutzbar?, StBp 1999, S. 230–233 (Teil I), S. 265–269 (Teil II)

Geiger, U., Die Ertragsbesteuerung der Konzernunternehmung in Frankreich im Rahmen der Zusammenveranlagung nach dem beschränkten Einheitskonzept, IWB, 2003, Fach 5, Frankreich, Gruppe 2, S. 1335–1340

Geiger, O./Hartmann, R./Alscher, K., Neuregelung der Besteuerung von deutschen Grenzgängern in die Schweiz und schweizerischer Grenzgänger nach Deutschland ab 1. 1. 1994, IStR 1994, S. 9–15 (Teil I), S. 62–65 (Teil II)

Gelhausen, H. F./Fey, G./Kämpfer, G. (Hrsg.) (Bilanzrechtsmodernisierungsgesetz), Rechnungslegung und Prüfung nach dem Bilanzrechtsmodernisierungsgesetz, Düsseldorf 2009

Gerbig, R./Rautenberg, G., Gestaltungsmöglichkeiten des § 15 a EStG, DB 1980, S. 1959–1962

Gerpott, T. J./Thomas, S. E., Bilanzierung von Marken nach HGB, DRS, IFRS und US-GAAP, DB 2004, S. 2485–2494

Geuenich, M., Neue Maßnahmen zur Bekämpfung der grenzüberschreitenden Steuerhinterziehung, NWB 2009, S. 2396–2403

Gibert, B., Consoliting as Developing the French Advanced Pricing Agreements Procedure, ET 2005, S. 56–63

Gille, M., Missbrauchstypisierungen im neuen Umwandlungssteuerrecht: Verstoß gegen die Fusionsrichtlinie?, IStR 2007, S. 194–198

Gillenkirch, R./Thamm, R., Fallstudie zur Unternehmensbewertung: Bewertung der MiQuando-AG. Teil 1: Bestimmung der bewertungsrelevanten Cashflows und der Kapitalkosten, Wist 2008, S. 620–625

– Fallstudie zur Unternehmensbewertung: Bewertung der MiQuando-AG. Teil 2: Bewertung des Unternehmens und Risikosimulation, Wist 2008, S. 685–689

Glaum, M. (Rechnungslegung), Internationale Rechnungslegung: Stand und Entwicklungsperspektiven, in: Brandt, W./Picot, A. (Hrsg.), Unternehmenserfolg im internationalen Wettbewerb, Stuttgart 2005, S. 145–174

Gleißner, W./Berger, T./Rinne, M./Schmidt, M., Risikoberichterstattung und Risikoprofile von HDAX-Unternehmen 2000 bis 2003, FB 2005, S. 343–353

Glicklich, P. A./Goldstein, S. B., New Transfer Pricing Regs. adhere more closely to an arm's length standard, JTAX 1993, S. 306–314

Gocksch, S., Die Anwendbarkeit von § 1 AStG auf Entnahmesachverhalte, IStR 2002, S. 181–184

Göbes, C. (Unternehmensbesteuerung), Die Unternehmensbesteuerung in Deutschland und Großbritannien vor dem Hintergrund des europäischen Integrationsprozesses, Frankfurt a. M. 1996

Goebel, S./Boller, T./Ungemach, M, Die Zuordnung von Beteiligungen zum Betriebsvermögen im nationalen und internationalen Kontext, IStR 2008, S. 643–651

Goebel, S./Eilinghoff, K., Rechtsvergleichende Analyse der deutschen und amerikanischen Unterkapitalisierungsregeln unter besonderer Berücksichtigung der Zinsschranke, IStR 2008, S. 233–242

Goebel, S./Eilinghoff, K./Kim, O., BMF-Schreiben zur Zinsschranke vom 4. 7. 2008: Überblick über die Regelungsinhalte und deren Bedeutung für die Praxis, DStZ 2008, S. 630–641

Goebel, S./Eilinghoff, K./Schmidt, S., Der Wirrwarr mit den Rückfallklauseln: Neue Entscheidung des BFH vom 17. 10. 2007 – Vertrauensschutz für alle offenen Fälle, IStR 2008, S. 750–754

Goebel, S./Jenet, B./Franke, V., Anwendungsfragen beim Ausgleichsposten gemäß § 4 g EStG, IStR 2010, S. 235–238

Goebel, S./Palm, A., Der Motivtest – Rettungsanker der deutschen Hinzurechnungsbesteuerung?, IStR 2007, S. 720–726

Goebel, S./Schmidt, S., Grenzüberschreitende Verlustverrechnung und das JStG 2009 – Anwendung des Progressionsvorbehalts bei Einkünften aus gewerblichen EU/EWR- und Drittstaats-Betriebsstätten, IStR 2009, S. 620–621

Goebel, S./Ungemach, M./Seidenfad, S., Der Teilbetriebsbegriff im Ertragsteuerrecht – ein praxisrelevanter Überblick, DStZ 2009, S. 354–366

Görgemanns, T., Tracking Stocks bei der Joint Venture GmbH, GmbHR 2004, S. 170–176

Görl, M., Steuerliche Probleme bei der Mitarbeiterentsendung, IStR 2002, S. 443–448
– (Personalentsendung), Internationale Personalentsendung – Besteuerungsfragen beim Arbeitgeber und beim Arbeitnehmer, in: Lüdicke, J. (Hrsg.), Besteuerungspraxis bei grenzüberschreitender Tätigkeit, Köln 2003, S. 39–55
Göttsche, M., Anmerkung zum EuGH-Urteil vom 14. 9. 1999 (Gschwind) – C-391/97, DStR 1999, S. 1612–1613
Göttsche, M./Stangl, I., Der Betriebsstättenerlass des BMF vom 24. 12. 1999 – Anmerkungen und Zweifelsfragen, DStR 2000, S. 498–508
Gold, G., Steuerliche Abschreibungsmöglichkeiten für Marken, DB 1998, S. 956–959
Goldscheider, R./Jarosz, J./Mulhern, C., Use Of The 25 Per Cent Rule In Valuing IP, Les Nouvelles September 2002, S. 123–133
Goldscheider, R./Jarosz, J./Mulhern, C. (Twenty-Five Per Cent), Use Of The Twenty-Five Per Cent Rule In Valuing IP, in: Parr, R. L. (Hrsg.), Royalty Rates for Licensing Intellectual Property, Hoboken/ New Jersey 2007, S. 31–51
Gordon, R. H./Wilson, J. O., An Examination of Multi-Jurisdictional Corporate Income Taxation Under Formula Apportionment, Econometrica 1986, S. 1357–1373
Gosch, D., Rechtsprechung im besonderen Blickpunkt der Außenprüfung, StBp 2002, S. 374–379
– Anmerkung zum Urteil des BFH v. 16. 10. 2002, StBp 2003, S. 92–96
– (Isolierende Betrachtungsweise), Altes und Neues, Bekanntes und weniger Bekanntes zur sog. isolierenden Betrachtungsweise, in: Gocke, R./Gosch, D./Lang, M. (Hrsg), Körperschaftsteuer, Internationales Steuerrecht, Doppelbesteuerung. Festschrift für Franz Wassermeyer zum 65. Geburtstag, München 2005, S. 263–287
– (Zwischengesellschaft), Die Zwischengesellschaft nach „Hilversum I und II", „Cadbury Schweppes" und den Jahressteuergeesetzen 2007 und 2008, in: Kirchhof, P. (Hrsg.), Festschrift für Wolfram Reiss zum 65. Geburtstag, Köln 2008, S. 597–620
– Ausschluss der Kapitalertragsteuererstattung gem. § 50d Abs. 1a EStG 1990 i. d. F. des StMBG; Praxis-Hinweise zur BFH-Entscheidung I R 26/06 vom 29. 1. 2008, BFH-PR 2008, S. 296–297
– Über das Treaty Overriding – Bestandsaufnahme – Verfassungsrecht – Europarecht, IStR 2008, S. 413–421
– Keine „finale Betriebsaufgabe" bei Betriebsverlegung ins Ausland, BFH/PR 2010, S. 116–118
– (Schachtelbesitz), Über Streu- und Schachtelbesitz, in: Kessler, W./Förster, G./Watrin, C. (Hrsg.), Unternehmensbesteuerung. Festschrift für Norbert Herzig zum 65. Geburtstag, München 2010, S. 63–88
– (Hrsg.) (Körperschaftsteuergesetz), Körperschaftsteuergesetz: Kommentar, 2. Aufl., München 2010
Gouthière, B., France, ET 2000, S. 44–47
Grabitz, E./Hilf, M. (Hrsg.) (Europäische Union), Das Recht der Europäischen Union, München 1983, Stand: Oktober 2009
Graf, H./Bisle, M., Besteuerung und Rechnungslegung der britischen „private company limited by shares", IStR 2004, S. 838–840
– Zweifelsfragen bei der Anwendung des § 50d Abs. 9 Satz 1 Nr. 1 EStG bei der Verschmelzung einer Personen- auf eine Kapitalgesellschaft in Ungarn, IStR 2010, S. 401–403
Graf, M., Die Verwaltungsgrundsätze-Verfahren – Anmerkungen zum Entwurf eines BMF-Schreibens vom 18. 10. 2004, IStR 2005, S. 175–180

Grams, H., Das besondere Erstattungsverfahren nach § 50 Abs. 5 Satz 4 Nr. 3 EStG, IStR 1997, S. 548–552

Grams, H./Schön, I., Zur Umsetzung des EuGH-Urteils in Sachen Scorpio Konzertproduktionen GmbH (C-290/04) durch BMF-Schreiben vom 5. 4. 2007 – wird die Europäische Kommission ihr Vertragsverletzungsverfahren gegen Deutschland einstellen?, IStR 2007, S. 658–663

Granstrand, O., Fair And Reasonable Royalty Rate Determination – When Is The 25% Rule Applicable?, Les Nouvelles 2006, S. 179–181

Grau, S. (Steuerreform), Implikationen einer Steuerreform. Anmerkungen aus Sicht eines international tätigen Beratungsunternehmens, in: Kleineidam, H.-J. (Hrsg.), Unternehmenspolitik und internationale Besteuerung. Festschrift für Lutz Fischer zum 60. Geburtstag, Berlin 1999, S. 63–84

Greenwald, L. J./Leduc, R. J., New Final Regs. on Trigger Events for Recapture of Dual Consolidated Losses, Journal of International Taxation 2003, S. 36–42

Greif, M. (Umwandlung), Umwandlung ausländischer Kapitalgesellschaften in Personengesellschaften, in: Schaumburg, H./Piltz, D. J. (Hrsg.), Internationales Umwandlungssteuerrecht, Köln 1997, S. 214–232

– Steuerliche Konsequenzen bei der Umwandlung einer ausländischen Kapitalgesellschaft auf der Gesellschafterebene, IStR 1998, S. 65–70

Greif, M./Fischer, B., Internationale Einkommensteuerprobleme bei Personengesellschaften (Nationalbericht), CDFI 1995, S. 231–260

Greinert, M., Maßgebende Überschussgröße zur Bewertung eines Transferpakets bei grenzüberschreitenden Funktionsverlagerungen, DB 2009, S. 755–758

Gröning, R./Siegmund, O., Aushöhlung des Objektprinzips der Gewerbesteuer: Dauerschuldzinsaufwendungen für Streubesitzbeteiligungen, DStR 2003, S. 617–622

Groh, M., Nutzungseinlage, Nutzungsentnahme und Nutzungsausschüttung, DB 1988, S. 514–524 (Teil I), S. 571–574 (Teil II)

– Ist die verdeckte Einlage ein Tauschgeschäft? – Anmerkungen zum BFH-Beschluß vom 9. 6. 1997 GrS 1/94, DB 1997, S. 1683–1688

– Disquotale Gewinnverteilung in Kapitalgesellschaften – Ein Freibrief des BFH?, DB 2000, S. 1433–1438

– Fragen zum Abzinsungsgebot, DB 2007, S. 2275–2280

Gross, E. (Arbeitskräfte), Steuerliche Auswirkungen der Tätigkeit von Arbeitskräften im Ausland, in: Clermont, A./Schmeisser, W. (Hrsg.), Internationales Personalmanagement, München 1997, S. 461–480

Gross, E./Schelle, D., Der Entwurf eines geänderten Anwendungsschreibens zum AStG, IStR 1994, S. 305–309

Gross, I., Subventionsrecht und „schädlicher Steuerwettbewerb": Selektivität von Steuervergünstigungen als gemeinsames Kriterium, RIW 2002, S. 46–55

Groß, M., Aktuelle Lizenzgebühren in Patentlizenz-, Know-How- und Computerprogrammlizenzverträgen, BB 1995, S. 885–891

– Aktuelle Lizenzgebühren in Patentlizenz-, Know-how- und Computerprogrammlizenz-Verträgen, BB 1998, S. 1321–1322

– Aktuelle Lizenzgebühren in Patentlizenz-, Know-how- und Computerprogrammlizenz-Verträgen 1998/1999, BB 2000, Beilage 10, S. 24–26

Groß, M./Rohrer, O. (Lizenzgebühren), Lizenzgebühren, 2. Aufl., Frankfurt am Main 2008

Groß, S./Steiger, J., Gestaltungen zur Verlustnutzung trotz Mindestbesteuerung, DStR 2004, S. 1203–1205

Großerichter, H., Ausländische Kapitalgesellschaften im deutschen Rechtsraum: Das deutsche Internationale Gesellschaftsrecht und seine Perspektiven nach der Entscheidung „Überseering", DStR 2003, S. 159–169

Grossfeld, B. (Basisgesellschaften), Basisgesellschaften im internationalen Steuerrecht, Tübingen 1974

Großfeld, B./König, T., Das internationale Gesellschaftsrecht in der Europäischen Gemeinschaft, RIW 1992, S. 433–440

Grotherr, S., Zur gegenwärtigen Bedeutung der Organschaft in der Konzernsteuerplanung, BB 1993, S. 1986–2001

– Begünstigende und steuerverschärfende Änderungen im UmwStG durch das Standortsicherungsgesetz, DB 1993, S. 807–809
– (Unternehmensfinanzierung), Ausländische Unterkapitalisierungsregelungen, in: Piltz, D. J./Schaumburg, H. (Hrsg.), Unternehmensfinanzierung im Internationalen Steuerrecht, Köln 1995, S. 49–87
– Besteuerungsfragen und -probleme bei der Einschaltung inländischer Holdinggesellschaften im grenzüberschreitenden Konzern (Teil I), BB 1995, S. 1510–1517
– Das steuerliche Reorganisationsrecht für Unternehmen in Frankreich, Großbritannien, Österreich, der Schweiz und den USA, IWB, 1996, Fach 10, International, Gruppe 2, S. 1161–1178 (Teil I), S. 1179–1190 (Teil II)
– Die unterschiedlichen Konzernbesteuerungssysteme in den Mitgliedstaaten der Europäischen Union, StuW 1996, S. 356–378
– (Organschaftsfragen), Organschaftsfragen bei Auslandsbeziehungen, in: Klein, F./Stihl, H. P./Wassermeyer, F. (Hrsg.), Unternehmen Steuern. Festschrift für Hans Flick zum 70. Geburtstag, Köln 1997, S. 757–779
– Zweifelsfragen bei der Anwendung der Rückfallklausel („subject to tax clause") gemäß DBA. Welche Einkünfte sind bei Nichtbesteuerung in einem DBA-Staat trotz Vereinbarung der Freistellungsmethode im Inland steuerpflichtig?, IWB, 1997, Fach 3, Deutschland, Gruppe 2, S. 689–718
– (Steueranrechnung), Problembereiche und Zweifelsfragen der fiktiven Steueranrechnung in den deutschen Doppelbesteuerungsabkommen, in: Kleineidam, H.-J. (Hrsg.), Unternehmenspolitik und internationale Besteuerung. Festschrift für Lutz Fischer zum 60. Geburtstag, Berlin 1999, S. 567–588
– Änderungen bei der Besteuerung von Einkünften aus ausländischen Beteiligungen durch das Steuersenkungsgesetz, IWB, 2000, Fach 3, Deutschland, Gruppe 1, S. 1697–1708 (Teil I), S. 1709–1720 (Teil II)
– Gewerbliche Auswirkungen der mit steuerfreien Dividenden im Zusammenhang stehenden nicht abzugsfähigen Betriebsausgaben, BB 2001, S. 597–603
– Internationale Steuerplanung: Betriebsstätte oder Tochtergesellschaft?, SteuerStud 2001, S. 182–196
– (Steuerplanung), Grundlagen der internationalen Steuerplanung, in: Grotherr, S. (Hrsg.), Handbuch der internationalen Steuerplanung, 2. Aufl., Herne/Berlin 2003, S. 1–28
– International relevante Änderungen durch das Steuervergünstigungsabbaugesetz, IWB, 2003, Fach 3, Deutschland, Gruppe 1, S. 1935–1954
– Einführung einer unilateralen Rückfallklausel bei DBA-steuerbefreiten Arbeitnehmereinkünften durch das StÄndG 2003, IWB, 2004, Fach 3, Deutschland, Gruppe 3, S. 1395–1396
– Einbeziehung der konzerninternen Fremdfinanzierung von nachgeordneten Personengesellschaften in den Anwendungsbereich des § 8 a KStG, RIW 2004, S. 519–529
– Zweifelsfragen – Inventur zur Anwendung des neuen § 8 a KStG – Bestandsaufnahme der FAQ als Bearbeitungshilfe für ein neues BMF-Schreiben, DStZ 2004, S. 249–257 (Teil I), S. 291–299 (Teil II)
– Anwendungsgrundsätze und Zweifelsfragen der neuen Freigrenze in Höhe von 250 000 Euro bei der Gesellschafter–Fremdfinanzierung (§ 8 a KStG), BB 2004, S. 411–420

- Geänderte Rechtsauffassung des BFH zur Anwendung der abkommensrechtlichen Rückfallklausel („subject-to-tax-clause") – Offene Fragen aus dem BFH-Urteil vom 17. 12. 2003, IWB, 2004, Fach 3, Deutschland, Gruppe 2, S. 1145–1156
- Auswirkungen der geänderten BFH-Rechtsprechung zum Progressionsvorbehalt in Wegzugs-, Zuzugs- und Doppelwohnsitzfällen, IWB, 2004, Fach 3, Deutschland, Gruppe 3, S. 1397–1412
- International relevante Änderungen durch das Gesetz zur Umsetzung der Protokollerklärung zum Steuervergünstigungsabbaugesetz („Korb II-Gesetz") – Teil II, IWB, 2004, Fach 3, Deutschland, Gruppe 1, S. 2035–2056
- International relevante Änderungen durch das Richtlinien-Umsetzungsgesetz, IWB, 2005, Fach 3, Deutschland, Gruppe 2, S. 1157–1172
- Beteiligungs- oder Gesellschafterfremdfinanzierung einer ausländischen Tochtergesellschaft unter steuerlichen Vorteilsüberlegungen, IWB, 2005, Fach 3, Deutschland, Gruppe 2, S. 1209–1234 (Teil I), S. 1235–1252 (Teil II)
- Advance Pricing Agreements – Verfahren zur Vermeidung von Verrechnungspreiskonflikten: Plädoyer für Schaffung spezieller Verfahrensvorschriften, BB 2005, S. 855–867
- Internationaler Vergleich der Verfahren für Advance Pricing Agreements, IWB, 2005, Fach 10, International, Gruppe 2, S. 1823–1852
- Überlegungen zur Ausgestaltung von speziellen Verfahrensregelungen für Advance Pricing Agreements, IStR 2005, S. 350–360
- Verfahren zur Vermeidung von Verrechnungspreiskonflikten, BB 2005, S. 855–866
- (Ausgabenberücksichtigung), Ausgabenberücksichtigung bei ausländischen Einkünften, in: Gocke, R./Gosch, D./Lang, M. (Hrsg), Körperschaftsteuer, Internationales Steuerrecht, Doppelbesteuerung. Festschrift für Franz Wassermeyer zum 65. Geburtstag, München 2005, S. 303–321
- Keine deutsche Kapitalertragsteuerentlastung bei Einschaltung einer ausstattungslosen Zwischenholdinggesellschaft im Ausland – Nichtanwendungserlass zur Hilversum II-Entscheidung des BFH, IStR 2006, S. 361–367
- Die Abgrenzung der eigenwirtschaftlich tätigen Kapitalgesellschaft von der funktionslosen Briefkastengesellschaft im Spiegel der neueren Rechtsprechung, IWB, 2006, Fach 3, Deutschland, Gruppe 2, S. 1281–1300 (Teil I), S. 1301–1324 (Teil II)
- International relevante Änderungen durch das JStG 2007 anhand von Fallbeispielen, IWB, Fach 3, Deutschland, Gruppe 3, S. 1445–1464
- Außensteuerrechtliche Bezüge im Jahressteuergesetz 2007, RIW 2006, S. 898–914
- Zum Anwendungsbereich der unilateralen Rückfallklausel gemäß § 50d Abs. 9 EStG, IStR 2007, S. 265–268
- Neuerungen bei der Wegzugsbesteuerung (§ 6 AStG) durch das SEStEG, IWB, 2007, Fach 3, Deutschland, Gruppe 3, S. 2153–2174
- Sperren und Risiken für Outbound-Steuergestaltungen auf der Grundlage von Abkommensvergünstigungen, IWB, 2008, Fach 3, Deutschland, Gruppe 1, S. 2309–2330
- Sperren und Risiken für Inbound-Steuergestaltungen auf der Grundlage von Abkommensvergünstigungen, IWB, 2008, Fach 3, Deutschland, Gruppe 1, S. 2331–2338
- (Rückfallklausel), Die abkommensrechtliche Rückfallklausel im Wandel der Zeit, in: Brähler, G./Lösel, C. (Hrsg.), Deutsches und internationales Steuerrecht – Gegenwart und Zukunft, Wiesbaden 2008, S. 263–280
- International relevante Änderungen durch das Jahressteuergesetz 2009, IWB, 2009, Fach 3, Deutschland, Gruppe 1, S. 2373–2390

Grube, F., Steuerliche Gestaltungsmöglichkeiten im Rahmen von Gehaltserhöhungen, DStR 1997, S. 1956–1960

Grubert, H./Mutti, J., Taxes, Tariffs and Transfer Pricing in Multinational Corporate Decision Making, Review of Economic and Statistics 1991, S. 285–293

Grützner, D., Anwendung des § 15 a EStG bei Bezug von Einkünften aus ausländischen Betriebsstätten, IWB, 1993, Fach 3, Deutschland, Gruppe 3, S. 1059–1076

– Die Einkommensbesteuerung von Grenzgängern nach dem Jahressteuergesetz 1996, NWB, 1995, Fach 3, S. 9563–9570

– Die Entscheidungen des BFH und der FG zum Begriff der Betriebsstätte, IWB, 2001, Fach 3 a, Rechtsprechung, Gruppe 1, S. 957–1016

– Mittelbare Vergütungen i. S. des § 15 Abs. 1 Satz 1 Nr. 2 EStG an beschränkt steuerpflichtige Mitunternehmer, StuB 2003, S. 310–313

– Änderungen im Bereich der Ertragsbesteuerung der Unternehmen durch das StVergAbG, StuB 2003, S. 433–439

– Ermittlung von Verrechnungspreismethoden unter Fremdvergleichsgesichtspunkten, StuB 2005, S. 612–618

– Zu erwartende ertragsteuerliche Regelungen durch das Jahressteuergesetz 2007, StuB 2006, S. 675–679

Gündisch, S. (Personengesellschaften), Personengesellschaften im DBA-Recht. Eine Analyse des OECD-Partnership-Reports, München 2004

– Analoge Abkommensanwendung zur Überwindung von Qualifikationskonflikten, IStR 2005, S. 829–835

Günkel, M. (Holdinggesellschaften), Aktuelles zur Standortwahl für Holdinggesellschaften, in: IDW (Hrsg.), Bericht über die Steuerfachtagung 1996 des Instituts der Wirtschaftsprüfer in Deutschland e. V., Globale Unternehmenstätigkeit und inländische Besteuerung, Düsseldorf 1997, S. 103–137

– Steuerstandort Deutschland im Vergleich, WPg-Sonderheft 2006, S. 2–20

Günkel, M./Lieber, B., Atypisch stille Gesellschaft als grenzüberschreitendes Gestaltungsinstrument, IWB, 1999, Fach 10, International, Gruppe 2, S. 1393–1408

– Abkommensrechtliche Qualifikation von Sondervergütungen, FR 2000, S. 853–858

– BMF-Schreiben zur steuerlichen Behandlung von Gewinnanteilen aus atypisch stillen Beteiligungen nach den DBA, IWB, 2000, Fach 3, Deutschland, Gruppe 2, S. 871–878

– Duplik zu H. Krabbe, Abkommensrechtliche Behandlung von Sondervergütungen, FR 2001, S. 132

– Das neue Anwendungsschreiben zum AStG, IWB, 2004, Fach 3, Deutschland, Gruppe 1, S. 2071–2086

– Zur Änderung des Begriffs der „Geschäftsbeziehung" in § 1 Abs. 4 AStG, IStR 2004, S. 229–231

– Braucht Deutschland eine Verschärfung der Holdingregelung in § 50 d Abs. 3 EStG?, DB 2006, S. 2197–2199

– Auslegungsfragen im Zusammenhang mit § 50 d Abs. 10 EStG i. d. F. des JStG 2009, Ubg 2009, S. 301–308

Günther, T./Niepel, M., Aufbau und Risiken des kommunalen US-Lease-in/Lease-out in Deutschland – Beraterbedarf durch rechts- und steuerberatende Berufe, DStR 2002, S. 601–608

Gundel, G., Auswirkungen der neuen Hinzurechnungsbesteuerung des Außensteuergesetzes auf internationale Finanzierungsgesellschaften, IStR 1993, S. 49–57

– Finanzierungsgestaltungen über das Ausland, IStR 1994, S. 211–218 (Teil I), S. 263–268 (Teil II)

– (Verrechnungspreise), Verrechnungspreise bei grenzüberschreitenden Lieferbeziehungen mit konzerngebundenen Vertriebsgesellschaften, in: Klein, F./Stihl,

H. P./Wassermeyer, F. (Hrsg.), Unternehmen Steuern. Festschrift für Hans Flick zum 70. Geburtstag, Köln 1997, S. 781–803
Gundel, G./Dahnke, H. (Mutter-Tochter), Inländische Mütter – ausländische Töchter. Podiumsdiskussion, in: Piltz, D.J./Schaumburg, H. (Hrsg.), Unternehmensfinanzierung im Internationalen Steuerrecht, Köln 1995, S. 162–185
Gupta, V. K. (Conclicts), Conflicts of Qualification and Conflicts of Allocation of Income, in: Burgstaller, E./Haslinger, K. (Hrsg.), Conflicts of Qualification in Tax Treaty Law, Wien 2007, S. 39–56
Gutekunst, G. (Steuerbelastungen), Steuerbelastungen und Steuerwirkungen bei nationaler und grenzüberschreitender Geschäftstätigkeit, Lohmar/Köln 2005
Haarmann, W. (Beteiligungen), Verknüpfung von Beteiligungen zur Sicherung des Anrechnungsguthabens (Stapled Stock), in: Herzig, N. (Hrsg.), Körperschaftsteuerguthaben bei grenzüberschreitenden Kooperationen, Köln 1996, S. 41–58
– (Produktionsverlagerung), Produktionsverlagerung, Markt- und Markenüberlassung, in: IDW (Hrsg.), Bericht über die Steuerfachtagung 1996 des Instituts der Wirtschaftsprüfer in Deutschland e. V., Globale Unternehmenstätigkeit und inländische Besteuerung, Düsseldorf 1997, S. 59–76
– (Stapled Stock), Internationale Kooperationen und Sicherung des Anrechnungsguthaben (Stapled Stock), in: Herzig, N. (Hrsg.), Steuerorientierte Umstrukturierung von Unternehmen, Stuttgart 1997, S. 250–269
– (Verlustnutzung), Grenzüberschreitende Gruppenbesteuerung und Verlustnutzung in der EU, in: Lüdicke, J. (Hrsg.), Deutsches Steuerrecht im europäischen Rahmen, Köln 2004, S. 169–189
– Anmerkung zum Urteil des BFH v. 31. 5. 2002, IStR 2005, S. 713
Haarmann, W./Fuhrmann, S., Konsequenzen aus der EU-Rechtswidrigkeit der abgeltenden Abzugsbesteuerung auf Bruttobasis für beschränkt Steuerpflichtige innerhalb der Europäischen Union, IStR 2003, S. 558–560
Haarmann, W./Rosenow, A. K., Seminar E: Steuervergünstigungen für vorübergehend in einem Land ansässige Steuerpflichtige, IStR 2009, S. 536–538
Haarmann, W./Schüppen, M., Die Entscheidung des EuGH vom 17. 10. 1996 zur Mutter-/Tochterrichtlinie – ein „historisches Ereignis" wirft Schatten, DB 1996, S. 2569–2572
Haarmann, W./Suttorp, A., Zustimmung des Kabinetts zum Steuerhinterziehungsbekämpfungsgesetz, BB 2009, S. 1275–1279
Haas, G., Mitunternehmerschaften international, BB 1978, S. 53–56
– Zur Umwandlung ausländischer Kapitalgesellschaften, RIW 1981, S. 386–387 und S. 863
Haas, W. (Aspekte), Steuerliche Aspekte des Kaufs und Verkaufs ausländischer Unternehmen durch Steuerinländer, in: Schaumburg, H. (Hrsg.), Unternehmenskauf im Steuerrecht, Stuttgart 2004, S. 365–397
– Die Funktionsverlagerung nach dem Erlass der Funktionsverlagerungsverordnung, Ubg 2008, S. 517–524
Haase, F., Neuere Überlegungen zur sogenannten Schlussbesteuerung im Rahmen grenzüberschreitender Sitzverlegungen, IStR 2004, S. 232–236
– Die bilanzielle und steuerliche Behandlung von Genussrechten, Stub 2009, S. 495–498
Häuselmann, H., Schachtelprivileg bei einer Beteiligung an einer irischen „Unlimited Company", IStR 2000, S. 8–10
– Die steuerliche Erfassung von Pflichtwandelanleihen, BB 2003, S. 1531–1537
– Bilanzielle und steuerliche Erfassung von Hybridanleihen, BB 2007, S. 931–936
– Restrukturierung von Finanzverbindlichkeiten und ihre Abbildung in der Bilanz, BB 2010, S. 944
Hackemann, T., Kann die Niederlassungsfreiheit vor der Hinzurechnung von Drittlandseinkünften nach dem AStG schützen? – Anmerkungen zu dem EuGH-

Urteil in der Rechtssache „Cadbury Schweppes" und den §§ 7 ff. AStG, IStR 2007, S. 351–360
- Die steuerliche Erfassung von Pflichtwandelanleihen, BB 2003, S. 1531–1537

Hageböke, J. (KGaA-Modell), Das „KGaA-Modell" – Ein Beitrag zur Steuergestaltungssuche, Düsseldorf 2008
- Zum Konkurrenzverhältnis von DBA-Schachtelprivileg und § 8b KStG, IStR 2009, S. 473–481

Hageböke, J./Heinz, C., Verlustübergang im Wege der Gesamtrechtsnachfolge bei Umwandlungen – Zugleich Anmerkungen zum BFH-Urteil vom 31. 5. 2005, DStR 2005, S. 2054–2059

Hageböcke, J./Stangl, I., Zur Konzernfreiheit von assoziierten Unternehmen im Rahmen der Zinsschranke, DB 2008, S. 200–202

Hagen, A. (Harmonisierung), Die Harmonisierung der indirekten Steuern in Europa, Frankfurt a. M./Berlin/Bern 2000

Hahn, H. Das AMID-Urteil – belgisches Internum oder Aufbruch zu neuen Ufern? – Besprechung des EuGH-Urteils vom 14. 12. 2000, IStR 2001, S. 465–469
- Grenzüberschreitende Berücksichtigung von Betriebsstättenverlusten?, IStR 2002, S. 681–687
- Generalthema I des 58. IFA-Kongresses 2004 in Wien: Double-NonTaxation – Überblick über den deutschen Nationalbericht, IStR 2003, S. 446–448
- Europarechtswidrigkeit des neuen § 8a KStG?, GmbHR 2004, S. 277–279
- Gemeinschaftsrecht und Recht der direkten Steuern (Teil II), DStZ 2005, S. 469–481
- Rechtsvergleichende Anmerkungen zum Thema „Betriebsstättenverluste" – Zugleich eine Besprechung des Urteils der luxemburgischen Cour administrative vom 10. 8. 2005, IStR 2005, S. 157–163
- Die Veräußerung spaltungsgeborener Anteile, GmbHR 2006, S. 462–465
- Der Entwurf des SEStEG: Geplante Änderungen bei grenzüberschreitenden Fusionen, GmbHR 2006, S. 617–623
- „Gestaltungsmissbrauch" im Sinne des § 42 AO, DStZ 2006, S. 431–441
- Bemerkungen zum EuGH-Urteil „Cadbury Schweppes", IStR 2006, S. 667–670
- Zu Inhalt und Funktion des Begriffs des Gestaltungsmissbrauchs im Gemeinschaftsrecht. Zugleich eine Besprechung von Christian Böing: „Steuerlicher Gestaltungsmissbrauch in Europa", IStR 2007, S. 323–326
- Wie effizient ist § 42 AO neuer Fassung? – Praktische, dogmatische und rechtpolitische Beobachtungen, DStZ 2008, S. 483–494
- § 8 Nr. 1 GewStG verstößt nicht gegen die Zinsen- und Lizenzgebühren-Richtlinie – eine Erwiderung auf den Beitrag von Goebel und Jacobs –, IStR 2009, S. 346–348

Hahne, K. D., Rückgriffsfinanzierung gem. § 8a KStG: Verbleibende Zweifelsfragen nach dem BMF-Schreiben vom 22. 7. 2005, DB 2005, S. 2484–2490
- Neue Entwicklungen bei der steuerlichen Anerkennung von Teilwertabschreibungen – Erste Implikationen aus dem BFH-Urteil I R 58/06 v. 26. 9. 2007 (DStR 2008, 187), DStR 2008, S. 540–545

Haiß, U. (Gewinnabgrenzung), Gewinnabgrenzung bei Betriebsstätten im internationalen Steuerrecht: Vermögens-, Aufwands- und Ertragszuordnung nach OECD-Musterabkommen und neuerem Betriebsstättenerlass, Neuwied/Kriftel 2000
- (Steuerliche Abgrenzungsfragen), Steuerliche Abgrenzungsfragen bei der Begründung einer Betriebsstätte im Ausland, in: Grotherr, S. (Hrsg.) Handbuch der internationalen Steuerplanung, 2. Aufl., Herne/Berlin 2003, S. 31–47

Hakenberg, W./Erlbacher, F., Die Rechtsprechung des EuGH und EuGeI auf dem Gebiet der staatlichen Beihilfen in den Jahren 2001 und 2002, EWS 2003, S. 201–216

Halasz, C./Kloster, L./Kloster, A., Die GmbH&Co. KGaA, GmbHR 2002, S. 77–92

Halla-Villa Jiménez, N. J., Wahl der geeigneten Holdingstruktur – eine rechtsvergleichende Analyse der Holdingstandorte Spanien, Deutschland, Österreich und Luxemburg, RIW 2003, S. 589–598

– Spanien: Neue Steuervergünstigungen für Führungskräfte aus dem Ausland, IStR 2004, Länderbericht 3, S. 3–4

Haller, A., Financial accounting developments in the European Union: past events and future prospects, European Accounting Review 2002, S. 153–190

Hallweger, M., Limited Liability Partnership – Eine Gesellschaftsform für US-amerikanische Anwaltszusammenschlüsse und ihre Haftungsfragen, NZG 1998, S. 531–540

Hansen, C. (Personengesellschaftsbeteiligungen), Einkünfte aus Personengesellschaftsbeteiligungen im Rechte der Doppelbesteuerungsabkommen, Baden-Baden 2009

Hamacher, R., Zur ertragsteuerlichen Behandlung einer Europäischen Wirtschaftlichen Interessenvereinigung (EWIV) – Keine Gewerbeertragsteuer, FR 1986, S. 557–560

Hammerschmitt, S./Rehfeld, L., Gemeinschaftsrechtliche Bezüge der Änderungen des AStG durch das UntStRefG 2008 und das JStG 2008, IWB, 2008, Fach 3, Deutschland, Gruppe 1, S. 2293–2304

Hancock, S./Phillips, B./Gray, M., When two heads are better than one, European Counsel 1999, S. 25–37

Hann, P., The EU JTPF Continues to Discuss Triangular Cases under the Arbitration Convention, Intertax 2009, S. 694–698

Hannemann, S., Down-Stream Merger einer Kapitalgesellschaft auf eine Personengesellschaft, DB 2000, S. 2497–2500

Harbarth, S., Dual Headed Companies, Unternehmenszusammenschlüsse unter Fortbestand rechtlich selbstständiger Obergesellschaften, AG 2004, S. 573–584

Harhoff, D. (Behandlung), Zur steuerlichen Behandlung von Forschungs- und Entwicklungsaufwendungen, ZEW Dokumentation Nr. 94–02, Mannheim 1994

Haritz, D., Eigenkapitalmaßnahmen durch Umwandlung zur Vermeidung von § 8 a KStG, BB 2004, S. 1255–1257

Haritz, D./Wolff, B. von, Internationalisierung des deutschen Umwandlungsrechts. Zum Entwurf eines 2. Gesetzes zur Änderung des Umwandlungsgesetzes (UmwGE), GmbHR 2006, S 340–345

Harenberg, F. E., Ausländische private Kapitaleinkünfte und Abgeltungsteuer, IWB, 2009, Fach 3, Deutschland, Gruppe 3, S 1561–1568

Harris, P. A. (Taxation), Corporate/shareholder income taxation and allocating taxing rights between countries: a comparison of computation systems, Amsterdam 1996

Hartard, M. (EWIV), Die Europäische Wirtschaftliche Interessenvereinigung im deutschen, englischen und französischen Recht, in: Horn, N./Drobnig, U./Herber, R. u. a. (Hrsg.), Recht des internationalen Wirtschaftsverkehrs, Band Nr. 7, Berlin/New York 1991

Hartmann, R., Neuregelung des Steuerabzugs bei Honorarzahlungen an beschränkt steuerpflichtige Künstler durch das JStG 2009, DB 2009, S. 197–201

Hartung, J. (Statistik), Statistik Lehr- und Handbuch der angewandten Statistik, 8. Aufl., München 1991

Hasbargen, U./Schmitt, B./Kiesel, H., Internationale Mitarbeiterentsendung und Besteuerung von Aktienoptionen nach dem aktuellen Entwurf des BMF-Schreibens zur steuerlichen Behandlung des Arbeitslohns nach DBA, IStR 2006, S. 257–262

Hasbargen, U./Schmitt, B./Wiesemann, M., Internationale Mitarbeiterentsendung und Besteuerung von Aktienoptionen nach dem aktuellen BMF-Schreiben zur steuerlichen Behandlung des Arbeitslohns nach DBA, IStR 2007, S. 380–385

Hasenbauer, C./Prinz, J. (SPE), Zum Vorschlag der Europäischen Kommission für eine Europäische Privatgesellschaft, in: Lang, M./Weinzierl, C. (Hrsg.), Europäisches Steuerrecht. Festschrift für Friedrich Rödler zum 60. Geburtstag, Wien 2010, S. 323–341

Haslehner, W. C., Das Konkurrenzverhältnis der Europäischen Grundfreiheiten in der Rechtsprechung des EuGH zu den direkten Steuern, IStR 2008, S. 565–575

Haßa, G./Gosmann, M., Zweifelsfragen zu Konzernklausel und Verschonungsregelung des § 8 c KStG, DB 2010, S. 1198–1205

Hatch, J./Cole, J., How you can combine risk and the arm's length standard, ITR 2004, S. 3–7

Hauck, K./Noftz, W. (Sozialgesetzbuch IV), Sozialgesetzbuch (SGB) IV: Gemeinsame Vorschriften für die Sozialversicherung, Kommentar, Berlin, Stand: 2010

Haun, J. (Finanzierungsinstrumente), Hybride Finanzierungsinstrumente im deutschen und US-amerikanischen Steuerrecht. Eine Analyse ihres grenzüberschreitenden Einsatzes aus steuersystematischer und ökonomischer Sicht, Frankfurt a. M. 1996

Haun, J./Käshammer, D./Reiser, H., Das BMF-Schreiben vom 8. 1. 2007 zur Hinzurechnungsbesteuerung – eine erste Analyse, GmbHR 2007, S. 184–188

Haun, J./Reiser, H., Anwendung der Doppelbesteuerungsabkommen auf Personengesellschaften – eine erste Analyse, GmbHR 2007, S. 915–922

Haun, J./Winkler, H., Vertragsgestaltungen zur Verlagerung des Zeitpunkts der Besteuerung bei Anteilsveräußerungen, DStR 2001, S. 1195–1200

Haverkamp, L. H., Betriebsaufspaltung über die Grenze – Ein Steuersparmodell?, IStR 2008, S. 165–170

Hay, D./Horner, F/Ownes, J., Past and Present Work in the OECD on Transfer Pricing and Selected Issues, Intertax 1994, S. 423–439

Hebestreit, G., Bau-Arbeitsgemeinschaften und HFA-Stellungnahme 1/93, DStR 1994, S. 834–840

Hecht, S. A./Gallert, J., Ungeklärte Rechtsfragen der Wegzugsbesteuerung gemäß § 6 AStG, BB 2009, S. 2396–2398

Hechtner, F., Die Anrechnung ausländischer Steuern im System der Schedule nach den Änderungen durch das JStG 2009, BB 2009, S. 76–83

Heckemeyer, J. H./Spengel, C., Gewinnverlagerung multinationaler deutscher Unternehmen ins Ausland: eine Klarstellung, DB 2009, S. 133–135

Heidmeier, F., Die Gesellschaftsformen des US-amerikanischen Rechts, IWB, Fach 8, USA, Gruppe 3, S. 341–358

Heinrich, R./Schmitt, V., Bilaterales Advance Pricing Agreement: Ein Erfahrungsbericht, DB 2006, S. 2428–2432

Heinsen, O., Einführung in die Doppelbesteuerungsabkommen, SteuerStud 1997, S. 300–320

Heintzen, M., Die Neufassung des § 42 AO und ihre Bedeutung für grenzüberschreitende Gestaltungen, FR 2009, S. 599–606

Heise, H. J. (Entsendung), Entsendung von Mitarbeitern in die osteuropäischen Länder, in: Wacker, W. H. (Hrsg.), Europäisierung des Steuerrechts und steuerliche Entwicklungen in Osteuropa, Göttinger Studienhefte zur Besteuerung, Band Nr. 5, Göttingen 1997

Helbling, C. (Absicherungsstrategien), Absicherungsstrategien gegen Risiken des Unternehmenskaufs, in: Peemöller, V. (Hrsg.), Praxishandbuch der Unternehmensbewertung, Herne 2009, S. 243–251

Helfre, N./Spengel, C., Optimisation fiscale et choix de la forme sociale. Comment conseiller un investisseur allemand désireux de s'installer en France?, R. F. C. 1998, S. 24–29

Hellerstein, J. R., Federal Income Taxation of Multinationals: Replacement of Separate Accounting With Formulary Apportionment, State Tax Notes 1993, S. 407–418

Hellerstein, W./McLure, C. E. jr., The European Commission's Report on Company Income Taxation: What the EU Can Learn from the Experience of the US States, International Tax and Public Finance 2004, S. 199–220

Hellwig, P., Die Anrechnung ausländischer Steuern und die Grenzen des Ausgleichs ausländischer Verluste, DB 1984, S. 2264–2265

– Das Facelifting des § 32 b EStG, DStZ 1996, S. 385–389

Helm, M. T./Krinninger, M., Steuerrechtliche Folgen des Gesellschafterverzichts auf Forderungen gegenüber einer Kapitalgesellschaft, DB 2005, S. 1989–1994

Helminen, M., Dividend equivalent benefits and the concept of profit distribution of the EC Parent-Subsidiary Directive, ECTR 2000, S. 161–171

– The Tax Treatment of the Running of an SE, ET 2004, S. 28–34

– Freedom of Establishment and Oy AA, ET 2007, S. 490–498

Hemmelrath, A. (Betriebsstätte), Die Ermittlung des Betriebsstättengewinns im internationalen Steuerrecht: ein Unterschied zur „Selbständigkeit" der Betriebsstätte gemäß Art. 7 Abs. 2 OECD-Musterabkommen, München 1982

– Besonderheiten bei der Beteiligung von Steuerinländern an Personengesellschaften in DBA-Staaten, IStR 1995, S. 570–574

Hendricks, M., § 49 Abs. 1 Nr. 2 f EStG – Anwendungsbereich und Einkunftsermittlung, IStR 1997, S. 229–234

Henke, U./Lang, M., Qualifizierung ausländischer Rechtsgebilde am Beispiel der Delaware-LLC, IStR 2001, S. 514–520

Henkel, U. W., Subjektfähigkeit grenzüberschreitender Kapitalgesellschaften, RIW 1991, S. 565–570

Hennig, T., Das Verhältnis zwischen § 15 a EStG und § 2 a EStG, DB 1985, S. 1551–1553

Hennrichs, J., Unternehmensbewertung und persönliche Ertragsteuern aus (aktien-)rechtlicher Sicht, ZHR 2000, S. 453–478

– Zinsschranke, Eigenkapitalvergleich und IFRS, DB 2007, S. 2101–2106

Hensel, C., Möglichkeiten des Auslandstätigkeitserlasses konsequent ausnutzen, PIStB 2002, S. 88–95

– Neue Grenzgängerbesteuerung nach dem DBA Belgien, PIStB 2003, S. 118–119

Herbold, S. (Anreize), Steuerliche Anreize für Forschung und Entwicklung im internationalen Vergleich, Köln/Lohmar 2009

Hergeth, A./Ettinger, J., Nichtanwendungserlass zum Urteil des BFH vom 31. 5. 2005 zu § 50 d Abs. 3 EStG, IStR 2006, S. 307–309

Herkenroth, K./Klein, O./Labermeier, A./Pache, S./Striegel, A./Wiedenfels, M., (Konzernsteuerrecht), Konzernsteuerrecht, Wiesbaden 2008

Herlinghaus, A., Anmerkung zum Urteil des FG Köln v. 16. 10. 2003, 7 K 1371/01, EFG 2004, S. 141

– Anmerkung zum Urteil des FG Münster v. 24. 5. 2004, 9 K 5177/99 K, EFG 2004, S. 1500–1501

– Gedanken zum abkommensrechtlichen Schiedsverfahren nach Art. 25 Abs. 5 OECD-MA, IStR 2010, S. 125–130

Hermann, R. A. (Personengesellschaften), Die Besteuerung von Personengesellschaften in den EU-Mitgliedstaaten und den USA, Lohmar/Köln 2006
Herrmann, C./Heuer, G./Raupach, A. (Einkommensteuergesetz), Einkommensteuer- und Körperschaftsteuergesetz, Kommentar, 21. Aufl., Köln 1950/1996, Stand: Juni 2010
Herzig, N., Steuergestaltung im Binnenmarkt, DB 1993, S. 1–15
– Gesellschafter-Fremdfinanzierung von Kapitalgesellschaften, StuW 1993, S. 237–248
– Standortsicherungsgesetz: Gesetzliche Regelung der Gesellschafter-Fremdfinanzierung in § 8 a KStG, DB 1994, S. 110–115 (Teil I), S. 168–177 (Teil II)
– Besteuerung der Unternehmen in Europa – Harmonisierung im Wettbewerb der Systeme, DStJG 1996, S. 121–149
– Anrechnungsverluste als steuerliches Hemmnis grenzüberschreitender Kooperationen, IStR 1996, S. 196–200
– (Advance Pricing Agreements), Advance Pricing Agreements: ein Instrument zur Vermeidung von Doppelbesteuerungen?, in: Burmester, G./Endres, D. (Hrsg.), Außensteuerrecht, Doppelbesteuerungsabkommen und EU-Recht im Spannungsverhältnis. Festschrift für Helmut Debatin zum 70. Geburtstag, München 1997, S. 107–120
– (Körperschaftsteuersystem), Körperschaftsteuersystem und Europäischer Binnenmarkt, in: Schön, W. (Hrsg.), Gedächtnisschrift für Brigitte Knobbe-Keuk, Köln 1997, S. 627–646
– Globalisierung und Besteuerung, WPg 1998, S. 280–296
– (Kooperationshindernis), Grenzüberschreitende Fusion und Unternehmenswert: Die nationale Ausrichtung des körperschaftsteuerlichen Anrechnungsverfahrens als Kooperationshindernis, in: Kleineidam, H.-J. (Hrsg.), Unternehmenspolitik und internationale Besteuerung. Festschrift für Lutz Fischer zum 60. Geburtstag, Berlin 1999, S. 621–643
– Steuerliche und bilanzielle Probleme bei Stock Options und Stock Appreciation Rights, DB 1999, S. 1–12
– (Tauschgutachten), Das Ende des Tauschgutachtens?, in: Wassermeyer, F./Mayer, D./Rieger, N. (Hrsg.), Umwandlungen im Zivil- und Steuerrecht. Festschrift für Siegfried Widmann zum 65. Geburtstag, Bonn 2000, S. 393–412
– Gestaltung steuerorientierter Umstrukturierungen im Konzern, DB 2000, S. 2236–2245
– Aktuelle Entwicklung bei § 8 b KStG und § 3 c EStG, DB 2003, S. 1459–1468
– (Bemessungsgrundlage), Einheitliche Bemessungsgrundlage für die laufende Besteuerung der Europäischen Aktiengesellschaft, in: Herzig, N. (Hrsg.), Besteuerung der Europäischen Aktiengesellschaft, Köln 2004
– (Step up-Modelle), Step up-Modelle im Vergleich, in: Schaumburg, H. (Hrsg.), Unternehmenskauf im Steuerrecht, Stuttgart 2004, S. 131–149
– (IAS/IFRS), IAS/IFRS und steuerliche Gewinnermittlung, Düsseldorf 2004
– IAS/IFRS und steuerliche Gewinnermittlung, WPg 2005, S. 211–235
– (Gewinnermittlung), Eigenständige steuerrechtliche Gewinnermittlung, in: Endres, D./Oestreicher, A./Scheffler, W./Schreiber, U./Spengel, C. (Hrsg.), Die internationale Unternehmensbesteuerung im Wandel – Symposium für Otto H. Jacobs zum 65. Geburtstag, München 2005, S. 127–135
– Steuerliche Gewinnermittlung und handelsrechtliche Rechnungslegung, IStR 2006, S. 557–560
– (Harmonization), Tax Harmonization in Europe: Methods of consolidation, in: Lang, M./Pistone, P./Schuch, J./Staringer, C. (Hrsg.), Common Consolidated Tax Base, Wien 2008, S. 547–572
– Konzernsteuerquote, Steuermanagement und Betriebswirtschaftliche Steuerlehre, Ubg 2008, S. 288–290

- CCCTB-Projekt und Zukunft der Konzernbesteuerung (III), FR 2009, S. 1037–1042

Herzig, N./Bohn, A., Das Wachstumsbeschleunigungsgesetz als Umsetzung des Sofortprogramms der Koalitionsparteien zum Unternehmensteuerrecht, DStR 2009, S. 2341–2349
- Internationale Vorschriften zur Zinsabzugsbeschränkung – Systematisierung denkbarer Alternativmodelle zur Zinsschranke, IStR 2009, S. 253–261

Herzig, N./Bohn, A./Fritz, G., Alternativmodelle zur Zinsschranke, DStR 2009, Beihefter zu Heft 29, S. 61–76

Herzig, N./Briesemeister, S., Steuerliche Konsequenzen des BilMoG – Deregulierung und Maßgeblichkeit, DB 2009, S. 926–931
- Unterschiede zwischen Handels- und Steuerbilanz nach BilMoG – Unvermeidbare Abweichungen und Gestaltungsspielräume, WPg 2010, S. 63–77

Herzig, N./Dautzenberg, N., Steuergestaltung und Steuerharmonisierung im Binnenmarkt, DB 1992, S. 1–7
- Fusionsrichtlinie und Mutter-Tochter-Richtlinie – Inhalt und Folgen der EG-Ertragsteuerrichtlinie, BFuP 1993, S. 473–486
- Die Einwirkungen des EG-Rechts auf das deutsche Unternehmenssteuerrecht, DB 1997, S. 8–17

Herzig, N./Dautzenberg, N./Heyeres, R., System und Schwächen der Fusionsrichtlinie, DB 1991, Beilage 12

Herzig, N./Dempfle, U., Konzernsteuerquote, betriebliche Steuerpolitik und Steuerwettbewerb, DB 2002, S. 1–8

Herzig, N./Dötsch, E., Körperschaftsteuer 2000, DB 1998, S. 15–20

Herzig, N./Förster, G., Steuerbelastung der Vorteilsgewährung zwischen verbundenen Kapitalgesellschaften nach dem Beschluß des großen Senats des BFH vom 26. 10. 1987, DB 1988, S. 1329–1337
- Steuerentlastungsgesetz 1999/2000/2002: Die Änderung von § 17 und § 34 EStG mit ihren Folgen, DB 1999, S. 711–718

Herzig, N./Hausen, G., Steuerliche Gewinnermittlung durch modifizierte Einnahmenüberschussrechnung – Konzeption nach Aufgabe des Maßgeblichkeitsprinzips, DB 2004, S. 1–10

Herzig, N./Hötzel, O., Ausschüttungsbedingte Teilwertabschreibungen, DB 1988, S. 2265–2272
- Steuerorientierte Gestaltungsinstrumente beim Unternehmenskauf – Phasenschema und Grundmodelle, DBW 1990, S. 513–523

Herzig, N./Liekenbrock, B., Zinsschranke im Organkreis, DB 2007, S. 2387–2395
- Zinsschranke im Organkreis – Systematisierung und Analyse der gesetzlichen Neuregelung, DB 2009, S. 1949–1956

Herzig, N./Lochmann, U., Der Besteuerungszeitpunkt von Stock Options – Zugleich Anmerkung zu den BFH-Urteilen vom 24. 1. 2001 – I R 100/98 und I R 119/98, DB 2001, S. 1437–1441
- Die Belastungswirkungen von § 8 a KStG n. F., DB 2004, S. 825–837

Herzig, N./Momen, L., Die Spaltung von Kapitalgesellschaften im neuen Umwandlungssteuergesetz, DB 1994, S. 2157–2162 (Teil I), S. 2210–2214 (Teil II)

Herzig, N./Wagner, T., Zukunft der Organschaft im EG-Binnenmarkt, DB 2005, S. 1–9
- EuGH-Urteil „Marks & Spencer" – Begrenzter Zwang zur Öffnung nationaler Gruppenbesteuerungssysteme für grenzüberschreitende Sachverhalte, DStR 2006, S. 1–12

Herzig, N./Watrin, C./Ruppert, H., Unternehmenskontrolle in internationalen Joint Ventures – Eine agencytheoretische Betrachtung, DBW 1997, S. 764–776

Heurung, R./Seidel, P., Anrechnung ausländischer Steuern auf Gewerbesteuer und Solidaritätszuschlag?, IWB, 2009, Fach 3, Deutschland, Gruppe 5, S. 75–84

Heuser, A. (Entsendung), Die Entsendung deutscher Mitarbeiter ins Ausland, Bielefeld 2004

Heußner, J., Vertreterbetriebsstätte einer ausländischen Kapitalgesellschaft – die Praxis wartet auf eine höchstrichterliche Entscheidung, IStR 2004, S. 161–166

Hey, F. E. F., Anmerkung zum Urteil des FG Köln v. 7. 7. 1991, RIW 1994, S. 889–891
– (Steuerrecht), Stellung der US (Delaware) Limited Liability Company im internationalen Steuerrecht, in: Burmester, G./Endres, D. (Hrsg.), Außensteuerrecht, Doppelbesteuerungsabkommen und EU-Recht im Spannungsverhältnis. Festschrift für Helmut Debatin zum 70. Geburtstag, München 1997, S. 121–151

Hey, F. E. F./Kimbrough, T. C., US-Quellensteuerpflicht für Gewinnanteile an Personengesellschaften, RIW 1990, S. 42–45

Hey, J. (Unternehmensbesteuerung), Harmonisierung der Unternehmensbesteuerung in Europa, Köln 1997
– Besteuerung von Unternehmensgewinnen und Rechtsformneutralität, DStJG 2001, S. 155–223
– (Steuerplanungssicherheit), Steuerplanungssicherheit als Rechtsproblem, Köln 2002
– Perspektiven der Unternehmensbesteuerung in Europa, StuW 2004, S. 193–211
– Das Territorialitätsprinzip als theoretische Grundlage der beschränkten Steuerpflicht, IWB, 2004, Fach 3, Deutschland, Gruppe 1, S. 2003–2016
– Erosion nationaler Besteuerungsprinzipien im Binnenmarkt? – Zugleich zu den Rechtfertigungsgründen der „Europatauglichkeit" und „Wettbewerbsfähigkeit" des Steuersystems, StuW 2005, S. 317–326
– Die EuGH-Entscheidung in der Rechtssache Marks & Spencer und die Zukunft der deutschen Organschaft. Haben die Mitgliedstaaten den EuGH domestiziert?, GmbHR 2006, S. 113–123
– Vom Eintreten des Bundesfinanzhofs für mehr Steuerplanungssicherheit. – Zugleich zum Gedenken an Gerd Rose, DStR 2007, S. 1–9
– Spezialgesetzliche Missbrauchsgesetzgebung aus steuersystematischer, verfassungs- und europarechtlicher Sicht, StuW 2008, S. 167–183
– Gestaltungsspielraum des Gesetzgebers und Sicherung des Steueraufkommens – Mit einem Plädoyer für eine Vorabprüfung durch die EU-Kommission, FR 2008, S. 1033–1040
– Gestaltungsmissbrauch im Steuerrecht nach der Neufassung des § 42 AO und dem dazu ergangenen BMF-Erlass, BB 2009, S. 1044–1048

Hey, J./Bauersfeld, H., Die Besteuerung der Personen(handels)gesellschaften in den Mitgliedstaaten der Europäischen Union, der Schweiz und den USA, IStR 2005, S. 649–657

Heydt, K.-E. von der (Grundlagen), Steuerrechtliche Grundlagen der EWIV, in: Heydt, K.-E. von der/Rechenberg, W.-G. Frhr. von (Hrsg.), Die Europäische Wirtschaftliche Interessenvereinigung – unter besonderer Berücksichtigung gesellschafts-, steuer- und kartellrechtlicher Aspekte, Stuttgart 1991, S. 107–159

Heymann, E. (HGB-Kommentar), Handelsgesetzbuch (ohne Seerecht): Kommentar, begr. von Heymann, E., hrsg. von Horn, N., bearb. v. Berger, K.-P./Emmerich, V./Henssler, M. u. a., Bd. 1, Erstes Buch. Einleitung, §§ 1–104, 2. Aufl., Berlin 1995

Heyvaert, W./Deschrijver, D., Belgium Stimulates Equity Financing, Intertax 2005, S. 458–465

Hick, C. (Arbeitnehmerentsendungen), Die steuerliche Behandlung von Arbeitnehmerentsendungen ins Ausland, Lohmar/Köln 2004

Hidien, J. W./Holthaus, J., Besteuerung beschränkt steuerpflichtiger Arbeitnehmer und Gleichmaß der Besteuerung, IWB, 2009, Fach 3, Deutschland, Gruppe 1, S. 2403–2418

– Besteuerung beschränkt steuerpflichtiger Arbeitnehmer und Gleichmaß der Besteuerung, IWB, 2009, Fach 3, Gruppe 1, S. 2403–2418
– Besteuerung beschränkt steuerpflichtiger Arbeitnehmer ab 2009, PIStB 2009, S. 108–114
Hierstetter, F., Steuerliche Risiken der Entschuldung einer Kapitalgesellschaft in der Krise, DStR 2010, S. 882–887
Higinbotham, H. N. / Asper, D. W. / Stoffregen. P. A. / Wexler. R. P., Effective Application of the Section 482 Transfer Pricing Regulations, TLR 1987, S. 293–380
Hilbert, L. / Paul, C., Zuweisung des Besteuerungsrechts und Optionen bei Auslandsentsendungen, StB 2008, S. 212–216
Hildebrandt, M. W., International-steuerrechtliche Fragen bei Gehaltsumwandlungen (Nationalbericht), CDFI 2000, S. 745–771
Hilleke, K. (US-Markteintritt), Vorbereitungen für den erfolgreichen US-Markteintritt, in: Knower, D./Spemann, T. F./Würthele, G. (Hrsg.), Business Guide USA, Frankfurt a. M. 2000, S. 117–127
Hils, M., Neuregelung internationaler Sondervergütungen nach § 50 d Abs. 10 EStG, DStR 2009, S. 888–892
Hinnekens, L., Compatibility of Bilateral Tax Treaties with European Community Laws – Applications of the Rules, ECTR 1995, S. 202–237
– Non-Discrimination in EC Income Tax Laws: Painting in the Colours of a Chameleon – Like Principle, ET 1996, S. 286–303
– Revised OECD-TAG Definition of Place of Effective Management in Treaty Tie-Breaker Rule, Intertax 2003, S. 314–319
Hinnekens, L., European Arbitration Convention: Thoughts on its Principles Procedures and First Experience, EC Tax Review 2010, S. 109–116
Hintsanen, L., European Union: Attribution of Income to permanent Establishments under EC Law, ET 2003, S. 114–122
Hintzen, B., Die Zwischenholding als Strukturelement internationaler Konzerne, DStR 1998, S. 1319–1324
Hintzen, L. / Hintzen, S., Die Systematik des völkerrechtlichen Verständigungsverfahrens der Doppelbesteuerungsabkommen, DB 1979, S. 1907–1911 (Teil I), S. 1953–1957 (Teil II)
Hirsch, G., Wichtige Einflüsse der EuGH-Rechtsprechung auf das deutsche Steuerrrecht, DStZ 1998, S. 489–495
– (Finanzgerichtsbarkeit), Das Vorabentscheidungsverfahren nach Art. 177 EGV in der Finanzgerichtsbarkeit, in: Kirchhof, P./Jakob, W./Beermann, A. (Hrsg.), Steuerrechtsprechung, Steuergesetz, Steuerreform. Festschrift für Klaus Offerhaus zum 65. Geburtstag, Köln 1999, S. 103–115
– Verhältnis des deutschen Verfassungsrechts zum Europarecht, DStJG 2000, S. 175–185
Hirschler, K. / Schindler, C. P., Die österreichische Gruppenbesteuerung als Vorbild für Europa?, IStR 2004, S. 505–512
Hirte, H., Die Europäische Aktiengesellschaft – ein Überblick nach In-Kraft-Treten der deutschen Ausführungsgesetzgebung, DStR 2005, S. 653–658 (Teil I), S. 700–704 (Teil II)
Hitschler, W. (Eigenkapitalbildung), Der Einfluß der Besteuerung auf Innovation, Investition und Eigenkapitalbildung, Frankfurt a. M. 1993
Hock, B., Zur Besteuerungspraxis bei grenzüberschreitenden Beteiligungen an gewerblichen Personengesellschaften, WPg 1996, S. 106–113
Höfer, R., Die Neuregelung des Betriebsrentenrechts durch das Altersvermögensgesetz (AvMG), DB 2001, S. 1145–1150
Höfner, K. D., Die Mindestbesitzzeit nach § 44 d Absatz 2 EStG: Ein Verstoß gegen die EG-Mutter-/Tochterrichtlinie, RIW 1997, S. 53–55

Hölscher, S., Ende der Zinsabzugsbeschränkungen bei konzerninternen Finanzierungen in der EU?, RIW 2010, S. 51–54

Hölzle, G., Besteuerung der Unternehmenssanierung – Die steuerlichen Folgen gängiger Sanierungsinstrumente, FR 2004, S. 1193–1210

Höppner, H.-D., Der neue Verrechnungspreis-Erlaß – Grundsätzliche Probleme aus Sicht der Verwaltung, StBp 1983, S. 121–129

– (Verfahrensprobleme), Verfahrensprobleme bei beschränkter Steuerpflicht aus der Sicht des Bundesamtes für Finanzen, in: Haarmann, W. (Hrsg.), Die beschränkte Steuerpflicht, Köln 1993, S. 1–26

– Mißbräuchliche Zwischenschaltung ausländischer Basisgesellschaften durch Steuerausländer. Anmerkung zum BFH-Urteil v. 29. 10. 1997 I R 35/96, IWB, 1998, Fach 3 a, Rechtsprechung, Gruppe 1, S. 656–658

Höreth, U./Kurz, E., Arbeitnehmerentsendungen ins Ausland, StB 2007, S. 413–422

Hörger, H. (Kaufpreisaufteilung), Neue Tendenzen zur steuerorientierten Kaufpreisaufteilung beim Kauf von Wirtschaftsgütern und Anteilen an Personengesellschaften, in: Schaumburg, H. (Hrsg.), Unternehmenskauf im Steuerrecht, 3. Aufl., Stuttgart 2004, S. 109–130

Hörger, H./Endres, N., Verlustnutzung beim Mantelkauf, DB 1998, S. 335–339

– Körperschaftsteuerlicher Verlustabzug, GmbHR 1999, S. 569–582

Hötzel, O. (Unternehmenskauf), Unternehmenskauf und Steuern, 2. Aufl., Düsseldorf 1997

Hoffmann, J., Neue Möglichkeiten zur identitätswahrenden Sitzverlegung in Europa?, Der Richtlinienvorentwurf zur Verlegung des Gesellschaftssitzes innerhalb der EU, ZHR 2000, S. 43–66

Hoffmann, W.-D., Kommentar zum BFH-Beschluß vom 16. 5. 2001 – I B 143/00, Gesellschafter: Verzicht auf Darlehen mit eigenkapitalersetzender Funktion als Einlage, GmbHR 2001, S. 825–827

– Beteiligungen an Kapitalgesellschaften als Sanierungsobjekte in der Steuerbilanz, DStR 2002, S. 1233–1240

– (Grunderwerbsteuerplanung), Grunderwerbsteuerplanung bei Konzernumstrukturierungen, in: Grotherr, S. (Hrsg.), Handbuch der internationalen Steuerplanung, 2. Aufl., Herne/Berlin 2003, S. 613–628

– Die Zinsschranke bei mitunternehmerischen Personengesellschaften, GmbHR 2008, S. 113–119

– Der Sanierungszuschuss in der Steuerbilanz des Gesellschafters – Anmerkungen zum Urteil des BFH vom 28. 4. 2004 – I R 20/03, GmbHR 2004, S. 1454–1457

– Der Gesellschafter-Geschäftsführer und die verdeckte Gewinnausschüttung vor dem Richterstuhl Franz Wassermeyers, DStZ 2005, S. 97–102

– Steuerlatenz bei Ent- und Verstrickung von stillen Reserven des Anlagevermögens, PiR 2007, S. 88–90

– Weitere Verlustvernichtung im JStG 2009, DStR 2009, S. 257–259

– Wertminderungen – vorübergehend oder doch other than temporary, StuB 2009, S. 327–328

Hofmann, K.-W./Otto, U. B., Erschwernis der Freistellung von Arbeitslohn gem. DBA nach Einführung einer nationalen Rückfallklausel durch das StÄndG 2003, FR 2004, S. 826–830

Hofmann, K.-W./Nowak, H./Rohrbach, T. (Auslandsentsendung), Auslandsentsendung – Vorteile, Vorschriften und Gestaltungsmöglichkeiten der Entsendung im Arbeitsrecht, Steuerrecht und Sozialversicherungsrecht, Freiburg im Breisgau 2002

Hogh, M. (Entsendung), Internationale Entsendung von Führungskräften, Bielefeld 2000

Hoheisel, M., Gewerblich geprägte Personengesellschaften im internationalen Steuerrecht, IWB, 2008, Fach 10, International, Gruppe 2, S. 2009–2016

Hohenlohe, F./Rautenstrauch, G./Adrian, G., Fremdfinanzierte Beteiligungserwerbe im Konzernverbund – Kritische Anmerkungen zum Entwurf des BMF-Schreibens zu § 8 a Abs. 6 KStG, GmbHR 2006, S. 178–183

– Der Entwurf des SEStEG: Geplante Änderungen bei inländischen Verschmelzungen, GmbHR 2006, S. 623–630

Hohenwarter, D. (Moving), Moving In and Out of a Group, in: Lang, M./Pistone, P./Schuch, J./Staringer, C (Hrsg.), Common Consolidated Corporate Tax Base, Wien 2008, S. 157–195

– (Verlustverwertung), Die Verlustverwertung im Konzern, Wien 2010

Hohenwarter-Mayr, D., Die Rs. X Holding – ein weiterer Teil im Puzzle der grenzüberschreitenden Gruppenbesteuerung, SWI 2010, S. 163–175

Holthaus, J., Besteuerung international tätiger nichtselbstständiger Berufssportler und Künstler: Ein totgeschwiegenes Problem der Umsetzung der Regelungen der DBA in die Praxis, IStR 2002, S. 633–635

– Die Änderung der Freistellungspraxis im StÄndG 2003 beim ausländischen Arbeitslohn in § 50 d – Auswirkungen einer globalen Rückfallklausel in allen Anwendungsfällen der DBA, IStR 2004, S. 16–18

– Aktuelle Anwendung der Rückfallklauseln der DBA in der Praxis – Wo und wann kann die Finanzverwaltung trotz geänderter Rechtsauffassung des BFH noch „weiße Einkünfte" verhindern?, IStR 2005, S. 337–339

– Antragsveranlagung beschränkt steuerpflichtiger EU/EWR-Arbeitnehmer – Chancen und Tücken des § 50 Abs. 5 Nr. 2 EStG in der Praxis, IWB, 2006, Fach 3, Deutschland, Gruppe 3, S. 1425–1432

– Die Rückkehr der Rückfallklauseln nach neuester BFH-Rechtsprechung – Deutsche Steuerpflicht von unversteuerten Auslandseinkünften aus Dänemark, Neuseeland, Norwegen, Schweden und USA trotz grundsätzlicher Freistellungsmethode im DBA, FR 2008, S. 561–565

– Besteuerung ausländischer Künstler in der aktuellen deutschen Finanzamtspraxis – Wie könnte man Steine statt Brot verdauen?, IStR 2008, S. 95–99

Holzapfel, H.-J./Pöllath, R. (Unternehmenskauf), Unternehmenskauf in Recht und Praxis: rechtliche und steuerliche Aspekte, 11. Aufl., Köln 2003

Holzhäuser, B. P./Schmidt, F. (Tax Due Diligence), Tax Due Diligence, in: Beisel, D./Andreas, F. E. (Hrsg.), Sonderdruck aus Beck'sches Mandatshandbuch Due Diligence, 2. Aufl., München 2010

Homburg, S. (Perspektiven), Perspektiven der internationalen Unternehmensbesteuerung, in: Buchholz, W./Fuest, C./Homburg, S. (Hrsg.), Probleme der Besteuerung III, Berlin 2000, S. 9–61

– (Wohnsitzprinzip), Wohnsitzprinzip, in: Endres, D./Oestreicher, A./Scheffler, W./Schreiber, U./ Spengel, C. (Hrsg.), Die internationale Unternehmensbesteuerung im Wandel – Symposium für Otto H. Jacobs zum 65. Geburtstag, München 2005, S. 14–27

– (Steuerlehre), Allgemeine Steuerlehre, 5. Aufl., München 2007

– Neue Entwicklungstendenzen der deutschen Steuerpolitik, Stbg 2008, S. 9–15

– AWD – ein deutscher Anwendungsfall für Marks & Spencer, IStR 2009, S. 350–353

Homburg, S./Bolik, A., BB-Forum: Auswirkungen des Kirchhofschen EStGB insbesondere auf die Unternehmensbesteuerung, BB 2005, S. 2330–2335

Hommel, M./Buhleier, C./Pauly, D., Bewertung von Marken in der Rechnungslegung – eine kritische Analyse des IDW ES 5, BB 2007, S. 371–377

Hommelhoff, P./Jansen, E. (Europäische Integration), Rechtliche Grundlagen der europäischen Integration, in: Gerum, E. (Hrsg.), Handbuch Unternehmung und Europäisches Recht, Stuttgart 1993, S. 3–35

Hommelhoff, P./Teichmann, Ch., Eine GmbH für Europa: Der Vorschlag der EU-Kommission zur Societas Privata Europaea (SPE), GmbHR 2008, S. 897–911

Hommelhoff, P./Krause, R./Teichmann, Ch., Arbeitnehmer-Beteiligung in der Europäischen Privatgesellschaft (SPE) nach dem Verordnungsvorschlag, GmbHR 2008, S. 1193–1204

Hoorn Jr., J. van, Unterschiede in der steuerlichen Behandlung inländischer und ausländischer Investoren und die Auswirkungen internationaler Abkommen (Generalbericht), CDFI 1978, S. 87–128

Hopt, K. J., Europäisches Gesellschaftsrecht – Krise und neue Anläufe, ZIP 1998, S. 96–106

Horn, N., Die Europa-AG im Kontext des deutschen und europäischen Gesellschaftsrechts, DB 2005, S. 147–153

Hornig, M., Grenzüberschreitende Verschmelzungen, PIStB 2006, S. 75–81

Horten, M. R./Graf Kageneck, K.-E. (Joint Ventures), Joint Ventures in den USA: wirtschaftliche, rechtliche und steuerliche Aspekte, München 1996

Hosson, F. C. de, The Parent-Subsidiary Directive, Intertax 1990, S. 414–437

House of Representatives Conference Committee (H. R. Conference Report), Tax Reform Act of 1986: conference report to accompany H. R. 3838; H. R. Report No. 841, 99th Congress, 2 d Session, Washington D. C. 1986

Hruschka, F., Die Ent- und Verstrickung stiller Reserven nach dem SEStEG, StuB 2006, S. 584–590

– Offene Fragen beim Rücktransport von Währungsverlusten, IStR 2008, S. 499–504

Hruschka, F./Lüdemann, P., Das Veranlassungsprinzip als Maßstab zur innerstaatlichen Betriebsstättengewinnermittlung, IStR 2005, S. 77–84

Hucke, A., Bleibt die disquotale Einlage in eine Kapitalgesellschaft schenkungsteuerfrei?, BB 2001, S. 1932–1937

Huber, F. (Reorganizations), Die Stellung der A-, B- und C-reorganizations im US-amerikanischen Steuerrecht und ihre Pendants im deutschen (Umwandlungs-)Steuerrecht, Frankfurt a. M. 2008

Hübner-Weingarten, R. M., Rechtsprobleme beim Outsourcing von ServiceAbteilungen in der Konzernpraxis, DB 1997, S. 2593–2597

Hübschmann, W./Hepp, E./Spitaler, A. (Abgabenordnung), Abgabenordnung, Finanzgerichtsordnung, Kommentar, 10. Aufl., Köln 1951/1995, Stand: Juni 2010

Hügel, H. F., Steuerrechtliche Hindernisse bei der internationalen Sitzverlegung, ZGR 1999, S. 71–108

– Zur Europäischen Privatgesellschaft: Internationale Aspekte, Sitzverlegung, Satzungsgestaltung und Satzungslücken, ZHR 2009, S. 309–362

Hüllmann, U. (Wertorientiertes Conrtolling), Wertorientiertes Controlling für eine Management-Holding, München 2003

Hüttemann, R., BB-Gesetzgebungsreport: Internationalisierung des deutschen Handelsbilanzrechts im Entwurf des Bilanzrechtsreformgesetzes, BB 2004, S. 203–209

Hüttemann, R./Helios, M., Zum grenzüberschreitenden Spendenabzug in Europa nach dem EuGH-Urteil vom 27. 1. 2009, Persche, DB 2009, S. 701–707

Huizinga, H./Loeven, L., International profit shifting within multinationals: A multi-country perspective, JPE 2008, S. 1164–1182

Hundt, F., Änderungen des Außensteuerrechts durch das Gesetz zur Änderung des EStG, des KStG und anderer Gesetze – und Behebung der Doppelbesteuerung in anderen Industriestaaten, DB 1980, Beilage 17

– UN-Musterabkommen zur Vermeidung der Doppelbesteuerung zwischen Industriestaaten und Entwicklungsländern, RIW/AWD 1981, S. 306–327

- Standortsicherungsgesetz: Außensteuerliche Änderungen – Einfügung von § 8 b KStG sowie Änderungen des § 26 KStG, des UmwStG und des AStG (Teil II), DB 1993, S. 2098–2104
- (Missbrauchsverständnis), Entwicklung des deutschen Mißbrauchsverständnisses bei grenzüberschreitenden Gestaltungen, in: Burmester, G./Endres, D. (Hrsg.), Außensteuerrecht, Doppelbesteuerungsabkommen und EU-Recht im Spannungsverhältnis. Festschrift für Helmut Debatin zum 70. Geburtstag, München 1997, S. 153–177

Huschens, F./Hofmann, T., Anhängige EuGH Verfahren im Bereich der Mehrwertsteuer, Gleichbleibende Tendenz der Zahl der Verfahren, NWB, 2009, Fach 7, S. 7205–7215

Hutter, H./Schmidt, J., Aktueller Überblick zum Thema e-commerce – unter besonderer Berücksichtigung der Frage: Betriebsstätten eines Internet Servers, IStR 2000, S. 650–654

Hutter, S./Lawrence, W.J. (Übernahmerecht), Übernahmerecht in den USA, in: Rosen, R. von/Seifert, W. G., DAI – Deutsche Börse; Die Übernahme börsennotierter Unternehmen, Schriften zum Kapitalmarkt, Band 2, Eschborn 1999, S. 95–145

IBFD (Expenses), Tax Treatment of Research & Development Expenses, Amsterdam 2004
- (Tax Handbook), European Tax Handbook, 20. Aufl., Amsterdam 2009

IDW (Weltabschluß), Die Einbeziehung ausländischer Unternehmen in den Konzernabschluß, („Weltabschluß"), Düsseldorf 1977
- Zur direkten Steueranrechnung nach § 34 c EStG und § 26 Abs. 1 KStG 1977 – Stellungnahme des IDW, DB 1977, S. 322–326
- Steuerfachausschuß, Die Ermittlung des Betriebsstättengewinns, WPg 1987, S. 648–652
- Verwaltungsgrundsätze für die Prüfung der Einkunftsabgrenzung bei international verbundenen Unternehmen – Stellungnahme des IDW, IDW-Fachnachrichten 1989, S. 64–72
- Stellungnahme HFA 1/1993: Zur Bilanzierung von Joint Ventures, WPg 1993, S. 441–444
- Einzelfragen zur Gewinn- und Vermögensabgrenzung bei Betriebsstätten, IDW-Fachnachrichten 1996, S. 225–230
- Aus der Facharbeit des IDW, WPg 1999, S. 704–717
- Steuerfachausschuß, Stellungnahme des IDW zum Entwurf eines Unternehmenssteuerreform- und Steuersenkungsgesetzes, IDW-Fachnachrichten 2000, S. 90–101
- Arbeitskreis „Unternehmenssteuerreform", Die Unternehmenssteuerreform: Hinweise für die Beratungspraxis, IDW-Fachnachrichten 2000, Sonderbeilage 11
- Arbeitshilfe zur Verrechnungspreisdokumentation: entwickelt vom Arbeitskreis „Außensteuerrecht" des IDW, IDW-Fachnachrichten 2004, Beihefter zu 6/2004
- IDW Standard: Grundsätze zur Durchführung von Unternehmensbewertungen (IDW S 1), WPg 2005, S. 1303–1321
- IDW-RS HFA 16: Bewertungen bei der Abbildung von Unternehmenserwerben und bei Werthaltigkeitsprüfungen nach IFRS (IDW-RS HFA 16), WPg 2005, S. 1415–1426
- Zum Referentenentwurf eines Jahressteuergesetzes 2007 (JStG 2007), IDW-Fachnachrichten 2006, S. 377–380
- (Hrsg.) (WP-Handbuch), WP-Handbuch 2006: Wirtschaftsprüfung, Rechnungslegung, Beratung, Band I, 13. Aufl., Düsseldorf 2006
- IDW Standard: Grundsätze zur Bewertung immaterieller Vermögenswerte (IDW S 5), WPg Supplement 4/2007, S. 64–75

- IDW Standard: Grundsätze zur Durchführung von Unternehmensbewertungen (IDW S 1 i. d. F. 2008), WPg Supplement 3/2008, S. 68–89
- Arbeitskreis Steuerliche Beratungshinweise, Unternehmen in der Krise, IDW-Fachnachrichten 2009, Beiheft zu Heft 12, S. B 1–B 16

IFA (Yearbook), Yearbook 1995, Rotterdam 1996

Ihli, U., Transfer Pricing, Restructuring, Apportionment and Other Challenges for Tax Directors, Intertax 2008, S. 346–358

Indian Ministry of Finance (Hrsg.) (Taxation of E-Commerce), Taxation of E-Commerce. Report of the High-Powered Committee on Electronic Commerce and Taxation, New Delhi 2001, http://www.laws4india.com/indiantaxlaws/notification/ecomcontent.asp

Institut FSt (Brief 125), Zur Steuerreform, Brief 125
- (Brief 164), Ausländische Einkünfte und direkte Steueranrechnung – notwendige Verbesserung der unilateralen Maßnahmen zur Vermeidung der Doppelbesteuerung, Brief 164, Bonn 1977
- (Brief 275), Zur Erfassung und Bewertung lizenzierter Erfindungen und Erfahrungen (Know How) in der Einheitsbewertung des Betriebsvermögens, Brief 275, Bonn 1988
- (Grüner Brief 306), Die Gewerbesteuer im internationalen Vergleich, Grüner Brief 306, Bonn 1992
- (Konzernverrechnungspreise), Konzernverrechnungspreise – Ökonomische Analyse eines Hauptproblems der internationalen Besteuerung, bearbeitet von Jutta Helbing, Bonn 1995

Isensee, T., Die Ermittlung des Verrechnungspreises bei Konzernvertriebsunternehmen, IStR 2001, S. 693–696
- Der tatsächliche Fremdvergleich bei der Bestimmung von Verrechnungspreisen am Beispiel von Vertriebsunternehmen, IStR 2002, S. 465–468

Ismer, R., DBA-Konkretisierung durch die Exekutive?: Zur Bindungswirkung von Verständigungsvereinbarungen nach Art. 25 Abs. 3 Satz 1 OECD-MA, IStR 2009, S. 366–371

Ismer, R./Kost, S., Sondervergütungen unter dem DBA-USA – Zugleich Anm. zum Urteil des FG Baden-Württemberg, EFG 2006, 677 (nrkr.), IStR 2007, S. 120–124

Jackstein, C. D. (Steuersystem), Das deutsche Steuerrecht im Wettbewerb mit ausländischen Steuersystemen, in: Burmester, G./Endres, D. (Hrsg.), Außensteuerrecht, Doppelbesteuerungsabkommen und EU-Recht im Spannungsverhältnis. Festschrift für Helmut Debatin zum 70. Geburtstag, München 1997, S. 179–206

Jacob, F., Keine Einkunftsberichtigung der US-Muttergesellschaft bei entgegenstehendem ausländischen Recht, IWB, 1991, Fach 3a, Rechtsprechung, Gruppe 2, S. 15–16
- Besteuerung hybrider Finanzierung in grenzüberschreitenden Situationen, IWB, 2000, Fach 1, IFA-Mitteilungen, S. 1521–1546

Jacob, F./Klein, M., Anmerkung zu BFH, Urteil v. 31. 5. 2005 – I R 74, 88/04, IStR 2005, S. 711–713

Jacob, F./Scheifele, M., Anwendbarkeit von § 8b Abs. 7 KStG 2002 auf Holding- und Beteiligungsunternehmen als Finanzunternehmen i. S. des KWG, IStR 2009, S. 282–284

Jacobs, O. H. (Hrsg.) (Bilanzierungsproblem), Das Bilanzierungsproblem in der Ertragsteuerbilanz, Stuttgart 1971
- (Personengesellschaft), Die Stellung der Personengesellschaft im Handels und Steuerrecht und ihre Konsequenzen für die Bilanzierung von Beteiligungen an Personengesellschaften, in: Kofler, H./Jacobs, O. H. (Hrsg.), Rechnungswesen und Besteuerung der Personengesellschaften, Wien 1991, S. 13–26

- (Bilanzanalyse), Bilanzanalyse – EDV-gestützte Jahresabschlußanalyse als Planungs- und Entscheidungsrechnung, 2. Aufl., München 1994
- (Körperschaftsteuersysteme), Die Körperschaftsteuersysteme in Deutschland, Frankreich und Großbritannien, in: Bühler, W./Kirchhof, P./Klein, F. (Hrsg.), Steuervereinfachung. Festschrift für Dietrich Meyding, Heidelberg 1994, S. 209–230
- Steuerliche Vorteilhaftigkeit des Einsatzes von Eigen- oder Fremdkapital bei der internationalen Konzernfinanzierung, StuW 1996, S. 26–42
- (Einfluß), Der Einfluß der Belastung mit Steuern und Sozialabgaben auf die Standortentscheidung von Unternehmen, in: Standort- und Strategiekonferenz Saar-Lor-Lux, Dokumentation der Veranstaltung des Arbeitskreises Wirtschaft der Carl-Duisberg-Gesellschaft Saarland (AKW) am 18. 12. 1997, Saarbrücken 1997, S. 24–26
- (Körperschaftsteuersysteme), Körperschaftsteuersysteme in der EU – Eine Analyse der Wettbewerbswirkungen und Reformvorschläge, in: Kleineidam, H.J. (Hrsg.), Unternehmenspolitik und internationale Besteuerung. Festschrift für Lutz Fischer zum 60. Geburtstag, Berlin 1999, S. 85–116
- (Stock Option Plans), Das KonTraG und die steuerliche Behandlung von Stock Option Plans in Deutschland, in: Dörner, D./Menold, D./Pfitzer, N. (Hrsg.), Reform des Aktienrechts, der Rechnungslegung und Prüfung, Stuttgart 1999, S. 101–138
- (Verlustvorsorgen), Verlustvorsorgen im deutschen Bilanzsteuerrecht, in: Bertl, R./Egger, A./Gassner, W./Lang, M. (Hrsg.), Verlustvorsorgen im Bilanz- und Steuerrecht, Wien 2000, S. 83–105– (Vorräte), IAS 2 Vorräte (Inventories), in: Baetge, J./Dörner, D./Kleekamper, H./Wollmert, P. (Hrsg.), Rechnungslegung nach International Accounting Standards (IAS), 2. Aufl., Stuttgart 2003, S. 157–200
- (Hrsg.) (Rechtsform), Unternehmensbesteuerung und Rechtsform. Handbuch zur Besteuerung deutscher Unternehmen, 4. Aufl., München 2009

Jacobs, O. H./Haun, J., Financial Derivatives in International Tax Law – A Treatment of Certain Key Considerations, Intertax 1995, S. 405–420

Jacobs, O. H./Portner, R. (Stock-Option-Plans), Die steuerliche Behandlung von Stock-Option-Plans in Deutschland, in: Achleitner, A.-K./Wollmert, P. (Hrsg.), Stock Options, 2. Aufl., Stuttgart 2002, S. 215–267
- Besteuerung von Aktienoptionsrechten, FR 2003, S. 757–764

Jacobs, O. H./Spengel, C., Ertragsbesteuerung von Konzernen in Deutschland und Frankreich – Eine vergleichende Analyse unter besonderer Berücksichtigung der Behandlung konzerninterner Transaktionen, IStR 1994, S. 100–104 (Teil I), S. 146–151 (Teil II)
- (European Tax Analyzer), European Tax Analyzer, Baden-Baden 1996
- (Beteiligungserträge), Die Besteuerung in- und ausländischer Beteiligungserträge von Kapitalgesellschaften in Deutschland, Frankreich und Großbritannien, in: Kley, M.D./Sünner, E./Willemsen, A. (Hrsg.), Steuerrecht, Steuer- und Rechtspolitik, Wirtschaftsrecht und Unternehmensverfassung, Umweltrecht. Festschrift für Wolfgang Ritter zum 70. Geburtstag, Köln 1997, S. 115–145
- Measurement and Development of the Effective Tax Burden of Companies – An Overview and International Comparison, Intertax 2000, S. 334–351
- (Effective Tax Burden), Effective Tax Burden of Companies in Europe – Current Situation, Past Developments and Simulation of Reforms, Heidelberg 2002

Jacobs, O. H./Spengel, C./Schäfer, A., ICT and International Corporate Taxation: Tax Attributes and Scope of Taxation, Intertax 2003, S. 214–231
- ICT and Profit Allocation within Multinational Groups, Intertax 2004, S. 268–283

Jacobs, O. H./Spengel, C./Stetter, T./Wendt, C., EU Company Taxation in Case of a Common Tax Base: A Computer-based Calculation and Comparison Using the Enhanced Model of the European Tax Analyser, Intertax 2005, S. 414–428

Jacobs, O. H./Spengel, C./Vituschek, M., Steuerreform 2001: Internationale Wettbewerbsfähigkeit deutscher Unternehmen und Rechtsformwahl, RIW 2000, S. 653–664

Jäckle, J., Cash Management in einem multinationalen Unternehmen, FB 2000, S. 82–88

Jaeger, C. (Körperschaftsteuersysteme), Die Körperschaftsteuersysteme in Europa: eine europarechtliche und betriebswirtschaftliche Analyse, Köln 2001

Jäger, R./Himmel, H., Die Fair Value-Bewertung immaterieller Vermögenswerte vor dem Hintergrund der Umsetzung internationaler Rechnungslegungsstandards, BFuP 2003, S. 417–440

Jagdfeld, A. A./Kurth, H./Schelnberger, F. J., Die geplante Neufassung des § 2 des Auslandsinvestitionsgesetzes nach dem Gesetzentwurf der Bundesregierung, BB 1980, S. 304–306

Jahn, R., Bestimmung des Arbeitgebers nach DBA beim internationalen Arbeitnehmerverleih, PIStB 2001, S. 314–315
– Lohnsteuerhaftung inländischer Konzerntochter für „entsandten" Geschäftsführer?, PIStB 2001, S. 316–317
– Zum Arbeitgeberbegriff nach DBA-GB beim internationalen Arbeitnehmerverleih, PIStB 2003, S. 62–64
– Der Begriff der „niedrigen Besteuerung" im Sinne des § 8 Abs. 3 AStG, PIStB 2004, S. 3–4
– Neues zur Besteuerung ausländischer Künstler bei Auftritten im Inland, PIStB 2004, S. 188–191
– Zum Besteuerungsrecht für Arbeitslohn nach dem DBA-USA, PIStB 2007, S. 251–253
– Vorrang abkommensrechtlicher Missbrauchsvorschriften bei Erstattung von Kapitalertragsteuern, PIStB 2008, S. 229–232
– Besteuerung von Grenzgängern nach dem DBA-Frankreich, PIStB 2009, S. 67–69
– Besteuerung von Grenzgängern nach dem DBA-Schweiz, PIStB 2009, S. 100–101

Jahndorf, C., Besteuerung der Funktionsverlagerung, FR 2008, S. 101–111

Jakobs, N./Wittmann, H.-J., Steuersenkungsgesetz: Besteuerung von Anteilsveräußerungen, GmbHR 2000, S. 910–921

Jansen, J. B., Internationale Einkommensteuerprobleme bei Personengesellschaften (Nationalbericht), CDFI 1995, S. 433–456

Janssen, B., Abgrenzung zwischen gewinnabhängig und gewinnunabhängig verzinsten Darlehen bei § 8a KStG, FR 1997, S. 333–336
– Gesellschafterfremdfinanzierung. Neue Aspekte bei der praktischen Anwendung von § 8a KStG, RIW 1997, S. 666–674
– Der Begriff des Fremdkapitals in § 8a KStG, DB 1997, S. 1589–1593
– Das Tatbestandsmerkmal der wesentlichen Beteiligung in § 8a KStG, IStR 1998, S. 11–14 (Teil I), S. 43–47 (Teil II)
– Der persönliche Anwendungsbereich des § 8a KStG, IWB, 1999, Fach 3, Deutschland, Gruppe 4, S. 413–428
– Die verdeckte Gewinnausschüttung, NWB 2008, S. 5239–5262
– (Verdeckte Gewinnausschüttungen), Verdeckte Gewinnausschüttungen: Systematische Darstellung der Voraussetzungen und Auswirkungen, 10. Aufl., Herne 2010

Janssen, H., EG-Beihilfenrecht nach der Osterweiterung – Wann müssen Unternehmen mit Rückforderungen rechnen?, EWS 2004, S. 343–347

Janssen, R., Gründung einer Vertriebsgesellschaft in Singapur: Bilanzsteuerrechtliche Beurteilung, BC 2007, S. 181–185

Jegzentis, P./Kahl, I., Qualifikationskonflikte bei Missbrauch rechtlicher Gestaltungsmöglichkeiten durch beschränkt steuerpflichtige Kapitalgesellschaften, IStR 2001, S. 131–136

Jestaedt, T./Schelling, N., Regionalbeihilfen im Binnenmarkt, EWS 1999, S. 1–6

Jirousek, H., Übereinkommen über die Beseitigung der Doppelbesteuerung im Falle von Gewinnberichtigungen zwischen verbundenen Unternehmen, ÖStZ 1999, S. 218–224

Jochum, H., Zur Fortsetzung der Rechtssache Marks & Spencer: Gestattet das europäische Gemeinschaftsrecht eine „geltungserhaltende Reduktion" des nationalen Steuerrechts?, IStR 2006, S. 621–623

John, A./Stachel, M., Mitarbeiterbeteiligung konkret: Belegschaftsaktien, Aktienoptionen, Genussscheine und Zertifikate, BB 2009, Special 1, S. 17–20

Jonas, M., Relevanz persönlicher Steuern? – Mittelbare und unmittelbare Typisierung der Einkommensteuer in der Unternehmensbewertung, WPg 2008, S. 826–833

Juch, D., Unilaterale Maßnahmen zur Vermeidung der Doppelbesteuerung (Generalbericht), CDFI 1981, S. 81–114

Jung, S., Welche SPE braucht Europa? – Eine Analyse und Bewertung der Verordnungsentwürfe von Kommission, Parlament und Präsidentschaft im Hinblick auf die Kapitalverfassung, IStR 2009, S. 1700–1709

Jungmann, J./Jamrozy, M., Steuerliche Folgen der Entsendung eines Geschäftsführers nach Polen, PIStB 2003, S. 154–163

Kadel, J., Einkommensermittlung und Rechnungslegungsmethoden im US-amerikanischen Steuerrecht, IStR 2001, S. 419–424

Kaefer, W., Neuregelung der Besteuerung Nichtansässiger im Grenzpendlergesetz II, Umsetzung des EuGH-Urteils „Schumacker" im Jahressteuergesetz 1996, BB 1995, S. 1615–1622
– Keine EU-widrige Diskriminierung beim Betriebsstättensteuersatz, IWB, 2001, Fach 3 a, Rechtsprechung, Gruppe 1, S. 953–956

Kaefer, W./Kaefer C., Ausländische Einkünfte und erweiterte unbeschränkte Steuerpflicht – Zur Ermittlung der Einkunftsgrenzen nach §§ 1 Abs. 3, 1 a EStG, IStR 2006, S. 37–43

Kaefer, W./Tillmann, W., Vereinbarkeit gewerbesteuerlicher Hinzurechnungsvorschriften mit europäischem Gemeinschaftsrecht. Anmerkung zum Vorlagebeschluß des FG Münster an den EuGH v. 28. 7. 1997–9 K 3151/G (Eurowings Luftverkehrs AG Dortmund/FA Dortmund Unna), IWB, 1997, Fach 11 a, Rechtsprechung, S. 235–240

Kaehlert, G., Mitarbeiterbeteiligungen – Anlässe, Ziele, Formen und Verbreitung, BBK 2009, S. 233–243, S. 290–302

Käbisch, V., VGA-Risiko bei Vertriebsumstellung auf Kommissionärsstruktur im internationalen Konzern – Das Urteil des EuGH vom 9. 11. 2000, IStR 2001, S. 325–327

Kahle, H., Bilanzieller Gläubigerschutz und internationale Rechnungslegungsstandards, ZfB 2002, S. 695–711
– Maßgeblichkeitsgrundsatz auf Basis der IAS?, WPg 2002, S. 178–188
– Informationsversorgung des Kapitalmarkts über internationale Rechnungslegungsstandards, KoR 2002, S. 95–107
– Steuergestaltung bei international tätigen Personengesellschaften, StuW 2005, S. 61–70
– Harmonisierung der Konzernbesteuerung in der EU, WPg 2006, S. 1401–1409
– Aktuelle Entwicklungen der Ertragsbesteuerung ausländischer Betriebsstätten, IStR 2007, S. 757–764

Kahle, H./Dalke, A., IFRS für mittelständische Unternehmen?, DStR 2007, S. 313–318
Kahle, H./Ziegler, S., Betriebsstättenbegriff – Grundfragen und aktuelle Entwicklungen, DStZ 2009, S. 834–847
Kaiser, F., Zur Anerkennung funktionsschwacher Gesellschaften im deutschen Steuerrecht – Directive Shopping in Luxemburg, IStR 2009, S. 121–129
Kaligin, T., Betriebsaufspaltung über die Grenze?, WPg 1983, S. 457–459
Kallmeyer, H., Tragweite des Überseering-Urteils des EuGH vom 5. 11. 2002 zur grenzüberschreitenden Sitzverlegung, DB 2002, S. 2521–2522
Kallmeyer, H./Kappes, S., Grenzüberschreitende Verschmelzungen und Spaltungen nach SEVIC Systems und der EU-Verschmelzungsrichtlinie, AG 2006, S. 224–238
Kaminski, B., Ertragsteuerliche Konsequenzen bei der Überführung von Wirtschaftsgütern in eine ausländische Personen- oder Kapitalgesellschaft, DStR 1997, S. 53–57
– Umlagen bei konzerninternen Leistungen, IWB, 2000, Fach 3, Deutschland, Gruppe 2, S. 891–912
– (Verrechnungspreisbestimmung), Verrechnungspreisbestimmung bei fehlendem Fremdvergleichspreis, Neuwied/Kriftel 2001
– Kostenaufteilungspraktiken bei der internationalen Entwicklung immaterieller Wirtschaftsgüter, IStR 2001, S. 539–545
– Aktivitätsvorbehalte und ihre Bedeutung für die DBA-Anwendung, StuW 2007, S. 275–284
Kaminski, B., Die Festlegung von Maßstäben zur internationalen Einkünftekorrektur durch § 1 Außensteuergesetz. Systematik des § 1 AStG und sein Verhältnis zum innerstaatlichen Recht, zum DBA-Recht und zum Europarecht, StuW 2008, S. 337–347
Kaminski, B./Strunk, B., Analyse der aktuellen Rechtsprechung des BFH zur Verrechnungspreisbestimmung, BB 2005, S. 2379–2381
Kanter, M./Reijnierse, J./Vollebregt, H., Ownership under OECD Rules: Transfer Pricing and Beyond, ET 2010, S. 192–195
Kämmerer, B., Funktionsverlagerung und ihre Grenzen, DStR 2010, S. 17–21
Kappe, K., Besteuerung von Gewinnanteilen aus US-Personengesellschaften und Zinsen aus Gesellschaftsdarlehen nach dem DBA-USA, DStR 1987, S. 479–482
Kast, D./Peter, A. F., Kapitalerhöhung und Börsengang im Umsatzsteuerrecht, BB 2001, S. 1821–1830
Kaulen, G. (Niederlassungen), Die ertragsteuerliche Behandlung der Niederlassungen ausländischer Unternehmen nach spanischem Recht unter Berücksichtigung des deutsch-spanischen Doppelbesteuerungsabkommens, Erlangen/Nürnberg 1973
KB, BFH-Entscheidung: Doppelstöckige Personengesellschaft: Sondervergütungen und Abkommensrecht; BFH-Urteil vom 16. 10. 2002; I R 17/01, IStR 2003, S. 174
Keerl, M. (Verrechnungspreise), Internationale Verrechnungspreise in der globalisierten Wirtschaft: die Bestimmung von Transferpreisen und das Verständigungsverfahren, Göttingen 2008
Keller, T. (Holdingkonzepte), Unternehmensführung mit Holdingkonzepten: Wege in ein Holdingkonzept, rechtliche Rahmenbedingungen und Rechtsformwahl, Verbundintegration, Lösung struktur- und führungsorganisatorischer Problemstellungen, 2. Aufl., Köln 1993
Kellersmann, D./Treisch, C. (Unternehmensbesteuerung), Europäische Unternehmensbesteuerung, Wiesbaden 2002

Kemmeren, E., ECJ should not unbundle integrated tax systems, ECTR 2008, S. 4–11

Kempermann, M., Die neue Grenzgängerbesteuerung im Verhältnis Deutschland-Schweiz, FR 1994, S. 564–566

– (Vereinnahmung), Ausstrahlung der EuGH-Entscheidung zur phasengleichen Vereinnahmung von Dividenden auf die steuerliche Gewinnermittlung, in: Herzig, N. (Hrsg.), Europäisierung des Bilanzrechts, Köln 1997, S. 105–116

– Anmerkungen zum BFH-Urteil v. 16. 12. 1998, FR 1999, S. 758

Kempf, A./Bandl, M., Hat Treaty Override in Deutschland eine Zukunft?, DB 2007, S. 1377–1381

Kempf, A./Meyer, A., Der neu gefasste § 50 d Abs. 3 EStG in der Praxis DStZ 2007, S. 584–589

Kempf, A./Straubinger, P., Nochmals: Die EU-Zins-/Lizenzrichtlinie und § 8 Nr. 1 GewStG, IStR 2005, S. 773–775

Kempf, A./Uhlig, J., Überlegungen zum Darlehensverzicht in der Krise, DStR 2000, S. 723–725

Kempka, B. (Gewinnrealisierung), Gewinnrealisierung bei der Überführung von Wirtschaftsgütern zwischen Stammhaus und Betriebsstätte, Frankfurt a. M. 1995

– Systemkonforme steuerliche Behandlung stiller Reserven bei der grenzüberschreitenden Überführung von Wirtschaftsgütern zwischen Stammhaus und Betriebsstätte, StuW 1995, S. 242–253

Kesen, N., Steuerliche Aspekte der Arbeitnehmerentsendung deutscher Unternehmer in die Türkei, IWB, 2005, Fach 5, Türkei, Gruppe 2, S. 141–148

Keß, T., Gemeindliche Unternehmenssteuern im europäischen Vergleich, IWB, 2000, Fach 11 , Europäische Gemeinschaften, Gruppe 2, S. 405–408

Kessler, W., Standortvorteile britischer Holdinggesellschaften bei der Weiterausschüttung „steuerfreier" Auslandserträge nach dem neuen FID-Scheme, IStR 1994, S. 530–537

– Grenzüberschreitende Körperschaftsteuergutschriften – Gestaltungsmöglichkeiten nach geltendem Recht, IStR 1995, S. 405–408

– (Euro-Holding), Die Euro-Holding, München 1996

– (Steuerplanung), Grundlagen der Steuerplanung mit Holdinggesellschaften, in: Grotherr, S. (Hrsg.), Handbuch der internationalen Steuerplanung, 2. Aufl., Herne/Berlin 2003, S. 159–185

– Die Gesellschafter-Fremdfinanzierung im Spannungsfeld zum Recht der Doppelbesteuerungsabkommen und Europarecht, DB 2003, S. 2507–2514

– (Betriebsstättenverluste), Ausländische Betriebsstättenverluste, in: Lehner, M. (Hrsg.), Verluste im nationalen und internationalen Steuerrecht, München 2004, S. 83–114

– Weiterentwicklung des deutschen und des internationalen Steuerrechts, IStR 2004, S. 810–815 (Teil I), S. 841–846 (Teil II)

– Das Holdingparadoxon in § 8a Abs. 4 KStG n. F. – Holdingprivileg oder Holdingdiskriminierung, DStR 2004, S. 386–390

– (Konzernsteuerrecht), Konzernsteuerrecht: national – international, 2. Aufl., München 2008

– (Gruppenbesteuerung), Gruppenbesteuerungssysteme im internationalen Vergleich, in: Wiesner, W., Kirchmayr, S., Mayr, G., Gruppenbesteuerung, Wien 2009, S. 491–606

Kessler, W./Achilles, C./Huck, F., Die Europäische Aktiengesellschaft im Spannungsfeld zwischen nationalem Steuergesetzgeber und EuGH, IStR 2003, S. 715–720

Kessler, W./Daller, R., Die österreichische Gruppenbesteuerung aus Sicht ausländischer Gruppenmitglieder – investitionsentscheidungsbeeinflussende Faktoren, IStR 2006, S. 289–296

Kessler, W./Dietrich, M.-L., Die Zinsschranke nach dem WaBeschG – la dolce vita o il dolce far niente?, DB 2010, S. 240–244

Kessler, W./Dorfmüller, P., Holdingstandort Großbritannien – eine attraktive Alternative?, IStR 2003, S. 228–235

Kessler, W./Dorfmüller, P./Schmitt, C. P., Änderungen der Hinzurechnungsbesteuerung durch den Entwurf eines Unternehmenssteuerfortentwicklungsgesetzes (UntStFG-E) – Eine quantifizierende Analyse, PIStB 2001, S. 318–329

Kessler, W./Düll, S., § 8 a KStG im Konzernverbund – Kaskadeneffekt, Buchwertkürzung und „Holdingprivileg" nach dem BMF–Schreiben zu § 8 a KStG vom 15. 7. 2004, DStR 2004, S. 1317–1324

Kessler, W./Eicke, R., Neue Gestaltungsmöglichkeiten im Lichte des „Treaty Shoppings", PIStB 2006, S. 23–29

– Treaty-Shopping mit Holding in Luxemburg, PIStB 2006, S. 167–169

– Das neue U.S.-Musterabkommen zur Vermeidung der Doppelbesteuerung, PIStB 2007, S. 7–10

– Zur mittelbaren Entlastungsberechtigung in der Anti-Treaty-Shopping Regelung, PIStB 2007, S. 317–319

– Hinter dem Horizont – Das neue US-Musterabkommen und die Zukunft der US-Steuerpolitik, IStR 2007, S. 159–162

– Neue Gestaltungshürden in der Anti-Treaty-Shopping-Regelung des § 50 d Abs. 3 EStG, DStR 2007, S. 781–787

– Anzeigepflicht für Steuergestaltungen nach § 138 a AO durch das JStG 2008 – Transparente Perspektiven für die Finanzverwaltung, BB 2007, S. 2370–2379

– Ausschluss der Kapitalertragsteuererstattung gemäß § 50 d Abs. 1 a EStG 1990 für „Briefkasten"-Gesellschaften, IStR 2008, S. 364–367

– Is Germany a `Holding Haven`?, TNI 2008, S. 687–691

– Gedanken zur Verfassungs- und Europarechtskonformität des Steuerhinterziehungsbekämpfungsgesetzes, DB 2009, S. 1314–1317

Kessler, W./Eicker, K./Obser, R., Die Gesellschafter–Fremdfinanzierung im Lichte der Kapitalverkehrsfreiheit, IStR 2004, S. 325–329

– Die Schweiz und das Europäische Steuerrecht – Der Einfluss des Europäischen Gemeinschaftsrechts auf das Recht der direkten Steuern im Verhältnis zu Drittstaaten am Beispiel der Schweiz, IStR 2005, S. 658–669

Kessler, W./Eicker, K./Schindler, J., Hinzurechnung von Dauerschuldzinsen nach § 8 Nr. 1 GewStG verstößt gegen die Zins-/Lizenzgebühren-Richtlinie, IStR 2004, S. 678–680

Kessler, W./Huck, F., Grenzüberschreitender Transfer von Betriebsvermögen, Die Verlagerung von Einzelwirtschaftsgütern, Betriebsstätten und Betrieben ins Ausland, StuW 2005, S. 193–215

Kessler, W./Huck, F./Obser, R./Schmalz, A., Wegzug von Kapitalgesellschaften, DStZ 2004, S. 813–825 (Teil I), S. 855–868 (Teil II)

Kessler, W./Jüngling, F./Pfuhl, A., Internationale Aspekte der Thesaurierungsbegünstigung nach § 34 a EStG: Steuersatz- und Anrechnungseffekte bei grenzüberschreitender Geschäftstätigkeit, Ubg 2008, S. 741–747

Kessler, W./Kröner, W./Köhler, S. (Hrsg.), (Konzernsteuerrecht), Konzernsteuerrecht. National – International, 2. Aufl., München 2008

Kessler, W./Köhler, S./Knöner, D., Die Zinsschranke im Rechtsvergleich: Problemfelder und Lösungsansätze, IStR 2007, S. 418–422

Kessler, W./Ludwig, H., Vermeidung der Doppelbesteuerung – DBA Schweiz-Deutschland in der Praxis, PIStB 2008, S. 328–333

Kessler, W./Maywald, A./Peter, M., Mögliche Auswirkungen des Satelliten-Urteils auf die steuerliche Behandlung von grenzüberschreitenden Internet-Transaktionen, IStR 2000, S. 425–432

Kessler, W./Müller, M. A., Ort der Geschäftsleitung einer Kapitalgesellschaft nach nationalem und DBA-Recht – Eine Bestandsaufnahme und aktuelle Entwicklungen, IStR 2003, S. 361–396

Kessler, W./Peter, M., Weiterentwicklung des Betriebsstättenprinzips – Neuinterpretation eines traditionellen Besteuerungskonzeptes durch die OECD vor dem Hintergrund des zunehmenden E-Commerce, BB 2000, S. 1545–1553

Kessler, W./Schmalz, A./Schmidt, W., Die Verschärfung, Verbesserung und Verkomplizierung der Besteuerung von Beteiligungserträgen nach der geplanten Neufassung des § 8b KStG, DStR 2001, S. 1865–1875

Kessler, W./Schmitt, C. P./Janson, G., Berücksichtigungsverbot abkommensrechtlich „befreiter" Betriebsstättenverluste?, IStR 2001, S. 729–737

Kessler, W./Sinz, A., Änderung der Mutter-Tochter-Richtlinie: Ende der „Quellensteuerfalle" im Verhältnis zu Frankreich absehbar, IStR 2004, S. 789–791

Kessler, W./Spengel, C., Checkliste potenziell EG-rechtswidriger Normen des deutschen direkten Steuerrechts – Update 2010, DB 2010, Beilage 1

Kessler, W./Teufel, T., Läuft die Hinzurechnungsbesteuerung bei Beteiligungserträgen und Veräußerungsgewinnen leer? – Überlegungen zur Anwendbarkeit von § 8b Abs. 1 und 2 KStG n. F. im Rahmen des § 10 Abs. 3 Satz 1 AStG, IStR 2000, S. 545–548

– Die klassische Betriebsaufspaltung nach der Unternehmenssteuerreform, BB 2001, S. 17–26

– Die umgekehrte Betriebsaufspaltung zwischen Schwestergesellschaften – eine attraktive Rechtsformkombination nach der Unternehmenssteuerreform 2001, DStR 2001, S. 869–912

Kiem, R., Erfahrungen und Reformbedarf bei der SE – Entwicklungsstand, ZHR 2009, S. 156–180

Kienberger, S. (Avoidance), Avoidance of Double (Non-) Taxation and Art. 23A and B Paragraph 1 OECD MC, in: Burgstaller, E./Haslinger, K. (Hrsg.), Conflicts of Qualification in Tax Treaty Law, Wien 2007, S. 309–332

Kiesel, H./Theisen, M., Strafrechtliche Risiken konzerninterner Verrechnungspreisgestaltungen, IStR 2006, S. 284–288

Kilian, M., Die limited liability partnership – Eine neue Gesellschaftsform im britischen Recht, NZG 2000, S. 1008–1015

Kindler, P., BB-Kommentar: BGH-Entscheidung vom 29. Januar 2003 – VIII ZR 155/02, BB 2003, S. 812–814

Kindler, P./Menges, J., Die Entwicklung des Handelsvertreter- und Vertragshändlerrechts seit 2005, DB 2010, S. 1109–1118

King, E. (Pricing), Transfer Pricing and Valuation in Corporate Taxation: Federal Legislation vs. Administrative Practice, Boston 1994

King, M. A./Fullerton, D. (Taxation), The Taxation of Income from Capital. A Comparative Study of the United States, the United Kingdom, Sweden and West Germany, Chicago 1984

Kinzl, U.-P./Goerg, D., Wegzugsbesteuerung – Abhilfe durch Schreiben des BMF vom 8. Juni 2005?, IStR 2005, S. 450–453

Kirchhof, P., Der Karlsruher Entwurf und seine Fortentwicklung zu einer vereinheitlichten Ertragsteuer, StuW 2002, S. 3–22

– (Einkommensteuergesetzbuch), Einkommensteuergesetzbuch: ein Vorschlag zur Reform der Einkommen- und Körperschaftsteuer, Heidelberg 2003

– (Kompaktkommentar), Einkommensteuergesetz Kompaktkommentar, Kommentar, 8. Aufl., Heidelberg 2008

Kirchhof, P./Söhn, H./Mellinghoff, R. (Einkommensteuergesetz), Einkommensteuergesetz, Kommentar, Heidelberg 1994, Stand: Mai 2010
Kischel, D., Anmerkung zum EuGH-Urteil v. 14. 9. 1999, Rs. C-391/97, IWB, 1999, Fach 11 a, Rechtsprechung, S. 389–390
Klapdor, R. (Musterabkommen), Effiziente Steuerordnung durch ein europäisches Musterabkommen?, Bielefeld 2000
– Überlegungen zur Besteuerung der europäischen Aktiengesellschaft, EuZW 2001, S. 677–680
Klein, F. (Abgabenordnung), Abgabenordnung – einschließlich Steuerstrafrecht, Kommentar, 9. Aufl., München 2006
Klein, K.-G., Die Verrechnung konzerninterner Dienstleistungen durch Kostenumlagen – Nationale und internationale Entwicklungen, DB 1984, S. 2049–2054
Klein, T., OECD-Verrechnungspreis-Richtlinien: in der Praxis eher hilfreich als behindernd, IStR 1995, S. 546–550
Klein-Blenkers, F., Rechtsprechungsbericht: Unternehmenskauf (Steuern), NZG 2001, S. 1105–1113
– Die Entwicklung des Unternehmenskaufrechts, NZG 2006, S. 245–253
Kleineidam, H.-J. (Rechnungslegung), Rechnungslegung bei Auslandsbeziehungen nach Handels- und Steuerrecht, Freiburg 1992
– Gewinnermittlung bei Auslandsbetriebstätten, IStR 1993, S. 339–352 (Teil I), S. 395–400 (Teil II)
– (Lizenzen), Verrechnungspreise für immaterielle Wirtschaftsgüter, in: Schaumburg, H., Internationale Verrechnungspreise zwischen Kapitalgesellschaften, Köln 1994, S. 103–122
– Fremdvergleichsgrundsatz und strategische Rente globaler Unternehmenspolitik, IStR 2001, S. 724–728
– Darlehensgewährung eigenbetrieblich tätiger Inlandsgesellschafter an ihre ausländische Personengesellschaft, RIW 2003, S. 734–740
– Die abkommensrechtliche Behandlung von Erträgen aus Beteiligungen im ausländischen Betriebsstättenvermögen oder: Ist der Betriebsstättenvorbehalt gerechtfertigt?, IStR 2004, S. 1–4
Kleinert, J./Nagler, J./Rehm, H., Gewinnbesteuerung nach „Art des Hauses" mittels grenzüberschreitender Organschaft, DB 2005, S. 1869–1875
Kleinert, J./Probst, P., Endgültiges Aus für steuerliche Wegzugsbeschränkungen bei natürlichen und juristischen Personen, DB 2004, S. 673–675
Kloster, A./Kloster, L., Neues zur Umstrukturierung von Mitunternehmerschaften – Bericht der Bundesregierung zur Fortentwicklung des Unternehmenssteuerrechts, GmbHR 2001, S. 420–424
Klöttschen, G., Das Mehrwertsteuerpaket 2010 – Wie Unternehmen sich jetzt vorbereiten sollten, StuB 2009, S. 769–775
Klotzek, C./Lechowicz, A., Besteuerung von nach Polen entsandten Mitarbeitern, PIStB 2009, S. 221–228
– Die Besteuerung des geldwerten Vorteils aus der Ausübung von Aktienoptionen, PIStB 2009, S. 312–318
Kloyer, M., Lieferbeziehungen: Opportunismus und Verhandlungsmacht in F&E-Lieferbeziehungen – Eine empirische Untersuchung, ZfbF 2004, S. 333–364
Kluge, V., Zur unmittelbaren Anwendung von DBA-Vorschriften bei der Gewinnermittlung, StuW 1975, S. 302–305
– Die Anerkennung ausländischer Gesellschaften im deutschen Steuerrecht, DStR 1976, S. 365–369
– (Steuerrecht), Das deutsche internationale Steuerrecht, 4. Aufl., München 2000
– (Betriebsstättenvorbehalt), Betriebsstättenvorbehalt und Methodenartikel – ein Beitrag zur autonomen Abkommensauslegung, in: Gocke, R./Gosch, D./Lang,

M. (Hrsg.), Körperschaftsteuer, Internationales Steuerrecht, Doppelbesteuerung. Festschrift für Franz Wassermeyer zum 65. Geburtstag, München 2005, S. 663–679

Kluger, D./Löhr, D., Internationaler Mantelkauf, DB 2005, S. 791–794

Kneip, C./Rieke, I., Hinzurechnungsbesteuerung bei ausländischen Holdinggesellschaften nach dem Entwurf eines Unternehmenssteuerfortentwicklungsgesetzes (UntStFG), IStR 2001, S. 665–671

Knies, J., Die Behandlung von Abfindungen im internationalen Steuerrecht, PIStB 2004, S. 285–288

Knipping, J., Zur Frage des Definitivcharakters ausländischer Betriebsstättenverluste im Sinne des EuGH-Urteils in der Rechtssache Lidl Belgium bei fehlender Möglichkeit eines interperiodischen Verlustausgleichs im Betriebsstättenstaat, IStR 2009, S. 275–277

Knobbe-Keuk, B., Der Wechsel von der beschränkten zur unbeschränkten Körperschaftsteuerpflicht und vice versa, StuW 1990, S. 372–379

– „Qualifikationskonflikte" im internationalen Steuerrecht der Personengesellschaften, RIW 1991, S. 306–316

– Körperschaftsteuerpflicht einer AG nach liechtensteinischem Recht mit Geschäftsleitung im Inland, DB 1992, S. 2067–2071

– (Unternehmenssteuerrecht), Bilanz- und Unternehmenssteuerrecht, 9. Aufl., Köln 1993

– (Körperschaftsteueranrechnungsverfahren), Ist das deutsche Körperschaftsteueranrechnungsverfahren zu halten?, in: Kirchhof, P./Offerhaus, K./Schöberle, H. (Hrsg.), Steuerrecht – Verfassungsrecht – Finanzpolitik. Festschrift für Franz Klein, Köln 1994, S. 347–360

Knopf, R./Bron, J., Höherrangiges Recht bei der Zinsschrankenbesteuerung zu beachten, BB 2009, S. 1222–1224

Knoppe, H. (Know-how-Verträge), Die Besteuerung der Lizenz- und Know-how-Verträge, Köln 1964

– Lizenzverträge und verdeckte Gewinnausschüttung, BB 1967, S. 1117–1120

Koblenzer, T., Grundlagen der „beschränkten Steuerpflicht", BB 1996, S. 933–936

Koch, M./Kiwit, D., Grenzüberschreitende Betriebsaufspaltung mit einem ausländischen Besitzunternehmen, PIStB 2005, S. 183–187

Koenen, S./Gohr, M., Asset-Deal, Share-Deal oder Kombinationsmodell – Anwendungsvoraussetzungen und ertragsteuerliche Effekte der Übernahme von Kapitalgesellschaften, DB 1993, S. 2541–2549

Koerber, E. von, Geschäftssegmentierung und Matrixstruktur im internationalen Großunternehmen – Das Beispiel ABB, ZfbF 1993, S. 1060–1067

Köhler, F., Das Betriebstättenprinzip im Recht der deutschen Doppelbesteuerungsabkommen bei Mitunternehmerschaftsgebilden – Zugleich eine kritische Anmerkung zum BFH-Urteil vom 27. 2. 1991 – I R 15/89, RIW 1991, S. 1024–1038

Köhler, H., Die kommerzielle Verwertung der Firma durch Verkauf und Lizenzvergabe, DStR 1996, S. 510–515

Köhler, S., Die neue Form der Hinzurechnungsbesteuerung für Zwischeneinkünfte mit Kapitalanlagecharakter durch das Steueränderungsgesetz 1992, BB 1993, S. 337–343

– Aktuelles Beratungs-Know-how Internationales Steuerrecht, DStR 2002, S. 2156–2159

– Aktuelles Beratungs-Know-how Internationales Steuerrecht, DStR 2003, S. 1156–1160

– Aktuelles Beratungs-Know-how Internationales Steuerrecht, DStR 2005, S. 227–232

– (Finanzierungen), Hybride Finanzierungen über die Grenze, in: Piltz, D.J./ Schaumburg, H. (Hrsg.), Internationale Unternehmensfinanzierung, Köln 2006, S. 137–177
– (Hinzurechnungsbesteuerung), Die deutsche Hinzurechnungsbesteuerung im EU-Kontext, in: Wehrheim, M./Heurung, R. (Hrsg.), Steuerbelastung – Steuerwirkung – Steuergestaltung. Festschrift zum 65. Geburtstag von Winfried Mellwig, Wiesbaden 2007, S. 209–248
– Grenzüberschreitende Outbound-Verschmelzung und Sitzverlegung vor dem Hintergrund der jüngsten BFH-Rechtsprechung, IStR 2010, S. 337–344

Köhler, S./Eicker, K., Aktuelles Beratungs-Know-how Internationales Steuerrecht, § 8a KStG n. F.: Eckpunkte der grenzüberschreitenden Relevanz, DStR 2004, S. 672–676
– Kritische Anmerkungen zum BMF-Schreiben „Cadbury Schweppes" vom 8. 1. 2007, DStR 2007, S. 331–334

Köhler, S./Hahne, K. D., BMF-Schreiben zur Anwendung der steuerlichen Zinsschranke und zur Gesellschafter-Fremdfinanzierung bei Kapitalgesellschaften – Wichtige Verwaltungsregelungen, strittige Punkte und offene Fragen nach dem BMF-Schreiben vom 4. 7. 2008, IV C 7 – S 2742-a/07/10 001, DStR 2008, S. 1505–1516

Köhler, S./Haun, J., Kritische Analyse der Änderungen der Hinzurechnungsbesteuerung durch das JStG 2008, Ubg 2008, S. 73–78

Köhler, S./Luckey, J./Kollruss, T., Das Malta-Modell nach dem Regierungsentwurf des Jahressteuergesetzes 2010, Ubg 2010, S. 465–471

Köhler, S./Tippelhofer, M., Kapitalverkehrsfreiheit auch in Drittstaaten? – Zugleich Anmerkung zu den Entscheidungen des EuGH in den Rechtssachen Lasertec (C-492/04) und Holböck (C-157/05) sowie zum BMF-Schreiben v. 21. 3. 2007 (IV B 7 – G 1421/0), IStR 2007, S. 645–649
– Verschärfung des § 42 AO durch das Jahressteuergesetz 2008? – Zum unterschiedlichen Missbrauchsbegriff nach deutschem und europäischem Recht, IStR 2007, S. 681–684

Körner, A., Das „Bosal"-Urteil des EuGH – Vorgaben für die Abzugsfähigkeit der Finanzierungsaufwendungen des Beteiligungserwerbs, BB 2003, S. 2436–2442
– Übergangsregelung zur Zins-/Lizenzrichtlinie, IStR 2004, S. 751–752
– § 8a KStG n. F. – Darstellung, Gestaltungsmöglichkeiten, Europarechtsinkonformität, IStR 2004, S. 217–229 (Teil I), S. 253–265 (Teil II)
– Europarecht und Umwandlungssteuerrecht, IStR 2006, S. 109–113
– Anmerkungen zum SEStEG-Entwurf vom 21. 4. 2006, IStR 2006, S. 469–472
– Auf- und Umbau von Holdingstrukturen, IStR 2009, S. 1–16
– Ent- und Verstrickung, IStR 2009, S. 741–751
– Neue Erkenntnisse zu Ent- und Verstrickung – Kurze Replik zu Mitschke, IStR 2010, S. 208–210

Körner, M., Das französische Modell der Mitarbeiterbeteiligung, BB 2009, Special 1, S. 8–12

Köster, B.-K., Captives im Spannungsfeld von Rechtsprechung, Verwaltungsansicht und Versicherungsbilanzrichtlinien-Gesetz vom 24. 6. 1994, DB 1994, S. 2312–2315

Köster-Böckenförde, A./Clauss, A., Der Begriff des „Betriebs" im Rahmen der Zinsschranke, DB 2008, S. 2213–2216

Köster, O., Zinsschranke: Eigenkapitaltest und Bilanzpolitik, BB 2007, S. 2278–2284

Köth, V. (Reformvorschläge), Die Besteuerung von Unternehmen vor dem Hintergrund nationaler und internationaler Reformvorschläge, Lohmar/Köln 2006

Kofler, G./Schindler, P., „Dancing with Mr. D": The ECJ's Denial of Most-Favoured-Nation Treatment in the „D" case, ET 2005, S. 530–540

Kohlhaas, K.-F., Die GmbH in der Krise – wie werthaltig sind Gesellschafterforderungen?, GmbHR 2009, S. 531–535

Kohlhepp, R., Gewinnaufschlag bei vGA – Untersuchung der Rechtsprechung und Entwicklung eines Lösungsvorschlags, DStR 2009, S. 357–363

Kokott, J. (Diskriminierungsverbote), Die Bedeutung der europarechtlichen Diskriminierungsverbote und Grundfreiheiten für das Steuerrecht der EU-Mitgliedstaaten, in: Lehner, M. (Hrsg.), Grundfreiheiten im Steuerrecht der EU-Staaten, München 2000, S. 1–24

– Vorgaben des Gemeinschaftsrechts für die Missbrauchsbekämpfung im Steuerrecht, FR 2008, S. 1041–1042

Kolb, A., Dividendenbesteuerung im schweizerisch-deutschen Verhältnis, IWB, 2002, Fach 5, Schweiz, Gruppe 2, S. 515–518

– Überblick über das Update 2005 des OECD-Musterabkommens, IWB, 2005, Fach 10, International, Gruppe 2, S. 1911–1912

– Überblick über das Update 2008 des OECD-Musterabkommens, IWB, 2009, Fach 10, International, Gruppe 2, S. 2049–2066

Kolck, J. D. (Betriebsstättenbegriff), Der Betriebsstättenbegriff im nationalen und im internationalen Steuerrecht, Münster 1974

Kollruss, T., Die hybride Kapitalgesellschaft – Gestaltungen zur doppelten Verlustverwertung (Double Dipping) im Verhältnis Deutschland-USA, IStR 2004, S. 735–741

– Fiktive Anrechnung ausländischer Steuern im System der neuen Hinzurechnungsbesteuerung: Lässt sich die Hinzurechnung durch Gewinnausschüttungen der ausländischen Zwischengesellschaft vermeiden?, IStR 2006, S. 513–521

– Weiße und graue Einkünfte bei Outbound-Finanzierung einer ausländischen EU-Tochterkapitalgesellschaft nach Europarecht und dem JStG 2007, BB 2007, S. 467–477

– Steueroptimale Gewinnrepatriierung unter der verschärften Anti-Treaty-Shopping-Regelung des § 50d Abs. 3 EStG i. d. F. JStG 2007 unter der Berücksichtugung der Zinsschranke, IStR 2007, S. 870–876

– Gewerbesteuerliche Schachtelprivilegien und doppelt ansässige Kapitalgesellschaften, StuW 2009, S. 346–355

– Unbegrenzte Gesellschafter-Fremdfinanzierung unter der Zinsschranke – Das Interest-Pooling Modell, FB 2009, S. 311–315

– Vollständige Vermeidung der Zinsschranke: Das Interest-Pooling Modell (IPM), GmbH-Rundschau 2009, S. 637–641

Kommission der Europäischen Gemeinschaften (Körperschaftsteuersysteme), Vorschlag einer Richtlinie des Rates zur Harmonisierung der Körperschaftsteuersysteme und der Regelungen der Quellensteuer auf Dividenden, KOM (75) 392, Brüssel 1975

– (Gewinnermittlungsvorschriften), Vorschlag für eine Richtlinie über die Harmonisierung der Gewinnermittlungsvorschriften, Brüssel 1988

– (Verluste), Vorschlag für eine Richtlinie des Rates über eine Regelung für Unternehmen zur Berücksichtigung der Verluste ihrer in anderen Mitgliedstaaten belegenen Betriebsstätten und Tochtergesellschaften, KOM (90) 595 endg., Brüssel 1990

– (Leitlinien), Mitteilung der Kommission an den Rat und das Europäische Parlament vom 20. 7. 1992 im Anschluß an die Schlußfolgerungen des unabhängigen Sachverständigenausschusses unter dem Vorsitz von Herrn Ruding über die Leitlinien für die Unternehmensbesteuerung im Rahmen der Vertiefung des Binnenmarktes, SEK (92) 1118 endg., Brüssel 1992

– (Mehrwertsteuersystem), Mitteilung der Kommission der Europäischen Gemeinschaften vom 23. 8. 1996: „Ein gemeinsames Mehrwertsteuersystem – Ein Programm für den Binnenmarkt", KOM (96) 328 endg., Brüssel 1996

- (MwSt.-Richtlinie), Vorschlag der Kommission für eine Richtlinie des Rates zur Änderung der sechsten MwSt.-Richtlinie (77/388/EWG) über das gemeinsame Mehrwertsteuersystem (Ausschuß für Mehrwertsteuer) vom 26. 6. 1997, KOM (97) 325 endg., Brüssel 1997
- (Vorsteuerabzug), Vorschlag für eine Richtlinie des Rates zur Änderung der Richtlinie 77/388/EWG bezüglich des Vorsteuerabzugs vom 17. 6. 1998, KOM (98) 377 endg., Brüssel 1998
- (Beihilfen), Mitteilung der Kommission vom 10. 12. 1998 über die Anwendung der Vorschriften über staatliche Beihilfen auf Maßnahmen im Bereich der direkten Unternehmensbesteuerung, Abl. EG 1998 Nr. C 384, S. 3
- (Irische Körperschaftsteuer), Vorschlag für zweckdienliche Maßnahmen nach Artikel 93 Absatz 1 EG-Vertrag betreffend die irische Körperschaftsteuer (Beihilfe E/2/98), Abl. EG 1998 Nr. C 395, S. 19
- (Strategie), Mitteilung der Kommission der Europäischen Gemeinschaften an den Rat und das Europäische Parlament vom 27. 6. 2000: „Strategie zur Verbesserung der Funktionsweise des Mehrwertsteuersystems im Binnenmarkt", KOM (2000) 348 endg., Brüssel 2000
- (Altersversorgung), Mitteilung der Kommission der Europäischen Gemeinschaften an den Rat, das Europäische Parlament und den Wirtschafts- und Sozialausschuß vom 14. 5. 2001: „Beseitigung der steuerlichen Hemmnisse für die grenzüberschreitende betriebliche Altersversorgung", KOM (2001) 214 endg., Brüssel 2001
- (Prioritäten), Mitteilung der Kommission an den Rat, das Europäische Parlament und den Wirtschafts- und Sozialausschuß vom 23. 5. 2001: „Steuerpolitik in der Europäischen Union – Prioritäten für die nächsten Jahre", KOM (2001) 260 endg., Brüssel 2001
- (Binnenmarkt), Mitteilung der Kommission an den Rat, das Europäische Parlament und den Wirtschafts- und Sozialausschuß vom 23. 10. 2001: „Ein Binnenmarkt ohne steuerliche Hindernisse – Strategie zur Schaffung einer konsolidierten Körperschaftsteuer-Bemessungsgrundlage für die grenzüberschreitende Unternehmenstätigkeit in der EU", KOM (2001) 582 endg., Brüssel 2001
- (Unternehmensbesteuerung), Unternehmensbesteuerung im Binnenmarkt, Arbeitsdokument der Dienststellen der Kommission, KOM (2001) 582 endg., Luxemburg 2002
- (MwSt-Strategie), Mitteilung der Kommission an den Rat, das Europäische Parlament und den Europäischen Wirtschafts- und Sozialausschuss vom 20. 10. 2003: Bilanz und Aktualisierung der Prioritäten der MwSt-Strategie, KOM (2003) 614 endg., Brüssel 2003
- (Zinsen und Lizenzgebühren), Vorschlag für eine Richtlinie des Rates zur Änderung der Richtlinie 2003/49/EG über eine gemeinsame Steuerregelung für Zahlungen von Zinsen und Lizenzgebühren zwischen verbundenen Unternehmen verschiedener Mitgliedstaaten vom 30. 12. 2003, KOM (2003) 841 endg., Brüssel 2003
- (Herausforderungen), Mitteilung der Kommission an den Rat, das Europäische Parlament und den Wirtschafts- und Sozialausschuss vom 24. 11. 2003. Ein Binnenmarkt ohne unternehmenssteuerliche Hindernisse. Ergebnisse, Initiativen, Herausforderungen, KOM (2003) 726 endg., Brüssel 2003
- (Verhaltenskodex), Mitteilung der Kommission an den Rat, das Europäische Parlament und den Europäischen Wirtschafts- und Sozialausschuss vom 23. 4. 2004 über die Tätigkeit des Gemeinsamen EU-Verrechnungspreisforums im Bereich der Unternehmensbesteuerung von Oktober 2002 bis Dezember 2003 und über den Vorschlag eines Verhaltenskodexes zur effektiven Durchführung

des Schiedsübereinkommen (90/436/EWG v. 23. 7. 1990), KOM (2004) 297 endg., Brüssel 2004
- (Mehrwertsteuersätze), Die Mehrwertsteuersätze in den Mitgliedstaaten der Europäischen Gemeinschaft vom 1. 7. 2005, DOK/1636/2005, Brüssel 2005
- (Lissabon-Programm), Mitteilung der Kommission an den Rat und das Europäische Parlament vom 20. 7. 2005: Gemeinsame Maßnahmen für Wachstum und Beschäftigung. Das Lissabon-Programm der Gemeinschaft, KOM (2005) 330 endg., Brüssel 2005
- (Steuer- und Zollpolitik), Mitteilung der Kommission an den Rat und das Europäische Parlament vom 25. 10. 2005: Der Beitrag der Steuer- und Zollpolitik zur Lissabon-Strategie, KOM (2005) 532 endg., Brüssel 2005
- (Dokumentationspflichten), Arbeitspapier der Dienststellen der Kommission vom 11. 11. 2005: Bericht über die Tätigkeit des gemeinsamen EU-Verrechnungspreisforums im Bereich der Dokumentationspflichten (KOM (2005) 543 final), SEC (2005) 1477, Brüssel 2005
- (Pilotprojekt), Mitteilung der Kommission an den Rat, das Europäische Parlament und den Europäischen Wirtschafts- und Sozialausschuss vom 23. 12. 2005: Sitzlandbesteuerung – Skizzierung eines möglichen Pilotprojekts zur Beseitigung unternehmensteuerlicher Hindernisse für kleine und mittlere Unternehmen im Binnenmarkt, KOM (2005) 702 endg., Brüssel 2005
- (Körperschaftsteuer-Bemessungsgrundlage), Mitteilung der Kommission an den Rat, das Europäische Parlament und Wirtschafts- und Sozialausschuss vom 5. 4. 2006: „Umsetzung des Lissabon-Programms der Gemeinschaft: Bisherige Fortschritte und weitere Schritte zu einer gemeinsamen konsolidierten Körperschaftsteuer-Bemessungsgrundlage (GKKB)", KOM (2006) 157 endg., Brüssel 2006
- (Verluste), Mitteilung der Kommission an den Rat, das Europäische Parlament und den Wirtschafts- und Sozialausschuss vom 19. 12. 2006: „Steuerliche Behandlung von Verlusten bei grenzübergreifenden Sachverhalten", KOM (2006) 824 endg., Brüssel 2006
- (Wegzugsbesteuerung), Mitteilung der Kommission an den Rat, das Europäische Parlament und den Europäischen Wirtschafts- und Sozialausschuss vom 19. 12. 2006: „Wegzugsbesteuerung und die Notwendigkeit einer Koordinierung der Steuerpolitiken der Mitgliedstaaten", KOM (2006) 825 endg., Brüssel 2006
- (Streitbeilegungsverfahren), Mitteilung der Kommission an den Rat, das Europäischen Parlament und den Europäischen Wirtschafts- und Sozialausschuss vom 26. 2. 2007 über die Tätigkeit des Gemeinsamen EU-Verrechnungspreisforums im Bereich der Streitvermeidungs- und Streitbeilegungsverfahren und über Leitlinien für Verrechnungspreiszusagen in der EU, KOM(2007) 71 endg., Brüssel 2007
- (Fortschritte), Mitteilung der Kommission an den Rat, das Europäische Parlament und Wirtschafts- und Sozialausschuss vom 2. 5. 2007: Umsetzung des Programms der Gemeinschaft für mehr Wachstum und Beschäftigung und eine Steigerung der Wettbewerbsfähigkeit von EU-Unternehmen: Weitere Fortschritte im Jahr 2006 und nächste Schritte zu einem Vorschlag einer gemeinsamen konsolidierten Körperschaftsteuer-Bemessungsgrundlage (GKKB), KOM (2007) 223 endg., Brüssel 2007
- (Aufteilungsmechanismus), GKKB: mögliche Elemente des Aufteilungsmechanismus v. 13. 11. 2007, DOC: CCCTB/WPO60\doc\de, Brüssel 2007
- (Europäische Privatgesellschaft), Vorschlag für eine Verordnung des Rates über das Statut der Europäischen Privatgesellschaft, KOM (2008) 396, Brüssel 2008
- (Verlustausgleich), Unternehmensbesteuerung: Kommission fordert das Vereinigte Königreich auf, ein EuGH-Urteil über grenzüberschreitenden Verlustausgleich ordnungsgemäß durchzuführen, Pressemitteilung Nr. IP/08/1365 v. 18. 11. 2008

- (JTPF Update), EU Joint Transfer Pricing Forum v. 3. 6. 2009, 2008 Update of the number of open cases under the arbitration convention, Doc:JTPF/009/REV2/BACK/2009/EN, Brüssel 2009
- (Mehrwertsteuersätze), Die Mehrwertsteuersätze in den Mitgliedstaaten der Europäischen Gemeinschaft vom 1. 7. 2009, Brüssel 2009
- (Zusammenarbeit), Vorschlag für eine Richtlinie des Rates über die Zusammenarbeit der Verwaltungsbehörden im Bereich der Besteuerung, KOM (2009) 29 endg., Brüssel 2009
- (Verrechnungspreisforum), Mitteilung der Kommission an den Rat, das Europäische Parlament und den Europäischen Wirtschafts- und Sozialausschuss über die Tätigkeit des Gemeinsamen EU-Verrechnungspreisforums im Zeitraum März 2007 bis März 2009 und einen Vorschlag für die wirksame Durchführung des Schiedsübereinkommens (90/436/EWG vom 23. Juli 1990) vom 14. 9. 2009, KOM (2009) 472 endg., Brüssel 2009
- (JTPF profit margins), EU Joint Transfer Pricing Forum v. 27. 10. 2009, BM Contributions to illustrate available generic evidence relating to intra group services profit margins, Taxud/RU/Doc: JTPF/018/BACK/2009/EN, Brüssel 2009
- (JTPF APA), APA table 2009 vom 4. 2. 2010, Doc:JTPF/010/REV2/BACK/2009/EN, Brüssel 2010
- (JTPF Report), EU Joint Transfer Pricing Forum v. 14. 2. 2010, JTPF _Report: Guidelines on low value adding intra-group services, Taxud/E1/DOC: JTPF/020/REV3/2009/EN, Brüssel 2010

Konow, G., Zum Subsidiaritätsprinzip des Vertrags von Maastricht, DÖV 1993, S. 405–412

Konrad, M., Erfolgs- und Vermögensabgrenzung zwischen Stammhaus und Betriebsstätte nach dem Functionally Separate Entity-Ansatz, IStR 2003, S. 786–792

Korf, R., Besteuerung des elektronischen Handels – Entwicklungen 2000/2001, IStR 2001, S. 368–375
- Folgen des KapHag-Urteils des EuGH zur Umsatzsteuer bei Aufnahme von Gesellschaftern gegen Bareinlage, Anmerkung zu EuGH-Urteil v. 26. 6. 2003, DB 2003, S. 1705–1709
- Vorsteuerabzug beim Börsengang – Anmerkung zum EuGH-Urteil vom 26. 5. 2005, DB 2005, S. 1357–1358
- Anteilsveräußerung als Geschäftsveräußerung im Ganzen, UVR 2010, S. 74–81

Korff, M. (Konzerninterne Dienstleistungen), Verrechnungspreise für konzerninterne Dienstleistungen aus Sicht Deutschlands und der USA, Lohmar-Köln 2008
- Die Rechtsprechung zu § 12 AO in der internationalen Steuerplanung – zugleich eine Anmerkung zu BFH-Urteil v. 4. 6. 2008, I R 30/07, IStR 2008, 702 f., IStR 2009, S. 231–236

Kormann, H., Die Steuerpolitik der internationalen Unternehmung, 2. Aufl., Düsseldorf 1970

Korn, C., Steuerliche (Nicht-) Berücksichtigung von Währungsergebnissen bei grenzüberschreitenden Veräußerungsgeschäften, IStR 2007, S. 890–893
- Grenzen des Einflusses innerstaatlichen Rechts auf die Anwendung von Doppelbesteuerungsabkommen – Erläutert am Beispiel von § 50 d Abs. 10 EStG, IStR 2009, S. 641–645

Korn, K., Praktische Bedeutung des § 6 Abs. 6 Satz 2 EStG für verdeckte Einlagen, KÖSDI 2000, S. 12 352–12 371

Kostense, H. E., The Saint-Gobain case and the application of the tax treaties. Evolution or revolution?, ECTR 2000, S. 220–232

Kosters, B., The United Nations Model Tax Convention and Its Recent Developments, Asia-Pacific Tax Bulletin 2004, S. 4–11

Kowallik, A., Die niederländische Einkommensteuerreform 2001 („Wet Inkomstenbelasting 2001") und ihre Auswirkungen auf das „Holland-Fonds"-Modell, IStR 2000, S. 300–305
KPMG (Hrsg.) (Expatriates), Steuerliche Sonderregelungen für ausländische Arbeitnehmer (Expatriates) in Europa, Berlin/Frankfurt a. M. 2004
– (Individual Tax), Global Individual Tax Handbook 2008, IBFD, Amsterdam 2008
– (Transfer Pricing Review), 2009 Global Transfer Pricing Review, 2009
Krabbe, H., Qualifikationskonflikte bei ausländischen Personengesellschaften, RIW/AWD 1976, S. 135–139
– Möglichkeiten der Reform des § 34 c EStG (Anrechnung ausländischer Steuern), BB 1979, S. 1340–1342
– Berücksichtigung ausländischer Steuern vom Einkommen bei der deutschen Besteuerung, BB 1980, S. 1146–1150
– Außensteuerliche Folgen des § 15 a EStG, FR 1980, S. 532–534
– Negativer Progressionsvorbehalt und Verlustausgleichsbeschränkungen, FR 1983, S. 83–84
– Steuerliche Behandlung ausländischer Verluste nach § 2 a EStG, RIW 1983, S. 42–46
– Mißbrauch von Doppelbesteuerungsabkommen, StBJb 1985/1986, S. 403–415
– Verbindliche Auskunft im Steuerrecht, NWB, 1987, Fach 2, S. 4913–4916
– Zweifelsfragen zu § 50 d Abs. 1 a EStG, IStR 1995, S. 382–384
– (Diskussion), Diskussion, in: Vogel, K. (Hrsg.), Freistellung im internationalen Steuerrecht. Münchener Schriften zum Internationalen Steuerrecht, Heft 21, München 1996, S. 55–86
– Das Schiedsübereinkommen zwischen den Mitgliedstaaten der Europäischen Union, IStR 1996, S. 5–11
– Steuerliche Behandlung der Personengesellschaften nach den Doppelbesteuerungsabkommen, IWB, 1998, Fach 3, Deutschland, Gruppe 2, S. 753–772
– Mittelbare Abkommensberechtigung nach § 50 d Abs. 1 a EStG, IStR 1998, S. 76–77
– Betriebsstätten-Verwaltungsgrundsätze und Personengesellschaften, IWB, 2000, Fach 3, Deutschland, Gruppe 2, S. 863–870
– Steuerliche Behandlung von Gewinnanteilen aus atypischen stillen Beteiligungen nach den DBA, IStR 2000, S. 23–24
– OECD-Musterabkommen 2000, IStR 2000, S. 196–201
– UN-Musterabkommen 2000, IStR 2000, S. 618–620
– Die Personengesellschaft im Internationalen Steuerrecht, StBJb 2000/2001, S. 183–203
– Abkommensrechtliche Behandlung von Sondervergütungen – Eine Replik, FR 2001, S. 129–131
– Personengesellschaften und Unternehmensgewinne nach den DBA, IStR 2002, S. 145–150
– Seminar C: Verständigungsverfahren, IStR 2002, S. 548–551
– OECD-Musterabkommen 2003, IStR 2003, S. 253–258
– Anmerkung zum BMF-Schreiben vom 19. 3. 2004, IV B 4, IStR 2004, S. 354
Krämer, R., Das neue BMF-Schreiben zum internationalen Verständigungs- und EU-Schiedsverfahren, IWB, 2007, Fach 3, Deutschland, Gruppe 2, S. 1331–1344
Kraft, C., Die Erleichterung der internationalen Unternehmensreorganisation durch die EG-Fusionsrichtlinie, SteuerStud 1993, S. 434–440
– Entwicklungstendenzen in der Besteuerungskonzeption für Personengesellschaften, DStR 1995, S. 921–926

Kraft, G. (Doppelbesteuerungsabkommen), Die mißbräuchliche Inanspruchnahme von Doppelbesteuerungsabkommen. Zur Problematik des „Treaty Shopping" unter Berücksichtigung der Rechtslage in der Bundesrepublik Deutschland, in der Schweiz und in den Vereinigten Staaten, Heidelberg 1991
- Recent Developments in Case Law on Permanent Establishment Taxation, ET 1993, S. 349–352
- Auslegungs- und Anwendungsprobleme der speziellen Mißbrauchsklausel des § 50 d Abs. 1 a EStG zur Verhinderung von „Treaty Shopping" bzw. „Directive Shopping", IStR 1994, S. 370–377
- Betriebswirtschaftliche und steuerplanerische Gestaltungsüberlegungen bei Implementierung und Beendigung internationaler Holdingstrukturen, DStR 1999, S. 1540–1544
- (Treaty Shopping), Treaty Shopping und die Grenzen, in: Grotherr, S. (Hrsg.), Handbuch der internationalen Steuerplanung, Herne/Berlin 2000, S. 1263–1276
- Erfolgsabgrenzung bei Betriebsstätten nach den Betriebsstätten-Verwaltungsgrundsätzen, StBJb 2000/2001, S. 205–236
- Steuerliche Gestaltungsoptimierung beim internationalen Unternehmenskauf, RIW 2003, S. 641–648
- (Außensteuergesetz), Außensteuergesetz, Kommentar, München 2009
- Konzeptionelle und strukturelle Defizite der Hinzurechnungsbesteuerung – Reformbedarf und Reformnotwendigkeit, IStR 2010, S. 377–383

Kraft, G./Bron, J. F., Grundfreiheiten und grenzüberschreitende Verschmelzung im Lichte aktueller EuGH-Rechtsprechung (SEVIC), IStR 2006, S. 26–32
- Implikationen des Urteils in der Rechtssache „Cadbury Schweppes" für die Fortexistenz der deutschen Hinzurechnungsbesteuerung, IStR 2006, S. 614–620
- Die Zinsschranke – Ein europarechtliches Problem?, EWS 2007, S. 487–492

Kraft G./Hause, K., Gemeinschaftswidrigkeit des § 15 AStG, DB 2006, S. 414–421

Kraft, G./Nitzschke, D., „Niedrige Besteuerung" i. S. des § 8 Abs. 3 AStG, IStR 2003, S. 818–821

Krahnert, R. (Verrechnungspreisbestimmung), Verrechnungspreisbestimmung bei Auftragsproduktion, Stuttgart 2005

Kramer, J.-D., Gewinnabgrenzung und Gewinnermittlung bei Verbringung von Wirtschaftsgütern zwischen Betriebsstätten im Internationalen Steuerrecht, StuW 1991, S. 151–164
- Arbeitnehmerbesteuerung im Internationalen Steuerrecht, IWB, 1998, Fach 10, International, Gruppe 2, S. 1343–1358
- Nochmal: Das Darlehen des ausländischen Mitunternehmers an seine deutsche Personengesellschaft und § 50 d Abs. 10 EStG, IStR 2010, S. 239–241

Kratzenberg, H., Verrechnungspflicht und -entgelt bei der Entsendung von Arbeitnehmern zu ausländischen Beteiligungsgesellschaften, StBp 1989, S. 205–208

Krause, M., Tax treatment of the provision of technical services, Seminar A, 43. IFA-Kongreß, IFA Seminar Series 1989, S. 32–39

Krause-Junk, G., Besteuerung multinationaler Unternehmen – wie sind die Vorschläge der EU-Kommission zu bewerten?, ifo Schnelldienst 2002, S. 3–5

Krause-Junk, G./Müller, R. (Ausschüttungen), Zur steuerlichen Behandlung von Ausschüttungen im Ausland verdienter Gewinne, in: Burmester, G./Endres, D. (Hrsg.), Außensteuerrecht, Doppelbesteuerungsabkommen und EU-Recht im Spannungsverhältnis. Festschrift für Helmut Debatin zum 70. Geburtstag, München 1997, S. 255–266

Krawitz, N./Büttgen, D., Auswirkungen der Unternehmenssteuerreform auf den Holdingstandort Deutschland aus Sicht eines ausländischen Investors am Beispiel Großbritanniens, IStR 2001, S. 626–632 (Teil I), S. 658–662 (Teil II)

Krawitz, N./Büttgen-Pöhland, D., Zwischenschaltung von EU-Auslandsholdinggesellschaften als steuerorientiertes Gestaltungsinstrument bei der Finanzierung inländischer Konzernbeteiligungen, FR 2003, S. 877–932

Krawitz, N./Büttgen, D./Hick, C., Zwischenholdinggesellschaften inländisch beherrschter internationaler Konzerne unter dem Einfluss der Reformen des Unternehmenssteuerrechts, WPg 2002, S. 85–103

Krawitz, N./Hick, C., Betriebsstätteneigenschaft in- und ausländischer Bau- oder Montagetätigkeiten bei mehreren Projekten, RIW 2002, S. 523–533

Krebs, H.-J., Unternehmensbesteuerung in der EG (Teil II), ZGR 1992, S. 346–358

– Die ertragsteuerliche Organschaft, BB 2001, S. 2029–2046

Krebühl, H.-H. (Gesellschafterfremdfinanzierung), Gesellschafterfremdfinanzierung – nationale und internationale Problemfelder, in: IDW (Hrsg.), Bericht über die Steuerfachtagung 1996 des Instituts der Wirtschaftsprüfer in Deutschland e. V., Globale Unternehmenstätigkeit und inländische Besteuerung, Düsseldorf 1997, S. 29–43

– (Steueranrechnungsverfahren), Das Steueranrechnungsverfahren in den USA: Ein Vorbild für Deutschland?, in: Kley, M. D./Sünner, E./Willemsen, A. (Hrsg.), Steuerrecht, Steuer- und Rechtspolitik, Wirtschaftsrecht und Unternehmensverfassung, Umweltrecht. Festschrift für Wolfgang Ritter zum 70. Geburtstag, Köln 1997, S. 147–166

– (Anrechnungsverfahren), Das körperschaftsteuerliche Anrechnungsverfahren – Ein Modell für die zukünftige Unternehmensbesteuerung?, in: Kleineidam, H. J. (Hrsg.), Unternehmenspolitik und internationale Besteuerung. Festschrift für Lutz Fischer zum 60. Geburtstag, Berlin 1999, S. 137–158

– Zur Reform und Reformnotwendigkeit der deutschen Konzernbesteuerung, DStR 2001, S. 1730–1741

– Reform der Konzernbesteuerung (IV), FR 2009, S. 1042–1045

Kreile, R., Zum Vorentwurf einer EG-Richtlinie über die Harmonisierung der steuerrechtlichen Gewinnermittlungsvorschriften, DB 1988, Beilage 18

Kröner, I./Bolik, A., Die Anwendung der Zinsschranke bei vermögensverwaltenden und gewerblichen Personengesellschaften, DStR 2008, S. 1309–1315

Kröner, M. (Verluste), Verrechnungsbeschränkte Verluste im Ertragsteuerrecht, Wiesbaden 1986

– Verlustverwertung bei der Verschmelzung von Kapitalgesellschaften insbesondere zum Zeitbezug und zur systematischen Stellung von § 12 Abs. 3 S. 2 UmwStG 1995, GmbHR 1996, S. 256–262

Kröner, M./Beckenhaub, C. (Konzernsteuerquote), Konzernsteuerquote – Einflussfaktoren, Planung, Messung, Management, München 2008

Kröner, M./Benzel, U. (Konzernsteuerquote), Konzernsteuerquote – Die Ertragsteuerbelastung in der Wahrnehmung durch die Kapitalmärkte, in: Kessler, W./Kröner, M./Köhler, S. (Hrsg.), Konzernsteuerrecht, 2. Aufl., München 2008

– Konzernsteuerquote: Vom Tax Accounting zum Tax Management, Ubg 2008, S. 631–640

Kroniger, A., Liquidation einer ausländischen Gesellschaft als Alternative zur Dividendenausschüttung – Gestaltungsmöglichkeiten bei Unternehmenstransaktionen in den USA (Election I. R. C. § 338 (h) (10)), IStR 2003, S. 729–733

Kroniger, A./Thies, A., Anwendung des check the box-Systems auf die KGaA als Joint Venture-Vehikel, IStR 2002, S. 397–405

Kroppen, H.-K., Ausländische Grundstücksinvestitionen, IWB, 1991, Fach 8, USA, Gruppe 2, S. 795–798
– Funktionsänderung der Vertriebstochtergesellschaft zum Kommissionär, IWB, 1997, Fach 3, Deutschland, Gruppe 2, S. 745–748
– (Hrsg.) (Handbuch), Handbuch internationale Verrechnungspreise, Köln 1997, Stand: Juni 2009
– Betriebsstättengewinnermittlung, IStR 2005, S. 74–75
– Funktionsverlagerung und kein Ende, BDI Steuerrundschau 6/2010, S. 2
Kroppen, H.-K./Eigelshoven, A., Die Bestimmung angemessener Verrechnungspreise mit Hilfe des externen Betriebsvergleichs, IWB, 2000, Fach 3, Deutschland, Gruppe 1, S. 1587–1602
Kroppen, H.-K./Hagemeier, T., Hinzurechnungsbesteuerung bei neuen Vertriebsstrukturen, IWB, 2004, Fach 3, Deutschland, Gruppe 2, S. 1137–1144
Kroppen, H.-K./Rasch, S., Die neuen Verrechnungspreisbestimmungen der Niederlande, IWB, 2001, Fach 5, Niederlande, Gruppe 2, S. 319–326
– Die Konkretisierung der Aufzeichnungspflichten für internationale Verrechnungspreise in den Verwaltungsgrundsätzen Verfahren, IWB, 2005, Fach 3, Deutschland, Gruppe 1, S. 2091–2104
– Funktionsverlagerung – Entwurf der Verwaltungsgrundsätze, IWB, 2009, Fach 3, Deutschland, Gruppe 1, S. 2439–2468
Kroppen, H.-K./Rasch, S./Roeder, A., Neue Verwaltungsgrundsätze des BMF zur Arbeitnehmerentsendung, IWB, 2002, Fach 3, Deutschland, Gruppe 1, S. 1821–1830
Kroppen, H.-K./Rasch, S./Eigelshoven, A., Die Behandlung der Funktionsverlagerungen im Rahmen der Unternehmenssteuerreform 2008 und der zu erwartenden Verwaltungsgrundsätze-Funktionsverlagerung, IWB, 2007, Fach 3, Deutschland, Gruppe 1, S. 2201–2230
Kroppen, H.-K./Roeder, A., Aufhebung des Lizenzurteils durch BFH, IWB Nr. 2/2001, S. 51–52
– Indischer Gesetzentwurf zu Verrechnungspreisen, IWB Nr. 6/2001, S. 275–276
Kroschel, J. (Income Tax), Die Federal Income Tax der Vereinigten Staaten von Amerika, Düsseldorf 2000
Krüger, D. (Stille Gesellschaft), Die atypische stille Gesellschaft als Instrument zur Vermeidung der Nachversteuerung von Auslandsverlusten, in: Burmester, G./Endres, D. (Hrsg.), Außensteuerrecht, Doppelbesteuerungsabkommen und EU-Recht im Spannungsverhältnis. Festschrift für Helmut Debatin zum 70. Geburtstag, München 1997, S. 267–281
Krug, K. (Betriebsaufspaltung), Betriebsaufspaltung über die Grenze, dargestellt am Beispiel einer Betriebsaufspaltung in die Schweiz, Diss. Hamburg 1985
Kubaile, H., Steuerplanerische Gestaltungsinstrumente und Risiken bei internationaler Mitarbeiterentsendung, INF 2001, S. 15–20
Kubin, K. W./Lück, W., Zur funktionalen Währungsumrechnungsmethode in internationalen Konzernabschlüssen. Anmerkung zum Grundsatz Nr. 52 des FASB, BFuP 1984, S. 357–383
Kuckhoff, H. (Kernaussagen), Kernaussagen der Verwaltungsgrundsätze-Verfahren, in: PricewaterhouseCoopers (Hrsg.), Dokumentation von Verrechnungspreisen. Brennpunkte der neuen Verwaltungsgrundsätze-Verfahren, Frankfurt a. M. 2005, S. 20–33
Kuckhoff, H./Schreiber, R. (Verrechnungspreise), Verrechnungspreise in der Betriebsprüfung. Der Fremdvergleich bei Lieferungen und Leistungen, München 1997
– Grenzüberschreitende Funktionsverlagerung aus Sicht der Betriebsprüfung, IStR 1999, S. 321–330 und S. 353–362
– Quo vadis Fremdvergleich?, IStR 1999, S. 513–523

– Die neuen Verwaltungsgrundsätze zu den Umlageverträgen, IStR 2000, S. 346–352 (Teil I), S. 373–382 (Teil II)

Kuebart, J. (Verrechnungspreise), Verrechnungspreise im internationalen Lizenzgeschäft, Bielefeld 1995

Kühlmann, T. M. (Mitarbeiterentsendung), Mitarbeiterentsendung ins Ausland: Auswahl, Vorbereitung, Betreuung und Wiedereingliederung, Göttingen 1995

Kühnlein, C./Wingendorf, P (Benchmarking), Benchmarking in der Praxis, in: PricewaterhouseCoopers (Hrsg.), Dokumentation von Verrechnungspreisen. Brennpunkte der neuen Verwaltungsgrundsätze-Verfahren, Frankfurt a. M. 2005, S. 115–127

Küspert, K., Sondervergütungen inländischer Personengesellschafter nach dem DBA-USA, RIW 1988, S. 461–468

Küting, K./Weber, C.-P. (Rechnungslegung), Handbuch der Rechnungslegung, Kommentar zur Bilanzierung und Prüfung, 5. Aufl., Stuttgart 2002

Küting, K./Weber, C.-P./With, J., Die Goodwillbilanzierung im finalisierten Business Combinations Project Phase II, KoR 2008, S. 139–152

Kugelmüller-Pugh, A., Der „Gesamtplan" im deutschen Steuerrecht – mehr als nur ein plastischer Name?, FR 2007, S. 1139–1148

Kuhn J., Der Global Player-Ansatz im Automobilbau, ZfB 1998, S. 937–957

Kumpf, W. (Verrechnungspreise), Steuerliche Verrechnungspreise in internationalen Konzernen, Frankfurt a. M./Deventer 1976

– (Betriebstätten), Besteuerung inländischer Betriebstätten von Steuerausländern, Köln 1982

– Ergebnis- und Vermögenszuordnung bei Betriebstätten, 1988/1989, S. 399–422

– Betriebsstättenfragen nach Steuersenkungsgesetz und Betriebsstättenerlass, FR 2001, S. 449–460

Kumpf, W./Roth, A., Wahlbesteuerung für beschränkt Einkommensteuerpflichtige?, StuW 1996, S. 259–266

– Grundsätze der Ergebniszuordnung nach den neuen Betriebsstätten-Verwaltungsgrundsätzen, DB 2000, S. 741–746

– Einzelfragen der Ergebniszuordnung nach den neuen Betriebsstätten-Verwaltungsgrundsätzen, DB 2000, S. 787–793

– Behandelte und nicht behandelte „Sonderfälle" im neuen Betriebsstättenerlass, FR 2000, S. 500–507

– Kommentar: Erste Änderung der Betriebsstätten-Verwaltungsgrundsätze, FR 2001, S. 109–110

– (Gewinnabgrenzung), Gewinnabgrenzung bei internen Leistungen zwischen deutschen und ausländischen Betriebsstätten, in: Kirchhof, P./Schmidt, K./Schön, W./Vogel, K. (Hrsg.), Steuer- und Gesellschaftsrecht zwischen Unternehmerfreiheit und Gemeinwohl. Festschrift für Arndt Raupach zum 70. Geburtstag, Köln 2006, S. 579–600

Kunze, K. (Betriebstätte), Der Begriff der Betriebstätte und des ständigen Vertreters, Mannheim 1963

Kurzewitz, C. (Verrechnungspreismethode), Wahl der geeigneten Verrechnungspreismethode zur Verringerung von Doppelbesteuerungsproblemen, Hamburg 2009

Kusterer, S., Ergänzungsbilanz des persönlich haftenden Gesellschafters einer Kommanditgesellschaft auf Aktien – Zugleich Anmerkung zu FG München vom 10. 7. 2003, 5 K 2681/97, DStR 2004, S. 77–78

Kußmaul, H., Angemessene Verrechnungspreise im internationalen Konzernbereich, RIW 1987, S. 679–692

Kußmaul, H./Beckmann, S., Anrechnung oder Abzug ausländischer Steuern – Vorteilhaftigkeitsanalyse und Entscheidungshilfe, StuB 2000, S. 1188–1198

Kußmaul, H./Niehren, C., Grenzüberschreitende Verlustverrechnung im Lichte der jüngeren EuGH-Rechtsprechung, IStR 2008, S. 81–87

Kußmaul, H./Ruiner, C., Verfassungsrechtliche Grundlagen, Anknüpfungsmerkmale und Reichweite der Steuerpflicht bei natürlichen Personen in der Bundesrepublik Deutschland und den Vereinigten Staaten von Amerika – Ein Vergleich, StuW 2003, S. 80–86

Kußmaul, H./Ruiner, C./Schappe, C., Problemfelder bei der Anwendung der Zinsschranke auf Personengesellschaften, DStR 2008, S. 904–910

Kutschker, M./Schmid, S. (Management), Internationales Management, 6. Aufl., München 2008

Kutt, F./Pitzal, C., Umwandlungen: Neuere Entwicklungen bei der Zurückbehaltung wesentlicher Betriebsgrundlagen, DStR 2009, S. 1243–1248

Lademann, F./Söffing, G. (Einkommensteuergesetz), Kommentar zum Einkommensteuergesetz, 4. Aufl., Stuttgart 1950, Stand: Mai 2010

Lamprecht, P., Betriebsstättenverluste, Verlustvortragsrecht und Aufteilung der Besteuerungsbefugnisse nach dem Urteil des EuGH in der Rs. KR Wannsee, nachfolgend S. 769, IStR 2008, S. 766–769

Lanfermann, G./Maul, S., Änderung der EU-Rechnungslegungsrichtlinien, BB 2006, S. 2011–2015

Lang, B., Die Neufassung von § 8 c Abs. 1 KStG durch das Wirtschaftswachstumsbeschleunigungsgesetz, Der Konzern 2010, S. 35–44

Lang, J. (Steuertheorie), Über das Ethische der Steuertheorie von Klaus Tipke, in: Lang, J. (Hrsg.), Die Steuerrechtsordnung in der Diskussion. Festschrift für Klaus Tipke zum 70. Geburtstag, Köln 1995, S. 3–24

Lang, M. (Doppelbesteuerungsabkommen), Die Bindung des Doppelbesteuerungsabkommens an die Grundfreiheiten des EU-Rechts, in: Gassner, W./Lang, M./Lechner, E. (Hrsg.), Doppelbesteuerungsabkommen und EU-Recht, Wien 1996, S. 25–42

– Entwicklungstendenzen in der Abkommenspolitik Deutschlands, der Schweiz und Österreichs, IStR 1996, S. 201–208

– Kein Verstoß von Doppelbesteuerungsabkommen gegen die Grundfreiheiten des EGV?, IWB, 1996, Fach 11, Europäische Gemeinschaften, Gruppe 2, S. 255–258

– Multilaterales Steuerabkommen statt bilateralem DBA-Netz? Multilateral tax treaty instead of bilateral tax treaty network?, SWI 1997, S. 492–498

– (Betriebstättenbegründung), Die Vermeidung der Betriebstättenbegründung bei Tätigkeiten vorbereitender Art und Hilfstätigkeiten (Art. 5 Abs 4 OECD-Musterabkommen), in: Gassner, W./Lang, M./Lechner, E. (Hrsg.), Die Betriebsstätte im Recht der Doppelbesteuerungsabkommen: Voraussetzungen der Besteuerung von Unternehmensgewinnen im Quellenstaat, Wien 1998, S. 77–93

– (Doppelbesteuerungsabkommen), Doppelbesteuerungsabkommen und Gemeinschaftsrecht, in: Breuninger, G. E./Müller, W./Strobl-Haarmann, E. (Hrsg.), Steuerrecht und europäische Integration. Festschrift für Albert J. Rädler zum 65. Geburtstag, München 1999, S. 429–443

– (Personengesellschaften), Die abkommensrechtliche Behandlung von ausländischen Personengesellschaften mit Steuersubjektivität im Ausland, in: Kleineidam, H.J. (Hrsg.), Unternehmenspolitik und internationale Besteuerung. Festschrift für Lutz Fischer zum 60. Geburtstag, Berlin 1999, S. 713–730

– (Kapitalverkehrsfreiheit), Kapitalverkehrsfreiheit und Doppelbesteuerungsabkommen, in: Lechner, E./Staringer, C./Tumpel, M. (Hrsg.), Kapitalverkehrsfreiheit und Steuerrecht. Eine Analyse des österreichischen Steuerrechts vor dem Hintergrund der Kapitalverkehrsfreiheit des EG-Rechts, Wien 2000, S. 181–206

- (Qualifikationskonflikte), Qualifikationskonflikte im Recht der Doppelbesteuerungsabkommen, in: Kirchhof, P./Lehner, M./Raupach, A./Rodi, M. (Hrsg.), Staaten und Steuern. Festschrift für Klaus Vogel zum 70. Geburtstag, Heidelberg 2000, S. 907–924
- Qualifikationskonflikte bei Personengesellschaften, IStR 2000, S. 129–134
- Das OECD-Musterabkommen – 2001 und darüber hinaus: Welche Bedeutung haben die nach Abschluss eines Doppelbesteuerungsabkommens erfolgten Änderungen des OECD-Kommentars, IStR 2001, S. 536–539
- (Doppelbesteuerungsabkommen), Einführung in das Recht der Doppelbesteuerungsabkommen, 2. Aufl., Wien 2002
- Die Vermeidung der Doppelbesteuerung und der doppelten Nichtbesteuerung als DBA-Auslegungsmaxime?, IStR 2002, S. 609–613
- Ist der Betriebsstättenvorbehalt bloß im Quellenstaat anwendbar?, SWI 2003, S. 319–324
- Ist die Schumacker Rechtsprechung am Ende? Die Verpflichtung zur Berücksichtigung der persönlichen Verhältnisse und des Familienstandes in einem der Mitgliedstaaten, RIW 2005, S. 336–344
- (Quellenprinzip), Quellenprinzip, in: Endres, D./Oestreicher, A./Scheffler, W./Schreiber, U./Spengel, C. (Hrsg.), Die internationale Unternehmensbesteuerung im Wandel – Symposium für Otto H. Jacobs zum 65. Geburtstag, München 2005, S. 28–43
- Die Neuregelung der beschränkten Steuerpflicht nach dem Abgabenänderungsgesetz 2004, SWI 2005, S. 156–166
- Wohin geht das Internationale Steuerrecht?, IStR 2005, S. 289–297
- The Marks & Spencer Case – The Open Issues Following the ECJ's Final Word, ET 2006, S. 54–67
- Gemeinschaftsrechtliche Verpflichtung zur Rechtsformneutralität im Steuerrecht?, IStR 2006, S. 397–403
- Marks & Spencer – Eine erste Analyse des EuGH-Urteils, SWI 2006, S. 3–12
- (Betriebsstättenvorbehalt), Betriebsstättenvorbehalt und Ansässigkeitsstaat, in: Kirchhof, P./Schmidt, K./Schön, W./Vogel, K. (Hrsg), Festschrift für Arndt Raupach zum 70. Geburtstag – Steuern und Gesellschaftsrecht zwischen Unternehmerfreiheit und Gemeinwohl, Köln 2006, S. 601–612
- Die Beschränkung der zeitlichen Wirkung von EuGH-Urteilen im Lichte des Urteils Meilicke, IStR 2007, S. 235–244
- DBA und Personengesellschaften – Grundfragen der Abkommensauslegung, IStR 2007, S. 606–609
- Zum Seminar G. Verbietet das Gemeinschaftsrecht die Erhebung von Quellensteuern?, IStR 2009, S. 539–544
- Recent Case Law oft he ECJ in Direct Taxation: Trends, Tensions, and Contradictions, ECTR 2009, 98–113
- (Beihilferecht), Die Auswirkungen des gemeinschaftsrechtlichen Steuerrechts, Gutachten zum siebzehnten österreichischen Juristentag, Wien 2009
- (Anwendungsbereich), Der Anwendungsbereich der Grundfreiheiten – Maßgeblichkeit des Sachverhalts oder der nationalen Rechtsvorschrift, in: Lang, M./Weinzierl, C. (Hrsg.), Europäisches Steuerrecht. Festschrift für Friedrich Rödler zum 60. Geburtstag, Wien 2010, S. 521–534
- (Double Taxation Conventions), Introduction to the Law of Double Taxation Conventions, Wien 2010

Lang, M./Lüdicke, J./Riedweg, P., Steueranrechnung und Betriebsstättendiskriminierungsverbot der DBA bei Dreieckssachverhalten, IStR 2006, S. 73–78

Lang, M./Lüdicke, J./Reich, M., Beteiligungen im Privatvermögen: Die Besteuerung des Wegzugs aus Österreich und Deutschland in die Schweiz – Teil II, IStR 2008, S. 709–719

Lang, M./Pistone, P./Schuch, J./Staringer, K. (Hrsg.) (CCCTB), Common Consolidated Corporate Tax Base (CCCTB), Wien 2008

Lang, M./Stefaner, M., Künstler und Sportler im DBA Deutschland-Österreich, IStR 2003, S. 829–837

Lang, M. H./Shackelford, D. A., Capitalization of capital gains taxes: evidence from stock price reactions to the 1997 rate reduction, JPE 2000, S. 69–85

Langbein, S. I., The Unitary-Method and the Myth of Arm's Length, TN 1986, S. 625–681

– Transaction Cost, Production Cost, and Transfer Pricing, TN 1989, S. 1397–1413

Langbein, V., „Treaty Overriding" durch nationales Recht, RIW 1988, S. 875–881

– Treaty Overriding nach US-Recht, RIW 1989, S. 245

Lange, J. (Gewinnausschüttungen), Verdeckte Gewinnausschüttungen: Systematische Darstellung der Voraussetzungen und Auswirkungen, 7. Aufl., Herne/Berlin 1998

Lange, R./Rengier, C., Die Verlagerung der elektronischen Buchführung in das Ausland – von § 146 Abs. 2a und 2b AO, DB 2009, S. 1256–1263

Lasars, W., Internationale Zusammenarbeit wider die Steuervermeidung, IStR 2006, S. 566–567

Laule, G. (Mißbrauch), Mißbrauch der Abkommensberechtigung im deutschen Steuerrecht, insbesondere Anmerkungen zu § 50d Abs. 1a EStG, in: Kley, M. D./Sünner, E./Willemsen, A. (Hrsg.), Steuerrecht, Steuer- und Rechtspolitik, Wirtschaftsrecht und Unternehmensverfassung, Umweltrecht. Festschrift für Wolfgang Ritter zum 70. Geburtstag, Köln 1997, S. 181–193

– Die Harmonisierung des europäischen Steuerrechts, IStR 2001, S. 297–306

– Grenzen internationaler Steuergestaltung im Lichte der Rechtsprechung des EuGH, IStR 2003, S. 217–222

Laule, G./Weber, R. (Steuersysteme), Harmonisierung der Steuersysteme in Europa – Die Rechtsprechung des EuGH, hrsg. v. IWW Institut für Wirtschaftspublizistik, PIStB 2000, S. 3–26

Lausterer, M., X und Y: Neues zu den Grundfreiheiten des EG-Vertrags, IStR 2003, S. 19–22

—— Zur „vorläufigen Umsetzung" von EG-Richtlinien durch BMF-Schreiben – Beispiel Zins- und Lizenzrichtlinie, IStR 2004, S. 642–644

– Die Wegzugsbesteuerung nach dem Regierungsentwurf des SEStEG, BB 2006, Special 8, S. 80–87

– Körperschaftsteuer: Die deutsche Regelung über die Abzugsfähigkeit von Verlusten aus Abschreibungen auf den Beteiligungswert an Tochtergesellschaften beschränkt die Niederlassungsfreiheit – Anmerkung zum EuGH-Urteil vom 29. 3. 2007, Rs. C-347/04, Rewe Zentralfinanz eG als Gesamtrechtsnachfolgerin der ITS Reisen GmbH/FA Köln-Mitte, IStR 2007, S. 296–297

Lawlor, W. R. (Introduction), Introduction and summary of rules, in: Lawlor, W. R. (Hrsg.), Cross-border transactions between related companies. A summary of tax rules, Deventer 1985, S. 1–16

Le Gall, J.-P., Internationale Einkommensteuerprobleme bei Personengesellschaften (Generalbericht), CDFI 1995, S. 709–777

Lechner, E. (Gewinnpooling), Die Gewinnpoolung im Ertragsteuerrecht, Köln 1986

Lee, P. T./Kowallik, A., Steuerliche Rahmenbedingungen des Unternehmenskaufs in den USA, IWB, 2001, Fach 8, USA, Gruppe 2, S. 1085–1100

Lefebvre, F. (Fiscal), Mémento Pratique Francis Lefebvre Fiscal 2004, Paris 2004

Lehner, M., Wettbewerb der Steuersysteme im Spiegel europäischer und US-amerikanischer Steuerpolitik, StuW 1998, S. 159–173

– Begrenzung der nationalen Besteuerungsgewalt durch die Grundfreiheiten und Diskriminierungsverbote des EG-Vertrages, DStJG 2000, S. 263–285
– Anmerkung zum EuGH-Urteil vom 6. 6. 2000 (Verkooijen) – C-35/98, RIW 2000, S. 724–725
– Der Einfluss des Europarechts auf die Doppelbesteuerungsabkommen, IStR 2001, S. 329–337
– (Konzernfinanzierung), Konzernfinanzierung im Lichte des Europarechts, in: Lüdicke, J. (Hrsg.), Fortentwicklung der Internationalen Unternehmensbesteuerung, Köln 2002, S. 1–19

Leible, S./Hoffmann, J., Vom „Nullum" zur Personengesellschaft – Die Metamorphose der Scheinauslandsgesellschaft im deutschen Recht, DB 2002, S. 2203–2207
– Cartesio – fortgeltende Sitztheorie, grenzüberschreitender Formwechsel und Verbot materiellrechtlicher Wegzugsbeschränkungen, BB 2009, S. 58–63

Leinen, J. (Vertrag), Das Europäische Parlament und der Vertrag von Lissabon, in: Leiße, O. (Hrsg.), Die Europäische Union nach dem Vertrag von Lissabon, Wiesbaden 2010, S. 97–114

Leising, J., Die Klage auf Einleitung eines Verständigungsverfahrens nach Art. 25 Abs. 2 OECD-MA, IStR 2002, S. 114–119

Leisner, W., Abkommensbruch durch Außensteuerrecht, RIW 1993, S. 1013–1020

Leitherer, S. (Sozialversicherungsrecht), Sozialversicherungsrecht, Kasseler Kommentar, München, Stand: Januar 2009

Leker, J./Cratzius, M., Erfolgsanalyse von Holdingkonzernen, BB 1998, S. 362–365

Lemaitre, C./Schnittker, H./Siegel, K., Die steuerliche Einordnung der US-amerikanischen Limited Liability Company (LLC) auf der Grundlage des BMF-Schreibens vom 19. 3. 2004, GmbHR 2004, S. 618–630

Lemein, G., Transfer Pricing and Related Tax Aspects of Global Supply Chain Restructurings, TNI 2005, S. 715–724

Lenski, G./Steinberg, W. (Gewerbesteuergesetz), Kommentar zum Gewerbesteuergesetz, 9. Aufl., Köln 1957/1995, Stand: Februar 2010

Lenz, M., Dokumentation von Verrechnungspreisen – Spezieller Teil, WPg-Sonderheft 2006, S. 145–151
– Der neue § 8 c KStG aus Unternehmenssicht, Ubg 2008, S. 24–30

Lenz, M./Dörfler, O., Die Zinsschranke im internationalen Vergleich, DB 2010, S. 18–24

Lenz, M./Dörfler, O./Adrian, G., Änderungen der Zinsschranke durch das Wachstumsbeschleunigungsgesetz, Ubg 2010, S. 1–7

Lenz, M./Heinsen, O., Zur Niedrigbesteuerung i. S. des § 8 Abs. 3 AStG, IStR 2003, S. 793–798

Lenz, R., Der Begriff der festen Betriebsstätte und seine Entwicklung in verschiedenen Ländern, insbesondere im Hinblick auf die Harmonisierung künftiger Doppelbesteuerungsabkommen (Generalbericht), CDFI 1967, S. 335–367

Lethaus, H. (Abkommensberechtigung), Wege zur Abkommensberechtigung der Personengesellschaft, in: Kley, M. D./Sünner, E./Willemsen, A. (Hrsg.), Steuerrecht, Steuer- und Rechtspolitik, Wirtschaftsrecht und Unternehmensverfassung, Umweltrecht. Festschrift für Wolfgang Ritter zum 70. Geburtstag, Köln 1997, S. 427–456

Lettl, T., Das Holding-Konzept als Instrument zur erfolgreichen Neuausrichtung von Unternehmen, DStR 1996, S. 2020–2026
– Betriebswirtschaftliche Vor- und Nachteile bzw. Gefahren der Unternehmensorganisation in Form der Holding-Struktur, DStR 1997, S. 1016–1020

Letzgus, C. K., Das BMF-Schreiben vom 16. 4. 2010 zur Anwendung der Doppelbesteuerungsabkommen (DBA) auf Personengesellschaften, Ubg 2010, S. 425–430
– Erste Judikatur zum BMF-Schreiben vom 16. 4. 2010 – vom Kampf der Gewalten, Ubg 2010, S. 513–517
Levey, M. M., Distribution Companies Can Present Difficult Transfer Pricing Issues, Intertax 1999, S. 89–94
Ley, U. (Entsendung), Steuer- und sozialversicherungsrechtliche Fragen bei der Entsendung von Arbeitnehmern ins Ausland, in: Grotherr, S. (Hrsg.), Handbuch der internationalen Steuerplanung, 2. Aufl., Herne/Berlin 2003, S. 1265–1296
Ley, U./Strahl, M., Steuerlicher Handlungsbedarf zum Jahreswechsel 2003/2004 (Teil I), DStR 2003, S. 2145–2153
Liebchen, D. (Personengesellschaften), Beteiligungen an ausländischen Personengesellschaften: Steuerliche Gewinnermittlung und Einkunftsabgrenzung, Berlin 2008
Lieber, B., Anmerkung zum Urteil des BFH v. 20. 3. 2002, I R 38/00, IWB, 2002, Fach 3 a, Rechtsprechung, Gruppe 1, S. 1036–1038
– Kein Gestaltungsmissbrauch durch Zwischenschaltung sog. IFS C-Gesellschaften und Rechsprechungsänderung zum Schachtelprivileg im DBA-Irland, IWB, 2004, Fach 3 a, Rechtsprechung, Gruppe 1, S. 1055–1064
– Anmerkung zum Urteil des BFH v. 31. 5. 2005, I R 74, 88/04, IWB, 2006, Fach 3 a, Rechtsprechung, Gruppe 1, S. 1088–1090
– Ausschluss der Kapitalertragsteuererstattung bei Zwischenschaltung einer funktionslosen Holdinggesellschaft – Zugleich Anmerkung zum BMF-Schreiben vom 30. 1. 2006, IV B 1–S 2411, 4/06, IWB, 2006, Fach 3, Deutschland, Gruppe 3, S. 1433–1436
– Ei des Columbus gefunden – BFH beendet das mehrschichtige Verfahren zu „Columbus Container Services", IStR 2010, S. 142–144
Lieber, B./Schönfeld, J., Nun auch schwedische Hinzurechnungsbesteuerung auf dem Prüfstand des EG-Rechts, FR 2005, S. 927–932
Lindauer, J./Westphal, A., JStG 2009: Änderungen bei inländischen Vermietungseinkünften durch ausländische Kapitalgesellschaften, BB 2009, S. 420–424
Lindemann, H./Hackemann, T., Die Rückwirkung von EuGH-Urteilen unter besonderer Betrachtung des „Marks & Spencer"-Falls, IStR 2005, S. 786–792
Lindencrona, G./Tolstoy, S., Probleme bei grenzüberschreitenden Leasinggeschäften aufgrund unterschiedlicher innerstaatlicher Behandlung von Leasinggeschäften (Generalbericht), CDFI 1990, S. 86–102
Lippross, O.-G., Neuregelungen zum Ort der sonstigen Leistung ab 1. 1. 2010 – Systemwidriger Besteuerungszugriff und Besteuerungsdefizite bei sonstigen Leistungen mit Drittlandsbezug, UR 2009, S. 786–790
Lishaut, I. van, Europarechtliche Perspektiven des Umwandlungssteuerrechts sowie der Wegzugsbesteuerung, FR 2004, S. 1301–1307
– Reform der Konzernbesteuerung (II), FR 2009, S. 1030
Lishaut, I. van/Schumacher, A./Heinemann, P., Besonderheiten der Zinsschranke bei Personengesellschaften, DStR 2008, S. 2341–2348
Littmann, E./Bitz, H./Pust, H. (Einkommensteuerrecht), Das Einkommensteuerrecht, Kommentar zum Einkommensteuerrecht, 15. Aufl., Stuttgart 2002, Stand: August 2010
Lodin, S.-O./Gammie, M. (Home State Taxation), Home State Taxation – Tax Treaty Aspects, Amsterdam 2001
Löffler, C., Tax Due Diligence beim Unternehmenskauf (Teil I), WPg 2004, S. 576–583

Löffler, C./Hansen, C., Zur Reichweite von § 8 b Abs. 7 Satz 2 KStG nach dem BFH-Urteil vom 14. 1. 2009, I R 36/08, DStR 2009, 1135–1138

Löffler, C./Stadler, R., Der gewöhnliche Aufenthalt (§ 9 AO) des weggezogenen „aktiven Gesellschafters", IStR 2008, 832–838

Lösel, C. (Altersversorgung), Betriebliche Altersversorgung durch Entgeltumwandlung – Steuerliche Auswirkungen einer Arbeitnehmerentsendung in die USA, Hamburg 2004

Löwenstein, U./Looks, C. (Betriebsstättenbesteuerung), Betriebsstättenbesteuerung, München 2003

Loh, A./Peters, H. M., Die neuen Regelungen zu Advance Pricing Agreements im deutschen Steuerrecht, RIW 2007, S. 116–119

Lohbeck, A./Wagner, T., § 50 d Abs. 10 EStG – Uneingeschränktes Besteuerungsrecht für Sondervergütungen im Inbound-Fall?, DB 2009, S. 423–426

Lohuis, H./Moons, P., Neue Auskunfts- und Verrechnungspreisrichtlinien in den Niederlanden, IStR 2001, S. 703–707

Looks, C., Währungsumrechnung, in: Löwenstein, U./Looks, C. (Hrsg.), Betriebsstättenbesteuerung, München 2003, S. 315–345

Loose, T./Hölscher, S./Althaus, M., Jahressteuergesetz 2007: Anwendungsbereich und Auswirkungen der Einschränkung der Freistellungsmethode – Eine erste Analyse des § 50 d Abs. 9 EStG des Jahressteuergesetzes 2007, BB 2006, S. 2724–2726

Lornsen, B. (Doppelbesteuerung), Unilaterale Maßnahmen der Bundesrepublik Deutschland zur Ausschaltung der internationalen Doppelbesteuerung bei der Einkommen- und Körperschaftsteuer, Frankfurt a. M. 1987

Loukota, H., Gebietet EU-Recht einen DBA-Anrechnungsvortrag?, SWI 2006, S. 250–253

Louven, C./Dettmeier, M./Pöschke, M./Wenig, A., Optionen grenzüberschreitender Verschmelzungen innerhalb der EU – gesellschafts- und steuerrechtliche Grundlagen, BB 2006, Special 3, S. 1–16

Ludwig, M. B., Der Begriff der festen Betriebsstätte und seine Entwicklung in verschiedenen Ländern, insbesondere im Hinblick auf die Harmonisierung künftiger Doppelbesteuerungsabkommen, CDFI 1967, S. 502–520

Lück, W. (Umrechnung), Die Umrechnung der Jahresabschlüsse inländischer Konzerngesellschaften und die Behandlung von Umrechnungsdifferenzen für die Aufstellung internationaler Konzernabschlüsse, Düsseldorf 1974

Lüdicke, J., Die inländische Betriebsstätte eines ausländischen Unternehmens, StbKR 1994, S. 217–252

– (Unternehmensfinanzierung), Treaty shopping – § 50 d Abs. 1 a EStG, in: Piltz, D. J./Schaumburg, H. (Hrsg.), Unternehmensfinanzierung im Internationalen Steuerrecht, Köln 1995, S. 102–115

– Merkwürdigkeiten bei der Umsetzung des Schumacker-Urteils des EuGH, IStR 1996, S. 111–114

– Neue Entwicklungen zur beschränkten Steuerpflicht – Einflüsse aus dem EU-Gemeinschaftsrecht und aus den Doppelbesteuerungsabkommen, StbKR 1996, S. 399–436

– (Spannungsverhältnis), Die Besteuerung Nichtansässiger im Spannungsverhältnis zwischen Gemeinschaftsrecht und Doppelbesteuerungsabkommen, in: Schön, W. (Hrsg.), Gedächtnisschrift für Brigitte Knobbe-Keuk, Köln 1997, S. 647–674

– Neue Entwicklungen der Besteuerung von Personengesellschaften im internationalen Steuerrecht, StBJb 1997/1998, S. 449–492

– (Ansässigkeitswechsel), Doppelansässigkeit, Ansässigkeitswechsel und Progressionsvorbehalt, in: Kleineidam, H. J. (Hrsg.), Unternehmenspolitik und interna-

tionale Besteuerung. Festschrift für Lutz Fischer zum 60. Geburtstag, Berlin 1999, S. 731–750
- (Personengesellschaften), Die Besteuerung von international tätigen Personengesellschaften – geänderte Auffassungen der Finanzverwaltung im Betriebsstättenerlaß und anderen BMF-Schreiben, Hamburg 2000
- Anmerkung zum EuGH-Urteil vom 13. 4. 2000 (Baars) – C-251/98, IStR 2000, S. 341–342
- Anmerkung zum BFH-Urteil vom 5. 2. 2001 – I B 140/00, IStR 2001, S. 286
- Das Ende der Suspensionsklauseln für Dividenden in den deutschen DBA infolge des StSenkG, IStR 2001, S. 743–745
- Lasst Blumen sprechen! – Zur fahrenden Vertreterbetriebsstätte, IStR 2003, S. 164–165
- Internationale Aspekte des Steuervergünstigungsabbaugesetzes, IStR 2003, S. 433–444
- (Organschaft), Organschaft und Verlustberücksichtigung im Ausland –"double dip", in: Herzig, N. (Hrsg.), Organschaft, Stuttgart 2003, S. 436–460
- Anmerkung zum BMF-Schreiben vom 10. 7. 2007, IV B 1–S 2411/07/0002 – IStR 2007, S. 555–556
- (DBA-Politik), Überlegungen zur deutschen DBA-Politik, Baden-Baden 2008
- Die mangelnde Abstimmung von Steuerabzug nach § 50a EStG i. d. F. des JStG 2009 und beschränkter Steuerpflicht, IStR 2009, S. 206–207
- Reform der Konzernbesteuerung (I), FR 2009, S. 1025–1030

Lüdicke, J./Hummel, L., Zum Primat des primären Gemeinschaftsrechts, IStR 2006, S. 694–698

Lüdicke, J./Kempf, A./Brink, T (Verluste), Verluste im Steuerrecht, Baden-Baden 2010

Lüdicke, J./Rödel, S., Generalthema II: Gruppenbesteuerung, IStR 2004, S. 549–554

Lühn, A., Das Zielsystem der internationalen Konzernsteuerplanung, Der Konzern 2008, S. 93–106

Lühn, T., Steuerliche Behandlung der Aufsichtsrats- und Verwaltungsratsvergütungen nach den Doppelbesteuerungsabkommen, IWB, 2007, Fach 3, Deutschland, Gruppe 2, S. 1369–1374
- Neuregelung der fiktiven unbeschränkten Einkommensteuerpflicht und Einführung von Tarifermäßigungen für beschränkt Steuerpflichtige durch das JStG 2008, IWB, 2008, Fach 3, Gruppe 3, S. 1521–1526
- Einführung eines neuen Art. 18 A DBA USA für Altersvorsorgepläne, IWB, 2008, Fach 8, USA, Gruppe 2, S. 1495–1500
- Besteuerungsrecht für Arbeitslohn bei doppelter Ansässigkeit des Arbeitgebers, PIStB 2008, S. 92–93
- Abfindungszahlungen – Aktuelle Entwicklungen zum abkommensrechtlichen Besteuerungsrecht, PIStB 2008, S. 247–250
- Das belgische Special Tax Regime – Kein DBA-Schutz bei beschränkter Steuerpflicht in Deutschland, PIStB 2008, S. 292–294
- Betriebsstättenbegründung durch Tätigwerden in fremden Räumlichkeiten – neue Entwicklungen in der Rechtsprechung, BB 2009, S. 700–703

Lusche, U., Überblick über aktuelle Streitfragen zu der Besteuerung von Grenzgängern, DStR 2010, S. 914–918

Luja, R. H. C., WTO Agreements versus the EC Fiscal Aid Regime: Impact on Direct Taxation, Intertax 1999, S. 207–225

Lutringer, R. E. (Investitionen), Rechtliche Aspekte von Investitionen in den USA: Der Erwerb eines bestehenden Unternehmens, in: Knower, D./Spemann, T. F./ Würthele, G. (Hrsg.), Business Guide USA, Frankfurt a. M. 2000, S. 331–335

Lutter, M. (Hrsg.) (Holding-Handbuch), Holding-Handbuch: Recht – Management – Steuern, 4. Aufl., Köln 2004
– Europäische Aktiengesellschaft – Rechtsfigur mit Zukunft, BB 2002, S. 1–7
– „Überseering" und die Folgen, BB 2003, S. 7–10
Luttermann, C., Die Rechtsprechung des Bundesfinanzhofes zur Anerkennung von Basisunternehmen im Internationalen Steuerrecht, IStR 1993, S. 153–160
Maack, T./Stöbener, J., Die Niedrigbesteuerung des § 8 Abs. 3 AStG bei ausländischen Betriebstätten, IStR 2008, S. 461–465
Mack, A./Wollweber, M., § 42 AO – Viel Lärm um nichts?, DStR 2008, S. 182–186
Mackenstedt, A./Fladung, H.-D./Himmel, H., Ausgewählte Aspekte bei der Bestimmung beizulegender Zeitwerte nach IFRS 3 – Anmerkungen zu IDW-RS HFA 16, WPg 2006, S. 1037–1047
Märkle, R., Die Übertragung eines Gesellschaftsanteils bei vorhandenem Sonderbetriebsvermögen, DStR 2001, S. 685–692
– Beratungsschwerpunkt Betriebsaufspaltung – neueste Rechtsprechung und Verwaltungsanweisungen (Teil I), DStR 2002, S. 1109–1118
Maier, J. (Zuordnung), Zuordnung von Wirtschaftsgütern, in: Löwenstein, U./Looks, C. (Hrsg.), Betriebsstättenbesteuerung, München 2003, S. 246–284
– (Personengesellschaften), Besonderheiten bei gewerblichen Personengesellschaften, in: Löwenstein, U./Looks, C. (Hrsg.), Betriebsstättenbesteuerung, München 2003, S. 367–372
Maier-Frischmuth, M., Auswirkungen der Unternehmenssteuerreform 2001 auf Inbound- und Outbound-Investitionen, StuB 2001, S. 585–592
– Geplante Änderungen bei der Hinzurechnungsbesteuerung, StuB 2001, S. 809–814
– Systemkonforme Hinzurechnungsbesteuerung nach dem Entwurf des UntStFG? (Teil II), IStR 2001, S. 642–647
– Neuregelung der Besteuerung französischer Dividendeneinkünfte, IStR 2002, S. 52–55
– Gestaltungsmissbrauch und Anwendungsbereich des Schachtelprivilegs bei irischen Kapitalanlagegesellschaften, StuB 2004, S. 925–929
Maisto, G., Taxation of technical assistance and independent personal services, Seminar A, 43. IFA-Kongreß 1989, IFA Seminar Series 1989, S. 40–46
– Transfer Pricing in the absence of comparable market prices (Generalbericht), CDFI 1992, S. 141–206
– Death as taxable event and its international ramifications (Generalbericht), CDFI 2010, S. 17–60
Maiterth, R. (Wettbewerbsneutralität), Wettbewerbsneutralität der Besteuerung, Bielefeld 2001
– Der Einfluss der Besteuerung auf die Wettbewerbsfähigkeit von Unternehmen, StuW 2005, S. 47–60
Malherbe, J./Daenen, P., Permanent Establishments Claim Their Share of Profits: Does the Taxman Agree?, BFIT 2010, S. 359–366
Malherbe, J./Francois, Y., Die Belgischen Koordinierungsstellen, IStR 1997, S. 74–77 (Teil I), S. 102–107 (Teil II)
Malinski, P., Seminar B: Steuerliche Wirkungen von Währungsgewinnen und -verlusten – Ein Diskussionsbeitrag, IStR 2000, S. 499–504
Malke, C. (Companies), Taxation of European Companies at the Time of Establishment and Restructuring, Wiesbaden 2010
Manke, K., Neue Entwicklungen beim Abschluß von Doppelbesteuerungsabkommen, StuW 1976, S. 93–99
– Außensteuerliche Wirkungen der Steuerreformgesetze, Korreferat und Stellungnahme zum Referat Raupach, JbFSt 1977/78, S. 444–459

- Personengesellschaft im internationalen Steuerrecht, StBJb 1977/1978, S. 269–294
- Personengesellschaften im internationalen Steuerrecht, JbFSt 1978/79, S. 333–353
- Günstigere Regelungen zur Berücksichtigung ausländischer Steuern, DStZ 1980, S. 323–329
- Personengesellschaften und DBA-Abkommensberechtigung und Abkommensschutz, DStJG 1985, S. 195–213

Marantelli, A., Die Schweiz als Baustein US-amerikanischer Steuerplanung, Steuer-Revue 2000, S. 92–99

Markham, M., The Resolution of Transfer Pricing Disputes through Arbitration, Intertax 2005, S. 68–74
- The Advantages and Disadvantages of Using an Advance Pricing Agreement: Lessons for the UK from the US and Australian Experience, Intertax 2005, S. 214–229
- Tax in a Changing World: The Transfer Pricing of Intangible Assets, TNI 2005, S. 895–906
- APAs in Australia, Canada and the United States: Current Developments and Future Directions, Intertax 2006, S. 393–405

Maskow, D./Schreiber, J., Besteuerung von Arbeitnehmereinkünften in Belgien – Gefahr der Doppelbesteuerung, IWB, 2008, Fach 5, Belgien, Gruppe 2, S. 269–278

Massoner, C./Stürzlinger, B., Anrechnungsmethode als geringster und gemeinschaftskonformer Eingriff in die Besteuerung von Portfoliodividenden, SWI 2008, S. 400–411

Mastmann, G./Stark, J., Vertragsgestaltung bei Personalentsendung ins Ausland, BB 2005, S. 1849–1856

Masui, Y., Gruppenbesteuerung (Generalbericht), CDFI 2004, S. 21–67

Mattson, N., Multilateral Tax Treaties – A Model for The Future?, Intertax 2000, S. 301–308

Maul, S./Röhricht, V., Die Europäische Privatgesellschaft – Überblick über eine neue supranationale Rechtsform, BB 2008, S. 1574–1579

Matzka, B. (Freiheit), Das österreichische Steuerrecht im Lichte der Freiheit des Kapitalverkehrs, Wien 1998

Maul, S./Schmidt, C., Inspire Art – Quo vadis Sitztheorie?, BB 2003, S. 2297–2300

Maus, G., Praxisprobleme im Zusammenhang mit der Neufassung des § 6 b EStG, StBp 2001, S. 39–44

Maus, G./Lentschig, P., Die Rücklage nach § 6 b EStG, StBp 1996, S. 318–323 (Teil I), StBp 1997, S. 5–10 (Teil II)

Mayer, M. (Arbeitnehmerbesteuerung), Internationale Arbeitnehmerbesteuerung – Eine steuersystematische Analyse anhand der Länder Deutschland, Österreich und Schweiz, Wiesbaden 2010

Mayer, M./Nowotnick, U., Steueroptimierte Gestaltung der Mitarbeiterentsendung von Deutschland in die Schweiz, RIW 2008, S. 851–855

Mayr, G., Endgültige Verluste im Sinne von Marks & Spencer, BB 2008, S. 1816–1819
- Moderne Konzernbesteuerung im Lichte der EuGH-Rechtsprechung, BB 2008, S. 1312–1317

Mayr, S./Frei, R., Reform der Unternehmensbesteuerung in Italien, IWB, 2003, Fach 5, Italien, Gruppe 2, S. 525–532 (Teil I), S. 533–538 (Teil II)

McClure, J. H., Compaq's Transfer Pricing Lessons for Contract Manufacturing: CUP and Cost Plus, TNI 1999, S. 455–460

McDaniel, P. R., NAFTA and Formulary Apportionment: An Exploration of the Issues, Intertax 1994, S. 105–115
McDaniel. P. R./Ault, H. J./Repetti, J. R., (United States), Introduction to United States International Taxation, 5. Auflage, Alphen aan den Rijn 2005
McLure, C. E. jr., Economic Integration and European Taxation of Corporate Income at Source: Some Lessons from the U. S. Experience, ET 1989, S. 243–250
– Coordinating Business Taxation in the Single European Market: the Ruding Committee Report, ECTR 1992, S. 13–21
– Corporate Tax Harmonization in the European Union: the Commission's Proposals, TNI 2004, S. 45–69
McLure, C. E. jr./Hellerstein, W., Does sales-only apportionment of corporate income violate international trade rules?, TN 2002, S. 1513–1520
Meffert, H./Burmann, C. (Abnutzbarkeit), Abnutzbarkeit und Nutzungsdauer von Marken, Ein Beitrag zur steuerlichen Behandlung von Warenzeichen, in: Meffert, H./Krawitz, N. (Hrsg.), Unternehmensrechnung und -besteuerung, Grundfragen und Entwicklungen, Wiesbaden 1998
Meffert, H./Burmann, C./Kirchgeorg, M. (Marketing), Marketing: Grundlagen marktorientierter Unternehmensführung; Konzepte, Instrumente, Praxisbeispiele, Wiesbaden 2008
Meier, K. W., US-Cross-Border Leasing: Lukrative Einnahmequelle für deutsche Städte?, PIStB 2003, S. 9–13
Meiisel, P./Bokeloh, B., Neuere Erkenntnisse für die Anwendung primären und sekundären EU-Rechts aus der Rechtssache Burda? – Zugleich Besprechung des EuGH-Urteils v. 26. 6. 2008 – Rs. C-284/06, DB 2008, S. 2160–2164
Meilicke, W., Zur Bedeutung der richtlinienkonformen Auslegung für das deutsche Steuerrecht, BB 1992, S. 969–975
– Die Neuregelung der ertragsteuerlichen Organschaft über die Grenzen, DB 2002, S. 911–917
– Verlegung des Wohnsitzes in einen anderen Mitgliedstaat der EU darf steuerrechtlich nicht benachteiligt werden, GmbHR 2009, S. 511–512
Meilicke, W./Portner, R., Grenzen für den Übergang von der Freistellungs- zur Anrechnungsmethode, IStR 2004, S. 397–402
Meirelles, M., Tax Sparing Credits in Tax Treaties: The Future and the Effect on EC Law, ET 2009, S. 263–273
Meister, N. (Gewinngemeinschaft), Die Gewinngemeinschaft zwischen verbundenen Unternehmen als steuerliches Gestaltungsmittel, in: Grotherr, S. (Hrsg.), Handbuch der internationalen Steuerplanung, 2. Aufl., Herne/Berlin 2003, S. 421–440
Menck, T., Die Besteuerung internationaler Konzerne, DStZ 1972, S. 65–76
– Die neuen US-amerikanischen Verrechnungspreis-Richtlinien, StBp 1993, S. 221–228
– Unterkapitalisierung und DBA zu § 8 a KStG und zum OECD-Musterabkommen, FR 1994, S. 69–76
– Die Prüfung der internationalen Gewinnabgrenzung nach der „Schiedsstellenkonvention" der EU, StBp 1995, S. 169–176
– Der Anwendungserlaß zum AStG und die künftige Entwicklung, IWB, 1996, Fach 3, Deutschland, Gruppe 1, S. 1521–1528
– Patt oder Konsens bei den internationalen Verrechnungspreisen? Zu neuen US-Richtlinien und zum OECD-Bericht 1995, StBp 1996, S. 25–29
– Neue Grundmodelle grenzüberschreitender Steuerplanung im Blickfeld der Außenprüfung, StBp 1997, S. 173–178 (Teil I), S. 197–201 (Teil II)
– Schwerpunkt der Anpassung des OECD-Musters für Steuerabkommen, IWB, 2000, Fach 10, International, Gruppe 2, S. 1469–1492
– Die (un)verborgene Krise des Außensteuerrechts, IStR 2001, S. 279–281

Mennel, A., Internationaler Vergleich der Anrechnung ausländischer Steuern, RIW/AWD 1977, S. 470–476
Mennel, A./Förster, J. (Hrsg.) (Steuern in Europa), Steuern in Europa, Amerika und Asien, Herne/Berlin 1980, Stand: Juli 2010
Menner, S./Broer, F., Europäischer Teilbetriebsbegriff und Zuordnung von Wirtschaftsgütern, DB 2002, S. 815–818
Menninger, J. (Immaterielle Werte), Immaterielle Werte aus Sicht der Wirtschaftsprüfung, in: Möller, K./Piwinger, M./Zerfaß, A., Immaterielle Vermögenswerte – Bewertung, Berichterstattung und Kommunikation, Stuttgart 2009, S. 349–363
– (Markenbewertung), Markenbewertung: Methoden und Standards, in: Pfannenberg, J./Zerfaß, A. (Hrsg.), Wertschöpfung durch Kommunikation, Frankfurt am Main 2010, S. 140–152
Mensching, O., Stille Beteiligung und § 8 a KStG n. F., DStR 2004, S. 408–414
Mer-Beydilli, N./Suzme, E., Common Flaws in implementing payment terms adjustments: the effect of Benchmark Choice on the Arm's Length Test, TMTPR 2002, S. 663–670
Meretzki, A., Weshalb der neue § 50 d Abs. 10 EStG sein Ziel verfehlt und neue Probleme schafft – Mitunternehmer-Betriebsstätten, floating income und weitere Streitfragen, IStR 2009, S. 217–225
Merks, P., Categorizing Corporate Cross-Border Tax Planning Techniques, TNI 2006, S. 55–69
Mersmann, W. (Ertragsbesteuerung), Die Ertragsbesteuerung inländischer Betriebstätten und Tochtergesellschaften ausländischer Kapitalgesellschaften, Heidelberg 1966
Merz, S./Sajogo, D., Das Verständigungs- und Schiedsverfahren nach Art. 25 OECD-MA als „letzter Ausweg", PIStB 2010, S. 185–191
Messere, K. C. (Tax Policy), Tax policy in OECD countries: choices and conflicts, Amsterdam 1993
– Tax Policy in Europe: A Comparative Survey, ET 2000, S. 526–541
Mette, S., Der Vorschlag der Europäischen Kommission für ein gemeinsames Mehrwertsteuersystem, UVR 1997, S. 2–6
Meussen, G. T. K., Income Tax Act 2001, ET 2000, S. 490–498
– Cadbury Schweppes: The ECJ significantly limits the Application of CFC rules in the Member States, ET 2007, S. 13–18
– Columbus Container Services – A Victory for the Member States Fiscal Autonomy, ET 2008, S. 169–173
Meyer, H. (Ursprungsprinzip), Die Vermeidung internationaler Doppel- und Minderbesteuerung auf der Grundlage des Ursprungsprinzips, Göttingen 1970
Michel, S. (Organisation), Besteuerung und Organisation: eine intra- und intersystemische Analyse, Lohmar/Köln 2001
Micker, L., Anwendungsprobleme des Anti-Treaty-Shopping nach § 50 d Abs. 3 EStG, FR 2009, S. 409–415
Miessl, G., Grenzgänger in die Schweiz: Steuerrechtliche Betrachtung aus deutscher Sicht, IStR 2005, S. 477–481
– Grenzgänger in die Schweiz und die steuerlichen Konsequenzen von Einmalauszahlungen aus der Schweizer Pensionskasse, IStR 2007, S. 883–890
– Einmal Grenzgänger in die Schweiz – immer Grenzgänger?, IStR 2008, S. 624–627
Mihaly, S. A., How to escape the wrath of Thrasybulus sword and establish royalty rates in intercompany licensing of intangibles under the „Best Method Rule" of the new section 482 regulations, IBFD-Bulletin 1993, S. 307–322

Mildner, M., Zeitliche Nutzung von Verlusten bei Verschmelzungen GmbHR 2003, S. 644–651
– Verlustverrechnung bei Verschmelzung von Kapitalgesellschaften, GmbHR 2005, S. 1074–1076
Miller, B. F. (Unitary), Worldwide Unitary Combination: The California Practice, in: McLure, C. E. jr. (Hrsg.), The State Corporation Income Tax. Issues in Worldwide Unitary Combination, Stanford 1984, S. 132–166
Minor, R. G., Overview of New German Anti-Abuse and Technical Corrections Act, TNI 1993, S. 1539–1541
Mintz, J. M., Globalization of the Corporate Income Tax: The Role of Application, FA 1999, S. 389–423
Mitschke, W., Nichtanwendung der Rechtsprechung des EuGH im Bereich der direkten Steuern?, NWB 2008, S. 2327–2330
– Nochmals: Aufgabe der „finalen Entnahmetheorie" – Nachlese zum BFH-Urteil – I R 77–06, FR 2008, 1149 – Zugleich eine Erwiderung auf Schneider-Oepen, FR 2009, 22 ff., FR 2009, S. 326–330
– Zur gesetzlichen Entstrickungsregelung des § 4 Abs. 1 Satz 3 EStG, DB 2009 S. 1376–1379
– Entstrickung und Verstrickung – BFH I R 77/06 und § 4 Abs. 1 Satz 3 EStG – Kurze Erwiderung auf Körner, IStR 2010, S. 95–97
– Entstrickung und Verstrickung – BFH I R 77/06 und § 4 Abs. 1 Satz 3 EStG – Kurze Duplik auf Körner, in diesem Heft auf S. 208, IStR 2010, S. 211–213
Möbus, S., Finanzverwaltung versus OECD bei der Behandlung ausländischer Personengesellschaften?, GmbHR 2004, S. 1202–1206
Moerman, S. B. J., The French Anti-avoidance Legislation, Intertax 1999, S. 50–63
Möhlenbrock, R., Detailfragen der Zinsschranke aus Sicht der Finanzverwaltung, Ubg 2008, S. 1–12
Möller, C., Die Hinzurechnungsbesteuerung ausgewählter EU-Mitgliedstaaten – Reaktionen auf „Cadbury Schweppes", IStR 2010, S. 166–170
Möller, M./Bartl, C. (Verrechnungspreispolitik), Einfluss der Verrechnungspreispolitik auf die Konzernstruktur, in: Oestreicher, A. (Hrsg.), Internationale Verrechnungspreise, Herne/Berlin 2003, S. 265–283
Mössner, H.-J., International-steuerrechtliche Fragen bei Gehaltsumwandlungen (Generalbericht), CDFI 2000, S. 21–175
Mössner, J. M., Die Methoden zur Vermeidung der Doppelbesteuerung, DStJG 1985, S. 135–169
– (Treaty Overriding), Rechtsschutz bei Treaty Overriding, in: Fischer, L. (Hrsg.), Besteuerung internationaler Konzerne, Köln 1993, S. 113–136
– (Isolierende Betrachtungsweise), Isolierende Betrachtungsweise – Essay einer dogmatischen Klärung, in: Klein, F./Stihl, H. P./Wassermeyer, F. (Hrsg.), Unternehmen Steuern. Festschrift für Hans Flick zum 70. Geburtstag, Köln 1997, S. 939–956
– Die Neuregelung der temporären Steuerpflicht durch die Jahressteuergesetze 1996 und 1997, IStR 1997, S. 225–228
– (Gewinnermittlung), Internationale Rechnungslegung und steuerliche Gewinnermittlung, in: Ebke, W. F./Luttermann, C./Siegel, S. (Hrsg.), Internationale Rechnungslegungsstandards für börsenunabhängige Unternehmen?, Baden-Baden 2007, S. 165–187
Mössner, J. M. u. a. (Steuerrecht), Steuerrecht international tätiger Unternehmen. Handbuch der Besteuerung von Auslandsaktivitäten inländischer Unternehmen und von Inlandsaktivitäten ausländischer Unternehmen, 3. Aufl., Köln 2005
Mogle, J. R., Intercompany Transfer Pricing for Intangible Property, Tax Management 1994, Vol. 2, S. 1–43

Molenaar, D./Grams, H., Die Illusion der gerechten und ertragreichen Besteuerung von international tätigen Künstlern und Sportlern, IStR 2005, S. 762–767
Monti, M., How state aid affects tax competition, ECTR 1999, S. 208–210
– (Strategie), Eine neue Strategie für den Binnenmarkt – Bericht an den Präsidenten der Europäischen Kommission José Manuel Barroso, Mailand 2010
Morgan, R. W., Perspectives on U. S. and Canadian Transfer Pricing Analyses, Tax Notes International, September 1, 2009, S. 765–772
Morgenthaler, G., Steueroasen und deutsche Hinzurechnungsbesteuerung – Zur Deutung der §§ 7 ff. AStG, IStR 2000, S. 289–295
Morrison, P. D., US Transfer Pricing Policy: Prospects for Continuing Controversy, Intertax 1993, S. 62–75
Mors, M./Rautenstrauch, G., Die gemeinsame konsolidierte Körperschaftsteuer-Bemessungsgrundlage (GKKB) als harmonisiertes europäisches Körperschaftsteuerrecht der Zukunft?, Ubg 2008, S. 97–104
– Perspectives on U. S. and Canadian Transfer Pricing Analyses, TNI 2008, S. 765–772
Mosbach, P., Grundfragen zur steuerlichen Behandlung von Mitarbeiterentsendungen, Ubg 2008, S. 675–683
Moxter, A., Offene Probleme der Rechnungslegung bei Konzernunternehmen, ZfhF 1961, S. 641–653
Mückl, N., Der Debt-Equity-Swap als Sanierungsinstrument im Steuerrecht, FR 2009, S. 497
Müller, H., Die Umrechnung der Jahresabschlüsse ausländischer Tochterunternehmen nach dem Prinzip der Wertäquivalenz, RIW 1987, S. 847–857
– Steuermanagement auf dem Weg der Globalisierung – Globalisierung, Integration, Shareholder Value, IStR 1996, S. 452–456
Müller, H.-P. (Gestaltungen), Steuergünstige Gestaltungen grenzüberschreitender Joint-ventures, in: IDW (Hrsg.), Bericht über die Steuerfachtagung 1993 des Institutes der Wirtschaftsprüfer in Deutschland e. V., Steuergestaltung bei verbundenen Unternehmen, Düsseldorf 1994, S. 235–247
Müller, J. C. W. (Kapitalverkehrsfreiheit), Kapitalverkehrsfreiheit in der Europäischen Union: Bedeutung, Inhalt und Umfang, Weiterentwicklung, Auswirkung auf Völkerrecht und nationales Recht, Berlin 2000
Müller, K. (Gerechtigkeit), Verwirklichung von Gerechtigkeit und Entscheidungsneutralität in den Einkommen- und Körperschaftsteuersystemen der EU-Mitgliedstaaten: eine Analyse unter Berücksichtigung des Einkommens und des Konsums als alternative Anknüpfungspunkte der Besteuerung, Köln 2001
Müller, M., Grenzüberschreitende Sondervergütungen und Sonderbetriebsausgaben im Spannungsfeld des Abkommensrechts, BB 2009, S. 751–758
Müller, M. A. (Europa-Holding), Die GmbH & Co KG als Europa-Holding, Frankfurt a. M. 2004
– Double-Dip-Modelle bei deutschen Personengesellschaften, IStR 2005, S. 181–187
Müller-Dott, J. P. (Kooperationshemmnisse), Kooperationshemmnisse aus dem körperschaftsteuerlichen Anrechnungsverfahren bei internationalen Verflechtungen, in: Herzig, N. (Hrsg.), Körperschaftsteuerguthaben bei grenzüberschreitenden Kooperationen, Köln 1996, S. 1–12
– Zur Rechtsänderung des § 34 c EStG zur Anrechnung ausländischer Steuern durch das StVergAbG, DB 2003, S. 1468–1470
Müller-Gatermann, G. (Gruppenbesteuerung), Überlegungen zu einer rechtsform- und organisationsformneutralen Gruppenbesteuerung, in: Oestreicher, A. (Hrsg.), Konzernbesteuerung, Herne/Berlin 2005, S. 197–237
– Unternehmenssteuerrecht nach der Wahl, Ubg 2010, S. 153–161

Müller-Seils, H.-J., Der L. Kongreß der Internationalen Fiscal Association in Genf vom 1.–6. 9. 1996, IWB, 1996, Fach 1, IFA-Mitteilungen, S. 1421–1426

Mullarkey, D., Tax Aspects of International Joint Ventures, TPIR 1994, S. 3–10

Musgrave, R. A. (Fiscal Systems), Fiscal Systems, New Haven/London 1969 (Dritter Nachdruck 1973)

Musgrave, P. B. (Taxation), United States Taxation of Foreign Investment Income, Cambridge 1969
– International Tax Base Divison and the Multinational Corporation, Public Finance 1972, S. 394–413
– (Principles), Principles for Dividing the State Corporate Tax Base, in: McLure, C. E. jr. (Hrsg.), The State Corporation Income Tax. Issues in Worldwide Unitary Combination, Stanford 1984, S. 228–246

Musil, A., Spielräume des deutschen Gesetzgebers bei der Verhütung grenzüberschreitender Steuerumgehung, RIW 2006, S. 287–294

Musil, A./Volmering, B., Systematische, verfassungsrechtliche und europarechtliche Probleme der Zinsschranke, DB 2008, S. 12–16

Mutscher, A./Power, T., Steuerliche Konsequenzen und Gestaltungsüberlegungen bei der Entsendung von Mitarbeitern nach Irland, IStR 2002, S. 411–416

Nabialek, J./Jasmand, A., Die Behandlung von Geschäftsführervergütungen aus Polen an eine in Deutschland ansässige Person, RIW 2005, S. 444–454

Nagel, B./ Köklü, A., Die Europäische Aktiengesellschaft und die Beteiligung der Arbeitnehmer, WiSt 2003, S. 713–720

Narraina, L./Krause, M./Viegener, J. u. a., Vergleichende Darstellung über die Besteuerung von Betriebsstätten ausländischer Unternehmen, IWB, 1993, Fach 10, International, Gruppe 2, S. 925–950

Nash, J. F., The bargaining problem, Econometrica 1950, S. 155–162

Naumann, M./Förster, H., Abschmelzen (Stripping) von Funktionen im Konzern, steuerlich vergebliche Liebesmüh'?: zur Verlagerung von Funktionen am Beispiel von Vertriebstochtergesellschaften, IStR 2004, S. 246–252
– Die neuen Dokumentationspflichten bei Verrechnungspreisen, NWB, 2004, Fach 2, S. 8483–8496

Naumann, M./Sydow, S./Becker, K./Mitschke, W., Zur Frage der Europarechtmäßigkeit des § 1 AStG, IStR 2009, S. 665–668

Nawrath, A., Entscheidungskompetenz des Gesetzgebers und gleichheitsgerechte Sicherung des Steueraufkommens, DStR 2009, S. 2–4

Neale, T. (CCCTB), CCCTB: How far have we got and what are the next steps?, in: Lang, M./Pistone, P./Schuch, J./Staringer, C. (Hrsg.), Common Consolidated Tax Base, Wien 2008, S. 37–46

Neitz, C./Lange, C., Grunderwerbsteuer bei Umwandlungen – Neue Impulse durch das Wachstumsbeschleunigungsgesetz, Ubg 2010, S. 17–29

Neu, N., Sanierungszuschuß und Forderungsverzicht in der Bilanz des Gesellschafters, GmbH-StB 2000, S. 41–44
– Die englische Limited mit Geschäftsleitung im Inland, GmbH-StB 2005, S. 371–376

Neu, N./Schiffers, J., Steuerliche Optimierung von Outboundinvestitionen mittelständischer Unternehmen, GmbHR 2001, S. 1005–1015

Neu, N./Tombers, M., GmbH-Fremdfinanzierung nach Korb-II – der neue § 8a KStG – Überblick über die wichtigsten Regelungsbereiche, GmbH-StB 2004, S. 75–85

Neubauer, H., Koreferat und Diskussion zum Referat Ritter: Grenzüberschreitende Gewinnabgrenzung bei Betriebsstätten, JbFSt 1976/77, S. 312–321 (Koreferat) und S. 322–325 (Diskussion)

Neumann, S., Gesetzliche „Wiedereinführung" des Mitunternehmererlasses, EStB 2001, S. 60–64

Neye, H.-W., Die Europäische Wirtschaftliche Interessenvereinigung – eine Zwischenbilanz, DB 1997, S. 861–863
– Zur Vereinbarkeit der Sitztheorie mit Gemeinschaftsrecht, EWiR 2002, S. 1003–1004
Neye, H.-W./Timm, B., Mehr Mobilität für die GmbH in Europa – Das neue Recht der grenzüberschreitenden Verschmelzungen, GmbHR 2007, S. 561–565
Neyer, W. (Besteuerungsprobleme), Besteuerungsprobleme bei international tätigen Geschäftsführern und Vorstandsmitgliedern, in: Grotherr, S. (Hrsg.), Handbuch der internationalen Steuerplanung, 2. Aufl., Herne/Berlin 2003, S. 1229–1249
– Neue Nachweisanforderungen bei steuerbefreiten Einkünften – Anmerkungen zu § 50 d Abs. 8 EStG, BB 2004, S. 519–521
– Erweiterung des Umfangs der beschränkten Steuerpflicht: § 49 Abs. 1 Nr. 4 d EStG n. F., IStR 2004, S. 403–406
– Optionsbesteuerung im internationalen Konzern, IWB, 2004, Fach 10, Deutschland, Gruppe 2, S. 1755–1766
– Wo übt ein Manager seine Tätigkeit aus – Widerstreitende Rechtsprechung der Finanzgerichte zum DBA-Schweiz, IStR 2005, S. 514–518
– Steuerliche Behandlung der grenzüberschreitenden Arbeitnehmerentsendung im Konzernverbund, BB 2006, S. 917–920
– Verlustnutzung nach Anteilsübertragung – Zum Umfang des Verlustverwertungsverbots gem. § 8 c KStG, BB 2009, S. 415–419
– Sanierungsprivileg gem. § 8 c Abs. 1 a KStG – Qualifizierte Zuführung von Betriebsvermögen als Verlustrettungsmaßnahme, BB 2009, S. 2284–2289
Niedrig, H.-P., Substanzerfordernisse bei ausländischen Gesellschaften, IStR 2003, S. 474–482
Nielsen, S. B./Raimondos-Møller, P./Schjelderup, G., Formula apportionment and transfer pricing under oligopolistic competition, JPET 2003, S. 419–437
Niemeier, W., Steuerfragen bei Auslandsakquisitionen – ein Überblick, RIW 2005, S. 436–444
Niermann, W., Steuerliche Behandlung des Arbeitslohns nach den Doppelbesteuerungsabkommen – Die aktuelle Verwaltungspraxis unter Berücksichtigung des BMF-Schreibens vom 14. 9. 2006, IV B 6–S 1300–367/06, BStBl I 2006, S. 532, IWB, 2007, Fach 3, Deutschland, Gruppe 2, S. 1345–1360
Niermann, W./Plenker, J., Änderungen im Bereich der Arbeitnehmerbesteuerung durch das Steueränderungsgesetz 2003, DB 2003, S. 2724–2729
Nieschlag, R./Dichtl, E./Hörschgen, H. (Marketing), Marketing, 19. Aufl., Berlin 2002
Nieß, B. (Finanzierung), Der Einfluß der internationalen Besteuerung auf die Finanzierung ausländischer Grundeinheiten deutscher multinationaler Unternehmen, Bergisch Gladbach/Köln 1989
Nobregae Silva Loureiro, L., Mutual Agreement Procedure: Preventing the Computsary Jurisdiction of the International Court of Justice, Intertax 2009, S. 529–544
Nowotny, C. (Betriebsstättengewinnermittlung), Betriebsstättengewinnermittlung – Die Zuordnung von Wirtschaftsgütern im Recht der Doppelbesteuerungsabkommen, Wien 2004
o. V., Beweislast bei Beanstandung von Verrechnungspreisen, IStR 1993, S. 70–71
– The 100 Top Brands, Business Week v. 4. 8. 2003, S. 48–51
Obser, R. (Gesellschafter-Fremdfinanzierung), Gesellschafter-Fremdfinanzierung im europäischen Konzern, Düsseldorf 2005
– § 8 a KStG im Inbound-Sachverhalt – eine EG-rechtliche Beurteilung, IStR 2005, S. 799–804
Oberwetter, C., Deutsche Sozialversicherungspflicht für EU-Arbeitnehmer bei grenzüberschreitenden Dienstleistungen, BB 2007, S. 2570–2572

OECD (OECD-Bericht 1979), Verrechnungspreise und Multinationale Unternehmen, Bericht des Steuerausschusses der OECD 1979, übersetzt vom Bundesministerium für Finanzen in Abstimmung mit dem DIHT und dem BDI, Köln 1981
- (OECD-Bericht 1984), Verrechnungspreise und Multinationale Unternehmen: Drei steuerliche Sonderprobleme, Bericht des Steuerausschusses der OECD 1984, Köln 1987
- (OECD-Bericht, Thin Capitalisation), Thin Capitalisation, Taxation of Entertainers, Artists and Sportsmen, Paris 1987
- (Profits), Taxing Profits in a global Economy, Paris 1991
- (Mutual), Guidelines for Conducting Advance Pricing Agreements under Mutual Agreement Procedures (MAP APA), Paris 1995/1999
- (Legislation), Controlled foreign Company Legislation, Paris 1996
- (Electronic Commerce), The Economic and Social Impacts of Electronic Commerce, Paris 1999
- (OECD-Bericht, Partnerships), The Application of the OECD Model Tax Convention to Partnerships, Paris 1999
- (Tax Burdens), Tax Burdens: Alternative Measures, Paris 2000
- (Permanent Establishment), Clarification on the Application of the Permanent Establishment Definition in E-Commerce: Changes to the Commentary on the Model Tax Convention on Art. 5, Paris 2000
- (Communications Revolution), The Impact of the Communications Revolution on the Application of „Place of Effective Management" as a Tie Breaker Rule, Paris 2001
- (Place of Effective Management), Place of Effective Management Concept: Suggestions for Changes to the OECD Model Tax Convention, Paris 2003
- (E-Commerce), Are the Current Treaty Rules for Taxing Business Profits Appropriate for E-Commerce?, Paris 2003
- (Stock Options), Cross-Border Income Tax Issues Arising from Employee Stock-Option Plans – Report Approved by the Committee on Fiscal Affairs from 3. 9. 2004, Paris 2004
- (Banks), Report on the Attribution of Profits to Permanent Establishments, Part II: Special Considerations for Applying the Authorised OECD Approach to Permanent Establishments (PEs) of Banks, Paris 2006
- (Permanent Establishments), Report on the Attribution of Profits to Permanent Establishments, Part I: General Considerations, Paris 2006
- (Tax treaty disputes), Improving the resolution of tax trealy disputes, Report adopted by the committee on fiscal Allais on 30 January 2007
- (Transactional Profit Methods), Transactional Profit Methods, Discussion Draft for Public Comment vom 25. 1. 2008, Paris 2008
- (Report), Report on the Attribution of Profits to Permanent Establishments vom 17. 7. 2008, Part I: General Considerations, Paris 2008
- (Banks), Report on the Attribution of Profits to Permanent Establishments vom 17. 7. 2008, Part II: Special Considerations for applying the authorised OECD approach to permanent establishments (PEs) of banks, Paris 2008
- (Preface), Report on the Attribution of Profits to Permanent Establishments vom 17. 7. 2008, Preface, Paris 2008
- (Appendix), Report on the Attribution of Profits to Permanent Establishments vom 17. 7. 2008, Appendix, Paris 2008
- (Discussion Draft Business Restructurings), Transfer Pricing Aspects of Business Restructurings: Discussion Draft for Public Comment v. 19. 9. 2008, Paris 2008
- (Discussion Draft Art. 7), Discussion Draft on new Article 7 (Business Profits) of the OECD Model Tax Convention, 7. 7. 2008–31. 12. 2008, Paris 2008

- (Procedures), Report of the Informal Consultative Group on the Taxation of Collective Investment Vehicles and Procedures for Tax Relief for Cross-Border Investors on the Granting of Treaty Benefits with Respect to the Income of Collective Investment Vehicles, Paris 2009
- (Model Tax Convention Update), The 2008 Update to the OECD Model Tax Convention vom 18. 7. 2008, Paris 2009
- (Chapters I–III), Proposed revision of Chapters I–III of the Transfer Pricing Guidelines, 9. 9. 2009–9. 9. 2010, Paris 2009
- (Leitlinien), Transfer Pricing Guidelines for Multinational Enterprises and Tax Administrations vom 15. 9. 2009, Paris 2009
- (Leitlinien 2010), Transfer Pricing Guidelines for Multinational Enterprises and Tax Administrations vom 22. 7. 2010, Paris 2010
- (Revised Discussion Draft Art. 7), Revised Discussion Draft of a new Article 7 of the OECD Model Tax Convention, 24. 11. 2009–21. 1. 2010, Paris 2009
- (Information), Promoting Transparency and Exchange of Information for Tax Purposes. A Background Information Brief vom 15. 7. 2010, Paris 2010

OECD-Kommentar, Musterabkommen auf dem Gebiete der Steuern vom Einkommen und Vermögen, hrsg. von der OECD, Stand: 2008
- Commentaries on the Articles of the Model Tax Convention, hrsg. von der OECD, Stand: 2008

OECD-Modell, Articles of the Model Convention with Respect to Taxes on Income and on Capital v. 17. 7. 2008, Paris 2008

Oeftering, H./Görbing, H./Schmidt, E./Wagner, K. (Hrsg.) (Lohnsteuerrecht), Das gesamte Lohnsteuerrecht: Kommentar, 7. Aufl., München 1997

Oehme, S. C./Punkenhofer, R. (Firmengründung), Firmengründung in den USA, Berlin 2003

Oestreicher, A. (Konzern-Gewinnabgrenzung), Konzern-Gewinnabgrenzung – Gewinnabgrenzung, Gewinnermittlung, Gewinnaufteilung, München 2000
- Neufassung der Verwaltungsgrundsätze zur Prüfung der Einkunftsabgrenzung durch Umlageverträge zwischen international verbundenen Unternehmen, IStR 2000, S. 759–768
- Konzernbesteuerung in Europa. Zum Vorschlag einer konsolidierten körperschaftsteuerlichen Bemessungsgrundlage für die grenzüberschreitende Unternehmenstätigkeit in der EU, StuW 2002, 342–356
- (Steuerbilanzen), Handels- und Steuerbilanzen, HGB, AS/FRS, US-GAAP, EStG und BewG, Heidelberg 2003
- (Verlustberücksichtigung), Verlustberücksichtigung bei grenzüberschreitender Unternehmenstätigkeit, in: Lüdicke, J. (Hrsg.), Besteuerungspraxis bei grenzüberschreitender Tätigkeit, Köln 2003, S. 67–114
- (Gewinnaufteilung), Gewinnaufteilung, in: Endres, D./Oestreicher, A./Scheffler, W./Schreiber, U./Spengel, C. (Hrsg.), Die internationale Unternehmensbesteuerung im Wandel – Symposium für Otto H. Jacobs zum 65. Geburtstag, München 2005, S. 73–91
- (Statement), Statement zu den Verfahrensgrundsätzen aus Sicht der betriebswirtschaftlichen Steuerlehre, in: Pricewaterhouse Coopers (Hrsg.), Dokumentation von Verrechnungspreisen, Brennpunkte der neuen Verwaltungsgrundsätze-Verfahren, Frankfurt a. M. 2005, S. 14–18
- (Vorgaben), Besondere Vorgaben in Bezug auf die Angemessenheitsdokumentation, in: PricewaterhouseCoopers (Hrsg.), Dokumentation von Verrechnungspreisen. Brennpunkte der neuen Verwaltungsgrundsätze-Verfahren, Frankfurt a. M. 2005, S. 41–59
- Die Bedeutung von Datenbankinformationen bei der Dokumentation von Verrechnungspreisen, StuW 2006, S. 243–254
- Zukunft des Steuerbilanzrechts aus deutscher Sicht, WPg 2007, S. 572–582

- (Verrechnungspreispolitik), Unternehmerische Verrechnungspreispolitik, in: Endres, D./Schreiber, C., Investitions- und Steuerstandort USA, München 2008, S. 241–278
- (Consolidation), CCCTB – Methods of Consolidation, in: Lang, M./Pistone, P./Schuch, J./Staringer, C. (Hrsg.), Common Consolidated Tax Base, Wien 2008, S. 517–546
- Editorial: Mehr Augenmaß erforderlich, DB 2009, S. 1
- Die (reformbedürftigen) Regelungen zur Ermittlung der Verrechnungspreise in Fällen der Funktionsverlagerung, Ubg 2009, S. 80–95

Oestreicher, A. (Hrsg.), (Umbruch), Unternehmen im Umbruch – Krisenbewältigung, Mobilität, Unternehmenstransaktionen und Steuern, Herne/Berlin 2010

Oestreicher, A./Duensing, M., Eignung von Unternehmensdatenbanken zur Bestimmung der Verrechnungspreise an deutsche Vertriebsunternehmen, IStR 2005, S. 134–144

Oestreicher, A./Endres, D. (Dokumentation), Dokumentation der Angemessenheit von Verrechnungspreisen. Eine empirische Untersuchung zum Einsatz von Unternehmensdatenbanken, Frankfurt a. M. 2005

Oestreicher, A./Hundeshagen, C., Bewertung von Transferpaketen bei Funktionsverlagerungen, DB 2008, S. 1637–1643 (Teil I), S. 1693–1700 (Teil II)
- Weder Wirtschaftsgut noch Unternehmen – die Bewertung von Transferpaketen anlässlich der grenzüberschreitenden Verlagerung von Unternehmensfunktionen, IStR 2009, S. 145–151
- Ertragswertorientierte Gesamtbewertung von Transferpaketen, Ubg 2009, S. 830–843

Oestreicher, A./Koch, R. (Revenue Consequences), The Revenue Consequences of Using CCCTB to Determine Taxable Income in EU Member States, Georg-August-Universität Göttingen, Finance Accounting Taxation Research Unit, Revised Working Paper No. 07–001, Göttingen 2007

Oestreicher, A./Reister, T./Spengel, C., Common Corporate Tax Base (CCTB) and Effective Tax Burdens in the EU Member States, WTJ 2009, S. 46–66

Oestreicher, A./Scheffler, W./Spengel, C./Wellisch, D. (Konzernbesteuerung), Weiterentwicklung der Konzernbesteuerung in Deutschland und der Europäischen Union, Gutachten im Auftrag des Bundesministeriums der Finanzen, Mannheim 2006
- (Modelle), Modelle einer Konzernbesteuerung für Deutschland und Europa, Baden-Baden 2008

Oestreicher, A./Spengel, C. (Maßgeblichkeit), Maßgeblichkeit der International Accounting Standards für die steuerliche Gewinnermittlung?: international vergleichende Analyse der wirtschaftlichen Wirkungen eines Übergangs auf die Rechnungslegung nach den IAS, Baden-Baden 1999
- Anwendung von IAS in der EU – Zukunft des Maßgeblichkeitsprinzips und der Steuerbelastung, RIW 2001, S. 889–902
- (Abschreibung), Steuerliche Abschreibung und Standortattraktivität, Baden-Baden 2003
- Zur Reform der steuerlichen Abschreibung für bewegliche Wirtschaftsgüter vor dem Hintergrund des Standortwettbewerbs, BB 2003, S. 926–936
- Tax Harmonisation in Europe: The Determination of Corporate Taxable Income in the EU Member States, ET 2007, S. 437–451
- Ein Europa der zwei Geschwindigkeiten? CCCTB: Die EU-Gruppenbesteuerung, Status: Recht 2008, S. 302–304

Oestreicher, A./Vormoor, C., Verrechnungspreisanalyse mit Hilfe von Unternehmensdatenbanken, IStR 2004, S. 95–106

Oestreicher, A./Wilcke, D., Die Berichtigung von Einkünften wegen abweichender Gewinne, DB 2010, S. 467–472
– Funktionsverlagerung, Grenzpreise und Preisanpassungen, DB 2010, S. 1709–1714
– Die Einzelbewertung des Firmenwerts – Verrechnungspreise in Fällen einer Funktionsverlagerung nach dem Gesetz zur Umsetzung steuerlicher EU-Vorgaben sowie zur Änderung steuerlicher Vorschriften, Ubg 2010, S. 225–232
O'Grady, E., World Tax Conference Comes to London, TNI 2002, S. 1058–1066
Oho, W. (Cash-Pooling), Cash-Pooling, in: Kessler, W./Kröner, M./Köhler, S., Konzernsteuerrecht, München 2008, S. 883–890
Oho, W./Eberbach, C., Konzernfinanzierung durch Cash-Pooling, DB 2001, S. 825–830
Olbing, K., Gestaltungsrisiken durch steuerliche Haltefristen, GmbH-StB 2005, S. 376–379
Oldknow, D./Donnelly, M., Mind the Cap: European thin capitalization update, International Tax Report 2004 (November), S. 1–8
Oppermann, T./Classen, C. D., Die EG vor der Europäischen Union, NJW 1993, S. 5–12
Oppermann, T./Classen, C. D./Nettesheim, M. (Europarecht), Europarecht, 4. Aufl., München 2009
Ortgies, K. (Konzernsteuerquote), Die Konzernsteuerquote, Köln 2006
Orth, M., Verlustabzug: Schädliche Zuführung neuen Betriebsvermögens i. S. des § 8 Abs. 4 KStG durch Reorganisationsmaßnahmen?, DB 2001, S. 1326–1333
– Stiftungen und Unternehmenssteuerreform, DStR 2001, S. 325–337
– Übergang von Verlusten bei der Verschmelzung von Kapitalgesellschaften, FR 2005, S. 963–969
– (Verlustverwertungsstrategien), Verlustverwertungsstrategien, in: Kessler, W./Kröner, M./Köhler, S., Konzernsteuerrecht, München 2008, S. 967–1089
O'Shea, T., The UK's CFC rules and the Freedom of Establishment: Cadbury Schweppes plc and its IFS C Subsidiaries – Tax Avoidance or Tax Mitigation, S. 13–33
Overesch, M., The effects of multinationals' profit shifting activities on real investments, NTJ 2009, S. 5–23
Pache, S./Englert, M., „Das Spiel ist aus!" – Kein positives Signal des EuGH für ein binnenmarktorientiertes Konzernbesteuerungsrecht, IStR 2007, S. 844–850
Page, D./Senft, R., Steuerliche Folgen der Entsendung von Mitarbeitern nach Japan, PIStB 2005, S. 69–73
Pandolfini, I., IRAP: The Regional Tax on Productive Activities – International Issues, ET 1999, S. 249–254
Pannen, V., Entwicklungstendenzen bei der Betriebsaufspaltung – Das ungelöste Problem der faktischen Beherrschung des Besitzunternehmens, DB 1996, S. 1252–1259
Panning, J. (Umsatzsteuer), Gestaltungs- und Vereinfachungsstrategien einer europäisierten Umsatzsteuer, Bielefeld 2000
Paschke, D. (Unitary Taxation), Die „Unitary Taxation" der US-Bundesstaaten. Leitbild für die Konzernbesteuerung in der Europäischen Union?, Köln/Lohmar 2007
Patrick, R. J. jr., Die Regeln für die Einordnung von Einnahmen und Ausgaben als inländische oder ausländische (Generalbericht), CDFI 1980, S. 61–86
Patton, B. L./Monette, J., Foreign Acquisition of a U. S. Target Group and Subsequent Restructuring, IBFD-Bulletin 2001, S. 440–453
Paul, C./Hilbert, L., Ertragsteuerliche Probleme und Lohnsteuerhaftung beim internationalen Personaleinsatz, PIStB 2008, S. 136–140

Peffekoven, R., Anrechnung versus Freistellung – Zur ökonomischen Analyse internationaler Besteuerungsprinzipien, Außenwirtschaft 1984, S. 137–150

Pel, U. W., Aktuelle Fragen aus der Praxis der Betriebsprüfung, StBp 1989, S. 67–69

Pellens, B./Sellhorn, T., Kapitalkonsolidierung nach der Fresh-Start-Methode, BB 1999, S. 2125–2132

Pering, W., Auswirkungen von Währungsschwankungen auf den Betriebstättengewinn, DB 1986, S. 2299–2302

Perwein, S., Gründung ausländischer Tochter- bzw. Schwestergesellschaften im grenznahen Bereich, GmbHR 2009, S. 418–423

Peter, A. F., Kann eine Betriebsstätte im Sinne der DBA Arbeitgeber sein? – Zugleich eine Anmerkung zum Urteil des FG Berlin, Az.: IV 212/95, IStR 1999, S. 456–459

Peter, M. (Betriebsstättenprinzip), Fortentwicklung des Betriebsstättenprinzips, Frankfurt a. M./Berlin/Bern u. a. 2002

Petereit, A., Die sog. switch-over-Klausel in den deutschen Doppelbesteuerungsabkommen, IStR 2003, S. 577–586

Peters, C./Gooijer, J., The Free Movement of Capital and Third Countries: Some Observations, ET 2005, S. 475–481

Peters, M./Gast, T., Konzernsteuerung mit Holdingkonzepten – Das Beispiel RWE, WiSt 2002, S. 169–172

Peusquens, H., Beteiligung an Mitunternehmerschaft im Ausland, BB 1980, S. 255–257

Pfaar, M./Jüngling, F., Fiktive Anrechnung von Quellensteuern auf Lizenzgebühren, IStR 2009, S. 610–615

Pfitzer, N. (Finanzierung), Zum Einfluß der Besteuerung auf die Finanzierung der zweistufigen internationalen deutschen Unternehmung, Frankfurt a. M. 1988

Pflüger, H., Keine LSt-Haftung für von ausländischer Konzernmutter entsandten Arbeitnehmer, PIStB 2000, S. 259–260

– Gesellschaftsrechtlich bedingte Garantieerklärung: Kein Zuschlag nach § 1 AStG, PIStB 2001, S. 203

– Gestaltungsmißbrauch bei Gründung einer ausländischen Zwischengesellschaft, PIStB 2001, S. 228–232

– „Quintettstruktur" zur Reduktion der Quellensteuer ist rechtsmißbräuchlich, PIStB 2001, S. 255–257

– Was sind bankübliche Geschäfte?, PIStB 2003, S. 1–4

Philipowski, R., Schachteldividenden aus IFS C-Gesellschaften: Instanzgericht folgt dem BFH und entscheidet gegen den Nicht-Anwendungs-Erlass, IStR 2001, S. 676–681

– Schachtelerträge aus einer irischen Unlimited company having a share capital: steuerfrei?, DB 2001, S. 1112–1115

– Schachtelregelung und Schlussklausel im DBA-Irland, IStR 2002, S. 512–523

– (Steuerquellen), Ein Kampf um Steuerquellen, in: Dreier, H./Forkel, H./Laubenthal, Raum und Recht. Festschrift 600 Jahre Würzburger Juristenfakultät, Berlin 2002, S. 551–577

Philipp, A., Personengesellschaften und Arbeitsgemeinschaften im internationalen Steuerrecht (Generalbericht), CDFI 1973, S. I/1–I/28

Phillips, J. S./Collins, M. H., Die Steuerveranlagung und -erhebung bei Nichtansässigen (Generalbericht), CDFI 1985, S. 103–148

Pich, H. (Umsatzsteuer-Richtlinien), Die neuen Umsatzsteuer-Richtlinien 1996, Köln 1996

Picot, A./Land, V., Der internationale Unternehmenskauf, DB 1998, S. 1601–1607

Picot, A./Reichwald, R./Wigand, R. T. (Unternehmung), Die grenzenlose Unternehmung, 5. Aufl., Wiesbaden 2003

Picot, A./Ripperger, T./Wolff, B., The Fading Boundaries of the Firm: The Role of Information and Communication Technology, JITE 1996, S. 65–79

Picot, A./Temme, U., Cross Border Joint Ventures, M&A Review 2000, S. 321–325

Piedrabuena, E. (Territorialität), Territorialität einer Besteuerung in Doppelbesteuerungsabkommen: Die DBA-Modelle der Andenpakt-Staaten, in: Engelschalk, U./Flick, H. (Hrsg.), Steuern auf ausländische Einkünfte, Münchener Schriften zum Internationalen Steuerrecht, Heft 7, München 1985, S. 86–91

Pietras, K./Thomas, H., Die konzerninterne Entsendung von ausländischen Arbeitnehmern nach Deutschland, RIW 2001, S. 691–698

Pijl, H., Netherlands: Allocation of Assets to a Permanent Establishment and the OECD Discussion Drafts, IBFD-Bulletin 2006, S. 351–357
– The Zero-Sum Game, the Emperor's Beard and the Authorized OECD Approach, ET 2006, S. 29–35

Pijl, H./Hählen, W., The New Advance Pricing Agreement and Advance Tax Ruling Practice in the Netherlands, IBFD-Bulletin 2001, S. 614–630

Piltz, D. J., Betriebsaufspaltung über die Grenze?, DB 1981, S. 2044–2047
– (Personengesellschaften), Die Personengesellschaften im internationalen Steuerrecht der Bundesrepublik Deutschland, Heidelberg 1981
– Doppelbesteuerungsabkommen und Steuerumgehung unter besonderer Berücksichtigung des treaty-shopping, BB 1987, Beilage 14
– (Qualifikationskonflikte), Qualifikationskonflikte im internationalen Steuerrecht unter besonderer Berücksichtigung von Personengesellschaften, in: Fischer, L. (Hrsg.), Besteuerung internationaler Konzerne, Köln 1993, S. 21–47
– (Besteuerung), Besteuerung unqualifizierter Zinsen im Empfängerstaat, in: Piltz, D. J./Schaumburg, H. (Hrsg.), Unternehmensfinanzierung im Internationalen Steuerrecht, Köln 1995, S. 116–124
– (Unternehmensfinanzierung), Hybride Finanzierungen in Doppelbesteuerungsabkommen, in: Piltz, D. J./Schaumburg, H. (Hrsg.), Unternehmensfinanzierung im Internationalen Steuerrecht, Köln 1995, S. 125–144
– Internationale Aspekte der Unterkapitalisierung (Generalbericht), CDFI 1996, S. 19–81
– (Gewinngemeinschaft), Gewinngemeinschaft, in: Bopp, G. u. a. (Hrsg.), Steuerliches Vertrags- und Formularbuch: Gesellschaftsverträge, sonstige Verträge, Besteuerungsverfahren, Rechtsmittelverfahren, Steuerstrafverfahren, 3. Aufl., München 1996, S. 296–304
– Wann liegt eine DBA-Vertreter-Betriebsstätte vor?, IStR 2004, S. 181–187
– Anmerkung zum Urteil des FG Baden-Württemberg vom 21. 4. 2004, 12 K 252/00, IStR 2005, S. 173–174
– (Sondervergütungen), Zur Ermittlung und Besteuerung grenzüberschreitender Sondervergütungen – das Verhältnis von nationalem Recht und DBA, in: Gocke, R./Gosch, D./Lang, M. (Hrsg.), Körperschaftsteuer, Internationales Steuerrecht, Doppelbesteuerung. Festschrift für Franz Wassermeyer zum 65. Geburtstag, München 2005, S. 747–756
– Wirtschaftliche oder sonst beachtliche Gründe in § 50 d Abs. 3 EStG, IStR 2007, S. 793–799

Pinto, C., EC State Aid Rules and Tax Incentives: A U-Turn in Commission Policy?, ET 1999, S. 295–309 (Part I), S. 343–354 (Part II)

Pleijsier, A., The Agency Permanent Establishment: The Current Definition (Part One), Intertax 2001, S. 167–183

Plenker, J./Schaffhausen, H.-W., Ausgesuchte Zweifelsfragen zum neuen Reisekostenrecht, DB 2008, S. 1822–1826

Plewka, H./Renger, S., S-Corporations und die Schachteldividende – Zugleich eine Anmerkung zum Urteil des FG Köln vom 16. 2. 2006, EFG 2006, 746, IStR 2006, S. 586–591

Pluskat, S., Akquisitionsmodelle beim Erwerb einer Kapitalgesellschaft nach der Unternehmenssteuerreform, DB 2001, S. 2216–2222

Pöllath, R., Sicherung des Steueraufkommens ist einfach, wenn man will, FR 2008, S. 1042–1044

Pöllath, R./Rädler, A. J., Die vorgeschlagene Erweiterung des § 8 Abs. 3 KStG – Voraussetzungen und Wirkungen nach innerstaatlichem und Abkommensrecht, DB 1980, Beilage 8

– Gewinnberichtigung zwischen verbundenen Unternehmen ohne Rücksicht auf Abkommensrecht?, DB 1982, S. 561–565 (Teil I), S. 617–620 (Teil II)

Pöllath, R./Rodin, A., Internationale Finanzprodukte – Neutralität und Tatbestandsmäßigkeit der Besteuerung, IStR 1993, S. 213–218

Polivanova-Rosenauer, T., ECJ Rules on Austrian Discrimination of Foreign-Source Investment Income, ET 2004, S. 416–419

Pohl, C., Ergänzung der Funktionsverlagerungsregelungen durch das Gesetz zur Umsetzung steuerrechtlicher EU-Vorgaben sowie zur Änderung steuerrechtlicher Vorschriften – Boykott der Altregelung oder viel Lärm um Nichts?, IStR 2010, S. 357–360

Popp, P./Theisen, M. R., Verrechnungspreisermittlung bei internationalen Konzernen, DB 1987, S. 1949–1954

Porter, M. E. (Wettbewerb), Der Wettbewerb auf globalen Märkten: Ein Rahmenkonzept, in: Porter, M. E. (Hrsg.), Globaler Wettbewerb, Wiesbaden 1989

Portner, R., Ermittlung von Verrechnungspreisen in multinationalen Unternehmen, IWB, 1992, Fach 10, International, Gruppe 2, S. 863–874

– Vereinbarkeit des § 8a KStG mit den Doppelbesteuerungsabkommen, IStR 1996, S. 23–30 (Teil I), S. 66–70 (Teil II)

– Betriebsstätte durch grenzüberschreitende Internet-Transaktionen?, IStR 1998, S. 553–557

– Steuerliche Aspekte des elektronischen Handels aus deutscher Sicht: Betriebsstättenbegründung durch einen Internet-Server/Besteuerung im Quellenstaat, IStR 1999, S. 641–647

– Besteuerung des Arbeitnehmers als Optionsinhaber bei grenzüberschreitenden Sachverhalten, FB 2001, S. 289–297

– (E-Commerce), Ertragsteuerrechtliche Aspekte des E-Commerce, Institut „Finanzen und Steuern" e. V., Schrift Nr. 390, Bonn 2001

– (Stock Options), Besteuerung von Stock Options – Nationale und internationale Aspekte, Lohmar/Köln 2003

– Besteuerung von Stock Options bei international mobilen Mitarbeitern – Kernaussagen des OECD-Papieres „Cross-border income tax issues from employee stock option plans", IStR 2005, S. 8–11

– Neue Vergütungsregeln für Manager – Welche Folgen ergeben sich daraus für die Besteuerung?, DStR 2010, S. 577–581

Prätzler, R., Zum Seminar F: Das OECD-Diskussionspapier zur Beseitigung der Doppelbesteuerung von Stock Options beim Arbeitnehmer, IStR 2002, S. 555–559

Prinz, U., Grenzüberschreitende Vertriebsmodelle, JbFSt 1996/97, S. 425–435

– Steueroptimierte Vertriebsstrukturen im Outbound-Geschäft, FR 1997, S. 517–523

– Anwendungsfragen und Gefährdungspotentiale des § 8a KStG in Verlustsituationen, DStR 1998, S. 798–800

- (Kaufpreisfinanzierung), Steuerorientierte Kaufpreisfinanzierung, in: Schaumburg, H. (Hrsg.), Unternehmenskauf im Steuerrecht, 2. Aufl., Stuttgart 2000, S. 233–281
- Ertragsteuerfragen moderner Konzepte der Unternehmensorganisation, FR 2000, S. 537–545
- Neues zur Gesellschafter-Fremdfinanzierung (§ 8a KStG) nach der Unternehmenssteuerreform 2001 – Bestandsaufnahme und Gestaltungsmöglichkeiten, FR 2000, S. 1061–1069
- Unternehmenssteuerreform 2001: Organschaftsbesteuerung im Wandel, FR 2000, S. 1255–1262
- Verbesserte steuerliche Rahmenbedingungen für Tracking Stock-Strukturen nach der Unternehmenssteuerreform 2001, FR 2001, S. 285–288
- Leitgedanken zum Übergang des verwendbaren Eigenkapitals auf das neue Körperschaftsteuersystem und zur Ausschüttungspolitik – Analyse und Gestaltungsmöglichkeiten, GmbHR 2001, S. 125–133
- Finanzierung mit „Ratchet Loans" – Einordnung in die Regelung der Gesellschafterfremdfinanzierung nach § 8a KStG, FR 2002, S. 24–27
- Rückgriffsgesicherte Bankdarlehen bei § 8a KStG, FR 2004, S. 334–337
- Finanzgerichtlich akzeptierter Drittvergleich bei Gesellschafterfremdfinanzierung (§ 8a KStG), FR 2004, S. 146–147
- Ausgewählte Einzelfragen zu § 8a KStG mit internationalem Bezug, FR 2004, S. 1249–1256
- Gesetzgeberische Wirrungen um Grundsätze der Betriebsstättenbesteuerung, DB 2009, S. 807–812
- Steuerwirkungen des BilMoG: Ziel, Realität, Perspektiven, GmbHR 2009, S. 1027–1035
- (Finanzierungsfreiheit), Bedeutung der Finanzierungsfreiheit im Steuerrecht, in: Kessler, W./Förster, G./Watrin, C., Unternehmensbesteuerung, Festschrift für Norbert Herzig zum 65. Geburtstag, München 2010, S. 147–165

Prinz, U./Breuninger, G. E., Steuergestaltung mit ausländischen Personengesellschaften, IWB, 1997, Fach 10, International, Gruppe 2, S. 1293–1310

Prinz, U./Cordewener, A., Unterkapitalisierungsregelung des § 8a Abs. 1 Nr. 2 KStG verstößt gegen Europarecht, GmbHR 2003, S. 80–84

Prinz, U./Hick, C., Schädliche Darlehensgewährung gemäß § 8a KStG durch rückgriffsgesicherte Dritte – Erste Anmerkungen zum BMF-Schreiben vom 22. 7. 2005, FR 2005, S. 924–927

Prinz, U./Ley, T., Geplante Gesetzesänderungen zur Gesellschafterfremdfinanzierung nach § 8a KStG – Erste Analyse und Gestaltungsüberlegungen, FR 2003, S. 933–940

Prinz, U./Schürner, C. T., Rechnungslegung bei Tracking Stock-Strukturen in Deutschland – Grundfragen und Gestaltungsüberlegungen, DStR 2001, S. 759–768
- Tracking Stocks und Sachdividenden – ein neues Gestaltungsinstrument für spartenbezogene Gesellschaftsrechte?, DStR 2003, S. 181–189

Przysuski, M./Lalapet, S., A Comprehensive Look at the Berry Ratio in Transfer Pricing, TNI 2005, S. 759–767

Przysuski, M./Lalapet, S./Swaneveld, H., Determination of Intangible Property Ownership in Transfer Pricing Analyses, TNI 2004, S. 285–296
- Multinational Enterprises Business Strategies and Transfer Pricing in a Global Marketplace, TNI 2004, S. 631–642

Przysuski, M./Lalapet, S./Swaneveld, H./Paul, P./Osoro, C., Regression Analysis in Transfer Pricing Analysis: Applicability and Acceptability, TNI 2004, S. 1255–1270

Puls, M., Funktionsverlagerungsbesteuerung: Schadenersatz-, Entschädigungs- und Ausgleichsansprüche als „Transferpaket"-Ersatz nach § 8 FVerlV, IStR 2010, S. 89–95

PwC (Hrsg.) (E-business), E-business Technology forecast, USA 1999
– (International Assignments), International Assignments – European Policy and Practice 1999/2000, 2. Aufl., USA 2000
– (Unternehmenssteuerreform), Unternehmenssteuerreform 2001, Freiburg/Berlin/München 2000
– PwC (Hrsg.) (Aktienoptionen), Besteuerung von Aktienoptionen, Frankfurt a. M. 2007
– (Reform), Reform des Umwandlungssteuerrechts – Auswirkungen des SEStEG auf Reorganisationen und internationale Entstrickungen, Stuttgart 2007
– (International Transfer Pricing), International Transfer Pricing 2009, 2009

PwC International Shared Service Centre Group, Belgium, Shared Service Centers, ITPJ 1998, S. 213–232

PwC/GfK Marktforschung/Sattler, H./Markenverband e. V. (Markenbewertung), Praxis von Markenbewertung und Markenmanagement in deutschen Unternehmen, Frankfurt a. M. 2006

PwC/ZEW (Assignments), International Taxation of Expatriates – Survey of 20 Tax and Social Securities Regimes and Analysis of Effective Tax Burdens on International Assignments, Frankfurt a. M. 2005

Pyszka, T., Lizenz- und Zinszahlungen einer Personengesellschaft an ihren ausländischen Mitunternehmer, IStR 1998, S. 745–749
– Aktuelle Fragen zur atypischen stillen Gesellschaft im internationalen Steuerrecht, IStR 1999, S. 577–583

Pyszka, T./Brauer, M. (Personengesellschaften), Ausländische Personengesellschaften im Unternehmenssteuerrecht. Outbound-Gestaltungen, Umwandlungen, Hinzurechnungsbesteuerung, Herne/Berlin 2004

Raab, J./Looks, C. (Nutzungsüberlassung), Nutzungsüberlassung, in: Löwenstein, U./Looks, C. (Hrsg.), Betriebsstättenbesteuerung, München 2003, S. 304–314

Raad, K. van, Anerkennung der steuerlichen Rechtsfähigkeit ausländischer Unternehmen (Generalbericht), CDFI 1988, S. 113–161

Rädler, A. J. (Auslandsniederlassungen), Vergleich der Besteuerung der Auslandsniederlassungen deutscher Personenunternehmen und deutscher Kapitalgesellschaften, in: Oettle, K. (Hrsg.), Steuerlast und Unternehmenspolitik. Festschrift für Kuno Barth, Stuttgart 1971, S. 143–167
– (Kapitalmarkt), Einheitlicher europäischer Kapitalmarkt und Besteuerung, in: Beisse, H./Lutter, M./Närger, H. (Hrsg.), Festschrift für Karl Beusch zum 68. Geburtstag am 31. Oktober 1993, Berlin/New York 1993, S. 675–692
– (Vorstellungen), Vorstellungen des EG-Sachverständigenausschusses zur Unternehmensbesteuerung (Ruding-Ausschuß), in: Herzig, N. (Hrsg.), Harmonisierung der Körperschaftsteuersysteme in den EU-Staaten, Köln 1994, S. 1–20
– Nationale und internationale Besteuerungsfolgen der Spaltung von Unternehmen (Generalbericht), CDFI 1994, S. 512–520
– Fragen aus dem Schumacker-Urteil des EuGH, DB 1995, S. 793–796
– Steuerfragen aus der Sicht der Europäischen Union und der Globalisierung – Vision oder Utopie?, DStR 1996, S. 1472–1475

Rädler, A. J./Raupach, A. (Auslandsbeziehungen), Deutsche Steuern bei Auslandsbeziehungen, München/Berlin 1966

Rättig, H./Protzen, P. D., Holdingbesteuerung nach derzeit geltendem und kommendem Außensteuergesetz, IStR 2000, S. 548–557
– Die im Entwurf eines Gesetzes zur Fortentwicklung des Unternehmenssteuerrechts vorgesehenen Änderungen der Hinzurechnungsbesteuerung der §§ 7–14 AStG, IStR 2001, S. 602–610

– Überblick über die Hinzurechnungsbesteuerung des AStG in der Fassung des Unternehmenssteuerfortentwicklungsgesetzes, DStR 2002, S. 241–246
– Die „neue Hinzurechnungsbesteuerung" der §§ 12–14 AStG in der Fassung des UntStFG – Problembereiche und Gestaltungshinweise, IStR 2002, S. 123–128
– Keine Behinderung der internationalen Steuerplanung durch § 42 Abs. 2 AO 1977 n. F., IStR 2002, S. 828–830
Raiser, G. H., Betriebsaufspaltung und Haftungsausschluß eine Illusion?, NJW 1995, S. 1804–1805
Randenborgh, L. von, Ist die Betriebsaufspaltung noch zeitgemäß? – 10 Argumente gegen die Betriebsaufspaltung, DStR 1998, S. 20–22
Randenborgh, L. von / Seidenfus, V. R., Vermeidung der Doppelbesteuerung durch DBA-Verständigungsverfahren, INF 1996, S. 481–486
Raponi, D., Proposals for a Council Directive with regard to the level of the VTAC standard rate and determination of the person liable for payment of VAT, ECTR 1999, S. 68–69
Rasch, S. (Konzernverrechnungspreise), Konzernverrechnungspreise im nationalen, bilateralen und europäischen Steuerrecht, Köln 2001
Rasch, S. / Rettinger, F., Aktuelle Fragen der Verrechnungspreisdokumentation: Unternehmenscharakterisierung und Methodenwahl in den Verwaltungsgrundsätze-Verfahren, BB 2007, S. 353–358
Rauch, J. / Schanz, S., Die Umsetzung der Fusionsrichtlinie in deutsches Recht und einhergehende Verstöße gegen das Gemeinschaftsrecht, SteuerStud 2009, S. 4–8
Rasch, S. / Schmidtke, R., Routinefunktionen, Gewinnverlagerungen und das Versagen des hypothetischen Fremdvergleichs, IStR 2009, S. 92–97
Rat der Europäischen Union (Exit taxation), Council Resolution on coordinating exit taxation vom 2. 12. 2008, Brüssel
Raupach, A. (Durchgriff), Der Durchgriff im Steuerrecht, München 1968
– Die Bemessung von Konzernumlagen mit oder ohne Gewinnaufschlag im Hinblick auf die Organisation multinationaler Konzerne, StuW 1990, S. 397–403
– Der international tätige Spartenkonzern. Organisationen – Recht – Steuern, IStR 1993, S. 194–200
– (Unternehmensbesteuerung), „Gemeinschaftsweite Unternehmensbesteuerung, die den Anforderungen des Binnenmarktes gerecht wird" – Flucht aus dem Chaos oder Utopie?, in: Schön, W. (Hrsg.), Gedächtnisschrift für Brigitte Knobbe-Keuk, Köln 1997, S. 675–728
– Das körperschaftsteuerliche Anrechnungsverfahren – Bestandsaufnahme und Kritik, DStJG 1997, S. 21–56
– (Organisationsstruktur), Wechselwirkungen zwischen der Organisationsstruktur und der Besteuerung multinationaler Konzernunternehmen, in: Theisen, M. R. (Hrsg.), Der Konzern im Umbruch, Stuttgart 1998, S. 59–167
– Perspektiven für den Steuerstandort Deutschland, StuW 2000, S. 341–368
– (Betriebsstätten), Änderungen des § 12 Abs. 2 KStG für inländische Betriebsstätten beschränkt Steuerpflichtiger, in: Raupach, A. (Hrsg.), Arbeitsunterlage zur Tagung „Praxis des internationalen Steuerrechts", Deutsches Anwaltsinstitut, Bochum 2001
Raupach, A. / Burwitz, G. (Managementverträge), Managementverträge als missbräuchliche Gestaltung bei Finanzierungsgesellschaften? – dargestellt am Beispiel irischer IFS C-Gesellschaften in den Dublin Docks, in: Breuninger, G. E. / Müller, W. / Strobl-Haarmann, E. (Hrsg.), Steuerrecht und europäische Integration. Festschrift für Albert J. Rädler zum 65. Geburtstag, München 1999, S. 539–558
– Die Versagung des Schachtelprivilegs für Beteiligungen an irischen unlimited companies durch die Irland-Urteile des BFH, IStR 2000, S. 385–394

Rautenstrauch, G./Adrian, G., Anmerkungen zum Entwurf des BMF-Schreibens zu Änderungen der ertragsteuerlichen Organschaft durch das StVergAbG, DB 2005, S. 1018–1021

Ravenstein, C., Elektronische Auslandsbuchführung nach dem Entwurf des Jahressteuergesetzes 2009, BB 2008, S. 2226–2229

Rechenberg, W.-G. Frhr. von (Grundlagen), Gesellschaftsrechtliche Grundlagen der EWIV, in: Heydt, K.-E. v. d./Rechenberg, W.-G. Frhr. v. (Hrsg.), Die Europäische Wirtschaftliche Interessenvereinigung – unter besonderer Berücksichtigung gesellschafts-, steuer- und kartellrechtlicher Aspekte, Stuttgart 1991, S. 3–105

Rehkugler, H./Vögele, A., Quantitative Verfahren der Prüfung von Verrechnungspreisen: Perspektiven und offene Fragen, BB 2002, S. 1937–1945

Rehm, H. (Leasing), Cross Border Leasing, in: Piltz, D.J./Schaumburg, H. (Hrsg.), Internationale Unternehmensfinanzierung, Köln 2006, S. 119–136

Rehm, H./Nagler, J., Anmerkung zum EuGH-Urteil v. 23. 2. 2006, C-471/04, DB 2006, S. 588–592

– Konzernbesteuerung: Sofortiger Ausgleich von Verlusten der Muttergesellschaften aus der Abschreibung auf Beteiligungswerte EU-Tochtergesellschaften, Anmerkung zum EuGH-Urteil vom 29. 3. 2007, Rs. C-347/04, Rewe Zentralfinanz eG, GmbHR 2007, S. 500–502

– Zur Frage des Ausschlusses der Kapitalertragsteuererstattung bei Durchleitung inländischer Einnahmen durch eine ausländische Basisgesellschaft, GmbHR 2008, S. 615–616

– Neues von der grenzüberschreitenden Verlustverrechnung!, IStR 2008, S. 129–139

– Anmerkung zum nachstehenden EuGH-Urteil „Burda", IStR 2008, S. 511–514

Rehm, H./Nagler, S., § 1 AStG vor dem technischen KO?: Anmerkung zum Urteil des Finanzgerichts Düsseldorf vom 19. 2. 2008, 17 K 894/05 E, in diesem Heft S. 449, IStR 2008, S. 421–426

Rehrmann, W. F. (Außensteuerrecht), Außensteuerrecht. Steuerinländer mit Auslandsbeziehungen und Steuerausländer mit Inlandsbeziehungen. Bd. II, EU-Vorschriften, DBA-Recht, 30. Aufl., Düsseldorf 2006

Reichert, G., Anrechnung, Abzug oder Pauschalierung ausländischer Steuern?, DB 1997, S. 131–135

Reimer, E. (Grundfreiheiten), Die Auswirkungen der Grundfreiheiten auf das Ertragsteuerrecht der Bundesrepublik Deutschland – Eine Bestandsaufnahme, in: Lehner, M. (Hrsg.), Grundfreiheiten im Steuerrecht der EU-Staaten, München 2000, S. 39–101

– Die Zukunft der Dienstleistungsbetriebstätte, IStR 2009, S. 378–382

Reinhold, M. (Personalentsendung), Besteuerungsfragen bei internationaler Personalentsendung, in: Lüdicke, J. (Hrsg.), Brennpunkte im deutschen internationalen Steuerrecht, Köln 2010, S. 91–106

Reiser, H./Brodersen, J. S., Hinzurechnungsbesteuerung des AStG – Einführung einschließlich Analyse des EuGH-Urteils Cadbury Schweppes, NWB, 2007, Fach 2, S. 9333–9350

Reiß, W., Die nicht ordnungsgemäße Umsetzung von EG-Steuerrichtlinien und ihre Folgen, StuW 1994, S. 323–330

– Thesen zur Umsatzbesteuerung im europäischen Binnenmarkt, UR 1997, S. 22–25

– Die Revitalisierung des Mitunternehmererlasses – keine gesetzestechnische Meisterleistung, BB 2000, S. 1965–1974

– Rechtsprechung des EuGH zur Umsatzsteuer im Jahr 2000, RIW 2001, S. 258–269

Reitsam, M. (Verlustverwertung), Gestaltungen zur Verlustverwertung im Konzern: Ersatzlösungen zur ertragsteuerlichen Organschaft, Berlin 2006

Remberg, M., Anmerkung zu den OECD-Überlegungen zur Betriebsstättenbesteuerung aus der Sicht des Anlagenbaus, IStR 2006, S. 545–548

Renger, S., Substanzanforderungen des BFH an Zwischengesellschaften erfordern neue Gestaltungen, BB 2008, S. 1379–1380

Renoux, V., French Finance Act for 1999, Intertax 1999, S. 148–175

Retzlaff, F./Preising, T., Nettolohnvereinbarung bei Mitarbeiterentsendung – Anmerkung zum BFH-Urteil vom 21. 1. 2010 – VI R 2/08, DB 2010 S. 706, DB 2010, S. 980–981

Reuter, H.-G./Klein, M., Erschüttert Gerritses Trommeln die deutsche Dividendenbesteuerung?, IStR 2003, S. 634–636

Reuter, H.-P., Doppelbesteuerung und Steuervermeidung bei grenzüberschreitender Betätigung – Steuersätze und Verrechnungspreise, IStR 1993, S. 454–458

Ribbrock, M., Zeitliche Begrenzung der Wirkung von EuGH-Entscheidungen – das Urteil „Bance Popolare di Cremona" und die neuen Schlussanträge „Meilicke", BB 2006, S. 2611–2615

Richter, A./Escher, J., Deutsche Wegzugsbesteuerung bei natürlichen Personen nach dem SEStEG im Lichte der EuGH-Rechtsprechung, FR 2007, S. 674–683

Richter, A./Welling, B., Diskussionsbericht zum 32. Berliner Steuergespräch „Reform der Konzernbesteuerung", FR 2009, S. 1049–1052

Richter, D., Nun auch für natürliche Personen Hinzurechnungsbesteuerung in Frankreich, IStR 1999, S. 617–623

Richter, F., Valuation With or Without Personal Income Taxes?, SBR 2004, S. 20–45

Richter, G./Schanz, T., Betriebliche Altersversorgung: Steuer- und arbeitsrechtliche Aspekte bei Personalentsendungen in der Europäischen Union, BB 1994, S. 397–407

Richter, L., Zum Diskussionsstand der Berücksichtigung ausländischer Betriebsstättenverluste in Deutschland, Zugleich Anmerkung zum BMF-Schreiben vom 13. 7. 2009 sowie zur Einordnung von Verlusten aus passiver Tätigkeit, IStR 2010, S. 1–8

Richter, W. F./Seitz, H./Wiegard, W. (Standortfaktoren), Steuern und unternehmensbezogene Staatsausgaben als Standortfaktoren, in: Siebert, H. (Hrsg.), Steuerpolitik und Standortqualität – Expertisen zum Standort Deutschland, Tübingen 1996, S. 13–47

Riecker, A. (Körperschaftsbesteuerung), Körperschaftsbesteuerung in der Europäischen Union und das US-amerikanische Modell der Unitary Taxation, Baden-Baden 1997

Riedel, H. (Investitionsförderung), Investitionsförderung mittelständischer Unternehmen in strukturschwachen Regionen, Frankfurt a. M. 1993

Riegler, L./Salomon, K., Der Dividenden- und der Zinsbegriff nach den Doppelbesteuerungsabkommen der Bundesrepublik Deutschland, BB 1991, S. 2205–2208

Riemenschneider, S. (Abkommensberechtigung), Abkommensberechtigung von Personengesellschaften und abkommensrechtliche Behandlung der Einkünfte aus Beteiligungen inländischer Gesellschafter an ausländischen Personengesellschaften, Frankfurt a. M. 1995

Risse, R. (Steuercontrolling), Steuercontrolling- und Reporting, Wiesbaden 2010

Ritter, W., Grenzüberschreitende Gewinnabgrenzung bei Betriebsstätten. Ein systematischer Versuch, JbFSt 1976/77, S. 288–311

– Steuerbeziehungen mit der Dritten Welt, DStZ 1979, S. 419–429
– Diskussion (2. Teil), DStJG 1985, S. 266–267

- Das Steueränderungsgesetz 1992 und die Besteuerung grenzüberschreitender Unternehmenstätigkeit, BB 1992, S. 361–368
- Steuerliche Perspektiven für den Standort Deutschland, BB 1994, S. 77–85
- (Steuerverschärfung), Nationale Steuerverschärfung als Beitrag zum internationalen Steuerwettbewerb?, in: Kleineidam, H.-J. (Hrsg.), Unternehmenspolitik und internationale Besteuerung. Festschrift für Lutz Fischer zum 60. Geburtstag, Berlin 1999, S. 179–205
- Perspektiven für die Fortentwicklung des deutschen internationalen Steuerrechts, IStR 2001, S. 430–437

Ritzer, C./Stangl, I., Aktuelle Entwicklungen bei den steuerlichen Anforderungen an die Zwischenschaltung ausländischer Kapitalgesellschaften, FR 2005, S. 1063–1068
- Zwischenschaltung ausländischer Kapitalgesellschaften, FR 2006, S. 757–766

Rode, O., Besteuerung und Bilanzierung von Stock Options, DStZ 2005, S. 404–410

Rodemer, I. (Advance Pricing), Advance Pricing Agreements im US-amerikanischen und im deutschen Steuerrecht, Köln 2001

Rodi, M., Internationaler Steuerwettbewerb, StuW 2008, S. 327–336

Rödder, T., Unternehmenspolitische und im Steuerrecht begründete Grenzen der Steuerplanung, FR 1988, S. 355–360
- Grundfragen der Besteuerung der SE, Der Konzern 2003, S. 522–528
- (Gestaltungsbeispiele), Gestaltungsbeispiele für die Verbesserung des Steuerstatus des Unternehmensverkäufers, in: Schaumburg, H. (Hrsg.), Unternehmenskauf im Steuerrecht, 2. Aufl., Stuttgart 2004, S. 67–82
- Gründung und Sitzverlegung der Europäischen Aktiengesellschaft (SE). Ertragsteuerlicher Status quo und erforderliche Gesetzesänderungen, DStR 2005, S. 893–898
- Unternehmenssteuerreformgesetz 2008, DStR 2007, Beihefter zu Heft 40, S. 1–19
- Ist der Hinzurechnungsbetrag gewerbesteuerpflichtig?, IStR 2009, S. 873–877

Rödder, T./Herlinghausen, A./van Linshaut, I. (Umwandlungssteuergesetz), Umwandlungssteuergesetz, Kommentar, Köln 2008

Rödder, T./Hötzel, O./Mueller-Thuns, T. (Unternehmenskauf), Unternehmenskauf, Unternehmensverkauf, zivil- und steuerrechtliche Gestaltungspraxis, München 2003

Rödder, T./Ritzer, C., § 8a KStG n. F. im Outbound-Fall, DB 2004, S. 891–894

Rödder, T./Schönfeld, J., Meistbegünstigung und EG-Recht: Anmerkung zu EuGH vom 5. 7. 2005, C-376/03 („D."), IStR 2005, S. 523–527
- Mündliche Verhandlung vor dem EuGH in der Rechtssache „Cadbury Schweppes": Wird sich der Missbrauchsbegriff des EuGH verändern?, IStR 2006, S. 49–52
- Zweifelsfragen im Zusammenhang mit der Vor- und Nachbehaltensfrist der grunderwerbsteuerlichen Konzernklausel des § 6a Satz 4 GrEStG n. F., DStR 2010, S. 415–418

Rödder, T./Schumacher, A., Der Regierungsentwurf eines Gesetzes zur Fortentwicklung des Unternehmenssteuerrechts, DStR 2001, S. 1634–1641 (Teil I), S. 1685–1693 (Teil II)
- Unternehmenssteuerfortentwicklungsgesetz: Wesentliche Änderungen des verkündeten Gesetzes gegenüber dem Regierungsentwurf, DStR 2002, S. 105–113
- Das Steuervergünstigungsabbaugesetz, DStR 2003, S. 805–819
- Erster Überblick über die geplanten Steuerverschärfungen und -entlastungen für Unternehmen zum Jahreswechsel 2003/2004, DStR 2003, S. 1725–1736
- Rechtsfolgen des § 8a KStG n. F., DStR 2004, S. 758–765

– Das BMF-Schreiben zu § 8 a KStG, DStR 2004, S. 1449–1460
– Das kommende SEStEG – Teil I: Die geplanten Änderungen des EStG, KStG und AStG. Der Regierungsentwurf eines Gesetzes über steuerliche Begleitmaßnahmen zur Einführung der Europäischen Gesellschaft und zur Änderung weiterer steuerrechtlicher Vorschriften, DStR 2006, S. 1481–1494

Rödder, T./Stangl, I., Wertminderungen eigenkapitalersetzender Darlehen im Betriebsvermögen einer Kapitalgesellschaft und § 8 b Abs. 3 Satz 3 KStG, DStR 2005, S. 354–358
– Zur geplanten Zinsschranke, DB 2007, S. 479–485

Rödder, T./Wochinger, P., Besteuerung des down-stream merger, FR 1999, S. 1–14
– Veräußerungen von Kapitalgesellschaftsanteilen durch Kapitalgesellschaften – Gestaltungsüberlegungen im Hinblick auf § 8 b Abs. 2 KStG, FR 2001, S. 1253–1270

Roeder, A., Ökonomische Aspekte des hypothetischen Fremdvergleichs, Ubg 2008, S. 202–208

Röhrbein, J., Steuerliche Berücksichtigung von Teilwertabschreibungen auf Beteiligungen an ausländischen Tochtergesellschaften – Anmerkung zum EuGH-Urteil v. 29. 3. 2007 in der Rs. C-347/04, Rewe Zentralfinanz eG als Gesamtrechtsnachfolgerin der ITS Reisen GmbH gegen Finanzamt Köln-Mitte, IWB, 2007, Fach 11 a, Rechtsprechung, S. 1141–1150

Röhrbein, J./Eicker, K., Verlustberücksichtigung über die Grenze – Aktuelle Rechtslage, BB 2005, S. 465–478

Rogall, M., Die Belastung von Dividenden und Veräußerungsgewinnen im Konzern nach den beabsichtigten Neuerungen des § 8 b Abs. 3 und 5 KStG, DB 2003, S. 2185–2188

Rolf, T., Europarechtswidrigkeit der Besteuerung von Funktionsverlagerungen gemäß § 1 Abs. 3 AStG, IStR 2009, S. 152–156

Rolle, G., Is corporate income tax a withholding tax? Some comments on the Athinaiki Zythopoiia case, ECTR 2003, S. 36–42

Romani, B./Strnad, O./Grabbe, C., Italien – Große Steuerreform ab 2004, IStR 2004, S. 155–161

Ronge, E., Sonder-BV im Abkommensrecht bei Dividendenzahlungen der Betriebsgesellschaft, PIStB 2000, S. 140–147

Ronge, E./Perroulaz, K./Sutter, F., Zur Besteuerung in der Schweiz leitend tätiger Arbeitnehmer mit Wohnsitz in Deutschland, IStR 2010, S. 279–285

Rose, G. (Steuerplanung), Steuerrechtssprünge und Betriebswirtschaftliche Steuerplanung, in: John, G. (Hrsg.), Besteuerung und Unternehmenspolitik. Festschrift für Günter Wöhe, München 1989, S. 289–308
– (Dummensteuern), Über die Entstehung von „Dummensteuern" und ihre Vermeidung, in: Lang, J. (Hrsg.), Die Steuerrechtsordnung in der Diskussion. Festschrift für Klaus Tipke zum 70. Geburtstag, Köln 1995, S. 153–164
– (Umsatzsteuer), Umsatzsteuer: mit Grunderwerbsteuer und kleineren Verkehrsteuern, Berlin 2006
– Missbrauchs-Innentheorie und Steuerplanungssicherheit, FR 2003, S. 1274–1277
– (Steuerrecht), Internationales Steuerrecht, 6. Aufl., Berlin 2004
– Die „Vorteilsgeneigtheit" als unerlässliche Voraussetzung für die Annahme verdeckter Gewinnausschüttungen, DB 2005, S. 2596

Rose, G./Glorius-Rose, C., Neue Rechtsprechungsentwicklungen zum Gestaltungsmißbrauch (§ 42 AO), DB 1997, S. 2397–2398
– Bemerkungen zur aktuellen Missbrauchs-Rechtsprechung (§ 42 AO) des BFH, DB 2003, S. 409–413
– Zur jüngsten Rechtsprechung des BFH hinsichtlich § 42 AO, DB 2004, S. 2174–2176

Rosenthal, M., Die steuerliche Beurteilung von Auslandssachverhalten im Spannungsfeld zwischen Abkommensrecht und Europarecht – zugleich Besprechung des Urteils des FG Hamburg vom 22. 8. 2006 zur Veräußerung von Anteilen an einer spanischen Personengesellschaft, IStR 2007, S. 610–615

Roser, F./Hamminger, A. (Wohnsitzverlegung), Wohnsitzverlegung ins Ausland als Instrument der Steuerplanung und damit zusammenhängende Besteuerungsprobleme bei und nach der Wohnsitzverlegung, in: Grotherr, S. (Hrsg.), Handbuch der internationalen Steuerplanung, 2. Aufl., Herne/Berlin 2003, S. 1121–1152

Roser, F., Der Ausgleichsanspruch der Vertriebstochtergesellschaft bei Änderung der Vertriebsstruktur, FR 1996, S. 577–582

– GmbHR-Kommentar zum BFH-Urteil v. 25. 2. 2004 – IR 42/02, GmbHR 2004, S. 1238–1240

– Die Auslegung sog. „alternativer Missbrauchsbestimmungen" – Inwieweit können derartige Vorschriften Steueransprüche begründen?, FR 2005, S. 178–184

Roser, F./Hamminger, A. (Wohnsitzverlegung), Wohnsitzverlegung ins Ausland als Instrument der Steuerplanung und damit zusammenhängende Besteuerungsprobleme bei und nach der Wohnsitzverlegung, in: Grotherr, S. (Hrsg.), Handbuch der internationalen Steuerplanung, 2. Aufl., Herne/Berlin 2003, S. 1121–1152

Roth, A. (Besteuerung), Die Besteuerung des Know-How-Exports, Frankfurt a. M. 1983

– (Gewinnverwirklichung), Die aufgeschobene Gewinnverwirklichung bei der grenzüberschreitenden Überführung von Wirtschaftsgütern in eine Betriebsstätte unter steuerplanerischen Gesichtspunkten, in: Grotherr, S. (Hrsg.), Handbuch der internationalen Steuerplanung, 2. Aufl., Herne/Berlin 2003, S. 73–104

– (Gewinnabgrenzung), Gewinnabgrenzung zwischen Stammhaus und Betriebsstätte eines internationalen Einheitsunternehmens, in: Oestreicher, A. (Hrsg.), Internationale Verrechnungspreise, Herne/Berlin 2003, S. 163–206

Roth, M., Zur unentgeltlichen Überlassung von Unterlagen an den Handelsvertreter, BB 2010, S. 2000–2005

Roth, W.-H. (Niederlassungsfreiheit), Die Niederlassungsfreiheit zwischen Beschränkungs- und Diskriminierungsverbot, in: Schön, W. (Hrsg.), Gedächtnisschrift für Brigitte Knobbe-Keuk, Köln 1997, S. 729–742

Rouselle, O., The EC Arbitration Convention – An Overview of the Current Position, ET 2005, S. 14–18

Rubbens, B./Stevens, T. (Tax-Ruling), Möglichkeiten und Grenzen des Tax-Rulings in den Niederlanden im Rahmen der internationalen Steuerplanung, in: Grotherr, S. (Hrsg.), Handbuch der internationalen Steuerplanung, 2. Aufl., Herne/Berlin 2003, S. 1755–1768

Ruchelman, S. C., Transfer Pricing Regulations Issued in the United States, IBFD-Bulletin 1993, S. 187–201

Ruding, O., The past and the future of EU corporate tax, ECTR 2005, S. 2–4

Rückel, C. (Niederlassungsgründung), Unternehmens- und Niederlassungsgründung in den USA, in: Knower, D./Spemann, T. F./Würthele, G. (Hrsg.), Business Guide USA, Frankfurt a. M. 2000, S. 129–150

Rüping, M., Anpassung des Steuerrechts an Recht und Rechtsprechung der Europäischen Union durch Änderung der §§ 50, 50a EStG im Entwurf des Jahressteuergesetzes 2009, IStR 2008, S. 575–581

Ruf, M., Die Betriebsaufspaltung über die Grenze, IStR 2006, S. 232–235

– Anforderungen an die Kapitalverkehrsfreiheit und Niederlassungsfreiheit im Sinne des EGV aus Sicht der Wirtschaftswissenschaften, StuW 2008, S. 62–72

Rugman, A. M. (Multinationals), Inside the Multinationals, London 1981

Ruhser, A.-K., Zweifelsfragen des § 8a KStG bei Cash Pooling im Konzern, DStR 2004, S. 2034–2038
Rund, T., Zeitliche Verlagerung der Besteuerung von Anteilsveräußerungen i. S. d. § 17 EStG in das Halbeinkünfteverfahren, GmbHR 2001, S. 96–100
Runge, B., Quo vadis, internationaler Verrechnungspreis, cui bono, neuer OECD-Verrechnungspreisbericht?, IStR 1995, S. 505–511
– (Kostenumlageverträge), Internationale Kostenumlageverträge, in: Crezelius, G./Raupach, A./Schmidt, L. u. a. (Hrsg.), Steuerrecht und Gesellschaftsrecht als Gestaltungsaufgabe. Freundesgabe für Franz Josef Haas zur Vollendung des 70. Lebensjahres, Herne/Berlin 1996, S. 295–304
– (Wettbewerb), Wettbewerb nationaler Steuerrechte, in: Klein, F./Stihl, H. P./Wassermeyer, F. (Hrsg.), Unternehmen Steuern. Festschrift für Hans Flick zum 70. Geburtstag, Köln 1997, S. 957–969
– (Zusammenarbeit), Die Zusammenarbeit zwischen der deutschen und der US-amerikanischen Steuerverwaltung, in: Burmester, G./Endres, D. (Hrsg.), Außensteuerrecht, Doppelbesteuerungsabkommen und EU-Recht im Spannungsverhältnis. Festschrift für Helmut Debatin zum 70. Geburtstag, München 1997, S. 349–379
– (Betriebsstättenerlaß), Der neue Betriebsstättenerlaß, in: Piltz, D. J./Schaumburg, H. (Hrsg.), Internationale Betriebsstättenbesteuerung, Köln 2001, S. 131–146
– Internationaler Arbeitnehmerverleih und Personalentsendung: Der Arbeitgeberbegriff in Art. 15 OECD-Musterabkommen, IStR 2002, S. 37–40
– Die Dotation einer Betriebsstätte, IStR 2002, S. 825–828
– (Abwehrklauseln), Die DBA-eigenen Abwehrklauseln als Schranke der internationalen Steuerplanung, in: Grotherr, S. (Hrsg.), Handbuch der internationalen Steuerplanung, 2. Aufl., Herne/Berlin 2003, S 1709–1723
Rupp, R. (Ertragsbesteuerung), Die Ertragsbesteuerung nationaler Konzerne, Frankfurt a. M. 1983
Ruppe, H. G. (Kapitalverkehrsfreiheit), Die Bedeutung der Kapitalverkehrsfreiheit für das Steuerrecht, in: Lechner, E./Staringer, C./Tumpel, M. (Hrsg.), Kapitalverkehrsfreiheit und Steuerrecht – Eine Analyse des österreichischen Steuerrechts vor dem Hintergrund der Kapitalverkehrsfreiheit des EG-Rechts, Wien 2000, S. 9–26
Russo, A., Formulary Apportionment for Europe: An Analysis and a Proposal, Intertax 2005, S. 1–31
Russo, R., Tax Treatment of „dealings" Between Different Parts of the Same Enterprise under Article 7 of the OECD Model: Almost a Century of Uncertainty, IBFD-Bulletin 2004, S. 472–485
– Partnerships and Other Hybrid Entities and the EC Corporate Direct Tax Directives, ET 2006, S. 478–486
– The 2008 OECD Model: An Overview, ET 2008, S. 459–466
Rust, A., Anforderungen an eine EG-rechtskonforme Dividendenbesteuerung, DStR 2009, S. 2568–2577
Rust, A./Reimer, E., Treaty Override im deutschen Internationalen Steuerrecht, IStR 2005, S. 843–849
Sachverständigenrat zur Begutachtung der gesamtwirtschaftlichen Entwicklung (Jahresgutachten), Für Stetigkeit – gegen Aktionismus, Jahresgutachten 2001/02, Wiesbaden 2001
– (Jahresgutachten), Staatsfinanzen konsolidieren – Steuersystem reformieren, Jahresgutachten 2003/04, Wiesbaden 2003
– (Jahresgutachten), Erfolge im Ausland – Herausforderungen im Inland, Jahresgutachten 2004/05, Wiesbaden 2004
Sachverständigenrat zur Begutachtung der gesamtwirtschaftlichen Entwicklung/MPI/ZEW (Unternehmenssteuerreform), Reform der Einkommens- und Unternehmens-

besteuerung durch die Duale Einkommensteuer: Expertise im Auftrag der Bundesministerien der Finanzen und für Wirtschaft und Arbeit vom 23. 2. 2005, Wiesbaden 2006

Sack, G., Betriebsaufspaltungen in steuerlicher Sicht, GmbHR 1986, S. 352–358

Saleh, L., Die beschränkte Steuerpflicht in der EuGH-Rechtsprechung, SteuerStud 2010, S. 121–129

Salzberger, W./Theisen, M. R., Konzerneigene Finanzierungsgesellschaften, WiSt 1999, S. 406–412

Salzmann, S., Abschied vom Verbot der „virtuellen" Doppelbesteuerung? – § 50 d Abs. 9 EStG als nationale switch over-Klausel, IWB, 2007, Fach 3, Deutschland, Gruppe 3, S. 1465–1478

– Zinsen einer inländischen Personengesellschaft an ihre ausländischen Gesellschafter im Abkommensrecht – Anmerkung zum BFH-Urteil vom 17. 10. 2007, I R 5/06 und Stellungnahme zu Schmidt, IStR 2008, S. 290, IStR 2008, S. 399–400

– § 50 d Abs. 10 EStG – ein fiskalischer Blindgänger?, IWB, 2009, Fach 3, Deutschland, Gruppe 3, S. 1539–1554

Salzmann, S./Loose, F., Grunderwerbsteuerneutrale Umstrukturierungen im Konzern, DStR 2004, S. 1941–1948

Sanchéz, E. G./Fluxà, J. F., The Transfer of the Seat of and the Freedom of Establishment for Companies in the European Union: An Analysis of ECJ Case Law and the Regulation on the Statute for a European Company, ET 2005, S. 219–231

Sapusek, A. (Steuerharmonisierung), Ökonomische und juristische Analyse der Steuerharmonisierung in der Europäischen Union, Teil 1–3, Frankfurt a. M. 1997

Sasseville, J., Klaus Vogel Lecture – Tax Treaties and Schrödinger's Cat, BFIT 2009, S. 45–51

Saß, G., Zur Auslegung der in Doppelbesteuerungsabkommen übernommenen OECD-Klausel über die Nichtdiskriminierung von Betriebsstätten, AWD 1965, S. 106–110

– Zum Richtlinienvorschlag zur Harmonisierung der Körperschaftsteuersysteme in der EG, DStZ 1977, S. 43–46 (Teil I), S. 59–63 (Teil II)

– Probleme der Umsetzung der steuerlichen EG-Fusionsrichtlinie in Deutschland, Frankreich, Belgien, Niederlande, Großbritannien, DB 1993, S. 1892–1898

– Außensteuerrechtliche Aspekte des Umwandlungssteuergesetzes 1995 und EU-Steuerprobleme in einigen Mitgliedstaaten, BB 1995, S. 1439–1443

– Einflüsse des Binnenmarktes auf die nationale Steuerordnung, DStJG 1996, S. 31–44

– (Einfluß), Einfluß der EuGH-Rechtsprechung auf die direkten Steuern und Schadensersatzfolgen, in: Burmester, G./Endres, D. (Hrsg.), Außensteuerrecht, Doppelbesteuerungsabkommen und EU-Recht im Spannungsverhältnis, Festschrift für Helmut Debatin zum 70. Geburtstag, München 1997, S. 381–400

– Zu den Auswirkungen des EU-Vertrags auf die bilateralen Doppelbesteuerungsabkommen – Anmerkungen zum „Gilly"-Urteil des EuGH vom 12. 5. 1998, DB 1998, S. 1482–1484

– Einfluss der Dienstleistungsfreiheit in der EU auf die direkten Steuern – Anmerkungen zum Eurowings-Urteil des EuGH v. 26. 10. 1999 Rs. 294/97 und zu seiner Umsetzung, DB 2000, S. 176–178

– Verbotene Steuerdiskriminierung wesentlicher Beteiligungen in der EU. Anmerkungen zum EuGH-Urteil vom 13. 4. 2000 Rs. C – 251/98, Baars, DB 2000, S. 1252–1253

– Zum Schutz von Kapitalbewegungen in der EU gegen steuerliche Diskriminierung. Das „Verkooijen"-Urteil des EuGH v. 6. 6. 2000 – Rs. C-35/98, FR 2000, S. 1270–1275

- Steuerliche Aspekte des „Umzugs" einer Gesellschaft in der EU, IWB, 2000, Fach 11, Europäische Gemeinschaften, Gruppe 2, S. 409–416
- Zur Verlustberücksichtigung bei grenzüberschreitender Unternehmenstätigkeit in der EU, DB 2001, S. 508–510
- Die geänderte steuerliche EU-Fusionsrichtlinie vom 17. 2. 2005, DB 2005, S. 1238–1240
- Zur Berücksichtigung von Verlusten ausländischer Tochtergesellschaften in der EU, DB 2006, S. 123–130

Sauerland, C., Besteuerung europäischer Konzerne – Eine Analyse alternativer Modelle der Konzernbesteuerung, Wiesbaden 2007

Saur, H., Anrechnung ausländischer Steuern nach dem US-Steuerreformgesetz 1986, RIW 1989, S. 294–301

Sawyer, A. J., Advance Pricing Agreements: A Primer and Summary of Developments in Australia and New Zealand, IBFD-Bulletin 2004, S. 556–565

Schaden, M./Franz, M., Qualifikationskonflikte und Steuerplanung – einige Beispiele, Ubg 2008, S. 452–461

Schaden, M./Käshammer, D., Die Neuregelung des § 8 a KStG im Rahmen der Zinsschranke, BB 2007, S. 2259–2266
- Der Zinsvortrag im Rahmen der Regelungen zur Zinsschranke, BB 2007, S. 2317–2323

Schäfer, A. (International Company Taxation), International Company Taxation in the Era of Information and Communication Technologies (ICT): Issues and Options for Reform, Wiesbaden 2006

Schäfer, E. (Unternehmung), Die Unternehmung: Einführung in die Betriebswirtschaftslehre, 10. Aufl., Wiesbaden 1991

Schänzle, T., Generalthema II: Steuerliche Behandlung von Wechselkursschwankungen, IStR 2009, S. 514–521

Schauer, M. (Stiftungsrecht), Kurzkommentar zum liechtensteinischen Stiftungsrecht, Basel 2009

Schaumburg, H. (Grundlagen), Grundlagen des internationalen Umwandlungssteuerrechts, in: Schaumburg, H./Piltz, D. J. (Hrsg.), Internationales Umwandlungssteuerrecht, Köln 1997, S. 1–12
- (Steuerrecht), Internationales Steuerrecht, 2. Aufl., Köln 1998
- Systemdefizite im internationalen Steuerrecht, StuW 2000, S. 369–377
- Besteuerung von Kapitalerträgen – Vollzugsdefizite und Vorgaben des Europäischen und Internationalen Steuerrechts, DStJG 2001, S. 225–285
- Problemfelder im Internationalen Erbschaftsteuerrecht, RIW 2001, S. 161–172
- Der Datenzugriff und andere Kontrollmöglichkeiten der Finanzverwaltung, DStR 2002, S. 833–837
- (Organschaft), Internationale Organschaft, in: Herzig, N. (Hrsg.), Organschaft, Stuttgart 2003, S. 419–435
- (Unternehmenskauf), Grundsätze des steuerorientierten Unternehmenskaufs und -verkaufs, in: Schaumburg, H. (Hrsg.), Unternehmenskauf im Steuerrecht, 3. Aufl., Stuttgart 2004, S. 1–27
- Außensteuerrecht und europäische Grundfreiheiten, DB 2005, S. 1129–1137

Schaumburg, H./Rödder, T. (Unternehmenssteuerreform), Unternehmenssteuerreform 2001, München 2000

Schaumburg, H./Schulte, C. (KGaA), Die KGaA, Köln 2000

Scheffler, W., Die Verrechnungspreisgestaltung bei international tätigen Unternehmen – dargestellt am Beispiel der Kostenumlage für verwaltungsbezogene Dienstleistungen, ZfbF 1991, S. 471–489
- Grundzüge der Besteuerung von inländischen Konzernen, DBW 1991, S. 701–717

- Einfluß der Besteuerung auf die Finanzierungspolitik eines internationalen Konzerns, IStR 1992, S. 118–125
- Betriebswirtschaftliche Analyse des Wahlrechts zwischen Anrechnung und Abzug ausländischer Steuern nach dem Steueränderungsgesetz 1992, DB 1993, S. 845–851
- Grenzüberschreitendes Leasing als Instrument der konzerninternen Außenfinanzierung, IStR 1993, S. 490–496 (Teil I), S. 538–543 (Teil II)
- (Steuerfreistellung), Steuerfreistellung für Auslandsinvestitionen, in: Jacobs, O. H./Spengel, C. (Hrsg.), Aspekte der Unternehmensbesteuerung in Europa, Baden-Baden 1996, S. 155–182
- Der Einfluss der Steuerreform auf die Finanzierung von deutschen Kapitalgesellschaften, BB 2000, S. 2441–2450
- Auslandsvertrieb: Gestaltungsempfehlungen aus steuerlicher Sicht, RIW 2001, S. 321–328
- Veräußerung von Kapitalgesellschaften aus steuerlicher Sicht – share deal oder asset deal?, StuW 2001, S. 293–307
- Korrektur von unangemessenen Vertragsbeziehungen zwischen einer Kapitalgesellschaft und ihren Anteilseignern, BB 2002, S. 543–550
- (Wahlrecht), Steuerlich zweckmäßige Ausübung des Wahlrechts (Anrechnung, Abzug, Pauschalierung) zur Vermeidung der internationalen Doppelbesteuerung bei Gewinnen aus einer ausländischen Betriebsstätte, in: Grotherr, S. (Hrsg.), Handbuch der internationalen Steuerplanung, 2. Aufl., Herne/Berlin 2003, S. 105–119
- (Maßgeblichkeit), Maßgeblichkeit der IAS/IFRS oder eigenständige steuerrechtliche Gewinnermittlung?, Einführung und Zusammenfassung, in: Endres, D./Oestreicher, A./Scheffler, W./Schreiber, U./Spengel, C. (Hrsg.), Die internationale Unternehmensbesteuerung im Wandel – Symposium für Otto H. Jacobs zum 65. Geburtstag, München 2005, S. 105–110 (Teil I), S. 136–143 (Teil II)
- (Steuerbemessungsgrundlage), Gemeinsame konsolidierte Steuerbemessungsgrundlage (CCTB) in der EU – Das Ende der Steuerplanung mit Verrechnungspreisen?, in: Oestreicher, A. (Hrsg.), Konzernbesteuerung, Berlin/Herne 2005, S. 305–331

Scheffler, W./Eickhorst, D., Funktionsverlagerungen in das Ausland: Einschränkungen der steuerlichen Vorteile durch Auflösung von stillen Reserven?, BB 2004, S. 818–823

Scheffler, W./Henning, M., Steuerliche Vorteile eines Belgischen Coordination Center, WiSt 1999, S. 474–480

Scheffler, W./Kölbl, S., Besteuerung der betrieblichen Altersversorgung auf Ebene des Arbeitnehmers im internationalen Kontext, IStR 2007, S. 113–120

Scheffler, W./Kusch, C. (Steuerplanung), Steuerplanung durch Auslagerung von Forschung und Entwicklung auf eine Auslandsgesellschaft, in: Kleineidam, H.-J. (Hrsg.), Unternehmenspolitik und internationale Besteuerung. Festschrift für Lutz Fischer zum 60. Geburtstag, Berlin 1999, S. 857–878

Scheffler, W./Spengel, C. (Erbschaftsteuerbelastung), Erbschaftsteuerbelastung im internationalen Vergleich, Baden-Baden 2004

Scheidle, H., Die funktionale Betrachtungsweise des AStG in der Bewährungsprobe, IStR 2007, S. 287–291

Scheifele, M., Veräußerung von Mitunternehmeranteilen und Gewerbesteuer: Vertragliche Gestaltungsmöglichkeiten, DStR 2006, S. 253–260

Scheipers, T./Linn, A., Einkünfteberichtigung nach § 1 Abs. 1 AStG bei Nutzungsüberlassungen im Konzern – Auswirkungen des EuGH-Urteils SGI, IStR 2010, S. 469–474

Schell, M., Realteilung i. S. d. § 16 Abs. 3 Satz 2 bis 4 EStG – Anmerkung zum BMF-Schreiben vom 28. 2. 2006 (§ 16 Abs. 3 Satz 2 bis 4 EStG, BMF-Schreiben vom 28. 2. 2006), BB 2006, S. 1026–1030

Schellmann, G. (Lisbon Treaty), The Lisbon Treaty and its Impact on the Tax Policy of the European Union, in: Lang, M./Weinzierl, C. (Hrsg.), Europäisches Steuerrecht. Festschrift für Friedrich Rödler zum 60. Geburtstag, Wien 2010, S. 815–830

Schenke, R., Die Position der Finanzverwaltung zur Gesellschafter-Fremdfinanzierung im Outbound-Fall – Europarechtliche Achillesferse des § 8 a KStG?, IStR 2005, S. 188–192

Scherer, T. B. (Doppelbesteuerung), Doppelbesteuerung und Europäisches Gemeinschaftsrecht, München 1995

Scherrer, G. (Kostenzuschlagsmethode), Zur Problematik der Kostenzuschlagsmethode für die Ermittlung angemessener Verrechnungspreise, in: Fischer, L. (Hrsg.), Unternehmung und Steuer. Festschrift zur Vollendung des 80. Lebensjahres von Peter Scherpf, Wiesbaden 1983, S. 345–362

Scheunemann, M., Europaweite Verlustberücksichtigung im Konzern: Steine statt Brot durch die Schlussanträge des Generalanwalts Maduro vom 7. 4. 2005 im Fall Marks & Spencer?, IStR 2005, S. 303–311

– Praktische Anforderungen einer grenzüberschreitenden Verlustberücksichtigung im Konzern in Inbound- und Outboundfällen nach der Entscheidung Marks & Spencer, IStR 2006, S. 145–154

– Praktische Anforderungen einer grenzüberschreitenden Verlustberücksichtigung im Konzern in Inbound- und Outboundfällen nach der Entscheidung Marks & Spencer, IStR 2006, S. 145–155

Scheunemann, M. P./Socher, O., Zinsschranke beim Leveraged Buy-out, BB 2007, S. 1144–1151

Schieber, P. H. (Auslandsbetriebstätten), Die Besteuerung von Auslandsbetriebstätten, Köln 1979

– Die Anrechnung ausländischer Steuern in Deutschland und Japan, DStR 1984, S. 488–498

– Betriebsstättenbegründung durch Montageüberwachung, IStR 1994, S. 521–528

Schießl, H., Hinzurechnungsbesteuerung bei Umwandlungen am Beispiel der Verschmelzung einer Körperschaft auf eine andere Körperschaft, DStZ 2009, S. 207–215

Schiffer, K. J., Aktuelles Beratungs-Know-how Gemeinnützigkeits- und Stiftungsrecht, DStR 2005, S. 508–513

Schilcher, M. (Subject-to-tax-Klauseln), Subject-to-tax-Klauseln in der österreichischen Abkommenspraxis, Wien 2004

Schild, C./Ehlermann, C. (Personengesellschaften), Besteuerungsprobleme bei Beteiligungen an ausländischen Personengesellschaften, in: Grotherr, S. (Hrsg.), Handbuch der internationalen Steuerplanung, 2. Aufl., Herne/Berlin 2003, S. 1389–1408

Schild, C./Eisele, F., Anwendung des § 8 a KStG bei beschränkter Steuerpflicht – zwischen Treaty Override und Gemeinschaftsrecht, IStR 2005, S. 217–223

Schildbach, T. (IAS/IFRS), Das System der IAS/IFRS in der EU: Charakter und Probleme, in: Schneider, D./Rückle, D./Küpper, H.-U./Wagner, F. W. (Hrsg.), Kritisches zu Rechnungslegung und Unternehmensbesteuerung, Festschrift zur Vollendung des 65. Lebensjahres von Theodor Siegel, Berlin 2005, S. 45–63

– Fair Value – Leitstern für Wege ins Abseits, DStR 2010, S. 69–79

Schindler, C. P., Hughes de Lasteyrie du Saillant als Ende der (deutschen) Wegzugsbesteuerung?, IStR 2009, S. 300–310

– Generalthema II: Die Änderungen der Fusionsbesteuerungsrichtlinie, IStR 2005, S. 551–557

Schlagheck, M., Dienstleistungen im nationalen Konzern und ihre steuerlichen Auswirkungen, StBp 2000, S. 83–88

Schlie, I./Stetzelberger, A., Steuerliche Förderung von Forschung und Entwicklung, IStR 2008, S. 269–275

Schlienkamp, A., Vorstellungen der Europäischen Kommission für ein endgültiges Mehrwertsteuersystem nach dem Ursprungslandprinzip, UR 1996, S. 326–329

Schlotter, C., Voraussichtlich dauernde Wertminderung nach dem Urteil des BFH zur Teilwertabschreibung auf Aktien vom 26. 9. 2007, BB 2008, S. 546–550

Schlütter, E., Personengesellschaft oder Körperschaft?, DStJG 1985, S. 215–234

Schmidbauer, R., Virtuelle Aktienoptionsprogramme im deutschen Handels- und Steuerrecht sowie nach US-GAAP und IAS, DStR 2000, S. 1487–1492

Schmidt, A., Unternehmensbewertung ausländischer Gesellschaften, DB 1994, S. 1149–1155

Schmidt, C., Zur DBA-Anwendung und inländischen Steuerpflicht bei im Sitzstaat rechtsfähigen ausländischen Personengesellschaften, IStR 1996, S. 14–23

– Die atypische stille Gesellschaft im deutschen Internationalen Steuerrecht – Wie begründet ist die herrschende Meinung?, IStR 1996, S. 213–223

– Personengesellschaften im internationalen Steuerrecht nach dem OECD-Bericht „The Application of the OECD Model Tax Convention to Partnerships" und den Änderungen im OECD-MA und im OECD-Kommentar im Jahre 2000, IStR 2001, S. 490–497

– (Konsequenzen), Steuerrechtliche Konsequenzen und Probleme beim Einsatz der typischen und atypischen stillen Beteiligung im Ausland, in: Grotherr, S. (Hrsg.), Handbuch der internationalen Steuerplanung, 2. Aufl., Herne/Berlin 2003, S. 1409–1434

– Zinsen einer inländischen Personengesellschaft an ihre ausländischen Gesellschafter im Abkommensrecht – Anmerkung zum BFH-Urteil vom 17. 10. 2007, I R 5/06, in diesem Heft S. 300, IStR 2008, S. 290–293

– Anwendung der Doppelbesteuerungsabkommen (DBA) auf Personengesellschaften. Eine Analyse des BMF-Schreibens vom 16. 4. 2010, IV B 2 – S 1300/09/10 003, BStBl I 2010, 354, IStR 2010, S. 413–432

– (Weitere) Infragestellung des BMF-Schreibens vom 16. 4. 2010 „Anwendung der Doppelbesteuerungsabkommen (DBA) auf Personengesellschaften" durch zwei neue Entscheidungen des BFH. Anmerkungen zum BFH-Urteil vom 28. 4. 2010, I R 81/09 und zum BFH-Beschluss vom 19. 5. 2010, I B 191/09, IStR 2010, S. 520–523

Schmidt, C./Blöchle, D., Anrechnungs- oder Freistellungsmethode bei (bloßen) Immobilieneinkünften aus Personengesellschaften, wenn die Zielländer dem Intransparenzprinzip folgen, IStR 2003, S. 685–692

Schmidt, F. (Allowance), Allowance for Corporate Equity – Zinskorrigierte Besteuerung zur Harmonisierung der Steuersysteme in Europa, Berlin 1998

Schmidt, F./Mielke, A., Steuerfolgen von Sanierungsmaßnahmen, Ubg 2009, S. 395–405

Schmidt, K. (Handelsrecht), Handelsrecht, 5. Aufl., Köln/Berlin/Bonn/München 1999

– Brennpunkte der Körperschaftsteuer – Steuerliche Berücksichtigung von Auslandsverlusten, WPg-Sonderheft 2006, S. 64–72

Schmidt, L. (Einkommensteuergesetz), Einkommensteuergesetz, Kommentar, 29. Aufl., München 2010

Schmidt, L./Hageböke, J., Auslandsverschmelzungen im Außensteuerrecht, IStR 2001, S. 697–703

Schmidt, L./Heinz, C., Gruppenbesteuerung im internationalen Vergleich Teil I, Stbg 2006, S. 60–66

– Gruppenbesteuerung im internationalen Vergleich Teil II, Stbg 2006, S. 141–144

Schmidtmann, D., Hinzurechnungsbesteuerung bei internationalen Umwandlungen IStR 2007, S. 229–235
Schmidt, O., Lohnsteuerabzugsverpflichtung für Arbeitslohn von dritter Seite im Rahmen einer Arbeitnehmerentsendung, IStR 2004, S. 372–374
– BMF nimmt zur Steuerfreistellung ausländischer Einkünfte Stellung, PIStB 2005, S. 222–224
– Der BFH zum wirtschaftlichen Arbeitgeber – Konsequenzen für die Besteuerungspraxis, IStR 2006, S. 78–81
– Besteuerungsrecht für Entschädigungszahlung aus früherer Tätigkeit in Österreich, PIStB 2006, S. 56–57
– Arbeitgeber übernimmt zusätzliche Kosten für Arbeitnehmerentsendungen, PIStB 2006, S. 170–171
– Zur abkommensrechtlichen Behandlung von Arbeitnehmeraktienoptionen, PIStB 2006, S. 303–305
– Nachweispflichten des § 50 d Abs. 8 EStG für steuerfreien Arbeitslohn auf dem Prüfungstand, PIStB 2008, S. 289–290
– Riester-Rente und grenzüberschreitende Arbeitnehmertätigkeiten, PIStB 2010, S. 107–109
Schmidt-Ahrens, L. (Steuerplanung), Steuerplanung aus der Sicht eines international tätigen Unternehmens, in: Oestreicher, A. (Hrsg.), Konzernbesteuerung, Herne/Berlin 2005, S. 143–161
Schmidt-Fehrenbacher, V., Zinsschranke und „Mantelkauf" aus Sicht der Praxis, Ubg 2008, S. 469–484
Schmiel, U., § 8 c KStG in der Kritik: Ungleichmäßigkeit der Besteuerung durch Verlustverrechnungsbeschränkung beim Mantelkauf und anderen Anteilsübertragungen BB 2010, S. 151–157
Schmitt, J., Zielgerichtete, steuerneutrale Umwandlungen zur Verbesserung der handelsrechtlichen Eigenkapitalposition, DStR 2004, S. 936–940
Schmitt, J./Hörtnagl, R./Stratz, R. (Umwandlungssteuergesetz), Umwandlungsgesetz, Umwandlungssteuergesetz, Kommentar, 5. Aufl., München 2009
Schmitz, R. C. A. (Steuerrecht), Kommentar zum internationalen Steuerrecht der Bundesrepublik Deutschland, Band I und II, Düsseldorf 1957
Schmusch, M./Laas, T., Werthaltigkeitsprüfungen nach IAS 36 in der Interpretation von IDW-RS HFA 16, WPg 2006, S. 1048–1060
Schnee, E., Lilo comes up one leg short, JofA 2008, S. 84
Schneeloch, D., Gewinnverlagerungen und Gewinnverlagerungspolitik durch Vorteilszuwendungen, BB 1988, S. 1929–1938
Schneider, D. (Betriebswirtschaftslehre), Betriebswirtschaftslehre. Band 3: Theorie der Unternehmung, München/Wien 1997
– Steuervermeidung – ein Kavaliersdelikt?, DB 1997, S. 485–490
– Wider Marktpreise als Verrechnungspreise in der Besteuerung nationaler Konzerne, DB 2003, S. 53–58
– Konzernrechnungslegung nach IAS als Besteuerungsgrundlage?, BB 2003, S. 299–304
– Folgt die Tugend gewinnsteuerlicher Bemessungsgrundlagen den Zahlungsströmen? Jochen Sigloch zur Vollendung des 60. Lebensjahres, StuW 2004, S. 293–304
Schneider, M., Die italienische Gruppenbesteuerung, IStR 2007, S. 457–464
Schneider, N./Oepen, W., Finale Entnahme, Sicherstellung stiller Reserven und Entstrickung, FR 2009, S. 22–29
Schnitger, A., Die Rechtssache AMID und ihre Folgen für die Freistellungs- und Anrechnungsmethode, IWB, 2001, Fach 11, Europäische Gemeinschaften, Gruppe 2, S. 469–474

- Das Ende der Bruttobesteuerung beschränkt Steuerpflichtiger, FR 2003, S. 745–756
- Teilweise Aufgabe des Territorialitätsprinzips als europarechtlicher Rechtfertigungsgrund? – Die Entscheidung des EuGH in der Rs. Bosal, FR 2003, S. 1149–1152
- Internationale Aspekte des Entwurfs eines Gesetzes zum Abbau von Steuervergünstigungen und Ausnahmeregelungen (Steuervergünstigungsabbaugesetz – StVergAbG), IStR 2003, S. 73–78
- Grenzüberschreitende Körperschaftsteueranrechnung und Neuausrichtung der Kohärenz nach dem EuGH-Urteil in der Rs. Manninen, FR 2004, S. 1357–1416
- Verstoß der Wegzugsbesteuerung (§ 6 AStG) und weiterer Entstrickungsnormen des deutschen Ertragsteuerrechts gegen die Grundfreiheiten des EG-Vertrags, BB 2004, S. 804–813
- Mögliche Wirkungsgrenzen der Grundfreiheiten des EG-Vertrages am Beispiel des § 8a KStG – Zugleich Anmerkung zu dem Beitrag von Kessler/Eicker/Obser, IStR 2004, S. 325 ff., IStR 2004, S. 635–639
- § 20 Abs. 2 und 3 AStG a. F. vor dem EuGH – Meistbegünstigung „Reloaded"?, FR 2005, S. 1079–1084
- Die Kapitalverkehrsfreiheit im Verhältnis zu Drittstaaten – Vorabentscheidungsersuchen in den Rs. van Hilten, Fidium Finanz AG und Lasertec, IStR 2005, S. 493–504
- Die neue LOB-Klausel des Doppelbesteuerungsabkommens Deutschland-USA, IWB, 2006, Fach 8, USA, Gruppe 2, S. 1439–1458
- Grenzüberschreitende Verlustverrechnung innerhalb der EU – Bestandsaufnahme – Praxisprobleme und aktuelle Entwicklungen, IWB, 2008, Fach 11, Europäische Union, Gruppe 2, S. 829–850
- Ausländische Umwandlungen – Fragen im Zusammenhang mit § 8 Abs. 1 Nr. 10 AStG, IStR 2010, S. 265–270

Schnitger, A./Bildstein, C., Praxisfragen der Betriebsstättenbesteuerung, Ubg 2008, S. 444–451

Schnitger, A./Papantonopoulos, A., Deutsche Vorabentscheidungsersuchen zu den direkten Steuern des Jahres 2004, BB 2005, S. 407–414

Schnitger, A./Rometzki, S., Die Anwendung des Korrespondenzprinzips auf verdeckte Gewinnausschüttungen und verdeckte Einlagen bei grenzüberschreitenden Sachverhalten nach dem JStG 2007, BB 2008, S. 1648–1655

Schnittker, H., Steuersubjektqualifikation ausländischer hybrider Rechtsgebilde, StuW 2004, S. 39–50
- LLP und LLC: Die Haftung der Mitglieder und Manager, GmbHR 2001, S. 382–386
- LLP und LLC: was bedeutet der Konflikt zwischen den einzelnen Jurisdiktionen in den USA für die Haftung der Mitglieder und Partner?, GmbHR 2001, S. 713–716

Schnittker, H./Lemaitre, C., Steuersubjektqualifikation ausländischer Personen- und Kapitalgesellschaften anhand des Rechtstypenvergleichs: Welche Vergleichskriterien sind heranzuziehen?, GmbHR 2003, S. 1314–1320
- Steuerliche Qualifikation der US-LLP durch Rechtstypenvergleich, FR 2003, S. 485–497

Schnittker, H./Thiele, D., LLC und LLP: Gemeinsamkeiten und Unterschiede – Vor- und Nachteile, GmbHR 2002, S. 420–424 (Teil I), S. 478–481 (Teil II)

Schnorberger, S., The Taxation of R&D Cost Sharing: An Economic Approach, Intertax 1997, S. 415–428
- Unzulässigkeit gewinnvergleichender Verrechnungspreismethoden in Deutschland, IStR 1999, S. 523–527

- Verrechnungspreis-Dokumentation und StVergAbG – Offene Fragen und Probleme, DB 2003, S. 1241–1247
- (Verrechnungspreise), Internationale Verrechnungspreise, in: Oestreicher, A. (Hrsg.), Internationale Verrechnungspreise, Herne/Berlin 2003, S. 53–71
- (Rechtssicherheit), Rechtssicherheit durch Advance Pricing Agreements (APAs) – Möglichkeiten und Grenzen, in: PricewaterhouseCoopers (Hrsg.), Dokumentation von Verrechnungspreisen. Brennpunkte der neuen Verwaltungsgrundsätze-Verfahren, Frankfurt a. M. 2005, S. 79–83

Schnorberger, S./Gerdes, I./Herksen, M. van, Transfer Price Documentation: The EU Code of Conduct Compared with Member State Rules (Part III), Intertax 2006, S. 514–519

Schnorberger, S./Rosenkranz, J. u. a., Transfer Pricing Documentation: The EU Code of Conduct Compared with Member States Rules, Intertax 2006, S. 305–313 und S. 406–417

Schnorberger, S./Waldens, S., Einkommenszuordnung bei grenzüberschreitender Personalentsendung im Konzern, IStR 2001, S. 39–46
- Ertragsteuerliche Aspekte der internationalen Personalentsendung – Begründung einer ertragsteuerlichen Präsenz im Inland, IStR 2001, S. 313–314

Schnorberger, S./Wingendorf, P., Zur zukünftigen Bedeutung von Advance Pricing Agreements über Verrechnungspreise – Schlussfolgerungen aus aktuellen Erfahrungen, DB 2004, S. 2234–2235
- Planning Certainly through Advance Pricing Agreements, ITPJ 2005, S. 77–81

Schnorr, R., Nationale und internationale Aktivierungsgrundsätze der Rechnungslegung in Handels- und Steuerbilanz, StuW 2004, S. 305–317

Schön, W. (Auslegung), Die Auslegung europäischen Steuerrechts, Köln 1993
- Zum Stande der Lehre vom Sonderbetriebsvermögen, DStR 1993, S. 185–194
- Gemeinschaftskonforme Auslegung und Fortbildung des nationalen Steuerrechts – unter Einschluß des Vorlageverfahrens nach Art. 177 EGV –, DStJG 1996, S. 167–200
- Der Große Senat des Bundesfinanzhofs und die Personengesellschaft, StuW 1996, S. 278–288
- (Kapitalverkehrsfreiheit), Europäische Kapitalverkehrsfreiheit und nationales Steuerrecht, in: Schön, W. (Hrsg.), Gedächtnisschrift für Brigitte Knobbe-Keuk, Köln 1997, S. 743–777
- Taxation and State Aid Law in the European Union, Common Market Law Review 1999, S. 911–936
- Der „Wettbewerb" der europäischen Steuerordnungen als Rechtsproblem, DStJG 2000, S. 191–226
- Freie Wahl zwischen Zweigniederlassungen und Tochtergesellschaft – ein Grundsatz des Europäischen Unternehmensrechts, EWS 2000, S. 281–291
- Hinzurechnungsbesteuerung und Europäisches Gemeinschaftsrecht, DB 2001, S. 940–947
- Die Abzugsschranken des § 3 c EStG zwischen Verfassungs- und Europarecht, FR 2001, S. 381–392
- Unternehmensbesteuerung und Europäisches Gemeinschaftsrecht, StBJb 2003/2004, S. 27–67
- Kompetenzen der Gerichte zur Auslegung von IAS/IFRS, BB 2004, S. 763–768
- International Accountig Standards – A „Starting Point" for a Common European Tax Base?, ET 2004, S. 426–440
- Besteuerung im Binnenmarkt – die Rechtsprechung des EuGH zu den direkten Steuern, IStR 2004, S. 289–300
- (Maßgeblichkeit), Steuerliche Maßgeblichkeit in Deutschland und Europa, Köln 2005

- (Kapitalverkehr), Der Kapitalverkehr mit Drittstaaten und das internationale Steuerrecht, in: Gocke, R./Gosch, D./Lang, M. (Hrsg.), Körperschaftsteuer, Internationales Steuerrecht, Doppelbesteuerung. Festschrift für Franz Wassermeyer zum 65. Geburtstag, München 2005, S. 489–521
- The Odd Couple: A Common Future for Financial and Tax Accounting?, Tax Law Review 2005, S. 111–148
- Zurück in die Zukunft? Gesellschafter-Fremdfinanzierung im Lichte der EuGH-Rechtsprechung, IStR 2009, S. 882–889

Schön, W./Schindler, C. P., Seminar D: Zur Besteuerung der grenzüberschreitenden Sitzverlegung einer Europäischen Aktiengesellschaft, IStR 2004, S. 571–576
- (SE), Die SE im Steuerrecht, Köln 2008

Schön, W./Schreiber, U./Spengel, C. (Tax Base), A Common Consolidated Corporate Tax Base for Europe – Eine einheitliche Körperschaftsteuerbemessungsgrundlage für Europa, Heidelberg 2008

Schönfeld, J., Die Fortbestandsgarantie des Art. 57 Abs. 1 EG im Steuerrecht: Anmerkung zu FG Hamburg vom 9. 3. 2004, VI 279/01, EFG 2004, 1573, IStR 2005, S. 410–414
- Hinzurechnungsbesteuerung zwischen Steuerwettbewerb und Europäischen Grundfreiheiten, StuW 2005, S. 158–170
- Quo vadis Hinzurechnungsbesteuerung und EG-Recht – Bestandsaufnahme und neuere Entwicklungen, IWB, 2006, Fach 3, Deutschland, Gruppe 1, S. 2119–2130
- Reaktion der britischen Regierung auf „Cadbury Schweppes": Geplante Änderungen der britischen CFC-Rules und deren Vereinbarkeit mit EG-rechtlichen Vorgaben, IStR 2007, S. 199–202
- Der neue Artikel 1 DBA-USA – Hinzurechnungsbesteuerung und abkommensrechtliche Behandlung von Einkünften steuerlich transparenter Rechtsträger, IStR 2007, S. 274–281
- Probleme beim Zusammenwirken von Hinzurechnungsbesteuerung und Abgeltungsteuer nach dem UntStRefG 2008 und dem RegE-JStG 2008, IStR 2007, S. 666–667
- Der EuGH konkretisiert die Anwendung der Kapitalverkehrsfreiheit im Verhältnis zu Drittstaaten: mögliche Konsequenzen und offene Fragen aus steuerlicher Sicht – zugleich Anmerkung zu EuGH-Urteil vom – Rs. C-452/04, Fidum Finanz AG, DB 2007, S. 80–82
- Entlastungsberechtigung ausländischer Gesellschaften; Anwendung des § 50 d Abs. 3 EStG in der Fassung des Jahressteuergesetzes 2007, Kommentar zu BMF-Schreiben vom 3. 4. 2007, IV B 1–S 2411/07/0002, FR 2007, S. 506–511
- Das neue Verständigungs- und Schiedsverfahren nach Art. 25 DBA-USA, Ubg 2008, S. 544–548
- Ausländische Verluste und Niedrigbesteuerung im Sinne von § 8 Abs. 3 AStG – oder: Unter welchen Voraussetzungen verhindert ein „Ausgleich mit Einkünften aus anderen Quellen" eine Hinzurechnungsbesteuerung?, IStR 2009, S. 301–304
- Entstrickung über die Grenze aus Sicht des § 4 Abs. 1 Satz 3 EStG anhand von Fallbeispielen, IStR 2010, S. 133–138
- Neues zum DBA-Schachtelprivileg oder: Was bleibt von § 8 Nr. 5 GewStG und § 8b Abs. 5 KStG bei grenzüberschreitenden Dividenden? – zugleich Anmerkung zu BFH 19. 5. 2010, I R 62/09 – in diesem Heft, S. 661 – und vom 23. 6. 2010, I R 71/09, IStR 2010, S. 658–661

Schönfeld, J./Lieber, B., Nun auch schwedische Hinzurechnungsbesteuerung auf dem Prüfstand des EG-Rechts, FR 2005, S. 927–933

Schönweiß, R. (Grunderwerbsteuer), Grunderwerbsteuer beim Unternehmenskauf, in: Schaumburg, H. (Hrsg.), Unternehmenskauf im Steuerrecht, Stuttgart 2004, S. 289–318

Scholich, M./Mackenstedt, A./Greinert, M. (Valuation),Valuation of Intangible Assets for Financial Reporting, in: Fandel, G./Backes-Gellner, U./Schlüter, M./Staufenbiel, J. E. (Hrsg.), Modern Concepts of the Theory of the Firm: Managing Enterprises of the New Economy, Berlin 2004, S. 491–504

Scholten, G./Griemla, S., Beteiligungsstrukturen im Problemfeld des § 2 a EStG – Der einstufige Grundfall, IStR 2007, S. 306–313

– Beteiligungsstrukturen im Problemfeld des § 2 a EStG – Der mehrstufige Kombinationsfall, IStR 2007, S. 346–351

– Beteiligungsstrukturen im Problemfeld des § 2 a EStG – Die Abgrenzung einer fast ausschließlich aktiven Tätigkeit nach § 2 a Abs. 2 EStG, IStR 2007, S. 615–619

Scholz, C./Crüger, A., Die Rolle von datenbankgestützten Margenanalysen bei der Bestimmung fremdüblicher Verrechnungspreise, RIW 2005, S. 34–38

Scholz, C. M., Bestimmung von Verrechnungspreisen anhand der angemessenen Kapitalverzinsung, IStR 2004, S. 209–214

– Recession transfer pricing returns, TPITP 2009, S. 1–5

Scholz, C. M./Ackermann, A./Schmitt, V., Anpassungsrechnungen zur Erhöhung der Aussagekraft von Fremdvergleichen bei Verrechnungspreisen, IWB, 2001, Fach 3, Deutschland, Gruppe 1, S. 1779–1786

Scholz, M. (Stock Options), Stock Options in Deutschland und in den USA, Wiesbaden 2001

Scholz, S. (Altersversorgung), Besteuerung der betrieblichen Altersversorgung in Europa – Internationale Steuerwirkungen – europarechtliche Analyse – Reformüberlegungen, Wiesbaden 2006

Schonewille, P., Safeguarding Pension Taxation Rights in Cross-Border Situations, ECTR 2005, S. 78–82

Schoor, H. W., Gewinnübertragung nach § 6 b EStG, FR 1997, S. 251–258

Schraufl, M., Steuerliche Behandlung der Gesellschafterfremdfinanzierung ist europarechtswidrig, PIStB 2003, S. 28–34

Schreiber, C./Meiisel, P., Auswirkungen des § 14 Abs. 1 Nr. 5 KStG auf die Nutzung von Organträgerverlusten, IStR 2002, S. 581–586

Schreiber, J., Der Maßgeblichkeitsgrundsatz des § 5 Abs. 1 Satz 1 EStG und die IAS/IFRS, DStR 2005, S. 1351–1355

– Neues Reisekostenrecht – Aktuelle Entwicklungen bei Mitarbeiterentsendungen, IWB, 2009, Fach 3, Deutschland, Gruppe 6, S. 483–490

Schreiber, J./Lühn, T., Besteuerung von Arbeitnehmereinkünften in Japan – Gefahr der Doppelbesteuerung, IWB, 2007, Fach 6, Japan, Gruppe 2, S. 119–124

Schreiber, R., Indizien zum Nachweis verdeckter Gewinnausschüttungen bei Dauergewinnlosigkeit der inländischen Konzernvertriebsgesellschaft, IStR 1994, S. 315–319

– (Verrechnungspreise), Verrechnungspreise bei Verlagerung von Funktionen und Risiken im internationalen Konzern, in: Oestreicher, A. (Hrsg.), Internationale Verrechnungspreise, Herne/Berlin 2003, S. 285–342

– (Verwaltungsgrundsätze), Verwaltungsgrundsätze-Verfahren: Mitwirkungs- und Dokumentationspflichten, in: Lüdicke, J. (Hrsg.), Tendenzen der Europäischen Unternehmensbesteuerung, Band 27, Köln 2005, S. 151–176

– Pflicht zur Angemessenheitsdokumentation bei internationalen Verrechnungspreisen?, IWB, 2005, Fach 3, Deutschland, Gruppe 1, S. 2105–2112

– Funktionsverlagerungen im Konzern – Neue Rechtsgrundlagen durch die Unternehmensteuerreform 2008, Ubg 2008, S. 433–443

Schreiber, R./Kuckhoff, H., Kapitel VIII der OECD-Guidelines 1995: Kostenumlageverträge, IStR 1998, Beihefter zu Heft 1, S. 1–8
Schreiber, U., Ertragsbesteuerung und Finanzierung ausländischer Tochterkapitalgesellschaften, ZfbF 1993, S. 510–534
– Unternehmensbesteuerung im Europäischen Binnenmarkt, StuW 1994, S. 238–254
– Gewinnermittlung und Besteuerung der Einkommen, StuW 2002, S. 105–115
– Unternehmensbesteuerung im Binnenmarkt. Angleichung der Gewinnermittlung und des Satzes der Körperschaftsteuer, StuW 2004, S. 212–226
– (Besteuerung), Besteuerung der Unternehmen – Eine Einführung in Steuerrecht und Steuerwirkung, 2. Aufl., Berlin 2008
– The Taxation of Hidden Reserves under the Common Consolidated Corporate Tax Base, ET 2009, S. 84–91
– Internationale Gewinnverlagerungen, DBW 2009, S. 535–550
Schreiber, U./Mai, J. M., Steuerwirkungen beim Unternehmenskauf – Eine ökonomische Analyse steuerrechtlicher Missbrauchsregeln, ZfbF 2008, S. 2–28
Schreiber, U./Overesch, M., Effektive Steuerbelastung der Unternehmen und Steuerpolitik, Wirtschaftsdienst 2005, S. 220–225
– Reform der Unternehmensbesteuerung – Eine ökonomische Analyse aus Sicht der internationalen Besteuerung, DB 2007, S. 813–820
– International Profit Shifting and Investment Decisions, ZfB 2010, Special Issue 2, S. 23–47
Schreiber, U./Rogall, M., Die Besteuerung der Gewinne aus der Veräußerung von Anteilen an Kapitalgesellschaften, BB 2003, S. 497–503
Schreiber, U./Ruf, M. (Steuerbelastung), Die Messung der effektiven Steuerbelastung. Ein Vergleich verschiedener effektiver Steuersätze, in: Dirrigl, H./Wellisch, D./Wenger, E. (Hrsg.), Steuern, Rechnungslegung und Kapitalmarkt, Festschrift für Franz W. Wagner zum 60. Geburtstag, Wiesbaden 2004, S. 177–192
– Reform der Unternehmensbesteuerung: ökonomische Auswirkungen bei Unternehmen mit inländischer Geschäftstätigkeit, BB 2007, S. 1099–1105
Schreiber, U./Spengel, C./Lammersen, L., Measuring the Impact of Taxation on Investment and Financing Decisions, SBR 2002, S. 2–23
Schroen, O. C., Steuerabzug nach § 50a EStG von den Bruttoeinnahmen EU-rechtswidrig – Der Fall „Scorpio", NWB, 2006, Fach 3, S. 14255–14264
Schroer, A., Entscheidungswirkungen steuerlicher Erfolgsabgrenzungsparadigmen bei multinationalen Unternehmen, ZfbF 2004, S. 259–281
Schröder, S., Auslandsbetriebsstätten in steuerlicher Sicht, StBp 1971, S. 228–241
– Grenzüberschreitender Liefer- und Leistungsverkehr zwischen verbundenen Unternehmen im Außensteuerrecht, StBp 1981, S. 6–16
– Abkommensberechtigung und Qualifikationskonflikte nach DBA bei Mitunternehmerschaft, StBp 1989, S. 7–12
Schubert, J./Penner, N./Ravenstein, C., Verlagerung der Buchführung in das Ausland vor dem Hintergrund des § 146 Abs. 2 AO, DStR 2008, S. 632–636
Schubert, M./Hofmann, K.-W., Das BMF-Schreiben vom 14. 9. 2006 zur steuerlichen Behandlung des Arbeitslohnes nach den Doppelbesteuerungsabkommen, BB 2007, S. 23–26
Schubert, M./Pavlovits T., Welche Bedeutung hat ein Ansässigkeitswechsel bei der Ermittlung der 183-Tage-Frist nach Art. 15 Abs. 2 Buchst. a OECD-MA?, IStR 2009, S. 415–417
Schubert, T., Abschreibung auf Marken in der Steuerbilanz, FR 1998, S. 92–95
Schürmann, W./Reinhardt, G., Beschränkte Einkommen- und Körperschaftsteuerpflicht wegen inländischer Tochtergesellschaft mit „Abschlußvollmacht", AWD 1974, S. 603–605

Schütze, R. A./Weipert, L. (Vertragshandbuch), Münchener Vertragshandbuch, Band 3, Wirtschaftsrecht II, 6. Aufl., München 2009

Schuhmann, H. (Organschaft), Die Organschaft, Körperschaftsteuer, Umsatzsteuer, Gewerbesteuer, 2. Aufl., Bielefeld 1997
– Der „neue" § 42 AO 1977, StBP 2008, S. 232–235

Schulte, W./Behnes, S., Gesellschafter-Fremdfinanzierung als verdeckte Gewinnausschüttung? Zugleich Anmerkungen zum BMF-Schreiben vom 15. 7. 2004, GmbHR 2004, S. 1045–1052

Schultze, P., Frankreich als neuer Holdingstandort, IStR 2005, S. 730–734
– Die Taxe Professionnelle wird zur neuen Contribution Economique Territoriale in Frankreich. Änderungen zum Jahreswechsel, IWB, 2010, Fach 5, Frankreich, Gruppe 2, S. 138–141

Schultze, P./Ludemann, M., Frankreich: Jahressteuergesetz für 2004 und Jahressteueränderungsgesetz für 2003, IStR 2004, S. 195–198

Schulz, M./Sester, P., Höchstrichterliche Harmonisierung der Kollisionsregeln im europäischen Gesellschaftsrecht: Durchbruch der Gründungstheorie nach „Überseering", EWS 2002, S. 545–552

Schulz, S., Zinsschranke und IFRS – Geklärte, ungeklärte und neue Fragen nach dem Anwendungserlass vom 4. 7. 2008, DB 2008, S. 2043–2051

Schulze, I., Änderungen in der dänischen Konzernbesteuerung, IWB, 2005, Fach 5, Dänemark, Gruppe 2, S. 163–164

Schulze-Osterloh, J., Gute Verluste – Böse Verluste, JbFSt 1984/85, S. 267–307

Schulze zur Wiesche, D., Die Besteuerung von unbeschränkt Steuerpflichtigen und beschränkt Steuerpflichtigen nach dem Jahressteuergesetz 1996, IStR 1996, S. 105–110
– StSenkG: Einbringung einzelner Wirtschaftsgüter des Betriebsvermögens in das Gesamthandsvermögen einer Personengesellschaft und umgekehrt sowie Realteilung nicht begünstigt?, FR 2000, S. 976–978
– Betriebsaufspaltung: Umfang von Betriebsvermögen und Sonderbetriebsvermögen der Besitzgesellschaft, StB 2006, S. 55–63

Schumacher, A. (Europäische Aktiengesellschaft), Die Europäische Aktiengesellschaft – Perspektiven der grenzüberschreitenden Umstrukturierung, in: Oestreicher, A. (Hrsg.), Internationale Steuerplanung, Herne/Berlin 2005, S. 257–279

Schumacher, A./Neumann, R., Ausgewählte Zweifelsfragen zur Auf- und Abspaltung von Kapitalgesellschaften und Einbringung von Unternehmensteilen in Kapitalgesellschaften, DStR 2008, S. 325–334
– Ausgewählte Zweifelsfragen zur Auf- und Abspaltung von Kapitalgesellschaften und Einbringung von Unternehmensteilen in Kapitalgesellschaften, DStR 2008, S. 325–334

Schwarz, B. (Abgabenordnung), Abgabenordnung, Kommentar, Freiburg 1998, Stand: Juni 2010

Schwarz, H./Fischer-Zernin, J., Deutsches „Treaty Overriding" im Entwurf zum Steueränderungsgesetz 1992, RIW 1992, S. 49–53

Schwedhelm, R./Binnewies, B., Hinzuzugsbesteuerung als neue Begehrlichkeit der Finanzverwaltung, DB 1999, S. 1420–1424

Schwenke, M., Die Kapitalverkehrsfreiheit im Wandel?, IStR 2006, S. 748–754
– Europarechtliche Vorgaben und deren Umsetzung durch das SEStEG, DStZ 2007, S. 235–247
– (Funktionsverlagerungen), Funktionsverlagerungen, in: Schaumburg, H./Piltz, D. J., Grenzüberschreitende Gesellschaftsstrukturen im Internationalen Steuerrecht, Köln 2010, S. 103–117

Seago, W. E./Schnee, E. J., A More Tax-Efficient System for Purchasing and Selling a Subsidiary, TN 2008, S. 1059–1068

Sedemund, J., Die Bedeutung des Prinzips der steuerlichen Kohärenz als Rechtfertigungsaspekt für Eingriffe in die Grundfreiheiten des EG-Vertrages, IStR 2001, S. 190–192
– Direkte und mittelbare Reichweite der Grundfreiheiten des EG-Vertrags am Beispiel § 8 a KStG, IStR 2002, S. 390–396
– Steine statt Brot oder immer noch europarechtswidrig? – Gedanken zur Neufassung des § 8 a KStG, IStR 2004, S. 595–601
– EU-weite Verschmelzungen: Gesellschaftsrechtliche Vorgaben und steuerliche Implikationen des SEVIC-Urteils des EuGH vom 13. 12. 2005, BB 2006, S. 519–522
– Die mittelbare Wirkung der Grundfreiheiten für in Drittstaaten ansässige Unternehmen nach den EuGH-Urteilen Fidium Finanz AG und Cadbury Schweppes, BB 2006, S. 2781–2786
– Qualifikationskonflikte bei Ausschüttungen von in den USA ansässigen Kapitalgesellschaften, RIW 2006, S. 533–540
– Europarechtliche Bedenken gegen den neuen § 8 Abs. 2 AStG, BB 2008, S. 696–699
– Grenzüberschreitende Berücksichtigung von Betriebsstättenverlusten (Anm. zum EuGH-Urteil „Lidl" vom 15. 5. 2008), DB 2008, S. 1120–1123
Seer, R., Die beschränkte Steuerpflicht aus dem Blickwinkel des Gemeinschaftsrechts, IWB, 2003, Fach 11, Europäische Gemeinschaften, Gruppe 2, S. 573–588
Seer, R./Haken, I., Bedeutung und Einfluss des europäischen Gemeinschaftsrechts. Die Grundfreiheiten des EG-Vertrages als Beschränkungsverbote und ihre gesteigerte Bedeutung für das nationale Steuerrecht, SteuerStud 2001, S. 344–349
Seer, R./Kahler, B./Rüping, H./Thulfaut, K., Die Rechtsprechung des EuGH auf dem Gebiet der direkten Besteuerung in den Jahren 2003 und 2004, EWS 2005, S. 289–309
Seer, R./Müller, J. P., Begrenzung der Rechtsfolgen von EuGH-Richtersprüchen durch den nationalen Gesetzgeber, IWB, 2008, Fach 11, Europäische Gemeinschaften, Gruppe 2, S. 865–878
Seibold, S., Neuere Entwicklungen auf dem Gebiet der deutschen Steuerabkommen, IStR 1998, S. 649–657
Seibt, C., Unternehmenskauf und -verkauf nach dem Steuersenkungsgesetz, DStR 2000, S. 2061–2076
Seiler, C. (Einkommen), Besteuerung von Einkommen – Aufgaben, Wirkungen und europäische Herausforderungen, Gutachten F zum 66. Deutschen Juristentag, Stuttgart 2006
Seitz, W. (Steuerharmonisierung), Steuerharmonisierung versus nationale Interessen in der EU, in: Lang, M./Weinzierl, C. (Hrsg.), Europäisches Steuerrecht. Festschrift für Friedrich Rödler zum 60. Geburtstag, Wien 2010, S. 867–884
Selent, A. (Personengesellschaften), Ausländische Personengesellschaften im Ertrag- und Vermögensteuerrecht, Gelsenkirchen 1982
– (Unternehmensstrukturierung), Unternehmensstrukturierung – von einem Stammhauskonzern zu einem Holdingkonzern, in: Herzig, N. (Hrsg.), Steuerorientierte Umstrukturierung von Unternehmen, Stuttgart 1997, S. 51–69
Selent, A./Endres, D., Die Besteuerung des Arbeitslohnes bei Auslandsdienstreisen, DB 1984, S. 84–89
Selling, H.-J., Die Abschirmwirkung ausländischer Basisgesellschaften gegenüber dem deutschen Fiskus, DB 1988, S. 930–936
– Ausländische Holding-, Vermögens- und Dienstleistungsgesellschaften im Licht des § 42 AO, RIW 1991, S. 235–241
– Unternehmensbesteuerung in Spanien, DStJG 1993, S. 195–242
– Besteuerung grenzüberschreitend eingesetzter Finanzierungsinstrumente, IWB, 1999, Fach 10, International, Gruppe 8, S. 223–264

Seltenreich, S., Inländisches Warenlager ausländischer Gesellschaften – Rechtslage und Gestaltungsmöglichkeiten, IStR 2004, S. 589–595
– Aktuelle Entwicklungen und Tendenzen im Bereich der Begründung einer Vertreter-Betriebsstätte gem. Art. 5 Abs. 5 OECD-MA, IWB, 2006, Fach 3, Deutschland, Gruppe 2, S. 1269–1280
Semmler, E., Änderungen bei der Körperschaftsteuer. Konsequenzen aus der Umsetzung der Mutter-Tochter-Richtlinie und der Zinsen- und Lizenzgebühren-Richtlinie, NWB, 2005, Fach 4, S. 4941–4948
Serg, O., Die Behandlung von Geschäftschancen bei grenzüberschreitenden Funktionsverlagerungen, DStR 2005, S. 1916–1920
Shay, S. E., The relationship of tax treaties to domestic law in the United States, Seminar B, 43. IFA-Kongreß 1989, IFA Seminar Series 1989, S. 12–21
Sidhu, K./Schemmel, A., Steuerhinterziehung bei grenzüberschreitenden Gewinnverlagerungen durch Festlegung konzerninterner Verrechnungspreise, BB 2005, S. 2549–2552
Sieger, J. J./Hasselbach, K., „Tracking Stock" im deutschen Aktienrecht, BB 1999, S. 1277–1284
– „Tracking Stock" im deutschen Aktien- und Kapitalmarktrecht, AG 2001, S. 391–399
Sieker, K., Verluste als Nachweis für Gewinnverlagerungen? Anmerkung zum BFH-Urteil vom 17. 2. 1993 – I R 3/92, BB 1993, S. 2424–2426
– Ist einer Vertreterbetriebsstätte ein Gewinn zuzurechnen?, BB 1996, S. 981–986
– Betriebsstättengewinn und Fremdvergleichsgrundsatz, DB 1996, S. 110–113
– Ertragsteuerliche Konsequenzen der Gründung internationaler Joint-Ventures für inländische Unternehmen, IStR 1997, S. 385–392
– (Geschäftsleitungsbetriebsstätten), Geschäftsleitungsbetriebsstätten bei internationalen Konzernen, in: Piltz, D.J./Schaumburg, H. (Hrsg.), Internationale Betriebsstättenbesteuerung, Köln 2001, S. 85–111
– Steuervergünstigungsabbaugesetz: Vorgesehene Verschärfungen der Rechtsfolgen der Hinzurechnungsbesteuerung, IStR 2003, S. 78–84
– Zur Beachtung des Fremdvergleichsgrundsatzes gemäß § 8 Abs. 2 Satz 5 AStG, IStR 2009, S. 341–345
Sigloch, J. (Gewinnermittlung), Einheitliche Gewinnermittlung nach Handels- und Steuerrecht – Utopie oder realistische Vision, in: Schneider, D./Rückle, D./Küpper, H.-U./Wagner, F. W. (Hrsg.), Kritisches zu Rechnungslegung und Unternehmensbesteuerung, Festschrift zur Vollendung des 65. Lebensjahres von Theodor Siegel, Berlin 2005, S. 551–568
Silva, E., The fallacy of asset-based adjustments to profits, TMTPR 2003, S. 703–705
Sinz, A./Blanchard, S., Neue Entwicklungen in der Grenzgänger-Besteuerung Deutschland – Frankreich, IStR 2003, S. 258–262
Sinz, A./Kubaile, H., Der Entwurf des Steuerhinterziehungsbekämpfungsgesetzes: Steinbrücks 7. Kavallerie, IStR 2009, S. 401–406
Sistermann, C./Brinkmann, J., Die neue Sanierungsklausel in § 8c, DStR 2009, S. 1453–1457
– Wachstumsbeschleunigungsgesetz: Die Änderungen bei der Mantelkaufregelung. Entschärfung der Verlustabzugsbeschränkungen durch Konzernklausel und Verschonung in Höhe der stillen Reserven, DStR 2009, S. 2633–2638
Slapio, U., Weiterverrechnung von Leistungen im Konzern, PIStB 2005, S. 152–157
Small, D. G., USA: Das neue Wahlrecht zur Klassifizierung von Kapital- und Personengesellschaften, IStR 1996, S. 280–282
Smeets, P./Schwarz, H./Sander, D., Ausgewählte Risiken und Probleme bei US-Leasingfinanzierungen, NVwZ 2003, S. 1061–1071

Smit, D. S., Capital movements and third countries: the significance of standstill-clause ex-Article 57(1) of the EC Treaty in the field direct taxation, ECTR 2006, S. 203–214
- The relationship between the free movement of capital and the other EC Treaty freedoms in third country relationships in the field of direct taxation: a question of exclusivity, parallelism or causality?, ECTR 2007, S. 252–267

Smith, C./Thalhammer, B. (Verbundaktie), Die Verbundaktie – Ein Praxisbeispiel von Stapled Stock, Hamburg 1997

Snowdon, C., Battered and bruised but still standing, ITR 2009, S. 12–14

Söffing, A./Bron, J. F., Die Wegzugsbesteuerung im Verhältnis zur Schweiz unter Berücksichtigung des Freizügigkeitsabkommens, RIW 2009, S. 358–365

Söffing, G., Neue Rechtsprechung zu § 15 a EStG und Gewinnerzielungsabsicht bei Verlustzuweisungsgesellschaften, DStZ 1992, S. 129–134
- Der Beherrschungswille bei der Betriebsaufspaltung, BB 1998, S. 397–398
- Aktuelles zur Betriebsaufspaltung, BB 2006, S. 1529–1533

Sonntag, K., Die Besteuerung von Einkommen aus dem Transfer von Technologie – Deutscher Nationalbericht zum Thema I des 51. IFA-Kongresses in Neu-Delhi 1997, IWB, 1997, Fach 1, IFA-Mitteilungen, S. 1427–1436

Sørensen, P. B. (Taxation), Neutral Taxation of Shareholder Income: A Norwegian Tax Reform Proposal, CESifo Working Paper No. 1036, München 2003

Sparfeld, S./Bobkova, M., Entsendung tschechischer Arbeitnehmer nach Deutschland, PIStB 2005, S. 60–64

Spengel, C., Die Umsatzbesteuerung im EG-Binnenmarkt. Vom Bestimmungslandprinzip über das Ursprungslandprinzip zum Gemeinschaftsprinzip, WiSt 1993, S. 45–48
- (Europäische Steuerbelastungsvergleiche), Europäische Steuerbelastungsvergleiche: Deutschland, Frankreich, Großbritannien, Düsseldorf 1995
- Wettbewerbswirkungen der Körperschaftsteuer in Europa, DBW 1998, S. 348–368
- (Steuerbelastung), Effektive Steuerbelastung der grenzüberschreitenden Geschäftstätigkeit nach den Vorschlägen zur Reform der Unternehmensbesteuerung, Mannheim 2000
- International Accounting Standards, Tax Accounting and Effective Levels of Company Tax Burdens in the EU, ET 2003, S. 253–266
- (Unternehmensbesteuerung), Internationale Unternehmensbesteuerung in der Europäischen Union – Steuerwirkungsanalyse, empirische Befunde, Reformüberlegungen, Düsseldorf 2003
- International Accounting Standards und Unternehmensbesteuerung in der Europäischen Union, IStR 2003, S. 29–36 (Teil I), S. 67–72 (Teil II)
- Sollen die Unternehmenssteuern in der EU harmonisiert werden?, ifo Schnelldienst Nr. 13/2004, S. 3–6
- (Unternehmensgewinne), Unternehmensgewinne und -steuerbelastung im internationalen Vergleich – Indikator der Leistungsfähigkeit?, in: Statistisches Bundesamt (Hrsg.), Ökonomische Leistungsfähigkeit Deutschlands, Forum Band 44, Wiesbaden 2004, S. 91–113
- Unternehmensbesteuerung in den Beitrittsstaaten der EU – Steuerliche Aspekte für Investoren, IStR 2004, S. 615–624
- (Bemessungsgrundlage), Einheitliche Bemessungsgrundlage für die laufende Besteuerung der Europäischen Aktiengesellschaft, in: Herzig, N. (Hrsg.), Besteuerung der europäischen Aktiengesellschaft, Köln 2004, S. 101–117
- (Unternehmensbesteuerung), Unternehmensbesteuerung in der EU – quo vadis?, in: Lüdicke, J. (Hrsg.), Deutsches Steuerrecht im europäischen Rahmen, Köln 2004, S. 109–155

- (Konzernsteuerquoten), Konzernsteuerquoten im internationalen Vergleich – Bestimmungsfaktoren und Implikationen für die Steuerpolitik, in: Oestreicher, A. (Hrsg.), Internationale Steuerplanung, Herne/Berlin 2005, S. 89–125
- IFRS als Ausgangspunkt der steuerlichen Gewinnermittlung in der Europäischen Union – Steuerbelastungskonsequenzen im Länder- und Branchenvergleich, DB 2006, S. 681–688
- (Einkommen), Besteuerung von Einkommen – Aufgaben, Wirkungen und europäische Herausforderungen, Gutachten G zum 66. Deutschen Juristentag, Stuttgart 2006
- (Gewinnermittlung), Gewinnermittlung und Bemessungsgrundlage als eigentliches Problem des Steuerwettbewerbs?, in: Reimer, E. u. a. (Hrsg.), Europäisches Gesellschafts- und Steuerrecht, Grundlagen – Entwicklungen – Verbindungslinien, Münchener Schriften zum Internationalen Steuerrecht, Band 27 München 2007, S. 253–290
- (Tax Base), Concept and Necessity of a Common Tax Base – an Academic Introduction, in: Schön, W./Schreiber, U./Spengel, C. (Hrsg.), A Common Consolidated Corporate Tax Base for Europe – Eine einheitliche Körperschaftsteuerbemessungsgrundlage für Europa, Heidelberg 2008, S. 1–47
- (Tax Science Fiction), Tax Science Fiction: Entwicklung der nominalen Steuersätze, internationaler Steuerwettbewerb und Steuerbelastung des Portfolio-Aktionärs, in: Rädler, A. J. (Hrsg.), Tax Science Fiction – Wie sieht unser Steuerrecht in 25 Jahren aus?, Symposium zu Ehren des 75. Geburtstags von Albert J. Rädler, München 2008, S. 41–57
- Seminar I: Gemeinsame konsolidierte Körperschaftsteuer-Bemessungsgrundlage (GKKB) und Drittstaatenfragen, IStR 2008, S. 556–561
- Bilanzrechtsmodernisierung – Zukunft der Steuerbilanz, FR 2009, S. 101–113
- (Fortentwicklung), Überlegungen zur Fortentwicklung der Unternehmensbesteuerung in Deutschland, in: Schön, W./Osterloh-Konrad, C. (Hrsg.), Kernfragen des Unternehmenssteuerrechts, Heidelberg 2010, S. 59–96

Spengel, C./Braunagel, R., EU-Recht und Harmonisierung der Konzernbesteuerung, StuW 2006, S. 34–49

Spengel, C./Elschner, C., Steuerliche Anreize für Forschung und Entwicklung – Empirische Befunde, internationaler Vergleich und Reformansätze für Deutschland, ZfB 2010, Special Issue 2, S. 1–22

Spengel, C./Ernst, C./Fink, K., Harmonisierung der steuerlichen Gewinnermittlung in der EU und effektive Steuerbelastung von Unternehmen, DBW 2010, S. 283–299

Spengel, C. et al. (Forschung und Entwicklung), Steuerliche Förderung von Forschung und Entwicklung (FuE) in Deutschland, Heidelberg 2009

Spengel, C./Finke, K./Zinn, B., (Substanzbesteuerung) Bedeutung der Substanzbesteuerung in Deutschland, Baden-Baden 2010

Spengel, C./Golücke, M., Gesellschafter-Fremdfinanzierung: Implikationen der EG-Rechtswidrigkeit von § 8a KStG für die Praxis und den Gesetzgeber, RIW 2003, S. 333–347

Spengel, C./Herbold, S., Steuerliche Anreize zur Förderung von Forschung und Entwicklung in Deutschland, Ubg 2009, S. 343–349

Spengel, C./Lammersen, L., Methoden zur Messung und zum Vergleich von internationalen Steuerbelastungen, StuW 2001, S. 222–238

Spengel, C./Malke, C. (GAAP), Comprehensive Tax Base or Residual Reference to GAAP or Domestic Tax Law, in: Lang, M./Pistone, P./Schuch, J./Staringer, C. (Hrsg.), Common Consolidated Tax Base, Wien 2008, S. 63–92

Spengel, C./Schaden, M., Besteuerung von Erfolgen aus der Veräußerung von Anteilen an Kapitalgesellschaften durch Kapitalgesellschaften – Eine ökonomische und verfassungsrechtlich Analyse, DStR 2003, S. 2192–2201

Spengel, C./Schaden, M./Wehrße, M., Besteuerung von Personengesellschaften in den 27 EU-Mitgliedstaaten und den USA – eine Analyse der nationalen Besteuerungskonzeptionen, StuW 2010, S. 44–56

Spengel C./Schmidt, F. (Altersversorgung), Betriebliche Altersversorgung, Besteuerung und Kapitalmarkt, Baden-Baden 1997

Spengel, C./Wendt, C., Europäische Harmonisierung der körperschaftsteuerlichen Bemessungsgrundlage), StuW 2007, S. 297–307

Spenke, G. te (Taxation), Taxation in The Netherlands, 3. Aufl., Deventer 1995

Spetzler, W., Wirkung und Einfluß des Rechts der Europäischen Gemeinschaft auf das nationale Steuerrecht, DB 1993, S. 553–558

Spierts, E. M. S., Änderungen bei der Besteuerung von Arbeitnehmer-Optionsrechten in den Niederlanden, IWB, 2005, Fach 5, Niederlande, Gruppe 2, S. 399–400

Spindler, W., Der „Gesamtplan" in der Rechtsprechung des BFH, DStR 2005, S. 1–5

Spitaler, A. (Doppelbesteuerungsproblem), Das Doppelbesteuerungsproblem bei den direkten Steuern, 2. Aufl. (fotomechanischer Nachdruck der im Jahre 1936 erschienenen Erstauflage), Köln 1967

Sprenger, A., Lohnzahlungen Dritter und geldwerte Vorteile, INF 2005, S. 787–794

Spriegel, H. (Strafrechtliche Risiken), Strafrechtliche Risiken bei grenzüberschreitenden Aktivitäten für Steuerpflichtige und steuerliche Berater, in: Grotherr, S. (Hrsg.), Handbuch der internationalen Steuerplanung, 2. Aufl., Herne/Berlin 2003, S. 1663–1688

Spriegel, H./Schweiss, K., Grenzen der steuerlichen Anerkennung und strafrechtliche Relevanz von grenzüberschreitenden Aktivitäten, BB 1996, S. 1354–1362

Stadler, R./Elser, T., Änderungen bei der Organschaft, DB 2002, Beilage 1, S. 41–51

– Der Regierungsentwurf des SEStEG: Einführung eines allgemeinen Entstrickungs- und Verstrickungstatbestandes und andere Änderungen des EStG, BB-Special 8 2006, S. 18–25

– (Einführung), Einführung eines allgemeinen Entstrickungs- und Verstrickungstatbestandes und andere Änderungen des EStG, in: Blumenberg, J./Schäfer, K., Das SEStEG. Steuer- und gesellschaftsrechtliche Erläuterungen und Gestaltungshinweise, München, 2007, S. 43–64

Stahl, H. (Price setting), Price setting in German manufacturing: new evidence from new survey data, Dt. Bundesbank, Frankfurt a. M. 2005

Ståhl, K., Dividend Taxation in a Free Capital Market, ECTR 1997, S. 227–236

Stalinski, B., Neuregelung der Gesellschafter-Fremdfinanzierung nach § 8a KStG, NWB, 2004, Fach 4, S. 4771–4782

Stapperfend, T., Umsatzsteuerliche Behandlung von Holdinggesellschaften, UR 2006, S. 112–118

Staringer, C. (Betriebstättenvorbehalt), Der Betriebstättenvorbehalt für Dividenden, Zinsen und Lizenzgebühren, in: Gassner, W./Lang, M./Lechner, E. (Hrsg.), Die Betriebstätte im Recht der Doppelbesteuerungsabkommen: Voraussetzungen der Besteuerung von Unternehmensgewinnen im Quellenstaat, Wien 1998, S. 223–237

– (Doppelansässigkeit), Besteuerung doppelt ansässiger Kapitalgesellschaften, Wien 1999

– (Dividendenbesteuerung), Dividendenbesteuerung und Kapitalverkehrsfreiheit, in: Lechner, E./Staringer, C./Tumpel, M. (Hrsg.), Kapitalverkehrsfreiheit und Steuerrecht – Eine Analyse des österreichischen Steuerrechts vor dem Hintergrund der Kapitalverkehrsfreiheit des EG-Rechts, Wien 2000, S. 93–118

- (Leistungsbeziehungen), Leistungsbeziehungen zwischen der Personengesellschaft und den Gesellschaftern aus abkommensrechtlicher Sicht, in: Gassner, W./Lang, M./Lechner, E. (Hrsg.), Personengesellschaften im Recht der Doppelbesteuerungsabkommen: die Auswirkungen des OECD-Reports auf die Abkommenspraxis, Wien 2000, S. 101–120

Steichen, A. (Gleichheitssatz), Der Gleichheitssatz im Europäischen Steuerrecht, in: Burmester, G./Endres, D. (Hrsg.), Außensteuerrecht, Doppelbesteuerungsabkommen und EU-Recht im Spannungsverhältnis, Festschrift für Helmut Debatin zum 70. Geburtstag, München 1997, S. 417–451

- (Besteuerung), Besteuerung von Zinserträgen. Welches Modell für Europa?, in: Kleineidam, H.-J. (Hrsg.), Unternehmenspolitik und internationale Besteuerung. Festschrift für Lutz Fischer zum 60. Geburtstag, Berlin 1999, S. 231–257
- Änderungen des luxemburgischen Steuerrechts, IWB, 1999, Fach 5, Luxemburg, Gruppe 2, S. 151–158

Stein, C./Ortmann, M., Bilanzierung und Bewertung von Warenzeichen, BB 1996, S. 787–792

Stein, V./Becker, J. D., Steuerplanung beim Erwerb von Auslandsbeteiligungen im Kapitalgesellschaftskonzern, GmbHR 2003, S. 84–91

- Steuerplanung für deutsche Investoren im EU-Beitrittsgebiet, PIStB 2004, S. 303–311

Steuerreformkommission (Gutachten), Gutachten der Steuerreformkommission 1971, Schriftenreihe des Bundesministeriums der Finanzen, Heft 17, Bonn 1971

Stieb, S., Der Anfang vom Ende der „Sitztheorie" – EuGH untersagt die Entrechtung von Auslandsgesellschaften, GmbHR 2002, S. R473–R474

Stiftung Marktwirtschaft – Frankfurter Institut (Kommision „Steuergesetzbuch"), Steuerpolitisches Programm der Kommision „Steuergesetzbuch", Einfacher, gerechter, sozialer: Eine umfassende Ertragsteuerreform für mehr Wachstum und Beschäftigung, Berlin 2006

Stock, F./Kaminski, B., Dienstleistungen auf Abruf in der Verrechnungspreispraxis, DB 1997, S. 1052–1055

- Anmerkungen zum Gewinnaufschlag bei Konzernumlagen, IStR 1998, S. 7–10

Stoffregen, P. A./Higinbotham, H. N./Asper, D. W./Wexler, R. P., The BALRM approach to transfer pricing: One step forward, two steps back, TN 1989, S. 1257–1262

Stopp, K.-T./Korsten, M./Bieniek, G., Gewinne aus Cross-Border-Leasing-Transaktionen dürfen in den allgemeinen Gemeindehaushalt eingestellt werden, LKV 2004, S. 540–544

Storck, A., Ausländische „Montage"-Betriebsstätten im Ertrag- und Substanzsteuerrecht, RIW/AWD 1979, S. 767–769

- (Betriebsstätten), Ausländische Betriebsstätten im Ertrag- und Vermögensteuerrecht, Frankfurt a. M./Deventer 1980
- Namen- und Markenlizenzen in international tätigen Konzernen, Steuer-Revue 1993, S. 497–513
- (Holdinggesellschaften), Standorte für Holdinggesellschaften – Entstehungsgründe für Holdinggesellschaften, in: IDW (Hrsg.), Bericht über die Steuerfachtagung 1993 des Instituts der Wirtschaftsprüfer in Deutschland e. V., Steuergestaltung bei verbundenen Unternehmen, Düsseldorf 1994, S. 17–38
- (Umlagen), Umlagen im Bereich von Forschung und Entwicklung globaler Konzerne, in: Burmester, G./Endres, D. (Hrsg.), Außensteuerrecht, Doppelbesteuerungsabkommen und EU-Recht im Spannungsverhältnis. Festschrift für Helmut Debatin zum 70. Geburtstag, München 1997, S. 452–475
- (Verrechnungspreise), Verrechnungspreise und Umlagen in internationalen Konzernen. Eine Beurteilung der Situation im Verhältnis Schweiz – Deutschland

aus Sicht der VSUD-Arbeit, in: VSUD (Hrsg.), Gedenkschrift für Herrn Dr. Rudolf Kögler, 1997, S. 15–30
– Dividend Access Shares: wichtige Bausteine für zukunftsgerichtete Unternehmensstrukturen, Der Schweizer Treuhänder 2000, S. 362–376
– Gestaltungsalternativen im Rahmen der Europäischen Aktiengesellschaft (SE), FB 2005, S. 153–158
– (Unternehmensfinanzierung), Unternehmensfinanzierung und Steuern aus der Sicht eines multinationalen Konzerns mit Sitz in der Schweiz, in: Kessler, W./Förster, G./Watrin, C., Unternehmensbesteuerung, Festschrift für Norbert Herzig zum 65. Geburtstag, München 2010
Storck, A./Selent, A., Die Besteuerung inländischer Beteiligungen an ausländischen Mitunternehmerschaften im Ertragsteuerrecht, RIW/AWD 1980, S. 332–341
Stoschek, U./Schnitger, A., Gewerbliche Prägung durch ausländische Kapitalgesellschaften, DStR 2006, S. 1395–1398
Streck, M., Der abzugsfähige Verlust ausländischer Betriebsstätten und Personengesellschaften nach dem Auslandsinvestitionsgesetz, AWD 1972, S. 341–352
– Die Steuerinteressen und Steuermodelle beim Unternehmenskauf, BB 1992, S. 685–690
Streck, M./Posdziech, O., Verschmelzung und Formwechsel nach dem neuen Umwandlungssteuergesetz, GmbHR 1995, S. 357–365
Streit, B./Baar, S., Unternehmenskaufmodelle für nicht börsennotierte Kapitalgesellschaften, BBK 2002, Beilage 1, S. 1–30
Stretch, C./Kummer, J., US Government Delivers Details – and Surprises – in Expanding FY 2010 Budget, TPIR 2001, S. 6–16
Streu, V., Besteuerung von Leasingraten nach den DBA, IWB, 1997, Fach 10, International, Gruppe 2, S. 1319–1324
– (Leasing), Grenzüberschreitendes Leasing als Objekt der Internationalen betriebswirtschaftlichen Steuerlehre, in: Kleineidam, H.-J. (Hrsg.), Unternehmenspolitik und internationale Besteuerung. Festschrift für Lutz Fischer zum 60. Geburtstag, Berlin 1999, S. 963–982
– (Zwischenholding), Der Einsatz einer inländischen Zwischenholding in der internationalen Konzernsteuerplanung, in: Grotherr, S. (Hrsg.), Handbuch der internationalen Steuerplanung, 2. Aufl., Herne/Berlin 2003, S. 139–157
Strobl, J., Die Praxis bei der steuerlichen Prüfung ausländischer Tochtergesellschaften in Deutschland, RIW/AWD 1980, S. 741–752
Strobl, J./Kellmann, C., Beschränkte Steuerpflicht durch Verbindungsbüros?, AWD 1969, S. 405–411
Strohner K./Mennen H., Zweifelsfragen zur Anwendung des § 50 d Abs. 8 EStG bei Arbeitseinkünften im Inland steuerpflichtiger Arbeitnehmer mit Tätigkeit im Ausland, DStR 2005, S. 1713–1752
Strunk, G./Kaminski, B., Anmerkungen zum sog. Betriebsstättenerlaßentwurf, IStR 1997, S. 513–519
– Anmerkungen zum Betriebsstättenerlaß, IStR 2000, S. 33–42
– Aktuelle Entwicklungen bei der Besteuerung von ausländischen Betriebsstätten und Personengesellschaften in Abkommensfällen, IStR 2003, S. 181–187
– Anmerkungen zum BMF-Schreiben zum Vorliegen von Geschäftsbeziehungen im Sinne von § 1 Abs. 4 AStG – Neue Gestaltungsmöglichkeiten infolge der Nichtanwendung des BFH-Urteils vom 28. 4. 2004?, IStR 2006, S. 141–144
Strunk, G./Zöllkau, Y./Kaminski, B. (Electronic Commerce), Grundlagen der ertragsteuerlichen Behandlung von Geschäften im Internet, in: Strunk, G. (Hrsg.), Steuern und Electronic Commerce; Möglichkeiten und Grenzen der Steuergestaltung, Neuwied 2000, S. 43–202
Stumpf, H./Groß, M. (Lizenzvertrag), Der Lizenzvertrag, 9. Aufl., Frankfurt a. M. 2007

Stuppert, S./Gaul, C.-M., Cross-Border-Leasing vor dem Hintergrund der aktuellen Finanzkrise, WD 2009, Nr. 28/09, S. 1–2

Suchanek, M., Atypisch stille Beteiligungen im Recht der Doppelbesteuerungsabkommen, FR 2003, S. 605–612

Suhrbier-Hahn, U., Umsetzung von EU-Richtlinien in Deutschland sowie die Änderung weiterer Steuervorschriften, SWI 2005, S. 182–189

Sureth, C./Halberstadt, A./Bischoff, D., Der Einfluss von Internationalisierung, Vermögens- und Kapitalstruktur auf die Konzernsteuerquote im Branchenvergleich, StuW 2009, S. 50–62

Surrey, S. S. (Model Convention), United Nations Model Convention for Tax Treaties between Developed and Developing Countries, Amsterdam 1980

Surrey, S. S./Tillinghast, D. R., Kriterien für die Aufteilung der Einnahmen und Ausgaben zwischen verbundenen Körperschaften in verschiedenen Ländern – mit oder ohne Doppelbesteuerungsabkommen (Generalbericht), CDFI 1971, S. I/61–I/94

Sydow, S., Anmerkung zur BFH-Entscheidung I R 114/08 vom 21. 10. 2009 (Nachfolge „Columbus Container"), IStR 2010, S. 174–177

Szudoczky, R./van de Streek, J. L., Revisiting the Dutch Interest Box under the EU State Aid Rules and the Code of Conduct: When a Disparity' Is Selective and Harmful, Intertax 2010, S. 260–280

Täske, J. (Einbringung), Grenzüberschreitende Einbringung von Betriebsstätten in Kapitalgesellschaften, in: Herzig, N. (Hrsg.), Steuerorientierte Umstrukturierung von Unternehmen, Stuttgart 1997, S. 233–250

Taetzner, T., Rendite bei jeder Marktlage: das Comeback der Kapitalverzinsung als Gewinnuntergrenze für Vertriebsgesellschaften, IStR 2004, S. 726–732

Tallau, C., Bewertung von Earn-Out-Klauseln im Rahmen von Unternehmenstransaktionen, FB 2009, S. 8–14

Tanenbaum, E./Otto, L., Wahl des Steuerstatus eines US-Unternehmens, „Check the box" – Zum Entwurf neuer IRS-Richtlinien, RIW 1996, S. 678–681

Tang, R. Y. W., Transfer pricing in the 1990 s, MA 1992, S. 22–26

Tang, R. Y. W./Walter, C. K./Raymond, R. H., Transfer pricing – Japanese vs. American style, Management Accounting 1979, S. 12–16

Tanzi, V. (Integrating World), Taxation in an Integrating World, Washington D. C. 1995

– (Globalization), Globalization, Tax Competition and the Future of Tax Systems, in: Krause-Junk, G./Richter, R. (Hrsg.), Steuersysteme der Zukunft, Berlin 1998, S. 11–27

Teece, D. J., Transaction Cost Economics and the multinational enterprise, JEBO 1986, S. 21–45

Teixeira, G./Williams, D., The impact of the unilateral tax credit in the US, UK and other tax systems, Intertax 1995, S. 573–581

Telkamp, H. J. (Tochtergesellschaft), Betriebstätte oder Tochtergesellschaft im Ausland?, Wiesbaden 1975

Telkamp, H.-J./Bruns, C., Pooling-of-interests-Methode versus Fresh-Start-Methode – ein Vergleich, WPg 2000, S. 744–749

Tenore, M., The Transfer of Assets from a Permanent Establishment to its General Enterprise in the Light of European Tax Law, Intertax 2006, S. 386–392

Terra, B. J. M./Wattel, P. J. (European Tax Law), European Tax Law, 5. Aufl., Alphen aan den Rijn 2008

Teufel, T., Wandelanleihen: Aktuelles zur steuerlichen Erfassung des Ausgabeaufgelds beim Emittenten, AG 2008, S. 892–894

Teufel, T./Hasenberg, R., Keine Schachtelfreistellung für Einkünfte aus typisch stiller Beteiligung an Luxemburger AG – Anmerkungen zum Urteil des BFH vom 4. 6. 2008, I R 62/06, in diesem Heft S. 739, IStR 2008, S. 724–728

Theisen, M. R., Das Umsatzsteuersystem im Europäischen Binnenmarkt, WiSt 1993, S. 75–79
– (Konzern), Der Konzern – betriebswirtschaftliche und rechtliche Grundlagen der Konzernunternehmung, 2. Aufl., Stuttgart 2000
Theisen, M. R./Wenz, M. (Germany), Federal Republic of Germany, in: David, C./Michielse, G. (Hrsg.), Tax Treatment of Financial Instruments, Den Haag 1996, S. 81–229
Thiede, F./Steinhauser, H., Vorsteuerabzug bei Gründung, Umstrukturierung und Börsengang, DB 2000, S. 1295–1300
Thiel, J., Die verdeckte Gewinnausschüttung im Spannungsfeld zwischen Zivil- und Steuerrecht, DStR 1993, S. 1801–1808
– Die grenzüberschreitende Umstrukturierung von Kapitalgesellschaften im Ertragsteuerrecht, GmbHR 1994, S. 277–289
– Unternehmenssteuerreform: Auswirkungen auf das Umwandlungssteuerrecht – Geplante Änderungen und Ausblick, FR 2000, S. 493–500
– Der fortschreitende Einfluss des EuGH auf die Ertragsbesteuerung der Unternehmen – Aktuelle Urteile und anhängige Verfahren, DB 2004, S. 2603–2609
– Wollen habe ich wohl, aber vollbringen das Gute finde ich nicht – Steuergesetzgebung in Deutschland, StuW 2005, S. 335–345
Thiel, J./Rödder, T., Nutzung des Mitunternehmererlasses und der Betriebsaufspaltungsgrundsätze für Umstrukturierungsvorhaben. 10 Fälle mit Lösungsvorschlägen unter Zugrundelegung der Verwaltungspraxis (Rödder) und kritischen Anmerkungen zu den Lösungsvorschlägen und zur Verwaltungspraxis (Thiel), FR 1998, S. 401–416
Thies, A., Spaltung eines international tätigen, börsennotierten Konzerns und die „schädliche Veräußerung" i. S. von § 15 Abs. 3 Sätze 2 bis 5 UmwStG, DB 1999, S. 2179–2183
Thömmes, O., Identitätswahrende Sitzverlegung von Gesellschaften in Europa, DB 1993, S. 1021–1026
– (Diskussionsbeitrag), Diskussionsbeitrag, in: Lehner, M./Thömmes, O. u. a., Europarecht und Internationales Steuerrecht, Münchener Schriften zum Internationalen Steuerrecht, Heft 19, München 1994, S. 63–64
– (Steuerrecht), Steuerrecht, in: Lenz, C. O. (Hrsg.), EG-Handbuch Recht im Binnenmarkt, 2. Aufl., Herne 1994, S. 561–675
– (Diskriminierungen), Tatbestandsmäßigkeit und Rechtfertigung steuerlicher Diskriminierungen nach EG-Recht, in: Schön, W. (Hrsg), Gedächtnisschrift für Brigitte Knobbe-Keuk, Köln 1997, S. 795–834
– Besteuerung der Einkünfte einer ausländischen Zweigniederlassung – EuGH, Urt. v. 15. 5. 1997 – Rs. C–250/95, Futura Participations SA, Singer ./. Administration des contributions (Luxembourg), Anmerkung zum EuGH-Urteil v. 15. 5. 1997, C–250/95, IWB, 1997, Fach 11 a, Rechtsprechung, S. 191–196
– Vereinbarkeit der 90%-Grenze in § 1 Abs. 3 und § 1 a Abs. 1 Nr. 2 EStG mit dem EG-Vertrag – Zugleich Anmerkung zum EuGH-Urteil vom 14. 9. 1999, Rs. C–391/97, Frans Gschwind gegen FA Aachen-Innenstadt, IWB, 1999, Fach 11, Europäische Gemeinschaften, Gruppe 2, S. 399–400
– (Besteuerung), Besteuerung, in: Theisen, M. R./Wenz, M. (Hrsg.), Die Europäische Aktiengesellschaft, Stuttgart 2002, S. 465–554
– EG–Rechtskonformität des § 8 a KStG, DB 2002, S. 2693
– (Organschaftsregeln), Vereinbarkeit der Organschaftsregeln mit dem EG-Recht, in: Herzig, N. (Hrsg.), Organschaft, Stuttgart 2003, S. 525–541
– Aktuelle Fragen zur Gewinnrealisierung bei grenzüberschreitender Tätigkeit, StBJb 2003/2004, S. 201–243

- (Aspekte), Gemeinschaftliche Aspekte der Errichtung und der Sitzverlegung der Europäischen Aktiengesellschaften (SE), in: Herzig, N. (Hrsg.), Besteuerung der europäischen Aktiengesellschaft, Köln 2004, S. 17–30
- Rechtsformneutralität bei der Besteuerung von Betriebsstätten und Tochtergesellschaften ausländischer Unternehmen – Anmerkung zu den Schlussanträgen des GA Léger v. 14. 4. 2005 in der Rs. CLT-UFA SA, IWB, 2005, Fach 11 a, Rechtsprechung, S. 861–862
- EG-Recht und Meistbegünstigung – Anmerkung zum EuGH-Urteil v. 5. 7. 2005 in der Rs. C–376/03, „D", IWB, 2005, Fach 11 a, Rechtsprechung, S. 887–888
- Berücksichtigung von Verlusten ausländischer Tochtergesellschaften – Anmerkung zum EuGH-Urteil v. 13. 12. 2005 in der Rs. C-446/03, Marks & Spencer plc gegen David Halsey (Her Majesty's Inspector of Taxes), IWB, 2005, Fach 11 a, Rechtsprechung, S. 933–940
- Diskriminierung von Betriebsstätten gegenüber Tochtergesellschaften – Anmerkung zum EuGH-Urteil v. 23. 2. 2006 in der Rs. C-253/03 CLT–UFA SA gegen FA Köln-West, IWB, 2006, Fach 11 a, Rechtsprechung, S. 995–1003
- Ausländische Verluste und negativer Progressionsvorbehalt, Anmerkung zum EuGH-Urteil v. 21. 2. 2006 in der Rs. C-152/03, Hans-Jürgen Ritter-Coulais und Monique Ritter-Coulais gegen FA Germersheim, IWB, 2006, Fach 11 a, Rechtsprechung, S. 972–974
- Vereinbarkeit der britischen Hinzurechnungsbesteuerung mit Gemeinschaftsrecht, Anmerkung zu den Schlussanträgen v. 2. 5. 2006 in der Rs. C-196/04, Cadbury Schweppes plc, Cadbury Schweppes Overseas Ltd gegen Commissioners of Inland Revenue, IWB, 2006, Fach 11 a, Rechtsprechung, S. 1033–1036
- Beschränkung steuerlicher Teilwertabschreibungen auf Beteiligungen an EU-Tochtergesellschaften, Anmerkung zu den Schlussanträgen v. 31. 5. 2006 in der Rs. C-347/04, Rewe Zentralfinanz eG Finanzamt Köln-Mitte, IWB, 2006, Fach 11 a, Rechtsprechung, S. 1037–1040
- Kein Anspruch auf grenzüberschreitende Übertragung von Gewinnen innerhalb eines europäischen Konzerns – Anmerkung zum EuGH-Urteil v. 18. 7. 2007 in der Rs. C-231/05, Oy AA, IWB, 2007, Fach 11 a, Rechtsprechung, S. 1151–1154
- Übergang zur Hinzurechnungsmethode bei Betriebsstätten EG-rechtskonform – Anmerkung zum EuGH-Urteil v. 6. 12. 2007 in der Rs. C-298/05, Columbus Container, IWB, 2008, Fach 11 a, Rechtsprechung, S. 1169–1174
- Sonderausgabenabzug für Spenden an gemeinnützige Einrichtungen im Ausland, IWB, 2009, Fach 11 a, Rechtsprechung, S. 1227–1234
- Quellensteuer bei Ausschüttungen an ausländische Investmentgesellschaften – Anmerkung zum EuGH-Urteil v. 18. 6. 2009 in der Rs. C-303/07, Aberdeen, IWB, 2008, Fach 11 a, Rechtsprechung, S. 1251–1256

Thömmes, O./Fuks, E. (Hrsg.) (EC Corporate Tax Law), EC Corporate Tax Law, 16. Aufl., Amsterdam 1965/1996, Stand: Dezember 2008

Thömmes, O./Nakhai, K., Aktuelle EG-rechtliche Entwicklungen auf dem Gemeinnützigkeitssektor, IStR 2006, S. 164–169

Thömmes, O./Schulz, A./Eismayr, R./Müller, S., Kritische Anmerkungen zum SEStBeglG, IWB, 2006, Fach 11, Europäische Union, Gruppe 2, S. 747–760

Thoma, G. F./Leuering, D., Die Europäische Aktiengesellschaft – Societas Europaea, NJW 2002, S. 1449–1454

Thomas, G./Meissner, B., Die Rückgriffsfälle des § 8 a KStG – eine Analyse des BMF-Schreibens vom 15. 7. 2004, BB 2004, S. 1988–1993

Thume, K.-H., Die Bedeutung des Kundenstammes im Vertriebsrecht, BB 2009, S. 1026–1031

Timmermans, S., Wechsel vom Vertragshändler zum Kommissionär innerhalb eines internationalen Konzerns, IWB, 2000, Fach 3, Deutschland, Gruppe 2, S. 805–809

Tipke, K., Verschmelzung und Umwandlung im Verkehrsteuerrecht, DB 1968, Beilage 17

– (Steuerrechtsordnung, Bd. I), Die Steuerrechtsordnung, Bd. I, Wissenschaftsorganisatorische, systematische und grundrechtlich-rechtsstaatliche Grundlagen, 2. Aufl., Köln 2000

– Der Karlsruher Entwurf zur Reform der Einkommensteuer, StuW 2002, S. 148–175

Tipke, K./Kruse, H. W. (Abgabenordnung), Abgabenordnung, Finanzgerichtsordnung, Kommentar zur AO 1997 und FGO (ohne Strafsteuerrecht), 16. Aufl., Köln 1965/1996, Stand: März 2010

Tipke, K./Lang, J. (Steuerrecht), Steuerrecht, 20. Aufl., Köln 2010

Tippelhofer, M./Lohmann, A., Niederlassungsfreiheit vs. Kapitalverkehrsfreiheit: Analyse der jüngeren Rechtsprechung des EuGH zu den direkten Steuern; Zugleich Anmerkung zum EuGH-Urteil in der Rechtssache Burda (C-284/06), IStR 2008, S. 857–864

Tischer, F., Anrechnungsüberhänge bei ausländischen Einkünften und das Steuerrecht in Deutschland und den USA, DBW 1993, S. 209–219

Tobin, J. J./Seto, W. R., Hybrid Entities, IBFD-Bulletin 1994, S. 315–320

Töben, T./Fischer, H., Die Zinsschranke – Regelungskonzept und offene Fragen, BB 2007, S. 974–977

Töben, T./Lohbeck, A./Specker, G., Debt Restructuring, NWB 2009, S. 1484–1499

Tonner, M., Zulässigkeit und Gestaltungsmöglichkeiten von Tracking Stocks nach deutschem Aktienrecht, IStR 2002, S. 317–324

Träm, M. R./Müllers-Patel, K. (Unternehmensstrategie), Internationale Joint Ventures als Unternehmensstrategie der Zukunft, in: Schaumburg, H. (Hrsg.), Internationale Joint Ventures, Management – Besteuerung – Vertragsgestaltung, Stuttgart 1999, S. 35–48

Treasury Department und Internal Revenue Service (White Paper), A Study of Intercompany Pricing, Discussion Draft, Washington D. C. 18. 10. 1988

Treisch, C. (Unternehmensbesteuerung), Europataugliche Ausgestaltung der Unternehmensbesteuerung: Anforderungen, Probleme und Lösungsmöglichkeiten, Wiesbaden 2004

Triebel, V./Karsten, L., Limited Liability Partnerships Act 2000 – maßgeschneiderte Rechtsform für freie Berufe?, RIW 2001, S. 1–7

Troiano, P., The EU Interest and Royalty Directive: The Italian Perspective, Intertax 2004, S. 325–331

Tucha, T., Der Einsatz von Unternehmensdatenbanken im Rahmen von Verrechnungspreisanalysen: Möglichkeiten und Grenzen, IStR 2002, S. 745–752

Tulloch, A., StÄndG 1992: Die neue Hinzurechnungsbesteuerung im AStG als Instrument der Mißbrauchsbekämpfung, DB 1992, S. 1444–1449

Turner, B./Okawara, K./Miall, R., The role of comparable company benchmarks in transfer pricing, ITR 2003, S. 43–46

Tumpel, M., Europarechtliche Besteuerungsmaßstäbe für die grenzüberschreitende Organisation und Finanzierung von Unternehmen, DStJG 2000, S. 321–372

Uelner, A. (Gewinnrealisierung), Probleme der Gewinnrealisierung, insbesondere auch bei grenzüberschreitenden Vorgängen, in: IDW (Hrsg.), Bericht über die Fachtagung 1980, Düsseldorf 1980, S. 131–148

Uelner, A./Dankmeyer, U., Die Verrechnung von Verlusten mit anderen positiven Einkünften nach dem Änderungsgesetz vom 20. August 1980 (sog. § 15 a-Gesetz), DStZ 1981, S. 12–24

Uhrmann, K., Zur bilanziellen Erfassung inländischer Devisengeschäfte, DB 1992, S. 1791–1794
– Zur Abgrenzung der inländischen Devisengeschäfte mit dem Ausland von den Devisengeschäften einer Betriebsstätte im Ausland, StBp 1996, S. 243–246
UNCTAD (Hrsg.) (Review), International Accounting and Reporting Issues, 1998 Review, New York/Genf 1999
– (World Investment Report), World Investment Report, Transnational Corporations, Agricultural Production and Development, New York/Genf 2009
UN-Kommentar, Commentaries on the Articles of the United Nations Model Double Taxation Convention between Developed and Developing Countries, hrsg. von der UN, Stand: 2001
Utescher, T. (Internet), Internet und Steuern: Electronic Commerce und Telearbeit, Düsseldorf 1999
Vahs, D. (Organisation), Organisation – Einführung ind die Organisationstheorie und -praxis, 6. Aufl., Stuttgart 2007
Vanistendael, F., The European Tax Paradox: How Less Begets More, IBFD-Bulletin 1996, S. 531–534
– (Europäischer Gerichtshof), Europäischer Gerichtshof und seine Rolle als oberster Richter in steuerrechtlichen Streitigkeiten, in: Klein, F./Stihl, H. P./Wassermeyer, F. (Hrsg.), Unternehmen Steuern. Festschrift für Hans Flick zum 70. Geburtstag, Köln 1997, S. 1021–1042
– Redistribution of tax law-making power in the EMU?, ECTR 1998, S. 74–79
– European Taxation in the 21st Century: The Road towards Integration, ET 1998, S. 331–335
– Steuerliche Hilfsmaßnahmen und schädliche Steuerkonkurrenz, DStJG 2000, S. 299–319
Vann, R. (Reflections), Reflections on business profits and the Arm's length principle, in: Arnold, B./Sasseville, J./Zolt, E. (Hrsg.), The Taxation of Business Profits under Tax Treaties, Toronto 2003, S. 133–169
Vascega, M./Thiel, S. van, Council Adopts New Directive on Mutual Assistance in Recovery of Tax and Similar Claims, ET 2010, S. 231–237
Vater, H., M&A Accounting: Abschaffung des Pooling of Interests?, DB 2001, S. 1841–1848
Vees, C. F., Die Anwendung der DBA auf Personengesellschaften. Zugleich Anmerkung zum BMF-Schreiben vom 16. 4. 2010, DB 2010 S. 984, DB 2010, S. 1422–1429
Vellen, M., EG-Richtlinie vom 20. 12. 1996 zur Festlegung der Höhe des Normalsteuersatzes, UR 1997, S. 157–161
– Harmonisierung in der EG. Richtlinienvorschlag im Hinblick auf den Normalsteuersatz, UR 1999, S. 159–160
Verbist, H./Weihmann, L.-V., Steuersparpotential durch fiktiven Zinsabzug in Belgien, IWB, 2005, Fach 5, Belgien, Gruppe 2, S. 259–262
Verdoner, L., The Coherence Principle under EC Tax Law, ET 2009, S. 274–282
Verlinden, I./Boone, P., The Belgian Service Centre Régime: E-citing Opportunities in an E-Business Environment, TPITP 2000, S. 3–7
Verlinden, I./Smits, A./Lieben, B. (IP Life Cycle), Mastering the IP Life Cycle, PricewaterhouseCoopers Belgium, Sint-Stevens-Woluwe 2005
Vetter, J./Schreiber, J., Steuerliche Behandlung von Umzugskosten bei Entsendungen, IWB, 2009, Fach 3, Deutschland, Gruppe 3, S. 1555–1560
– Die 183-Tage-Regelung im Rahmen der neuen OECD-Kommentierung, IWB, 2009, Fach 10, International, Gruppe 2, S. 2081–2086
– Besteuerung von Arbeitnehmereinkünften in Belgien, IWB, 2010, Fach 5, Belgien, Gruppe 2, S. 13–19

- Besteuerung von Arbeitnehmereinkünften in der Schweiz, IWB 2010, S. 245–256

Vetter, J./Schreiber, J./Glaser, J., Steuerliche Berücksichtigung von Kindern bei Arbeitnehmer-Entsendungen, IWB, 2009, Fach 3, Deutschland, Gruppe 3, S. 1575–1586

- Anspruch auf Kindergeld bei Arbeitnehmer-Entsendungen, IWB, 2009, Fach 3, Deutschland, Gruppe 3, S. 1587–1594

Vetter, T., Offene Fragen zur „Minderbesteuerung" als Folge des Qualifikationskonflikts im deutschen DBA-Netz, IWB, 1997, Fach 3, Deutschland, Gruppe 2, S. 729–734

Vidal, J. P., The Achilles' Heel of the Arm's length Principle and the Canadian GlaxoSmithKline Case, Intertax 2009, S. 512–528

Viherkenttä, T. (Tax Incentives), Tax Incentives in Developing Countries and International Taxation, Deventer 1991

Visser, K. J., Commission expresses its view on the relation between state aid and tax measures, ECTR 1999, S. 224–228

Vitez, C., Management and Service Charges, TPITP 2001, S. 3–9

Vögele, A. (Stapled Stocks), Steuerplanung bei grenzüberschreitenden Unternehmenskooperationen, -akquisitionen sowie Joint Ventures durch die Verwendung von „Stapled Stocks", in: Grotherr, S. (Hrsg.), Handbuch der internationalen Steuerplanung, 2. Aufl., Herne/Berlin 2003, S. 1367–1386

Vögele, A./Ackermann, A./Decker, T., Strategien bei der Suche nach Margen von Vergleichsunternehmen, IWB, 2001, Fach 10, International, Gruppe 2, S. 1501–1508

Vögele, A./Brem, M. (Dokumentation), Dokumentation von Verrechnungspreissachverhalten, in: Vögele, A. (Hrsg.), Handbuch der Verrechnungspreise, 2. Aufl., München 2004, S. 305–405

- (Verrechnungspreisoptimierung), Betriebswirtschaftliche Verrechnungspreisoptimierung, in: Vögele, A. (Hrsg.), Handbuch der Verrechnungspreise, 2. Aufl., München 2004, S. 589–786

Vögele, A./Crüger, A., Datenbanken für Transferpreisstudien in Deutschland, IStR 2000, S. 516–521

Vögele, A./Crüger, A./Schmitt, V., Mitarbeiterentsendung als Verrechnungspreisproblem: Neue Verwaltungsgrundsätze, DB 2002, S. 1185–1187

Vögele, A./Freytag, U., Kernbereiche der neuen Prüfungsgrundsätze zu Kostenumlagen, IStR 2000, S. 249–253

- Kostenumlageverträge: Verursachungsgerechte Umlage von administrativen Dienstleistungen und Management Services, IStR 2001, S. 94–96

- Umlageverträge zwischen international verbundenen Unternehmen – Wesen und Zweifelsfragen, IWB, 2001, Fach 10, International, Gruppe 2, S. 1493–1500

- Umlageverträge zwischen international verbundenen Unternehmen – Abgrenzung von Hilfs- und Hauptfunktionen, RIW 2001, S. 172–175

Vögele, A./Juchems, A., Fremdvergleich zur Rechtfertigung von Verrechnungspreisen: Auswahl von Kriterien und Wirkung auf die Stichprobe der Vergleichsunternehmen, IStR 2000, S. 713–718

Vögele, A./Kobes, M., Verrechnungspreise im Asset Management, IStR 2001, S. 787–792

Vögele, A./Scholz, C. M., Nutzenanalyse im Rahmen eines Umlagevertrages, IStR 2000, S. 557–562

Vögele, A./Scholz, C. M./Hoffmann, K., Kostenumlageverträge: Verursachungsgerechte Umlage von administrativen Dienstleistungen und Management Services, IStR 2001, S. 94–96

Vogel, H., Aktuelle Fragen bei der Auslegung von Doppelbesteuerungsabkommen, BB 1978, S. 1021–1025

Vogel, K., Doppelbesteuerungsabkommen und ihre Auslegung, StuW 1982, S. 111–124 (Teil I), S. 286–301 (Teil II)

– Verbot des Verlustausgleichs für bestimmte ausländische Verluste, BB 1983, S. 180–188

– Diskussion (2. Teil), DStJG 1985, S. 264

– Worldwide vs. source taxation of income – A review and re-evaluation of arguments, Intertax 1988, S. 216–229 (Teil I), S. 310–320 (Teil II), S. 393–402 (Teil III)

– Die Mär von den „Rückfall-Klauseln" in Doppelbesteuerungsabkommen, IStR 1997, Beihefter zu Heft 24, S. 1–12

– Zur Abkommensberechtigung ausländischer Personengesellschaften, IStR 1999, S. 5–9

– Das oberste österreichische Steuergericht erklärt Verluste bei DBA-Freistellung für abzugsfähig, IStR 2002, S. 91–93

– Conflicts of Qualification: The Discussion is not Finished, BIFD 2003, S. 41–44

– Progressionsvorbehalt, Progressionserhöhung und Progressionserstreckung, IStR 2003, S. 419–420

– Völkerrechtliche Verträge und innerstaatliche Gesetzgebung – Eine neue Entscheidung des BVerfG hat Bedeutung auch für die Beurteilung des treaty override, IStR 2005, S. 29–30

– Neue Gesetzgebung zur DBA-Freistellung, IStR 2007, S. 225–228

Vogel, K./Lehner, M. (DBA-Kommentar), Doppelbesteuerungsabkommen der Bundesrepublik Deutschland auf dem Gebiet der Steuern vom Einkommen und Vermögen, Kommentar auf der Grundlage der Musterabkommen, 5. Aufl., München 2008

Vogt, G., Die Niedrigbesteuerung in den Hinzurechnungsvorschriften des AStG, DStR 2005, S. 1347–1351

Völker, D., Kapitalverkehrsfreiheit für Drittstaatendividenden – Widerspruch zur BFH-Rechtsprechung oder Bestätigung des BFH durch den EuGH-Beschluss vom 4. 6. 2009, IStR 2009, S. 705–709

von Ah, J., Änderungen im Einkommensteuerrecht der Schweiz, IWB, 2007, Fach 5, Schweiz, Gruppe 2, S. 655–662

Voos, C., Kritische Anmerkungen zum Mindeststeuersatz für beschränkt Steuerpflichtige (§ 50 Abs. 3 Satz 2 EStG), IWB, 2001, Fach 3, Deutschland, Gruppe 3, S. 1333–1338

Voß, R., Europäisches und internationales Steuerrecht, StuW 1993, S. 155–168

Vroemen, E., Supply Chain Management as a Strategic Tax Planning Tool, TNI 2002, S. 883–890

Wachter, T., Finanzierungsfreiheit im europäischen Binnenmarkt – zugleich Besprechung des EuGH-Urteils vom 26. 10. 1999, Rs. C-294/97, Eurowings Luftverkehrs AG/FA Dortmund-Unna, IStR 1999, S. 689–691

– Auswirkungen des EuGH-Urteils in Sachen Inspire Art Ltd. auf Beratungspraxis und Gesetzgebung, GmbHR 2004, S. 88–105

– Erweitert unbeschränkte Erbschaftsteuerpflicht und Europarecht, FR 2005, S. 1068–1079

Wacker, R., Skizze zu § 8a Abs. 5 KStG n. F. oder: bin ich schief ins Leben gebaut?, DStR 2004, S. 1066–1071

Wacker, W. H. (Steuerplanung), Ziele und Methoden der Steuerplanung transnationaler Unternehmen, in: Wacker, W. H./Haussmann, H./Kumar, B. (Hrsg.), Internationale Unternehmensführung, Festschrift für Eugen H. Sieber, Berlin 1981, S. 311–334

Wagner, F. W., Kann es eine Beseitigung aller steuerlichen Ausnahmen geben, wenn es keine Regel gibt?, DStR 1997, S. 517–521
- Welche Kriterien sollten die Neuordnung der steuerlichen Gewinnermittlung bestimmen, BB 2002, S. 1885–1893
- Kann die Besteuerung vereinfacht werden, wenn die Rechnungslegung komplizierter wird?, BFuP 2005, S. 528–545

Wagner, K.-R., „Überseering" und Folgen für das Steuerrecht, GmbHR 2003, S. 684–693

Wagner, S., Kritische Analyse der neuen Regelungen über die Kapitalertragsteuer bei grenzüberschreitenden Ausschüttungen aus Sicht von EuGH und BFH, Der Konzern 2008, S. 332–338
- Eröffnet das BFH-Urteil vom 4. 6. 2008 – I R 62/06 bereits vor dem VZ 2007 den Zugang zur „Rückfallklausel" des § 50 d Abs. 9 Satz 1 Nr. 2 EStG?, DStZ 2009, S. 215–220

Wagner, T., Finnische Gruppenbesteuerung vor dem EuGH – das Urteil in der Rechtssache Oy AA und seine Folgen für die Organschaft, IStR 2007, S. 650–654

Wagner, T./Fischer, H., Anwendung der Zinsschranke bei Personengesellschaften, BB 2007, S. 1811–1815

Walch, A., Steuerbefreiung in Zusammenhang mit begünstigter Auslandstätigkeit gemäß § 3 Abs. 1 Z 10 EStG, SWI 2008, S. 444–463

Waldens, S., „Entsendungserlass": Einkunftsabgrenzung bei Personalentsendungen ins Inland, PIStB 2002, S. 14–23
- Betriebsstättenbegründung und Einkunftsabgrenzung bei Entsendungen ins Inland, PIStB 2002, S. 166–180
- Veranlassungsgerechte Einkunftsabgrenzung bei der Expertenentsendung, PIStB 2002, S. 255–261

Waldens, S./Kohl, S., Angemessenheitsdokumentation bei Entsendung von Mitarbeitern, PIStB 2005, S. 14–16

Walter, M., Grenzüberschreitende Besteuerung von GmbH-Geschäftsführern nach dem DBA Deutschland-Schweiz, GmbHR 2007, S. 973–977
- Die Besteuerung leitender Angestellter im DBA Deutschland-Schweiz: es bleibt spannend!, GmbHR 2009, S. 298–303

Wang, H., Steuereffiziente Gestaltung deutscher Investitionen in China unter Berücksichtigung der chinesischen Unternehmenssteuerreform, IStR 2008, S. 242–254

Warnke, K., Aktuelle Änderungen im internationalen Mitarbeitereinsatz – Steuerliche Beratungsaspekte und Handlungsmöglichkeiten, EStB 2004, S. 289–293

Wassermeyer, F., Die beschränkte Steuerpflicht, DStJG 1985, S. 49–77
- Einlagen in Kapital- und Personengesellschaften und ihre ertragsteuerliche Bedeutung, StBJb 1985/1986, S. 213–235
- Verdeckte Gewinnausschüttungen und verdeckte Einlagen, DStR 1990, S. 158–164
- Die Auslegung von Doppelbesteuerungsabkommen durch den Bundesfinanzhof, StuW 1990, S. 404–412
- Überlegungen zur geplanten Änderung des § 1 AStG, DB 1991, S. 1795–1796
- Besteuerung des ausländischen Unternehmenserwerbs durch Anteilstausch (unechte Fusion) und Einbringung von Unternehmensanteilen, DStR 1992, S. 57–62
- Die verdeckte Gewinnausschüttung rechtssystematisch gesehen, StVJ 1993, S. 208–226
- Merkwürdigkeiten bei der Auslegung von DBA durch die Finanzverwaltung, IStR 1995, S. 49–51
- Die Vermeidung der Doppelbesteuerung im Europäischen Binnenmarkt, DStJG 1996, S. 151–165

- IStR-Oasenbericht: Irland, IStR 1996, S. 349–352
- (Podiumsdiskussion), Podiumsdiskussion, in: Schaumburg, H./Piltz, D.J. (Hrsg.), Internationales Umwandlungssteuerrecht, Köln 1997, S. 238–239
- Zwingt die Rechtsentwicklung zum Abschluß multilateraler Abkommen?, DB 1998, S. 28–33
- Die Beurteilung der Abkommensberechtigung ausländischer Personengesellschaften durch Deutschland als dem Nichtansässigkeitsstaat der Personengesellschaft, IStR 1998, S. 489–494
- (Vertragsstaat), Wann stammen Einkünfte oder Vermögen aus einem anderen Vertragsstaat, in: Kirchhof, P./Lehner, M./Raupach, A./Rodi, M. (Hrsg.), Staaten und Steuern: Festschrift für Klaus Vogel zum 70. Geburtstag, Heidelberg 2000, S. 988–998
- Der Scherbenhaufen „Hinzurechnungsbesteuerung", EuZW 2000, S. 513
- Der Wirrwarr mit den Aktivitätsklauseln im deutschen Abkommensrecht, IStR 2000, S. 65–70
- Die Hinzurechnungsbesteuerung aus der Sicht des Entwurfs des Unternehmenssteuerreform- und Steuersenkungsgesetzes, IStR 2000, S. 114–118
- Verdeckte Gewinnausschüttung: Veranlassung, Fremdvergleich und Beweisrisikoverteilung, DB 2001, S. 2465–2469
- Anmerkung zum BFH-Urteil vom 23. 8. 2000 – I R 98/96, IStR 2001, S. 157
- Anmerkung zum BFH-Urteil vom 16. 5. 2001 – I R 47/00, IStR 2001, S. 566–567
- Die Fortentwicklung der Besteuerung von Auslandsbeziehungen – Anmerkungen zu den derzeitigen Überlegungen zur Reform des Außensteuerrechts, IStR 2001, S. 113–117
- Einkünftekorrekturnormen im Steuersystem, IStR 2001, S. 633–638
- Dokumentationspflichten bei internationalen Verrechnungspreisen – Zum zweiten Entwurf einer Verordnung zu § 90 Abs. 3 AO, DB 2003, S. 1535–1539
- Steuerliche Konsequenzen aus dem EuGH-Urteil „Hughes de Lasteyrie du Saillant", GmbHR 2004, S. 613–618
- Diskriminierungsfreie Betriebsstättengewinnermittlung, IStR 2004, S. 733–735
- Das Veranlassungsprinzip als Maßstab zur innerstaatlichen Betriebsstättengewinnermittlung, IStR 2005, S. 85–88
- (Statement), Statement zu den neuen Verfahrensgrundsätzen aus Sicht der Rechtsprechung, in: PricewaterhouseCoopers (Hrsg.), Dokumentation der Angemessenheit von Verrechnungspreisen, Fankfurt a. M. 2005, S. 6–8
- (Verrechnungspreise), Verrechnungspreise, in: Endres, D./Oestreicher, A./Scheffler, W./Schreiber, U./Spengel, C. (Hrsg.), Die internationale Unternehmensbesteuerung im Wandel – Symposium für Otto H. Jacobs zum 65. Geburtstag, München 2005, S. 63–72
- Qualifikationskonflikt bei doppelstöckigen Mitunternehmerschaften, IStR 2006, S. 273–274
- Verliert Deutschland im Fall der Überführung von Wirtschaftsgütern in eine ausländische Betriebsstätte das Besteuerungsrecht?, DB 2006, S. 1176–1180
- Entstrickung durch Beschränkung des deutschen Besteuerungsrechts, DB 2006, S. 2420–2424
- Die Anwendung der Doppelbesteuerungsabkommen auf Personengesellschaften, IStR 2007, S. 413–417
- Modernes Gesetzgebungsniveau am Beispiel des Entwurfs zu § 1 AStG, DB 2007, S. 535–539
- Entstrickung versus Veräußerung und Nutzungsüberlassung steuerlich gesehen, IStR 2008, S. 176–180
- Zur Anwendung der Doppelbesteuerungsabkommen auf Personengesellschaften, Der Konzern 2008, S. 338–343

- Über Unternehmensgewinne im Sinne des Art. 7 OECD-MA, IStR 2010, S. 37–42
- Nochmal: Das Darlehen des ausländischen Mitunternehmers an seine deutsche Personengesellschaft und § 50 d Abs. 10 EStG. Kritik an den Ausführungen von Kramer, IStR 2010, S. 241–242
- Das Besteuerungsrecht für nachträgliche Einkünfte im Internationalen Steuerrecht, IStR 2010, S. 461–466
- Grundfragen internationaler Personengesellschaften im Abkommensrecht, FR 2010, S. 537–541

Wassermeyer, F./Andresen, U./Ditz, X. (Betriebsstätten-Handbuch), Betriebsstätten-Handbuch: Gewinnermittlung und Besteuerung in- und ausländischer Betriebsstätten, Köln 2006

Wassermeyer, F./Schönfeld, J., Die EuGH-Entscheidung in der Rechtssache „Cadbury-Schweppes" und deren Auswirkungen auf die deutsche Hinzurechnungsbesteuerung, GmbHR 2006, S. 1065–1073
- Die Besteuerung grenzüberschreitender Dividendenzahlungen nach dem neuen DBA-USA, DB 2006, S. 1970–1978
- Die Niedrigbesteuerung i. S. des § 8 Abs. 3 AStG vor dem Hintergrund eines inländischen KSt-Satzes von 15%, IStR 2008, S. 496–499

Waterkamp-Faupel, A., Der Einfluß der EuGH-Rechtsprechung auf die Neugestaltung der unbeschränkten und beschränkten Einkommensteuerpflicht durch das Jahressteuergesetz 1996, FR 1995, S. 766–771

Watermeyer, H. J./Meyer, S., Änderungen in der Hinzurechnungsbesteuerung, GmbH-StB 2004, S. 202–207

Watrin, C./Lühn, M., Besteuerung von Genussrechten deutscher Emittenten mit im Ausland ansässigen Inhabern, IWB, 2006, Fach 3, Deutschland, Gruppe 4, S. 483–502

Watrin, C./Pott, C./Richter, F., Auswirkungen der Zinsschranke auf die steuerliche Bemessungsgrundlage – eine empirische Untersuchung, StuW 2009, S. 256–267

Watrin, C./Wittkowski, A./Lindscheid, F., EuGH: Keine Sofortverrechnung ausländischer Betriebsstättenverluste – das Urteil in der Rs. Lidl Belgium aus betriebswirtschaftlicher Sicht, IStR 2008, S. 637–642

Wattel, P. J., Home Neutrality in an Internal Market, ET 1996, S. 159–162
- Progressive Taxation of Non-Residents and Intra-EC Allocation of Personal Tax Allowances: Why Schumacker, Asscher, Gilly and Gschwind Do Not Suffice, ET 2000, S. 210–223

Weber, A., Wechselkursänderungen und internationale Doppelbesteuerung (Nationalbericht), CDFI 1986, S. 149–168

Weber, D. M. (Equilibrium), In search of a (new) equilibrium between tax sovereignty and the freedom of movement within the EC, Deventer 2006

Weber-Fas, R. (Steuerrecht), Grundzüge des allgemeinen Steuerrechts der Bundesrepublik Deutschland, Tübingen 1979

Weber-Grellet, H., Bestand und Reform des Bilanzsteuerrechts, DStR 1998, S. 1343–1349
- Verdeckte Gewinnausschüttung und verdeckte Einlage – Neuerungen, Entwicklungen, Grenzfälle, StB 2000, S. 122–127
- Neu-Justierung der EuGH-Rechtsprechung, DStR 2009, S. 1229–1236

Weeghel, S. van, Tax treaties and tax avoidance: application of anti-avoidance provisions (Generalbericht), CDFI 2010, S. 19–55

Weerth, J. de, EG-Recht und direkte Steuern – Jahresüberblick 1996, RIW 1997, S. 482–489
- EG-Recht und direkte Steuern, Übersicht über die Rechtsprechung 1997, RIW 1998, S. 471–474

- Jahresüberblick 1998: EG-Recht und direkte Steuern, RIW 1999, S. 511–515
- EG-Recht und direkte Steuern – Jahresüberblick 1999, RIW 2000, S. 509–518
- Rückwirkende Absenkung von steuerrechtlichen Beihilfen nach Feststellung ihrer Unvereinbarkeit mit EG-Recht durch die Kommission zulässig? – Zugleich eine Anmerkung zu BFH, Urteil vom 12. 10. 2000, III R 35/95, IStR 2001, S. 158–160
- Anmerkung zum BFH, Urteil vom 19. 1. 2000, I R 94/97 und I R 117/97, IStR 2001, S. 228–232
- Lohnsteuerabzug bei grenzüberschreitendem Arbeitnehmerverleih, IStR 2003, S. 123–126

Weggenmann, H. R., Sondervergütungen unbeschränkt steuerpflichtiger Mitunternehmer einer ausländischen Personengesellschaft in der Rechtsprechung des BFH und aus Sicht der OECD, IStR 2002, S. 1–12
- (Personengesellschaften), Personengesellschaften im Lichte der Doppelbesteuerungsabkommen: Einordnungskonflikte unter besonderer Berücksichtigung des OECD-Partnership-Reports 1999, Berlin 2005
- (Indien), Steueränderungen in Indien und Auswirkungen auf deutsche Investitionen, in: DAI (Hrsg.), Praxis des internationalen Steuerrechts 2009, Bochum 2009, S. 138–154

Wehnert, O./Sano, Y., Internationale Regelungen zu Funktionsverlagerungen, IStR 2010, S. 53–57

Wehnert, O./Selzer, D., Grenzen der Mitwirkungspflicht nach § 90 Abs. 2 AO, DB 2005, S. 1295–1298

Wehnert, O./Stalberg, P., Grundsatzentscheidung des BFH zur Bestimmung von Verrechnungspreisen im internationalen Konzern, IStR 2002, S. 141–144

Weichenrieder, A. J., Profit shifting in the EU: evidence from Germany, ITPF 2009, S. 281–297

Weier, D., Der deutsche Teilbetrieb wird europäisch, DStR 2008, S. 1002–1008

Weigell, J., „Treaty Override" durch § 20 Abs. 2 AStG?, IStR 2009, S. 636–641

Weimar, R./Delp, U. A., Die Europäische Wirtschaftliche Interessenvereinigung (EWIV) in rechtlicher und steuerlicher Sicht, WPg 1989, S. 89–99

Weiner, J. M. (Taxation), Company Taxation for the European Community: How Sub-National Tax Variation Affects Business Investment in the United States and Canada, Harvard 1994
- Formulary Apportionment and the Future of Company Taxation in the European Union, CESifo Forum 2002, S. 10–20
- (Group Taxation), Formulary Apportionment and Group Taxation in the European Union: Insights from the United States and Canada, Taxation Paper, European Commission TAXUD, Working Paper No. 8, Brüssel 2005

Weisflog, W. E., Kommunalbesteuerung in Großbritannien, StuW 1995, S. 173–183

Weiss, R., Fifteen Years of Antichurning: It's Time to Make Butter, TN 2009, S. 227–239

Weiß, G., Das an den Steuerpflichtigen gerichtete Verlangen auf Vorlage vorhandener Rechtsgutachten, StBp 2004, S. 220–228
- Duplik zu vorstehender Replik, StBp 2005, S. 42–45

Weißmüller, W., Der Betriebsführungsvertrag – eine Alternative zum Unternehmenskauf?, BB 2000, S. 1949–1955

Wellens, L., Dokumentation von Verrechnungspreisen, IStR 2004, S. 655–660

Wellens, L./Thier, C., How Does the Economic Downturn Impact the Profitability of Routine Entities? Adjusting Transfer Pricing to Account for Recent Events, PETS 2009, S. 4–5

Wellisch, D. (Verrechnungspreismethoden), Internationale Verrechnungspreismethoden, Neutralität und die Gewinne multinationaler Unternehmen, in: Jahrbücher für Nationalökonomie und Statistik, Stuttgart 2003, S. 332–359
– Maßstäbe zur indirekten Gewinnaufteilung im Rahmen einer neuen Konzernbesteuerung in der EU: Möglichkeiten und Grenzen, StuW 2004, S. 267–276
Wellisch, D./Näth, M. Änderungen bei der betrieblichen Altersvorsorge durch das Alterseinkünftegesetz unter Berücksichtigung des BMF-Schreibens vom 17. 11. 2004, BB 2005, S. 18–26
– Seminar E: Mitarbeiterentsendung auf kurze Zeit, IStR 2008, S. 548–550
Wellisch, D./Näth, M./Thiele, K. (Vergütung), Vergütung bei internationalen Mitarbeiterentsendungen – Steuerliche und sozialversicherungsrechtliche Aspekte und Gestaltungsansätze unter Berücksichtigung von komplexen Vergütungsstrukturen und Altersvorsorgeaufwendungen, Wiesbaden 2006
Welp, M., Steuerliche Auswirkungen des Forderungsverzichts eines Gesellschafters gegenüber seiner Kapitalgesellschaft. Plädoyer für eine differenzierte Behandlung, BB 1997, S. 1716–1721
Wendt, C. (Tax Base), A Common Tax Base for Multinational Enterprises in the European Union, Wiesbaden 2009
Wendt, M./Roser, F., Ist die Teilanteilsveräußerung immer gewerbesteuerpflichtig?, EStB 2001, S. 152
Wengerter, A., Zinsabzugsbeschränkung in Dänemark, IWB, 2009, Fach 5, Dänemark, Gruppe 2, S. 175–182
Wenz, M., Einsatzmöglichkeiten einer Europäischen Aktiengesellschaft in der Unternehmenspraxis aus betriebswirtschaftlicher Sicht, AG 2003, S. 185–196
– The European Company (Societas Europaea) – Legal Concept and Tax Issues, ET 2004, S. 4–11
Werner, R., Das deutsche Internationale Gesellschaftsrecht nach „Cartesio" und „Trabrennbahn", GmbHR 2009, S. 191–196
Wernicke, T., Anmerkung zum EuGH-Urteil vom 5. 11. 2002 (Überseering), C-208/00, EuZW 2002, S. 758–761
Wernsmann, R./Nippert, A., Gemeinschaftsrechtliche Vorgaben für die grenzüberschreitende Verlustberücksichtigung im Konzern – Zugleich zur deutschen Organschaftsbesteuerung nach dem Marks & Spencer-Urteil des EuGH, FR 2006, S. 153–163
Werra, M., Neue Richtlinien zur steuerlichen Prüfung von Verrechnungspreisen in den USA vom Januar 1993 – Rückkehr zum arm's-length-Grundsatz, DB 1993, S. 704–710
– Der 1995-OECD-Bericht zu den Verrechnungspreisen. Ein mühsamer Kompromiß und seine praktische Bedeutung für die international tätige Wirtschaft, IStR 1995, S. 457–464 (Teil I), S. 511–516 (Teil II)
– Zweifelsfragen bei der Dokumentation von Verrechnungspreisen – zum Entwurf der Verwaltungsgrundsätze-Verfahren zur Einkunftsabgrenzung zwischen internationalen Unternehmen, IStR 2005, S. 19–23
– Verrechnungspreise bei der Restrukturierung internationaler Unternehmensgruppen: Zum Stand der Diskussion in der OECD, IStR 2009, S. 81–87
Werra, M./Teiche, A., Das SEStBeglG aus der Sicht international tätiger Unternehmen, DB 2006, S. 1455–1462
Werthebach, P., Arbeitnehmereinsatz im Ausland – Sozialversicherung und anwendbares Recht bei befristeter Entsendung, NZA 2006, S. 247–250
Westberg, B., Company Tax Reform in the European Union, ET 2002, S. 322–330
Westphal, B., Evolution statt Revolution – Das neue Ausgleichsrecht des Handelsvertreters, DB 2010, S. 1333–1338

Westphalen, F. Graf von, Die analoge Anwendbarkeit von § 89 b HGB auf Vertragshändler unter besonderer Berücksichtigung spezifischer Gestaltungen der KfZ-Branche, DB 1984, Beilage 24, S. 1–16

Widmann, S., Zurechnungsänderungen und Umqualifikationen durch das nationale Recht in ihrem Verhältnis zum DBA-Recht, DStJG 1985, S. 235–257

– (Beschränkte Steuerpflicht), Auswirkungen der beschränkten Steuerpflicht und der Doppelbesteuerungsabkommen bei Umwandlungen, in: Gocke, R./Gosch, D./Lang, M. (Hrsg.), Körperschaftsteuer, Internationales Steuerrecht, Doppelbesteuerung. Festschrift für Franz Wassermeyer zum 65. Geburtstag, München 2005, S. 581–594

Widmann, S./Mayer, R. (Umwandlungssteuerrecht), Umwandlungsrecht: Umwandlungsgesetz, Umwandlungssteuergesetz, Kommentar, 3. Aufl., Bonn 1970/1998, Stand: Juni 2010

Widmayer, G., Genussrechte als Instrument für grenzüberschreitende Finanzierung, IStR 2001, S. 337–343

Wienands, H.-G., Entsendung von inländischen Arbeitnehmern in das Ausland (Art. 15 OECD-MA), PIStB 1999, S. 19–26

Wienbrake, M., Die Genese fiskalischen Misstrauens, DB 2008, S. 664–669

Wienke, K. (Steuerplanung), Steuerplanung im Zusammenhang mit der Entstehung von Aventis, in: Oestreicher, A. (Hrsg.), Internationale Steuerplanung, Herne/Berlin 2005, S. 128–142

Wiese, G. T./Dammer, T., Zusammengesetzte Finanzinstrumente der AG – Hybride Kapitalmaßnahmen, strukturierte Anleihen und Kreditderivate im Bilanz-, Ertragsteuer- und Aktienrecht – Ein Überblick, DStR 1999, S. 867–876

Wiese, G. T./Klaas, T., Rückgriffsberechtigung eines Fremdkapital gebenden Dritten – Das BMF-Schreiben zu § 8 a Abs. 1 S. 2 KStG vom 22. 7. 2005, GmbHR 2005, S. 1092–1098

Wilke, K.-M., Inhalt und Umfang der Mitwirkungspflichten bei Auslandssachverhalten, IWB, 1992, Fach 3, Deutschland, Gruppe 1, S. 1335–1338

– (Voraussetzungen), Formelle Voraussetzungen einer Steuerplanung – Steuerplanung und Rechtsprechung, in: Oestreicher, A. (Hrsg.), Internationale Steuerplanung, Herne/Berlin 2005, S. 205–223

– Anmerkung zum BFH-Urteil v. 6. 4. 2005, I R 22/04, Neues Urteil zu den Verrechnungspreisen – Bestätigung und Fortführung der bisherigen Rechtsprechung des Bundesfinanzhofes, IWB, 2005, Fach 3 a, Rechtsprechung, Gruppe 1, S. 1091–1098

– (Lehrbuch), Lehrbuch Internationales Steuerrecht, 9. Aufl., Herne 2009

– Die Wegzugsbesteuerung nach § 6 AStG a. F. verstößt nicht gegen Gemeinschaftsrecht, PIStB 2009, S. 33–35

– Grenzgänger auf Dienstreisen – drei neue Urteile des BFH, IWB 2010, S. 173–178

Wilke, U./Süß, C., Die Bedeutung des Gemeinschaftsrechts für die direkten Steuern am Beispiel der Zinsschranke, FR 2009, S. 796–804

Williamson, O. E. (Institutionen), Die ökonomischen Institutionen des Kapitalismus, Tübingen 1990

Wilmanns, J. (Vergleich), Die Dokumentationsvorschriften im internationalen Vergleich, in: PricewaterhouseCoopers (Hrsg.), Dokumentation von Verrechnungspreisen. Brennpunkte der neuen Verwaltungsgrundsätze-Verfahren, Frankfurt a. M. 2005, S. 60–73

Wilmanns, J./Gimmler, F./Wilcke, D./Wellens, L./Kuckhoff, H., PwC Transfer Pricing Perspective, Sonderausgabe Juli 2009, S. 6–31

Winandy, J.-P., Deutsche Betriebsstättenverluste müssen in Luxemburg zum Abzug zugelassen werden, IStR 2005, S. 594–597

Winandy, J.-P./Janka, W., Kapitalanlagen in Luxemburg, IWB, 1988, Fach 5, Luxemburg, Gruppe 2, S. 71–82

Wingert, K.-D., Die Regeln für die Einordnung von Einnahmen und Ausgaben als inländische oder ausländische (Nationalbericht), CDFI 1980, S. 153–166

Winkeljohann, N. (Wirtschaft), Wirtschaft in Familienhand. Die Erfolgsgeheimnisse der Unternehmerdynastien, Frankfurt a. M. 2010

Winkeljohann, N./Knoth, C. (Akquisition), Gründung und Akquisition ausländischer Unternehmen unter Berücksichtigung steuerlicher Fragestellungen, in: Maßbaum, M./Meyer-Scharenberg, D./Perlet, H. (Hrsg.), Die deutsche Unternehmensbesteuerung im europäischen Binnenmarkt. Besteuerungsgrundlagen und grenzüberschreitende Steuerplanung in Deutschland, Neuwied/Kriftel/Ts./Berlin 1994, S. 783–820

Winkeljohann, N./Weihmann, L.-V., Finanzierungseinkünfte in Belgien und den Niederlanden aus Sicht deutscher Unternehmen, Ubg 2008, S. 161–168

Winnefeld, R. (Bilanz-Handbuch), Bilanz-Handbuch: Handels- und Steuerbilanz, rechtsformspezifisches Bilanzrecht, bilanzielle Sonderfragen, Sonderbilanzen, München 1997

Winter, S., Besteuerung von Aktienoptionsprogrammen für Mitarbeiter bei Einkommensteuerprogression, ZfbF 2004, S. 618–638

Wischermann, A., Überweisungsklauseln zu Doppelbesteuerungsabkommen – Liegt der BFH mit seiner Auslegung falsch?, IStR 2001, S. 688–693

Wischmann, R., Veräußerung eines Mitunternehmeranteils, EStB 2001, S. 9–10
– Gewerbesteuerpflicht von Veräußerungsgewinnen, EStB 2001, S. 21

Wischott, F./Schönweiß, R., Wachstumsbeschleunigungsgesetz – Einführung einer Grunderwerbsteuerbefreiung für Umwandlungsvorgänge, DStR 2009, S. 2638–2646

Wissenschaftlicher Beirat beim Bundesministerium der Finanzen (Unternehmensbesteuerung), Gutachten zur Reform der Unternehmensbesteuerung, erstattet vom Wissenschaftlichen Beirat beim Bundesministerium der Finanzen, Schriftenreihe des Bundesministeriums der Finanzen, Heft Nr. 43, Bonn 1990
– (Kapitaleinkommensbesteuerung), Gutachten zur Reform der internationalen Kapitaleinkommensbesteuerung, erstattet vom Wissenschaftlichen Beirat beim Bundesministerium der Finanzen, Schriftenreihe des Bundesministeriums der Finanzen, Heft Nr. 65, Bonn 1999
– (Reform), Gutachten „Flat Tax oder Duale Einkommensteuer" – Zwei Entwürfe zur Reform der deutschen Einkommensbesteuerung, Bonn 2004
– (Körperschaftsteuer), Gutachten „Einheitliche Bemessungsgrundlage der Körperschaftsteuer in der Europäischen Union", Schriftenreihe des Bundesministeriums der Finanzen, Heft Nr. 79, Bonn 2007

Wissenschaftlicher Beirat des Fachbereichs Steuern der Ernst & Young AG, Thesen zur Wegzugsbesteuerung, BB 2005, S. 2166–2169

Witt, C.-H., Reform der Konzernbesteuerung (V), FR 2009, S. 1045–1049

Witte, K. (Patente), Wertkonzeption einer nutzenbasierten Bewertung von Patenten, Frankfurt am Main 2010

Wittkowski, A./Lindscheid, F., Berücksichtigung ausländischer Betriebsstättenverluste nach dem JStG 2009, IStR 2009, S. 225–230

Witzel, D., Die europarechtlichen Anforderungen an die Besteuerung von Auslandsdividenden – Der Fall „Schmid", IStR 2002, S. 758–763

Wlazlowski, S./Zbierski, M. (Valuation) Valuation of brands – an Example from the Market of Netbooks, 2009

Wochinger, P./Dötsch, E., Das neue Umwandlungssteuergesetz und seine Auswirkungen bei der Einkommen-, Körperschaft- und Gewerbesteuer, DB 1994, Beilage 14

Wöhrle, W. (Außensteuergesetz), Außensteuergesetz (AStG), Kommentar, Stuttgart 1973/1997, Stand: Dezember 2009
Wohlschlegel, H., Doppelbesteuerungsabkommen: Treaty Override und Grundgesetz, FR 1993, S. 48–50
Wolf, N. G., Voll im Trend – deferred taxation, DB 1999, S. 16–20
Wolff, U. (Unternehmensgewinne), Auslegungsfragen zu DBA-Regelungen über Unternehmensgewinne, in: Gocke, R./Gosch, D./Lang, M. (Hrsg.), Körperschaftsteuer, Internationales Steuerrecht, Doppelbesteuerung. Festschrift für Franz Wassermeyer zum 65. Geburtstag, München 2005, S. 647–662
Worgulla, N./Söffing, M., Steuerhinterziehungsbekämpfungsgesetz, FR 2009, S. 545–555
Wouters, J., The principle of non-discrimination in European Community law, ECTR 1999, S. 98–106
Wrappe, S./Chung, K., Current Status of Global Advance Pricing Programs, TMIJ 2000, S. 118–122
Wrappe, S./Chung, K./McAlonan, R. J./Zed, G./Oatway, J./Goldberg, S. M., Side-by-Side Comparison of APA Procedures: The United States and Canada, TNI 2004, S. 1043–1073
Wrappe, S./Haigh, R./O'Mahony, D., Side-by-Side Comparison of APA Procedures: The United States and the United Kingdom, TNI 2005, S. 845–877
Wrappe, S./Kroppen, H.-K./Lewis, D./Haigh, R./Orta, R. G., Side-by-Side Comparison of APA Procedures: The United States and the OECD, TNI 2005, S. 67–100
Wright, D. R., Transfer Pricing in the United States: Recent Events and Expectations for the Future, IBFD-Bulletin 2001, S. 417–426
Wunderlich, N./Blaschke, C., Die Gewährleistung der Kapitalverkehrsfreiheit in Bezug auf Drittstaaten – Neuere Entwicklungen in der Rechtsprechung des EuGH, IStR 2008, S. 754–762
Würfele, P., Steuerliche Aspekte einer Captive Insurance Company, IWB, 1989, Fach 3, Deutschland, Gruppe 1, S. 1241–1244
Wüstemann, J./Duhr, A., Geschäftswertbilanzierung nach dem Exposure Draft ED 3 des IASB – Entobjektivierung auf den Spuren des FASB?, BB 2003, S. 247–253
Wurm, F. J. (Dienstleistungsgesellschaften), Zu den wirtschaftlichen und steuerlichen Vorteilen von Dienstleistungsgesellschaften im Konzern, in: Fischer, L. (Hrsg.), Internationaler Unternehmenskauf und -zusammenschluß im Steuerrecht, Köln 1992, S. 41–82
Yamakawa, H., A Practical Analysis of Transfer Pricing Methods for Bilateral APAs, TNI 2007, S. 709–718
Zacher, T., Grundlagen der Gestaltung internationaler Joint-Ventures, IStR 1997, S. 408–415
Zech, T., Funktionsverlagerung durch Zusammenlegung von Produktion und Vertrieb? Praxisfall aus der Betriebsprüfung, IStR 2009, S. 418–421
Zehetmair, M., Steuerfragen bei der Entsendung von Mitarbeitern ins Ausland aus der Sicht der beteiligten Unternehmen, IStR 1998, S. 257–265
Zehetmair, M./Hedel, W., Beispiele und Übersichten zur Anwendung des § 8a KStG in der Praxis, IStR 1997, S. 108–114
Zeidler, G. W./Schöniger, S./Tschöpel, A., Auswirkungen der Unternehmensteuerreform 2008 auf Unternehmensbewertungskalküle, FB 2008, S. 276–288
Zeitler, F.-C./Krebs, H.-J., „Europataugliches" Anrechnungsverfahren im Standortsicherungsgesetz, DB 1993, S. 1051–1054
Zeug, A. (Konzernmarke), Die Konzernmarke – eine ökonomische, warenzeichenrechtliche und steuerrechtliche Analyse, München 1988

Ziehr, U. (Einkünftezurechnung), Einkünftezurechnung im internationalen Einheitsunternehmen: Veranlassungsprinzip und Selbstständigkeitsfiktion als Maßstäbe der Einkünftezurechnung zu Stammhaus und Betriebsstätte, Lohmar/Köln 2008
- Zurechnung von Währungsfolgen aus der Umrechnung einer ausländischen Betriebsstättenrechnungslegung, IStR 2009, S. 261–268

Zielke, R., Internationale Steuerplanung zur Optimierung der Konzernsteuerqoute, DB 2006, S. 2585–2594
- Internationale Steuerplanung mit Gesellschafter-Fremdfinanzierung in der Europäischen Union, Norwegen und der Schweiz, StuW 2009, S. 63–79
- International Tax Planning with Comtax, Intertax 2009, S. 197–206
- Shareholder Debt Financing and Double Taxation in the OECD: An Empirical Survey with Recommendations for the Further Development of the OECD Model and International Tax Planning, Intertax 2010, S. 62–92

Ziesecke, S., Zu den steuerlichen Besonderheiten bei Nettolohnvereinbarungen, PIStB 2007, S. 325–328

Zimmermann, H. (Gesellschafterfremdfinanzierung), Probleme zu § 8a KStG, insbesondere Gesellschafterfremdfinanzierung im Spannungsfeld des neuen Umwandlungsrechts, in: Piltz, D.J./Schaumburg, H. (Hrsg.), Unternehmensfinanzierung im Internationalen Steuerrecht, Köln 1995, S. 94–101
- Internationale Aspekte der Unterkapitalisierung, Deutscher Nationalbericht zum Thema II des 50. IFA-Kongresses in Genf 1996, IWB, 1996, Fach 1, IFA-Mitteilungen, S. 1409–1420

Zimmermann, J./Börst, J., Dienstleistungsverrechnung deutscher Mittelständler an ausländische Tochterunternehmen, BC 1997, S. 63–66

Zschiegner, H., Neues US-Modell für Doppelbesteuerungsabkommen (New Model Income Tax Convention), IWB, 1997, Fach 8, USA, Gruppe 2, S. 845–870
- Status und Tendenz der US-Verrechnungspreisrichtlinien, IWB, 2000, Fach 8, USA, Gruppe 2, S. 1021–1032
- US-Verrechnungspreiszusagen im Vorhinein – IRS Jahresbericht 2000, IWB, 2000, Fach 8, USA, Gruppe 2, S. 1065–1070
- US-Verrechnungspreiszusagen im Vorhinein – IRS Jahresbericht 2002, IWB, 2003, Fach 8, USA, Gruppe 2, S. 1269–1278
- US-Verrechnungspreiszusagen im Vorhinein – IRS Jahresbericht 2004, IWB, 2006, Fach 8, USA, Gruppe 2, S. 1363–1380
- Antragsdokumentation und Abschluss von US-Verrechnungspreiszusagen im Vorhinein, IWB, 2006, Fach 8, USA, Gruppe 2, S. 1391–1429

Zuber, B. (Anknüpfungsmerkmale), Anknüpfungsmerkmale und Reichweite der internationalen Besteuerung, Hamburg 1991

Züger, M., The ECJ as Arbitration Court for the New Austria – Germany Tax Treaty, ET 2000, S. 101–105

Züger, M./Matzka, B., EuGH prüft Steuerbegünstigung für Inlandsdividenden an der Kapitalverkehrsfreiheit – Auswirkungen für Österreich?, SWI 1999, S. 117–124

Zwick, B., Auslandsentsendungen: Besteuerungsrisiken bei Altersvorsorgeleistungen abklären, PIStB 2004, S. 201–203

Entscheidungen

Datum	Aktenzeichen	Amtliche Quelle oder sonstige Fundstelle

I. Bundesverfassungsgericht

14. 4. 1959	1 BvL 23, 34/57	BVerfGE 9, S. 237
10. 6. 1963	1 BvR 345/61	BVerfGE 16, S. 203
7. 11. 1995	2 BvR 802/90	BStBl 1996 II, S. 34
30. 6. 2009	2 BvE 2/08, 5/08 2 BvR 1010/08, 1022/08, 1259/08, 182/09	BGBl 2009 I, S. 2127

II. Bundesgerichtshof

16. 2. 1963	I ZR 74/71	GRUR 1973, S. 375
12. 1. 1966	Ib ZR 5/94	GRUR 1966, S. 375
13. 7. 1974	I ZR 65/73	GRUR 1975, S. 85
23. 1. 1980	VIII ZR 91/79	BGHZ 76, S. 126
25. 2. 1982	I ZR 174/80	DB 1982, S. 795
25. 3. 1982	I ZR 146/80	BB 1982, S. 2067
14. 4. 1983	I ZR 20/81	NJW 1983, S. 2877
14. 1. 1986	VI ZR 164/84	DB 1986, S. 1070
6. 10. 1993	VIII ZR 172/92	BB 1993, S. 2401
1. 12. 1993	VIII ZR 41/93	NJW 1994, S. 657
30. 5. 1995	X ZR 54/93	GRUR 1995, S. 578
17. 4. 1996	VIII ZR 5/95	NJW 1996, S. 2159
5. 6. 1996	VIII ZR 7/95	DB 1996, S. 2330
26. 2. 1997	VIII ZR 128/96	DB 1997, S. 973
13. 3. 2003	VII ZR 370/98	ZIP 2003, S. 718
19. 9. 2005	II ZR 372/03	ZIP 2005, S. 1869
27. 10. 2008	II ZR 158/06	ZIP 2008, S 2411

III. Reichsfinanzhof

7. 2. 1929	I A 377/28	RStBl 1929, S. 193
8. 5. 1929	VI A 1349/28	RStBl 1929, S. 410
5. 11. 1929	I A a 648/29	RStBl 1930, S. 54
12. 2. 1930	VI A 899/27	RStBl 1930, S. 444
18. 12. 1930	VI A 899/30	RStBl 1931, S. 200
16. 6. 1931	I A 462/30	RStBl 1931, S. 848
25. 1. 1933	VI A 199/32	RStBl 1933, S. 478
24. 10. 1933	I A 221/33	StRK, KStG 1925, § 13 Rz. 150
9. 5. 1934	III A 85/34	RStBl 1934, S. 658
3. 7. 1934	I A 129/33	RStBl 1934, S. 1078
30. 4. 1935	I A 13/35	RStBl 1935, S. 840
30. 4. 1935	I A 58/34	RStBl 1935, S. 1208

III. Reichsfinanzhof (Fortsetzung)

26. 6. 1935	VI A 414/35	RStBl 1935, S. 1358
3. 10. 1935	III A 267/34	RStBl 1935, S. 1399
24. 6. 1936	IV A 79/36	RStBl 1936, S. 797
1. 10. 1936	III A 398/34	RStBl 1936, S. 1209
10. 3. 1937	VI A 512/35	StuW 1937, Sp. 615
13. 7. 1938	I 369/36	RStBl 1938, S. 863
28. 3. 1940	IV B 2/40	RStBl 1940, S. 422
10. 4. 1940	VI 754/39	RStBl 1940, S. 595
11. 7. 1940	III 135/39	RStBl 1940, S. 706
19. 10. 1940	GrS D 3/40	RStBl 1940, S. 925
22. 1. 1941	VI B 7/40	RStBl 1941, S. 90
8. 10. 1941	VI B 11/41	RStBl 1941, S. 814
21. 1. 1942	VI B 21/41	RStBl 1942, S. 66
1. 7. 1942	VI 96/42	RStBl 1942, S. 1081

IV. Bundesfinanzhof

14. 11. 1951	IV 215/50 U	BStBl 1951 II, S. 235
6. 5. 1952	I 17/52 U	BStBl 1952 III, S. 183
6. 10. 1953	I 29/53 U	BStBl 1953 III, S. 329
27. 4. 1954	I B 136/53 U	BStBl 1954 III, S. 179
20. 3. 1956	I 178/55 U	BStBl 1956 III, S. 179
17. 4. 1956	I 332/55 U	BStBl 1956 III, S. 180
16. 9. 1958	I 88/57 U	BStBl 1958 III, S. 451
13. 1. 1959	I 44/57 U	BStBl 1959 III, S. 197
20. 1. 1959	I 122/57 S	BStBl 1959 III, S. 133
16. 6. 1959	I B 214/58 U	BStBl 1959 III, S. 349
2. 2. 1960	I 194/59	BB 1960, S. 731
12. 8. 1960	VI 300/58 S	BStBl 1960 III, S. 441
30. 8. 1960	I B 148/59 U	BStBl 1960 III, S. 468
28. 10. 1960	III 134/56 U	BStBl 1961 III, S. 109
8. 11. 1960	I 131/59 S	BStBl 1960 III, S. 513
29. 11. 1960	I B 222/59 U	BStBl 1961 III, S. 52
9. 3. 1962	I B 156/58 S	BStBl 1962 III, S. 227
25. 5. 1962	I 78/61 S	BStBl 1962 III, S. 438
2. 10. 1962	I 256/614	BStBl 1962 III, S. 513
18. 10. 1962	IV 319/60 U	BStBl 1963 III, S. 38
13. 11. 1962	I B 224/61 U	BStBl 1963 III, S. 71
7. 12. 1962	VI R 83/61 S	BStBl 1963 III, S. 123
21. 2. 1963	I B 98/61	HFR 1963, S. 260
1. 3. 1963	VI 119/61 U	BStBl 1963 III, S. 212
13. 11. 1963	GrS 1/63 S	BStBl 1964 III, S. 124
29. 1. 1964	I 153/61 S	BStBl 1964 III, S. 165
22. 4. 1964	I 62/61 U	BStBl 1964 III, S. 370
24. 4. 1964	VI 236/62 U	BStBl 1964 III, S. 462
9. 10. 1964	VI 317/62 U	BStBl 1965 III, S. 71
14. 10. 1964	II 175/61 U	BStBl 1964 III, S. 667
20. 5. 1965	IV 49/65 U	BStBl 1965 III, S. 503
27. 7. 1965	I 110/63 S	BStBl 1966 III, S. 24
30. 7. 1965	VI 228/63 U	BStBl 1965 III, S. 613
12. 10. 1965	I B 282/62 U	BStBl 1965 III, S. 690
28. 3. 1966	VI 320/64	BStBl 1966 III, S. 456
10. 6. 1966	VI B 31/63	BStBl 1966 III, S. 598

IV. Bundesfinanzhof (Fortsetzung)

29. 9. 1966	IV 308/64	BStBl 1967 III, S. 180
25. 10. 1966	I 26/64	BStBl 1967 III, S. 92
9. 11. 1966	I 29/65	BStBl 1967 III, S. 88
1. 2. 1967	I 220/64	BStBl 1967 III, S. 495
7. 7. 1967	III 210/61	BStBl 1967 III, S. 588
18. 10. 1967	I 262/63	BStBl 1968 II, S. 105
6. 3. 1968	I 38/65	BStBl 1968 II, S. 439
17. 7. 1968	I 121/64	BStBl 1968 II, S. 695
14. 3. 1969	III R 108/67	BStBl 1969 II, S. 480
2. 5. 1969	I R 176/66	BStBl 1969 II, S. 579
16. 7. 1969	I 266/65	BStBl 1970 II, S. 175
17. 9. 1969	I 189/65	BStBl 1970 II, S. 107
18. 9. 1969	IV 338/64	BStBl 1970 II, S. 43
23. 9. 1969	I R 71/67	BStBl 1970 II, S. 87
14. 11. 1969	III R 95/68	BStBl 1970 II, S. 153
13. 1. 1970	I 32/65	BStBl 1970 II, S. 790
5. 2. 1970	IV 186/64	BStBl 1970 II, S. 492
19. 2. 1970	I R 24/67	BStBl 1970 II, S. 442
26. 2. 1970	I R 42/68	BStBl 1970 II, S. 419
4. 3. 1970	I R 140/66	BStBl 1970 II, S. 428
25. 5. 1970	I R 109/68	BStBl 1970 II, S. 660
25. 5. 1970	I R 146/68	BStBl 1970 II, S. 755
9. 9. 1970	I R 19/69	BStBl 1970 II, S. 867
16. 12. 1970	I R 44/67	BStBl 1971 II, S. 235
21. 4. 1971	I R 200/67	BStBl 1971 II, S. 743
21. 5. 1971	III R 125–127/70	BStBl 1971 II, S. 721
26. 5. 1971	I R 27/70	BStBl 1971 II, S. 804
7. 7. 1971	I R 41/70	BStBl 1971 II, S. 771
14. 7. 1971	I R 127/68	BStBl 1971 II, S. 776
8. 11. 1971	GrS 2/71	BStBl 1972 II, S. 63
15. 12. 1971	I R 178/68	BStBl 1972 II, S. 339
2. 2. 1972	I R 54–55/70	BStBl 1972 II, S. 397
10. 2. 1972	IV 317/65	BStBl 1972 II, S. 419
23. 3. 1972	I R 128/70	BStBl 1972 II, S. 948
30. 5. 1972	VIII R 111/69	BStBl 1972 II, S. 760
28. 6. 1972	I R 35/70	BStBl 1972 II, S. 785
2. 8. 1972	IV 87/65	BStBl 1972 II, S. 796
13. 9. 1972	I R 130/70	BStBl 1973 II, S. 57
18. 10. 1972	I R 184/70	BStBl 1973 II, S. 27
14. 2. 1973	I R 89/71	BStBl 1973 II, S. 580
10. 5. 1973	IV R 74/67	BStBl 1973 II, S. 630
15. 6. 1973	III R 118/70	BStBl 1973 II, S. 810
20. 7. 1973	VI R 198/69	BStBl 1973 II, S. 732
20. 9. 1973	IV R 41/69	BStBl 1973 II, S. 869
30. 10. 1973	I R 50/71	BStBl 1974 II, S. 107
15. 1. 1974	VIII R 63/68	BStBl 1974 II, S. 606
30. 1. 1974	I R 87/72	BStBl 1974 II, S. 327
13. 2. 1974	I R 218/71	BFHE 111, S. 416
13. 2. 1974	I R 219/71	BStBl 1974 II, S. 361
20. 2. 1974	I R 217/74	BStBl 1974 II, S. 511
10. 7. 1974	I R 248/71	BStBl 1974 II, S. 752
14. 8. 1974	I R 136/70	BStBl 1975 II, S. 112

IV. Bundesfinanzhof (Fortsetzung)

9. 10. 1974	I R 128/73	BStBl 1975 II, S. 203
27. 11. 1974	I R 250/72	BStBl 1975 II, S. 306
29. 1. 1975	I R 135/70	BStBl 1975 II, S. 553
30. 1. 1975	IV R 190/71	BStBl 1975 II, S. 776
7. 2. 1975	VIII B 61–62/74	BStBl 1976 II, S. 608
19. 2. 1975	I R 26/73	BStBl 1975 II, S. 584
19. 3. 1975	I R 173/73	BStBl 1975 II, S. 614
10. 4. 1975	I R 261/72	BStBl 1975 II, S. 586
30. 4. 1975	I R 152/73	BStBl 1975 II, S. 626
22. 5. 1975	IV R 193/71	BStBl 1975 II, S. 804
4. 6. 1975	I R 250/73	BStBl 1975 II, S. 708
15. 10. 1975	I R 16/73	BStBl 1976 II, S. 188
10. 12. 1975	I R 135/74	BStBl 1976 II, S. 226
19. 12. 1975	VI R 157/72	BStBl 1976 II, S. 322
16. 1. 1976	III R 92/74	BStBl 1976 II, S. 401
21. 1. 1976	I R 234/73	BStBl 1976 II, S. 513
28. 1. 1976	I R 84/74	BStBl 1976 II, S. 744
24. 2. 1976	VIII R 155/71	BStBl 1977 II, S. 265
18. 3. 1976	IV R 168/72	BStBl 1976 II, S. 365
4. 3. 1976	IV R 78/72	BStBl 1977 II, S. 380
2. 6. 1976	I R 136/74	BStBl 1976 II, S. 668
15. 7. 1976	I R 17/74	BStBl 1976 II, S. 748
29. 7. 1976	IV R 142/72	BStBl 1976 II, S. 750
29. 7. 1976	VIII R 41/74	BStBl 1977 II, S. 261
29. 7. 1976	VIII R 116/72	BStBl 1977 II, S. 268
29. 7. 1976	VIII R 142/73	BStBl 1977 II, S. 263
26. 1. 1977	VIII R 109/75	BStBl 1977 II, S. 419
23. 2. 1977	I R 104/75	BStBl 1977 II, S. 392
31. 3. 1977	IV R 54/72	BStBl 1977 II, S. 415
6. 4. 1977	I R 183/75	BStBl 1977 II, S. 571
8. 6. 1977	I R 40/75	BStBl 1977 II, S. 668
8. 6. 1977	I R 95/75	BStBl 1977 II, S. 704
3. 8. 1977	I R 210/75	BStBl 1978 II, S. 118
22. 9. 1977	IV R 51/72	BStBl 1978 II, S. 140
12. 10. 1977	I R 248/74	BStBl 1978 II, S. 191
9. 2. 1978	IV R 85/77	BStBl 1979 II, S. 111
12. 4. 1978	I R 136/77	BStBl 1978 II, S. 494
6. 7. 1978	IV R 24/73	BStBl 1979 II, S. 18
6. 7. 1978	IV R 164/74	BStBl 1978 II, S. 647
12. 10. 1978	I R 69/75	BStBl 1979 II, S. 64
10. 11. 1978	VI R 127/76	BStBl 1979 II, S. 335
15. 11. 1978	I R 57/76	BStBl 1979 II, S. 257
25. 1. 1979	IV R 56/75	BStBl 1979 II, S. 302
25. 1. 1979	IV R 21/75	BStBl 1979 II, S. 369
7. 3. 1979	I R 145/76	BStBl 1979 II, S. 527
23. 5. 1979	I R 56/77	BStBl 1979 II, S. 763
18. 7. 1979	I R 199/75	BStBl 1979 II, S. 750
16. 8. 1979	VI R 13/77	BStBl 1979 II, S. 771
27. 2. 1980	I R 196/77	BStBl 1981 II, S. 210
12. 3. 1980	I R 186/76	BStBl 1980 II, S. 531
17. 7. 1980	IV R 15/76	BStBl 1981 II, S. 11
6. 11. 1980	IV R 182/77	BStBl 1981 II, S. 220

IV. Bundesfinanzhof (Fortsetzung)

10. 11. 1980	GrS 1/79	BStBl 1981 II, S. 164
25. 11. 1980	VIII R 32/77	BStBl 1981 II, S. 419
9. 12. 1980	VIII R 11/77	BStBl 1981 II, S. 339
21. 1. 1981	I R 153/77	BStBl 1981 II, S. 517
28. 1. 1981	I R 10/77	BStBl 1981 II, S. 612
9. 4. 1981	IV R 178/80	BStBl 1981 II, S. 621
27. 5. 1981	I R 112/79	BStBl 1982 II, S. 192
8. 10. 1981	IV R 172/80	BStBl 1982 II, S. 73
21. 10. 1981	I R 21/78	BStBl 1982 II, S. 241
29. 10. 1981	I R 89/80	BStBl 1982 II, S. 150
17. 3. 1982	I R 189/79	BStBl 1982 II, S. 624
25. 3. 1982	I ZR 146/80	BB 1982, S. 2067
10. 5. 1982	I R 50/85	BStBl 1989 II, S. 755
16. 6. 1982	I R 118/80	BStBl 1982 II, S. 662
28. 7. 1982	I R 196/79	BStBl 1983 II, S. 77
6. 10. 1982	I R 121/79	BStBl 1983 II, S. 34
29. 11. 1982	GrS 1/81	BStBl 1983 II, S. 272
1. 12. 1982	I R 238/81	BStBl 1983 II, S. 213
12. 1. 1983	I R 90/79	BStBl 1983 II, S. 382
9. 3. 1983	I R 182/78	BStBl 1983 II, S. 744
28. 4. 1983	IV R 122/79	BStBl 1983 II, S. 566
18. 5. 1983	I R 5/82	BStBl 1983 II, S. 771
10. 6. 1983	VI R 15/80	BStBl 1983 II, S. 642
23. 9. 1983	III R 76/81	BStBl 1984 II, S. 94
26. 10. 1983	I R 200/78	BStBl 1984 II, S. 258
10. 11. 1983	IV R 62/82	BStBl 1984 II, S. 605
22. 11. 1983	VIII R 133/82	BFHE 140, S. 69
11. 4. 1984	I R 175/79	BStBl 1984 II, S. 535
11. 4. 1984	I R 82–82/80	BFH/NV 1986, S. 255
24. 5. 1984	I R 166/78	BStBl 1984 II, S. 747
20. 6. 1984	I R 283/81	BStBl 1984 II, S. 828
25. 6. 1984	GrS 4/82	BStBl 1984 II, S. 751
19. 7. 1984	IV R 207/83	BStBl 1985 II, S. 6
29. 8. 1984	I R 154/81	BStBl 1985 II, S. 160
29. 8. 1984	I R 68/81	BStBl 1985 II, S. 120
14. 11. 1984	I R 50/80	BStBl 1985 II, S. 227
15. 11. 1984	IV R 139/81	BStBl 1985 II, S. 205
18. 12. 1984	VIII R 195/82	BStBl 1986 II, S. 226
20. 12. 1984	V R 25/76	BStBl 1985 II, S. 176
23. 1. 1985	I R 292/81	BStBl 1985 II, S. 417
22. 3. 1985	VI R 170/82	BStBl 1985 II, S. 529
28. 3. 1985	IV R 80/82	BStBl 1985 II, S. 405
6. 8. 1985	VIII R 280/81	BStBl 1986 II, S. 17
21. 8. 1985	I R 60/80	BStBl 1986 II, S. 88
21. 8. 1985	I R 63/80	BStBl 1986 II, S. 4
12. 9. 1985	VIII R 336/82	BStBl 1986 II, S. 255
23. 10. 1985	I R 274/82	BStBl 1986 II, S. 133
6. 11. 1985	I R 56/82	BStBl 1986 II, S. 73
6. 11. 1985	I R 297/82	BStBl 1986 II, S. 415
12. 11. 1985	VIII R 240/81	BStBl 1986 II, S. 296
12. 11. 1985	VIII R 342/82	BStBl 1986 II, S. 299
29. 1. 1986	I R 22/85	BStBl 1986 II, S. 479

IV. Bundesfinanzhof (Fortsetzung)

29. 1. 1986	I R 109/83	BStBl 1986 II, S. 442
5. 2. 1986	I B 39/85	BStBl 1986 II, S. 490
21. 2. 1986	VI R 9/80	BStBl 1986 II, S. 768
5. 3. 1986	I R 201/82	BStBl 1986 II, S. 496
15. 4. 1986	VIII R 285/81	BFH/NV 1986, S. 509
16. 4. 1986	I R 32/84	BStBl 1986 II, S. 736
21. 5. 1986	I R 37/83	BStBl 1986 II, S. 739
5. 6. 1986	IV R 338/84	BStBl 1986 II, S. 661
25. 6. 1986	II R 213/83	BStBl 1986 II, S. 785
9. 7. 1986	I R 85/83	BStBl 1986 II, S. 851
15. 7. 1986	VIII R 134/83	BStBl 1986 II, S. 744
16. 7. 1986	I R 201/84	BFH/NV 1988, S. 235
20. 8. 1986	I R 41/82	BStBl 1987 II, S. 65
20. 8. 1986	I R 150/82	BStBl 1987 II, S. 455
20. 8. 1986	I R 152/82	BFH/NV 1987, S. 471
1. 10. 1986	I R 54/83	BStBl 1987 II, S. 459
22. 10. 1986	I R 261/82	BStBl 1987 II, S. 171
23. 10. 1986	IV R 214/84	BStBl 1987 II, S. 120
29. 10. 1986	I R 318–319/83	BStBl 1987 II, S. 310
12. 11. 1986	I R 38/83	BStBl 1987 II, S. 377
12. 11. 1986	I R 69/83	BStBl 1987 II, S. 379
12. 11. 1986	I R 320/83	BStBl 1987 II, S. 381
12. 11. 1986	I R 192/85	BStBl 1987 II, S. 383
24. 3. 1987	I R 202/83	BStBl 1987 II, S. 705
1. 4. 1987	II R 186/80	BStBl 1987 II, S. 550
29. 4. 1987	I R 192/82	BStBl 1987 II, S. 797
19. 5. 1987	VIII B 104/85	BStBl 1988 II, S. 5
10. 6. 1987	I R 301/83	BStBl 1987 II, S. 816
30. 6. 1987	VIII R 353/82	BStBl 1988 II, S. 418
18. 8. 1987	VIII R 297/82	BStBl 1988 II, S. 139
26. 10. 1987	GrS 2/86	BStBl 1988 II, S. 348
29. 10. 1987	IV R 93/85	BStBl 1988 II, S. 374
20. 1. 1988	X R 48/81	BStBl 1988 II, S. 557
3. 2. 1988	I R 134/84	BStBl 1988 II, S. 588
10. 2. 1988	VIII R 159/84	BStBl 1988 II, S. 653
24. 2. 1988	I R 95/84	BStBl 1988 II, S. 663
24. 2. 1988	I R 143/84	BStBl 1988 II, S. 819
2. 3. 1988	I R 103/86	BStBl 1988 II, S. 786
10. 3. 1988	IV R 226/85	BStBl 1988 II, S. 832
14. 4. 1988	IV R 271/84	BStBl 1988 II, S. 667
20. 4. 1988	I R 41/82	BStBl 1988 II, S. 868
5. 5. 1988	III R 41/85	BStBl 1988 II, S. 778
14. 6. 1988	VIII R 387/83	BStBl 1989 II, S. 187
20. 7. 1988	I R 49/84	BStBl 1989 II, S. 140
20. 7. 1988	I R 174/85	BStBl 1989 II, S. 87
27. 7. 1988	I R 68/64	BStBl 1989 II, S. 57
27. 7. 1988	I R 147/83	BStBl 1989 II, S. 271
27. 7. 1988	I R 104/84	BStBl 1989 II, S. 274
27. 9. 1988	VIII R 193/83	BStBl 1989 II, S. 414
28. 9. 1988	I R 91/87	BStBl 1989 II, S. 13
21. 10. 1988	III R 194/84	BStBl 1989 II, S. 216
9. 11. 1988	I R 335/83	BStBl 1989 II, S. 510

IV. Bundesfinanzhof (Fortsetzung)

23. 11. 1988	II R 139/87	BStBl 1989 II, S. 182
15. 2. 1989	X R 16/86	BStBl 1989 II, S. 462
22. 2. 1989	I R 9/85	BStBl 1989 II, S. 631
22. 2. 1989	I R 11/85	BStBl 1989 II, S. 794
22. 2. 1989	I R 44/85	BStBl 1989 II, S. 475
8. 3. 1989	X R 9/86	BStBl 1989 II, S. 714
14. 3. 1989	I R 39/85	BStBl 1989 II, S. 599
10. 5. 1989	I R 50/85	BStBl 1989 II, S. 755
26. 7. 1989	I R 49/85	BFH/NV 1990, S. 442
9. 8. 1989	I R 4/84	BStBl 1990 II, S. 237
10. 8. 1989	IV R 176–177/87	BStBl 1990 II, S. 15
30. 8. 1989	I R 212/85	BFH/NV 1990, S. 211
13. 9. 1989	I R 117/87	BStBl 1990 II, S. 57
21. 9. 1989	V R 32/88	BFH/NV 1990, S. 688
21. 9. 1989	V R 55/84	UR 1990, S. 193
11. 10. 1989	I R 77/88	BStBl 1990 II, S. 166
12. 10. 1989	IV R 118–119/87	BStBl 1990 II, S. 64
16. 11. 1989	IV R 143/85	BStBl 1990 II, S. 204
24. 1. 1990	X R 44/88	BFH/NV 1990, S. 798
28. 2. 1990	I R 83/87	BStBl 1990 II, S. 649
16. 5. 1990	I R 113/87	BFHE 161, S. 358
30. 5. 1990	I R 41/87	BStBl 1991 II, S. 588
30. 5. 1990	I R 97/88	BStBl 1990 II, S. 875
22. 6. 1990	VI R 162/86	BFH/NV 1991, S. 156
4. 7. 1990	GrS 2–3/88	BStBl 1990 II, S. 817
31. 7. 1990	I R 173/83	BStBl 1991 II, S. 66
22. 8. 1990	I R 67/88	BStBl 1991 II, S. 250
17. 10. 1990	I R 16/89	BStBl 1991 II, S. 211
17. 10. 1990	I R 182/87	BStBl 1991 II, S. 136
23. 10. 1990	VIII R 142/85	BStBl 1991 II, S. 401
13. 11. 1990	VIII R 152/86	BStBl 1991 II, S. 94
11. 12. 1990	VIII R 14/87	BStBl 1991 II, S. 510
12. 12. 1990	I R 73/89	BStBl 1991 II, S. 593
18. 1. 1991	VI R 122/87	BStBl 1991 II, S. 409
23. 1. 1991	I R 22/90	BStBl 1991 II, S. 554
31. 1. 1991	IV R 2/90	BStBl 1991 II, S. 786
27. 2. 1991	I R 96/89	BFH/NV 1992 S. 385
27. 2. 1991	I R 15/89	BStBl 1991 II, S. 444
26. 3. 1991	IX R 162/85	BStBl 1991 II, S. 704
16. 4. 1991	VIII R 100/87	BStBl 1992 II, S. 234
8. 5. 1991	I R 14/90	BFH/NV 1992, S. 291
14. 5. 1991	VIII R 31/88	BStBl 1992 II, S. 167
23. 5. 1991	IV R 94/90	BStBl 1991 II, S. 800
12. 7. 1991	III R 47/88	BStBl 1992 II, S. 143
31. 7. 1991	I R 51/89	BStBl 1991 II, S. 922
5. 9. 1991	IV R 3/91	BStBl 1992 II, S. 192
23. 10. 1991	I R 40/89	BStBl 1992 II, S. 1026
6. 11. 1991	XI R 12/87	BStBl 1992 II, S. 415
13. 11. 1991	I R 3/91	BStBl 1992 II, S. 345
10. 12. 1991	VIII R 69/86	BStBl 1992 II, S. 385
10. 12. 1991	VIII R 71/87	BFH/NV 1992, S. 551
18. 12. 1991	XI R 42, 43/88	BStBl 1992 II, S. 585

IV. Bundesfinanzhof (Fortsetzung)

16. 1. 1992	V R 1/91	BStBl 1992 II, S. 541
28. 1. 1992	VIII R 7/88	BStBl 1993 II, S. 84
5. 2. 1992	I R 127/90	BStBl 1992 II, S. 532
5. 2. 1992	I R 158/90	BStBl 1992 II, S. 660
12. 2. 1992	XI R 18/90	BStBl 1992 II, S. 723
26. 2. 1992	I R 85/91	BStBl 1992 II, S. 937
11. 3. 1992	XI R 38/89	BStBl 1992 II, S. 797
26. 3. 1992	IV R 50/91	BStBl 1992 II, S. 830
8. 4. 1992	I R 162/90	BStBl 1992 II, S. 764
2. 6. 1992	VIII R 8/89	BFH/NV 1992, S. 416
10. 6. 1992	I R 105/89	BStBl 1992 II, S. 1029
23. 6. 1992	IX R 182/87	BStBl 1992 II, S. 972
7. 7. 1992	VIII R 2/87	BStBl 1993 II, S. 328
29. 7. 1992	II R 39/89	BStBl 1993 II, S. 63
27. 8. 1992	IV R 13/91	BStBl 1993 II, S. 134
13. 10. 1992	VIII R 3/89	BStBl 1993, S. 477
5. 11. 1992	I R 41/92	BStBl 1993 II, S. 407
17. 11. 1992	VIII R 36/91	BStBl 1993 II, S. 233
1. 12. 1992	VIII R 57/90	BStBl 1992 II, S. 607
2. 12. 1992	I R 77/91	BFHE 170, S. 126
4. 12. 1992	VI R 11/92	BStBl 1993 II, S. 722
20. 1. 1993	I B 106/92	BFH/NV 1993, S. 404
28. 1. 1993	IV R 94/90	BStBl 1993 II, S. 509
3. 2. 1993	I R 80–81/91	BStBl 1993 II, S. 462
17. 2. 1993	I R 3/92	BStBl 1993 II, S. 457
10. 3. 1993	I R 51/92	BStBl 1993 II, S. 635
3. 5. 1993	GrS 3/92	BStBl 1993 II, S. 616
19. 5. 1993	I R 60/92	BStBl 1993 II, S. 714
19. 5. 1993	I R 124/91	BStBl 1993 II, S. 889
19. 5. 1993	I R 64/92	BFH/NV 1994, S. 11
19. 5. 1993	I R 80/92	BStBl 1993 II, S. 655
27. 5. 1993	VI R 19/92	BStBl 1994 II, S. 246
23. 6. 1993	I R 72/92	BStBl 1993 II, S. 801
13. 7. 1993	VIII R 50/92	BStBl 1994 II, S. 282
14. 7. 1993	I R 71/92	BStBl 1994 II, S. 91
28. 7. 1993	I R 15/93	BStBl 1994 II, S. 148
14. 9. 1993	VIII R 84/90	BStBl 1994 II, S. 764
9. 11. 1993	IX R 81/90	BStBl 1994 II, S. 289
24. 11. 1993	X R 12/89	BFH/NV 1994, S. 766
22. 12. 1993	I R 62/93	BStBl 1994 II, S. 352
12. 1. 1994	II R 95/89	BFH/NV 1994, S. 690
19. 1. 1994	I R 93/93	BStBl 1994 II, S. 725
24. 2. 1994	IV R 8–9/93	BStBl 1994 II, S. 466
16. 3. 1994	I B 186/93	BStBl 1994 II, S. 696
16. 3. 1994	I R 42/93	BStBl 1994 II, S. 799
29. 6. 1994	I R 137/93	BStBl 2002 II, S. 366
13. 7. 1994	I R 120/93	BStBl 1995 II, S. 129
13. 7. 1994	I R 43/94	BFH/NV 1995, S. 548
14. 9. 1994	I R 6/94	BStBl 1997 II, S. 89
14. 9. 1994	I R 116/93	BStBl 1995 II, S. 238
5. 10. 1994	I R 67/93	BStBl 1995 II, S. 95
27. 10. 1994	I R 107/93	BStBl 1995 II, S. 403

IV. Bundesfinanzhof (Fortsetzung)

Datum	Aktenzeichen	Fundstelle
7. 12. 1994	I K 1/93	BStBl 1995 II, S. 175
8. 12. 1994	IV R 82/92	BStBl 1995, S. 599
27. 4. 1995	III R 57/93	BFH/NV 1995, S. 967
17. 5. 1995	I R 147/93	BStBl 1996 II, S. 204
31. 5. 1995	I R 74/93	BStBl 1995 II, S. 683
29. 6. 1995	VIII R 68/93	BStBl 1995 II, S. 722
30. 8. 1995	I R 112/94	BStBl 1996 II, S. 563
6. 12. 1995	I R 40/95	BStBl 1997 II, S. 118
8. 12. 1995	I R 88/94	BStBl 1996 II, S. 383
12. 12. 1995	VIII R 59/92	BStBl 1996 II, S. 219
20. 12. 1995	I R 57/94	BStBl 1996 II, S. 261
16. 1. 1996	IX R 13/92	BStBl 1996 II, S. 214
13. 2. 1996	VIII R 39/92	BStBl 1996 II, S. 409
16. 2. 1996	I R 43/95	BStBl 1997 II, S. 128
16. 2. 1996	I R 183/94	BStBl 1996 II, S. 342
16. 2. 1996	I R 46/95	BStBl 1996 II, S. 588
27. 3. 1996	I R 60/95	BStBl 1996 II, S. 576
29. 5. 1996	I R 15/94	BStBl 1997 II, S. 57
29. 5. 1996	I R 118/93	BStBl 1997 II, S. 92
29. 5. 1996	I R 167/94	BStBl 1997 II, S. 60
11. 6. 1996	I R 8/96	BStBl 1997 II, S. 117
12. 6. 1996	XI R 56, 57/95	BStBl 1996 II, S. 527
25. 6. 1996	VIII R 28/94	BStBl 1997 II, S. 202
26. 6. 1996	XI R 18/94	BStBl 1998 II, S. 278
5. 7. 1996	VI R 10/96	BStBl 1996 II, S. 545
10. 7. 1996	I R 4/96	BStBl 1997 II, S. 15
10. 7. 1996	I R 83/95	BStBl 1997 II, S. 341
21. 8. 1996	I R 80/95	BB 1997, S. 302
21. 8. 1996	I R 186/94	BStBl 1997 II, S. 434
4. 9. 1996	II B 135/95	BStBl 1996 II, S. 586
18. 9. 1996	I R 69/95	BFH/NV 1997, S. 408
23. 10. 1996	I R 10/96	BStBl 1997 II, S. 313
23. 10. 1996	I R 55/95	BStBl 1998 II, S. 90
30. 10. 1996	II R 12/92	BStBl 1997 II, S. 12
13. 11. 1996	I R 149/94	BFHE 181, S. 494
4. 12. 1996	II B 116/96	BStBl 1997, S. 661
4. 12. 1996	I R 54/95	BFHE 182, S. 123
18. 12. 1996	I R 26/95	BFHE 182, S. 190
18. 12. 1996	I R 139/94	BStBl 1997 II, S. 301
19. 3. 1997	I R 75/96	BStBl 1997 II, S. 577
19. 3. 1997	I R 69/96	BStBl 1997 II, S. 447
9. 4. 1997	I R 178/94	BStBl 1997 II, S. 657
24. 4. 1997	VIII R 16/94	BStBl 1999 II, S. 339
24. 4. 1997	VIII R 23/93	BStBl 1999 II, S. 342
20. 5. 1997	VIII B 108/96	DB 1997, S. 1747
5. 6. 1997	III R 218/94	BFH/NV 1997, S. 754
9. 6. 1997	GrS 1/94	BStBl 1998 II, S. 307
29. 7. 1997	VIII R 57/94	BStBl 1998, S. 652
27. 8. 1997	I R 127/95	BStBl 1998 II, S. 58
27. 8. 1997	I R 8/97	BStBl 1998 II, S. 163
15. 10. 1997	I R 58/93	BStBl 1998 II, S. 305
29. 10. 1997	I R 27/97	BFH/NV 1998, S. 929

IV. Bundesfinanzhof (Fortsetzung)

29. 10. 1997	I R 35/96	BStBl 1998 II, S. 235
4. 11. 1997	VIII R 18/94	BStBl 1999 II, S. 344
8. 12. 1997	GrS 1–2/95	BStBl 1998 II, S. 193
17. 12. 1997	I R 34/97	BStBl 1998 II, S. 296
17. 12. 1997	I R 95/96	BStBl 1998 II, S. 260
17. 12. 1997	I B 96/97	BStBl 1998 II, S. 321
14. 1. 1998	X R 57/93	BFH/NV 1998, S. 1160
29. 1. 1998	V R 67/96	BStBl 1998 II, S. 413
19. 3. 1998	IV R 110/94	BStBl 1998 II, S. 513
24. 3. 1998	I R 38/97	BStBl 1998 II, S. 471
24. 3. 1998	I B 100/97	BFHE 185, S. 467
19. 5. 1998	I R 36/97	BStBl 1998 II, S. 689
17. 6. 1998	X R 68/95	BStBl 1998 II, S. 667
23. 9. 1998	XI R 72/97	BStBl 1999 II, S. 281
15. 10. 1998	III R 75/97	BStBl 1999 II, S. 119
10. 11. 1998	VIII R 6/96	BStBl 1999 II, S. 348
10. 11. 1998	I B 80/97	BFH/NV 1999, S. 665
16. 12. 1998	I R 138/97	BStBl 1999 II, S. 437
17. 12. 1998	I B 101/98	BFH/NV 1999, S. 753
21. 1. 1999	IV R 96/96	BStBl 2002 II, S. 771
24. 3. 1999	I R 114/97	BStBl 2000 II, S. 399
21. 4. 1999	I R 99/97	BStBl 1999 II, S. 694
21. 7. 1999	I R 71/98	BStBl 2000 II, S. 336
21. 7. 1999	I R 110/98	BStBl 1999 II, S. 812
23. 7. 1999	VI B 116/99	BStBl 1999 II, S. 684
19. 8. 1999	I R 77/96	BStBl 2001 II, S. 43
9. 11. 1999	II R 107/97	BFH/NV 2000, S. 688
17. 11. 1999	I R 7/99	BStBl 2000 II, S. 605
7. 12. 1999	VIII R 50, 51/96	BFH/NV 2000, S. 601
15. 12. 1999	I R 16/99	BStBl 2000 II, S. 404
15. 12. 1999	I R 29/97	BStBl 2000 II, S. 527
19. 1. 2000	I R 94/97	BStBl 2001 II, S. 222
19. 1. 2000	I R 117/97	BFH/NV 2000, S. 824
27. 1. 2000	IV R 33/99	BStBl 2000 II, S. 227
17. 2. 2000	I R 130/97	IStR 2000, S. 438
24. 2. 2000	IV R 62/98	BStBl 2000 II, S. 417
15. 3. 2000	I R 28/99	BStBl 2002 II, S. 238
21. 3. 2000	IV B 64/99	BFH/NV 2000, S. 1329
29. 3. 2000	I R 15/99	BStBl 2000 II, S. 577
24. 4. 2000	IV R 62/98	BStBl 2000 II, S. 417
27. 4. 2000	I B 114/99	BFH/NV 2001, S. 6
17. 5. 2000	I R 19/98	BStBl 2000 II, S. 619
23. 5. 2000	VIII R 11/99	BStBl 2000 II, S. 621
25. 5. 2000	III R 20/97	BStBl 2001 II, S. 365
7. 6. 2000	III R 9/96	BStBl 2000 II, S. 592
20. 6. 2000	VIII R 57/98	DB 2000, S. 2098
6. 7. 2000	I B 34/00	BStBl 2002 II, S. 490
7. 8. 2000	GrS 2/99	BStBl 2000 II, S. 632
9. 8. 2000	I R 12/99	BStBl 2001 II, S. 140
23. 8. 2000	I R 98/96	BStBl 2002 II, S. 207
6. 9. 2000	IV R 69/99	BStBl 2001 II, S. 731
31. 10. 2000	VII R 85/94	BStBl 2001 II, S. 185

IV. Bundesfinanzhof (Fortsetzung)

21. 11. 2000	IX R 2/96	BStBl 2001 II, S. 789
29. 11. 2000	I R 84/99	HFR 2001, S. 1053
29. 11. 2000	I R 85/99	BStBl 2002 II, S. 720
20. 12. 2000	II R 42/99	BStBl 2001 II, S. 454
23. 1. 2001	VIII R 71/98	BFH/NV 2001, S. 894
24. 1. 2001	I R 100/98	BStBl 2001 II, S. 509
24. 1. 2001	I R 119/98	BStBl 2001 II, S. 512
24. 1. 2001	I R 100/99	BFH/NV 2001, S. 1402
27. 3. 2001	X B 60/00	BFH/NV 2001, S. 1381
27. 3. 2001	I R 42/00	BStBl 2001 II, S. 771
4. 4. 2001	VI R 173/00	BStBl 2001 II, S. 677
26. 4. 2001	V R 50/99	BFH/NV 2001, S. 1206
16. 5. 2001	I B 143/00	BStBl 2002 II, S. 436
16. 5. 2001	I R 47/00	BStBl 2002 II, S. 846
29. 5. 2001	VIII R 10/00	BStBl 2001 II, S. 747
20. 6. 2001	VI R 105/99	BStBl 2001 II, S. 689
21. 6. 2001	III R 27/98	BStBl 2002 II, S. 537
28. 6. 2001	IV R 10/00	BStBl 2002 II, S. 565
18. 7. 2001	I R 48/97	BFH/NV 2001, S. 1636
29. 8. 2001	VIII R 34/00	BFH/NV 2002, S. 185
5. 9. 2001	I R 27/01	BStBl 2002 II, S. 155
17. 10. 2001	I R 103/00	BStBl 2004 II, S. 171
17. 10. 2001	I R 97/00	BFH/NV 2002, S. 240
6. 11. 2001	IX R 97/00	BStBl 2002 II, S. 726
7. 11. 2001	I R 3/01	BStBl 2002 II, S. 865
28. 11. 2001	X R 50/97	BStBl 2002 II, S. 363
10. 12. 2001	GrS 1/98	BStBl 2002 II, S. 291
18. 12. 2001	VIII R 5/00	BFH/NV 2002, S. 640
18. 12. 2001	VIII R 27/00	BStBl 2002 II, S. 733
19. 12. 2001	I R 63/00	BStBl 2003 II, S. 302
20. 12. 2001	I B 74/01	BFH/NV 2002, S. 678
30. 1. 2002	I R 13/01	BFH/NV 2002, S. 1172
15. 2. 2002	I R 53/00	BStBl 2003 II, S. 327
16. 2. 2002	IV R 94/99	BStBl 2002 II, S. 565
19. 3. 2002	I R 15/01	BFH/NV 2002, S. 1411
20. 3. 2002	I R 63/99	BStBl 2003 II, S. 50
20. 3. 2002	I R 38/00	BStBl 2002 II, S. 819
20. 3. 2002	II R 84/99	BFH/NV 2002, S. 1017
15. 5. 2002	I R 53/00	BStBl 2003 II, S. 327
15. 5. 2002	I R 92/00	BFH/NV 2002, S. 1538
15. 5. 2002	I R 40/01	BStBl 2002 II, S. 660
23. 5. 2002	III R 8/00	BStBl 2002 II, S. 512
7. 8. 2002	I R 10/01	BStBl 2002 II, S. 848
7. 8. 2002	I R 99/00	BStBl 2003 II, S. 835
7. 8. 2002	I R 2/02	BStBl 2004 II, S. 131
4. 9. 2002	I R 21/01	BStBl 2003 II, S. 306
9. 10. 2002	V R 64/99	BStBl 2003 II, S. 375
16. 10. 2002	I R 17/01	BStBl 2003 II, S. 631
23. 10. 2002	I R 39/01	BFH/NV 2003, S. 289
13. 11. 2002	I R 13/02	BStBl 2003 II, S. 795
18. 12. 2002	I R 96/01	BFH/NV 2003, S. 1152
22. 1. 2003	X R 37/00	BStBl 2003 II, S. 464

IV. Bundesfinanzhof (Fortsetzung)

29.	1. 2003	I R 6/99	BStBl 2004 II, S. 1043
20.	2. 2003	III R 10/01	BStBl 2003 II, S. 510
17.	3. 2003	I R 25/03	BFH/NV 2004, S. 819
19.	3. 2003	I R 15/01	BFH/NV 2002, S. 1411
8.	5. 2003	IV R 54/01	BStBl 2003 II, S. 854
22.	5. 2003	V R 94/01	BStBl 2003 II, S. 954
4.	6. 2003	I R 89/02	BStBl 2004 II, S. 517
1.	7. 2003	VIII R 24/01	BStBl 2003 II, S. 757
1.	7. 2003	VIII R 30/02	BFH/NV 2003, S. 1560
9.	7. 2003	I R 82/01	BStBl 2004 II, S. 4
20.	8. 2003	I R 61/01	BStBl 2004 II, S. 616
28.	8. 2003	IV R 20/02	BStBl 2004 II, S. 10
17.	9. 2003	I R 12/02	BStBl 2004 II, S. 396
30.	9. 2003	III R 7/02	BStBl 2003 II, S. 776
22.	10. 2003	I R 36/03	BStBl 2004 II, S. 307
6.	11. 2003	IV R 10/01	BStBl 2004 II, S. 416
19.	11. 2003	I R 3/02	BStBl 2004 II, S. 932
19.	11. 2003	I R 19/03	BStBl 2004 II, S. 549
17.	12. 2003	I R 14/02	BStBl 2004 II, S. 260
17.	12. 2003	I R 47/02	BFH/NV 2004, S. 771
28.	1. 2004	I R 87/02	BFH/NV 2004, S. 736
19.	2. 2004	VI R 122/00	BStBl 2004 II, S. 620
25.	2. 2004	I R 42/02	BStBl 2005 II, S. 14
18.	3. 2004	III R 25/02	BStBl 2004 II, S. 737
28.	4. 2004	I R 20/03	BFH/NV 2005, S. 19
28.	4. 2004	I R 5/02	BFH/NV 2004, S. 1442
4.	5. 2004	XI R 7/03	BStBl 2004 II, S. 893
25.	5. 2004	VIII R 4/01	BFH/NV 2005, S. 105
1.	7. 2004	V R 32/00	BStBl 2004 II, S. 1022
7.	7. 2004	II R 3/02	BStBl 2004 II, S. 1006
14.	7. 2004	I R 106/03	BFH/NV 2005, S. 154
21.	7. 2004	X R 33/03	BStBl 2004 II S. 1063
15.	9. 2004	I R 102, 104/03	BStBl 2005 II, S. 255
15.	9. 2004	I R 7/02	BStBl 2005 II, S. 867
4.	11. 2004	III R 5/03	BStBl 2005 II, S. 277
17.	11. 2004	I R 55/03	BFH/NV 2005, S. 1016
17.	11. 2004	I R 56/03	BStBl 2005 II, S. 336
17.	1. 2005	VI B 30/04	BFH/NV 2005, S. 884
25.	1. 2005	I S 8/04	BFH/NV 2005, S. 1109
25.	1. 2005	I R 12/04	BFH/NV 2005, S. 789
22.	2. 2005	VIII R 24/03	BFH/NV 2005, S. 1266
23.	2. 2005	I R 70/04	BStBl 2005 II, S. 882
23.	2. 2005	I R 44/04	BStBl 2005 II, S. 522
23.	2. 2005	I R 46/03	BStBl 2005 II, S. 547
24.	2. 2005	V R 12/03	BStBl 2006 II, S. 361
15.	3. 2005	X R 39/03	BStBl 2005 II, S. 817
6.	4. 2005	I R 22/04	BFH/NV 2005, S. 1719
19.	4. 2005	VIII R 80/02	BeckRS 2005, 25009125
26.	4. 2005	I B 157/04	BFH/NV 2005, S. 1763
19.	5. 2005	IV R 3/04	BFH/NV 2005, S. 1784
31.	5. 2005	I R 74, 88/04	BStBl 2006 II, S. 118
31.	5. 2005	I R 68/03	BStBl 2006 II, S. 380

IV. Bundesfinanzhof (Fortsetzung)

23.	6. 2005	VI R 10/03	BStBl 2005 II, S. 770
28.	6. 2005	I R 114/04	BStBl 2005 II, S. 835
7.	7. 2005	V R 78/03	BStBl 2005 II, S. 849
15.	7. 2005	I R 21/04	BStBl 2005 II, S. 716
20.	7. 2005	X R 22/02	BStBl 2006 II, S. 457
3.	8. 2005	I R 87/04	BStBl 2006 II, S. 220
3.	8. 2005	I R 62/04	BStBl 2006 II, S. 391
7.	9. 2005	I R 118/04	BStBl 2006 II, S. 537
9.	11. 2005	I R 27/03	BStBl 2006 II, S. 564
30.	11. 2005	X R 56/04	BStBl 2006 II, S. 415
6.	12. 2005	VIII R 34/04	BStBl 2006 II, S. 265
15.	2. 2006	I B 87/05	BStBl 2006 II, S. 616
3.	5. 2006	I R 124/04	BFH/NV 2006, S. 1729
11.	6. 2006	VIII R 32/04	BStBl 2007 II, S. 296
13.	6. 2006	I R 84/05	BStBl 2007 II, S. 94
13.	6. 2006	I R 78/04	BStBl 2008 II, S. 821
22.	6. 2006	I R 30/05	BFH/NV 2006, S. 1659
28.	6. 2006	I R 92/05	BStBl 2007 II, S. 100
9.	8. 2006	I R 95/05	BStBl 2007 II, S. 279
10.	8. 2006	II R 59/05	BFH/NV 2006, S. 2326
20.	9. 2006	I R 13/02	BFH/NV 2007, S. 410
25.	10. 2006	I R 81/04	BFH/NV 2007, S. 593
14.	12. 2006	IV R 3/05	BStBl 2007 II, S. 777
20.	12. 2006	I B 47/05	BStBl 2009 II, S. 766
14.	3. 2007	XI R 15/05	BFH/NV 2007, S. 1232
23.	5. 2007	X R 33/04	BStBl 2007 II, S. 874
5.	6. 2007	I R 1/06	BStBl 2007 II, S. 810
9.	6. 2007	VIII R 54/05	BStBl 2007 II, S. 830
22.	8. 2007	I R 46/02	BStBl 2008 II, S. 190
30.	8. 2007	IV R 14/06	BStBl 2007 II, S. 942
26.	9. 2007	I R 58/06	BStBl 2009 II, S. 294
17.	10. 2007	I R 81, 82/06	BFH/NV 2008, S. 356
17.	10. 2007	I R 5/06	BStBl 2009 II, S. 356
17.	10. 2007	I R 96/06	BStBl 2008 II, S. 953
6.	11. 2007	I B 50/07	BFH/NV 2008, S. 616
29.	11. 2007	I B 181/07	BStBl 2008 II, S. 195
18.	12. 2007	VI R 62/05	BStBl 2008 II, S. 294
19.	12. 2007	I R 66/06	BStBl 2008 II, S. 510
19.	12. 2007	I R 21/07	BStBl 2008 II, S. 691
23.	1. 2008	I R 8/06	DStR 2008, S. 865
29.	1. 2008	I R 26/06	BStBl 2008 II, S. 978
13.	2. 2008	I R 63/06	BStBl 2009 II, S. 414
5.	3. 2008	I R 54, 55/07	BFH/NV 2008, S. 1487
11.	3. 2008	I R 116/04	BFH/NV 2008, S. 1161
7.	4. 2008	I B 143/07	BFH/NV 2008, S. 1202
10.	4. 2008	VI R 66/05	BStBl 2008 II, S. 825
9.	5. 2008	I B 171/07	BFH/NV 2008, S. 1060
29.	5. 2008	IX R 77/06	BStBl 2008 II, S. 789
4.	6. 2008	I R 62/06	BStBl 2008 II, S. 793
4.	6. 2008	I R 30/07	BStBl 2008 II, S. 922
10.	7. 2008	VI R 21/07	BStBl 2009 II, S. 818
17.	7. 2008	I R 77/06	BStBl 2009 II, S. 464

IV. Bundesfinanzhof (Fortsetzung)

17.	7. 2008	I R 84/04	BStBl 2009 II, S. 630
22.	7. 2008	IX R 74/06	BStBl 2009 II, S. 124
20.	8. 2008	I R 16/08	BFH/NV 2009, S. 49
20.	8. 2008	I R 39/07	BStBl 2009 II, S. 234
20.	8. 2008	I R 34/08	BStBl 2009 II, S. 263
27.	8. 2008	I R 28/07	BFH/NV 2009, S. 123
23.	9. 2008	I B 92/08	BStBl 2008 II, S. 524
30.	9. 2008	VI R 67/05	BStBl 2009 II, S. 282
9.	10. 2008	IX R 73/96	BStBl 2009 II, S. 140
20.	11. 2008	VI R 25/05	BStBl 2009 II, S. 382
26.	11. 2008	I R 56/05	BFHE 224, S. 44
14.	1. 2009	I R 36/08	BStBl 2009 II, S 671
14.	1. 2009	I R 52/08	BStBl 2009 II, S. 674
14.	1. 2009	I R 47/08	BFH/NV 2009, S. 854
25.	2. 2009	IX R 62/07	BStBl 2009 II, S. 459
4.	3. 2009	I R 6/07	BStBl 2009 II, S. 625
22.	4. 2009	I R 53/07	BFHE 224, S. 556
29.	4. 2009	I R 88/08	BeckRS 2009, 25015331
29.	4. 2009	I R 26/08	BFH/NV 2009, S. 1648
27.	5. 2009	I R 30/08	BFHE 226, S. 357
24.	6. 2009	X R 57/06	DStR 2009, S. 1799
25.	6. 2009	IV R 3/07	BStBl 2010 II, S. 182
9.	7. 2009	VI R 21/08	BStBl 2009 II, S. 822
30.	7. 2009	VI R 29/06	BFH/NV 2009, S. 1890
19.	8. 2009	I R 2/09	BFH/NV 2010, S. 115
25.	9. 2009	IX R 60/07	BStBl 2009 II, S. 999
21.	10. 2009	I R 70/08	IStR 2010, S. 63
21.	10. 2009	I R 114/08	BFHE 227, S. 64
28.	10. 2009	I R 99/08	BFH/NV 2010, S. 346
28.	10. 2009	I R 28/08	BFH/NV 2010, S. 432
25.	11. 2009	I R 72/08	BStBl 2010 II, S. 471
25.	11. 2009	X R 23/09	BFH/NV 2010, S. 633
26.	11. 2009	III R 40/07	BFH/NV 2010, S. 721
16.	12. 2009	I B 76/09	BFH/NV 2010, S. 1135
27.	1. 2010	I R 35/09	BFH/NV 2010, S. 1005
17.	3. 2010	IV R 25/08	DStR 2010, S. 1022
7.	4. 2010	I R 96/08	BFH/NV 2010, S. 1749
15.	4. 2010	IV B 105/09	BFH/NV 2010, S. 1345
28.	4. 2010	I R 81/09	IStR 2010, S. 525
19.	5. 2010	I B 191/09	BFH/NV 2010, S. 1554
3.	6. 2010	I R 37/09	DStR 2010, S. 1883
3.	6. 2010	I R 71/09	DStR 2010, S. 1665
9.	6. 2010	I R 100/09	IStR 2010, S. 670
9.	6. 2010	I R 107/09	IStR 2010, S. 663

V. Finanzgerichte

FG Baden-Württemberg

11.	5. 1992	K 309/91	EFG 1992, S. 653
23.	2. 1994	5 K 410/89	EFG 1994, S. 793

V. Finanzgerichte (Fortsetzung)

FG Baden-Württemberg

26. 9. 1996	10 K 156/93	EFG 1997, S. 456
17. 7. 1997	10 K 309/96, nrkr	EFG 1997, S. 1442
4. 12. 2001	1 K 250/99	DStR 2002, S. 770
11. 5. 2001	14 K 3/98	EFG 2001, S. 1274
28. 6. 2001	6 K 490/97	EFG 2001, S. 1350
21. 4. 2004	12 K 252/00	EFG 2004, S. 1384
5. 6. 2008	3 K 142/07	EFG 2008, S. 1890
5. 6. 2008	3 K 2565/08	EFG 2009, S. 88
5. 6. 2008	3 K 121/07	EFG 2009, S. 91
19. 12. 2008	3 V 2830/07	PIStB 2009, S. 238
9. 10. 2009	10 K 3312/08	EFG 2010, S. 238

FG Berlin-Brandenburg

29. 8. 2007	12 V 12 132/07	EFG 2007, S. 1882

FG Düsseldorf

13. 9. 1979	II 357/74 Bew	EFG 1980, S. 379
6. 11. 1986	XV 370/83 F	EFG 1987, S. 202
23. 2. 1988	6 V 381/86 A (K, U, G)	EFG 1988, S. 387
8. 12. 1998	6 K 3661/93 K, G, F	DStRE 1999, S. 787
8. 12. 1998	6 K 3661/93 NZB	IStR 1999, S. 311
9. 5. 2000	6 K 2028/96	EFG 2000, S. 1177
12. 1. 2004	17 V 5799/03	EFG 2004, S. 849
9. 11. 2004	6 K 5917/00	IStR 2005, S. 125
9. 2. 2008	17 K 894/05 E	EFG 2008, S. 1006

FG Freiburg

21. 12. 1960	I 114/56	EFG 1962, S. 315

FG Hamburg

15. 1. 1987	V 124/86	EFG 1987, S. 161
4. 12. 1989	II 208/87	EFG 1990, S. 463
10. 2. 1997	V 212/94	EFG 1997, S. 987
22. 11. 2001	I 6/96	EFG 2002, S. 445
12. 2. 2003	V 194/98	EFG 2003, S. 857
12. 6. 2003	VI 6/01	EFG 2004, S. 548
28. 11. 2003	III 1/01	EFG 2004, S. 746
8. 6. 2006	6 K 274/03	DStRE 2006, S. 1497
22. 8. 2006	7 K 255/04	EFG 2007, S. 105
7. 11. 2007	5 K 153/06	EFG 2008, S. 236

V. Finanzgerichte (Fortsetzung)

FG Hessen

16. 9. 1983	IV 381/78	EFG 1984, S. 270
17. 10. 1988	IV 293/82	EFG 1989, S. 200

FG Köln

28. 11. 1983	VIII 169/80 E	EFG 1984, S. 460
14. 7. 1987	5 K 459/83	EFG 1987, S. 568
7. 7. 1993	6 K 4693/87	EFG 1994, S. 138
23. 5. 1996	2 K 2536/94	EFG 1996, S. 836
11. 3. 1999	13 K 1337/92	EFG 1999, S. 922
29. 4. 1999	2 K 3998/95	EFG 1999, S. 1034
13. 3. 2001	2 K 12 981/95	EFG 2001, S. 693
5. 8. 2003	13 K 3358/02	FR 2004, S. 164
11. 12. 2003	2 K 7201/00	EFG 2005, S. 541
31. 8. 2005	7 K 1000/04	EFG 2005, S. 1964
16. 3. 2006	2 K 1139/02	EFG 2006, S. 896
22. 8. 2007	13 K 647/03 (rkr.)	DStRE 2008, S. 696
18. 3. 2008	1 K 4110/04	EFG 2009, S. 259

FG München

18. 3. 1975	II 43/72	EFG 1975, S. 489
11. 12. 1985	I 47/80 L 1	EFG 1986, S. 259
15. 12. 1992	16 K 4179/91	EFG 1993, S. 707
24. 6. 1999	13 K 3521/97	DStRE 2000, S. 18
16. 7. 2002	6 K 1910/98	EFG 2003, S. 952
12. 12. 2007	1 K 4487/06	EFG 2008, S. 615
17. 7. 2009	2 K 2798/06	EFG 2010, S. 22
30. 7. 2009	1 K 1816/09	EFG 2009, S. 1954
7. 12. 2009	7 K 1390/07	EFG 2010, S. 622

FG Münster

16. 12. 1996	4 K 5433/94 L	EFG 1998, S. 201
22. 8. 2000	6 K 2712/00 AO	EFG 2001, S. 4
31. 8. 2000	8 V 4639/00 E	EFG 2000, S. 1389
24. 5. 2004	9 K 5177/99 K	EFG 2004, S. 1498
5. 7. 2005	15 K 1114/99 F, EW	EFG 2005, S. 1512
16. 3. 2006	8 K 2348/02 E (rkr.)	IStR 2006, S. 794
24. 8. 2006	6 K 2655/03 E	EFG 2007, S. 92
22. 2. 2008	9 K 509/07 K, F	EFG 2008, S. 923
11. 11. 2008	15 K 1114/99 F, EW	IStR 2009, S. 31

FG Niedersachsen

28. 7. 1993	IX 756/88	EFG 1994, S. 106
15. 8. 1996	XII 781/93	EFG 1996, S. 1229
23. 3. 1999	VI 357/95	IStR 2000, S. 312
13. 5. 2009	6 K 476/06	EFG 2009, S. 1721
11. 2. 2010	6 K 406/08	IStR 2010, S. 260
18. 2. 2010	6 V 21/10	DStR 2010, S. 597

V. Finanzgerichte (Fortsetzung)

FG Nürnberg

17. 11. 1987	VI 282/82	RIW 1988, S. 576
26. 3. 1996	II 9/96	EFG 1996, S. 783
21. 5. 1996	I 193/95	EFG 1996, S. 1119
6. 6. 2000	I 280/97	EFG 2000, S. 939

FG Rheinland-Pfalz

21. 3. 1988	5 K 338/87	EFG 1988, S. 574
14. 12. 1998	5 K 2821/96	EFG 1999, S. 499
10. 7. 2001	2 K 1204/00	EFG 2001, S. 1474
26. 8. 2002	5 K 3050/00	EFG 2002, S. 1444
11. 10. 2007	6 K 1611/07	EFG 2008, S. 385
24. 9. 2007	5 K 1484/07	EFG 2008, S. 41
17. 1. 2008	4 K 1347/03	EFG 2008, S. 680
30. 6. 2009	6 K 1415/09	EFG 2009, S. 1469

FG Saarland

18. 12. 1996	1 K 257/94	EFG 1997, S. 485
26. 6. 1997	1 K 90/96	EFG 1997, S. 1151
7. 11. 2000	1 K 128/98	EFG 2001, S. 214
9. 9. 2008	3 K 1996/06	EFG 2009, S. 65

FG Schleswig-Holstein

6. 9. 2001	II 1224/97	IStR 2002, S. 134
27. 11. 2002	2 K 148/00	EFG 2003, S. 376

FG Sachsen

9. 9. 2008	3 K 1996/06	EFG 2009, S. 65

VI. Europäischer Gerichtshof

28. 1. 1986	Rs. 270/83 (avoir fiscal)	EuGHE 1986, S. 273
27. 9. 1988	Rs. 81/87 (Daily Mail)	EuGHE 1988, S. 5483
8. 5. 1990	Rs. C-270/83 (Biehl)	EuGHE 1990, S. I-1779
20. 6. 1991	Rs. C-60/90 (Polysar)	EuGHE 1991, S. I-3111
28. 1. 1992	Rs. C-204/90 (Bachmann)	EuGHE 1992, S. I-249
26. 1. 1993	Rs. C-112/91 (Werner)	EuGHE 1993, S. I-429
22. 6. 1993	Rs. C-333/91 (Sofitam)	EuGHE 1993, S. I-3513
13. 7. 1993	Rs. C-330/91 (Commerzbank)	EuGHE 1993, S. I-4017
12. 4. 1994	Rs. C-1/93 (Halliburton)	EuGHE 1994, S. I-1137
14. 2. 1995	Rs. C-279/93 (Schumacker)	EuGHE 1995, S. I-225
11. 8. 1995	Rs. C-80/94 (Wielockx)	EuGHE 1995, S. I-2493
30. 11. 1995	Rs. C-55/94 (Gebhard)	EuGHE 1995, S. I-4165
27. 6. 1996	Rs. C-107/94 (Asscher)	EuGHE 1996, S. I-3089
27. 6. 1996	Rs. C-234/94 (Tomberger)	EuGHE 1996, S. I-3133

VI. Europäischer Gerichtshof (Fortsetzung)

11. 7. 1996	Rs. C-306/94 (Régie Dauphinoise)	EuGHE 1996, S. I-3695
17. 10. 1996	Rs. C-283/94, C-291/94, C-292/94 (Denkavit)	EuGHE 1996, S. I-5063
15. 5. 1997	Rs. C-250/95 (Futura-Singer)	EuGHE 1997, S. I-2471
10. 7. 1997	Rs. C-234/94 (Urteilsberichtigung)	BB 1997, S. 1577
17. 7. 1997	Rs. C-28/95 (Leur-Bloem)	EuGHE 1997, S. I-4161
16. 7. 1998	Rs. C-264/96 (ICI)	EuGHE 1998, S. I-4695
9. 3. 1999	Rs. C-212/97 (Centros)	EuGHE 1999, S. I-1459
29. 4. 1999	Rs. C-311/97 (Royal Bank of Scotland)	EuGHE 1999, S. I-2651
1. 6. 1999	Rs. C-302/97 (Konle)	EuGHE 1999, S. I-3099
14. 9. 1999	Rs. C-391/97 (Gschwind)	EuGHE 1999, S. I-5451
21. 9. 1999	Rs. C-307/97 (Saint-Gobain)	EuGHE 1999, S. I-6161
14. 10. 1999	Rs. C-439/97 (Sandoz)	EuGHE 1999, S. I-7041
26. 10. 1999	Rs. C-294/97 (Eurowings)	EuGHE 1999, S. I-7447
18. 11. 1999	Rs. C-200/98 (X AB, Y AB)	EuGHE 1999, S. I-8261
13. 4. 2000	Rs. C-251/98 (Baars)	EuGHE 2000, S. I-2787
16. 5. 2000	Rs. C-87/99 (Zurstrassen)	EuGHE 2000, S. I-3337
6. 6. 2000	Rs. C-35/98 (Verkooijen)	EuGHE 2000, S. I-4071
8. 6. 2000	Rs. C-375/98 (Epson)	EuGHE 2000, S. I-4243
8. 6. 2000	Rs. C-98/98 (Midland Bank)	EuGHE 2000, S. I-4177
26. 9. 2000	Rs. C-478/98 (Kommission/Belgien)	EuGHE 2000, S. I-7587
9. 11. 2000	Rs. C-381/98 (Ingmar)	EuGHE 2000, S I-9305
14. 11. 2000	Rs. C-142/99 (Floridienne S. A./ Berginvest S. A.)	EuGHE 2000, S. I-9567
14. 12. 2000	Rs. C-141/99 (AMID)	EuGHE 2000, S. I-11619
22. 2. 2001	Rs. C-408/98 (Abbey National)	EuGHE 2001, S. I-1361
27. 9. 2001	Rs. C-16/00 (CIBO Participations)	EuGHE 2001, S. I-6663
4. 10. 2001	Rs. C-294/99 (Athinaïki)	EuGHE 2001, S. I-6797
8. 11. 2001	Rs. C-143/99 (Adria Wien Pipeline)	EuGHE 2001, S. I-8365
15. 1. 2002	Rs. C-43/00 (Andersen)	EuGHE 2002, S. I-379
5. 11. 2002	Rs. C-280/00 (Überseering)	EuGHE 2002, S. I-9919
21. 11. 2002	Rs. C-436/00 (X und Y)	EuGHE 2002, S. I-10829
12. 12. 2002	Rs. C-324/00 (Lankhorst-Hohorst)	EuGHE 2002, S. I-11779
12. 12. 2002	Rs. C-385/00 (de Groot)	EuGHE 2002, S. I-11819
7. 1. 2003	Rs. C-306/99 (BIAO)	EuGHE 2003, S. I-1

VI. Europäischer Gerichtshof (Fortsetzung)

12.	6. 2003	Rs. C-234/01 (Gerritse)	EuGHE 2003, S. I-5933
26.	6. 2003	Rs. C-442/0101 (KapHag Renditefonds)	EuGHE 2003, S. I-6851
18.	9. 2003	Rs. C-168/01 (Bosal)	EuGHE 2003, S. I-9409
25.	9. 2003	Rs. C-58/01 (Océ van der Grinten)	EuGHE 2003, S. I-9809
30.	9. 2003	Rs. C-167/01 (Inspire Art)	EuGHE 2003, S. I-10155
11.	3. 2004	Rs. C-9/02 (de Lasteyrie du Saillant)	EuGHE 2004, S. I-2409
29.	4. 2004	Rs. C-77/01 (Empresa de Desenvolvimento Mineiro)	EuGHE 2004, S. I-4295
8.	6. 2004	Rs. C-268/03 (De Baeck)	EuGHE 2004, S. I-5961
1.	7. 2004	Rs. C-169/03 (Wallentin)	EuGHE 2004, S. I-6443
15.	7. 2004	Rs. C-315/02 (Lenz)	EuGHE 2004, S. I-7063
15.	7. 2004	Rs. C-242/03 (Weidert and Paulus)	EuGHE 2004, S. I-7379
7.	9. 2004	Rs. C-319/02 (Manninen)	EuGHE 2004, S. I-7477
26.	5. 2005	Rs. C-465/03 (Kretztechnik)	EuGHE 2005, S. I-4357
5.	7. 2005	Rs. C-376/03 (D.)	EuGHE 2005, S. I-5821
13.	12. 2005	Rs. C-411/03 (SEVIC Systems)	EuGHE 2005, S. I-10805
13.	12. 2005	Rs. C-446/03 (Marks & Spencer)	EuGHE 2005, S. I-10837
19.	1. 2006	Rs. C-265/04 (Bouanich)	EuGHE 2006, S. I-923
12.	2. 2006	Rs. C-446/04 (FII Group Litigation)	EuGHE 2006, S. I-11753
21.	2. 2006	Rs. C-152/03 (Ritter-Coulais)	EuGHE 2006, S. I-1711
23.	2. 2006	Rs. C-471/04 (Keller Holding)	EuGHE 2006, S. I-2107
23.	2. 2006	Rs. C-253/03 (CLT-UFA)	EuGHE 2006, S. I-1831
22.	6. 2006	Rs. C-182/03 (Forum 187)	EuGHE 2006, S. I-5479
7.	9. 2006	Rs. C-470/04 (N.)	EuGHE 2006, S. I-7409
12.	9. 2006	Rs. C-196/04 (Cadbury Schweppes)	EuGHE 2006, S. I-7995
14.	9. 2006	Rs. C-386/04 (Stauffer)	EuGHE 2006, S. I-8203
3.	10. 2006	Rs. C-475/03 (Banca popolare di Cremona)	EuGHE 2006, S. I-9373
3.	10. 2006	Rs. C-290/04 (FKP Scorpio Konzertproduktionen)	EuGHE 2006, S. I-9461
14.	12. 2006	Rs. C-170/05 (Denkavit)	EuGHE 2006, S. I-11949
25.	1. 2007	Rs. C-329/05 (Meindl)	EuGHE 2007, S. I-1107
30.	1. 2007	Rs. C-150/04 (Kommission/Dänemark)	EuGHE 2007, S. I-1193
15.	2. 2007	Rs. C-345/04 (Centro Equestre)	EuGHE 2007, S. I-1425
6.	3. 2007	Rs. C-292/04 (Meilicke)	EuGHE 2007, S. I-1835
13.	3. 2007	Rs. C-524/04 (Test Claimants in the Thin Cap Group Litigation)	EuGHE 2007, S. I-2107

VI. Europäischer Gerichtshof (Fortsetzung)

29. 3. 2007	Rs. C-347/04 (Rewe Zentralfinanz)	EuGHE 2007, S. I-2647
10. 5. 2007	Rs. C-492/04 (Lasertec)	EuGHE 2007, S. I-3775
10. 5. 2007	Rs. C-102/05 (A+B)	EuGHE 2007, S. I-3871
24. 5. 2007	Rs. C-157/05 (Holböck)	EuGHE 2007, S. I-4051
18. 7. 2007	Rs. C-231/05 (Oy AA)	EuGHE 2007, S. I-6373
11. 9. 2007	Rs. C-76/05 (Gootjes-Schwarz)	EuGHE 2007, S. I-6849
6. 11. 2007	Rs. C-415/06 (Stahlwerk Ergste Westig)	EuGHE 2007, S. I-151
8. 11. 2007	Rs. C-379/05 (Amurta)	EuGHE 2007, S. I-9569
6. 12. 2007	Rs. C-298/05 (Columbus Container)	IStR 2007, S. 63
18. 12. 2007	Rs. C-101/05 (A)	EuGHE 2007, S. I-11531
12. 2. 2008	Rs. C-138/07 (Cobelfret)	IStR 2009, S. 167
28. 2. 2008	Rs. C-293/06 (Deutsche Shell)	EuGHE 2008, S. I-1129
23. 4. 2008	Rs. C-201/05 (Test Claimants in the CFC and Dividend Group Litigation)	EuGHE 2008, S. I-02875
15. 5. 2008	Rs. C-414/06 (Lidl Belgium)	EuGHE 2008, S. I-3601
20. 5. 2008	Rs. C-194/06 (Orange European Smallcap)	EuGHE 2008, S. I-3747
26. 6. 2008	Rs. C-284/06 (Burda)	EuGHE 2008, S. I-4571
23. 10. 2008	Rs. C-157/07 (KR Wannsee)	EuGHE 2008, S. I-8061
27. 11. 2008	Rs. C-418/07 (Papillon)	IStR 2009, S. 66
11. 12. 2008	Rs. C-285/07 (A. T.)	IStR 2009, S. 97
16. 12. 2008	Rs. C-210/06 (Cartesio)	IStR 2009, S. 59
22. 12. 2008	Rs. C-333/07 (Régie Networks)	EWS 2009, S. 363
22. 12. 2008	Rs. C-282/07 (Truck Center)	IStR 2009, S. 135
27. 1. 2009	Rs. C-318/07 (Persche)	IStR 2009, S. 171
12. 2. 2009	Rs. C-67/08 (Margarete Block)	IStR 2009, S. 175
23. 4. 2009	Rs. C-544/07 (Rüffler)	DStRE 2009, S. 1189
4. 6. 2009	Rs. C-439/07, C-499/07 (KBC-Bank und Beleggen)	IStR 2009, S. 494
11. 6. 2009	Rs. C-155/08, C-157/08 (E. H. A. Passenheim-van Schott)	IStR 2009, S. 465
18. 6. 2009	Rs. C-303/07 (Aberdeen)	IStR 2009, S. 499
16. 7. 2009	Rs. C-128/08 (Damseaux)	EWS 2009, S. 378
10. 9. 2009	Rs. C-269/07 (Kommission/Deutschland)	DStR 2009, S. 1954
17. 9. 2009	Rs. C-520/07 (MTU Friedrichshafen)	EWS 2009, S. 417
17. 9. 2009	Rs. C-182/08 (Glaxo Wellcome)	DStRE 2009, S. 1370
1. 10. 2009	Rs. C-247/08 (Gaz de France)	IStR 2009, S. 774

VI. Europäischer Gerichtshof (Fortsetzung)

6. 10. 2009	Rs. C-562/07 (Kommission/Spanien)	IStR 2009, S. 812
15. 10. 2009	Rs. C-305/08 (Busley/Cibrian)	DStR 2009, S. 2186
29. 10. 2009	Rs. C-29/08 (AB SKF)	BFH/NV 2009, S. 2099
19. 11. 2009	Rs. C-540/07 (Kommission/Italien)	IStR 2009, S. 853
19. 11. 2009	Rs. C-314/08 (Filipiak)	IStR 2009, S. 892
21. 1. 2010	Rs. C-311/08 (SGI)	IStR 2010, S. 144
25. 2. 2010	Rs. C-337/08 (X Holding BV)	DStR 2010, S. 427
20. 5. 2010	Rs. C-352/08 (Zwijnenburg)	BeckRS 2010, 90604

VII. Entscheidungen anderer Gerichte

Entscheidung des Hogen Raads zum DBA-Niederlande v. 24. 3. 1976, European Taxation 1976, S. 240

Schweizerisches Bundesgericht v. 7. 9. 1977, European Taxation 1978, S. 100

Supreme Court von Kanada v. 28. 9. 1982, Dominion Tax Cases 1982, S. 6281

OLG Frankfurt/Main v. 23. 3. 1988, 9 U 80/84, nrkr, AG 1988, S. 267

The Procter & Gamble Company v. Commissioner of Internal Revenue, Urt. des U.S. Tax Court v. 18. 9. 1990, 95 T.C. No. 23

BSG v. 7. 11. 1996, 12 RK 79/94, USK 9651

DHL Corp. v. Commissioner, Urt. des U.S. Tax Court v. 30. 12. 1998, 76 T.C.M. 1122

Österreichischer VwGH v. 25. 9. 2001, 99/14/0217E, IStR 2001, S. 754

DHL Corp. v. Commissioner, Urt. des U.S. Court of Appeals v. 11. 4. 2002, 285 F. 3d 1210 (9th Cir.)

LG Frankenthal v. 6. 12. 2002, 1 HK T 9/02, GmbHR 2003, S. 300

BayObLG v. 11. 2. 2004, 3 Z BR 175/03, DStR 2004, S. 1224

EFTA-Gerichtshof v. 23. 11. 2004, Rs. E-1/04 (Fokus Bank), IStR 2005, S. 55

OLG Naumburg v. 19. 7. 2005, IR U 83/04 rkr., DStR 2006, S. 1387

OLG München v. 4. 10. 2007, 31 Wx 36/07, DStR 2007, S. 1925

Glaxosmithkline Inc. v. The Queen, Urt. des Tax Court of Canada v. 30. 5. 2008, TCC 324

Erlasse, Schreiben und (Rund-)Verfügungen der Finanzverwaltung

BMF-Schreiben v. 19. 4. 1971 (Leasingerlaß), IV B 2–S 2170–31/71, BStBl 1971 I, S. 264

BMF-Schreiben v. 21. 3. 1972 (Leasingerlaß), F/IV B 2–S 2170–11/72, BStBl 1972 I, S. 188

BMF-Schreiben v. 11. 7. 1974 (Einführungserlaß zum AStG), IV C 1– S 1340–32/74, BStBl 1974 I, S. 442

BMF-Schreiben v. 26. 3. 1975, IV C 6-S-1301 Schweiz-3/75, BStBl 1975 I, S. 479
BMF-Schreiben v. 22. 12. 1975 (Leasingerlaß), IV B 2-S-2170-161/75, BB 1976, S. 72
BMF-Schreiben v. 19. 3. 1976, IV C 6-S 1301 Spanien-20/75, RIW/AWD 1976, S. 305
BMF-Schreiben v. 10. 1. 1977, VI C 5-S 1351-12/76, DB 1977, S. 145
BMF-Schreiben v. 20. 12. 1977 (Mitunternehmererlaß), IV B 2-S 2241-231/77, BStBl 1978 I, S. 8
BMF-Schreiben v. 24. 7. 1979, IV B 7-S 2741-6/79, BStBl 1979 I, S. 564
BMF-Schreiben v. 10. 12. 1979, IV B 2-S 2241-138/79, BStBl 1979 I, S. 683
BMF-Schreiben v. 1. 12. 1980, IV B 7-S 2741-20/80, DB 1981, S. 139
BMF-Schreiben v. 8. 5. 1981, IV B 2-S 2241-102/81, BStBl 1981 I, S. 308
BMF-Schreiben v. 23. 2. 1983 (Verwaltungsgrundsätze), IV C 5-S 1341-4/83, BStBl 1983 I, S. 218
BMF-Schreiben v. 31. 10. 1983 (Auslandstätigkeitserlaß), IV B 6-S 2293-50/83, BStBl 1983 I, S. 470
BMF-Schreiben v. 10. 4. 1984 (Pauschalierungserlaß), IV C 6-S 2293-11/84, BStBl 1984 I, S. 252
BMF-Schreiben v. 24. 8. 1984, IV C 5-S 1300-24484, BStBl 1984 I, S. 458
BMF-Schreiben v. 22. 1. 1985, IV B 2-S 1909-2/85, BStBl 1985 I, S. 97
BMF-Schreiben v. 7. 4. 1986, IV A 5-S 0130-25/86, BStBl 1986 I, S. 128
BMF-Schreiben v. 30. 1. 1987, IV C 5-S 1301 ÖST-1/87, BStBl 1987 I, S. 191
BMF-Schreiben v. 16. 3. 1987, IV B 7-S 2742-3/87, BStBl 1987 I, S. 373
BMF-Schreiben v. 24. 7. 1987, VI A 5-S 0430-9/87, BStBl 1987 I, S. 474
BMF-Schreiben v. 15. 11. 1988, IV C 5-S 1316-67/88, DB 1989, S. 354
BMF-Schreiben v. 12. 5. 1989, IV C 5-S 1300-186/89, RIW 1989, S. 501
BMF-Schreiben v. 11. 12. 1989, IV A 5-S 0120-4/89, BStBl 1989 I, S. 470
BMF-Schreiben v. 23. 12. 1991, IV B 2-S 2170-115/91, BStBl 1992 I, S. 13
BMF-Schreiben v. 9. 1. 1992, IV B 7-S 1978-37/91, BStBl 1992 I, S. 47
BMF-Schreiben v. 16. 12. 1993, IV C 5-S 1301 Gri-18/93, BStBl 1994 I, S. 3
BMF-Schreiben v. 5. 1. 1994, IV C 5-S 1300-197/93, BStBl 1994 I, S. 11
BMF-Schreiben v. 1. 3. 1994, IV C 5-S 1300-49/94, BStBl 1994 I, S. 203
BMF-Schreiben v. 5. 7. 1995, IV C 5-S 1300-73/95, BStBl 1995 I, S. 373
BMF-Schreiben v. 7. 11. 1995, S 0316, BStBl 1995 I, S. 738
BMF-Schreiben v. 19. 12. 1996, IV B 7-S 2742-57/96, BStBl 1997 I, S. 112
BMF-Schreiben v. 30. 12. 1996, IV B 4-S 2303-266/96, BStBl 1996 I, S. 1506
BMF-Schreiben v. 30. 5. 1997, IV B 2-S 2241a-51/93, BStBl 1997 I, S. 627
BMF-Schreiben v. 1. 7. 1997, IV C 5-S 1300-189/96, BStBl 1997 I, S. 717
BMF-Schreiben v. 7. 7. 1997, IV C 6-S 1301 SCHZ-37/97, BStBl 1997 I, S. 723
BMF-Schreiben v. 25. 8. 1997, IV C 6-S 1301 Tun-1/97, BStBl 1997 I, S. 796
BMF-Schreiben v. 25. 3. 1998 (Umwandlungssteuererlaß), IV B 2-S 1909-33/98/IV B 2-S 1978-21/98, BStBl 1998 I, S. 268

BMF-Schreiben v. 28. 4. 1998, S 2241, BStBl 1998 I, S. 583
BMF-Schreiben v. 12. 10. 1998, IV C 2–S 2244–2/98, DStR 1998, S. 1754
BMF-Schreiben v. 8. 6. 1999, IV C 2–S 2244–12/99, BStBl 1999 I, S. 545
BMF-Schreiben v. 12. 7. 1999, IV C 1–S 2172–11/99, BStBl 1999 I, S. 686
BMF-Schreiben v. 30. 7. 1999, IV D 3–S 1301 Irl–1/99, BStBl 1999 I, S. 698
BMF-Schreiben v. 24. 9. 1999, IV D 3, IStR 2000, S. 627
BMF-Schreiben v. 7. 10. 1999, IV C 1–S 2252–589/99, DStR 1999, S. 2032
BMF-Schreiben v. 24. 12. 1999 (Betriebsstätten-Verwaltungsgrundsätze), IV B 4–S 1300–111/99, BStBl 1999 I, S. 1076
BMF-Schreiben v. 28. 12. 1999, IV D 3–S 1300–25/99, BStBl 1999 I, S. 1121
BMF-Schreiben v. 30. 12. 1999 (Verwaltungsgrundsätze-Umlagen), IV B 4–S 1341–14/99, BStBl 1999 I, S. 1122
BMF-Schreiben v. 29. 3. 2000, IV C 2–S 2178–4/00, BStBl 2000 I, S. 462
BMF-Schreiben v. 20. 4. 2000, IV D 3–S 1300–42/00, BStBl 2000 I, S. 483
BMF-Schreiben v. 24. 5. 2000, IV C 1–S 2252–145/00, DB 2000, S. 1153
BMF-Schreiben v. 20. 11. 2000, IV B 4–S 1300–222/00, BStBl 2000 I, S. 1509
BMF-Schreiben v. 7. 12. 2000, IV A 2–S 2810–4/00, BStBl 2000 I, S. 47
BMF-Schreiben v. 2. 1. 2001, IV A 4–S 0121–2/00, BStBl 2001 I, S. 40
BMF-Schreiben v. 19. 3. 2001, IV B 4–S 1300–65/01, BStBl 2001 I, S. 243
BMF-Schreiben v. 10. 5. 2001, IV A 4–S 0460 a–13/01; IV A 4–S 0460 a–6/01 II, BStBl 2001 I, S. 310
BMF-Schreiben v. 7. 6. 2001, IV A 6–S 2241–52/01, BStBl 2001 I, S. 367
BMF-Schreiben v. 3. 8. 2001, IV B 6–S 1300–13/01, IStR 2001, S. 756
BMF-Schreiben v. 9. 11. 2001 (Verwaltungsgrundsätze-Arbeitnehmerentsendung), IV B 4–S 1341–20/01, BStBl 2001 I, S. 796
BMF-Schreiben v. 7. 5. 2002, IV B 4–S 2293–26/02, BStBl 2002 I, S. 521
BMF-Schreiben v. 28. 5. 2002, IV A 2–S 2742–32/02, BStBl 2002 I, S. 603
BMF-Schreiben v. 25. 7. 2002, IV A 2–S 2750 a–6/02, BStBl 2002 I, S. 712
BMF-Schreiben v. 11. 10. 2002, IV B 6–S 1301 Ndl–39/02, BStBl 2002 I, S. 957
BMF-Schreiben v. 17. 10. 2002, IV B 4–S 1341–14/02, BStBl 2002 I, S. 1025
BMF-Schreiben v. 18. 12. 2002, IV B 4–S 1300–273/02, BStBl 2002 I, S. 1386
BMF-Schreiben v. 29. 12. 2003, IV B 4–S 0430–7/03, BStBl 2003 I, S. 742
BMF-Schreiben v. 27. 3. 2003, IV A 6–S 2140–8/03, BStBl 2003 I, S. 240
BMF-Schreiben v. 28. 4. 2003, IV A 2–S 2750 a–7/03, BStBl 2003 I, S. 292
BMF-Schreiben v. 24. 11. 2003, IV B 5–S 2293–46/03, BStBl 2003 I, S. 747
BMF-Schreiben v. 2. 12. 2003, IV A 4–S 2743–5/03, BStBl 2003 I, S. 648
BMF-Schreiben v. 16. 12. 2003, IV A 2–S 1978–16/03, BStBl 2003 I, S. 786
BMF-Schreiben v. 26. 2. 2004, IV B 4–S 1300–12/04, BStBl 2004 I, S. 270
BMF-Schreiben v. 19. 3. 2004, IV B 4–S 1301 USA–22/04, BStBl 2004 I, S. 411
BMF-Schreiben v. 14. 5. 2004 (Anwendungsschreiben AStG), Sondernummer 1/2004, IV B 4–S 1340–11/04, BStBl 2004 I, S. 3
BMF-Schreiben v. 15. 7. 2004, IV A 2–S 2742 a–20/04, BStBl 2004 I, S. 593

BMF-Schreiben v. 29. 9. 2004, IV B 4–S 1300–296/04, BStBl 2004 I, S. 917
BMF-Schreiben v. 29. 10. 2004, IV B 1–S 1301 POL–43/04, BStBl 2004 I, S. 1029
BMF-Schreiben v. 29. 11. 2004, IV B 6–S 1300–320/04, BStBl 2004 I, S. 1144
BMF-Schreiben v. 8. 12. 2004, IV B 4–S 1301 USA–12/04, BStBl 2004 I, S. 1181
BMF-Schreiben v. 28. 12. 2004, IV B 4–S 1300–362/04, BStBl 2005 I, S. 28
BMF-Schreiben v. 12. 4. 2005 (Verwaltungsgrundsätze-Verfahren), IV B 4–S 1341–1/05, BStBl 2005 I, S. 570
BMF-Schreiben v. 26. 5. 2005, IV B 2–S 2175–7/05, BStBl 2005 I, S. 699
BMF-Schreiben v. 8. 6. 2005, IV B 5–S 1348–35/05, BStBl 2005 I, S. 714
BMF-Schreiben v. 21. 7. 2005, IV B 1–S 2411–2/05, BStBl 2005 I, S. 821
BMF-Schreiben v. 22. 7. 2005, IV B 7–S 2742 a–31/05, BStBl 2005 I, S. 829
BMF-Schreiben v. 22. 7. 2005, IV B 4–S 1341–4/05, BStBl 2005 I, S. 818
BMF-Schreiben v. 20. 10. 2005, IV B 7–S 2742 a–43/05, DStR 2005, S. 2126
BMF-Schreiben v. 10. 11. 2005, IV B 7–S 2770–24/05, BStBl 2005 I, S. 1038
BMF-Schreiben v. 20. 12. 2005, IV B 2–S 2242–18/05, BStBl 2006 I, S. 7
BMF-Schreiben v. 6. 1. 2006, IV B 3–S 1301–BRA–77/05, BStBl 2006 I, S. 83
BMF-Schreiben v. 25. 1. 2006, IV B 1–S 1320–11/06, BStBl 2006 I, S. 26
BMF-Schreiben v. 30. 1. 2006, IV B 1–S 2411–4/06, BStBl 2006 I, S. 166
BMF-Schreiben v. 28. 2. 2006, IV B 2–S 2242–6/06, BStBl 2006 I, S. 228
BMF-Schreiben v. 3. 4. 2006, IV B 6–S 1301 FRA–26/06, BStBl 2006 I, S. 304
BMF-Schreiben v. 7. 4. 2006, IV B 7–S 1978 b–1/06, BStBl 2006 I, S. 344
BMF-Schreiben v. 13. 7. 2006, IV B 4–S 1300–340/06, BStBl 2006 I, S. 461
BMF-Schreiben v. 1. 8. 2006, IV B 1–S 1300–38/06, BStBl 2006 I, S. 489
BMF-Schreiben v. 14. 9. 2006, IV B 6–S 1300–367/06, BStBl 2006 I, S. 532
BMF-Schreiben v. 19. 9. 2006, IV B 7–S 2742 a–21/06, BStBl 2006 I, S. 559
BMF-Schreiben v. 5. 10. 2006, IV B 4–S 1341–38/06, BStBl 2006 I, S. 594
BMF-Schreiben v. 13. 11. 2006, IV B 5–S 1301–64/06
BMF-Schreiben v. 8. 1. 2007, IV B 4–S 1351–1/07, BStBl 2007 I, S. 99
BMF-Schreiben v. 3. 4. 2007, IV B 1–S 2411/07/0002, BStBl 2007 I, S. 446
BMF-Schreiben v. 13. 4. 2007, IV B 4–S 1300/07/0020, BStBl 2007 I, S. 440
BMF-Schreiben v. 10. 7. 2007, IV B 1–S 2411/07/0002, IStR 2007, S. 555
BMF-Schreiben v. 4. 7. 2008, IV C 7–S 2742–a/07/10 001, BStBl 2008 I, S. 718
BMF-Schreiben v. 4. 7. 2008, IV C 7–S 2745–a/08/10 001, BStBl 2008 I, S. 736
BMF-Schreiben v. 17. 7. 2008, IV A 3–S 0062/08/10 006, BStBl 2008 I, S. 694
BMF-Schreiben v. 25. 8. 2008, IV B 5–S 1341/07/10 004, BStBl 2009 I, S. 888
BMF-Schreiben v. 9. 9. 2008, IV C 4–S 2285/07/0005, BStBl 2008 I, S. 936

BMF-Schreiben v. 30. 9. 2008, IV C 7–S 2750–a/07/10 001, BStBl 2008 I, S. 940
BMF-Schreiben v. 20. 1. 2009, IV C 3–S 2496/08/10 011, IV C 5–S 2333/07/0003, BStBl 2009 I, S. 273
BMF-Schreiben v. 22. 1. 2009, IV B 2–S 1301/07/10 017, BStBl 2009 I, S. 355
BMF-Schreiben v. 26. 3. 2009, IV C 6–S 2171–b/0, BStBl 2009 I, S. 514
BMF-Schreiben v. 20. 5. 2009, IV C 6–S 2134/07/10 005, BStBl 2009 I, S. 671
BMF-Schreiben v. 13. 7. 2009, IV B 5–S 2118–a/07/10 004, BStBl 2009 I, S. 835
BMF-Schreiben v. 25. 8. 2009 (Betriebsstätten-Verwaltungsgrundsätze), IV B 5–S 1341/07/10 004, BStBl 2009 I, S. 888
BMF-Schreiben v. 6. 11. 2009, IV C 4–S 2285/07/0005, BStBl 2009 I, S. 1323
BMF-Schreiben v. 23. 11. 2009, IV B 5–S 2118–a/07/10 011, BStBl 2009 I, S. 1332
BMF-Schreiben v. 21. 12. 2009, IV C 5–S 2353/08/10 010, BStBl 2010 I, S. 21
BMF-Schreiben v. 22. 12. 2009, IV C 1–S 2252/08/10 004, BStBl 2010 I, S. 94
BMF-Schreiben v. 5. 1. 2010, IV B 2-S 1315/08/10 001, BStBl 2010 I, S. 19
BMF-Schreiben v. 12. 1. 2010, IV B 5–S 1341/07/10 009, BStBl 2010 I, S. 34
BMF-Schreiben v. 12. 3. 2010, IV C 6–S 2133/09/10 001, BStBl 2010 I, S. 239
BMF-Schreiben v. 31. 3. 2010, IV C 3–S 2222/09/10 041, BStBl 2010 I, S. 270
BMF-Schreiben v. 15. 4. 2010, IV B 5–S 1300/07/10 087, BStBl 2010 I, S. 346
BMF-Schreiben v. 16. 4. 2010, IV B 2–S 1300/09/10 003, BStBl 2010 I, S. 354
BMF-Schreiben v. 30. 4. 2010, IV C 2–S 2745–a/08/10 005, BStBl 2010 I, S. 488
BMF-Schreiben v. 21. 6. 2010, IV B 5–S 2411/07/10 016, BStBl 2010 I, S. 596
BMF-Schreiben v. 13. 10. 2010, IV B 5–S 1341/08/10003, BStBl 2010 I, S. 774
Finanzministerium Niedersachsen, Erlaß v. 27. 12. 1962, S 2106, DB 1963, S. 13
Finanzministerium Niedersachsen, Erlaß v. 14. 6. 1965 (Oasenerlaß), S 1301–99–31 1, BStBl 1965 II, S. 74
Finanzministerium Niedersachsen, Erlaß v. 14. 9. 1970, S 1301–99–31 1, AWD 1970, S. 475
Finanzministerium Niedersachsen, Erlaß v. 18. 2. 1972, S 2293–43–31 1, AWD 1972, S. 198
Finanzministerium Nordrhein-Westfalen, Erlaß v. 1. 3. 1974, S 2293–17–VB 2, StEK, EStG, § 34 c, Nr. 76

Finanzministerium Nordrhein-Westfalen, Erlaß v. 30. 3. 1978, S 1354–9–VB 2, WPg 1978, S. 307
Finanzbehörde Hamburg, Erlaß v. 15. 1. 1985, 53–S 2071–3/82, DB 1985, S. 258
Finanzministerium Nordrhein-Westfalen, koordinierter Ländererlaß v. 5. 1. 1987, S 1301–85–V C 1, FR 1987, S. 115
Finanzministerium Nordrhein-Westfalen, Erlaß v. 10. 4. 1989, S 1301 – Österreich 16 – V C 1, DStR 1989, S. 298
Oberste Finanzbehörden der Länder, Gleich lautende Erlasse v. 23. 7. 1990, DB 1990, S. 1843
Finanzministerium Baden-Württemberg, Erlaß v. 17. 8. 1993, S 2850/1, StEK, KStG 1977, § 1, Nr. 37
Finanzministerium Baden-Württemberg, Erlaß v. 28. 11. 1994, S 1300/26, IStR 1995, S. 34
Bayer. Staatsministerium der Finanzen, Schreiben v. 9. 1. 1995, 38–S–300–197/3–77 819/94, IStR 1995, S. 241
Oberste Finanzbehörden der Länder, Gleich lautende Erlasse v. 15. 3. 1997, BStBl 1997 I, S. 350
Finanzministerium Baden-Württemberg, Erlaß v. 24. 7. 1997, S 3288/4, DB 1997, S. 1595
Finanzministerium Baden-Württemberg, Erlaß v. 18. 9. 1997, S 4520/2, DB 1997, S. 2002
Finanzministerium Mecklenburg-Vorpommern, Erlaß v. 25. 11. 1998, IStR 1999, S. 152
Oberste Finanzbehörden der Länder, Gleich lautende Erlasse v. 2. 12. 1999, BStBl 1999 I, S. 991
SenVerw. Bremen, Erlass v. 31. 5. 2000, S–2240–8–181, DStR 2000, S. 1308
Finanzministerium Nordrhein-Westfalen, Erlass v. 27. 3. 2003, S 2332–109–V B 3, FR 2003, S. 481
Oberste Finanzbehörden der Länder, Gleich lautende Erlasse v. 21. 3. 2007, BStBl 2007 I, S. 422
Oberste Finanzbehörden der Länder, Gleich lautende Erlasse v. 25. 2. 2010, BStBl 2010 I, S. 245
OFD Frankfurt/Main, Vfg. v. 23. 8. 1976, S 1301–A–41.02–St III 1 a, DB 1994, S. 2372
OFD Münster, Vfg. v. 18. 12. 1986, S 1301–120-St 11–34, RIW 1987, S. 241
OFD Münster, Vfg. v. 16. 12. 1987, S 1301–120-St 11–34, StEK, Doppelbesteuerung, Allgemein, Nr. 79
OFD Frankfurt/Main, Vfg. v. 14. 10. 1988, S 2293 A–55–St II 20, DStR 1989, S. 508
OFD Düsseldorf, Vfg. v. 5. 7. 1989, S 2118–A–St 11 H 1, DB 1989, S. 1700
OFD Nürnberg, Vfg. v. 12. 9. 1989, S 1301–357/St 21, DStR 1990, S. 39
OFD Frankfurt/Main, Vfg. v. 26. 5. 1993, S 1301–A–46.02-St III 1 a, RIW 1993, S. 605
OFD Berlin, Vfg. v. 18. 1. 1994, St 525–S 1301–2/82, IStR 1994, S. 283
OFD Frankfurt/Main, Vfg. v. 25. 10. 1994, S 1301–A–54–St III 1 a, DB 1994, S. 2372
OFD Koblenz, Vfg. v. 10. 8. 1995, S 1341–A–St 34 1, WPg 1995, S. 674

OFD Koblenz, Vfg. v. 21. 8. 1995, S 1341–A–St 34 1, IDW-Fachnachrichten 1995, S. 447
OFD Hamburg, Vfg. v. 16. 1. 1996, S 2240–17/96–St 24, DStR 1996, S. 427
OFD Hannover, Vfg. v. 7. 10. 1996, S 2742–141–StH 231/S 2741–267–StO 214, RIW 1996, S. 1057
OFD Düsseldorf, Vfg. v. 11. 12. 1996, S 1301–A–St 1121, IStR 1997, S. 53
OFD Berlin, Vfg. v. 29. 6. 1998, St 414–S–1300–9/98, FR 1998, S. 757
OFD Münster, Vfg. v. 25. 9. 1998, S 1301–18–St 22–34, IStR 1999, S. 81
OFD Karlsruhe, Vfg. v. 11. 11. 1998, S 1301–A–St 332, IStR 1999, S. 439
OFD Frankfurt/Main, Vfg. v. 18. 12. 1998, S 1301 A–55–St III 1 a, IStR 1999, S. 248
OFD Berlin, Vfg. v. 7. 5. 1999, St 447–S 1978–3/99, DB 1999, S. 1478
OFD Kiel, Vfg. v. 14. 12. 1999, S 2244–A–St 231, GmbHR 2000, S. 197
OFD Düsseldorf, Vfg. v. 27. 3. 2000, S 2367–A–St 122/1221
OFD München, Vfg. v. 11. 4. 2000, S 1301–88 St 41, DB 2000, S. 1203
OFD Frankfurt/Main, Vfg. v. 4. 5. 2000, S 2252 A–75–St II 32, FR 2000, S. 848
OFD Frankfurt/Main, Vfg. v. 7. 9. 2000, S 1978–A–6–St II 21, FR 2000, S. 1370
OFD Frankfurt/Main, Vfg. v. 28. 9. 2000, S 2295–A–15–St II 22, FR 2001, S. 50
OFD Düsseldorf, Vfg. v. 18. 1. 2001, G 1421–19–St 132–K, DStR 2001, S. 708
OFD Kiel, Vfg. v. 28. 2. 2001, G 1421–A–St 261, BB 2001, S. 1075
OFD Kiel, Vfg. v. 22. 8. 2001, S 2139–A–St 232, DStR 2001, S. 2025
OFD Düsseldorf, Vfg. v. 10. 9. 2002, G 1421–19–St 132–K, GmbHR 2002, S. 986
OFD Berlin, Vfg. v. 21. 1. 2003, St 127–S 1301–USA–4197, IStR 2003, S. 138
OFD Koblenz, Vfg. v. 22. 12. 2003, S 1301 A – Belgien, IStR 2004, S. 175
OFD Stuttgart, Vfg. v. 25. 8. 2004, S 7104, DStR 2004, S. 1705
OFD Frankfurt/Main, Rdvfg. v. 5. 10. 2004, S 2745–A–22–St II 1.01, DStR 2004, S. 1882
OFD Koblenz, Vfg. v. 27. 12. 2004, G 1421 A, DStR 2005, S. 194
OFD Hannover, Vfg. v. 15. 4. 2005, S. 2700–2–StO 241, StuB 2005, S. 816
OFD Düsseldorf/Münster v. 18. 7. 2005, S 1301 A–12 (D), S 1315–42–St 14–32 (Ms), IStR 2006, S. 96
OFD Düsseldorf, Vfg. v. 29. 11. 2005, S 2367 A–St 22/St 221, DStZ 2006, S. 84
OFD Koblenz, Vfg. v. 22. 12. 2005, Nr. 137/05–G 1421, DB 2006, S. 18
OFD Karlsruhe, Vfg. v. 20. 6. 2006, S 2241/27–St 111, ESt-Kartei BW § 6 EStG, Fach 5, Nr. 4.1
OFD Frankfurt/Main, Vfg. v. 19. 7. 2006, S 1301 A–55–St 58, DStZ 2006, S. 708
SenFin Berlin, Erlass v. 19. 1. 2007, III A–S 1301 GB–2/2006, IStR 2007, S. 447
Bayer. Staatsministerium der Finanzen, Schreiben v. 20. 8. 2007, S 2171–4 St 3203, DStR 2007, S. 1679
OFD Karlsruhe, Vfg. v. 17. 7. 2009, S 130.1/670–St 217, IStR 2009, S. 662
OFD Koblenz, Vfg. v. 27. 4. 2009, S 2742a A–St 33 1, DB 2009, S. 1964

Verlautbarungen ausländischer Finanzverwaltungen

ESTV v. 30. 4. 1997, Kreisschreiben Nr. 5 – Besteuerung von Mitarbeiteraktien und Mitarbeiteroptionen

ESTV, v. 6. 5. 2003, Rundschreiben Besteuerung von Mitarbeiteroptionen mit Vesting-Klauseln, AZ DB-17.1 Stl.

IRS v. 26. 2. 2007, Announcement and Report Concerning Advance Pricing Agreements, Announcement 2007–31, IRB 2007, S. 769

IRS v. 27. 3. 2008, Announcement and Report Concerning Advance Pricing Agreements, Announcement 200827, IRB 2008, S. 751

IRS v. 27. 3. 2009, Announcement and Report Concerning Advance Pricing Agreements, Announcement 200928, IRB 2009, S. 760

IRS v. 29. 3. 2010, Announcement and Report Concerning Advance Pricing Agreements, Announcement 201021, IRB 2010, S. 551

Drucksache des Bundesrates und des Bundestages

Bundestags-Drucksache 6/3233 v. 6. 3. 1972
Bundestags-Drucksache 7/2180 v. 31. 5. 1974
Bundestags-Drucksache 7/3981 v. 18. 8. 1975
Bundesrats-Drucksache 511/79 v. 19. 10. 1979
Bundesrats-Drucksache 334/82 v. 27. 8. 1982
Bundestags-Drucksache 9/2074 v. 4. 11. 1982
Bundestags-Drucksache 12/1506 v. 7. 11. 1991
Bundestags-Drucksache 14/3760 v. 4. 7. 2000
Bundestags-Drucksache 14/6882 v. 10. 9. 2001
Bundestags-Drucksache 15/119 v. 2. 12. 2002
Bundesrats-Drucksache 583/03 v. 15. 8. 2003
Bundestags-Drucksache 15/1518 v. 8. 9. 2003
Bundestags-Drucksache 15/3677 v. 6. 9. 2004
Bundesrats-Drucksache 542/06 v. 11. 8. 2006
Bundestags-Drucksache 16/2710 v. 25. 9. 2006
Bundestags-Drucksache 16/2712 v. 25. 9. 2006
Bundestags-Drucksache 16/3368 v. 8. 11. 2006
Bundestags-Drucksache 16/4835 v. 27. 3. 2007
Bundestags-Drucksache 16/4841 v. 27. 3. 2007
Bundesrats-Drucksache 220/07 v. 30. 3. 2007
Bundestags-Drucksache 16/6290 v. 4. 9. 2007
Bundestags-Drucksache 16/7036 v. 8. 11. 2007
Bundesrats-Drucksache 352/08 v. 23. 5. 2008
Bundestags-Drucksache 16/10 067 v. 30. 7. 2008
Bundestags-Drucksache 16/10 189 v. 2. 9. 2008
Bundestags-Drucksache 16/11 108 v. 27. 11. 2008
Bundestags-Drucksache 17/939 v. 4. 3. 2010
Bundestags-Drucksache 17/2249 v. 21. 6. 2010
Bundestags-Drucksache 17/2823 v. 27. 8. 2010

Entscheidungen, Entschließungen, Pressemitteilungen, Protokolle, Richtlinien, Schlussfolgerungen, Übereinkommen und Verordnungen auf EU-Ebene

Bekanntmachung Staatliche Beihilfe C 7/10 (ex NN 5/10) – „KStG, Sanierungsklausel" der Europäischen Kommission vom 8. 4. 2010 über einen Aufforderung zur Stellungnahme gemäß Artikel 108 Absatz 2 AEUV, Abl. 2010 Nr. C 90, S. 8

Beschluss 2008/492/EG des Rates vom 23. 6. 2008 über den Beitritt Bulgariens und Rumäniens zum Übereinkommen vom 23. 7. 1990 über die Beseitigung der Doppelbesteuerung im Falle von Gewinnberichtigungen zwischen verbundenen Unternehmen, Abl. 2008 Nr. L 174, S. 1

Entscheidung der Kommission K [2000] 3269 vom 31. 10. 2000 über die spanischen Körperschaftsteuervorschriften 2001/168/EGKS, Abl. 2001 Nr. L 60, S. 57

Entscheidung der Kommission vom 17. 2. 2003 über die Maßnahme, die die Niederlande zugunsten von Unternehmen mit internationalen Finanzierungstätigkeiten durchgeführt haben, Abl. 2003 Nr. L 180, S. 52

Entscheidung der Kommission vom 17. 2. 2003 über die Beihilferegelung, die Belgien zugunsten von Koordinierungsstellen mit Sitz in Belgien durchgeführt hat, Abl. 2003 Nr. L 282, S. 25

Entschließung des Rates und der im Rat vereinigten Vertreter der Regierungen der Mitgliedstaaten vom 1. 12. 1997 über einen Verhaltenskodex für die Unternehmensbesteuerung, Abl. 1998 Nr. C 2, S. 2

Entschließung des Rates und der im Rat vereinigten Vertreter der Regierungen der Mitgliedstaaten vom 27. 6. 2006 zu einem Verhaltenskodex zur Verrechnungspreisdokumentation für verbundene Unternehmen in der Europäischen Union (EU TPD), Abl. EG 2006 Nr. C 176, S. 1

Leitlinie für staatliche Beihilfen mit regionaler Zielsetzung, Abl. 2006 Nr. C 54, S. 13

Pressemitteilung IP/10/298 der Kommission vom 18. 3. 2010: Europäische Kommission fordert Deutschland förmlich auf, seine Missbrauchsbekämpfungsvorschriften bei Quellensteuerentlastungen zu ändern

Protokoll vom 25. 5. 1999 zur Änderung des Übereinkommens vom 23. 71990 über die Beseitigung der Doppelbesteuerung im Fall von Gewinnberichtigungen zwischen verbundenen Unternehmen, Abl. 1999 Nr. C 202, S. 1

Richtlinie 77/799/EWG des Rates vom 19. 12. 1977 über die gegenseitige Amtshilfe zwischen den zuständigen Behörden der Mitgliedstaaten im Bereich der direkten Steuern und der Mehrwertsteuer, Abl. 1977 Nr. L 336, S. 15

Richtlinie 79/1070/EWG des Rates vom 6. 12. 1979 zur Änderung der Richtlinie über die gegenseitige Amtshilfe zwischen den zuständigen Behörden der Mitgliedstaaten im Bereich der direkten Steuern (79/1070/EWG), Abl. 1979 Nr. L 331, S. 8

Richtlinie 88/361/EWG des Rates vom 24. 6. 1988 zur Durchführung von Art. 67 des Vertrages, Abl. 1988 Nr. L 178, S. 5

Richtlinie 90/434/EWG des Rates vom 23. 7. 1990 über das gemeinsame Steuersystem für Fusionen, Spaltungen, die Einbringung von Unternehmensteilen und den Austausch von Anteilen, die Gesellschaften verschiedener Mitgliedstaaten betreffen, Abl. 1990 Nr. L 225, S. 1

Richtlinie 90/435/EWG des Rates vom 23. 7. 1990 über das gemeinsame Steuersystem der Mutter- und Tochtergesellschaften verschiedener Mitgliedstaaten, Abl. 1990 Nr. L 225, S. 6, berichtigt durch Abl. 1990 Nr. L 266, S. 20

Richtlinie 91/680/EWG des Rates vom 16. 12. 1991 zur Ergänzung des gemeinsamen Mehrwertsteuersystems und zur Änderung der Richtlinie 77/388/EWG im Hinblick auf die Beseitigung der Steuergrenzen (Binnenmarktrichtlinie), Abl. 1991 Nr. L 376, S. 1

Richtlinie 2001/44/EG des Rates vom 15. 6. 2001 zur Änderung der Richtlinie 76/308/EWG über die gegenseitige Unterstützung bei der Beitreibung von Forderungen im Zusammenhang mit Maßnahmen, die Bestandteil des Finanzierungssystems des Europäischen Ausrichtungs- und Garantiefonds für die Landwirtschaft sind, sowie von Abschöpfungen und Zöllen und bezüglich Mehrwertsteuer und bestimmter Verbrauchsteuern, Abl. 2001 Nr. L 175, S. 17

Richtlinie 2001/86/EG des Rates vom 8. 10. 2001 zur Ergänzung des Statuts der Europäischen Gesellschaft hinsichtlich der Beteiligung der Arbeitnehmer, Abl. 2001 Nr. L 294, S. 22

Richtlinie 2001/115/EG des Rates vom 20. 12. 2001 zur Änderung der Richtlinie 77/388/EWG mit dem Ziel der Vereinfachung, Modernisierung und Harmonisierung der mehrwertsteuerlichen Anforderungen an die Rechnungsstellung, Abl. 2002 Nr. L 15, S. 24

Richtlinie 2002/38/EG der Kommission vom 7. 5. 2002 zur Änderung und vorübergehenden Änderung der Richtlinie 77/388/EWG bezüglich der mehrwertsteuerlichen Behandlung der Rundfunk- und Fernsehdienstleistungen sowie bestimmter elektronisch erbrachter Dienstleistungen, Abl. 2002 Nr. L 128, S. 41

Richtlinie 2003/41/EG des Europäischen Parlaments und des Rates vom 3. 6. 2003 über die Tätigkeiten und die Beaufsichtigung von Einrichtungen zur betrieblichen Altersversorgung, Abl. 2003 Nr. L 235, S. 10

Richtlinie 2003/48/EG des Rates vom 3. 6. 2003 im Bereich der Besteuerung von Zinserträgen, Abl. 2003, Nr. L 157, S. 38

Richtlinie 2003/49/EG des Rates vom 3. 6. 2003 über eine gemeinsame Steuerregelung für Zahlungen von Zinsen und Lizenzgebühren zwischen verbundenen Unternehmen verschiedener Mitgliedstaaten, Abl. 2003 Nr. L 157, S. 49

Richtlinie 2003/51/EG des Europäischen Parlaments und des Rates vom 18. 6. 2003 zur Änderung der Richtlinien 78/660/EWG, 83/635/EWG und 91/674/EWG über den Jahresabschluss und den konsolidierten Abschluss von Gesellschaften bestimmter Versicherungsunternehmen, Abl. 2003 Nr. L 178, S. 16

Richtlinie 2003/123/EG des Rates vom 22. 12. 2003 zur Änderung der Richtlinie 90/435/EWG über das gemeinsame Steuersystem der Mutter- und Tochtergesellschaften verschiedener Mitgliedstaaten, Abl. 2004 Nr. L 7, S. 41

Richtlinie 2004/56/EG des Rates vom 21. 4. 2004 zur Änderung der Richtlinie 77/799/EWG über die gegenseitige Amtshilfe zwischen den zuständigen Behörden der Mitgliedstaaten im Bereich der direkten Steuern, bestimmter Verbrauchsteuern und der Steuern auf Versicherungsprämien, Abl. 2004 Nr. L 127, S. 70

Richtlinie 2004/66/EG des Rates vom 26. 4. 2004 zur Anpassung der Richtlinien 1999/45/EG, 2002/83/EG, 2003/37/EG und 2003/59/EG des Europäischen Parlaments und des Rates und der Richtlinien 77/388/EWG, 91/414/EWG, 96/26/EG, Dienstleistungsverkehr, Landwirtschaft, Verkehrspolitik und Steuern wegen des Beitritts der Tschechischen Republik, Estlands, Zyperns, Lettlands, Litauens, Ungarns, Maltas, Polens, Sloweniens und der Slowakei, Abl. 2004 Nr. L 168, S. 35

Richtlinie 2004/76/EG des Rates vom 29. 4. 2004 zur Änderung der Richtlinie 2003/49/EG insoweit als bestimmte Mitgliedstaaten Übergangszeiten für eine gemeinsame Steuerregelung für Zahlungen von Zinsen und Lizenzgebühren zwischen verbundenen Unternehmen verschiedener Mitgliedstaaten anwenden können, Abl. 2004 Nr. L 157, S. 106

Berichtigung der Richtlinie 2004/76/EG des Rates vom 29. 4. 2004 zur Änderung der Richtlinie 2003/49/EG insoweit als bestimmte Mitgliedstaaten Übergangszeiten für eine gemeinsame Steuerregelung für Zahlungen von Zinsen und Lizenzgebühren zwischen verbundenen Unternehmen verschiedener Mitgliedstaaten anwenden können, Abl. 2004 Nr. L 195, S. 33

Richtlinie 2004/79/EG der Kommission vom 4. 3. 2004 zur Anpassung der Richtlinie 2002/94/EG im Bereich Steuern wegen des Beitritts der Tschechischen Republik, Estlands, Zyperns, Lettlands, Litauens, Ungarns, Maltas, Polens, Sloweniens und der Slowakei, Abl. 2004 Nr. L 168, S. 68

Richtlinie 2005/19/EG des Rates vom 17. 2. 2005 zur Änderung der Richtlinie 90/434/EWG über das gemeinsame Steuersystem für Fusionen, Spaltungen, die Einbringung von Unternehmensteilen und den Austausch von Anteilen, die Gesellschaften verschiedener Mitgliedstaaten betreffen, Abl. 2005 Nr. L 58, S. 19

Richtlinie 2005/56/EG des Europäischen Parlaments und des Rates vom 26. 10. 2005 über die Verschmelzung von Kapitalgesellschaften aus verschiedenen Mitgliedstaaten, Abl. 2005 Nr. L 310, S. 1

Richtlinie 2006/46/EG des Europäischen Parlaments und des Rates vom 14. 6. 2006 zur Änderung der Richtlinien des Rates 78/660/EWG über den Jahresabschluss von Gesellschaften bestimmter Rechtsformen, 83/349/EWG über den konsolidierten Abschluss, 86/635/EWG über den Jahresabschluss und den konsolidierten Abschluss von Banken und anderen Finanzinstituten und 91/674/EWG über den Jahresabschluss und den konsolidierten Abschluss von Versicherungsunternehmen, Abl. 2006 Nr. L 224, S. 1

Richtlinie 2006/98/EG des Rates v. 20. 11. 2006 zur Anpassung bestimmter Richtlinien im Bereich Steuerwesen anlässlich des Beitritts Bulgariens und Rumäniens, Abl. 2006 Nr. L 363, S. 129

Richtlinie 2008/8/EG des Rates v. 12. 2. 2008 zur Änderung der Richtlinie 2006/112/EG bezüglich des Ortes der Dienstleistung, Abl. 2008 Nr. L 44, S. 11

Richtlinie 2008/55/EG des Rates v. 26. 5. 2008 über die gegenseitige Unterstützung bei der Beitreibung von Forderungen in Bezug auf bestimmte

Abgaben, Zölle, Steuern und sonstige Maßnahmen (kodifizierte Fassung), Abl. 2008, Nr. L 150, S. 28

Schlußfolgerungen des Rates „Wirtschafts- und Finanzfragen" vom 1. 12. 1997, Abl. 1998 Nr. C 2, S. 1

Überarbeiteter Verhaltenskodex 2009/C 322/01 zur wirksamen Durchführung des Übereinkommens über die Beseitigung der Doppelbesteuerung im Falle von Gewinnberichtigungen zwischen verbundenen Unternehmen, Abl. EG 2009 Nr. C 322

Übereinkommen 90/436/EWG vom 23. 71990 über die Beseitigung der Doppelbesteuerung im Falle von Gewinnberichtigungen zwischen verbundenen Unternehmen (Schiedsverfahrenskonvention), Abl. 1990 Nr. L 225, S. 10

Übereinkommen 2005/C 160/01 über den Beitritt der Tschechischen Republik, der Republik Estland, der Republik Zypern, der Republik Lettland, der Republik Litauen, der Republik Ungarn, der Republik Malta, der Republik Polen, der Republik Slowenien und der Slowakischen Republik zu dem Übereinkommen über die Beseitigung der Doppelbesteuerung im Falle von Gewinnberichtigungen zwischen verbundenen Unternehmen, Abl. 2005 Nr. C 160, S. 1

Verhaltenskodex 2006/C 176/02 zur wirksamen Durchführung des Übereinkommens über die Beseitigung der Doppelbesteuerung im Falle von Gewinnberichtigungen zwischen verbundenen Unternehmen, Abl. 2006 Nr. C 176, S. 8

Verordnung (EWG) Nr. 2137/85 des Rates vom 25. 7. 1985 über die Schaffung einer Europäischen Wirtschaftlichen Interessenvereinigung (EWIV), Abl. 1985 Nr. L 199, S. 1

Verordnung (EG) Nr. 659/1999 des Rates vom 22. 3. 1999 über besondere Vorschriften für die Anwendung von Artikel 93 des EG-Vertrags, Abl. 1999 Nr. L 83, S. 1

Verordnung (EG) Nr. 2157/2001 des Rates vom 8. 10. 2001 über das Statut der Europäischen Gesellschaften (SE), Abl. 2001 Nr. L 294, S. 1

Verordnung (EG) Nr. 792/2002 des Rates vom 7. 5. 2002 zur vorübergehenden Änderung der Verordnung (EWG) 218/92 über die Zusammenarbeit der Verwaltungsbehörden auf dem Gebiet der indirekten Besteuerung (MWSt.) im Hinblick auf zusätzliche Maßnahmen betreffend den elektronischen Geschäftsverkehr, Abl. 2002 Nr. L 128, S. 1

Verordnung (EG) Nr. 1400/2002 der Kommission v. 31. 6. 2002 über die Anwendung von Art. 81 Abs. 3 des Vertrags auf Gruppen von vertikalen Vereinbarungen und aufeinander abgestimmten Verhaltensweisen im Kraftfahrzeugsektor

Verordnung (EU) Nr. 1606/2002 des Europäischen Parlaments und des Rates vom 19. 7. 2002 betreffend die Anwendung von International Accounting Standards, Abl. 2002 Nr. L 243, S. 1

Verordnung (EG) Nr. 1435/2003 des Rates vom 22. 7. 2003 über das Statut der Europäischen Genossenschaft (SCE), Abl. Nr. L 201, S. 1

Verordnung (EU) Nr. 1725/2003 der Kommission vom 29. 9. 2003 betreffend die Übernahme bestimmter internationaler Rechnungslegungsstandards in Übereinstimmung mit der Verordnung (EG) Nr. 1606/2002 des Europäischen Parlaments und des Rates, Abl. 2003 Nr. L 261, S. 1

Verordung (EG) Nr. 1798/2003 des Rates vom 17. 10. 2003 über die Zusammenarbeit der Verwaltungsbehörden auf dem Gebiet der Mehrwertsteuer und zur Aufhebung der Verordnung (EWG) Nr. 218/92, Abl. 2003 Nr. L 264, S. 1

Verordnung (EG) Nr. 883/2004 des Europäischen Parlaments und des Rates vom 29. 4. 2004 zur Koordinierung der Systeme der sozialen Sicherheit, Abl. 2004 Nr. L 166, S. 1

Verordnung (EU) Nr. 2106/2005 der Kommission vom 21. 12. 2005 zur Änderung der Verordnung (EG) Nr. 1725/2003 betreffend die Übernahme bestimmter internationaler Rechnungslegungsstandards in Übereinstimmung mit der Verordnung (EG) Nr. 1606/2002 des Europäischen Parlaments und des Rates im Hinblick auf den International Accounting Standard (IAS) 39, Abl. 2005 Nr. L 337, S. 16

Verordnung (EG) Nr. 1628/2006 der Kommission vom 24. 10. 2006 über die Anwendung der Artikel 87 und 88 EG-Vertrag auf regionale Investitionsbeihilfen der Mitgliedsstaaten, Abl. 2006 Nr. L 302, S. 29

Vorlagen an den Europäischen Gerichtshof

3. 10. 2008	Rs. C-436/08) (Haribo)	Abl. 2009 Nr. C 19, S. 11
23. 7. 2009	Rs. C-284/09 (Kommission/Deutschland)	Abl. 2009 Nr. C 256, S. 8

Generalanwälte beim EuGH

GA Kokott, J., Schlussantrag vom 18. 3. 2004 in der Rs. C-319/02 (Manninen), IStR 2004, S. 313

GA Léger, P., Schlussantrag vom 22. 6. 2006 in der Rs. C-345/04 (Centro Equestro da Leziria Grande)

GA Maduro, P., Schlussanträge vom 7. 4. 2005 in der Rs. C-446/03 (Marks & Spencer), IWB, 2005, Fach 11 a, Rechtsprechung, S. 847

GA Mengozzi, P., Schlussantrag vom 29. 3. 2007 in der Rs. C–298/05 (Columbus Container), IStR 2007, S. 229

GA Mischo, J., Schlussanträge vom 26. 9. 2002 in der Rs. C-324/00 (Lankhorst-Hohorst), EuGHE 2002, S. I-11779

GA Stix-Hackl, C., Schlussantrag vom 15. 12. 2005 in der Rs. C-386/04 (Stauffer), IWB, 2006, Fach 11 a, Rechtsprechung, S. 947

GA Tizzano, A., Schlussantrag vom 10. 11. 2005 in der Rs. C-292/04 (Meilicke), IStR 2005, S. 810

Stichwortverzeichnis

Die Ziffern bedeuten Seitenzahlen.

Abgeltungsteuer 38, 44, 48 f., 132 f., 136 f., 463, 926, 959, 1003, 1073, 1186, 1223, 1297, 1365
Abkommen über den Europäischen Wirtschaftsraum 98
Abkommen über soziale Sicherheit 1388 ff.
Abrechnungsgrundsätze
– Betriebsstätte 550 f., 555 ff., 667 ff., 689, 700
– Direktgeschäfte 554 f., 661 ff.
– Kapitalgesellschaft 551 ff.
– Konzern 789 ff.
– Personengesellschaft 854 ff.
Abschirmwirkung 434, 441, 472, 949, 1060 f., 1068 ff., 1115 ff., 1135 ff., *s. auch Hinzurechnungsbesteuerung*
Abschlussagent 318
Abspaltung 1175 f., 1198 f., 1214 f.
Abzugsmethode 54 ff., 64, 78 f., 925 f., 1330 f., 1358, *s. auch Betriebsstätte, Abzug; Direktgeschäfte, Abzug; Kapitalgesellschaft, Abzug; Personengesellschaft, Abzug*
– Kritik 49 ff.
– Verhältnis gegenüber Anrechnungsmethode 57 ff., 78 f., 388 ff., 412 ff.
– Verhältnis zu bilateralen Maßnahmen 73
– Verlustfall 55 f., 390 f., 554 ff.
Abzugsverfahren 269 ff., 387 f.
Advance Pricing Agreements (APAs) 904 ff.
affiliated group 1251
Akquisitionsholding 1067
Akquisitionsmodelle
– Inbound
– asset deal, *s. Akquisitionsmodelle, Inbound, Vermögenserwerb*
 – Beteiligungserwerb 1226, 1229 ff., 1239 ff., 1244 f.
 – Dilutierungsmodell 1234 ff.
 – Holding-Kapitalgesellschaft 1235 ff.
 – Holding-Personengesellschaft 1237 ff.
 – Joint-Venture-Modell, *s. Dilutierungsmodell*
 – Optionsmodell 1233 f.
 – share deal, *s. Akquisitionsmodelle, Inbound, Beteiligungserwerb*
 – Terminkauf 1231 ff.
 – Vermögenserwerb 1226 ff., 1230
 – Wertpapierleihe 689
– Outbound
 – asset deal, *s. Akquisitionsmodelle, Outbound, Vermögenserwerb*
 – asset for share deal 1261 f.
 – Beteiligungserwerb 1250 f., 1258 ff.
 – share deal, *s. Akquisitionsmodelle, Outbound, Beteiligungserwerb*
 – share for share deal 1261 f.
 – Vermögenserwerb 1248 ff., 1251 ff., 1255 ff.
Akquisitionsstrategie 1222, 1244 f., 1247 ff.
Aktienoptionen, *s. Stock Options*
Aktivitätsklausel 88
– Betriebsstätte 415 ff., 421 f., 425
– Hinzurechnungsbesteuerung 441 ff.
– Schachtelprivileg
 – gewerbesteuerliches 476 f., 484 f., 1003 f.
 – internationales 481 ff., 484, 1284
Allianz, strategische 1194, 1213, 1270 ff., *s. auch Vertrags-Joint-Venture*
allowance for corporate equity 1314 f.
Amtshilfe- und Beitreibungsrichtlinie 202 f., 220, 450, 673
Andenpakt-Modell 71
Änderungsrichtlinie zur Fusionsrichtlinie 174 ff., 190
Angemessenheitsprüfung, *s. arm's-length-Entgelt*
Anknüpfungsmomente
– Objektsteuern 9 f.
– Personensteuern 5 ff.
Anlaufverluste 178, 392, 470, 568, 590, 971, 990 ff., 1187, 1203 f., 1275, 1332
Anleihekonsortium 1131
Anrechnung
– Abkommensrecht 74 ff.

– Allgemeines 11 f.
– Anwendbarkeit 26 ff.
– Ausgestaltung 22 ff.
– begrenzte 11 ff., 23
– direkte 38 ff., 61 f., 1330
– fiktive 76 ff., 1007 f., 1014 f.
– indirekte 72
– Konsequenzen, wettbewerbspolitische 18 ff.
– Nachholeffekt 20, 76
– nationales Recht 38 ff., 60 f.
– Reformansätze 49 ff.
– unbegrenzte 11 ff., 15, 22 f.
– Verhältnis gegenüber Abzugsmethode 57 ff., 398 f., 413 f.
– Verhältnis zu bilateralen Maßnahmen 73
– Verlustfall 15 ff., 415 ff., 529 ff., 1037 f.
– Voraussetzungen 38 ff.
– Veranlagungszeitraum 39 f.
– ausländische Einkünfte 40 ff., 73
– Gleichartigkeit 39, 74
– Subjektidentität 38 f., s. auch Betriebsstätte, Anrechnung; Direktgeschäfte, Anrechnung; Kapitalgesellschaft, Anrechnung; Personengesellschaft, Anrechnung
Anrechnungshöchstbetrag 11, 43 ff., 51 ff., 74 ff.
– einkunftsartenbezogen 11 f., 43 ff., 75, s. auch per-item-of-income-limitation
– länderbezogen 11 f., 43 ff., 75, s. auch per-country-limitation
Anrechnungsüberhang 13 ff., 47, 52 ff., 57 f., 75, 1036 ff.
Anrechnungsverfahren, körperschaftsteuerliches 1251 s. auch Körperschaftsteuer, Systeme
– Europarecht 126 ff., 237 ff., 244 f.
– grenzüberschreitendes 133 ff.
Ansässigkeitsprinzip 6 f.
Anstalt, liechtensteinische 431 f.
Anteile, einbringungsgeborene 873 f., 1185 f., 1297 f.
Anteilserwerb, s. Beteiligungserwerb
Anteilskauf, s. Beteiligungserwerb
Anteilstausch 172, 177 ff., 1191 ff., 1208 ff., 1298 f.
Anteilsverkauf, s. Unternehmenskauf
Anti-Organ-Klausel 317, 354
anti treaty shopping 89, 1058 f.
Arbeitgeber
– Begriff 1344 ff.
– im Drittstaat 1342 f.

Arbeitseinkommen 233 ff., s. auch Einkünfte aus nichtselbstständiger Arbeit
Arbeitsgemeinschaft 493, 615
Arbeitskräfte, hochqualifizierte, s. Expatriate
Arbeitsort 1336 ff.
Arbeitsortprinzip
– Arbeitstätigkeit, vorübergehende (183-Tage-Regelung) 68, 82, 1340 ff.
– Begriff 64, 81 f., 1339 f.
– Grenzgängerregelung 82, 282, 1339, 1349 ff.
Arbeitsverwertung 64, 68, 81 f., 1333 ff., 1351
Arm's-length-Entgelt
– Anwendungsbereich
– Betriebsstätte 333 f., 417 f., 670 ff., 700 ff., 922
– Kapitalgesellschaft 735 ff., 762 ff., 921 f.
– Personengesellschaft 858 ff., 868 ff., 922
– bei dauerhaften Verlustsituationen 567 ff.
– bei Leistungspaketen 630 f.
– bei nachträglichen Preiskorrekturen 646 ff.
– bei Preiszugeständnissen 565 f.
– bei staatlichen Eingriffen 570 ff.
– bei Vorteilsausgleich 571 f.
– Dienstleistungen
– spezielle 781 ff.
– verwaltungsbezogene 563, 796 f.
– Einzelabrechnung, s. Einzelabrechnung
– Forschungs- und Entwicklungsleistungen 800 ff., 1169 f.
– Konzernumlage, s. Konzernumlage
– Leistungen, verrechenbare, s. Leistungen, verrechenbare
– Leistungsverrechnung, innerkonzernliche 789 ff., 1078 ff.
– Methoden
– Gewinnmethoden, geschäftsfallbezogene 585 ff.
– Planrechnungen 601 ff.
– Standardmethoden, transaktionsbezogene 576 ff.
– Warenlieferungen 762 ff.
– Wirtschaftsgüter, immaterielle 800 ff.
arm's length principle
– Betriebsstätte 333 f., 417 f., 550 f., 555 ff., 667 ff., 680 ff., 700 ff.
– Kapitalgesellschaft

- Schiedsverfahren 202 ff., 894 ff.
- Gesellschafterfremdfinanzierung 980 ff.
- Verrechnungspreise 551 ff., 558 ff., 733 ff., 762 ff., 775 ff., 1084 ff., 1115 f.
- Personengesellschaft 854 ff., 869 ff.
asset deal, *s. Vermögenserwerb*
Assistenzleistung 630
Attraktivkraft, *s. Prinzip der Attraktivkraft*
Aufenthalt, gewöhnlicher 1355 ff.
Auffangklausel 68
Auflösung, *s. Liquidationsbesteuerung*
Aufspaltung 1175, 1198 f., 1214 f., *s. auch Realteilung*
Auftragsforschung 811 f.
Aufwandspool, *s. Pool*
Aufwandsverrechnung, doppelte 1301
Ausgleichsposten 710 ff., 1180, *s. auch Korrekturpostenmethode; Merkpostenmethode; Zwischenerfolgs-/-gewinneliminierung*
Ausgliederung 1175 f.
Auslandsholding 1017, 1058 f., 1065, 1069 f.
Auslandstätigkeitserlass 60, 1330 ff.
Auslieferungslager 292, 295, 298, 562
Ausschüttungsfiktion 435, 472, 1069, *s. auch Hinzurechnungsbesteuerung*
Außenaufwand 694 f.
Außenhaftung 526 ff.
Außensteuergesetz 87 f.
Back-to-back-Finanzierung 985
Ballooning-Konzept 63
Basisgesellschaft 434 ff., 453 ff., 471 ff., 483 ff., 1061 ff.
- Abkommensrecht 357 ff., 434 ff., 483 ff.
- Begriff 434, 1061 ff.
- Durchgriffsbesteuerung 435 ff., 453, 471, 483 ff., 1061 ff.
- Hinzurechnungsbesteuerung 441 ff., 453 ff., 472 ff., 484 ff., 1068 ff.
- Holding 1061 ff.
- Kriterien 1063 ff.
- nationales Recht 434 ff., 1061 ff.
- Ziel 434 f.
Bauausführung 286 f., 332 ff.
- Abkommensrecht 332 ff., 406 f.
- Begriff 332 ff.
- Prüfschema 301, 311
- Zeitgrenzen 286, 302 ff., 406 f., 1331 f.

Beendigung, *s. Liquidationsbesteuerung*
Befreiung, *s. Freistellung*
Befolgungskosten, steuerliche 183, 237, 244
Beihilfen 98, 226 ff.
Beihilfeverbot 226 ff.
Beitragsanalyse 595 f.
Beitragstheorie 503 f.
Beitreibungsrichtlinie, *s. Amtshilfe- und Beitreibungsrichtlinie*
Beitrittsakte, *s. EU-Beitrittsakte*
Beitrittsstaaten 97, 119 ff., 123 f., 140 f., 142, 154, 157 f., 161, 180 f., 205, 460, 1045
Belastungsvergleich 929 ff., 949 ff., *s. auch Steuerbelastungsvergleiche*
- Finanzierung
 - Inbound 974 ff.
 - Outbound 997 ff.
- Körperschaftsteuer
 - Körperschaftsteuersysteme der EU-Mitgliedstaaten 125 ff.
 - Maßnahmen zur Vermeidung der Doppelbesteuerung 60 ff., 125 ff.
 - Reformvorschläge 230 ff., 237 ff.
- Rechtsformwahl
 - Inbound 929 ff.
 - Outbound 949 ff.
- Unternehmenskauf
 - Inbound 1219 ff.
 - Outbound 1246 ff.
Belegenheitsprinzip 65, 69, 81, 254, 266, 279, 338, 388, 398, 401, 412, 419, 513, 533 f., 550, 688
Bemessungsgrundlage, Steuerung der 914 f., 1081 f.
- Dienstleistungsgesellschaften 1130 ff.
- Qualifikationskonflikte 1300 ff.
- Verrechnungspreise 1078 ff.
benefit test 779, 802, 812, 824
Beratungsleistungen 781 f., 784, 1144, *s. auch Dienstleistungen*
Bereitschaftsleistungen, *s. On-call-Leistungen*
Bergwerke 293 f.
Berry Ratio 591
Besserungsvereinbarung 992 f., 1317
Besteuerung
- niedrige 446 f.
Besteuerungsaufschub 121, 175, 710 ff., 1172, 1181 f., 1219, 1245
Besteuerungsunterschiede, *s. Belastungsvergleich*
Bestimmungslandprinzip 162 f., 166

best method rule 587, 594, 600, 774
Beteiligungserträge, *s. Dividenden*
Beteiligungserwerb, *s. auch Akquisitionsmodelle*
- Inbound 1226 ff., 1229 ff., 1244 f.
- Outbound 1250 ff., 1258 ff.
Beteiligungsholding 1039, 1041
Beteiligungsprivileg 26, 37, 170, 335, 350, 374, 396, 448, 453, 463 f., 476, 481 ff., 740, 926, 958, 1023, *s. auch Schachtelprivileg*
- Gewerbesteuer 90 ff., 476 f., 484 f.
- Verhältnis nationales Recht und Abkommensrecht 83 ff., 398 ff.
Betrachtungsweise
- funktionale 443, 778, 975, 1135
- isolierende 41 ff., 258 ff.
- umgekehrte isolierende 393
Betriebsaufspaltung 260 ff., 266
Betriebsausgaben, nichtabzugsfähige 61, 91, 464, 472, 740, 926, 958, 1006, 1034, 1184
Betriebsausgabenbegriff, kausaler 778
Betriebsstätte
- Abrechnungsgrundsätze 550 f., 555 ff., 667 ff., 700 ff.
- Abzug 413 f., 925
- aktiv 415 ff., 421 f.
- Allgemeines 284 ff.
- Anrechnung 413 f., 925
- Außenverkehr 668 f., 714 f.
- Begriff 283 ff.
  - Abkommensrecht 293 ff., 406 f.
  - nationales Recht 284 ff., 404 ff.
  - Prüfschema 301
- Belastungsvergleich
  - Inbound 929 ff.
  - Outbound 949 ff.
- Betriebsstättenbeispiele (Positivkatalog) 290 ff., 299 ff.
- Betriebsstättenerlass 687, 922
- Betriebsstättenprinzip 65, 69 f., 80, 254, 265, 338, 370, 381, 406, 417 f., 421, 425, 492 f., 506 f., 513, 515, 517 f., 522, 533 ff., 541, 925, 927, 935, 940, 948, 970, 1177 ff., 1186, 1249
- Betriebsstätten-Verwaltungsgrundsätze, *s. Betriebsstättenerlass*
- Betriebsstättenvorbehalt 338, 410 f.
- Betriebsvermögen, Umfang des 108, 856 ff.
- Buchführung 335, 670 f., 921 f.
- Darlehen 690 ff.

- Dienstleistungsverkehr 719 f.
- Doppelbesteuerung 412
  - Vermeidung 412 f., 417 ff.
- Dotationskapital 690 ff., 974 ff., 997 ff.
- Drittstaatseinkünfte
  - Inbound 267 f., 338 f.
  - Outbound 411, 414, 418
- Drittstaatsvermögen 333 f.
- Eigendarlehen 974 ff., 997 ff.
- Einbringung 1187 ff., 1203 ff.
- Einkommensteuer
  - Inbound 335 ff.
  - Outbound 407 ff., 412 ff., 417 ff., 427, 923 f.
- Electronic Commerce 321 ff.
- Entnahme 651 f., 708 ff.
  - direkte Methode 555 ff., 649 ff.
  - Erfolgs- und Vermögensabgrenzung 333 f., 409 f., 667 ff.
  - indirekte Methode 555 ff.
- Erwerb, *s. Betriebsstätte, Kauf*
- Europarecht 244 ff.
- Feststellungsprinzip 412 f., 924
- Finanzierung 690 ff., 974 ff., 997 ff.
- Freistellung 398 ff.
- Gesellschafterfremdfinanzierung 690 f., 977
- Gewerbesteuer
  - Inbound 337, 339, 923 ff.
  - Outbound 416 f., 425, 428
- Gewinnrealisierung 667 ff., 651 f., 708 ff.
- Hilfstätigkeiten 294 ff., 298 f., 299 f., 327 f.
- Innenverkehr 708 ff.
- Internet Server 284 f., 285, 324 ff., *s. auch Betriebsstätte, Electronic Commerce*
- Kapitalausstattung 690 ff., 974 ff., 997 ff.
- Kauf 1224 ff., 1248 ff.
- Körperschaftsteuer
  - Inbound 335 ff.
  - Outbound 407 ff., 412 ff., 427, 471 ff., 923 f.
- Liefergewinne 387 f., 460
- Lizenzgebühr 718 f.
- Merkmale 284 ff.
  - Geschäftseinrichtung 285 f.
  - Nachhaltigkeit 286 f.
  - Tätigkeit 289 f.
  - Verfügungsmacht 287 f.
  - Negativkatalog 294 ff.

- OECD-Modell 294 ff., 338 f., 406 f., 411 f., 417 ff.
- Ort der Geschäftsleitung 291
- passive 415 f.
- Pauschalierung 413 f., 925
- Personalentsendung 1344 ff.
- Qualifikation, *s. Betriebsstätte, Begriff*
- Quellenbesteuerung
  - Inbound 335 ff.
  - Outbound 407 ff., 411 ff.
- Sondertatbestände 302 ff., 406 f.
- Steuerpflicht, beschränkte, *s. Betriebsstätte, Quellenbesteuerung*
- Steuerpflicht, unbeschränkte, *s. Betriebsstätte, Wohnsitzbesteuerung*
- Transfer von Wirtschaftsgütern, *s. Betriebsstätte, Überführung von Wirtschaftsgütern*
- Überführung von Wirtschaftsgütern 708 ff., 1177 ff.
- Umwandlung 1187 ff., 1194 ff.
- UN-Modell 298 f., 303 ff., 312, 316, 320, 337 f., 406 f., 410 f.
- Veräußerung 948, 1224 ff., 1246 ff.
- Veräußerungsgewinne 481 f.
- Verluste
  - Inbound 336 f., 339, 924 ff., 942 f.
  - Outbound 415 f., 421 ff., 926 ff., 964 ff.
- Vermögensabgrenzung, *s. Erfolgs- und Vermögensabgrenzung*
- Vermögensteuer 410, 412, 928 f.
- Vermögenszuordnung, *s. Erfolgs- und Vermögensabgrenzung*
- Währungserfolge 721 ff.
- Währungsumrechnung 721 ff.
- Warenlieferung 706 ff.
- Wohnsitzbesteuerung
  - Abkommensrechnung 417 ff.
  - nationales Recht 412 ff.

Betriebsstättenbeispiele (Positivkatalog) 290 ff., 299 ff.
Betriebsstättenbilanz 668, 687, 1305
Betriebsstättenerfolg 333 ff., 555 ff., 680 ff., *s. auch Erfolgs- und Vermögensabgrenzung*
Betriebsstättenerlass 687, 922
Betriebsstättenprinzip 65, 69 f., 80, 254, 265, 338, 370, 381, 406, 417 f., 421, 425, 492 f., 506 ff., 513, 515, 517 f., 522, 533 ff., 541, 925, 927, 935, 940, 948, 970, 1117 ff., 1186, 1249
- Betriebsstätte

- Inbound 338
- Outbound 411, 417 f., 421 f.
- Inhalt 65 f., 417 f., 533 f.
- Personengesellschaft
  - Inbound 370, 374
  - Outbound 492, 506 ff., 512, 515, 517 f., 533 ff., 541
- Voraussetzung 559

Betriebsstättenvermögen 334, *s. auch Erfolgs- und Vermögensabgrenzung*
Betriebsstätten-Verwaltungsgrundsätze, *s. Betriebsstättenerlass*
Betriebsstättenvorbehalt
- Betriebsstätte 328, 420 f.
- Direktgeschäfte 265, 266
- Personengesellschaft 380 f., 518, 534, 536, 538

Betriebsstättenvorbehalt, verlängerter 517
Betriebsvergleich
- externer 599 f.
- globaler 586, 599 f.

Betriebsvermögen, Umfang
- Betriebsstätte 108, 856 ff.
- Kapitalgesellschaft 733 ff.
- Personengesellschaft 856 ff.

Bilanzbündeltheorie 536
Bilanzrichtlinie 183 f., 239 f.
Binnenmarkt 95 ff., 100 f., 133, 149 ff., 152, 154, 161 ff., 164, 167, 173, 184, 188, 230 ff., 231 ff., 237 ff., 251 f.
Binnenmarktrichtlinie 163 f.
Börsenumsatzsteuer 1044, 1078, 1140, 1283
branch profits tax 409, 514
Briefkastenfirma *s. Basisgesellschaft; Zwischengesellschaft*
Bruttoprinzip 48, 58, 388, 597, *s. auch Quellenbesteuerung, Bruttobasis*
Buchführung
- Betriebsstätte 355, 670 f., 921 f.
- Kapitalgesellschaft 345 f., 733 ff., 921 f.
- Personengesellschaft 371, 502 f., 868, 921 f., 954 ff.

Buchwertaufstockung 1221, 1223 ff., 1258, 1266 f., *s. auch Teilwertabschreibung, ausschüttungsbedingte*
Buchwertverknüpfung 178, 191, 1068 f., 1128
Call-Option, *s. Optionsmodell*
capital employed method 596
Captive, *s. Versicherungsgesellschaft*
cash management 1138

Check-the-box-Verfahren 432 f., 949, 1025, 1236, 1322
Clearing 613, 1138 f.
Clearing-System
– Umsatzsteuer 163 ff.
Closing-rate-Methoden, *s. Stichtagsmethoden*
commensurate with income standard 647, 733, 819
Common (Consolidated) Corporate Tax Base 237 ff.
comparable profit method, *s. Betriebsvergleich, globaler*
comparable profit split method 596, 599
comparable uncontrolled price method, *s. Preisvergleichsmethode*
compliance costs, *s. Befolgungskosten, steuerliche*
contractual joint venture, *s. Vertrags-Joint-Venture*
contribution analysis, *s. Beitragsanalyse*
Controlled Foreign Companies, *s. Hinzurechnungsbesteuerung*
coordination centers, *s. Koordinierungsstellen*
cost contribution arrangement 616, 802
cost funding 799, 802, *s. auch Kostenfinanzierungsverfahren*
cost plus method, *s. Kostenaufschlagsmethode*
cost sharing arrangement, *s. Kostenumlageverfahren*
Dachholding 1017, 1020
Darlehen, *s. auch Finanzierung*
– Betriebsstätte 690 ff., 974 ff., 997 ff.
– Direktgeschäfte 262 ff.
– Kapitalgesellschaft 447 ff., 977 ff., 1000 ff., 1130 ff.
– partiarisches 1316
– Personengesellschaft 993 ff., 1013 f.
Datenbankanalysen 636, 887
dealing at arm's length principle, *s. arm's length principle*
debt push down 1008, 1033, 1046, 1235
deduction shopping 1035
deferred compensation 1372 ff.
Delkrederefunktion 1144
Devereux/Griffith, Modell von, *s. Steuerbelastungsvergleiche*
Devisentermingeschäft 989
Dienstleistungen
– eindeutig zuordenbare 781 f.
– Mischfälle 782 ff.
– nicht eindeutig zuordenbare 782 ff.
– spezielle 1130 ff.
– Überblick 785 f.
– verrechenbare 781 ff.
– Verrechnung 789 ff., 1130 ff.
Dienstleistungsfreiheit 97, 206, 1375
Dienstleistungsfunktion 769, 1041 f., 1085, 1092, 1115, 1146, 1149, 1168, 1238
Dienstleistungsgesellschaft 767, 787 f., 794, 916, 1116 f., 1121, 1149, 1130 ff., 1167, 1183
– Captive, *s. Dienstleistungsgesellschaft, Versicherungsgesellschaft*
– Factoring-Gesellschaft 1144 ff.
– Finanzierungsgesellschaft 1130 ff.
– Immobiliengesellschaft 1148 f.
– Kontrollstellen 1147 ff.
– Koordinierungsstellen 1147 f.
– Leasinggesellschaft 1149
– Managementgesellschaft 1147 f.
– Patent-, Lizenz- und Markenverwertungsgesellschaften 1153 ff.
– Reinvoicing-Gesellschaft 1144 ff.
– sonstige 1149
– treasury centre 1138 ff.
– Vermögensverwaltungsgesellschaft 1149 ff.
– Versicherungsgesellschaft 1141 ff.
Dilutierungsmodell 1234 f.
directive shopping 358 ff., 1026, 1071
Direktgeschäfte
– Abzug 389
– Anrechnung 389, 398 f.
– Begriff 244 f., 285 ff.
– Beratungsleistungen 43, 259 f., 311 f., 331
– Betriebsstättenvorbehalt 265 f.
– Darlehen 262, 390
– Dividenden
 – Inbound 262, 274 ff.
 – Outbound 386, 388, 398
– Doppelbesteuerung 389
 – Vermeidung 384, 398 f.
– Drittstaatseinkünfte 389
– Einkommensteuer
 – Inbound 255 ff., 262 ff., 267 ff.
 – Outbound 387 ff., 398 ff., 403
– Erfolgs- und Vermögensabgrenzung 554, 661 ff.
– Freistellungsmethode 398
– Gewerbesteuer
 – Inbound 254, 262, 278

Ziffern = Seitenzahlen

- Outbound 595 ff., 400 f., 403
- Körperschaftsteuer
  - Inbound 255 ff., 262 ff., 267 ff.
  - Outbound 387, 388 ff., 398 ff., 403
- Liefergewinne 387, 389
- Lizenzgebühr
  - Inbound 263, 278 ff.
  - Outbound 386 ff.
- OECD-Modell 262 ff., 278 ff., 388, 398 ff.
- Qualifikation 254, 385
- Quellenbesteuerung
  - Inbound 255 ff., 262 ff., 267 ff., 389, 1353 ff.
  - Outbound 385 ff.
  - Übersicht 257, 268, 380
- Quellensteuerbegrenzung 262 ff., 387
- Solidaritätszuschlag 277 f.
- Steuerpflicht, beschränkte, *s. Direktgeschäfte, Quellenbesteuerung*
- Steuerpflicht, unbeschränkte, *s. Direktgeschäfte, Wohnsitzbesteuerung*
- Teileinkünfteverfahren 272 f., 388, 396
- UN-Modell 278 f., 388, 398 ff.
- Veräußerungsgewinn 263, 388
- Verluste 388 ff., 395 f., 398 ff.
- Vermögensabgrenzung, *s. Erfolgs- und Vermögensabgrenzung*
- Währungserfolge 664 ff.
- Währungsrisiken 664
- Wohnsitzbesteuerung
  - Abkommensrecht 398 ff., 1336 ff.
  - nationales Recht 388 ff., 1330 ff.
- Zinsen
  - Inbound 262, 267 ff.
  - Outbound 386, 388, 398

Direktinvestitionen, *s. Betriebsstätte; Personengesellschaft; Kapitalgesellschaft*
Discounted-Cash-Flow-Rechnung 1247
Diskriminierungsklausel, *s. Diskriminierungsverbot*
Diskriminierungsverbot
- abkommensrechtlich 338, 412, 463, 673
- EU-rechtlich 97 ff., 205 ff., 228 f., 684

Dividenden 66 f., 70, 72, 76 f., 121, 125 ff., 167 ff.
- Direktgeschäft
  - Inbound 262, 267 f.
  - Outbound 386, 388, 398
- Kapitalgesellschaft
  - Inbound 344 f., 354 ff.
  - Outbound 456 f., 459 ff., 463, 471, 475, 480
- Personengesellschaft
  - Inbound 372 ff., 378 ff.
  - Outbound 513, 520, 536

Dividendenregelung 538
Dividendenschachtelprivileg, *s. Beteiligungsprivileg; Schachtelprivileg*
Doppelbelastung, *s. Doppelbesteuerung, wirtschaftliche*
Doppelbesteuerung
- Begriff 3 ff.
- Konsequenzen, betriebswirtschaftliche 4 f.
- Konsequenzen, volkswirtschaftliche 5
- Maßnahmen zur Vermeidung 10 ff.
  - Abkommensrecht 64 ff., 71 ff.
  - Objektsteuern 9 f., 90 ff.
  - Personensteuern 10 ff., 38 ff., 74 ff.
  - Übersicht 93
  - unilaterale 38 ff.
- rechtliche 3
- Ursachen 6 ff.
  - Objektsteuern 9 f.
  - Personensteuern 5 ff.
  - wirtschaftliche 3 f.

Doppelbesteuerungsabkommen
- Entwicklungsländer 68 ff.
- Industrieländer 65 ff.
- multilaterale 35 f.
- Verhältnis zu unilateralem Recht 83 ff.
- Vor- und Nachteile 35 ff.

Doppelholdingmodell 1272 ff.
Dotationskapital 690 ff., 974 f., 997 ff.
double dip 353, 1021, 1225, 1308 ff.
Drittlizenz 809
Drittstaatseinkünfte 56, 68
- Betriebsstätte
  - Inbound 333 ff., 337 f.
  - Outbound 412 ff., 417 ff.
- Direktgeschäfte 389 f.
- Personengesellschaft
  - Inbound 373 f., 379 f.
  - Outbound 515 f., 518 f.

Drittstaatsvermögen 334
Drittvergleich, *s. arm's-length-Entgelt; arm's length principle*
dual income tax 123
Dublin-Docks-Gesellschaften 447, 1065

due diligence 904
Durchgriffsbesteuerung 1061 ff.
- Abkommensrecht 453, 471
- Gewerbesteuer 480, 483 f.
- Holdinggesellschaft 1061
- nationales Recht 435 ff., 471, 480, 1061
Durchschnittssteuerbelastung, effektive, s. Steuerbelastungsvergleiche
Earnings Stripping Rules 1010 ff.
s. auch Unterkapitalisierungsvorschriften
E-Commerce, s. Electronic Commerce
economies of integration 776
economies of scale and scope 776
Effizienz 230 f., 233 f., 251 f.
EFTA-Staaten 97 f., 207
Eigendarlehen 696, 675
Eigenkapitalverzinsung, fiktive 1314 f.
Einbringung 174, 177 f., 744, 863, 872 ff.
- von Beteiligungen 1190 ff., 1207 ff.
- durch Kapitalgesellschaften 1190 ff., 1207 f.
- durch natürliche Personen 1192 ff., 1208 ff.
- von Betriebsstätten 1187 ff., 1203 ff.
- in Kapitalgesellschaften 1187 ff., 1203 ff.
- von Personengesellschaften 1203 ff.
Einbringungsgewinn 177, 1040, 1188 f., 1191, 1205, 1207 ff., 1297
Einfuhrumsatzsteuer 162 f.
Einheitliche Europäische Akte 96 f.
Einheitsgesellschaft 1269 ff.
Einheitsunternehmen, internationales 283, s. auch Betriebsstätte
Einkaufsstellen 293, 370
Einkaufstätigkeit 296 f.
Einkommensteuer
- Betriebsaufspaltung 260 ff.
- Betriebsstätte
  - Inbound 335 ff., 337 ff.
  - Outbound 407 ff., 412 ff., 417 ff., 420, 923
- Direktgeschäfte
  - Inbound 253 ff., 262 ff., 267 ff.
  - Outbound 387 ff., 398 ff., 403
- Doppelbesteuerung, Vermeidung der 38 ff., 74 ff.
- duale, s. dual income tax
- Europäische Genossenschaft 195 ff.
- Europäische Wirtschaftliche Interessenvereinigung 184 ff.
- Kapitalgesellschaft
  - Inbound 345 ff., 354 ff.
  - Outbound 455 ff., 459 ff., 463 ff., 480 ff., 487, 925 f.
- Personalentsendung 1338 ff.
- Personengesellschaft
  - Inbound 370 ff., 378 ff.
  - Outbound 519 ff., 533 ff., 544, 546, 866
- Reformüberlegungen 230 ff.
- Steuersätze 122 ff.
Einkünfte
- aktive 415, 444 ff., 1133 f., 1217
- aus Drittstaaten, s. Drittstaatseinkünfte
- aus Gewerbebetrieb 341, 519
- aus Kapitalvermögen, s. Dividenden; Zinsen
- ausländische 40 ff.
- aus nichtselbständiger Arbeit 66, 70, 72, 270, 1330 ff., 1333 ff., 1353
- aus selbstständiger Arbeit 65 f., 69 f.
- aus unbeweglichem Vermögen 65, 69, 72, 279, 388, 399 f., 411, 517 f., 534
- aus Unterbetriebsstätten 335 f., 370, 411, 515, 517, 522 f., 534 ff.
- gemischte 443, 473
- mit Kapitalanlagecharakter, s. Zwischeneinkünfte mit Kapitalanlagecharakter
- passive 444 ff.
- weiße 1014, 1303, 1317 ff., 1326, 1371
Einkunftsabgrenzung, s. Betrachtungsweise, isolierende
Einkunftsartenlimitierung 75
Einkunftsqualifikation, s. Steuerobjektqualifikation
Einlage
- Kapitalgesellschaft 339 f.
- Kommandit 362, 431, 503 f., 523 f.
- Personengesellschaft 504, 859 f., 873
- verdeckte 341, 735 f., 742 ff., 750 ff., 760 f., 874, 988, 991 ff., 1184
- Definition 742 f.
- Gegenstand 743 ff.
- Rechtsfolgen 347, 744 ff.
- Verstrickung 672 f., 703, 715 f., 719, 862 ff.
- Voraussetzung 742 f.
Einlageminderung 527
Einpendler, s. Grenzgänger
Einrichtung, feste 65 f., 70
Einzelabrechnung 108, s. auch Einzelverrechnung; Preisverrechnung

Einzelverrechnung 617 ff., 789, 1094, 1098 ff., 1159, *s. auch Einzelabrechnung; Preisverrechnung*
Electronic Commerce 31, 321 ff., 342 ff.
Engineering, *s. Liefergewinnbesteuerung*
Enkelkapitalgesellschaft 478 f.
Entgeltprinzip, *s. arm's-length-Entgelt*
Entnahme
– Betriebsstätte 672 f., 703, 718
– Personengesellschaft 526 ff., 859 f., 865 ff., 873
– Entstrickung 672, 719, 859, 862 ff.
Entnahmetheorie, finale 674, 703, 709, 863, 1181
Entscheidungsneutralität 231
Entsenderichtlinien 1328 f., 1360 f., 1390 f.
Entsendevereinbarungen 1360 ff.
Entsendung, *s. Personalentsendung*
Entsendungsdauer 1328 f., 1343, 1376 ff.
Entsendungsplanung 1360 ff.
Entsendungspolitik 1328 ff.
Entstrickungsgrundsatz 716, 872, *s. auch Entnahme, Gewinnrealisierung*
Entwicklungsländer 5, 7 f., 21, 22, 68, 387 f., 405, 664
– Doppelbesteuerungsabkommen 68 ff., 76 ff., 298, 400, 411
equity joint venture 1262, 1268
equity notes 1317
Erbschaftsteuer 9, 1040
Erfolgs- und Vermögensabgrenzung
– Betriebsstätte 555 ff., 667 ff., 992
– Direktgeschäfte 554, 661 ff.
– Kapitalgesellschaft 558, 733 ff., 922
– Personengesellschaft 854 ff., 922 f.
Ergänzungsbilanz 525 f., 625, 1225, 1252
Ergebniskorrektur, *s. Gewinnberichtigung; s. auch Kapitalgesellschaft, Gewinnberichtigung; Personengesellschaft, Gewinnkorrektur nach § 1 AStG*
Ersatzsteuern 39
Erstattungsverfahren, *s. Direktgeschäfte, Quellenbesteuerung; Steuererhebung*
Erwerbsmethode 1292 ff.
EU-Recht 98 ff.
EU-rechtliche Grundfreiheiten, *s. Grundfreiheiten*
EU-rechtliches Beschränkungsverbot 98, 207 ff.
EU-rechtliches Diskriminierungsverbot, *s. Diskriminierungsverbot, EU-rechtlich*
EU-Richtlinien 101
– Amtshilfe- und Beitreibungsrichtlinie 187 f., 220, 673
– besondere Verbrauchsteuern 165 f.
– Bilanzrichtlinie 183 f., 239 f.
– Fusionsrichtlinie 173 ff., 167, 182 f., 190 ff., 197, 271 f., 231, 1173 f., 1199, 1204, 1206, 1208 ff., 1214, 1290
– Kapitalverkehrsrichtlinie 211 ff.
– Mutter-Tochterrichtlinie 167 ff., 182 f., 193, 197, 221 f., 234, 348 f., 356 ff., 459, 924, 940, 946, 962, 1002 f., 1237
– Richtlinie über die Arbeitnehmermitbestimmung 189, 194
– Zins- und Lizenzgebührenrichtlinie 179 ff., 182, 234, 348 f., 357, 457, 459 f., 988, 1002, 1150, 1228
EU-Schiedsverfahren, *s. Schiedsverfahren*
EU-Verordnung 99
EU-Vertrag 93 ff.
Europa-Holding 178, 1023 ff.
Europäische Aktiengesellschaft, *s. Europäische Gesellschaft*
Europäische Beitrittsakte 167
Europäische Gemeinschaft 95 ff.
Europäische Genossenschaft 169, 180, 182, 195 ff.
Europäische Gesellschaft 188 ff.
– Begriff 188 ff.
– Einkommen- und Körperschaftsteuer 190 ff., 356
– Einkunftsqualifikation 193
– Gesellschaftszweck 188
– Gewerbesteuer 193
– Gründungsvarianten 190 ff.
– Joint-Venture-Kapitalgesellschaft 1284 ff.
– Quellenbesteuerung 193
– Perspektiven 194 ff.
– Sitzverlegung 1217 ff.
– Steuersubjektqualifikation 194
Europäische Kommission 100 ff.
Europäische Privatgesellschaft 198 ff.
Europäische Union 95 ff.
Europäische Wirtschaftliche Interessenvereinigung 184 ff.
– Begriff 184 ff.
– Einkommen- und Körperschaftsteuer 187 ff.

– Einkunftsqualifikation 186
– Gesellschaftszweck 184
– Gewerbesteuer 188
– Quellenbesteuerung 187
– rechtliche Strukturelemente 185
– Steuersubjektqualifikation 185 ff.
– Wohnsitzbesteuerung 187 f.
Europäischer Binnenmarkt, s. Binnenmarkt
Europäischer Gerichtshof 102 ff.
Europäischer Rat 100
Europäischer Wirtschaftsraum 97, 207
Europäisches Steuerparadoxon 230
Europarecht 95 ff.
European Tax Analyzer, s. Steuerbelastungsvergleiche
European Union Company Income Tax 238 f.
EWG-Vertrag 95
Exit-Besteuerung 914, 1223, 1225, 1248, 1301
Expatriate 1362 ff., s. auch Personalentsendung; Steuerbelastungsvergleiche
Fabrikationsstätte 292, 404
Factoring 116, 1144 ff.
Factoring-Gesellschaften 1144 ff.
Fakturierungsgesellschaft 436, s. auch Briefkastenfirma
Familienstiftung 87
Feststellungsprinzip 413, 545, 923 f.
Finanzierung 971 ff.
– Belastungsvergleich
– Inbound 974 ff.
– Outbound 997 ff.
– Betriebsstätte 690 ff., 974 ff., 997 ff.
– durch Finanzierungsgesellschaften 1015, 1130 ff.
– Grundsätze 971 ff.
– Kapitalgesellschaft 977 ff., 1000 ff.
– Personengesellschaft 993 ff., 1013 f.
Finanzierungsfunktion 692, 1039, 1116, 1144
Finanzierungsgesellschaft 1015, 1130 ff., s. auch Dienstleistungsgesellschaft
– Hinzurechnungsbesteuerung 1130 ff.
– Vorteile 1131 ff.
Finanzierungsinstrumente, hybride 1315 ff.
Finanzierungskosten 972 ff., 990, 993 f., 1005 f., 1235, 1235 f., 1251 f.
Finanzierungsneutralität 1314
Firmenname 882 f.
Fiskalausgleich 23, s. auch Clearing-System

fixed key method, s. Kostenfinanzierungsverfahren
flat tax 123
Forderungsinkasso 1144
formulary apportionment, s. Gewinnaufteilung, formelhafte
Formwechsel, s. Umwandlung
Forschung und Entwicklung 800, 1169 f.
– Auftragsforschung 811 f.
– Förderung, steuerliche 142 ff.
– Grundlagenforschung 805
– Verrechnung 800 ff., 809 ff.
Franchise 74, 255
Freiberufler 258, 495
Freistellung 12 ff., 79 ff.
– Anwendbarkeit 26 ff.
– Ausgestaltung 22 ff.
– faktische 47
– Konsequenzen, wettbewerbspolitische 18 ff.
– mit Progressionsvorbehalt 11, 14, 25
– unbegrenzte/uneingeschränkte 11, 14, 25
– Verlustfall 15 ff., 26 f.
– Währungsgewinne, s. auch Betriebsstätte, Freistellung; Direktgeschäfte, Freistellungsmethode
Freistellungsverfahren 67, 355, s. auch Direktgeschäfte, Quellenbesteuerung
Freizügigkeit
– allgemeine 97
– der Arbeitnehmer 92, 206
Fremdfinanzierungsbegrenzung 977 ff., 980 ff., 1032 ff., 1056, 1133, 1235 ff., s. auch Gesellschafterfremdfinanzierung, Unterkapitalisierungsvorschriften
– Problematik 980
– Zinsschranke 346 f., 980 ff., 977, 996 f.
– Betrieb 981, 996
– EBITDA-Vortrag 346 f., 982 f., 997
– Escape-Klausel 347, 985
– Europarecht 181 f., 347
– Freigrenze 346, 983
– Gesellschafterfremdfinanzierung 984 ff., 997
– Konzernklausel 347, 984
– Kritik 987 f.
– Steuerplanung 986 f.
– Überlassung von Kapital 981
– verrechenbares EBITDA 346, 981
– Zinsvortrag 346, 983, 997

Fremdvergleich 762 ff.
Fremdvergleichsgrundsatz 559 ff.,
  s. arm's length principle
Fremdvergleichspreis, s. Arm's-length-
  Entgelt
Fremdverhalten 559 ff.
Fresh-start-Methode 1294
fringe benefits 1361 ff., 1386 f.
Führungsinstrumente 1147
functionally separate entity approach
  649, 668, 676, 679, 867
Funktionsanalyse 573, 604, 685, 766 f.,
  770, 791, 835, 885, 998, 1080, 1089
Funktionsholding 1017
Funktionsverlagerung 826 ff.
– Funktionsverlagerungsverordnung
  828 ff.
– OECD-Verrechnungspreisrichtlinien
  844 ff.
– Steuerplanung 1092 ff.
Fusion 174, s. auch merger of equals; Verschmelzung
Fusionsrichtlinie 167 f., 173 ff., 182 f.,
  190 ff., 197, 1173, 1199, 1206,
  1209 f., 1214, 1290
Gebietszugehörigkeit
– ökonomische 6
– rechtliche 6
Gehaltsaufsplittungsmodelle, s. Payroll-split-Modelle
Gehaltsvereinbarungen 1379 ff.
– Steuerausgleichsrechnung 1379
gemeinsamer Markt, s. Binnenmarkt
Gemeinsamer-Markt-Prinzip 163
Gemeinschaftsrecht, s. Europarecht
Gemeinschaftsunternehmen, s. equity
  joint venture
Genussrecht 262, 986, 1016, 1287,
  1315
Gesamthandsvermögen 856 f.
Geschäfte gleicher Art, s. Prinzip der
  Geschäfte gleicher Art
Geschäftsbeziehung 566, 747 ff.
Geschäftsleiter, ordentlicher und gewissenhafter 572, 604, 611 f., 625,
  633, 738, 797, 818, 836, 1095 f.
Geschäftsstelle 291, 331, 370
Geschäftswert 1094 f., 1159, 1224
Gesellschaft
– abkommensrechtlich 500 ff.
– atypisch stille 1316
– funktionslose, s. Fakturierungsgesellschaft
– gemischte 443

– hybride 1319 ff.
– stille 364 f., 433, 1316
Gesellschafter, atypisch stiller 368,
  493
Gesellschafteraufwand 775 ff., 1092
Gesellschafterdarlehen, s. Gesellschafterfremdfinanzierung
Gesellschafterfremdfinanzierung 984 f.,
  985 f., 997, 1008 ff., s. auch Fremdfinanzierungsbegrenzung, Unterkapitalisierungsvorschriften
Gesellschaftsvermögen, s. Gesamthandsvermögen
Gestaltung, steuerpolitisch, s. Steuerplanung
Gestaltungsmissbrauch, s. Rechtsmissbrauch
Gewerbebetriebseigenschaft 366 ff.,
  492 f.
Gewerbesteuer 10, 90 ff.
– Betriebsaufspaltung 262
– Betriebsstätte
  – Inbound 337, 339, 923 f., 925 f.
  – Outbound 410, 412, 416 f., 425,
    429
– Direktgeschäfte
  – Inbound 254, 278, 283
  – Outbound 395 f., 400, 429
– Doppelbesteuerung, Vermeidung der
  10, 90 ff.
– Europäische Wirtschaftliche Interessenvereinigung 188
– Kapitalgesellschaft
  – Inbound 348 f., 354
  – Outbound 459, 461, 476 ff., 487,
    490, 925 f.
– Personengesellschaft
  – Inbound 376 ff., 384
  – Outbound 532, 541, 545, 925 f.
– Vergleich, europäischer 138 ff.
Gewinnabschlag 579, 769
Gewinnanteil
– Kapitalgesellschaft, s. Dividenden
– Personengesellschaft
  – Inbound 372 ff., 378 ff.
  – Outbound 503 f., 506 ff., 513 ff.,
    522, 542 ff.
Gewinnaufschlag 582, 584, 591, 621 f.,
  692 f., 694, 720, 777, 787, 790,
  798 f., 1146
Gewinnaufteilung
– formelhafte 247 ff., s. auch Gewinnzerlegung, globale
– prozessorientierte 659 ff.

Gewinnausschüttung
– offene, s. Dividenden
– verdeckte 61, 569, 735 ff., 750 f., 923
  – Definition 736 ff.
  – Inbound 262, 351, 355, 788
  – Outbound 456, 460, 1012
  – Rechtsfolgen 739 ff.
  – Überblick 760 f.
Gewinnberichtigung
– Abkommensrecht 755 ff.
– korrespondierende 756 f.
– nationales Recht 735 ff.
– § 1 AStG
  – bei Kapitalgesellschaften 746 ff.
  – bei Personengesellschaften 872 ff.
  – Überblick 760 f.
– Verhältnis nationales Recht und Abkommensrecht 758 ff.
Gewinnermittlungsvorschriften
– EU-Vergleich 110 ff.
– Personengesellschaft 504 f.
– Reformüberlegungen 237 ff.
Gewinngemeinschaft, s. income access shares
Gewinnkorrektur, s. Gewinnberichtigung
Gewinnmarge, s. Gewinnabschlag
Gewinnmethoden 573 ff., 585 ff., 704, 770, 1099
– funktionsorientierte 585 ff.
– geschäftsfallbezogene 585 ff.
  – Gewinnzerlegungsmethode 573, 585 ff.
  – Nettogewinnmethode 586, 588 ff.
– globale 585 ff.
  – Betriebsvergleich 586 f.
  – Gewinnzerlegung 586 f.
Gewinnobligation 1315 f.
Gewinnrealisierung 173, 650 f., 745, 808, 858, 867, 872 f., 875, 922, 1171 ff.
– aufgeschobene 1175 ff.
– bei Einbringung 1187 ff., 1190 ff., 1203 ff., 1207 ff.
– bei Realteilung 1177 ff.
– bei Sitzverlegung 1200 ff., 1217 ff.
– bei Spaltung 1198 ff., 1214 ff.
– bei Umwandlung 1194 ff., 1210 ff.
– bei Verschmelzung 191, 1196 ff., 1213 f.
– Steuerplanung 914 f., 1090, 1154, 1158, 1175 ff.
Gewinnspanne, s. Gewinnabschlag
Gewinnung von Bodenschätzen 293, 415, 1331

Gewinnverlagerung 87, s. auch Minderbesteuerung
Gewinnverwendungsstrategie 944 ff., 966 ff.
Gewinnzerlegung, globale 586, 614 ff.
Gewinnzerlegungsmethode, geschäftsfallbezogene 593 ff.
Gewinnzuschlag, s. Gewinnaufschlag
Gleichartigkeit der Steuern 3, 39
Gleichheitsgrundsatz 19
Gleichheitspostulat, s. Gleichmäßigkeit der Besteuerung
Gleichmäßigkeit der Besteuerung 19 f., 21, 27, 876
– absolute 20 f.
– relative 20 f.
global formulary apportionment, s. Gewinnaufteilung, formelhafte; Gewinnzerlegung, globale
Globalisierung 30 f., 322, 801, 915, 1147, 1158
Goodwill, s. Geschäftswert
Gratisaktien 262
Grenzgänger 267 ff., 1349 ff.
Grenzgängerregelung 82, 282, 1339, 1349 ff.
Grenzpendler, s. Grenzgänger
Grenzsteuerbelastung, effektive, s. Steuerbelastungsvergleiche
Grunderwerbsteuer 1078, 1158, 1172, 1224, 1238 f.
Grundfreiheiten
– Abgrenzung der Grundfreiheiten 215 f.
– Dienstleistungsfreiheit 97, 206, 1375
– Freizügigkeit, allgemeine 97
– Freizügigkeit der Arbeitnehmer 97, 206
– Kapitalverkehrsfreiheit 52 f., 98, 173 f., 206, 211 ff., 215 ff., 218 ff., 236, 390, 449 f., 425, 729, 974, 1128
– Niederlassungsfreiheit 52, 97, 173, 179, 193, 206, 207 ff., 215 ff., 218 f., 423 ff., 418, 449, 467, 469, 673, 710, 728 f., 753, 863, 919, 974, 1066, 1069, 1074, 1119 ff., 1128, 1199, 1201, 1214, 1217 f. 1299
– Rechtfertigungsgründe für Eingriffe 218 ff.
– Warenverkehrsfreiheit 97, 206
Grundlagenforschung 143, 805
Grundsatz des Drittvergleichs, s. arm's length principle

Ziffern = Seitenzahlen 1595

Grundsatz des Fremdvergleichs, *s. arm's length principle*
Grundsteuer 9, 90
– Vergleich, europäischer 137 ff.
Gründungstheorie 352 f., 434 f., 455 f., 458, 1200 f.
Gruppenbesteuerung 1026 ff.
Haftungsbegrenzung 428, 504
Haftungsminderung 527 f.
Halbsatzverfahren 117, 120
Handelsvertreter 284, 314, 316, 319, 720, 730, 768 ff., 1068, 1107, 1110, 1112, 1124, 1128, 1161, *s. auch Vertreter*
Harmonised Tax Base 238 f., 240
Harmonisierungsbestrebungen, *s. Steuerharmonisierung, europäische*
Harmonisierungsvorbehalt 220
head office accounts 975
Hilfstätigkeiten 294 ff., 300, 318, 325, 327 ff., 332 f.
Hinzurechnungsbesteuerung 418, 435, 441 ff., 1042, 1068 ff., 1116 ff., 1126 ff., 1133, 1135 f., 1140 f., 1144 ff., 1151, 1216 f., 1364
– Allgemeines
  – Abkommensrecht 453 ff., 483 ff.
  – nationales Recht 441 ff., 472 ff.
– erweiterte 447 f., 484 f.
– Europarecht 454 f.
– Gewerbesteuer 480, 485
– Gewinnausschüttung 472
– Hinzurechnungsbetrag 472 f.
– Perspektiven 448 ff.
– reguläre 441 ff., 484
– Steueranrechnung 474 ff.
– Voraussetzungen 441 ff.
– Zwischengesellschaft, nachgeschaltete 475
Holdinggesellschaften 1017 ff.
– affiliated group 1251
– Akquisitionsholding 1058, 1067
– Anwendungsbeispiele 1022 ff.
– Auslandsholding 1017, 1058, 1065, 1069 f., 1078, 1207 ff.
– Begriff 1017 ff.
– bei Unternehmenskauf 1190 ff., 1207 ff.
– Beteiligungsholding 1039, 1041
– Dachholding 1017, 1020
– Doppelholdingmodell 1272 ff.
– Erwerbsholding 1033
– Europa-Holding 178, 1023 f.
– Funktionsholding 1017

– Grenzen der Einschaltung 1058 ff.
– Hinzurechnungsbesteuerung 1025, 1042 ff., 1058 f., 1068 ff.
– Holding-Kapitalgesellschaft 1235 ff.
– Holding-Personengesellschaft 1237 f.
– Landesholding 1017, 1019, 1033, 1190, 1253, 1283
– Missbrauchstatbestände 1061 ff.
– Mixer-Gesellschaft 1037
– Nachteile 1078
– Ort der Geschäftsleitung 1058 f., 1060 f.
– Personengesellschaftsholding 1039, 1237
– Standort 1041 ff.
– Verluste 1026 f.
– Zielsetzung 1020 f.
– Zwischenholding 1017, 1023, 1025, 1031, 1058
Holdingmodell 1059, 1236, 1270 f.
Holdingprivileg 121, 391, 1291
Holdingstandort 1041 ff.
Home State Taxation 237
Idealkonkurrenz 752
Identität
– des Veranlagungszeitraums 3, 39 f.
– des Steuerobjekts 3
– des Steuersubjekts 3, 39 f., 466
Immobiliengesellschaften 1149 f.
Imparitätsprinzip 721, 723
Inbound-Investitionen
– Begriff 2
– Belastungsvergleich
  – Finanzierung 974 ff.
  – Rechtsformwahl 929 ff.
  – Betriebsstätte 283 ff.
  – Direktgeschäft 254 ff.
  – Kapitalgesellschaft 339 ff.
  – Personengesellschaft 364 ff.
  – Reorganisationsfälle 1187 ff.
  – Steuerstrategien 929 ff.
  – Systematisierung 1 f.
  – Unternehmenskauf 1219 ff.
  – Verrechnungspreise 1084 ff.
income access shares 1287
income-basket-limitation 44, *s. auch per-item-of-income-limitation*
Industrieländer 7, 64 f., 395 f., 405
– Doppelbesteuerungsabkommen 65 ff., 294 ff., 436
Ingenieurleistung 42 f.
Inkorporationstheorie, *s. Gründungstheorie*
Inländerdiskriminierung 210, 228

Inländergleichbehandlung 98, 208 ff., 212 f., 283
Inlandscharakter 7 ff., 90
Inlandsprinzip, s. *Inlandscharakter*
Innengesellschaft 617 f., 777
Innenkoordination 782, 786
Innovationsförderung, steuerliche 141 ff.
Integration, europäische 95 ff.
Intellectual/Intangible Property Holding Company 1150 ff.
Interessenszusammenführungsmethode 1293
International Accounting Standards, s. *International Financial Reporting Standards*
International Assignment Manuals, s. *Entsenderichtlinien*
International Financial Reporting Standards 239 ff., 985, 1293 f.
Internet Server 324, s. auch *Electronic Commerce*
Internet Service Provider, s. *Electronic Commerce*
Investitionsförderung, steuerliche 141 ff.
Joint Ventures 178, 1198 ff., 1207, 1247, 1262 ff.
– Allianz, strategische, s. *Joint Ventures, Vertrags-Joint-Venture*
– bei Unternehmenskauf 1234 f.
– contractual joint venture, s. *Joint Ventures, Vertrags-Joint-Venture*
– Definition 1262 f.
– equity joint venture 1268 ff.
 – Doppelholdingmodell 1272 ff.
 – Einheitsgesellschaft 1269 ff.
 – Holdingmodell 1270 ff.
– Finanzierung 1275 f., 1280 f., 1282, 1283 f.
– Gemeinschaftsunternehmen, s. *Joint Ventures, equity joint venture*
– gesellschaftsrechtliche 1266
– Gewinngemeinschaft, s. *Joint Ventures, income access shares*
– income access shares 1287 f.
– Rechtsformwahl 1274 ff.
– schuldrechtliche 1266
– Standortwahl 1274 ff.
– stapled stock 1187
– Steuerstrategie 1266, 1290 ff.
– Strukturierung 1268, 1275 f.
– tracking stocks 1289 f.
– Überkreuzmodell 1272

– Verbundaktien, s. *Joint Ventures, stapled stock*
– Verluste 1275 f., 1278, 1280, 1281, 1283, 1289
– Vertrags-Joint-Venture 1262, 1266 ff.
– Zielsetzung 1274 ff.
Joint-Venture-Kapitalgesellschaft
– ausländische 1282 f.
– deutsche 1281 ff.
– Europäische Gesellschaft 1284 ff.
Joint-Venture-Modell, s. *Dilutierungsmodell*
Joint-Venture-Personengesellschaft
– ausländische 1279 ff.
– deutsche 1277 ff.
Joint-Venture-Vertrag 1263 ff.
Kapitalausstattung, s. *Dotationskapital; Finanzierung*
Kapitalbeschaffung, Alternativen, s. *Finanzierung*
Kapitaleinlage, verdeckte, s. *Einlage, verdeckte*
Kapitalexportneutralität
– Begriff 18 f.
– Binnenmarkt 290 f.
– Rechtfertigung 18 f., 26 ff.
– Verwirklichung 22 ff.
– Vor- und Nachteile 21 ff.
Kapitalgesellschaft
– Abzug 465, 481, 925
– affiliated group 1251
– Allgemeines 428 ff.
– Anrechnung 465, 474 f., 481, 925 f.
– Anteilserwerb, s. *Kapitalgesellschaft, Beteiligungserwerb*
– Anteilskauf, s. *Kapitalgesellschaft, Beteiligungserwerb*
– Begriff 339 f., 428 ff.
– Belastungsvergleich
 – Finanzierung 977 ff., 1000 ff.
 – Rechtsformen 929 ff., 949 ff.
– Beteiligungserwerb 1220 ff., 1250 ff., 1257 ff.
– Beteiligungsprivileg 349 f., 453, 463 f., 472, 481 ff., 925 f., s. auch *Beteiligungsprivileg*
 – Gewerbesteuer 476 f., 484 f.
 – Verhältnis nationales Recht und Abkommensrecht 89 ff., 480 ff.
– Betriebsvermögen, Umfang 733 ff.
– Buchführung 335 f., 733 ff., 921 f.
– Darlehen 977 ff., 1000 ff., 1130 ff.
– Dividenden
 – Inbound 349 f., 354 ff.

- Outbound 456 f., 459 ff., 463 f., 476 ff., 480 ff.
- Doppelbesteuerung 465, 480
- Vermeidung 465 f., 480 ff.
- Durchgriff 435 ff., *s. auch Durchgriffsbesteuerung*
- Eigenfinanzierung, Vor- und Nachteile 977 ff., 1000 ff.
- Einbringung 1187 ff., 1190 ff., 1203 ff., 1207 ff.
- Einkommensteuer
  - Inbound 349 ff., 354 ff.
  - Outbound 456 ff., 459 ff., 463 ff., 480 ff., 487, 925 f.
- Einkunftsqualifikation 733 ff.
- Einlage, verdeckte 735, 742 ff., 730 f., 760 f., 991
- Erfolgs- und Vermögensabgrenzung 33 ff., 922 f.
  - Ergebniskorrektur, *s. Kapitalgesellschaft, Gewinnberichtigung*
- Erscheinungsformen 339 f., 420 f.
- Erwerb, *s. Kapitalgesellschaft, Kauf*
- Finanzierung 977 ff., 1000 ff.
- Fremdfinanzierung, Vor- und Nachteile
  - Inbound 977 ff.
  - Outbound 1000 ff.
- Gesellschafterfremdfinanzierung 977 ff.
  - Inbound 980 ff.
  - Outbound 1008 ff.
- Gewerbesteuer
  - Inbound 348 f., 354
  - Outbound 456, 459, 476 ff., 484 f., 489, 925, 927
- Gewinnberichtigung
  - Abkommensrecht 755 ff.
  - nationales Recht 735 ff.
  - Überblick 760 f.
- Gewinnkorrektur, *s. Kapitalgesellschaft, Gewinnberichtigung*
- Grunderwerbsteuer 1078, 1148 f., 1158, 1172 f., 1238 f.
- Gründungstheorie 1200
- Holding-Kapitalgesellschaft 1235 ff.
- Joint-Venture-Kapitalgesellschaft
  - ausländische 1282 ff.
  - deutsche 1281 f.
  - Europäische Gesellschaft 1284 ff.
- Kapitalertragsteuer, *s. Kapitalgesellschaft, Einkommensteuer*
- Kauf 1226, 1250, 1253
- Körperschaftsteuer
  - Inbound 345 ff., 349 ff.
  - Outbound 455 ff., 463 ff., 480 ff., 487, 924 ff.
  - Kriterien 429 ff.
- Liefergewinne 460
- Liquidation 1217 ff.
- Lizenzgebühr
  - Inbound 349 f., 355 f.
  - Outbound 456 f., 459 ff., 464
- Nennkapital, verdecktes 1009 f.
- Nichtanerkennung, *s. Basisgesellschaft; Zwischengesellschaft*
- Ort der Geschäftsleitung 343 f., 345, 455, 458,
- Personalentsendung 1346 f.
- Prüfschema 452
- Qualifikation, *s. Kapitalgesellschaft, Begriff*
- Qualifikationskonflikte 490 ff., 1200
- Quellenbesteuerung
  - der Gesellschaft 345, 354, 455 f., 458 f.
  - der Gesellschafter 349 ff., 354 ff., 455 f., 459 ff., 463 ff.
  - Inbound 349 ff., 355 f.
  - Outbound 455 f., 459 ff.
- Quellensteuerbegrenzung 354 ff., 459 ff.
- Übersicht 461 ff.
- Rechtstypenvergleich 429 ff.
- Schachtelprivileg 453 f., 481 ff., 484 f., 1041 f., 1069, 1118, *s. auch Beteiligungsprivileg; Schachtelprivileg*
- Sitz 434, 455 f., 457 f.
- Sitztheorie 353 f., 433, 455 f., 1200, 1217 ff.
- Sitzverlegung 178 f., 353 ff., 1200 ff., 1212 ff.
- Spaltung 1198 ff., 1214 f.
- Stammkapital, verdecktes 1008 f.
- Steuerpflicht, beschränkte, *s. Kapitalgesellschaft, Quellenbesteuerung*
- Steuerpflicht, unbeschränkte, *s. Kapitalgesellschaft, Wohnsitzbesteuerung*
- Teileinkünfteverfahren 349, 355, 472 ff., 475 ff., 481
- Umsatzsteuer 1239 ff.
- Umstrukturierung, *s. Kapitalgesellschaft, Umwandlung*
- Umwandlung 1194 ff., 1210 ff.
- Unternehmenskauf
  - Inbound 1226 ff.
  - Outbound 1249 ff., 1253 ff.
- Veräußerung 1226 ff., 1249 f.

- Veräußerungsgewinn, s. *Veräußerung*
- Verluste
  - Inbound 347, 349 ff., 455 f., 942 f., 948 f.
  - Outbound 466 ff., 473, 482 f., 925, 943 f., 948 f., 1006 f.
- Vermögensabgrenzung, s. *Erfolgs- und Vermögensabgrenzung*
- Vermögenserwerb 1226 ff., 1253 ff., 1266 ff.
- Vermögensteuer 456 f., 463, 929
- Verschmelzung 1196 ff., 1213 ff.
- Vertreter 345, 354 f.
- Wesen 399 f.
- Wohnsitzbesteuerung
  - Abkommensrecht 352 f., 480 ff.
  - nationales Recht 345 ff., 463 ff.
- Zinsen
  - Inbound 349 f., 355 f.
  - Outbound 455, 461 ff., 464
- Zugriff 435 ff., s. auch *Hinzurechnungsbesteuerung*

Kapitalgesellschaftskonzept 490, 498 ff., 503, 509, 516, 519, 521, 541

Kapitalimportneutralität
- Begriff 18
- Binnenmarkt 29 f.
- Rechtfertigung 20 f., 28 ff.
- Verwirklichung 22 ff.
- Vor- und Nachteile 18 ff.

Kapitalkonto 376, 523 ff., 540, 873
Kapitalspiegeltheorie 697, 975, 997
Kapitalstrukturplanung 972
Kapitalverkehrsfreiheit 52 f., 98, 173 f., 206, 211 ff., 215 ff., 218 ff., 236, 390, 449 f., 425, 729, 974, 1128
Kapitalverkehrsrichtlinie 212
Kaskadeneffekt 63, 270, 985
King/Fullerton, Modell von, s. *Steuerbelastungsvergleiche*
Know-how(-Vertrag) 255, 265, 295, 300, 415, 599, 624, 630, 632, 688, 718, 737, 803 f., 808 ff., 812 ff., 1097 f., 1152, 1156 f., 1168
- Überlassung 263, 772, 1164

Kohärenz 222 ff.
Kommanditgesellschaft auf Aktien 169, 340
Kommissionär, s. *Vertreter*
Konsignationslager 292, 319
Kontrollkosten, s. *stewardship expenses*
Kontrollmeldeverfahren, s. *Direktgeschäfte, Quellensteuerbegrenzung*
Kontrolltätigkeiten 783 f.

Konzern, s. auch *Kapitalgesellschaft*
- Dienstleistungen 775 ff.
- Forschung und Entwicklung 800 ff., 1169 f.
- immaterielle Wirtschaftsgüter 800 ff.
- Leistungsverrechnung 551
- Nutzungsentgelt 696, 707, 719, 813
- Restrukturierung s. *Funktionsverlagerung*

Konzernsteuerquote 912 f., 983, 1006, 1016, 1021, 1082, 1157 ff., 1247
Konzernumlage 615 ff., s. auch *Kostenumlagevertrag*
- Anwendungsbereich 617 ff.
- Definition 615 ff.
- Forschung und Entwicklung 800 ff., 1149 ff.
- Gewinnaufschlag 621 f.
- Poolmitglieder 623 ff., 806
- Umfang 620 ff., 806 f.
- Umlageschlüssel 662 f., 807
- Verfahren 627 ff.
- Voraussetzungen 617 ff., 627 ff.

Konzernverrechnungspreise, s. *arm's-length-Entgelt; Verrechnungspreise*
Koordination
- horizontal 782 f.
- vertikal 782 f.
- zentral 782

Koordinationsleistungen 782 f.
Koordinierungsstellen 91, 296, 790 f., 1147 ff.
Koordinierungszentren, s. *Koordinierungsstellen*
Körperschaftsteuer
- Betriebsstätte
  - Inbound 335 ff.
  - Outbound 402, 407 ff., 412 ff., 417 ff.
- Direktgeschäfte
  - Inbound 255 ff., 262 ff., 268 ff.
  - Outbound 388 ff., 398 ff., 403
- Doppelbesteuerung, Vermeidung der 60 ff., 82 f.
- Einkünfte, ausländische 135 ff.
- Gewinnermittlungsvorschriften 108 ff.
- Kapitalgesellschaft
  - Inbound 345 ff., 349 ff.
  - Outbound 455 ff., 463 ff., 480 ff., 487 f., 924 ff.
- Personengesellschaft
  - Inbound 370 ff., 378 ff.

- Outbound 519 ff., 533 ff., 545, 547, 923
- Steuersätze 122 ff.
- Systeme 125 ff.
  - Dividendenfreistellung 126, 131, 135, 137
  - Shareholder-relief-Verfahren 126 ff., 134, 136 f.
  - System, klassisches 126 f., 131, 1256
  - Teilanrechnungssystem 126 f., 191
  - Vollanrechnungssystem 126 f., 131, 135

Körperschaftsteuerbemessungsgrundlage, *s. Gewinnermittlungsvorschriften; Steuerbemessungsgrundlage*

Körperschaftsteuergutschrift, grenzüberschreitende 133 f.

Korrekturpostenmethode 670, 831, *s. auch Ausgleichsposten; Merkpostenmethode*

Kostenaufschlagsmethode 762 ff., 1067 f.

Kostenfinanzierungsverfahren 799 f.

Kostenfinanzierungsvertrag, *s. cost funding*

Kostenprinzip 720

Kostentragfähigkeitsprinzip 792

Kostenumlage, *s. Konzernumlage*

Kostenumlageverfahren 883

Kostenumlagevertrag 618 ff., 622, 707 f., 787 f., 802, 804, 806, 1151 f.

Kreditmanagement 1139

Künstler 267 ff., 279

Kürzungsvorschriften, gewerbesteuerliche 9 f., 90 ff., 395 f., 416 f.

Landesholding 1017 ff., 1032, 1058, 1253, 1282 ff.

Leasing 264 ff., 295, 1016, 1308 ff., *s. auch Eurowings*
- Double-dip-Modell 1016, 1308 ff.
- Personalleasing 50 f.

Leasinggesellschaft 1149

Leistungen
- künstlerische 43, 50, 267 ff.
- verrechenbare 781 ff., 785 ff.

Leistungsentsprechungsprinzip 792

Leistungsfähigkeitsprinzip 20 f., 25
- Gewinnermittlung, steuerliche 242
- individuelles 19
- relatives 28

Leistungsverrechnung, innerkonzernliche
- Allgemeines 549 ff.
- Aufklärungspflichten 876 ff.
- Aufzeichnungspflichten 880 ff.
- bei Versicherungsgesellschaften 1141 ff.
- Dokumentationserfordernis 880 ff.
  - Gewinnabgrenzungsaufzeichnungsverordnung 881 ff.
  - Verwaltungsgrundsätze-Verfahren 884 ff.
- Einzelabrechnung, *s. Einzelabrechnung*
- Entgeltbestimmung 572 ff.
  - Dienstleistungen 794 ff.
  - Forschungs- und Entwicklungsleistungen 800 ff., 1169 f.
  - immaterielle Wirtschaftsgüter 800 ff.
  - Warenlieferung 762 ff.
- Gewinnaufschlag 582 ff., 591, 597 f., 621 f., 719 f., 777, 789 f.
- Konzernumlage, *s. Konzernumlage*
- Mitwirkungspflichten 877 ff.
- Verrechnungsformen 617 f., 789 ff.
- Verrechnungspreise 549 ff.

Liefergewinnbesteuerung 41, 50, 56, 65 f., 69 f., 664, 1345
- Betriebsstätte 410 f., 414, 427
- Direktgeschäfte 387, 389, 664
- Kapitalgesellschaft 460

Liefergewinne, *s. Liefergewinnbesteuerung*

Limitation-on-benefits-Klausel 363, 1075 ff., 1229

Liquidationsbesteuerung 201 f., 1201, 1203, 1218 f.

Lizenzgebühr 67 f., 70, 73, 77 f., 179 ff.
- Betriebsstätte 718 f.
- Direktgeschäfte
  - Inbound 263, 278 ff.
  - Outbound 386 ff.
- im Konzern 812 ff., 821 ff.
- Kapitalgesellschaft
  - Inbound 349 ff., 354 ff.
  - Outbound 456 f., 460 ff.
- Personengesellschaft
  - Inbound 373 f., 378 ff.
  - Outbound 517, 522, 535

Lizenzgebührenrichtlinie, *s. Zins- und Lizenzgebührenrichtlinie*

Lizenzmodell 800 ff., 809 ff., 1149 ff., 1156

Lizenzvertrag 812 ff., 821 ff., 1300

Lohnfertigung 600, 772 f., 1089 f., 1115, 1128 ff.

Lohnhersteller 597, 770 ff., 1112, 1129

Lohnsteuerabzug, *s. Steuererhebung*

Lohnsummensteuer 140

Makler, s. Vertreter
management and consultancy services,
  s. Dienstleistungen
management fee 790
Managementgesellschaft 789 f., 767 ff.
Markenlizenzen 821 ff., 1228
Markenrechte, s. Markenlizenzen
Markenverwertungsgesellschaften 1153
Markterschließungsstrategie 1263
Marktpreiskonzept/-prinzip 720, 1148,
  s. auch arm's-length-Entgelt
Maßgeblichkeit 108 f., 241 f.
– Vergleich, europäischer 110 ff.
Maßnahmen, bilateral, s. Doppelbesteuerungsabkommen
Maßnahmen, unilateral, s. Abzug; Anrechnung; Pauschalierung
matching credit 76 f.
Matrixorganisation 291
Meistbegünstigung 220, 331, 793, 1019
merger of equals 194, 1245, 1291 ff.
– Erwerbsmethode 1292
– Fresh-start-Methode 1294
– Pooling-of-interest-Methode 1293 f.
Methode
– der Lizenzpreisanalogie 817, 1103
– der unmittelbaren Cashflow-Prognose 817, 826
– direkte 554 ff.
– indirekte 554 ff.
– retrograde 579
Minderbesteuerung
– Begriff 4
– Konsequenzen, betriebswirtschaftliche 4
– Konsequenzen, volkswirtschaftliche 5
– Maßnahmen zur Vermeidung 86 ff., 1324 ff.
– Abkommensrecht 89
– unilateral 86 f., s. auch Durchgriffsbesteuerung; Hinzurechnungsbesteuerung
– Nutzung von 8 f., 1300 ff., 1319
– Ursachen 8 f.
Mindestbesteuerung 120, 336 f., 347 f., 375, 377
Mindeststeuersatz 166, 209 f., 251, 273, 408
Missbrauch, s. Rechtsmissbrauch
Mitarbeiterbeteiligungsmodelle 1364 ff.
Mitarbeiterentsendung, s. Personalentsendung

Mitunternehmer 370 ff., 519 ff., s. auch Personengesellschaft
Mitunternehmererlass 1177 ff.
Mitunternehmerkonzept 365, 490 ff.
– Inbound 368, 922, 993 ff.
– Outbound 365, 490 ff., 496 ff., 502 f., 506, 512 ff., 517 ff., 520 f., 922, 1013
Mixer-Gesellschaft 1037, s. auch Pooling
Mondialprinzip 6
Monitoring 777, 780 f.
Montage 255, 284, 302 ff., 1331 f.
– Prüfschema 301, 311
– Zeitgrenzen 286 f., 305 ff., 406 f., 1331 f.
Montagebetriebsstätte 303 ff., 411, 1345
Mutter-Tochterrichtlinie 167 ff., 182 ff., 193, 200, 221, 234, 349, 356 ff., 459, 924, 941, 946, 962, 1002, 1023 f., 1069 f., 1278
Nachversteuerung, s. Verluste
Nationalitätsprinzip 7
Nennkapital, verdecktes, 1009 f., s. auch Stammkapital, verdecktes
Nettogewinnmethode, geschäftsfallbezogene 586, 588 ff.
Nettomargenmethode, geschäftsfallbezogene 573, 586, 601
Nettoprinzip 47, 52, 388, s. auch Quellenbesteuerung, Nettobasis
– objektives 279
Neumark-Bericht 231 f.
Neutralität 135 ff., 249 f., 251, 260
Niederlassungsfreiheit 97, 207 ff., 215 f., 225, 1201, 1218
Nutzungsentgelt 813
Nutzungsrechte 743, 807, 811, 813
Objektcharakter 541
– Objektsteuern 9, 90 ff.
Objektidentität, s. Identität des Steuerobjekts
OECD-Modell 65 ff.
On-call-Leistungen 785
Optionsanleihe 1131, 1316
Optionsmodell 1233 ff.
Organschaft 351 ff., 466, 942, 1026 ff., 1229, 1235 ff., 1238, 1250 f.
– grenzüberschreitende 392, 466, 924, 1031
Ort der Geschäftsleitung
– Betriebsstätte 291 f.
– Holding 1060 f.
– Kapitalgesellschaft 345, 455, 457
– Personengesellschaft 370

Outbound-Investitionen
- Belastungsvergleich
  - Finanzierung 997 ff.
  - Rechtsformwahl 949 ff.
- Betriebsstätte 404 ff.
- Direktgeschäft 385 ff.
- Kapitalgesellschaft 428 ff.
- Personengesellschaft 490 ff.
- Reorganisationsfälle 1203 ff.
- Steuerstrategien 949 ff.
- Unternehmenskauf 1246 ff.
- Verrechnungspreise 1112 ff.
Outsourcing 1124 ff.
overall-limitation 43, 52 ff., 1036 ff.
package deals 630
Partenreederei 1317
Partizipationsscheine 1327
Patente 688, 1098
- Überlassung 1149 ff.
Patentverwertungsgesellschaft 1154 ff.
Patronatserklärung 748, 984, 1013
Pauschalierung 10, 59 f., 64 f., 413 f., 478, 520, 925 f.
Pauschalierungserlass 59, 64
Payroll-split-Modelle 1362 ff.
Pensionszusage, arbeitnehmerfinanzierte, *s. deferred compensation*
per-country-limitation 44 ff., 51 ff., 54, 59 f., 75, 1036 f.
Periodisierungsvorschriften 1313 f.
per-item-of-income-limitation 44, 51, 75 f.
Person
- abkommensberechtigte 200, 354, 356, 451 f., 500, 507
- ansässige 498 ff., 508, 519
- nahe stehende 738, 746 f., 749, 864, 881, 885, 893, 984, 1011
Personalentsendung 1168, 1328 ff.
- Arbeitsortprinzip 1336 ff.
- Auslandtätigkeitserlass 1330 ff.
- Betriebsstätte 1344 ff.
- Einkommensteuer 1330 ff.
- Entsenderichtlinien 1328 f., 1361
- Entsendevereinbarungen 1360 ff.
- Entsendungsdauer 1376 ff.
- Gehaltsvereinbarungen 1360 ff.
- Grenzgängerregelung 82, 282, 1339, 1349 ff.
- Inbound 1353 ff.
- Kapitalgesellschaft 1346 ff.
- Mitarbeiterziele 1328 f.
- Outbound 1330 ff.
- Personengesellschaft 1344 ff.

- Steuerrisiken 1382 ff.
- Unternehmensziele 1328 f.
Personalleasing 50 f.
Personengesellschaft
- Abzug 520 ff., 529, 925
- Anrechnung 520 ff., 529, 925
- Anteilskauf, *s. Personengesellschaft, Kauf*
- Begriff 364 ff., 490
- Beitragstheorie 505
- Belastungsvergleich
  - Inbound 929 ff.
  - Outbound 949 ff.
- Belegenheitsprinzip 513, 533 f.
- Betriebsstättenprinzip 370, 378 f., 383, 513, 515, 517 f., 541
- Betriebsstättenvorbehalt 381 ff., 517, 534, 536, 538
  - verlängerter 517 f., 544
- Betriebsvermögen, Umfang 856 ff., *s. auch Personengesellschaft, Gesamthandsvermögen und Sonderbetriebsvermögen*
- Buchführung 371, 502 f., 854, 869 ff., 921
- Dividenden
  - Inbound 377 ff.
  - Outbound 516, 519, 534
- Dividendenregelung 539
- Drittstaatseinkünfte
  - Inbound 373 f., 379
  - Outbound 515 f., 518 f., 522 f., 535 ff.
- Einbringung 873
- Einkommensteuer
  - Inbound 370 ff., 378 ff., 923 f.
  - Outbound 519 ff., 533 ff., 544, 546, 923
- Einlage 431, 859
- Einordnung, steuerrechtliche 106 f.
- Einordnung, zivilrechtliche 106 f.
- Entnahme 857 f., 859, 872
- Erfolgs- und Vermögensabgrenzung 854 ff.
- Ergänzungsbilanz 1225, 1259 f.
- Erscheinungsformen 364 ff.
- Erwerb, *s. Personengesellschaft, Kauf*
- Feststellungsprinzip 924
- Finanzierung 993 ff., 1013 f.
- Fremdfinanzierungsbegrenzung 996 f.
- Gesamthandsvermögen 856 f.
- Gesellschaftsvermögen, *s. Personengesellschaft, Gesamthandsvermögen*

- Gewerbebetriebseigenschaft 366 ff., 492 f.
- Gewerbesteuer
  - Inbound 376 f., 384, 923 f.
  - Outbound 532, 541, 545, 547, 923 f.
- Gewinnanteil
  - Inbound 372 ff., 378 ff.
  - Outbound 503, 506 ff., 513 ff., 520 ff., 538 f.
- Gewinnermittlung 502 f.
- Gewinnkorrektur nach § 1 AStG 873 f.
- Grunderwerbsteuer 1238 ff.
- Haftungsbegrenzung 504
- Holding-Personengesellschaft 1237 f.
- Joint-Venture-Personengesellschaft
  - ausländische 1279 ff.
  - deutsche 1277 ff.
- Kapitaleinlage, s. Personengesellschaft, Einlage
- Kapitalgesellschaftskonzept 490, 498 ff., 503, 505, 516 f., 519, 538 ff., 541
- Kapitalkonto 375 f., 523 ff., 873
- Kauf 1224 ff., 1251 f.
- Körperschaftsteuer
  - Inbound 370 ff., 378 ff.
  - Outbound 519 ff., 533, 544, 546, 923
- Lieferungs- und Leistungsverkehr 869 ff.
- Lizenzgebühr
  - Inbound 373 f., 379, 380 ff.
  - Outbound 518, 522, 534
- Mitunternehmerkonzept 365, 490 ff.
  - Inbound 491 f., 922, 933 ff.
  - Outbound 496 ff., 502, 506, 512 ff., 517 f., 520 ff., 922, 1013
- Nutzungsüberlassung 856 f.
- Ort der Geschäftsleitung 370
- Pauschalierung 520, 925
- Personalentsendung 1344 ff.
- Progressionsvorbehalt, negativer 540
- Qualifikation 364 ff., 490 ff., 502 ff.
- Qualifikationskonflikte
  - Inbound 370 f., 380 ff., 1226, 130 f., 1302 f., 1313, 1319 ff.
  - Outbound 508 ff., 538 ff., 1013 ff., 1252 f., 1279 ff., 1302 ff., 1313, 1319 ff.
- Qualifikationsverkettung 511 f., 539
- Quellenbesteuerung
  - Inbound 370 ff., 378 ff.
- Outbound 512 ff., 533 ff.
- Realtypus 430 f., 495
- Rechtstypenvergleich 491 ff., 503 f.
- Sacheinlage, s. Personengesellschaft, Einlage
- Sonderbetriebsvermögen 374, 506, 857 f.
- Sonderbilanz 374 f., 503, 526, 857 f.
- Sondervergütungen
  - Inbound 374 f., 380 ff.
  - Outbound 505 f., 508 ff., 513 ff., 517 ff., 520 ff., 534, 537 f., 541
- Steuerobjektqualifikation 502 ff.
  - Abkommensrecht 506 ff.
  - nationales Recht 502 ff.
- Steuerpflicht, beschränkte, s. Personengesellschaft, Quellenbesteuerung
- Steuerpflicht, unbeschränkte, s. Personengesellschaft, Wohnsitzbesteuerung
- Steuersubjektqualifikation 490 ff.
  - Abkommensrecht 495 ff.
  - nationales Recht 491 ff.
- Transfer von Wirtschaftsgütern, s. Personengesellschaft, Überführung von Wirtschaftsgütern
- Übertragungsvorgänge
  - zwischen Gesellschaftern 874 f.
  - zwischen Gesellschaft und Gesellschaftern 870 ff., 1177 ff.
- Umsatzsteuer 1238 ff.
- Umstrukturierung, s. Personengesellschaft, Umwandlung
- Umwandlung 1194 ff., 1210 ff.
- Unterbetriebsstätte 370, 518, 535 ff.
  - Lieferungs- und Leistungsverkehr 869
- Unternehmenskauf
  - Inbound 1224 ff.
  - Outbound 1251 f.
- Verlustanteil 504 f., 523 ff., s. auch Personengesellschaft, Verluste
- Verluste
  - Inbound 375 f., 383, 924 f.
  - Outbound 503 f., 523 ff., 540 f., 926 f.
- Vermögensabgrenzung, s. Erfolgs- und Vermögensabgrenzung
- Vermögenserwerb 1224 ff., 1251 f.
- Vermögensteuer 515 ff., 928
- Wesen 364 ff., 490
- Wohnsitzbesteuerung
  - Abkommensrecht 533 ff.
  - nationales Recht 520 ff.
- Zinsen

Ziffern = Seitenzahlen

- Inbound 378 ff.
- Outbound 508 ff., 513 f., 519, 522, 533 f.

Personengesellschaftsholding 1039, 1237
Planrechnungen 573 ff., 585, 601 f., 886, 888
Planung
- Steuerplanung 911 ff.

Pool 616 ff., 708, 775 ff., 1152 ff. *s. auch Konzernumlage*
Pooling, *s. auch Mixer-Gesellschaft*
- offshore pooling 1037
- onshore pooling 1037

pooling of interest method, *s. Interessenszusammenführungsmethode*
Preisvergleichsmethode 561 f., 572 ff., 576 ff., 653, 704, 763, 768, 772, 774 f., 796, 814 ff., 824, 833, 849 f.
Preisverrechnung, *s. Einzelabrechnung; Einzelverrechnung*
- direkte 617, 789 ff., 794 ff.
- indirekte 617, 789 ff., 797 ff.

Prinzip der Attraktivkraft 410 f., 517
Prinzip der Geschäfte gleicher Art 410 ff., 517
Prinzip der wirtschaftlichen Zugehörigkeit 553 ff., 1383 f., *s. auch arm's length principle*
- Betriebsstätte 333 f., 409 ff., 687 ff., 702 ff., 729 ff., 922 ff.
- Personengesellschaft 522 f.

Produktionsgesellschaften 1089 ff., 1115 ff., 1125, 1130, 1155
Produktionsstätte 1089
Profit-Centre 654, 973, 999, 1001, 1080, 1124, 1018 ff.
profit split method, *s. Gewinnmethoden*
Progressionsvorbehalt
- allgemein 11 ff., 25 f., 72
- Betriebsstätte 414, 419 ff., 925
- Direktgeschäfte 274, 394, 399 f.
- negativer 274, 399 f., 540 f., 966
- Personalentsendung 1334 f., 1351 f.
- Personengesellschaft 509, 533 f., 540 f., 925

Prozessorientierung 31
Put-Option, *s. Optionsmodell*
Qualifikation
- Begriff 429
- Betriebsstätte
  - Inbound 283 ff.
  - Outbound 404 ff.
- Direktgeschäft
  - Inbound 254 ff.
  - Outbound 385 ff.
- Kapitalgesellschaft
  - Inbound 339 ff.
  - Outbound 429 ff., 451 ff.
- Personengesellschaft
  - Inbound 364 ff.
  - Outbound 490 ff., 502 ff.

Qualifikationskonflikte 1300 ff., 1373 ff.
- Betriebsstätte 999
- Direktgeschäfte 664
- Kapitalgesellschaft 451 f., 759, 856, 949
- Nutzung von 8 f., 1300 ff.
- Personengesellschaft
  - Inbound 498 ff., 506 ff., 537 f.
  - Outbound 856, 1014, 1252

Qualifikationsverkettung 511 ff., 539
Quellenbesteuerung, *s. auch Steuerpflicht, beschränkte*
- Aufhebung 67 f.
- Begrenzung der Besteuerungsgrundlage 65 f.
- Begrenzung des Steuersatzes 66 f., 278 ff., 459 ff.
- Betriebsstätte
  - Inbound 333 ff., 337 ff.
  - Outbound 407 ff.
- Bruttobasis 66, 395, 597, 664, *s. auch Bruttoprinzip*
- Direktgeschäfte
  - Inbound 255 ff., 262 ff., 267 ff., 278 ff.
  - Outbound 387 ff.
- Europäische Wirtschaftliche Interessenvereinigung 184 f.
- Kapitalgesellschaft
  - Inbound 345 ff., 354 ff.,
  - Outbound 455 ff.
- Nettobasis 421 f., *s. auch Nettoprinzip*
- Personengesellschaft
  - Inbound 370 ff., 378 ff.
  - Outbound 513 ff., 517 ff.

Quellenlandprinzip, *s. Quellenprinzip*
Quellenprinzip 8, 225, 232 ff., 374, 379, 515
Quellensteuer, *s. Quellenbesteuerung*
real estate development 1148
Realisationsprinzip 109, 240 ff., 464
Realteilung 808, 1094 f., 1159, 1173, 1177 ff.
Realtypus 430 f., 495

Rechnungslegungsgrundsätze, internationale, s. *International Financial Reporting Standards*
Rechtsformneutralität 423
Rechtsmissbrauch 362 f., 436 ff., 735, 918 f.
– bei Holdinggesellschaften 1065 ff., 1135
Rechtssicherheit 109
Rechtstypenvergleich
– bei Kapitalgesellschaften 429 ff.
– bei Personengesellschaften 491 ff.
redeemable preference shares 1317
Refinanzierungskosten 994, 1005 f., 1042, 1182
Regieleistungen 779 ff., *s. auch Kontrolltätigkeiten*
Reinvoicing-Gesellschaft 1144 ff.
Remittance-base-Prinzip 282, *s. auch Rückfallklausel; subject-to-tax-Klausel; switch-over-Klausel*
Reorganisationsfälle
– Inbound 1187 ff.
– Outbound 1203 ff.
– Sitzverlegung *s. Sitzverlegung*
Reorganisationsmaßnahmen 914, 1173 f., 1247 1252, *s. auch Umstrukturierung*
resale price method, *s. Wiederverkaufspreismethode*
Reserven, stille 246 f., 1181 ff., *s. auch Gewinnrealisierung*
residual allocation method 597, 772
residual analysis, *s. Restgewinnanalyse*
residual profit split method, *s. Restgewinnanalyse*
Residualwertmethode 817
Restgewinnanalyse 595 f., 660 f.
Reziprozität 220
ring-fencing 228
Risikoanalyse 581, 605, 822 ff., 976, 1079, 1087, 1221
Risikoausgleich 1141
Rückfallklausel 79 f., 1014, 1205, 1304, 1315, 1317, 1326 f., 1338 f., 1373, *s. auch remittance-base-Prinzip; subject-to-tax-Klausel; switch-over-Klausel*
Rückstellungen, Vergleich 110 ff.
Ruding-Kommission 232
Ruhegehälter 67 f.
safe haven 790
Sandwich-Gestaltung 1140
Sanierungsmaßnahmen 990 f.

Schachtelbeteiligung 355, 460, 481 f., 1318, *s. auch Schachtelprivileg*
Schachteldividenden 90 ff., 355
Schachtelprivileg 82 f., 85 f., 91, 453 ff., 479, 481 ff., 740, 961, 1002 f., 1070, *s. auch Beteiligungsprivileg*
– gewerbesteuerliches 91, 400 f., 479, 484 f., 1002 f.
– internationales 82 f., 85 f., 463, 481 ff., 1158, 1284, 1325
Schattenveranlagung, *s. Veranlagung, fiktive*
Schätzmethoden 586 f.
Schedulensteuer 121
Scheingeschäft 435 f., 1061
Scheingesellschaft 435 f.
Schiedsverfahren 167, 203 ff., 560, 757 f., 894 ff.
Schiedsverfahrenskonvention, *s. Schiedsverfahren*
Schrankenrecht 75, 83 f.
Schuldzinsabzug, *s. Finanzierung; Finanzierungskosten; Refinanzierungskosten*
Schutzrechte 807 f., 809 f., 812, 822, 825, 1152, 1154 f., 1170
Schwachstellenanalyse 1079
Scoring-Modell 1046
Server, *s. Internet Server*
Servicefunktion 788, 1144
share deal, *s. Beteiligungserwerb*
share-for-share transaction 1191, 1261 f.
shared services centre 1091, 1147
Shareholder-relief-Verfahren 126 f., 131, 134 ff., 151
Shareholder-Value 914, 1081, 1246, 1364
Sitz 343 ff.
Sitzstaatsqualifikation 431, 512
Sitztheorie 353, 434, 455, 1201 f.
Sitzverlegung 175, 175 f., 193 f., 197 f., 201 f., 117
– ins Ausland 1217 ff.
– ins Inland 1200 ff.
Societas Cooperativa Europaea, *s. Europäische Genossenschaft*
Societas Europea, *s. Europäische Gesellschaft*
Solidaritätszuschlag 277, 347, 372, 472
Sonderbetriebsvermögen 375, 505, 525 f., 857 f.
Sonderbilanz 375 f., 503, 526
Sondervergütungen
– Inbound 374 f., 380 ff.

- Outbound 505 f., 508 ff., 513 ff., 520 f., 537 ff., 541
Souveränitätsprinzip 909
Sozialversicherungsabkommen 1388
Spaltung
- Begriff 1175 f.
- Inbound 1198 ff.
- Outbound 1214 ff.
Splitting-Effekt, internationaler 15, 24 f.
Splittingtarif 275 ff.
Sportler 269, 276, 1299
squeeze out 195, 1299
Standardmethoden 572 ff.
- Kostenaufschlagsmethode 572 f., 582 ff.
- Preisvergleichsmethode 572 f., 576 ff.
- Wiederverkaufspreismethode 572 f., 578 ff.
Standortvergleich 1046 ff.
Standortwahl, Kriterien 1041 ff., 1047 ff.
Stand-still-Klausel 219, 974
stapled stock 1287 f.
Stätte der Geschäftsleitung, *s. Ort der Geschäftsleitung*
Steinbruch 293
step-up, *s. Buchwertaufstockung*
Steuerabzug, *s. Abzugsmethode; Steuererhebung*
Steueranrechnung, *s. Anrechnung*
Steuerausgleich, echter, *s. Taxequalization-Methode*
Steuerausgleichsrechnung
- Ad-hoc-Entscheidungen 1379
- Laissez-faire-Methode 1379
- Tax-equalization-Methode 1379, 1382, 1390
- Tax-protection-Modell 1379, 1382
Steuerausländer 6
Steuerbefreiungsvorschriften 1183 ff.
Steuerbelastungsvergleiche 149 ff., *s. auch Belastungsvergleich*
- Anforderungen 149 ff.
- Durchschnittssteuerbelastung, effektive 151 ff.
- Grenzsteuerbelastung, effektive 151
- Modelle
  - Devereux/Griffith 152, 157 ff.
  - European Tax Analyzer 152 ff.
  - King/Fullerton 151 f.
Steuerbemessungsgrundlage, *s. Gewinnermittlungsvorschriften*
- Ermittlung der konsolidierten 239 ff., *s. auch Common (Consolidated) Tax Base, European Union Company Income Tax, Harmonised Tax Base, Home State Taxation*
Steuerdumping 21
Steuereffizienz 231, 1276
Steuerentstrickung, *s. Entstrickungsgrundsatz*
Steuererhebung
- Erstattungsverfahren 67, 355
- Lohnsteuerabzug 269, 1332 f., 1354 f., 1348 f., 1386 f.
- Steuerabzug 267 ff.
- Veranlagungsverfahren 267 ff., 335, 350, 372, 408, 923, 1349
Steuerflucht, *s. Minderbesteuerung*
Steuergefälle, internationales 911 ff., 1082 f., 1379 ff.
Steuergerechtigkeit 28 ff.
Steuergutschriften, grenzüberschreitende 134
Steuerharmonisierung, europäische 98 ff., 162 ff., 231 ff.
- Amtshilfe- und Beitreibungsrichtlinie 202 f.
- direkte Steuern 98 ff., 167 ff.
- Fusionsrichtlinie 173 ff.
- Mutter-Tochterrichtlinie 167 ff.
- Zins- und Lizenzgebührenrichtlinie 179 ff.
- EU-/AEU-Vertrag 96 ff.
- indirekte Steuern 98 ff., 162 ff.
- besondere Verbrauchsteuern 165 ff.
- Umsatzsteuer 162 ff.
- International Financial Reporting Standards 239 ff.
- Kapitalverkehrsrichtlinie 212
- Reformüberlegungen 230 ff.
- Steuerwettbewerb 124, 133, 137, 250 f.
Steuerinländer 6
Steuerminimierung 920, 931, 944, 1132, *s. auch Steuerplanung*
Steuerneutralität 233 ff.
Steueroasen 20 ff., 1042
Steuerobjektqualifikation 502 ff.
- Abkommensrecht 506 ff.
- nationales Recht 502 ff.
Steuerpauschalierung, *s. Pauschalierung*
Steuerpflicht
- beschränkte 6 f., 187, 253 f., 256 ff., 267 ff., 335 ff., 349 ff., 371 ff., 387 f., 407 ff., 456 f., 513 ff., 1333 ff., 1353 ff., *s. auch Quellenbesteuerung*
- erweiterte beschränkte 1334 f.

- fiktive unbeschränkte 275 ff., 1354 f.
- unbeschränkte 6 f., 38, 345 ff., 388 ff., 412 ff., 455 f., 463 ff., 519 ff., s. auch Wohnsitzbesteuerung

Steuerplanung 911 ff.
- Bemessungsgrundlage, Steuerung der 914 ff., 1081 ff.
- Erbschaftsteuer 1040, 1320
- Gewinnrealisierung 1171 ff.
- Inbound
  - Finanzierung 974 ff.
  - Rechtsformwahl 929 ff.
  - Reorganistionsfälle 1187 ff.
  - Unternehmenskauf 1219
- Legitimität 917 f.
- Outbound
  - Finanzierung 997 ff.
  - Rechtsformwahl 949 ff.
  - Reorganisationsfälle 1203 ff.
  - Unternehmenskauf 1246 ff.
- Personalentsendung 1328 ff.
- Qualifikationskonflikte 1300 ff.
- Strukturentscheidungen
  - Holdinggesellschaften 1017 ff.
  - Joint-Venture-Strategien 1291
- Verrechnungspreise 1078 ff.

Steuerpolitik 97 ff., 152 f., 161, 230, 912, 916, 921 1082 f., 1172
Steuerrechtsqualifikation, s. Rechtstypenvergleich
Steuerrisiken 1382 ff.
Steuersatzrichtlinie 163
Steuerschutzprogramm, s. Tax-protection-Modell
Steuersubjektqualifikation 429 ff., 490 ff.
- Abkommensrecht 495 ff.
- nationales Recht 491 ff.

Steuersysteme, europäische 104 ff.
- Einkommensteuer
  - Bemessungsgrundlage 108 ff.
  - Tarif 122 ff.
- Investitions- und Innovationsförderung 141 ff.
- Körperschaftsteuer
  - Bemessungsgrundlage 108 ff.
  - System 125 ff.
  - Tarif 122 ff.
- Personengesellschaftsbesteuerung 106 ff.
- sonstige Unternehmensteuern
  - Gewerbesteuer 139 f.
  - Grundsteuer 139

- Lohnsummensteuer 140
- Vermögensteuer 139
- Wertschöpfungssteuer 140 f.
- Umsatzsteuer 162 ff.
- Verbrauchsteuern 162 ff., 165 ff.

Steuerüberhang, s. Anrechnungsüberhang
Steuervergünstigungen 227
Steuervermeidung 917
Steuerverstrickung, s. Verstrickungsgrundsatz
Steuerwettbewerb 20, 34, 124, 133, 137, 250 f.
stewardship expenses 777
Stichtagsmethoden 723 f., 729
Stiftung 87, 482
Stock Options 1364 ff.
Streubesitzbeteiligung 355
Strukturentscheidungen
- Holdinggesellschaften 1017 ff.
- Joint-Venture-Strategien 1291
Subject-to-tax-Klausel 40, 80, 85, 282, 356, 1327, 1337 ff., s. auch Remittancebase-Prinzip; Rückfallklausel; Switchover-Klausel
Subjektidentität, s. Identität des Steuersubjekts
Subjektqualifikation, s. Steuersubjektqualifikation
Subsidiaritätsprinzip 99 f., 200, 233, 238, 251
Subventionen 733, 807
super royalty 733 f., 1300
support center, s. shared services center
Switch-over-Klausel 73, 78, 80, 89 f., 417 f., 455, 508 ff., 1014, 1068, 1158 f., 1304, 1320, 1327, s. auch Remittance-base-Prinzip; Rückfallklausel; Subject-to-tax-Klausel
Symmetriethese 421, 423
System, klassisches 131, 135 f., 463
Tätigkeitsmerkmale, aktive 28, 88, 417 ff., 425, 455, 481, 1064, 1067, 1119 f.
Tätigkeitsprinzip 254, 1337, 1344, 1351
Tauschgutachten 1173
tax driver 149, 158
Tax-equalization-Methode 1379, 1382, 1390
Tax-protection-Modell 1379, 1382
tax sparing credit 76 f.
tax transparency, s. Transparenzprinzip
Technologieverkauf 804
Teilanrechnungssystem 131

Teileinkünfteverfahren 56, 91, 131 f.,
  272, 283, 335, 350, 356, 389, 396,
  420, 475, 478, 740, 925 f., 954 ff.,
  962, 965, 967, 979, 1003, 1118,
  1185, 1208, 1297
Teilwertabschreibung 168, 391, 423,
  469 ff., 479 f., 483, 928, 943, 965 f.,
  1035 f., 1042 ff., 1172, 1184, 1249 f.,
  1278, 1281 ff.
– ausschüttungsbedingte 470 f.
Teilbetrieb 174 f., 608, 828 f., 837, 983,
  1094, 1148, 1179, 1185 ff., 1198 f.,
  1205 f., 1224 f., 1240, 1258
Teilhabersteuer 234
Terminkauf 1231 f.
Territorialitätsprinzip 6 f., 71, 225, 374,
  423, 467, 515 f., s. auch Quellenprinzip
thin capitalization rules, s. Unterkapitalisierungsvorschriften
Tie-breaker-Reglung 342, 345, 1359
tracking stocks 1289
Trade-or-business-Konzept 386
transactional net margin method, s.
  Nettogewinnmethode, geschäftsfallbezogene; Nettomargenmethode, geschäftsfallbezogene
transactional profit split method, s. Gewinnzerlegungsmethode, geschäftsfallbezogene
Transaktionskosten 604, 611 f., 654,
  1224, 1231, 1238, 1244, 1248
transparence fiscale, s. Transparenzprinzip
Transparenzprinzip 106 ff., 185 f., 513 f.
treasury centers 1138 ff., 1167
– Aufgaben 1138 ff.
– Sandwich-Gestaltung 1140
– Standortbedingungen 1140 ff.
treaty override 84 f., 381, 454 f., 994,
  1307, 1326
treaty shopping 35, 89, 358, 363, 1026,
  1058, 1071 ff.
– Definition 358
– Gestaltung 1071 ff., 1236 f.
– Missbrauch 1058, 1075 f.
Treuhänder 180, 436
Typenvergleich, s. Rechtstypenvergleich
Übernahmegewinn 1196 f.
Umlage, s. Konzernumlage
Umlagemodell 803, 1153 ff.
Umlageschlüssel 622 f., 807
Umlagevertrag, s. Kostenumlagevertrag
Umsatzsteuer, s. Steuerharmonisierung,
  europäische, indirekte Steuern; Kapitalgesellschaft; Personengesellschaft

Umstrukturierung 1171 ff., 1175 ff.,
  1187 ff., s. auch Umwandlung; Reorganisationsfälle; Reorganisationsmaßnahmen
Umwandlung, s. auch Umstrukturierung
– Begriff 1175 ff.
– Betriebsstätte 1187 ff., 1203 ff.
– Gewinnrealisierung 1175 ff.
– Inbound 1187 ff.
– Kapitalgesellschaft 1194 ff., 1210 ff.
– Outbound 1203 ff.
– Personengesellschaft 1194 ff., 1210 ff.
– Verlustbehandlung s. Anlaufverluste
Umwandlungssteuergesetz 1175 ff.
unitary taxation 614 f.
Universalitätsprinzip 22, 254, 345,
  387 ff., 395, 416, 456
UN-Modell 69 ff.
Unterbetriebsstätten 334, 411, 414,
  517, 522, 534 ff., 855
– Lieferungs- und Leistungsverkehr
  869
Unterkapitalisierungsvorschriften 1007,
  s. auch Fremdfinanzierungsbegrenzung,
  Gesellschafterfremdfinanzierung
– Deutschland 980 ff.
– USA 1010 ff.
– Vergleich, internationaler 1008 ff.
Unternehmen, kleine und mittlere
  122 f., 142 ff., 182, 198
Unternehmensgewinne 65, 69
Unternehmenskauf
– Allgemeines 1219 ff., 1246 ff.
– Beispielsfall 1253 ff.
– Betriebsstätte
  – Inbound 1224 ff.
  – Outbound 1248 ff.
– in den USA 1253 ff.
– Kapitalgesellschaft
  – Fremdfinanzierung 1235 f.,
    1237 f., 1244, 1250
  – Grundformen 1226 ff., 1247 ff.
  – Inbound 1226 ff.
  – Outbound 1250 f.
– Personengesellschaft
  – Fremdfinanzierung 1224 ff.,
    1251 f.
  – Inbound 1224 ff., 1237 f.
  – Outbound 1251 f.
  – Reorganisationsmaßnahmen 1173,
    1252 f.
– Vorteile 1219
Unternehmerinitiative 366, 368, 370
Unternehmerrisiko 366, 368, 370

Unterstützungsleistungen 557, 799
Up-stream merger 1197
Ursprungslandprinzip 162 ff.
Ursprungsprinzip 6, s. auch Quellenbesteuerung
Veranlagung 408, 513
Veranlagungssimulation, kasuistische 152, 931, 952 f.
Veranlagungsverfahren, s. Steuererhebung
Veranlassungsprinzip 336, 662, 681, 683, 702, 1384
Veräußerung
– Betriebsstätte
  – Inbound 1224 ff.
  – Outbound 1248 f.
– Kapitalgesellschaft
  – Inbound 1226 ff.
  – Outbound 1250 ff.
– Personengesellschaft
  – Inbound 1224 ff.
  – Outbound 1251 f.
Veräußerungsgewinn 62 f., 262 ff., s. auch Veräußerung
– Minimierung 1034 f.
– Vergleich, europäischer 110 ff.
Veräußerungszeitpunkt 1231 ff.
Verbindungsbüros 292, 296, 300
Verbundaktien, s. stapled stock
Verbundeffekt 742, 776, 780, 783
Vereinnahmung, phasengleiche 464
Verfahren, kapitalwertorientierte 825 f.
Verhaltenskodex 205, 226, 896 f.,
Verkaufsstellen 285, 290, 293
Verkehrsteuern, s. Grunderwerbsteuer; Umsatzsteuer
Verlustabzug
– Inbound 273, 337, 347 f., 377 f.
– Outbound 424, 466 ff., 473, 523
– Vergleich, europäischer 110 ff.
Verlustausgleich
– grenzüberschreitender 245
– innerperiodischer
  – Inbound 347 f., 375 f.
  – Outbound 415, 523
– interperiodischer 375 f., 415, 523, s. auch Verlustabzug
– provisorischer 416
Verluste
– abzugsfähige 528
– Allgemeines 57 f.
– ausgleichsfähige 528
– Belastungsvergleich 931 ff., 952 ff., 977 ff., 1000 ff.
– Betriebsstätte

– Inbound 336 f., 942 f.
– Outbound 415 f., 421 ff., 964 ff.
– dauerhafte 611, 839, 841 f., 965
– Direktgeschäfte 390 ff., 399 f.,
– Holdinggesellschaften 1017 ff.
– Joint Ventures, s. Joint Ventures, Verluste
– Kapitalgesellschaft
  – Inbound 347 f., 351 ff., 942 f.
  – Outbound 466 ff., 483, 964 ff., 1006 f.
– nachhaltige 928, 1230
– Nachversteuerung 244, 422, 424, 466
– Personengesellschaft
  – Inbound 375 f., 383, 942 f.
  – Outbound 523 ff., 540 f., 964 ff.
– bei Umwandlung, s. Umwandlung, Verlustbehandlung
– verrechenbare 526, 528 f.
Verlustrichtlinie 466
Verlustrücktrag, s. Verlustabzug
Verlustverrechnung
– Beschränkung
  – Inbound 375 f., 383
  – Outbound 390 ff., 415 f., 505, 523 ff., 540 f.
– grenzüberschreitende 236, 466 f., 1031
Verlustvortrag, s. Verlustabzug
Vermögensabgrenzung, s. Erfolgs- und Vermögensabgrenzung
Vermögenserwerb 1226 ff., s. auch Akquisitionsmodelle
Vermögensteuer 68, 138 ff.
– Betriebsstätte 410, 412, 928
– Kapitalgesellschaft 456 f., 463, 473, 928
– Personengesellschaft 515, 519, 928
Vermögensübertragung 1175 f., 1178, 1183 f.
Vermögensvergleich 241
Vermögensverschiebung, s. Ergebniskorrektur
Vermögensverwaltung 336 f., 493
Vermögensverwaltungsgesellschaft 1149 ff.
Vermögenszuordnung, s. Erfolgs- und Vermögensabgrenzung
Verrechnungspreise
– Allgemeines 549 ff., 1078 ff.
– Dokumentationserfordernis 1080 f.
– Gewinnabgrenzungsaufzeichnungsverordnung 881 ff., 1384

- Strafzuschläge/Zinsen, Übersicht 893 f.
- Verwaltungsgrundsätze-Verfahren 884 ff.
- Einzelabrechnung, *s. Einzelabrechnung*
- Gestaltung 1078 ff.
- Konzernumlage, *s. Konzernumlage; s. auch arm's-length-Entgelt; Gewinnberichtigung*
- Methoden, *s. Gewinnmethoden; Methode; Standardmethoden*
- Strategien, *s. Verrechnungspreisstrategien*
Verrechnungspreispolitik 549 ff., 1078 ff.
Verrechnungspreisstrategien
- Inbound-Investitionen 1084 ff.
- Outbound-Investitionen 1115 ff.
Verschmelzung
- Begriff 190 f., 196 f., 201, 1171 f.
- down-stream merger 1231
- Gewinnrealisierung 246 ff., 1171 ff., 1194 ff., 1210 ff.
- Inbound 1194 ff.
- internationale, *s. merger of equals*
- nationale 1194 ff., 1210 ff.
- Outbound 1210 ff.
- EU-Richtlinie 177, 1176 f.
- up-stream merger 1210 f.
- Zinsschranke 983
Versicherungsgesellschaft 1141 ff.
Verständigungsverfahren 79, 204 f., 310, 420, 757 f., 761 f., 895, 897 ff., 1081, *s. auch Schiedsverfahren*
Verstrickungsgrundsatz 651 f., 868, *s. auch Gewinnrealisierung*
Verteilungsschlüssel, *s. Umlageschlüssel*
Vertrag von Nizza 96
Vertrag von Lissabon 96
Vertrags-Joint-Venture 1262, 1266 ff.
Vertreter
- abhängiger 316 ff.
- Allgemeines 284, 301 f., 313 ff., 330, 333, 404 f., 417
- Erfolgs- und Vermögensabgrenzung 729 ff.
- OECD-Modell 318 ff.
- Prüfschema 321
- selbstständiger 316 ff.
- unabhängiger 316 ff.
- UN-Modell 320 f.
Vertreterbetriebsstätte 316 f., 325, 328, 330 ff., 354, 731, 1088 f.
Vertriebsgesellschaft 1086 ff., 1107 ff., 1124 ff., 1161 ff.

Verwaltungsgrundsätze 87, 560, 588, 594, 596, 601, 617 f., 632 f., 668, 680, 683, 693, 702 f., 733 f., 778, 794, 798 f., 845, 850, 878, 884, 1114, 1144, 1152, 1155, 1160, 1168 f., 1181, 1384
Verwaltungspool 787 ff.
Verwertung, *s. Arbeitsverwertung*
Vollanrechnungssystem 125 ff.
Vorabentscheidungsverfahren 102 f.
Vorsteuerabzug 163 ff.
Vorteilsausgleich
- bei verdeckter Einlage 745
- bei verdeckter Gewinnausschüttung 742
- bei § 1 AStG 746
- bei Verrechnungspreisen 631 ff.
- erweiterter 571 f.
- Rechtfertigungsgrund, europarechtlicher 222 f.
Vorteilsempfänger 740
Währungserfolge 665 ff., 726 ff.
Währungsrisiken 628, 664, 989
Währungsumrechnung 721 ff.
Währungsunion 96 f.
Wandelanleihe 973, 1316
Warenlager 292, 297, 320, 1086 ff.
Warenverkehrsfreiheit 97, 206
Warenzeichen 822 ff., 1228
Wechselkurs, *s. Währungserfolge*
Wegzugsbesteuerung 236
Welteinkommensprinzip, *s. Universalitätsprinzip*
Werkbank, verlängerte 820, 1129
Werkleistung 304 f.
Werkstätte 292
Wertpapierleihe 986
Wertschöpfungsteuer 140 f.
Wettbewerbsneutralität 19 ff.
Wiederverkaufspreismethode 578 ff., 768 ff.
Wirkungsprinzip 254
Wirtschaftsgüter, immaterielle 110 ff., 119, 585, 591 ff., 685 f., 810 f., 817 ff., 843 ff., 1094, 1156 f., 1258
Wohnsitz 1355 ff.
Wohnsitzbesteuerung, *s. Betriebsstätte; Direktgeschäfte; Europäische Wirtschaftliche Interessenvereinigung; Kapitalgesellschaft; Personengesellschaft*
Wohnsitzprinzip 233 ff., 539, 1340
Wohnsitzverlagerung 87, *s. auch Minderbesteuerung*
Zeitbezugsmethode 722 ff.

Zentralplanung 784
Zerlegungsmaßstab 556
Zerlegungsmethode, s. *Methode, indirekte*
Zinsen 66 f., 69 f., 77 f., 132 f., 179 ff.
– Betriebsstätte 418 f., 690
– Direktgeschäft
 – Inbound 262 ff., 278 ff.
 – Outbound 386 ff., 396 ff.
– Kapitalgesellschaft
 – Inbound 346 f., 351, 357
 – Outbound 457, 459 ff., 478 f., 485
– Personengesellschaft
 – Inbound 373 ff., 379 f.
 – Outbound 506, 509, 511 f., 517, 519, 534 ff., 538
Zinsrichtlinie 181
Zinsschranke 181 f., 346 f., 977, 980 ff., 996 f.
Zins- und Lizenzgebührenrichtlinie 179 ff., 278, 347, 357, 459 f., 1228

Zugehörigkeit
– tatsächliche 382 f., 509 f.
– wirtschaftliche, s. *Prinzip der wirtschaftlichen Zugehörigkeit*
Zugriffsbesteuerung, s. *Hinzurechnungsbesteuerung*
Zuordnungsnorm 505
Zusammenschluss, s. *Verschmelzung*
Zweigniederlassung 291, 352
Zwischeneinkünfte mit Kapitalanlagecharakter 447 ff., 484, 1069 ff., 1118 ff., 1133 f., 1144 f., 1217
Zwischenerfolgs-/-gewinneliminierung s. *Ausgleichsposten*
Zwischengesellschaft 87, 357 ff., 418, 435, 443 ff., 472, 1070 f., 1118 f.
– nachgeschaltete 475 f., 1123
Zwischenholding 1017, 1023 ff.